berceuse [bɛrsøz] *nf* **1.** *(chanson)* lullaby. **2.** *Can (fauteuil)* rocking chair.
cacahouète, cacahuète [kakawɛt] *nf* peanut.
contraire [kɔ̃trɛr] ◇ *nm*: **le ~** the opposite; **je n'ai jamais dit le ~** I have never denied it. ◇ *adj* opposite; **~ à** *(non conforme à)* contrary to; *(nuisible à)* harmful to, damaging to. ◆ **au contraire** *loc adv* on the contrary. ◆ **au contraire de** *loc prép* unlike.
contre-ordre = **contrordre**.
cornichon [kɔrniʃɔ̃] *nm* **1.** *(condiment)* gherkin. **2.** *fam (imbécile)* twit.
DVD (*abr de* **digital video disc**) *nm* DVD.
ferme[1] [fɛrm] *nf* farm.
ferme[2] [fɛrm] ◇ *adj* firm; **être ~ sur ses jambes** to be steady on one's feet. ◇ *adv* **1.** *(beaucoup)* a lot. **2.** *(définitivement)*: **acheter/vendre ~** to make a firm purchase/sale.
flotte [flɔt] *nf* **1.** (AÉRON & NAVIG) fleet. **2.** *fam (eau)* water. **3.** *fam (pluie)* rain.
goûter [gute] ◇ *vt* **1.** *(déguster)* to taste. **2.** *(savourer)* to enjoy. ◇ *vi* to have an afternoon snack; **~ à** to taste. ◇ *nm afternoon snack for children.*
mis, mise [mi, miz] *pp* → **mettre**.
patineur, -euse [patinœr, øz] *nm, f* skater.
pellicule [pelikyl] *nf* film. ◆ **pellicules** *nfpl* dandruff *(U)*.
recteur [rɛktœr] *nm* (SCOL) *chief administrative officer of an education authority*, ≃ (Chief) Education Officer *Br*.
trottoir [trɔtwar] *nm* pavement *Br*, sidewalk *Am*.

- canadianismes, belgicismes et helvétismes
- variantes
- transcriptions dans l'alphabet phonétique international
- mot d'entrée
- mise en relief des mots composés et des locutions
- renvois à l'entrée principale
- signalisation claire des sens et du contexte
- sigles et abréviations
- homographes
- symbole qui remplace le mot d'entrée
- rubriques
- informations sur le niveau de langue
- signalisation des catégories grammaticales
- renvois à l'infinitif
- explications lorsqu'il n'y a pas de traduction
- formes féminines
- pluriels ayant leur sens propre
- équivalences culturelles
- équivalences en anglais britannique et américain

LAROUSSE

Petit
DICTIONNAIRE

**FRANÇAIS
ANGLAIS**

**ANGLAIS
FRANÇAIS**

School
DICTIONARY

**FRENCH
ENGLISH**

**ENGLISH
FRENCH**

LAROUSSE

21, rue du Montparnasse 75283 Paris Cedex 06

Réalisé par / Produced by
LAROUSSE

Nouvelle édition
Direction de l'ouvrage / General Editor
CATHERINE E. LOVE

Coordination éditoriale / Coordinating Editor
HELEN NEWSTEAD

Rédaction / Editors
WENDY LEE
ROSE ROCIOLA
LYNDA CAREY
RUTH NOBLE

Conception et réalisation graphiques / DTP
CALLUM BRINES

Première édition
CATHERINE E. LOVE

WENDY LEE
CALLUM BRINES
MARGARET NICOLSON
PATRICK WHITE
LESLIE GALLMANN
CLAUDE NIMMO
CATHERINE JULIA
HILARY MACARTNEY
CÉCILE VANWALLEGHEM

21, rue du Montparnasse
75283 Paris Cedex 06, France

ISBN 2-03-401771-4
Larousse-Bordas, Paris
Distributeur exclusif au Québec : Messageries ADP, 1751 Richardson, Montréal (Québec)

ISBN 2-03-401768-4
Larousse-Bordas, Export

AU LECTEUR

Le PETIT DICTIONNAIRE LAROUSSE français-anglais, anglais-français est un ouvrage spécialement conçu pour ceux qui apprennent l'anglais.

Avec 55 000 mots et expressions et 80 000 traductions, il couvre l'ensemble de l'anglais contemporain.

Par le traitement clair et détaillé du vocabulaire général, les exemples de constructions grammaticales, les tournures idiomatiques, les indications de sens soulignant la traduction appropriée, le PETIT DICTIONNAIRE LAROUSSE français-anglais, anglais-français permet de s'exprimer sans hésiter et sans faire de contresens.

À la fin de nombreux articles, des explications concernant certains points de grammaire ou des faux amis facilitent l'acquisition de la langue anglaise. Des notes culturelles et historiques fournissent des clefs pour une première approche du monde anglo-saxon.

Enfin, un supplément de 48 pages, rédigé par des enseignants, propose un précis de grammaire anglaise et des fiches pratiques afin de mieux maîtriser l'anglais au quotidien.

Offrir un outil pratique et pédagogique à tous ceux qui apprennent l'anglais, tel est le but que nous nous sommes fixé avec le PETIT DICTIONNAIRE LAROUSSE français-anglais, anglais-français.

L'ÉDITEUR

TABLE DES MATIÈRES

COMMENT UTILISER CE DICTIONNAIRE

Comment trouver dans ce dictionnaire Larousse le mot ou l'expression que l'on recherche ? Il faut d'abord se poser plusieurs questions :

- S'agit-il d'un mot isolé, d'un mot à trait d'union ou d'une abréviation ?
- S'agit-il d'un nom composé ?
- S'agit-il d'une expression ?
- S'agit-il d'une locution verbale (en anglais « phrasal verb ») ?
- S'agit-il d'un verbe pronominal ?
- S'agit-il d'une forme verbale irrégulière anglaise ?

Mots isolés, mots à trait d'union et abréviations

• En règle générale, on trouve le mot recherché à la place qui lui correspond dans l'ordre alphabétique. Si l'on veut traduire un mot français en anglais, on regardera du côté français-anglais du dictionnaire, et si l'on ignore le sens d'un terme anglais, on regardera du côté anglais-français. Le mot en **gras** au début de chaque article s'appelle « entrée ».

• Les entrées commençant par une majuscule apparaissent après celles qui s'écrivent de la même façon mais commencent par une minuscule :

china ['tʃaɪnə] *n* porcelaine *f*.
China ['tʃaɪnə] *n* Chine *f*.

• Les mots comportant un trait d'union, un point ou une apostrophe viennent après ceux qui s'écrivent de la même façon mais sans aucun de ces signes :

am [æm] → **be**.
a.m. (*abbr of* **ante meridiem**): **at 3 ~** à 3h (du matin).

• Les entrées françaises portant un accent se trouvent après celles qui s'écrivent de la même façon mais sans accent :

ou [u] *conj* **1.** *(indique une alternative, une approximation)* or…
où [u] ◇ *pron rel* **1.** *(spatial)* where; **le village ~ j'habite** the village where I live, the village I live in...

• Dans certains cas, l'entrée est suivie d'un chiffre en *exposant*. Cela veut dire que, juste avant ou juste après, il y a une autre entrée, elle aussi suivie d'un chiffre, qui s'écrit de la même façon mais a un sens et parfois une prononciation totalement différents. Il faut donc s'assurer que l'on ne se trompe pas d'entrée !

corner[1] [kɔrne] *vt (page)* to turn down the corner of.
corner[2] [kɔrnɛr] *nm* (FOOTBALL) corner (kick).

• Du côté français-anglais du dictionnaire, on trouve parfois des mots précédés d'un losange noir (◆), appelés « sous-entrées ». L'entrée principale possède une forme masculine et une forme féminine ; la sous-entrée, en revanche, ne possède que l'une de ces deux formes :

animal, -e, -aux [animal, o] *adj* **1.** *(propre à l'animal)* animal (*avant n*). **2.** *(instinctif)* instinctive. ◆ **animal** *nm (bête)* animal; ~ **sauvage/domestique** wild/domestic animal.

• Si l'on cherche un nom qui possède une forme avec majuscule à l'initiale avec un sens différent de la forme sans majuscule, il faut regarder la forme sans majuscule :

midi [midi] *nm* **1.** *(période du déjeuner)* lunchtime. **2.** *(heure)* midday, noon. **3.** *(sud)* south. ◆ **Midi** *nm*: **le Midi** the South of France.

Les nationalités sont traitées de la même façon dans la partie français-anglais du dictionnaire :

belge [bɛlʒ] *adj* Belgian. ◆ **Belge** *nmf* Belgian.

• Si l'on cherche un nom qui, au pluriel, a un sens différent de celui du singulier (comme **devises** en français ou **glasses** en anglais), il faut tout d'abord regarder la forme au singulier (**devise**, **glass**) car c'est là que l'on trouvera l'usage au pluriel, indiqué par le symbole ◆ :

glass [glɑːs] ◇ *n* **1.** *(gen)* verre *m*. **2.** *(U) (glassware)* verrerie *f*. ◇ *comp (bottle, jar)* en OR de verre; *(door, partition)* vitré(e). ◆ **glasses** *npl (spectacles)* lunettes *fpl*.

• Certains noms apparaissent directement au pluriel dans la liste alphabétique, soit parce qu'ils n'existent pas au singulier, soit parce que ce dernier est rare (**sneakers** en anglais, **abats** en français).

• Les pluriels irréguliers anglais font l'objet d'une entrée à part entière et apparaissent également sous l'entrée correspondant au singulier :

man [mæn] (*pl* **men** [men]) ◇ *n* **1.** homme *m*...
men [men] *pl* → **man**.

Noms composés

• Un nom composé est une expression dotée d'une signification globale, mais constituée de plusieurs mots (p. ex. **café au lait**, **gardien de but**). Lorsqu'un nom composé français est formé de plusieurs mots séparés par des espaces, on le trouvera dans le dictionnaire à l'entrée correspondant à son premier élément. Ainsi **café au lait** sera sous **café**, **gardien de but** sous **gardien**, etc. :

café [kafe] *nm* **1.** *(plante, boisson)* coffee; ~ **crème** *coffee with frothy milk*; ~ **en grains** coffee beans; ~ **au lait** white coffee *(with hot milk)*; ~ **moulu** ground coffee; ~ **noir** black coffee; ~ **en poudre** OU **soluble** instant coffee. **2.** *(lieu)* bar, cafe.

• Les noms composés anglais comme **kiss of life**, **virtual reality** ou **West Indies** sont, en revanche, donnés comme entrées à part entière, à la place alphabétique correspondant au premier terme, que leurs éléments soient séparés par des espaces ou par des traits d'union :

blood group *n* groupe *m* sanguin.
bloodhound ['blʌdhaʊnd] *n* limier *m*.
blood poisoning *n* septicémie *f*.

Expressions

• Dans le côté français-anglais du dictionnaire, on cherchera les expressions sous le premier nom dont elles se composent. S'il n'y a pas de nom dans l'expression, on cherchera sous l'adjectif et, sinon, sous le verbe. Quant aux expressions anglaises, il faudra tout d'abord déterminer quel est le mot le plus important. Par exemple, dans **to fancy doing sthg**, **to take a fancy to** ou **fancy that!**, le mot principal est **fancy**. À l'intérieur de chaque article, les expressions apparaissent en gras ; le symbole ~ représente l'entrée :

fancy ['fænsɪ] ◇ *adj* **1.** *(elaborate - hat, clothes)* extravagant(e); *(- food, cakes)* raffiné(e). **2.** *(expensive - restaurant, hotel)* de luxe; *(- prices)* fantaisiste. ◇ *n* *(desire, liking)* envie *f*, lubie *f*; **to take a ~ to sb** se prendre d'affection pour qqn; **to take a ~ to sthg** se mettre à aimer qqch; **to take sb's ~** faire envie à qqn, plaire à qqn. ◇ *vt* **1.** *inf (want)* avoir envie de; **to ~ doing sthg** avoir envie de faire qqch. **2.** *inf (like)*: **I ~ her** elle me plaît. **3.** *(imagine)*: **~ that!** ça alors!

• Certaines expressions très figées, telles que **bien entendu**, **de même que** ou **tout à coup** en français, ou **that is to say**, **in spite of** ou **at home** en anglais, apparaissent sous le premier élément important, précédées du symbole ◆. Ce système sert à mettre en relief la différence de sens entre une expression et l'entrée à laquelle elle figure :

coup [ku] *nm* **1.** *(physique, moral)* blow; **~ de couteau** stab *(with a knife)*; **un ~ dur** *fig* a heavy blow... ◆ **tout à coup** *loc adv* suddenly...

Locutions verbales (« phrasal verbs »)

• Les « phrasal verbs » anglais (p. ex. **to fork out**, **to put off**) sont composés d'un verbe suivi d'un ou de plusieurs adverbes ou prépositions. L'ensemble est doté d'un sens bien à part :

fork [fɔːk] ◇ *n* **1.** *(for eating)* fourchette *f*. **2.** *(for gardening)* fourche *f*. **3.** *(in road)* bifurcation *f*; *(of river)* embranchement *m*. ◇ *vi* bifurquer. ◆ **fork out** *inf* ◇ *vt fus* allonger, débourser. ◇ *vi*: **to ~ out (for)** casquer (pour).

Verbes pronominaux français

• Les verbes pronominaux sont placés sous la forme principale, après le symbole ◆ :

rappeler [raple] *vt* **1.** *(gén)* to call back; **~ qqn à qqch** *fig* to bring sb back to sthg. **2.** *(faire penser à)*: **~ qqch à qqn** to remind sb of sthg. ◆ **se rappeler** *vp* to remember.

Les formes verbales anglaises

• Si l'on ignore à quel infinitif correspond une certaine forme verbale, c'est peut-être qu'il s'agit d'une forme irrégulière. Les tableaux de conjugaison (pages xiv–xvi) permettront de retrouver l'infinitif et, d'autre part, si l'on cherche la forme en question dans le dictionnaire même, on l'y trouvera aussi :

knew [nju:] *pt* → **know**.

Comment trouver la bonne traduction

Une fois que l'on aura localisé le mot ou l'expression recherchés, il apparaîtra peut-être qu'il existe plusieurs traductions possibles. Cela n'est pas un problème, car on trouvera dans le dictionnaire tous les éléments nécessaires pour identifier la bonne traduction.

Étape 1 Imaginons que l'on veuille dire en anglais **grosse**, afin de traduire **cela représente une grosse dépense**. Commençons par chercher la forme masculine **gros** dans le côté français-anglais du dictionnaire :

gros, grosse [gro, gros] *adj* (*gén avant n*) **1.** *(gén)* large, big; *péj* big. **2.** (*avant ou après n*) *(corpulent)* fat. **3.** *(grossier)* coarse. **4.** *(sonore)* loud. **5.** *(ennuis)* serious; *(dépense)* major. ◆ **gros** ◇ *adv (beaucoup)* a lot. ◇ *nm (partie)*: **le (plus) ~ (de qqch)** the main part (of sthg). ◆ **en gros** *loc adv & loc adj* **1.** (COMM) wholesale. **2.** *(en grands caractères)* in large letters. **3.** *(grosso modo)* roughly.

Étape 2 Il faut ensuite lire l'entrée jusqu'à trouver le sens recherché. Les entrées longues ont parfois plus d'une catégorie grammaticale ; chacune d'entre elles est introduite par un losange blanc (◇). N'oublions pas que certains noms ont des catégories séparées pour le masculin et le féminin :

moule [mul] ◇ *nm* mould; **~ à gâteau** cake tin; **~ à tarte** flan dish. ◇ *nf* (ZOOL) mussel.

Étape 3 En lisant les solutions proposées au sens numéro 5 de **gros**, on trouvera le mot utilisé pour décrire une dépense ; la traduction recherchée est **major**. Mais attention, le premier mot que l'on rencontre n'est pas toujours le plus approprié ! Ce dictionnaire présente toujours les expressions sous la catégorie grammaticale qui leur correspond : par exemple, toutes les expressions où apparaît le nom **move** sont sous ◇ *n* ; celles où **move** est un verbe sont sous ◇ *vt* ou ◇ *vi*, etc. Donc, avant de faire son choix, il est nécessaire de bien vérifier la catégorie grammaticale.

Étape 4 Maintenant, on peut appliquer le mot choisi à la phrase que l'on désire traduire : **this represents a major expense**.

Abbreviations / Abréviations

abbreviation	*abbr/abr*	abréviation
adjective	*adj*	adjectif
administration, administrative	ADMIN	administration
adverb	*adv*	adverbe
aeronautics, aviation	AERON/AÉRON	aéronautique
agriculture, farming	AGR(IC)	agriculture
American English	*Am*	anglais américain
anatomy	ANAT	anatomie
archaeology	ARCHAEOL/ ARCHÉOL	archéologie
architecture	ARCHIT	architecture
slang	*arg*	argot
article	*art*	article
astrology	ASTROL	astrologie
astronomy	ASTRON	astronomie
automobile, cars	AUT(OM)	automobile
auxiliary	*aux*	auxiliaire
before noun – indicates that the translation is always used directly before the noun which it modifies	*avant n*	avant le nom – appliqué à la traduction d'un adjectif français, indique l'emploi d'un nom anglais avec valeur d'adjectif; souligne aussi les cas où la traduction d'un adjectif est nécessairement antéposée
Belgian French	*Belg*	belgicisme
biology	BIOL	biologie
botany	BOT	botanique
British English	*Br*	anglais britannique
Canadian English/French	*Can*	canadianisme
chemistry	CHEM/CHIM	chimie
cinema, film-making	CIN(EMA)	cinéma
commerce, business	COMM	commerce
compound	*comp*	nom anglais utilisé en apposition
comparative	*compar*	comparatif
computers, computer science	COMPUT	informatique
conjunction	*conj*	conjonction
construction, building trade	CONSTR	construction, bâtiment
continuous	*cont*	progressif
sewing	COUT	couture
culinary, cooking	CULIN	cuisine, art culinaire
definite	*def/déf*	défini
demonstrative	*dem*	démonstratif
ecology	ÉCOL	écologie
economics	ECON/ÉCON	économie
electricity	ELEC/ÉLECTR	électricité
electronics	ELECTRON/ ÉLECTRON	électronique
especially	*esp*	particulièrement

exclamation	*excl*	interjection
feminine	*f*	féminin
informal	*fam*	familier
figurative	*fig*	figuré
finance, financial	FIN	finances
formal	*fml*	soutenu
soccer	FTBL	football
inseparable – shows that a phrasal verb is "fused", i.e. inseparable, e.g. **look after**, where the object cannot come between the verb and the particle, e.g. *I looked after him* but not * *I looked him after*	*fus*	non séparable – indique qu'un verbe anglais à particule ("phrasal verb") ne peut pas être séparé de sa particule, c'est-à-dire qu'un complément d'objet ne peut être inséré entre les deux, par exemple, *I looked after him* et non * *I looked him after*
generally, in most cases	*gen/gén*	généralement
geography, geographical	GEOGR/GÉOGR	géographie
geology, geological	GEOL/GÉOL	géologie
geometry	GEOM/GÉOM	géométrie
grammar	GRAM(M)	grammaire
Swiss French	*Helv*	helvétisme
history	HIST	histoire
humorous	*hum*	humoristique
industry	IND	industrie
indefinite	*indef/indéf*	indéfini
informal	*inf*	familier
infinitive	*infin*	infinitif
computers, computer science	INFORM	informatique
exclamation	*interj*	interjection
interrogative	*interr*	interrogatif
invariable	*inv*	invariable
ironic	*iro/iron*	ironique
juridical, legal	JUR	juridique
linguistics	LING	linguistique
literal	*lit/litt*	littéral
phrase(s)	*loc*	locution(s)
adjectival phrase	*loc adj*	locution adjectivale
adverbial phrase	*loc adv*	locution adverbiale
conjunctival phrase	*loc conj*	locution conjonctive
prepositional phrase – adjectives, adverbs and prepositions consisting of more than one word, e.g. **d'affilée, par dépit**	*loc prép*	locution prépositionnelle – adjectifs, adverbes et prépositions composés de plusieurs mots, **d'affilée, par dépit,** par exemple
masculine	*m*	masculin
mathematics	MATH(S)	mathématiques
medicine	MED/MÉD	médecine
weather, meteorology	METEOR/ MÉTÉOR	météorologie
military	MIL	domaine militaire
music	MUS	musique
mythology	MYTH	mythologie

noun	*n*	nom
nautical, maritime	NAUT/NAVIG	navigation
numeral	*num*	numéral
oneself	*o.s.*	
pejorative	*pej/péj*	péjoratif
personal	*pers*	personnel
pharmacology, pharmaceutics	PHARM	pharmacologie
philosophy	PHILO	philosophie
photography	PHOT	photographie
phrase(s)	*phr*	locution(s)
physics	PHYS	physique
plural	*pl*	pluriel
politics	POL(IT)	politique
possessive	*poss*	possessif
past participle	*pp*	participe passé
present participle	*ppr*	participe présent
preposition	*prep/prép*	préposition
pronoun	*pron*	pronom
psychology, psychiatry	PSYCH(OL)	psychologie
past tense	*pt*	passé
	qqch	quelque chose
	qqn	quelqu'un
registered trademark	®	nom déposé
railways	RAIL	rail
relative	*rel*	relatif
religion	RELIG	religion
someone, somebody	*sb*	
school	SCH/SCOL	scolarité
Scottish English	*Scot*	anglais écossais
separable – shows that a phrasal verb is separable, e.g. **let in, help out**, where the object can come between the verb and the particle: ***I let her in, he helped me out***	*sep*	séparable – indique qu'un verbe anglais à post-position ("phrasal verb") peut être séparé de sa particule, c'est-à-dire qu'un complément d'objet peut être inséré entre les deux, par exemple ***I let her in, he helped me out***
singular	*sg*	singulier
slang	*sl*	argot
sociology	SOCIOL	sociologie
formal	*sout*	soutenu
stock exchange	ST EX	Bourse
something	*sthg*	
subject	*subj/suj*	sujet
superlative	*superl*	superlatif
technology, technical	TECH(NOL)	domaine technique et technologique
telecommunications	TELEC/TÉLÉCOM	télécommunications
very informal	*tfam*	très familier
television	TV/TÉLÉ	télévision
printing, typography	TYPO	typographie

uncountable noun – i.e. an English noun which is never used in the plural or with "a" or "an"; used when the French word is or can be a plural, e.g. **applause** *n* (*U*) applaudissements *mpl*, **battement** *nm* beat, beating (*U*)	*U*	substantif non comptable – désigne en anglais les noms qui ne sont jamais utilisés au pluriel, lorsque le terme français est un pluriel, ou peut être mis au pluriel, par exemple **applause** *n* (*U*) applaudissements *mpl*, **battement** *nm* beat, beating (*U*)
university	UNIV	université
usually	*usu*	habituellement
link verb followed by a predicative adjective or noun	*v attr*	verbe suivi d'un attribut
verb	*vb/v*	verbe
veterinary science	VETER	médecine vétérinaire
intransitive verb	*vi*	verbe intransitif
impersonal verb	*v impers*	verbe impersonnel
very informal	*v inf*	très familier
pronominal verb	*vp*	verbe pronominal
transitive verb	*vt*	verbe transitif
vulgar	*vulg*	vulgaire
zoology	ZOOL	zoologie
cultural equivalent	≃	équivalence culturelle
introduces a new part of speech within an entry	◊	introduit une nouvelle catégorie grammaticale dans une entrée
introduces a sub-entry, such as a plural form with its own specific meaning or a set phrase containing the headword (e.g. a phrasal verb or adverbial phrase)	◆	introduit une sous-entrée, par exemple une forme plurielle ayant un sens propre, ou une locution (locution adverbiale, verbe pronominal, etc.)

A Note on English Compounds

A compound is a word or expression which has a single meaning but is made up of more than one word, e.g. **point of view, kiss of life, virtual reality, West Indies** and **Confederation of British Industry.** It is a feature of this dictionary that English compounds appear in the A-Z list in strict alphabetical order. The compound **blood poisoning** will therefore come after **bloodhound**, which itself follows **blood group.**

Mots composés anglais

On désigne par composés des entités lexicales ayant un sens autonome mais qui sont composées de plus d'un mot. Nous avons pris le parti de faire figurer les composés anglais dans l'ordre alphabétique général. Le composé **blood poisoning** est ainsi présenté après **bloodhound**, qui suit **blood group.**

Trademarks

Words considered to be trademarks have been designated in this dictionary by the symbol ®. However, neither the presence nor the absence of such designation should be regarded as affecting the legal status of any trademark.

Noms de marque

Les noms de marque sont désignés dans ce dictionnaire par le symbole ®. Néanmoins, ni ce symbole ni son absence éventuelle ne peuvent être considérés comme susceptibles d'avoir une incidence quelconque sur le statut légal d'une marque.

Phonetic Transcription — Transcription Phonétique

English Vowels

[ɪ]	pit, big, rid
[e]	pet, tend
[æ]	pat, bag, mad
[ʌ]	putt, cut
[ɒ]	pot, log
[ʊ]	put, full
[ə]	moth**er**, s**u**ppose
[iː]	bean, weed
[ɑː]	barn, car, laugh
[ɔː]	born, lawn
[uː]	loop, loose
[ɜː]	burn, learn, bird

Voyelles françaises

[i]	fille, **î**le
[e]	p**a**ys, ann**ée**
[ɛ]	b**e**c, **ai**me
[a]	l**a**c, p**a**pillon
[ɑ]	t**a**s, **â**me
[o]	dr**ô**le, **au**be
[u]	**ou**til, g**oû**t
[y]	**u**sage, l**u**ne
[ø]	av**eu**, j**eu**
[œ]	p**eu**ple, b**œu**f
[ə]	l**e**, j**e**

English Diphthongs

[eɪ]	b**ay**, l**a**te, gr**ea**t
[aɪ]	b**uy**, l**igh**t, **ai**sle
[ɔɪ]	b**oy** , f**oi**l
[əʊ]	n**o**, r**oa**d, bl**ow**
[aʊ]	n**ow**, sh**ou**t, t**ow**n
[ɪə]	p**ee**r, f**ie**rce, id**ea**
[eə]	p**ai**r, b**ea**r, sh**are**
[ʊə]	p**oo**r, s**u**re, t**ou**r

Nasales françaises

[ɛ̃]	l**im**be, m**ain**
[ɑ̃]	ch**am**p, **enn**ui
[ɔ̃]	**on**gle, m**on**
[œ̃]	parf**um**, br**un**

Semi-vowels — Semi-voyelles

Semi-vowels		Semi-voyelles
you, span**i**el	[j]	**y**eux, **li**eu
wet, **wh**y, t**w**in	[w]	**ou**est, **ou**i
	[ɥ]	l**u**i, n**u**it

Consonants — Consonnes

Consonants		Consonnes
po**p**, **p**eo**p**le	[p]	**p**rendre, gri**pp**e
bottle, **b**i**b**	[b]	**b**ateau, ros**b**if
train, **t**ip	[t]	**th**éâtre, **t**emps
dog, **d**i**d**	[d]	**d**alle, ron**d**e
come, **k**itchen	[k]	**c**o**q**, **qu**atre
ga**g**, **g**reat	[g]	**g**arder, épilo**gue**
chain, wre**tch**ed	[tʃ]	
jig, fri**dge**	[dʒ]	
fib, **ph**ysical	[f]	**ph**ysique, **f**ort
vine, li**v**id	[v]	**v**oir, ri**v**e
think, fif**th**	[θ]	
this, wi**th**	[ð]	
seal, pea**ce**	[s]	**c**ela, **s**avant
zip, hi**s**	[z]	frai**s**e, **z**éro
sheep, ma**ch**ine	[ʃ]	**ch**arrue, **sch**éma
u**s**ual, mea**s**ure	[ʒ]	rou**g**e, **j**abot
how, per**h**aps	[h]	
metal, co**mb**	[m]	**m**ât, dra**m**e
night, di**nn**er	[n]	**n**ager, trô**ne**
su**ng**, parki**ng**	[ŋ]	
	[ɲ]	a**gn**eau, pei**gn**er
litt**l**e, he**l**p	[l]	ha**ll**e, **l**it
right, ca**rr**y	[r]	a**rr**acher, sab**re**

The symbol ['] has been used to represent the French "h aspiré", e.g. **hachis** ['aʃi].

Le symbole ['] représente le "h aspiré" français, e.g. **hachis** ['aʃi].

The symbol [ˈ] indicates that the following syllable carries primary stress and the symbol [ˌ] that the following syllable carries secondary stress.

Les symboles [ˈ] et [ˌ] indiquent respectivement un accent primaire et un accent secondaire sur la syllabe suivante.

The symbol [ʳ] in English phonetics indicates that the final "r" is pronounced only when followed by a word beginning with a vowel. Note that it is nearly always pronounced in American English.

Le symbole [ʳ] indique que le "r" final d'un mot anglais ne se prononce que lorsqu'il forme une liaison avec la voyelle du mot suivant; le "r" final est presque toujours prononcé en anglais américain.

A phonetic transcription has been given where appropriate after every French headword (the main word which starts an entry). All one-word English headwords similarly have phonetics. For English compound headwords, whether hyphenated or of two or more words, phonetics are given for any element which does not appear elsewhere in the dictionary as a headword in its own right.

Une transcription phonétique – quand elle a été jugée nécessaire – suit chaque libellé (terme-vedette de l'entrée) français, ainsi que chaque libellé anglais écrit en un seul mot. Pour les mots composés anglais (avec ou sans trait d'union, et composés de deux éléments ou plus), la phonétique est présente pour ceux des éléments qui n'apparaissent pas dans le dictionnaire en tant que libellé à part entière.

Verbes Irréguliers
Première catégorie

Le prétérit et le participe passé de ces verbes ont la même forme. En voici quelques-uns parmi les plus fréquents :

bend	→	bent	bind	→	bound
bleed	→	bled	breed	→	bred
bring	→	brought	build	→	built
burn[1]	→	burnt	buy	→	bought
catch	→	caught	cling	→	clung
creep	→	crept	deal	→	dealt
dig	→	dug	dream[1]	→	dreamt
dwell[1]	→	dwelt	feed	→	fed
feel	→	felt	fight	→	fought
find	→	found	flee	→	fled
fling	→	flung	foretell	→	foretold
grind	→	ground	have	→	had
hear	→	heard	hold	→	held
keep	→	kept	kneel[1]	→	knelt
lay	→	laid	lead	→	led
lean[1]	→	leant	leap[1]	→	leapt
learn[1]	→	learnt	leave	→	left
lend	→	lent	light[1]	→	lit
lose	→	lost	make	→	made
mean	→	meant	meet	→	met
pay	→	paid	read	→	read
say	→	said	seek	→	sought
sell	→	sold	send	→	sent
shoot	→	shot	sit	→	sat
sleep	→	slept	slide	→	slid
sling	→	slung	smell[1]	→	smelt
speed	→	sped	spell[1]	→	spelt
spend[1]	→	spent	spill[1]	→	spilt
spit	→	spat	spoil[1]	→	spoilt
stand	→	stood	stick	→	stuck
sting	→	stung	strike	→	struck
sweep	→	swept	swing	→	swung
teach	→	taught	tell	→	told
think	→	thought	understand	→	understood
weep	→	wept	win	→	won
wind	→	wound	withhold	→	withheld
wring	→	wrung			

En anglais américain, les verbes suivis du chiffre[1] peuvent avoir des formes régulières en **-ed** (**burned**, **spoiled** ...)

Deuxième catégorie

Le prétérit et le participe passé ont des formes différentes. Voici une liste non exhaustive de ces verbes :

Base v.	Prétérit	Part. Passé	Base v.	Prétérit	Part. Passé
be	was	been	bear	bore	borne
beat	beat	beaten	become	became	become
begin	began	begun	bite	bit	bitten
blow	blew	blown	break	broke	broken
choose	chose	chosen	come	came	come
do	did	done	draw	drew	drawn
drink	drank	drunk	drive	drove	driven
eat	ate[1]	eaten	fall	fell	fallen
fly	flew	flown	forbid	forbade	forbidden
forego	forewent	foregone	foresee	foresaw	foreseen
forget	forgot	forgotten	forgive	forgave	forgiven
freeze	froze	frozen	get	got	got[2]
give	gave	given	go	went	gone
grow	grew	grown	hang[3]	hung	hung
hide	hid	hidden	know	knew	known
lie	lay	lain	mistake	mistook	mistaken
mow[3]	mowed	mown	ride	rode	ridden
ring	rang	rung	rise	rose	risen
run	ran	run	see	saw	seen
shake	shook	shaken	shine[3]	shone	shone
show[3]	showed	shown	shrink	shrank/ shrunk	shrunk
sing	sang	sung	sink	sank	sunk
speak	spoke	spoken	spin	span/ spun	spun
spring	sprang	sprung	steal	stole	stolen
stink	stank/ stunk	stunk	stride	strode	stridden
swear	swore	sworn	swell[3]	swelled	swollen
swim	swam	swum	take	took	taken
tear	tore	torn	throw	threw	thrown
tread	trod	trodden	wake[3]	woke	woken
wear	wore	worn	weave	wove	woven
withdraw	withdrew	withdrawn	write	wrote	written

1 **Ate** (prétérit de **eat**) se prononce [et] en anglais britannique et [eɪt] en anglais américain.
2 En anglais américain, une des formes du participe passé de **get** est **gotten**.
3 Ces verbes peuvent avoir des formes régulières dans certains sens (**show**, **showed**, **showed**).

Troisième catégorie

Ces verbes, d'une seule syllabe, se terminent par **-d** ou **-t** et ont une même forme pour la base verbale, le prétérit et le participe passé :

bet	hit	set
bid	hurt	shut
burst	let	slit
cast (*also* forecast)	put	split
cost	quit	spread
cut	rid	thrust

FRANÇAIS-ANGLAIS
FRENCH-ENGLISH

A

a¹, A [a] *nm inv* a, A; **de A à Z** from beginning to end. ◆ **A** 1. (*abr de* **ampère**) A, amp. 2. (*abr de* **autoroute**) M.

a² → **avoir**.

à [a] *prép* (*contraction de à + le* = **au**, *contraction de à + les* = **aux**) 1. *(avant un complément d'objet indirect)* to; **parler à qqn** to speak to sb; **donner qqch à qqn** to give sthg to sb, to give sb sthg. 2. *(avant un complément de lieu - situation)* at, in; *(- direction)* to; **être à la maison/au bureau** to be at home/at the office; **il habite à Paris/à la campagne** he lives in Paris/in the country; **aller à Paris/à la campagne/au Pérou** to go to Paris/to the country/to Peru; **un voyage à Londres/aux Seychelles** a journey to London/to the Seychelles. 3. *(avant un complément de temps)*: **à onze heures** at eleven o'clock; **au mois de février** in the month of February; **à lundi!** see you (on) Monday!; **de huit à dix heures** from eight to ten o'clock; **se situer à une heure/à 10 kilomètres de l'aéroport** to be situated an hour/10 kilometres (away) from the airport. 4. *(avant un complément de manière, de moyen)*: **à haute voix** out loud, aloud; **rire aux éclats** to roar with laughter; **acheter à crédit** to buy on credit; **à pied/cheval** on foot/horseback. 5. *(indiquant une caractéristique)* with; **une fille aux cheveux longs** a girl with long hair. 6. *(introduisant un chiffre)*: **ils sont venus à dix** ten of them came; **un livre à 30 francs** a 30-franc book, a book costing 30 francs; **la vitesse est limitée à 50 km à l'heure** the speed limit is 50 km per OU an hour; **un groupe de 10 à 12 personnes** a group of 10 to 12 people, a group of between 10 and 12 people; **deux à deux** two by two. 7. *(marque l'appartenance)*: **c'est à moi/lui** it's mine/his; **ce vélo est à ma sœur** this bike is my sister's OU belongs to my sister; **une amie à moi** a friend of mine. 8. *(introduit le but)*: **coupe à champagne** champagne goblet; **le courrier à poster** the mail to be posted; **appartement à vendre/louer** flat for sale/to let.

AB (*abr de* **assez bien**) *fair grade (as assessment of schoolwork).*

abaisser [abese] *vt* 1. *(rideau, voile)* to lower; *(levier, manette)* to push OU pull down. 2. *(diminuer)* to reduce, to lower. ◆ **s'abaisser** *vp* 1. *(descendre - rideau)* to fall, to come down; *(- terrain)* to fall away. 2. *(s'humilier)* to demean o.s.; **s'~ à faire qqch** to lower o.s. to do sthg.

abandon [abɑ̃dɔ̃] *nm* 1. *(désertion, délaissement)* desertion; **à l'~** *(lieu)* neglected, in a state of neglect. 2. *(renonciation)* abandoning, giving up. 3. *(nonchalance, confiance)* abandon.

abandonner [abɑ̃dɔne] *vt* 1. *(quitter - femme, enfants)* to abandon, to desert; *(- voiture, propriété)* to abandon. 2. *(renoncer à)* to give up, to abandon. 3. *(se retirer de - course, concours)* to withdraw from. 4. *(céder)*: **~ qqch à qqn** to leave sthg to sb, to leave sb sthg.

abasourdi, -e [abazurdi] *adj* stunned.

abat-jour [abaʒur] *nm inv* lampshade.

abats [aba] *nmpl (d'animal)* offal *(U)*; *(de volaille)* giblets.

abattement [abatmɑ̃] *nm* 1. *(physique)* weakness. 2. *(désespoir)* dejection. 3. *(déduction)* reduction; **~ fiscal** tax allowance.

abattis [abati] *nmpl* giblets.

abattoir [abatwar] *nm* abattoir, slaughterhouse.

abattre [abatr] *vt* 1. *(mur)* to knock down; *(arbre)* to cut down, to fell; *(avion)* to bring down. 2. *(tuer - gén)* to kill; *(- dans un abattoir)* to slaughter.

3. *(épuiser)* to wear out; *(démoraliser)* to demoralize.
abbaye [abei] *nf* abbey.
abbé [abe] *nm* **1.** *(prêtre)* priest. **2.** *(de couvent)* abbot.
abc *nm* basics *(pl)*.
abcès [apsɛ] *nm* abscess.
abdiquer [abdike] ◇ *vt (renoncer à)* to renounce. ◇ *vi (roi)* to abdicate.
abdomen [abdɔmɛn] *nm* abdomen.
abdominaux [abdɔmino] *nmpl* **1.** *(muscles)* abdominal OU stomach muscles. **2.** *(exercices)*: **faire des abdominaux** to do abdominal exercises.
abeille [abɛj] *nf* bee.
aberrant, -e [abɛrɑ̃, ɑ̃t] *adj* absurd.
abîme [abim] *nm* abyss, gulf.
abîmer [abime] *vt (objet)* to damage; *(vue)* to ruin. ◆ **s'abîmer** *vp (gén)* to be damaged; *(fruits)* to go bad.
abject, -e [abʒɛkt] *adj* despicable, contemptible.
abnégation [abnegasjɔ̃] *nf* selflessness.
aboiement [abwamɑ̃] *nm* bark, barking *(U)*.
abolir [abɔlir] *vt* to abolish.
abominable [abɔminabl] *adj* appalling, awful.
abondance [abɔ̃dɑ̃s] *nf* **1.** *(profusion)* abundance. **2.** *(opulence)* affluence.
abondant, -e [abɔ̃dɑ̃, ɑ̃t] *adj (gén)* plentiful; *(végétation, chevelure)* luxuriant; *(pluie)* heavy.
abonder [abɔ̃de] *vi* to abound, to be abundant; **~ en qqch** to be rich in sthg; **~ dans le sens de qqn** to be entirely of sb's opinion.
abonné, -e [abɔne] *nm, f* **1.** *(à un journal)* subscriber; *(à un théâtre)* season-ticket holder. **2.** *(à un service public)* consumer.
abonnement [abɔnmɑ̃] *nm* **1.** *(à un journal)* subscription; *(à un théâtre)* season ticket. **2.** *(au téléphone)* rental; *(au gaz, à l'électricité)* standing charge.
abonner [abɔne] ◆ **s'abonner** *vp*: **s'~ à qqch** *(journal, chaîne de télé)* to take out a subscription to sthg; *(service public)* to get connected to sthg; *(théâtre)* to buy a season ticket for sthg.
abord [abɔr] *nm*: **être d'un ~ facile/difficile** to be very/not very approachable. ◆ **abords** *nmpl (gén)* surrounding area *(sg)*; *(de ville)* outskirts. ◆ **d'abord** *loc adv* **1.** *(en premier lieu)* first. **2.** *(avant tout)*: **(tout) d'~** first (of all), in the first place.
abordable [abɔrdabl] *adj (lieu)* accessible; *(personne)* approachable; *(prix)* affordable.
aborder [abɔrde] ◇ *vi* to land. ◇ *vt* **1.** *(personne, lieu)* to approach. **2.** *(question)* to tackle.
aborigène [abɔriʒɛn] *adj* aboriginal. ◆ **Aborigène** *nmf* (Australian) aborigine.
aboutir [abutir] *vi* **1.** *(chemin)*: **~ à/dans** to end at/in. **2.** *(négociation)* to be successful; **~ à qqch** to result in sthg.
aboyer [abwaje] *vi* to bark.
abrasif, -ive [abrazif, iv] *adj* abrasive.
abréger [abreʒe] *vt (visite, réunion)* to cut short; *(discours)* to shorten; *(mot)* to abbreviate.
abreuvoir [abrœvwar] *nm (lieu)* watering place; *(installation)* drinking trough.
abréviation [abrevjasjɔ̃] *nf* abbreviation.
abri [abri] *nm* shelter; **à l'~ de** sheltered from; *fig* safe from.
abricot [abriko] *nm & adj inv* apricot.
abricotier [abrikɔtje] *nm* apricot tree.
abriter [abrite] *vt* **1.** *(protéger)*: **~ qqn/qqch (de)** to shelter sb/sthg (from). **2.** *(héberger)* to accommodate. ◆ **s'abriter** *vp*: **s'~ (de)** to shelter (from).
abroger [abrɔʒe] *vt* to repeal.
abrupt, -e [abrypt] *adj* **1.** *(raide)* steep. **2.** *(rude)* abrupt, brusque.
abruti, -e [abryti] *fam nm, f* moron.
abrutir [abrytir] *vt* **1.** *(abêtir)*: **~ qqn** to deaden sb's mind. **2.** *(accabler)*: **~ qqn de travail** to work sb silly.
abrutissant, -e [abrytisɑ̃, ɑ̃t] *adj* **1.** *(bruit, travail)* stupefying. **2.** *(jeu, feuilleton)* moronic.
absence [apsɑ̃s] *nf* **1.** *(de personne)* absence. **2.** *(carence)* lack.
absent, -e [apsɑ̃, ɑ̃t] ◇ *adj* **1.** *(personne)*: **~ (de)** *(gén)* away (from); *(pour maladie)* absent (from). **2.** *(regard, air)* vacant, absent. **3.** *(manquant)* lacking. ◇ *nm, f* absentee.
absenter [apsɑ̃te] ◆ **s'absenter** *vp*: **s'~ (de la pièce)** to leave (the room).
absinthe [apsɛ̃t] *nf (plante)* wormwood; *(boisson)* absinth.
absolu, -e [apsɔly] *adj (gén)* absolute; *(décision, jugement)* uncompromising.
absolument [apsɔlymɑ̃] *adv* absolutely.
absorbant, -e [apsɔrbɑ̃, ɑ̃t] *adj* **1.** *(matière)* absorbent. **2.** *(occupation)* absorbing.
absorber [apsɔrbe] *vt* **1.** *(gén)* to absorb. **2.** *(manger)* to take.

abstenir [apstənir] ◆ **s'abstenir** *vp* 1. *(ne rien faire)*: **s'~ (de qqch/de faire qqch)** to refrain (from sthg/from doing sthg). 2. *(ne pas voter)* to abstain.
abstention [apstɑ̃sjɔ̃] *nf* abstention.
abstinence [apstinɑ̃s] *nf* abstinence.
abstraction [apstraksjɔ̃] *nf* abstraction; **faire ~ de** to disregard.
abstrait, -e [apstrɛ, ɛt] *adj* abstract.
absurde [apsyrd] *adj* absurd.
absurdité [apsyrdite] *nf* absurdity; **dire des ~s** to talk nonsense *(U)*.
abus [aby] *nm* abuse; **~ de confiance** breach of trust; **~ de pouvoir** abuse of power.
abuser [abyze] *vi* 1. *(exagérer)* to go too far. 2. *(user)*: **~ de** *(autorité, pouvoir)* to overstep the bounds of; *(temps)* to take up too much of; **~ de ses forces** to overexert o.s.
abusif, -ive [abyzif, iv] *adj* 1. *(excessif)* excessive. 2. *(fautif)* improper.
acabit [akabi] *nm*: **du même ~** *péj* of the same type.
acacia [akasja] *nm* acacia.
académicien, -enne [akademisjɛ̃, ɛn] *nm, f* academician; *(de l'Académie française)* member of the French Academy.
académie [akademi] *nf* 1. (SCOL & UNIV) ≃ regional education authority *Br*, ≃ school district *Am*. 2. *(institut)* academy; **l'Académie française** the French Academy *(learned society of leading men and women of letters)*.
acajou [akaʒu] *nm & adj inv* mahogany.
acariâtre [akarjatr] *adj* bad-tempered, cantankerous.
acarien [akarjɛ̃] *nm (gén)* acarid; *(de poussière)* dust mite.
accablant, -e [akablɑ̃, ɑ̃t] *adj* 1. *(soleil, chaleur)* oppressive. 2. *(preuve, témoignage)* overwhelming.
accabler [akable] *vt* 1. *(surcharger)*: **~ qqn de** *(travail)* to overwhelm sb with; **~ qqn d'injures** to shower sb with abuse. 2. *(accuser)* to condemn.
accalmie [akalmi] *nf litt & fig* lull.
accéder [aksede] ◆ **accéder à** *vt* 1. *(pénétrer dans)* to reach, to get to. 2. *(parvenir à)* to attain. 3. *(consentir à)* to comply with.
accélérateur [akseleratœr] *nm* accelerator.
accélération [akselerasjɔ̃] *nf (de voiture, machine)* acceleration; *(de projet)* speeding up.
accélérer [akselere] ◇ *vt* to accelerate, to speed up. ◇ *vi* (AUTOM) to accelerate.
accent [aksɑ̃] *nm* 1. *(gén)* accent; **~ aigu/grave/circonflexe** acute/grave/circumflex (accent). 2. *(intonation)* tone; **mettre l'~ sur** to stress, to emphasize.
accentuation [aksɑ̃tɥasjɔ̃] *nf (à l'écrit)* accenting; *(en parlant)* stress.
accentuer [aksɑ̃tɥe] *vt* 1. *(souligner)* to emphasize, to accentuate. 2. *(intensifier)* to intensify. 3. *(à l'écrit)* to put the accents on; *(en parlant)* to stress. ◆ **s'accentuer** *vp* to become more pronounced.
acceptable [aksɛptabl] *adj* satisfactory, acceptable.
acceptation [aksɛptasjɔ̃] *nf* acceptance.
accepter [aksɛpte] *vt* to accept; **~ de faire qqch** to agree to do sthg; **~ que** (+ *subjonctif*): **~ que qqn fasse qqch** to agree to sb doing sthg.
acception [aksɛpsjɔ̃] *nf* sense.
accès [aksɛ] *nm* 1. *(entrée)* entry; **avoir/donner ~ à** to have/to give access to; **'~ interdit'** 'no entry'. 2. *(voie d'entrée)* entrance. 3. *(crise)* bout; **~ de colère** fit of anger.
accessible [aksesibl] *adj (lieu, livre)* accessible; *(personne)* approachable; *(prix, équipement)* affordable.
accession [aksɛsjɔ̃] *nf*: **~ à** *(trône, présidence)* accession to; *(indépendance)* attainment of.
accessoire [akseswar] ◇ *nm* 1. *(gén)* accessory. 2. *(de théâtre, cinéma)* prop. ◇ *adj* secondary.
accident [aksidɑ̃] *nm* accident; **par ~** by chance, by accident; **~ de la route/de voiture/du travail** road/car/industrial accident.
accidenté, -e [aksidɑ̃te] ◇ *adj* 1. *(surface)* uneven. 2. *(voiture)* damaged. ◇ *nm, f (gén pl)*: **~ de la route** accident victim.
accidentel, -elle [aksidɑ̃tɛl] *adj* accidental.
acclamation [aklamasjɔ̃] *nf (gén pl)* cheers *(pl)*, cheering *(U)*.
acclamer [aklame] *vt* to cheer.
acclimater [aklimate] *vt* to acclimatize; *fig* to introduce.
accolade [akɔlad] *nf* 1. (TYPO) brace. 2. *(embrassade)* embrace.
accommodant, -e [akɔmɔdɑ̃, ɑ̃t] *adj* obliging.
accommoder [akɔmɔde] *vt* (CULIN) to prepare.
accompagnateur, -trice [akɔ̃pa-

ɲatœr, tris] *nm, f* **1.** (MUS) accompanist. **2.** *(guide)* guide.
accompagnement [akɔ̃paɲmɑ̃] *nm* (MUS) accompaniment.
accompagner [akɔ̃paɲe] *vt* **1.** *(personne)* to go with, to accompany. **2.** *(agrémenter)*: **~ qqch de** to accompany sthg with. **3.** (MUS) to accompany.
accompli, -e [akɔ̃pli] *adj* accomplished.
accomplir [akɔ̃plir] *vt* to carry out. ◆ **s'accomplir** *vp* to come about.
accomplissement [akɔ̃plismɑ̃] *nm* *(d'apprentissage)* completion; *(de travail)* fulfilment.
accord [akɔr] *nm* **1.** *(gén & LING)* agreement. **2.** (MUS) chord. **3.** *(acceptation)* approval; **donner son ~ à qqch** to approve sthg. ◆ **d'accord** ◇ *loc adv* OK, all right. ◇ *loc adj*: **être d'~ (avec)** to agree (with); **tomber** OU **se mettre d'~** to come to an agreement, to agree.
accordéon [akɔrdeɔ̃] *nm* accordion.
accorder [akɔrde] *vt* **1.** *(donner)*: **~ qqch à qqn** to grant sb sthg. **2.** *(attribuer)*: **~ qqch à qqch** to accord sthg to sthg; **~ de l'importance à** to attach importance to. **3.** *(harmoniser)* to match. **4.** (GRAM): **~ qqch avec qqch** to make sthg agree with sthg. **5.** (MUS) to tune. ◆ **s'accorder** *vp* **1.** *(gén)*: **s'~ (pour faire qqch)** to agree (to do sthg); **s'~ à faire qqch** to be unanimous in doing sthg. **2.** *(être assorti)* to match. **3.** (GRAM) to agree.
accoster [akɔste] ◇ *vt* **1.** (NAVIG) to come alongside. **2.** *(personne)* to accost. ◇ *vi* (NAVIG) to dock.
accotement [akɔtmɑ̃] *nm* *(de route)* shoulder; **~ non stabilisé** soft verge *Br*, soft shoulder *Am*.
accouchement [akuʃmɑ̃] *nm* childbirth; **~ sans douleur** natural childbirth.
accoucher [akuʃe] *vi*: **~ (de)** to give birth (to).
accouder [akude] ◆ **s'accouder** *vp* to lean on one's elbows; **s'~ à** to lean one's elbows on.
accoudoir [akudwar] *nm* armrest.
accouplement [akupləmɑ̃] *nm* mating, coupling.
accourir [akurir] *vi* to run up, to rush up.
accouru, -e [akury] *pp* → **accourir**.
accoutré, -e [akutre] *adj péj*: **être bizarrement ~** to be oddly got up.
accoutrement [akutrəmɑ̃] *nm péj* getup.
accoutumer [akutyme] *vt*: **~ qqn à qqn/qqch** to get sb used to sb/sthg; **~ qqn à faire qqch** to get sb used to doing sthg. ◆ **s'accoutumer** *vp*: **s'~ à qqn/qqch** to get used to sb/sthg; **s'~ à faire qqch** to get used to doing sthg.
accréditer [akredite] *vt* *(rumeur)* to substantiate; **~ qqn auprès de** to accredit sb to.
accro [akro] *fam* ◇ *adj*: **~ à** hooked on. ◇ *nmf* fanatic.
accroc [akro] *nm* **1.** *(déchirure)* tear. **2.** *(incident)* hitch.
accrochage [akrɔʃaʒ] *nm* **1.** *(accident)* collision. **2.** *fam (dispute)* row.
accroche [akrɔʃ] *nf* (COMM) catch line.
accrocher [akrɔʃe] *vt* **1.** *(suspendre)*: **~ qqch (à)** to hang sthg up (on). **2.** *(déchirer)*: **~ qqch (à)** to catch sthg (on). **3.** *(attacher)*: **~ qqch (à)** to hitch sthg (to). ◆ **s'accrocher** *vp* **1.** *(s'agripper)*: **s'~ (à)** to hang on (to); **s'~ à qqn** *fig* to cling to sb. **2.** *fam (se disputer)* to row, to have a row. **3.** *fam (persévérer)* to stick at it.
accroissement [akrwasmɑ̃] *nm* increase, growth.
accroître [akrwatr] *vt* to increase. ◆ **s'accroître** *vp* to increase, to grow.
accroupir [akrupir] ◆ **s'accroupir** *vp* to squat.
accru, -e [akry] *pp* → **accroître**.
accueil [akœj] *nm* **1.** *(lieu)* reception. **2.** *(action)* welcome, reception.
accueillant, -e [akœjɑ̃, ɑ̃t] *adj* welcoming, friendly.
accueillir [akœjir] *vt* **1.** *(gén)* to welcome. **2.** *(loger)* to accommodate.
accumulateur [akymylatœr] *nm* accumulator, battery.
accumulation [akymylasjɔ̃] *nf* accumulation.
accumuler [akymyle] *vt* to accumulate; *fig* to store up. ◆ **s'accumuler** *vp* to pile up.
accusateur, -trice [akyzatœr, tris] ◇ *adj* accusing. ◇ *nm, f* accuser.
accusation [akyzasjɔ̃] *nf* **1.** *(reproche)* accusation. **2.** (JUR) charge; **mettre en ~** to indict; **l'~** the prosecution.
accusé, -e [akyze] *nm, f* accused, defendant. ◆ **accusé de réception** *nm* acknowledgement (of receipt).
accuser [akyze] *vt* **1.** *(porter une accusation contre)*: **~ qqn (de qqch)** to accuse sb (of sthg). **2.** (JUR): **~ qqn de qqch** to charge sb with sthg.
acerbe [asɛrb] *adj* acerbic.
acéré, -e [asere] *adj* sharp.
achalandé, -e [aʃalɑ̃de] *adj*: **bien ~** well-stocked.

acharné, -e [aʃarne] *adj (combat)* fierce; *(travail)* unremitting.
acharnement [aʃarnəmɑ̃] *nm* relentlessness.
acharner [aʃarne] ◆ **s'acharner** *vp* 1. *(combattre)*: **s'~ contre** OU **après** OU **sur qqn** *(victime)* to hound sb; *(suj: malheur)* to dog sb. 2. *(s'obstiner)*: **s'~ (à faire qqch)** to persist (in doing sthg).
achat [aʃa] *nm* purchase; **faire des ~s** to go shopping.
acheminer [aʃmine] *vt* to dispatch. ◆ **s'acheminer** *vp*: **s'~ vers** *(lieu)* to head for; *(solution)* to move towards.
acheter [aʃte] *vt litt & fig* to buy; **~ qqch à** OU **pour qqn** to buy sthg for sb, to buy sb sthg.
acheteur, -euse [aʃtœr, øz] *nm, f* buyer, purchaser.
achevé, -e [aʃve] *adj sout*: **d'un ridicule ~** utterly ridiculous.
achèvement [aʃɛvmɑ̃] *nm* completion.
achever [aʃve] *vt* 1. *(terminer)* to complete, to finish (off). 2. *(tuer - animal)* to destroy; *(- personne)* to finish off. ◆ **s'achever** *vp* to end, to come to an end.

> Attention à ne pas traduire le verbe «achever» par *to achieve*, qui signifie «accomplir», «réaliser» (*she achieved her ambition*, «elle a réalisé son ambition»). Lorsque «achever» a le sens de «finir», on le traduit le plus souvent par *to finish*. Par exemple: «laisse-le achever sa phrase», *let him finish what he's saying*. Dans son sens de «tuer», «achever» se traduit par *to destroy* ou *to finish off*: «ils décidèrent d'achever la pauvre bête», *they decided to destroy the poor animal*.

achoppement [aʃɔpmɑ̃] → **pierre**.
acide [asid] ◇ *adj* 1. *(saveur)* sour. 2. *(propos)* sharp, acid. 3. (CHIM) acid. ◇ *nm* (CHIM) acid.
acidité [asidite] *nf* 1. (CHIM) acidity. 2. *(saveur)* sourness. 3. *(de propos)* sharpness.
acidulé, -e [asidyle] *adj* slightly acid; → **bonbon**.
acier [asje] *nm* steel; **~ inoxydable** stainless steel.
aciérie [asjeri] *nf* steelworks *(sg)*.
acné [akne] *nf* acne.
acolyte [akɔlit] *nm péj* henchman.
acompte [akɔ̃t] *nm* deposit.
à-côté [akote] (*pl* **à-côtés**) *nm* 1. *(point)* side issue. 2. *(gain)* extra.
à-coup [aku] (*pl* **à-coups**) *nm* jerk; **par ~s** in fits and starts.
acoustique [akustik] *nf* 1. *(science)* acoustics *(U)*. 2. *(d'un lieu)* acoustics *(pl)*.
acquéreur [akerœr] *nm* buyer.
acquérir [akerir] *vt (gén)* to acquire.
acquiescement [akjɛsmɑ̃] *nm* approval.
acquiescer [akjese] *vi* to acquiesce; **~ à** to agree to.
acquis, -e [aki, iz] ◇ *pp* → **acquérir**. ◇ *adj* 1. *(caractère)* acquired. 2. *(droit)* established. ◆ **acquis** *nmpl (connaissances)* knowledge *(U)*.
acquisition [akizisjɔ̃] *nf* acquisition.
acquit [aki] *nm* receipt; **pour ~** (COMM) received; **faire qqch par ~ de conscience** *fig* to do sthg to set one's mind at rest.
acquittement [akitmɑ̃] *nm* 1. *(d'obligation)* settlement. 2. (JUR) acquittal.
acquitter [akite] *vt* 1. (JUR) to acquit. 2. *(régler)* to pay. 3. *(libérer)*: **~ qqn de** to release sb from.
âcre [akr] *adj* 1. *(saveur)* bitter. 2. *(fumée)* acrid.
acrobate [akrɔbat] *nmf* acrobat.
acrobatie [akrɔbasi] *nf* acrobatics *(U)*.
acrylique [akrilik] *adj & nm* acrylic.
acte [akt] *nm* 1. *(action)* act, action; **faire ~ d'autorité** to exercise one's authority; **faire ~ de candidature** to submit an application. 2. (THÉÂTRE) act. 3. (JUR) deed; **~ d'accusation** charge; **~ de naissance/de mariage** birth/marriage certificate; **~ de vente** bill of sale. 4. (RELIG) certificate. 5. *loc*: **faire ~ de présence** to put in an appearance; **prendre ~ de** to note, to take note of. ◆ **actes** *nmpl (de colloque)* proceedings.
acteur, -trice [aktœr, tris] *nm, f* actor (*f* actress).
actif, -ive [aktif, iv] *adj (gén)* active; **la population active** the working population. ◆ **actif** *nm* 1. (FIN) assets *(pl)*. 2. *loc*: **avoir qqch à son ~** to have sthg to one's credit.
action [aksjɔ̃] *nf* 1. *(gén)* action; **sous l'~ de** under the effect of. 2. *(acte)* action, act; **bonne/mauvaise ~** good/bad deed. 3. (JUR) action, lawsuit. 4. (FIN) share.
actionnaire [aksjɔnɛr] *nmf* (FIN) shareholder.
actionner [aksjɔne] *vt* to work, to activate.
activement [aktivmɑ̃] *adv* actively.
activer [aktive] *vt* to speed up. ◆ **s'activer** *vp* to bustle about.

activiste [aktivist] *adj & nmf* activist.
activité [aktivite] *nf (gén)* activity; **en ~** *(volcan)* active.
actualisation [aktɥalizasjɔ̃] *nf (d'un texte)* updating.
actualiser [aktɥalize] *vt* to bring up to date.
actualité [aktɥalite] *nf* 1. *(d'un sujet)* topicality. 2. *(événements)*: **l'~ sportive/politique/littéraire** the current sports/political/literary scene. ◆ **actualités** *nfpl*: **les ~s** the news (*sg*).
actuel, -elle [aktɥɛl] *adj (contemporain, présent)* current, present.

> Il est facile de confondre «actuel» et *actual*. Le sens de ces deux mots est pourtant très différent: *actual* signifie «véritable», «exact» ou encore «concret» (*what were her actual words?*, «quelles ont été ses paroles exactes?»). C'est donc plutôt *present* ou *current* qu'il faudra utiliser pour traduire «actuel», comme dans: «à l'heure actuelle», *at the present time*.

actuellement [aktɥɛlmɑ̃] *adv* at present, currently.

> Le même problème se pose pour «actuellement» que pour «actuel»: il ne faut pas le traduire par *actually*, qui a le sens de «en fait», mais par *currently* ou *at present*. Comparez, par exemple, *she's actually working on a new novel*, «en fait, elle travaille à un nouveau roman», et *she's currently working on a new novel*, «elle travaille actuellement à un nouveau roman».

acupuncture, acuponcture [akypɔ̃ktyr] *nf* acupuncture.
adage [adaʒ] *nm* adage, saying.
adaptateur, -trice [adaptatœr, tris] *nm, f* adapter. ◆ **adaptateur** *nm* (ÉLECTR) adapter.
adaptation [adaptasjɔ̃] *nf* adaptation.
adapter [adapte] *vt* 1. *(gén)* to adapt. 2. *(fixer)* to fit. ◆ **s'adapter** *vp*: **s'~ (à)** to adapt (to).
additif [aditif] *nm* 1. *(ajout)* rider, additional clause. 2. *(substance)* additive.
addition [adisjɔ̃] *nf* 1. *(ajout, calcul)* addition. 2. *(note)* bill *Br*, check *Am*.
additionner [adisjɔne] *vt* 1. *(mélanger)*: **~ une poudre d'eau** to add water to a powder. 2. *(chiffres)* to add up.
adepte [adɛpt] *nmf* follower.
adéquat, -e [adekwa, at] *adj* suitable, appropriate.
adhérence [aderɑ̃s] *nf (de pneu)* grip.
adhérent, -e [aderɑ̃, ɑ̃t] *nm, f*: **~ (de)** member (of).
adhérer [adere] *vi* 1. *(coller)* to stick, to adhere; **~ à** *(se fixer sur)* to stick OU adhere to; *(être d'accord avec) fig* to support, to adhere to. 2. *(être membre)*: **~ à** to become a member of, to join.
adhésif, -ive [adezif, iv] *adj* sticky, adhesive. ◆ **adhésif** *nm* adhesive.
adhésion [adezjɔ̃] *nf* 1. *(à idée)*: **~ (à)** support (for). 2. *(à parti)*: **~ (à)** membership (of).
adieu [adjø] ◇ *interj* goodbye!, farewell!; **dire ~ à qqch** *fig* to say goodbye to sthg. ◇ *nm* (*gén pl*) farewell; **faire ses ~x à qqn** to say one's farewells to sb.
adipeux, -euse [adipø, øz] *adj (tissu)* adipose.
adjectif [adʒɛktif] *nm* adjective.
adjoint, -e [adʒwɛ̃, ɛ̃t] ◇ *adj* deputy (*avant n*), assistant (*avant n*). ◇ *nm, f* deputy, assistant; **~ au maire** deputy mayor.
adjonction [adʒɔ̃ksjɔ̃] *nf* addition.
adjudant [adʒydɑ̃] *nm (dans la marine)* warrant officer; *(dans l'armée)* company sergeant major.
adjuger [adʒyʒe] *vt*: **~ qqch (à qqn)** *(aux enchères)* to auction sthg (to sb); *(décerner)* to award sthg (to sb); **adjugé!** sold!
admettre [admɛtr] *vt* 1. *(tolérer)* to allow, to accept. 2. *(autoriser)* to allow. 3. *(accueillir, reconnaître)* to admit.
administrateur, -trice [administratœr, tris] *nm, f* 1. *(gérant)* administrator; **~ judiciaire** receiver. 2. *(de conseil d'administration)* director.
administratif, -ive [administratif, iv] *adj* administrative.
administration [administrasjɔ̃] *nf* 1. *(service public)*: **l'Administration** ≃ the Civil Service. 2. *(gestion)* administration.
administrer [administre] *vt* 1. *(gérer)* to manage, to administer. 2. *(médicament, sacrement)* to administer.
admirable [admirabl] *adj* 1. *(personne, comportement)* admirable. 2. *(paysage, spectacle)* wonderful.
admiratif, -ive [admiratif, iv] *adj* admiring.
admiration [admirasjɔ̃] *nf* admiration.
admirer [admire] *vt* to admire.
admis, -e [admi, iz] *pp* → **admettre**.
admissible [admisibl] *adj* 1. *(attitude)* acceptable. 2. (SCOL) eligible.

admission [admisjɔ̃] *nf* admission.
ADN (*abr de* **acide désoxyribonucléique**) *nm* DNA.
ado [ado] (*abr de* **adolescent**) *nmf fam* teenager.
adolescence [adɔlesɑ̃s] *nf* adolescence.
adolescent, -e [adɔlesɑ̃, ɑ̃t] *nm, f* adolescent, teenager.
adonner [adɔne] ◆ **s'adonner** *vp*: **s'~ à** *(sport)* to devote o.s. to; *(vice)* to take to.
adopter [adɔpte] *vt* **1.** *(gén)* to adopt. **2.** *(loi)* to pass.
adoptif, -ive [adɔptif, iv] *adj (famille)* adoptive; *(pays, enfant)* adopted.
adoption [adɔpsjɔ̃] *nf* adoption; **d'~** *(pays, ville)* adopted; *(famille)* adoptive.
adorable [adɔrabl] *adj* adorable, delightful.
adoration [adɔrasjɔ̃] *nf* **1.** *(amour)* adoration. **2.** (RELIG) worship.
adorer [adɔre] *vt* **1.** *(personne, chose)* to adore. **2.** (RELIG) to worship.
adosser [adose] *vt*: **~ qqch à qqch** to place sthg against sthg. ◆ **s'adosser** *vp*: **s'~ à** OU **contre qqch** to lean against sthg.
adoucir [adusir] *vt* **1.** *(gén)* to soften. **2.** *(peine)* to ease, to soothe. ◆ **s'adoucir** *vp* **1.** *(temps)* to become OU get milder. **2.** *(personne)* to mellow.
adoucissant, -e [adusisɑ̃, ɑ̃t] *adj* soothing. ◆ **adoucissant** *nm* softener.
adoucisseur [adusisœr] *nm*: **~ d'eau** water softener.
adresse [adrɛs] *nf* **1.** *(gén & INFORM)* address; **~ électronique** e-mail address. **2.** *(habileté)* skill.
adresser [adrese] *vt* **1.** *(faire parvenir)*: **~ qqch à qqn** to address sthg to sb. **2.** *(envoyer)*: **~ qqn à qqn** to refer sb to sb. ◆ **s'adresser** *vp*: **s'~ à** *(parler à)* to speak to; *(être destiné à)* to be aimed at, to be intended for.
Adriatique [adriatik] *nf*: **l'~** the Adriatic.
adroit, -e [adrwa, at] *adj* skilful.
aduler [adyle] *vt* to adulate.
adulte [adylt] *nmf & adj* adult.
adultère [adyltɛr] ◇ *nm (acte)* adultery. ◇ *adj* adulterous.
advenir [advənir] *v impers* to happen.
advenu [advəny] *pp* → **advenir**.
adverbe [advɛrb] *nm* adverb.
adversaire [advɛrsɛr] *nmf* adversary, opponent.
adverse [advɛrs] *adj (opposé)* opposing; → **parti**.
adversité [advɛrsite] *nf* adversity.
aération [aerasjɔ̃] *nf (circulation d'air)* ventilation; *(action)* airing.
aérer [aere] *vt* **1.** *(pièce, chose)* to air. **2.** *fig (présentation)* to lighten.
aérien, -enne [aerjɛ̃, ɛn] *adj* **1.** *(câble)* overhead (*avant n*). **2.** *(transports, attaque)* air (*avant n*).
aérobic [aerɔbik] *nm* aerobics *(U)*.
aérodrome [aerɔdrom] *nm* aerodrome.
aérodynamique [aerɔdinamik] *adj* streamlined, aerodynamic.
aérogare [aerɔgar] *nf* **1.** *(aéroport)* airport. **2.** *(gare)* air terminal.
aéroglisseur [aerɔglisœr] *nm* hovercraft.
aérogramme [aerɔgram] *nm* aerogramme.
aéronautique [aerɔnotik] *nf* aeronautics *(U)*.
aéronaval, -e, -als [aerɔnaval] *adj* air and sea (*avant n*).
aérophagie [aerɔfaʒi] *nf* abdominal wind.
aéroport [aerɔpɔr] *nm* airport.
aérosol [aerɔsɔl] *nm & adj inv* aerosol.
aérospatial, -e, -aux [aerɔspasjal, o] *adj* aerospace (*avant n*). ◆ **aérospatiale** *nf* aerospace industry.
affable [afabl] *adj* **1.** *(personne)* affable, agreeable. **2.** *(parole)* kind.
affaiblir [afeblir] *vt litt & fig* to weaken. ◆ **s'affaiblir** *vp litt & fig* to weaken, to become weaker.
affaire [afɛr] *nf* **1.** *(question)* matter. **2.** *(scandale)* affair. **3.** *(marché)* deal; **faire une ~** to get a bargain OU a good deal. **4.** *(entreprise)* business. **5.** *(procès)* case. **6.** *loc*: **avoir ~ à qqn** to deal with sb; **vous aurez ~ à moi!** you'll have me to deal with!; **faire l'~** to do nicely. ◆ **affaires** *nfpl* **1.** (COMM) business *(U)*. **2.** *(objets)* things, belongings. **3.** *(activités)* affairs; **les Affaires étrangères** ≃ the Foreign Office (*sg*).
affairé, -e [afere] *adj* busy.
affairer [afere] ◆ **s'affairer** *vp* to bustle about.
affairisme [aferism] *nm* racketeering.
affaisser [afese] ◆ **s'affaisser** *vp* **1.** *(se creuser)* to subside, to sink. **2.** *(tomber)* to collapse.
affaler [afale] ◆ **s'affaler** *vp* to collapse.
affamé, -e [afame] *adj* starving.
affecter [afɛkte] *vt* **1.** *(consacrer)*: **~**

qqch à to allocate sthg to. **2.** *(nommer)*: **~ qqn à** to appoint sb to. **3.** *(feindre)* to feign. **4.** *(émouvoir)* to affect, to move.

affectif, -ive [afɛktif, iv] *adj* emotional.

affection [afɛksjɔ̃] *nf* **1.** *(sentiment)* affection; **avoir de l'~ pour** to be fond of. **2.** *(maladie)* complaint.

affectionner [afɛksjɔne] *vt* to be fond of.

affectueusement [afɛktɥøzmɑ̃] *adv* affectionately.

affectueux, -euse [afɛktɥø, øz] *adj* affectionate.

affichage [afiʃaʒ] *nm* **1.** *(d'un poster)* putting up, displaying. **2.** (ÉLECTRON): **~ à cristaux liquides** LCD, liquid crystal display; **~ numérique** digital display.

affiche [afiʃ] *nf (gén)* poster; *(officielle)* notice.

afficher [afiʃe] *vt* **1.** *(poster)* to put up; *(réglementation)* to put up a notice about. **2.** *(émotions)* to display, to exhibit.

affilée [afile] ◆ **d'affilée** *loc adv*: **trois jours d'~** three days running.

affiler [afile] *vt* to sharpen.

affiner [afine] *vt litt & fig* to refine.

affinité [afinite] *nf* affinity.

affirmatif, -ive [afirmatif, iv] *adj* **1.** *(réponse)* affirmative. **2.** *(personne)* positive. ◆ **affirmative** *nf*: **dans l'affirmative** if yes, if the answer is yes; **répondre par l'affirmative** to reply in the affirmative.

affirmation [afirmasjɔ̃] *nf* assertion.

affirmer [afirme] *vt* **1.** *(certifier)* to maintain, to claim. **2.** *(exprimer)* to assert.

affliction [afliksjɔ̃] *nf* affliction.

affligeant, -e [afliʒɑ̃, ɑ̃t] *adj* **1.** *(désolant)* saddening, distressing. **2.** *(lamentable)* appalling.

affliger [afliʒe] *vt sout* **1.** *(attrister)* to sadden, to distress. **2.** *(de maladie)*: **être affligé de** to be afflicted with.

affluence [aflyɑ̃s] *nf* crowd, crowds *(pl)*.

affluent [aflyɑ̃] *nm* tributary.

affluer [aflye] *vi* **1.** *(choses)* to pour in, to flood in. **2.** *(personnes)* to flock. **3.** *(sang)*: **~ (à)** to rush (to).

afflux [afly] *nm* **1.** *(de liquide, dons, capitaux)* flow. **2.** *(de personnes)* flood.

affolement [afɔlmɑ̃] *nm* panic.

affoler [afɔle] *vt (inquiéter)* to terrify. ◆ **s'affoler** *vp (paniquer)* to panic.

affranchir [afrɑ̃ʃir] *vt* **1.** *(lettre - avec timbre)* to stamp; *(- à la machine)* to frank. **2.** *(esclave)* to set free, to liberate.

affreux, -euse [afrø, øz] *adj* **1.** *(laid)* horrible. **2.** *(effrayant)* terrifying. **3.** *(détestable)* awful, dreadful.

affriolant, -e [afrijɔlɑ̃, ɑ̃t] *adj* enticing.

affront [afrɔ̃] *nm* insult, affront.

affrontement [afrɔ̃tmɑ̃] *nm* confrontation.

affronter [afrɔ̃te] *vt* to confront.

affubler [afyble] *vt péj*: **être affublé de** to be got up in.

affût [afy] *nm*: **être à l'~ (de)** to be lying in wait (for); *fig* to be on the lookout (for).

affûter [afyte] *vt* to sharpen.

Afghanistan [afganistɑ̃] *nm*: **l'~** Afghanistan.

afin [afɛ̃] ◆ **afin de** *loc prép* in order to. ◆ **afin que** *loc conj (+ subjonctif)* so that.

a fortiori [afɔrsjɔri] *adv* all the more.

africain, -e [afrikɛ̃, ɛn] *adj* African. ◆ **Africain, -e** *nm, f* African.

Afrique [afrik] *nf*: **l'~** Africa; **l'~ du Nord** North Africa; **l'~ du Sud** South Africa.

agacer [agase] *vt* to irritate.

âge [aʒ] *nm* age; **quel ~ as-tu?** how old are you?; **prendre de l'~** to age; **l'~ adulte** adulthood; **l'~ ingrat** the awkward OU difficult age; **~ mental** mental age; **~ d'or** golden age; **le troisième ~** *(personnes)* the over-sixties.

âgé, -e [aʒe] *adj* old, elderly; **être ~ de 20 ans** to be 20 years old OU of age; **un enfant ~ de 3 ans** a 3-year-old child.

agence [aʒɑ̃s] *nf* agency; **~ immobilière** estate agent's *Br*, real estate agent's *Am*; **~ matrimoniale** marriage bureau; **Agence nationale pour l'emploi** = job centre; **~ de publicité** advertising agency; **~ de voyages** travel agent's, travel agency.

agencer [aʒɑ̃se] *vt* to arrange; *fig* to put together.

agenda [aʒɛ̃da] *nm* diary.

agenouiller [aʒnuje] ◆ **s'agenouiller** *vp* to kneel.

agent [aʒɑ̃] *nm* agent; **~ de change** stockbroker; **~ de police** police officer; **~ secret** secret agent.

agglomération [aglɔmerasjɔ̃] *nf (ville)* conurbation.

aggloméré [aglɔmere] *nm* chipboard.

agglomérer [aglɔmere] *vt* to mix together.

agglutiner [aglytine] *vt* to stick

together. ◆ **s'agglutiner** *vp (foule)* to gather, to congregate.

aggraver [agrave] *vt* to make worse. ◆ **s'aggraver** *vp* to get worse, to worsen.

agile [aʒil] *adj* agile, nimble.

agilité [aʒilite] *nf litt & fig* agility.

agios [aʒjo] *nmpl* (FIN) bank charges.

agir [aʒir] *vi* **1.** *(faire)* to act. **2.** *(se comporter)* to behave. **3.** *(influer)*: **~ sur** to have an effect on. ◆ **s'agir** *v impers*: **il s'agit de ...** it's a matter of ...; **de quoi s'agit-il?** what's it about?

agissements [aʒismɑ̃] *nmpl péj* schemes, intrigues.

agitateur, -trice [aʒitatœr, tris] *nm, f* (POLIT) agitator.

agitation [aʒitasjɔ̃] *nf* agitation; *(sociale)* unrest.

agité, -e [aʒite] *adj* **1.** *(gén)* restless; *(enfant)* restless, fidgety; *(journée)* hectic. **2.** *(mer)* rough.

agiter [aʒite] *vt* **1.** *(flacon)* to shake; *(bras)* to wave. **2.** *(énerver)* to perturb. ◆ **s'agiter** *vp (personne)* to move about, to fidget; *(mer)* to stir; *(population)* to get restless.

agneau [aɲo] *nm* **1.** *(animal, viande)* lamb. **2.** *(cuir)* lambskin.

agonie [agɔni] *nf (de personne)* mortal agony; *fig* death throes *(pl)*.

agoniser [agɔnize] *vi (personne)* to be dying; *fig* to be on its last legs.

agrafe [agraf] *nf* **1.** *(de bureau)* staple. **2.** (MÉD) clip.

agrafer [agrafe] *vt (attacher)* to fasten.

agrafeuse [agraføz] *nf* stapler.

agrandir [agrɑ̃dir] *vt* **1.** *(gén & PHOT)* to enlarge; *(rue, écart)* to widen. **2.** *fig (développer)* to expand. ◆ **s'agrandir** *vp* **1.** *(s'étendre)* to grow. **2.** *fig (se développer)* to expand.

agrandissement [agrɑ̃dismɑ̃] *nm* **1.** *(gén & PHOT)* enlargement. **2.** *fig (développement)* expansion.

agréable [agreabl] *adj* pleasant, nice.

agréé, -e [agree] *adj (concessionnaire, appareil)* authorized.

agréer [agree] *vt sout* **1.** *(accepter)*: **veuillez ~ mes salutations distinguées** yours faithfully. **2.** *(convenir)*: **~ à qqn** to suit OU please sb.

agrégation [agregasjɔ̃] *nf competitive examination for secondary school and university teachers.*

agrégé, -e [agreʒe] *nm, f holder of the agrégation.*

agrément [agremɑ̃] *nm* **1.** *(caractère agréable)* attractiveness. **2.** *(approbation)* consent, approval.

agrès [agrɛ] *nmpl* (SPORT) gym apparatus *(U)*.

agresser [agrese] *vt* **1.** *(suj: personne)* to attack. **2.** *fig (suj: bruit, pollution)* to assault.

agresseur [agrɛsœr] *nm* attacker.

agressif, -ive [agrɛsif, iv] *adj* aggressive.

agression [agrɛsjɔ̃] *nf* attack; (MIL & PSYCHOL) aggression.

agricole [agrikɔl] *adj* agricultural.

agriculteur, -trice [agrikyltœr, tris] *nm, f* farmer.

agriculture [agrikyltyr] *nf* agriculture, farming.

agripper [agripe] *vt* **1.** *(personne)* to cling OU hang on to. **2.** *(objet)* to grip, to clutch.

agronomie [agrɔnɔmi] *nf* agronomy.

agrume [agrym] *nm* citrus fruit.

aguets [agɛ] ◆ **aux aguets** *loc adv*: **être/rester aux ~** to be OU keep on the lookout.

ahuri, -e [ayri] *adj*: **être ~ (par qqch)** to be taken aback (by sthg).

ahurissant, -e [ayrisɑ̃, ɑ̃t] *adj* astounding.

ai → **avoir**.

aide [ɛd] *nf* **1.** *(gén)* help; **appeler (qqn) à l'~** to call (to sb) for help; **venir en ~ à qqn** to come to sb's aid, to help sb; **~ ménagère** home help. **2.** *(financière)* aid; **~ sociale** social security *Br*, welfare *Am*. ◆ **à l'aide de** *loc prép* with the help OU aid of.

aide-mémoire [ɛdmemwar] *nm inv* aide-mémoire; *(pour examen)* revision notes *(pl)*.

aider [ede] *vt* to help; **~ qqn à faire qqch** to help sb to do sthg. ◆ **s'aider** *vp* **1.** *(mutuellement)* to help each other. **2.** *(avoir recours)*: **s'~ de** to use, to make use of.

aide-soignant, -e [ɛdswaɲɑ̃, ɑ̃t] *nm, f* nursing auxiliary *Br*, nurse's aide *Am*.

aie, aies *etc* → **avoir**.

aïe [aj] *interj* ow!, ouch!

aïeul, -e [ajœl] *nm, f sout* grandparent, grandfather (*f* grandmother).

aïeux [ajø] *nmpl* ancestors.

aigle [ɛgl] *nm* eagle.

aigre [ɛgr] *adj* **1.** *(gén)* sour. **2.** *(propos)* harsh.

aigre-doux, -douce [ɛgrədu, dus] *adj* **1.** (CULIN) sweet-and-sour. **2.** *(propos)* bittersweet.

aigrelet, -ette [ɛgrəlɛ, ɛt] *adj* **1.** *(vin)*

vinegary. 2. *(voix)* sharpish.

aigreur [ɛgrœr] *nf* 1. *(d'un aliment)* sourness. 2. *(d'un propos)* harshness. ◆ **aigreurs d'estomac** *nfpl* heartburn *(U)*.

aigri, -e [egri] *adj* embittered.

aigu, -uë [egy] *adj* 1. *(son)* high-pitched. 2. *(objet)* sharp; *(angle)* acute. 3. *(douleur)* sharp, acute. 4. *(sens)* acute, keen. ◆ **aigu** *nm* high note.

aiguillage [egɥijaʒ] *nm (manœuvre)* shunting *Br*, switching *Am*; *(dispositif)* points *(pl)* *Br*, switch *Am*.

aiguille [egɥij] *nf* 1. *(gén)* needle; **~ à tricoter** knitting needle; **~ de pin** pine needle. 2. *(de pendule)* hand.

aiguiller [egɥije] *vt* 1. (RAIL) to shunt *Br*, to switch *Am*. 2. *(personne, conversation)* to steer, to direct.

aiguilleur [egɥijœr] *nm* 1. (RAIL) pointsman *Br*, switchman *Am*. 2. (AÉRON): **~ du ciel** air traffic controller.

aiguiser [egize] *vt litt & fig* to sharpen.

ail [aj] (*pl* **ails** OU **aulx** [o]) *nm* garlic *(U)*; **~ des bois** *Can* wild leek.

aile [ɛl] *nf (gén)* wing.

aileron [ɛlrɔ̃] *nm* 1. *(de requin)* fin. 2. *(d'avion)* aileron.

ailier [elje] *nm* winger.

aille, ailles *etc* → **aller**.

ailleurs [ajœr] *adv* elsewhere, somewhere else; **nulle part/partout ~** nowhere/everywhere else. ◆ **d'ailleurs** *loc adv* moreover, besides.

aimable [ɛmabl] *adj* kind, nice.

aimablement [ɛmabləmɑ̃] *adv* kindly.

aimant[1], -e [ɛmɑ̃, ɑ̃t] *adj* loving.

aimant[2] [ɛmɑ̃] *nm* magnet.

aimer [eme] *vt* 1. *(gén)* to like; **~ bien qqn/qqch** to like sb/sthg, to be fond of sb/sthg; **~ (à) faire qqch** to like to do sthg, to like doing sthg; **elle aime qu'on l'appelle par son surnom** she likes being called by her nickname; **je n'aime pas que tu rentres seule le soir** I don't like you coming home alone at night; **j'aimerais (bien) que tu viennes avec moi** I'd like you to come with me; **j'aimerais bien une autre tasse de café** I wouldn't mind another cup of coffee; **~ mieux qqch** to prefer sthg; **~ mieux faire qqch** to prefer doing OU to do sthg. 2. *(d'amour)* to love. ◆ **s'aimer** *vp (emploi réciproque)* to love each other; **s'~ bien** to like each other.

aine [ɛn] *nf* groin.

aîné, -e [ene] ◇ *adj (plus âgé)* elder, older; *(le plus âgé)* eldest, oldest. ◇ *nm, f (plus âgé)* older OU elder child, older OU eldest son/daughter; *(le plus âgé)* oldest OU eldest child, oldest OU eldest son/daughter; **elle est mon ~e de deux ans** she is two years older than me.

aînesse [ɛnɛs] → **droit**.

ainsi [ɛ̃si] *adv* 1. *(manière)* in this way, like this. 2. *(valeur conclusive)* thus; **et ~ de suite** and so on, and so forth; **pour ~ dire** so to speak. ◆ **ainsi que** *loc conj (et)* as well as.

air [ɛr] *nm* 1. *(gén)* air; **en plein ~** (out) in the open air, outside; **en l'~** *(projet)* (up) in the air; *fig (paroles)* empty; **~ conditionné** air-conditioning. 2. *(mine)* air, look; **il a l'~ triste** he looks sad; **il a l'~ de bouder** it looks as if he's sulking; **il a l'~ de faire beau** it looks like being a nice day. 3. (MUS) tune.

aire [ɛr] *nf (gén)* area; **~ d'atterrissage** landing strip; **~ de jeu** playground; **~ de repos** lay-by; **~ de stationnement** parking area.

aisance [ɛzɑ̃s] *nf* 1. *(facilité)* ease. 2. *(richesse)*: **il vit dans l'~** he has an affluent lifestyle.

aise [ɛz] *nf sout* pleasure; **être à l'~** OU **à son ~** *(confortable)* to feel comfortable; *(financièrement)* to be comfortably off; **mettez-vous à l'~** make yourself comfortable; **mettre qqn mal à l'~** to make sb feel ill at ease OU uneasy. ◆ **aises** *nfpl*: **aimer ses ~s** to like one's (home) comforts; **prendre ses ~s** to make o.s. comfortable.

aisé, -e [eze] *adj* 1. *(facile)* easy. 2. *(riche)* well-off.

aisselle [ɛsɛl] *nf* armpit.

ajourner [aʒurne] *vt* 1. *(décision)* to postpone; *(procès)* to adjourn. 2. *(candidat)* to refer.

ajout [aʒu] *nm* addition.

ajouter [aʒute] *vt* to add; **~ foi à qqch** *sout* to give credence to sthg. ◆ **s'ajouter** *vp*: **s'~ à qqch** to be in addition to sthg.

ajuster [aʒyste] *vt* 1. *(monter)*: **~ qqch (à)** to fit sthg (to). 2. *(régler)* to adjust. 3. *(vêtement)* to alter. 4. *(tir)* to aim. ◆ **s'ajuster** *vp* to be adaptable.

alarme [alarm] *nf* alarm; **donner l'~** to give OU raise the alarm.

alarmer [alarme] *vt* to alarm. ◆ **s'alarmer** *vp* to get OU become alarmed.

albanais, -e [albanɛ, ɛz] *adj* Albanian. ◆ **albanais** *nm (langue)* Albanian. ◆ **Albanais, -e** *nm, f* Albanian.

Albanie [albani] *nf*: **l'~** Albania.

albâtre [albatr] *nm* alabaster.

albatros [albatros] *nm* albatross.
albinos [albinos] *nmf & adj inv* albino.
album [albɔm] *nm* album; **~ (de) photo** photo album.
alchimiste [alʃimist] *nmf* alchemist.
alcool [alkɔl] *nm* alcohol; **~ à brûler** methylated spirits (*pl*); **~ à 90 degrés** surgical spirit.
alcoolique [alkɔlik] *nmf & adj* alcoholic.
alcoolisé, -e [alkɔlize] *adj* alcoholic.
alcoolisme [alkɔlism] *nm* alcoholism.
Alc(o)otest® [alkɔtɛst] *nm* ≈ Breathalyser®.
alcôve [alkov] *nf* recess.
aléatoire [aleatwar] *adj* **1.** *(avenir)* uncertain. **2.** *(choix)* random.
alentour [alɑ̃tur] *adv* around, round about. ◆ **alentours** *nmpl* surroundings; **aux ~s de** *(spatial)* in the vicinity of; *(temporel)* around.
alerte [alɛrt] ◇ *adj* **1.** *(esprit)* agile, alert. **2.** *(style, pas)* lively. ◇ *nf* alarm, alert; **donner l'~** to sound OU give the alert; **~ à la bombe** bomb scare.
alerter [alɛrte] *vt* to warn, to alert.
algèbre [alʒɛbr] *nf* algebra.
Alger [alʒe] *n* Algiers.
Algérie [alʒeri] *nf*: **l'~** Algeria.
algérien, -enne [alʒerjɛ̃, ɛn] *adj* Algerian. ◆ **Algérien, -enne** *nm, f* Algerian.
algue [alg] *nf* seaweed *(U)*.
alibi [alibi] *nm* alibi.
aliénation [aljenasjɔ̃] *nf* alienation; **~ mentale** insanity.
aliéné, -e [aljene] ◇ *adj* **1.** (MÉD) insane. **2.** (JUR) alienated. ◇ *nm, f* (MÉD) insane person.
aliéner [aljene] *vt* to alienate.
alignement [aliɲmɑ̃] *nm* alignment, lining up.
aligner [aliɲe] *vt* **1.** *(disposer en ligne)* to line up, to align. **2.** *(adapter)*: **~ qqch sur** to align sthg with, to bring sthg into line with. ◆ **s'aligner** *vp* to line up; **s'~ sur** (POLIT) to align o.s. with.
aliment [alimɑ̃] *nm* food *(U)*.
alimentaire [alimɑ̃tɛr] *adj* **1.** *(gén)* food (*avant n*). **2.** (JUR) maintenance (*avant n*).
alimentation [alimɑ̃tasjɔ̃] *nf* **1.** *(nourriture)* diet; **magasin d'~** food store. **2.** *(approvisionnement)*: **~ (en)** supply OU supplying *(U)* (of).
alimenter [alimɑ̃te] *vt* **1.** *(nourrir)* to feed. **2.** *(approvisionner)*: **~ qqch en** to supply sthg with.
alinéa [alinea] *nm* **1.** *(retrait)* indent. **2.** *(paragraphe)* paragraph.
aliter [alite] *vt*: **être alité** to be bedridden. ◆ **s'aliter** *vp* to take to one's bed.
allaitement [alɛtmɑ̃] *nm* *(d'enfant)* breast-feeding; *(d'animal)* suckling.
allaiter [alete] *vt* *(enfant)* to breast-feed; *(animal)* to suckle.
allé, -e [ale] *pp* → **aller**.
alléchant, -e [aleʃɑ̃, ɑ̃t] *adj* mouth-watering, tempting.
allécher [aleʃe] *vt*: **il a été alléché par l'odeur/la perspective** the smell/prospect made his mouth water.
allée [ale] *nf* **1.** *(dans un jardin)* path; *(dans une ville)* avenue. **2.** *(trajet)*: **~s et venues** comings and goings. **3.** *Can* (GOLF) fairway.
allégé, -e [aleʒe] *adj* *(produit)* low-fat.
alléger [aleʒe] *vt* **1.** *(fardeau)* to lighten. **2.** *(douleur)* to soothe.
allégorie [alegɔri] *nf* allegory.
allègre [alɛgr] *adj* **1.** *(ton)* cheerful. **2.** *(démarche)* jaunty.
alléguer [alege] *vt*: **~ une excuse** to put forward an excuse; **~ que** to plead (that).
Allemagne [almaɲ] *nf*: **l'~** Germany; **l'(ex-)~ de l'Est** (former) East Germany; **l'(ex-)~ de l'Ouest** (former) West Germany.
allemand, -e [almɑ̃, ɑ̃d] *adj* German. ◆ **allemand** *nm* *(langue)* German. ◆ **Allemand, -e** *nm, f* German; **un Allemand de l'Est/l'Ouest** an East/a West German.

---

aller [ale] ◇ *nm* **1.** *(trajet)* outward journey. **2.** *(billet)* single ticket *Br*, one-way ticket *Am*. ◇ *vi* **1.** *(gén)* to go; **allez!** come on!; **vas-y!** go on!; **allons-y!** let's go! **2.** (+ *infinitif*): **~ faire qqch** to go and do sthg; **~ travailler/se promener** to go to work/for a walk. **3.** *(indiquant un état)*: **je vais bien** I'm very well, I'm fine; **comment ça va? – ça va** *(santé)* how are you? – fine OU all right; *(situation)* how are things? – fine OU all right; **~ mieux** to be better. **4.** *(convenir)*: **ce type de clou ne va pas pour ce travail** this kind of nail won't do OU isn't suitable for this job; **~ avec** to go with; **~ à qqn** to suit sb; *(suj: taille)* to fit sb; **ces couleurs ne vont pas ensemble** these colours don't go well together. **5.** *loc*: **cela va de soi, cela va sans dire** that goes without saying; **il en va de ... comme ...** the same goes for ... as ...; **il en va de même pour lui** the same goes for him. ◇ *v aux*

(+ *infinitif*) *(exprime le futur proche)* to be going to, will; **je vais arriver en retard** I'm going to arrive late, I'll arrive late; **nous allons bientôt avoir fini** we'll soon have finished. ◆ **s'en aller** *vp* 1. *(partir)* to go, to be off; **allez-vous-en!** go away! 2. *(disparaître)* to go away.

> • *Be going to* sert à exprimer le futur, mais d'une manière un peu particulière. Il peut exprimer l'intention; dans ce cas, le sujet est presque toujours une personne, et la phrase décrit ce que cette personne a l'intention de faire (*we're going to have a party*). *Be going to* peut également indiquer un événement auquel le locuteur s'attend parce que les causes en sont déjà présentes. Il est probable qu'un tel événement se passe dans un avenir proche (*you're going to drop those plates!; he's going to be angry*).
>
> • Voir aussi GO dans la partie anglais-français du dictionnaire.

allergie [alɛrʒi] *nf* allergy.
allergique [alɛrʒik] *adj*: **~ (à)** allergic (to).
aller-retour [alerətur] *nm* return (ticket).
alliage [aljaʒ] *nm* alloy.
alliance [aljɑ̃s] *nf* 1. *(union)* alliance; *(par le mariage)* union, marriage; **cousin par ~** cousin by marriage. 2. *(bague)* wedding ring.
allié, -e [alje] ◇ *adj*: **~ (à)** allied (to). ◇ *nm, f* ally. ◆ **Alliés** *nmpl*: **les Alliés** the Allies.
allier [alje] *vt (associer)* to combine. ◆ **s'allier** *vp* to become allies; **s'~ qqn** to win sb over as an ally; **s'~ à qqn** to ally with sb.
alligator [aligatɔr] *nm* alligator.
allô [alo] *interj* hello!
allocation [alɔkasjɔ̃] *nf* 1. *(attribution)* allocation. 2. *(financière)*: **~ chômage** unemployment benefit *(U)*; **~ logement** housing benefit *(U)*; **~s familiales** child benefit *(U)*.
allocution [alɔkysjɔ̃] *nf* short speech.
allongé, -e [alɔ̃ʒe] *adj* 1. *(position)*: **être ~** to be lying down OU stretched out. 2. *(forme)* elongated.
allonger [alɔ̃ʒe] *vt* 1. *(gén)* to lengthen, to make longer. 2. *(jambe, bras)* to stretch (out). 3. *(personne)* to lay down. ◆ **s'allonger** *vp* 1. *(gén)* to get longer. 2. *(se coucher)* to lie down.
allopathique [alɔpatik] *adj* allopathic.
allumage [alymaʒ] *nm* 1. *(de feu)* lighting. 2. *(d'appareil)* switching OU turning on. 3. *(de moteur)* ignition.
allume-cigares [alymsigar] *nm inv* cigar lighter.
allume-gaz [alymgaz] *nm inv* gas lighter.
allumer [alyme] *vt* 1. *(lampe, radio)* to turn OU switch on; **allume dans la cuisine** turn the kitchen light on. 2. *(gaz)* to light; *(cigarette)* to light (up). 3. *fam (personne)* to turn on.
allumette [alymɛt] *nf* match.
allumeuse [alymøz] *nf fam péj* tease.
allure [alyr] *nf* 1. *(vitesse)* speed; **à toute ~** at top OU full speed. 2. *(prestance)* presence; **avoir de l'~** to have style. 3. *(apparence)* appearance.
allusion [alyzjɔ̃] *nf* allusion; **faire ~ à** to refer OU allude to.
almanach [almana] *nm* almanac.
aloi [alwa] *nm*: **de bon ~** *(mesure)* of real worth; **de mauvais ~** *(gaîté)* not genuine; *(plaisanterie)* in bad taste.
alors [alɔr] *adv* 1. *(jadis)* then, at that time. 2. *(à ce moment-là)* then. 3. *(exprimant la conséquence)* then, so; **et ~, qu'est-ce qui s'est passé?** so what happened?; **il va se mettre en colère – et ~?** he'll be angry – so what? 4. *(emploi expressif)* well (then); **~, qu'est-ce qu'on fait?** well, what are we doing?; **ça ~!** well fancy that! ◆ **alors que** *loc conj* 1. *(exprimant le temps)* while, when. 2. *(exprimant l'opposition)* even though; **elle est sortie ~ que c'était interdit** she went out even though it was forbidden; **ils aiment le café ~ que nous, nous buvons du thé** they like coffee whereas we drink tea.
alouette [alwɛt] *nf* lark.
alourdir [alurdir] *vt* 1. *(gén)* to weigh down, to make heavy. 2. *fig (impôts)* to increase.
aloyau [alwajo] *nm* sirloin.
Alpes [alp] *nfpl*: **les ~** the Alps.
alphabet [alfabɛ] *nm* alphabet.
alphabétique [alfabetik] *adj* alphabetical.
alphabétiser [alfabetize] *vt*: **~ qqn** to teach sb (how) to read and write.
alpin, -e [alpɛ̃, in] *adj* alpine.
alpinisme [alpinism] *nm* mountaineering.
alter ego [alterego] *nm inv* alter ego.
altérer [altere] *vt* 1. *(détériorer)* to spoil. 2. *(santé)* to harm, to affect; *(récit)*

to distort. ◆ **s'altérer** *vp* 1. *(métal)* to deteriorate; *(aliment)* to go off, to spoil. 2. *(santé)* to deteriorate.

alternance [altɛrnɑ̃s] *nf* 1. *(succession)* alternation; **en ~** alternately. 2. (POLIT) change of government party.

alternatif, -ive [altɛrnatif, iv] *adj* 1. *(périodique)* alternating. 2. *(parallèle)* alternative. ◆ **alternative** *nf* alternative.

alternativement [altɛrnativmɑ̃] *adv* alternately.

alterner [altɛrne] *vi (se succéder)*: **~ (avec)** to alternate (with).

altier, -ère [altje, ɛr] *adj* haughty.

altitude [altityd] *nf* altitude, height; **en ~** at (high) altitude.

alto [alto] *nm (voix)* alto; *(instrument)* viola.

aluminium [alyminjɔm] *nm* aluminium *Br*, aluminum *Am*.

alvéole [alveɔl] *nf* 1. *(cavité)* cavity. 2. *(de ruche, poumon)* alveolus.

amabilité [amabilite] *nf* kindness; **avoir l'~ de faire qqch** to be so kind as to do sthg.

amadouer [amadwe] *vt (adoucir)* to tame, to pacify; *(persuader)* to coax.

amaigrir [amegrir] *vt* to make thin OU thinner.

amaigrissant, -e [amegrisɑ̃, ɑ̃t] *adj* slimming *(avant n) Br*, reducing *(avant n) Am*.

amaigrissement [amegrismɑ̃] *nm* loss of weight.

amalgame [amalgam] *nm* 1. (TECHNOL) amalgam. 2. *(de styles)* mixture. 3. *(d'idées, de notions)*: **il ne faut pas faire l'~ entre ces deux questions** the two issues must not be confused.

amalgamer [amalgame] *vt* to combine.

amande [amɑ̃d] *nf* almond.

amandier [amɑ̃dje] *nm* almond tree.

amant [amɑ̃] *nm* lover.

amarre [amar] *nf* rope, cable; *fam fig (partir)* to hit the road.

amarrer [amare] *vt* 1. (NAVIG) to moor. 2. *(fixer)* to tie down.

amas [ama] *nm* pile.

amasser [amase] *vt* 1. *(objets)* to pile up. 2. *(argent)* to accumulate.

amateur [amatœr] *nm* 1. *(connaisseur)*: **~ de** lover of. 2. *(non-professionnel)* amateur; **faire qqch en ~** to do sthg as a hobby. 3. *péj (dilettante)* amateur.

amazone [amazon] *nf* horsewoman; **monter en ~** to ride sidesaddle.

Amazonie [amazoni] *nf*: **l'~** the Amazon (Basin).

amazonien, -enne [amazonjɛ̃, ɛn] *adj* Amazonian; **la forêt ~ne** the Amazon rain forest.

ambassade [ɑ̃basad] *nf* embassy.

ambassadeur, -drice [ɑ̃basadœr, dris] *nm, f* ambassador.

ambiance [ɑ̃bjɑ̃s] *nf* atmosphere.

ambiant, -e [ɑ̃bjɑ̃, ɑ̃t] *adj*: **température ~e** room temperature.

ambidextre [ɑ̃bidɛkstr] *adj* ambidextrous.

ambigu, -uë [ɑ̃bigy] *adj* ambiguous.

ambiguïté [ɑ̃bigɥite] *nf* ambiguity.

ambitieux, -euse [ɑ̃bisjø, øz] *adj* ambitious.

ambition [ɑ̃bisjɔ̃] *nf* 1. *péj (arrivisme)* ambitiousness. 2. *(désir)* ambition; **avoir l'~ de faire qqch** to have an ambition to do sthg.

ambivalent, -e [ɑ̃bivalɑ̃, ɑ̃t] *adj* ambivalent.

ambre [ɑ̃br] *nm* 1. *(couleur)* amber. 2. *(matière)*: **~ (gris)** ambergris.

ambré, -e [ɑ̃bre] *adj (couleur)* amber.

ambulance [ɑ̃bylɑ̃s] *nf* ambulance.

ambulant, -e [ɑ̃bylɑ̃, ɑ̃t] *adj* travelling *(avant n)*.

âme [ɑm] *nf* 1. *(gén)* soul; **avoir une ~ de comédien** to be a born actor; **~ sœur** soulmate. 2. *(caractère)* spirit, soul.

amélioration [ameljɔrasjɔ̃] *nf* improvement.

améliorer [ameljɔre] *vt* to improve. ◆ **s'améliorer** *vp* to improve.

amen [amɛn] *adv* amen.

aménagement [amenaʒmɑ̃] *nm* 1. *(de lieu)* fitting out. 2. *(de programme)* planning, organizing.

aménager [amenaʒe] *vt* 1. *(lieu)* to fit out. 2. *(programme)* to plan, to organize.

amende [amɑ̃d] *nf* fine.

amendement [amɑ̃dmɑ̃] *nm* (POLIT) amendment.

amender [amɑ̃de] *vt* 1. (POLIT) to amend. 2. (AGRIC) to enrich. ◆ **s'amender** *vp* to mend one's ways.

amener [amne] *vt* 1. *(mener)* to bring. 2. *(inciter)*: **~ qqn à faire qqch** *(suj: circonstances)* to lead sb to do sthg; *(suj: personne)* to get sb to do sthg. 3. *(occasionner)* to bring about.

amenuiser [amənɥize] *vt (réduire)* to diminish, to reduce. ◆ **s'amenuiser** *vp* to dwindle, to diminish.

amer, -ère [amɛr] *adj* bitter.

américain, -e [amerikɛ̃, ɛn] *adj* American. ◆ **américain** *nm (langue)* American English. ◆ **Américain, -e** *nm, f* American.

américanisme [amerikanism] *nm* Americanism.

Amérique [amerik] *nf*: **l'~** America; **l'~ centrale** Central America; **l'~ du Nord** North America; **l'~ du Sud** South America; **l'~ latine** Latin America.

amertume [amɛrtym] *nf* bitterness.

améthyste [ametist] *nf* amethyst.

ameublement [amœbləmɑ̃] *nm (meubles)* furniture; *(action)* furnishing.

ami, -e [ami] ◇ *adj* friendly. ◇ *nm, f* **1.** *(camarade)* friend; **petit ~** boyfriend; **petite ~e** girlfriend. **2.** *(partisan)* supporter, friend.

amiable [amjabl] *adj (accord)* friendly, informal. ◆ **à l'amiable** *loc adv & loc adj* out of court.

amiante [amjɑ̃t] *nm* asbestos.

amibe [amib] *nf* amoeba.

amical, -e, -aux [amikal, o] *adj* friendly. ◆ **amicale** *nf* association, club *(for people with a shared interest)*.

amicalement [amikalmɑ̃] *adv* **1.** *(de façon amicale)* amicably, in a friendly way. **2.** *(dans une lettre)* yours (ever), (with) best wishes.

amidon [amidɔ̃] *nm* starch.

amidonner [amidɔne] *vt* to starch.

amincissant, -e [amɛ̃sisɑ̃, ɑ̃t] *adj* slimming.

amiral, -aux [amiral, o] *nm* admiral.

amitié [amitje] *nf* **1.** *(affection)* affection; **prendre qqn en ~** to befriend sb. **2.** *(relation)* friendship; **faire ses ~s à qqn** to give sb one's good OU best wishes.

ammoniac, -aque [amɔnjak] *adj* (CHIM) ammoniac. ◆ **ammoniac** *nm* ammonia. ◆ **ammoniaque** *nf* ammonia (water).

amnésie [amnezi] *nf* amnesia.

amniocentèse [amnjɔsɛ̃tɛz] *nf* amniocentesis.

amnistie [amnisti] *nf* amnesty.

amnistier [amnistje] *vt* to amnesty.

amoindrir [amwɛ̃drir] *vt* to diminish.

amonceler [amɔ̃sle] *vt* to accumulate.

amont [amɔ̃] *nm* upstream (water); **en ~ de** *(rivière)* upriver OU upstream from; *fig* prior to.

amoral, -e, -aux [amɔral, o] *adj* amoral.

amorce [amɔrs] *nf* **1.** *(d'explosif)* priming; *(de cartouche, d'obus)* cap. **2.** (PÊCHE) bait. **3.** *fig (commencement)* beginnings *(pl)*, germ.

amorcer [amɔrse] *vt* **1.** *(explosif)* to prime. **2.** (PÊCHE) to bait. **3.** *fig (commencer)* to begin, to initiate.

amorphe [amɔrf] *adj (personne)* lifeless.

amortir [amɔrtir] *vt* **1.** *(choc)* to absorb; *(- bruit)* to deaden, to muffle. **2.** *(dette)* to pay off. **3.** *(achat)* to write off.

amour [amur] *nm (gén)* love; **faire l'~** to make love. ◆ **amours** *nfpl (vie sentimentale)* love-life.

amoureux, -euse [amurø, øz] ◇ *adj* **1.** *(personne)* in love; **être/tomber ~ (de)** to be/fall in love (with). **2.** *(geste)* loving. ◇ *nm, f* **1.** *(prétendant)* suitor. **2.** *(passionné)*: **~ de** lover of; **un ~ de la nature** a nature lover.

amour-propre [amurprɔpr] *nm* pride, self-respect.

amovible [amɔvibl] *adj (déplaçable)* detachable, removable.

ampère [ɑ̃pɛr] *nm* amp, ampere.

amphétamine [ɑ̃fetamin] *nf* amphetamine.

amphi [ɑ̃fi] *nm fam* lecture hall OU theatre; **cours en ~** lecture.

amphibie [ɑ̃fibi] *adj* amphibious.

amphithéâtre [ɑ̃fiteatr] *nm* **1.** (HIST) amphitheatre. **2.** *(d'université)* lecture hall OU theatre.

ample [ɑ̃pl] *adj* **1.** *(vêtement - gén)* loose-fitting; *(- jupe)* full. **2.** *(projet)* extensive; **pour de plus ~s informations** for further details. **3.** *(geste)* broad, sweeping.

amplement [ɑ̃pləmɑ̃] *adv (largement)* fully, amply.

ampleur [ɑ̃plœr] *nf* **1.** *(de vêtement)* fullness. **2.** *(de dégâts)* extent.

ampli [ɑ̃pli] *nm* amp.

amplificateur, -trice [ɑ̃plifikatœr, tris] *adj* (ÉLECTR) amplifying; **un phénomène ~ de la croissance** *fig* a phenomenon which increases growth. ◆ **amplificateur** *nm* **1.** *(gén)* amplifier. **2.** (PHOT) enlarger.

amplifier [ɑ̃plifje] *vt* **1.** *(mouvement, son)* to amplify; *(image)* to magnify, to enlarge. **2.** *(scandale)* to increase; *(problème)* to highlight.

amplitude [ɑ̃plityd] *nf* **1.** *(de geste)* fullness. **2.** *(d'onde)* amplitude. **3.** *(de température)* range.

ampoule [ɑ̃pul] *nf* **1.** *(de lampe)* bulb. **2.** *(sur la peau)* blister. **3.** *(médicament)* ampoule, phial.

amputation [ɑ̃pytasjɔ̃] *nf* (MÉD) amputation.
amputer [ɑ̃pyte] *vt* (MÉD) to amputate; *fig (couper)* to cut (back OU down).
amulette [amylɛt] *nf* amulet.
amusant, -e [amyzɑ̃, ɑ̃t] *adj (drôle)* funny; *(distrayant)* amusing; **c'est très ~** it's great fun.
amuse-gueule [amyzgœl] *nm inv fam* cocktail snack, (party) nibble.
amusement [amyzmɑ̃] *nm* amusement *(U)*.
amuser [amyze] *vt* to amuse, to entertain. ♦ **s'amuser** *vp* to have fun, to have a good time; **s'~ à faire qqch** to amuse o.s. (by) doing sthg.
amygdale [amidal] *nf* tonsil.
an [ɑ̃] *nm* year; **avoir sept ~s** to be seven (years old); **en l'~ 2000** in the year 2000; **le nouvel ~** the New Year.
anabolisant [anabɔlizɑ̃] *nm* anabolic steroid.
anachronique [anakrɔnik] *adj* anachronistic.
anagramme [anagram] *nf* anagram.
anal, -e, -aux [anal, o] *adj* anal.
analgésique [analʒezik] *nm & adj* analgesic.
anallergique [analɛrʒik] *adj* hypoallergenic.
analogie [analɔʒi] *nf* analogy.
analogique [analɔʒik] *adj* analogue.
analogue [analɔg] *adj* analogous, comparable.
analphabète [analfabɛt] *nmf & adj* illiterate.
analyse [analiz] *nf* **1.** *(étude)* analysis. **2.** (CHIM & MÉD) test, analysis. **3.** *(psychanalyse)* analysis *(U)*.
analyser [analize] *vt* **1.** *(étudier, psychanalyser)* to analyse. **2.** (CHIM & MÉD) to test, to analyse.
analyste [analist] *nmf* analyst.
analyste-programmeur, -euse [analistprɔgramœr, øz] *nm, f* systems analyst.
analytique [analitik] *adj* analytical.
ananas [anana(s)] *nm* pineapple.
anarchie [anarʃi] *nf* **1.** (POLIT) anarchy. **2.** *(désordre)* chaos, anarchy.
anarchique [anarʃik] *adj* anarchic.
anarchiste [anarʃist] *nmf & adj* anarchist.
anatomie [anatɔmi] *nf* anatomy.
anatomique [anatɔmik] *adj* anatomical.
ancestral, -e, -aux [ɑ̃sɛstral, o] *adj* ancestral.
ancêtre [ɑ̃sɛtr] *nmf (aïeul)* ancestor; *fig (forme première)* forerunner, ancestor; *fig (initiateur)* father (*f* mother).
anchois [ɑ̃ʃwa] *nm* anchovy.
ancien, -enne [ɑ̃sjɛ̃, ɛn] *adj* **1.** *(gén)* old. **2.** (*avant n*) *(précédent)* former, old. **3.** *(qui a de l'ancienneté)* senior. **4.** *(du passé)* ancient.
anciennement [ɑ̃sjɛnmɑ̃] *adv* formerly, previously.
ancienneté [ɑ̃sjɛnte] *nf* **1.** *(d'une chose)* oldness. **2.** *(d'un employé)* seniority.
ancre [ɑ̃kr] *nf* (NAVIG) anchor; **jeter l'~** to drop anchor; **lever l'~** to weigh anchor; *fam (partir)* to make tracks.
ancrer [ɑ̃kre] *vt (bateau)* to anchor; *fig (idée, habitude)* to root.
Andes [ɑ̃d] *nfpl*: **les ~** the Andes.
Andorre [ɑ̃dɔr] *nf*: **(la principauté d')~** (the principality of) Andorra.
andouille [ɑ̃duj] *nf* **1.** *(charcuterie) type of sausage made of chitterlings (pig's intestines) eaten cold.* **2.** *fam (imbécile)* prat, twit.
âne [an] *nm* **1.** (ZOOL) ass, donkey. **2.** *fam (imbécile)* ass.
anéantir [aneɑ̃tir] *vt* **1.** *(détruire)* to annihilate; *fig* to ruin, to wreck. **2.** *(démoraliser)* to crush, to overwhelm.
anecdote [anɛkdɔt] *nf* anecdote.
anecdotique [anɛkdɔtik] *adj* anecdotal.
anémie [anemi] *nf* (MÉD) anaemia; *fig* enfeeblement.
anémique [anemik] *adj* anaemic.
anémone [anemɔn] *nf* anemone.
ânerie [anri] *nf fam (parole, acte)*: **dire/faire une ~** to say/do something stupid.
ânesse [anɛs] *nf* she-ass, she-donkey.
anesthésie [anɛstezi] *nf* anaesthesia; **~ locale/générale** local/general anaesthetic.
anesthésier [anɛstezje] *vt* to anaesthetize.
anesthésique [anɛstezik] *nm & adj* anaesthetic.
anesthésiste [anɛstezist] *nmf* anaesthetist.
ange [ɑ̃ʒ] *nm* angel; **~ gardien** guardian angel; **être aux ~s** *fig* to be in one's seventh heaven.
angélique [ɑ̃ʒelik] *adj* angelic.
angélus [ɑ̃ʒelys] *nm (sonnerie)* angelus (bell).
angine [ɑ̃ʒin] *nf (pharyngite)* pharyngitis; *(amygdalite)* tonsillitis.
anglais, -e [ɑ̃glɛ, ɛz] *adj* English.

◆ **anglais** *nm (langue)* English. ◆ **Anglais, -e** *nm, f* Englishman (*f* Englishwoman); **les Anglais** the English. ◆ **anglaises** *nfpl* ringlets.
angle [ɑ̃gl] *nm* 1. *(coin)* corner. 2. (MATHS) angle; ~ **droit/aigu/obtus** right/acute/obtuse angle.
Angleterre [ɑ̃glətɛr] *nf*: **l'~** England.
anglican, -e [ɑ̃glikɑ̃, an] *adj & nm, f* Anglican.
anglophone [ɑ̃glɔfɔn] ◇ *nmf* English-speaker. ◇ *adj* English-speaking, anglophone.
anglo-saxon, -onne [ɑ̃glosaksɔ̃, ɔn] *adj* Anglo-Saxon. ◆ **anglo-saxon** *nm (langue)* Anglo-Saxon, Old English. ◆ **Anglo-Saxon, -onne** *nm, f* Anglo-Saxon.
angoisse [ɑ̃gwas] *nf* anguish.
angoisser [ɑ̃gwase] *vt (effrayer)* to cause anxiety to. ◆ **s'angoisser** *vp* 1. *(être anxieux)* to be overcome with anxiety. 2. *fam (s'inquiéter)* to fret.
anguille [ɑ̃gij] *nf* eel.
anguleux, -euse [ɑ̃gylø, øz] *adj* angular.
anicroche [anikrɔʃ] *nf* hitch.
animal, -e, -aux [animal, o] *adj* 1. *(propre à l'animal)* animal (*avant n*). 2. *(instinctif)* instinctive. ◆ **animal** *nm (bête)* animal; ~ **sauvage/domestique** wild/domestic animal.
animateur, -trice [animatœr, tris] *nm, f* 1. (RADIO & TÉLÉ) presenter. 2. *(socioculturel, sportif)* activities organizer.
animation [animasjɔ̃] *nf* 1. *(de rue)* activity, life; *(de discussion, visage)* animation. 2. *(activités)* activities (*pl*). 3. (CIN) animation.
animé, -e [anime] *adj (rue)* lively; *(discussion, visage)* animated; *(objet)* animate.
animer [anime] *vt* 1. *(égayer)* to animate, to liven up. 2. *(présenter)* to present. ◆ **s'animer** *vp* 1. *(visage)* to light up. 2. *(rue)* to come to life, to liven up.
animosité [animozite] *nf* animosity.
anis [ani(s)] *nm* (BOT) anise; (CULIN) aniseed.
ankylosé, -e [ɑ̃kiloze] *adj (paralysé)* stiff; *(engourdi)* numb.
annales [anal] *nfpl* 1. *(d'examen)* past papers. 2. *(revue)* chronicle (*sg*), annals.
anneau, -x [ano] *nm* 1. *(gén)* ring. 2. *(maillon)* link.
année [ane] *nf* year; **souhaiter la bonne ~ à qqn** to wish sb a Happy New Year; ~ **bissextile** leap year; **~-lumière** light year; ~ **scolaire** school year.
annexe [anɛks] ◇ *nf* 1. *(de dossier)* appendix, annexe. 2. *(de bâtiment)* annexe. ◇ *adj* related, associated.
annexer [anɛkse] *vt* 1. *(incorporer)*: ~ **qqch (à qqch)** to append OU annex sthg (to sthg). 2. *(pays)* to annex.
annexion [anɛksjɔ̃] *nf* annexation.
annihiler [aniile] *vt* to destroy, to wreck.
anniversaire [anivɛrsɛr] ◇ *nm (de mariage, mort, événement)* anniversary; *(de naissance)* birthday; **bon** OU **joyeux ~!** happy birthday! ◇ *adj* anniversary (*avant n*).
annonce [anɔ̃s] *nf* 1. *(déclaration)* announcement; *fig* sign, indication. 2. *(texte)* advertisement; **petite ~** classified advertisement, small ad.
annoncer [anɔ̃se] *vt* 1. *(faire savoir)* to announce. 2. *(prédire)* to predict.
annonciateur, -trice [anɔ̃sjatœr, tris] *adj*: ~ **de qqch** heralding sthg.
annoter [anɔte] *vt* to annotate.
annuaire [anɥɛr] *nm* annual, yearbook; ~ **téléphonique** telephone directory, phone book.
annuel, -elle [anɥɛl] *adj* 1. *(tous les ans)* annual, yearly. 2. *(d'une année)* annual.
annuité [anɥite] *nf* 1. *(paiement)* annual payment OU instalment. 2. *(année de service)* year (of service).
annulaire [anylɛr] *nm* ring finger.
annulation [anylasjɔ̃] *nf* 1. *(de rendez-vous, réservation)* cancellation. 2. *(de mariage)* annulment.
annuler [anyle] *vt* 1. *(rendez-vous, réservation)* to cancel. 2. *(mariage)* to annul. ◆ **s'annuler** *vp* to cancel each other out.
anoblir [anɔblir] *vt* to ennoble.
anodin, -e [anɔdɛ̃, in] *adj* 1. *(blessure)* minor. 2. *(propos)* harmless. 3. *(détail, personne)* insignificant.
anomalie [anɔmali] *nf* anomaly.
ânon [ɑnɔ̃] *nm* young donkey OU ass.
ânonner [ɑnɔne] *vt & vi* to recite in a drone.
anonymat [anɔnima] *nm* anonymity.
anonyme [anɔnim] *adj* anonymous.
anorak [anɔrak] *nm* anorak.
anorexie [anɔrɛksi] *nf* anorexia.
anormal, -e, -aux [anɔrmal, o] ◇ *adj* 1. *(inhabituel)* abnormal, not normal. 2. *(injuste)* wrong, not right. 3. *(arriéré)* (mentally) subnormal. ◇ *nm, f* mental defective.

ANPE (*abr de* **Agence nationale pour l'emploi**) *nf French national employment agency*, ≃ job centre *Br*.

anse [ɑ̃s] *nf* **1.** *(d'ustensile)* handle. **2.** (GÉOGR) cove.

antagoniste [ɑ̃tagɔnist] *adj* antagonistic.

antan [ɑ̃tɑ̃] ◆ **d'antan** *loc adj littéraire* of old, of yesteryear.

antarctique [ɑ̃tarktik] *adj* Antarctic; **le cercle polaire ~** the Antarctic Circle. ◆ **Antarctique** *nm* **1.** *(continent)*: **l'~** Antarctica. **2.** *(océan)*: **l'~** the Antarctic (Ocean).

antécédent [ɑ̃tesedɑ̃] *nm (gén pl) (passé)* history *(sg)*.

antenne [ɑ̃tɛn] *nf* **1.** *(d'insecte)* antenna, feeler. **2.** *(de télévision, de radio)* aerial *Br*, antenna. **3.** *(succursale)* branch, office.

antérieur, -e [ɑ̃terjœr] *adj* **1.** *(dans le temps)* earlier, previous; **~ à** previous OU prior to. **2.** *(dans l'espace)* front *(avant n)*.

antérieurement [ɑ̃terjœrmɑ̃] *adv* earlier, previously; **~ à** prior to.

anthologie [ɑ̃tɔlɔʒi] *nf* anthology.

anthracite [ɑ̃trasit] ◇ *nm* anthracite. ◇ *adj inv* charcoal (grey).

anthropologie [ɑ̃trɔpɔlɔʒi] *nf* anthropology.

anthropophage [ɑ̃trɔpɔfaʒ] *nmf* cannibal.

anti-âge [ɑ̃tiaʒ] *adj*: **crème ~** anti-ageing cream.

antialcoolique [ɑ̃tialkɔlik] *adj*: **ligue ~** temperance league.

antibiotique [ɑ̃tibjɔtik] *nm & adj* antibiotic.

antibrouillard [ɑ̃tibrujar] *nm & adj inv*: **(phare** OU **feu) ~** fog lamp *Br*, foglight *Am*.

antichambre [ɑ̃tiʃɑ̃br] *nf* antechamber; **faire ~** *fig* to wait patiently *(to see somebody)*.

anticipation [ɑ̃tisipasjɔ̃] *nf* (LITTÉRATURE): **roman d'~** science fiction novel.

anticipé, -e [ɑ̃tisipe] *adj* early.

anticiper [ɑ̃tisipe] ◇ *vt* to anticipate. ◇ *vi*: **~ (sur qqch)** to anticipate (sthg).

anticonformiste [ɑ̃tikɔ̃fɔrmist] *adj & nmf* non-conformist.

anticorps [ɑ̃tikɔr] *nm* antibody.

anticyclone [ɑ̃tisiklon] *nm* anticyclone.

antidater [ɑ̃tidate] *vt* to backdate.

antidépresseur [ɑ̃tidepresœr] *nm & adj m* antidepressant.

antidote [ɑ̃tidɔt] *nm* antidote.

antigel [ɑ̃tiʒɛl] *nm inv & adj inv* antifreeze.

antillais, -e [ɑ̃tijɛ, ɛz] *adj* West Indian. ◆ **Antillais, -e** *nm, f* West Indian.

Antilles [ɑ̃tij] *nfpl*: **les ~** the West Indies.

antilope [ɑ̃tilɔp] *nf* antelope.

antimilitariste [ɑ̃timilitarist] *nmf & adj* antimilitarist.

antimite [ɑ̃timit] *adj inv*: **boule ~** mothball.

antipathie [ɑ̃tipati] *nf* antipathy, hostility.

antipathique [ɑ̃tipatik] *adj* unpleasant.

antipelliculaire [ɑ̃tipelikylɛr] *adj*: **shampooing ~** anti-dandruff shampoo.

antiphrase [ɑ̃tifraz] *nf* antiphrasis.

antiquaire [ɑ̃tikɛr] *nmf* antique dealer.

antique [ɑ̃tik] *adj* **1.** *(civilisation)* ancient; *(vase, objet)* antique. **2.** *(vieux)* antiquated, ancient.

antiquité [ɑ̃tikite] *nf* **1.** *(époque)*: **l'Antiquité** antiquity. **2.** *(objet)* antique.

antirabique [ɑ̃tirabik] *adj*: **vaccin ~** rabies vaccine.

antiraciste [ɑ̃tirasist] *adj & nmf* antiracist.

antirides [ɑ̃tirid] *adj inv* anti-wrinkle.

antirouille [ɑ̃tiruj] *adj inv (traitement)* rust *(avant n)*; *(revêtement)* rustproof.

antisèche [ɑ̃tisɛʃ] *nm ou nf arg scol* crib *Br*, cheat sheet *Am*.

antisémite [ɑ̃tisemit] ◇ *nmf* anti-Semite. ◇ *adj* anti-Semitic.

antiseptique [ɑ̃tisɛptik] *nm & adj* antiseptic.

antisismique [ɑ̃tisismik] *adj* earthquake-proof.

antithèse [ɑ̃titɛz] *nf* antithesis.

antiviral, -aux [ɑ̃tiviral, o] *nm* antivirus.

antivol [ɑ̃tivɔl] *nm inv* anti-theft device.

antre [ɑ̃tr] *nm* den, lair.

anus [anys] *nm* anus.

anxiété [ɑ̃ksjete] *nf* anxiety.

anxieux, -euse [ɑ̃ksjø, øz] ◇ *adj* anxious, worried. ◇ *nm, f* worrier.

aorte [aɔrt] *nf* aorta.

août [u(t)] *nm* August; *voir aussi* **septembre**.

apaisement [apɛzmɑ̃] *nm* **1.** *(moral)* comfort. **2.** *(de douleur)* alleviation. **3.** *(de crise)* calming.

apaiser [apeze] *vt* 1. *(personne)* to calm down, to pacify. 2. *(conscience)* to salve; *(douleur)* to soothe; *(soif)* to slake, to quench; *(faim)* to assuage. ◆ **s'apaiser** *vp* 1. *(personne)* to calm down. 2. *(besoin)* to be assuaged; *(tempête)* to subside, to abate; *(douleur)* to die down; *(scrupules)* to be allayed.

apanage [apanaʒ] *nm sout* privilege; **être l'~ de qqn/qqch** to be the prerogative of sb/sthg.

aparté [aparte] *nm* 1. (THÉÂTRE) aside. 2. *(conversation)* private conversation; **prendre qqn en ~** to take sb aside.

apartheid [apartɛd] *nm* apartheid.

apathie [apati] *nf* apathy.

apathique [apatik] *adj* apathetic.

apatride [apatrid] *nmf* stateless person.

apercevoir [apɛrsəvwar] *vt (voir)* to see, to catch sight of. ◆ **s'apercevoir** *vp*: **s'~ de qqch** to notice sthg; **s'~ que** to notice (that).

aperçu, -e [apɛrsy] *pp* → **apercevoir**. ◆ **aperçu** *nm* general idea.

apéritif, -ive [aperitif, iv] *adj* which whets the appetite. ◆ **apéritif** *nm* aperitif; **prendre l'~** to have an aperitif, to have drinks *(before a meal)*.

apesanteur [apəzɑ̃tœr] *nf* weightlessness.

à-peu-près [apøprɛ] *nm inv* approximation.

aphone [afɔn] *adj* voiceless.

aphrodisiaque [afrɔdizjak] *nm & adj* aphrodisiac.

aphte [aft] *nm* mouth ulcer.

apiculteur, -trice [apikyltœr, tris] *nm, f* beekeeper.

apitoyer [apitwaje] *vt* to move to pity. ◆ **s'apitoyer** *vp* to feel pity; **s'~ sur** to feel sorry for.

ap. J.-C. *(abr de* **après Jésus-Christ***)* AD.

aplanir [aplanir] *vt* 1. *(aplatir)* to level. 2. *fig (difficulté, obstacle)* to smooth away, to iron out.

aplatir [aplatir] *vt (gén)* to flatten; *(couture)* to press flat; *(cheveux)* to smooth down.

aplomb [aplɔ̃] *nm* 1. *(stabilité)* balance. 2. *(audace)* nerve, cheek. ◆ **d'aplomb** *loc adv* steady.

apocalypse [apɔkalips] *nf* apocalypse.

apogée [apɔʒe] *nm* (ASTRON) apogee; *fig* peak.

apolitique [apɔlitik] *adj* apolitical, unpolitical.

apologie [apɔlɔʒi] *nf* justification, apology.

apoplexie [apɔplɛksi] *nf* apoplexy.

apostrophe [apɔstrɔf] *nf (signe)* apostrophe.

apostropher [apɔstrɔfe] *vt*: **~ qqn** to speak rudely to sb.

apothéose [apɔteoz] *nf* 1. *(consécration)* great honour. 2. *(point culminant - d'un spectacle)* grand finale; *(- d'une carrière)* crowning glory.

apôtre [apotr] *nm* apostle, disciple.

apparaître [aparɛtr] ◇ *vi* 1. *(gén)* to appear. 2. *(se dévoiler)* to come to light. ◇ *v impers*: **il apparaît que** it seems OU appears that.

apparat [apara] *nm* pomp; **d'~** *(dîner, habit)* ceremonial.

appareil [aparɛj] *nm* 1. *(gén)* device; *(électrique)* appliance. 2. *(téléphone)* phone, telephone; **qui est à l'~?** who's speaking? 3. *(avion)* aircraft. ◆ **appareil digestif** *nm* digestive system. ◆ **appareil photo** *nm* camera; **~ photo numérique** digital camera.

appareillage [aparɛjaʒ] *nm* 1. *(équipement)* equipment. 2. (NAVIG) getting under way.

appareiller [apareje] ◇ *vt (assortir)* to match up. ◇ *vi* (NAVIG) to get under way.

apparemment [aparamɑ̃] *adv* apparently.

apparence [aparɑ̃s] *nf* appearance. ◆ **en apparence** *loc adv* seemingly, apparently.

apparent, -e [aparɑ̃, ɑ̃t] *adj* 1. *(superficiel)* apparent. 2. *(visible)* visible.

apparenté, -e [aparɑ̃te] *adj*: **~ à** *(personne)* related to; *fig (ressemblant)* similar to.

appariteur [aparitœr] *nm* porter *(in university)*.

apparition [aparisjɔ̃] *nf* 1. *(gén)* appearance. 2. *(vision)* vision; *(de fantôme)* apparition.

appart [apart] *(abr de* **appartement***)* *nm fam* flat *Br*, apartment *Am*.

appartement [apartəmɑ̃] *nm* flat *Br*, apartment *Am*.

appartenir [apartənir] *vi* 1. *(être la propriété de)*: **~ à qqn** to belong to sb. 2. *(faire partie de)*: **~ à qqch** to belong to sthg, to be a member of sthg; **il ne m'appartient pas de faire ...** *fig & sout* it's not up to me to do ...

appartenu [apartəny] *pp inv* → **appartenir**.

apparu, -e [apary] *pp* → **apparaître**.

appâter [apate] *vt litt & fig* to lure.

appauvrir [apovrir] *vt* to impoverish. ◆ **s'appauvrir** *vp* to grow poorer, to become impoverished.

appel [apɛl] *nm* 1. *(gén)* call; **faire ~ à qqn** to appeal to sb; **faire ~ à qqch** *(nécessiter)* to call for sthg; *(avoir recours à)* to call on sthg; **~ (téléphonique)** (phone) call. 2. (JUR) appeal; **faire ~** (JUR) to appeal; **sans ~** final. 3. *(pour vérifier - gén)* roll-call; (- SCOL) registration. 4. (COMM): **~ d'offre** invitation to tender. 5. *(signe)*: **faire un ~ de phares** to flash one's headlights.

appelé [aple] *nm* conscript.

appeler [aple] *vt* 1. *(gén)* to call. 2. *(téléphoner)* to ring, to call. 3. *(exiger)* to call for. ◆ **s'appeler** *vp* 1. *(se nommer)* to be called; **il s'appelle Patrick** his name is Patrick, he's called Patrick. 2. *(se téléphoner)*: **on s'appelle demain?** shall we talk tomorrow?

appendice [apɛ̃dis] *nm* appendix.

appendicite [apɛ̃disit] *nf* appendicitis.

appentis [apɑ̃ti] *nm* lean-to.

appesantir [apəzɑ̃tir] *vt (démarche)* to slow down. ◆ **s'appesantir** *vp* 1. *(s'alourdir)* to become heavy. 2. *(insister)*: **s'~ sur qqch** to dwell on sthg.

appétissant, -e [apetisɑ̃, ɑ̃t] *adj (nourriture)* appetizing.

appétit [apeti] *nm* appetite; **bon ~!** enjoy your meal!

applaudir [aplodir] ◇ *vt* to applaud. ◇ *vi* to clap, to applaud; **~ à qqch** *fig* to applaud sthg; **~ à tout rompre** *fig* to bring the house down.

applaudissements [aplodismɑ̃] *nmpl* applause *(U)*, clapping *(U)*.

application [aplikasjɔ̃] *nf (gén &* INFORM*)* application.

applique [aplik] *nf* wall lamp.

appliquer [aplike] *vt (gén)* to apply; *(loi)* to enforce. ◆ **s'appliquer** *vp* 1. *(se poser)*: **cette peinture s'applique facilement** this paint goes on easily. 2. *(se concentrer)*: **s'~ (à faire qqch)** to apply o.s. (to doing sthg).

appoint [apwɛ̃] *nm* 1. *(monnaie)* change; **faire l'~** to give the right money. 2. *(aide)* help, support; **d'~** *(salaire, chauffage)* extra.

apport [apɔr] *nm* 1. *(gén &* FIN*)* contribution. 2. *(de chaleur)* input.

apporter [apɔrte] *vt* 1. *(gén)* to bring; **ça m'a beaucoup apporté** *fig* I got a lot from it. 2. *(preuve)* to provide, to give. 3. *(soin)* to exercise; *(attention)* to give.

apposer [apoze] *vt* 1. *(affiche)* to put up. 2. *(signature)* to append.

apposition [apozisjɔ̃] *nf* (GRAM) apposition.

appréciable [apresjabl] *adj* 1. *(notable)* appreciable. 2. *(agréable)*: **c'est ~!** it's really nice!

appréciation [apresjasjɔ̃] *nf* 1. *(de valeur)* valuation; *(de distance, poids)* estimation. 2. *(jugement)* judgment. 3. (SCOL) assessment.

apprécier [apresje] *vt* 1. *(gén)* to appreciate. 2. *(évaluer)* to estimate, to assess.

appréhender [apreɑ̃de] *vt* 1. *(arrêter)* to arrest. 2. *(craindre)*: **~ qqch/de faire qqch** to dread sthg/doing sthg.

appréhension [apreɑ̃sjɔ̃] *nf* apprehension.

apprendre [aprɑ̃dr] *vt* 1. *(étudier)* to learn; **~ à faire qqch** to learn (how) to do sthg. 2. *(enseigner)* to teach; **~ qqch à qqn** to teach sb sthg; **~ à qqn à faire qqch** to teach sb (how) to do sthg. 3. *(nouvelle)* to hear of, to learn of; **~ que** to hear that, to learn that; **~ qqch à qqn** to tell sb of sthg.

apprenti, -e [aprɑ̃ti] *nm, f (élève)* apprentice; *fig* beginner.

apprentissage [aprɑ̃tisaʒ] *nm* 1. *(de métier)* apprenticeship. 2. *(formation)* learning.

apprêter [aprete] *vt* to prepare. ◆ **s'apprêter** *vp* 1. *(être sur le point)*: **s'~ à faire qqch** to get ready to do sthg. 2. *(s'habiller)*: **s'~ pour qqch** to dress up for sthg.

appris, -e [apri, iz] *pp* → **apprendre**.

apprivoiser [aprivwaze] *vt* to tame.

approbateur, -trice [aprɔbatœr, tris] *adj* approving.

approbation [aprɔbasjɔ̃] *nf* approval.

approchant, -e [aprɔʃɑ̃, ɑ̃t] *adj* similar; **quelque chose d'~** something similar.

approche [aprɔʃ] *nf (arrivée)* approach; **à l'~ des fêtes** as the Christmas holidays draw near.

approcher [aprɔʃe] ◇ *vt* 1. *(mettre plus près)* to move near, to bring near; **~ qqch de qqn/qqch** to move sthg near (to) sb/sthg. 2. *(aborder)* to go up to, to approach. ◇ *vi* to approach, to go/come near; **approchez!** come nearer!; **n'approchez pas!** keep OU stay away!; **~ de** *(fin)* to approach. ◆ **s'approcher** *vp* to come/go near, to approach; **s'~ de qqn/qqch** to approach sb/sthg.

approfondir [aprɔfɔ̃dir] *vt* 1. *(creuser)* to make deeper. 2. *(développer)* to go further into.

approprié, -e [aprɔprije] *adj*: **~ (à)** appropriate (to).
approprier [aprɔprije] *vt* **1.** *(adapter)* to adapt. **2.** *Belg* to clean. ◆ **s'approprier** *vp (s'adjuger)* to appropriate.
approuver [apruve] *vt (gén)* to approve of.
approvisionnement [aprɔvizjɔnmɑ̃] *nm* supplies *(pl)*, stocks *(pl)*.
approvisionner [aprɔvizjɔne] *vt* **1.** *(compte)* to pay money into. **2.** *(magasin)* to supply.
approximatif, -ive [aprɔksimatif, iv] *adj* approximate, rough.
approximation [aprɔksimasjɔ̃] *nf* approximation.
approximativement [aprɔksimativmɑ̃] *adv* approximately, roughly.
appt *abr de* **appartement**.
appui [apɥi] *nm (soutien)* support.
appui-tête [apɥitɛt] *(pl* **appuis-tête***)* *nm* headrest.
appuyer [apɥije] ◇ *vt* **1.** *(poser)*: **~ qqch sur/contre qqch** to lean sthg on/against sthg, to rest sthg on/against sthg. **2.** *(presser)*: **~ qqch sur/contre** to press sthg on/against. **3.** *fig (soutenir)* to support. ◇ *vi* **1.** *(reposer)*: **~ sur** to lean OU rest on. **2.** *(presser)* to push; **~ sur** *(bouton)* to press. **3.** *fig (insister)*: **~ sur** to stress. **4.** *(se diriger)*: **~ sur la** OU **à droite** to bear right. ◆ **s'appuyer** *vp* **1.** *(se tenir)*: **s'~ contre/sur** to lean against/on, to rest against/on. **2.** *(se baser)*: **s'~ sur** to rely on.
âpre [apr] *adj* **1.** *(goût, discussion, combat)* bitter. **2.** *(ton, épreuve, critique)* harsh. **3.** *(concurrence)* fierce.
après [aprɛ] ◇ *prép* **1.** *(gén)* after; **~ avoir mangé, ils ...** after having eaten OU after they had eaten, they ...; **~ cela** after that; **~ quoi** after which. **2.** *(indiquant l'attirance, l'attachement, l'hostilité)*: **soupirer ~ qqn** to yearn for sb; **aboyer ~ qqn** to bark at sb. ◇ *adv* **1.** *(temps)* afterwards; **un mois ~** one month later; **le mois d'~** the following OU next month. **2.** *(lieu, dans un ordre, dans un rang)*: **la rue d'~** the next street; **c'est ma sœur qui vient ~** my sister's next. ◆ **après coup** *loc adv* afterwards, after the event. ◆ **après que** *loc conj (+ indicatif)* after; **je le verrai ~ qu'il aura fini** I'll see him after OU when he's finished; **~ qu'ils eurent dîné, ...** after dinner OU after they had dined, ... ◆ **après tout** *loc adv* after all. ◆ **d'après** *loc prép* according to; **d'~ moi** in my opinion; **d'~ lui** according to him. ◆ **et après** *loc adv (employée interrogativement)* **1.** *(question sur la suite)* and then what? **2.** *(exprime l'indifférence)* so what?
après-demain [aprɛdmɛ̃] *adv* the day after tomorrow.
après-guerre [aprɛgɛr] *nm* post-war years *(pl)*; **d'~** post-war.
après-midi [aprɛmidi] *nm inv ou nf inv* afternoon.
après-rasage [aprɛrazaʒ] *nm & adj inv* aftershave.
après-ski [aprɛski] *nm (chaussure)* snow-boot.
après-soleil [aprɛsɔlɛj] *adj inv* after-sun *(avant n)*.
après-vente [aprɛvɑ̃t] → **service**.
à-propos [aprɔpo] *nm inv (de remarque)* aptness; **faire preuve d'~** to show presence of mind.
apte [apt] *adj*: **~ à qqch/à faire qqch** capable of sthg/of doing sthg; **~ (au service)** (MIL) fit (for service).
aquarelle [akwarɛl] *nf* watercolour.
aquarium [akwarjɔm] *nm* aquarium.
aquatique [akwatik] *adj (plante, animal)* aquatic; *(milieu)* watery, marshy.
aqueduc [akdyk] *nm* aqueduct.
aqueux, -euse [akø, øz] *adj* watery.
aquilin [akilɛ̃] → **nez**.
arabe [arab] ◇ *adj (peuple)* Arab; *(désert)* Arabian. ◇ *nm (langue)* Arabic. ◆ **Arabe** *nmf* Arab.
arabesque [arabɛsk] *nf* **1.** *(ornement)* arabesque. **2.** *(ligne sinueuse)* flourish.
Arabie [arabi] *nf*: **l'~** Arabia; **l'~ Saoudite** Saudi Arabia.
arachide [araʃid] *nf* **1.** *(plante)* groundnut. **2.** *(graine)* peanut, groundnut.
araignée [areɲe] *nf* spider. ◆ **araignée de mer** *nf* spider crab.
arbalète [arbalɛt] *nf* crossbow.
arbitrage [arbitraʒ] *nm* **1.** *(SPORT - gén)* refereeing; *(- au tennis, cricket)* umpiring. **2.** (JUR) arbitration.
arbitraire [arbitrɛr] *adj* arbitrary.
arbitre [arbitr] *nm* **1.** *(SPORT - gén)* referee; *(- au tennis, cricket)* umpire. **2.** *(conciliateur)* arbitrator.
arbitrer [arbitre] *vt* **1.** *(SPORT - gén)* to referee; *(- au tennis, cricket)* to umpire. **2.** *(conflit)* to arbitrate.
arboriculture [arbɔrikyltyr] *nf* tree growing.
arbre [arbr] *nm* **1.** *(BOT & fig)* tree; **~ généalogique** family tree. **2.** *(axe)* shaft.
arbrisseau, -x [arbriso] *nm* shrub.
arbuste [arbyst] *nm* shrub.
arc [ark] *nm* **1.** *(arme)* bow. **2.** *(courbe)*

arc; ~ **de cercle** arc of a circle. 3. (ARCHIT) arch.
arcade [arkad] *nf* 1. (ARCHIT) arch; ~**s** arcade (*sg*). 2. (ANAT): ~ **sourcilière** arch of the eyebrows.
arc-bouter [arkbute] ◆ **s'arc-bouter** *vp* to brace o.s.
arceau, -x [arso] *nm* 1. (ARCHIT) arch. 2. *(objet métallique)* hoop.
arc-en-ciel [arkɑ̃sjɛl] (*pl* **arcs-en-ciel**) *nm* rainbow.
archaïque [arkaik] *adj* archaic.
arche [arʃ] *nf* (ARCHIT) arch.
archéologie [arkeɔlɔʒi] *nf* archaeology.
archéologique [arkeɔlɔʒik] *adj* archaeological.
archéologue [arkeɔlɔg] *nmf* archaeologist.
archet [arʃɛ] *nm* (MUS) bow.
archevêque [arʃəvɛk] *nm* archbishop.
archipel [arʃipɛl] *nm* archipelago.
architecte [arʃitɛkt] *nmf* architect.
architecture [arʃitɛktyr] *nf* architecture; *fig* structure.
archives [arʃiv] *nfpl (de bureau)* records; *(de musée)* archives.
archiviste [arʃivist] *nmf* archivist.
arctique [arktik] *adj* Arctic; **le cercle polaire** ~ the Arctic Circle. ◆ **Arctique** *nm*: **l'**~ the Arctic.
ardemment [ardamɑ̃] *adv* fervently, passionately.
ardent, -e [ardɑ̃, ɑ̃t] *adj* 1. *(soleil)* blazing. 2. *(soif, fièvre)* raging; *(passion)* burning.
ardeur [ardœr] *nf* 1. *(vigueur)* fervour, enthusiasm. 2. *(chaleur)* blazing heat.
ardoise [ardwaz] *nf* slate.
ardu, -e [ardy] *adj (travail)* arduous; *(problème)* difficult.
are [ar] *nm 100 square metres.*
arène [arɛn] *nf* arena. ◆ **arènes** *nfpl (romaines)* amphitheatre (*sg*); *(pour corridas)* bullring (*sg*).
arête [arɛt] *nf* 1. *(de poisson)* bone. 2. *(du nez)* bridge.
argent [arʒɑ̃] *nm* 1. *(métal, couleur)* silver. 2. *(monnaie)* money; ~ **liquide** (ready) cash; ~ **de poche** pocket money.
argenté, -e [arʒɑ̃te] *adj* silvery, silver.
argenterie [arʒɑ̃tri] *nf* silverware.
Argentine [arʒɑ̃tin] *nf*: **l'**~ Argentina.
argile [arʒil] *nf* clay.
argileux, -euse [arʒilø, øz] *adj* clayey.
argot [argo] *nm* slang.
argotique [argɔtik] *adj* slang (*avant n*), slangy.
argument [argymɑ̃] *nm* argument.
argumentation [argymɑ̃tasjɔ̃] *nf* argumentation.
argus [argys] *nm*: **coté à l'**~ *rated in the guide to secondhand car prices.*
aride [arid] *adj litt & fig* arid; *(travail)* thankless.
aristocrate [aristɔkrat] *nmf* aristocrat.
aristocratie [aristɔkrasi] *nf* aristocracy.
arithmétique [aritmetik] *nf* arithmetic.
armateur [armatœr] *nm* ship owner.
armature [armatyr] *nf* 1. *(*CONSTR *& fig)* framework. 2. *(de parapluie)* frame; *(de soutien-gorge)* underwiring.
arme [arm] *nf litt & fig* weapon; ~ **blanche** blade; ~ **à feu** firearm. ◆ **armes** *nfpl* 1. *(armée)*: **les** ~**s** the army. 2. *(blason)* coat of arms (*sg*). 3. *loc*: **partir avec** ~**s et bagages** to leave taking everything.
armée [arme] *nf* army; **l'**~ **de l'air** the air force; **l'**~ **de terre** the army. ◆ **Armée du salut** *nf*: **l'Armée du salut** the Salvation Army.
armement [arməmɑ̃] *nm (ensemble d'armes)* arms (*pl*); **la course aux** ~**s** the arms race.
Arménie [armeni] *nf*: **l'**~ Armenia.
armer [arme] *vt* 1. *(pourvoir en armes)* to arm; **être armé pour qqch/pour faire qqch** *fig (préparé)* to be equipped for sthg/to do sthg. 2. *(fusil)* to cock. 3. *(appareil photo)* to wind on. 4. *(navire)* to fit out.
armistice [armistis] *nm* armistice.
armoire [armwar] *nf (gén)* cupboard *Br*, closet *Am*; *(garde-robe)* wardrobe; **c'est une** ~ **à glace!** *fam fig* he's built like a tank!; ~ **à pharmacie** medicine cabinet.
armoiries [armwari] *nfpl* coat of arms (*sg*).
armure [armyr] *nf* armour.
armurier [armyrje] *nm (d'armes à feu)* gunsmith; *(d'armes blanches)* armourer.
arnaque [arnak] *nf fam* rip-off.
arnaquer [arnake] *vt fam* to do *Br*, to swindle; **se faire** ~ to be had.
aromate [arɔmat] *nm (épice)* spice; *(fine herbe)* herb.
arôme [arom] *nm* 1. *(gén)* aroma; *(de parfum)* fragrance. 2. *(goût)* flavour.
arpège [arpɛʒ] *nm* arpeggio.
arpenter [arpɑ̃te] *vt (marcher)* to pace up and down.

arqué, -e [arke] *adj* 1. *(objet)* curved. 2. *(jambe)* bow (*avant n*), bandy; *(nez)* hooked; *(sourcil)* arched.

arr. *abr de* **arrondissement**.

arrache-pied [araʃpje] ◆ **d'arrache-pied** *loc adv*: **travailler d'~** to work away furiously.

arracher [araʃe] *vt* 1. *(plante)* to pull up OU out; *(dent)* to extract. 2. *(page)* to tear off OU out; *(chemise, bras)* to tear off. 3. *(prendre)*: **~ qqch à qqn** to snatch sthg from sb; *(susciter)* to wring sthg from sb. 4. *(soustraire)*: **~ qqn à** *(lieu)* to drag sb away from; *(lit)* to drag sb from; *(habitude)* to force sb out of; *(danger)* to snatch sb from.

arrangeant, -e [arɑ̃ʒɑ̃, ɑ̃t] *adj* obliging.

arrangement [arɑ̃ʒmɑ̃] *nm* 1. *(gén)* arrangement. 2. *(accord)* agreement, arrangement.

arranger [arɑ̃ʒe] *vt* 1. *(gén)* to arrange. 2. *(convenir à)* to suit. 3. *(régler)* to settle. 4. *(améliorer)* to sort out. 5. *(réparer)* to fix. ◆ **s'arranger** *vp* to come to an agreement; **s'~ pour faire qqch** to manage to do sthg; **cela va s'~** things will work out.

arrdt. *abr de* **arrondissement**.

arrestation [arɛstasjɔ̃] *nf* arrest; **être en état d'~** to be under arrest.

arrêt [arɛ] *nm* 1. *(d'un mouvement)* stopping; **à l'~** *(véhicule)* stationary; *(machine)* (switched) off; **tomber en ~ devant qqch** to stop dead in front of sthg. 2. *(interruption)* interruption; **sans ~** *(sans interruption)* non-stop; *(sans relâche)* constantly, continually; **être en ~ maladie** to be on sick leave; **~ maladie** OU **de travail** doctor's certificate; **~ du travail** stoppage. 3. *(station)*: **~ (d'autobus)** (bus) stop. 4. (JUR) decision, judgment.

arrêté [arete] *nm* (ADMIN) order, decree.

arrêter [arete] ◇ *vt* 1. *(gén)* to stop. 2. *(cesser)*: **~ de faire qqch** to stop doing sthg; **~ de fumer** to stop smoking. 3. *(voleur)* to arrest. ◇ *vi* to stop. ◆ **s'arrêter** *vp* to stop; **s'~ à qqch**: **il ne s'arrête pas à ces détails** he's not going to dwell on these details; **s'~ de faire** to stop doing.

arrhes [ar] *nfpl* deposit (*sg*).

arrière [arjɛr] ◇ *adj inv* back, rear; **roue ~** rear OU back wheel; **marche ~** reverse gear. ◇ *nm* 1. *(partie postérieure)* back; **à l'~** at the back *Br*, in back *Am*. 2. (SPORT) back. ◆ **en arrière** *loc adv* 1. *(dans la direction opposée)* back, backwards; **faire un pas en ~** to take a step back OU backwards. 2. *(à la traîne)* behind; **rester en ~** to lag behind.

arriéré, -e [arjere] *adj (mentalité, pays)* backward. ◆ **arriéré** *nm* arrears (*pl*).

arrière-boutique [arjɛrbutik] (*pl* **arrière-boutiques**) *nf* back shop.

arrière-garde [arjɛrgard] (*pl* **arrière-gardes**) *nf* rearguard.

arrière-goût [arjɛrgu] (*pl* **arrière-goûts**) *nm* aftertaste.

arrière-grand-mère [arjɛrgrɑ̃mɛr] (*pl* **arrière-grands-mères**) *nf* great-grandmother.

arrière-grand-père [arjɛrgrɑ̃pɛr] (*pl* **arrière-grands-pères**) *nm* great-grandfather.

arrière-pays [arjɛrpei] *nm inv* hinterland.

arrière-pensée [arjɛrpɑ̃se] (*pl* **arrière-pensées**) *nf* ulterior motive.

arrière-plan [arjɛrplɑ̃] (*pl* **arrière-plans**) *nm* background.

arrière-saison [arjɛrsɛzɔ̃] (*pl* **arrière-saisons**) *nf* late autumn.

arrière-train [arjɛrtrɛ̃] (*pl* **arrière-trains**) *nm* hindquarters (*pl*).

arrimer [arime] *vt* 1. *(attacher)* to secure. 2. (NAVIG) to stow.

arrivage [arivaʒ] *nm (de marchandises)* consignment, delivery.

arrivée [arive] *nf* 1. *(venue)* arrival. 2. (TECHNOL) inlet.

arriver [arive] ◇ *vi* 1. *(venir)* to arrive; **j'arrive!** (I'm) coming!; **~ à Paris** to arrive in OU reach Paris; **l'eau m'arrivait aux genoux** the water came up to my knees. 2. *(parvenir)*: **~ à faire qqch** to manage to do sthg, to succeed in doing sthg. ◇ *v impers* to happen; **il arrive que** (+ *subjonctif*): **il arrive qu'il soit en retard** he is sometimes late; **il arrive à tout le monde de se tromper** anyone can make a mistake; **il lui arrive d'oublier quel jour on est** he sometimes forgets what day it is; **quoi qu'il arrive** whatever happens.

arrivisme [arivism] *nm péj* ambition.

arrogance [arɔgɑ̃s] *nf* arrogance.

arrogant, -e [arɔgɑ̃, ɑ̃t] *adj* arrogant.

arroger [arɔʒe] ◆ **s'arroger** *vp*: **s'~ le droit de faire qqch** to take it upon o.s. to do sthg.

arrondi [arɔ̃di] *nm (de jupe)* hemline.

arrondir [arɔ̃dir] *vt* 1. *(forme)* to make round. 2. *(chiffre - en haut)* to round up; *(- en bas)* to round down.

arrondissement [arɔ̃dismɑ̃] *nm* (ADMIN) arrondissement *(administrative division of a département or city)*.
arroser [aroze] *vt* 1. *(jardin)* to water, to spray. 2. *fam (célébrer)* to celebrate.
arrosoir [arozwar] *nm* watering can.
arsenal, -aux [arsənal, o] *nm* 1. *(de navires)* naval dockyard. 2. *(d'armes)* arsenal.
arsenic [arsənik] *nm* arsenic.
art [ar] *nm* art; **le septième ~** cinema; **~s et métiers** *state-funded institution offering vocational courses by correspondence or evening classes.*
art. *abr de* **article**.
artère [artɛr] *nf* 1. (ANAT) artery. 2. *(rue)* arterial road.
artériel, -elle [arterjɛl] *adj* arterial.
artériosclérose [arterjɔskleroz] *nf* arteriosclerosis.
arthrite [artrit] *nf* arthritis.
arthrose [artroz] *nf* osteoarthritis.
artichaut [artiʃo] *nm* artichoke.
article [artikl] *nm* 1. *(gén)* article; **~ de fond** feature. 2. *loc*: **à l'~ de la mort** at death's door.
articulation [artikylasjɔ̃] *nf* 1. (ANAT & TECHNOL) joint. 2. *(prononciation)* articulation.
articuler [artikyle] *vt* 1. *(prononcer)* to articulate. 2. (ANAT & TECHNOL) to articulate, to joint.
artifice [artifis] *nm* 1. *(astuce)* clever device OU trick. 2. *(tromperie)* trick.
artificiel, -elle [artifisjɛl] *adj* artificial.
artillerie [artijri] *nf* (MIL) artillery.
artisan, -e [artizɑ̃, an] *nm, f* craftsman (*f* craftswoman).
artisanal, -e, -aux [artizanal, o] *adj* craft *(avant n)*.
artisanat [artizana] *nm (métier)* craft; *(classe)* craftsmen.
artiste [artist] *nmf* 1. *(créateur)* artist; **~ peintre** painter. 2. *(interprète)* performer.
artistique [artistik] *adj* artistic.
as[1] [a] → **avoir**.
as[2] [as] *nm* 1. *(carte)* ace. 2. *(champion)* star, ace.
ascendant, -e [asɑ̃dɑ̃, ɑ̃t] *adj* rising. ◆ **ascendant** *nm* 1. *(influence)* influence, power. 2. (ASTROL) ascendant.
ascenseur [asɑ̃sœr] *nm* lift *Br*, elevator *Am*.
ascension [asɑ̃sjɔ̃] *nf* 1. *(de montagne)* ascent. 2. *(progression)* rise. ◆ **Ascension** *nf*: **l'Ascension** Ascension (Day).
ascète [asɛt] *nmf* ascetic.
asiatique [azjatik] *adj* 1. *(de l'Asie en général)* Asian. 2. *(d'Extrême-Orient)* oriental. ◆ **Asiatique** *nmf* Asian.
Asie [azi] *nf*: **l'~** Asia; **l'~ du Sud-Est** Southeast Asia.
asile [azil] *nm* 1. *(refuge)* refuge. 2. (POLIT): **demander/accorder l'~ politique** to seek/to grant political asylum. 3. *vieilli (psychiatrique)* asylum.
asocial, -e, -aux [asɔsjal, o] ◇ *adj* antisocial. ◇ *nm, f* social misfit.
aspect [aspɛ] *nm* 1. *(apparence)* appearance. 2. *(angle & LING)* aspect.
asperge [aspɛrʒ] *nf (légume)* asparagus.
asperger [aspɛrʒe] *vt*: **~ qqch de qqch** to spray sthg with sthg; **~ qqn de qqch** *(arroser)* to spray sb with sthg; *(éclabousser)* to splash sb with sthg.
aspérité [asperite] *nf (du sol)* bump.
asphalte [asfalt] *nm* asphalt.
asphyxier [asfiksje] *vt* 1. (MÉD) to asphyxiate, to suffocate. 2. *fig (économie)* to paralyse.
aspic [aspik] *nm (vipère)* asp.
aspirant, -e [aspirɑ̃, ɑ̃t] *adj*: **hotte ~e** cooker hood *Br*, cooker range *Am*; **pompe ~e** suction pump. ◆ **aspirant** *nm (armée)* ≃ officer cadet; *(marine)* ≃ midshipman.
aspirateur [aspiratœr] *nm* Hoover® *Br*, vacuum cleaner; **passer l'~** to do the vacuuming OU hoovering.
aspiration [aspirasjɔ̃] *nf* 1. *(souffle)* inhalation. 2. (TECHNOL) suction. ◆ **aspirations** *nfpl* aspirations.
aspirer [aspire] *vt* 1. *(air)* to inhale; *(liquide)* to suck up. 2. (TECHNOL) to suck up, to draw up. 3. *(désirer)*: **~ à qqch/à faire qqch** to aspire to sthg/to do sthg.
aspirine [aspirin] *nf* aspirin.
assagir [asaʒir] *vt* to quieten down.
assaillant, -e [asajɑ̃, ɑ̃t] *nm, f* assailant, attacker.
assaillir [asajir] *vt* to attack, to assault; **~ qqn de qqch** *fig* to assail OU bombard sb with sthg.
assainir [asenir] *vt* 1. *(logement)* to clean up. 2. *(eau)* to purify. 3. (ÉCON) to rectify, to stabilize.
assaisonnement [asɛzɔnmɑ̃] *nm (sauce)* dressing.
assaisonner [asɛzɔne] *vt (salade)* to dress; *(plat)* to season.
assassin, -e [asasɛ̃, in] *adj* provoca-

tive. ◆ **assassin** *nm (gén)* murderer; (POLIT) assassin.

assassinat [asasina] *nm (gén)* murder; (POLIT) assassination.

assassiner [asasine] *vt (tuer - gén)* to murder; (- POLIT) to assassinate.

assaut [aso] *nm (attaque)* assault, attack; **prendre d'~** *(lieu)* to storm; *(personne)* to attack.

assécher [aseʃe] *vt* to drain.

ASSEDIC, Assedic [asedik] *(abr de* **Associations pour l'emploi dans l'industrie et le commerce***) nfpl French unemployment insurance scheme;* **toucher les ~** to get unemployment benefit *Br* OU welfare *Am*.

assemblage [asɑ̃blaʒ] *nm* assembly.

assemblée [asɑ̃ble] *nf* 1. *(réunion)* meeting. 2. *(public)* gathering. 3. (ADMIN & POLIT) assembly; **l'Assemblée nationale** *lower house of the French parliament.*

assembler [asɑ̃ble] *vt* 1. *(monter)* to put together. 2. *(réunir - objets)* to gather (together). 3. *(personnes)* to bring together, to assemble. ◆ **s'assembler** *vp* to gather.

assener [asəne], **asséner** [asene] *vt*: **~ un coup à qqn** *(frapper)* to strike sb, to deal sb a blow.

assentiment [asɑ̃timɑ̃] *nm* assent.

asseoir [aswar] ◇ *vt* 1. *(sur un siège)* to put. 2. *(fondations)* to lay. 3. *fig (réputation)* to establish. ◇ *vi*: **faire ~ qqn** to seat sb, to ask sb to take a seat. ◆ **s'asseoir** *vp* to sit (down).

assermenté, -e [asɛrmɑ̃te] *adj (fonctionnaire, expert)* sworn.

assertion [asɛrsjɔ̃] *nf* assertion.

assesseur [asesœr] *nm* assessor.

assez [ase] *adv* 1. *(suffisamment)* enough; **~ de** enough; **en avoir ~ de qqn/qqch** to have had enough of sb/sthg, to be fed up with sb/sthg. 2. *(plutôt)* quite, rather.

assidu, -e [asidy] *adj* 1. *(élève)* diligent. 2. *(travail)* painstaking. 3. *(empressé)*: **~ (auprès de qqn)** attentive (to sb).

assiduité [asidɥite] *nf* 1. *(zèle)* diligence. 2. *(fréquence)*: **avec ~** regularly. ◆ **assiduités** *nfpl péj & sout* attentions.

assiéger [asjeʒe] *vt litt & fig* to besiege.

assiette [asjɛt] *nf* 1. *(vaisselle)* plate; **~ creuse** OU **à soupe** soup plate; **~ à dessert** dessert plate; **~ plate** dinner plate. 2. *(d'impôt)* base. 3. (CULIN): **~ anglaise** assorted cold meats *(pl) Br*, cold cuts *(pl) Am*.

assigner [asiɲe] *vt* (JUR): **~ qqn en justice** to issue a writ against sb.

assimiler [asimile] *vt* 1. *(aliment, leçon)* to assimilate. 2. *(confondre)*: **~ qqch (à qqch)** to liken sthg (to sthg); **~ qqn à qqn** to compare sb to OU with sb.

assis, -e [asi, iz] ◇ *pp* → **asseoir**. ◇ *adj* sitting, seated; **place ~e** seat. ◆ **assise** *nf (base)* seat, seating. ◆ **assises** *nfpl* 1. (JUR): **(cour d')~es** Crown Court *Br*, Circuit court *Am*. 2. *(congrès)* conference *(sg)*.

assistance [asistɑ̃s] *nf* 1. *(aide)* assistance; **l'Assistance publique** *French authority which manages the social services and state-owned hospitals.* 2. *(auditoire)* audience.

assistant, -e [asistɑ̃, ɑ̃t] *nm, f* 1. *(auxiliaire)* assistant; **~e sociale** social worker. 2. (UNIV) assistant lecturer.

assister [asiste] ◇ *vi*: **~ à qqch** to be at sthg, to attend sthg. ◇ *vt* to assist.

> «Assister» et *to assist* sont en quelque sorte de vrais-faux amis, ou plutôt ils ne sont des faux amis que dans l'un des deux sens du verbe «assister». En effet, lorsqu'il signifie «aider», il peut se traduire par *to assist* («je l'ai assisté pendant l'opération», *I assisted him during the operation*). En revanche, si c'est le sens d'«être présent» que l'on veut traduire, il faut veiller à ne pas se laisser influencer par les apparences, et utiliser *to attend* ou *to be at*. Par exemple: «le président a assisté au gala de bienfaisance», *the president attended the charity gala.*

association [asɔsjasjɔ̃] *nf* 1. *(gén)* association. 2. *(union)* society, association; **~ sportive** sports club. 3. (COMM) partnership.

associé, -e [asɔsje] ◇ *adj* associated. ◇ *nm, f* 1. *(collaborateur)* associate. 2. *(actionnaire)* partner.

associer [asɔsje] *vt* 1. *(personnes)* to bring together. 2. *(idées)* to associate. 3. *(faire participer)*: **~ qqn à qqch** to include sb in sthg. ◆ **s'associer** *vp* 1. *(prendre part)*: **s'~ à qqch** *(participer)* to join OU participate in sthg; *(partager)* to share sthg. 2. *(collaborer)*: **s'~ à** OU **avec qqn** to join forces with sb.

assoiffé, -e [aswafe] *adj* thirsty; **~ de pouvoir** *fig* power-hungry.

assombrir [asɔ̃brir] *vt* 1. *(rendre sombre)* to darken. 2. *fig (attrister)* to cast a shadow over. ◆ **s'assombrir** *vp*

1. *(devenir sombre)* to grow dark. 2. *fig (s'attrister)* to darken.
assommer [asɔme] *vt* 1. *(frapper)* to knock out. 2. *(ennuyer)* to bore stiff.
Assomption [asɔ̃psjɔ̃] *nf*: **l'~** the Assumption.
assorti, -e [asɔrti] *adj (accordé)*: **bien ~** well-matched; **mal ~** ill-matched.
assortiment [asɔrtimɑ̃] *nm* assortment, selection.
assortir [asɔrtir] *vt (objets)*: **~ qqch à qqch** to match sthg to OU with sthg.
assoupi, -e [asupi] *adj* dozing.
assoupir [asupir] ◆ **s'assoupir** *vp* to doze off.
assouplir [asuplir] *vt* 1. *(corps)* to make supple. 2. *(matière)* to soften. 3. *(règlement)* to relax.
assourdir [asurdir] *vt* 1. *(rendre sourd)* to deafen. 2. *(amortir)* to deaden, to muffle.
assouvir [asuvir] *vt* to satisfy.
assujettir [asyʒetir] *vt* 1. *(peuple)* to subjugate. 2. *(soumettre)*: **~ qqn à qqch** to subject sb to sthg.
assumer [asyme] *vt* 1. *(fonction)* to carry out. 2. *(risque, responsabilité)* to accept. 3. *(condition)* to come to terms with. 4. *(frais)* to meet.
assurance [asyrɑ̃s] *nf* 1. *(gén)* assurance. 2. *(contrat)* insurance; **~ maladie** health insurance; **~ tous risques** (AUTOM) comprehensive insurance; **~-vie** life assurance.
assuré, -e [asyre] *nm, f* policy holder; **~ social** National Insurance *Br* OU Social Security *Am* contributor.
assurément [asyremɑ̃] *adv sout* certainly.
assurer [asyre] *vt* 1. *(promettre)*: **~ à qqn que** to assure sb (that); **~ qqn de qqch** to assure sb of sthg. 2. *(permanence, liaison)* to provide. 3. *(voiture)* to insure. ◆ **s'assurer** *vp* 1. *(vérifier)*: **s'~ que** to make sure (that); **s'~ de qqch** to ensure sthg, to make sure of sthg. 2. (COMM): **s'~ (contre qqch)** to insure o.s. (against sthg). 3. *(obtenir)*: **s'~ qqch** to secure sthg.
astérisque [asterisk] *nm* asterisk.
asthme [asm] *nm* (MÉD) asthma.
asticot [astiko] *nm* maggot.
astiquer [astike] *vt* to polish.
astre [astr] *nm* star.
astreignant, -e [astrɛɲɑ̃, ɑ̃t] *adj* demanding.
astreindre [astrɛ̃dr] *vt*: **~ qqn à qqch** to subject sb to sthg; **~ qqn à faire qqch** to compel sb to do sthg.
astreint, -e [astrɛ̃, ɛ̃t] *pp* → **astreindre**.
astringent, -e [astrɛ̃ʒɑ̃, ɑ̃t] *adj* astringent.
astrologie [astrɔlɔʒi] *nf* astrology.
astrologue [astrɔlɔg] *nm* astrologer.
astronaute [astrɔnot] *nmf* astronaut.
astronautique [astrɔnotik] *nf* astronautics *(U)*.
astronomie [astrɔnɔmi] *nf* astronomy.
astronomique [astrɔnɔmik] *adj* astronomical.
astuce [astys] *nf* 1. *(ruse)* (clever) trick. 2. *(ingéniosité)* shrewdness *(U)*.
astucieux, -euse [astysjø, øz] *adj* 1. *(idée)* clever. 2. *(personne)* shrewd.
asymétrique [asimetrik] *adj* asymmetric, asymmetrical.
atelier [atəlje] *nm* 1. *(d'artisan)* workshop. 2. *(de peintre)* studio.
athée [ate] ◇ *nmf* atheist. ◇ *adj* atheistic.
Athènes [atɛn] *n* Athens.
athlète [atlɛt] *nmf* athlete.
athlétisme [atletism] *nm* athletics *(U)*.
atlantique [atlɑ̃tik] *adj* Atlantic. ◆ **Atlantique** *nm*: **l'Atlantique** the Atlantic (Ocean).
atlas [atlas] *nm* atlas.
atmosphère [atmɔsfɛr] *nf* atmosphere.
atome [atom] *nm* atom.
atomique [atɔmik] *adj* 1. *(gén)* nuclear. 2. (CHIM & PHYS) atomic.
atomiseur [atɔmizœr] *nm* spray.
atone [atɔn] *adj (inexpressif)* lifeless.
atout [atu] *nm* 1. *(carte)* trump; **~ cœur** hearts are trumps. 2. *fig (ressource)* asset, advantage.
âtre [atr] *nm littéraire* hearth.
atroce [atrɔs] *adj* 1. *(crime)* atrocious, dreadful. 2. *(souffrance)* horrific, atrocious.
atrocité [atrɔsite] *nf* 1. *(horreur)* atrocity. 2. *(calomnie)* insult.
atrophier [atrɔfje] ◆ **s'atrophier** *vp* to atrophy.
attabler [atable] ◆ **s'attabler** *vp* to sit down (at the table).
attachant, -e [ataʃɑ̃, ɑ̃t] *adj* lovable.
attache [ataʃ] *nf (lien)* fastening. ◆ **attaches** *nfpl* links, connections.
attaché, -e [ataʃe] *nm, f* attaché; **~ de presse** *(diplomatique)* press attaché; *(d'entreprise)* press officer.
attaché-case [ataʃekɛz] (*pl* **attachés-cases**) *nm* attaché case.

attachement [ataʃmɑ̃] *nm* attachment.

attacher [ataʃe] ◇ *vt* 1. *(lier)*: **~ qqch (à)** to fasten OU tie sthg (to). 2. *(paquet)* to tie up. 3. *(lacet)* to do up; *(ceinture)* to fasten. ◇ *vi* (CULIN): **~ (à)** to stick (to). ◆ **s'attacher** *vp* 1. *(émotionnellement)*: **s'~ à qqn/qqch** to become attached to sb/sthg. 2. *(se fermer)* to fasten; **s'~ avec** OU **par qqch** to do up OU fasten with sthg. 3. *(s'appliquer)*: **s'~ à qqch/à faire qqch** to devote o.s. to sthg/to doing sthg, to apply o.s. to sthg/to doing sthg.

attaquant, -e [atakɑ̃, ɑ̃t] *nm, f* attacker.

attaque [atak] *nf (gén & MÉD)* attack; *fig*: **~ contre qqn/qqch** attack on sb/sthg.

attaquer [atake] *vt* 1. *(gén)* to attack. 2. *(JUR - personne)* to take to court; *(- jugement)* to contest. 3. *fam (plat)* to tuck into. ◆ **s'attaquer** *vp* 1. *(combattre)*: **s'~ à qqn** to attack sb. 2. *fig*: **s'~ à qqch** *(tâche)* to tackle sthg.

attardé, -e [atarde] *adj* 1. *(idées)* outdated. 2. *(passants)* late. 3. *(enfant)* backward.

attarder [atarde] ◆ **s'attarder** *vp*: **s'~ sur qqch** to dwell on sthg; **s'~ à faire qqch** to stay on to do sthg, to stay behind to do sthg.

atteindre [atɛ̃dr] *vt* 1. *(gén)* to reach. 2. *(toucher)* to hit. 3. *(affecter)* to affect.

atteint, -e [atɛ̃, ɛ̃t] ◇ *pp* → **atteindre**. ◇ *adj*: **être ~ de** to be suffering from. ◆ **atteinte** *nf* 1. *(préjudice)*: **porter ~e à** to undermine; **hors d'~e** *(loin)* out of reach; *fig* beyond reach. 2. *(effet)* effect.

attelage [atlaʒ] *nm (chevaux)* team.

atteler [atle] *vt (animaux, véhicules)* to hitch up; *(wagons)* to couple.

attelle [atɛl] *nf* splint.

attenant, -e [atnɑ̃, ɑ̃t] *adj*: **~ (à qqch)** adjoining (sthg).

attendre [atɑ̃dr] ◇ *vt* 1. *(gén)* to wait for; **~ que** (+ *subjonctif*): **~ que la pluie s'arrête** to wait for the rain to stop; **faire ~ qqn** *(personne)* to keep sb waiting. 2. *(espérer)*: **~ qqch (de qqn/qqch)** to expect sthg (from sb/sthg). 3. *(suj: surprise, épreuve)* to be in store for. ◇ *vi* to wait; **attends!** hang on! ◆ **s'attendre** *vp*: **s'~ à** to expect. ◆ **en attendant** *loc adv* 1. *(pendant ce temps)* meanwhile, in the meantime. 2. *(quand même)* all the same.

> Il serait très ennuyeux de commettre une grosse faute en traduisant un verbe aussi élémentaire qu'«attendre». En effet, si on se fie à la ressemblance entre les deux mots, on pourrait être tenté d'utiliser *to attend* comme traduction. Or *to attend* signifie le plus souvent «assister à», comme dans *will you be attending the seminar?*, «allez-vous assister au séminaire?». C'est donc *to wait for* ou *to expect* qui traduiront le plus fidèlement «attendre». Par exemple: «tu peux m'attendre?», *can you wait for me?*; «j'attends un coup de téléphone», *I'm expecting a phone call.*

attendrir [atɑ̃drir] *vt* 1. *(viande)* to tenderize. 2. *(personne)* to move. ◆ **s'attendrir** *vp*: **s'~ (sur qqn/qqch)** to be moved (by sb/sthg).

attendrissant, -e [atɑ̃drisɑ̃, ɑ̃t] *adj* moving, touching.

attendu, -e [atɑ̃dy] *pp* → **attendre**. ◆ **attendu que** *loc conj* since, considering that.

attentat [atɑ̃ta] *nm* attack; **~ à la bombe** bomb attack, bombing.

attente [atɑ̃t] *nf* 1. *(station)* wait; **en ~** in abeyance. 2. *(espoir)* expectation.

attenter [atɑ̃te] *vi*: **~ à** *(droit)* to violate; **~ à ses jours** to attempt suicide; **~ à la vie de qqn** to make an attempt on sb's life.

attentif, -ive [atɑ̃tif, iv] *adj (auditoire)*: **~ (à qqch)** attentive (to sthg).

attention [atɑ̃sjɔ̃] ◇ *nf* attention; **à l'~ de** for the attention of; **faire ~ à** *(prudence)* to be careful of; *(concentration)* to pay attention to. ◇ *interj* watch out!, be careful!

attentionné, -e [atɑ̃sjɔne] *adj* thoughtful.

attentivement [atɑ̃tivmɑ̃] *adv* attentively, carefully.

atténuer [atenɥe] *vt (douleur)* to ease; *(propos)* to tone down; *(lumière)* to dim, to subdue; *(bruit)* to quieten. ◆ **s'atténuer** *vp (lumière)* to dim, to fade; *(bruit)* to fade; *(douleur)* to ease.

atterrer [atere] *vt* to stagger.

atterrir [aterir] *vi* to land; **~ dans qqch** *fig* to land up in sthg.

atterrissage [aterisaʒ] *nm* landing.

attestation [atɛstasjɔ̃] *nf (certificat)* certificate.

attester [atɛste] *vt* 1. *(confirmer)* to

vouch for, to testify to. **2.** *(certifier)* to attest.

attirail [atiraj] *nm fam* gear.

attirance [atirɑ̃s] *nf* attraction.

attirant, -e [atirɑ̃, ɑ̃t] *adj* attractive.

attirer [atire] *vt* **1.** *(gén)* to attract. **2.** *(amener vers soi)*: **~ qqn à/vers soi** to draw sb to/towards one. **3.** *(provoquer)*: **~ des ennuis à qqn** to cause trouble for sb. ◆ **s'attirer** *vp*: **s'~ qqch** to bring sthg on o.s.

attiser [atize] *vt* **1.** *(feu)* to poke. **2.** *fig (haine)* to stir up.

attitré, -e [atitre] *adj* **1.** *(habituel)* usual. **2.** *(titulaire - fournisseur)* by appointment; *(- représentant)* accredited.

attitude [atityd] *nf* **1.** *(comportement, approche)* attitude. **2.** *(posture)* posture.

attouchement [atuʃmɑ̃] *nm* caress.

attraction [atraksjɔ̃] *nf* **1.** *(gén)* attraction. **2.** *(force)*: **~ magnétique** magnetic force. ◆ **attractions** *nfpl* **1.** *(jeux)* amusements. **2.** *(spectacle)* attractions.

attrait [atrɛ] *nm* **1.** *(séduction)* appeal. **2.** *(intérêt)* attraction.

attrape-nigaud [atrapnigo] (*pl* **attrape-nigauds**) *nm* con.

attraper [atrape] *vt* **1.** *(gén)* to catch. **2.** *fam (gronder)* to tell off. **3.** *fam (tromper)* to take in.

attrayant, -e [atrɛjɑ̃, ɑ̃t] *adj* attractive.

attribuer [atribɥe] *vt* **1.** *(tâche, part)*: **~ qqch à qqn** to assign OU allocate sthg to sb, to assign OU allocate sb sthg; *(privilège)* to grant sthg to sb, to grant sb sthg; *(récompense)* to award sthg to sb, to award sb sthg. **2.** *(faute)*: **~ qqch à qqn** to attribute sthg to sb, to put sthg down to sb. ◆ **s'attribuer** *vp* **1.** *(s'approprier)* to appropriate (for o.s.). **2.** *(revendiquer)* to claim (for o.s.).

attribut [atriby] *nm* **1.** *(gén)* attribute. **2.** (GRAM) complement.

attribution [atribysjɔ̃] *nf* **1.** *(de prix)* awarding, award. **2.** *(de part, tâche)* allocation, assignment. **3.** *(d'avantage)* bestowing. ◆ **attributions** *nfpl (fonctions)* duties.

attrister [atriste] *vt* to sadden. ◆ **s'attrister** *vp* to be saddened.

attroupement [atrupmɑ̃] *nm* crowd.

attrouper [atrupe] ◆ **s'attrouper** *vp* to form a crowd, to gather.

au [o] → **à.**

aubade [obad] *nf* dawn serenade.

aubaine [obɛn] *nf* piece of good fortune.

aube [ob] *nf (aurore)* dawn, daybreak; **à l'~** at dawn.

aubépine [obepin] *nf* hawthorn.

auberge [obɛrʒ] *nf (hôtel)* inn; **~ de jeunesse** youth hostel.

aubergine [obɛrʒin] *nf* **1.** (BOT) aubergine *Br*, eggplant *Am*. **2.** *péj (contractuelle)* traffic warden *Br*, meter maid *Am*.

aubergiste [obɛrʒist] *nmf* innkeeper.

auburn [obœrn] *adj inv* auburn.

aucun, -e [okœ̃, yn] ◇ *adj* **1.** *(sens négatif)*: **ne ... ~** no; **il n'y a ~e voiture dans la rue** there aren't any cars in the street, there are no cars in the street. **2.** *(sens positif)* any; **il lit plus qu'~ autre enfant** he reads more than any other child. ◇ *pron* **1.** *(sens négatif)* none; **~ des enfants** none of the children; **~ d'entre nous** none of us; **~ (des deux)** neither (of them). **2.** *(sens positif)*: **plus qu'~ de nous** more than any of us.

aucunement [okynmɑ̃] *adv* not at all, in no way.

audace [odas] *nf* **1.** *(hardiesse)* daring, boldness. **2.** *(insolence)* audacity. **3.** *(innovation)* daring innovation.

audacieux, -euse [odasjø, øz] *adj* **1.** *(projet)* daring, bold. **2.** *(personne, geste)* bold.

au-dedans [odədɑ̃] *loc adv* inside. ◆ **au-dedans de** *loc prép* inside.

au-dehors [odəɔr] *loc adv* outside. ◆ **au-dehors de** *loc prép* outside.

au-delà [odəla] ◇ *loc adv* **1.** *(plus loin)* beyond. **2.** *(davantage, plus)* more. ◇ *nm*: **l'~** the hereafter, the afterlife. ◆ **au-delà de** *loc prép* beyond.

au-dessous [odəsu] *loc adv* below, underneath. ◆ **au-dessous de** *loc prép* below, under.

au-dessus [odəsy] *loc adv* above. ◆ **au-dessus de** *loc prép* above, over.

au-devant [odəvɑ̃] *loc adv* ahead. ◆ **au-devant de** *loc prép*: **aller ~ de** to go to meet; **aller ~ du danger** to court danger.

audible [odibl] *adj* audible.

audience [odjɑ̃s] *nf* **1.** *(public, entretien)* audience. **2.** (JUR) hearing.

Audimat® [odimat] *nm* audience rating.

audionumérique [odjɔnymerik] *adj* digital audio.

audiovisuel, -elle [odjɔvizɥɛl] *adj* audio-visual. ◆ **audiovisuel** *nm* TV and radio.

audit [odit] *nm* audit.

auditeur, -trice [oditœr, tris] *nm, f* listener. ◆ **auditeur** *nm* **1.** (UNIV): **~**

libre *person allowed to attend lectures without being registered,* auditor *Am.* **2.** (FIN) auditor.
audition [odisjɔ̃] *nf* **1.** *(fait d'entendre)* hearing. **2.** (JUR) examination. **3.** (THÉÂTRE) audition. **4.** (MUS) recital.
auditionner [odisjɔne] *vt & vi* to audition.
auditoire [oditwar] *nm* audience.
auditorium [oditɔrjɔm] *nm (de concert)* auditorium; *(d'enregistrement)* studio.
auge [oʒ] *nf (pour animaux)* trough.
augmentation [ogmɑ̃tasjɔ̃] *nf*: **~ (de)** increase (in); **~ (de salaire)** rise (in salary).
augmenter [ogmɑ̃te] ◇ *vt* to increase; *(prix, salaire)* to raise; *(personne)* to give a rise *Br* OU raise *Am* to. ◇ *vi* to increase, to rise.
augure [ogyr] *nm (présage)* omen; **être de bon/mauvais ~** to be a good/bad sign.
auguste [ogyst] *adj* august.
aujourd'hui [oʒurdɥi] *adv* today.
aulx → **ail**.
aumône [omon] *nf*: **faire l'~ à qqn** to give alms to sb.
auparavant [oparavɑ̃] *adv* **1.** *(tout d'abord)* first (of all). **2.** *(avant)* before, previously.
auprès [oprɛ] ◆ **auprès de** *loc prép* **1.** *(à côté de)* beside, next to. **2.** *(comparé à)* compared with. **3.** *(en s'adressant à)* to.
auquel [okɛl] → **lequel**.
aurai, auras *etc* → **avoir**.
auréole [oreɔl] *nf* **1.** (ASTRON & RELIG) halo. **2.** *(trace)* ring.
auriculaire [orikylɛr] *nm* little finger.
aurore [orɔr] *nf* dawn.
ausculter [oskylte] *vt* (MÉD) to sound.
auspice [ospis] *nm (gén pl)* sign, auspice; **sous les ~s de qqn** under the auspices of sb.

aussi [osi] *adv* **1.** *(pareillement, en plus)* also, too; **moi ~** me too; **j'y vais ~** I'm going too OU as well. **2.** *(dans une comparaison)*: **~ ... que** as ... as; **il n'est pas ~ intelligent que son frère** he's not as clever as his brother; **je n'ai jamais rien vu d'~ beau** I've never seen anything so beautiful; **~ incroyable que cela paraisse** incredible though OU as it may seem. ◆ **(tout) aussi bien** *loc adv* just as easily, just as well. ◆ **aussi bien ... que** *loc conj* as well ... as; **tu le sais ~ bien que moi** you know as well as I do.
aussitôt [osito] *adv* immediately. ◆ **aussitôt que** *loc conj* as soon as.
austère [ostɛr] *adj* **1.** *(personne, vie)* austere. **2.** *(vêtement)* severe; *(paysage)* harsh.
austérité [osterite] *nf* **1.** *(de personne, vie)* austerity. **2.** *(de vêtement)* severeness; *(de paysage)* harshness.
austral, -e [ostral] (*pl* **australs** OU **austraux** [ostro]) *adj* southern.
Australie [ostrali] *nf*: **l'~** Australia.
australien, -enne [ostraljɛ̃, ɛn] *adj* Australian. ◆ **Australien, -enne** *nm, f* Australian.

autant [otɑ̃] *adv* **1.** *(comparatif)*: **~ que** as much as; **ce livre coûte ~ que l'autre** this book costs as much as the other one; **~ de (... que)** *(quantité)* as much (... as); *(nombre)* as many (... as); **il a dépensé ~ d'argent que moi** he spent as much money as I did; **il y a ~ de femmes que d'hommes** there are as many women as men. **2.** *(à un tel point, en si grande quantité)* so much; *(en si grand nombre)* so many; **~ de patience** so much patience; **~ de gens** so many people; **il ne peut pas en dire ~** he can't say the same; **en faire ~** to do likewise. **3.** *(il vaut mieux)*: **~ dire la vérité** we/you *etc* may as well tell the truth. ◆ **autant que** *loc conj*: **(pour) ~ que je sache** as far as I know. ◆ **d'autant** *loc adv* accordingly, in proportion. ◆ **d'autant mieux** *loc adv* all the better; **d'~ mieux que** all the better since. ◆ **d'autant que** *loc conj*: **d'~ (plus) que** all the more so since; **d'~ moins que** all the less so since. ◆ **pour autant** *loc adv* for all that.
autel [otɛl] *nm* altar.
auteur [otœr] *nm* **1.** *(d'œuvre)* author. **2.** *(responsable)* perpetrator.
authentique [otɑ̃tik] *adj* authentic, genuine.
autiste [otist] *adj* autistic.
auto [oto] *nf* car.
autobiographie [otɔbjɔgrafi] *nf* autobiography.
autobronzant, -e [otɔbrɔ̃zɑ̃, ɑ̃t] *adj* self-tanning.
autobus [otɔbys] *nm* bus.
autocar [otɔkar] *nm* coach.
autochtone [otɔktɔn] *nmf & adj* native.
autocollant, -e [otɔkɔlɑ̃, ɑ̃t] *adj* self-adhesive, sticky. ◆ **autocollant** *nm* sticker.
autocouchettes [otɔkuʃɛt] *adj inv*: **train ~** = Motorail® train.

autocritique [otɔkritik] *nf* self-criticism.
autocuiseur [otɔkɥizœr] *nm* pressure cooker.
autodéfense [otɔdefɑ̃s] *nf* self-defence.
autodétruire [otɔdetrɥir] ◆ **s'autodétruire** *vp* 1. *(machine)* to self-destruct. 2. *(personne)* to destroy o.s.
autodidacte [otɔdidakt] *nmf* self-taught person.
auto-école [otɔekɔl] (*pl* **auto-écoles**) *nf* driving school.
autofinancement [otɔfinɑ̃smɑ̃] *nm* self-financing.
autofocus [otɔfɔkys] *nm & adj inv* autofocus.
autogestion [otɔʒɛstjɔ̃] *nf* workers' control.
autographe [otɔgraf] *nm* autograph.
automate [otɔmat] *nm* *(robot)* automaton.
automatique [otɔmatik] ◇ *nm* 1. *(pistolet)* automatic. 2. (TÉLÉCOM) = direct dialling. ◇ *adj* automatic.
automatisation [otɔmatizasjɔ̃] *nf* automation.
automatisme [otɔmatism] *nm (réflexe)* automatic reaction, automatism.
automne [otɔn] *nm* autumn, fall *Am*; **en ~** in the autumn, in the fall *Am*.
automobile [otɔmɔbil] ◇ *nf* car, automobile *Am*. ◇ *adj (industrie, accessoires)* car (*avant n*), automobile (*avant n*) *Am*; *(véhicule)* motor (*avant n*).
automobiliste [otɔmɔbilist] *nmf* motorist.
autonettoyant, -e [otɔnɛtwajɑ̃, ɑ̃t] *adj* self-cleaning.
autonome [otɔnɔm] *adj* 1. *(gén)* autonomous, independent. 2. *(appareil)* self-contained.
autonomie [otɔnɔmi] *nf* 1. *(indépendance)* autonomy, independence. 2. (AUTOM & AVIAT) range. 3. (POLIT) autonomy, self-government.
autonomiste [otɔnɔmist] *nmf & adj* separatist.
autoportrait [otɔpɔrtrɛ] *nm* self-portrait.
autopsie [otɔpsi] *nf* post-mortem, autopsy.
autoradio [otɔradjo] *nm* car radio.
autorail [otɔraj] *nm* railcar.
autorisation [otɔrizasjɔ̃] *nf* 1. *(permission)* permission, authorization; **avoir l'~ de faire qqch** to be allowed to do sthg. 2. *(attestation)* pass, permit.
autorisé, -e [otɔrize] *adj (personne)* in authority; **milieux ~s** official circles.
autoriser [otɔrize] *vt* to authorize, to permit; **~ qqn à faire qqch** *(permission)* to give sb permission to do sthg; *(possibilité)* to permit OU allow sb to do sthg.
autoritaire [otɔritɛr] *adj* authoritarian.
autorité [otɔrite] *nf* authority; **faire ~** *(ouvrage)* to be authoritative; *(personne)* to be an authority.
autoroute [otɔrut] *nf* motorway *Br*, highway *Am*, freeway *Am*.
auto-stop [otɔstɔp] *nm* hitchhiking; **faire de l'~** to hitchhike, to hitch.
auto-stoppeur, -euse [otɔstɔpœr, øz] (*mpl* **auto-stoppeurs**, *fpl* **auto-stoppeuses**) *nm, f* hitchhiker, hitcher.
autour [otur] *adv* round, around. ◆ **autour de** *loc prép* 1. *(sens spatial)* round, around. 2. *(sens temporel)* about, around.

autre [otr] ◇ *adj indéf* 1. *(distinct)* other, different; **je préfère une ~ marque de café** I prefer another OU a different brand of coffee; **l'un et l'~ projets** both projects; **~ chose** something else. 2. *(supplémentaire)* other; **tu veux une ~ tasse de café?** would you like another cup of coffee? 3. *(qui reste)* other, remaining; **les ~s passagers ont été rapatriés en autobus** the other OU remaining passengers were bussed home. ◇ *pron indéf*: **l'~** the other (one); **un ~** another (one); **les ~s** *(personnes)* the others; *(objets)* the others, the other ones; **l'un à côté de l'~** side by side; **d'une semaine à l'~** from one week to the next; **aucun ~, nul ~, personne d'~** no one else, nobody else; **quelqu'un d'~** somebody else, someone else; **rien d'~** nothing else; **l'un et l'~ sont venus** they both came, both of them came; **l'un ou l'~ ira** one or other (of them) will go; **ni l'un ni l'~ n'est venu** neither (of them) came.

- Lorsque *other* est un adjectif au pluriel, il est invariable, comme les autres adjectifs anglais (*other people; other towns*). Lorsque c'est un pronom, en revanche, il prend un « -s » (*where are the others?*).
- Quand *other* est précédé de *a* ou *an*, les deux mots se fondent en un seul: *another*.

autrefois [otrəfwa] *adv* in the past, formerly.

autrement [otrəmɑ̃] *adv* 1. *(différemment)* otherwise, differently; **je n'ai pas pu faire ~ que d'y aller** I had no choice but to go; **~ dit** in other words. 2. *(sinon)* otherwise.
Autriche [otriʃ] *nf*: **l'~** Austria.
autrichien, -enne [otriʃjɛ̃, ɛn] *adj* Austrian. ◆ **Autrichien, -enne** *nm, f* Austrian.
autruche [otryʃ] *nf* ostrich.
autrui [otrɥi] *pron* others, other people.
auvent [ovɑ̃] *nm* canopy.
aux [o] → **à**.
auxiliaire [oksiljɛr] ◇ *nmf (assistant)* assistant. ◇ *nm* (GRAM) auxiliary (verb). ◇ *adj* 1. *(secondaire)* auxiliary. 2. (ADMIN) assistant *(avant n)*.
auxquels, auxquelles [okɛl] → **lequel**.
av. *abr de* **avenue**.
avachi, -e [avaʃi] *adj* 1. *(gén)* misshapen. 2. *(personne)* listless; **il était ~ dans un fauteuil** he was slumped in an armchair.
aval, -als [aval] *nm* backing *(U)*, endorsement. ◆ **en aval** *loc adv litt & fig* downstream.
avalanche [avalɑ̃ʃ] *nf litt & fig* avalanche.
avaler [avale] *vt* 1. *(gén)* to swallow. 2. *fig (supporter)* to take; **dur à ~** difficult to swallow.
avance [avɑ̃s] *nf* 1. *(progression, somme d'argent)* advance. 2. *(distance, temps)* lead; **le train a dix minutes d'~** the train is ten minutes early; **prendre de l'~ (dans qqch)** to get ahead (in sthg). ◆ **avances** *nfpl*: **faire des ~s à qqn** to make advances towards sb. ◆ **à l'avance** *loc adv* in advance. ◆ **d'avance** *loc adv* in advance. ◆ **en avance** *loc adv*: **être en ~** to be early; **être en ~ sur qqch** to be ahead of sthg. ◆ **par avance** *loc adv* in advance.
avancement [avɑ̃smɑ̃] *nm* 1. *(développement)* progress. 2. *(promotion)* promotion.
avancer [avɑ̃se] ◇ *vt* 1. *(objet, tête)* to move forward; *(départ)* to bring forward; *(main)* to hold out. 2. *(projet, travail)* to advance. 3. *(montre)* to put forward. 4. *(argent)*: **~ qqch à qqn** to advance sb sthg. ◇ *vi* 1. *(approcher)* to move forward. 2. *(progresser)* to advance; **~ dans qqch** to make progress in sthg. 3. *(faire saillie)*: **~ (dans/sur)** to jut out (into/over), to project (into/over). 4. *(montre)*: **ma montre avance de dix minutes** my watch is ten minutes fast. 5. *(servir)*: **ça n'avance à rien** that won't get us/you anywhere. ◆ **s'avancer** *vp* 1. *(s'approcher)* to move forward; **s'~ vers qqn/qqch** to move towards sb/sthg. 2. *(s'engager)* to commit o.s.
avant [avɑ̃] ◇ *prép* before. ◇ *adv* before; **quelques jours ~** a few days earlier OU before. ◇ *adj inv* front; **les roues ~** the front wheels. ◇ *nm* 1. *(partie antérieure)* front. 2. (SPORT) forward. ◆ **avant de** *loc prép*: **~ de faire qqch** before doing sthg. ◆ **avant que** *loc conj* (+ *subjonctif*): **je dois te parler ~ que tu partes** I must speak to you before you leave. ◆ **avant tout** *loc adv* above all; **sa carrière passe ~ tout** his career comes first. ◆ **en avant** *loc adv* forward, forwards.
avantage [avɑ̃taʒ] *nm (gén & TENNIS)* advantage; **se montrer à son ~** to look one's best.
avantager [avɑ̃taʒe] *vt* 1. *(favoriser)* to favour. 2. *(mettre en valeur)* to flatter.
avantageux, -euse [avɑ̃taʒø, øz] *adj* 1. *(profitable)* profitable, lucrative. 2. *(flatteur)* flattering.
avant-bras [avɑ̃bra] *nm inv* forearm.
avant-centre [avɑ̃sɑ̃tr] (*pl* **avants-centres**) *nm* centre forward.
avant-coureur [avɑ̃kurœr] → **signe**.
avant-dernier, -ère [avɑ̃dɛrnje, ɛr] (*mpl* **avant-derniers**, *fpl* **avant-dernières**) *adj* second to last, penultimate.
avant-garde [avɑ̃gard] (*pl* **avant-gardes**) *nf* 1. (MIL) vanguard. 2. *(idées)* avant-garde.
avant-goût [avɑ̃gu] (*pl* **avant-goûts**) *nm* foretaste.
avant-hier [avɑ̃tjɛr] *adv* the day before yesterday.
avant-première [avɑ̃prəmjɛr] (*pl* **avant-premières**) *nf* preview.
avant-projet [avɑ̃prɔʒɛ] (*pl* **avant-projets**) *nm* draft.
avant-propos [avɑ̃prɔpo] *nm inv* foreword.
avant-veille [avɑ̃vɛj] (*pl* **avant-veilles**) *nf*: **l'~** two days earlier.
avare [avar] ◇ *nmf* miser. ◇ *adj* miserly; **être ~ de qqch** *fig* to be sparing with sthg.
avarice [avaris] *nf* avarice.
avarie [avari] *nf* damage *(U)*.
avarié, -e [avarje] *adj* rotting, bad.
avatar [avatar] *nm (transformation)* metamorphosis. ◆ **avatars** *nmpl (mésaventures)* misfortunes.

avec [avɛk] ◇ *prép* **1.** *(gén)* with; **~ respect** with respect, respectfully; **et ~ ça?** *fam (dans un magasin)* anything else? **2.** *(vis-à-vis de)* to, towards. ◇ *adv fam* with it/him *etc.*

Ave (Maria) [ave(marja)] *nm inv* Hail Mary.

avenant, -e [avnɑ̃, ɑ̃t] *adj* pleasant. ◆ **avenant** *nm* (JUR) additional clause. ◆ **à l'avenant** *loc adv* in the same vein.

avènement [avɛnmɑ̃] *nm* **1.** *(d'un roi)* accession. **2.** *fig (début)* advent.

avenir [avnir] *nm* future; **avoir de l'~** to have a future; **d'~** *(profession, concept)* with a future, with prospects. ◆ **à l'avenir** *loc adv* in future.

Avent [avɑ̃] *nm*: **l'~** Advent.

aventure [avɑ̃tyr] *nf* **1.** *(gén)* adventure. **2.** *(liaison amoureuse)* affair.

aventurer [avɑ̃tyre] *vt (risquer)* to risk. ◆ **s'aventurer** *vp* to venture (out); **s'~ à faire qqch** *fig* to venture to do sthg.

aventureux, -euse [avɑ̃tyrø, øz] *adj* **1.** *(personne, vie)* adventurous. **2.** *(projet)* risky.

aventurier, -ère [avɑ̃tyrje, ɛr] *nm, f* adventurer.

avenu [avny] *adj m*: **nul et non ~** (JUR) null and void.

avenue [avny] *nf* avenue.

avérer [avere] ◆ **s'avérer** *vp*: **il s'est avéré (être) à la hauteur** he proved (to be) up to it.

averse [avɛrs] *nf* downpour; **~ de neige** snowflurry.

averti, -e [avɛrti] *adj* **1.** *(expérimenté)* experienced. **2.** *(initié)*: **~ (de)** informed OU well-informed (about).

avertir [avɛrtir] *vt* **1.** *(mettre en garde)* to warn. **2.** *(prévenir)* to inform; **avertissez-moi dès que possible** let me know as soon as possible.

avertissement [avɛrtismɑ̃] *nm* **1.** *(gén)* warning. **2.** *(avis)* notice, notification.

> Bien qu'«avertissement» et *advertisement* soient très proches en apparence, ils possèdent des sens très différents, et il faudra bien faire attention à ne pas traduire l'un par l'autre. Par exemple, si l'on dit *there are too many advertisements on television*, cela signifie qu'il y a trop de publicité(s) à la télévision. En revanche, si l'on veut traduire une phrase telle que «le professeur lui a donné un avertissement», il faudra dire *she got a warning from the teacher.*

avertisseur, -euse [avɛrtisœr, øz] *nm* **1.** *(Klaxon®)* horn. **2.** *(d'incendie)* alarm.

aveu, -x [avø] *nm* confession.

aveugle [avœgl] ◇ *nmf* blind person; **les ~s** the blind. ◇ *adj litt & fig* blind.

aveuglement [avœgləmɑ̃] *nm* blindness.

aveuglément [avœglemɑ̃] *adv* blindly.

aveugler [avœgle] *vt litt & fig* to blind.

aveuglette [avœglɛt] ◆ **à l'aveuglette** *loc adv*: **marcher à l'~** to grope one's way; **avancer à l'~** *fig* to be in the dark.

aviateur, -trice [avjatœr, tris] *nm, f* aviator.

aviation [avjasjɔ̃] *nf* **1.** *(transport aérien)* aviation. **2.** (MIL) airforce.

avide [avid] *adj* **1.** *(vorace, cupide)* greedy. **2.** *(désireux)*: **~ (de qqch/de faire qqch)** eager (for sthg/to do sthg).

avidité [avidite] *nf* **1.** *(voracité, cupidité)* greed. **2.** *(passion)* eagerness.

avilir [avilir] *vt (personne)* to degrade. ◆ **s'avilir** *vp* **1.** *(personne)* to demean o.s. **2.** *(monnaie, produit)* to depreciate.

aviné, -e [avine] *adj* **1.** *(personne)* inebriated. **2.** *(haleine)* smelling of alcohol.

avion [avjɔ̃] *nm* plane, aeroplane, airplane *Am*; **en ~** by plane, by air; **par ~** *(courrier)* airmail; **~ à réaction** jet (plane).

aviron [avirɔ̃] *nm* **1.** *(rame)* oar. **2.** (SPORT): **l'~** rowing.

avis [avi] *nm* **1.** *(opinion)* opinion; **changer d'~** to change one's mind; **être d'~ que** to think that, to be of the opinion that; **à mon ~** in my opinion. **2.** *(conseil)* advice *(U)*. **3.** *(notification)* notification, notice; **sauf ~ contraire** unless otherwise informed.

> Étant donné la ressemblance orthographique entre ces deux mots, il serait tentant de traduire «avis» par *advice*, d'autant qu'il existe aussi une certaine similitude de sens. En effet, *advice* se traduit par «conseils», ou «conseil» pris dans son sens général: *he asked his father for advice*, «il a demandé conseil à son père». Pour traduire «avis» au sens d'«opinion», on utilisera justement le mot anglais *opinion*: «quel est ton avis sur la question?», *what's your opinion on the matter?* Si «avis» a le sens d'«annonce», son équivalent est *notice*, *announcement*: «tous les vols sont suspendus jusqu'à nouvel avis», *all flights are suspended until further notice*.

avisé, -e [avize] *adj (sensé)* sensible; **être bien/mal ~ de faire qqch** to be well-advised/ill-advised to do sthg.
aviser [avize] ◇ *vt (informer)*: **~ qqn de qqch** to inform sb of sthg. ◇ *vi* to reassess the situation. ◆ **s'aviser** *vp* **1.** *sout (s'apercevoir)*: **s'~ de qqch** to notice sthg. **2.** *(oser)*: **s'~ de faire qqch** to take it into one's head to do sthg; **ne t'avise pas de répondre!** don't you dare answer me back!
av. J.-C. *(abr de* **avant Jésus-Christ**) BC.
avocat, -e [avɔka, at] *nm, f* (JUR) barrister *Br*, attorney-at-law *Am*; **~ de la défense** counsel for the defence *Br*, defense counsel *Am*; **~ général** ≃ counsel for the prosecution *Br*, prosecuting attorney *Am*. ◆ **avocat** *nm (fruit)* avocado.
avoine [avwan] *nf* oats *(pl)*.

avoir [avwar] ◇ *nm* **1.** *(biens)* assets *(pl)*. **2.** *(document)* credit note. ◇ *v aux* to have; **j'ai fini** I have finished; **il a attendu pendant deux heures** he waited for two hours. ◇ *vt* **1.** *(posséder)* to have (got); **il a deux enfants/les cheveux bruns** he has (got) two children/brown hair. **2.** *(être âgé de)*: **il a 20 ans** he is 20 (years old); **il a deux ans de plus que son frère** he is two years older than his brother. **3.** *(obtenir)* to get. **4.** *(éprouver)* to have; **~ du chagrin** to feel sorrowful; **~ de la sympathie pour qqn** to have a liking for sb; *voir aussi* **faim**, **peur**, **soif** *etc.* **5.** *loc*: **se faire ~** *fam* to be had OU conned; **en ~ assez (de qqch/de faire qqch)** to have had enough (of sthg/of doing sthg); **j'en ai pour cinq minutes** it'll take me five minutes; **en ~ après qqn** to have (got) it in for sb. ◆ **avoir à** *vi + prép (devoir)*: **~ à faire qqch** to have to do sthg; **tu n'avais pas à lui parler sur ce ton** you had no need to speak to him like that, you shouldn't have spoken to him like that; **tu n'avais qu'à me demander** you only had to ask me; **tu n'as qu'à y aller toi-même** just go (there) yourself, why don't you just go (there) yourself? ◆ **il y a** *v impers* **1.** *(présentatif)* there is/are; **il y a un problème** there's a problem; **il y a des problèmes** there are (some) problems; **qu'est-ce qu'il y a?** what's the matter?, what is it?; **il n'y a qu'à en finir** we'll/you'll *etc* just have to have done (with it). **2.** *(temporel)*: **il y a trois ans** three years ago; **il y a longtemps de cela** that was a long time ago; **il y a longtemps qu'il est parti** he left a long time ago.

• Les expressions *there is* et *there are* correspondent toutes deux à «il y a». N'oubliez pas, toutefois, que *there is* s'applique uniquement aux noms singuliers (*there's a large white cat in the window*) et *there are* aux noms au pluriel (*there are only four cakes left*). Cette règle est valable pour tous les temps (*there have been a few changes recently*).

avoisinant, -e [avwazinɑ̃, ɑ̃t] *adj* **1.** *(lieu, maison)* neighbouring. **2.** *(sens, couleur)* similar.
avortement [avɔrtəmɑ̃] *nm* (MÉD) abortion.
avorter [avɔrte] *vi* **1.** (MÉD): **(se faire) ~** to have an abortion. **2.** *(échouer)* to fail.
avorton [avɔrtɔ̃] *nm péj (nabot)* runt.
avouer [avwe] *vt* **1.** *(confesser)* to confess (to). **2.** *(reconnaître)* to admit.
avril [avril] *nm* April; *voir aussi* **septembre**.
axe [aks] *nm* **1.** (GÉOM & PHYS) axis. **2.** *(de roue)* axle. **3.** *(prolongement)*: **dans l'~ de** directly in line with.
axer [akse] *vt*: **~ qqch sur/autour de qqch** to centre sthg on/around sthg.
axiome [aksjom] *nm* axiom.
ayant [ɛjɑ̃] *ppr* → **avoir**.
azalée [azale] *nf* azalea.
azimut [azimyt] ◆ **tous azimuts** *loc adj (défense, offensive)* all-out.
azote [azɔt] *nm* nitrogen.
azur [azyr] *nm littéraire* **1.** *(couleur)* azure. **2.** *(ciel)* skies *(pl)*.

B

b, B [be] *nm inv* b, B. ◆ **B** *(abr de* **bien**) *good grade (as assessment on schoolwork)*, ≃ B.
BA *(abr de* **bonne action**) *nf fam* good deed.
babiller [babije] *vi* to babble.
babines [babin] *nfpl* chops.
bâbord [babɔr] *nm* port; **à ~** to port, on the port side.
babouin [babwɛ̃] *nm* baboon.
baby-sitter [bebisitœr] *(pl* **baby-sitters**) *nmf* baby-sitter.

baby-sitting [bebisitiŋ] *nm*: **faire du ~** to baby-sit.
bac [bak] *nm* 1. = **baccalauréat**. 2. *(bateau)* ferry. 3. *(de réfrigérateur)*: **~ à glace** ice tray; **~ à légumes** vegetable drawer.
baccalauréat [bakalɔrea] *nm school-leaving examinations leading to university entrance qualification.*
bâche [baʃ] *nf (toile)* tarpaulin.
bachelier, -ère [baʃəlje, ɛr] *nm, f holder of the baccalauréat.*
bacille [basil] *nm* bacillus.
bâcler [bakle] *vt* to botch.
bactérie [bakteri] *nf* bacterium.
badaud, -e [bado, od] *nm, f* gawper.
badge [badʒ] *nm* badge.
badigeonner [badiʒɔne] *vt (mur)* to whitewash.
badiner [badine] *vi sout* to joke; **ne pas ~ avec qqch** not to treat sthg lightly.
badminton [badmintɔn] *nm* badminton.
baffe [baf] *nf fam* slap.
baffle [bafl] *nm* speaker.
bafouiller [bafuje] *vi & vt* to mumble.
bâfrer [bafre] *fam vi* to guzzle.
bagage [bagaʒ] *nm* 1. *(gén pl) (sacs)* luggage *(U)*, baggage *(U)*; **faire ses ~s** to pack; **~s à main** hand luggage. 2. *(savoir)* (fund of) knowledge.
bagagiste [bagaʒist] *nmf (à l'aéroport)* baggage handler; *(à l'hôtel)* porter; *(fabricant)* travel goods manufacturer.
bagarre [bagar] *nf* brawl, fight.
bagarrer [bagare] *vi* to fight. ◆ **se bagarrer** *vp* to fight.
bagatelle [bagatɛl] *nf* 1. *(objet)* trinket. 2. *(somme d'argent)*: **acheter qqch pour une ~** to buy sthg for next to nothing. 3. *(chose futile)* trifle.
bagnard [baɲar] *nm* convict.
bagne [baɲ] *nm (prison)* labour camp.
bagnole [baɲɔl] *nf fam* car.
bague [bag] *nf* 1. *(bijou, anneau)* ring; **~ de fiançailles** engagement ring. 2. (TECH): **~ de serrage** clip.
baguer [bage] *vt (oiseau, arbre)* to ring.
baguette [bagɛt] *nf* 1. *(pain)* French stick. 2. *(petit bâton)* stick; **~ magique** magic wand; **~ de tambour** drumstick; **mener qqn à la ~** to rule sb with a rod of iron. 3. *(pour manger)* chopstick. 4. *(de chef d'orchestre)* baton.
bahut [bay] *nm* 1. *(buffet)* sideboard. 2. *arg scol (lycée)* secondary school.
baie [bɛ] *nf* 1. *(fruit)* berry. 2. (GÉOGR) bay. 3. *(fenêtre)*: **~ vitrée** picture window.
baignade [bɛɲad] *nf (action)* bathing *(U) Br*, swimming *(U)*; **'~ interdite'** 'no bathing/swimming'.
baigner [beɲe] ◇ *vt* 1. *(donner un bain à)* to bath. 2. *(tremper, remplir)* to bathe; **baigné de soleil** bathed in sunlight. ◇ *vi*: **~ dans son sang** to lie in a pool of blood; **les tomates baignaient dans l'huile** the tomatoes were swimming in oil. ◆ **se baigner** *vp* 1. *(dans la mer)* to go swimming, to swim. 2. *(dans une baignoire)* to have a bath.
baigneur, -euse [bɛɲœr, øz] *nm, f* bather *Br*, swimmer. ◆ **baigneur** *nm (poupée)* baby doll.
baignoire [bɛɲwar] *nf* bath.
bail [baj] (*pl* **baux** [bo]) *nm* (JUR) lease.
bâillement [bajmɑ̃] *nm* yawning *(U)*, yawn.
bâiller [baje] *vi* 1. *(personne)* to yawn. 2. *(vêtement)* to gape.
bailleur, -eresse [bajœr, bajrɛs] *nm, f* lessor; **~ de fonds** backer.
bâillon [bajɔ̃] *nm* gag.
bâillonner [bajɔne] *vt* to gag.
bain [bɛ̃] *nm* 1. *(gén)* bath; **prendre un ~** to have OU take a bath; **~ moussant** foaming bath oil; **~s-douches** public baths. 2. *(dans mer, piscine)* swim; **~ de mer** sea bathing *Br* OU swimming. 3. *loc*: **prendre un ~ de soleil** to sunbathe.
bain-marie [bɛ̃mari] (*pl* **bains-marie**) *nm*: **au ~** in a bain-marie.
baïonnette [bajɔnɛt] *nf* 1. *(arme)* bayonet. 2. (ÉLECTR) bayonet fitting.
baiser [beze] *nm* kiss.
baisse [bɛs] *nf (gén)*: **~ (de)** drop (in), fall (in); **en ~** falling; **la tendance est à la ~** there is a downward trend.
baisser [bese] ◇ *vt (gén)* to lower; *(radio)* to turn down. ◇ *vi* 1. *(descendre)* to go down. 2. *(santé, vue)* to fail. 3. *(prix)* to fall. ◆ **se baisser** *vp* to bend down.
bajoues [baʒu] *nfpl* jowls.
bal [bal] *nm* ball; **~ masqué/costumé** masked/fancy-dress ball; **~ populaire** OU **musette** *popular old-fashioned dance accompanied by accordion.*
balade [balad] *nf fam* stroll.
balader [balade] *vt* 1. *fam (traîner avec soi)* to trail around. 2. *(emmener en promenade)* to take for a walk. ◆ **se balader** *vp fam (à pied)* to go for a walk; *(en voiture)* to go for a drive.
baladeur, -euse [baladœr, øz] *adj* wandering. ◆ **baladeur** *nm* personal stereo.

balafre [balafr] *nf* 1. *(blessure)* gash. 2. *(cicatrice)* scar.
balafré, -e [balafre] *adj* scarred.
balai [balɛ] *nm* 1. *(de nettoyage)* broom, brush. 2. *fam (an)*: **il a 50 ~s** he's 50 years old.
balai-brosse [balɛbrɔs] *nm* (long-handled) scrubbing brush.
balance [balɑ̃s] *nf* 1. *(instrument)* scales (*pl*). 2. (COMM & POLIT) balance. ◆ **Balance** *nf* (ASTROL) Libra.
balancer [balɑ̃se] *vt* 1. *(bouger)* to swing. 2. *fam (lancer)* to chuck. 3. *fam (jeter)* to chuck out. ◆ **se balancer** *vp* 1. *(sur une chaise)* to rock backwards and forwards. 2. *(sur une balançoire)* to swing. 3. *fam*: **se ~ de qqch** not to give a damn about sthg.
balancier [balɑ̃sje] *nm* 1. *(de pendule)* pendulum. 2. *(de funambule)* pole.
balançoire [balɑ̃swar] *nf (suspendue)* swing; *(bascule)* see-saw.
balayage [balɛjaʒ] *nm (gén)* sweeping; (TECHNOL) scanning.
balayer [baleje] *vt* 1. *(nettoyer)* to sweep. 2. *(chasser)* to sweep away. 3. *(suj: radar)* to scan; *(suj: projecteurs)* to sweep (across).
balayette [balɛjɛt] *nf* small brush.
balayeur, -euse [balɛjœr, øz] *nm, f* roadsweeper *Br*, streetsweeper *Am*.
balbutier [balbysje] ◇ *vi* to stammer. ◇ *vt* to stammer (out).
balcon [balkɔ̃] *nm* 1. *(de maison - terrasse)* balcony; *(- balustrade)* parapet. 2. *(de théâtre, de cinéma)* circle.
balconnet [balkɔnɛ] *nm*: **soutien-gorge à ~** half-cup bra.
baldaquin [baldakɛ̃] → **lit**.
baleine [balɛn] *nf* 1. *(mammifère)* whale. 2. *(de corset)* whalebone. 3. *(de parapluie)* rib.
balise [baliz] *nf* 1. (NAVIG) marker (buoy). 2. (AÉRON) runway light. 3. (AUTOM) road sign. 4. (INFORM) tag.
baliser [balize] *vt* to mark out.
balivernes [balivɛrn] *nfpl* nonsense *(U)*.
Balkans [balkɑ̃] *nmpl*: **les ~** the Balkans.
ballade [balad] *nf* ballad.
ballant, -e [balɑ̃, ɑ̃t] *adj*: **les bras ~s** arms dangling.
ballast [balast] *nm* 1. *(chemin de fer)* ballast. 2. (NAVIG) ballast tank.
balle [bal] *nf* 1. *(d'arme)* bullet; **~ perdue** stray bullet. 2. *(de jeu)* ball. 3. *(paquet)* bale. 4. *fam (argent)* franc.
ballerine [balrin] *nf* 1. *(danseuse)* ballerina. 2. *(chaussure)* ballet shoe.
ballet [balɛ] *nm (gén)* ballet; *fig (activité intense)* to-ing and fro-ing.
ballon [balɔ̃] *nm* 1. (JEU & SPORT) ball; **~ de football** football. 2. *(montgolfière, de fête)* balloon.
ballonné, -e [balɔne] *adj*: **avoir le ventre ~, être ~** to be bloated.
ballot [balo] *nm* 1. *(de marchandises)* bundle. 2. *vieilli (imbécile)* twit.
ballottage [balɔtaʒ] *nm* second ballot; **en ~** standing for a second ballot.
ballotter [balɔte] ◇ *vt* to toss about. ◇ *vi (chose)* to roll around.
ballottine [balɔtin] *nf*: **~ de foie gras** *type of galantine made with foie gras.*
ball-trap [baltrap] *nm* clay pigeon shooting.
balluchon = **baluchon**.
balnéaire [balneɛr] *adj*: **station ~** seaside resort.
balourd, -e [balur, urd] *adj* clumsy.
balte [balt] *adj* Baltic. ◆ **Balte** *nmf* native of the Baltic states.
Baltique [baltik] *nf*: **la ~** the Baltic (Sea).
baluchon, balluchon [balyʃɔ̃] *nm* bundle; **faire son ~** *fam* to pack one's bags (and leave).
balustrade [balystrad] *nf* 1. *(de terrasse)* balustrade. 2. *(rambarde)* guard-rail.
bambin [bɑ̃bɛ̃] *nm* kiddie.
bambou [bɑ̃bu] *nm (plante)* bamboo.
ban [bɑ̃] *nm* 1. *(de mariage)*: **publier** OU **afficher les ~s** to publish OU display the banns. 2. *loc*: **être/mettre qqn au ~ de la société** to be outlawed/to outlaw sb (from society); **le ~ et l'arrière-~** the whole lot of them.
banal, -e, -als [banal] *adj* commonplace, banal.
banaliser [banalize] *vt*: **voiture banalisée** unmarked police car.
banalité [banalite] *nf* 1. *(caractère banal)* banality. 2. *(cliché)* commonplace.
banane [banan] *nf* 1. *(fruit)* banana. 2. *(sac)* bum-bag. 3. *(coiffure)* quiff.
bananier, -ère [bananje, ɛr] *adj* banana (*avant n*). ◆ **bananier** *nm* 1. *(arbre)* banana tree. 2. *(cargo)* banana boat.
banc [bɑ̃] *nm (siège)* bench; **le ~ des accusés** (JUR) the dock; **~ d'essai** test-bed; **être au ~ d'essai** *fig* to be at the test stage; **~ de sable** sandbank.

bancaire [bɑ̃kɛr] *adj* bank (*avant n*), banking (*avant n*).
bancal, -e, -als [bɑ̃kal] *adj* **1.** *(meuble)* wobbly. **2.** *(théorie, idée)* unsound.
bandage [bɑ̃daʒ] *nm* bandage.
bande [bɑ̃d] *nf* **1.** *(de tissu etc)* strip; **~ dessinée** comic strip. **2.** *(bandage)* bandage; **~ Velpeau®** crepe bandage. **3.** *(de billard)* cushion; **par la ~** *fig* by a roundabout route. **4.** *(groupe)* band; **en ~** in a group. **5.** (PHOT) film. **6.** *(d'enregistrement)* tape; **~ magnétique** (magnetic) tape; **~ originale** original soundtrack; **~ vidéo** video (tape). **7.** *(voie)*: **~ d'arrêt d'urgence** hard shoulder. **8.** (RADIO): **~ de fréquence** waveband. **9.** (NAVIG): **donner de la ~** to list.
bande-annonce [bɑ̃danɔ̃s] *nf* trailer.
bandeau [bɑ̃do] *nm* **1.** *(sur les yeux)* blindfold. **2.** *(serre-tête)* headband.
bandelette [bɑ̃dlɛt] *nf* strip (of cloth).
bander [bɑ̃de] ◇ *vt* **1.** (MÉD) to bandage; **~ les yeux de qqn** to blindfold sb. **2.** *(arc)* to draw back. **3.** *(muscle)* to flex. ◇ *vi vulg* to have a hard-on.
banderole [bɑ̃drɔl] *nf* streamer.
bande-son [bɑ̃dsɔ̃] (*pl* **bandes-son**) *nf* soundtrack.
bandit [bɑ̃di] *nm (voleur)* bandit.
banditisme [bɑ̃ditism] *nm* serious crime.
bandoulière [bɑ̃duljɛr] *nf* bandolier; **en ~** across the shoulder.
banlieue [bɑ̃ljø] *nf* suburbs (*pl*).
banlieusard, -e [bɑ̃ljøzar, ard] *nm, f* *person living in the suburbs.*
bannière [banjɛr] *nf (étendard)* banner.
bannir [banir] *vt*: **~ qqn/qqch (de)** to banish sb/sthg (from).
banque [bɑ̃k] *nf* **1.** *(activité)* banking. **2.** *(établissement, au jeu)* bank. **3.** (INFORM): **~ de données** data bank. **4.** (MÉD): **~ d'organes/du sang/du sperme** organ/blood/sperm bank.
banqueroute [bɑ̃krut] *nf* bankruptcy; **faire ~** to go bankrupt.
banquet [bɑ̃kɛ] *nm* (celebration) dinner; *(de gala)* banquet.
banquette [bɑ̃kɛt] *nf* seat.
banquier, -ère [bɑ̃kje, ɛr] *nm, f* banker.
banquise [bɑ̃kiz] *nf* ice field.
baptême [batɛm] *nm* **1.** (RELIG) baptism, christening. **2.** *(première fois)*: **~ de l'air** maiden flight.
baptiser [batize] *vt* to baptize, to christen.
baquet [bakɛ] *nm (cuve)* tub.
bar [bar] *nm* **1.** *(café, unité de pression)* bar. **2.** *(poisson)* bass.
baraque [barak] *nf* **1.** *(cabane)* hut. **2.** *fam (maison)* house. **3.** *(de forain)* stall, stand.
baraqué, -e [barake] *adj fam* well-built.
baraquement [barakmɑ̃] *nm* camp *(of huts for refugees, workers etc).*
baratin [baratɛ̃] *nm fam* smooth talk; **faire du ~ à qqn** to sweet-talk sb.
baratiner [baratine] *fam* ◇ *vt (femme)* to chat up; *(client)* to give one's sales pitch to. ◇ *vi* to be a smooth talker.
barbare [barbar] ◇ *nm* barbarian. ◇ *adj* **1.** *péj (non civilisé)* barbarous. **2.** *(cruel)* barbaric.
barbe [barb] *nf* beard; **~ à papa** candy floss *Br*, cotton candy *Am*; **quelle** OU **la ~!** *fam* what a drag!
barbelé, -e [barbəle] *adj* barbed. ◆ **barbelé** *nm* barbed wire *(U)*.
barbiche [barbiʃ] *nf* goatee (beard).
barbiturique [barbityrik] *nm* barbiturate.
barboter [barbɔte] *vi* to paddle.
barboteuse [barbɔtøz] *nf* romper-suit.
barbouillé, -e [barbuje] *adj*: **être ~, avoir l'estomac ~** to feel sick.
barbouiller [barbuje] *vt (salir)*: **~ qqch (de)** to smear sthg (with).
barbu, -e [barby] *adj* bearded. ◆ **barbu** *nm* bearded man.
bardé, -e [barde] *adj*: **il est ~ de diplômes** he's got heaps of diplomas.
barder [barde] ◇ *vt* (CULIN) to bard. ◇ *vi fam*: **ça va ~** there'll be trouble.
barème [barɛm] *nm (de référence)* table; *(de salaires)* scale.
baril [baril] *nm* barrel.
bariolé, -e [barjɔle] *adj* multi-coloured.
barjo(t) [barʒo] *adj inv fam* nuts.
barmaid [barmɛd] *nf* barmaid.
barman [barman] (*pl* **barmans** OU **barmen** [barmɛn]) *nm* barman.
baromètre [barɔmɛtr] *nm* barometer.
baron, -onne [barɔ̃, ɔn] *nm, f* baron (*f* baroness).
baroque [barɔk] *adj* **1.** *(style)* baroque. **2.** *(bizarre)* weird.
barque [bark] *nf* small boat.
barrage [baraʒ] *nm* **1.** *(de rue)* roadblock. **2.** (CONSTR) dam.
barre [bar] *nf* **1.** *(gén & JUR)* bar; **~ fixe** (GYM) high bar; **~ des témoins** (JUR) witness box *Br* OU stand *Am*. **2.** (NAVIG)

helm; **être à la ~** (NAVIG *& fig)* to be at the helm. **3.** *(trait)* stroke. **4.** (INFORM): **~ d'espacement** space bar.

barreau [baro] *nm* bar; **le ~** (JUR) the Bar.

barrer [bare] *vt* **1.** *(rue)* to block. **2.** *(mot, phrase)* to cross out. **3.** *(bateau)* to steer. ◆ **se barrer** *vp fam* to clear off.

barrette [barɛt] *nf (pince à cheveux)* (hair) slide *Br*, barrette *Am*.

barreur, -euse [barœr, øz] *nm, f* (NAVIG) helmsman; *(à l'aviron)* cox.

barricade [barikad] *nf* barricade.

barrière [barjɛr] *nf litt & fig* barrier.

barrique [barik] *nf* barrel.

baryton [baritɔ̃] *nm* baritone.

bas, basse [ba, baz *devant nm commençant par voyelle ou h muet,* bas] *adj* **1.** *(gén)* low. **2.** *péj (vil)* base, low. **3.** (MUS) bass. ◆ **bas** ◇ *nm* **1.** *(partie inférieure)* bottom, lower part; **avoir/connaître des hauts et des ~** to have/go through ups and downs. **2.** *(vêtement)* stocking; **~ de laine** woollen stocking; *fig* nest egg. ◇ *adv* low; **à ~ ...!** down with ...!; **parler ~** to speak in a low voice, to speak softly; **mettre ~** *(animal)* to give birth. ◆ **en bas** *loc adv* at the bottom; *(dans une maison)* downstairs. ◆ **en bas de** *loc prép* at the bottom of; **attendre qqn en ~ de chez lui** to wait for sb downstairs. ◆ **bas de gamme** ◇ *adj* downmarket. ◇ *nm* bottom of the range.

basalte [bazalt] *nm* basalt.

basané, -e [bazane] *adj* tanned.

bas-côté [bakote] *nm (de route)* verge.

bascule [baskyl] *nf (balançoire)* seesaw.

basculer [baskyle] ◇ *vi* to fall over, to overbalance; *(benne)* to tip up; **~ dans qqch** *fig* to tip over into sthg. ◇ *vt* to tip up, to tilt.

base [baz] *nf* **1.** *(partie inférieure)* base. **2.** *(principe fondamental)* basis; **à ~ de** based on; **de ~** basic; **une boisson à ~ d'orange** an orange-based drink; **sur la ~ de** on the basis of. **3.** (INFORM): **~ de données** database.

baser [baze] *vt* to base. ◆ **se baser** *vp*: **sur quoi vous basez-vous pour affirmer cela?** what are you basing this statement on?

bas-fond [bafɔ̃] *nm (de l'océan)* shallow. ◆ **bas-fonds** *nmpl fig* **1.** *(de la société)* dregs. **2.** *(quartiers)* slums.

basilic [bazilik] *nm (plante)* basil.

basilique [bazilik] *nf* basilica.

basique [bazik] *adj* basic.

basket [baskɛt] ◇ *nm* = **basket-ball**. ◇ *nf (chaussure)* trainer *Br*, sneaker *Am*; **lâche-moi les ~s!** *fam fig* get off my back!

basket-ball [baskɛtbol] *nm* basketball.

basque [bask] ◇ *adj* Basque; **le Pays ~** the Basque country. ◇ *nm (langue)* Basque. ◇ *nf (vêtement)* tail *(of coat)*; **être toujours pendu aux ~s de qqn** *fam fig* to be always tagging along after sb. ◆ **Basque** *nmf* Basque.

bas-relief [barəljɛf] *nm* bas-relief.

basse [bas] ◇ *adj* → **bas**. ◇ *nf* (MUS) bass.

basse-cour [baskur] *nf* **1.** *(volaille)* poultry. **2.** *(partie de ferme)* farmyard.

bassement [basmɑ̃] *adv* despicably; **être ~ intéressé** to be motivated by petty self-interest.

basset [basɛ] *nm* basset hound.

bassin [basɛ̃] *nm* **1.** *(cuvette)* bowl. **2.** *(pièce d'eau)* (ornamental) pond. **3.** *(de piscine)*: **petit/grand ~** children's/main pool. **4.** (ANAT) pelvis. **5.** (GÉOL) basin; **~ houiller** coalfield; **le Bassin parisien** the Paris basin.

bassine [basin] *nf* bowl, basin.

bassiste [basist] *nmf* bass player.

basson [basɔ̃] *nm (instrument)* bassoon; *(personne)* bassoonist.

bastide [bastid] *nf traditional farmhouse or country house in southern France; walled town (in south-west France).*

bastingage [bastɛ̃gaʒ] *nm* (ship's) rail.

bastion [bastjɔ̃] *nm litt & fig* bastion.

baston [bastɔ̃] *nf tfam* punch-up.

bas-ventre [bavɑ̃tr] *nm* stomach.

bataille [bataj] *nf* **1.** (MIL) battle. **2.** *(bagarre)* fight. **3.** *(jeu de cartes)* ≃ beggar-my-neighbour. **4.** *loc*: **en ~** *(cheveux)* dishevelled.

bataillon [batajɔ̃] *nm* (MIL) battalion; *fig* horde.

bâtard, -e [batar, ard] ◇ *adj* **1.** *(enfant)* illegitimate. **2.** *péj (style, solution)* hybrid. ◇ *nm, f* illegitimate child. ◆ **bâtard** *nm* **1.** *(pain)* ≃ Vienna loaf. **2.** *(chien)* mongrel.

batavia [batavja] *nf* Webb lettuce.

bateau [bato] *nm* **1.** *(gén)* boat; *(grand)* ship; **~ à voile/moteur** sailing/motor boat; **~ de pêche** fishing boat; **mener qqn en ~** *fig* to take sb for a ride. **2.** *(de trottoir)* driveway entrance *(low kerb)*. **3.** *(en apposition inv) (sujet, thème)* well-worn; **c'est ~!** it's the same old stuff!

bâti, -e [bati] *adj* **1.** *(terrain)* developed. **2.** *(personne)*: **bien ~** well-built.

◆ **bâti** *nm* 1. (COUTURE) tacking. 2. (CONSTR) frame, framework.

batifoler [batifɔle] *vi* to frolic.

bâtiment [batimɑ̃] *nm* 1. *(édifice)* building. 2. (IND): **le ~** the building trade. 3. (NAVIG) ship, vessel.

bâtir [batir] *vt* 1. (CONSTR) to build. 2. *fig (réputation, fortune)* to build (up); *(théorie, phrase)* to construct. 3. (COUTURE) to tack.

bâtisse [batis] *nf souvent péj* house.

bâton [batɔ̃] *nm* 1. *(gén)* stick; **~ de ski** ski pole. 2. *fam fig* 10,000 francs. 3. *loc*: **mettre des ~s dans les roues à qqn** to put a spoke in sb's wheel; **à ~s rompus** *(conversation)* rambling; **parler à ~s rompus** to talk of this and that.

bâtonnet [batɔnɛ] *nm* rod.

batracien [batrasjɛ̃] *nm* amphibian.

battage [bataʒ] *nm*: **~ (publicitaire** OU **médiatique)** (media) hype.

battant, -e [batɑ̃, ɑ̃t] ◇ *adj*: **sous une pluie ~e** in the pouring OU driving rain; **le cœur ~** with beating heart. ◇ *nm, f* fighter. ◆ **battant** *nm* 1. *(de porte)* door *(of double doors)*; *(de fenêtre)* half *(of double window)*. 2. *(de cloche)* clapper.

battement [batmɑ̃] *nm* 1. *(d'ailes)* flap, beating *(U)*; *(de cœur, pouls)* beat, beating *(U)*; *(de cils, paupières)* flutter, fluttering *(U)*. 2. *(intervalle)* break; **une heure de ~** an hour free.

batterie [batri] *nf* 1. (ÉLECTR & MIL) battery; **recharger ses ~s** *fig* to recharge one's batteries. 2. *(attirail)*: **~ de cuisine** kitchen utensils *(pl)*. 3. (MUS) drums *(pl)*. 4. *(série)*: **une ~ de** a string of.

batteur [batœr] *nm* 1. (MUS) drummer. 2. (CULIN) beater, whisk. 3. *(SPORT - de cricket)* batsman; *(- de base-ball)* batter.

battre [batr] ◇ *vt* 1. *(gén)* to beat; **~ en neige** *(blancs d'œufs)* to beat until stiff. 2. *(cartes)* to shuffle. ◇ *vi (gén)* to beat; **~ des cils** to blink; **~ des mains** to clap (one's hands). ◆ **se battre** *vp* to fight; **se ~ contre qqn** to fight sb.

battu, -e [baty] ◇ *pp* → **battre**. ◇ *adj* 1. *(tassé)* hard-packed; **terre ~e** (TENNIS) clay. 2. *(fatigué)*: **avoir les yeux ~s** to have shadows under one's eyes. ◆ **battue** *nf* 1. *(chasse)* beat. 2. *(chasse à l'homme)* manhunt.

baume [bom] *nm litt & fig* balm; **mettre du ~ au cœur de qqn** to comfort sb.

baux → **bail**.

bavard, -e [bavar, ard] ◇ *adj* talkative. ◇ *nm, f* chatterbox; *péj* gossip.

bavardage [bavardaʒ] *nm* 1. *(papotage)* chattering. 2. *(gén pl) (racontar)* gossip *(U)*.

bavarder [bavarde] *vi* to chatter; *péj* to gossip.

bave [bav] *nf* 1. *(salive)* dribble. 2. *(d'animal)* slaver. 3. *(de limace)* slime.

baver [bave] *vi* 1. *(personne)* to dribble. 2. *(animal)* to slaver. 3. *(limace)* to leave a trail. 4. *(stylo)* to leak. 5. *loc*: **en ~** *fam* to have a hard OU rough time of it.

bavette [bavɛt] *nf* 1. *(bavoir)* bib. 2. *(viande)* flank. 3. *loc*: **tailler une ~ (avec qqn)** *fam* to have a chinwag (with sb).

baveux, -euse [bavø, øz] *adj* 1. *(bébé)* dribbling. 2. *(omelette)* runny.

bavoir [bavwar] *nm* bib.

bavure [bavyr] *nf* 1. *(tache)* smudge. 2. *(erreur)* blunder.

bayer [baje] *vi*: **~ aux corneilles** to stand gazing into space.

bazar [bazar] *nm* 1. *(boutique)* general store. 2. *fam (désordre)* jumble, clutter.

bazarder [bazarde] *vt fam* to chuck out, to get rid of.

BCBG *(abr de* **bon chic bon genre***) nmf & adj term used to describe an upper-class lifestyle reflected especially in expensive but conservative clothes.*

bcp *abr de* **beaucoup**.

bd *abr de* **boulevard**.

BD, bédé [bede] *(abr de* **bande dessinée***) nf*: **une ~** a comic strip.

béant, -e [beɑ̃, ɑ̃t] *adj (plaie, gouffre)* gaping; *(yeux)* wide open.

béat, -e [bea, at] *adj (heureux)* blissful.

beau, belle, beaux [bo, bɛl] *adj* (**bel** *devant voyelle ou h muet*) 1. *(femme)* beautiful, good-looking; *(homme)* handsome, good-looking; *(chose)* beautiful. 2. *(temps)* fine, good. 3. *(toujours avant le nom) (important)* fine, excellent; **une belle somme** a tidy sum (of money). 4. *iron (mauvais)*: **une belle grippe** a nasty dose of the flu; **un ~ travail** a fine piece of work. 5. *(sens intensif)*: **un ~ jour** one fine day. 6. *loc*: **elle a ~ jeu de dire ça** it's easy OU all very well for her to say that. ◆ **beau** ◇ *adv*: **il fait ~** the weather is good OU fine; **j'ai ~ essayer ...** however hard I try ..., try as I may ...; **j'ai ~ dire ...** whatever I say ... ◇ *nm*: **être au ~ fixe** to be set fair; **avoir le moral au ~ fixe** *fig* to have a sunny disposition; **faire le ~** *(chien)* to sit up and beg. ◆ **belle** *nf* 1. *(femme)* lady friend. 2. *(dans un jeu)* decider. ◆ **de plus belle** *loc adv* more than ever.

beaucoup [boku] ◇ *adv* 1. *(un grand nombre)*: **~ de** a lot of, many; **il y en a ~**

there are many OU a lot (of them). 2. *(une grande quantité)*: **~ de** a lot of; **~ d'énergie** a lot of energy; **il n'a pas ~ de temps** he hasn't a lot of OU much time. 3. *(modifiant un verbe)* a lot; **c'est ~ dire** that's saying a lot. 4. *(modifiant un adjectif comparatif)* much, a lot; **c'est ~ mieux** it's much OU a lot better; **~ trop vite** much too quickly. ◇ *pron inv* many; **nous sommes ~ à penser que ...** many of us think that ... ◆ **de beaucoup** *loc adv* by far.

beauf [bof] *nm* 1. *péj stereotype of average French man with narrow views.* 2. *fam (beau-frère)* brother-in-law.

beau-fils [bofis] *nm* 1. *(gendre)* son-in-law. 2. *(de remariage)* stepson.

beau-frère [bofrɛr] *nm* brother-in-law.

beau-père [bopɛr] *nm* 1. *(père du conjoint)* father-in-law. 2. *(de remariage)* stepfather.

beauté [bote] *nf* beauty; **de toute ~** absolutely beautiful; **en ~** *(magnifiquement)* in great style.

beaux-arts [bozar] *nmpl* fine art *(sg)*. ◆ **Beaux-Arts** *nmpl*: **les Beaux-Arts** *French national art school.*

beaux-parents [boparɑ̃] *nmpl* 1. *(de l'homme)* husband's parents, in-laws. 2. *(de la femme)* wife's parents, in-laws.

bébé [bebe] *nm* baby.

bébé-éprouvette [bebeepruvɛt] (*pl* **bébés-éprouvette**) *nm* test-tube baby.

bébête [bebɛt] *adj* silly.

bec [bɛk] *nm* 1. *(d'oiseau)* beak. 2. *(d'instrument)* mouthpiece. 3. *(de casserole etc)* lip; **~ de gaz** gaslamp *(in street)*; **~ verseur** spout. 4. *fam (bouche)* mouth; **ouvrir le ~** to open one's mouth; **clouer le ~ à qqn** to shut sb up.

bécane [bekan] *nf fam* 1. *(moto, vélo)* bike. 2. *(ordinateur etc)* machine.

bécasse [bekas] *nf* 1. *(oiseau)* woodcock. 2. *fam (femme sotte)* silly goose.

bec-de-lièvre [bɛkdəljɛvr] (*pl* **becs-de-lièvre**) *nm* harelip.

bêche [bɛʃ] *nf* spade.

bêcher [beʃe] *vt* to dig.

bécoter [bekɔte] *vt fam* to snog *Br* OU smooch with. ◆ **se bécoter** *vp* to snog *Br*, to smooch.

becquée [beke] *nf*: **donner la ~ à** to feed.

becqueter, béqueter [bɛkte] *vt* to peck at.

bedaine [bədɛn] *nf* potbelly.

bédé = **BD**.

bedonnant, -e [bədɔnɑ̃, ɑ̃t] *adj* pot-bellied.

bée [be] *adj*: **bouche ~** open-mouthed.

bégayer [begeje] ◇ *vi* to have a stutter OU stammer. ◇ *vt* to stammer (out).

bégonia [begɔnja] *nm* begonia.

bègue [bɛg] ◇ *adj*: **être ~** to have a stutter OU stammer. ◇ *nmf* stutterer, stammerer.

béguin [begɛ̃] *nm fam*: **avoir le ~ pour qqn** to have a crush on sb.

beige [bɛʒ] *adj & nm* beige.

beignet [bɛɲɛ] *nm* fritter.

bel [bɛl] → **beau**.

bêler [bele] *vi* to bleat.

belette [bəlɛt] *nf* weasel.

belge [bɛlʒ] *adj* Belgian. ◆ **Belge** *nmf* Belgian.

Belgique [bɛlʒik] *nf*: **la ~** Belgium.

bélier [belje] *nm* 1. *(animal)* ram. 2. *(poutre)* battering ram. ◆ **Bélier** *nm* (ASTROL) Aries.

belladone [beladɔn] *nf* deadly nightshade.

belle [bɛl] *adj & nf* → **beau**.

belle-famille [bɛlfamij] *nf* 1. *(du mari)* husband's family, in-laws *(pl)*. 2. *(de la femme)* wife's family, in-laws *(pl)*.

belle-fille [bɛlfij] *nf* 1. *(épouse du fils)* daughter-in-law. 2. *(de remariage)* stepdaughter.

belle-mère [bɛlmɛr] *nf* 1. *(mère du conjoint)* mother-in-law. 2. *(de remariage)* stepmother.

belle-sœur [bɛlsœr] *nf* sister-in-law.

belligérant, -e [beliʒerɑ̃, ɑ̃t] *adj & nm, f* belligerent.

belliqueux, -euse [belikø, øz] *adj* *(peuple)* warlike; *(humeur)* aggressive.

belvédère [bɛlvedɛr] *nm* 1. *(construction)* belvedere. 2. *(terrasse)* viewpoint.

bémol [bemɔl] *adj & nm* (MUS) flat.

bénédiction [benediksjɔ̃] *nf* blessing.

bénéfice [benefis] *nm* 1. *(avantage)* advantage, benefit; **au ~ de** in aid of. 2. *(profit)* profit.

bénéficiaire [benefisjɛr] ◇ *nmf (gén)* beneficiary; *(de chèque)* payee. ◇ *adj* *(marge)* profit *(avant n)*; *(résultat, société)* profit-making.

bénéficier [benefisje] *vi*: **~ de** *(profiter de)* to benefit from; *(avoir)* to have, to get.

bénéfique [benefik] *adj* beneficial.

Bénélux [benelyks] *nm*: **le ~** Benelux.

benêt [bənɛ] *nm* clod.

bénévole [benevɔl] ◇ *adj* voluntary. ◇ *nmf* volunteer, voluntary worker.

> L'adjectif français « bénévole » et l'adjectif anglais *benevolent* ont, malgré leur ressemblance orthographique, des sens différents, et il faut veiller à ne pas les confondre. *Benevolent* signifie « bienveillant » (*she had a warm and benevolent smile,* « elle avait un sourire chaleureux et bienveillant »). Pour traduire, par exemple, « elle fait du travail bénévole pour la Croix-Rouge », on dira *she does voluntary work for the Red Cross*. Quant au nom « bénévole », il se traduit par *volunteer* ou *voluntary worker,* comme dans: « l'association compte deux cents bénévoles », *the association has two hundred volunteers* ou *voluntary workers.*

bénin, -igne [benɛ̃, iɲ] *adj (maladie, accident)* minor; *(tumeur)* benign.
bénir [benir] *vt* 1. *(gén)* to bless. 2. *(se réjouir de)* to thank God for.
bénitier [benitje] *nm* holy water font.
benjamin, -e [bɛ̃ʒamɛ̃, in] *nm, f (de famille)* youngest child; *(de groupe)* youngest member.
benne [bɛn] *nf* 1. *(de camion)* tipper. 2. *(de téléphérique)* car. 3. *(à ordures)* skip.
benzine [bɛ̃zin] *nf* benzine.
béotien, -enne [beɔsjɛ̃, ɛn] *nm, f* philistine.
BEP, Bep (*abr de* **brevet d'études professionnelles**) *nm school-leaver's diploma (taken at age 18).*
BEPC, Bepc (*abr de* **brevet d'études du premier cycle**) *nm former school certificate (taken at age 16).*
béquille [bekij] *nf* 1. *(pour marcher)* crutch. 2. *(d'un deux-roues)* stand.
berceau, -x [bɛrso] *nm* cradle.
bercer [bɛrse] *vt (bébé, bateau)* to rock.
berceuse [bɛrsøz] *nf* 1. *(chanson)* lullaby. 2. *Can (fauteuil)* rocking chair.
béret [berɛ] *nm* beret.
berge [bɛrʒ] *nf* 1. *(bord)* bank. 2. *fam (an)*: **il a plus de 50 ~s** he's over 50.
berger, -ère [bɛrʒe, ɛr] *nm, f* shepherd (*f* shepherdess). ◆ **berger allemand** *nm* alsatian *Br,* German shepherd.
bergerie [bɛrʒəri] *nf* sheepfold.
Berlin [bɛrlɛ̃] *n* Berlin.
berline [bɛrlin] *nf* saloon (car) *Br,* sedan *Am.*
berlingot [bɛrlɛ̃go] *nm* 1. *(de lait)* carton. 2. *(bonbon)* boiled sweet.
berlue [bɛrly] *nf*: **j'ai la ~!** I must be seeing things!
bermuda [bɛrmyda] *nm* bermuda shorts (*pl*).
berne [bɛrn] *nf*: **en ~** ≃ at half-mast.
berner [bɛrne] *vt* to fool.
besogne [bəzɔɲ] *nf* job, work *(U).*
besoin [bəzwɛ̃] *nm* need; **avoir ~ de qqch/de faire qqch** to need sthg/to do sthg; **au ~** if necessary, if need OU needs be. ◆ **besoins** *nmpl* 1. *(exigences)* needs. 2. *loc*: **faire ses ~s** to relieve o.s.
bestial, -e, -aux [bɛstjal, o] *adj* bestial, brutish.
bestiole [bɛstjɔl] *nf* (little) creature.
bétail [betaj] *nm* cattle (*pl*).
bête [bɛt] ◇ *nf (animal)* animal; *(insecte)* insect; **~ de somme** beast of burden. ◇ *adj (stupide)* stupid.
bêtise [betiz] *nf* 1. *(stupidité)* stupidity. 2. *(action, remarque)* stupid thing; **faire/dire une ~** to do/say something stupid.
béton [betɔ̃] *nm (matériau)* concrete; **~ armé** reinforced concrete.
bétonnière [betɔnjɛr] *nf* cement mixer.
betterave [betrav] *nf* beetroot *Br,* beet *Am*; **~ sucrière** OU **à sucre** sugar beet.
beugler [bøgle] *vi (bovin)* to moo, to low.
beurre [bœr] *nm (aliment)* butter.
beurrer [bœre] *vt* to butter.
beurrier [bœrje] *nm* butter dish.
beuverie [bœvri] *nf* drinking session.
bévue [bevy] *nf* blunder.
Beyrouth [berut] *n* Beirut.
biais [bjɛ] *nm* 1. *(ligne)* slant; **en** OU **de ~** *(de travers)* at an angle; *fig* indirectly. 2. (COUTURE) bias. 3. *(moyen)* expedient; **par le ~ de** by means of.
biaiser [bjeze] *vi fig* to dodge the issue.
bibelot [biblo] *nm* trinket, curio.
biberon [bibrɔ̃] *nm* baby's bottle.
bible [bibl] *nf* bible.
bibliographie [biblijɔgrafi] *nf* bibliography.
bibliophile [biblijɔfil] *nmf* book lover.
bibliothécaire [biblijɔtekɛr] *nmf* librarian.
bibliothèque [biblijɔtɛk] *nf* 1. *(meuble)* bookcase. 2. *(édifice, collection)* library.
biblique [biblik] *adj* biblical.
bicarbonate [bikarbɔnat] *nm*: **~ (de soude)** bicarbonate of soda.
biceps [bisɛps] *nm* biceps.
biche [biʃ] *nf* (ZOOL) hind, doe.
bicolore [bikɔlɔr] *adj* two-coloured.
bicoque [bikɔk] *nf péj* house.

bicorne [bikɔrn] *nm* cocked hat.
bicyclette [bisiklɛt] *nf* bicycle; **rouler à ~** to cycle.
bide [bid] *nm fam* **1.** *(ventre)* belly. **2.** *(échec)* flop.
bidet [bidɛ] *nm* **1.** *(sanitaire)* bidet. **2.** *hum (cheval)* nag.
bidon [bidɔ̃] *nm* **1.** *(récipient)* can. **2.** *fam (ventre)* belly. **3.** (*en apposition inv*) *fam (faux)* phoney.
bidonville [bidɔ̃vil] *nm* shantytown.
bielle [bjɛl] *nf* connecting rod.

bien [bjɛ̃] (*compar & superl* **mieux**) ◇ *adj inv* **1.** *(satisfaisant)* good. **2.** *(en bonne santé)* well. **3.** *(joli)* good-looking; **elle est ~ comme ça** she looks good OU nice like that. **4.** *(à l'aise)* comfortable. **5.** *(convenable)* respectable. ◇ *nm* **1.** *(sens moral)*: **le ~ et le mal** good and evil. **2.** *(intérêt)* good; **je te dis ça pour ton ~** I'm telling you this for your own good. **3.** *(richesse, propriété)* property, possession; **~s de consommation** consumer goods. **4.** *loc*: **faire du ~ à qqn** to do sb good; **dire du ~ de qqn/qqch** to speak well of sb/sthg; **mener à ~** to bring to fruition, to complete. ◇ *adv* **1.** *(de manière satisfaisante)* well; **on mange ~ ici** the food's good here; **il ne s'est pas ~ conduit** he didn't behave well; **tu as ~ fait** you did the right thing; **tu ferais ~ d'y aller** you would be wise to go; **c'est ~ fait!** it serves him/her *etc* right! **2.** *(sens intensif)* quite, really; **~ souvent** quite often; **j'espère ~ que ...** I DO hope that ...; **on a ~ ri** we had a good laugh; **il y a ~ trois heures que j'attends** I've been waiting for at least three hours; **c'est ~ aimable à vous** it's very kind OU good of you. **3.** *(renforçant un comparatif)*: **il est parti ~ plus tard** he left much later; **on était ~ moins riches** we were a lot worse off OU poorer. **4.** *(servant à conclure ou à introduire)*: **~, je t'écoute** well, I'm listening. **5.** *(en effet)*: **c'est ~ lui** it really IS him; **c'est ~ ce que je disais** that's just what I said. ◇ *interj*: **eh ~!** oh well!; **eh ~, qu'en penses-tu?** well, what do you think? ◆ **biens** *nmpl* property *(U)*. ◆ **bien de, bien des** *loc adj*: **~ des gens sont venus** quite a lot of people came; **~ des fois** many times; **il a ~ de la chance** he's very OU really lucky; **il a eu ~ de la peine à me convaincre** he had quite a lot of trouble convincing me. ◆ **bien entendu** *loc adv* of course. ◆ **bien que** *loc conj* (+ *subjonctif*) although, though. ◆ **bien sûr** *loc adv* of course, certainly.

bien-aimé, -e [bjɛ̃neme] (*mpl* **bien-aimés**, *fpl* **bien-aimées**) *adj & nm, f* beloved.
bien-être [bjɛ̃nɛtr] *nm inv (physique)* wellbeing.
bienfaisance [bjɛ̃fəzɑ̃s] *nf* charity.
bienfaisant, -e [bjɛ̃fəzɑ̃, ɑ̃t] *adj* beneficial.
bienfait [bjɛ̃fɛ] *nm* **1.** *(effet bénéfique)* benefit. **2.** *(faveur)* kindness.
bienfaiteur, -trice [bjɛ̃fɛtœr, tris] *nm, f* benefactor.
bien-fondé [bjɛ̃fɔ̃de] (*pl* **bien-fondés**) *nm* validity.
bienheureux, -euse [bjɛ̃nørø, øz] *adj* **1.** (RELIG) blessed. **2.** *(heureux)* happy.
bientôt [bjɛ̃to] *adv* soon; **à ~!** see you soon!
bienveillance [bjɛ̃vejɑ̃s] *nf* kindness.
bienveillant, -e [bjɛ̃vejɑ̃, ɑ̃t] *adj* kindly.
bienvenu, -e [bjɛ̃vny] ◇ *adj* welcome. ◇ *nm, f*: **être le ~/la ~e** to be welcome. ◆ **bienvenue** *nf* welcome; **souhaiter la ~e à qqn** to welcome sb.
bière [bjɛr] *nf* **1.** *(boisson)* beer; **~ blonde** lager; **~ brune** brown ale; **~ pression** draught beer. **2.** *(cercueil)* coffin.
bifteck [biftɛk] *nm* steak.
bifurcation [bifyrkasjɔ̃] *nf (embranchement)* fork; *fig* new direction.
bifurquer [bifyrke] *vi* **1.** *(route, voie ferrée)* to fork. **2.** *(voiture)* to turn off. **3.** *fig (personne)* to branch off.
bigamie [bigami] *nf* bigamy.
bigoudi [bigudi] *nm* curler.
bijou, -x [biʒu] *nm* **1.** *(joyau)* jewel. **2.** *fig (chef d'œuvre)* gem.
bijouterie [biʒutri] *nf (magasin)* jeweller's (shop).
bijoutier, -ère [biʒutje, ɛr] *nm, f* jeweller.
Bikini® [bikini] *nm* bikini.
bilan [bilɑ̃] *nm* **1.** (FIN) balance sheet; **déposer son ~** to declare bankruptcy. **2.** *(état)* state of affairs; **faire le ~ (de)** to take stock (of); **~ de santé** checkup.
bilatéral, -e, -aux [bilateral, o] *adj* **1.** *(stationnement)* on both sides (of the road). **2.** *(contrat, accord)* bilateral.
bile [bil] *nf* bile; **se faire de la ~** *fam* to worry.
biliaire [biljɛr] *adj* biliary; **calcul ~** gallstone; **vésicule ~** gall bladder.
bilingue [bilɛ̃g] *adj* bilingual.
billard [bijar] *nm* **1.** *(jeu)* billiards *(U)*. **2.** *(table de jeu)* billiard table.
bille [bij] *nf* **1.** *(d'enfant)* marble. **2.** *(de bois)* block of wood.

billet [bijɛ] *nm* 1. *(lettre)* note. 2. *(argent)*: **~ (de banque)** (bank) note. 3. *(ticket)* ticket; **~ de train/d'avion** train/plane ticket; **~ de loterie** lottery ticket.
billetterie [bijɛtri] *nf* 1. *(à l'aéroport)* ticket desk; *(à la gare)* booking office OU hall. 2. (BANQUE) cash dispenser.
billion [biljɔ̃] *nm* billion *Br,* trillion *Am.*
bimensuel, -elle [bimɑ̃sɥɛl] *adj* fortnightly *Br,* twice monthly. ◆ **bimensuel** *nm* fortnightly review *Br,* semimonthly *Am.*
bimoteur [bimɔtœr] *nm* twin-engined plane.
binaire [binɛr] *adj* binary.
biner [bine] *vt* to hoe.
binocle [binɔkl] *nm* pince-nez. ◆ **binocles** *nmpl fam vieilli* specs.
bio [bjo] *adj inv* natural; **aliments ~** wholefood, health food.
biocarburant [bjɔkarbyrɑ̃] *nm* biofuel.
biochimie [bjɔʃimi] *nf* biochemistry.
biodégradable [bjɔdegradabl] *adj* biodegradable.
biographie [bjɔgrafi] *nf* biography.
biologie [bjɔlɔʒi] *nf* biology.
biologique [bjɔlɔʒik] *adj* 1. (SCIENCE) biological. 2. *(naturel)* organic.
biopsie [bjɔpsi] *nf* biopsy.
biorythme [bjɔritm] *nm* biorhythm.
biréacteur [bireaktœr] *nm* twin-engined jet.
bis¹, -e [bi, biz] *adj* greyish-brown; **pain ~** brown bread.
bis² [bis] *adv* 1. *(dans adresse)*: **5 ~** 5a. 2. *(à la fin d'un spectacle)* encore.
bisannuel, -elle [bizanɥɛl] *adj* biennial.
biscornu, -e [biskɔrny] *adj* 1. *(objet)* irregularly shaped. 2. *(idée)* weird.
biscotte [biskɔt] *nf toasted bread sold in packets and often eaten for breakfast.*
biscuit [biskɥi] *nm* 1. *(sec)* biscuit *Br,* cookie *Am*; *(salé)* cracker. 2. *(gâteau)* sponge.
bise [biz] *nf* 1. *(vent)* north wind. 2. *fam (baiser)* kiss; **grosses ~s** love and kisses.
biseau, -x [bizo] *nm* bevel; **en ~** bevelled.
bison [bizɔ̃] *nm* bison.
bisou [bizu] *nm fam* kiss.
bissextile [bisɛkstil] → **année.**
bistouri [bisturi] *nm* lancet.
bistro(t) [bistro] *nm fam* cafe, bar.
bit [bit] *nm* (INFORM) bit.
bivouac [bivwak] *nm* bivouac.
bivouaquer [bivwake] *vi* to bivouac.
bizarre [bizar] *adj* strange, odd.
bizutage [bizytaʒ] *nm practical jokes played on new arrivals in a school or college.*
black-out [blakawt] *nm* blackout.
blafard, -e [blafar, ard] *adj* pale.
blague [blag] *nf (plaisanterie)* joke.
blaguer [blage] *fam vi* to joke.
blagueur, -euse [blagœr, øz] *fam* ◇ *adj* jokey. ◇ *nm, f* joker.
blaireau, -x [blɛro] *nm* 1. *(animal)* badger. 2. *(de rasage)* shaving brush.
blâme [blam] *nm* 1. *(désapprobation)* disapproval. 2. *(sanction)* reprimand.
blâmer [blame] *vt* 1. *(désapprouver)* to blame. 2. *(sanctionner)* to reprimand.
blanc, blanche [blɑ̃, blɑ̃ʃ] *adj* 1. *(gén)* white. 2. *(non écrit)* blank. 3. *(pâle)* pale. ◆ **blanc** *nm* 1. *(couleur)* white. 2. *(personne)* white (man). 3. *(linge de maison)*: **le ~** the (household) linen. 4. *(sur page)* blank (space); **en ~** *(chèque)* blank. 5. *(de volaille)* white meat. 6. *(vin)* white (wine). 7. *loc*: **chauffé à ~** white-hot. ◆ **blanche** *nf* 1. *(personne)* white (woman). 2. (MUS) minim. ◆ **blanc d'œuf** *nm* egg white.
blancheur [blɑ̃ʃœr] *nf* whiteness.
blanchir [blɑ̃ʃir] ◇ *vt* 1. *(mur)* to whitewash. 2. *(linge, argent)* to launder. 3. *(légumes)* to blanch. 4. *(sucre)* to refine; *(papier, tissu)* to bleach. ◇ *vi*: **~ (de)** to go white (with).
blanchissage [blɑ̃ʃisaʒ] *nm (de linge)* laundering.
blanchisserie [blɑ̃ʃisri] *nf* laundry.
blasé, -e [blaze] *adj* blasé.
blason [blazɔ̃] *nm* coat of arms.
blasphème [blasfɛm] *nm* blasphemy.
blasphémer [blasfeme] *vt & vi* to blaspheme.
blatte [blat] *nf* cockroach.
blazer [blazɛr] *nm* blazer.
blé [ble] *nm* 1. *(céréale)* wheat, corn. 2. *fam (argent)* dough.
blême [blɛm] *adj*: **~ (de)** pale (with).
blennorragie [blenɔraʒi] *nf* gonorrhoea.
blessant, -e [blɛsɑ̃, ɑ̃t] *adj* hurtful.
blessé, -e [blese] *nm, f* wounded OU injured person.
blesser [blese] *vt* 1. *(accidentellement)* to injure, to hurt; *(par arme)* to wound. 2. *(moralement)* to hurt. ◆ **se blesser** *vp* to injure o.s., to hurt o.s.
blessure [blesyr] *nf litt & fig* wound.

blet, blette [blɛ, blɛt] *adj* overripe.
bleu, -e [blø] *adj* 1. *(couleur)* blue. 2. *(viande)* very rare. ◆ **bleu** *nm* 1. *(couleur)* blue. 2. *(hématome)* bruise. 3. *fam (à l'armée)* raw recruit; *(à l'université)* freshman, fresher *Br*. 4. *(fromage)* blue cheese. 5. *(vêtement)*: **~ de travail** overalls (*pl*).
bleuet [bløɛ] *nm* cornflower; *Can (fruit)* blueberry.
bleuir [bløir] *vt & vi* to turn blue.
bleuté, -e [bløte] *adj* bluish.
blindé, -e [blɛ̃de] *adj (véhicule)* armoured; *(porte, coffre)* armour-plated. ◆ **blindé** *nm* armoured car.
blinder [blɛ̃de] *vt (véhicule)* to armour; *(porte, coffre)* to armour-plate.
blizzard [blizar] *nm* blizzard.
bloc [blɔk] *nm* 1. *(gén)* block; **en ~** wholesale. 2. *(assemblage)* unit; **~ d'alimentation** (INFORM) power pack; **~ opératoire** operating theatre.
blocage [blɔkaʒ] *nm* 1. (ÉCON) freeze, freezing *(U)*. 2. *(de roue)* locking. 3. (PSYCHOL) (mental) block.
blockhaus [blɔkos] *nm* blockhouse.
bloc-notes [blɔknɔt] *nm* notepad.
blocus [blɔkys] *nm* blockade.
blond, -e [blɔ̃, blɔ̃d] ◇ *adj* fair, blond. ◇ *nm, f* fair-haired OU blond man (*f* fair-haired OU blonde woman). ◆ **blond** *nm*: **~ cendré/vénitien/platine** ash/strawberry/platinum blond. ◆ **blonde** *nf* 1. *(cigarette)* Virginia cigarette. 2. *(bière)* lager.
bloquer [blɔke] *vt* 1. *(porte, freins)* to jam; *(roues)* to lock. 2. *(route)* to block; *(personne)*: **être bloqué** to be stuck. 3. *(prix, salaires)* to freeze. 4. (PSYCHOL): **être bloqué** to have a (mental) block. ◆ **se bloquer** *vp (se coincer)* to jam.
blottir [blɔtir] ◆ **se blottir** *vp*: **se ~ (contre)** to snuggle up (to).
blouse [bluz] *nf (de travail, d'écolier)* smock.
blouson [bluzɔ̃] *nm* bomber jacket, blouson.
blue-jean [bludʒin] (*pl* **blue-jeans** [bludʒins]) *nm* jeans (*pl*).
blues [bluz] *nm inv* blues.
bluffer [blœfe] *fam vi & vt* to bluff.
blush [blœʃ] *nm* blusher.
boa [bɔa] *nm* boa.
boat people [botpipəl] *nmpl* boat people.
bobard [bɔbar] *nm fam* fib.
bobine [bɔbin] *nf* 1. *(cylindre)* reel, spool. 2. (ÉLECTR) coil.
bobsleigh [bɔbslɛg] *nm* bobsleigh.
bocage [bɔkaʒ] *nm* (GÉOGR) bocage.
bocal, -aux [bɔkal, o] *nm* jar.
body-building [bɔdibildiŋ] *nm*: **le ~** body building *(U)*.
bœuf [bœf, *pl* bø] *nm* 1. *(animal)* ox. 2. *(viande)* beef.
bof [bɔf] *interj fam term expressing lack of interest*; **ça t'a plu? – ~!** did you like it? – it was all right, I suppose.
bohème [bɔɛm] *adj* bohemian.
bohémien, -enne [bɔemjɛ̃, ɛn] *nm, f* 1. *(tsigane)* gipsy. 2. *(non-conformiste)* bohemian.
boire [bwar] ◇ *vt* 1. *(s'abreuver)* to drink. 2. *(absorber)* to soak up, to absorb. ◇ *vi* to drink.
bois [bwa] ◇ *nm* wood; **en ~** wooden. ◇ *nmpl* 1. (MUS) woodwind *(U)*. 2. *(cornes)* antlers.
boisé, -e [bwaze] *adj* wooded.
boiserie [bwazri] *nf* panelling *(U)*.
boisson [bwasɔ̃] *nf (breuvage)* drink.
boîte [bwat] *nf* 1. *(récipient)* box; **en ~** tinned *Br*, canned; **~ de conserve** tin *Br*, can; **~ à gants** glove compartment; **~ aux lettres** *(pour la réception)* letterbox; *(pour l'envoi)* postbox *Br*, mailbox *Am*; **~ à musique** musical box *Br*, music box *Am*; **~ postale** post office box; **~ de vitesses** gearbox. 2. (TÉLÉCOM): **~ vocale** voice mail. 3. *fam (entreprise)* company, firm; *(lycée)* school. 4. *fam (discothèque)*: **~ (de nuit)** nightclub, club.
boiter [bwate] *vi (personne)* to limp.
boiteux, -euse [bwatø, øz] *adj* 1. *(personne)* lame. 2. *(meuble)* wobbly. 3. *fig (raisonnement)* shaky.
boîtier [bwatje] *nm* 1. *(boîte)* case. 2. (TECHNOL) casing.
bol [bɔl] *nm* 1. *(récipient)* bowl. 2. *(contenu)* bowl, bowlful. 3. *loc*: **prendre un ~ d'air** to get some fresh air.
bolet [bɔlɛ] *nm* boletus.
bolide [bɔlid] *nm (véhicule)* racing car.
Bolivie [bɔlivi] *nf*: **la ~** Bolivia.
bombance [bɔ̃bɑ̃s] *nf*: **faire ~** *fam* to have a feast.
bombardement [bɔ̃bardəmɑ̃] *nm* bombardment, bombing *(U)*.
bombarder [bɔ̃barde] *vt* 1. (MIL) to bomb. 2. *(assaillir)*: **~ qqn/qqch de** to bombard sb/sthg with.
bombardier [bɔ̃bardje] *nm* 1. *(avion)* bomber. 2. *(aviateur)* bombardier.
bombe [bɔ̃b] *nf* 1. *(projectile)* bomb; *fig* bombshell; **~ atomique** atomic bomb; **~ à retardement** time bomb. 2. *(cas-*

quette) riding hat. **3.** *(atomiseur)* spray, aerosol.

bombé, -e [bɔ̃be] *adj* bulging, rounded.

bon, bonne [bɔ̃, bɔn] *(compar & superl* **meilleur**) *adj* **1.** *(gén)* good. **2.** *(généreux)* good, kind. **3.** *(utilisable - billet, carte)* valid. **4.** *(correct)* right. **5.** *(dans l'expression d'un souhait)*: **bonne année!** Happy New Year!; **bonne chance!** good luck!; **bonnes vacances!** have a nice holiday! **6.** *loc*: **être ~ pour qqch/pour faire qqch** *fam* to be fit for sthg/for doing sthg; **tu es ~ pour une contravention** you'll end up with OU you'll get a parking ticket; **~ à** (+ *infinitif*) fit to; **c'est ~ à savoir** that's worth knowing. ◆ **bon** ◇ *adv*: **il fait ~** the weather's fine, it's fine; **sentir ~** to smell good; **tenir ~** to stand firm. ◇ *interj* **1.** *(marque de satisfaction)* good! **2.** *(marque de surprise)*: **ah ~!** really? ◇ *nm* **1.** *(constatant un droit)* voucher; **~ de commande** order form; **~ du Trésor** (FIN) Treasury bill OU bond. **2.** *(gén pl)* *(personne)*: **les ~s et les méchants** good people and wicked people. ◆ **pour de bon** *loc adv* seriously, really.

bonbon [bɔ̃bɔ̃] *nm* **1.** *(friandise)* sweet *Br*, piece of candy *Am*. **2.** *Belg (gâteau)* biscuit.

bonbonne [bɔ̃bɔn] *nf* demijohn.

bonbonnière [bɔ̃bɔnjɛr] *nf (boîte)* sweet-box *Br*, candy box *Am*.

bond [bɔ̃] *nm (d'animal, de personne)* leap, bound; *(de balle)* bounce; **faire un ~** to leap (forward).

bonde [bɔ̃d] *nf* **1.** *(d'évier)* plug. **2.** *(trou)* bunghole. **3.** *(bouchon)* bung.

bondé, -e [bɔ̃de] *adj* packed.

bondir [bɔ̃dir] *vi* **1.** *(sauter)* to leap, to bound; **~ sur qqn/qqch** to pounce on sb/sthg. **2.** *(s'élancer)* to leap forward.

bonheur [bɔnœr] *nm* **1.** *(félicité)* happiness. **2.** *(chance)* (good) luck, good fortune; **par ~** happily, fortunately; **porter ~** to be lucky, to bring good luck.

bonhomme [bɔnɔm] (*pl* **bonshommes** [bɔ̃zɔm]) *nm* **1.** *fam péj (homme)* fellow. **2.** *(représentation)* man; **~ de neige** snowman.

bonification [bɔnifikasjɔ̃] *nf* **1.** *(de terre, de vin)* improvement. **2.** (SPORT) bonus points (*pl*).

bonjour [bɔ̃ʒur] *nm* hello; *(avant midi)* good morning; *(après midi)* good afternoon.

bonne [bɔn] ◇ *nf* maid. ◇ *adj* → **bon.**

bonnet [bɔnɛ] *nm* **1.** *(coiffure)* (woolly) hat; **~ de bain** swimming cap. **2.** *(de soutien-gorge)* cup.

bonneterie [bɔnɛtri] *nf (commerce)* hosiery (business OU trade).

bonsoir [bɔ̃swar] *nm (en arrivant)* hello, good evening; *(en partant)* goodbye, good evening.

bonté [bɔ̃te] *nf* **1.** *(qualité)* goodness, kindness; **avoir la ~ de faire qqch** *sout* to be so good OU kind as to do sthg. **2.** (*gén pl*) *(acte)* act of kindness.

bonus [bɔnys] *nm* no-claims bonus.

bord [bɔr] *nm* **1.** *(de table, de vêtement)* edge; *(de verre, de chapeau)* rim; **à ras ~s** to the brim. **2.** *(de rivière)* bank; *(de lac)* edge, shore; **au ~ de la mer** at the seaside. **3.** *(de bois, jardin)* edge; *(de route)* edge, side. **4.** *(d'un moyen de transport)*: **passer par-dessus ~** to fall overboard. ◆ **à bord de** *loc prép*: **à ~ de qqch** on board sthg. ◆ **au bord de** *loc prép* at the edge of; *fig* on the verge of.

bordeaux [bɔrdo] ◇ *nm* **1.** *(vin)* Bordeaux. **2.** *(couleur)* claret. ◇ *adj inv* claret.

bordel [bɔrdɛl] *nm vulg* **1.** *(maison close)* brothel. **2.** *(désordre)* shambles (*sg*).

border [bɔrde] *vt* **1.** *(vêtement)*: **~ qqch de** to edge sthg with. **2.** *(être en bordure de)* to line. **3.** *(personne)* to tuck in.

bordereau, -x [bɔrdəro] *nm* **1.** *(liste)* schedule. **2.** *(facture)* invoice. **3.** *(relevé)* slip.

bordure [bɔrdyr] *nf* **1.** *(bord)* edge; **en ~ de** on the edge of. **2.** *(de fleurs)* border.

borgne [bɔrɲ] *adj (personne)* one-eyed.

borne [bɔrn] *nf* **1.** *(marque)* boundary marker. **2.** *fam (kilomètre)* kilometre. **3.** *(limite)* limit, bounds (*pl*); **dépasser les ~s** to go too far; **sans ~s** boundless. **4.** (ÉLECTR) terminal.

borné, -e [bɔrne] *adj (personne)* narrow-minded; *(esprit)* narrow.

borner [bɔrne] *vt (terrain)* to limit; *(ambition)* to limit, to restrict. ◆ **se borner** *vp*: **se ~ à qqch/à faire qqch** to confine o.s. to sthg/to doing sthg.

bosniaque [bɔsnjak] *adj* Bosnian. ◆ **Bosniaque** *nmf* Bosnian.

Bosnie [bɔsni] *nf*: **la ~** Bosnia.

bosquet [bɔskɛ] *nm* copse.

bosse [bɔs] *nf* **1.** *(sur tête, sur route)* bump. **2.** *(de bossu, chameau)* hump.

bosser [bɔse] *vi fam* to work hard.

bossu, -e [bɔsy] ◇ *adj* hunchbacked. ◇ *nm, f* hunchback.

bot [bo] → **pied.**

botanique [bɔtanik] ◇ *adj* botanical. ◇ *nf*: **la ~** botany.
botte [bɔt] *nf* **1.** *(chaussure)* boot. **2.** *(de légumes)* bunch. **3.** *(en escrime)* thrust, lunge.
botter [bɔte] *vt* **1.** *(chausser)*: **être botté de cuir** to be wearing leather boots. **2.** *fam (personne)* to boot. **3.** *fam vieilli (plaire à)*: **ça me botte** I dig it.
bottier [bɔtje] *nm (de bottes)* bootmaker; *(de chaussures)* shoemaker.
Bottin® [bɔtɛ̃] *nm* phone book.
bottine [bɔtin] *nf* (ankle) boot.
bouc [buk] *nm* **1.** *(animal)* (billy) goat; **~ émissaire** *fig* scapegoat. **2.** *(barbe)* goatee.
boucan [bukɑ̃] *nm fam* row, racket.
bouche [buʃ] *nf (gén)* mouth; **~ d'incendie** fire hydrant; **~ de métro** metro entrance OU exit.
bouché, -e [buʃe] *adj* **1.** *(en bouteille)* bottled. **2.** *fam (personne)* thick *Br*, dumb.
bouche-à-bouche [buʃabuʃ] *nm inv*: **faire du ~ à qqn** to give sb mouth-to-mouth resuscitation.
bouchée [buʃe] *nf* mouthful.
boucher[1] [buʃe] *vt* **1.** *(bouteille)* to cork; *(trou)* to fill (in OU up). **2.** *(passage)* to block.
boucher[2], -ère [buʃe, ɛr] *nm, f* butcher.
boucherie [buʃri] *nf* **1.** *(magasin)* butcher's (shop). **2.** *fig (carnage)* slaughter.
bouche-trou [buʃtru] (*pl* **bouche-trous**) *nm* **1.** *(personne)*: **servir de ~** to make up (the) numbers. **2.** *(objet)* stopgap.
bouchon [buʃɔ̃] *nm* **1.** *(pour obturer - gén)* top; *(- de réservoir)* cap; *(- de bouteille)* cork. **2.** *(de canne à pêche)* float. **3.** *(embouteillage)* traffic jam.
boucle [bukl] *nf* **1.** *(de ceinture, soulier)* buckle. **2.** *(bijou)*: **~ d'oreille** earring. **3.** *(de cheveux)* curl. **4.** *(de fleuve, d'avion & INFORM)* loop.
bouclé, -e [bukle] *adj (cheveux)* curly; *(personne)* curly-haired.
boucler [bukle] *vt* **1.** *(attacher)* to buckle; *(ceinture)* to fasten. **2.** *(fermer)* to shut. **3.** *fam (voleur)* to lock up; *(malade)* to shut away. **4.** *(encercler)* to seal off. **5.** *(terminer)* to finish.
bouclier [buklije] *nm litt & fig* shield.
bouddhiste [budist] *nmf & adj* Buddhist.
bouder [bude] ◇ *vi* to sulk. ◇ *vt (chose)* to dislike; *(personne)* to shun.
boudeur, -euse [budœr, øz] *adj* sulky.
boudin [budɛ̃] *nm*: **~ blanc** white pudding *(Br)*, white sausage *(Am)*; **~ noir** black pudding *(Br)*, black sausage *(Am)*.
boue [bu] *nf* mud.
bouée [bwe] *nf* **1.** *(balise)* buoy. **2.** *(pour flotter)* rubber ring; **~ de sauvetage** lifebelt.
boueux, -euse [buø, øz] *adj* muddy.
bouffe [buf] *nf fam* grub.
bouffée [bufe] *nf* **1.** *(de fumée)* puff; *(de parfum)* whiff; *(d'air)* breath. **2.** *(accès)* surge; **~s délirantes** mad fits.
bouffer [bufe] *vt fam (manger)* to eat.
bouffi, -e [bufi] *adj*: **~ (de)** swollen (with).
bouffon, -onne [bufɔ̃, ɔn] *adj* farcical. ◆ **bouffon** *nm* **1.** (HIST) jester. **2.** *(pitre)* clown.
bouge [buʒ] *nm péj* **1.** *(taudis)* hovel. **2.** *(café)* dive.
bougeoir [buʒwar] *nm* candlestick.
bougeotte [buʒɔt] *nf*: **avoir la ~** to have itchy feet.
bouger [buʒe] ◇ *vt (déplacer)* to move. ◇ *vi* **1.** *(remuer)* to move. **2.** *(changer)* to change.
bougie [buʒi] *nf* **1.** *(chandelle)* candle. **2.** *(de moteur)* spark plug, sparking plug.
bougon, -onne [bugɔ̃, ɔn] *adj* grumpy.
bougonner [bugɔne] *vt & vi* to grumble.
bouillant, -e [bujɑ̃, ɑ̃t] *adj* **1.** *(qui bout)* boiling. **2.** *(très chaud)* boiling hot.
bouillie [buji] *nf* baby's cereal; **réduire en ~** *(légumes)* to puree; *(personne)* to reduce to a pulp.
bouillir [bujir] *vi (aliments)* to boil; **faire ~** to boil.
bouilloire [bujwar] *nf* kettle.
bouillon [bujɔ̃] *nm* **1.** *(soupe)* stock. **2.** *(bouillonnement)* bubble; **faire bouillir à gros ~s** to bring to a rolling boil.
bouillonner [bujɔne] *vi* **1.** *(liquide)* to bubble. **2.** *(torrent)* to foam. **3.** *fig (personne)* to seethe.
bouillotte [bujɔt] *nf* hot-water bottle.
boul. *abr de* **boulevard**.
boulanger, -ère [bulɑ̃ʒe, ɛr] *nm, f* baker.
boulangerie [bulɑ̃ʒri] *nf (magasin)* baker's (shop).
boule [bul] *nf (gén)* ball; *(de loto)* counter; *(de pétanque)* bowl; **~ de neige** snowball.
bouleau, -x [bulo] *nm* silver birch.
bouledogue [buldɔg] *nm* bulldog.

boulet [bulɛ] *nm* **1.** *(munition)*: **~ de canon** cannonball. **2.** *(de forçat)* ball and chain. **3.** *fig (fardeau)* millstone (round one's neck).
boulette [bulɛt] *nf* **1.** *(petite boule)* pellet. **2.** *(de viande)* meatball.
boulevard [bulvar] *nm* **1.** *(rue)* boulevard. **2.** (THÉÂTRE) light comedy *(U)*.
bouleversant, -e [bulvɛrsɑ̃, ɑ̃t] *adj* distressing.
bouleversement [bulvɛrsəmɑ̃] *nm* disruption.
bouleverser [bulvɛrse] *vt* **1.** *(objets)* to turn upside down. **2.** *(modifier)* to disrupt. **3.** *(émouvoir)* to distress.
boulier [bulje] *nm* abacus.
boulimie [bulimi] *nf* bulimia.
boulon [bulɔ̃] *nm* bolt.
boulonner [bulɔne] ◇ *vt* to bolt. ◇ *vi fam* to slog (away).
boulot [bulo] *nm fam* **1.** *(travail)* work. **2.** *(emploi)* job.
boum [bum] *nf fam vieilli* party.
bouquet [bukɛ] *nm* **1.** *(de fleurs - gén)* bunch (of flowers). **2.** *(de vin)* bouquet. **3.** *(de feu d'artifice)* crowning piece.
bouquin [bukɛ̃] *nm fam* book.
bouquiner [bukine] *vi & vt fam* to read.
bouquiniste [bukinist] *nmf* second-hand bookseller.
bourbier [burbje] *nm (lieu)* quagmire, mire; *fig* mess.
bourde [burd] *nf fam (erreur)* blunder.
bourdon [burdɔ̃] *nm* bumblebee.
bourdonnement [burdɔnmɑ̃] *nm (d'insecte, de voix, de moteur)* buzz *(U)*.
bourdonner [burdɔne] *vi* **1.** *(insecte, voix)* to buzz. **2.** *(oreille)* to ring.
bourgeois, -e [burʒwa, az] ◇ *adj* **1.** *(valeur)* middle-class. **2.** *(cuisine)* plain. **3.** *péj (personne)* bourgeois. ◇ *nm, f* bourgeois.
bourgeoisie [burʒwazi] *nf* ≃ middle classes *(pl)*.
bourgeon [burʒɔ̃] *nm* bud.
bourgeonner [burʒɔne] *vi* to bud.
Bourgogne [burgɔɲ] *nf*: **la ~** Burgundy.
bourlinguer [burlɛ̃ge] *vi fam (voyager)* to bum around the world.
bourrade [burad] *nf* thump.
bourrage [buraʒ] *nm (de coussin)* stuffing. ◆ **bourrage de crâne** *nm* **1.** *(bachotage)* swotting. **2.** *(propagande)* brainwashing.
bourrasque [burask] *nf* gust of wind.
bourratif, -ive [buratif, iv] *adj* stodgy.
bourreau, -x [buro] *nm* (HIST) executioner.
bourrelet [burlɛ] *nm (de graisse)* roll of fat.
bourrer [bure] *vt* **1.** *(remplir - coussin)* to stuff; *(- sac, armoire)*: **~ qqch (de)** to cram sthg full (with). **2.** *fam (gaver)*: **~ qqn (de)** to stuff sb (with).
bourrique [burik] *nf* **1.** *(ânesse)* she-ass. **2.** *fam (personne)* pigheaded person.
bourru, -e [bury] *adj* surly.
bourse [burs] *nf* **1.** *(porte-monnaie)* purse. **2.** *(d'études)* grant. ◆ **Bourse** *nf* **1.** *(lieu)* ≃ Stock Exchange *Br*, ≃ Wall Street *Am*. **2.** *(opérations)*: **Bourse des valeurs** stock market, stock exchange; **Bourse de commerce** commodity market.
boursier, -ère [bursje, ɛr] *adj* **1.** *(élève)* on a grant. **2.** (FIN) stock-market *(avant n)*.
boursouflé, -e [bursufle] *adj* swollen.
bousculade [buskylad] *nf* **1.** *(cohue)* crush. **2.** *(agitation)* rush.
bousculer [buskyle] *vt* **1.** *(faire tomber)* to knock over. **2.** *(presser)* to rush. **3.** *(modifier)* to overturn.
bouse [buz] *nf*: **~ de vache** cow dung.
bousiller [buzije] *vt fam (abîmer)* to ruin, to knacker *Br*.
boussole [busɔl] *nf* compass.
bout [bu] *nm* **1.** *(extrémité, fin)* end; **au ~ de** *(temps)* after; *(espace)* at the end of; **d'un ~ à l'autre** *(de ville etc)* from one end to the other; *(de livre)* from beginning to end. **2.** *(morceau)* bit. **3.** *loc*: **être à ~** to be exhausted; **à ~ portant** at point-blank range; **pousser qqn à ~** to drive sb to distraction; **venir à ~ de** *(personne)* to get the better of; *(difficulté)* to overcome.
boutade [butad] *nf (plaisanterie)* jest.
boute-en-train [butɑ̃trɛ̃] *nm inv* live wire; **il était le ~ de la soirée** he was the life and soul of the party.
bouteille [butɛj] *nf* bottle.
boutique [butik] *nf (gén)* shop; *(de mode)* boutique.
bouton [butɔ̃] *nm* **1.** (COUTURE) button; **~ de manchette** cuff link. **2.** *(sur la peau)* spot. **3.** *(de porte)* knob. **4.** *(commutateur)* switch. **5.** *(bourgeon)* bud.
bouton-d'or [butɔ̃dɔr] (*pl* **boutons-d'or**) *nm* buttercup.
boutonner [butɔne] *vt* to button (up).
boutonneux, -euse [butɔnø, øz] *adj* spotty.

boutonnière [butɔnjɛr] *nf (de vêtement)* buttonhole.
bouton-pression [butɔ̃presjɔ̃] (*pl* **boutons-pression**) *nm* press-stud *Br*, snap fastener *Am*.
bouture [butyr] *nf* cutting.
bovin, -e [bɔvɛ̃, in] *adj* bovine. ◆ **bovins** *nmpl* cattle *(pl)*.
bowling [buliŋ] *nm* 1. *(jeu)* bowling. 2. *(lieu)* bowling alley.
box [bɔks] (*pl* **boxes**) *nm* 1. *(d'écurie)* loose box. 2. *(compartiment)* cubicle; **le ~ des accusés** the dock. 3. *(parking)* lock-up garage.
boxe [bɔks] *nf* boxing.
boxer[1] [bɔkse] ◇ *vi* to box. ◇ *vt fam* to thump.
boxer[2] [bɔksɛr] *nm (chien)* boxer.
boxeur [bɔksœr] *nm* (SPORT) boxer.
boyau [bwajo] *nm* 1. *(chambre à air)* inner tube. 2. *(corde)* catgut. 3. *(galerie)* narrow gallery. ◆ **boyaux** *nmpl (intestins)* guts.
boycotter [bɔjkɔte] *vt* to boycott.
BP (*abr de* **boîte postale**) *nf* PO Box.
bracelet [braslɛ] *nm* 1. *(bijou)* bracelet. 2. *(de montre)* strap.
bracelet-montre [braslɛmɔ̃tr] *nm* wristwatch.
braconner [brakɔne] *vi* to go poaching, to poach.
braconnier [brakɔnje] *nm* poacher.
brader [brade] *vt* to sell off; **'on brade'** 'clearance sale'.
braderie [bradri] *nf* clearance sale.
braguette [bragɛt] *nf* flies *(pl)*.
braille [braj] *nm* Braille.
brailler [braje] *vi* to bawl.
braire [brɛr] *vi (âne)* to bray.
braise [brɛz] *nf* embers *(pl)*.
bramer [brame] *vi (cerf)* to bell.
brancard [brɑ̃kar] *nm* 1. *(civière)* stretcher. 2. *(de charrette)* shaft.
brancardier, -ère [brɑ̃kardje, ɛr] *nm, f* stretcher-bearer.
branchage [brɑ̃ʃaʒ] *nm* branches *(pl)*.
branche [brɑ̃ʃ] *nf* 1. *(gén)* branch. 2. *(de lunettes)* arm.
branché, -e [brɑ̃ʃe] *adj* 1. (ÉLECTR) plugged in, connected. 2. *fam (à la mode)* trendy.
branchement [brɑ̃ʃmɑ̃] *nm (raccordement)* connection, plugging in.
brancher [brɑ̃ʃe] *vt* 1. *(raccorder &* INFORM*)* to connect; **~ qqch sur** (ÉLECTR) to plug sthg into. 2. *fam (orienter)* to steer; **~ qqn sur qqch** to start sb off on sthg. 3. *fam (plaire)* to appeal to.
branchies [brɑ̃ʃi] *nfpl (de poisson)* gills.
brandir [brɑ̃dir] *vt* to wave.
branlant, -e [brɑ̃lɑ̃, ɑ̃t] *adj (escalier, mur)* shaky; *(meuble, dent)* wobbly.
branle-bas [brɑ̃lba] *nm inv* pandemonium *(U)*.
braquage [brakaʒ] *nm* 1. (AUTOM) lock. 2. *(attaque)* holdup.
braquer [brake] ◇ *vt* 1. *(diriger)*: **~ qqch sur** *(arme)* to aim sthg at; *(regard)* to fix sthg on. 2. *fam (attaquer)* to hold up. ◇ *vi* to turn (the wheel). ◆ **se braquer** *vp (personne)* to take a stand.
bras [bra] *nm* 1. *(gén)* arm; **~ droit** right-hand man OU woman; **~ de fer** *(jeu)* arm wrestling; *fig* trial of strength; **avoir le ~ long** to have pull. 2. *(de cours d'eau)* branch; **~ de mer** arm of the sea.
brasier [brazje] *nm (incendie)* blaze, inferno.
bras-le-corps [bralkɔr] ◆ **à bras-le-corps** *loc adv* bodily.
brassage [brasaʒ] *nm* 1. *(de bière)* brewing. 2. *fig (mélange)* mixing.
brassard [brasar] *nm* armband.
brasse [bras] *nf (nage)* breaststroke.
brassée [brase] *nf* armful.
brasser [brase] *vt* 1. *(bière)* to brew. 2. *(mélanger)* to mix. 3. *fig (manier)* to handle.
brasserie [brasri] *nf* 1. *(usine)* brewery. 2. *(café-restaurant)* brasserie.
brasseur, -euse [brasœr, øz] *nm, f (de bière)* brewer.
brassière [brasjɛr] *nf* 1. *(de bébé)* (baby's) vest *Br* OU undershirt *Am*. 2. *Can (soutien-gorge)* bra.
bravade [bravad] *nf*: **par ~** out of bravado.
brave [brav] ◇ *adj* 1. (*après n*) *(courageux)* brave. 2. (*avant n*) *(honnête)* decent. 3. *(naïf et gentil)* nice. ◇ *nmf*: **mon ~** my good man.
braver [brave] *vt* 1. *(parents, règlement)* to defy. 2. *(mépriser)* to brave.
bravo [bravo] *interj* bravo! ◆ **bravos** *nmpl* cheers.
bravoure [bravur] *nf* bravery.
break [brɛk] *nm* 1. *(voiture)* estate (car) *Br*, station wagon *Am*. 2. *(pause)* break.
brebis [brəbi] *nf* ewe; **~ galeuse** black sheep.
brèche [brɛʃ] *nf* 1. *(de mur)* gap. 2. (MIL) breach.
bredouiller [brəduje] *vi* to stammer.
bref, brève [brɛf, brɛv] *adj* 1. *(gén)* short, brief; **soyez ~!** make it brief! 2. (LING) short. ◆ **bref** *adv* in short, in

a word. ◆ **brève** *nf* (PRESSE) brief news item.
brelan [brəlɑ̃] *nm*: **un ~** three of a kind; **un ~ de valets** three jacks.
Brésil [brezil] *nm*: **le ~** Brazil.
Bretagne [brətaɲ] *nf*: **la ~** Brittany.
bretelle [brətɛl] *nf* **1.** *(d'autoroute)* access road, slip road *Br.* **2.** *(de pantalon)*: **~s** braces *Br,* suspenders *Am.* **3.** *(de bustier)* strap.
breuvage [brœvaʒ] *nm* beverage.
brève → **bref**.
brevet [brəvɛ] *nm* **1.** *(certificat)* certificate; **~ de secouriste** first-aid certificate. **2.** *(diplôme)* diploma. **3.** *(d'invention)* patent.
breveter [brəvte] *vt* to patent.
bréviaire [brevjɛr] *nm* breviary.
bribe [brib] *nf (fragment)* scrap, bit; *fig* snippet; **~s de conversation** snatches of conversation.
bric [brik] ◆ **de bric et de broc** *loc adv* any old how.
bric-à-brac [brikabrak] *nm inv* bric-a-brac.
bricolage [brikɔlaʒ] *nm* **1.** *(travaux)* do-it-yourself, DIY. **2.** *(réparation provisoire)* patching up.
bricole [brikɔl] *nf* **1.** *(babiole)* trinket. **2.** *(chose insignifiante)* trivial matter.
bricoler [brikɔle] ◇ *vi* to do odd jobs (around the house). ◇ *vt* **1.** *(réparer)* to fix, to mend. **2.** *(fabriquer)* to make, to knock up *Br.*
bricoleur, -euse [brikɔlœr, øz] *nm, f* home handyman (*f* handywoman).
bride [brid] *nf* **1.** *(de cheval)* bridle. **2.** *(de chapeau)* string. **3.** (COUTURE) bride, bar. **4.** (TECHNOL) flange.
bridé [bride] → **œil**.
brider [bride] *vt (cheval)* to bridle; *fig* to rein (in).
bridge [bridʒ] *nm* bridge.
briefer [brife] *vt* to brief.
briefing [brifiŋ] *nm* briefing.
brièvement [brijɛvmɑ̃] *adv* briefly.
brièveté [brijɛvte] *nf* brevity, briefness.
brigade [brigad] *nf* **1.** *(d'ouvriers, de soldats)* brigade. **2.** *(détachement)* squad; **~ volante** flying squad.
brigand [brigɑ̃] *nm (bandit)* bandit.
brillamment [brijamɑ̃] *adv* brilliantly.
brillant, -e [brijɑ̃, ɑ̃t] *adj* **1.** *(qui brille - gén)* sparkling; *(- cheveux)* glossy; *(- yeux)* bright. **2.** *(remarquable)* brilliant. ◆ **brillant** *nm (diamant)* brilliant.
briller [brije] *vi* to shine.
brimer [brime] *vt* to victimize, to bully.
brin [brɛ̃] *nm* **1.** *(tige)* twig; **~ d'herbe** blade of grass. **2.** *(fil)* strand. **3.** *(petite quantité)*: **un ~ (de)** a bit (of); **faire un ~ de toilette** to have a quick wash.
brindille [brɛ̃dij] *nf* twig.
bringuebaler, brinquebaler [brɛ̃gbale] *vi (voiture)* to jolt along.
brio [brijo] *nm*: **avec ~** brilliantly.
brioche [brijɔʃ] *nf* **1.** *(pâtisserie)* brioche. **2.** *fam (ventre)* paunch.
brioché, -e [brijɔʃe] *adj (pain)* brioche-style.
brique [brik] *nf* **1.** *(pierre)* brick. **2.** *(emballage)* carton. **3.** *fam (argent) 10,000 francs.*
briquer [brike] *vt* to scrub.
briquet [brikɛ] *nm* (cigarette) lighter.
brisant [brizɑ̃] *nm (écueil)* reef. ◆ **brisants** *nmpl (récif)* breakers.
brise [briz] *nf* breeze.
brise-glace(s) [brizglas] *nm inv (navire)* icebreaker.
brise-lames [brizlam] *nm inv* breakwater.
briser [brize] *vt* **1.** *(gén)* to break. **2.** *fig (carrière)* to ruin; *(conversation)* to break off; *(espérances)* to shatter. ◆ **se briser** *vp* **1.** *(gén)* to break. **2.** *fig (espoir)* to be dashed; *(efforts)* to be thwarted.
briseur, -euse [brizœr, øz] *nm, f*: **~ de grève** strike-breaker.
bristol [bristɔl] *nm* Bristol board.
britannique [britanik] *adj* British. ◆ **Britannique** *nmf* British person, Briton; **les Britanniques** the British.
broc [bro] *nm* jug.
brocante [brɔkɑ̃t] *nf* **1.** *(commerce)* secondhand trade. **2.** *(objets)* secondhand goods (*pl*).
brocanteur, -euse [brɔkɑ̃tœr, øz] *nm, f* dealer in secondhand goods.
broche [brɔʃ] *nf* **1.** *(bijou)* brooch. **2.** (CULIN) spit; **cuire à la ~** to spit-roast. **3.** (ÉLECTR & MÉD) pin.
broché, -e [brɔʃe] *adj* **1.** *(tissu)* brocade (*avant n*), brocaded. **2.** (TYPO): **livre ~** paperback (book).
brochet [brɔʃɛ] *nm* pike.
brochette [brɔʃɛt] *nf* **1.** *(ustensile)* skewer. **2.** *(plat)* kebab. **3.** *fam fig (groupe)* string, row.
brochure [brɔʃyr] *nf (imprimé)* brochure, booklet.
broder [brɔde] *vt & vi* to embroider.
broderie [brɔdri] *nf* **1.** *(art)* embroidery. **2.** *(ouvrage)* (piece of) embroidery.

bromure [brɔmyr] *nm* bromide.
bronche [brɔ̃ʃ] *nf* bronchial tube.
broncher [brɔ̃ʃe] *vi*: **sans ~** without complaining, uncomplainingly.
bronchite [brɔ̃ʃit] *nf* bronchitis *(U)*.
bronzage [brɔ̃zaʒ] *nm* tan, suntan.
bronze [brɔ̃z] *nm* bronze.
bronzé, -e [brɔ̃ze] *adj* tanned, suntanned.
bronzer [brɔ̃ze] *vi (peau)* to tan; *(personne)* to get a tan.
brosse [brɔs] *nf* brush; **~ à cheveux** hairbrush; **~ à dents** toothbrush; **avoir les cheveux en ~** to have a crew cut.
brosser [brɔse] *vt* **1.** *(habits, cheveux)* to brush. **2.** *(paysage, portrait)* to paint. ◆ **se brosser** *vp*: **se ~ les cheveux/les dents** to brush one's hair/teeth.
brouette [bruɛt] *nf* wheelbarrow.
brouhaha [bruaa] *nm* hubbub.
brouillard [brujar] *nm (léger)* mist; *(dense)* fog; **~ givrant** freezing fog; **être dans le ~** *fig* to be lost.
brouille [bruj] *nf* quarrel.
brouillé, -e [bruje] *adj* **1.** *(fâché)*: **être ~ avec qqn** to be on bad terms with sb; **être ~ avec qqch** *fig* to be hopeless OU useless at sthg. **2.** *(teint)* muddy. **3.** → **œuf**.
brouiller [bruje] *vt* **1.** *(désunir)* to set at odds, to put on bad terms. **2.** *(vue)* to blur. **3.** (RADIO) to cause interference to; *(délibérément)* to jam. **4.** *(rendre confus)* to muddle (up). ◆ **se brouiller** *vp* **1.** *(se fâcher)* to fall out; **se ~ avec qqn (pour qqch)** to fall out with sb (over sthg). **2.** *(se troubler)* to become blurred. **3.** (MÉTÉOR) to cloud over.
brouillon, -onne [brujɔ̃, ɔn] *adj* careless, untidy. ◆ **brouillon** *nm* rough copy, draft.
broussaille [brusaj] *nf*: **les ~s** the undergrowth; **en ~** *fig (cheveux)* untidy; *(sourcils)* bushy.
brousse [brus] *nf* (GÉOGR) scrubland, bush.
brouter [brute] ◇ *vt* to graze on. ◇ *vi* **1.** *(animal)* to graze. **2.** (TECHNOL) to judder.
broutille [brutij] *nf* trifle.
broyer [brwaje] *vt* to grind, to crush.
bru [bry] *nf sout* daughter-in-law.
brugnon [bryɲɔ̃] *nm* nectarine.
bruine [brɥin] *nf* drizzle.
bruissement [brɥismɑ̃] *nm (de feuilles, d'étoffe)* rustle, rustling *(U)*; *(d'eau)* murmur, murmuring *(U)*.
bruit [brɥi] *nm* **1.** *(son)* noise, sound; **~ de fond** background noise. **2.** *(vacarme & TECHNOL)* noise; **faire du ~** to make a noise; **sans ~** silently, noiselessly. **3.** *(rumeur)* rumour. **4.** *(retentissement)* fuss; **faire du ~** to cause a stir.
bruitage [brɥitaʒ] *nm* sound-effects *(pl)*.
brûlant, -e [brylɑ̃, ɑ̃t] *adj* **1.** *(gén)* burning (hot); *(liquide)* boiling (hot); *(plat)* piping hot. **2.** *fig (amour, question)* burning.
brûle-pourpoint [brylpurpwɛ̃] ◆ **à brûle-pourpoint** *loc adv* point-blank, straight out.
brûler [bryle] ◇ *vt* **1.** *(gén)* to burn; *(suj: eau bouillante)* to scald; **la fumée me brûle les yeux** the smoke is making my eyes sting. **2.** *(feu rouge)* to drive through; *(étape)* to miss out, to skip. ◇ *vi* **1.** *(gén)* to burn; *(maison, forêt)* to be on fire. **2.** *(être brûlant)* to be burning (hot); **~ de** *fig* to be consumed with; **~ de fièvre** to be running a high temperature. ◆ **se brûler** *vp* to burn o.s.
brûlure [brylyr] *nf* **1.** *(lésion)* burn; **~ au premier/troisième degré** first-degree/third-degree burn. **2.** *(sensation)* burning (sensation); **avoir des ~s d'estomac** to have heartburn.
brume [brym] *nf* mist.
brumeux, -euse [brymø, øz] *adj* misty; *fig* hazy.
brun, -e [brœ̃, bryn] ◇ *adj* brown; *(cheveux)* dark. ◇ *nm, f* dark-haired man (*f* woman). ◆ **brun** *nm (couleur)* brown. ◆ **brune** *nf* **1.** *(cigarette)* cigarette made of dark tobacco. **2.** *(bière)* brown ale.
brunir [brynir] *vi (personne)* to get a tan; *(peau)* to tan.
Brushing® [brœʃiŋ] *nm* blow-dry.
brusque [brysk] *adj* abrupt.
brusquement [bryskəmɑ̃] *adv* abruptly.
brusquer [bryske] *vt* to rush; *(élève)* to push.
brusquerie [bryskəri] *nf* abruptness.
brut, -e [bryt] *adj* **1.** *(pierre précieuse, bois)* rough; *(sucre)* unrefined; *(métal, soie)* raw; *(champagne)* extra dry; **(pétrole) ~** crude (oil). **2.** *fig (fait, idées)* crude, raw. **3.** (ÉCON) gross. ◆ **brute** *nf* brute.
brutal, -e, -aux [brytal, o] *adj* **1.** *(violent)* violent, brutal. **2.** *(soudain)* sudden. **3.** *(manière)* blunt.
brutaliser [brytalize] *vt* to mistreat.

brutalité [brytalite] *nf* 1. *(violence)* violence, brutality. 2. *(caractère soudain)* suddenness.
Bruxelles [bry(k)sɛl] *n* Brussels.
bruyamment [brɥijamɑ̃] *adv* noisily.
bruyant, -e [brɥijɑ̃, ɑ̃t] *adj* noisy.
bruyère [brɥjɛr] *nf (plante)* heather.
BT *nm* (*abr de* **brevet de technicien**) *vocational training certificate (taken at age 18).*
BTS (*abr de* **brevet de technicien supérieur**) *nm advanced vocational training certificate (taken at the end of a 2-year higher education course).*
bu, -e [by] *pp* → **boire.**
buanderie [byɑ̃dri] *nf* laundry.
buccal, -e, -aux [bykal, o] *adj* buccal.
bûche [byʃ] *nf (bois)* log; **~ de Noël** Yule log; **prendre** OU **ramasser une ~** *fam* to fall flat on one's face.
bûcher¹ [byʃe] *nm* 1. *(supplice)*: **le ~** the stake. 2. *(funéraire)* pyre.
bûcher² [byʃe] ◇ *vi* to swot. ◇ *vt* to swot up.
bûcheron, -onne [byʃrɔ̃, ɔn] *nm, f* forestry worker.
bûcheur, -euse [byʃœr, øz] ◇ *adj* hard-working. ◇ *nm, f fam* swot.
bucolique [bykɔlik] *adj* pastoral.
budget [bydʒɛ] *nm* budget.
budgétaire [bydʒetɛr] *adj* budgetary; **année ~** financial year.
buée [bɥe] *nf (sur vitre)* condensation.
buffet [byfɛ] *nm* 1. *(meuble)* sideboard. 2. *(repas)* buffet. 3. *(café-restaurant)*: **~ de gare** station buffet.
buis [bɥi] *nm* box(wood).
buisson [bɥisɔ̃] *nm* bush.
buissonnière [bɥisɔnjɛr] → **école.**
bulbe [bylb] *nm* bulb.
bulgare [bylgar] *adj* Bulgarian. ◆ **bulgare** *nm (langue)* Bulgarian. ◆ **Bulgare** *nmf* Bulgarian.
Bulgarie [bylgari] *nf*: **la ~** Bulgaria.
bulldozer [byldozɛr] *nm* bulldozer.
bulle [byl] *nf* 1. *(gén)* bubble; **~ de savon** soap bubble. 2. *(de bande dessinée)* speech balloon.
bulletin [byltɛ̃] *nm* 1. *(communiqué)* bulletin; **~ (de la) météo** weather forecast; **~ de santé** medical bulletin. 2. *(imprimé)* form; **~ de vote** ballot paper. 3. (SCOL) report. 4. *(certificat)* certificate; **~ de salaire** OU **de paye** pay slip.
bulletin-réponse [byltɛ̃repɔ̃s] (*pl* **bulletins-réponse**) *nm* reply form.
buraliste [byralist] *nmf* tobacconist.
bureau [byro] *nm* 1. *(gén)* office; **~ d'aide sociale** social security office; **~ de change** bureau de change; **~ d'études** design office; **~ de poste** post office; **~ de tabac** tobacconist's; **~ de vote** polling station. 2. *(meuble)* desk.
bureaucrate [byrokrat] *nmf* bureaucrat.
bureaucratie [byrokrasi] *nf* bureaucracy.
bureautique [byrotik] *nf* office automation.
burette [byrɛt] *nf (de mécanicien)* oilcan.
burin [byrɛ̃] *nm (outil)* chisel.
buriné, -e [byrine] *adj* engraved; *(visage, traits)* lined.
burlesque [byrlɛsk] *adj* 1. *(comique)* funny. 2. *(ridicule)* ludicrous, absurd. 3. (THÉÂTRE) burlesque.
bus [bys] *nm* bus.
busqué [byske] → **nez.**
buste [byst] *nm (torse)* chest; *(poitrine de femme, sculpture)* bust.
bustier [bystje] *nm (corsage)* strapless top; *(soutien-gorge)* longline bra.
but [byt] *nm* 1. *(point visé)* target. 2. *(objectif)* goal, aim, purpose; **errer sans ~** to wander aimlessly; **il touche au ~** he's nearly there; **à ~ non lucratif** (JUR) non-profit-making *Br*, non-profit *Am*; **aller droit au ~** to go straight to the point; **dans le ~ de faire qqch** with the aim OU intention of doing sthg. 3. (SPORT) goal; **marquer un ~** to score a goal. 4. *loc*: **de ~ en blanc** point-blank, straight out.
butane [bytan] *nm*: **(gaz) ~** butane; *(domestique)* Calor gas® *Br*, butane.
buté, -e [byte] *adj* stubborn.
buter [byte] ◇ *vi (se heurter)*: **~ sur/contre qqch** to stumble on/over sthg, to trip on/over sthg. ◇ *vt tfam (tuer)* to do in, to bump off. ◆ **se buter** *vp* to dig one's heels in; **se ~ contre** *fig* to refuse to listen to.
butin [bytɛ̃] *nm (de guerre)* booty; *(de vol)* loot; *(de recherche)* finds (*pl*).
butiner [bytine] *vi* to collect nectar.
butte [byt] *nf (colline)* mound, rise; **être en ~ à** *fig* to be exposed to.
buvard [byvar] *nm (papier)* blotting-paper; *(sous-main)* blotter.
buvette [byvɛt] *nf (café)* refreshment room, buffet.
buveur, -euse [byvœr, øz] *nm, f* drinker.

C

c¹, C [se] *nm inv* c, C. ◆ **C** (*abr de* **Celsius, centigrade**) C.
c² *abr de* **centime**.
c' → **ce**.
CA *nm abr de* **chiffre d'affaires**.

ça [sa] *pron dém* **1.** *(pour désigner)* that; *(plus près)* this. **2.** *(sujet indéterminé)* it, that; **comment ~ va?** how are you?, how are things?; **~ ira comme ~** that will be fine; **~ y est** that's it; **c'est ~** that's right. **3.** *(renforcement expressif)*: **où ~?** where?; **qui ~?** who?
çà [sa] *adv*: **~ et là** here and there.
caban [kabɑ̃] *nm* reefer (jacket).
cabane [kaban] *nf (abri)* cabin, hut; *(remise)* shed; **~ à lapins** hutch.
cabanon [kabanɔ̃] *nm* **1.** *(à la campagne)* cottage. **2.** *(sur la plage)* chalet. **3.** *(cellule)* padded cell. **4.** *(de rangement)* shed.
cabaret [kabarɛ] *nm* cabaret.
cabas [kaba] *nm* shopping-bag.
cabillaud [kabijo] *nm* (fresh) cod.
cabine [kabin] *nf* **1.** *(de navire, d'avion, de véhicule)* cabin. **2.** *(compartiment, petit local)* cubicle; **~ d'essayage** fitting room; **~ téléphonique** phone box.
cabinet [kabinɛ] *nm* **1.** *(pièce)*: **~ de toilette** ≈ bathroom. **2.** *(local professionnel)* office; **~ dentaire/médical** dentist's/doctor's surgery *Br*, dentist's/doctor's office *Am*. **3.** *(de ministre)* advisers (*pl*). ◆ **cabinets** *nmpl* toilet (*sg*).
câble [kabl] *nm* cable; **télévision par ~** cable television.
câblé, -e [kable] *adj* (TÉLÉ) equipped with cable TV.
cabosser [kabɔse] *vt* to dent.
cabotage [kabɔtaʒ] *nm* coastal navigation.
caboteur [kabɔtœr] *nm* coaster.
cabrer [kabre] ◆ **se cabrer** *vp* **1.** *(cheval)* to rear (up); *(avion)* to climb steeply. **2.** *fig (personne)* to take offence.
cabri [kabri] *nm* kid.
cabriole [kabrijɔl] *nf (bond)* caper; *(pirouette)* somersault.
cabriolet [kabrijɔlɛ] *nm* convertible.
CAC, Cac [kak] (*abr de* **Compagnie des agents de change**) *nf*: **l'indice ~-40** *the French stock exchange shares index*.
caca [kaka] *nm fam* pooh; **faire ~** to do a pooh; **~ d'oie** greeny-yellow.
cacahouète, cacahuète [kakawɛt] *nf* peanut.
cacao [kakao] *nm* **1.** *(poudre)* cocoa (powder). **2.** *(boisson)* cocoa.
cachalot [kaʃalo] *nm* sperm whale.
cache [kaʃ] ◇ *nf (cachette)* hiding place. ◇ *nm (masque)* cover card.
cache-cache [kaʃkaʃ] *nm inv*: **jouer à ~** to play hide and seek.
cachemire [kaʃmir] *nm* **1.** *(laine)* cashmere. **2.** *(dessin)* paisley.
cache-nez [kaʃne] *nm inv* scarf.
cache-pot [kaʃpo] *nm inv* flowerpot-holder.
cacher [kaʃe] *vt* **1.** *(gén)* to hide; **je ne vous cache pas que ...** to be honest, ... **2.** *(vue)* to mask. ◆ **se cacher** *vp*: **se ~ (de qqn)** to hide (from sb).
cachet [kaʃɛ] *nm* **1.** *(comprimé)* tablet, pill. **2.** *(marque)* postmark. **3.** *(style)* style, character; **avoir du ~** to have character. **4.** *(rétribution)* fee.
cacheter [kaʃte] *vt* to seal.
cachette [kaʃɛt] *nf* hiding place; **en ~** secretly.
cachot [kaʃo] *nm (cellule)* cell.
cachotterie [kaʃɔtri] *nf* little secret; **faire des ~s (à qqn)** to hide things (from sb).
cachottier, -ère [kaʃɔtje, ɛr] *nm, f* secretive person.
cactus [kaktys] *nm* cactus.
c.-à-d. (*abr de* **c'est-à-dire**) i.e.
cadastre [kadastr] *nm (registre)* ≈ land register; *(service)* ≈ land registry, ≈ land office *Am*.
cadavérique [kadaverik] *adj* deathly.
cadavre [kadavr] *nm* corpse, (dead) body.
cadeau, -x [kado] *nm* present, gift; **faire ~ de qqch à qqn** to give sthg to sb (as a present).
cadenas [kadna] *nm* padlock.
cadenasser [kadnase] *vt* to padlock.
cadence [kadɑ̃s] *nf* **1.** *(rythme)* rhythm; **en ~** in time. **2.** *(de travail)* rate.
cadencé, -e [kadɑ̃se] *adj* rhythmical.
cadet, -ette [kadɛ, ɛt] *nm, f* **1.** *(de deux enfants)* younger; *(de plusieurs enfants)* youngest; **il est mon ~ de deux ans** he's two years younger than me. **2.** (SPORT) junior.
cadran [kadrɑ̃] *nm* dial; **~ solaire** sundial.

cadre [kadr] *nm* **1.** *(de tableau, de porte)* frame. **2.** *(contexte)* context. **3.** *(décor, milieu)* surroundings *(pl)*. **4.** *(responsable)*: **~ moyen/supérieur** middle/senior manager. **5.** *(sur formulaire)* box.

cadrer [kadre] ◇ *vi* to agree, to tally. ◇ *vt* (CIN, PHOT & TÉLÉ) to frame.

caduc, caduque [kadyk] *adj* **1.** *(feuille)* deciduous. **2.** *(qui n'est plus valide)* obsolete.

cafard [kafar] *nm* **1.** *(insecte)* cockroach. **2.** *fig (mélancolie)*: **avoir le ~** to feel low OU down.

café [kafe] *nm* **1.** *(plante, boisson)* coffee; **~ crème** *coffee with frothy milk*; **~ en grains** coffee beans; **~ au lait** white coffee *(with hot milk)*; **~ moulu** ground coffee; **~ noir** black coffee; **~ en poudre** OU **soluble** instant coffee. **2.** *(lieu)* bar, cafe.

caféine [kafein] *nf* caffeine.

cafétéria [kafeterja] *nf* cafeteria.

café-théâtre [kafeteatr] *nm* ≃ cabaret.

cafetière [kaftjɛr] *nf* **1.** *(récipient)* coffee-pot. **2.** *(électrique)* coffee-maker; *(italienne)* percolator.

cafouiller [kafuje] *vi fam* **1.** *(s'embrouiller)* to get into a mess. **2.** *(moteur)* to misfire; (TÉLÉ) to be on the blink.

cage [kaʒ] *nf* **1.** *(pour animaux)* cage. **2.** *(dans une maison)*: **~ d'escalier** stairwell. **3.** (ANAT): **~ thoracique** rib cage.

cageot [kaʒo] *nm (caisse)* crate.

cagibi [kaʒibi] *nm* boxroom *Br*, storage room *Am*.

cagneux, -euse [kaɲø, øz] *adj*: **avoir les genoux ~** to be knock-kneed.

cagnotte [kaɲɔt] *nf* **1.** *(caisse commune)* kitty. **2.** *(économies)* savings *(pl)*.

cagoule [kagul] *nf* **1.** *(d'enfant)* balaclava. **2.** *(de voleur, de pénitent)* hood.

cahier [kaje] *nm* **1.** *(de notes)* exercise book, notebook; **~ de brouillon** rough book; **~ de textes** homework book. **2.** (COMM): **~ des charges** specification.

cahin-caha [kaɛ̃kaa] *adv*: **aller ~** to be jogging along.

cahot [kao] *nm* bump, jolt.

cahoter [kaɔte] *vi* to jolt around.

caille [kaj] *nf* quail.

caillé, -e [kaje] *adj (lait)* curdled; *(sang)* clotted.

caillot [kajo] *nm* clot.

caillou, -x [kaju] *nm* **1.** *(pierre)* stone, pebble. **2.** *fam (crâne)* head.

caillouteux, -euse [kajutø, øz] *adj* stony.

caïman [kaimɑ̃] *nm* cayman.

Caire [kɛr] *n*: **Le ~** Cairo.

caisse [kɛs] *nf* **1.** *(boîte)* crate, box; **~ à outils** toolbox. **2.** (TECHNOL) case. **3.** *(guichet)* cash desk, till; *(de supermarché)* checkout, till; **~ enregistreuse** cash register. **4.** *(recette)* takings *(pl)*. **5.** *(organisme)*: **~ d'allocation** ≃ social security office; **~ d'épargne** *(fonds)* savings fund; *(établissement)* savings bank; **~ de retraite** pension fund.

caissier, -ère [kesje, ɛr] *nm, f* cashier.

caisson [kɛsɔ̃] *nm* **1.** (MIL & TECHNOL) caisson. **2.** (ARCHIT) coffer.

cajoler [kaʒɔle] *vt* to make a fuss of, to cuddle.

cajou [kaʒu] → **noix**.

cake [kɛk] *nm* fruit-cake.

cal[1] [kal] *nm* callus.

cal[2] *(abr de* **calorie**) cal.

calamar [kalamar], **calmar** [kalmar] *nm* squid.

calamité [kalamite] *nf* disaster.

calandre [kalɑ̃dr] *nf* **1.** *(de voiture)* radiator grille. **2.** *(machine)* calender.

calanque [kalɑ̃k] *nf* rocky inlet.

calcaire [kalkɛr] ◇ *adj (eau)* hard; *(sol)* chalky; *(roche)* limestone *(avant n)*. ◇ *nm* limestone.

calciner [kalsine] *vt* to burn to a cinder.

calcium [kalsjɔm] *nm* calcium.

calcul [kalkyl] *nm* **1.** *(opération)*: **le ~** arithmetic; **~ mental** mental arithmetic. **2.** *(compte)* calculation. **3.** *fig (plan)* plan. **4.** (MÉD): **~ (rénal)** kidney stone.

calculateur, -trice [kalkylatœr, tris] *adj péj* calculating. ◆ **calculateur** *nm* computer. ◆ **calculatrice** *nf* calculator.

calculer [kalkyle] *vt* **1.** *(déterminer)* to calculate, to work out. **2.** *(prévoir)* to plan; **mal/bien ~ qqch** to judge sthg badly/well.

calculette [kalkylɛt] *nf* pocket calculator.

cale [kal] *nf* **1.** *(de navire)* hold; **~ sèche** dry dock. **2.** *(pour immobiliser)* wedge.

calé, -e [kale] *adj fam (personne)* clever, brainy; **être ~ en** to be good at.

calèche [kalɛʃ] *nf* (horse-drawn) carriage.

caleçon [kalsɔ̃] *nm* **1.** *(sous-vêtement masculin)* boxer shorts *(pl)*, pair of boxer shorts. **2.** *(vêtement féminin)* leggings *(pl)*, pair of leggings.

calembour [kalɑ̃bur] *nm* pun, play on words.

calendrier [kalɑ̃drije] *nm* **1.** *(système,*

agenda, d'un festival) calendar. **2.** *(emploi du temps)* timetable. **3.** *(d'un voyage)* schedule.
cale-pied [kalpje] (*pl* **cale-pieds**) *nm* toe-clip.
calepin [kalpɛ̃] *nm* notebook.
caler [kale] ◇ *vt* **1.** *(avec cale)* to wedge. **2.** *(stabiliser, appuyer)* to prop up. **3.** *fam (remplir)*: **ça cale (l'estomac)** it's filling. ◇ *vi* **1.** *(moteur, véhicule)* to stall. **2.** *fam (personne)* to give up.
calfeutrer [kalføtre] *vt* to draught-proof. ◆ **se calfeutrer** *vp* to shut o.s. up OU away.
calibre [kalibr] *nm* **1.** *(de tuyau)* diameter, bore; *(de fusil)* calibre; *(de fruit, d'œuf)* size. **2.** *fam fig (envergure)* calibre.
calibrer [kalibre] *vt* **1.** *(machine, fusil)* to calibrate. **2.** *(fruit, œuf)* to grade.
Californie [kalifɔrni] *nf*: **la ~** California.
califourchon [kalifurʃɔ̃] ◆ **à califourchon** *loc adv* astride; **être (assis) à ~ sur qqch** to sit astride sthg.
câlin, -e [kalɛ̃, in] *adj* affectionate. ◆ **câlin** *nm* cuddle.
câliner [kaline] *vt* to cuddle.
calleux, -euse [kalø, øz] *adj* calloused.
call-girl [kɔlgœrl] (*pl* **call-girls**) *nf* call girl.
calligraphie [kaligrafi] *nf* calligraphy.
calmant, -e [kalmɑ̃, ɑ̃t] *adj* soothing. ◆ **calmant** *nm* *(pour la douleur)* painkiller; *(pour l'anxiété)* tranquillizer, sedative.
calmar → **calamar**.
calme [kalm] ◇ *adj* quiet, calm. ◇ *nm* **1.** *(gén)* calm, calmness. **2.** *(absence de bruit)* peace (and quiet).
calmer [kalme] *vt* **1.** *(apaiser)* to calm (down). **2.** *(douleur)* to soothe; *(inquiétude)* to allay. ◆ **se calmer** *vp* **1.** *(personne, discussion)* to calm down; *(tempête)* to abate; *(mer)* to become calm. **2.** *(douleur)* to ease; *(fièvre, inquiétude, désir)* to subside.
calomnie [kalɔmni] *nf* *(écrits)* libel; *(paroles)* slander.
calorie [kalɔri] *nf* calorie.
calorique [kalɔrik] *adj* calorific.
calot [kalo] *nm* *(bille)* (large) marble.
calotte [kalɔt] *nf* **1.** *(bonnet)* skullcap. **2.** (GÉOGR): **~ glaciaire** ice cap.
calque [kalk] *nm* **1.** *(dessin)* tracing. **2.** *(papier)*: **(papier) ~** tracing paper. **3.** *fig (imitation)* (exact) copy.
calquer [kalke] *vt* **1.** *(carte)* to trace. **2.** *(imiter)* to copy exactly; **~ qqch sur qqch** to model sthg on sthg.
calvaire [kalvɛr] *nm* **1.** *(croix)* wayside cross. **2.** *fig (épreuve)* ordeal.
calvitie [kalvisi] *nf* baldness.
camaïeu [kamajø] *nm* monochrome.
camarade [kamarad] *nmf* **1.** *(ami)* friend; **~ de classe** classmate; **~ d'école** schoolfriend. **2.** (POLIT) comrade.
camaraderie [kamaradri] *nf* **1.** *(familiarité, entente)* friendship. **2.** *(solidarité)* comradeship, camaraderie.
Cambodge [kɑ̃bɔdʒ] *nm*: **le ~** Cambodia.
cambouis [kɑ̃bwi] *nm* dirty grease.
cambré, -e [kɑ̃bre] *adj* arched.
cambriolage [kɑ̃brijɔlaʒ] *nm* burglary.
cambrioler [kɑ̃brijɔle] *vt* to burgle *Br*, to burglarize *Am*.
cambrioleur, -euse [kɑ̃brijɔlœr, øz] *nm, f* burglar.
camée [kame] *nm* cameo.
caméléon [kameleɔ̃] *nm litt & fig* chameleon.
camélia [kamelja] *nm* camellia.
camelote [kamlɔt] *nf* rubbish.
caméra [kamera] *nf* **1.** (CIN & TÉLÉ) camera. **2.** *(d'amateur)* cinecamera.
cameraman [kameraman] (*pl* **cameramen** [kameramen] OU **cameramans**) *nm* cameraman.
Cameroun [kamrun] *nm*: **le ~** Cameroon.
Caméscope® [kameskɔp] *nm* camcorder.
camion [kamjɔ̃] *nm* lorry *Br*, truck *Am*; **~ de déménagement** removal van *Br*, moving van *Am*.
camion-citerne [kamjɔ̃sitɛrn] *nm* tanker *Br*, tanker truck *Am*.
camionnette [kamjɔnɛt] *nf* van.
camionneur [kamjɔnœr] *nm* **1.** *(conducteur)* lorry-driver *Br*, truck-driver *Am*. **2.** *(entrepreneur)* road haulier *Br*, trucker *Am*.
camisole [kamizɔl] ◆ **camisole de force** *nf* straitjacket.
camouflage [kamuflaʒ] *nm* *(déguisement)* camouflage; *fig (dissimulation)* concealment.
camoufler [kamufle] *vt* *(déguiser)* to camouflage; *fig (dissimuler)* to conceal, to cover up.
camp [kɑ̃] *nm* **1.** *(gén)* camp; **~ de concentration** concentration camp. **2.** (SPORT) half (of the field). **3.** *(parti)* side.
campagnard, -e [kɑ̃paɲar, ard] *adj* **1.** *(de la campagne)* country (*avant n*). **2.** *(rustique)* rustic.

campagne [kɑ̃paɲ] *nf* 1. *(région)* country; **à la ~** in the country. 2. (MIL, POLIT & PUBLICITÉ) campaign; **faire ~ pour/contre** to campaign for/against; **~ d'affichage** poster campaign; **~ électorale** election campaign; **~ de presse** press campaign; **~ publicitaire** advertising campaign; **~ de vente** sales campaign.

campement [kɑ̃pmɑ̃] *nm* camp, encampment.

camper [kɑ̃pe] ◇ *vi* to camp. ◇ *vt* 1. *(poser solidement)* to place firmly. 2. *fig (esquisser)* to portray.

campeur, -euse [kɑ̃pœr, øz] *nm, f* camper.

camphre [kɑ̃fr] *nm* camphor.

camping [kɑ̃piŋ] *nm* 1. *(activité)* camping; **faire du ~** to go camping. 2. *(terrain)* campsite.

Canada [kanada] *nm*: **le ~** Canada.

canadien, -enne [kanadjɛ̃, ɛn] *adj* Canadian. ◆ **canadienne** *nf (veste)* sheepskin jacket. ◆ **Canadien, -enne** *nm, f* Canadian.

canaille [kanaj] ◇ *adj* 1. *(coquin)* roguish. 2. *(vulgaire)* crude. ◇ *nf* 1. *(scélérat)* scoundrel. 2. *hum (coquin)* little devil.

canal, -aux [kanal, o] *nm* 1. *(gén)* channel; **par le ~ de qqn** *fig (par l'entremise de)* through sb. 2. *(voie d'eau)* canal. 3. (ANAT) canal, duct. ◆ **Canal** *nm*: **Canal+** *French TV pay channel.*

canalisation [kanalizasjɔ̃] *nf* pipe.

canaliser [kanalize] *vt* 1. *(cours d'eau)* to canalize. 2. *fig (orienter)* to channel.

canapé [kanape] *nm (siège)* sofa.

canapé-lit [kanapeli] *nm* sofa bed.

canaque, kanak [kanak] *adj* Kanak. ◆ **Canaque** *nmf* Kanak.

canard [kanar] *nm* 1. *(oiseau)* duck. 2. *(fausse note)* wrong note. 3. *fam (journal)* rag.

canari [kanari] *nm* canary.

cancan [kɑ̃kɑ̃] *nm* 1. *(ragot)* piece of gossip. 2. *(danse)* cancan.

cancer [kɑ̃sɛr] *nm* (MÉD) cancer. ◆ **Cancer** *nm* (ASTROL) Cancer.

cancéreux, -euse [kɑ̃serø, øz] ◇ *adj* 1. *(personne)* suffering from cancer. 2. *(tumeur)* cancerous. ◇ *nm, f (personne)* cancer sufferer.

cancérigène [kɑ̃seriʒɛn] *adj* carcinogenic.

cancre [kɑ̃kr] *nm fam* dunce.

cancrelat [kɑ̃krəla] *nm* cockroach.

candélabre [kɑ̃delabr] *nm* candelabra.

candeur [kɑ̃dœr] *nf* ingenuousness.

candi [kɑ̃di] *adj*: **sucre ~** (sugar) candy.

candidat, -e [kɑ̃dida, at] *nm, f*: **~ (à)** candidate (for).

candidature [kɑ̃didatyr] *nf* 1. *(à un poste)* application; **poser sa ~ pour qqch** to apply for sthg. 2. *(à une élection)* candidature.

candide [kɑ̃did] *adj* ingenuous.

cane [kan] *nf* (female) duck.

caneton [kantɔ̃] *nm* (male) duckling.

canette [kanɛt] *nf* 1. *(de fil)* spool. 2. *(petite cane)* (female) duckling. 3. *(de boisson - bouteille)* bottle; *(- boîte)* can.

canevas [kanva] *nm* (COUTURE) canvas.

caniche [kaniʃ] *nm* poodle.

canicule [kanikyl] *nf* heatwave.

canif [kanif] *nm* penknife.

canin, -e [kanɛ̃, in] *adj* canine; **exposition ~e** dog show. ◆ **canine** *nf* canine (tooth).

caniveau, -x [kanivo] *nm* gutter.

canne [kan] *nf* 1. *(bâton)* walking stick; **~ à pêche** fishing rod. 2. *fam (jambe)* pin. ◆ **canne à sucre** *nf* sugar cane.

cannelle [kanɛl] *nf* cinnamon.

cannelure [kanlyr] *nf (de colonne)* flute.

cannibale [kanibal] *nmf & adj* cannibal.

canoë [kanɔe] *nm* canoe.

canoë-kayak [kanɔekajak] *nm* kayak.

canon [kanɔ̃] *nm* 1. *(arme)* gun; (HIST) cannon. 2. *(tube d'arme)* barrel. 3. (MUS): **chanter en ~** to sing in canon. 4. *(norme &* RELIG*)* canon.

canoniser [kanɔnize] *vt* to canonize.

canot [kano] *nm* dinghy; **~ pneumatique** inflatable dinghy; **~ de sauvetage** lifeboat.

cantatrice [kɑ̃tatris] *nf* prima donna.

cantine [kɑ̃tin] *nf* 1. *(réfectoire)* canteen. 2. *(malle)* trunk.

cantique [kɑ̃tik] *nm* hymn.

canton [kɑ̃tɔ̃] *nm* 1. *(en France)* ≃ district. 2. *(en Suisse)* canton.

cantonade [kɑ̃tɔnad] ◆ **à la cantonade** *loc adv*: **parler à la ~** to speak to everyone (in general).

cantonais, -e [kɑ̃tɔnɛ, ɛz] *adj* Cantonese; **riz ~** egg fried rice. ◆ **cantonais** *nm (langue)* Cantonese.

cantonner [kɑ̃tɔne] *vt* 1. (MIL) to quarter, to billet *Br*. 2. *(maintenir)* to confine; **~ qqn à** OU **dans** to confine sb to.

cantonnier [kɑ̃tɔnje] *nm* roadman.

canular [kanylar] *nm fam* hoax.

caoutchouc [kautʃu] *nm* 1. *(substance)* rubber. 2. *(plante)* rubber plant.

caoutchouteux, -euse [kautʃutø, øz] *adj* rubbery.
cap [kap] *nm* **1.** (GÉOGR) cape; **passer le ~ de qqch** *fig* to get through sthg; **passer le ~ de la quarantaine** *fig* to turn forty. **2.** *(direction)* course; **changer de ~** to change course; **mettre le ~ sur** to head for. ◆ **Cap** *nm*: **Le Cap** Cape Town.
CAP (*abr de* **certificat d'aptitude professionnelle**) *nm vocational training certificate (taken at secondary school).*
capable [kapabl] *adj* **1.** *(apte)*: **~ (de qqch/de faire qqch)** capable (of sthg/of doing sthg). **2.** *(à même)*: **~ de faire qqch** likely to do sthg.
capacité [kapasite] *nf* **1.** *(de récipient)* capacity. **2.** *(de personne)* ability. **3.** (UNIV): **~ en droit** *(diplôme) qualifying certificate in law gained by examination after 2 years' study.*
cape [kap] *nf (vêtement)* cloak; **rire sous ~** *fig* to laugh up one's sleeve.
CAPES, Capes [kapɛs] (*abr de* **certificat d'aptitude au professorat de l'enseignement du second degré**) *nm secondary school teaching certificate.*
capharnaüm [kafarnaɔm] *nm* mess.
capillaire [kapilɛr] ◇ *adj* **1.** *(lotion)* hair (*avant n*). **2.** (ANAT & BOT) capillary. ◇ *nm* **1.** (BOT) maidenhair fern. **2.** (ANAT) capillary.
capitaine [kapitɛn] *nm* captain.
capitainerie [kapitɛnri] *nf* harbour master's office.
capital, -e, -aux [kapital, o] *adj* **1.** *(décision, événement)* major. **2.** (JUR) capital. ◆ **capital** *nm* (FIN) capital; **~ santé** *fig* reserves (*pl*) of health; **~ social** authorized OU share capital. ◆ **capitale** *nf (ville, lettre)* capital. ◆ **capitaux** *nmpl* capital *(U)*.
capitaliser [kapitalize] ◇ *vt* (FIN) to capitalize; *fig* to accumulate. ◇ *vi* to save.
capitalisme [kapitalism] *nm* capitalism.
capitaliste [kapitalist] *nmf & adj* capitalist.
capiteux, -euse [kapitø, øz] *adj (vin)* intoxicating; *(parfum)* heady.
capitonné, -e [kapitɔne] *adj* padded.
capituler [kapityle] *vi* to surrender; **~ devant qqn/qqch** to surrender to sb/sthg.
caporal, -aux [kapɔral, o] *nm* **1.** (MIL) lance-corporal. **2.** *(tabac)* caporal.
capot [kapo] *nm* **1.** *(de voiture)* bonnet *Br*, hood *Am*. **2.** *(de machine)* (protective) cover.
capote [kapɔt] *nf* **1.** *(de voiture)* hood *Br*, top *Am*. **2.** *fam (préservatif)*: **~ (anglaise)** condom.
câpre [kapr] *nf* caper.
caprice [kapris] *nm* whim.
capricieux, -euse [kaprisjø, øz] ◇ *adj (changeant)* capricious; *(coléreux)* temperamental. ◇ *nm, f* temperamental person.
capricorne [kaprikɔrn] *nm* (ZOOL) capricorn beetle. ◆ **Capricorne** *nm* (ASTROL) Capricorn.
capsule [kapsyl] *nf* **1.** *(de bouteille)* cap. **2.** (ASTRON, BOT & MÉD) capsule.
capter [kapte] *vt* **1.** *(sur émetteur)* to pick up. **2.** *(source, rivière)* to harness. **3.** *fig (attention)* to gain, to win.
captif, -ive [kaptif, iv] ◇ *adj* captive. ◇ *nm, f* prisoner.
captivant, -e [kaptivɑ̃, ɑ̃t] *adj (livre, film)* enthralling; *(personne)* captivating.
captiver [kaptive] *vt* to captivate.
captivité [kaptivite] *nf* captivity.
capture [kaptyr] *nf* **1.** *(action)* capture. **2.** *(prise)* catch.
capturer [kaptyre] *vt* to catch, to capture.
capuche [kapyʃ] *nf* (detachable) hood.
capuchon [kapyʃɔ̃] *nm* **1.** *(d'un vêtement)* hood. **2.** *(bouchon)* cap, top.
capucine [kapysin] *nf (fleur)* nasturtium.
caquet [kakɛ] *nm péj (bavardage)*: **rabattre le ~ à** OU **de qqn** to shut sb up.
caqueter [kakte] *vi* **1.** *(poule)* to cackle. **2.** *péj (personne)* to chatter.
car[1] [kar] *nm* coach *Br*, bus *Am*.
car[2] [kar] *conj* for, because.
carabine [karabin] *nf* rifle.
caractère [karaktɛr] *nm (gén)* character; **avoir du ~** to have character; **avoir mauvais ~** to be bad-tempered; **en petits/gros ~s** in small/large print; **~s d'imprimerie** block capitals.
caractériel, -elle [karakterjɛl] *adj (troubles)* emotional; *(personne)* emotionally disturbed.
caractériser [karakterize] *vt* to be characteristic of. ◆ **se caractériser** *vp*: **se ~ par qqch** to be characterized by sthg.
caractéristique [karakteristik] ◇ *nf* characteristic, feature. ◇ *adj*: **~ (de)** characteristic (of).
carafe [karaf] *nf (pour vin, eau)* carafe; *(pour alcool)* decanter.
Caraïbes [karaib] *nfpl*: **les ~** the Caribbean.

carambolage [karɑ̃bɔlaʒ] *nm* pile-up.
caramel [karamɛl] *nm* **1.** (CULIN) caramel. **2.** *(bonbon - dur)* toffee, caramel; *(- mou)* fudge.
carapace [karapas] *nf* shell; *fig* protection, shield.
carapater [karapate] ◆ **se carapater** *vp fam* to scarper, to hop it.
carat [kara] *nm* carat; **or à 9 ~s** 9-carat gold.
caravane [karavan] *nf* caravan.
caravaning [karavaniŋ] *nm* caravanning.
carbone [karbɔn] *nm* carbon; **(papier) ~** carbon paper.
carbonique [karbɔnik] *adj*: **gaz ~** carbon dioxide; **neige ~** dry ice.
carboniser [karbɔnize] *vt* to burn to a cinder.
carburant [karbyrɑ̃] *nm* fuel.
carburateur [karbyratœr] *nm* carburettor.
carcan [karkɑ̃] *nm* (HIST) iron collar; *fig* yoke.
carcasse [karkas] *nf* **1.** *(d'animal)* carcass. **2.** *(de bâtiment, navire)* framework. **3.** *(de véhicule)* shell.
carder [karde] *vt* to card.
cardiaque [kardjak] *adj* cardiac; **être ~** to have a heart condition; **crise ~** heart attack.
cardigan [kardigɑ̃] *nm* cardigan.
cardinal, -e, -aux [kardinal, o] *adj* cardinal. ◆ **cardinal** *nm* **1.** (RELIG) cardinal. **2.** *(nombre)* cardinal number.
cardiologue [kardjɔlɔg] *nmf* heart specialist, cardiologist.
cardio-vasculaire [kardjɔvaskylɛr] (*pl* **cardio-vasculaires**) *adj* cardiovascular.
Carême [karɛm] *nm*: **le ~** Lent.
carence [karɑ̃s] *nf (manque)*: **~ (en)** deficiency (in).
carène [karɛn] *nf* (NAVIG) hull.
caressant, -e [karɛsɑ̃, ɑ̃t] *adj* affectionate.
caresse [karɛs] *nf* caress.
caresser [karese] *vt* **1.** *(personne)* to caress; *(animal, objet)* to stroke. **2.** *fig (espoir)* to cherish.
cargaison [kargezɔ̃] *nf* (TRANSPORT) cargo.
cargo [kargo] *nm* **1.** *(navire)* freighter. **2.** *(avion)* cargo plane.
caricature [karikatyr] *nf* **1.** *(gén)* caricature. **2.** *péj (personne)* sight.
carie [kari] *nf* (MÉD) caries.
carillon [karijɔ̃] *nm* **1.** *(cloches)* bells (*pl*). **2.** *(d'horloge, de porte)* chime.
carlingue [karlɛ̃g] *nf* **1.** *(d'avion)* cabin. **2.** *(de navire)* keelson.
carmin [karmɛ̃] *adj inv* crimson.
carnage [karnaʒ] *nm* slaughter, carnage.
carnassier [karnasje] *nm* carnivore.
carnaval [karnaval] *nm* carnival.
carnet [karnɛ] *nm* **1.** *(petit cahier)* notebook; **~ d'adresses** address book; **~ de notes** (SCOL) report card. **2.** *(bloc de feuilles)* book; **~ de chèques** cheque book; **~ de tickets** book of tickets.
carnivore [karnivɔr] ◇ *adj* carnivorous. ◇ *nm* carnivore.
carotte [karɔt] *nf* carrot.
carpe [karp] *nf* carp.
carpette [karpɛt] *nf* **1.** *(petit tapis)* rug. **2.** *fam péj (personne)* doormat.
carquois [karkwa] *nm* quiver.
carré, -e [kare] *adj (gén)* square; **20 mètres ~s** 20 square metres. ◆ **carré** *nm* **1.** *(quadrilatère)* square; **élever un nombre au ~** (MATHS) to square a number; **~ blanc** (TV) *white square in the corner of the screen indicating that a television programme is not recommended for children.* **2.** (CARTES): **un ~ d'as** four aces. **3.** *(petit terrain)* patch, plot.
carreau, -x [karo] *nm* **1.** *(carrelage)* tile. **2.** *(vitre)* window pane. **3.** *(motif carré)* check; **à ~x** *(tissu)* checked; *(papier)* squared. **4.** (CARTES) diamond.
carrefour [karfur] *nm* crossroads (*sg*).
carrelage [karlaʒ] *nm* tiles (*pl*).
carrément [karemɑ̃] *adv* **1.** *(franchement)* bluntly. **2.** *(complètement)* completely, quite. **3.** *(sans hésiter)* straight.
carrière [karjɛr] *nf* **1.** *(profession)* career; **faire ~ dans qqch** to make a career (for o.s.) in sthg. **2.** *(gisement)* quarry.
carriériste [karjerist] *nmf péj* careerist.
carriole [karjɔl] *nf* **1.** *(petite charrette)* cart. **2.** *Can (traîneau)* sleigh.
carrossable [karɔsabl] *adj* suitable for vehicles.
carrosse [karɔs] *nm* (horse-drawn) coach.
carrosserie [karɔsri] *nf (de voiture)* bodywork, body.
carrossier [karɔsje] *nm* coachbuilder.
carrure [karyr] *nf (de personne)* build; *fig* stature.
cartable [kartabl] *nm* schoolbag.
carte [kart] *nf* **1.** *(gén)* card; **~ bancaire** cash card *Br*; **~ de crédit** credit card; **~**

d'étudiant student card; **~ graphique** (INFORM) graphics board; **~ à gratter** scratch card; **~ grise** = logbook *Br*, = car registration papers *Am*; **~ d'identité** identity card; **~ à mémoire** memory card; **Carte Orange** season ticket *(for use on public transport in Paris)*; **~ postale** postcard; **~ à puce** smart card; **~ de séjour** residence permit; **Carte Vermeil** *card entitling senior citizens to reduced rates in cinemas, on public transport etc*; **~ de visite** visiting card *Br*, calling card *Am*; **donner ~ blanche à qqn** *fig* to give sb a free hand. **2.** *(de jeu)*: **~ (à jouer)** (playing) card. **3.** (GÉOGR) map; **~ d'état-major** = Ordnance Survey map *Br*, = Geological Survey map *Am*; **~ routière** road map. **4.** *(au restaurant)* menu; **à la ~** *(menu)* à la carte; *(horaires)* flexible; **~ des vins** wine list.

cartilage [kartilaʒ] *nm* cartilage.

cartomancien, -enne [kartɔmɑ̃sjɛ̃, ɛn] *nm, f* fortune-teller *(using cards)*.

carton [kartɔ̃] *nm* **1.** *(matière)* cardboard. **2.** *(emballage)* cardboard box; **~ à dessin** portfolio.

carton-pâte [kartɔ̃pat] *nm* pasteboard.

cartouche [kartuʃ] *nf* **1.** *(gén & INFORM)* cartridge. **2.** *(de cigarettes)* carton.

cas [ka] *nm* case; **au ~ où** in case; **en aucun ~** under no circumstances; **en tout ~** in any case, anyway; **en ~ de** in case of; **en ~ de besoin** if need be; **le ~ échéant** if the need arises, if need be; **~ de conscience** matter of conscience; **~ social** person with social problems.

casanier, -ère [kazanje, ɛr] *adj & nm, f* stay-at-home.

casaque [kazak] *nf* **1.** *(veste)* overblouse. **2.** (HIPPISME) blouse.

cascade [kaskad] *nf* **1.** *(chute d'eau)* waterfall; *fig* stream, torrent. **2.** (CIN) stunt.

cascadeur, -euse [kaskadœr, øz] *nm, f* (CIN) stuntman (*f* stuntwoman).

cascher = **kas(c)her**.

case [kaz] *nf* **1.** *(habitation)* hut. **2.** *(de boîte, tiroir)* compartment; *(d'échiquier)* square; *(sur un formulaire)* box.

caser [kaze] *vt* **1.** *fam (trouver un emploi pour)* to get a job for. **2.** *fam (marier)* to marry off. **3.** *(placer)* to put. ◆ **se caser** *vp fam* **1.** *(trouver un emploi)* to get (o.s.) a job. **2.** *(se marier)* to get hitched.

caserne [kazɛrn] *nf* barracks.

cash [kaʃ] *nm* cash; **payer ~** to pay (in) cash.

casier [kazje] *nm* **1.** *(compartiment)* compartment; *(pour le courrier)* pigeonhole. **2.** *(meuble - à bouteilles)* rack; *(- à courrier)* set of pigeonholes. **3.** (PÊCHE) lobster pot. ◆ **casier judiciaire** *nm* police record; **~ judiciaire vierge** clean (police) record.

casino [kazino] *nm* casino.

casque [kask] *nm* **1.** *(de protection)* helmet. **2.** *(à écouteurs)* headphones (*pl*). ◆ **Casques bleus** *nmpl*: **les Casques bleus** the UN peace-keeping force.

casquette [kaskɛt] *nf* cap.

cassant, -e [kasɑ̃, ɑ̃t] *adj* **1.** *(fragile - verre)* fragile; *(- cheveux)* brittle. **2.** *(dur)* brusque.

cassation [kasasjɔ̃] → **cour**.

casse [kas] ◇ *nf* **1.** *fam (violence)* aggro. **2.** *(de voitures)* scrapyard. ◇ *nm fam (cambriolage)* break-in.

casse-cou [kasku] *nmf inv* daredevil.

casse-croûte [kaskrut] *nm inv* snack.

casse-noisettes [kasnwazɛt], **casse-noix** [kasnwa] *nm inv* nutcrackers (*pl*).

casse-pieds [kaspje] ◇ *adj inv fam* annoying. ◇ *nmf inv* pain (in the neck).

casser [kase] ◇ *vt* **1.** *(briser)* to break. **2.** (JUR) to quash. **3.** (COMM): **~ les prix** to slash prices. ◇ *vi* to break. ◆ **se casser** *vp* **1.** *(se briser)* to break. **2.** *(membre)*: **se ~ un bras** to break one's arm.

casserole [kasrɔl] *nf* saucepan.

casse-tête [kastɛt] *nm inv* **1.** *fig (problème)* headache. **2.** *(jeu)* puzzle.

cassette [kasɛt] *nf* **1.** *(coffret)* casket. **2.** *(de musique, vidéo)* cassette.

cassis [kasis] *nm* **1.** *(baie)* blackcurrant; *(plante)* blackcurrant bush; *(liqueur)* blackcurrant liqueur. **2.** *(dos d'âne)* dip.

cassure [kasyr] *nf* break.

caste [kast] *nf* caste.

casting [kastiŋ] *nm (acteurs)* cast; *(sélection)* casting; **aller à un ~** to go to an audition.

castor [kastɔr] *nm* beaver.

castrer [kastre] *vt* to castrate; *(chat)* to neuter; *(chatte)* to spay.

cataclysme [kataklism] *nm* cataclysm.

catadioptre [katadjɔptr], **Cataphote**® [katafɔt] *nm* **1.** *(sur la route)* cat's eye. **2.** *(de véhicule)* reflector.

catalogue [katalɔg] *nm* catalogue.

cataloguer [katalɔge] *vt* **1.** *(classer)* to catalogue. **2.** *péj (juger)* to label.

catalyseur [katalizœr] *nm (CHIM & fig)* catalyst.

catalytique [katalitik] → **pot**.

catamaran [katamarɑ̃] *nm (voilier)* catamaran.
Cataphote® = **catadioptre**.
cataplasme [kataplasm] *nm* poultice.
catapulter [katapylte] *vt* to catapult.
cataracte [katarakt] *nf* cataract.
catastrophe [katastrɔf] *nf* disaster, catastrophe.
catastrophé, -e [katastrɔfe] *adj* shocked, upset.
catastrophique [katastrɔfik] *adj* disastrous, catastrophic.
catch [katʃ] *nm* wrestling.
catéchisme [kateʃism] *nm* catechism.
catégorie [kategɔri] *nf (gén)* category; *(de personnel)* grade; *(de viande, fruits)* quality; **~ socio-professionnelle** (ÉCON) socio-economic group.
catégorique [kategɔrik] *adj* categorical.
cathédrale [katedral] *nf* cathedral.
cathodique [katɔdik] → **tube**.
catholicisme [katɔlisism] *nm* Catholicism.
catholique [katɔlik] *adj* Catholic.
catimini [katimini] ◆ **en catimini** *loc adv* secretly.
cauchemar [koʃmar] *nm litt & fig* nightmare.
cauchemardesque [koʃmardɛsk] *adj* nightmarish.
cause [koz] *nf* **1.** *(gén)* cause; **à ~ de** because of; **pour ~ de** on account of, because of. **2.** (JUR) case. **3.** *loc*: **être en ~** *(intérêts)* to be at stake; *(honnêteté)* to be in doubt OU in question; **remettre en ~** to challenge, to question.
causer [koze] ◇ *vt*: **~ qqch à qqn** to cause sb sthg. ◇ *vi*: **~ (de)** to chat (about).
causerie [kozri] *nf* talk.
caustique [kostik] *adj & nm* caustic.
cautériser [koterize] *vt* to cauterize.
caution [kosjɔ̃] *nf* **1.** *(somme)* guarantee. **2.** *(personne)* guarantor; **se porter ~ pour qqn** to act as guarantor for sb.
cautionner [kosjɔne] *vt* **1.** *(se porter garant de)* to guarantee. **2.** *fig (appuyer)* to support, to back.
cavalcade [kavalkad] *nf* **1.** *(de cavaliers)* cavalcade. **2.** *(d'enfants)* stampede.
cavalerie [kavalri] *nf* (MIL) cavalry.
cavalier, -ère [kavalje, ɛr] *nm, f* **1.** *(à cheval)* rider. **2.** *(partenaire)* partner. ◆ **cavalier** *nm (aux échecs)* knight.
cavalièrement [kavaljɛrmɑ̃] *adv* in an offhand manner.
cave [kav] ◇ *nf* **1.** *(sous-sol)* cellar. **2.** *(de vins)* (wine) cellar. ◇ *adj (joues)* hollow; *(yeux)* sunken.
caveau, -x [kavo] *nm* **1.** *(petite cave)* small cellar. **2.** *(sépulture)* vault.
caverne [kavɛrn] *nf* cave.
caviar [kavjar] *nm* caviar.
cavité [kavite] *nf* cavity.
CB (*abr de* **citizen's band, canaux banalisés**) *nf* CB.
cc *abr de* **charges comprises**.
CCP (*abr de* **compte chèque postal, compte courant postal**) *nm post office account,* = Giro *Br.*
CD *nm* (*abr de* **compact disc**) CD.
CDD *nm abr de* **contrat à durée déterminée**.
CDI *nm* **1.** (*abr de* **centre de documentation et d'information**) *school library.* **2.** *abr de* **contrat à durée indéterminée**.
CD-ROM, CD-Rom (*abr de* **compact disc read only memory**) *nm inv* CD-ROM.

---

ce [sə] ◇ *adj dém* (**cet** [sɛt] *devant voyelle ou h muet, f* **cette** [sɛt], *pl* **ces** [se]) *(proche)* this, these (*pl*); *(éloigné)* that, those (*pl*); **~ mois, ~ mois-ci** this month; **cette année, cette année-là** that year. ◇ *pron dém* (**c'** *devant voyelle*): **c'est** it is, it's; **~ sont** they are, they're; **c'est mon bureau** this is my office, it's my office; **qui est-~?** who is it?; **~ qui, ~ que** what; **ils ont eu ~ qui leur revenait** they got what they deserved; **..., ~ qui est étonnant** ..., which is surprising; **elle n'achète même pas ~ dont elle a besoin** she doesn't even buy what she needs; **vous savez bien ~ à quoi je pense** you know exactly what I'm thinking about.
CE ◇ *nm* **1.** *abr de* **comité d'entreprise**. **2.** (*abr de* **cours élémentaire**): **~1** *second year of primary school;* **~2** *third year of primary school.* ◇ *nf* (*abr de* **Communauté européenne**) EC.

---

ceci [səsi] *pron dém* this; **à ~ près que** with the exception that, except that.
cécité [sesite] *nf* blindness.
céder [sede] ◇ *vt* **1.** *(donner)* to give up. **2.** *(revendre)* to sell. ◇ *vi* **1.** *(personne)*: **~ (à)** to give in (to), to yield (to). **2.** *(chaise, plancher)* to give way.
CEDEX, Cedex [sedɛks] (*abr de* **courrier d'entreprise à distribution exceptionnelle**) *nm accelerated postal service for bulk users.*
cédille [sedij] *nf* cedilla.
cèdre [sɛdr] *nm* cedar.
CEE (*abr de* **Communauté économique européenne**) *nf* EEC.

CEI (*abr de* **Communauté d'États Indépendants**) *nf* CIS.
ceinture [sɛ̃tyr] *nf* **1.** *(gén)* belt; **~ de sécurité** safety OU seat belt. **2.** (ANAT) waist.
ceinturon [sɛ̃tyrɔ̃] *nm* belt.

cela [səla] *pron dém* that; **~ ne vous regarde pas** it's OU that's none of your business; **il y a des années de ~** that was many years ago; **c'est ~** that's right; **~ dit …** having said that …; **malgré ~** in spite of that, nevertheless.
célèbre [selɛbr] *adj* famous.
célébrer [selebre] *vt* **1.** *(gén)* to celebrate. **2.** *(faire la louange de)* to praise.
célébrité [selebrite] *nf* **1.** *(renommée)* fame. **2.** *(personne)* celebrity.
céleri [sɛlri] *nm* celery.
céleste [selɛst] *adj* heavenly.
célibat [seliba] *nm* celibacy.
célibataire [selibatɛr] ◇ *adj* single, unmarried. ◇ *nmf* single person, single man (*f* woman).
celle → **celui**.
celle-ci → **celui-ci**.
celle-là → **celui-là**.
celles → **celui**.
celles-ci → **celui-ci**.
celles-là → **celui-là**.
cellier [selje] *nm* storeroom.
Cellophane® [selɔfan] *nf* Cellophane®.
cellulaire [selylɛr] *adj* **1.** (BIOL & TÉLÉCOM) cellular. **2.** *(destiné aux prisonniers)*: **régime ~** solitary confinement; **voiture ~** prison van.
cellule [selyl] *nf* **1.** *(gén & INFORM)* cell. **2.** *(groupe)* uni.
cellulite [selylit] *nf* cellulite.
celte [sɛlt] *adj* Celtic. ◆ **Celte** *nmf* Celt.

celui [səlɥi] (*f* **celle** [sɛl], *mpl* **ceux** [sø], *fpl* **celles** [sɛl]) *pron dém* **1.** *(suivi d'un complément prépositionnel)* the one; **celle de devant** the one in front; **ceux d'entre vous qui …** those of you who … **2.** *(suivi d'un pronom relatif)*: **~ qui** *(objet)* the one which OU that; *(personne)* the one who; **~ que vous voyez** the one (which OU that) you can see, the one whom you can see; **ceux que je connais** those I know.
celui-ci [səlɥisi] (*f* **celle-ci** [sɛlsi], *mpl* **ceux-ci** [søsi], *fpl* **celles-ci** [sɛlsi]) *pron dém* this one, these ones (*pl*).
celui-là [səlɥila] (*f* **celle-là** [sɛlla], *mpl* **ceux-là** [søla], *fpl* **celles-là** [sɛlla]) *pron dém* that one, those ones (*pl*); **~ … celui-ci** the former … the latter.
cendre [sɑ̃dr] *nf* ash.
cendré, -e [sɑ̃dre] *adj (chevelure)*: **blond ~** ash blond.
cendrier [sɑ̃drije] *nm* **1.** *(de fumeur)* ashtray. **2.** *(de poêle)* ashpan.
cène [sɛn] *nf* (Holy) Communion. ◆ **Cène** *nf*: **la Cène** the Last Supper.
censé, -e [sɑ̃se] *adj*: **être ~ faire qqch** to be supposed to do sthg.
censeur [sɑ̃sœr] *nm* **1.** (SCOL) ≃ deputy head *Br*, ≃ vice-principal *Am*. **2.** (CIN & PRESSE) censor.
censure [sɑ̃syr] *nf* **1.** *(contrôle)* censorship; *(censeurs)* censors (*pl*). **2.** (POLIT) censure. **3.** (PSYCHOL) censor.
censurer [sɑ̃syre] *vt* **1.** (CIN, PRESSE & PSYCHOL) to censor. **2.** *(juger)* to censure.
cent [sɑ̃] ◇ *adj num* one hundred, a hundred. ◇ *nm* **1.** *(nombre)* a hundred; *voir aussi* **six**. **2.** *(mesure de proportion)*: **pour ~** per cent.
centaine [sɑ̃tɛn] *nf* **1.** *(cent unités)* hundred. **2.** *(un grand nombre)*: **une ~ de** about a hundred; **des ~s (de)** hundreds (of); **plusieurs ~s de** several hundred; **par ~s** in hundreds.
centenaire [sɑ̃tnɛr] ◇ *adj* hundred-year-old (*avant n*); **être ~** to be a hundred years old. ◇ *nmf* centenarian. ◇ *nm (anniversaire)* centenary.
centiare [sɑ̃tjar] *nm* square metre.
centième [sɑ̃tjɛm] *adj num, nm & nmf* hundredth; *voir aussi* **sixième**.
centigrade [sɑ̃tigrad] → **degré**.
centilitre [sɑ̃tilitr] *nm* centilitre.
centime [sɑ̃tim] *nm* centime.
centimètre [sɑ̃timɛtr] *nm* **1.** *(mesure)* centimetre. **2.** *(ruban)* tape measure.
central, -e, -aux [sɑ̃tral, o] *adj* central. ◆ **central** *nm (de réseau)*: **~ téléphonique** telephone exchange. ◆ **centrale** *nf* **1.** *(usine)* power plant OU station; **~e hydroélectrique** hydroelectric power station; **~e nucléaire** nuclear power plant OU station. **2.** (COMM): **~e d'achat** buying group.
centraliser [sɑ̃tralize] *vt* to centralize.
centre [sɑ̃tr] *nm (gén)* centre; **~ aéré** outdoor centre; **~ commercial** shopping centre; **~ culturel** arts centre; **~ de gravité** centre of gravity; **~ nerveux** nerve centre.
centrer [sɑ̃tre] *vt* to centre.
centre-ville [sɑ̃trəvil] *nm* city centre, town centre.
centrifuge [sɑ̃trifyʒ] → **force**.

centrifugeuse [sɑ̃trifyʒøz] *nf* 1. (TECHNOL) centrifuge. 2. (CULIN) juice extractor.

centuple [sɑ̃typl] *nm*: **être le ~ de qqch** to be a hundred times sthg; **au ~** a hundredfold.

cep [sɛp] *nm* stock.

cèpe [sɛp] *nm* cep.

cependant [səpɑ̃dɑ̃] *conj* however, yet.

céramique [seramik] *nf* ceramic.

cerceau, -x [sɛrso] *nm* hoop.

cercle [sɛrkl] *nm* circle; **~ vicieux** vicious circle.

cercueil [sɛrkœj] *nm* coffin.

céréale [sereal] *nf* cereal.

cérémonial, -als [seremɔnjal] *nm* ceremonial.

cérémonie [seremɔni] *nf* ceremony.

cérémonieux, -euse [seremɔnjø, øz] *adj* ceremonious.

cerf [sɛr] *nm* stag.

cerf-volant [sɛrvɔlɑ̃] *nm (jouet)* kite.

cerise [səriz] *nf & adj inv* cherry.

cerisier [sərizje] *nm (arbre)* cherry (tree); *(bois)* cherry (wood).

cerne [sɛrn] *nm* ring.

cerné [sɛrne] → **œil**.

cerner [sɛrne] *vt* 1. *(encercler)* to surround. 2. *fig (sujet)* to define.

certain, -e [sɛrtɛ̃, ɛn] ◇ *adj* certain; **être ~ de qqch** to be certain OU sure of sthg; **je suis pourtant ~ d'avoir mis mes clés là** but I'm certain OU sure I left my keys there. ◇ *adj indéf (avant n)* certain; **il a un ~ talent** he has some talent OU a certain talent; **un ~ temps** for a while; **avoir un ~ âge** to be getting on, to be past one's prime; **un ~ M. Lebrun** a Mr Lebrun. ◆ **certains** *(fpl* **certaines**) *pron indéf pl* some.

certainement [sɛrtɛnmɑ̃] *adv* certainly.

certes [sɛrt] *adv* of course.

certificat [sɛrtifika] *nm* certificate; **~ médical** medical certificate.

certifié, -e [sɛrtifje] *adj*: **professeur ~** qualified teacher.

certifier [sɛrtifje] *vt* 1. *(assurer)*: **~ qqch à qqn** to assure sb of sthg. 2. *(authentifier)* to certify.

certitude [sɛrtityd] *nf* certainty.

cerveau [sɛrvo] *nm* brain.

cervelle [sɛrvɛl] *nf* 1. (ANAT) brain. 2. *(facultés mentales, aliment)* brains *(pl)*.

cervical, -e, -aux [sɛrvikal, o] *adj* cervical.

ces → **ce**.

CES *(abr de* **collège d'enseignement secondaire**) *nm former secondary school.*

césarienne [sezarjɛn] *nf* caesarean (section).

cesse [sɛs] *nf*: **n'avoir de ~ que** (+ *subjonctif) sout* not to rest until. ◆ **sans cesse** *loc adv* continually, constantly.

cesser [sese] ◇ *vi* to stop, to cease. ◇ *vt* to stop; **~ de faire qqch** to stop doing sthg.

cessez-le-feu [seselfø] *nm inv* cease-fire.

cession [sɛsjɔ̃] *nf* transfer.

c'est-à-dire [setadir] *conj* 1. *(en d'autres termes)*: **~ (que)** that is (to say). 2. *(introduit une restriction, précision, réponse)*: **~ que** well ..., actually ...

cet → **ce**.

cétacé [setase] *nm* cetacean.

cette → **ce**.

ceux → **celui**.

ceux-ci → **celui-ci**.

ceux-là → **celui-là**.

cf. *(abr de* **confer**) cf.

CFC *(abr de* **chlorofluorocarbone**) *nm* CFC.

chacal [ʃakal] *nm* jackal.

chacun, -e [ʃakœ̃, yn] *pron indéf* each (one); *(tout le monde)* everyone, everybody; **~ de nous/d'eux** each of us/them; **~ pour soi** every man for himself; **tout un ~** every one of us/them.

chagrin, -e [ʃagrɛ̃, in] *adj (personne)* grieving; *(humeur)* morose. ◆ **chagrin** *nm* grief; **avoir du ~** to grieve.

chagriner [ʃagrine] *vt* 1. *(peiner)* to grieve, to distress. 2. *(contrarier)* to upset.

chahut [ʃay] *nm* uproar.

chahuter [ʃayte] ◇ *vi* to cause an uproar. ◇ *vt* 1. *(importuner - professeur)* to rag, to tease; *(- orateur)* to heckle. 2. *(bousculer)* to jostle.

chaîne [ʃɛn] *nf* 1. *(gén)* chain; **~ de montagnes** mountain range. 2. (IND): **~ de fabrication/de montage** production/assembly line; **travail à la ~** production-line work; **produire qqch à la ~** to mass-produce sthg. 3. (TÉLÉ) channel. 4. *(appareil)* stereo (system); **~ hi-fi** hi-fi system. ◆ **chaînes** *nfpl fig* chains, bonds.

chaînon [ʃɛnɔ̃] *nm litt & fig* link.

chair [ʃɛr] *nf* flesh; **avoir la ~ de poule** *fig* to have goosepimples *Br*, to have goosebumps *Am*.

chaire [ʃɛr] *nf* 1. *(estrade - de prédicateur)* pulpit; *(- de professeur)* rostrum. 2. (UNIV) chair.

chaise [ʃɛz] *nf* chair; **~ longue** deckchair.
châle [ʃal] *nm* shawl.
chalet [ʃalɛ] *nm* **1.** *(de montagne)* chalet. **2.** *Can (maison de campagne)* (holiday) cottage.
chaleur [ʃalœr] *nf* heat; *(agréable)* warmth.
chaleureux, -euse [ʃalœrø, øz] *adj* warm.
challenge [ʃalɑ̃ʒ] *nm* **1.** (SPORT) tournament. **2.** *fig (défi)* challenge.
chaloupe [ʃalup] *nf* rowing boat *Br*, rowboat *Am*.
chalumeau [ʃalymo] *nm* (TECHNOL) blowlamp *Br*, blowtorch *Am*.
chalutier [ʃalytje] *nm (bateau)* trawler.
chamailler [ʃamaje] ◆ **se chamailler** *vp fam* to squabble.
chambranle [ʃɑ̃brɑ̃l] *nm (de porte, fenêtre)* frame; *(de cheminée)* mantelpiece.
chambre [ʃɑ̃br] *nf* **1.** *(où l'on dort)*: **~ (à coucher)** bedroom; **~ à un lit, ~ pour une personne** single room; **~ pour deux personnes** double room; **~ à deux lits** twin-bedded room; **~ d'amis** spare room. **2.** *(local)* room; **~ forte** strongroom; **~ froide** cold store; **~ noire** darkroom. **3.** (JUR) division; **~ d'accusation** court of criminal appeal. **4.** (POLIT) chamber, house; **Chambre des députés** = House of Commons *Br*, = House of Representatives *Am*. **5.** (TECHNOL) chamber; **~ à air** *(de pneu)* inner tube.
chambrer [ʃɑ̃bre] *vt* **1.** *(vin)* to bring to room temperature. **2.** *fam (se moquer)*: **~ qqn** to pull sb's leg, to wind sb up *Br*.
chameau, -x [ʃamo] *nm* camel.
chamois [ʃamwa] *nm* chamois; *(peau)* chamois (leather).
champ [ʃɑ̃] *nm* **1.** *(gén & INFORM)* field; **~ de bataille** battlefield; **~ de courses** racecourse. **2.** *(étendue)* area.
champagne [ʃɑ̃paɲ] *nm* champagne.
champêtre [ʃɑ̃pɛtr] *adj* rural.
champignon [ʃɑ̃piɲɔ̃] *nm* **1.** (BOT & MÉD) fungus. **2.** *(comestible)* mushroom; **~ vénéneux** toadstool.
champion, -onne [ʃɑ̃pjɔ̃, ɔn] ◇ *nm, f* champion. ◇ *adj fam* brilliant.
championnat [ʃɑ̃pjɔna] *nm* championship.
chance [ʃɑ̃s] *nf* **1.** *(bonheur)* luck *(U)*; **avoir de la ~** to be lucky; **ne pas avoir de ~** to be unlucky; **porter ~** to bring good luck. **2.** *(probabilité, possibilité)* chance, opportunity; **avoir des ~s de faire qqch** to have a chance of doing sthg.
chanceler [ʃɑ̃sle] *vi (personne, gouvernement)* to totter; *(meuble)* to wobble.
chancelier [ʃɑ̃səlje] *nm* **1.** *(premier ministre)* chancellor. **2.** *(de consulat, d'ambassade)* secretary.
chanceux, -euse [ʃɑ̃sø, øz] *adj* lucky.
chandail [ʃɑ̃daj] *nm* (thick) sweater.
Chandeleur [ʃɑ̃dlœr] *nf* Candlemas.
chandelier [ʃɑ̃dəlje] *nm* candlestick; *(à plusieurs branches)* candelabra.
chandelle [ʃɑ̃dɛl] *nf (bougie)* candle.
change [ʃɑ̃ʒ] *nm* **1.** *(troc & FIN)* exchange. **2.** *(couche de bébé)* disposable nappy *Br*, diaper *Am*.
changeant, -e [ʃɑ̃ʒɑ̃, ɑ̃t] *adj* **1.** *(temps, humeur)* changeable. **2.** *(reflet)* shimmering.
changement [ʃɑ̃ʒmɑ̃] *nm* change.
changer [ʃɑ̃ʒe] ◇ *vt* **1.** *(gén)* to change; **~ qqch contre** to change OU exchange sthg for; **~ qqn en** to change sb into; **~ des francs en livres** to change francs into pounds, to exchange francs for pounds. **2.** *(modifier)* to change, to alter; **ça me/te changera** that will be a (nice) change for me/you. ◇ *vi* **1.** *(gén)* to change; **~ de train (à)** to change trains (at); **~ d'avis** to change one's mind; **ça changera!** that'll make a change!; **~ de direction** to change direction; **~ de place (avec qqn)** to change places (with sb); **~ de voiture** to change one's car; **pour ~** for a change. **2.** *(modifier)* to change, to alter.
chanson [ʃɑ̃sɔ̃] *nf* song; **c'est toujours la même ~** *fig* it's the same old story.
chansonnier, -ère [ʃɑ̃sɔnje, ɛr] *nm, f* cabaret singer-songwriter.
chant [ʃɑ̃] *nm* **1.** *(chanson)* song, singing *(U)*; *(sacré)* hymn. **2.** *(art)* singing.
chantage [ʃɑ̃taʒ] *nm litt & fig* blackmail; **faire du ~** to use OU resort to blackmail; **faire du ~ à qqn** to blackmail sb.
chanter [ʃɑ̃te] ◇ *vt* **1.** *(chanson)* to sing. **2.** *littéraire (célébrer)* to sing OU tell of; **~ les louanges de qqn** to sing sb's praises. ◇ *vi* **1.** *(gén)* to sing. **2.** *loc*: **faire ~ qqn** to blackmail sb; **si ça vous chante!** *fam* if you feel like OU fancy it!
chanteur, -euse [ʃɑ̃tœr, øz] *nm, f* singer.
chantier [ʃɑ̃tje] *nm* **1.** (CONSTR) (building) site; *(sur la route)* roadworks *(pl)*; **~ naval** shipyard, dockyard. **2.** *fig (désordre)* shambles *(sg)*, mess.
chantonner [ʃɑ̃tɔne] *vt & vi* to hum.
chanvre [ʃɑ̃vr] *nm* hemp.

chaos [kao] *nm* chaos.
chap. (*abr de* **chapitre**) ch.
chaparder [ʃaparde] *vt* to steal.
chapeau, -x [ʃapo] *nm* **1.** *(coiffure)* hat. **2.** (PRESSE) introductory paragraph.
chapeauter [ʃapote] *vt (service)* to head; *(personnes)* to supervise.
chapelet [ʃaplɛ] *nm* **1.** (RELIG) rosary. **2.** *fig (d'injures)* string, torrent.
chapelle [ʃapɛl] *nf (petite église)* chapel; *(partie d'église)* choir.
chapelure [ʃaplyr] *nf* (dried) breadcrumbs (*pl*).
chapiteau [ʃapito] *nm* big top.
chapitre [ʃapitr] *nm* chapter.
chaque [ʃak] *adj indéf* each, every; **~ personne** each person, everyone; **j'ai payé ces livres 100 francs ~** I paid 100 francs each for these books.

> • «Chaque» a deux traductions possibles: *every* ou *each*. *Every* implique que l'on considère un groupe donné dans son entier, et insiste sur le fait que l'on parle de tous les membres de ce groupe sans exception (*the company gave every worker a bonus*). *Each*, en revanche, désigne tous les éléments d'un groupe, mais d'un point de vue individuel (*each child is given individual attention*).
> • *Each* et *every* s'utilisent tous deux avec des noms dénombrables au singulier, et le verbe correspondant se met aussi au singulier.

char [ʃar] *nm* **1.** (MIL): **~ (d'assaut)** tank. **2.** *(de carnaval)* float. **3.** *Can (voiture)* car.
charabia [ʃarabja] *nm* gibberish.
charade [ʃarad] *nf* charade.
charbon [ʃarbɔ̃] *nm (combustible)* coal; **~ de bois** charcoal.
charcuter [ʃarkyte] *vt fam péj* to butcher.
charcuterie [ʃarkytri] *nf* **1.** *(magasin)* pork butcher's. **2.** *(produits)* pork meat products.
charcutier, -ère [ʃarkytje, ɛr] *nm, f (commerçant)* pork butcher.
chardon [ʃardɔ̃] *nm (plante)* thistle.
charge [ʃarʒ] *nf* **1.** *(fardeau)* load. **2.** *(fonction)* office. **3.** *(responsabilité)* responsibility; **être à la ~ de** *(personne)* to be dependent on; **les travaux sont à la ~ du propriétaire** the owner is liable for the cost of the work; **prendre qqch en ~** *(payer)* to pay (for) sthg; *(s'occuper de)* to take charge of sthg; **prendre qqn en ~** to take charge of sb. **4.** (ÉLECTR, JUR & MIL) charge. ◆ **charges** *nfpl* **1.** *(d'appartement)* service charge. **2.** (ÉCON) expenses, costs; **~s sociales** ≃ employer's contributions.
chargé, -e [ʃarʒe] ◇ *adj* **1.** *(véhicule, personne)*: **~ (de)** loaded (with). **2.** *(responsable)*: **~ (de)** responsible (for). **3.** *(occupé)* full, busy. ◇ *nm, f*: **~ d'affaires** chargé d'affaires; **~ de mission** head of mission.
chargement [ʃarʒəmɑ̃] *nm* **1.** *(action)* loading. **2.** *(marchandises)* load.
charger [ʃarʒe] *vt* **1.** *(gén &* INFORM) to load. **2.** (ÉLECTR, JUR & MIL) to charge. **3.** *(donner une mission à)*: **~ qqn de faire qqch** to put sb in charge of doing sthg. ◆ **se charger** *vp*: **se ~ de qqn/qqch** to take care of sb/sthg, to take charge of sb/sthg; **se ~ de faire qqch** to undertake to do sthg.
chargeur [ʃarʒœr] *nm* **1.** (ÉLECTR) charger. **2.** *(d'arme)* magazine.
chariot [ʃarjo] *nm* **1.** *(à bagages etc)* trolley *Br*, cart *Am*. **2.** *(de machine à écrire)* carriage.
charisme [karism] *nm* charisma.
charitable [ʃaritabl] *adj* charitable; *(conseil)* friendly.
charité [ʃarite] *nf* **1.** *(aumône &* RELIG) charity. **2.** *(bonté)* kindness.
charlatan [ʃarlatɑ̃] *nm péj* charlatan.
charmant, -e [ʃarmɑ̃, ɑ̃t] *adj* charming.
charme [ʃarm] *nm* **1.** *(séduction)* charm. **2.** *(enchantement)* spell. **3.** *(arbre)* ironwood, hornbeam.
charmer [ʃarme] *vt* to charm.
charmeur, -euse [ʃarmœr, øz] ◇ *adj* charming. ◇ *nm, f* charmer; **~ de serpents** snake charmer.
charnel, -elle [ʃarnɛl] *adj* carnal.
charnier [ʃarnje] *nm* mass grave.
charnière [ʃarnjɛr] ◇ *nf* hinge; *fig* turning point. ◇ *adj* transitional.
charnu, -e [ʃarny] *adj* fleshy.
charogne [ʃarɔɲ] *nf* carrion *(U)*.
charpente [ʃarpɑ̃t] *nf* **1.** *(de bâtiment, de roman)* framework. **2.** *(ossature)* frame.
charpentier [ʃarpɑ̃tje] *nm* carpenter.
charretier, -ère [ʃartje, ɛr] *nm, f* carter.
charrette [ʃarɛt] *nf* cart.
charrier [ʃarje] ◇ *vt* **1.** to carry. **2.** *fam (se moquer de)*: **~ qqn** to take sb for a ride. ◇ *vi fam (exagérer)* to go too far.
charrue [ʃary] *nf* plough, plow *Am*.

charte [ʃart] *nf* charter.
charter [ʃartɛr] *nm* chartered plane.
chartreuse [ʃartrøz] *nf* 1. (RELIG) Carthusian monastery. 2. *(liqueur)* Chartreuse.
chas [ʃa] *nm* eye *(of needle)*.
chasse [ʃas] *nf* 1. *(action)* hunting; **~ à courre** hunting *(on horseback with hounds)*. 2. *(période)*: **la ~ est ouverte/fermée** it's the open/close season. 3. *(domaine)*: **~ gardée** private hunting OU shooting preserve; *fig* preserve. 4. *(poursuite)* chase; **faire la ~ à qqn/qqch** *fig* to hunt (for) sb/sthg, to hunt sb/sthg down; **prendre qqn/qqch en ~** to give chase to sb/sthg. 5. *(des cabinets)*: **~ (d'eau)** flush; **tirer la ~** to flush the toilet.
chassé-croisé [ʃasekrwaze] *nm* toing and froing.
chasse-neige [ʃasnɛʒ] *nm inv* snowplough.
chasser [ʃase] *vt* 1. *(animal)* to hunt. 2. *(faire partir - personne)* to drive OU chase away; *(- odeur, souci)* to dispel.
chasseur, -euse [ʃasœr, øz] *nm, f* hunter. ◆ **chasseur** *nm* 1. *(d'hôtel)* page, messenger. 2. (MIL): **~ alpin** *soldier specially trained for operations in mountainous terrain*. 3. *(avion)* fighter.
châssis [ʃasi] *nm* 1. *(de fenêtre, de machine)* frame. 2. *(de véhicule)* chassis.
chaste [ʃast] *adj* chaste.
chasteté [ʃastəte] *nf* chastity.
chasuble [ʃazybl] *nf* chasuble.
chat, chatte [ʃa, ʃat] *nm, f* cat.
châtaigne [ʃatɛɲ] *nf* 1. *(fruit)* chestnut. 2. *fam (coup)* clout.
châtaignier [ʃateɲe] *nm (arbre)* chestnut (tree); *(bois)* chestnut.
châtain [ʃatɛ̃] *adj & nm* chestnut, chestnut-brown.
château, -x [ʃato] *nm* 1. *(forteresse)*: **~ (fort)** castle. 2. *(résidence - seigneuriale)* mansion; *(- de monarque, d'évêque)* palace; **~ de sable** sandcastle. 3. *(réservoir)*: **~ d'eau** water tower.
châtiment [ʃatimɑ̃] *nm* punishment.
chaton [ʃatɔ̃] *nm* 1. *(petit chat)* kitten. 2. (BOT) catkin.
chatouiller [ʃatuje] *vt* 1. *(pour faire rire)* to tickle. 2. *fig (titiller)* to titillate.
chatoyant, -e [ʃatwajɑ̃, ɑ̃t] *adj (reflet, étoffe)* shimmering; *(bijou)* sparkling.
châtrer [ʃatre] *vt* to castrate; *(chat)* to neuter; *(chatte)* to spay.
chatte → **chat**.
chaud, -e [ʃo, ʃod] *adj* 1. *(gén)* warm; *(de température très élevée, sensuel)* hot. 2. *fig (enthousiaste)*: **être ~ pour qqch/pour faire qqch** to be keen on sthg/on doing sthg. ◆ **chaud** ◇ *adv*: **avoir ~** to be warm OU hot; **il fait ~** it's warm OU hot; **manger ~** to have something hot (to eat). ◇ *nm* heat; **rester au ~** to stay in the warm.
chaudement [ʃodmɑ̃] *adv* warmly.
chaudière [ʃodjɛr] *nf* boiler.
chaudron [ʃodrɔ̃] *nm* cauldron.
chauffage [ʃofaʒ] *nm (appareil)* heating (system); **~ central** central heating.
chauffant, -e [ʃofɑ̃, ɑ̃t] *adj* heating; **plaque ~e** hotplate.
chauffard [ʃofar] *nm péj* reckless driver.
chauffe-eau [ʃofo] *nm inv* water-heater.
chauffer [ʃofe] ◇ *vt (rendre chaud)* to heat (up). ◇ *vi* 1. *(devenir chaud)* to heat up. 2. *(moteur)* to overheat. 3. *fam (barder)*: **ça va ~** there's going to be trouble.
chauffeur [ʃofœr] *nm* (AUTOM) driver.
chaume [ʃom] *nm (paille)* thatch.
chaumière [ʃomjɛr] *nf* cottage.
chaussée [ʃose] *nf* road, roadway; **'~ déformée'** 'uneven road surface'.
chausse-pied [ʃospje] (*pl* **chausse-pieds**) *nm* shoehorn.
chausser [ʃose] ◇ *vt* to put on. ◇ *vi*: **~ du 39** to take size 39 (shoes). ◆ **se chausser** *vp* to put one's shoes on.
chaussette [ʃosɛt] *nf* sock.
chausson [ʃosɔ̃] *nm* 1. *(pantoufle)* slipper. 2. *(de danse)* ballet shoe. 3. *(de bébé)* bootee. 4. (CULIN) turnover; **~ aux pommes** apple turnover.
chaussure [ʃosyr] *nf* 1. *(soulier)* shoe; **~ basse** low-heeled shoe, flat shoe; **~ de marche** *(de randonnée)* hiking OU walking boot; *(confortable)* walking shoe; **~ montante** (ankle) boot; **~ de ski** ski boot. 2. *(industrie)* footwear industry.
chauve [ʃov] *adj (sans cheveux)* bald.
chauve-souris [ʃovsuri] *nf* bat.
chauvin, -e [ʃovɛ̃, in] *adj* chauvinistic.
chaux [ʃo] *nf* lime; **blanchi à la ~** whitewashed.
chavirer [ʃavire] *vi* 1. *(bateau)* to capsize. 2. *fig (tourner)* to spin.
chef [ʃɛf] *nm* 1. *(d'un groupe)* head, leader; *(au travail)* boss; **en ~** in chief; **~ d'entreprise** company head; **~ de famille** head of the family; **~ de file** (POLIT) (party) leader; **~ de gare** stationmaster; **~ d'orchestre** conductor; **~ de rayon** departmental manager OU super-

visor; **~ de service** (ADMIN) departmental manager. 2. *(cuisinier)* chef. ◆ **chef d'accusation** *nm* charge, count.

chef-d'œuvre [ʃɛdœvr] (*pl* **chefs-d'œuvre**) *nm* masterpiece.

chef-lieu [ʃɛfljø] *nm* = county town.

cheik [ʃɛk] *nm* sheikh.

chemin [ʃəmɛ̃] *nm* 1. *(voie)* path; **~ de fer** railway; **~ vicinal** byroad, minor road. 2. *(parcours)* way; *fig* road; **en ~** on the way.

cheminée [ʃəmine] *nf* 1. *(foyer)* fireplace. 2. *(d'usine)* chimney. 3. *(encadrement)* mantelpiece. 4. *(de paquebot)* funnel.

cheminement [ʃəminmɑ̃] *nm (progression)* advance; *fig (d'idée)* development.

cheminer [ʃəmine] *vi (avancer)* to make one's way; *fig (idée)* to develop.

cheminot [ʃəmino] *nm* railwayman *Br*, railroad man *Am*.

chemise [ʃəmiz] *nf* 1. *(d'homme)* shirt; **~ de nuit** nightdress. 2. *(dossier)* folder.

chemisette [ʃəmizɛt] *nf (d'homme)* short-sleeved shirt; *(de femme)* short-sleeved blouse.

chemisier [ʃəmizje] *nm* blouse.

chenal, -aux [ʃənal, o] *nm* channel.

chêne [ʃɛn] *nm (arbre)* oak (tree); *(bois)* oak.

chenet [ʃənɛ] *nm* firedog.

chenil [ʃənil] *nm (pour chiens)* kennel.

chenille [ʃənij] *nf* 1. *(insecte)* caterpillar. 2. *(courroie)* caterpillar track.

chèque [ʃɛk] *nm* cheque; **faire/toucher un ~** to write/cash a cheque; **~ (bancaire)** (bank) cheque; **~ barré** crossed cheque; **~ postal** post office cheque; **~ sans provision** bad cheque; **~ de voyage** traveller's cheque.

chèque-cadeau [ʃɛkkado] *nm* gift token.

chèque-repas [ʃɛkrəpa] (*pl* **chèques-repas**), **chèque-restaurant** [ʃɛkrɛstɔrɑ̃] (*pl* **chèques-restaurant**) *nm* luncheon voucher.

chéquier [ʃekje] *nm* chequebook.

cher, chère [ʃɛr] ◇ *adj* 1. *(aimé)*: **~ (à qqn)** dear (to sb); **Cher Monsieur** *(dans une lettre)* Dear Sir; **Chère Madame** *(dans une lettre)* Dear Madam. 2. *(coûteux)* expensive. ◇ *nm, f hum*: **mon ~** dear. ◆ **cher** *adv*: **valoir ~, coûter ~** to be expensive, to cost a lot; **payer ~** to pay a lot; **je l'ai payé ~** *litt & fig* it cost me a lot. ◆ **chère** *nf*: **aimer la bonne chère** *sout* to like to eat well.

chercher [ʃɛrʃe] ◇ *vt* 1. *(gén)* to look for. 2. *(prendre)*: **aller/venir ~ qqn** *(à pied)* to (go/come and) meet sb; *(en voiture)* to (go/come and) pick sb up; **aller/venir ~ qqch** to (go/come and) get sthg. ◇ *vi*: **~ à faire qqch** to try to do sthg.

chercheur, -euse [ʃɛrʃœr, øz] *nm, f (scientifique)* researcher.

chéri, -e [ʃeri] ◇ *adj* dear. ◇ *nm, f* darling.

chérir [ʃerir] *vt (personne)* to love dearly; *(chose, idée)* to cherish.

chétif, -ive [ʃetif, iv] *adj (malingre)* sickly, weak.

cheval, -aux [ʃəval, o] *nm* 1. *(animal)* horse; **être à ~ sur qqch** *(être assis)* to be sitting astride sthg; *fig (siècles)* to straddle sthg; *fig (tenir à)* to be a stickler for sthg; **~ d'arçons** horse *(in gymnastics)*. 2. *(équitation)* riding, horse-riding; **faire du ~** to ride. 3. (AUTOM): **~, ~-vapeur** horsepower.

chevalerie [ʃəvalri] *nf* 1. *(qualité)* chivalry. 2. (HIST) knighthood.

chevalet [ʃəvalɛ] *nm (de peintre)* easel.

chevalier [ʃəvalje] *nm* knight.

chevalière [ʃəvaljɛr] *nf* signet ring.

chevauchée [ʃəvoʃe] *nf* ride, horse-ride.

chevaucher [ʃevoʃe] *vt (être assis)* to sit OU be astride. ◆ **se chevaucher** *vp* to overlap.

chevelu, -e [ʃəvly] *adj* hairy.

chevelure [ʃəvlyr] *nf (cheveux)* hair.

chevet [ʃəvɛ] *nm* head *(of bed)*; **être au ~ de qqn** to be at sb's bedside.

cheveu, -x [ʃəvø] *nm* hair; **se faire couper les ~x** to have one's hair cut.

cheville [ʃəvij] *nf* 1. (ANAT) ankle. 2. *(pour fixer une vis)* Rawlplug®.

chèvre [ʃɛvr] ◇ *nf (animal)* goat. ◇ *nm (fromage)* goat's cheese.

chevreau, -x [ʃəvro] *nm* kid.

chèvrefeuille [ʃɛvrəfœj] *nm* honeysuckle.

chevreuil [ʃəvrœj] *nm* 1. *(animal)* roe deer. 2. (CULIN) venison.

chevronné, -e [ʃəvrɔne] *adj (expérimenté)* experienced.

chevrotant, -e [ʃəvrɔtɑ̃, ɑ̃t] *adj* tremulous.

chevrotine [ʃəvrɔtin] *nf* buckshot.

chewing-gum [ʃwiŋgɔm] (*pl* **chewing-gums**) *nm* chewing gum *(U)*.

chez [ʃe] *prép* 1. *(dans la maison de)*: **il est ~ lui** he's at home; **il rentre ~ lui** he's going home; **être ~ le coiffeur** to be at the hairdresser's; **aller ~ le coiffeur** to go to the hairdresser's; **il va**

venir ~ nous he is going to come to our place OU house; **il habite ~ nous** he lives with us. 2. *(en ce qui concerne)*: **~ les jeunes** among young people; **~ les Anglais** in England. 3. *(dans les œuvres de)*: **~ Proust** in (the works of) Proust. 4. *(dans le caractère de)*: **cette réaction est normale ~ lui** this reaction is normal for OU with him; **ce que j'aime ~ lui, c'est ...** what I like about him is ...

chez-soi [ʃeswa] *nm inv* home, place of one's own.

chic [ʃik] ◇ *adj (inv en genre)* 1. *(élégant)* smart, chic. 2. *vieilli (serviable)* nice. ◇ *nm* style. ◇ *interj*: **~ (alors)!** great!

chicorée [ʃikɔre] *nf (salade)* endive; *(à café)* chicory.

chien [ʃjɛ̃] *nm* 1. *(animal)* dog; **~ de chasse** *(d'arrêt)* gundog; **~ de garde** guard dog. 2. *(d'arme)* hammer. 3. *loc*: **avoir un mal de ~ à faire qqch** to have a lot of trouble doing sthg; **en ~ de fusil** curled up.

chiendent [ʃjɛ̃dɑ̃] *nm* couch grass.

chien-loup [ʃjɛ̃lu] *nm* Alsatian (dog).

chienne [ʃjɛn] *nf* (female) dog, bitch.

chiffe [ʃif] *nf*: **c'est une ~ molle** he's spineless, he's a weed.

chiffon [ʃifɔ̃] *nm (linge)* rag.

chiffonner [ʃifɔne] *vt* 1. *(tissu)* to crumple. 2. *fam (préoccuper)* to bother.

chiffre [ʃifr] *nm* 1. *(caractère)* figure, number; **~ arabe/romain** Arabic/Roman numeral. 2. *(montant)* sum; **~ d'affaires** (COMM) turnover *Br*, net revenue *Am*; **~ rond** round number; **~ de ventes** sales figures *(pl)*.

chiffrer [ʃifre] ◇ *vt* 1. *(évaluer)* to calculate, to assess. 2. *(coder)* to encode. ◇ *vi fam* to mount up.

chignole [ʃiɲɔl] *nf* drill.

chignon [ʃiɲɔ̃] *nm* bun *(in hair)*; **se crêper le ~** *fig* to scratch each other's eyes out.

Chili [ʃili] *nm*: **le ~** Chile.

chimère [ʃimɛr] *nf* 1. (MYTH) chimera. 2. *(illusion)* illusion, dream.

chimie [ʃimi] *nf* chemistry.

chimiothérapie [ʃimjɔterapi] *nf* chemotherapy.

chimique [ʃimik] *adj* chemical.

chimiste [ʃimist] *nmf* chemist.

chimpanzé [ʃɛ̃pɑ̃ze] *nm* chimpanzee.

Chine [ʃin] *nf*: **la ~** China.

chiné, -e [ʃine] *adj* mottled.

chiner [ʃine] *vi* to look for bargains.

chinois, -e [ʃinwa, az] *adj* Chinese. ◆ **chinois** *nm (langue)* Chinese. ◆ **Chinois, -e** *nm, f* Chinese person; **les Chinois** the Chinese.

chiot [ʃjo] *nm* puppy.

chipie [ʃipi] *nf* vixen *péj*.

chips [ʃips] *nfpl*: **(pommes) ~** (potato) crisps *Br*, (potato) chips *Am*.

chiquenaude [ʃiknod] *nf* flick.

chiquer [ʃike] ◇ *vt* to chew. ◇ *vi* to chew tobacco.

chirurgical, -e, -aux [ʃiryrʒikal, o] *adj* surgical.

chirurgie [ʃiryrʒi] *nf* surgery.

chirurgien [ʃiryrʒjɛ̃] *nm* surgeon.

chiure [ʃjyr] *nf*: **~ (de mouche)** fly-specks *(pl)*.

chlore [klɔr] *nm* chlorine.

chloroforme [klɔrɔfɔrm] *nm* chloroform.

chlorophylle [klɔrɔfil] *nf* chlorophyll.

choc [ʃɔk] *nm* 1. *(heurt, coup)* impact. 2. *(conflit)* clash. 3. *(émotion)* shock. 4. *(en apposition)*: **images-~s** shock pictures; **prix-~** amazing bargain.

chocolat [ʃɔkɔla] ◇ *nm* chocolate; **~ au lait/noir** milk/plain chocolate; **~ à cuire/à croquer** cooking/eating chocolate. ◇ *adj inv* chocolate (brown).

chœur [kœr] *nm* 1. *(chorale)* choir; *(d'opéra & fig)* chorus; **en ~** *fig* all together. 2. *(d'église)* choir, chancel.

choisi, -e [ʃwazi] *adj* selected; *(termes, langage)* carefully chosen.

choisir [ʃwazir] ◇ *vt*: **~ (de faire qqch)** to choose (to do sthg). ◇ *vi* to choose.

choix [ʃwa] *nm* 1. *(gén)* choice; **au ~** as you prefer; **avoir le ~** to have the choice. 2. *(qualité)*: **de premier ~** grade OU class one; **articles de second ~** seconds.

choléra [kɔlera] *nm* cholera.

cholestérol [kɔlɛsterɔl] *nm* cholesterol.

chômage [ʃomaʒ] *nm* unemployment; **en ~, au ~** unemployed; **être mis au ~ technique** to be laid off.

chômeur, -euse [ʃomœr, øz] *nm, f*: **les ~s** the unemployed.

chope [ʃɔp] *nf* tankard.

choper [ʃɔpe] *vt fam* 1. *(voler, arrêter)* to nick *Br*, to pinch. 2. *(attraper)* to catch.

choquant, -e [ʃɔkɑ̃, ɑ̃t] *adj* shocking.

choquer [ʃɔke] *vt* 1. *(scandaliser)* to shock. 2. *(traumatiser)* to shake (up).

choral, -e, -als OU **-aux** [kɔral, o] *adj* choral. ◆ **chorale** *nf (groupe)* choir.

chorégraphie [kɔregrafi] *nf* choreography.
choriste [kɔrist] *nmf* chorister.
chose [ʃoz] *nf* thing; **c'est (bien) peu de ~** it's nothing really; **c'est la moindre des ~s** it's the least I/we can do; **de deux ~s l'une** (it's got to be) one thing or the other; **parler de ~s et d'autres** to talk of this and that.
chou, -x [ʃu] ◇ *nm* **1.** *(légume)* cabbage. **2.** *(pâtisserie)* choux bun. ◇ *adj inv* sweet, cute.
chouchou, -oute [ʃuʃu, ut] *nm, f* favourite; *(élève)* teacher's pet.
choucroute [ʃukrut] *nf* sauerkraut.
chouette [ʃwɛt] ◇ *nf (oiseau)* owl. ◇ *adj fam vieilli* smashing *Br*, great. ◇ *interj*: **~ (alors)!** great!
chou-fleur [ʃuflœr] *nm* cauliflower.
choyer [ʃwaje] *vt sout* to pamper.
chrétien, -enne [kretjɛ̃, ɛn] *adj & nm, f* Christian.
chrétienté [kretjɛ̃te] *nf* Christendom.
Christ [krist] *nm* Christ.
christianisme [kristjanism] *nm* Christianity.
chrome [krom] *nm* (CHIM) chromium.
chromé, -e [krome] *adj* chrome-plated; **acier ~** chrome steel.
chromosome [krɔmɔzom] *nm* chromosome.
chronique [krɔnik] ◇ *nf* **1.** *(annales)* chronicle. **2.** (PRESSE): **~ sportive** sports section. ◇ *adj* chronic.
chronologie [krɔnɔlɔʒi] *nf* chronology.
chronologique [krɔnɔlɔʒik] *adj* chronological.
chronomètre [krɔnɔmɛtr] *nm* (SPORT) stopwatch.
chronométrer [krɔnɔmetre] *vt* to time.
chrysalide [krizalid] *nf* chrysalis.
chrysanthème [krizɑ̃tɛm] *nm* chrysanthemum.
chuchotement [ʃyʃɔtmɑ̃] *nm* whisper.
chuchoter [ʃyʃɔte] *vt & vi* to whisper.
chut [ʃyt] *interj* sh!, hush!
chute [ʃyt] *nf* **1.** *(gén)* fall; **~ d'eau** waterfall; **~ de neige** snowfall. **2.** *(de tissu)* scrap.
ci [si] *adv (après n)*: **ce livre-~** this book; **ces jours-~** these days.
ci-après [siaprɛ] *adv* below.
cible [sibl] *nf litt & fig* target.
cicatrice [sikatris] *nf* scar.
cicatriser [sikatrize] *vt litt & fig* to heal.
ci-contre [sikɔ̃tr] *adv* opposite.
ci-dessous [sidəsu] *adv* below.
ci-dessus [sidəsy] *adv* above.
cidre [sidr] *nm* cider.
Cie (*abr de* **compagnie**) Co.
ciel [sjɛl] (*pl sens 1* **ciels**, *pl sens 2* **cieux** [sjø]) *nm* **1.** *(firmament)* sky; **à ~ ouvert** open-air. **2.** *(paradis)* heaven. ◆ **cieux** *nmpl* heaven (*sg*).
cierge [sjɛrʒ] *nm* (votive) candle.
cigale [sigal] *nf* cicada.
cigare [sigar] *nm* cigar.
cigarette [sigarɛt] *nf* cigarette.
ci-gît [siʒi] *adv* here lies.
cigogne [sigɔɲ] *nf* stork.
ci-inclus, -e [siɛ̃kly, yz] *adj* enclosed. ◆ **ci-inclus** *adv* enclosed.
ci-joint, -e [siʒwɛ̃, ɛ̃t] *adj* enclosed. ◆ **ci-joint** *adv*: **veuillez trouver ~ ...** please find enclosed ...
cil [sil] *nm* (ANAT) eyelash, lash.
ciller [sije] *vi* to blink (one's eyes).
cime [sim] *nf (d'arbre, de montagne)* top; *fig* height.
ciment [simɑ̃] *nm* cement.
cimenter [simɑ̃te] *vt* to cement.
cimetière [simtjɛr] *nm* cemetery.
ciné [sine] *nm fam* cinema.
cinéaste [sineast] *nmf* film-maker.
ciné-club [sineklœb] (*pl* **ciné-clubs**) *nm* film club.
cinéma [sinema] *nm* **1.** *(salle, industrie)* cinema. **2.** *(art)* cinema, film; **un acteur de ~** a film star.
cinémathèque [sinematɛk] *nf* film archive.
cinéphile [sinefil] *nmf* film buff.
cinglé, -e [sɛ̃gle] *fam adj* nuts, nutty.
cingler [sɛ̃gle] *vt* to lash.
cinq [sɛ̃k] ◇ *adj num* five. ◇ *nm* five; *voir aussi* **six**.
cinquantaine [sɛ̃kɑ̃tɛn] *nf* **1.** *(nombre)*: **une ~ de** about fifty. **2.** *(âge)*: **avoir la ~** to be in one's fifties.
cinquante [sɛ̃kɑ̃t] *adj num & nm* fifty; *voir aussi* **six**.
cinquantième [sɛ̃kɑ̃tjɛm] *adj num, nm & nmf* fiftieth; *voir aussi* **sixième**.
cinquième [sɛ̃kjɛm] ◇ *adj num, nm & nmf* fifth. ◇ *nf* (SCOL) = second year OU form *Br*, = seventh grade *Am*; *voir aussi* **sixième**.
cintre [sɛ̃tr] *nm* coat hanger.
cintré, -e [sɛ̃tre] *adj* waisted.
cirage [siraʒ] *nm (produit)* shoe polish.
circoncision [sirkɔ̃sizjɔ̃] *nf* circumcision.

circonférence [sirkɔ̃ferɑ̃s] *nf* 1. (GÉOM) circumference. 2. *(pourtour)* boundary.
circonflexe [sirkɔ̃flɛks] → **accent**.
circonscription [sirkɔ̃skripsjɔ̃] *nf* district.
circonscrire [sirkɔ̃skrir] *vt* 1. *(dégâts)* to contain. 2. *fig (sujet)* to define.
circonspect, -e [sirkɔ̃spɛ, ɛkt] *adj* cautious.
circonstance [sirkɔ̃stɑ̃s] *nf* 1. *(occasion)* occasion. 2. (*gén pl*) *(contexte, conjoncture)* circumstance; **~s atténuantes** (JUR) mitigating circumstances.
circonstancié, -e [sirkɔ̃stɑ̃sje] *adj* detailed.
circonstanciel, -elle [sirkɔ̃stɑ̃sjɛl] *adj* (GRAM) adverbial.
circuit [sirkɥi] *nm* 1. *(chemin)* route. 2. *(touristique)* tour. 3. (SPORT & TECHNOL) circuit; **en ~ fermé** closed-circuit (*avant n*); *fig* within a limited circle.
circulaire [sirkylɛr] *nf & adj* circular.
circulation [sirkylasjɔ̃] *nf* 1. *(mouvement)* circulation; **mettre en ~** to circulate; **~ (du sang)** circulation. 2. *(trafic)* traffic.
circuler [sirkyle] *vi* 1. *(sang, air, argent)* to circulate; **faire ~ qqch** to circulate sthg. 2. *(aller et venir)* to move (along); **on circule mal en ville** the traffic is bad in town. 3. *(train, bus)* to run. 4. *fig (rumeur, nouvelle)* to spread.
cire [sir] *nf* 1. *(matière)* wax. 2. *(encaustique)* polish.
ciré, -e [sire] *adj* 1. *(parquet)* polished. 2. → toile. ♦ **ciré** *nm* oilskin.
cirer [sire] *vt* to polish.
cirque [sirk] *nm* 1. *(gén)* circus. 2. (GÉOL) cirque. 3. *fam fig (désordre, chahut)* chaos *(U)*.
cirrhose [siroz] *nf* cirrhosis *(U)*.
cisaille [sizaj] *nf* shears (*pl*).
cisailler [sizaje] *vt* *(métal)* to cut; *(branches)* to prune.
ciseau, -x [sizo] *nm* chisel. ♦ **ciseaux** *nmpl* scissors.
ciseler [sizle] *vt* 1. *(pierre, métal)* to chisel. 2. *(bijou)* to engrave.
Cisjordanie [sizʒɔrdani] *nf*: **la ~** the West Bank.
citadelle [sitadɛl] *nf litt & fig* citadel.
citadin, -e [sitadɛ̃, in] ◇ *adj* city (*avant n*), urban. ◇ *nm, f* city dweller.
citation [sitasjɔ̃] *nf* 1. (JUR) summons (*sg*). 2. *(extrait)* quote, quotation.
cité [site] *nf* 1. *(ville)* city. 2. *(lotissement)* housing estate; **~ universitaire** halls (*pl*) of residence.
citer [site] *vt* 1. *(exemple, propos, auteur)* to quote. 2. (JUR) *(convoquer)* to summon. 3. (MIL): **être cité à l'ordre du jour** to be mentioned in dispatches.
citerne [sitɛrn] *nf* 1. *(d'eau)* water tank. 2. *(cuve)* tank.
cité U [sitey] *nf fam abr de* **cité universitaire**.
citoyen, -enne [sitwajɛ̃, ɛn] *nm, f* citizen.
citron [sitrɔ̃] *nm* lemon; **~ pressé** fresh lemon juice; **~ vert** lime.
citronnade [sitrɔnad] *nf* (still) lemonade.
citronnier [sitrɔnje] *nm* lemon tree.
citrouille [sitruj] *nf* pumpkin.
civet [sivɛ] *nm* stew; **~ de lièvre** jugged hare.
civière [sivjɛr] *nf* stretcher.
civil, -e [sivil] ◇ *adj* 1. *(gén)* civil. 2. *(non militaire)* civilian. ◇ *nm, f* civilian; **dans le ~** in civilian life; **policier en ~** plain-clothes policeman (*f* policewoman); **soldat en ~** soldier in civilian clothes.
civilement [sivilmɑ̃] *adv*: **se marier ~** to get married at a registry office.
civilisation [sivilizasjɔ̃] *nf* civilization.
civilisé, -e [sivilize] *adj* civilized.
civiliser [sivilize] *vt* to civilize.
civique [sivik] *adj* civic; **instruction ~** civics *(U)*.
civisme [sivism] *nm* sense of civic responsibility.
cl (*abr de* **centilitre**) cl.
clair, -e [klɛr] *adj* 1. *(gén)* clear; **c'est ~ et net** there's no two ways about it. 2. *(lumineux)* bright. 3. *(couleur, teint)* light; *(tissu, cheveux)* light-coloured. ♦ **clair** ◇ *adv*: **voir ~ (dans qqch)** *fig* to have a clear understanding (of sthg). ◇ *nm*: **mettre** OU **tirer qqch au ~** to shed light upon sthg. ♦ **clair de lune** (*pl* **clairs de lune**) *nm* moonlight *(U)*. ♦ **en clair** *loc adv* (TÉLÉ) unscrambled *(esp of a private TV channel)*.
clairement [klɛrmɑ̃] *adv* clearly.
claire-voie [klɛrvwa] ♦ **à claire-voie** *loc adv* openwork (*avant n*).
clairière [klɛrjɛr] *nf* clearing.
clairon [klɛrɔ̃] *nm* bugle.
claironner [klɛrɔne] *vt fig (crier)*: **~ qqch** to shout sthg from the rooftops.
clairsemé, -e [klɛrsəme] *adj (cheveux)* thin; *(arbres)* scattered; *(population)* sparse.
clairvoyant, -e [klɛrvwajɑ̃, ɑ̃t] *adj* perceptive.

clamer [klame] *vt* to proclaim.
clameur [klamœr] *nf* clamour.
clan [klɑ̃] *nm* clan.
clandestin, -e [klɑ̃dɛstɛ̃, in] ◇ *adj* *(journal, commerce)* clandestine; *(activité)* covert. ◇ *nm, f (étranger)* illegal immigrant OU alien; *(voyageur)* stowaway.
clapier [klapje] *nm (à lapins)* hutch.
clapoter [klapɔte] *vi (vagues)* to lap.
claquage [klakaʒ] *nm* (MÉD) strain; **se faire un ~** to pull OU to strain a muscle.
claque [klak] *nf* **1.** *(gifle)* slap. **2.** (THÉÂTRE) claque.
claquer [klake] ◇ *vt* **1.** *(fermer)* to slam. **2. faire ~** *(langue)* to click; *(doigts)* to snap; *(fouet)* to crack. **3.** *fam (gifler)* to slap. **4.** *fam (dépenser)* to blow. ◇ *vi* *(porte, volet)* to bang.
claquettes [klakɛt] *nfpl (danse)* tap dancing *(U)*.
clarifier [klarifje] *vt litt & fig* to clarify.
clarinette [klarinɛt] *nf* clarinet.
clarté [klarte] *nf* **1.** *(lumière)* brightness. **2.** *(netteté)* clarity.
classe [klas] *nf* **1.** *(gén)* class; **~ touriste** economy class. **2.** (SCOL): **aller en ~** to go to school; **~ de neige** skiing trip *(with school)*; **~ verte** field trip *(with school)*. **3.** (MIL) rank. **4.** *loc*: **faire ses ~s** (MIL) to do one's training.
classé, -e [klase] *adj (monument)* listed.
classement [klasmɑ̃] *nm* **1.** *(rangement)* filing. **2.** *(classification)* classification. **3.** *(rang* - SCOL) position; (- SPORT) placing. **4.** *(liste* - SCOL) class list; (- SPORT) final placings *(pl)*.
classer [klase] *vt* **1.** *(ranger)* to file. **2.** *(plantes, animaux)* to classify. **3.** *(cataloguer)*: **~ qqn (parmi)** to label sb (as). **4.** *(attribuer un rang à)* to rank. ◆ **se classer** *vp* to be classed, to rank; **se ~ troisième** to come third.
classeur [klasœr] *nm* **1.** *(meuble)* filing cabinet. **2.** *(d'écolier)* ring binder.
classification [klasifikasjɔ̃] *nf* classification.
classique [klasik] ◇ *nm* **1.** *(auteur)* classical author. **2.** *(œuvre)* classic. ◇ *adj* **1.** (ART & MUS) classical. **2.** *(sobre)* classic. **3.** *(habituel)* classic; **ça c'est l'histoire ~!** it's the usual story!
clause [kloz] *nf* clause.
claustrophobie [klostrɔfɔbi] *nf* claustrophobia.
clavecin [klavsɛ̃] *nm* harpsichord.
clavicule [klavikyl] *nf* collarbone.
clavier [klavje] *nm* keyboard.
clé, clef [kle] ◇ *nf* **1.** *(gén)* key; **la ~ du mystère** the key to the mystery; **mettre qqn/qqch sous ~** to lock sb/sthg up; **~ de contact** (AUTOM) ignition key. **2.** *(outil)*: **~ anglaise** OU **à molette** adjustable spanner *Br* OU wrench *Am*, monkey wrench. **3.** (MUS) *(signe)* clef; **~ de sol/fa** treble/bass clef. ◇ *adj*: **industrie/rôle ~** key industry/role. ◆ **clé de voûte** *nf litt & fig* keystone.
clément, -e [klemɑ̃, ɑ̃t] *adj* **1.** *(indulgent)* lenient. **2.** *fig (température)* mild.
clémentine [klemɑ̃tin] *nf* clementine.
cleptomane = **kleptomane**.
clerc [klɛr] *nm (assistant)* clerk.
clergé [klɛrʒe] *nm* clergy.
cliché [kliʃe] *nm* **1.** (PHOT) negative. **2.** *(banalité)* cliché.
client, -e [kliɑ̃, ɑ̃t] *nm, f* **1.** *(de notaire, d'agence)* client; *(de médecin)* patient. **2.** *(acheteur)* customer. **3.** *(habitué)* regular (customer).
clientèle [kliɑ̃tɛl] *nf (clients)* customers *(pl)*; *(de profession libérale)* clientele.
cligner [kliɲe] *vi*: **~ de l'œil** to wink; **~ des yeux** to blink.
clignotant, -e [kliɲɔtɑ̃, ɑ̃t] *adj* *(lumière)* flickering. ◆ **clignotant** *nm* (AUTOM) indicator.
clignoter [kliɲɔte] *vi* **1.** *(yeux)* to blink. **2.** *(lumière)* to flicker.
climat [klima] *nm litt & fig* climate.
climatisation [klimatizasjɔ̃] *nf* air-conditioning.
climatisé, -e [klimatize] *adj* air-conditioned.
clin [klɛ̃] ◆ **clin d'œil** *nm*: **faire un ~ d'œil (à)** to wink (at); **en un ~ d'œil** in a flash.
clinique [klinik] ◇ *nf* clinic. ◇ *adj* clinical.
clip [klip] *nm* **1.** *(vidéo)* pop video. **2.** *(boucle d'oreilles)* clip-on earring.
cliquer [klike] *vi* (INFORM) to click.
cliqueter [klikte] *vi* **1.** *(pièces, clés)* to jingle, to jangle. **2.** *(verres)* to clink.
clivage [klivaʒ] *nm fig* division.
clochard, -e [klɔʃar, ard] *nm, f* tramp.
cloche [klɔʃ] ◇ *nf* **1.** *(d'église)* bell. **2.** *fam (idiot)* idiot, clot *Br*. ◇ *adj fam*: **ce qu'elle peut être ~, celle-là!** she can be a right idiot!
cloche-pied [klɔʃpje] ◆ **à cloche-pied** *loc adv* hopping; **sauter à ~** to hop.
clocher [klɔʃe] *nm* church tower.
clochette [klɔʃɛt] *nf* **1.** *(petite cloche)* (little) bell. **2.** *(de fleur)* bell.
clodo [klɔdo] *nmf fam* tramp.

cloison [klwazɔ̃] *nf (mur)* partition.
cloisonner [klwazɔne] *vt (pièce)* to partition (off); *fig* to compartmentalize.
cloître [klwatr] *nm* cloister.
clopiner [klɔpine] *vi* to hobble along.
cloporte [klɔpɔrt] *nm* woodlouse.
cloque [klɔk] *nf* blister.
clore [klɔr] *vt* to close; *(négociations)* to conclude.
clos, -e [klo, kloz] ◇ *pp* → **clore**. ◇ *adj* closed.
clôture [klotyr] *nf* 1. *(haie)* hedge; *(de fil de fer)* fence. 2. *(fermeture)* closing, closure. 3. *(fin)* end, conclusion.
clôturer [klotyre] *vt* 1. *(terrain)* to enclose. 2. *(négociation)* to close, to conclude.
clou [klu] *nm* 1. *(pointe)* nail; **~ de girofle** (CULIN) clove. 2. *(attraction)* highlight.
clouer [klue] *vt (couvercle, planche)* to nail (down); *(tableau, caisse)* to nail (up); *fig (immobiliser)*: **rester cloué sur place** to be rooted to the spot.
clouté, -e [klute] *adj (vêtement)* studded.
clown [klun] *nm* clown; **faire le ~** to clown around, to act the fool.
club [klœb] *nm* club.
cm *(abr de* **centimètre**) cm.
CM *nm (abr de* **cours moyen**): **~1** *fourth year of primary school;* **~2** *fifth year of primary school.*
CNAM [knam] *(abr de* **Conservatoire national des arts et métiers**) *nm science and technology school in Paris.*
CNRS *(abr de* **Centre national de la recherche scientifique**) *nm national scientific research organization.*
coaguler [kɔagyle] *vi* 1. *(sang)* to clot. 2. *(lait)* to curdle.
coalition [kɔalisjɔ̃] *nf* coalition.
coasser [kɔase] *vi (grenouille)* to croak.
cobaye [kɔbaj] *nm litt & fig* guinea pig.
cobra [kɔbra] *nm* cobra.
Coca® [kɔka] *nm (boisson)* Coke®.
cocaïne [kɔkain] *nf* cocaine.
cocaïnomane [kokainɔman] *nmf* cocaine addict.
cocarde [kɔkard] *nf* 1. *(insigne)* roundel. 2. *(distinction)* rosette.
cocasse [kɔkas] *adj* funny.
coccinelle [kɔksinɛl] *nf* 1. *(insecte)* ladybird *Br*, ladybug *Am*. 2. *(voiture)* Beetle.
coccyx [kɔksis] *nm* coccyx.
cocher[1] [kɔʃe] *nm* coachman.
cocher[2] [kɔʃe] *vt* to tick (off) *Br*, to check (off) *Am*.
cochon, -onne [kɔʃɔ̃, ɔn] ◇ *adj* dirty, smutty. ◇ *nm, f fam péj* pig; **un tour de ~** a dirty trick. ♦ **cochon** *nm* pig.
cochonnerie [kɔʃɔnri] *nf fam* 1. *(nourriture)* muck *(U)*. 2. *(chose)* rubbish *(U)*. 3. *(saleté)* mess *(U)*. 4. *(obscénité)* dirty joke, smut *(U)*.
cochonnet [kɔʃɔnɛ] *nm* (JEU) jack.
cocktail [kɔktɛl] *nm* 1. *(réception)* cocktail party. 2. *(boisson)* cocktail. 3. *fig (mélange)* mixture.
coco [kɔko] *nm* 1. → noix. 2. *péj (communiste)* commie.
cocon [kɔkɔ̃] *nm* (ZOOL *& fig)* cocoon.
cocorico [kɔkɔriko] *nm (du coq)* cock-a-doodle-doo.
cocotier [kɔkɔtje] *nm* coconut tree.
cocotte [kɔkɔt] *nf* 1. *(marmite)* casserole (dish). 2. *(poule)* hen. 3. *péj (courtisane)* tart.
Cocotte-Minute® [kɔkɔtminyt] *nf* pressure cooker.
cocu, -e [kɔky] *nm, f & adj fam* cuckold.
code [kɔd] *nm* 1. *(gén)* code; **~ barres** bar code; **~ pénal** penal code; **~ postal** postcode *Br*, zip code *Am*; **~ de la route** highway code; **~ secret** *(pour carte de crédit)* PIN number. 2. *(phares)* dipped headlights *(pl)*.
coder [kɔde] *vt* to code.
coefficient [kɔefisjɑ̃] *nm* coefficient.
coéquipier, -ère [kɔekipje, ɛr] *nm, f* teammate.
cœur [kœr] *nm* heart; **au ~ de l'hiver** in the depths of winter; **au ~ de l'été** at the height of summer; **au ~ du conflit** at the height of the conflict; **de bon ~** willingly; **de tout son ~** with all one's heart; **apprendre par ~** to learn by heart; **avoir bon ~** to be kind-hearted; **avoir mal au ~** to feel sick; **s'en donner à ~ joie** *(prendre beaucoup de plaisir)* to have a whale of a time; **manquer de ~, ne pas avoir de ~** to be heartless; **soulever le ~ à qqn** to make sb feel sick.
coexister [kɔɛgziste] *vi* to coexist.
coffre [kɔfr] *nm* 1. *(meuble)* chest. 2. *(de voiture)* boot *Br*, trunk *Am*. 3. *(coffre-fort)* safe.
coffre-fort [kɔfrəfɔr] *nm* safe.
coffret [kɔfrɛ] *nm* 1. *(petit coffre)* casket; **~ à bijoux** jewellery box. 2. *(de disques)* boxed set.
cogner [kɔɲe] *vi* 1. *(heurter)* to bang. 2. *fam (donner des coups)* to hit. 3. *(soleil)* to beat down. ♦ **se cogner** *vp (se heurter)* to bump o.s.; **se ~ à** OU **contre qqch** to bump into sthg; **se ~ la tête/le genou** to hit one's head/knee.

cohabiter [kɔabite] *vi* 1. *(habiter ensemble)* to live together. 2. (POLIT) to cohabit.

cohérence [kɔerɑ̃s] *nf* consistency, coherence.

cohérent, -e [kɔerɑ̃, ɑ̃t] *adj* 1. *(logique)* consistent, coherent. 2. *(unifié)* coherent.

cohésion [kɔezjɔ̃] *nf* cohesion.

cohorte [koɔrt] *nf (groupe)* troop.

cohue [kɔy] *nf* 1. *(foule)* crowd. 2. *(bousculade)* crush.

coi, coite [kwa, kwat] *adj*: **rester ~** *sout* to remain silent.

coiffe [kwaf] *nf* headdress.

coiffé, -e [kwafe] *adj*: **être bien/mal ~** to have tidy/untidy hair; **être ~ d'une casquette** to be wearing a cap.

coiffer [kwafe] *vt* 1. *(mettre sur la tête)*: **~ qqn de qqch** to put sthg on sb's head. 2. *(les cheveux)*: **~ qqn** to do sb's hair. ◆ **se coiffer** *vp* 1. *(les cheveux)* to do one's hair. 2. *(mettre sur sa tête)*: **se ~ de** to wear, to put on.

coiffeur, -euse [kwafœr, øz] *nm, f* hairdresser. ◆ **coiffeuse** *nf (meuble)* dressing table.

coiffure [kwafyr] *nf* 1. *(chapeau)* hat. 2. *(cheveux)* hairstyle.

coin [kwɛ̃] *nm* 1. *(angle)* corner; **au ~ du feu** by the fireside. 2. *(endroit)* place, spot; **dans le ~** in the area; **un ~ de ciel bleu** a patch of blue sky; **~ cuisine** kitchen area; **le petit ~** *fam* the little boys'/girls' room. 3. *(outil)* wedge.

coincer [kwɛ̃se] *vt* 1. *(bloquer)* to jam. 2. *fam (prendre)* to nab; *fig* to catch out. 3. *(acculer)* to corner, to trap.

coïncidence [kɔɛ̃sidɑ̃s] *nf* coincidence.

coïncider [kɔɛ̃side] *vi* to coincide.

coing [kwɛ̃] *nm (fruit)* quince.

coït [kɔit] *nm* coitus.

col [kɔl] *nm* 1. *(de vêtement)* collar; **~ roulé** polo neck *Br,* turtleneck *Am.* 2. *(partie étroite)* neck. 3. (ANAT): **~ du fémur** neck of the thighbone OU femur; **~ de l'utérus** cervix, neck of the womb. 4. (GÉOGR) pass.

coléoptère [kɔleɔptɛr] *nm* beetle.

colère [kɔlɛr] *nf* 1. *(irritation)* anger; **être/se mettre en ~** to be/get angry. 2. *(accès d'humeur)* fit of anger OU rage; **piquer une ~** to fly into a rage.

coléreux, -euse [kɔlerø, øz], **colérique** [kɔlerik] *adj (tempérament)* fiery; *(personne)* quick-tempered.

colimaçon [kɔlimasɔ̃] ◆ **en colimaçon** *loc adv* spiral.

colique [kɔlik] *nf* 1. *(gén pl) (douleur)* colic *(U)*. 2. *(diarrhée)* diarrhoea.

colis [kɔli] *nm* parcel.

collaborateur, -trice [kɔlabɔratœr, tris] *nm, f* 1. *(employé)* colleague. 2. (HIST) collaborator.

collaboration [kɔlabɔrasjɔ̃] *nf* collaboration.

collaborer [kɔlabɔre] *vi* 1. *(coopérer, sous l'Occupation)* to collaborate. 2. *(participer)*: **~ à** to contribute to.

collant, -e [kɔlɑ̃, ɑ̃t] *adj* 1. *(substance)* sticky. 2. *fam (personne)* clinging, clingy. ◆ **collant** *nm* tights *(pl) Br,* panty hose *(pl) Am.*

colle [kɔl] *nf* 1. *(substance)* glue. 2. *(question)* poser. 3. (SCOL - *interrogation)* test; *(- retenue)* detention.

collecte [kɔlɛkt] *nf* collection.

collectif, -ive [kɔlɛktif, iv] *adj* 1. *(responsabilité, travail)* collective. 2. *(billet, voyage)* group *(avant n)*. ◆ **collectif** *nm* 1. *(équipe)* team. 2. (LING) collective noun. 3. (FIN): **~ budgétaire** collection of budgetary measures.

collection [kɔlɛksjɔ̃] *nf* 1. *(d'objets, de livres, de vêtements)* collection; **faire la ~ de** to collect. 2. (COMM) line.

collectionner [kɔlɛksjɔne] *vt litt & fig* to collect.

collectionneur, -euse [kɔlɛksjɔnœr, øz] *nm, f* collector.

collectivité [kɔlɛktivite] *nf* community; **les ~s locales** (ADMIN) the local communities.

collège [kɔlɛʒ] *nm* 1. (SCOL) ≈ secondary school. 2. *(de personnes)* college.

collégien, -enne [kɔleʒjɛ̃, ɛn] *nm, f* schoolboy (*f* schoolgirl).

collègue [kɔlɛg] *nmf* colleague.

coller [kɔle] ◇ *vt* 1. *(fixer - affiche)* to stick (up); *(- timbre)* to stick. 2. *(appuyer)* to press. 3. *fam (mettre)* to stick, to dump. 4. (SCOL) to give (a) detention to, to keep behind. ◇ *vi* 1. *(adhérer)* to stick. 2. *(être adapté)*: **~ à qqch** *(vêtement)* to cling to sthg; *fig* to fit in with sthg, to adhere to sthg. ◆ **se coller** *vp (se plaquer)*: **se ~ contre qqn/qqch** to press o.s. against sb/sthg.

collerette [kɔlrɛt] *nf (de vêtement)* ruff.

collet [kɔlɛ] *nm* 1. *(de vêtement)* collar; **être ~ monté** *(affecté, guindé)* to be strait-laced. 2. *(piège)* snare.

collier [kɔlje] *nm* 1. *(bijou)* necklace. 2. *(d'animal)* collar.

colline [kɔlin] *nf* hill.

collision [kɔlizjɔ̃] *nf (choc)* collision,

crash; **entrer en ~ avec** to collide with.
colloque [kɔlɔk] *nm* colloquium.
colmater [kɔlmate] *vt* **1.** *(fuite)* to plug, to seal off. **2.** *(brèche)* to fill, to seal.
colombe [kɔlɔ̃b] *nf* dove.
Colombie [kɔlɔ̃bi] *nf*: **la ~** Colombia.
colon [kɔlɔ̃] *nm* settler.
côlon [kolɔ̃] *nm* colon.
colonel [kɔlɔnɛl] *nm* colonel.
colonial, -e, -aux [kɔlɔnjal, o] *adj* colonial.
colonialisme [kɔlɔnjalism] *nm* colonialism.
colonie [kɔlɔni] *nf* **1.** *(territoire)* colony. **2.** *(d'expatriés)* community; **~ de vacances** holiday *Br* OU vacation *Am* camp *(for children)*.
colonisation [kɔlɔnizasjɔ̃] *nf* colonization.
coloniser [kɔlɔnize] *vt litt & fig* to colonize.
colonne [kɔlɔn] *nf* column. ◆ **colonne vertébrale** *nf* spine, spinal column.
colorant, -e [kɔlɔrɑ̃, ɑ̃t] *adj* colouring. ◆ **colorant** *nm* colouring.
colorer [kɔlɔre] *vt (teindre)* to colour.
colorier [kɔlɔrje] *vt* to colour in.
coloris [kɔlɔri] *nm* shade.
coloriser [kɔlɔrize] *vt* to colourize.
colossal, -e, -aux [kɔlɔsal, o] *adj* colossal, huge.
colporter [kɔlpɔrte] *vt (marchandise)* to hawk; *(information)* to spread.
coma [kɔma] *nm* coma; **être dans le ~** to be in a coma.
comateux, -euse [kɔmatø, øz] *adj* comatose.
combat [kɔ̃ba] *nm* **1.** *(bataille)* battle, fight. **2.** *fig (lutte)* struggle. **3.** (SPORT) fight.
combatif, -ive [kɔ̃batif, iv] *adj (humeur)* fighting *(avant n)*; *(troupes)* willing to fight.
combattant, -e [kɔ̃batɑ̃, ɑ̃t] *nm, f (en guerre)* combatant; *(dans bagarre)* fighter; **ancien ~** veteran.
combattre [kɔ̃batr] ◇ *vt litt & fig* to fight (against). ◇ *vi* to fight.
combattu, -e [kɔ̃baty] *pp* → **combattre**.
combien [kɔ̃bjɛ̃] ◇ *conj* how much; **~ de** *(nombre)* how many; *(quantité)* how much; **~ de temps?** how long?; **ça fait ~?** *(prix)* how much is that?; *(longueur, hauteur etc)* how long/high *etc* is it? ◇ *adv* how (much). ◇ *nm inv*: **le ~ sommes-nous?** what date is it?; **tous les ~?** how often?
combinaison [kɔ̃binɛzɔ̃] *nf* **1.** *(d'éléments)* combination. **2.** *(de femme)* slip. **3.** *(vêtement - de mécanicien)* boiler suit *Br*, overalls *(pl) Br*, overall *Am*; *(- de ski)* ski suit. **4.** *(de coffre)* combination.
combine [kɔ̃bin] *nf fam* trick.
combiné [kɔ̃bine] *nm* receiver.
combiner [kɔ̃bine] *vt* **1.** *(arranger)* to combine. **2.** *(organiser)* to devise. ◆ **se combiner** *vp* to turn out.
comble [kɔ̃bl] ◇ *nm* height; **c'est le ~!** that beats everything! ◇ *adj* packed. ◆ **combles** *nmpl* attic *(sg)*, loft *(sg)*.
combler [kɔ̃ble] *vt* **1.** *(gâter)*: **~ qqn de** to shower sb with. **2.** *(boucher)* to fill in. **3.** *(déficit)* to make good; *(lacune)* to fill.
combustible [kɔ̃bystibl] ◇ *nm* fuel. ◇ *adj* combustible.
combustion [kɔ̃bystjɔ̃] *nf* combustion.
comédie [kɔmedi] *nf* **1.** (CIN & THÉÂTRE) comedy; **~ musicale** musical. **2.** *(complication)* palaver.
comédien, -enne [kɔmedjɛ̃, ɛn] *nm, f (acteur)* actor (*f* actress); *fig & péj* sham.
comestible [kɔmɛstibl] *adj* edible.
comète [kɔmɛt] *nf* comet.
comique [kɔmik] ◇ *nm* (THÉÂTRE) comic actor. ◇ *adj* **1.** *(style)* comic. **2.** *(drôle)* comical, funny.
comité [kɔmite] *nm* committee; **~ d'entreprise** works council *(also organizing leisure activities)*.
commandant [kɔmɑ̃dɑ̃] *nm* commander.
commande [kɔmɑ̃d] *nf* **1.** *(de marchandises)* order; **passer une ~** to place an order; **sur ~** to order; **disponible sur ~** available on request. **2.** (TECHNOL) control. **3.** (INFORM) command; **~ numérique** digital control.
commander [kɔmɑ̃de] ◇ *vt* **1.** (MIL) to command. **2.** *(contrôler)* to operate, to control. **3.** (COMM) to order. ◇ *vi* to be in charge; **~ à qqn de faire qqch** to order sb to do sthg.
commanditer [kɔmɑ̃dite] *vt* **1.** *(entreprise)* to finance. **2.** *(meurtre)* to put up the money for.
commando [kɔmɑ̃do] *nm* commando (unit).

---

comme [kɔm] ◇ *conj* **1.** *(introduisant une comparaison)* like; **il sera médecin ~ son père** he'll become a doctor (just) like his father. **2.** *(exprimant la manière)* as; **fais ~ il te plaira** do as you wish; **~ prévu/convenu** as planned/agreed; **~**

bon vous semble as you think best. 3. *(tel que)* like, such as; **les arbres ~ le marronnier** trees such as OU like the chestnut. 4. *(en tant que)* as. 5. *(ainsi que)*: **les filles ~ les garçons iront jouer au foot** both girls and boys will play football; **l'un ~ l'autre sont très gentils** the one is as kind as the other, they are equally kind. 6. *(introduisant une cause)* as, since; **~ il pleuvait nous sommes rentrés** as it was raining we went back. ◇ *adv (marquant l'intensité)* how; **~ tu as grandi!** how you've grown!; **~ c'est difficile!** it's so difficult!

commémoration [kɔmemɔrasjɔ̃] *nf* commemoration.

commémorer [kɔmemɔre] *vt* to commemorate.

commencement [kɔmɑ̃smɑ̃] *nm* beginning, start.

commencer [kɔmɑ̃se] ◇ *vt (entreprendre)* to begin, to start; *(être au début de)* to begin. ◇ *vi* to start, to begin; **~ à faire qqch** to begin OU start to do sthg, to begin OU start doing sthg; **~ par faire qqch** to begin OU start by doing sthg.

comment [kɔmɑ̃] ◇ *adv* how; **~?** what?; **~ ça va?** how are you?; **~ cela?** how come? ◇ *nm inv* → **pourquoi**.

> • Attention à ne pas confondre *how is he?* («comment va-t-il?»; réponse: *he's fine* = il va bien) et *what's he like?* («il est comment?»; réponse: *he's tall and good-looking* = il est grand et beau).

commentaire [kɔmɑ̃tɛr] *nm* 1. *(explication)* commentary. 2. *(observation)* comment.

commentateur, -trice [kɔmɑ̃tatœr, tris] *nm, f* (RADIO & TÉLÉ) commentator.

commenter [kɔmɑ̃te] *vt* to comment on.

commérage [kɔmeraʒ] *nm péj* gossip *(U)*.

commerçant, -e [kɔmɛrsɑ̃, ɑ̃t] ◇ *adj (rue)* shopping *(avant n)*; *(quartier)* commercial; *(personne)* business-minded. ◇ *nm, f* shopkeeper.

commerce [kɔmɛrs] *nm* 1. *(achat et vente)* commerce, trade; **~ de gros/détail** wholesale/retail trade; **~ extérieur** foreign trade. 2. *(magasin)* business; **le petit ~** small shopkeepers *(pl)*.

commercial, -e, -aux [kɔmɛrsjal, o] ◇ *adj (entreprise, valeur)* commercial; *(politique)* trade *(avant n)*. ◇ *nm, f* marketing man (*f* woman).

commercialiser [kɔmɛrsjalize] *vt* to market.

commère [kɔmɛr] *nf péj* gossip.

commettre [kɔmɛtr] *vt* to commit.

commis, -e [kɔmi, iz] *pp* → **commettre**. ◆ **commis** *nm* assistant; **~ voyageur** commercial traveller.

commisération [kɔmizerasjɔ̃] *nf sout* commiseration.

commissaire [kɔmisɛr] *nm* commissioner; **~ de police** (police) superintendent *Br*, (police) captain *Am*.

commissaire-priseur [kɔmisɛrprizœr] *nm* auctioneer.

commissariat [kɔmisarja] *nm*: **~ de police** police station.

commission [kɔmisjɔ̃] *nf* 1. *(comité)* commission, committee. 2. *(message)* message. 3. *(rémunération)* commission. ◆ **commissions** *nfpl* shopping *(U)*; **faire les ~s** to do the shopping.

commissure [kɔmisyr] *nf*: **la ~ des lèvres** the corner of the mouth.

commode [kɔmɔd] ◇ *nf* chest of drawers. ◇ *adj* 1. *(système)* convenient; *(outil)* handy. 2. *(aimable)*: **pas ~** awkward.

commodité [kɔmɔdite] *nf* convenience.

commotion [kɔmosjɔ̃] *nf* (MÉD) shock; **~ cérébrale** concussion.

commun, -e [kɔmœ̃, yn] *adj* 1. *(gén)* common; *(- décision, effort)* joint; *(- salle)* shared; **avoir qqch en ~** to have sthg in common; **faire qqch en ~** to do sthg together. 2. *(courant)* usual, common. ◆ **commune** *nf* town.

communal, -e, -aux [kɔmynal, o] *adj (école)* local; *(bâtiments)* council *(avant n)*.

communauté [kɔmynote] *nf* 1. *(groupe)* community. 2. *(d'idées)* identity. 3. (POL): **la Communauté européenne** the European Community.

commune → **commun**.

communément [kɔmynemɑ̃] *adv* commonly.

communiant, -e [kɔmynjɑ̃, ɑ̃t] *nm, f* communicant; **premier ~** *child taking first communion*.

communication [kɔmynikasjɔ̃] *nf* 1. *(gén)* communication. 2. (TÉLÉCOM): **~ (téléphonique)** (phone) call; **être en ~ avec qqn** to be talking to sb; **obtenir la ~** to get through; **recevoir/prendre une ~** to receive/take a (phone) call; **~ interurbaine** long-distance (phone) call.

communier [kɔmynje] *vi* (RELIG) to take communion.

communion [kɔmynjɔ̃] *nf* (RELIG) communion.

communiqué [kɔmynike] *nm* communiqué; **~ de presse** press release.
communiquer [kɔmynike] *vt*: **~ qqch à** *(information, sentiment)* to pass on OU communicate sthg to; *(chaleur)* to transmit sthg to.
communisme [kɔmynism] *nm* communism.
communiste [kɔmynist] *nmf & adj* communist.
commutateur [kɔmytatœr] *nm* switch.
compact, -e [kɔ̃pakt] *adj* **1.** *(épais, dense)* dense. **2.** *(petit)* compact. ◆ **compact** *nm* compact disc, CD.
compagne → **compagnon**.
compagnie [kɔ̃paɲi] *nf* **1.** *(gén &* COMM*)* company; **tenir ~ à qqn** to keep sb company; **en ~ de** in the company of. **2.** *(assemblée)* gathering.
compagnon [kɔ̃paɲɔ̃], **compagne** [kɔ̃paɲ] *nm, f* companion. ◆ **compagnon** *nm* (HIST) journeyman.
comparable [kɔ̃parabl] *adj* comparable.
comparaison [kɔ̃parɛzɔ̃] *nf (parallèle)* comparison; **en ~ de, par ~ avec** compared with, in OU by comparison with.
comparaître [kɔ̃parɛtr] *vi* (JUR): **~ (devant)** to appear (before).
comparatif, -ive [kɔ̃paratif, iv] *adj* comparative.
comparé, -e [kɔ̃pare] *adj* comparative; *(mérites)* relative.
comparer [kɔ̃pare] *vt* **1.** *(confronter)*: **~ (avec)** to compare (with). **2.** *(assimiler)*: **~ qqch à** to compare OU liken sthg to.
comparse [kɔ̃pars] *nmf péj* stooge.
compartiment [kɔ̃partimɑ̃] *nm* compartment.
comparu, -e [kɔ̃pary] *pp* → **comparaître**.
comparution [kɔ̃parysjɔ̃] *nf* (JUR) appearance.
compas [kɔ̃pa] *nm* **1.** *(de dessin)* pair of compasses, compasses *(pl)*. **2.** (NAVIG) compass.
compassion [kɔ̃pasjɔ̃] *nf sout* compassion.
compatible [kɔ̃patibl] *adj*: **~ (avec)** compatible (with).
compatir [kɔ̃patir] *vi*: **~ (à)** to sympathize (with).
compatriote [kɔ̃patrijɔt] *nmf* compatriot, fellow countryman (*f* countrywoman).
compensation [kɔ̃pɑ̃sasjɔ̃] *nf (dédommagement)* compensation.
compensé, -e [kɔ̃pɑ̃se] *adj* built-up.
compenser [kɔ̃pɑ̃se] *vt* to compensate OU make up for.
compétence [kɔ̃petɑ̃s] *nf* **1.** *(qualification)* skill, ability. **2.** (JUR) competence; **cela n'entre pas dans mes ~s** that's outside my scope.
compétent, -e [kɔ̃petɑ̃, ɑ̃t] *adj* **1.** *(capable)* capable, competent. **2.** (ADMIN & JUR) competent; **les autorités ~es** the relevant authorities.
compétitif, -ive [kɔ̃petitif, iv] *adj* competitive.
compétition [kɔ̃petisjɔ̃] *nf* competition; **faire de la ~** to go in for competitive sport.
complainte [kɔ̃plɛ̃t] *nf* lament.
complaisant, -e [kɔ̃plɛzɑ̃, ɑ̃t] *adj* **1.** *(aimable)* obliging, kind. **2.** *(indulgent)* indulgent.
complément [kɔ̃plemɑ̃] *nm* **1.** *(gén &* GRAM*)* complement. **2.** *(reste)* remainder.
complémentaire [kɔ̃plemɑ̃tɛr] *adj* **1.** *(supplémentaire)* supplementary. **2.** *(caractères, couleurs)* complementary.
complet, -ète [kɔ̃plɛ, ɛt] *adj* **1.** *(gén)* complete. **2.** *(plein)* full. ◆ **complet(-veston)** *nm* suit.
complètement [kɔ̃plɛtmɑ̃] *adv* **1.** *(vraiment)* absolutely, totally. **2.** *(entièrement)* completely.
compléter [kɔ̃plete] *vt (gén)* to complete, to complement; *(somme)* to make up.
complexe [kɔ̃plɛks] ◇ *nm* **1.** (PSYCHOL) complex; **~ d'infériorité/de supériorité** inferiority/superiority complex. **2.** *(ensemble)* complex. ◇ *adj* complex, complicated.
complexé, -e [kɔ̃plɛkse] *adj* hung up, mixed up.
complexité [kɔ̃plɛksite] *nf* complexity.
complication [kɔ̃plikasjɔ̃] *nf* intricacy, complexity. ◆ **complications** *nfpl* complications.
complice [kɔ̃plis] ◇ *nmf* accomplice. ◇ *adj (sourire, regard, air)* knowing.
complicité [kɔ̃plisite] *nf* complicity.
compliment [kɔ̃plimɑ̃] *nm* compliment.
complimenter [kɔ̃plimɑ̃te] *vt* to compliment.
compliqué, -e [kɔ̃plike] *adj (problème)* complex, complicated; *(personne)* complicated.
compliquer [kɔ̃plike] *vt* to complicate.

complot [kɔ̃plo] *nm* plot.

comploter [kɔ̃plɔte] *vt & vi litt & fig* to plot.

comportement [kɔ̃pɔrtəmɑ̃] *nm* behaviour.

comportemental, -e, -aux [kɔ̃pɔrtəmɑ̃tal, o] *adj* behavioural.

comporter [kɔ̃pɔrte] *vt* **1.** *(contenir)* to include, to contain. **2.** *(être composé de)* to consist of, to be made up of. ◆ **se comporter** *vp* to behave.

composant, -e [kɔ̃pozɑ̃, ɑ̃t] *adj* constituent, component. ◆ **composant** *nm* component. ◆ **composante** *nf* component.

composé, -e [kɔ̃poze] *adj* compound. ◆ **composé** *nm* **1.** *(mélange)* combination. **2.** (CHIM & LING) compound.

composer [kɔ̃poze] ◇ *vt* **1.** *(constituer)* to make up, to form. **2.** *(musique)* to compose, to write. **3.** *(numéro de téléphone)* to dial. ◇ *vi* to compromise. ◆ **se composer** *vp (être constitué)*: **se ~ de** to be composed of, to be made up of.

composite [kɔ̃pozit] *adj* **1.** *(disparate - mobilier)* assorted, of various types; *(- foule)* heterogeneous. **2.** *(matériau)* composite.

compositeur, -trice [kɔ̃pozitœr, tris] *nm, f* **1.** (MUS) composer. **2.** (TYPO) typesetter.

composition [kɔ̃pozisjɔ̃] *nf* **1.** *(gén)* composition; *(de roman)* writing, composition. **2.** (SCOL) test. **3.** *(caractère)*: **être de bonne ~** to be good-natured.

composter [kɔ̃pɔste] *vt* to date-stamp.

compote [kɔ̃pɔt] *nf* compote; **~ de pommes** stewed apple.

compréhensible [kɔ̃preɑ̃sibl] *adj* *(texte, parole)* comprehensible; *fig (réaction)* understandable.

compréhensif, -ive [kɔ̃preɑ̃sif, iv] *adj* understanding.

compréhension [kɔ̃preɑ̃sjɔ̃] *nf* **1.** *(de texte)* comprehension, understanding. **2.** *(indulgence)* understanding.

comprendre [kɔ̃prɑ̃dr] *vt* **1.** *(gén)* to understand; **je comprends!** I see!; **se faire ~** to make o.s. understood; **mal ~** to misunderstand. **2.** *(comporter)* to comprise, to consist of. **3.** *(inclure)* to include.

compresse [kɔ̃prɛs] *nf* compress.

compresseur [kɔ̃presœr] → **rouleau**.

compression [kɔ̃presjɔ̃] *nf* *(de gaz)* compression; *fig* cutback, reduction.

comprimé, -e [kɔ̃prime] *adj* compressed. ◆ **comprimé** *nm* tablet; **~ effervescent** effervescent tablet.

comprimer [kɔ̃prime] *vt* **1.** *(gaz, vapeur)* to compress. **2.** *(personnes)*: **être comprimés dans** to be packed into.

compris, -e [kɔ̃pri, iz] ◇ *pp* → **comprendre**. ◇ *adj* **1.** *(situé)* lying, contained. **2.** *(inclus)* included; **non ~** not included; **tout ~** all inclusive, all in; **y ~** including.

compromettre [kɔ̃prɔmɛtr] *vt* to compromise.

compromis, -e [kɔ̃prɔmi, iz] *pp* → **compromettre**. ◆ **compromis** *nm* compromise.

compromission [kɔ̃prɔmisjɔ̃] *nf péj* base action.

comptabilité [kɔ̃tabilite] *nf* *(comptes)* accounts (*pl*); *(service)*: **la ~** accounts, the accounts department.

comptable [kɔ̃tabl] *nmf* accountant.

comptant [kɔ̃tɑ̃] *adv*: **payer** OU **régler ~** to pay cash. ◆ **au comptant** *loc adv*: **payer au ~** to pay cash.

compte [kɔ̃t] *nm* **1.** *(action)* count, counting (*U*); *(total)* number; **~ à rebours** countdown. **2.** (BANQUE, COMM & COMPTABILITÉ) account; **ouvrir un ~** to open an account; **~ bancaire** OU **en banque** bank account; **~ courant** current account, checking account *Am*; **~ créditeur** account in credit; **~ débiteur** overdrawn account; **~ de dépôt** deposit account; **~ d'épargne** savings account; **~ d'exploitation** operating account; **~ postal** post office account. **3.** *loc*: **avoir son ~** to have had enough; **être/se mettre à son ~** to be/become self-employed; **prendre qqch en ~, tenir ~ de qqch** to take sthg into account; **se rendre ~ de qqch** to realize sthg; **s'en tirer à bon ~** to get off lightly; **tout ~ fait** all things considered. ◆ **comptes** *nmpl* accounts; **faire ses ~s** to do one's accounts.

compte-chèques, compte chèques [kɔ̃tʃɛk] *nm* current account, checking account *Am*.

compte-gouttes [kɔ̃tgut] *nm inv* dropper.

compter [kɔ̃te] ◇ *vt* **1.** *(dénombrer)* to count. **2.** *(avoir l'intention de)*: **~ faire qqch** to intend to do sthg, to plan to do sthg. ◇ *vi* **1.** *(calculer)* to count. **2.** *(être important)* to count, to matter; **~ pour** to count for. **3. ~ sur** *(se fier à)* to rely OU count on. ◆ **sans compter que** *loc conj* besides which.

compte rendu, compte-rendu [kɔ̃trɑ̃dy] *nm* report, account.

compteur [kɔ̃tœr] *nm* meter.
comptine [kɔ̃tin] *nf* nursery rhyme.
comptoir [kɔ̃twar] *nm* 1. *(de bar)* bar; *(de magasin)* counter. 2. (HIST) trading post. 3. *Helv (foire)* trade fair.
compulser [kɔ̃pylse] *vt* to consult.
comte [kɔ̃t] *nm* count.
comtesse [kɔ̃tɛs] *nf* countess.
con, conne [kɔ̃, kɔn] *tfam* ◇ *adj* bloody *Br* OU damned stupid. ◇ *nm, f* stupid bastard (*f* bitch).
concave [kɔ̃kav] *adj* concave.
concéder [kɔ̃sede] *vt*: ~ **qqch à** *(droit, terrain)* to grant sthg to; *(point, victoire)* to concede sthg to; ~ **que** to admit (that), to concede (that).
concentration [kɔ̃sɑ̃trasjɔ̃] *nf* concentration.
concentré, -e [kɔ̃sɑ̃tre] *adj* 1. *(gén)* concentrated. 2. *(personne)*: **elle était très ~e** she was concentrating hard. 3. → lait. ◆ **concentré** *nm* concentrate.
concentrer [kɔ̃sɑ̃tre] *vt* to concentrate. ◆ **se concentrer** *vp* 1. *(se rassembler)* to be concentrated. 2. *(personne)* to concentrate.
concentrique [kɔ̃sɑ̃trik] *adj* concentric.
concept [kɔ̃sɛpt] *nm* concept.
conception [kɔ̃sɛpsjɔ̃] *nf* 1. *(gén)* conception. 2. *(d'un produit, d'une campagne)* design, designing *(U)*.
concernant [kɔ̃sɛrnɑ̃] *prép* regarding, concerning.
concerner [kɔ̃sɛrne] *vt* to concern; **être/se sentir concerné par qqch** to be/feel concerned by sthg; **en ce qui me concerne** as far as I'm concerned.
concert [kɔ̃sɛr] *nm* (MUS) concert.
concertation [kɔ̃sɛrtasjɔ̃] *nf* consultation.
concerter [kɔ̃sɛrte] *vt* *(organiser)* to devise (jointly). ◆ **se concerter** *vp* to consult (each other).
concerto [kɔ̃sɛrto] *nm* concerto.
concession [kɔ̃sesjɔ̃] *nf* 1. *(compromis & GRAM)* concession. 2. *(autorisation)* rights *(pl)*, concession.
concessionnaire [kɔ̃sesjɔnɛr] *nmf* 1. *(automobile)* (car) dealer. 2. *(qui possède une franchise)* franchise holder.
concevable [kɔ̃səvabl] *adj* conceivable.
concevoir [kɔ̃səvwar] *vt* 1. *(enfant, projet)* to conceive. 2. *(comprendre)* to conceive of; **je ne peux pas ~ comment/pourquoi** I cannot conceive how/why.
concierge [kɔ̃sjɛrʒ] *nmf* caretaker, concierge.
conciliation [kɔ̃siljasjɔ̃] *nf* 1. *(règlement d'un conflit)* reconciliation, reconciling. 2. *(accord & JUR)* conciliation.
concilier [kɔ̃silje] *vt* *(mettre d'accord, allier)* to reconcile; ~ **qqch et** OU **avec qqch** to reconcile sthg with sthg.
concis, -e [kɔ̃si, iz] *adj* *(style, discours)* concise; *(personne)* terse.
concision [kɔ̃sizjɔ̃] *nf* conciseness, concision.
concitoyen, -enne [kɔ̃sitwajɛ̃, ɛn] *nm, f* fellow citizen.
conclu, -e [kɔ̃kly] *pp* → **conclure**.
concluant, -e [kɔ̃klyɑ̃, ɑ̃t] *adj* *(convaincant)* conclusive.
conclure [kɔ̃klyr] ◇ *vt* to conclude; **en ~ que** to deduce (that). ◇ *vi*: **~ à qqch**: **les experts ont conclu à la folie** the experts concluded he/she was mad.
conclusion [kɔ̃klyzjɔ̃] *nf* 1. *(gén)* conclusion. 2. *(partie finale)* close.
concombre [kɔ̃kɔ̃br] *nm* cucumber.
concordance [kɔ̃kɔrdɑ̃s] *nf* agreement; ~ **des temps** sequence of tenses.
concorder [kɔ̃kɔrde] *vi* 1. *(coïncider)* to agree, to coincide. 2. *(être en accord)*: ~ **(avec)** to be in accordance (with).
concourir [kɔ̃kurir] *vi* 1. *(contribuer)*: ~ **à** to work towards. 2. *(participer à un concours)* to compete.
concours [kɔ̃kur] *nm* 1. *(examen)* competitive examination. 2. *(compétition)* competition, contest. 3. *(coïncidence)*: ~ **de circonstances** combination of circumstances.
concret, -ète [kɔ̃krɛ, ɛt] *adj* concrete.
concrétiser [kɔ̃kretize] *vt* *(projet)* to give shape to; *(espoir)* to give solid form to. ◆ **se concrétiser** *vp* *(projet)* to take shape; *(espoir)* to materialize.
conçu, -e [kɔ̃sy] *pp* → **concevoir**.
concubinage [kɔ̃kybinaʒ] *nm* living together, cohabitation.
concupiscent, -e [kɔ̃kypisɑ̃, ɑ̃t] *adj* concupiscent.
concurremment [kɔ̃kyramɑ̃] *adv* jointly.
concurrence [kɔ̃kyrɑ̃s] *nf* 1. *(rivalité)* rivalry. 2. (ÉCON) competition.
concurrent, -e [kɔ̃kyrɑ̃, ɑ̃t] ◇ *adj* rival, competing. ◇ *nm, f* competitor.
concurrentiel, -elle [kɔ̃kyrɑ̃sjɛl] *adj* competitive.
condamnation [kɔ̃danasjɔ̃] *nf* 1. (JUR) sentence. 2. *(dénonciation)* condemnation.
condamné, -e [kɔ̃dane] *nm, f* convict, prisoner.

condamner [kɔ̃dane] *vt* **1.** (JUR): **~ qqn (à)** to sentence sb (to); **~ qqn à une amende** to fine sb. **2.** *fig (obliger)*: **~ qqn à qqch** to condemn sb to sthg. **3.** *(malade)*: **être condamné** to be terminally ill. **4.** *(interdire)* to forbid. **5.** *(blâmer)* to condemn. **6.** *(fermer)* to fill in, to block up.

condensation [kɔ̃dɑ̃sasjɔ̃] *nf* condensation.

condensé [kɔ̃dɑ̃se] ◇ *nm* summary. ◇ *adj* → **lait.**

condenser [kɔ̃dɑ̃se] *vt* to condense.

condescendant, -e [kɔ̃desɑ̃dɑ̃, ɑ̃t] *adj* condescending.

condiment [kɔ̃dimɑ̃] *nm* condiment.

condisciple [kɔ̃disipl] *nm* fellow student.

condition [kɔ̃disjɔ̃] *nf* **1.** *(gén)* condition; **se mettre en ~** *(physiquement)* to get into shape. **2.** *(place sociale)* station; **la ~ des ouvriers** the workers' lot. ◆ **conditions** *nfpl* **1.** *(circonstances)* conditions; **~s de vie** living conditions; **~s atmosphériques** atmospheric conditions. **2.** *(de paiement)* terms. ◆ **à condition de** *loc prép* providing OU provided (that). ◆ **à condition que** *loc conj (+ subjonctif)* providing OU provided (that). ◆ **sans conditions** ◇ *loc adj* unconditional. ◇ *loc adv* unconditionally.

conditionné, -e [kɔ̃disjɔne] *adj* **1.** *(emballé)*: **~ sous vide** vacuum-packed. **2.** → **air.**

conditionnel, -elle [kɔ̃disjɔnɛl] *adj* conditional. ◆ **conditionnel** *nm* (GRAM) conditional.

conditionnement [kɔ̃disjɔnmɑ̃] *nm* **1.** *(action d'emballer)* packaging, packing. **2.** *(emballage)* package. **3.** (PSYCHOL & TECHNOL) conditioning.

conditionner [kɔ̃disjɔne] *vt* **1.** *(déterminer)* to govern. **2.** (PSYCHOL & TECHNOL) to condition. **3.** *(emballer)* to pack.

condoléances [kɔ̃dɔleɑ̃s] *nfpl* condolences.

conducteur, -trice [kɔ̃dyktœr, tris] ◇ *adj* conductive. ◇ *nm, f* driver. ◆ **conducteur** *nm* (ÉLECTR) conductor.

conduire [kɔ̃dɥir] ◇ *vt* **1.** *(voiture, personne)* to drive. **2.** *(transmettre)* to conduct. **3.** *fig (diriger)* to manage. **4.** *fig (à la ruine, au désespoir)*: **~ qqn à qqch** to drive sb to sthg. ◇ *vi* **1.** (AUTOM) to drive. **2.** *(mener)*: **~ à** to lead to. ◆ **se conduire** *vp* to behave.

conduit, -e [kɔ̃dɥi, it] *pp* → **conduire.** ◆ **conduit** *nm* **1.** *(tuyau)* conduit, pipe. **2.** (ANAT) duct, canal. ◆ **conduite** *nf* **1.** *(pilotage)* driving; **~e à droite/gauche** right-hand/left-hand drive. **2.** *(attitude)* behaviour *(U)*. **3.** *(tuyau)*: **~e de gaz/d'eau** gas/water main, gas/water pipe.

cône [kon] *nm* (GÉOM) cone.

confection [kɔ̃fɛksjɔ̃] *nf* **1.** *(réalisation)* making. **2.** *(industrie)* clothing industry.

confectionner [kɔ̃fɛksjɔne] *vt* to make.

confédération [kɔ̃federasjɔ̃] *nf* **1.** *(d'états)* confederacy. **2.** *(d'associations)* confederation.

conférence [kɔ̃ferɑ̃s] *nf* **1.** *(exposé)* lecture. **2.** *(réunion)* conference; **~ de presse** press conference.

conférencier, -ère [kɔ̃ferɑ̃sje, ɛr] *nm, f* lecturer.

conférer [kɔ̃fere] *vt (accorder)*: **~ qqch à qqn** to confer sthg on sb.

confesser [kɔ̃fese] *vt* **1.** *(avouer)* to confess. **2.** (RELIG): **~ qqn** to hear sb's confession. ◆ **se confesser** *vp* to go to confession.

confession [kɔ̃fesjɔ̃] *nf* confession.

confessionnal, -aux [kɔ̃fesjɔnal, o] *nm* confessional.

confetti [kɔ̃feti] *nm* confetti *(U)*.

confiance [kɔ̃fjɑ̃s] *nf* confidence; **avoir ~ en** to have confidence OU faith in; **avoir ~ en soi** to be self-confident; **en toute ~** with complete confidence; **de ~** trustworthy; **faire ~ à qqn/qqch** to trust sb/sthg.

confiant, -e [kɔ̃fjɑ̃, ɑ̃t] *adj* trusting.

confidence [kɔ̃fidɑ̃s] *nf* confidence.

confident, -e [kɔ̃fidɑ̃, ɑ̃t] *nm, f* confidant (*f* confidante).

confidentiel, -elle [kɔ̃fidɑ̃sjɛl] *adj* confidential.

confier [kɔ̃fje] *vt* **1.** *(donner)*: **~ qqn/qqch à qqn** to entrust sb/sthg to sb. **2.** *(dire)*: **~ qqch à qqn** to confide sthg to sb. ◆ **se confier** *vp*: **se ~ à qqn** to confide in sb.

confiné, -e [kɔ̃fine] *adj* **1.** *(air)* stale; *(atmosphère)* enclosed. **2.** *(enfermé)* shut away.

confins [kɔ̃fɛ̃] *nmpl*: **aux ~ de** on the borders of.

confirmation [kɔ̃firmasjɔ̃] *nf* confirmation.

confirmer [kɔ̃firme] *vt* to confirm. ◆ **se confirmer** *vp* to be confirmed.

confiscation [kɔ̃fiskasjɔ̃] *nf* confiscation.

confiserie [kɔ̃fizri] *nf* **1.** *(magasin)* sweet shop *Br*, candy store *Am*, confectioner's. **2.** *(sucreries)* sweets (*pl*) *Br*,

candy *(U) Am*, confectionery *(U)*.
confiseur, -euse [kɔ̃fizœr, øz] *nm, f* confectioner.
confisquer [kɔ̃fiske] *vt* to confiscate.
confiture [kɔ̃fityr] *nf* jam.
conflit [kɔ̃fli] *nm* **1.** *(situation tendue)* clash, conflict. **2.** *(entre États)* conflict.
confondre [kɔ̃fɔ̃dr] *vt* **1.** *(ne pas distinguer)* to confuse. **2.** *(accusé)* to confound. **3.** *(stupéfier)* to astound.
confondu, -e [kɔ̃fɔ̃dy] *pp* → **confondre**.
conformation [kɔ̃fɔrmasjɔ̃] *nf* structure.
conforme [kɔ̃fɔrm] *adj*: **~ à** in accordance with.
conformément [kɔ̃fɔrmemɑ̃] ◆ **conformément à** *loc prép* in accordance with.
conformer [kɔ̃fɔrme] *vt*: **~ qqch à** to shape sthg according to. ◆ **se conformer** *vp*: **se ~ à** *(s'adapter)* to conform to; *(obéir)* to comply with.
conformiste [kɔ̃fɔrmist] ◇ *nmf* conformist. ◇ *adj* **1.** *(traditionaliste)* conformist. **2.** *(Anglican)* Anglican.
conformité [kɔ̃fɔrmite] *nf (accord)*: **être en ~ avec** to be in accordance with.
confort [kɔ̃fɔr] *nm* comfort; **tout ~** with all mod cons *Br*, with all modern conveniences *Am*.
confortable [kɔ̃fɔrtabl] *adj* comfortable.
confrère, consœur [kɔ̃frɛr, kɔ̃sœr] *nm, f* colleague.
confrontation [kɔ̃frɔ̃tasjɔ̃] *nf (face à face)* confrontation.
confronter [kɔ̃frɔ̃te] *vt (mettre face à face)* to confront; *fig*: **être confronté à** to be confronted OU faced with.
confus, -e [kɔ̃fy, yz] *adj* **1.** *(embrouillé)* confused. **2.** *(gêné)* embarrassed.
confusion [kɔ̃fyzjɔ̃] *nf* **1.** *(gén)* confusion. **2.** *(embarras)* confusion, embarrassment.
congé [kɔ̃ʒe] *nm* **1.** *(arrêt de travail)* leave *(U)*; **~ (de) maladie** sick leave; **~ de maternité** maternity leave. **2.** *(vacances)* holiday *Br*, vacation *Am*; **en ~** on holiday; **~s payés** paid holiday *(U)* OU holidays OU leave *(U) Br*, paid vacation *Am*; **une journée/semaine de ~** a day/week off. **3.** *(renvoi)* notice; **donner son ~ à qqn** to give sb his/her notice; **prendre ~ (de qqn)** *sout* to take one's leave (of sb).
congédier [kɔ̃ʒedje] *vt* to dismiss.
congé-formation [kɔ̃ʒefɔrmasjɔ̃] (*pl* **congés-formation**) *nm* training leave.
congélateur [kɔ̃ʒelatœr] *nm* freezer.
congeler [kɔ̃ʒle] *vt* to freeze.
congénital, -e, -aux [kɔ̃ʒenital, o] *adj* congenital.
congère [kɔ̃ʒɛr] *nf* snowdrift.
congestion [kɔ̃ʒɛstjɔ̃] *nf* congestion; **~ pulmonaire** pulmonary congestion.
Congo [kɔ̃go] *nm*: **le ~** the Congo.
congratuler [kɔ̃gratyle] *vt* to congratulate.
congrégation [kɔ̃gregasjɔ̃] *nf* congregation.
congrès [kɔ̃grɛ] *nm* assembly.
conifère [kɔnifɛr] *nm* conifer.
conjecture [kɔ̃ʒɛktyr] *nf* conjecture.
conjecturer [kɔ̃ʒɛktyre] *vt & vi* to conjecture.
conjoint, -e [kɔ̃ʒwɛ̃, ɛ̃t] ◇ *adj* joint. ◇ *nm, f* spouse.
conjonction [kɔ̃ʒɔ̃ksjɔ̃] *nf* conjunction.
conjonctivite [kɔ̃ʒɔ̃ktivit] *nf* conjunctivitis *(U)*.
conjoncture [kɔ̃ʒɔ̃ktyr] *nf* (ÉCON) situation, circumstances *(pl)*.
conjugaison [kɔ̃ʒygɛzɔ̃] *nf* **1.** *(union)* uniting. **2.** (GRAM) conjugation.
conjugal, -e, -aux [kɔ̃ʒygal, o] *adj* conjugal.
conjuguer [kɔ̃ʒyge] *vt* **1.** *(unir)* to combine. **2.** (GRAM) to conjugate.
conjuration [kɔ̃ʒyrasjɔ̃] *nf* **1.** *(complot)* conspiracy. **2.** *(exorcisme)* exorcism.
connaissance [kɔnɛsɑ̃s] *nf* **1.** *(savoir)* knowledge *(U)*; **à ma ~** to (the best of) my knowledge; **en ~ de cause** with full knowledge of the facts; **prendre ~ de qqch** to study sthg, to examine sthg. **2.** *(personne)* acquaintance; **faire ~ (avec qqn)** to become acquainted (with sb); **faire la ~ de** to meet. **3.** *(conscience)*: **perdre/reprendre ~** to lose/regain consciousness.
connaisseur, -euse [kɔnɛsœr, øz] ◇ *adj* expert *(avant n)*. ◇ *nm, f* connoisseur.
connaître [kɔnɛtr] *vt* **1.** *(gén)* to know; **~ qqn de nom/de vue** to know sb by name/sight. **2.** *(éprouver)* to experience. ◆ **se connaître** *vp* **1. s'y ~ en** *(être expert)* to know about; **il s'y connaît** he knows what he's talking about/doing. **2.** *(soi-même)* to know o.s. **3.** *(se rencontrer)* to meet (each other); **ils se connaissent** they've met (each other).
connecter [kɔnɛkte] *vt* to connect.
connexion [kɔnɛksjɔ̃] *nf* connection.
connu, -e [kɔny] ◇ *pp* → **connaître**.

◇ *adj (célèbre)* well-known, famous.

conquérant, -e [kɔ̃kerɑ̃, ɑ̃t] ◇ *adj* conquering. ◇ *nm, f* conqueror.

conquérir [kɔ̃kerir] *vt* to conquer.

conquête [kɔ̃kɛt] *nf* conquest.

conquis, -e [kɔ̃ki, iz] *pp* → **conquérir**.

consacrer [kɔ̃sakre] *vt* **1.** (RELIG) to consecrate. **2.** *(employer)*: **~ qqch à** to devote sthg to. ◆ **se consacrer** *vp*: **se ~ à** to dedicate o.s. to, to devote o.s. to.

conscience [kɔ̃sjɑ̃s] *nf* **1.** *(connaissance)* consciousness; **avoir ~ de qqch** to be aware of sthg. **2.** *(morale)* conscience; **bonne/mauvaise ~** clear/guilty conscience; **~ professionnelle** professional integrity, conscientiousness.

consciencieux, -euse [kɔ̃sjɑ̃sjø, øz] *adj* conscientious.

conscient, -e [kɔ̃sjɑ̃, ɑ̃t] *adj* conscious; **être ~ de qqch** *(connaître)* to be conscious of sthg.

conscription [kɔ̃skripsjɔ̃] *nf* conscription, draft *Am*.

conscrit [kɔ̃skri] *nm* conscript, recruit, draftee *Am*.

consécration [kɔ̃sekrasjɔ̃] *nf* **1.** *(reconnaissance)* recognition; *(de droit, coutume)* establishment. **2.** (RELIG) consecration.

consécutif, -ive [kɔ̃sekytif, iv] *adj* **1.** *(successif & GRAM)* consecutive. **2.** *(résultant)*: **~ à** resulting from.

conseil [kɔ̃sɛj] *nm* **1.** *(avis)* piece of advice, advice *(U)*; **donner un ~** OU **des ~s (à qqn)** to give (sb) advice. **2.** *(personne)*: **~ (en)** consultant (in). **3.** *(assemblée)* council; **~ d'administration** board of directors; **~ de classe** staff meeting; **~ de discipline** disciplinary committee.

conseiller[1] [kɔ̃seje] ◇ *vt* **1.** *(recommander)* to advise; **~ qqch à qqn** to recommend sthg to sb. **2.** *(guider)* to advise, to counsel; **~ à qqn de faire qqch** to advise sb to do sthg.

conseiller[2], **-ère** [kɔ̃seje, ɛr] *nm, f* **1.** *(guide)* counsellor. **2.** *(d'un conseil)* councillor; **~ municipal** town councillor *Br*, city councilman (*f* -woman) *Am*.

consensuel, -elle [kɔ̃sɑ̃sɥɛl] *adj*: **politique ~le** consensus politics.

consentement [kɔ̃sɑ̃tmɑ̃] *nm* consent.

consentir [kɔ̃sɑ̃tir] *vi*: **~ à qqch** to consent to sthg.

conséquence [kɔ̃sekɑ̃s] *nf* consequence, result; **ne pas tirer à ~** to be of no consequence.

conséquent, -e [kɔ̃sekɑ̃, ɑ̃t] *adj* **1.** *(cohérent)* consistent. **2.** *(important)* sizeable, considerable. ◆ **par conséquent** *loc adv* therefore, consequently.

conservateur, -trice [kɔ̃sɛrvatœr, tris] ◇ *adj* conservative. ◇ *nm, f* **1.** (POLIT) conservative. **2.** *(de musée)* curator. ◆ **conservateur** *nm* preservative.

conservation [kɔ̃sɛrvasjɔ̃] *nf* **1.** *(état, entretien)* preservation. **2.** *(d'aliment)* preserving.

conservatoire [kɔ̃sɛrvatwar] *nm* academy; **~ de musique** music college.

conserve [kɔ̃sɛrv] *nf* tinned *Br* OU canned food; **en ~** *(en boîte)* tinned, canned; *(en bocal)* preserved, bottled.

conserver [kɔ̃sɛrve] *vt* **1.** *(garder, entretenir)* to keep. **2.** *(entreposer - en boîte)* to can; *(- en bocal)* to bottle.

considérable [kɔ̃siderabl] *adj* considerable.

considération [kɔ̃siderasjɔ̃] *nf* **1.** *(réflexion, motivation)* consideration; **prendre qqch en ~** to take sthg into consideration. **2.** *(estime)* respect.

considérer [kɔ̃sidere] *vt* to consider; **tout bien considéré** all things considered.

consigne [kɔ̃siɲ] *nf* **1.** *(gén pl) (instruction)* instructions *(pl)*. **2.** *(de gare)* left-luggage office *Br*, checkroom *Am*, baggage room *Am*; **~ automatique** left-luggage lockers *(pl) Br*. **3.** *(somme)* deposit.

consigné, -e [kɔ̃siɲe] *adj* returnable.

consistance [kɔ̃sistɑ̃s] *nf (solidité)* consistency; *fig* substance.

consistant, -e [kɔ̃sistɑ̃, ɑ̃t] *adj* **1.** *(épais)* thick. **2.** *(nourrissant)* substantial. **3.** *(fondé)* sound.

consister [kɔ̃siste] *vi*: **~ en** to consist of; **~ à faire qqch** to consist in doing sthg.

consœur → **confrère**.

consolation [kɔ̃sɔlasjɔ̃] *nf* consolation.

console [kɔ̃sɔl] *nf* **1.** *(table)* console (table). **2.** (INFORM): **~ de visualisation** VDU, visual display unit.

consoler [kɔ̃sɔle] *vt (réconforter)*: **~ qqn (de qqch)** to comfort sb (in sthg).

consolider [kɔ̃sɔlide] *vt litt & fig* to strengthen.

consommateur, -trice [kɔ̃sɔmatœr, tris] *nm, f (acheteur)* consumer; *(d'un bar)* customer.

consommation [kɔ̃sɔmasjɔ̃] *nf* **1.** *(utilisation)* consumption; **faire une grande** OU **grosse ~ de** to use (up) a lot of. **2.** *(boisson)* drink.

consommé, -e [kɔ̃sɔme] *adj sout* consummate. ◆ **consommé** *nm* consommé.

consommer [kɔ̃sɔme] ◇ *vt* 1. *(utiliser)* to use (up). 2. *(manger)* to eat. 3. *(énergie)* to consume, to use. ◇ *vi* 1. *(boire)* to drink. 2. *(voiture)*: **cette voiture consomme beaucoup** this car uses a lot of fuel.

consonance [kɔ̃sɔnɑ̃s] *nf* consonance.

consonne [kɔ̃sɔn] *nf* consonant.

conspirateur, -trice [kɔ̃spiratœr, tris] *nm, f* conspirator.

conspiration [kɔ̃spirasjɔ̃] *nf* conspiracy.

conspirer [kɔ̃spire] ◇ *vt (comploter)* to plot. ◇ *vi* to conspire.

constamment [kɔ̃stamɑ̃] *adv* constantly.

constant, -e [kɔ̃stɑ̃, ɑ̃t] *adj* constant.

constat [kɔ̃sta] *nm* 1. *(procès-verbal)* report. 2. *(constatation)* established fact.

constatation [kɔ̃statasjɔ̃] *nf* 1. *(révélation)* observation. 2. *(fait retenu)* finding.

constater [kɔ̃state] *vt* 1. *(remarquer)* to see, to note. 2. *(fait, infraction)* to record; *(décès, authenticité)* to certify.

constellation [kɔ̃stelasjɔ̃] *nf* (ASTRON) constellation.

consternation [kɔ̃stɛrnasjɔ̃] *nf* dismay.

consterner [kɔ̃stɛrne] *vt* to dismay.

constipation [kɔ̃stipasjɔ̃] *nf* constipation.

constipé, -e [kɔ̃stipe] *adj* 1. (MÉD) constipated. 2. *fam fig (air)* ill at ease.

constituer [kɔ̃stitɥe] *vt* 1. *(élaborer)* to set up. 2. *(composer)* to make up. 3. *(représenter)* to constitute.

constitution [kɔ̃stitysjɔ̃] *nf* 1. *(création)* setting up. 2. *(de pays, de corps)* constitution.

constructeur [kɔ̃stryktœr] *nm* 1. *(fabricant)* manufacturer; *(de navire)* shipbuilder. 2. *(bâtisseur)* builder.

construction [kɔ̃stryksjɔ̃] *nf* 1. (IND) building, construction; **~ navale** shipbuilding. 2. *(édifice)* structure, building. 3. (GRAM *& fig)* construction.

construire [kɔ̃strɥir] *vt* 1. *(bâtir)* to build. 2. *(théorie, phrase)* to construct.

construit, -e [kɔ̃strɥi, it] *pp* → **construire**.

consulat [kɔ̃syla] *nm* consulate.

consultation [kɔ̃syltasjɔ̃] *nf* 1. *(d'ouvrage)*: **de ~ aisée** easy to use. 2. (MÉD & POLIT) consultation.

consulter [kɔ̃sylte] ◇ *vt* 1. *(compulser)* to consult. 2. *(interroger)* to consult, to ask. 3. *(spécialiste)* to consult, to see. ◇ *vi (médecin)* to take OU hold surgery; *(avocat)* to be available for consultation. ◆ **se consulter** *vp* to confer.

contact [kɔ̃takt] *nm* 1. *(gén)* contact; **prendre ~ avec** to make contact with; **rester en ~ (avec)** to stay in touch (with); **au ~ de** on contact with. 2. (AUTOM) ignition; **mettre/couper le ~** to switch on/off the ignition.

contacter [kɔ̃takte] *vt* to contact.

contagieux, -euse [kɔ̃taʒjø, øz] *adj* (MÉD) contagious; *fig* infectious.

contagion [kɔ̃taʒjɔ̃] *nf* (MÉD) contagion; *fig* infectiousness.

contaminer [kɔ̃tamine] *vt (infecter)* to contaminate; *fig* to contaminate, to infect.

conte [kɔ̃t] *nm* story; **~ de fées** fairy tale.

contemplation [kɔ̃tɑ̃plasjɔ̃] *nf* contemplation.

contempler [kɔ̃tɑ̃ple] *vt* to contemplate.

contemporain, -e [kɔ̃tɑ̃pɔrɛ̃, ɛn] *nm, f* contemporary.

contenance [kɔ̃tnɑ̃s] *nf* 1. *(capacité)* capacity. 2. *(attitude)*: **se donner une ~** to give an impression of composure; **perdre ~** to lose one's composure.

contenir [kɔ̃tnir] *vt* to contain, to hold, to take. ◆ **se contenir** *vp* to contain o.s., to control o.s.

content, -e [kɔ̃tɑ̃, ɑ̃t] *adj (satisfait)*: **~ (de qqn/qqch)** happy (with sb/sthg), content (with sb/sthg); **~ de faire qqch** happy to do sthg.

contentement [kɔ̃tɑ̃tmɑ̃] *nm* satisfaction.

contenter [kɔ̃tɑ̃te] *vt* to satisfy. ◆ **se contenter** *vp*: **se ~ de qqch/de faire qqch** to content o.s. with sthg/with doing sthg.

contentieux [kɔ̃tɑ̃sjø] *nm (litige)* dispute; *(service)* legal department.

contenu, -e [kɔ̃tny] *pp* → **contenir**. ◆ **contenu** *nm* 1. *(de récipient)* contents *(pl)*. 2. *(de texte, discours)* content.

conter [kɔ̃te] *vt* to tell.

contestable [kɔ̃tɛstabl] *adj* questionable.

contestation [kɔ̃tɛstasjɔ̃] *nf* 1. *(protestation)* protest, dispute. 2. (POLIT): **la ~** anti-establishment activity.

conteste [kɔ̃tɛst] ◆ **sans conteste** *loc adv* unquestionably.

contester [kɔ̃tɛste] ◇ *vt* to dispute, to contest. ◇ *vi* to protest.

conteur, -euse [kɔ̃tœr, øz] *nm, f* storyteller.
contexte [kɔ̃tɛkst] *nm* context.
contigu, -uë [kɔ̃tigy] *adj*: ~ **(à)** adjacent (to).
continent [kɔ̃tinɑ̃] *nm* continent.
continental, -e, -aux [kɔ̃tinɑ̃tal, o] *adj* continental.
contingence [kɔ̃tɛ̃ʒɑ̃s] *nf (gén pl)* contingency.
contingent [kɔ̃tɛ̃ʒɑ̃] *nm* **1.** (MIL) national service conscripts (*pl*), draft *Am*. **2.** (COMM) quota.
continu, -e [kɔ̃tiny] *adj* continuous.
continuation [kɔ̃tinɥasjɔ̃] *nf* continuation.
continuel, -elle [kɔ̃tinɥɛl] *adj* **1.** *(continu)* continuous. **2.** *(répété)* continual.
continuellement [kɔ̃tinɥɛlmɑ̃] *adv* continually.
continuer [kɔ̃tinɥe] ◇ *vt* to carry on with, to continue (with). ◇ *vi* to continue, to go on; ~ **à** OU **de faire qqch** to continue to do OU doing sthg.
continuité [kɔ̃tinɥite] *nf* continuity.
contorsionner [kɔ̃tɔrsjɔne] ◆ **se contorsionner** *vp* to contort (o.s.), to writhe.
contour [kɔ̃tur] *nm* **1.** *(limite)* outline. **2.** (*gén pl*) *(courbe)* bend.
contourner [kɔ̃turne] *vt litt & fig* to bypass, to get round.
contraceptif, -ive [kɔ̃trasɛptif, iv] *adj* contraceptive. ◆ **contraceptif** *nm* contraceptive.
contraception [kɔ̃trasɛpsjɔ̃] *nf* contraception.
contracter [kɔ̃trakte] *vt* **1.** *(muscle)* to contract, to tense; *(visage)* to contort. **2.** *(maladie)* to contract, to catch. **3.** *(engagement)* to contract; *(assurance)* to take out.
contraction [kɔ̃traksjɔ̃] *nf* contraction; *(état de muscle)* tenseness.
contractuel, -elle [kɔ̃traktɥɛl] *nm, f* traffic warden *Br*.
contradiction [kɔ̃tradiksjɔ̃] *nf* contradiction.
contradictoire [kɔ̃tradiktwar] *adj* contradictory; **débat ~** open debate.
contraignant, -e [kɔ̃trɛɲɑ̃, ɑ̃t] *adj* restricting.
contraindre [kɔ̃trɛ̃dr] *vt*: ~ **qqn à faire qqch** to compel OU force sb to do sthg; **être contraint de faire qqch** to be compelled OU forced to do sthg.
contraire [kɔ̃trɛr] ◇ *nm*: **le ~** the opposite; **je n'ai jamais dit le ~** I have never denied it. ◇ *adj* opposite; ~ **à** *(non conforme à)* contrary to; *(nuisible à)* harmful to, damaging to. ◆ **au contraire** *loc adv* on the contrary. ◆ **au contraire de** *loc prép* unlike.
contrairement [kɔ̃trɛrmɑ̃] ◆ **contrairement à** *loc prép* contrary to.
contrarier [kɔ̃trarje] *vt* **1.** *(empêcher)* to thwart, to frustrate. **2.** *(irriter)* to annoy.
contrariété [kɔ̃trarjete] *nf* annoyance.
contraste [kɔ̃trast] *nm* contrast.
contraster [kɔ̃traste] *vt & vi* to contrast.
contrat [kɔ̃tra] *nm* contract, agreement; ~ **à durée déterminée/indéterminée** fixed-term/permanent contract.
contravention [kɔ̃travɑ̃sjɔ̃] *nf* fine; ~ **pour stationnement interdit** parking ticket; **dresser une ~ à qqn** to fine sb.
contre [kɔ̃tr] *prép* **1.** *(juxtaposition, opposition)* against. **2.** *(proportion, comparaison)*: **élu à 15 voix ~ 9** elected by 15 votes to 9. **3.** *(échange)* (in exchange) for. ◆ **par contre** *loc adv* on the other hand.
contre-attaque [kɔ̃tratak] (*pl* **contre-attaques**) *nf* counterattack.
contrebalancer [kɔ̃trəbalɑ̃se] *vt* to counterbalance, to offset.
contrebande [kɔ̃trəbɑ̃d] *nf (activité)* smuggling; *(marchandises)* contraband.
contrebandier, -ère [kɔ̃trəbɑ̃dje, ɛr] *nm, f* smuggler.
contrebas [kɔ̃trəba] ◆ **en contrebas** *loc adv* (down) below.
contrebasse [kɔ̃trəbas] *nf (instrument)* (double) bass.
contrecarrer [kɔ̃trəkare] *vt* to thwart, to frustrate.
contrecœur [kɔ̃trəkœr] ◆ **à contrecœur** *loc adv* grudgingly.
contrecoup [kɔ̃trəku] *nm* consequence.
contre-courant [kɔ̃trəkurɑ̃] ◆ **à contre-courant** *loc adv* against the current.
contredire [kɔ̃trədir] *vt* to contradict. ◆ **se contredire** *vp* **1.** (*emploi réciproque*) to contradict (each other). **2.** (*emploi réfléchi*) to contradict o.s.
contrée [kɔ̃tre] *nf (pays)* land; *(région)* region.
contre-espionnage [kɔ̃trɛspjɔnaʒ] *nm* counterespionage.
contre-expertise [kɔ̃trɛkspɛrtiz] (*pl*

contre-expertises) *nf* second (expert) opinion.
contrefaçon [kɔ̃trəfasɔ̃] *nf (activité)* counterfeiting; *(produit)* forgery.
contrefaire [kɔ̃trəfɛr] *vt* **1.** *(signature, monnaie)* to counterfeit, to forge. **2.** *(voix)* to disguise.
contrefort [kɔ̃trəfɔr] *nm* **1.** *(pilier)* buttress. **2.** *(de chaussure)* back. ◆ **contreforts** *nmpl* foothills.
contre-indication [kɔ̃trɛ̃dikasjɔ̃] (*pl* **contre-indications**) *nf* contraindication.
contre-jour [kɔ̃trəʒur] ◆ **à contre-jour** *loc adv* against the light.
contremaître, -esse [kɔ̃trəmɛtr, ɛs] *nm, f* foreman (*f* forewoman).
contremarque [kɔ̃trəmark] *nf (pour sortir d'un spectacle)* pass-out ticket.
contre-offensive [kɔ̃trɔfɑ̃siv] (*pl* **contre-offensives**) *nf* counteroffensive.
contre-ordre = **contrordre**.
contrepartie [kɔ̃trəparti] *nf* **1.** *(compensation)* compensation. **2.** *(contraire)* opposing view. ◆ **en contrepartie** *loc adv* in return.
contrepèterie [kɔ̃trəpɛtri] *nf* spoonerism.
contre-pied [kɔ̃trəpje] *nm*: **prendre le ~ de** to do the opposite of.
contreplaqué, contre-plaqué [kɔ̃trəplake] *nm* plywood.
contrepoids [kɔ̃trəpwa] *nm litt & fig* counterbalance, counterweight.
contre-pouvoir [kɔ̃trəpuvwar] (*pl* **contre-pouvoirs**) *nm* counterbalance.
contrer [kɔ̃tre] *vt* **1.** *(s'opposer à)* to counter. **2.** (CARTES) to double.
contresens [kɔ̃trəsɑ̃s] *nm* **1.** *(traduction)* mistranslation; *(interprétation)* misinterpretation. **2.** *(absurdité)* nonsense *(U)*. ◆ **à contresens** *loc adv litt & fig* the wrong way.
contresigner [kɔ̃trəsiɲe] *vt* to countersign.
contretemps [kɔ̃trətɑ̃] *nm* hitch, mishap. ◆ **à contretemps** *loc adv* (MUS) out of time; *fig* at the wrong moment.
contrevenir [kɔ̃trəvnir] *vi*: **~ à** to contravene, to infringe.
contribuable [kɔ̃tribɥabl] *nmf* taxpayer.
contribuer [kɔ̃tribɥe] *vi*: **~ à** to contribute to OU towards.
contribution [kɔ̃tribysjɔ̃] *nf*: **~ (à)** contribution (to); **mettre qqn à ~** to call on sb's services. ◆ **contributions** *nfpl* taxes; **~s directes/indirectes** direct/indirect taxation.
contrit, -e [kɔ̃tri, it] *adj* contrite.
contrôle [kɔ̃trol] *nm* **1.** *(de déclaration)* check, checking *(U)*; *(de documents, billets)* inspection; **~ d'identité** identity check. **2.** *(maîtrise, commande)* control; **perdre le ~ de qqch** to lose control of sthg; **~ des naissances** birth control; **~ des prix** price control. **3.** (SCOL) test.
contrôler [kɔ̃trole] *vt* **1.** *(vérifier - documents, billets)* to inspect; *(- déclaration)* to check; *(- connaissances)* to test. **2.** *(maîtriser, diriger)* to control. **3.** (TECHNOL) to monitor, to control.
contrôleur, -euse [kɔ̃trolœr, øz] *nm, f (de train)* ticket inspector; *(d'autobus)* (bus) conductor (*f* conductress); **~ aérien** air traffic controller.
contrordre, contre-ordre (*pl* **contre-ordres**) [kɔ̃trɔrdr] *nm* countermand; **sauf ~** unless otherwise instructed.
controverse [kɔ̃trɔvɛrs] *nf* controversy.
controversé, -e [kɔ̃trɔvɛrse] *adj (personne, décision)* controversial.
contumace [kɔ̃tymas] *nf* (JUR): **condamné par ~** sentenced in absentia.
contusion [kɔ̃tyzjɔ̃] *nf* bruise, contusion.
convaincant, -e [kɔ̃vɛ̃kɑ̃, ɑ̃t] *adj* convincing.
convaincre [kɔ̃vɛ̃kr] *vt* **1.** *(persuader)*: **~ qqn (de qqch)** to convince sb (of sthg); **~ qqn (de faire qqch)** to persuade sb (to do sthg). **2.** (JUR): **~ qqn de** to find sb guilty of, to convict sb of.
convaincu, -e [kɔ̃vɛ̃ky] ◇ *pp* → **convaincre**. ◇ *adj (partisan)* committed; **d'un ton ~, d'un air ~** with conviction.
convainquant [kɔ̃vɛ̃kɑ̃] *ppr* → **convaincre**.
convalescence [kɔ̃valesɑ̃s] *nf* convalescence; **être en ~** to be convalescing OU recovering.
convalescent, -e [kɔ̃valesɑ̃, ɑ̃t] *adj & nm, f* convalescent.
convenable [kɔ̃vnabl] *adj* **1.** *(manières, comportement)* polite; *(tenue, personne)* decent, respectable. **2.** *(acceptable)* adequate, acceptable.
convenance [kɔ̃vnɑ̃s] *nf*: **à ma/votre ~** to my/your convenience. ◆ **convenances** *nfpl* proprieties.
convenir [kɔ̃vnir] *vi* **1.** *(décider)*: **~ de qqch/de faire qqch** to agree on sthg/to do sthg. **2.** *(plaire)*: **~ à qqn** to suit sb, to be convenient for sb. **3.** *(être approprié)*: **~ à** OU **pour** to be suitable for. **4.** *sout (admettre)*: **~ de qqch** to admit to

sthg; ~ **que** to admit (that).

convention [kɔ̃vɑ̃sjɔ̃] *nf* 1. *(règle, assemblée)* convention. 2. *(accord)* agreement; ~ **collective** collective agreement.

conventionné, -e [kɔ̃vɑ̃sjɔne] *adj* ≃ National Health *(avant n) Br.*

conventionnel, -elle [kɔ̃vɑ̃sjɔnɛl] *adj* conventional.

convenu, -e [kɔ̃vny] ◇ *pp* → **convenir**. ◇ *adj (décidé)*: **comme ~** as agreed.

convergent, -e [kɔ̃vɛrʒɑ̃, ɑ̃t] *adj* convergent.

converger [kɔ̃vɛrʒe] *vi*: ~ **(vers)** to converge (on).

conversation [kɔ̃vɛrsasjɔ̃] *nf* conversation.

converser [kɔ̃vɛrse] *vi sout*: ~ **(avec)** to converse (with).

conversion [kɔ̃vɛrsjɔ̃] *nf (gén)*: ~ **(à/en)** conversion (to/into).

convertible [kɔ̃vɛrtibl] *nm (canapé-lit)* sofa-bed.

convertir [kɔ̃vɛrtir] *vt*: ~ **qqn (à)** to convert sb (to); ~ **qqch (en)** to convert sthg (into). ◆ **se convertir** *vp*: **se ~ (à)** to be converted (to).

convexe [kɔ̃vɛks] *adj* convex.

conviction [kɔ̃viksjɔ̃] *nf* conviction.

convier [kɔ̃vje] *vt*: ~ **qqn à** to invite sb to.

convive [kɔ̃viv] *nmf* guest *(at a meal)*.

convivial, -e, -aux [kɔ̃vivjal, o] *adj* 1. *(réunion)* convivial. 2. (INFORM) user-friendly.

convocation [kɔ̃vɔkasjɔ̃] *nf (avis écrit)* summons *(sg)*, notification to attend.

convoi [kɔ̃vwa] *nm* 1. *(de véhicules)* convoy. 2. *(train)* train.

convoiter [kɔ̃vwate] *vt* to covet.

convoitise [kɔ̃vwatiz] *nf* covetousness.

convoquer [kɔ̃vɔke] *vt* 1. *(assemblée)* to convene. 2. *(pour un entretien)* to invite. 3. *(subalterne, témoin)* to summon. 4. *(à un examen)*: ~ **qqn** to ask sb to attend.

convoyer [kɔ̃vwaje] *vt* to escort.

convoyeur, -euse [kɔ̃vwajœr, øz] *nm, f* escort; ~ **de fonds** security guard.

convulsion [kɔ̃vylsjɔ̃] *nf* convulsion.

coopération [kɔɔperasjɔ̃] *nf* 1. *(collaboration)* cooperation. 2. *(aide)*: **la ~** ≃ overseas development.

coopérer [kɔɔpere] *vi*: ~ **(à)** to cooperate (in).

coordination [kɔɔrdinasjɔ̃] *nf* coordination.

coordonnée [kɔɔrdɔne] *nf* 1. (LING) coordinate clause. 2. (MATHS) coordinate. ◆ **coordonnées** *nfpl* 1. (GÉOGR) coordinates. 2. *(adresse)* address and phone number, details.

coordonner [kɔɔrdɔne] *vt* to coordinate.

copain, -ine [kɔpɛ̃, in] ◇ *adj* matey; **être très ~s** to be great pals. ◇ *nm, f* friend, mate.

copeau, -x [kɔpo] *nm* (wood) shaving.

Copenhague [kɔpɛnag] *n* Copenhagen.

copie [kɔpi] *nf* 1. *(double, reproduction)* copy. 2. (SCOL - *de devoir)* fair copy; *(- d'examen)* paper, script.

copier [kɔpje] ◇ *vt* to copy. ◇ *vi*: ~ **sur qqn** to copy from sb.

copieux, -euse [kɔpjø, øz] *adj* copious.

copilote [kɔpilɔt] *nmf* copilot.

copine → **copain**.

coproducteur, -trice [kɔprɔdyktœr, tris] *nm, f (pour spectacle)* coproducer.

coproduction [kɔprɔdyksjɔ̃] *nf* coproduction.

copropriété [kɔprɔprijete] *nf* co-ownership, joint ownership.

coq [kɔk] *nm* cock, cockerel; **sauter** OU **passer du ~ à l'âne** to jump from one subject to another.

coque [kɔk] *nf* 1. *(de noix)* shell. 2. *(de navire)* hull.

coquelicot [kɔkliko] *nm* poppy.

coqueluche [kɔklyʃ] *nf* whooping cough.

coquet, -ette [kɔkɛ, ɛt] *adj* 1. *(vêtements)* smart, stylish; *(ville, jeune fille)* pretty. 2. *(avant n) hum (important)*: **la ~te somme de 100 livres** the tidy sum of £100. ◆ **coquette** *nf* flirt.

coquetier [kɔktje] *nm* eggcup.

coquetterie [kɔkɛtri] *nf (désir de plaire)* coquettishness.

coquillage [kɔkijaʒ] *nm* 1. *(mollusque)* shellfish. 2. *(coquille)* shell.

coquille [kɔkij] *nf* 1. *(de mollusque, noix, œuf)* shell; ~ **de noix** *(embarcation)* cockleshell. 2. (TYPO) misprint.

coquillettes [kɔkijɛt] *nfpl* pasta shells.

coquin, -e [kɔkɛ̃, in] ◇ *adj (sous-vêtement)* sexy, naughty; *(regard, histoire)* saucy. ◇ *nm, f* rascal.

cor [kɔr] *nm* 1. *(instrument)* horn. 2. *(au pied)* corn. ◆ **à cor et à cri** *loc adv*: **réclamer qqch à ~ et à cri** to clamour for sthg.

corail, -aux [kɔraj, o] *nm* 1. *(gén)* coral. 2. (RAIL): **train ~** = express train.
Coran [kɔrɑ̃] *nm*: **le ~** the Koran.
corbeau, -x [kɔrbo] *nm* 1. *(oiseau)* crow. 2. *(délateur)* writer of poison-pen letters.
corbeille [kɔrbɛj] *nf* 1. *(panier)* basket; **~ à papier** waste paper basket. 2. (THÉÂTRE) (dress) circle. 3. *(de Bourse)* stockbrokers' enclosure *(at Paris Stock Exchange)*.
corbillard [kɔrbijar] *nm* hearse.
cordage [kɔrdaʒ] *nm* 1. *(de bateau)* rigging *(U)*. 2. *(de raquette)* strings *(pl)*.
corde [kɔrd] *nf* 1. *(filin)* rope; **~ à linge** washing OU clothes line; **~ à sauter** skipping rope. 2. *(d'instrument, arc)* string. 3. (ANAT): **~s vocales** vocal cords. 4. (HIPPISME) rails *(pl)*; (ATHLÉTISME) inside (lane).
cordée [kɔrde] *nf* (ALPINISME) roped party *(of mountaineers)*.
cordial, -e, -aux [kɔrdjal, o] *adj* warm, cordial.
cordon [kɔrdɔ̃] *nm* string, cord; **~ ombilical** umbilical cord; **~ de police** police cordon.
cordon-bleu [kɔrdɔ̃blø] *nm* cordon bleu cook.
cordonnerie [kɔrdɔnri] *nf (magasin)* shoe repairer's, cobbler's.
cordonnier, -ère [kɔrdɔnje, ɛr] *nm, f* shoe repairer, cobbler.
Corée [kɔre] *nf* Korea.
coriace [kɔrjas] *adj litt & fig* tough.
cormoran [kɔrmɔrɑ̃] *nm* cormorant.
corne [kɔrn] *nf* 1. *(gén)* horn; *(de cerf)* antler. 2. *(callosité)* hard skin *(U)*, callus.
cornée [kɔrne] *nf* cornea.
corneille [kɔrnɛj] *nf* crow.
cornemuse [kɔrnəmyz] *nf* bagpipes *(pl)*.
corner[1] [kɔrne] *vt (page)* to turn down the corner of.
corner[2] [kɔrnɛr] *nm* (FOOTBALL) corner (kick).
cornet [kɔrnɛ] *nm* 1. *(d'aliment)* cornet, cone. 2. *(de jeu)* (dice) shaker.
corniaud, corniot [kɔrnjo] *nm* 1. *(chien)* mongrel. 2. *fam (imbécile)* twit.
corniche [kɔrniʃ] *nf* 1. *(route)* cliff road. 2. *(moulure)* cornice.
cornichon [kɔrniʃɔ̃] *nm* 1. *(condiment)* gherkin. 2. *fam (imbécile)* twit.
corniot = **corniaud**.
Cornouailles [kɔrnwaj] *nf*: **la ~** Cornwall.
corollaire [kɔrɔlɛr] *nm* corollary.
corolle [kɔrɔl] *nf* corolla.
coron [kɔrɔ̃] *nm (village)* mining village.
corporation [kɔrpɔrasjɔ̃] *nf* corporate body.
corporel, -elle [kɔrpɔrɛl] *adj (besoin)* bodily; *(châtiment)* corporal.
corps [kɔr] *nm* 1. *(gén)* body. 2. *(groupe)*: **~ d'armée** (army) corps; **~ enseignant** *(profession)* teaching profession; *(d'école)* teaching staff.
corpulent, -e [kɔrpylɑ̃, ɑ̃t] *adj* corpulent, stout.
correct, -e [kɔrɛkt] *adj* 1. *(exact)* correct, right. 2. *(honnête)* correct, proper. 3. *(acceptable)* decent; *(travail)* fair.
correcteur, -trice [kɔrɛktœr, tris] ◇ *adj* corrective. ◇ *nm, f* 1. *(d'examen)* examiner, marker *Br*, grader *Am*. 2. (TYPO) proofreader.
correction [kɔrɛksjɔ̃] *nf* 1. *(d'erreur)* correction. 2. *(punition)* punishment. 3. (TYPO) proofreading. 4. *(notation)* marking. 5. *(bienséance)* propriety.
corrélation [kɔrelasjɔ̃] *nf* correlation.
correspondance [kɔrɛspɔ̃dɑ̃s] *nf* 1. *(gén)* correspondence; **cours par ~** correspondence course. 2. (TRANSPORT) connection; **assurer la ~ avec** to connect with.
correspondant, -e [kɔrɛspɔ̃dɑ̃, ɑ̃t] ◇ *adj* corresponding. ◇ *nm, f* 1. *(par lettres)* penfriend, correspondent. 2. *(par téléphone)*: **je vous passe votre ~** I'll put you through. 3. (PRESSE) correspondent.
correspondre [kɔrɛspɔ̃dr] *vi* 1. *(être conforme)*: **~ à** to correspond to. 2. *(par lettres)*: **~ avec** to correspond with.
corridor [kɔridɔr] *nm* corridor.
corrigé [kɔriʒe] *nm* correct version.
corriger [kɔriʒe] *vt* 1. (TYPO) to correct, to proofread. 2. *(noter)* to mark. 3. *(modifier)* to correct. 4. *(guérir)*: **~ qqn de** to cure sb of. 5. *(punir)* to give a good hiding to. ◆ **se corriger** *vp (d'un défaut)*: **se ~ de** to cure o.s. of.
corroborer [kɔrɔbɔre] *vt* to corroborate.
corroder [kɔrɔde] *vt (ronger)* to corrode; *fig* to erode.
corrompre [kɔrɔ̃pr] *vt* 1. *(soudoyer)* to bribe. 2. *(dépraver)* to corrupt.
corrosion [kɔrozjɔ̃] *nf* corrosion.
corruption [kɔrypsjɔ̃] *nf* 1. *(vénalité)* bribery. 2. *(dépravation)* corruption.
corsage [kɔrsaʒ] *nm* 1. *(chemisier)* blouse. 2. *(de robe)* bodice.
corsaire [kɔrsɛr] *nm* 1. *(navire, marin)*

corsair, privateer. 2. *(pantalon)* pedal-pushers (*pl*).

corse [kɔrs] ◇ *adj* Corsican. ◇ *nm (langue)* Corsican. ◆ **Corse** ◇ *nmf* Corsican. ◇ *nf*: **la Corse** Corsica.

corsé, -e [kɔrse] *adj (café)* strong; *(vin)* full-bodied; *(plat, histoire)* spicy.

corset [kɔrsɛ] *nm* corset.

cortège [kɔrtɛʒ] *nm* procession.

corvée [kɔrve] *nf* 1. (MIL) fatigue (duty). 2. *(activité pénible)* chore.

cosmétique [kɔsmetik] *nm & adj* cosmetic.

cosmique [kɔsmik] *adj* cosmic.

cosmonaute [kɔsmɔnot] *nmf* cosmonaut.

cosmopolite [kɔsmɔpɔlit] *adj* cosmopolitan.

cosmos [kɔsmos] *nm* 1. *(univers)* cosmos. 2. *(espace)* outer space.

cossu, -e [kɔsy] *adj (maison)* opulent.

Costa Rica [kɔstarika] *nm*: **le ~** Costa Rica.

costaud (*f* **costaud** OU **-e**) [kɔsto, od] *adj* sturdily built.

costume [kɔstym] *nm* 1. *(folklorique, de théâtre)* costume. 2. *(vêtement d'homme)* suit.

costumé, -e [kɔstyme] *adj* fancy-dress (*avant n*).

costumier, -ère [kɔstymje, ɛr] *nm, f* (THÉÂTRE) wardrobe master (*f* mistress).

cotation [kɔtasjɔ̃] *nf* (FIN) quotation.

cote [kɔt] *nf* 1. *(marque)* classification mark; *(numéro)* serial number. 2. (FIN) quotation. 3. *(popularité)* rating. 4. *(niveau)* level; **~ d'alerte** *(de cours d'eau)* danger level; *fig* crisis point.

côte [kot] *nf* 1. (ANAT, BOT & *de bœuf)* rib; *(de porc, d'agneau)* chop; **~ à ~** side by side. 2. *(pente)* hill. 3. *(littoral)* coast.

côté [kote] *nm* 1. *(gén)* side; **être couché sur le ~** to be lying on one's side; **être aux ~s de qqn** *fig* to be by sb's side; **d'un ~ ..., de l'autre ~ ...** on the one hand ..., on the other hand ...; **et ~ finances, ça va?** *fam* how are things moneywise? 2. *(endroit, direction)* direction, way; **de quel ~ est-il parti?** which way did he go?; **de l'autre ~ de** on the other side of; **de tous ~s** from all directions; **du ~ de** *(près de)* near; *(direction)* towards; *(provenance)* from. ◆ **à côté** *loc adv* 1. *(lieu - gén)* nearby; *(- dans la maison adjacente)* next door. 2. *(cible)*: **tirer à ~** to shoot wide (of the target). ◆ **à côté de** *loc prép* 1. *(proximité)* beside, next to. 2. *(en comparaison avec)* beside, compared to. 3. *(en dehors de)*: **être à ~ du sujet** to be off the point. ◆ **de côté** *loc adv* 1. *(se placer, marcher)* sideways. 2. *(en réserve)* aside.

coteau [kɔto] *nm* 1. *(colline)* hill. 2. *(versant)* slope.

Côte-d'Ivoire [kotdivwar] *nf*: **la ~** the Ivory Coast.

côtelé, -e [kotle] *adj* ribbed; **velours ~** corduroy.

côtelette [kotlɛt] *nf (de porc, mouton, d'agneau)* chop; *(de veau)* cutlet.

coter [kɔte] *vt* 1. *(marquer, noter)* to mark. 2. (FIN) to quote.

côtier, -ère [kotje, ɛr] *adj* coastal.

cotisation [kɔtizasjɔ̃] *nf (à un club)* subscription; *(à la Sécurité sociale)* contribution.

cotiser [kɔtize] *vi (à un club)* to subscribe; *(à la Sécurité sociale)* to contribute. ◆ **se cotiser** *vp* to club together.

coton [kɔtɔ̃] *nm* cotton; **~ (hydrophile)** cotton wool.

Coton-Tige® [kɔtɔ̃tiʒ] *nm* cotton bud.

côtoyer [kotwaje] *vt fig (fréquenter)* to mix with.

cou [ku] *nm (de personne, bouteille)* neck.

couchant [kuʃɑ̃] ◇ *adj* → **soleil**. ◇ *nm* west.

couche [kuʃ] *nf* 1. *(de peinture)* coat, layer; *(de poussière)* film, layer. 2. *(épaisseur)* layer; **~ d'ozone** ozone layer. 3. *(de bébé)* nappy *Br*, diaper *Am*. 4. *(sociale)* stratum. ◆ **fausse couche** *nf* miscarriage.

couché, -e [kuʃe] *adj*: **être ~** *(étendu)* to be lying down; *(au lit)* to be in bed.

couche-culotte [kuʃkylɔt] *nf* disposable nappy *Br* OU diaper *Am*.

coucher¹ [kuʃe] ◇ *vt* 1. *(enfant)* to put to bed. 2. *(objet, blessé)* to lay down. ◇ *vi* 1. *(passer la nuit)* to spend the night. 2. *fam (avoir des rapports sexuels)*: **~ avec** to sleep with. ◆ **se coucher** *vp* 1. *(s'allonger)* to lie down. 2. *(se mettre au lit)* to go to bed. 3. *(astre)* to set.

coucher² [kuʃe] *nm (d'astre)* setting; **au ~ du soleil** at sunset.

couchette [kuʃɛt] *nf* 1. *(de train)* couchette. 2. *(de navire)* berth.

coucou [kuku] ◇ *nm* 1. *(oiseau)* cuckoo. 2. *(pendule)* cuckoo clock. 3. *péj (avion)* crate. ◇ *interj* peekaboo!

coude [kud] *nm* 1. *(de personne, de vêtement)* elbow. 2. *(courbe)* bend.

cou-de-pied [kudpje] (*pl* **cous-de-pied**) *nm* instep.

coudre [kudr] *vt (bouton)* to sew on.

couette [kwɛt] *nf* 1. *(édredon)* duvet.

2. *(coiffure)* bunches *(pl)*.
couffin [kufɛ̃] *nm* Moses basket.
couille [kuj] *nf (gén pl) vulg* ball.
couiner [kwine] *vi* 1. *(animal)* to squeal. 2. *(pleurnicher)* to whine.
coulée [kule] *nf* 1. *(de matière liquide)*: **~ de lave** lava flow; **~ de boue** mudslide. 2. *(de métal)* casting.
couler [kule] ◇ *vi* 1. *(liquide)* to flow; **faire ~ un bain** to run a bath. 2. *(beurre, fromage, nez)* to run. 3. *(navire, entreprise)* to sink. ◇ *vt* 1. *(navire)* to sink. 2. *(métal, bronze)* to cast. 3. *fam (personne, entreprise)* to ruin.
couleur [kulœr] ◇ *nf* 1. *(teinte, caractère)* colour. 2. *(linge)* coloureds *(pl)*. 3. (CARTES) suit. ◇ *adj inv (télévision, pellicule)* colour *(avant n)*.
couleuvre [kulœvr] *nf* grass snake.
coulisse [kulis] *nf*: **fenêtre/porte à ~** sliding window/door. ◆ **coulisses** *nfpl* wings.
coulisser [kulise] *vi* to slide.
couloir [kulwar] *nm* 1. *(corridor)* corridor. 2. (GÉOGR) gully. 3. (SPORT & TRANSPORT) lane.

coup [ku] *nm* 1. *(physique, moral)* blow; **~ de couteau** stab *(with a knife)*; **un ~ dur** *fig* a heavy blow; **donner un ~ de fouet à qqn** *fig* to give sb a shot in the arm; **~ de grâce** *litt & fig* coup de grâce, death-blow; **~ de pied** kick; **~ de poing** punch. 2. *(action nuisible)* trick. 3. *(au tennis)* stroke; *(en boxe)* blow, punch; *(au football)* kick; **~ franc** free kick. 4. *(d'éponge, de chiffon)* wipe; **un ~ de crayon** a pencil stroke. 5. *(bruit)* noise; **~ de feu** shot, gunshot; **~ de tonnerre** thunderclap. 6. *(action spectaculaire)*: **~ d'État** coup (d'état); **~ de théâtre** *fig* dramatic turn of events. 7. *fam (fois)* time. 8. *loc*: **boire un ~** to have a drink; **donner un ~ de main à qqn** to give sb a helping hand; **jeter un ~ d'œil à** to glance at; **tenir le ~** to hold out; **valoir le ~** to be well worth it. ◆ **coup de fil** *nm* phone call. ◆ **coup de foudre** *nm* love at first sight. ◆ **coup du lapin** *nm* whiplash *(U)*. ◆ **coup de soleil** *nm* sunburn *(U)*. ◆ **coup de téléphone** *nm* telephone OU phone call; **donner** OU **passer un ~ de téléphone à qqn** to telephone OU phone sb. ◆ **coup de vent** *nm* gust of wind; **partir en ~ de vent** to rush off. ◆ **du coup** *loc adv* as a result. ◆ **coup sur coup** *loc adv* one after the other. ◆ **du premier coup** *loc adv* first time, at the first attempt. ◆ **tout à coup** *loc adv* suddenly. ◆ **à coup sûr** *loc adv* definitely. ◆ **sous le coup de** *loc prép* 1. *(sous l'action de)*: **tomber sous le ~ de la loi** to be a statutory offence. 2. *(sous l'effet de)* in the grip of.
coupable [kupabl] ◇ *adj* 1. *(personne, pensée)* guilty. 2. *(action, dessein)* culpable, reprehensible; *(négligence, oubli)* sinful. ◇ *nmf* guilty person OU party.
coupant, -e [kupɑ̃, ɑ̃t] *adj* 1. *(tranchant)* cutting. 2. *fig (sec)* sharp.
coupe [kup] *nf* 1. *(verre)* glass. 2. *(à fruits)* dish. 3. (SPORT) cup. 4. *(de vêtement, aux cartes)* cut. 5. *(plan)* (cross) section. 6. *(réduction)* cut, cutback.
coupé, -e [kupe] *adj*: **bien/mal ~** well/badly cut.
coupe-ongles [kupɔ̃gl] *nm inv* nail clippers.
coupe-papier [kuppapje] *(pl inv* OU **coupe-papiers**) *nm* paper knife.
couper [kupe] ◇ *vt* 1. *(matériau, cheveux, blé)* to cut. 2. *(interrompre, trancher)* to cut off. 3. *(traverser)* to cut across. 4. *(pain, au tennis)* to slice; *(rôti)* to carve. 5. *(mélanger)* to dilute. 6. (CARTES - *avec atout)* to trump; *(- paquet)* to cut. 7. *(envie, appétit)* to take away. ◇ *vi (gén)* to cut. ◆ **se couper** *vp* 1. *(se blesser)* to cut o.s. 2. *(se croiser)* to cross. 3. *(s'isoler)*: **se ~ de** to cut o.s. off from.
couperet [kuprɛ] *nm* 1. *(de boucher)* cleaver. 2. *(de guillotine)* blade.
couperosé, -e [kuproze] *adj* blotchy.
couple [kupl] *nm (de personnes)* couple; *(d'animaux)* pair.
coupler [kuple] *vt (objets)* to couple.
couplet [kuplɛ] *nm* verse.
coupole [kupɔl] *nf* dome, cupola.
coupon [kupɔ̃] *nm* 1. *(d'étoffe)* remnant. 2. *(billet)* ticket.
coupon-réponse [kupɔ̃repɔ̃s] *(pl* **coupons-réponse**) *nm* reply coupon.
coupure [kupyr] *nf* 1. *(gén)* cut; *(billet)*: **petite ~** small denomination note; **~ de courant** (ÉLECTR) power cut; (INFORM) blackout. 2. *fig (rupture)* break.
cour [kur] *nf* 1. *(espace)* courtyard. 2. *(du roi, tribunal)* court; *fig & hum* following; **Cour de cassation** Court of Appeal; **~ martiale** court-martial.
courage [kuraʒ] *nm* courage; **bon ~!** good luck!
courageux, -euse [kuraʒø, øz] *adj* 1. *(brave)* brave. 2. *(audacieux)* bold.
couramment [kuramɑ̃] *adv* 1. *(parler)* fluently. 2. *(communément)* commonly.
courant, -e [kurɑ̃, ɑ̃t] *adj* 1. *(habituel)*

everyday (*avant n*). **2.** *(en cours)* present. ◆ **courant** *nm* **1.** *(marin, atmosphérique, électrique)* current; **~ d'air** draught. **2.** *(d'idées)* current. **3.** *(laps de temps)*: **dans le ~ du mois/de l'année** in the course of the month/the year. ◆ **au courant** *loc adv*: **être au ~** to know (about it); **mettre qqn au ~ (de)** to tell sb (about); **tenir qqn au ~ (de)** to keep sb informed (about); **se mettre/se tenir au ~ (de)** to get/keep up to date (with).

courbature [kurbatyr] *nf* ache.

courbaturé, -e [kurbatyre] *adj* aching.

courbe [kurb] ◇ *nf* curve; **~ de niveau** contour (line). ◇ *adj* curved.

courber [kurbe] ◇ *vt* **1.** *(tige)* to bend. **2.** *(tête)* to bow. ◇ *vi* to bow. ◆ **se courber** *vp* **1.** *(chose)* to bend. **2.** *(personne)* to bow, to bend down.

courbette [kurbɛt] *nf (révérence)* bow; **faire des ~s** *fig* to bow and scrape.

coureur, -euse [kurœr, øz] *nm, f* (SPORT) runner; **~ cycliste** racing cyclist.

courge [kurʒ] *nf* **1.** *(légume)* marrow *Br*, squash *Am*. **2.** *fam (imbécile)* dimwit.

courgette [kurʒɛt] *nf* courgette *Br*, zucchini *Am*.

courir [kurir] ◇ *vi* **1.** *(aller rapidement)* to run. **2.** (SPORT) to race. **3.** *(se précipiter, rivière)* to rush. **4.** *(se propager)*: **le bruit court que ...** rumour has it that ...; **faire ~ un bruit** to spread a rumour. ◇ *vt* **1.** (SPORT) to run in. **2.** *(parcourir)* to roam (through). **3.** *(fréquenter - bals, musées)* to do the rounds of.

couronne [kurɔn] *nf* **1.** *(ornement, autorité)* crown. **2.** *(de fleurs)* wreath. **3.** *(monnaie - de Suède, d'Islande)* krona; *(- du Danemark, de Norvège)* krone; *(- de Tchécoslovaquie)* crown.

couronnement [kurɔnmɑ̃] *nm* **1.** *(de monarque)* coronation. **2.** *fig (apogée)* crowning achievement.

couronner [kurɔne] *vt* **1.** *(monarque)* to crown. **2.** *(récompenser)* to give a prize to.

courre [kur] → **chasse**.

courrier [kurje] *nm* mail, letters (*pl*); **~ du cœur** agony column; **~ électronique** e-mail.

courroie [kurwa] *nf* (TECHNOL) belt; *(attache)* strap; **~ de transmission** driving belt; **~ de ventilateur** fanbelt.

courroucer [kuruse] *vt littéraire* to anger.

cours [kur] *nm* **1.** *(écoulement)* flow; **~ d'eau** waterway; **donner** OU **laisser libre ~ à** *fig* to give free rein to. **2.** *(déroulement)* course; **au ~ de** during, in the course of; **en ~** *(année, dossier)* current; *(affaires)* in hand; **en ~ de route** on the way. **3.** (FIN) price; **avoir ~** to be legal tender. **4.** *(leçon)* class, lesson; **donner des ~ (à qqn)** to teach (sb). **5.** *(classe)*: **~ élémentaire** *years two and three of primary school*; **~ moyen** *last two years of primary school*; **~ préparatoire** ≃ first-year infants *Br*, ≃ nursery school *Am*.

course [kurs] *nf* **1.** *(action)* running *(U)*; **au pas de ~** at a run. **2.** *(compétition)* race. **3.** *(en taxi)* journey. **4.** *(mouvement)* flight, course. **5.** *(commission)* errand; **faire des ~s** to go shopping.

> «Course», dans ses sens les plus fréquents, n'est jamais traduit par *course*, qui équivaut, selon les contextes, à «cours» (*we offer courses in a number of subjects*, «nous proposons des <u>cours</u> dans plusieurs domaines»), «plat» (*the main course is fish*, «le <u>plat</u> principal est du poisson») ou encore «route» ou «cap» (*the plane set a course for Marseilles*, «l'avion a mis le <u>cap</u> sur Marseille»). Quant au mot français «course», il a lui aussi différentes traductions: «il a gagné la course», *he won the <u>race</u>*; «je fais mes courses au supermarché», *I do my <u>shopping</u> at the supermarket*; «j'ai une course à faire», *I've got to go and get something.*

coursier, -ère [kursje, ɛr] *nm, f* messenger.

court, -e [kur, kurt] *adj* short. ◆ **court** ◇ *adv*: **être à ~ d'argent/d'idées** to be short of money/ideas; **prendre qqn de ~** to catch sb unawares; **tourner ~** to stop suddenly. ◇ *nm*: **~ de tennis** tennis court.

court-bouillon [kurbujɔ̃] *nm* court-bouillon.

court-circuit [kursirkɥi] *nm* short circuit.

courtier, -ère [kurtje, ɛr] *nm, f* broker.

courtisan, -e [kurtizɑ̃, an] *nm, f* **1.** (HIST) courtier. **2.** *(flatteur)* sycophant. ◆ **courtisane** *nf* courtesan.

courtiser [kurtize] *vt* **1.** *(femme)* to woo, to court. **2.** *péj (flatter)* to flatter.

court-métrage [kurmetraʒ] *nm* short (film).

courtois, -e [kurtwa, az] *adj* courteous.

courtoisie [kurtwazi] *nf* courtesy.

couru, -e [kury] ◇ *pp* → **courir**. ◇ *adj* popular.

cousin, -e [kuzɛ̃, in] *nm, f* cousin; **~ germain** first cousin.
coussin [kusɛ̃] *nm* **1.** *(de siège)* cushion. **2.** *Can* (BASE-BALL) base.
cousu, -e [kuzy] *pp* → **coudre**.
coût [ku] *nm* cost.
coûtant [kutɑ̃] → **prix**.
couteau, -x [kuto] *nm* **1.** *(gén)* knife; **~ à cran d'arrêt** flick knife. **2.** *(coquillage)* razor shell *Br*, razor clam *Am*.
coûter [kute] ◇ *vi* **1.** *(valoir)* to cost; **ça coûte combien?** how much is it?; **~ cher à qqn** to cost sb a lot; *fig* to cost sb dear OU dearly. **2.** *fig (être pénible)* to be difficult. ◇ *vt fig* to cost. ◆ **coûte que coûte** *loc adv* at all costs.
coûteux, -euse [kutø, øz] *adj* costly, expensive.
coutume [kutym] *nf* custom.
couture [kutyr] *nf* **1.** *(action)* sewing. **2.** *(points)* seam. **3.** *(activité)* dressmaking.
couturier, -ère [kutyrje, ɛr] *nm, f* couturier.
couvée [kuve] *nf (d'œufs)* clutch; *(de poussins)* brood.
couvent [kuvɑ̃] *nm (de sœurs)* convent; *(de moines)* monastery.
couver [kuve] ◇ *vt* **1.** *(œufs)* to sit on. **2.** *(dorloter)* to mollycoddle. **3.** *(maladie)* to be sickening for. ◇ *vi (poule)* to brood; *fig (complot)* to hatch.
couvercle [kuvɛrkl] *nm (de casserole, boîte)* lid, cover.
couvert, -e [kuvɛr, ɛrt] ◇ *pp* → **couvrir**. ◇ *adj* **1.** *(submergé)* covered; **~ de** covered with. **2.** *(habillé)* dressed; **être bien ~** to be well wrapped up. **3.** *(nuageux)* overcast. ◆ **couvert** *nm* **1.** *(abri)*: **se mettre à ~** to take shelter. **2.** *(place à table)* place (setting); **mettre** OU **dresser le ~** to set OU lay the table. ◆ **couverts** *nmpl* cutlery *(U)*.
couverture [kuvɛrtyr] *nf* **1.** *(gén)* cover. **2.** *(de lit)* blanket; **~ chauffante** electric blanket. **3.** *(toit)* roofing *(U)*.
couveuse [kuvøz] *nf* **1.** *(poule)* sitting hen. **2.** *(machine)* incubator.
couvre-chef [kuvrəʃɛf] (*pl* **couvre-chefs**) *nm hum* hat.
couvre-feu [kuvrəfø] (*pl* **couvre-feux**) *nm* curfew.
couvreur [kuvrœr] *nm* roofer.
couvrir [kuvrir] *vt* **1.** *(gén)* to cover; **~ qqn/qqch de** *litt & fig* to cover sb/sthg with. **2.** *(protéger)* to shield. ◆ **se couvrir** *vp* **1.** *(se vêtir)* to wrap up. **2.** *(se recouvrir)*: **se ~ de feuilles/de fleurs** to come into leaf/blossom. **3.** *(ciel)* to cloud over. **4.** *(se protéger)* to cover o.s.
covoiturage [kɔvwatyraʒ] *nm* car sharing.
CP *nm abr de* **cours préparatoire**.
CQFD (*abr de* **ce qu'il fallait démontrer**) QED.
crabe [krab] *nm* crab.
crachat [kraʃa] *nm* spit *(U)*.
cracher [kraʃe] ◇ *vi* **1.** *(personne)* to spit. **2.** *fam (dédaigner)*: **ne pas ~ sur qqch** not to turn one's nose up at sthg. ◇ *vt (sang)* to spit (up); *(lave, injures)* to spit (out).
crachin [kraʃɛ̃] *nm* drizzle.
crachoir [kraʃwar] *nm* spittoon.
craie [krɛ] *nf* chalk.
craindre [krɛ̃dr] *vt* **1.** *(redouter)* to fear, to be afraid of; **~ de faire qqch** to be afraid of doing sthg; **~ que** (+ *subjonctif*) to be afraid (that); **je crains qu'il oublie** OU **n'oublie** I'm afraid he may forget. **2.** *(être sensible à)* to be susceptible to.
craint, -e [krɛ̃, ɛ̃t] *pp* → **craindre**.
crainte [krɛ̃t] *nf* fear; **de ~ de faire qqch** for fear of doing sthg; **de ~ que** (+ *subjonctif*) for fear that.
craintif, -ive [krɛ̃tif, iv] *adj* timid.
cramoisi, -e [kramwazi] *adj* crimson.
crampe [krɑ̃p] *nf* cramp.
crampon [krɑ̃pɔ̃] *nm (crochet - gén)* clamp; *(- pour alpinisme)* crampon.
cramponner [krɑ̃pɔne] ◆ **se cramponner** *vp (s'agripper)* to hang on; **se ~ à qqn/qqch** *litt & fig* to cling to sb/sthg.
cran [krɑ̃] *nm* **1.** *(entaille, degré)* notch, cut. **2.** *(U) (audace)* guts (*pl*).
crâne [kran] *nm* skull.
crâner [krane] *vi fam* to show off.
crânien, -enne [kranjɛ̃, ɛn] *adj*: **boîte ~ne** skull; **traumatisme ~** head injury.
crapaud [krapo] *nm* toad.
crapule [krapyl] *nf* scum *(U)*.
craquelure [kraklyr] *nf* crack.
craquement [krakmɑ̃] *nm* crack, cracking *(U)*.
craquer [krake] ◇ *vi* **1.** *(produire un bruit)* to crack; *(plancher, chaussure)* to creak. **2.** *(se déchirer)* to split. **3.** *(s'effondrer - personne)* to crack up. **4.** *(être séduit par)*: **~ pour** to fall for. ◇ *vt (allumette)* to strike.
crasse [kras] *nf* **1.** *(saleté)* dirt, filth. **2.** *fam (mauvais tour)* dirty trick.
crasseux, -euse [krasø, øz] *adj* filthy.
cratère [kratɛr] *nm* crater.
cravache [kravaʃ] *nf* riding crop.
cravate [kravat] *nf* tie.
crawl [krol] *nm* crawl.

crayon [krɛjɔ̃] *nm* 1. *(gén)* pencil; **~ à bille** ballpoint (pen); **~ de couleur** crayon. 2. (TECHNOL) pen; **~ optique** light pen.

créancier, -ère [kreɑ̃sje, ɛr] *nm, f* creditor.

créateur, -trice [kreatœr, tris] ◇ *adj* creative. ◇ *nm, f* creator. ◆ **Créateur** *nm*: **le Créateur** the Creator.

créatif, -ive [kreatif, iv] *adj* creative.

création [kreasjɔ̃] *nf* creation.

créativité [kreativite] *nf* creativity.

créature [kreatyr] *nf* creature.

crécelle [kresɛl] *nf* rattle.

crèche [krɛʃ] *nf* 1. *(de Noël)* crib. 2. *(garderie)* crèche.

crédible [kredibl] *adj* credible.

crédit [kredi] *nm* 1. *(gén)* credit; **faire ~ à qqn** to give sb credit; **acheter/vendre qqch à ~** to buy/sell sthg on credit; **~ municipal** pawnshop. 2. *fig & sout* influence.

crédit-bail [kredibaj] (*pl* **crédits-bails**) *nm* leasing.

créditeur, -trice [kreditœr, tris] ◇ *adj* in credit. ◇ *nm, f* creditor.

crédule [kredyl] *adj* credulous.

crédulité [kredylite] *nf* credulity.

créer [kree] *vt* 1. (RELIG & *inventer*) to create. 2. *(fonder)* to found, to start up.

crémaillère [kremajɛr] *nf* 1. *(de cheminée)* trammel; **pendre la ~** *fig* to have a housewarming (party). 2. (TECHNOL) rack.

crémation [kremasjɔ̃] *nf* cremation.

crématoire [krematwar] → **four**.

crème [krɛm] ◇ *nf* *(gén)* cream; **~ fouettée/fraîche/glacée** whipped/fresh/ice cream; **~ anglaise** custard; **~ hydratante** moisturizer. ◇ *adj inv* cream.

crémerie [krɛmri] *nf* dairy.

crémier, -ère [kremje, ɛr] *nm, f* dairyman (*f* dairywoman).

créneau, -x [kreno] *nm* 1. *(de château)* crenel. 2. *(pour se garer)*: **faire un ~** to reverse into a parking space. 3. *(de marché)* niche. 4. *(horaire)* window, gap.

créole [kreɔl] *adj & nm* creole.

crêpe [krɛp] ◇ *nf* (CULIN) pancake. ◇ *nm (tissu)* crepe.

crêperie [krɛpri] *nf* pancake restaurant.

crépi [krepi] *nm* roughcast.

crépir [krepir] *vt* to roughcast.

crépiter [krepite] *vi (feu, flammes)* to crackle; *(pluie)* to patter.

crépon [krepɔ̃] ◇ *adj* → **papier**. ◇ *nm* seersucker.

crépu, -e [krepy] *adj* frizzy.

crépuscule [krepyskyl] *nm (du jour)* dusk, twilight; *fig* twilight.

crescendo [kreʃɛndo, kreʃẽdo] ◇ *adv* crescendo; **aller ~** *fig (bruit)* to get OU grow louder and louder; *(dépenses, émotion)* to grow apace. ◇ *nm inv* (MUS & *fig*) crescendo.

cresson [kresɔ̃] *nm* watercress.

Crète [krɛt] *nf*: **la ~** Crete.

crête [krɛt] *nf* 1. *(de coq)* comb. 2. *(de montagne, vague, oiseau)* crest.

crétin, -e [kretɛ̃, in] *fam* ◇ *adj* cretinous, idiotic. ◇ *nm, f* cretin, idiot.

creuser [krøze] *vt* 1. *(trou)* to dig. 2. *(objet)* to hollow out. 3. *fig (approfondir)* to go into deeply.

creuset [krøzɛ] *nm* crucible; *fig* melting pot.

creux, creuse [krø, krøz] *adj* 1. *(vide, concave)* hollow. 2. *(période - d'activité réduite)* slack; *(- à tarif réduit)* off-peak. 3. *(paroles)* empty. ◆ **creux** *nm* 1. *(concavité)* hollow. 2. *(période)* lull.

crevaison [krəvɛzɔ̃] *nf* puncture.

crevant, -e [krəvɑ̃, ɑ̃t] *adj fam (fatigant)* exhausting, knackering *Br*.

crevasse [krəvas] *nf (de mur)* crevice, crack; *(de glacier)* crevasse; *(sur la main)* crack.

crevé, -e [krəve] *adj* 1. *(pneu)* burst, punctured. 2. *fam (fatigué)* dead, shattered *Br*.

crève-cœur [krɛvkœr] *nm inv* heartbreak.

crever [krəve] ◇ *vi* 1. *(éclater)* to burst. 2. *tfam (mourir)* to die; **~ de** *fig (jalousie, orgueil)* to be bursting with. ◇ *vt* 1. *(percer)* to burst. 2. *fam (épuiser)* to wear out.

crevette [krəvɛt] *nf*: **~ (grise)** shrimp; **~ (rose)** prawn.

cri [kri] *nm* 1. *(de personne)* cry, shout; *(perçant)* scream; *(d'animal)* cry; **pousser un ~** to cry (out), to shout; **pousser un ~ de douleur** to cry out in pain. 2. *(appel)* cry; **le dernier ~** *fig* the latest thing.

criard, -e [krijar, ard] *adj* 1. *(voix)* strident, piercing. 2. *(couleur)* loud.

crible [kribl] *nm (instrument)* sieve; **passer qqch au ~** *fig* to examine sthg closely.

criblé, -e [krible] *adj* riddled; **être ~ de dettes** to be up to one's eyes in debt.

cric [krik] *nm* jack.

cricket [krikɛt] *nm* cricket.

crier [krije] ◇ *vi* 1. *(pousser un cri)* to shout (out), to yell. 2. *(parler fort)* to shout. 3. *(protester)*: **~ contre** OU **après qqn** to nag sb, to go on at sb. ◇ *vt* to shout (out).

Il existe un verbe anglais, *to cry*, dont la forme est très semblable au français « crier ». D'ailleurs, dans certains contextes soutenus, il est possible que *to cry* ait le sens de « crier ». La plupart du temps, la traduction correcte est « pleurer », comme dans *he made her cry*, « il l'a fait pleurer ». Toutefois, si l'on cherche à faire une traduction dans le sens inverse, il faut éviter de rendre « crier » par *to cry*, et utiliser à la place *to shout* ou *to yell*. Par exemple, « il n'arrête pas de crier » équivaut à *he's always yelling*.

crime [krim] *nm* 1. *(délit)* crime. 2. *(meurtre)* murder.
criminalité [kriminalite] *nf* criminality.
criminel, -elle [kriminɛl] ◇ *adj* criminal. ◇ *nm, f* criminal; **~ de guerre** war criminal.
crin [krɛ̃] *nm (d'animal)* hair.
crinière [krinjɛr] *nf* mane.
crique [krik] *nf* creek.
criquet [krikɛ] *nm* locust; *(sauterelle)* grasshopper.
crise [kriz] *nf* 1. (MÉD) attack; **~ cardiaque** heart attack; **~ de foie** bilious attack. 2. *(accès)* fit; **~ de nerfs** attack of nerves. 3. *(phase critique)* crisis.
crispation [krispasjɔ̃] *nf* 1. *(contraction)* contraction. 2. *(agacement)* irritation.
crispé, -e [krispe] *adj* tense, on edge.
crisper [krispe] *vt* 1. *(visage)* to tense; *(poing)* to clench. 2. *(agacer)* to irritate. ◆ **se crisper** *vp* 1. *(se contracter)* to tense (up). 2. *(s'irriter)* to get irritated.
crisser [krise] *vi (pneu)* to screech; *(étoffe)* to rustle.
cristal, -aux [kristal, o] *nm* crystal; **~ de roche** quartz.
cristallin, -e [kristalɛ̃, in] *adj* 1. *(limpide)* crystal clear, crystalline. 2. *(roche)* crystalline. ◆ **cristallin** *nm* crystalline lens.
critère [kritɛr] *nm* criterion.
critique [kritik] ◇ *adj* critical. ◇ *nmf* critic. ◇ *nf* criticism.
critiquer [kritike] *vt* to criticize.
croasser [krɔase] *vi* to croak, to caw.
croate [krɔat] *adj* Croat, Croatian. ◆ **Croate** *nmf* Croat, Croatian.
Croatie [krɔasi] *nf*: **la ~** Croatia.
croc [kro] *nm (de chien)* fang.
croche [krɔʃ] *nf* quaver *Br*, eighth (note) *Am*.
croche-pied [krɔʃpje] (*pl* **croche-pieds**) *nm*: **faire un ~ à qqn** to trip sb up.
crochet [krɔʃɛ] *nm* 1. *(de métal)* hook; **vivre aux ~s de qqn** to live off sb. 2. (TRICOT) crochet hook. 3. (TYPO) square bracket. 4. (BOXE): **~ du gauche/du droit** left/right hook.
crochu, -e [krɔʃy] *adj (doigts)* claw-like; *(nez)* hooked.
crocodile [krɔkɔdil] *nm* crocodile.
croire [krwar] ◇ *vt* 1. *(chose, personne)* to believe. 2. *(penser)* to think; **tu crois?** do you think so?; **~ que** to think (that). ◇ *vi*: **~ à** to believe in; **~ en** to believe in, to have faith in.
croisade [krwazad] *nf* (HIST & *fig*) crusade.
croisé, -e [krwaze] *adj (veste)* double-breasted. ◆ **croisé** *nm* (HIST) crusader.
croisement [krwazmɑ̃] *nm* 1. *(intersection)* junction, intersection. 2. (BIOL) crossbreeding.
croiser [krwaze] ◇ *vt* 1. *(jambes)* to cross; *(bras)* to fold. 2. *(personne)* to pass. 3. *(chemin)* to cross, to cut across. 4. *(métisser)* to interbreed. ◇ *vi* (NAVIG) to cruise. ◆ **se croiser** *vp (chemins)* to cross, to intersect; *(personnes)* to pass; *(lettres)* to cross; *(regards)* to meet.
croisière [krwazjɛr] *nf* cruise.
croisillon [krwazijɔ̃] *nm*: **à ~s** lattice *(avant n)*.
croissance [krwasɑ̃s] *nf* growth, development; **~ économique** economic growth OU development.
croissant, -e [krwasɑ̃, ɑ̃t] *adj* increasing, growing. ◆ **croissant** *nm* 1. *(de lune)* crescent. 2. (CULIN) croissant.
croître [krwatr] *vi* 1. *(grandir)* to grow. 2. *(augmenter)* to increase.
croix [krwa] *nf* cross; **en ~** in the shape of a cross; **~ gammée** swastika.
Croix-Rouge [krwaruʒ] *nf*: **la ~** the Red Cross.
croquant, -e [krɔkɑ̃, ɑ̃t] *adj* crisp, crunchy.
croque-mitaine [krɔkmitɛn] (*pl* **croque-mitaines**) *nm* bogeyman.
croque-monsieur [krɔkməsjø] *nm inv toasted cheese and ham sandwich.*
croque-mort [krɔkmɔr] (*pl* **croque-morts**) *nm fam* undertaker.
croquer [krɔke] ◇ *vt* 1. *(manger)* to crunch. 2. *(dessiner)* to sketch. ◇ *vi* to be crunchy.

croquette [krɔkɛt] *nf* croquette.
croquis [krɔki] *nm* sketch.
cross [krɔs] *nm (exercice)* cross-country (running); *(course)* cross-country race.
crotte [krɔt] *nf (de lapin etc)* droppings (*pl*); *(de chien)* dirt.
crottin [krɔtɛ̃] *nm (de cheval)* (horse) manure.
crouler [krule] *vi* to crumble; **~ sous** *litt & fig* to collapse under.
croupe [krup] *nf* rump; **monter en ~** to ride pillion.
croupier [krupje] *nm* croupier.
croupir [krupir] *vi litt & fig* to stagnate.
croustillant, -e [krustijɑ̃, ɑ̃t] *adj (croquant - pain)* crusty; *(- biscuit)* crunchy.
croûte [krut] *nf* **1.** *(du pain, terrestre)* crust. **2.** *(de fromage)* rind. **3.** *(de plaie)* scab. **4.** *fam péj (tableau)* daub.
croûton [krutɔ̃] *nm* **1.** *(bout du pain)* crust. **2.** *(pain frit)* crouton. **3.** *fam péj (personne)* fuddy-duddy.
croyance [krwajɑ̃s] *nf* belief.
croyant, -e [krwajɑ̃, ɑ̃t] ◇ *adj*: **être ~** to be a believer. ◇ *nm, f* believer.
CRS (*abr de* **Compagnie républicaine de sécurité**) *nm member of the French riot police.*
cru, -e [kry] ◇ *pp* → **croire**. ◇ *adj* **1.** *(non cuit)* raw. **2.** *(violent)* harsh. **3.** *(direct)* blunt. **4.** *(grivois)* crude.
crû [kry] *pp* → **croître**.
cruauté [kryote] *nf* cruelty.
cruche [kryʃ] *nf* **1.** *(objet)* jug. **2.** *fam péj (personne niaise)* twit.
crucial, -e, -aux [krysjal, o] *adj* crucial.
crucifix [krysifi] *nm* crucifix.
crudité [krydite] *nf* crudeness. ◆ **crudités** *nfpl* crudités.
crue [kry] *nf* rise in the water level.
cruel, -elle [kryɛl] *adj* cruel.
crûment [krymɑ̃] *adv* **1.** *(brutalement)* bluntly. **2.** *(grossièrement)* crudely.
crustacé [krystase] *nm* shellfish, crustacean; **~s** shellfish *(U)*.
Cuba [kyba] *n* Cuba.
cubain, -e [kybɛ̃, ɛn] *adj* Cuban. ◆ **Cubain, -e** *nm, f* Cuban.
cube [kyb] *nm* cube; **4 au ~ = 64** 4 cubed is 64; **mètre ~** cubic metre.
cueillette [kœjɛt] *nf* picking, harvesting.
cueillir [kœjir] *vt (fruits, fleurs)* to pick.
cuillère, cuiller [kɥijɛr] *nf* spoon; **~ à café** coffee spoon; (CULIN) teaspoon; **~ à dessert** dessertspoon; **~ à soupe** soup spoon; (CULIN) tablespoon; **petite ~** teaspoon.
cuillerée [kɥijere] *nf* spoonful; **~ à café** (CULIN) teaspoonful; **~ à soupe** (CULIN) tablespoonful.
cuir [kɥir] *nm* leather; *(non tanné)* hide; **~ chevelu** (ANAT) scalp.
cuirasse [kɥiras] *nf (de chevalier)* breastplate; *fig* armour.
cuirassé [kɥirase] *nm* battleship.
cuire [kɥir] ◇ *vt (viande, œuf)* to cook; *(tarte, gâteau)* to bake. ◇ *vi* **1.** *(viande, œuf)* to cook; *(tarte, gâteau)* to bake; **faire ~ qqch** to cook/bake sthg. **2.** *fig (personne)* to roast, to be boiling.
cuisine [kɥizin] *nf* **1.** *(pièce)* kitchen. **2.** *(art)* cooking, cookery; **faire la ~** to do the cooking, to cook.
cuisiné, -e [kɥizine] *adj*: **plat ~** ready-cooked meal.
cuisiner [kɥizine] ◇ *vt* **1.** *(aliment)* to cook. **2.** *fam (personne)* to grill. ◇ *vi* to cook; **bien/mal ~** to be a good/bad cook.
cuisinier, -ère [kɥizinje, ɛr] *nm, f* cook. ◆ **cuisinière** *nf* cooker; **cuisinière électrique/à gaz** electric/gas cooker.
cuisse [kɥis] *nf* **1.** (ANAT) thigh. **2.** (CULIN) leg.
cuisson [kɥisɔ̃] *nf* cooking.
cuit, -e [kɥi, kɥit] ◇ *pp* → **cuire**. ◇ *adj*: **bien ~** *(steak)* well-done.
cuivre [kɥivr] *nm (métal)*: **~ (rouge)** copper; **~ jaune** brass. ◆ **cuivres** *nmpl*: **les ~s** (MUS) the brass.
cuivré, -e [kɥivre] *adj (couleur, reflet)* coppery; *(teint)* bronzed.
cul [ky] *nm* **1.** *tfam (postérieur)* bum. **2.** *(de bouteille)* bottom.
culbute [kylbyt] *nf* **1.** *(saut)* somersault. **2.** *(chute)* tumble, fall.
cul-de-sac [kydsak] (*pl* **culs-de-sac**) *nm* dead end.
culinaire [kylinɛr] *adj* culinary.
culminant [kylminɑ̃] → **point**.
culot [kylo] *nm* **1.** *fam (toupet)* cheek, nerve; **avoir du ~** to have a lot of nerve. **2.** *(de cartouche, ampoule)* cap.
culotte [kylɔt] *nf (slip)* knickers (*pl*), panties (*pl*).
culotté, -e [kylɔte] *adj (effronté)*: **elle est ~e** she's got a nerve.
culpabilité [kylpabilite] *nf* guilt.
culte [kylt] *nm* **1.** *(vénération, amour)* worship. **2.** *(religion)* religion.
cultivateur, -trice [kyltivatœr, tris] *nm, f* farmer.
cultivé, -e [kyltive] *adj (personne)* educated, cultured.

cultiver [kyltive] *vt* **1.** *(terre, goût, relation)* to cultivate. **2.** *(plante)* to grow.
culture [kyltyr] *nf* **1.** (AGRIC) cultivation, farming; **les ~s** cultivated land. **2.** *(savoir)* culture, knowledge; **~ physique** physical training. **3.** *(civilisation)* culture.
culturel, -elle [kyltyrɛl] *adj* cultural.
culturisme [kyltyrism] *nm* bodybuilding.
cumin [kymɛ̃] *nm* cumin.
cumuler [kymyle] *vt (fonctions, titres)* to hold simultaneously; *(salaires)* to draw simultaneously.
cupide [kypid] *adj* greedy.
cure [kyr] *nf* (course of) treatment; **~ de désintoxication** *(d'alcool)* drying-out treatment; *(de drogue)* detoxification treatment; **~ de sommeil** sleep therapy; **faire une ~ thermale** to take the waters.
curé [kyre] *nm* parish priest.
cure-dents [kyrdɑ̃] *nm inv* toothpick.
curer [kyre] *vt* to clean out.
curieux, -euse [kyrjø, øz] ◇ *adj* **1.** *(intéressé)* curious; **~ de qqch/de faire qqch** curious about sthg/to do sthg. **2.** *(indiscret)* inquisitive. **3.** *(étrange)* strange, curious. ◇ *nm, f* busybody.
curiosité [kyrjozite] *nf* curiosity.
curriculum vitae [kyrikylɔmvite] *nm inv* curriculum vitae.
curry [kyri], **carry** [kari], **cari** [kari] *nm* **1.** *(épice)* curry powder. **2.** *(plat)* curry.
curseur [kyrsœr] *nm* cursor.
cutané, -e [kytane] *adj* cutaneous, skin *(avant n)*.
cutiréaction, cuti-réaction (*pl* **cuti-réactions**) [kytireaksjɔ̃] *nf* skin test.
cuve [kyv] *nf* **1.** *(citerne)* tank. **2.** *(à vin)* vat.
cuvée [kyve] *nf (récolte)* vintage.
cuvette [kyvɛt] *nf* **1.** *(récipient)* basin, bowl. **2.** *(de lavabo)* basin; *(de W.-C.)* bowl. **3.** (GÉOGR) basin.
CV *nm* **1.** (*abr de* **curriculum vitae**) CV. **2.** (*abr de* **cheval-vapeur**) hp; *(puissance fiscale) classification for scaling of car tax.*
cyanure [sjanyr] *nm* cyanide.
cybercafé [sibɛrkafe] *nm* cybercafe.
cyberespace [sibɛrɛspas] *nm* cyberspace.
cyclable [siklabl] → **piste**.
cycle [sikl] *nm* cycle; **premier ~** (UNIV) = first and second year; (SCOL) middle school *Br*, junior high school *Am*; **second ~** (UNIV) = final year *Br*, = senior year *Am*; (SCOL) upper school *Br*, high school *Am*; **troisième ~** (UNIV) = postgraduate year OU years.
cyclique [siklik] *adj* cyclic, cyclical.
cyclisme [siklism] *nm* cycling.
cycliste [siklist] *nmf* cyclist.
cyclone [siklon] *nm* cyclone.
cygne [siɲ] *nm* swan.
cylindre [silɛ̃dr] *nm* **1.** (AUTOM & GÉOM) cylinder. **2.** *(rouleau)* roller.
cymbale [sɛ̃bal] *nf* cymbal.
cynique [sinik] *adj* cynical.
cynisme [sinism] *nm* cynicism.
cyprès [siprɛ] *nm* cypress.
cyrillique [sirilik] *adj* Cyrillic.

D

d, D [de] *nm inv* d, D.
d' → **de**.
d'abord [dabɔr] → **abord**.
d'accord [dakɔr] *loc adv*: **~!** all right!, OK!; **être ~ avec** to agree with.
dactylo [daktilo] *nf (personne)* typist; *(procédé)* typing.
dactylographier [daktilɔgrafje] *vt* to type.
dada [dada] *nm* **1.** *(cheval)* gee-gee. **2.** *fam (occupation)* hobby. **3.** *fam (idée)* hobbyhorse. **4.** (ART) Dadaism.
dahlia [dalja] *nm* dahlia.
daigner [deɲe] *vi* to deign.
daim [dɛ̃] *nm* **1.** *(animal)* fallow deer. **2.** *(peau)* suede.
dallage [dalaʒ] *nm (action)* paving; *(dalles)* pavement.
dalle [dal] *nf (de pierre)* slab; *(de lino)* tile.
dalmatien, -enne [dalmasjɛ̃, ɛn] *nm, f* dalmatian.
daltonien, -enne [daltɔnjɛ̃, ɛn] *adj* colour-blind.
dame [dam] *nf* **1.** *(femme)* lady. **2.** (CARTES & ÉCHECS) queen. ◆ **dames** *nfpl* draughts *Br*, checkers *Am*.
damier [damje] *nm* **1.** *(de jeu)* draughtboard *Br*, checkerboard *Am*. **2.** *(motif)*: **à ~** checked.
damné, -e [dane] ◇ *adj fam* damned. ◇ *nm, f* damned person.

damner [dane] *vt* to damn.

dandiner [dɑ̃dine] ◆ **se dandiner** *vp* to waddle.

Danemark [danmark] *nm*: **le ~** Denmark.

danger [dɑ̃ʒe] *nm* danger; **en ~** in danger; **courir un ~** to run a risk.

dangereux, -euse [dɑ̃ʒrø, øz] *adj* dangerous.

danois, -e [danwa, az] *adj* Danish. ◆ **danois** *nm* 1. *(langue)* Danish. 2. *(chien)* Great Dane. ◆ **Danois, -e** *nm, f* Dane.

dans [dɑ̃] *prép* 1. *(dans le temps)* in; **je reviens ~ un mois** I'll be back in a month OU in a month's time. 2. *(dans l'espace)* in; **~ une boîte** in OU inside a box. 3. *(avec mouvement)* into; **entrer ~ une chambre** to come into a room, to enter a room. 4. *(indiquant état, manière)* in; **il est ~ le commerce** he's in business. 5. *(environ)*: **ça coûte ~ les 200 francs** it costs about 200 francs.

dansant, -e [dɑ̃sɑ̃, ɑ̃t] *adj litt & fig* dancing; **soirée ~e** dance; **thé ~** tea dance.

danse [dɑ̃s] *nf* 1. *(art)* dancing. 2. *(musique)* dance.

danser [dɑ̃se] ◇ *vi* 1. *(personne)* to dance. 2. *(bateau)* to bob; *(flammes)* to flicker. ◇ *vt* to dance.

danseur, -euse [dɑ̃sœr, øz] *nm, f* dancer.

dard [dar] *nm (d'animal)* sting.

date [dat] *nf* 1. *(précise)* date; **~ de naissance** date of birth. 2. *(moment)* event.

dater [date] ◇ *vt* to date. ◇ *vi* 1. *(marquer)* to be OU mark a milestone. 2. *fam (être démodé)* to be dated. ◆ **à dater de** *loc prép* as of OU from.

datte [dat] *nf* date.

dattier [datje] *nm* date palm.

dauphin [dofɛ̃] *nm* 1. *(mammifère)* dolphin. 2. (HIST) heir apparent.

daurade [dɔrad] *nf* sea bream.

davantage [davɑ̃taʒ] *adv* 1. *(plus)* more; **~ de** more. 2. *(plus longtemps)* (any) longer.

de [də] *(contraction de de + le =* **du** [dy], *de + les =* **des** [de]) ◇ *prép* 1. *(provenance)* from; **revenir ~ Paris** to come back OU return from Paris; **il est sorti ~ la maison** he left the house, he went out of the house. 2. *(avec à)*: **~ ... à** from ... to; **~ Paris à Tokyo** from Paris to Tokyo; **~ dix heures à midi** from ten o'clock to OU till midday; **il y avait ~ dix à quinze personnes** there were between ten and fifteen people. 3. *(appartenance)* of; **la porte du salon** the door of the sitting room, the sitting-room door; **le frère ~ Pierre** Pierre's brother; **la maison ~ mes parents** my parents' house. 4. *(indique la détermination, la qualité)*: **un verre d'eau** a glass of water; **un bébé ~ trois jours** a three-day-old baby; **une ville ~ 500 000 habitants** a town with OU of 500,000 inhabitants; **le train ~ 9 h 30** the 9.30 train. ◇ *article partitif* 1. *(dans une phrase affirmative)* some; **je voudrais du vin/du lait** I'd like (some) wine/(some) milk; **acheter des légumes** to buy some vegetables. 2. *(dans une interrogation ou une négation)* any; **ils n'ont pas d'enfants** they don't have any children, they have no children; **avez-vous du pain?** do you have any bread?, have you got any bread?; **voulez-vous du thé?** would you like some tea?

> • La marque du possessif -*'s* équivaut dans certains cas à une tournure commençant par *of* (*the company's profits = the profits of the company*). Toutefois, avec les noms de personnes, seule la forme en -*'s* est possible (*Bill's clothes*).
>
> • Il est plus naturel d'utiliser *of* lorsqu'on fait allusion à des objets (*the front of the house; the corner of the room*), ou lorsque la construction est longue et complexe (*I know the son of the teacher who's taking you for English* et non pas *I know the teacher who's taking you for English's son*).
>
> • Faites bien attention à faire la distinction entre -*'s* et -*s'* dans les tournures possessives. Comparez, par exemple, *my sister's friends* (= il y a une seule sœur) et *my sisters' friends* (= il y a plusieurs sœurs).

dé [de] *nm* 1. *(à jouer)* dice, die. 2. (COUTURE): **~ (à coudre)** thimble.

DEA *(abr de* **diplôme d'études approfondies**) *nm* postgraduate diploma.

dealer[1] [dile] *vt* to deal.

dealer[2] [dilœr] *nm fam* dealer.

déambuler [deɑ̃byle] *vi* to stroll (around).

débâcle [debakl] *nf (débandade)* rout; *fig* collapse.

déballer [debale] *vt* to unpack; *fam fig* to pour out.

débandade [debɑ̃dad] *nf* dispersal.
débarbouiller [debarbuje] *vt*: **~ qqn** to wash sb's face. ◆ **se débarbouiller** *vp* to wash one's face.
débarcadère [debarkadɛr] *nm* landing stage.
débardeur [debardœr] *nm* **1.** *(ouvrier)* docker. **2.** *(vêtement)* slipover.
débarquement [debarkəmɑ̃] *nm (de marchandises)* unloading.
débarquer [debarke] ◇ *vt (marchandises)* to unload; *(passagers & MIL)* to land. ◇ *vi* **1.** *(d'un bateau)* to disembark. **2.** (MIL) to land. **3.** *fam (arriver à l'improviste)* to turn up; *fig* to know nothing.
débarras [debara] *nm* junk room; **bon ~!** *fig* good riddance!
débarrasser [debarase] *vt* **1.** *(pièce)* to clear up; *(table)* to clear. **2.** *(ôter)*: **~ qqn de qqch** to take sthg from sb. ◆ **se débarrasser** *vp*: **se ~ de** to get rid of.
débat [deba] *nm* debate.
débattre [debatr] *vt* to debate, to discuss. ◆ **se débattre** *vp* to struggle.
débauche [deboʃ] *nf* debauchery.
débaucher [deboʃe] *vt* **1.** *(corrompre)* to debauch, to corrupt. **2.** *(licencier)* to make redundant.
débile [debil] ◇ *nmf* **1.** *(attardé)* retarded person; **~ mental** mentally retarded person. **2.** *fam (idiot)* moron. ◇ *adj fam* stupid.
débit [debi] *nm* **1.** *(de marchandises)* (retail) sale. **2.** *(coupe)* sawing up, cutting up. **3.** *(de liquide)* (rate of) flow. **4.** *(élocution)* delivery. **5.** (FIN) debit.
débiter [debite] *vt* **1.** *(vendre)* to sell. **2.** *(arbre)* to saw up; *(viande)* to cut up. **3.** *(suj: robinet)* to have a flow of. **4.** *fam fig (prononcer)* to spout. **5.** (FIN) to debit.
débiteur, -trice [debitœr, tris] ◇ *adj* **1.** *(personne)* debtor *(avant n)*. **2.** (FIN) debit *(avant n)*, in the red. ◇ *nm, f* debtor.
déblayer [debleje] *vt (dégager)* to clear; **~ le terrain** *fig* to clear the ground.
débloquer [debloke] ◇ *vt* **1.** *(machine)* to get going again. **2.** *(crédit)* to release. **3.** *(compte, salaires, prix)* to unfreeze. ◇ *vi fam* to talk rubbish.
déboires [debwar] *nmpl* **1.** *(déceptions)* disappointments. **2.** *(échecs)* setbacks. **3.** *(ennuis)* trouble *(U)*, problems.
déboiser [debwaze] *vt (région)* to deforest; *(terrain)* to clear (of trees).
déboîter [debwate] ◇ *vt* **1.** *(objet)* to dislodge. **2.** *(os)* to dislocate. ◇ *vi* (AUTOM) to pull out. ◆ **se déboîter** *vp* **1.** *(se démonter)* to come apart; *(porte)* to come off its hinges. **2.** *(os)* to dislocate.
débonnaire [debɔnɛr] *adj* good-natured, easy-going.
déborder [debɔrde] *vi (fleuve, liquide)* to overflow; *fig* to flood; **~ de** *(vie, joie)* to be bubbling with.
débouché [debuʃe] *nm* **1.** *(issue)* end. **2.** *(gén pl)* (COMM) outlet. **3.** *(de carrière)* prospect, opening.
déboucher [debuʃe] ◇ *vt* **1.** *(bouteille)* to open. **2.** *(conduite, nez)* to unblock. ◇ *vi*: **~ sur** *(arriver)* to open out into; *fig* to lead to, to achieve.
débourser [deburse] *vt* to pay out.
debout [dəbu] *adv* **1.** *(gén)*: **être ~** *(sur ses pieds)* to be standing (up); *(réveillé)* to be up; *(objet)* to be standing up OU upright; **mettre qqch ~** to stand sthg up; **se mettre ~** to stand up; **~!** get up!, on your feet! **2.** *loc*: **tenir ~** *(maison)* to remain standing; *(argument)* to stand up; **il ne tient pas ~** he's asleep on his feet.
déboutonner [debutɔne] *vt* to unbutton, to undo.
débraillé, -e [debraje] *adj* dishevelled.
débrayage [debrɛjaʒ] *nm (arrêt de travail)* stoppage.
débrayer [debreje] *vi* (AUTOM) to disengage the clutch, to declutch.
débris [debri] ◇ *nm* piece, fragment. ◇ *nmpl (restes)* leftovers.
débrouillard, -e [debrujar, ard] *fam adj* resourceful.
débrouiller [debruje] *vt* **1.** *(démêler)* to untangle. **2.** *fig (résoudre)* to unravel, to solve. ◆ **se débrouiller** *vp*: **se ~ (pour faire qqch)** to manage (to do sthg); **se ~ en anglais/math** to get by in English/maths; **débrouille-toi!** you'll have to sort it out (by) yourself!
débroussailler [debrusaje] *vt (terrain)* to clear; *fig* to do the groundwork for.
début [deby] *nm* beginning, start; **au ~** at the start OU beginning; **au ~ de** at the beginning of; **dès le ~** (right) from the start.
débutant, -e [debytɑ̃, ɑ̃t] *nm, f* beginner.
débuter [debyte] *vi* **1.** *(commencer)*: **~ (par)** to begin (with), to start (with). **2.** *(faire ses débuts)* to start out.
deçà [dəsa] ◆ **en deçà de** *loc prép* **1.** *(de ce côté-ci de)* on this side of. **2.** *(en dessous de)* short of.
déca [deka] *nm fam* decaff.

décacheter [dekaʃte] *vt* to open.
décadence [dekadɑ̃s] *nf* **1.** *(déclin)* decline. **2.** *(débauche)* decadence.
décadent, -e [dekadɑ̃, ɑ̃t] *adj* decadent.
décaféiné, -e [dekafeine] *adj* decaffeinated. ◆ **décaféiné** *nm* decaffeinated coffee.
décalage [dekalaʒ] *nm* gap; *fig* gulf, discrepancy; ~ **horaire** *(entre zones)* time difference; *(après un vol)* jet lag.
décaler [dekale] *vt* **1.** *(dans le temps - avancer)* to bring forward; *(- retarder)* to put back. **2.** *(dans l'espace)* to move, to shift.
décalquer [dekalke] *vt* to trace.
décamper [dekɑ̃pe] *vi fam* to clear off.
décapant, -e [dekapɑ̃, ɑ̃t] *adj* **1.** *(nettoyant)* stripping. **2.** *fig (incisif)* cutting, caustic. ◆ **décapant** *nm* (paint) stripper.
décaper [dekape] *vt* to strip, to sand.
décapiter [dekapite] *vt (personne)* to behead; *(accidentellement)* to decapitate; *(arbre)* to cut the top off; *fig* to remove the leader OU leaders of.
décapotable [dekapɔtabl] *nf & adj* convertible.
décapsuler [dekapsyle] *vt* to take the top off, to open.
décapsuleur [dekapsylœr] *nm* bottle opener.
décédé, -e [desede] *adj* deceased.
décéder [desede] *vi* to die.
déceler [desle] *vt (repérer)* to detect.
décembre [desɑ̃br] *nm* December; *voir aussi* **septembre.**
décemment [desamɑ̃] *adv* **1.** *(convenablement)* properly. **2.** *(raisonnablement)* reasonably.
décence [desɑ̃s] *nf* decency.
décennie [deseni] *nf* decade.
décent, -e [desɑ̃, ɑ̃t] *adj* decent.
décentralisation [desɑ̃tralizasjɔ̃] *nf* decentralization.
décentrer [desɑ̃tre] *vt* to move off-centre OU away from the centre.
déception [desɛpsjɔ̃] *nf* disappointment.
décerner [desɛrne] *vt*: ~ **qqch à** to award sthg to.
décès [desɛ] *nm* death.
décevant, -e [desəvɑ̃, ɑ̃t] *adj* disappointing.
décevoir [desəvwar] *vt* to disappoint.
déchaîné, -e [deʃene] *adj* **1.** *(vent, mer)* stormy, wild. **2.** *(personne)* wild.
déchaîner [deʃene] *vt (passion)* to unleash; *(rires)* to cause an outburst of. ◆ **se déchaîner** *vp* **1.** *(tempête)* to erupt. **2.** *(personne)* to fly into a rage.
déchanter [deʃɑ̃te] *vi* to become disillusioned.
décharge [deʃarʒ] *nf* **1.** (JUR) discharge. **2.** (ÉLECTR) discharge; ~ **électrique** electric shock. **3.** *(dépôt)* rubbish tip OU dump *Br*, garbage dump *Am*.
déchargement [deʃarʒəmɑ̃] *nm* unloading.
décharger [deʃarʒe] *vt* **1.** *(véhicule, marchandises)* to unload. **2.** *(arme - tirer)* to fire, to discharge; *(- enlever la charge)* to unload. **3.** *(cœur)* to unburden; *(conscience)* to salve; *(colère)* to vent. **4.** *(libérer)*: ~ **qqn de** to release sb from.
décharné, -e [deʃarne] *adj* emaciated.
déchausser [deʃose] *vt*: ~ **qqn** to take sb's shoes off. ◆ **se déchausser** *vp* **1.** *(personne)* to take one's shoes off. **2.** *(dent)* to come loose.
déchéance [deʃeɑ̃s] *nf (déclin)* degeneration, decline.
déchet [deʃɛ] *nm (de matériau)* scrap. ◆ **déchets** *nmpl* refuse *(U)*, waste *(U)*.
déchiffrer [deʃifre] *vt* **1.** *(inscription, hiéroglyphes)* to decipher; *(énigme)* to unravel. **2.** (MUS) to sight-read.
déchiqueter [deʃikte] *vt* to tear to shreds.
déchirant, -e [deʃirɑ̃, ɑ̃t] *adj* heartrending.
déchirement [deʃirmɑ̃] *nm (souffrance morale)* heartbreak, distress.
déchirer [deʃire] *vt (papier, tissu)* to tear up, to rip up. ◆ **se déchirer** *vp* **1.** *(personnes)* to tear each other apart. **2.** *(matériau, muscle)* to tear.
déchirure [deʃiryr] *nf* tear; *fig* wrench; ~ **musculaire** (MÉD) torn muscle.
déchu, -e [deʃy] *adj* **1.** *(homme, ange)* fallen; *(souverain)* deposed. **2.** (JUR): **être ~ de** to be deprived of.
décibel [desibɛl] *nm* decibel.
décidé, -e [deside] *adj* **1.** *(résolu)* determined. **2.** *(arrêté)* settled.
décidément [desidemɑ̃] *adv* really.
décider [deside] *vt* **1.** *(prendre une décision)*: ~ **(de faire qqch)** to decide (to do sthg). **2.** *(convaincre)*: ~ **qqn à faire qqch** to persuade sb to do sthg. ◆ **se décider** *vp* **1.** *(personne)*: **se ~ (à faire qqch)** to make up one's mind (to do sthg). **2.** *(choisir)*: **se ~ pour** to decide on, to settle on.
décilitre [desilitr] *nm* decilitre.
décimal, -e, -aux [desimal, o] *adj*

decimal. ◆ **décimale** *nf* decimal.
décimer [desime] *vt* to decimate.
décimètre [desimɛtr] *nm* 1. *(dixième de mètre)* decimetre. 2. *(règle)* ruler; **double ~** = foot rule.
décisif, -ive [desizif, iv] *adj* decisive.
décision [desizjɔ̃] *nf* decision.
décisionnaire [desizjɔnɛr] *nmf* decision-maker.
déclamer [deklame] *vt* to declaim.
déclaration [deklarasjɔ̃] *nf* 1. *(orale)* declaration, announcement. 2. *(écrite)* report, declaration; *(d'assurance)* claim; **~ de naissance/de décès** registration of birth/death; **~ d'impôts** tax return; **~ de revenus** statement of income.
déclarer [deklare] *vt* 1. *(annoncer)* to declare. 2. *(signaler)* to report; **rien à ~** nothing to declare; **~ une naissance** to register a birth. ◆ **se déclarer** *vp* 1. *(se prononcer)*: **se ~ pour/contre qqch** to come out in favour of/against sthg. 2. *(se manifester)* to break out.
déclenchement [deklɑ̃ʃmɑ̃] *nm (de mécanisme)* activating, setting off; *fig* launching.
déclencher [deklɑ̃ʃe] *vt (mécanisme)* to activate, to set off; *fig* to launch. ◆ **se déclencher** *vp (mécanisme)* to go off, to be activated; *fig* to be triggered off.
déclic [deklik] *nm* 1. *(mécanisme)* trigger. 2. *(bruit)* click.
déclin [deklɛ̃] *nm* 1. *(de civilisation, population, santé)* decline. 2. *(fin)* close.
déclinaison [deklinɛzɔ̃] *nf* (GRAM) declension.
décliner [dekline] ◇ *vi (santé, popularité)* to decline. ◇ *vt* 1. *(offre)* to decline. 2. (GRAM) to decline.
décoder [dekɔde] *vt* to decode.
décoiffer [dekwafe] *vt*: **~ qqn** to mess up sb's hair.
décoincer [dekwɛ̃se] *vt* 1. *(chose)* to loosen; *(mécanisme)* to unjam. 2. *fam (personne)* to loosen up.
décollage [dekɔlaʒ] *nm litt & fig* take-off.
décoller [dekɔle] ◇ *vt (étiquette, timbre)* to unstick; *(papier peint)* to strip (off). ◇ *vi litt & fig* to take off.
décolleté, -e [dekɔlte] *adj (vêtement)* low-cut. ◆ **décolleté** *nm* 1. *(de personne)* neck and shoulders *(pl)*. 2. *(de vêtement)* neckline, neck.
décolonisation [dekɔlɔnizasjɔ̃] *nf* decolonization.
décolorer [dekɔlɔre] *vt (par décolorant)* to bleach, to lighten; *(par usure)* to fade.
décombres [dekɔ̃br] *nmpl* debris *(U)*.
décommander [dekɔmɑ̃de] *vt* to cancel.
décomposé, -e [dekɔ̃poze] *adj* 1. *(pourri)* decomposed. 2. *(visage)* haggard; *(personne)* in shock.
décomposer [dekɔ̃poze] *vt (gén)*: **~ (en)** to break down (into). ◆ **se décomposer** *vp* 1. *(se putréfier)* to rot, to decompose. 2. *(se diviser)*: **se ~ en** to be broken down into.
décomposition [dekɔ̃pozisjɔ̃] *nf* 1. *(putréfaction)* decomposition. 2. *fig (analyse)* breaking down, analysis.
décompresser [dekɔ̃prese] ◇ *vt* (TECHNOL) to decompress. ◇ *vi* to unwind.
décompression [dekɔ̃presjɔ̃] *nf* decompression.
décompte [dekɔ̃t] *nm (calcul)* breakdown (of an amount).
déconcentrer [dekɔ̃sɑ̃tre] *vt (distraire)* to distract. ◆ **se déconcentrer** *vp* to be distracted.
déconcerter [dekɔ̃sɛrte] *vt* to disconcert.
déconfiture [dekɔ̃fityr] *nf* collapse, ruin.
décongeler [dekɔ̃ʒle] *vt* to defrost.
décongestionner [dekɔ̃ʒɛstjɔne] *vt* to relieve congestion in.
déconnecter [dekɔnɛkte] *vt* to disconnect.
déconseillé, -e [dekɔ̃seje] *adj*: **c'est fortement ~** it's extremely inadvisable.
déconseiller [dekɔ̃seje] *vt*: **~ qqch à qqn** to advise sb against sthg; **~ à qqn de faire qqch** to advise sb against doing sthg.
déconsidérer [dekɔ̃sidere] *vt* to discredit.
décontaminer [dekɔ̃tamine] *vt* to decontaminate.
décontenancer [dekɔ̃tnɑ̃se] *vt* to put out.
décontracté, -e [dekɔ̃trakte] *adj* 1. *(muscle)* relaxed. 2. *(détendu)* casual, laid-back.
décontracter [dekɔ̃trakte] *vt* to relax. ◆ **se décontracter** *vp* to relax.
décor [dekɔr] *nm* 1. *(cadre)* scenery. 2. (THÉÂTRE) scenery *(U)*; (CIN) sets *(pl)*, décor.
décorateur, -trice [dekɔratœr, tris] *nm, f* (CIN & THÉÂTRE) designer; **~ d'intérieur** interior decorator.
décoratif, -ive [dekɔratif, iv] *adj* decorative.

décoration [dekɔrasjɔ̃] *nf* decoration.
décorer [dekɔre] *vt* to decorate.
décortiquer [dekɔrtike] *vt* *(noix)* to shell; *(graine)* to husk; *fig* to analyse in minute detail.
découcher [dekuʃe] *vi* to stay out all night.
découdre [dekudr] *vt* to unpick.
découler [dekule] *vi*: ~ **de** to follow from.
découpage [dekupaʒ] *nm* **1.** *(action)* cutting out; *(résultat)* paper cutout. **2.** (ADMIN): ~ **(électoral)** division into constituencies.
découper [dekupe] *vt* **1.** *(couper)* to cut up. **2.** *fig (diviser)* to cut out.
découpure [dekupyr] *nf (bord)* indentations (*pl*), jagged outline.
découragement [dekuraʒmɑ̃] *nm* discouragement.
décourager [dekuraʒe] *vt* to discourage; ~ **qqn de qqch** to put sb off sthg; ~ **qqn de faire qqch** to discourage sb from doing sthg. ◆ **se décourager** *vp* to lose heart.
décousu, -e [dekuzy] ◇ *pp* → **découdre**. ◇ *adj fig* disjointed.
découvert, -e [dekuvɛr, ɛrt] ◇ *pp* → **découvrir**. ◇ *adj (tête)* bare; *(terrain)* exposed. ◆ **découvert** *nm* overdraft; **être à ~ (de 600 francs)** to be (600 francs) overdrawn. ◆ **découverte** *nf* discovery; **aller à la ~e de** to explore.
découvrir [dekuvrir] *vt* **1.** *(trouver, surprendre)* to discover. **2.** *(ôter ce qui couvre, mettre à jour)* to uncover.
décrasser [dekrase] *vt* to scrub.
décrépitude [dekrepityd] *nf* **1.** *(de personne)* decrepitude. **2.** *(d'objet)* dilapidation.
décret [dekrɛ] *nm* decree.
décréter [dekrete] *vt (décider)*: ~ **que** to decide that.
décrire [dekrir] *vt* to describe.
décrocher [dekrɔʃe] ◇ *vt* **1.** *(enlever)* to take down. **2.** *(téléphone)* to pick up. **3.** *fam (obtenir)* to land. ◇ *vi fam (abandonner)* to drop out.
décroître [dekrwatr] *vi* to decrease, to diminish; *(jours)* to get shorter.
décrypter [dekripte] *vt* to decipher.
déçu, -e [desy] ◇ *pp* → **décevoir**. ◇ *adj* disappointed.
déculotter [dekylɔte] *vt*: ~ **qqn** to take sb's trousers off.
dédaigner [dedeɲe] *vt* **1.** *(mépriser - personne)* to despise; *(- conseils, injures)* to scorn. **2.** *(refuser)*: ~ **de faire qqch** *sout* to disdain to do sthg; **ne pas ~ qqch/de faire qqch** not to be above sthg/above doing sthg.
dédaigneux, -euse [dedɛɲø, øz] *adj* disdainful.
dédain [dedɛ̃] *nm* disdain, contempt.
dédale [dedal] *nm litt & fig* maze.
dedans [dədɑ̃] *adv & nm* inside. ◆ **de dedans** *loc adv* from inside, from within. ◆ **en dedans** *loc adv* inside, within. ◆ **en dedans de** *loc prép* inside, within; *voir aussi* **là-dedans**.
dédicace [dedikas] *nf* dedication.
dédicacer [dedikase] *vt*: ~ **qqch (à qqn)** to sign OU autograph sthg (for sb).
dédier [dedje] *vt*: ~ **qqch (à qqn/à qqch)** to dedicate sthg (to sb/to sthg).
dédire [dedir] ◆ **se dédire** *vp sout* to go back on one's word.
dédommagement [dedɔmaʒmɑ̃] *nm* compensation.
dédommager [dedɔmaʒe] *vt* **1.** *(indemniser)* to compensate. **2.** *fig (remercier)* to repay.
dédouaner [dedwane] *vt (marchandises)* to clear through customs.
dédoubler [deduble] *vt* to halve, to split; *(fil)* to separate.
déduction [dedyksjɔ̃] *nf* deduction.
déduire [dedɥir] *vt*: ~ **qqch (de)** *(ôter)* to deduct sthg (from); *(conclure)* to deduce sthg (from).
déesse [deɛs] *nf* goddess.
défaillance [defajɑ̃s] *nf* **1.** *(de machine)* failure; *(de personne)* weakness. **2.** *(malaise)* blackout, fainting fit.
défaillant, -e [defajɑ̃, ɑ̃t] *adj (faible)* failing.
défaillir [defajir] *vi (s'évanouir)* to faint.
défaire [defɛr] *vt (détacher)* to undo; *(valise)* to unpack; *(lit)* to strip. ◆ **se défaire** *vp* **1.** *(ne pas tenir)* to come undone. **2.** *sout (se séparer)*: **se ~ de** to get rid of.
défait, -e [defɛ, ɛt] ◇ *pp* → **défaire**. ◇ *adj fig* haggard. ◆ **défaite** *nf* defeat.
défaitiste [defetist] *nmf & adj* defeatist.
défaut [defo] *nm* **1.** *(imperfection)* flaw; *(de personne)* fault, shortcoming; ~ **de fabrication** manufacturing fault. **2.** *(manque)* lack; **à ~ de** for lack OU want of; **l'eau fait (cruellement) ~** there is a serious water shortage.
défaveur [defavœr] *nf* disfavour; **être/tomber en ~** to be/fall out of favour.
défavorable [defavɔrabl] *adj* unfavourable.

défavoriser [defavɔrize] *vt* to handicap, to penalize.
défection [defɛksjɔ̃] *nf* 1. *(absence)* absence. 2. *(abandon)* defection.
défectueux, -euse [defɛktɥø, øz] *adj* faulty, defective.
défendeur, -eresse [defɑ̃dœr, rɛs] *nm, f* defendant.
défendre [defɑ̃dr] *vt* 1. *(personne, opinion, client)* to defend. 2. *(interdire)* to forbid; **~ qqch à qqn** to forbid sb sthg; **~ à qqn de faire qqch** to forbid sb to do sthg. ◆ **se défendre** *vp* 1. *(se battre, se justifier)* to defend o.s. 2. *(nier)*: **se ~ de faire qqch** to deny doing sthg. 3. *(thèse)* to stand up.
défense [defɑ̃s] *nf* 1. *(d'éléphant)* tusk. 2. *(interdiction)* prohibition, ban; '**~ de fumer/d'entrer**' 'no smoking/entry'; '**~ d'afficher**' 'stick no bills'. 3. *(protection)* defence; **prendre la ~ de** to stand up for; **légitime ~** self-defence.
défenseur [defɑ̃sœr] *nm (partisan)* champion.
défensif, -ive [defɑ̃sif, iv] *adj* defensive. ◆ **défensive** *nf*: **être sur la défensive** to be on the defensive.
déférence [deferɑ̃s] *nf* deference.
déferlement [defɛrləmɑ̃] *nm (de vagues)* breaking; *fig* surge, upsurge.
déferler [defɛrle] *vi (vagues)* to break; *fig* to surge.
défi [defi] *nm* challenge.
défiance [defjɑ̃s] *nf* distrust, mistrust.
déficience [defisjɑ̃s] *nf* deficiency.
déficit [defisit] *nm* (FIN) deficit; **être en ~** to be in deficit.
déficitaire [defisitɛr] *adj* in deficit.
défier [defje] *vt (braver)*: **~ qqn de faire qqch** to defy sb to do sthg.
défigurer [defigyre] *vt* 1. *(blesser)* to disfigure. 2. *(enlaidir)* to deface.
défilé [defile] *nm* 1. *(parade)* parade. 2. *(couloir)* defile, narrow pass.
défiler [defile] *vi* 1. *(dans une parade)* to march past. 2. *(se succéder)* to pass. ◆ **se défiler** *vp fam* to back out.
défini, -e [defini] *adj* 1. *(précis)* clear, precise. 2. (GRAM) definite.
définir [definir] *vt* to define.
définitif, -ive [definitif, iv] *adj* definitive, final. ◆ **en définitive** *loc adv* in the end.
définition [definisjɔ̃] *nf* definition.
définitivement [definitivmɑ̃] *adv* for good, permanently.

> Attention à ne pas confondre «définitivement» avec *definitely*, qui, du point de vue du sens, n'a pas grand-chose à voir avec l'adverbe français, pourtant si ressemblant. L'idée contenue dans *definitely* est celle de certitude. Par exemple, *definitely not!* signifie «certainement pas!», et *it's definitely him* se traduit par «il n'y a pas de doute, c'est lui». Comment, dans ce cas, traduire «définitivement»? Les exemples suivants le montrent: «ils sont partis définitivement», *they've gone for good*; «elle est nommée définitivement à Chartres», *she's been given a permanent post in Chartres.*

défiscaliser [defiskalize] *vt* to exempt from taxation.
déflationniste [deflasjɔnist] *adj* deflationary, deflationist.
défoncer [defɔ̃se] *vt (caisse, porte)* to smash in; *(route)* to break up; *(mur)* to smash down; *(chaise)* to break.
déformation [defɔrmasjɔ̃] *nf* 1. *(d'objet, de théorie)* distortion. 2. (MÉD) deformity; **~ professionnelle** *mental conditioning caused by one's job.*
déformer [defɔrme] *vt* to distort. ◆ **se déformer** *vp (changer de forme)* to be distorted, to be deformed; *(se courber)* to bend.
défouler [defule] *vt fam* to unwind. ◆ **se défouler** *vp fam* to let off steam, to unwind.
défricher [defriʃe] *vt (terrain)* to clear; *fig (question)* to do the groundwork for.
défunt, -e [defœ̃, œ̃t] ◇ *adj (décédé)* late. ◇ *nm, f* deceased.
dégagé, -e [degaʒe] *adj* 1. *(vue)* clear; *(épaules)* bare. 2. *(désinvolte)* casual, airy. 3. *(libre)*: **~ de** free from.
dégager [degaʒe] ◇ *vt* 1. *(odeur)* to produce, to give off. 2. *(blessé)* to free, to extricate. 3. *(bénéfice)* to show. 4. *(pièce)* to clear. 5. *(libérer)*: **~ qqn de** to release sb from. ◇ *vi fam (partir)* to clear off. ◆ **se dégager** *vp* 1. *(se délivrer)*: **se ~ de qqch** to free o.s. from sthg; *fig* to get out of sthg. 2. *(émaner)* to be given off. 3. *(émerger)* to emerge.
dégarnir [degarnir] *vt* to strip, to clear. ◆ **se dégarnir** *vp (vitrine)* to be cleared; *(arbre)* to lose its leaves; **sa tête se dégarnit, il se dégarnit** he's going bald.
dégât [dega] *nm litt & fig* damage *(U)*; **faire des ~s** to cause damage.
dégel [deʒɛl] *nm (fonte des glaces)* thaw.

dégeler [deʒle] ◇ *vt (produit surgelé)* to thaw. ◇ *vi* to thaw.

dégénéré, -e [deʒenere] *adj & nm, f* degenerate.

dégénérer [deʒenere] *vi* to degenerate; **~ en** to degenerate into.

dégivrer [deʒivre] *vt (pare-brise)* to de-ice; *(réfrigérateur)* to defrost.

dégonfler [degɔ̃fle] ◇ *vt* to deflate, to let down. ◇ *vi* to go down. ◆ **se dégonfler** *vp* **1.** *(objet)* to go down. **2.** *fam (personne)* to chicken out.

dégouliner [deguline] *vi* to trickle.

dégourdi, -e [degurdi] *adj* clever.

dégourdir [degurdir] *vt* **1.** *(membres)* to restore the circulation to. **2.** *fig (déniaiser)*: **~ qqn** to teach sb a thing or two. ◆ **se dégourdir** *vp* **1.** *(membres)*: **se ~ les jambes** to stretch one's legs. **2.** *fig (se déniaiser)* to learn a thing or two.

dégoût [degu] *nm* disgust, distaste.

dégoûtant, -e [degutɑ̃, ɑ̃t] *adj* **1.** *(sale)* filthy, disgusting. **2.** *(révoltant, grossier)* disgusting.

dégoûter [degute] *vt* to disgust.

dégoutter [degute] *vi*: **~ (de qqch)** to drip (with sthg).

dégradé, -e [degrade] *adj (couleur)* shading off. ◆ **dégradé** *nm* gradation; **un ~ de bleu** a blue shading. ◆ **en dégradé** *loc adv (cheveux)* layered.

dégrader [degrade] *vt* **1.** *(officier)* to degrade. **2.** *(abîmer)* to damage. **3.** *fig (avilir)* to degrade, to debase. ◆ **se dégrader** *vp* **1.** *(lieu, santé)* to deteriorate. **2.** *fig (personne)* to degrade o.s.

dégrafer [degrafe] *vt* to undo, to unfasten.

dégraissage [degrɛsaʒ] *nm* **1.** *(de vêtement)* dry-cleaning. **2.** *(de personnel)* trimming, cutting back.

degré [dəgre] *nm (gén)* degree; **~s centigrades** OU **Celsius** degrees centigrade OU Celsius; **prendre qqn/qqch au premier ~** to take sb/sthg at face value.

dégressif, -ive [degresif, iv] *adj*: **tarif ~** decreasing price scale.

dégringoler [degrɛ̃gɔle] *vi fam (tomber)* to tumble; *fig* to crash.

déguenillé, -e [degənije] *adj* ragged.

déguerpir [degɛrpir] *vi* to clear off.

dégueulasse [degœlas] *tfam* ◇ *adj* **1.** *(très sale, grossier)* filthy. **2.** *(révoltant)* dirty, rotten. ◇ *nmf* scum *(U)*.

dégueuler [degœle] *vi fam* to throw up.

déguisement [degizmɑ̃] *nm* disguise; *(pour bal masqué)* fancy dress.

déguiser [degize] *vt* to disguise. ◆ **se déguiser** *vp*: **se ~ en** *(pour duper)* to disguise o.s. as; *(à une fête)* to dress up as.

dégustation [degystasjɔ̃] *nf* tasting, sampling; **~ de vin** wine tasting.

déguster [degyste] ◇ *vt (savourer)* to taste, to sample. ◇ *vi fam (subir)*: **il va ~!** he'll be for it!

déhancher [deɑ̃ʃe] ◆ **se déhancher** *vp (en marchant)* to swing one's hips; *(en restant immobile)* to put all one's weight on one leg.

dehors [dəɔr] ◇ *adv* outside; **aller ~** to go outside; **dormir ~** to sleep out of doors, to sleep out; **jeter** OU **mettre qqn ~** to throw sb out. ◇ *nm* outside. ◇ *nmpl*: **les ~** *(les apparences)* appearances. ◆ **en dehors** *loc adv* outside, outwards. ◆ **en dehors de** *loc prép (excepté)* apart from.

déjà [deʒa] *adv* **1.** *(dès cet instant)* already. **2.** *(précédemment)* already, before. **3.** *(au fait)*: **quel est ton nom ~?** what did you say your name was? **4.** *(renforce une affirmation)*: **ce n'est ~ pas si mal** that's not bad at all.

déjeuner [deʒœne] ◇ *vi* **1.** *(le matin)* to have breakfast. **2.** *(à midi)* to have lunch. ◇ *nm* **1.** *(repas de midi)* lunch. **2.** *Can (dîner)* dinner.

déjouer [deʒwe] *vt* to frustrate; **~ la surveillance de qqn** to elude sb's surveillance.

delà [dəla] → **au-delà**.

délabré, -e [delabre] *adj* ruined.

délacer [delase] *vt* to unlace, to undo.

délai [delɛ] *nm* **1.** *(temps accordé)* period; **sans ~** immediately, without delay; **~ de livraison** delivery time, lead time. **2.** *(sursis)* extension (of deadline).

> Certes, «délai» et l'anglais *delay* ont tous les deux à voir avec la notion de temps, c'est pourquoi il est facile de les confondre. Attention toutefois à ne jamais traduire l'un par l'autre: un *delay* est un «retard», alors que «délai» se traduit par *extension, time,* etc., selon les contextes. Comparez, par exemple, *there's a two-hour delay on all international flights*, «il y a un retard de deux heures sur tous les vols internationaux», et «laissez-moi un délai de réflexion», *give me time to think*, ou encore «ils lui ont accordé un délai», *they granted him an extension*.

délaisser [delese] *vt* **1.** *(abandonner)* to leave. **2.** *(négliger)* to neglect.

délassement [delasmɑ̃] *nm* relaxation.
délasser [delase] *vt* to refresh. ◆ **se délasser** *vp* to relax.
délation [delasjɔ̃] *nf* informing.
délavé, -e [delave] *adj* faded.
délayer [deleje] *vt (diluer)*: ~ **qqch dans qqch** to mix sthg with sthg.
délecter [delɛkte] ◆ **se délecter** *vp*: **se ~ de qqch/à faire qqch** to delight in sthg/in doing sthg.
délégation [delegasjɔ̃] *nf* delegation; **agir par ~** to be delegated to act.
délégué, -e [delege] ◇ *adj (personne)* delegated. ◇ *nm, f (représentant)*: ~ **(à)** delegate (to).
déléguer [delege] *vt*: ~ **qqn (à qqch)** to delegate sb (to sthg).
délester [delɛste] *vt* **1.** *(circulation routière)* to set up a diversion on, to divert. **2.** *fig & hum (voler)*: ~ **qqn de qqch** to relieve sb of sthg.
délibération [deliberasjɔ̃] *nf* deliberation.
délibéré, -e [delibere] *adj* **1.** *(intentionnel)* deliberate. **2.** *(résolu)* determined.
délibérer [delibere] *vi*: ~ **(de** OU **sur)** to deliberate (on OU over).
délicat, -e [delika, at] *adj* **1.** *(gén)* delicate. **2.** *(exigeant)* fussy, difficult.
délicatement [delikatmɑ̃] *adv* delicately.
délicatesse [delikatɛs] *nf* **1.** *(gén)* delicacy. **2.** *(tact)* delicacy, tact.
délice [delis] *nm* delight.
délicieux, -euse [delisjø, øz] *adj* **1.** *(savoureux)* delicious. **2.** *(agréable)* delightful.
délié, -e [delje] *adj (doigts)* nimble.
délier [delje] *vt* to untie.
délimiter [delimite] *vt (frontière)* to fix; *fig (question)* to define, to demarcate.
délinquance [delɛ̃kɑ̃s] *nf* delinquency.
délinquant, -e [delɛ̃kɑ̃, ɑ̃t] *nm, f* delinquent.
délirant, -e [delirɑ̃, ɑ̃t] *adj* **1.** (MÉD) delirious. **2.** *(extravagant)* frenzied. **3.** *fam (extraordinaire)* crazy.
délire [delir] *nm* (MÉD) delirium; **en ~** *fig* frenzied.
délirer [delire] *vi* (MÉD) to be OU become delirious; *fam fig* to rave.
délit [deli] *nm* crime, offence; **en flagrant ~** red-handed, in the act.
délivrance [delivrɑ̃s] *nf* **1.** *(libération)* freeing, release. **2.** *(soulagement)* relief.
délivrer [delivre] *vt* **1.** *(personne)* to free, to release. **2.** *(pays)* to deliver, to free; ~ **de** to free from; *fig* to relieve from. **3.** *(remettre)*: ~ **qqch (à qqn)** to issue sthg (to sb). **4.** *(paquet)* to deliver.
déloger [delɔʒe] *vt*: ~ **(de)** to dislodge (from).
déloyal, -e, -aux [delwajal, o] *adj* **1.** *(ami)* disloyal. **2.** *(pratique)* unfair.
delta [dɛlta] *nm* delta.
deltaplane, delta-plane (*pl* **delta-planes**) [dɛltaplan] *nm* hang glider.
déluge [delyʒ] *nm* **1.** (RELIG): **le Déluge** the Flood. **2.** *(pluie)* downpour, deluge; **un ~ de** *fig* a flood of.
déluré, -e [delyre] *adj (malin)* quick-witted; *péj (dévergondé)* saucy.
démagogie [demagɔʒi] *nf* pandering to public opinion, demagogy.
demain [dəmɛ̃] ◇ *adv* **1.** *(lendemain)* tomorrow; ~ **matin** tomorrow morning. **2.** *fig (plus tard)* in the future. ◇ *nm* tomorrow; **à ~!** see you tomorrow!
demande [dəmɑ̃d] *nf* **1.** *(souhait)* request. **2.** *(démarche)* proposal; ~ **en mariage** proposal of marriage. **3.** *(candidature)* application; ~ **d'emploi** job application; **'~s d'emploi'** 'situations wanted'. **4.** (ÉCON) demand.
demandé, -e [dəmɑ̃de] *adj* in demand.
demander [dəmɑ̃de] ◇ *vt* **1.** *(réclamer)* to ask for; ~ **qqch à qqn** to ask sb for sthg. **2.** *(appeler)* to call; **on vous demande au téléphone** you're wanted on the telephone. **3.** *(désirer)* to ask, to want; **je ne demande pas mieux** I'd be only too pleased (to), I'd love to. **4.** *(exiger)*: **tu m'en demandes trop** you're asking too much of me. **5.** *(nécessiter)* to require. ◇ *vi* **1.** *(réclamer)*: ~ **à qqn de faire qqch** to ask sb to do sthg; **ne ~ qu'à ...** to be ready to ... **2.** *(nécessiter)*: **ce projet demande à être étudié** this project requires investigation OU needs investigating. ◆ **se demander** *vp*: **se ~ (si)** to wonder (if OU whether).
demandeur[1], **-euse** [dəmɑ̃dœr, øz] *nm, f (solliciteur)*: ~ **d'asile** asylum-seeker; ~ **d'emploi** job-seeker.
démangeaison [demɑ̃ʒɛzɔ̃] *nf (irritation)* itch, itching *(U)*; *fam fig* urge.
démanger [demɑ̃ʒe] *vi (gratter)* to itch; **ça me démange de ...** *fig* I'm itching OU dying to ...
démanteler [demɑ̃tle] *vt (construction)* to demolish; *fig* to break up.
démaquillant, -e [demakijɑ̃, ɑ̃t] *adj* make-up-removing (*avant n*). ◆ **démaquillant** *nm* make-up remover.

démaquiller [demakije] *vt* to remove make-up from. ◆ **se démaquiller** *vp* to remove one's make-up.
démarche [demarʃ] *nf* 1. *(allure)* gait, walk. 2. *(raisonnement)* approach, method. 3. *(requête)* step.
démarcheur, -euse [demarʃœr, øz] *nm, f (représentant)* door-to-door salesman (*f* saleswoman).
démarquer [demarke] *vt* 1. *(solder)* to mark down. 2. (SPORT) not to mark. ◆ **se démarquer** *vp* 1. (SPORT) to shake off one's marker. 2. *fig (se distinguer)*: **se ~ (de)** to distinguish o.s. (from).
démarrage [demaraʒ] *nm* starting, start; **~ en côte** hill start.
démarrer [demare] ◇ *vi* 1. *(véhicule)* to start (up); *(conducteur)* to drive off. 2. *fig (affaire, projet)* to get off the ground. ◇ *vt* 1. *(véhicule)* to start (up). 2. *fam fig (commencer)*: **~ qqch** to get sthg going.
démarreur [demarœr] *nm* starter.
démasquer [demaske] *vt* 1. *(personne)* to unmask. 2. *fig (plan)* to unveil.
démêlant, -e [demɛlɑ̃, ɑ̃t] *adj* conditioning (*avant n*). ◆ **démêlant** *nm* conditioner.
démêlé [demɛle] *nm* quarrel; **avoir des ~s avec la justice** to get into trouble with the law.
démêler [demɛle] *vt (cheveux, fil)* to untangle; *fig* to unravel. ◆ **se démêler** *vp*: **se ~ de** *fig* to extricate o.s. from.
déménagement [demenaʒmɑ̃] *nm* removal.
déménager [demenaʒe] ◇ *vt* to move. ◇ *vi* to move (house).
déménageur [demenaʒœr] *nm* removal man *Br*, mover *Am*.
démence [demɑ̃s] *nf* (MÉD) dementia; *(bêtise)* madness.
démener [demne] ◆ **se démener** *vp litt & fig* to struggle.
dément, -e [demɑ̃, ɑ̃t] ◇ *adj* (MÉD) demented; *fam (extraordinaire, extravagant)* crazy. ◇ *nm, f* demented person.
démenti [demɑ̃ti] *nm* denial.
démentiel, -elle [demɑ̃sjɛl] *adj* (MÉD) demented; *fam (incroyable)* crazy.
démentir [demɑ̃tir] *vt* 1. *(réfuter)* to deny. 2. *(contredire)* to contradict.
démesure [deməzyr] *nf* excess, immoderation.
démettre [demɛtr] *vt* 1. (MÉD) to put out (of joint). 2. *(congédier)*: **~ qqn de** to dismiss sb from. ◆ **se démettre** *vp* 1. (MÉD): **se ~ l'épaule** to put one's shoulder out (of joint). 2. *(démissionner)*: **se ~ de ses fonctions** to resign.
demeurant [dəmœrɑ̃] ◆ **au demeurant** *loc adv* all things considered.
demeure [dəmœr] *nf sout (domicile, habitation)* residence. ◆ **à demeure** *loc adv* permanently.
demeuré, -e [dəmœre] ◇ *adj* simple, half-witted. ◇ *nm, f* half-wit.
demeurer [dəmœre] *vi* 1. (*aux: avoir*) *(habiter)* to live. 2. (*aux: être*) *(rester)* to remain.
demi, -e [dəmi] *adj* half; **un kilo et ~** one and a half kilos; **il est une heure et ~e** it's half past one; **à ~** half; **dormir à ~** to be nearly asleep; **ouvrir à ~** to half-open; **faire les choses à ~** to do things by halves. ◆ **demi** *nm* 1. *(bière)* beer, ≃ half-pint *Br*. 2. (FOOTBALL) midfielder. ◆ **demie** *nf*: **à la ~e** on the half-hour.
demi-cercle [dəmisɛrkl] (*pl* **demi-cercles**) *nm* semicircle.
demi-douzaine [dəmiduzɛn] (*pl* **demi-douzaines**) *nf* half-dozen; **une ~ (de)** half a dozen.
demi-finale [dəmifinal] (*pl* **demi-finales**) *nf* semifinal.
demi-frère [dəmifrɛr] (*pl* **demi-frères**) *nm* half-brother.
demi-gros [dəmigro] *nm*: **(commerce de) ~** cash and carry.
demi-heure [dəmijœr] (*pl* **demi-heures**) *nf* half an hour, half-hour.
demi-journée [dəmiʒurne] (*pl* **demi-journées**) *nf* half a day, half-day.
démilitariser [demilitarize] *vt* to demilitarize.
demi-litre [dəmilitr] (*pl* **demi-litres**) *nm* half a litre, half-litre.
demi-mesure [dəmiməzyr] (*pl* **demi-mesures**) *nf* 1. *(quantité)* half a measure. 2. *(compromis)* half-measure.
demi-mot [dəmimo] ◆ **à demi-mot** *loc adv*: **comprendre à ~** to understand without things having to be spelled out.
déminer [demine] *vt* to clear of mines.
demi-pension [dəmipɑ̃sjɔ̃] (*pl* **demi-pensions**) *nf* 1. *(d'hôtel)* half-board. 2. *(d'école)*: **être en ~** to take school dinners (*pl*).
démis, -e [demi, iz] *pp* → **démettre**.
demi-sœur [dəmisœr] (*pl* **demi-sœurs**) *nf* half-sister.
démission [demisjɔ̃] *nf* resignation.
démissionner [demisjɔne] *vi (d'un emploi)* to resign; *fig* to give up.
demi-tarif [dəmitarif] (*pl* **demi-tarifs**) ◇ *adj* half-price. ◇ *nm* 1. *(tarification)* half-fare. 2. *(billet)* half-price ticket.

demi-tour [dəmitur] (*pl* **demi-tours**) *nm (gén)* half-turn; (MIL) about-turn; **faire ~** to turn back.
démocrate [demɔkrat] *nmf* democrat.
démocratie [demɔkrasi] *nf* democracy.
démocratique [demɔkratik] *adj* democratic.
démocratiser [demɔkratize] *vt* to democratize.
démodé, -e [demɔde] *adj* old-fashioned.
démographique [demɔgrafik] *adj* demographic.
demoiselle [dəmwazɛl] *nf (jeune fille)* maid; **~ d'honneur** bridesmaid.
démolir [demɔlir] *vt (gén)* to demolish.
démolition [demɔlisjɔ̃] *nf* demolition.
démon [demɔ̃] *nm (diable, personne)* devil, demon; **le ~** (RELIG) the Devil.
démoniaque [demɔnjak] *adj (diabolique)* diabolical.
démonstratif, -ive [demɔ̃stratif, iv] *adj (personne & GRAM)* demonstrative. ◆ **démonstratif** *nm* demonstrative.
démonstration [demɔ̃strasjɔ̃] *nf (gén)* demonstration.
démonter [demɔ̃te] *vt* **1.** *(appareil)* to dismantle, to take apart. **2.** *(troubler)*: **~ qqn** to put sb out. ◆ **se démonter** *vp fam* to be put out.
démontrer [demɔ̃tre] *vt* **1.** *(prouver)* to prove, to demonstrate. **2.** *(témoigner de)* to show, to demonstrate.
démoralisant, -e [demɔralizɑ̃, ɑ̃t] *adj* demoralizing.
démoraliser [demɔralize] *vt* to demoralize. ◆ **se démoraliser** *vp* to lose heart.
démordre [demɔrdr] *vt*: **ne pas ~ de** to stick to.
démotiver [demɔtive] *vt* to demotivate.
démouler [demule] *vt* to turn out of a mould, to remove from a mould.
démunir [demynir] *vt* to deprive. ◆ **se démunir** *vp*: **se ~ de** to part with.
dénationaliser [denasjɔnalize] *vt* to denationalize.
dénaturer [denatyre] *vt* **1.** *(goût)* to impair, to mar. **2.** (TECHNOL) to denature. **3.** *(déformer)* to distort.
dénégation [denegasjɔ̃] *nf* denial.
dénicher [deniʃe] *vt fig* **1.** *(personne)* to flush out. **2.** *fam (objet)* to unearth.
dénigrer [denigre] *vt* to denigrate, to run down.
dénivellation [denivɛlasjɔ̃] *nf* **1.** *(différence de niveau)* difference in height OU level. **2.** *(pente)* slope.
dénombrer [denɔ̃bre] *vt (compter)* to count; *(énumérer)* to enumerate.
dénominateur [denɔminatœr] *nm* denominator.
dénomination [denɔminasjɔ̃] *nf* name.
dénommé, -e [denɔme] *adj*: **un ~ Robert** someone by the name of Robert.
dénoncer [denɔ̃se] *vt* **1.** *(gén)* to denounce; **~ qqn à qqn** to denounce sb to sb, to inform on sb. **2.** *fig (trahir)* to betray.
dénonciation [denɔ̃sjasjɔ̃] *nf* denunciation.
dénoter [denɔte] *vt* to show, to indicate.
dénouement [denumɑ̃] *nm* **1.** *(issue)* outcome. **2.** *(d'un film, d'un livre)* denouement.
dénouer [denwe] *vt (nœud)* to untie, to undo; *fig* to unravel.
dénoyauter [denwajote] *vt* to stone.
denrée [dɑ̃re] *nf (produit)* produce *(U)*; **~s alimentaires** foodstuffs.
dense [dɑ̃s] *adj* **1.** *(gén)* dense. **2.** *(style)* condensed.
densité [dɑ̃site] *nf* density.
dent [dɑ̃] *nf* **1.** *(de personne, d'objet)* tooth; **faire ses ~s** to cut one's teeth, to teethe; **~ de lait/de sagesse** milk/wisdom tooth. **2.** (GÉOGR) peak.
dentaire [dɑ̃tɛr] *adj* dental.
dentelé, -e [dɑ̃tle] *adj* serrated, jagged.
dentelle [dɑ̃tɛl] *nf* lace *(U)*.
dentier [dɑ̃tje] *nm* dentures *(pl)*.
dentifrice [dɑ̃tifris] *nm* toothpaste.
dentiste [dɑ̃tist] *nmf* dentist.
dentition [dɑ̃tisjɔ̃] *nf* teeth *(pl)*, dentition.
dénuder [denyde] *vt* to leave bare; *(fil électrique)* to strip.
dénué, -e [denɥe] *adj sout*: **~ de** devoid of.
dénuement [denymɑ̃] *nm* destitution *(U)*.
déodorant, -e [deɔdɔrɑ̃, ɑ̃t] *adj* deodorant. ◆ **déodorant** *nm* deodorant.
déontologie [deɔ̃tɔlɔʒi] *nf* professional ethics *(pl)*.
dépannage [depanaʒ] *nm* repair.
dépanner [depane] *vt* **1.** *(réparer)* to repair, to fix. **2.** *fam (aider)* to bail out.
dépanneur, -euse [depanœr, øz] *nm, f*

repairman (*f* repairwoman). ◆ **dépanneuse** *nf (véhicule)* (breakdown) recovery vehicle.

dépareillé, -e [depareje] *adj (ensemble)* non-matching; *(paire)* odd.

départ [depar] *nm* **1.** *(de personne)* departure, leaving; *(de véhicule)* departure. **2.** (SPORT & *fig*) start. ◆ **au départ** *loc adv* to start with.

départager [departaʒe] *vt* **1.** *(concurrents, opinions)* to decide between. **2.** *(séparer)* to separate.

département [departəmɑ̃] *nm* **1.** *(territoire) territorial and administrative division of France.* **2.** *(service)* department.

départemental, -e, -aux [departəmɑ̃tal, o] *adj* of a French département. ◆ **départementale** *nf* secondary road, ≃ B road *Br*.

dépassé, -e [depase] *adj* **1.** *(périmé)* old-fashioned. **2.** *fam (déconcerté)*: **~ par** overwhelmed by.

dépassement [depasmɑ̃] *nm (en voiture)* overtaking.

dépasser [depase] ◇ *vt* **1.** *(doubler)* to overtake. **2.** *(être plus grand que)* to be taller than. **3.** *(excéder)* to exceed, to be more than. **4.** *(durée)*: **~ une heure** to go on for more than an hour. **5.** *(aller au-delà de)* to exceed. **6.** *(franchir)* to pass. ◇ *vi*: **~ (de)** to stick out (from).

dépayser [depeize] *vt* **1.** *(désorienter)* to disorientate *Br*, to disorient *Am*. **2.** *(changer agréablement)* to make a change of scene for.

dépecer [depəse] *vt* **1.** *(découper)* to chop up. **2.** *(déchiqueter)* to tear apart.

dépêche [depɛʃ] *nf* dispatch.

dépêcher [depeʃe] *vt sout (envoyer)* to dispatch. ◆ **se dépêcher** *vp* to hurry up; **se ~ de faire qqch** to hurry to do sthg.

dépeindre [depɛ̃dr] *vt* to depict, to describe.

dépendance [depɑ̃dɑ̃s] *nf* **1.** *(de personne)* dependence; **être sous la ~ de** to be dependent on. **2.** *(à la drogue)* dependency. **3.** *(annexe)* outbuilding.

dépendre [depɑ̃dr] *vt* **1.** *(être soumis)*: **~ de** to depend on; **ça dépend** it depends. **2.** *(domaine)*: **~ de** to belong to.

dépens [depɑ̃] *nmpl* (JUR) costs; **aux ~ de qqn** at sb's expense; **je l'ai appris à mes ~** I learned that to my cost.

dépense [depɑ̃s] *nf* **1.** *(frais)* expense. **2.** (FIN & *fig*) expenditure *(U)*; **les ~s publiques** public spending *(U)*.

dépenser [depɑ̃se] *vt* **1.** *(argent)* to spend. **2.** *fig (énergie)* to expend. ◆ **se dépenser** *vp litt & fig* to exert o.s.

dépensier, -ère [depɑ̃sje, ɛr] *adj* extravagant.

déperdition [depɛrdisjɔ̃] *nf* loss.

dépérir [deperir] *vi* **1.** *(personne)* to waste away. **2.** *(santé, affaire)* to decline. **3.** *(plante)* to wither.

dépeupler [depœple] *vt* **1.** *(pays)* to depopulate. **2.** *(étang, rivière, forêt)* to drive the wildlife from.

déphasé, -e [defaze] *adj* (ÉLECTR) out of phase; *fam fig* out of touch.

dépilatoire [depilatwar] *adj*: **crème/lotion ~** depilatory cream/lotion.

dépistage [depistaʒ] *nm (de maladie)* screening; **~ du SIDA** AIDS testing.

dépister [depiste] *vt* **1.** *(gibier, voleur)* to track down. **2.** (MÉD) to screen for.

dépit [depi] *nm* pique, spite. ◆ **en dépit de** *loc prép* in spite of.

déplacé, -e [deplase] *adj* **1.** *(propos)* out of place. **2.** *(personne)* displaced.

déplacement [deplasmɑ̃] *nm* **1.** *(d'objet)* moving. **2.** *(voyage)* travelling *(U)*.

déplacer [deplase] *vt* **1.** *(objet)* to move, to shift; *fig (problème)* to shift the emphasis of. **2.** *(muter)* to transfer. ◆ **se déplacer** *vp* **1.** *(se mouvoir - animal)* to move (around); *(- personne)* to walk. **2.** *(voyager)* to travel. **3.** (MÉD): **se ~ une vertèbre** to slip a disc.

déplaire [deplɛr] *vt* **1.** *(ne pas plaire)*: **cela me déplaît** I don't like it. **2.** *(irriter)* to displease.

déplaisant, -e [deplɛzɑ̃, ɑ̃t] *adj sout* unpleasant.

dépliant [deplijɑ̃] *nm* leaflet; **~ touristique** tourist brochure.

déplier [deplije] *vt* to unfold.

déploiement [deplwamɑ̃] *nm* **1.** (MIL) deployment. **2.** *(d'ailes)* spreading. **3.** *fig (d'efforts)* display.

déplorer [deplɔre] *vt (regretter)* to deplore.

déployer [deplwaje] *vt* **1.** *(déplier - gén)* to unfold; *(- plan, journal)* to open; *(ailes)* to spread. **2.** (MIL) to deploy. **3.** *(mettre en œuvre)* to expend.

déplu [deply] *pp* → **déplaire**.

déportation [depɔrtasjɔ̃] *nf* **1.** *(exil)* deportation. **2.** *(internement)* transportation to a concentration camp.

déporté, -e [depɔrte] *nm, f* **1.** *(exilé)* deportee. **2.** *(interné)* prisoner *(in a concentration camp)*.

déporter [depɔrte] *vt* **1.** *(dévier)* to carry off course. **2.** *(exiler)* to deport. **3.** *(interner)* to send to a concentration camp.

déposé, -e [depoze] *adj*: **marque ~e** registered trademark; **modèle ~** patented design.
déposer [depoze] ◇ *vt* **1.** *(poser)* to put down. **2.** *(personne, paquet)* to drop. **3.** *(argent, sédiment)* to deposit. **4.** (JUR) to file; **~ son bilan** (FIN) to go into liquidation. **5.** *(monarque)* to depose. ◇ *vi* (JUR) to testify, to give evidence. ◆ **se déposer** *vp* to settle.
dépositaire [depozitɛr] *nmf* **1.** (COMM) agent. **2.** *(d'objet)* bailee; **~ de** *fig* person entrusted with.
déposition [depozisjɔ̃] *nf* deposition.
déposséder [depɔsede] *vt*: **~ qqn de** to dispossess sb of.
dépôt [depo] *nm* **1.** *(d'objet, d'argent, de sédiment)* deposit, depositing *(U)*; **verser un ~ (de garantie)** to put down a deposit; **~ d'ordures** (rubbish) dump *Br*, garbage dump *Am*. **2.** (ADMIN) registration; **~ légal** copyright registration. **3.** *(garage)* depot. **4.** *(entrepôt)* store, warehouse. **5.** *(prison)* = police cells *(pl)*.
dépotoir [depɔtwar] *nm (décharge)* (rubbish) dump *Br*, garbage dump *Am*; *fam fig* dump, tip.
dépouille [depuj] *nf* **1.** *(peau)* hide, skin. **2.** *(humaine)* remains *(pl)*.
dépouillement [depujmɑ̃] *nm (sobriété)* austerity, sobriety.
dépouiller [depuje] *vt* **1.** *(priver)*: **~ qqn (de)** to strip sb (of). **2.** *(examiner)* to peruse; **~ un scrutin** to count the votes.
dépourvu, -e [depurvy] *adj*: **~ de** without, lacking in. ◆ **au dépourvu** *loc adv*: **prendre qqn au ~** to catch sb unawares.
dépoussiérer [depusjere] *vt* to dust (off).
dépravé, -e [deprave] ◇ *adj* depraved. ◇ *nm, f* degenerate.
dépréciation [depresjasjɔ̃] *nf* depreciation.
déprécier [depresje] *vt* **1.** *(marchandise)* to reduce the value of. **2.** *(œuvre)* to disparage. ◆ **se déprécier** *vp* **1.** *(marchandise)* to depreciate. **2.** *(personne)* to put o.s. down.
dépressif, -ive [depresif, iv] *adj* depressive.
dépression [depresjɔ̃] *nf* depression; **~ nerveuse** nervous breakdown.
déprimant, -e [deprimɑ̃, ɑ̃t] *adj* depressing.
déprime [deprim] *nf fam*: **faire une ~** to be (feeling) down.
déprimé, -e [deprime] *adj* depressed.
déprimer [deprime] ◇ *vt* to depress. ◇ *vi fam* to be (feeling) down.
déprogrammer [deprɔgrame] *vt* to remove from the schedule; (TÉLÉ) to take off the air.
dépuceler [depysle] *vt fam*: **~ qqn** to take sb's virginity.
depuis [dəpɥi] ◇ *prép* **1.** *(à partir d'une date ou d'un moment précis)* since; **il est parti ~ hier** he's been away since yesterday; **~ le début jusqu'à la fin** from beginning to end. **2.** *(exprimant une durée)* for; **il est malade ~ une semaine** he has been ill for a week; **~ toujours** always. **3.** *(dans l'espace)* from; **~ la route, on pouvait voir la mer** you could see the sea from the road. ◇ *adv* since (then). ◆ **depuis que** *loc conj* since; **je ne l'ai pas revu ~ qu'il s'est marié** I haven't seen him since he got married.
député [depyte] *nm (au parlement)* member of parliament *Br*, representative *Am*.
déraciner [derasine] *vt litt & fig* to uproot.
déraillement [derajmɑ̃] *nm* derailment.
dérailler [deraje] *vi* **1.** *(train)* to leave the rails, to be derailed. **2.** *fam fig (mécanisme)* to go on the blink. **3.** *fam fig (personne)* to go to pieces.
dérailleur [derajœr] *nm* derailleur.
déraisonnable [derezɔnabl] *adj* unreasonable.
dérangement [derɑ̃ʒmɑ̃] *nm* trouble; **en ~** out of order.
déranger [derɑ̃ʒe] ◇ *vt* **1.** *(personne)* to disturb, to bother; **ça vous dérange si je fume?** do you mind if I smoke? **2.** *(plan)* to disrupt. **3.** *(pièce)* to disarrange, to make untidy. ◇ *vi* to be disturbing. ◆ **se déranger** *vp* **1.** *(se déplacer)* to move. **2.** *(se gêner)* to put o.s. out.
dérapage [derapaʒ] *nm (glissement)* skid; *fig* excess.
déraper [derape] *vi (glisser)* to skid; *fig* to get out of hand.
déréglementer [dereglәmɑ̃te] *vt* to deregulate.
dérégler [deregle] *vt (mécanisme)* to put out of order; *fig* to upset. ◆ **se dérégler** *vp (mécanisme)* to go wrong; *fig* to be upset OU unsettled.
dérider [deride] *vt fig*: **~ qqn** to cheer sb up.
dérision [derizjɔ̃] *nf* derision; **tourner qqch en ~** to hold sthg up to ridicule.
dérisoire [derizwar] *adj* derisory.

dérivatif, -ive [derivatif, iv] *adj* derivative. ◆ **dérivatif** *nm* distraction.
dérive [deriv] *nf (mouvement)* drift, drifting *(U)*; **aller** OU **partir à la ~** *fig* to fall apart.
dérivé [derive] *nm* derivative.
dériver [derive] ◇ *vt (détourner)* to divert. ◇ *vi* 1. *(aller à la dérive)* to drift. 2. *fig (découler)*: **~ de** to derive from.
dermatologie [dɛrmatɔlɔʒi] *nf* dermatology.
dermatologue [dɛrmatɔlɔg] *nmf* dermatologist.
dernier, -ère [dɛrnje, ɛr] ◇ *adj* 1. *(gén)* last; **l'année dernière** last year. 2. *(ultime)* last, final. 3. *(plus récent)* latest. ◇ *nm, f* last; **ce ~** the latter. ◆ **en dernier** *loc adv* last.
dernièrement [dɛrnjɛrmɑ̃] *adv* recently, lately.
dernier-né, -dernière-née [dɛrnjene, dɛrnjɛrne] *nm, f (bébé)* youngest (child).
dérobade [derɔbad] *nf* evasion, shirking *(U)*.
dérobé, -e [derɔbe] *adj* 1. *(volé)* stolen. 2. *(caché)* hidden. ◆ **à la dérobée** *loc adv* surreptitiously.
dérober [derɔbe] *vt sout* to steal. ◆ **se dérober** *vp* 1. *(se soustraire)*: **se ~ à qqch** to shirk sthg. 2. *(s'effondrer)* to give way.
dérogation [derɔgasjɔ̃] *nf (action)* dispensation; *(résultat)* exception.
déroulement [derulmɑ̃] *nm* 1. *(de bobine)* unwinding. 2. *fig (d'événement)* development.
dérouler [derule] *vt (fil)* to unwind; *(papier, tissu)* to unroll. ◆ **se dérouler** *vp* to take place.
déroute [derut] *nf* (MIL) rout; *fig* collapse.
dérouter [derute] *vt* 1. *(déconcerter)* to disconcert, to put out. 2. *(dévier)* to divert.
derrière [dɛrjɛr] ◇ *prép & adv* behind. ◇ *nm* 1. *(partie arrière)* back; **la porte de ~** the back door. 2. *(partie du corps)* bottom, behind.
des [de] ◇ *art indéf* → **un**. ◇ *prép* → **de**.
dès [dɛ] *prép* from; **~ son arrivée** the minute he arrives/arrived, as soon as he arrives/arrived; **~ l'enfance** since childhood; **~ 1900** as far back as 1900, as early as 1900; **~ maintenant** from now on; **~ demain** starting OU from tomorrow. ◆ **dès que** *loc conj* as soon as.
désabusé, -e [dezabyze] *adj* disillusioned.
désaccord [dezakɔr] *nm* disagreement.
désaccordé, -e [dezakɔrde] *adj* out of tune.
désaffecté, -e [dezafɛkte] *adj* disused.
désaffection [dezafɛksjɔ̃] *nf* disaffection.
désagréable [dezagreabl] *adj* unpleasant.
désagréger [dezagreʒe] *vt* to break up. ◆ **se désagréger** *vp* to break up.
désagrément [dezagremɑ̃] *nm* annoyance.
désaltérant, -e [dezalterɑ̃, ɑ̃t] *adj* thirst-quenching.
désaltérer [dezaltere] ◆ **se désaltérer** *vp* to quench one's thirst.
désamorcer [dezamɔrse] *vt (arme)* to remove the primer from; *(bombe)* to defuse; *fig (complot)* to nip in the bud.
désapprobation [dezaprɔbasjɔ̃] *nf* disapproval.
désapprouver [dezapruve] ◇ *vt* to disapprove of. ◇ *vi* to be disapproving.
désarmement [dezarməmɑ̃] *nm* disarmament.
désarmer [dezarme] *vt* to disarm; *(fusil)* to unload.
désarroi [dezarwa] *nm* confusion.
désastre [dezastr] *nm* disaster.
désastreux, -euse [dezastrø, øz] *adj* disastrous.
désavantage [dezavɑ̃taʒ] *nm* disadvantage.
désavantager [dezavɑ̃taʒe] *vt* to disadvantage.
désavantageux, -euse [dezavɑ̃taʒø, øz] *adj* unfavourable.
désavouer [dezavwe] *vt* to disown.
désaxé, -e [dezakse] ◇ *adj (mentalement)* disordered, unhinged. ◇ *nm, f* unhinged person.
descendance [desɑ̃dɑ̃s] *nf (progéniture)* descendants *(pl)*.
descendant, -e [desɑ̃dɑ̃, ɑ̃t] *nm, f (héritier)* descendant.
descendre [desɑ̃dr] ◇ *vt (aux: avoir)* 1. *(escalier)* to go/come down; **~ la rue en courant** to run down the street. 2. *(rideau)* to lower. 3. *(apporter)* to bring/take down. 4. *fam (personne, avion)* to shoot down. ◇ *vi (aux: être)* 1. *(gén)* to go/come down; *(baisser)* to fall. 2. *(passager)* to get off; **~ d'un bus** to get off a bus; **~ d'une voiture** to get out of a car. 3. *(être issu)*: **~ de** to be

descended from. 4. *(marée)* to go out.
descente [desɑ̃t] *nf* 1. *(action)* descent. 2. *(pente)* downhill slope OU stretch. 3. *(irruption)* raid. 4. *(tapis)*: ~ **de lit** bedside rug.
descriptif, -ive [dɛskriptif, iv] *adj* descriptive.
description [dɛskripsjɔ̃] *nf* description.
désemparé, -e [dezɑ̃pare] *adj (personne)* helpless; *(avion, navire)* disabled.
désendettement [dezɑ̃dɛtmɑ̃] *nm* degearing, debt reduction.
désenfler [dezɑ̃fle] *vi* to go down, to become less swollen.
désensibiliser [desɑ̃sibilize] *vt* to desensitize.
déséquilibre [dezekilibr] *nm* imbalance.
déséquilibré, -e [dezekilibre] *nm, f* unbalanced person.
déséquilibrer [dezekilibre] *vt* 1. *(physiquement)*: ~ **qqn** to throw sb off balance. 2. *(perturber)* to unbalance.
désert, -e [dezɛr, ɛrt] *adj (désertique - île)* desert *(avant n)*; *(peu fréquenté)* deserted. ◆ **désert** *nm* desert.
déserter [dezɛrte] *vt & vi* to desert.
déserteur [dezɛrtœr] *nm* (MIL) deserter; *fig & péj* traitor.
désertion [dezɛrsjɔ̃] *nf* desertion.
désertique [dezɛrtik] *adj* desert *(avant n)*.
désespéré, -e [dezɛspere] *adj* 1. *(regard)* desperate. 2. *(situation)* hopeless.
désespérément [dezɛsperemɑ̃] *adv* 1. *(sans espoir)* hopelessly. 2. *(avec acharnement)* desperately.
désespérer [dezɛspere] ◇ *vt* 1. *(décourager)*: ~ **qqn** to drive sb to despair. 2. *(perdre espoir)*: ~ **que qqch arrive** to give up hope of sthg happening. ◇ *vi*: ~ **(de)** to despair (of). ◆ **se désespérer** *vp* to despair.
désespoir [dezɛspwar] *nm* despair; **en ~ de cause** as a last resort.
déshabillé [dezabije] *nm* negligee.
déshabiller [dezabije] *vt* to undress. ◆ **se déshabiller** *vp* to undress, to get undressed.
désherbant, -e [dezɛrbɑ̃, ɑ̃t] *adj* weed-killing. ◆ **désherbant** *nm* weedkiller.
déshérité, -e [dezerite] ◇ *adj* 1. *(privé d'héritage)* disinherited. 2. *(pauvre)* deprived. ◇ *nm, f (pauvre)* deprived person.
déshériter [dezerite] *vt* to disinherit.
déshonneur [dezɔnœr] *nm* disgrace.
déshonorer [dezɔnɔre] *vt* to disgrace, to bring disgrace on.
déshydrater [dezidrate] *vt* to dehydrate. ◆ **se déshydrater** *vp* to become dehydrated.
désigner [deziɲe] *vt* 1. *(choisir)* to appoint. 2. *(signaler)* to point out. 3. *(nommer)* to designate.
désillusion [dezilyzjɔ̃] *nf* disillusion.
désincarné, -e [dezɛ̃karne] *adj* 1. (RELIG) disembodied. 2. *(éthéré)* unearthly.
désindustrialisation [dezɛ̃dystrijalizasjɔ̃] *nf* deindustrialization.
désinfectant, -e [dezɛ̃fɛktɑ̃, ɑ̃t] *adj* disinfectant. ◆ **désinfectant** *nm* disinfectant.
désinfecter [dezɛ̃fɛkte] *vt* to disinfect.
désinflation [dezɛ̃flasjɔ̃] *nf* disinflation.
désintégrer [dezɛ̃tegre] *vt* to break up. ◆ **se désintégrer** *vp* to disintegrate, to break up.
désintéressé, -e [dezɛ̃terese] *adj* disinterested.
désintéresser [dezɛ̃terese] ◆ **se désintéresser** *vp*: **se ~ de** to lose interest in.
désintoxication [dezɛ̃tɔksikasjɔ̃] *nf* detoxification.
désinvolte [dezɛ̃vɔlt] *adj* 1. *(à l'aise)* casual. 2. *péj (sans-gêne)* offhand.
désinvolture [dezɛ̃vɔltyr] *nf* 1. *(légèreté)* casualness. 2. *péj (sans-gêne)* offhandedness.
désir [dezir] *nm* 1. *(souhait)* desire, wish. 2. *(charnel)* desire.
désirable [dezirabl] *adj* desirable.
désirer [dezire] *vt* 1. *sout (chose)*: ~ **faire qqch** to wish to do sthg; **vous désirez?** can I help you? 2. *(sexuellement)* to desire.
désistement [dezistəmɑ̃] *nm*: ~ **(de)** withdrawal (from).
désister [deziste] ◆ **se désister** *vp (se retirer)* to withdraw, to stand down.
désobéir [dezɔbeir] *vi*: ~ **(à qqn)** to disobey (sb).
désobéissant, -e [dezɔbeisɑ̃, ɑ̃t] *adj* disobedient.
désobligeant, -e [dezɔbliʒɑ̃, ɑ̃t] *adj sout* offensive.
désodorisant, -e [dezɔdɔrizɑ̃, ɑ̃t] *adj* deodorant. ◆ **désodorisant** *nm* air freshener.
désœuvré, -e [dezœvre] *adj* idle.
désolation [dezɔlasjɔ̃] *nf* 1. *(d'un lieu)*

desolation. 2. *sout (chagrin)* distress.
désolé, -e [dezɔle] *adj* 1. *(ravagé)* desolate. 2. *(contrarié)* very sorry.
désoler [dezɔle] *vt* 1. *(affliger)* to sadden. 2. *(contrarier)* to upset, to make sorry. ◆ **se désoler** *vp* to be upset.
désolidariser [desɔlidarize] *vt* 1. *(choses)*: ~ **qqch (de)** to disengage OU disconnect sthg (from). 2. *(personnes)* to estrange. ◆ **se désolidariser** *vp*: **se ~ de** to dissociate o.s. from.
désopilant, -e [dezɔpilɑ̃, ɑ̃t] *adj* hilarious.
désordonné, -e [dezɔrdɔne] *adj (maison, personne)* untidy; *fig (vie)* disorganized.
désordre [dezɔrdr] *nm* 1. *(fouillis)* untidiness; **en ~** untidy. 2. *(agitation)* disturbances *(pl)*, disorder *(U)*.
désorganiser [dezɔrganize] *vt* to disrupt.
désorienté, -e [dezɔrjɑ̃te] *adj* disoriented, disorientated.
désormais [dezɔrmɛ] *adv* from now on, in future.
désosser [dezɔse] *vt* to bone.
despote [dɛspɔt] *nm (chef d'État)* despot; *fig & péj* tyrant.
despotisme [dɛspɔtism] *nm (gouvernement)* despotism; *fig & péj* tyranny.
desquels, desquelles [dekɛl] → **lequel**.
DESS *(abr de* **diplôme d'études supérieures spécialisées**) *nm postgraduate diploma*.
dessécher [deseʃe] *vt (peau)* to dry (out); *fig (cœur)* to harden. ◆ **se dessécher** *vp (peau, terre)* to dry out; *(plante)* to wither; *fig* to harden.
desserrer [desere] *vt* to loosen; *(poing, dents)* to unclench; *(frein)* to release.
dessert [desɛr] *nm* dessert.
desserte [desɛrt] *nf* 1. (TRANSPORT) (transport) service. 2. *(meuble)* sideboard.
desservir [desɛrvir] *vt* 1. (TRANSPORT) to serve. 2. *(table)* to clear. 3. *(désavantager)* to do a disservice to.
dessin [desɛ̃] *nm* 1. *(graphique)* drawing; ~ **animé** cartoon *(film)*; ~ **humoristique** cartoon *(drawing)*. 2. *fig (contour)* outline.
dessinateur, -trice [desinatœr, tris] *nm, f* artist, draughtsman *(f* draughtswoman).
dessiner [desine] ◇ *vt (représenter)* to draw; *fig* to outline. ◇ *vi* to draw.
dessous [dəsu] ◇ *adv* underneath. ◇ *nm (gén)* underside; *(d'un tissu)* wrong side; **les voisins du ~** the downstairs neighbours. ◇ *nmpl (lingerie)* underwear *(U)*. ◆ **en dessous** *loc adv* underneath; *(plus bas)* below.
dessous-de-plat [dəsudpla] *nm inv* tablemat.
dessus [dəsy] ◇ *adv* on top; **il a écrit ~** he wrote on it. ◇ *nm* 1. *(partie supérieure)* top. 2. *(étage supérieur)* upstairs; **les voisins du ~** the upstairs neighbours. 3. *loc*: **avoir le ~** to have the upper hand; **reprendre le ~** to get over it. ◆ **en dessus** *loc adv* on top.
dessus-de-lit [dəsydli] *nm inv* bedspread.
déstabiliser [destabilize] *vt* to destabilize.
destin [dɛstɛ̃] *nm* fate.
destinataire [dɛstinatɛr] *nmf* addressee.
destination [dɛstinasjɔ̃] *nf* 1. *(direction)* destination; **un avion à ~ de Paris** a plane to OU for Paris. 2. *(rôle)* purpose.
destinée [dɛstine] *nf* destiny.
destiner [dɛstine] *vt* 1. *(consacrer)*: ~ **qqch à** to intend sthg for, to mean sthg for. 2. *(vouer)*: ~ **qqn à qqch/à faire qqch** *(à un métier)* to destine sb for sthg/to do sthg; *(sort)* to mark sb out for sthg/to do sthg.
destituer [dɛstitɥe] *vt* to dismiss.
destructeur, -trice [dɛstryktœr, tris] ◇ *adj* destructive. ◇ *nm, f* destroyer.
destruction [dɛstryksjɔ̃] *nf* destruction.
désuet, -ète [dezɥɛ, ɛt] *adj (expression, coutume)* obsolete; *(style, tableau)* outmoded.
désuni, -e [dezyni] *adj* divided.
détachable [detaʃabl] *adj* detachable, removable.
détachant, -e [detaʃɑ̃, ɑ̃t] *adj* stain-removing. ◆ **détachant** *nm* stain remover.
détaché, -e [detaʃe] *adj* detached.
détachement [detaʃmɑ̃] *nm* 1. *(d'esprit)* detachment. 2. *(de fonctionnaire)* secondment. 3. (MIL) detachment.
détacher [detaʃe] *vt* 1. *(enlever)*: ~ **qqch (de)** *(objet)* to detach sthg (from); *fig* to free sthg (from). 2. *(nettoyer)* to remove stains from, to clean. 3. *(délier)* to undo; *(cheveux)* to untie. 4. (ADMIN): ~ **qqn auprès de** to second sb to. ◆ **se détacher** *vp* 1. *(tomber)*: **se ~ (de)** to come off; *fig* to free o.s. (from). 2. *(se défaire)* to come undone. 3. *(ressortir)*: **se ~ sur** to stand out on. 4. *(se séparer)*: **se ~ de qqn** to drift apart from sb.

détail [detaj] *nm* 1. *(précision)* detail. 2. (COMM): **le ~** retail. ◆ **au détail** *loc adj & loc adv* retail. ◆ **en détail** *loc adv* in detail.

détaillant, -e [detajɑ̃, ɑ̃t] *nm, f* retailer.

détaillé, -e [detaje] *adj* detailed.

détailler [detaje] *vt* 1. *(expliquer)* to give details of. 2. *(vendre)* to retail.

détaler [detale] *vi* 1. *(personne)* to clear out. 2. *(animal)* to bolt.

détartrant, -e [detartrɑ̃, ɑ̃t] *adj* descaling. ◆ **détartrant** *nm* descaling agent.

détaxe [detaks] *nf*: **~ (sur)** *(suppression)* removal of tax (from); *(réduction)* reduction in tax (on).

détecter [detɛkte] *vt* to detect.

détecteur, -trice [detɛktœr, tris] *adj* detecting, detector *(avant n)*. ◆ **détecteur** *nm* detector.

détection [detɛksjɔ̃] *nf* detection.

détective [detɛktiv] *nm* detective; **~ privé** private detective.

déteindre [detɛ̃dr] *vi* to fade.

dételer [detle] *vt* *(cheval)* to unharness.

détendre [detɑ̃dr] *vt* 1. *(corde)* to loosen, to slacken; *fig* to ease. 2. *(personne)* to relax. ◆ **se détendre** *vp* 1. *(se relâcher)* to slacken; *fig* *(situation)* to ease; *(atmosphère)* to become more relaxed. 2. *(se reposer)* to relax.

détendu, -e [detɑ̃dy] ◇ *pp* → **détendre**. ◇ *adj* 1. *(corde)* loose, slack. 2. *(personne)* relaxed.

détenir [detnir] *vt* 1. *(objet)* to have, to hold. 2. *(personne)* to detain, to hold.

détente [detɑ̃t] *nf* 1. *(de ressort)* release. 2. *(d'une arme)* trigger. 3. *(repos)* relaxation. 4. (POLIT) détente.

détenteur, -trice [detɑ̃tœr, tris] *nm, f* *(d'objet, de secret)* possessor; *(de prix, record)* holder.

détention [detɑ̃sjɔ̃] *nf* 1. *(possession)* possession. 2. *(en prison)* detention.

détenu, -e [detny] ◇ *pp* → **détenir**. ◇ *adj* detained. ◇ *nm, f* prisoner.

détergent, -e [detɛrʒɑ̃, ɑ̃t] *adj* detergent *(avant n)*. ◆ **détergent** *nm* detergent.

détérioration [deterjɔrasjɔ̃] *nf* *(de bâtiment)* deterioration; *(de situation)* worsening.

détériorer [deterjɔre] *vt* 1. *(abîmer)* to damage. 2. *(altérer)* to ruin. ◆ **se détériorer** *vp* 1. *(bâtiment)* to deteriorate; *(situation)* to worsen. 2. *(s'altérer)* to be spoiled.

déterminant, -e [detɛrminɑ̃, ɑ̃t] *adj* decisive, determining. ◆ **déterminant** *nm* (LING) determiner.

détermination [detɛrminasjɔ̃] *nf* *(résolution)* decision.

déterminé, -e [detɛrmine] *adj* 1. *(quantité)* given *(avant n)*. 2. *(expression)* determined.

déterminer [detɛrmine] *vt* 1. *(préciser)* to determine, to specify. 2. *(provoquer)* to bring about.

déterrer [detere] *vt* to dig up.

détestable [detɛstabl] *adj* dreadful.

détester [detɛste] *vt* to detest.

détonateur [detɔnatœr] *nm* (TECHNOL) detonator; *fig* trigger.

détoner [detɔne] *vi* to detonate.

détonner [detɔne] *vi* (MUS) to be out of tune; *(couleur)* to clash; *(personne)* to be out of place.

détour [detur] *nm* 1. *(crochet)* detour. 2. *(méandre)* bend; **sans ~** *fig* directly.

détourné, -e [deturne] *adj* *(dévié)* indirect; *fig* roundabout *(avant n)*.

détournement [deturnəmɑ̃] *nm* diversion; **~ d'avion** hijacking; **~ de fonds** embezzlement; **~ de mineur** corruption of a minor.

détourner [deturne] *vt* 1. *(dévier - gén)* to divert; *(- avion)* to hijack. 2. *(écarter)*: **~ qqn de** to distract sb from, to divert sb from. 3. *(tourner ailleurs)* to turn away. 4. *(argent)* to embezzle. ◆ **se détourner** *vp* to turn away; **se ~ de** *fig* to move away from.

détraquer [detrake] *vt* *fam* *(dérégler)* to break; *fig* to upset. ◆ **se détraquer** *vp* *fam* *(se dérégler)* to go wrong; *fig* to become unsettled.

détresse [detrɛs] *nf* distress.

détriment [detrimɑ̃] ◆ **au détriment de** *loc prép* to the detriment of.

détritus [detrity(s)] *nm* detritus.

détroit [detrwa] *nm* strait.

détromper [detrɔ̃pe] *vt* to disabuse.

détrôner [detrone] *vt* *(souverain)* to dethrone; *fig* to oust.

détruire [detrɥir] *vt* 1. *(démolir, éliminer)* to destroy. 2. *fig* *(anéantir)* to ruin.

dette [dɛt] *nf* debt.

DEUG, Deug [dœg] *(abr de* **diplôme d'études universitaires générales**) *nm university diploma taken after two years.*

deuil [dœj] *nm* *(douleur, mort)* bereavement; *(vêtements, période)* mourning *(U)*; **porter le ~** to be in OU wear mourning.

DEUST, Deust [dœst] *(abr de* **diplôme d'études universitaires scientifiques et**

techniques) *nm university diploma taken after two years of science courses.*

deux [dø] ◇ *adj num* two; **ses ~ fils** both his sons, his two sons; **tous les ~ jours** every other day, every two days, every second day. ◇ *nm* two; **les ~** both; **par ~** in pairs; *voir aussi* **six**.

deuxième [døzjɛm] *adj num, nm & nmf* second; *voir aussi* **sixième**.

deux-pièces [døpjɛs] *nm inv* 1. *(appartement)* two-room flat *Br* OU apartment *Am*. 2. *(bikini)* two-piece (swimming costume).

deux-points [døpwɛ̃] *nm inv* colon.

deux-roues [døru] *nm inv* two-wheeled vehicle.

dévaler [devale] *vt* to run down.

dévaliser [devalize] *vt (maison)* to ransack; *(personne)* to rob; *fig* to strip bare.

dévaloriser [devalɔrize] *vt* 1. *(monnaie)* to devalue. 2. *(personne)* to run OU put down. ◆ **se dévaloriser** *vp* 1. *(monnaie)* to fall in value. 2. *(personne) fig* to run OU put o.s. down.

dévaluation [devalɥasjɔ̃] *nf* devaluation.

dévaluer [devalɥe] *vt* to devalue. ◆ **se dévaluer** *vp* to devalue.

devancer [dəvɑ̃se] *vt* 1. *(précéder)* to arrive before. 2. *(anticiper)* to anticipate.

devant [dəvɑ̃] ◇ *prép* 1. *(en face de)* in front of. 2. *(en avant de)* ahead of, in front of; **aller droit ~ soi** to go straight ahead OU on. 3. *(en présence de, face à)* in the face of. ◇ *adv* 1. *(en face)* in front. 2. *(en avant)* in front, ahead. ◇ *nm* front; **prendre les ~s** to make the first move, to take the initiative. ◆ **de devant** *loc adj (pattes, roues)* front *(avant n)*.

devanture [dəvɑ̃tyr] *nf* shop window.

dévaster [devaste] *vt* to devastate.

développement [devlɔpmɑ̃] *nm* 1. *(gén)* development. 2. (PHOT) developing.

développer [devlɔpe] *vt* to develop; *(industrie, commerce)* to expand. ◆ **se développer** *vp* 1. *(s'épanouir)* to spread. 2. (ÉCON) to grow, to expand.

devenir [dəvnir] *vi* to become; **que devenez-vous?** *fig* how are you doing?

dévergondé, -e [devɛrgɔ̃de] ◇ *adj* shameless, wild. ◇ *nm, f* shameless person.

déverser [devɛrse] *vt* 1. *(liquide)* to pour out. 2. *(ordures)* to tip (out). 3. *fig (injures)* to pour out.

déviation [devjasjɔ̃] *nf* 1. *(gén)* deviation. 2. *(d'itinéraire)* diversion.

dévier [devje] ◇ *vi*: **~ de** to deviate from. ◇ *vt* to divert.

devin, devineresse [dəvɛ̃, dəvinrɛs] *nm, f*: **je ne suis pas ~!** I'm not psychic!

deviner [dəvine] *vt* to guess.

devinette [dəvinɛt] *nf* riddle.

devis [dəvi] *nm* estimate; **faire un ~** to (give an) estimate.

dévisager [devizaʒe] *vt* to stare at.

devise [dəviz] *nf* 1. *(formule)* motto. 2. *(monnaie)* currency. ◆ **devises** *nfpl (argent)* currency *(U)*.

dévisser [devise] ◇ *vt* to unscrew. ◇ *vi* (ALPINISME) to fall (off).

dévoiler [devwale] *vt* to unveil; *fig* to reveal.

---

devoir [dəvwar] ◇ *nm* 1. *(obligation)* duty. 2. (SCOL) homework *(U)*; **faire ses ~s** to do one's homework. ◇ *vt* 1. *(argent, respect)*: **~ qqch (à qqn)** to owe (sb) sthg. 2. *(marque l'obligation)*: **~ faire qqch** to have to do sthg; **je dois partir à l'heure ce soir** I have to OU must leave on time tonight; **tu devrais faire attention** you should be OU ought to be careful. 3. *(marque la probabilité)*: **il a dû oublier** he must have forgotten. 4. *(marque le futur, l'intention)*: **~ faire qqch** to be (due) to do sthg, to be going to do sthg; **elle doit arriver à 6 heures** she's due to arrive at 6 o'clock. 5. *(être destiné à)*: **il devait mourir trois ans plus tard** he was to die three years later; **cela devait arriver** it had to happen, it was bound to happen. ◆ **se devoir** *vp*: **se ~ de faire qqch** to be duty-bound to do sthg; **comme il se doit** as is proper.

dévolu, -e [devɔly] *adj sout*: **~ à** allotted to. ◆ **dévolu** *nm*: **jeter son ~ sur** to set one's sights on.

dévorer [devɔre] *vt* to devour.

dévotion [devɔsjɔ̃] *nf* devotion; **avec ~** *(prier)* devoutly; *(aimer)* devotedly.

dévoué, -e [devwe] *adj* devoted.

dévouement [devumɑ̃] *nm* devotion.

dévouer [devwe] ◆ **se dévouer** *vp* 1. *(se consacrer)*: **se ~ à** to devote o.s. to. 2. *fig (se sacrifier)*: **se ~ pour qqch/pour faire qqch** to sacrifice o.s. for sthg/to do sthg.

dévoyé, -e [devwaje] *adj & nm, f* delinquent.

devrai, devras *etc* → **devoir**.

dextérité [dɛksterite] *nf* dexterity, skill.

diabète [djabɛt] *nm* diabetes *(U)*.

diabétique [djabetik] *nmf & adj* diabetic.

diable [djabl] *nm* devil.
diabolique [djabɔlik] *adj* diabolical.
diabolo [djabɔlo] *nm (boisson)* fruit cordial and lemonade; **~ menthe** mint (cordial) and lemonade.
diadème [djadɛm] *nm* diadem.
diagnostic [djagnɔstik] *nm* (MÉD & *fig*) diagnosis.
diagnostiquer [djagnɔstike] *vt* (MÉD & *fig*) to diagnose.
diagonale [djagɔnal] *nf* diagonal.
dialecte [djalɛkt] *nm* dialect.
dialogue [djalɔg] *nm* discussion.
dialoguer [djalɔge] *vi* **1.** *(converser)* to converse. **2.** (INFORM) to interact.
diamant [djamɑ̃] *nm (pierre)* diamond.
diamètre [djamɛtr] *nm* diameter.
diapason [djapazɔ̃] *nm (instrument)* tuning fork.
diapositive [djapozitiv] *nf* slide.
diarrhée [djare] *nf* diarrhoea.
dictateur [diktatœr] *nm* dictator.
dictature [diktatyr] *nf* dictatorship.
dictée [dikte] *nf* dictation.
dicter [dikte] *vt* to dictate.
diction [diksjɔ̃] *nf* diction.
dictionnaire [diksjɔnɛr] *nm* dictionary.
dicton [diktɔ̃] *nm* saying, dictum.
dièse [djɛz] ◇ *adj* sharp; **do/fa ~** C/F sharp. ◇ *nm* sharp.
diesel [djezɛl] *adj inv* diesel.
diète [djɛt] *nf* diet.
diététicien, -enne [djetetisjɛ̃, ɛn] *nm, f* dietician.
diététique [djetetik] ◇ *nf* dietetics *(U)*. ◇ *adj (considération, raison)* dietary; *(produit, magasin)* health *(avant n)*.
dieu, -x [djø] *nm* god. ◆ **Dieu** *nm* God; **mon Dieu!** my God!
diffamation [difamasjɔ̃] *nf (écrite)* libel; *(orale)* slander.
différé, -e [difere] *adj* recorded. ◆ **différé** *nm*: **en ~** (TÉLÉ) recorded; (INFORM) off-line.
différence [diferɑ̃s] *nf* difference.
différencier [diferɑ̃sje] *vt*: **~ qqch de qqch** to differentiate sthg from sthg. ◆ **se différencier** *vp*: **se ~ de** to be different from.
différend [diferɑ̃] *nm (désaccord)* difference of opinion.
différent, -e [diferɑ̃, ɑ̃t] *adj*: **~ (de)** different (from).
différer [difere] ◇ *vt (retarder)* to postpone. ◇ *vi*: **~ de** to differ from, to be different from.
difficile [difisil] *adj* difficult.
difficilement [difisilmɑ̃] *adv* with difficulty.
difficulté [difikylte] *nf* **1.** *(complexité, peine)* difficulty. **2.** *(obstacle)* problem.
difforme [difɔrm] *adj* deformed.
diffuser [difyze] *vt* **1.** *(lumière)* to diffuse. **2.** *(émission)* to broadcast. **3.** *(livres)* to distribute.
diffuseur [difyzœr] *nm* **1.** *(appareil)* diffuser. **2.** *(de livres)* distributor.
diffusion [difyzjɔ̃] *nf* **1.** *(d'émission)* broadcast. **2.** *(de livres)* distribution.
digérer [diʒere] ◇ *vi* to digest. ◇ *vt* **1.** *(repas, connaissance)* to digest. **2.** *fam fig (désagrément)* to put up with.
digestif, -ive [diʒɛstif, iv] *adj* digestive. ◆ **digestif** *nm* liqueur.
digestion [diʒɛstjɔ̃] *nf* digestion.
digital, -e, -aux [diʒital, o] *adj* **1.** (TECHNOL) digital. **2.** → **empreinte**.
digne [diɲ] *adj* **1.** *(honorable)* dignified. **2.** *(méritant)*: **~ de** worthy of.
dignité [diɲite] *nf* dignity.
digression [digresjɔ̃] *nf* digression.
digue [dig] *nf* dike.
dilapider [dilapide] *vt* to squander.
dilater [dilate] *vt* to dilate.
dilemme [dilɛm] *nm* dilemma.
diligence [diliʒɑ̃s] *nf* (HIST & *sout*) diligence.
diluant [dilɥɑ̃] *nm* thinner.
diluer [dilɥe] *vt* to dilute.
diluvien, -enne [dilyvjɛ̃, ɛn] *adj* torrential.
dimanche [dimɑ̃ʃ] *nm* Sunday; *voir aussi* **samedi**.
dimension [dimɑ̃sjɔ̃] *nf* **1.** *(mesure)* dimension. **2.** *(taille)* dimensions *(pl)*, size. **3.** *fig (importance)* magnitude.
diminuer [diminɥe] ◇ *vt (réduire)* to diminish, to reduce. ◇ *vi (intensité)* to diminish, to decrease.
diminutif, -ive [diminytif, iv] *adj* diminutive. ◆ **diminutif** *nm* diminutive.
diminution [diminysjɔ̃] *nf* diminution.
dinde [dɛ̃d] *nf* **1.** *(animal)* turkey. **2.** *péj (femme)* stupid woman.
dindon [dɛ̃dɔ̃] *nm* turkey; **être le ~ de la farce** *fig* to be made a fool of.
dîner [dine] ◇ *vi* to dine. ◇ *nm* dinner.
dingue [dɛ̃g] *fam* ◇ *adj* **1.** *(personne)* crazy. **2.** *(histoire)* incredible. ◇ *nmf* loony.
dinosaure [dinozɔr] *nm* dinosaur.
diplomate [diplɔmat] ◇ *nmf (ambassadeur)* diplomat. ◇ *adj* diplomatic.

diplomatie [diplɔmasi] *nf* diplomacy.
diplomatique [diplɔmatik] *adj* diplomatic.
diplôme [diplom] *nm* diploma.
diplômé, -e [diplome] ◇ *adj*: **être ~ de/en** to be a graduate of/in. ◇ *nm, f* graduate.

dire [dir] *vt*: **~ qqch (à qqn)** *(parole)* to say sthg (to sb); *(vérité, mensonge, secret)* to tell (sb) sthg; **~ à qqn de faire qqch** to tell sb to do sthg; **il m'a dit que ...** he told me (that) ...; **c'est vite dit** *fam* that's easy (for you/him *etc)* to say; **c'est beaucoup ~** that's saying a lot; **la ville proprement dite** the actual town; **~ du bien/du mal (de)** to speak well/ill (of); **que dirais-tu de ...?** what would you say to ...?; **qu'en dis-tu?** what do you think (of it)?; **on dirait que ...** it looks as if ...; **on dirait de la soie** it looks like silk, you'd think it was silk; **et ~ que je n'étais pas là!** and to think I wasn't there!; **ça ne me dit rien** *(pas envie)* I don't fancy that; *(jamais entendu)* I've never heard of it. ◆ **se dire** *vp* 1. *(penser)* to think (to o.s.). 2. *(s'employer)*: **ça ne se dit pas** *(par décence)* you mustn't say that; *(par usage)* people don't say that, nobody says that. 3. *(se traduire)*: **'chat' se dit 'gato' en espagnol** the Spanish for 'cat' is 'gato'. ◆ **cela dit** *loc adv* having said that. ◆ **dis donc** *loc adv fam* so; *(au fait)* by the way; *(à qqn qui exagère)* look here! ◆ **pour ainsi dire** *loc adv* so to speak. ◆ **à vrai dire** *loc adv* to tell the truth.
direct, -e [dirɛkt] *adj* direct. ◆ **direct** *nm* 1. (BOXE) jab. 2. *(train)* direct train. 3. (RADIO & TÉLÉ): **le ~** live transmission *(U)*; **en ~** live.
directement [dirɛktəmɑ̃] *adv* directly.
directeur, -trice [dirɛktœr, tris] ◇ *adj* 1. *(dirigeant)* leading; **comité ~** steering committee. 2. *(central)* guiding. ◇ *nm, f* director, manager; **~ général** general manager, managing director *Br*, chief executive officer *Am*.
direction [dirɛksjɔ̃] *nf* 1. *(gestion, ensemble des cadres)* management; **sous la ~ de** under the management of. 2. *(orientation)* direction; **en** OU **dans la ~ de** in the direction of. 3. (AUTOM) steering.
directive [dirɛktiv] *nf* directive.
directrice → **directeur**.
dirigeable [diriʒabl] *nm*: **(ballon) ~** airship.
dirigeant, -e [diriʒɑ̃, ɑ̃t] ◇ *adj* ruling. ◇ *nm, f (de pays)* leader; *(d'entreprise)* manager.
diriger [diriʒe] *vt* 1. *(mener - entreprise)* to run, to manage; *(- orchestre)* to conduct; *(- film, acteurs)* to direct; *(- recherches, projet)* to supervise. 2. *(conduire)* to steer. 3. *(orienter)*: **~ qqch sur/vers** to aim sthg at/towards. ◆ **se diriger** *vp*: **se ~ vers** to go OU head towards.
discernement [disɛrnəmɑ̃] *nm (jugement)* discernment.
discerner [disɛrne] *vt* 1. *(distinguer)*: **~ qqch de** to distinguish sthg from. 2. *(deviner)* to discern.
disciple [disipl] *nmf* disciple.
disciplinaire [disiplinɛr] *adj* disciplinary.
discipline [disiplin] *nf* discipline.
discipliner [discipline] *vt (personne)* to discipline; *(cheveux)* to control.
disco [disko] *nm* disco (music).
discontinu, -e [diskɔ̃tiny] *adj (ligne)* broken; *(bruit, effort)* intermittent.
discordant, -e [diskɔrdɑ̃, ɑ̃t] *adj* discordant.
discorde [diskɔrd] *nf* discord.
discothèque [diskɔtɛk] *nf* 1. *(boîte de nuit)* discothèque. 2. *(de prêt)* record library.
discourir [diskurir] *vi* to talk at length.
discours [diskur] *nm* speech.
discréditer [diskredite] *vt* to discredit.
discret, -ète [diskrɛ, ɛt] *adj (gén)* discreet; *(réservé)* reserved.
discrètement [diskrɛtmɑ̃] *adv* discreetly.
discrétion [diskresjɔ̃] *nf* discretion.
discrimination [diskriminasjɔ̃] *nf* discrimination; **sans ~** indiscriminately.
discriminatoire [diskriminatwar] *adj* discriminatory.
disculper [diskylpe] *vt* to exonerate. ◆ **se disculper** *vp* to exonerate o.s.
discussion [diskysjɔ̃] *nf* 1. *(conversation, examen)* discussion. 2. *(contestation, altercation)* argument.
discutable [diskytabl] *adj (contestable)* questionable.
discuter [diskyte] ◇ *vt* 1. *(débattre)*: **~ (de) qqch** to discuss sthg. 2. *(contester)* to dispute. ◇ *vi* 1. *(parlementer)* to discuss. 2. *(converser)* to talk. 3. *(contester)* to argue.
diseur, -euse [dizœr, øz] *nm, f*: **~ de bonne aventure** fortune-teller.
disgracieux, -euse [disgrasjø, øz] *adj* 1. *(sans grâce)* awkward, graceless. 2. *(laid)* plain.
disjoncteur [disʒɔ̃ktœr] *nm* trip

switch, circuit breaker.

disloquer [dislɔke] *vt* **1.** (MÉD) to dislocate. **2.** *(machine, empire)* to dismantle. ◆ **se disloquer** *vp* *(machine)* to fall apart OU to pieces; *fig (empire)* to break up.

disparaître [disparɛtr] *vi* **1.** *(gén)* to disappear, to vanish; **faire ~** *(personne)* to get rid of; *(obstacle)* to remove. **2.** *(mourir)* to die.

disparité [disparite] *nf (d'éléments)* disparity; *(de couleurs)* mismatch.

disparition [disparisjɔ̃] *nf* **1.** *(gén)* disappearance; *(d'espèce)* extinction; **en voie de ~** endangered. **2.** *(mort)* passing.

disparu, -e [dispary] ◇ *pp* → **disparaître.** ◇ *nm, f* dead person, deceased.

dispatcher [dispatʃe] *vt* to dispatch, to despatch.

dispensaire [dispɑ̃sɛr] *nm* community clinic *Br*, free clinic *Am*.

dispense [dispɑ̃s] *nf* *(exemption)* exemption.

dispenser [dispɑ̃se] *vt* **1.** *(distribuer)* to dispense. **2.** *(exempter)*: **~ qqn de qqch** *(corvée)* to excuse sb sthg, to let sb off sthg; **je te dispense de tes réflexions!** *fig* spare us the comments!, keep your comments to yourself!

disperser [dispɛrse] *vt* to scatter (about OU around); *(collection, brume, foule)* to break up; *fig (forces)* to dissipate, to waste. ◆ **se disperser** *vp* **1.** *(débris)* to scatter; *(brume, foule)* to break up, to clear. **2.** *(personne)* to take on too much at once, to spread o.s. too thin.

dispersion [dispɛrsjɔ̃] *nf* scattering; *(de collection, brume, foule)* breaking up; *fig (de forces)* waste, squandering.

disponibilité [disponibilite] *nf* **1.** *(de choses)* availability. **2.** *(de fonctionnaire)* leave of absence. **3.** *(d'esprit)* alertness, receptiveness.

disponible [disponibl] *adj (place, personne)* available, free.

disposé, -e [dispoze] *adj*: **être ~ à faire qqch** to be prepared OU willing to do sthg; **être bien ~ envers qqn** to be well-disposed towards OU to sb.

disposer [dispoze] ◇ *vt (arranger)* to arrange. ◇ *vi*: **~ de** *(moyens, argent)* to have available (to one), to have at one's disposal; *(chose)* to have the use of; *(temps)* to have free OU available.

dispositif [dispozitif] *nm (mécanisme)* device, mechanism.

disposition [dispozisjɔ̃] *nf* **1.** *(arrangement)* arrangement. **2.** *(disponibilité)*: **à la ~ de** at the disposal of, available to. ◆ **dispositions** *nfpl* **1.** *(mesures)* arrangements, measures. **2.** *(dons)*: **avoir des ~s pour** to have a gift for.

disproportionné, -e [disprɔpɔrsjɔne] *adj* out of proportion.

dispute [dispyt] *nf* argument, quarrel.

disputer [dispyte] *vt* **1.** *(SPORT - course)* to run; *(- match)* to play. **2.** *(lutter pour)* to fight for. ◆ **se disputer** *vp* **1.** *(se quereller)* to quarrel, to fight. **2.** *(lutter pour)* to fight over OU for.

disquaire [diskɛr] *nm* record dealer.

disqualifier [diskalifje] *vt* to disqualify.

disque [disk] *nm* **1.** (MUS) record; *(vidéo)* video disc; **~ compact** OU **laser** compact disc. **2.** (ANAT) disc. **3.** (INFORM) disk; **~ dur** hard disk. **4.** (SPORT) discus.

disquette [diskɛt] *nf* diskette, floppy disk; **~ système** system diskette.

dissection [disɛksjɔ̃] *nf* dissection.

dissemblable [disɑ̃blabl] *adj* dissimilar.

disséminer [disemine] *vt (graines, maisons)* to scatter, to spread (out); *fig (idées)* to disseminate, to spread.

disséquer [diseke] *vt litt & fig* to dissect.

dissertation [disɛrtasjɔ̃] *nf* essay.

dissident, -e [disidɑ̃, ɑ̃t] *adj & nm, f* dissident.

dissimulation [disimylasjɔ̃] *nf* **1.** *(hypocrisie)* duplicity. **2.** *(de la vérité)* concealment.

dissimuler [disimyle] *vt* to conceal. ◆ **se dissimuler** *vp* **1.** *(se cacher)* to conceal o.s., to hide. **2.** *(refuser de voir)*: **se ~ qqch** to close one's eyes to sthg.

dissipation [disipasjɔ̃] *nf* **1.** *(dispersion)* dispersal, breaking up; *fig (de malentendu)* clearing up; *(de craintes)* dispelling. **2.** *(indiscipline)* indiscipline, misbehaviour.

dissiper [disipe] *vt* **1.** *(chasser)* to break up, to clear; *fig* to dispel. **2.** *(distraire)* to lead astray. ◆ **se dissiper** *vp* **1.** *(brouillard, fumée)* to clear. **2.** *(élève)* to misbehave. **3.** *fig (malaise, fatigue)* to go away; *(doute)* to be dispelled.

dissocier [disɔsje] *vt (séparer)* to separate, to distinguish.

dissolution [disɔlysjɔ̃] *nf* **1.** (JUR) dissolution. **2.** *(mélange)* dissolving. **3.** *sout (débauche)* dissipation.

dissolvant, -e [disɔlvɑ̃, ɑ̃t] *adj* solvent. ◆ **dissolvant** *nm (solvant)* solvent; *(pour vernis)* nail varnish remover.

dissoudre [disudr] *vt*: **(faire) ~** to dissolve. ♦ **se dissoudre** *vp (substance)* to dissolve.

dissuader [disɥade] *vt* to dissuade.

dissuasion [disɥazjɔ̃] *nf* dissuasion; **force de ~** deterrent (effect).

distance [distɑ̃s] *nf* 1. *(éloignement)* distance; **à ~** at a distance; *(télécommander)* by remote control; **à une ~ de 300 mètres** 300 metres away. 2. *(intervalle)* interval. 3. *(écart)* gap.

distancer [distɑ̃se] *vt* to outstrip.

distant, -e [distɑ̃, ɑ̃t] *adj* 1. *(éloigné)*: **une ville ~e de 10 km** a town 10 km away; **des villes ~es de 10 km** towns 10 km apart. 2. *(froid)* distant.

distendre [distɑ̃dr] *vt (ressort, corde)* to stretch; *(abdomen)* to distend. ♦ **se distendre** *vp* to distend.

distiller [distile] *vt (alcool)* to distil; *(pétrole)* to refine; *(miel)* to secrete; *fig & littéraire* to exude.

distinct, -e [distɛ̃, ɛ̃kt] *adj* distinct.

distinctement [distɛ̃ktəmɑ̃] *adv* distinctly, clearly.

distinctif, -ive [distɛ̃ktif, iv] *adj* distinctive.

distinction [distɛ̃ksjɔ̃] *nf* distinction.

distingué, -e [distɛ̃ge] *adj* distinguished.

distinguer [distɛ̃ge] *vt* 1. *(différencier)* to tell apart, to distinguish. 2. *(percevoir)* to make out, to distinguish. 3. *(rendre différent)*: **~ de** to distinguish from, to set apart from. ♦ **se distinguer** *vp* 1. *(se différencier)*: **se ~ (de)** to stand out (from). 2. *(s'illustrer)* to distinguish o.s.

distraction [distraksjɔ̃] *nf* 1. *(inattention)* inattention, absent-mindedness. 2. *(passe-temps)* leisure activity.

distraire [distrɛr] *vt* 1. *(déranger)* to distract. 2. *(divertir)* to amuse, to entertain. ♦ **se distraire** *vp* to amuse o.s.

distrait, -e [distrɛ, ɛt] ◇ *pp* → **distraire**. ◇ *adj* absent-minded.

distribuer [distribɥe] *vt* to distribute; *(courrier)* to deliver; *(ordres)* to give out; *(cartes)* to deal; *(coups)* to dispense.

distributeur, -trice [distribytœr, tris] *nm, f* distributor. ♦ **distributeur** *nm* 1. (AUTOM & COMM) distributor. 2. *(machine)*: **~ (automatique) de billets** (BANQUE) cash machine, cash dispenser; (TRANSPORT) ticket machine; **~ de boissons** drinks machine.

distribution [distribysjɔ̃] *nf* 1. *(répartition, diffusion, disposition)* distribution; **~ des prix** (SCOL) prize-giving. 2. (CIN & THÉÂTRE) cast.

dit, dite [di, dit] ◇ *pp* → **dire**. ◇ *adj* 1. *(appelé)* known as. 2. (JUR) said, above. 3. *(fixé)*: **à l'heure ~e** at the appointed time.

divagation [divagasjɔ̃] *nf* wandering.

divaguer [divage] *vi* to ramble.

divan [divɑ̃] *nm* divan *(seat)*.

divergence [divɛrʒɑ̃s] *nf* divergence, difference; *(d'opinions)* difference.

diverger [divɛrʒe] *vi* to diverge; *(opinions)* to differ.

divers, -e [divɛr, ɛrs] *adj* 1. *(différent)* different, various. 2. *(disparate)* diverse. 3. (*avant n*) *(plusieurs)* various, several.

diversifier [divɛrsifje] *vt* to vary, to diversify. ♦ **se diversifier** *vp* to diversify.

diversion [divɛrsjɔ̃] *nf* diversion.

diversité [divɛrsite] *nf* diversity.

divertir [divɛrtir] *vt (distraire)* to entertain, to amuse. ♦ **se divertir** *vp* to amuse o.s., to entertain o.s.

divertissement [divɛrtismɑ̃] *nm (passe-temps)* pastime.

divin, -e [divɛ̃, in] *adj* divine.

divinité [divinite] *nf* divinity.

diviser [divize] *vt* 1. *(gén)* to divide, to split up. 2. (MATHS) to divide; **~ 8 par 4** to divide 8 by 4.

division [divizjɔ̃] *nf* division.

divorce [divɔrs] *nm* 1. (JUR) divorce. 2. *fig (divergence)* gulf, separation.

divorcé, -e [divɔrse] ◇ *adj* divorced. ◇ *nm, f* divorcee, divorced person.

divorcer [divɔrse] *vi* to divorce.

divulguer [divylge] *vt* to divulge.

dix [dis] *adj num & nm* ten; *voir aussi* **six**.

dix-huit [dizɥit] *adj num & nm* eighteen; *voir aussi* **six**.

dix-huitième [dizɥitjɛm] *adj num, nm & nmf* eighteenth; *voir aussi* **sixième**.

dixième [dizjɛm] *adj num, nm & nmf* tenth; *voir aussi* **sixième**.

dix-neuf [diznœf] *adj num & nm* nineteen; *voir aussi* **six**.

dix-neuvième [diznœvjɛm] *adj num, nm & nmf* nineteenth; *voir aussi* **sixième**.

dix-sept [disɛt] *adj num & nm* seventeen; *voir aussi* **six**.

dix-septième [disɛtjɛm] *adj num, nm & nmf* seventeenth; *voir aussi* **sixième**.

dizaine [dizɛn] *nf* 1. (MATHS) ten. 2. *(environ dix)*: **une ~ de** about ten; **par ~s** *(en grand nombre)* in their dozens.

DM (*abr de* **deutsche Mark**) DM.

do [do] *nm inv* (MUS) C; *(chanté)* doh.
doc [dɔk] (*abr de* **documentation**) *nf* literature, brochures (*pl*).
doc. (*abr de* **document**) doc.
docile [dɔsil] *adj (obéissant)* docile.
dock [dɔk] *nm* 1. *(bassin)* dock. 2. *(hangar)* warehouse.
docker [dɔkɛr] *nm* docker.
docteur [dɔktœr] *nm* 1. *(médecin)* doctor. 2. (UNIV): **~ ès lettres/sciences** ≃ PhD.
doctorat [dɔktɔra] *nm* doctorate.
doctrine [dɔktrin] *nf* doctrine.
document [dɔkymɑ̃] *nm* document.
documentaire [dɔkymɑ̃tɛr] *nm & adj* documentary.
documentaliste [dɔkymɑ̃talist] *nmf* *(d'archives)* archivist; (PRESSE & TÉLÉ) researcher.
documentation [dɔkymɑ̃tasjɔ̃] *nf* 1. *(travail)* research. 2. *(documents)* paperwork, papers (*pl*). 3. *(brochures)* documentation.
documenter [dɔkymɑ̃te] *vt* to document. ◆ **se documenter** *vp* to do some research.
dodo [dɔdo] *nm fam* beddy-byes; **faire ~** to sleep.
dodu, -e [dɔdy] *adj fam (enfant, joue, bras)* chubby; *(animal)* plump.
dogme [dɔgm] *nm* dogma.
dogue [dɔg] *nm* mastiff.
doigt [dwa] *nm* finger; **un ~ de** (just) a drop OU finger of; **montrer qqch du ~** to point at sthg; **~ de pied** toe.
dois → **devoir**.
doive → **devoir**.
dollar [dɔlar] *nm* dollar.
domaine [dɔmɛn] *nm* 1. *(propriété)* estate. 2. *(secteur)* field, domain.
dôme [dom] *nm* 1. (ARCHIT) dome. 2. (GÉOGR) rounded peak.
domestique [dɔmɛstik] ◇ *nmf* (domestic) servant. ◇ *adj* family (*avant n*); *(travaux)* household (*avant n*).
domestiquer [dɔmɛstike] *vt* 1. *(animal)* to domesticate. 2. *(éléments naturels)* to harness.
domicile [dɔmisil] *nm (gén)* (place of) residence; **travailler à ~** to work from OU at home; **ils livrent à ~** they do deliveries.
dominant, -e [dɔminɑ̃, ɑ̃t] *adj* dominant.
domination [dɔminasjɔ̃] *nf* 1. *(autorité)* domination, dominion. 2. *(influence)* influence.
dominer [dɔmine] ◇ *vt* 1. *(surplomber, avoir de l'autorité sur)* to dominate. 2. *(surpasser)* to outclass. 3. *(maîtriser)* to control, to master. 4. *fig (connaître)* to master. ◇ *vi* 1. *(régner)* to dominate, to be dominant. 2. *(prédominer)* to predominate. 3. *(triompher)* to be on top, to hold sway. ◆ **se dominer** *vp* to control o.s.
Dominique [dɔminik] *nf*: **la ~** Dominica.
domino [dɔmino] *nm* domino.
dommage [dɔmaʒ] *nm* 1. *(préjudice)* harm *(U)*; **~s et intérêts, ~s-intérêts** damages; **c'est ~ que** (+ *subjonctif*) it's a pity OU shame (that). 2. *(dégâts)* damage *(U)*.
domotique [dɔmɔtik] *nf* home automation.
dompter [dɔ̃te] *vt* 1. *(animal, fauve)* to tame. 2. *fig (maîtriser)* to overcome, to control.
dompteur, -euse [dɔ̃tœr, øz] *nm, f (de fauves)* tamer.
DOM-TOM [dɔmtɔm] (*abr de* **départements d'outre-mer/territoires d'outre-mer**) *nmpl French overseas départements and territories.*
don [dɔ̃] *nm* 1. *(cadeau)* gift. 2. *(aptitude)* knack.
donateur, -trice [dɔnatœr, tris] *nm, f* donor.
donation [dɔnasjɔ̃] *nf* settlement.
donc [dɔ̃k] *conj* so; **je disais ~ ...** so as I was saying ...; **allons ~!** come on!; **tais-toi ~!** will you be quiet!
donjon [dɔ̃ʒɔ̃] *nm* keep.
donné, -e [dɔne] *adj* given; **étant ~ que** given that, considering (that). ◆ **donnée** *nf* 1. (INFORM & MATHS) datum, piece of data; **~es numériques** numerical data. 2. *(fait)* fact, particular.
donner [dɔne] ◇ *vt* 1. *(gén)* to give; *(se débarrasser de)* to give away; **~ qqch à qqn** to give sb sthg, to give sthg to sb; **~ qqch à faire à qqn** to give sb sthg to do, to give sthg to sb to do; **~ sa voiture à réparer** to leave one's car to be repaired; **quel âge lui donnes-tu?** how old do you think he/she is? 2. *(occasionner)* to give, to cause. ◇ *vi* 1. *(s'ouvrir)*: **~ sur** to look out onto. 2. *(produire)* to produce, to yield.
donneur, -euse [dɔnœr, øz] *nm, f* 1. (MÉD) donor. 2. (CARTES) dealer.

---

dont [dɔ̃] *pron rel* 1. *(complément de verbe ou d'adjectif)*: **la personne ~ tu parles** the person you're speaking about, the person about whom you are speaking; **l'accident ~ il est**

responsable the accident for which he is responsible (*la traduction varie selon la préposition anglaise utilisée avec le verbe ou l'adjectif*). 2. *(complément de nom ou de pronom - relatif à l'objet)* of which, whose; *(- relatif à personne)* whose; **la boîte ~ le couvercle est jaune** the box whose lid is yellow, the box with the yellow lid; **c'est quelqu'un ~ j'apprécie l'honnêteté** he's someone whose honesty I appreciate. 3. *(indiquant la partie d'un tout)*: **plusieurs personnes ont téléphoné, ~ ton frère** several people phoned, one of which was your brother OU and among them was your brother.

dopage [dɔpaʒ] *nm* doping.

doper [dɔpe] *vt* to dope. ◆ **se doper** *vp* to take stimulants.

dorade [dɔrad] = **daurade**.

doré, -e [dɔre] *adj* 1. *(couvert de dorure)* gilded, gilt. 2. *(couleur)* golden.

dorénavant [dɔrenavɑ̃] *adv* from now on, in future.

dorer [dɔre] *vt* 1. *(couvrir d'or)* to gild. 2. *(peau)* to tan. 3. (CULIN) to glaze.

dorloter [dɔrlɔte] *vt* to pamper, to cosset.

dormir [dɔrmir] *vi* 1. *(sommeiller)* to sleep. 2. *(rester inactif - personne)* to slack, to stand around (doing nothing); *(- capitaux)* to lie idle.

dortoir [dɔrtwar] *nm* dormitory.

dos [do] *nm* back; **de ~** from behind; **'voir au ~'** 'see over'; **~ crawlé** backstroke.

DOS, Dos [dɔs] (*abr de* **Disk Operating System**) *nm* DOS.

dosage [dozaʒ] *nm (de médicament)* dose; *(d'ingrédient)* amount.

dos-d'âne [dodan] *nm* bump.

dose [doz] *nf* 1. *(quantité de médicament)* dose. 2. *(quantité)* share; **forcer la ~** *fam fig* to overdo it; **une (bonne) ~ de bêtise** *fam fig* a lot of silliness.

doser [doze] *vt (médicament, ingrédient)* to measure out; *fig* to weigh up.

dossard [dosar] *nm* number *(on competitor's back)*.

dossier [dosje] *nm* 1. *(de fauteuil)* back. 2. *(documents)* file, dossier. 3. *(classeur)* file, folder. 4. *fig (question)* question.

dot [dɔt] *nf* dowry.

doter [dɔte] *vt (pourvoir)*: **~ de** *(talent)* to endow with; *(machine)* to equip with.

douane [dwan] *nf* 1. *(service, lieu)* customs *(pl)*; **passer la ~** to go through customs. 2. *(taxe)* (import) duty.

douanier, -ère [dwanje, ɛr] ◇ *adj* customs *(avant n)*. ◇ *nm, f* customs officer.

doublage [dublaʒ] *nm* 1. *(renforcement)* lining. 2. *(de film)* dubbing. 3. *(d'acteur)* understudying.

double [dubl] ◇ *adj* double. ◇ *adv* double. ◇ *nm* 1. *(quantité)*: **le ~** double. 2. *(copie)* copy; **en ~** in duplicate. 3. (TENNIS) doubles *(pl)*.

doublé [duble] *nm (succès)* double.

doublement [dubləmɑ̃] *adv* doubly.

doubler [duble] ◇ *vt* 1. *(multiplier)* to double. 2. *(plier)* to (fold) double. 3. *(renforcer)*: **~ (de)** to line (with). 4. *(dépasser)* to overtake. 5. *(film, acteur)* to dub. 6. *(augmenter)* to double. ◇ *vi* 1. *(véhicule)* to overtake. 2. *(augmenter)* to double.

doublure [dublyr] *nf* 1. *(renforcement)* lining. 2. (CIN) stand-in.

douce → **doux**.

doucement [dusmɑ̃] *adv* 1. *(descendre)* carefully; *(frapper)* gently. 2. *(traiter)* gently; *(parler)* softly.

douceur [dusœr] *nf* 1. *(d'éclairage, de peau, de musique)* softness. 3. *(de climat)* mildness. 4. *(de caractère)* gentleness. ◆ **douceurs** *nfpl (friandises)* sweets.

douche [duʃ] *nf* 1. *(appareil, action)* shower. 2. *fam fig (déception)* letdown.

doucher [duʃe] *vt* 1. *(laver)*: **~ qqn** to give sb a shower. 2. *fam fig (décevoir)* to let down. ◆ **se doucher** *vp* to take OU have a shower, to shower.

doué, -e [dwe] *adj* talented; **être ~ pour** to have a gift for.

douillet, -ette [dujɛ, ɛt] ◇ *adj* 1. *(confortable)* snug, cosy. 2. *(sensible)* soft. ◇ *nm, f* wimp.

douloureux, -euse [duluʀø, øz] *adj* 1. *(physiquement)* painful. 2. *(moralement)* distressing. 3. *(regard)* sorrowful.

doute [dut] *nm* doubt. ◆ **sans doute** *loc adv* no doubt; **sans aucun ~** without (a) doubt.

douter [dute] ◇ *vt*: **~ que** (+ *subjonctif*) to doubt (that). ◇ *vi*: **~ de qqn/de qqch** to doubt sb/sthg, to have doubts about sb/sthg; **j'en doute** I doubt it. ◆ **se douter** *vp*: **se ~ de qqch** to suspect sthg; **je m'en doutais** I thought so.

douteux, -euse [dutø, øz] *adj* 1. *(incertain)* doubtful. 2. *(contestable)* questionable. 3. *péj (mœurs)* dubious; *(vêtements, personne)* dubious-looking.

Douvres [duvr] *n* Dover.

doux, douce [du, dus] *adj* 1.

(éclairage, peau, musique) soft. **2.** *(saveur, parfum)* sweet. **3.** *(climat, condiment)* mild. **4.** *(pente, regard, caractère)* gentle.

douzaine [duzɛn] *nf* **1.** *(douze)* dozen. **2.** *(environ douze)*: **une ~ de** about twelve.

douze [duz] *adj num & nm* twelve; *voir aussi* **six**.

douzième [duzjɛm] *adj num, nm & nmf* twelfth; *voir aussi* **sixième**.

doyen, -enne [dwajɛ̃, ɛn] *nm, f (le plus ancien)* most senior member.

Dr (*abr de* **Docteur**) Dr.

draconien, -enne [drakɔnjɛ̃, ɛn] *adj* draconian.

dragée [draʒe] *nf* **1.** *(confiserie)* sugared almond. **2.** *(comprimé)* pill.

dragon [dragɔ̃] *nm* **1.** *(monstre, personne)* dragon. **2.** *(soldat)* dragoon.

draguer [drage] *vt* **1.** *(nettoyer)* to dredge. **2.** *fam (personne)* to chat up, to get off with.

dragueur, -euse [dragœr, øz] *nm, f fam (homme)* womanizer; **quelle dragueuse!** she's always chasing after men!

drainage [drɛnaʒ] *nm* draining.

drainer [drene] *vt* **1.** *(terrain, plaie)* to drain. **2.** *fig (attirer)* to drain off.

dramatique [dramatik] ◇ *nf* play. ◇ *adj* **1.** (THÉÂTRE) dramatic. **2.** *(grave)* tragic.

dramatiser [dramatize] *vt (exagérer)* to dramatize.

drame [dram] *nm* **1.** *(catastrophe)* tragedy; **faire un ~ de qqch** *fig* to make a drama of sthg. **2.** *(pièce)* drama.

drap [dra] *nm* **1.** *(de lit)* sheet. **2.** *(tissu)* woollen cloth.

drapeau, -x [drapo] *nm* flag; **être sous les ~x** *fig* to be doing military service.

draper [drape] *vt* to drape.

draperie [drapri] *nf (tenture)* drapery.

dresser [drese] *vt* **1.** *(lever)* to raise. **2.** *(faire tenir)* to put up. **3.** *sout (construire)* to erect. **4.** *(acte, liste, carte)* to draw up; *(procès-verbal)* to make out. **5.** *(dompter)* to train. **6.** *fig (opposer)*: **~ qqn contre qqn** to set sb against sb. ◆ **se dresser** *vp* **1.** *(se lever)* to stand up. **2.** *(s'élever)* to rise (up); *fig* to stand; **se ~ contre qqch** to rise up against sthg.

dresseur, -euse [drɛsœr, øz] *nm, f* trainer.

dribbler [drible] (SPORT) ◇ *vi* to dribble. ◇ *vt*: **~ qqn** to dribble past sb.

drogue [drɔg] *nf* drug; **la ~** drugs (*pl*).

drogué, -e [drɔge] ◇ *adj* drugged. ◇ *nm, f* drug addict.

droguer [drɔge] *vt* to drug. ◆ **se droguer** *vp* to take drugs.

droguerie [drɔgri] *nf* hardware shop.

droguiste [drɔgist] *nmf*: **chez le ~** at the hardware shop.

droit, -e [drwa, drwat] *adj* **1.** *(du côté droit)* right. **2.** *(rectiligne, vertical, honnête)* straight. ◆ **droit** ◇ *adv* straight; **tout ~** straight ahead. ◇ *nm* **1.** (JUR) law. **2.** *(prérogative)* right; **avoir ~ à** to be entitled to; **avoir le ~ de faire qqch** to be allowed to do sthg; **être dans son ~** to be within one's rights; **être en ~ de faire qqch** to have a right to do sthg; **~ d'aînesse** birthright; **~ de vote** right to vote; **~s de l'homme** human rights. ◆ **droite** *nf* **1.** *(gén)* right, right-hand side; **à ~e** on the right; **à ~e de** to the right of. **2.** (POLIT): **la ~e** the right (wing); **de ~e** right-wing.

droitier, -ère [drwatje, ɛr] ◇ *adj* right-handed. ◇ *nm, f* right-handed person, right-hander.

drôle [drol] *adj* **1.** *(amusant)* funny. **2. ~ de** *(bizarre)* funny; *fam (remarquable)* amazing.

dromadaire [drɔmadɛr] *nm* dromedary.

dru, -e [dry] *adj* thick.

ds *abr de* **dans**.

du → **de**.

dû, due [dy] ◇ *pp* → **devoir**. ◇ *adj* due, owing. ◆ **dû** *nm* due.

Dublin [dyblɛ̃] *n* Dublin.

duc [dyk] *nm* duke.

duchesse [dyʃɛs] *nf* duchess.

duel [dɥɛl] *nm* duel.

dûment [dymɑ̃] *adv* duly.

dune [dyn] *nf* dune.

duo [dɥo] *nm* **1.** (MUS) duet. **2.** *(couple)* duo.

dupe [dyp] ◇ *nf* dupe. ◇ *adj* gullible.

duper [dype] *vt sout* to dupe, to take sb in.

duplex [dyplɛks] *nm* **1.** *(appartement)* split-level flat, maisonette *Br*, duplex *Am*. **2.** (RADIO & TÉLÉ) link-up.

duplicata [dyplikata] *nm inv* duplicate.

dupliquer [dyplike] *vt (document)* to duplicate.

duquel [dykɛl] → **lequel**.

dur, -e [dyr] ◇ *adj* **1.** *(matière, personne, travail)* hard; *(carton)* stiff. **2.** *(viande)* tough. **3.** *(climat, punition, loi)* harsh. ◇ *nm, f fam*: **~ (à cuire)** tough nut. ◆ **dur** *adv* hard.

durable [dyrabl] *adj* lasting.

durant [dyrɑ̃] *prép* 1. *(pendant)* for. 2. *(au cours de)* during.
durcir [dyrsir] ◇ *vt litt & fig* to harden. ◇ *vi* to harden, to become hard.
durée [dyre] *nf* length.
durement [dyrmɑ̃] *adv* 1. *(violemment)* hard, vigorously. 2. *(péniblement)* severely. 3. *(méchamment)* harshly.
durer [dyre] *vi* to last.
dureté [dyrte] *nf* 1. *(de matériau, de l'eau)* hardness. 2. *(d'époque, de climat, de personne)* harshness. 3. *(de punition)* severity.
dus, dut *etc* → **devoir**.
DUT (*abr de* **diplôme universitaire de technologie**) *nm university diploma in technology*.
duvet [dyvɛ] *nm* 1. *(plumes, poils fins)* down. 2. *(sac de couchage)* sleeping bag.
DVD (*abr de* **digital video disc**) *nm* DVD.
dynamique [dinamik] *adj* dynamic.
dynamisme [dinamism] *nm* dynamism.
dynamite [dinamit] *nf* dynamite.
dynastie [dinasti] *nf* dynasty.
dyslexique [dislɛksik] *adj* dyslexic.

E

e, E [ə] *nm inv* e, E. ◆ **E** (*abr de* **est**) E.
eau, -x [o] *nf* water; **~ douce/salée/de mer** fresh/salt/sea water; **~ gazeuse/plate** fizzy/still water; **~ courante** running water; **~ minérale** mineral water; **~ oxygénée** hydrogen peroxide; **~ de toilette** toilet water; **tomber à l'~** *fig* to fall through.
eau-de-vie [odvi] (*pl* **eaux-de-vie**) *nf* brandy.
ébahi, -e [ebai] *adj* staggered, astounded.
ébattre [ebatr] ◆ **s'ébattre** *vp littéraire* to frolic.
ébauche [eboʃ] *nf (esquisse)* sketch; *fig* outline; **l'~ d'un sourire** the ghost of a smile.
ébaucher [eboʃe] *vt* 1. *(esquisser)* to rough out. 2. *fig (commencer)*: **~ un geste** to start to make a gesture.
ébène [ebɛn] *nf* ebony.
ébéniste [ebenist] *nm* cabinet-maker.
éberlué, -e [ebɛrlɥe] *adj* flabbergasted.
éblouir [ebluir] *vt* to dazzle.
éblouissement [ebluismɑ̃] *nm* 1. *(aveuglement)* glare, dazzle. 2. *(vertige)* dizziness. 3. *(étonnement)* amazement.
éborgner [ebɔrɲe] *vt*: **~ qqn** to put sb's eye out.
éboueur [ebwœr] *nm* dustman *Br*, garbage collector *Am*.
ébouillanter [ebujɑ̃te] *vt* to scald.
éboulement [ebulmɑ̃] *nm* caving in, fall.
éboulis [ebuli] *nm* mass of fallen rocks.
ébouriffer [eburife] *vt* to ruffle.
ébranler [ebrɑ̃le] *vt* 1. *(bâtiment, opinion)* to shake. 2. *(gouvernement, nerfs)* to weaken. ◆ **s'ébranler** *vp (train)* to move off.
ébrécher [ebreʃe] *vt (assiette, verre)* to chip; *fam fig* to break into.
ébriété [ebrijete] *nf* drunkenness.
ébrouer [ebrue] ◆ **s'ébrouer** *vp (animal)* to shake o.s.
ébruiter [ebrɥite] *vt* to spread.
ébullition [ebylisjɔ̃] *nf* 1. *(de liquide)* boiling point. 2. *(effervescence)*: **en ~** *fig* in a state of agitation.
écaille [ekaj] *nf* 1. *(de poisson, reptile)* scale; *(de tortue)* shell. 2. *(de plâtre, peinture, vernis)* flake. 3. *(matière)* tortoiseshell; **en ~** *(lunettes)* horn-rimmed.
écailler [ekaje] *vt* 1. *(poisson)* to scale. 2. *(huîtres)* to open. ◆ **s'écailler** *vp* to flake OU peel off.
écarlate [ekarlat] *adj & nf* scarlet.
écarquiller [ekarkije] *vt*: **~ les yeux** to stare wide-eyed.
écart [ekar] *nm* 1. *(espace)* space. 2. *(temps)* gap. 3. *(différence)* difference. 4. *(déviation)*: **faire un ~** *(personne)* to step aside; *(cheval)* to shy; **être à l'~** to be in the background.
écarteler [ekartəle] *vt fig* to tear apart.
écartement [ekartəmɑ̃] *nm*: **~ entre** space between.
écarter [ekarte] *vt* 1. *(bras, jambes)* to open, to spread; **~ qqch de** to move sthg away from. 2. *(obstacle, danger)* to brush aside. 3. *(foule, rideaux)* to push aside; *(solution)* to dismiss; **~ qqn de** to exclude sb from. ◆ **s'écarter** *vp* 1. *(se séparer)* to part. 2. *(se détourner)*: **s'~ de** to deviate from.
ecchymose [ekimoz] *nf* bruise.
ecclésiastique [eklezjastik] ◇ *nm* clergyman. ◇ *adj* ecclesiastical.
écervelé, -e [esɛrvəle] ◇ *adj* scatty,

scatterbrained. ◇ *nm, f* scatterbrain.
échafaud [eʃafo] *nm* scaffold.
échafaudage [eʃafodaʒ] *nm* 1. (CONSTR) scaffolding. 2. *(amas)* pile.
échalote [eʃalɔt] *nf* shallot.
échancrure [eʃɑ̃kryr] *nf* 1. *(de robe)* low neckline. 2. *(de côte)* indentation.
échange [eʃɑ̃ʒ] *nm (de choses)* exchange; **en ~ (de)** in exchange (for).
échanger [eʃɑ̃ʒe] *vt* 1. *(troquer)* to swap, to exchange. 2. *(marchandise)*: **~ qqch (contre)** to change sthg (for). 3. *(communiquer)* to exchange.
échangisme [eʃɑ̃ʒism] *nm (de partenaires sexuels)* partner-swapping.
échantillon [eʃɑ̃tijɔ̃] *nm (de produit, de population)* sample; *fig* example.
échappatoire [eʃapatwar] *nf* way out.
échappement [eʃapmɑ̃] *nm* (AUTOM) exhaust; → **pot**.
échapper [eʃape] *vi* 1. **~ à** *(personne, situation)* to escape from; *(danger, mort)* to escape; *(suj: détail, sens)* to escape. 2. *(glisser)*: **laisser ~** to let slip. ◆ **s'échapper** *vp*: **s'~ (de)** to escape (from).
écharde [eʃard] *nf* splinter.
écharpe [eʃarp] *nf* scarf; **en ~** in a sling.
écharper [eʃarpe] *vt* to rip to pieces OU shreds.
échasse [eʃas] *nf (bâton, oiseau)* stilt.
échassier [eʃasje] *nm* wader.
échauffement [eʃofmɑ̃] *nm* (SPORT) warm-up.
échauffer [eʃofe] *vt* 1. *(chauffer)* to overheat. 2. *(exciter)* to excite. 3. *(énerver)* to irritate. ◆ **s'échauffer** *vp* 1. (SPORT) to warm up. 2. *fig (s'animer)* to become heated.
échéance [eʃeɑ̃s] *nf* 1. *(délai)* expiry; **à longue ~** in the long term. 2. *(date)* payment date; **arriver à ~** to fall due.
échéant [eʃeɑ̃] *adj*: **le cas ~** if necessary, if need be.
échec [eʃɛk] *nm* 1. *(insuccès)* failure. 2. (JEU): **~ et mat** checkmate. ◆ **échecs** *nmpl* chess *(U)*.
échelle [eʃɛl] *nf* 1. *(objet)* ladder. 2. *(ordre de grandeur)* scale.
échelon [eʃlɔ̃] *nm* 1. *(barreau)* rung. 2. *fig (niveau)* level.
échelonner [eʃlɔne] *vt (espacer)* to spread out.
échevelé, -e [eʃəvle] *adj* 1. *(ébouriffé)* dishevelled. 2. *(frénétique)* wild.
échine [eʃin] *nf* (ANAT) spine.
échiquier [eʃikje] *nm* (JEU) chessboard.
écho [eko] *nm* echo.
échographie [ekɔgrafi] *nf (examen)* ultrasound (scan).
échoir [eʃwar] *vi* 1. *(être dévolu)*: **~ à** to fall to. 2. *(expirer)* to fall due.
échoppe [eʃɔp] *nf* stall.
échouer [eʃwe] *vi (rater)* to fail; **~ à un examen** to fail an exam. ◆ **s'échouer** *vp* to run aground.
échu, -e [eʃy] *pp* → **échoir**.
éclabousser [eklabuse] *vt* 1. *(suj: liquide)* to spatter. 2. *fig (compromettre)* to compromise.
éclair [eklɛr] ◇ *nm* 1. *(de lumière)* flash of lightning. 2. *fig (instant)*: **~ de** flash of. ◇ *adj inv*: **visite ~** flying visit; **guerre ~** blitzkrieg.
éclairage [eklɛraʒ] *nm* 1. *(lumière)* lighting. 2. *fig (point de vue)* light.
éclaircie [eklɛrsi] *nf* bright interval, sunny spell.
éclaircir [eklɛrsir] *vt* 1. *(rendre plus clair)* to lighten. 2. *(rendre moins épais)* to thin. 3. *fig (clarifier)* to clarify. ◆ **s'éclaircir** *vp* 1. *(devenir plus clair)* to clear. 2. *(devenir moins épais)* to thin. 3. *(se clarifier)* to become clearer.
éclaircissement [eklɛrsismɑ̃] *nm (explication)* explanation.
éclairer [eklere] *vt* 1. *(de lumière)* to light up. 2. *(expliquer)* to clarify. ◆ **s'éclairer** *vp* 1. *(personne)* to light one's way. 2. *(regard, visage)* to light up. 3. *(rue, ville)* to light up.
éclaireur [eklɛrœr] *nm* scout.
éclat [ekla] *nm* 1. *(de verre, d'os)* splinter; *(de pierre)* chip. 2. *(de lumière)* brilliance. 3. *(de couleur)* vividness. 4. *(beauté)* radiance. 5. *(faste)* splendour. 6. *(bruit)* burst; **~ de rire** burst of laughter; **~s de voix** shouts; **faire un ~** to cause a scandal. 7. *loc*: **rire aux ~s** to roar OU shriek with laughter.
éclater [eklate] *vi* 1. *(exploser - pneu)* to burst; *(- verre)* to shatter; *(- obus)* to explode; **faire ~** *(ballon)* to burst; *(bombe)* to explode; *(pétard)* to let off. 2. *(incendie, rires)* to break out. 3. *(joie)* to shine; **laisser ~** to give vent to. 4. *fig (nouvelles, scandale)* to break. ◆ **s'éclater** *vp fam* to have a great time.
éclectique [eklɛktik] *adj* eclectic.
éclipse [eklips] *nf* (ASTRON) eclipse; **~ de lune/soleil** eclipse of the moon/sun.
éclipser [eklipse] *vt* to eclipse. ◆ **s'éclipser** *vp* 1. (ASTRON) to go into eclipse. 2. *fam (s'esquiver)* to slip away.
éclopé, -e [eklɔpe] ◇ *adj* lame. ◇ *nm, f* lame person.

éclore [eklɔr] *vi* **1.** *(s'ouvrir - fleur)* to open out, to blossom; *(- œuf)* to hatch. **2.** *fig (naître)* to dawn.
écluse [eklyz] *nf* lock.
écœurant, -e [ekœrɑ̃, ɑ̃t] *adj* **1.** *(gén)* disgusting. **2.** *(démoralisant)* sickening.
écœurer [ekœre] *vt* **1.** *(dégoûter)* to sicken, to disgust. **2.** *fig (indigner)* to sicken. **3.** *(décourager)* to discourage.
école [ekɔl] *nf* **1.** *(gén)* school; **~ maternelle** nursery school; **~ normale** ≃ teacher training college *Br*, ≃ teachers college *Am*; **École normale supérieure** *grande école for secondary and university teachers*; **~ primaire/secondaire** primary/secondary school *Br*, grade/high school *Am*; **grande ~** *specialist training establishment, entered by competitive exam and highly prestigious*; **faire l'~ buissonnière** to play truant *Br* OU hooky *Am*; **faire ~** to be accepted. **2.** *(éducation)* schooling; **l'~ privée** private education.
écolier, -ère [ekɔlje, ɛr] *nm, f* pupil.
écolo [ekɔlɔ] *nmf fam* ecologist; **les ~s** the Greens.
écologie [ekɔlɔʒi] *nf* ecology.
écologiste [ekɔlɔʒist] *nmf* ecologist.
éconduire [ekɔ̃dɥir] *vt* *(demande)* to dismiss; *(soupirant)* to show to the door.
économe [ekɔnɔm] ◇ *nmf* bursar. ◇ *adj* careful, thrifty.
économie [ekɔnɔmi] *nf* **1.** *(science)* economics *(U)*. **2.** (POLIT) economy; **~ de marché** market economy. **3.** *(épargne)* economy, thrift. **4.** (*gén pl*) *(pécule)* savings (*pl*); **faire des ~s** to save up.
économique [ekɔnɔmik] *adj* **1.** (ÉCON) economic. **2.** *(avantageux)* economical.
économiser [ekɔnɔmize] *vt litt & fig* to save.
économiste [ekɔnɔmist] *nmf* economist.
écoper [ekɔpe] *vt* **1.** (NAVIG) to bale out. **2.** *fam (sanction)*: **~ (de) qqch** to get sthg.
écoproduit [ekɔprɔdɥi] *nm* green product.
écorce [ekɔrs] *nf* **1.** *(d'arbre)* bark. **2.** *(d'agrume)* peel. **3.** (GÉOL) crust.
écorcher [ekɔrʃe] *vt* **1.** *(lapin)* to skin. **2.** *(bras, jambe)* to scratch. **3.** *fig (langue, nom)* to mispronounce.
écorchure [ekɔrʃyr] *nf* graze, scratch.
écossais, -e [ekɔsɛ, ɛz] *adj* **1.** *(de l'Écosse)* Scottish; *(whisky)* Scotch. **2.** *(tissu)* tartan. ◆ **écossais** *nm (langue)* Scots. ◆ **Écossais, -e** *nm, f* Scot, Scotsman (*f* Scotswoman).
Écosse [ekɔs] *nf*: **l'~** Scotland.
écosser [ekɔse] *vt* to shell.
écosystème [ekɔsistɛm] *nm* ecosystem.
écotourisme [ekɔturism] *nm* ecotourism.
écouler [ekule] *vt* to sell. ◆ **s'écouler** *vp* **1.** *(eau)* to flow. **2.** *(personnes)* to flow out. **3.** *(temps)* to pass.
écourter [ekurte] *vt* to shorten.
écouter [ekute] *vt* to listen to.
écouteur [ekutœr] *nm (de téléphone)* earpiece. ◆ **écouteurs** *nmpl (de radio)* headphones.
écoutille [ekutij] *nf* hatchway.
écran [ekrɑ̃] *nm* **1.** *(de protection)* shield. **2.** (CIN & INFORM) screen; **le petit ~** television.
écrasant, -e [ekrazɑ̃, ɑ̃t] *adj fig (accablant)* overwhelming.
écraser [ekraze] *vt* **1.** *(cigarette)* to stub out; *(pied)* to tread on; *(insecte)* to crush. **2.** *(accabler)*: **~ qqn (de)** to burden sb (with). **3.** *(vaincre)* to crush. **4.** *(renverser)* to run over. ◆ **s'écraser** *vp (avion)*: **s'~ (contre)** to crash (into).
écrémer [ekreme] *vt (lait)* to skim.
écrevisse [ekrəvis] *nf* crayfish.
écrier [ekrije] ◆ **s'écrier** *vp* to cry out.
écrin [ekrɛ̃] *nm* case.
écrire [ekrir] *vt* **1.** *(phrase, livre)* to write. **2.** *(orthographier)* to spell.
écrit, -e [ekri, it] ◇ *pp* → **écrire**. ◇ *adj* written. ◆ **écrit** *nm* **1.** *(ouvrage)* writing. **2.** *(examen)* written exam. **3.** *(document)* piece of writing. ◆ **par écrit** *loc adv* in writing.
écriteau, -x [ekrito] *nm* notice.
écriture [ekrityr] *nf* **1.** *(gén)* writing. **2.** (*gén pl*) (COMM) *(comptes)* books (*pl*).
écrivain [ekrivɛ̃] *nm* writer, author.
écrou [ekru] *nm* (TECHNOL) nut.
écrouer [ekrue] *vt* to imprison.
écrouler [ekrule] ◆ **s'écrouler** *vp litt & fig* to collapse.
écru, -e [ekry] *adj (couleur)* ecru.
ECU [eky] (*abr de* **European Currency Unit**) *nm* ECU.
écu [eky] *nm* **1.** *(bouclier, armoiries)* shield. **2.** *(monnaie ancienne)* crown. **3.** = **ECU**.
écueil [ekœj] *nm* **1.** *(rocher)* reef. **2.** *fig (obstacle)* stumbling block.
écuelle [ekɥɛl] *nf (objet)* bowl.
éculé, -e [ekyle] *adj* **1.** *(chaussure)* down-at-heel. **2.** *fig (plaisanterie)* hackneyed.

écume [ekym] *nf (mousse, bave)* foam.
écumoire [ekymwar] *nf* skimmer.
écureuil [ekyrœj] *nm* squirrel.
écurie [ekyri] *nf* 1. *(pour chevaux &* SPORT*)* stable. 2. *fig (local sale)* pigsty.
écusson [ekysɔ̃] *nm* 1. *(d'armoiries)* coat-of-arms. 2. (MIL) badge.
écuyer, -ère [ekɥije, ɛr] *nm, f (de cirque)* rider. ◆ **écuyer** *nm (de chevalier)* squire.
eczéma [ɛgzema] *nm* eczema.
éden [edɛn] *nm*: **un ~** a garden of Eden; **l'Éden** the garden of Eden.
édenté, -e [edɑ̃te] *adj* toothless.
EDF, Edf (*abr de* **Électricité de France**) *nf French national electricity company.*
édifice [edifis] *nm* 1. *(construction)* building. 2. *fig (institution)*: **l'~ social** the fabric of society.
édifier [edifje] *vt* 1. *(ville, église)* to build. 2. *fig (théorie)* to construct. 3. *(personne)* to edify; *iron* to enlighten.
Édimbourg [edɛ̃bur] *n* Edinburgh.
éditer [edite] *vt* to publish.
éditeur, -trice [editœr, tris] *nm, f* publisher.
édition [edisjɔ̃] *nf* 1. *(profession)* publishing. 2. *(de journal, livre)* edition.
éditorial, -aux [editɔrjal, o] *nm* leader, editorial.
édredon [edrədɔ̃] *nm* eiderdown.
éducateur, -trice [edykatœr, tris] *nm, f* teacher; **~ spécialisé** *teacher of children with special educational needs.*
éducatif, -ive [edykatif, iv] *adj* educational.
éducation [edykasjɔ̃] *nf* 1. *(instruction)* education; **l'Éducation nationale** ≈ the Department of Education *Br*, ≈ the Department for Education *Am*. 2. *(parentale)* upbringing. 3. *(politesse)* breeding.
édulcorant [edylkɔrɑ̃] *nm*: **~ (de synthèse)** (artificial) sweetener.
édulcorer [edylkɔre] *vt* 1. *sout (tisane)* to sweeten. 2. *fig (propos)* to tone down.
éduquer [edyke] *vt* to educate.
effacé, -e [efase] *adj* 1. *(teinte)* faded. 2. *(modeste - rôle)* unobtrusive; *(- personne)* self-effacing.
effacer [efase] *vt* 1. *(mot)* to erase, to rub out; (INFORM) to delete. 2. *(souvenir)* to erase. 3. *(réussite)* to eclipse. ◆ **s'effacer** *vp* 1. *(s'estomper)* to fade (away). 2. *sout (s'écarter)* to move aside. 3. *fig (s'incliner)* to give way.
effarant, -e [efarɑ̃, ɑ̃t] *adj* frightening.
effarer [efare] *vt* to frighten, to scare.
effaroucher [efaruʃe] *vt* 1. *(effrayer)* to scare off. 2. *(intimider)* to overawe.
effectif, -ive [efɛktif, iv] *adj* 1. *(remède)* effective. 2. *(aide)* positive. ◆ **effectif** *nm* 1. (MIL) strength. 2. *(de groupe)* total number.
effectivement [efɛktivmɑ̃] *adv* 1. *(réellement)* effectively. 2. *(confirmation)* in fact.
effectuer [efɛktɥe] *vt (manœuvre)* to carry out; *(trajet, paiement)* to make.
efféminé, -e [efemine] *adj* effeminate.
effervescent, -e [efɛrvesɑ̃, ɑ̃t] *adj (boisson)* effervescent; *fig (pays)* in turmoil.
effet [efɛ] *nm* 1. *(gén)* effect; **sous l'~ de** under the effects of; **~ de serre** greenhouse effect. 2. *(impression recherchée)* impression. 3. (COMM) *(titre)* bill. ◆ **en effet** *loc adv* in fact, indeed.
effeuiller [efœje] *vt (arbre)* to remove the leaves from; *(fleur)* to remove the petals from.
efficace [efikas] *adj* 1. *(remède, mesure)* effective. 2. *(personne, machine)* efficient.
effigie [efiʒi] *nf* effigy.
effiler [efile] *vt* 1. *(tissu)* to fray. 2. *(lame)* to sharpen. 3. *(cheveux)* to thin.
effilocher [efilɔʃe] *vt* to fray. ◆ **s'effilocher** *vp* to fray.
efflanqué, -e [eflɑ̃ke] *adj* emaciated.
effleurer [eflœre] *vt* 1. *(visage, bras)* to brush (against). 2. *fig (problème, thème)* to touch on. 3. *fig (suj: pensée, idée)*: **~ qqn** to cross sb's mind.
effluve [eflyv] *nm* exhalation; *fig (d'enfance, du passé)* breath.
effondrement [efɔ̃drəmɑ̃] *nm* collapse.
effondrer [efɔ̃dre] ◆ **s'effondrer** *vp litt & fig* to collapse.
efforcer [efɔrse] ◆ **s'efforcer** *vp*: **s'~ de faire qqch** to make an effort to do sthg.
effort [efɔr] *nm* 1. *(de personne)* effort. 2. (TECHNOL) stress.
effraction [efraksjɔ̃] *nf* breaking in; **entrer par ~ dans** to break into.
effrayer [efreje] *vt* to frighten, to scare.
effréné, -e [efrene] *adj (course)* frantic.
effriter [efrite] *vt* to cause to crumble. ◆ **s'effriter** *vp (mur)* to crumble.
effroi [efrwa] *nm* fear, dread.
effronté, -e [efrɔ̃te] ◇ *adj* insolent. ◇ *nm, f* insolent person.

effronterie [efrɔ̃tri] *nf* insolence.
effroyable [efrwajabl] *adj* **1.** *(catastrophe, misère)* appalling. **2.** *(laideur)* hideous.
effusion [efyzjɔ̃] *nf* **1.** *(de liquide)* effusion. **2.** *(de sentiments)* effusiveness.
égal, -e, -aux [egal, o] ◇ *adj* **1.** *(équivalent)* equal. **2.** *(régulier)* even. ◇ *nm, f* equal.
également [egalmɑ̃] *adv* **1.** *(avec égalité)* equally. **2.** *(aussi)* as well, too.
égaler [egale] *vt* **1.** (MATHS) to equal. **2.** *(beauté)* to match, to compare with.
égaliser [egalize] ◇ *vt (haie, cheveux)* to trim. ◇ *vi* (SPORT) to equalize *Br*, to tie *Am*.
égalitaire [egalitɛr] *adj* egalitarian.
égalité [egalite] *nf* **1.** *(gén)* equality. **2.** *(d'humeur)* evenness. **3.** (SPORT): **être à ~** to be level.
égard [egar] *nm* consideration; **à cet ~** in this respect. ◆ **à l'égard de** *loc prép* with regard to, towards.
égarement [egarmɑ̃] *nm* **1.** *(de jeunesse)* wildness. **2.** *(de raisonnement)* aberration.
égarer [egare] *vt* **1.** *(objet)* to mislay, to lose. **2.** *(personne)* to mislead. **3.** *fig & sout (suj: passion)* to lead astray. ◆ **s'égarer** *vp* **1.** *(lettre)* to get lost, to go astray; *(personne)* to get lost, to lose one's way. **2.** *fig & sout (personne)* to stray from the point.
égayer [egeje] *vt* **1.** *(personne)* to cheer up. **2.** *(pièce)* to brighten up.
égide [eʒid] *nf* protection; **sous l'~ de** *littéraire* under the aegis of.
église [egliz] *nf* church. ◆ **Église** *nf*: **l'Église** the Church.
égocentrique [egɔsɑ̃trik] *adj* self-centred, egocentric.
égoïsme [egɔism] *nm* selfishness, egoism.
égoïste [egɔist] ◇ *nmf* selfish person. ◇ *adj* selfish, egoistic.
égorger [egɔrʒe] *vt (animal, personne)* to cut the throat of.
égosiller [egɔzije] ◆ **s'égosiller** *vp fam* **1.** *(crier)* to bawl, to shout. **2.** *(chanter)* to sing one's head off.
égout [egu] *nm* sewer.
égoutter [egute] *vt* **1.** *(vaisselle)* to leave to drain. **2.** *(aliment)* to drain. ◆ **s'égoutter** *vp* to drip, to drain.
égouttoir [egutwar] *nm* **1.** *(à légumes)* colander, strainer. **2.** *(à vaisselle)* rack *(for washing-up)*.
égratigner [egratiɲe] *vt* to scratch; *fig* to have a go OU dig at. ◆ **s'égratigner** *vp*: **s'~ la main** to scratch one's hand.
égratignure [egratiɲyr] *nf* scratch, graze; *fig* dig.
égrener [egrəne] *vt* **1.** *(épi, cosse)* to shell; *(grappe)* to pick grapes from. **2.** *(chapelet)* to tell. **3.** *fig (marquer)* to mark.
égrillard, -e [egrijar, ard] *adj* ribald, bawdy.
Égypte [eʒipt] *nf*: **l'~** Egypt.
égyptien, -enne [eʒipsjɛ̃, ɛn] *adj* Egyptian. ◆ **égyptien** *nm (langue)* Egyptian. ◆ **Égyptien, -enne** *nm, f* Egyptian.
égyptologie [eʒiptɔlɔʒi] *nf* Egyptology.
eh [e] *interj* hey!; **~ bien** well.
éhonté, -e [eɔ̃te] *adj* shameless.
Eiffel [efɛl] *n*: **la tour ~** the Eiffel Tower.
éjaculation [eʒakylasjɔ̃] *nf* ejaculation.
éjectable [eʒɛktabl] *adj*: **siège ~** ejector seat.
éjecter [eʒɛkte] *vt* **1.** *(douille)* to eject. **2.** *fam (personne)* to kick out.
élaboration [elabɔrasjɔ̃] *nf (de plan, système)* working out, development.
élaboré, -e [elabɔre] *adj* elaborate.
élaborer [elabɔre] *vt (plan, système)* to work out, to develop.
élaguer [elage] *vt litt & fig* to prune.
élan [elɑ̃] *nm* **1.** (ZOOL) elk. **2.** (SPORT) run-up; *Can* (GOLF) swing; **prendre son ~** to take a run-up, to gather speed. **3.** *fig (de joie)* outburst.
élancé, -e [elɑ̃se] *adj* slender.
élancer [elɑ̃se] *vi* (MÉD) to give shooting pains. ◆ **s'élancer** *vp* **1.** *(se précipiter)* to rush, to dash. **2.** (SPORT) to take a run-up. **3.** *fig (s'envoler)* to soar.
élargir [elarʒir] *vt* to widen; *(vêtement)* to let out; *fig* to expand. ◆ **s'élargir** *vp (s'agrandir)* to widen; *(vêtement)* to stretch; *fig* to expand.
élasticité [elastisite] *nf* (PHYS) elasticity.
élastique [elastik] ◇ *nm* **1.** *(bracelet)* elastic band. **2.** *(matière)* elastic. ◇ *adj* **1.** (PHYS) elastic. **2.** *(corps)* flexible. **3.** *fig (conscience)* accommodating.
électeur, -trice [elɛktœr, tris] *nm, f* voter, elector.
élection [elɛksjɔ̃] *nf (vote)* election; **~ présidentielle** presidential election; **~s municipales** local elections.
électoral, -e, -aux [elɛktɔral, o] *adj* electoral; *(campagne)* election *(avant n)*.

électricien, -enne [elɛktrisjɛ̃, ɛn] *nm, f* electrician.
électricité [elɛktrisite] *nf* electricity.
électrifier [elɛktrifje] *vt* to electrify.
électrique [elɛktrik] *adj litt & fig* electric.
électrocardiogramme [elɛktrɔkardjɔgram] *nm* electrocardiogram.
électrochoc [elɛktrɔʃɔk] *nm* electroshock therapy.
électrocuter [elɛktrɔkyte] *vt* to electrocute.
électrode [elɛktrɔd] *nf* electrode.
électroencéphalogramme [elɛktrɔɑ̃sefalɔgram] *nm* electroencephalogram.
électrogène [elɛktrɔʒɛn] *adj*: **groupe ~** generating unit.
électrolyse [elɛktrɔliz] *nf* electrolysis.
électromagnétique [elɛktrɔmaɲetik] *adj* electromagnetic.
électroménager [elɛktrɔmenaʒe] *nm* household electrical appliances (*pl*).
électron [elɛktrɔ̃] *nm* electron.
électronicien, -enne [elɛktrɔnisjɛ̃, ɛn] *nm, f* electronics specialist.
électronique [elɛktrɔnik] ◇ *nf* (SCIENCE) electronics *(U)*. ◇ *adj* electronic; *(microscope)* electron (*avant n*).
électrophone [elɛktrɔfɔn] *nm* record player.
élégance [elegɑ̃s] *nf* elegance.
élégant, -e [elegɑ̃, ɑ̃t] *adj* **1.** *(personne, style)* elegant. **2.** *(délicat - solution, procédé)* elegant; *(- conduite)* generous.
élément [elemɑ̃] *nm* **1.** *(gén)* element; **être dans son ~** to be in one's element. **2.** *(de machine)* component.
élémentaire [elemɑ̃tɛr] *adj* **1.** *(facile)* elementary. **2.** *(fondamental)* basic.
éléphant [elefɑ̃] *nm* elephant.
élevage [ɛlvaʒ] *nm* breeding, rearing; *(installation)* farm.
élévateur, -trice [elevatœr, tris] *adj* elevator (*avant n*).
élevé, -e [ɛlve] *adj* **1.** *(haut)* high. **2.** *fig (sentiment, âme)* noble. **3.** *(enfant)*: **bien/mal ~** well/badly brought up.
élève [elɛv] *nmf (écolier, disciple)* pupil.
élever [ɛlve] *vt* **1.** *(gén)* to raise. **2.** *(statue)* to put up, to erect. **3.** *(promouvoir)* to elevate. **4.** *(esprit)* to improve. **5.** *(enfant)* to bring up. **6.** *(poulets)* to rear, to breed. ◆ **s'élever** *vp* **1.** *(gén)* to rise. **2.** *(montant)*: **s'~ à** to add up to. **3.** *(protester)*: **s'~ contre qqn/qqch** to protest against sb/sthg.
éleveur, -euse [ɛlvœr, øz] *nm, f* breeder.
elfe [ɛlf] *nm* elf.
éligible [eliʒibl] *adj* eligible.
élimé, -e [elime] *adj* threadbare.
élimination [eliminasjɔ̃] *nf* elimination.
éliminatoire [eliminatwar] ◇ *nf (gén pl)* (SPORT) qualifying heat OU round. ◇ *adj* qualifying (*avant n*).
éliminer [elimine] *vt* to eliminate.
élire [elir] *vt* to elect.
élite [elit] *nf* elite; **d'~** choice, select.
élitiste [elitist] *nmf & adj* elitist.

---

elle [ɛl] *pron pers* **1.** *(sujet - personne)* she; *(- animal)* it, she; *(- chose)* it. **2.** *(complément - personne)* her; *(- animal)* it, her; *(- chose)* it. ◆ **elles** *pron pers pl* **1.** *(sujet)* they. **2.** *(complément)* them. ◆ **elle-même** *pron pers (personne)* herself; *(animal)* itself, herself; *(chose)* itself. ◆ **elles-mêmes** *pron pers pl* themselves.
ellipse [elips] *nf* **1.** (GÉOM) ellipse. **2.** (LING) ellipsis.
élocution [elɔkysjɔ̃] *nf* delivery; **défaut d'~** speech defect.
éloge [elɔʒ] *nm (louange)* praise; **faire l'~ de qqn/qqch** *(louer)* to speak highly of sb/sthg; **couvrir qqn d'~s** to shower sb with praise.
élogieux, -euse [elɔʒjø, øz] *adj* laudatory.
éloignement [elwaɲmɑ̃] *nm* **1.** *(mise à l'écart)* removal. **2.** *(séparation)* absence. **3.** *(dans l'espace, le temps)* distance.
éloigner [elwaɲe] *vt* **1.** *(écarter)* to move away; **~ qqch de** to move sthg away from. **2.** *(détourner)* to turn away. **3.** *(chasser)* to dismiss. ◆ **s'éloigner** *vp* **1.** *(partir)* to move OU go away. **2.** *fig (du sujet)* to stray from the point. **3.** *(se détacher)* to distance o.s.
éloquence [elɔkɑ̃s] *nf* eloquence.
éloquent, -e [elɔkɑ̃, ɑ̃t] *adj* **1.** *(avocat, silence)* eloquent. **2.** *(données)* significant.
élu, -e [ely] ◇ *pp* → **élire**. ◇ *adj* (POLIT) elected. ◇ *nm, f* **1.** (POLIT) elected representative. **2.** (RELIG) chosen one; **l'~ de son cœur** *hum ou sout* one's heart's desire.
élucider [elyside] *vt* to clear up.
éluder [elyde] *vt* to evade.
Élysée [elize] *nm*: **l'~** *the official residence of the French President and, by extension, the President himself.*
émacié, -e [emasje] *adj littéraire* emaciated.
émail, -aux [emaj, emo] *nm* enamel;

en ~ enamel, enamelled.
émanation [emanasjɔ̃] *nf* emanation; **être l'~ de** *fig* to emanate from.
émanciper [emɑ̃sipe] *vt* to emancipate. ◆ **s'émanciper** *vp* **1.** *(se libérer)* to become free OU liberated. **2.** *fam (se dévergonder)* to become emancipated.
émaner [emane] *vi*: **~ de** to emanate from.
émarger [emarʒe] *vt (signer)* to sign.
émasculer [emaskyle] *vt* to emasculate.
emballage [ɑ̃balaʒ] *nm* packaging.
emballer [ɑ̃bale] *vt* **1.** *(objet)* to pack (up), to wrap (up). **2.** *fam (plaire)* to thrill. ◆ **s'emballer** *vp* **1.** *(moteur)* to race. **2.** *(cheval)* to bolt. **3.** *fam (s'enthousiasmer)* to get carried away; *(s'emporter)* to lose one's temper.
embarcadère [ɑ̃barkadɛr] *nm* landing stage.
embarcation [ɑ̃barkasjɔ̃] *nf* small boat.
embardée [ɑ̃barde] *nf* swerve; **faire une ~** to swerve.
embargo [ɑ̃bargo] *nm* embargo.
embarquement [ɑ̃barkəmɑ̃] *nm* **1.** *(de marchandises)* loading. **2.** *(de passagers)* boarding.
embarquer [ɑ̃barke] ◇ *vt* **1.** *(marchandises)* to load. **2.** *(passagers)* to (take on) board. **3.** *fam (arrêter)* to pick up. **4.** *fam fig (engager)*: **~ qqn dans** to involve sb in. **5.** *fam (emmener)* to cart off. ◇ *vi*: **~ (pour)** to sail (for). ◆ **s'embarquer** *vp* **1.** *(sur un bateau)* to (set) sail. **2.** *fam fig (s'engager)*: **s'~ dans** to get involved in.
embarras [ɑ̃bara] *nm* **1.** *(incertitude)* (state of) uncertainty; **avoir l'~ du choix** to be spoilt for choice. **2.** *(situation difficile)* predicament; **être dans l'~** to be in a predicament; **mettre qqn dans l'~** to place sb in an awkward position; **tirer qqn d'~** to get sb out of a tight spot. **3.** *(gêne)* embarrassment. **4.** *(souci)* difficulty, worry.
embarrassé, -e [ɑ̃barase] *adj* **1.** *(pièce, bureau)* cluttered; **avoir les mains ~es** to have one's hands full. **2.** *(gêné)* embarrassed. **3.** *(confus)* confused.
embarrasser [ɑ̃barase] *vt* **1.** *(encombrer - pièce)* to clutter up; *(- personne)* to hamper. **2.** *(gêner)* to put in an awkward position. ◆ **s'embarrasser** *vp (se charger)*: **s'~ de qqch** to burden o.s. with sthg; *fig* to bother about sthg.
embauche [ɑ̃boʃ] *nf*, **embauchage** [ɑ̃boʃaʒ] *nm* hiring, employment.
embaucher [ɑ̃boʃe] *vt* **1.** *(employer)* to employ, to take on. **2.** *fam (occuper)*: **je t'embauche!** I need your help!
embaumer [ɑ̃bome] ◇ *vt* **1.** *(cadavre)* to embalm. **2.** *(parfumer)* to scent. ◇ *vi* to be fragrant.
embellir [ɑ̃belir] ◇ *vt* **1.** *(agrémenter)* to brighten up. **2.** *fig (enjoliver)* to embellish. ◇ *vi (devenir plus beau)* to become more attractive; *fig & hum* to grow, to increase.
embêtant, -e [ɑ̃bɛtɑ̃, ɑ̃t] *adj fam* annoying.
embêtement [ɑ̃bɛtmɑ̃] *nm fam* trouble.
embêter [ɑ̃bɛte] *vt fam (contrarier, importuner)* to annoy. ◆ **s'embêter** *vp fam (s'ennuyer)* to be bored.
emblée [ɑ̃ble] ◆ **d'emblée** *loc adv* right away.
emblème [ɑ̃blɛm] *nm* emblem.
emboîter [ɑ̃bwate] *vt*: **~ qqch dans qqch** to fit sthg into sthg. ◆ **s'emboîter** *vp* to fit together.
embonpoint [ɑ̃bɔ̃pwɛ̃] *nm* stoutness.
embouché, -e [ɑ̃buʃe] *adj fam*: **mal ~** foul-mouthed.
embouchure [ɑ̃buʃyr] *nf (de fleuve)* mouth.
embourber [ɑ̃burbe] ◆ **s'embourber** *vp (s'enliser)* to get stuck in the mud; *fig* to get bogged down.
embourgeoiser [ɑ̃burʒwaze] *vt (personne)* to instil middle-class values in; *(quartier)* to gentrify. ◆ **s'embourgeoiser** *vp (personne)* to adopt middle-class values; *(quartier)* to become gentrified.
embout [ɑ̃bu] *nm (protection)* tip; *(extrémité d'un tube)* nozzle.
embouteillage [ɑ̃butɛjaʒ] *nm* traffic jam.
emboutir [ɑ̃butir] *vt* **1.** *fam (voiture)* to crash into. **2.** (TECHNOL) to stamp.
embranchement [ɑ̃brɑ̃ʃmɑ̃] *nm* **1.** *(carrefour)* junction. **2.** *(division)* branching (out); *fig* branch.
embraser [ɑ̃braze] *vt (incendier, éclairer)* to set ablaze; *fig (d'amour)* to (set on) fire, to inflame. ◆ **s'embraser** *vp (prendre feu, s'éclairer)* to be ablaze; *fig & littéraire* to be inflamed.
embrassade [ɑ̃brasad] *nf* embrace.
embrasser [ɑ̃brase] *vt* **1.** *(donner un baiser à)* to kiss. **2.** *(étreindre)* to embrace. **3.** *fig (du regard)* to take in. ◆ **s'embrasser** *vp* to kiss (each other).
embrasure [ɑ̃brazyr] *nf*: **dans l'~ de la fenêtre** in the window.
embrayage [ɑ̃brɛjaʒ] *nm* clutch.

embrayer [ɑ̃breje] *vi* (AUTOM) to engage the clutch.
embrocher [ɑ̃brɔʃe] *vt* to skewer.
embrouillamini [ɑ̃brujamini] *nm fam* muddle.
embrouiller [ɑ̃bruje] *vt* 1. *(mélanger)* to mix (up), to muddle (up). 2. *fig (compliquer)* to confuse.
embruns [ɑ̃brœ̃] *nmpl* spray *(U)*.
embryon [ɑ̃brijɔ̃] *nm litt & fig* embryo.
embûche [ɑ̃byʃ] *nf* pitfall.
embuer [ɑ̃bɥe] *vt* 1. *(de vapeur)* to steam up. 2. *(de larmes)* to mist (over).
embuscade [ɑ̃byskad] *nf* ambush.
éméché, -e [emeʃe] *adj fam* merry, tipsy.
émeraude [emrod] *nf* emerald.
émerger [emɛrʒe] *vi* 1. *(gén)* to emerge. 2. (NAVIG & *fig*) to surface.
émeri [ɛmri] *nm*: **papier** OU **toile ~** emery paper.
émérite [emerit] *adj* distinguished, eminent.
émerveiller [emɛrveje] *vt* to fill with wonder.
émetteur, -trice [emetœr, tris] *adj* transmitting; **poste ~** transmitter. ◆ **émetteur** *nm (appareil)* transmitter.
émettre [emɛtr] *vt* 1. *(produire)* to emit. 2. *(diffuser)* to transmit, to broadcast. 3. *(mettre en circulation)* to issue. 4. *(exprimer)* to express.
émeute [emøt] *nf* riot.
émietter [emjete] *vt* 1. *(du pain)* to crumble. 2. *(morceler)* to divide up.
émigrant, -e [emigrɑ̃, ɑ̃t] *adj & nm, f* emigrant.
émigré, -e [emigre] ◇ *adj* migrant. ◇ *nm, f* emigrant.
émigrer [emigre] *vi* 1. *(personnes)* to emigrate. 2. *(animaux)* to migrate.
émincé, -e [emɛ̃se] *adj* sliced thinly. ◆ **émincé** *nm thin slices of meat served in a sauce.*
éminemment [eminamɑ̃] *adv* eminently.
éminence [eminɑ̃s] *nf* hill.
éminent, -e [eminɑ̃, ɑ̃t] *adj* eminent, distinguished.
émir [emir] *nm* emir.
émirat [emira] *nm* emirate. ◆ **Émirat** *nm*: **les Émirats arabes unis** the United Arab Emirates.
émis, -e [emi, iz] *pp* → **émettre**.
émissaire [emisɛr] ◇ *nm (envoyé)* emissary, envoy. ◇ *adj* → **bouc**.
émission [emisjɔ̃] *nf* 1. *(de gaz, de son etc)* emission. 2. (RADIO & TÉLÉ - *transmission)* transmission, broadcasting; *(- programme)* programme *Br*, program *Am*. 3. *(mise en circulation)* issue.
emmagasiner [ɑ̃magazine] *vt* 1. *(stocker)* to store. 2. *fig (accumuler)* to store up.
emmailloter [ɑ̃majɔte] *vt* to wrap up.
emmanchure [ɑ̃mɑ̃ʃyr] *nf* armhole.
emmêler [ɑ̃mele] *vt* 1. *(fils)* to tangle up. 2. *fig (idées)* to muddle up, to confuse. ◆ **s'emmêler** *vp* 1. *(fils)* to get into a tangle. 2. *fig (personne)* to get mixed up.
emménagement [ɑ̃menaʒmɑ̃] *nm* moving in.
emménager [ɑ̃menaʒe] *vi* to move in.
emmener [ɑ̃mne] *vt* to take.
emmerder [ɑ̃mɛrde] *vt tfam* to piss off. ◆ **s'emmerder** *vp tfam (s'embêter)* to be bored stiff.
emmitoufler [ɑ̃mitufle] *vt* to wrap up. ◆ **s'emmitoufler** *vp* to wrap o.s. up.
émoi [emwa] *nm* 1. *sout (agitation)* agitation, commotion; **en ~** in turmoil. 2. *(émotion)* emotion.
émotif, -ive [emɔtif, iv] *adj* emotional.
émotion [emosjɔ̃] *nf* 1. *(sentiment)* emotion. 2. *(peur)* fright, shock.
émotionnel, -elle [emosjɔnel] *adj* emotional.
émousser [emuse] *vt litt & fig* to blunt.
émouvant, -e [emuvɑ̃, ɑ̃t] *adj* moving.
émouvoir [emuvwar] *vt* 1. *(troubler)* to disturb, to upset. 2. *(susciter la sympathie de)* to move, to touch. ◆ **s'émouvoir** *vp* to show emotion, to be upset.
empailler [ɑ̃paje] *vt* 1. *(animal)* to stuff. 2. *(chaise)* to upholster (with straw).
empaler [ɑ̃pale] *vt* to impale.
empaqueter [ɑ̃pakte] *vt* to pack (up), to wrap (up).
empâter [ɑ̃pate] *vt* 1. *(traits)* to fatten out. 2. *(langue)* to coat, to fur up. ◆ **s'empâter** *vp* to put on weight.
empêchement [ɑ̃pɛʃmɑ̃] *nm* obstacle; **j'ai un ~** something has come up.
empêcher [ɑ̃peʃe] *vt* to prevent; **~ qqn/qqch de faire qqch** to prevent sb/sthg from doing sthg; **(il) n'empêche que** nevertheless, all the same.
empereur [ɑ̃prœr] *nm* emperor.
empesé, -e [ɑ̃pəze] *adj* 1. *(linge)* starched. 2. *fig (style)* stiff.
empester [ɑ̃pɛste] *vi* to stink.
empêtrer [ɑ̃petre] *vt*: **être empêtré**

dans to be tangled up in. ◆ **s'empêtrer** *vp*: **s'~ (dans)** to get tangled up (in).
emphase [ɑ̃faz] *nf péj* pomposity.
empiéter [ɑ̃pjete] *vi*: **~ sur** to encroach on.
empiffrer [ɑ̃pifre] ◆ **s'empiffrer** *vp fam* to stuff o.s.
empiler [ɑ̃pile] *vt* to pile up, to stack up.
empire [ɑ̃pir] *nm* **1.** (HIST & *fig*) empire. **2.** *sout (contrôle)* influence.
empirer [ɑ̃pire] *vi & vt* to worsen.
empirique [ɑ̃pirik] *adj* empirical.
emplacement [ɑ̃plasmɑ̃] *nm* site, location.
emplette [ɑ̃plɛt] *nf* (*gén pl*) purchase.
emplir [ɑ̃plir] *vt sout*: **~ (de)** to fill (with). ◆ **s'emplir** *vp*: **s'~ (de)** to fill (with).
emploi [ɑ̃plwa] *nm* **1.** *(utilisation)* use; **~ du temps** timetable; **mode d'~** instructions (*pl*) (for use). **2.** *(travail)* job.
employé, -e [ɑ̃plwaje] *nm, f* employee; **~ de bureau** office employee OU worker.
employer [ɑ̃plwaje] *vt* **1.** *(utiliser)* to use. **2.** *(salarier)* to employ.
employeur, -euse [ɑ̃plwajœr, øz] *nm, f* employer.
empocher [ɑ̃pɔʃe] *vt fam* to pocket.
empoignade [ɑ̃pwaɲad] *nf* row.
empoigner [ɑ̃pwaɲe] *vt* to grasp. ◆ **s'empoigner** *vp fig* to come to blows.
empoisonnement [ɑ̃pwazɔnmɑ̃] *nm (intoxication)* poisoning.
empoisonner [ɑ̃pwazɔne] *vt* **1.** *(gén)* to poison. **2.** *fam (ennuyer)* to annoy, to bug.
emporté, -e [ɑ̃pɔrte] *adj* short-tempered.
emportement [ɑ̃pɔrtəmɑ̃] *nm* anger.
emporter [ɑ̃pɔrte] *vt* **1.** *(emmener)* to take (away); **à ~** *(plats)* to take away, to go *Am.* **2.** *(entraîner)* to carry along. **3.** *(arracher)* to tear off, to blow off. **4.** *(faire mourir)* to carry off. **5.** *(surpasser)*: **l'~ sur** to get the better of. ◆ **s'emporter** *vp* to get angry, to lose one's temper.
empoté, -e [ɑ̃pɔte] *fam* ◇ *adj* clumsy. ◇ *nm, f* clumsy person.
empreinte [ɑ̃prɛ̃t] *nf (trace)* print; *fig* mark, trace; **~s digitales** fingerprints.
empressement [ɑ̃prɛsmɑ̃] *nm* **1.** *(zèle)* attentiveness. **2.** *(hâte)* eagerness.
empresser [ɑ̃prese] ◆ **s'empresser** *vp*: **s'~ de faire qqch** to hurry to do sthg; **s'~ auprès de qqn** to be attentive to sb.
emprise [ɑ̃priz] *nf* influence.
emprisonnement [ɑ̃prizɔnmɑ̃] *nm* imprisonment.
emprisonner [ɑ̃prizɔne] *vt* to imprison.
emprunt [ɑ̃prœ̃] *nm* **1.** (FIN) loan. **2.** (LING & *fig*) borrowing.
emprunté, -e [ɑ̃prœ̃te] *adj* awkward, self-conscious.
emprunter [ɑ̃prœ̃te] *vt* **1.** *(gén)* to borrow; **~ qqch à** to borrow sthg from. **2.** *(route)* to take.
ému, -e [emy] ◇ *pp* → **émouvoir**. ◇ *adj (personne)* moved, touched; *(regard, sourire)* emotional.
émulation [emylasjɔ̃] *nf* **1.** *(concurrence)* rivalry. **2.** *(imitation)* emulation.
émule [emyl] *nmf* **1.** *(imitateur)* emulator. **2.** *(concurrent)* rival.
émulsion [emylsjɔ̃] *nf* emulsion.

---

en [ɑ̃] ◇ *prép* **1.** *(temps)* in; **~ 1994** in 1994; **~ hiver/septembre** in winter/September. **2.** *(lieu)* in; *(direction)* to; **habiter ~ Sicile/ville** to live in Sicily/town; **aller ~ Sicile/ville** to go to Sicily/town. **3.** *(matière)* made of; **c'est ~ métal** it's (made of) metal; **une théière ~ argent** a silver teapot. **4.** *(état, forme, manière)*: **les arbres sont ~ fleurs** the trees are in blossom; **du lait ~ poudre** powdered milk; **je la préfère ~ vert** I prefer it in green; **agir ~ traître** to behave treacherously; **je l'ai eu ~ cadeau** I was given it as a present; **dire qqch ~ anglais** to say sthg in English; **~ vacances** on holiday. **5.** *(moyen)* by; **~ avion/train** by plane/train. **6.** *(mesure)* in; **vous l'avez ~ 38?** do you have it in a 38?; **compter ~ dollars** to calculate in dollars. **7.** *(devant un participe présent)*: **~ arrivant à Paris** on arriving in Paris, as he/she *etc* arrived in Paris; **~ faisant un effort** by making an effort; **~ mangeant** while eating; **elle répondit ~ souriant** she replied with a smile. ◇ *pron adv* **1.** *(complément de verbe, de nom, d'adjectif)*: **il s'~ est souvenu** he remembered it; **nous ~ avons déjà parlé** we've already spoken about it; **je m'~ porte garant** I'll vouch for it. **2.** *(avec un indéfini, exprimant une quantité)*: **j'ai du chocolat, tu ~ veux?** I've got some chocolate, do you want some?; **tu ~ as?** have you got any?, do you have any?; **il y ~ a plusieurs** there are several (of them). **3.** *(provenance)* from there.
ENA, Ena [ena] (*abr de* **École nationale**

d'administration) *nf prestigious grande école training future government officials.*

encadrement [ɑ̃kadrəmɑ̃] *nm* **1.** *(de tableau, porte)* frame. **2.** *(dans une entreprise)* managerial staff; *(à l'armée)* officers (*pl*); *(à l'école)* staff. **3.** *(du crédit)* restriction.

encadrer [ɑ̃kadre] *vt* **1.** *(photo, visage)* to frame. **2.** *(employés)* to supervise; *(soldats)* to be in command of; *(élèves)* to teach.

encaissé, -e [ɑ̃kese] *adj (vallée)* deep and narrow; *(rivière)* steep-banked.

encaisser [ɑ̃kese] *vt* **1.** *(argent, coups, insultes)* to take. **2.** *(chèque)* to cash.

encart [ɑ̃kar] *nm* insert.

encastrer [ɑ̃kastre] *vt* to fit. ◆ **s'encastrer** *vp* to fit (exactly).

encaustique [ɑ̃kostik] *nf (cire)* polish.

enceinte [ɑ̃sɛ̃t] ◇ *adj f* pregnant; **~ de 4 mois** 4 months pregnant. ◇ *nf* **1.** *(muraille)* wall. **2.** *(espace)*: **dans l'~ de** within (the confines of). **3.** *(baffle)*: **~ (acoustique)** speaker.

encens [ɑ̃sɑ̃] *nm* incense.

encenser [ɑ̃sɑ̃se] *vt* **1.** (RELIG) to burn incense in. **2.** *fig (louer)* to flatter.

encensoir [ɑ̃sɑ̃swar] *nm* censer.

encercler [ɑ̃sɛrkle] *vt* **1.** *(personne, ville)* to surround. **2.** *(mot)* to circle.

enchaînement [ɑ̃ʃɛnmɑ̃] *nm* **1.** *(succession)* series. **2.** *(liaison)* link.

enchaîner [ɑ̃ʃene] ◇ *vt* **1.** *(attacher)* to chain up. **2.** *fig (asservir)* to enslave. **3.** *(coordonner)* to link. ◇ *vi*: **~ (sur)** to move on (to). ◆ **s'enchaîner** *vp (se suivre)* to follow on from each other.

enchanté, -e [ɑ̃ʃɑ̃te] *adj* **1.** *(ravi)* delighted; **~ de faire votre connaissance** pleased to meet you. **2.** *(ensorcelé)* enchanted.

enchantement [ɑ̃ʃɑ̃tmɑ̃] *nm* **1.** *(sortilège)* magic spell; **comme par ~** as if by magic. **2.** *sout (ravissement)* delight. **3.** *(merveille)* wonder.

enchanter [ɑ̃ʃɑ̃te] *vt* **1.** *(ensorceler, charmer)* to enchant. **2.** *(ravir)* to delight.

enchâsser [ɑ̃ʃase] *vt* **1.** *(encastrer)* to fit. **2.** *(sertir)* to set.

enchère [ɑ̃ʃɛr] *nf* bid; **vendre qqch aux ~s** to sell sthg at OU by auction.

enchevêtrer [ɑ̃ʃəvɛtre] *vt (emmêler)* to tangle up; *fig* to muddle, to confuse.

enclave [ɑ̃klav] *nf* enclave.

enclencher [ɑ̃klɑ̃ʃe] *vt (mécanisme)* to engage. ◆ **s'enclencher** *vp* **1.** (TECHNOL) to engage. **2.** *fig (commencer)* to begin.

enclin, -e [ɑ̃klɛ̃, in] *adj*: **~ à qqch/à faire qqch** inclined to sthg/to do sthg.

enclore [ɑ̃klɔr] *vt* to fence in, to enclose.

enclos, -e [ɑ̃klo, oz] *pp* → **enclore**. ◆ **enclos** *nm* enclosure.

enclume [ɑ̃klym] *nf* anvil.

encoche [ɑ̃kɔʃ] *nf* notch.

encoignure [ɑ̃kwaɲyr, ɑ̃kɔɲyr] *nf (coin)* corner.

encolure [ɑ̃kɔlyr] *nf* neck.

encombrant, -e [ɑ̃kɔ̃brɑ̃, ɑ̃t] *adj* cumbersome; *fig (personne)* undesirable.

encombre [ɑ̃kɔ̃br] ◆ **sans encombre** *loc adv* without a hitch.

encombré, -e [ɑ̃kɔ̃bre] *adj (lieu)* busy, congested; *fig* saturated.

encombrement [ɑ̃kɔ̃brəmɑ̃] *nm* **1.** *(d'une pièce)* clutter. **2.** *(d'un objet)* overall dimensions (*pl*). **3.** *(embouteillage)* traffic jam. **4.** (INFORM) footprint.

encombrer [ɑ̃kɔ̃bre] *vt* to clutter (up).

encontre [ɑ̃kɔ̃tr] ◆ **à l'encontre de** *loc prép*: **aller à l'~ de** to go against, to oppose.

---

encore [ɑ̃kɔr] *adv* **1.** *(toujours)* still; **~ un mois** one more month; **pas ~** not yet; **elle ne travaille pas ~** she's not working yet. **2.** *(de nouveau)* again; **il m'a ~ menti** he's lied to me again; **quoi ~?** what now?; **~ une fois** once more, once again. **3.** *(en intensif)* even; **~ mieux/pire** even better/worse. ◆ **et encore** *loc adv*: **j'ai eu le temps de prendre un sandwich, et ~!** I had time for a sandwich, but only just! ◆ **si encore** *loc adv* if only. ◆ **encore que** *loc conj* (+ *subjonctif*) although.

encouragement [ɑ̃kuraʒmɑ̃] *nm (parole)* (word of) encouragement.

encourager [ɑ̃kuraʒe] *vt* to encourage; **~ qqn à faire qqch** to encourage sb to do sthg.

encourir [ɑ̃kurir] *vt sout* to incur.

encrasser [ɑ̃krase] *vt* **1.** (TECHNOL) to clog up. **2.** *fam (salir)* to make dirty OU filthy. ◆ **s'encrasser** *vp* **1.** (TECHNOL) to clog up. **2.** *fam (se salir)* to get dirty OU filthy.

encre [ɑ̃kr] *nf* ink.

encrer [ɑ̃kre] *vt* to ink.

encrier [ɑ̃krije] *nm* inkwell.

encroûter [ɑ̃krute] ◆ **s'encroûter** *vp fam* to get into a rut; **s'~ dans ses habitudes** to become set in one's ways.

encyclopédie [ɑ̃siklɔpedi] *nf* encyclopedia.

encyclopédique [ɑ̃siklɔpedik] *adj* encyclopedic.
endémique [ɑ̃demik] *adj* endemic.
endetter [ɑ̃dete] ◆ **s'endetter** *vp* to get into debt.
endeuiller [ɑ̃dœje] *vt* to plunge into mourning.
endiablé, -e [ɑ̃djable] *adj (frénétique)* frantic, frenzied.
endiguer [ɑ̃dige] *vt* 1. *(fleuve)* to dam. 2. *fig (réprimer)* to stem.
endimanché, -e [ɑ̃dimɑ̃ʃe] *adj* in one's Sunday best.
endive [ɑ̃div] *nf* chicory *(U)*.
endoctriner [ɑ̃dɔktrine] *vt* to indoctrinate.
endommager [ɑ̃dɔmaʒe] *vt* to damage.
endormi, -e [ɑ̃dɔrmi] *adj* 1. *(personne)* sleeping, asleep. 2. *fig (village)* sleepy; *(jambe)* numb; *(passion)* dormant; *fam (apathique)* sluggish.
endormir [ɑ̃dɔrmir] *vt* 1. *(assoupir, ennuyer)* to send to sleep. 2. *(anesthésier - patient)* to anaesthetize; *(- douleur)* to ease. 3. *fig (tromper)* to allay. ◆ **s'endormir** *vp (s'assoupir)* to fall asleep.
endosser [ɑ̃dose] *vt* 1. *(vêtement)* to put on. 2. (FIN & JUR) to endorse; **~ un chèque** to endorse a cheque. 3. *fig (responsabilité)* to take on.
endroit [ɑ̃drwa] *nm* 1. *(lieu, point)* place; **à quel ~?** where? 2. *(passage)* part. 3. *(côté)* right side; **à l'~** the right way round.
enduire [ɑ̃dɥir] *vt*: **~ qqch (de)** to coat sthg (with).
enduit, -e [ɑ̃dɥi, it] *pp* → **enduire**. ◆ **enduit** *nm* coating.
endurance [ɑ̃dyrɑ̃s] *nf* endurance.
endurcir [ɑ̃dyrsir] *vt* to harden. ◆ **s'endurcir** *vp*: **s'~ à** to become hardened to.
endurer [ɑ̃dyre] *vt* to endure.
énergétique [enɛrʒetik] *adj* 1. *(ressource)* energy *(avant n)*. 2. *(aliment)* energy-giving.
énergie [enɛrʒi] *nf* energy.
énergique [enɛrʒik] *adj (gén)* energetic; *(remède)* powerful; *(mesure)* drastic.
énergumène [enɛrgymɛn] *nmf* rowdy character.
énerver [enɛrve] *vt* to irritate, to annoy. ◆ **s'énerver** *vp* to get annoyed.
enfance [ɑ̃fɑ̃s] *nf* 1. *(âge)* childhood. 2. *(enfants)* children *(pl)*. 3. *fig (débuts)* infancy; *(de civilisation)* dawn.
enfant [ɑ̃fɑ̃] *nmf (gén)* child; **attendre un ~** to be expecting a baby. ◆ **bon enfant** *loc adj* good-natured.
enfanter [ɑ̃fɑ̃te] *vt littéraire* to give birth to.
enfantillage [ɑ̃fɑ̃tijaʒ] *nm* childishness *(U)*.
enfantin, -e [ɑ̃fɑ̃tɛ̃, in] *adj* 1. *(propre à l'enfance)* childlike; *péj* childish; *(jeu, chanson)* children's *(avant n)*. 2. *(facile)* childishly simple.
enfer [ɑ̃fɛr] *nm (*RELIG & *fig)* hell. ◆ **Enfers** *nmpl*: **les Enfers** the Underworld *(sg)*.
enfermer [ɑ̃fɛrme] *vt* to shut away. ◆ **s'enfermer** *vp* to shut o.s. away OU up; **s'~ dans** *fig* to retreat into.
enfilade [ɑ̃filad] *nf* row.
enfiler [ɑ̃file] *vt* 1. *(aiguille, sur un fil)* to thread. 2. *(vêtements)* to slip on.
enfin [ɑ̃fɛ̃] *adv* 1. *(en dernier lieu)* finally, at last; *(dans une liste)* lastly. 2. *(avant une récapitulation)* in a word, in short. 3. *(introduit une rectification)* that is, well. 4. *(introduit une concession)* anyway.
enflammer [ɑ̃flame] *vt* 1. *(bois)* to set fire to. 2. *fig (exalter)* to inflame. ◆ **s'enflammer** *vp* 1. *(bois)* to catch fire. 2. *fig (s'exalter)* to flare up.
enflé, -e [ɑ̃fle] *adj (style)* turgid.
enfler [ɑ̃fle] *vi* to swell (up).
enfoncer [ɑ̃fɔ̃se] *vt* 1. *(faire pénétrer)* to drive in; **~ qqch dans qqch** to drive sthg into sthg. 2. *(enfouir)*: **~ ses mains dans ses poches** to thrust one's hands into one's pockets. 3. *(défoncer)* to break down. ◆ **s'enfoncer** *vp* 1. **s'~ dans** *(eau, boue)* to sink into; *(bois, ville)* to disappear into. 2. *(céder)* to give way.
enfouir [ɑ̃fwir] *vt* 1. *(cacher)* to hide. 2. *(ensevelir)* to bury.
enfourcher [ɑ̃furʃe] *vt* to get on, to mount.
enfourner [ɑ̃furne] *vt* 1. *(pain)* to put in the oven. 2. *fam (avaler)* to gobble up.
enfreindre [ɑ̃frɛ̃dr] *vt* to infringe.
enfuir [ɑ̃fɥir] ◆ **s'enfuir** *vp (fuir)* to run away.
enfumer [ɑ̃fyme] *vt* to fill with smoke.
engagé, -e [ɑ̃gaʒe] *adj* committed.
engageant, -e [ɑ̃gaʒɑ̃, ɑ̃t] *adj* engaging.
engagement [ɑ̃gaʒmɑ̃] *nm* 1. *(promesse)* commitment. 2. (JUR) contract. 3. (MIL *- de soldats)* enlistment; *(- combat)* engagement. 4. (FOOTBALL & RUGBY) kick-off.
engager [ɑ̃gaʒe] *vt* 1. *(lier)* to commit.

2. *(salarié)* to take on, to engage. 3. *(insérer)*: **~ qqch dans** to insert sthg into. 4. *(commencer)* to start. 5. *(impliquer)* to involve. 6. *(inciter)*: **~ qqn à faire qqch** to urge sb to do sthg. ◆ **s'engager** *vp* 1. *(promettre)*: **s'~ à qqch/à faire qqch** to commit o.s. to sthg/to doing sthg. 2. (MIL): **s'~ (dans)** to enlist (in). 3. *(pénétrer)*: **s'~ dans** to enter.

engelure [ɑ̃ʒlyr] *nf* chilblain.

engendrer [ɑ̃ʒɑ̃dre] *vt* 1. *littéraire* to father. 2. *fig (produire)* to cause, to give rise to; *(sentiment)* to engender.

engin [ɑ̃ʒɛ̃] *nm* 1. *(machine)* machine. 2. (MIL) missile. 3. *fam péj (objet)* thing.

englober [ɑ̃glɔbe] *vt* to include.

engloutir [ɑ̃glutir] *vt* 1. *(dévorer)* to gobble up. 2. *(faire disparaître)* to engulf. 3. *fig (dilapider)* to squander.

engorger [ɑ̃gɔrʒe] *vt* 1. *(obstruer)* to block, to obstruct. 2. (MÉD) to engorge. ◆ **s'engorger** *vp* to become blocked.

engouement [ɑ̃gumɑ̃] *nm (enthousiasme)* infatuation.

engouffrer [ɑ̃gufre] *vt fam (dévorer)* to wolf down. ◆ **s'engouffrer** *vp*: **s'~ dans** to rush into.

engourdi, -e [ɑ̃gurdi] *adj* numb; *fig* dull.

engourdir [ɑ̃gurdir] *vt* to numb; *fig* to dull. ◆ **s'engourdir** *vp* to go numb.

engrais [ɑ̃grɛ] *nm* fertilizer.

engraisser [ɑ̃grese] ◇ *vt* 1. *(animal)* to fatten. 2. *(terre)* to fertilize. ◇ *vi* to put on weight.

engrenage [ɑ̃grənaʒ] *nm* 1. (TECHNOL) gears (*pl*). 2. *fig (circonstances)*: **être pris dans l'~** to be caught up in the system.

engueulade [ɑ̃gœlad] *nf fam* bawling out.

engueuler [ɑ̃gœle] *vt fam*: **~ qqn** to bawl sb out. ◆ **s'engueuler** *vp fam* to have a row.

enhardir [ɑ̃ardir] *vt* to make bold. ◆ **s'enhardir** *vp* to pluck up one's courage.

énième [enjɛm] *adj fam*: **la ~ fois** the nth time.

énigmatique [enigmatik] *adj* enigmatic.

énigme [enigm] *nf* 1. *(mystère)* enigma. 2. *(jeu)* riddle.

enivrant, -e [ɑ̃nivrɑ̃, ɑ̃t] *adj litt & fig* intoxicating.

enivrer [ɑ̃nivre] *vt litt* to get drunk; *fig* to intoxicate. ◆ **s'enivrer** *vp*: **s'~ (de)** to get drunk (on); *fig* to become intoxicated (with).

enjambée [ɑ̃ʒɑ̃be] *nf* stride.

enjamber [ɑ̃ʒɑ̃be] *vt* 1. *(obstacle)* to step over. 2. *(cours d'eau)* to straddle.

enjeu [ɑ̃ʒø] *nm (mise)* stake; **quel est l'~ ici?** *fig* what's at stake here?

enjoindre [ɑ̃ʒwɛ̃dr] *vt littéraire*: **~ à qqn de faire qqch** to enjoin sb to do sthg.

enjôler [ɑ̃ʒole] *vt* to coax.

enjoliver [ɑ̃ʒɔlive] *vt* to embellish.

enjoliveur [ɑ̃ʒɔlivœr] *nm (de roue)* hubcap; *(de calandre)* badge.

enjoué, -e [ɑ̃ʒwe] *adj* cheerful.

enlacer [ɑ̃lase] *vt (prendre dans ses bras)* to embrace, to hug. ◆ **s'enlacer** *vp (s'embrasser)* to embrace, to hug.

enlaidir [ɑ̃ledir] ◇ *vt* to make ugly. ◇ *vi* to become ugly.

enlèvement [ɑ̃lɛvmɑ̃] *nm* 1. *(action d'enlever)* removal. 2. *(rapt)* abduction.

enlever [ɑ̃lve] *vt* 1. *(gén)* to remove; *(vêtement)* to take off. 2. *(prendre)*: **~ qqch à qqn** to take sthg away from sb. 3. *(kidnapper)* to abduct.

enliser [ɑ̃lize] ◆ **s'enliser** *vp* 1. *(s'embourber)* to sink, to get stuck. 2. *fig (piétiner)*: **s'~ dans qqch** to get bogged down in sthg.

enluminure [ɑ̃lyminyr] *nf* illumination.

enneigé, -e [ɑ̃neʒe] *adj* snow-covered.

ennemi, -e [ɛnmi] ◇ *adj* enemy (*avant n*). ◇ *nm, f* enemy.

ennui [ɑ̃nɥi] *nm* 1. *(lassitude)* boredom. 2. *(contrariété)* annoyance; **l'~, c'est que ...** the annoying thing is that ... 3. *(problème)* trouble *(U)*; **avoir des ~s** to have problems.

ennuyer [ɑ̃nɥije] *vt* 1. *(agacer, contrarier)* to annoy; **cela t'ennuierait de venir me chercher?** would you mind picking me up? 2. *(lasser)* to bore. 3. *(inquiéter)* to bother. ◆ **s'ennuyer** *vp* 1. *(se morfondre)* to be bored. 2. *(déplorer l'absence)*: **s'~ de qqn/qqch** to miss sb/sthg.

ennuyeux, -euse [ɑ̃nɥijø, øz] *adj* 1. *(lassant)* boring. 2. *(contrariant)* annoying.

énoncé [enɔ̃se] *nm (libellé)* wording.

énoncer [enɔ̃se] *vt* 1. *(libeller)* to word. 2. *(exposer)* to expound; *(théorème)* to set forth.

énorme [enɔrm] *adj* 1. *litt & fig (immense)* enormous. 2. *fam fig (incroyable)* far-fetched.

énormément [enɔrmemɑ̃] *adv* enormously; **~ de** a great deal of.

enquête [ɑ̃kɛt] *nf* 1. *(de police)* investigation. 2. *(sondage)* survey.

enquêter [ɑ̃kete] *vi* 1. *(police, chercheur)* to investigate. 2. *(sonder)* to conduct a survey.

enragé, -e [ɑ̃raʒe] *adj* 1. *(chien)* rabid, with rabies. 2. *fig (invétéré)* keen.

enrager [ɑ̃raʒe] *vi* to be furious; **faire ~ qqn** to infuriate sb.

enrayer [ɑ̃reje] *vt* 1. *(épidémie)* to check, to stop. 2. *(mécanisme)* to jam. ◆ **s'enrayer** *vp (mécanisme)* to jam.

enregistrement [ɑ̃rəʒistrəmɑ̃] *nm* 1. *(de son, d'images, d'informations)* recording. 2. *(inscription)* registration. 3. *(à l'aéroport)* check-in; **~ des bagages** baggage registration.

enregistrer [ɑ̃rəʒistre] *vt* 1. *(son, images, informations)* to record. 2. (INFORM) to store. 3. *(inscrire)* to register. 4. *(à l'aéroport)* to check in. 5. *fam (mémoriser)* to make a mental note of.

enrhumé, -e [ɑ̃ryme] *adj*: **je suis ~** I have a cold.

enrhumer [ɑ̃ryme] ◆ **s'enrhumer** *vp* to catch (a) cold.

enrichir [ɑ̃riʃir] *vt* 1. *(financièrement)* to make rich. 2. *(terre & fig)* to enrich. ◆ **s'enrichir** *vp* 1. *(financièrement)* to grow rich. 2. *(sol & fig)* to become enriched.

enrobé, -e [ɑ̃rɔbe] *adj* 1. *(recouvert)*: **~ de** coated with. 2. *fam (grassouillet)* plump.

enrober [ɑ̃rɔbe] *vt* 1. *(recouvrir)*: **~ qqch de** to coat sthg with. 2. *fig (requête, nouvelle)* to wrap up. ◆ **s'enrober** *vp* to put on weight.

enrôler [ɑ̃role] *vt* to enrol; (MIL) to enlist. ◆ **s'enrôler** *vp* to enrol; (MIL) to enlist.

enroué, -e [ɑ̃rwe] *adj* hoarse.

enrouler [ɑ̃rule] *vt* to roll up; **~ qqch autour de qqch** to wind sthg round sthg. ◆ **s'enrouler** *vp* 1. *(entourer)*: **s'~ sur** OU **autour de qqch** to wind around sthg. 2. *(se pelotonner)*: **s'~ dans qqch** to wrap o.s. up in sthg.

ensabler [ɑ̃sable] *vt* to silt up. ◆ **s'ensabler** *vp* to silt up.

enseignant, -e [ɑ̃sɛɲɑ̃, ɑ̃t] ◇ *adj* teaching *(avant n)*. ◇ *nm, f* teacher.

enseigne [ɑ̃sɛɲ] *nf* 1. *(de commerce)* sign. 2. *(drapeau, soldat)* ensign.

enseignement [ɑ̃sɛɲmɑ̃] *nm* 1. *(gén)* teaching; **~ primaire/secondaire** primary/secondary education. 2. *(leçon)* lesson.

enseigner [ɑ̃seɲe] *vt litt & fig* to teach; **~ qqch à qqn** to teach sb sthg, to teach sthg to sb.

ensemble [ɑ̃sɑ̃bl] ◇ *adv* together; **aller ~** to go together. ◇ *nm* 1. *(totalité)* whole; **idée d'~** general idea; **dans l'~** on the whole. 2. *(harmonie)* unity. 3. *(vêtement)* outfit. 4. *(série)* collection. 5. (MATHS) set. 6. (MUS) ensemble.

ensemencer [ɑ̃səmɑ̃se] *vt* 1. *(terre)* to sow. 2. *(rivière)* to stock.

enserrer [ɑ̃sere] *vt (entourer)* to encircle; *fig* to imprison.

ensevelir [ɑ̃səvlir] *vt litt & fig* to bury.

ensoleillé, -e [ɑ̃sɔleje] *adj* sunny.

ensoleillement [ɑ̃sɔlɛjmɑ̃] *nm* sunshine.

ensommeillé, -e [ɑ̃sɔmeje] *adj* sleepy.

ensorceler [ɑ̃sɔrsəle] *vt* to bewitch.

ensuite [ɑ̃sɥit] *adv* 1. *(après)* after, afterwards, later. 2. *(puis)* then, next, after that; **et ~?** what then?, what next?

ensuivre [ɑ̃sɥivr] ◆ **s'ensuivre** *vp* to follow; **il s'ensuit que** it follows that.

entaille [ɑ̃taj] *nf* cut.

entailler [ɑ̃taje] *vt* to cut.

entamer [ɑ̃tame] *vt* 1. *(commencer)* to start (on); *(bouteille)* to start, to open. 2. *(capital)* to dip into. 3. *(cuir, réputation)* to damage. 4. *(courage)* to shake.

entartrer [ɑ̃tartre] *vt* to fur up. ◆ **s'entartrer** *vp* to fur up.

entasser [ɑ̃tase] *vt* 1. *(accumuler, multiplier)* to pile up. 2. *(serrer)* to squeeze. ◆ **s'entasser** *vp* 1. *(objets)* to pile up. 2. *(personnes)*: **s'~ dans** to squeeze into.

entendement [ɑ̃tɑ̃dmɑ̃] *nm* understanding.

entendre [ɑ̃tɑ̃dr] *vt* 1. *(percevoir, écouter)* to hear; **~ parler de qqch** to hear of OU about sthg. 2. *sout (comprendre)* to understand; **laisser ~ que** to imply that. 3. *sout (vouloir)*: **~ faire qqch** to intend to do sthg. 4. *(vouloir dire)* to mean. ◆ **s'entendre** *vp* 1. *(sympathiser)*: **s'~ avec qqn** to get on with sb. 2. *(s'accorder)* to agree.

entendu, -e [ɑ̃tɑ̃dy] ◇ *pp* → **entendre**. ◇ *adj* 1. *(compris)* agreed, understood. 2. *(complice)* knowing.

entente [ɑ̃tɑ̃t] *nf* 1. *(harmonie)* understanding. 2. *(accord)* agreement.

entériner [ɑ̃terine] *vt* to ratify.

enterrement [ɑ̃tɛrmɑ̃] *nm* burial.

enterrer [ɑ̃tere] *vt litt & fig* to bury.

en-tête [ɑ̃tɛt] *(pl* **en-têtes***)* *nm* heading.

entêté, -e [ɑ̃tete] *adj* stubborn.

entêter [ɑ̃tete] ◆ **s'entêter** *vp* to persist; **s'~ à faire qqch** to persist in doing sthg.

enthousiasme [ɑ̃tuzjasm] *nm* enthusiasm.
enthousiasmer [ɑ̃tuzjasme] *vt* to fill with enthusiasm. ◆ **s'enthousiasmer** *vp*: **s'~ pour** to be enthusiastic about.
enticher [ɑ̃tiʃe] ◆ **s'enticher** *vp*: **s'~ de qqn/qqch** to become obsessed with sb/sthg.
entier, -ère [ɑ̃tje, ɛr] *adj* whole, entire. ◆ **en entier** *loc adv* in its/their entirety.
entièrement [ɑ̃tjɛrmɑ̃] *adv* **1.** *(complètement)* fully. **2.** *(pleinement)* wholly, entirely.
entité [ɑ̃tite] *nf* entity.
entonner [ɑ̃tɔne] *vt* to strike up.
entonnoir [ɑ̃tɔnwar] *nm* **1.** *(instrument)* funnel. **2.** *(cavité)* crater.
entorse [ɑ̃tɔrs] *nf* (MÉD) sprain; **se faire une ~ à la cheville** to sprain one's ankle.
entortiller [ɑ̃tɔrtije] *vt* **1.** *(entrelacer)* to twist. **2.** *(envelopper)*: **~ qqch autour de qqch** to wrap sthg round sthg. **3.** *fam fig (personne)* to sweet-talk.
entourage [ɑ̃turaʒ] *nm* entourage.
entourer [ɑ̃ture] *vt* **1.** *(enclore, encercler)*: **~ (de)** to surround (with). **2.** *fig (soutenir)* to rally round.
entourloupette [ɑ̃turlupɛt] *nf fam* dirty trick.
entracte [ɑ̃trakt] *nm* interval; *fig* interlude.
entraide [ɑ̃trɛd] *nf* mutual assistance.
entrailles [ɑ̃traj] *nfpl* **1.** *(intestins)* entrails. **2.** *sout (profondeurs)* depths.
entrain [ɑ̃trɛ̃] *nm* drive.
entraînement [ɑ̃trɛnmɑ̃] *nm (préparation)* practice; (SPORT) training.
entraîner [ɑ̃trene] *vt* **1.** (TECHNOL) to drive. **2.** *(tirer)* to pull. **3.** *(susciter)* to lead to. **4.** (SPORT) to coach. **5.** *(emmener)* to take along. **6.** *(séduire)* to influence; **~ qqn à faire qqch** to talk sb into sthg. ◆ **s'entraîner** *vp* to practise; (SPORT) to train; **s'~ à faire qqch** to practise doing sthg.
entraîneur, -euse [ɑ̃trɛnœr, øz] *nm, f* trainer, coach.
entrave [ɑ̃trav] *nf* hobble; *fig* obstruction.
entraver [ɑ̃trave] *vt* to hobble; *fig* to hinder.
entre [ɑ̃tr] *prép* **1.** *(gén)* between; **~ nous** between you and me, between ourselves. **2.** *(parmi)* among; **l'un d'~ nous ira** one of us will go; **généralement ils restent ~ eux** they tend to keep themselves to themselves; **ils se battent ~ eux** they're fighting among OU amongst themselves.
entrebâiller [ɑ̃trəbaje] *vt* to open slightly.
entrechoquer [ɑ̃trəʃɔke] *vt* to bang together. ◆ **s'entrechoquer** *vp* to bang into each other.
entrecôte [ɑ̃trəkot] *nf* entrecôte.
entrecouper [ɑ̃trəkupe] *vt* to intersperse.
entrecroiser [ɑ̃trəkrwaze] *vt* to interlace. ◆ **s'entrecroiser** *vp* to intersect.
entrée [ɑ̃tre] *nf* **1.** *(arrivée, accès)* entry, entrance; **'~ interdite'** 'no admittance'; **'~ libre'** *(dans musée)* 'admission free'; *(dans boutique)* 'browsers welcome'. **2.** *(porte)* entrance. **3.** *(vestibule)* (entrance) hall. **4.** *(billet)* ticket. **5.** *(plat)* starter, first course.
entrefaites [ɑ̃trəfɛt] *nfpl*: **sur ces ~** just at that moment.
entrefilet [ɑ̃trəfilɛ] *nm* paragraph.
entrejambe, entre-jambes [ɑ̃trəʒɑ̃b] *nm* crotch.
entrelacer [ɑ̃trəlase] *vt* to intertwine.
entrelarder [ɑ̃trəlarde] *vt* **1.** (CULIN) to lard. **2.** *fam fig (discours)*: **~ de** to lace with.
entremêler [ɑ̃trəmele] *vt* to mix; **~ de** to mix with.
entremets [ɑ̃trəmɛ] *nm* dessert.
entremettre [ɑ̃trəmɛtr] ◆ **s'entremettre** *vp*: **s'~ (dans)** to mediate (in).
entremise [ɑ̃trəmiz] *nf* intervention; **par l'~ de** through.
entrepont [ɑ̃trəpɔ̃] *nm* steerage.
entreposer [ɑ̃trəpoze] *vt* to store.
entrepôt [ɑ̃trəpo] *nm* warehouse.
entreprendre [ɑ̃trəprɑ̃dr] *vt* to undertake; *(commencer)* to start; **~ de faire qqch** to undertake to do sthg.
entrepreneur, -euse [ɑ̃trəprənœr, øz] *nm, f* (CONSTR) contractor.
entrepris, -e [ɑ̃trəpri, iz] *pp* → **entreprendre**.
entreprise [ɑ̃trəpriz] *nf* **1.** *(travail, initiative)* enterprise. **2.** *(société)* company.
entrer [ɑ̃tre] ◇ *vi (aux: être)* **1.** *(pénétrer)* to enter, to go/come in; **~ dans** *(gén)* to enter; *(pièce)* to go/come into; *(bain, voiture)* to get into; *fig (sujet)* to go into; **~ par** to go in OU enter by; **faire ~ qqn** to show sb in; **faire ~ qqch** to bring sthg in. **2.** *(faire partie)*: **~ dans** to go into, to be part of. **3.** *(être admis)*: **~ à** *(club)* to join; **~ dans** *(les affaires)* to go into; *(l'armée)* to join; **~ à l'université** to enter university; **~ à l'hôpital** to go into

hospital. ◇ *vt* (*aux: avoir*) **1.** *(gén)* to bring in. **2.** (INFORM) to enter, to input.
entresol [ɑ̃trəsɔl] *nm* mezzanine.
entre-temps [ɑ̃trətɑ̃] *adv* meanwhile.
entretenir [ɑ̃trətnir] *vt* **1.** *(faire durer)* to keep alive. **2.** *(cultiver)* to maintain. **3.** *(soigner)* to look after. **4.** *(personne)* to support. **5.** *(parler à)*: **~ qqn de qqch** to speak to sb about sthg. ◆ **s'entretenir** *vp*: **s'~ (de)** to talk (about).
entretien [ɑ̃trətjɛ̃] *nm* **1.** *(de voiture, jardin)* maintenance, upkeep. **2.** *(conversation)* discussion; *(colloque)* debate.
entre-tuer [ɑ̃trətɥe] ◆ **s'entre-tuer** *vp* to kill each other.
entrevoir [ɑ̃trəvwar] *vt* **1.** *(distinguer)* to make out. **2.** *(voir rapidement)* to see briefly. **3.** *fig (deviner)* to glimpse.
entrevu, -e [ɑ̃trəvy] *pp* → **entrevoir**.
entrevue [ɑ̃trəvy] *nf* meeting.
entrouvert, -e [ɑ̃truvɛr, ɛrt] ◇ *pp* → **entrouvrir**. ◇ *adj* half-open.
entrouvrir [ɑ̃truvrir] *vt* to open partly. ◆ **s'entrouvrir** *vp* to open partly.
énumération [enymerasjɔ̃] *nf* enumeration.
énumérer [enymere] *vt* to enumerate.
env. (*abr de* **environ**) approx.
envahir [ɑ̃vair] *vt* **1.** *(gén & MIL)* to invade. **2.** *fig (suj: doute)* to overcome. **3.** *fig (déranger)* to intrude on.
envahissant, -e [ɑ̃vaisɑ̃, ɑ̃t] *adj* **1.** *(herbes)* invasive. **2.** *(ami)* intrusive.
envahisseur [ɑ̃vaisœr] *nm* invader.
enveloppe [ɑ̃vlɔp] *nf* **1.** *(de lettre)* envelope. **2.** *(membrane)* membrane; *(de graine)* husk.
envelopper [ɑ̃vlɔpe] *vt* **1.** *(emballer)* to wrap (up). **2.** *(suj: brouillard)* to envelop. **3.** *(déguiser)* to mask. ◆ **s'envelopper** *vp*: **s'~ dans** to wrap o.s. up in.
envenimer [ɑ̃vnime] *vt* **1.** *(blessure)* to infect. **2.** *fig (querelle)* to poison. ◆ **s'envenimer** *vp* **1.** *(s'infecter)* to become infected. **2.** *fig (se détériorer)* to become poisoned.
envergure [ɑ̃vɛrgyr] *nf* **1.** *(largeur)* span; *(d'oiseau, d'avion)* wingspan. **2.** *fig (qualité)* calibre. **3.** *fig (importance)* scope; **prendre de l'~** to expand.
envers¹ [ɑ̃vɛr] *prép* towards.
envers² [ɑ̃vɛr] *nm* **1.** *(de tissu)* wrong side; *(de feuillet etc)* back; *(de médaille)* reverse. **2.** *(face cachée)* other side. ◆ **à l'envers** *loc adv (vêtement)* inside out; *(portrait, feuille)* upside down; *fig* the wrong way.
envie [ɑ̃vi] *nf* **1.** *(désir)* desire; **avoir ~ de qqch/de faire qqch** to feel like sthg/like doing sthg, to want sthg/to do sthg. **2.** *(convoitise)* envy.
envier [ɑ̃vje] *vt* to envy.
envieux, -euse [ɑ̃vjø, øz] ◇ *adj* envious. ◇ *nm, f* envious person; **faire des ~** to make other people envious.
environ [ɑ̃virɔ̃] *adv (à peu près)* about.
environnement [ɑ̃virɔnmɑ̃] *nm* environment.
environs [ɑ̃virɔ̃] *nmpl* (surrounding) area (*sg*); **aux ~ de** *(lieu)* near; *(époque)* round about, around.
envisager [ɑ̃vizaʒe] *vt* to consider; **~ de faire qqch** to be considering doing sthg.
envoi [ɑ̃vwa] *nm* **1.** *(action)* sending, dispatch. **2.** *(colis)* parcel.
envol [ɑ̃vɔl] *nm* takeoff.
envolée [ɑ̃vɔle] *nf* **1.** *(d'oiseaux & fig)* flight. **2.** *(augmentation)*: **l'~ du dollar** the rapid rise in the value of the dollar.
envoler [ɑ̃vɔle] ◆ **s'envoler** *vp* **1.** *(oiseau)* to fly away. **2.** *(avion)* to take off. **3.** *(disparaître)* to disappear into thin air.
envoûter [ɑ̃vute] *vt* to bewitch.
envoyé, -e [ɑ̃vwaje] ◇ *adj*: **bien ~** well-aimed. ◇ *nm, f* envoy.
envoyer [ɑ̃vwaje] *vt* to send; **~ qqch à qqn** *(expédier)* to send sb sthg, to send sthg to sb; *(jeter)* to throw sb sthg, to throw sthg to sb; **~ qqn faire qqch** to send sb to do sthg; **~ chercher qqn/qqch** to send for sb/sthg.
épagneul [epaɲœl] *nm* spaniel.
épais, -aisse [epɛ, ɛs] *adj* **1.** *(large, dense)* thick. **2.** *(grossier)* crude.
épaisseur [epɛsœr] *nf* **1.** *(largeur, densité)* thickness. **2.** *fig (consistance)* depth.
épaissir [epesir] *vt & vi* to thicken. ◆ **s'épaissir** *vp* **1.** *(liquide)* to thicken. **2.** *fig (mystère)* to deepen.
épanchement [epɑ̃ʃmɑ̃] *nm* **1.** *(effusion)* outpouring. **2.** (MÉD) effusion.
épancher [epɑ̃ʃe] *vt* to pour out. ◆ **s'épancher** *vp (se confier)* to pour one's heart out.
épanoui, -e [epanwi] *adj* **1.** *(fleur)* in full bloom. **2.** *(expression)* radiant. **3.** *(corps)* fully formed; **aux formes ~es** well-rounded.
épanouir [epanwir] ◆ **s'épanouir** *vp* **1.** *(fleur)* to open. **2.** *(visage)* to light up. **3.** *(corps)* to fill out. **4.** *(personnalité)* to blossom.
épanouissement [epanwismɑ̃] *nm* **1.** *(de fleur)* blooming, opening. **2.** *(de visage)* brightening. **3.** *(de personne)* flowering.

épargnant, -e [eparɲɑ̃, ɑ̃t] *nm, f* saver.
épargne [eparɲ] *nf* **1.** *(action, vertu)* saving. **2.** *(somme)* savings (*pl*); **~ logement** savings account *(to buy property)*.
épargner [eparɲe] *vt* **1.** *(gén)* to spare; **~ qqch à qqn** to spare sb sthg. **2.** *(économiser)* to save.
éparpiller [eparpije] *vt* **1.** *(choses, personnes)* to scatter. **2.** *fig (forces)* to dissipate. ◆ **s'éparpiller** *vp* **1.** *(se disperser)* to scatter. **2.** *fig (perdre son temps)* to lack focus.
épars, -e [epar, ars] *adj sout (objets)* scattered; *(végétation, cheveux)* sparse.
épatant, -e [epatɑ̃, ɑ̃t] *adj fam* great.
épaté, -e [epate] *adj* **1.** *(nez)* flat. **2.** *fam (étonné)* amazed.
épaule [epol] *nf* shoulder.
épauler [epole] *vt* to support, to back up.
épaulette [epolɛt] *nf* **1.** (MIL) epaulet. **2.** *(rembourrage)* shoulder pad.
épave [epav] *nf* wreck.
épée [epe] *nf* sword.
épeler [eple] *vt* to spell.
éperdu, -e [epɛrdy] *adj (sentiment)* passionate; **~ de** *(personne)* overcome with.
éperon [eprɔ̃] *nm (de cavalier, de montagne)* spur; *(de navire)* ram.
éperonner [eprɔne] *vt* to spur on.
épervier [epɛrvje] *nm* sparrowhawk.
éphèbe [efɛb] *nm hum* Adonis.
éphémère [efemɛr] ◇ *adj* ephemeral, fleeting. ◇ *nm* (ZOOL) mayfly.
éphéméride [efemerid] *nf* tear-off calendar.
épi [epi] *nm* **1.** *(de céréale)* ear. **2.** *(cheveux)* tuft.
épice [epis] *nf* spice.
épicéa [episea] *nm* spruce.
épicer [epise] *vt (plat)* to spice.
épicerie [episri] *nf* **1.** *(magasin)* grocer's (shop). **2.** *(denrées)* groceries (*pl*).
épicier, -ère [episje, ɛr] *nm, f* grocer.
épidémie [epidemi] *nf* epidemic.
épiderme [epidɛrm] *nm* epidermis.
épier [epje] *vt* **1.** *(espionner)* to spy on. **2.** *(observer)* to look for.
épilation [epilasjɔ̃] *nf* hair removal.
épilepsie [epilɛpsi] *nf* epilepsy.
épiler [epile] *vt (jambes)* to remove hair from; *(sourcils)* to pluck. ◆ **s'épiler** *vp*: **s'~ les jambes** to remove the hair from one's legs; **s'~ les sourcils** to pluck one's eyebrows.
épilogue [epilɔg] *nm* **1.** *(de roman)* epilogue. **2.** *(d'affaire)* outcome.
épiloguer [epilɔge] *vi* to hold forth.
épinards [epinar] *nmpl* spinach *(U)*.
épine [epin] *nf (piquant - de rosier)* thorn; *(- de hérisson)* spine.
épineux, -euse [epinø, øz] *adj* thorny.
épingle [epɛ̃gl] *nf (instrument)* pin.
épingler [epɛ̃gle] *vt* **1.** *(fixer)* to pin (up). **2.** *fam fig (arrêter)* to nab, to nick *Br*.
épinière [epinjɛr] → **moelle**.
Épiphanie [epifani] *nf* Epiphany.
épique [epik] *adj* epic.
épiscopal, -e, -aux [episkɔpal, o] *adj* episcopal.
épisode [epizɔd] *nm* episode.
épisodique [epizɔdik] *adj* **1.** *(occasionnel)* occasional. **2.** *(secondaire)* minor.
épistolaire [epistɔlɛr] *adj* **1.** *(échange)* of letters; **être en relations ~s avec qqn** to be in (regular) correspondence with sb. **2.** *(roman)* epistolary.
épitaphe [epitaf] *nf* epitaph.
épithète [epitɛt] ◇ *nf* **1.** (GRAM) attribute. **2.** *(qualificatif)* term. ◇ *adj* attributive.
épître [epitr] *nf* epistle.
éploré, -e [eplɔre] *adj (personne)* in tears; *(visage, air)* tearful.
épluche-légumes [eplyʃlegym] *nm inv* potato peeler.
éplucher [eplyʃe] *vt* **1.** *(légumes)* to peel. **2.** *(textes)* to dissect; *(comptes)* to scrutinize.
épluchure [eplyʃyr] *nf* peelings (*pl*).
éponge [epɔ̃ʒ] *nf* sponge.
éponger [epɔ̃ʒe] *vt* **1.** *(liquide, déficit)* to mop up. **2.** *(visage)* to mop, to wipe.
épopée [epɔpe] *nf* epic.
époque [epɔk] *nf* **1.** *(de l'année)* time. **2.** *(de l'histoire)* period.
époumoner [epumɔne] ◆ **s'époumoner** *vp* to shout o.s. hoarse.
épouse → **époux**.
épouser [epuze] *vt* **1.** *(personne)* to marry. **2.** *(forme)* to hug. **3.** *fig (idée, principe)* to espouse.
épousseter [epuste] *vt* to dust.
époustouflant, -e [epustuflɑ̃, ɑ̃t] *adj fam* amazing.
épouvantable [epuvɑ̃tabl] *adj* dreadful.
épouvantail [epuvɑ̃taj] *nm (à moineaux)* scarecrow; *fig* bogeyman.
épouvanter [epuvɑ̃te] *vt* to terrify.
époux, épouse [epu, epuz] *nm, f* spouse.
éprendre [eprɑ̃dr] ◆ **s'éprendre** *vp sout*: **s'~ de** to fall in love with.
épreuve [eprœv] *nf* **1.** *(essai, examen)*

test; **à l'~ du feu** fireproof; **à l'~ des balles** bullet-proof; **~ de force** *fig* trial of strength. **2.** *(malheur)* ordeal. **3.** (SPORT) event. **4.** (TYPO) proof. **5.** (PHOT) print.

épris, -e [epri, iz] ◇ *pp* → **éprendre**. ◇ *adj sout*: **~ de** in love with.

éprouver [epruve] *vt* **1.** *(tester)* to test. **2.** *(ressentir)* to feel. **3.** *(faire souffrir)* to distress; **être éprouvé par** to be afflicted by. **4.** *(difficultés)* to experience.

éprouvette [epruvɛt] *nf* **1.** *(tube à essai)* test tube. **2.** *(échantillon)* sample.

EPS (*abr de* **éducation physique et sportive**) *nf* PE.

épuisé, -e [epɥize] *adj* **1.** *(personne, corps)* exhausted. **2.** *(marchandise)* sold out, out of stock; *(livre)* out of print.

épuisement [epɥizmɑ̃] *nm* exhaustion.

épuiser [epɥize] *vt* to exhaust.

épuisette [epɥizɛt] *nf* landing net.

épurer [epyre] *vt* **1.** *(eau, huile)* to purify. **2.** (POLIT) to purge.

équarrir [ekarir] *vt* **1.** *(animal)* to cut up. **2.** *(poutre)* to square.

équateur [ekwatœr] *nm* equator.

Équateur [ekwatœr] *nm*: **l'~** Ecuador.

équation [ekwasjɔ̃] *nf* equation.

équatorial, -e, -aux [ekwatɔrjal, o] *adj* equatorial.

équerre [ekɛr] *nf* *(instrument)* set square; *(en T)* T-square.

équestre [ekɛstr] *adj* equestrian.

équilatéral, -e, -aux [ekɥilateral, o] *adj* equilateral.

équilibre [ekilibr] *nm* **1.** *(gén)* balance. **2.** *(psychique)* stability.

équilibré, -e [ekilibre] *adj* **1.** *(personne)* well-balanced. **2.** *(vie)* stable. **3.** *(repas)* balanced.

équilibrer [ekilibre] *vt* to balance. ◆ **s'équilibrer** *vp* to balance each other out.

équilibriste [ekilibrist] *nmf* tightrope walker.

équipage [ekipaʒ] *nm* crew.

équipe [ekip] *nf* team.

équipement [ekipmɑ̃] *nm* **1.** *(matériel)* equipment. **2.** *(aménagement)* facilities (*pl*); **~s sportifs/scolaires** sports/educational facilities.

équiper [ekipe] *vt* **1.** *(navire)* to equip. **2.** *(personne, local)* to equip, to fit out; **~ qqn/qqch de** to equip sb/sthg with, to fit sb/sthg out with. ◆ **s'équiper** *vp*: **s'~ (de)** to equip o.s. (with).

équipier, -ère [ekipje, ɛr] *nm, f* team member.

équitable [ekitabl] *adj* fair.

équitation [ekitasjɔ̃] *nf* riding, horse-riding.

équité [ekite] *nf* fairness.

équivalent, -e [ekivalɑ̃, ɑ̃t] *adj* equivalent. ◆ **équivalent** *nm* equivalent.

équivaloir [ekivalwar] *vi*: **~ à** to be equivalent to.

équivoque [ekivɔk] ◇ *adj* **1.** *(ambigu)* ambiguous. **2.** *(mystérieux)* dubious. ◇ *nf* ambiguity; **sans ~** unequivocal (*adj*), unequivocally (*adv*).

érable [erabl] *nm* maple.

éradiquer [eradike] *vt* to eradicate.

érafler [erafle] *vt* **1.** *(peau)* to scratch. **2.** *(mur, voiture)* to scrape.

éraflure [eraflyr] *nf* **1.** *(de peau)* scratch. **2.** *(de mur, voiture)* scrape.

éraillé, -e [eraje] *adj* *(voix)* hoarse.

ère [ɛr] *nf* era.

érection [erɛksjɔ̃] *nf* erection.

éreinter [erɛ̃te] *vt* **1.** *(fatiguer)* to exhaust. **2.** *(critiquer)* to pull to pieces.

ergonomique [ɛrgɔnɔmik] *adj* ergonomic.

ergot [ɛrgo] *nm* **1.** *(de coq)* spur. **2.** *(de mammifère)* dewclaw. **3.** *(de blé)* ergot.

ériger [eriʒe] *vt* **1.** *(monument)* to erect. **2.** *(tribunal)* to set up. **3.** *fig (transformer)*: **~ qqn en** to set sb up as.

ermite [ɛrmit] *nm* hermit.

éroder [erɔde] *vt* to erode.

érogène [erɔʒɛn] *adj* erogenous.

érosion [erozjɔ̃] *nf* erosion.

érotique [erɔtik] *adj* erotic.

érotisme [erɔtism] *nm* eroticism.

errance [ɛrɑ̃s] *nf* wandering.

erratum [eratɔm] (*pl* **errata** [erata]) *nm* erratum.

errer [ɛre] *vi* to wander.

erreur [ɛrœr] *nf* mistake; **par ~** by mistake.

erroné, -e [ɛrɔne] *adj sout* wrong.

ersatz [ɛrzats] *nm inv* ersatz.

éructer [erykte] *vi* to belch.

érudit, -e [erydi, it] ◇ *adj* erudite, learned. ◇ *nm, f* learned person.

éruption [erypsjɔ̃] *nf* **1.** (MÉD) rash. **2.** *(de volcan)* eruption.

es → **être**.

ès [ɛs] *prép* of *(in certain titles)*; **docteur ~ lettres** ≃ PhD, doctor of philosophy.

escabeau, -x [ɛskabo] *nm* **1.** *(échelle)* stepladder. **2.** *vieilli (tabouret)* stool.

escadre [ɛskadr] *nf* **1.** *(navires)* fleet. **2.** *(avions)* wing.

escadrille [ɛskadrij] *nf* **1.** *(navires)* flotilla. **2.** *(avions)* flight.
escadron [ɛskadrɔ̃] *nm* squadron.
escalade [ɛskalad] *nf* **1.** *(de montagne, mur)* climbing. **2.** *(aggravation)* escalation.
escalader [ɛskalade] *vt* to climb.
escale [ɛskal] *nf* **1.** *(lieu - pour navire)* port of call; *(- pour avion)* stopover. **2.** *(arrêt - de navire)* call; *(- d'avion)* stopover, stop; **faire ~ à** *(navire)* to put in at, to call at; *(avion)* to stop over at.
escalier [ɛskalje] *nm* stairs (*pl*); **descendre/monter l'~** to go downstairs/upstairs; **~ roulant** OU **mécanique** escalator.
escalope [ɛskalɔp] *nf* escalope.
escamotable [ɛskamɔtabl] *adj* **1.** *(train d'atterrissage)* retractable; *(antenne)* telescopic. **2.** *(table)* folding.
escamoter [ɛskamɔte] *vt* **1.** *(faire disparaître)* to make disappear. **2.** *(voler)* to lift. **3.** *(rentrer)* to retract. **4.** *(phrase, mot)* to swallow. **5.** *(éluder - question)* to evade; *(- objection)* to get round.
escapade [ɛskapad] *nf* **1.** *(voyage)* outing. **2.** *(fugue)* escapade.
escargot [ɛskargo] *nm* snail.
escarmouche [ɛskarmuʃ] *nf* skirmish.
escarpé, -e [ɛskarpe] *adj* steep.
escarpement [ɛskarpəmɑ̃] *nm* **1.** *(de pente)* steep slope. **2.** (GÉOGR) escarpment.
escarpin [ɛskarpɛ̃] *nm* court shoe *Br*, pump *Am*.
escarre [ɛskar] *nf* bedsore, pressure sore.
escient [esjɑ̃] *nm*: **à bon ~** advisedly; **à mauvais ~** ill-advisedly.
esclaffer [ɛsklafe] ◆ **s'esclaffer** *vp* to burst out laughing.
esclandre [ɛsklɑ̃dr] *nm sout* scene.
esclavage [ɛsklavaʒ] *nm* slavery.
esclave [ɛsklav] ◇ *nmf* slave. ◇ *adj*: **être ~ de** to be a slave to.
escompte [ɛskɔ̃t] *nm* discount.
escompter [ɛskɔ̃te] *vt* **1.** *(prévoir)* to count on. **2.** (FIN) to discount.
escorte [ɛskɔrt] *nf* escort.
escorter [ɛskɔrte] *vt* to escort.
escouade [ɛskwad] *nf* squad.
escrime [ɛskrim] *nf* fencing.
escrimer [ɛskrime] ◆ **s'escrimer** *vp*: **s'~ à faire qqch** to work (away) at doing sthg.
escroc [ɛskro] *nm* swindler.
escroquer [ɛskrɔke] *vt* to swindle; **~ qqch à qqn** to swindle sb out of sthg.
escroquerie [ɛskrɔkri] *nf* swindle, swindling *(U)*.
eskimo, Eskimo → **esquimau**.
espace [ɛspas] *nm* space; **~ vert** green space, green area.
espacer [ɛspase] *vt* **1.** *(dans l'espace)* to space out. **2.** *(dans le temps - visites)* to space out; *(- paiements)* to spread out.
espadon [ɛspadɔ̃] *nm* swordfish.
espadrille [ɛspadrij] *nf* espadrille.
Espagne [ɛspaɲ] *nf*: **l'~** Spain.
espagnol, -e [ɛspaɲɔl] *adj* Spanish. ◆ **espagnol** *nm (langue)* Spanish. ◆ **Espagnol, -e** *nm, f* Spaniard; **les Espagnols** the Spanish.
espèce [ɛspɛs] *nf* **1.** (BIOL, BOT & ZOOL) species. **2.** *(sorte)* kind, sort; **~ d'idiot!** you stupid fool! ◆ **espèces** *nfpl* cash; **payer en ~s** to pay (in) cash.
espérance [ɛsperɑ̃s] *nf* hope; **~ de vie** life expectancy.
espérer [ɛspere] ◇ *vt* to hope for; **~ que** to hope (that); **~ faire qqch** to hope to do sthg. ◇ *vi* to hope.
espiègle [ɛspjɛgl] *adj* mischievous.
espion, -onne [ɛspjɔ̃, ɔn] *nm, f* spy.
espionnage [ɛspjɔnaʒ] *nm* spying; **~ industriel** industrial espionage.
espionner [ɛspjɔne] *vt* to spy on.
esplanade [ɛsplanad] *nf* esplanade.
espoir [ɛspwar] *nm* hope.
esprit [ɛspri] *nm* **1.** *(pensée)* mind; **reprendre ses ~s** to recover. **2.** *(attitude)* spirit; **~ de compétition** competitive spirit; **~ critique** critical acumen. **3.** *(humour)* wit. **4.** *(fantôme)* spirit, ghost.
esquif [ɛskif] *nm littéraire* skiff.
esquimau, -aude, -aux, eskimo [ɛskimo, od] *adj* Eskimo. ◆ **Esquimau, -aude** *nm, f*, **Eskimo** *nmf* Eskimo.
esquinter [ɛskɛ̃te] *vt fam* **1.** *(abîmer)* to ruin. **2.** *(critiquer)* to slate *Br*, to pan. ◆ **s'esquinter** *vp*: **s'~ à faire qqch** to kill o.s. doing sthg.
esquiver [ɛskive] *vt* to dodge. ◆ **s'esquiver** *vp* to slip away.
essai [esɛ] *nm* **1.** *(vérification)* test, testing *(U)*; **à l'~** on trial. **2.** *(tentative)* attempt. **3.** (RUGBY) try.
essaim [esɛ̃] *nm litt & fig* swarm.
essayage [esɛjaʒ] *nm* fitting.
essayer [eseje] *vt* to try; **~ de faire qqch** to try to do sthg.
essence [esɑ̃s] *nf* **1.** *(fondement, de plante)* essence; **par ~** *sout* in essence. **2.** *(carburant)* petrol *Br*, gas *Am*; **prendre de l'~** to get some petrol.
essentiel, -elle [esɑ̃sjɛl] *adj* **1.** *(indis-*

pensable) essential. 2. *(fondamental)* basic. ◆ **essentiel** *nm* 1. *(point)*: **l'~** *(le principal)* the essential OU main thing; *(objets)* the essentials (*pl*). 2. *(quantité)*: **l'~ de** the main OU greater part of.

essentiellement [esɑ̃sjɛlmɑ̃] *adv* 1. *(avant tout)* above all. 2. *(par essence)* essentially.

esseulé, -e [esœle] *adj littéraire* forsaken.

essieu [esjø] *nm* axle.

essor [esɔr] *nm* flight, expansion, boom; **prendre son ~** to take flight; *fig* to take off.

essorer [esɔre] *vt (à la main, à rouleaux)* to wring out; *(à la machine)* to spin-dry; *(salade)* to spin, to dry.

essoreuse [esɔrøz] *nf (à rouleaux)* mangle; *(électrique)* spin-dryer; *(à salade)* salad spinner.

essouffler [esufle] *vt* to make breathless. ◆ **s'essouffler** *vp* to be breathless OU out of breath; *fig* to run out of steam.

essuie-glace [esɥiglas] (*pl* **essuie-glaces**) *nm* windscreen wiper *Br*, windshield wiper *Am*.

essuie-mains [esɥimɛ̃] *nm inv* hand towel.

essuie-tout [esɥitu] *nm inv* kitchen roll.

essuyer [esɥije] *vt* 1. *(sécher)* to dry. 2. *(nettoyer)* to dust. 3. *fig (subir)* to suffer. ◆ **s'essuyer** *vp* to dry o.s.

est¹ [ɛst] ◇ *nm* east; **un vent d'~** an easterly wind; **à l'~** in the east; **à l'~ (de)** to the east (of). ◇ *adj inv (gén)* east; *(province, région)* eastern.

est² [ɛ] → **être**.

estafette [ɛstafɛt] *nf* dispatch-rider; (MIL) liaison officer.

estafilade [ɛstafilad] *nf* slash, gash.

est-allemand, -e [ɛstalmɑ̃, ɑ̃d] *adj* East German.

estampe [ɛstɑ̃p] *nf* print.

estampille [ɛstɑ̃pij] *nf* stamp.

est-ce que [ɛskə] *adv interr*: **est-ce qu'il fait beau?** is the weather good?; **~ vous aimez l'accordéon?** do you like the accordion?; **où ~ tu es?** where are you?

esthète [ɛstɛt] *nmf* aesthete.

esthétique [ɛstetik] *adj* 1. *(beaux-arts)* aesthetic. 2. *(joli)* attractive.

estimation [ɛstimasjɔ̃] *nf* estimate, estimation.

estime [ɛstim] *nf* respect, esteem.

estimer [ɛstime] *vt* 1. *(expertiser)* to value. 2. *(évaluer)* to estimate. 3. *(respecter)* to respect. 4. *(penser)*: **~ que** to feel (that).

estivant, -e [ɛstivɑ̃, ɑ̃t] *nm, f* (summer) holiday-maker *Br* OU vacationer *Am*.

estomac [ɛstɔma] *nm* (ANAT) stomach.

estomper [ɛstɔ̃pe] *vt* to blur; *fig (douleur)* to lessen. ◆ **s'estomper** *vp* to become blurred; *fig (douleur)* to lessen.

Estonie [ɛstɔni] *nf*: **l'~** Estonia.

estrade [ɛstrad] *nf* dais.

estragon [ɛstragɔ̃] *nm* tarragon.

estropié, -e [ɛstrɔpje] ◇ *adj* crippled. ◇ *nm, f* cripple.

estuaire [ɛstɥɛr] *nm* estuary.

esturgeon [ɛstyrʒɔ̃] *nm* sturgeon.

---

et [e] *conj* 1. *(gén)* and; **~ moi?** what about me? 2. *(dans les nombres)*: **vingt ~ un** twenty-one; **il y a deux ans ~ demi** two and a half years ago; **à deux heures ~ demie** at half past two.

ét. (*abr de* **étage**) fl.

ETA (*abr de* **Euskadi ta Askatasuna**) *nf* ETA.

étable [etabl] *nf* cowshed.

établi [etabli] *nm* workbench.

établir [etablir] *vt* 1. *(gén)* to establish; *(record)* to set. 2. *(dresser)* to draw up. ◆ **s'établir** *vp* 1. *(s'installer)* to settle. 2. *(s'instaurer)* to become established.

établissement [etablismɑ̃] *nm* establishment; **~ hospitalier** hospital; **~ scolaire** educational establishment.

étage [etaʒ] *nm* 1. *(de bâtiment)* storey, floor; **un immeuble à quatre ~s** a four-storey block of flats; **au premier ~** on the first floor *Br*, on the second floor *Am*. 2. *(de fusée)* stage.

étagère [etaʒɛr] *nf* 1. *(rayon)* shelf. 2. *(meuble)* shelves (*pl*), set of shelves.

étain [etɛ̃] *nm* *(métal)* tin; *(alliage)* pewter.

étais, était *etc* → **être**.

étal [etal] (*pl* **-s** OU **étaux** [eto]) *nm* 1. *(éventaire)* stall. 2. *(de boucher)* butcher's block.

étalage [etalaʒ] *nm* 1. *(action, ensemble d'objets)* display; **faire ~ de** *fig* to flaunt. 2. *(devanture)* window display.

étalagiste [etalaʒist] *nmf* 1. *(décorateur)* window-dresser. 2. *(vendeur)* stall-holder.

étaler [etale] *vt* 1. *(exposer)* to display. 2. *(étendre)* to spread out. 3. *(dans le temps)* to stagger. 4. *(mettre une couche de)* to spread. 5. *(exhiber)* to parade. ◆ **s'étaler** *vp* 1. *(s'étendre)* to spread. 2. *(dans le temps)*: **s'~ (sur)** to be spread (over). 3. *fam (tomber)* to come a crop-

per *Br,* to fall flat on one's face.
étalon [etalɔ̃] *nm* **1.** *(cheval)* stallion. **2.** *(mesure)* standard.
étamine [etamin] *nf (de fleur)* stamen.
étanche [etɑ̃ʃ] *adj* watertight; *(montre)* waterproof.
étancher [etɑ̃ʃe] *vt* **1.** *(sang, larmes)* to stem (the flow of). **2.** *(assouvir)* to quench.
étang [etɑ̃] *nm* pond.
étant → **être**.
étape [etap] *nf* **1.** *(gén)* stage. **2.** *(halte)* stop; **faire ~ à** to break one's journey at.
état [eta] *nm* **1.** *(manière d'être)* state; **être en ~/hors d'~ de faire qqch** to be in a/in no fit state to do sthg; **en bon/mauvais ~** in good/poor condition; **en ~ d'ivresse** under the influence of alcohol; **en ~ de marche** in working order; **~ d'âme** mood; **~ d'esprit** state of mind; **~ de santé** (state of) health; **être dans tous ses ~s** *fig* to be in a state. **2.** *(métier, statut)* status; **~ civil** (ADMIN) = marital status. **3.** *(inventaire - gén)* inventory; *(- de dépenses)* statement; **~ des lieux** *inventory and inspection of rented property.* ◆ **État** *nm (nation)* state; **l'État** the State; **État membre** member state.
état-major [etamaʒɔr] *nm* **1.** (ADMIN & MIL) staff; *(de parti)* leadership. **2.** *(lieu)* headquarters *(pl)*.
États-Unis [etazyni] *nmpl*: **les ~ (d'Amérique)** the United States (of America).
étau [eto] *nm* vice.
étayer [eteje] *vt* to prop up; *fig* to back up.
etc. *(abr de* **et cætera**) etc.
été [ete] ◇ *pp inv* → **être**. ◇ *nm* summer; **en ~** in (the) summer.
éteindre [etɛ̃dr] *vt (incendie, bougie, cigarette)* to put out; *(radio, chauffage, lampe)* to turn off, to switch off. ◆ **s'éteindre** *vp* **1.** *(feu, lampe)* to go out. **2.** *(bruit, souvenir)* to fade (away). **3.** *fig & littéraire (personne)* to pass away. **4.** *(race)* to die out.
étendard [etɑ̃dar] *nm* standard.
étendre [etɑ̃dr] *vt* **1.** *(déployer)* to stretch; *(journal, linge)* to spread (out). **2.** *(coucher)* to lay. **3.** *(appliquer)* to spread. **4.** *(accroître)* to extend. **5.** *(diluer)* to dilute; *(sauce)* to thin. ◆ **s'étendre** *vp* **1.** *(se coucher)* to lie down. **2.** *(s'étaler au loin)*: **s'~ (de/jusqu'à)** to stretch (from/as far as). **3.** *(croître)* to spread. **4.** *(s'attarder)*: **s'~ sur** to elaborate on.
étendu, -e [etɑ̃dy] ◇ *pp* → **étendre**. ◇ *adj* **1.** *(bras, main)* outstretched. **2.** *(plaine, connaissances)* extensive. ◆ **étendue** *nf* **1.** *(surface)* area, expanse. **2.** *(durée)* length. **3.** *(importance)* extent. **4.** (MUS) range.
éternel, -elle [etɛrnɛl] *adj* eternal; **ce ne sera pas ~** this won't last for ever.
éterniser [etɛrnize] *vt (prolonger)* to drag out. ◆ **s'éterniser** *vp* **1.** *(se prolonger)* to drag out. **2.** *fam (rester)* to stay for ever.
éternité [etɛrnite] *nf* eternity.
éternuer [etɛrnɥe] *vi* to sneeze.
êtes → **être**.
éther [etɛr] *nm* ether.
Éthiopie [etjɔpi] *nf*: **l'~** Ethiopia.
éthique [etik] ◇ *nf* ethics *(U or pl)*. ◇ *adj* ethical.
ethnie [ɛtni] *nf* ethnic group.
ethnique [ɛtnik] *adj* ethnic.
ethnologie [ɛtnɔlɔʒi] *nf* ethnology.
éthylisme [etilism] *nm* alcoholism.
étiez, étions *etc* → **être**.
étincelant, -e [etɛ̃slɑ̃, ɑ̃t] *adj* sparkling.
étinceler [etɛ̃sle] *vi* to sparkle.
étincelle [etɛ̃sɛl] *nf* spark.
étioler [etjɔle] ◆ **s'étioler** *vp (plante)* to wilt; *(personne)* to weaken.
étiqueter [etikte] *vt litt & fig* to label.
étiquette [etikɛt] *nf* **1.** *(marque & fig)* label. **2.** *(protocole)* etiquette.
étirer [etire] *vt* to stretch. ◆ **s'étirer** *vp* to stretch.
étoffe [etɔf] *nf* fabric, material.
étoile [etwal] *nf* star; **~ filante** shooting star; **à la belle ~** *fig* under the stars. ◆ **étoile de mer** *nf* starfish.
étoilé, -e [etwale] *adj* **1.** *(ciel, nuit)* starry; **la bannière ~e** the Star-Spangled Banner. **2.** *(vitre, pare-brise)* shattered.
étole [etɔl] *nf* stole.
étonnant, -e [etɔnɑ̃, ɑ̃t] *adj* astonishing.
étonnement [etɔnmɑ̃] *nm* astonishment, surprise.
étonner [etɔne] *vt* to surprise, to astonish. ◆ **s'étonner** *vp*: **s'~ (de)** to be surprised (by); **s'~ que** (+ *subjonctif*) to be surprised (that).
étouffant, -e [etufɑ̃, ɑ̃t] *adj* stifling.
étouffée [etufe] ◆ **à l'étouffée** *loc adv* steamed; *(viande)* braised.
étouffer [etufe] ◇ *vt* **1.** *(gén)* to stifle. **2.** *(asphyxier)* to suffocate. **3.** *(feu)* to smother. **4.** *(affaire)* to suppress. ◇ *vi* to suffocate. ◆ **s'étouffer** *vp* to choke.

étourderie [eturdəri] *nf* 1. *(distraction)* thoughtlessness. 2. *(bévue)* careless mistake; *(acte irréfléchi)* thoughtless act.

étourdi, -e [eturdi] ◇ *adj* scatterbrained. ◇ *nm, f* scatterbrain.

étourdir [eturdir] *vt* *(assommer)* to daze.

étourdissement [eturdismɑ̃] *nm* dizzy spell.

étourneau, -x [eturno] *nm* starling.

étrange [etrɑ̃ʒ] *adj* strange.

étranger, -ère [etrɑ̃ʒe, ɛr] ◇ *adj* 1. *(gén)* foreign. 2. *(différent, isolé)* unknown, unfamiliar; **être ~ à qqn** to be unknown to sb; **être ~ à qqch** to have no connection with sthg; **se sentir ~** to feel like an outsider. ◇ *nm, f* 1. *(de nationalité différente)* foreigner. 2. *(inconnu)* stranger. 3. *(exclu)* outsider. ◆ **étranger** *nm*: **à l'~** abroad.

étrangeté [etrɑ̃ʒte] *nf* strangeness.

étranglement [etrɑ̃gləmɑ̃] *nm* 1. *(strangulation)* strangulation. 2. *(rétrécissement)* constriction.

étrangler [etrɑ̃gle] *vt* 1. *(gén)* to choke. 2. *(stranguler)* to strangle. 3. *(réprimer)* to stifle. 4. *(serrer)* to constrict. ◆ **s'étrangler** *vp* *(s'étouffer)* to choke.

étrave [etrav] *nf* stem.

être [ɛtr] ◇ *nm* being; **les ~s vivants/humains** living/human beings. ◇ *v aux* 1. *(pour les temps composés)* to have/to be; **il est parti hier** he left yesterday; **il est déjà arrivé** he has already arrived; **il est né en 1952** he was born in 1952. 2. *(pour le passif)* to be; **la maison a été vendue** the house has been OU was sold. ◇ *v attr* 1. *(état)* to be; **il est médecin** he's a doctor; **sois sage!** be good! 2. *(possession)*: **~ à qqn** to be sb's, to belong to sb; **cette maison est à lui/eux** this house is his/theirs, this is his/their house. ◇ *v impers* 1. *(exprimant le temps)*: **quelle heure est-il?** what time is it?, what's the time?; **il est dix heures dix** it's ten past ten *Br*, it's ten after ten *Am*. 2. *(suivi d'un adjectif)*: **il est ...** it is ...; **il est inutile de** it's useless to; **il serait bon de/que** it would be good to/if, it would be a good idea to/if. ◇ *vi* 1. *(exister)* to be; **n'~ plus** *sout* *(être décédé)* to be no more. 2. *(indique une situation, un état)* to be; **il est à Paris** he's in Paris; **nous sommes en été** it's summer. 3. *(indiquant une origine)*: **il est de Paris** he's from Paris. ◆ **être à** *v + prép* 1. *(indiquant une obligation)*: **c'est à vérifier** it needs to be checked; **c'est à voir** that remains to be seen. 2. *(indiquant une continuité)*: **il est toujours à ne rien faire** he never does a thing.

étreindre [etrɛ̃dr] *vt* 1. *(embrasser)* to hug, to embrace. 2. *fig* *(tenailler)* to grip, to clutch. ◆ **s'étreindre** *vp* to embrace each other.

étreinte [etrɛ̃t] *nf* 1. *(enlacement)* embrace. 2. *(pression)* stranglehold.

étrenner [etrene] *vt* to use for the first time.

étrennes [etrɛn] *nfpl* Christmas box *(sg)*.

étrier [etrije] *nm* stirrup.

étriller [etrije] *vt* 1. *(cheval)* to curry. 2. *(personne)* to wipe the floor with; *(film)* to tear to pieces.

étriper [etripe] *vt* 1. *(animal)* to disembowel. 2. *fam fig* *(tuer)* to murder. ◆ **s'étriper** *vp* *fam* to tear each other to pieces.

étriqué, -e [etrike] *adj* 1. *(vêtement)* tight. 2. *(mesquin)* narrow.

étroit, -e [etrwa, at] *adj* 1. *(gén)* narrow. 2. *(intime)* close. 3. *(serré)* tight. ◆ **à l'étroit** *loc adj*: **être à l'~** to be cramped.

étroitesse [etrwatɛs] *nf* narrowness.

étude [etyd] *nf* 1. *(gén)* study; **à l'~** under consideration; **~ de marché** market research *(U)*. 2. *(de notaire - local)* office; *(- charge)* practice. 3. (MUS) étude. ◆ **études** *nfpl* studies; **faire des ~s** to study.

étudiant, -e [etydjɑ̃, ɑ̃t] *nm, f* student.

étudié, -e [etydje] *adj* studied.

étudier [etydje] *vt* to study.

étui [etɥi] *nm* case; **~ à cigarettes/lunettes** cigarette/glasses case.

étuve [etyv] *nf* 1. *(local)* steam room; *fig* oven. 2. *(appareil)* sterilizer.

étuvée [etyve] ◆ **à l'étuvée** *loc adv* braised.

étymologie [etimɔlɔʒi] *nf* etymology.

eu, -e [y] *pp* → **avoir**.

E-U, E-U A *(abr de* **États-Unis (d'Amérique)***)* *nmpl* US, USA.

eucalyptus [økaliptys] *nm* eucalyptus.

euh [ø] *interj* er.

eunuque [ønyk] *nm* eunuch.

euphémisme [øfemism] *nm* euphemism.

euphorie [øfɔri] *nf* euphoria.

euphorisant, -e [øfɔrizɑ̃, ɑ̃t] *adj* exhilarating. ◆ **euphorisant** *nm* anti-depressant.

eurent → **avoir**.

euro [ørɔ] *nm* euro.
eurodéputé [ørɔdepyte] *nm* Euro MP.
eurodevise [ørɔdəviz] *nf* Eurocurrency.
Europe [ørɔp] *nf*: **l'~** Europe.
européen, -enne [ørɔpeɛ̃, ɛn] *adj* European. ◆ **Européen, -enne** *nm, f* European.
eus, eut *etc* → **avoir**.
eût → **avoir**.
euthanasie [øtanazi] *nf* euthanasia.

---

eux [ø] *pron pers* 1. *(sujet)* they; **ce sont ~ qui me l'ont dit** they're the ones who told me. 2. *(complément)* them. ◆ **eux-mêmes** *pron pers* themselves.
évacuer [evakɥe] *vt* 1. *(gén)* to evacuate. 2. *(liquide)* to drain.
évadé, -e [evade] *nm, f* escaped prisoner.
évader [evade] ◆ **s'évader** *vp*: **s'~ (de)** to escape (from).
évaluation [evalɥasjɔ̃] *nf* *(action)* valuation; *(résultat)* estimate.
évaluer [evalɥe] *vt* *(distance)* to estimate; *(tableau)* to value; *(risque)* to assess.
évangélique [evɑ̃ʒelik] *adj* evangelical.
évangéliser [evɑ̃ʒelize] *vt* to evangelize.
évangile [evɑ̃ʒil] *nm* gospel.
évanouir [evanwir] ◆ **s'évanouir** *vp* 1. *(défaillir)* to faint. 2. *(disparaître)* to fade.
évanouissement [evanwismɑ̃] *nm* *(syncope)* fainting fit.
évaporer [evapɔre] ◆ **s'évaporer** *vp* to evaporate.
évasé, -e [evaze] *adj* flared.
évasif, -ive [evazif, iv] *adj* evasive.
évasion [evazjɔ̃] *nf* escape.
évêché [eveʃe] *nm* *(territoire)* diocese; *(résidence)* bishop's palace.
éveil [evɛj] *nm* awakening; **en ~** on the alert.
éveillé, -e [eveje] *adj* 1. *(qui ne dort pas)* wide awake. 2. *(vif, alerte)* alert.
éveiller [eveje] *vt* to arouse; *(intelligence, dormeur)* to awaken. ◆ **s'éveiller** *vp* 1. *(dormeur)* to wake, to awaken. 2. *(curiosité)* to be aroused. 3. *(esprit, intelligence)* to be awakened. 4. *(s'ouvrir)*: **s'~ à qqch** to discover sthg.
événement [evɛnmɑ̃] *nm* event.
éventail [evɑ̃taj] *nm* 1. *(objet)* fan; **en ~** fan-shaped. 2. *(choix)* range.
éventaire [evɑ̃tɛr] *nm* 1. *(étalage)* stall, stand. 2. *(corbeille)* tray.
éventer [evɑ̃te] *vt* 1. *(rafraîchir)* to fan. 2. *(divulguer)* to give away. ◆ **s'éventer** *vp* 1. *(se rafraîchir)* to fan o.s. 2. *(parfum, vin)* to go stale.
éventrer [evɑ̃tre] *vt* 1. *(étriper)* to disembowel. 2. *(fendre)* to rip open.
éventualité [evɑ̃tɥalite] *nf* 1. *(possibilité)* possibility. 2. *(circonstance)* eventuality; **dans l'~ de** in the event of.
éventuel, -elle [evɑ̃tɥɛl] *adj* possible.
éventuellement [evɑ̃tɥɛlmɑ̃] *adv* possibly.

> Aussi tentant qu'il soit de traduire «éventuellement» par *eventually*, il faut absolument l'éviter. Ces deux adverbes ont en effet des sens très différents: *he eventually asked her out*, par exemple, n'a rien d'incertain, contrairement à une phrase qui contiendrait «éventuellement»; on traduit cet exemple par «il a fini par l'inviter à sortir». La traduction correcte d'«éventuellement» est *perhaps, possibly*, comme le montre l'exemple suivant: «je pourrais éventuellement revenir demain», *perhaps I could come back tomorrow*.

évêque [evɛk] *nm* bishop.
évertuer [evɛrtɥe] ◆ **s'évertuer** *vp*: **s'~ à faire qqch** to strive to do sthg.
évidemment [evidamɑ̃] *adv* obviously.
évidence [evidɑ̃s] *nf* *(caractère)* evidence; *(fait)* obvious fact; **mettre en ~** to emphasize, to highlight.
évident, -e [evidɑ̃, ɑ̃t] *adj* obvious.
évider [evide] *vt* to hollow out.
évier [evje] *nm* sink.
évincer [evɛ̃se] *vt*: **~ qqn (de)** to oust sb (from).
éviter [evite] *vt* 1. *(esquiver)* to avoid. 2. *(s'abstenir)*: **~ de faire qqch** to avoid doing sthg. 3. *(épargner)*: **~ qqch à qqn** to save sb sthg.
évocateur, -trice [evɔkatœr, tris] *adj* *(geste, regard)* meaningful.
évocation [evɔkasjɔ̃] *nf* evocation.
évolué, -e [evɔlɥe] *adj* 1. *(développé)* developed. 2. *(libéral)* broad-minded.
évoluer [evɔlɥe] *vi* 1. *(changer)* to evolve; *(personne)* to change. 2. *(se mouvoir)* to move about.
évolution [evɔlysjɔ̃] *nf* 1. *(transformation)* development. 2. (BIOL) evolution. 3. (MÉD) progress.
évoquer [evɔke] *vt* 1. *(souvenir)* to evoke. 2. *(problème)* to refer to. 3. *(esprits, démons)* to call up.

exacerber [ɛgzasɛrbe] *vt* to heighten.
exact, -e [ɛgzakt] *adj* 1. *(juste)* correct. 2. *(précis)* exact. 3. *(ponctuel)* punctual.
exactement [ɛgzaktəmɑ̃] *adv* exactly.
exactitude [ɛgzaktityd] *nf* 1. *(de calcul, montre)* accuracy. 2. *(ponctualité)* punctuality.
ex æquo [ɛgzeko] ◇ *adj inv & nmf inv* equal. ◇ *adv* equal; **troisième ~** third equal.
exagération [ɛgzaʒerasjɔ̃] *nf* exaggeration.
exagéré, -e [ɛgzaʒere] *adj* exaggerated.
exagérer [ɛgzaʒere] *vt & vi* to exaggerate.
exalté, -e [ɛgzalte] ◇ *adj (sentiment)* elated; *(tempérament)* over-excited; *(imagination)* vivid. ◇ *nm, f* fanatic.
exalter [ɛgzalte] *vt* to excite. ◆ **s'exalter** *vp* to get carried away.
examen [ɛgzamɛ̃] *nm* examination; (SCOL) exam, examination; **~ médical** medical (examination).
examinateur, -trice [ɛgzaminatœr, tris] *nm, f* examiner.
examiner [ɛgzamine] *vt* to examine.
exaspération [ɛgzasperasjɔ̃] *nf* exasperation.
exaspérer [ɛgzaspere] *vt* to exasperate.
exaucer [ɛgzose] *vt* to grant; **~ qqn** to answer sb's prayers.
excédent [ɛksedɑ̃] *nm* surplus; **en ~** surplus *(avant n)*.
excéder [ɛksede] *vt* 1. *(gén)* to exceed. 2. *(exaspérer)* to exasperate.
excellence [ɛkselɑ̃s] *nf* excellence; **par ~** par excellence.
excellent, -e [ɛkselɑ̃, ɑ̃t] *adj* excellent.
exceller [ɛksele] *vi*: **~ en** OU **dans qqch** to excel at OU in sthg; **~ à faire qqch** to excel at doing sthg.
excentré, -e [ɛksɑ̃tre] *adj*: **c'est très ~** it's quite a long way out.
excentrique [ɛksɑ̃trik] ◇ *nmf* eccentric. ◇ *adj (extravagant)* eccentric.
excepté, -e [ɛksɛpte] *adj*: **tous sont venus, lui ~** everyone came except (for) him. ◆ **excepté** *prép* apart from, except.
exception [ɛksɛpsjɔ̃] *nf* exception; **à l'~ de** except for.
exceptionnel, -elle [ɛksɛpsjɔnɛl] *adj* exceptional.
excès [ɛksɛ] ◇ *nm* excess; **~ de zèle** overzealousness. ◇ *nmpl* excesses.
excessif, -ive [ɛksesif, iv] *adj* 1. *(démesuré)* excessive. 2. *(extrême)* extreme.
excitant, -e [ɛksitɑ̃, ɑ̃t] *adj (stimulant)* exciting. ◆ **excitant** *nm* stimulant.
excitation [ɛksitasjɔ̃] *nf* 1. *(énervement)* excitement. 2. *(stimulation)* encouragement. 3. (MÉD) stimulation.
excité, -e [ɛksite] ◇ *adj (énervé)* excited. ◇ *nm, f* hothead.
exciter [ɛksite] *vt* 1. *(gén)* to excite. 2. (MÉD) to stimulate.
exclamation [ɛksklamasjɔ̃] *nf* exclamation.
exclamer [ɛksklame] ◆ **s'exclamer** *vp*: **s'~ (devant)** to exclaim (at OU over).
exclu, -e [ɛkskly] ◇ *pp* → **exclure**. ◇ *adj* excluded. ◇ *nm, f* outsider.
exclure [ɛksklyr] *vt* to exclude; *(expulser)* to expel.
exclusion [ɛksklyzjɔ̃] *nf* expulsion; **à l'~ de** to the exclusion of.
exclusivement [ɛksklyzivmɑ̃] *adv* 1. *(uniquement)* exclusively. 2. *(non inclus)* exclusive.
exclusivité [ɛksklyzivite] *nf* 1. (COMM) exclusive rights *(pl)*. 2. (CIN) sole screening rights *(pl)*; **en ~** exclusively. 3. *(de sentiment)* exclusiveness.
excommunier [ɛkskɔmynje] *vt* to excommunicate.
excrément [ɛkskremɑ̃] *nm (gén pl)* excrement *(U)*.
excroissance [ɛkskrwasɑ̃s] *nf* excrescence.
excursion [ɛkskyrsjɔ̃] *nf* excursion.
excursionniste [ɛkskyrsjɔnist] *nmf* day-tripper *Br*, vacationer *Am*.
excuse [ɛkskyz] *nf* excuse.
excuser [ɛkskyze] *vt* to excuse; **excusez-moi** *(pour réparer)* I'm sorry; *(pour demander)* excuse me. ◆ **s'excuser** *vp (demander pardon)* to apologize; **s'~ de qqch/de faire qqch** to apologize for sthg/for doing sthg.
exécrable [ɛgzekrabl] *adj* atrocious.
exécrer [ɛgzekre] *vt* to loathe.
exécutant, -e [ɛgzekytɑ̃, ɑ̃t] *nm, f* 1. *(personne)* underling. 2. (MUS) performer.
exécuter [ɛgzekyte] *vt* 1. *(réaliser)* to carry out; *(tableau)* to paint. 2. (MUS) to play, to perform. 3. *(mettre à mort)* to execute. ◆ **s'exécuter** *vp* to comply.
exécutif, -ive [ɛgzekytif, iv] *adj* executive. ◆ **exécutif** *nm*: **l'~** the executive.
exécution [ɛgzekysjɔ̃] *nf* 1. *(réalisation)* carrying out; *(de tableau)* painting. 2. (MUS) performance. 3. *(mise à mort)* execution.

exemplaire [ɛgzɑ̃plɛr] ◇ *nm* copy. ◇ *adj* exemplary.
exemple [ɛgzɑ̃pl] *nm* example; **par ~** for example, for instance.
exempté, -e [ɛgzɑ̃te] *adj*: **~ (de)** exempt (from).
exercer [ɛgzɛrse] *vt* **1.** *(entraîner, mettre en usage)* to exercise; *(autorité, influence)* to exert. **2.** *(métier)* to carry on; *(médecine)* to practise. ◆ **s'exercer** *vp* **1.** *(s'entraîner)* to practise; **s'~ à qqch/à faire qqch** to practise sthg/doing sthg. **2.** *(se manifester)*: **s'~ (sur** OU **contre)** to be exerted (on).
exercice [ɛgzɛrsis] *nm* **1.** *(gén)* exercise. **2.** *(entraînement)* practice. **3.** *(de fonction)* carrying out; **en ~** in office.
exhaler [ɛgzale] *vt littéraire* **1.** *(odeur)* to give off. **2.** *(plainte, soupir)* to utter. ◆ **s'exhaler** *vp* **1.** *(odeur)* to rise. **2.** *(plainte, soupir)*: **s'~ de** to rise from.
exhaustif, -ive [ɛgzostif, iv] *adj* exhaustive.
exhiber [ɛgzibe] *vt (présenter)* to show; *(faire étalage de)* to show off. ◆ **s'exhiber** *vp* to make an exhibition of o.s.
exhibitionniste [ɛgzibisjɔnist] *nmf* exhibitionist.
exhorter [ɛgzɔrte] *vt*: **~ qqn à qqch/à faire qqch** to urge sb to sthg/to do sthg.
exhumer [ɛgzyme] *vt* to exhume; *fig* to unearth, to dig up.
exigeant, -e [ɛgziʒɑ̃, ɑ̃t] *adj* demanding.
exigence [ɛgziʒɑ̃s] *nf* *(demande)* demand.
exiger [ɛgziʒe] *vt* **1.** *(demander)* to demand; **~ que** (+ *subjonctif*) to demand that; **~ qqch de qqn** to demand sthg from sb. **2.** *(nécessiter)* to require.
exigu, -ë [ɛgzigy] *adj* cramped.
exil [ɛgzil] *nm* exile; **en ~** exiled.
exilé, -e [ɛgzile] *nm, f* exile.
exiler [ɛgzile] *vt* to exile. ◆ **s'exiler** *vp* **1.** (POLIT) to go into exile. **2.** *fig (partir)* to go into seclusion.
existence [ɛgzistɑ̃s] *nf* existence.
exister [ɛgziste] *vi* to exist.
exode [ɛgzɔd] *nm* exodus.
exonération [ɛgzɔnerasjɔ̃] *nf* exemption; **~ d'impôts** tax exemption.
exorbitant, -e [ɛgzɔrbitɑ̃, ɑ̃t] *adj* exorbitant.
exorbité, -e [ɛgzɔrbite] → **œil.**
exorciser [ɛgzɔrsize] *vt* to exorcize.
exotique [ɛgzɔtik] *adj* exotic.
expansif, -ive [ɛkspɑ̃sif, iv] *adj* expansive.
expansion [ɛkspɑ̃sjɔ̃] *nf* expansion.
expansionniste [ɛkspɑ̃sjɔnist] *nmf & adj* expansionist.
expatrié, -e [ɛkspatrije] *adj & nm, f* expatriate.
expatrier [ɛkspatrije] *vt* to expatriate. ◆ **s'expatrier** *vp* to leave one's country.
expédier [ɛkspedje] *vt* **1.** *(lettre, marchandise)* to send, to dispatch. **2.** *(personne)* to get rid of; *(question)* to dispose of. **3.** *(travail)* to dash off.
expéditeur, -trice [ɛkspeditœr, tris] *nm, f* sender.
expéditif, -ive [ɛkspeditif, iv] *adj* quick, expeditious.
expédition [ɛkspedisjɔ̃] *nf* **1.** *(envoi)* sending. **2.** *(voyage)* expedition.
expérience [ɛksperjɑ̃s] *nf* **1.** *(pratique)* experience; **avoir de l'~** to have experience, to be experienced. **2.** *(essai)* experiment.
expérimental, -e, -aux [ɛksperimɑ̃tal, o] *adj* experimental.
expérimenté, -e [ɛksperimɑ̃te] *adj* experienced.
expert, -e [ɛkspɛr, ɛrt] *adj* expert. ◆ **expert** *nm* expert.
expert-comptable [ɛkspɛrkɔ̃tabl] *nm* chartered accountant *Br*, certified public accountant *Am*.
expertise [ɛkspɛrtiz] *nf* **1.** *(examen)* expert appraisal; *(estimation)* (expert) valuation. **2.** *(compétence)* expertise.
expertiser [ɛkspɛrtize] *vt* to value; *(dégâts)* to assess.
expier [ɛkspje] *vt* to pay for.
expiration [ɛkspirasjɔ̃] *nf* **1.** *(d'air)* exhalation. **2.** *(de contrat)* expiry.
expirer [ɛkspire] ◇ *vt* to breathe out. ◇ *vi (contrat)* to expire.
explicatif, -ive [ɛksplikatif, iv] *adj* explanatory.
explication [ɛksplikasjɔ̃] *nf* explanation; **~ de texte** (literary) criticism.
explicite [ɛksplisit] *adj* explicit.
expliciter [ɛksplisite] *vt* to make explicit.
expliquer [ɛksplike] *vt* **1.** *(gén)* to explain. **2.** *(texte)* to criticize. ◆ **s'expliquer** *vp* **1.** *(se justifier)* to explain o.s. **2.** *(comprendre)* to understand. **3.** *(discuter)* to have it out. **4.** *(devenir clair)* to be explained, to become clear.
exploit [ɛksplwa] *nm* exploit, feat; *iron (maladresse)* achievement.
exploitant, -e [ɛksplwatɑ̃, ɑ̃t] *nm, f* farmer.
exploitation [ɛksplwatasjɔ̃] *nf* **1.** *(mise en valeur)* running; *(de mine)* work-

ing. 2. *(entreprise)* operation, concern; ~ **agricole** farm. 3. *(d'une personne)* exploitation.
exploiter [ɛksplwate] *vt* 1. *(gén)* to exploit. 2. *(entreprise)* to run.
explorateur, -trice [ɛksplɔratœr, tris] *nm, f* explorer.
explorer [ɛksplɔre] *vt* to explore.
exploser [ɛksploze] *vi* to explode.
explosif, -ive [ɛksplozif, iv] *adj* explosive. ◆ **explosif** *nm* explosive.
explosion [ɛksplozjɔ̃] *nf* explosion; *(de colère, joie)* outburst.
exportateur, -trice [ɛkspɔrtatœr, tris] ◇ *adj* exporting. ◇ *nm, f* exporter.
exportation [ɛkspɔrtasjɔ̃] *nf* export.
exporter [ɛkspɔrte] *vt* to export.
exposé, -e [ɛkspoze] *adj* 1. *(orienté)*: **bien ~** facing the sun. 2. *(vulnérable)* exposed. ◆ **exposé** *nm* account; (SCOL) talk.
exposer [ɛkspoze] *vt* 1. *(orienter, mettre en danger)* to expose. 2. *(présenter)* to display; *(tableaux)* to show, to exhibit. 3. *(expliquer)* to explain, to set out. ◆ **s'exposer** *vp*: **s'~ à qqch** to expose o.s. to sthg.
exposition [ɛkspozisjɔ̃] *nf* 1. *(présentation)* exhibition. 2. *(orientation)* aspect.
exprès[1] [ɛksprɛs] *adj inv (urgent)* express.
exprès[2] [ɛksprɛ] *adv* on purpose; **faire ~ de faire qqch** to do sthg deliberately OU on purpose.
express [ɛksprɛs] ◇ *nm inv* 1. *(train)* express. 2. *(café)* espresso. ◇ *adj inv* express.
expressément [ɛkspresemɑ̃] *adv* expressly.
expressif, -ive [ɛkspresif, iv] *adj* expressive.
expression [ɛkspresjɔ̃] *nf* expression.
exprimer [ɛksprime] *vt (pensées, sentiments)* to express. ◆ **s'exprimer** *vp* to express o.s.
expropriation [ɛksprɔprijasjɔ̃] *nf* expropriation.
exproprier [ɛksprɔprije] *vt* to expropriate.
expulser [ɛkspylse] *vt*: **~ (de)** to expel (from); *(locataire)* to evict (from).
expulsion [ɛkspylsjɔ̃] *nf* expulsion; *(de locataire)* eviction.
expurger [ɛkspyrʒe] *vt* to expurgate.
exquis, -e [ɛkski, iz] *adj* 1. *(délicieux)* exquisite. 2. *(agréable)* delightful.
exsangue [ɛksɑ̃g] *adj (blême)* deathly pale.
extase [ɛkstaz] *nf* ecstasy.
extasier [ɛkstazje] ◆ **s'extasier** *vp*: **s'~ devant** to go into ecstasies over.
extensible [ɛkstɑ̃sibl] *adj* stretchable.
extension [ɛkstɑ̃sjɔ̃] *nf* 1. *(étirement)* stretching. 2. *(élargissement)* extension; **par ~** by extension.
exténuer [ɛkstenɥe] *vt* to exhaust.
extérieur, -e [ɛksterjœr] *adj (au dehors)* outside; *(étranger)* external; *(apparent)* outward. ◆ **extérieur** *nm* *(dehors)* outside; *(de maison)* exterior; **à l'~ de qqch** outside sthg.
extérieurement [ɛksterjœrmɑ̃] *adv* 1. *(à l'extérieur)* on the outside, externally. 2. *(en apparence)* outwardly.
extérioriser [ɛksterjɔrize] *vt* to show.
exterminer [ɛkstɛrmine] *vt* to exterminate.
externat [ɛkstɛrna] *nm* 1. (SCOL) day school. 2. (MÉD) *non-resident medical studentship.*
externe [ɛkstɛrn] ◇ *nmf* 1. (SCOL) day pupil. 2. (MÉD) *non-resident medical student,* ≃ extern *Am.* ◇ *adj* outer, external.
extincteur [ɛkstɛ̃ktœr] *nm* (fire) extinguisher.
extinction [ɛkstɛ̃ksjɔ̃] *nf* 1. *(action d'éteindre)* putting out, extinguishing. 2. *fig (disparition)* extinction; **~ de voix** loss of one's voice.
extirper [ɛkstirpe] *vt*: **~ (de)** *(épine, réponse, secret)* to drag (out of); *(erreur, préjugé)* to root out (of).
extorquer [ɛkstɔrke] *vt*: **~ qqch à qqn** to extort sthg from sb.
extra [ɛkstra] ◇ *nm inv* 1. *(employé)* extra help *(U)*. 2. *(gâterie)* (special) treat. ◇ *adj inv* 1. *(de qualité)* top-quality. 2. *fam (génial)* great, fantastic.
extraction [ɛkstraksjɔ̃] *nf* extraction.
extrader [ɛkstrade] *vt* to extradite.
extraire [ɛkstrɛr] *vt*: **~ (de)** to extract (from).
extrait, -e [ɛkstrɛ, ɛt] *pp* → **extraire**. ◆ **extrait** *nm* extract; **~ de naissance** birth certificate.
extraordinaire [ɛkstraɔrdinɛr] *adj* extraordinary.
extrapoler [ɛkstrapɔle] *vt & vi* to extrapolate.
extraterrestre [ɛkstratɛrɛstr] *nmf & adj* extraterrestrial.
extravagance [ɛkstravagɑ̃s] *nf* extravagance.
extravagant, -e [ɛkstravagɑ̃, ɑ̃t] *adj* extravagant; *(idée, propos)* wild.
extraverti, -e [ɛkstravɛrti] *nm, f & adj* extrovert.

extrême [ɛkstrɛm] ◇ *nm* extreme; **d'un ~ à l'autre** from one extreme to the other. ◇ *adj* extreme; *(limite)* furthest.
extrêmement [ɛkstrɛmmɑ̃] *adv* extremely.
extrême-onction [ɛkstrɛmɔ̃ksjɔ̃] *nf* last rites (*pl*), extreme unction.
Extrême-Orient [ɛkstrɛmɔrjɑ̃] *nm*: **l'~** the Far East.
extrémiste [ɛkstremist] *nmf & adj* extremist.
extrémité [ɛkstremite] *nf* **1.** *(bout)* end. **2.** *(situation critique)* straights (*pl*).
exubérant, -e [ɛgzyberɑ̃, ɑ̃t] *adj* **1.** *(personne)* exuberant. **2.** *(végétation)* luxuriant.
exulter [ɛgzylte] *vi* to exult.

F

f, F [ɛf] *nm inv* f, F; **F3** three-room flat *Br* OU apartment *Am.* ◆ **F 1.** (*abr de* **Fahrenheit**) F. **2.** (*abr de* **franc**) F, Fr.
fa [fa] *nm inv* F; *(chanté)* fa.
fable [fabl] *nf* fable.
fabricant, -e [fabrikɑ̃, ɑ̃t] *nm, f* manufacturer.
fabrication [fabrikasjɔ̃] *nf* manufacture, manufacturing.
fabrique [fabrik] *nf (usine)* factory.

> Il ne faut pas confondre le mot français «fabrique» et le mot anglais *fabric*, qui a un sens totalement différent malgré une orthographe très similaire. *Fabric* veut dire «tissu», et «fabrique» se traduit par *factory*.

fabriquer [fabrike] *vt* **1.** *(confectionner)* to manufacture, to make. **2.** *fam (faire)*: **qu'est-ce que tu fabriques?** what are you up to? **3.** *(inventer)* to fabricate.
fabulation [fabylasjɔ̃] *nf* fabrication.
fabuleux, -euse [fabylø, øz] *adj* fabulous.
fac [fak] *nf fam* college, uni *Br.*
façade [fasad] *nf litt & fig* facade.
face [fas] *nf* **1.** *(visage)* face. **2.** *(côté)* side; **faire ~ à qqch** *(maison)* to face sthg, to be opposite sthg; *fig (affronter)* to face up to sthg; **de ~** from the front; **en ~ de qqn/qqch** opposite sb/sthg.
face-à-face [fasafas] *nm inv* debate.
facétie [fasesi] *nf* practical joke.
facette [fasɛt] *nf litt & fig* facet.
fâché, -e [faʃe] *adj* **1.** *(en colère)* angry; *(contrarié)* annoyed. **2.** *(brouillé)* on bad terms.
fâcher [faʃe] *vt (mettre en colère)* to anger, to make angry; *(contrarier)* to annoy, to make annoyed. ◆ **se fâcher** *vp* **1.** *(s'énerver)*: **se ~ (contre qqn)** to get angry (with sb). **2.** *(se brouiller)*: **se ~ (avec qqn)** to fall out (with sb).
fâcheux, -euse [faʃø, øz] *adj* unfortunate.
facile [fasil] *adj* **1.** *(aisé)* easy; **~ à faire/prononcer** easy to do/pronounce. **2.** *(peu subtil)* facile. **3.** *(conciliant)* easy-going.
facilement [fasilmɑ̃] *adv* easily.
facilité [fasilite] *nf* **1.** *(de tâche, problème)* easiness. **2.** *(capacité)* ease. **3.** *(dispositions)* aptitude. **4.** (COMM): **~s de paiement** easy (payment) terms.
faciliter [fasilite] *vt* to make easier.
façon [fasɔ̃] *nf* **1.** *(manière)* way. **2.** *(travail)* work; (COUTURE) making-up. **3.** *(imitation)*: **~ cuir** imitation leather. ◆ **de façon à** *loc prép* so as to. ◆ **de façon que** *loc conj* (+ *subjonctif*) so that. ◆ **de toute façon** *loc adv* anyway, in any case.
fac-similé [faksimile] (*pl* **fac-similés**) *nm* facsimile.
facteur, -trice [faktœr, tris] *nm, f (des postes)* postman (*f* postwoman) *Br*, mailman (*f* mailwoman) *Am.* ◆ **facteur** *nm (élément & MATHS)* factor.
factice [faktis] *adj* artificial.
faction [faksjɔ̃] *nf* **1.** *(groupe)* faction. **2.** (MIL): **être en** OU **de ~** to be on guard (duty) OU on sentry duty.
facture [faktyr] *nf* **1.** (COMM) invoice; *(de gaz)* bill. **2.** (ART) technique.
facturer [faktyre] *vt* to invoice.
facultatif, -ive [fakyltatif, iv] *adj* optional.
faculté [fakylte] *nf* **1.** *(don & UNIV)* faculty; **~ de lettres/de droit/de médecine** Faculty of Arts/Law/Medicine. **2.** *(possibilité)* freedom. **3.** *(pouvoir)* power. ◆ **facultés** *nfpl* (mental) faculties.
fadaises [fadɛz] *nfpl* drivel *(U)*.
fade [fad] *adj* **1.** *(sans saveur)* bland. **2.** *(sans intérêt)* insipid.
fagot [fago] *nm* bundle of sticks.
fagoté, -e [fagɔte] *adj fam* dressed.
faible [fɛbl] ◇ *adj* **1.** *(gén)* weak; **être ~ en maths** to be not very good at maths. **2.** *(petit - montant, proportion)* small; *(- revenu)* low. **3.** *(lueur, bruit)* faint. ◇ *nmf* weak person; **~ d'esprit** feeble-

minded person. ◇ *nm* weakness.

faiblement [fɛbləmɑ̃] *adv* **1.** *(mollement)* weakly, feebly. **2.** *(imperceptiblement)* faintly. **3.** *(peu)* slightly.

faiblesse [fɛblɛs] *nf* **1.** *(gén)* weakness. **2.** *(petitesse)* smallness.

faiblir [feblir] *vi* **1.** *(personne, monnaie)* to weaken. **2.** *(forces)* to diminish, to fail. **3.** *(tempête, vent)* to die down.

faïence [fajɑ̃s] *nf* earthenware.

faignant, -e = **fainéant**.

faille [faj] ◇ → **falloir**. ◇ *nf* **1.** (GÉOL) fault. **2.** *(défaut)* flaw.

faillible [fajibl] *adj* fallible.

faillir [fajir] *vi* **1.** *(manquer)*: **~ à** *(promesse)* not to keep; *(devoir)* not to do. **2.** *(être sur le point de)*: **~ faire qqch** to nearly OU almost do sthg.

faillite [fajit] *nf* (FIN) bankruptcy; **faire ~** to go bankrupt; **en ~** bankrupt.

faim [fɛ̃] *nf* hunger; **avoir ~** to be hungry.

fainéant, -e [feneɑ̃, ɑ̃t], **feignant, -e, faignant, -e** [fɛɲɑ̃, ɑ̃t] ◇ *adj* lazy, idle. ◇ *nm, f* lazybones.

---

faire [fɛr] ◇ *vt* **1.** *(fabriquer, préparer)* to make; **~ du café/un film** to make coffee/a film; **~ qqch de qqch** *(transformer)* to make sthg into sthg; **~ qqch de qqn** *fig* to make sthg of sb. **2.** *(s'occuper à, entreprendre)* to do; **qu'est-ce qu'il fait dans la vie?** what does he do (for a living)? **3.** *(étudier)* to do; **~ de l'anglais** to do English. **4.** *(sport, musique)* to play; **~ du football/de la clarinette** to play football/the clarinet. **5.** *(effectuer)* to do; **~ le ménage** to do the housework; **~ la cuisine** to cook, to do the cooking. **6.** *(occasionner)*: **~ de la peine à qqn** to hurt sb; **~ du mal à** to harm; **~ du bruit** to make a noise; **ça ne fait rien** it doesn't matter. **7.** *(imiter)*: **~ le sourd/l'innocent** to act deaf/(the) innocent. **8.** *(calcul, mesure)*: **un et un font deux** one and one are OU make two; **ça fait combien (de kilomètres) jusqu'à la mer?** how far is it to the sea?; **la table fait 2 mètres de long** the table is 2 metres long. **9.** *(dire)*: **'tiens', fit-elle** 'really', she said. **10. ne ~ que** *(faire sans cesse)* to do nothing but; **elle ne fait que bavarder** she does nothing but gossip, she's always gossiping; **je ne fais que passer** I've just popped in. ◇ *vi (agir)* to do, to act; **fais vite!** hurry up!; **tu ferais bien d'aller voir ce qui se passe** you ought to OU you'd better go and see what's happening; **~ comme chez soi** to make o.s. at home. ◇ *v attr (avoir l'air)* to look; **~ démodé/joli** to look old-fashioned/pretty; **ça fait jeune** it makes you look young. ◇ *v substitut* to do; **je lui ai dit de réserver mais il ne l'a pas fait** I told him to book but he didn't; **faites!** please do! ◇ *v impers* **1.** *(climat, temps)*: **il fait beau/froid** it's fine/cold; **il fait 20 degrés** it's 20 degrees; **il fait jour/nuit** it's light/dark. **2.** *(exprime la durée, la distance)*: **ça fait six mois que je ne l'ai pas vu** it's six months since I last saw him; **ça fait six mois que je fais du portugais** I've been going to Portuguese classes for six months. ◇ *v auxiliaire* **1.** *(à l'actif)* to make; **~ démarrer une voiture** to start a car; **~ tomber qqch** to make sthg fall; **~ travailler qqn** to make sb work. **2.** *(au passif)*: **~ faire qqch (par qqn)** to have sthg done (by sb); **~ réparer sa voiture** to have one's car repaired. ◆ **se faire** *vp* **1.** *(avoir lieu)* to take place. **2.** *(être convenable)*: **ça ne se fait pas (de faire qqch)** it's not done (to do sthg). **3.** *(devenir)*: **se ~** (+ *adjectif*) to get, to become; **il se fait tard** it's getting late; **se ~ beau** to make o.s. beautiful. **4.** *(causer)* (+ *nom*): **se ~ mal** to hurt o.s.; **se ~ des amis** to make friends; **se ~ une idée sur qqch** to get some idea about sthg. **5.** (+ *infinitif*): **se ~ écraser** to get run over; **se ~ opérer** to have an operation; **se ~ aider (par qqn)** to get help (from sb); **se ~ faire un costume** to have a suit made (for o.s.). **6.** *loc*: **comment se fait-il que ...?** how is it that ...?, how come ...? ◆ **se faire à** *vp + prép* to get used to.

- *Do* et *make* servent tous deux à traduire « faire », mais ils interviennent dans des contextes différents.
- *Do* s'utilise lorsqu'on ne donne pas de précisions sur l'activité (*what are you doing?; she never knows what to do at weekends*), ou lorsqu'on parle de tâches ménagères, de sport ou de travail en général (*I hate doing the washing up; you should do some swimming; you must do your homework before watching television*).
- *Make* rend l'idée de création ou d'exécution (*I'm making some soup for dinner; let's make a plan of the area*). Il s'emploie aussi dans les situations où quelqu'un ou quelque chose oblige une personne à effectuer une action (*she'll make you finish your homework first; that book made me understand a lot about history*).
- Voir aussi DO dans la partie anglais-français du dictionnaire.

faire-part [fɛrpar] *nm inv* announcement.
fais, fait *etc* → **faire**.
faisable [fəzabl] *adj* feasible.
faisan, -e [fəzɑ̃, ɑn] *nm, f* pheasant.
faisandé, -e [fəzɑ̃de] *adj* (CULIN) high.
faisceau, -x [fɛso] *nm (rayon)* beam.
faisons → **faire**.
fait, faite [fɛ, fɛt] ◇ *pp* → **faire**. ◇ *adj* 1. *(fabriqué)* made; **il n'est pas ~ pour mener cette vie** he's not cut out for this kind of life. 2. *(physique)*: **bien ~** well-built. 3. *(fromage)* ripe. 4. *loc*: **c'est bien ~ pour lui** (it) serves him right; **c'en est ~ de nous** we're done for. ◆ **fait** *nm* 1. *(acte)* act; **mettre qqn devant le ~ accompli** to present sb with a fait accompli; **prendre qqn sur le ~** to catch sb in the act; **~s et gestes** doings, actions. 2. *(événement)* event; **~s divers** news in brief. 3. *(réalité)* fact. ◆ **au fait** *loc adv* by the way. ◆ **en fait** *loc adv* in (actual) fact. ◆ **en fait de** *loc prép* by way of.
faîte [fɛt] *nm* 1. *(de toit)* ridge. 2. *(d'arbre)* top. 3. *fig (sommet)* pinnacle.
faites → **faire**.
fait-tout (*pl inv*), **faitout** (*pl* **faitouts**) [fɛtu] *nm* stewpan.
fakir [fakir] *nm* fakir.
falaise [falɛz] *nf* cliff.
fallacieux, -euse [falasjø, øz] *adj* 1. *(promesse)* false. 2. *(argument)* fallacious.

---

falloir [falwar] *v impers*: **il me faut du temps** I need (some) time; **il faut que tu partes** you must go OU leave, you'll have to go OU leave; **il faut toujours qu'elle intervienne!** she always has to interfere!; **il faut faire attention** we/you *etc* must be careful, we'll/you'll *etc* have to be careful; **s'il le faut** if necessary. ◆ **s'en falloir** *v impers*: **il s'en faut de peu pour qu'il puisse acheter cette maison** he can almost afford to buy the house; **il s'en faut de beaucoup pour qu'il ait l'examen** it'll take a lot for him to pass the exam; **peu s'en est fallu qu'il démissionne** he very nearly resigned, he came close to resigning.

fallu [faly] *pp inv* → **falloir**.
falot, -e [falo, ɔt] *adj* dull.
falsifier [falsifje] *vt (document, signature, faits)* to falsify.
famé, -e [fame] *adj*: **mal ~** with a (bad) reputation.
famélique [famelik] *adj* half-starved.
fameux, -euse [famø, øz] *adj* 1. *(célèbre)* famous. 2. *fam (bon)* great.
familial, -e, -aux [familjal, o] *adj* family (*avant n*).
familiariser [familjarize] *vt*: **~ qqn avec** to familiarize sb with.
familiarité [familjarite] *nf* familiarity. ◆ **familiarités** *nfpl* liberties.
familier, -ère [familje, ɛr] *adj* familiar. ◆ **familier** *nm* regular (customer).
famille [famij] *nf* family; *(ensemble des parents)* relatives, relations.
famine [famin] *nf* famine.
fan [fan] *nmf fam* fan.
fanal, -aux [fanal, o] *nm* 1. *(de phare)* beacon. 2. *(lanterne)* lantern.
fanatique [fanatik] ◇ *nmf* fanatic. ◇ *adj* fanatical.
fanatisme [fanatism] *nm* fanaticism.
faner [fane] ◇ *vt (altérer)* to fade. ◇ *vi* 1. *(fleur)* to wither. 2. *(beauté, couleur)* to fade. ◆ **se faner** *vp* 1. *(fleur)* to wither. 2. *(beauté, couleur)* to fade.
fanfare [fɑ̃far] *nf* 1. *(orchestre)* brass band. 2. *(musique)* fanfare.
fanfaron, -onne [fɑ̃farɔ̃, ɔn] ◇ *adj* boastful. ◇ *nm, f* braggart.
fange [fɑ̃ʒ] *nf littéraire* mire.
fanion [fanjɔ̃] *nm* pennant.
fantaisie [fɑ̃tezi] ◇ *nf* 1. *(caprice)* whim. 2. *(U) (goût)* fancy. 3. *(imagination)* imagination. ◇ *adj inv*: **chapeau ~** fancy hat; **bijoux ~** fake jewellery.
fantaisiste [fɑ̃tezist] ◇ *nmf* entertainer. ◇ *adj (bizarre)* fanciful.
fantasme [fɑ̃tasm] *nm* fantasy.
fantasque [fɑ̃task] *adj* 1. *(personne)* whimsical. 2. *(humeur)* capricious.
fantassin [fɑ̃tasɛ̃] *nm* infantryman.
fantastique [fɑ̃tastik] ◇ *adj* fantastic. ◇ *nm*: **le ~** the fantastic.
fantoche [fɑ̃tɔʃ] ◇ *adj* puppet (*avant n*). ◇ *nm* puppet.
fantôme [fɑ̃tom] ◇ *nm* ghost. ◇ *adj (inexistant)* phantom.
faon [fɑ̃] *nm* fawn.
farandole [farɑ̃dɔl] *nf* farandole.
farce [fars] *nf* 1. (CULIN) stuffing. 2. *(blague)* (practical) joke; **~s et attrapes** jokes and novelties.
farceur, -euse [farsœr, øz] *nm, f* (practical) joker.
farcir [farsir] *vt* 1. (CULIN) to stuff. 2. *(remplir)*: **~ qqch de** to stuff OU cram sthg with.
fard [far] *nm* make-up.
fardeau, -x [fardo] *nm (poids)* load; *fig* burden.
farder [farde] *vt (maquiller)* to make

up. ◆ **se farder** *vp* to make o.s. up, to put on one's make-up.
farfelu, -e [farfəly] *fam* ◇ *adj* weird. ◇ *nm, f* weirdo.
farfouiller [farfuje] *vi fam* to rummage.
farine [farin] *nf* flour.
farouche [faruʃ] *adj* 1. *(animal)* wild, not tame; *(personne)* shy, withdrawn. 2. *(sentiment)* fierce.
fart [far(t)] *nm* (ski) wax.
fascicule [fasikyl] *nm* part, instalment.
fascination [fasinasjɔ̃] *nf* fascination.
fasciner [fasine] *vt* to fascinate.
fascisme [faʃism] *nm* fascism.
fasse, fassions *etc* → **faire**.
faste [fast] ◇ *nm* splendour. ◇ *adj* *(favorable)* lucky.
fastidieux, -euse [fastidjø, øz] *adj* boring.
fastueux, -euse [fastɥø, øz] *adj* luxurious.
fatal, -e [fatal] *adj* 1. *(mortel, funeste)* fatal. 2. *(inévitable)* inevitable.
fataliste [fatalist] *adj* fatalistic.
fatalité [fatalite] *nf* 1. *(destin)* fate. 2. *(inéluctabilité)* inevitability.
fatigant, -e [fatigɑ̃, ɑ̃t] *adj* 1. *(épuisant)* tiring. 2. *(ennuyeux)* tiresome.
fatiguant [fatigɑ̃] *ppr* → **fatiguer**.
fatigue [fatig] *nf* tiredness.
fatigué, -e [fatige] *adj* tired; *(cœur, yeux)* strained.
fatiguer [fatige] ◇ *vt* 1. *(épuiser, affecter)* to tire; *(cœur, yeux)* to strain. 2. *(ennuyer)* to wear out. ◇ *vi* 1. *(personne)* to grow tired. 2. *(moteur)* to strain. ◆ **se fatiguer** *vp* to get tired; **se ~ de qqch** to get tired of sthg; **se ~ à faire qqch** to wear o.s. out doing sthg.
fatras [fatra] *nm* jumble.
fatuité [fatɥite] *nf littéraire* complacency.
faubourg [fobur] *nm* suburb.
fauché, -e [foʃe] *adj fam* broke, hard-up.
faucher [foʃe] *vt* 1. *(herbe, blé)* to cut. 2. *fam (voler)*: **~ qqch à qqn** to pinch sthg from sb. 3. *(piéton)* to run over. 4. *fig (suj: mort, maladie)* to cut down.
faucille [fosij] *nf* sickle.
faucon [fokɔ̃] *nm* hawk.
faudra → **falloir**.
faufiler [fofile] *vt* to tack, to baste. ◆ **se faufiler** *vp*: **se ~ dans** to slip into; **se ~ entre** to thread one's way between.
faune [fon] ◇ *nf (animaux)* fauna. ◇ *nm* (MYTH) faun.
faussaire [foser] *nmf* forger.
faussement [fosmɑ̃] *adv* 1. *(à tort)* wrongly. 2. *(prétendument)* falsely.
fausser [fose] *vt* 1. *(déformer)* to bend. 2. *(rendre faux)* to distort.
fausseté [foste] *nf* 1. *(hypocrisie)* duplicity. 2. *(de jugement, d'idée)* falsity.
faut → **falloir**.
faute [fot] *nf* 1. *(erreur)* mistake, error; **~ de frappe** typing error; **~ d'orthographe** spelling mistake. 2. *(méfait)* offence; **prendre qqn en ~** to catch sb out; **~ professionnelle** professional misdemeanour. 3. (TENNIS) fault; (FOOTBALL) foul. 4. *(responsabilité)* fault; **de ma/ta** *etc* **~** my/your *etc* fault; **par la ~ de qqn** because of sb. ◆ **faute de** *loc prép* for want OU lack of; **~ de mieux** for want OU lack of anything better. ◆ **sans faute** *loc adv* without fail.
fauteuil [fotœj] *nm* 1. *(siège)* armchair; **~ roulant** wheelchair. 2. *(de théâtre)* seat. 3. *(de président)* chair; *(d'académicien)* seat.
fautif, -ive [fotif, iv] ◇ *adj* 1. *(coupable)* guilty. 2. *(défectueux)* faulty. ◇ *nm, f* guilty party.
fauve [fov] ◇ *nm* 1. *(animal)* big cat. 2. *(couleur)* fawn. 3. (ART) Fauve. ◇ *adj* 1. *(animal)* wild. 2. *(cuir, cheveux)* tawny. 3. (ART) Fauvist.
fauvette [fovɛt] *nf* warbler.
faux, fausse [fo, fos] *adj* 1. *(incorrect)* wrong. 2. *(postiche, mensonger, hypocrite)* false; **~ témoignage** (JUR) perjury. 3. *(monnaie, papiers)* forged, fake; *(bijou, marbre)* imitation, fake. 4. *(injustifié)*: **fausse alerte** false alarm; **c'est un ~ problème** that's not an issue (here). ◆ **faux** ◇ *nm (document, tableau)* forgery, fake. ◇ *nf* scythe. ◇ *adv*: **chanter/jouer ~** (MUS) to sing/play out of tune; **sonner ~** *fig* not to ring true.
faux-filet, faux filet [fofilɛ] *nm* sirloin.
faux-fuyant [fofɥijɑ̃] *nm* excuse.
faux-monnayeur [fomɔnɛjœr] *nm* counterfeiter.
faux-sens [fosɑ̃s] *nm inv* mistranslation.
faveur [favœr] *nf* favour. ◆ **à la faveur de** *loc prép* thanks to. ◆ **en faveur de** *loc prép* in favour of.
favorable [favɔrabl] *adj*: **~ (à)** favourable (to).
favori, -ite [favɔri, it] *adj & nm, f* favourite.

favoriser [favɔrize] *vt* 1. *(avantager)* to favour. 2. *(contribuer à)* to promote.
faxer [fakse] *vt* to fax.
fayot [fajo] *nm fam (personne)* creep, crawler.
fébrile [febril] *adj* feverish.
fécond, -e [fekɔ̃, ɔ̃d] *adj* 1. *(femelle, terre, esprit)* fertile. 2. *(écrivain)* prolific.
fécondation [fekɔ̃dasjɔ̃] *nf* fertilization; ~ **in vitro** in vitro fertilization.
féconder [fekɔ̃de] *vt* 1. *(ovule)* to fertilize. 2. *(femme, femelle)* to impregnate.
fécondité [fekɔ̃dite] *nf* 1. *(gén)* fertility. 2. *(d'écrivain)* productiveness.
fécule [fekyl] *nf* starch.
féculent, -e [fekylɑ̃, ɑ̃t] *adj* starchy. ◆ **féculent** *nm* starchy food.
fédéral, -e, -aux [federal, o] *adj* federal.
fédération [federasjɔ̃] *nf* federation.
fée [fe] *nf* fairy.
féerie [fe(e)ri] *nf (de lieu)* enchantment; *(de vision)* enchanting sight.
féerique [fe(e)rik] *adj (enchanteur)* enchanting.
feignant, -e = **fainéant**.
feindre [fɛ̃dr] ◇ *vt* to feign; ~ **de faire qqch** to pretend to do sthg. ◇ *vi* to pretend.
feinte [fɛ̃t] *nf* 1. *(ruse)* ruse. 2. (FOOTBALL) dummy; (BOXE) feint.
fêlé, -e [fele] *adj* 1. *(assiette)* cracked. 2. *fam (personne)* cracked, loony.
fêler [fele] *vt* to crack.
félicitations [felisitasjɔ̃] *nfpl* congratulations.
féliciter [felisite] *vt* to congratulate. ◆ **se féliciter** *vp*: **se ~ de** to congratulate o.s. on.
félin, -e [felɛ̃, in] *adj* feline. ◆ **félin** *nm* big cat.
félon, -onne [felɔ̃, ɔn] *littéraire* ◇ *adj* traitorous. ◇ *nm, f* traitor.
fêlure [felyr] *nf* crack.
femelle [fəmɛl] *nf & adj* female.
féminin, -e [feminɛ̃, in] *adj* 1. *(gén)* feminine. 2. *(revue, équipe)* women's (*avant n*). ◆ **féminin** *nm* (GRAM) feminine.
féminisme [feminism] *nm* feminism.
féminité [feminite] *nf* femininity.
femme [fam] *nf* 1. *(gén)* woman; ~ **de chambre** chambermaid; ~ **de ménage** cleaning woman. 2. *(épouse)* wife.
fémur [femyr] *nm* femur.
fendre [fɑ̃dr] *vt* 1. *(bois)* to split. 2. *(foule, flots)* to cut through. ◆ **se fendre** *vp (se crevasser)* to crack.
fenêtre [fənɛtr] *nf (gén & INFORM)* window.
fenouil [fənuj] *nm* fennel.
fente [fɑ̃t] *nf* 1. *(fissure)* crack. 2. *(interstice, de vêtement)* slit.
féodal, -e, -aux [feɔdal, o] *adj* feudal.
féodalité [feɔdalite] *nf* feudalism.
fer [fɛr] *nm* iron; ~ **à cheval** horseshoe; ~ **forgé** wrought iron; ~ **à repasser** iron; ~ **à souder** soldering iron.
ferai, feras *etc* → **faire**.
fer-blanc [fɛrblɑ̃] *nm* tinplate, tin.
férié, -e [ferje] → **jour**.
férir [ferir] *vt*: **sans coup ~** without meeting any resistance OU obstacle.
ferme[1] [fɛrm] *nf* farm.
ferme[2] [fɛrm] ◇ *adj* firm; **être ~ sur ses jambes** to be steady on one's feet. ◇ *adv* 1. *(beaucoup)* a lot. 2. *(définitivement)*: **acheter/vendre ~** to make a firm purchase/sale.
fermement [fɛrməmɑ̃] *adv* firmly.
ferment [fɛrmɑ̃] *nm* 1. *(levure)* ferment. 2. *fig (germe)* seed, seeds (*pl*).
fermentation [fɛrmɑ̃tasjɔ̃] *nf* (CHIM) fermentation; *fig* ferment.
fermer [fɛrme] ◇ *vt* 1. *(porte, yeux)* to close, to shut; *(rideaux)* to close, to draw; *(store)* to pull down; *(enveloppe)* to seal. 2. *(bloquer)* to close; ~ **son esprit à qqch** to close one's mind to sthg. 3. *(gaz, lumière)* to turn off. 4. *(vêtement)* to do up. 5. *(entreprise)* to close down. 6. *(interdire)*: ~ **qqch à qqn** to close sthg to sb. ◇ *vi* 1. *(gén)* to shut, to close. 2. *(vêtement)* to do up. 3. *(entreprise)* to close down. ◆ **se fermer** *vp* 1. *(porte)* to close, to shut. 2. *(plaie)* to close up. 3. *(vêtement)* to do up.
fermeté [fɛrməte] *nf* firmness.
fermeture [fɛrmətyr] *nf* 1. *(de porte)* closing. 2. *(de vêtement, sac)* fastening; ~ **Éclair®** zip *Br*, zipper *Am*. 3. *(d'établissement - temporaire)* closing; *(- définitive)* closure; ~ **hebdomadaire/annuelle** weekly/annual closing.
fermier, -ère [fɛrmje, ɛr] *nm, f* farmer.
fermoir [fɛrmwar] *nm* clasp.
féroce [ferɔs] *adj (animal, appétit)* ferocious; *(personne, désir)* fierce.
ferraille [fɛraj] *nf* 1. *(vieux fer)* scrap iron *(U)*; **bon à mettre à la ~** fit for the scrap heap. 2. *fam (monnaie)* loose change.
ferronnerie [fɛrɔnri] *nf* 1. *(objet, art)* ironwork *(U)*. 2. *(atelier)* ironworks *(sg)*.
ferroviaire [fɛrɔvjɛr] *adj* rail (*avant n*).

ferry-boat [feribot] (*pl* **ferry-boats**) *nm* ferry.
fertile [fertil] *adj litt & fig* fertile; **~ en** *fig* filled with, full of.
fertiliser [fertilize] *vt* to fertilize.
fertilité [fertilite] *nf* fertility.
féru, -e [fery] *adj sout (passionné)*: **être ~ de qqch** to have a passion for sthg.
fervent, -e [fervɑ̃, ɑ̃t] *adj (chrétien)* fervent; *(amoureux, démocrate)* ardent.
ferveur [fervœr] *nf (dévotion)* fervour.
fesse [fes] *nf* buttock.
fessée [fese] *nf* spanking, smack (on the bottom).
festin [festɛ̃] *nm* banquet, feast.
festival, -als [festival] *nm* festival.
festivités [festivite] *nfpl* festivities.
feston [festɔ̃] *nm* 1. (ARCHIT) festoon. 2. (COUTURE) scallop.
festoyer [festwaje] *vi* to feast.
fêtard, -e [fetar, ard] *nm, f* fun-loving person.
fête [fet] *nf* 1. *(congé)* holiday; **les ~s (de fin d'année)** the Christmas holidays; **~ nationale** national holiday. 2. *(réception)* celebration. 3. *(kermesse)* fair; **~ foraine** funfair. 4. *(de personne)* saint's day; *(de saint)* feast (day). 5. *(soirée)* party. 6. *loc*: **faire ~ à qqn** to make a fuss of sb; **faire la ~** to have a good time.
fêter [fete] *vt (événement)* to celebrate; *(personne)* to have a party for.
fétiche [fetiʃ] *nm* 1. *(objet de culte)* fetish. 2. *(mascotte)* mascot.
fétichisme [fetiʃism] *nm (culte, perversion)* fetishism.
fétide [fetid] *adj* fetid.
fétu [fety] *nm*: **~ (de paille)** wisp (of straw).
feu[1], -x [fø] *nm* 1. *(flamme, incendie)* fire; **au ~!** fire!; **en ~** *litt & fig* on fire; **avez-vous du ~?** have you got a light?; **faire ~** (MIL) to fire; **mettre le ~ à qqch** to set fire to sthg, to set sthg on fire; **prendre ~** to catch fire; **~ de camp** camp fire; **~ de cheminée** chimney fire; **~ follet** will-o'-the-wisp. 2. *(signal)* light; **~ rouge/vert** red/green light; **~x de croisement** dipped headlights; **~x de position** sidelights; **~x de route** headlights on full beam. 3. (CULIN) ring *Br*, burner *Am*; **à ~ doux/vif** on a low/high flame; **à petit ~** gently. 4. (CIN & THÉÂTRE) light *(U)*. ◆ **feu d'artifice** *nm* firework.
feu[2], -e [fø] *adj*: **~ M. X** the late Mr X.
feuillage [fœjaʒ] *nm* foliage.
feuille [fœj] *nf* 1. *(d'arbre)* leaf; **~ morte** dead leaf; **~ de vigne** (BOT) vine leaf. 2. *(page)* sheet; **~ de papier** sheet of paper. 3. *(document)* form.
feuillet [fœje] *nm* page.
feuilleté, -e [fœjte] *adj* 1. (CULIN): **pâte ~e** puff pastry. 2. (GÉOL) foliated.
feuilleter [fœjte] *vt* to flick through.
feuilleton [fœjtɔ̃] *nm* serial.
feutre [føtr] *nm* 1. *(étoffe)* felt. 2. *(chapeau)* felt hat. 3. *(crayon)* felt-tip pen.
feutré, -e [føtre] *adj* 1. *(garni de feutre)* trimmed with felt; *(qui a l'aspect du feutre)* felted. 2. *(bruit, cri)* muffled.
feutrine [føtrin] *nf* lightweight felt.
fève [fev] *nf* broad bean.
février [fevrije] *nm* February; *voir aussi* **septembre**.
fg *abr de* **faubourg**.
fi [fi] *interj*: **faire ~ de** to scorn.
fiable [fjabl] *adj* reliable.
fiacre [fjakr] *nm* hackney carriage.
fiançailles [fjɑ̃saj] *nfpl* engagement *(sg)*.
fiancé, -e [fjɑ̃se] *nm, f* fiancé (*f* fiancée).
fiancer [fjɑ̃se] ◆ **se fiancer** *vp*: **se ~ (avec)** to get engaged (to).
fibre [fibr] *nf* (ANAT, BIOL & TECHNOL) fibre; **~ de verre** fibreglass, glass fibre.
ficelé, -e [fisle] *adj fam* dressed.
ficeler [fisle] *vt (lier)* to tie up.
ficelle [fisel] *nf* 1. *(fil)* string. 2. *(pain) thin French stick*. 3. *(gén pl) (truc)* trick.
fiche [fiʃ] *nf* 1. *(document)* card; **~ de paie** pay slip. 2. (ÉLECTR & TECHNOL) pin.
ficher [fiʃe] (*pp vt sens 1 & 2* **fiché**, *pp vt sens 3 & 4* **fichu**) *vt* 1. *(enfoncer)*: **~ qqch dans** to stick sthg into. 2. *(inscrire)* to put on file. 3. *fam (faire)*: **qu'est-ce qu'il fiche?** what's he doing? 4. *fam (mettre)* to put; **~ qqch par terre** *fig* to mess OU muck sthg up. ◆ **se ficher** *vp* 1. *(s'enfoncer - suj: clou, pique)*: **se ~ dans** to go into. 2. *fam (se moquer)*: **se ~ de** to make fun of. 3. *fam (ne pas tenir compte)*: **se ~ de** not to give a damn about.
fichier [fiʃje] *nm* file.
fichu, -e [fiʃy] *adj* 1. *fam (cassé, fini)* done for. 2. *(avant n) (désagréable)* nasty. 3. *loc*: **être mal ~** *fam (personne)* to feel rotten; *(objet)* to be badly made; **il n'est même pas ~ de faire son lit** *fam* he can't even make his own bed. ◆ **fichu** *nm* scarf.
fictif, -ive [fiktif, iv] *adj* 1. *(imaginaire)* imaginary. 2. *(faux)* false.
fiction [fiksjɔ̃] *nf* 1. (LITTÉRATURE) fiction. 2. *(monde imaginaire)* dream world.

fidèle [fidɛl] ◇ *nmf* 1. (RELIG) believer. 2. *(adepte)* fan. ◇ *adj* 1. *(loyal, exact, semblable)*: ~ **(à)** faithful (to); ~ **à la réalité** accurate. 2. *(habitué)* regular.

fidéliser [fidelize] *vt (client)* to keep.

fidélité [fidelite] *nf* faithfulness.

fief [fjɛf] *nm* fief; *fig* stronghold.

fiel [fjɛl] *nm litt & fig* gall.

fier[1], fière [fjɛr] *adj* 1. *(gén)* proud; ~ **de qqn/qqch** proud of sb/sthg; ~ **de faire qqch** proud to be doing sthg. 2. *(noble)* noble.

fier[2] [fje] ◆ **se fier** *vp*: **se ~ à** to trust, to rely on.

fierté [fjɛrte] *nf* 1. *(satisfaction, dignité)* pride. 2. *(arrogance)* arrogance.

fièvre [fjɛvr] *nf* 1. (MÉD) fever; **avoir 40 de ~** to have a temperature of 105 (degrees). 2. *fig (excitation)* excitement.

fiévreux, -euse [fjevrø, øz] *adj litt & fig* feverish.

fig. *abr de* **figure**.

figer [fiʒe] *vt* to paralyse. ◆ **se figer** *vp* 1. *(s'immobiliser)* to freeze. 2. *(se solidifier)* to congeal.

fignoler [fiɲɔle] *vt* to put the finishing touches to.

figue [fig] *nf* fig.

figuier [figje] *nm* fig-tree.

figurant, -e [figyrɑ̃, ɑ̃t] *nm, f* extra.

figuratif, -ive [figyratif, iv] *adj* figurative.

figure [figyr] *nf* 1. *(gén)* figure; **faire ~ de** to look like. 2. *(visage)* face.

figuré, -e [figyre] *adj (sens)* figurative. ◆ **figuré** *nm*: **au ~** in the figurative sense.

figurer [figyre] ◇ *vt* to represent. ◇ *vi*: ~ **dans/parmi** to figure in/among.

figurine [figyrin] *nf* figurine.

fil [fil] *nm* 1. *(brin)* thread; ~ **à plomb** plumb line; **perdre le ~ (de qqch)** *fig* to lose the thread (of sthg). 2. *(câble)* wire; ~ **de fer** wire. 3. *(cours)* course; **au ~ de** in the course of. 4. *(tissu)* linen. 5. *(tranchant)* edge.

filament [filamɑ̃] *nm* 1. (ANAT & ÉLECTR) filament. 2. *(végétal)* fibre. 3. *(de colle, bave)* thread.

filandreux, -euse [filɑ̃drø, øz] *adj (viande)* stringy.

filasse [filas] ◇ *nf* tow. ◇ *adj inv* flaxen.

filature [filatyr] *nf* 1. *(usine)* mill; *(fabrication)* spinning. 2. *(poursuite)* tailing.

file [fil] *nf* line; **à la ~** in a line; **se garer en double ~** to double-park; ~ **d'attente** queue *Br*, line *Am*.

filer [file] ◇ *vt* 1. *(soie, coton)* to spin. 2. *(personne)* to tail. 3. *fam (donner)*: ~ **qqch à qqn** to slip sthg to sb, to slip sb sthg. ◇ *vi* 1. *(bas)* to ladder *Br*, to run *Am*. 2. *(aller vite - temps, véhicule)* to fly (by). 3. *fam (partir)* to dash off. 4. *loc*: ~ **doux** to behave nicely.

filet [filɛ] *nm* 1. *(à mailles)* net; ~ **de pêche** fishing net; ~ **à provisions** string bag. 2. (CULIN) fillet. 3. *(de liquide)* drop, dash; *(de lumière)* shaft.

filial, -e, -aux [filjal, o] *adj* filial. ◆ **filiale** *nf* (ÉCON) subsidiary.

filiation [filjasjɔ̃] *nf (lien de parenté)* line.

filière [filjɛr] *nf* 1. (SCOL): ~ **scientifique** science subjects. 2. *(procédures)* channels; *(réseau)* network.

filiforme [filifɔrm] *adj* skinny.

filigrane [filigran] *nm (dessin)* watermark; **en ~** *fig* between the lines.

filin [filɛ̃] *nm* rope.

fille [fij] *nf* 1. *(enfant)* daughter. 2. *(femme)* girl; **jeune ~** girl; ~ **mère** *péj* single mother; **vieille ~** *péj* spinster.

fillette [fijɛt] *nf* little girl.

filleul, -e [fijœl] *nm, f* godchild.

film [film] *nm* film; ~ **catastrophe** disaster movie; ~ **d'épouvante** horror film; ~ **policier** detective film.

filmer [filme] *vt* to film.

filmographie [filmɔgrafi] *nf* filmography, films (*pl*).

filon [filɔ̃] *nm* 1. *(de mine)* vein. 2. *fam fig (possibilité)* cushy number.

fils [fis] *nm* son; ~ **de famille** boy from a privileged background.

filtrant, -e [filtrɑ̃, ɑ̃t] *adj (verre)* tinted.

filtre [filtr] *nm* filter; ~ **à café** coffee filter.

filtrer [filtre] ◇ *vt* to filter; *fig* to screen. ◇ *vi* to filter; *fig* to filter through.

fin, fine [fɛ̃, fin] ◇ *adj* 1. *(gén)* fine. 2. *(partie du corps)* slender; *(couche, papier)* thin. 3. *(subtil)* shrewd. 4. *(ouïe, vue)* keen. ◇ *adv* finely; ~ **prêt** quite ready. ◆ **fin** *nf* end; ~ **mars** at the end of March; **mettre ~ à** to put a stop OU an end to; **prendre ~** to come to an end; **tirer** OU **toucher à sa ~** to draw to a close; **arriver** OU **parvenir à ses ~s** to achieve one's ends OU aims. ◆ **fin de série** *nf* oddment. ◆ **à la fin** *loc adv*: **tu vas m'écouter, à la ~?** will you listen to me? ◆ **à la fin de** *loc prép* at the end of. ◆ **sans fin** *loc adj* endless.

final, -e [final] (*pl* **finals** OU **finaux**

[fino]) *adj* final. ◆ **finale** *nf* (SPORT) final.
finalement [finalmɑ̃] *adv* finally.
finaliste [finalist] *nmf & adj* finalist.
finalité [finalite] *nf sout* purpose.
finance [finɑ̃s] *nf* finance. ◆ **finances** *nfpl* finances.
financer [finɑ̃se] *vt* to finance, to fund.
financier, -ère [finɑ̃sje, ɛr] *adj* financial. ◆ **financier** *nm* financier.
finaud, -e [fino, od] *adj* wily, crafty.
finesse [finɛs] *nf* 1. *(gén)* fineness. 2. *(minceur)* slenderness. 3. *(perspicacité)* shrewdness. 4. *(subtilité)* subtlety.
fini, -e [fini] *adj* 1. *péj (fieffé)*: **un crétin** ~ a complete idiot. 2. *fam (usé, diminué)* finished. 3. *(limité)* finite. ◆ **fini** *nm (d'objet)* finish.
finir [finir] ◇ *vt* 1. *(gén)* to finish, to end. 2. *(vider)* to empty. ◇ *vi* 1. *(gén)* to finish, to end; ~ **par faire qqch** to do sthg eventually; **tu vas ~ par tomber!** you're going to fall!; **mal** ~ to end badly. 2. *(arrêter)*: ~ **de faire qqch** to stop doing sthg; **en ~ (avec)** to finish (with).
finition [finisjɔ̃] *nf (d'objet)* finish.
finlandais, -e [fɛ̃lɑ̃dɛ, ɛz] *adj* Finnish. ◆ **Finlandais, -e** *nm, f* Finn.
Finlande [fɛ̃lɑ̃d] *nf*: **la** ~ Finland.
finnois, -e [finwa, az] *adj* Finnish. ◆ **finnois** *nm (langue)* Finnish. ◆ **Finnois, -e** *nm, f* Finn.
fiole [fjɔl] *nf* flask.
fioriture [fjɔrityr] *nf* flourish.
fioul = **fuel**.
firmament [firmamɑ̃] *nm* firmament.
firme [firm] *nf* firm.
fis, fit *etc* → **faire**.
fisc [fisk] *nm* ≃ Inland Revenue *Br*, ≃ Internal Revenue *Am*.
fiscal, -e, -aux [fiskal, o] *adj* tax *(avant n)*, fiscal.
fiscalité [fiskalite] *nf* tax system.
fissure [fisyr] *nf litt & fig* crack.
fissurer [fisyre] *vt (fendre)* to crack; *fig* to split. ◆ **se fissurer** *vp* to crack.
fiston [fistɔ̃] *nm fam* son.
FIV [fiv] (*abr de* **fécondation in vitro**) *nf* IVF.
fixation [fiksasjɔ̃] *nf* 1. *(action de fixer)* fixing. 2. *(attache)* fastening, fastener; *(de ski)* binding. 3. (PSYCHOL) fixation.
fixe [fiks] *adj* fixed; *(encre)* permanent. ◆ **fixe** *nm* fixed salary.
fixement [fiksəmɑ̃] *adv* fixedly.
fixer [fikse] *vt* 1. *(gén)* to fix; *(règle)* to set; ~ **son choix sur** to decide on. 2. *(monter)* to hang. 3. *(regarder)* to stare at. 4. *(renseigner)*: ~ **qqn sur qqch** to put sb in the picture about sthg; **être fixé sur qqch** to know all about sthg. ◆ **se fixer** *vp* to settle; **se ~ sur** *(suj: choix, personne)* to settle on; *(suj: regard)* to rest on.
fjord [fjɔrd] *nm* fjord.
flacon [flakɔ̃] *nm* small bottle.
flageller [flaʒɛle] *vt (fouetter)* to flagellate.
flageoler [flaʒɔle] *vi* to tremble.
flageolet [flaʒɔlɛ] *nm* 1. *(haricot)* flageolet bean. 2. (MUS) flageolet.
flagrant, -e [flagrɑ̃, ɑ̃t] *adj* flagrant; → **délit**.
flair [flɛr] *nm* sense of smell.
flairer [flɛre] *vt* to sniff, to smell; *fig* to scent.
flamand, -e [flamɑ̃, ɑ̃d] *adj* Flemish. ◆ **flamand** *nm (langue)* Flemish. ◆ **Flamand, -e** *nm, f* Flemish person, Fleming.
flamant [flamɑ̃] *nm* flamingo; ~ **rose** pink flamingo.
flambeau, -x [flɑ̃bo] *nm* torch; *fig* flame.
flamber [flɑ̃be] ◇ *vi* 1. *(brûler)* to blaze. 2. *fam* (JEU) to play for high stakes. ◇ *vt* 1. *(crêpe)* to flambé. 2. *(volaille)* to singe.
flamboyant, -e [flɑ̃bwajɑ̃, ɑ̃t] *adj* 1. *(ciel, regard)* blazing; *(couleur)* flaming. 2. (ARCHIT) flamboyant.
flamboyer [flɑ̃bwaje] *vi* to blaze.
flamme [flam] *nf* flame; *fig* fervour, fire.
flan [flɑ̃] *nm* baked custard.
flanc [flɑ̃] *nm (de personne, navire, montagne)* side; *(d'animal, d'armée)* flank.
flancher [flɑ̃ʃe] *vi fam* to give up.
flanelle [flanɛl] *nf* flannel.
flâner [flane] *vi (se promener)* to stroll.
flanquer [flɑ̃ke] *vt* 1. *fam (jeter)*: ~ **qqch par terre** to fling sthg to the ground; ~ **qqn dehors** to chuck OU fling sb out. 2. *fam (donner)*: ~ **une gifle à qqn** to clout sb round the ear; ~ **la frousse à qqn** to put the wind up sb. 3. *(accompagner)*: **être flanqué de** to be flanked by.
flaque [flak] *nf* pool.
flash [flaʃ] *nm* 1. (PHOT) flash. 2. (RADIO & TÉLÉ): ~ **(d'information)** newsflash; ~ **de publicité** commercial.
flash-back [flaʃbak] (*pl inv* OU **flash-backs**) *nm* (CIN) flashback.
flasher [flaʃe] *vi fam*: ~ **sur qqn/qqch** to be turned on by sb/sthg.

flasque [flask] ◇ *nf* flask. ◇ *adj* flabby, limp.
flatter [flate] *vt* **1.** *(louer)* to flatter. **2.** *(caresser)* to stroke. ◆ **se flatter** *vp* to flatter o.s.; **se ~ de faire qqch** to pride o.s. on doing sthg.
flatterie [flatri] *nf* flattery.
flatteur, -euse [flatœr, øz] ◇ *adj* flattering. ◇ *nm, f* flatterer.
fléau, -x [fleo] *nm* **1.** *litt & fig (calamité)* scourge. **2.** *(instrument)* flail.
flèche [flɛʃ] *nf* **1.** *(gén)* arrow. **2.** *(d'église)* spire. **3.** *fig (critique)* shaft.
fléchette [fleʃɛt] *nf* dart. ◆ **fléchettes** *nfpl* darts *(sg)*.
fléchir [fleʃir] ◇ *vt* to bend, to flex; *fig* to sway. ◇ *vi* to bend; *fig* to weaken.
fléchissement [fleʃismɑ̃] *nm* flexing, bending; *fig* weakening.
flegmatique [flɛgmatik] *adj* phlegmatic.
flegme [flɛgm] *nm* composure.
flemmard, -e [flɛmar, ard] *fam* ◇ *adj* lazy. ◇ *nm, f* lazybones *(sg)*.
flemme [flɛm] *nf fam* laziness; **j'ai la ~ d'y aller** I can't be bothered to go.
flétrir [fletrir] *vt (fleur, visage)* to wither. ◆ **se flétrir** *vp* to wither.
fleur [flœr] *nf* (BOT & *fig)* flower; **en ~, en ~s** *(arbre)* in flower, in blossom; **à ~s** *(motif)* flowered.
fleuret [flœrɛ] *nm* foil.
fleuri, -e [flœri] *adj* **1.** *(jardin, pré)* in flower; *(vase)* of flowers; *(tissu)* flowered; *(table, appartement)* decorated with flowers. **2.** *fig (style)* flowery.
fleurir [flœrir] ◇ *vi* to blossom; *fig* to flourish. ◇ *vt (maison)* to decorate with flowers; *(tombe)* to lay flowers on.
fleuriste [flœrist] *nmf* florist.
fleuron [flœrɔ̃] *nm fig* jewel.
fleuve [flœv] *nm* **1.** *(cours d'eau)* river. **2.** *(en apposition) (interminable)* lengthy.
flexible [flɛksibl] *adj* flexible.
flexion [flɛksjɔ̃] *nf* **1.** *(de genou, de poutre)* bending. **2.** (LING) inflexion.
flibustier [flibystje] *nm* buccaneer.
flic [flik] *nm fam* cop.
flinguer [flɛ̃ge] *vt fam* to gun down. ◆ **se flinguer** *vp fam* to blow one's brains out.
flipper[1] [flipœr] *nm* pin-ball machine.
flirter [flœrte] *vi*: **~ (avec qqn)** to flirt (with sb).
flocon [flɔkɔ̃] *nm* flake; **~ de neige** snowflake.
flonflon [flɔ̃flɔ̃] *nm (gén pl)* blare.
flop [flɔp] *nm (échec)* flop, failure.
floraison [flɔrɛzɔ̃] *nf litt & fig* flowering, blossoming.
floral, -e, -aux [flɔral, o] *adj* floral.
flore [flɔr] *nf* flora.
Floride [flɔrid] *nf*: **la ~** Florida.
florissant, -e [flɔrisɑ̃, ɑ̃t] *adj (santé)* blooming; *(économie)* flourishing.
flot [flo] *nm* flood, stream; **être à ~** *(navire)* to be afloat; *fig* to be back to normal. ◆ **flots** *nmpl littéraire* waves.
flottaison [flɔtɛzɔ̃] *nf* floating.
flottant, -e [flɔtɑ̃, ɑ̃t] *adj* **1.** *(gén)* floating; *(esprit)* irresolute. **2.** *(robe)* loose-fitting.
flotte [flɔt] *nf* **1.** (AÉRON & NAVIG) fleet. **2.** *fam (eau)* water. **3.** *fam (pluie)* rain.
flottement [flɔtmɑ̃] *nm* **1.** *(indécision)* hesitation, wavering. **2.** *(de monnaie)* floating.
flotter [flɔte] ◇ *vi* **1.** *(sur l'eau)* to float. **2.** *(drapeau)* to flap; *(brume, odeur)* to drift. **3.** *(dans un vêtement)*: **tu flottes dedans** it's baggy on you. ◇ *v impers fam*: **il flotte** it's raining.
flotteur [flɔtœr] *nm* float.
flou, -e [flu] *adj* **1.** *(couleur, coiffure)* soft. **2.** *(photo)* blurred, fuzzy. **3.** *(pensée)* vague, woolly. ◆ **flou** *nm (de photo)* fuzziness; *(de décision)* vagueness.
flouer [flue] *vt fam* to do, to swindle.
fluctuer [flyktɥe] *vi* to fluctuate.
fluet, -ette [flyɛ, ɛt] *adj (personne)* thin, slender; *(voix)* thin.
fluide [flɥid] ◇ *nm* **1.** *(matière)* fluid. **2.** *fig (pouvoir)* (occult) power. ◇ *adj (matière)* fluid; *(circulation)* flowing freely.
fluidité [flɥidite] *nf (gén)* fluidity; *(de circulation)* easy flow.
fluor [flyɔr] *nm* fluorine.
fluorescent, -e [flyɔresɑ̃, ɑ̃t] *adj* fluorescent.
flûte [flyt] ◇ *nf* **1.** (MUS) flute. **2.** *(verre)* flute (glass). ◇ *interj fam* bother!
flûtiste [flytist] *nmf* flautist.
fluvial, -e, -aux [flyvjal, o] *adj (eaux, pêche)* river *(avant n)*; *(alluvions)* fluvial.
flux [fly] *nm* **1.** *(écoulement)* flow. **2.** *(marée)* flood tide. **3.** (PHYS) flux.
fluxion [flyksjɔ̃] *nf* inflammation.
FM *(abr de* **frequency modulation**) *nf* FM.
FMI *(abr de* **Fonds monétaire international**) *nm* IMF.
FN *(abr de* **Front national**) *nm extreme right-wing French political party.*
foc [fɔk] *nm* jib.
focal, -e, -aux [fɔkal, o] *adj* focal.

fœtal, -e, -aux [fetal, o] *adj* foetal.
fœtus [fetys] *nm* foetus.
foi [fwa] *nf* **1.** (RELIG) faith. **2.** *(confiance)* trust; **avoir ~ en qqn/qqch** to trust sb/sthg, to have faith in sb/sthg. **3.** *loc*: **être de bonne/mauvaise ~** to be in good/bad faith.
foie [fwa] *nm* (ANAT & CULIN) liver.
foin [fwɛ̃] *nm* hay.
foire [fwar] *nf* **1.** *(fête)* funfair. **2.** *(exposition, salon)* trade fair.
fois [fwa] *nf* time; **une ~** once; **deux ~** twice; **trois/quatre ~** three/four times; **deux ~ plus long** twice as long; **neuf ~ sur dix** nine times out of ten; **deux ~ trois** two times three; **cette ~** this time; **il était une ~ ...** once upon a time there was ...; **une (bonne) ~ pour toutes** once and for all. ◆ **à la fois** *loc adv* at the same time, at once. ◆ **des fois** *loc adv* *(parfois)* sometimes; **non, mais des ~!** *fam* look here! ◆ **si des fois** *loc conj fam* if ever. ◆ **une fois que** *loc conj* once.
foison [fwazɔ̃] ◆ **à foison** *loc adv* in abundance.
foisonner [fwazɔne] *vi* to abound.
folâtre [fɔlatr] *adj* playful.
folâtrer [fɔlatre] *vi* to romp (about).
folie [fɔli] *nf litt & fig* madness.
folklore [fɔlklɔr] *nm (de pays)* folklore.
folklorique [fɔlklɔrik] *adj* **1.** *(danse)* folk. **2.** *fig (situation, personne)* bizarre, quaint.
folle → **fou.**
follement [fɔlmɑ̃] *adv* madly, wildly.
follet [fɔlɛ] → **feu.**
fomenter [fɔmɑ̃te] *vt* to foment.
foncé, -e [fɔ̃se] *adj* dark.
foncer [fɔ̃se] *vi* **1.** *(teinte)* to darken. **2.** *(se ruer)*: **~ sur** to rush at. **3.** *fam (se dépêcher)* to get a move on.
foncier, -ère [fɔ̃sje, ɛr] *adj* **1.** *(impôt)* land (*avant n*); **propriétaire ~** landowner. **2.** *(fondamental)* basic, fundamental.
foncièrement [fɔ̃sjɛrmɑ̃] *adv* basically.
fonction [fɔ̃ksjɔ̃] *nf* **1.** *(gén)* function; **faire ~ de** to act as. **2.** *(profession)* post; **entrer en ~** to take up one's post OU duties. ◆ **en fonction de** *loc prép* according to.
fonctionnaire [fɔ̃ksjɔnɛr] *nmf (de l'État)* state employee; *(dans l'administration)* civil servant.
fonctionnel, -elle [fɔ̃ksjɔnɛl] *adj* functional.
fonctionnement [fɔ̃ksjɔnmɑ̃] *nm* working, functioning.
fonctionner [fɔ̃ksjɔne] *vi* to work, to function.
fond [fɔ̃] *nm* **1.** *(de récipient, puits, mer)* bottom; *(de pièce)* back; **sans ~** bottomless. **2.** *(substance)* heart, root; **le ~ de ma pensée** what I really think; **le ~ et la forme** content and form. **3.** *(arrière-plan)* background. ◆ **fond de teint** *nm* foundation. ◆ **à fond** *loc adv* **1.** *(entièrement)* thoroughly; **se donner à ~** to give one's all. **2.** *(très vite)* at top speed. ◆ **au fond, dans le fond** *loc adv* basically. ◆ **au fond de** *loc prép*: **au ~ de moi-même/lui-même** *etc* at heart, deep down.
fondamental, -e, -aux [fɔ̃damɑ̃tal, o] *adj* fundamental.
fondant, -e [fɔ̃dɑ̃, ɑ̃t] *adj (neige)* melting; *(aliment)* which melts in the mouth.
fondateur, -trice [fɔ̃datœr, tris] *nm, f* founder.
fondation [fɔ̃dasjɔ̃] *nf* foundation. ◆ **fondations** *nfpl* foundations.
fondé, -e [fɔ̃de] *adj (craintes, reproches)* justified, well-founded; **non ~** unfounded. ◆ **fondé de pouvoir** *nm* authorized representative.
fondement [fɔ̃dmɑ̃] *nm (base, motif)* foundation; **sans ~** groundless, without foundation.
fonder [fɔ̃de] *vt* **1.** *(créer)* to found. **2.** *(baser)*: **~ qqch sur** to base sthg on; **~ de grands espoirs sur qqn** to pin one's hopes on sb. ◆ **se fonder** *vp*: **se ~ sur** *(suj: personne)* to base o.s. on; *(suj: argument)* to be based on.
fonderie [fɔ̃dri] *nf (usine)* foundry.
fondre [fɔ̃dr] ◇ *vt* **1.** *(beurre, neige)* to melt; *(sucre)* to dissolve; *(métal)* to melt down. **2.** *(mouler)* to cast. **3.** *(mêler)* to blend. ◇ *vi* **1.** *(beurre, neige)* to melt; *(sucre)* to dissolve; *fig* to melt away. **2.** *(maigrir)* to lose weight. **3.** *(se ruer)*: **~ sur** to swoop down on.
fonds [fɔ̃] ◇ *nm* **1.** *(ressources)* fund; **le Fonds monétaire international** the International Monetary Fund. **2.** *(bien immobilier)*: **~ (de commerce)** business. ◇ *nmpl* funds.
fondu, -e [fɔ̃dy] *pp* → **fondre.** ◆ **fondue** *nf* fondue.
font → **faire.**
fontaine [fɔ̃tɛn] *nf* *(naturelle)* spring; *(publique)* fountain.
fonte [fɔ̃t] *nf* **1.** *(de glace, beurre)* melting; *(de métal)* melting down. **2.** *(alliage)* cast iron.
foot [fut] = **football.**

football [futbol] *nm* football *Br*, soccer.
footballeur, -euse [futbolœr, øz] *nm, f* footballer *Br*, soccer player.
footing [futiŋ] *nm* jogging.
for [fɔr] *nm*: **dans son ~ intérieur** in his/her heart of hearts.
forage [fɔraʒ] *nm* drilling.
forain, -e [fɔrɛ̃, ɛn] → **fête**. ◆ **forain** *nm* stallholder.
forçat [fɔrsa] *nm* convict.
force [fɔrs] *nf* **1.** *(vigueur)* strength; **c'est ce qui fait sa ~** that's where his strength lies. **2.** *(puissance,* MIL & PHYS*)* force; **faire faire qqch à qqn de ~** to force sb to do sthg; **avoir ~ de loi** to have force of law; **obtenir qqch par la ~** to obtain sthg by force; **~ centrifuge** (PHYS) centrifugal force. ◆ **forces** *nfpl (physique)* strength *(sg)*; **de toutes ses ~s** with all his/her strength. ◆ **à force de** *loc prép* by dint of.
forcément [fɔrsemɑ̃] *adv* inevitably.
forcené, -e [fɔrsəne] *nm, f* maniac.
forceps [fɔrsɛps] *nm* forceps *(pl)*.
forcer [fɔrse] ◇ *vt* **1.** *(gén)* to force; **~ qqn à qqch/à faire qqch** to force sb into sthg/to do sthg. **2.** *(admiration, respect)* to compel, to command. **3.** *(talent, voix)* to strain. ◇ *vi*: **ça ne sert à rien de ~, ça ne passe pas** there's no point in forcing it, it won't go through; **~ sur qqch** to overdo sthg. ◆ **se forcer** *vp (s'obliger)*: **se ~ à faire qqch** to force o.s. to do sthg.
forcir [fɔrsir] *vi* to put on weight.
forer [fɔre] *vt* to drill.
forestier, -ère [fɔrɛstje, ɛr] *adj* forest *(avant n)*. ◆ **forestier** *nm* forestry worker.
forêt [fɔrɛ] *nf* forest.
forfait [fɔrfɛ] *nm* **1.** *(prix fixe)* fixed price. **2.** (SPORT): **déclarer ~** *(abandonner)* to withdraw; *fig* to give up. **3.** *littéraire (crime)* heinous crime.
forfaitaire [fɔrfɛtɛr] *adj* inclusive.
forge [fɔrʒ] *nf* forge.
forger [fɔrʒe] *vt* **1.** *(métal)* to forge. **2.** *fig (caractère)* to form.
forgeron [fɔrʒərɔ̃] *nm* blacksmith.
formaliser [fɔrmalize] *vt* to formalize. ◆ **se formaliser** *vp*: **se ~ (de)** to take offence (at).
formalisme [fɔrmalism] *nm* formality.
formaliste [fɔrmalist] ◇ *nmf* formalist. ◇ *adj (milieu)* conventional; *(personne)*: **être ~** to be a stickler for the rules.
formalité [fɔrmalite] *nf* formality.
format [fɔrma] *nm (dimension)* size.
formater [fɔrmate] *vt* (INFORM) to format.
formateur, -trice [fɔrmatœr, tris] ◇ *adj* formative. ◇ *nm, f* trainer.
formation [fɔrmasjɔ̃] *nf* **1.** *(gén)* formation. **2.** *(apprentissage)* training.
forme [fɔrm] *nf* **1.** *(aspect)* shape, form; **en ~ de** in the shape of. **2.** *(état)* form; **être en (pleine) ~** to be in (great) shape, to be on (top) form. ◆ **formes** *nfpl* figure *(sg)*.
formel, -elle [fɔrmɛl] *adj* **1.** *(ferme)* positive, definite. **2.** *(poli)* formal.
former [fɔrme] *vt* **1.** *(gén)* to form. **2.** *(instruire)* to train. **3.** *(goût)* to develop. ◆ **se former** *vp* **1.** *(se constituer)* to form. **2.** *(s'instruire)* to train o.s.
Formica® [fɔrmika] *nm inv* Formica®.
formidable [fɔrmidabl] *adj* **1.** *(épatant)* great, tremendous. **2.** *(incroyable)* incredible.
formol [fɔrmɔl] *nm* formalin.
formulaire [fɔrmylɛr] *nm* form; **remplir un ~** to fill in a form.
formule [fɔrmyl] *nf* **1.** *(expression)* expression; **~ de politesse** *(orale)* polite phrase; *(épistolaire)* letter ending. **2.** (CHIM & MATHS) formula. **3.** *(méthode)* way, method.
formuler [fɔrmyle] *vt* to formulate, to express.
fort, -e [fɔr, fɔrt] ◇ *adj* **1.** *(gén)* strong; **et le plus ~, c'est que ...** and the most amazing thing about it is ...; **c'est plus ~ que moi** I can't help it. **2.** *(corpulent)* heavy, big. **3.** *(doué)* gifted; **être ~ en qqch** to be good at sthg. **4.** *(voix)* loud; *(vent, lumière, accent)* strong. **5.** *(considérable)* large; **il y a de ~es chances qu'il gagne** there's a good chance he'll win. ◇ *adv* **1.** *(frapper, battre)* hard; *(sonner, parler)* loud, loudly. **2.** *sout (très)* very. ◇ *nm* **1.** *(château)* fort. **2.** *(spécialité)*: **ce n'est pas mon ~** it's not my forte OU strong point.
forteresse [fɔrtərɛs] *nf* fortress.
fortifiant, -e [fɔrtifjɑ̃, ɑ̃t] *adj* fortifying. ◆ **fortifiant** *nm* tonic.
fortification [fɔrtifikasjɔ̃] *nf* fortification.
fortifier [fɔrtifje] *vt* to fortify; **~ qqn dans qqch** *fig* to strengthen sb in sthg.
fortuit, -e [fɔrtɥi, it] *adj* chance *(avant n)*, fortuitous.
fortune [fɔrtyn] *nf* **1.** *(richesse)* fortune. **2.** *(hasard)* luck, fortune.
fortuné, -e [fɔrtyne] *adj* **1.** *(riche)* wealthy. **2.** *(chanceux)* fortunate, lucky.

forum [fɔrɔm] *nm* forum.
fosse [fos] *nf* **1.** *(trou)* pit. **2.** *(tombe)* grave.
fossé [fose] *nm* ditch; *fig* gap.
fossette [fosɛt] *nf* dimple.
fossile [fosil] *nm* **1.** *(d'animal)* fossil. **2.** *fig & péj (personne)* fossil, fogy.
fossoyeur, -euse [foswajœr, øz] *nm, f* gravedigger.
fou, folle [fu, fɔl] ◇ *adj* (**fol** *devant voyelle ou h muet*) mad, insane; *(prodigieux)* tremendous. ◇ *nm, f* madman (*f* madwoman).
foudre [fudr] *nf* lightning.
foudroyant, -e [fudrwajɑ̃, ɑ̃t] *adj* **1.** *(progrès, vitesse)* lightning (*avant n*); *(succès)* stunning. **2.** *(nouvelle)* devastating; *(regard)* withering.
foudroyer [fudrwaje] *vt* **1.** *(suj: foudre)* to strike; **l'arbre a été foudroyé** the tree was struck by lightning. **2.** *fig (abattre)* to strike down, to kill; **~ qqn du regard** to glare at sb.
fouet [fwɛ] *nm* **1.** *(en cuir)* whip. **2.** (CULIN) whisk.
fouetter [fwete] *vt* **1.** *(gén)* to whip; *(suj: pluie)* to lash (against). **2.** *(stimuler)* to stimulate.
fougère [fuʒɛr] *nf* fern.
fougue [fug] *nf* ardour.
fougueux, -euse [fugø, øz] *adj* ardent, spirited.
fouille [fuj] *nf* **1.** *(de personne, maison)* search. **2.** *(du sol)* dig, excavation.
fouiller [fuje] ◇ *vt* **1.** *(gén)* to search. **2.** *fig (approfondir)* to examine closely. ◇ *vi*: **~ dans** to go through.
fouillis [fuji] *nm* jumble, muddle.
fouine [fwin] *nf* stone-marten.
fouiner [fwine] *vi* to ferret about.
foulard [fular] *nm* scarf.
foule [ful] *nf (de gens)* crowd.
foulée [fule] *nf (de coureur)* stride.
fouler [fule] *vt (raisin)* to press; *(sol)* to walk on. ◆ **se fouler** *vp* (MÉD): **se ~ la cheville** to sprain one's ankle.
foulure [fulyr] *nf* sprain.
four [fur] *nm* **1.** *(de cuisson)* oven; **~ électrique/à micro-ondes** electric/microwave oven; **~ crématoire** (HIST) oven. **2.** (THÉÂTRE) flop.
fourbe [furb] *adj* treacherous, deceitful.
fourbu, -e [furby] *adj* tired out, exhausted.
fourche [furʃ] *nf* **1.** *(outil)* pitchfork. **2.** *(de vélo, route)* fork. **3.** *Belg* (SCOL) free period.
fourchette [furʃɛt] *nf* **1.** *(couvert)* fork. **2.** *(écart)* range, bracket.
fourgon [furgɔ̃] *nm* **1.** *(camionnette)* van; **~ cellulaire** police van *Br*, patrol wagon *Am*. **2.** *(ferroviaire)*: **~ à bestiaux** cattle truck; **~ postal** mail van.
fourgonnette [furgɔnɛt] *nf* small van.
fourmi [furmi] *nf (insecte)* ant; *fig* hard worker.
fourmilière [furmiljɛr] *nf* anthill.
fourmiller [furmije] *vi (pulluler)* to swarm; **~ de** *fig* to be swarming with.
fournaise [furnɛz] *nf* furnace.
fourneau, -x [furno] *nm* **1.** *(cuisinière, poêle)* stove. **2.** *(de fonderie)* furnace.
fournée [furne] *nf* batch.
fourni, -e [furni] *adj (barbe, cheveux)* thick.
fournil [furnil] *nm* bakery.
fournir [furnir] *vt* **1.** *(procurer)*: **~ qqch à qqn** to supply OU provide sb with sthg. **2.** *(produire)*: **~ un effort** to make an effort. **3.** *(approvisionner)*: **~ qqn (en)** to supply sb (with).
fournisseur, -euse [furnisœr, øz] *nm, f* supplier; **~ d'accès (à l')Internet** Internet service provider.
fourniture [furnityr] *nf* supply, supplying *(U)*. ◆ **fournitures** *nfpl*: **~s de bureau** office supplies; **~s scolaires** school supplies.
fourrage [furaʒ] *nm* fodder.
fourré [fure] *nm* thicket.
fourreau, -x [furo] *nm* **1.** *(d'épée)* sheath; *(de parapluie)* cover. **2.** *(robe)* sheath dress.
fourrer [fure] *vt* **1.** (CULIN) to stuff, to fill. **2.** *fam (mettre)*: **~ qqch (dans)** to stuff sthg (into). ◆ **se fourrer** *vp*: **se ~ une idée dans la tête** to get an idea into one's head; **je ne savais plus où me ~** I didn't know where to put myself.
fourre-tout [furtu] *nm inv (sac)* holdall.
fourrière [furjɛr] *nf* pound.
fourrure [furyr] *nf* fur.
fourvoyer [furvwaje] ◆ **se fourvoyer** *vp sout (s'égarer)* to lose one's way; *(se tromper)* to go off on the wrong track.
foutre [futr] *vt tfam* **1.** *(mettre)* to shove, to stick; **~ qqn dehors** OU **à la porte** to chuck sb out. **2.** *(donner)*: **~ la trouille à qqn** to put the wind up sb; **il lui a foutu une baffe** he thumped him one. **3.** *(faire)* to do; **ne rien ~ de la journée** to do damn all all day; **j'en ai rien à ~** I don't give a toss. ◆ **se foutre** *vp tfam* **1.** *(se mettre)*: **se ~ dans** *(situa-*

tion) to get o.s. into. 2. *(se moquer)*: **se ~ de (la gueule de) qqn** to laugh at sb, to take the mickey out of sb *Br*. 3. *(ne pas s'intéresser)*: **je m'en fous** I don't give a damn about it.
foyer [fwaje] *nm* 1. *(maison)* home. 2. *(résidence)* home, hostel. 3. *(point central)* centre. 4. *(de lunettes)* focus; **verres à double ~** bifocals.
fracas [fraka] *nm* roar.
fracasser [frakase] *vt* to smash, to shatter.
fraction [fraksjɔ̃] *nf* fraction.
fractionner [fraksjɔne] *vt* to divide (up), to split up.
fracture [fraktyr] *nf* (MÉD) fracture.
fracturer [fraktyre] *vt* 1. (MÉD) to fracture. 2. *(coffre, serrure)* to break open.
fragile [fraʒil] *adj (gén)* fragile; *(peau, santé)* delicate.
fragiliser [fraʒilize] *vt* to weaken.
fragilité [fraʒilite] *nf* fragility.
fragment [fragmɑ̃] *nm* 1. *(morceau)* fragment. 2. *(extrait - d'œuvre)* extract; *(- de conversation)* snatch.
fragmenter [fragmɑ̃te] *vt* to fragment, to break up.
fraîche → **frais**.
fraîcheur [frɛʃœr] *nf* 1. *(d'air, d'accueil)* coolness. 2. *(de teint, d'aliment)* freshness.
frais, fraîche [frɛ, frɛʃ] *adj* 1. *(air, accueil)* cool. 2. *(trace)* fresh; *(encre)* wet. 3. *(teint)* fresh, clear. ◆ **frais** ◇ *nm*: **mettre qqch au ~** to put sthg in a cool place. ◇ *nmpl* expenses, costs; **aux ~ de la maison** at the company's expense; **faire des ~** to spend a lot of money; **rentrer dans ses ~** to cover one's expenses. ◇ *adv*: **il fait ~** it's cool.
fraise [frɛz] *nf* 1. *(fruit)* strawberry. 2. *(de dentiste)* drill; *(de menuisier)* bit.
fraiser [frɛze] *vt* to countersink.
fraiseuse [frɛzøz] *nf* milling machine.
fraisier [frɛzje] *nm* 1. *(plante)* strawberry plant. 2. *(gâteau)* strawberry sponge.
framboise [frɑ̃bwaz] *nf* raspberry.
franc, franche [frɑ̃, frɑ̃ʃ] *adj* 1. *(sincère)* frank. 2. *(net)* clear, definite. ◆ **franc** *nm* franc.
français, -e [frɑ̃sɛ, ɛz] *adj* French. ◆ **français** *nm (langue)* French. ◆ **Français, -e** *nm, f* Frenchman (*f* Frenchwoman); **les Français** the French.
France [frɑ̃s] *nf*: **la ~** France; **~ 2, ~ 3** *French state-owned television channels.*
franche → **franc**.
franchement [frɑ̃ʃmɑ̃] *adv* 1. *(sincèrement)* frankly. 2. *(nettement)* clearly. 3. *(tout à fait)* completely, downright.
franchir [frɑ̃ʃir] *vt* 1. *(obstacle)* to get over. 2. *(porte)* to go through; *(seuil)* to cross. 3. *(distance)* to cover.
franchise [frɑ̃ʃiz] *nf* 1. *(sincérité)* frankness. 2. (COMM) franchise. 3. *(d'assurance)* excess. 4. *(détaxe)* exemption.
franciscain, -e [frɑ̃siskɛ̃, ɛn] *adj & nm, f* Franciscan.
franciser [frɑ̃size] *vt* to frenchify.
franc-jeu [frɑ̃ʒø] *nm*: **jouer ~** to play fair.
franc-maçon, -onne [frɑ̃masɔ̃, ɔn] (*mpl* **francs-maçons**, *fpl* **franc-maçonnes**) *adj* masonic. ◆ **franc-maçon** *nm* freemason.
franc-maçonnerie [frɑ̃masɔnri] *nf* freemasonry *(U)*.
franco [frɑ̃ko] *adv* (COMM): **~ de port** carriage paid.
francophone [frɑ̃kɔfɔn] ◇ *adj* French-speaking. ◇ *nmf* French speaker.
francophonie [frɑ̃kɔfɔni] *nf*: **la ~** French-speaking nations (*pl*).
franc-parler [frɑ̃parle] *nm*: **avoir son ~** to speak one's mind.
franc-tireur [frɑ̃tirœr] *nm* (MIL) irregular.
frange [frɑ̃ʒ] *nf* fringe.
frangipane [frɑ̃ʒipan] *nf* almond paste.
franglais [frɑ̃glɛ] *nm* Franglais.
franquette [frɑ̃kɛt] ◆ **à la bonne franquette** *loc adv* informally, without any ceremony.
frappant, -e [frapɑ̃, ɑ̃t] *adj* striking.
frapper [frape] ◇ *vt* 1. *(gén)* to strike. 2. *(boisson)* to chill. ◇ *vi* to knock.
frasques [frask] *nfpl* pranks, escapades.
fraternel, -elle [fratɛrnɛl] *adj* fraternal, brotherly.
fraterniser [fratɛrnize] *vi* to fraternize.
fraternité [fratɛrnite] *nf* brotherhood.
fratricide [fratrisid] *nmf* fratricide.
fraude [frod] *nf* fraud.
frauder [frode] *vt & vi* to cheat.
frauduleux, -euse [frodylø, øz] *adj* fraudulent.
frayer [frɛje] ◆ **se frayer** *vp*: **se ~ un chemin (à travers une foule)** to force one's way through (a crowd).
frayeur [frɛjœr] *nf* fright, fear.
fredaines [frədɛn] *nfpl* pranks.
fredonner [frədɔne] *vt & vi* to hum.

freezer [frizœr] *nm* freezer compartment.
frégate [fregat] *nf (bateau)* frigate.
frein [frɛ̃] *nm* 1. (AUTOM) brake. 2. *fig (obstacle)* brake, check.
freinage [frɛnaʒ] *nm* braking.
freiner [frene] ◇ *vt* 1. *(mouvement, véhicule)* to slow down; *(inflation, dépenses)* to curb. 2. *(personne)* to restrain. ◇ *vi* to brake.
frelaté, -e [frəlate] *adj (vin)* adulterated; *fig* corrupt.
frêle [frɛl] *adj (enfant, voix)* frail.
frelon [frəlɔ̃] *nm* hornet.
frémir [fremir] *vi* 1. *(corps, personne)* to tremble. 2. *(eau)* to simmer.
frémissement [fremismɑ̃] *nm* 1. *(de corps, personne)* shiver, trembling *(U)*. 2. *(d'eau)* simmering.
frêne [frɛn] *nm* ash.
frénésie [frenezi] *nf* frenzy.
frénétique [frenetik] *adj* frenzied.
fréquence [frekɑ̃s] *nf* frequency.
fréquent, -e [frekɑ̃, ɑ̃t] *adj* frequent.
fréquentation [frekɑ̃tasjɔ̃] *nf* 1. *(d'endroit)* frequenting. 2. *(de personne)* association. ◆ **fréquentations** *nfpl* company *(U)*.
fréquenté, -e [frekɑ̃te] *adj*: **très ~** busy; **c'est très bien/mal ~** the right/wrong sort of people go there.
fréquenter [frekɑ̃te] *vt* 1. *(endroit)* to frequent. 2. *(personnes)* to mix with.
frère [frɛr] ◇ *nm* brother. ◇ *adj (parti, pays)* sister *(avant n)*.
fresque [frɛsk] *nf* fresco.
fret [frɛ] *nm* freight.
frétiller [fretije] *vi (poisson, personne)* to wriggle.
fretin [frətɛ̃] *nm*: **le menu ~** the small fry.
friable [frijabl] *adj* crumbly.
friand, -e [frijɑ̃, ɑ̃d] *adj*: **être ~ de** to be partial to.
friandise [frijɑ̃diz] *nf* delicacy.
fric [frik] *nm fam* cash.
friche [friʃ] *nf* fallow land; **en ~** fallow.
friction [friksjɔ̃] *nf* 1. *(massage)* massage. 2. *fig (désaccord)* friction.
frictionner [friksjɔne] *vt* to rub.
Frigidaire® [friʒidɛr] *nm* fridge, refrigerator.
frigide [friʒid] *adj* frigid.
frigidité [friʒidite] *nf* frigidity.
frigo [frigo] *nm fam* fridge.
frigorifié, -e [frigɔrifje] *adj fam* frozen.
frileux, -euse [frilø, øz] *adj* 1. *(craignant le froid)* sensitive to the cold. 2. *(prudent)* unadventurous.
frimer [frime] *vi fam (bluffer)* to pretend; *(se mettre en valeur)* to show off.
frimousse [frimus] *nf fam* dear little face.
fringale [frɛ̃gal] *nf fam*: **avoir la ~** to be starving.
fringant, -e [frɛ̃gɑ̃, ɑ̃t] *adj* high-spirited.
fripe [frip] *nf*: **les ~s** secondhand clothes.
fripon, -onne [fripɔ̃, ɔn] ◇ *nm, f fam vieilli* rogue, rascal. ◇ *adj* mischievous, cheeky.
fripouille [fripuj] *nf fam* scoundrel; **petite ~** little devil.
frire [frir] ◇ *vt* to fry. ◇ *vi* to fry.
frise [friz] *nf* (ARCHIT) frieze.
frisé, -e [frize] *adj (cheveux)* curly; *(personne)* curly-haired.
friser [frize] ◇ *vt* 1. *(cheveux)* to curl. 2. *fig (frôler)* to border on. ◇ *vi* to curl.
frisquet [friskɛ] *adj m*: **il fait ~** it's chilly.
frisson [frisɔ̃] *nm (gén)* shiver; *(de dégoût)* shudder.
frissonner [frisɔne] *vi* 1. *(trembler)* to shiver; *(de dégoût)* to shudder. 2. *(eau)* to ripple; *(feuillage)* to tremble.
frit, -e [fri, frit] *pp* → **frire**.
frite [frit] *nf* chip *Br*, (French) fry *Am*.
friteuse [fritøz] *nf* deep fat fryer.
friture [frityr] *nf* 1. *(poisson)* fried fish. 2. *fam* (RADIO) crackle.
frivole [frivɔl] *adj* frivolous.
frivolité [frivɔlite] *nf* frivolity.
froid, froide [frwa, frwad] *adj litt & fig* cold. ◆ **froid** ◇ *nm* 1. *(température)* cold; **prendre ~** to catch (a) cold. 2. *(tension)* coolness. ◇ *adv*: **il fait ~** it's cold; **avoir ~** to be cold.
froidement [frwadmɑ̃] *adv* 1. *(accueillir)* coldly. 2. *(écouter, parler)* coolly. 3. *(tuer)* cold-bloodedly.
froisser [frwase] *vt* 1. *(tissu, papier)* to crumple, to crease. 2. *fig (offenser)* to offend. ◆ **se froisser** *vp* 1. *(tissu)* to crumple, to crease. 2. (MÉD): **se ~ un muscle** to strain a muscle. 3. *(se vexer)* to take offence.
frôler [frole] *vt* to brush against; *fig* to have a brush with, to come close to.
fromage [frɔmaʒ] *nm* cheese.
fromager, -ère [frɔmaʒe, ɛr] *nm, f (fabricant)* cheesemaker.

fromagerie [frɔmaʒri] *nf* cheese-dairy.
froment [frɔmɑ̃] *nm* wheat.
froncer [frɔ̃se] *vt* **1.** (COUTURE) to gather. **2.** *(plisser)*: ~ **les sourcils** to frown.
fronde [frɔ̃d] *nf* **1.** *(arme)* sling; *(jouet)* catapult *Br*, slingshot *Am*. **2.** *(révolte)* rebellion.
front [frɔ̃] *nm* **1.** (ANAT) forehead. **2.** *fig (audace)* cheek. **3.** *(avant)* front; *(de bâtiment)* front, façade; ~ **de mer** (sea) front. **4.** (MÉTÉOR, MIL & POLIT) front.
frontal, -e, -aux [frɔ̃tal, o] *adj* **1.** (ANAT) frontal. **2.** *(collision, attaque)* head-on.
frontalier, -ère [frɔ̃talje, ɛr] ◇ *adj* frontier *(avant n)*; **travailleur** ~ *person who lives on one side of the border and works on the other.* ◇ *nm, f* inhabitant of border area.
frontière [frɔ̃tjɛr] ◇ *adj* border *(avant n)*. ◇ *nf* frontier, border; *fig* frontier.
fronton [frɔ̃tɔ̃] *nm* (ARCHIT) pediment.
frottement [frɔtmɑ̃] *nm* **1.** *(action)* rubbing. **2.** *(contact, difficulté)* friction.
frotter [frɔte] ◇ *vt* to rub; *(parquet)* to scrub. ◇ *vi* to rub, to scrape.
frottis [frɔti] *nm* smear.
fructifier [fryktifje] *vi* **1.** *(placement)* to give OU yield a profit. **2.** *(terre)* to be productive. **3.** *(arbre, idée)* to bear fruit.
fructueux, -euse [fryktɥø, øz] *adj* fruitful, profitable.
frugal, -e, -aux [frygal, o] *adj* frugal.
fruit [frɥi] *nm litt & fig* fruit *(U)*; **~s de mer** seafood *(U)*.
fruité, -e [frɥite] *adj* fruity.
fruitier, -ère [frɥitje, ɛr] ◇ *adj (arbre)* fruit *(avant n)*. ◇ *nm, f* fruiterer.
fruste [fryst] *adj* uncouth.
frustration [frystrasjɔ̃] *nf* frustration.
frustrer [frystre] *vt* **1.** *(priver)*: ~ **qqn de** to deprive sb of. **2.** *(décevoir)* to frustrate.
fuchsia [fyʃja] *nm* fuchsia.
fuel, fioul [fjul] *nm* **1.** *(de chauffage)* fuel. **2.** *(carburant)* fuel oil.
fugace [fygas] *adj* fleeting.
fugitif, -ive [fyʒitif, iv] ◇ *adj* fleeting. ◇ *nm, f* fugitive.
fugue [fyg] *nf* **1.** *(de personne)* flight; **faire une** ~ to run away. **2.** (MUS) fugue.
fuir [fɥir] ◇ *vi* **1.** *(détaler)* to flee. **2.** *(tuyau)* to leak. **3.** *fig (s'écouler)* to fly by. ◇ *vt (éviter)* to avoid, to shun.
fuite [fɥit] *nf* **1.** *(de personne)* escape, flight. **2.** *(écoulement, d'information)* leak.
fulgurant, -e [fylgyrɑ̃, ɑ̃t] *adj* **1.** *(découverte)* dazzling. **2.** *(vitesse)* lightning *(avant n)*. **3.** *(douleur)* searing.
fulminer [fylmine] *vi (personne)*: ~ **(contre)** to fulminate (against).
fumé, -e [fyme] *adj* **1.** (CULIN) smoked. **2.** *(verres)* tinted.
fumée [fyme] *nf (de combustion)* smoke.
fumer [fyme] ◇ *vi* **1.** *(personne, cheminée)* to smoke. **2.** *(bouilloire, plat)* to steam. ◇ *vt* **1.** *(cigarette, aliment)* to smoke. **2.** (AGRIC) to spread manure on.
fumeur, -euse [fymœr, øz] *nm, f* smoker.
fumier [fymje] *nm* (AGRIC) dung, manure.
fumiste [fymist] *nmf péj* skiver *Br*, shirker.
fumoir [fymwar] *nm* **1.** *(pour aliments)* smokehouse. **2.** *(pièce)* smoking room.
funambule [fynɑ̃byl] *nmf* tightrope walker.
funèbre [fynɛbr] *adj* **1.** *(de funérailles)* funeral *(avant n)*. **2.** *(lugubre)* funereal; *(sentiments)* dismal.
funérailles [fyneraj] *nfpl* funeral *(sg)*.
funéraire [fynerɛr] *adj* funeral *(avant n)*.
funeste [fynɛst] *adj* **1.** *(accident)* fatal. **2.** *(initiative, erreur)* disastrous. **3.** *(présage)* of doom.
funiculaire [fynikylɛr] *nm* funicular railway.
fur [fyr] ◆ **au fur et à mesure** *loc adv* as I/you *etc* go along; **au ~ et à mesure des besoins** as (and when) needed. ◆ **au fur et à mesure que** *loc conj* as (and when).
furet [fyrɛ] *nm* **1.** *(animal)* ferret. **2.** *(jeu)* hunt-the-slipper.
fureter [fyrte] *vi (fouiller)* to ferret around.
fureur [fyrœr] *nf (colère)* fury.
furibond, -e [fyribɔ̃, ɔ̃d] *adj* furious.
furie [fyri] *nf* **1.** *(colère, agitation)* fury; **en** ~ *(personne)* infuriated; *(éléments)* raging. **2.** *fig (femme)* shrew.
furieux, -euse [fyrjø, øz] *adj* **1.** *(personne)* furious. **2.** *(énorme)* tremendous.
furoncle [fyrɔ̃kl] *nm* boil.
furtif, -ive [fyrtif, iv] *adj* furtive.
fus, fut *etc* → **être**.
fusain [fyzɛ̃] *nm* **1.** *(crayon)* charcoal. **2.** *(dessin)* charcoal drawing.
fuseau, -x [fyzo] *nm* **1.** *(outil)* spindle. **2.** *(pantalon)* ski-pants *(pl)*. ◆ **fuseau horaire** *nm* time zone.
fusée [fyze] *nf* rocket.
fuselage [fyzlaʒ] *nm* fuselage.
fuselé, -e [fyzle] *adj (doigts)* tapering; *(jambes)* slender.

fuser [fyze] *vi (cri, rire)* to burst forth OU out.
fusible [fyzibl] *nm* fuse.
fusil [fyzi] *nm (arme)* gun.
fusillade [fyzijad] *nf (combat)* gunfire *(U)*, fusillade.
fusiller [fyzije] *vt (exécuter)* to shoot.
fusion [fyzjɔ̃] *nf* **1.** *(gén)* fusion. **2.** *(fonte)* smelting. **3.** (ÉCON & POLIT) merger.
fusionner [fyzjɔne] *vt & vi* to merge.
fustiger [fystiʒe] *vt* to castigate.
fut → **être**.
fût [fy] *nm* **1.** *(d'arbre)* trunk. **2.** *(tonneau)* barrel, cask. **3.** *(d'arme)* stock. **4.** *(de colonne)* shaft.
futaie [fytɛ] *nf* wood.
futile [fytil] *adj* **1.** *(insignifiant)* futile. **2.** *(frivole)* frivolous.
futur, -e [fytyr] ◇ *adj* future *(avant n)*. ◇ *nm, f (fiancé)* intended. ◆ **futur** *nm* future.
futuriste [fytyrist] *adj* futuristic.
fuyant, -e [fɥijɑ̃, ɑ̃t] *adj* **1.** *(perspective, front)* receding *(avant n)*. **2.** *(regard)* evasive.
fuyard, -e [fɥijar, ard] *nm, f* runaway.

G

g, G [ʒe] *nm inv* g, G.
gabardine [gabardin] *nf* gabardine.
gabarit [gabari] *nm (dimension)* size.
Gabon [gabɔ̃] *nm*: **le ~** Gabon.
gâcher [gaʃe] *vt* **1.** *(gaspiller)* to waste. **2.** *(gâter)* to spoil. **3.** (CONSTR) to mix.
gâchette [gaʃɛt] *nf* trigger.
gâchis [gaʃi] *nm (gaspillage)* waste *(U)*.
gadget [gadʒɛt] *nm* gadget.
gadoue [gadu] *nf fam (boue)* mud; *(engrais)* sludge.
gaélique [gaelik] ◇ *adj* Gaelic. ◇ *nm* Gaelic.
gaffe [gaf] *nf* **1.** *fam (maladresse)* clanger. **2.** *(outil)* boat hook.
gaffer [gafe] *vi fam* to put one's foot in it.
gag [gag] *nm* gag.
gage [gaʒ] *nm* **1.** *(dépôt)* pledge; **mettre qqch en ~** to pawn sthg. **2.** *(assurance, preuve)* proof. **3.** *(dans jeu)* forfeit.
gager [gaʒe] *vt*: **~ que** to bet (that).
gageure [gaʒyr] *nf* challenge.
gagnant, -e [gaɲɑ̃, ɑ̃t] ◇ *adj* winning *(avant n)*. ◇ *nm, f* winner.
gagne-pain [gaɲpɛ̃] *nm inv* livelihood.
gagner [gaɲe] ◇ *vt* **1.** *(argent, repos)* to earn. **2.** *(course, prix, affection)* to win. **3.** *(obtenir, économiser)* to gain; **~ du temps/de la place** to gain time/space. **4.** *(atteindre)* to reach; *(suj: feu, engourdissement)* to spread to; *(suj: sommeil, froid)* to overcome. ◇ *vi* **1.** *(l'emporter)* to win. **2.** *(bénéficier)* to gain; **~ à faire qqch** to be better off doing sthg; **qu'est-ce que j'y gagne?** what do I get out of it? **3.** *(s'améliorer)*: **~ en** to increase in.
gai, -e [gɛ] *adj* **1.** *(joyeux)* cheerful, happy. **2.** *(vif, plaisant)* bright.
gaieté [gete] *nf* **1.** *(joie)* cheerfulness. **2.** *(vivacité)* brightness.
gaillard, -e [gajar, ard] ◇ *adj* **1.** *(alerte)* sprightly, spry. **2.** *(licencieux)* ribald. ◇ *nm, f* strapping individual.
gain [gɛ̃] *nm* **1.** *(profit)* gain, profit. **2.** *(succès)* winning. **3.** *(économie)* saving. ◆ **gains** *nmpl* earnings.
gaine [gɛn] *nf* **1.** *(étui, enveloppe)* sheath. **2.** *(sous-vêtement)* girdle, corset.
gainer [gene] *vt* to sheathe.
gala [gala] *nm* gala, reception.
galant, -e [galɑ̃, ɑ̃t] *adj* **1.** *(courtois)* gallant. **2.** *(amoureux)* flirtatious. ◆ **galant** *nm* admirer.
galanterie [galɑ̃tri] *nf* **1.** *(courtoisie)* gallantry, politeness. **2.** *(flatterie)* compliment.
galaxie [galaksi] *nf* galaxy.
galbe [galb] *nm* curve.
gale [gal] *nf* (MÉD) scabies *(U)*.
galère [galɛr] *nf* (NAVIG) galley; **quelle ~!** *fig* what a hassle!, what a drag!
galérer [galere] *vi fam* to have a hard time.
galerie [galri] *nf* **1.** *(gén)* gallery. **2.** (THÉÂTRE) circle. **3.** *(porte-bagages)* roof rack.
galet [galɛ] *nm* **1.** *(caillou)* pebble. **2.** (TECHNOL) wheel, roller.
galette [galɛt] *nf* (CULIN) pancake *(made from buckwheat flour)*.
galipette [galipɛt] *nf fam* somersault.
Galles [gal] → **pays**.
gallicisme [galisism] *nm (expression)* French idiom; *(dans une langue étrangère)* gallicism.
gallois, -e [galwa, az] *adj* Welsh. ◆ **gallois** *nm (langue)* Welsh. ◆ **Gal-**

lois, -e *nm, f* Welshman (*f* Welshwoman); **les Gallois** the Welsh.
galon [galɔ̃] *nm* 1. (COUTURE) braid *(U)*. 2. (MIL) stripe.
galop [galo] *nm (allure)* gallop; **au ~** *(cheval)* at a gallop; *fig* at the double.
galoper [galɔpe] *vi* 1. *(cheval)* to gallop. 2. *(personne)* to run about. 3. *(imagination)* to run riot.
galopin [galɔpɛ̃] *nm fam* brat.
galvaniser [galvanize] *vt litt & fig* to galvanize.
galvauder [galvode] *vt (ternir)* to tarnish.
gambader [gɑ̃bade] *vi (sautiller)* to leap about; *(agneau)* to gambol.
gamelle [gamɛl] *nf (plat)* mess tin *Br*, kit *Am*.
gamin, -e [gamɛ̃, in] ◇ *adj (puéril)* childish. ◇ *nm, f fam (enfant)* kid.
gamme [gam] *nf* 1. *(série)* range; **~ de produits** product range. 2. (MUS) scale.
ganglion [gɑ̃glijɔ̃] *nm* ganglion.
gangrène [gɑ̃grɛn] *nf* gangrene; *fig* corruption, canker.
gant [gɑ̃] *nm* glove; **~ de toilette** face cloth, flannel *Br*.
garage [garaʒ] *nm* garage.
garagiste [garaʒist] *nmf (propriétaire)* garage owner; *(réparateur)* garage mechanic.
garant, -e [garɑ̃, ɑ̃t] *nm, f (responsable)* guarantor; **se porter ~ de** to vouch for. ◆ **garant** *nm (garantie)* guarantee.
garantie [garɑ̃ti] *nf (gén)* guarantee.
garantir [garɑ̃tir] *vt* 1. *(assurer)* to guarantee; **~ à qqn que** to assure OU guarantee sb that. 2. *(protéger)*: **~ qqch (de)** to protect sthg (from).
garçon [garsɔ̃] *nm* 1. *(enfant)* boy. 2. *(célibataire)*: **vieux ~** confirmed bachelor. 3. *(serveur)*: **~ (de café)** waiter.
garçonnet [garsɔnɛ] *nm* little boy.
garçonnière [garsɔnjɛr] *nf* bachelor flat *Br* OU apartment *Am*.
garde [gard] ◇ *nf* 1. *(surveillance)* protection. 2. *(veille)*: **pharmacie de ~** duty chemist. 3. (MIL) guard; **monter la ~** to go on guard. 4. *loc*: **être/se tenir sur ses ~s** to be/stay on one's guard; **mettre qqn en ~ contre qqch** to put sb on their guard about sthg. ◇ *nmf* keeper; **~ du corps** bodyguard.
garde-à-vous [gardavu] *nm inv* attention; **se mettre au ~** to stand to attention.
garde-boue [gardəbu] *nm inv* mudguard *Br*, fender *Am*.
garde-chasse [gardəʃas] (*pl* **gardes-chasse** OU **gardes-chasses**) *nm* gamekeeper.
garde-fou [gardəfu] (*pl* **garde-fous**) *nm* railing, parapet.
garde-malade [gardəmalad] (*pl* **gardes-malades**) *nmf* nurse.
garde-manger [gardəmɑ̃ʒe] *nm inv (pièce)* pantry, larder; *(armoire)* meat safe *Br*, cooler *Am*.
garde-pêche [gardəpɛʃ] (*pl* **gardes-pêche**) *nm (personne)* water bailiff *Br*, fishwarden *Am*.
garder [garde] *vt* 1. *(gén)* to keep; *(vêtement)* to keep on. 2. *(surveiller)* to mind, to look after; *(défendre)* to guard. 3. *(protéger)*: **~ qqn de qqch** to save sb from sthg. ◆ **se garder** *vp* 1. *(se conserver)* to keep. 2. *(se méfier)*: **se ~ de qqn/qqch** to beware of sb/sthg. 3. *(s'abstenir)*: **se ~ de faire qqch** to take care not to do sthg.
garderie [gardəri] *nf* crèche *Br*, day nursery *Br*, day-care center *Am*.
garde-robe [gardərɔb] (*pl* **garde-robes**) *nf* wardrobe.
gardien, -enne [gardjɛ̃, ɛn] *nm, f* 1. *(surveillant)* guard, keeper; **~ de but** goalkeeper; **~ de nuit** night watchman. 2. *fig (défenseur)* protector, guardian. 3. *(agent)*: **~ de la paix** policeman.
gare [gar] *nf* station; **~ routière** *(de marchandises)* road haulage depot; *(pour passagers)* bus station.
garer [gare] *vt* 1. *(ranger)* to park. 2. *(mettre à l'abri)* to put in a safe place. ◆ **se garer** *vp* 1. *(stationner)* to park. 2. *(se ranger)* to pull over.
gargariser [gargarize] ◆ **se gargariser** *vp* 1. *(se rincer)* to gargle. 2. *péj (se délecter)*: **se ~ de** to delight OU revel in.
gargouiller [garguje] *vi* 1. *(eau)* to gurgle. 2. *(intestins)* to rumble.
garnement [garnəmɑ̃] *nm* rascal, pest.
garnir [garnir] *vt* 1. *(équiper)* to fit out, to furnish. 2. *(remplir)* to fill. 3. *(orner)*: **~ qqch de** to decorate sthg with; (COUTURE) to trim sthg with.
garnison [garnizɔ̃] *nf* garrison.
garniture [garnityr] *nf* 1. *(ornement)* trimming; *(de lit)* bed linen. 2. (CULIN - *pour accompagner)* garnish *Br*, fixings (*pl*) *Am*; *(- pour remplir)* filling.
garrigue [garig] *nf* scrub.
garrot [garo] *nm* 1. *(de cheval)* withers (*pl*). 2. (MÉD) tourniquet.
gars [ga] *nm fam* 1. *(garçon, homme)* lad. 2. *(type)* guy, bloke *Br*.
gas-oil [gazɔjl, gazwal], **gazole** [gazɔl] *nm* diesel oil.

gaspillage [gaspijaʒ] *nm* waste.
gaspiller [gaspije] *vt* to waste.
gastrique [gastrik] *adj* gastric.
gastro-entérite [gastrɔɑ̃terit] (*pl* **gastro-entérites**) *nf* gastroenteritis *(U)*.
gastronome [gastrɔnɔm] *nmf* gourmet.
gastronomie [gastrɔnɔmi] *nf* gastronomy.
gâteau, -x [gato] *nm* cake; ~ **sec** biscuit *Br*, cookie *Am*.
gâter [gate] *vt* 1. *(gén)* to spoil; *(vacances, affaires)* to ruin, to spoil. 2. *iron (combler)* to be too good to; **on est gâté!** just marvellous! ◆ **se gâter** *vp* 1. *(temps)* to change for the worse. 2. *(situation)* to take a turn for the worse.
gâteux, -euse [gatø, øz] ◇ *adj* senile. ◇ *nm, f* 1. *(sénile)* doddering old man (*f* woman). 2. *(radoteur)* old bore.
gauche [goʃ] ◇ *nf* 1. *(côté)* left, left-hand side; **à ~ (de)** on the left (of). 2. (POLIT): **la ~** the left (wing); **de ~** left-wing. ◇ *adj* 1. *(côté)* left. 2. *(personne)* clumsy.
gaucher, -ère [goʃe, ɛr] ◇ *adj* left-handed. ◇ *nm, f* left-handed person.
gauchiste [goʃist] *nmf* leftist.
gaufre [gofr] *nf* waffle.
gaufrer [gofre] *vt* to emboss.
gaufrette [gofrɛt] *nf* wafer.
gaulliste [golist] *nmf & adj* Gaullist.
gaver [gave] *vt* 1. *(animal)* to force-feed. 2. *(personne)*: **~ qqn de** to feed sb full of.
gaz [gaz] *nm inv* gas.
gaze [gaz] *nf* gauze.
gazelle [gazɛl] *nf* gazelle.
gazer [gaze] *vt* to gas.
gazette [gazɛt] *nf* newspaper, gazette.
gazeux, -euse [gazø, øz] *adj* 1. (CHIM) gaseous. 2. *(boisson)* fizzy.
gazoduc [gazɔdyk] *nm* gas pipeline.
gazole = **gas-oil**.
gazon [gazɔ̃] *nm (herbe)* grass; *(terrain)* lawn.
gazouiller [gazuje] *vi* 1. *(oiseau)* to chirp, to twitter. 2. *(bébé)* to gurgle.
GB, G-B (*abr de* **Grande-Bretagne**) *nf* GB.
gd *abr de* **grand**.
GDF, Gdf (*abr de* **Gaz de France**) *French national gas company*.
geai [ʒɛ] *nm* jay.
géant, -e [ʒeɑ̃, ɑ̃t] ◇ *adj* gigantic, giant. ◇ *nm, f* giant.
geindre [ʒɛ̃dr] *vi* 1. *(gémir)* to moan. 2. *fam (pleurnicher)* to whine.
gel [ʒɛl] *nm* 1. (MÉTÉOR) frost. 2. *(d'eau)* freezing. 3. *(cosmétique)* gel.
gélatine [ʒelatin] *nf* gelatine.
gelée [ʒəle] *nf* 1. (MÉTÉOR) frost. 2. (CULIN) jelly.
geler [ʒəle] *vt & vi* 1. *(gén)* to freeze. 2. *(projet)* to halt.
gélule [ʒelyl] *nf* capsule.
Gémeaux [ʒemo] *nmpl* Gemini.
gémir [ʒemir] *vi* 1. *(gén)* to moan. 2. *(par déception)* to groan.
gémissement [ʒemismɑ̃] *nm* 1. *(gén)* moan; *(du vent)* moaning *(U)*. 2. *(de déception)* groan.
gemme [ʒɛm] *nf* gem, precious stone.
gênant, -e [ʒenɑ̃, ɑ̃t] *adj* 1. *(encombrant)* in the way. 2. *(embarrassant)* awkward, embarrassing. 3. *(énervant)*: **être ~** to be a nuisance.
gencive [ʒɑ̃siv] *nf* gum.
gendarme [ʒɑ̃darm] *nm* policeman.
gendarmerie [ʒɑ̃darməri] *nf* 1. *(corps)* police force. 2. *(lieu)* police station.
gendre [ʒɑ̃dr] *nm* son-in-law.
gène [ʒɛn] *nm* gene.
gêne [ʒɛn] *nf* 1. *(physique)* difficulty. 2. *(psychologique)* embarrassment. 3. *(financière)* difficulty.
généalogie [ʒenealɔʒi] *nf* genealogy.
généalogique [ʒenealɔʒik] *adj* genealogical; **arbre ~** family tree.
gêner [ʒene] *vt* 1. *(moralement)* to embarrass. 2. *(incommoder)* to bother. 3. *(encombrer)* to hamper.
général, -e, -aux [ʒeneral, o] *adj* general; **en ~** generally, in general; **répétition ~e** dress rehearsal. ◆ **général** *nm* (MIL) general. ◆ **générale** *nf* (THÉÂTRE) dress rehearsal.
généralement [ʒeneralmɑ̃] *adv* generally.
généralisation [ʒeneralizasjɔ̃] *nf* generalization.
généraliser [ʒeneralize] *vt & vi* to generalize. ◆ **se généraliser** *vp* to become general OU widespread.
généraliste [ʒeneralist] ◇ *nmf* GP *Br*, family doctor. ◇ *adj* general.
généralité [ʒeneralite] *nf* 1. *(idée)* generality. 2. *(universalité)* general nature. ◆ **généralités** *nfpl* generalities.
générateur, -trice [ʒeneratœr, tris] *adj* generating. ◆ **générateur** *nm* (TECHNOL) generator.
génération [ʒenerasjɔ̃] *nf* generation.
générer [ʒenere] *vt* to generate.
généreux, -euse [ʒenerø, øz] *adj* generous; *(terre)* fertile.

générique [ʒenerik] ◇ *adj* generic. ◇ *nm* credits (*pl*).
générosité [ʒenerɔzite] *nf* generosity.
genèse [ʒənɛz] *nf* *(création)* genesis. ◆ **Genèse** *nf* (BIBLE) Genesis.
genêt [ʒənɛ] *nm* broom.
génétique [ʒenetik] ◇ *adj* genetic. ◇ *nf* genetics *(U)*.
Genève [ʒənɛv] *n* Geneva.
génial, -e, -aux [ʒenjal, o] *adj* **1.** *(personne)* of genius. **2.** *(idée, invention)* inspired. **3.** *fam (formidable)*: **c'est ~!** that's great!, that's terrific!
génie [ʒeni] *nm* **1.** *(personne, aptitude)* genius. **2.** (MYTH) spirit, genie. **3.** (TECHNOL) engineering; **le ~** (MIL) = the Royal Engineers *Br*, = the (Army) Corps of Engineers *Am*.
genièvre [ʒənjɛvr] *nm* juniper.
génisse [ʒenis] *nf* heifer.
génital, -e, -aux [ʒenital, o] *adj* genital.
génitif [ʒenitif] *nm* genitive (case).
génocide [ʒenɔsid] *nm* genocide.
genou, -x [ʒənu] *nm* knee; **à ~x** on one's knees, kneeling.
genouillère [ʒənujɛr] *nf* **1.** *(bandage)* knee bandage. **2.** (SPORT) kneepad.
genre [ʒɑ̃r] *nm* **1.** *(type)* type, kind. **2.** (LITTÉRATURE) genre. **3.** *(style de personne)* style. **4.** (GRAM) gender.
gens [ʒɑ̃] *nmpl* people.
gentiane [ʒɑ̃sjan] *nf* gentian.
gentil, -ille [ʒɑ̃ti, ij] *adj* **1.** *(agréable)* nice. **2.** *(aimable)* kind, nice.
gentillesse [ʒɑ̃tijɛs] *nf* kindness.
gentiment [ʒɑ̃timɑ̃] *adv* **1.** *(sagement)* nicely. **2.** *(aimablement)* kindly, nicely. **3.** *Helv (tranquillement)* calmly, quietly.
génuflexion [ʒenyflɛksjɔ̃] *nf* genuflexion.
géographie [ʒeɔgrafi] *nf* geography.
geôlier, -ère [ʒolje, ɛr] *nm, f* gaoler.
géologie [ʒeɔlɔʒi] *nf* geology.
géologue [ʒeɔlɔg] *nmf* geologist.
géomètre [ʒeɔmɛtr] *nmf* **1.** *(spécialiste)* geometer, geometrician. **2.** *(technicien)* surveyor.
géométrie [ʒeɔmetri] *nf* geometry.
géosphère [ʒeɔsfɛr] *nf* geosphere.
gérance [ʒerɑ̃s] *nf* management.
géranium [ʒeranjɔm] *nm* geranium.
gérant, -e [ʒerɑ̃, ɑ̃t] *nm, f* manager.
gerbe [ʒɛrb] *nf* **1.** *(de blé)* sheaf; *(de fleurs)* spray. **2.** *(d'étincelles)* shower.
gercé, -e [ʒɛrse] *adj* chapped.
gérer [ʒere] *vt* to manage.
gériatrie [ʒerjatri] *nf* geriatrics *(U)*.
germain, -e [ʒɛrmɛ̃, ɛn] → **cousin**.
germanique [ʒɛrmanik] *adj* Germanic.
germe [ʒɛrm] *nm* **1.** (BOT & MÉD) germ; *(de pomme de terre)* eye. **2.** *fig (origine)* seed, cause.
germer [ʒɛrme] *vi* to germinate.
gésier [ʒezje] *nm* gizzard.
gésir [ʒezir] *vi littéraire* to lie.
gestation [ʒɛstasjɔ̃] *nf* gestation.
geste [ʒɛst] *nm* **1.** *(mouvement)* gesture. **2.** *(acte)* act, deed.
gesticuler [ʒɛstikyle] *vi* to gesticulate.
gestion [ʒɛstjɔ̃] *nf* management; (JUR) administration; **~ de fichiers** (INFORM) file management.
Ghana [gana] *nm*: **le ~** Ghana.
ghetto [gɛto] *nm litt & fig* ghetto.
gibet [ʒibɛ] *nm* gallows (*sg*), gibbet.
gibier [ʒibje] *nm* game; *fig (personne)* prey.
giboulée [ʒibule] *nf* sudden shower.
gicler [ʒikle] *vi* to squirt, to spurt.
gifle [ʒifl] *nf* slap.
gifler [ʒifle] *vt* to slap; *fig (suj: vent, pluie)* to whip, to lash.
gigantesque [ʒigɑ̃tɛsk] *adj* gigantic.
gigolo [ʒigɔlo] *nm* gigolo.
gigot [ʒigo] *nm* (CULIN) leg.
gigoter [ʒigɔte] *vi* to squirm, to wriggle.
gilet [ʒilɛ] *nm* **1.** *(cardigan)* cardigan. **2.** *(sans manches)* waistcoat *Br*, vest *Am*.
gin [dʒin] *nm* gin.
gingembre [ʒɛ̃ʒɑ̃br] *nm* ginger.
girafe [ʒiraf] *nf* giraffe.
giratoire [ʒiratwar] *adj* gyrating; **sens ~** roundabout *Br*, traffic circle *Am*.
girofle [ʒirɔfl] → **clou**.
girouette [ʒirwɛt] *nf* weathercock.
gisement [ʒizmɑ̃] *nm* deposit.
gît → **gésir**.
gitan, -e [ʒitɑ̃, an] *adj* Gipsy (*avant n*). ◆ **Gitan, -e** *nm, f* Gipsy.
gîte [ʒit] *nm* **1.** *(logement)*: **~ (rural)** gîte, *self-catering accommodation in the country*. **2.** *(du bœuf)* shin *Br*, shank *Am*.
givre [ʒivr] *nm* frost.
glabre [glabr] *adj* hairless.
glace [glas] *nf* **1.** *(eau gelée)* ice. **2.** *(dessert)* ice cream. **3.** *(vitre)* pane; *(de voiture)* window. **4.** *(miroir)* mirror.
glacé, -e [glase] *adj* **1.** *(gelé)* frozen. **2.** *(très froid)* freezing. **3.** *fig (hostile)* cold.
glacer [glase] *vt* **1.** *(geler, paralyser)* to

chill. **2.** *(étoffe, papier)* to glaze. **3.** *(gâteau)* to ice *Br*, to frost *Am*.
glacial, -e, -aux [glasjal, o] *adj litt & fig* icy.
glacier [glasje] *nm* **1.** (GÉOGR) glacier. **2.** *(marchand)* ice cream seller OU man.
glaçon [glasɔ̃] *nm* **1.** *(dans boisson)* ice cube. **2.** *(sur toit)* icicle. **3.** *fam fig (personne)* iceberg.
glaïeul [glajœl] *nm* gladiolus.
glaire [glɛr] *nf* (MÉD) phlegm.
glaise [glɛz] *nf* clay.
glaive [glɛv] *nm* sword.
gland [glɑ̃] *nm* **1.** *(de chêne)* acorn. **2.** *(ornement)* tassel. **3.** (ANAT) glans.
glande [glɑ̃d] *nf* gland.
glaner [glane] *vt* to glean.
glapir [glapir] *vi* to yelp, to yap.
glas [gla] *nm* knell.
glauque [glok] *adj* **1.** *(couleur)* bluey-green. **2.** *fam (lugubre)* gloomy. **3.** *fam (sordide)* sordid.
glissade [glisad] *nf* slip.
glissant, -e [glisɑ̃, ɑ̃t] *adj* slippery.
glissement [glismɑ̃] *nm* **1.** *(action de glisser)* gliding, sliding. **2.** *fig (électoral)* swing, shift.
glisser [glise] ◇ *vi* **1.** *(se déplacer)*: **~ (sur)** to glide (over), to slide (over). **2.** *(déraper)*: **~ (sur)** to slip (on). **3.** *fig (passer rapidement)*: **~ sur** to skate over. **4.** *(surface)* to be slippery. **5.** *(progresser)* to slip; **~ dans/vers** to slip into/towards, to slide into/towards. ◇ *vt* to slip; **~ un regard à qqn** *fig* to give sb a sidelong glance. ◆ **se glisser** *vp* to slip; **se ~ dans** *(lit)* to slip OU slide into; *fig* to slip OU creep into.
glissière [glisjɛr] *nf* runner.
global, -e, -aux [glɔbal, o] *adj* global.
globalement [glɔbalmɑ̃] *adv* on the whole.
globe [glɔb] *nm* **1.** *(sphère, terre)* globe. **2.** *(de verre)* glass cover.
globule [glɔbyl] *nm* corpuscle, blood cell; **~ blanc/rouge** white/red corpuscle.
globuleux [glɔbylø] → **œil**.
gloire [glwar] *nf* **1.** *(renommée)* glory; *(de vedette)* fame, stardom. **2.** *(mérite)* credit.
glorieux, -euse [glɔrjø, øz] *adj (mort, combat)* glorious; *(héros, soldat)* renowned.
glossaire [glɔsɛr] *nm* glossary.
glousser [gluse] *vi* **1.** *(poule)* to cluck. **2.** *fam (personne)* to chortle, to chuckle.
glouton, -onne [glutɔ̃, ɔn] ◇ *adj* greedy. ◇ *nm, f* glutton.
glu [gly] *nf (colle)* glue.
gluant, -e [glyɑ̃, ɑ̃t] *adj* sticky.
glucide [glysid] *nm* glucide.
glycémie [glisemi] *nf* glycaemia.
glycine [glisin] *nf* wisteria.
go [go] ◆ **tout de go** *loc adv* straight.
GO (*abr de* **grandes ondes**) *nfpl* LW.
goal [gol] *nm* goalkeeper.
gobelet [gɔblɛ] *nm* beaker, tumbler.
gober [gɔbe] *vt* **1.** *(avaler)* to gulp down. **2.** *fam (croire)* to swallow.
godet [gɔdɛ] *nm* **1.** *(récipient)* jar, pot. **2.** (COUTURE) flare.
godiller [gɔdije] *vi* **1.** *(rameur)* to scull. **2.** *(skieur)* to wedeln.
goéland [gɔelɑ̃] *nm* gull, seagull.
goélette [gɔelɛt] *nf* schooner.
goguenard, -e [gɔgnar, ard] *adj* mocking.
goguette [gɔgɛt] ◆ **en goguette** *loc adv fam* a bit tight OU tipsy.
goinfre [gwɛ̃fr] *nmf fam* pig.
goitre [gwatr] *nm* goitre.
golf [gɔlf] *nm (sport)* golf; *(terrain)* golf course.
golfe [gɔlf] *nm* gulf, bay.
gomme [gɔm] *nf* **1.** *(substance, bonbon)* gum. **2.** *(pour effacer)* rubber *Br*, eraser.
gommer [gɔme] *vt* to rub out, to erase; *fig* to erase.
gond [gɔ̃] *nm* hinge.
gondole [gɔ̃dɔl] *nf* gondola.
gondoler [gɔ̃dɔle] *vi (bois)* to warp; *(carton)* to curl.
gonfler [gɔ̃fle] ◇ *vt* **1.** *(ballon, pneu)* to blow up, to inflate; *(rivière, poitrine, yeux)* to swell; *(joues)* to blow out. **2.** *fig (grossir)* to exaggerate. ◇ *vi* to swell.
gonflette [gɔ̃flɛt] *nf fam*: **faire de la ~** to pump iron.
gong [gɔ̃g] *nm* gong.
gorge [gɔrʒ] *nf* **1.** *(gosier, cou)* throat. **2.** (*gén pl*) *(vallée)* gorge.
gorgée [gɔrʒe] *nf* mouthful.
gorger [gɔrʒe] *vt*: **~ qqn de qqch** to stuff sb with sthg; **~ qqch de** to fill sthg with.
gorille [gɔrij] *nm (animal)* gorilla.
gosier [gozje] *nm* throat, gullet.
gosse [gɔs] *nmf fam* kid.
gothique [gɔtik] *adj* **1.** (ARCHIT) Gothic. **2.** (TYPO): **écriture ~** Gothic script.
gouache [gwaʃ] *nf* gouache.
goudron [gudrɔ̃] *nm* tar.
goudronner [gudrɔne] *vt* to tar.
gouffre [gufr] *nm* abyss.

goujat [guʒa] *nm* boor.

goulet [gulɛ] *nm* narrows (*pl*).

goulot [gulo] *nm* neck.

goulu, -e [guly] *adj* greedy, gluttonous.

goupillon [gupijɔ̃] *nm* **1.** (RELIG) (holy water) sprinkler. **2.** *(brosse)* bottle brush.

gourd, -e [gur, gurd] *adj* numb.

gourde [gurd] ◇ *nf* **1.** *(récipient)* flask, waterbottle. **2.** *fam (personne)* clot *Br.* ◇ *adj fam* thick.

gourdin [gurdɛ̃] *nm* club.

gourmand, -e [gurmɑ̃, ɑ̃d] ◇ *adj* greedy. ◇ *nm, f* glutton.

gourmandise [gurmɑ̃diz] *nf* **1.** *(caractère)* greed, greediness. **2.** *(sucrerie)* sweet thing.

gourmette [gurmɛt] *nf* chain bracelet.

gousse [gus] *nf* pod.

goût [gu] *nm* taste; **de mauvais ~** tasteless, in bad taste.

goûter [gute] ◇ *vt* **1.** *(déguster)* to taste. **2.** *(savourer)* to enjoy. ◇ *vi* to have an afternoon snack; **~ à** to taste. ◇ *nm afternoon snack for children.*

goutte [gut] *nf* **1.** *(de pluie, d'eau)* drop. **2.** (MÉD) *(maladie)* gout. ◆ **gouttes** *nfpl* (MÉD) drops.

goutte-à-goutte [gutagut] *nm inv* (intravenous) drip *Br*, IV *Am.*

gouttelette [gutlɛt] *nf* droplet.

gouttière [gutjɛr] *nf* **1.** (CONSTR - *horizontale)* gutter; *(- verticale)* drainpipe. **2.** (MÉD) splint.

gouvernail [guvɛrnaj] *nm* rudder.

gouvernante [guvɛrnɑ̃t] *nf* **1.** *(d'enfants)* governess. **2.** *(de maison)* housekeeper.

gouvernement [guvɛrnəmɑ̃] *nm* government.

gouverner [guvɛrne] *vt* to govern.

gouverneur [guvɛrnœr] *nm* governor.

grâce [gras] *nf* **1.** *(charme)* grace; **de bonne ~** with good grace, willingly; **de mauvaise ~** with bad grace, reluctantly. **2.** *(faveur)* favour. **3.** *(miséricorde)* mercy. ◆ **grâce à** *loc prép* thanks to.

gracier [grasje] *vt* to pardon.

gracieusement [grasjøzmɑ̃] *adv* **1.** *(avec grâce)* graciously. **2.** *(gratuitement)* free (of charge).

gracieux, -euse [grasjø, øz] *adj* **1.** *(charmant)* graceful. **2.** *(gratuit)* free.

gradation [gradasjɔ̃] *nf* gradation.

grade [grad] *nm (échelon)* rank; *(universitaire)* qualification.

gradé, -e [grade] ◇ *adj* non-commissioned. ◇ *nm, f* non-commissioned officer, NCO.

gradin [gradɛ̃] *nm (de stade, de théâtre)* tier; *(de terrain)* terrace.

graduation [gradɥasjɔ̃] *nf* graduation.

graduel, -elle [gradɥɛl] *adj* gradual; *(difficultés)* increasing.

graduer [gradɥe] *vt* **1.** *(récipient, règle)* to graduate. **2.** *fig (effort, travail)* to increase gradually.

graffiti [grafiti] *nm inv* graffiti *(U).*

grain [grɛ̃] *nm* **1.** *(gén)* grain; *(de moutarde)* seed; *(de café)* bean; **~ de raisin** grape. **2.** *(point)*: **~ de beauté** beauty spot. **3.** *(averse)* squall.

graine [grɛn] *nf* (BOT) seed.

graisse [grɛs] *nf* **1.** (ANAT & CULIN) fat. **2.** *(pour lubrifier)* grease.

graisser [grɛse] *vt* **1.** *(machine)* to grease, to lubricate. **2.** *(vêtements)* to get grease on.

grammaire [gramɛr] *nf* grammar.

grammatical, -e, -aux [gramatikal, o] *adj* grammatical.

gramme [gram] *nm* gram, gramme.

grand, -e [grɑ̃, grɑ̃d] ◇ *adj* **1.** *(en hauteur)* tall; *(en dimensions)* big, large; *(en quantité)* large, great; **un ~ nombre de** a large OU great number of; **en ~** *(dimension)* full-size. **2.** *(âgé)* grown-up; **les ~es personnes** grown-ups; **~ frère** big OU older brother; **~e sœur** big OU older sister; **il est assez ~ pour ...** he's old enough to ... **3.** *(important)* great; **un ~ homme** a great man. **4.** *(intense)*: **un ~ blessé/brûlé** a person with serious wounds/burns; **un ~ fumeur** a heavy smoker. ◇ *nm, f* (*gén pl*) **1.** *(personnage)* great man (*f* woman); **les ~s de l'électroménager** the big names in electrical appliances. **2.** *(enfant)* older OU bigger boy (*f* girl).

> Attention: *they lived in a grand house* ne veut pas dire «ils habitaient dans une grande maison», mais «ils habitaient une magnifique demeure». *Grand* en anglais n'a donc rien à voir avec la taille physique. Pour rendre cette dernière idée on utilisera *big*, *tall*, etc., comme dans «ils viennent d'acheter un grand appartement», *they've just bought a big flat*, ou «je ne suis pas assez grand pour l'attraper», *I'm not tall enough to reach it.* Lorsqu'on veut parler de quantité ou d'intensité on utilise plutôt *big*: «c'est un grand changement pour lui», *it's a big change for him.*

grand-angle [grɑ̃tɑ̃gl] *nm* wide-angle lens.
grand-chose [grɑ̃ʃoz] ◆ **pas grand-chose** *pron indéf* not much.
Grande-Bretagne [grɑ̃dbrətaɲ] *nf*: **la** ~ Great Britain.
grandeur [grɑ̃dœr] *nf* **1.** *(taille)* size. **2.** *(apogé & fig)* greatness; ~ **d'âme** *fig* magnanimity.
grandir [grɑ̃dir] ◇ *vt*: ~ **qqn** *(suj: chaussures)* to make sb look taller; *fig* to increase sb's standing. ◇ *vi (personne, plante)* to grow; *(obscurité, bruit)* to increase, to grow.
grand-mère [grɑ̃mɛr] *nf* grandmother; *fam fig* old biddy.
grand-père [grɑ̃pɛr] *nm* grandfather; *fam fig* old geezer.
grands-parents [grɑ̃parɑ̃] *nmpl* grandparents.
grange [grɑ̃ʒ] *nf* barn.
granit(e) [granit] *nm* granite.
granulé, -e [granyle] *adj (surface)* granular. ◆ **granulé** *nm* tablet.
granuleux, -euse [granylø, øz] *adj* granular.
graphique [grafik] ◇ *nm* diagram; *(graphe)* graph. ◇ *adj* graphic.
graphisme [grafism] *nm* **1.** *(écriture)* handwriting. **2.** (ART) style of drawing.
graphologie [grafɔlɔʒi] *nf* graphology.
grappe [grap] *nf* **1.** *(de fruits)* bunch; *(de fleurs)* stem. **2.** *fig (de gens)* knot.
grappiller [grapije] *vt litt & fig* to gather, to pick up.
grappin [grapɛ̃] *nm (ancre)* grapnel.
gras, grasse [gra, gras] *adj* **1.** *(personne, animal)* fat. **2.** *(plat, aliment)* fatty; **matières grasses** fats. **3.** *(cheveux, mains)* greasy. **4.** *(sol)* clayey; *(crayon)* soft. **5.** *fig (rire)* throaty; *(toux)* phlegmy. **6.** *fig (plante)* succulent. ◆ **gras** ◇ *nm* **1.** *(du jambon)* fat. **2.** (TYPO) bold (type). ◇ *adv*: **manger** ~ to eat fatty foods.
grassement [grasmɑ̃] *adv* **1.** *(rire)* coarsely. **2.** *(payer)* a lot.
gratifier [gratifje] *vt* **1.** *(accorder)*: ~ **qqn de qqch** to present sb with sthg, to present sthg to sb; *fig* to reward sb with sthg. **2.** *(stimuler)* to gratify.
gratin [gratɛ̃] *nm* **1.** (CULIN) *dish sprinkled with breadcrumbs or cheese and browned*. **2.** *fam fig (élite)* upper crust.
gratiné, -e [gratine] *adj* **1.** (CULIN) *sprinkled with breadcrumbs or cheese and browned*. **2.** *fam fig (ardu)* stiff.
gratis [gratis] *adv* free.
gratitude [gratityd] *nf*: ~ **(envers)** gratitude (to OU towards).
gratte-ciel [gratsjɛl] *nm inv* skyscraper.
grattement [gratmɑ̃] *nm* scratching.
gratter [grate] ◇ *vt (gén)* to scratch; *(pour enlever)* to scrape off. ◇ *vi* **1.** *(démanger)* to itch, to be itchy. **2.** *fam (écrire)* to scribble. **3.** *(frapper)*: ~ **à la porte** to tap at the door. **4.** *fam (travailler)* to slave, to slog. ◆ **se gratter** *vp* to scratch.
gratuit, -e [gratɥi, it] *adj* **1.** *(entrée)* free. **2.** *(violence)* gratuitous.
gratuitement [gratɥitmɑ̃] *adv* **1.** *(sans payer)* free, for nothing. **2.** *(sans raison)* gratuitously.
gravats [grava] *nmpl* rubble *(U)*.
grave [grav] ◇ *adj* **1.** *(attitude, maladie)* serious, grave; **ce n'est pas** ~ *(ce n'est rien)* don't worry about it. **2.** *(voix)* deep. **3.** (LING): **accent** ~ grave accent. ◇ *nm (gén pl)* (MUS) low register.
gravement [gravmɑ̃] *adv* gravely, seriously.
graver [grave] *vt* **1.** *(gén)* to engrave. **2.** *(bois)* to carve. **3.** *(disque)* to cut.
gravier [gravje] *nm* gravel *(U)*.
gravillon [gravijɔ̃] *nm* fine gravel *(U)*.
gravir [gravir] *vt* to climb.
gravité [gravite] *nf* **1.** *(importance)* seriousness, gravity. **2.** (PHYS) gravity.
graviter [gravite] *vi* **1.** *(astre)* to revolve. **2.** *fig (évoluer)* to gravitate.
gravure [gravyr] *nf* **1.** *(technique)*: ~ **(sur)** engraving (on). **2.** *(reproduction)* print; *(dans livre)* plate.
gré [gre] *nm* **1.** *(goût)*: **à mon/son** ~ for my/his taste, for my/his liking. **2.** *(volonté)*: **bon** ~ **mal** ~ willy nilly; **de** ~ **ou de force** *fig* whether you/they *etc* like it or not; **de mon/son plein** ~ of my/his own free will.
grec, -grecque [grɛk] *adj* Greek. ◆ **grec** *nm (langue)* Greek. ◆ **Grec, Grecque** *nm, f* Greek.
Grèce [grɛs] *nf*: **la** ~ Greece.
gréement [gremɑ̃] *nm* rigging.
greffe [grɛf] *nf* **1.** (MÉD) transplant; *(de peau)* graft. **2.** (BOT) graft.
greffer [grɛfe] *vt* **1.** (MÉD) to transplant; *(peau)* to graft; ~ **un rein/un cœur à qqn** to give sb a kidney/heart transplant. **2.** (BOT) to graft. ◆ **se greffer** *vp*: **se** ~ **sur qqch** to be added to sthg.
greffier [grɛfje] *nm* clerk of the court.
grégaire [gregɛr] *adj* gregarious.
grêle [grɛl] ◇ *nf* hail. ◇ *adj* **1.** *(jambes)* spindly. **2.** *(son)* shrill.
grêler [grele] *v impers* to hail; **il grêle** it's hailing.

grêlon [grɛlɔ̃] *nm* hailstone.
grelot [grəlo] *nm* bell.
grelotter [grəlɔte] *vi*: ~ **(de)** to shiver (with).
grenade [grənad] *nf* **1.** *(fruit)* pomegranate. **2.** (MIL) grenade.
grenat [grəna] *adj inv* dark red.
grenier [grənje] *nm* **1.** *(de maison)* attic. **2.** *(à foin)* loft.
grenouille [grənuj] *nf* frog.
grès [grɛ] *nm* **1.** *(roche)* sandstone. **2.** *(poterie)* stoneware.
grésiller [grezije] *vi* **1.** *(huile)* to sizzle; *(feu)* to crackle. **2.** *(radio)* to crackle.
grève [grɛv] *nf* **1.** *(arrêt du travail)* strike; **faire** ~ to strike, to go on strike. **2.** *(rivage)* shore.
grever [grəve] *vt* to burden; *(budget)* to put a strain on.
gréviste [grevist] *nmf* striker.
gribouiller [gribuje] *vt & vi* **1.** *(écrire)* to scrawl. **2.** *(dessiner)* to doodle.
grief [grijɛf] *nm* grievance; **faire ~ de qqch à qqn** to hold sthg against sb.
grièvement [grijɛvmɑ̃] *adv* seriously.
griffe [grif] *nf* **1.** *(d'animal)* claw. **2.** *Belg (éraflure)* scratch.
griffer [grife] *vt (suj: chat etc)* to claw.
grignoter [griɲɔte] ◇ *vt* **1.** *(manger)* to nibble. **2.** *fam fig (capital)* to eat away (at). **3.** *fam fig (avantage)* to gain. ◇ *vi* **1.** *(manger)* to nibble. **2.** *fam fig (prendre)*: ~ **sur** to nibble away at.
gril [gril] *nm* grill.
grillade [grijad] *nf* (CULIN) grilled meat.
grillage [grijaʒ] *nm* **1.** *(de fenêtre)* wire netting. **2.** *(clôture)* wire fence.
grille [grij] *nf* **1.** *(portail)* gate. **2.** *(d'orifice, de guichet)* grille; *(de fenêtre)* bars *(pl)*. **3.** *(de mots croisés, de loto)* grid. **4.** *(tableau)* table.
grille-pain [grijpɛ̃] *nm inv* toaster.
griller [grije] ◇ *vt* **1.** *(viande)* to grill *Br*, to broil *Am*; *(pain)* to toast; *(café, marrons)* to roast. **2.** *fig (personne)* to burn; *(végétation)* to shrivel. **3.** *fam fig (concurrents)* to outstrip; ~ **un feu rouge** to jump the lights. **4.** *fig (compromettre)* to ruin. ◇ *vi* **1.** *(viande)* to grill *Br*, to broil *Am*. **2.** *(ampoule)* to blow.
grillon [grijɔ̃] *nm (insecte)* cricket.
grimace [grimas] *nf* grimace.
grimer [grime] *vt* to make up.
grimper [grɛ̃pe] ◇ *vt* to climb. ◇ *vi* to climb; ~ **à un arbre/une échelle** to climb a tree/a ladder.
grincement [grɛ̃smɑ̃] *nm (de charnière)* squeaking; *(de porte, plancher)* creaking.
grincer [grɛ̃se] *vi (charnière)* to squeak; *(porte, plancher)* to creak.
grincheux, -euse [grɛ̃ʃø, øz] ◇ *adj* grumpy. ◇ *nm, f* moaner, grumbler.
grippe [grip] *nf* (MÉD) flu *(U)*.
grippé, -e [gripe] *adj (malade)*: **être ~** to have flu.
gripper [gripe] *vi* **1.** *(mécanisme)* to jam. **2.** *fig (processus)* to stall.
gris, -e [gri, griz] *adj* **1.** *(couleur)* grey. **2.** *fig (morne)* dismal. **3.** *(saoul)* tipsy. ◆ **gris** *nm (couleur)* grey.
grisaille [grizaj] *nf* **1.** *(de ciel)* greyness. **2.** *fig (de vie)* dullness.
grisant, -e [grizɑ̃, ɑ̃t] *adj* intoxicating.
griser [grize] *vt* to intoxicate.
grisonner [grizɔne] *vi* to turn grey.
grisou [grizu] *nm* firedamp.
grive [griv] *nf* thrush.
grivois, -e [grivwa, az] *adj* ribald.
Groenland [grɔɛnlɑ̃d] *nm*: **le ~** Greenland.
grog [grɔg] *nm* (hot) toddy.
grognement [grɔɲmɑ̃] *nm* **1.** *(son)* grunt; *(d'ours, de chien)* growl. **2.** *(protestation)* grumble.
grogner [grɔɲe] *vi* **1.** *(émettre un son)* to grunt; *(ours, chien)* to growl. **2.** *(protester)* to grumble.
groin [grwɛ̃] *nm* snout.
grommeler [grɔmle] *vt & vi* to mutter.
grondement [grɔ̃dmɑ̃] *nm (d'animal)* growl; *(de tonnerre, de train)* rumble; *(de torrent)* roar.
gronder [grɔ̃de] ◇ *vi (animal)* to growl; *(tonnerre)* to rumble. ◇ *vt* to scold.
gros, grosse [gro, gros] *adj (gén avant n)* **1.** *(gén)* large, big; *péj* big. **2.** *(avant ou après n) (corpulent)* fat. **3.** *(grossier)* coarse. **4.** *(sonore)* loud. **5.** *(ennuis)* serious; *(dépense)* major. ◆ **gros** ◇ *adv (beaucoup)* a lot. ◇ *nm (partie)*: **le (plus) ~ (de qqch)** the main part (of sthg). ◆ **en gros** *loc adv & loc adj* **1.** (COMM) wholesale. **2.** *(en grands caractères)* in large letters. **3.** *(grosso modo)* roughly.
groseille [grozɛj] *nf* currant.
grosse [gros] → **gros**.
grossesse [grosɛs] *nf* pregnancy.
grosseur [grosœr] *nf* **1.** *(dimension, taille)* size. **2.** (MÉD) lump.
grossier, -ère [grosje, ɛr] *adj* **1.** *(matière)* coarse. **2.** *(sommaire)* rough. **3.** *(insolent)* rude. **4.** *(vulgaire)* crude. **5.** *(erreur)* crass.
grossièrement [grosjɛrmɑ̃] *adv* **1.**

(sommairement) roughly. **2.** *(vulgairement)* crudely.

grossir [grosir] ◇ *vi* **1.** *(prendre du poids)* to put on weight. **2.** *(augmenter)* to grow. **3.** *(s'intensifier)* to increase. **4.** *(cours d'eau)* to swell. ◇ *vt* **1.** *(suj: microscope, verre)* to magnify. **2.** *(suj: vêtement)*: **~ qqn** to make sb look fatter. **3.** *(exagérer)* to exaggerate.

grossiste [grosist] *nmf* wholesaler.

grosso modo [grosomɔdo] *adv* roughly.

grotte [grɔt] *nf* cave.

grouiller [gruje] *vi*: **~ (de)** to swarm (with).

groupe [grup] *nm* group. ◆ **groupe sanguin** *nm* blood group.

groupement [grupmɑ̃] *nm* **1.** *(action)* grouping. **2.** *(groupe)* group.

grouper [grupe] *vt* to group. ◆ **se grouper** *vp* to come together.

grue [gry] *nf* (TECHNOL & ZOOL) crane.

grumeau, -x [grymo] *nm* lump.

Guatemala [gwatemala] *nm*: **le ~** Guatemala.

gué [ge] *nm* ford; **traverser à ~** to ford.

guenilles [gənij] *nfpl* rags.

guenon [gənɔ̃] *nf* female monkey.

guépard [gepar] *nm* cheetah.

guêpe [gɛp] *nf* wasp.

guêpier [gepje] *nm* wasp's nest; *fig* hornet's nest.

guère [gɛr] *adv* *(peu)* hardly; **ne** (+ *verbe*) **~** *(peu)* hardly.

guéridon [geridɔ̃] *nm* pedestal table.

guérilla [gerija] *nf* guerrilla warfare.

guérir [gerir] ◇ *vt* to cure; **~ qqn de** *litt & fig* to cure sb of. ◇ *vi* to recover, to get better.

guérison [gerizɔ̃] *nf* **1.** *(de malade)* recovery. **2.** *(de maladie)* cure.

guerre [gɛr] *nf* **1.** (MIL & *fig)* war; **faire la ~ à un pays** to make OU wage war on a country; **Première/Seconde Guerre mondiale** First/Second World War. **2.** *(technique)* warfare *(U)*.

guerrier, -ère [gɛrje, ɛr] *adj* **1.** *(de guerre)* war *(avant n)*. **2.** *(peuple)* warlike. ◆ **guerrier** *nm* warrior.

guet-apens [gɛtapɑ̃] *nm* ambush; *fig* trap.

guêtre [gɛtr] *nf* gaiter.

guetter [gete] *vt* **1.** *(épier)* to lie in wait for. **2.** *(attendre)* to be on the lookout for, to watch for. **3.** *(menacer)* to threaten.

gueule [gœl] *nf* **1.** *(d'animal, ouverture)* mouth. **2.** *tfam (bouche de l'homme)* gob *Br*, yap *Am*. **3.** *fam (visage)* face.

gueuleton [gœltɔ̃] *nm fam* blow out.

gui [gi] *nm* mistletoe.

guichet [giʃɛ] *nm* counter; *(de gare, de théâtre)* ticket office.

guide [gid] *nm* **1.** *(gén)* guide. **2.** *(livre)* guidebook.

guider [gide] *vt* to guide.

guidon [gidɔ̃] *nm* handlebars *(pl)*.

guignol [giɲɔl] *nm* **1.** *(marionnette)* glove puppet. **2.** *(théâtre)* = Punch and Judy show.

guillemet [gijmɛ] *nm* inverted comma, quotation mark.

guilleret, -ette [gijrɛ, ɛt] *adj* perky.

guillotine [gijɔtin] *nf* **1.** *(instrument)* guillotine. **2.** *(de fenêtre)* sash.

guindé, -e [gɛ̃de] *adj* stiff.

Guinée [gine] *nf*: **la ~** Guinea.

guirlande [girlɑ̃d] *nf* **1.** *(de fleurs)* garland. **2.** *(de papier)* chain; *(de Noël)* tinsel *(U)*.

guise [giz] *nf*: **à ma ~** as I please OU like; **en ~ de** by way of.

guitare [gitar] *nf* guitar.

guitariste [gitarist] *nmf* guitarist.

guttural, -e, -aux [gytyral, o] *adj* guttural.

gymnastique [ʒimnastik] *nf (*SPORT & *fig)* gymnastics *(U)*.

gynécologie [ʒinekɔlɔʒi] *nf* gynaecology.

gynécologue [ʒinekɔlɔg] *nmf* gynaecologist.

H

h¹, H [aʃ] *nm inv* h, H.

h² *(abr de* **heure**) hr.

ha *(abr de* **hectare**) ha.

hab. *abr de* **habitant**.

habile [abil] *adj* skilful; *(démarche)* clever.

habileté [abilte] *nf* skill.

habiller [abije] *vt* **1.** *(vêtir)*: **~ qqn (de)** to dress sb (in). **2.** *(recouvrir)* to cover. ◆ **s'habiller** *vp* **1.** *(se vêtir)* to dress, to get dressed. **2.** *(élégamment)* to dress up.

habit [abi] *nm* **1.** *(costume)* suit. **2.** (RELIG) habit. ◆ **habits** *nmpl* clothes.

habitacle [abitakl] *nm (d'avion)* cockpit; *(de voiture)* passenger compartment.

habitant, -e [abitɑ̃, ɑ̃t] *nm, f* 1. *(de pays)* inhabitant. 2. *(d'immeuble)* occupant. 3. *Can (paysan)* farmer.
habitation [abitasjɔ̃] *nf (résidence)* house, home.
habiter [abite] ◇ *vt* 1. *(résider)* to live in. 2. *(suj: passion, sentiment)* to dwell within. ◇ *vi* to live; **~ à** to live in.
habitude [abityd] *nf (façon de faire)* habit; **avoir l'~ de faire qqch** to be in the habit of doing sthg; **d'~** usually.
habituel, -elle [abitɥɛl] *adj (coutumier)* usual, customary.
habituer [abitɥe] *vt*: **~ qqn à qqch/à faire qqch** to get sb used to sthg/to doing sthg. ◆ **s'habituer** *vp*: **s'~ à qqch/à faire qqch** to get used to sthg/to doing sthg.
hache ['aʃ] *nf* axe.
hacher ['aʃe] *vt* 1. *(couper - gén)* to chop finely; *(- viande)* to mince *Br*, to grind *Am*. 2. *(entrecouper)* to interrupt.
hachisch = **haschisch**.
hachoir ['aʃwar] *nm* 1. *(couteau)* chopper. 2. *(appareil)* mincer *Br*, grinder *Am*.
hachure ['aʃyr] *nf* hatching.
hagard, -e ['agar, ard] *adj* haggard.
haie ['ɛ] *nf* 1. *(d'arbustes)* hedge. 2. (SPORT) hurdle.
haillons ['ajɔ̃] *nmpl* rags.
haine ['ɛn] *nf* hatred.
haïr ['air] *vt* to hate.
Haïti [aiti] *n* Haiti.
hâle ['al] *nm* tan.
hâlé, -e ['ale] *adj* tanned.
haleine [alɛn] *nf* breath.
haleter ['alte] *vi* to pant.
hall ['ol] *nm* 1. *(vestibule, entrée)* foyer, lobby. 2. *(salle publique)* concourse.
halle ['al] *nf* covered market.
hallucination [alysinasjɔ̃] *nf* hallucination.
halo ['alo] *nm (cercle lumineux)* halo.
halogène [alɔʒɛn] *nm & adj* halogen.
halte ['alt] ◇ *nf* stop. ◇ *interj* stop!
haltère [altɛr] *nm* dumbbell.
haltérophilie [alterɔfili] *nf* weightlifting.
hamac ['amak] *nm* hammock.
hamburger ['ɑ̃burgœr] *nm* hamburger.
hameau, -x ['amo] *nm* hamlet.
hameçon [amsɔ̃] *nm* fish-hook.
hamster ['amstɛr] *nm* hamster.
hanche ['ɑ̃ʃ] *nf* hip.
handball ['ɑ̃dbal] *nm* handball.
handicap ['ɑ̃dikap] *nm* handicap.
handicapé, -e ['ɑ̃dikape] ◇ *adj* handicapped. ◇ *nm, f* handicapped person.
handicaper ['ɑ̃dikape] *vt* to handicap.
hangar ['ɑ̃gar] *nm* shed; (AÉRON) hangar.
hanneton ['antɔ̃] *nm* cockchafer.
hanter ['ɑ̃te] *vt* to haunt.
hantise ['ɑ̃tiz] *nf* obsession.
happer ['ape] *vt (attraper)* to snap up.
haranguer ['arɑ̃ge] *vt* to harangue.
haras ['ara] *nm* stud (farm).
harassant, -e ['arasɑ̃, ɑ̃t] *adj* exhausting.
harceler ['arsəle] *vt* 1. *(relancer)* to harass. 2. (MIL) to harry. 3. *(importuner)*: **~ qqn (de)** to pester sb (with).
hardes ['ard] *nfpl* old clothes.
hardi, -e ['ardi] *adj* bold, daring.
hareng ['arɑ̃] *nm* herring.
hargne ['arɲ] *nf* spite *(U)*, bad temper.
haricot ['ariko] *nm* bean; **~s verts/blancs/rouges** green/haricot/kidney beans.
harmonica [armɔnika] *nm* harmonica, mouth organ.
harmonie [armɔni] *nf* 1. *(gén)* harmony. 2. *(de visage)* symmetry.
harmonieux, -euse [armɔnjø, øz] *adj* 1. *(gén)* harmonious. 2. *(voix)* melodious. 3. *(traits, silhouette)* regular.
harmoniser [armɔnize] *vt* (MUS *& fig)* to harmonize; *(salaires)* to bring into line.
harnacher ['arnaʃe] *vt* to harness.
harnais ['arnɛ] *nm* 1. *(de cheval, de parachutiste)* harness. 2. (TECHNOL) train.
harpe ['arp] *nf* harp.
harpon ['arpɔ̃] *nm* harpoon.
harponner ['arpɔne] *vt* 1. *(poisson)* to harpoon. 2. *fam (personne)* to waylay.
hasard ['azar] *nm* chance; **au ~** at random; **par ~** by accident, by chance.
hasarder ['azarde] *vt* 1. *(tenter)* to venture. 2. *(risquer)* to hazard. ◆ **se hasarder** *vp*: **se ~ à faire qqch** to risk doing sthg.
haschisch, haschich, hachisch ['aʃiʃ] *nm* hashish.
hâte ['at] *nf* haste.
hâter ['ate] *vt* 1. *(activer)* to hasten. 2. *(avancer)* to bring forward. ◆ **se hâter** *vp* to hurry; **se ~ de faire qqch** to hurry to do sthg.
hausse ['os] *nf* rise, increase.
hausser ['ose] *vt* to raise.
haut, -e [o, ot] *adj* 1. *(gén)* high; **~ de 20 m** 20 m high. 2. *(classe sociale, pays,*

région) upper. **3.** *(responsable)* senior. ◆ **haut** ◇ *adv* **1.** *(gén)* high; *(placé)* highly. **2.** *(fort)* loudly. ◇ *nm* **1.** *(hauteur)* height; **faire 2 m de ~** to be 2 m high OU in height. **2.** *(sommet, vêtement)* top. **3.** *loc*: **avoir** OU **connaître des ~s et des bas** to have one's ups and downs. ◆ **de haut** *loc adv* haughtily; **le prendre de ~** to react haughtily. ◆ **de haut en bas** *loc adv* from top to bottom. ◆ **du haut de** *loc prép* from the top of. ◆ **en haut de** *loc prép* at the top of.

hautain, -e ['otɛ̃, ɛn] *adj* haughty.

hautbois ['obwa] *nm* oboe.

haut de gamme [odgam] ◇ *adj* upmarket; **une chaîne ~** a state-of-the-art hi-fi system. ◇ *nm* top of the range.

haute-fidélité [otfidelite] *nf* high fidelity, hi-fi.

hautement ['otmɑ̃] *adv* highly.

hauteur ['otœr] *nf* height.

haut-fourneau ['ofurno] *nm* blast furnace.

haut-parleur ['oparlœr] (*pl* **haut-parleurs**) *nm* loudspeaker.

havre ['avr] *nm (refuge)* haven.

Haye ['ɛ] *n*: **La ~** the Hague.

hayon ['ajɔ̃] *nm* hatchback.

hebdomadaire [ɛbdɔmadɛr] *nm & adj* weekly.

héberger [ebɛrʒe] *vt* **1.** *(loger)* to put up. **2.** *(suj: hôtel)* to take in.

hébété, -e [ebete] *adj* dazed.

hébraïque [ebraik] *adj* Hebrew.

hébreu, -x [ebrø] *adj* Hebrew. ◆ **hébreu** *nm (langue)* Hebrew. ◆ **Hébreu, -x** *nm* Hebrew.

hécatombe [ekatɔ̃b] *nf litt & fig* slaughter.

hectare [ɛktar] *nm* hectare.

hectolitre [ɛktɔlitr] *nm* hectolitre.

hégémonie [eʒemɔni] *nf* hegemony.

hein ['ɛ̃] *interj fam* eh?, what?; **t'as menti, ~?** you lied, didn't you?

hélas [elas] *interj* unfortunately, alas.

héler ['ele] *vt sout* to hail.

hélice [elis] *nf* **1.** *(d'avion, de bateau)* propeller. **2.** (MATHS) helix.

hélicoptère [elikɔptɛr] *nm* helicopter.

héliport [elipɔr] *nm* heliport.

hélium [eljɔm] *nm* helium.

Helsinki ['ɛlsiŋki] *n* Helsinki.

hématome [ematom] *nm* (MÉD) haematoma.

hémisphère [emisfɛr] *nm* hemisphere.

hémophile [emɔfil] ◇ *nmf* haemophiliac. ◇ *adj* haemophilic.

hémorragie [emɔraʒi] *nf* **1.** (MÉD) haemorrhage. **2.** *fig (perte, fuite)* loss.

hémorroïdes [emɔrɔid] *nfpl* haemorrhoids, piles.

hennir ['enir] *vi* to neigh, to whinny.

hépatite [epatit] *nf* (MÉD) hepatitis.

herbe [ɛrb] *nf* **1.** (BOT) grass. **2.** (CULIN & MÉD) herb. **3.** *fam (marijuana)* grass.

herbicide [ɛrbisid] *nm* weedkiller, herbicide.

herboriste [ɛrbɔrist] *nmf* herbalist.

héréditaire [ereditɛr] *adj* hereditary.

hérédité [eredite] *nf* heredity.

hérésie [erezi] *nf* heresy.

hérisson ['erisɔ̃] *nm* (ZOOL) hedgehog.

héritage [eritaʒ] *nm* **1.** *(de biens)* inheritance. **2.** *(culturel)* heritage.

hériter [erite] ◇ *vi* to inherit; **~ de qqch** to inherit sthg. ◇ *vt*: **~ qqch de qqn** *litt & fig* to inherit sthg from sb.

héritier, -ère [eritje, ɛr] *nm, f* heir (*f* heiress).

hermétique [ɛrmetik] *adj* **1.** *(étanche)* hermetic. **2.** *(incompréhensible)* abstruse. **3.** *(expression)* impenetrable.

hermine [ɛrmin] *nf* **1.** *(animal)* stoat. **2.** *(fourrure)* ermine.

hernie ['ɛrni] *nf* hernia.

héroïne [erɔin] *nf* **1.** *(personne)* heroine. **2.** *(drogue)* heroin.

héroïque [erɔik] *adj* heroic.

héroïsme [erɔism] *nm* heroism.

héron ['erɔ̃] *nm* heron.

héros ['ero] *nm* hero.

herse ['ɛrs] *nf* **1.** (AGRIC) harrow. **2.** *(grille)* portcullis.

hertz ['ɛrts] *nm inv* hertz.

hésitant, -e [ezitɑ̃, ɑ̃t] *adj* hesitant.

hésitation [ezitasjɔ̃] *nf* hesitation.

hésiter [ezite] *vi* to hesitate; **~ entre/sur** to hesitate between/over; **~ à faire qqch** to hesitate to do sthg.

hétéroclite [eterɔklit] *adj* motley.

hétérogène [eterɔʒɛn] *adj* heterogeneous.

hétérosexuel, -elle [eterɔsɛksɥɛl] *adj & nm, f* heterosexual.

hêtre ['ɛtr] *nm* beech.

heure [œr] *nf* **1.** *(unité de temps)* hour; **250 km à l'~** 250 km per OU an hour; **faire des ~s supplémentaires** to work overtime. **2.** *(moment du jour)* time; **il est deux ~s** it's two o'clock; **quelle ~ est-il?** what time is it?; **être à l'~** to be on time; **à quelle ~?** when?, (at) what time?; **~ de pointe** rush hour; **~s de bureau** office hours. **3.** (SCOL) class, period. **4.** *loc*: **c'est l'~ (de faire qqch)** it's time (to do sthg); **de bonne ~** early.

heureusement [œrøzmɑ̃] *adv (par chance)* luckily, fortunately.
heureux, -euse [œrø, øz] *adj* 1. *(gén)* happy; *(favorable)* fortunate; **être ~ de faire qqch** to be happy to do sthg. 2. *(réussi)* successful, happy.
heurt ['œr] *nm* 1. *(choc)* collision, impact. 2. *(désaccord)* clash.
heurter ['œrte] *vt* 1. *(rentrer dans - gén)* to hit; *(- suj: personne)* to bump into. 2. *(offenser - personne, sensibilité)* to offend. 3. *(bon sens, convenances)* to go against. ◆ **se heurter** *vp* 1. *(gén)*: **se ~ (contre)** to collide (with). 2. *(rencontrer)*: **se ~ à qqch** to come up against sthg.
hexagonal, -e, -aux [ɛgzagɔnal, o] *adj* 1. (GÉOM) hexagonal. 2. *(français)* French.
hexagone [ɛgzagɔn] *nm* (GÉOM) hexagon.
hiatus [jatys] *nm inv* hiatus.
hiberner [ibɛrne] *vi* to hibernate.
hibou, -x ['ibu] *nm* owl.
hideux, -euse ['idø, øz] *adj* hideous.
hier [ijɛr] *adv* yesterday.
hiérarchie ['jerarʃi] *nf* hierarchy.
hiéroglyphe [jerɔglif] *nm* hieroglyph, hieroglyphic.
hilare [ilar] *adj* beaming.
hilarité [ilarite] *nf* hilarity.
Himalaya [imalaja] *nm*: **l'~** the Himalayas (*pl*).
hindou, -e [ɛ̃du] *adj* Hindu. ◆ **Hindou, -e** *nm, f* Hindu.
hippie, hippy ['ipi] (*pl* **hippies**) *nmf & adj* hippy.
hippique [ipik] *adj* horse *(avant n)*.
hippodrome [ipɔdrom] *nm* racecourse.
hippopotame [ipɔpɔtam] *nm* hippopotamus.
hirondelle [irɔ̃dɛl] *nf* swallow.
hirsute [irsyt] *adj (chevelure, barbe)* shaggy.
hispanique [ispanik] *adj (gén)* Hispanic.
hisser ['ise] *vt* 1. *(voile, drapeau)* to hoist. 2. *(charge)* to heave, to haul. ◆ **se hisser** *vp* 1. *(grimper)*: **se ~ (sur)** to heave OU haul o.s. up (onto). 2. *fig (s'élever)*: **se ~ à** to pull o.s. up to.
histoire [istwar] *nf* 1. *(science)* history. 2. *(récit, mensonge)* story. 3. *(aventure)* funny OU strange thing. 4. *(gén pl) (ennui)* trouble *(U)*.
historique [istɔrik] *adj* 1. *(roman, recherches)* historical. 2. *(monument, événement)* historic.
hiver [ivɛr] *nm* winter; **en ~** in (the) winter.
HLM (*abr de* **habitation à loyer modéré**) *nm ou nf low-rent, state-owned housing,* ≃ council house/flat *Br*, ≃ public housing unit *Am*.
hobby ['ɔbi] (*pl* **hobbies**) *nm* hobby.
hocher ['ɔʃe] *vt*: **~ la tête** *(affirmativement)* to nod (one's head); *(négativement)* to shake one's head.
hochet ['ɔʃɛ] *nm* rattle.
hockey ['ɔkɛ] *nm* hockey.
holding ['ɔldiŋ] *nm ou nf* holding company.
hold-up ['ɔldœp] *nm inv* hold-up.
hollandais, -e ['ɔlɑ̃dɛ, ɛz] *adj* Dutch. ◆ **hollandais** *nm (langue)* Dutch. ◆ **Hollandais, -e** *nm, f* Dutchman (*f* Dutchwoman).
Hollande ['ɔlɑ̃d] *nf*: **la ~** Holland.
holocauste [ɔlɔkost] *nm* holocaust.
homard ['ɔmar] *nm* lobster.
homéopathie [ɔmeɔpati] *nf* homeopathy.
homicide [ɔmisid] *nm* murder.
hommage [ɔmaʒ] *nm* tribute; **rendre ~ à qqn/qqch** to pay tribute to sb/sthg.
homme [ɔm] *nm* man; **~ d'affaires** businessman; **~ d'État** statesman; **~ politique** politician.
homme-grenouille [ɔmgrənuj] *nm* frogman.
homogène [ɔmɔʒɛn] *adj* homogeneous.
homologue [ɔmɔlɔg] *nm* counterpart, opposite number.
homonyme [ɔmɔnim] *nm* 1. (LING) homonym. 2. *(personne, ville)* namesake.
homosexualité [ɔmɔsɛksɥalite] *nf* homosexuality.
homosexuel, -elle [ɔmɔsɛksɥɛl] *adj & nm, f* homosexual.
Honduras ['ɔ̃dyras] *nm*: **le ~** Honduras.
Hongrie ['ɔ̃gri] *nf*: **la ~** Hungary.
hongrois, -e ['ɔ̃grwa, az] *adj* Hungarian. ◆ **hongrois** *nm (langue)* Hungarian. ◆ **Hongrois, -e** *nm, f* Hungarian.
honnête [ɔnɛt] *adj* 1. *(intègre)* honest. 2. *(correct)* honourable. 3. *(convenable)* reasonable.
honnêtement [ɔnɛtmɑ̃] *adv* 1. *(de façon intègre, franchement)* honestly. 2. *(correctement)* honourably.
honnêteté [ɔnɛtte] *nf* honesty.
honneur [ɔnœr] *nm* honour; **faire ~ à**

(personne) to do credit to; *(repas)* to do justice to.
honorable [ɔnɔrabl] *adj* 1. *(digne)* honourable. 2. *(convenable)* respectable.
honorablement [ɔnɔrabləmɑ̃] *adv* honourably.
honoraire [ɔnɔrɛr] *adj* honorary. ◆ **honoraires** *nmpl* fee *(sg)*, fees.
honorer [ɔnɔre] *vt* 1. *(faire honneur à)* to be a credit to. 2. *(payer)* to honour.
honte ['ɔ̃t] *nf (sentiment)* shame; **avoir ~ de qqn/qqch** to be ashamed of sb/sthg; **avoir ~ de faire qqch** to be ashamed of doing sthg.
honteux, -euse ['ɔ̃tø, øz] *adj* shameful; *(personne)* ashamed.
hôpital, -aux [ɔpital, o] *nm* hospital.
hoquet ['ɔkɛ] *nm* hiccup.
horaire [ɔrɛr] ◇ *nm* 1. *(de départ, d'arrivée)* timetable. 2. *(de travail)* hours *(pl)* (of work). ◇ *adj* hourly.
horizon [ɔrizɔ̃] *nm* 1. *(ligne, perspective)* horizon. 2. *(panorama)* view.
horizontal, -e, -aux [ɔrizɔ̃tal, o] *adj* horizontal. ◆ **horizontale** *nf* (MATHS) horizontal.
horloge [ɔrlɔʒ] *nf* clock.
hormis ['ɔrmi] *prép* save.
hormone [ɔrmɔn] *nf* hormone.
horodateur [ɔrɔdatœr] *nm (à l'usine)* clock; *(au parking)* ticket machine.
horoscope [ɔrɔskɔp] *nm* horoscope.
horreur [ɔrœr] *nf* horror; **avoir ~ de qqn/qqch** to hate sb/sthg; **avoir ~ de faire qqch** to hate doing sthg; **quelle ~!** how dreadful!, how awful!
horrible [ɔribl] *adj* 1. *(affreux)* horrible. 2. *fig (terrible)* terrible, dreadful.
horrifier [ɔrifje] *vt* to horrify.
horripiler [ɔripile] *vt* to exasperate.
hors ['ɔr] *prép* → **pair, service.** ◆ **hors de** *loc prép* outside.
hors-bord ['ɔrbɔr] *nm inv* speedboat.
hors-d'œuvre ['ɔrdœvr] *nm inv* hors d'oeuvre, starter.
hors-jeu ['ɔrʒø] *nm inv & adj inv* offside.
hors-la-loi ['ɔrlalwa] *nm inv* outlaw.
hors-piste ['ɔrpist] *nm inv* off-piste skiing.
hortensia [ɔrtɑ̃sja] *nm* hydrangea.
horticulture [ɔrtikyltyr] *nf* horticulture.
hospice [ɔspis] *nm* home.
hospitalier, -ère [ɔspitalje, ɛr] *adj* 1. *(accueillant)* hospitable. 2. *(relatif aux hôpitaux)* hospital *(avant n)*.
hospitaliser [ɔspitalize] *vt* to hospitalize.
hospitalité [ɔspitalite] *nf* hospitality.
hostie [ɔsti] *nf* host.
hostile [ɔstil] *adj*: **~ (à)** hostile (to).
hostilité [ɔstilite] *nf* hostility. ◆ **hostilités** *nfpl* hostilities.
hôte, hôtesse [ot, otɛs] *nm, f* host *(f* hostess); **hôtesse de l'air** air hostess. ◆ **hôte** *nm (invité)* guest.
hôtel [otɛl] *nm* 1. *(d'hébergement)* hotel. 2. *(établissement public)* public building; **~ de ville** town hall.
hotte ['ɔt] *nf* 1. *(panier)* basket. 2. *(d'aération)* hood.
houblon ['ublɔ̃] *nm* 1. (BOT) hop. 2. *(de la bière)* hops *(pl)*.
houille ['uj] *nf* coal.
houiller, -ère ['uje, ɛr] *adj* coal *(avant n)*. ◆ **houillère** *nf* coalmine.
houle ['ul] *nf* swell.
houlette ['ulɛt] *nf sout*: **sous la ~ de qqn** under the guidance of sb.
houppe ['up] *nf* 1. *(à poudre)* powder puff. 2. *(de cheveux)* tuft.
hourra, hurrah ['ura] *interj* hurrah!
houspiller ['uspije] *vt* to tell off.
housse ['us] *nf* cover.
houx ['u] *nm* holly.
HS *(abr de* **hors service***)* *adj* out of order.
hublot ['yblo] *nm (de bateau)* porthole.
huer ['ɥe] *vt (siffler)* to boo.
huile [ɥil] *nf* 1. *(gén)* oil; **~ d'arachide/d'olive** groundnut/olive oil. 2. *(peinture)* oil painting. 3. *fam (personne)* bigwig.
huis [ɥi] *nm littéraire* door; **à ~ clos** (JUR) in camera.
huissier [ɥisje] *nm* 1. *(appariteur)* usher. 2. (JUR) bailiff.
huit ['ɥit] ◇ *adj num* eight. ◇ *nm* eight; **lundi en ~** a week on *Br* OU from *Am* Monday, Monday week *Br*; *voir aussi* **six.**
huitième ['ɥitjɛm] ◇ *adj num & nmf* eighth. ◇ *nm* eighth; **le ~ de finale** *round before the quarterfinal.* ◇ *nf* (SCOL) ≃ second year OU form *(at junior school) Br,* ≃ fourth grade *Am*; *voir aussi* **sixième.**
huître [ɥitr] *nf* oyster.
humain, -e [ymɛ̃, ɛn] *adj* 1. *(gén)* human. 2. *(sensible)* humane. ◆ **humain** *nm (être humain)* human (being).
humanitaire [ymanitɛr] *adj* humanitarian.
humanité [ymanite] *nf* humanity. ◆ **humanités** *nfpl Belg* humanities.
humble [œ̃bl] *adj* humble.
humecter [ymɛkte] *vt* to moisten.

humer ['yme] *vt* to smell.
humérus [ymerys] *nm* humerus.
humeur [ymœr] *nf* 1. *(disposition)* mood; **être de bonne/mauvaise ~** to be in a good/bad mood. 2. *(caractère)* nature. 3. *sout (irritation)* temper.
humide [ymid] *adj (air, climat)* humid; *(terre, herbe, mur)* wet, damp; *(saison)* rainy; *(front, yeux)* moist.
humidité [ymidite] *nf (de climat, d'air)* humidity; *(de terre, mur)* dampness.
humiliation [ymiljasjɔ̃] *nf* humiliation.
humilier [ymilje] *vt* to humiliate.
humilité [ymilite] *nf* humility.
humoristique [ymɔristik] *adj* humorous.
humour [ymur] *nm* humour.
humus [ymys] *nm* humus.
huppé, -e ['ype] *adj* 1. *fam (société)* upper-crust. 2. *(oiseau)* crested.
hurlement ['yrləmɑ̃] *nm* howl.
hurler ['yrle] *vi (gén)* to howl.
hurrah = **hourra**.
hutte ['yt] *nf* hut.
hybride [ibrid] *nm & adj* hybrid.
hydratant, -e [idratɑ̃, ɑ̃t] *adj* moisturizing.
hydrater [idrate] *vt* 1. (CHIM) to hydrate. 2. *(peau)* to moisturize.
hydraulique [idrolik] *adj* hydraulic.
hydravion [idravjɔ̃] *nm* seaplane, hydroplane.
hydrocarbure [idrɔkarbyr] *nm* hydrocarbon.
hydrocution [idrɔkysjɔ̃] *nf* immersion syncope.
hydroélectrique [idrɔelɛktrik] *adj* hydroelectric.
hydrogène [idrɔʒɛn] *nm* hydrogen.
hydroglisseur [idrɔglisœr] *nm* jetfoil, hydroplane.
hydrophile [idrɔfil] *adj* → **coton**.
hyène [jɛn] *nf* hyena.
hygiène [iʒjɛn] *nf* hygiene.
hygiénique [iʒjenik] *adj* 1. *(sanitaire)* hygienic. 2. *(bon pour la santé)* healthy.
hymne [imn] *nm* hymn.
hypermarché [ipɛrmarʃe] *nm* hypermarket.
hypermétrope [ipɛrmetrɔp] ◇ *nmf* longsighted person. ◇ *adj* longsighted.
hypertension [ipɛrtɑ̃sjɔ̃] *nf* high blood pressure, hypertension.
hypertexte [ipɛrtɛkst] *nm* hypertext.
hypertrophié [ipɛrtrɔfje] *adj* hypertrophic; *fig* exaggerated.
hypnotiser [ipnɔtize] *vt* to hypnotize; *fig* to mesmerize.
hypoallergénique [ipɔalɛrʒenik] *adj* hypoallergenic.
hypocondriaque [ipɔkɔ̃drijak] *nmf & adj* hypochondriac.
hypocrisie [ipɔkrizi] *nf* hypocrisy.
hypocrite [ipɔkrit] ◇ *nmf* hypocrite. ◇ *adj* hypocritical.
hypoglycémie [ipɔglisemi] *nf* hypoglycaemia.
hypotension [ipɔtɑ̃sjɔ̃] *nf* low blood pressure.
hypothèque [ipɔtɛk] *nf* mortgage.
hypothèse [ipɔtɛz] *nf* hypothesis.
hystérie [isteri] *nf* hysteria.
hystérique [isterik] *adj* hysterical.

I

i, I [i] *nm inv* i, I; **mettre les points sur les i** to dot the i's and cross the t's.
ibérique [iberik] *adj*: **la péninsule ~** the Iberian Peninsula.
iceberg [ajsbɛrg] *nm* iceberg.
ici [isi] *adv* 1. *(lieu)* here; **par ~** *(direction)* this way; *(alentour)* around here. 2. *(temps)* now; **d'~ là** by then.
icône [ikon] *nf* (INFORM & RELIG) icon.
iconographie [ikɔnɔgrafi] *nf* iconography.
idéal, -e [ideal] (*pl* **idéals** OU **idéaux** [ideo]) *adj* ideal. ◆ **idéal** *nm* ideal.
idéaliste [idealist] ◇ *nmf* idealist. ◇ *adj* idealistic.
idée [ide] *nf* idea; **à l'~ de/que** at the idea of/that; **se faire des ~s** to imagine things; **cela ne m'est jamais venu à l'~** it never occurred to me.
identification [idɑ̃tifikasjɔ̃] *nf*: **~ (à)** identification (with).
identifier [idɑ̃tifje] *vt* to identify. ◆ **s'identifier** *vp*: **s'~ à qqn/qqch** to identify with sb/sthg.
identique [idɑ̃tik] *adj*: **~ (à)** identical (to).
identité [idɑ̃tite] *nf* identity.
idéologie [ideɔlɔʒi] *nf* ideology.
idiomatique [idjɔmatik] *adj* idiomatic.
idiot, -e [idjo, ɔt] ◇ *adj* idiotic; (MÉD)

idiot (*avant n*). ◇ *nm, f* idiot.
idiotie [idjɔsi] *nf* **1.** *(stupidité)* idiocy. **2.** *(action, parole)* idiotic thing.
idolâtrer [idɔlatre] *vt* to idolize.
idole [idɔl] *nf* idol.
idylle [idil] *nf (amour)* romance.
idyllique [idilik] *adj (idéal)* idyllic.
if [if] *nm* yew.
igloo, iglou [iglu] *nm* igloo.
ignare [iɲar] ◇ *nmf* ignoramus. ◇ *adj* ignorant.
ignoble [iɲɔbl] *adj* **1.** *(abject)* base. **2.** *(hideux)* vile.
ignominie [iɲɔmini] *nf* **1.** *(état)* disgrace. **2.** *(action)* disgraceful act.
ignorance [iɲɔrɑ̃s] *nf* ignorance.
ignorant, -e [iɲɔrɑ̃, ɑ̃t] ◇ *adj* ignorant. ◇ *nm, f* ignoramus.
ignorer [iɲɔre] *vt* **1.** *(ne pas savoir)* not to know, to be unaware of. **2.** *(ne pas tenir compte de)* to ignore. **3.** *(ne pas connaître)* to have no experience of.

---

il [il] *pron pers* **1.** *(personne)* he; *(animal)* it, he; *(chose)* it. **2.** *(avec un v impers)* it; ~ **pleut** it's raining. ◆ **ils** *pron pers pl* they.
île [il] *nf* island; **les ~s Anglo-Normandes** the Channel Islands.
illégal, -e, -aux [ilegal, o] *adj* illegal.
illégalité [ilegalite] *nf (fait d'être illégal)* illegality.
illégitime [ileʒitim] *adj* **1.** *(enfant)* illegitimate; *(union)* unlawful. **2.** *(non justifié)* unwarranted.
illettré, -e [iletre] *adj & nm, f* illiterate.
illicite [ilisit] *adj* illicit.
illimité, -e [ilimite] *adj* **1.** *(sans limites)* unlimited. **2.** *(indéterminé)* indefinite.
illisible [ilizibl] *adj* **1.** *(indéchiffrable)* illegible. **2.** *(incompréhensible &* INFORM*)* unreadable.
illogique [ilɔʒik] *adj* illogical.
illumination [ilyminasjɔ̃] *nf* **1.** *(éclairage)* lighting. **2.** *(idée soudaine)* inspiration.
illuminer [ilymine] *vt* to light up; *(bâtiment, rue)* to illuminate. ◆ **s'illuminer** *vp*: **s'~ de joie** to light up with joy.
illusion [ilyzjɔ̃] *nf* illusion.
illusoire [ilyzwar] *adj* illusory.
illustration [ilystrasjɔ̃] *nf* illustration.
illustre [ilystr] *adj* illustrious.
illustré, -e [ilystre] *adj* illustrated. ◆ **illustré** *nm* illustrated magazine.
illustrer [ilystre] *vt* to illustrate. ◆ **s'illustrer** *vp* to distinguish o.s.
îlot [ilo] *nm* **1.** *(île)* small island, islet. **2.** *fig (de résistance)* pocket.
ils → **il**.
image [imaʒ] *nf* **1.** *(idée, comparaison)* image. **2.** *(dessin)* picture.
imaginaire [imaʒinɛr] *adj* imaginary.
imagination [imaʒinasjɔ̃] *nf* imagination; **avoir de l'~** to be imaginative.
imaginer [imaʒine] *vt* **1.** *(supposer, croire)* to imagine. **2.** *(trouver)* to think of. ◆ **s'imaginer** *vp* **1.** *(se voir)* to see o.s. **2.** *(croire)* to imagine.
imam [imam] *nm* imam.
imbattable [ɛ̃batabl] *adj* unbeatable.
imbécile [ɛ̃besil] *nmf* imbecile.
imberbe [ɛ̃bɛrb] *adj* beardless.
imbiber [ɛ̃bibe] *vt*: ~ **qqch de qqch** to soak sthg with OU in sthg.
imbriqué, -e [ɛ̃brike] *adj* overlapping.
imbroglio [ɛ̃brɔljo] *nm* imbroglio.
imbu, -e [ɛ̃by] *adj*: **être ~ de** to be full of.
imbuvable [ɛ̃byvabl] *adj (eau)* undrinkable.
imitateur, -trice [imitatœr, tris] *nm, f* **1.** *(comique)* impersonator. **2.** *péj (copieur)* imitator.
imitation [imitasjɔ̃] *nf* imitation.
imiter [imite] *vt* **1.** *(s'inspirer de, contrefaire)* to imitate. **2.** *(reproduire l'aspect de)* to look (just) like.
immaculé, -e [imakyle] *adj* immaculate.
immangeable [ɛ̃mɑ̃ʒabl] *adj* inedible.
immanquable [ɛ̃mɑ̃kabl] *adj* impossible to miss; *(sort, échec)* inevitable.
immatriculation [imatrikylasjɔ̃] *nf* registration.
immédiat, -e [imedja, at] *adj* immediate.
immédiatement [imedjatmɑ̃] *adv* immediately.
immense [imɑ̃s] *adj* immense.
immerger [imɛrʒe] *vt* to submerge. ◆ **s'immerger** *vp* to submerge o.s.
immérité, -e [imerite] *adj* undeserved.
immeuble [imœbl] *nm* building.
immigration [imigrasjɔ̃] *nf* immigration.
immigré, -e [imigre] *adj & nm, f* immigrant.
immigrer [imigre] *vi* to immigrate.
imminent, -e [iminɑ̃, ɑ̃t] *adj* imminent.
immiscer [imise] ◆ **s'immiscer** *vp*: **s'~ dans** to interfere in OU with.
immobile [imɔbil] *adj* **1.** *(personne, vi-*

sage) motionless. 2. *(mécanisme)* fixed, stationary. 3. *fig (figé)* immovable.
immobilier, -ère [imɔbilje, ɛr] *adj*: **biens ~s** property *(U) Br*, real estate *(U) Am*.
immobiliser [imɔbilize] *vt* to immobilize. ◆ **s'immobiliser** *vp* to stop.
immobilité [imɔbilite] *nf* immobility; *(de paysage, de lac)* stillness.
immodéré, -e [imɔdere] *adj* inordinate.
immoler [imɔle] *vt* to sacrifice; (RELIG) to immolate. ◆ **s'immoler** *vp* to immolate o.s.
immonde [imɔ̃d] *adj* 1. *(sale)* foul. 2. *(abject)* vile.
immondices [imɔ̃dis] *nfpl* waste *(U)*, refuse *(U)*.
immoral, -e, -aux [imɔral, o] *adj* immoral.
immortaliser [imɔrtalize] *vt* to immortalize.
immortel, -elle [imɔrtɛl] *adj* immortal.
immuable [imɥabl] *adj* 1. *(éternel - loi)* immutable. 2. *(constant)* unchanging.
immuniser [imynize] *vt* 1. *(vacciner)* to immunize. 2. *fig (garantir)*: **~ qqn contre qqch** to make sb immune to sthg.
immunité [imynite] *nf* immunity.
impact [ɛ̃pakt] *nm* impact; **avoir de l'~ sur** to have an impact on.
impair, -e [ɛ̃pɛr] *adj* odd. ◆ **impair** *nm (faux-pas)* gaffe.
imparable [ɛ̃parabl] *adj* 1. *(coup)* unstoppable. 2. *(argument)* unanswerable.
impardonnable [ɛ̃pardɔnabl] *adj* unforgivable.
imparfait, -e [ɛ̃parfɛ, ɛt] *adj* 1. *(défectueux)* imperfect. 2. *(inachevé)* incomplete. ◆ **imparfait** *nm* (GRAM) imperfect (tense).
impartial, -e, -aux [ɛ̃parsjal, o] *adj* impartial.
impartir [ɛ̃partir] *vt*: **~ qqch à qqn** *littéraire (délai, droit)* to grant sthg to sb; *(tâche)* to assign sthg to sb.
impasse [ɛ̃pas] *nf* 1. *(rue)* dead end. 2. *fig (difficulté)* impasse, deadlock.
impassible [ɛ̃pasibl] *adj* impassive.
impatience [ɛ̃pasjɑ̃s] *nf* impatience.
impatient, -e [ɛ̃pasjɑ̃, ɑ̃t] *adj* impatient.
impatienter [ɛ̃pasjɑ̃te] *vt* to annoy. ◆ **s'impatienter** *vp*: **s'~ (de/contre)** to get impatient (at/with).
impayé, -e [ɛ̃pɛje] *adj* unpaid, outstanding. ◆ **impayé** *nm* outstanding payment.
impeccable [ɛ̃pekabl] *adj* 1. *(parfait)* impeccable, faultless. 2. *(propre)* spotless, immaculate.
impénétrable [ɛ̃penetrabl] *adj* impenetrable.
impénitent, -e [ɛ̃penitɑ̃, ɑ̃t] *adj* unrepentant.
impensable [ɛ̃pɑ̃sabl] *adj* unthinkable.
impératif, -ive [ɛ̃peratif, iv] *adj* 1. *(ton, air)* imperious. 2. *(besoin)* imperative, essential. ◆ **impératif** *nm* (GRAM) imperative.
impératrice [ɛ̃peratris] *nf* empress.
imperceptible [ɛ̃pɛrsɛptibl] *adj* imperceptible.
imperfection [ɛ̃pɛrfɛksjɔ̃] *nf* imperfection.
impérialisme [ɛ̃perjalism] *nm* (POLIT) imperialism; *fig* dominance.
impérieux, -euse [ɛ̃perjø, øz] *adj* 1. *(ton)* imperious. 2. *(besoin)* urgent.
impérissable [ɛ̃perisabl] *adj* undying.
imperméabiliser [ɛ̃pɛrmeabilize] *vt* to waterproof.
imperméable [ɛ̃pɛrmeabl] ◇ *adj* waterproof; **~ à** *(étanche)* impermeable to; *fig* impervious OU immune to. ◇ *nm* raincoat.
impersonnel, -elle [ɛ̃pɛrsɔnɛl] *adj* impersonal.
impertinence [ɛ̃pɛrtinɑ̃s] *nf* impertinence *(U)*.
impertinent, -e [ɛ̃pɛrtinɑ̃, ɑ̃t] ◇ *adj* impertinent. ◇ *nm, f* impertinent person.
imperturbable [ɛ̃pɛrtyrbabl] *adj* imperturbable.
impétueux, -euse [ɛ̃petɥø, øz] *adj (personne, caractère)* impetuous.
impie [ɛ̃pi] *adj littéraire* impious.
impitoyable [ɛ̃pitwajabl] *adj* merciless, pitiless.
implacable [ɛ̃plakabl] *adj* implacable.
implanter [ɛ̃plɑ̃te] *vt* 1. *(entreprise)* to establish. 2. *fig (préjugé)* to implant. ◆ **s'implanter** *vp (entreprise)* to set up; *(coutume)* to become established.
implication [ɛ̃plikasjɔ̃] *nf* 1. *(participation)*: **~ (dans)** involvement (in). 2. (*gén pl*) *(conséquence)* implication.
implicite [ɛ̃plisit] *adj* implicit.
impliquer [ɛ̃plike] *vt* 1. *(compromettre)*: **~ qqn dans** to implicate sb in. 2. *(entraîner)* to imply. ◆ **s'impliquer** *vp*: **s'~ dans** *fam* to become involved in.
implorer [ɛ̃plɔre] *vt* to beseech.

implosion [ɛ̃plozjɔ̃] *nf* implosion.
impoli, -e [ɛ̃pɔli] *adj* rude, impolite.
impopulaire [ɛ̃pɔpylɛr] *adj* unpopular.
importance [ɛ̃pɔrtɑ̃s] *nf* 1. *(gén)* importance; *(de problème, montant)* magnitude. 2. *(de dommages)* extent. 3. *(de ville)* size.
important, -e [ɛ̃pɔrtɑ̃, ɑ̃t] *adj* 1. *(gén)* important. 2. *(considérable)* considerable, sizeable; *(dommages)* extensive.
importation [ɛ̃pɔrtasjɔ̃] *nf (*COMM *& fig)* import.
importer [ɛ̃pɔrte] ◇ *vt* to import. ◇ *v impers*: ~ **(à)** to matter (to); **il importe de/que** it is important to/that; **qu'importe! peu importe!** it doesn't matter!; **n'importe qui** anyone (at all); **n'importe quoi** anything (at all); **n'importe où** anywhere (at all); **n'importe quand** at any time (at all).
import-export [ɛ̃pɔrɛkspɔr] *nm* import-export.
importuner [ɛ̃pɔrtyne] *vt* to irk.
imposable [ɛ̃pozabl] *adj* taxable.
imposant, -e [ɛ̃pozɑ̃, ɑ̃t] *adj* imposing.
imposé, -e [ɛ̃poze] *adj* 1. *(contribuable)* taxed. 2. (SPORT) *(figure)* compulsory.
imposer [ɛ̃poze] *vt* 1. *(gén)*: ~ **qqch/qqn à qqn** to impose sthg/sb on sb. 2. *(impressionner)*: **en ~ à qqn** to impress sb. 3. *(taxer)* to tax. ◆ **s'imposer** *vp* 1. *(être nécessaire)* to be essential OU imperative. 2. *(forcer le respect)* to stand out. 3. *(avoir pour règle)*: **s'~ de faire qqch** to make it a rule to do sthg.
impossibilité [ɛ̃pɔsibilite] *nf* impossibility; **être dans l'~ de faire qqch** to be unable to do sthg.
impossible [ɛ̃pɔsibl] ◇ *adj* impossible. ◇ *nm*: **tenter l'~** to attempt the impossible.
imposteur [ɛ̃pɔstœr] *nm* impostor.
impôt [ɛ̃po] *nm* tax; **~s locaux** council tax *Br*, local tax *Am*; **~ sur le revenu** income tax.
impotent, -e [ɛ̃pɔtɑ̃, ɑ̃t] *adj* disabled.
impraticable [ɛ̃pratikabl] *adj* 1. *(inapplicable)* impracticable. 2. *(inaccessible)* impassable.
imprécation [ɛ̃prekasjɔ̃] *nf littéraire* imprecation.
imprécis, -e [ɛ̃presi, iz] *adj* imprecise.
imprégner [ɛ̃preɲe] *vt (imbiber)*: ~ **qqch de qqch** to soak sthg in sthg; ~ **qqn de qqch** *fig* to fill sb with sthg. ◆ **s'imprégner** *vp*: **s'~ de qqch** *(s'imbiber & fig)* to soak sthg up.
imprenable [ɛ̃prənabl] *adj* 1. *(forteresse)* impregnable. 2. *(vue)* unimpeded.
imprésario, impresario [ɛ̃presarjo] *nm* impresario.
impression [ɛ̃presjɔ̃] *nf* 1. *(gén)* impression; **avoir l'~ que** to have the impression OU feeling that. 2. *(de livre, tissu)* printing. 3. (PHOT) print.
impressionner [ɛ̃presjɔne] *vt* 1. *(frapper)* to impress. 2. *(choquer)* to shock, to upset. 3. *(intimider)* to frighten. 4. (PHOT) to expose.
impressionniste [ɛ̃presjɔnist] *nmf & adj* impressionist.
imprévisible [ɛ̃previzibl] *adj* unforeseeable.
imprévu, -e [ɛ̃prevy] *adj* unforeseen. ◆ **imprévu** *nm* unforeseen situation.
imprimante [ɛ̃primɑ̃t] *nf* printer.
imprimé, -e [ɛ̃prime] *adj* printed. ◆ **imprimé** *nm* 1. (POSTES) printed matter *(U)*. 2. *(formulaire)* printed form. 3. *(tissu)* print.
imprimer [ɛ̃prime] *vt* 1. *(texte, tissu)* to print. 2. *(mouvement)* to impart. 3. *(marque, empreinte)* to leave.
imprimerie [ɛ̃primri] *nf* 1. *(technique)* printing. 2. *(usine)* printing works *(sg)*.
improbable [ɛ̃prɔbabl] *adj* improbable.
improductif, -ive [ɛ̃prɔdyktif, iv] *adj* unproductive.
impromptu, -e [ɛ̃prɔ̃pty] *adj* impromptu.
impropre [ɛ̃prɔpr] *adj* 1. (GRAM) incorrect. 2. *(inadapté)*: ~ **à** unfit for.
improviser [ɛ̃prɔvize] *vt* to improvise. ◆ **s'improviser** *vp* 1. *(s'organiser)* to be improvised. 2. *(devenir)*: **s'~ metteur en scène** to act as director.
improviste [ɛ̃prɔvist] ◆ **à l'improviste** *loc adv* unexpectedly, without warning.
imprudence [ɛ̃prydɑ̃s] *nf* 1. *(de personne, d'acte)* rashness. 2. *(acte)* rash act.
imprudent, -e [ɛ̃prydɑ̃, ɑ̃t] ◇ *adj* rash. ◇ *nm, f* rash person.
impubère [ɛ̃pybɛr] *adj (avant la puberté)* pre-pubescent.
impudent, -e [ɛ̃pydɑ̃, ɑ̃t] ◇ *adj* impudent. ◇ *nm, f* impudent person.
impudique [ɛ̃pydik] *adj* shameless.
impuissant, -e [ɛ̃pɥisɑ̃, ɑ̃t] *adj* 1. *(incapable)*: ~ **(à faire qqch)** powerless (to do sthg). 2. *(homme, fureur)* impotent.
impulsif, -ive [ɛ̃pylsif, iv] ◇ *adj* impulsive. ◇ *nm, f* impulsive person.
impulsion [ɛ̃pylsjɔ̃] *nf* 1. *(poussée,*

essor) impetus. **2.** *(instinct)* impulse, instinct. **3.** *fig*: **sous l'~ de qqn** at the prompting OU instigation of sb; **sous l'~ de qqch** impelled by sthg.
impunément [ɛ̃pynemɑ̃] *adv* with impunity.
impunité [ɛ̃pynite] *nf* impunity; **en toute ~** with impunity.
impur, -e [ɛ̃pyr] *adj* impure.
impureté [ɛ̃pyrte] *nf* impurity.
imputer [ɛ̃pyte] *vt*: **~ qqch à qqn/à qqch** to attribute sthg to sb/to sthg; **~ qqch à qqch** (FIN) to charge sthg to sthg.
imputrescible [ɛ̃pytresibl] *adj (bois)* rotproof; *(déchets)* non-degradable.
inabordable [inabɔrdabl] *adj* **1.** *(prix)* prohibitive. **2.** (GÉOGR) inaccessible *(by boat)*. **3.** *(personne)* unapproachable.
inacceptable [inaksɛptabl] *adj* unacceptable.
inaccessible [inaksesibl] *adj (lieu, personne)* inaccessible; *(objectif)* unattainable.
inaccoutumé, -e [inakutyme] *adj* unaccustomed.
inachevé, -e [inaʃve] *adj* unfinished, uncompleted.
inactif, -ive [inaktif, iv] *adj* **1.** *(oisif, non utilisé)* idle. **2.** *(sans effet)* ineffective. **3.** *(sans emploi)* non-working.
inaction [inaksjɔ̃] *nf* inaction.
inadapté, -e [inadapte] *adj* **1.** *(non adapté)*: **~ (à)** unsuitable (for), unsuited (to). **2.** *(asocial)* maladjusted.
inadmissible [inadmisibl] *adj (conduite)* unacceptable.
inadvertance [inadvɛrtɑ̃s] *nf littéraire* oversight; **par ~** inadvertently.
inaliénable [inaljenabl] *adj* inalienable.
inaltérable [inalterabl] *adj* **1.** *(matériau)* stable. **2.** *(sentiment)* unfailing.
inamovible [inamɔvibl] *adj* fixed.
inanimé, -e [inanime] *adj* **1.** *(sans vie)* inanimate. **2.** *(inerte, évanoui)* senseless.
inanition [inanisjɔ̃] *nf*: **tomber/mourir d'~** to faint with/die of hunger.
inaperçu, -e [inapɛrsy] *adj* unnoticed.
inappréciable [inapresjabl] *adj (précieux)* invaluable.
inapprochable [inaprɔʃabl] *adj*: **il est vraiment ~ en ce moment** you can't say anything to him at the moment.
inapte [inapt] *adj* **1.** *(incapable)*: **~ à qqch/à faire qqch** incapable of sthg/of doing sthg. **2.** (MIL) unfit.
inattaquable [inatakabl] *adj* **1.** *(imprenable)* impregnable. **2.** *(irréprochable)* irreproachable, beyond reproach. **3.** *(irréfutable)* irrefutable.
inattendu, -e [inatɑ̃dy] *adj* unexpected.
inattention [inatɑ̃sjɔ̃] *nf* inattention; **faute d'~** careless mistake.
inaudible [inodibl] *adj* inaudible.
inauguration [inogyrasjɔ̃] *nf (cérémonie)* inauguration, opening (ceremony).
inaugurer [inogyre] *vt* **1.** *(monument)* to unveil; *(installation, route)* to open; *(procédé, édifice)* to inaugurate. **2.** *(époque)* to usher in.
inavouable [inavwabl] *adj* unmentionable.
incalculable [ɛ̃kalkylabl] *adj* incalculable.
incandescence [ɛ̃kɑ̃desɑ̃s] *nf* incandescence.
incantation [ɛ̃kɑ̃tasjɔ̃] *nf* incantation.
incapable [ɛ̃kapabl] ◇ *nmf (raté)* incompetent. ◇ *adj*: **~ de faire qqch** *(inapte à)* incapable of doing sthg; *(dans l'impossibilité de)* unable to do sthg.
incapacité [ɛ̃kapasite] *nf* **1.** *(impossibilité)*: **~ à** OU **de faire qqch** inability to do sthg. **2.** *(invalidité)* disability.
incarcération [ɛ̃karserasjɔ̃] *nf* incarceration.
incarner [ɛ̃karne] *vt* **1.** *(personnifier)* to be the incarnation of. **2.** (CIN & THÉÂTRE) to play.
incartade [ɛ̃kartad] *nf* misdemeanour.
incassable [ɛ̃kasabl] *adj* unbreakable.
incendie [ɛ̃sɑ̃di] *nm* fire; *fig* flames *(pl)*.
incendier [ɛ̃sɑ̃dje] *vt (mettre le feu à)* to set alight, to set fire to.
incertain, -e [ɛ̃sɛrtɛ̃, ɛn] *adj* **1.** *(gén)* uncertain; *(temps)* unsettled. **2.** *(vague - lumière)* dim; *(- contour)* blurred.
incertitude [ɛ̃sɛrtityd] *nf* uncertainty.
incessamment [ɛ̃sesamɑ̃] *adv* at any moment, any moment now.
incessant, -e [ɛ̃sesɑ̃, ɑ̃t] *adj* incessant.
inceste [ɛ̃sɛst] *nm* incest.
inchangé, -e [ɛ̃ʃɑ̃ʒe] *adj* unchanged.
incidence [ɛ̃sidɑ̃s] *nf* effect, impact *(U)*.
incident, -e [ɛ̃sidɑ̃, ɑ̃t] *adj* incidental.
◆ **incident** *nm* incident.
incinérer [ɛ̃sinere] *vt* **1.** *(corps)* to cremate. **2.** *(ordures)* to incinerate.
inciser [ɛ̃size] *vt* to incise, to make an incision in.
incisif, -ive [ɛ̃sizif, iv] *adj* incisive.
◆ **incisive** *nf* incisor.
inciter [ɛ̃site] *vt* **1.** *(provoquer)*: **~ qqn à qqch/à faire qqch** to incite sb to sthg/to

do sthg. 2. *(encourager)*: **~ qqn à faire qqch** to encourage sb to do sthg.

inclassable [ɛ̃klasabl] *adj* unclassifiable.

inclinable [ɛ̃klinabl] *adj* reclinable, reclining.

inclinaison [ɛ̃klinɛzɔ̃] *nf* 1. *(pente)* incline. 2. *(de tête, chapeau)* angle, tilt.

incliner [ɛ̃kline] *vt (pencher)* to tilt, to lean. ◆ **s'incliner** *vp* 1. *(se pencher)* to tilt, to lean. 2. *(céder)*: **s'~ (devant)** to give in (to), to yield (to). 3. *(respecter)*: **s'~ devant** to bow down before.

inclure [ɛ̃klyr] *vt (mettre dedans)*: **~ qqch dans qqch** to include sthg in sthg; *(joindre)* to enclose sthg with sthg.

inclus, -e [ɛ̃kly, yz] ◇ *pp* → **inclure**. ◇ *adj* 1. *(taxe, frais)* included; *(lettre)* enclosed; **jusqu'à la page 10 ~e** up to and including page 10. 2. (MATHS): **être ~ dans** to be a subset of.

incoercible [ɛ̃kɔɛrsibl] *adj sout* uncontrollable.

incognito [ɛ̃kɔɲito] *adv* incognito.

incohérent, -e [ɛ̃kɔerɑ̃, ɑ̃t] *adj* incoherent, inconsistent.

incollable [ɛ̃kɔlabl] *adj* 1. *(riz)* non-stick. 2. *fam (imbattable)* unbeatable.

incolore [ɛ̃kɔlɔr] *adj* colourless.

incomber [ɛ̃kɔ̃be] *vi*: **~ à qqn** to be sb's responsibility; **il incombe à qqn de faire qqch** *(emploi impersonnel)* it falls to sb OU it is incumbent on sb to do sthg.

incommensurable [ɛ̃kɔmɑ̃syrabl] *adj (immense)* immeasurable.

incommoder [ɛ̃kɔmɔde] *vt sout* to trouble.

incomparable [ɛ̃kɔ̃parabl] *adj* 1. *(différent)* not comparable. 2. *(sans pareil)* incomparable.

incompatible [ɛ̃kɔ̃patibl] *adj* incompatible.

incompétent, -e [ɛ̃kɔ̃petɑ̃, ɑ̃t] *adj (incapable)* incompetent.

incomplet, -ète [ɛ̃kɔ̃plɛ, ɛt] *adj* incomplete.

incompréhensible [ɛ̃kɔ̃preɑ̃sibl] *adj* incomprehensible.

incompris, -e [ɛ̃kɔ̃pri, iz] ◇ *adj* misunderstood, not appreciated. ◇ *nm, f* misunderstood person.

inconcevable [ɛ̃kɔ̃svabl] *adj* unimaginable.

inconciliable [ɛ̃kɔ̃siljabl] *adj* irreconcilable.

inconditionnel, -elle [ɛ̃kɔ̃disjɔnɛl] ◇ *adj* 1. *(total)* unconditional. 2. *(fervent)* ardent. ◇ *nm, f* ardent supporter OU admirer.

inconfortable [ɛ̃kɔ̃fɔrtabl] *adj* uncomfortable.

incongru, -e [ɛ̃kɔ̃gry] *adj* 1. *(malséant)* unseemly, inappropriate. 2. *(bizarre)* incongruous.

inconnu, -e [ɛ̃kɔny] ◇ *adj* unknown. ◇ *nm, f* stranger. ◆ **inconnue** *nf* 1. (MATHS) unknown. 2. *(variable)* unknown (factor).

inconsciemment [ɛ̃kɔ̃sjamɑ̃] *adv* 1. *(sans en avoir conscience)* unconsciously, unwittingly. 2. *(à la légère)* thoughtlessly.

inconscient, -e [ɛ̃kɔ̃sjɑ̃, ɑ̃t] *adj* 1. *(évanoui, machinal)* unconscious. 2. *(irresponsable)* thoughtless. ◆ **inconscient** *nm*: **l'~** the unconscious.

inconsidéré, -e [ɛ̃kɔ̃sidere] *adj* ill-considered, thoughtless.

inconsistant, -e [ɛ̃kɔ̃sistɑ̃, ɑ̃t] *adj* 1. *(aliment)* thin, watery. 2. *(caractère)* frivolous.

inconsolable [ɛ̃kɔ̃sɔlabl] *adj* inconsolable.

incontestable [ɛ̃kɔ̃tɛstabl] *adj* unquestionable, indisputable.

incontinent, -e [ɛ̃kɔ̃tinɑ̃, ɑ̃t] *adj* (MÉD) incontinent.

incontournable [ɛ̃kɔ̃turnabl] *adj* unavoidable.

inconvenant, -e [ɛ̃kɔ̃vnɑ̃, ɑ̃t] *adj* improper, unseemly.

inconvénient [ɛ̃kɔ̃venjɑ̃] *nm* 1. *(obstacle)* problem. 2. *(désavantage)* disadvantage, drawback. 3. *(risque)* risk.

incorporé, -e [ɛ̃kɔrpɔre] *adj* built-in.

incorporer [ɛ̃kɔrpɔre] *vt* 1. *(gén)* to incorporate; **~ qqch dans** to incorporate sthg into; **~ qqch à** (CULIN) to mix OU blend sthg into. 2. (MIL) to enlist.

incorrect, -e [ɛ̃kɔrɛkt] *adj* 1. *(faux)* incorrect. 2. *(inconvenant)* inappropriate; *(impoli)* rude. 3. *(déloyal)* unfair; **être ~ avec qqn** to treat sb unfairly.

incorrection [ɛ̃kɔrɛksjɔ̃] *nf* 1. *(impolitesse)* impropriety. 2. *(de langage)* grammatical mistake. 3. *(malhonnêteté)* dishonesty.

incorrigible [ɛ̃kɔriʒibl] *adj* incorrigible.

incorruptible [ɛ̃kɔryptibl] *adj* incorruptible.

incrédule [ɛ̃kredyl] *adj* 1. *(sceptique)* incredulous, sceptical. 2. (RELIG) unbelieving.

increvable [ɛ̃krəvabl] *adj* 1. *(ballon, pneu)* puncture-proof. 2. *fam fig (personne)* tireless.

incriminer [ɛ̃krimine] *vt* 1. *(personne)*

to incriminate. 2. *(conduite)* to condemn.
incroyable [ɛ̃krwajabl] *adj* incredible, unbelievable.
incroyant, -e [ɛ̃krwajɑ̃, ɑ̃t] *nm, f* unbeliever.
incruster [ɛ̃kryste] *vt* 1. *(insérer)*: **~ qqch dans qqch** to inlay sthg into sthg. 2. *(décorer)*: **~ qqch de qqch** to inlay sthg with sthg. 3. *(couvrir d'un dépôt)* to fur up. ◆ **s'incruster** *vp*: **s'~ dans qqch** to become embedded in sthg.
incubation [ɛ̃kybasjɔ̃] *nf (d'œuf, de maladie)* incubation; *fig* hatching.
inculpation [ɛ̃kylpasjɔ̃] *nf* charge.
inculper [ɛ̃kylpe] *vt* to charge; **~ qqn de** to charge sb with.
inculquer [ɛ̃kylke] *vt*: **~ qqch à qqn** to instil sthg in sb.
inculte [ɛ̃kylt] *adj* 1. *(terre)* uncultivated. 2. *péj (personne)* uneducated.
incurable [ɛ̃kyrabl] *adj* incurable.
incursion [ɛ̃kyrsjɔ̃] *nf* incursion, foray.
Inde [ɛ̃d] *nf*: **l'~** India.
indéboulonnable [ɛ̃debulɔnabl] *adj*: **il est ~** *hum* they'll never be able to sack him.
indécent, -e [ɛ̃desɑ̃, ɑ̃t] *adj* 1. *(impudique)* indecent. 2. *(immoral)* scandalous.
indéchiffrable [ɛ̃deʃifrabl] *adj* 1. *(texte, écriture)* indecipherable. 2. *fig (regard)* inscrutable, impenetrable.
indécis, -e [ɛ̃desi, iz] ◇ *adj* 1. *(personne - sur le moment)* undecided; *(- de nature)* indecisive. 2. *(sourire)* vague. ◇ *nm, f* indecisive person.
indécision [ɛ̃desizjɔ̃] *nf* indecision; *(perpétuelle)* indecisiveness.
indécrottable [ɛ̃dekrɔtabl] *adj fam* 1. *(borné)* incredibly dumb. 2. *(incorrigible)* hopeless.
indéfendable [ɛ̃defɑ̃dabl] *adj* indefensible.
indéfini, -e [ɛ̃defini] *adj (quantité, pronom)* indefinite.
indéfinissable [ɛ̃definisabl] *adj* indefinable.
indéformable [ɛ̃defɔrmabl] *adj* that retains its shape.
indélébile [ɛ̃delebil] *adj* indelible.
indélicat, -e [ɛ̃delika, at] *adj* 1. *(mufle)* indelicate. 2. *(malhonnête)* dishonest.
indemne [ɛ̃dɛmn] *adj* unscathed, unharmed.
indemniser [ɛ̃dɛmnize] *vt*: **~ qqn de qqch** *(perte, préjudice)* to compensate sb for sthg; *(frais)* to reimburse sb for sthg.
indemnité [ɛ̃dɛmnite] *nf* 1. *(de perte)* compensation. 2. *(de frais)* allowance.
indémodable [ɛ̃demɔdabl] *adj*: **ce style est ~** this style doesn't date.
indéniable [ɛ̃denjabl] *adj* undeniable.
indépendance [ɛ̃depɑ̃dɑ̃s] *nf* independence.
indépendant, -e [ɛ̃depɑ̃dɑ̃, ɑ̃t] *adj* 1. *(gén)* independent; *(entrée)* separate; **~ de ma volonté** beyond my control. 2. *(travailleur)* self-employed.
indéracinable [ɛ̃derasinabl] *adj (arbre)* impossible to uproot; *fig* ineradicable.
indescriptible [ɛ̃dɛskriptibl] *adj* indescribable.
indestructible [ɛ̃dɛstryktibl] *adj* indestructible.
indéterminé, -e [ɛ̃detɛrmine] *adj (indéfini)* indeterminate, indefinite.
index [ɛ̃dɛks] *nm* 1. *(doigt)* index finger. 2. *(registre)* index.
indexer [ɛ̃dɛkse] *vt* 1. (ÉCON): **~ qqch sur qqch** to index sthg to sthg. 2. *(livre)* to index.
indicateur, -trice [ɛ̃dikatœr, tris] *adj*: **poteau ~** signpost; **panneau ~** road sign. ◆ **indicateur** *nm* 1. *(guide)* directory, guide; **~ des chemins de fer** railway timetable. 2. (TECHNOL) gauge. 3. (ÉCON) indicator. 4. *(de police)* informer.
indicatif, -ive [ɛ̃dikatif, iv] *adj* indicative. ◆ **indicatif** *nm* 1. (RADIO & TÉLÉ) signature tune. 2. *(code)*: **~ (téléphonique)** dialling code *Br*, dial code *Am*. 3. (GRAM): **l'~** the indicative.
indication [ɛ̃dikasjɔ̃] *nf* 1. *(mention)* indication. 2. *(renseignement)* information *(U)*. 3. *(directive)* instruction; (THÉÂTRE) direction; **sauf ~ contraire** unless otherwise instructed.
indice [ɛ̃dis] *nm* 1. *(signe)* sign. 2. *(dans une enquête)* clue. 3. *(taux)* rating; **~ du coût de la vie** (ÉCON) cost-of-living index. 4. (MATHS) index.
indicible [ɛ̃disibl] *adj* inexpressible.
indien, -enne [ɛ̃djɛ̃, ɛn] *adj* 1. *(d'Inde)* Indian. 2. *(d'Amérique)* American Indian, Native American. ◆ **Indien, -enne** *nm, f* 1. *(d'Inde)* Indian. 2. *(d'Amérique)* American Indian, Native American.
indifféremment [ɛ̃diferamɑ̃] *adv* indifferently.
indifférent, -e [ɛ̃diferɑ̃, ɑ̃t] ◇ *adj* *(gén)*: **~ à** indifferent to. ◇ *nm, f* unconcerned person.
indigence [ɛ̃diʒɑ̃s] *nf* poverty.

indigène [ɛ̃diʒɛn] ◇ *nmf* native. ◇ *adj (peuple)* native.

indigent, -e [ɛ̃diʒɑ̃, ɑ̃t] ◇ *adj (pauvre)* destitute, poverty-stricken. ◇ *nm, f* poor person; **les ~s** the poor, the destitute.

indigeste [ɛ̃diʒɛst] *adj* indigestible.

indigestion [ɛ̃diʒɛstjɔ̃] *nf* 1. *(alimentaire)* indigestion. 2. *fig* surfeit.

indignation [ɛ̃diɲasjɔ̃] *nf* indignation.

indigné, -e [ɛ̃diɲe] *adj* indignant.

indigner [ɛ̃diɲe] *vt* to make indignant. ◆ **s'indigner** *vp*: **s'~ de** OU **contre qqch** to get indignant about sthg.

indigo [ɛ̃digo] ◇ *nm* indigo. ◇ *adj inv* indigo (blue).

indiquer [ɛ̃dike] *vt* 1. *(désigner)* to indicate, to point out. 2. *(suj: carte, pendule, aiguille)* to show, to indicate. 3. *(recommander)*: **~ qqn/qqch à qqn** to tell sb of sb/sthg, to suggest sb/sthg to sb. 4. *(renseigner sur)* to tell; **pourriez-vous m'~ l'heure?** could you tell me the time? 5. *(fixer - heure, date, lieu)* to name, to indicate.

indirect, -e [ɛ̃dirɛkt] *adj (gén)* indirect; *(itinéraire)* roundabout.

indiscipliné, -e [ɛ̃disipline] *adj* 1. *(écolier, esprit)* undisciplined, unruly. 2. *fig (mèches de cheveux)* unmanageable.

indiscret, -ète [ɛ̃diskrɛ, ɛt] ◇ *adj* indiscreet; *(curieux)* inquisitive. ◇ *nm, f* indiscreet person.

indiscrétion [ɛ̃diskresjɔ̃] *nf* indiscretion; *(curiosité)* curiosity.

indiscutable [ɛ̃diskytabl] *adj* unquestionable, indisputable.

indispensable [ɛ̃dispɑ̃sabl] *adj* indispensable, essential; **~ à** indispensable to, essential to; **il est ~ de faire qqch** it is essential OU vital to do sthg.

indisponible [ɛ̃dispɔnibl] *adj* unavailable.

indisposer [ɛ̃dispoze] *vt sout (rendre malade)* to indispose.

indistinct, -e [ɛ̃distɛ̃(kt), ɛ̃kt] *adj* indistinct; *(souvenir)* hazy.

individu [ɛ̃dividy] *nm* individual.

individuel, -elle [ɛ̃dividɥɛl] *adj* individual.

indivisible [ɛ̃divizibl] *adj* indivisible.

Indochine [ɛ̃dɔʃin] *nf*: **l'~** Indochina.

indolent, -e [ɛ̃dɔlɑ̃, ɑ̃t] *adj* 1. *(personne)* indolent, lethargic. 2. *(geste, regard)* languid.

indolore [ɛ̃dɔlɔr] *adj* painless.

indomptable [ɛ̃dɔ̃tabl] *adj* 1. *(animal)* untamable. 2. *(personne)* indomitable.

Indonésie [ɛ̃dɔnezi] *nf*: **l'~** Indonesia.

indu, -e [ɛ̃dy] *adj (heure)* ungodly, unearthly.

indubitable [ɛ̃dybitabl] *adj* indubitable, undoubted; **il est ~ que** it is indisputable OU beyond doubt that.

induire [ɛ̃dɥir] *vt* to induce; **~ qqn à faire qqch** to induce sb to do sthg; **~ qqn en erreur** to mislead sb; **en ~ que** to infer OU gather that.

indulgence [ɛ̃dylʒɑ̃s] *nf (de juge)* leniency; *(de parent)* indulgence.

indulgent, -e [ɛ̃dylʒɑ̃, ɑ̃t] *adj (juge)* lenient; *(parent)* indulgent.

indûment [ɛ̃dymɑ̃] *adv* unduly.

industrialiser [ɛ̃dystrijalize] *vt* to industrialize. ◆ **s'industrialiser** *vp* to become industrialized.

industrie [ɛ̃dystri] *nf* industry.

industriel, -elle [ɛ̃dystrijɛl] *adj* industrial. ◆ **industriel** *nm* industrialist.

inébranlable [inebrɑ̃labl] *adj* 1. *(roc)* solid, immovable. 2. *fig (conviction)* unshakeable.

inédit, -e [inedi, it] *adj* 1. *(texte)* unpublished. 2. *(original)* novel, original.

ineffable [inefabl] *adj* ineffable.

ineffaçable [inefasabl] *adj* indelible.

inefficace [inefikas] *adj* 1. *(personne, machine)* inefficient. 2. *(solution, remède, mesure)* ineffective.

inefficacité [inefikasite] *nf* 1. *(de personne, machine)* inefficiency. 2. *(de solution, remède, mesure)* ineffectiveness.

inégal, -e, -aux [inegal, o] *adj* 1. *(différent, disproportionné)* unequal. 2. *(irrégulier)* uneven. 3. *(changeant)* changeable; *(artiste, travail)* erratic.

inégalé, -e [inegale] *adj* unequalled.

inégalité [inegalite] *nf* 1. *(injustice)* inequality. 2. *(différence)* difference, disparity. 3. *(irrégularité)* unevenness. 4. *(d'humeur)* changeability.

inélégant, -e [inelegɑ̃, ɑ̃t] *adj* 1. *(dans l'habillement)* inelegant. 2. *fig (indélicat)* discourteous.

inéligible [ineliʒibl] *adj* ineligible.

inéluctable [inelyktabl] *adj* inescapable.

inénarrable [inenarabl] *adj* very funny.

inepte [inɛpt] *adj* inept.

ineptie [inɛpsi] *nf* 1. *(bêtise)* ineptitude. 2. *(chose idiote)* nonsense *(U)*.

inépuisable [inepɥizabl] *adj* inexhaustible.

inerte [inɛrt] *adj* 1. *(corps, membre)* life-

less. 2. *(personne)* passive, inert. 3. (PHYS) inert.
inertie [inɛrsi] *nf* 1. *(manque de réaction)* apathy, inertia. 2. (PHYS) inertia.
inespéré, -e [inɛspere] *adj* unexpected, unhoped-for.
inesthétique [inɛstetik] *adj* unaesthetic.
inestimable [inɛstimabl] *adj*: **d'une valeur ~** priceless; *fig* invaluable.
inévitable [inevitabl] *adj (obstacle)* unavoidable; *(conséquence)* inevitable.
inexact, -e [inɛgza(kt), akt] *adj* 1. *(faux, incomplet)* inaccurate, inexact. 2. *(en retard)* unpunctual.
inexactitude [inɛgzaktityd] *nf (erreur, imprécision)* inaccuracy.
inexcusable [inɛkskyzabl] *adj* unforgivable, inexcusable.
inexistant, -e [inɛgzistɑ̃, ɑ̃t] *adj* nonexistent.
inexorable [inɛgzɔrabl] *adj* inexorable.
inexpérience [inɛksperjɑ̃s] *nf* lack of experience, inexperience.
inexplicable [inɛksplikabl] *adj* inexplicable, unexplainable.
inexpliqué, -e [inɛksplike] *adj* unexplained.
inexpressif, -ive [inɛkspresif, iv] *adj* inexpressive.
inexprimable [inɛksprimabl] *adj* inexpressible.
inextensible [inɛkstɑ̃sibl] *adj* 1. *(matériau)* unstretchable. 2. *(étoffe)* non-stretch.
in extremis [inɛkstremis] *adv* at the last minute.
inextricable [inɛkstrikabl] *adj* 1. *(fouillis)* inextricable. 2. *fig (affaire, mystère)* that cannot be unravelled.
infaillible [ɛ̃fajibl] *adj (personne, méthode)* infallible; *(instinct)* unerring.
infâme [ɛ̃fam] *adj* 1. *(ignoble)* despicable. 2. *hum ou littéraire (dégoûtant)* vile.
infanterie [ɛ̃fɑ̃tri] *nf* infantry.
infanticide [ɛ̃fɑ̃tisid] ◇ *nmf* infanticide, child-killer. ◇ *adj* infanticidal.
infantile [ɛ̃fɑ̃til] *adj* 1. *(maladie)* childhood (*avant n*). 2. *(médecine)* for children. 3. *(comportement)* infantile.
infarctus [ɛ̃farktys] *nm* infarction, infarct; **~ du myocarde** coronary thrombosis, myocardial infarction.
infatigable [ɛ̃fatigabl] *adj* 1. *(personne)* tireless. 2. *(attitude)* untiring.
infect, -e [ɛ̃fɛkt] *adj (dégoûtant)* vile.
infecter [ɛ̃fɛkte] *vt* 1. *(eau)* to contaminate. 2. *(plaie)* to infect. 3. *(empoisonner)* to poison. ◆ **s'infecter** *vp* to become infected, to turn septic.
infectieux, -euse [ɛ̃fɛksjø, øz] *adj* infectious.
infection [ɛ̃fɛksjɔ̃] *nf* 1. (MÉD) infection. 2. *fig & péj (puanteur)* stench.
inférieur, -e [ɛ̃ferjœr] ◇ *adj* 1. *(qui est en bas)* lower. 2. *(dans une hiérarchie)* inferior; **~ à** *(qualité)* inferior to; *(quantité)* less than. ◇ *nm, f* inferior.
infériorité [ɛ̃ferjɔrite] *nf* inferiority.
infernal, -e, -aux [ɛ̃fɛrnal, o] *adj (bruit, chaleur, enfant)* infernal.
infester [ɛ̃fɛste] *vt* to infest; **être infesté de** *(rats, moustiques)* to be infested with; *(touristes)* to be overrun by.
infidèle [ɛ̃fidɛl] *adj* 1. *(mari, femme, ami)*: **~ (à)** unfaithful (to). 2. *(traducteur, historien)* inaccurate.
infidélité [ɛ̃fidelite] *nf* infidelity.
infiltration [ɛ̃filtrasjɔ̃] *nf* infiltration.
infiltrer [ɛ̃filtre] *vt* to infiltrate. ◆ **s'infiltrer** *vp* 1. *(pluie, lumière)*: **s'~ par/dans** to filter through/into. 2. *(hommes, idées)* to infiltrate.
infime [ɛ̃fim] *adj* minute, infinitesimal.
infini, -e [ɛ̃fini] *adj* 1. *(sans bornes)* infinite, boundless. 2. (MATHS, PHILO & RELIG) infinite. 3. *fig (interminable)* endless, interminable. ◆ **infini** *nm* infinity. ◆ **à l'infini** *loc adv* 1. (MATHS) to infinity. 2. *(discourir)* ad infinitum, endlessly.
infiniment [ɛ̃finimɑ̃] *adv* extremely, immensely.
infinité [ɛ̃finite] *nf* infinity, infinite number.
infinitif, -ive [ɛ̃finitif, iv] *adj* infinitive. ◆ **infinitif** *nm* infinitive.
infirme [ɛ̃firm] ◇ *adj* disabled, infirm. ◇ *nmf* disabled person.
infirmer [ɛ̃firme] *vt* 1. *(démentir)* to invalidate. 2. (JUR) to annul.
infirmerie [ɛ̃firməri] *nf* infirmary.
infirmier, -ère [ɛ̃firmje, ɛr] *nm, f* nurse.
infirmité [ɛ̃firmite] *nf* disability.
inflammable [ɛ̃flamabl] *adj* inflammable, flammable.
inflammation [ɛ̃flamasjɔ̃] *nf* inflammation.
inflation [ɛ̃flasjɔ̃] *nf* (ÉCON) inflation; *fig* increase.
inflationniste [ɛ̃flasjɔnist] *adj & nmf* inflationist.
infléchir [ɛ̃fleʃir] *vt fig (politique)* to modify.
inflexible [ɛ̃flɛksibl] *adj* inflexible.

inflexion [ɛ̃flɛksjɔ̃] *nf* 1. *(de tête)* nod. 2. *(de voix)* inflection.

infliger [ɛ̃fliʒe] *vt*: ~ **qqch à qqn** to inflict sthg on sb; *(amende)* to impose sthg on sb.

influençable [ɛ̃flyɑ̃sabl] *adj* easily influenced.

influence [ɛ̃flyɑ̃s] *nf* influence; *(de médicament)* effect.

influencer [ɛ̃flyɑ̃se] *vt* to influence.

influer [ɛ̃flye] *vi*: ~ **sur qqch** to influence sthg, to have an effect on sthg.

Infographie® [ɛ̃fɔgrafi] *nf* computer graphics *(U)*.

informaticien, -enne [ɛ̃fɔrmatisjɛ̃, ɛn] *nm, f* computer scientist.

information [ɛ̃fɔrmasjɔ̃] *nf* 1. *(renseignement)* piece of information. 2. *(renseignements & INFORM)* information *(U)*. 3. *(nouvelle)* piece of news. ◆ **informations** *nfpl* news *(sg)*.

informatique [ɛ̃fɔrmatik] ◇ *nf* 1. *(technique)* computers. 2. *(science)* computer science. ◇ *adj* data-processing *(avant n)*, computer *(avant n)*.

informatiser [ɛ̃fɔrmatize] *vt* to computerize.

informe [ɛ̃fɔrm] *adj* shapeless.

informel, -elle [ɛ̃fɔrmɛl] *adj* informal.

informer [ɛ̃fɔrme] *vt* to inform; ~ **qqn sur** OU **de qqch** to inform sb about sthg. ◆ **s'informer** *vp* to inform o.s.; **s'~ de qqch** to ask about sthg; **s'~ sur qqch** to find out about sthg.

infortune [ɛ̃fɔrtyn] *nf* misfortune.

infos [ɛ̃fo] *(abr de* **informations***)* *nfpl fam*: **les ~** the news *(sg)*.

infraction [ɛ̃fraksjɔ̃] *nf*: **être en ~** to be in breach of the law.

infranchissable [ɛ̃frɑ̃ʃisabl] *adj* insurmountable.

infrarouge [ɛ̃fraruʒ] *nm & adj* infrared.

infrastructure [ɛ̃frastryktyr] *nf* infrastructure.

infroissable [ɛ̃frwasabl] *adj* crease-resistant.

infructueux, -euse [ɛ̃fryktɥø, øz] *adj* fruitless.

infuser [ɛ̃fyze] *vi (tisane)* to infuse; *(thé)* to brew.

infusion [ɛ̃fyzjɔ̃] *nf* infusion.

ingénier [ɛ̃ʒenje] ◆ **s'ingénier** *vp*: **s'~ à faire qqch** to try hard to do sthg.

ingénieur [ɛ̃ʒenjœr] *nm* engineer.

ingénieux, -euse [ɛ̃ʒenjø, øz] *adj* ingenious.

ingéniosité [ɛ̃ʒenjozite] *nf* ingenuity.

ingénu, -e [ɛ̃ʒeny] ◇ *adj* naïve. ◇ *nm, f (candide)* naïve person; (THÉÂTRE) ingénue.

ingérable [ɛ̃ʒerabl] *adj* unmanageable.

ingérer [ɛ̃ʒere] *vt* to ingest. ◆ **s'ingérer** *vp*: **s'~ dans** to interfere in.

ingrat, -e [ɛ̃gra, at] ◇ *adj* 1. *(personne)* ungrateful. 2. *(métier)* thankless, unrewarding. 3. *(sol)* barren. 4. *(visage)* unattractive. ◇ *nm, f* ungrateful wretch.

ingratitude [ɛ̃gratityd] *nf* ingratitude.

ingrédient [ɛ̃gredjɑ̃] *nm* ingredient.

inguérissable [ɛ̃gerisabl] *adj* incurable.

ingurgiter [ɛ̃gyrʒite] *vt* 1. *(avaler)* to swallow. 2. *fig (savoir)* to absorb.

inhabitable [inabitabl] *adj* uninhabitable.

inhabité, -e [inabite] *adj* uninhabited.

> «Inhabité» et *inhabited* sont des faux amis par excellence, puisqu'ils veulent dire exactement le contraire l'un de l'autre. Ainsi, *the footprints in the sand indicated that the island must be inhabited* signifie «les traces de pas dans le sable indiquaient que l'île devait être habitée». Pour traduire «inhabité», il faut faire précéder l'adjectif anglais du préfixe *un-*, comme dans: «la région est complètement inhabitée», *the area is completely uninhabited*.

inhabituel, -elle [inabitɥɛl] *adj* unusual.

inhalateur, -trice [inalatœr, tris] *adj*: **appareil ~** inhaler. ◆ **inhalateur** *nm* inhaler.

inhalation [inalasjɔ̃] *nf* inhalation.

inhérent, -e [inerɑ̃, ɑ̃t] *adj*: ~ **à** inherent in.

inhibition [inibisjɔ̃] *nf* inhibition.

inhospitalier, -ère [inɔspitalje, ɛr] *adj* inhospitable.

inhumain, -e [inymɛ̃, ɛn] *adj* inhuman.

inhumation [inymasjɔ̃] *nf* burial.

inhumer [inyme] *vt* to bury.

inimaginable [inimaʒinabl] *adj* incredible, unimaginable.

inimitable [inimitabl] *adj* inimitable.

ininflammable [inɛ̃flamabl] *adj* non-flammable.

inintelligible [inɛ̃teliʒibl] *adj* unintelligible.

inintéressant, -e [inɛ̃terɛsɑ̃, ɑ̃t] *adj* uninteresting.

ininterrompu, -e [inɛ̃tɛrɔ̃py] *adj (file, vacarme)* uninterrupted; *(ligne, suite)* unbroken; *(travail, effort)* continuous.
inique [inik] *adj* iniquitous.
initial, -e, -aux [inisjal, o] *adj (lettre)* initial. ♦ **initiale** *nf* initial.
initiateur, -trice [inisjatœr, tris] *nm, f* 1. *(maître)* initiator. 2. *(précurseur)* innovator.
initiation [inisjasjɔ̃] *nf*: **~ (à)** *(discipline)* introduction (to); *(rituel)* initiation (into).
initiative [inisjativ] *nf* initiative; **prendre l'~ de qqch/de faire qqch** to take the initiative for sthg/in doing sthg.
initié, -e [inisje] ◇ *adj* initiated. ◇ *nm, f* initiate.
initier [inisje] *vt*: **~ qqn à** to initiate sb into.
injecté, -e [ɛ̃ʒɛkte] *adj*: **yeux ~s de sang** bloodshot eyes.
injecter [ɛ̃ʒɛkte] *vt* to inject.
injection [ɛ̃ʒɛksjɔ̃] *nf* injection.
injoignable [ɛ̃jwaɲabl] *adj*: **il est ~** it's impossible to get hold of him.
injonction [ɛ̃ʒɔ̃ksjɔ̃] *nf* injunction.
injure [ɛ̃ʒyr] *nf* insult.
injurier [ɛ̃ʒyrje] *vt* to insult.

> «Injurier» ne se traduit jamais par *to injure*, qui, malgré la ressemblance orthographique, a le sens de «blesser», notamment par accident (*he was injured in a car accident*, «il a été blessé dans un accident de voiture»). Une phrase du type «il n'arrête pas de l'injurier» se traduira par *he's always insulting her*.

injurieux, -euse [ɛ̃ʒyrjø, øz] *adj* abusive, insulting.
injuste [ɛ̃ʒyst] *adj* unjust, unfair.
injustice [ɛ̃ʒystis] *nf* injustice.
inlassable [ɛ̃lasabl] *adj* tireless.
inlassablement [ɛ̃lasabləmɑ̃] *adv* tirelessly.
inné, -e [ine] *adj* innate.
innocence [inɔsɑ̃s] *nf* innocence.
innocent, -e [inɔsɑ̃, ɑ̃t] ◇ *adj* innocent. ◇ *nm, f* 1. (JUR) innocent person. 2. *(inoffensif, candide)* innocent. 3. *vieilli (idiot)* simpleton.
innocenter [inɔsɑ̃te] *vt* 1. (JUR) to clear. 2. *fig (excuser)* to justify.
innombrable [inɔ̃brabl] *adj* innumerable; *(foule)* vast.
innover [inɔve] *vi* to innovate.
inobservation [inɔpsɛrvasjɔ̃] *nf* inobservance.
inoccupé, -e [inɔkype] *adj (lieu)* empty, unoccupied.
inoculer [inɔkyle] *vt* (MÉD): **~ qqch à qqn** to inoculate sb with sthg.
inodore [inɔdɔr] *adj* odourless.
inoffensif, -ive [inɔfɑ̃sif, iv] *adj* harmless.
inondation [inɔ̃dasjɔ̃] *nf* 1. *(action)* flooding. 2. *(résultat)* flood.
inonder [inɔ̃de] *vt* to flood; **~ de** *fig* to flood with.
inopérable [inɔperabl] *adj* inoperable.
inopérant, -e [inɔperɑ̃, ɑ̃t] *adj* ineffective.
inopiné, -e [inɔpine] *adj* unexpected.
inopportun, -e [inɔpɔrtœ̃, yn] *adj* inopportune.
inoubliable [inublijabl] *adj* unforgettable.
inouï, -e [inwi] *adj* incredible, extraordinary.
Inox® [inɔks] *nm inv & adj inv* stainless steel.
inoxydable [inɔksidabl] *adj* stainless; *(casserole)* stainless steel *(avant n)*.
inqualifiable [ɛ̃kalifjabl] *adj* unspeakable.
inquiet, -ète [ɛ̃kjɛ, ɛt] *adj* 1. *(gén)* anxious. 2. *(tourmenté)* feverish.
inquiéter [ɛ̃kjete] *vt* 1. *(troubler)* to worry. 2. *(déranger)* to disturb. ♦ **s'inquiéter** *vp* 1. *(s'alarmer)* to be worried. 2. *(se préoccuper)*: **s'~ de** to worry about.
inquiétude [ɛ̃kjetyd] *nf* anxiety, worry.
inquisiteur, -trice [ɛ̃kizitœr, tris] *adj* prying.
insaisissable [ɛ̃sezisabl] *adj* 1. *(personne)* elusive. 2. *fig (nuance)* imperceptible.
insalubre [ɛ̃salybr] *adj* unhealthy.
insatiable [ɛ̃sasjabl] *adj* insatiable.
insatisfait, -e [ɛ̃satisfɛ, ɛt] ◇ *adj (personne)* dissatisfied. ◇ *nm, f* malcontent.
inscription [ɛ̃skripsjɔ̃] *nf* 1. *(action, écrit)* inscription. 2. *(enregistrement)* enrolment, registration.
inscrire [ɛ̃skrir] *vt* 1. *(écrire)* to write down. 2. *(personne)*: **~ qqn à qqch** to enrol OU register sb for sthg; **~ qqn sur qqch** to put sb's name down on sthg. 3. *(but)* to score. ♦ **s'inscrire** *vp*: **s'~ à qqch** to enrol OU register for sthg; **s'~ sur une liste** to put one's name down on a list.
inscrit, -e [ɛ̃skri, it] ◇ *pp* → **inscrire**. ◇ *adj (sur liste)* registered; **être ~ sur**

une liste to have one's name on a list. ◇ *nm, f* registered person.
insecte [ɛ̃sɛkt] *nm* insect.
insecticide [ɛ̃sɛktisid] *nm & adj* insecticide.
insécurité [ɛ̃sekyrite] *nf* insecurity.
insémination [ɛ̃seminasjɔ̃] *nf* insemination; **~ artificielle** artificial insemination.
insensé, -e [ɛ̃sɑ̃se] *adj* **1.** *(déraisonnable)* insane. **2.** *(incroyable, excentrique)* extraordinary.
insensibiliser [ɛ̃sɑ̃sibilize] *vt* to anaesthetize; **~ qqn (à)** *fig* to make sb insensitive (to).
insensible [ɛ̃sɑ̃sibl] *adj* **1.** *(gén)*: **~ (à)** insensitive (to). **2.** *(imperceptible)* imperceptible.
insensiblement [ɛ̃sɑ̃sibləmɑ̃] *adv* imperceptibly.
inséparable [ɛ̃separabl] *adj*: **~ (de)** inseparable (from).
insérer [ɛ̃sere] *vt* to insert; **~ une annonce dans un journal** to put an advertisement in a newspaper. ◆ **s'insérer** *vp (s'intégrer)*: **s'~ dans** to fit into.
insidieux, -euse [ɛ̃sidjø, øz] *adj* insidious.
insigne [ɛ̃siɲ] ◇ *nm* badge. ◇ *adj* **1.** *littéraire (honneur)* distinguished. **2.** *hum (maladresse)* remarkable.
insignifiant, -e [ɛ̃siɲifjɑ̃, ɑ̃t] *adj* insignificant.
insinuation [ɛ̃sinɥasjɔ̃] *nf* insinuation, innuendo.
insinuer [ɛ̃sinɥe] *vt* to insinuate, to imply. ◆ **s'insinuer** *vp*: **s'~ dans** *(eau, humidité, odeur)* to seep into; *fig (personne)* to insinuate o.s. into.
insipide [ɛ̃sipid] *adj (aliment)* insipid, tasteless; *fig* insipid.
insistance [ɛ̃sistɑ̃s] *nf* insistence.
insister [ɛ̃siste] *vi* to insist; **~ sur** to insist on; **~ pour faire qqch** to insist on doing sthg.
insolation [ɛ̃sɔlasjɔ̃] *nf* sunstroke *(U)*.
insolence [ɛ̃sɔlɑ̃s] *nf* insolence *(U)*.
insolent, -e [ɛ̃sɔlɑ̃, ɑ̃t] ◇ *adj* **1.** *(personne, acte)* insolent. **2.** *(joie)* unashamed, blatant. ◇ *nm, f* insolent person.
insolite [ɛ̃sɔlit] *adj* unusual.
insoluble [ɛ̃sɔlybl] *adj* insoluble.
insolvable [ɛ̃sɔlvabl] *adj* insolvent.
insomnie [ɛ̃sɔmni] *nf* insomnia *(U)*.
insondable [ɛ̃sɔ̃dabl] *adj (gouffre, mystère)* unfathomable; *(bêtise)* abysmal.
insonoriser [ɛ̃sɔnɔrize] *vt* to soundproof.
insouciance [ɛ̃susjɑ̃s] *nf (légèreté)* carefree attitude.
insouciant, -e [ɛ̃susjɑ̃, ɑ̃t] *adj (sans-souci)* carefree.
insoumis, -e [ɛ̃sumi, iz] *adj* **1.** *(caractère)* rebellious. **2.** *(peuple)* unsubjugated. **3.** *(soldat)* deserting.
insoumission [ɛ̃sumisjɔ̃] *nf* **1.** *(caractère rebelle)* rebelliousness. **2.** (MIL) desertion.
insoupçonné, -e [ɛ̃supsɔne] *adj* unsuspected.
insoutenable [ɛ̃sutnabl] *adj* **1.** *(rythme)* unsustainable. **2.** *(scène, violence)* unbearable. **3.** *(théorie)* untenable.
inspecter [ɛ̃spɛkte] *vt* to inspect.
inspecteur, -trice [ɛ̃spɛktœr, tris] *nm, f* inspector.
inspection [ɛ̃spɛksjɔ̃] *nf* **1.** *(contrôle)* inspection. **2.** *(fonction)* inspectorate.
inspiration [ɛ̃spirasjɔ̃] *nf* **1.** *(gén)* inspiration; *(idée)* bright idea, brainwave; **avoir de l'~** to be inspired. **2.** *(d'air)* breathing in.
inspiré, -e [ɛ̃spire] *adj* inspired.
inspirer [ɛ̃spire] *vt* **1.** *(gén)* to inspire; **~ qqch à qqn** to inspire sb with sthg. **2.** *(air)* to breathe in, to inhale. ◆ **s'inspirer** *vp (prendre modèle sur)*: **s'~ de qqn/qqch** to be inspired by sb/sthg.
instable [ɛ̃stabl] *adj* **1.** *(gén)* unstable. **2.** *(vie, temps)* unsettled.
installation [ɛ̃stalasjɔ̃] *nf* **1.** *(de gaz, électricité)* installation. **2.** *(d'un médecin, artisan)* setting up; *(d'un locataire)* settling in. **3.** *(gén pl) (équipement)* installations *(pl)*, fittings *(pl)*; *(industrielle)* plant *(U)*; **~ électrique** wiring.
installer [ɛ̃stale] *vt* **1.** *(gaz, eau)* to install, to put in. **2.** *(appartement)* to fit out. **3.** *(rideaux, étagères)* to put up; *(meubles)* to put in. **4.** *(personne)*: **~ qqn** to get sb settled, to install sb. ◆ **s'installer** *vp* **1.** *(médecin, artisan)* to set (o.s.) up. **2.** *(emménager)* to settle in; **s'~ chez qqn** to move in with sb. **3.** *(dans fauteuil)* to settle down. **4.** *fig (maladie, routine)* to set in.
instamment [ɛ̃stamɑ̃] *adv* insistently.
instance [ɛ̃stɑ̃s] *nf* **1.** *(autorité)* authority. **2.** (JUR) proceedings *(pl)*. **3.** *(insistance)* entreaties *(pl)*. ◆ **en instance** *loc adj* pending. ◆ **en instance de** *loc adv* on the point of.
instant [ɛ̃stɑ̃] *nm* instant; **à l'~** *(il y a peu de temps)* a moment ago; *(immédiatement)* this minute; **à tout ~** *(en permanence)* at all times; *(d'un moment à*

l'autre) at any moment; **pour l'~** for the moment.
instantané, -e [ɛ̃stɑ̃tane] *adj* **1.** *(immédiat)* instantaneous. **2.** *(soluble)* instant. ◆ **instantané** *nm* snapshot.
instar [ɛ̃star] ◆ **à l'instar de** *loc prép* following the example of.
instaurer [ɛ̃stɔre] *vt (instituer)* to establish; *fig (peur, confiance)* to instil.
instigateur, -trice [ɛ̃stigatœr, tris] *nm, f* instigator.
instigation [ɛ̃stigasjɔ̃] *nf* instigation. ◆ **à l'instigation de, sur l'instigation de** *loc prép* at the instigation of.
instinct [ɛ̃stɛ̃] *nm* instinct.
instinctif, -ive [ɛ̃stɛ̃ktif, iv] ◇ *adj* instinctive. ◇ *nm, f* instinctive person.
instituer [ɛ̃stitɥe] *vt* **1.** *(pratique)* to institute. **2.** (JUR) *(personne)* to appoint.
institut [ɛ̃stity] *nm* **1.** *(gén)* institute; **l'~ Pasteur** *important medical research centre.* **2.** *(de soins)*: **~ de beauté** beauty salon.
instituteur, -trice [ɛ̃stitytœr, tris] *nm, f* primary *Br* OU grade *Am* teacher.
institution [ɛ̃stitysjɔ̃] *nf* **1.** *(gén)* institution. **2.** *(école privée)* private school. ◆ **institutions** *nfpl* institutions.
instructif, -ive [ɛ̃stryktif, iv] *adj* instructive, educational.
instruction [ɛ̃stryksjɔ̃] *nf* **1.** *(enseignement, savoir)* education. **2.** *(formation)* training. **3.** *(directive)* order. **4.** (JUR) (pre-trial) investigation. ◆ **instructions** *nfpl* instructions.
instruit, -e [ɛ̃strɥi, it] *adj* educated.
instrument [ɛ̃strymɑ̃] *nm* instrument; **~ de musique** musical instrument.
insu [ɛ̃sy] ◆ **à l'insu de** *loc prép*: **à l'~ de qqn** without sb knowing; **ils ont tout organisé à mon ~** they organized it all without my knowing.
insubordination [ɛ̃sybɔrdinasjɔ̃] *nf* insubordination.
insuccès [ɛ̃syksɛ] *nm* failure.
insuffisance [ɛ̃syfizɑ̃s] *nf* **1.** *(manque)* insufficiency. **2.** (MÉD) deficiency.
insuffisant, -e [ɛ̃syfizɑ̃, ɑ̃t] *adj* **1.** *(en quantité)* insufficient. **2.** *(en qualité)* inadequate, unsatisfactory.
insuffler [ɛ̃syfle] *vt* **1.** *(air)* to blow. **2.** *fig (sentiment)*: **~ qqch à qqn** to inspire sb with sthg.
insulaire [ɛ̃sylɛr] ◇ *nmf* islander. ◇ *adj* (GÉOGR) island *(avant n)*.
insuline [ɛ̃sylin] *nf* insulin.
insulte [ɛ̃sylt] *nf* insult.
insulter [ɛ̃sylte] *vt* to insult.
insupportable [ɛ̃sypɔrtabl] *adj* unbearable.
insurgé, -e [ɛ̃syrʒe] *adj & nm, f* insurgent, rebel.
insurger [ɛ̃syrʒe] ◆ **s'insurger** *vp* to rebel, to revolt; **s'~ contre qqch** to protest against sthg.
insurmontable [ɛ̃syrmɔ̃tabl] *adj (difficulté)* insurmountable; *(dégoût)* uncontrollable.
insurrection [ɛ̃syrɛksjɔ̃] *nf* insurrection.
intact, -e [ɛ̃takt] *adj* intact.
intangible [ɛ̃tɑ̃ʒibl] *adj* **1.** *littéraire (impalpable)* intangible. **2.** *(sacré)* inviolable.
intarissable [ɛ̃tarisabl] *adj* inexhaustible; **il est ~** he could go on talking for ever.
intégral, -e, -aux [ɛ̃tegral, o] *adj* **1.** *(paiement)* in full; *(texte)* unabridged, complete. **2.** (MATHS): **calcul ~** integral calculus.
intégralement [ɛ̃tegralmɑ̃] *adv* fully, in full.
intégrant, -e [ɛ̃tegrɑ̃, ɑ̃t] → **parti**.
intègre [ɛ̃tɛgr] *adj* honest, of integrity.
intégré, -e [ɛ̃tegre] *adj (élément)* built-in.
intégrer [ɛ̃tegre] *vt (assimiler)*: **~ (à** OU **dans)** to integrate (into). ◆ **s'intégrer** *vp* **1.** *(s'incorporer)*: **s'~ dans** OU **à** to fit into. **2.** *(s'adapter)* to integrate.
intégrisme [ɛ̃tegrism] *nm* fundamentalism.
intégrité [ɛ̃tegrite] *nf* **1.** *(totalité)* entirety. **2.** *(honnêteté)* integrity.
intellectuel, -elle [ɛ̃telɛktɥɛl] *adj & nm, f* intellectual.
intelligence [ɛ̃teliʒɑ̃s] *nf* **1.** *(facultés mentales)* intelligence; **~ artificielle** artificial intelligence. **2.** *(compréhension, complicité)* understanding.
intelligent, -e [ɛ̃teliʒɑ̃, ɑ̃t] *adj* intelligent.
intelligible [ɛ̃teliʒibl] *adj* **1.** *(voix)* clear. **2.** *(concept, texte)* intelligible.
intello [ɛ̃tɛlo] *adj inv & nmf péj* highbrow.
intempéries [ɛ̃tɑ̃peri] *nfpl* bad weather *(U)*.
intempestif, -ive [ɛ̃tɑ̃pɛstif, iv] *adj* untimely.
intenable [ɛ̃tənabl] *adj* **1.** *(chaleur, personne)* unbearable. **2.** *(position)* untenable, indefensible.
intendance [ɛ̃tɑ̃dɑ̃s] *nf* **1.** (MIL) commissariat; (SCOL & UNIV) bursar's office. **2.** *(gestion)* management.

intendant, -e [ɛ̃tɑ̃dɑ̃, ɑ̃t] *nm, f* 1. (SCOL & UNIV) bursar. 2. *(de manoir)* steward. ◆ **intendant** *nm* (MIL) quartermaster.

intense [ɛ̃tɑ̃s] *adj (gén)* intense.

intensif, -ive [ɛ̃tɑ̃sif, iv] *adj* intensive.

intensité [ɛ̃tɑ̃site] *nf* intensity.

intenter [ɛ̃tɑ̃te] *vt* (JUR): **~ qqch contre** OU **à qqn** to bring sthg against sb.

intention [ɛ̃tɑ̃sjɔ̃] *nf* intention; **avoir l'~ de faire qqch** to intend to do sthg. ◆ **à l'intention de** *loc prép* for.

intentionné, -e [ɛ̃tɑ̃sjɔne] *adj*: **bien ~** well-meaning; **mal ~** ill-disposed.

intentionnel, -elle [ɛ̃tɑ̃sjɔnɛl] *adj* intentional.

interactif, -ive [ɛ̃tɛraktif, iv] *adj* interactive.

intercalaire [ɛ̃tɛrkalɛr] ◇ *nm* insert. ◇ *adj*: **feuillet ~** insert.

intercaler [ɛ̃tɛrkale] *vt*: **~ qqch dans qqch** *(feuillet, citation)* to insert sthg in sthg; *(dans le temps)* to fit sthg into sthg.

intercéder [ɛ̃tɛrsede] *vi*: **~ pour** OU **en faveur de qqn auprès de qqn** to intercede with sb on behalf of sb.

intercepter [ɛ̃tɛrsɛpte] *vt* 1. *(lettre, ballon)* to intercept. 2. *(chaleur)* to block.

interchangeable [ɛ̃tɛrʃɑ̃ʒabl] *adj* interchangeable.

interclasse [ɛ̃tɛrklas] *nm* break.

interdiction [ɛ̃tɛrdiksjɔ̃] *nf* 1. *(défense)*: **'~ de stationner'** 'strictly no parking'. 2. *(prohibition, suspension)*: **~ (de)** ban (on), banning (of); **~ de séjour** *order banning released prisoner from living in certain areas.*

interdire [ɛ̃tɛrdir] *vt* 1. *(prohiber)*: **~ qqch à qqn** to forbid sb sthg; **~ à qqn de faire qqch** to forbid sb to do sthg. 2. *(empêcher)* to prevent; **~ à qqn de faire qqch** to prevent sb from doing sthg. 3. *(bloquer)* to block.

interdit, -e [ɛ̃tɛrdi, it] ◇ *pp* → **interdire**. ◇ *adj* 1. *(défendu)* forbidden; **il est ~ de fumer** you're not allowed to smoke. 2. *(ébahi)*: **rester ~** to be stunned. 3. *(privé)*: **être ~ de chéquier** to have had one's chequebook facilities withdrawn; **~ de séjour** banned from entering the country.

intéressant, -e [ɛ̃terɛsɑ̃, ɑ̃t] *adj* 1. *(captivant)* interesting. 2. *(avantageux)* advantageous, good.

intéressé, -e [ɛ̃terese] *adj (concerné)* concerned, involved; *péj (motivé)* self-interested.

intéresser [ɛ̃terese] *vt* 1. *(captiver)* to interest; **~ qqn à qqch** to interest sb in sthg. 2. (COMM) *(faire participer)*: **~ les employés (aux bénéfices)** to give one's employees a share in the profits. 3. *(concerner)* to concern. ◆ **s'intéresser** *vp*: **s'~ à qqn/qqch** to take an interest in sb/sthg, to be interested in sb/sthg.

intérêt [ɛ̃terɛ] *nm* 1. *(gén)* interest; **~ pour** interest in; **avoir ~ à faire qqch** to be well advised to do sthg. 2. *(importance)* significance. ◆ **intérêts** *nmpl* 1. (FIN) interest *(sg)*. 2. (COMM): **avoir des ~s dans** to have a stake in.

interface [ɛ̃tɛrfas] *nf* (INFORM) interface; **~ graphique** graphic interface.

interférer [ɛ̃tɛrfere] *vi* 1. (PHYS) to interfere. 2. *fig (s'immiscer)*: **~ dans qqch** to interfere in sthg.

intérieur, -e [ɛ̃terjœr] *adj* 1. *(gén)* inner. 2. *(de pays)* domestic. ◆ **intérieur** *nm* 1. *(gén)* inside; **de l'~** from the inside; **à l'~ (de qqch)** inside (sthg). 2. *(de pays)* interior.

intérim [ɛ̃terim] *nm* 1. *(période)* interim period; **par ~** acting. 2. *(travail temporaire)* temporary OU casual work; *(dans bureau)* temping.

intérimaire [ɛ̃terimɛr] ◇ *adj* 1. *(ministre, directeur)* acting *(avant n)*. 2. *(employé, fonctions)* temporary. ◇ *nmf (employé)* temp.

intérioriser [ɛ̃terjɔrize] *vt* to internalize.

interjection [ɛ̃tɛrʒɛksjɔ̃] *nf* (LING) interjection.

interligne [ɛ̃tɛrliɲ] *nm* (line) spacing.

interlocuteur, -trice [ɛ̃tɛrlɔkytœr, tris] *nm, f* 1. *(dans conversation)* speaker; **mon ~** the person to whom I am/was speaking. 2. *(dans négociation)* negotiator.

interloquer [ɛ̃tɛrlɔke] *vt* to disconcert.

interlude [ɛ̃tɛrlyd] *nm* interlude.

intermède [ɛ̃tɛrmɛd] *nm* interlude.

intermédiaire [ɛ̃tɛrmedjɛr] ◇ *nm* intermediary, go-between; **par l'~ de qqn/qqch** through sb/sthg. ◇ *adj* intermediate.

interminable [ɛ̃tɛrminabl] *adj* never-ending, interminable.

intermittence [ɛ̃tɛrmitɑ̃s] *nf (discontinuité)*: **par ~** intermittently, off and on.

intermittent, -e [ɛ̃tɛrmitɑ̃, ɑ̃t] *adj* intermittent.

internat [ɛ̃tɛrna] *nm (école)* boarding school; *(régime)* boarding.

international, -e, -aux [ɛ̃tɛrnasjɔnal, o] *adj* international.

internaute [ɛ̃tɛrnot] *nmf* (INFORM) Internet user.
interne [ɛ̃tɛrn] ◇ *nmf* 1. *(élève)* boarder. 2. (MÉD & UNIV) houseman *Br*, intern *Am*. ◇ *adj* 1. (ANAT) internal; *(oreille)* inner. 2. *(du pays)* domestic.
interner [ɛ̃tɛrne] *vt* 1. (POLIT) to intern. 2. (MÉD) to commit.
Internet [ɛ̃tɛrnɛt] *nm*: **l'~** the Internet.
interpeller [ɛ̃tɛrpəle] *vt* 1. *(apostropher)* to call OU shout out to. 2. *(interroger)* to take in for questioning.
Interphone® [ɛ̃tɛrfɔn] *nm* intercom; *(d'un immeuble)* entry phone.
interposer [ɛ̃tɛrpoze] *vt* to interpose. ◆ **s'interposer** *vp*: **s'~ entre** to intervene OU come between.
interprète [ɛ̃tɛrprɛt] *nmf* 1. *(gén)* interpreter. 2. (CIN, MUS & THÉÂTRE) performer.
interpréter [ɛ̃tɛrprete] *vt* to interpret.
interrogateur, -trice [ɛ̃terɔgatœr, tris] *adj* inquiring *(avant n)*.
interrogatif, -ive [ɛ̃terɔgatif, iv] *adj* (GRAM) interrogative.
interrogation [ɛ̃terɔgasjɔ̃] *nf* 1. *(de prisonnier)* interrogation; *(de témoin)* questioning. 2. *(question)* question. 3. (SCOL) test.
interrogatoire [ɛ̃terɔgatwar] *nm* 1. *(de police, juge)* questioning. 2. *(procès-verbal)* statement.
interrogeable [ɛ̃tɛrɔʒabl] *adj*: **répondeur ~ à distance** answerphone with remote playback facility.
interroger [ɛ̃terɔʒe] *vt* 1. *(questionner)* to question; *(accusé, base de données)* to interrogate; **~ qqn (sur qqch)** to question sb (about sthg). 2. *(faits, conscience)* to examine. ◆ **s'interroger** *vp*: **s'~ sur** to wonder about.
interrompre [ɛ̃tɛrɔ̃pr] *vt* to interrupt. ◆ **s'interrompre** *vp* to stop.
interrupteur [ɛ̃teryptœr] *nm* switch.
interruption [ɛ̃terypsjɔ̃] *nf* 1. *(arrêt)* break. 2. *(action)* interruption.
intersection [ɛ̃tɛrsɛksjɔ̃] *nf* intersection.
interstice [ɛ̃tɛrstis] *nm* chink, crack.
interurbain, -e [ɛ̃tɛryrbɛ̃, ɛn] *adj* long-distance. ◆ **interurbain** *nm*: **l'~** the long-distance telephone service.
intervalle [ɛ̃tɛrval] *nm* 1. *(spatial)* space, gap. 2. *(temporel)* interval, period (of time); **à 6 jours d'~** after 6 days. 3. (MUS) interval.
intervenant, -e [ɛ̃tɛrvənɑ̃, ɑ̃t] *nm, f* *(orateur)* speaker.
intervenir [ɛ̃tɛrvənir] *vi* 1. *(personne)* to intervene; **~ auprès de qqn** to intervene with sb; **~ dans qqch** to intervene in sthg; **faire ~ qqn** to bring OU call in sb. 2. *(événement)* to take place.
intervention [ɛ̃tɛrvɑ̃sjɔ̃] *nf* 1. *(gén)* intervention. 2. (MÉD) operation; **subir une ~ chirurgicale** to have an operation, to have surgery. 3. *(discours)* speech.
intervenu, -e [ɛ̃tɛrvəny] *pp* → **intervenir**.
intervertir [ɛ̃tɛrvɛrtir] *vt* to reverse, to invert.
interview [ɛ̃tɛrvju] *nf* interview.
interviewer [ɛ̃tɛrvjuve] *vt* to interview.
intestin [ɛ̃tɛstɛ̃] *nm* intestine.
intestinal, -e, -aux [ɛ̃tɛstinal, o] *adj* intestinal.
intime [ɛ̃tim] ◇ *nmf* close friend. ◇ *adj* *(gén)* intimate; *(vie, journal)* private.
intimider [ɛ̃timide] *vt* to intimidate.
intimité [ɛ̃timite] *nf* 1. *(secret)* depths *(pl)*. 2. *(familiarité, confort)* intimacy. 3. *(vie privée)* privacy.
intitulé [ɛ̃tityle] *nm* *(titre)* title; *(de paragraphe)* heading.
intituler [ɛ̃tityle] *vt* to call, to entitle. ◆ **s'intituler** *vp* *(ouvrage)* to be called OU entitled.
intolérable [ɛ̃tɔlerabl] *adj* intolerable.
intolérance [ɛ̃tɔlerɑ̃s] *nf* *(religieuse, politique)* intolerance.
intolérant, -e [ɛ̃tɔlerɑ̃, ɑ̃t] *adj* intolerant.
intonation [ɛ̃tɔnasjɔ̃] *nf* intonation.
intouchable [ɛ̃tuʃabl] *nmf & adj* untouchable.
intoxication [ɛ̃tɔksikasjɔ̃] *nf* 1. *(empoisonnement)* poisoning. 2. *fig (propagande)* brainwashing.
intoxiquer [ɛ̃tɔksike] *vt*: **~ qqn par** *(empoisonner)* to poison sb with; *fig* to indoctrinate sb with.
intraduisible [ɛ̃tradɥizibl] *adj* *(texte)* untranslatable.
intraitable [ɛ̃trɛtabl] *adj*: **~ (sur)** inflexible (about).
intransigeant, -e [ɛ̃trɑ̃ziʒɑ̃, ɑ̃t] *adj* intransigent.
intransitif, -ive [ɛ̃trɑ̃zitif, iv] *adj* intransitive.
intransportable [ɛ̃trɑ̃spɔrtabl] *adj*: **il est ~** he/it cannot be moved.
intraveineux, -euse [ɛ̃travɛnø, øz] *adj* intravenous.
intrépide [ɛ̃trepid] *adj* bold, intrepid.
intrigue [ɛ̃trig] *nf* 1. *(manœuvre)*

intrigue. 2. *(d'une histoire)* plot.

intriguer [ɛ̃trige] ◇ *vt* to intrigue. ◇ *vi* to scheme, to intrigue.

introduction [ɛ̃trɔdyksjɔ̃] *nf* 1. *(gén)*: ~ **(à)** introduction (to). 2. *(insertion)* insertion.

introduire [ɛ̃trɔdɥir] *vt* 1. *(gén)* to introduce. 2. *(faire entrer)* to show in. 3. *(insérer)* to insert. ◆ **s'introduire** *vp* 1. *(pénétrer)* to enter; **s'~ dans** to enter. 2. *(s'implanter)* to be introduced.

introspection [ɛ̃trɔspɛksjɔ̃] *nf* introspection.

introuvable [ɛ̃truvabl] *adj* nowhere to be found.

introverti, -e [ɛ̃trɔvɛrti] ◇ *adj* introverted. ◇ *nm, f* introvert.

intrus, -e [ɛ̃try, yz] *nm, f* intruder.

intrusion [ɛ̃tryzjɔ̃] *nf* 1. *(gén &* GÉOL*)* intrusion. 2. *(ingérence)* interference.

intuitif, -ive [ɛ̃tɥitif, iv] *adj* intuitive.

intuition [ɛ̃tɥisjɔ̃] *nf* intuition.

inusable [inyzabl] *adj* hardwearing.

inusité, -e [inyzite] *adj* unusual, uncommon.

inutile [inytil] *adj (objet, personne)* useless; *(effort, démarche)* pointless.

inutilisable [inytilizabl] *adj* unusable.

inutilité [inytilite] *nf (d'objet)* uselessness; *(d'effort)* pointlessness.

invaincu, -e [ɛ̃vɛ̃ky] *adj* (SPORT) unbeaten.

invalide [ɛ̃valid] ◇ *nmf* disabled person; ~ **du travail** industrially disabled person. ◇ *adj* disabled.

invalidité [ɛ̃validite] *nf* 1. (JUR) invalidity. 2. (MÉD) disability.

invariable [ɛ̃varjabl] *adj* 1. *(immuable)* unchanging. 2. (GRAM) invariable.

invasion [ɛ̃vazjɔ̃] *nf* invasion.

invendable [ɛ̃vɑ̃dabl] *adj* unsaleable, unsellable.

invendu, -e [ɛ̃vɑ̃dy] *adj* unsold. ◆ **invendu** *nm (gén pl)* remainder.

inventaire [ɛ̃vɑ̃tɛr] *nm* 1. *(gén)* inventory. 2. (COMM - *activité)* stocktaking *Br*, inventory *Am*; *(- liste)* list.

inventer [ɛ̃vɑ̃te] *vt* to invent.

inventeur [ɛ̃vɑ̃tœr] *nm (de machine)* inventor.

invention [ɛ̃vɑ̃sjɔ̃] *nf* 1. *(découverte, mensonge)* invention. 2. *(imagination)* inventiveness.

inventorier [ɛ̃vɑ̃tɔrje] *vt* to make an inventory of.

inverse [ɛ̃vɛrs] ◇ *nm* opposite, reverse. ◇ *adj* 1. *(sens)* opposite; *(ordre)* reverse; **en sens ~ (de)** in the opposite direction (to). 2. *(rapport)* inverse.

inversement [ɛ̃vɛrsəmɑ̃] *adv* 1. (MATHS) inversely. 2. *(au contraire)* on the other hand. 3. *(vice versa)* vice versa.

inverser [ɛ̃vɛrse] *vt* to reverse.

invertébré, -e [ɛ̃vɛrtebre] *adj* invertebrate. ◆ **invertébré** *nm* invertebrate.

investigation [ɛ̃vɛstigasjɔ̃] *nf* investigation.

investir [ɛ̃vɛstir] *vt* to invest.

investissement [ɛ̃vɛstismɑ̃] *nm* investment.

investisseur, -euse [ɛ̃vɛstisœr, øz] *nm, f* investor.

investiture [ɛ̃vɛstityr] *nf* investiture.

invétéré, -e [ɛ̃vetere] *adj péj* inveterate.

invincible [ɛ̃vɛ̃sibl] *adj (gén)* invincible; *(difficulté)* insurmountable.

inviolable [ɛ̃vjɔlabl] *adj* 1. (JUR) inviolable. 2. *(coffre)* impregnable.

invisible [ɛ̃vizibl] *adj* invisible.

invitation [ɛ̃vitasjɔ̃] *nf*: ~ **(à)** invitation (to); **sur ~** by invitation.

invité, -e [ɛ̃vite] ◇ *adj (hôte)* invited; *(professeur, conférencier)* guest *(avant n)*. ◇ *nm, f* guest.

inviter [ɛ̃vite] *vt* to invite; ~ **qqn à faire qqch** to invite sb to do sthg.

in vitro [invitro] → **fécondation**.

invivable [ɛ̃vivabl] *adj* unbearable.

involontaire [ɛ̃vɔlɔ̃tɛr] *adj (acte)* involuntary.

invoquer [ɛ̃vɔke] *vt* 1. *(alléguer)* to put forward. 2. *(citer, appeler à l'aide)* to invoke; *(paix)* to call for.

invraisemblable [ɛ̃vrɛsɑ̃blabl] *adj* 1. *(incroyable)* unlikely, improbable. 2. *(extravagant)* incredible.

invulnérable [ɛ̃vylnerabl] *adj* invulnerable.

iode [jɔd] *nm* iodine.

ion [jɔ̃] *nm* ion.

IRA [ira] *(abr de* **Irish Republican Army***)* *nf* IRA.

irai, iras *etc* → **aller**.

Irak, Iraq [irak] *nm*: **l'~** Iraq.

irakien, -enne, iraquien, -enne [irakjɛ̃, ɛn] *adj* Iraqi. ◆ **Irakien, -enne, Iraquien, -enne** *nm, f* Iraqi.

Iran [irɑ̃] *nm*: **l'~** Iran.

iranien, -enne [iranjɛ̃, ɛn] *adj* Iranian. ◆ **iranien** *nm (langue)* Iranian. ◆ **Iranien, -enne** *nm, f* Iranian.

Iraq = **Irak**.

iraquien = **irakien**.

irascible [irasibl] *adj* irascible.
iris [iris] *nm* (ANAT & BOT) iris.
irisé, -e [irize] *adj* iridescent.
irlandais, -e [irlɑ̃dɛ, ɛz] *adj* Irish. ◆ **irlandais** *nm (langue)* Irish. ◆ **Irlandais, -e** *nm, f* Irishman (*f* Irishwoman).
Irlande [irlɑ̃d] *nf*: **l'~** Ireland; **l'~ du Nord/Sud** Northern/Southern Ireland.
ironie [irɔni] *nf* irony.
ironique [irɔnik] *adj* ironic.
ironiser [irɔnize] *vi* to speak ironically.
irradier [iradje] ◇ *vi* to radiate. ◇ *vt* to irradiate.
irraisonné, -e [irɛzɔne] *adj* irrational.
irrationnel, -elle [irasjɔnɛl] *adj* irrational.
irréalisable [irealizabl] *adj* unrealizable.
irrécupérable [irekyperabl] *adj* 1. *(irrécouvrable)* irretrievable. 2. *(irréparable)* beyond repair. 3. *fam (personne)* beyond hope.
irrécusable [irekyzabl] *adj* unimpeachable.
irréductible [iredyktibl] ◇ *nmf* diehard. ◇ *adj* 1. (CHIM, MATHS & MÉD) irreducible. 2. *fig (volonté)* indomitable; *(personne)* implacable; *(communiste)* diehard *(avant n)*.
irréel, -elle [ireɛl] *adj* unreal.
irréfléchi, -e [irefleʃi] *adj* unthinking.
irréfutable [irefytabl] *adj* irrefutable.
irrégularité [iregylarite] *nf* 1. *(gén)* irregularity. 2. *(de terrain, performance)* unevenness.
irrégulier, -ère [iregylje, ɛr] *adj* 1. *(gén)* irregular. 2. *(surface)* uneven, irregular. 3. *(employé, athlète)* erratic.
irrémédiable [iremedjabl] *adj (irréparable)* irreparable.
irremplaçable [irɑ̃plasabl] *adj* irreplaceable.
irréparable [ireparabl] *adj* 1. *(objet)* beyond repair. 2. *fig (perte, erreur)* irreparable.
irrépressible [irepresibl] *adj* irrepressible.
irréprochable [ireprɔʃabl] *adj* irreproachable.
irrésistible [irezistibl] *adj* 1. *(envie)* irresistible. 2. *(amusant)* entertaining.
irrésolu, -e [irezɔly] *adj* 1. *(indécis)* irresolute. 2. *(sans solution)* unresolved.
irrespirable [irɛspirabl] *adj* 1. *(air)* unbreathable. 2. *(ambiance)* oppressive.
irresponsable [irɛspɔ̃sabl] ◇ *nmf* irresponsible person. ◇ *adj* irresponsible.
irréversible [ireversibl] *adj* irreversible.
irrévocable [irevɔkabl] *adj* irrevocable.
irrigation [irigasjɔ̃] *nf* irrigation.
irriguer [irige] *vt* to irrigate.
irritable [iritabl] *adj* irritable.
irritation [iritasjɔ̃] *nf* irritation.
irriter [irite] *vt* 1. *(exaspérer)* to irritate, to annoy. 2. (MÉD) to irritate. ◆ **s'irriter** *vp* to get irritated.
irruption [irypsjɔ̃] *nf* 1. *(invasion)* invasion. 2. *(entrée brusque)* irruption.
islam [islam] *nm* Islam.
islamique [islamik] *adj* Islamic.
islandais, -e [islɑ̃dɛ, ɛz] *adj* Icelandic. ◆ **islandais** *nm (langue)* Icelandic. ◆ **Islandais, -e** *nm, f* Icelander.
Islande [islɑ̃d] *nf*: **l'~** Iceland.
isocèle [izɔsɛl] *adj* isoceles.
isolant, -e [izɔlɑ̃, ɑ̃t] *adj* insulating. ◆ **isolant** *nm* insulator, insulating material.
isolation [izɔlasjɔ̃] *nf* insulation.
isolé, -e [izɔle] *adj* isolated.
isoler [izɔle] *vt* 1. *(séparer)* to isolate. 2. (CONSTR & ÉLECTR) to insulate; **~ qqch du froid** to insulate sthg (against the cold); **~ qqch du bruit** to soundproof sthg. ◆ **s'isoler** *vp*: **s'~ (de)** to isolate o.s. (from).
isoloir [izɔlwar] *nm* polling booth.
isotherme [izɔtɛrm] *adj* isothermal.
Israël [israɛl] *n* Israel.
israélien, -enne [israeljɛ̃, ɛn] *adj* Israeli. ◆ **Israélien, -enne** *nm, f* Israeli.
israélite [israelit] *adj* Jewish. ◆ **Israélite** *nmf* Jew.
issu, -e [isy] *adj*: **être ~ de** *(résulter de)* to emerge OU stem from; *(personne)* to come from. ◆ **issue** *nf* 1. *(sortie)* exit; **~e de secours** emergency exit. 2. *fig (solution)* way out, solution. 3. *(terme)* outcome.
isthme [ism] *nm* isthmus.
Italie [itali] *nf*: **l'~** Italy.
italien, -enne [italjɛ̃, ɛn] *adj* Italian. ◆ **italien** *nm (langue)* Italian. ◆ **Italien, -enne** *nm, f* Italian.
italique [italik] *nm* (TYPO) italics *(pl)*; **en ~** in italics.
itinéraire [itinerɛr] *nm* itinerary, route.
itinérant, -e [itinerɑ̃, ɑ̃t] *adj (spectacle, troupe)* itinerant.
IUT (*abr de* **institut universitaire de technologie**) *nm* = technical college.

IVG (*abr de* **interruption volontaire de grossesse**) *nf* abortion.
ivoire [ivwar] *nm* ivory.
ivre [ivr] *adj* drunk.
ivresse [ivrɛs] *nf* drunkenness; *(extase)* rapture.
ivrogne [ivrɔɲ] *nmf* drunkard.

J

j, J [ʒi] *nm inv* j, J.
j' → **je**.
jabot [ʒabo] *nm* **1.** *(d'oiseau)* crop. **2.** *(de chemise)* frill.
jacasser [ʒakase] *vi péj* to chatter.
jacinthe [ʒasɛ̃t] *nf* hyacinth.
Jacuzzi® [ʒakuzi] *nm* Jacuzzi®.
jade [ʒad] *nm* jade.
jadis [ʒadis] *adv* formerly, in former times.
jaguar [ʒagwar] *nm* jaguar.
jaillir [ʒajir] *vi* **1.** *(liquide)* to gush; *(flammes)* to leap. **2.** *(cri)* to ring out. **3.** *(personne)* to spring out.
jais [ʒɛ] *nm* jet.
jalon [ʒalɔ̃] *nm* marker pole.
jalonner [ʒalɔne] *vt* to mark (out).
jalousie [ʒaluzi] *nf* **1.** *(envie)* jealousy. **2.** *(store)* blind.
jaloux, -ouse [ʒalu, uz] *adj*: **~ (de)** jealous (of).
Jamaïque [ʒamaik] *nf*: **la ~** Jamaica.

jamais [ʒamɛ] *adv* **1.** *(sens négatif)* never; **ne ... ~, ~ ne** never; **je ne reviendrai ~, ~ je ne reviendrai** I'll never come back; **(ne) ... ~ plus, plus ~ (ne)** never again. **2.** *(sens positif)*: **plus que ~** more than ever; **si ~ tu le vois** if you should happen to see him, should you happen to see him. ◆ **à jamais** *loc adv* for ever.
jambage [ʒɑ̃baʒ] *nm (de lettre)* downstroke.
jambe [ʒɑ̃b] *nf* leg.
jambières [ʒɑ̃bjɛr] *nfpl (de football)* shin pads; *(de cricket)* pads.
jambon [ʒɑ̃bɔ̃] *nm* ham.
jante [ʒɑ̃t] *nf* (wheel) rim.
janvier [ʒɑ̃vje] *nm* January; *voir aussi* **septembre**.
Japon [ʒapɔ̃] *nm*: **le ~** Japan.
japonais, -e [ʒapɔnɛ, ɛz] *adj* Japanese. ◆ **japonais** *nm (langue)* Japanese. ◆ **Japonais, -e** *nm, f* Japanese (person); **les Japonais** the Japanese.
japper [ʒape] *vi* to yap.
jaquette [ʒakɛt] *nf* **1.** *(vêtement)* jacket. **2.** *(de livre)* (dust) jacket.
jardin [ʒardɛ̃] *nm* garden; **~ public** park.
jardinage [ʒardinaʒ] *nm* gardening.
jardinier, -ère [ʒardinje, ɛr] *nm, f* gardener. ◆ **jardinière** *nf (bac à fleurs)* window box.
jargon [ʒargɔ̃] *nm* **1.** *(langage spécialisé)* jargon. **2.** *fam (charabia)* gibberish.
jarret [ʒarɛ] *nm* **1.** (ANAT) back of the knee. **2.** (CULIN) knuckle of veal.
jarretelle [ʒartɛl] *nf* suspender *Br*, garter *Am*.
jarretière [ʒartjɛr] *nf* garter.
jars [ʒar] *nm* gander.
jaser [ʒaze] *vi (bavarder)* to gossip.
jasmin [ʒasmɛ̃] *nm* jasmine.
jatte [ʒat] *nf* bowl.
jauge [ʒoʒ] *nf (instrument)* gauge.
jauger [ʒoʒe] *vt* to gauge.
jaunâtre [ʒonatr] *adj* yellowish.
jaune [ʒon] ◇ *nm* yellow. ◇ *adj* yellow. ◆ **jaune d'œuf** *nm* (egg) yolk.
jaunir [ʒonir] *vt & vi* to turn yellow.
jaunisse [ʒonis] *nf* (MÉD) jaundice.
java [ʒava] *nf type of popular dance*.
Javel [ʒavɛl] *nf*: **eau de ~** bleach.
javelot [ʒavlo] *nm* javelin.
jazz [dʒaz] *nm* jazz.
J.-C. (*abr de* **Jésus-Christ**) J.C.

je [ʒə], **j'** *(devant voyelle et h muet) pron pers* I.
jean [dʒin], **jeans** [dʒins] *nm* jeans (*pl*), pair of jeans.
Jeep® [dʒip] *nf* Jeep®.
jérémiades [ʒeremjad] *nfpl* moaning *(U)*, whining *(U)*.
jerrycan, jerricane [ʒerikan] *nm* jerry can.
jersey [ʒɛrzɛ] *nm* jersey.
jésuite [ʒezɥit] *nm* Jesuit.
Jésus-Christ [ʒezykri] *nm* Jesus Christ.
jet¹ [ʒɛ] *nm (de liquide)* jet.
jet² [dʒɛt] *nm (avion)* jet.
jetable [ʒətabl] *adj* disposable.
jetée [ʒəte] *nf* jetty.
jeter [ʒəte] *vt* to throw; *(se débarrasser de)* to throw away; **~ qqch à qqn**

(lancer) to throw sthg to sb, to throw sb sthg; *(pour faire mal)* to throw sthg at sb. ◆ **se jeter** *vp*: **se ~ sur** to pounce on; **se ~ dans** *(suj: rivière)* to flow into.

jeton [ʒətɔ̃] *nm (de jeu)* counter; *(de téléphone)* token.

jeu, -x [ʒø] *nm* 1. *(divertissement)* play *(U)*, playing *(U)*; **~ de mots** play on words, pun. 2. *(régi par des règles)* game; **mettre un joueur hors ~** to put a player offside; **~ de société** parlour game. 3. *(d'argent)*: **le ~** gambling. 4. *(d'échecs, de clés)* set; **~ de cartes** pack of cards. 5. (MUS) playing; (THÉÂTRE) acting; (SPORT) game. 6. (TECHNOL) play; **il y a du ~** there's a bit of play, it's rather loose. 7. *loc*: **cacher son ~** to play one's cards close to one's chest. ◆ **Jeux Olympiques** *nmpl*: **les Jeux Olympiques** the Olympic Games.

jeudi [ʒødi] *nm* Thursday; *voir aussi* **samedi**.

jeun [ʒœ̃] ◆ **à jeun** *loc adv* on an empty stomach.

jeune [ʒœn] ◇ *adj* young; *(style, apparence)* youthful; **~ homme/femme** young man/woman. ◇ *nm* young person; **les ~s** young people.

jeûne [ʒøn] *nm* fast.

jeunesse [ʒœnɛs] *nf* 1. *(âge)* youth; *(de style, apparence)* youthfulness. 2. *(jeunes gens)* young people *(pl)*.

jingle [dʒingəl] *nm* jingle.

JO *nmpl (abr de* **Jeux Olympiques***) Olympic Games*.

joaillier, -ère [ʒɔaje, ɛr] *nm, f* jeweller.

job [dʒɔb] *nm fam* job.

jockey [ʒɔkɛ] *nm* jockey.

jogging [dʒɔgiŋ] *nm* 1. *(activité)* jogging. 2. *(tenue)* tracksuit, jogging suit.

joie [ʒwa] *nf* joy.

joindre [ʒwɛ̃dr] *vt* 1. *(rapprocher)* to join; *(mains)* to put together. 2. *(ajouter)*: **~ qqch (à)** to attach sthg (to); *(adjoindre)* to enclose sthg (with). 3. *(par téléphone)* to contact, to reach. ◆ **se joindre** *vp*: **se ~ à qqn** to join sb; **se ~ à qqch** to join in sthg.

joint, -e [ʒwɛ̃, ɛ̃t] *pp* → **joindre**. ◆ **joint** *nm* 1. *(d'étanchéité)* seal. 2. *fam (drogue)* joint.

joli, -e [ʒɔli] *adj* 1. *(beau)* pretty, attractive. 2. *(somme, situation)* nice.

joliment [ʒɔlimɑ̃] *adv* 1. *(bien)* prettily, attractively; *iron* nicely. 2. *fam (beaucoup)* really.

jonc [ʒɔ̃] *nm* rush, bulrush.

joncher [ʒɔ̃ʃe] *vt* to strew; **être jonché de** to be strewn with.

jonction [ʒɔ̃ksjɔ̃] *nf* junction.

jongler [ʒɔ̃gle] *vi* to juggle.

jongleur, -euse [ʒɔ̃glœr, øz] *nm, f* juggler.

jonquille [ʒɔ̃kij] *nf* daffodil.

Jordanie [ʒɔrdani] *nf*: **la ~** Jordan.

joue [ʒu] *nf* cheek; **tenir** OU **mettre qqn en ~** *fig* to take aim at sb.

jouer [ʒwe] ◇ *vi* 1. *(gén)* to play; **~ avec qqn/qqch** to play with sb/sthg; **~ à qqch** to play sthg; **~ de** (MUS) to play; **à toi de ~!** (it's) your turn!; *fig* your move! 2. (CIN & THÉÂTRE) to act. 3. *(parier)* to gamble. ◇ *vt* 1. *(carte, partie)* to play. 2. *(somme d'argent)* to bet, to wager; *fig* to gamble with. 3. *(personnage, rôle)* to play; *(- pièce)* to put on, to perform. 4. *(avoir à l'affiche)* to show. 5. (MUS) to perform, to play.

jouet [ʒwɛ] *nm* toy; **être le ~ de** *fig* to be the victim of.

joueur, -euse [ʒwœr, øz] *nm, f* 1. (SPORT) player; **~ de football** footballer, football player. 2. *(au casino)* gambler.

joufflu, -e [ʒufly] *adj* chubby-cheeked.

joug [ʒu] *nm* yoke.

jouir [ʒwir] *vi* 1. *(profiter)*: **~ de** to enjoy. 2. *(sexuellement)* to have an orgasm.

jouissance [ʒwisɑ̃s] *nf* 1. (JUR) *(d'un bien)* use. 2. *(sexuelle)* orgasm.

joujou, -x [ʒuʒu] *nm* toy.

jour [ʒur] *nm* 1. *(unité de temps)* day; **huit ~s** a week; **quinze ~s** a fortnight *Br*, two weeks; **de ~ en ~** day by day; **~ après ~** day after day; **au ~ le ~** from day to day; **~ et nuit** night and day; **le ~ de l'an** New Year's Day; **~ chômé** public holiday; **~ de congé** day off; **~ férié** public holiday; **~ ouvrable** working day. 2. *(lumière)* daylight; **de ~** in the daytime, by day. 3. *loc*: **mettre qqch à ~** to update sthg, to bring sthg up to date; **de nos ~s** these days, nowadays.

journal, -aux [ʒurnal, o] *nm* 1. *(publication)* newspaper, paper. 2. (TÉLÉ): **~ télévisé** television news. 3. *(écrit)*: **~ (intime)** diary, journal.

journalier, -ère [ʒurnalje, ɛr] *adj* daily.

journalisme [ʒurnalism] *nm* journalism.

journaliste [ʒurnalist] *nmf* journalist, reporter.

journée [ʒurne] *nf* day.

joute [ʒut] *nf* joust; *fig* duel.

jovial, -e, -aux [ʒɔvjal, o] *adj* jovial, jolly.
joyau, -x [ʒwajo] *nm* jewel.
joyeux, -euse [ʒwajø, øz] *adj* joyful, happy; ~ **Noël!** Merry Christmas!
jubilé [ʒybile] *nm* jubilee.
jubiler [ʒybile] *vi fam* to be jubilant.
jucher [ʒyʃe] *vt*: ~ **qqn sur qqch** to perch sb on sthg.
judaïque [ʒydaik] *adj (loi)* Judaic; *(tradition, religion)* Jewish.
judaïsme [ʒydaism] *nm* Judaism.
judas [ʒyda] *nm (ouverture)* peephole.
judéo-chrétien, -enne [ʒydeɔkretjɛ̃, ɛn] (*mpl* **judéo-chrétiens**, *fpl* **judéo-chrétiennes**) *adj* Judaeo-Christian.
judiciaire [ʒydisjɛr] *adj* judicial.
judicieux, -euse [ʒydisjø, øz] *adj* judicious.
judo [ʒydo] *nm* judo.
juge [ʒyʒ] *nm* judge; ~ **d'instruction** examining magistrate.
jugé [ʒyʒe] ◆ **au jugé** *loc adv* by guesswork; **tirer au** ~ to fire blind.
jugement [ʒyʒmɑ̃] *nm* judgment; **prononcer un** ~ to pass sentence.
jugeote [ʒyʒɔt] *nf fam* common sense.
juger [ʒyʒe] ◇ *vt* to judge; *(accusé)* to try; ~ **que** to judge (that), to consider (that); ~ **qqn/qqch inutile** to consider sb/sthg useless. ◇ *vi* to judge; ~ **de qqch** to judge sthg; **jugez de ma surprise!** imagine my surprise!
juif, -ive [ʒɥif, iv] *adj* Jewish. ◆ **Juif, -ive** *nm, f* Jew.
juillet [ʒɥijɛ] *nm* July; **le 14-Juillet** *national holiday to mark the anniversary of the storming of the Bastille; voir aussi* **septembre**.
juin [ʒɥɛ̃] *nm* June; *voir aussi* **septembre**.
juke-box [dʒukbɔks] *nm inv* jukebox.
jumeau, -elle, -x [ʒymo, ɛl, o] ◇ *adj* twin (*avant n*). ◇ *nm, f* twin. ◆ **jumelles** *nfpl* (OPTIQUE) binoculars.
jumelé, -e [ʒymle] *adj (villes)* twinned; *(maisons)* semidetached.
jumeler [ʒymle] *vt* to twin.
jumelle → **jumeau**.
jument [ʒymɑ̃] *nf* mare.
jungle [ʒœ̃gl] *nf* jungle.
junior [ʒynjɔr] *adj & nmf* (SPORT) junior.
junte [ʒœ̃t] *nf* junta.
jupe [ʒyp] *nf* skirt.
jupe-culotte [ʒypkylɔt] *nf* culottes (*pl*).
jupon [ʒypɔ̃] *nm* petticoat, slip.
juré [ʒyre] *nm* (JUR) juror.
jurer [ʒyre] ◇ *vt*: ~ **qqch à qqn** to swear OU pledge sthg to sb; ~ **(à qqn) que ...** to swear (to sb) that ...; ~ **de faire qqch** to swear OU vow to do sthg; **je vous jure!** *fam* honestly! ◇ *vi* **1.** *(blasphémer)* to swear, to curse. **2.** *(ne pas aller ensemble)*: ~ **(avec)** to clash (with). ◆ **se jurer** *vp*: **se ~ de faire qqch** to swear OU vow to do sthg.
juridiction [ʒyridiksjɔ̃] *nf* jurisdiction.
juridique [ʒyridik] *adj* legal.
jurisprudence [ʒyrisprydɑ̃s] *nf* jurisprudence.
juriste [ʒyrist] *nmf* lawyer.
juron [ʒyrɔ̃] *nm* swearword, oath.
jury [ʒyri] *nm* **1.** (JUR) jury. **2.** (SCOL - *d'examen)* examining board; *(- de concours)* admissions board.
jus [ʒy] *nm* **1.** *(de fruits, légumes)* juice. **2.** *(de viande)* gravy.
jusque, jusqu' [ʒysk(ə)] ◆ **jusqu'à** *loc prép* **1.** *(sens temporel)* until, till; **jusqu'à nouvel ordre** until further notice; **jusqu'à présent** up until now, so far. **2.** *(sens spatial)* as far as; **jusqu'au bout** to the end. **3.** *(même)* even. ◆ **jusqu'à ce que** *loc conj* until, till. ◆ **jusqu'en** *loc prép* up until. ◆ **jusqu'ici** *loc adv (lieu)* up to here; *(temps)* up until now, so far. ◆ **jusque-là** *loc adv (lieu)* up to there; *(temps)* up until then.
justaucorps [ʒystokɔr] *nm* leotard.
juste [ʒyst] ◇ *adj* **1.** *(équitable)* fair. **2.** *(exact)* right, correct. **3.** *(trop petit)* tight. ◇ *adv* **1.** *(bien)* correctly, right. **2.** *(exactement, seulement)* just.
justement [ʒystəmɑ̃] *adv* **1.** *(avec raison)* rightly. **2.** *(précisément)* exactly, precisely.
justesse [ʒystɛs] *nf (de remarque)* aptness; *(de raisonnement)* soundness. ◆ **de justesse** *loc adv* only just.
justice [ʒystis] *nf* **1.** (JUR) justice; **passer en** ~ to stand trial. **2.** *(équité)* fairness.
justicier, -ère [ʒystisje, ɛr] *nm, f* righter of wrongs.
justifiable [ʒystifjabl] *adj* justifiable.
justificatif, -ive [ʒystifikatif, iv] *adj* supporting. ◆ **justificatif** *nm* written proof *(U)*.
justification [ʒystifikasjɔ̃] *nf* justification.
justifier [ʒystifje] *vt (gén)* to justify. ◆ **se justifier** *vp* to justify o.s.
jute [ʒyt] *nm* jute.
juteux, -euse [ʒytø, øz] *adj* juicy.
juvénile [ʒyvenil] *adj* youthful.
juxtaposer [ʒykstapoze] *vt* to juxtapose.

K

k, K [ka] *nm inv* k, K.
K7 [kasɛt] (*abr de* **cassette**) *nf* cassette.
kaki [kaki] ◇ *nm* 1. *(couleur)* khaki. 2. *(fruit)* persimmon. ◇ *adj inv* khaki.
kaléidoscope [kaleidɔskɔp] *nm* kaleidoscope.
kamikaze [kamikaz] *nm* kamikaze pilot.
kanak = **canaque.**
kangourou [kɑ̃guru] *nm* kangaroo.
karaoké [karaɔke] *nm* karaoke.
karaté [karate] *nm* karate.
karting [kartiŋ] *nm* go-karting.
kas(c)her, cascher [kaʃɛr] *adj inv* kosher.
kayak [kajak] *nm* kayak.
Kenya [kenja] *nm*: **le ~** Kenya.
képi [kepi] *nm* kepi.
kératine [keratin] *nf* keratin.
kermesse [kɛrmɛs] *nf* 1. *(foire)* fair. 2. *(fête de bienfaisance)* fête.
kérosène [kerɔzɛn] *nm* kerosene.
ketchup [kɛtʃœp] *nm* ketchup.
kg (*abr de* **kilogramme**) kg.
kibboutz [kibuts] *nm inv* kibbutz.
kidnapper [kidnape] *vt* to kidnap.
kidnappeur, -euse [kidnapœr, øz] *nm, f* kidnapper.
kilo [kilo] *nm* kilo.
kilogramme [kilɔgram] *nm* kilogram.
kilométrage [kilɔmetraʒ] *nm* 1. *(de voiture)* ≃ mileage. 2. *(distance)* distance.
kilomètre [kilɔmɛtr] *nm* kilometre.
kilo-octet [kilɔɔktɛ] *nm* (INFORM) kilobyte.
kilowatt [kilɔwat] *nm* kilowatt.
kilt [kilt] *nm* kilt.
kimono [kimɔno] *nm* kimono.
kinésithérapeute [kineziterapøt] *nmf* physiotherapist.
kiosque [kjɔsk] *nm* 1. *(de vente)* kiosk. 2. *(pavillon)* pavilion.
kirsch [kirʃ] *nm* cherry brandy.
kitchenette [kitʃənɛt] *nf* kitchenette.
kitsch [kitʃ] *adj inv* kitsch.
kiwi [kiwi] *nm (fruit)* kiwi (fruit).
Klaxon® [klaksɔ̃] *nm* horn.
klaxonner [klaksɔne] *vi* to hoot.
kleptomane, cleptomane [klɛptɔman] *nmf* kleptomaniac.
km (*abr de* **kilomètre**) km.
km/h (*abr de* **kilomètre par heure**) kph.
Ko (*abr de* **kilo-octet**) K.
K.-O. [kao] *nm*: **mettre qqn ~** to knock sb out.
Koweït [kɔwɛt] *nm*: **le ~** Kuwait.
krach [krak] *nm* crash; **~ boursier** stock market crash.
kung-fu [kuŋfu] *nm* kung fu.
kurde [kyrd] ◇ *adj* Kurdish. ◇ *nm (langue)* Kurdish. ◆ **Kurde** *nmf* Kurd.
kyrielle [kirjɛl] *nf fam* stream; *(d'enfants)* horde.
kyste [kist] *nm* cyst.

L

l, L [ɛl] ◇ *nm inv* l, L. ◇ (*abr de* **litre**) l.
la[1] [la] *art déf & pron déf* → **le.**
la[2] [la] *nm inv* (MUS) A; *(chanté)* la.

---

là [la] *adv* 1. *(lieu)* there; **à 3 kilomètres de ~** 3 kilometres from there; **passe par ~** go that way; **c'est ~ que je travaille** that's where I work; **je suis ~** I'm here. 2. *(temps)* then; **à quelques jours de ~** a few days later, a few days after that. 3. *(avec une proposition relative)*: **~ où** *(lieu)* where; *(temps)* when.
là-bas [laba] *adv* (over) there.
label [labɛl] *nm* 1. *(étiquette)*: **~ de qualité** label guaranteeing quality. 2. *(commerce)* label, brand name.
labeur [labœr] *nm sout* labour.
labo [labo] (*abr de* **laboratoire**) *nm fam* lab.
laborantin, -e [labɔrɑ̃tɛ̃, in] *nm, f* laboratory assistant.
laboratoire [labɔratwar] *nm* laboratory.
laborieux, -euse [labɔrjø, øz] *adj (difficile)* laborious.
labourer [labure] *vt* (AGRIC) to plough.
laboureur [laburœr] *nm* ploughman.
labyrinthe [labirɛ̃t] *nm* labyrinth.
lac [lak] *nm* lake.
lacer [lase] *vt* to tie.
lacérer [lasere] *vt* 1. *(déchirer)* to shred.

2. *(blesser, griffer)* to slash.
lacet [lasɛ] *nm* 1. *(cordon)* lace. 2. *(de route)* bend. 3. *(piège)* snare.
lâche [laʃ] ◇ *nmf* coward. ◇ *adj* 1. *(nœud)* loose. 2. *(personne, comportement)* cowardly.
lâcher [laʃe] ◇ *vt* 1. *(bras, objet)* to let go of; *(animal)* to let go, to release; *fig (mot)* to let slip. 2. *(laisser tomber)*: **~ qqch** to drop sthg. ◇ *vi* to give way.
lâcheté [laʃte] *nf* 1. *(couardise)* cowardice. 2. *(acte)* cowardly act.
lacis [lasi] *nm (labyrinthe)* maze.
laconique [lakɔnik] *adj* laconic.
lacrymogène [lakrimɔʒɛn] *adj* tear *(avant n)*.
lacté, -e [lakte] *adj (régime)* milk *(avant n)*.
lacune [lakyn] *nf (manque)* gap.
lacustre [lakystr] *adj (faune, plante)* lake *(avant n)*; *(cité, village)* on stilts.
lad [lad] *nm* stable lad.
là-dedans [ladədɑ̃] *adv (lieu)* inside, in there; *(dans cela)* in that.
là-dessous [ladsu] *adv* underneath, under there; *fig* behind that.
là-dessus [ladsy] *adv* on that; **~, il partit** at that point OU with that, he left; **je suis d'accord ~** I agree about that.
ladite → **ledit**.
lagon [lagɔ̃] *nm*, **lagune** [lagyn] *nf* lagoon.
là-haut [lao] *adv* up there.
laïc (*f* **laïque**), **laïque** [laik] ◇ *adj* lay *(avant n)*; *(juridiction)* civil *(avant n)*; *(école)* state *(avant n)*. ◇ *nm, f* layman (*f* laywoman).
laid, -e [lɛ, lɛd] *adj* 1. *(esthétiquement)* ugly. 2. *(moralement)* wicked.
laideron [lɛdrɔ̃] *nm* ugly woman.
laideur [lɛdœr] *nf* 1. *(physique)* ugliness. 2. *(morale)* wickedness.
lainage [lɛnaʒ] *nm (étoffe)* woollen material; *(vêtement)* woolly OU woollen garment.
laine [lɛn] *nf* wool.
laineux, -euse [lɛnø, øz] *adj* woolly.
laïque = **laïc**.
laisse [lɛs] *nf (corde)* lead, leash; **tenir en ~** *(chien)* to keep on a lead OU leash.
laisser [lɛse] ◇ *v aux (+ infinitif)*: **~ qqn faire qqch** to let sb do sthg; **laisse-le faire** leave him alone, don't interfere; **~ tomber qqch** *litt & fig* to drop sthg; **laisse tomber!** *fam* drop it! ◇ *vt* 1. *(gén)* to leave; **~ qqn/qqch à qqn** to leave sb/sthg with sb. 2. *(céder)*: **~ qqch à qqn** to let sb have sthg. ◆ **se laisser** *vp*: **se ~ faire** to let o.s. be persuaded; **se ~ aller** to relax; *(se négliger)* to let o.s. go; **se ~ aller à qqch** to indulge in sthg.
laisser-aller [lɛseale] *nm inv* carelessness.
laissez-passer [lɛsepase] *nm inv* pass.
lait [lɛ] *nm* 1. *(gén)* milk; **~ entier/écrémé** whole/skimmed milk; **~ concentré** OU **condensé** *(sucré)* condensed milk; *(non sucré)* evaporated milk. 2. *(cosmétique)*: **~ démaquillant** cleansing milk OU lotion.
laitage [lɛtaʒ] *nm* dairy product.
laiterie [lɛtri] *nf* dairy.
laitier, -ère [lɛtje, ɛr] ◇ *adj* dairy *(avant n)*. ◇ *nm, f* milkman (*f* milkwoman).
laiton [lɛtɔ̃] *nm* brass.
laitue [lety] *nf* lettuce.
laïus [lajys] *nm* long speech.
lambeau, -x [lɑ̃bo] *nm* shred.
lambris [lɑ̃bri] *nm* panelling.
lame [lam] *nf* 1. *(fer)* blade; **~ de rasoir** razor blade. 2. *(lamelle)* strip. 3. *(vague)* wave.
lamé, -e [lame] *adj* lamé. ◆ **lamé** *nm* lamé.
lamelle [lamɛl] *nf* 1. *(de champignon)* gill. 2. *(tranche)* thin slice. 3. *(de verre)* slide.
lamentable [lamɑ̃tabl] *adj* 1. *(résultats, sort)* appalling. 2. *(ton)* plaintive.
lamentation [lamɑ̃tasjɔ̃] *nf* 1. *(plainte)* lamentation. 2. *(gén pl) (jérémiade)* moaning *(U)*.
lamenter [lamɑ̃te] ◆ **se lamenter** *vp* to complain.
laminer [lamine] *vt* (IND) to laminate; *fig (personne, revenus)* to eat away at.
lampadaire [lɑ̃padɛr] *nm (dans maison)* standard lamp *Br*, floor lamp *Am*; *(de rue)* street lamp OU light.
lampe [lɑ̃p] *nf* lamp, light; **~ de chevet** bedside lamp; **~ halogène** halogen light; **~ de poche** torch *Br*, flashlight *Am*.
lampion [lɑ̃pjɔ̃] *nm* Chinese lantern.
lance [lɑ̃s] *nf* 1. *(arme)* spear. 2. *(de tuyau)* nozzle; **~ d'incendie** fire hose.
lance-flammes [lɑ̃sflam] *nm inv* flame-thrower.
lancement [lɑ̃smɑ̃] *nm (d'entreprise, produit, navire)* launching.
lance-pierres [lɑ̃spjɛr] *nm inv* catapult.
lancer [lɑ̃se] ◇ *vt* 1. *(pierre, javelot)* to throw; **~ qqch sur qqn** to throw sthg at sb. 2. *(fusée, produit, style)* to launch. 3. *(émettre)* to give off; *(cri)* to let out;

(injures) to hurl; *(ultimatum)* to issue. 4. *(moteur)* to start up. 5. (INFORM - *programme)* to start; *(- système)* to boot (up). 6. *fig (sur un sujet)*: **~ qqn sur qqch** to get sb started on sthg. ◇ *nm* 1. (PÊCHE) casting. 2. (SPORT) throwing; **~ du poids** shotput. ◆ **se lancer** *vp* 1. *(débuter)* to make a name for o.s. 2. *(s'engager)*: **se ~ dans** *(dépenses, explication, lecture)* to embark on.

lancinant, -e [lɑ̃sinɑ̃, ɑ̃t] *adj* 1. *(douleur)* shooting. 2. *fig (obsédant)* haunting. 3. *(monotone)* insistent.

landau [lɑ̃do] *nm (d'enfant)* pram.

lande [lɑ̃d] *nf* moor.

langage [lɑ̃gaʒ] *nm* language.

lange [lɑ̃ʒ] *nm* nappy *Br*, diaper *Am*.

langer [lɑ̃ʒe] *vt* to change.

langoureux, -euse [lɑ̃gurø, øz] *adj* languorous.

langouste [lɑ̃gust] *nf* crayfish.

langoustine [lɑ̃gustin] *nf* langoustine.

langue [lɑ̃g] *nf* 1. (ANAT *& fig)* tongue. 2. (LING) language; **~ maternelle** mother tongue; **~ morte/vivante** dead/modern language.

languette [lɑ̃gɛt] *nf* tongue.

langueur [lɑ̃gœr] *nf* 1. *(dépérissement, mélancolie)* languor. 2. *(apathie)* apathy.

languir [lɑ̃gir] *vi* 1. *(dépérir)*: **~ (de)** to languish (with). 2. *sout (attendre)* to wait; **faire ~ qqn** to keep sb waiting.

lanière [lanjɛr] *nf* strip.

lanterne [lɑ̃tɛrn] *nf* 1. *(éclairage)* lantern. 2. *(phare)* light.

Laos [laɔs] *nm*: **le ~** Laos.

laper [lape] *vt & vi* to lap.

lapider [lapide] *vt (tuer)* to stone.

lapin, -e [lapɛ̃, in] *nm, f* rabbit.

Laponie [lapɔni] *nf*: **la ~** Lapland.

laps [laps] *nm*: **(dans) un ~ de temps** (in) a while.

lapsus [lapsys] *nm* slip (of the tongue/pen).

laquais [lakɛ] *nm* lackey.

laque [lak] *nf* 1. *(peinture)* lacquer. 2. *(pour cheveux)* hair spray, lacquer.

laqué, -e [lake] *adj* lacquered.

laquelle → **lequel**.

larbin [larbɛ̃] *nm* 1. *(domestique)* servant. 2. *(personne servile)* yes-man.

larcin [larsɛ̃] *nm* 1. *(vol)* larceny, theft. 2. *(butin)* spoils *(pl)*.

lard [lar] *nm* 1. *(graisse de porc)* lard. 2. *(viande)* bacon.

lardon [lardɔ̃] *nm* 1. (CULIN) *cube or strip of bacon*. 2. *fam (enfant)* kid.

large [larʒ] ◇ *adj* 1. *(étendu, grand)* wide; **~ de 5 mètres** 5 metres wide. 2. *(important, considérable)* large, big. 3. *(esprit, sourire)* broad. 4. *(généreux - personne)* generous. ◇ *nm* 1. *(largeur)*: **5 mètres de ~** 5 metres wide. 2. *(mer)*: **le ~** the open sea; **au ~ de la côte française** off the French coast.

> Bien que le mot français «large» et son homographe anglais *large* soient tous deux liés à la notion de dimension, le second est beaucoup plus vague que le premier et équivaut à «grand» ou «gros» (*a large helping of vegetables*, «une grosse part de légumes»). Quant au «large» français, il se traduit par *wide* lorsqu'il décrit la dimension physique: «une rue très large», *a very wide street*.

largement [larʒəmɑ̃] *adv* 1. *(diffuser)* widely. 2. *(payer)* generously; *(dépasser)* considerably; *(récompenser)* amply; **avoir ~ le temps** to have plenty of time. 3. *(au moins)* easily.

largeur [larʒœr] *nf* 1. *(d'avenue, de cercle)* width. 2. *fig (d'esprit)* breadth.

larguer [large] *vt* 1. *(voile)* to unfurl. 2. *(bombe, parachutiste)* to drop. 3. *fam fig (abandonner)* to chuck.

larme [larm] *nf (pleur)* tear; **être en ~s** to be in tears.

larmoyant, -e [larmwajɑ̃, ɑ̃t] *adj* 1. *(yeux, personne)* tearful. 2. *péj (histoire)* tearjerking.

larron [larɔ̃] *nm vieilli (voleur)* thief.

larve [larv] *nf* 1. (ZOOL) larva. 2. *péj (personne)* wimp.

laryngite [larɛ̃ʒit] *nf* laryngitis *(U)*.

larynx [larɛ̃ks] *nm* larynx.

las, lasse [la, las] *adj littéraire* weary.

lascif, -ive [lasif, iv] *adj* lascivious.

laser [lazɛr] ◇ *nm* laser. ◇ *adj inv* laser *(avant n)*.

lasser [lase] *vt sout (personne)* to weary; *(patience)* to try. ◆ **se lasser** *vp* to weary.

lassitude [lasityd] *nf* lassitude.

lasso [laso] *nm* lasso.

latent, -e [latɑ̃, ɑ̃t] *adj* latent.

latéral, -e, -aux [lateral, o] *adj* lateral.

latex [latɛks] *nm inv* latex.

latin, -e [latɛ̃, in] *adj* Latin. ◆ **latin** *nm (langue)* Latin.

latiniste [latinist] *nmf (spécialiste)* Latinist; *(étudiant)* Latin student.

latino-américain, -e [latinɔamerikɛ̃, ɛn] (*mpl* **latino-américains**, *fpl* **latino-américaines**) *adj* Latin-American, Hispanic.

latitude [latityd] *nf litt & fig* latitude.
latrines [latrin] *nfpl* latrines.
latte [lat] *nf* lath, slat.
lauréat, -e [lɔrea, at] *nm, f* prize-winner, winner.
laurier [lɔrje] *nm* (BOT) laurel.
lavable [lavabl] *adj* washable.
lavabo [lavabo] *nm* **1.** *(cuvette)* basin. **2.** *(gén pl) (local)* toilet.
lavage [lavaʒ] *nm* washing.
lavande [lavɑ̃d] *nf* (BOT) lavender.
lave [lav] *nf* lava.
lave-glace [lavglas] (*pl* **lave-glaces**) *nm* windscreen washer *Br*, windshield washer *Am*.
lave-linge [lavlɛ̃ʒ] *nm inv* washing machine.
laver [lave] *vt* **1.** *(nettoyer)* to wash. **2.** *fig (disculper)*: **~ qqn de qqch** to clear sb of sthg. ◆ **se laver** *vp* to wash o.s., to have a wash; **se ~ les mains/les cheveux** to wash one's hands/hair.
laverie [lavri] *nf (commerce)* laundry; **~ automatique** launderette.
lavette [lavɛt] *nf (en tissu)* dishcloth. **2.** *fam (homme)* drip.
laveur, -euse [lavœr, øz] *nm, f* washer; **~ de carreaux** window cleaner *(person)*.
lave-vaisselle [lavvesɛl] *nm inv* dishwasher.
lavoir [lavwar] *nm (lieu)* laundry.
laxatif, -ive [laksatif, iv] *adj* laxative. ◆ **laxatif** *nm* laxative.
laxisme [laksism] *nm* laxity.
laxiste [laksist] *adj* lax.
layette [lɛjɛt] *nf* layette.

le [lə], **l'** (*devant voyelle ou h muet*) (*f* **la** [la], *pl* **les** [le]) ◇ *art déf* **1.** *(gén)* the; **~ lac** the lake; **la fenêtre** the window; **l'homme** the man; **les enfants** the children. **2.** *(devant les noms abstraits)*: **l'amour** love; **la liberté** freedom. **3.** *(temps)*: **~ 15 janvier 1993** 15th January 1993; **je suis arrivé ~ 15 janvier 1993** I arrived on the 15th of January 1993; **~ lundi** *(habituellement)* on Mondays; *(jour précis)* on (the) Monday. **4.** *(possession)*: **secouer la tête** to shake one's head; **avoir les cheveux blonds** to have fair hair. **5.** *(distributif)* per, a; **10 francs ~ mètre** 10 francs per OU a metre. ◇ *pron pers* **1.** *(personne)* him (*f* her), *pl* them; *(chose)* it, *pl* them; *(animal)* it, him (*f* her), *pl* them **je ~/la/les connais bien** I know him/her/them well; **tu dois avoir la clé, donne-la moi** you must have the key, give it to me. **2.** *(représente une proposition)*: **je ~ sais bien** I know, I'm well aware (of it); **je te l'avais bien dit!** I told you so!

LEA (*abr de* **langues étrangères appliquées**) *nfpl applied modern languages.*
leader [lidœr] *nm* leader.
leadership [lidœrʃip] *nm* leadership.
lécher [leʃe] *vt* **1.** *(passer la langue sur, effleurer)* to lick; *(suj: vague)* to wash against. **2.** *fam (fignoler)* to polish (up).
lèche-vitrines [lɛʃvitrin] *nm inv* window-shopping; **faire du ~** to go window-shopping.
leçon [ləsɔ̃] *nf* **1.** *(gén)* lesson; **~s de conduite** driving lessons. **2.** *(conseil)* advice *(U)*; **faire la ~ à qqn** to lecture sb.
lecteur, -trice [lɛktœr, tris] *nm, f* **1.** *(de livres)* reader. **2.** (UNIV) foreign language assistant. ◆ **lecteur** *nm* **1.** *(gén)* head; **~ de cassettes/CD** cassette/CDplayer. **2.** (INFORM) reader.
lecture [lɛktyr] *nf* reading.

> Si l'on dit *she gave a lecture on Yeats*, on pourrait croire qu'il s'agit de quelqu'un qui lit une œuvre du poète irlandais. Or il n'en est rien, car le *lecture* anglais n'est pas l'équivalent du mot français «lecture», mais plutôt de «conférence» (à l'université). L'action de lire se dit *reading*, comme dans: «n'oublie pas ton livre de lecture», *don't forget your reading book*.

ledit, ladite [lədi, ladit] (*mpl* **lesdits** [ledi], *fpl* **lesdites** [ledit]) *adj* the said, the aforementioned.
légal, -e, -aux [legal, o] *adj* legal.
légalement [legalmɑ̃] *adv* legally.
légaliser [legalize] *vt (rendre légal)* to legalize.
légalité [legalite] *nf* **1.** *(de contrat, d'acte)* legality, lawfulness. **2.** *(loi)* law.
légataire [legatɛr] *nmf* legatee.
légendaire [leʒɑ̃dɛr] *adj* legendary.
légende [leʒɑ̃d] *nf* **1.** *(fable)* legend. **2.** *(de carte, de schéma)* key.
léger, -ère [leʒe, ɛr] *adj* **1.** *(objet, étoffe, repas)* light. **2.** *(bruit, différence, odeur)* slight. **3.** *(alcool, tabac)* low-strength. **4.** *(femme)* flighty. **5.** *(ton)* light-hearted; *(conduite)* thoughtless. ◆ **à la légère** *loc adv* lightly, thoughtlessly.
légèrement [leʒɛrmɑ̃] *adv* **1.** *(s'habiller, poser)* lightly. **2.** *(agir)* thoughtlessly. **3.** *(blesser, remuer)* slightly.
légèreté [leʒɛrte] *nf* **1.** *(d'objet, de repas, de punition)* lightness. **2.** *(de style)*

gracefulness. **3.** *(de conduite)* thoughtlessness. **4.** *(de personne)* flightiness.
légiférer [leʒifere] *vi* to legislate.
légion [leʒjɔ̃] *nf* (MIL) legion.
légionnaire [leʒjɔnɛr] *nm* legionary.
législatif, -ive [leʒislatif, iv] *adj* legislative. ◆ **législatives** *nfpl*: **les législatives** the legislative elections, ≃ the general election *(sg) Br.*
législation [leʒislasjɔ̃] *nf* legislation.
légiste [leʒist] *adj* **1.** *(juriste)* jurist. **2.** → **médecin**.
légitime [leʒitim] *adj* legitimate.
légitimer [leʒitime] *vt* **1.** *(reconnaître)* to recognize; *(enfant)* to legitimize. **2.** *(justifier)* to justify.
legs [lɛg] *nm* legacy.
léguer [lege] *vt*: **~ qqch à qqn** to bequeath sthg to sb; *fig* to pass sthg on to sb.
légume [legym] *nm* vegetable.
leitmotiv [lajtmɔtif, lɛtmɔtif] *nm* leitmotif.
lendemain [lɑ̃dmɛ̃] *nm (jour)* day after; **le ~ matin** the next morning; **au ~ de** after, in the days following.
lénifiant, -e [lenifjɑ̃, ɑ̃t] *adj litt & fig* soothing.
lent, -e [lɑ̃, lɑ̃t] *adj* slow.
lente [lɑ̃t] *nf* nit.
lentement [lɑ̃tmɑ̃] *adv* slowly.
lenteur [lɑ̃tœr] *nf* slowness *(U)*.
lentille [lɑ̃tij] *nf* **1.** (BOT & CULIN) lentil. **2.** *(d'optique)* lens; **~s de contact** contact lenses.
léopard [leɔpar] *nm* leopard.
LEP, Lep *(abr de* **lycée d'enseignement professionnel***)* *nm former secondary school for vocational training.*
lèpre [lɛpr] *nf* (MÉD) leprosy.
lequel [ləkɛl] (*f* **laquelle** [lakɛl], *mpl* **lesquels** [lekɛl], *fpl* **lesquelles** [lekɛl]) *(contraction de à + lequel =* **auquel**, *de + lequel =* **duquel**, *à + lesquels/lesquelles =* **auxquels/auxquelles**, *de + lesquels/lesquelles =* **desquels/desquelles***)* ◇ *pron rel* **1.** *(complément - personne)* whom; *(- chose)* which. **2.** *(sujet - personne)* who; *(- chose)* which. ◇ *pron interr*: **~?** which (one)?
les → **le**.
lesbienne [lɛsbjɛn] *nf* lesbian.
lesdits, lesdites → **ledit**.
léser [leze] *vt (frustrer)* to wrong.
lésiner [lezine] *vi* to skimp; **ne pas ~ sur** not to skimp on.
lésion [lezjɔ̃] *nf* lesion.
lesquels, lesquelles → **lequel**.
lessive [lɛsiv] *nf* **1.** *(nettoyage, linge)* washing. **2.** *(produit)* washing powder.
lest [lɛst] *nm* ballast.
leste [lɛst] *adj* **1.** *(agile)* nimble, agile. **2.** *(licencieux)* crude.
lester [lɛste] *vt* (AÉRON) to ballast.
léthargie [letarʒi] *nf litt & fig* lethargy.
Lettonie [lɛtɔni] *nf*: **la ~** Latvia.
lettre [lɛtr] *nf* **1.** *(gén)* letter; **en toutes ~s** in words, in full. **2.** *(sens des mots)*: **à la ~** to the letter. ◆ **lettres** *nfpl* **1.** *(culture littéraire)* letters. **2.** (UNIV) arts; **~s classiques** classics; **~s modernes** French language and literature.
leucémie [løsemi] *nf* leukemia.
leucocyte [løkɔsit] *nm* leucocyte.

---

leur [lœr] *pron pers inv* (to) them; **je ~ ai donné la lettre** I gave them the letter, I gave the letter to them. ◆ **leur** (*pl* **leurs**) *adj poss* their; **c'est ~ tour** it's their turn; **~s enfants** their children. ◆ **le leur** (*f* **la leur**, *pl* **les leurs**) *pron poss* theirs; **ils devront y mettre du ~** they've got to pull their weight.
leurrer [lœre] *vt* to deceive. ◆ **se leurrer** *vp* to deceive o.s.
levain [ləvɛ̃] *nm* (CULIN): **pain au ~/sans ~** leavened/unleavened bread.
levant [ləvɑ̃] ◇ *nm* east. ◇ *adj* → **soleil**.
lever [ləve] ◇ *vt* **1.** *(objet, interdiction)* to lift. **2.** *(main, armée)* to raise. **3.** *(scellés, difficulté)* to remove. **4.** *(séance)* to close, to end. **5.** *(impôts, courrier)* to collect. **6.** *(enfant, malade)*: **~ qqn** to get sb up. ◇ *vi* **1.** *(plante)* to come up. **2.** *(pâte)* to rise. ◇ *nm* **1.** *(d'astre)* rising, rise; **~ du jour** daybreak; **~ du soleil** sunrise. **2.** *(de personne)*: **au ~** when one gets up. ◆ **se lever** *vp* **1.** *(personne)* to get up, to rise; *(vent)* to get up. **2.** *(soleil)* to rise; *(jour)* to break. **3.** *(temps)* to clear.
lève-tard [lɛvtar] *nmf inv* late riser.
lève-tôt [lɛvto] *nmf inv* early riser.
levier [ləvje] *nm litt & fig* lever; **~ de vitesses** gear lever *Br*, gear shift *Am*.
lévitation [levitasjɔ̃] *nf* levitation.
lèvre [lɛvr] *nf* (ANAT) lip; *(de vulve)* labium.
lévrier, levrette [levrije, ləvrɛt] *nm, f* greyhound.
levure [ləvyr] *nf* yeast; **~ chimique** baking powder.
lexicographie [lɛksikɔgrafi] *nf* lexicography.
lexique [lɛksik] *nm* **1.** *(dictionnaire)* glossary. **2.** *(vocabulaire)* vocabulary.
lézard [lezar] *nm (animal)* lizard.

lézarder [lezarde] ◇ *vt* to crack. ◇ *vi fam* to bask. ◆ **se lézarder** *vp* to crack.
liaison [ljɛzɔ̃] *nf* **1.** *(jonction, enchaînement)* connection. **2.** (CULIN & LING) liaison. **3.** *(relation)* contact; **avoir une ~** to have an affair. **4.** (TRANSPORT) link.
liane [ljan] *nf* creeper.
liant, -e [ljɑ̃, ɑ̃t] *adj* sociable. ◆ **liant** *nm (substance)* binder.
liasse [ljas] *nf* bundle; *(de billets de banque)* wad.
Liban [libɑ̃] *nm*: **le ~** Lebanon.
libanais, -e [libanɛ, ɛz] *adj* Lebanese. ◆ **Libanais, -e** *nm, f* Lebanese (person); **les Libanais** the Lebanese.
libeller [libele] *vt* **1.** *(chèque)* to make out. **2.** *(lettre)* to word.
libellule [libelyl] *nf* dragonfly.
libéral, -e, -aux [liberal, o] ◇ *adj* liberal. ◇ *nm, f* (POLIT) liberal.
libéraliser [liberalize] *vt* to liberalize.
libéralisme [liberalism] *nm* liberalism.
libération [liberasjɔ̃] *nf* **1.** *(de prisonnier)* release, freeing. **2.** *(de pays, de la femme)* liberation. **3.** *(d'énergie)* release.
libérer [libere] *vt* **1.** *(prisonnier, fonds)* to release, to free. **2.** *(pays, la femme)* to liberate; **~ qqn de qqch** to free sb from sthg. **3.** *(passage)* to clear. **4.** *(énergie)* to release. **5.** *(instincts, passions)* to give free rein to. ◆ **se libérer** *vp* **1.** *(se rendre disponible)* to get away. **2.** *(se dégager)*: **se ~ de** *(lien)* to free o.s. from; *(engagement)* to get out of.
liberté [libɛrte] *nf* **1.** *(gén)* freedom; **en ~** free; **parler en toute ~** to speak freely; **vivre en ~** to live in freedom; **~ d'expression** freedom of expression; **~ d'opinion** freedom of thought. **2.** (JUR) release. **3.** *(loisir)* free time.
libertin, -e [libɛrtɛ̃, in] *nm, f* libertine.
libidineux, -euse [libidinø, øz] *adj* lecherous.
libido [libido] *nf* libido.
libraire [librɛr] *nmf* bookseller.
librairie [librɛri] *nf* bookshop.

> Il est malheureusement très facile de confondre «librairie» et *library*, tous les deux ayant trait aux livres. Pourtant, une *library* est une «bibliothèque», alors qu'une «librairie» est un *bookshop*. Comparez, par exemple, *he spends a lot of time reading at the library*, «il passe beaucoup de temps à lire à la bibliothèque»; et «elle veut ouvrir une petite librairie», *she wants to open a little bookshop*.

libre [libr] *adj* **1.** *(gén)* free; **~ de qqch** free from sthg; **être ~ de faire qqch** to be free to do sthg. **2.** *(école, secteur)* private. **3.** *(passage)* clear.
libre-échange [libreʃɑ̃ʒ] *nm* free trade *(U)*.
librement [librəmɑ̃] *adv* freely.
libre-service [librəsɛrvis] *nm (magasin)* self-service store OU shop; *(restaurant)* self-service restaurant.
Libye [libi] *nf*: **la ~** Libya.
libyen, -enne [libjɛ̃, ɛn] *adj* Libyan. ◆ **Libyen, -enne** *nm, f* Libyan.
licence [lisɑ̃s] *nf* **1.** *(permis)* permit; (COMM) licence. **2.** (UNIV) (first) degree; **~ ès lettres/en droit** = Bachelor of Arts/Law degree. **3.** *littéraire (liberté)* licence.
licencié, -e [lisɑ̃sje] ◇ *adj* (UNIV) graduate *(avant n)*. ◇ *nm, f* **1.** (UNIV) graduate. **2.** *(titulaire d'un permis)* permit-holder; (COMM) licence-holder.
licenciement [lisɑ̃simɑ̃] *nm* dismissal; *(économique)* layoff, redundancy *Br*.
licencier [lisɑ̃sje] *vt* to dismiss; *(pour cause économique)* to lay off, to make redundant *Br*.
lichen [likɛn] *nm* lichen.
licite [lisit] *adj* lawful, legal.
licorne [likɔrn] *nf* unicorn.
lie [li] *nf (dépôt)* dregs *(pl)*, sediment.
lie-de-vin [lidəvɛ̃] *adj inv* burgundy, wine-coloured.
lié, -e [lje] *adj* **1.** *(mains)* bound. **2.** *(amis)*: **être très ~ avec** to be great friends with.
Liechtenstein [liʃtənʃtajn] *nm*: **le ~** Liechtenstein.
liège [ljɛʒ] *nm* cork.
lien [ljɛ̃] *nm* **1.** *(sangle)* bond. **2.** *(relation, affinité)* bond, tie; **avoir des ~s de parenté avec** to be related to. **3.** *fig (enchaînement)* connection, link.
lier [lje] *vt* **1.** *(attacher)* to tie (up); **~ qqn/qqch à** to tie sb/sthg to. **2.** *(suj: contrat)* to bind; **~ qqn/qqch par** to bind sb/sthg by. **3.** *(par la logique)* to link, to connect; **~ qqch à** to link sthg to, to connect sthg with. **4.** *(commencer)*: **~ connaissance avec** to strike up an acquaintance with. **5.** *(suj: sentiment, intérêt)* to unite. **6.** (CULIN) to thicken. ◆ **se lier** *vp (s'attacher)*: **se ~ (d'amitié) avec qqn** to make friends with sb.
lierre [ljɛr] *nm* ivy.
liesse [ljɛs] *nf* jubilation.
lieu, -x [ljø] *nm* **1.** *(endroit)* place; **en ~ sûr** in a safe place; **~ de naissance** birthplace. **2.** *loc*: **avoir ~** to take place. ◆ **lieux** *nmpl* **1.** *(scène)* scene *(sg)*, spot

(*sg*); **sur les ~x (d'un crime/d'un accident)** at the scene (of a crime/an accident). **2.** *(domicile)* premises. ◆ **lieu commun** *nm* commonplace. ◆ **au lieu de** *loc prép*: **au ~ de qqch/de faire qqch** instead of sthg/of doing sthg. ◆ **en dernier lieu** *loc adv* lastly. ◆ **en premier lieu** *loc adv* in the first place.

lieu-dit [ljødi] (*pl* **lieux-dits**) *nm* locality, place.

lieue [ljø] *nf* league.

lieutenant [ljøtnɑ̃] *nm* lieutenant.

lièvre [ljɛvr] *nm* hare.

lifter [lifte] *vt* to spin, to put a spin on.

lifting [liftiŋ] *nm* face-lift.

ligament [ligamɑ̃] *nm* ligament.

ligaturer [ligatyre] *vt* (MÉD) to ligature, to ligate.

ligne [liɲ] *nf* **1.** *(gén)* line; **à la ~** new line OU paragraph; **en ~** *(personnes)* in a line; (INFORM) on-line; **~ de départ/d'arrivée** starting/finishing line; **~ aérienne** airline; **~ de commande** (INFORM) command line; **~ de conduite** line of conduct; **~ directrice** guideline; **~s de la main** lines of the hand. **2.** *(forme - de voiture, meuble)* lines (*pl*). **3.** *(silhouette)*: **garder la ~** to keep one's figure; **surveiller sa ~** to watch one's waistline. **4.** *(de pêche)* fishing line; **pêcher à la ~** to go angling. **5.** *loc*: **dans les grandes ~s** in outline; **entrer en ~ de compte** to be taken into account.

lignée [liɲe] *nf (famille)* descendants (*pl*); **dans la ~ de** *fig (d'écrivains, d'artistes)* in the tradition of.

ligoter [ligɔte] *vt* **1.** *(attacher)* to tie up; **~ qqn à qqch** to tie sb to sthg. **2.** *fig (entraver)* to bind.

ligue [lig] *nf* league.

liguer [lige] ◆ **se liguer** *vp* to form a league; **se ~ contre** to conspire against.

lilas [lila] *nm & adj inv* lilac.

limace [limas] *nf* (ZOOL) slug.

limande [limɑ̃d] *nf* dab.

lime [lim] *nf* **1.** *(outil)* file; **~ à ongles** nail file. **2.** (BOT) lime.

limer [lime] *vt (ongles)* to file; *(aspérités)* to file down; *(barreau)* to file through.

limier [limje] *nm* **1.** *(chien)* bloodhound. **2.** *(détective)* sleuth.

liminaire [liminɛr] *adj* introductory.

limitation [limitasjɔ̃] *nf* limitation; *(de naissances)* control; **~ de vitesse** speed limit.

limite [limit] ◇ *nf* **1.** *(gén)* limit; **à la ~** *(au pire)* at worst. **2.** *(échéance)* deadline; **~ d'âge** age limit. ◇ *adj* maximum (*avant n*); **cas ~** borderline case; **date ~** deadline; **date ~ de vente/consommation** sell-by/use-by date.

limiter [limite] *vt* **1.** *(borner)* to border, to bound. **2.** *(restreindre)* to limit. ◆ **se limiter** *vp* **1.** *(se restreindre)*: **se ~ à qqch/à faire qqch** to limit o.s. to sthg/to doing sthg. **2.** *(se borner)*: **se ~ à** to be limited to.

limitrophe [limitrɔf] *adj* **1.** *(frontalier)* border (*avant n*); **être ~ de** to border on. **2.** *(voisin)* adjacent.

limoger [limɔʒe] *vt* to dismiss.

limon [limɔ̃] *nm* (GÉOL) alluvium, silt.

limonade [limɔnad] *nf* lemonade.

limpide [lɛ̃pid] *adj* **1.** *(eau)* limpid. **2.** *(ciel, regard)* clear. **3.** *(explication, style)* clear, lucid.

lin [lɛ̃] *nm* **1.** (BOT) flax. **2.** *(tissu)* linen.

linceul [lɛ̃sœl] *nm* shroud.

linéaire [lineɛr] *adj (mesure, perspective)* linear.

linge [lɛ̃ʒ] *nm* **1.** *(lessive)* washing. **2.** *(de maison)* linen. **3.** *(lingerie)* underwear. **4.** *(morceau de tissu)* cloth.

lingerie [lɛ̃ʒri] *nf* **1.** *(local)* linen room. **2.** *(sous-vêtements)* lingerie.

lingot [lɛ̃go] *nm* ingot.

linguistique [lɛ̃gɥistik] ◇ *nf* linguistics *(U)*. ◇ *adj* linguistic.

linoléum [linɔleɔm] *nm* lino, linoleum.

lion, lionne [ljɔ̃, ljɔn] *nm, f* lion (*f* lioness). ◆ **Lion** *nm* (ASTROL) Leo.

lionceau, -x [ljɔ̃so] *nm* lion cub.

lipide [lipid] *nm* lipid.

liquéfier [likefje] *vt* to liquefy. ◆ **se liquéfier** *vp* **1.** *(matière)* to liquefy. **2.** *fig (personne)* to turn to jelly.

liqueur [likœr] *nf* liqueur.

liquidation [likidasjɔ̃] *nf* **1.** *(de compte & BOURSE)* settlement. **2.** *(de société, stock)* liquidation.

liquide [likid] ◇ *nm* **1.** *(substance)* liquid. **2.** *(argent)* cash; **en ~** in cash. ◇ *adj (corps &* LING*)* liquid.

liquider [likide] *vt* **1.** *(compte &* BOURSE*)* to settle. **2.** *(société, stock)* to liquidate. **3.** *arg crime (témoin)* to liquidate, to eliminate; *fig (problème)* to eliminate, to get rid of.

liquidité [likidite] *nf* liquidity. ◆ **liquidités** *nfpl* liquid assets.

lire[1] [lir] *vt* to read; **lu et approuvé** read and approved.

lire[2] [lir] *nf* lira.

lis, lys [lis] *nm* lily.

Lisbonne [lizbɔn] *n* Lisbon.

liseré [lizre], **liséré** [lizere] *nm* edging ribbon, piping.

liseron [lizrɔ̃] *nm* bindweed.
liseuse [lizøz] *nf* 1. *(vêtement)* bed-jacket. 2. *(lampe)* reading light.
lisible [lizibl] *adj (écriture)* legible.
lisière [lizjɛr] *nf (limite)* edge.
lisse [lis] *adj (surface, peau)* smooth.
lisser [lise] *vt* 1. *(papier, vêtements)* to smooth (out). 2. *(moustache, cheveux)* to smooth (down). 3. *(plumes)* to preen.
liste [list] *nf* list; **~ d'attente** waiting list; **~ électorale** electoral roll; **~ de mariage** wedding present list; **être sur la ~ rouge** to be ex-directory.
lister [liste] *vt* to list.
listing [listiŋ] *nm* listing.
lit [li] *nm (gén)* bed; **faire son ~** to make one's bed; **garder le ~** to stay in bed; **se mettre au ~** to go to bed; **~ à baldaquin** four-poster bed; **~ de camp** camp bed.
litanie [litani] *nf* litany.
literie [litri] *nf* bedding.
lithographie [litɔgrafi] *nf* 1. *(procédé)* lithography. 2. *(image)* lithograph.
litière [litjɛr] *nf* litter.
litige [litiʒ] *nm* 1. (JUR) lawsuit. 2. *(désaccord)* dispute.
litigieux, -euse [litiʒjø, øz] *adj* 1. (JUR) litigious. 2. *(douteux)* disputed.
litre [litr] *nm* 1. *(mesure, quantité)* litre. 2. *(récipient)* litre bottle.
littéraire [literɛr] *adj* literary.
littéral, -e, -aux [literal, o] *adj* 1. *(gén)* literal. 2. *(écrit)* written.
littérature [literatyr] *nf* literature.
littoral, -e, -aux [litɔral, o] *adj* coastal. ◆ **littoral** *nm* coast, coastline.
Lituanie [litɥani] *nf*: **la ~** Lithuania.
liturgie [lityrʒi] *nf* liturgy.
livide [livid] *adj (blême)* pallid.
livraison [livrɛzɔ̃] *nf (de marchandise)* delivery; **~ à domicile** home delivery.
livre [livr] ◇ *nm (gén)* book; **~ de cuisine** cookery book; **~ d'images** picture book; **~ d'or** visitors' book; **~ de poche** paperback. ◇ *nf* pound; **~ sterling** pound sterling.
livrée [livre] *nf (uniforme)* livery.
livrer [livre] *vt* 1. (COMM) to deliver; **~ qqch à qqn** *(achat)* to deliver sthg to sb; *(secret)* to reveal OU give away sthg to sb. 2. *(coupable)*: **~ qqn à qqn** to hand sb over to sb. 3. *(abandonner)*: **~ qqch à qqch** to give sthg over to sthg; **~ qqn à lui-même** to leave sb to his own devices. ◆ **se livrer** *vp* 1. *(se rendre)*: **se ~ à** *(police)* to give o.s. up to. 2. *(se confier)*: **se ~ à** to open up to, to confide in. 3. *(se consacrer)*: **se ~ à** *(activité)* to devote o.s. to; *(excès)* to indulge in.
livret [livrɛ] *nm* 1. *(carnet)* booklet; **~ de caisse d'épargne** passbook, bankbook; **~ de famille** *official family record book, given by registrar to newlyweds*; **~ scolaire** = school report. 2. *(catalogue)* catalogue. 3. (MUS) book, libretto.
livreur, -euse [livrœr, øz] *nm, f* delivery man (*f* woman).
lobby [lɔbi] (*pl* **lobbies**) *nm* lobby.
lobe [lɔb] *nm* (ANAT & BOT) lobe.
lober [lɔbe] *vt* to lob.
local, -e, -aux [lɔkal, o] *adj* local; *(douleur)* localized. ◆ **local** *nm* room, premises (*pl*). ◆ **locaux** *nmpl* premises, offices.
localiser [lɔkalize] *vt* 1. *(avion, bruit)* to locate. 2. *(épidémie, conflit)* to localize.
localité [lɔkalite] *nf* (small) town.
locataire [lɔkatɛr] *nmf* tenant.
location [lɔkasjɔ̃] *nf* 1. *(de maison - par propriétaire)* letting *Br*, renting *Am*; *(- par locataire)* renting; *(de machine)* leasing; **~ de voitures** car hire *Br*, car rent *Am*. 2. *(bail)* lease. 3. *(maison)* rented property.

> Attention à ne pas se laisser influencer par l'orthographe identique, en français et en anglais, du mot «location». En anglais, il a le sens de «lieu», «emplacement», «endroit» (*the firm has moved to a new location*, «la société a déménagé»). Le «location» français équivaut par contre à *hire, renting*, etc. Par exemple, dans une agence immobilière: «nous n'avons pas de locations», *we have no accommodation for rent*.

location-vente [lɔkasjɔ̃vɑ̃t] *nf* = hire purchase *Br*, = installment plan *Am*.
locomotion [lɔkɔmɔsjɔ̃] *nf* locomotion.
locomotive [lɔkɔmɔtiv] *nf* 1. *(machine)* locomotive. 2. *fig (leader)* moving force.
locution [lɔkysjɔ̃] *nf* expression, phrase.
loft [lɔft] *nm* (converted) loft.
logarithme [lɔgaritm] *nm* logarithm.
loge [lɔʒ] *nf* 1. *(de concierge, de francs-maçons)* lodge. 2. *(d'acteur)* dressing room.
logement [lɔʒmɑ̃] *nm* 1. *(hébergement)* accommodation. 2. *(appartement)* flat *Br*, apartment *Am*; **~ de fonction** company flat *Br* OU apartment *Am*.
loger [lɔʒe] ◇ *vi (habiter)* to live. ◇ *vt* 1. *(amis)* to put up. 2. *(suj: maison)* to accommodate, to take. ◆ **se loger** *vp*

1. *(personne)* to find accommodation. 2. *(se placer)*: **se ~ dans** to lodge in, to stick in.
logiciel [lɔʒisjɛl] *nm* software *(U)*; **~ intégré** integrated software; **~ du domaine public** freeware.
logique [lɔʒik] ◇ *nf* logic. ◇ *adj* logical.
logiquement [lɔʒikmɑ̃] *adv* logically.
logis [lɔʒi] *nm* abode.
logistique [lɔʒistik] *nf* logistics *(pl)*.
logo [logo] *nm* logo.
loi [lwa] *nf (gén)* law.
loin [lwɛ̃] *adv* 1. *(dans l'espace)* far; **plus ~** further. 2. *(dans le passé)* a long time ago; *(futur)* a long way off. ◆ **au loin** *loc adv* in the distance, far off. ◆ **de loin** *loc adv* from a distance; **de plus ~** from further away. ◆ **loin de** *loc prép* 1. *(gén)* far from; **~ de là!** *fig* far from it! 2. *(dans le temps)*: **il n'est pas ~ de 9 h** it's nearly 9 o'clock, it's not far off 9 o'clock.
lointain, -e [lwɛ̃tɛ̃, ɛn] *adj* distant.
loir [lwar] *nm* dormouse.
loisir [lwazir] *nm* 1. *(temps libre)* leisure. 2. *(gén pl) (activités)* leisure activities *(pl)*.
londonien, -enne [lɔ̃dɔnjɛ̃, ɛn] *adj* London *(avant n)*. ◆ **Londonien, -enne** *nm, f* Londoner.
Londres [lɔ̃dr] *n* London.
long, longue [lɔ̃, lɔ̃g] *adj* 1. *(gén)* long. 2. *(lent)* slow; **être ~ à faire qqch** to take a long time doing sthg. ◆ **long** ◇ *nm (longueur)*: **4 mètres de ~** 4 metres long OU in length; **de ~ en large** up and down, to and fro; **en ~ et en large** in great detail; **(tout) le ~ de** *(espace)* all along; **tout au ~ de** *(année, carrière)* throughout. ◇ *adv (beaucoup)*: **en savoir ~ sur qqch** to know a lot about sthg. ◆ **à la longue** *loc adv* in the end.
longe [lɔ̃ʒ] *nf (courroie)* halter.
longer [lɔ̃ʒe] *vt* 1. *(border)* to go along OU alongside. 2. *(marcher le long de)* to walk along.
longévité [lɔ̃ʒevite] *nf* longevity.
longiligne [lɔ̃ʒiliɲ] *adj* long-limbed.
longitude [lɔ̃ʒityd] *nf* longitude.
longtemps [lɔ̃tɑ̃] *adv* (for) a long time; **depuis ~** (for) a long time; **il y a ~ que** ... it's been a long time since ...; **il y a ~ qu'il est là** he's been here a long time; **mettre ~ à faire qqch** to take a long time to do sthg.
longue → **long**.
longuement [lɔ̃gmɑ̃] *adv* 1. *(longtemps)* for a long time. 2. *(en détail)* at length.
longueur [lɔ̃gœr] *nf* length; **faire 5 mètres de ~** to be 5 metres long; **disposer qqch en ~** to put sthg lengthways; **à ~ de journée/temps** the entire day/time; **à ~ d'année** all year long. ◆ **longueurs** *nfpl (de film, de livre)* boring parts.
longue-vue [lɔ̃gvy] *nf* telescope.
look [luk] *nm* look; **avoir un ~** to have a style.
looping [lupiŋ] *nm* loop the loop.
lopin [lɔpɛ̃] *nm*: **~ (de terre)** patch OU plot of land.
loquace [lɔkas] *adj* loquacious.
loque [lɔk] *nf* 1. *(lambeau)* rag. 2. *fig (personne)* wreck.
loquet [lɔkɛ] *nm* latch.
lorgner [lɔrɲe] *vt fam* 1. *(observer)* to eye. 2. *(guigner)* to have one's eye on.
lors [lɔr] *adv*: **depuis ~** since that time; **~ de** at the time of.
lorsque [lɔrsk(ə)] *conj* when.
losange [lɔzɑ̃ʒ] *nm* lozenge.
lot [lo] *nm* 1. *(part)* share; *(de terre)* plot. 2. *(stock)* batch. 3. *(prix)* prize. 4. *fig (destin)* fate, lot.
loterie [lɔtri] *nf* lottery.
loti, -e [lɔti] *adj*: **être bien/mal ~** to be well/badly off.
lotion [lɔsjɔ̃] *nf* lotion.
lotir [lɔtir] *vt* to divide up.
lotissement [lɔtismɑ̃] *nm (terrain)* plot.
loto [lɔto] *nm* 1. *(jeu de société)* lotto. 2. *(loterie) popular national lottery.*
lotte [lɔt] *nf* monkfish.
lotus [lɔtys] *nm* lotus.
louange [lwɑ̃ʒ] *nf* praise.
louche[1] [luʃ] *nf* ladle.
louche[2] [luʃ] *adj fam* suspicious.
loucher [luʃe] *vi* 1. (MÉD) to squint. 2. *fam (lorgner)*: **~ sur** to have one's eye on.
louer [lwe] *vt* 1. *(glorifier)* to praise. 2. *(propriétaire)* to rent (out); **à ~** for rent. 3. *(locataire)* to rent. 4. *(réserver)* to book. ◆ **se louer** *vp sout (se féliciter)*: **se ~ de qqch/de faire qqch** to be very pleased about sthg/about doing sthg.
loufoque [lufɔk] *adj fam* nuts, crazy.
loup [lu] *nm* 1. *(carnassier)* wolf. 2. *(poisson)* bass. 3. *(masque)* mask.
loupe [lup] *nf* magnifying glass.
louper [lupe] *vt fam (travail)* to make a mess of; *(train)* to miss.
loup-garou [lugaru] *(pl* **loups-garous)** *nm* werewolf.

lourd, -e [lur, lurd] *adj* 1. *(gén)* heavy; **~ de** *fig* full of. 2. *(tâche)* difficult; *(faute)* serious. 3. *(maladroit)* clumsy, heavy-handed. 4. *(orageux)* sultry. ◆ **lourd** *adv*: **peser ~** to be heavy, to weigh a lot; **il n'en fait pas ~** *fam* he doesn't do much.

loutre [lutr] *nf* otter.

louve [luv] *nf* she-wolf.

louveteau, -x [luvto] *nm* 1. (ZOOL) wolf cub. 2. *(scout)* cub.

louvoyer [luvwaje] *vi* 1. (NAVIG) to tack. 2. *(biaiser)* to beat about the bush.

Louvre [luvr] *n*: **le ~** the Louvre (museum).

lover [lɔve] ◆ **se lover** *vp* to coil up.

loyal, -e, -aux [lwajal, o] *adj* 1. *(fidèle)* loyal. 2. *(honnête)* fair.

loyauté [lwajote] *nf* 1. *(fidélité)* loyalty. 2. *(honnêteté)* fairness.

loyer [lwaje] *nm* rent.

LP (*abr de* **lycée professionnel**) *nm secondary school for vocational training.*

LSD (*abr de* **lysergic acid diethylamide**) *nm* LSD.

lu, -e [ly] *pp* → **lire**[1].

lubie [lybi] *nf fam* whim.

lubrifier [lybrifje] *vt* to lubricate.

lubrique [lybrik] *adj* lewd.

lucarne [lykarn] *nf* 1. *(fenêtre)* skylight. 2. (FOOTBALL) top corner of the net.

lucide [lysid] *adj* lucid.

lucidité [lysidite] *nf* lucidity.

lucratif, -ive [lykratif, iv] *adj* lucrative.

ludique [lydik] *adj* play (*avant n*).

ludothèque [lydɔtɛk] *nf* toy library.

lueur [lɥœr] *nf* 1. *(de bougie, d'étoile)* light; **à la ~ de** by the light of. 2. *fig (de colère)* gleam; *(de raison)* spark; **~ d'espoir** glimmer of hope.

luge [lyʒ] *nf* toboggan.

lugubre [lygybr] *adj* lugubrious.

lui[1] [lɥi] *pp inv* → **luire**.

lui[2] [lɥi] *pron pers* 1. *(complément d'objet indirect - homme)* (to) him; *(- femme)* (to) her; *(- animal, chose)* (to) it; **je ~ ai parlé** I've spoken to him/to her; **il ~ a serré la main** he shook his/her hand. 2. *(sujet, en renforcement de 'il')* he. 3. *(objet, après préposition, comparatif - personne)* him; *(- animal, chose)* it; **sans ~** without him; **je vais chez ~** I'm going to his place; **elle est plus jeune que ~** she's younger than him OU than he is. 4. *(remplaçant 'soi' en fonction de pronom réfléchi - personne)* himself; *(- animal, chose)* itself; **il est content de ~** he's pleased with himself. ◆ **lui-même** *pron pers (personne)* himself; *(animal, chose)* itself.

luire [lɥir] *vi (soleil, métal)* to shine; *fig (espoir)* to glow, to glimmer.

luisant, -e [lɥizɑ̃, ɑ̃t] *adj* gleaming.

lumière [lymjɛr] *nf (éclairage & fig)* light.

lumineux, -euse [lyminø, øz] *adj* 1. *(couleur, cadran)* luminous. 2. *fig (visage)* radiant; *(idée)* brilliant. 3. *(explication)* clear.

luminosité [lyminozite] *nf* 1. *(du regard, ciel)* radiance. 2. (SCIENCE) luminosity.

lump [lœ̃p] *nm*: **œufs de ~** lumpfish roe.

lunaire [lynɛr] *adj* 1. (ASTRON) lunar. 2. *fig (visage)* moon (*avant n*); *(paysage)* lunar.

lunatique [lynatik] *adj* temperamental.

lunch [lœ̃ʃ] *nm* buffet lunch.

lundi [lœ̃di] *nm* Monday; *voir aussi* **samedi**.

lune [lyn] *nf* (ASTRON) moon; **pleine ~** full moon; **~ de miel** *fig* honeymoon.

lunette [lynɛt] *nf* (ASTRON) telescope. ◆ **lunettes** *nfpl* glasses; **~s de soleil** sunglasses.

lurette [lyrɛt] *nf*: **il y a belle ~ que ...** *fam* it's been ages since ...

luron, -onne [lyrɔ̃, ɔn] *nm, f fam*: **un joyeux ~** a cheery chap.

lustre [lystr] *nm* 1. *(lampe)* chandelier. 2. *(éclat)* sheen, shine; *fig* reputation.

lustrer [lystre] *vt* 1. *(faire briller)* to make shine. 2. *(user)* to wear.

luth [lyt] *nm* lute.

lutin, -e [lytɛ̃, in] *adj* mischievous. ◆ **lutin** *nm* imp.

lutte [lyt] *nf* 1. *(combat)* fight, struggle; **la ~ des classes** the class struggle. 2. (SPORT) wrestling.

lutter [lyte] *vi* to fight, to struggle; **~ contre** to fight (against).

lutteur, -euse [lytœr, øz] *nm, f* (SPORT) wrestler; *fig* fighter.

luxation [lyksasjɔ̃] *nf* dislocation.

luxe [lyks] *nm* luxury; **de ~** luxury.

Luxembourg [lyksɑ̃bur] *nm (pays)*: **le ~** Luxembourg.

luxueux, -euse [lyksɥø, øz] *adj* luxurious.

luxure [lyksyr] *nf* lust.

luzerne [lyzɛrn] *nf* lucerne, alfalfa.

lycée [lise] *nm* ≃ secondary school *Br*, ≃ high school *Am*; **~ technique/professionnel** ≃ technical/training college.

lycéen, -enne [liseɛ̃, ɛn] *nm, f* secondary school pupil *Br,* high school pupil *Am.*
lymphatique [lɛ̃fatik] *adj* **1.** (MÉD) lymphatic. **2.** *fig (apathique)* sluggish.
lyncher [lɛ̃ʃe] *vt* to lynch.
lynx [lɛ̃ks] *nm* lynx.
Lyon [ljɔ̃] *n* Lyons.
lyre [lir] *nf* lyre.
lyrique [lirik] *adj (poésie) fig* lyrical; *(drame, chanteur, poète)* lyric.
lys = **lis.**

M

m, M [ɛm] ◇ *nm inv* m, M. ◇ (*abr de* **mètre**) m. ◆ **M 1.** (*abr de* **Monsieur**) Mr. 2. (*abr de* **million**) M.
ma → **mon.**
macabre [makabr] *adj* macabre.
macadam [makadam] *nm (revêtement)* macadam; *(route)* road.
macaron [makarɔ̃] *nm* **1.** *(pâtisserie)* macaroon. **2.** *(autocollant)* sticker.
macaronis [makarɔni] *nmpl* (CULIN) macaroni *(U).*
macédoine [masedwan] *nf* (CULIN): **~ de fruits** fruit salad.
macérer [masere] ◇ *vt* to steep. ◇ *vi* **1.** *(mariner)* to steep; **faire ~** to steep. **2.** *fig & péj (personne)* to wallow.
mâche [maʃ] *nf* lamb's lettuce.
mâcher [maʃe] *vt (mastiquer)* to chew.
machiavélique [makjavelik] *adj* Machiavellian.
machin [maʃɛ̃] *nm fam (chose)* thing, thingumajig.
Machin, -e [maʃɛ̃, in] *nm, f fam* what's his name (*f* what's her name).
machinal, -e, -aux [maʃinal, o] *adj* mechanical.
machination [maʃinasjɔ̃] *nf* machination.
machine [maʃin] *nf* **1.** (TECHNOL) machine; **~ à coudre** sewing machine; **~ à écrire** typewriter; **~ à laver** washing machine. **2.** (NAVIG) engine.
machine-outil [maʃinuti] *nf* machine tool.
machiniste [maʃinist] *nm* **1.** (CIN & THÉÂTRE) scene shifter. **2.** (TRANSPORT) driver.
macho [matʃo] *nm péj* macho man.
mâchoire [maʃwar] *nf* jaw.
mâchonner [maʃɔne] *vt* to chew.
maçon [masɔ̃] *nm* mason.
maçonnerie [masɔnri] *nf (travaux)* building; *(construction)* masonry; *(franc-maçonnerie)* freemasonry.
macramé [makrame] *nm* macramé.
macrobiotique [makrɔbjɔtik] *nf* macrobiotics *(U).*
macroéconomie [makrɔekɔnɔmi] *nf* macro-economy.
maculer [makyle] *vt* to stain.
madame [madam] (*pl* **mesdames** [medam]) *nf (titre)*: **~ X** Mrs X; **bonjour ~!** good morning!; *(dans hôtel, restaurant)* good morning, madam!; **bonjour mesdames!** good morning (ladies)!; **Madame le Ministre n'est pas là** the Minister is out.
mademoiselle [madmwazɛl] (*pl* **mesdemoiselles** [medmwazɛl]) *nf (titre)*: **~ X** Miss X; **bonjour ~!** good morning!; *(à l'école, dans hôtel)* good morning, miss!; **bonjour mesdemoiselles!** good morning (ladies)!
madone [madɔn] *nf* Madonna.
Madrid [madrid] *n* Madrid.
madrier [madrije] *nm* beam.
maf(f)ia [mafja] *nf* Mafia.
magasin [magazɛ̃] *nm* **1.** *(boutique)* shop *Br,* store *Am;* **grand ~** department store; **faire les ~s** *fig* to go round the shops *Br* OU stores *Am.* **2.** *(d'arme, d'appareil photo)* magazine.
magazine [magazin] *nm* magazine.
mage [maʒ] *nm*: **les Rois ~s** the Three Wise Men.
maghrébin, -e [magrebɛ̃, in] *adj* North African. ◆ **Maghrébin, -e** *nm, f* North African.
magicien, -enne [maʒisjɛ̃, ɛn] *nm, f* magician.
magie [maʒi] *nf* magic.
magique [maʒik] *adj* **1.** *(occulte)* magic. **2.** *(merveilleux)* magical.
magistral, -e, -aux [maʒistral, o] *adj* **1.** *(œuvre)* masterly. **2.** *(dispute, fessée)* enormous. **3.** *(ton)* authoritative.
magistrat [maʒistra] *nm* magistrate.
magistrature [maʒistratyr] *nf* magistracy, magistrature.
magma [magma] *nm* **1.** (GÉOL) magma. **2.** *fig (mélange)* muddle.
magnanime [maɲanim] *adj* magnanimous.

magnat [maɲa] *nm* magnate, tycoon.
magnésium [maɲezjɔm] *nm* magnesium.
magnétique [maɲetik] *adj* magnetic.
magnétisme [maɲetism] *nm (*PHYS *& fascination)* magnetism.
magnéto(phone) [maɲetɔ(fɔn)] *nm* tape recorder.
magnétoscope [maɲetɔskɔp] *nm* videorecorder.
magnificence [maɲifisɑ̃s] *nf* magnificence.
magnifique [maɲifik] *adj* magnificent.
magnum [magnɔm] *nm* magnum.
magot [mago] *nm fam* tidy sum, packet.
mai [mɛ] *nm* May; **le premier ~** May Day; *voir aussi* **septembre**.
maigre [mɛgr] *adj* **1.** *(très mince)* thin. **2.** *(aliment)* low-fat; *(viande)* lean. **3.** *(peu important)* meagre; *(végétation)* sparse.
maigreur [mɛgrœr] *nf* thinness.
maigrir [megrir] *vi* to lose weight.
mailing [mɛliŋ] *nm* mailing, mailshot.
maille [maj] *nf* **1.** *(de tricot)* stitch. **2.** *(de filet)* mesh.
maillet [majɛ] *nm* mallet.
maillon [majɔ̃] *nm* link.
maillot [majo] *nm (de sport)* shirt, jersey; **~ de bain** swimsuit; **~ de corps** vest *Br*, undershirt *Am*.
main [mɛ̃] *nf* hand; **à la ~** by hand; **attaque à ~ armée** armed attack; **donner la ~ à qqn** to take sb's hand; **haut les ~s!** hands up!
main-d'œuvre [mɛ̃dœvr] *nf* labour, workforce.
mainmise [mɛ̃miz] *nf* seizure.
maint, -e [mɛ̃, mɛ̃t] *adj littéraire* many a; **~s** many; **~es fois** time and time again.
maintenance [mɛ̃tnɑ̃s] *nf* maintenance.
maintenant [mɛ̃tnɑ̃] *adv* now. ◆ **maintenant que** *loc prép* now that.
maintenir [mɛ̃tnir] *vt* **1.** *(soutenir)* to support; **~ qqn à distance** to keep sb away. **2.** *(garder, conserver)* to maintain. **3.** *(affirmer)*: **~ que** to maintain (that). ◆ **se maintenir** *vp* **1.** *(durer)* to last. **2.** *(rester)* to remain.
maintien [mɛ̃tjɛ̃] *nm* **1.** *(conservation)* maintenance; *(de tradition)* upholding. **2.** *(tenue)* posture.
maire [mɛr] *nm* mayor.
mairie [meri] *nf* **1.** *(bâtiment)* town hall *Br*, city hall *Am*. **2.** *(administration)* town council *Br*, city hall *Am*.
mais [mɛ] ◇ *conj* but; **~ non!** of course not!; **il a pleuré, ~ pleuré!** he cried, and how!; **non ~ ça ne va pas!** that's just not on! ◇ *adv* but; **vous êtes prêts? – ~ bien sûr!** are you ready? – but of course! ◇ *nm*: **il y a un ~** there's a hitch OU a snag; **il n'y a pas de ~** (there are) no buts.
maïs [mais] *nm* maize *Br*, corn *Am*.
maison [mɛzɔ̃] *nf* **1.** *(habitation, lignée &* ASTROL*)* house; **~ individuelle** detached house. **2.** *(foyer)* home; *(famille)* family; **à la ~** *(au domicile)* at home. **3.** (COMM) company. **4.** *(institut)*: **~ d'arrêt** prison; **~ de la culture** arts centre; **~ de retraite** old people's home. **5.** *(en apposition) (artisanal)* homemade; *(dans restaurant - vin)* house *(avant n)*.
Maison-Blanche [mɛzɔ̃blɑ̃ʃ] *nf*: **la ~** the White House.
maisonnée [mɛzɔne] *nf* household.
maisonnette [mɛzɔnɛt] *nf* small house.
maître, -esse [mɛtr, mɛtrɛs] *nm, f* **1.** *(professeur)* teacher; **~ chanteur** blackmailer; **~ de conférences** (UNIV) ≃ senior lecturer; **~ d'école** schoolteacher; **~ nageur** swimming instructor. **2.** *(modèle, artiste & fig)* master. **3.** *(dirigeant)* ruler; *(d'animal)* master (*f* mistress); **~ d'hôtel** head waiter; **être ~ de soi** to be in control of oneself, to have self-control. **4.** *(en apposition) (principal)* main, principal. ◆ **Maître** *nm form of address for lawyers.* ◆ **maîtresse** *nf (amie)* mistress.
maître-assistant, -e [mɛtrasistɑ̃, ɑ̃t] *nm, f* ≃ lecturer *Br*, ≃ assistant professor *Am*.
maîtresse → **maître**.
maîtrise [metriz] *nf* **1.** *(sang-froid, domination)* control. **2.** *(connaissance)* mastery, command; *(habileté)* skill. **3.** (UNIV) ≃ master's degree.
maîtriser [metrize] *vt* **1.** *(animal, forcené)* to subdue. **2.** *(émotion)* to control, to master. **3.** *(feu)* to bring under control. ◆ **se maîtriser** *vp* to control o.s.
majesté [maʒɛste] *nf* majesty. ◆ **Majesté** *nf*: **Sa Majesté** His/Her Majesty.
majestueux, -euse [maʒɛstɥø, øz] *adj* majestic.
majeur, -e [maʒœr] *adj* **1.** *(gén)* major. **2.** *(personne)* of age. ◆ **majeur** *nm* middle finger.
major [maʒɔr] *nm* **1.** (MIL) ≃ adjutant.

2. (SCOL): **~ (de promotion)** first in OU top of one's year group.

majordome [maʒɔrdɔm] *nm* majordomo.

majorer [maʒɔre] *vt* to increase.

majorette [maʒɔrɛt] *nf* majorette.

majoritaire [maʒɔritɛr] *adj* majority (*avant n*); **être ~** to be in the majority.

majorité [maʒɔrite] *nf* majority; **en (grande) ~** in the majority; **~ absolue/relative** absolute/relative majority.

majuscule [maʒyskyl] ◇ *nf* capital (letter). ◇ *adj* capital (*avant n*).

mal, maux [mal, mo] *nm* 1. *(contraire du bien)* evil. 2. *(douleur)* pain; **avoir ~ au bras** to have a sore arm; **avoir ~ au cœur** to feel sick; **avoir ~ au dos** to have backache; **avoir ~ à la gorge** to have a sore throat; **avoir le ~ de mer** to be seasick; **avoir ~ aux dents/à la tête** to have toothache/a headache; **avoir ~ au ventre** to have (a) stomachache; **faire ~ à qqn** to hurt sb; **ça fait ~** it hurts; **se faire ~** to hurt o.s. 3. *(difficulté)* difficulty. 4. *(douleur morale)* pain, suffering *(U)*; **être en ~ de qqch** to long for sthg; **faire du ~ (à qqn)** to hurt (sb). ◆ **mal** *adv* 1. *(malade)* ill; **aller ~** not to be well; **se sentir ~** to feel ill; **être au plus ~** to be extremely ill. 2. *(respirer)* with difficulty. 3. *(se conduire)* badly; **~ prendre qqch** to take sthg badly; **~ tourner** to go wrong. 4. *loc*: **pas ~** not bad (*adj*), not badly (*adv*); **pas ~ de** quite a lot of.

malade [malad] ◇ *nmf* invalid, sick person; **~ mental** mentally ill person. ◇ *adj* 1. *(souffrant - personne)* ill, sick; *(- organe)* bad; **tomber ~** to fall ill OU sick. 2. *fam (fou)* crazy.

maladie [maladi] *nf* 1. (MÉD) illness; **~ de Creutzfeldt-Jakob** Creutzfeldt-Jakob disease. 2. *(passion, manie)* mania.

maladresse [maladrɛs] *nf* 1. *(inhabileté)* clumsiness. 2. *(bévue)* blunder.

maladroit, -e [maladrwa, at] *adj* clumsy.

malaise [malɛz] *nm* 1. *(indisposition)* discomfort. 2. *(trouble)* unease *(U)*.

malaisé, -e [maleze] *adj* difficult.

Malaisie [malɛzi] *nf*: **la ~** Malaya.

malappris, -e [malapri, iz] *nm, f* lout.

malaria [malarja] *nf* malaria.

malaxer [malakse] *vt* to knead.

malchance [malʃɑ̃s] *nf* bad luck *(U)*.

malchanceux, -euse [malʃɑ̃sø, øz] ◇ *adj* unlucky. ◇ *nm, f* unlucky person.

malcommode [malkɔmɔd] *adj* inconvenient; *(meuble)* impractical.

mâle [mal] ◇ *adj* 1. *(enfant, animal, hormone)* male. 2. *(voix, assurance)* manly. 3. (ÉLECTR) male. ◇ *nm* male.

malédiction [malediksjɔ̃] *nf* curse.

maléfique [malefik] *adj sout* evil.

malencontreux, -euse [malɑ̃kɔ̃trø, øz] *adj (hasard, rencontre)* unfortunate.

malentendant, -e [malɑ̃tɑ̃dɑ̃, ɑ̃t] *nm, f* person who is hard of hearing.

malentendu [malɑ̃tɑ̃dy] *nm* misunderstanding.

malfaçon [malfasɔ̃] *nf* defect.

malfaiteur [malfɛtœr] *nm* criminal.

malfamé, -e, mal famé, -e [malfame] *adj* disreputable.

malformation [malfɔrmasjɔ̃] *nf* malformation.

malfrat [malfra] *nm fam* crook.

malgré [malgre] *prép* in spite of; **~ tout** *(quoi qu'il arrive)* in spite of everything; *(pourtant)* even so, yet. ◆ **malgré que** *loc conj* (+ *subjonctif*) *fam* although, in spite of the fact that.

malhabile [malabil] *adj* clumsy.

malheur [malœr] *nm* misfortune; **par ~** unfortunately; **porter ~ à qqn** to bring sb bad luck.

malheureusement [malœrøzmɑ̃] *adv* unfortunately.

malheureux, -euse [malœrø, øz] ◇ *adj* 1. *(triste)* unhappy. 2. *(regrettable)* unfortunate. 3. *(malchanceux)* unlucky. 4. (*avant n*) *(sans valeur)* pathetic, miserable. ◇ *nm, f* 1. *(infortuné)* poor soul. 2. *(indigent)* poor person.

malhonnête [malɔnɛt] ◇ *nmf* dishonest person. ◇ *adj* 1. *(personne, affaire)* dishonest. 2. *hum (proposition, propos)* indecent.

malhonnêteté [malɔnɛtte] *nf* 1. *(de personne)* dishonesty. 2. *(action)* dishonest action.

Mali [mali] *nm*: **le ~** Mali.

malice [malis] *nf* mischief.

malicieux, -euse [malisjø, øz] *adj* mischievous.

malin, -igne [malɛ̃, iɲ] ◇ *adj* 1. *(rusé)* crafty, cunning; *(regard, sourire)* knowing. 2. *(méchant)* malicious, spiteful. 3. (MÉD) malignant. ◇ *nm, f* cunning OU crafty person.

malingre [malɛ̃gr] *adj* sickly.

malle [mal] *nf (coffre)* trunk; *(de voiture)* boot *Br*, trunk *Am*.

malléable [maleabl] *adj* malleable.

mallette [malɛt] *nf* briefcase.

mal-logé, -e [mallɔʒe] (*mpl* **mal-logés**, *fpl* **mal-logées**) *nm, f person living in poor accommodation*.

malmener [malməne] *vt (brutaliser)* to handle roughly, to ill-treat.
malnutrition [malnytrisjɔ̃] *nf* malnutrition.
malodorant, -e [malɔdɔrɑ̃, ɑ̃t] *adj* smelly.
malotru, -e [malɔtry] *nm, f* lout.
malpoli, -e [malpɔli] *nm, f* rude person.
malpropre [malprɔpr] *adj (sale)* dirty.
malsain, -e [malsɛ̃, ɛn] *adj* unhealthy.
malt [malt] *nm* 1. *(céréale)* malt. 2. *(whisky)* malt (whisky).
Malte [malt] *n* Malta.
maltraiter [maltrete] *vt* to ill-treat; *(en paroles)* to attack, to run down.
malus [malys] *nm* penalty *(claims premium)*.
malveillant, -e [malvɛjɑ̃, ɑ̃t] *adj* spiteful.
malversation [malvɛrsasjɔ̃] *nf* embezzlement.
malvoyant, -e [malvwajɑ̃, ɑ̃t] *nm, f* person who is partially sighted.
maman [mamɑ̃] *nf* mummy.
mamelle [mamɛl] *nf* teat; *(de vache)* udder.
mamelon [mamlɔ̃] *nm (du sein)* nipple.
mamie, mamy [mami] *nf* granny, grandma.
mammifère [mamifɛr] *nm* mammal.
mammouth [mamut] *nm* mammoth.
mamy = mamie.
management [manadʒmɛnt] *nm* management.
manager [manadʒɛr] *nm* manager.
manche [mɑ̃ʃ] ◇ *nf* 1. *(de vêtement)* sleeve; **~s courtes/longues** short/long sleeves. 2. *(de jeu)* round, game; (TENNIS) set. ◇ *nm* 1. *(d'outil)* handle; **~ à balai** broomstick; *(d'avion)* joystick. 2. (MUS) neck.
Manche [mɑ̃ʃ] *nf (mer)*: **la ~** the English Channel.
manchette [mɑ̃ʃɛt] *nf* 1. *(de chemise)* cuff. 2. *(de journal)* headline. 3. *(coup)* forearm blow.
manchon [mɑ̃ʃɔ̃] *nm* 1. *(en fourrure)* muff. 2. (TECHNOL) casing, sleeve.
manchot, -ote [mɑ̃ʃo, ɔt] ◇ *adj* one-armed. ◇ *nm, f* one-armed person. ◆ **manchot** *nm* penguin.
mandarine [mɑ̃darin] *nf* mandarin (orange).
mandat [mɑ̃da] *nm* 1. *(pouvoir, fonction)* mandate. 2. (JUR) warrant; **~ de perquisition** search warrant. 3. *(titre postal)* money order; **~ postal** postal order *Br*, money order *Am*.
mandataire [mɑ̃datɛr] *nmf* proxy, representative.
mandibule [mɑ̃dibyl] *nf* mandible.
mandoline [mɑ̃dɔlin] *nf* mandolin.
manège [manɛʒ] *nm* 1. *(attraction)* roundabout *Br*, carousel *Am*. 2. *(de chevaux - lieu)* riding school. 3. *(manœuvre)* scheme, game.
manette [manɛt] *nf* lever.
manganèse [mɑ̃ganɛz] *nm* manganese.
mangeable [mɑ̃ʒabl] *adj* edible.
mangeoire [mɑ̃ʒwar] *nf* manger.
manger [mɑ̃ʒe] ◇ *vt* 1. *(nourriture)* to eat. 2. *(fortune)* to get through, to squander. ◇ *vi* to eat.
mangue [mɑ̃g] *nf* mango.
maniable [manjabl] *adj (instrument)* manageable.
maniaque [manjak] ◇ *nmf* 1. *(méticuleux)* fusspot. 2. *(fou)* maniac. ◇ *adj* 1. *(méticuleux)* fussy. 2. *(fou)* maniacal.
manie [mani] *nf* 1. *(habitude)* funny habit; **avoir la ~ de qqch/de faire qqch** to have a mania for sthg/for doing sthg. 2. *(obsession)* mania.
maniement [manimɑ̃] *nm* handling.
manier [manje] *vt (utiliser)* to handle; *(ironie, mots)* to handle skilfully.
manière [manjɛr] *nf* manner, way; **de toute ~** at any rate; **d'une ~ générale** generally speaking. ◆ **manières** *nfpl* manners. ◆ **de manière à** *loc conj* (in order) to; **de ~ à ce que** (+ *subjonctif*) so that. ◆ **de manière que** *loc conj* (+ *subjonctif*) in such a way that.
maniéré, -e [manjere] *adj* affected.
manif [manif] *nf fam* demo.
manifestant, -e [manifɛstɑ̃, ɑ̃t] *nm, f* demonstrator.
manifestation [manifɛstasjɔ̃] *nf* 1. *(témoignage)* expression. 2. *(défilé)* demonstration. 3. *(de maladie)* appearance.
manifester [manifɛste] ◇ *vt* to show, to express. ◇ *vi* to demonstrate. ◆ **se manifester** *vp* 1. *(apparaître)* to show OU manifest itself. 2. *(se montrer)* to turn up, to appear.
manigancer [manigɑ̃se] *vt fam* to plot.
manioc [manjɔk] *nm* manioc.
manipuler [manipyle] *vt* 1. *(objet)* to handle. 2. *(résultats)* to falsify, to rig. 3. *péj (personne)* to manipulate.
manivelle [manivɛl] *nf* crank.
manne [man] *nf* (RELIG) manna; *fig & littéraire* godsend.

mannequin [mankɛ̃] *nm* 1. *(forme humaine)* model, dummy. 2. *(personne)* model, mannequin.
manœuvre [manœvr] ◇ *nf* 1. *(d'appareil, de véhicule)* driving, handling. 2. (MIL) manoeuvre, exercise. 3. *(machination)* ploy, scheme. ◇ *nm* labourer.
manœuvrer [manœvre] ◇ *vi* to manoeuvre. ◇ *vt* 1. *(faire fonctionner)* to operate, to work; *(voiture)* to manoeuvre. 2. *(influencer)* to manipulate.
manoir [manwar] *nm* manor, country house.
manquant, -e [mɑ̃kɑ̃, ɑ̃t] *adj* missing.
manque [mɑ̃k] *nm* 1. *(pénurie)* lack, shortage; **par ~ de** for want of. 2. *(de toxicomane)* withdrawal symptoms (*pl*). 3. *(lacune)* gap.
manqué, -e [mɑ̃ke] *adj (raté)* failed; *(rendez-vous)* missed.
manquer [mɑ̃ke] ◇ *vi* 1. *(faire défaut)* to be lacking, to be missing; **l'argent/le temps me manque** I don't have enough money/time; **tu me manques** I miss you. 2. *(être absent)*: **~ (à)** to be absent (from), to be missing (from). 3. *(échouer)* to fail. 4. *(ne pas avoir assez)*: **~ de qqch** to lack sthg, to be short of sthg. 5. *(faillir)*: **il a manqué de se noyer** he nearly OU almost drowned; **ne manquez pas de lui dire** don't forget to tell him; **je n'y manquerai pas** I certainly will, I'll definitely do it. 6. *(ne pas respecter)*: **~ à** *(devoir)* to fail in; **~ à sa parole** to break one's word. ◇ *vt* 1. *(gén)* to miss. 2. *(échouer à)* to bungle, to botch. ◇ *v impers*: **il manque quelqu'un** somebody is missing; **il me manque 20 francs** I'm 20 francs short.
mansarde [mɑ̃sard] *nf* attic.
mansardé, -e [mɑ̃sarde] *adj* attic (*avant n*).
mansuétude [mɑ̃sɥetyd] *nf littéraire* indulgence.
mante [mɑ̃t] *nf* (HIST) mantle. ◆ **mante religieuse** *nf* praying mantis.
manteau, -x [mɑ̃to] *nm* coat.
manucure [manykyr] *nmf* manicurist.
manuel, -elle [manɥɛl] *adj* manual. ◆ **manuel** *nm* manual.
manufacture [manyfaktyr] *nf (fabrique)* factory.
manuscrit, -e [manyskri, it] *adj* handwritten. ◆ **manuscrit** *nm* manuscript.
manutention [manytɑ̃sjɔ̃] *nf* handling.
manutentionnaire [manytɑ̃sjɔnɛr] *nmf* packer.
mappemonde [mapmɔ̃d] *nf* 1. *(carte)* map of the world. 2. *(sphère)* globe.
maquereau, -elle, -x [makro, ɛl, o] *nm, f fam* pimp (*f* madam). ◆ **maquereau** *nm* mackerel.
maquette [makɛt] *nf* 1. *(ébauche)* paste-up. 2. *(modèle réduit)* model.
maquillage [makijaʒ] *nm (action, produits)* make-up.
maquiller [makije] *vt* 1. *(farder)* to make up. 2. *(fausser)* to disguise; *(passeport)* to falsify; *(chiffres)* to doctor. ◆ **se maquiller** *vp* to make up, to put on one's make-up.
maquis [maki] *nm* 1. *(végétation)* scrub, brush. 2. (HIST) Maquis.
marabout [marabu] *nm* 1. (ZOOL) marabou. 2. *(guérisseur)* marabout.
maraîcher, -ère [mareʃe, ɛr] ◇ *adj* market garden (*avant n*) *Br*, truck farming (*avant n*) *Am*. ◇ *nm, f* market gardener *Br*, truck farmer *Am*.
marais [marɛ] *nm (marécage)* marsh, swamp; **~ salant** saltpan.
marasme [marasm] *nm (récession)* stagnation.
marathon [maratɔ̃] *nm* marathon.
marâtre [maratr] *nf vieilli* 1. *(mauvaise mère)* bad mother. 2. *(belle-mère)* stepmother.
maraude [marod] *nf*, **maraudage** [marodaʒ] *nm* pilfering.
marbre [marbr] *nm* marble.
marc [mar] *nm* 1. *(eau-de-vie) spirit distilled from grape residue.* 2. *(de fruits)* residue; *(de thé)* leaves; **~ de café** grounds (*pl*).
marcassin [markasɛ̃] *nm* young wild boar.
marchand, -e [marʃɑ̃, ɑ̃d] ◇ *adj (valeur)* market (*avant n*); *(prix)* trade (*avant n*). ◇ *nm, f (commerçant)* merchant; *(détaillant)* shopkeeper *Br*, storekeeper *Am*; **~ de journaux** newsagent.
marchander [marʃɑ̃de] ◇ *vt* 1. *(prix)* to haggle over. 2. *(appui)* to begrudge. ◇ *vi* to bargain, to haggle.
marchandise [marʃɑ̃diz] *nf* merchandise *(U)*, goods (*pl*).
marche [marʃ] *nf* 1. *(d'escalier)* step. 2. *(de personne)* walking; *(promenade)* walk; **~ à pied** walking; **~ à suivre** *fig* correct procedure. 3. (MUS) march. 4. *(du temps, d'astre)* course; **assis dans le sens de la ~** sitting facing the engine; **en ~ arrière** in reverse; **faire ~ arrière** to reverse; *fig* to backpedal, to backtrack. 5. *(fonctionnement)* running, working; **en ~** running; **se mettre en ~** to start (up).

marché [marʃe] *nm* 1. *(gén)* market; **faire son ~** to go shopping, to do one's shopping; **le ~ du travail** the labour market; **~ noir** black market; **~ aux puces** flea market. 2. *(contrat)* bargain, deal; **(à) bon ~** cheap. ◆ **Marché commun** *nm*: **le Marché commun** the Common Market.

marchepied [marʃəpje] *nm (de train)* step; *(escabeau)* steps *(pl) Br*, stepladder; *fig* stepping-stone.

marcher [marʃe] *vi* 1. *(aller à pied)* to walk. 2. *(poser le pied)* to step. 3. *(fonctionner, tourner)* to work; **son affaire marche bien** his business is doing well. 4. *fam (accepter)* to agree. 5. *loc*: **faire ~ qqn** *fam* to take sb for a ride.

mardi [mardi] *nm* Tuesday; **~ gras** Shrove Tuesday; *voir aussi* **samedi**.

mare [mar] *nf* pool.

marécage [marekaʒ] *nm* marsh, bog.

marécageux, -euse [marekaʒø, øz] *adj (terrain)* marshy, boggy.

maréchal, -aux [mareʃal, o] *nm* marshal.

marée [mare] *nf* 1. *(de la mer)* tide; **(à) ~ haute/basse** (at) high/low tide. 2. *fig (de personnes)* wave, surge. ◆ **marée noire** *nf* oil slick.

marelle [marɛl] *nf* hopscotch.

margarine [margarin] *nf* margarine.

marge [marʒ] *nf* 1. *(espace)* margin; **vivre en ~ de la société** *fig* to live on the fringes of society. 2. *(latitude)* leeway; **~ d'erreur** margin of error. 3. (COMM) margin; **~ commerciale** gross margin.

margelle [marʒɛl] *nf* coping.

marginal, -e, -aux [marʒinal, o] ◇ *adj* 1. *(gén)* marginal. 2. *(groupe)* dropout *(avant n)*. ◇ *nm, f* dropout.

marguerite [margərit] *nf* 1. (BOT) daisy. 2. *(d'imprimante)* daisy wheel.

mari [mari] *nm* husband.

mariage [marjaʒ] *nm* 1. *(union, institution)* marriage. 2. *(cérémonie)* wedding; **~ civil/religieux** civil/church wedding. 3. *fig (de choses)* blend.

Marianne [marjan] *n personification of the French Republic.*

marié, -e [marje] ◇ *adj* married. ◇ *nm, f* groom, bridegroom (*f* bride).

marier [marje] *vt* 1. *(personne)* to marry. 2. *fig (couleurs)* to blend. ◆ **se marier** *vp* 1. *(personnes)* to get married; **se ~ avec qqn** to marry sb. 2. *fig (couleurs)* to blend.

marihuana [marirwana], **marijuana** [mariʒɥana] *nf* marijuana.

marin, -e [marɛ̃, in] *adj* 1. *(de la mer)* sea *(avant n)*; *(faune)* marine. 2. *(carte, mille)* nautical. ◆ **marin** *nm* 1. *(navigateur)* seafarer. 2. *(matelot)* sailor; **~ pêcheur** deep-sea fisherman. ◆ **marine** ◇ *nf* 1. *(navigation)* seamanship, navigation. 2. *(navires)* navy; **~e marchande** merchant navy; **~e nationale** navy. ◇ *nm* 1. (MIL) marine. 2. *(couleur)* navy (blue). ◇ *adj inv* navy.

mariner [marine] ◇ *vt* to marinate. ◇ *vi* 1. (CULIN) to marinate; **faire ~ qqch** to marinate sthg. 2. *fam (attendre)* to hang around; **faire ~ qqn** to let sb stew.

marinier [marinje] *nm* bargee *Br*, bargeman *Am*.

marionnette [marjɔnɛt] *nf* puppet.

marital, -e, -aux [marital, o] *adj*: **autorisation ~e** husband's permission.

maritime [maritim] *adj (navigation)* maritime; *(ville)* coastal.

mark [mark] *nm (monnaie)* mark.

marketing [markɛtiŋ] *nm* marketing; **~ téléphonique** telemarketing.

marmaille [marmaj] *nf fam* brood (of kids).

marmelade [marməlad] *nf* stewed fruit.

marmite [marmit] *nf (casserole)* pot.

marmonner [marmɔne] *vt & vi* to mutter, to mumble.

marmot [marmo] *nm fam* kid.

marmotte [marmɔt] *nf* marmot.

Maroc [marɔk] *nm*: **le ~** Morocco.

marocain, -e [marɔkɛ̃, ɛn] *adj* Moroccan. ◆ **Marocain, -e** *nm, f* Moroccan.

maroquinerie [marɔkinri] *nf (magasin)* leather-goods shop *Br* OU store *Am*.

marotte [marɔt] *nf (dada)* craze.

marquant, -e [markɑ̃, ɑ̃t] *adj* outstanding.

marque [mark] *nf* 1. *(signe, trace)* mark; *fig* stamp, mark. 2. *(label, fabricant)* make, brand; **de ~** designer *(avant n)*; *fig* important; **~ déposée** registered trademark. 3. (SPORT) score; **à vos ~s, prêts, partez!** on your marks, get set, go! 4. *(témoignage)* sign, token.

marqué, -e [marke] *adj* 1. *(net)* marked, pronounced. 2. *(personne, visage)* marked.

marquer [marke] ◇ *vt* 1. *(gén)* to mark. 2. *fam (écrire)* to write down, to note down. 3. *(indiquer)* to show. 4. (SPORT - *but, point)* to score; *(- joueur)* to mark. ◇ *vi* 1. *(événement, expérience)* to leave its mark. 2. (SPORT) to score.

marqueur [markœr] *nm* marker (pen).

marquis, -e [marki, iz] *nm, f* marquis (*f* marchioness).
marraine [marɛn] *nf* 1. *(de filleul)* godmother. 2. *(de navire)* christener.
marrant, -e [marɑ̃, ɑ̃t] *adj fam* funny.
marre [mar] *adv*: **en avoir ~ (de)** *fam* to be fed up (with).
marrer [mare] ◆ **se marrer** *vp fam* to split one's sides.
marron, -onne [marɔ̃, ɔn] *adj péj (médecin)* quack *(avant n)*; *(avocat)* crooked. ◆ **marron** ◇ *nm* 1. *(fruit)* chestnut. 2. *(couleur)* brown. ◇ *adj inv* brown.
marronnier [marɔnje] *nm* chestnut tree.
mars [mars] *nm* March; *voir aussi* **septembre**.
Marseille [marsɛj] *n* Marseilles.
marsouin [marswɛ̃] *nm* porpoise.
marteau, -x [marto] ◇ *nm* 1. *(gén)* hammer; **~ piqueur, ~ pneumatique** pneumatic drill. 2. *(heurtoir)* knocker. ◇ *adj fam* barmy.
marteler [martəle] *vt* 1. *(pieu)* to hammer; *(table, porte)* to hammer on, to pound. 2. *(phrase)* to rap out.
martial, -e, -aux [marsjal, o] *adj* martial.
martien, -enne [marsjɛ̃, ɛn] *adj & nm, f* Martian.
martinet [martinɛ] *nm* 1. (ZOOL) swift. 2. *(fouet)* whip.
martingale [martɛ̃gal] *nf* 1. *(de vêtement)* half-belt. 2. (JEU) winning system.
Martini® [martini] *nm* Martini®.
martyr, -e [martir] ◇ *adj* martyred. ◇ *nm, f* martyr. ◆ **martyre** *nm* martyrdom.
martyriser [martirize] *vt* to torment.
marxisme [marksism] *nm* Marxism.
mascarade [maskarad] *nf (mise en scène)* masquerade.
mascotte [maskɔt] *nf* mascot.
masculin, -e [maskylɛ̃, in] *adj (apparence & GRAM)* masculine; *(métier, population, sexe)* male. ◆ **masculin** *nm* (GRAM) masculine.
maso [mazo] *fam* ◇ *nm* masochist. ◇ *adj* masochistic.
masochisme [mazɔʃism] *nm* masochism.
masque [mask] *nm* 1. *(gén)* mask; **~ à gaz** gas mask. 2. *fig (façade)* front, façade.
masquer [maske] *vt* 1. *(vérité, crime, problème)* to conceal. 2. *(maison, visage)* to conceal, to hide.
massacre [masakr] *nm litt & fig* massacre.
massacrer [masakre] *vt* to massacre; *(voiture)* to smash up.
massage [masaʒ] *nm* massage.
masse [mas] *nf* 1. *(de pierre)* block; *(d'eau)* volume. 2. *(grande quantité)*: **une ~ de** masses *(pl)* OU loads *(pl)* of. 3. (PHYS) mass. 4. (ÉLECTR) earth *Br*, ground *Am*. 5. *(maillet)* sledgehammer. ◆ **masse monétaire** *nf* (FIN) money supply. ◆ **masse salariale** *nf* payroll. ◆ **en masse** *loc adv (venir)* en masse, all together; *fam (acheter)* in bulk.
masser [mase] *vt* 1. *(assembler)* to assemble. 2. *(frotter)* to massage. ◆ **se masser** *vp* 1. *(s'assembler)* to assemble, to gather. 2. *(se frotter)*: **se ~ le bras** to massage one's arm.
masseur, -euse [masœr, øz] *nm, f (personne)* masseur (*f* masseuse).
massicot [masiko] *nm* guillotine.
massif, -ive [masif, iv] *adj* 1. *(monument, personne, dose)* massive. 2. *(or, chêne)* solid. ◆ **massif** *nm* 1. *(de plantes)* clump. 2. *(de montagnes)* massif.
massue [masy] *nf* club.
mastic [mastik] *nm* mastic, putty.
mastiquer [mastike] *vt* to chew.
masturber [mastyrbe] ◆ **se masturber** *vp* to masturbate.
masure [mazyr] *nf* hovel.
mat, -e [mat] *adj* 1. *(peinture, surface)* matt. 2. *(peau, personne)* dusky. 3. *(bruit, son)* dull. 4. *(aux échecs)* checkmated. ◆ **mat** *nm* checkmate.
mât [ma] *nm* 1. (NAVIG) mast. 2. *(poteau)* pole, post.
match [matʃ] (*pl* **matches** OU **matchs**) *nm* match; **(faire) ~ nul** (to) draw; **~ aller/retour** first/second leg.
matelas [matla] *nm inv (de lit)* mattress; **~ pneumatique** airbed.
matelot [matlo] *nm* sailor.
mater [mate] *vt* 1. *(soumettre)* to subdue. 2. *fam (regarder)* to eye up.
matérialiser [materjalize] ◆ **se matérialiser** *vp* to materialize.
matérialiste [materjalist] ◇ *nmf* materialist. ◇ *adj* materialistic.
matériau, -x [materjo] *nm* material. ◆ **matériaux** *nmpl* (CONSTR) material (*U*), materials.
matériel, -elle [materjɛl] *adj* 1. *(être, substance)* material, physical; *(confort, aide)* material. 2. *(considération)* practical. ◆ **matériel** *nm* 1. *(gén)* equipment (*U*). 2. (INFORM) hardware (*U*).
maternel, -elle [matɛrnɛl] *adj* mater-

nal; *(langue)* mother (*avant n*). ◆ **maternelle** *nf* nursery school.
maternité [maternite] *nf* 1. *(qualité)* maternity, motherhood. 2. *(hôpital)* maternity hospital.
mathématicien, -enne [matematisjɛ̃, ɛn] *nm, f* mathematician.
mathématique [matematik] *adj* mathematical. ◆ **mathématiques** *nfpl* mathematics *(U)*.
maths [mat] *nfpl fam* maths *Br*, math *Am*.
matière [matjɛr] *nf* 1. *(substance)* matter; **~s grasses** fats; **~ grise** grey matter. 2. *(matériau)* material; **~s premières** raw materials. 3. *(discipline, sujet)* subject; **en ~ de sport/littérature** as far as sport/literature is concerned.
matin [matɛ̃] *nm* morning; **le ~** in the morning; **ce ~** this morning; **à trois heures du ~** at 3 o'clock in the morning; **du ~ au soir** *fig* from dawn to dusk.
matinal, -e, -aux [matinal, o] *adj* 1. *(activité)* morning (*avant n*). 2. *(personne)*: **être ~** to be an early riser.
matinée [matine] *nf* 1. *(matin)* morning; **faire la grasse ~** to have a lie in. 2. *(spectacle)* matinée, afternoon performance.
matou [matu] *nm* tom, tomcat.
matraque [matrak] *nf* truncheon.
matraquer [matrake] *vt* 1. *(frapper)* to beat, to club. 2. *fig (intoxiquer)* to bombard.
matriarcat [matrijarka] *nm* matriarchy.
matrice [matris] *nf* 1. *(moule)* mould. 2. (MATHS) matrix. 3. (ANAT) womb.
matricule [matrikyl] *nm*: **(numéro) ~** number.
matrimonial, -e, -aux [matrimɔnjal, o] *adj* matrimonial.
matrone [matrɔn] *nf péj* old bag.
mature [matyr] *adj* mature.
mâture [matyr] *nf* masts (*pl*).
maturité [matyrite] *nf* maturity; *(de fruit)* ripeness.
maudire [modir] *vt* to curse.
maudit, -e [modi, it] ◇ *pp* → **maudire**. ◇ *adj* 1. *(réprouvé)* accursed. 2. (*avant n*) *(exécrable)* damned.
maugréer [mogree] ◇ *vt* to mutter. ◇ *vi*: **~ (contre)** to grumble (about).
mausolée [mozɔle] *nm* mausoleum.
maussade [mosad] *adj* 1. *(personne, air)* sullen. 2. *(temps)* gloomy.
mauvais, -e [movɛ, ɛz] *adj* 1. *(gén)* bad. 2. *(faux)* wrong. 3. *(mer)* rough. 4. *(personne, regard)* nasty. ◆ **mauvais** *adv*: **il fait ~** the weather is bad; **sentir ~** to smell bad.
mauve [mov] *nm & adj* mauve.
mauviette [movjɛt] *nf fam* 1. *(physiquement)* weakling. 2. *(moralement)* coward, wimp.
maux → **mal**.
max [maks] (*abr de* **maximum**) *nm fam*: **un ~ de fric** loads of money.
max. (*abr de* **maximum**) max.
maxillaire [maksilɛr] *nm* jawbone.
maxime [maksim] *nf* maxim.
maximum [maksimɔm] (*pl* **maxima** [maksima]) ◇ *nm* maximum; **le ~ de personnes** the greatest (possible) number of people; **au ~** at the most. ◇ *adj* maximum.
maya [maja] *adj* Mayan. ◆ **Maya** *nmf*: **les Mayas** the Maya.
mayonnaise [majɔnɛz] *nf* mayonnaise.
mazout [mazut] *nm* fuel oil.

---

me [mə], **m'** (*devant voyelle ou h muet*) *pron pers* 1. *(complément d'objet direct)* me. 2. *(complément d'objet indirect)* (to) me. 3. *(réfléchi)* myself. 4. *(avec un présentatif)*: **~ voici** here I am.
méandre [meɑ̃dr] *nm* meander, bend. ◆ **méandres** *nmpl fig* meanderings (*pl*).
mec [mɛk] *nm fam* guy, bloke.
mécanicien, -enne [mekanisjɛ̃, ɛn] *nm, f* 1. *(de garage)* mechanic. 2. (RAIL) train driver *Br*, engineer *Am*.
mécanique [mekanik] ◇ *nf* 1. (TECHNOL) mechanical engineering. 2. (MATHS & PHYS) mechanics *(U)*. 3. *(mécanisme)* mechanism. ◇ *adj* mechanical.
mécanisme [mekanism] *nm* mechanism.
mécène [mesɛn] *nm* patron.
méchamment [meʃamɑ̃] *adv* nastily.
méchanceté [meʃɑ̃ste] *nf* 1. *(attitude)* nastiness. 2. *fam (rosserie)* nasty thing.
méchant, -e [meʃɑ̃, ɑ̃t] ◇ *adj* 1. *(cruel)* nasty, wicked; *(animal)* vicious. 2. *(enfant)* naughty. ◇ *nm, f* baddy.
mèche [mɛʃ] *nf* 1. *(de bougie)* wick. 2. *(de cheveux)* lock. 3. *(de bombe)* fuse.
méchoui [meʃwi] *nm whole roast sheep*.
méconnaissable [mekɔnɛsabl] *adj* unrecognizable.
méconnu, -e [mekɔny] *adj* unrecognized.
mécontent, -e [mekɔ̃tɑ̃, ɑ̃t] ◇ *adj* unhappy. ◇ *nm, f* malcontent.

mécontenter [mekɔ̃tɑ̃te] *vt* to displease.
Mecque [mɛk] *n*: **La ~** Mecca.
mécréant, -e [mekreɑ̃, ɑ̃t] *nm, f* non-believer.
médaille [medaj] *nf* **1.** *(pièce, décoration)* medal. **2.** *(bijou)* medallion. **3.** *(de chien)* identification disc, tag.
médaillon [medajɔ̃] *nm* **1.** *(bijou)* locket. **2.** (ART & CULIN) medallion.
médecin [medsɛ̃] *nm* doctor; **~ de famille** family doctor, GP *Br*; **~ de garde** doctor on duty, duty doctor; **~ légiste** forensic scientist *Br*, medical examiner *Am*; **~ traitant** consulting physician.
médecine [medsin] *nf* medicine.
média [medja] *nm*: **les ~s** the (mass) media.
médian, -e [medjɑ̃, an] *adj* median. ◆ **médiane** *nf* median.
médiateur, -trice [medjatœr, tris] ◇ *adj* mediating (*avant n*). ◇ *nm, f* mediator; *(dans conflit de travail)* arbitrator. ◆ **médiateur** *nm* (ADMIN) ombudsman. ◆ **médiatrice** *nf* median.
médiathèque [medjatɛk] *nf* media library.
médiatique [medjatik] *adj* media (*avant n*).
médiatiser [medjatize] *vt péj* to turn into a media event.
médical, -e, -aux [medikal, o] *adj* medical.
médicament [medikamɑ̃] *nm* medicine, drug.
médicinal, -e, -aux [medisinal, o] *adj* medicinal.
médico-légal, -e, -aux [medikɔlegal, o] *adj* forensic.
médiéval, -e, -aux [medjeval, o] *adj* medieval.
médiocre [medjɔkr] *adj* mediocre.
médiocrité [medjɔkrite] *nf* mediocrity.
médire [medir] *vi* to gossip; **~ de qqn** to speak ill of sb.
médisant, -e [medizɑ̃, ɑ̃t] *adj* slanderous.
méditation [meditasjɔ̃] *nf* meditation.
méditer [medite] ◇ *vt (projeter)* to plan; **~ de faire qqch** to plan to do sthg. ◇ *vi*: **~ (sur)** to meditate (on).
Méditerranée [mediterane] *nf*: **la ~** the Mediterranean (Sea).
méditerranéen, -enne [mediteraneɛ̃, ɛn] *adj* Mediterranean. ◆ **Méditerranéen, -enne** *nm, f* person from the Mediterranean.
médium [medjɔm] *nm (personne)* medium.
médius [medjys] *nm* middle finger.
méduse [medyz] *nf* jellyfish.
méduser [medyze] *vt* to dumbfound.
meeting [mitiŋ] *nm* meeting.
méfait [mefɛ] *nm* misdemeanour, misdeed. ◆ **méfaits** *nmpl* ravages.
méfiance [mefjɑ̃s] *nf* suspicion, distrust.
méfiant, -e [mefjɑ̃, ɑ̃t] *adj* suspicious, distrustful.
méfier [mefje] ◆ **se méfier** *vp* to be wary OU careful; **se ~ de qqn/qqch** to distrust sb/sthg.
mégalo [megalo] *nmf & adj fam* megalomaniac.
mégalomane [megalɔman] *nmf & adj* megalomaniac.
mégalomanie [megalɔmani] *nf* megalomania.
méga-octet [megaɔktɛ] *nm* megabyte.
mégapole [megapɔl] *nf* megalopolis, megacity.
mégarde [megard] ◆ **par mégarde** *loc adv* by mistake.
mégère [meʒɛr] *nf péj* shrew.
mégot [mego] *nm fam* fag-end *Br*, butt *Am*.
meilleur, -e [mɛjœr] ◇ *adj (compar)* better; *(superl)* best. ◇ *nm, f* best. ◆ **meilleur** ◇ *nm*: **le ~** the best. ◇ *adv* better.
mélancolie [melɑ̃kɔli] *nf* melancholy.
mélancolique [melɑ̃kɔlik] *adj* melancholy.
mélange [melɑ̃ʒ] *nm* **1.** *(action)* mixing. **2.** *(mixture)* mixture.
mélanger [melɑ̃ʒe] *vt* **1.** *(mêler)* to mix. **2.** *(déranger)* to mix up, to muddle up. ◆ **se mélanger** *vp* **1.** *(se mêler)* to mix. **2.** *(se brouiller)* to get mixed up.
mêlée [mele] *nf* **1.** *(combat)* fray. **2.** (RUGBY) scrum.
mêler [mele] *vt* **1.** *(mélanger)* to mix. **2.** *(déranger)* to muddle up, to mix up. **3.** *(impliquer)*: **~ qqn à qqch** to involve sb in sthg. ◆ **se mêler** *vp* **1.** *(se joindre)*: **se ~ à** *(groupe)* to join. **2.** *(s'ingérer)*: **se ~ de qqch** to get mixed up in sthg; **mêlez-vous de ce qui vous regarde!** mind your own business!
mélèze [melɛz] *nm* larch.
mélo [melo] *nm fam* melodrama.
mélodie [melɔdi] *nf* melody.
mélodieux, -euse [melɔdjø, øz] *adj* melodious, tuneful.

mélodrame [melɔdram] *nm* melodrama.
mélomane [melɔman] ◇ *nmf* music lover. ◇ *adj* music-loving.
melon [məlɔ̃] *nm* **1.** *(fruit)* melon. **2.** *(chapeau)* bowler (hat).
melting-pot [mɛltiŋpɔt] *nm* melting pot.
membrane [mɑ̃bran] *nf* membrane.
membre [mɑ̃br] ◇ *nm* **1.** *(du corps)* limb. **2.** *(personne, pays, partie)* member. ◇ *adj* member *(avant n)*.
mémé = **mémère**.

---

même [mɛm] ◇ *adj indéf* **1.** *(indique une identité ou une ressemblance)* same; **il a le ~ âge que moi** he's the same age as me. **2.** *(sert à souligner)*: **ce sont ses paroles ~s** those are his very words; **elle est la bonté ~** she's kindness itself. ◇ *pron indéf*: **le/la ~** the same one; **ce sont toujours les ~s qui gagnent** it's always the same people who win. ◇ *adv* even; **il n'est ~ pas diplômé** he isn't even qualified. ◆ **de même** *loc adv* similarly, likewise; **il en va de ~ pour lui** the same goes for him. ◆ **de même que** *loc conj* just as. ◆ **tout de même** *loc adv* all the same. ◆ **à même** *loc prép*: **s'asseoir à ~ le sol** to sit on the bare ground. ◆ **à même de** *loc prép*: **être à ~ de faire qqch** to be able to do sthg, to be in a position to do sthg. ◆ **même si** *loc conj* even if.
mémento [memɛ̃to] *nm* **1.** *(agenda)* pocket diary. **2.** *(ouvrage)* notes *(title of school textbook)*.
mémère [memɛr], **mémé** [meme] *nf fam* **1.** *(grand-mère)* granny. **2.** *péj (vieille femme)* old biddy.
mémoire [memwar] ◇ *nf (gén & INFORM)* memory; **de ~** from memory; **avoir bonne/mauvaise ~** to have a good/bad memory; **mettre en ~** (INFORM) to store; **~ tampon** buffer; **~ vive** random access memory; **à la ~ de** in memory of. ◇ *nm* (UNIV) dissertation, paper. ◆ **mémoires** *nmpl* memoirs.
mémorable [memɔrabl] *adj* memorable.
mémorial, -aux [memɔrjal, o] *nm (monument)* memorial.
mémorisable [memɔrizabl] *adj* (INFORM) storable.
menaçant, -e [mənasɑ̃, ɑ̃t] *adj* threatening.
menace [mənas] *nf*: **~ (pour)** threat (to).
menacer [mənase] ◇ *vt* to threaten; **~ de faire qqch** to threaten to do sthg; **~ qqn de qqch** to threaten sb with sthg. ◇ *vi*: **la pluie menace** it looks like rain.
ménage [menaʒ] *nm* **1.** *(nettoyage)* housework *(U)*; **faire le ~** to do the housework. **2.** *(couple)* couple. **3.** (ÉCON) household.
ménagement [menaʒmɑ̃] *nm (égards)* consideration; **sans ~** brutally.
ménager¹, -ère [menaʒe, ɛr] *adj* household *(avant n)*, domestic. ◆ **ménagère** *nf* **1.** *(femme)* housewife. **2.** *(de couverts)* canteen.
ménager² [menaʒe] *vt* **1.** *(bien traiter)* to treat gently. **2.** *(sucre, réserves)* to use sparingly; *(argent, temps)* to use carefully; **~ ses forces** to conserve one's strength; **~ sa santé** to take care of one's health. **3.** *(espace)* to make. ◆ **se ménager** *vp* to take care of o.s., to look after o.s.
ménagerie [menaʒri] *nf* menagerie.
mendiant, -e [mɑ̃djɑ̃, ɑ̃t] *nm, f* beggar.
mendier [mɑ̃dje] ◇ *vt (argent)* to beg for. ◇ *vi* to beg.
mener [məne] ◇ *vt* **1.** *(emmener)* to take. **2.** *(débat, enquête)* to conduct; *(affaires)* to manage, to run; **~ qqch à bonne fin** OU **à bien** to see sthg through, to bring sthg to a successful conclusion. **3.** *(groupe)* to lead. ◇ *vi* to lead.
meneur, -euse [mənœr, øz] *nm, f* ringleader; **~ d'hommes** born leader.
menhir [menir] *nm* standing stone.
méningite [menɛ̃ʒit] *nf* meningitis *(U)*.
ménisque [menisk] *nm* meniscus.
ménopause [menɔpoz] *nf* menopause.
menotte [mənɔt] *nf (main)* little hand. ◆ **menottes** *nfpl* handcuffs; **passer les ~s à qqn** to handcuff sb.
mensonge [mɑ̃sɔ̃ʒ] *nm (propos)* lie.
mensonger, -ère [mɑ̃sɔ̃ʒe, ɛr] *adj* false.
menstruel, -elle [mɑ̃stryɛl] *adj* menstrual.
mensualiser [mɑ̃sɥalize] *vt* to pay monthly.
mensualité [mɑ̃sɥalite] *nf* **1.** *(traite)* monthly instalment. **2.** *(salaire)* (monthly) salary.
mensuel, -elle [mɑ̃sɥɛl] *adj* monthly. ◆ **mensuel** *nm* monthly (magazine).
mensuration [mɑ̃syrasjɔ̃] *nf* measuring. ◆ **mensurations** *nfpl* measurements.
mental, -e, -aux [mɑ̃tal, o] *adj* mental.
mentalité [mɑ̃talite] *nf* mentality.
menteur, -euse [mɑ̃tœr, øz] *nm, f* liar.

menthe [mɑ̃t] *nf* mint.
menti [mɑ̃ti] *pp inv* → **mentir**.
mention [mɑ̃sjɔ̃] *nf* 1. *(citation)* mention. 2. *(note)* note; **'rayer la ~ inutile'** 'delete as appropriate'. 3. (UNIV): **avec ~** with distinction.
mentionner [mɑ̃sjɔne] *vt* to mention.
mentir [mɑ̃tir] *vi*: **~ (à)** to lie (to).
menton [mɑ̃tɔ̃] *nm* chin.
menu, -e [məny] *adj (très petit)* tiny; *(mince)* thin. ◆ **menu** *nm (gén &* INFORM*)* menu; *(repas à prix fixe)* set menu; **~ gastronomique/touristique** gourmet/tourist menu.
menuiserie [mənɥizri] *nf* 1. *(métier)* joinery, carpentry. 2. *(atelier)* joinery (workshop).
menuisier [mənɥizje] *nm* joiner, carpenter.
méprendre [meprɑ̃dr] ◆ **se méprendre** *vp littéraire*: **se ~ sur** to be mistaken about.
mépris, -e [mepri, iz] *pp* → **méprendre**. ◆ **mépris** *nm* 1. *(dédain)*: **~ (pour)** contempt (for), scorn (for). 2. *(indifférence)*: **~ de** disregard for. ◆ **au mépris de** *loc prép* regardless of.
méprisable [meprizabl] *adj* contemptible, despicable.
méprisant, -e [meprizɑ̃, ɑ̃t] *adj* contemptuous, scornful.
mépriser [meprize] *vt* to despise; *(danger, offre)* to scorn.
mer [mɛr] *nf* sea; **en ~** at sea; **prendre la ~** to put to sea; **haute** OU **pleine ~** open sea; **la ~ du Nord** the North Sea.
mercantile [mɛrkɑ̃til] *adj péj* mercenary.
mercenaire [mɛrsənɛr] *nm & adj* mercenary.
mercerie [mɛrsəri] *nf* 1. *(articles)* haberdashery *Br*, notions *(pl) Am*. 2. *(boutique)* haberdasher's shop *Br*, notions store *Am*.
merci [mɛrsi] ◇ *interj* thank you!, thanks!; **~ beaucoup!** thank you very much! ◇ *nm*: **~ (de** OU **pour)** thank you (for); **dire ~ à qqn** to thank sb, to say thank you to sb. ◇ *nf* mercy; **être à la ~ de** to be at the mercy of.
mercier, -ère [mɛrsje, ɛr] *nm, f* haberdasher *Br*, notions dealer *Am*.
mercredi [mɛrkrədi] *nm* Wednesday; *voir aussi* **samedi**.
mercure [mɛrkyr] *nm* mercury.
merde [mɛrd] *tfam nf* shit.
mère [mɛr] *nf* mother; **~ de famille** mother.
merguez [mɛrgɛz] *nf inv North African spiced sausage*.
méridien, -enne [meridjɛ̃, ɛn] *adj* meridian. ◆ **méridien** *nm* meridian.
méridional, -e, -aux [meridjɔnal, o] *adj* southern; *(du sud de la France)* Southern (French).
meringue [mərɛ̃g] *nf* meringue.
merisier [mərizje] *nm* 1. *(arbre)* wild cherry (tree). 2. *(bois)* cherry.
mérite [merit] *nm* merit.
mériter [merite] *vt* 1. *(être digne de, encourir)* to deserve. 2. *(valoir)* to be worth, to merit.
merlan [mɛrlɑ̃] *nm* whiting.
merle [mɛrl] *nm* blackbird.
merveille [mɛrvɛj] *nf* marvel, wonder; **à ~** marvellously, wonderfully.
merveilleux, -euse [mɛrvɛjø, øz] *adj* 1. *(remarquable)* marvellous, wonderful. 2. *(magique)* magic, magical. ◆ **merveilleux** *nm*: **le ~** the supernatural.
mes → **mon**.
mésalliance [mezaljɑ̃s] *nf* unsuitable marriage, misalliance.
mésange [mezɑ̃ʒ] *nf* (ZOOL) tit.
mésaventure [mezavɑ̃tyr] *nf* misfortune.
mesdames → **madame**.
mesdemoiselles → **mademoiselle**.
mésentente [mezɑ̃tɑ̃t] *nf* disagreement.
mesquin, -e [mɛskɛ̃, in] *adj* mean, petty.
mesquinerie [mɛskinri] *nf (étroitesse d'esprit)* meanness, pettiness.
mess [mɛs] *nm* mess.
message [mɛsaʒ] *nm* message; **laisser un ~ à qqn** to leave a message for sb.
messager, -ère [mɛsaʒe, ɛr] *nm, f* messenger.
messagerie [mɛsaʒri] *nf* 1. *(gén pl) (transport de marchandises)* freight *(U)*. 2. (INFORM): **~ électronique** electronic mail. 3. (TÉLÉCOM): **~ vocale** voice mail.
messe [mɛs] *nf* mass; **aller à la ~** to go to mass.
messie [mɛsi] *nm* Messiah; *fig* saviour.
messieurs → **monsieur**.
mesure [məzyr] *nf* 1. *(disposition, acte)* measure, step; **prendre des ~s** to take measures OU steps. 2. *(évaluation, dimension)* measurement; **prendre les ~s de qqn/qqch** to measure sb/sthg. 3. *(étalon, récipient)* measure. 4. (MUS) time, tempo. 5. *(modération)* moderation. 6. *loc*: **dans la ~ du possible** as far as possible; **être en ~ de** to be in a posi-

tion to. ◆ **à la mesure de** *loc prép* worthy of. ◆ **à mesure que** *loc conj* as. ◆ **outre mesure** *loc adv* excessively. ◆ **sur mesure** *loc adj* custom-made; *(costume)* made-to-measure.

mesurer [məzyre] *vt* 1. *(gén)* to measure; **elle mesure 1,50 m** she's 5 feet tall. 2. *(risques, portée, ampleur)* to weigh up; ~ **ses paroles** to weigh one's words. ◆ **se mesurer** *vp*: **se ~ avec** OU **à qqn** to pit o.s. against sb.

métabolisme [metabɔlism] *nm* metabolism.

métal, -aux [metal, o] *nm* metal.

métallique [metalik] *adj* 1. *(en métal)* metal (*avant n*). 2. *(éclat, son)* metallic.

métallurgie [metalyrʒi] *nf* 1. *(industrie)* metallurgical industry. 2. *(technique)* metallurgy.

métamorphose [metamɔrfoz] *nf* metamorphosis.

métaphore [metafɔr] *nf* metaphor.

métaphysique [metafizik] ◇ *nf* metaphysics *(U)*. ◇ *adj* metaphysical.

métayer, -ère [meteje, metɛjɛr] *nm, f* tenant farmer.

météo [meteo] *nf* 1. *(bulletin)* weather forecast. 2. *(service)* ≃ Met Office *Br*, ≃ National Weather Service *Am*.

météore [meteɔr] *nm* meteor.

météorite [meteɔrit] *nm ou nf* meteorite.

météorologie [meteɔrɔlɔʒi] *nf* (SCIENCE) meteorology.

météorologique [meteɔrɔlɔʒik] *adj* meteorological, weather (*avant n*).

méthane [metan] *nm* methane.

méthode [metɔd] *nf* 1. *(gén)* method. 2. *(ouvrage - gén)* manual; *(- de lecture, de langue)* primer.

méthodologie [metɔdɔlɔʒi] *nf* methodology.

méticuleux, -euse [metikylø, øz] *adj* meticulous.

métier [metje] *nm (manuel)* occupation, trade; *(intellectuel)* occupation, profession; **il est du ~** he's in the same trade OU same line of work; **avoir du ~** to have experience.

métis, -isse [metis] *nm, f* half-caste, half-breed. ◆ **métis** *nm (tissu)* cotton-linen mix.

métrage [metraʒ] *nm* 1. *(mesure)* measurement, measuring. 2. *(COUTURE - coupon)* length. 3. (CIN) footage; **long ~** feature film; **court ~** short (film).

mètre [mɛtr] *nm* 1. (LITTÉRATURE & MATHS) metre; ~ **carré/cube** square/cubic metre. 2. *(instrument)* rule.

métro [metro] *nm* underground *Br*, subway *Am*.

métronome [metrɔnɔm] *nm* metronome.

métropole [metrɔpɔl] *nf* 1. *(ville)* metropolis. 2. *(pays)* home country.

métropolitain, -e [metrɔpɔlitɛ̃, ɛn] *adj* metropolitan.

mets [mɛ] *nm* (CULIN) dish.

metteur [metœr] *nm*: ~ **en scène** (THÉÂTRE) producer; (CIN) director.

mettre [mɛtr] *vt* 1. *(placer)* to put; ~ **de l'eau à bouillir** to put some water on to boil. 2. *(revêtir)* to put on; **je ne mets plus ma robe noire** I don't wear my black dress any more. 3. *(temps)* to take; *(argent)* to spend; ~ **longtemps à faire qqch** to take a long time to do sthg. 4. *(radio, chauffage)* to put on, to switch on. 5. *(installer)* to put in; **faire ~ l'électricité** to have electricity put in; **faire ~ de la moquette** to have a carpet put down OU fitted. 6. *(inscrire)* to put (down). ◆ **se mettre** *vp* 1. *(se placer)*: **où est-ce que ça se met?** where does this go?; **se ~ au lit** to get into bed; **se ~ à côté de qqn** to sit/stand near to sb. 2. *(devenir)*: **se ~ en colère** to get angry. 3. *(commencer)*: **se ~ à qqch/à faire qqch** to start sthg/doing sthg. 4. *(revêtir)* to put on; **je n'ai rien à me ~** I haven't got a thing to wear.

meuble [mœbl] ◇ *nm* piece of furniture; **~s** furniture *(U)*. ◇ *adj* 1. *(terre, sol)* easily worked. 2. (JUR) movable.

meublé, -e [mœble] *adj* furnished. ◆ **meublé** *nm* furnished room/flat *Br*, furnished apartment *Am*.

meubler [mœble] *vt* 1. *(pièce, maison)* to furnish. 2. *fig (occuper)*: ~ **qqch (de)** to fill sthg (with). ◆ **se meubler** *vp* to furnish one's home.

meugler [møgle] *vi* to moo.

meule [møl] *nf* 1. *(à moudre)* millstone. 2. *(à aiguiser)* grindstone. 3. *(de fromage)* round. 4. (AGRIC) stack; ~ **de foin** haystack.

meunier, -ère [mønje, ɛr] *nm, f* miller (*f* miller's wife).

meurtre [mœrtr] *nm* murder.

meurtrier, -ère [mœrtrije, ɛr] ◇ *adj (qui tue)* deadly; *(fureur)* murderous; *(combat)* bloody. ◇ *nm, f* murderer.

meurtrir [mœrtrir] *vt* 1. *(contusionner)* to bruise. 2. *fig (blesser)* to wound.

meurtrissure [mœrtrisyr] *nf* bruise.

meute [møt] *nf* pack.

mexicain, -e [mɛksikɛ̃, ɛn] *adj*

Mexican. ◆ **Mexicain, -e** *nm, f* Mexican.

Mexique [mɛksik] *nm*: **le ~** Mexico.

mezzanine [mɛdzanin] *nf* mezzanine.

mezzo-soprano [mɛdzosɔprano] (*pl* **mezzo-sopranos**) *nm* mezzo-soprano.

mi [mi] *nm inv* E; *(chanté)* mi.

mi- [mi] ◇ *adj inv* half; **à la ~juin** in mid-June. ◇ *adv* half-.

miasme [mjasm] *nm* (*gén pl*) putrid OU foul smell.

miaulement [mjolmɑ̃] *nm* miaowing.

miauler [mjole] *vi* to miaow.

mi-bas [miba] *nm inv* knee-sock.

mi-carême [mikarɛm] *nf feast day on third Thursday in Lent.*

mi-chemin [miʃmɛ̃] ◆ **à mi-chemin** *loc adv* halfway (there).

mi-clos, -e [miklo, oz] *adj* half-closed.

micro [mikro] ◇ *nm* **1.** *(microphone)* mike. **2.** *(micro-ordinateur)* micro. ◇ *nf* microcomputing.

microbe [mikrɔb] *nm* **1.** (MÉD) microbe, germ. **2.** *péj (avorton)* (little) runt.

microclimat [mikrɔklima] *nm* microclimate.

microcosme [mikrɔkɔsm] *nm* microcosm.

microfiche [mikrɔfiʃ] *nf* microfiche.

microfilm [mikrɔfilm] *nm* microfilm.

micro-ondes [mikrɔɔ̃d] *nfpl* microwaves; **four à ~** microwave (oven).

micro-ordinateur [mikrɔɔrdinatœr] (*pl* **micro-ordinateurs**) *nm* micro, microcomputer.

microphone [mikrɔfɔn] *nm* microphone.

microprocesseur [mikrɔprɔsesœr] *nm* microprocessor.

microscope [mikrɔskɔp] *nm* microscope.

midi [midi] *nm* **1.** *(période du déjeuner)* lunchtime. **2.** *(heure)* midday, noon. **3.** *(sud)* south. ◆ **Midi** *nm*: **le Midi** the South of France.

mie [mi] *nf (de pain)* soft part, inside.

miel [mjɛl] *nm* honey.

mielleux, -euse [mjɛlø, øz] *adj (personne)* unctuous; *(paroles, air)* honeyed.

mien [mjɛ̃] ◆ **le mien** (*f* **la mienne** [lamjɛn], *mpl* **les miens** [lemjɛ̃], *fpl* **les miennes** [lemjɛn]) *pron poss* mine.

miette [mjɛt] *nf* **1.** *(de pain)* crumb, breadcrumb. **2.** (*gén pl*) *(débris)* shreds (*pl*).

mieux [mjø] ◇ *adv* **1.** *(comparatif)*: **~ (que)** better (than); **il va ~** he's better; **vous feriez ~ de vous taire** you would do better to keep quiet, you would be well-advised to keep quiet. **2.** *(superlatif)* best; **il est le ~ payé du service** he's the best OU highest paid member of the department; **le ~ qu'il peut** as best he can. ◇ *adj* better. ◇ *nm* **1.** (*sans déterminant*): **j'espérais ~** I was hoping for something better. **2.** (*avec déterminant*) best; **il y a un** OU **du ~** there's been an improvement; **faire de son ~** to do one's best. ◆ **au mieux** *loc adv* at best. ◆ **pour le mieux** *loc adv* for the best. ◆ **de mieux en mieux** *loc adv* better and better.

mièvre [mjɛvr] *adj* insipid.

mignon, -onne [miɲɔ̃, ɔn] ◇ *adj* **1.** *(charmant)* sweet, cute. **2.** *(gentil)* nice. ◇ *nm, f* darling, sweetheart.

migraine [migrɛn] *nf* headache; (MÉD) migraine.

migrant, -e [migrɑ̃, ɑ̃t] *nm, f* migrant.

migrateur, -trice [migratœr, tris] *adj* migratory.

migration [migrasjɔ̃] *nf* migration.

mijoter [miʒɔte] ◇ *vt fam (tramer)* to cook up. ◇ *vi* (CULIN) to simmer.

mi-journée [miʒurne] *nf*: **les informations de la ~** the lunchtime news.

mil [mij] *nm* millet.

milan [milɑ̃] *nm* kite *(bird)*.

milice [milis] *nf* militia.

milicien, -enne [milisjɛ̃, ɛn] *nm, f* militiaman (*f* militiawoman).

milieu, -x [miljø] *nm* **1.** *(centre)* middle; **au ~ de** *(au centre de)* in the middle of; *(parmi)* among, surrounded by. **2.** *(stade intermédiaire)* middle course. **3.** (BIOL & SOCIOL) environment; **~ familial** family background. **4.** *(pègre)*: **le ~** the underworld. **5.** (FOOTBALL): **~ de terrain** midfielder, midfield player.

militaire [militɛr] ◇ *nm* soldier; **~ de carrière** professional soldier. ◇ *adj* military.

militant, -e [militɑ̃, ɑ̃t] *adj & nm, f* militant.

militer [milite] *vi* to be active; **~ pour/contre** to militate in favour of/against.

mille [mil] ◇ *nm inv* **1.** *(unité)* a OU one thousand. **2.** *(de cible)*: **dans le ~** on target. **3.** (NAVIG): **~ marin** nautical mile. **4.** *Can (distance)* mile. ◇ *adj inv* thousand; **c'est ~ fois trop** it's far too much; **je lui ai dit ~ fois** I've told him/her a thousand times; *voir aussi* **six**.

mille-feuille [milfœj] (*pl* **mille-feuilles**) *nm* ≃ vanilla slice *Br*, ≃ napoleon *Am*.

millénaire [milenɛr] ◇ *nm* millen-

nium, thousand years (*pl*). ◇ *adj* thousand-year-old (*avant n*).
mille-pattes [milpat] *nm inv* centipede, millipede.
millésime [milezim] *nm* 1. *(de pièce)* date. 2. *(de vin)* vintage, year.
millésimé, -e [milezime] *adj (vin)* vintage (*avant n*).
millet [mijɛ] *nm* millet.
milliard [miljar] *nm* thousand million *Br*, billion *Am*.
milliardaire [miljardɛr] *nmf* multimillionaire *Br*, billionaire *Am*.
millier [milje] *nm* thousand; **un ~ de francs/personnes** about a thousand francs/people; **par ~s** in (their) thousands.
milligramme [miligram] *nm* milligram, milligramme.
millilitre [mililitr] *nm* millilitre.
millimètre [milimɛtr] *nm* millimetre.
million [miljɔ̃] *nm* million; **un ~ de francs** a million francs.
millionnaire [miljɔnɛr] *nmf* millionaire.
mime [mim] *nm* mime.
mimer [mime] *vt* 1. *(exprimer sans parler)* to mime. 2. *(imiter)* to mimic.
mimétisme [mimetism] *nm* mimicry.
mimique [mimik] *nf* 1. *(grimace)* face. 2. *(geste)* sign language *(U)*.
mimosa [mimɔza] *nm* mimosa.
min. (*abr de* **minimum**) min.
minable [minabl] *adj fam* 1. *(misérable)* seedy, shabby. 2. *(médiocre)* pathetic.
minaret [minarɛ] *nm* minaret.
minauder [minode] *vi* to simper.
mince [mɛ̃s] *adj* 1. *(maigre - gén)* thin; *(- personne, taille)* slender, slim. 2. *fig (faible)* small, meagre.
minceur [mɛ̃sœr] *nf* 1. *(gén)* thinness; *(de personne)* slenderness, slimness. 2. *fig (insuffisance)* meagreness.
mincir [mɛ̃sir] *vi* to get thinner OU slimmer.
mine [min] *nf* 1. *(expression)* look; **avoir bonne/mauvaise ~** to look well/ill. 2. *(apparence)* appearance. 3. *(gisement & fig)* mine; *(exploitation)* mining; **~ de charbon** coalmine. 4. *(explosif)* mine. 5. *(de crayon)* lead.
miner [mine] *vt* 1. (MIL) to mine. 2. *(ronger)* to undermine, to wear away; *fig* to wear down.
minerai [minrɛ] *nm* ore.
minéral, -e, -aux [mineral, o] *adj* 1. (CHIM) inorganic. 2. *(eau, source)* mineral (*avant n*). ◆ **minéral** *nm* mineral.
minéralogie [mineralɔʒi] *nf* mineralogy.
minéralogique [mineralɔʒik] *adj* 1. (AUTOM): **plaque ~** numberplate *Br*, license plate *Am*. 2. (GÉOL) mineralogical.
minet, -ette [minɛ, ɛt] *nm, f fam* 1. *(chat)* pussycat, pussy. 2. *(personne)* trendy.
mineur, -e [minœr] ◇ *adj* minor. ◇ *nm, f* (JUR) minor. ◆ **mineur** *nm (ouvrier)* miner; **~ de fond** face worker.
miniature [minjatyr] ◇ *nf* miniature. ◇ *adj* miniature.
miniaturiser [minjatyrize] *vt* to miniaturize.
minibus [minibys] *nm* minibus.
minichaîne [miniʃɛn] *nf* portable hi-fi.
MiniDisc® [minidisk] *nm* MiniDisc®.
minier, -ère [minje, ɛr] *adj* mining (*avant n*).
minijupe [miniʒyp] *nf* miniskirt.
minimal, -e, -aux [minimal, o] *adj* minimum.
minimalisme [minimalism] *nm* minimalism.
minime [minim] ◇ *nmf* (SPORT) ≃ junior. ◇ *adj* minimal.
minimiser [minimize] *vt* to minimize.
minimum [minimɔm] (*pl* **minimums** OU **minima** [minima]) ◇ *nm (gén & MATHS)* minimum; **au ~** at least; **le strict ~** the bare minimum. ◇ *adj* minimum.
ministère [ministɛr] *nm* 1. *(département)* ministry *Br*, department. 2. *(cabinet)* government. 3. (RELIG) ministry.
ministériel, -elle [ministerjɛl] *adj (du ministère)* departmental, ministerial *Br*.
ministre [ministr] *nm* secretary, minister *Br*; **~ d'État** secretary of state, cabinet minister *Br*; **premier ~** prime minister.
Minitel® [minitɛl] *nm French teletext network*.
minois [minwa] *nm* sweet (little) face.
minoritaire [minɔritɛr] *adj* minority (*avant n*); **être ~** to be in the minority.
minorité [minɔrite] *nf* minority; **en ~** in the minority.
minuit [minɥi] *nm* midnight.
minuscule [minyskyl] ◇ *nf (lettre)* small letter. ◇ *adj* 1. *(lettre)* small. 2. *(très petit)* tiny, minuscule.
minute [minyt] ◇ *nf* minute; **dans une ~** in a minute; **d'une ~ à l'autre** in next to no time. ◇ *interj fam* hang on (a minute)!
minuter [minyte] *vt* to time (precisely).

minuterie [minytri] *nf (d'éclairage)* time switch, timer.
minuteur [minytœr] *nm* timer.
minutie [minysi] *nf (soin)* meticulousness; *(précision)* attention to detail; **avec ~** *(avec soin)* meticulously; *(dans le détail)* in minute detail.
minutieux, -euse [minysjø, øz] *adj (méticuleux)* meticulous; *(détaillé)* minutely detailed; **un travail ~** a job requiring great attention to detail.
mioche [mjɔʃ] *nmf fam* kiddy.
mirabelle [mirabɛl] *nf* **1.** *(fruit)* mirabelle (plum). **2.** *(alcool)* plum brandy.
miracle [mirakl] *nm* miracle; **par ~** by some OU a miracle, miraculously.
miraculeux, -euse [mirakylø, øz] *adj* miraculous.
mirador [miradɔr] *nm* (MIL) watchtower.
mirage [miraʒ] *nm* mirage.
mire [mir] *nf* **1.** (TÉLÉ) test card. **2.** *(visée)*: **ligne de ~** line of sight.
mirifique [mirifik] *adj* fabulous.
mirobolant, -e [mirɔbɔlɑ̃, ɑ̃t] *adj* fabulous, fantastic.
miroir [mirwar] *nm* mirror.
miroiter [mirwate] *vi* to sparkle, to gleam; **faire ~ qqch à qqn** to hold out the prospect of sthg to sb.
mis, mise [mi, miz] *pp* → **mettre**.
misanthrope [mizɑ̃trɔp] ◇ *nmf* misanthropist, misanthrope. ◇ *adj* misanthropic.
mise [miz] *nf* **1.** *(action)* putting; **~ à jour** updating; **~ en page** making up, composing; **~ au point** (PHOT) focusing; (TECHNOL) adjustment; *fig* clarification; **~ en scène** production. **2.** *(d'argent)* stake.
miser [mize] ◇ *vt* to bet. ◇ *vi*: **~ sur** to bet on; *fig* to count on.
misérable [mizerabl] *adj* **1.** *(pauvre)* poor, wretched. **2.** *(sans valeur)* paltry, miserable.
misère [mizɛr] *nf* **1.** *(pauvreté)* poverty. **2.** *(malheur)* misery. **3.** *(bagatelle)* trifle.
miséricorde [mizerikɔrd] *nf* mercy.
misogyne [mizɔʒin] *adj* misogynous.
misogynie [mizɔʒini] *nf* misogyny.
missel [misɛl] *nm* missal.
missile [misil] *nm* missile.
mission [misjɔ̃] *nf* mission; **en ~** on a mission.
missionnaire [misjɔnɛr] *nmf* missionary.
missive [misiv] *nf* letter.
mitaine [mitɛn] *nf* fingerless glove.
mite [mit] *nf* (clothes) moth.
mité, -e [mite] *adj* moth-eaten.
mi-temps [mitɑ̃] ◇ *nf inv* (SPORT - *période)* half; *(- pause)* half-time. ◇ *nm* part-time work. ◆ **à mi-temps** *loc adj & loc adv* part-time.
miteux, -euse [mitø, øz] *fam adj* seedy, dingy.
mitigé, -e [mitiʒe] *adj* **1.** *(tempéré)* lukewarm. **2.** *fam (mélangé)* mixed.
mitonner [mitɔne] ◇ *vt* **1.** *(faire cuire)* to simmer. **2.** *(préparer avec soin)* to prepare lovingly. ◇ *vi* (CULIN) to simmer.
mitoyen, -enne [mitwajɛ̃, ɛn] *adj* party *(avant n)*, common.
mitrailler [mitraje] *vt* **1.** (MIL) to machinegun. **2.** *fam (photographier)* to click away at. **3.** *fig (assaillir)*: **~ qqn (de)** to bombard sb (with).
mitraillette [mitrajɛt] *nf* submachine gun.
mitrailleuse [mitrajøz] *nf* machinegun.
mitre [mitr] *nf (d'évêque)* mitre.
mi-voix [mivwa] ◆ **à mi-voix** *loc adv* in a low voice.
mixage [miksaʒ] *nm* (CIN & RADIO) (sound) mixing.
mixer¹, mixeur [miksœr] *nm* (food) mixer.
mixer² [mikse] *vt* to mix.
mixte [mikst] *adj* mixed.
mixture [mikstyr] *nf* **1.** (CHIM & CULIN) mixture. **2.** *péj (mélange)* concoction.
MJC *(abr de* **maison des jeunes et de la culture**) *nf youth and cultural centre.*
ml *(abr de* **millilitre**) ml.
Mlle *(abr de* **Mademoiselle**) Miss.
mm *(abr de* **millimètre**) mm.
MM *(abr de* **Messieurs**) Messrs.
Mme *(abr de* **Madame**) Mrs.
mnémotechnique [mnemɔtɛknik] *adj* mnemonic.
Mo *(abr de* **méga-octet**) MB.
mobile [mɔbil] ◇ *nm* **1.** *(objet)* mobile. **2.** *(motivation)* motive. ◇ *adj* **1.** *(gén)* movable, mobile; *(partie, pièce)* moving. **2.** *(population, main-d'œuvre)* mobile.
mobilier, -ère [mɔbilje, ɛr] *adj* (JUR) movable. ◆ **mobilier** *nm* furniture.
mobilisation [mɔbilizasjɔ̃] *nf* mobilization.
mobiliser [mɔbilize] *vt* **1.** *(gén)* to mobilize. **2.** *(moralement)* to rally. ◆ **se mobiliser** *vp* to mobilize, to rally.
mobilité [mɔbilite] *nf* mobility.
Mobylette® [mɔbilɛt] *nf* moped.
mocassin [mɔkasɛ̃] *nm* moccasin.

moche [mɔʃ] *adj fam* 1. *(laid)* ugly. 2. *(triste, méprisable)* lousy, rotten.

modalité [mɔdalite] *nf* form; **~s de paiement** methods of payment.

mode [mɔd] ◇ *nf* 1. *(gén)* fashion; **à la ~** in fashion, fashionable. 2. *(coutume)* custom, style; **à la ~ de** in the style of. ◇ *nm* 1. *(manière)* mode, form; **~ de vie** way of life. 2. *(méthode)* method; **~ d'emploi** instructions (for use). 3. (GRAM) mood. 4. (MUS) mode.

modèle [mɔdɛl] *nm* 1. *(gén)* model; **sur le ~ de** on the model of; **~ déposé** patented design. 2. (*en apposition*) *(exemplaire)* model (*avant n*).

modeler [mɔdle] *vt* to shape; **~ qqch sur qqch** *fig* to model sthg on sthg.

modélisme [mɔdelism] *nm* modelling *(of scale models)*.

modem [mɔdɛm] *nm* modem; **~ fax** fax modem.

modération [mɔderasjɔ̃] *nf* moderation.

modéré, -e [mɔdere] *adj & nm, f* moderate.

modérer [mɔdere] *vt* to moderate. ◆ **se modérer** *vp* to restrain o.s., to control o.s.

moderne [mɔdɛrn] *adj* modern; *(mathématiques)* new.

moderniser [mɔdɛrnize] *vt* to modernize. ◆ **se moderniser** *vp* to become (more) modern.

modeste [mɔdɛst] *adj* modest; *(origine)* humble.

modestie [mɔdɛsti] *nf* modesty; **fausse ~** false modesty.

modification [mɔdifikasjɔ̃] *nf* alteration, modification.

modifier [mɔdifje] *vt* to alter, to modify. ◆ **se modifier** *vp* to alter.

modique [mɔdik] *adj* modest.

modiste [mɔdist] *nf* milliner.

modulation [mɔdylasjɔ̃] *nf* modulation.

module [mɔdyl] *nm* module.

moduler [mɔdyle] *vt* 1. *(air)* to warble. 2. *(structure)* to adjust.

moelle [mwal] *nf* (ANAT) marrow. ◆ **moelle épinière** *nf* spinal cord.

moelleux, -euse [mwalø, øz] *adj* 1. *(canapé, tapis)* soft. 2. *(fromage, vin)* mellow.

moellon [mwalɔ̃] *nm* rubble stone.

mœurs [mœr(s)] *nfpl* 1. *(morale)* morals. 2. *(coutumes)* customs, habits. 3. (ZOOL) behaviour *(U)*.

mohair [mɔɛr] *nm* mohair.

moi [mwa] *pron pers* 1. *(objet, après préposition, comparatif)* me; **aide-~** help me; **il me l'a dit, à ~** he told ME; **plus âgé que ~** older than me OU than I (am). 2. *(sujet)* I; **~ non plus, je n'en sais rien** I don't know anything about it either; **qui est là? – (c'est) ~** who's there? – it's me; **je l'ai vu hier – ~ aussi** I saw him yesterday – me too. ◆ **moi-même** *pron pers* myself.

moignon [mwaɲɔ̃] *nm* stump.

moindre [mwɛ̃dr] ◇ *adj superl*: **le/la ~** the least; (*avec négation*) the least OU slightest; **les ~s détails** the smallest details; **sans la ~ difficulté** without the slightest problem; **c'est la ~ des choses** it's the least I/you *etc* could do. ◇ *adj compar* less; *(prix)* lower; **à un ~ degré** to a lesser extent.

moine [mwan] *nm* monk.

moineau, -x [mwano] *nm* sparrow.

moins [mwɛ̃] ◇ *adv* 1. *(quantité)* less; **~ de** less (than); **~ de lait** less milk; **~ de gens** fewer people; **~ de dix** less than ten. 2. *(comparatif)*: **~ (que)** less (than); **il est ~ vieux que ton frère** he's not as old as your brother, he's younger than your brother; **bien ~ grand que** much smaller than; **~ il y pense, mieux c'est** the less he thinks about it, the better. 3. *(superlatif)*: **le ~** (the) least; **le ~ riche des hommes** the poorest man; **c'est lui qui travaille le ~** he works (the) least; **le ~ possible** as little as possible. ◇ *prép* 1. *(gén)* minus; **dix ~ huit font deux** ten minus eight is two, ten take away eight is two; **il fait ~ vingt** it's twenty below, it's minus twenty. 2. *(pour indiquer l'heure)*: **il est 3 heures ~ le quart** it's quarter to 3; **il est ~ dix** it's ten to. ◇ *nm* 1. *(signe)* minus (sign). 2. *loc*: **le ~ qu'on puisse dire, c'est que ...** it's an understatement to say ... ◆ **à moins de** *loc prép*: **à ~ de battre le record** unless I/you *etc* beat the record. ◆ **à moins que** *loc conj* (+ *subjonctif*) unless. ◆ **au moins** *loc adv* at least. ◆ **de moins en moins** *loc adv* less and less. ◆ **du moins** *loc adv* at least. ◆ **en moins** *loc adv*: **il a une dent en ~** he's missing OU minus a tooth. ◆ **pour le moins** *loc adv* at (the very) least. ◆ **tout au moins** *loc adv* at (the very) least.

moiré, -e [mware] *adj* 1. *(tissu)* watered. 2. *littéraire (reflet)* shimmering.

mois [mwa] *nm (laps de temps)* month.

moisi, -e [mwazi] *adj* mouldy. ◆ **moisi** *nm* mould.

moisir [mwazir] *vi* 1. *(pourrir)* to go

mouldy. **2.** *fig (personne)* to rot.
moisissure [mwazisyr] *nf* mould.
moisson [mwasɔ̃] *nf* **1.** *(récolte)* harvest; **faire la ~** OU **les ~s** to harvest, to bring in the harvest. **2.** *fig (d'idées, de projets)* wealth.
moissonner [mwasɔne] *vt* to harvest, to gather (in); *fig* to collect, to gather.
moissonneuse-batteuse [mwasɔnøzbatøz] *nf* combine (harvester).
moite [mwat] *adj (peau, mains)* moist, sweaty; *(atmosphère)* muggy.
moiteur [mwatœr] *nf (de peau, mains)* moistness; *(d'atmosphère)* mugginess.
moitié [mwatje] *nf (gén)* half; **à ~ vide** half-empty; **faire qqch à ~** to half-do sthg; **la ~ du temps** half the time; **à la ~ de qqch** halfway through sthg.
moka [mɔka] *nm* **1.** *(café)* mocha (coffee). **2.** *(gâteau)* coffee cake.
mol → **mou**.
molaire [mɔlɛr] *nf* molar.
molécule [mɔlekyl] *nf* molecule.
molester [mɔlɛste] *vt* to manhandle.
molle → **mou**.
mollement [mɔlmɑ̃] *adv* **1.** *(faiblement)* weakly, feebly. **2.** *(sans énergie)* listlessly, limply.
mollesse [mɔlɛs] *nf* **1.** *(de chose)* softness. **2.** *(de personne)* lethargy.
mollet [mɔlɛ] ◇ *nm* calf. ◇ *adj* → **œuf**.
mollir [mɔlir] *vi* **1.** *(physiquement, moralement)* to give way. **2.** *(vent)* to drop, to die down.
mollusque [mɔlysk] *nm* mollusc.
molosse [mɔlɔs] *nm* **1.** *(chien)* *large ferocious dog.* **2.** *fig & péj (personne)* hulking great brute OU fellow.
môme [mom] *fam nmf (enfant)* kid, youngster.
moment [mɔmɑ̃] *nm* **1.** *(gén)* moment; **au ~ de l'accident** at the time of the accident, when the accident happened; **au ~ de partir** just as we/you *etc* were leaving; **au ~ où** just as; **dans un ~** in a moment; **d'un ~ à l'autre, à tout ~** (at) any moment, any moment now; **ne pas avoir un ~ à soi** not to have a moment to oneself; **à un ~ donné** at a given moment; **par ~s** at times, now and then; **en ce ~** at the moment; **pour le ~** for the moment. **2.** *(durée)* (short) time; **passer un mauvais ~** to have a bad time. **3.** *(occasion)* time; **ce n'est pas le ~ (de faire qqch)** this is not the time (to do sthg). ◆ **du moment que** *loc prép* since, as.
momentané, -e [mɔmɑ̃tane] *adj* temporary.
momie [mɔmi] *nf* mummy.

mon [mɔ̃] (*f* **ma** [ma], *pl* **mes** [me]) *adj poss* my.
monacal, -e, -aux [mɔnakal, o] *adj* monastic.
Monaco [mɔnako] *n*: **(la principauté de) ~** (the principality of) Monaco.
monarchie [mɔnarʃi] *nf* monarchy; **~ absolue/constitutionnelle** absolute/constitutional monarchy.
monarque [mɔnark] *nm* monarch.
monastère [mɔnastɛr] *nm* monastery.
monceau, -x [mɔ̃so] *nm (tas)* heap.
mondain, -e [mɔ̃dɛ̃, ɛn] *adj* **1.** *(chronique, journaliste)* society (*avant n*). **2.** *péj (futile)* frivolous, superficial.
mondanités [mɔ̃danite] *nfpl* **1.** *(événements)* society life *(U)*. **2.** *(paroles)* small talk *(U)*; *(comportements)* formalities.
monde [mɔ̃d] *nm* **1.** *(gén)* world; **le/la plus ... au ~, le/la plus ... du ~** the most ... in the world; **pour rien au ~** not for the world, not for all the tea in China; **mettre un enfant au ~** to bring a child into the world; **venir au ~** to come into the world. **2.** *(gens)* people (*pl*); **beaucoup/peu de ~** a lot of/not many people; **tout le ~** everyone, everybody. **3.** *loc*: **c'est un ~!** that's really the limit!; **se faire un ~ de qqch** to make too much of sthg; **noir de ~** packed with people.
mondial, -e, -aux [mɔ̃djal, o] *adj* world (*avant n*).
mondialement [mɔ̃djalmɑ̃] *adv* throughout OU all over the world.
monétaire [mɔnetɛr] *adj* monetary.
Mongolie [mɔ̃gɔli] *nf*: **la ~** Mongolia.
mongolien, -enne [mɔ̃gɔljɛ̃, ɛn] *vieilli nm, f* Mongol.
moniteur, -trice [mɔnitœr, tris] *nm, f* **1.** *(enseignant)* instructor, coach; **~ d'auto-école** driving instructor. **2.** *(de colonie)* supervisor, leader. ◆ **moniteur** *nm (appareil &* INFORM*)* monitor.
monnaie [mɔnɛ] *nf* **1.** *(moyen de paiement)* money. **2.** *(de pays)* currency. **3.** *(pièces)* change; **avoir de la ~** to have change; **avoir la ~** to have the change; **faire (de) la ~** to get (some) change.
monnayer [mɔnɛje] *vt* **1.** *(biens)* to convert into cash. **2.** *fig (silence)* to buy.
monochrome [mɔnɔkrom] *adj* monochrome, monochromatic.
monocle [mɔnɔkl] *nm* monocle.
monocoque [mɔnɔkɔk] *nm & adj (bateau)* monohull.
monocorde [mɔnɔkɔrd] *adj (monotone)* monotonous.

monogramme [mɔnɔgram] *nm* monogram.

monolingue [mɔnɔlɛ̃g] *adj* monolingual.

monologue [mɔnɔlɔg] *nm* **1.** (THÉÂTRE) soliloquy. **2.** *(discours)* monologue.

monologuer [mɔnɔlɔge] *vi* **1.** (THÉÂTRE) to soliloquize. **2.** *fig & péj (parler)* to talk away.

monoparental, -e, -aux [mɔnɔparɑ̃tal, o] *adj* single-parent (*avant n*).

monoplace [mɔnɔplas] *adj* single-seater (*avant n*).

monopole [mɔnɔpɔl] *nm* monopoly; **avoir le ~ de qqch** *litt & fig* to have a monopoly of OU on sthg; **~ d'État** state monopoly.

monopoliser [mɔnɔpɔlize] *vt* to monopolize.

monoski [mɔnɔski] *nm* **1.** *(objet)* monoski. **2.** (SPORT) monoskiing.

monosyllabe [mɔnɔsilab] ◇ *nm* monosyllable. ◇ *adj* monosyllabic.

monotone [mɔnɔtɔn] *adj* monotonous.

monotonie [mɔnɔtɔni] *nf* monotony.

monseigneur [mɔ̃sɛɲœr] (*pl* **messeigneurs** [mesɛɲœr]) *nm (titre - d'évêque, de duc)* His Grace; *(- de cardinal)* His Eminence; *(- de prince)* His (Royal) Highness.

monsieur [məsjø] (*pl* **messieurs** [mesjø]) *nm* **1.** *(titre)*: **~ X** Mr X; **bonjour ~** good morning; *(dans hôtel, restaurant)* good morning, sir; **bonjour messieurs** good morning (gentlemen); **Monsieur le Ministre n'est pas là** the Minister is out. **2.** *(homme quelconque)* gentleman.

monstre [mɔ̃str] *nm* **1.** *(gén)* monster. **2.** (*en apposition*) *fam (énorme)* colossal.

monstrueux, -euse [mɔ̃stryø, øz] *adj* **1.** *(gén)* monstrous. **2.** *(erreur)* terrible.

monstruosité [mɔ̃stryozite] *nf* monstrosity.

mont [mɔ̃] *nm* (GÉOGR) Mount; **le ~ Blanc** Mont Blanc.

montage [mɔ̃taʒ] *nm* **1.** *(assemblage)* assembly; *(de bijou)* setting. **2.** (PHOT) photomontage. **3.** (CIN) editing.

montagnard, -e [mɔ̃taɲar, ard] *nm, f* mountain dweller.

montagne [mɔ̃taɲ] *nf* **1.** *(gén)* mountain; **les ~s Rocheuses** the Rocky Mountains. **2.** *(région)*: **la ~** the mountains (*pl*); **à la ~** in the mountains; **en haute ~** at high altitudes. ◆ **montagnes russes** *nfpl* big dipper (*sg*), roller coaster (*sg*).

montant, -e [mɔ̃tɑ̃, ɑ̃t] *adj (mouvement)* rising. ◆ **montant** *nm* **1.** *(pièce verticale)* upright. **2.** *(somme)* total (amount).

mont-de-piété [mɔ̃dpjete] (*pl* **monts-de-piété**) *nm* pawnshop.

monte-charge [mɔ̃tʃarʒ] *nm inv* goods lift *Br*, service elevator *Am*.

montée [mɔ̃te] *nf* **1.** *(de montagne)* climb, ascent. **2.** *(de prix)* rise. **3.** *(relief)* slope, gradient.

monte-plats [mɔ̃tpla] *nm inv* dumbwaiter.

---

monter [mɔ̃te] ◇ *vi* (*aux: être*) **1.** *(personne)* to come/go up; *(température, niveau)* to rise; *(route, avion)* to climb; **~ sur qqch** to climb onto sthg. **2.** *(passager)* to get on; **~ dans un bus** to get on a bus; **~ dans une voiture** to get into a car. **3.** *(cavalier)* to ride; **~ à cheval** to ride. **4.** *(marée)* to go/come in. ◇ *vt* (*aux: avoir*) **1.** *(escalier, côte)* to climb, to come/go up; **~ la rue en courant** to run up the street. **2.** *(son)* to turn up. **3.** *(valise)* to take/bring up. **4.** *(meuble)* to assemble; (COUTURE) to assemble, to put OU sew together; *(tente)* to put up. **5.** *(cheval)* to mount. **6.** (THÉÂTRE) to put on. **7.** *(société)* to set up. **8.** (CULIN) to beat, to whisk (up). ◆ **se monter** *vp* **1.** *(meuble)*: **se ~ facilement** to be easy to assemble. **2.** *(atteindre)*: **se ~ à** to amount to, to add up to.

monteur, -euse [mɔ̃tœr, øz] *nm, f* **1.** (TECHNOL) fitter. **2.** (CIN) editor.

monticule [mɔ̃tikyl] *nm* mound.

montre [mɔ̃tr] *nf* watch; **~ à quartz** quartz watch; **~ en main** to the minute, exactly; **contre la ~** *(sport)* time-trialling; *(épreuve)* time trial; **une course contre la ~** *fig* a race against time.

montre-bracelet [mɔ̃trəbraslɛ] *nf* wristwatch.

montrer [mɔ̃tre] *vt* **1.** *(gén)* to show; **~ qqch à qqn** to show sb sthg, to show sthg to sb. **2.** *(désigner)* to show, to point out; **~ qqch du doigt** to point at OU to sthg. ◆ **se montrer** *vp* **1.** *(se faire voir)* to appear. **2.** *(se présenter)* to show o.s. **3.** *(se révéler)* to prove (to be).

monture [mɔ̃tyr] *nf* **1.** *(animal)* mount. **2.** *(de lunettes)* frame.

monument [mɔnymɑ̃] *nm (gén)*: **~ (à)** monument (to); **~ aux morts** war memorial.

monumental, -e, -aux [mɔnymɑ̃tal, o] *adj* monumental.

moquer [mɔke] ◆ **se moquer** *vp*: **se ~ de** *(plaisanter sur)* to make fun of, to

laugh at; *(ignorer)* not to give a damn about.
moquerie [mɔkri] *nf* mockery *(U)*, jibe.
moquette [mɔkɛt] *nf* (fitted) carpet.
moqueur, -euse [mɔkœr, øz] *adj* mocking.
moral, -e, -aux [mɔral, o] *adj* moral. ◆ **moral** *nm* 1. *(mental)*: **au ~ comme au physique** mentally as well as physically. 2. *(état d'esprit)* morale, spirits *(pl)*; **avoir/ne pas avoir le ~** to be in good/bad spirits; **remonter le ~ à qqn** to cheer sb up. ◆ **morale** *nf* 1. *(science)* moral philosophy, morals *(pl)*. 2. *(règle)* morality. 3. *(mœurs)* morals *(pl)*. 4. *(leçon)* moral; **faire la ~e à qqn** to preach at OU lecture sb.
moralisateur, -trice [mɔralizatœr, tris] ◇ *adj* moralizing. ◇ *nm, f* moralizer.
moraliste [mɔralist] *nmf* moralist.
moralité [mɔralite] *nf* 1. *(gén)* morality. 2. *(enseignement)* morals.
moratoire [mɔratwar] *nm* moratorium.
morbide [mɔrbid] *adj* morbid.
morceau, -x [mɔrso] *nm* 1. *(gén)* piece. 2. *(de poème, de film)* passage.
morceler [mɔrsəle] *vt* to break up, to split up.
mordant, -e [mɔrdɑ̃, ɑ̃t] *adj* biting. ◆ **mordant** *nm* *(vivacité)* keenness, bite.
mordiller [mɔrdije] *vt* to nibble.
mordoré, -e [mɔrdɔre] *adj* bronze.
mordre [mɔrdr] ◇ *vt* *(blesser)* to bite. ◇ *vi* 1. *(saisir avec les dents)*: **~ à** to bite. 2. *(croquer)*: **~ dans qqch** to bite into sthg. 3. (SPORT): **~ sur la ligne** to step over the line.
mordu, -e [mɔrdy] ◇ *pp* → **mordre**. ◇ *adj* *(amoureux)* hooked. ◇ *nm, f*: **~ de foot/ski** *etc* football/ski *etc* addict.
morfondre [mɔrfɔ̃dr] ◆ **se morfondre** *vp* to mope.
morgue [mɔrg] *nf* 1. *(attitude)* pride. 2. *(lieu)* morgue.
moribond, -e [mɔribɔ̃, ɔ̃d] ◇ *adj* dying. ◇ *nm, f* dying person.
morille [mɔrij] *nf* morel.
morne [mɔrn] *adj* *(personne, visage)* gloomy; *(temps, ville)* dismal, dreary.
morose [mɔroz] *adj* gloomy.
morphine [mɔrfin] *nf* morphine.
morphologie [mɔrfɔlɔʒi] *nf* morphology.
mors [mɔr] *nm* bit.
morse [mɔrs] *nm* 1. (ZOOL) walrus. 2. *(code)* Morse (code).
morsure [mɔrsyr] *nf* bite.
mort, -e [mɔr, mɔrt] ◇ *pp* → **mourir**. ◇ *adj* dead; **~ de fatigue** *fig* dead tired; **~ de peur** *fig* frightened to death. ◇ *nm, f* 1. *(cadavre)* corpse, dead body. 2. *(défunt)* dead person. ◆ **mort** ◇ *nm* 1. *(victime)* fatality. 2. (CARTES) dummy. ◇ *nf litt & fig* death; **de ~** *(silence)* deathly; **condamner qqn à ~** (JUR) to sentence sb to death; **se donner la ~** to take one's own life, to commit suicide.
mortadelle [mɔrtadɛl] *nf* mortadella.
mortalité [mɔrtalite] *nf* mortality, death rate.
mort-aux-rats [mɔrora] *nf inv* rat poison.
mortel, -elle [mɔrtɛl] ◇ *adj* 1. *(humain)* mortal. 2. *(fatal)* fatal. 3. *(ennuyeux)* deadly (dull). ◇ *nm, f* mortal.
morte-saison [mɔrtsɛzɔ̃] *nf* slack season, off-season.
mortier [mɔrtje] *nm* mortar.
mortification [mɔrtifikasjɔ̃] *nf* mortification.
mort-né, -e [mɔrne] *(mpl* **mort-nés**, *fpl* **mort-nées**) *adj* *(enfant)* still-born.
mortuaire [mɔrtɥɛr] *adj* funeral *(avant n)*.
morue [mɔry] *nf* (ZOOL) cod.
mosaïque [mɔzaik] *nf litt & fig* mosaic.
Moscou [mɔsku] *n* Moscow.
mosquée [mɔske] *nf* mosque.
mot [mo] *nm* 1. *(gén)* word; **gros ~** swearword; **~ de passe** password; **~s croisés** crossword (puzzle) *(sg)*. 2. *(message)* note, message.
motard [mɔtar] *nm* 1. *(motocycliste)* motorcyclist. 2. *(policier)* motorcycle policeman.
motel [mɔtɛl] *nm* motel.
moteur, -trice [mɔtœr, tris] *adj* *(force, énergie)* driving *(avant n)*; **à quatre roues motrices** (AUTOM) with four-wheel drive. ◆ **moteur** *nm* (TECHNOL) motor, engine; *fig* driving force.
motif [mɔtif] *nm* 1. *(raison)* motive, grounds *(pl)*. 2. *(dessin)* pattern.
motion [mɔsjɔ̃] *nf* (POLIT) motion; **~ de censure** motion of censure.
motiver [mɔtive] *vt* 1. *(stimuler)* to motivate. 2. *(justifier)* to justify.
moto [mɔto] *nf* motorbike.
motocross [mɔtɔkrɔs] *nm* motocross.
motoculteur [mɔtɔkyltœr] *nm* = Rotavator®.

motocyclette [mɔtɔsiklɛt] *nf* motorcycle, motorbike.
motocycliste [mɔtɔsiklist] *nmf* motorcyclist.
motorisé, -e [mɔtɔrize] *adj* motorized; **être ~** *fam* to have a car, to have wheels.
motrice → **moteur.**
motricité [mɔtrisite] *nf* motor functions (*pl*).
motte [mɔt] *nf*: **~ (de terre)** clod, lump of earth; **~ de beurre** slab of butter.
mou, molle [mu, mɔl] *adj* (**mol** *devant voyelle ou h muet*) **1.** *(gén)* soft. **2.** *(faible)* weak. **3.** *(résistance)* half-hearted. **4.** *fam (de caractère)* wet, wimpy. ◆ **mou** *nm* **1.** *(de corde)*: **avoir du ~** to be slack. **2.** *(abats)* lungs (*pl*), lights (*pl*).
mouchard, -e [muʃar, ard] *nm, f fam (personne)* sneak. ◆ **mouchard** *nm fam (dans camion, train)* spy in the cab.
mouche [muʃ] *nf* **1.** (ZOOL) fly. **2.** *(accessoire féminin)* beauty spot.
moucher [muʃe] *vt* **1.** *(nez)* to wipe; **~ un enfant** to wipe a child's nose. **2.** *(chandelle)* to snuff out. **3.** *fam fig (personne)*: **~ qqn** to put sb in his/her place. ◆ **se moucher** *vp* to blow OU wipe one's nose.
moucheron [muʃrɔ̃] *nm (insecte)* gnat.
moucheté, -e [muʃte] *adj* **1.** *(laine)* flecked. **2.** *(animal)* spotted, speckled.
mouchoir [muʃwar] *nm* handkerchief.
moudre [mudr] *vt* to grind.
moue [mu] *nf* pout; **faire la ~** to pull a face.
mouette [mwɛt] *nf* seagull.
moufle [mufl] *nf* mitten.
mouflon [muflɔ̃] *nm* wild sheep.
mouillage [mujaʒ] *nm (rade)* anchorage, moorings (*pl*).
mouillé, -e [muje] *adj* wet.
mouiller [muje] *vt* **1.** *(personne, objet)* to wet; **se faire ~** to get wet OU soaked. **2.** (NAVIG): **~ l'ancre** to drop anchor. **3.** *fam fig (compromettre)* to involve. ◆ **se mouiller** *vp* **1.** *(se tremper)* to get wet. **2.** *fam fig (s'avancer)* to commit o.s.
moulage [mulaʒ] *nm* **1.** *(action)* moulding, casting. **2.** *(objet)* cast.
moule [mul] ◇ *nm* mould; **~ à gâteau** cake tin; **~ à tarte** flan dish. ◇ *nf* (ZOOL) mussel.
mouler [mule] *vt* **1.** *(objet)* to mould. **2.** *(forme)* to make a cast of.
moulin [mulɛ̃] *nm* mill; **~ à café** coffee mill; **~ à paroles** *fig* chatterbox.
moulinet [mulinɛ] *nm* **1.** (PÊCHE) reel. **2.** *(mouvement)*: **faire des ~s** to whirl one's arms around.
Moulinette® [mulinɛt] *nf* food mill.
moulu, -e [muly] *adj* ground.
moulure [mulyr] *nf* moulding.
mourant, -e [murɑ̃, ɑ̃t] ◇ *adj* **1.** *(moribond)* dying. **2.** *fig (voix)* faint. ◇ *nm, f* dying person.
mourir [murir] *vi* **1.** *(personne)* to die; **s'ennuyer à ~** to be bored to death. **2.** *(feu)* to die down.
mousquetaire [muskətɛr] *nm* musketeer.
moussant, -e [musɑ̃, ɑ̃t] *adj* foaming.
mousse [mus] ◇ *nf* **1.** (BOT) moss. **2.** *(bulles)* foam; **~ à raser** shaving foam. **3.** (CULIN) mousse. **4.** *(matière)* foam rubber. ◇ *nm* (NAVIG) cabin boy.
mousseline [muslin] *nf* muslin.
mousser [muse] *vi* to foam, to lather.
mousseux, -euse [musø, øz] *adj* **1.** *(shampooing)* foaming, frothy. **2.** *(vin, cidre)* sparkling. ◆ **mousseux** *nm* sparkling wine.
mousson [musɔ̃] *nf* monsoon.
moustache [mustaʃ] *nf* moustache. ◆ **moustaches** *nfpl (d'animal)* whiskers.
moustachu, -e [mustaʃy] *adj* with a moustache. ◆ **moustachu** *nm man with a moustache.*
moustiquaire [mustikɛr] *nf* mosquito net.
moustique [mustik] *nm* mosquito.
moutarde [mutard] *nf* mustard.
mouton [mutɔ̃] *nm* **1.** *(*ZOOL *& fig)* sheep. **2.** *(viande)* mutton. **3.** *fam (poussière)* piece of fluff, fluff *(U)*.
mouture [mutyr] *nf* **1.** *(de céréales, de café)* grinding. **2.** *(d'œuvre)* rehash.
mouvance [muvɑ̃s] *nf (domaine)* sphere of influence.
mouvant, -e [muvɑ̃, ɑ̃t] *adj* **1.** *(terrain)* unstable. **2.** *(situation)* uncertain.
mouvement [muvmɑ̃] *nm* **1.** *(gén)* movement; **en ~** on the move. **2.** *(de colère, d'indignation)* burst, fit.
mouvementé, -e [muvmɑ̃te] *adj* **1.** *(terrain)* rough. **2.** *(soirée)* eventful.
mouvoir [muvwar] *vt* to move. ◆ **se mouvoir** *vp* to move.
moyen, -enne [mwajɛ̃, ɛn] *adj* **1.** *(intermédiaire)* medium. **2.** *(médiocre, courant)* average. ◆ **moyen** *nm* means (*sg*), way; **~ de communication** means of communication; **~ de locomotion** OU **transport** means of transport. ◆ **moyenne** *nf* average; **en moyenne**

on average; **la moyenne d'âge** the average age. ◆ **moyens** *nmpl* 1. *(ressources)* means; **avoir les ~s** to be comfortably off. 2. *(capacités)* powers, ability; **faire qqch par ses propres ~s** to do sthg on one's own. ◆ **au moyen de** *loc prép* by means of.
Moyen Âge [mwajɛnaʒ] *nm*: **le ~** the Middle Ages *(pl)*.
Moyen-Orient [mwajɛnɔrjɑ̃] *nm*: **le ~** the Middle East.
MST *nf* 1. (*abr de* **maladie sexuellement transmissible**) STD. 2. (*abr de* **maîtrise de sciences et techniques**) *masters degree in science and technology*.
mû, mue [my] *pp* → **mouvoir**.
mue [my] *nf* 1. *(de pelage)* moulting. 2. *(de serpent)* skin, slough. 3. *(de voix)* breaking.
muer [mɥe] *vi* 1. *(mammifère)* to moult. 2. *(serpent)* to slough its skin. 3. *(voix)* to break; *(jeune homme)*: **il mue** his voice is breaking.
muet, muette [mɥɛ, ɛt] ◇ *adj* 1. (MÉD) dumb. 2. *(silencieux)* silent; **~ d'admiration** speechless with admiration. 3. (LING) silent, mute. ◇ *nm, f* mute, dumb person. ◆ **muet** *nm*: **le ~** (CIN) silent films *(pl)*.
muezzin [mɥɛdzin] *nm* muezzin.
mufle [myfl] *nm* 1. *(d'animal)* muzzle, snout. 2. *fig (goujat)* lout.
muflerie [myfləri] *nf* loutishness.
mugir [myʒir] *vi* 1. *(vache)* to moo. 2. *(vent, sirène)* to howl.
muguet [mygɛ] *nm* 1. *(fleur)* lily of the valley. 2. (MÉD) thrush.
mule [myl] *nf* mule.
mulet [mylɛ] *nm* 1. *(âne)* mule. 2. *(poisson)* mullet.
mulot [mylo] *nm* field mouse.
multicolore [myltikɔlɔr] *adj* multicoloured.
multifonction [myltifɔ̃ksjɔ̃] *adj inv* multifunction.
multilatéral, -e, -aux [myltilateral, o] *adj* multilateral.
multimédia [myltimedja] *adj & nm* multimedia.
multinational, -e, -aux [myltinasjɔnal, o] *adj* multinational. ◆ **multinationale** *nf* multinational (company).
multiple [myltipl] ◇ *nm* multiple. ◇ *adj* 1. *(nombreux)* multiple, numerous. 2. *(divers)* many, various.
multiplication [myltiplikasjɔ̃] *nf* multiplication.
multiplier [myltiplije] *vt* 1. *(accroître)* to increase. 2. (MATHS) to multiply; **X multiplié par Y égale Z** X multiplied by OU times Y equals Z. ◆ **se multiplier** *vp* to multiply.
multiracial, -e, -aux [myltirasjal, o] *adj* multiracial.
multirisque [myltirisk] *adj* comprehensive.
multitude [myltityd] *nf*: **~ (de)** multitude (of).
municipal, -e, -aux [mynisipal, o] *adj* municipal. ◆ **municipales** *nfpl*: **les ~es** the local government elections.
municipalité [mynisipalite] *nf* 1. *(commune)* municipality. 2. *(conseil)* town council.
munir [mynir] *vt*: **~ qqn/qqch de** to equip sb/sthg with. ◆ **se munir** *vp*: **se ~ de** to equip o.s. with.
munitions [mynisjɔ̃] *nfpl* ammunition *(U)*, munitions.
muqueuse [mykøz] *nf* mucous membrane.
mur [myr] *nm* 1. *(gén)* wall. 2. *fig (obstacle)* barrier, brick wall; **~ du son** (AÉRON) sound barrier.
mûr, mûre [myr] *adj* ripe; *(personne)* mature. ◆ **mûre** *nf* 1. *(de mûrier)* mulberry. 2. *(de ronce)* blackberry, bramble.
muraille [myraj] *nf* wall.
murène [myrɛn] *nf* moray eel.
murer [myre] *vt* 1. *(boucher)* to wall up, to block up. 2. *(enfermer)* to wall in. ◆ **se murer** *vp* to shut o.s. up OU away; **se ~ dans** *fig* to retreat into.
muret [myrɛ] *nm* low wall.
mûrier [myrje] *nm* 1. *(arbre)* mulberry tree. 2. *(ronce)* blackberry bush, bramble bush.
mûrir [myrir] *vi* 1. *(fruits, légumes)* to ripen. 2. *fig (idée, projet)* to develop. 3. *(personne)* to mature.
murmure [myrmyr] *nm* murmur.
murmurer [myrmyre] *vt & vi* to murmur.
musaraigne [myzarɛɲ] *nf* shrew.
musarder [myzarde] *vi fam* to dawdle.
muscade [myskad] *nf* nutmeg.
muscat [myska] *nm* 1. *(raisin)* muscat grape. 2. *(vin) sweet wine*.
muscle [myskl] *nm* muscle.
musclé, -e [myskle] *adj* 1. *(personne)* muscular. 2. *fig (décision)* forceful.
muscler [myskle] *vt*: **~ son corps** to build up one's muscles. ◆ **se muscler** *vp* to build up one's muscles.
musculation [myskylasjɔ̃] *nf*: **faire de la ~** to do muscle-building exercises.
muse [myz] *nf* muse.

museau [myzo] *nm* 1. *(d'animal)* muzzle, snout. 2. *fam (de personne)* face.
musée [myze] *nm* museum; *(d'art)* art gallery.
museler [myzle] *vt litt & fig* to muzzle.
muselière [myzəljɛr] *nf* muzzle.
musette [myzɛt] *nf* haversack; *(d'écolier)* satchel.
musical, -e, -aux [myzikal, o] *adj* 1. *(son)* musical. 2. *(émission, critique)* music *(avant n)*.
music-hall [myzikol] *(pl* **music-halls**) *nm* music-hall.
musicien, -enne [myzisjɛ̃, ɛn] ◇ *adj* musical. ◇ *nm, f* musician.
musique [myzik] *nf* music; **~ de chambre** chamber music; **~ de film** film *Br* OU movie *Am* score.
musulman, -e [myzylmɑ̃, an] *adj & nm, f* Muslim.
mutant, -e [mytɑ̃, ɑ̃t] *adj & nm, f* mutant.
mutation [mytasjɔ̃] *nf* 1. (BIOL) mutation. 2. *fig (changement)* transformation. 3. *(de fonctionnaire)* transfer.
muter [myte] *vt* to transfer.
mutilation [mytilasjɔ̃] *nf* mutilation.
mutilé, -e [mytile] *nm, f* disabled person.
mutiler [mytile] *vt* to mutilate.
mutin, -e [mytɛ̃, in] *adj littéraire* impish. ◆ **mutin** *nm* rebel; (MIL & NAVIG) mutineer.
mutinerie [mytinri] *nf* rebellion; (MIL & NAVIG) mutiny.
mutisme [mytism] *nm* silence.
mutualité [mytɥalite] *nf (assurance)* mutual insurance.
mutuel, -elle [mytɥɛl] *adj* mutual. ◆ **mutuelle** *nf* mutual insurance company.
mycose [mikoz] *nf* mycosis, fungal infection.
myocarde [mjɔkard] *nm* myocardium.
myopathie [mjɔpati] *nf* myopathy.
myope [mjɔp] ◇ *nmf* shortsighted person. ◇ *adj* shortsighted, myopic.
myopie [mjɔpi] *nf* shortsightedness, myopia.
myosotis [mjozɔtis] *nm* forget-me-not.
myrtille [mirtij] *nf* bilberry *Br*, blueberry *Am*.
mystère [mistɛr] *nm (gén)* mystery.
mystérieux, -euse [misterjø, øz] *adj* mysterious.
mysticisme [mistisism] *nm* mysticism.
mystification [mistifikasjɔ̃] *nf (tromperie)* hoax, practical joke.
mystifier [mistifje] *vt (duper)* to take in.
mystique [mistik] ◇ *nmf* mystic. ◇ *adj* mystic, mystical.
mythe [mit] *nm* myth.
mythique [mitik] *adj* mythical.
mythologie [mitɔlɔʒi] *nf* mythology.
mythomane [mitɔman] *nmf* pathological liar.

N

n, N [ɛn] *nm inv (lettre)* n, N. ◆ **N** *(abr de* **nord**) N.
nacelle [nasɛl] *nf (de montgolfière)* basket.
nacre [nakr] *nf* mother-of-pearl.
nage [naʒ] *nf* 1. *(natation)* swimming; **traverser à la ~** to swim across. 2. *loc*: **en ~** bathed in sweat.
nageoire [naʒwar] *nf* fin.
nager [naʒe] *vi* 1. *(se baigner)* to swim. 2. *(flotter)* to float. 3. *fig (dans vêtement)*: **~ dans** to be lost in.
nageur, -euse [naʒœr, øz] *nm, f* swimmer.
naguère [nagɛr] *adv littéraire* a short time ago.
naïf, naïve [naif, iv] *adj* 1. *(ingénu, art)* naive. 2. *péj (crédule)* gullible.
nain, -e [nɛ̃, nɛn] ◇ *adj* dwarf *(avant n)*. ◇ *nm, f* dwarf.
naissance [nɛsɑ̃s] *nf* 1. *(de personne)* birth; **donner ~ à** to give birth to; **le contrôle des ~s** birth control. 2. *(endroit)* source; *(du cou)* nape. 3. *fig (de science, nation)* birth; **donner ~ à** to give rise to.
naissant, -e [nɛsɑ̃, ɑ̃t] *adj* 1. *(brise)* rising; *(jour)* dawning. 2. *(barbe)* incipient.
naître [nɛtr] *vi* 1. *(enfant)* to be born; **il est né en 1965** he was born in 1965. 2. *(espoir)* to spring up; **~ de** to arise from; **faire ~ qqch** to give rise to sthg.
naïveté [naivte] *nf* 1. *(candeur)* innocence. 2. *péj (crédulité)* gullibility.
nana [nana] *nf fam* girl.
nanti, -e [nɑ̃ti] *nm, f* wealthy person.
nantir [nɑ̃tir] *vt littéraire*: **~ qqn de** to provide sb with.
nappe [nap] *nf* 1. *(de table)* tablecloth,

cloth. 2. *fig (étendue - gén)* sheet; *(- de brouillard)* blanket. 3. *(couche)* layer.
napper [nape] *vt* (CULIN) to coat.
napperon [naprɔ̃] *nm* tablemat.
narcisse [narsis] *nm* (BOT) narcissus.
narcissisme [narsisism] *nm* narcissism.
narcotique [narkɔtik] *nm & adj* narcotic.
narguer [narge] *vt (danger)* to flout; *(personne)* to scorn, to scoff at.
narine [narin] *nf* nostril.
narquois, -e [narkwa, az] *adj* sardonic.
narrateur, -trice [naratœr, tris] *nm, f* narrator.
narrer [nare] *vt littéraire* to narrate.
nasal, -e, -aux [nazal, o] *adj* nasal.
naseau, -x [nazo] *nm* nostril.
nasillard, -e [nazijar, ard] *adj* nasal.
nasse [nas] *nf* keep net.
natal, -e, -als [natal] *adj* native.
natalité [natalite] *nf* birth rate.
natation [natasjɔ̃] *nf* swimming; **faire de la ~** to swim.
natif, -ive [natif, iv] ◇ *adj (originaire)*: **~ de** native of. ◇ *nm, f* native.
nation [nasjɔ̃] *nf* nation. ◆ **Nations unies** *nfpl*: **les Nations unies** the United Nations.
national, -e, -aux [nasjɔnal, o] *adj* national. ◆ **nationale** *nf*: **(route) ~e** = A road *Br*, = state highway *Am*.
nationaliser [nasjɔnalize] *vt* to nationalize.
nationalisme [nasjɔnalism] *nm* nationalism.
nationalité [nasjɔnalite] *nf* nationality; **de ~ française** of French nationality.
nativité [nativite] *nf* nativity.
natte [nat] *nf* 1. *(tresse)* plait. 2. *(tapis)* mat.
naturaliser [natyralize] *vt* 1. *(personne)* to naturalize. 2. *(empailler)* to stuff.
naturaliste [natyralist] ◇ *nmf* 1. (LITTÉRATURE & ZOOL) naturalist. 2. *(empailleur)* taxidermist. ◇ *adj* naturalistic.
nature [natyr] ◇ *nf* nature. ◇ *adj inv* 1. *(yaourt)* plain. 2. *fam (simple)* natural.
naturel, -elle [natyrɛl] *adj* natural. ◆ **naturel** *nm* 1. *(tempérament)* nature; **être d'un ~ sensible** to be sensitive by nature. 2. *(spontanéité)* naturalness.
naturellement [natyrɛlmɑ̃] *adv* 1. *(gén)* naturally. 2. *(bien sûr)* of course.
naturiste [natyrist] *nmf* naturist.
naufrage [nofraʒ] *nm* 1. *(navire)* shipwreck; **faire ~** to be wrecked. 2. *fig (effondrement)* collapse.
naufragé, -e [nofraʒe] ◇ *adj* shipwrecked. ◇ *nm, f* shipwrecked person.
nauséabond, -e [nozeabɔ̃, ɔ̃d] *adj* nauseating.
nausée [noze] *nf* 1. (MÉD) nausea; **avoir la ~** to feel nauseous OU sick. 2. *(dégoût)* disgust.
nautique [notik] *adj* nautical; *(ski, sport)* water *(avant n)*.
naval, -e, -als [naval] *adj* naval.
navet [navɛ] *nm* 1. (BOT) turnip. 2. *fam péj (œuvre)* load of rubbish.
navette [navɛt] *nf* shuttle; **~ spatiale** space shuttle; **faire la ~** to shuttle.
navigable [navigabl] *adj* navigable.
navigateur, -trice [navigatœr, tris] *nm, f* navigator. ◆ **navigateur** *nm* (INFORM) browser.
navigation [navigasjɔ̃] *nf* navigation; (COMM) shipping.
naviguer [navige] *vi* 1. *(voguer)* to sail. 2. *(piloter)* to navigate. 3. (INFORM) to browse.
navire [navir] *nm* ship.
navrant, -e [navrɑ̃, ɑ̃t] *adj* 1. *(triste)* upsetting, distressing. 2. *(regrettable, mauvais)* unfortunate.
navrer [navre] *vt* to upset; **être navré de qqch/de faire qqch** to be sorry about sthg/to do sthg.
nazi, -e [nazi] *nm, f* Nazi.
nazisme [nazism] *nm* Nazism.
NB *(abr de* **Nota Bene**) NB.
nbreuses *abr de* **nombreuses**.
nbrx *abr de* **nombreux**.
NDLR *(abr de* **note de la rédaction**) editor's note.

---

ne [nə], **n'** *(devant voyelle ou h muet) adv* 1. *(négation)* → **pas²**, **plus**, **rien** *etc*. 2. *(négation implicite)*: **il se porte mieux que je ~ (le) croyais** he's in better health than I thought (he would be). 3. *(avec verbes ou expressions marquant le doute, la crainte etc)*: **je crains qu'il n'oublie** I'm afraid he'll forget; **j'ai peur qu'il n'en parle** I'm frightened he'll talk about it.
né, -e [ne] *adj* born; **~ en 1965** born in 1965; **~ le 17 juin** born on the 17th June; **Mme X, ~e Y** Mrs X née Y.
néanmoins [neɑ̃mwɛ̃] *adv* nevertheless.
néant [neɑ̃] *nm* 1. *(absence de valeur)* worthlessness. 2. *(absence d'existence)* nothingness; **réduire à ~** to reduce to nothing.
nébuleux, -euse [nebylø, øz] *adj* 1. *(ciel)* cloudy. 2. *(idée, projet)* nebu-

lous. ◆ **nébuleuse** *nf* (ASTRON) nebula.

nécessaire [nesesɛr] ◇ *adj* necessary; **~ à** necessary for; **il est ~ de faire qqch** it is necessary to do sthg; **il est ~ que** (+ *subjonctif*): **il est ~ qu'elle vienne** she must come. ◇ *nm* **1.** *(biens)* necessities (*pl*); **le strict ~** the bare essentials (*pl*). **2.** *(mesures)*: **faire le ~** to do the necessary. **3.** *(trousse)* bag.

nécessité [nesesite] *nf* necessity; **être dans la ~ de faire qqch** to have no choice OU alternative but to do sthg.

nécessiter [nesesite] *vt* to necessitate.

nécrologique [nekrɔlɔʒik] *adj* obituary (*avant n*).

nectar [nɛktar] *nm* nectar.

nectarine [nɛktarin] *nf* nectarine.

néerlandais, -e [neɛrlɑ̃dɛ, ɛz] *adj* Dutch. ◆ **néerlandais** *nm (langue)* Dutch. ◆ **Néerlandais, -e** *nm, f* Dutchman (*f* Dutchwoman); **les Néerlandais** the Dutch.

nef [nɛf] *nf* **1.** *(d'église)* nave. **2.** *littéraire (bateau)* vessel.

néfaste [nefast] *adj* **1.** *(jour, événement)* fateful. **2.** *(influence)* harmful.

négatif, -ive [negatif, iv] *adj* negative. ◆ **négatif** *nm* (PHOT) negative. ◆ **négative** *nf*: **répondre par la négative** to reply in the negative.

négation [negasjɔ̃] *nf* **1.** *(rejet)* denial. **2.** (GRAM) negative.

négligé, -e [negliʒe] *adj* **1.** *(travail, tenue)* untidy. **2.** *(ami, jardin)* neglected.

négligeable [negliʒabl] *adj* negligible.

négligemment [negliʒamɑ̃] *adv* **1.** *(sans soin)* carelessly. **2.** *(avec indifférence)* casually.

négligence [negliʒɑ̃s] *nf* **1.** *(laisser-aller)* carelessness. **2.** *(omission)* negligence; **par ~** out of negligence.

négligent, -e [negliʒɑ̃, ɑ̃t] *adj* **1.** *(sans soin)* careless. **2.** *(indifférent)* casual.

négliger [negliʒe] *vt* **1.** *(ami, jardin)* to neglect; **~ de faire qqch** to fail to do sthg. **2.** *(avertissement)* to ignore. ◆ **se négliger** *vp* to neglect o.s.

négoce [negɔs] *nm* business.

négociant, -e [negɔsjɑ̃, ɑ̃t] *nm, f* dealer.

négociateur, -trice [negɔsjatœr, tris] *nm, f* negotiator.

négociation [negɔsjasjɔ̃] *nf* negotiation; **~s de paix** peace negotiations.

négocier [negɔsje] *vt* to negotiate.

nègre, négresse [nɛgr, negrɛs] *nm, f* negro (*f* negress) *(beware: the terms 'nègre' and 'négresse' are considered racist)*. ◆ **nègre** ◇ *nm fam* ghost writer. ◇ *adj* negro (*avant n*) *(beware: the term 'nègre' is considered racist)*.

neige [nɛʒ] *nf (flocons)* snow.

neiger [neʒe] *v impers*: **il neige** it is snowing.

neigeux, -euse [nɛʒø, øz] *adj* snowy.

nénuphar [nenyfar] *nm* water-lily.

néologisme [neɔlɔʒism] *nm* neologism.

néon [neɔ̃] *nm* **1.** *(gaz)* neon. **2.** *(enseigne)* neon light.

néophyte [neɔfit] *nmf* novice.

néo-zélandais, -e [neɔzelɑ̃dɛ, ɛz] (*mpl inv, fpl* **néo-zélandaises**) *adj* New Zealand (*avant n*). ◆ **Néo-Zélandais, -e** *nm, f* New Zealander.

Népal [nepal] *nm*: **le ~** Nepal.

nerf [nɛr] *nm* **1.** (ANAT) nerve. **2.** *fig (vigueur)* spirit.

nerveux, -euse [nɛrvø, øz] *adj* **1.** *(gén)* nervous. **2.** *(viande)* stringy. **3.** *(style)* vigorous; *(voiture)* nippy.

nervosité [nɛrvozite] *nf* nervousness.

nervure [nɛrvyr] *nf (de feuille, d'aile)* vein.

n'est-ce pas [nɛspa] *adv*: **vous me croyez, ~?** you believe me, don't you?; **c'est délicieux, ~?** it's delicious, isn't it?

net, nette [nɛt] *adj* **1.** *(écriture, image, idée)* clear. **2.** *(propre, rangé)* clean, neat. **3.** (COMM & FIN) net; **~ d'impôt** tax-free *Br*, tax-exempt *Am*. **4.** *(visible)* definite, distinct. ◆ **net** *adv (sur le coup)* on the spot; **s'arrêter ~** to stop dead; **se casser ~** to break clean off.

Net [nɛt] *nm inv*: **le ~** the Net; **surfer sur le ~** to surf the Net.

nettement [nɛtmɑ̃] *adv* **1.** *(clairement)* clearly. **2.** *(incontestablement)* definitely; **~ plus/moins** much more/less.

netteté [nɛtte] *nf* clearness.

nettoyage [netwajaʒ] *nm (de vêtement)* cleaning; **~ à sec** dry cleaning.

nettoyer [nɛtwaje] *vt* **1.** *(gén)* to clean. **2.** *(grenier)* to clear out.

neuf[1]**, -neuve** [nœf, nœv] *adj* new. ◆ **neuf** *nm*: **vêtu de ~** wearing new clothes; **quoi de ~?** what's new?; **rien de ~** nothing new.

neuf[2] [nœf] *adj num & nm* nine; *voir aussi* **six**.

neurasthénique [nørastenik] *nmf & adj* depressive.

neurologie [nørɔlɔʒi] *nf* neurology.

neutraliser [nøtralize] *vt* to neutralize.

neutralité [nøtralite] *nf* neutrality.

neutre [nøtr] ◇ *nm* (LING) neuter. ◇ *adj* **1.** *(gén)* neutral. **2.** (LING) neuter.
neutron [nøtrɔ̃] *nm* neutron.
neuve → **neuf**[1].
neuvième [nœvjɛm] *adj num, nm & nmf* ninth; *voir aussi* **sixième**.
névé [neve] *nm* snowbank.
neveu [nəvø] *nm* nephew.
névralgie [nevralʒi] *nf* (MÉD) neuralgia.
névrose [nevroz] *nf* neurosis.
névrosé, -e [nevroze] *adj & nm, f* neurotic.
nez [ne] *nm* nose; **saigner du ~** to have a nosebleed; **~ aquilin** aquiline nose; **~ busqué** hooked nose; **~ à ~** face to face.
ni [ni] *conj*: **sans pull ~ écharpe** without a sweater or a scarf. ◆ **ni ... ni** *loc corrélative* neither ... nor; **~ lui ~ moi** neither of us; **~ l'un ~ l'autre n'a parlé** neither of them spoke; **je ne les aime ~ l'un ~ l'autre** I don't like either of them.
niais, -e [njɛ, njɛz] ◇ *adj* silly, foolish. ◇ *nm, f* fool.
Nicaragua [nikaragwa] *nm*: **le ~** Nicaragua.
niche [niʃ] *nf* **1.** *(de chien)* kennel. **2.** *(de statue)* niche.
nicher [niʃe] *vi (oiseaux)* to nest.
nickel [nikɛl] ◇ *nm* nickel. ◇ *adj inv fam* spotless, spick and span.
nicotine [nikɔtin] *nf* nicotine.
nid [ni] *nm* nest.
nièce [njɛs] *nf* niece.
nier [nje] *vt* to deny.
nigaud, -e [nigo, od] *nm, f* simpleton.
Niger [niʒɛr] *nm* **1.** *(fleuve)*: **le ~** the River Niger. **2.** *(État)*: **le ~** Niger.
Nigeria [niʒerja] *nm*: **le ~** Nigeria.
Nil [nil] *nm*: **le ~** the Nile.
n'importe → **importer**.
nippon, -one [nipɔ̃, ɔn] *adj* Japanese. ◆ **Nippon, -one** *nm, f* Japanese (person); **les Nippons** the Japanese.
nirvana [nirvana] *nm* nirvana.
nitrate [nitrat] *nm* nitrate.
nitroglycérine [nitrɔgliserin] *nf* nitroglycerine.
niveau, -x [nivo] *nm (gén)* level; **de même ~** *fig* of the same standard; **au-dessus du ~ de la mer** above sea level; **~ de vie** standard of living; **au ~ de** at the level of; *fig (en ce qui concerne)* as regards.
niveler [nivle] *vt* to level; *fig* to level out.
noble [nɔbl] ◇ *nmf* nobleman (*f* noblewoman). ◇ *adj* noble.
noblesse [nɔblɛs] *nf* nobility.
noce [nɔs] *nf* **1.** *(mariage)* wedding. **2.** *(invités)* wedding party. ◆ **noces** *nfpl* wedding (*sg*); **~s d'or/d'argent** golden/silver wedding (anniversary).
nocif, -ive [nɔsif, iv] *adj* noxious.
noctambule [nɔktɑ̃byl] *nmf* night bird.
nocturne [nɔktyrn] ◇ *nm ou nf (d'un magasin)* late opening. ◇ *adj* **1.** *(émission, attaque)* night (*avant n*). **2.** *(animal)* nocturnal.
Noël [nɔɛl] *nm* Christmas; **joyeux ~!** happy OU merry Christmas!
nœud [nø] *nm* **1.** *(de fil, de bois)* knot; **double ~** double knot. **2.** (NAVIG) knot; **filer à X ~s** (NAVIG) to do X knots. **3.** *(de l'action, du problème)* crux. **4.** *(ornement)* bow; **~ de cravate** knot *(in one's tie)*; **~ papillon** bow tie. **5.** (ANAT, ASTRON, ÉLECTR & RAIL) node.
noir, -e [nwar] *adj* **1.** *(gén)* black; **~ de** *(poussière, suie)* black with. **2.** *(pièce, couloir)* dark. ◆ **Noir, -e** *nm, f* black. ◆ **noir** *nm* **1.** *(couleur)* black; **~ sur blanc** *fig* in black and white. **2.** *(obscurité)* dark. **3.** *loc*: **acheter qqch au ~** to buy sthg on the black market; **travail au ~** moonlighting. ◆ **noire** *nf* crotchet *Br*, quarter note *Am*.
noirâtre [nwaratr] *adj* blackish.
noircir [nwarsir] ◇ *vi* to darken. ◇ *vt litt & fig* to blacken.
noisetier [nwaztje] *nm* hazel tree.
noisette [nwazɛt] *nf (fruit)* hazelnut.
noix [nwa] *nf* **1.** *(fruit)* walnut; **~ de cajou** cashew (nut); **~ de coco** coconut; **~ de muscade** nutmeg. **2.** *loc*: **à la ~** *fam* dreadful.
nom [nɔ̃] *nm* **1.** *(gén)* name; **au ~ de** in the name of; **~ déposé** trade name; **~ de famille** surname; **~ de jeune fille** maiden name. **2.** *(prénom)* (first) name. **3.** (GRAM) noun; **~ propre/commun** proper/common noun.
nomade [nɔmad] ◇ *nmf* nomad. ◇ *adj* nomadic.
nombre [nɔ̃br] *nm* number; **~ pair/impair** even/odd number.
nombreux, -euse [nɔ̃brø, øz] *adj* **1.** *(famille, foule)* large. **2.** *(erreurs, occasions)* numerous; **peu ~** few.
nombril [nɔ̃bril] *nm* navel; **il se prend pour le ~ du monde** he thinks the world revolves around him.
nominal, -e, -aux [nɔminal, o] *adj* **1.** *(liste)* of names. **2.** *(valeur, autorité)* nominal. **3.** (GRAM) noun (*avant n*).
nomination [nɔminasjɔ̃] *nf* nomination, appointment.

nommé, -e [nɔme] *adj* 1. *(désigné)* named. 2. *(choisi)* appointed.

nommément [nɔmemɑ̃] *adv (citer)* by name.

nommer [nɔme] *vt* 1. *(appeler)* to name, to call. 2. *(qualifier)* to call. 3. *(promouvoir)* to appoint, to nominate. 4. *(dénoncer, mentionner)* to name. ◆ **se nommer** *vp* 1. *(s'appeler)* to be called. 2. *(se désigner)* to give one's name.

non [nɔ̃] ◇ *adv* 1. *(réponse négative)* no. 2. *(se rapportant à une phrase précédente)* not; **moi ~** not me; **moi ~ plus** (and) neither am/do *etc* I. 3. *(sert à demander une confirmation)*: **c'est une bonne idée, ~?** it's a good idea, isn't it? 4. *(modifie un adjectif ou un adverbe)* not; **~ loin d'ici** not far from here; **une difficulté ~ négligeable** a not inconsiderable problem. ◇ *nm inv* no. ◆ **non (pas) que ... mais** *loc corrélative* not that ... but.

nonagénaire [nɔnaʒenɛr] *nmf & adj* nonagenarian.

non-agression [nɔnagrɛsjɔ̃] *nf* non-aggression.

nonante [nɔnɑ̃t] *adj num Belg & Helv* ninety.

nonchalance [nɔ̃ʃalɑ̃s] *nf* nonchalance, casualness.

non-fumeur, -euse [nɔ̃fymœr, øz] *nm, f* non-smoker.

non-lieu [nɔ̃ljø] (*pl* **non-lieux**) *nm* (JUR) dismissal through lack of evidence; **rendre un ~** to dismiss a case for lack of evidence.

nonne [nɔn] *nf* nun.

non-sens [nɔ̃sɑ̃s] *nm inv* 1. *(absurdité)* nonsense. 2. *(contresens)* meaningless word.

non-violence [nɔ̃vjɔlɑ̃s] *nf* non-violence.

non-voyant, -e [nɔ̃vwajɑ̃, ɑ̃t] *nm, f* visually handicapped.

nord [nɔr] ◇ *nm* north; **un vent du ~** a northerly wind; **au ~** in the north; **au ~ (de)** to the north (of); **le grand Nord** the frozen North. ◇ *adj inv* north; *(province, région)* northern.

nord-africain, -e [nɔrafrikɛ̃, ɛn] (*mpl* **nord-africains**, *fpl* **nord-africaines**) *adj* North African. ◆ **Nord-Africain, -e** *nm, f* North African.

nord-américain, -e [nɔramerikɛ̃, ɛn] (*mpl* **nord-américains**, *fpl* **nord-américaines**) *adj* North American. ◆ **Nord-Américain, -e** *nm, f* North American.

nord-est [nɔrɛst] *nm & adj inv* north-east.

nordique [nɔrdik] *adj* Nordic, Scandinavian. ◆ **Nordique** *nmf* 1. *(Scandinave)* Scandinavian. 2. *Can* North Canadian.

nord-ouest [nɔrwɛst] *nm & adj inv* north-west.

normal, -e, -aux [nɔrmal, o] *adj* normal. ◆ **normale** *nf (moyenne)*: **la ~e** the norm.

normalement [nɔrmalmɑ̃] *adv* normally, usually; **~ il devrait déjà être arrivé** he should have arrived by now.

normalien, -enne [nɔrmaljɛ̃, ɛn] *nm, f* student at teacher training college.

normaliser [nɔrmalize] *vt* 1. *(situation)* to normalize. 2. *(produit)* to standardize.

normand, -e [nɔrmɑ̃, ɑ̃d] *adj* Norman. ◆ **Normand, -e** *nm, f* Norman.

Normandie [nɔrmɑ̃di] *nf*: **la ~** Normandy.

norme [nɔrm] *nf* 1. *(gén)* standard, norm. 2. *(critère)* criterion.

Norvège [nɔrvɛʒ] *nf*: **la ~** Norway.

norvégien, -enne [nɔrveʒjɛ̃, ɛn] *adj* Norwegian. ◆ **norvégien** *nm (langue)* Norwegian. ◆ **Norvégien, -enne** *nm, f* Norwegian.

nos → **notre**.

nostalgie [nɔstalʒi] *nf* nostalgia.

nostalgique [nɔstalʒik] *adj* nostalgic.

notable [nɔtabl] ◇ *adj* noteworthy, notable. ◇ *nm* notable.

notaire [nɔtɛr] *nm* = solicitor *Br*, = lawyer.

notamment [nɔtamɑ̃] *adv* in particular.

note [nɔt] *nf* 1. *(gén &* MUS) note; **prendre des ~s** to take notes. 2. (SCOL & UNIV) mark, grade *Am*; **avoir une bonne/mauvaise ~** to have a good/bad mark. 3. *(facture)* bill.

noter [nɔte] *vt* 1. *(écrire)* to note down. 2. *(constater)* to note, to notice. 3. (SCOL & UNIV) to mark, to grade *Am*.

notice [nɔtis] *nf* instructions (*pl*).

notifier [nɔtifje] *vt*: **~ qqch à qqn** to notify sb of sthg.

notion [nɔsjɔ̃] *nf* 1. *(conscience, concept)* notion, concept. 2. (*gén pl*) *(rudiment)* smattering *(U)*.

notoire [nɔtwar] *adj (fait)* well-known; *(criminel)* notorious.

notre [nɔtr] (*pl* **nos** [no]) *adj poss* our.

nôtre [notr] ◆ **le nôtre** (*f* **la nôtre**, *pl* **les nôtres**) *pron poss* ours; **les ~s** our family (*sg*); **serez-vous des ~s demain?** will you be joining us tomorrow?

nouer [nwe] *vt* 1. *(corde, lacet)* to tie; *(bouquet)* to tie up. 2. *fig (gorge, estomac)* to knot. ◆ **se nouer** *vp* 1. *(gorge)* to tighten up. 2. *(intrigue)* to start.

noueux, -euse [nwø, øz] *adj (bois)* knotty; *(mains)* gnarled.

nougat [nuga] *nm* nougat.

nouille [nuj] *nf fam péj* idiot. ◆ **nouilles** *nfpl* pasta *(U)*, noodles *(pl)*.

nourrice [nuris] *nf (qui garde)* nanny, child-minder; *(qui allaite)* wet nurse.

nourrir [nurir] *vt* 1. *(gén)* to feed. 2. *(sentiment, projet)* to nurture. ◆ **se nourrir** *vp* to eat; **se ~ de qqch** *litt & fig* to live on sthg.

nourrissant, -e [nurisɑ̃, ɑ̃t] *adj* nutritious, nourishing.

nourrisson [nurisɔ̃] *nm* infant.

nourriture [nurityr] *nf* food.

---

nous [nu] *pron pers* 1. *(sujet)* we. 2. *(objet)* us. ◆ **nous-mêmes** *pron pers* ourselves.

nouveau, -elle, -x [nuvo, ɛl, o] (**nouvel** *devant voyelle et h muet*) ◇ *adj* new; **~x mariés** newlyweds. ◇ *nm, f* new boy (*f* new girl). ◆ **nouveau** *nm*: **il y a du ~** there's something new. ◆ **nouvelle** *nf* 1. *(information)* (piece of) news *(U)*. 2. *(court récit)* short story. ◆ **nouvelles** *nfpl* news; **les nouvelles** (MÉDIA) the news *(sg)*; **il a donné de ses nouvelles** I/we *etc* have heard from him. ◆ **à nouveau** *loc adv* 1. *(encore)* again. 2. *(de manière différente)* afresh, anew. ◆ **de nouveau** *loc adv* again.

nouveau-né, -e [nuvone] (*mpl* **nouveau-nés**, *fpl* **nouveau-nées**) *nm, f* newborn baby.

nouveauté [nuvote] *nf* 1. *(actualité)* novelty. 2. *(innovation)* something new. 3. *(ouvrage)* new book/film *etc.*

nouvel, nouvelle → **nouveau.**

Nouvelle-Calédonie [nuvɛlkaledɔni] *nf*: **la ~** New Caledonia.

Nouvelle-Guinée [nuvɛlgine] *nf*: **la ~** New Guinea.

Nouvelle-Zélande [nuvɛlzelɑ̃d] *nf*: **la ~** New Zealand.

novateur, -trice [nɔvatœr, tris] ◇ *adj* innovative. ◇ *nm, f* innovator.

novembre [nɔvɑ̃br] *nm* November; *voir aussi* **septembre**.

novice [nɔvis] ◇ *nmf* novice. ◇ *adj* inexperienced.

noyade [nwajad] *nf* drowning.

noyau, -x [nwajo] *nm* 1. *(de fruit)* stone, pit. 2. (ASTRON, BIOL & PHYS) nucleus. 3. *fig (d'amis)* group, circle; *(d'opposants, de résistants)* cell; **~ dur** hard core. 4. *fig (centre)* core.

noyauter [nwajote] *vt* to infiltrate.

noyé, -e [nwaje] ◇ *adj* 1. *(personne)* drowned. 2. *(inondé)* flooded; **yeux ~s de larmes** eyes swimming with tears. ◇ *nm, f* drowned person.

noyer [nwaje] *vt* 1. *(animal, personne)* to drown. 2. *(terre, moteur)* to flood. 3. *(estomper, diluer)* to swamp; *(contours)* to blur. ◆ **se noyer** *vp* 1. *(personne)* to drown. 2. *fig (se perdre)*: **se ~ dans** to become bogged down in.

N/Réf (*abr de* **Notre référence**) O/Ref.

nu, -e [ny] *adj* 1. *(personne)* naked. 2. *(paysage, fil électrique)* bare. 3. *(style, vérité)* plain. ◆ **nu** *nm* nude; **à ~** stripped, bare; **mettre à ~** to strip bare.

nuage [nɥaʒ] *nm* 1. *(gén)* cloud. 2. *(quantité)*: **un ~ de lait** a drop of milk.

nuageux, -euse [nɥaʒø, øz] *adj (temps, ciel)* cloudy.

nuance [nɥɑ̃s] *nf (de couleur)* shade; *(de son, de sens)* nuance.

nubile [nybil] *adj* nubile.

nucléaire [nykleɛr] ◇ *nm* nuclear energy. ◇ *adj* nuclear.

nudisme [nydism] *nm* nudism, naturism.

nudité [nydite] *nf* 1. *(de personne)* nudity, nakedness. 2. *(de lieu)* bareness.

nuée [nɥe] *nf* 1. *(multitude)*: **une ~ de** a horde of. 2. *littéraire (nuage)* cloud.

nues [ny] *nfpl*: **tomber des ~** to be completely taken aback.

nuire [nɥir] *vi*: **~ à** to harm, to injure.

nuisance [nɥizɑ̃s] *nf* nuisance *(U)*, harm *(U)*.

nuisette [nɥizɛt] *nf* short nightgown, babydoll nightgown.

nuisible [nɥizibl] *adj* harmful.

nuit [nɥi] *nf* 1. *(laps de temps)* night; **cette ~** *(dernière)* last night; *(prochaine)* tonight; **de ~** at night; **bateau/vol de ~** night ferry/flight; **~ blanche** sleepless night. 2. *(obscurité)* darkness, night; **il fait ~** it's dark; **perdu dans la ~ des temps** lost in the mists of time.

nuitée [nɥite] *nf* overnight stay.

nul, nulle [nyl] ◇ *adj indéf (avant n) littéraire* no. ◇ *adj (après n)* 1. *(égal à zéro)* nil. 2. *(sans valeur)* useless, hopeless; **être ~ en maths** to be hopeless OU useless at maths. 3. *(sans résultat)*: **match ~** draw. ◇ *nm, f péj* nonentity. ◇ *pron indéf sout* no one, nobody. ◆ **nulle part** *adv* nowhere.

nullement [nylmɑ̃] *adv* by no means.

nullité [nylite] *nf* 1. *(médiocrité)* incompetence. 2. (JUR) invalidity, nullity.
numéraire [nymerɛr] *nm* cash.
numération [nymerasjɔ̃] *nf* (MÉD): **~ globulaire** blood count.
numérique [nymerik] *adj* 1. *(gén)* numerical. 2. (INFORM) digital.
numéro [nymero] *nm* 1. *(gén)* number; **composer** OU **faire un ~** to dial a number; **faire un faux ~** to dial a wrong number; **~ minéralogique** OU **d'immatriculation** registration *Br* OU license *Am* number; **~ de téléphone** telephone number; **~ vert** = freefone number. 2. *(de spectacle)* act, turn. 3. *fam (personne)*: **quel ~!** what a character!
numéroter [nymerɔte] *vt* to number.
nu-pieds [nypje] *nm inv* sandal.
nuptial, -e, -aux [nypsjal, o] *adj* nuptial.
nuque [nyk] *nf* nape.
nurse [nœrs] *nf* children's nurse, nanny.
nutritif, -ive [nytritif, iv] *adj* nutritious.
nutritionniste [nytrisjɔnist] *nmf* nutritionist, dietician.
Nylon® [nilɔ̃] *nm* nylon.
nymphe [nɛ̃f] *nf* nymph.
nymphomane [nɛ̃fɔman] *nf & adj* nymphomaniac.

O

o, O [o] *nm inv (lettre)* o, O. ◆ **O** *(abr de* **Ouest**) W.
ô [o] *interj* oh!, O!
oasis [ɔazis] *nf* 1. *(dans désert)* oasis. 2. *fig (de calme)* haven, oasis.
obéir [ɔbeir] *vi* 1. *(personne)*: **~ à qqn/qqch** to obey sb/sthg. 2. *(freins)* to respond.
obéissant, -e [ɔbeisɑ̃, ɑ̃t] *adj* obedient.
obélisque [ɔbelisk] *nm* obelisk.
obèse [ɔbɛz] *adj* obese.
obésité [ɔbezite] *nf* obesity.
objecteur [ɔbʒɛktœr] *nm* objector; **~ de conscience** conscientious objector.
objectif, -ive [ɔbʒɛktif, iv] *adj* objective. ◆ **objectif** *nm* 1. (PHOT) lens. 2. *(but, cible)* objective, target.
objection [ɔbʒɛksjɔ̃] *nf* objection; **faire ~ à** to object to.
objectivité [ɔbʒɛktivite] *nf* objectivity.
objet [ɔbʒɛ] *nm* 1. *(chose)* object; **~ d'art** objet d'art; **~ de valeur** valuable; **~s trouvés** lost property office *Br*, lost and found (office) *Am*. 2. *(sujet)* subject.
obligation [ɔbligasjɔ̃] *nf* 1. *(gén)* obligation; **être dans l'~ de faire qqch** to be obliged to do sthg. 2. (FIN) bond, debenture. ◆ **obligations** *nfpl* obligations, duties.
obligatoire [ɔbligatwar] *adj* 1. *(imposé)* compulsory, obligatory. 2. *fam (inéluctable)* inevitable.
obligeance [ɔbliʒɑ̃s] *nf sout* obligingness; **avoir l'~ de faire qqch** to be good OU kind enough to do sthg.
obliger [ɔbliʒe] *vt* 1. *(forcer)*: **~ qqn à faire qqch** to force sb to do sthg; **être obligé de faire qqch** to be obliged to do sthg. 2. *(rendre service à)* to oblige. ◆ **s'obliger** *vp*: **s'~ à qqch** to impose sthg on o.s.; **s'~ à faire qqch** to force o.s. to do sthg.
oblique [ɔblik] *adj* oblique.
obliquer [ɔblike] *vi* to turn off.
oblitérer [ɔblitere] *vt* 1. *(timbre)* to cancel; *(ticket)* to punch. 2. (MÉD) to obstruct.
obnubiler [ɔbnybile] *vt* to obsess; **être obnubilé par** to be obsessed with OU by.
obole [ɔbɔl] *nf* small contribution.
obscène [ɔpsɛn] *adj* obscene.
obscénité [ɔpsenite] *nf* obscenity.
obscur, -e [ɔpskyr] *adj* 1. *(sombre)* dark. 2. *(confus)* vague. 3. *(inconnu, douteux)* obscure.
obscurantisme [ɔpskyrɑ̃tism] *nm* obscurantism.
obscurcir [ɔpskyrsir] *vt* 1. *(assombrir)* to darken. 2. *(embrouiller)* to confuse. ◆ **s'obscurcir** *vp* 1. *(s'assombrir)* to grow dark. 2. *(s'embrouiller)* to become confused.
obscurité [ɔpskyrite] *nf* darkness.
obsédé, -e [ɔpsede] ◇ *adj* obsessed. ◇ *nm, f* obsessive.
obséder [ɔpsede] *vt* to obsess, to haunt.
obsèques [ɔpsɛk] *nfpl* funeral (*sg*).
obséquieux, -euse [ɔpsekjø, øz] *adj* obsequious.
observateur, -trice [ɔpsɛrvatœr, tris] ◇ *adj* observant. ◇ *nm, f* observer.
observation [ɔpsɛrvasjɔ̃] *nf* 1. *(gén)* observation; **être en ~** (MÉD) to be

under observation. **2.** *(critique)* remark.
observatoire [ɔpsɛrvatwar] *nm* **1.** (ASTRON) observatory. **2.** *(lieu de surveillance)* observation post.
observer [ɔpsɛrve] *vt* **1.** *(regarder, remarquer, respecter)* to observe. **2.** *(épier)* to watch. **3.** *(constater)*: **~ que** to note that; **faire ~ qqch à qqn** to point sthg out to sb.
obsession [ɔpsesjɔ̃] *nf* obsession.
obsolète [ɔpsɔlɛt] *adj* obsolete.
obstacle [ɔpstakl] *nm* **1.** *(entrave)* obstacle. **2.** *fig (difficulté)* hindrance; **faire ~ à qqch/qqn** to hinder sthg/sb; **rencontrer un ~** to meet an obstacle.
obstétrique [ɔpstetrik] *nf* obstetrics *(U)*.
obstination [ɔpstinasjɔ̃] *nf* stubbornness, obstinacy.
obstiné, -e [ɔpstine] *adj* **1.** *(têtu)* stubborn, obstinate. **2.** *(acharné)* dogged.
obstiner [ɔpstine] ◆ **s'obstiner** *vp* to insist; **s'~ à faire qqch** to persist stubbornly in doing sthg; **s'~ dans qqch** to cling stubbornly to sthg.
obstruction [ɔpstryksjɔ̃] *nf* **1.** (MÉD) obstruction, blockage. **2.** (POLIT & SPORT) obstruction.
obstruer [ɔpstrye] *vt* to block, to obstruct. ◆ **s'obstruer** *vp* to become blocked.
obtempérer [ɔptɑ̃pere] *vi*: **~ à** to comply with.
obtenir [ɔptənir] *vt* to get, to obtain; **~ qqch de qqn** to get sthg from sb; **~ qqch à** OU **pour qqn** to obtain sthg for sb.
obtention [ɔptɑ̃sjɔ̃] *nf* obtaining.
obtenu, -e [ɔptəny] *pp* → **obtenir**.
obturer [ɔptyre] *vt* to close, to seal; *(dent)* to fill.
obtus, -e [ɔpty, yz] *adj* obtuse.
obus [ɔby] *nm* shell.
OC (*abr de* **ondes courtes**) SW.
occasion [ɔkazjɔ̃] *nf* **1.** *(chance)* opportunity, chance; **saisir l'~ (de faire qqch)** to seize OU grab the chance (to do sthg); **rater une ~ (de faire qqch)** to miss a chance (to do sthg); **à l'~** some time; *(de temps en temps)* sometimes, on occasion; **à la première ~** at the first opportunity. **2.** *(circonstance)* occasion; **à l'~ de** on the occasion of. **3.** *(affaire)* bargain. ◆ **d'occasion** *loc adv & loc adj* second-hand.
occasionnel, -elle [ɔkazjɔnɛl] *adj (irrégulier - visite, problème)* occasional; *(- travail)* casual.
occasionner [ɔkazjɔne] *vt* to cause.
occident [ɔksidɑ̃] *nm* west. ◆ **Occident** *nm*: **l'Occident** the West.
occidental, -e, -aux [ɔksidɑ̃tal, o] *adj* western. ◆ **Occidental, -e, -aux** *nm, f* Westerner.
occlusion [ɔklyzjɔ̃] *nf* **1.** (MÉD) blockage, obstruction. **2.** (LING & CHIM) occlusion.
occulte [ɔkylt] *adj* occult.
occulter [ɔkylte] *vt (sentiments)* to conceal.
occupation [ɔkypasjɔ̃] *nf* **1.** *(activité)* occupation, job. **2.** (MIL) occupation.
occupé, -e [ɔkype] *adj* **1.** *(personne)* busy; **être ~ à qqch** to be busy with sthg. **2.** *(maison, zone)* occupied. **3.** *(place)* taken; *(toilettes)* engaged; **c'est ~** *(téléphone)* it's engaged *Br* OU busy *Am*.
occuper [ɔkype] *vt* **1.** *(gén)* to occupy. **2.** *(espace)* to take up. **3.** *(fonction, poste)* to hold. **4.** *(main-d'œuvre)* to employ. ◆ **s'occuper** *vp* **1.** *(s'activer)* to keep o.s. busy; **s'~ à qqch/à faire qqch** to be busy with sthg/doing sthg. **2. s'~ de qqch** *(se charger de)* to take care of sthg, to deal with sthg; *(s'intéresser à)* to take an interest in, to be interested in; **occupez-vous de vos affaires!** mind your own business! **3.** *(prendre soin)*: **s'~ de qqn** to take care of sb, to look after sb.
occurrence [ɔkyrɑ̃s] *nf* **1.** *(circonstance)*: **en l'~** in this case. **2.** (LING) occurrence.
OCDE (*abr de* **Organisation de coopération et de développement économique**) *nf* OECD.
océan [ɔseɑ̃] *nm* ocean; **l'~ Atlantique** the Atlantic Ocean; **l'~ Pacifique** the Pacific Ocean.
Océanie [ɔseani] *nf*: **l'~** Oceania.
océanique [ɔseanik] *adj* ocean *(avant n)*.
océanographie [ɔseanɔgrafi] *nf* oceanography.
ocre [ɔkr] *adj inv & nf* ochre.
octante [ɔktɑ̃t] *adj num Belg & Helv* eighty.
octave [ɔktav] *nf* octave.
octet [ɔktɛ] *nm* (INFORM) byte.
octobre [ɔktɔbr] *nm* October; *voir aussi* **septembre**.
octogénaire [ɔktɔʒenɛr] *nmf & adj* octogenarian.
octroyer [ɔktrwaje] *vt*: **~ qqch à qqn** to grant sb sthg, to grant sthg to sb. ◆ **s'octroyer** *vp* to grant o.s., to treat o.s. to.
oculaire [ɔkylɛr] ◇ *nm* eyepiece. ◇ *adj* ocular, eye *(avant n)*; **témoin ~** eyewitness.

oculiste [ɔkylist] *nmf* ophthalmologist.

ode [ɔd] *nf* ode.

odeur [ɔdœr] *nf* smell.

odieux, -euse [ɔdjø, øz] *adj* **1.** *(crime)* odious, abominable. **2.** *(personne, attitude)* unbearable, obnoxious.

odorant, -e [ɔdɔrɑ̃, ɑ̃t] *adj* sweet-smelling, fragrant.

odorat [ɔdɔra] *nm* (sense of) smell.

œdème [edɛm] *nm* oedema.

œil [œj] (*pl* **yeux** [jø]) *nm* **1.** *(gén)* eye; **yeux bridés/exorbités/globuleux** slanting/bulging/protruding eyes; **avoir les yeux cernés** to have bags under one's eyes; **baisser/lever les yeux** to look down/up, to lower/raise one's eyes; **à l'~ nu** to the naked eye; **à vue d'~** visibly. **2.** *loc*: **avoir qqch/qqn à l'~** to have one's eye on sthg/sb; **n'avoir pas froid aux yeux** not to be afraid of anything, to have plenty of nerve; **mon ~!** *fam* like hell!; **cela saute aux yeux** it's obvious.

œillade [œjad] *nf* wink; **lancer une ~ à qqn** to wink at sb.

œillère [œjɛr] *nf* eyebath. ◆ **œillères** *nfpl* blinkers *Br*, blinders *Am*.

œillet [œjɛ] *nm* **1.** *(fleur)* carnation. **2.** *(de chaussure)* eyelet.

œnologue [enɔlɔg] *nmf* wine expert.

œsophage [ezɔfaʒ] *nm* oesophagus.

œstrogène [ɛstrɔʒɛn] *nm* oestrogen.

œuf [œf] *nm* egg; **~ à la coque/au plat/poché** boiled/fried/poached egg; **~ mollet/dur** soft-boiled/hard-boiled egg; **~s brouillés** scrambled eggs.

œuvre [œvr] *nf* **1.** *(travail)* work; **être à l'~** to be working OU at work; **se mettre à l'~** to get down to work; **mettre qqch en ~** to make use of sthg; *(loi, accord, projet)* to implement sthg. **2.** *(d'artiste)* work; *(- ensemble de sa production)* works (*pl*); **~ d'art** work of art. **3.** *(organisation)* charity; **~ de bienfaisance** charity, charitable organization.

off [ɔf] *adj inv* (CIN) *(voix, son)* off.

offense [ɔfɑ̃s] *nf* **1.** *(insulte)* insult. **2.** (RELIG) trespass.

offenser [ɔfɑ̃se] *vt* **1.** *(personne)* to offend. **2.** *(bon goût)* to offend against. ◆ **s'offenser** *vp*: **s'~ de** to take offence at, to be offended by.

offensif, -ive [ɔfɑ̃sif, iv] *adj* offensive. ◆ **offensive** *nf* **1.** (MIL) offensive; **passer à l'offensive** to go on the offensive; **prendre l'offensive** to take the offensive. **2.** *fig (du froid)* (sudden) onset.

offert, -e [ɔfɛr, ɛrt] *pp* → **offrir**.

office [ɔfis] *nm* **1.** *(bureau)* office, agency; **~ du tourisme** tourist office. **2.** *(fonction)*: **faire ~ de** to act as; **remplir son ~** to do its job, to fulfil its function. **3.** (RELIG) service. ◆ **d'office** *loc adv* automatically, as a matter of course; **commis d'~** officially appointed.

officialiser [ɔfisjalize] *vt* to make official.

officiel, -elle [ɔfisjɛl] *adj & nm, f* official.

officier[1] [ɔfisje] *vi* to officiate.

officier[2] [ɔfisje] *nm* officer.

officieux, -euse [ɔfisjø, øz] *adj* unofficial.

offrande [ɔfrɑ̃d] *nf* **1.** *(don)* offering. **2.** (RELIG) offertory.

offre [ɔfr] *nf* **1.** *(proposition)* offer; *(aux enchères)* bid; *(pour contrat)* tender; **'~s d'emploi'** 'situations vacant', 'vacancies'; **~ d'essai** trial offer; **~ de lancement** introductory offer; **~ publique d'achat** takeover bid. **2.** (ÉCON) supply; **la loi de l'~ et de la demande** the law of supply and demand.

offrir [ɔfrir] *vt* **1.** *(faire cadeau)*: **~ qqch à qqn** to give sb sthg, to give sthg to sb. **2.** *(proposer)*: **~ qqch à qqn** to offer sb sthg OU sthg to sb. **3.** *(présenter)* to offer, to present. ◆ **s'offrir** *vp* **1.** *(cadeau)* to treat o.s. to. **2.** *(se présenter)* to present itself. **3.** *(se proposer)* to offer one's services, to offer o.s.

offusquer [ɔfyske] *vt* to offend. ◆ **s'offusquer** *vp*: **s'~ (de)** to take offence (at).

ogive [ɔʒiv] *nf* **1.** (ARCHIT) ogive. **2.** (MIL) *(d'obus)* head; *(de fusée)* nosecone; **~ nucléaire** nuclear warhead.

ogre, ogresse [ɔgr, ɔgrɛs] *nm, f* ogre (*f* ogress).

oh [o] *interj* oh!; **~ la la!** dear oh dear!

ohé [ɔe] *interj* hey!

oie [wa] *nf* goose.

oignon [ɔɲɔ̃] *nm* **1.** *(plante)* onion. **2.** *(bulbe)* bulb. **3.** (MÉD) bunion.

oiseau, -x [wazo] *nm* **1.** (ZOOL) bird; **~ de proie** bird of prey. **2.** *fam péj (individu)* character.

oisif, -ive [wazif, iv] ◇ *adj* idle. ◇ *nm, f* man of leisure (*f* woman of leisure).

oisillon [wazijɔ̃] *nm* fledgling.

oisiveté [wazivte] *nf* idleness.

O.K. [ɔke] *interj fam* okay.

oléoduc [ɔleɔdyk] *nm* (oil) pipeline.

olfactif, -ive [ɔlfaktif, iv] *adj* olfactory.

olive [ɔliv] *nf* olive.

olivier [ɔlivje] *nm (arbre)* olive tree; *(bois)* olive wood.

OLP (*abr de* **Organisation de libération de la Palestine**) *nf* PLO.
olympique [ɔlɛ̃pik] *adj* Olympic (*avant n*).
ombilical, -e, -aux [ɔ̃bilikal, o] *adj* umbilical.
ombrage [ɔ̃braʒ] *nm* shade.
ombragé, -e [ɔ̃braʒe] *adj* shady.
ombrageux, -euse [ɔ̃braʒø, øz] *adj* **1.** *(personne)* touchy, prickly. **2.** *(cheval)* nervous, skittish.
ombre [ɔ̃br] *nf* **1.** *(obscurité)* shade; **à l'~ de** *(arbre)* in the shade of; *(personne)* in the shadow of; **laisser qqch dans l'~** *fig* to deliberately ignore sthg; **vivre dans l'~** *fig* to live in obscurity. **2.** *(forme)* shadow. **3.** *(trace)* hint.
ombrelle [ɔ̃brɛl] *nf* parasol.
omelette [ɔmlɛt] *nf* omelette.
omettre [ɔmɛtr] *vt* to omit; **~ de faire qqch** to omit to do sthg.
omission [ɔmisjɔ̃] *nf* omission; **par ~** by omission.
omnibus [ɔmnibys] *nm* stopping OU local train.
omniprésent, -e [ɔmniprezɑ̃, ɑ̃t] *adj* omnipresent.
omnivore [ɔmnivɔr] ◇ *nm* omnivore. ◇ *adj* omnivorous.
omoplate [ɔmɔplat] *nf* *(os)* shoulder blade; *(épaule)* shoulder.
OMS (*abr de* **Organisation mondiale de la santé**) *nf* WHO.
on [ɔ̃] *pron pers indéf* **1.** *(indéterminé)* you, one; **~ n'a pas le droit de fumer ici** you're not allowed OU one isn't allowed to smoke here, smoking isn't allowed here. **2.** *(les gens)* they, people; **~ vit de plus en plus vieux en Europe** people in Europe are living longer and longer. **3.** *(quelqu'un)* someone; **~ vous a appelé au téléphone ce matin** there was a telephone call for you this morning. **4.** *fam (nous)* we.
oncle [ɔ̃kl] *nm* uncle.
onctueux, -euse [ɔ̃ktɥø, øz] *adj* smooth.
onde [ɔ̃d] *nf* (PHYS) wave. ◆ **ondes** *nfpl* *(radio)* air (*sg*).
ondée [ɔ̃de] *nf* shower (of rain).
ondoyer [ɔ̃dwaje] *vi* to ripple.
ondulation [ɔ̃dylasjɔ̃] *nf* **1.** *(mouvement)* rippling; *(de sol, terrain)* undulation. **2.** *(de coiffure)* wave.
onduler [ɔ̃dyle] *vi* *(drapeau)* to ripple, to wave; *(cheveux)* to be wavy; *(route)* to undulate.
onéreux, -euse [ɔnerø, øz] *adj* costly.
ongle [ɔ̃gl] *nm* **1.** *(de personne)* fingernail, nail; **se ronger les ~s** to bite one's nails. **2.** *(d'animal)* claw.
onglet [ɔ̃glɛ] *nm* **1.** *(de reliure)* tab. **2.** *(de lame)* thumbnail groove. **3.** (CULIN) top skirt.
onguent [ɔ̃gɑ̃] *nm* ointment.
onomatopée [ɔnɔmatɔpe] *nf* onomatopoeia.
ont → **avoir**.
ONU, Onu [ɔny] (*abr de* **Organisation des Nations unies**) *nf* UN, UNO.
onyx [ɔniks] *nm* onyx.
onze [ɔ̃z] ◇ *adj num* eleven. ◇ *nm* *(chiffre & SPORT)* eleven; *voir aussi* **six**.
onzième [ɔ̃zjɛm] *adj num, nm & nmf* eleventh; *voir aussi* **sixième**.
OPA (*abr de* **offre publique d'achat**) *nf* takeover bid.
opacité [ɔpasite] *nf* opacity.
opale [ɔpal] *nf & adj inv* opal.
opaline [ɔpalin] *nf* opaline.
opaque [ɔpak] *adj*: **~ (à)** opaque (to).
OPEP, Opep [ɔpɛp] (*abr de* **Organisation des pays exportateurs de pétrole**) *nf* OPEC.
opéra [ɔpera] *nm* **1.** (MUS) opera. **2.** *(théâtre)* opera house.
opéra-comique [ɔperakɔmik] *nm* light opera.
opérateur, -trice [ɔperatœr, tris] *nm, f* operator.
opération [ɔperasjɔ̃] *nf* **1.** *(gén)* operation. **2.** (COMM) deal, transaction.
opérationnel, -elle [ɔperasjɔnɛl] *adj* operational.
opérer [ɔpere] ◇ *vt* **1.** (MÉD) to operate on. **2.** *(exécuter)* to carry out, to implement; *(choix, tri)* to make. ◇ *vi* *(agir)* to take effect; *(personne)* to operate, to proceed. ◆ **s'opérer** *vp* to come about, to take place.
opérette [ɔperɛt] *nf* operetta.
ophtalmologiste [ɔftalmɔlɔʒist] *nmf* ophthalmologist.
Opinel® [ɔpinɛl] *nm* *folding knife used especially for outdoor activities.*
opiniâtre [ɔpinjatr] *adj* **1.** *(caractère, personne)* stubborn, obstinate. **2.** *(effort)* dogged; *(travail)* unrelenting; *(fièvre, toux)* persistent.
opinion [ɔpinjɔ̃] *nf* opinion; **avoir (une) bonne/mauvaise ~ de** to have a good/bad opinion of; **l'~ publique** public opinion.
opium [ɔpjɔm] *nm* opium.
opportun, -e [ɔpɔrtœ̃, yn] *adj* opportune, timely.

opportuniste [ɔpɔrtynist] ◇ *nmf* opportunist. ◇ *adj* opportunistic.

opportunité [ɔpɔrtynite] *nf* **1.** *(à-propos)* opportuneness, timeliness. **2.** *(occasion)* opportunity.

opposant, -e [ɔpozɑ̃, ɑ̃t] ◇ *adj* opposing. ◇ *nm, f*: **~ (à)** opponent (of).

opposé, -e [ɔpoze] *adj* **1.** *(direction, côté, angle)* opposite. **2.** *(intérêts)* conflicting; *(forces)* opposing. **3.** *(hostile)*: **~ à** opposed to. ◆ **opposé** *nm*: **l'~** the opposite; **à l'~ de** in the opposite direction from; *fig* unlike, contrary to.

opposer [ɔpoze] *vt* **1.** *(mettre en opposition - choses, notions)*: **~ qqch (à)** to contrast sthg (with). **2.** *(mettre en présence - personnes, armées)* to oppose; **~ deux équipes** to bring two teams together; **~ qqn à qqn** to pit OU set sb against sb. **3.** *(refus)* to put forward; **~ une objection à qqn** to raise an objection with sb, to put forward an objection to sb. **4.** *(diviser)* to divide. ◆ **s'opposer** *vp* **1.** *(contraster)* to contrast. **2.** *(entrer en conflit)* to clash. **3. s'~ à** *(se dresser contre)* to oppose, to be opposed to; **s'~ à ce que qqn fasse qqch** to be opposed to sb's doing sthg.

opposition [ɔpozisjɔ̃] *nf* **1.** *(gén)* opposition; **faire ~ à** *(décision, mariage)* to oppose; *(chèque)* to stop; **entrer en ~ avec** to come into conflict with. **2.** (JUR): **~ (à)** objection (to). **3.** *(contraste)* contrast; **par ~ à** in contrast with, as opposed to.

oppresser [ɔprese] *vt* **1.** *(étouffer)* to suffocate, to stifle. **2.** *fig (tourmenter)* to oppress.

oppresseur [ɔpresœr] *nm* oppressor.

oppressif, -ive [ɔpresif, iv] *adj* oppressive.

oppression [ɔpresjɔ̃] *nf* **1.** *(asservissement)* oppression. **2.** *(malaise)* tightness of the chest.

opprimé, -e [ɔprime] ◇ *adj* oppressed. ◇ *nm, f* oppressed person.

opprimer [ɔprime] *vt* **1.** *(asservir)* to oppress. **2.** *(étouffer)* to stifle.

opter [ɔpte] *vi*: **~ pour** to opt for.

opticien, -enne [ɔptisjɛ̃, ɛn] *nm, f* optician.

optimal, -e, -aux [ɔptimal, o] *adj* optimal.

optimiste [ɔptimist] ◇ *nmf* optimist. ◇ *adj* optimistic.

option [ɔpsjɔ̃] *nf* **1.** *(gén)* option; **prendre une ~ sur** (FIN) to take (out) an option on. **2.** *(accessoire)* optional extra.

optionnel, -elle [ɔpsjɔnɛl] *adj* optional.

optique [ɔptik] ◇ *nf* **1.** *(science, technique)* optics *(U)*. **2.** *(perspective)* viewpoint. ◇ *adj (nerf)* optic; *(verre)* optical.

opulence [ɔpylɑ̃s] *nf* **1.** *(richesse)* opulence. **2.** *(ampleur)* fullness, ampleness.

opulent, -e [ɔpylɑ̃, ɑ̃t] *adj* **1.** *(riche)* rich. **2.** *(gros)* ample.

or[1] [ɔr] *nm* **1.** *(métal, couleur)* gold; **en ~** *(objet)* gold *(avant n)*; *(personne)* wonderful; **une occasion en ~** a golden opportunity; **une affaire en ~** *(achat)* an excellent bargain; *(commerce)* a goldmine; **~ massif** solid gold. **2.** *(dorure)* gilding.

or[2] [ɔr] *conj (en début de phrase)* now; *(introduisant un contraste)* well, but.

oracle [ɔrakl] *nm* oracle.

orage [ɔraʒ] *nm (tempête)* storm.

orageux, -euse [ɔraʒø, øz] *adj* stormy.

oraison [ɔrɛzɔ̃] *nf* prayer; **~ funèbre** funeral oration.

oral, -e, -aux [ɔral, o] *adj* oral. ◆ **oral** *nm* oral (examination); **~ de rattrapage** *oral examination taken after failing written exams.*

oralement [ɔralmɑ̃] *adv* orally.

orange [ɔrɑ̃ʒ] ◇ *nf* orange. ◇ *nm & adj inv (couleur)* orange.

orangé, -e [ɔrɑ̃ʒe] *adj* orangey.

orangeade [ɔrɑ̃ʒad] *nf* orange squash.

oranger [ɔrɑ̃ʒe] *nm* orange tree.

orang-outan, orang-outang [ɔrɑ̃utɑ̃] *nm* orangutang.

orateur, -trice [ɔratœr, tris] *nm, f* **1.** *(conférencier)* speaker. **2.** *(personne éloquente)* orator.

orbital, -e, -aux [ɔrbital, o] *adj (mouvement)* orbital; *(station)* orbiting.

orbite [ɔrbit] *nf* **1.** (ANAT) (eye) socket. **2.** (ASTRON *& fig)* orbit; **mettre sur ~** (AÉRON) to put into orbit; *fig* to launch.

orchestre [ɔrkɛstr] *nm* **1.** (MUS) orchestra. **2.** (CIN & THÉÂTRE) stalls *(pl) Br*, orchestra *Am*; **fauteuil d'~** seat in the stalls *Br*, orchestra seat *Am*.

orchestrer [ɔrkɛstre] *vt litt & fig* to orchestrate.

orchidée [ɔrkide] *nf* orchid.

ordinaire [ɔrdinɛr] ◇ *adj* **1.** *(normal)* ordinary, normal. **2.** *péj (banal)* ordinary, common. ◇ *nm* **1.** *(norme)*: **l'~** the ordinary. **2.** *(repas)* usual diet. ◆ **d'ordinaire** *loc adv* normally, usually.

ordinal, -e, -aux [ɔrdinal, o] *adj* ordinal. ◆ **ordinal, -aux** *nm* ordinal (number).

ordinateur [ɔrdinatœr] *nm* computer; **~ individuel** personal computer, PC; **~ de poche** palmtop, *small hand-held computer*; **~ portable** laptop.

ordonnance [ɔrdɔnɑ̃s] ◇ *nf* **1.** (MÉD) prescription. **2.** *(de gouvernement, juge)* order. ◇ *nm ou nf* (MIL) orderly.

ordonné, -e [ɔrdɔne] *adj* tidy.

ordonner [ɔrdɔne] *vt* **1.** *(ranger)* to organize, to put in order. **2.** *(enjoindre)* to order, to tell; **~ à qqn de faire qqch** to order sb to do sthg. **3.** (RELIG) to ordain. **4.** (MATHS) to arrange in order. ◆ **s'ordonner** *vp* to be arranged OU put in order.

ordre [ɔrdr] *nm* **1.** *(gén,* MIL *&* RELIG*)* order; **par ~ alphabétique/chronologique/décroissant** in alphabetical/chronological/descending order; **donner un ~ à qqn** to give sb an order; **être aux ~s de qqn** to be at sb's disposal; **jusqu'à nouvel ~** until further notice; **l'~ public** law and order. **2.** *(bonne organisation)* tidiness, orderliness; **en ~** orderly, tidy; **mettre en ~** to put in order, to tidy (up). **3.** *(catégorie)*: **de premier ~** first-rate; **de second ~** second-rate; **d'~ privé/pratique** of a private/practical nature; **pouvez-vous me donner un ~ de grandeur?** can you give me some idea of the size/amount *etc*? **4.** *(corporation)* professional association; **l'Ordre des médecins** ≃ the British Medical Association *Br*, ≃ the American Medical Association *Am*. **5.** (FIN): **à l'~ de** payable to. ◆ **ordre du jour** *nm* **1.** *(de réunion)* agenda; **à l'~ du jour** *(de réunion)* on the agenda; *fig* topical. **2.** (MIL) order of the day.

ordure [ɔrdyr] *nf* **1.** *fig (grossièreté)* filth *(U)*. **2.** *péj (personne)* scum *(U)*, bastard. ◆ **ordures** *nfpl (déchets)* rubbish *(U) Br*, garbage *(U) Am*.

ordurier, -ère [ɔrdyrje, ɛr] *adj* filthy, obscene.

orée [ɔre] *nf* edge.

oreille [ɔrɛj] *nf* **1.** (ANAT) ear. **2.** *(ouïe)* hearing.

oreiller [ɔrɛje] *nm* pillow.

oreillette [ɔrɛjɛt] *nf* **1.** *(du cœur)* auricle. **2.** *(de casquette)* earflap.

oreillons [ɔrɛjɔ̃] *nmpl* mumps (sg).

ores [ɔr] ◆ **d'ores et déjà** *loc adv* from now on.

orfèvre [ɔrfɛvr] *nm* goldsmith; *(d'argent)* silversmith.

orfèvrerie [ɔrfɛvrəri] *nf* **1.** *(art)* goldsmith's art; *(d'argent)* silversmith's art. **2.** *(commerce)* goldsmith's trade; *(d'argent)* silversmith's trade.

organe [ɔrgan] *nm* **1.** (ANAT) organ. **2.** *(institution)* organ, body. **3.** *fig (porte-parole)* representative.

organigramme [ɔrganigram] *nm* **1.** *(hiérarchique)* organization chart. **2.** (INFORM) flow chart.

organique [ɔrganik] *adj* organic.

organisateur, -trice [ɔrganizatœr, tris] ◇ *adj* organizing *(avant n)*. ◇ *nm, f* organizer.

organisation [ɔrganizasjɔ̃] *nf* organization.

organisé, -e [ɔrganize] *adj* organized.

organiser [ɔrganize] *vt* to organize. ◆ **s'organiser** *vp* **1.** *(personne)* to be OU get organized. **2.** *(prendre forme)* to take shape.

organisme [ɔrganism] *nm* **1.** (BIOL & ZOOL) organism. **2.** *(institution)* body, organization.

organiste [ɔrganist] *nmf* organist.

orgasme [ɔrgasm] *nm* orgasm.

orge [ɔrʒ] *nf* barley.

orgie [ɔrʒi] *nf* orgy.

orgue [ɔrg] *nm* organ.

orgueil [ɔrgœj] *nm* pride.

orgueilleux, -euse [ɔrgœjø, øz] ◇ *adj* proud. ◇ *nm, f* proud person.

orient [ɔrjɑ̃] *nm* east. ◆ **Orient** *nm*: **l'Orient** the Orient, the East.

oriental, -e, -aux [ɔrjɑ̃tal, o] *adj (région)* eastern; *(d'Extrême-Orient)* oriental.

orientation [ɔrjɑ̃tasjɔ̃] *nf* **1.** *(direction)* orientation; **avoir le sens de l'~** to have a good sense of direction. **2.** (SCOL) career. **3.** *(de maison)* aspect. **4.** *fig (de politique, recherche)* direction, trend.

orienté, -e [ɔrjɑ̃te] *adj (tendancieux)* biased.

orienter [ɔrjɑ̃te] *vt* **1.** *(disposer)* to position. **2.** *(voyageur, élève, recherches)* to guide, to direct. ◆ **s'orienter** *vp* **1.** *(se repérer)* to find OU get one's bearings. **2.** *fig (se diriger)*: **s'~ vers** to move towards.

orifice [ɔrifis] *nm* orifice.

originaire [ɔriʒinɛr] *adj* **1.** *(natif)*: **être ~ de** to originate from; *(personne)* to be a native of. **2.** *(premier)* original.

original, -e, -aux [ɔriʒinal, o] ◇ *adj* **1.** *(premier, inédit)* original. **2.** *(singulier)* eccentric. ◇ *nm, f (personne)* (outlandish) character. ◆ **original, -aux** *nm (œuvre, document)* original.

originalité [ɔriʒinalite] *nf* **1.** *(nouveauté)* originality; *(caractéristique)* original feature. **2.** *(excentricité)* eccentricity.

origine [ɔriʒin] *nf* **1.** *(gén)* origin; **d'~**

(originel) original; *(de départ)* of origin; **pays d'~** country of origin; **d'~ anglaise** of English origin; **à l'~** originally. 2. *(souche)* origins *(pl)*. 3. *(provenance)* source.

ORL *nmf* (*abr de* **oto-rhino-laryngologiste**) ENT specialist.

orme [ɔrm] *nm* elm.

ornement [ɔrnəmɑ̃] *nm* 1. *(gén & MUS)* ornament; **d'~** *(plante, arbre)* ornamental. 2. (ARCHIT) embellishment.

orner [ɔrne] *vt (décorer)*: **~ (de)** to decorate (with).

ornière [ɔrnjɛr] *nf* rut.

ornithologie [ɔrnitɔlɔʒi] *nf* ornithology.

orphelin, -e [ɔrfəlɛ̃, in] ◇ *adj* orphan *(avant n)*, orphaned. ◇ *nm, f* orphan.

orphelinat [ɔrfəlina] *nm* orphanage.

orteil [ɔrtɛj] *nm* toe.

orthodontiste [ɔrtɔdɔ̃tist] *nmf* orthodontist.

orthodoxe [ɔrtɔdɔks] ◇ *adj* 1. (RELIG) Orthodox. 2. *(conformiste)* orthodox. ◇ *nmf* (RELIG) Orthodox Christian.

orthographe [ɔrtɔgraf] *nf* spelling.

orthopédiste [ɔrtɔpedist] *nmf* orthopaedist.

orthophoniste [ɔrtɔfɔnist] *nmf* speech therapist.

ortie [ɔrti] *nf* nettle.

os [ɔs, *pl* o] *nm* 1. *(gén)* bone; **~ à moelle** marrowbone. 2. *fam fig (difficulté)* snag, hitch.

oscillation [ɔsilasjɔ̃] *nf* oscillation; *(de navire)* rocking.

osciller [ɔsile] *vi* 1. *(se balancer)* to swing; *(navire)* to rock. 2. *(vaciller, hésiter)* to waver.

osé, -e [oze] *adj* daring, audacious.

oseille [ozɛj] *nf* (BOT) sorrel.

oser [oze] *vt* to dare; **~ faire qqch** to dare (to) do sthg.

osier [ozje] *nm* 1. (BOT) osier. 2. *(fibre)* wicker.

Oslo [ɔslo] *n* Oslo.

ossature [ɔsatyr] *nf* 1. (ANAT) skeleton. 2. *fig (structure)* framework.

ossements [ɔsmɑ̃] *nmpl* bones.

osseux, -euse [ɔsø, øz] *adj* 1. (ANAT & MÉD) bone *(avant n)*. 2. *(maigre)* bony.

ossuaire [ɔsɥɛr] *nm* ossuary.

ostensible [ɔstɑ̃sibl] *adj* conspicuous.

ostentation [ɔstɑ̃tasjɔ̃] *nf* ostentation.

ostéopathe [ɔsteɔpat] *nmf* osteopath.

otage [ɔtaʒ] *nm* hostage; **prendre qqn en ~** to take sb hostage.

OTAN, Otan [ɔtɑ̃] (*abr de* **Organisation du traité de l'Atlantique Nord**) *nf* NATO.

otarie [ɔtari] *nf* sea lion.

ôter [ote] *vt* 1. *(enlever)* to take off. 2. *(soustraire)* to take away. 3. *(retirer, prendre)*: **~ qqch à qqn** to take sthg away from sb.

otite [ɔtit] *nf* ear infection.

oto-rhino-laryngologie [ɔtɔrinɔlarɛ̃gɔlɔʒi] *nf* ear, nose and throat medicine, ENT.

---

ou [u] *conj* 1. *(indique une alternative, une approximation)* or. 2. *(sinon)*: **~ (bien)** or (else). ◆ **ou (bien) ... ou (bien)** *loc corrélative* either ... or.

---

où [u] ◇ *pron rel* 1. *(spatial)* where; **le village ~ j'habite** the village where I live, the village I live in; **partout ~ vous irez** wherever you go. 2. *(temporel)* that; **le jour ~ je suis venu** the day (that) I came. ◇ *adv* where; **~ que vous alliez** wherever you go. ◇ *adv interr* where?; **~ vas-tu?** where are you going?; **dites-moi ~ il est allé** tell me where he's gone. ◆ **d'où** *loc adv (conséquence)* hence.

ouate [wat] *nf* cotton wool.

oubli [ubli] *nm* 1. *(acte d'oublier)* forgetting. 2. *(négligence)* omission; *(étourderie)* oversight. 3. *(général)* oblivion; **tomber dans l'~** to sink into oblivion.

oublier [ublije] *vt* to forget; **~ de faire qqch** to forget to do sthg.

oubliettes [ublijɛt] *nfpl* dungeon *(sg)*.

ouest [wɛst] ◇ *nm* west; **un vent d'~** a westerly wind; **à l'~** in the west; **à l'~ (de)** to the west (of). ◇ *adj inv (gén)* west; *(province, région)* western.

ouest-allemand, -e [wɛstalmɑ̃, ɑ̃d] *adj* West German.

ouf [uf] *interj* phew!

Ouganda [ugɑ̃da] *nm*: **l'~** Uganda.

oui [wi] ◇ *adv* yes; **tu viens? – ~** are you coming? – yes (I am); **tu viens, ~ ou non?** are you coming or not?, are you coming or aren't you?; **je crois que ~** I think so; **faire signe que ~** to nod; **mais ~, bien sûr que ~** yes, of course. ◇ *nm inv* yes; **pour un ~ pour un non** for no apparent reason.

ouï-dire [widir] *nm inv*: **par ~** by OU from hearsay.

ouïe [wi] *nf* hearing; **avoir l'~ fine** to have excellent hearing. ◆ **ouïes** *nfpl (de poisson)* gills.

ouragan [uragɑ̃] *nm* hurricane.

ourlet [urlɛ] *nm* (COUTURE) hem.

ours [urs] *nm* bear; ~ **(en peluche)** teddy (bear); ~ **polaire** polar bear.

ourse [urs] *nf* she-bear.

oursin [ursɛ̃] *nm* sea urchin.

ourson [ursɔ̃] *nm* bear cub.

outil [uti] *nm* tool.

outillage [utijaʒ] *nm* tools (*pl*), equipment.

outrage [utraʒ] *nm* **1.** *sout (insulte)* insult. **2.** (JUR): ~ **à la pudeur** indecent behaviour *(U)*.

outrager [utraʒe] *vt (offenser)* to insult.

outrance [utrɑ̃s] *nf* excess; **à** ~ excessively.

outrancier, -ère [utrɑ̃sje, ɛr] *adj* extravagant.

outre¹ [utr] *nf* wineskin.

outre² [utr] ◇ *prép* besides, as well as. ◇ *adv*: **passer** ~ to go on, to proceed further. ◆ **en outre** *loc adv* moreover, besides.

outre-Atlantique [utratlɑ̃tik] *loc adv* across the Atlantic.

outre-Manche [utrəmɑ̃ʃ] *loc adv* across the Channel.

outremer [utrəmɛr] ◇ *nm (pierre)* lapis lazuli; *(couleur)* ultramarine. ◇ *adj inv* ultramarine.

outre-mer [utrəmɛr] *loc adv* overseas.

outrepasser [utrəpase] *vt* to exceed.

outrer [utre] *vt (personne)* to outrage.

outre-Rhin [utrərɛ̃] *loc adv* across the Rhine.

outsider [awtsajdœr] *nm* outsider.

ouvert, -e [uvɛr, ɛrt] ◇ *pp* → **ouvrir**. ◇ *adj* **1.** *(gén)* open; **grand** ~ wide open. **2.** *(robinet)* on, running.

ouvertement [uvɛrtəmɑ̃] *adv* openly.

ouverture [uvɛrtyr] *nf* **1.** *(gén)* opening; *(d'hostilités)* outbreak; ~ **d'esprit** open-mindedness. **2.** (MUS) overture. **3.** (PHOT) aperture. ◆ **ouvertures** *nfpl (propositions)* overtures.

ouvrable [uvrabl] *adj* working; **heures ~s** hours of business.

ouvrage [uvraʒ] *nm* **1.** *(travail)* work *(U)*, task; **se mettre à l'~** to start work. **2.** *(objet produit)* (piece of) work; (COUTURE) work *(U)*. **3.** *(livre, écrit)* work; ~ **de référence** reference work.

ouvré, -e [uvre] *adj*: **jour** ~ working day.

ouvre-boîtes [uvrəbwat] *nm inv* tin opener *Br*, can opener.

ouvre-bouteilles [uvrəbutɛj] *nm inv* bottle opener.

ouvreuse [uvrøz] *nf* usherette.

ouvrier, -ère [uvrije, ɛr] ◇ *adj (quartier, enfance)* working-class; *(conflit)* industrial; *(questions, statut)* labour (*avant n*); **classe ouvrière** working class. ◇ *nm, f* worker; ~ **agricole** farm worker; ~ **qualifié** skilled worker; ~ **spécialisé** semi-skilled worker.

ouvrir [uvrir] ◇ *vt* **1.** *(gén)* to open. **2.** *(chemin, voie)* to open up. **3.** *(gaz)* to turn on. ◇ *vi* to open; ~ **sur qqch** to open onto sthg. ◆ **s'ouvrir** *vp* **1.** *(porte, fleur)* to open. **2.** *(route, perspectives)* to open up. **3.** *(personne)*: **s'~ (à qqn)** to confide (in sb), to open up (to sb). **4.** *(se blesser)*: **s'~ le genou** to cut one's knee open; **s'~ les veines** to slash OU cut one's wrists.

ovaire [ɔvɛr] *nm* ovary.

ovale [ɔval] *adj & nm* oval.

ovation [ɔvasjɔ̃] *nf* ovation; **faire une ~ à qqn** to give sb an ovation.

overdose [ɔvœrdoz] *nf* overdose.

ovin, -e [ɔvɛ̃, in] *adj* ovine. ◆ **ovin** *nm* sheep.

OVNI, Ovni [ɔvni] (*abr de* **objet volant non identifié**) *nm* UFO.

oxydation [ɔksidasjɔ̃] *nf* oxidation, oxidization.

oxyde [ɔksid] *nm* oxide.

oxyder [ɔkside] *vt* to oxidize.

oxygène [ɔksiʒɛn] *nm* oxygen.

oxygéné, -e [ɔksiʒene] *adj* (CHIM) oxygenated; → **eau**.

ozone [ɔzon] *nm* ozone.

P

p¹, P [pe] *nm inv* p, P.

p² **1.** (*abr de* **page**) p. **2.** *abr de* **pièce**.

pacemaker [pɛsmekœr] *nm* pacemaker.

pacha [paʃa] *nm* pasha; **mener une vie de** ~ *fam fig* to live a life of ease.

pachyderme [paʃidɛrm] *nm* elephant; **les ~s** (the) pachyderms.

pacifier [pasifje] *vt* to pacify.

pacifique [pasifik] *adj* peaceful.

Pacifique [pasifik] *nm*: **le** ~ the Pacific (Ocean).

pacifiste [pasifist] *nmf & adj* pacifist.

pack [pak] *nm* pack.

pacotille [pakɔtij] *nf* shoddy goods

(*pl*), rubbish; **de ~** cheap.
pacte [pakt] *nm* pact.
pactiser [paktize] *vi*: **~ avec** *(faire un pacte avec)* to make a pact with; *(transiger avec)* to come to terms with.
pactole [paktɔl] *nm* gold mine *fig*.
pagaie [pagɛ] *nf* paddle.
pagaille, pagaye, pagaïe [pagaj] *nf fam* mess.
pagayer [pagɛje] *vi* to paddle.
page [paʒ] ◇ *nf* **1.** *(feuillet)* page; **~ d'accueil** *(d'un site Web)* home page; **~ blanche** blank page; **mettre en ~s** (TYPO) to make up (into pages). **2.** *loc*: **être à la ~** to be up to date. ◇ *nm* page (boy).
pagne [paɲ] *nm* loincloth.
pagode [pagɔd] *nf* pagoda.
paie, paye [pɛ] *nf* pay *(U)*, wages (*pl*).
paiement, payement [pɛmɑ̃] *nm* payment.
païen, -ïenne [pajɛ̃, ɛn] *adj & nm, f* pagan, heathen.
paillard, -e [pajar, ard] *adj* bawdy.
paillasse [pajas] *nf* **1.** *(matelas)* straw mattress. **2.** *(d'évier)* draining board.
paillasson [pajasɔ̃] *nm* *(tapis)* doormat.
paille [paj] *nf* **1.** (BOT) straw. **2.** *(pour boire)* straw. ◆ **paille de fer** *nf* steel wool.
pailleté, -e [pajte] *adj* sequined.
paillette [pajɛt] *nf* (*gén pl*) **1.** *(sur vêtements)* sequin, spangle. **2.** *(d'or)* grain of gold dust. **3.** *(de lessive, savon)* flake; **savon en ~s** soap flakes (*pl*).
pain [pɛ̃] *nm* **1.** *(aliment)* bread; **un ~** a loaf; **petit ~** (bread) roll; **~ complet** wholemeal bread; **~ d'épice** = gingerbread; **~ de mie** sandwich loaf. **2.** *(de savon, cire)* bar.
pair, -e [pɛr] *adj* even. ◆ **pair** *nm* peer. ◆ **paire** *nf* pair; **une ~e de** a pair of. ◆ **au pair** *loc adv*: **jeune fille au ~** au pair (girl). ◆ **de pair** *loc adv*: **aller de ~ avec** to go hand in hand with.
paisible [pɛzibl] *adj* peaceful.
paître [pɛtr] *vi* to graze.
paix [pɛ] *nf* peace; **en ~** *(en harmonie)* at peace; *(tranquillement)* in peace; **avoir la ~** to have peace and quiet; **faire la ~ avec qqn** to make peace with sb.
Pakistan [pakistɑ̃] *nm*: **le ~** Pakistan.
palace [palas] *nm* luxury hotel.
palais [palɛ] *nm* **1.** *(château)* palace. **2.** *(grand édifice)* centre; **~ de justice** (JUR) law courts (*pl*). **3.** (ANAT) palate.
palan [palɑ̃] *nm* block and tackle, hoist.
pale [pal] *nf (de rame, d'hélice)* blade.
pâle [pal] *adj* pale.
paléontologie [paleɔ̃tɔlɔʒi] *nf* paleontology.
Palestine [palɛstin] *nf*: **la ~** Palestine.
palet [palɛ] *nm* (HOCKEY) puck.
palette [palɛt] *nf (de peintre)* palette.
pâleur [palœr] *nf (de visage)* pallor.
palier [palje] *nm* **1.** *(d'escalier)* landing. **2.** *(étape)* level. **3.** (TECHNOL) bearing.
pâlir [palir] *vi (couleur, lumière)* to fade; *(personne)* to turn OU go pale.
palissade [palisad] *nf* *(clôture)* fence; *(de verdure)* hedge.
palliatif, -ive [paljatif, iv] *adj* palliative. ◆ **palliatif** *nm* **1.** (MÉD) palliative. **2.** *fig* stopgap measure.
pallier [palje] *vt* to make up for.
palmarès [palmarɛs] *nm* **1.** *(de lauréats)* list of (medal) winners; (SCOL) list of prizewinners. **2.** *(de succès)* record (of achievements).
palme [palm] *nf* **1.** *(de palmier)* palm-leaf. **2.** *(de nageur)* flipper. **3.** *(décoration, distinction)*: **avec ~** (MIL) = with bar.
palmé, -e [palme] *adj* **1.** (BOT) palmate. **2.** (ZOOL) web-footed; *(patte)* webbed.
palmeraie [palmərɛ] *nf* palm grove.
palmier [palmje] *nm* (BOT) palm tree.
palmipède [palmipɛd] *nm* web-footed bird.
palombe [palɔ̃b] *nf* woodpigeon.
pâlot, -otte [palo, ɔt] *adj* pale, sickly-looking.
palourde [palurd] *nf* clam.
palper [palpe] *vt (toucher)* to feel, to finger; (MÉD) to palpate.
palpitant, -e [palpitɑ̃, ɑ̃t] *adj* exciting, thrilling.
palpitation [palpitasjɔ̃] *nf* palpitation.
palpiter [palpite] *vi (paupières)* to flutter; *(cœur)* to pound.
paludisme [palydism] *nm* malaria.
pâmer [pame] ◆ **se pâmer** *vp littéraire (s'évanouir)* to swoon (away).
pamphlet [pɑ̃flɛ] *nm* satirical tract.
pamplemousse [pɑ̃pləmus] *nm* grapefruit.
pan [pɑ̃] ◇ *nm* **1.** *(de vêtement)* tail. **2.** *(d'affiche)* piece, bit; **~ de mur** section of wall. ◇ *interj* bang!
panache [panaʃ] *nm* **1.** *(de plumes, fumée)* plume. **2.** *(éclat)* panache.
panaché, -e [panaʃe] *adj* **1.** *(de couleurs)* multicoloured. **2.** *(mélangé)* mixed. ◆ **panaché** *nm* shandy.

Panama [panama] *nm*: **le ~** Panama.
panaris [panari] *nm* whitlow.
pancarte [pɑ̃kart] *nf* **1.** *(de manifestant)* placard. **2.** *(de signalisation)* sign.
pancréas [pɑ̃kreas] *nm* pancreas.
pané, -e [pane] *adj* breaded, in breadcrumbs.
panier [panje] *nm* basket; **~ à provisions** shopping basket; **mettre au ~** *fig* to throw out.
panique [panik] ◇ *nf* panic. ◇ *adj* panicky; **être pris d'une peur ~** to be panic-stricken.
paniquer [panike] *vt & vi* to panic.
panne [pan] *nf (arrêt)* breakdown; **tomber en ~** to break down; **~ de courant** OU **d'électricité** power failure.
panneau, -x [pano] *nm* **1.** *(pancarte)* sign; **~ indicateur** signpost; **~ publicitaire** (advertising) hoarding *Br*, billboard *Am*; **~ de signalisation** road sign. **2.** *(élément)* panel.
panoplie [panɔpli] *nf* **1.** *(jouet)* outfit. **2.** *fig (de mesures)* package.
panorama [panɔrama] *nm (vue)* view, panorama; *fig* overview.
panse [pɑ̃s] *nf* **1.** *(d'estomac)* first stomach, rumen. **2.** *fam (gros ventre)* belly, paunch. **3.** *(partie arrondie)* bulge.
pansement [pɑ̃smɑ̃] *nm* dressing, bandage; **~ (adhésif)** (sticking) plaster *Br*, Bandaid® *Am*.
panser [pɑ̃se] *vt* **1.** *(plaie)* to dress, to bandage; *(jambe)* to put a dressing on, to bandage. **2.** *(cheval)* to groom.
pantalon [pɑ̃talɔ̃] *nm* trousers (*pl*) *Br*, pants (*pl*) *Am*, pair of trousers *Br* OU pants *Am*.
pantelant, -e [pɑ̃tlɑ̃, ɑ̃t] *adj* panting, gasping.
panthère [pɑ̃tɛr] *nf* panther.
pantin [pɑ̃tɛ̃] *nm* **1.** *(jouet)* jumping jack. **2.** *péj (personne)* puppet.
pantomime [pɑ̃tɔmim] *nf (art, pièce)* mime.
pantouflard, -e [pɑ̃tuflar, ard] *fam adj & nm, f* stay-at-home.
pantoufle [pɑ̃tufl] *nf* slipper.
PAO (*abr de* **publication assistée par ordinateur**) *nf* DTP.
paon [pɑ̃] *nm* peacock.
papa [papa] *nm* dad, daddy.
papauté [papote] *nf* papacy.
pape [pap] *nm* (RELIG) pope.
paperasse [papras] *nf péj* **1.** *(papiers)* bumf *(U) Br*, papers (*pl*). **2.** *(formulaires)* paperwork *(U)*.
papeterie [papɛtri] *nf (magasin)* stationer's; *(fabrique)* paper mill.
papetier, -ère [paptje, ɛr] *nm, f (commerçant)* stationer; *(fabricant)* paper manufacturer.
papier [papje] *nm (matière, écrit)* paper; **~ alu** OU **aluminium** aluminium *Br* OU aluminum *Am* foil, tinfoil; **~ carbone** carbon paper; **~ crépon** crêpe paper; **~ d'emballage** wrapping paper; **~ à en-tête** headed notepaper; **~ hygiénique** toilet paper; **~ à lettres** writing paper, notepaper; **~ peint** wallpaper; **~ de verre** glasspaper, sandpaper. ◆ **papiers** *nmpl*: **~s (d'identité)** (identity) papers.
papier-calque [papjekalk] (*pl* **papiers-calque**) *nm* tracing paper.
papille [papij] *nf*: **~s gustatives** taste buds.
papillon [papijɔ̃] *nm* **1.** (ZOOL) butterfly. **2.** *(écrou)* wing nut. **3.** *(nage)* butterfly (stroke).
papillonner [papijɔne] *vi* to flit about OU around.
papillote [papijɔt] *nf* **1.** *(de bonbon)* sweet paper OU wrapper *Br*, candy paper *Am*. **2.** *(de cheveux)* curl paper.
papilloter [papijɔte] *vi (lumière)* to twinkle; *(yeux)* to blink.
papoter [papɔte] *vi fam* to chatter.
paprika [paprika] *nm* paprika.
paquebot [pakbo] *nm* liner.
pâquerette [pakrɛt] *nf* daisy.
Pâques [pak] *nfpl* Easter (*sg*); **joyeuses ~** Happy Easter.
paquet [pakɛ] *nm* **1.** *(colis)* parcel. **2.** *(emballage)* packet; **~-cadeau** gift-wrapped parcel.
paquetage [paktaʒ] *nm* (MIL) kit.

---

par [par] *prép* **1.** *(spatial)* through, by (way of); **passer ~ la Suède et le Danemark** to go via Sweden and Denmark; **regarder ~ la fenêtre** to look out of the window; **~ endroits** in places; **~ ici/là** this/that way; **mon cousin habite ~ ici** my cousin lives round here. **2.** *(temporel)* on; **~ un beau jour d'été** on a lovely summer's day; **~ le passé** in the past. **3.** *(moyen, manière, cause)* by; **~ bateau/train/avion** by boat/train/plane; **~ pitié** out of OU from pity; **~ accident** by accident, by chance. **4.** *(introduit le complément d'agent)* by; **faire faire qqch ~ qqn** to have sthg done by sb. **5.** *(sens distributif)* per, a; **une heure ~ jour** one hour a OU per day; **deux ~ deux** two at a time; **marcher deux ~ deux** to walk in twos. ◆ **par-ci par-là** *loc adv* here and there.

para [para] (*abr de* **parachutiste**) *nm* para.

parabole [parabɔl] *nf* **1.** *(récit)* parable. **2.** (MATHS) parabola.

parabolique [parabɔlik] *adj* parabolic; **antenne ~** dish OU parabolic aerial.

parachever [paraʃve] *vt* to put the finishing touches to.

parachute [paraʃyt] *nm* parachute; **~ ascensionnel** parascending.

parachutiste [paraʃytist] *nmf* parachutist; (MIL) paratrooper.

parade [parad] *nf* **1.** *(spectacle)* parade. **2.** *(défense)* parry; *fig* riposte.

paradis [paradi] *nm* paradise.

paradoxal, -e, -aux [paradɔksal, o] *adj* paradoxical.

paradoxe [paradɔks] *nm* paradox.

parafe, paraphe [paraf] *nm* initials (*pl*).

parafer, parapher [parafe] *vt* to initial.

paraffine [parafin] *nf* paraffin *Br*, kerosene *Am*; *(solide)* paraffin wax.

parages [paraʒ] *nmpl*: **être** OU **se trouver dans les ~** *fig* to be in the area OU vicinity.

paragraphe [paragraf] *nm* paragraph.

Paraguay [paragwɛ] *nm*: **le ~** Paraguay.

paraître [parɛtr] ◇ *v attr* to look, to seem, to appear. ◇ *vi* **1.** *(se montrer)* to appear. **2.** *(être publié)* to come out, to be published. ◇ *v impers*: **il paraît/paraîtrait que** it appears/would appear that.

parallèle [paralɛl] ◇ *nm* parallel; **établir un ~ entre** *fig* to draw a parallel between. ◇ *nf* parallel (line). ◇ *adj* **1.** *(action, en maths)* parallel. **2.** *(marché)* unofficial; *(médecine)* alternative.

parallélisme [paralelism] *nm* parallelism; *(de roues)* alignment.

paralyser [paralize] *vt* to paralyse.

paralysie [paralizi] *nf* paralysis.

paramédical, -e, -aux [paramedikal, o] *adj* paramedical.

paramètre [paramɛtr] *nm* parameter.

parano [parano] *adj fam* paranoid.

paranoïa [paranɔja] *nf* paranoia.

paranoïaque [paranɔjak] ◇ *adj* paranoid. ◇ *nmf* paranoiac.

parapente [parapɑ̃t] *nm* paragliding.

parapet [parapɛ] *nm* parapet.

paraphe = **parafe**.

parapher = **parafer**.

paraphrase [parafraz] *nf* paraphrase.

paraplégique [parapleʒik] *nmf & adj* paraplegic.

parapluie [paraplɥi] *nm* umbrella.

parasite [parazit] ◇ *nm* parasite. ◇ *adj* parasitic. ◆ **parasites** *nmpl* (RADIO & TÉLÉ) interference *(U)*.

parasol [parasɔl] *nm* parasol, sunshade.

paratonnerre [paratɔnɛr] *nm* lightning conductor.

paravent [paravɑ̃] *nm* screen.

parc [park] *nm* **1.** *(jardin)* park; *(de château)* grounds (*pl*); **~ d'attractions** amusement park; **~ national** national park. **2.** *(pour l'élevage)* pen. **3.** *(de bébé)* playpen. **4.** *(de voitures)* fleet; **le ~ automobile** the number of cars on the roads.

parcelle [parsɛl] *nf* **1.** *(partie)* fragment, particle. **2.** *(terrain)* parcel of land.

parce que [parsk(ə)] *loc conj* because.

parchemin [parʃəmɛ̃] *nm* parchment.

parcimonie [parsimɔni] *nf* parsimoniousness; **avec ~** sparingly, parsimoniously.

parcimonieux, -euse [parsimɔnjø, øz] *adj* parsimonious.

parcmètre [parkmɛtr] *nm* parking meter.

parcourir [parkurir] *vt* **1.** *(région, route)* to cover. **2.** *(journal, dossier)* to skim OU glance through, to scan.

parcours [parkur] *nm* **1.** *(trajet, voyage)* journey; *(itinéraire)* route. **2.** (GOLF) *(terrain)* course; *(trajet)* round.

parcouru, -e [parkury] *pp* → **parcourir**.

par-delà [pardəla] *prép* beyond.

par-derrière [pardɛrjɛr] *adv* **1.** *(par le côté arrière)* round the back. **2.** *(en cachette)* behind one's back.

par-dessous [pardəsu] *prép & adv* under, underneath.

pardessus [pardəsy] *nm inv* overcoat.

par-dessus [pardəsy] ◇ *prép* over, over the top of; **~ tout** above all. ◇ *adv* over, over the top.

par-devant [pardəvɑ̃] ◇ *prép* in front of. ◇ *adv* in front.

pardi [pardi] *interj fam* of course!

pardon [pardɔ̃] ◇ *nm* forgiveness; **demander ~** to say (one is) sorry. ◇ *interj (excuses)* (I'm) sorry!; *(pour attirer l'attention)* excuse me!; **~?** (I beg your) pardon? *Br*, pardon me? *Am*.

pardonner [pardɔne] ◇ *vt* to forgive; **~ qqch à qqn** to forgive sb for sthg; **~ à qqn d'avoir fait qqch** to forgive sb for doing sthg. ◇ *vi*: **cette maladie ne pardonne pas** this disease is fatal.

paré, -e [pare] *adj (prêt)* ready.

pare-balles [parbal] *adj inv* bulletproof.

pare-brise [parbriz] *nm inv* windscreen *Br*, windshield *Am*.

pare-chocs [parʃɔk] *nm inv* bumper.

pareil, -eille [parɛj] *adj* **1.** *(semblable)*: **~ (à)** similar (to). **2.** *(tel)* such; **un ~ film** such a film, a film like this; **de ~s films** such films, films like these. ◆ **pareil** *adv fam* the same (way).

parent, -e [parɑ̃, ɑ̃t] ◇ *adj*: **~ (de)** related (to). ◇ *nm, f* relative, relation. ◆ **parents** *nmpl (père et mère)* parents, mother and father.

parenté [parɑ̃te] *nf (lien, affinité)* relationship.

parenthèse [parɑ̃tɛz] *nf* **1.** *(digression)* digression, parenthesis. **2.** (TYPO) bracket, parenthesis; **entre ~s** in brackets; *fig* incidentally, by the way; **ouvrir/fermerla ~** to open/close brackets.

parer [pare] ◇ *vt* **1.** *sout (orner)* to adorn. **2.** *(vêtir)*: **~ qqn de qqch** to dress sb up in sthg, to deck sb out in sthg; *fig* to attribute sthg to sb. **3.** *(contrer)* to ward off, to parry. ◇ *vi*: **~ à** *(faire face à)* to deal with; *(pourvoir à)* to prepare for; **~ au plus pressé** to see to what is most urgent. ◆ **se parer** *vp* to dress up, to put on all one's finery.

pare-soleil [parsɔlɛj] *nm inv* sun visor.

paresse [parɛs] *nf* **1.** *(fainéantise)* laziness, idleness. **2.** (MÉD) sluggishness.

paresser [parɛse] *vi* to laze about OU around.

paresseux, -euse [parɛsø, øz] ◇ *adj* **1.** *(fainéant)* lazy. **2.** (MÉD) sluggish. ◇ *nm, f (personne)* lazy OU idle person. ◆ **paresseux** *nm (animal)* sloth.

parfaire [parfɛr] *vt* to complete, to perfect.

parfait, -e [parfɛ, ɛt] *adj* perfect. ◆ **parfait** *nm* (GRAM) perfect (tense).

parfaitement [parfɛtmɑ̃] *adv* **1.** *(admirablement, très)* perfectly. **2.** *(marque l'assentiment)* absolutely.

parfois [parfwa] *adv* sometimes.

parfum [parfœ̃] *nm* **1.** *(de fleur)* scent, fragrance. **2.** *(à base d'essences)* perfume, scent. **3.** *(de glace)* flavour.

parfumé, -e [parfyme] *adj* **1.** *(fleur)* fragrant. **2.** *(mouchoir)* perfumed. **3.** *(femme)*: **elle est trop ~e** she's wearing too much perfume.

parfumer [parfyme] *vt* **1.** *(suj: fleurs)* to perfume. **2.** *(mouchoir)* to perfume, to scent. **3.** (CULIN) to flavour. ◆ **se parfumer** *vp* to put perfume on.

parfumerie [parfymri] *nf* perfumery.

pari [pari] *nm* **1.** *(entre personnes)* bet. **2.** *(jeu)* betting *(U)*.

paria [parja] *nm* pariah.

parier [parje] *vt*: **~ (sur)** to bet (on).

parieur [parjœr] *nm* punter.

Paris [pari] *n* Paris.

parisien, -enne [parizjɛ̃, ɛn] *adj (vie, société)* Parisian; *(métro, région)* Paris *(avant n)*. ◆ **Parisien, -enne** *nm, f* Parisian.

paritaire [paritɛr] *adj*: **commission ~** joint commission *(with both sides equally represented)*.

parité [parite] *nf* parity.

parjure [parʒyr] ◇ *nmf (personne)* perjurer. ◇ *nm (faux serment)* perjury.

parjurer [parʒyre] ◆ **se parjurer** *vp* to perjure o.s.

parka [parka] *nm ou nf* parka.

parking [parkiŋ] *nm (parc)* car park *Br*, parking lot *Am*.

parlant, -e [parlɑ̃, ɑ̃t] *adj* **1.** *(qui parle)*: **le cinéma ~** talking pictures; **l'horloge ~e** the speaking clock. **2.** *fig (chiffres, données)* eloquent; *(portrait)* vivid.

parlement [parləmɑ̃] *nm* parliament; **le Parlement européen** the European Parliament.

parlementaire [parləmɑ̃tɛr] ◇ *nmf (député)* member of parliament; *(négociateur)* negotiator. ◇ *adj* parliamentary.

parlementer [parləmɑ̃te] *vi* **1.** *(négocier)* to negotiate, to parley. **2.** *(parler longtemps)* to talk at length.

parler [parle] ◇ *vi* **1.** *(gén)* to talk, to speak; **~ à/avec qqn** to speak to/with sb, to talk to/with sb; **~ de qqch à qqn** to speak OU talk to sb about sthg; **~ de qqn/qqch** to talk about sb/sthg; **~ de faire qqch** to talk about doing sthg; **~ en français** to speak in French; **sans ~ de** apart from, not to mention; **à proprement ~** strictly speaking; **tu parles!** *fam* you can say that again!; **n'en parlons plus** we'll say no more about it. **2.** *(avouer)* to talk. ◇ *vt* to speak; **~ (le) français** to speak French; **~ politique/affaires** to talk politics/business.

parloir [parlwar] *nm* parlour.

parmi [parmi] *prép* among.

parodie [parɔdi] *nf* parody.

parodier [parɔdje] *vt* to parody.

paroi [parwa] *nf* **1.** *(mur)* wall; *(cloison)* partition; **~ rocheuse** rock face. **2.** *(de récipient)* inner side.

paroisse [parwas] *nf* parish.

paroissial, -e, -aux [parwasjal, o] *adj* parish *(avant n)*.

paroissien, -enne [parwasjɛ̃, ɛn] *nm, f* parishioner.

parole [parɔl] *nf* **1.** *(faculté)*: **la ~** speech. **2.** *(propos)*: **adresser la ~ à qqn** to speak to sb; **couper la ~ à qqn** to cut sb off; **prendre la ~** to speak. **3.** *(mot)* word; **tenir ~** to keep one's word; **donner sa ~ (d'honneur)** to give one's word (of honour). ◆ **paroles** *nfpl* (MUS) words, lyrics.

paroxysme [parɔksism] *nm* height.

parquer [parke] *vt* **1.** *(animaux)* to pen in OU up. **2.** *(prisonniers)* to shut up OU in. **3.** *(voiture)* to park.

parquet [parkɛ] *nm* **1.** *(plancher)* parquet floor. **2.** (JUR) ≃ Crown Prosecution Service *Br*, ≃ District Attorney's office *Am*.

parrain [parɛ̃] *nm* **1.** *(d'enfant)* godfather. **2.** *(de festival, sportif)* sponsor.

parrainer [parɛne] *vt* to sponsor, to back.

parricide [parisid] *nm (crime)* parricide.

parsemer [parsəme] *vt*: **~ (de)** to strew (with).

part [par] *nf* **1.** *(de gâteau)* portion; *(d'héritage)* share; *(partie)* part. **2.** *(participation)*: **prendre ~ à qqch** to take part in sthg. **3.** *loc*: **c'est de la ~ de qui?** *(au téléphone)* who's speaking OU calling?; **dites-lui de ma ~ que ...** tell him from me that ...; **ce serait bien aimable de votre ~** it would be very kind of you; **pour ma ~** as far as I'm concerned; **faire ~ à qqn de qqch** to inform sb of sthg. ◆ **à part** ◇ *loc adv* aside, separately. ◇ *loc adj* exceptional. ◇ *loc prép* apart from. ◆ **autre part** *loc adv* somewhere else. ◆ **d'autre part** *loc adv* besides, moreover. ◆ **de part et d'autre** *loc adv* on both sides. ◆ **d'une part ..., d'autre part** *loc corrélative* on the one hand ..., on the other hand. ◆ **quelque part** *loc adv* somewhere.

part. *abr de* **particulier**.

partage [partaʒ] *nm* sharing (out).

partager [partaʒe] *vt* **1.** *(morceler)* to divide (up); **être partagé** *fig* to be divided. **2.** *(mettre en commun)*: **~ qqch avec qqn** to share sthg with sb. ◆ **se partager** *vp* **1.** *(se diviser)* to be divided. **2.** *(personne)* to divide one's time. **3.** *(se répartir)*: **se ~ qqch** to share sthg between themselves/ourselves *etc*.

partance [partɑ̃s] *nf*: **en ~** outward bound; **en ~ pour** bound for.

partant, -e [partɑ̃, ɑ̃t] *adj*: **être ~ pour** to be ready for. ◆ **partant** *nm* starter.

partenaire [partənɛr] *nmf* partner.

partenariat [partənarja] *nm* partnership.

parterre [partɛr] *nm* **1.** *(de fleurs)* (flower) bed. **2.** (THÉÂTRE) stalls *(pl) Br*, orchestra *Am*.

parti, -e [parti] ◇ *pp* → **partir**. ◇ *adj fam (ivre)* tipsy. ◆ **parti** *nm* **1.** (POLIT) party. **2.** *(décision)* course of action; **prendre ~** to make up one's mind; **prendre le ~ de faire qqch** to make up one's mind to do sthg; **en prendre son ~** to be resigned; **être de ~ pris** to be prejudiced OU biased; **tirer ~ de** to make (good) use of. **3.** *(personne)* match. ◆ **partie** *nf* **1.** *(portion)* part; **en grande ~e** largely; **en majeure ~e** for the most part; **faire ~e (intégrante) de qqch** to be (an integral) part of sthg. **2.** *(domaine)* field, subject. **3.** (SPORT) game. **4.** (JUR) party; **la ~e adverse** the opposing party. **5.** *loc*: **prendre qqn à ~e** to attack sb. ◆ **en partie** *loc adv* partly, in part.

partial, -e, -aux [parsjal, o] *adj* biased.

partialité [parsjalite] *nf* partiality, bias.

participant, -e [partisipɑ̃, ɑ̃t] ◇ *adj* participating. ◇ *nm, f* **1.** *(à réunion)* participant. **2.** (SPORT) competitor. **3.** *(à concours)* entrant.

participation [partisipasjɔ̃] *nf* **1.** *(collaboration)* participation. **2.** (ÉCON) interest; **~ aux bénéfices** profit-sharing.

participe [partisip] *nm* participle; **~ passé/présent** past/present participle.

participer [partisipe] *vi*: **~ à** *(réunion, concours)* to take part in; *(frais)* to contribute to; *(bénéfices)* to share in.

particularité [partikylarite] *nf* distinctive feature.

particule [partikyl] *nf* **1.** *(gén & LING)* particle. **2.** *(nobiliaire)* nobiliary particle.

particulier, -ère [partikylje, ɛr] *adj* **1.** *(privé)* private. **2.** *(spécial)* particular, special; *(propre)* peculiar, characteristic; **~ à** peculiar to, characteristic of. **3.** *(remarquable)* unusual, exceptional; **cas ~** special case. **4.** *(bizarre)* peculiar.

particulièrement [partikyljɛrmɑ̃] *adv* particularly; **tout ~** especially.

partie → **parti**.

partiel, -elle [parsjɛl] *adj* partial. ◆ **partiel** *nm* (UNIV) ≃ end-of-term exam.

partir [partir] *vi* **1.** *(personne)* to go, to leave; **~ à** to go to; **~ pour** to leave for; **~ de** *(bureau)* to leave; *(aéroport, gare)* to leave from; *(hypothèse, route)* to start from; *(date)* to run from. **2.** *(voiture)* to start. 3. *(coup de feu)* to go off; *(bouchon)* to pop. 4. *(tache)* to come out, to go. ◆ **à partir de** *loc prép* from.

partisan, -e [partizɑ̃, an] *adj* partisan; **être ~ de** to be in favour of. ◆ **partisan** *nm* supporter, advocate.

partition [partisjɔ̃] *nf* 1. *(séparation)* partition. 2. (MUS) score.

partout [partu] *adv* everywhere.

paru, -e [pary] *pp* → **paraître**.

parure [paryr] *nf* (matching) set.

parution [parysjɔ̃] *nf* publication.

parvenir [parvənir] *vi*: **~ à faire qqch** to manage to do sthg; **faire ~ qqch à qqn** to send sthg to sb.

parvenu, -e [parvəny] ◇ *pp* → **parvenir**. ◇ *nm, f péj* parvenu, upstart.

pas[1] [pa] *nm* 1. *(gén)* step; **allonger le ~** to quicken one's pace; **revenir sur ses ~** to retrace one's steps; **~ à ~** step by step; **à ~ de loup** *fig* stealthily; **à ~ feutrés** *fig* with muffled footsteps. 2. (TECHNOL) thread. 3. *loc*: **c'est à deux ~ (d'ici)** it's very near (here); **emboîter le ~ à qqn** to fall into step with sb; **faire les cent ~** to pace up and down; **faire un faux ~** to slip; *fig* to make a faux pas; **faire le premier ~** to make the first move; **franchir** OU **sauter le ~** to take the plunge; **(rouler) au ~** (to move) at a snail's pace; **sur le ~ de la porte** on the doorstep; **tirer qqn d'un mauvais ~** to get sb out of a tight spot.

pas[2] [pa] *adv* 1. *(avec ne)* not; **elle ne vient ~** she's not OU she isn't coming; **elle n'a ~ mangé** she hasn't eaten; **je ne le connais ~** I don't know him; **il n'y a ~ de vin** there's no wine, there isn't any wine; **je préférerais ne ~ le rencontrer** I would prefer not to meet him, I would rather not meet him. 2. *(sans ne)* not; **l'as-tu vu ou ~?** have you seen him or not?; **il est très satisfait, moi ~** he's very pleased, but I'm not; **une histoire ~ drôle** a story which isn't funny; **~ encore** not yet; **~ du tout** not at all. 3. *(avec pron indéf)*: **~ un** *(aucun)* none, not one; **~ un d'eux n'est venu** none of them OU not one of them came.

pascal, -e [paskal] (*pl* **pascals** OU **pascaux** [pasko]) *adj* Easter (*avant n*). ◆ **pascal** *nm* 1. (INFORM) Pascal. 2. (PHYS) pascal.

passable [pasabl] *adj* passable, fair.

passage [pasaʒ] *nm* 1. *(action - de passer)* going past; *(- de traverser)* crossing; **être de ~** to be passing through. 2. *(endroit)* passage, way; **'~ interdit'** 'no entry'; **~ clouté** OU **pour piétons** pedestrian crossing; **~ à niveau** level crossing *Br*, grade crossing *Am*; **~ protégé** *priority given to traffic on the main road*; **~ souterrain** underpass *Br*, subway *Am*. 3. *(extrait)* passage.

passager, -ère [pasaʒe, ɛr] ◇ *adj* passing. ◇ *nm, f* passenger.

passant, -e [pasɑ̃, ɑ̃t] ◇ *adj* busy. ◇ *nm, f* passer-by. ◆ **passant** *nm (de ceinture)* (belt) loop.

passe [pas] ◇ *nm* passkey. ◇ *nf* 1. *(au sport)* pass. 2. (NAVIG) channel.

passé, -e [pase] *adj* 1. *(qui n'est plus)* past; *(précédent)*: **la semaine ~e** last week; **il est trois heures ~es** it's gone three *Br*, it's after three. 2. *(fané)* faded. ◆ **passé** ◇ *nm* past; **~ composé** perfect tense; **~ simple** past historic. ◇ *prép* after.

passe-droit [pasdrwa] (*pl* **passe-droits**) *nm* privilege.

passe-montagne [pasmɔ̃taɲ] (*pl* **passe-montagnes**) *nm* Balaclava (helmet).

passe-partout [paspartu] *nm inv* 1. *(clé)* passkey. 2. (*en apposition*) *(tenue)* all-purpose; *(phrase)* stock (*avant n*).

passeport [paspɔr] *nm* passport.

passer [pase] ◇ *vi* (*aux: être*) 1. *(se frayer un chemin)* to pass, to get past. 2. *(défiler)* to go by OU past. 3. *(aller)* to go; **~ à** OU **au travers** OU **par** to come OU pass through; **~ chez qqn** to call on sb, to drop in on sb; **~ devant** *(lieu)* to pass; *(juge)* to come before; **en passant** in passing. 4. *(facteur)* to come, to call. 5. (SCOL) to pass, to be admitted; **~ dans la classe supérieure** to move up, to be moved up (a class). 6. *(être accepté)* to be accepted. 7. *(fermer les yeux)*: **~ sur qqch** to pass over sthg. 8. *(temps)* to pass, to go by. 9. *(souvenir, couleur)* to fade; *(douleur)* to pass, to go away. 10. (CIN, TÉLÉ & THÉÂTRE) to be on; **~ à la radio/télévision** to be on the radio/television. 11. (CARTES) to pass. 12. *(devenir)*: **~ président/directeur** to become president/director, to be appointed president/director. 13. *loc*: **~ inaperçu** to pass OU go unnoticed; **passons ...** let's move on ...; **~ pour** to be regarded as; **se faire ~ pour qqn** to pass o.s. off as sb; **il y est passé** *fam (mort)* he kicked the bucket. ◇ *vt* (*aux: avoir*) 1. *(frontière, rivière)* to cross; *(douane)* to go through. 2. *(soirée, vacances)* to spend. 3. *(sauter - ligne, tour)* to miss. 4. *(défauts)*: **~ qqch à qqn** to overlook sthg in sb. 5. *(faire aller - bras)* to pass, to put. 6. *(filtrer - huile)* to strain;

(- café) to filter. 7. *(film, disque)* to put on. 8. *(vêtement)* to slip on. 9. *(vitesses)* to change; **~ la** OU **en troisième** to change into third (gear). 10. *(donner)*: **~ qqch à qqn** to pass sb sthg; (MÉD) to give sb sthg. 11. *(accord)*: **~ un contrat avec qqn** to have an agreement with sb. 12. (SCOL & UNIV) *(examen)* to sit, to take. 13. *(au téléphone)*: **je vous passe Mme Ledoux** *(transmettre)* I'll put you through to Mme Ledoux; *(donner l'écouteur à)* I'll hand you Mme Ledoux. ◆ **se passer** *vp* 1. *(événement)* to happen, to take place; **comment ça s'est passé?** how did it go?; **ça ne se passera pas comme ça!** I'm not putting up with that! 2. *(crème)* to put on. 3. *(s'abstenir)*: **se ~ de qqch/de faire qqch** to do without sthg/doing sthg.

passerelle [pasrɛl] *nf* 1. *(pont)* footbridge. 2. *(passage mobile)* gangway.

passe-temps [pastɑ̃] *nm inv* pastime.

passif, -ive [pasif, iv] *adj* passive. ◆ **passif** *nm* 1. (GRAM) passive. 2. (FIN) liabilities *(pl)*.

passion [pasjɔ̃] *nf* passion; **avoir la ~ de qqch** to have a passion for sthg.

passionnant, -e [pasjɔnɑ̃, ɑ̃t] *adj* exciting, fascinating.

passionné, -e [pasjɔne] ◇ *adj* 1. *(personne)* passionate. 2. *(récit)* impassioned. ◇ *nm, f* passionate person; **~ de ski/d'échecs** *etc* skiing/chess *etc* fanatic.

passionnel, -elle [pasjɔnɛl] *adj (crime)* of passion.

passionner [pasjɔne] *vt (personne)* to grip, to fascinate. ◆ **se passionner** *vp*: **se ~ pour** to have a passion for.

passivité [pasivite] *nf* passivity.

passoire [paswar] *nf (à liquide)* sieve; *(à légumes)* colander.

pastel [pastɛl] ◇ *nm* pastel. ◇ *adj inv (couleur)* pastel *(avant n)*.

pastèque [pastɛk] *nf* watermelon.

pasteur [pastœr] *nm* 1. *littéraire (berger)* shepherd. 2. (RELIG) pastor, minister.

pasteuriser [pastœrize] *vt* to pasteurize.

pastille [pastij] *nf* pastille, lozenge.

pastis [pastis] *nm aniseed-flavoured aperitif.*

patate [patat] *nf* 1. *fam (pomme de terre)* spud. 2. *fam (imbécile)* fathead.

patauger [patoʒe] *vi* to splash about.

pâte [pat] *nf* 1. *(à tarte)* pastry; *(à pain)* dough; **~ brisée** shortcrust pastry; **~ feuilletée** puff pastry; **~ à frire** batter; **~ à pain** bread dough. 2. *(mélange)* paste; **~ d'amandes** almond paste; **~ de fruits** *jelly made from fruit paste*; **~ à modeler** modelling clay. ◆ **pâtes** *nfpl* pasta *(sg)*.

pâté [pate] *nm* 1. (CULIN) pâté; **~ de campagne** farmhouse pâté; **~ en croûte** *pâté baked in a pastry case*; **~ de foie** liver pâté. 2. *(tache)* ink blot. 3. *(bloc)*: **~ de maisons** block (of houses).

patelin [patlɛ̃] *nm fam* village, place.

patente [patɑ̃t] *nf* licence fee *(for traders and professionals)*.

patère [patɛr] *nf* coat hook.

paternalisme [patɛrnalism] *nm* paternalism.

paternel, -elle [patɛrnɛl] *adj (devoir, autorité)* paternal; *(amour, ton)* fatherly.

paternité [patɛrnite] *nf* paternity, fatherhood; *fig* authorship, paternity.

pâteux, -euse [patø, øz] *adj (aliment)* doughy; *(encre)* thick.

pathétique [patetik] *adj* moving, pathetic.

pathologie [patɔlɔʒi] *nf* pathology.

patibulaire [patibylɛr] *adj péj* sinister.

patience [pasjɑ̃s] *nf* 1. *(gén)* patience. 2. *(jeu)* patience *Br*, solitaire *Am*.

patient, -e [pasjɑ̃, ɑ̃t] ◇ *adj* patient. ◇ *nm, f* (MÉD) patient.

patienter [pasjɑ̃te] *vi* to wait.

patin [patɛ̃] *nm* (SPORT) skate; **~ à glace/à roulettes** ice/roller skate; **faire du ~ à glace/à roulettes** to go ice-/roller-skating.

patinage [patinaʒ] *nm* (SPORT) skating; **~ artistique/de vitesse** figure/speed skating.

patiner [patine] ◇ *vi* 1. (SPORT) to skate. 2. *(véhicule)* to skid. ◇ *vt (objet)* to give a patina to; *(avec vernis)* to varnish. ◆ **se patiner** *vp* to take on a patina.

patineur, -euse [patinœr, øz] *nm, f* skater.

patinoire [patinwar] *nf* ice OU skating rink.

pâtisserie [patisri] *nf* 1. *(gâteau)* pastry. 2. *(art, métier)* pastry-making. 3. *(commerce)* = cake shop.

pâtissier, -ère [patisje, ɛr] ◇ *adj*: **crème pâtissière** confectioner's custard. ◇ *nm, f* pastrycook.

patois [patwa] *nm* patois.

patriarche [patrijarʃ] *nm* patriarch.

patrie [patri] *nf* country, homeland.

patrimoine [patrimwan] *nm (familial)* inheritance; *(collectif)* heritage.

patriote [patrijɔt] *nmf* patriot.

patriotique [patrijɔtik] *adj* patriotic.

patron, -onne [patrɔ̃, ɔn] *nm, f* 1. *(d'entreprise)* head. 2. *(chef)* boss.

3. (RELIG) patron saint. ◆ **patron** *nm (modèle)* pattern.

patronage [patrɔnaʒ] *nm* 1. *(protection)* patronage; *(de saint)* protection. 2. *(organisation)* youth club.

patronal, -e, -aux [patrɔnal, o] *adj* (COMM & IND) employers' *(avant n)*.

patronat [patrɔna] *nm* employers.

patronyme [patrɔnim] *nm* patronymic.

patrouille [patruj] *nf* patrol.

patte [pat] *nf* 1. *(d'animal)* paw; *(d'oiseau)* foot. 2. *fam (jambe)* leg; *(pied)* foot; *(main)* hand, paw. 3. *(favori)* sideburn.

pâturage [patyraʒ] *nm* pasture land.

pâture [patyr] *nf (nourriture)* food, fodder; *fig* intellectual nourishment.

paume [pom] *nf* 1. *(de main)* palm. 2. (SPORT) real tennis.

paumé, -e [pome] *fam* ◇ *adj* lost. ◇ *nm, f* down and out.

paumer [pome] *fam vt* to lose. ◆ **se paumer** *vp* to get lost.

paupière [popjɛr] *nf* eyelid.

pause [poz] *nf* 1. *(arrêt)* break; **~-café** coffee-break. 2. (MUS) pause.

pauvre [povr] ◇ *nmf* poor person. ◇ *adj* poor; **~ en** low in.

pauvreté [povrəte] *nf* poverty.

pavaner [pavane] ◆ **se pavaner** *vp* to strut.

pavé, -e [pave] *adj* cobbled. ◆ **pavé** *nm* 1. *(chaussée)*: **être sur le ~** *fig* to be out on the streets; **battre le ~** *fig* to walk the streets. 2. *(de pierre)* cobblestone, paving stone. 3. *fam (livre)* tome. 4. (INFORM): **~ numérique** numeric keypad.

pavillon [pavijɔ̃] *nm* 1. *(bâtiment)* detached house. 2. *(de trompette)* bell. 3. *(d'oreille)* pinna, auricle. 4. *(drapeau)* flag.

pavot [pavo] *nm* poppy.

payant, -e [pɛjɑ̃, ɑ̃t] *adj* 1. *(hôte)* paying *(avant n)*. 2. *(spectacle)* with an admission charge. 3. *fam (affaire)* profitable.

paye = **paie**.

payement = **paiement**.

payer [peje] ◇ *vt* 1. *(gén)* to pay; *(achat)* to pay for; **~ qqch à qqn** to buy sthg for sb, to buy sb sthg, to treat sb to sthg. 2. *(expier - crime, faute)* to pay for. ◇ *vi*: **~ (pour)** to pay (for).

pays [pei] *nm* 1. *(gén)* country. 2. *(région, province)* region. ◆ **pays de Galles** *nm*: **le ~ de Galles** Wales.

paysage [peizaʒ] *nm* 1. *(site, vue)* landscape, scenery. 2. *(tableau)* landscape.

paysagiste [peizaʒist] *nmf* 1. *(peintre)* landscape artist. 2. *(concepteur de parcs)* landscape gardener.

paysan, -anne [peizɑ̃, an] ◇ *adj (vie, coutume)* country *(avant n)*, rural; *(revendication)* farmers' *(avant n)*; *péj* peasant *(avant n)*. ◇ *nm, f* 1. *(agriculteur)* (small) farmer. 2. *péj (rustre)* peasant.

Pays-Bas [peiba] *nmpl*: **les ~** the Netherlands.

PC *nm* 1. *(abr de* **Parti communiste**) Communist Party. 2. *(abr de* **personal computer**) PC. 3. *(abr de* **Petite Ceinture**) *bus following the inner ring road in Paris.*

PCV *(abr de* **à percevoir**) *nm* reverse charge call.

P-DG *(abr de* **président-directeur général**) *nm* Chairman and Managing Director *Br*, Chairman and President *Am*.

péage [peaʒ] *nm* toll.

peau [po] *nf* 1. *(gén)* skin; **~ d'orange** orange peel; (MÉD) ≃ cellulite. 2. *(cuir)* hide, leather *(U)*.

péché [peʃe] *nm* sin.

pêche [pɛʃ] *nf* 1. *(fruit)* peach. 2. *(activité)* fishing; *(poissons)* catch; **aller à la ~** to go fishing.

pécher [peʃe] *vi* to sin.

pêcher[1] [peʃe] *vt* 1. *(poisson)* to catch. 2. *fam (trouver)* to dig up.

pêcher[2] [peʃe] *nm* peach tree.

pécheur, -eresse [peʃœr, peʃrɛs] ◇ *adj* sinful. ◇ *nm, f* sinner.

pêcheur, -euse [pɛʃœr, øz] *nm, f* fisherman *(f* fisherwoman).

pectoral, -e, -aux [pɛktɔral, o] *adj (sirop)* cough *(avant n)*. ◆ **pectoraux** *nmpl* pectorals.

pécuniaire [pekynjɛr] *adj* financial.

pédagogie [pedagɔʒi] *nf* 1. *(science)* education, pedagogy. 2. *(qualité)* teaching ability.

pédagogue [pedagɔg] ◇ *nmf* teacher. ◇ *adj*: **être ~** to be a good teacher.

pédale [pedal] *nf (gén)* pedal.

pédaler [pedale] *vi (à bicyclette)* to pedal.

Pédalo® [pedalo] *nm* pedal boat.

pédant, -e [pedɑ̃, ɑ̃t] *adj* pedantic.

pédéraste [pederast] *nm* homosexual, pederast.

pédiatre [pedjatr] *nmf* pediatrician.

pédiatrie [pedjatri] *nf* pediatrics *(U)*.

pédicure [pedikyr] *nmf* chiropodist.

peigne [pɛɲ] *nm* 1. *(démêloir, barrette)* comb. 2. *(de tissage)* card.

peigner [peɲe] *vt* 1. *(cheveux)* to comb. 2. *(fibres)* to card. ◆ **se peigner** *vp* to comb one's hair.

peignoir [pɛɲwar] *nm* dressing gown *Br*, robe *Am*, bathrobe *Am*.

peindre [pɛ̃dr] *vt* to paint; *fig* to depict.

peine [pɛn] *nf* 1. *(châtiment)* punishment, penalty; (JUR) sentence; **sous ~ de qqch** on pain of sthg; **~ capitale** OU **de mort** capital punishment, death sentence. 2. *(chagrin)* sorrow, sadness *(U)*; **faire de la ~ à qqn** to upset sb, to distress sb. 3. *(effort)* trouble; **ça ne vaut pas** OU **ce n'est pas la ~** it's not worth it. 4. *(difficulté)* difficulty; **avoir de la ~ à faire qqch** to have difficulty OU trouble doing sthg; **à grand-~** with great difficulty; **sans ~** without difficulty, easily. ◆ **à peine** *loc adv* scarcely, hardly; **à ~ ... que** hardly ... than; **c'est à ~ si on se parle** we hardly speak (to each other).

peint, -e [pɛ̃, pɛ̃t] *pp* → **peindre**.

peintre [pɛ̃tr] *nm* painter.

peinture [pɛ̃tyr] *nf* 1. *(gén)* painting. 2. *(produit)* paint; **'~ fraîche'** 'wet paint'.

péjoratif, -ive [peʒɔratif, iv] *adj* pejorative.

Pékin [pekɛ̃] *n* Peking, Beijing.

pékinois, -e [pekinwa, az] *adj* of/from Peking. ◆ **pékinois** *nm* 1. *(langue)* Mandarin. 2. *(chien)* pekinese. ◆ **Pékinois, -e** *nm, f* native OU inhabitant of Peking.

pelage [pəlaʒ] *nm* coat, fur.

pêle-mêle [pɛlmɛl] *adv* pell-mell.

peler [pəle] *vt & vi* to peel.

pèlerin [pɛlrɛ̃] *nm* pilgrim.

pèlerinage [pɛlrinaʒ] *nm* 1. *(voyage)* pilgrimage. 2. *(lieu)* place of pilgrimage.

pélican [pelikɑ̃] *nm* pelican.

pelle [pɛl] *nf* 1. *(instrument)* shovel. 2. *(machine)* digger.

pelleter [pɛlte] *vt* to shovel.

pellicule [pelikyl] *nf* film. ◆ **pellicules** *nfpl* dandruff *(U)*.

pelote [pəlɔt] *nf (de laine, ficelle)* ball.

peloter [plɔte] *vt fam* to paw.

peloton [plɔtɔ̃] *nm* 1. *(de soldats)* squad; **~ d'exécution** firing squad. 2. *(de concurrents)* pack.

pelotonner [pəlɔtɔne] ◆ **se pelotonner** *vp* to curl up.

pelouse [pəluz] *nf* 1. *(de jardin)* lawn. 2. *(de champ de courses)* public enclosure. 3. (FOOTBALL & RUGBY) field.

peluche [pəlyʃ] *nf* 1. *(jouet)* soft toy. 2. *(d'étoffe)* piece of fluff.

pelure [pəlyr] *nf (fruit)* peel.

pénal, -e, -aux [penal, o] *adj* penal.

pénaliser [penalize] *vt* to penalize.

penalty [penalti] (*pl* **penaltys** OU **penalties**) *nm* penalty.

penaud, -e [pəno, od] *adj* sheepish.

penchant [pɑ̃ʃɑ̃] *nm* 1. *(inclination)* tendency. 2. *(sympathie)*: **~ pour** liking OU fondness for.

pencher [pɑ̃ʃe] ◇ *vi* to lean; **~ vers/pour** *fig* to incline towards/in favour of. ◇ *vt* to bend. ◆ **se pencher** *vp (s'incliner)* to lean over; *(se baisser)* to bend down; **se ~ sur qqn/qqch** to lean over sb/sthg.

pendaison [pɑ̃dɛzɔ̃] *nf* hanging.

pendant¹, -e [pɑ̃dɑ̃, ɑ̃t] *adj (bras)* hanging, dangling. ◆ **pendant** *nm* 1. *(bijou)*: **~ d'oreilles** (drop) earring. 2. *(de paire)* counterpart.

pendant² [pɑ̃dɑ̃] *prép (au cours de)* during; *(insistant sur la durée)* for. ◆ **pendant que** *loc conj* while, whilst; **~ que j'y suis, ...** while I'm at it, ...

pendentif [pɑ̃dɑ̃tif] *nm* pendant.

penderie [pɑ̃dri] *nf* wardrobe.

pendre [pɑ̃dr] ◇ *vi* 1. *(être accroché)*: **~ (à)** to hang (from). 2. *(retomber)* to hang down. ◇ *vt* 1. *(accrocher)* to hang (up), to put up. 2. *(personne)* to hang. ◆ **se pendre** *vp (se tuer)* to hang o.s.

pendule [pɑ̃dyl] ◇ *nm* pendulum. ◇ *nf* clock.

pénétrer [penetre] ◇ *vi* to enter. ◇ *vt* 1. *(mur, vêtement)* to penetrate. 2. *fig (mystère, secret)* to fathom out.

pénible [penibl] *adj* 1. *(travail)* laborious. 2. *(nouvelle, maladie)* painful. 3. *fam (personne)* tiresome.

péniche [peniʃ] *nf* barge.

pénicilline [penisilin] *nf* penicillin.

péninsule [penɛ̃syl] *nf* peninsula.

pénis [penis] *nm* penis.

pénitence [penitɑ̃s] *nf* 1. *(repentir)* penitence. 2. *(peine, punition)* penance.

pénitencier [penitɑ̃sje] *nm* prison, penitentiary *Am*.

pénombre [penɔ̃br] *nf* half-light.

pense-bête [pɑ̃sbɛt] (*pl* **pense-bêtes**) *nm* reminder.

pensée [pɑ̃se] *nf* 1. *(idée, faculté)* thought. 2. *(esprit)* mind, thoughts *(pl)*. 3. *(doctrine)* thought, thinking. 4. (BOT) pansy.

penser [pɑ̃se] ◇ *vi* to think; **~ à qqn/qqch** *(avoir à l'esprit)* to think of sb/sthg, to think about sb/sthg; *(se rappeler)* to remember sb/sthg; **~ à faire qqch** *(avoir*

à l'esprit) to think of doing sthg; *(se rappeler)* to remember to do sthg; **qu'est-ce que tu en penses?** what do you think (of it)?; **faire ~ à qqn/qqch** to make one think of sb/sthg. ◇ *vt* to think; **je pense que oui** I think so; **je pense que non** I don't think so; **~ faire qqch** to be planning to do sthg.
pensif, -ive [pɑ̃sif, iv] *adj* pensive, thoughtful.
pension [pɑ̃sjɔ̃] *nf* **1.** *(allocation)* pension; **~ alimentaire** alimony. **2.** *(logement)* board and lodgings; **~ complète** full board; **demi-~** half board. **3.** *(hôtel)* guesthouse; **~ de famille** guesthouse, boarding house. **4.** *(loyer)* = rent, keep. **5.** *(internat)* boarding school; **être en ~** to be a boarder OU at boarding school.
pensionnaire [pɑ̃sjɔnɛr] *nmf* **1.** *(élève)* boarder. **2.** *(hôte payant)* lodger.
pensionnat [pɑ̃sjɔna] *nm* *(internat)* boarding school.
pentagone [pɛ̃tagɔn] *nm* pentagon.
pente [pɑ̃t] *nf* slope; **en ~** sloping, inclined.
pentecôte [pɑ̃tkot] *nf* *(juive)* Pentecost; *(chrétienne)* Whitsun.
pénurie [penyri] *nf* shortage.
pépier [pepje] *vi* to chirp.
pépin [pepɛ̃] *nm* **1.** *(graine)* pip. **2.** *fam (ennui)* hitch. **3.** *fam (parapluie)* umbrella, brolly *Br.*
pépinière [pepinjɛr] *nf* tree nursery; *fig (école, établissement)* nursery.
pépite [pepit] *nf* nugget.
perçant, -e [pɛrsɑ̃, ɑ̃t] *adj* **1.** *(regard, son)* piercing. **2.** *(froid)* bitter, biting.
percepteur [pɛrsɛptœr] *nm* tax collector.
perception [pɛrsɛpsjɔ̃] *nf* **1.** *(d'impôts)* collection. **2.** *(bureau)* tax office. **3.** *(sensation)* perception.
percer [pɛrse] ◇ *vt* **1.** *(mur, roche)* to make a hole in; *(coffre-fort)* to crack. **2.** *(trou)* to make; *(avec perceuse)* to drill. **3.** *(silence, oreille)* to pierce. **4.** *(foule)* to make one's way through. **5.** *fig (mystère)* to penetrate. ◇ *vi* **1.** *(soleil)* to break through. **2.** *(abcès)* to burst; **avoir une dent qui perce** to be cutting a tooth. **3.** *(réussir)* to make a name for o.s., to break through.
perceuse [pɛrsøz] *nf* drill.
percevoir [pɛrsəvwar] *vt* **1.** *(intention, nuance)* to perceive. **2.** *(indemnité)* to receive. **3.** *(impôts)* to collect.
perche [pɛrʃ] *nf* **1.** *(poisson)* perch. **2.** *(de bois, métal)* pole.
percher [pɛrʃe] ◇ *vi* to perch. ◇ *vt* to perch. ◆ **se percher** *vp* to perch.
perchoir [pɛrʃwar] *nm* perch.
percolateur [pɛrkɔlatœr] *nm* percolator.
perçu, -e [pɛrsy] *pp* → **percevoir**.
percussion [pɛrkysjɔ̃] *nf* percussion.
percutant, -e [pɛrkytɑ̃, ɑ̃t] *adj* **1.** *(obus)* explosive. **2.** *fig (argument)* forceful.
percuter [pɛrkyte] ◇ *vt* to strike, to smash into. ◇ *vi* to explode.
perdant, -e [pɛrdɑ̃, ɑ̃t] ◇ *adj* losing. ◇ *nm, f* loser.
perdre [pɛrdr] ◇ *vt* **1.** *(gén)* to lose. **2.** *(temps)* to waste; *(occasion)* to miss, to waste. **3.** *(suj: bonté)* to be the ruin of. ◇ *vi* to lose. ◆ **se perdre** *vp* **1.** *(coutume)* to die out, to become lost. **2.** *(personne)* to get lost, to lose one's way.
perdrix [pɛrdri] *nf* partridge.
perdu, -e [pɛrdy] ◇ *pp* → **perdre**. ◇ *adj* **1.** *(égaré)* lost. **2.** *(endroit)* out-of-the-way. **3.** *(balle)* stray. **4.** *(emballage)* non-returnable. **5.** *(temps, occasion)* wasted. **6.** *(malade)* dying. **7.** *(récolte, robe)* spoilt, ruined.
père [pɛr] *nm* *(gén)* father; **~ de famille** father. ◆ **père Noël** *nm*: **le ~ Noël** Father Christmas, Santa Claus.
péremptoire [perɑ̃ptwar] *adj* peremptory.
perfection [pɛrfɛksjɔ̃] *nf* perfection.
perfectionner [pɛrfɛksjɔne] *vt* to perfect. ◆ **se perfectionner** *vp* to improve.
perfide [pɛrfid] *adj* perfidious.
perforer [pɛrfɔre] *vt* to perforate.
performance [pɛrfɔrmɑ̃s] *nf* performance.
performant, -e [pɛrfɔrmɑ̃, ɑ̃t] *adj* **1.** *(personne)* efficient. **2.** *(machine)* high-performance *(avant n)*.
perfusion [pɛrfyzjɔ̃] *nf* perfusion.
péridurale [peridyral] *nf* epidural.
péril [peril] *nm* peril.
périlleux, -euse [perijø, øz] *adj* perilous, dangerous.
périmé, -e [perime] *adj* out-of-date; *fig (idées)* outdated.
périmètre [perimɛtr] *nm* **1.** *(contour)* perimeter. **2.** *(contenu)* area.
période [perjɔd] *nf* period.
périodique [perjɔdik] ◇ *nm* periodical. ◇ *adj* periodic.
péripétie [peripesi] *nf* event.
périphérie [periferi] *nf* **1.** *(de ville)* outskirts *(pl)*. **2.** *(bord)* periphery; *(de cercle)* circumference.

périphérique [periferik] ◇ *nm* **1.** *(route)* ring road *Br*, beltway *Am*. **2.** (INFORM) peripheral device. ◇ *adj* peripheral.
périphrase [perifraz] *nf* periphrasis.
périple [peripl] *nm* **1.** (NAVIG) voyage. **2.** *(voyage)* trip.
périr [perir] *vi* to perish.
périssable [perisabl] *adj* **1.** *(denrée)* perishable. **2.** *littéraire (sentiment)* transient.
perle [pɛrl] *nf* **1.** *(de nacre)* pearl. **2.** *(de bois, verre)* bead. **3.** *(personne)* gem.
permanence [pɛrmanɑ̃s] *nf* **1.** *(continuité)* permanence; **en ~** constantly. **2.** *(service)*: **être de ~** to be on duty. **3.** (SCOL): **(salle de) ~** study room.
permanent, -e [pɛrmanɑ̃, ɑ̃t] *adj* permanent; *(cinéma)* with continuous showings; *(comité)* standing *(avant n)*. ◆ **permanente** *nf* perm.
permettre [pɛrmɛtr] *vt* to permit, to allow; **~ à qqn de faire qqch** to permit OU allow sb to do sthg. ◆ **se permettre** *vp*: **se ~ qqch** to allow o.s sthg; *(avoir les moyens de)* to be able to afford sthg; **se ~ de faire qqch** to take the liberty of doing sthg.
permis, -e [pɛrmi, iz] *pp* → **permettre**. ◆ **permis** *nm* licence, permit; **~ de conduire** driving licence *Br*, driver's license *Am*; **~ de construire** planning permission *Br*, building permit *Am*; **~ de travail** work permit.
permission [pɛrmisjɔ̃] *nf* **1.** *(autorisation)* permission. **2.** (MIL) leave.
permuter [pɛrmyte] ◇ *vt* to change round; *(mots, figures)* to transpose. ◇ *vi* to change, to switch.
pérorer [perɔre] *vi péj* to hold forth.
Pérou [peru] *nm*: **le ~** Peru.
perpendiculaire [pɛrpɑ̃dikylɛr] ◇ *nf* perpendicular. ◇ *adj*: **~ (à)** perpendicular (to).
perpétrer [pɛrpetre] *vt* to perpetrate.
perpétuel, -elle [pɛrpetɥɛl] *adj* **1.** *(fréquent, continu)* perpetual. **2.** *(rente)* life *(avant n)*; *(secrétaire)* permanent.
perpétuer [pɛrpetɥe] *vt* to perpetuate. ◆ **se perpétuer** *vp* to continue; *(espèce)* to perpetuate itself.
perpétuité [pɛrpetɥite] *nf* perpetuity; **à ~** for life; **être condamné à ~** to be sentenced to life imprisonment.
perplexe [pɛrplɛks] *adj* perplexed.
perquisition [pɛrkizisjɔ̃] *nf* search.
perron [pɛrɔ̃] *nm* steps *(pl) (at entrance to building)*.
perroquet [pɛrɔkɛ] *nm* parrot.
perruche [pɛryʃ] *nf* budgerigar.
perruque [pɛryk] *nf* wig.
persan, -e [pɛrsɑ̃, an] *adj* Persian. ◆ **persan** *nm (chat)* Persian (cat).
persécuter [pɛrsekyte] *vt* **1.** *(martyriser)* to persecute. **2.** *(harceler)* to harass.
persécution [pɛrsekysjɔ̃] *nf* persecution.
persévérant, -e [pɛrseverɑ̃, ɑ̃t] *adj* persevering.
persévérer [pɛrsevere] *vi*: **~ (dans)** to persevere (in).
persienne [pɛrsjɛn] *nf* shutter.
persifler [pɛrsifle] *vt littéraire* to mock.
persil [pɛrsi] *nm* parsley.
persistant, -e [pɛrsistɑ̃, ɑ̃t] *adj* persistent; **à feuillage ~** evergreen.
persister [pɛrsiste] *vi* to persist; **~ à faire qqch** to persist in doing sthg.
personnage [pɛrsɔnaʒ] *nm* **1.** (THÉÂTRE) character; (ART) figure. **2.** *(personnalité)* image.
personnalité [pɛrsɔnalite] *nf* **1.** *(gén)* personality. **2.** (JUR) status.
personne [pɛrsɔn] ◇ *nf* person; **~s** people; **en ~** in person, personally; **~ âgée** elderly person. ◇ *pron indéf* **1.** *(quelqu'un)* anybody, anyone. **2.** *(aucune personne)* nobody, no one; **~ ne viendra** nobody will come; **il n'y a jamais ~** there's never anybody there, nobody is ever there.
personnel, -elle [pɛrsɔnɛl] *adj* **1.** *(gén)* personal. **2.** *(égoïste)* self-centred. ◆ **personnel** *nm* staff, personnel.
personnellement [pɛrsɔnɛlmɑ̃] *adv* personally.
personnifier [pɛrsɔnifje] *vt* to personify.
perspective [pɛrspɛktiv] *nf* **1.** (ART & *point de vue)* perspective. **2.** *(panorama)* view. **3.** *(éventualité)* prospect.
perspicace [pɛrspikas] *adj* perspicacious.
persuader [pɛrsɥade] *vt*: **~ qqn de qqch/de faire qch** to persuade sb of sthg/to do sthg, to convince sb of sthg/to do sthg.
persuasif, -ive [pɛrsɥazif, iv] *adj* persuasive.
persuasion [pɛrsɥazjɔ̃] *nf* persuasion.
perte [pɛrt] *nf* **1.** *(gén)* loss. **2.** *(gaspillage)* waste. **3.** *(ruine)* ruin. ◆ **pertes** *nfpl (morts)* losses. ◆ **à perte de vue** *loc adv* as far as the eye can see.
pertinent, -e [pɛrtinɑ̃, ɑ̃t] *adj* pertinent, relevant.

perturber [pɛrtyrbe] *vt* **1.** *(gén)* to disrupt; **~ l'ordre public** to disturb the peace. **2.** (PSYCHOL) to disturb.

pervenche [pɛrvɑ̃ʃ] *nf* **1.** (BOT) periwinkle. **2.** *fam (contractuelle)* traffic warden *Br*, meter maid *Am*.

pervers, -e [pɛrvɛr, ɛrs] ◇ *adj* **1.** *(vicieux)* perverted. **2.** *(effet)* unwanted. ◇ *nm, f* pervert.

perversion [pɛrvɛrsjɔ̃] *nf* perversion.

perversité [pɛrvɛrsite] *nf* perversity.

pervertir [pɛrvɛrtir] *vt* to pervert.

pesamment [pəzamɑ̃] *adv* heavily.

pesant, -e [pəsɑ̃, ɑ̃t] *adj* **1.** *(lourd)* heavy. **2.** *(style, architecture)* ponderous.

pesanteur [pəzɑ̃tœr] *nf* **1.** (PHYS) gravity. **2.** *(lourdeur)* heaviness.

pesée [pəze] *nf (opération)* weighing.

pèse-personne [pɛzpɛrsɔn] (*pl inv* OU **pèse-personnes**) *nm* scales (*pl*).

peser [pəze] ◇ *vt* to weigh. ◇ *vi* **1.** *(avoir un certain poids)* to weigh. **2.** *(être lourd)* to be heavy. **3.** *(appuyer)*: **~ sur qqch** to press (down) on sthg.

peseta [pezeta] *nf* peseta.

pessimisme [pesimism] *nm* pessimism.

pessimiste [pesimist] ◇ *nmf* pessimist. ◇ *adj* pessimistic.

peste [pɛst] *nf* **1.** (MÉD) plague. **2.** *(personne)* pest.

pestiféré, -e [pɛstifere] ◇ *adj* plague-stricken. ◇ *nm, f* plague victim.

pestilentiel, -elle [pɛstilɑ̃sjɛl] *adj* pestilential.

pet [pɛ] *nm fam* fart.

pétale [petal] *nm* petal.

pétanque [petɑ̃k] *nf* = bowls *(U)*.

pétarader [petarade] *vi* to backfire.

pétard [petar] *nm* **1.** *(petit explosif)* banger *Br*, firecracker. **2.** *fam (revolver)* gun. **3.** *fam (haschich)* joint.

péter [pete] ◇ *vi* **1.** *tfam (personne)* to fart. **2.** *fam (câble, élastique)* to snap. ◇ *vt fam* to bust.

pétiller [petije] *vi* **1.** *(vin, eau)* to sparkle, to bubble. **2.** *(feu)* to crackle. **3.** *fig (yeux)* to sparkle.

petit, -e [pəti, it] ◇ *adj* **1.** *(de taille, jeune)* small, little; **~ frère** little OU younger brother; **~e sœur** little OU younger sister. **2.** *(voyage)* short, little. **3.** *(somme d'argent)* small; *(bruit)* faint, slight; **c'est une ~e nature** he/she is slightly built. **4.** *(de peu d'importance, de peu de valeur)* minor. **5.** *(médiocre, mesquin)* petty. **6.** *(de rang modeste - commerçant, propriétaire, pays)* small; *(- fonctionnaire)* minor. ◇ *nm, f (enfant)* little one, child; **bonjour, mon ~/ma ~e** good morning, my dear; **pauvre ~!** poor little thing!; **la classe des ~s** (SCOL) the infant class. ◇ *nm (jeune animal)* young *(U)*; **faire des ~s** to have puppies/kittens *etc.* ◆ **petit à petit** *loc adv* little by little, gradually.

petit déjeuner [p(ə)tidezøne] *nm* breakfast.

petite-fille [p(ə)titfij] *nf* granddaughter.

petitement [p(ə)titmɑ̃] *adv* **1.** *(chichement)* poorly. **2.** *(mesquinement)* pettily.

petitesse [p(ə)titɛs] *nf* **1.** *(taille)* smallness. **2.** *(d'esprit)* pettiness.

petit-fils [p(ə)tifis] *nm* grandson.

petit-four [p(ə)tifur] *nm* petit-four.

pétition [petisjɔ̃] *nf* petition.

petit-lait [p(ə)tilɛ] *nm* whey.

petit-nègre [p(ə)tinɛgr] *nm inv fam* pidgin French.

petits-enfants [p(ə)tizɑ̃fɑ̃] *nmpl* grandchildren.

petit-suisse [p(ə)tisɥis] *nm fresh soft cheese, eaten with sugar.*

pétrifier [petrifje] *vt litt & fig* to petrify.

pétrin [petrɛ̃] *nm* **1.** *(de boulanger)* kneading machine. **2.** *fam (embarras)* pickle; **se fourrer/être dans le ~** to get into/to be in a pickle.

pétrir [petrir] *vt* to knead.

pétrole [petrɔl] *nm* oil, petroleum.

pétrolier, -ère [petrɔlje, ɛr] *adj* oil (*avant n*), petroleum (*avant n*). ◆ **pétrolier** *nm (navire)* oil tanker.

pétrolifère [petrɔlifɛr] *adj* oil-bearing.

pétulant, -e [petylɑ̃, ɑ̃t] *adj* exuberant.

---

peu [pø] ◇ *adv* **1.** (*avec verbe, adjectif, adverbe*): **il a ~ dormi** he didn't sleep much, he slept little; **~ souvent** not very often, rarely; **très ~** very little. **2. ~ de** (+ *nom sg*) little, not much; (+ *nom pl*) few, not many; **il a ~ de travail** he hasn't got much work, he has little work; **il reste ~ de jours** there aren't many days left; **~ de gens le connaissent** few OU not many know him. ◇ *nm* **1.** *(petite quantité)*: **le ~ de** (+ *nom sg*) the little; (+ *nom pl*) the few. **2. un ~** a little, a bit; **un (tout) petit ~** a little bit; **un ~ de** a little; **un ~ de vin/patience** a little wine/patience. ◆ **avant peu** *loc adv* soon, before long. ◆ **depuis peu** *loc adv* recently. ◆ **peu à peu** *loc adv* gradually, little by little. ◆ **pour peu que** *loc conj* (+ *subjonctif*) if ever, if only. ◆ **pour un peu** *loc adv* nearly, almost. ◆ **si peu que** *loc conj* (+ *subjonctif*) however little. ◆ **sous peu** *loc adv* soon, shortly.

peuplade [pœplad] *nf* tribe.

peuple [pœpl] *nm* **1.** *(gén)* people; **le ~** the (common) people. **2.** *fam (multitude)*: **quel ~!** what a crowd!

peuplement [pœpləmɑ̃] *nm* **1.** *(action)* populating. **2.** *(population)* population.

peupler [pœple] *vt* **1.** *(région)* to populate; *(bois, étang)* to stock. **2.** *(habiter)* to inhabit. **3.** *fig (remplir)* to fill. ◆ **se peupler** *vp* **1.** *(région)* to become populated. **2.** *(rue, salle)* to be filled.

peuplier [pøplije] *nm* poplar.

peur [pœr] *nf* fear; **avoir ~ de qqn/qqch** to be afraid of sb/sthg; **avoir ~ de faire qqch** to be afraid of doing sthg; **avoir ~ que** (+ *subjonctif*) to be afraid that; **j'ai ~ qu'il ne vienne pas** I'm afraid he won't come; **faire ~ à qqn** to frighten sb; **par** OU **de ~ de qqch** for fear of sthg; **par** OU **de ~ de faire qqch** for fear of doing sthg.

peureux, -euse [pœrø, øz] ◇ *adj* fearful, timid. ◇ *nm, f* fearful OU timid person.

peut → **pouvoir**.

peut-être [pøtɛtr] *adv* perhaps, maybe; **~ qu'ils ne viendront pas** perhaps OU maybe they won't come.

peux → **pouvoir**.

phalange [falɑ̃ʒ] *nf* (ANAT) phalanx.

phallocrate [falɔkrat] *nm* male chauvinist.

phallus [falys] *nm* phallus.

pharaon [faraɔ̃] *nm* pharaoh.

phare [far] ◇ *nm* **1.** *(tour)* lighthouse. **2.** (AUTOM) headlight; **~ antibrouillard** fog lamp. ◇ *adj* landmark *(avant n)*; **une industrie ~** a flagship OU pioneering industry.

pharmaceutique [farmasøtik] *adj* pharmaceutical.

pharmacie [farmasi] *nf* **1.** *(science)* pharmacology. **2.** *(magasin)* chemist's *Br*, drugstore *Am*. **3.** *(meuble)*: **(armoire à) ~** medicine cupboard.

pharmacien, -enne [farmasjɛ̃, ɛn] *nm, f* chemist *Br*, druggist *Am*.

pharynx [farɛ̃ks] *nm* pharynx.

phase [faz] *nf* phase; **être en ~ avec qqn** to be on the same wavelength as sb.

phénoménal, -e, -aux [fenɔmenal, o] *adj* phenomenal.

phénomène [fenɔmɛn] *nm* **1.** *(fait)* phenomenon. **2.** *(être anormal)* freak. **3.** *fam (excentrique)* character.

philanthropie [filɑ̃trɔpi] *nf* philanthropy.

philatélie [filateli] *nf* philately, stamp-collecting.

philharmonique [filarmɔnik] *adj* philharmonic.

Philippines [filipin] *nfpl*: **les ~** the Philippines.

philologie [filɔlɔʒi] *nf* philology.

philosophe [filɔzɔf] ◇ *nmf* philosopher. ◇ *adj* philosophical.

philosophie [filɔzɔfi] *nf* philosophy.

phobie [fɔbi] *nf* phobia.

phonétique [fɔnetik] ◇ *nf* phonetics *(U)*. ◇ *adj* phonetic.

phonographe [fɔnɔgraf] *nm vieilli* gramophone *Br*, phonograph *Am*.

phoque [fɔk] *nm* seal.

phosphate [fɔsfat] *nm* phosphate.

phosphore [fɔsfɔr] *nm* phosphorus.

phosphorescent, -e [fɔsfɔresɑ̃, ɑ̃t] *adj* phosphorescent.

photo [fɔto] ◇ *nf* **1.** *(technique)* photography. **2.** *(image)* photo, picture; **prendre qqn en ~** to take a photo of sb; **~ d'identité** passport photo. ◇ *adj inv*: **appareil ~** camera.

photocomposition [fɔtɔkɔ̃pozisjɔ̃] *nf* filmsetting *Br*, photocomposition *Am*.

photocopie [fɔtɔkɔpi] *nf* photocopy.

photocopier [fɔtɔkɔpje] *vt* to photocopy.

photocopieur [fɔtɔkɔpjœr] *nm*, **photocopieuse** [fɔtɔkɔpjøz] *nf* photocopier.

photoélectrique [fɔtɔelɛktrik] *adj* photoelectric.

photogénique [fɔtɔʒenik] *adj* photogenic.

photographe [fɔtɔgraf] *nmf* **1.** *(artiste, technicien)* photographer. **2.** *(commerçant)* camera dealer.

> Attention: pour traduire «photographe» en anglais, il faut ajouter une lettre au mot français et non pas en retrancher une. En effet, «photographe» se dit *photographer*, alors que *photograph* signifie «photographie».

photographie [fɔtɔgrafi] *nf* **1.** *(technique)* photography. **2.** *(cliché)* photograph.

photographier [fɔtɔgrafje] *vt* to photograph.

Photomaton® [fɔtɔmatɔ̃] *nm* photo booth.

photoreportage [fɔtɔrəpɔrtaʒ] *nm* report *(consisting mainly of photographs).*

phrase [fraz] *nf* 1. (LING) sentence; **~ toute faite** stock phrase. 2. (MUS) phrase.

physicien, -enne [fizisjɛ̃, ɛn] *nm, f* physicist.

physiologie [fizjɔlɔʒi] *nf* physiology.

physiologique [fizjɔlɔʒik] *adj* physiological.

physionomie [fizjɔnɔmi] *nf* 1. *(faciès)* face. 2. *(apparence)* physiognomy.

physionomiste [fizjɔnɔmist] *adj*: **être ~** to have a good memory for faces.

physique [fizik] ◇ *adj* physical. ◇ *nf* physics *(U).* ◇ *nm* 1. *(constitution)* physical well-being. 2. *(apparence)* physique.

physiquement [fizikmɑ̃] *adv* physically.

piaffer [pjafe] *vi* 1. *(cheval)* to paw the ground. 2. *(personne)* to fidget.

piailler [pjaje] *vi* 1. *(oiseaux)* to cheep. 2. *(enfant)* to squawk.

pianiste [pjanist] *nmf* pianist.

piano [pjano] ◇ *nm* piano. ◇ *adv* 1. (MUS) piano. 2. *(doucement)* gently.

pianoter [pjanɔte] *vi* 1. *(jouer du piano)* to plunk away (on the piano). 2. *(sur table)* to drum one's fingers.

piaule [pjol] *nf fam (hébergement)* place; *(chambre)* room.

PIB *(abr de* **produit intérieur brut***)* *nm* GDP.

pic [pik] *nm* 1. *(outil)* pick, pickaxe. 2. *(montagne)* peak. 3. *(oiseau)* woodpecker. ◆ **à pic** *loc adv* 1. *(verticalement)* vertically; **couler à ~** to sink like a stone. 2. *fam fig (à point nommé)* just at the right moment.

pichenette [piʃnɛt] *nf* flick (of the finger).

pichet [piʃɛ] *nm* jug.

pickpocket [pikpɔkɛt] *nm* pickpocket.

picorer [pikɔre] *vi & vt* to peck.

picotement [pikɔtmɑ̃] *nm* prickling *(U),* prickle.

pie [pi] ◇ *nf* 1. *(oiseau)* magpie. 2. *fig & péj (bavard)* chatterbox. ◇ *adj inv (cheval)* piebald.

pièce [pjɛs] *nf* 1. *(élément)* piece; *(de moteur)* part; **~ de collection** collector's item; **~ détachée** spare part. 2. *(unité)*: **quinze francs ~** fifteen francs each OU apiece; **acheter/vendre qqch à la ~** to buy/sell sthg singly, to buy/sell sthg separately; **travailler à la ~** to do piece work. 3. *(document)* document, paper; **~ d'identité** identification papers *(pl)*; **~ justificative** written proof *(U),* supporting document. 4. *(œuvre)* piece; **~ (de théâtre)** play. 5. *(argent)*: **~ (de monnaie)** coin. 6. *(de maison)* room. 7. (COUTURE) patch.

pied [pje] *nm* 1. *(gén)* foot; **à ~** on foot; **avoir ~** to be able to touch the bottom; **perdre ~** *litt & fig* to be out of one's depth; **être/marcher ~s nus** OU **nu-~s** to be/to go barefoot; **~ bot** clubfoot. 2. *(de montagne, table)* foot; *(de verre)* stem; *(de lampe)* base. 3. *(de tomate)* stalk; *(de vigne)* stock. 4. *loc*: **être sur ~** to be (back) on one's feet, to be up and about; **faire du ~ à** to play footsie with; **mettre qqch sur ~** to get sthg on its feet, to get sthg off the ground; **je n'ai jamais mis les ~s chez lui** I've never set foot in his house; **au ~ de la lettre** literally, to the letter. ◆ **en pied** *loc adj* full-length.

pied-de-biche [pjedbiʃ] *(pl* **pieds-de-biche***)* *nm (outil)* nail claw.

piédestal, -aux [pjedɛstal, o] *nm* pedestal.

pied-noir [pjenwar] *nmf French settler in Algeria.*

piège [pjɛʒ] *nm litt & fig* trap.

piéger [pjeʒe] *vt* 1. *(animal, personne)* to trap. 2. *(colis, véhicule)* to boobytrap.

pierraille [pjɛraj] *nf* loose stones *(pl).*

pierre [pjɛr] *nf* stone; **~ d'achoppement** *fig* stumbling block; **~ précieuse** precious stone.

pierreries [pjɛrri] *nfpl* precious stones, jewels.

piété [pjete] *nf* piety.

piétiner [pjetine] ◇ *vi* 1. *(trépigner)* to stamp (one's feet). 2. *fig (ne pas avancer)* to make no progress, to be at a standstill. ◇ *vt (personne, parterre)* to trample.

piéton, -onne [pjetɔ̃, ɔn] ◇ *nm, f* pedestrian. ◇ *adj* pedestrian *(avant n).*

piétonnier, -ère [pjetɔnje, ɛr] *adj* pedestrian *(avant n).*

piètre [pjɛtr] *adj* poor.

pieu, -x [pjø] *nm* 1. *(poteau)* post, stake. 2. *fam (lit)* pit *Br,* sack *Am.*

pieuvre [pjœvr] *nf* octopus; *fig & péj* leech.

pieux, pieuse [pjø, pjøz] *adj* pious.

pif [pif] *nm fam* conk, hooter *Br;* **au ~** *fig* by guesswork.

pigeon [piʒɔ̃] *nm* 1. *(oiseau)* pigeon. 2. *fam péj (personne)* sucker.

pigeonnier [piʒɔnje] *nm (pour pigeons)* pigeon loft, dovecote.

pigment [pigmɑ̃] *nm* pigment.

pignon [piɲɔ̃] *nm* 1. *(de mur)* gable.

2. *(d'engrenage)* gearwheel. 3. *(de pomme de pin)* pine kernel.

pile [pil] ◇ *nf* 1. *(de livres, journaux)* pile. 2. (ÉLECTR) battery. 3. *(de pièce)*: **~ ou face** heads or tails. ◇ *adv fam* on the dot; **tomber/arriver ~** to come/to arrive at just the right time.

piler [pile] ◇ *vt* to crush, to grind. ◇ *vi fam* (AUTOM) to jam on the brakes.

pileux, -euse [pilø, øz] *adj* hairy (*avant n*); **système ~** hair.

pilier [pilje] *nm* 1. *(de construction)* pillar. 2. *fig (soutien)* mainstay, pillar. 3. (RUGBY) prop (forward).

pillard, -e [pijar, ard] *nm, f* looter.

piller [pije] *vt* 1. *(ville, biens)* to loot. 2. *fig (ouvrage, auteur)* to plagiarize.

pilon [pilɔ̃] *nm* 1. *(instrument)* pestle. 2. *(de poulet)* drumstick. 3. *(jambe de bois)* wooden leg.

pilonner [pilɔne] *vt* to pound.

pilori [pilɔri] *nm* pillory; **mettre** OU **clouer qqn au ~** *fig* to pillory sb.

pilotage [pilɔtaʒ] *nm* piloting; **~ automatique** automatic piloting.

pilote [pilɔt] ◇ *nm (d'avion)* pilot; *(de voiture)* driver; **~ automatique** autopilot; **~ de chasse** fighter pilot; **~ de course** racing driver; **~ d'essai** test pilot; **~ de ligne** airline pilot. ◇ *adj* pilot (*avant n*), experimental.

piloter [pilɔte] *vt* 1. *(avion)* to pilot; *(voiture)* to drive. 2. *(personne)* to show around.

pilotis [pilɔti] *nm* pile.

pilule [pilyl] *nf* pill; **prendre la ~** to be on the pill.

piment [pimɑ̃] *nm* 1. *(plante)* pepper, capsicum; **~ rouge** chilli pepper, hot red pepper. 2. *fig (piquant)* spice.

pimpant, -e [pɛ̃pɑ̃, ɑ̃t] *adj* smart.

pin [pɛ̃] *nm* pine; **~ parasol** umbrella pine; **~ sylvestre** Scots pine.

pince [pɛ̃s] *nf* 1. *(grande)* pliers (*pl*). 2. *(petite)*: **~ (à épiler)** tweezers (*pl*); **~ à linge** clothes peg. 3. *(de crabe)* pincer. 4. (COUTURE) dart.

pinceau, -x [pɛ̃so] *nm* brush.

pincée [pɛ̃se] *nf* pinch.

pincer [pɛ̃se] ◇ *vt* 1. *(serrer)* to pinch; (MUS) to pluck; *(lèvres)* to purse. 2. *fam fig (arrêter)* to nick *Br*, to catch. 3. *(suj: froid)* to nip. ◇ *vi fam (faire froid)*: **ça pince!** it's a bit nippy!

pincettes [pɛ̃sɛt] *nfpl (ustensile)* tongs.

pingouin [pɛ̃gwɛ̃] *nm* penguin.

ping-pong [piŋpɔ̃g] *nm* ping pong, table tennis.

pinson [pɛ̃sɔ̃] *nm* chaffinch.

pintade [pɛ̃tad] *nf* guinea fowl.

pin-up [pinœp] *nf inv* pinup (girl).

pioche [pjɔʃ] *nf* 1. *(outil)* pick. 2. (JEU) pile.

piocher [pjɔʃe] ◇ *vt* 1. *(terre)* to dig. 2. (JEU) to take. 3. *fig (choisir)* to pick at random. ◇ *vi* 1. *(creuser)* to dig. 2. (JEU) to pick up; **~ dans** *(tas)* to delve into; *(économies)* to dip into.

pion, pionne [pjɔ̃, pjɔn] *nm, f fam* (SCOL) supervisor *(paid to look after schoolchildren)*. ◆ **pion** *nm (aux échecs)* pawn; *(aux dames)* piece; **n'être qu'un ~** *fig* to be just a pawn in the game.

pionnier, -ère [pjɔnje, ɛr] *nm, f* pioneer.

pipe [pip] *nf* pipe.

pipeline, pipe-line [pajplajn, piplin] (*pl* **pipe-lines**) *nm* pipeline.

pipi [pipi] *nm fam* wee; **faire ~** to have a wee.

piquant, -e [pikɑ̃, ɑ̃t] *adj* 1. *(barbe, feuille)* prickly. 2. *(sauce)* spicy, hot. ◆ **piquant** *nm* 1. *(d'animal)* spine; *(de végétal)* thorn, prickle. 2. *fig (d'histoire)* spice.

pique [pik] ◇ *nf* 1. *(arme)* pike. 2. *fig (mot blessant)* barbed comment. ◇ *nm (aux cartes)* spade.

pique-assiette [pikasjɛt] (*pl inv* OU **pique-assiettes**) *nmf péj* sponger.

pique-nique [piknik] (*pl* **pique-niques**) *nm* picnic.

piquer [pike] ◇ *vt* 1. *(suj: guêpe, méduse)* to sting; *(suj: serpent, moustique)* to bite. 2. *(avec pointe)* to prick. 3. (MÉD) to give an injection to. 4. *(animal)* to put down. 5. *(fleur)*: **~ qqch dans** to stick sthg into. 6. *(suj: tissu, barbe)* to prickle. 7. *(suj: fumée, froid)* to sting. 8. (COUTURE) to sew, to machine. 9. *fam (voler)* to pinch. 10. *fig (curiosité)* to excite, to arouse. 11. *fam (voleur, escroc)* to nick *Br*, to catch. ◇ *vi* 1. *(ronce)* to prick; *(ortie)* to sting. 2. *(guêpe, méduse)* to sting; *(serpent, moustique)* to bite. 3. *(épice)* to burn. 4. *fam (voler)*: **~ (dans)** to pinch (from). 5. *(avion)* to dive.

piquet [pikɛ] *nm (pieu)* peg, stake. ◆ **piquet de grève** *nm* picket.

piqûre [pikyr] *nf* 1. *(de guêpe, méduse)* sting; *(moustique)* bite. 2. *(d'ortie)* sting. 3. *(injection)* jab *Br*, shot.

piratage [pirataʒ] *nm* piracy; (INFORM) hacking.

pirate [pirat] ◇ *nm (corsaire)* pirate; **~ de l'air** hijacker, skyjacker. ◇ *adj* pirate (*avant n*).

pire [pir] ◇ *adj* **1.** *(comparatif relatif)* worse. **2.** *(superlatif)*: **le/la ~** the worst. ◇ *nm*: **le ~ (de)** the worst (of).
pirogue [pirɔg] *nf* dugout canoe.
pirouette [pirwɛt] *nf* **1.** *(saut)* pirouette. **2.** *fig (faux-fuyant)* prevarication, evasive answer.
pis [pi] ◇ *adj littéraire (pire)* worse. ◇ *adv* worse; **de mal en ~** from bad to worse. ◇ *nm* udder.
pis-aller [pizale] *nm inv* last resort.
pisciculture [pisikyltyr] *nf* fish farming.
piscine [pisin] *nf* swimming pool; **~ couverte/découverte** indoor/open-air swimming pool.
pissenlit [pisɑ̃li] *nm* dandelion.
pisser [pise] *fam* ◇ *vt* **1.** *(suj: personne)*: **~ du sang** to pass blood. **2.** *(suj: plaie)*: **son genou pissait le sang** blood was gushing from his knee. ◇ *vi* to pee, to piss.
pissotière [pisɔtjɛr] *nf fam* public urinal.
pistache [pistaʃ] *nf (fruit)* pistachio (nut).
piste [pist] *nf* **1.** *(trace)* trail. **2.** *(zone aménagée)*: **~ d'atterrissage** runway; **~ cyclable** cycle track; **~ de danse** dance floor; **~ de ski** ski run. **3.** *(chemin)* path, track. **4.** *(d'enregistrement)* track.
pistil [pistil] *nm* pistil.
pistolet [pistɔlɛ] *nm* **1.** *(arme)* pistol, gun. **2.** *(à peinture)* spray gun.
piston [pistɔ̃] *nm* **1.** *(de moteur)* piston. **2.** (MUS) *(d'instrument)* valve. **3.** *fig (appui)* string-pulling.
pistonner [pistɔne] *vt* to pull strings for; **se faire ~** to have strings pulled for one.
pitance [pitɑ̃s] *nf péj & vieilli* sustenance.
piteux, -euse [pitø, øz] *adj* piteous.
pitié [pitje] *nf* pity; **avoir ~ de qqn** to have pity on sb, to pity sb.
piton [pitɔ̃] *nm* **1.** *(clou)* piton. **2.** *(pic)* peak.
pitoyable [pitwajabl] *adj* pitiful.
pitre [pitr] *nm* clown.
pitrerie [pitrəri] *nf* tomfoolery.
pittoresque [pitɔrɛsk] *adj* **1.** *(région)* picturesque. **2.** *(détail)* colourful, vivid.
pivot [pivo] *nm* **1.** *(de machine, au basket)* pivot. **2.** *(de dent)* post. **3.** *(centre) fig* mainspring.
pivoter [pivɔte] *vi* to pivot; *(porte)* to revolve.
pizza [pidza] *nf* pizza.
Pl., pl. *abr de* **place**.
placage [plakaʒ] *nm (de bois)* veneer.
placard [plakar] *nm* **1.** *(armoire)* cupboard. **2.** *(affiche)* poster, notice.
placarder [plakarde] *vt (affiche)* to put up, to stick up; *(mur)* to placard, to stick a notice on.
place [plas] *nf* **1.** *(espace)* space, room; **prendre de la ~** to take up (a lot of) space; **faire ~ à** to give way to. **2.** *(position)* position; **changer qqch de ~** to put sthg in a different place, to move sthg; **prendre la ~ de qqn** to take sb's place; **à la ~ de qqn** instead of sb, in sb's place; **à ta ~** if I were you, in your place. **3.** *(siège)* seat; **~ assise** seat. **4.** *(rang)* place. **5.** *(de ville)* square. **6.** *(emploi)* position, job. **7.** (MIL) *(de garnison)* garrison (town); **~ forte** fortified town.
placement [plasmɑ̃] *nm* **1.** *(d'argent)* investment. **2.** *(d'employé)* placing.
placenta [plasɛ̃ta] *nm* (ANAT) placenta.
placer [plase] *vt* **1.** *(gén)* to put, to place; *(invités, spectateurs)* to seat. **2.** *(mot, anecdote)* to put in, to get in. **3.** *(argent)* to invest. ◆ **se placer** *vp* **1.** *(debout)* to stand; *(assis)* to sit (down). **2.** *fig (dans situation)* to put o.s. **3.** *(se classer)* to come, to be.
placide [plasid] *adj* placid.
plafond [plafɔ̃] *nm litt & fig* ceiling; **faux ~** false ceiling.
plafonner [plafɔne] *vi (prix, élève)* to peak; *(avion)* to reach its ceiling.
plage [plaʒ] *nf* **1.** *(de sable)* beach. **2.** *(d'ombre, de prix)* band; *fig (de temps)* slot. **3.** *(de disque)* track. **4.** *(dans voiture)*: **~ arrière** back shelf.
plagiat [plaʒja] *nm* plagiarism.
plagier [plaʒje] *vt* to plagiarize.
plaider [plede] (JUR) ◇ *vt* to plead. ◇ *vi* to plead; **~ contre qqn** to plead against sb; **~ pour qqn** (JUR) to plead for sb; *(justifier)* to plead sb's cause.
plaidoirie [plɛdwari] *nf*, **plaidoyer** [plɛdwaje] *nm* (JUR) speech for the defence; *fig* plea.
plaie [plɛ] *nf* **1.** *litt & fig* wound. **2.** *fam (personne)* pest.
plaindre [plɛ̃dr] *vt* to pity. ◆ **se plaindre** *vp* to complain.
plaine [plɛn] *nf* plain.
plain-pied [plɛ̃pje] ◆ **de plain-pied** *loc adv* **1.** *(pièce)* on one floor; **de ~ avec** *litt & fig* on a level with. **2.** *fig (directement)* straight.
plaint, -e [plɛ̃, plɛ̃t] *pp* → **plaindre**.
plainte [plɛ̃t] *nf* **1.** *(gémissement)* moan,

groan; *fig & litt (du vent)* moan. 2. *(doléance &* JUR) complaint; **porter ~** to lodge a complaint; **~ contre X** = complaint against person or persons unknown.

plaintif, -ive [plɛ̃tif, iv] *adj* plaintive.

plaire [plɛr] *vi* to be liked; **il me plaît** I like him; **ça te plairait d'aller au cinéma?** would you like to go to the cinema?; **s'il vous/te plaît** please.

plaisance [plɛzɑ̃s] ◆ **de plaisance** *loc adj* sailing *(avant n)*; **navigation de ~** sailing; **port de ~** marina.

plaisancier, -ère [plɛzɑ̃sje, ɛr] *nm, f* (amateur) sailor.

plaisant, -e [plɛzɑ̃, ɑ̃t] *adj* pleasant.

plaisanter [plɛzɑ̃te] *vi* to joke; **tu plaisantes?** you must be joking!

plaisanterie [plɛzɑ̃tri] *nf* joke; **c'est une ~?** *iron* you must be joking!

plaisantin [plɛzɑ̃tɛ̃] *nm* joker.

plaisir [plezir] *nm* pleasure; **les ~s de la vie** life's pleasures; **avoir du/prendre ~ à faire qqch** to have/to take pleasure in doing sthg; **faire ~ à qqn** to please sb; **avec ~** with pleasure; **j'ai le ~ de vous annoncer que ...** I have the (great) pleasure of announcing that ...

plan[1], -e [plɑ̃, plan] *adj* level, flat.

plan[2] [plɑ̃] *nm* 1. *(de ville)* map; *(de maison)* plan. 2. *(projet)* plan; **faire des ~s** to make plans; **avoir son ~** to have something in mind. 3. *(domaine)*: **sur tous les ~s** in all respects; **sur le ~ affectif** emotionally; **sur le ~ familial** as far as the family is concerned. 4. *(surface)*: **~ d'eau** lake; **~ de travail** work surface, worktop. 5. (GÉOM) plane. 6. (CINÉMA) take; **gros ~** close-up. ◆ **à l'arrière-plan** *loc adv* in the background. ◆ **au premier plan** *loc adv (dans l'espace)* in the foreground. ◆ **en plan** *loc adv*: **laisser qqn en ~** to leave sb stranded, to abandon sb; **il a tout laissé en ~** he dropped everything. ◆ **sur le même plan** *loc adj* on the same level.

planche [plɑ̃ʃ] *nf* 1. *(en bois)* plank; **~ à dessin** drawing board; **~ à repasser** ironing board; **~ à voile** *(planche)* sailboard; *(sport)* windsurfing; **faire la ~** *fig* to float. 2. *(d'illustration)* plate.

plancher [plɑ̃ʃe] *nm* 1. *(de maison, de voiture)* floor. 2. *fig (limite)* floor, lower limit.

plancton [plɑ̃ktɔ̃] *nm* plankton.

planer [plane] *vi* 1. *(avion, oiseau)* to glide. 2. *(nuage, fumée)* to float. 3. *(danger)*: **~ sur qqn** to hang over sb. 4. *fam (personne)* to be out of touch with reality, to have one's head in the clouds.

planétaire [planetɛr] *adj* 1. (ASTRON) planetary. 2. *(mondial)* world *(avant n)*.

planétarium [planetarjɔm] *nm* planetarium.

planète [planɛt] *nf* planet.

planeur [planœr] *nm* glider.

planification [planifikasjɔ̃] *nf* (ÉCON) planning.

planisphère [planisfɛr] *nm* map of the world, planisphere.

planning [planiŋ] *nm* 1. *(de fabrication)* workflow schedule. 2. *(agenda personnel)* schedule; **~ familial** *(contrôle)* family planning; *(organisme)* family planning clinic.

planque [plɑ̃k] *nf fam* 1. *(cachette)* hideout. 2. *(travail)* cushy number.

plant [plɑ̃] *nm (plante)* seedling.

plantaire [plɑ̃tɛr] *adj* plantar.

plantation [plɑ̃tasjɔ̃] *nf* 1. *(d'arbres, de coton, de café)* plantation; *(de légumes)* patch. 2. *(action)* planting.

plante [plɑ̃t] *nf* 1. (BOT) plant; **~ verte** OU **d'appartement** OU **d'intérieur** house OU pot plant. 2. (ANAT) sole.

planter [plɑ̃te] *vt* 1. *(arbre, terrain)* to plant. 2. *(clou)* to hammer in, to drive in; *(pieu)* to drive in; *(couteau, griffes)* to stick in. 3. *(tente)* to pitch. 4. *fam (personne)* to dump. 5. *(chapeau)* to stick; *(baiser)* to plant; **~ son regard dans celui de qqn** to look sb right in the eyes.

plantureux, -euse [plɑ̃tyrø, øz] *adj* 1. *(repas)* lavish. 2. *(femme)* buxom.

plaque [plak] *nf* 1. *(de métal, de verre, de verglas)* sheet; *(de marbre)* slab; **~ chauffante** OU **de cuisson** hotplate; **~ de chocolat** bar of chocolate. 2. *(gravée)* plaque; **~ d'immatriculation** OU **minéralogique** number plate *Br*, license plate *Am*. 3. *(insigne)* badge. 4. *(sur la peau)* patch. 5. *(dentaire)* plaque.

plaqué, -e [plake] *adj* plated; **~ or/argent** gold-/silver-plated. ◆ **plaqué** *nm*: **du ~ or/argent** gold/silver plate.

plaquer [plake] *vt* 1. *(métal)* to plate. 2. *(bois)* to veneer. 3. *(aplatir)* to flatten; **~ qqn contre qqch** to pin sb against sthg; **~ qqch contre qqch** to stick sthg onto sthg. 4. (RUGBY) to tackle. 5. (MUS) *(accord)* to play. 6. *fam (laisser)* to chuck.

plaquette [plakɛt] *nf* 1. *(de métal)* plaque; *(de marbre)* tablet. 2. *(de chocolat)* bar; *(de beurre)* pat. 3. *(de comprimés)* packet, strip. 4. *(gén pl)* (BIOL) platelet. 5. (AUTOM): **~ de frein** brake pad.

plasma [plasma] *nm* plasma.

plastique [plastik] *adj & nm* plastic.

plastiquer [plastike] *vt* to blow up *(with plastic explosives)*.
plat, -e [pla, plat] *adj* **1.** *(gén)* flat. **2.** *(eau)* still. ◆ **plat** *nm* **1.** *(partie plate)* flat. **2.** *(récipient)* dish. **3.** *(mets)* course; ~ **cuisiné** ready-cooked meal OU dish; ~ **du jour** today's special; ~ **de résistance** main course. **4.** *(plongeon)* belly-flop. ◆ **à plat** *loc adv* **1.** *(horizontalement, dégonflé)* flat. **2.** *fam (épuisé)* exhausted.
platane [platan] *nm* plane tree.
plateau [plato] *nm* **1.** *(de cuisine)* tray; ~ **de/à fromages** cheese board. **2.** *(de balance)* pan. **3.** (GÉOGR & *fig)* plateau. **4.** (THÉÂTRE) stage; (CIN & TÉLÉ) set. **5.** *(de vélo)* chain wheel.
plateau-repas [platorəpa] *nm* tray (of food).
plate-bande [platbɑ̃d] *nf* flower bed.
plate-forme [platfɔrm] *nf (gén)* platform; ~ **de forage** drilling platform.
platine [platin] ◇ *adj inv* platinum. ◇ *nm* platinum. ◇ *nf* (MUS) deck; ~ **laser** compact disc player.
platonique [platɔnik] *adj* platonic.
plâtras [platra] *nm (gravats)* rubble.
plâtre [platr] *nm* **1.** (CONSTR & MÉD) plaster. **2.** *(sculpture)* plaster cast.
plâtrer [platre] *vt* **1.** *(mur)* to plaster. **2.** (MÉD) to put in plaster.
plausible [plozibl] *adj* plausible.
play-back [plɛbak] *nm inv* miming; **chanter en** ~ to mime.
play-boy [plɛbɔj] (*pl* **play-boys**) *nm* playboy.
plébiscite [plebisit] *nm* plebiscite.
plein, -e [plɛ̃, plɛn] *adj* **1.** *(rempli, complet)* full; **c'est la ~e forme** I am/they are *etc* in top form; **en ~e nuit** in the middle of the night; **en ~ air** in the open air. **2.** *(non creux)* solid. **3.** *(femelle)* pregnant. ◆ **plein** ◇ *adv fam*: **il a de l'encre ~ les doigts** he has ink all over his fingers; **en ~ dans/sur qqch** right in/on sthg. ◇ *nm* full tank; **le ~, s'il vous plaît** fill her up, please; **faire le ~** to fill up.
plein-temps [plɛ̃tɑ̃] *nm* full-time job.
plénitude [plenityd] *nf* fullness.
pléonasme [pleɔnasm] *nm* pleonasm.
pleurer [plœre] ◇ *vi* **1.** *(larmoyer)* to cry; ~ **de joie** to weep for joy, to cry with joy. **2.** *péj (se plaindre)* to whinge. **3.** *(se lamenter)*: ~ **sur** to lament. ◇ *vt* to mourn.
pleurnicher [plœrniʃe] *vi* to whine, to whinge.
pleurs [plœr] *nmpl*: **être en** ~ to be in tears.
pleuvoir [pløvwar] *v impers litt & fig* to rain; **il pleut** it is raining.
Plexiglas® [plɛksiglas] *nm* Plexiglass®.
plexus [plɛksys] *nm* plexus; ~ **solaire** solar plexus.
pli [pli] *nm* **1.** *(de tissu)* pleat; *(de pantalon)* crease; **faux** ~ crease. **2.** *(du front)* line; *(du cou)* fold. **3.** *(lettre)* letter; *(enveloppe)* envelope; **sous ~ séparé** under separate cover. **4.** (CARTES) trick. **5.** (GÉOL) fold.
pliant, -e [plijɑ̃, ɑ̃t] *adj* folding (*avant n*).
plier [plije] ◇ *vt* **1.** *(papier, tissu)* to fold. **2.** *(vêtement, vélo)* to fold (up). **3.** *(branche, bras)* to bend. ◇ *vi* **1.** *(se courber)* to bend. **2.** *fig (céder)* to bow. ◆ **se plier** *vp* **1.** *(être pliable)* to fold (up). **2.** *fig (se soumettre)*: **se ~ à qqch** to bow to sthg.
plinthe [plɛ̃t] *nf* plinth.
plissé, -e [plise] *adj* **1.** *(jupe)* pleated. **2.** *(peau)* wrinkled.
plissement [plismɑ̃] *nm* **1.** *(de front)* creasing; *(d'yeux)* screwing up. **2.** (GÉOL) fold.
plisser [plise] ◇ *vt* **1.** *(tissu)* to pleat. **2.** *(front)* to crease; *(lèvres)* to pucker; *(yeux)* to screw up. ◇ *vi* to crease.
plomb [plɔ̃] *nm* **1.** *(métal, de vitrail)* lead. **2.** *(de chasse)* shot. **3.** (ÉLECTR) fuse; **les ~s ont sauté** a fuse has blown OU gone. **4.** *(de pêche)* sinker.
plombage [plɔ̃baʒ] *nm (de dent)* filling.
plomber [plɔ̃be] *vt* **1.** *(ligne)* to weight (with lead). **2.** *(dent)* to fill.
plombier [plɔ̃bje] *nm* plumber.
plonge [plɔ̃ʒ] *nf* dishwashing; **faire la** ~ to wash dishes.
plongeant, -e [plɔ̃ʒɑ̃, ɑ̃t] *adj* **1.** *(vue)* from above. **2.** *(décolleté)* plunging.
plongeoir [plɔ̃ʒwar] *nm* diving board.
plongeon [plɔ̃ʒɔ̃] *nm* dive.
plonger [plɔ̃ʒe] ◇ *vt* **1.** *(immerger, enfoncer)* to plunge; ~ **la tête sous l'eau** to put one's head under the water. **2.** *(précipiter)*: ~ **qqn dans qqch** to throw sb into sthg; ~ **une pièce dans l'obscurité** to plunge a room into darkness. ◇ *vi* to dive. ◆ **se plonger** *vp* **1.** *(s'immerger)* to submerge. **2.** *(s'absorber)*: **se ~ dans qqch** to immerse o.s. in sthg.
plongeur, -euse [plɔ̃ʒœr, øz] *nm, f* **1.** *(dans l'eau)* diver. **2.** *(dans restaurant)* dishwasher.
ployer [plwaje] *vt & vi litt & fig* to bend.
plu [ply] ◇ *pp inv* → **plaire**. ◇ *pp inv* → **pleuvoir**.

pluie [plɥi] *nf* 1. *(averse)* rain *(U)*; **sous la ~** in the rain; **une ~ battante** driving rain. 2. *fig (grande quantité)*: **une ~ de** a shower of.

plume [plym] *nf* 1. *(d'oiseau)* feather. 2. *(pour écrire)* quill pen; *(de stylo)* nib.

plumeau, -x [plymo] *nm* feather duster.

plumer [plyme] *vt* 1. *(volaille)* to pluck. 2. *fam fig & péj (personne)* to fleece.

plumier [plymje] *nm* pencil box.

plupart [plypar] *nf*: **la ~ de** most of, the majority of; **la ~ du temps** most of the time, mostly; **pour la ~** mostly, for the most part.

pluriel, -elle [plyrjɛl] *adj* 1. (GRAM) plural. 2. *(société)* pluralist. ◆ **pluriel** *nm* plural; **au ~** in the plural.

plus [ply(s)] ◇ *adv* 1. *(quantité)* more; **je ne peux vous en dire ~** I can't tell you anything more; **beaucoup ~ de** (+ *nom sg*) a lot more, much more; (+ *nom pl*) a lot more, many more; **un peu ~ de** (+ *nom sg*) a little more; (+ *nom pl*) a few more; **il y a (un peu) ~ de 15 ans** (a little) more than 15 years ago; **~ j'y pense, ~ je me dis que ...** the more I think about it, the more I'm sure ... 2. *(comparaison)* more; **c'est ~ court par là** it's shorter that way; **viens ~ souvent** come more often; **c'est un peu ~ loin** it's a (little) bit further; **~ jeune (que)** younger (than); **c'est ~ simple qu'on ne le croit** it's simpler than you think. 3. *(superlatif)*: **le ~** the most; **un de ses tableaux les ~ connus** one of his best-known paintings; **le ~ souvent** the most often; **le ~ loin** the furthest; **le ~ vite possible** as quickly as possible. 4. *(négation)* no more; **~ un mot!** not another word!; **ne ... ~** no longer, no more; **il ne vient ~ me voir** he doesn't come to see me any more, he no longer comes to see me. ◇ *nm* 1. *(signe)* plus (sign). 2. *fig (atout)* plus. ◇ *prép* plus; **trois ~ trois font six** three plus three is six, three and three are six. ◆ **au plus** *loc adv* at the most; **tout au ~** at the very most. ◆ **de plus** *loc adv* 1. *(en supplément, en trop)* more; **elle a cinq ans de ~ que moi** she's five years older than me. 2. *(en outre)* furthermore, what's more. ◆ **de plus en plus** *loc adv* more and more. ◆ **de plus en plus de** *loc prép* more and more. ◆ **en plus** *loc adv* 1. *(en supplément)* extra. 2. *(d'ailleurs)* moreover, what's more. ◆ **en plus de** *loc prép* in addition to. ◆ **ni plus ni moins** *loc adv* no more no less. ◆ **plus ou moins** *loc adv* more or less. ◆ **sans plus** *loc adv*: **elle est gentille, sans ~** she's nice, but no more than that.

plusieurs [plyzjœr] *adj indéf pl & pron indéf mfpl* several.

plus-que-parfait [plyskəparfɛ] *nm* (GRAM) pluperfect.

plus-value [plyvaly] *nf* 1. *(d'investissement)* appreciation. 2. *(excédent)* surplus. 3. *(bénéfice)* profit.

plutôt [plyto] *adv* rather; **~ que de faire qqch** instead of doing sthg, rather than doing OU do sthg.

pluvieux, -euse [plyvjø, øz] *adj* rainy.

PME (*abr de* **petite et moyenne entreprise**) *nf* SME.

PMI *nf* (*abr de* **petite et moyenne industrie**) small industrial firm.

PMU (*abr de* **Pari mutuel urbain**) *nm system for betting on horses.*

PNB (*abr de* **produit national brut**) *nm* GNP.

pneu [pnø] *nm (de véhicule)* tyre.

pneumatique [pnømatik] *adj* 1. (PHYS) pneumatic. 2. *(gonflable)* inflatable.

pneumonie [pnømɔni] *nf* pneumonia.

PO (*abr de* **petites ondes**) MW.

poche [pɔʃ] *nf* 1. *(de vêtement, de sac, d'air)* pocket; **de ~** pocket (*avant n*). 2. *(sac, sous les yeux)* bag; **faire des ~s** *(vêtement)* to bag.

pocher [pɔʃe] *vt* 1. (CULIN) to poach. 2. *(blesser)*: **~ l'œil à qqn** to give sb a black eye.

pochette [pɔʃɛt] *nf* 1. *(enveloppe)* envelope; *(d'allumettes)* book; *(de photos)* packet. 2. *(de disque)* sleeve. 3. *(mouchoir)* (pocket) handkerchief.

pochoir [pɔʃwar] *nm* stencil.

podium [pɔdjɔm] *nm* podium.

poêle [pwal] ◇ *nf* pan; **~ à frire** frying pan. ◇ *nm* stove.

poème [pɔɛm] *nm* poem.

poésie [pɔezi] *nf* 1. *(genre, émotion)* poetry. 2. *(pièce écrite)* poem.

poète [pɔɛt] *nm* 1. *(écrivain)* poet. 2. *fig & hum (rêveur)* dreamer.

pogrom(e) [pɔgrɔm] *nm* pogrom.

poids [pwa] *nm* 1. *(gén)* weight; **perdre/prendre du ~** to lose/gain weight; **vendre au ~** to sell by weight; **~ lourd** (BOXE) heavyweight; *(camion)* heavy goods vehicle; **de ~** *(argument)* weighty. 2. (SPORT) *(lancer)* shot.

poignant, -e [pwaɲɑ̃, ɑ̃t] *adj* poignant.

poignard [pwaɲar] *nm* dagger.

poignée [pwaɲe] *nf* 1. *(quantité, petit

nombre) handful. **2.** *(manche)* handle. ◆ **poignée de main** *nf* handshake.

poignet [pwaɲɛ] *nm* **1.** (ANAT) wrist. **2.** *(de vêtement)* cuff.

poil [pwal] *nm* **1.** *(du corps)* hair. **2.** *(d'animal)* hair, coat. **3.** *(de pinceau)* bristle; *(de tapis)* strand. **4.** *fam (peu)*: **il s'en est fallu d'un ~ que je réussisse** I came within a hair's breadth of succeeding.

poilu, -e [pwaly] *adj* hairy.

poinçon [pwɛ̃sɔ̃] *nm* **1.** *(outil)* awl. **2.** *(marque)* hallmark.

poinçonner [pwɛ̃sɔne] *vt* **1.** *(bijou)* to hallmark. **2.** *(billet, tôle)* to punch.

poing [pwɛ̃] *nm* fist.

point [pwɛ̃] ◇ *nm* **1.** (COUTURE & TRICOT) stitch; **~s de suture** (MÉD) stitches. **2.** *(de ponctuation)*: **~ (final)** full stop *Br*, period *Am*; **~ d'interrogation/d'exclamation** question/exclamation mark; **~s de suspension** suspension points. **3.** *(petite tache)* dot; **~ noir** *(sur la peau)* blackhead; *fig (problème)* problem. **4.** *(endroit)* spot, point; *fig* point; **~ d'appui** *(support)* something to lean on; **~ culminant** *(en montagne)* summit; *fig* climax; **~ de repère** *(temporel)* reference point; *(spatial)* landmark; **~ de vente** point of sale, sale outlet; **~ de vue** *(panorama)* viewpoint; *fig (opinion, aspect)* point of view; **avoir un ~ commun avec qqn** to have something in common with sb. **5.** *(degré)* point; **au ~ que, à tel ~ que** to such an extent that; **être ... au ~ de faire qqch** to be so ... as to do sthg. **6.** *fig (position)* position. **7.** *(réglage)*: **mettre au ~** *(machine)* to adjust; *(idée, projet)* to finalize; **à ~** *(cuisson)* just right; **à ~ (nommé)** just in time. **8.** *(question, détail)* point, detail; **~ faible** weak point. **9.** *(score)* point. **10.** *(douleur)* pain; **~ de côté** stitch. **11.** *(début)*: **être sur le ~ de faire qqch** to be on the point of doing sthg, to be about to do sthg. **12.** (AUTOM): **au ~ mort** in neutral. **13.** (GÉOGR): **~s cardinaux** points of the compass. ◇ *adv vieilli*: **ne ~** not (at all).

pointe [pwɛ̃t] *nf* **1.** *(extrémité)* point; *(de nez)* tip; **se hausser sur la ~ des pieds** to stand on tiptoe; **en ~** pointed; **tailler en ~** to taper; **se terminer en ~** to taper; **~ d'asperge** asparagus tip. **2.** *(clou)* tack. **3.** *(sommet)* peak, summit; **à la ~ de** *fig* at the peak of; **à la ~ de la technique** at the forefront OU leading edge of technology. **4.** *fig (trait d'esprit)* witticism. **5.** *fig (petite quantité)*: **une ~ de** a touch of. ◆ **pointes** *nfpl* (DANSE) points; **faire des** OU **les ~s** to dance on one's points. ◆ **de pointe** *loc adj* **1.** *(vitesse)* maximum, top. **2.** *(industrie, secteur)* leading; *(technique)* latest.

pointer [pwɛ̃te] ◇ *vt* **1.** *(cocher)* to tick (off). **2.** *(à l'entrée)* to check in; *(à la sortie)* to check out. **3.** *(diriger)*: **~ qqch vers/sur** to point sthg towards/at. ◇ *vi* **1.** *(à l'entrée)* to clock in; *(à la sortie)* to clock out. **2.** *(à la pétanque)* to get as close to the jack as possible. **3.** *(jour)* to break.

pointillé [pwɛ̃tije] *nm* **1.** *(ligne)* dotted line; **en ~** *(ligne)* dotted. **2.** *(perforations)* perforations *(pl)*.

pointilleux, -euse [pwɛ̃tijø, øz] *adj*: **~ (sur)** particular (about).

pointu, -e [pwɛ̃ty] *adj* **1.** *(objet)* pointed. **2.** *(voix, ton)* sharp. **3.** *(étude, formation)* specialized.

pointure [pwɛ̃tyr] *nf* size.

point-virgule [pwɛ̃virgyl] *nm* semicolon.

poire [pwar] *nf* **1.** *(fruit)* pear. **2.** (MÉD): **~ à injections** syringe. **3.** *fam (visage)* face. **4.** *fam (naïf)* dope.

poireau, -x [pwaro] *nm* leek.

poirier [pwarje] *nm* pear tree.

pois [pwa] *nm* **1.** (BOT) pea; **~ chiche** chickpea; **petits ~** garden peas, petits pois; **~ de senteur** sweet pea. **2.** *(motif)* dot, spot; **à ~** spotted, polka-dot.

poison [pwazɔ̃] ◇ *nm* poison. ◇ *nmf fam (personne)* drag, pain; *(enfant)* brat.

poisse [pwas] *nf fam* bad luck; **porter la ~** to be bad luck.

poisseux, -euse [pwasø, øz] *adj* sticky.

poisson [pwasɔ̃] *nm* fish; **~ d'avril** *(farce)* April fool; *(en papier) paper fish pinned to someone's back as a prank on April Fools' Day*; **~ rouge** goldfish. ◆ **Poissons** *nmpl* (ASTROL) Pisces *(sg)*.

poissonnerie [pwasɔnri] *nf (boutique)* fish shop, fishmonger's (shop).

poissonnier, -ère [pwasɔnje, ɛr] *nm, f* fishmonger.

poitrine [pwatrin] *nf (thorax)* chest; *(de femme)* chest, bust.

poivre [pwavr] *nm* pepper; **~ blanc** white pepper; **~ gris, ~ noir** black pepper.

poivrier [pwavrije] *nm*, **poivrière** [pwavrijɛr] *nf* pepper pot.

poivron [pwavrɔ̃] *nm* pepper, capsicum; **~ rouge/vert** red/green pepper.

poker [pɔkɛr] *nm* poker.

polaire [pɔlɛr] *adj* polar.

polar [pɔlar] *nm fam* thriller, whodunnit.

Polaroïd® [pɔlarɔid] *nm* Polaroid®.

polder [pɔldɛr] *nm* polder.
pôle [pol] *nm* pole; ~ **Nord/Sud** North/South Pole.
polémique [pɔlemik] ◇ *nf* controversy. ◇ *adj (style, ton)* polemical.
poli, -e [pɔli] *adj* 1. *(personne)* polite. 2. *(surface)* polished.
police [pɔlis] *nf* 1. *(force de l'ordre)* police; **être de** OU **dans la** ~ to be in the police; ~ **secours** *emergency service provided by the police.* 2. *(contrat)* policy; ~ **d'assurance** insurance policy.
polichinelle [pɔliʃinɛl] *nm (personnage)* Punch; **secret de** ~ *fig* open secret.
policier, -ère [pɔlisje, ɛr] *adj* 1. *(de la police)* police *(avant n).* 2. *(film, roman)* detective *(avant n).* ◆ **policier** *nm* police officer.
poliomyélite [pɔljɔmjelit] *nf* poliomyelitis.
polir [pɔlir] *vt* to polish.
polisson, -onne [pɔlisɔ̃, ɔn] ◇ *adj* 1. *(égrillard)* lewd, suggestive. 2. *(enfant)* naughty. ◇ *nm, f* naughty child.
politesse [pɔlitɛs] *nf* 1. *(courtoisie)* politeness. 2. *(action)* polite action.
politicien, -enne [pɔlitisjɛ̃, ɛn] ◇ *adj péj* politicking, politically unscrupulous. ◇ *nm, f* politician, politico.
politique [pɔlitik] ◇ *nf* 1. *(de gouvernement, de personne)* policy. 2. *(affaires publiques)* politics *(U).* ◇ *adj* 1. *(pouvoir, théorie)* political; **homme** ~ politician. 2. *(choix, réponse)* politic.
politiser [pɔlitize] *vt* to politicize.
pollen [pɔlɛn] *nm* pollen.
polluer [pɔlɥe] *vt* to pollute.
pollution [pɔlysjɔ̃] *nf* pollution.
polo [pɔlo] *nm* 1. *(sport)* polo. 2. *(chemise)* polo shirt.
Pologne [pɔlɔɲ] *nf*: **la** ~ Poland.
polonais, -e [pɔlɔnɛ, ɛz] *adj* Polish. ◆ **polonais** *nm (langue)* Polish. ◆ **Polonais, -e** *nm, f* Pole.
poltron, -onne [pɔltrɔ̃, ɔn] ◇ *nm, f* coward. ◇ *adj* cowardly.
polychrome [pɔlikrom] *adj* polychrome, polychromatic.
polyclinique [pɔliklinik] *nf* general hospital.
polycopié, -e [pɔlikɔpje] *adj* duplicate *(avant n).* ◆ **polycopié** *nm* duplicated lecture notes.
polyester [pɔliɛstɛr] *nm* polyester.
polygame [pɔligam] *adj* polygamous.
polyglotte [pɔliglɔt] *nmf & adj* polyglot.
polygone [pɔligɔn] *nm* (MATHS) polygon.
polymère [pɔlimɛr] *nm* polymer.
Polynésie [pɔlinezi] *nf*: **la** ~ Polynesia.
polystyrène [pɔlistirɛn] *nm* polystyrene.
polytechnicien, -enne [pɔlitɛknisjɛ̃, ɛn] *nm, f student or ex-student of the École Polytechnique.*
Polytechnique [pɔlitɛknik] *n*: **l'École** ~ *prestigious engineering college.*
polyvalent, -e [pɔlivalɑ̃, ɑ̃t] *adj* 1. *(salle)* multi-purpose. 2. *(personne)* versatile.
pommade [pɔmad] *nf* ointment.
pomme [pɔm] *nf* 1. *(fruit)* apple; ~ **de pin** pine OU fir cone. 2. *(pomme de terre)*: ~**s allumettes** *very thin chips*; ~**s frites** chips *Br,* (French) fries *Am*; ~**s vapeur** steamed potatoes. ◆ **pomme d'Adam** *nf* Adam's apple.
pomme de terre [pɔmdətɛr] *nf* potato.
pommette [pɔmɛt] *nf* cheekbone.
pommier [pɔmje] *nm* apple tree.
pompe [pɔ̃p] *nf* 1. *(appareil)* pump; ~ **à essence** petrol pump *Br,* gas pump *Am.* 2. *(magnificence)* pomp, ceremony. 3. *fam (chaussure)* shoe. ◆ **pompes funèbres** *nfpl* undertaker's *(sg),* funeral director's *(sg) Br,* mortician's *(sg) Am.*
pomper [pɔ̃pe] *vt (eau, air)* to pump.
pompeux, -euse [pɔ̃pø, øz] *adj* pompous.
pompier [pɔ̃pje] *nm* fireman *Br,* fire fighter *Am.*
pompiste [pɔ̃pist] *nmf* petrol *Br* OU gas *Am* pump attendant.
pompon [pɔ̃pɔ̃] *nm* pompom.
pomponner [pɔ̃pɔne] ◆ **se pomponner** *vp* to get dressed up.
ponce [pɔ̃s] *adj*: **pierre** ~ pumice (stone).
poncer [pɔ̃se] *vt (bois)* to sand (down).
ponceuse [pɔ̃søz] *nf* sander, sanding machine.
ponction [pɔ̃ksjɔ̃] *nf* 1. (MÉD - *lombaire)* puncture; *(- pulmonaire)* tapping. 2. *fig (prélèvement)* withdrawal.
ponctualité [pɔ̃ktɥalite] *nf* punctuality.
ponctuation [pɔ̃ktɥasjɔ̃] *nf* punctuation.
ponctuel, -elle [pɔ̃ktɥɛl] *adj* 1. *(action)* specific, selective. 2. *(personne)* punctual.
ponctuer [pɔ̃ktɥe] *vt* to punctuate; ~ **qqch de qqch** *fig* to punctuate sthg with sthg.

pondéré, -e [pɔ̃dere] *adj* 1. *(personne)* level-headed. 2. (ÉCON) weighted.
pondre [pɔ̃dr] *vt* 1. *(œufs)* to lay. 2. *fam fig (projet, texte)* to produce.
poney [pɔnɛ] *nm* pony.
pont [pɔ̃] *nm* 1. (CONSTR) bridge; **~s et chaussées** (ADMIN) ≃ highways department. 2. *(lien)* link, connection; **~ aérien** airlift. 3. *(congé)*: **faire le ~** to have the day off between a national holiday and a weekend. 4. *(de navire)* deck.
ponte [pɔ̃t] ◇ *nf (action)* laying; *(œufs)* clutch. ◇ *nm fam (autorité)* big shot.
pont-levis [pɔ̃ləvi] *nm* drawbridge.
ponton [pɔ̃tɔ̃] *nm* pontoon.
pop [pɔp] ◇ *nm* pop. ◇ *adj* pop (*avant n*).
pop-corn [pɔpkɔrn] *nm inv* popcorn *(U)*.
populace [pɔpylas] *nf péj* mob.
populaire [pɔpylɛr] *adj* 1. *(du peuple - volonté)* popular, of the people; *(- quartier)* working-class; *(- art, chanson)* folk. 2. *(personne)* popular.
populariser [pɔpylarize] *vt* to popularize.
popularité [pɔpylarite] *nf* popularity.
population [pɔpylasjɔ̃] *nf* population; **~ active** working population.
porc [pɔr] *nm* 1. *(animal)* pig, hog *Am*. 2. *fig & péj (personne)* pig, swine. 3. *(viande)* pork. 4. *(peau)* pigskin.
porcelaine [pɔrsəlɛn] *nf* 1. *(matière)* china, porcelain. 2. *(objet)* piece of china OU porcelain.
porc-épic [pɔrkepik] *nm* porcupine.
porche [pɔrʃ] *nm* porch.
porcherie [pɔrʃəri] *nf litt & fig* pigsty.
porcin, -e [pɔrsɛ̃, in] *adj* 1. *(élevage)* pig (*avant n*). 2. *fig & péj (yeux)* piggy.
pore [pɔr] *nm* pore.
poreux, -euse [pɔrø, øz] *adj* porous.
pornographie [pɔrnɔgrafi] *nf* pornography.
port [pɔr] *nm* 1. *(lieu)* port **~ de commerce/pêche** commercial/fishing port. 2. *(d'objet)* carrying; *(de vêtement, décoration)* wearing; **~ d'armes** carrying of weapons. 3. *(transport)* carriage; **franco de ~** carriage paid. 4. *(allure)* bearing.
portable [pɔrtabl] ◇ *nm (TV)* portable; (INFORM) laptop, portable; (TÉLÉCOM) mobile (phone). ◇ *adj* 1. *(vêtement)* wearable. 2. *(ordinateur, machine à écrire)* portable, laptop.
portail [pɔrtaj] *nm* portal.
portant, -e [pɔrtɑ̃, ɑ̃t] *adj*: **être bien/mal ~** to be in good/poor health.
portatif, -ive [pɔrtatif, iv] *adj* portable.
porte [pɔrt] *nf* 1. *(de maison, voiture)* door; **mettre qqn à la ~** to throw sb out; **~ d'entrée** front door. 2. (AÉRON, SKI & *de ville)* gate. 3. *(de région)* gateway.
porte-à-faux [pɔrtafo] *nm inv (roche)* overhang; (CONSTR) cantilever; **en ~** overhanging; (CONSTR) cantilevered; *fig* in a delicate situation.
porte-à-porte [pɔrtapɔrt] *nm inv*: **faire du ~** to sell from door to door.
porte-avions [pɔrtavjɔ̃] *nm inv* aircraft carrier.
porte-bagages [pɔrtbagaʒ] *nm inv* luggage rack; *(de voiture)* roof rack.
porte-bonheur [pɔrtbɔnœr] *nm inv* lucky charm.
porte-clefs, porte-clés [pɔrtəkle] *nm inv* keyring.
porte-documents [pɔrtdɔkymɑ̃] *nm inv* attaché OU document case.
portée [pɔrte] *nf* 1. *(de missile)* range; **à ~ de** within range of; **à ~ de main** within reach; **à ~ de voix** within earshot; **à ~ de vue** in sight; **à la ~ de qqn** *fig* within sb's reach. 2. *(d'événement)* impact, significance. 3. (MUS) stave, staff. 4. *(de femelle)* litter.
porte-fenêtre [pɔrtfənɛtr] *nf* French window OU door *Am*.
portefeuille [pɔrtəfœj] *nm* 1. *(pour billets)* wallet. 2. (FIN & POLIT) portfolio.
porte-jarretelles [pɔrtʒartɛl] *nm inv* suspender belt *Br*, garter belt *Am*.
portemanteau, -x [pɔrtmɑ̃to] *nm (au mur)* coat-rack; *(sur pied)* coat stand.
porte-monnaie [pɔrtmɔnɛ] *nm inv* purse.
porte-parole [pɔrtparɔl] *nm inv* spokesman (*f* spokeswoman).
porter [pɔrte] ◇ *vt* 1. *(gén)* to carry. 2. *(vêtement, lunettes, montre)* to wear; *(barbe)* to have. 3. *(nom, date, inscription)* to bear. 4. *(inscrire)* to put down, to write down; **porté disparu** reported missing. ◇ *vi* 1. *(remarque)* to strike home. 2. *(voix, tir)* to carry. ◆ **se porter** ◇ *vp (se sentir)*: **se ~ bien/mal** to be well/unwell. ◇ *v attr*: **se ~ garant de qqch** to guarantee sthg, to vouch for sthg; **se ~ candidat à** to stand for election to *Br*, to run for *Am*.
porte-savon [pɔrtsavɔ̃] (*pl inv* OU **porte-savons**) *nm* soap dish.
porte-serviettes [pɔrtsɛrvjɛt] *nm inv* towel rail.

porteur, -euse [pɔrtœr, øz] ◇ *adj*: **marché ~** growth market; **mère porteuse** surrogate mother; **mur ~** load-bearing wall. ◇ *nm, f* **1.** *(de message)* bringer, bearer. **2.** *(de bagages)* porter. **3.** *(de papiers, d'actions)* holder; *(de chèque)* bearer. **4.** *(de maladie)* carrier.

portier [pɔrtje] *nm* commissionaire.

portière [pɔrtjɛr] *nf* door.

portillon [pɔrtijɔ̃] *nm* barrier, gate.

portion [pɔrsjɔ̃] *nf (de gâteau)* portion, helping.

portique [pɔrtik] *nm* **1.** (ARCHIT) portico. **2.** (SPORT) crossbeam *(for hanging apparatus)*.

porto [pɔrto] *nm* port.

Porto Rico [pɔrtoriko], **Puerto Rico** [pwɛrtoriko] *n* Puerto Rico.

portrait [pɔrtrɛ] *nm* portrait; (PHOT) photograph; **faire le ~ de qqn** *fig* to describe sb.

portraitiste [pɔrtretist] *nmf* portrait painter.

portrait-robot [pɔrtrɛrɔbo] *nm* Photofit® picture, Identikit® picture.

portuaire [pɔrtɥɛr] *adj* port *(avant n)*, harbour *(avant n)*.

portugais, -e [pɔrtygɛ, ɛz] *adj* Portuguese. ◆ **portugais** *nm (langue)* Portuguese. ◆ **Portugais, -e** *nm, f* Portuguese (person); **les Portugais** the Portuguese.

Portugal [pɔrtygal] *nm*: **le ~** Portugal.

pose [poz] *nf* **1.** *(moquette)* laying; *(de papier peint, rideaux)* hanging. **2.** *(position)* pose. **3.** (PHOT) exposure.

posé, -e [poze] *adj* sober, steady.

poser [poze] ◇ *vt* **1.** *(mettre)* to put down; **~ qqch sur qqch** to put sthg on sthg. **2.** *(rideaux, papier peint)* to hang; *(étagère)* to put up; *(moquette, carrelage)* to lay. **3.** *(problème)* to pose; **~ une question** to ask a question; **~ sa candidature** to apply; (POLIT) to stand for election. ◇ *vi* to pose. ◆ **se poser** *vp* **1.** *(oiseau, avion)* to land; *fig (choix, regard)*: **se ~ sur** to fall on. **2.** *(question, problème)* to arise, to come up.

poseur, -euse [pozœr, øz] *nm, f vieilli* show-off, poser.

positif, -ive [pozitif, iv] *adj* positive.

position [pozisjɔ̃] *nf* position; **prendre ~** *fig* to take up a position, to take a stand.

posologie [pozɔlɔʒi] *nf* dosage.

posséder [pɔsede] *vt* **1.** *(voiture, maison)* to possess, to own; *(diplôme)* to have; *(capacités, connaissances)* to possess, to have. **2.** *(langue, art)* to have mastered. **3.** *fam (personne)* to have.

possesseur [pɔsesœr] *nm* **1.** *(de bien)* possessor, owner. **2.** *(de secret, diplôme)* holder.

possessif, -ive [pɔsesif, iv] *adj* possessive. ◆ **possessif** *nm* possessive.

possession [pɔsesjɔ̃] *nf (gén)* possession; **être en ma/ta** *etc* **~** to be in my/your *etc* possession.

possibilité [pɔsibilite] *nf* **1.** *(gén)* possibility. **2.** *(moyen)* chance, opportunity.

possible [pɔsibl] ◇ *adj* possible; **c'est/ce n'est pas ~** that's possible/impossible; **dès que** OU **aussitôt que ~** as soon as possible. ◇ *nm*: **faire tout son ~** to do one's utmost, to do everything possible; **dans la mesure du ~** as far as possible.

postal, -e, -aux [pɔstal, o] *adj* postal.

poste [pɔst] ◇ *nf* **1.** *(service)* post *Br*, mail *Am*; **envoyer/recevoir qqch par la ~** to send/receive sthg by post. **2.** *(bureau)* post office; **~ restante** poste restante *Br*, general delivery *Am*. ◇ *nm* **1.** *(emplacement)* post; **~ de police** police station. **2.** *(emploi)* position, post. **3.** *(appareil)*: **~ de radio** radio; **~ de télévision** television (set). **4.** (TÉLÉCOM) extension.

poster[1] [pɔstɛr] *nm* poster.

poster[2] [pɔste] *vt* **1.** *(lettre)* to post *Br*, to mail *Am*. **2.** *(garde)* to post. ◆ **se poster** *vp* to position o.s., to station o.s.

postérieur, -e [pɔsterjœr] *adj* **1.** *(date)* later, subsequent. **2.** *(membre)* hind *(avant n)*, back *(avant n)*. ◆ **postérieur** *nm hum* posterior.

posteriori [pɔsterjɔri] ◆ **a posteriori** *loc adv* a posteriori.

postérité [pɔsterite] *nf* posterity.

posthume [pɔstym] *adj* posthumous.

postiche [pɔstiʃ] *adj* false.

postier, -ère [pɔstje, ɛr] *nm, f* post-office worker.

postillonner [pɔstijɔne] *vi* to splutter.

post-scriptum [pɔstskriptɔm] *nm inv* postscript.

postulant, -e [pɔstylɑ̃, ɑ̃t] *nm, f (pour emploi)* applicant.

postuler [pɔstyle] *vt* **1.** *(emploi)* to apply for. **2.** (PHILO) to postulate.

posture [pɔstyr] *nf* posture; **être** OU **se trouver en mauvaise ~** *fig* to be in a difficult position.

pot [po] *nm* **1.** *(récipient)* pot, jar; *(à eau, à lait)* jug; **~ de chambre** chamber pot; **~ de fleurs** flowerpot. **2.** (AUTOM): **~**

catalytique catalytic convertor; **~ d'échappement** exhaust (pipe); *(silencieux)* silencer *Br,* muffler *Am.* **3.** *fam (boisson)* drink.

potable [pɔtabl] *adj* **1.** *(liquide)* drinkable; **eau ~** drinking water. **2.** *fam (travail)* acceptable.

potage [pɔtaʒ] *nm* soup.

potager, -ère [pɔtaʒe, ɛr] *adj*: **jardin ~** vegetable garden; **plante potagère** vegetable. ◆ **potager** *nm* kitchen OU vegetable garden.

potasser [pɔtase] *vt fam (cours)* to swot up *Br,* to bone up on *Am; (examen)* to cram for.

potassium [pɔtasjɔm] *nm* potassium.

pot-au-feu [pɔtofø] *nm inv* **1.** *(plat) boiled beef with vegetables.* **2.** *(viande)* ≃ piece of stewing steak.

pot-de-vin [podvɛ̃] (*pl* **pots-de-vin**) *nm* bribe.

pote [pɔt] *nm fam* mate *Br,* buddy *Am.*

poteau, -x [pɔto] *nm* post; **~ de but** goalpost; **~ indicateur** signpost; **~ télégraphique** telegraph pole.

potelé, -e [pɔtle] *adj* plump, chubby.

potence [pɔtɑ̃s] *nf* **1.** (CONSTR) bracket. **2.** *(de pendaison)* gallows *(sg).*

potentiel, -elle [pɔtɑ̃sjɛl] *adj* potential. ◆ **potentiel** *nm* potential.

poterie [pɔtri] *nf* **1.** *(art)* pottery. **2.** *(objet)* piece of pottery.

potiche [pɔtiʃ] *nf (vase)* vase.

potier, -ère [pɔtje, ɛr] *nm, f* potter.

potin [pɔtɛ̃] *nm fam (bruit)* din. ◆ **potins** *nmpl fam (ragots)* gossip *(U).*

potion [posjɔ̃] *nf* potion.

potiron [pɔtirɔ̃] *nm* pumpkin.

pot-pourri [popuri] *nm* potpourri.

pou, -x [pu] *nm* louse.

poubelle [pubɛl] *nf* dustbin *Br,* trashcan *Am.*

pouce [pus] *nm* **1.** *(de main)* thumb; *(de pied)* big toe. **2.** *(mesure)* inch.

poudre [pudr] *nf* powder; **prendre la ~ d'escampette** to make off.

poudreux, -euse [pudrø, øz] *adj* powdery. ◆ **poudreuse** *nf* powder (snow).

poudrier [pudrije] *nm (boîte)* powder compact.

poudrière [pudrijɛr] *nf* powder magazine; *fig* powder keg.

pouf [puf] ◇ *nm* pouffe. ◇ *interj* thud!

pouffer [pufe] *vi*: **~ (de rire)** to snigger.

pouilleux, -euse [pujø, øz] *adj* **1.** *(personne, animal)* flea-ridden. **2.** *(endroit)* squalid.

poulailler [pulaje] *nm* **1.** *(de ferme)* henhouse. **2.** *fam* (THÉÂTRE) gods *(sg).*

poulain [pulɛ̃] *nm* foal; *fig* protégé.

poule [pul] *nf* **1.** (ZOOL) hen. **2.** *fam péj (femme)* bird *Br,* broad *Am.* **3.** (SPORT) *(compétition)* round robin; (RUGBY) *(groupe)* pool.

poulet [pulɛ] *nm* **1.** (ZOOL) chicken. **2.** *fam (policier)* cop.

pouliche [puliʃ] *nf* filly.

poulie [puli] *nf* pulley.

poulpe [pulp] *nm* octopus.

pouls [pu] *nm* pulse.

poumon [pumɔ̃] *nm* lung.

poupe [pup] *nf* stern.

poupée [pupe] *nf (jouet)* doll.

poupon [pupɔ̃] *nm* **1.** *(bébé)* little baby. **2.** *(jouet)* baby doll.

pouponnière [pupɔnjɛr] *nf* nursery.

---

pour [pur] ◇ *prép* **1.** *(gén)* for. **2.** (+ *infinitif*): **~ faire** in order to do, (so as) to do; **je suis venu ~ vous voir** I've come to see you; **~ m'avoir aidé** for having helped me, for helping me. **3.** *(indique un rapport)* for; **~ moi** for my part, as far as I'm concerned; **~ ce qui est de** as regards, with regard to. ◇ *adv*: **je suis ~** I'm (all) for it. ◇ *nm*: **le ~ et le contre** the pros and cons *(pl).* ◆ **pour que** *loc conj* (+ *subjonctif*) so that, in order that.

pourboire [purbwar] *nm* tip.

pourcentage [pursɑ̃taʒ] *nm* percentage.

pourparlers [purparle] *nmpl* talks.

pourpre [purpr] *nm & adj* crimson.

pourquoi [purkwa] ◇ *adv* why; **~ pas?** why not?; **c'est ~ ...** that's why ... ◇ *nm inv*: **le ~ (de)** the reason (for); **le ~ et le comment** the whys and wherefores.

pourri, -e [puri] *adj* **1.** *(fruit)* rotten. **2.** *(personne, milieu)* corrupt. **3.** *(enfant)* spoiled rotten, ruined.

pourrir [purir] ◇ *vt* **1.** *(matière, aliment)* to rot, to spoil. **2.** *(enfant)* to ruin, to spoil rotten. ◇ *vi (matière)* to rot; *(fruit, aliment)* to go rotten OU bad.

pourriture [purityr] *nf* **1.** *(d'aliment)* rot. **2.** *fig (de personne, de milieu)* corruption. **3.** *injurieux (personne)* bastard.

poursuite [pursɥit] *nf* **1.** *(de personne)* chase. **2.** *(d'argent, de vérité)* pursuit. **3.** *(de négociations)* continuation. ◆ **poursuites** *nfpl* (JUR) (legal) proceedings.

poursuivre [pursɥivr] ◇ *vt* **1.** *(voleur)* to pursue, to chase; *(gibier)* to hunt. **2.** *(rêve)* to pursue. **3.** *(enquête, travail)*

to carry on with, to continue. **4.** *(criminel)* to prosecute; *(voisin)* to sue. ◇ *vi* to go on, to carry on.
pourtant [purtɑ̃] *adv* nevertheless, even so.
pourtour [purtur] *nm* perimeter.
pourvoi [purvwa] *nm* (JUR) appeal.
pourvoir [purvwar] ◇ *vt*: **~ qqn de** to provide sb with; **~ qqch de** to equip OU fit sthg with. ◇ *vi*: **~ à** to provide for.
pourvu, -e [purvy] *pp* → **pourvoir**. ◆ **pourvu que** *loc conj* (+ *subjonctif*) **1.** *(condition)* providing, provided (that). **2.** *(souhait)* let's hope (that).
pousse [pus] *nf* **1.** *(croissance)* growth. **2.** *(bourgeon)* shoot.
poussé, -e [puse] *adj* **1.** *(travail)* meticulous. **2.** *(moteur)* souped-up.
pousse-café [puskafe] *nm inv fam* liqueur.
poussée [puse] *nf* **1.** *(pression)* pressure. **2.** *(coup)* push. **3.** *(de fièvre, inflation)* rise.
pousse-pousse [puspus] *nm inv* **1.** *(voiture)* rickshaw. **2.** *Helv (poussette)* pushchair.
pousser [puse] ◇ *vt* **1.** *(personne, objet)* to push. **2.** *(moteur, voiture)* to drive hard. **3.** *(recherches, études)* to carry on, to continue. **4.** *(cri, soupir)* to give. **5.** *(inciter)*: **~ qqn à faire qqch** to urge sb to do sthg. **6.** *(au crime, au suicide)*: **~ qqn à** to drive sb to. ◇ *vi* **1.** *(exercer une pression)* to push. **2.** *(croître)* to grow. **3.** *fam (exagérer)* to overdo it. ◆ **se pousser** *vp* to move up.
poussette [pusɛt] *nf* pushchair.
poussière [pusjɛr] *nf (gén)* dust.
poussiéreux, -euse [pusjerø, øz] *adj* **1.** *(meuble)* dusty. **2.** *fig (organisation)* old-fashioned.
poussif, -ive [pusif, iv] *adj fam* wheezy.
poussin [pusɛ̃] *nm* **1.** (ZOOL) chick. **2.** (SPORT) under-11.
poutre [putr] *nf* beam.
poutrelle [putrɛl] *nf* girder.

pouvoir [puvwar] ◇ *nm* **1.** *(gén)* power; **~ d'achat** purchasing power; **les ~s publics** the authorities. **2.** (JUR) proxy, power of attorney. ◇ *vt* **1.** *(avoir la possibilité de, parvenir à)*: **~ faire qqch** to be able to do sthg; **je ne peux pas venir ce soir** I can't come tonight; **pouvez-vous ...?** can you ...?, could you ...?; **je n'en peux plus** *(exaspéré)* I'm at the end of my tether; *(fatigué)* I'm exhausted; **je/tu n'y peux rien** there's nothing I/you can do about it; **tu aurais pu me le dire!** you might have OU could have told me! **2.** *(avoir la permission de)*: **je peux prendre la voiture?** can I borrow the car?; **aucun élève ne peut partir** no pupil may leave. **3.** *(indiquant l'éventualité)*: **il peut pleuvoir** it may rain; **vous pourriez rater votre train** you could OU might miss your train. ◆ **se pouvoir** *v impers*: **il se peut que je me trompe** I may be mistaken; **cela se peut/pourrait bien** that's quite possible.

- *May I smoke in here?* et *can I smoke in here?* ont tous deux la même signification, mais *may* relève d'une langue un peu plus soutenue.
- *Can* n'existe qu'au présent. On forme les autres temps à partir de l'expression *be able to* (*I can't do it now, but maybe I'll be able to on Sunday*).
- On peut tout de même utiliser *could* comme passé de *can*, lorsqu'on veut parler de choses que l'on était capable de faire, de façon générale, dans le passé (*at one time, I could run 100 metres in 11 seconds*, «avant, je courais le 100 mètres en 11 secondes»). Normalement, *could* ne sert pas à parler de ce que l'on a eu la possibilité de faire à un moment donné du passé; il faut employer *be able to* à la place (*she was able to visit him last week*, «elle a pu lui rendre visite la semaine dernière»).
- Voir aussi CAN dans la partie anglais-français du dictionnaire.

pragmatique [pragmatik] *adj* pragmatic.
Prague [prag] *n* Prague.
prairie [preri] *nf* meadow; *(aux États-Unis)* prairie.
praline [pralin] *nf* **1.** *(amande)* sugared almond. **2.** *Belg (chocolat)* chocolate.
praticable [pratikabl] *adj* **1.** *(route)* passable. **2.** *(plan)* feasible, practicable.
praticien, -enne [pratisjɛ̃, ɛn] *nm, f* practitioner; (MÉD) medical practitioner.
pratiquant, -e [pratikɑ̃, ɑ̃t] *adj* practising.
pratique [pratik] ◇ *nf* **1.** *(expérience)* practical experience. **2.** *(usage)* practice; **mettre qqch en ~** to put sthg into practice. ◇ *adj* practical; *(gadget, outil)* handy.

pratiquement [pratikmɑ̃] *adv* 1. *(en fait)* in practice. 2. *(presque)* practically.
pratiquer [pratike] ◇ *vt* 1. *(métier)* to practise *Br*, to practice *Am*; *(méthode)* to apply. 2. *(ouverture)* to make. ◇ *vi* (RELIG) to be a practising Christian/Jew/Muslim *etc.*
pré [pre] *nm* meadow.
préalable [prealabl] ◇ *adj* prior, previous. ◇ *nm* precondition. ◆ **au préalable** *loc adv* first, beforehand.
préambule [preɑ̃byl] *nm* 1. *(introduction, propos)* preamble; **sans ~** immediately. 2. *(prélude)*: **~ de** prelude to.
préau, -x [preo] *nm (d'école)* (covered) play area.
préavis [preavi] *nm inv* advance notice.
précaire [prekɛr] *adj* precarious.
précaution [prekosjɔ̃] *nf* 1. *(prévoyance)* precaution; **par ~** as a precaution; **prendre des ~s** to take precautions. 2. *(prudence)* caution.
précédent, -e [presedɑ̃, ɑ̃t] *adj* previous. ◆ **précédent** *nm* precedent; **sans ~** unprecedented.
précéder [presede] *vt* 1. *(dans le temps - gén)* to precede; *(- suj: personne)* to arrive before. 2. *(marcher devant)* to go in front of. 3. *fig (devancer)* to get ahead of.
précepte [presɛpt] *nm* precept.
précepteur, -trice [presɛptœr, tris] *nm, f* (private) tutor.
prêcher [preʃe] *vt & vi* to preach.
précieux, -euse [presjø, øz] *adj* 1. *(pierre, métal)* precious; *(objet)* valuable; *(collaborateur)* invaluable, valued. 2. *péj (style)* precious, affected.
précipice [presipis] *nm* precipice.
précipitation [presipitasjɔ̃] *nf* 1. *(hâte)* haste. 2. (CHIM) precipitation. ◆ **précipitations** *nfpl* (MÉTÉOR) precipitation *(U)*.
précipiter [presipite] *vt* 1. *(objet, personne)* to throw, to hurl; **~ qqn/qqch du haut de** to throw sb/sthg off, to hurl sb/sthg off. 2. *(départ)* to hasten. ◆ **se précipiter** *vp* 1. *(se jeter)* to throw o.s., to hurl o.s. 2. *(s'élancer)*: **se ~ (vers qqn)** to rush OU hurry (towards sb). 3. *(s'accélérer - gén)* to speed up; *(- choses, événements)* to move faster.
précis, -e [presi, iz] *adj* 1. *(exact)* precise, accurate. 2. *(fixé)* definite, precise. ◆ **précis** *nm* handbook.
précisément [presizemɑ̃] *adv* precisely, exactly.
préciser [presize] *vt* 1. *(heure, lieu)* to specify. 2. *(pensée)* to clarify. ◆ **se préciser** *vp* to become clear.
précision [presizjɔ̃] *nf* 1. *(de style, d'explication)* precision. 2. *(détail)* detail.
précoce [prekɔs] *adj* 1. *(plante, fruit)* early. 2. *(enfant)* precocious.
préconçu, -e [prekɔ̃sy] *adj* preconceived.
préconiser [prekɔnize] *vt* to recommend; **~ de faire qqch** to recommend doing sthg.
précurseur [prekyrsœr] ◇ *nm* precursor, forerunner. ◇ *adj* precursory.
prédateur, -trice [predatœr, tris] *adj* predatory. ◆ **prédateur** *nm* predator.
prédécesseur [predesesœr] *nm* predecessor.
prédestiner [predɛstine] *vt* to predestine; **être prédestiné à qqch/à faire qqch** to be predestined for sthg/to do sthg.
prédicateur, -trice [predikatœr, tris] *nm, f* preacher.
prédiction [prediksjɔ̃] *nf* prediction.
prédilection [predilɛksjɔ̃] *nf* partiality, liking; **avoir une ~ pour** to have a partiality OU liking for.
prédire [predir] *vt* to predict.
prédominer [predɔmine] *vt* to predominate.
préfabriqué, -e [prefabrike] *adj* 1. *(maison)* prefabricated. 2. *(accusation, sourire)* false. ◆ **préfabriqué** *nm* prefabricated material.
préface [prefas] *nf* preface.
préfecture [prefɛktyr] *nf* prefecture.
préférable [preferabl] *adj* preferable.
préféré, -e [prefere] *adj & nm, f* favourite.
préférence [preferɑ̃s] *nf* preference; **de ~** preferably.
préférentiel, -elle [preferɑ̃sjɛl] *adj* preferential.
préférer [prefere] *vt*: **~ qqn/qqch (à)** to prefer sb/sthg (to); **je préfère rentrer** I would rather go home, I would prefer to go home.
préfet [prefɛ] *nm* prefect.
préfixe [prefiks] *nm* prefix.
préhistoire [preistwar] *nf* prehistory.
préinscription [preɛ̃skripsjɔ̃] *nf* preregistration.
préjudice [preʒydis] *nm* harm *(U)*, detriment *(U)*; **porter ~ à qqn** to harm sb.
préjugé [preʒyʒe] *nm*: **~ (contre)** prejudice (against).
prélasser [prelase] ◆ **se prélasser** *vp* to lounge.
prélat [prela] *nm* prelate.
prélavage [prelavaʒ] *nm* pre-wash.

prélèvement [prelɛvmɑ̃] *nm* **1.** (MÉD) removal; *(de sang)* sample. **2.** (FIN) deduction; **~ automatique** direct debit; **~ mensuel** monthly standing order; **~s obligatoires** tax and social security contributions.

prélever [prelve] *vt* **1.** (FIN): **~ de l'argent (sur)** to deduct money (from). **2.** (MÉD) to remove; **~ du sang** to take a blood sample.

préliminaire [preliminɛr] *adj* preliminary. ◆ **préliminaires** *nmpl* **1.** *(de paix)* preliminary talks. **2.** *(de discours)* preliminaries.

prématuré, -e [prematyre] ◇ *adj* premature. ◇ *nm, f* premature baby.

préméditation [premeditasjɔ̃] *nf* premeditation; **avec ~** *(meurtre)* premeditated; *(agir)* with premeditation.

premier, -ère [prəmje, ɛr] ◇ *adj* **1.** *(gén)* first; *(étage)* first *Br*, second *Am*. **2.** *(qualité)* top. **3.** *(état)* original. ◇ *nm, f* first; **jeune ~** (CIN) leading man. ◆ **première** *nf* **1.** (CIN) première; (THÉÂTRE) première, first night. **2.** *(exploit)* first. **3.** *(première classe)* first class. **4.** (SCOL) = lower sixth year OU form *Br*, = eleventh grade *Am*. **5.** (AUTOM) first (gear). ◆ **premier de l'an** *nm*: **le ~ de l'an** New Year's Day. ◆ **en premier** *loc adv* first, firstly.

premièrement [prəmjɛrmɑ̃] *adv* first, firstly.

prémonition [premɔnisjɔ̃] *nf* premonition.

prémunir [premynir] *vt*: **~ qqn (contre)** to protect sb (against). ◆ **se prémunir** *vp* to protect o.s.; **se ~ contre qqch** to guard against sthg.

prénatal, -e [prenatal] (*pl* **prénatals** OU **prénataux** [prenato]) *adj* antenatal; *(allocation)* maternity *(avant n)*.

prendre [prɑ̃dr] ◇ *vt* **1.** *(gén)* to take. **2.** *(enlever)* to take (away); **~ qqch à qqn** to take sthg from sb. **3.** *(aller chercher - objet)* to get, to fetch; *(- personne)* to pick up. **4.** *(repas, boisson)* to have; **vous prendrez quelque chose?** would you like something to eat/drink? **5.** *(voleur)* to catch; **se faire ~** to get caught. **6.** *(responsabilité)* to take (on). **7.** *(aborder - personne)* to handle; *(- problème)* to tackle. **8.** *(réserver)* to book; *(louer)* to rent, to take; *(acheter)* to buy. **9.** *(poids)* to gain, to put on. ◇ *vi* **1.** *(ciment, sauce)* to set. **2.** *(plante, greffe)* to take; *(mode)* to catch on. **3.** *(feu)* to catch. **4.** *(se diriger)*: **~ à droite** to turn right. ◆ **se prendre** *vp* **1.** *(se considérer)*: **pour qui se prend-il?** who does he think he is? **2.** *loc*: **s'en ~ à qqn** *(physiquement)* to set about sb; *(verbalement)* to take it out on sb; **je sais comment m'y ~** I know how to do it OU go about it.

prénom [prenɔ̃] *nm* first name.

prénommer [prenɔme] *vt* to name, to call. ◆ **se prénommer** *vp* to be called.

prénuptial, -e, -aux [prenypsjal, o] *adj* premarital.

préoccupation [preɔkypasjɔ̃] *nf* preoccupation.

préoccuper [preɔkype] *vt* to preoccupy. ◆ **se préoccuper** *vp*: **se ~ de qqch** to be worried about sthg.

préparatifs [preparatif] *nmpl* preparations.

préparation [preparasjɔ̃] *nf* preparation.

préparer [prepare] *vt* **1.** *(gén)* to prepare; *(plat, repas)* to cook, to prepare; **~ qqn à qqch** to prepare sb for sthg. **2.** *(réserver)*: **~ qqch à qqn** to have sthg in store for sb. **3.** *(congrès)* to organize. ◆ **se préparer** *vp* **1.** *(personne)*: **se ~ à qqch/à faire qqch** to prepare for sthg/to do sthg. **2.** *(tempête)* to be brewing.

prépondérant, -e [prepɔ̃derɑ̃, ɑ̃t] *adj* dominating.

préposé, -e [prepoze] *nm, f* (minor) official; *(de vestiaire)* attendant; *(facteur)* postman (*f* postwoman) *Br*, mailman (*f* mailwoman) *Am*; **~ à qqch** person in charge of sthg.

préposition [prepozisjɔ̃] *nf* preposition.

préréglé, -e [preregle] *adj* preset, preprogrammed.

préretraite [prerətrɛt] *nf* early retirement; *(allocation)* early retirement pension.

prérogative [prerɔgativ] *nf* prerogative.

près [prɛ] *adv* near, close. ◆ **de près** *loc adv* closely. ◆ **près de** *loc prép* **1.** *(dans l'espace)* near, close to. **2.** *(dans le temps)* close to. **3.** *(presque)* nearly, almost. ◆ **à peu près** *loc adv* more or less, just about; **il est à peu ~ cinq heures** it's about five o'clock. ◆ **à ceci près que, à cela près que** *loc conj* except that, apart from the fact that. ◆ **à ... près** *loc adv*: **à dix centimètres ~** to within ten centimetres; **il n'en est pas à un jour ~** a day more or less won't make any difference.

présage [prezaʒ] *nm* omen.

présager [prezaʒe] *vt* **1.** *(annoncer)* to portend. **2.** *(prévoir)* to predict.

presbytère [prɛsbitɛr] *nm* presbytery.
presbytie [prɛsbisi] *nf* longsightedness *Br*, farsightedness *Am*.
prescription [prɛskripsjɔ̃] *nf* 1. (MÉD) prescription. 2. (JUR) limitation.
prescrire [prɛskrir] *vt* 1. *(mesures, conditions)* to lay down, to stipulate. 2. (MÉD) to prescribe.
préséance [preseɑ̃s] *nf* precedence.
présélection [preselɛksjɔ̃] *nf* preselection; *(pour concours)* making a list of finalists, short-listing *Br*.
présence [prezɑ̃s] *nf* 1. *(gén)* presence; **en ~** face to face; **en ~ de** in the presence of. 2. *(compagnie)* company *(U)*. 3. *(assiduité)* attendance; **feuille de ~** attendance sheet. ◆ **présence d'esprit** *nf* presence of mind.
présent, -e [prezɑ̃, ɑ̃t] *adj (gén)* present; **la ~e loi** this law; **avoir qqch ~ à l'esprit** to remember sthg. ◆ **présent** *nm* 1. *(gén)* present; **à ~** at present; **à ~ que** now that; **jusqu'à ~** up to now, so far; **dès à ~** right away. 2. (GRAM): **le ~** the present tense.
présentable [prezɑ̃tabl] *adj (d'aspect)* presentable.
présentateur, -trice [prezɑ̃tatœr, tris] *nm, f* presenter.
présentation [prezɑ̃tasjɔ̃] *nf* 1. *(de personne)*: **faire les ~s** to make the introductions. 2. *(aspect extérieur)* appearance. 3. *(de papiers, de produit, de film)* presentation. 4. *(de magazine)* layout.
présenter [prezɑ̃te] *vt* 1. *(gén)* to present; *(projet)* to present, to submit. 2. *(invité)* to introduce. 3. *(condoléances, félicitations, avantages)* to offer; *(hommages)* to pay; **~ qqch à qqn** to offer sb sthg. ◆ **se présenter** *vp* 1. *(se faire connaître)*: **se ~ (à)** to introduce o.s. (to). 2. *(être candidat)*: **se ~ à** *(élection)* to stand in *Br*, to run in *Am*; *(examen)* to sit *Br*, to take. 3. *(paraître)* to appear. 4. *(occasion)* to arise, to present itself. 5. *(affaire)*: **se ~ bien/mal** to look good/bad.
présentoir [prezɑ̃twar] *nm* display stand.
préservatif [prezɛrvatif] *nm* condom.
préserver [prezɛrve] *vt* to preserve. ◆ **se préserver** *vp*: **se ~ de** to protect o.s. from.
présidence [prezidɑ̃s] *nf* 1. *(de groupe)* chairmanship. 2. *(d'État)* presidency.
président, -e [prezidɑ̃, ɑ̃t] *nm, f* 1. *(d'assemblée)* chairman (*f* chairwoman). 2. *(d'État)* president; **~ de la République** President (of the Republic) of France. 3. (JUR) *(de tribunal)* presiding judge; *(de jury)* foreman (*f* forewoman).
présider [prezide] ◇ *vt* 1. *(réunion)* to chair. 2. *(banquet, dîner)* to preside over. ◇ *vi*: **~ à** to be in charge of; *fig* to govern, to preside at.
présomption [prezɔ̃psjɔ̃] *nf* 1. *(hypothèse)* presumption. 2. (JUR) presumption.
présomptueux, -euse [prezɔ̃ptɥø, øz] *adj* presumptuous.
presque [prɛsk] *adv* almost, nearly; **~ rien** next to nothing, scarcely anything; **~ jamais** hardly ever.
presqu'île [prɛskil] *nf* peninsula.
pressant, -e [prɛsɑ̃, ɑ̃t] *adj* pressing.
presse [prɛs] *nf* press.
pressé, -e [prese] *adj* 1. *(travail)* urgent. 2. *(personne)*: **être ~** to be in a hurry. 3. *(fruit)* freshly squeezed.
pressentiment [presɑ̃timɑ̃] *nm* premonition.
pressentir [presɑ̃tir] *vt (événement)* to have a premonition of.
presse-papiers [prɛspapje] *nm inv* paperweight.
presser [prese] *vt* 1. *(olives)* to press; *(citron, orange)* to squeeze. 2. *(bouton)* to press, to push. 3. *sout (harceler)*: **~ qqn de faire qqch** to press sb to do sthg. 4. *(accélérer)* to speed up; **~ le pas** to speed up, to walk faster. ◆ **se presser** *vp* 1. *(se dépêcher)* to hurry (up). 2. *(s'agglutiner)*: **se ~ (autour de)** to crowd (around). 3. *(se serrer)* to huddle.
pressing [presiŋ] *nm* dry cleaner's.
pression [prɛsjɔ̃] *nf* 1. *(gén)* pressure; **exercer une ~ sur qqch** to exert pressure on sthg; **sous ~** *(liquide & fig)* under pressure; *(cabine)* pressurized. 2. *(sur vêtement)* press stud *Br*, popper *Br*, snap fastener *Am*. 3. *(bière)* draught beer.
pressoir [prɛswar] *nm* 1. *(machine)* press. 2. *(lieu)* press house.
pressurer [presyre] *vt* 1. *(objet)* to press, to squeeze. 2. *(exploiter)* to squeeze.
prestance [prɛstɑ̃s] *nf* bearing; **avoir de la ~** to have presence.
prestataire [prɛstatɛr] *nmf* 1. *(bénéficiaire)* person in receipt of benefit, claimant. 2. *(fournisseur)* provider; **~ de service** service provider.
prestation [prɛstasjɔ̃] *nf* 1. *(allocation)* benefit; **~ en nature** payment in kind. 2. *(de comédien)* performance.
preste [prɛst] *adj littéraire* nimble.
prestidigitateur, -trice [prɛstidiʒitatœr, tris] *nm, f* conjurer.

prestige [prɛstiʒ] *nm* prestige.

prestigieux, -euse [prɛstiʒjø, øz] *adj (réputé)* prestigious.

présumer [prezyme] ◇ *vt* to presume, to assume; **être présumé coupable/innocent** to be presumed guilty/innocent. ◇ *vi*: **~ de qqch** to overestimate sthg.

prêt, -e [prɛ, prɛt] *adj* ready; **~ à qqch/à faire qqch** ready for sthg/to do sthg; **~s? partez!** (SPORT) get set, go! ◆ **prêt** *nm (action)* lending *(U)*; *(somme)* loan.

prêt-à-porter [prɛtapɔrte] (*pl* **prêts-à-porter**) *nm* ready-to-wear clothing *(U)*.

prétendant [pretɑ̃dɑ̃] *nm* **1.** *(au trône)* pretender. **2.** *(amoureux)* suitor.

prétendre [pretɑ̃dr] *vt* **1.** *(affecter)*: **~ faire qqch** to claim to do sthg. **2.** *(affirmer)*: **~ que** to claim (that), to maintain (that).

> «Prétendre» ne se traduit pas par *to pretend*, bien que les deux orthographes se ressemblent et que les deux mots soient liés à la notion de fausseté (prouvée ou non). La traduction correcte est *to claim*, comme dans «elle prétend que son enfant sait déjà marcher», *she claims her child can already walk. To pretend*, quant à lui, veut dire «faire semblant». Ainsi, *he's not ill, he's just pretending!* équivaut à «il n'est pas malade, il fait semblant, c'est tout!».

prétendu, -e [pretɑ̃dy] ◇ *pp* → **prétendre**. ◇ *adj (avant n)* so-called.

prête-nom [prɛtnɔ̃] (*pl* **prête-noms**) *nm* front man.

prétentieux, -euse [pretɑ̃sjø, øz] *adj* pretentious.

prétention [pretɑ̃sjɔ̃] *nf* **1.** *(suffisance)* pretentiousness. **2.** *(ambition)* pretension, ambition; **avoir la ~ de faire qqch** to claim OU pretend to do sthg.

prêter [prete] *vt* **1.** *(fournir)*: **~ qqch (à qqn)** *(objet, argent)* to lend (sb) sthg; *fig (concours, appui)* to lend (sb) sthg, to give (sb) sthg. **2.** *(attribuer)*: **~ qqch à qqn** to attribute sthg to sb. ◆ **se prêter** *vp*: **se ~ à** *(participer à)* to go along with; *(convenir à)* to fit, to suit.

prétérit [preterit] *nm* preterite.

prêteur, -euse [prɛtœr, øz] *nm, f*: **~ sur gages** pawnbroker.

prétexte [pretɛkst] *nm* pretext, excuse; **sous ~ de faire qqch/que** on the pretext of doing sthg/that, under the pretext of doing sthg/that; **sous aucun ~** on no account.

prétexter [pretɛkste] *vt* to give as an excuse.

prêtre [prɛtr] *nm* priest.

preuve [prœv] *nf* **1.** *(gén)* proof. **2.** (JUR) evidence. **3.** *(témoignage)* sign, token; **faire ~ de qqch** to show sthg; **faire ses ~s** to prove o.s./itself.

prévaloir [prevalwar] *vi (dominer)*: **~ (sur)** to prevail (over). ◆ **se prévaloir** *vp*: **se ~ de** to boast about.

prévenance [prevnɑ̃s] *nf (attitude)* thoughtfulness, consideration.

prévenant, -e [prevnɑ̃, ɑ̃t] *adj* considerate, attentive.

prévenir [prevnir] *vt* **1.** *(employé, élève)*: **~ qqn (de)** to warn sb (about). **2.** *(police)* to inform. **3.** *(désirs)* to anticipate. **4.** *(maladie)* to prevent.

préventif, -ive [prevɑ̃tif, iv] *adj* **1.** *(mesure, médecine)* preventive. **2.** (JUR): **être en détention préventive** to be on remand.

prévention [prevɑ̃sjɔ̃] *nf* **1.** *(protection)*: **~ (contre)** prevention (of); **~ routière** road safety (measures). **2.** (JUR) remand.

prévenu, -e [prevny] ◇ *pp* → **prévenir**. ◇ *nm, f* accused, defendant.

prévision [previzjɔ̃] *nf* forecast, prediction; *(de coûts)* estimate; (ÉCON) forecast; **les ~s météorologiques** the weather forecast. ◆ **en prévision de** *loc prép* in anticipation of.

prévoir [prevwar] *vt* **1.** *(s'attendre à)* to expect. **2.** *(prédire)* to predict. **3.** *(anticiper)* to foresee, to anticipate. **4.** *(programmer)* to plan; **comme prévu** as planned, according to plan.

prévoyant, -e [prevwajɑ̃, ɑ̃t] *adj* provident.

prévu, -e [prevy] *pp* → **prévoir**.

prier [prije] ◇ *vt* **1.** (RELIG) to pray to. **2.** *(implorer)* to beg; **(ne pas) se faire ~ (pour faire qqch)** (not) to need to be persuaded (to do sthg); **je vous en prie** *(de grâce)* please, I beg you; *(de rien)* don't mention it, not at all. **3.** *sout (demander)*: **~ qqn de faire qqch** to request sb to do sthg. ◇ *vi* to pray.

prière [prijɛr] *nf* **1.** (RELIG *- recueillement)* prayer *(U)*, praying *(U)*; *(- formule)* prayer. **2.** *littéraire (demande)* entreaty; **~ de frapper avant d'entrer** please knock before entering.

primaire [primɛr] *adj* **1.** *(premier)*: **études ~s** primary education *(U)*. **2.** *péj (primitif)* limited.

prime [prim] ◇ *nf* **1.** *(d'employé)* bonus; **~ d'intéressement** profit-related

bonus. 2. *(allocation - de déménagement, de transport)* allowance; *(- à l'exportation)* incentive. 3. *(d'assurance)* premium. ◇ *adj* 1. *(premier)*: **de ~ abord** at first glance; **de ~ jeunesse** in the first flush of youth. 2. (MATHS) prime.
primer [prime] ◇ *vi* to take precedence, to come first. ◇ *vt* 1. *(être supérieur à)* to take precedence over. 2. *(récompenser)* to award a prize to.
primeur [primœr] *nf* immediacy; **avoir la ~ de qqch** to be the first to hear sthg. ◆ **primeurs** *nfpl* early produce *(U)*.
primevère [primvɛr] *nf* primrose.
primitif, -ive [primitif, iv] ◇ *adj* 1. *(gén)* primitive. 2. *(aspect)* original. ◇ *nm, f* primitive.
primordial, -e, -aux [primɔrdjal, o] *adj* essential.
prince [prɛ̃s] *nm* prince.
princesse [prɛ̃sɛs] *nf* princess.
princier, -ère [prɛ̃sje, ɛr] *adj* princely.
principal, -e, -aux [prɛ̃sipal, o] ◇ *adj* main, principal. ◇ *nm, f* 1. *(important)*: **le ~** the main thing. 2. (SCOL) headmaster (*f* headmistress) *Br*, principal *Am*.
principalement [prɛ̃sipalmɑ̃] *adv* mainly, principally.
principauté [prɛ̃sipote] *nf* principality.
principe [prɛ̃sip] *nm* principle; **par ~** on principle. ◆ **en principe** *loc adv* theoretically, in principle.
printanier, -ère [prɛ̃tanje, ɛr] *adj* *(temps)* spring-like.
printemps [prɛ̃tɑ̃] *nm* 1. *(saison)* spring. 2. *fam (année)*: **avoir 20 ~** to be 20.
priori [prijɔri] ◆ **a priori** ◇ *loc adv* in principle. ◇ *nm inv* initial reaction.
prioritaire [prijɔritɛr] *adj* 1. *(industrie, mesure)* priority (*avant n*). 2. (AUTOM) with right of way.
priorité [prijɔrite] *nf* 1. *(importance primordiale)* priority; **en ~** first. 2. (AUTOM) right of way; **~ à droite** give way to the right.
pris, -e [pri, priz] ◇ *pp* → **prendre**. ◇ *adj* 1. *(place)* taken; *(personne)* busy; *(mains)* full. 2. *(nez)* blocked; *(gorge)* sore. ◆ **prise** *nf* 1. *(sur barre, sur branche)* grip, hold; **lâcher ~e** to let go; *fig* to give up. 2. *(de ville)* seizure, capture; **~e en charge** (guaranteed) reimbursement; **~e d'otages** hostage taking; **~e de sang** blood test; **~e de vue** shot; **~e de vue** OU **vues** *(action)* filming, shooting. 3. *(à la pêche)* haul. 4. (ÉLECTR): **~e (de courant)** *(mâle)* plug; *(femelle)* socket. 5. *(de judo)* hold.
prisme [prism] *nm* prism.
prison [prizɔ̃] *nf* 1. *(établissement)* prison. 2. *(réclusion)* imprisonment.
prisonnier, -ère [prizɔnje, ɛr] ◇ *nm, f* prisoner; **faire qqn ~** to take sb prisoner, to capture sb. ◇ *adj* imprisoned; *fig* trapped.
privation [privasjɔ̃] *nf* deprivation. ◆ **privations** *nfpl* privations, hardships.
privatisation [privatizasjɔ̃] *nf* privatization.
privatiser [privatize] *vt* to privatize.
privé, -e [prive] *adj* private. ◆ **privé** *nm* 1. (ÉCON) private sector. 2. *(détective)* private eye. 3. *(intimité)*: **en ~** in private; **dans le ~** in private life.
priver [prive] *vt*: **~ qqn (de)** to deprive sb (of).
privilège [privilɛʒ] *nm* privilege.
privilégié, -e [privileʒje] ◇ *adj* 1. *(personne)* privileged. 2. *(climat, site)* favoured. ◇ *nm, f* privileged person.
prix [pri] *nm* 1. *(coût)* price; **à** OU **au ~ coûtant** at cost (price); **~ d'achat** purchase price; **à aucun ~** on no account; **à ~ fixe** set-price (*avant n*); **hors de ~** too expensive; **à moitié ~** at half price; **à tout ~** at all costs; **~ net** net (price); **~ de revient** cost price; **y mettre le ~** to pay a lot. 2. *(importance)* value. 3. *(récompense)* prize.
probabilité [prɔbabilite] *nf* 1. *(chance)* probability. 2. *(vraisemblance)* probability, likelihood; **selon toute ~** in all probability.
probable [prɔbabl] *adj* probable, likely.
probant, -e [prɔbɑ̃, ɑ̃t] *adj* convincing, conclusive.
probité [prɔbite] *nf* integrity.
problème [prɔblɛm] *nm* problem; **(il n'y a) pas de ~!** *fam* no problem!
procédé [prɔsede] *nm* 1. *(méthode)* process. 2. *(conduite)* behaviour *(U)*.
procéder [prɔsede] *vi* 1. *(agir)* to proceed. 2. *(exécuter)*: **~ à qqch** to set about sthg.
procédure [prɔsedyr] *nf* procedure; *(démarche)* proceedings (*pl*).
procès [prɔsɛ] *nm* (JUR) trial; **intenter un ~ à qqn** to sue sb.
processeur [prɔsesœr] *nm* processor.
procession [prɔsesjɔ̃] *nf* procession.
processus [prɔsesys] *nm* process.
procès-verbal [prɔsɛvɛrbal] *nm* 1. *(contravention - gén)* ticket; *(- pour sta-*

tionnement interdit) parking ticket. 2. *(compte-rendu)* minutes.

prochain, -e [prɔʃɛ̃, ɛn] *adj* 1. *(suivant)* next; **à la ~e!** *fam* see you! 2. *(imminent)* impending. ◆ **prochain** *nm littéraire (semblable)* fellow man.

prochainement [prɔʃɛnmɑ̃] *adv* soon, shortly.

proche [prɔʃ] *adj* 1. *(dans l'espace)* near; **~ de** near, close to; *(semblable à)* very similar to, closely related to. 2. *(dans le temps)* imminent, near; **dans un ~ avenir** in the immediate future. 3. *(ami, parent)* close. ◆ **proches** *nmpl*: **les ~s** the close family *(sg)*. ◆ **de proche en proche** *loc adv sout* gradually.

Proche-Orient [prɔʃɔrjɑ̃] *nm*: **le ~** the Near East.

proclamation [prɔklamasjɔ̃] *nf* proclamation.

proclamer [prɔklame] *vt* to proclaim, to declare.

procréer [prɔkree] *vt littéraire* to procreate.

procuration [prɔkyrasjɔ̃] *nf* proxy; **par ~** by proxy.

procurer [prɔkyre] *vt*: **~ qqch à qqn** *(suj: personne)* to obtain sthg for sb; *(suj: chose)* to give OU bring sb sthg. ◆ **se procurer** *vp*: **se ~ qqch** to obtain sthg.

procureur [prɔkyrœr] *nm*: **Procureur de la République** = Attorney General.

prodige [prɔdiʒ] *nm* 1. *(miracle)* miracle. 2. *(tour de force)* marvel, wonder. 3. *(génie)* prodigy.

prodigieux, -euse [prɔdiʒjø, øz] *adj* fantastic, incredible.

prodigue [prɔdig] *adj* extravagant.

prodiguer [prɔdige] *vt littéraire (soins, amitié)*: **~ qqch (à)** to lavish sthg (on).

producteur, -trice [prɔdyktœr, tris] ◇ *nm, f* 1. *(gén)* producer. 2. (AGRIC) producer, grower. ◇ *adj*: **~ de pétrole** oil-producing *(avant n)*.

productif, -ive [prɔdyktif, iv] *adj* productive.

production [prɔdyksjɔ̃] *nf* 1. *(gén)* production; **la ~ littéraire d'un pays** the literature of a country. 2. *(producteurs)* producers *(pl)*.

productivité [prɔdyktivite] *nf* productivity.

produire [prɔdɥir] *vt* 1. *(gén)* to produce. 2. *(provoquer)* to cause. ◆ **se produire** *vp* 1. *(arriver)* to occur, to take place. 2. *(personne)* to appear.

produit, -e [prɔdɥi, it] *pp* → **produire**. ◆ **produit** *nm (gén)* product; **~ de beauté** cosmetic, beauty product; **~s chimiques** chemicals; **~s d'entretien** cleaning products; **~ de grande consommation** mass consumption product.

proéminent, -e [prɔeminɑ̃, ɑ̃t] *adj* prominent.

profane [prɔfan] ◇ *nmf* 1. *(non religieux)* non-believer. 2. *(novice)* layman. ◇ *adj* 1. *(laïc)* secular. 2. *(ignorant)* ignorant.

profaner [prɔfane] *vt* 1. *(église)* to desecrate. 2. *fig (mémoire)* to defile.

proférer [prɔfere] *vt* to utter.

professeur [prɔfɛsœr] *nm* 1. *(enseignant)* teacher. 2. *(titre)* professor.

profession [prɔfɛsjɔ̃] *nf (métier)* occupation; **sans ~** unemployed; **~ libérale** profession.

professionnel, -elle [prɔfɛsjɔnɛl] ◇ *adj* 1. *(gén)* professional. 2. *(école)* technical. ◇ *nm, f* professional.

professorat [prɔfɛsɔra] *nm* teaching.

profil [prɔfil] *nm* 1. *(de personne, d'emploi)* profile; *(de bâtiment)* outline; **de ~** *(visage, corps)* in profile; *(objet)* from the side. 2. *(coupe)* section.

profiler [prɔfile] *vt* to shape. ◆ **se profiler** *vp* 1. *(bâtiment, arbre)* to stand out. 2. *(solution)* to emerge.

profit [prɔfi] *nm* 1. *(avantage)* benefit; **au ~ de** in aid of; **tirer ~ de** to profit from, to benefit from. 2. *(gain)* profit.

profitable [prɔfitabl] *adj* profitable; **être ~ à qqn** to benefit sb, to be beneficial to sb.

profiter [prɔfite] *vi (tirer avantage)*: **~ de** *(vacances)* to benefit from; *(personne)* to take advantage of; **~ de qqch pour faire qqch** to take advantage of sthg to do sthg; **en ~** to make the most of it.

profond, -e [prɔfɔ̃, ɔ̃d] *adj* 1. *(gén)* deep. 2. *(pensée)* deep, profound.

profondément [prɔfɔ̃demɑ̃] *adv* 1. *(enfoui)* deep. 2. *(aimer, intéresser)* deeply; *(dormir)* soundly; **être ~ endormi** to be fast asleep. 3. *(convaincu, ému)* deeply, profoundly; *(différent)* profoundly.

profondeur [prɔfɔ̃dœr] *nf* depth; **en ~** in depth.

profusion [prɔfyzjɔ̃] *nf*: **une ~ de** a profusion of; **à ~** in abundance, in profusion.

progéniture [prɔʒenityr] *nf* offspring.

programmable [prɔgramabl] *adj* programmable.

programmateur, -trice [prɔgramatœr, tris] *nm, f* programme planner.

◆ **programmateur** *nm* automatic control unit.
programmation [prɔgramasjɔ̃] *nf* 1. (INFORM) programming. 2. (RADIO & TÉLÉ) programme planning.
programme [prɔgram] *nm* 1. *(gén)* programme *Br*, program *Am*. 2. (INFORM) program. 3. *(planning)* schedule. 4. (SCOL) syllabus.
programmer [prɔgrame] *vt* 1. *(organiser)* to plan. 2. (RADIO & TÉLÉ) to schedule. 3. (INFORM) to program.
programmeur, -euse [prɔgramœr, øz] *nm, f* (computer) programmer.
progrès [prɔgrɛ] *nm* progress *(U)*; **faire des ~** to make progress.
progresser [prɔgrese] *vi* 1. *(avancer)* to progress, to advance. 2. *(maladie)* to spread. 3. *(élève)* to make progress.
progressif, -ive [prɔgresif, iv] *adj* progressive; *(difficulté)* increasing.
progression [prɔgresjɔ̃] *nf* 1. *(avancée)* advance. 2. *(de maladie, du nationalisme)* spread.
prohiber [prɔibe] *vt* to ban, to prohibit.
proie [prwa] *nf* prey; **être la ~ de qqch** *fig* to be the victim of sthg; **être en ~ à** *(sentiment)* to be prey to.
projecteur [prɔʒɛktœr] *nm* 1. *(de lumière)* floodlight; (THÉATRE) spotlight. 2. *(d'images)* projector.
projectile [prɔʒɛktil] *nm* missile.
projection [prɔʒɛksjɔ̃] *nf* 1. *(gén)* projection. 2. *(jet)* throwing.
projectionniste [prɔʒɛksjɔnist] *nmf* projectionist.
projet [prɔʒɛ] *nm* 1. *(perspective)* plan. 2. *(étude, ébauche)* draft; **~ de loi** bill.
projeter [prɔʃte] *vt* 1. *(envisager)* to plan; **~ de faire qqch** to plan to do sthg. 2. *(missile, pierre)* to throw. 3. *(film)* to show. 4. (GÉOM & PSYCHOL) to project.
prolétaire [prɔletɛr] *nmf & adj* proletarian.
prolétariat [prɔletarja] *nm* proletariat.
proliférer [prɔlifere] *vi* to proliferate.
prolifique [prɔlifik] *adj* prolific.
prologue [prɔlɔg] *nm* prologue.
prolongation [prɔlɔ̃gasjɔ̃] *nf (extension)* extension, prolongation. ◆ **prolongations** *nfpl* (SPORT) extra time *(U)*.
prolongement [prɔlɔ̃ʒmɑ̃] *nm (de mur, quai)* extension; **être dans le ~ de** to be a continuation of.
prolonger [prɔlɔ̃ʒe] *vt* 1. *(dans le temps)*: **~ qqch (de)** to prolong sthg (by). 2. *(dans l'espace)*: **~ qqch (de)** to extend sthg (by).
promenade [prɔmnad] *nf* 1. *(à pied)* walk, stroll; *(en voiture)* drive; *(à vélo)* (bike) ride; **faire une ~** to go for a walk. 2. *(lieu)* promenade.
promener [prɔmne] *vt* 1. *(personne)* to take out (for a walk); *(en voiture)* to take for a drive. 2. *fig (regard, doigts)*: **~ qqch sur** to run sthg over. ◆ **se promener** *vp* to go for a walk.
promesse [prɔmɛs] *nf* 1. *(serment)* promise; **tenir sa ~** to keep one's promise. 2. *(engagement)* undertaking; **~ d'achat/de vente** (JUR) agreement to purchase/to sell. 3. *fig (espérance)*: **être plein de ~s** to be very promising.
prometteur, -euse [prɔmɛtœr, øz] *adj* promising.
promettre [prɔmɛtr] ◇ *vt* to promise; **~ qqch à qqn** to promise sb sthg; **~ de faire qqch** to promise to do sthg; **~ à qqn que** to promise sb that. ◇ *vi* to be promising; **ça promet!** *iron* that bodes well!
promis, -e [prɔmi, iz] ◇ *pp* → **promettre**. ◇ *adj* promised. ◇ *nm, f hum* intended.
promiscuité [prɔmiskɥite] *nf* overcrowding; **~ sexuelle** (sexual) promiscuity.
promontoire [prɔmɔ̃twar] *nm* promontory.
promoteur, -trice [prɔmɔtœr, tris] *nm, f* 1. *(novateur)* instigator. 2. *(constructeur)* property developer.
promotion [prɔmɔsjɔ̃] *nf* 1. *(gén)* promotion; **en ~** *(produit)* on special offer. 2. (MIL & SCOL) year.
promouvoir [prɔmuvwar] *vt* to promote.
prompt, -e [prɔ̃, prɔ̃t] *adj sout*: **~ (à faire qqch)** swift (to do sthg).
promu, -e [prɔmy] *pp* → **promouvoir**.
promulguer [promylge] *vt* to promulgate.
prôner [prone] *vt sout* to advocate.
pronom [prɔnɔ̃] *nm* pronoun.
pronominal, -e, -aux [prɔnɔminal, o] *adj* pronominal.
prononcé, -e [prɔnɔ̃se] *adj* marked.
prononcer [prɔnɔ̃se] *vt* 1. (JUR & LING) to pronounce. 2. *(dire)* to utter. ◆ **se prononcer** *vp* 1. *(se dire)* to be pronounced. 2. *(trancher - assemblée)* to decide, to reach a decision; *(- magistrat)* to deliver a verdict; **se ~ sur** to give one's opinion of.
prononciation [prɔnɔ̃sjasjɔ̃] *nf* 1. (LING) pronunciation. 2. (JUR) pronouncement.

pronostic [prɔnɔstik] *nm* **1.** *(gén pl) (prévision)* forecast. **2.** (MÉD) prognosis.
propagande [prɔpagɑ̃d] *nf* **1.** *(politique)* propaganda. **2.** *(publicité)*: **faire de la ~ pour qqch** to plug sthg.
propager [prɔpaʒe] *vt* to spread. ◆ **se propager** *vp* to spread; (BIOL) to be propagated; (PHYS) to propagate.
propane [prɔpan] *nm* propane.
prophète [prɔfɛt], **prophétesse** [prɔfetɛs] *nm, f* prophet (*f* prophetess).
prophétie [prɔfesi] *nf* prophecy.
prophétiser [prɔfetize] *vt* to prophesy.
propice [prɔpis] *adj* favourable.
proportion [prɔpɔrsjɔ̃] *nf* proportion; **toutes ~s gardées** relatively speaking.
proportionné, -e [prɔpɔrsjɔne] *adj*: **bien/mal ~** well-/badly-proportioned.
proportionnel, -elle [prɔpɔrsjɔnɛl] *adj*: **~ (à)** proportional (to). ◆ **proportionnelle** *nf*: **la ~le** proportional representation.
propos [prɔpo] ◇ *nm* **1.** *(discours)* talk. **2.** *(but)* intention; **c'est à quel ~?** what is it about?; **hors de ~** at the wrong time. ◇ *nmpl* talk *(U)*, words. ◆ **à propos** *loc adv* **1.** *(opportunément)* at (just) the right time. **2.** *(au fait)* by the way. ◆ **à propos de** *loc prép* about.
proposer [prɔpoze] *vt* **1.** *(offrir)* to offer, to propose; **~ qqch à qqn** to offer sb sthg, to offer sthg to sb; **~ à qqn de faire qqch** to offer to do sthg for sb. **2.** *(suggérer)* to suggest, to propose; **~ de faire qqch** to suggest OU propose doing sthg. **3.** *(loi, candidat)* to propose.
proposition [prɔpozisjɔ̃] *nf* **1.** *(offre)* offer, proposal. **2.** *(suggestion)* suggestion, proposal. **3.** (GRAM) clause.
propre [prɔpr] ◇ *adj* **1.** *(nettoyé)* clean. **2.** *(soigné)* neat, tidy. **3.** *(enfant)* toilet-trained; *(animal)* house-trained *Br*, housebroken *Am*. **4.** *(personnel)* own. **5.** *(particulier)*: **~ à** peculiar to. **6.** *(de nature)*: **~ à faire qqch** capable of doing sthg. ◇ *nm (propreté)* cleanness, cleanliness; **recopier qqch au ~** to make a fair copy of sthg, to copy sthg up. ◆ **au propre** *loc adv* (LING) literally.
proprement [prɔprəmɑ̃] *adv* **1.** *(travailler)* neatly; *(se tenir)* correctly. **2.** *(véritablement)* completely; **à ~ parler** strictly OU properly speaking; **l'événement ~ dit** the event itself, the actual event.
propreté [prɔprəte] *nf* cleanness, cleanliness.
propriétaire [prɔprijetɛr] *nmf* **1.** *(possesseur)* owner; **~ terrien** landowner. **2.** *(dans l'immobilier)* landlord.
propriété [prɔprijete] *nf* **1.** *(gén)* property; **~ privée** private property. **2.** *(droit)* ownership. **3.** *(terres)* property *(U)*. **4.** *(convenance)* suitability.
propulser [prɔpylse] *vt litt & fig* to propel. ◆ **se propulser** *vp* to move forward, to propel o.s. forward OU along; *fig* to shoot.
prorata [prɔrata] ◆ **au prorata de** *loc prép* in proportion to.
prosaïque [prozaik] *adj* prosaic, mundane.
proscrit, -e [prɔskri, it] *adj (interdit)* banned, prohibited.
prose [proz] *nf* prose; **en ~** in prose.
prospecter [prɔspɛkte] *vt* **1.** *(pays, région)* to prospect. **2.** (COMM) to canvass.
prospection [prɔspɛksjɔ̃] *nf* **1.** *(de ressources)* prospecting. **2.** (COMM) canvassing.
prospectus [prɔspɛktys] *nm* (advertising) leaflet.
prospérer [prɔspere] *vi* to prosper, to thrive; *(plante, insecte)* to thrive.
prospérité [prɔsperite] *nf* **1.** *(richesse)* prosperity. **2.** *(bien-être)* well-being.
prostate [prɔstat] *nf* prostate (gland).
prosterner [prɔstɛrne] ◆ **se prosterner** *vp* to bow down; **se ~ devant** to bow down before; *fig* to kowtow to.
prostituée [prɔstitɥe] *nf* prostitute.
prostituer [prɔstitɥe] ◆ **se prostituer** *vp* to prostitute o.s.
prostitution [prɔstitysjɔ̃] *nf* prostitution.
prostré, -e [prɔstre] *adj* prostrate.
protagoniste [prɔtagɔnist] *nmf* protagonist, hero (*f* heroine).
protecteur, -trice [prɔtɛktœr, tris] ◇ *adj* protective. ◇ *nm, f* **1.** *(défenseur)* protector. **2.** *(des arts)* patron. **3.** *(souteneur)* pimp.
protection [prɔtɛksjɔ̃] *nf* **1.** *(défense)* protection; **prendre qqn sous sa ~** to take sb under one's wing. **2.** *(des arts)* patronage.
protectionnisme [prɔtɛksjɔnism] *nm* protectionism.
protégé, -e [prɔteʒe] ◇ *adj* protected. ◇ *nm, f* protégé.
protège-cahier [prɔtɛʒkaje] (*pl* **protège-cahiers**) *nm* exercise book cover.
protéger [prɔteʒe] *vt (gén)* to protect.
protéine [prɔtein] *nf* protein.
protestant, -e [prɔtɛstɑ̃, ɑ̃t] *adj & nm, f* Protestant.

protestation [prɔtɛstasjɔ̃] *nf (contestation)* protest.
protester [prɔtɛste] *vi* to protest; **~ contre qqch** to protest against sthg, to protest sthg *Am*.
prothèse [prɔtɛz] *nf* prosthesis; **~ dentaire** dentures (*pl*), false teeth (*pl*).
protide [prɔtid] *nm* protein.
protocolaire [prɔtɔkɔlɛr] *adj (poli)* conforming to etiquette.
protocole [prɔtɔkɔl] *nm* protocol.
proton [prɔtɔ̃] *nm* proton.
prototype [prɔtɔtip] *nm* prototype.
protubérance [prɔtyberɑ̃s] *nf* bulge, protuberance.
proue [pru] *nf* bows (*pl*), prow.
prouesse [pruɛs] *nf* feat.
prouver [pruve] *vt* **1.** *(établir)* to prove. **2.** *(montrer)* to demonstrate, to show.
provenance [prɔvnɑ̃s] *nf* origin; **en ~ de** from.
provenir [prɔvnir] *vi*: **~ de** to come from; *fig* to be due to, to be caused by.
proverbe [prɔvɛrb] *nm* proverb.
proverbial, -e, -aux [prɔvɛrbjal, o] *adj* proverbial.
providence [prɔvidɑ̃s] *nf* providence; *fig* guardian angel.
providentiel, -elle [prɔvidɑ̃sjɛl] *adj* providential.
province [prɔvɛ̃s] *nf* **1.** *(gén)* province. **2.** *(campagne)* provinces (*pl*).
provincial, -e, -aux [prɔvɛ̃sjal, o] *adj & nm, f* provincial.
proviseur [prɔvizœr] *nm* = head *Br*, = headteacher *Br*, = headmaster (*f* headmistress) *Br*, = principal *Am*.
provision [prɔvizjɔ̃] *nf* **1.** *(réserve)* stock, supply. **2.** (FIN) retainer; → **chèque**. ◆ **provisions** *nfpl* provisions.
provisoire [prɔvizwar] ◇ *adj* temporary; (JUR) provisional. ◇ *nm*: **c'est du ~** it's only a temporary arrangement.
provocant, -e [prɔvɔkɑ̃, ɑ̃t] *adj* provocative.
provocation [prɔvɔkasjɔ̃] *nf* provocation.
provoquer [prɔvɔke] *vt* **1.** *(entraîner)* to cause. **2.** *(personne)* to provoke.
proxénète [prɔksenɛt] *nm* pimp.
proximité [prɔksimite] *nf (de lieu)* proximity, nearness; **à ~ de** near.
prude [pryd] *adj* prudish.
prudence [prydɑ̃s] *nf* care, caution.
prudent, -e [prydɑ̃, ɑ̃t] *adj* careful, cautious.
prune [pryn] *nf* plum.
pruneau, -x [pryno] *nm (fruit)* prune.
prunelle [prynɛl] *nf* (ANAT) pupil.
prunier [prynje] *nm* plum tree.
PS[1] (*abr de* **Parti socialiste**) *nm French socialist party*.
PS[2], **P-S** (*abr de* **post-scriptum**) *nm* PS.
psalmodier [psalmɔdje] ◇ *vt* to chant; *fig & péj* to drone. ◇ *vi* to drone.
psaume [psom] *nm* psalm.
pseudonyme [psødɔnim] *nm* pseudonym.
psy [psi] *fam nmf* (*abr de* **psychiatre**) shrink.
psychanalyse [psikanaliz] *nf* psychoanalysis.
psychanalyste [psikanalist] *nmf* psychoanalyst, analyst.
psychédélique [psikedelik] *adj* psychedelic.
psychiatre [psikjatr] *nmf* psychiatrist.
psychiatrie [psikjatri] *nf* psychiatry.
psychique [psiʃik] *adj* psychic; *(maladie)* psychosomatic.
psychologie [psikɔlɔʒi] *nf* psychology.
psychologique [psikɔlɔʒik] *adj* psychological.
psychologue [psikɔlɔg] ◇ *nmf* psychologist. ◇ *adj* psychological.
psychose [psikoz] *nf* **1.** (MÉD) psychosis. **2.** *(crainte)* obsessive fear.
psychosomatique [psikɔsɔmatik] *adj* psychosomatic.
psychothérapie [psikɔterapi] *nf* psychotherapy.
Pte 1. *abr de* **porte**. **2.** *abr de* **pointe**.
PTT (*abr de* **Postes, télécommunications et télédiffusion**) *nfpl former French post office and telecommunications network*.
pu [py] *pp* → **pouvoir**.
puant, -e [pɥɑ̃, ɑ̃t] *adj* **1.** *(fétide)* smelly, stinking. **2.** *fam fig (personne)* bumptious, full of oneself.
puanteur [pɥɑ̃tœr] *nf* stink, stench.
pub[1] [pyb] *nf fam* ad, advert *Br*; *(métier)* advertising.
pub[2] [pœb] *nm* pub.
pubère [pybɛr] *adj* pubescent.
puberté [pybɛrte] *nf* puberty.
pubis [pybis] *nm (zone)* pubis.
public, -ique [pyblik] *adj* public. ◆ **public** *nm* **1.** *(auditoire)* audience; **en ~** in public. **2.** *(population)* public.
publication [pyblikasjɔ̃] *nf* publication.
publicitaire [pyblisitɛr] *adj (campagne)* advertising (*avant n*); *(vente, film)* promotional.
publicité [pyblisite] *nf* **1.** *(domaine)*

advertising; ~ **comparative** comparative advertising; ~ **mensongère** misleading advertising, deceptive advertising. 2. *(réclame)* advertisement, advert. 3. *(autour d'une affaire)* publicity *(U)*.

publier [pyblije] *vt (livre)* to publish; *(communiqué)* to issue, to release.

publireportage [pybliʀəpɔʀtaʒ] *nm* free write-up *Br*, reading notice *Am*.

puce [pys] *nf* 1. *(insecte)* flea. 2. (INFORM) (silicon) chip. 3. *fig (terme affectueux)* pet, love.

puceau, -elle, -x [pyso, ɛl, o] *nm, f & adj fam* virgin.

pudeur [pydœʀ] *nf* 1. *(physique)* modesty, decency. 2. *(morale)* restraint.

pudibond, -e [pydibɔ̃, ɔ̃d] *adj* prudish, prim and proper.

pudique [pydik] *adj* 1. *(physiquement)* modest, decent. 2. *(moralement)* restrained.

puer [pɥe] ◇ *vi* to stink. ◇ *vt* to reek of, to stink of.

puéricultrice [pɥeʀikyltʀis] *nf* nursery nurse.

puériculture [pɥeʀikyltyʀ] *nf* childcare.

puéril, -e [pɥeʀil] *adj* childish.

Puerto Rico = **Porto Rico**.

pugilat [pyʒila] *nm* fight.

puis [pɥi] *adv* then; **et ~** *(d'ailleurs)* and moreover OU besides.

puiser [pɥize] *vt* to draw; **~ qqch dans qqch** *fig* to draw OU take sthg from sthg.

puisque [pɥiskə] *conj (gén)* since.

puissance [pɥisɑ̃s] *nf* power. ◆ **en puissance** *loc adj* potential.

puissant, -e [pɥisɑ̃, ɑ̃t] *adj* powerful. ◆ **puissant** *nm*: **les ~s** the powerful.

puisse, puisses *etc* → **pouvoir**.

puits [pɥi] *nm* 1. *(d'eau)* well. 2. *(de gisement)* shaft; **~ de pétrole** oil well.

pull [pyl], **pull-over** [pylɔvɛʀ] *(pl* **pull-overs**) *nm* jumper *Br*, sweater.

pulluler [pylyle] *vi* to swarm.

pulmonaire [pylmɔnɛʀ] *adj* lung *(avant n)*, pulmonary.

pulpe [pylp] *nf* pulp.

pulsation [pylsasjɔ̃] *nf* beat, beating *(U)*.

pulsion [pylsjɔ̃] *nf* impulse.

pulvérisation [pylveʀizasjɔ̃] *nf* 1. *(d'insecticide)* spraying. 2. (MÉD) spray; *(traitement)* spraying.

pulvériser [pylveʀize] *vt* 1. *(projeter)* to spray. 2. *(détruire)* to pulverize; *fig* to smash.

puma [pyma] *nm* puma.

punaise [pynɛz] *nf* 1. *(insecte)* bug. 2. *(clou)* drawing pin *Br*, thumbtack *Am*.

punch [pɔ̃ʃ] *nm* punch.

puni, -e [pyni] *adj* punished.

punir [pyniʀ] *vt*: **~ qqn (de)** to punish sb (with).

punition [pynisjɔ̃] *nf* punishment.

pupille [pypij] ◇ *nf* (ANAT) pupil. ◇ *nmf* ward; **~ de l'État** = child in care; **~ de la Nation** war orphan *(in care)*.

pupitre [pypitʀ] *nm* 1. *(d'orateur)* lectern; (MUS) stand. 2. (TECHNOL) console. 3. *(d'écolier)* desk.

pur, -e [pyʀ] *adj* 1. *(gén)* pure. 2. *fig (absolu)* pure, sheer; **~ et simple** pure and simple. 3. *fig & littéraire (intention)* honourable. 4. *(lignes)* pure, clean.

purée [pyʀe] *nf* purée; **~ de pommes de terre** mashed potatoes.

purement [pyʀmɑ̃] *adv* purely; **~ et simplement** purely and simply.

pureté [pyʀte] *nf* 1. *(gén)* purity. 2. *(de sculpture, de diamant)* perfection. 3. *(d'intention)* honourableness.

purgatoire [pyʀgatwaʀ] *nm* purgatory.

purge [pyʀʒ] *nf* 1. (MÉD & POLIT) purge. 2. *(de radiateur)* bleeding.

purger [pyʀʒe] *vt* 1. (MÉD & POLIT) to purge. 2. *(radiateur)* to bleed. 3. *(peine)* to serve.

purifier [pyʀifje] *vt* to purify.

purin [pyʀɛ̃] *nm* slurry.

puritain, -e [pyʀitɛ̃, ɛn] ◇ *adj (pudibond)* puritanical. ◇ *nm, f* 1. *(prude)* puritan. 2. (RELIG) Puritan.

puritanisme [pyʀitanism] *nm* puritanism; (RELIG) Puritanism.

pur-sang [pyʀsɑ̃] *nm inv* thoroughbred.

purulent, -e [pyʀylɑ̃, ɑ̃t] *adj* purulent.

pus [py] *nm* pus.

pusillanime [pyzilanim] *adj* pusillanimous.

putain [pytɛ̃] *nf vulg* 1. *péj (prostituée)* whore. 2. *fig (pour exprimer le mécontentement)*: **(ce) ~ de ...** this/that sodding ... *Br*, this/that goddam ... *Am*.

putréfier [pytʀefje] ◆ **se putréfier** *vp* to putrefy, to rot.

putsch [putʃ] *nm* uprising, coup.

puzzle [pœzl] *nm* jigsaw (puzzle).

P-V *nm abr de* **procès-verbal**.

pyjama [piʒama] *nm* pyjamas *(pl)*.

pylône [pilon] *nm* pylon.

pyramide [piʀamid] *nf* pyramid.

Pyrénées [pirene] *nfpl*: **les ~** the Pyrenees.
Pyrex® [pirɛks] *nm* Pyrex®.
pyromane [pirɔman] *nmf* arsonist; (MÉD) pyromaniac.
python [pitɔ̃] *nm* python.

Q

q, Q [ky] *nm inv (lettre)* q, Q.
QCM (*abr de* **questionnaire à choix multiple**) *nm* multiple choice questionnaire.
QG (*abr de* **quartier général**) *nm* HQ.
QI (*abr de* **quotient intellectuel**) *nm* IQ.
qqch (*abr de* **quelque chose**) sthg.
qqn (*abr de* **quelqu'un**) s.o., sb.
quadragénaire [kwadraʒenɛr] *nmf* forty year old.
quadrichromie [kwadrikrɔmi] *nf* four-colour printing.
quadrilatère [kwadrilatɛr] *nm* quadrilateral.
quadrillage [kadrijaʒ] *nm* **1.** *(de papier, de tissu)* criss-cross pattern. **2.** *(policier)* combing.
quadriller [kadrije] *vt* **1.** *(papier)* to mark with squares. **2.** *(ville - suj: rues)* to criss-cross; *(- suj: police)* to comb.
quadrimoteur [kwadrimɔtœr] *nm* four-engined plane.
quadrupède [k(w)adrypɛd] *nm & adj* quadruped.
quadruplés, -ées [k(w)adryple] *nm, f pl* quadruplets, quads.
quai [kɛ] *nm* **1.** *(de gare)* platform. **2.** *(de port)* quay, wharf. **3.** *(de rivière)* embankment.
qualificatif, -ive [kalifikatif, iv] *adj* qualifying. ◆ **qualificatif** *nm* term.
qualification [kalifikasjɔ̃] *nf (gén)* qualification.
qualifier [kalifje] *vt* **1.** *(gén)* to qualify; **être qualifié pour qqch/pour faire qqch** to be qualified for sthg/to do sthg. **2.** *(caractériser)*: **~ qqn/qqch de qqch** to describe sb/sthg as sthg, to call sb/sthg sthg. ◆ **se qualifier** *vp* to qualify.
qualitatif, -ive [kalitatif, iv] *adj* qualitative.
qualité [kalite] *nf* **1.** *(gén)* quality; **de bonne/mauvaise ~** of good/poor quality. **2.** *(condition)* position, capacity.

quand [kɑ̃] ◇ *conj (lorsque, alors que)* when; **~ tu le verras, demande-lui de me téléphoner** when you see him, ask him to phone me. ◇ *adv interr* when; **~ arriveras-tu?** when will you arrive?; **jusqu'à ~ restez-vous?** how long are you staying for? ◆ **quand même** ◇ *loc adv (malgré tout)* all the same; **tu pourrais faire attention ~ même!** you might at least be careful! ◇ *interj*: **~ même, à son âge!** really, at his/her age! ◆ **quand bien même** *loc conj sout* even though, even if.
quant [kɑ̃] ◆ **quant à** *loc prép* as for.
quantifier [kɑ̃tifje] *vt* to quantify.
quantitatif, -ive [kɑ̃titatif, iv] *adj* quantitative.
quantité [kɑ̃tite] *nf* **1.** *(mesure)* quantity, amount. **2.** *(abondance)*: **(une) ~ de** a great many, a lot of; **en ~** in large numbers.
quarantaine [karɑ̃tɛn] *nf* **1.** *(nombre)*: **une ~ de** about forty. **2.** *(âge)*: **avoir la ~** to be in one's forties. **3.** *(isolement)* quarantine.
quarante [karɑ̃t] *adj num & nm* forty; *voir aussi* **six**.
quarantième [karɑ̃tjɛm] *adj num, nm & nmf* fortieth; *voir aussi* **sixième**.
quart [kar] *nm* **1.** *(fraction)* quarter; **deux heures moins le ~** (a) quarter to two, (a) quarter of two *Am*; **deux heures et ~** (a) quarter past two, (a) quarter after two *Am*; **il est moins le ~** it's (a) quarter to; **un ~ de** a quarter of; **un ~ d'heure** a quarter of an hour. **2.** (NAVIG) watch. **3. ~ de finale** quarter final.
quartier [kartje] *nm* **1.** *(de ville)* area, district. **2.** *(de fruit)* piece; *(de viande)* quarter. **3.** *(héraldique, de lune)* quarter. **4.** (*gén pl*) (MIL) quarters (*pl*); **~ général** headquarters (*pl*).
quartz [kwarts] *nm* quartz; **montre à ~** quartz watch.
quasi [kazi] *adv* almost, nearly.
quasi- [kazi] *préfixe* near; **~collision** near collision.
quasiment [kazimɑ̃] *adv fam* almost, nearly.
quatorze [katɔrz] *adj num & nm* fourteen; *voir aussi* **six**.
quatorzième [katɔrzjɛm] *adj num, nm & nmf* fourteenth; *voir aussi* **sixième**.
quatrain [katrɛ̃] *nm* quatrain.
quatre [katr] ◇ *adj num* four; **monter l'escalier ~ à ~** to take the stairs four at a time; **se mettre en ~ pour qqn** to bend over backwards for sb. ◇ *nm* four; *voir aussi* **six**.

quatre-vingt = **quatre-vingts.**

quatre-vingt-dix [katrəvɛ̃dis] *adj num & nm* ninety; *voir aussi* **six.**

quatre-vingt-dixième [katrəvɛ̃dizjɛm] *adj num, nm & nmf* ninetieth; *voir aussi* **sixième.**

quatre-vingtième [katrəvɛ̃tjɛm] *adj num, nm & nmf* eightieth; *voir aussi* **sixième.**

quatre-vingts, quatre-vingt [katrəvɛ̃] *adj num & nm* eighty; *voir aussi* **six.**

quatrième [katrijɛm] ◇ *adj num, nm & nmf* fourth; *voir aussi* **sixième.** ◇ *nf* (SCOL) ≃ third year OU form *Br*, ≃ eighth grade *Am*.

quatuor [kwatɥɔr] *nm* quartet.

que [k(ə)] ◇ *conj* **1.** *(introduit une subordonnée)* that; **il a dit qu'il viendrait** he said (that) he'd come; **il veut ~ tu viennes** he wants you to come. **2.** *(introduit une hypothèse)* whether; **~ vous le vouliez ou non** whether you like it or not. **3.** *(reprend une autre conjonction)*: **s'il fait beau et que nous avons le temps ...** if the weather is good and we have time ... **4.** *(indique un ordre, un souhait)*: **qu'il entre!** let him come in!; **~ tout le monde sorte!** everybody out! **5.** *(après un présentatif)*: **voilà/voici ~ ça recommence!** here we go again! **6.** *(comparatif - après moins, plus)* than; *(- après autant, aussi, même)* as; **plus jeune ~ moi** younger than I (am) OU than me; **elle a la même robe ~ moi** she has the same dress as I do OU as me. **7.** *(seulement)*: **ne ... ~** only. ◇ *pron rel (chose, animal)* which, that; *(personne)* whom, that; **la femme ~ j'aime** the woman (whom OU that) I love; **le livre qu'il m'a prêté** the book (which OU that) he lent me. ◇ *pron interr* what; **~ savez-vous au juste?** what exactly do you know?; **je me demande ~ faire** I wonder what I should do. ◇ *adv excl*: **qu'elle est belle!** how beautiful she is!; **~ de monde!** what a lot of people! ◆ **c'est que** *loc conj* it's because. ◆ **qu'est-ce que** *pron interr* what; **qu'est-ce ~ tu veux encore?** what else do you want? ◆ **qu'est-ce qui** *pron interr* what; **qu'est-ce qui se passe?** what's going on?

Québec [kebɛk] *nm (province)*: **le ~** Quebec.

québécois, -e [kebekwa, az] *adj* Quebec *(avant n)*. ◆ **québécois** *nm (langue)* Quebec French. ◆ **Québécois, -e** *nm, f* Quebecker, Québecois.

quel [kɛl] *(f* **quelle**, *mpl* **quels**, *fpl* **quelles**) ◇ *adj interr (personne)* which; *(chose)* what, which; **~ homme?** which man?; **~ livre voulez-vous?** what OU which book do you want?; **de ~ côté es-tu?** what OU which side are you on?; **je ne sais ~s sont ses projets** I don't know what his plans are; **quelle heure est-il?** what time is it?, what's the time? ◇ *adj excl*: **~ idiot!** what an idiot! ◇ *adj indéf*: **~ que** (+ *subjonctif*) *(chose, animal)* whatever; *(personne)* whoever; **il se baigne, ~ que soit le temps** he goes swimming whatever the weather. ◇ *pron interr* which (one); **de vous trois, ~ est le plus jeune?** which (one) of you three is the youngest?

> • Dans les exclamations où l'accent est mis sur le nom, avec ou sans adjectif, on emploie *what* (*what nice friends you've got!*). Avec un nom dénombrable au singulier, *what* est suivi de *a* ou *an* (*what a great dress!; what a hero!*). Avec un nom non dénombrable, il n'y a pas d'article (*what awful luck!*).

quelconque [kɛlkɔ̃k] *adj* **1.** *(n'importe lequel)* any; **donner un prétexte ~** to give any old excuse; **si pour une raison ~ ...** if for any reason ...; **une ~ observation** some remark or other. **2.** *(après n) péj (banal)* ordinary, mediocre.

quelque [kɛlk(ə)] ◇ *adj indéf* some; **à ~ distance de là** some way away (from there); **j'ai ~s lettres à écrire** I have some OU a few letters to write; **vous n'avez pas ~s livres à me montrer?** don't you have any books to show me?; **les ~s fois où j'étais absent** the few times I wasn't there; **~ route que je prenne** whatever route I take; **~ peu** somewhat, rather. ◇ *adv (environ)* about; **200 francs et ~** some OU about 200 francs; **il est midi et ~** *fam* it's just after midday.

quelque chose [kɛlkəʃoz] *pron indéf* something; **~ de différent** something different; **~ d'autre** something else; **tu veux boire ~?** do you want something OU anything to drink?; **apporter un petit ~ à qqn** to give sb a little something; **c'est ~!** *(ton admiratif)* it's really something!; **cela m'a fait ~** I really felt it.

> • Dans les questions, on peut employer *something* si l'on s'attend à une réponse affirmative (*did you have something hot for dinner?*). Si ce n'est pas le cas, on le remplace par *anything* (*did she tell you anything about her new job?*).

quelquefois [kɛlkəfwa] *adv* sometimes, occasionally.
quelque part [kɛlkəpar] *adv* somewhere; **l'as-tu vu ~?** have you seen him anywhere?
quelques-uns, quelques-unes [kɛlkəzœ̃, yn] *pron indéf* some, a few.
quelqu'un [kɛlkœ̃] *pron indéf m* someone, somebody; **c'est ~ d'ouvert** he's/she's a frank person.

> • Dans les questions, on peut employer *someone* ou *somebody* si l'on s'attend à une réponse affirmative (*are you going to the dance with someone/somebody nice?*). Si ce n'est pas le cas, on les remplace par *anyone* ou *anybody* (*is anyone/anybody there?*).

quémander [kemɑ̃de] *vt* to beg for; **~ qqch à qqn** to beg sb for sthg.
qu'en-dira-t-on [kɑ̃diratɔ̃] *nm inv fam* tittle-tattle.
quenelle [kənɛl] *nf very finely chopped mixture of fish or chicken cooked in stock.*
querelle [kərɛl] *nf* quarrel.
quereller [kərele] ◆ **se quereller** *vp*: **se ~ (avec)** to quarrel (with).
querelleur, -euse [kərɛlœr, øz] *adj* quarrelsome.
qu'est-ce que [kɛskə] → **que**.
qu'est-ce qui [kɛski] → **que**.
question [kɛstjɔ̃] *nf* question; **poser une ~ à qqn** to ask sb a question; **il est ~ de faire qqch** it's a question OU matter of doing sthg; **il n'en est pas ~** there is no question of it; **remettre qqn/qqch en ~** to question sb/sthg, to challenge sb/sthg; **~ subsidiaire** tiebreaker.
questionnaire [kɛstjɔnɛr] *nm* questionnaire.
questionner [kɛstjɔne] *vt* to question.
quête [kɛt] *nf* **1.** *sout (d'objet, de personne)* quest; **se mettre en ~ de** to go in search of. **2.** *(d'aumône)*: **faire la ~** to take a collection.
quêter [kete] ◇ *vi* to collect. ◇ *vt fig* to seek, to look for.
queue [kø] *nf* **1.** *(d'animal)* tail; **faire une ~ de poisson à qqn** *(fig & AUTOM)* to cut sb up. **2.** *(de fruit)* stalk. **3.** *(de poêle)* handle. **4.** *(de liste)* bottom; *(de file, peloton)* rear. **5.** *(file)* queue *Br*, line *Am*; **faire la ~** to queue *Br*, to stand in line *Am*; **à la ~ leu leu** in single file.
queue-de-cheval [kødʃəval] (*pl* **queues-de-cheval**) *nf* ponytail.
queue-de-pie [kødpi] (*pl* **queues-de-pie**) *nf fam* tails (*pl*).

qui [ki] ◇ *pron rel* **1.** *(sujet) (personne)* who; *(chose)* which, that; **l'homme ~ parle** the man who's talking; **je l'ai vu ~ passait** I saw him pass; **le chien ~ aboie** the barking dog, the dog which OU that is barking; **~ plus est** (and) what's more; **~ mieux est** even better, better still. **2.** (*complément d'objet direct*) who; **tu vois ~ je veux dire** you see who I mean; **invite ~ tu veux** invite whoever OU anyone you like. **3.** (*après une préposition*) who, whom; **la personne à ~ je parle** the person I'm talking to, the person to whom I'm talking. **4.** (*indéfini*): **~ que tu sois** whoever you are; **~ que ce soit** whoever it may be. ◇ *pron interr* **1.** (*sujet*) who; **~ es-tu?** who are you?; **je voudrais savoir ~ est là** I would like to know who's there. **2.** (*complément d'objet, après une préposition*) who, whom; **~ demandez-vous?** who do you want to see?; **dites-moi ~ vous demandez** tell me who you want to see; **à ~ vas-tu le donner?** who are you going to give it to?, to whom are you going to give it? ◆ **qui est-ce qui** *pron interr* who. ◆ **qui est-ce que** *pron interr* who, whom.

> • Dans la langue soutenue, il existe une forme particulière de *who* qui remplit la fonction de complément d'objet: il s'agit de *whom* (*whom did you see?*). *Whom* n'est jamais utilisé en tant que sujet; c'est *who* qui remplit cette fonction (*who saw you?*).
>
> • *Whom* peut être accompagné d'une préposition, mais son utilisation dépend de l'ordre des mots dans la phrase. On peut, par exemple, rendre la phrase *whom were you arguing with?* plus familière en disant *who were you arguing with?* En revanche, si la préposition (*with* dans notre exemple) se place en tout début de phrase, il faut obligatoirement utiliser *whom* (*with whom were you arguing?*).
>
> • Voir aussi WHOM dans la partie anglais-français du dictionnaire.

quiche [kiʃ] *nf* quiche.
quiconque [kikɔ̃k] ◇ *pron indéf* anyone, anybody. ◇ *pron rel indéf sout* anyone who, whoever.
quidam [kidam] *nm fam* chap *Br*, guy *Am*.
quiétude [kjetyd] *nf* tranquillity.
quignon [kiɲɔ̃] *nm fam* hunk.

quille [kij] *nf* (NAVIG) keel. ◆ **quilles** *nfpl*: **(jeu de) ~s** skittles *(U)*.

quincaillerie [kɛ̃kajri] *nf* **1.** *(magasin)* ironmonger's (shop) *Br*, hardware shop. **2.** *fam fig (bijoux)* jewellery.

quinconce [kɛ̃kɔ̃s] *nm*: **en ~** in a staggered arrangement.

quinine [kinin] *nf* quinine.

quinquagénaire [kɛ̃kaʒenɛr] *nmf* fifty year old.

quinquennal, -e, -aux [kɛ̃kenal, o] *adj (plan)* five-year *(avant n)*; *(élection)* five-yearly.

quintal, -aux [kɛ̃tal, o] *nm* quintal.

quinte [kɛ̃t] *nf* (MUS) fifth. ◆ **quinte de toux** *nf* coughing fit.

quintuple [kɛ̃typl] *nm & adj* quintuple.

quinzaine [kɛ̃zɛn] *nf* **1.** *(nombre)* fifteen (or so); **une ~ de** about fifteen. **2.** *(deux semaines)* fortnight *Br*, two weeks *(pl)*.

quinze [kɛ̃z] ◇ *adj num* fifteen; **dans ~ jours** in a fortnight *Br*, in two weeks. ◇ *nm (chiffre)* fifteen; *voir aussi* **six**.

quinzième [kɛ̃zjɛm] *adj num, nm & nmf* fifteenth; *voir aussi* **sixième**.

quiproquo [kiprɔko] *nm* misunderstanding.

quittance [kitɑ̃s] *nf* receipt.

quitte [kit] *adj* quits; **en être ~ pour qqch/pour faire qqch** to get off with sthg/doing sthg; **~ à faire qqch** even if it means doing sthg.

quitter [kite] *vt* **1.** *(gén)* to leave; **ne quittez pas!** *(au téléphone)* hold the line, please! **2.** *(fonctions)* to give up. ◆ **se quitter** *vp* to part.

qui-vive [kiviv] *nm inv*: **être sur le ~** to be on the alert.

quoi [kwa] ◇ *pron rel (après prép)*: **ce à ~ je me suis intéressé** what I was interested in; **c'est en ~ vous avez tort** that's where you're wrong; **après ~** after which; **avoir de ~ vivre** to have enough to live on; **avez-vous de ~ écrire?** have you got something to write with?; **merci – il n'y a pas de ~** thank you – don't mention it. ◇ *pron interr* what; **à ~ penses-tu?** what are you thinking about?; **je ne sais pas ~ dire** I don't know what to say; **à ~ bon?** what's the point OU use?; **décide-toi, ~!** *fam* make your mind up, will you?; **tu viens ou ~?** *fam* are you coming or what? ◆ **quoi que** *loc conj (+ subjonctif)* whatever; **~ qu'il arrive** whatever happens; **~ qu'il dise** whatever he says; **~ qu'il en soit** be that as it may.

quoique [kwakə] *conj* although, though.

quolibet [kɔlibɛ] *nm sout* jeer, taunt.

quota [k(w)ɔta] *nm* quota.

quotidien, -enne [kɔtidjɛ̃, ɛn] *adj* daily. ◆ **quotidien** *nm* **1.** *(routine)* daily life; **au ~** on a day-to-day basis. **2.** *(journal)* daily (newspaper).

quotient [kɔsjɑ̃] *nm* quotient; **~ intellectuel** intelligence quotient.

R

r¹, R [ɛr] *nm inv (lettre)* r, R.

r² *abr de* **rue**.

rabâcher [rabaʃe] ◇ *vi fam* to harp on. ◇ *vt* to go over (and over).

rabais [rabɛ] *nm* reduction, discount; **au ~** *péj (artiste)* third-rate; *(travailler)* for a pittance.

rabaisser [rabese] *vt* **1.** *(réduire)* to reduce; *(orgueil)* to humble. **2.** *(personne)* to belittle. ◆ **se rabaisser** *vp* **1.** *(se déprécier)* to belittle o.s. **2.** *(s'humilier)*: **se ~ à faire qqch** to demean o.s. by doing sthg.

rabat [raba] *nm (partie rabattue)* flap.

rabat-joie [rabaʒwa] ◇ *nm inv* killjoy. ◇ *adj inv*: **être ~** to be a killjoy.

rabattre [rabatr] *vt* **1.** *(col)* to turn down. **2.** *(siège)* to tilt back; *(couvercle)* to shut. **3.** *(gibier)* to drive. ◆ **se rabattre** *vp* **1.** *(siège)* to tilt back; *(couvercle)* to shut. **2.** *(voiture, coureur)* to cut in. **3.** *(se contenter)*: **se ~ sur** to fall back on.

rabbin [rabɛ̃] *nm* rabbi.

râble [rabl] *nm (de lapin)* back; (CULIN) saddle.

râblé, -e [rable] *adj* stocky.

rabot [rabo] *nm* plane.

raboter [rabɔte] *vt* to plane.

rabougri, -e [rabugri] *adj* **1.** *(plante)* stunted. **2.** *(personne)* shrivelled, wizened.

rabrouer [rabrue] *vt* to snub.

raccommodage [rakɔmɔdaʒ] *nm* mending.

raccommoder [rakɔmɔde] *vt* **1.** *(vêtement)* to mend. **2.** *fam fig (personnes)* to reconcile, to get back together.

raccompagner [rakɔ̃paɲe] *vt* to see home, to take home.
raccord [rakɔr] *nm* 1. *(liaison)* join. 2. *(pièce)* connector, coupling. 3. (CIN) link.
raccordement [rakɔrdəmɑ̃] *nm* connection, linking.
raccorder [rakɔrde] *vt*: **~ qqch (à)** to connect sthg (to), to join sthg (to). ◆ **se raccorder** *vp*: **se ~ à** to be connected to; *fig (faits)* to tie in with.
raccourci [rakursi] *nm* shortcut.
raccourcir [rakursir] ◇ *vt* to shorten. ◇ *vi* to grow shorter.
raccrocher [rakrɔʃe] ◇ *vt* to hang back up. ◇ *vi (au téléphone)*: **~ (au nez de qqn)** to hang up (on sb), to put the phone down (on sb). ◆ **se raccrocher** *vp*: **se ~ à** to cling to, to hang on to.
race [ras] *nf (humaine)* race; *(animale)* breed; **de ~** pedigree; *(cheval)* thoroughbred.
racé, -e [rase] *adj* 1. *(animal)* purebred. 2. *(voiture)* of distinction.
rachat [raʃa] *nm* 1. *(transaction)* repurchase. 2. *fig (de péchés)* atonement.
racheter [raʃte] *vt* 1. *(acheter en plus - gén)* to buy another; *(- pain, lait)* to buy some more. 2. *(acheter d'occasion)* to buy. 3. *(après avoir vendu)* to buy back. 4. *(péché, faute)* to atone for; *(défaut, lapsus)* to make up for. 5. *(prisonnier)* to ransom. 6. *(honneur)* to redeem. 7. *(société)* to buy out. ◆ **se racheter** *vp fig* to redeem o.s.
rachitique [raʃitik] *adj* suffering from rickets.
racial, -e, -aux [rasjal, o] *adj* racial.
racine [rasin] *nf* root; *(de nez)* base; **~ carrée/cubique** square/cube root.
racisme [rasism] *nm* racism.
raciste [rasist] *nmf & adj* racist.
racketter [rakɛte] *vt*: **~ qqn** to subject sb to a protection racket.
raclée [rakle] *nf fam* hiding, thrashing.
racler [rakle] *vt* to scrape. ◆ **se racler** *vp*: **se ~ la gorge** to clear one's throat.
racoler [rakɔle] *vt fam péj (suj: commerçant)* to tout for; *(suj: prostituée)* to solicit.
racoleur, -euse [rakɔlœr, øz] *adj fam péj (air, sourire)* come-hither; *(publicité)* strident.
racontar [rakɔ̃tar] *nm fam péj* piece of gossip. ◆ **racontars** *nmpl fam péj* tittle-tattle *(U)*.
raconter [rakɔ̃te] *vt* 1. *(histoire)* to tell, to relate; *(événement)* to relate, to tell about; **~ qqch à qqn** to tell sb sthg, to relate sthg to sb. 2. *(ragot, mensonge)* to tell; **qu'est-ce que tu racontes?** what are you on about?
radar [radar] *nm* radar.
rade [rad] *nf* (natural) harbour.
radeau, -x [rado] *nm* raft.
radiateur [radjatœr] *nm* radiator.
radiation [radjasjɔ̃] *nf* 1. (PHYS) radiation. 2. *(de liste, du barreau)* striking off.
radical, -e, -aux [radikal, o] *adj* radical. ◆ **radical** *nm* 1. *(gén)* radical. 2. (LING) stem.
radier [radje] *vt* to strike off.
radieux, -euse [radjø, øz] *adj* radiant; *(soleil)* dazzling.
radin, -e [radɛ̃, in] *fam péj* ◇ *adj* stingy. ◇ *nm, f* skinflint.
radio [radjo] ◇ *nf* 1. *(station, poste)* radio; **à la ~** on the radio. 2. (MÉD): **passer une ~** to have an X-ray, to be X-rayed. ◇ *nm* radio operator.
radioactif, -ive [radjɔaktif, iv] *adj* radioactive.
radioactivité [radjɔaktivite] *nf* radioactivity.
radiodiffuser [radjɔdifyze] *vt* to broadcast.
radiographie [radjɔgrafi] *nf* 1. *(technique)* radiography. 2. *(image)* X-ray.
radiologue [radjɔlɔg], **radiologiste** [radjɔlɔʒist] *nmf* radiologist.
radioréveil, radio-réveil [radjɔrevɛj] *nm* radio alarm, clock radio.
radiotélévisé, -e [radjɔtelevize] *adj* broadcast on both radio and television.
radis [radi] *nm* radish.
radium [radjɔm] *nm* radium.
radoter [radɔte] *vi* to ramble.
radoucir [radusir] *vt* to soften. ◆ **se radoucir** *vp (temps)* to become milder; *(personne)* to calm down.
radoucissement [radusismɑ̃] *nm* 1. *(d'attitude)* softening. 2. *(de température)* rise.
rafale [rafal] *nf* 1. *(de vent)* gust; **en ~s** in gusts OU bursts. 2. *(de coups de feu, d'applaudissements)* burst.
raffermir [rafɛrmir] *vt* 1. *(muscle)* to firm up. 2. *fig (pouvoir)* to strengthen.
raffinage [rafinaʒ] *nm* refining.
raffiné, -e [rafine] *adj* refined.
raffinement [rafinmɑ̃] *nm* refinement.
raffiner [rafine] *vt* to refine.
raffinerie [rafinri] *nf* refinery.
raffoler [rafɔle] *vi*: **~ de qqn/qqch** to adore sb/sthg.
raffut [rafy] *nm fam* row, racket.
rafistoler [rafistɔle] *vt fam* to patch up.
rafle [rafl] *nf* raid.

rafler [rafle] *vt* to swipe.

rafraîchir [rafrɛʃir] *vt* **1.** *(nourriture, vin)* to chill, to cool; *(air)* to cool. **2.** *(vêtement, appartement)* to smarten up; *fig (mémoire, idées)* to refresh; *(connaissances)* to brush up. ◆ **se rafraîchir** *vp* **1.** *(se refroidir)* to cool (down). **2.** *(en buvant)* to have a drink.

rafraîchissant, -e [rafrɛʃisɑ̃, ɑ̃t] *adj* refreshing.

rafraîchissement [rafrɛʃismɑ̃] *nm* **1.** *(de climat)* cooling. **2.** *(boisson)* cold drink.

raft(ing) [raft(iŋ)] *nm* whitewater rafting.

ragaillardir [ragajardir] *vt fam* to buck up, to perk up.

rage [raʒ] *nf* **1.** *(fureur)* rage; **faire ~** *(tempête)* to rage. **2.** *(maladie)* rabies *(U)*. ◆ **rage de dents** *nf* (raging) toothache.

rager [raʒe] *vi fam* to fume.

rageur, -euse [raʒœr, øz] *adj* bad-tempered.

raglan [raglɑ̃] *adj inv* raglan *(avant n)*.

ragot [rago] *nm (gén pl) fam* (malicious) rumour, tittle-tattle *(U)*.

ragoût [ragu] *nm* stew.

rai [rɛ] *nm littéraire (de soleil)* ray.

raid [rɛd] *nm* (AÉRON, BOURSE & MIL) raid; **~ aérien** air raid.

raide [rɛd] ◇ *adj* **1.** *(cheveux)* straight. **2.** *(corde)* taut; *(membre)* stiff. **3.** *(pente)* steep. **4.** *(personne)* stiff, starchy; *(caractère)* inflexible. **5.** *fam (histoire)* hard to swallow, far-fetched. **6.** *fam (chanson)* rude, blue. **7.** *fam (sans le sou)* broke. ◇ *adv* **1.** *(abruptement)* steeply. **2.** *loc*: **tomber ~ mort** to fall down dead.

raideur [rɛdœr] *nf* **1.** *(de membre)* stiffness. **2.** *(de personne)* stiffness, starchiness; *(caractère)* inflexibility.

raidir [rɛdir] *vt (muscle)* to tense; *(corde)* to tighten, to tauten. ◆ **se raidir** *vp* **1.** *(se contracter)* to grow stiff, to stiffen. **2.** *fig (résister)*: **se ~ contre** to steel o.s. against.

raie [rɛ] *nf* **1.** *(rayure)* stripe. **2.** *(dans les cheveux)* parting *Br*, part *Am*. **3.** *(des fesses)* crack. **4.** *(poisson)* skate.

rail [raj] *nm* rail.

raillerie [rajri] *nf sout* mockery *(U)*.

railleur, -euse [rajœr, øz] *sout* ◇ *adj* mocking. ◇ *nm, f* scoffer.

rainure [renyr] *nf (longue)* groove, channel; *(courte)* slot.

raisin [rɛzɛ̃] *nm (fruit)* grapes *(pl)*.

raison [rɛzɔ̃] *nf* **1.** *(gén)* reason; **à plus forte ~** all the more (so); **se faire une ~** to resign o.s.; **~ de plus pour faire qqch** all the more reason to do sthg. **2.** *(justesse, équité)*: **avoir ~** to be right; **avoir ~ de faire qqch** to be right to do sthg; **donner ~ à qqn** to prove sb right. ◆ **à raison de** *loc prép* at (the rate of). ◆ **en raison de** *loc prép* owing to, because of.

raisonnable [rɛzɔnabl] *adj* reasonable.

raisonnement [rɛzɔnmɑ̃] *nm* **1.** *(faculté)* reason, power of reasoning. **2.** *(argumentation)* reasoning, argument.

raisonner [rɛzɔne] ◇ *vt (personne)* to reason with. ◇ *vi* **1.** *(penser)* to reason. **2.** *(discuter)*: **~ avec** to reason with.

rajeunir [raʒœnir] ◇ *vt* **1.** *(suj: vêtement)*: **~ qqn** to make sb look younger. **2.** *(suj: personne)*: **~ qqn de trois ans** to take three years off sb's age. **3.** *(canapé)* to renovate, to do up; *(meubles)* to modernize. **4.** *(parti)* to rejuvenate. ◇ *vi (personne)* to look younger; *(se sentir jeune)* to feel younger OU rejuvenated.

rajouter [raʒute] *vt* to add; **en ~** *fam* to exaggerate.

rajuster [raʒyste], **réajuster** [reaʒyste] *vt* to adjust; *(cravate)* to straighten. ◆ **se rajuster** *vp* to straighten one's clothes.

râle [ral] *nm* moan; *(de mort)* death rattle.

ralenti, -e [ralɑ̃ti] *adj* slow. ◆ **ralenti** *nm* **1.** (AUTOM) idling speed; **tourner au ~** (AUTOM) to idle; *fig* to tick over *Br*. **2.** (CIN) slow motion.

ralentir [ralɑ̃tir] ◇ *vt* **1.** *(allure, expansion)* to slow (down). **2.** *(rythme)* to slacken. ◇ *vi* to slow down OU up.

ralentissement [ralɑ̃tismɑ̃] *nm* **1.** *(d'allure, d'expansion)* slowing (down). **2.** *(de rythme)* slackening. **3.** *(embouteillage)* hold-up. **4.** (PHYS) deceleration.

râler [rale] *vi* **1.** *(malade)* to breathe with difficulty. **2.** *fam (grogner)* to moan.

ralliement [ralimɑ̃] *nm* rallying.

rallier [ralje] *vt* **1.** *(poste, parti)* to join. **2.** *(suffrages)* to win. **3.** *(troupes)* to rally. ◆ **se rallier** *vp* to rally; **se ~ à** *(parti)* to join; *(cause)* to rally to; *(avis)* to come round to.

rallonge [ralɔ̃ʒ] *nf* **1.** *(de table)* leaf, extension. **2.** *(électrique)* extension (lead).

rallonger [ralɔ̃ʒe] ◇ *vt* to lengthen. ◇ *vi* to lengthen, to get longer.

rallumer [ralyme] *vt* **1.** *(feu, cigarette)*

to relight; *(querelle)* to revive. **2.** *(appareil, lumière)* to switch (back) on again.
rallye [rali] *nm* rally.
ramadan [ramadɑ̃] *nm* Ramadan.
ramassage [ramasaʒ] *nm* collection; **~ scolaire** *(action)* pick-up (of school children); *(service)* school bus.
ramasser [ramase] *vt* **1.** *(récolter, réunir)* to gather, to collect; *fig (forces)* to gather. **2.** *(prendre)* to pick up. **3.** *fam (claque, rhume)* to get. ◆ **se ramasser** *vp* **1.** *(se replier)* to crouch. **2.** *fam (tomber, échouer)* to come a cropper.
rambarde [rɑ̃bard] *nf* (guard) rail.
rame [ram] *nf* **1.** *(aviron)* oar. **2.** (RAIL) train. **3.** *(de papier)* ream.
rameau, -x [ramo] *nm* branch.
ramener [ramne] *vt* **1.** *(remmener)* to take back. **2.** *(rapporter, restaurer)* to bring back. **3.** *(réduire)*: **~ qqch à qqch** to reduce sthg to sthg, to bring sthg down to sthg.
ramer [rame] *vi* **1.** *(rameur)* to row. **2.** *fam fig (peiner)* to slog.
rameur, -euse [ramœr, øz] *nm, f* rower.
ramification [ramifikasjɔ̃] *nf* branch.
ramolli, -e [ramɔli] *adj* soft; *fig* soft (in the head).
ramollir [ramɔlir] *vt* **1.** *(beurre)* to soften. **2.** *fam fig (ardeurs)* to cool. ◆ **se ramollir** *vp* **1.** *(beurre)* to go soft, to soften. **2.** *fam fig (courage)* to weaken.
ramoner [ramɔne] *vt* to sweep.
ramoneur [ramɔnœr] *nm* (chimney) sweep.
rampant, -e [rɑ̃pɑ̃, ɑ̃t] *adj* **1.** *(animal)* crawling. **2.** *(plante)* creeping.
rampe [rɑ̃p] *nf* **1.** *(d'escalier)* banister, handrail. **2.** *(d'accès)* ramp; **~ de lancement** launch pad. **3.** (THÉÂTRE): **la ~** the footlights *(pl)*.
ramper [rɑ̃pe] *vi* **1.** *(animal, soldat, enfant)* to crawl. **2.** *(plante)* to creep.
rance [rɑ̃s] *adj (beurre)* rancid.
rancir [rɑ̃sir] *vi* to go rancid.
rancœur [rɑ̃kœr] *nf* rancour, resentment.
rançon [rɑ̃sɔ̃] *nf* ransom; *fig* price.
rancune [rɑ̃kyn] *nf* rancour, spite; **garder** OU **tenir ~ à qqn de qqch** to hold a grudge against sb for sthg; **sans ~!** no hard feelings!
rancunier, -ère [rɑ̃kynje, ɛr] *adj* vindictive, spiteful.
randonnée [rɑ̃dɔne] *nf* **1.** *(à pied)* walk. **2.** *(à vélo)* ride; *(en voiture)* drive.
randonneur, -euse [rɑ̃dɔnœr, øz] *nm, f* walker, rambler.
rang [rɑ̃] *nm* **1.** *(d'objets, de personnes)* row; **se mettre en ~ par deux** to line up in twos. **2.** (MIL) rank. **3.** *(position sociale)* station. **4.** *Can (peuplement rural)* rural district. **5.** *Can (chemin)* country road.
rangé, -e [rɑ̃ʒe] *adj (sérieux)* well-ordered, well-behaved.
rangée [rɑ̃ʒe] *nf* row.
rangement [rɑ̃ʒmɑ̃] *nm* tidying up.
ranger [rɑ̃ʒe] *vt* **1.** *(chambre)* to tidy. **2.** *(objets)* to arrange. **3.** *(voiture)* to park. **4.** *(auteur)*: **~ parmi** to rank among. ◆ **se ranger** *vp* **1.** *(élèves)* to line up. **2.** *(voiture)* to pull in. **3.** *(piéton)* to step aside. **4.** *(s'assagir)* to settle down. **5.** *(se rallier)*: **se ~ à** to go along with.
ranimer [ranime] *vt* **1.** *(personne)* to revive, to bring round. **2.** *(feu)* to rekindle. **3.** *fig (sentiment)* to rekindle, to reawaken.
rapace [rapas] ◇ *nm* bird of prey. ◇ *adj (cupide)* rapacious, grasping.
rapatrier [rapatrije] *vt* to repatriate.
râpe [rap] *nf* **1.** *(de cuisine)* grater. **2.** *Helv fam (avare)* miser, skinflint.
râpé, -e [rape] *adj* **1.** (CULIN) grated. **2.** *(manteau)* threadbare. **3.** *fam (raté)*: **c'est ~!** we've had it!
râper [rape] *vt* (CULIN) to grate.
râpeux, -euse [rapø, øz] *adj* **1.** *(tissu)* rough. **2.** *(vin)* harsh.
rapide [rapid] ◇ *adj* **1.** *(gén)* rapid. **2.** *(train, coureur)* fast. **3.** *(musique, intelligence)* lively, quick. ◇ *nm* **1.** *(train)* express (train). **2.** *(de fleuve)* rapid.
rapidement [rapidmɑ̃] *adv* rapidly.
rapidité [rapidite] *nf* rapidity.
rapiécer [rapjese] *vt* to patch.
rappel [rapɛl] *nm* **1.** *(de réservistes, d'ambassadeur)* recall. **2.** *(souvenir)* reminder; **~ à l'ordre** call to order. **3.** *(de paiement)* back pay. **4.** *(de vaccination)* booster. **5.** *(au spectacle)* curtain call, encore. **6.** (SPORT) abseiling; **descendre en ~** to abseil (down).
rappeler [raple] *vt* **1.** *(gén)* to call back; **~ qqn à qqch** *fig* to bring sb back to sthg. **2.** *(faire penser à)*: **~ qqch à qqn** to remind sb of sthg. ◆ **se rappeler** *vp* to remember.
rapport [rapɔr] *nm* **1.** *(corrélation)* link, connection. **2.** *(compte-rendu)* report. **3.** *(profit)* return, yield. **4.** (MATHS) ratio. ◆ **rapports** *nmpl* **1.** *(relations)* relations. **2.** *(sexuels)*: **~s (sexuels)** inter-

course (*sg*). ◆ **par rapport à** *loc prép* in comparison to, compared with.

rapporter [rapɔrte] *vt* to bring back. ◆ **se rapporter** *vp*: **se ~ à** to refer OU relate to.

rapporteur, -euse [rapɔrtœr, øz] ◇ *adj* sneaky, telltale (*avant n*). ◇ *nm, f* sneak, telltale. ◆ **rapporteur** *nm* (GÉOM) protractor.

rapprochement [raprɔʃmɑ̃] *nm* **1.** *(d'objets, de personnes)* bringing together. **2.** *fig (entre événements)* link, connection. **3.** *fig (de pays, de parti)* rapprochement, coming together.

rapprocher [raprɔʃe] *vt* **1.** *(mettre plus près)*: **~ qqn/qqch de qqch** to bring sb/sthg nearer to sthg, to bring sb/sthg closer to sthg. **2.** *fig (personnes)* to bring together. **3.** *fig (idée, texte)*: **~ qqch (de)** to compare sthg (with). ◆ **se rapprocher** *vp* **1.** *(approcher)*: **se ~ (de qqn/qqch)** to approach (sb/sthg). **2.** *(se ressembler)*: **se ~ de qqch** to be similar to sthg. **3.** *(se réconcilier)*: **se ~ de qqn** to become closer to sb.

rapt [rapt] *nm* abduction.

raquette [rakɛt] *nf* **1.** *(de tennis, de squash)* racket; *(de ping-pong)* bat. **2.** *(à neige)* snowshoe.

rare [rar] *adj* **1.** *(peu commun, peu fréquent)* rare; **ses ~s amis** his few friends. **2.** *(peu dense)* sparse. **3.** *(surprenant)* unusual, surprising.

raréfier [rarefje] *vt* to rarefy. ◆ **se raréfier** *vp* to become rarefied.

rarement [rarmɑ̃] *adv* rarely.

rareté [rarte] *nf* **1.** *(de denrées, de nouvelles)* scarcity. **2.** *(de visites, de lettres)* infrequency. **3.** *(objet précieux)* rarity.

ras, -e [ra, raz] *adj* **1.** *(herbe, poil)* short. **2.** *(mesure)* full. ◆ **ras** *adv* short; **à ~ de** level with; **en avoir ~ le bol** *fam* to be fed up.

rasade [razad] *nf* glassful.

rasage [razaʒ] *nm* shaving.

rasant, -e [razɑ̃, ɑ̃t] *adj* **1.** *(lumière)* low-angled. **2.** *fam (ennuyeux)* boring.

raser [raze] *vt* **1.** *(barbe, cheveux)* to shave off. **2.** *(mur, sol)* to hug. **3.** *(village)* to raze. **4.** *fam (personne)* to bore. ◆ **se raser** *vp (avec rasoir)* to shave.

ras-le-bol [ralbɔl] *nm inv fam* discontent.

rasoir [razwar] ◇ *nm* razor; **~ électrique** electric shaver; **~ mécanique** safety razor. ◇ *adj inv fam* boring.

rassasier [rasazje] *vt* to satisfy.

rassemblement [rasɑ̃bləmɑ̃] *nm* **1.** *(d'objets)* collecting, gathering. **2.** *(foule)* crowd, gathering. **3.** *(union, parti)* union. **4.** (MIL) parade; **~!** fall in!

rassembler [rasɑ̃ble] *vt* **1.** *(personnes, documents)* to collect, to gather. **2.** *(courage)* to summon up; *(idées)* to collect. ◆ **se rassembler** *vp* **1.** *(manifestants)* to assemble. **2.** *(famille)* to get together.

rasseoir [raswar] ◆ **se rasseoir** *vp* to sit down again.

rasséréner [raserene] *vt sout* to calm down.

rassis, -e [rasi, iz] *adj (pain)* stale.

rassurant, -e [rasyrɑ̃, ɑ̃t] *adj* reassuring.

rassuré, -e [rasyre] *adj* confident, at ease.

rassurer [rasyre] *vt* to reassure.

rat [ra] ◇ *nm* rat; **petit ~** *fig* young ballet pupil. ◇ *adj fam* mean, stingy.

ratatiné, -e [ratatine] *adj (fruit, personne)* shrivelled.

rate [rat] *nf* **1.** *(animal)* female rat. **2.** *(organe)* spleen.

raté, -e [rate] *nm, f (personne)* failure. ◆ **raté** *nm* **1.** (*gén pl*) (AUTOM) misfiring *(U)*; **faire des ~s** to misfire. **2.** *fig (difficulté)* problem.

râteau, -x [rato] *nm* rake.

rater [rate] ◇ *vt* **1.** *(train, occasion)* to miss. **2.** *(plat, affaire)* to make a mess of; *(examen)* to fail. ◇ *vi* to go wrong.

ratification [ratifikasjɔ̃] *nf* ratification.

ratifier [ratifje] *vt* to ratify.

ration [rasjɔ̃] *nf fig* share; **~ alimentaire** food intake.

rationaliser [rasjɔnalize] *vt* to rationalize.

rationnel, -elle [rasjɔnɛl] *adj* rational.

rationnement [rasjɔnmɑ̃] *nm* rationing.

rationner [rasjɔne] *vt* to ration.

ratissage [ratisaʒ] *nm* **1.** *(de jardin)* raking. **2.** *(de quartier)* search.

ratisser [ratise] *vt* **1.** *(jardin)* to rake. **2.** *(quartier)* to search, to comb.

raton [ratɔ̃] *nm* (ZOOL) young rat. ◆ **raton laveur** *nm* racoon.

RATP (*abr de* **Régie autonome des transports parisiens**) *nf Paris transport authority.*

rattacher [rataʃe] *vt* **1.** *(de nouveau)* to do up, to fasten again. **2.** *(relier)*: **~ qqch à** to join sthg to; *fig* to link sthg with. **3.** *(unir)*: **~ qqn à** to bind sb to. ◆ **se rattacher** *vp*: **se ~ à** to be linked to.

rattrapage [ratrapaʒ] *nm* 1. (SCOL): **cours de ~** remedial class. 2. *(de salaires, prix)* adjustment.

rattraper [ratrape] *vt* 1. *(évadé)* to recapture. 2. *(temps)*: **~ le temps perdu** to make up for lost time. 3. *(rejoindre)* to catch up with. 4. *(erreur)* to correct. 5. *(personne qui tombe)* to catch. ◆ **se rattraper** *vp* 1. *(se retenir)*: **se ~ à qqn/qqch** to catch hold of sb/sthg. 2. *(se faire pardonner)* to make amends.

rature [ratyr] *nf* alteration.

rauque [rok] *adj* hoarse, husky.

ravager [ravaʒe] *vt (gén)* to devastate, to ravage.

ravages [ravaʒ] *nmpl (de troupes)* ravages, devastation *(sg)*; *(d'inondation)* devastation *(sg)*; *(du temps)* ravages.

ravaler [ravale] *vt* 1. *(façade)* to clean, to restore. 2. *(personne)*: **~ qqn au rang de** to lower sb to the level of. 3. *fig (larmes, colère)* to stifle, to hold back.

ravi, -e [ravi] *adj*: **~ (de)** delighted (with); **~ de vous connaître** pleased to meet you.

ravin [ravɛ̃] *nm* ravine, gully.

raviolis [ravjɔli] *nmpl* ravioli *(U)*.

ravir [ravir] *vt* 1. *(charmer)* to delight; **à ~** beautifully. 2. *littéraire (arracher)*: **~ qqch à qqn** to rob sb of sthg.

raviser [ravize] ◆ **se raviser** *vp* to change one's mind.

ravissant, -e [ravisɑ̃, ɑ̃t] *adj* delightful, beautiful.

ravisseur, -euse [ravisœr, øz] *nm, f* abductor.

ravitaillement [ravitajmɑ̃] *nm (en denrées)* resupplying; *(en carburant)* refuelling.

ravitailler [ravitaje] *vt (en denrées)* to resupply; *(en carburant)* to refuel.

raviver [ravive] *vt* 1. *(feu)* to rekindle. 2. *(couleurs)* to brighten up. 3. *fig (douleur)* to revive. 4. *(plaie)* to reopen.

rayer [rɛje] *vt* 1. *(disque, vitre)* to scratch. 2. *(nom, mot)* to cross out.

rayon [rɛjɔ̃] *nm* 1. *(de lumière)* beam, ray; *fig (d'espoir)* ray. 2. *(gén pl) (radiation)* radiation *(U)*; **~ laser** laser beam; **~s X** X-rays. 3. *(de roue)* spoke. 4. (GÉOM) radius; **dans un ~ de** *fig* within a radius of. 5. *(étagère)* shelf. 6. *(dans un magasin)* department.

rayonnant, -e [rɛjɔnɑ̃, ɑ̃t] *adj litt & fig* radiant.

rayonnement [rɛjɔnmɑ̃] *nm* 1. *(gén)* radiance; *(des arts)* influence. 2. (PHYS) radiation.

rayonner [rɛjɔne] *vi* 1. *(soleil)* to shine; **~ de joie** *fig* to radiate happiness. 2. *(culture)* to be influential. 3. *(avenues, lignes, chaleur)* to radiate. 4. *(touriste)* to tour around *(from a base)*.

rayure [rɛjyr] *nf* 1. *(sur étoffe)* stripe. 2. *(sur disque, sur meuble)* scratch.

raz [ra] ◆ **raz de marée** *nm* tidal wave; (POLIT *& fig)* landslide.

razzia [razja] *nf fam* raid.

RDA *(abr de* **République démocratique allemande**) *nf* GDR.

RdC *abr de* **rez-de-chaussée**.

ré [re] *nm inv* (MUS) D; *(chanté)* re.

réacteur [reaktœr] *nm (d'avion)* jet engine; **~ nucléaire** nuclear reactor.

réaction [reaksjɔ̃] *nf*: **~ (à/contre)** reaction (to/against).

réactionnaire [reaksjɔnɛr] *nmf & adj péj* reactionary.

réactiver [reaktive] *vt* to reactivate.

réactualiser [reaktɥalize] *vt (moderniser)* to update, to bring up to date.

réadapter [readapte] *vt* to readapt; *(accidenté)* to rehabilitate.

réagir [reaʒir] *vi*: **~ (à/contre)** to react (to/against); **~ sur** to affect.

réajuster = **rajuster**.

réalisable [realizabl] *adj* 1. *(projet)* feasible. 2. (FIN) realizable.

réalisateur, -trice [realizatœr, tris] *nm, f* (CIN & TÉLÉ) director.

réaliser [realize] *vt* 1. *(projet)* to carry out; *(ambitions, rêves)* to achieve, to realize. 2. (CIN & TÉLÉ) to produce. 3. *(s'apercevoir de)* to realize. ◆ **se réaliser** *vp* 1. *(ambition)* to be realized; *(rêve)* to come true. 2. *(personne)* to fulfil o.s.

réaliste [realist] ◇ *nmf* realist. ◇ *adj* 1. *(personne, objectif)* realistic. 2. (ART & LITTÉRATURE) realist.

réalité [realite] *nf* reality; **en ~** in reality.

réaménagement [reamenaʒmɑ̃] *nm* 1. *(de projet)* restructuring. 2. *(de taux d'intérêt)* readjustment.

réamorcer [reamɔrse] *vt* to start up again.

réanimation [reanimasjɔ̃] *nf* resuscitation; **en ~** in intensive care.

réanimer [reanime] *vt* to resuscitate.

réapparaître [reaparɛtr] *vi* to reappear.

rébarbatif, -ive [rebarbatif, iv] *adj* 1. *(personne, visage)* forbidding. 2. *(travail)* daunting.

rebâtir [rəbatir] *vt* to rebuild.

rebattu, -e [rəbaty] *adj* overworked, hackneyed.

rebelle [rəbɛl] *adj* 1. *(personne)* rebellious; *(troupes)* rebel *(avant n)*. 2. *(mèche, boucle)* unruly.

rebeller [rəbɛle] ◆ **se rebeller** *vp*: **se ~ (contre)** to rebel (against).

rébellion [rebɛljɔ̃] *nf* rebellion.

rebiffer [rəbife] ◆ **se rebiffer** *vp fam*: **se ~ (contre)** to rebel (against).

reboiser [rəbwaze] *vt* to reafforest.

rebond [rəbɔ̃] *nm* bounce.

rebondir [rəbɔ̃dir] *vi* 1. *(objet)* to bounce; *(contre mur)* to rebound. 2. *fig (affaire)* to come to life (again).

rebondissement [rəbɔ̃dismɑ̃] *nm (d'affaire)* new development.

rebord [rəbɔr] *nm (de table)* edge; *(de fenêtre)* sill, ledge.

reboucher [rəbuʃe] *vt (bouteille)* to put the cork back in, to recork; *(trou)* to fill in.

rebours [rəbur] ◆ **à rebours** *loc adv* the wrong way; *fig* the wrong way round, back to front.

reboutonner [rəbutɔne] *vt* to rebutton.

rebrousse-poil [rəbruspwal] ◆ **à rebrousse-poil** *loc adv* the wrong way; **prendre qqn à ~** *fig* to rub sb up the wrong way.

rebrousser [rəbruse] *vt* to brush back; **~ chemin** *fig* to retrace one's steps.

rébus [rebys] *nm* rebus.

rebut [rəby] *nm* scrap; **mettre qqch au ~** to get rid of sthg, to scrap sthg.

rebuter [rəbyte] *vt* to dishearten.

récalcitrant, -e [rekalsitrɑ̃, ɑ̃t] *adj* recalcitrant, stubborn.

recaler [rəkale] *vt fam* to fail.

récapitulatif, -ive [rekapitylatif, iv] *adj* summary *(avant n)*. ◆ **récapitulatif** *nm* summary.

récapituler [rekapityle] *vt* to recapitulate, to recap.

recel [rəsɛl] *nm (action)* receiving OU handling stolen goods; *(délit)* possession of stolen goods.

receleur, -euse [rəsəlœr, øz] *nm, f* receiver *(of stolen goods)*.

récemment [resamɑ̃] *adv* recently.

recensement [rəsɑ̃smɑ̃] *nm* 1. *(de population)* census. 2. *(d'objets)* inventory.

recenser [rəsɑ̃se] *vt* 1. *(population)* to take a census of. 2. *(objets)* to take an inventory of.

récent, -e [resɑ̃, ɑ̃t] *adj* recent.

recentrer [rəsɑ̃tre] *vt* to refocus.

récépissé [resepise] *nm* receipt.

récepteur, -trice [resɛptœr, tris] *adj* receiving. ◆ **récepteur** *nm* receiver; **~ de poche** pager.

réception [resɛpsjɔ̃] *nf* 1. *(gén)* reception; **donner une ~** to hold a reception. 2. *(de marchandises)* receipt. 3. *(bureau)* reception (desk).

réceptionner [resɛpsjɔne] *vt* 1. *(marchandises)* to take delivery of. 2. (SPORT - *avec la main)* to catch; *(- avec le pied)* to control.

réceptionniste [resɛpsjɔnist] *nmf* receptionist.

récession [resesjɔ̃] *nf* recession.

recette [rəsɛt] *nf* 1. (COMM) takings *(pl)*. 2. (CULIN) recipe; *fig (méthode)* recipe, formula.

recevable [rəsəvabl] *adj* 1. *(excuse, offre)* acceptable. 2. (JUR) admissible.

receveur, -euse [rəsəvœr, øz] *nm, f* 1. (ADMIN): **~ des impôts** tax collector; **~ des postes** postmaster (*f* postmistress). 2. *(de greffe)* recipient.

recevoir [rəsəvwar] *vt* 1. *(gén)* to receive. 2. *(coup)* to get, to receive. 3. *(invités)* to entertain; *(client)* to see. 4. (SCOL & UNIV): **être reçu à un examen** to pass an exam. ◆ **se recevoir** *vp* (SPORT) to land.

rechange [rəʃɑ̃ʒ] ◆ **de rechange** *loc adj* spare; *fig* alternative.

réchapper [reʃape] *vi*: **~ de** to survive.

recharge [rəʃarʒ] *nf (cartouche)* refill.

rechargeable [rəʃarʒabl] *adj (batterie)* rechargeable; *(briquet)* refillable.

réchaud [reʃo] *nm* (portable) stove.

réchauffé, -e [reʃofe] *adj (plat)* reheated; *fig* rehashed.

réchauffement [reʃofmɑ̃] *nm* warming (up).

réchauffer [reʃofe] *vt* 1. *(nourriture)* to reheat. 2. *(personne)* to warm up. ◆ **se réchauffer** *vp* to warm up.

rêche [rɛʃ] *adj* rough.

recherche [rəʃɛrʃ] *nf* 1. *(quête &* INFORM*)* search; **être à la ~ de** to be in search of; **faire** OU **effectuer des ~s** to make inquiries. 2. (SCIENCE) research; **faire de la ~** to do research. 3. *(raffinement)* elegance.

recherché, -e [rəʃɛrʃe] *adj* 1. *(ouvrage)* sought-after. 2. *(vocabulaire)* refined; *(mets)* exquisite.

rechercher [rəʃɛrʃe] *vt* 1. *(objet, personne)* to search for, to hunt for. 2. *(compagnie)* to seek out.

rechigner [rəʃiɲe] *vi*: **~ à** to balk at.

rechute [rəʃyt] *nf* relapse.

récidive [residiv] *nf* 1. (JUR) repeat

offence. 2. (MÉD) recurrence.
récidiver [residive] *vi* 1. (JUR) to commit another offence. 2. (MÉD) to recur.
récidiviste [residivist] *nmf* repeat OU persistent offender.
récif [resif] *nm* reef.
récipient [resipjɑ̃] *nm* container.
réciproque [resiprɔk] ◇ *adj* reciprocal. ◇ *nf*: **la ~** the reverse.
réciproquement [resiprɔkmɑ̃] *adv* mutually; **et ~** and vice versa.
récit [resi] *nm* story.
récital, -als [resital] *nm* recital.
récitation [resitasjɔ̃] *nf* recitation.
réciter [resite] *vt* to recite.
réclamation [reklamasjɔ̃] *nf* complaint; **faire/déposer une ~** to make/lodge a complaint.
réclame [reklam] *nf* 1. *(annonce)* advert, advertisement. 2. *(publicité)*: **la ~** advertising. 3. *(promotion)*: **en ~** on special offer.
réclamer [reklame] *vt* 1. *(demander)* to ask for, to request; *(avec insistance)* to demand. 2. *(nécessiter)* to require, to demand.
reclasser [rəklase] *vt* 1. *(dossiers)* to refile. 2. *(chômeur)* to find a new job for. 3. (ADMIN) to regrade.
réclusion [reklyzjɔ̃] *nf* imprisonment; **~ à perpétuité** life imprisonment.
recoiffer [rəkwafe] *vt*: **~ qqn** to do sb's hair again. ◆ **se recoiffer** *vp* to do one's hair again.
recoin [rəkwɛ̃] *nm* nook.
recoller [rəkɔle] *vt* to stick back together.
récolte [rekɔlt] *nf* 1. (AGRIC - *action)* harvesting *(U)*, gathering *(U)*; *(- produit)* harvest, crop. 2. *fig* collection.
récolter [rekɔlte] *vt* to harvest; *fig* to collect.
recommandable [rəkɔmɑ̃dabl] *adj* commendable; **peu ~** undesirable.
recommandation [rəkɔmɑ̃dasjɔ̃] *nf* recommendation.
recommandé, -e [rəkɔmɑ̃de] *adj* 1. *(envoi)* registered; **envoyer qqch en ~** to send sthg by registered post *Br* OU mail *Am*. 2. *(conseillé)* advisable.
recommander [rəkɔmɑ̃de] *vt* to recommend; **~ à qqn de faire qqch** to advise sb to do sthg; **~ qqn à qqn** to recommend sb to sb.
recommencer [rəkɔmɑ̃se] ◇ *vt (travail)* to start OU begin again; *(erreur)* to make again; **~ à faire qqch** to start OU begin doing sthg again. ◇ *vi* to start OU begin again; **ne recommence pas!** don't do that again!
récompense [rekɔ̃pɑ̃s] *nf* reward.
récompenser [rekɔ̃pɑ̃se] *vt* to reward.
recompter [rəkɔ̃te] *vt* to recount.
réconciliation [rekɔ̃siljasjɔ̃] *nf* reconciliation.
réconcilier [rekɔ̃silje] *vt* to reconcile.
reconduire [rəkɔ̃dɥir] *vt* 1. *(personne)* to accompany, to take. 2. *(politique, bail)* to renew.
réconfort [rekɔ̃fɔr] *nm* comfort.
réconfortant, -e [rekɔ̃fɔrtɑ̃, ɑ̃t] *adj* comforting.
réconforter [rekɔ̃fɔrte] *vt* to comfort.
reconnaissable [rəkɔnɛsabl] *adj* recognizable.
reconnaissance [rəkɔnɛsɑ̃s] *nf* 1. *(gén)* recognition. 2. (MIL) reconnaissance; **aller/partir en ~** to go out on reconnaissance. 3. *(gratitude)* gratitude; **exprimer sa ~ à qqn** to show OU express one's gratitude to sb.
reconnaissant, -e [rəkɔnɛsɑ̃, ɑ̃t] *adj* grateful; **je vous serais ~ de m'aider** I would be grateful if you would help me.
reconnaître [rəkɔnɛtr] *vt* 1. *(gén)* to recognize. 2. *(erreur)* to admit, to acknowledge. 3. (MIL) to reconnoitre.
reconnu, -e [rəkɔny] ◇ *pp* → **reconnaître**. ◇ *adj* well-known.
reconquérir [rəkɔ̃kerir] *vt* to reconquer.
reconsidérer [rəkɔ̃sidere] *vt* to reconsider.
reconstituant, -e [rəkɔ̃stitɥɑ̃, ɑ̃t] *adj* invigorating. ◆ **reconstituant** *nm* tonic.
reconstituer [rəkɔ̃stitɥe] *vt* 1. *(puzzle)* to put together. 2. *(crime, délit)* to reconstruct.
reconstitution [rəkɔ̃stitysjɔ̃] *nf* 1. *(de puzzle)* putting together. 2. *(de crime, délit)* reconstruction.
reconstruction [rəkɔ̃stryksjɔ̃] *nf* reconstruction, rebuilding.
reconstruire [rəkɔ̃strɥir] *vt* to reconstruct, to rebuild.
reconversion [rəkɔ̃vɛrsjɔ̃] *nf* 1. *(d'employé)* redeployment. 2. *(de société)* conversion; **~ économique/technique** economic/technical restructuring.
reconvertir [rəkɔ̃vɛrtir] *vt* 1. *(employé)* to redeploy. 2. *(économie)* to restructure. ◆ **se reconvertir** *vp*: **se ~ dans** to move into.
recopier [rəkɔpje] *vt* to copy out.

record [rəkɔr] ◇ *nm* record; **détenir/améliorer/battre un ~** to hold/improve/beat a record. ◇ *adj inv* record (*avant n*).

recoucher [rəkuʃe] *vt* to put back to bed. ◆ **se recoucher** *vp* to go back to bed.

recoudre [rəkudr] *vt* to sew (up) again.

recoupement [rəkupmɑ̃] *nm* cross-check; **par ~** by cross-checking.

recouper [rəkupe] *vt* **1.** *(pain)* to cut again. **2.** (COUTURE) to recut. **3.** *fig (témoignages)* to compare, to cross-check. ◆ **se recouper** *vp* **1.** *(lignes)* to intersect. **2.** *(témoignages)* to match up.

recourir [rəkurir] *vi*: **~ à** *(médecin, agence)* to turn to; *(force, mensonge)* to resort to.

recours [rəkur] *nm* **1.** *(emploi)*: **avoir ~ à** *(médecin, agence)* to turn to; *(force, mensonge)* to resort to, to have recourse to. **2.** *(solution)* solution, way out; **en dernier ~** as a last resort. **3.** (JUR) action; **~ en cassation** appeal.

recouvert, -e [rəkuvɛr, ɛrt] *pp* → **recouvrir**.

recouvrir [rəkuvrir] *vt* **1.** *(gén)* to cover; *(fauteuil)* to re-cover. **2.** *(personne)* to cover (up). ◆ **se recouvrir** *vp* **1.** *(tuiles)* to overlap. **2.** *(surface)*: **se ~ (de)** to be covered (with).

recracher [rəkraʃe] *vt* to spit out.

récréatif, -ive [rekreatif, iv] *adj* entertaining.

récréation [rekreasjɔ̃] *nf* **1.** *(détente)* relaxation, recreation. **2.** (SCOL) break.

recréer [rəkree] *vt* to recreate.

récrimination [rekriminasjɔ̃] *nf* complaint.

récrire [rekrir], **réécrire** [reekrir] *vt* to rewrite.

recroqueviller [rəkrɔkvije] ◆ **se recroqueviller** *vp* to curl up.

recrue [rəkry] *nf* recruit.

recrudescence [rəkrydɛsɑ̃s] *nf* renewed outbreak.

recrutement [rəkrytmɑ̃] *nm* recruitment.

recruter [rəkryte] *vt* to recruit.

rectal, -e, -aux [rɛktal, o] *adj* rectal.

rectangle [rɛktɑ̃gl] *nm* rectangle.

rectangulaire [rɛktɑ̃gylɛr] *adj* rectangular.

recteur [rɛktœr] *nm* (SCOL) *chief administrative officer of an education authority,* ≃ (Chief) Education Officer *Br.*

rectificatif, -ive [rɛktifikatif, iv] *adj* correcting. ◆ **rectificatif** *nm* correction.

rectification [rɛktifikasjɔ̃] *nf* **1.** *(correction)* correction. **2.** *(de tir)* adjustment.

rectifier [rɛktifje] *vt* **1.** *(tir)* to adjust. **2.** *(erreur)* to rectify, to correct; *(calcul)* to correct.

rectiligne [rɛktiliɲ] *adj* rectilinear.

recto [rɛkto] *nm* right side; **~ verso** on both sides.

rectorat [rɛktɔra] *nm* (SCOL) *offices of the education authority,* ≃ Education Offices *Br.*

reçu, -e [rəsy] *pp* → **recevoir**. ◆ **reçu** *nm* receipt.

recueil [rəkœj] *nm* collection.

recueillement [rəkœjmɑ̃] *nm* meditation.

recueillir [rəkœjir] *vt* **1.** *(fonds)* to collect. **2.** *(suffrages)* to win. **3.** *(enfant)* to take in. ◆ **se recueillir** *vp* to meditate.

recul [rəkyl] *nm* **1.** *(mouvement arrière)* step backwards; (MIL) retreat. **2.** *(d'arme à feu)* recoil. **3.** *(de civilisation)* decline; *(de chômage)*: **~ (de)** downturn (in). **4.** *fig (retrait)*: **avec du ~** with hindsight.

reculé, -e [rəkyle] *adj* distant.

reculer [rəkyle] ◇ *vt* **1.** *(voiture)* to back up. **2.** *(date)* to put back, to postpone. ◇ *vi* **1.** *(gén)* to move backwards; *(voiture)* to reverse; **ne ~ devant rien** *fig* to stop at nothing. **2.** *(maladie)* to be brought under control.

reculons [rəkylɔ̃] ◆ **à reculons** *adv* backwards.

récupération [rekyperasjɔ̃] *nf* *(de déchets)* salvage.

récupérer [rekypere] ◇ *vt* **1.** *(objet)* to get back. **2.** *(déchets)* to salvage. **3.** *(idée)* to pick up. **4.** *(journée)* to make up. ◇ *vi* to recover, to recuperate.

récurer [rekyre] *vt* to scour.

récuser [rekyze] *vt* **1.** (JUR) to challenge. **2.** *sout (refuser)* to reject.

recyclage [rəsiklaʒ] *nm* **1.** *(d'employé)* retraining. **2.** *(de déchets)* recycling.

recycler [rəsikle] *vt* **1.** *(employé)* to retrain. **2.** *(déchets)* to recycle. ◆ **se recycler** *vp (employé)* to retrain.

rédacteur, -trice [redaktœr, tris] *nm, f (de journal)* subeditor; *(d'ouvrage)* editor; **~ en chef** editor-in-chief.

rédaction [redaksjɔ̃] *nf* **1.** *(de texte)* editing. **2.** (SCOL) essay. **3.** *(personnel)* editorial staff.

redécouvrir [rədekuvrir] *vt* to rediscover.

redéfinir [rədefinir] *vt* to redefine.

redéfinition [rədefinisjɔ̃] *nf* redefinition.

redemander [rədəmɑ̃de] *vt* to ask again for.
rédemption [redɑ̃psjɔ̃] *nf* redemption.
redescendre [rədesɑ̃dr] ◇ *vt* (*aux: avoir*) **1.** (*escalier*) to go/come down again. **2.** (*objet*) to take down again. ◇ *vi* (*aux: être*) to go/come down again.
redevable [rədəvabl] *adj*: **être ~ de 10 francs à qqn** to owe sb 10 francs; **être ~ à qqn de qqch** (*service*) to be indebted to sb for sthg.
redevance [rədəvɑ̃s] *nf* (*de télévision*) licence fee; (*téléphonique*) rental (fee).
rédhibitoire [redibitwar] *adj* (*défaut*) crippling; (*prix*) prohibitive.
rediffusion [rədifyzjɔ̃] *nf* repeat.
rédiger [rediʒe] *vt* to write.
redire [rədir] *vt* to repeat; **avoir** OU **trouver à ~ à qqch** *fig* to find fault with sthg.
redistribuer [rədistribɥe] *vt* to redistribute.
redit, -e [rədi, it] *pp* → **redire**.
redite [rədit] *nf* repetition.
redondance [rədɔ̃dɑ̃s] *nf* redundancy.
redonner [rədɔne] *vt* to give back; (*confiance, forces*) to restore.
redoublant, -e [rədublɑ̃, ɑ̃t] *nm, f* pupil who is repeating a year.
redoubler [rəduble] ◇ *vt* **1.** (*syllabe*) to reduplicate. **2.** (*efforts*) to intensify. **3.** (SCOL) to repeat. ◇ *vi* to intensify.
redoutable [rədutabl] *adj* formidable.
redouter [rədute] *vt* to fear.
redoux [rədu] *nm* thaw.
redressement [rədrɛsmɑ̃] *nm* **1.** (*de pays, d'économie*) recovery. **2.** (JUR): **~ fiscal** payment of back taxes.
redresser [rədrɛse] ◇ *vt* **1.** (*poteau, arbre*) to put OU set upright; **~ la tête** to raise one's head; *fig* to hold up one's head. **2.** (*situation*) to set right. ◇ *vi* (AUTOM) to straighten up. ◆ **se redresser** *vp* **1.** (*personne*) to stand OU sit straight. **2.** (*pays*) to recover.
réducteur, -trice [redyktœr, tris] *adj* (*limitatif*) simplistic.
réduction [redyksjɔ̃] *nf* **1.** (*gén*) reduction. **2.** (MÉD) setting.
réduire [redɥir] ◇ *vt* **1.** (*gén*) to reduce; **~ en** to reduce to. **2.** (MÉD) to set. **3.** *Helv* (*ranger*) to put away. ◇ *vi* (CULIN) to reduce.
réduit, -e [redɥi, it] ◇ *pp* → **réduire**. ◇ *adj* reduced. ◆ **réduit** *nm* (*local*) small room.
rééchelonner [reeʃlɔne] *vt* to reschedule.
réécrire = **récrire**.
réédition [reedisjɔ̃] *nf* new edition.
rééducation [reedykasjɔ̃] *nf* **1.** (*de membre*) re-education. **2.** (*de délinquant, malade*) rehabilitation.
réel, -elle [reɛl] *adj* real.
réélection [reelɛksjɔ̃] *nf* re-election.
réellement [reɛlmɑ̃] *adv* really.
rééquilibrer [reekilibre] *vt* to balance (again).
réessayer [reeseje] *vt* to try again.
réévaluer [reevalɥe] *vt* to revalue.
réexaminer [reɛgzamine] *vt* to re-examine.
réexpédier [reɛkspedje] *vt* to send back.
réf. (*abr de* **référence**) ref.
refaire [rəfɛr] *vt* **1.** (*travail, devoir*) to do again; (*voyage*) to make again. **2.** (*mur, toit*) to repair.
réfection [refɛksjɔ̃] *nf* repair.
réfectoire [refɛktwar] *nm* refectory.
référence [referɑ̃s] *nf* reference; **faire ~ à** to refer to.
référendum [referɛ̃dɔm] *nm* referendum.
référer [refere] *vi*: **en ~ à qqn** to refer the matter to sb.
refermer [rəfɛrme] *vt* to close OU shut again.
réfléchi, -e [refleʃi] *adj* **1.** (*action*) considered; **c'est tout ~** I've made up my mind, I've decided. **2.** (*personne*) thoughtful. **3.** (GRAM) reflexive.
réfléchir [refleʃir] ◇ *vt* **1.** (*refléter*) to reflect. **2.** (*penser*): **~ que** to think OU reflect that. ◇ *vi* to think, to reflect; **~ à** OU **sur qqch** to think about sthg.
reflet [rəflɛ] *nm* **1.** (*image*) reflection. **2.** (*de lumière*) glint.
refléter [rəflete] *vt* to reflect. ◆ **se refléter** *vp* **1.** (*se réfléchir*) to be reflected. **2.** (*transparaître*) to be mirrored.
refleurir [rəflœrir] *vi* to flower again.
réflexe [reflɛks] ◇ *nm* reflex. ◇ *adj* reflex (*avant n*).
réflexion [reflɛksjɔ̃] *nf* **1.** (*de lumière, d'ondes*) reflection. **2.** (*pensée*) reflection, thought. **3.** (*remarque*) remark.
refluer [rəflye] *vi* **1.** (*liquide*) to flow back. **2.** (*foule*) to flow back; (*avec violence*) to surge back.
reflux [rəfly] *nm* **1.** (*d'eau*) ebb. **2.** (*de personnes*) backward surge.
refonte [rəfɔ̃t] *nf* **1.** (*de métal*) remelting. **2.** (*d'ouvrage*) recasting. **3.** (*d'institution, de système*) overhaul, reshaping.

reforestation [rəfɔrɛstasjɔ̃] *nf* reforestation.
réformateur, -trice [refɔrmatœr, tris] ◇ *adj* reforming. ◇ *nm, f* 1. *(personne)* reformer. 2. (RELIG) Reformer.
réforme [refɔrm] *nf* reform.
réformé, -e [refɔrme] *adj & nm, f* Protestant. ◆ **réformé** *nm* (MIL) *soldier who has been invalided out.*
reformer [rəfɔrme] *vt* to re-form.
réformer [refɔrme] *vt* 1. *(améliorer)* to reform, to improve. 2. (MIL) to invalid out. 3. *(matériel)* to scrap.
réformiste [refɔrmist] *adj & nmf* reformist.
refoulé, -e [rəfule] ◇ *adj* repressed, frustrated. ◇ *nm, f* repressed person.
refouler [rəfule] *vt* 1. *(personnes)* to repel, to repulse. 2. (PSYCHOL) to repress.
réfractaire [refraktɛr] ◇ *adj* 1. *(rebelle)* insubordinate; **~ à** resistant to. 2. *(matière)* refractory. ◇ *nmf* insubordinate.
refrain [rəfrɛ̃] *nm* (MUS) refrain, chorus; **c'est toujours le même ~** *fam fig* it's always the same old story.
refréner [rəfrene] *vt* to check, to hold back.
réfrigérant, -e [refriʒerɑ̃, ɑ̃t] *adj* 1. *(liquide)* refrigerating, refrigerant. 2. *fam (accueil)* icy.
réfrigérateur [refriʒeratœr] *nm* refrigerator.
refroidir [rəfrwadir] ◇ *vt* 1. *(plat)* to cool. 2. *(décourager)* to discourage. 3. *fam (tuer)* to rub out, to do in. ◇ *vi* to cool.
refroidissement [rəfrwadismɑ̃] *nm* 1. *(de température)* drop, cooling. 2. *(grippe)* chill.
refuge [rəfyʒ] *nm* 1. *(abri)* refuge. 2. *(de montagne)* hut.
réfugié, -e [refyʒje] *nm, f* refugee.
réfugier [refyʒje] ◆ **se réfugier** *vp* to take refuge.
refus [rəfy] *nm inv* refusal; **ce n'est pas de ~** *fam* I wouldn't say no.
refuser [rəfyze] *vt* 1. *(repousser)* to refuse; **~ de faire qqch** to refuse to do sthg. 2. *(contester)*: **~ qqch à qqn** to deny sb sthg. 3. *(clients, spectateurs)* to turn away. 4. *(candidat)*: **être refusé** to fail. ◆ **se refuser** *vp*: **se ~ à faire qqch** to refuse to do sthg.
réfuter [refyte] *vt* to refute.
regagner [rəgaɲe] *vt* 1. *(reprendre)* to regain, to win back. 2. *(revenir à)* to get back to.
regain [rəgɛ̃] *nm (retour)*: **un ~ de** a revival of, a renewal of; **un ~ de vie** a new lease of life.
régal, -als [regal] *nm* treat, delight.
régaler [regale] *vt* to treat. ◆ **se régaler** *vp*: **je me régale** *(nourriture)* I'm thoroughly enjoying it; *(activité)* I'm having the time of my life.
regard [rəgar] *nm* look.
regardant, -e [rəgardɑ̃, ɑ̃t] *adj* 1. *fam (économe)* mean. 2. *(minutieux)*: **être très/peu ~ sur qqch** to be very/not very particular about sthg.
regarder [rəgarde] ◇ *vt* 1. *(observer, consulter)* to look at; *(télévision)* to watch; **~ qqn faire qqch** to watch sb doing sthg; **~ les trains passer** to watch the trains go by. 2. *(considérer)* to consider, to regard; **~ qqn/qqch comme** to regard sb/sthg as, to consider sb/sthg as. 3. *(concerner)* to concern; **cela ne te regarde pas** it's none of your business. ◇ *vi* 1. *(observer)* to look. 2. *(faire attention)*: **sans ~ à la dépense** regardless of the expense; **y ~ à deux fois** to think twice about it.
régate [regat] *nf (gén pl)* regatta.
régénérer [reʒenere] *vt* to regenerate. ◆ **se régénérer** *vp* to regenerate.
régent, -e [reʒɑ̃, ɑ̃t] *nm, f* regent.
régenter [reʒɑ̃te] *vt*: **vouloir tout ~** *péj* to want to be the boss.
reggae [rege] *nm & adj inv* reggae.
régie [reʒi] *nf* 1. *(entreprise)* state-controlled company. 2. (RADIO & TÉLÉ) *(pièce)* control room; (CIN, THÉÂTRE & TÉLÉ) *(équipe)* production team.
regimber [rəʒɛ̃be] *vi* to balk.
régime [reʒim] *nm* 1. *(politique)* regime. 2. *(administratif)* system; **~ carcéral** prison regime. 3. *(alimentaire)* diet; **se mettre au/suivre un ~** to go on/to be on a diet. 4. *(de moteur)* speed. 5. *(de fleuve)* cycle. 6. *(de bananes)* bunch.
régiment [reʒimɑ̃] *nm* 1. (MIL) regiment. 2. *fam (grande quantité)*: **un ~ de** masses of, loads of.
région [reʒjɔ̃] *nf* region.
régional, -e, -aux [reʒjɔnal, o] *adj* regional.
régir [reʒir] *vt* to govern.
régisseur [reʒisœr] *nm* 1. *(intendant)* steward. 2. *(de théâtre)* stage manager.
registre [rəʒistr] *nm (gén)* register; **~ de comptabilité** ledger.
réglable [reglabl] *adj* 1. *(adaptable)* adjustable. 2. *(payable)* payable.
réglage [reglaʒ] *nm* adjustment, setting.

règle [rɛgl] *nf* 1. *(instrument)* ruler. 2. *(principe, loi)* rule; **je suis en ~** my papers are in order. ◆ **en règle générale** *loc adv* as a general rule. ◆ **règles** *nfpl (menstruation)* period (*sg*).

réglé, -e [regle] *adj (organisé)* regular, well-ordered.

règlement [rɛgləmɑ̃] *nm* 1. *(résolution)* settling; **~ de comptes** *fig* settling of scores. 2. *(règle)* regulation. 3. *(paiement)* settlement.

réglementaire [rɛgləmɑ̃tɛr] *adj* 1. *(régulier)* statutory. 2. *(imposé)* regulation (*avant n*).

réglementation [rɛgləmɑ̃tasjɔ̃] *nf* 1. *(action)* regulation. 2. *(ensemble de règles)* regulations (*pl*), rules (*pl*).

régler [regle] *vt* 1. *(affaire, conflit)* to settle, to sort out. 2. *(appareil)* to adjust. 3. *(payer - note)* to settle, to pay; *(- commerçant)* to pay.

réglisse [reglis] *nf* liquorice.

règne [rɛɲ] *nm* 1. *(de souverain)* reign; **sous le ~ de** in the reign of. 2. *(pouvoir)* rule. 3. (BIOL) kingdom.

régner [reɲe] *vi* 1. *(souverain)* to rule, to reign. 2. *(silence)* to reign.

regonfler [rəgɔ̃fle] *vt* 1. *(pneu, ballon)* to blow up again, to reinflate. 2. *fam (personne)* to cheer up.

regorger [rəgɔrʒe] *vi*: **~ de** to be abundant in.

régresser [regrese] *vi* 1. *(douleur)* to diminish. 2. *(personne)* to regress.

régression [regresjɔ̃] *nf* 1. *(recul)* decline. 2. (PSYCHOL) regression.

regret [rəgrɛ] *nm*: **~ (de)** regret (for); **à ~** with regret; **sans ~** with no regrets.

regrettable [rəgrɛtabl] *adj* regrettable.

regretter [rəgrɛte] ◇ *vt* 1. *(époque)* to miss, to regret; *(personne)* to miss. 2. *(faute)* to regret; **~ d'avoir fait qqch** to regret having done sthg. 3. *(déplorer)*: **~ que** (+ *subjonctif*) to be sorry OU to regret that. ◇ *vi* to be sorry.

regrouper [rəgrupe] *vt* 1. *(grouper à nouveau)* to regroup, to reassemble. 2. *(réunir)* to group together. ◆ **se regrouper** *vp* to gather, to assemble.

régulariser [regylarize] *vt* 1. *(documents)* to sort out, to put in order; *(situation)* to straighten out. 2. *(circulation, fonctionnement)* to regulate.

régularité [regylarite] *nf* 1. *(gén)* regularity. 2. *(de résultats)* consistency.

régulateur, -trice [regylatœr, tris] *adj* regulating.

régulation [regylasjɔ̃] *nf (contrôle)* control, regulation.

régulier, -ère [regylje, ɛr] *adj* 1. *(gén)* regular. 2. *(uniforme, constant)* steady, regular. 3. *(travail)* consistent. 4. *(légal)* legal; **être en situation régulière** to have all the legally required documents.

régulièrement [regyljɛrmɑ̃] *adv* 1. *(gén)* regularly. 2. *(uniformément)* steadily, regularly; *(étalé)* evenly.

réhabilitation [reabilitasjɔ̃] *nf* rehabilitation.

réhabiliter [reabilite] *vt* 1. *(accusé)* to rehabilitate, to clear; *fig (racheter)* to restore to favour. 2. *(rénover)* to restore.

rehausser [rəose] *vt* 1. *(surélever)* to heighten. 2. *fig (mettre en valeur)* to enhance.

rein [rɛ̃] *nm* kidney. ◆ **reins** *nmpl* small of the back (*sg*); **avoir mal aux ~s** to have backache.

réincarnation [reɛ̃karnasjɔ̃] *nf* reincarnation.

reine [rɛn] *nf* queen.

réinsertion [reɛ̃sɛrsjɔ̃] *nf (de délinquant)* rehabilitation; *(dans vie professionnelle)* reintegration.

réintégrer [reɛ̃tegre] *vt* 1. *(rejoindre)* to return to. 2. (JUR) to reinstate.

rejaillir [rəʒajir] *vi* to splash up; **~ sur qqn** *fig* to rebound on sb.

rejet [rəʒɛ] *nm* 1. *(gén)* rejection. 2. *(pousse)* shoot.

rejeter [rəʒte] *vt* 1. *(relancer)* to throw back. 2. *(offre, personne)* to reject. 3. *(partie du corps)*: **~ la tête/les bras en arrière** to throw back one's head/one's arms. 4. *(imputer)*: **~ la responsabilité de qqch sur qqn** to lay the responsibility for sthg at sb's door.

rejeton [rəʒtɔ̃] *nm* offspring *(U)*.

rejoindre [rəʒwɛ̃dr] *vt* 1. *(retrouver)* to join. 2. *(regagner)* to return to. 3. *(concorder avec)* to agree with. 4. *(rattraper)* to catch up with. ◆ **se rejoindre** *vp* 1. *(personnes, routes)* to meet. 2. *(opinions)* to agree.

réjoui, -e [reʒwi] *adj* joyful.

réjouir [reʒwir] *vt* to delight. ◆ **se réjouir** *vp* to be delighted; **se ~ de qqch** to be delighted at OU about sthg.

réjouissance [reʒwisɑ̃s] *nf* rejoicing. ◆ **réjouissances** *nfpl* festivities.

relâche [rəlaʃ] *nf* 1. *(pause)*: **sans ~** without respite OU a break. 2. (THÉÂTRE): **demain c'est le jour de ~** we're closed tomorrow; **faire ~** to be closed.

relâchement [rəlaʃmɑ̃] *nm* relaxation.

relâcher [rəlaʃe] *vt* 1. *(étreinte, cordes)*

to loosen. 2. *(discipline, effort)* to relax, to slacken. 3. *(prisonnier)* to release. ◆ **se relâcher** *vp* 1. *(se desserrer)* to loosen. 2. *(faiblir - discipline)* to become lax; *(- attention)* to flag. 3. *(se laisser aller)* to slacken off.

relais [rəlɛ] *nm* 1. *(auberge)* post house. 2. (SPORT & TÉLÉ): **prendre/passer le ~** to take/hand over.

relance [rəlɑ̃s] *nf (économique)* revival, boost; *(de projet)* relaunch.

relancer [rəlɑ̃se] *vt* 1. *(renvoyer)* to throw back. 2. *(économie)* to boost; *(projet)* to relaunch; *(moteur)* to restart.

relater [rəlate] *vt littéraire* to relate.

relatif, -ive [rəlatif, iv] *adj* relative; **~ à** relating to; **tout est ~** it's all relative. ◆ **relative** *nf* (GRAM) relative clause.

relation [rəlasjɔ̃] *nf* relationship; **mettre qqn en ~ avec qqn** to put sb in touch with sb. ◆ **relations** *nfpl* 1. *(rapport)* relationship *(sg)*; **~s sexuelles** sexual relations, intercourse *(U)*. 2. *(connaissance)* acquaintance; **avoir des ~s** to have connections.

relationnel, -elle [rəlasjɔnɛl] *adj (problèmes)* relationship *(avant n)*.

relative → **relatif**.

relativement [rəlativmɑ̃] *adv* relatively.

relativiser [rəlativize] *vt* to relativize.

relativité [rəlativite] *nf* relativity.

relax, relaxe [rəlaks] *adj fam* relaxed.

relaxation [rəlaksasjɔ̃] *nf* relaxation.

relaxe = **relax**.

relaxer [rəlakse] *vt* 1. *(reposer)* to relax. 2. (JUR) to discharge. ◆ **se relaxer** *vp* to relax.

relayer [rəlɛje] *vt* to relieve. ◆ **se relayer** *vp* to take over from one another.

relecture [rəlɛktyr] *nf* second reading, rereading.

reléguer [rəlege] *vt* to relegate.

relent [rəlɑ̃] *nm* 1. *(odeur)* stink, stench. 2. *fig (trace)* whiff.

relevé, -e [rəlve] *adj* (CULIN) spicy. ◆ **relevé** *nm* reading; **faire le ~ de qqch** to read sthg; **~ de compte** bank statement; **~ d'identité bancaire** bank account number.

relève [rəlɛv] *nf* relief; **prendre la ~** to take over.

relever [rəlve] ◇ *vt* 1. *(personne)* to help up; *(pays, économie)* to rebuild; *(moral, niveau)* to raise. 2. *(ramasser)* to collect. 3. *(tête, col, store)* to raise; *(manches)* to push up. 4. (CULIN) to bring out; *(pimenter)* to season; *fig (récit)* to liven up, to spice up. 5. *(noter)* to note down; *(compteur)* to read. 6. *(relayer)* to take over from, to relieve. 7. *(erreur)* to note. ◇ *vi* 1. *(se rétablir)*: **~ de** to recover from. 2. *(être du domaine)*: **~ de** to come under. ◆ **se relever** *vp (se mettre debout)* to stand up; *(sortir du lit)* to get up.

relief [rəljɛf] *nm* relief; **en ~** in relief, raised; **une carte en ~** relief map; **mettre en ~** *fig* to enhance, to bring out.

relier [rəlje] *vt* 1. *(livre)* to bind. 2. *(joindre)* to connect. 3. *fig (associer)* to link up.

religieux, -euse [rəliʒjø, øz] *adj* 1. *(vie, chant)* religious; *(mariage)* religious, church *(avant n)*. 2. *(respectueux)* reverent. ◆ **religieux** *nm* monk. ◆ **religieuse** *nf* (RELIG) nun.

religion [rəliʒjɔ̃] *nf* 1. *(culte)* religion. 2. *(croyance)* religion, faith.

relique [rəlik] *nf* relic.

relire [rəlir] *vt* 1. *(lire)* to reread. 2. *(vérifier)* to read over. ◆ **se relire** *vp* to read what one has written.

reliure [rəljyr] *nf* binding.

reloger [rəlɔʒe] *vt* to rehouse.

relu, -e [rəly] *pp* → **relire**.

reluire [rəlɥir] *vi* to shine, to gleam.

reluisant, -e [rəlɥizɑ̃, ɑ̃t] *adj* shining, gleaming; **peu** OU **pas très ~** *(situation)* not all that brilliant; *(personne)* shady.

remaniement [rəmanimɑ̃] *nm* restructuring; **~ ministériel** cabinet reshuffle.

remarier [rəmarje] ◆ **se remarier** *vp* to remarry.

remarquable [rəmarkabl] *adj* remarkable.

remarque [rəmark] *nf* 1. *(observation)* remark; *(critique)* critical remark. 2. *(annotation)* note.

remarquer [rəmarke] ◇ *vt* 1. *(apercevoir)* to notice; **faire ~ qqch (à qqn)** to point sthg out (to sb); **se faire ~** *péj* to draw attention to o.s. 2. *(noter)* to remark, to comment. ◇ *vi*: **remarque, ...** mind you, ... ◆ **se remarquer** *vp* to be noticeable.

rembarrer [rɑ̃bare] *vt fam* to snub.

remblai [rɑ̃blɛ] *nm* embankment.

rembobiner [rɑ̃bɔbine] *vt* to rewind.

rembourrer [rɑ̃bure] *vt* to stuff, to pad.

remboursement [rɑ̃bursəmɑ̃] *nm* refund, repayment.

rembourser [rɑ̃burse] *vt* 1. *(dette)* to pay back, to repay. 2. *(personne)* to pay back; **~ qqn de qqch** to reimburse sb for sthg.

rembrunir [rɑ̃brynir] ◆ **se rembrunir** *vp* to cloud over, to become gloomy.
remède [rəmɛd] *nm litt & fig* remedy, cure.
remédier [rəmedje] *vi*: **~ à qqch** to put sthg right, to remedy sthg.
remembrement [rəmɑ̃brəmɑ̃] *nm* land regrouping.
remerciement [rəmɛrsimɑ̃] *nm* thanks (*pl*); **une lettre de ~** a thank-you letter.
remercier [rəmɛrsje] *vt* **1.** *(dire merci à)* to thank; **~ qqn de** OU **pour qqch** to thank sb for sthg; **non, je vous remercie** no, thank you. **2.** *(congédier)* to dismiss.
remettre [rəmɛtr] *vt* **1.** *(replacer)* to put back; **~ en question** to call into question; **~ qqn à sa place** to put sb in his place. **2.** *(enfiler de nouveau)* to put back on. **3.** *(lumière, son)* to put back on; **~ qqch en marche** to restart sthg; **~ de l'ordre dans qqch** to tidy sthg up; **~ une montre à l'heure** to put a watch right; **~ qqch en état de marche** to put sthg back in working order. **4.** *(donner)*: **~ qqch à qqn** to hand sthg over to sb; *(médaille)* to present sthg to sb. **5.** *(ajourner)*: **~ qqch (à)** to put sthg off (until). ◆ **se remettre** *vp* **1.** *(recommencer)*: **se ~ à qqch** to take up sthg again; **se ~ à fumer** to start smoking again. **2.** *(se rétablir)* to get better; **se ~ de qqch** to get over sthg. **3.** *(redevenir)*: **se ~ debout** to stand up again; **le temps s'est remis au beau** the weather has cleared up.
réminiscence [reminisɑ̃s] *nf* reminiscence.
remis, -e [rəmi, iz] *pp* → **remettre**.
remise [rəmiz] *nf* **1.** *(action)*: **~ en jeu** throw-in; **~ en marche** restarting; **~ en question** OU **cause** calling into question. **2.** *(de message, colis)* handing over; *(de médaille, prix)* presentation. **3.** *(réduction)* discount; **~ de peine** (JUR) remission. **4.** *(hangar)* shed.
rémission [remisjɔ̃] *nf* remission; **sans ~** *(punir, juger)* without mercy.
remodeler [rəmɔdle] *vt* **1.** *(forme)* to remodel. **2.** *(remanier)* to restructure.
remontant, -e [rəmɔ̃tɑ̃, ɑ̃t] *adj* invigorating. ◆ **remontant** *nm* tonic.
remonte-pente [rəmɔ̃tpɑ̃t] (*pl* **remonte-pentes**) *nm* ski-tow.
remonter [rəmɔ̃te] ◇ *vt* (*aux: avoir*) **1.** *(escalier, pente)* to go/come back up. **2.** *(assembler)* to put together again. **3.** *(manches)* to turn up. **4.** *(montre)* to wind up. **5.** *(ragaillardir)* to put new life into, to cheer up. ◇ *vi* (*aux: être*) **1.** *(personne)* to go/come back up; *(baromètre)* to rise again; *(prix, température)* to go up again, to rise; *(sur vélo)* to get back on; **~ dans une voiture** to get back into a car. **2.** *(dater)*: **~ à** to date OU go back to.
remontoir [rəmɔ̃twar] *nm* winder.
remontrer [rəmɔ̃tre] *vt* to show again; **vouloir en ~ à qqn** to try to show sb up.
remords [rəmɔr] *nm* remorse.
remorque [rəmɔrk] *nf* trailer; **être en ~** to be on tow.
remorquer [rəmɔrke] *vt* to tow.
remorqueur [rəmɔrkœr] *nm* tug, tugboat.
remous [rəmu] ◇ *nm (de bateau)* wash, backwash; *(de rivière)* eddy. ◇ *nmpl fig* stir, upheaval.
rempailler [rɑ̃paje] *vt* to re-cane.
rempart [rɑ̃par] *nm* (*gén pl*) rampart.
rempiler [rɑ̃pile] ◇ *vt* to pile up again. ◇ *vi fam* (MIL) to sign on again.
remplaçable [rɑ̃plasabl] *adj* replaceable.
remplaçant, -e [rɑ̃plasɑ̃, ɑ̃t] *nm, f* *(suppléant)* stand-in; (SPORT) substitute.
remplacement [rɑ̃plasmɑ̃] *nm* **1.** *(changement)* replacing, replacement. **2.** *(intérim)* substitution; **faire des ~s** to stand in; *(docteur)* to act as a locum.
remplacer [rɑ̃plase] *vt* **1.** *(gén)* to replace. **2.** *(prendre la place de)* to stand in for; (SPORT) to substitute.
remplir [rɑ̃plir] *vt* **1.** *(gén)* to fill; **~ de** to fill with; **~ qqn de joie/d'orgueil** to fill sb with happiness/pride. **2.** *(questionnaire)* to fill in OU out. **3.** *(mission, fonction)* to complete, to fulfil.
remplissage [rɑ̃plisaʒ] *nm* **1.** *(de récipient)* filling up. **2.** *fig & péj (de texte)* padding out.
remporter [rɑ̃pɔrte] *vt* **1.** *(repartir avec)* to take away again. **2.** *(gagner)* to win.
remuant, -e [rəmɥɑ̃, ɑ̃t] *adj* restless, overactive.
remue-ménage [rəmymenaʒ] *nm inv* commotion, confusion.
remuer [rəmɥe] ◇ *vt* **1.** *(bouger, émouvoir)* to move. **2.** *(café)* to stir; *(salade)* to toss. ◇ *vi* to move, to stir; **arrête de ~ comme ça** stop being so restless. ◆ **se remuer** *vp* **1.** *(se mouvoir)* to move. **2.** *(réagir)* to make an effort.
rémunération [remynerasjɔ̃] *nf* remuneration.

rémunérer [remynere] *vt* 1. *(personne)* to remunerate, to pay. 2. *(activité)* to pay for.
renâcler [rənakle] *vi fam* to make a fuss; **~ devant** OU **à qqch** to balk at sthg.
renaissance [rənɛsɑ̃s] *nf* rebirth.
renaître [rənɛtr] *vi* 1. *(ressusciter)* to come back to life, to come to life again; **faire ~** *(passé, tradition)* to revive. 2. *(sentiment, printemps)* to return; *(économie)* to revive, to recover.
renard [rənar] *nm* fox.
renchérir [rɑ̃ʃerir] *vi* 1. *(augmenter)* to become more expensive; *(prix)* to go up. 2. *(surenchérir)*: **~ sur** to add to.
rencontre [rɑ̃kɔ̃tr] *nf (gén)* meeting; **faire une bonne ~** to meet somebody interesting; **faire une mauvaise ~** to meet an unpleasant person; **aller/venir à la ~ de qqn** to go/come to meet sb.
rencontrer [rɑ̃kɔ̃tre] *vt* 1. *(gén)* to meet. 2. *(heurter)* to strike. ◆ **se rencontrer** *vp* 1. *(gén)* to meet. 2. *(opinions)* to agree.
rendement [rɑ̃dmɑ̃] *nm (de machine, travailleur)* output; *(de terre, placement)* yield.
rendez-vous [rɑ̃devu] *nm inv* 1. *(rencontre)* appointment; *(amoureux)* date; **lors de notre dernier ~** at our last meeting; **prendre ~ avec qqn** to make an appointment with sb; **donner ~ à qqn** to arrange to meet sb. 2. *(lieu)* meeting place.
rendormir [rɑ̃dɔrmir] ◆ **se rendormir** *vp* to go back to sleep.
rendre [rɑ̃dr] ◇ *vt* 1. *(restituer)*: **~ qqch à qqn** to give sthg back to sb, to return sthg to sb. 2. *(invitation, coup)* to return. 3. *(jugement)* to pronounce. 4. *(produire - effet)* to produce. 5. *(vomir)* to vomit, to cough up. 6. (MIL) *(céder)* to surrender; **~ les armes** to lay down one's arms. 7. (+ *adj*) *(faire devenir)* to make; **~ qqn fou** to drive sb mad. 8. *(exprimer)* to render. ◇ *vi* 1. *(produire - champ)* to yield. 2. *(vomir)* to vomit, to be sick. ◆ **se rendre** *vp* 1. *(céder)* to give in; **j'ai dû me ~ à l'évidence** I had to face facts. 2. *(aller)*: **se ~ à** to go to. 3. (+ *adj*) *(se faire tel)*: **se ~ utile/malade** to make o.s. useful/ill.
rêne [rɛn] *nf* rein.
renégat, -e [rənega, at] *nm, f sout* renegade.
renégocier [rənegɔsje] *vt* to renegotiate.
renfermé, -e [rɑ̃fɛrme] *adj* introverted, withdrawn. ◆ **renfermé** *nm*: **ça sent le ~** it smells stuffy in here.
renfermer [rɑ̃fɛrme] *vt* to contain. ◆ **se renfermer** *vp* to withdraw.
renflé, -e [rɑ̃fle] *adj* bulging.
renflouer [rɑ̃flue] *vt* 1. *(bateau)* to refloat. 2. *(société, personne)* to bail out.
renfoncement [rɑ̃fɔ̃smɑ̃] *nm* recess.
renforcer [rɑ̃fɔrse] *vt* to reinforce, to strengthen; **cela me renforce dans mon opinion** that confirms my opinion.
renfort [rɑ̃fɔr] *nm* reinforcement; **venir en ~** to come as reinforcements.
renfrogné, -e [rɑ̃frɔɲe] *adj* scowling.
renfrogner [rɑ̃frɔɲe] ◆ **se renfrogner** *vp* to scowl, to pull a face.
rengaine [rɑ̃gɛn] *nf* 1. *(formule répétée)* (old) story. 2. *(chanson)* (old) song.
rengorger [rɑ̃gɔrʒe] ◆ **se rengorger** *vp fig* to puff o.s. up.
renier [rənje] *vt* 1. *(famille)* to disown. 2. *(idées)* to renounce, to repudiate.
renifler [rənifle] ◇ *vi* to sniff. ◇ *vt* to sniff.
renne [rɛn] *nm* reindeer (*inv*).
renom [rənɔ̃] *nm* renown, fame.
renommé, -e [rənɔme] *adj* renowned, famous. ◆ **renommée** *nf* renown, fame; **de ~e internationale** world-famous, internationally renowned.
renoncement [rənɔ̃smɑ̃] *nm*: **~ (à)** renunciation (of).
renoncer [rənɔ̃se] *vi*: **~ à** to give up; **~ à comprendre qqch** to give up trying to understand sthg.
renouer [rənwe] ◇ *vt* 1. *(lacet, corde)* to re-tie, to tie up again. 2. *(contact, conversation)* to resume. ◇ *vi*: **~ avec qqn** to take up with sb again; **~ avec sa famille** to make it up with one's family again.
renouveau, -x [rənuvo] *nm (transformation)* revival.
renouvelable [rənuvlabl] *adj* renewable; *(expérience)* repeatable.
renouveler [rənuvle] *vt (gén)* to renew. ◆ **se renouveler** *vp* 1. *(être remplacé)* to be renewed. 2. *(changer, innover)* to have new ideas. 3. *(se répéter)* to be repeated, to recur.
renouvellement [rənuvɛlmɑ̃] *nm* renewal.
rénovation [renɔvasjɔ̃] *nf* renovation, restoration.
rénover [renɔve] *vt* 1. *(immeuble)* to renovate, to restore. 2. *(système, méthodes)* to reform.
renseignement [rɑ̃sɛɲəmɑ̃] *nm* information *(U)*; **un ~** a piece of information; **prendre des ~s (sur)** to make

enquiries (about). ◆ **renseignements** *nmpl (bureau)* enquiries, information; (TÉLÉCOM) directory enquiries *(Br)*, information *(Am)*.

renseigner [rɑ̃seɲe] *vt*: **~ qqn (sur)** to give sb information (about), to inform sb (about). ◆ **se renseigner** *vp* **1.** *(s'enquérir)* to make enquiries, to ask for information. **2.** *(s'informer)* to find out.

rentabiliser [rɑ̃tabilize] *vt* to make profitable.

rentabilité [rɑ̃tabilite] *nf* profitability.

rentable [rɑ̃tabl] *adj* profitable.

rente [rɑ̃t] *nf* **1.** *(d'un capital)* revenue, income. **2.** *(pension)* pension, annuity.

rentier, -ère [rɑ̃tje, ɛr] *nm, f* person of independent means.

rentrée [rɑ̃tre] *nf* **1.** *(fait de rentrer)* return. **2.** *(reprise des activités)*: **la ~ parlementaire** the reopening of parliament; **la ~ des classes** the start of the new school year. **3.** (CIN & THÉÂTRE) comeback. **4.** *(recette)* income; **avoir une ~ d'argent** to come into some money.

rentrer [rɑ̃tre] ◇ *vi (aux: être)* **1.** *(de nouveau)* to go/come back in; **tout a fini par ~ dans l'ordre** everything returned to normal. **2.** *(entrer)* to go/come in. **3.** *(chez soi)* to go/come back, to go/come home. **4.** *(récupérer)*: **~ dans** to recover, to get back; **~ dans ses frais** to cover one's costs, to break even. **5.** *(percuter)*: **~ dans** to crash into. **6.** *(s'emboîter)* to go in, to fit; **~ les uns dans les autres** to fit together. **7.** *(argent)* to come in. ◇ *vt (aux: avoir)* **1.** *(mettre ou remettre à l'intérieur)* to bring in. **2.** *(ventre)* to pull in; *(griffes)* to retract, to draw in; *(chemise)* to tuck in. **3.** *(rage, larmes)* to hold back.

renversant, -e [rɑ̃vɛrsɑ̃, ɑ̃t] *adj* staggering, astounding.

renverse [rɑ̃vɛrs] *nf*: **tomber à la ~** to fall over backwards.

renversement [rɑ̃vɛrsəmɑ̃] *nm* **1.** *(inversion)* turning upside down. **2.** *(de situation)* reversal.

renverser [rɑ̃vɛrse] *vt* **1.** *(mettre à l'envers)* to turn upside down. **2.** *(faire tomber)* to knock over; *(piéton)* to run over; *(liquide)* to spill. **3.** *fig (obstacle)* to overcome; *(régime)* to overthrow; *(ministre)* to throw out of office. **4.** *(tête, buste)* to tilt back. ◆ **se renverser** *vp* **1.** *(incliner le corps en arrière)* to lean back. **2.** *(tomber)* to overturn.

renvoi [rɑ̃vwa] *nm* **1.** *(licenciement)* dismissal. **2.** *(de colis, lettre)* return, sending back. **3.** *(ajournement)* postponement. **4.** *(référence)* cross-reference. **5.** (JUR) referral. **6.** *(éructation)* belch.

renvoyer [rɑ̃vwaje] *vt* **1.** *(faire retourner)* to send back. **2.** *(congédier)* to dismiss. **3.** *(colis, lettre)* to send back, to return. **4.** *(balle)* to throw back. **5.** *(réfléchir - lumière)* to reflect; *(- son)* to echo. **6.** *(référer)*: **~ qqn à** to refer sb to. **7.** *(différer)* to postpone, to put off.

réorganisation [reɔrganizasjɔ̃] *nf* reorganization.

réorganiser [reɔrganize] *vt* to reorganize.

réorienter [reɔrjɑ̃te] *vt* to reorient, to reorientate.

réouverture [reuvɛrtyr] *nf* reopening.

repaire [rəpɛr] *nm* den.

répandre [repɑ̃dr] *vt* **1.** *(verser, renverser)* to spill; *(larmes)* to shed. **2.** *(diffuser, dégager)* to give off. **3.** *(bienfaits)* to pour out; *(terreur, nouvelle)* to spread.

répandu, -e [repɑ̃dy] ◇ *pp* → **répandre**. ◇ *adj* widespread.

réparable [reparabl] *adj* **1.** *(objet)* repairable. **2.** *(erreur)* that can be put right.

réparateur, -trice [reparatœr, tris] ◇ *adj* refreshing. ◇ *nm, f* repairer.

réparation [reparasjɔ̃] *nf* **1.** *(d'objet - action)* repairing; *(- résultat)* repair; **en ~** under repair. **2.** *(de faute)*: **~ (de)** atonement (for). **3.** *(indemnité)* reparation, compensation.

réparer [repare] *vt* **1.** *(objet)* to repair. **2.** *(faute, oubli)* to make up for; **~ ses torts** to make amends.

reparler [rəparle] *vi*: **~ de qqn/qqch** to talk about sb/sthg again.

repartie [rəparti] *nf* retort; **avoir de la ~** to be good at repartee.

repartir [rəpartir] ◇ *vt littéraire* to reply. ◇ *vi* **1.** *(retourner)* to go back, to return. **2.** *(partir de nouveau)* to set off again. **3.** *(recommencer)* to start again.

répartir [repartir] *vt* **1.** *(partager)* to share out, to divide up. **2.** *(dans l'espace)* to spread out, to distribute. **3.** *(classer)* to divide OU split up. ◆ **se répartir** *vp* to divide up.

répartition [repartisjɔ̃] *nf* **1.** *(partage)* sharing out; *(de tâches)* allocation. **2.** *(dans l'espace)* distribution.

repas [rəpa] *nm* meal; **prendre son ~** to eat.

repassage [rəpasaʒ] *nm* ironing.

repasser [rəpase] ◇ *vi (aux: être)* *(passer à nouveau)* to go/come back; *(film)* to be on again. ◇ *vt (aux: avoir)* **1.** *(fron-*

tière, montagne) to cross again, to recross. **2.** *(examen)* to resit. **3.** *(film)* to show again. **4.** *(linge)* to iron.

repêchage [rəpeʃaʒ] *nm (de noyé, voiture)* recovery.

repêcher [rəpeʃe] *vt* **1.** *(noyé, voiture)* to fish out. **2.** *fam (candidat)* to let through.

repeindre [rəpɛ̃dr] *vt* to repaint.

repenser [rəpɑ̃se] *vt* to rethink.

repentir [rəpɑ̃tir] *nm* repentance. ◆ **se repentir** *vp* to repent; **se ~ de qqch/d'avoir fait qqch** to be sorry for sthg/for having done sthg.

répercussion [repɛrkysjɔ̃] *nf* repercussion.

répercuter [repɛrkyte] *vt* **1.** *(lumière)* to reflect; *(son)* to throw back. **2.** *(ordre, augmentation)* to pass on. ◆ **se répercuter** *vp* **1.** *(lumière)* to be reflected; *(son)* to echo. **2.** *(influer)*: **se ~ sur** to have repercussions on.

repère [rəpɛr] *nm (marque)* mark; *(objet concret)* landmark; **point de ~** point of reference.

repérer [rəpere] *vt* **1.** *(situer)* to locate, to pinpoint. **2.** *fam (remarquer)* to spot; **se faire ~** to be spotted.

répertoire [repɛrtwar] *nm* **1.** *(agenda)* thumb-indexed notebook. **2.** *(de théâtre)* repertoire. **3.** (INFORM) directory.

répertorier [repɛrtɔrje] *vt* to make a list of.

répéter [repete] ◇ *vt* **1.** *(gén)* to repeat. **2.** *(leçon)* to go over, to learn; *(rôle)* to rehearse. ◇ *vi* to rehearse. ◆ **se répéter** *vp* **1.** *(radoter)* to repeat o.s. **2.** *(se reproduire)* to be repeated; **que cela ne se répète pas!** don't let it happen again!

répétitif, -ive [repetitif, iv] *adj* repetitive.

répétition [repetisjɔ̃] *nf* **1.** *(réitération)* repetition. **2.** (THÉÂTRE) rehearsal.

repeupler [rəpœple] *vt* **1.** *(région, ville)* to repopulate. **2.** *(forêt)* to replant; *(étang)* to restock.

repiquer [rəpike] *vt* **1.** *(replanter)* to plant out. **2.** *(disque, cassette)* to tape.

répit [repi] *nm* respite; **sans ~** without respite.

replacer [rəplase] *vt* **1.** *(remettre)* to replace, to put back. **2.** *(situer)* to place, to put. ◆ **se replacer** *vp* to find new employment.

replanter [rəplɑ̃te] *vt* to replant.

replet, -ète [rəplɛ, ɛt] *adj* chubby.

repli [rəpli] *nm* **1.** *(de tissu)* fold; *(de rivière)* bend. **2.** *(de troupes)* withdrawal.

replier [rəplije] *vt* **1.** *(plier de nouveau)* to fold up again. **2.** *(ramener en pliant)* to fold back. **3.** *(armée)* to withdraw. ◆ **se replier** *vp* **1.** *(armée)* to withdraw. **2.** *(personne)*: **se ~ sur soi-même** to withdraw into o.s. **3.** *(journal)* to fold.

réplique [replik] *nf* **1.** *(riposte)* reply; **sans ~** *(argument)* irrefutable. **2.** *(d'acteur)* line; **donner la ~ à qqn** to play opposite sb. **3.** *(copie)* replica; *(sosie)* double.

répliquer [replike] ◇ *vt*: **~ à qqn que** to reply to sb that. ◇ *vi* **1.** *(répondre)* to reply; *(avec impertinence)* to answer back. **2.** *fig (riposter)* to retaliate.

replonger [rəplɔ̃ʒe] ◇ *vt* to plunge back. ◇ *vi* to dive back. ◆ **se replonger** *vp*: **se ~ dans qqch** to immerse o.s. in sthg again.

répondeur [repɔ̃dœr] *nm*: **~ (téléphonique** OU **automatique** OU **-enregistreur)** answering machine.

répondre [repɔ̃dr] ◇ *vi*: **~ à qqn** *(gén)* to answer sb, to reply to sb; *(riposter)* to answer sb back; **~ à qqch** *(faire une réponse)* to reply to sthg, to answer sthg; *(en se défendant)* to respond to sthg; **~ au téléphone** to answer the telephone. ◇ *vt* to answer, to reply. ◆ **répondre à** *vt* **1.** *(besoin)* to answer; *(conditions)* to meet. **2.** *(description)* to match. ◆ **répondre de** *vt* to answer for.

réponse [repɔ̃s] *nf* **1.** *(action de répondre)* answer, reply; **en ~ à votre lettre** ... in reply OU in answer OU in response to your letter ... **2.** *(solution)* answer. **3.** *(réaction)* response.

report [rəpɔr] *nm* **1.** *(de réunion, rendez-vous)* postponement. **2.** (COMM) *(d'écritures)* carrying forward.

reportage [rəpɔrtaʒ] *nm* report.

reporter¹ [rəpɔrtɛr] *nm* reporter.

reporter² [rəpɔrte] *vt* **1.** *(rapporter)* to take back. **2.** *(différer)*: **~ qqch à** to postpone sthg till, to put sthg off till. **3.** *(somme)*: **~ (sur)** to carry forward (to). **4.** *(transférer)*: **~ sur** to transfer to. ◆ **se reporter** *vp*: **se ~ à** to refer to.

repos [rəpo] *nm* **1.** *(gén)* rest; **prendre un jour de ~** to take a day off. **2.** *(tranquillité)* peace and quiet.

reposé, -e [rəpoze] *adj* rested; **à tête ~e** with a clear head.

reposer [rəpoze] ◇ *vt* **1.** *(poser à nouveau)* to put down again, to put back down. **2.** *(remettre)* to put back. **3.** *(question)* to ask again. **4.** *(appuyer)* to rest. 5. *(délasser)* to rest, to relax. ◇ *vi* 1. *(pâte)* to sit, to stand; *(vin)* to stand. 2. *(théorie)*: **~ sur** to rest on. ◆ **se reposer** *vp* 1. *(se délasser)* to rest. 2. *(faire confiance)*: **se ~ sur qqn** to rely on sb.

repoussant, -e [rəpusɑ̃, ɑ̃t] *adj* repulsive.

repousser [rəpuse] ◇ *vi* to grow again, to grow back. ◇ *vt* 1. *(écarter)* to push away, to push back; *(l'ennemi)* to repel, to drive back. 2. *(éconduire)* to reject. 3. *(proposition)* to reject, to turn down. 4. *(différer)* to put back, to postpone.

répréhensible [repreɑ̃sibl] *adj* reprehensible.

reprendre [rəprɑ̃dr] ◇ *vt* 1. *(prendre de nouveau)* to take again; **je passe te ~ dans une heure** I'll come by and pick you up again in an hour; **~ la route** to take to the road again; **~ haleine** to get one's breath back. 2. *(récupérer - objet prêté)* to take back; *(- prisonnier, ville)* to recapture. 3. (COMM) *(entreprise, affaire)* to take over. 4. *(se resservir)*: **~ un gâteau/de la viande** to take another cake/some more meat. 5. *(recommencer)* to resume; **'et ainsi' reprit-il ...** 'and so', he continued ... 6. *(retoucher)* to repair; *(jupe)* to alter. 7. *(corriger)* to correct. ◇ *vi* 1. *(affaires, plante)* to pick up. 2. *(recommencer)* to start again.

représailles [rəprezaj] *nfpl* reprisals.

représentant, -e [rəprezɑ̃tɑ̃, ɑ̃t] *nm, f* representative.

représentatif, -ive [rəprezɑ̃tatif, iv] *adj* representative.

représentation [rəprezɑ̃tasjɔ̃] *nf* 1. *(gén)* representation. 2. *(spectacle)* performance.

représentativité [rəprezɑ̃tativite] *nf* representativeness.

représenter [rəprezɑ̃te] *vt* to represent. ◆ **se représenter** *vp* 1. *(s'imaginer)*: **se ~ qqch** to visualize sthg. 2. *(se présenter à nouveau)*: **se ~ à** *(aux élections)* to stand again at; *(à un examen)* to resit, to represent.

répression [represjɔ̃] *nf* 1. *(de révolte)* repression. 2. *(de criminalité, d'injustices)* suppression.

réprimande [reprimɑ̃d] *nf* reprimand.

réprimander [reprimɑ̃de] *vt* to reprimand.

réprimer [reprime] *vt* 1. *(émotion, rire)* to repress, to check. 2. *(révolte, crimes)* to put down, to suppress.

repris, -e [rəpri, iz] *pp* → **reprendre**. ◆ **repris** *nm*: **~ de justice** habitual criminal.

reprise [rəpriz] *nf* 1. *(recommencement - des hostilités)* resumption, renewal; *(- des affaires)* revival, recovery; *(- de pièce)* revival; **à plusieurs ~s** on several occasions, several times. 2. (BOXE) round. 3. *(raccommodage)* mending.

repriser [rəprize] *vt* to mend.

réprobateur, -trice [reprɔbatœr, tris] *adj* reproachful.

réprobation [reprɔbasjɔ̃] *nf* disapproval.

reproche [rəprɔʃ] *nm* reproach; **faire des ~s à qqn** to reproach sb; **avec ~** reproachfully; **sans ~** blameless.

reprocher [rəprɔʃe] *vt*: **~ qqch à qqn** to reproach sb for sthg. ◆ **se reprocher** *vp*: **se ~ (qqch)** to blame o.s. (for sthg).

reproducteur, -trice [rəprɔdyktœr, tris] *adj* reproductive.

reproduction [rəprɔdyksjɔ̃] *nf* reproduction; **~ interdite** all rights (of reproduction) reserved.

reproduire [rəprɔdɥir] *vt* to reproduce. ◆ **se reproduire** *vp* 1. (BIOL) to reproduce, to breed. 2. *(se répéter)* to recur.

réprouver [repruve] *vt* to reprove.

reptile [rɛptil] *nm* reptile.

repu, -e [rəpy] *adj* full, sated.

républicain, -e [repyblikɛ̃, ɛn] *adj & nm, f* republican.

république [repyblik] *nf* republic; **la République française** the French Republic; **la République populaire de Chine** the People's Republic of China; **la République tchèque** the Czech Republic.

répudier [repydje] *vt (femme)* to repudiate.

répugnance [repyɲɑ̃s] *nf* 1. *(horreur)* repugnance. 2. *(réticence)* reluctance; **avoir** OU **éprouver de la ~ à faire qqch** to be reluctant to do sthg.

répugnant, -e [repyɲɑ̃, ɑ̃t] *adj* repugnant.

répugner [repyɲe] *vi*: **~ à qqn** to disgust sb, to fill sb with repugnance; **~ à faire qqch** to be reluctant to do sthg, to be loath to do sthg.

répulsion [repylsjɔ̃] *nf* repulsion.

réputation [repytasjɔ̃] *nf* reputation; **avoir une ~ de** to have a reputation for; **avoir bonne/mauvaise ~** to have a good/bad reputation.

réputé, -e [repyte] *adj* famous, well-known.

requérir [rəkerir] *vt* 1. *(nécessiter)* to

require, to call for. **2.** *(solliciter)* to solicit. **3.** (JUR) to demand.

requête [rəkɛt] *nf* **1.** *(prière)* petition. **2.** (JUR) appeal.

requiem [rekɥijɛm] *nm inv* requiem.

requin [rəkɛ̃] *nm* shark.

requis, -e [rəki, iz] ◇ *pp* → **requérir**. ◇ *adj* required, requisite.

réquisition [rekizisjɔ̃] *nf* **1.** (MIL) requisition. **2.** (JUR) closing speech for the prosecution.

réquisitionner [rekizisjɔne] *vt* to requisition.

réquisitoire [rekizitwar] *nm* (JUR) closing speech for the prosecution; **~ (contre)** *fig* indictment (of).

RER (*abr de* **réseau express régional**) *nm train service linking central Paris with its suburbs and airports.*

rescapé, -e [rɛskape] *nm, f* survivor.

rescousse [rɛskus] ◆ **à la rescousse** *loc adv*: **venir à la ~ de qqn** to come to sb's rescue; **appeler qqn à la ~** to call on sb for help.

réseau [rezo] *nm* network; **~ ferroviaire/routier** rail/road network.

réservation [rezɛrvasjɔ̃] *nf* reservation.

réserve [rezɛrv] *nf* **1.** *(gén)* reserve; **en ~** in reserve; **officier de ~** (MIL) reserve officer. **2.** *(restriction)* reservation; **faire des ~s (sur)** to have reservations (about); **sous ~ de** subject to; **sans ~** unreservedly. **3.** *(territoire)* reserve; *(d'Indiens)* reservation; **~ naturelle** nature reserve. **4.** *(local)* storeroom.

réservé, -e [rezɛrve] *adj* reserved.

réserver [rezɛrve] *vt* **1.** *(destiner)*: **~ qqch (à qqn)** *(chambre)* to reserve OU book sthg (for sb); *(surprise, désagrément)* to have sthg in store (for sb). **2.** *(garder)*: **~ qqch (pour)** to put sthg on one side (for), to keep sthg (for). ◆ **se réserver** *vp* **1.** *(s'accorder)*: **se ~ qqch** to keep sthg for o.s.; **se ~ le droit de faire qqch** to reserve the right to do sthg. **2.** *(se ménager)* to save o.s.

réservoir [rezɛrvwar] *nm* **1.** *(cuve)* tank. **2.** *(bassin)* reservoir.

résidence [rezidɑ̃s] *nf* **1.** *(habitation)* residence; **~ principale** main residence OU home; **~ secondaire** second home; **~ universitaire** hall of residence. **2.** *(immeuble)* block of luxury flats *Br*, luxury apartment block *Am*. ◆ **résidence surveillée** *nf*: **en ~ surveillée** under house arrest.

résident, -e [rezidɑ̃, ɑ̃t] *nm, f* **1.** *(de pays)*: **les ~s français en Écosse** French nationals resident in Scotland. **2.** *(habitant d'une résidence)* resident.

résidentiel, -elle [rezidɑ̃sjɛl] *adj* residential.

résider [rezide] *vi* **1.** *(habiter)*: **~ à/dans/en** to reside in. **2.** *(consister)*: **~ dans** to lie in.

résidu [rezidy] *nm (reste)* residue; *(déchet)* waste.

résignation [reziɲasjɔ̃] *nf* resignation.

résigné, -e [reziɲe] *adj* resigned.

résigner [reziɲe] ◆ **se résigner** *vp*: **se ~ (à)** to resign o.s. (to).

résilier [rezilje] *vt* to cancel, to terminate.

résille [rezij] *nf* **1.** *(pour cheveux)* hairnet. **2. bas ~** fishnet stockings.

résine [rezin] *nf* resin.

résineux, -euse [rezinø, øz] *adj* resinous. ◆ **résineux** *nm* conifer.

résistance [rezistɑ̃s] *nf* **1.** *(gén,* ÉLECTR *&* PHYS) resistance; **manquer de ~** to lack stamina; **opposer une ~** to put up resistance. **2.** *(de radiateur, chaudière)* element. ◆ **Résistance** *nf*: **la Résistance** (HIST) the Resistance.

résistant, -e [rezistɑ̃, ɑ̃t] ◇ *adj (personne)* tough; *(tissu)* hard-wearing, tough; **être ~ au froid/aux infections** to be resistant to the cold/to infection. ◇ *nm, f (gén)* resistance fighter; *(de la Résistance)* member of the Resistance.

résister [reziste] *vi* to resist; **~ à** *(attaque, désir)* to resist; *(tempête, fatigue)* to withstand; *(personne)* to stand up to, to oppose.

résolu, -e [rezɔly] ◇ *pp* → **résoudre**. ◇ *adj* resolute; **être bien ~ à faire qqch** to be determined to do sthg.

résolument [rezɔlymɑ̃] *adv* resolutely.

résolution [rezɔlysjɔ̃] *nf* **1.** *(décision)* resolution; **prendre la ~ de faire qqch** to make a resolution to do sthg. **2.** *(détermination)* resolve, determination. **3.** *(solution)* solving.

résonance [rezɔnɑ̃s] *nf* **1.** (ÉLECTR & PHYS) resonance. **2.** *fig (écho)* echo.

résonner [rezɔne] *vi (retentir)* to resound; *(renvoyer le son)* to echo.

résorber [rezɔrbe] *vt* **1.** *(déficit)* to absorb. **2.** (MÉD) to resorb. ◆ **se résorber** *vp* **1.** *(déficit)* to be absorbed. **2.** (MÉD) to be resorbed.

résoudre [rezudr] *vt* to solve, to resolve. ◆ **se résoudre** *vp*: **se ~ à faire qqch** to make up one's mind to do sthg, to decide OU resolve to do sthg.

respect [rɛspɛ] *nm* respect.
respectable [rɛspɛktabl] *adj* respectable.
respecter [rɛspɛkte] *vt* to respect; **faire ~ la loi** to enforce the law.
respectif, -ive [rɛspɛktif, iv] *adj* respective.
respectivement [rɛspɛktivmɑ̃] *adv* respectively.
respectueux, -euse [rɛspɛktɥø, øz] *adj* respectful; **être ~ de** to have respect for.
respiration [rɛspirasjɔ̃] *nf* breathing *(U)*; **retenir sa ~** to hold one's breath.
respiratoire [rɛspiratwar] *adj* respiratory.
respirer [rɛspire] ◇ *vi* **1.** (ANAT) to breathe. **2.** *fig (se reposer)* to get one's breath; *(être soulagé)* to be able to breathe again. ◇ *vt* **1.** *(aspirer)* to breathe in. **2.** *fig (exprimer)* to exude.
resplendissant, -e [rɛsplɑ̃disɑ̃, ɑ̃t] *adj* radiant.
responsabiliser [rɛspɔ̃sabilize] *vt*: **~ qqn** to make sb aware of his/her responsibilities.
responsabilité [rɛspɔ̃sabilite] *nf* **1.** *(morale)* responsibility; **avoir la ~ de** to be responsible for, to have the responsibility of. **2.** (JUR) liability.
responsable [rɛspɔ̃sabl] ◇ *adj* **1.** *(gén)*: **~ (de)** responsible (for); *(légalement)* liable (for); *(chargé de)* in charge (of), responsible (for). **2.** *(sérieux)* responsible. ◇ *nmf* **1.** *(coupable)* person responsible. **2.** *(dirigeant)* official. **3.** *(personne compétente)* person in charge.
resquiller [rɛskije] *vi* **1.** *(au théâtre etc)* to sneak in without paying. **2.** *(dans autobus etc)* to dodge paying the fare.
resquilleur, -euse [rɛskijœr, øz] *nm, f* **1.** *(au théâtre etc)* person who sneaks in without paying. **2.** *(dans autobus etc)* fare-dodger.
ressac [rəsak] *nm* undertow.
ressaisir [rəsezir] ◆ **se ressaisir** *vp* to pull o.s. together.
ressasser [rəsase] *vt* **1.** *(répéter)* to keep churning out. **2.** *fig (mécontentement)* to dwell on.
ressemblance [rəsɑ̃blɑ̃s] *nf (gén)* resemblance, likeness; *(trait)* resemblance.
ressemblant, -e [rəsɑ̃blɑ̃, ɑ̃t] *adj* lifelike.
ressembler [rəsɑ̃ble] *vi*: **~ à** *(physiquement)* to resemble, to look like; *(moralement)* to be like, to resemble; **cela ne lui ressemble pas** that's not like him. ◆ **se ressembler** *vp* to look alike, to resemble each other.
ressemeler [rəsəmle] *vt* to resole.
ressentiment [rəsɑ̃timɑ̃] *nm* resentment.
ressentir [rəsɑ̃tir] *vt* to feel.
resserrer [rəsere] *vt* **1.** *(ceinture, boulon)* to tighten. **2.** *fig (lien)* to strengthen. ◆ **se resserrer** *vp* **1.** *(route)* to (become) narrow. **2.** *(nœud, étreinte)* to tighten. **3.** *fig (relations)* to grow stronger, to strengthen.
resservir [rəsɛrvir] ◇ *vt* **1.** *(plat)* to serve again; *(histoire)* to trot out. **2.** *(personne)* to give another helping to. ◇ *vi* to be used again. ◆ **se resservir** *vp*: **se ~ de qqch** *(objet)* to use sthg again; *(plat)* to take another helping of sthg.
ressort [rəsɔr] *nm* **1.** *(mécanisme)* spring. **2.** *fig (énergie)* spirit. **3.** *fig (compétence)*: **être du ~ de qqn** to be sb's area of responsibility, to come under sb's jurisdiction. ◆ **en dernier ressort** *loc adv* in the last resort, as a last resort.
ressortir [rəsɔrtir] ◇ *vi* (*aux: être*) **1.** *(personne)* to go out again. **2.** *fig (couleur)*: **~ (sur)** to stand out (against); **faire ~** to highlight. **3.** *fig (résulter de)*: **~ de** to emerge from. ◇ *vt* (*aux: avoir*) to take OU get OU bring out again.
ressortissant, -e [rəsɔrtisɑ̃, ɑ̃t] *nm, f* national.
ressource [rəsurs] *nf* resort; **votre seule ~ est de ...** the only course open to you is to ... ◆ **ressources** *nfpl* **1.** *(financières)* means. **2.** *(énergétiques, de langue)* resources; **~s naturelles** natural resources. **3.** *(de personne)* resourcefulness *(U)*.
ressurgir [rəsyrʒir] *vi* to reappear.
ressusciter [resysite] *vi* to rise (from the dead); *fig* to revive.
restant, -e [rɛstɑ̃, ɑ̃t] *adj* remaining, left. ◆ **restant** *nm* rest, remainder.
restaurant [rɛstɔrɑ̃] *nm* restaurant; **manger au ~** to eat out; **~ d'entreprise** staff canteen.
restaurateur, -trice [rɛstɔratœr, tris] *nm, f* **1.** (CULIN) restaurant owner. **2.** (ART) restorer.
restauration [rɛstɔrasjɔ̃] *nf* **1.** (CULIN) restaurant business; **~ rapide** fast food. **2.** (ART & POLIT) restoration.
restaurer [rɛstɔre] *vt* to restore. ◆ **se restaurer** *vp* to have something to eat.

reste [rɛst] *nm* 1. *(de lait, temps)*: **le ~ (de)** the rest (of). 2. (MATHS) remainder. ◆ **restes** *nmpl* 1. *(de repas)* leftovers. 2. *(de mort)* remains. ◆ **au reste, du reste** *loc adv* besides.

rester [rɛste] ◇ *vi* 1. *(dans lieu, état)* to stay, to remain; **restez calme!** stay OU keep calm! 2. *(subsister)* to remain, to be left; **le seul bien qui me reste** the only thing I have left. 3. *(s'arrêter)*: **en ~ à qqch** to stop at sthg; **en ~ là** to finish there. 4. *loc*: **y ~** *fam (mourir)* to pop one's clogs. ◇ *v impers*: **il en reste un peu** there's still a little left; **il te reste de l'argent?** do you still have some money left?; **il reste beaucoup à faire** there is still a lot to be done.

> Comparez *you should rest for one or two days* et *you should stay for one or two days*: la différence entre ces deux phrases est la même que celle qui existe entre «vous devriez vous reposer pendant un jour ou deux» et «vous devriez rester un jour ou deux». Attention donc à ne jamais traduire «rester» par *to rest*.

restituer [rɛstitɥe] *vt* 1. *(argent, objet volé)* to return, to restore. 2. *(énergie)* to release. 3. *(son)* to reproduce.

resto [rɛsto] *nm fam* restaurant; **les ~s du cœur** *charity food distribution centres*; **~-U** (UNIV) refectory.

Restoroute® [rɛstorut] *nm* motorway cafe *Br*, highway restaurant *Am*.

restreindre [rɛstrɛ̃dr] *vt* to restrict. ◆ **se restreindre** *vp* 1. *(domaine, champ)* to narrow. 2. *(personne)* to cut back; **se ~ dans qqch** to restrict sthg.

restrictif, -ive [rɛstriktif, iv] *adj* restrictive.

restriction [rɛstriksjɔ̃] *nf* 1. *(condition)* condition; **sans ~** unconditionally. 2. *(limitation)* restriction. ◆ **restrictions** *nfpl (alimentaires)* rationing *(U)*.

restructurer [rəstryktyre] *vt* to restructure.

résultat [rezylta] *nm* result; *(d'action)* outcome.

résulter [rezylte] ◇ *vi*: **~ de** to be the result of, to result from. ◇ *v impers*: **il en résulte que ...** as a result, ...

résumé [rezyme] *nm* summary, résumé; **en ~** *(pour conclure)* to sum up; *(en bref)* in brief, summarized.

résumer [rezyme] *vt* to summarize. ◆ **se résumer** *vp (se réduire)*: **se ~ à qqch/à faire qqch** to come down to sthg/to doing sthg.

> Le verbe «résumer» ressemble beaucoup au verbe anglais *to resume*. Il a pourtant un sens tout à fait différent: par exemple, *let's resume where we left off* se traduit par «reprenons là où nous nous sommes arrêtés». Pour traduire «résumer» on utilisera le verbe *to summarize*: «veuillez résumer ce texte en dix lignes», *please summarize this text in ten lines*.

résurgence [rezyrʒɑ̃s] *nf* resurgence.

résurrection [rezyrɛksjɔ̃] *nf* resurrection.

rétablir [retablir] *vt* 1. *(gén)* to restore; *(malade)* to restore (to health). 2. *(communications, contact)* to re-establish. ◆ **se rétablir** *vp* 1. *(silence)* to return, to be restored. 2. *(malade)* to recover. 3. (GYM) to pull o.s. up.

rétablissement [retablismɑ̃] *nm* 1. *(d'ordre)* restoration. 2. *(de communications)* re-establishment. 3. *(de malade)* recovery. 4. (GYM) pull-up.

retard [rətar] *nm* 1. *(délai)* delay; **être en ~** *(sur heure)* to be late; *(sur échéance)* to be behind; **avoir du ~** to be late OU delayed. 2. *(de pays, peuple, personne)* backwardness.

retardataire [rətardatɛr] *nmf (en retard)* latecomer.

retardement [rətardəmɑ̃] *nm*: **à ~** belatedly; *voir aussi* **bombe**.

retarder [rətarde] ◇ *vt* 1. *(personne, train)* to delay; *(sur échéance)* to put back. 2. *(ajourner - rendez-vous)* to put back OU off; *(- départ)* to put back OU off, to delay. 3. *(montre)* to put back. ◇ *vi* 1. *(horloge)* to be slow. 2. *fam (ne pas être au courant)* to be behind the times. 3. *(être en décalage)*: **~ sur** to be out of step OU tune with.

retenir [rətnir] *vt* 1. *(objet, personne, cri)* to hold back; *(souffle)* to hold; **~ qqn de faire qqch** to stop OU restrain sb from doing sthg. 2. *(retarder)* to keep, to detain. 3. *(montant, impôt)* to keep back, to withhold. 4. *(chambre)* to reserve. 5. *(leçon)* to remember. 6. *(projet)* to accept, to adopt. 7. *(eau, chaleur)* to retain. 8. (MATHS) to carry. 9. *(intérêt)* to hold. ◆ **se retenir** *vp* 1. *(s'accrocher)*: **se ~ à** to hold on to. 2. *(se contenir)* to hold on; **se ~ de faire qqch** to refrain from doing sthg.

rétention [retɑ̃sjɔ̃] *nf* (MÉD) retention.

retentir [rətɑ̃tir] *vi* 1. *(son)* to ring (out). 2. *(pièce, rue)*: **~ de** to resound with. 3. *fig (fatigue, blessure)*: **~ sur** to have an effect on.

retentissant, -e [rətɑ̃tisɑ̃, ɑ̃t] *adj* resounding.
retentissement [rətɑ̃tismɑ̃] *nm (de mesure)* repercussions (*pl*).
retenu, -e [rətny] *pp* → **retenir**.
retenue [rətny] *nf* 1. *(prélèvement)* deduction. 2. (MATHS) amount carried. 3. (SCOL) detention. 4. *(réserve)* restraint; **sans ~** without restraint.
réticence [retisɑ̃s] *nf (hésitation)* hesitation, reluctance; **avec ~** hesitantly.
réticent, -e [retisɑ̃, ɑ̃t] *adj* hesitant, reluctant.
rétine [retin] *nf* retina.
retiré, -e [rətire] *adj (lieu)* remote, isolated; *(vie)* quiet.
retirer [rətire] *vt* 1. *(vêtement, emballage)* to take off, to remove; *(permis, jouet)* to take away; **~ qqch à qqn** to take sthg away from sb. 2. *(plainte)* to withdraw, to take back. 3. *(avantages, bénéfices)*: **~ qqch de qqch** to get OU derive sthg from sthg. 4. *(bagages, billet)* to collect; *(argent)* to withdraw. ◆ **se retirer** *vp* 1. *(s'isoler)* to withdraw, to retreat. 2. *(des affaires)*: **se ~ (de)** to retire (from). 3. *(refluer)* to recede.
retombées [rətɔ̃be] *nfpl* repercussions, fallout (*sg*).
retomber [rətɔ̃be] *vi* 1. *(gymnaste, chat)* to land. 2. *(redevenir)*: **~ malade** to relapse. 3. *fig (colère)* to die away. 4. *(cheveux)* to hang down. 5. *fig (responsabilité)*: **~ sur** to fall on.
rétorquer [retɔrke] *vt* to retort; **~ à qqn que ...** to retort to sb that ...
retors, -e [rətɔr, ɔrs] *adj* wily.
rétorsion [retɔrsjɔ̃] *nf* retaliation; **mesures de ~** reprisals.
retouche [rətuʃ] *nf* 1. *(de texte, vêtement)* alteration. 2. (PHOT) touching up.
retoucher [rətuʃe] *vt* 1. *(texte, vêtement)* to alter. 2. (PHOT) to touch up.
retour [rətur] *nm* 1. *(gén)* return; **à mon/ton ~** when I/you get back, on my/your return; **être de ~ (de)** to be back (from); **~ en arrière** flashback; **en ~** in return. 2. *(trajet)* journey back, return journey.
retourner [rəturne] ◇ *vt (aux: avoir)* 1. *(carte, matelas)* to turn over; *(terre)* to turn (over). 2. *(compliment, objet prêté)*: **~ qqch (à qqn)** to return sthg (to sb). 3. *(lettre, colis)* to send back, to return. 4. *fam fig (personne)* to shake up. ◇ *vi (aux: être)* to come/go back; **~ en arrière** OU **sur ses pas** to retrace one's steps. ◆ **se retourner** *vp* 1. *(basculer)* to turn over. 2. *(pivoter)* to turn round. 3. *fam (s'adapter)* to sort o.s. out. 4. *(rentrer)*: **s'en ~** to go back (home). 5. *(s'opposer)*: **se ~ contre** to turn against.
retracer [rətrase] *vt* 1. *(ligne)* to redraw. 2. *(événement)* to relate.
rétracter [retrakte] *vt* to retract. ◆ **se rétracter** *vp* 1. *(se contracter)* to retract. 2. *(se dédire)* to back down.
retrait [rətrɛ] *nm* 1. *(gén)* withdrawal; **~ du permis** disqualification from driving. 2. *(de bagages)* collection. 3. *(des eaux)* ebbing. ◆ **en retrait** *loc adj & loc adv* 1. *(maison)* set back from the road; **rester en ~** *fig* to hang back. 2. *(texte)* indented.
retraite [rətrɛt] *nf* 1. *(gén)* retreat. 2. *(cessation d'activité)* retirement; **être à la ~** to be retired. 3. *(revenu)* (retirement) pension.
retraité, -e [rətrɛte] ◇ *adj* 1. *(personne)* retired. 2. (TECHNOL) reprocessed. ◇ *nm, f* retired person, pensioner.
retrancher [rətrɑ̃ʃe] *vt* 1. *(passage)*: **~ qqch (de)** to cut sthg out (from), to remove sthg (from). 2. *(montant)*: **~ qqch (de)** to take sthg away (from), to deduct sthg (from). ◆ **se retrancher** *vp* to entrench o.s.; **se ~ derrière/dans** *fig* to take refuge behind/in.
retransmettre [rətrɑ̃smɛtr] *vt* to broadcast.
retransmission [rətrɑ̃smisjɔ̃] *nf* broadcast.
retravailler [rətravaje] ◇ *vt*: **~ qqch** to work on sthg again. ◇ *vi* to start work again.
rétrécir [retresir] *vi (tissu)* to shrink.
rétrécissement [retresismɑ̃] *nm* 1. *(de vêtement)* shrinkage. 2. (MÉD) stricture.
rétribution [retribysjɔ̃] *nf* remuneration.
rétro [retro] ◇ *nm* 1. *(style)* old style OU fashion. 2. *fam (rétroviseur)* rear-view mirror. ◇ *adj inv* old-style.
rétroactif, -ive [retrɔaktif, iv] *adj* retrospective.
rétrograde [retrɔgrad] *adj péj* reactionary.
rétrograder [retrɔgrade] ◇ *vt* to demote. ◇ *vi* (AUTOM) to change down.
rétroprojecteur [retrɔprɔʒɛktœr] *nm* overhead projector.
rétrospectif, -ive [retrɔspɛktif, iv] *adj* retrospective. ◆ **rétrospective** *nf* retrospective.
rétrospectivement [retrɔspɛktivmɑ̃] *adv* retrospectively.
retrousser [rətruse] *vt* 1. *(manches,*

pantalon) to roll up. **2.** *(lèvres)* to curl.
retrouvailles [rətruvaj] *nfpl* reunion (*sg*).
retrouver [rətruve] *vt* **1.** *(gén)* to find; *(appétit)* to recover, to regain. **2.** *(reconnaître)* to recognize. **3.** *(ami)* to meet, to see. ◆ **se retrouver** *vp* **1.** *(entre amis)* to meet (up) again; **on se retrouve au café?** shall we meet up OU see each other at the cafe? **2.** *(être de nouveau)* to find o.s. again. **3.** *(s'orienter)* to find one's way; **ne pas s'y ~** *(dans papiers)* to be completely lost. **4.** *(erreur, style)* to be found, to crop up. **5.** *(financièrement)*: **s'y ~** *fam* to break even.
rétroviseur [retrɔvizœr] *nm* rear-view mirror.
réunification [reynifikasjɔ̃] *nf* reunification.
réunifier [reynifje] *vt* to reunify.
réunion [reynjɔ̃] *nf* **1.** *(séance)* meeting. **2.** *(jonction)* union, merging. **3.** *(d'amis, de famille)* reunion.
réunir [reynir] *vt* **1.** *(fonds)* to collect. **2.** *(extrémités)* to put together, to bring together. **3.** *(qualités)* to combine. **4.** *(personnes)* to bring together; *(après séparation)* to reunite. ◆ **se réunir** *vp* **1.** *(personnes)* to meet. **2.** *(entreprises)* to combine; *(états)* to unite. **3.** *(fleuves, rues)* to converge.
réussi, -e [reysi] *adj* successful; **c'est ~!** *fig & iron* congratulations!, well done!
réussir [reysir] ◇ *vi* **1.** *(personne, affaire)* to succeed, to be a success; **~ à faire qqch** to succeed in doing sthg. **2.** *(climat)*: **~ à** to agree with. ◇ *vt* **1.** *(portrait, plat)* to make a success of. **2.** *(examen)* to pass.
réussite [reysit] *nf* **1.** *(succès)* success. **2.** *(jeu de cartes)* patience *Br*, solitaire *Am*.
réutiliser [reytilize] *vt* to reuse.
revaloriser [rəvalɔrize] *vt* *(monnaie)* to revalue; *(salaires)* to raise; *fig (idée, doctrine)* to rehabilitate.
revanche [rəvɑ̃ʃ] *nf* **1.** *(vengeance)* revenge; **prendre sa ~** to take one's revenge. **2.** (SPORT) return (match). ◆ **en revanche** *loc adv (par contre)* on the other hand.
rêvasser [rɛvase] *vi* to daydream.
rêve [rɛv] *nm* dream.
rêvé, -e [rɛve] *adj* ideal.
revêche [rəvɛʃ] *adj* surly.
réveil [revɛj] *nm* **1.** *(de personne)* waking (up); *fig* awakening. **2.** *(pendule)* alarm clock.
réveiller [reveje] *vt* **1.** *(personne)* to wake up. **2.** *(courage)* to revive. ◆ **se réveiller** *vp* **1.** *(personne)* to wake (up). **2.** *(ambitions)* to reawaken.
réveillon [revɛjɔ̃] *nm (de Noël)* Christmas Eve; *(de nouvel an)* New Year's Eve.
réveillonner [revɛjɔne] *vi* to have a Christmas Eve/New Year's Eve meal.
révélateur, -trice [revelatœr, tris] *adj* revealing. ◆ **révélateur** *nm* (PHOT) developer; *fig (ce qui révèle)* indication.
révélation [revelasjɔ̃] *nf* **1.** *(gén)* revelation. **2.** *(artiste)* discovery.
révéler [revele] *vt* **1.** *(gén)* to reveal. **2.** *(artiste)* to discover. ◆ **se révéler** *vp* **1.** *(apparaître)* to be revealed. **2.** *(s'avérer)* to prove to be.
revenant [rəvnɑ̃] *nm* **1.** *(fantôme)* spirit, ghost. **2.** *fam (personne)* stranger.
revendeur, -euse [rəvɑ̃dœr, øz] *nm, f* retailer.
revendication [rəvɑ̃dikasjɔ̃] *nf* claim, demand.
revendiquer [rəvɑ̃dike] *vt (dû, responsabilité)* to claim; *(avec force)* to demand.
revendre [rəvɑ̃dr] *vt* to resell.
revenir [rəvnir] *vi* **1.** *(gén)* to come back, to return; **~ de** to come back from, to return from; **~ à** to come back to, to return to; **~ sur** *(sujet)* to go over again; *(décision)* to go back on; **~ à soi** to come to. **2.** *(mot, sujet)* to crop up. **3.** *(à l'esprit)*: **~ à** to come back to. **4.** *(impliquer)*: **cela revient au même/à dire que ...** it amounts to the same thing/to saying (that) ... **5.** *(coûter)*: **~ à** to come to, to amount to; **~ cher** to be expensive. **6.** *(honneur, tâche)*: **~ à** to fall to; **c'est à lui qu'il revient de ...** it is up to him to ... **7.** (CULIN): **faire ~** to brown. **8.** *loc*: **sa tête ne me revient pas** I don't like the look of him/her; **il n'en revenait pas** he couldn't get over it.
revente [rəvɑ̃t] *nf* resale.
revenu, -e [rəvny] *pp* → **revenir**. ◆ **revenu** *nm (de pays)* revenue; *(de personne)* income.
rêver [rɛve] ◇ *vi* to dream; *(rêvasser)* to daydream; **~ de/à** to dream of/about. ◇ *vt* to dream; **~ que** to dream (that).
réverbération [revɛrberasjɔ̃] *nf* reverberation.
réverbère [revɛrbɛr] *nm* street lamp OU light.
révérence [reverɑ̃s] *nf* **1.** *(salut)* bow. **2.** *littéraire (déférence)* reverence.
révérend, -e [reverɑ̃, ɑ̃d] *adj* reverend. ◆ **révérend** *nm* reverend.

révérer [revere] *vt* to revere.
rêverie [rɛvri] *nf* reverie.
revers [rəvɛr] *nm* **1.** *(de main)* back; *(de pièce)* reverse. **2.** *(de veste)* lapel; *(de pantalon)* turn-up *Br*, cuff *Am*. **3.** (TENNIS) backhand. **4.** *(de fortune)* reversal.
reverser [rəvɛrse] *vt* **1.** *(liquide)* to pour out more of. **2.** (FIN): **~ qqch sur** to pay sthg into.
réversible [revɛrsibl] *adj* reversible.
revêtement [rəvɛtmɑ̃] *nm* surface.
revêtir [rəvɛtir] *vt* **1.** *(mur, surface)*: **~ (de)** to cover (with). **2.** *(aspect)* to take on, to assume. **3.** *(vêtement)* to put on; *(personne)* to dress.
rêveur, -euse [rɛvœr, øz] ◇ *adj* dreamy. ◇ *nm, f* dreamer.
revient [rəvjɛ̃] → **prix**.
revigorer [rəvigɔre] *vt* to invigorate.
revirement [rəvirmɑ̃] *nm* change.
réviser [revize] *vt* **1.** *(réexaminer, modifier)* to revise, to review. **2.** (SCOL) to revise. **3.** *(machine)* to check.
révision [revizjɔ̃] *nf* **1.** *(réexamen, modification)* revision, review. **2.** (SCOL) revision. **3.** *(de machine)* checkup.
revisser [rəvise] *vt* to screw back again.
revivre [rəvivr] ◇ *vi* *(personne)* to come back to life, to revive; *fig (espoir)* to be revived, to revive; **faire ~** to revive. ◇ *vt* to relive; **faire ~ qqch à qqn** to bring sthg back to sb.
revoici [rəvwasi] *prép*: **me ~!** it's me again!, I'm back!
revoir [rəvwar] *vt* **1.** *(renouer avec)* to see again. **2.** *(corriger, étudier)* to revise *Br*, to review *Am*. ◆ **se revoir** *vp (amis)* to see each other again; *(professionnellement)* to meet again. ◆ **au revoir** *interj & nm* goodbye.
révoltant, -e [revɔltɑ̃, ɑ̃t] *adj* revolting.
révolte [revɔlt] *nf* revolt.
révolter [revɔlte] *vt* to disgust. ◆ **se révolter** *vp*: **se ~ (contre)** to revolt (against).
révolu, -e [revɔly] *adj* past; **avoir 15 ans ~s** (ADMIN) to be over 15.
révolution [revɔlysjɔ̃] *nf* **1.** *(gén)* revolution. **2.** *fam (effervescence)* uproar.
révolutionnaire [revɔlysjɔnɛr] *nmf & adj* revolutionary.
révolutionner [revɔlysjɔne] *vt* **1.** *(transformer)* to revolutionize. **2.** *(mettre en émoi)* to stir up.
revolver [revɔlvɛr] *nm* revolver.
révoquer [revɔke] *vt* **1.** *(fonctionnaire)* to dismiss. **2.** *(loi)* to revoke.
revue [rəvy] *nf* **1.** *(gén)* review; **~ de presse** press review; **passer en ~** *fig* to review. **2.** *(défilé)* march-past. **3.** *(magazine)* magazine. **4.** *(spectacle)* revue.
rez-de-chaussée [redʃose] *nm inv* ground floor *Br*, first floor *Am*.
RFA (*abr de* **République fédérale d'Allemagne**) *nf* FRG.
rhabiller [rabije] *vt* to dress again. ◆ **se rhabiller** *vp* to get dressed again.
rhésus [rezys] *nm* rhesus (factor); **~ positif/négatif** rhesus positive/negative.
rhétorique [retɔrik] *nf* rhetoric.
Rhin [rɛ̃] *nm*: **le ~** the Rhine.
rhinocéros [rinɔserɔs] *nm* rhinoceros.
rhino-pharyngite [rinɔfarɛ̃ʒit] (*pl* **rhino-pharyngites**) *nf* throat infection.
rhododendron [rɔdɔdɛ̃drɔ̃] *nm* rhododendron.
Rhône [ron] *nm*: **le ~** the (River) Rhone.
rhubarbe [rybarb] *nf* rhubarb.
rhum [rɔm] *nm* rum.
rhumatisme [rymatism] *nm* rheumatism.
rhume [rym] *nm* cold; **attraper un ~** to catch a cold; **~ des foins** hay fever.
ri [ri] *pp inv* → **rire**.
riant, -e [rijɑ̃, ɑ̃t] *adj* smiling; *fig* cheerful.
RIB, Rib [rib] (*abr de* **relevé d'identité bancaire**) *nm bank account identification slip.*
ribambelle [ribɑ̃bɛl] *nf*: **~ de** string of.
ricaner [rikane] *vi* to snigger.
riche [riʃ] ◇ *adj* **1.** *(gén)* rich; *(personne, pays)* rich, wealthy; **~ en** OU **de** rich in. **2.** *(idée)* great. ◇ *nmf* rich person; **les ~s** the rich.
richesse [riʃɛs] *nf* **1.** *(de personne, pays)* wealth *(U)*. **2.** *(de faune, flore)* abundance. ◆ **richesses** *nfpl* wealth *(U)*.
ricochet [rikɔʃɛ] *nm litt & fig* rebound; *(de balle d'arme)* ricochet; **par ~** in an indirect way.
rictus [riktys] *nm* rictus.
ride [rid] *nf* wrinkle; *(de surface d'eau)* ripple.
rideau, -x [rido] *nm* curtain; **~ de fer** *(frontière)* Iron Curtain.
rider [ride] *vt* **1.** *(peau)* to wrinkle. **2.** *(surface)* to ruffle. ◆ **se rider** *vp* to become wrinkled.
ridicule [ridikyl] ◇ *adj* ridiculous. ◇ *nm*: **se couvrir de ~** to make o.s. look ridiculous; **tourner qqn/qqch en ~** to ridicule sb/sthg.

ridiculiser [ridikylize] *vt* to ridicule. ◆ **se ridiculiser** *vp* to make o.s. look ridiculous.

rien [rjɛ̃] ◇ *pron indéf* **1.** *(en contexte négatif)*: **ne ... rien** nothing, not ... anything; **je n'ai ~ fait** I've done nothing, I haven't done anything; **~ ne m'intéresse** nothing interests me; **il n'y a plus ~ dans le réfrigérateur** there's nothing left in the fridge. **2.** *(aucune chose)* nothing; **que fais-tu? – ~** what are you doing? – nothing; **~ de nouveau** nothing new; **~ d'autre** nothing else; **~ du tout** nothing at all; **~ à faire** it's no good; **de ~!** don't mention it!, not at all!; **pour ~** for nothing. **3.** *(quelque chose)* anything; **sans ~ dire** without saying anything. ◇ *nm*: **pour un ~** for nothing, at the slightest thing; **perdre son temps à des ~s** to waste one's time with trivia; **en un ~ de temps** in no time at all. ◆ **rien que** *loc adv* only, just; **la vérité, ~ que la vérité** the truth and nothing but the truth; **~ que l'idée des vacances la comblait** just thinking about the holiday filled her with joy.

rieur, rieuse [rijœr, rijøz] *adj* cheerful.

rigide [riʒid] *adj* rigid; *(muscle)* tense.

rigidité [riʒidite] *nf* rigidity; *(de muscle)* tenseness; *(de principes)* strictness.

rigole [rigɔl] *nf* channel.

rigoler [rigɔle] *vi fam* **1.** *(rire)* to laugh. **2.** *(plaisanter)*: **~ (de)** to joke (about).

rigolo, -ote [rigɔlo, ɔt] *fam* ◇ *adj* funny. ◇ *nm, f péj* phoney.

rigoureux, -euse [rigurø, øz] *adj* **1.** *(discipline, hiver)* harsh. **2.** *(analyse)* rigorous.

rigueur [rigœr] *nf* **1.** *(de punition)* severity, harshness. **2.** *(de climat)* harshness. **3.** *(d'analyse)* rigour, exactness. ◆ **à la rigueur** *loc adv* if necessary, if need be.

rime [rim] *nf* rhyme.

rimer [rime] *vi*: **~ (avec)** to rhyme (with).

rinçage [rɛ̃saʒ] *nm* rinsing.

rincer [rɛ̃se] *vt (bouteille)* to rinse out; *(cheveux, linge)* to rinse.

ring [riŋ] *nm* **1.** (BOXE) ring. **2.** *Belg (route)* bypass.

riposte [ripɔst] *nf* **1.** *(réponse)* retort, riposte. **2.** (MIL) counterattack.

riposter [ripɔste] ◇ *vt*: **~ que** to retort OU riposte that. ◇ *vi* **1.** *(répondre)* to riposte. **2.** (MIL) to counter, to retaliate.

rire [rir] ◇ *nm* laugh; **éclater de ~** to burst out laughing. ◇ *vi* **1.** *(gén)* to laugh. **2.** *(plaisanter)*: **pour ~** *fam* as a joke, for a laugh.

risée [rize] *nf* ridicule; **être la ~ de** to be the laughing stock of.

risible [rizibl] *adj (ridicule)* ridiculous.

risque [risk] *nm* risk; **prendre des ~s** to take risks; **à tes/vos ~s et périls** at your own risk.

risqué, -e [riske] *adj* **1.** *(entreprise)* risky, dangerous. **2.** *(plaisanterie)* risqué, daring.

risquer [riske] *vt* **1.** *(vie, prison)* to risk; **~ de faire qqch** to be likely to do sthg; **je risque de perdre tout ce que j'ai** I'm running the risk of losing everything I have; **cela ne risque rien** it will be all right. **2.** *(tenter)* to venture. ◆ **se risquer** *vp* to venture; **se ~ à faire qqch** to dare to do sthg.

rissoler [risɔle] *vi* to brown.

rite [rit] *nm* **1.** (RELIG) rite. **2.** *(cérémonial & fig)* ritual.

rituel, -elle [ritɥel] *adj* ritual. ◆ **rituel** *nm* ritual.

rivage [rivaʒ] *nm* shore.

rival, -e, -aux [rival, o] ◇ *adj* rival *(avant n)*. ◇ *nm, f* rival.

rivaliser [rivalize] *vi*: **~ avec** to compete with.

rivalité [rivalite] *nf* rivalry.

rive [riv] *nf (de rivière)* bank.

river [rive] *vt* **1.** *(fixer)*: **~ qqch à qqch** to rivet sthg to sthg. **2.** *(clou)* to clinch; **être rivé à** *fig* to be riveted OU glued to.

riverain, -e [rivrɛ̃, ɛn] *nm, f* resident.

rivet [rivɛ] *nm* rivet.

rivière [rivjɛr] *nf* river.

rixe [riks] *nf* fight, brawl.

riz [ri] *nm* rice.

rizière [rizjɛr] *nf* paddy (field).

RMI *(abr de* **revenu minimum d'insertion**) *nm minimum guaranteed income (for people with no other source of income)*.

RMiste, RMIste [ɛrɛmist] *nmf person receiving the 'RMI'*.

RNIS *(abr de* **réseau numérique à intégration de services**) *nm* ISDN.

robe [rɔb] *nf* **1.** *(de femme)* dress; **~ de mariée** wedding dress. **2.** *(peignoir)*: **~ de chambre** dressing gown. **3.** *(de cheval)* coat. **4.** *(de vin)* colour.

robinet [rɔbinɛ] *nm* tap.

robinetterie [rɔbinɛtri] *nf* taps *(pl)*.

robot [rɔbo] *nm* **1.** *(gén)* robot. **2.** *(ménager)* food processor.

robotique [rɔbɔtik] *nf* robotics *(U)*.

robotisation [rɔbɔtizasjɔ̃] *nf* automation.

robuste [rɔbyst] *adj* **1.** *(personne, santé)* robust. **2.** *(plante)* hardy. **3.** *(voiture)* sturdy.
roc [rɔk] *nm* rock.
rocade [rɔkad] *nf* bypass.
rocaille [rɔkaj] *nf* **1.** *(cailloux)* loose stones (*pl*). **2.** *(dans jardin)* rock garden, rockery.
rocailleux, -euse [rɔkajø, øz] *adj* **1.** *(terrain)* rocky. **2.** *fig (voix)* harsh.
rocambolesque [rɔkɑ̃bɔlɛsk] *adj* fantastic.
roche [rɔʃ] *nf* rock.
rocher [rɔʃe] *nm* rock.
rocheux, -euse [rɔʃø, øz] *adj* rocky. ◆ **Rocheuses** *nfpl*: **les Rocheuses** the Rockies.
rock [rɔk] *nm* rock ('n' roll).
rodage [rɔdaʒ] *nm* **1.** *(de véhicule)* running-in; **'en ~'** 'running in'. **2.** *(de méthode)* running-in OU debugging period.
rodéo [rɔdeo] *nm* rodeo; *fig & iron* free-for-all.
roder [rɔde] *vt* **1.** *(véhicule)* to run in. **2.** *fam (méthode)* to run in, to debug; *(personne)* to break in.
rôdeur, -euse [rodœr, øz] *nm, f* prowler.
rogne [rɔɲ] *nf fam* bad temper; **être/se mettre en ~** to be in/to get into a bad mood, to be in/to get into a temper.
rogner [rɔɲe] ◇ *vt (revenus)* to eat into. ◇ *vi*: **~ sur qqch** to cut down on sthg.
roi [rwa] *nm* king; **tirer les ~s** to celebrate Epiphany.
rôle [rol] *nm* role, part.
romain, -e [rɔmɛ̃, ɛn] *adj* Roman. ◆ **Romain, -e** *nm, f* Roman.
roman, -e [rɔmɑ̃, an] *adj* **1.** *(langue)* Romance. **2.** (ARCHIT) Romanesque. ◆ **roman** *nm* **1.** *(livre)* novel. **2.** *(exagération)* story; *(aventure)* saga.
romance [rɔmɑ̃s] *nf (chanson)* love song.
romancier, -ère [rɔmɑ̃sje, ɛr] *nm, f* novelist.
romanesque [rɔmanɛsk] *adj* **1.** (LITTÉRATURE) novelistic. **2.** *(aventure)* fabulous, storybook (*avant n*).
roman-feuilleton [rɔmɑ̃fœjtɔ̃] *nm* serial; *fig* soap opera.
roman-photo [rɔmɑ̃fɔto] *nm* story told in photographs.
romantique [rɔmɑ̃tik] *nmf & adj* romantic.
romantisme [rɔmɑ̃tism] *nm* **1.** (ART) Romantic movement. **2.** *(sensibilité)* romanticism.
romarin [rɔmarɛ̃] *nm* rosemary.
rompre [rɔ̃pr] ◇ *vt* **1.** *sout (objet)* to break. **2.** *(charme, marché)* to break; *(relations)* to break off. ◇ *vi* to break; **~ avec qqn** *fig* to break up with sb. ◆ **se rompre** *vp* to break; **se ~ le cou/les reins** to break one's neck/back.
ronce [rɔ̃s] *nf (arbuste)* bramble.
ronchonner [rɔ̃ʃɔne] *vi fam*: **~ (après)** to grumble (at).
rond, -e [rɔ̃, rɔ̃d] *adj* **1.** *(forme, chiffre)* round. **2.** *(joue, ventre)* chubby, plump. **3.** *fam (ivre)* tight. ◆ **rond** *nm* **1.** *(cercle)* circle; **en ~** in a circle OU ring; **tourner en ~** *fig* to go round in circles. **2.** *(anneau)* ring. **3.** *fam (argent)*: **je n'ai pas un ~** I haven't got a penny OU bean.
ronde [rɔ̃d] *nf* **1.** *(de surveillance)* rounds (*pl*); *(de policier)* beat. **2.** *(danse)* round. **3.** (MUS) semibreve *Br*, whole note *Am*. ◆ **à la ronde** *loc adv*: **à des kilomètres à la ~** for miles around.
rondelle [rɔ̃dɛl] *nf* **1.** *(de saucisson)* slice. **2.** *(de métal)* washer.
rondement [rɔ̃dmɑ̃] *adv (efficacement)* efficiently, briskly.
rondeur [rɔ̃dœr] *nf* **1.** *(forme)* roundness. **2.** *(partie charnue)* curve.
rond-point [rɔ̃pwɛ̃] *nm* roundabout *Br*, traffic circle *Am*.
ronflant, -e [rɔ̃flɑ̃, ɑ̃t] *adj péj* grandiose.
ronflement [rɔ̃fləmɑ̃] *nm* **1.** *(de dormeur)* snore. **2.** *(bruit)* hum, purr.
ronfler [rɔ̃fle] *vi* **1.** *(dormeur)* to snore. **2.** *(poêle, moteur)* to hum, to purr.
ronger [rɔ̃ʒe] *vt (bois, os)* to gnaw; *(métal, falaise)* to eat away at; *fig* to gnaw at, to eat away at. ◆ **se ronger** *vp* **1.** *(grignoter)*: **se ~ les ongles** to bite one's nails. **2.** *fig (se tourmenter)* to worry, to torture o.s.
rongeur, -euse [rɔ̃ʒœr, øz] *adj* gnawing, rodent (*avant n*). ◆ **rongeur** *nm* rodent.
ronronner [rɔ̃rɔne] *vi (chat)* to purr; *(moteur)* to purr, to hum.
rosace [rozas] *nf* **1.** *(ornement)* rose. **2.** *(vitrail)* rose window. **3.** *(figure géométrique)* rosette.
rosbif [rɔsbif] *nm (viande)* roast beef.
rose [roz] ◇ *nf* rose. ◇ *nm* pink. ◇ *adj* pink.
rosé, -e [roze] *adj (teinte)* rosy. ◆ **rosé** *nm* rosé. ◆ **rosée** *nf* dew.
roseau, -x [rozo] *nm* reed.
rosier [rozje] *nm* rose bush.
rosir [rozir] *vt & vi* to turn pink.

rosser [rɔse] *vt* to thrash.
rossignol [rɔsiɲɔl] *nm* nightingale.
rot [ro] *nm* burp.
rotatif, -ive [rɔtatif, iv] *adj* rotary.
rotation [rɔtasjɔ̃] *nf* rotation.
roter [rɔte] *vi fam* to burp.
rôti, -e [roti] *adj* roast. ◆ **rôti** *nm* roast, joint.
rotin [rɔtɛ̃] *nm* rattan.
rôtir [rotir] ◇ *vt* to roast. ◇ *vi* (CULIN) to roast.
rôtisserie [rotisri] *nf* 1. *(restaurant)* ≃ steakhouse. 2. *(magasin) shop selling roast meat.*
rotonde [rɔtɔ̃d] *nf (bâtiment)* rotunda.
rotule [rɔtyl] *nf* kneecap.
rouage [rwaʒ] *nm* cog, gearwheel; **les ~s de l'État** *fig* the wheels of State.
rouble [rubl] *nm* rouble.
roucouler [rukule] ◇ *vt* to warble; *fig* to coo. ◇ *vi* to coo; *fig* to bill and coo.
roue [ru] *nf* 1. *(gén)* wheel; **~ de secours** spare wheel; **un deux ~s** a two-wheeled vehicle. 2. *(de paon)*: **faire la ~** to display. 3. (GYM) cartwheel.
rouer [rwe] *vt*: **~ qqn de coups** to thrash sb, to beat sb.
rouge [ruʒ] ◇ *nm* 1. *(couleur)* red. 2. *fam (vin)* red (wine). 3. *(fard)* rouge, blusher; **~ à lèvres** lipstick. 4. (AUTOM): **passer au ~** to turn red; *(conducteur)* to go through a red light. ◇ *nmf* (POLIT *& péj)* Red. ◇ *adj* 1. *(gén)* red. 2. *(fer, tison)* red-hot. 3. (POLIT *& péj)* Red.
rouge-gorge [ruʒgɔrʒ] *nm* robin.
rougeole [ruʒɔl] *nf* measles *(sg)*.
rougeoyer [ruʒwaje] *vi* to turn red.
rougeur [ruʒœr] *nf* 1. *(de visage, de chaleur, d'effort)* flush; *(de gêne)* blush. 2. *(sur peau)* red spot OU blotch.
rougir [ruʒir] ◇ *vt* 1. *(colorer)* to turn red. 2. *(chauffer)* to make red-hot. ◇ *vi* 1. *(devenir rouge)* to turn red. 2. **~ (de)** *(de plaisir, colère)* to flush (with); *(de gêne)* to blush (with). 3. *fig (avoir honte)*: **~ de qqch** to be ashamed of sthg.
rougissant, -e [ruʒisɑ̃, ɑ̃t] *adj (ciel)* reddening; *(jeune fille)* blushing.
rouille [ruj] ◇ *nf* 1. *(oxyde)* rust. 2. (CULIN) *spicy garlic sauce for fish soup.* ◇ *adj inv* rust.
rouiller [ruje] ◇ *vt* to rust, to make rusty. ◇ *vi* to rust.
roulade [rulad] *nf (galipette)* roll.
rouleau, -x [rulo] *nm* 1. *(gén)* roller; **~ compresseur** steamroller. 2. *(de papier)* roll. 3. *(à pâtisserie)* rolling pin.
roulement [rulmɑ̃] *nm* 1. *(gén)* rolling. 2. *(de personnel)* rotation; **travailler par ~** to work to a rota. 3. *(de tambour, tonnerre)* roll. 4. (TECHNOL) rolling bearing. 5. (FIN) circulation.
rouler [rule] ◇ *vt* 1. *(déplacer)* to wheel. 2. *(tapis)* to roll up; *(cigarette)* to roll. 3. *fam (balancer)* to sway. 4. (LING) to roll. 5. *fam (duper)* to swindle, to do. ◇ *vi* 1. *(ballon, bateau)* to roll. 2. *(véhicule)* to go, to run; *(suj: personne)* to drive. ◆ **se rouler** *vp* to roll about; **se ~ par terre** to roll on the ground; **se ~ en boule** to roll o.s. into a ball.
roulette [rulɛt] *nf* 1. *(petite roue)* castor. 2. *(de dentiste)* drill. 3. (JEU) roulette.
roulis [ruli] *nm* roll.
roulotte [rulɔt] *nf (de gitan)* caravan; *(de tourisme)* caravan *Br*, trailer *Am*.
roumain, -e [rumɛ̃, ɛn] *adj* Romanian. ◆ **roumain** *nm (langue)* Romanian. ◆ **Roumain, -e** *nm, f* Romanian.
Roumanie [rumani] *nf*: **la ~** Romania.
rouquin, -e [rukɛ̃, in] *fam* ◇ *adj* redheaded. ◇ *nm, f* redhead.
rouspéter [ruspete] *vi fam* to grumble, to moan.
rousse → **roux**.
rousseur [rusœr] *nf* redness. ◆ **taches de rousseur** *nfpl* freckles.
roussir [rusir] ◇ *vt* 1. *(rendre roux)* to turn brown; (CULIN) to brown. 2. *(brûler légèrement)* to singe. ◇ *vi* to turn brown; (CULIN) to brown.
route [rut] *nf* 1. *(gén)* road; **en ~** on the way; **en ~!** let's go!; **mettre en ~** *(démarrer)* to start up; *fig* to get under way. 2. *(itinéraire)* route.
routier, -ère [rutje, ɛr] *adj* road *(avant n)*. ◆ **routier** *nm* 1. *(chauffeur)* long-distance lorry driver *Br* OU trucker *Am*. 2. *(restaurant)* ≃ transport cafe *Br*, ≃ truck stop *Am*.
routine [rutin] *nf* routine.
routinier, -ère [rutinje, ɛr] *adj* routine.
rouvert, -e [ruvɛr, ɛrt] *pp* → **rouvrir**.
rouvrir [ruvrir] *vt* to reopen, to open again. ◆ **se rouvrir** *vp* to reopen, to open again.
roux, rousse [ru, rus] ◇ *adj* 1. *(cheveux)* red. 2. *(sucre)* brown. ◇ *nm, f* redhead. ◆ **roux** *nm* red, russet.
royal, -e, -aux [rwajal, o] *adj* 1. *(de roi)* royal. 2. *(magnifique)* princely.
royaliste [rwajalist] *nmf & adj* royalist.
royaume [rwajom] *nm* kingdom.
Royaume-Uni [rwajomyni] *nm*: **le ~** the United Kingdom.

royauté [rwajɔte] *nf* 1. *(fonction)* kingship. 2. *(régime)* monarchy.
RPR (*abr de* **Rassemblement pour la République**) *nm French political party to the right of the political spectrum.*
rte *abr de* **route**.
ruade [ryad] *nf* kick.
ruban [rybɑ̃] *nm* ribbon; ~ **adhésif** adhesive tape.
rubéole [rybeɔl] *nf* German measles (*sg*), rubella.
rubis [rybi] *nm (pierre précieuse)* ruby.
rubrique [rybrik] *nf* 1. *(chronique)* column. 2. *(dans classement)* heading.
ruche [ryʃ] *nf (abri)* hive, beehive; *fig* hive of activity.
rude [ryd] *adj* 1. *(surface)* rough. 2. *(voix)* harsh. 3. *(personne, manières)* rough, uncouth. 4. *(hiver, épreuve)* harsh, severe; *(tâche, adversaire)* tough.
rudement [rydmɑ̃] *adv* 1. *(brutalement - tomber)* hard; *(- répondre)* harshly. 2. *fam (très)* damn.
rudesse [rydɛs] *nf* harshness, severity.
rudimentaire [rydimɑ̃tɛr] *adj* rudimentary.
rudoyer [rydwaje] *vt* to treat harshly.
rue [ry] *nf* street.
ruée [rɥe] *nf* rush.
ruelle [rɥɛl] *nf (rue)* alley, lane.
ruer [rɥe] *vi* to kick. ◆ **se ruer** *vp*: **se ~ sur** to pounce on.
rugby [rygbi] *nm* rugby.
rugir [ryʒir] *vi* to roar; *(vent)* to howl.
rugissement [ryʒismɑ̃] *nm* roar, roaring *(U)*; *(de vent)* howling.
rugosité [rygozite] *nf* 1. *(de surface)* roughness. 2. *(aspérité)* rough patch.
rugueux, -euse [rygø, øz] *adj* rough.
ruine [rɥin] *nf* 1. *(gén)* ruin. 2. *(fin)* ruin, downfall. 3. *(humaine)* wreck.
ruiner [rɥine] *vt* to ruin. ◆ **se ruiner** *vp* to ruin o.s., to bankrupt o.s.
ruineux, -euse [rɥinø, øz] *adj* ruinous.
ruisseau, -x [rɥiso] *nm* 1. *(cours d'eau)* stream. 2. *fig & péj (caniveau)* gutter.
ruisseler [rɥisle] *vi*: ~ **(de)** to stream (with).
rumeur [rymœr] *nf* 1. *(bruit)* murmur. 2. *(nouvelle)* rumour.
ruminant [ryminɑ̃] *nm* ruminant.
ruminer [rymine] *vt* to ruminate; *fig* to mull over.
rupture [ryptyr] *nf* 1. *(cassure)* breaking. 2. *(changement)* abrupt change. 3. *(de relations)* breaking off; *(de contrat)* breach. 4. *(amoureuse)* breakup, split.
rural, -e, -aux [ryral, o] *adj* country (*avant n*), rural.
ruse [ryz] *nf* 1. *(habileté)* cunning, craftiness. 2. *(subterfuge)* ruse.
rusé, -e [ryze] *adj* cunning, crafty.
russe [rys] ◇ *adj* Russian. ◇ *nm (langue)* Russian. ◆ **Russe** *nmf* Russian.
Russie [rysi] *nf*: **la ~** Russia.
rustine [rystin] *nf small rubber patch for repairing bicycle tyres.*
rustique [rystik] *adj* rustic.
rustre [rystr] *péj* ◇ *nmf* lout. ◇ *adj* loutish.
rutilant, -e [rytilɑ̃, ɑ̃t] *adj* gleaming.
rythme [ritm] *nm* 1. (MUS) rhythm; **en ~** in rhythm. 2. *(de travail)* pace, rate.
rythmique [ritmik] *adj* rhythmical.

S

s, S [ɛs] *nm inv* 1. *(lettre)* s, S. 2. *(forme)* zigzag. ◆ **S** (*abr de* **Sud**) S.
s' → **se**.
s/ *abr de* **sur**.
sa → **son²**.
SA (*abr de* **société anonyme**) *nf* ≃ Ltd *Br*, ≃ Inc. *Am*.
sabbatique [sabatik] *adj* 1. (RELIG) Sabbath (*avant n*). 2. *(congé)* sabbatical.
sable [sabl] *nm* sand; **~s mouvants** quicksand (*sg*), quicksands.
sablé, -e [sable] *adj (route)* sandy. ◆ **sablé** *nm* ≃ shortbread *(U)*.
sabler [sable] *vt* 1. *(route)* to sand. 2. *(boire)*: ~ **le champagne** to crack a bottle of champagne.
sablier [sablije] *nm* hourglass.
sablonneux, -euse [sablɔnø, øz] *adj* sandy.
saborder [sabɔrde] *vt (navire)* to scuttle; *(société)* to wind up; *(plan)* to scupper.
sabot [sabo] *nm* 1. *(chaussure)* clog. 2. *(de cheval)* hoof. 3. (AUTOM): ~ **de Denver** wheel clamp, Denver boot.
sabotage [sabɔtaʒ] *nm* 1. *(volontaire)* sabotage. 2. *(bâclage)* bungling.
saboter [sabɔte] *vt* 1. *(volontairement)* to sabotage. 2. *(bâcler)* to bungle.
saboteur, -euse [sabɔtœr, øz] *nm, f* (MIL & POLIT) saboteur.

sabre [sabr] *nm* sabre.
sac [sak] *nm* 1. *(gén)* bag; *(pour grains)* sack; *(contenu)* bag, bagful, sack, sackful; ~ **de couchage** sleeping bag; ~ **à dos** rucksack; ~ **à main** handbag. 2. *fam (10 francs)* 10 francs. 3. *littéraire (pillage)* sack.
saccade [sakad] *nf* jerk.
saccadé, -e [sakade] *adj* jerky.
saccage [sakaʒ] *nm* havoc.
saccager [sakaʒe] *vt* 1. *(piller)* to sack. 2. *(dévaster)* to destroy.
sacerdoce [sasɛrdɔs] *nm* priesthood; *fig* vocation.
sachant *ppr* → **savoir**.
sache, saches *etc* → **savoir**.
sachet [saʃɛ] *nm (de bonbons)* bag; *(de shampooing)* sachet; ~ **de thé** teabag.
sacoche [sakɔʃ] *nf* 1. *(de médecin, d'écolier)* bag. 2. *(de cycliste)* pannier.
sac-poubelle [sakpubɛl] (*pl* **sacs-poubelle**) *nm (petit)* dustbin liner; *(grand)* rubbish bag *Br*, garbage bag *Am*.
sacre [sakr] *nm (de roi)* coronation; *(d'évêque)* consecration.
sacré, -e [sakre] *adj* 1. *(gén)* sacred. 2. (RELIG) holy. 3. *(avant n) fam (maudit)* bloody *(avant n) Br*, goddam *(avant n) Am*.
sacrement [sakrəmɑ̃] *nm* sacrament.
sacrément [sakremɑ̃] *adv fam vieilli* dashed.
sacrer [sakre] *vt* 1. *(roi)* to crown; *(évêque)* to consecrate. 2. *fig (déclarer)* to hail.
sacrifice [sakrifis] *nm* sacrifice.
sacrifié, -e [sakrifje] *adj* 1. *(personne)* sacrificed. 2. *(prix)* giveaway *(avant n)*.
sacrifier [sakrifje] *vt (gén)* to sacrifice; ~ **qqn/qqch à** to sacrifice sb/sthg to. ◆ **se sacrifier** *vp*: **se ~ à/pour** to sacrifice o.s. to/for.
sacrilège [sakrilɛʒ] ◇ *nm* sacrilege. ◇ *adj* sacrilegious.
sacristain [sakristɛ̃] *nm* sacristan.
sacristie [sakristi] *nf* sacristy.
sadique [sadik] ◇ *nmf* sadist. ◇ *adj* sadistic.
sadisme [sadism] *nm* sadism.
safari [safari] *nm* safari.
safran [safrɑ̃] *nm (épice)* saffron.
saga [saga] *nf* saga.
sage [saʒ] ◇ *adj* 1. *(personne, conseil)* wise, sensible. 2. *(enfant, chien)* good. 3. *(goûts)* modest; *(propos, vêtement)* sober. ◇ *nm* wise man, sage.
sage-femme [saʒfam] *nf* midwife.
sagement [saʒmɑ̃] *adv* 1. *(avec bon sens)* wisely, sensibly. 2. *(docilement)* like a good girl/boy.
sagesse [saʒɛs] *nf* 1. *(bon sens)* wisdom, good sense. 2. *(docilité)* good behaviour.
Sagittaire [saʒitɛr] *nm* (ASTROL) Sagittarius.
Sahara [saara] *nm*: **le ~** the Sahara.
saignant, -e [sɛɲɑ̃, ɑ̃t] *adj* 1. *(blessure)* bleeding. 2. *(viande)* rare, underdone.
saignement [sɛɲmɑ̃] *nm* bleeding.
saigner [seɲe] ◇ *vt* 1. *(malade, animal)* to bleed. 2. *(financièrement)*: ~ **qqn (à blanc)** to bleed sb (white). ◇ *vi* to bleed; **je saigne du nez** my nose is bleeding, I've got a nosebleed.
saillant, -e [sajɑ̃, ɑ̃t] *adj (proéminent)* projecting, protruding; *(muscles)* bulging; *(pommettes)* prominent.
saillie [saji] *nf (avancée)* projection; **en ~** projecting.
saillir [sajir] *vi (balcon)* to project, to protrude; *(muscles)* to bulge.
sain, -e [sɛ̃, sɛn] *adj* 1. *(gén)* healthy; ~ **et sauf** safe and sound. 2. *(lecture)* wholesome. 3. *(fruit)* fit to eat; *(mur, gestion)* sound.
saint, -e [sɛ̃, sɛ̃t] ◇ *adj* 1. *(sacré)* holy. 2. *(pieux)* saintly. 3. *(extrême)*: **avoir une ~e horreur de qqch** to detest sthg. ◇ *nm, f* saint.
saint-bernard [sɛ̃bɛrnar] *nm inv* 1. *(chien)* St Bernard. 2. *fig (personne)* good Samaritan.
saintement [sɛ̃tmɑ̃] *adv*: **vivre ~** to lead a saintly life.
sainte-nitouche [sɛ̃tnituʃ] *nf péj*: **c'est une ~** butter wouldn't melt in her mouth.
sainteté [sɛ̃tte] *nf* holiness.
saint-glinglin [sɛ̃glɛ̃glɛ̃] ◆ **à la saint-glinglin** *loc adv fam* till Doomsday.
Saint-Père [sɛ̃pɛr] *nm* Holy Father.
sais, sait *etc* → **savoir**.
saisie [sezi] *nf* 1. (FISC & JUR) distraint, seizure. 2. (INFORM) input; ~ **de données** data capture.
saisir [sezir] *vt* 1. *(objet)* to take hold of; *(avec force)* to seize. 2. (FIN & JUR) to seize, to distrain. 3. (INFORM) to capture. 4. *(comprendre)* to grasp. 5. *(suj: émotion)* to grip, to seize. 6. *(surprendre)*: **être saisi par** to be struck by. 7. (CULIN) to seal. ◆ **se saisir** *vp*: **se ~ de qqn/qqch** to seize sb/sthg, to grab sb/sthg.
saisissant, -e [sezisɑ̃, ɑ̃t] *adj* 1. *(spectacle)* gripping; *(ressemblance)* striking. 2. *(froid)* biting.

saison [sɛzɔ̃] *nf* season; **en/hors ~** in/out of season; **la haute/basse/morte ~** the high/low/off season.
saisonnier, -ère [sɛzɔnje, ɛr] ◇ *adj* seasonal. ◇ *nm, f* seasonal worker.
salace [salas] *adj* salacious.
salade [salad] *nf* **1.** *(plante)* lettuce. **2.** *(plat)* (green) salad.
saladier [saladje] *nm* salad bowl.
salaire [salɛr] *nm* **1.** *(rémunération)* salary, wage; **~ brut/net/de base** gross/net/basic salary, gross/net/basic wage. **2.** *fig (récompense)* reward.
salant [salɑ̃] → **marais.**
salarial, -e, -aux [salarjal, o] *adj* wage *(avant n)*.
salarié, -e [salarje] ◇ *adj* **1.** *(personne)* wage-earning. **2.** *(travail)* paid. ◇ *nm, f* salaried employee.
salaud [salo] *vulg* ◇ *nm* bastard. ◇ *adj m* shitty.
sale [sal] *adj* **1.** *(linge, mains)* dirty; *(couleur)* dirty, dingy. **2.** *(avant n) (type, gueule, coup)* nasty; *(tour, histoire)* dirty; *(bête, temps)* filthy.
salé, -e [sale] *adj* **1.** *(eau, saveur)* salty; *(beurre)* salted; *(viande, poisson)* salt *(avant n)*, salted. **2.** *fig (histoire)* spicy. **3.** *fam fig (addition, facture)* steep.
saler [sale] *vt* **1.** *(gén)* to salt. **2.** *fam fig (note)* to bump up.
saleté [salte] *nf* **1.** *(état)* dirtiness, filthiness. **2.** *(crasse)* dirt *(U)*, filth *(U)*; **faire des ~s** to make a mess. **3.** *fam (maladie)* bug. **4.** *(obscénité)* dirty thing, obscenity. **5.** *(action)* disgusting thing. **6.** *fam péj (personne)* nasty piece of work.
salière [saljɛr] *nf* saltcellar.
salir [salir] *vt* **1.** *(linge, mains)* to (make) dirty, to soil. **2.** *(réputation)* to sully.
salissant, -e [salisɑ̃, ɑ̃t] *adj* **1.** *(tissu)* easily soiled. **2.** *(travail)* dirty, messy.
salive [saliv] *nf* saliva.
saliver [salive] *vi* to salivate.
salle [sal] *nf* **1.** *(pièce)* room; **~ d'attente** waiting room; **~ de bains** bathroom; **~ de cinéma** cinema; **~ de classe** classroom; **~ d'embarquement** departure lounge; **~ à manger** dining room; **~ d'opération** operating theatre; **~ de séjour** living room; **~ de spectacle** theatre; **~ des ventes** saleroom. **2.** *(de spectacle)* auditorium. **3.** *(public)* audience, house; **faire ~ comble** to have a full house.
salon [salɔ̃] *nm* **1.** *(de maison)* lounge *Br*, living room. **2.** *(commerce)*: **~ de coiffure** hairdressing salon, hairdresser's; **~ de thé** tearoom. **3.** *(foire)* show.
salope [salɔp] *nf vulg* bitch.
saloperie [salɔpri] *nf fam* **1.** *(pacotille)* rubbish *(U)*. **2.** *(maladie)* bug. **3.** *(saleté)* junk *(U)*, rubbish *(U)*; **faire des ~s** to make a mess. **4.** *(action)* dirty trick; **faire des ~s à qqn** to play dirty tricks on sb. **5.** *(propos)* dirty comment.
salopette [salɔpɛt] *nf (d'ouvrier)* overalls *(pl)*; *(à bretelles)* dungarees *(pl)*.
saltimbanque [saltɛ̃bɑ̃k] *nmf* acrobat.
salubrité [salybrite] *nf* healthiness.
saluer [salɥe] *vt* **1.** *(accueillir)* to greet. **2.** *(en partant)* to take one's leave of. **3.** *(MIL & fig)* to salute. ◆ **se saluer** *vp* to say hello/goodbye (to one another).
salut [saly] ◇ *nm* **1.** *(de la main)* wave; *(de la tête)* nod; *(propos)* greeting. **2.** (MIL) salute. **3.** *(sauvegarde)* safety. **4.** (RELIG) salvation. ◇ *interj fam (bonjour)* hi!; *(au revoir)* bye!, see you!
salutaire [salytɛr] *adj* **1.** *(conseil, expérience)* salutary. **2.** *(repos)* beneficial.
salutation [salytasjɔ̃] *nf littéraire* salutation, greeting. ◆ **salutations** *nfpl*: **veuillez agréer, Monsieur, mes ~s distinguées** OU **mes sincères ~s** *sout* yours faithfully, yours sincerely.
salve [salv] *nf* salvo.
samedi [samdi] *nm* Saturday; **nous sommes partis ~** we left on Saturday; **~ 13 septembre** Saturday 13th September; **~ dernier/prochain** last/next Saturday; **le ~** on Saturdays.
SAMU, Samu [samy] *(abr de* **Service d'aide médicale d'urgence**) *nm French ambulance and emergency service,* ≃ Ambulance Brigade *Br,* ≃ Paramedics *Am.*
sanatorium [sanatɔrjɔm] *nm* sanatorium.
sanctifier [sɑ̃ktifje] *vt* **1.** *(rendre saint)* to sanctify. **2.** *(révérer)* to hallow.
sanction [sɑ̃ksjɔ̃] *nf* sanction; *fig (conséquence)* penalty, price; **prendre des ~s contre** to impose sanctions on.
sanctionner [sɑ̃ksjɔne] *vt* to sanction.
sanctuaire [sɑ̃ktɥɛr] *nm* **1.** *(d'église)* sanctuary. **2.** *(lieu saint)* shrine.
sandale [sɑ̃dal] *nf* sandal.
sandwich [sɑ̃dwitʃ] *(pl* **sandwiches** OU **sandwichs**) *nm* sandwich.
sang [sɑ̃] *nm* blood.
sang-froid [sɑ̃frwa] *nm inv* calm; **de ~** in cold blood; **perdre/garder son ~** to lose/to keep one's head.
sanglant, -e [sɑ̃glɑ̃, ɑ̃t] *adj* bloody; *fig* cruel.

sangle [sɑ̃gl] *nf* strap; *(de selle)* girth.
sangler [sɑ̃gle] *vt (attacher)* to strap; *(cheval)* to girth.
sanglier [sɑ̃glije] *nm* boar.
sanglot [sɑ̃glo] *nm* sob; **éclater en ~s** to burst into sobs.
sangloter [sɑ̃glɔte] *vi* to sob.
sangsue [sɑ̃sy] *nf* leech; *fig (personne)* bloodsucker.
sanguin, -e [sɑ̃gɛ̃, in] *adj* 1. (ANAT) blood (*avant n*). 2. *(rouge - visage)* ruddy; *(- orange)* blood (*avant n*). 3. *(emporté)* quick-tempered.
sanguinaire [sɑ̃ginɛr] *adj* 1. *(tyran)* bloodthirsty. 2. *(lutte)* bloody.
Sanisette® [sanizɛt] *nf automatic public toilet.*
sanitaire [sanitɛr] *adj* 1. *(service, mesure)* health (*avant n*). 2. *(installation, appareil)* bathroom (*avant n*). ◆ **sanitaires** *nmpl* toilets and showers.
sans [sɑ̃] *prép* without; **~ argent** without any money; **~ faire un effort** without making an effort. ◆ **sans que** *loc conj*: **~ que vous le sachiez** without your knowing.
sans-abri [sɑ̃zabri] *nmf inv* homeless person.
sans-emploi [sɑ̃zɑ̃plwa] *nmf inv* unemployed person.
sans-gêne [sɑ̃ʒɛn] ◇ *nm inv (qualité)* rudeness, lack of consideration. ◇ *nmf inv (personne)* rude OU inconsiderate person. ◇ *adj inv* rude, inconsiderate.
sans-papiers [sɑ̃papje] *nmf inv* illegal immigrant.
santé [sɑ̃te] *nf* health; **à ta/votre ~!** cheers!, good health!
santon [sɑ̃tɔ̃] *nm figure placed in Christmas crib.*
saoul = **soûl**.
saouler = **soûler**.
sapeur-pompier [sapœrpɔ̃pje] *nm* fireman, fire fighter.
saphir [safir] *nm* sapphire.
sapin [sapɛ̃] *nm* 1. *(arbre)* fir, firtree; **~ de Noël** Christmas tree. 2. *(bois)* fir.
sarabande [sarabɑ̃d] *nf (danse)* saraband.
sarcasme [sarkasm] *nm* sarcasm.
sarcastique [sarkastik] *adj* sarcastic.
sarcler [sarkle] *vt* to weed.
sarcophage [sarkɔfaʒ] *nm* sarcophagus.
Sardaigne [sardɛɲ] *nf*: **la ~** Sardinia.
sardine [sardin] *nf* sardine.
SARL, Sarl (*abr de* **société à responsabilité limitée**) *nf* limited liability company; **Leduc, ~** = Leduc Ltd.
sarment [sarmɑ̃] *nm (de vigne)* shoot.
sas [sas] *nm* 1. (AÉRON & NAVIG) airlock. 2. *(d'écluse)* lock. 3. *(tamis)* sieve.
satanique [satanik] *adj* satanic.
satelliser [satelize] *vt* 1. *(fusée)* to put into orbit. 2. *(pays)* to make a satellite.
satellite [satelit] *nm* satellite.
satiété [sasjete] *nf*: **à ~** *(boire, manger)* one's fill; *(répéter)* ad nauseam.
satin [satɛ̃] *nm* satin.
satiné, -e [satine] *adj* satin (*avant n*); *(peau)* satiny-smooth. ◆ **satiné** *nm* satin-like quality.
satire [satir] *nf* satire.
satirique [satirik] *adj* satirical.
satisfaction [satisfaksjɔ̃] *nf* satisfaction.
satisfaire [satisfɛr] *vt* to satisfy. ◆ **se satisfaire** *vp*: **se ~ de** to be satisfied with.
satisfaisant, -e [satisfəzɑ̃, ɑ̃t] *adj* 1. *(travail)* satisfactory. 2. *(expérience)* satisfying.
satisfait, -e [satisfɛ, ɛt] ◇ *pp* → **satisfaire**. ◇ *adj* satisfied; **être ~ de** to be satisfied with.
saturation [satyrasjɔ̃] *nf* saturation.
saturé, -e [satyre] *adj*: **~ (de)** saturated (with).
saturne [satyrn] *nm vieilli* lead. ◆ **Saturne** *nf* (ASTRON) Saturn.
satyre [satir] *nm* satyr; *fig* sex maniac.
sauce [sos] *nf* (CULIN) sauce.
saucière [sosjɛr] *nf* sauceboat.
saucisse [sosis] *nf* (CULIN) sausage.
saucisson [sosisɔ̃] *nm* slicing sausage.
sauf[1], sauve [sof, sov] *adj (personne)* safe, unharmed; *(honneur)* saved, intact.
sauf[2] [sof] *prép* 1. *(à l'exclusion de)* except, apart from. 2. *(sous réserve de)* barring; **~ que** except (that).
sauf-conduit [sofkɔ̃dɥi] (*pl* **sauf-conduits**) *nm* safe-conduct.
sauge [soʒ] *nf* (CULIN) sage.
saugrenu, -e [sogrəny] *adj* ridiculous, nonsensical.
saule [sol] *nm* willow; **~ pleureur** weeping willow.
saumon [somɔ̃] *nm* salmon.
saumoné, -e [somɔne] *adj* salmon (*avant n*).
saumure [somyr] *nf* brine.
sauna [sona] *nm* sauna.
saupoudrer [sopudre] *vt*: **~ qqch de** to sprinkle sthg with.
saurai, sauras *etc* → **savoir**.

saut [so] *nm (bond)* leap, jump; **~ en hauteur** high jump; **~ en longueur** long jump, broad jump *Am*; **~ de page** page break; **faire un ~ chez qqn** *fig* to pop in and see sb.

sauté, -e [sote] *adj* sautéed.

saute-mouton [sotmutɔ̃] *nm inv*: **jouer à ~** to play leapfrog.

sauter [sote] ◇ *vi* 1. *(bondir)* to jump, to leap; **~ à la corde** to skip; **~ d'un sujet à l'autre** *fig* to jump from one subject to another; **~ de joie** *fig* to jump for joy; **~ au cou de qqn** *fig* to throw one's arms around sb. 2. *(exploser)* to blow up; *(fusible)* to blow. 3. *(partir - bouchon)* to fly out; *(- serrure)* to burst off; *(- bouton)* to fly off; *(- chaîne de vélo)* to come off. 4. *fam (employé)* to get the sack. ◇ *vt* 1. *(fossé, obstacle)* to jump OU leap over. 2. *fig (page, repas)* to skip.

sauterelle [sotrɛl] *nf* grasshopper.

sauteur, -euse [sotœr, øz] ◇ *adj* jumping *(avant n)*. ◇ *nm, f* jumper.

sautiller [sotije] *vi* to hop.

sautoir [sotwar] *nm (bijou)* chain.

sauvage [sovaʒ] ◇ *adj* 1. *(plante, animal)* wild. 2. *(farouche - animal familier)* shy, timid; *(- personne)* unsociable. 3. *(conduite, haine)* savage. ◇ *nmf* 1. *(solitaire)* recluse. 2. *péj (brute, indigène)* savage.

sauvagerie [sovaʒri] *nf* 1. *(férocité)* brutality, savagery. 2. *(insociabilité)* unsociableness.

sauve → **sauf**[1].

sauvegarde [sovgard] *nf* 1. *(protection)* safeguard. 2. (INFORM) saving; *(copie)* backup.

sauvegarder [sovgarde] *vt* 1. *(protéger)* to safeguard. 2. (INFORM) to save; *(copier)* to back up.

sauve-qui-peut [sovkipø] ◇ *nm inv (débandade)* stampede. ◇ *interj* every man for himself!

sauver [sove] *vt* 1. *(gén)* to save; **~ qqn/qqch de** to save sb/sthg from, to rescue sb/sthg from. 2. *(navire, biens)* to salvage. ◆ **se sauver** *vp*: **se ~ (de)** to run away (from); *(prisonnier)* to escape (from).

sauvetage [sovtaʒ] *nm* 1. *(de personne)* rescue. 2. *(de navire, biens)* salvage.

sauveteur [sovtœr] *nm* rescuer.

sauvette [sovɛt] ◆ **à la sauvette** *loc adv* hurriedly, at great speed.

savamment [savamɑ̃] *adv* 1. *(avec érudition)* learnedly. 2. *(avec habileté)* skilfully, cleverly.

savane [savan] *nf* savanna.

savant, -e [savɑ̃, ɑ̃t] *adj* 1. *(érudit)* scholarly. 2. *(habile)* skilful, clever. 3. *(animal)* performing *(avant n)*. ◆ **savant** *nm* scientist.

saveur [savœr] *nf* flavour; *fig* savour.

savoir [savwar] ◇ *vt* 1. *(gén)* to know; **faire ~ qqch à qqn** to tell sb sthg, to inform sb of sthg; **si j'avais su ...** had I but known ..., if I had only known ...; **sans le ~** unconsciously, without being aware of it; **tu (ne) peux pas ~** *fam* you have no idea; **pas que je sache** not as far as I know. 2. *(être capable de)* to know how to; **sais-tu conduire?** can you drive? ◇ *nm* learning. ◆ **à savoir** *loc conj* namely, that is.

savoir-faire [savwarfɛr] *nm inv* know-how, expertise.

savoir-vivre [savwarvivr] *nm inv* good manners *(pl)*.

savon [savɔ̃] *nm* 1. *(matière)* soap; *(pain)* cake OU bar of soap. 2. *fam (réprimande)* telling-off.

savonner [savɔne] *vt (linge)* to soap. ◆ **se savonner** *vp* to soap o.s.

savonnette [savɔnɛt] *nf* bar of soap.

savourer [savure] *vt* to savour.

savoureux, -euse [savurø, øz] *adj* 1. *(mets)* tasty. 2. *fig (anecdote)* juicy.

saxophone [saksɔfɔn] *nm* saxophone.

s/c *(abr de* **sous couvert de**) c/o.

scabreux, -euse [skabrø, øz] *adj* 1. *(propos)* shocking, indecent. 2. *(entreprise)* risky.

scalpel [skalpɛl] *nm* scalpel.

scalper [skalpe] *vt* to scalp.

scandale [skɑ̃dal] *nm* 1. *(fait choquant)* scandal. 2. *(indignation)* uproar. 3. *(tapage)* scene; **faire du** OU **un ~** to make a scene.

scandaleux, -euse [skɑ̃dalø, øz] *adj* scandalous, outrageous.

scandaliser [skɑ̃dalize] *vt* to shock, to scandalize.

scander [skɑ̃de] *vt* 1. *(vers)* to scan. 2. *(slogan)* to chant.

scandinave [skɑ̃dinav] *adj* Scandinavian. ◆ **Scandinave** *nmf* Scandinavian.

Scandinavie [skɑ̃dinavi] *nf*: **la ~** Scandinavia.

scanner[1] [skane] *vt* to scan.

scanner[2] [skanɛr] *nm* scanner.

scaphandre [skafɑ̃dr] *nm* 1. *(de plongeur)* diving suit. 2. *(d'astronaute)* spacesuit.

scarabée [skarabe] *nm* beetle, scarab.

scatologique [skatɔlɔʒik] *adj* scatological.

sceau, -x [so] *nm* seal; *fig* stamp, hallmark.

scélérat, -e [selera, at] *littéraire* ◇ *adj* wicked. ◇ *nm, f* villain; *péj* rogue, rascal.

sceller [sele] *vt* **1.** *(gén)* to seal. **2.** (CONSTR) *(fixer)* to embed.

scénario [senarjo] *nm* **1.** (CIN) *(canevas)* scenario; *(texte)* screenplay, script. **2.** *fig* *(rituel)* pattern.

scénariste [senarist] *nmf* scriptwriter.

scène [sɛn] *nf* **1.** *(gén)* scene. **2.** *(estrade)* stage; **entrée en ~** (THÉÂTRE) entrance; *fig* appearance; **mettre en ~** (THÉÂTRE) to stage; (CIN) to direct.

scepticisme [sɛptisism] *nm* scepticism.

sceptique [sɛptik] ◇ *nmf* sceptic. ◇ *adj* **1.** *(incrédule)* sceptical. **2.** (PHILO) sceptic.

sceptre [sɛptr] *nm* sceptre.

schéma [ʃema] *nm* *(diagramme)* diagram.

schématique [ʃematik] *adj* **1.** *(dessin)* diagrammatic. **2.** *(exposé)* simplified.

schématiser [ʃematize] *vt* *péj* *(généraliser)* to oversimplify.

schisme [ʃism] *nm* **1.** (RELIG) schism. **2.** *(d'opinion)* split.

schizophrène [skizɔfrɛn] *nmf & adj* schizophrenic.

schizophrénie [skizɔfreni] *nf* schizophrenia.

sciatique [sjatik] ◇ *nf* sciatica. ◇ *adj* sciatic.

scie [si] *nf (outil)* saw.

sciemment [sjamɑ̃] *adv* knowingly.

science [sjɑ̃s] *nf* **1.** *(connaissances scientifiques)* science; **~s humaines** OU **sociales** (UNIV) social sciences. **2.** *(érudition)* knowledge. **3.** *(art)* art.

science-fiction [sjɑ̃sfiksjɔ̃] *nf* science fiction.

sciences-po [sjɑ̃spo] *nfpl* (UNIV) political science (*sg*). ◆ **Sciences-Po** *n* *grande école for political science.*

scientifique [sjɑ̃tifik] ◇ *nmf* scientist. ◇ *adj* scientific.

scier [sje] *vt* *(branche)* to saw.

scierie [siri] *nf* sawmill.

scinder [sɛ̃de] *vt*: **~ (en)** to split (into), to divide (into). ◆ **se scinder** *vp*: **se ~ (en)** to split (into), to divide (into).

scintiller [sɛ̃tije] *vi* to sparkle.

scission [sisjɔ̃] *nf* split.

sciure [sjyr] *nf* sawdust.

sclérose [skleroz] *nf* sclerosis; *fig* ossification; **~ en plaques** multiple sclerosis.

sclérosé, -e [skleroze] *adj* sclerotic; *fig* ossified.

scolaire [skɔlɛr] *adj* school (*avant n*); *péj* bookish.

scolarisable [skɔlarizabl] *adj* of school age.

scolarité [skɔlarite] *nf* schooling; **frais de ~** school fees; (UNIV) tuition fees.

scooter [skutœr] *nm* scooter; **~ de mer** jet ski.

scorbut [skɔrbyt] *nm* scurvy.

score [skɔr] *nm* (SPORT) score.

scorpion [skɔrpjɔ̃] *nm* scorpion. ◆ **Scorpion** *nm* (ASTROL) Scorpio.

scotch [skɔtʃ] *nm* whisky, Scotch.

Scotch® [skɔtʃ] *nm* *(adhésif)* ≃ Sellotape® *Br*, ≃ Scotch tape® *Am*.

scotcher [skɔtʃe] *vt* to sellotape *Br*, to scotch-tape *Am*.

scout, -e [skut] *adj* scout (*avant n*). ◆ **scout** *nm* scout.

scribe [skrib] *nm* (HIST) scribe.

script [skript] *nm* (CIN & TÉLÉ) script.

scripte [skript] *nmf* continuity person.

scrupule [skrypyl] *nm* scruple; **avec ~** scrupulously; **sans ~s** *(être)* unscrupulous; *(agir)* unscrupulously.

scrupuleux, -euse [skrypylø, øz] *adj* scrupulous.

scrutateur, -trice [skrytatœr, tris] *adj* searching.

scruter [skryte] *vt* to scrutinize.

scrutin [skrytɛ̃] *nm* **1.** *(vote)* ballot. **2.** *(système)* voting system; **~ majoritaire** first-past-the-post system; **~ proportionnel** proportional representation system.

sculpter [skylte] *vt* to sculpt.

sculpteur [skyltœr] *nm* sculptor.

sculpture [skyltyr] *nf* sculpture.

SDF (*abr de* **sans domicile fixe**) *nmf*: **les ~** the homeless.

---

se [sə], **s'** *(devant voyelle ou h muet)* *pron pers* **1.** (*réfléchi*) *(personne)* oneself, himself (*f* herself), (*pl*) themselves; *(chose, animal)* itself, (*pl*) themselves; **elle ~ regarde dans le miroir** she looks at herself in the mirror. **2.** (*réciproque*) each other, one another; **elles ~ sont parlé** they spoke to each other OU to one another; **ils ~ sont rencontrés hier** they met yesterday. **3.** (*passif*): **ce produit ~ vend bien/partout** this product is selling well/is sold everywhere.

4. *(remplace l'adjectif possessif)*: ~ **laver les mains** to wash one's hands.

- Comparez les deux phrases suivantes: *Sue and Ted hate themselves* (= Sue déteste Sue et Ted déteste Ted); *Sue and Ted hate each other* (= Sue déteste Ted et Ted déteste Sue).
- On utilise *each other* lorsque le sujet du verbe est constitué de deux personnes ou de deux groupes, et que l'action exprimée par le verbe est réciproque (*they send each other cards at Christmas*).
- S'il y a plus de deux personnes ou groupes, on peut remplacer *each other* par *one another* (*my brothers and sisters are always arguing with one another*).

séance [seɑ̃s] *nf* 1. *(réunion)* meeting, sitting, session. 2. *(période)* session; *(de pose)* sitting. 3. (CIN) performance. 4. *loc*: ~ **tenante** right away, forthwith.
seau, -x [so] *nm* 1. *(récipient)* bucket. 2. *(contenu)* bucketful.
sec, sèche [sɛk, sɛʃ] *adj* 1. *(gén)* dry. 2. *(fruits)* dried. 3. *(personne - maigre)* lean; *(- austère)* austere. 4. *fig (cœur)* hard; *(voix, ton)* sharp. ◆ **sec** ◇ *adv* 1. *(beaucoup)*: **boire** ~ to drink heavily. 2. *(démarrer)* sharply. ◇ *nm*: **tenir au** ~ to keep in a dry place.
sécable [sekabl] *adj* divisible.
sécateur [sekatœr] *nm* secateurs (*pl*).
sécession [sesesjɔ̃] *nf* secession; **faire ~ (de)** to secede (from).
sèche-cheveux [sɛʃʃəvø] *nm inv* hairdryer.
sécher [seʃe] ◇ *vt* 1. *(linge)* to dry. 2. *arg scol (cours)* to skip, to skive off *Br*. ◇ *vi* 1. *(linge)* to dry. 2. *(peau)* to dry out; *(rivière)* to dry up. 3. *arg scol (ne pas savoir répondre)* to dry up.
sécheresse [sɛʃrɛs] *nf* 1. *(de terre, climat, style)* dryness. 2. *(absence de pluie)* drought. 3. *(de réponse)* curtness.
séchoir [seʃwar] *nm* 1. *(tringle)* airer, clotheshorse. 2. *(électrique)* dryer; ~ **à cheveux** hairdryer.
second, -e [səgɔ̃, ɔ̃d] ◇ *adj num* second; **dans un état** ~ dazed. ◇ *nm, f* second; *voir aussi* **sixième**. ◆ **seconde** *nf* 1. *(unité de temps & MUS)* second. 2. (SCOL) ≃ fifth year OU form *Br*, ≃ tenth grade *Am*. 3. (TRANSPORT) second class.
secondaire [səgɔ̃dɛr] ◇ *nm*: **le** ~ (GÉOL) the Mesozoic; (SCOL) secondary education; (ÉCON) the secondary sector. ◇ *adj* 1. *(gén & SCOL)* secondary; **effets ~s** (MÉD) side effects. 2. (GÉOL) Mesozoic.
seconder [səgɔ̃de] *vt* to assist.
secouer [səkwe] *vt (gén)* to shake. ◆ **se secouer** *vp fam* to snap out of it.
secourable [səkurabl] *adj* helpful; **main** ~ helping hand.
secourir [səkurir] *vt (blessé, miséreux)* to help; *(personne en danger)* to rescue.
secouriste [səkurist] *nmf* first-aid worker.
secours [səkur] *nm* 1. *(aide)* help; **appeler au** ~ to call for help; **au ~!** help! 2. *(dons)* aid, relief. 3. *(renfort)* relief, reinforcements (*pl*). 4. *(soins)* aid; **les premiers** ~ first aid *(U)*. ◆ **de secours** *loc adj* 1. *(trousse, poste)* first-aid (*avant n*). 2. *(éclairage, issue)* emergency (*avant n*). 3. *(roue)* spare.
secouru, -e [səkury] *pp* → **secourir**.
secousse [səkus] *nf* 1. *(mouvement)* jerk, jolt. 2. *fig (bouleversement)* upheaval; *(psychologique)* shock. 3. *(tremblement de terre)* tremor.
secret, -ète [səkrɛ, ɛt] *adj* 1. *(gén)* secret. 2. *(personne)* reticent. ◆ **secret** *nm* 1. *(gén)* secret. 2. *(discrétion)* secrecy; **dans le plus grand** ~ in the utmost secrecy.
secrétaire [səkretɛr] ◇ *nmf* secretary; ~ **de direction** executive secretary. ◇ *nm (meuble)* writing desk, secretaire.
secrétariat [səkretarja] *nm* 1. *(bureau)* secretary's office; *(d'organisation internationale)* secretariat. 2. *(personnel)* secretarial staff. 3. *(métier)* secretarial work.
sécréter [sekrete] *vt* to secrete; *fig* to exude.
sécrétion [sekresjɔ̃] *nf* secretion.
sectaire [sɛktɛr] *nmf & adj* sectarian.
secte [sɛkt] *nf* sect.
secteur [sɛktœr] *nm* 1. *(zone)* area. 2. (ADMIN) district. 3. (ÉCON, GÉOM & MIL) sector; ~ **privé/public** private/public sector; ~ **primaire/secondaire/tertiaire** primary/secondary/tertiary sector. 4. (ÉLECTR) mains; **sur** ~ off OU from the mains.
section [sɛksjɔ̃] *nf* 1. *(gén)* section; *(de parti)* branch. 2. (MIL) platoon.
sectionner [sɛksjɔne] *vt* 1. *(diviser)* to divide into sections. 2. *(couper)* to sever.
Sécu [seky] *fam abr de* **Sécurité sociale**.
séculaire [sekylɛr] *adj (ancien)* age-old.
sécurisant, -e [sekyrizɑ̃, ɑ̃t] *adj*

(milieu) secure; *(attitude)* reassuring.
sécurité [sekyrite] *nf* 1. *(d'esprit)* security. 2. *(absence de danger)* safety; **la ~ routière** road safety; **en toute ~** safe and sound. 3. *(dispositif)* safety catch. 4. *(organisme)*: **la Sécurité sociale** = the DSS *Br*, = the Social Security *Am*.
sédatif, -ive [sedatif, iv] *adj* sedative. ◆ **sédatif** *nm* sedative.
sédentaire [sedɑ̃tɛr] *adj* sedentary.
sédentariser [sedɑ̃tarize] ◆ **se sédentariser** *vp (tribu)* to settle, to become settled.
sédiment [sedimɑ̃] *nm* sediment.
sédition [sedisjɔ̃] *nf* sedition.
séducteur, -trice [sedyktœr, tris] ◇ *adj* seductive. ◇ *nm, f* seducer (*f* seductress).
séduire [sedɥir] *vt* 1. *(plaire à)* to attract, to appeal to. 2. *(abuser de)* to seduce.
séduisant, -e [sedɥizɑ̃, ɑ̃t] *adj* attractive.
séduit, -e [sedɥi, it] *pp* → **séduire**.
segment [sɛgmɑ̃] *nm* (GÉOM) segment.
segmenter [sɛgmɑ̃te] *vt* to segment.
ségrégation [segregasjɔ̃] *nf* segregation.
seigle [sɛgl] *nm* rye.
seigneur [sɛɲœr] *nm* lord. ◆ **Seigneur** *nm*: **le Seigneur** the Lord.
sein [sɛ̃] *nm* breast; *fig* bosom; **donner le ~ (à un bébé)** to breast-feed (a baby). ◆ **au sein de** *loc prép* within.
Seine [sɛn] *nf*: **la ~** the (River) Seine.
séisme [seism] *nm* earthquake.
seize [sɛz] *adj num & nm* sixteen; *voir aussi* **six**.
seizième [sɛzjɛm] *adj num, nm & nmf* sixteenth; *voir aussi* **sixième**.
séjour [seʒur] *nm* 1. *(durée)* stay; **interdit de ~** = banned; **~ linguistique** stay abroad *(to develop language skills)*. 2. *(pièce)* living room.
séjourner [seʒurne] *vi* to stay.
sel [sɛl] *nm* salt; *fig* piquancy.
sélection [selɛksjɔ̃] *nf* selection.
sélectionner [selɛksjɔne] *vt* to select, to pick.
self-service [sɛlfsɛrvis] (*pl* **self-services**) *nm* self-service cafeteria.
selle [sɛl] *nf (gén)* saddle.
seller [sele] *vt* to saddle.
selon [səlɔ̃] *prép* 1. *(conformément à)* in accordance with. 2. *(d'après)* according to. ◆ **selon que** *loc conj* depending on whether.
semaine [səmɛn] *nf* week.
sémantique [semɑ̃tik] *adj* semantic.
semblable [sɑ̃blabl] ◇ *nm* fellow man; **il n'a pas son ~** there's nobody like him. ◇ *adj* 1. *(analogue)* similar; **~ à** like, similar to. 2. *(avant n) (tel)* such.
semblant [sɑ̃blɑ̃] *nm*: **un ~ de** a semblance of; **faire ~ (de faire qqch)** to pretend (to do sthg).
sembler [sɑ̃ble] ◇ *vi* to seem. ◇ *v impers*: **il (me/te) semble que** it seems (to me/you) that.
semelle [səmɛl] *nf (de chaussure - dessous)* sole; *(- à l'intérieur)* insole.
semence [səmɑ̃s] *nf* 1. *(graine)* seed. 2. *(sperme)* semen *(U)*.
semer [səme] *vt* 1. *(planter & fig)* to sow. 2. *(répandre)* to scatter; **~ qqch de** to scatter sthg with, to strew sthg with. 3. *fam (se débarrasser de)* to shake off. 4. *fam (perdre)* to lose.
semestre [səmɛstr] *nm* half year, six-month period; (SCOL) semester.
semestriel, -elle [səmɛstrijɛl] *adj* 1. *(fréquence)* half-yearly, six-monthly. 2. *(durée)* six months', six-month.
séminaire [seminɛr] *nm* 1. (RELIG) seminary. 2. *(*UNIV *& colloque)* seminar.
séminariste [seminarist] *nm* seminarist.
semi-remorque [səmirəmɔrk] (*pl* **semi-remorques**) *nm* articulated lorry *Br*, semitrailer *Am*.
semis [səmi] *nm* 1. *(méthode)* sowing broadcast. 2. *(plant)* seedling.
semoule [səmul] *nf* semolina.
sempiternel, -elle [sɑ̃pitɛrnɛl] *adj* eternal.
sénat [sena] *nm* senate; **le Sénat** *upper house of the French parliament.*
sénateur [senatœr] *nm* senator.
Sénégal [senegal] *nm*: **le ~** Senegal.
sénile [senil] *adj* senile.
sénilité [senilite] *nf* senility.
sens [sɑ̃s] *nm* 1. *(fonction, instinct, raison)* sense; **avoir le ~ de l'humour** to have a sense of humour; **bon ~** good sense. 2. *(direction)* direction; **dans le ~ de la longueur** lengthways; **dans le ~ des aiguilles d'une montre** clockwise; **dans le ~ contraire des aiguilles d'une montre** anticlockwise *Br*, counterclockwise *Am*; **~ dessus dessous** upside down; **~ interdit** OU **unique** one-way street. 3. *(signification)* meaning; **cela n'a pas de ~!** it's nonsensical!; **dans** OU **en un ~** in one sense; **~ propre/figuré** literal/figurative sense.
sensation [sɑ̃sasjɔ̃] *nf* 1. *(perception)* sensation, feeling. 2. *(impression)* feeling.

sensationnel, -elle [sɑ̃sasjɔnɛl] *adj* sensational.

sensé, -e [sɑ̃se] *adj* sensible.

sensibiliser [sɑ̃sibilize] *vt* **1.** (MÉD & PHOT) to sensitize. **2.** *fig (public)*: **~ (à)** to make aware (of).

sensibilité [sɑ̃sibilite] *nf*: **~ (à)** sensitivity (to).

sensible [sɑ̃sibl] *adj* **1.** *(gén)*: **~ (à)** sensitive (to). **2.** *(notable)* considerable, appreciable.

> Il ne faut pas confondre la version française et la version anglaise du mot «sensible», lequel a un sens bien précis dans chaque langue. Ainsi, «elle est très sensible et s'inquiète facilement» se traduira par *she's very sensitive and can get easily upset*. En revanche, *sensible* en anglais signifie «raisonnable» ou «judicieux», comme dans *what she said wasn't very sensible*, «ce qu'elle a dit n'était pas très raisonnable».

sensiblement [sɑ̃sibləmɑ̃] *adv* **1.** *(à peu près)* more or less. **2.** *(notablement)* appreciably, considerably.

sensoriel, -elle [sɑ̃sɔrjɛl] *adj* sensory.

sensualité [sɑ̃sɥalite] *nf (lascivité)* sensuousness; *(charnelle)* sensuality.

sensuel, -elle [sɑ̃sɥɛl] *adj* **1.** *(charnel)* sensual. **2.** *(lascif)* sensuous.

sentence [sɑ̃tɑ̃s] *nf* **1.** *(jugement)* sentence. **2.** *(maxime)* adage.

sentencieux, -euse [sɑ̃tɑ̃sjø, øz] *adj péj* sententious.

senteur [sɑ̃tœr] *nf littéraire* perfume.

senti, -e [sɑ̃ti] ◇ *pp* → **sentir**. ◇ *adj*: **bien ~** *(mots)* well-chosen.

sentier [sɑ̃tje] *nm* path.

sentiment [sɑ̃timɑ̃] *nm* feeling; **veuillez agréer, Monsieur, l'expression de mes ~s distingués/cordiaux/les meilleurs** yours faithfully/sincerely/truly.

sentimental, -e, -aux [sɑ̃timɑ̃tal, o] ◇ *adj* **1.** *(amoureux)* love *(avant n)*. **2.** *(sensible, romanesque)* sentimental. ◇ *nm, f* sentimentalist.

sentinelle [sɑ̃tinɛl] *nf* sentry.

sentir [sɑ̃tir] ◇ *vt* **1.** *(par l'odorat)* to smell; *(par le goût)* to taste; *(par le toucher)* to feel. **2.** *(exhaler - odeur)* to smell of. **3.** *(colère, tendresse)* to feel. **4.** *(plagiat)* to smack of. **5.** *(danger)* to sense, to be aware of; **~ que** to feel (that). **6.** *(beauté)* to feel, to appreciate. ◇ *vi*: **~ bon/mauvais** to smell good/bad. ◆ **se sentir** ◇ *v attr*: **se ~ bien/fatigué** to feel well/tired. ◇ *vp*: **ça se sent!** you can really tell!

séparation [separasjɔ̃] *nf* separation.

séparatiste [separatist] *nmf* separatist.

séparé, -e [separe] *adj* **1.** *(intérêts)* separate. **2.** *(couple)* separated.

séparer [separe] *vt* **1.** *(gén)*: **~ (de)** to separate (from). **2.** *(suj: divergence)* to divide. ◆ **se séparer** *vp* **1.** *(se défaire)*: **se ~ de** to part with. **2.** *(conjoints)* to separate, to split up; **se ~ de** to separate from, to split up with. **3.** *(participants)* to disperse. **4.** *(route)*: **se ~ (en)** to split (into), to divide (into).

sept [sɛt] *adj num & nm* seven; *voir aussi* **six**.

septembre [sɛptɑ̃br] *nm* September; **en ~, au mois de ~** in September; **début ~, au début du mois de ~** at the beginning of September; **fin ~, à la fin du mois de ~** at the end of September; **d'ici ~** by September; **(à la) mi-~** (in) mid-September; **le premier/deux/dix ~** the first/second/tenth of September.

septennat [sɛptena] *nm* seven-year term (of office).

septicémie [sɛptisemi] *nf* septicaemia, blood poisoning.

septième [sɛtjɛm] *adj num, nm & nmf* seventh; *voir aussi* **sixième**.

sépulcre [sepylkr] *nm* sepulchre.

sépulture [sepyltyr] *nf* **1.** *(lieu)* burial place. **2.** *(inhumation)* burial.

séquelle [sekɛl] *nf (gén pl)* aftermath; (MÉD) aftereffect.

séquence [sekɑ̃s] *nf* sequence; (CARTES) run, sequence.

séquestrer [sekɛstre] *vt* **1.** *(personne)* to confine. **2.** *(biens)* to impound.

serai, seras *etc* → **être**.

serbe [sɛrb] *adj* Serbian. ◆ **Serbe** *nmf* Serb.

Serbie [sɛrbi] *nf*: **la ~** Serbia.

serein, -e [sərɛ̃, ɛn] *adj* serene.

sérénade [serenad] *nf* (MUS) serenade.

sérénité [serenite] *nf* serenity.

serf, serve [sɛrf, sɛrv] *nm, f* serf.

sergent [sɛrʒɑ̃] *nm* sergeant.

série [seri] *nf* **1.** *(gén)* series *(sg)*. **2.** (SPORT) rank; *(au tennis)* seeding. **3.** (COMM & IND): **produire qqch en ~** to mass-produce sthg; **hors ~** custom-made; *fig* outstanding, extraordinary.

sérieusement [serjøzmɑ̃] *adv* seriously.

sérieux, -euse [serjø, øz] *adj* **1.** *(grave)* serious. **2.** *(digne de confiance)* reliable; *(client, offre)* genuine. **3.** *(consciencieux)* responsible; **ce n'est pas ~** it's irresponsible. **4.** *(considérable)* considerable. ◆ **sérieux** *nm* **1.** *(application)* sense of responsibility. **2.** *(gravité)* seriousness; **garder son ~** to keep a straight face; **prendre qqn/qqch au ~** to take sb/sthg seriously.

serin, -e [sərɛ̃, in] *nm, f (oiseau)* canary.

seringue [sərɛ̃g] *nf* syringe.

serment [sɛrmɑ̃] *nm* **1.** *(affirmation solennelle)* oath; **sous ~** on OU under oath. **2.** *(promesse)* vow, pledge.

sermon [sɛrmɔ̃] *nm litt & fig* sermon.

séronégatif, -ive [serɔnegatif, iv] *adj* HIV-negative.

séropositif, -ive [serɔpozitif, iv] *adj* HIV-positive.

séropositivité [serɔpozitivite] *nf* HIV infection.

serpe [sɛrp] *nf* billhook.

serpent [sɛrpɑ̃] *nm* (ZOOL) snake.

serpenter [sɛrpɑ̃te] *vi* to wind.

serpillière [sɛrpijɛr] *nf* floor cloth.

serre [sɛr] *nf* greenhouse, glasshouse. ◆ **serres** *nfpl* (ZOOL) talons, claws.

serré, -e [sere] *adj* **1.** *(écriture)* cramped; *(tissu)* closely-woven; *(rangs)* serried. **2.** *(vêtement, chaussure)* tight. **3.** *(discussion)* closely argued; *(match)* close-fought. **4.** *(poing, dents)* clenched; **la gorge ~e** with a lump in one's throat; **j'en avais le cœur ~** *fig* it was heartbreaking. **5.** *(café)* strong.

serrer [sere] ◇ *vt* **1.** *(saisir)* to grip, to hold tight; **~ la main à qqn** to shake sb's hand; **~ qqn dans ses bras** to hug sb. **2.** *(rapprocher)* to bring together; **~ les rangs** to close ranks. **3.** *(poing, dents)* to clench; *(lèvres)* to purse; *fig (cœur)* to wring. **4.** *(suj: vêtement)* to be too tight for. **5.** *(vis, ceinture)* to tighten. **6.** *(trottoir)* to hug. ◇ *vi*: **~ à droite/gauche** to keep right/left. ◆ **se serrer** *vp* **1.** *(se blottir)*: **se ~ contre** to huddle up to OU against. **2.** *(se rapprocher)* to squeeze up.

serre-tête [sɛrtɛt] *nm inv* headband.

serrure [seryr] *nf* lock.

serrurier [seryrje] *nm* locksmith.

sertir [sɛrtir] *vt* **1.** *(pierre précieuse)* to set. **2.** (TECHNOL) *(assujettir)* to crimp.

sérum [serɔm] *nm* serum.

servage [sɛrvaʒ] *nm* serfdom; *fig* bondage.

servante [sɛrvɑ̃t] *nf* maidservant.

serveur, -euse [sɛrvœr, øz] *nm, f* waiter (*f* waitress). ◆ **serveur** *nm* (INFORM) server.

servi, -e [sɛrvi] *pp* → **servir**.

serviable [sɛrvjabl] *adj* helpful, obliging.

service [sɛrvis] *nm* **1.** *(gén)* service; **être en ~** to be in use, to be set up; **hors ~** out of order. **2.** *(travail)* duty; **pendant le ~** while on duty. **3.** *(département)* department; **~ d'ordre** police and stewards *(at a demonstration)*. **4.** (MIL): **~ (militaire)** military OU national service. **5.** *(aide)* favour; **rendre un ~ à qqn** to do sb a favour; **rendre ~** to be helpful; **~ après-vente** after-sales service. **6.** *(à table)*: **premier/deuxième ~** first/second sitting. **7.** *(pourboire)* service (charge); **~ compris/non compris** service included/not included. **8.** *(de porcelaine)* service, set; *(de linge)* set.

serviette [sɛrvjɛt] *nf* **1.** *(de table)* serviette, napkin. **2.** *(de toilette)* towel. **3.** *(porte-documents)* briefcase. ◆ **serviette hygiénique** *nf* sanitary towel *Br*, sanitary napkin *Am*.

serviette-éponge [sɛrvjɛtepɔ̃ʒ] *nf* terry towel.

servile [sɛrvil] *adj* **1.** *(gén)* servile. **2.** *(traduction, imitation)* slavish.

servir [sɛrvir] ◇ *vt* **1.** *(gén)* to serve; **~ qqch à qqn** to serve sb sthg, to help sb to sthg. **2.** *(avantager)* to serve (well), to help. ◇ *vi* **1.** *(avoir un usage)* to be useful OU of use; **ça peut toujours/encore ~** it may/may still come in useful. **2.** *(être utile)*: **~ à qqch/à faire qqch** to be used for sthg/for doing sthg; **ça ne sert à rien** it's pointless. **3.** **~ de** *(personne)* to act as; *(chose)* to serve as. **4.** *(domestique)* to be in service. **5.** (MIL & SPORT) to serve. **6.** (CARTES) to deal. ◆ **se servir** *vp* **1.** *(prendre)*: **se ~ (de)** to help o.s. (to); **servez-vous!** help yourself! **2.** *(utiliser)*: **se ~ de qqn/qqch** to use sb/sthg.

serviteur [sɛrvitœr] *nm* servant.

servitude [sɛrvityd] *nf* **1.** *(esclavage)* servitude. **2.** (*gén pl*) *(contrainte)* constraint.

ses → **son**².

session [sesjɔ̃] *nf* **1.** *(d'assemblée)* session, sitting. **2.** (UNIV) exam session. **3.** (INFORM): **ouvrir une ~** to log in OU on; **fermer** OU **clore une ~** to log out OU off.

set [sɛt] *nm* **1.** (TENNIS) set. **2.** *(napperon)*: **~ (de table)** set of table OU place mats.

seuil [sœj] *nm litt & fig* threshold.

seul, -e [sœl] ◇ *adj* **1.** *(isolé)* alone; **~ à ~** alone (together), privately. **2.** *(sans compagnie)* alone, by o.s.; **parler tout ~**

to talk to o.s. 3. *(sans aide)* on one's own, by o.s. 4. *(unique)*: **le ~ ...** the only ...; **un ~ ...** a single ...; **pas un ~ ...** not one ..., not a single ... 5. *(esseulé)* lonely. ◇ *nm, f*: **le ~** the only one; **un ~** a single one, only one.
seulement [sœlmɑ̃] *adv* 1. *(gén)* only; *(exclusivement)* only, solely. 2. *(même)* even. ◆ **non seulement ... mais (encore)** *loc corrélative* not only ... but (also).
sève [sɛv] *nf* (BOT) sap.
sévère [sevɛr] *adj* severe.
sévérité [severite] *nf* severity.
sévices [sevis] *nmpl* ill treatment *(U)*.
sévir [sevir] *vi* 1. *(épidémie)* to rage. 2. *(punir)* to give out a punishment.
sevrer [səvre] *vt* to wean.
sexe [sɛks] *nm* 1. *(gén)* sex. 2. *(organe)* genitals *(pl)*.
sexiste [sɛksist] *nmf & adj* sexist.
sexologue [sɛksɔlɔg] *nmf* sexologist.
sex-shop [sɛksʃɔp] (*pl* **sex-shops**) *nm* sex shop.
sextant [sɛkstɑ̃] *nm* sextant.
sexualité [sɛksɥalite] *nf* sexuality.
sexuel, -elle [sɛksɥɛl] *adj* sexual.
sexy [sɛksi] *adj inv fam* sexy.
seyant, -e [sɛjɑ̃, ɑ̃t] *adj* becoming.
shampooing [ʃɑ̃pwɛ̃] *nm* shampoo.
shérif [ʃerif] *nm* sheriff.
shopping [ʃɔpiŋ] *nm* shopping; **faire du ~** to go (out) shopping.
short [ʃɔrt] *nm* shorts *(pl)*, pair of shorts.
show-business [ʃobiznɛs] *nm inv* show business.
si¹ [si] *nm inv* (MUS) B; *(chanté)* ti.

si² [si] ◇ *adv* 1. *(tellement)* so; **elle est ~ belle** she is so beautiful; **il roulait ~ vite qu'il a eu un accident** he was driving so fast (that) he had an accident; **ce n'est pas ~ facile que ça** it's not as easy as that; **~ vieux qu'il soit** however old he may be, old as he is. 2. *(oui)* yes; **tu n'aimes pas le café? – ~** don't you like coffee? – yes, I do. ◇ *conj* 1. *(gén)* if; **~ tu veux, on y va** we'll go if you want; **~ tu faisais cela, je te détesterais** I would hate you if you did that; **~ seulement** if only. 2. *(dans une question indirecte)* if, whether; **dites-moi ~ vous venez** tell me if OU whether you're coming. ◆ **si bien que** *loc conj* so that, with the result that.

• Dans les questions indirectes, *if* et *whether* sont pratiquement interchangeables (*she asked me if I wanted to go out for lunch = she asked me whether I wanted to go out for lunch*). Notez bien, en revanche, que seul *if* sert à introduire une hypothèse (*if you have any problems, just phone me*).

SI *nm* (*abr de* **syndicat d'initiative**) tourist office.
siamois, -e [sjamwa, az] *adj*: **frères ~, sœurs ~es** (MÉD) Siamese twins.
Sibérie [siberi] *nf*: **la ~** Siberia.
sibyllin, -e [sibilɛ̃, in] *adj* enigmatic.
SICAV, Sicav [sikav] (*abr de* **société d'investissement à capital variable**) *nf* 1. *(société)* unit trust, mutual fund. 2. *(action)* share in a unit trust.
Sicile [sisil] *nf*: **la ~** Sicily.
SIDA, Sida [sida] (*abr de* **syndrome immunodéficitaire acquis**) *nm* AIDS.
side-car [sidkar] (*pl* **side-cars**) *nm* sidecar.
sidéen, -enne [sideɛ̃, ɛn] *nm, f* person with AIDS.
sidérer [sidere] *vt fam* to stagger.
sidérurgie [sideryrʒi] *nf (industrie)* iron and steel industry.
siècle [sjɛkl] *nm* 1. *(cent ans)* century. 2. *(époque, âge)* age. 3. (*gén pl*) *fam (longue durée)* ages *(pl)*.
siège [sjɛʒ] *nm* 1. *(meuble &* POLIT*)* seat. 2. (MIL) siege. 3. *(d'organisme)* headquarters, head office; **~ social** registered office. 4. (MÉD): **se présenter par le ~** to be in the breech position.
siéger [sjeʒe] *vi* 1. *(juge, assemblée)* to sit. 2. *littéraire (mal)* to have its seat; *(maladie)* to be located.

sien [sjɛ̃] ◆ **le sien** (*f* **la sienne** [lasjɛn], *mpl* **les siens** [lesjɛ̃], *fpl* **les siennes** [lesjɛn]) *pron poss (d'homme)* his; *(de femme)* hers; *(de chose, d'animal)* its own; **les ~s** his/her family; **faire des siennes** to be up to one's usual tricks.
sieste [sjɛst] *nf* siesta.
sifflement [sifləmɑ̃] *nm (son)* whistling; *(de serpent)* hissing.
siffler [sifle] ◇ *vi* to whistle; *(serpent)* to hiss. ◇ *vt* 1. *(air de musique)* to whistle. 2. *(femme)* to whistle at. 3. *(chien)* to whistle (for). 4. *(acteur)* to boo, to hiss. 5. *fam (verre)* to knock back.
sifflet [siflɛ] *nm* whistle. ◆ **sifflets** *nmpl* hissing *(U)*, boos.
siffloter [siflɔte] *vi & vt* to whistle.

sigle [sigl] *nm* acronym, (set of) initials.
signal, -aux [siɲal, o] *nm* 1. *(geste, son)* signal; **~ d'alarme** alarm (signal); **donner le ~ (de)** to give the signal (for). 2. *(panneau)* sign.
signalement [siɲalmɑ̃] *nm* description.
signaler [siɲale] *vt* 1. *(fait)* to point out; **rien à ~** nothing to report. 2. *(à la police)* to denounce.
signalétique [siɲaletik] *adj* identifying.
signalisation [siɲalizasjɔ̃] *nf (signaux)* signs *(pl)*; (NAVIG) signals *(pl)*.
signataire [siɲatɛr] *nmf* signatory.
signature [siɲatyr] *nf* 1. *(nom, marque)* signature. 2. *(acte)* signing.
signe [siɲ] *nm* 1. *(gén)* sign; **être ~ de** to be a sign of; **être né sous le ~ de** (ASTROL) to be born under the sign of; **~ avant-coureur** advance indication. 2. *(trait)* mark; **~ particulier** distinguishing mark.
signer [siɲe] *vt* to sign. ◆ **se signer** *vp* to cross o.s.
signet [siɲɛ] *nm* bookmark *(attached to spine of book)*.
significatif, -ive [siɲifikatif, iv] *adj* significant.
signification [siɲifikasjɔ̃] *nf (sens)* meaning.
signifier [siɲifje] *vt* 1. *(vouloir dire)* to mean. 2. *(faire connaître)* to make known. 3. (JUR) to serve notice of.
silence [silɑ̃s] *nm* 1. *(gén)* silence; **garder le ~ (sur)** to remain silent (about). 2. (MUS) rest.
silencieux, -euse [silɑ̃sjø, øz] *adj (lieu, appareil)* quiet; *(personne - taciturne)* quiet; *(- muet)* silent. ◆ **silencieux** *nm* silencer.
silex [silɛks] *nm* flint.
silhouette [silwɛt] *nf* 1. *(de personne)* silhouette; *(de femme)* figure; *(d'objet)* outline. 2. (ART) silhouette.
silicium [silisjɔm] *nm* silicon.
silicone [silikon] *nf* silicone.
sillage [sijaʒ] *nm* wake.
sillon [sijɔ̃] *nm* 1. *(tranchée, ride)* furrow. 2. *(de disque)* groove.
sillonner [sijɔne] *vt* 1. *(champ)* to furrow. 2. *(ciel)* to crisscross.
silo [silo] *nm* silo.
simagrées [simagre] *nfpl péj*: **faire des ~** to make a fuss.
similaire [similɛr] *adj* similar.
similicuir [similikɥir] *nm* imitation leather.
similitude [similityd] *nf* similarity.
simple [sɛ̃pl] ◇ *adj* 1. *(gén)* simple. 2. *(ordinaire)* ordinary. 3. *(billet)*: **un aller ~** a single ticket. ◇ *nm* (TENNIS) singles *(sg)*.
simplicité [sɛ̃plisite] *nf* simplicity.
simplifier [sɛ̃plifje] *vt* to simplify.
simpliste [sɛ̃plist] *adj péj* simplistic.
simulacre [simylakr] *nm* 1. *(semblant)*: **un ~ de** a pretence of, a sham. 2. *(action simulée)* enactment.
simulateur, -trice [simylatœr, tris] *nm, f* pretender; *(de maladie)* malingerer. ◆ **simulateur** *nm* simulator.
simulation [simylasjɔ̃] *nf* 1. *(gén)* simulation. 2. *(comédie)* shamming, feigning; *(de maladie)* malingering.
simuler [simyle] *vt* 1. *(gén)* to simulate. 2. *(feindre)* to feign, to sham.
simultané, -e [simyltane] *adj* simultaneous.
sincère [sɛ̃sɛr] *adj* sincere.
sincèrement [sɛ̃sɛrmɑ̃] *adv* 1. *(franchement)* honestly, sincerely. 2. *(vraiment)* really, truly.
sincérité [sɛ̃serite] *nf* sincerity.
sine qua non [sinekwanɔn] *adj*: **condition ~** prerequisite.
Singapour [sɛ̃gapur] *n* Singapore.
singe [sɛ̃ʒ] *nm* (ZOOL) monkey; *(de grande taille)* ape.
singer [sɛ̃ʒe] *vt* 1. *(personne)* to mimic, to ape. 2. *(sentiment)* to feign.
singerie [sɛ̃ʒri] *nf* 1. *(grimace)* face. 2. *(manières)* fuss *(U)*.
singulariser [sɛ̃gylarize] *vt* to draw OU call attention to. ◆ **se singulariser** *vp* to draw OU call attention to o.s.
singularité [sɛ̃gylarite] *nf* 1. *littéraire (bizarrerie)* strangeness. 2. *(particularité)* peculiarity.
singulier, -ère [sɛ̃gylje, ɛr] *adj* 1. *sout (bizarre)* strange; *(spécial)* uncommon. 2. (GRAM) singular. 3. *(d'homme à homme)*: **combat ~** single combat. ◆ **singulier** *nm* (GRAM) singular.
singulièrement [sɛ̃gyljɛrmɑ̃] *adv* 1. *littéraire (bizarrement)* strangely. 2. *(beaucoup, très)* particularly.
sinistre [sinistr] ◇ *nm* 1. *(catastrophe)* disaster. 2. (JUR) damage *(U)*. ◇ *adj* 1. *(personne, regard)* sinister; *(maison, ambiance)* gloomy. 2. *(avant n) péj (crétin, imbécile)* dreadful, terrible.
sinistré, -e [sinistre] ◇ *adj (région)* disaster *(avant n)*, disaster-stricken; *(famille)* disaster-stricken. ◇ *nm, f* disaster victim.
sinon [sinɔ̃] *conj* 1. *(autrement)* or else,

otherwise. **2.** *(sauf)* except, apart from. **3.** *(si ce n'est)* if not.

sinueux, -euse [sinɥø, øz] *adj* winding; *fig* tortuous.

sinuosité [sinɥozite] *nf* bend, twist.

sinus [sinys] *nm* **1.** (ANAT) sinus. **2.** (MATHS) sine.

sinusite [sinyzit] *nf* sinusitis *(U)*.

sionisme [sjɔnism] *nm* Zionism.

siphon [sifɔ̃] *nm* **1.** *(tube)* siphon. **2.** *(bouteille)* soda siphon.

siphonner [sifɔne] *vt* to siphon.

sirène [sirɛn] *nf* siren.

sirop [siro] *nm* syrup; **~ d'érable** maple syrup; **~ de grenadine** (syrup of) grenadine; **~ de menthe** mint cordial.

siroter [sirɔte] *vt fam* to sip.

sis, -e [si, siz] *adj* (JUR) located.

sismique [sismik] *adj* seismic.

site [sit] *nm* **1.** *(emplacement)* site; **~ archéologique/historique** archaeological/historic site. **2.** *(paysage)* beauty spot. **3.** (INFORM): **~ Web** website.

sitôt [sito] *adv*: **~ après** immediately after; **pas de ~** not for some time, not for a while; **~ arrivé, ...** as soon as I/he *etc* arrived, ...; **~ dit, ~ fait** no sooner said than done. ◆ **sitôt que** *loc conj* as soon as.

situation [sitɥasjɔ̃] *nf* **1.** *(position, emplacement)* position, location. **2.** *(contexte, circonstance)* situation; **~ de famille** marital status. **3.** *(emploi)* job, position. **4.** (FIN) financial statement.

situer [sitɥe] *vt* **1.** *(maison)* to site, to situate; **bien/mal situé** well/badly situated. **2.** *(sur carte)* to locate. ◆ **se situer** *vp (scène)* to be set; *(dans classement)* to be.

six [sis *en fin de phrase,* si *devant consonne ou h aspiré,* siz *devant voyelle ou h muet* ◇ *adj num* six; **il a ~ ans** he is six (years old); **il est ~ heures** it's six (o'clock); **le ~ janvier** (on) the sixth of January; **daté du ~ septembre** dated the sixth of September; **Charles Six** Charles the Sixth; **page ~** page six. ◇ *nm inv* **1.** *(gén)* six; **~ de pique** six of spades. **2.** *(adresse)* (number) six. ◇ *pron* six; **ils étaient ~** there were six of them; **~ par ~** six at a time.

sixième [sizjɛm] ◇ *adj num* sixth. ◇ *nmf* sixth; **arriver ~** to come (in) sixth. ◇ *nf* (SCOL) ≃ first year OU form *Br,* ≃ sixth grade *Am*; **être en ~** to be in the first year OU form *Br,* to be in sixth grade *Am*; **entrer en ~** to go to secondary school. ◇ *nm* **1.** *(part)*: **le/un ~ de** one/a sixth of; **cinq ~s** five sixths. **2.** *(arrondissement)* sixth arrondissement. **3.** *(étage)* sixth floor *Br,* seventh floor *Am*.

skateboard [skɛtbɔrd] *nm* skateboard.

sketch [skɛtʃ] (*pl* **sketches**) *nm* sketch *(in a revue etc)*.

ski [ski] *nm* **1.** *(objet)* ski. **2.** *(sport)* skiing; **faire du ~** to ski; **~ alpin/de fond** alpine/cross-country skiing; **~ nautique** water-skiing.

skier [skje] *vi* to ski.

skieur, -euse [skjœr, øz] *nm, f* skier.

skipper [skipœr] *nm* **1.** *(capitaine)* skipper. **2.** *(barreur)* helmsman.

slalom [slalɔm] *nm* **1.** (SKI) slalom. **2.** *(zigzags)*: **faire du ~** to zigzag.

slave [slav] *adj* Slavonic. ◆ **Slave** *nmf* Slav.

slip [slip] *nm* briefs (*pl*); **~ de bain** *(d'homme)* swimming trunks (*pl*); *(de femme)* bikini bottoms (*pl*).

slogan [slɔgɑ̃] *nm* slogan.

Slovaquie [slɔvaki] *nf*: **la ~** Slovakia.

Slovénie [slɔveni] *nf*: **la ~** Slovenia.

slow [slo] *nm* slow dance.

smala(h) [smala] *nf* **1.** *(de chef arabe)* retinue. **2.** *fam (famille)* brood.

SME (*abr de* **Système monétaire européen**) *nm* EMS.

SMIC, Smic [smik] (*abr de* **salaire minimum interprofessionnel de croissance**) *nm guaranteed minimum wage.*

smoking [smɔkiŋ] *nm* dinner jacket, tuxedo *Am*.

SNCF (*abr de* **Société nationale des chemins de fer français**) *nf French railways board,* ≃ BR *Br*.

snob [snɔb] ◇ *nmf* snob. ◇ *adj* snobbish.

snober [snɔbe] *vt* to snub, to cold-shoulder.

snobisme [snɔbism] *nm* snobbery, snobbishness.

sobre [sɔbr] *adj* **1.** *(personne)* temperate. **2.** *(style)* sober; *(décor)* simple.

sobriété [sɔbrijete] *nf* sobriety.

sobriquet [sɔbrikɛ] *nm* nickname.

soc [sɔk] *nm* ploughshare.

sociable [sɔsjabl] *adj* sociable.

social, -e, -aux [sɔsjal, o] *adj* **1.** *(gén)* social. **2.** (COMM): **capital ~** share capital; **raison ~e** company name. ◆ **social** *nm*: **le ~** social affairs (*pl*).

socialisme [sɔsjalism] *nm* socialism.

socialiste [sɔsjalist] *nmf & adj* socialist.

sociétaire [sɔsjetɛr] *nmf* member.

société [sɔsjete] *nf* **1.** *(gén)* society; **en ~** in society. **2.** (COMM) company, firm.
sociologie [sɔsjɔlɔʒi] *nf* sociology.
sociologue [sɔsjɔlɔg] *nmf* sociologist.
socioprofessionnel, -elle [sɔsjɔprɔfɛsjɔnɛl] *adj* socioprofessional.
socle [sɔkl] *nm* **1.** *(de statue)* plinth, pedestal. **2.** *(de lampe)* base.
socquette [sɔkɛt] *nf* ankle sock.
soda [sɔda] *nm* fizzy drink.
sodium [sɔdjɔm] *nm* sodium.
sodomiser [sɔdɔmize] *vt* to sodomize.
sœur [sœr] *nf* **1.** *(gén)* sister; **grande/petite ~** big/little sister. **2.** (RELIG) nun, sister.
sofa [sɔfa] *nm* sofa.
Sofia [sɔfja] *n* Sofia.
software [sɔftwɛr] *nm* software.
soi [swa] *pron pers* oneself; **chacun pour ~** every man for himself; **cela va de ~** that goes without saying. ◆ **soi-même** *pron pers* oneself.
soi-disant [swadizɑ̃] ◇ *adj inv* (*avant n*) so-called. ◇ *adv fam* supposedly.
soie [swa] *nf* **1.** *(textile)* silk. **2.** *(poil)* bristle.
soierie [swari] *nf* (*gén pl*) *(textile)* silk.
soif [swaf] *nf* thirst; **~ (de)** *fig* thirst (for), craving (for); **avoir ~** to be thirsty.
soigné, -e [swaɲe] *adj* **1.** *(travail)* meticulous. **2.** *(personne)* well-groomed; *(jardin, mains)* well-cared-for.
soigner [swaɲe] *vt* **1.** *(suj: médecin)* to treat; *(suj: infirmière, parent)* to nurse. **2.** *(invités, jardin, mains)* to look after. **3.** *(travail, présentation)* to take care over. ◆ **se soigner** *vp* to take care of o.s., to look after o.s.
soigneusement [swaɲøzmɑ̃] *adv* carefully.
soigneux, -euse [swaɲø, øz] *adj* **1.** *(personne)* tidy, neat. **2.** *(travail)* careful.
soin [swɛ̃] *nm* **1.** *(attention)* care; **avoir** OU **prendre ~ de faire qqch** to be sure to do sthg; **avec ~** carefully; **sans ~** *(procéder)* carelessly; *(travail)* careless; **être aux petits ~s pour qqn** *fig* to wait on sb hand and foot. **2.** *(souci)* concern. ◆ **soins** *nmpl* care *(U)*; **les premiers ~s** first aid *(sg)*.
soir [swar] *nm* evening; **demain ~** tomorrow evening OU night; **le ~** in the evening; **à ce ~!** see you tonight!
soirée [sware] *nf* **1.** *(soir)* evening. **2.** *(réception)* party.
sois → **être**.
soit[1] [swat] *adv* so be it.
soit[2] [swa] ◇ *vb* → **être**. ◇ *conj* **1.** *(c'est-à-dire)* in other words, that is to say. **2.** (MATHS) *(étant donné)*: **~ une droite AB** given a straight line AB. ◆ **soit ... soit** *loc corrélative* either ... or. ◆ **soit que ... soit que** *loc corrélative* (+ *subjonctif*) whether ... or (whether).
soixante [swasɑ̃t] ◇ *adj num* sixty; **les années ~** the Sixties. ◇ *nm* sixty; *voir aussi* **six**.
soixante-dix [swasɑ̃tdis] ◇ *adj num* seventy; **les années ~** the Seventies. ◇ *nm* seventy; *voir aussi* **six**.
soixante-dixième [swasɑ̃tdizjɛm] *adj num, nm & nmf* seventieth; *voir aussi* **sixième**.
soixantième [swasɑ̃tjɛm] *adj num, nm & nmf* sixtieth; *voir aussi* **sixième**.
soja [sɔʒa] *nm* soya.
sol [sɔl] *nm* **1.** *(terre)* ground. **2.** *(de maison)* floor. **3.** *(territoire)* soil. **4.** (MUS) G; *(chanté)* so.
solaire [sɔlɛr] *adj* **1.** *(énergie, four)* solar. **2.** *(crème)* sun (*avant n*).
solarium [sɔlarjɔm] *nm* solarium.
soldat [sɔlda] *nm* **1.** (MIL) soldier; **le ~ inconnu** the Unknown Soldier. **2.** *(jouet)* (toy) soldier.
solde [sɔld] ◇ *nm* **1.** *(de compte)* balance; **~ créditeur/débiteur** credit/debit balance. **2.** *(rabais)*: **en ~** *(acheter)* in a sale. ◇ *nf* (MIL) pay. ◆ **soldes** *nmpl* sales.
solder [sɔlde] *vt* **1.** *(compte)* to close. **2.** *(marchandises)* to sell off. ◆ **se solder** *vp*: **se ~ par** (FIN) to show; *fig (aboutir)* to end in.
sole [sɔl] *nf* sole.
soleil [sɔlɛj] *nm* **1.** *(astre, motif)* sun; **~ couchant/levant** setting/rising sun. **2.** *(lumière, chaleur)* sun, sunlight; **au ~** in the sun; **en plein ~** right in the sun.
solennel, -elle [sɔlanɛl] *adj* **1.** *(cérémonieux)* ceremonial. **2.** *(grave)* solemn. **3.** *péj (pompeux)* pompous.
solennité [sɔlanite] *nf* **1.** *(gravité)* solemnity. **2.** *(raideur)* stiffness, formality. **3.** *(fête)* special occasion.
solfège [sɔlfɛʒ] *nm*: **apprendre le ~** to learn the rudiments of music.
solidaire [sɔlidɛr] *adj* **1.** *(lié)*: **être ~ de qqn** to be behind sb, to show solidarity with sb. **2.** *(relié)* interdependent, integral.
solidarité [sɔlidarite] *nf* solidarity; **par ~** *(se mettre en grève)* in sympathy.
solide [sɔlid] ◇ *adj* **1.** *(état, corps)* solid.

2. *(construction)* solid, sturdy. 3. *(personne)* sturdy, robust. 4. *(argument)* solid, sound. 5. *(relation)* stable, strong. ◇ *nm* solid; **il nous faut du ~** *fig* we need something solid OU concrete.
solidifier [sɔlidifje] *vt* 1. *(ciment, eau)* to solidify. 2. *(structure)* to reinforce. ◆ **se solidifier** *vp* to solidify.
solidité [sɔlidite] *nf* 1. *(de matière, construction)* solidity. 2. *(de mariage)* stability, strength. 3. *(d'argument)* soundness.
soliloque [sɔlilɔk] *nm sout* soliloquy.
soliste [sɔlist] *nmf* soloist.
solitaire [sɔlitɛr] ◇ *adj* 1. *(de caractère)* solitary. 2. *(esseulé)* lonely. ◇ *nmf* loner, recluse. ◇ *nm (jeu, diamant)* solitaire.
solitude [sɔlityd] *nf* 1. *(isolement)* loneliness. 2. *(retraite)* solitude.
sollicitation [sɔlisitasjɔ̃] *nf (gén pl)* entreaty.
solliciter [sɔlisite] *vt* 1. *(demander - entretien, audience)* to request; *(- attention, intérêt)* to seek. 2. *(s'intéresser à)*: **être sollicité** to be in demand. 3. *(faire appel à)*: **~ qqn pour faire qqch** to appeal to sb to do sthg.
sollicitude [sɔlisityd] *nf* solicitude, concern.
solo [sɔlo] *nm* solo; **en ~** solo.
solstice [sɔlstis] *nm*: **~ d'été/d'hiver** summer/winter solstice.
soluble [sɔlybl] *adj* 1. *(matière)* soluble; *(café)* instant. 2. *fig (problème)* solvable.
solution [sɔlysjɔ̃] *nf* 1. *(résolution)* solution, answer. 2. *(liquide)* solution.
solvable [sɔlvabl] *adj* solvent, creditworthy.
solvant [sɔlvɑ̃] *nm* solvent.
Somalie [sɔmali] *nf*: **la ~** Somalia.
sombre [sɔ̃br] *adj* 1. *(couleur, costume, pièce)* dark. 2. *fig (pensées, avenir)* dark, gloomy. 3. *(avant n) fam (profond)*: **c'est un ~ crétin** he's a prize idiot.
sombrer [sɔ̃bre] *vi* to sink; **~ dans** *fig* to sink into.
sommaire [sɔmɛr] ◇ *adj* 1. *(explication)* brief. 2. *(exécution)* summary. 3. *(installation)* basic. ◇ *nm* summary.
sommation [sɔmasjɔ̃] *nf* 1. *(assignation)* summons *(sg)*. 2. *(ordre - de payer)* demand; *(- de se rendre)* warning.
somme [sɔm] ◇ *nf* 1. *(addition)* total, sum. 2. *(d'argent)* sum, amount. 3. *(ouvrage)* overview. ◇ *nm* nap. ◆ **en somme** *loc adv* in short. ◆ **somme toute** *loc adv* when all's said and done.
sommeil [sɔmɛj] *nm* sleep; **avoir ~** to be sleepy.
sommeiller [sɔmeje] *vi* 1. *(personne)* to doze. 2. *fig (qualité)* to be dormant.
sommelier, -ère [sɔməlje, ɛr] *nm, f* wine waiter (*f* wine waitress).
sommes → **être**.
sommet [sɔmɛ] *nm* 1. *(de montagne)* summit, top. 2. *fig (de hiérarchie)* top; *(de perfection)* height. 3. (GÉOM) apex.
sommier [sɔmje] *nm* base, bed base.
sommité [sɔmite] *nf* leading light.
somnambule [sɔmnɑ̃byl] ◇ *nmf* sleepwalker. ◇ *adj*: **être ~** to be a sleepwalker.
somnifère [sɔmnifɛr] *nm* sleeping pill.
somnolent, -e [sɔmnɔlɑ̃, ɑ̃t] *adj (personne)* sleepy, drowsy; *fig (vie)* dull; *fig (économie)* sluggish.
somnoler [sɔmnɔle] *vi* to doze.
somptueux, -euse [sɔ̃ptɥø, øz] *adj* sumptuous, lavish.
somptuosité [sɔ̃ptɥozite] *nf* lavishness *(U)*.
son[1] [sɔ̃] *nm* 1. *(bruit)* sound; **au ~ de** to the sound of; **~ et lumière** son et lumière. 2. *(céréale)* bran.

---

son[2] [sɔ̃] (*f* **sa** [sa], *pl* **ses** [se]) *adj poss* 1. *(possesseur défini - homme)* his; *(- femme)* her; *(- chose, animal)* its; **il aime ~ père** he loves his father; **elle aime ses parents** she loves her parents; **la ville a perdu ~ charme** the town has lost its charm. 2. *(possesseur indéfini)* one's; *(- après 'chacun', 'tout le monde' etc)* his/her, their.
sonate [sɔnat] *nf* sonata.
sondage [sɔ̃daʒ] *nm* 1. *(enquête)* poll, survey; **~ d'opinion** opinion poll. 2. (TECHNOL) drilling. 3. (MÉD) probing.
sonde [sɔ̃d] *nf* 1. (MÉTÉOR) sonde; *(spatiale)* probe. 2. (MÉD) probe. 3. (NAVIG) sounding line. 4. (TECHNOL) drill.
sonder [sɔ̃de] *vt* 1. (MÉD & NAVIG) to sound. 2. *(terrain)* to drill. 3. *fig (opinion, personne)* to sound out.
songe [sɔ̃ʒ] *nm littéraire* dream.
songer [sɔ̃ʒe] ◇ *vt*: **~ que** to consider that. ◇ *vi*: **~ à** to think about.
songeur, -euse [sɔ̃ʒœr, øz] *adj* pensive, thoughtful.
sonnant, -e [sɔnɑ̃, ɑ̃t] *adj*: **à six heures ~es** at six o'clock sharp.
sonné, -e [sɔne] *adj* 1. *(passé)*: **il est trois heures ~es** it's gone three o'clock; **il a quarante ans bien ~s** *fam* he's the wrong side of forty. 2. *(étourdi)* groggy.
sonner [sɔne] ◇ *vt* 1. *(cloche)* to ring. 2. *(retraite, alarme)* to sound. 3. *(domestique)* to ring for. 4. *fam fig (siffler)*: **je ne**

t'ai pas sonné! who asked you! ◇ *vi* to ring; **~ chez qqn** to ring sb's bell.
sonnerie [sɔnri] *nf* **1.** *(bruit)* ringing. **2.** *(mécanisme)* striking mechanism. **3.** *(signal)* call.
sonnet [sɔnɛ] *nm* sonnet.
sonnette [sɔnɛt] *nf* bell.
sono [sɔno] *nf fam (de salle)* P.A. (system); *(de discothèque)* sound system.
sonore [sɔnɔr] *adj* **1.** (CIN & PHYS) sound (*avant n*). **2.** *(voix, rire)* ringing, resonant. **3.** *(salle)* resonant.
sonorisation [sɔnɔrizasjɔ̃] *nf* **1.** *(action - de film)* addition of the soundtrack; *(- de salle)* wiring for sound. **2.** *(matériel - de salle)* public address system, P.A. (system); *(- de discothèque)* sound system.
sonoriser [sɔnɔrize] *vt* **1.** *(film)* to add the soundtrack to. **2.** *(salle)* to wire for sound.
sonorité [sɔnɔrite] *nf* **1.** *(de piano, voix)* tone. **2.** *(de salle)* acoustics (*pl*).
sont → **être**.
sophistiqué, -e [sɔfistike] *adj* sophisticated.
soporifique [sɔpɔrifik] ◇ *adj* soporific. ◇ *nm* sleeping drug, soporific.
soprano [sɔprano] (*pl* **sopranos** OU **soprani** [sɔprani]) *nm ou nmf* soprano.
sorbet [sɔrbɛ] *nm* sorbet.
Sorbonne [sɔrbɔn] *nf*: **la ~** the Sorbonne *(oldest university in Paris)*.
sorcellerie [sɔrsɛlri] *nf* witchcraft, sorcery.
sorcier, -ère [sɔrsje, ɛr] *nm, f* sorcerer (*f* witch).
sordide [sɔrdid] *adj* squalid; *fig* sordid.
sornettes [sɔrnɛt] *nfpl* nonsense *(U)*.
sort [sɔr] *nm* **1.** *(maléfice)* spell; **jeter un ~ (à qqn)** to cast a spell (on sb). **2.** *(destinée)* fate. **3.** *(condition)* lot. **4.** *(hasard)*: **le ~** fate; **tirer au ~** to draw lots.
sortant, -e [sɔrtɑ̃, ɑ̃t] *adj* **1.** *(numéro)* winning. **2.** *(président)* outgoing (*avant n*).
sorte [sɔrt] *nf* sort, kind; **une ~ de** a sort of, a kind of; **toutes ~s de** all kinds of, all sorts of.
sortie [sɔrti] *nf* **1.** *(issue)* exit, way out; *(d'eau, d'air)* outlet; **~ de secours** emergency exit. **2.** *(départ)*: **c'est la ~ de l'école** it's home-time; **à la ~ du travail** when work finishes, after work. **3.** *(de produit)* launch, launching; *(de disque)* release; *(de livre)* publication. **4.** (*gén pl*) *(dépense)* outgoings (*pl*), expenditure *(U)*. **5.** *(excursion)* outing. **6.** (MIL) sortie. **7.** (INFORM): **~ imprimante** printout.
sortilège [sɔrtilɛʒ] *nm* spell.
sortir [sɔrtir] ◇ *vi* (*aux: être*) **1.** *(de la maison etc)* to leave, to go/come out; **~ de** to go/come out of, to leave. **2.** *(pour se distraire)* to go out. **3.** *fig*: **~ de** *(réserve, préjugés)* to shed. **4.** *fig (de maladie)*: **~ de** to get over, to recover from; *(coma)* to come out of. **5.** *(film, produit)* to come out; *(disque)* to be released. **6.** *(au jeu)* to come up. **7.** *(s'écarter de)*: **~ de** *(sujet)* to get away from; *(légalité, compétence)* to be outside. **8.** *loc*: **~ de l'ordinaire** to be out of the ordinary; **d'où il sort, celui-là?** where did HE spring from? ◇ *vt* (*aux: avoir*) **1.** *(gén)*: **~ qqch (de)** to take sthg out (of). **2.** *(de situation difficile)* to get out, to extract. **3.** *(produit)* to launch; *(disque)* to bring out, to release; *(livre)* to bring out, to publish. ◆ **se sortir** *vp fig (de pétrin)* to get out; **s'en ~** *(en réchapper)* to come out of it; *(y arriver)* to get through it.
SOS *nm* SOS; **lancer un ~** to send out an SOS.
sosie [sɔzi] *nm* double.
sot, sotte [so, sɔt] ◇ *adj* silly, foolish. ◇ *nm, f* fool.
sottise [sɔtiz] *nf* stupidity *(U)*, foolishness *(U)*; **dire/faire une ~** to say/do something stupid.
sou [su] *nm*: **être sans le ~** to be penniless. ◆ **sous** *nmpl fam* money *(U)*.
soubassement [subasmɑ̃] *nm* base.
soubresaut [subrəso] *nm* **1.** *(de voiture)* jolt. **2.** *(de personne)* start.
souche [suʃ] *nf* **1.** *(d'arbre)* stump. **2.** *(de carnet)* counterfoil, stub.
souci [susi] *nm* **1.** *(tracas)* worry; **se faire du ~** to worry. **2.** *(préoccupation)* concern. **3.** *(fleur)* marigold.
soucier [susje] ◆ **se soucier** *vp*: **se ~ de** to care about.
soucieux, -euse [susjø, øz] *adj* worried, concerned.
soucoupe [sukup] *nf* **1.** *(assiette)* saucer. **2.** *(vaisseau)*: **~ volante** flying saucer.
soudain, -e [sudɛ̃, ɛn] *adj* sudden. ◆ **soudain** *adv* suddenly, all of a sudden.
Soudan [sudɑ̃] *nm*: **le ~** the Sudan.
soude [sud] *nf* soda.
souder [sude] *vt* **1.** (TECHNOL) to weld, to solder. **2.** (MÉD) to knit. **3.** *fig (unir)* to bind together.
soudoyer [sudwaje] *vt* to bribe.
soudure [sudyr] *nf* (TECHNOL) welding; *(résultat)* weld.
souffert, -e [sufɛr, ɛrt] *pp* → **souffrir**.

souffle [sufl] *nm* 1. *(respiration)* breathing; *(expiration)* puff, breath; **un ~ d'air** *fig* a breath of air, a puff of wind. 2. *fig (inspiration)* inspiration. 3. *(d'explosion)* blast. 4. (MÉD): **~ au cœur** heart murmur. 5. *loc*: **avoir le ~ coupé** to have one's breath taken away.
souffler [sufle] ◇ *vt* 1. *(bougie)* to blow out. 2. *(vitre)* to blow out, to shatter. 3. *(chuchoter)*: **~ qqch à qqn** to whisper sthg to sb. 4. *fam (prendre)*: **~ qqch à qqn** to pinch sthg from sb. ◇ *vi* 1. *(gén)* to blow. 2. *(respirer)* to puff, to pant.
soufflet [suflɛ] *nm* 1. *(instrument)* bellows (*sg*). 2. *(de train)* connecting corridor, concertina vestibule. 3. (COUTURE) gusset.
souffleur, -euse [suflœr, øz] *nm, f* (THÉÂTRE) prompt. ◆ **souffleur** *nm (de verre)* blower.
souffrance [sufrɑ̃s] *nf* suffering.
souffrant, -e [sufrɑ̃, ɑ̃t] *adj* poorly.
souffre-douleur [sufrədulœr] *nm inv* whipping boy.
souffrir [sufrir] ◇ *vi* to suffer; **~ de** to suffer from; **~ du dos/cœur** to have back/heart problems. ◇ *vt* 1. *(ressentir)* to suffer. 2. *littéraire (supporter)* to stand, to bear.
soufre [sufr] *nm* sulphur.
souhait [swɛ] *nm* wish; **à tes/vos ~s!** bless you!
souhaiter [swete] *vt*: **~ qqch** to wish for sthg; **~ faire qqch** to hope to do sthg; **~ qqch à qqn** to wish sb sthg; **souhaiter que ...** (+ *subjonctif*) to hope that ...
souiller [suje] *vt littéraire (salir)* to soil; *fig & sout* to sully.
souillon [sujɔ̃] *nf péj* slut.
soûl, -e, saoul, -e [su, sul] *adj* drunk.
soulagement [sulaʒmɑ̃] *nm* relief.
soulager [sulaʒe] *vt (gén)* to relieve.
soûler, saouler [sule] *vt* 1. *fam (enivrer)*: **~ qqn** to get sb drunk; *fig* to intoxicate sb. 2. *fig & péj (de plaintes)*: **~ qqn** to bore sb silly. ◆ **se soûler** *vp fam* to get drunk.
soulèvement [sulɛvmɑ̃] *nm* uprising.
soulever [sulve] *vt* 1. *(poids)* to lift; *(rideau)* to raise. 2. *(question)* to raise, to bring up. 3. *(enthousiasme)* to generate, to arouse; *(tollé)* to stir up; **~ qqn contre** to stir sb up against. ◆ **se soulever** *vp* 1. *(s'élever)* to raise o.s., to lift o.s. 2. *(se révolter)* to rise up.
soulier [sulje] *nm* shoe.
souligner [suliɲe] *vt* 1. *(par un trait)* to underline. 2. *fig (insister sur)* to underline, to emphasize. 3. *(mettre en valeur)* to emphasize.
soumettre [sumɛtr] *vt* 1. *(astreindre)*: **~ qqn à** to subject sb to. 2. *(ennemi, peuple)* to subjugate. 3. *(problème)*: **~ qqch (à)** to submit sthg (to). ◆ **se soumettre** *vp*: **se ~ (à)** to submit (to).
soumis, -e [sumi, iz] ◇ *pp* → **soumettre**. ◇ *adj* submissive.
soumission [sumisjɔ̃] *nf* submission.
soupape [supap] *nf* valve.
soupçon [supsɔ̃] *nm* suspicion.
soupçonner [supsɔne] *vt (suspecter)* to suspect; **~ qqn de qqch/de faire qqch** to suspect sb of sthg/of doing sthg.
soupçonneux, -euse [supsɔnø, øz] *adj* suspicious.
soupe [sup] *nf* (CULIN) soup; **~ populaire** soup kitchen; **cracher dans la ~** *fig* to bite the hand that feeds.
souper [supe] ◇ *nm* supper. ◇ *vi* to have supper.
soupeser [supəze] *vt* 1. *(poids)* to feel the weight of. 2. *(juger)* to weigh up.
soupière [supjɛr] *nf* tureen.
soupir [supir] *nm* 1. *(souffle)* sigh; **pousser un ~** to let out OU give a sigh. 2. (MUS) crotchet rest *Br*, quarter-note rest *Am*.
soupirail, -aux [supiraj, o] *nm* barred basement window *(for ventilation purposes)*.
soupirant [supirɑ̃] *nm* suitor.
soupirer [supire] *vi (souffler)* to sigh.
souple [supl] *adj* 1. *(gymnaste)* supple. 2. *(pas)* lithe. 3. *(paquet, col)* soft. 4. *(tissu, cheveux)* flowing. 5. *(tuyau, horaire, caractère)* flexible.
souplesse [suplɛs] *nf* 1. *(de gymnaste)* suppleness. 2. *(flexibilité - de tuyau)* pliability, flexibility; *(- de matière)* suppleness. 3. *(de personne)* flexibility.
source [surs] *nf* 1. *(gén)* source. 2. *(d'eau)* spring; **prendre sa ~ à** to rise in.
sourcil [sursi] *nm* eyebrow; **froncer les ~s** to frown.
sourcilière [sursiljɛr] → **arcade**.
sourciller [sursije] *vi*: **sans ~** without batting an eyelid.
sourcilleux, -euse [sursijø, øz] *adj* fussy, finicky.
sourd, -e [sur, surd] ◇ *adj* 1. *(personne)* deaf. 2. *(bruit, voix)* muffled. 3. *(douleur)* dull. 4. *(lutte, hostilité)* silent. ◇ *nm, f* deaf person.
sourdement [surdəmɑ̃] *adv* 1. *(sans bruit)* dully. 2. *(secrètement)* silently.

sourdine [surdin] *nf* mute; **en ~** *(sans bruit)* softly; *(secrètement)* in secret.
sourd-muet, sourde-muette [surmɥɛ, surdmɥɛt] *nm, f* deaf-mute, deaf and dumb person.
sourdre [surdr] *vi* to well up.
souriant, -e [surjɑ̃, ɑ̃t] *adj* smiling, cheerful.
souricière [surisjɛr] *nf* mousetrap; *fig* trap.
sourire [surir] ◇ *vi* to smile; **~ à qqn** to smile at sb; *fig (destin, chance)* to smile on sb. ◇ *nm* smile.
souris [suri] *nf* mouse.
sournois, -e [surnwa, az] *adj* **1.** *(personne)* underhand. **2.** *fig (maladie, phénomène)* unpredictable.
sous [su] *prép* **1.** *(gén)* under; **nager ~ l'eau** to swim underwater; **~ la pluie** in the rain; **~ cet aspect** OU **angle** from that point of view. **2.** *(dans un délai de)* within; **~ huit jours** within a week.
sous-alimenté, -e [suzalimɑ̃te] *adj* malnourished, underfed.
sous-bois [subwa] *nm inv* undergrowth.
souscription [suskripsjɔ̃] *nf* subscription.
souscrire [suskrir] *vi*: **~ à** to subscribe to.
sous-développé, -e [sudevlɔpe] *adj* (ÉCON) underdeveloped; *fig & péj* backward.
sous-directeur, -trice [sudirɛktœr, tris] *nm, f* assistant manager (*f* assistant manageress).
sous-ensemble [suzɑ̃sɑ̃bl] *nm* subset.
sous-entendu [suzɑ̃tɑ̃dy] *nm* insinuation.
sous-estimer [suzɛstime] *vt* to underestimate, to underrate.
sous-évaluer [suzevalɥe] *vt* to underestimate.
sous-jacent, -e [suʒasɑ̃, ɑ̃t] *adj* underlying.
sous-louer [sulwe] *vt* to sublet.
sous-marin, -e [sumarɛ̃, in] *adj* underwater *(avant n)*. ◆ **sous-marin** *nm* submarine.
sous-officier [suzɔfisje] *nm* non-commissioned officer.
sous-préfecture [suprefɛktyr] *nf* sub-prefecture.
sous-préfet [suprefɛ] *nm* sub-prefect.
sous-produit [suprɔdɥi] *nm* **1.** *(objet)* by-product. **2.** *(imitation)* pale imitation.
soussigné, -e [susiɲe] ◇ *adj*: **je ~** I the undersigned. ◇ *nm, f* undersigned.
sous-sol [susɔl] *nm* **1.** *(de bâtiment)* basement. **2.** *(naturel)* subsoil.
sous-tasse [sutas] *nf* saucer.
sous-titre [sutitr] *nm* subtitle.
soustraction [sustraksjɔ̃] *nf* (MATHS) subtraction.
soustraire [sustrɛr] *vt* **1.** *(retrancher)*: **~ qqch de** to subtract sthg from. **2.** *sout (voler)*: **~ qqch à qqn** to take sthg away from sb. ◆ **se soustraire** *vp*: **se ~ à** to escape from.
sous-traitance [sutrɛtɑ̃s] *nf* subcontracting; **donner qqch en ~** to subcontract sthg.
sous-traitant, -e [sutrɛtɑ̃, ɑ̃t] *adj* subcontracting. ◆ **sous-traitant** *nm* subcontractor.
sous-verre [suvɛr] *nm inv* clip-frame.
sous-vêtement [suvɛtmɑ̃] *nm* undergarment; **~s** underwear *(U)*, underclothes.
soutane [sutan] *nf* cassock.
soute [sut] *nf* hold.
soutenance [sutnɑ̃s] *nf* viva.
souteneur [sutnœr] *nm* procurer.
soutenir [sutnir] *vt* **1.** *(immeuble, personne)* to support, to hold up. **2.** *(effort, intérêt)* to sustain. **3.** *(encourager)* to support; (POLIT) to back, to support. **4.** *(affirmer)*: **~ que** to maintain (that). **5.** *(résister à)* to withstand; *(regard, comparaison)* to bear.
soutenu, -e [sutny] *adj* **1.** *(style, langage)* elevated. **2.** *(attention, rythme)* sustained. **3.** *(couleur)* vivid.
souterrain, -e [sutɛrɛ̃, ɛn] *adj* underground. ◆ **souterrain** *nm* underground passage.
soutien [sutjɛ̃] *nm* support; **apporter son ~ à** to give one's support to.
soutien-gorge [sutjɛ̃gɔrʒ] (*pl* **soutiens-gorge**) *nm* bra.
soutirer [sutire] *vt fig (tirer)*: **~ qqch à qqn** to extract sthg from sb.
souvenir [suvnir] *nm* **1.** *(mémoire)* memory. **2.** *(objet)* souvenir. ◆ **se souvenir** *vp*: **se ~ de qqn/de qqch** to remember sb/sthg; **se ~ que** to remember (that).
souvent [suvɑ̃] *adv* often.
souvenu, -e [suvny] *pp* → **souvenir**.
souverain, -e [suvrɛ̃, ɛn] ◇ *adj* **1.** *(remède, état)* sovereign. **2.** *(indifférence)* supreme. ◇ *nm, f (monarque)* sovereign, monarch.
souveraineté [suvrɛnte] *nf* sovereignty.
soviétique [sɔvjetik] *adj* Soviet. ◆ **Soviétique** *nmf* Soviet (citizen).
soyeux, -euse [swajø, øz] *adj* silky.

soyez → **être**.
SPA (*abr de* **Société protectrice des animaux**) *nf French society for the protection of animals*, = RSPCA *Br*, = SPCA *Am*.
spacieux, -euse [spasjø, øz] *adj* spacious.
spaghettis [spagɛti] *nmpl* spaghetti *(U)*.
sparadrap [sparadra] *nm* sticking plaster.
spartiate [sparsjat] *adj (austère)* Spartan.
spasme [spasm] *nm* spasm.
spasmodique [spasmɔdik] *adj* spasmodic.
spatial, -e, -aux [spasjal, o] *adj* space (*avant n*).
spatule [spatyl] *nf* **1.** *(ustensile)* spatula. **2.** *(de ski)* tip.
speaker, speakerine [spikœr, spikrin] *nm, f* announcer.
spécial, -e, -aux [spesjal, o] *adj* **1.** *(particulier)* special. **2.** *fam (bizarre)* peculiar.
spécialiser [spesjalize] *vt* to specialize. ◆ **se spécialiser** *vp*: **se ~ (dans)** to specialize (in).
spécialiste [spesjalist] *nmf* specialist.
spécialité [spesjalite] *nf* speciality.
spécifier [spesifje] *vt* to specify.
spécifique [spesifik] *adj* specific.
spécimen [spesimɛn] *nm* **1.** *(représentant)* specimen. **2.** *(exemplaire)* sample.
spectacle [spɛktakl] *nm* **1.** (THÉÂTRE) show. **2.** *(domaine)* show business, entertainment. **3.** *(vue)* spectacle, sight.
spectaculaire [spɛktakylɛr] *adj* spectacular.
spectateur, -trice [spɛktatœr, tris] *nm, f* **1.** *(témoin)* witness. **2.** *(de spectacle)* spectator.
spectre [spɛktr] *nm* **1.** *(fantôme)* spectre. **2.** (PHYS) spectrum.
spéculateur, -trice [spekylatœr, tris] *nm, f* speculator.
spéculation [spekylasjɔ̃] *nf* speculation.
spéculer [spekyle] *vi*: **~ sur** (FIN) to speculate in; *fig (miser)* to count on.
speech [spitʃ] (*pl* **speeches**) *nm* speech.
spéléologie [speleɔlɔʒi] *nf (exploration)* potholing; *(science)* speleology.
spermatozoïde [spɛrmatɔzɔid] *nm* sperm, spermatozoon.
sperme [spɛrm] *nm* sperm, semen.
sphère [sfɛr] *nf* sphere.
sphérique [sferik] *adj* spherical.
spirale [spiral] *nf* spiral.
spirituel, -elle [spiritɥɛl] *adj* **1.** *(de l'âme, moral)* spiritual. **2.** *(drôle)* witty.
splendeur [splɑ̃dœr] *nf* **1.** *(beauté, prospérité)* splendour. **2.** *(merveille)*: **c'est une ~!** it's magnificent!
splendide [splɑ̃did] *adj* magnificent, splendid.
spongieux, -euse [spɔ̃ʒjø, øz] *adj* spongy.
sponsor [spɔ̃sɔr] *nm* sponsor.
sponsoriser [spɔ̃sɔrize] *vt* to sponsor.
spontané, -e [spɔ̃tane] *adj* spontaneous.
spontanéité [spɔ̃taneite] *nf* spontaneity.
sporadique [spɔradik] *adj* sporadic.
sport [spɔr] *nm* sport; **~s d'hiver** winter sports.
sportif, -ive [spɔrtif, iv] ◇ *adj* **1.** *(association, résultats)* sports (*avant n*). **2.** *(personne, physique)* sporty, athletic. **3.** *(fair play)* sportsmanlike, sporting. ◇ *nm, f* sportsman (*f* sportswoman).
spot [spɔt] *nm* **1.** *(lampe)* spot, spotlight. **2.** *(publicité)*: **~ (publicitaire)** commercial, advert.
sprint [sprint] *nm* (SPORT - *accélération)* spurt; *(- course)* sprint.
square [skwar] *nm* small public garden.
squash [skwaʃ] *nm* squash.
squelette [skəlɛt] *nm* skeleton.
squelettique [skəletik] *adj (corps)* emaciated.
St (*abr de* **saint**) St.
stabiliser [stabilize] *vt* **1.** *(gén)* to stabilize; *(meuble)* to steady. **2.** *(terrain)* to make firm. ◆ **se stabiliser** *vp* **1.** *(véhicule, prix, situation)* to stabilize. **2.** *(personne)* to settle down.
stabilité [stabilite] *nf* stability.
stable [stabl] *adj* **1.** *(gén)* stable. **2.** *(meuble)* steady, stable.
stade [stad] *nm* **1.** *(terrain)* stadium. **2.** *(étape & MÉD)* stage; **en être au ~ de/où** to reach the stage of/at which.
stage [staʒ] *nm* (SCOL) work placement; *(sur le temps de travail)* in-service training; **faire un ~** *(cours)* to go on a training course; *(expérience professionnelle)* to go on a work placement.

> Le mot anglais *stage* a plusieurs sens («étape», «scène» ou «activité théâtrale»), mais aucun d'entre eux ne correspond à celui de son homographe français. Celui-ci se traduit par *course* quand on parle d'un stage de loisirs ou de recyclage, et par *work placement* dans un contexte scolaire, lorsqu'il s'agit d'acquérir une expérience professionnelle.

stagiaire [staʒjɛr] ◇ *nmf* trainee. ◇ *adj* trainee (*avant n*).
stagnant, -e [stagnɑ̃, ɑ̃t] *adj* stagnant.
stagner [stagne] *vi* to stagnate.
stalactite [stalaktit] *nf* stalactite.
stalagmite [stalagmit] *nf* stalagmite.
stand [stɑ̃d] *nm* **1.** *(d'exposition)* stand. **2.** *(de fête)* stall.
standard [stɑ̃dar] ◇ *adj inv* standard. ◇ *nm* **1.** *(norme)* standard. **2.** *(téléphonique)* switchboard.
standardiste [stɑ̃dardist] *nmf* switchboard operator.
standing [stɑ̃diŋ] *nm* standing; **quartier de grand ~** select district.
star [star] *nf* (CIN) star.
starter [startɛr] *nm* (AUTOM) choke; **mettre le ~** to pull the choke out.
starting-block [startiŋblɔk] (*pl* **starting-blocks**) *nm* starting-block.
station [stasjɔ̃] *nf* **1.** *(arrêt - de bus)* stop; *(- de métro)* station; **à quelle ~ dois-je descendre?** which stop do I get off at?; **~ de taxis** taxi stand. **2.** *(installations)* station; **~ d'épuration** sewage treatment plant. **3.** *(ville)* resort; **~ balnéaire** seaside resort; **~ de ski/de sports d'hiver** ski/winter sports resort; **~ thermale** spa (town). **4.** *(position)* position. **5.** (INFORM): **~ de travail** work station.
stationnaire [stasjɔnɛr] *adj* stationary.
stationnement [stasjɔnmɑ̃] *nm* parking; **'~ interdit'** 'no parking'.
stationner [stasjɔne] *vi* to park.
station-service [stasjɔ̃sɛrvis] (*pl* **stations-service**) *nf* service station, petrol station *Br*, gas station *Am*.
statique [statik] *adj* static.
statisticien, -enne [statistisjɛ̃, ɛn] *nm, f* statistician.
statistique [statistik] ◇ *adj* statistical. ◇ *nf (donnée)* statistic.
statue [staty] *nf* statue.
statuer [statɥe] *vi*: **~ sur** to give a decision on.
statuette [statɥɛt] *nf* statuette.
statu quo [statykwo] *nm inv* status quo.
stature [statyr] *nf* stature.
statut [staty] *nm* status. ◆ **statuts** *nmpl* statutes.
statutaire [statytɛr] *adj* statutory.
Ste (*abr de* **sainte**) St.
Sté (*abr de* **société**) Co.
steak [stɛk] *nm* steak; **~ haché** mince.
stèle [stɛl] *nf* stele.
sténo [steno] ◇ *nmf* stenographer. ◇ *nf* shorthand.
sténodactylo [stenɔdaktilo] *nmf* shorthand typist.
sténodactylographie [stenɔdaktilɔgrafi] *nf* shorthand typing.
sténotypiste [stenɔtipist] *nmf* stenotypist.
stentor [stɑ̃tɔr] → **voix**.
step [stɛp] *nm* step aerobics *(U)*.
steppe [stɛp] *nf* steppe.
stéréo [stereo] ◇ *adj inv* stereo. ◇ *nf* stereo; **en ~** in stereo.
stéréotype [stereɔtip] *nm* stereotype.
stérile [steril] *adj* **1.** *(personne)* sterile, infertile; *(terre)* barren. **2.** *fig (inutile - discussion)* sterile; *(- efforts)* futile. **3.** (MÉD) sterile.
stérilet [sterilɛ] *nm* IUD, intra-uterine device.
stériliser [sterilize] *vt* to sterilize.
stérilité [sterilite] *nf litt & fig* sterility; *(d'efforts)* futility.
sternum [stɛrnɔm] *nm* breastbone, sternum.
stéthoscope [stetɔskɔp] *nm* stethoscope.
steward [stiwart] *nm* steward.
stigmate [stigmat] *nm* (*gén pl*) mark, scar.
stimulant, -e [stimylɑ̃, ɑ̃t] *adj* stimulating. ◆ **stimulant** *nm (remontant)* stimulant.
stimulation [stimylasjɔ̃] *nf* stimulation.
stimuler [stimyle] *vt* to stimulate.
stipuler [stipyle] *vt*: **~ que** to stipulate (that).
stock [stɔk] *nm* stock; **en ~** in stock.
stocker [stɔke] *vt* **1.** *(marchandises)* to stock. **2.** (INFORM) to store.
Stockholm [stɔkɔlm] *n* Stockholm.
stoïque [stɔik] *adj* stoical.
stop [stɔp] ◇ *interj* stop! ◇ *nm* **1.** *(panneau)* stop sign. **2.** *(auto-stop)* hitchhiking, hitching.
stopper [stɔpe] ◇ *vt (arrêter)* to stop, to halt. ◇ *vi* to stop.
store [stɔr] *nm* **1.** *(de fenêtre)* blind. **2.** *(de magasin)* awning.
strabisme [strabism] *nm* squint.
strangulation [strɑ̃gylasjɔ̃] *nf* strangulation.
strapontin [strapɔ̃tɛ̃] *nm (siège)* pull-down seat.
strass [stras] *nm* paste.
stratagème [strataʒɛm] *nm* stratagem.
stratégie [strateʒi] *nf* strategy.

stratégique [strateʒik] *adj* strategic.
stress [strɛs] *nm* stress.
stressant, -e [strɛsɑ̃, ɑ̃t] *adj* stressful.
strict, -e [strikt] *adj* 1. *(personne, règlement)* strict. 2. *(sobre)* plain. 3. *(absolu - minimum)* bare, absolute; *(- vérité)* absolute; **dans la plus ~e intimité** strictly in private; **au sens ~ du terme** in the strict sense of the word.
strident, -e [stridɑ̃, ɑ̃t] *adj* strident, shrill.
strié, -e [strije] *adj (rayé)* striped.
strier [strije] *vt* to streak.
strip-tease [striptiz] (*pl* **strip-teases**) *nm* striptease.
strophe [strɔf] *nf* verse.
structure [stryktyr] *nf* structure.
structurer [stryktyre] *vt* to structure.
studieux, -euse [stydjø, øz] *adj* 1. *(personne)* studious. 2. *(vacances)* study (*avant n*).
studio [stydjo] *nm* 1. (CIN, PHOT & TÉLÉ) studio. 2. *(appartement)* studio flat *Br*, studio apartment *Am*.
stupéfaction [stypefaksjɔ̃] *nf* astonishment, stupefaction.
stupéfait, -e [stypefɛ, ɛt] *adj* astounded, stupefied.
stupéfiant, -e [stypefjɑ̃, ɑ̃t] *adj* astounding, stunning. ◆ **stupéfiant** *nm* narcotic, drug.
stupeur [stypœr] *nf* 1. *(stupéfaction)* astonishment. 2. (MÉD) stupor.
stupide [stypid] *adj* stupid.
stupidité [stypidite] *nf* stupidity.
style [stil] *nm* 1. *(gén)* style. 2. (GRAM): **~ direct/indirect** direct/indirect speech.
styliste [stilist] *nmf* designer.
stylo [stilo] *nm* pen; **~ plume** fountain pen.
stylo-feutre [stiloføtr] *nm* felt-tip pen.
su, -e [sy] *pp* → **savoir**.
suave [sɥav] *adj (voix)* smooth; *(parfum)* sweet.
subalterne [sybaltɛrn] ◇ *nmf* subordinate, junior. ◇ *adj (rôle)* subordinate; *(employé)* junior.
subconscient, -e [sybkɔ̃sjɑ̃, ɑ̃t] *adj* subconscious. ◆ **subconscient** *nm* subconscious.
subdiviser [sybdivize] *vt* to subdivide.
subir [sybir] *vt* 1. *(conséquences, colère)* to suffer; *(personne)* to put up with. 2. *(opération, épreuve, examen)* to undergo. 3. *(dommages, pertes)* to sustain, to suffer; **~ une hausse** to be increased.
subit, -e [sybi, it] *adj* sudden.
subitement [sybitmɑ̃] *adv* suddenly.
subjectif, -ive [sybʒɛktif, iv] *adj (personnel, partial)* subjective.
subjonctif [sybʒɔ̃ktif] *nm* subjunctive.
subjuguer [sybʒyge] *vt* to captivate.
sublime [syblim] *adj* sublime.
submerger [sybmɛrʒe] *vt* 1. *(inonder)* to flood. 2. *(envahir)* to overcome, to overwhelm. 3. *(déborder)* to overwhelm; **être submergé de travail** to be swamped with work.
subordination [sybɔrdinasjɔ̃] *nf* subordination.
subordonné, -e [sybɔrdɔne] ◇ *adj* (GRAM) subordinate, dependent. ◇ *nm, f* subordinate.
subornation [sybɔrnasjɔ̃] *nf* bribing, subornation.
subrepticement [sybrɛptismɑ̃] *adv* surreptitiously.
subsidiaire [sybzidjɛr] *adj* subsidiary.
subsistance [sybzistɑ̃s] *nf* subsistence.
subsister [sybziste] *vi* 1. *(chose)* to remain. 2. *(personne)* to live, to subsist.
substance [sypstɑ̃s] *nf* 1. *(matière)* substance. 2. *(essence)* gist.
substantiel, -elle [sypstɑ̃sjɛl] *adj* substantial.
substantif [sypstɑ̃tif] *nm* noun.
substituer [sypstitɥe] *vt*: **~ qqch à qqch** to substitute sthg for sthg. ◆ **se substituer** *vp*: **se ~ à** *(personne)* to stand in for, to substitute for; *(chose)* to take the place of.
substitut [sypstity] *nm* 1. *(remplacement)* substitute. 2. (JUR) deputy public prosecutor.
substitution [sypstitysjɔ̃] *nf* substitution.
subterfuge [sypterfyʒ] *nm* subterfuge.
subtil, -e [syptil] *adj* subtle.
subtiliser [syptilize] *vt* to steal.
subtilité [syptilite] *nf* subtlety.
subvenir [sybvənir] *vi*: **~ à** to meet, to cover.
subvention [sybvɑ̃sjɔ̃] *nf* grant, subsidy.
subventionner [sybvɑ̃sjɔne] *vt* to give a grant to, to subsidize.
subversif, -ive [sybvɛrsif, iv] *adj* subversive.
succédané [syksedane] *nm* substitute.
succéder [syksede] *vt*: **~ à** *(suivre)* to follow; *(remplacer)* to succeed, to take over from. ◆ **se succéder** *vp* to follow one another.
succès [syksɛ] *nm* 1. *(gén)* success;

avoir du ~ to be very successful; **sans ~** *(essai)* unsuccessful; *(essayer)* unsuccessfully. 2. *(chanson, pièce)* hit.

successeur [syksesœr] *nm* 1. *(gén)* successor. 2. (JUR) successor, heir.

successif, -ive [syksesif, iv] *adj* successive.

succession [syksesjɔ̃] *nf* 1. *(gén)* succession; **une ~ de** a succession of; **prendre la ~ de qqn** to take over from sb, to succeed sb. 2. (JUR) succession, inheritance; **droits de ~** death duties.

succinct, -e [syksɛ̃, ɛ̃t] *adj* 1. *(résumé)* succinct. 2. *(repas)* frugal.

succion [syksjɔ̃, sysjɔ̃] *nf* suction, sucking.

succomber [sykɔ̃be] *vi*: **~ (à)** to succumb (to).

succulent, -e [sykylɑ̃, ɑ̃t] *adj* delicious.

succursale [sykyrsal] *nf* branch.

sucer [syse] *vt* to suck.

sucette [sysɛt] *nf* lolly *Br,* lollipop.

sucre [sykr] *nm* sugar; **~ en morceaux** lump sugar; **~ en poudre, ~ semoule** caster sugar.

sucré, -e [sykre] *adj (goût)* sweet.

sucrer [sykre] *vt* 1. *(café, thé)* to sweeten, to sugar. 2. *fam (permission)* to withdraw; *(passage, réplique)* to cut; **~ qqch à qqn** to take sthg away from sb.

sucrerie [sykrəri] *nf (friandise)* sweet *Br,* candy *Am.*

sucrette [sykrɛt] *nf* sweetener.

sucrier [sykrije] *nm* sugar bowl.

sud [syd] ◇ *nm* south; **un vent du ~** a southerly wind; **au ~** in the south; **au ~ (de)** to the south (of). ◇ *adj inv (gén)* south; *(province, région)* southern.

sud-africain, -e [sydafrikɛ̃, ɛn] (*mpl* **sud-africains**, *fpl* **sud-africaines**) *adj* South African. ◆ **Sud-Africain, -e** *nm, f* South African.

sud-américain, -e [sydamerikɛ̃, ɛn] (*mpl* **sud-américains**, *fpl* **sud-américaines**) *adj* South American. ◆ **Sud-Américain, -e** *nm, f* South American.

sudation [sydasjɔ̃] *nf* sweating.

sud-est [sydɛst] *nm & adj inv* southeast.

sud-ouest [sydwɛst] *nm & adj inv* southwest.

Suède [sɥɛd] *nf*: **la ~** Sweden.

suédois, -e [sɥedwa, az] *adj* Swedish. ◆ **suédois** *nm (langue)* Swedish. ◆ **Suédois, -e** *nm, f* Swede.

suer [sɥe] ◇ *vi* to sweat. ◇ *vt* to exude.

sueur [sɥœr] *nf* sweat; **avoir des ~s froides** *fig* to be in a cold sweat.

Suez [sɥɛz] *n*: **le canal de ~** the Suez Canal.

suffire [syfir] ◇ *vi* 1. *(être assez)*: **~ pour qqch/pour faire qqch** to be enough for sthg/to do sthg, to be sufficient for sthg/to do sthg; **ça suffit!** that's enough! 2. *(satisfaire)*: **~ à** to be enough for. ◇ *v impers*: **il suffit de ...** all that is necessary is ..., all that you have to do is ...; **il suffit que** (+ *subjonctif*): **il suffit que vous lui écriviez** all (that) you need do is write to him. ◆ **se suffire** *vp*: **se ~ à soi-même** to be self-sufficient.

suffisamment [syfizamɑ̃] *adv* sufficiently.

suffisant, -e [syfizɑ̃, ɑ̃t] *adj* 1. *(satisfaisant)* sufficient. 2. *(vaniteux)* self-important.

suffixe [syfiks] *nm* suffix.

suffocation [syfɔkasjɔ̃] *nf* suffocation.

suffoquer [syfɔke] ◇ *vt* 1. *(suj: chaleur, fumée)* to suffocate. 2. *fig (suj: colère)* to choke; *(suj: nouvelle, révélation)* to astonish, to stun. ◇ *vi* to choke.

suffrage [syfraʒ] *nm* vote.

suggérer [sygʒere] *vt* 1. *(proposer)* to suggest; **~ qqch à qqn** to suggest sthg to sb; **~ à qqn de faire qqch** to suggest that sb (should) do sthg. 2. *(faire penser à)* to evoke.

suggestif, -ive [sygʒɛstif, iv] *adj* 1. *(musique)* evocative. 2. *(pose, photo)* suggestive.

suggestion [sygʒɛstjɔ̃] *nf* suggestion.

suicidaire [sɥisidɛr] *adj* suicidal.

suicide [sɥisid] *nm* suicide.

suicider [sɥiside] ◆ **se suicider** *vp* to commit suicide, to kill o.s.

suie [sɥi] *nf* soot.

suinter [sɥɛ̃te] *vi* 1. *(eau, sang)* to ooze, to seep. 2. *(surface, mur)* to sweat; *(plaie)* to weep.

suis → **être**.

suisse [sɥis] ◇ *adj* Swiss. ◇ *nm* (RELIG) verger. ◆ **Suisse** ◇ *nf (pays)*: **la ~** Switzerland; **la ~ allemande/italienne/romande** German-/Italian-/French-speaking Switzerland. ◇ *nmf (personne)* Swiss (person); **les Suisses** the Swiss.

suite [sɥit] *nf* 1. *(de feuilleton)* continuation. 2. *(de maisons, de succès)* series; *(d'événements)* sequence. 3. *(succession)*: **prendre la ~ de** *(personne)* to succeed, to take over from; *(affaire)* to take over; **à la ~** one after the other; **à la ~ de** *fig* following. 4. *(escorte)* retinue. 5. (MUS) suite. 6. *(appartement)* suite. ◆ **suites**

nfpl consequences. ◆ **par suite de** *loc prép* owing to, because of.
suivant, -e [sɥivɑ̃, ɑ̃t] ◇ *adj* next, following. ◇ *nm, f* next OU following one; **au ~!** next!
suivi, -e [sɥivi] ◇ *pp* → **suivre**. ◇ *adj (visites)* regular; *(travail)* sustained; *(qualité)* consistent. ◆ **suivi** *nm* follow-up.
suivre [sɥivr] ◇ *vt* **1.** *(gén)* to follow; **'faire ~'** 'please forward'; **à ~** to be continued. **2.** *(suj: médecin)* to treat. ◇ *vi* **1.** (SCOL) to keep up. **2.** *(venir après)* to follow. ◆ **se suivre** *vp* to follow one another.
sujet, -ette [syʒɛ, ɛt] ◇ *adj*: **être ~ à qqch** to be subject OU prone to sthg. ◇ *nm, f (de souverain)* subject. ◆ **sujet** *nm* subject; **c'est à quel ~?** what is it about?; **~ de conversation** topic of conversation; **au ~ de** about, concerning.
sulfate [sylfat] *nm* sulphate.
sulfurique [sylfyrik] *adj* sulphuric.
super [sypɛr] *fam* ◇ *adj inv* super, great. ◇ *nm* four star (petrol) *Br*, premium *Am*.
superbe [sypɛrb] *adj* superb; *(enfant, femme)* beautiful.
supercherie [sypɛrʃəri] *nf* deception, trickery.
superficie [sypɛrfisi] *nf* **1.** *(surface)* area. **2.** *fig (aspect superficiel)* surface.
superficiel, -elle [sypɛrfisjɛl] *adj* superficial.
superflu, -e [sypɛrfly] *adj* superfluous. ◆ **superflu** *nm* superfluity.
supérieur, -e [syperjœr] ◇ *adj* **1.** *(étage)* upper. **2.** *(intelligence, qualité)* superior; **~ à** superior to; *(température)* higher than, above. **3.** *(équipe)* superior; *(cadre)* senior. **4.** *(classe)* upper, senior; *(enseignement)* higher. **5.** *péj (air)* superior. ◇ *nm, f* superior.
supériorité [syperjɔrite] *nf* superiority.
superlatif [sypɛrlatif] *nm* superlative.
supermarché [sypɛrmarʃe] *nm* supermarket.
superposer [sypɛrpoze] *vt* to stack. ◆ **se superposer** *vp* to be stacked; (GÉOL) to be superposed.
superproduction [sypɛrprɔdyksjɔ̃] *nf* spectacular.
superpuissance [sypɛrpɥisɑ̃s] *nf* superpower.
supersonique [sypɛrsɔnik] *adj* supersonic.
superstitieux, -euse [sypɛrstisjø, øz] *adj* superstitious.
superstition [sypɛrstisjɔ̃] *nf (croyance)* superstition.
superviser [sypɛrvize] *vt* to supervise.
supplanter [syplɑ̃te] *vt* to supplant.
suppléant, -e [sypleɑ̃, ɑ̃t] ◇ *adj* acting *(avant n)*, temporary. ◇ *nm, f* substitute, deputy.
suppléer [syplee] *vt* **1.** *littéraire (carence)* to compensate for. **2.** *(personne)* to stand in for.
supplément [syplemɑ̃] *nm* **1.** *(surplus)*: **un ~ de détails** additional details, extra details. **2.** (PRESSE) supplement. **3.** *(de billet)* extra charge.
supplémentaire [syplemɑ̃tɛr] *adj* extra, additional.
supplication [syplikasjɔ̃] *nf* plea.
supplice [syplis] *nm* torture; *fig (souffrance)* torture, agony.
supplier [syplije] *vt*: **~ qqn de faire qqch** to beg OU implore sb to do sthg.
support [sypɔr] *nm* **1.** *(socle)* support, base. **2.** *fig (de communication)* medium; **~ publicitaire** advertising medium.
supportable [sypɔrtabl] *adj* **1.** *(douleur)* bearable. **2.** *(conduite)* tolerable, acceptable.
supporter¹ [sypɔrte] *vt* **1.** *(soutenir, encourager)* to support. **2.** *(endurer)* to bear, to stand; **~ que** (+ *subjonctif*): **il ne supporte pas qu'on le contredise** he cannot bear being contradicted. **3.** *(résister à)* to withstand. ◆ **se supporter** *vp (se tolérer)* to bear OU stand each other.

> Bien que «supporter» puisse, dans certains contextes, se traduire par *to support*, ce verbe anglais est un faux ami lorsqu'il s'agit de traduire le sens principal de «supporter», c'est-à-dire «tolérer». Il faut, dans ce cas, utiliser *to bear* ou *to stand*. Comparez, par exemple, *she has three children to support*, «elle a trois enfants à charge» et «je ne supporte pas ces enfants!», *I can't stand these children!*

supporter² [sypɔrtɛr] *nm* supporter.
supposer [sypoze] *vt* **1.** *(imaginer)* to suppose, to assure; **en supposant que** (+ *subjonctif*), **à ~ que** (+ *subjonctif*) supposing (that). **2.** *(impliquer)* to imply, to presuppose.
supposition [sypozisjɔ̃] *nf* supposition, assumption.
suppositoire [sypozitwar] *nm* suppository.
suppression [sypresjɔ̃] *nf* **1.** *(de permis de conduire)* withdrawal; *(de document)*

suppression. **2.** *(de mot, passage)* deletion. **3.** *(de loi, poste)* abolition.

supprimer [syprime] *vt* **1.** *(document)* to suppress; *(obstacle)* to remove. **2.** *(mot)* to delete. **3.** *(loi, poste)* to abolish. **4.** *(témoin)* to do away with, to eliminate. **5.** *(permis, revenus)*: **~ qqch à qqn** to take sthg away from sb. **6.** *(douleur)* to take away, to suppress.

suprématie [sypremasi] *nf* supremacy.

suprême [syprɛm] *adj (gén)* supreme.

sur [syr] *prép* **1.** *(dessus)* on; *(au-dessus de)* above, over; **~ la table** on the table. **2.** *(direction)* towards; **~ la droite/gauche** on the right/left, to the right/left. **3.** *(distance)*: **travaux ~ 10 kilomètres** roadworks for 10 kilometres. **4.** *(d'après)* by; **juger qqn ~ sa mine** to judge sb by his/her appearance. **5.** *(grâce à)* on; **il vit ~ les revenus de ses parents** he lives on OU off his parents' income. **6.** *(au sujet de)* on, about. **7.** *(proportion)* out of; *(mesure)* by; **9 ~ 10** 9 out of 10; **un mètre ~ deux** one metre by two; **un jour ~ deux** every other day. ◆ **sur ce** *loc adv* whereupon.

sûr, -e [syr] *adj* **1.** *(sans danger)* safe. **2.** *(fiable - personne)* reliable, trustworthy; *(- goût)* reliable, sound; *(- investissement)* sound. **3.** *(certain)* sure, certain; **~ de** sure of; **~ et certain** absolutely certain; **~ de soi** self-confident.

surabondance [syrabɔ̃dɑ̃s] *nf* overabundance.

suraigu, -ë [syregy] *adj* high-pitched, shrill.

suranné, -e [syrane] *adj littéraire* old-fashioned, outdated.

surcharge [syrʃarʒ] *nf* **1.** *(excès de poids)* excess load; *(- de bagages)* excess weight. **2.** *fig (surcroît)*: **une ~ de travail** extra work. **3.** *(surabondance)* surfeit. **4.** *(de document)* alteration.

surcharger [syrʃarʒe] *vt* **1.** *(véhicule, personne)*: **~ (de)** to overload (with). **2.** *(texte)* to alter extensively.

surcroît [syrkrwa] *nm*: **un ~ de travail/d'inquiétude** additional work/anxiety.

surdité [syrdite] *nf* deafness.

surdoué, -e [syrdwe] *adj* exceptionally OU highly gifted.

sureffectif [syrefɛktif] *nm* overmanning, overstaffing.

surélever [syrɛlve] *vt* to raise, to heighten.

sûrement [syrmɑ̃] *adv* **1.** *(certainement)* certainly; **~ pas!** *fam* no way!, definitely not! **2.** *(sans doute)* certainly, surely. **3.** *(sans risque)* surely, safely.

surenchère [syrɑ̃ʃɛr] *nf* higher bid; *fig* overstatement, exaggeration.

surenchérir [syrɑ̃ʃerir] *vi* to bid higher; *fig* to try to go one better.

surendetté, -e [syrɑ̃dete] *adj* over-indebted.

surendettement [syrɑ̃dɛtmɑ̃] *nm* overindebtedness.

surestimer [syrɛstime] *vt* **1.** *(exagérer)* to overestimate. **2.** *(surévaluer)* to overvalue. ◆ **se surestimer** *vp* to overestimate o.s.

sûreté [syrte] *nf* **1.** *(sécurité)* safety; **en ~** safe; **de ~** safety *(avant n)*. **2.** *(fiabilité)* reliability. **3.** (JUR) surety.

surexposer [syrɛkspoze] *vt* to overexpose.

surf [sœrf] *nm* surfing.

surface [syrfas] *nf* **1.** *(extérieur)* surface. **2.** *(superficie)* surface area. ◆ **grande surface** *nf* hypermarket.

surfait, -e [syrfɛ, ɛt] *adj* overrated.

surfer [sœrfe] *vi* **1.** (SPORT) to go surfing. **2.** (INFORM): **~ sur** to surf.

surgelé, -e [syrʒəle] *adj* frozen. ◆ **surgelé** *nm* frozen food.

surgir [syrʒir] *vi* to appear suddenly; *fig (difficulté)* to arise, to come up.

surhumain, -e [syrymɛ̃, ɛn] *adj* superhuman.

surimpression [syrɛ̃presjɔ̃] *nf* double exposure.

sur-le-champ [syrləʃɑ̃] *loc adv* immediately, straightaway.

surlendemain [syrlɑ̃dmɛ̃] *nm*: **le ~** two days later; **le ~ de mon départ** two days after I left.

surligner [syrliɲe] *vt* to highlight.

surligneur [syrliɲœr] *nm* highlighter (pen).

surmenage [syrmənaʒ] *nm* overwork.

surmener [syrməne] *vt* to overwork. ◆ **se surmener** *vp* to overwork.

surmonter [syrmɔ̃te] *vt* **1.** *(obstacle, peur)* to overcome, to surmount. **2.** *(suj: statue, croix)* to surmount, to top.

surnager [syrnaʒe] *vi* **1.** *(flotter)* to float (on the surface). **2.** *fig (subsister)* to remain, to survive.

surnaturel, -elle [syrnatyrɛl] *adj* supernatural. ◆ **surnaturel** *nm*: **le ~** the supernatural.

surnom [syrnɔ̃] *nm* nickname.

Confondre «surnom» et *surname* peut être très ennuyeux, notamment dans une phrase comme *his surname is Smith, and his nickname is Billy,* qui n'a aucun sens si l'on traduit *surname* par «surnom». La traduction correcte est: «son nom de famille est Smith, et son surnom est Billy».

surnombre [syrnɔ̃br] ◆ **en surnombre** *loc adv* too many.
surpasser [syrpase] *vt* to surpass, to outdo. ◆ **se surpasser** *vp* to surpass OU excel o.s.
surpeuplé, -e [syrpœple] *adj* overpopulated.
surplomb [syrplɔ̃] ◆ **en surplomb** *loc adj* overhanging.
surplomber [syrplɔ̃be] ◇ *vt* to overhang. ◇ *vi* to be out of plumb.
surplus [syrply] *nm (excédent)* surplus.
surprenant, -e [syrprənɑ̃, ɑ̃t] *adj* surprising, amazing.
surprendre [syrprɑ̃dr] *vt* **1.** *(voleur)* to catch (in the act). **2.** *(secret)* to overhear. **3.** *(prendre à l'improviste)* to surprise, to catch unawares. **4.** *(étonner)* to surprise, to amaze.
surprise [syrpriz] ◇ *nf* surprise; **par ~** by surprise; **faire une ~ à qqn** to give sb a surprise. ◇ *adj (inattendu)* surprise *(avant n)*; **grève ~** lightning strike.
surproduction [syrprɔdyksjɔ̃] *nf* overproduction.
surréalisme [syrrealism] *nm* surrealism.
sursaut [syrso] *nm* **1.** *(de personne)* jump, start; **en ~** with a start. **2.** *(d'énergie)* burst, surge.
sursauter [syrsote] *vi* to start, to give a start.
sursis [syrsi] *nm* reprieve; **six mois avec ~** six months' suspended sentence.
sursitaire [syrsitɛr] *nmf* (MIL) *person whose call-up has been deferred.*
surtaxe [syrtaks] *nf* surcharge.
surtout [syrtu] *adv* **1.** *(avant tout)* above all. **2.** *(spécialement)* especially, particularly; **~ pas** certainly not. ◆ **surtout que** *loc conj fam* especially as.
survécu [syrveky] *pp* → **survivre**.
surveillance [syrvɛjɑ̃s] *nf* supervision; *(de la police, de militaire)* surveillance.
surveillant, -e [syrvɛjɑ̃, ɑ̃t] *nm, f* supervisor; *(de prison)* warder *Br*, guard.
surveiller [syrveje] *vt* **1.** *(enfant)* to watch, to keep an eye on; *(suspect)* to keep a watch on. **2.** *(travaux)* to supervise; *(examen)* to invigilate. **3.** *(ligne, langage)* to watch. ◆ **se surveiller** *vp* to watch o.s.
survenir [syrvənir] *vi* to occur.
survêtement [syrvɛtmɑ̃] *nm* tracksuit.
survie [syrvi] *nf (de personne)* survival.
survivant, -e [syrvivɑ̃, ɑ̃t] ◇ *nm, f* survivor. ◇ *adj* surviving.
survivre [syrvivr] *vi* to survive; **~ à** *(personne)* to outlive, to survive; *(accident, malheur)* to survive.
survoler [syrvɔle] *vt* **1.** *(territoire)* to fly over. **2.** *(texte)* to skim (through).
sus [sy(s)] *interj*: **~ à l'ennemi!** at the enemy! ◆ **en sus** *loc adv* moreover, in addition; **en ~ de** over and above, in addition to.
susceptibilité [sysɛptibilite] *nf* touchiness, sensitivity.
susceptible [sysɛptibl] *adj* **1.** *(ombrageux)* touchy, sensitive. **2.** *(en mesure de)*: **~ de faire qqch** liable OU likely to do sthg; **~ d'amélioration, ~ d'être amélioré** open to improvement.
susciter [sysite] *vt* **1.** *(intérêt, envie)* to arouse. **2.** *(ennuis)* to create.
suspect, -e [syspɛ, ɛkt] ◇ *adj* **1.** *(personne)* suspicious. **2.** *(douteux)* suspect. ◇ *nm, f* suspect.
suspecter [syspɛkte] *vt* to suspect, to have one's suspicions about; **~ qqn de qqch/de faire qqch** to suspect sb of sthg/of doing sthg.
suspendre [syspɑ̃dr] *vt* **1.** *(lustre, tableau)* to hang (up). **2.** *(pourparlers)* to suspend; *(séance)* to adjourn; *(journal)* to suspend publication of. **3.** *(fonctionnaire, constitution)* to suspend. **4.** *(jugement)* to postpone, to defer.
suspendu, -e [syspɑ̃dy] ◇ *pp* → **suspendre**. ◇ *adj* **1.** *(fonctionnaire)* suspended. **2.** *(séance)* adjourned.
suspens [syspɑ̃] ◆ **en suspens** *loc adv* in abeyance.
suspense [syspɑ̃s, syspɛns] *nm* suspense.
suspension [syspɑ̃sjɔ̃] *nf* **1.** *(gén)* suspension; **en ~** in suspension, suspended. **2.** *(de combat)* halt; *(d'audience)* adjournment. **3.** *(lustre)* light fitting.
suspicion [syspisjɔ̃] *nf* suspicion.
susurrer [sysyre] *vt & vi* to murmur.
suture [sytyr] *nf* suture.
svelte [zvɛlt] *adj* slender.
SVP *abr de* **s'il vous plaît**.
sweat-shirt [switʃœrt] (*pl* **sweat-shirts**) *nm* sweatshirt.

syllabe [silab] *nf* syllable.
symbole [sɛ̃bɔl] *nm* symbol.
symbolique [sɛ̃bɔlik] *adj* 1. *(figure)* symbolic. 2. *(geste, contribution)* token (*avant n*). 3. *(rémunération)* nominal.
symboliser [sɛ̃bɔlize] *vt* to symbolize.
symétrie [simetri] *nf* symmetry.
symétrique [simetrik] *adj* symmetrical.
sympa [sɛ̃pa] *adj fam (personne)* likeable, nice; *(soirée, maison)* pleasant, nice; *(ambiance)* friendly.
sympathie [sɛ̃pati] *nf* 1. *(pour personne, projet)* liking. 2. *(condoléances)* sympathy.
sympathique [sɛ̃patik] *adj* 1. *(personne)* likeable, nice; *(soirée, maison)* pleasant, nice; *(ambiance)* friendly. 2. (ANAT & MÉD) sympathetic.

> «Sympathique» ne se traduit pas par *sympathetic,* du moins dans les contextes courants. *Sympathetic* veut dire «compatissant», «compréhensif» (*he was sympathetic when I told him of my troubles,* «il a compati quand je lui ai raconté mes problèmes»). C'est *nice* que l'on utilise le plus souvent pour traduire «sympathique» («c'est un garçon vraiment sympathique», *he's a really nice boy*).

sympathiser [sɛ̃patize] *vi* to get on well; **~ avec qqn** to get on well with sb.
symphonie [sɛ̃fɔni] *nf* symphony.
symphonique [sɛ̃fɔnik] *adj* symphonic.
symptomatique [sɛ̃ptɔmatik] *adj* symptomatic.
symptôme [sɛ̃ptom] *nm* symptom.
synagogue [sinagɔg] *nf* synagogue.
synchroniser [sɛ̃krɔnize] *vt* to synchronize.
syncope [sɛ̃kɔp] *nf* 1. *(évanouissement)* blackout. 2. (MUS) syncopation.
syndic [sɛ̃dik] *nm (de copropriété)* representative.
syndicaliste [sɛ̃dikalist] ◇ *nmf* trade unionist. ◇ *adj* (trade) union (*avant n*).
syndicat [sɛ̃dika] *nm (d'employés, d'agriculteurs)* (trade) union; *(d'employeurs, de propriétaires)* association. ◆ **syndicat d'initiative** *nm* tourist office.
syndiqué, -e [sɛ̃dike] *adj* unionized.
syndrome [sɛ̃drom] *nm* syndrome.
synergie [sinɛrʒi] *nf* synergy, synergism.
synonyme [sinɔnim] ◇ *nm* synonym. ◇ *adj* synonymous.
syntaxe [sɛ̃taks] *nf* syntax.
synthé [sɛ̃te] *nm fam* synth.
synthèse [sɛ̃tɛz] *nf* 1. *(opération &* CHIM*)* synthesis. 2. *(exposé)* overview.
synthétique [sɛ̃tetik] *adj* 1. *(vue)* overall. 2. *(produit)* synthetic.
synthétiseur [sɛ̃tetizœr] *nm* synthesizer.
syphilis [sifilis] *nf* syphilis.
Syrie [siri] *nf*: **la ~** Syria.
syrien, -enne [sirjɛ̃, ɛn] *adj* Syrian. ◆ **Syrien, -enne** *nm, f* Syrian.
systématique [sistematik] *adj* systematic.
systématiser [sistematize] *vt* to systematize.
système [sistɛm] *nm* system; **~ expert** expert system; **~ d'exploitation** operating system; **~ nerveux** nervous system; **~ solaire** solar system.

T

t, T [te] *nm inv* t, T.
ta → **ton²**.
tabac [taba] *nm* 1. *(plante, produit)* tobacco; **~ blond** mild OU Virginia tobacco; **~ brun** dark tobacco; **~ à priser** snuff. 2. *(magasin)* tobacconist's.
tabagisme [tabaʒism] *nm* nicotine addiction.
tabernacle [tabɛrnakl] *nm* tabernacle.
table [tabl] *nf* table; **à ~!** lunch/dinner *etc* is ready!; **être à ~** to be at table, to be having a meal; **se mettre à ~** to sit down to eat; *fig* to come clean; **dresser** OU **mettre la ~** to lay the table; **~ de chevet** OU **de nuit** bedside table. ◆ **table des matières** *nf* contents (*pl*), table of contents. ◆ **table de multiplication** *nf* (multiplication) table.
tableau, -x [tablo] *nm* 1. *(peinture)* painting, picture; *fig (description)* picture. 2. (THÉÂTRE) scene. 3. *(panneau)* board; **~ d'affichage** notice board *Br*, bulletin board *Am*; **~ de bord** (AÉRON) instrument panel; (AUTOM) dashboard; **~ noir** blackboard. 4. *(de données)* table.
tabler [table] *vi*: **~ sur** to count OU bank on.
tablette [tablɛt] *nf* 1. *(planchette)*

shelf. **2.** *(de chewing-gum)* stick; *(de chocolat)* bar.
tableur [tablœr] *nm* spreadsheet.
tablier [tablije] *nm* **1.** *(de cuisinière)* apron; *(d'écolier)* smock. **2.** *(de pont)* roadway, deck.
tabloïd(e) [tablɔid] *nm* tabloid.
tabou, -e [tabu] *adj* taboo. ◆ **tabou** *nm* taboo.
tabouret [taburɛ] *nm* stool.
tabulateur [tabylatœr] *nm* tabulator, tab.
tac [tak] *nm*: **du ~ au ~** tit for tat.
tache [taʃ] *nf* **1.** *(de pelage)* marking; *(de peau)* mark; **~ de rousseur** OU **de son** freckle. **2.** *(de couleur, lumière)* spot, patch. **3.** *(sur nappe, vêtement)* stain. **4.** *littéraire (morale)* blemish.
tâche [taʃ] *nf* task.
tacher [taʃe] *vt* **1.** *(vêtement)* to stain, to mark. **2.** *(réputation)* to tarnish.
tâcher [taʃe] *vi*: **~ de faire qqch** to try to do sthg.
tacheter [taʃte] *vt* to spot, to speckle.
tacite [tasit] *adj* tacit.
taciturne [tasityrn] *adj* taciturn.
tact [takt] *nm* tact; **avoir du ~** to be tactful; **manquer de ~** to be tactless.
tactique [taktik] ◇ *adj* tactical. ◇ *nf* tactics (*pl*).
tag [tag] *nm identifying name written with a spray can on walls, the sides of trains etc.*
tagueur, -euse [tagœr, øz] *nm, f person who sprays their 'tag' on walls, the sides of trains etc.*
taie [tɛ] *nf (enveloppe)*: **~ (d'oreiller)** pillowcase, pillow slip.
taille [taj] *nf* **1.** *(coupe - de pierre)* cutting; *(- de haie)* pruning. **2.** *(stature)* height. **3.** *(mesure)* size; **vous faites quelle ~?** what size are you?, what size do you take?; **de ~** sizeable, considerable. **4.** *(milieu du corps)* waist.
taille-crayon [tajkrɛjɔ̃] (*pl* **taille-crayons**) *nm* pencil sharpener.
tailler [taje] *vt* **1.** *(chair, pierre)* to cut; *(haie)* to prune; *(crayon)* to sharpen; *(bois)* to carve. **2.** *(vêtement)* to cut out.
tailleur [tajœr] *nm* **1.** *(couturier)* tailor. **2.** *(vêtement)* (lady's) suit. **3.** *(de diamants, pierre)* cutter.
taillis [taji] *nm* coppice, copse.
tain [tɛ̃] *nm* silvering; **miroir sans ~** two-way mirror.
taire [tɛr] *vt* to conceal. ◆ **se taire** *vp* **1.** *(rester silencieux)* to be silent OU quiet. **2.** *(cesser de s'exprimer)* to fall silent; **tais-toi!** shut up!
Taiwan [tajwan] *n* Taiwan.
talc [talk] *nm* talcum powder.
talent [talɑ̃] *nm* talent; **avoir du ~** to be talented, to have talent; **les jeunes ~s** young talent *(U)*.
talentueux, -euse [talɑ̃tɥø, øz] *adj* talented.
talisman [talismɑ̃] *nm* talisman.
talkie-walkie [tɔkiwɔki] *nm* walkie-talkie.
talon [talɔ̃] *nm* **1.** *(gén)* heel; **~s aiguilles/hauts** stiletto/high heels; **~s plats** low OU flat heels. **2.** *(de chèque)* counterfoil, stub. **3.** (CARTES) stock.
talonner [talɔne] *vt* **1.** *(suj: poursuivant)* to be hard on the heels of. **2.** *(suj: créancier)* to harry, to hound.
talonnette [talɔnɛt] *nf (de chaussure)* heel cushion, heel-pad.
talquer [talke] *vt* to put talcum powder on.
talus [taly] *nm* embankment.
tambour [tɑ̃bur] *nm* **1.** *(instrument, cylindre)* drum. **2.** *(musicien)* drummer. **3.** *(porte à tourniquet)* revolving door.
tambourin [tɑ̃burɛ̃] *nm* **1.** *(à grelots)* tambourine. **2.** *(tambour)* tambourin.
tambouriner [tɑ̃burine] *vi*: **~ sur** OU **à** to drum on; **~ contre** to drum against.
tamis [tami] *nm (crible)* sieve.
Tamise [tamiz] *nf*: **la ~** the Thames.
tamisé, -e [tamize] *adj* subdued.
tamiser [tamize] *vt* **1.** *(farine)* to sieve. **2.** *(lumière)* to filter.
tampon [tɑ̃pɔ̃] *nm* **1.** *(bouchon)* stopper, plug. **2.** *(éponge)* pad; **~ à récurer** scourer. **3.** *(de coton, d'ouate)* pad; **~ hygiénique** OU **périodique** tampon. **4.** *(cachet)* stamp. **5.** *litt & fig (amortisseur)* buffer.
tamponner [tɑ̃pɔne] *vt* **1.** *(document)* to stamp. **2.** *(plaie)* to dab.
tam-tam [tamtam] (*pl* **tam-tams**) *nm* tom-tom.
tandem [tɑ̃dɛm] *nm* **1.** *(vélo)* tandem. **2.** *(duo)* pair; **en ~** together, in tandem.
tandis [tɑ̃di] ◆ **tandis que** *loc conj* **1.** *(pendant que)* while. **2.** *(alors que)* while, whereas.
tangage [tɑ̃gaʒ] *nm* pitching, pitch.
tangent, -e [tɑ̃ʒɑ̃, ɑ̃t] *adj*: **~ à** (MATHS) tangent to, tangential to; **c'était ~** *fig* it was close, it was touch and go. ◆ **tangente** *nf* tangent.
tangible [tɑ̃ʒibl] *adj* tangible.
tango [tɑ̃go] *nm* tango.
tanguer [tɑ̃ge] *vi* to pitch.
tanière [tanjɛr] *nf* den, lair.

tank [tɑ̃k] *nm* tank.

tanner [tane] *vt* 1. *(peau)* to tan. 2. *fam (personne)* to pester, to annoy.

---

tant [tɑ̃] *adv* 1. *(quantité)*: **~ de** so much; **~ de travail** so much work. 2. *(nombre)*: **~ de** so many; **~ d'élèves** so many pupils. 3. *(tellement)* such a lot, so much; **il l'aime ~** he loves her so much. 4. *(quantité indéfinie)* so much; **ça coûte ~** it costs so much. 5. *(un jour indéfini)*: **votre lettre du ~** your letter of such-and-such a date. 6. *(comparatif)*: **~ que** as much as. 7. *(valeur temporelle)*: **~ que** *(aussi longtemps que)* as long as; *(pendant que)* while. ◆ **en tant que** *loc conj* as. ◆ **tant bien que mal** *loc adv* after a fashion, somehow or other. ◆ **tant mieux** *loc adv* so much the better; **~ mieux pour lui** good for him. ◆ **tant pis** *loc adv* too bad; **~ pis pour lui** too bad for him.

tante [tɑ̃t] *nf (parente)* aunt.

tantinet [tɑ̃tinɛ] *nm*: **un ~ exagéré/trop long** a bit exaggerated/too long.

tantôt [tɑ̃to] *adv* 1. *(parfois)* sometimes. 2. *vieilli (après-midi)* this afternoon.

tapage [tapaʒ] *nm* 1. *(bruit)* row. 2. *fig (battage)* fuss *(U)*.

tapageur, -euse [tapaʒœr, øz] *adj* 1. *(hôte, enfant)* rowdy. 2. *(style)* flashy. 3. *(liaison, publicité)* blatant.

tape [tap] *nf* slap.

tape-à-l'œil [tapalœj] *adj inv* flashy.

taper [tape] ◇ *vt* 1. *(personne, cuisse)* to slap; **~ (un coup) à la porte** to knock at the door. 2. *(à la machine)* to type. ◇ *vi* 1. *(frapper)* to hit; **~ du poing sur** to bang one's fist on; **~ dans ses mains** to clap. 2. *(à la machine)* to type. 3. *fam (soleil)* to beat down. 4. *fig (critiquer)*: **~ sur qqn** to knock sb.

tapis [tapi] *nm* carpet; *(de gymnase)* mat; **~ roulant** *(pour bagages)* conveyor belt; *(pour personnes)* travolator.

tapisser [tapise] *vt*: **~ (de)** to cover (with).

tapisserie [tapisri] *nf* tapestry.

tapissier, -ère [tapisje, ɛr] *nm, f* 1. *(artisan)* tapestry maker. 2. *(décorateur)* (interior) decorator. 3. *(commerçant)* upholsterer.

tapoter [tapɔte] ◇ *vt* to tap; *(joue)* to pat. ◇ *vi*: **~ sur** to tap on.

taquin, -e [takɛ̃, in] *adj* teasing.

taquiner [takine] *vt* 1. *(suj: personne)* to tease. 2. *(suj: douleur)* to worry.

tarabuster [tarabyste] *vt* 1. *(suj: personne)* to badger. 2. *(suj: idée)* to niggle at.

tard [tar] *adv* late; **plus ~** later; **au plus ~** at the latest.

tarder [tarde] ◇ *vi*: **~ à faire qqch** *(attendre pour)* to delay OU put off doing sthg; *(être lent à)* to take a long time to do sthg; **le feu ne va pas ~ à s'éteindre** it won't be long before the fire goes out; **elle ne devrait plus ~ maintenant** she should be here any time now. ◇ *v impers*: **il me tarde de te revoir/qu'il vienne** I am longing to see you again/for him to come.

tardif, -ive [tardif, iv] *adj (heure)* late.

tare [tar] *nf* 1. *(défaut)* defect. 2. *(de balance)* tare.

tarif [tarif] *nm* 1. *(de restaurant, café)* price; *(de service)* rate, price; *(douanier)* tariff; **demi-~** half rate OU price; **~ réduit** reduced price; *(au cinéma)* concession. 2. *(tableau)* price list.

tarir [tarir] *vi* to dry up; **elle ne tarit pas d'éloges sur son professeur** she never stops praising her teacher. ◆ **se tarir** *vp* to dry up.

tarot [taro] *nm* tarot. ◆ **tarots** *nmpl* tarot cards.

tartare [tartar] *adj* Tartar; **(steak) ~** steak tartare.

tarte [tart] ◇ *nf* 1. *(gâteau)* tart. 2. *fam fig (gifle)* slap. ◇ *adj (avec ou sans accord) fam (idiot)* stupid.

tartine [tartin] *nf* slice of bread.

tartiner [tartine] *vt* 1. *(pain)* to spread; **fromage à ~** cheese spread. 2. *fam fig (pages)* to cover.

tartre [tartr] *nm* 1. *(de dents, vin)* tartar. 2. *(de chaudière)* fur, scale.

tas [ta] *nm* heap; **un ~ de** a lot of.

tasse [tas] *nf* cup; **~ à café/à thé** coffee/teacup; **~ de café/de thé** cup of coffee/tea.

tasser [tase] *vt* 1. *(neige)* to compress, to pack down. 2. *(vêtements, personnes)*: **~ qqn/qqch dans** to stuff sb/sthg into. ◆ **se tasser** *vp* 1. *(fondations)* to settle. 2. *fig (vieillard)* to shrink. 3. *(personnes)* to squeeze up. 4. *fam fig (situation)* to settle down.

tâter [tate] *vt* to feel; *fig* to sound out. ◆ **se tâter** *vp fam fig (hésiter)* to be in two minds.

tatillon, -onne [tatijɔ̃, ɔn] *adj* finicky.

tâtonnement [tatɔnmɑ̃] *nm (gén pl) (tentative)* trial and error *(U)*.

tâtonner [tatɔne] *vi* to grope around.

tâtons [tatɔ̃] ◆ **à tâtons** *loc adv*: **marcher/procéder à ~** to feel one's way.

tatouage [tatwaʒ] *nm (dessin)* tattoo.

tatouer [tatwe] *vt* to tattoo.

taudis [todi] *nm* slum.
taupe [top] *nf litt & fig* mole.
taureau, -x [tɔro] *nm (animal)* bull. ◆ **Taureau** *nm* (ASTROL) Taurus.
tauromachie [tɔrɔmaʃi] *nf* bull-fighting.
taux [to] *nm* rate; *(de cholestérol, d'alcool)* level; ~ **de change** exchange rate; ~ **d'intérêt** interest rate; ~ **de natalité** birth rate.
taverne [tavɛrn] *nf* tavern.
taxe [taks] *nf* tax; **hors** ~ exclusive of tax, before tax; *(boutique)* duty-free; **toutes ~s comprises** inclusive of tax; ~ **sur la valeur ajoutée** value added tax.
taxer [takse] *vt (imposer)* to tax.
taxi [taksi] *nm* 1. *(voiture)* taxi. 2. *(chauffeur)* taxi driver.
TB, tb (*abr de* **très bien**) VG.
Tchad [tʃad] *nm*: **le** ~ Chad.
tchécoslovaque [tʃekɔslɔvak] *adj* Czechoslovakian. ◆ **Tchécoslovaque** *nmf* Czechoslovak.
Tchécoslovaquie [tʃekɔslɔvaki] *nf*: **la** ~ Czechoslovakia.
tchèque [tʃɛk] ◇ *adj* Czech. ◇ *nm (langue)* Czech. ◆ **Tchèque** *nmf* Czech.
TD (*abr de* **travaux dirigés**) *nmpl* supervised practical work.

---

te [tə], **t'** *pron pers* 1. *(objet direct)* you. 2. *(objet indirect)* (to) you. 3. *(réfléchi)* yourself. 4. *(avec un présentatif)*: ~ **voici!** here you are!
technicien, -enne [tɛknisjɛ̃, ɛn] *nm, f* 1. *(professionnel)* technician. 2. *(spécialiste)*: ~ **(de)** expert (in).
technico-commercial, -e [tɛknikokɔmɛrsjal] (*mpl* **technico-commerciaux**, *fpl* **technico-commerciales**) *nm, f* sales engineer.
technique [tɛknik] ◇ *adj* technical. ◇ *nf* technique.
technocrate [tɛknɔkrat] *nmf* technocrat.
technologie [tɛknɔlɔʒi] *nf* technology.
technologique [tɛknɔlɔʒik] *adj* technological.
teckel [tekɛl] *nm* dachshund.
tee-shirt (*pl* **tee-shirts**), **T-shirt** (*pl* **T-shirts**) [tiʃœrt] *nm* T-shirt.
teigne [tɛɲ] *nf* 1. *(mite)* moth. 2. (MÉD) ringworm. 3. *fam fig & péj (femme)* cow; *(homme)* bastard.
teindre [tɛ̃dr] *vt* to dye.
teint, -e [tɛ̃, tɛ̃t] ◇ *pp* → **teindre**. ◇ *adj* dyed. ◆ **teint** *nm (carnation)* complexion. ◆ **teinte** *nf* colour.
teinté, -e [tɛ̃te] *adj* tinted; ~ **de** *fig* tinged with.
teinter [tɛ̃te] *vt* to stain.
teinture [tɛ̃tyr] *nf* 1. *(action)* dyeing. 2. *(produit)* dye. ◆ **teinture d'iode** *nf* tincture of iodine.
teinturerie [tɛ̃tyrri] *nf* 1. *(pressing)* dry cleaner's. 2. *(métier)* dyeing.
teinturier, -ère [tɛ̃tyrje, ɛr] *nm, f (de pressing)* dry cleaner.
tel [tɛl] (*f* **telle**, *mpl* **tels**, *fpl* **telles**) *adj* 1. *(valeur indéterminée)* such-and-such a; ~ **et** ~ such-and-such a. 2. *(semblable)* such; **un ~ homme** such a man; **de telles gens** such people; **je n'ai rien dit de** ~ I never said anything of the sort. 3. *(valeur intensive)* such; **un ~ génie** such a genius; **un ~ bonheur** such happiness. 4. *(introduit un exemple ou une énumération)*: ~ **(que)** such as, like. 5. *(introduit une comparaison)* like; ~ **quel** as it is/was *etc.* ◆ **à tel point que** *loc conj* to such an extent that. ◆ **de telle manière que** *loc conj* in such a way that. ◆ **de telle sorte que** *loc conj* with the result that, so that.
tél. (*abr de* **téléphone**) tel.
télé [tele] *nf fam* TV, telly *Br.*
téléachat [teleaʃa] *nm* teleshopping.
téléacteur, -trice [teleaktœr, -tris] *nm, f* telesalesperson.
Télécarte® [telekart] *nf* phonecard.
télécharger [teleʃarʒe] *vt* (INFORM) to download.
télécommande [telekɔmɑ̃d] *nf* remote control.
télécommunication [telekɔmynikasjɔ̃] *nf* telecommunications (*pl*).
télécopie [telekɔpi] *nf* fax.
télécopieur [telekɔpjœr] *nm* fax (machine).
téléfilm [telefilm] *nm* TV film.
télégramme [telegram] *nm* telegram.
télégraphe [telegraf] *nm* telegraph.
télégraphier [telegrafje] *vt* to telegraph.
téléguider [telegide] *vt* to operate by remote control; *fig* to mastermind.
télématique [telematik] *nf* telematics (*U*).
téléobjectif [teleɔbʒɛktif] *nm* telephoto lens (*sg*).
télépathie [telepati] *nf* telepathy.
téléphérique [teleferik] *nm* cableway.
téléphone [telefɔn] *nm* telephone; ~ **sans fil** cordless telephone; ~ **portable** mobile phone.
téléphoner [telefɔne] *vi* to telephone,

to phone; **~ à qqn** to telephone sb, to phone sb (up).
téléphonique [telefɔnik] *adj* telephone (*avant n*), phone (*avant n*).
téléprospection [teleprɔspɛksjɔ̃] *nf* telemarketing.
télescope [teleskɔp] *nm* telescope.
télescoper [teleskɔpe] *vt* to crash into. ◆ **se télescoper** *vp* to concertina.
télescopique [teleskɔpik] *adj (antenne)* telescopic.
téléscripteur [teleskriptœr] *nm* teleprinter *Br*, teletypewriter *Am*.
télésiège [telesjɛʒ] *nm* chairlift.
téléski [teleski] *nm* ski tow.
téléspectateur, -trice [telespɛktatœr, tris] *nm, f* (television) viewer.
télétravail, -aux [teletravaj] *nm* teleworking *(U)*.
téléviseur [televizœr] *nm* television (set).
télévision [televizjɔ̃] *nf* television; **à la ~** on television; **~ numérique** digital television.
télex [telɛks] *nm inv* telex.
tellement [tɛlmɑ̃] *adv* **1.** *(si, à ce point)* so; (+ *comparatif*) so much; **~ plus jeune que** so much younger than; **pas ~** not especially, not particularly; **ce n'est plus ~ frais** it's no longer all that fresh. **2.** *(autant)*: **~ de** *(personnes, objets)* so many; *(gentillesse, travail)* so much. **3.** *(tant)* so much; **elle a ~ changé** she's changed so much; **je ne comprends rien ~ il parle vite** he talks so quickly that I can't understand a word.
téméraire [temerɛr] ◇ *adj* **1.** *(audacieux)* bold. **2.** *(imprudent)* rash. ◇ *nmf* hothead.
témérité [temerite] *nf* **1.** *(audace)* boldness. **2.** *(imprudence)* rashness.
témoignage [temwaɲaʒ] *nm* **1.** (JUR) testimony, evidence *(U)*; **faux ~** perjury. **2.** *(gage)* token, expression; **en ~ de** as a token of. **3.** *(récit)* account.
témoigner [temwaɲe] ◇ *vt* **1.** *(manifester)* to show, to display. **2.** (JUR): **~ que** to testify that. ◇ *vi* (JUR) to testify; **~ contre** to testify against.
témoin [temwɛ̃] ◇ *nm* **1.** *(gén)* witness; **être ~ de qqch** to be a witness to sthg, to witness sthg; **~ oculaire** eyewitness. **2.** *littéraire (marque)*: **~ de** evidence *(U)* of. **3.** (SPORT) baton. ◇ *adj (appartement)* show (*avant n*).
tempe [tɑ̃p] *nf* temple.
tempérament [tɑ̃peramɑ̃] *nm* temperament; **avoir du ~** to be hot-blooded.
température [tɑ̃peratyr] *nf* temperature; **avoir de la ~** to have a temperature.
tempéré, -e [tɑ̃pere] *adj* temperate.
tempérer [tɑ̃pere] *vt (adoucir)* to temper; *fig (ardeur)* to moderate.
tempête [tɑ̃pɛt] *nf* storm.
tempêter [tɑ̃pete] *vi* to rage.
temple [tɑ̃pl] *nm* **1.** (HIST) temple. **2.** *(protestant)* church.
tempo [tɛmpo] *nm* tempo.
temporaire [tɑ̃pɔrɛr] *adj* temporary.
temporairement [tɑ̃pɔrɛrmɑ̃] *adv* temporarily.
temporel, -elle [tɑ̃pɔrɛl] *adj* **1.** *(défini dans le temps)* time (*avant n*). **2.** *(terrestre)* temporal.
temps [tɑ̃] *nm* **1.** *(gén)* time; **à plein ~** full-time; **à mi-~** half-time; **à ~ partiel** part-time; **en un ~ record** in record time; **au** OU **du ~ où** (in the days) when; **de mon ~** in my day; **ça prend un certain ~** it takes some time; **ces ~-ci, ces derniers ~** these days; **pendant ce ~** meanwhile; **en ~ utile** in due course; **en ~ de guerre/paix** in wartime/peacetime; **il était ~!** *iron* and about time too!; **avoir le ~ de faire qqch** to have time to do sthg; **~ libre** free time; **à ~** in time; **de ~ à autre** now and then OU again; **de ~ en ~** from time to time; **en même ~** at the same time; **tout le ~** all the time, the whole time; **avoir tout son ~** to have all the time in the world. **2.** (MUS) beat. **3.** (GRAM) tense. **4.** (MÉTÉOR) weather.
tenable [tənabl] *adj* bearable.
tenace [tənas] *adj* **1.** *(gén)* stubborn. **2.** *fig (odeur, rhume)* lingering.
ténacité [tenasite] *nf* **1.** *(d'odeur)* lingering nature. **2.** *(de préjugé, personne)* stubbornness.
tenailler [tənaje] *vt* to torment.
tenailles [tənaj] *nfpl* pincers.
tenancier, -ère [tənɑ̃sje, ɛr] *nm, f* manager (*f* manageress).
tendance [tɑ̃dɑ̃s] *nf* **1.** *(disposition)* tendency; **avoir ~ à qqch/à faire qqch** to have a tendency to sthg/to do sthg, to be inclined to sthg/to do sthg. **2.** *(économique, de mode)* trend.
tendancieux, -euse [tɑ̃dɑ̃sjø, øz] *adj* tendentious.
tendeur [tɑ̃dœr] *nm (sangle)* elastic strap *(for fastening luggage etc)*.
tendinite [tɑ̃dinit] *nf* tendinitis.
tendon [tɑ̃dɔ̃] *nm* tendon.
tendre[1] [tɑ̃dr] ◇ *adj* **1.** *(gén)* tender. **2.** *(matériau)* soft. **3.** *(couleur)* delicate.

◇ *nmf* tender-hearted person.
tendre² [tɑ̃dr] *vt* 1. *(corde)* to tighten. 2. *(muscle)* to tense. 3. *(objet, main)*: **~ qqch à qqn** to hold out sthg to sb. 4. *(bâche)* to hang. 5. *(piège)* to set (up). ◆ **se tendre** *vp* to tighten; *fig (relations)* to become strained.
tendresse [tɑ̃drɛs] *nf* 1. *(affection)* tenderness. 2. *(indulgence)* sympathy.
tendu, -e [tɑ̃dy] ◇ *pp* → **tendre²**. ◇ *adj* 1. *(fil, corde)* taut. 2. *(personne)* tense. 3. *(atmosphère, rapports)* strained. 4. *(main)* outstretched.
ténèbres [tenɛbr] *nfpl* darkness (*sg*), shadows; *fig* depths.
ténébreux, -euse [tenebrø, øz] *adj* 1. *fig (dessein, affaire)* mysterious. 2. *(personne)* serious, solemn.
teneur [tənœr] *nf* content; *(de traité)* terms (*pl*); **~ en alcool/cuivre** alcohol/copper content.

---

tenir [tənir] ◇ *vt* 1. *(objet, personne, solution)* to hold. 2. *(garder, conserver, respecter)* to keep. 3. *(gérer - boutique)* to keep, to run. 4. *(apprendre)*: **~ qqch de qqn** to have sthg from sb. 5. *(considérer)*: **~ qqn pour** to regard sb as. ◇ *vi* 1. *(être solide)* to stay up, to hold together. 2. *(durer)* to last. 3. *(être contenu)* to fit. 4. *(être attaché)*: **~ à** *(personne)* to care about; *(privilèges)* to value. 5. *(vouloir absolument)*: **~ à faire qqch** to insist on doing sthg. 6. *(ressembler)*: **~ de** to take after. 7. *(relever de)*: **~ de** to have something of. 8. *(dépendre de)*: **il ne tient qu'à toi de ...** it's entirely up to you to ... 9. *loc*: **~ bon** to stand firm; **tiens!** *(en donnant)* here!; *(surprise)* well, well! ◆ **se tenir** *vp* 1. *(réunion)* to be held. 2. *(personnes)* to hold one another; **se ~ par la main** to hold hands. 3. *(être présent)* to be. 4. *(être cohérent)* to make sense. 5. *(se conduire)* to behave (o.s.). 6. *(se retenir)*: **se ~ (à)** to hold on (to). 7. *(se borner)*: **s'en ~ à** to stick to.
tennis [tenis] ◇ *nm* *(sport)* tennis. ◇ *nmpl* tennis shoes.
ténor [tenɔr] *nm* (MUS) tenor.
tension [tɑ̃sjɔ̃] *nf* 1. *(contraction, désaccord)* tension. 2. (MÉD) pressure; **avoir de la ~** to have high blood pressure. 3. (ÉLECTR) voltage; **haute/basse ~** high/low voltage.
tentaculaire [tɑ̃takylɛr] *adj fig* sprawling.
tentant, -e [tɑ̃tɑ̃, ɑ̃t] *adj* tempting.
tentation [tɑ̃tasjɔ̃] *nf* temptation.
tentative [tɑ̃tativ] *nf* attempt; **~ de suicide** suicide attempt.
tente [tɑ̃t] *nf* tent.
tenter [tɑ̃te] *vt* 1. *(entreprendre)*: **~ qqch/de faire qqch** to attempt sthg/to do sthg. 2. *(plaire)* to tempt; **être tenté par qqch/de faire qqch** to be tempted by sthg/to do sthg.
tenture [tɑ̃tyr] *nf* hanging.
tenu, -e [təny] ◇ *pp* → **tenir**. ◇ *adj* 1. *(obligé)*: **être ~ de faire qqch** to be required OU obliged to do sthg. 2. *(en ordre)*: **bien/mal ~** well/badly kept.
ténu, -e [teny] *adj* 1. *(fil)* fine; *fig (distinction)* tenuous. 2. *(voix)* thin.
tenue [təny] *nf* 1. *(entretien)* running. 2. *(manières)* good manners (*pl*). 3. *(posture)* posture. 4. *(costume)* dress; **être en petite ~** to be scantily dressed. ◆ **tenue de route** *nf* roadholding.
ter [tɛr] ◇ *adv* (MUS) three times. ◇ *adj*: **12 ~** 12B.
Tergal® [tɛrgal] *nm* = Terylene®.
tergiverser [tɛrʒivɛrse] *vi* to shillyshally.
terme [tɛrm] *nm* 1. *(fin)* end; **mettre un ~ à** to put an end OU a stop to. 2. *(de grossesse)* term; **avant ~** prematurely. 3. *(échéance)* time limit; *(de loyer)* rent day; **à court/moyen/long ~** *(calculer)* in the short/medium/long term; *(projet)* short-/medium-/long-term. 4. *(mot, élément)* term. ◆ **termes** *nmpl* 1. *(expressions)* words. 2. *(de contrat)* terms.
terminaison [tɛrminɛzɔ̃] *nf* (GRAM) ending.
terminal, -e, -aux [tɛrminal, o] *adj* 1. *(au bout)* final. 2. (MÉD) *(phase)* terminal. ◆ **terminal, -aux** *nm* terminal. ◆ **terminale** *nf* (SCOL) = upper sixth year OU form *Br*, = twelfth grade *Am*.
terminer [tɛrmine] *vt* to end, to finish; *(travail, repas)* to finish. ◆ **se terminer** *vp* to end, to finish.
terminologie [tɛrminɔlɔʒi] *nf* terminology.
terminus [tɛrminys] *nm* terminus.
termite [tɛrmit] *nm* termite.
terne [tɛrn] *adj* dull.
ternir [tɛrnir] *vt* to dirty; *(métal, réputation)* to tarnish.
terrain [tɛrɛ̃] *nm* 1. *(sol)* soil; **vélo tout ~** mountain bike. 2. *(surface)* piece of land. 3. *(de football)* pitch; *(de golf)* course; **~ d'aviation** airfield; **~ de camping** campsite. 4. *fig (domaine)* ground.
terrasse [tɛras] *nf* terrace.
terrassement [tɛrasmɑ̃] *nm* *(action)* excavation.
terrasser [tɛrase] *vt* *(suj: personne)* to bring down; *(suj: émotion)* to over-

whelm; *(suj: maladie)* to conquer.

terre [tɛr] *nf* 1. *(monde)* world. 2. *(sol)* ground; **par ~** on the ground; **~ à ~** *fig* down-to-earth. 3. *(matière)* earth, soil. 4. *(propriété)* land *(U)*. 5. *(territoire, continent)* land. 6. (ÉLECTR) earth *Br*, ground *Am*. ◆ **Terre** *nf*: **la Terre** Earth.

terreau [tɛro] *nm* compost.

terre-plein [tɛrplɛ̃] *(pl* **terre-pleins**) *nm* platform.

terrer [tɛre] ◆ **se terrer** *vp* to go to earth.

terrestre [tɛrɛstr] *adj* 1. *(croûte, atmosphère)* of the earth. 2. *(animal, transport)* land *(avant n)*. 3. *(plaisir, paradis)* earthly. 4. *(considérations)* worldly.

terreur [tɛrœr] *nf* terror.

terrible [tɛribl] *adj* 1. *(gén)* terrible. 2. *(appétit, soif)* terrific, enormous. 3. *fam (excellent)* brilliant.

terriblement [tɛribləmɑ̃] *adv* terribly.

terrien, -enne [tɛrjɛ̃, ɛn] ◇ *adj (foncier)*: **propriétaire ~** landowner. ◇ *nm, f (habitant de la Terre)* earthling.

terrier [tɛrje] *nm* 1. *(tanière)* burrow. 2. *(chien)* terrier.

terrifier [tɛrifje] *vt* to terrify.

terrine [tɛrin] *nf* terrine.

territoire [tɛritwar] *nm* 1. *(pays, zone)* territory. 2. (ADMIN) area. ◆ **territoire d'outre-mer** *nm* (French) overseas territory.

territorial, -e, -aux [tɛritɔrjal, o] *adj* territorial.

terroir [tɛrwar] *nm* 1. *(sol)* soil. 2. *(région rurale)* country.

terroriser [tɛrɔrize] *vt* to terrorize.

terrorisme [tɛrɔrism] *nm* terrorism.

terroriste [tɛrɔrist] *nmf* terrorist.

tertiaire [tɛrsjɛr] ◇ *nm* tertiary sector. ◇ *adj* tertiary.

tes → **ton²**.

tesson [tɛsɔ̃] *nm* piece of broken glass.

test [tɛst] *nm* test; **~ de grossesse** pregnancy test.

testament [tɛstamɑ̃] *nm* will; *fig* legacy.

tester [tɛste] *vt* to test.

testicule [tɛstikyl] *nm* testicle.

tétaniser [tetanize] *vt* to cause to go into spasm; *fig* to paralyse.

tétanos [tetanos] *nm* tetanus.

têtard [tɛtar] *nm* tadpole.

tête [tɛt] *nf* 1. *(gén)* head; **de la ~ aux pieds** from head to foot OU toe; **la ~ en bas** head down; **la ~ la première** head first; **calculer qqch de ~** to calculate sthg in one's head; **~ chercheuse** homing head; **~ de lecture** read head; **~ de liste** main candidate; **être ~ en l'air** to have one's head in the clouds; **faire la ~** to sulk; **tenir ~ à qqn** to stand up to sb. 2. *(visage)* face. 3. *(de cortège, peloton)* head, front; **en ~** in the lead.

tête-à-queue [tɛtakø] *nm inv* spin.

tête-à-tête [tɛtatɛt] *nm inv* tête-à-tête.

tête-bêche [tɛtbɛʃ] *loc adv* head to tail.

tétée [tete] *nf* feed.

tétine [tetin] *nf* 1. *(de biberon, mamelle)* teat. 2. *(sucette)* dummy *Br*, pacifier *Am*.

têtu, -e [tety] *adj* stubborn.

texte [tɛkst] *nm* 1. *(écrit)* wording. 2. *(imprimé)* text. 3. *(extrait)* passage.

textile [tɛkstil] ◇ *adj* textile *(avant n)*. ◇ *nm* 1. *(matière)* textile. 2. *(industrie)*: **le ~** textiles *(pl)*, the textile industry.

textuel, -elle [tɛkstɥɛl] *adj* 1. *(analyse)* textual; *(citation)* exact; **il a dit ça, ~** those were his very OU exact words. 2. *(traduction)* literal.

texture [tɛkstyr] *nf* texture.

TF1 *(abr de* **Télévision Française 1**) *nf French independent television company.*

TGV *(abr de* **train à grande vitesse**) *nm French high-speed train.*

thaïlandais, -e [tajlɑ̃dɛ, ɛz] *adj* Thai. ◆ **Thaïlandais, -e** *nm, f* Thai.

Thaïlande [tajlɑ̃d] *nf*: **la ~** Thailand.

thalasso(thérapie) [talasɔ(terapi)] *nf* seawater therapy.

thé [te] *nm* tea.

théâtral, -e, -aux [teatral, o] *adj (ton)* theatrical.

théâtre [teatr] *nm* 1. *(bâtiment, représentation)* theatre. 2. *(art)*: **faire du ~** to be on the stage; **adapté pour le ~** adapted for the stage. 3. *(œuvre)* plays *(pl)*. 4. *(lieu)* scene; **~ d'opérations** (MIL) theatre of operations.

théière [tejɛr] *nf* teapot.

thématique [tematik] ◇ *adj* thematic. ◇ *nf* themes *(pl)*.

thème [tɛm] *nm* 1. *(sujet & MUS)* theme. 2. (SCOL) prose.

théologie [teɔlɔʒi] *nf* theology.

théorème [teɔrɛm] *nm* theorem.

théoricien, -enne [teɔrisjɛ̃, ɛn] *nm, f* theoretician.

théorie [teɔri] *nf* theory; **en ~** in theory.

théorique [teɔrik] *adj* theoretical.

thérapeute [terapøt] *nmf* therapist.

thérapie [terapi] *nf* therapy.

thermal, -e, -aux [tɛrmal, o] *adj* thermal.

thermes [tɛrm] *nmpl* thermal baths.
thermique [tɛrmik] *adj* thermal.
thermomètre [tɛrmɔmɛtr] *nm (instrument)* thermometer.
Thermos® [tɛrmos] *nm ou nf* Thermos® (flask).
thermostat [tɛrmɔsta] *nm* thermostat.
thèse [tɛz] *nf* **1.** *(opinion)* argument. **2.** (PHILO & UNIV) thesis; **~ de doctorat** doctorate. **3.** *(théorie)* theory.
thon [tɔ̃] *nm* tuna.
thorax [tɔraks] *nm* thorax.
thym [tɛ̃] *nm* thyme.
thyroïde [tirɔid] *nf* thyroid (gland).
Tibet [tibɛ] *nm*: **le ~** Tibet.
tibia [tibja] *nm* tibia.
tic [tik] *nm* tic.
ticket [tikɛ] *nm* ticket; **~ de caisse** (till) receipt; **~-repas** ≃ luncheon voucher.
tic-tac [tiktak] *nm inv* tick-tock.
tiède [tjɛd] *adj* **1.** *(eau)* tepid, lukewarm. **2.** *(vent)* mild. **3.** *(accueil)* lukewarm.
tiédir [tjedir] ◇ *vt* to warm. ◇ *vi* to become warm; **faire ~ qqch** to warm sthg.

---

tien [tjɛ̃] ◆ **le tien** (*f* **la tienne** [latjɛn], *mpl* **les tiens** [letjɛ̃], *fpl* **les tiennes** [letjɛn]) *pron poss* yours; **à la tienne!** cheers!
tierce [tjɛrs] ◇ *nf* **1.** (MUS) third. **2.** (CARTES & ESCRIME) tierce. ◇ *adj* → **tiers**.
tiercé [tjɛrse] *nm system of betting involving the first three horses in a race.*
tiers, tierce [tjɛr, tjɛrs] *adj*: **une tierce personne** a third party. ◆ **tiers** *nm* **1.** *(étranger)* outsider, stranger. **2.** *(tierce personne)* third party. **3.** *(de fraction)*: **le ~ de** one-third of.
tiers-monde [tjɛrmɔ̃d] *nm*: **le ~** the Third World.
tige [tiʒ] *nf* **1.** *(de plante)* stem, stalk. **2.** *(de bois, métal)* rod.
tignasse [tiɲas] *nf fam* mop (of hair).
tigre [tigr] *nm* tiger.
tigresse [tigrɛs] *nf* tigress.
tilleul [tijœl] *nm* lime (tree).
timbale [tɛ̃bal] *nf* **1.** *(gobelet)* (metal) cup. **2.** (MUS) kettledrum.
timbre [tɛ̃br] *nm* **1.** *(gén)* stamp. **2.** *(de voix)* timbre. **3.** *(de bicyclette)* bell.
timbrer [tɛ̃bre] *vt* to stamp.
timide [timid] ◇ *adj* **1.** *(personne)* shy. **2.** *(protestation, essai)* timid. **3.** *(soleil)* uncertain. ◇ *nmf* shy person.
timing [tajmiŋ] *nm* **1.** *(emploi du temps)* schedule. **2.** *(organisation)* timing.
timoré, -e [timɔre] *adj* fearful, timorous.
tintamarre [tɛ̃tamar] *nm fam* racket.
tintement [tɛ̃tmɑ̃] *nm (de cloche, d'horloge)* chiming; *(de pièces)* jingling.
tinter [tɛ̃te] *vi* **1.** *(cloche, horloge)* to chime. **2.** *(pièces)* to jingle.
tir [tir] *nm* **1.** (SPORT - *activité)* shooting; *(- lieu)*: **(centre de) ~** shooting range. **2.** *(trajectoire)* shot. **3.** *(salve)* fire (*U*). **4.** *(manière, action de tirer)* firing.
tirage [tiraʒ] *nm* **1.** *(de journal)* circulation; *(de livre)* print run; **à grand ~** mass circulation. **2.** *(du loto)* draw; **~ au sort** drawing lots. **3.** *(de cheminée)* draught.
tiraillement [tirajmɑ̃] *nm (gén pl)* **1.** *(crampe)* cramp. **2.** *(conflit)* conflict.
tirailler [tiraje] ◇ *vt* **1.** *(tirer sur)* to tug (at). **2.** *fig (écarteler)*: **être tiraillé par/entre qqch** to be torn by/between sthg. ◇ *vi* to fire wildly.
tiré, -e [tire] *adj (fatigué)*: **avoir les traits ~s** OU **le visage ~** to look drawn.
tire-bouchon [tirbuʃɔ̃] (*pl* **tire-bouchons**) *nm* corkscrew. ◆ **en tire-bouchon** *loc adv* corkscrew (*avant n*).
tirelire [tirlir] *nf* moneybox.
tirer [tire] ◇ *vt* **1.** *(gén)* to pull; *(rideaux)* to draw; *(tiroir)* to pull open. **2.** *(trait)* to draw. **3.** *(revue, livre)* to print. **4.** *(avec arme)* to fire. **5.** *(faire sortir - vin)* to draw off; **~ qqn de** *litt & fig* to help OU get sb out of; **~ un revolver de sa poche** to pull a gun out of one's pocket; **~ la langue** to stick out one's tongue. **6.** *(aux cartes, au loto)* to draw. **7.** *(plaisir, profit)* to derive. **8.** *(conclusion)* to draw; *(leçon)* to learn. ◇ *vi* **1.** *(tendre)*: **~ sur** to pull on OU at. **2.** *(aspirer)*: **~ sur** *(pipe)* to draw OU pull on. **3.** *(couleur)*: **bleu tirant sur le vert** greenish blue. **4.** *(cheminée)* to draw. **5.** *(avec arme)* to fire, to shoot. **6.** (SPORT) to shoot. ◆ **se tirer** *vp* **1.** *fam (s'en aller)* to push off. **2.** *(se sortir)*: **se ~ de** to get o.s. out of; **s'en ~** *fam* to escape.
tiret [tirɛ] *nm* dash.
tireur, -euse [tirœr, øz] *nm, f (avec arme)* gunman; **~ d'élite** marksman (*f* markswoman).
tiroir [tirwar] *nm* drawer.
tiroir-caisse [tirwarkɛs] *nm* till.
tisane [tizan] *nf* herb tea.
tisonnier [tizɔnje] *nm* poker.
tissage [tisaʒ] *nm* weaving.
tisser [tise] *vt litt & fig* to weave; *(suj: araignée)* to spin.

tissu [tisy] *nm* **1.** *(étoffe)* cloth, material. **2.** (BIOL) tissue.

titiller [titije] *vt* to titillate.

titre [titr] *nm* **1.** *(gén)* title. **2.** *(de presse)* headline; **gros ~** headline. **3.** *(universitaire)* diploma, qualification. **4.** (JUR) title; **~ de propriété** title deed. **5.** (FIN) security. ◆ **titre de transport** *nm* ticket. ◆ **à titre de** *loc prép*: **à ~ d'exemple** by way of example; **à ~ d'information** for information.

tituber [titybe] *vi* to totter.

titulaire [tityler] ◇ *adj (employé)* permanent; (UNIV) with tenure. ◇ *nmf (de passeport, permis)* holder; *(de poste, chaire)* occupant.

titulariser [titylarize] *vt* to give tenure to.

toast [tost] *nm* **1.** *(pain grillé)* toast *(U)*. **2.** *(discours)* toast; **porter un ~ à** to drink a toast to.

toboggan [tɔbɔgɑ̃] *nm* **1.** *(luge)* toboggan. **2.** *(de jardin)* slide; *(de piscine)* chute.

toc [tɔk] ◇ *interj*: **et ~!** so there! ◇ *nm fam*: **c'est du ~** it's fake; **en ~** fake *(avant n)*.

Togo [tɔgo] *nm*: **le ~** Togo.

toi [twa] *pron pers* you. ◆ **toi-même** *pron pers* yourself.

toile [twal] *nf* **1.** *(étoffe)* cloth; *(de lin)* linen; **~ cirée** oilcloth. **2.** *(tableau)* canvas, picture. ◆ **toile d'araignée** *nf* spider's web.

toilette [twalɛt] *nf* **1.** *(de personne, d'animal)* washing; **faire sa ~** to (have a) wash. **2.** *(vêtements)* outfit, clothes *(pl)*. ◆ **toilettes** *nfpl* toilet *(sg)*, toilets.

toise [twaz] *nf* height gauge.

toison [twazɔ̃] *nf* **1.** *(pelage)* fleece. **2.** *(chevelure)* mop (of hair).

toit [twa] *nm* roof; **~ ouvrant** sunroof.

toiture [twatyr] *nf* roof, roofing.

tôle [tol] *nf (de métal)* sheet metal; **~ ondulée** corrugated iron.

tolérance [tɔlerɑ̃s] *nf* **1.** *(gén)* tolerance. **2.** *(liberté)* concession.

tolérant, -e [tɔlerɑ̃, ɑ̃t] *adj* **1.** *(large d'esprit)* tolerant. **2.** *(indulgent)* liberal.

tolérer [tɔlere] *vt* to tolerate. ◆ **se tolérer** *vp* to put up with OU tolerate each other.

tollé [tɔle] *nm* protest.

tomate [tɔmat] *nf* tomato.

tombal, -e, -aux [tɔ̃bal, o] *adj*: **pierre ~e** gravestone.

tombant, -e [tɔ̃bɑ̃, ɑ̃t] *adj (moustaches)* drooping; *(épaules)* sloping.

tombe [tɔ̃b] *nf (fosse)* grave, tomb.

tombeau, -x [tɔ̃bo] *nm* tomb.

tombée [tɔ̃be] *nf* fall; **à la ~ du jour** OU **de la nuit** at nightfall.

tomber [tɔ̃be] *vi (aux: être)* **1.** *(gén)* to fall; **faire ~ qqn** to knock sb over OU down; **~ raide mort** to drop down dead; **~ bien** *(robe)* to hang well; *fig (visite, personne)* to come at a good time. **2.** *(cheveux)* to fall out. **3.** *(nouvelle)* to break. **4.** *(prix)* to drop, to fall; *(fièvre, vent)* to drop; *(jour)* to come to an end; *(colère)* to die down. **5.** *(devenir)*: **~ malade** to fall ill; **~ amoureux** to fall in love; **être bien/mal tombé** to be lucky/unlucky. **6.** *(trouver)*: **~ sur** to come across. **7.** *(attaquer)*: **~ sur** to set about. **8.** *(date)* to fall on.

tombola [tɔ̃bɔla] *nf* raffle.

tome [tɔm] *nm* volume.

ton[1] [tɔ̃] *nm* **1.** *(de voix)* tone; **hausser/baisser le ~** to raise/lower one's voice. **2.** (MUS) key; **donner le ~** to give the chord; *fig* to set the tone.

ton[2] [tɔ̃] (*f* **ta** [ta], *pl* **tes** [te]) *adj poss* your.

tonalité [tɔnalite] *nf* **1.** (MUS) tonality. **2.** *(au téléphone)* dialling tone.

tondeuse [tɔ̃døz] *nf (à cheveux)* clippers *(pl)*; **~ (à gazon)** mower, lawnmower.

tondre [tɔ̃dr] *vt (gazon)* to mow; *(mouton)* to shear; *(caniche, cheveux)* to clip.

tondu, -e [tɔ̃dy] *adj (caniche, cheveux)* clipped; *(pelouse)* mown.

tonicité [tɔnisite] *nf (des muscles)* tone.

tonifier [tɔnifje] *vt (peau)* to tone; *(esprit)* to stimulate.

tonique [tɔnik] *adj* **1.** *(boisson)* tonic *(avant n)*; *(froid)* bracing; *(lotion)* toning. **2.** (LING & MUS) tonic.

tonitruant, -e [tɔnitryɑ̃, ɑ̃t] *adj* booming.

tonnage [tɔnaʒ] *nm* tonnage.

tonnant, -e [tɔnɑ̃, ɑ̃t] *adj* thundering, thunderous.

tonne [tɔn] *nf (1000 kg)* tonne.

tonneau, -x [tɔno] *nm* **1.** *(baril)* barrel, cask. **2.** *(de voiture)* roll. **3.** (NAVIG) ton.

tonnelle [tɔnɛl] *nf* bower, arbour.

tonner [tɔne] *vi* to thunder.

tonnerre [tɔnɛr] *nm* thunder; **coup de ~** thunderclap; *fig* bombshell.

tonte [tɔ̃t] *nf (de mouton)* shearing; *(de gazon)* mowing; *(de caniche)* clipping.

tonus [tɔnys] *nm* 1. *(dynamisme)* energy. 2. *(de muscle)* tone.
top [tɔp] *nm (signal)* beep.
toper [tɔpe] *vi*: **tope-là!** right, you're on!
topographie [tɔpɔgrafi] *nf* topography.
toque [tɔk] *nf (de juge, de jockey)* cap; *(de cuisinier)* hat.
torche [tɔrʃ] *nf* torch.
torcher [tɔrʃe] *vt fam* 1. *(assiette, fesses)* to wipe. 2. *(travail)* to dash off.
torchon [tɔrʃɔ̃] *nm* 1. *(serviette)* cloth. 2. *fam (travail)* mess.
tordre [tɔrdr] *vt (gén)* to twist. ◆ **se tordre** *vp*: **se ~ la cheville** to twist one's ankle; **se ~ de rire** *fam fig* to double up with laughter.
tordu, -e [tɔrdy] ◇ *pp* → **tordre**. ◇ *adj fam (bizarre)* crazy; *(esprit)* warped.
tornade [tɔrnad] *nf* tornado.
torpeur [tɔrpœr] *nf* torpor.
torpille [tɔrpij] *nf* (MIL) torpedo.
torpiller [tɔrpije] *vt* to torpedo.
torréfaction [tɔrefaksjɔ̃] *nf* roasting.
torrent [tɔrɑ̃] *nm* torrent; **un ~ de** *fig (injures)* a stream of; *(lumière, larmes)* a flood of.
torrentiel, -elle [tɔrɑ̃sjɛl] *adj* torrential.
torride [tɔrid] *adj* torrid.
torse [tɔrs] *nm* chest.
torsade [tɔrsad] *nf* 1. *(de cheveux)* twist, coil. 2. *(de pull)* cable.
torsader [tɔrsade] *vt* to twist.
torsion [tɔrsjɔ̃] *nf* twisting; (PHYS) torsion.
tort [tɔr] *nm* 1. *(erreur)* fault; **avoir ~** to be wrong; **être dans son** OU **en ~** to be in the wrong; **à ~** wrongly. 2. *(préjudice)* wrong.
torticolis [tɔrtikɔli] *nm* stiff neck.
tortiller [tɔrtije] *vt (enrouler)* to twist; *(moustache)* to twirl. ◆ **se tortiller** *vp* to writhe, to wriggle.
tortionnaire [tɔrsjɔnɛr] *nmf* torturer.
tortue [tɔrty] *nf* tortoise; *fig* slowcoach *Br*, slowpoke *Am*.
tortueux, -euse [tɔrtɥø, øz] *adj* winding, twisting; *fig* tortuous.
torture [tɔrtyr] *nf* torture.
torturer [tɔrtyre] *vt* to torture.
tôt [to] *adv* 1. *(de bonne heure)* early. 2. *(vite)* soon, early. ◆ **au plus tôt** *loc adv* at the earliest.
total, -e, -aux [tɔtal, o] *adj* total. ◆ **total** *nm* total.
totalement [tɔtalmɑ̃] *adv* totally.
totaliser [tɔtalize] *vt* 1. *(additionner)* to add up, to total. 2. *(réunir)* to have a total of.
totalitaire [tɔtalitɛr] *adj* totalitarian.
totalitarisme [tɔtalitarism] *nm* totalitarianism.
totalité [tɔtalite] *nf* whole; **en ~** entirely.
totem [tɔtɛm] *nm* totem.
toubib [tubib] *nmf fam* doc.
touchant, -e [tuʃɑ̃, ɑ̃t] *adj* touching.
touche [tuʃ] *nf* 1. *(de clavier)* key; **~ de fonction** function key. 2. *(de peinture)* stroke. 3. *fig (note)*: **une ~ de** a touch of. 4. (PÊCHE) bite. 5. *(*FOOTBALL *- ligne)* touch line; *(- remise en jeu)* throw-in; *(*RUGBY *- ligne)* touch (line); *(- remise en jeu)* line-out. 6. (ESCRIME) hit.
toucher [tuʃe] ◇ *nm*: **le ~** the (sense of) touch; **au ~** to the touch. ◇ *vt* 1. *(palper, émouvoir)* to touch. 2. *(atteindre)* to reach; *(cible)* to hit. 3. *(salaire)* to get, to be paid; *(chèque)* to cash; *(gros lot)* to win. 4. *(concerner)* to affect, to concern. ◇ *vi*: **~ à** to touch; *(problème)* to touch on; *(maison)* to adjoin; **~ à sa fin** to draw to a close. ◆ **se toucher** *vp (maisons)* to be adjacent (to each other).
touffe [tuf] *nf* tuft.
touffu, -e [tufy] *adj (forêt)* dense; *(barbe)* bushy.
toujours [tuʒur] *adv* 1. *(continuité, répétition)* always; *(à tout jamais)* forever; **~ plus** more and more; **~ moins** less and less. 2. *(encore)* still. 3. *(de toute façon)* anyway, anyhow. ◆ **de toujours** *loc adj*: **ce sont des amis de ~** they are lifelong friends. ◆ **pour toujours** *loc adv* forever, for good. ◆ **toujours est-il que** *loc conj* the fact remains that.
toupet [tupɛ] *nm* 1. *(de cheveux)* quiff *Br*, tuft of hair. 2. *fam fig (aplomb)* cheek; **avoir du ~, ne pas manquer de ~** *fam* to have a cheek.
toupie [tupi] *nf* (spinning) top.
tour [tur] ◇ *nm* 1. *(périmètre)* circumference; **faire le ~ de** to go round; **faire un ~** to go for a walk/drive *etc*; **~ d'horizon** survey; **~ de piste** (SPORT) lap; **~ de taille** waist measurement. 2. *(rotation)* turn; **fermer à double ~** to double-lock. 3. *(plaisanterie)* trick. 4. *(succession)* turn; **à ~ de rôle** in turn; **~ à ~** alternately, in turn. 5. *(d'événements)* turn. 6. *(de potier)* wheel. ◇ *nf* 1. *(monument, de château)* tower; *(immeuble)* tower-block *Br*, high-rise *Am*. 2. (ÉCHECS)

rook, castle. ◆ **tour de contrôle** *nf* control tower.
tourbe [turb] *nf* peat.
tourbillon [turbijɔ̃] *nm* **1.** *(de vent)* whirlwind. **2.** *(de poussière, fumée)* swirl. **3.** *(d'eau)* whirlpool. **4.** *fig (agitation)* hurly-burly.
tourbillonner [turbijɔne] *vi* to whirl, to swirl; *fig* to whirl (round).
tourelle [turɛl] *nf* turret.
tourisme [turism] *nm* tourism.
touriste [turist] *nmf* tourist.
touristique [turistik] *adj* tourist (*avant n*).
tourment [turmɑ̃] *nm sout* torment.
tourmente [turmɑ̃t] *nf* **1.** *littéraire (tempête)* storm, tempest. **2.** *fig* turmoil.
tourmenter [turmɑ̃te] *vt* to torment. ◆ **se tourmenter** *vp* to worry o.s., to fret.
tournage [turnaʒ] *nm* (CIN) shooting.
tournant, -e [turnɑ̃, ɑ̃t] *adj (porte)* revolving; *(fauteuil)* swivel (*avant n*); *(pont)* swing (*avant n*). ◆ **tournant** *nm* bend; *fig* turning point.
tourné, -e [turne] *adj (lait)* sour, off.
tourne-disque [turnədisk] (*pl* **tourne-disques**) *nm* record player.
tournée [turne] *nf* **1.** *(voyage)* tour. **2.** *fam (consommations)* round.
tourner [turne] ◇ *vt* **1.** *(gén)* to turn. **2.** *(pas, pensées)* to turn, to direct. **3.** *(obstacle, loi)* to get round. **4.** (CIN) to shoot. ◇ *vi* **1.** *(gén)* to turn; *(moteur)* to turn over; *(planète)* to revolve; **~ autour de qqn** *fig* to hang around sb; **~ autour du pot** OU **du sujet** *fig* to beat about the bush. **2.** *fam (entreprise)* to tick over. **3.** *(lait)* to go off. ◆ **se tourner** *vp* to turn (right) round; **se ~ vers** to turn towards.
tournesol [turnəsɔl] *nm* sunflower.
tournevis [turnəvis] *nm* screwdriver.
tourniquet [turnikɛ] *nm* **1.** *(entrée)* turnstile. **2.** (MÉD) tourniquet.
tournis [turni] *nm fam*: **avoir le ~** to feel dizzy OU giddy.
tournoi [turnwa] *nm* tournament.
tournoyer [turnwaje] *vi* to wheel, to whirl.
tournure [turnyr] *nf* **1.** *(apparence)* turn. **2.** *(formulation)* form; **~ de phrase** turn of phrase.
tourteau, -x [turto] *nm (crabe)* crab.
tourterelle [turtərɛl] *nf* turtledove.
tous → **tout**.
Toussaint [tusɛ̃] *nf*: **la ~** All Saints' Day.
tousser [tuse] *vi* to cough.
toussotement [tusɔtmɑ̃] *nm* coughing.
toussoter [tusɔte] *vi* to cough.

tout [tu] (*f* **toute** [tut], *mpl* **tous** [tus], *fpl* **toutes** [tut]) ◇ *adj qualificatif* **1.** (*avec substantif singulier*) all; **~ le vin** all the wine; **~ un gâteau** a whole cake; **toute la journée/la nuit** all day/night, the whole day/night; **toute sa famille** all his family, his whole family. **2.** (*avec pronom démonstratif*): **~ ceci/cela** all this/that; **~ ce que je sais** all I know. ◇ *adj indéf* **1.** *(exprime la totalité)* all; **tous les gâteaux** all the cakes; **tous les deux** both of us/them *etc;* **tous les trois** all three of us/them *etc.* **2.** *(chaque)* every; **tous les jours** every day; **tous les deux ans** every two years. **3.** *(n'importe quel)* any; **à toute heure** at any time. ◇ *pron indéf* everything, all; **je t'ai ~ dit** I've told you everything; **ils voulaient tous la voir** they all wanted to see her; **c'est ~** that's all. ◆ **tout** ◇ *adv* **1.** *(tout à fait)* very, quite; **~ jeune/près** very young/near; **ils étaient ~ seuls** they were all alone; **~ en haut** right at the top. **2.** *(avec un gérondif)*: **~ en marchant** while walking. ◇ *nm*: **un ~** a whole; **le ~ est de ...** the main thing is to ... ◆ **du tout au tout** *loc adv* completely, entirely. ◆ **pas du tout** *loc adv* not at all. ◆ **tout à fait** *loc adv* **1.** *(complètement)* quite, entirely. **2.** *(exactement)* exactly. ◆ **tout à l'heure** *loc adv* **1.** *(futur)* in a little while, shortly; **à ~ à l'heure!** see you later! **2.** *(passé)* a little while ago. ◆ **tout de suite** *loc adv* immediately, at once.
tout-à-l'égout [tutalegu] *nm inv* mains drainage.
toutefois [tutfwa] *adv* however.
tout-petit [tup(ə)ti] (*pl* **tout-petits**) *nm* toddler, tot.
tout-puissant, toute-puissante [tupɥisɑ̃, tutpɥisɑ̃t] (*mpl* **tout-puissants**, *fpl* **toutes-puissantes**) *adj* omnipotent, all-powerful.
toux [tu] *nf* cough.
toxicité [tɔksisite] *nf* toxicity.
toxicomane [tɔksikɔman] *nmf* drug addict.
toxine [tɔksin] *nf* toxin.
toxique [tɔksik] *adj* toxic.
tps *abr de* **temps**.
trac [trak] *nm* nerves (*pl*); (THÉÂTRE) stage fright; **avoir le ~** to get nervous; (THÉÂTRE) to get stage fright.
tracas [traka] *nm* worry.
tracasser [trakase] *vt* to worry, to

bother. ◆ **se tracasser** *vp* to worry.
tracasserie [trakasri] *nf* annoyance.
trace [tras] *nf* 1. *(d'animal)* track. 2. *(de brûlure, fatigue)* mark. 3. *(gén pl) (vestige)* trace. 4. *(très petite quantité)*: **une ~ de** a trace of.
tracé [trase] *nm (lignes)* plan, drawing; *(de parcours)* line.
tracer [trase] *vt* 1. *(dessiner, dépeindre)* to draw. 2. *(route, piste)* to mark out.
trachéite [trakeit] *nf* throat infection.
tract [trakt] *nm* leaflet.
tractations [traktasjɔ̃] *nfpl* negotiations, dealings.
tracter [trakte] *vt* to tow.
tracteur [traktœr] *nm* tractor.
traction [traksjɔ̃] *nf* 1. *(action de tirer)* towing, pulling; **~ avant/arrière** front-/rear-wheel drive. 2. (TECHNOL) tensile stress. 3. *(*SPORT *- au sol)* press-up *Br*, push-up *Am*; *(- à la barre)* pull-up.
tradition [tradisjɔ̃] *nf* tradition.
traditionnel, -elle [tradisjɔnɛl] *adj* 1. *(de tradition)* traditional. 2. *(habituel)* usual.
traducteur, -trice [tradyktœr, tris] *nm, f* translator.
traduction [tradyksjɔ̃] *nf* translation.
traduire [tradɥir] *vt* 1. *(texte)* to translate; **~ qqch en français/anglais** to translate sthg into French/English. 2. *(révéler - crise)* to reveal, to betray; *(- sentiments, pensée)* to render, to express. 3. (JUR): **~ qqn en justice** to bring sb before the courts.
trafic [trafik] *nm* 1. *(de marchandises)* traffic, trafficking. 2. *(circulation)* traffic.
trafiquant, -e [trafikɑ̃, ɑ̃t] *nm, f* trafficker, dealer.
trafiquer [trafike] ◇ *vt* 1. *(falsifier)* to tamper with. 2. *fam (manigancer)*: **qu'est-ce que tu trafiques?** what are you up to? ◇ *vi* to be involved in trafficking.
tragédie [traʒedi] *nf* tragedy.
tragi-comédie [traʒikɔmedi] *(pl* **tragi-comédies**) *nf* tragicomedy.
tragique [traʒik] *adj* tragic.
tragiquement [traʒikmɑ̃] *adv* tragically.
trahir [trair] *vt* 1. *(gén)* to betray. 2. *(suj: moteur)* to let down; *(suj: forces)* to fail. ◆ **se trahir** *vp* to give o.s. away.
trahison [traizɔ̃] *nf* 1. *(gén)* betrayal. 2. (JUR) treason.
train [trɛ̃] *nm* 1. (TRANSPORT) train. 2. *(allure)* pace. 3. *loc*: **être en ~** *fig* to be on form. ◆ **train de vie** *nm* lifestyle. ◆ **en train de** *loc prép*: **être en ~ de lire/travailler** to be reading/working.
traînant, -e [trɛnɑ̃, ɑ̃t] *adj (voix)* drawling; *(démarche)* dragging.
traîne [trɛn] *nf* 1. *(de robe)* train. 2. *loc*: **être à la ~** to lag behind.
traîneau, -x [trɛno] *nm* sleigh, sledge.
traînée [trene] *nf* 1. *(trace)* trail. 2. *tfam péj (prostituée)* tart, whore.
traîner [trene] ◇ *vt* 1. *(tirer, emmener)* to drag. 2. *(trimbaler)* to lug around, to cart around. 3. *(maladie)* to be unable to shake off. ◇ *vi* 1. *(personne)* to dawdle. 2. *(maladie, affaire)* to drag on; **~ en longueur** to drag. 3. *(vêtements, livres)* to lie around OU about. ◆ **se traîner** *vp* 1. *(personne)* to drag o.s. along. 2. *(jour, semaine)* to drag.
train-train [trɛ̃trɛ̃] *nm fam* routine, daily grind.
traire [trɛr] *vt (vache)* to milk.
trait [trɛ] *nm* 1. *(ligne)* line, stroke; **~ d'union** hyphen. 2. *(gén pl) (de visage)* feature. 3. *(caractéristique)* trait, feature. 4. *loc*: **avoir ~ à** to be to do with, to concern. ◆ **d'un trait** *loc adv (boire, lire)* in one go.
traitant, -e [trɛtɑ̃, ɑ̃t] *adj (shampooing, crème)* medicated; → **médecin**.
traite [trɛt] *nf* 1. *(de vache)* milking. 2. (COMM) bill, draft. 3. *(d'esclaves)*: **la ~ des noirs** the slave trade; **la ~ des blanches** the white slave trade. ◆ **d'une seule traite** *loc adv* without stopping, in one go.
traité [trete] *nm* 1. *(ouvrage)* treatise. 2. (POLIT) treaty.
traitement [trɛtmɑ̃] *nm* 1. *(gén &* MÉD*)* treatment; **mauvais ~** ill-treatment. 2. *(rémunération)* wage. 3. (IND & INFORM) processing; **~ de texte** word processing. 4. *(de problème)* handling.
traiter [trete] ◇ *vt* 1. *(gén &* MÉD*)* to treat; **bien/mal ~ qqn** to treat sb well/badly. 2. *(qualifier)*: **~ qqn de lâche** to call sb a coward. 3. *(question)* to deal with. 4. (IND & INFORM) to process. ◇ *vi* 1. *(négocier)* to negotiate. 2. *(livre)*: **~ de** to deal with.
traiteur [trɛtœr] *nm* caterer.
traître, -esse [trɛtr, ɛs] ◇ *adj* treacherous. ◇ *nm, f* traitor.
traîtrise [trɛtriz] *nf* 1. *(déloyauté)* treachery. 2. *(acte)* act of treachery.
trajectoire [traʒɛktwar] *nf* trajectory, path; *fig* path.
trajet [traʒɛ] *nm* 1. *(distance)* distance. 2. *(itinéraire)* route. 3. *(voyage)* journey.

trame [tram] *nf* weft; *fig* framework.

tramer [trame] *vt sout* to plot. ◆ **se tramer** ◇ *vp* to be plotted. ◇ *v impers*: **il se trame quelque chose** there's something afoot.

trampoline [trɑ̃pɔlin] *nm* trampoline.

tram(way) [tram(wɛ)] *nm* tram *Br*, streetcar *Am*.

tranchant, -e [trɑ̃ʃɑ̃, ɑ̃t] *adj* 1. *(instrument)* sharp. 2. *(personne)* assertive. 3. *(ton)* curt. ◆ **tranchant** *nm* edge.

tranche [trɑ̃ʃ] *nf* 1. *(de gâteau, jambon)* slice; **~ d'âge** *fig* age bracket. 2. *(de livre, pièce)* edge. 3. *(période)* part, section. 4. *(de revenus)* portion; *(de paiement)* instalment; *(fiscale)* bracket.

trancher [trɑ̃ʃe] ◇ *vt (couper)* to cut; *(pain, jambon)* to slice; **~ la question** *fig* to settle the question. ◇ *vi* 1. *fig (décider)* to decide. 2. *(contraster)*: **~ avec** OU **sur** to contrast with.

tranquille [trɑ̃kil] *adj* 1. *(endroit, vie)* quiet; **laisser qqn/qqch ~** to leave sb/sthg alone; **se tenir/rester ~** to keep/remain quiet. 2. *(rassuré)* at ease, easy; **soyez ~** don't worry.

tranquillement [trɑ̃kilmɑ̃] *adv* 1. *(sans s'agiter)* quietly. 2. *(sans s'inquiéter)* calmly.

tranquillisant, -e [trɑ̃kilizɑ̃, ɑ̃t] *adj* 1. *(nouvelle)* reassuring. 2. *(médicament)* tranquillizing. ◆ **tranquillisant** *nm* tranquillizer.

tranquilliser [trɑ̃kilize] *vt* to reassure. ◆ **se tranquilliser** *vp* to set one's mind at rest.

tranquillité [trɑ̃kilite] *nf* 1. *(calme)* peacefulness, quietness. 2. *(sérénité)* peace, tranquillity.

transaction [trɑ̃zaksjɔ̃] *nf* transaction.

transat [trɑ̃zat] ◇ *nm* deckchair. ◇ *nf* transatlantic race.

transatlantique [trɑ̃zatlɑ̃tik] ◇ *adj* transatlantic. ◇ *nm* transatlantic liner. ◇ *nf* transatlantic race.

transcription [trɑ̃skripsjɔ̃] *nf (de document & MUS)* transcription; *(dans un autre alphabet)* transliteration; **~ phonétique** phonetic transcription.

transcrire [trɑ̃skrir] *vt (document & MUS)* to transcribe; *(dans un autre alphabet)* to transliterate.

transe [trɑ̃s] *nf*: **être en ~** *fig* to be beside o.s.

transférer [trɑ̃sfere] *vt* to transfer.

transfert [trɑ̃sfɛr] *nm* transfer.

transfigurer [trɑ̃sfigyre] *vt* to transfigure.

transformateur, -trice [trɑ̃sfɔrmatœr, tris] *adj* processing *(avant n)*. ◆ **transformateur** *nm* transformer.

transformation [trɑ̃sfɔrmasjɔ̃] *nf* 1. *(gén)* transformation. 2. (IND) processing. 3. (RUGBY) conversion.

transformer [trɑ̃sfɔrme] *vt* 1. *(gén)* to transform; *(magasin)* to convert; **~ qqch en** to turn sthg into. 2. (IND & RUGBY) to convert. ◆ **se transformer** *vp*: **se ~ en monstre** to turn into a monster.

transfuge [trɑ̃sfyʒ] *nmf* renegade.

transfuser [trɑ̃sfyze] *vt* to transfuse.

transfusion [trɑ̃sfyzjɔ̃] *nf*: **~ (sanguine)** (blood) transfusion.

transgresser [trɑ̃sgrese] *vt (loi)* to infringe; *(ordre)* to disobey.

transhumance [trɑ̃zymɑ̃s] *nf* transhumance.

transi, -e [trɑ̃zi] *adj*: **être ~ de** to be paralysed OU transfixed with; **être ~ de froid** to be chilled to the bone.

transiger [trɑ̃ziʒe] *vi*: **~ (sur)** to compromise (on).

transistor [trɑ̃zistɔr] *nm* transistor.

transit [trɑ̃zit] *nm* transit.

transiter [trɑ̃zite] *vi* to pass in transit.

transitif, -ive [trɑ̃sitif, iv] *adj* transitive.

transition [trɑ̃zisjɔ̃] *nf* transition; **sans ~** with no transition, abruptly.

transitivité [trɑ̃zitivite] *nf* transitivity.

transitoire [trɑ̃zitwar] *adj (passager)* transitory.

translucide [trɑ̃slysid] *adj* translucent.

transmettre [trɑ̃smɛtr] *vt* 1. *(message, salutations)*: **~ qqch (à)** to pass sthg on (to). 2. *(tradition, propriété)*: **~ qqch (à)** to hand sthg down (to). 3. *(pouvoir)*: **~ qqch (à)** to hand sthg over (to). 4. *(maladie)*: **~ qqch (à)** to transmit sthg (to), to pass sthg on (to). 5. *(émission)* to broadcast. ◆ **se transmettre** *vp* 1. *(maladie)* to be passed on, to be transmitted. 2. *(nouvelle)* to be passed on. 3. *(courant, onde)* to be transmitted. 4. *(tradition)* to be handed down.

transmissible [trɑ̃smisibl] *adj* 1. *(patrimoine)* transferable. 2. *(maladie)* transmissible.

transmission [trɑ̃smisjɔ̃] *nf* 1. *(de biens)* transfer. 2. *(de maladie)* transmission. 3. *(de message)* passing on. 4. *(de tradition)* handing down.

transparaître [trɑ̃sparɛtr] *vi* to show.

transparence [trɑ̃sparɑ̃s] *nf* transparency.

transparent, -e [trɑ̃sparɑ̃, ɑ̃t] *adj* transparent. ◆ **transparent** *nm* transparency.
transpercer [trɑ̃spɛrse] *vt* to pierce; *fig (suj: froid, pluie)* to go right through.
transpiration [trɑ̃spirasjɔ̃] *nf (sueur)* perspiration.
transpirer [trɑ̃spire] *vi* to perspire.
transplanter [trɑ̃splɑ̃te] *vt* to transplant.
transport [trɑ̃spɔr] *nm* transport *(U)*; **~s en commun** public transport *(sg)*.
transportable [trɑ̃spɔrtabl] *adj (marchandise)* transportable; *(blessé)* fit to be moved.
transporter [trɑ̃spɔrte] *vt (marchandises, personnes)* to transport.
transporteur [trɑ̃spɔrtœr] *nm (personne)* carrier; **~ routier** road haulier.
transposer [trɑ̃spoze] *vt* 1. *(déplacer)* to transpose. 2. *(adapter)*: **~ qqch (à)** to adapt sthg (for).
transposition [trɑ̃spozisjɔ̃] *nf* 1. *(déplacement)* transposition. 2. *(adaptation)*: **~ (à)** adaptation (for).
transsexuel, -elle [trɑ̃ssɛksɥɛl] *adj & nm, f* transsexual.
transvaser [trɑ̃svaze] *vt* to decant.
transversal, -e, -aux [trɑ̃svɛrsal, o] *adj* 1. *(coupe)* cross *(avant n)*. 2. *(chemin)* running at right angles, cross *(avant n) Am*. 3. *(vallée)* transverse.
trapèze [trapɛz] *nm* 1. (GÉOM) trapezium. 2. (GYM) trapeze.
trapéziste [trapezist] *nmf* trapeze artist.
trappe [trap] *nf* 1. *(ouverture)* trapdoor. 2. *(piège)* trap.
trapu, -e [trapy] *adj* 1. *(personne)* stocky, solidly built. 2. *(édifice)* squat.
traquenard [traknar] *nm* trap; *fig* trap, pitfall.
traquer [trake] *vt (animal)* to track; *(personne, faute)* to track OU hunt down.
traumatiser [tromatize] *vt* to traumatize.
traumatisme [tromatism] *nm* traumatism.
travail [travaj] *nm* 1. *(gén)* work *(U)*; **se mettre au ~** to get down to work; **demander du ~** *(projet)* to require some work. 2. *(emploi)* job; **~ intérimaire** temporary work. 3. *(du métal, du bois)* working. 4. *(phénomène - du bois)* warping; *(- du temps, fermentation)* action. 5. (MÉD): **être/entrer en ~** to be in/go into labour. ◆ **travaux** *nmpl* 1. *(d'aménagement)* work *(U)*; *(routiers)* roadworks; **travaux publics** civil engineering *(sg)*. 2. (SCOL): **travaux dirigés** class work; **travaux manuels** arts and crafts; **travaux pratiques** practical work *(U)*.
travaillé, -e [travaje] *adj* 1. *(matériau)* wrought, worked. 2. *(style)* laboured. 3. *(tourmenté)*: **être ~ par** to be tormented by.
travailler [travaje] ◇ *vi* 1. *(gén)* to work; **~ chez/dans** to work at/in; **~ à qqch** to work on sthg. 2. *(bois)* to warp. ◇ *vt* 1. *(étudier)* to work at OU on; *(piano)* to practise. 2. *(pour convaincre)* to work on. 3. *(suj: idée, remords)* to torment. 4. *(matière)* to work, to fashion.
travailleur, -euse [travajœr, øz] ◇ *adj* hard-working. ◇ *nm, f* worker.
travelling [travliŋ] *nm (mouvement)* travelling shot.
travers [travɛr] *nm* failing, fault. ◆ **à travers** *loc adv & loc prép* through. ◆ **au travers** *loc adv* through. ◆ **au travers de** *loc prép* through. ◆ **de travers** *loc adv* 1. *(écrire)* unevenly; **marcher de ~** to stagger. 2. *(nez, escalier)* crooked. 3. *(obliquement)* sideways. 4. *(mal)* wrong; **aller de ~** to go wrong; **comprendre qqch de ~** to misunderstand sthg. ◆ **en travers** *loc adv* crosswise. ◆ **en travers de** *loc prép* across.
traverse [travɛrs] *nf* 1. (RAIL) sleeper, tie *Am*. 2. *(chemin)* short cut.
traversée [travɛrse] *nf* crossing.
traverser [travɛrse] *vt* 1. *(rue, mer, montagne)* to cross; *(ville)* to go through. 2. *(peau, mur)* to go through, to pierce. 3. *(crise, période)* to go through.

> • L'idée rendue par le verbe «traverser» peut se traduire soit par *across* soit par *through*. *Across* suggère des surfaces planes et des espaces à deux dimensions (*I ran across the road; he swam across the lake*), alors que *through* évoque des espaces à trois dimensions, comprenant parfois un obstacle (*we walked through the wood; the nail went right through the wall*).

traversin [travɛrsɛ̃] *nm* bolster.
travestir [travɛstir] *vt* 1. *(déguiser)* to dress up. 2. *(vérité)* to distort. ◆ **se travestir** *vp* 1. *(pour bal)* to wear fancy dress. 2. *(en femme)* to put on drag.
trébucher [trebyʃe] *vi*: **~ (sur/contre)** to stumble (over/against).
trèfle [trɛfl] *nm* 1. *(plante)* clover. 2. *(carte)* club; *(famille)* clubs *(pl)*.

treille [trɛj] *nf* **1.** *(vigne)* climbing vine. **2.** *(tonnelle)* trellised vines (*pl*), vine arbour.

treillis [trɛji] *nm* **1.** *(clôture)* trellis (fencing). **2.** *(toile)* canvas. **3.** (MIL) combat uniform.

treize [trɛz] *adj num & nm* thirteen; *voir aussi* **six.**

treizième [trɛzjɛm] *adj num, nm & nmf* thirteenth; ~ **mois** *bonus corresponding to an extra month's salary which is paid annually; voir aussi* **sixième.**

trekking [trɛkiŋ] *nm* trek.

tréma [trema] *nm* diaeresis.

tremblant, -e [trɑ̃blɑ̃, ɑ̃t] *adj* **1.** *(personne - de froid)* shivering; *(- d'émotion)* trembling, shaking. **2.** *(voix)* quavering. **3.** *(lumière)* flickering.

tremblement [trɑ̃bləmɑ̃] *nm* **1.** *(de corps)* trembling. **2.** *(de voix)* quavering. **3.** *(de feuilles)* fluttering. ◆ **tremblement de terre** *nm* earthquake.

trembler [trɑ̃ble] *vi* **1.** *(personne - de froid)* to shiver; *(- d'émotion)* to tremble, to shake. **2.** *(voix)* to quaver. **3.** *(lumière)* to flicker. **4.** *(terre)* to shake.

trembloter [trɑ̃blɔte] *vi* **1.** *(personne)* to tremble. **2.** *(voix)* to quaver. **3.** *(lumière)* to flicker.

trémousser [tremuse] ◆ **se trémousser** *vp* to jig up and down.

trempe [trɑ̃p] *nf* **1.** *(envergure)* calibre; **de sa ~** of his/her calibre. **2.** *fam (coups)* thrashing.

tremper [trɑ̃pe] ◇ *vt* **1.** *(mouiller)* to soak. **2.** *(plonger)*: **~ qqch dans** to dip sthg into. **3.** *(métal)* to harden, to quench. ◇ *vi (linge)* to soak.

tremplin [trɑ̃plɛ̃] *nm litt & fig* springboard; (SKI) ski jump.

trentaine [trɑ̃tɛn] *nf* **1.** *(nombre)*: **une ~ de** about thirty. **2.** *(âge)*: **avoir la ~** to be in one's thirties.

trente [trɑ̃t] ◇ *adj num* thirty. ◇ *nm* thirty; *voir aussi* **six.**

trentième [trɑ̃tjɛm] *adj num, nm & nmf* thirtieth; *voir aussi* **sixième.**

trépasser [trepase] *vi littéraire* to pass away.

trépidant, -e [trepidɑ̃, ɑ̃t] *adj (vie)* hectic.

trépied [trepje] *nm (support)* tripod.

trépigner [trepiɲe] *vi* to stamp one's feet.

très [trɛ] *adv* very; **~ bien** very well; **j'ai ~ envie de ...** I'd very much like to ...

trésor [trezɔr] *nm* treasure. ◆ **Trésor** *nm*: **le Trésor public** the public revenue department.

trésorerie [trezɔrri] *nf* **1.** *(service)* accounts department. **2.** *(gestion)* accounts (*pl*). **3.** *(fonds)* finances (*pl*), funds (*pl*).

trésorier, -ère [trezɔrje, ɛr] *nm, f* treasurer.

tressaillement [tresajmɑ̃] *nm (de joie)* thrill; *(de douleur)* wince.

tressaillir [tresajir] *vi* **1.** *(de joie)* to thrill; *(de douleur)* to wince. **2.** *(sursauter)* to start, to jump.

tressauter [tresote] *vi (sursauter)* to jump, to start; *(dans véhicule)* to be tossed about.

tresse [trɛs] *nf* **1.** *(de cheveux)* plait. **2.** *(de rubans)* braid.

tresser [trese] *vt* **1.** *(cheveux)* to plait. **2.** *(osier)* to braid. **3.** *(panier)* to weave.

tréteau, -x [treto] *nm* trestle.

treuil [trœj] *nm* winch, windlass.

trêve [trɛv] *nf* **1.** *(cessez-le-feu)* truce. **2.** *fig (répit)* rest, respite; **~ de plaisanteries/de sottises** that's enough joking/nonsense. ◆ **sans trêve** *loc adv* relentlessly, unceasingly.

tri [tri] *nm (de lettres)* sorting; *(de candidats)* selection; **faire le ~ dans qqch** *fig* to sort sthg out.

triage [trijaʒ] *nm (de lettres)* sorting; *(de candidats)* selection.

triangle [trijɑ̃gl] *nm* triangle.

triangulaire [trijɑ̃gylɛr] *adj* triangular.

triathlon [trijatlɔ̃] *nm* triathlon.

tribal, -e, -aux [tribal, o] *adj* tribal.

tribord [tribɔr] *nm* starboard; **à ~** on the starboard side, to starboard.

tribu [triby] *nf* tribe.

tribulations [tribylasjɔ̃] *nfpl* tribulations, trials.

tribunal, -aux [tribynal, o] *nm* (JUR) court; **~ correctionnel** ≃ Magistrates' Court *Br*, ≃ County Court *Am*; **~ de grande instance** ≃ Crown Court *Br*, ≃ Circuit Court *Am*.

tribune [tribyn] *nf* **1.** *(d'orateur)* platform. **2.** *(gén pl) (de stade)* stand.

tribut [triby] *nm littéraire* tribute.

tributaire [tribytɛr] *adj*: **être ~ de** to depend OU be dependent on.

tricher [triʃe] *vi* **1.** *(au jeu, à examen)* to cheat. **2.** *(mentir)*: **~ sur** to lie about.

tricherie [triʃri] *nf* cheating.

tricheur, -euse [triʃœr, øz] *nm, f* cheat.

tricolore [trikɔlɔr] *adj* **1.** *(à trois couleurs)* three-coloured. **2.** *(français)* French.

tricot [triko] *nm* 1. *(vêtement)* jumper *Br*, sweater. 2. *(ouvrage)* knitting; **faire du ~** to knit. 3. *(étoffe)* knitted fabric, jersey.
tricoter [trikɔte] *vi & vt* to knit.
tricycle [trisikl] *nm* tricycle.
trier [trije] *vt* 1. *(classer)* to sort out. 2. *(sélectionner)* to select.
trilingue [trilɛ̃g] *adj* trilingual.
trimestre [trimɛstr] *nm (période)* term.
trimestriel, -elle [trimɛstrijɛl] *adj (loyer, magazine)* quarterly; (SCOL) end-of-term (*avant n*).
tringle [trɛ̃gl] *nf* rod; **~ à rideaux** curtain rod.
trinité [trinite] *nf littéraire* trinity. ◆ **Trinité** *nf*: **la Trinité** the Trinity.
trinquer [trɛ̃ke] *vi (boire)* to toast, to clink glasses; **~ à** to drink to.
trio [trijo] *nm* trio.
triomphal, -e, -aux [trijɔ̃fal, o] *adj (succès)* triumphal; *(accueil)* triumphant.
triomphant, -e [trijɔ̃fɑ̃, ɑ̃t] *adj (équipe)* winning; *(air)* triumphant.
triomphe [trijɔ̃f] *nm* triumph.
triompher [trijɔ̃fe] *vi (gén)* to triumph; **~ de** to triumph over.
tripes [trip] *nfpl* 1. *(d'animal, de personne)* guts. 2. (CULIN) tripe (*sg*).
triple [tripl] ◇ *adj* triple. ◇ *nm*: **le ~ (de)** three times as much (as).
triplé [triple] *nm* 1. *(au turf) bet on three horses winning in three different races.* 2. (SPORT) *(trois victoires)* hat-trick of victories. ◆ **triplés, -ées** *nm, f pl* triplets.
triste [trist] *adj* 1. *(personne, nouvelle)* sad; **être ~ de qqch/de faire qqch** to be sad about sthg/about doing sthg. 2. *(paysage, temps)* gloomy; *(couleur)* dull. 3. (*avant n*) *(lamentable)* sorry.
tristesse [tristɛs] *nf* 1. *(de personne, nouvelle)* sadness. 2. *(de paysage, temps)* gloominess.
triturer [trityre] *vt fam* to knead. ◆ **se triturer** *vp fam*: **se ~ l'esprit** OU **les méninges** to rack one's brains.
trivial, -e, -aux [trivjal, o] *adj* 1. *(banal)* trivial. 2. *péj (vulgaire)* crude, coarse.
troc [trɔk] *nm* 1. *(échange)* exchange. 2. *(système économique)* barter.
trois [trwa] ◇ *nm* three. ◇ *adj num* three; *voir aussi* **six**.
troisième [trwazjɛm] ◇ *adj num & nmf* third. ◇ *nm* third; *(étage)* third floor *Br*, fourth floor *Am*. ◇ *nf* 1. (SCOL) ≃ fourth year OU form *Br*, ≃ ninth grade *Am*. 2. *(vitesse)* third (gear); *voir aussi* **sixième**.
trombe [trɔ̃b] *nf* water spout.
trombone [trɔ̃bɔn] *nm* 1. *(agrafe)* paper clip. 2. *(instrument)* trombone.
trompe [trɔ̃p] *nf* 1. *(instrument)* trumpet. 2. *(d'éléphant)* trunk. 3. *(d'insecte)* proboscis. 4. (ANAT) tube.
trompe-l'œil [trɔ̃plœj] *nm inv* 1. *(peinture)* trompe-l'oeil; **en ~** done in trompe-l'oeil. 2. *(apparence)* deception.
tromper [trɔ̃pe] *vt* 1. *(personne)* to deceive; *(époux)* to be unfaithful to, to deceive. 2. *(vigilance)* to elude. ◆ **se tromper** *vp* to make a mistake, to be mistaken; **se ~ de jour/maison** to get the wrong day/house.
tromperie [trɔ̃pri] *nf* deception.
trompette [trɔ̃pɛt] *nf* trumpet.
trompettiste [trɔ̃petist] *nmf* trumpeter.
trompeur, -euse [trɔ̃pœr, øz] *adj* 1. *(personne)* deceitful. 2. *(calme, apparence)* deceptive.
tronc [trɔ̃] *nm* 1. *(d'arbre, de personne)* trunk. 2. *(d'église)* collection box. ◆ **tronc commun** *nm (de programmes)* common element OU feature; (SCOL) core syllabus.
tronçon [trɔ̃sɔ̃] *nm* 1. *(morceau)* piece, length. 2. *(de route)* section.
tronçonneuse [trɔ̃sɔnøz] *nf* chain saw.
trône [tron] *nm* throne.
trôner [trone] *vi (personne)* to sit enthroned; *(objet)* to have pride of place.
trop [tro] *adv* 1. (*devant adj, adv*) too; **~ vieux/loin** too old/far; **nous étions ~ nombreux** there were too many of us. 2. (*avec verbe*) too much; **nous étions ~** there were too many of us; **je n'aime pas ~ le chocolat** I don't like chocolate very much; **sans ~ savoir pourquoi** without really knowing why. 3. (*avec complément*): **~ de** *(quantité)* too much; *(nombre)* too many. ◆ **en trop, de trop** *loc adv* too much/many; **10 francs de** OU **en ~** 10 francs too much; **une personne de** OU **en ~** one person too many; **être de ~** *(personne)* to be in the way, to be unwelcome.
trophée [trɔfe] *nm* trophy.
tropical, -e, -aux [trɔpikal, o] *adj* tropical.
tropique [trɔpik] *nm* tropic. ◆ **tropiques** *nmpl* tropics.
trop-plein [troplɛ̃] (*pl* **trop-pleins**) *nm (excès)* excess; *fig* excess, surplus.
troquer [trɔke] *vt*: **~ qqch (contre)** to barter sthg (for); *fig* to swap sthg (for).

trot [tro] *nm* trot; **au ~** at a trot.
trotter [trɔte] *vi* **1.** *(cheval)* to trot. **2.** *(personne)* to run around.
trotteur, -euse [trɔtœr, øz] *nm, f* trotter. ◆ **trotteuse** *nf* second hand.
trottiner [trɔtine] *vi* to trot.
trottoir [trɔtwar] *nm* pavement *Br*, sidewalk *Am*.
trou [tru] *nm* **1.** *(gén)* hole; **~ d'air** air pocket. **2.** *(manque, espace vide)* gap; **~ de mémoire** memory lapse.
troublant, -e [trublɑ̃, ɑ̃t] *adj* disturbing.
trouble [trubl] ◇ *adj* **1.** *(eau)* cloudy. **2.** *(image, vue)* blurred. **3.** *(affaire)* shady. ◇ *nm* **1.** *(désordre)* trouble, discord. **2.** *(gêne)* confusion; *(émoi)* agitation. **3.** (*gén pl*) *(dérèglement)* disorder. ◆ **troubles** *nmpl (sociaux)* unrest *(U)*.
trouble-fête [trubləfɛt] *nmf inv* spoilsport.
troubler [truble] *vt* **1.** *(eau)* to cloud, to make cloudy. **2.** *(image, vue)* to blur. **3.** *(sommeil, événement)* to disrupt, to disturb. **4.** *(esprit, raison)* to cloud. **5.** *(inquiéter, émouvoir)* to disturb. **6.** *(rendre perplexe)* to trouble. ◆ **se troubler** *vp* **1.** *(eau)* to become cloudy. **2.** *(personne)* to become flustered.
trouée [true] *nf* gap; (MIL) breach.
trouer [true] *vt* **1.** *(chaussette)* to make a hole in. **2.** *fig (silence)* to disturb.
trouille [truj] *nf fam* fear, terror.
troupe [trup] *nf* **1.** (MIL) troop. **2.** *(d'amis)* group, band. **3.** (THÉÂTRE) theatre group.
troupeau, -x [trupo] *nm (de vaches, d'éléphants)* herd; *(de moutons, d'oies)* flock; *péj (de personnes)* herd.
trousse [trus] *nf* case, bag; **~ de secours** first-aid kit; **~ de toilette** toilet bag.
trousseau, -x [truso] *nm* **1.** *(de mariée)* trousseau. **2.** *(de clefs)* bunch.
trouvaille [truvaj] *nf* **1.** *(découverte)* find, discovery. **2.** *(invention)* new idea.
trouver [truve] ◇ *vt* to find; **~ que** to feel (that); **~ bon/mauvais que ...** to think (that) it is right/wrong that ... ◇ *v impers*: **il se trouve que ...** the fact is that ... ◆ **se trouver** *vp* **1.** *(dans un endroit)* to be. **2.** *(dans un état)* to find o.s. **3.** *(se sentir)* to feel; **se ~ mal** to faint.
truand [tryɑ̃] *nm* crook.
truc [tryk] *nm* **1.** *(combine)* trick. **2.** *fam (chose)* thing, thingamajig; **ce n'est pas son ~** it's not his thing.
trucage = **truquage**.
truculent, -e [trykylɑ̃, ɑ̃t] *adj* colourful.
truelle [tryɛl] *nf* trowel.
truffe [tryf] *nf* **1.** *(champignon)* truffle. **2.** *(museau)* muzzle.
truffer [tryfe] *vt* **1.** *(volaille)* to garnish with truffles. **2.** *fig (discours)*: **~ de** to stuff with.
truie [trɥi] *nf* sow.
truite [trɥit] *nf* trout.
truquage, trucage [trykaʒ] *nm* (CIN) (special) effect.
truquer [tryke] *vt* **1.** *(élections)* to rig. **2.** (CIN) to use special effects in.
trust [trœst] *nm* **1.** *(groupement)* trust. **2.** *(entreprise)* corporation.
ts *abr de* **tous**.
tsar [tsar]**, tzar** [dzar] *nm* tsar.
tsigane = **tzigane**.
TSVP (*abr de* **tournez s'il vous plaît**) PTO.
tt *abr de* **tout**.
tt conf. *abr de* **tout confort**.
ttes *abr de* **toutes**.
TTX (*abr de* **traitement de texte**) WP.
tu[1]**, -e** [ty] *pp* → **taire**.

---

tu[2] [ty] *pron pers* you.
tuba [tyba] *nm* **1.** (MUS) tuba. **2.** *(de plongée)* snorkel.
tube [tyb] *nm* **1.** *(gén)* tube; **~ cathodique** cathode ray tube. **2.** *fam (chanson)* hit. ◆ **tube digestif** *nm* digestive tract.
tubercule [tybɛrkyl] *nm* (BOT) tuber.
tuberculose [tybɛrkyloz] *nf* tuberculosis.
tuer [tɥe] *vt* to kill. ◆ **se tuer** *vp* **1.** *(se suicider)* to kill o.s. **2.** *(par accident)* to die.
tuerie [tyri] *nf* slaughter.
tue-tête [tytɛt] ◆ **à tue-tête** *loc adv* at the top of one's voice.
tueur, -euse [tɥœr, øz] *nm, f* killer.
tuile [tɥil] *nf* **1.** *(de toit)* tile. **2.** *fam (désagrément)* blow.
tulipe [tylip] *nf* tulip.
tulle [tyl] *nm* tulle.
tuméfié, -e [tymefje] *adj* swollen.
tumeur [tymœr] *nf* tumour.
tumulte [tymylt] *nm* **1.** *(désordre)* hubbub. **2.** *littéraire (trouble)* tumult.
tunique [tynik] *nf* tunic.
Tunisie [tynizi] *nf*: **la ~** Tunisia.
tunisien, -enne [tynizjɛ̃, ɛn] *adj* Tunisian. ◆ **Tunisien, -enne** *nm, f* Tunisian.
tunnel [tynɛl] *nm* tunnel.
turban [tyrbɑ̃] *nm* turban.
turbine [tyrbin] *nf* turbine.
turbo [tyrbo] *nm ou nf* turbo.

turbulence [tyrbylɑ̃s] *nf* (MÉTÉOR) turbulence.
turbulent, -e [tyrbylɑ̃, ɑ̃t] *adj* boisterous.
turc, -turque [tyrk] *adj* Turkish. ◆ **turc** *nm (langue)* Turkish. ◆ **Turc, Turque** *nm, f* Turk.
turf [tœrf] *nm (activité)*: **le ~** racing.
turnover [tœrnɔvœr] *nm* turnover.
turque → **turc**.
Turquie [tyrki] *nf*: **la ~** Turkey.
turquoise [tyrkwaz] *nf & adj inv* turquoise.
tutelle [tytɛl] *nf* **1.** (JUR) guardianship. **2.** *(dépendance)* supervision.
tuteur, -trice [tytœr, tris] *nm, f* guardian. ◆ **tuteur** *nm* stake.
tutoyer [tytwaje] *vt*: **~ qqn** to use the 'tu' form to sb.
tuyau, -x [tɥijo] *nm* **1.** *(conduit)* pipe; **~ d'arrosage** hosepipe. **2.** *fam (renseignement)* tip.
tuyauterie [tɥijotri] *nf* piping *(U)*, pipes *(pl)*.
TV *(abr de* **télévision**) *nf* TV.
TVA *(abr de* **taxe à la valeur ajoutée**) *nf* ≃ VAT.
tweed [twid] *nm* tweed.
tympan [tɛ̃pɑ̃] *nm* (ANAT) eardrum.
type [tip] ◇ *nm* **1.** *(exemple)* perfect example. **2.** *(genre)* type. **3.** *fam (homme)* guy, bloke. ◇ *adj inv* typical.
typhoïde [tifɔid] *nf* typhoid.
typhon [tifɔ̃] *nm* typhoon.
typhus [tifys] *nm* typhus.
typique [tipik] *adj* typical.
typographie [tipɔgrafi] *nf* typography.
tyran [tirɑ̃] *nm* tyrant.
tyrannique [tiranik] *adj* tyrannical.
tyranniser [tiranize] *vt* to tyrannize.
tzar = **tsar**.
tzigane [dʒigan]**, tsigane** [tsigan] *nmf* gipsy.

U

u, U [y] *nm inv* u, U.
UDF *(abr de* **Union pour la démocratie française**) *nf French political party to the right of the political spectrum.*
UE *(abr de* **Union européenne**) *nf* EU.
UFR *(abr de* **unité de formation et de recherche**) *nf* university department.
Ukraine [ykrɛn] *nf*: **l'~** the Ukraine.
ulcère [ylsɛr] *nm* ulcer.
ulcérer [ylsere] *vt* **1.** (MÉD) to ulcerate. **2.** *sout (mettre en colère)* to enrage.
ULM *(abr de* **ultra léger motorisé**) *nm* microlight.
ultérieur, -e [ylterjœr] *adj* later, subsequent.
ultimatum [yltimatɔm] *nm* ultimatum.
ultime [yltim] *adj* ultimate, final.
ultramoderne [yltramɔdɛrn] *adj* ultramodern.
ultrasensible [yltrasɑ̃sibl] *adj (personne)* ultra-sensitive; *(pellicule)* high-speed.
ultrason [yltrasɔ̃] *nm* ultrasound *(U)*.
ultraviolet, -ette [yltravjɔlɛ, ɛt] *adj* ultraviolet. ◆ **ultraviolet** *nm* ultraviolet.

---

un [œ̃] *(f* **une** [yn]) ◇ *art indéf* a, an *(devant voyelle)*; **~ homme** a man; **~ livre** a book; **une femme** a woman; **une pomme** an apple. ◇ *pron indéf* one; **l'~ de mes amis** one of my friends; **l'~ l'autre** each other; **les ~s les autres** one another; **l'~ ..., l'autre** one ..., the other; **les ~s ..., les autres** some ..., others; **l'~ et l'autre** both (of them); **l'~ ou l'autre** either (of them); **ni l'~ ni l'autre** neither one nor the other, neither (of them). ◇ *adj num* one; **une personne à la fois** one person at a time. ◇ *nm* one; *voir aussi* **six**. ◆ **une** *nf*: **faire la/être à la une** (PRESSE) to make the/to be on the front page.

> - En anglais, l'article indéfini est *a* devant un nom commençant par une consonne (*a game; a month; a new boat*) et *an* devant un nom commençant par une voyelle (*an apple; an egg; an old boat*). Devant une semi-consonne telle que [j] ou [w], on utilise *a* (*a university; a union*). Devant un *h* muet, on utilise *an* (*an hour; an honour*).
> - Voir aussi ONE dans la partie anglais-français du dictionnaire.

unanime [ynanim] *adj* unanimous.
unanimité [ynanimite] *nf* unanimity; **faire l'~** to be unanimously approved; **à l'~** unanimously.
UNESCO, Unesco [ynɛsko] *(abr de* **United Nations Educational, Scientific and Cultural Organization**) *nf* UNESCO.

uni, -e [yni] *adj* **1.** *(joint, réuni)* united. **2.** *(famille)* close. **3.** *(surface, mer)* smooth; *(route)* even. **4.** *(robe)* self-coloured.

UNICEF, Unicef [ynisɛf] (*abr de* **United Nations International Children's Emergency Fund**) *nm* UNICEF.

unifier [ynifje] *vt* **1.** *(régions, parti)* to unify. **2.** *(programmes)* to standardize.

uniforme [ynifɔrm] ◇ *adj* uniform; *(régulier)* regular. ◇ *nm* uniform.

uniformiser [ynifɔrmize] *vt* **1.** *(couleur)* to make uniform. **2.** *(programmes, lois)* to standardize.

unijambiste [ynizɑ̃bist] ◇ *adj* one-legged. ◇ *nmf* one-legged person.

unilatéral, -e, -aux [ynilateral, o] *adj* unilateral; **stationnement ~** parking on only one side of the street.

union [ynjɔ̃] *nf* **1.** *(de couleurs)* blending. **2.** *(mariage)* union; **~ libre** cohabitation. **3.** *(de pays)* union; *(de syndicats)* confederation. **4.** *(entente)* unity. ◆ **Union européenne** *nf* European Union. ◆ **Union soviétique** *nf*: **l'(ex-)Union soviétique** the (former) Soviet Union.

unique [ynik] *adj* **1.** *(gén & enfant)* only; *(préoccupation)* sole. **2.** *(prix)* single. **3.** *(exceptionnel)* unique.

uniquement [ynikmɑ̃] *adv* **1.** *(exclusivement)* only, solely. **2.** *(seulement)* only, just.

unir [ynir] *vt* **1.** *(assembler - mots, qualités)* to put together, to combine; *(- pays)* to unite; **~ qqch à** *(pays)* to unite sthg with; *(mot, qualité)* to combine sthg with. **2.** *(réunir - partis, familles)* to unite. **3.** *(marier)* to unite, to join in marriage. ◆ **s'unir** *vp* **1.** *(s'associer)* to unite, to join together. **2.** *(se marier)* to be joined in marriage.

unitaire [ynitɛr] *adj (à l'unité)*: **prix ~** unit price.

unité [ynite] *nf* **1.** *(cohésion)* unity. **2.** (COMM, MATHS & MIL) unit. ◆ **unité centrale** *nf* central processing unit.

univers [ynivɛr] *nm* universe; *fig* world.

universel, -elle [ynivɛrsɛl] *adj* universal.

universitaire [ynivɛrsitɛr] ◇ *adj* university (*avant n*). ◇ *nmf* academic.

université [ynivɛrsite] *nf* university.

uranium [yranjɔm] *nm* uranium.

urbain, -e [yrbɛ̃, ɛn] *adj* **1.** *(de la ville)* urban. **2.** *littéraire (affable)* urbane.

urbaniser [yrbanize] *vt* to urbanize.

urbanisme [yrbanism] *nm* town planning.

urgence [yrʒɑ̃s] *nf* **1.** *(de mission)* urgency. **2.** (MÉD) emergency; **les ~s** the casualty department (*sg*). ◆ **d'urgence** *loc adv* immediately.

urgent, -e [yrʒɑ̃, ɑ̃t] *adj* urgent.

urine [yrin] *nf* urine.

uriner [yrine] *vi* to urinate.

urinoir [yrinwar] *nm* urinal.

urne [yrn] *nf* **1.** *(vase)* urn. **2.** *(de vote)* ballot box.

URSS (*abr de* **Union des républiques socialistes soviétiques**) *nf*: **l'(ex-)~** the (former) USSR.

urticaire [yrtikɛr] *nf* urticaria, hives (*pl*).

Uruguay [yrygwɛ] *nm*: **l'~** Uruguay.

USA (*abr de* **United States of America**) *nmpl* USA.

usage [yzaʒ] *nm* **1.** *(gén)* use; **à ~ externe/interne** for external/internal use; **hors d'~** out of action. **2.** *(coutume)* custom. **3.** (LING) usage.

usagé, -e [yzaʒe] *adj* worn, old.

usager [yzaʒe] *nm* user.

usé, -e [yze] *adj* **1.** *(détérioré)* worn; **eaux ~es** waste water (*sg*). **2.** *(personne)* worn-out. **3.** *(plaisanterie)* old.

user [yze] ◇ *vt* **1.** *(consommer)* to use. **2.** *(vêtement)* to wear out. **3.** *(forces)* to use up; *(santé)* to ruin; *(personne)* to wear out. ◇ *vi (se servir)*: **~ de** *(charme)* to use; *(droit, privilège)* to exercise. ◆ **s'user** *vp* **1.** *(chaussure)* to wear out. **2.** *(amour)* to burn itself out.

usine [yzin] *nf* factory.

usiner [yzine] *vt* **1.** *(façonner)* to machine. **2.** *(fabriquer)* to manufacture.

usité, -e [yzite] *adj* in common use; **très/peu ~** commonly/rarely used.

ustensile [ystɑ̃sil] *nm* implement, tool.

usuel, -elle [yzɥɛl] *adj* common, usual.

usufruit [yzyfrɥi] *nm* usufruct.

usure [yzyr] *nf* **1.** *(de vêtement, meuble)* wear; *(de forces)* wearing down; **avoir qqn à l'~** *fam* to wear sb down. **2.** *(intérêt)* usury.

usurier, -ère [yzyrje, ɛr] *nm, f* usurer.

usurpateur, -trice [yzyrpatœr, tris] *nm, f* usurper.

usurper [yzyrpe] *vt* to usurp.

ut [yt] *nm inv* C.

utérus [yterys] *nm* uterus, womb.

utile [ytil] *adj* useful; **être ~ à qqn** to be useful OU of help to sb, to help sb.

utilisateur, -trice [ytilizatœr, tris] *nm, f* user.

utiliser [ytilize] *vt* to use.
utilitaire [ytilitɛr] ◇ *adj (pratique)* utilitarian; *(véhicule)* commercial. ◇ *nm* (INFORM) utility (program).
utilité [ytilite] *nf* 1. *(usage)* usefulness. 2. (JUR): **entreprise d'~ publique** public utility; **organisme d'~ publique** registered charity.
utopie [ytɔpi] *nf* 1. *(idéal)* utopia. 2. *(projet irréalisable)* unrealistic idea.
utopiste [ytɔpist] *nmf* utopian.
UV ◇ *nf (abr de* **unité de valeur**) *university course unit,* ≃ credit. ◇ *(abr de* **ultraviolet**) UV.

V

v, V [ve] *nm inv* v, V.
v. 1. *(abr de* **vers, verset**) v. 2. *(abr de* **vers**) *(environ)* approx.
va [va] *interj*: **courage, ~!** come on, cheer up!; **~ donc!** come on!; **~ pour 50 francs/demain** OK, let's say 50 francs/tomorrow.
vacance [vakɑ̃s] *nf* vacancy. ◆ **vacances** *nfpl* holiday *(sg) Br,* vacation *(sg) Am* ; **être/partir en ~s** to be/go on holiday; **les grandes ~s** the summer holidays.
vacancier, -ère [vakɑ̃sje, ɛr] *nm, f* holiday-maker *Br,* vacationer *Am.*
vacant, -e [vakɑ̃, ɑ̃t] *adj (poste)* vacant; *(logement)* vacant, unoccupied.
vacarme [vakarm] *nm* racket, din.
vacataire [vakatɛr] ◇ *adj (employé)* temporary. ◇ *nmf* temporary worker.
vacation [vakasjɔ̃] *nf* session.
vaccin [vaksɛ̃] *nm* vaccine.
vaccination [vaksinasjɔ̃] *nf* vaccination.
vacciner [vaksine] *vt*: **~ qqn (contre)** (MÉD) to vaccinate sb (against); *fam fig* to make sb immune (to).
vache [vaʃ] ◇ *nf* 1. (ZOOL) cow; **maladie de la ~ folle** mad cow disease. 2. *(cuir)* cowhide. 3. *fam péj (femme)* cow; *(homme)* pig. ◇ *adj fam* rotten.
vachement [vaʃmɑ̃] *adv fam* bloody *Br,* dead *Br,* real *Am.*
vaciller [vasije] *vi* 1. *(jambes, fondations)* to shake; *(lumière)* to flicker; **~ sur ses jambes** to be unsteady on one's legs. 2. *(mémoire, santé)* to fail.
va-et-vient [vaevjɛ̃] *nm inv* 1. *(de personnes)* comings and goings *(pl),* toing and froing. 2. *(de balancier)* to-and-fro movement. 3. (ÉLECTR) two-way switch.
vagabond, -e [vagabɔ̃, ɔ̃d] ◇ *adj* 1. *(chien)* stray; *(vie)* vagabond *(avant n).* 2. *(humeur)* restless. ◇ *nm, f (rôdeur)* vagrant, tramp; *littéraire (voyageur)* wanderer.
vagabondage [vagabɔ̃daʒ] *nm* (JUR) vagrancy; *(errance)* wandering, roaming.
vagin [vaʒɛ̃] *nm* vagina.
vagissement [vaʒismɑ̃] *nm* cry, wail.
vague [vag] ◇ *adj* 1. *(idée, promesse)* vague. 2. *(vêtement)* loose-fitting. 3. *(avant n) (quelconque)*: **il a un ~ travail dans un bureau** he has some job or other in an office. 4. *(avant n) (cousin)* distant. ◇ *nf* wave; **une ~ de froid** a cold spell; **~ de chaleur** heatwave.
vaguement [vagmɑ̃] *adv* vaguely.
vaillant, -e [vajɑ̃, ɑ̃t] *adj* 1. *(enfant, vieillard)* hale and hearty. 2. *littéraire (héros)* valiant.
vain, -e [vɛ̃, vɛn] *adj* 1. *(inutile)* vain, useless; **en ~** in vain, to no avail. 2. *littéraire (vaniteux)* vain.
vaincre [vɛ̃kr] *vt* 1. *(ennemi)* to defeat. 2. *(obstacle, peur)* to overcome.
vaincu, -e [vɛ̃ky] ◇ *pp* → **vaincre**. ◇ *adj* defeated. ◇ *nm, f* defeated person.
vainement [vɛnmɑ̃] *adv* vainly.
vainqueur [vɛ̃kœr] ◇ *nm* 1. *(de combat)* conqueror, victor. 2. (SPORT) winner. ◇ *adj m* victorious, conquering.
vais → **aller**.
vaisseau, -x [vɛso] *nm* 1. (NAVIG) vessel, ship; **~ spatial** (AÉRON) spaceship. 2. (ANAT) vessel. 3. (ARCHIT) nave.
vaisselle [vɛsɛl] *nf* crockery; **faire** OU **laver la ~** to do the dishes, to wash up.
valable [valabl] *adj* 1. *(passeport)* valid. 2. *(raison, excuse)* valid, legitimate. 3. *(œuvre)* good, worthwhile.
valet [valɛ] *nm* 1. *(serviteur)* servant. 2. (CARTES) jack, knave.
valeur [valœr] *nf* 1. *(gén & MUS)* value; **avoir de la ~** to be valuable; **mettre en ~** *(talents)* to bring out; **~ ajoutée** (ÉCON) added value; **de (grande) ~** *(chose)* (very) valuable. 2. *(gén pl)* (BOURSE) stocks and shares *(pl),* securities *(pl).* 3. *(mérite)* worth, merit. 4. *fig (importance)* value, importance. 5. *(équivalent)*:

la ~ de the equivalent of.
valide [valid] *adj* 1. *(personne)* spry. 2. *(contrat)* valid.
valider [valide] *vt* to validate, to authenticate.
validité [validite] *nf* validity.
valise [valiz] *nf* case, suitcase; **faire sa ~/ses ~s** to pack one's case/cases; *fam fig (partir)* to pack one's bags.
vallée [vale] *nf* valley.
vallon [valɔ̃] *nm* small valley.
vallonné, -e [valɔne] *adj* undulating.
valoir [valwar] ◇ *vi* 1. *(gén)* to be worth; **ça vaut combien?** how much is it?; **que vaut ce film?** is this film any good?; **ne rien ~** not to be any good, to be worthless; **ça vaut mieux** *fam* that's best; **ça ne vaut pas la peine** it's not worth it; **faire ~** *(vues)* to assert; *(talent)* to show. 2. *(règle)*: **~ pour** to apply to, to hold good for. ◇ *vt (médaille, gloire)* to bring, to earn. ◇ *v impers*: **il vaudrait mieux que nous partions** it would be better if we left, we'd better leave. ◆ **se valoir** *vp* to be equally good/bad.
valoriser [valɔrize] *vt (immeuble, région)* to develop; *(individu, société)* to improve the image of.
valse [vals] *nf* waltz; *fam fig (de personnel)* reshuffle.
valser [valse] *vi* to waltz; **envoyer ~ qqch** *fam fig* to send sthg flying.
valu [valy] *pp inv* → **valoir**.
valve [valv] *nf* valve.
vampire [vɑ̃pir] *nm* 1. *(fantôme)* vampire. 2. (ZOOL) vampire bat.
vandalisme [vɑ̃dalism] *nm* vandalism.
vanille [vanij] *nf* vanilla.
vanité [vanite] *nf* vanity.
vaniteux, -euse [vanitø, øz] *adj* vain, conceited.
vanne [van] *nf* 1. *(d'écluse)* lockgate. 2. *fam (remarque)* gibe.
vannerie [vanri] *nf* basketwork, wickerwork.
vantard, -e [vɑ̃tar, ard] ◇ *adj* bragging, boastful. ◇ *nm, f* boaster.
vanter [vɑ̃te] *vt* to vaunt. ◆ **se vanter** *vp* to boast, to brag; **se ~ de faire qqch** to boast OU brag about doing sthg.
va-nu-pieds [vanypje] *nmf inv fam* beggar.
vapeur [vapœr] *nf* 1. *(d'eau)* steam; **à la ~** steamed. 2. *(émanation)* vapour. ◆ **vapeurs** *nfpl* 1. *(malaise)*: **avoir ses ~s** to have the vapours. 2. *(émanations)* fumes.
vapocuiseur [vapɔkɥizœr] *nm* pressure cooker.
vaporisateur [vapɔrizatœr] *nm* 1. *(atomiseur)* spray, atomizer. 2. (IND) vaporizer.
vaporiser [vapɔrize] *vt* 1. *(parfum)* to spray. 2. (PHYS) to vaporize.
vaquer [vake] *vi*: **~ à** to see to, to attend to.
varappe [varap] *nf* rock climbing.
variable [varjabl] ◇ *adj* 1. *(temps)* changeable. 2. *(distance, résultats)* varied, varying. 3. *(température)* variable. ◇ *nf* variable.
variante [varjɑ̃t] *nf* variant.
variateur [varjatœr] *nm* (ÉLECTR) dimmer switch.
variation [varjasjɔ̃] *nf* variation.
varice [varis] *nf* varicose vein.
varicelle [varisɛl] *nf* chickenpox.
varié, -e [varje] *adj* 1. *(divers)* various. 2. *(non monotone)* varied, varying.
varier [varje] *vt & vi* to vary.
variété [varjete] *nf* variety. ◆ **variétés** *nfpl* variety show (*sg*).
variole [varjɔl] *nf* smallpox.
Varsovie [varsɔvi] *n* Warsaw; **le pacte de ~** the Warsaw Pact.
vase [vaz] ◇ *nm* vase. ◇ *nf* mud, silt.
vaseline [vazlin] *nf* Vaseline®, petroleum jelly.
vaste [vast] *adj* vast, immense.
Vatican [vatikɑ̃] *nm*: **le ~** the Vatican.
vaudrait → **valoir**.
vaut → **valoir**.
vautour [votur] *nm* vulture.
vd *abr de* **vend**.
veau, -x [vo] *nm* 1. *(animal)* calf. 2. *(viande)* veal. 3. *(peau)* calfskin.
vecteur [vɛktœr] *nm* 1. (GÉOM) vector. 2. *(intermédiaire)* vehicle; (MÉD) carrier.
vécu, -e [veky] ◇ *pp* → **vivre**. ◇ *adj* real.
vedette [vədɛt] *nf* 1. (NAVIG) patrol boat. 2. *(star)* star.
végétal, -e, -aux [veʒetal, o] *adj (huile)* vegetable (*avant n*); *(cellule, fibre)* plant (*avant n*).
végétalien, -enne [veʒetaljɛ̃, ɛn] *adj & nm, f* vegan.
végétarien, -enne [veʒetarjɛ̃, ɛn] *adj & nm, f* vegetarian.
végétation [veʒetasjɔ̃] *nf* vegetation. ◆ **végétations** *nfpl* adenoids.
végéter [veʒete] *vi* to vegetate.
véhémence [veemɑ̃s] *nf* vehemence.
véhicule [veikyl] *nm* vehicle.
veille [vɛj] *nf* 1. *(jour précédent)* day before, eve. 2. *(éveil)* wakefulness; *(pri-*

vation de sommeil) sleeplessness.
veillée [veje] *nf* 1. *(soirée)* evening. 2. *(de mort)* watch.
veiller [veje] ◇ *vi* 1. *(rester éveillé)* to stay up. 2. *(rester vigilant)*: **~ à qqch** to look after sthg; **~ à faire qqch** to see that sthg is done; **~ sur** to watch over. ◇ *vt* to sit up with.
veilleur [vejœr] *nm*: **~ de nuit** night watchman.
veilleuse [vejøz] *nf* 1. *(lampe)* night-light. 2. (AUTOM) sidelight. 3. *(de chauffe-eau)* pilot light.
veinard, -e [vɛnar, ard] *fam* ◇ *adj* lucky. ◇ *nm, f* lucky devil.
veine [vɛn] *nf* 1. *(gén)* vein. 2. *(de marbre)* vein; *(de bois)* grain. 3. *(filon)* seam, vein. 4. *fam (chance)* luck.
veineux, -euse [venø, øz] *adj* 1. (ANAT) venous. 2. *(marbre)* veined; *(bois)* grainy.
véliplanchiste [veliplɑ̃ʃist] *nmf* windsurfer.
velléité [veleite] *nf* whim.
vélo [velo] *nm fam* bike; **faire du ~** to go cycling.
vélocité [velɔsite] *nf* swiftness, speed.
vélodrome [velɔdrom] *nm* velodrome.
vélomoteur [velɔmɔtœr] *nm* light motorcycle.
velours [vəlur] *nm* velvet.
velouté, -e [vəlute] *adj* velvety. ◆ **velouté** *nm* 1. *(de peau)* velvetiness. 2. *(potage)* cream soup.
velu, -e [vəly] *adj* hairy.
vénal, -e, -aux [venal, o] *adj* venal.
vendange [vɑ̃dɑ̃ʒ] *nf* 1. *(récolte)* grape harvest, wine harvest. 2. *(période)*: **les ~s** (grape) harvest time (*sg*).
vendanger [vɑ̃dɑ̃ʒe] *vi* to harvest the grapes.
vendeur, -euse [vɑ̃dœr, øz] *nm, f* salesman (*f* saleswoman).
vendre [vɑ̃dr] *vt* to sell; **'à ~'** 'for sale'.
vendredi [vɑ̃drədi] *nm* Friday; **Vendredi Saint** Good Friday; *voir aussi* **samedi**.
vendu, -e [vɑ̃dy] ◇ *pp* → **vendre**. ◇ *adj* 1. *(cédé)* sold. 2. *(corrompu)* corrupt. ◇ *nm, f* traitor.
vénéneux, -euse [venenø, øz] *adj* poisonous.
vénérable [venerabl] *adj* venerable.
vénération [venerasjɔ̃] *nf* veneration, reverence.
vénérer [venere] *vt* to venerate, to revere.
vénérien, -enne [venerjɛ̃, ɛn] *adj* venereal.
Venezuela [venezɥɛla] *nm*: **le ~** Venezuela.
vengeance [vɑ̃ʒɑ̃s] *nf* vengeance.
venger [vɑ̃ʒe] *vt* to avenge. ◆ **se venger** *vp* to get one's revenge; **se ~ de qqn** to take revenge on sb; **se ~ de qqch** to take revenge for sthg; **se ~ sur** to take it out on.
vengeur, vengeresse [vɑ̃ʒœr, vɑ̃ʒrɛs] ◇ *adj* vengeful. ◇ *nm, f* avenger.
venimeux, -euse [vənimø, øz] *adj* venomous.
venin [vənɛ̃] *nm* venom.
venir [vənir] *vi* to come; *(plante)* to come on; **~ de** *(personne, mot)* to come from; *(échec)* to be due to; **je viens de la voir** I've just seen her; **s'il venait à mourir ...** if he was to die ...; **où veux-tu en ~?** what are you getting at?
vent [vɑ̃] *nm* wind.
vente [vɑ̃t] *nf* 1. *(cession, transaction)* sale; **en ~** on sale; **en ~ libre** available over the counter; **~ par correspondance** mail order. 2. *(technique)* selling.
venteux, -euse [vɑ̃tø, øz] *adj* windy.
ventilateur [vɑ̃tilatœr] *nm* fan.
ventilation [vɑ̃tilasjɔ̃] *nf* 1. *(de pièce)* ventilation. 2. (FIN) breakdown.
ventouse [vɑ̃tuz] *nf* 1. *(de caoutchouc)* suction pad; *(d'animal)* sucker. 2. (MÉD) cupping glass. 3. (TECHNOL) air vent.
ventre [vɑ̃tr] *nm* stomach; **avoir/prendre du ~** to have/be getting (a bit of) a paunch; **à plat ~** flat on one's stomach.
ventriloque [vɑ̃trilɔk] *nmf* ventriloquist.
venu, -e [vəny] ◇ *pp* → **venir**. ◇ *adj*: **bien ~** welcome; **mal ~** *(conseil)* unwelcome; *(action)* improper. ◇ *nm, f*: **nouveau ~** newcomer. ◆ **venue** *nf* coming, arrival.
vêpres [vɛpr] *nfpl* vespers.
ver [vɛr] *nm* worm.
véracité [verasite] *nf* truthfulness.
véranda [verɑ̃da] *nf* veranda.
verbal, -e, -aux [vɛrbal, o] *adj* 1. *(gén)* verbal. 2. (GRAM) verb (*avant n*).
verbaliser [vɛrbalize] ◇ *vt* to verbalize. ◇ *vi* to make out a report.
verbe [vɛrb] *nm* (GRAM) verb.
verdict [vɛrdikt] *nm* verdict.
verdir [vɛrdir] *vt & vi* to turn green.
verdoyant, -e [vɛrdwajɑ̃, ɑ̃t] *adj* green.
verdure [vɛrdyr] *nf* greenery.
véreux, -euse [verø, øz] *adj* worm-eaten, maggoty; *fig* shady.

verge [vɛrʒ] *nf* 1. (ANAT) penis. 2. *littéraire (baguette)* rod, stick.
verger [vɛrʒe] *nm* orchard.
vergeture [vɛrgətyr] *nf* stretchmark.
verglas [vɛrgla] *nm* (black) ice.
véridique [veridik] *adj* truthful.
vérification [verifikasjɔ̃] *nf (contrôle)* check, checking.
vérifier [verifje] *vt* 1. *(contrôler)* to check. 2. *(confirmer)* to prove, to confirm.
véritable [veritabl] *adj* real; *(ami)* true.
vérité [verite] *nf* 1. *(chose vraie, réalité, principe)* truth *(U)*. 2. *(sincérité)* sincerity. ◆ **en vérité** *loc adv* actually, really.
vermeil, -eille [vɛrmɛj] *adj* scarlet. ◆ **vermeil** *nm* silver-gilt.
vermicelle [vɛrmisɛl] *nm* vermicelli *(U)*.
vermine [vɛrmin] *nf (parasites)* vermin.
vermoulu, -e [vɛrmuly] *adj* riddled with woodworm; *fig* moth-eaten.
verni, -e [vɛrni] *adj* 1. *(bois)* varnished. 2. *(souliers)*: **chaussures ~es** patent-leather shoes. 3. *fam (chanceux)* lucky.
vernir [vɛrnir] *vt* to varnish.
vernis [vɛrni] *nm* varnish; *fig* veneer; **~ à ongles** nail polish OU varnish.
vernissage [vɛrnisaʒ] *nm* 1. *(de meuble)* varnishing. 2. *(d'exposition)* private viewing.
verre [vɛr] *nm* 1. *(matière, récipient)* glass; *(quantité)* glassful, glass; **~ dépoli** frosted glass. 2. *(optique)* lens; **~s de contact** contact lenses. 3. *(boisson)* drink; **boire un ~** to have a drink.
verrière [vɛrjɛr] *nf (toit)* glass roof.
verrou [vɛru] *nm* bolt.
verrouillage [vɛrujaʒ] *nm* (AUTOM): **~ central** central locking.
verrouiller [vɛruje] *vt* 1. *(porte)* to bolt. 2. *(personne)* to lock up.
verrue [vɛry] *nf* wart; **~ plantaire** verruca.
vers¹ [vɛr] ◇ *nm* line. ◇ *nmpl*: **en ~** in verse; **faire des ~** to write poetry.
vers² [vɛr] *prép* 1. *(dans la direction de)* towards. 2. *(aux environs de - temporel)* around, about; *(- spatial)* near; **~ la fin du mois** towards the end of the month.
versant [vɛrsɑ̃] *nm* side.
versatile [vɛrsatil] *adj* changeable, fickle.
verse [vɛrs] ◆ **à verse** *loc adv*: **pleuvoir à ~** to pour down.
Verseau [vɛrso] *nm* (ASTROL) Aquarius.
versement [vɛrsəmɑ̃] *nm* payment.
verser [vɛrse] ◇ *vt* 1. *(eau)* to pour; *(larmes, sang)* to shed. 2. *(argent)* to pay. ◇ *vi* to overturn, to tip over.
verset [vɛrsɛ] *nm* verse.
version [vɛrsjɔ̃] *nf* 1. *(gén)* version; **~ française/originale** French/original version. 2. *(traduction)* translation *(into mother tongue)*.
verso [vɛrso] *nm* back.
vert, -e [vɛr, vɛrt] *adj* 1. *(gén)* green. 2. *fig (vieillard)* spry, sprightly. 3. *(réprimande)* sharp. ◆ **vert** *nm* green. ◆ **Verts** *nmpl*: **les Verts** the Greens.
vertébral, -e, -aux [vɛrtebral, o] *adj* vertebral.
vertèbre [vɛrtɛbr] *nf* vertebra.
vertébré, -e [vɛrtebre] *adj* vertebrate. ◆ **vertébré** *nm* vertebrate.
vertement [vɛrtəmɑ̃] *adv* sharply.
vertical, -e, -aux [vɛrtikal, o] *adj* vertical. ◆ **verticale** *nf* vertical; **à la ~e** *(descente)* vertical; *(descendre)* vertically.
vertige [vɛrtiʒ] *nm* 1. *(peur du vide)* vertigo. 2. *(étourdissement)* dizziness; *fig* intoxication; **avoir des ~s** to suffer from OU have dizzy spells.
vertigineux, -euse [vɛrtiʒinø, øz] *adj* 1. *(vitesse)* breathtaking. 2. *(hauteur)* dizzy.
vertu [vɛrty] *nf* 1. *(morale, chasteté)* virtue. 2. *(pouvoir)* properties *(pl)*, power.
vertueux, -euse [vɛrtɥø, øz] *adj* virtuous.
verve [vɛrv] *nf* eloquence.
vésicule [vezikyl] *nf* vesicle.
vessie [vesi] *nf* bladder.
veste [vɛst] *nf* jacket; **~ croisée/droite** double-/single-breasted jacket.
vestiaire [vɛstjɛr] *nm* 1. *(au théâtre)* cloakroom. 2. *(gén pl)* (SPORT) changing-room, locker-room.
vestibule [vɛstibyl] *nm (pièce)* hall, vestibule.
vestige [vɛstiʒ] *nm (gén pl) (de ville)* remains *(pl)*; *fig (de civilisation, grandeur)* vestiges *(pl)*, relic.
vestimentaire [vɛstimɑ̃tɛr] *adj (industrie)* clothing *(avant n)*; *(dépense)* on clothes; **détail ~** accessory.
veston [vɛstɔ̃] *nm* jacket.
vêtement [vɛtmɑ̃] *nm* garment, article of clothing; **~s** clothing *(U)*, clothes.
vétéran [veterɑ̃] *nm* veteran.
vétérinaire [veterinɛr] *nmf* vet, veterinary surgeon.
vêtir [vetir] *vt* to dress. ◆ **se vêtir** *vp* to dress, to get dressed.

veto [veto] *nm inv* veto; **mettre son ~ à qqch** to veto sthg.
vêtu, -e [vety] ◇ *pp* → **vêtir**. ◇ *adj*: **~ (de)** dressed (in).
vétuste [vetyst] *adj* dilapidated.
veuf, -veuve [vœf, vœv] *nm, f* widower (*f* widow).
veuille *etc* → **vouloir**.
veuvage [vœvaʒ] *nm (de femme)* widowhood; *(d'homme)* widowerhood.
veuve → **veuf**.
vexation [vɛksasjɔ̃] *nf* insult.
vexer [vɛkse] *vt* to offend. ◆ **se vexer** *vp* to take offence.
VF (*abr de* **version française**) *nf indicates that a film has been dubbed into French.*
via [vja] *prép* via.
viabiliser [vjabilize] *vt* to service.
viable [vjabl] *adj* viable.
viaduc [vjadyk] *nm* viaduct.
viager, -ère [vjaʒe, ɛr] *adj* life (*avant n*). ◆ **viager** *nm* life annuity.
viande [vjɑ̃d] *nf* meat.
vibration [vibrasjɔ̃] *nf* vibration.
vibrer [vibre] *vi* **1.** *(trembler)* to vibrate. **2.** *fig (être ému)*: **~ (de)** to be stirred (with).
vice [vis] *nm* **1.** *(de personne)* vice. **2.** *(d'objet)* fault, defect.
vice-président, -e [visprezidɑ̃, ɑ̃t] (*mpl* **vice-présidents**, *fpl* **vice-présidentes**) *nm, f* (POLIT) vice-president; *(de société)* vice-chairman (*f* vice-chairwoman).
vice versa [visvɛrsa] *loc adv* vice versa.
vicié, -e [visje] *adj* polluted.
vicieux, -euse [visjø, øz] *adj* **1.** *(personne)* perverted, depraved. **2.** *(animal)* restive. **3.** *(attaque)* underhand.
victime [viktim] *nf* victim; *(blessé)* casualty.
victoire [viktwar] *nf* (MIL) victory; (POLIT & SPORT) win, victory.
victorieux, -euse [viktɔrjø, øz] *adj* **1.** (MIL) victorious; (POLIT & SPORT) winning (*avant n*), victorious. **2.** *(air)* triumphant.
victuailles [viktɥaj] *nfpl* provisions.
vidange [vidɑ̃ʒ] *nf* **1.** *(action)* emptying, draining. **2.** (AUTOM) oil change. **3.** *(mécanisme)* waste outlet. ◆ **vidanges** *nfpl* sewage *(U)*.
vidanger [vidɑ̃ʒe] *vt* to empty, to drain.
vide [vid] ◇ *nm* **1.** *(espace)* void; *fig (néant, manque)* emptiness. **2.** *(absence d'air)* vacuum; **conditionné sous ~** vacuum-packed. **3.** *(ouverture)* gap, space. ◇ *adj* empty.
vidéo [video] ◇ *nf* video. ◇ *adj inv* video (*avant n*).
vidéocassette [videɔkasɛt] *nf* video cassette.
vidéoconférence [videɔkɔ̃ferɑ̃s] *nf* = **visioconférence**.
vidéodisque [videɔdisk] *nm* videodisc.
vide-ordures [vidɔrdyr] *nm inv* rubbish chute.
vidéothèque [videɔtɛk] *nf* video library.
vidéotransmission [videɔtrɑ̃smisjɔ̃] *nf* video transmission.
vide-poches [vidpɔʃ] *nm inv (de voiture)* glove compartment.
vider [vide] *vt* **1.** *(rendre vide)* to empty. **2.** *(évacuer)*: **~ les lieux** to vacate the premises. **3.** *(poulet)* to clean. **4.** *fam (personne - épuiser)* to drain; *(- expulser)* to chuck out. ◆ **se vider** *vp* **1.** *(eaux)*: **se ~ dans** to empty into, to drain into. **2.** *(baignoire, salle)* to empty.
videur [vidœr] *nm* bouncer.
vie [vi] *nf* **1.** *(gén)* life; **sauver la ~ à qqn** to save sb's life; **être en ~** to be alive; **à ~** for life. **2.** *(subsistance)* cost of living; **gagner sa ~** to earn one's living.
vieil → **vieux**.
vieillard [vjɛjar] *nm* old man.
vieille → **vieux**.
vieillerie [vjɛjri] *nf (objet)* old thing.
vieillesse [vjɛjɛs] *nf* old age.
vieillir [vjejir] ◇ *vi* **1.** *(personne)* to grow old, to age. **2.** (CULIN) to mature, to age. **3.** *(tradition, idée)* to become dated OU outdated. ◇ *vt (suj: coiffure, vêtement)*: **~ qqn** to make sb look older.
vieillissement [vjejismɑ̃] *nm (de personne)* ageing.
Vienne [vjɛn] *n (en Autriche)* Vienna.
vierge [vjɛrʒ] ◇ *nf* virgin; **la (Sainte) Vierge** the Virgin (Mary). ◇ *adj* **1.** *(personne)* virgin. **2.** *(terre)* virgin; *(page)* blank; *(casier judiciaire)* clean. ◆ **Vierge** *nf* (ASTROL) Virgo.
Viêt-nam [vjɛtnam] *nm*: **le ~** Vietnam.
vieux, vieille [vjø, vjɛj] ◇ *adj* (*vieil devant voyelle ou h muet*) old; **~ jeu** old-fashioned. ◇ *nm, f* **1.** *(personne âgée)* old man (*f* woman); **les ~** the old. **2.** *fam (ami)*: **mon ~** old chap OU boy *Br*, old buddy *Am*; **ma vieille** old girl.
vif, vive [vif, viv] *adj* **1.** *(enfant)* lively; *(imagination)* vivid. **2.** *(couleur, œil)* bright. **3.** *(reproche)* sharp; *(discussion)* bitter. **4.** *sout (vivant)* alive. **5.** *(douleur, déception)* acute; *(intérêt)* keen; *(amour, haine)* intense, deep. ◆ **à vif** *loc adj*

(plaie) open; **j'ai les nerfs à ~** *fig* my nerves are frayed.
vigie [viʒi] *nf (*NAVIG *- personne)* lookout; *(- poste)* crow's nest.
vigilant, -e [viʒilɑ̃, ɑ̃t] *adj* vigilant, watchful.
vigile [viʒil] *nm* watchman.
vigne [viɲ] *nf* 1. *(plante)* vine, grapevine. 2. *(plantation)* vineyard. ◆ **vigne vierge** *nf* Virginia creeper.
vigneron, -onne [viɲrɔ̃, ɔn] *nm, f* wine grower.
vignette [viɲɛt] *nf* 1. *(timbre)* label; *(de médicament)* price sticker *(for reimbursement by the social security services)*; (AUTOM) tax disc *Br*, license sticker *Am*. 2. *(motif)* vignette.
vignoble [viɲɔbl] *nm* 1. *(plantation)* vineyard. 2. *(vignes)* vineyards (*pl*).
vigoureux, -euse [vigurø, øz] *adj (corps, personne)* vigorous; *(bras, sentiment)* strong.
vigueur [vigœr] *nf* vigour. ◆ **en vigueur** *loc adj* in force.
vilain, -e [vilɛ̃, ɛn] *adj* 1. *(gén)* nasty. 2. *(laid)* ugly.
vilebrequin [vilbrəkɛ̃] *nm* 1. *(outil)* brace and bit. 2. (AUTOM) crankshaft.
villa [vila] *nf* villa.
village [vilaʒ] *nm* village.
villageois, -e [vilaʒwa, az] *nm, f* villager.
ville [vil] *nf* town; *(importante)* city.
villégiature [vileʒjatyr] *nf* holiday.
vin [vɛ̃] *nm* wine; **~ blanc/rosé/rouge** white/rosé/red wine. ◆ **vin d'honneur** *nm* reception.
vinaigre [vinɛgr] *nm* vinegar.
vinaigrette [vinɛgrɛt] *nf* oil and vinegar dressing.
vindicatif, -ive [vɛ̃dikatif, iv] *adj* vindictive.
vingt [vɛ̃] *adj num & nm* twenty; *voir aussi* **six**.
vingtaine [vɛ̃tɛn] *nf*: **une ~ de** about twenty.
vingtième [vɛ̃tjɛm] *adj num, nm & nmf* twentieth; *voir aussi* **sixième**.
vinicole [vinikɔl] *adj* wine-growing, wine-producing.
viol [vjɔl] *nm* 1. *(de femme)* rape. 2. *(de sépulture)* desecration; *(de sanctuaire)* violation.
violation [vjɔlasjɔ̃] *nf* violation, breach.
violence [vjɔlɑ̃s] *nf* violence; **se faire ~** to force o.s.
violent, -e [vjɔlɑ̃, ɑ̃t] *adj* 1. *(personne, tempête)* violent. 2. *fig (douleur, angoisse, chagrin)* acute; *(haine, passion)* violent.
violer [vjɔle] *vt* 1. *(femme)* to rape. 2. *(loi, traité)* to break. 3. *(sépulture)* to desecrate; *(sanctuaire)* to violate.
violet, -ette [vjɔlɛ, ɛt] *adj* purple; *(pâle)* violet. ◆ **violet** *nm* purple; *(pâle)* violet.
violette [vjɔlɛt] *nf* violet.
violeur [vjɔlœr] *nm* rapist.
violon [vjɔlɔ̃] *nm (instrument)* violin.
violoncelle [vjɔlɔ̃sɛl] *nm* cello.
violoniste [vjɔlɔnist] *nmf* violinist.
vipère [vipɛr] *nf* viper.
virage [viraʒ] *nm* 1. *(sur route)* bend. 2. *(changement)* turn.
viral, -e, -aux [viral, o] *adj* viral.
virement [virmɑ̃] *nm* (FIN) transfer; **~ bancaire/postal** bank/giro transfer.
virer [vire] ◇ *vi* 1. *(tourner)*: **~ à droite/à gauche** to turn right/left. 2. *(étoffe)* to change colour; **~ au blanc/jaune** to go white/yellow. 3. (MÉD) to react positively. ◇ *vt* 1. (FIN) to transfer. 2. *fam (renvoyer)* to kick out.
virevolter [virvɔlte] *vi (tourner)* to twirl OU spin round.
virginité [virʒinite] *nf* virginity.
virgule [virgyl] *nf (entre mots)* comma; *(entre chiffres)* (decimal) point.
viril, -e [viril] *adj* virile.
virilité [virilite] *nf* virility.
virtuel, -elle [virtɥɛl] *adj* potential.
virtuose [virtɥoz] *nmf* virtuoso.
virulence [virylɑ̃s] *nf* virulence.
virulent, -e [virylɑ̃, ɑ̃t] *adj* virulent.
virus [virys] *nm* (INFORM & MÉD) virus; *fig* bug.
vis [vis] *nf* screw.
visa [viza] *nm* visa.
visage [vizaʒ] *nm* face.
vis-à-vis [vizavi] *nm* 1. *(personne)* person sitting opposite. 2. *(immeuble)*: **avoir un ~** to have a building opposite. ◆ **vis-à-vis de** *loc prép* 1. *(en face de)* opposite. 2. *(en comparaison de)* beside, compared with. 3. *(à l'égard de)* towards.
viscéral, -e, -aux [viseral, o] *adj* 1. (ANAT) visceral. 2. *fam (réaction)* gut (*avant n*); *(haine, peur)* deep-seated.
viscère [visɛr] *nm (gén pl)* innards (*pl*).
viscose [viskoz] *nf* viscose.
visé, -e [vize] *adj* 1. *(concerné)* concerned. 2. *(vérifié)* stamped.
visée [vize] *nf* 1. *(avec arme)* aiming. 2. (*gén pl*) *fig (intention, dessein)* aim.
viser [vize] ◇ *vt* 1. *(cible)* to aim at. 2.

fig (poste) to aspire to, to aim for; *(personne)* to be directed OU aimed at. 3. *(document)* to check, to stamp. ◇ *vi* to aim, to take aim; **~ à** to aim at; **~ haut** *fig* to aim high.

viseur [vizœr] *nm* 1. *(d'arme)* sights (*pl*). 2. (PHOT) viewfinder.

visibilité [vizibilite] *nf* visibility.

visible [vizibl] *adj* 1. *(gén)* visible. 2. *(personne)*: **il n'est pas ~** he's not seeing visitors.

visiblement [viziblәmɑ̃] *adv* visibly.

visière [vizjɛr] *nf* 1. *(de casque)* visor. 2. *(de casquette)* peak. 3. *(de protection)* eyeshade.

visioconférence [vizjɔkɔ̃ferɑ̃s] *nf* videoconference.

vision [vizjɔ̃] *nf* 1. *(faculté)* eyesight, vision. 2. *(représentation)* view, vision. 3. *(mirage)* vision.

visionnaire [vizjɔnɛr] *nmf & adj* visionary.

visionner [vizjɔne] *vt* to view.

visite [vizit] *nf* 1. *(chez ami, officielle)* visit; **rendre ~ à qqn** to pay sb a visit. 2. (MÉD - *à l'extérieur)* call, visit; *(- dans hôpital)* rounds (*pl*); **passer une ~ médicale** to have a medical. 3. *(de monument)* tour. 4. *(d'expert)* inspection.

visiter [vizite] *vt* 1. *(en touriste)* to tour. 2. *(malade, prisonnier)* to visit.

visiteur, -euse [vizitœr, øz] *nm, f* visitor.

vison [vizɔ̃] *nm* mink.

visqueux, -euse [viskø, øz] *adj* 1. *(liquide)* viscous. 2. *(surface)* sticky.

visser [vise] *vt* 1. *(planches)* to screw together. 2. *(couvercle)* to screw down. 3. *(bouchon)* to screw in; *(écrou)* to screw on.

visualiser [vizɥalize] *vt* 1. *(gén)* to visualize. 2. (INFORM) to display; (TECHNOL) to make visible.

visuel, -elle [vizɥɛl] *adj* visual.

vital, -e, -aux [vital, o] *adj* vital.

vitalité [vitalite] *nf* vitality.

vitamine [vitamin] *nf* vitamin.

vitaminé, -e [vitamine] *adj* with added vitamins, vitamin-enriched.

vite [vit] *adv* 1. *(rapidement)* quickly, fast; **fais ~!** hurry up! 2. *(tôt)* soon.

vitesse [vitɛs] *nf* 1. *(gén)* speed; **à toute ~** at top speed. 2. (AUTOM) gear.

viticole [vitikɔl] *adj* wine-growing.

viticulteur, -trice [vitikyltœr, tris] *nm, f* wine-grower.

vitrail, -aux [vitraj, o] *nm* stained-glass window.

vitre [vitr] *nf* 1. *(de fenêtre)* pane of glass, window pane. 2. *(de voiture)* window.

vitré, -e [vitre] *adj* glass (*avant n*).

vitreux, -euse [vitrø, øz] *adj* 1. *(roche)* vitreous. 2. *(œil, regard)* glassy, glazed.

vitrifier [vitrifje] *vt* 1. *(parquet)* to seal and varnish. 2. *(émail)* to vitrify.

vitrine [vitrin] *nf* 1. *(de boutique)* (shop) window; *fig* showcase. 2. *(meuble)* display cabinet.

vivable [vivabl] *adj (appartement)* livable-in; *(situation)* bearable, tolerable; **il n'est pas ~** he's impossible to live with.

vivace [vivas] *adj* 1. *(plante)* perennial; *(arbre)* hardy. 2. *(haine)* deep-rooted, entrenched; *(souvenir)* enduring.

vivacité [vivasite] *nf* 1. *(de personne)* liveliness, vivacity; **~ d'esprit** quick-wittedness. 2. *(de coloris)* intensity, brightness. 3. *(de propos)* sharpness.

vivant, -e [vivɑ̃, ɑ̃t] *adj* 1. *(en vie)* alive, living. 2. *(enfant, quartier)* lively. 3. *(souvenir)* still fresh. ◆ **vivant** *nm (personne)*: **les ~s** the living.

vive¹ [viv] *nf (poisson)* weever.

vive² [viv] *interj* three cheers for; **~ le roi!** long live the King!

vivement [vivmɑ̃] ◇ *adv* 1. *(agir)* quickly. 2. *(répondre)* sharply. 3. *(affecter)* deeply. ◇ *interj*: **~ les vacances!** roll on the holidays!

vivifiant, -e [vivifjɑ̃, ɑ̃t] *adj* invigorating, bracing.

vivisection [vivisɛksjɔ̃] *nf* vivisection.

vivre [vivr] ◇ *vi* to live; *(être en vie)* to be alive; **~ de** to live on; **faire ~ sa famille** to support one's family; **être difficile/facile à ~** to be hard/easy to get on with; **avoir vécu** to have seen life. ◇ *vt* 1. *(passer)* to spend. 2. *(éprouver)* to experience. ◆ **vivres** *nmpl* provisions.

vizir [vizir] *nm* vizier.

VO (*abr de* **version originale**) *nf indicates that a film has not been dubbed.*

vocable [vɔkabl] *nm* term.

vocabulaire [vɔkabylɛr] *nm* 1. *(gén)* vocabulary. 2. *(livre)* lexicon, glossary.

vocal, -e, -aux [vɔkal, o] *adj*: **ensemble ~** choir; → **corde**.

vocation [vɔkasjɔ̃] *nf* 1. *(gén)* vocation. 2. *(d'organisation)* mission.

vocifération [vɔsiferasjɔ̃] *nf* shout, scream.

vociférer [vɔsifere] *vt* to shout, to scream.

vodka [vɔdka] *nf* vodka.

vœu, -x [vø] *nm* **1.** (RELIG *& résolution)* vow; **faire ~ de silence** to take a vow of silence. **2.** *(souhait, requête)* wish. ◆ **vœux** *nmpl* greetings.

vogue [vɔg] *nf* vogue, fashion; **en ~** fashionable, in vogue.

voguer [vɔge] *vi littéraire* to sail.

voici [vwasi] *prép* **1.** *(pour désigner)* here is/are; **le ~** here he/it is; **les ~** here they are; **vous cherchiez des allumettes? – en ~** were you looking for matches? – there are some here; **~ ce qui s'est passé** this is what happened. **2.** *(il y a)*: **~ trois mois** three months ago; **~ quelques années que je ne l'ai pas vu** I haven't seen him for some years (now), it's been some years since I last saw him.

> • Les expressions *here is* et *here are* servent à annoncer l'arrivée de quelqu'un ou de quelque chose, ou le fait que l'on vient de trouver quelque chose (*here's Charlie!; here are the answers*). Le sujet (*Charlie; answers*) se place à la fin de la phrase, sauf s'il s'agit d'un pronom personnel tel que *I, you, he,* etc (*here's Charlie! – here he is; here are the answers – here they are*).

voie [vwa] *nf* **1.** *(route)* road; **route à deux ~s** two-lane road; **la ~ publique** the public highway. **2.** (RAIL) track, line; **~ ferrée** railway line *Br,* railroad line *Am;* **~ de garage** siding; *fig* dead-end job. **3.** *(mode de transport)* route. **4.** (ANAT) passage, tract; **par ~ buccale** OU **orale** orally, by mouth; **par ~ rectale** by rectum; **~ respiratoire** respiratory tract. **5.** *fig (chemin)* way. **6.** *(filière, moyen)* means *(pl).* ◆ **Voie lactée** *nf*: **la Voie lactée** the Milky Way. ◆ **en voie de** *loc prép* on the way OU road to; **en ~ de développement** developing.

voilà [vwala] *prép* **1.** *(pour désigner)* there is/are; **le ~** there he/it is; **les ~** there they are; **me ~** that's me, there I am; **vous cherchiez de l'encre – en ~** you were looking for ink – there is some (over) there; **nous ~ arrivés** we've arrived. **2.** *(reprend ce dont on a parlé)* that is; *(introduit ce dont on va parler)* this is; **~ ce que j'en pense** this is/that is what I think; **~ tout** that's all; **et ~!** there we are! **3.** *(il y a)*: **~ dix jours** ten days ago; **~ dix ans que je le connais** I've known him for ten years (now).

voile [vwal] ◇ *nf* **1.** *(de bateau)* sail. **2.** *(activité)* sailing. ◇ *nm* **1.** *(textile)* voile. **2.** *(coiffure)* veil. **3.** *(de brume)* mist.

voilé, -e [vwale] *adj* **1.** *(visage, allusion)* veiled. **2.** *(ciel, regard)* dull. **3.** *(roue)* buckled. **4.** *(son, voix)* muffled.

voiler [vwale] *vt* **1.** *(visage)* to veil. **2.** *(vérité, sentiment)* to hide. **3.** *(suj: nuages)* to cover. ◆ **se voiler** *vp* **1.** *(femme)* to wear a veil. **2.** *(ciel)* to cloud over; *(yeux)* to mist over. **3.** *(roue)* to buckle.

voilier [vwalje] *nm (bateau)* sailing boat, sailboat *Am.*

voilure [vwalyr] *nf (de bateau)* sails *(pl).*

voir [vwar] ◇ *vt* to see; **je l'ai vu tomber** I saw him fall; **faire ~ qqch à qqn** to show sb sthg; **ne rien avoir à ~ avec** to have nothing to do with; **voyons ...** let's see ... ◇ *vi* to see. ◆ **se voir** *vp* **1.** *(se regarder)* to see o.s., to watch o.s. **2.** *(se rencontrer)* to see one another OU each other. **3.** *(se remarquer)* to be obvious, to show; **ça se voit!** you can tell!

voire [vwar] *adv* even.

voirie [vwari] *nf* (ADMIN) ≃ Department of Transport.

voisin, -e [vwazɛ̃, in] ◇ *adj* **1.** *(pays, ville)* neighbouring; *(maison)* next-door. **2.** *(idée)* similar. ◇ *nm, f* neighbour; **~ de palier** next-door neighbour *(in a flat).*

voisinage [vwazinaʒ] *nm* **1.** *(quartier)* neighbourhood. **2.** *(relations)* neighbourliness. **3.** *(environs)* vicinity.

voiture [vwatyr] *nf* **1.** *(gén)* car; **~ de fonction** company car; **~ de location** hire car; **~ d'occasion/de sport** second-hand/sports car. **2.** *(wagon)* carriage.

voix [vwa] *nf* **1.** *(gén)* voice; **~ de stentor** stentorian voice; **à mi-~** in an undertone; **à ~ basse** in a low voice, quietly; **à ~ haute** *(parler)* in a loud voice; *(lire)* aloud; **de vive ~** in person. **2.** *(suffrage)* vote.

vol [vɔl] *nm* **1.** *(d'oiseau, avion)* flight; **à ~ d'oiseau** as the crow flies; **en plein ~** in flight. **2.** *(groupe d'oiseaux)* flight, flock. **3.** *(délit)* theft.

vol. *(abr de* **volume***)* vol.

volage [vɔlaʒ] *adj littéraire* fickle.

volaille [vɔlaj] *nf*: **la ~** poultry, (domestic) fowl.

volant, -e [vɔlɑ̃, ɑ̃t] *adj* **1.** *(qui vole)* flying. **2.** *(mobile)*: **feuille ~e** loose sheet. ◆ **volant** *nm* **1.** *(de voiture)* steering wheel. **2.** *(de robe)* flounce. **3.** *(de badminton)* shuttlecock.

volatiliser [vɔlatilize] ◆ **se volatiliser** *vp* to volatilize; *fig* to vanish into thin air.

volcan [vɔlkɑ̃] *nm* volcano; *fig* spitfire.

volcanique [vɔlkanik] *adj* volcanic; *fig (tempérament)* fiery.

volée [vɔle] *nf* **1.** *(de flèches)* volley; **une ~ de coups** a hail of blows. **2.** (FOOTBALL & TENNIS) volley.
voler [vɔle] ◇ *vi* to fly. ◇ *vt (personne)* to rob; *(chose)* to steal.
volet [vɔlɛ] *nm* **1.** *(de maison)* shutter. **2.** *(de dépliant)* leaf; *(d'émission)* part.
voleur, -euse [vɔlœr, øz] *nm, f* thief.
volière [vɔljɛr] *nf* aviary.
volley-ball [vɔlɛbol] (*pl* **volley-balls**) *nm* volleyball.
volontaire [vɔlɔ̃tɛr] ◇ *nmf* volunteer. ◇ *adj* **1.** *(omission)* deliberate; *(activité)* voluntary. **2.** *(enfant)* strong-willed.
volonté [vɔlɔ̃te] *nf* **1.** *(vouloir)* will; **à ~** unlimited, as much as you like. **2.** *(disposition)*: **bonne ~** willingness, good will; **mauvaise ~** unwillingness. **3.** *(détermination)* willpower.
volontiers [vɔlɔ̃tje] *adv* **1.** *(avec plaisir)* with pleasure, gladly, willingly. **2.** *(affable, bavard)* naturally.
volt [vɔlt] *nm* volt.
voltage [vɔltaʒ] *nm* voltage.
volte-face [vɔltəfas] *nf inv* about-turn *Br*, about-face *Am*; *fig* U-turn, about-turn *Br*, about-face *Am*.
voltige [vɔltiʒ] *nf* **1.** *(au trapèze)* trapeze work; **haute ~** flying trapeze act; *fam fig* mental gymnastics *(U)*. **2.** *(à cheval)* circus riding. **3.** *(en avion)* aerobatics *(U)*.
voltiger [vɔltiʒe] *vi* **1.** *(insecte, oiseau)* to flit OU flutter about. **2.** *(feuilles)* to flutter about.
volubile [vɔlybil] *adj* voluble.
volume [vɔlym] *nm* volume.
volumineux, -euse [vɔlyminø, øz] *adj* voluminous, bulky.
volupté [vɔlypte] *nf* sensual OU voluptuous pleasure.
voluptueux, -euse [vɔlyptɥø, øz] *adj* voluptuous.
volute [vɔlyt] *nf* **1.** *(de fumée)* wreath. **2.** (ARCHIT) volute, helix.
vomi [vɔmi] *nm fam* vomit.
vomir [vɔmir] *vt* **1.** *(aliments)* to bring up. **2.** *(fumées)* to belch, to spew (out); *(injures)* to spit out.
vorace [vɔras] *adj* voracious.
voracité [vɔrasite] *nf* voracity.
vos → **votre**.
vote [vɔt] *nm* vote.
voter [vɔte] ◇ *vi* to vote. ◇ *vt* (POLIT) to vote for; *(crédits)* to vote; *(loi)* to pass.

votre [vɔtr] (*pl* **vos** [vo]) *adj poss* your.

vôtre [votr] ◆ **le vôtre** (*f* **la vôtre**, *pl* **les vôtres**) *pron poss* yours; **les ~s** your family; **à la ~!** your good health!
vouer [vwe] *vt* **1.** *(promettre, jurer)*: **~ qqch à qqn** to swear OU vow sthg to sb. **2.** *(consacrer)* to devote. **3.** *(condamner)*: **être voué à** to be doomed to.

vouloir [vulwar] ◇ *vt* **1.** *(gén)* to want; **voulez-vous boire quelque chose?** would you like something to drink?; **veux-tu te taire!** will you be quiet!; **je voudrais savoir** I would like to know; **~ que** (+ *subjonctif*): **je veux qu'il parte** I want him to leave; **~ qqch de qqn/qqch** to want sthg from sb/sthg; **ne pas ~ de qqn/qqch** not to want sb/sthg; **je veux bien** I don't mind; **si tu veux** if you like, if you want; **veuillez vous asseoir** please take a seat; **sans le ~** without meaning OU wishing to, unintentionally. **2.** *(suj: coutume)* to demand. **3.** *(s'attendre à)* to expect; **que voulez-vous que j'y fasse?** what do you want me to do about it? **4.** *loc*: **~ dire** to mean; **si on veut** more or less, if you like; **en ~ à qqn** to have a grudge against sb. ◇ *nm*: **le bon ~ de qqn** sb's good will. ◆ **s'en vouloir** *vp*: **s'en ~ de faire qqch** to be cross with o.s. for doing sthg.
voulu, -e [vuly] ◇ *pp* → **vouloir**. ◇ *adj* **1.** *(requis)* requisite. **2.** *(délibéré)* intentional.

vous [vu] *pron pers* **1.** *(sujet, objet direct)* you. **2.** *(objet indirect)* (to) you. **3.** *(après préposition, comparatif)* you. **4.** *(réfléchi)* yourself, (*pl*) yourselves. ◆ **vous-même** *pron pers* yourself. ◆ **vous-mêmes** *pron pers* yourselves.
voûte [vut] *nf* **1.** (ARCHIT) vault; *fig* arch. **2.** (ANAT): **~ du palais** roof of the mouth; **~ plantaire** arch (of the foot).
voûter [vute] *vt* to arch over, to vault. ◆ **se voûter** *vp* to be OU become stooped.
vouvoyer [vuvwaje] *vt*: **~ qqn** to use the 'vous' form to sb.
voyage [vwajaʒ] *nm* journey, trip; **les ~s** travel (*sg*), travelling *(U)*; **partir en ~** to go away, to go on a trip; **~ d'affaires** business trip; **~ organisé** package tour; **~ de noces** honeymoon.
voyager [vwajaʒe] *vi* to travel.
voyageur, -euse [vwajaʒœr, øz] *nm, f* traveller.
voyance [vwajɑ̃s] *nf* clairvoyance.
voyant, -e [vwajɑ̃, ɑ̃t] ◇ *adj* loud, gaudy. ◇ *nm, f* seer. ◆ **voyant** *nm* light; (AUTOM) indicator (light); **~**

d'essence/d'huile petrol/oil warning light.
voyelle [vwajɛl] *nf* vowel.
voyeur, -euse [vwajœr, øz] *nm, f* voyeur, Peeping Tom.
voyou [vwaju] *nm* **1.** *(garnement)* urchin. **2.** *(loubard)* lout.
vrac [vrak] ◆ **en vrac** *loc adv* **1.** *(sans emballage)* loose. **2.** *(en désordre)* higgledy-piggledy. **3.** *(au poids)* in bulk.
vrai, -e [vrɛ] *adj* **1.** *(histoire)* true; **c'est** OU **il est ~ que ...** it's true that ... **2.** *(or, perle, nom)* real. **3.** *(personne)* natural. **4.** *(ami, raison)* real, true. ◆ **vrai** *nm*: **à ~ dire, à dire ~** to tell the truth.
vraiment [vrɛmɑ̃] *adv* really.
vraisemblable [vrɛsɑ̃blabl] *adj* likely, probable; *(excuse)* plausible.
vraisemblance [vrɛsɑ̃blɑ̃s] *nf* likelihood, probability; *(d'excuse)* plausibility.
V/Réf *(abr de* **Votre référence**) your ref.
vrille [vrij] *nf* **1.** (BOT) tendril. **2.** *(outil)* gimlet. **3.** *(spirale)* spiral.
vrombir [vrɔ̃bir] *vi* to hum.
vrombissement [vrɔ̃bismɑ̃] *nm* humming *(U)*.
VTT *(abr de* **vélo tout terrain**) *nm* mountain bike.
vu, -e [vy] ◇ *pp* → **voir**. ◇ *adj* **1.** *(perçu)*: **être bien/mal ~** to be acceptable/unacceptable. **2.** *(compris)* clear. ◆ **vu** *prép* given, in view of. ◆ **vue** *nf* **1.** *(sens, vision)* sight, eyesight. **2.** *(regard)* gaze; **à première ~e** at first sight; **de ~e** by sight; **en ~e** *(vedette)* in the public eye; **perdre qqn de ~e** to lose touch with sb. **3.** *(panorama, idée)* view. **4.** (CIN) → **prise**. ◆ **en vue de** *loc prép* with a view to. ◆ **vu que** *loc conj* given that, seeing that.
vulgaire [vylgɛr] *adj* **1.** *(grossier)* vulgar, coarse. **2.** *(avant n) péj (quelconque)* common.
vulgarisation [vylgarizasjɔ̃] *nf* popularization.
vulgariser [vylgarize] *vt* to popularize.
vulgarité [vylgarite] *nf* vulgarity, coarseness.
vulnérable [vylnerabl] *adj* vulnerable.
vulve [vylv] *nf* vulva.

W

w, W [dubləve] *nm inv* w, W.
wagon [vagɔ̃] *nm* carriage; **~ de première classe** first-class carriage.
wagon-lit [vagɔ̃li] *nm* sleeping car, sleeper.
wagon-restaurant [vagɔ̃rɛstɔrɑ̃] *nm* restaurant OU dining car.
Walkman® [wɔkman] *nm* personal stereo, Walkman®.
wallon, -onne [walɔ̃, ɔn] *adj* Walloon. ◆ **wallon** *nm (langue)* Walloon. ◆ **Wallon, -onne** *nm, f* Walloon.
Washington [waʃiŋtɔn] *n* **1.** *(ville)* Washington D.C. **2.** *(État)* Washington State.
water-polo [watɛrpɔlo] *nm* water polo.
watt [wat] *nm* watt.
W.-C. [vese] *(abr de* **water closet**) *nmpl* WC *(sg)*, toilets.
Web [wɛb] *nm inv*: **le ~** the Web.
week-end [wikɛnd] *(pl* **week-ends**) *nm* weekend.
western [wɛstɛrn] *nm* western.
whisky [wiski] *(pl* **whiskies**) *nm* whisky.
white-spirit [wajtspirit] *(pl* **white-spirits**) *nm* white spirit.
World Wide Web [wœrldwajdwɛb] *nm inv*: **le ~** the World Wide Web.
WWW *(abr de* **World Wide Web**) *nm inv* WWW.

XYZ

x, X [iks] *nm inv* x, X.
xénophobie [gzenɔfɔbi] *nf* xenophobia.
xérès [gzerɛs, xerɛs] *nm* sherry.
xylophone [ksilɔfɔn] *nm* xylophone.

y[1], Y [igrɛk] *nm inv* y, Y.
y[2] [i] ◇ *adv (lieu)* there; **j'y vais demain** I'm going there tomorrow; **mets-y du**

sel put some salt in it; **va voir sur la table si les clefs y sont** go and see if the keys are on the table. ◇ *pron*: **pensez-y** think about it; **n'y comptez pas** don't count on it; **j'y suis!** I've got it!; *voir aussi* **aller, avoir** *etc.*

yacht [jot] *nm* yacht.

yaourt [jaurt], **yogourt, yoghourt** [jɔgurt] *nm* yoghurt.

Yémen [jemɛn] *nm*: **le ~** Yemen.

yen [jɛn] *nm* yen.

yeux → **œil**.

yiddish [jidiʃ] *nm inv & adj inv* Yiddish.

yoga [jɔga] *nm* yoga.

yoghourt = **yaourt**.

yogourt = **yaourt**.

yougoslave [jugɔslav] *adj* Yugoslav, Yugoslavian. ◆ **Yougoslave** *nmf* Yugoslav, Yugoslavian.

Yougoslavie [jugɔslavi] *nf*: **la ~** Yugoslavia.

z, Z [zɛd] *nm inv* z, Z.

Zaïre [zair] *nm*: **le ~** Zaïre.

zapper [zape] *vi* to zap, to channel-hop.

zapping [zapiŋ] *nm* zapping, channel-hopping.

zèbre [zɛbr] *nm* zebra; **un drôle de ~** *fam fig* an oddball.

zébrure [zebryr] *nf* 1. *(de pelage)* stripe. 2. *(marque)* weal.

zébu [zeby] *nm* zebu.

zèle [zɛl] *nm* zeal; **faire du ~** *péj* to be over-zealous.

zélé, -e [zele] *adj* zealous.

zénith [zenit] *nm* zenith.

zéro [zero] ◇ *nm* 1. *(chiffre)* zero, nought; *(dans numéro de téléphone)* O *Br*, zero *Am*. 2. *(nombre)* nought, nothing. 3. *(de graduation)* freezing point, zero; **au-dessus/au-dessous de ~** above/below (zero); **avoir le moral à ~** *fig* to be OU feel down. ◇ *adj*: **~ faute** no mistakes.

zeste [zɛst] *nm* peel, zest.

zézayer [zezeje] *vi* to lisp.

zigzag [zigzag] *nm* zigzag; **en ~** winding.

zigzaguer [zigzage] *vi* to zigzag (along).

zinc [zɛ̃g] *nm* 1. *(matière)* zinc. 2. *fam (comptoir)* bar. 3. *fam (avion)* crate.

zizi [zizi] *nm fam* willy *Br*, peter *Am*.

zodiaque [zɔdjak] *nm* zodiac.

zone [zon] *nf* 1. *(région)* zone, area; **~ bleue** restricted parking zone; **~ industrielle** industrial estate; **~ piétonne** OU **piétonnière** pedestrian precinct *Br* OU zone *Am*. 2. *fam (faubourg)*: **la ~** the slum belt.

zoner [zone] *vi* to hang about, to hang around.

zoo [zo(o)] *nm* zoo.

zoologie [zɔɔlɔʒi] *nf* zoology.

zoom [zum] *nm* 1. *(objectif)* zoom (lens). 2. *(gros plan)* zoom.

zut [zyt] *interj fam* damn!

ENGLISH-FRENCH
ANGLAIS-FRANÇAIS

A

a¹ (*pl* **as** OR **a's**), **A** (*pl* **As** OR **A's**) [eɪ] *n (letter)* a *m inv*, A *m inv*; **to get from A to B** aller d'un point à un autre. ◆ **A** *n* **1.** (MUS) la *m inv*. **2.** (SCH) *(mark)* A *m inv*.

a² [*stressed* eɪ, *unstressed* ə] (*before vowel or silent 'h'* **an** [*stressed* æn, *unstressed* ən]) *indef art* **1.** *(gen)* un (une); **a boy** un garçon; **a table** une table; **an orange** une orange. **2.** *(referring to occupation)*: **to be a doctor/lawyer/plumber** être médecin/avocat/plombier. **3.** *(instead of the number one)* un (une); **a hundred/thousand pounds** cent/mille livres. **4.** *(to express prices, ratios etc)*: **20p a kilo** 20p le kilo; **£10 a person** 10 livres par personne; **twice a week/month** deux fois par semaine/mois; **50 km an hour** 50 km à l'heure.

AA *n* **1.** (*abbr of* **Automobile Association**) *automobile club britannique*, ≃ ACF *m*, ≃ TCF *m*. **2.** (*abbr of* **Alcoholics Anonymous**) Alcooliques Anonymes *mpl*.

AAA *n* (*abbr of* **American Automobile Association**) *automobile club américain*, ≃ ACF *m*, ≃ TCF *m*.

AB *n Am abbr of* **Bachelor of Arts**.

aback [ə'bæk] *adv*: **to be taken ~** être décontenancé(e).

abandon [ə'bændən] ◇ *vt* abandonner. ◇ *n*: **with ~** avec abandon.

abashed [ə'bæʃt] *adj* confus(e).

abate [ə'beɪt] *vi (storm, fear)* se calmer; *(noise)* faiblir.

abattoir ['æbətwɑːʳ] *n* abattoir *m*.

abbey ['æbɪ] *n* abbaye *f*.

abbot ['æbət] *n* abbé *m*.

abbreviate [ə'briːvɪeɪt] *vt* abréger.

abbreviation [əˌbriːvɪ'eɪʃn] *n* abréviation *f*.

ABC *n* **1.** *(alphabet)* alphabet *m*. **2.** *fig (basics)* B.A.-Ba *m*, abc *m*.

abdicate ['æbdɪkeɪt] *vt & vi* abdiquer.

abdomen ['æbdəmen] *n* abdomen *m*.

abduct [əb'dʌkt] *vt* enlever.

aberration [ˌæbə'reɪʃn] *n* aberration *f*.

abeyance [ə'beɪəns] *n*: **in ~** en attente.

abhor [əb'hɔːʳ] *vt* exécrer, abhorrer.

abide [ə'baɪd] *vt* supporter, souffrir. ◆ **abide by** *vt fus* respecter, se soumettre à.

ability [ə'bɪlətɪ] *n* **1.** *(capacity, capability)* aptitude *f*. **2.** *(skill)* talent *m*.

abject ['æbdʒekt] *adj* **1.** *(poverty)* noir(e). **2.** *(person)* pitoyable; *(apology)* servile.

ablaze [ə'bleɪz] *adj (on fire)* en feu.

able ['eɪbl] *adj* **1.** *(capable)*: **to be ~ to do sthg** pouvoir faire qqch. **2.** *(accomplished)* compétent(e).

ably ['eɪblɪ] *adv* avec compétence, habilement.

abnormal [æb'nɔːml] *adj* anormal(e).

aboard [ə'bɔːd] ◇ *adv* à bord. ◇ *prep (ship, plane)* à bord; *(bus, train)* dans.

abode [ə'bəʊd] *n fml*: **of no fixed ~** sans domicile fixe.

abolish [ə'bɒlɪʃ] *vt* abolir.

abolition [ˌæbə'lɪʃn] *n* abolition *f*.

abominable [ə'bɒmɪnəbl] *adj* abominable.

aborigine [ˌæbə'rɪdʒənɪ] *n* aborigène *mf* d'Australie.

abort [ə'bɔːt] *vt* **1.** *(pregnancy)* interrompre. **2.** *fig (plan, project)* abandonner, faire avorter. **3.** (COMPUT) abandonner.

abortion [ə'bɔːʃn] *n* avortement *m*, interruption *f* (volontaire) de grossesse; **to have an ~** se faire avorter.

abortive [ə'bɔːtɪv] *adj* manqué(e).

abound [ə'baʊnd] *vi* **1.** *(be plentiful)* abonder. **2.** *(be full)*: **to ~ with** OR **in** abonder en.

about [ə'baʊt] ◇ *adv* 1. *(approximately)* environ, à peu près; **~ fifty/a hundred/a thousand** environ cinquante/cent/mille; **at ~ five o'clock** vers cinq heures; **I'm just ~ ready** je suis presque prêt. 2. *(referring to place)*: **to run ~** courir çà et là; **to leave things lying ~** laisser traîner des affaires; **to walk ~** aller et venir, se promener. 3. *(on the point of)*: **to be ~ to do sthg** être sur le point de faire qqch. ◇ *prep* 1. *(relating to, concerning)* au sujet de; **a film ~ Paris** un film sur Paris; **what is it ~?** de quoi s'agit-il?; **to talk ~ sthg** parler de qqch. 2. *(referring to place)*: **his belongings were scattered ~ the room** ses affaires étaient éparpillées dans toute la pièce; **to wander ~ the streets** errer de par les rues.

- *What about* et *how about* servent, en anglais parlé, à émettre une suggestion. Ils peuvent être suivis d'un nom (*what/how about a game of cards?*), d'un pronom (*what/how about this one?*) ou d'un participe présent (*what/how about going to the cinema?*).
- On utilise *be about to* pour dire que quelque chose est sur le point de se produire (*the train's about to leave*).

about-turn, **about-face** *n* (MIL) demi-tour *m*; *fig* volte-face *f inv*.

above [ə'bʌv] ◇ *adv* 1. *(on top, higher up)* au-dessus. 2. *(in text)* ci-dessus, plus haut. 3. *(more, over)* plus; **children aged 5 and ~** les enfants âgés de 5 ans et plus OR de plus de 5 ans. ◇ *prep* 1. *(on top of, higher up than)* au-dessus de. 2. *(more than)* plus de. ◆ **above all** *adv* avant tout.

aboveboard [ə,bʌv'bɔːd] *adj* honnête.

abrasive [ə'breɪsɪv] *adj* *(substance)* abrasif(ive); *fig* caustique, acerbe.

abreast [ə'brest] *adv* de front. ◆ **abreast of** *prep*: **to keep ~ of** se tenir au courant de.

abridged [ə'brɪdʒd] *adj* abrégé(e).

abroad [ə'brɔːd] *adv* à l'étranger.

abrupt [ə'brʌpt] *adj* 1. *(sudden)* soudain(e), brusque. 2. *(brusque)* abrupt(e).

abscess ['æbsɪs] *n* abcès *m*.

abscond [əb'skɒnd] *vi* s'enfuir.

abseil ['æbseɪl] *vi* descendre en rappel.

absence ['æbsəns] *n* absence *f*.

absent ['æbsənt] *adj*: **~ (from)** absent(e) (de).

absentee [,æbsən'tiː] *n* absent *m*, -e *f*.

absent-minded [-'maɪndɪd] *adj* distrait(e).

absolute ['æbsəluːt] *adj* 1. *(complete - fool, disgrace)* complet(ète). 2. *(totalitarian - ruler, power)* absolu(e).

absolutely ['æbsəluːtlɪ] *adv* absolument.

absolve [əb'zɒlv] *vt*: **to ~ sb (from)** absoudre qqn (de).

absorb [əb'sɔːb] *vt* absorber; *(information)* retenir, assimiler; **to be ~ed in sthg** être absorbé dans qqch.

absorbent [əb'sɔːbənt] *adj* absorbant(e).

absorption [əb'sɔːpʃn] *n* absorption *f*.

abstain [əb'steɪn] *vi*: **to ~ (from)** s'abstenir (de).

abstemious [æb'stiːmjəs] *adj fml* frugal(e), sobre.

abstention [əb'stenʃn] *n* abstention *f*.

abstract ['æbstrækt] ◇ *adj* abstrait(e). ◇ *n (summary)* résumé *m*, abrégé *m*.

absurd [əb'sɜːd] *adj* absurde.

ABTA ['æbtə] (*abbr of* **Association of British Travel Agents**) *n association des agences de voyage britanniques.*

abundant [ə'bʌndənt] *adj* abondant(e).

abundantly [ə'bʌndəntlɪ] *adv* 1. *(clear, obvious)* parfaitement, tout à fait. 2. *(exist, grow)* en abondance.

abuse [*n* ə'bjuːs, *vb* ə'bjuːz] ◇ *n (U)* 1. *(offensive remarks)* insultes *fpl*, injures *fpl*. 2. *(maltreatment)* mauvais traitement *m*; **child ~** mauvais traitements infligés aux enfants. 3. *(of power, drugs etc)* abus *m*. ◇ *vt* 1. *(insult)* insulter, injurier. 2. *(maltreat)* maltraiter. 3. *(power, drugs etc)* abuser de.

abusive [ə'bjuːsɪv] *adj* grossier(ère), injurieux(euse).

abysmal [ə'bɪzml] *adj* épouvantable, abominable.

abyss [ə'bɪs] *n* abîme *m*, gouffre *m*.

a/c (*abbr of* **account (current)**) cc.

AC *n* (*abbr of* **alternating current**) courant *m* alternatif.

academic [,ækə'demɪk] ◇ *adj* 1. *(of college, university)* universitaire. 2. *(person)* intellectuel(elle). 3. *(question, discussion)* théorique. ◇ *n* universitaire *mf*.

academy [ə'kædəmɪ] *n* 1. *(school, college)* école *f*; **~ of music** conservatoire *m*. 2. *(institution, society)* académie *f*.

ACAS ['eɪkæs] (*abbr of* **Advisory Conciliation and Arbitration Service**) *n organisme britannique de conciliation des conflits du travail.*

accelerate [ək'seləreɪt] *vi* 1. *(car, driv-*

er) accélérer. **2.** *(inflation, growth)* s'accélérer.

acceleration [ək,selə'reɪʃn] *n* accélération *f.*

accelerator [ək'seləreɪtəʳ] *n* accélérateur *m.*

accent ['æksent] *n* accent *m.*

accept [ək'sept] *vt* **1.** *(gen)* accepter; *(for job, as member of club)* recevoir, admettre. **2.** *(agree)*: **to ~ that ...** admettre que ...

acceptable [ək'septəbl] *adj* acceptable.

acceptance [ək'septəns] *n* **1.** *(gen)* acceptation *f.* **2.** *(for job, as member of club)* admission *f.*

access ['ækses] *n* **1.** *(entry, way in)* accès *m.* **2.** *(opportunity to use, see)*: **to have ~ to sthg** avoir qqch à sa disposition, disposer de qqch.

accessible [ək'sesəbl] *adj* **1.** *(reachable - place)* accessible. **2.** *(available)* disponible.

accessory [ək'sesərɪ] *n* **1.** *(of car, vacuum cleaner)* accessoire *m.* **2.** (JUR) complice *mf.*

accident ['æksɪdənt] *n* accident *m*; **by ~** par hasard, par accident.

accidental [,æksɪ'dentl] *adj* accidentel(elle).

accidentally [,æksɪ'dentəlɪ] *adv* **1.** *(drop, break)* par mégarde. **2.** *(meet)* par hasard.

accident-prone *adj* prédisposé(e) aux accidents.

acclaim [ə'kleɪm] ◇ *n (U)* éloges *mpl.* ◇ *vt* louer.

acclimatize, -ise [ə'klaɪmətaɪz], **acclimate** *Am* ['ækləmeɪt] *vi*: **to ~ (to)** s'acclimater (à).

accommodate [ə'kɒmədeɪt] *vt* **1.** *(provide room for)* loger. **2.** *(oblige - person, wishes)* satisfaire.

accommodating [ə'kɒmədeɪtɪŋ] *adj* obligeant(e).

accommodation *Br* [ə,kɒmə'deɪʃn] *n*, **accommodations** *Am* [ə,kɒmə'deɪʃnz] *npl* logement *m.*

accompany [ə'kʌmpənɪ] *vt (gen)* accompagner.

accomplice [ə'kʌmplɪs] *n* complice *mf.*

accomplish [ə'kʌmplɪʃ] *vt* accomplir, achever.

accomplishment [ə'kʌmplɪʃmənt] *n* **1.** *(action)* accomplissement *m.* **2.** *(achievement)* réussite *f.* ◆ **accomplishments** *npl* talents *mpl.*

accord [ə'kɔːd] *n*: **to do sthg of one's own ~** faire qqch de son propre chef OR de soi-même.

accordance [ə'kɔːdəns] *n*: **in ~ with** conformément à.

according [ə'kɔːdɪŋ] ◆ **according to** *prep* **1.** *(as stated or shown by)* d'après; **to go ~ to plan** se passer comme prévu. **2.** *(with regard to)* suivant, en fonction de.

accordingly [ə'kɔːdɪŋlɪ] *adv* **1.** *(appropriately)* en conséquence. **2.** *(consequently)* par conséquent.

accordion [ə'kɔːdjən] *n* accordéon *m.*

accost [ə'kɒst] *vt* accoster.

account [ə'kaʊnt] *n* **1.** *(with bank, shop, company)* compte *m.* **2.** *(report)* compte-rendu *m.* **3.** *phr*: **to take ~ of sthg, to take sthg into ~** prendre qqch en compte; **to be of no ~** n'avoir aucune importance; **on no ~** sous aucun prétexte, en aucun cas. ◆ **accounts** *npl (of business)* comptabilité *f,* comptes *mpl.* ◆ **by all accounts** *adv* d'après ce que l'on dit, au dire de tous. ◆ **on account of** *prep* à cause de. ◆ **account for** *vt fus* **1.** *(explain)* justifier, expliquer. **2.** *(represent)* représenter.

accountable [ə'kaʊntəbl] *adj (responsible)*: **~ (for)** responsable (de).

accountancy [ə'kaʊntənsɪ] *n* comptabilité *f.*

accountant [ə'kaʊntənt] *n* comptable *mf.*

accrue [ə'kruː] *vi (money)* fructifier; *(interest)* courir.

accumulate [ə'kjuːmjʊleɪt] ◇ *vt* accumuler, amasser. ◇ *vi* s'accumuler.

accuracy ['ækjʊrəsɪ] *n* **1.** *(of description, report)* exactitude *f.* **2.** *(of weapon, typist, figures)* précision *f.*

accurate ['ækjʊrət] *adj* **1.** *(description, report)* exact(e). **2.** *(weapon, typist, figures)* précis(e).

accurately ['ækjʊrətlɪ] *adv* **1.** *(truthfully - describe, report)* fidèlement. **2.** *(precisely - aim)* avec précision; *(- type)* sans faute.

accusation [,ækjuː'zeɪʃn] *n* accusation *f.*

accuse [ə'kjuːz] *vt*: **to ~ sb of sthg/of doing sthg** accuser qqn de qqch/de faire qqch.

accused [ə'kjuːzd] (*pl inv*) *n* (JUR): **the ~** l'accusé *m,* -e *f.*

accustomed [ə'kʌstəmd] *adj*: **to be ~ to sthg/to doing sthg** avoir l'habitude de qqch/de faire qqch.

ace [eɪs] *n* as *m.*

ache [eɪk] ◇ *n* douleur *f.* ◇ *vi* **1.** *(back, limb)* faire mal; **my head ~s** j'ai mal à la tête. **2.** *fig (want)*: **to be aching for**

sthg/to do sthg mourir d'envie de qqch/de faire qqch.
achieve [ə'tʃiːv] *vt (success, victory)* obtenir, remporter; *(goal)* atteindre; *(ambition)* réaliser; *(fame)* parvenir à.
achievement [ə'tʃiːvmənt] *n (success)* réussite *f*.
Achilles' tendon [ə'kɪliːz-] *n* tendon *m* d'Achille.
acid ['æsɪd] ◇ *adj lit & fig* acide. ◇ *n* acide *m*.
acid rain *(U) n* pluies *fpl* acides.
acknowledge [ək'nɒlɪdʒ] *vt* 1. *(fact, situation, person)* reconnaître. 2. *(letter)*: **to ~ (receipt of)** accuser réception de. 3. *(greet)* saluer.
acknowledg(e)ment [ək'nɒlɪdʒmənt] *n* 1. *(gen)* reconnaissance *f*. 2. *(letter)* accusé *m* de réception. ◆ **acknowledg(e)ments** *npl (in book)* remerciements *mpl*.
acne ['æknɪ] *n* acné *f*.
acorn ['eɪkɔːn] *n* gland *m*.
acoustic [ə'kuːstɪk] *adj* acoustique. ◆ **acoustics** *npl (of room)* acoustique *f*.
acquaint [ə'kweɪnt] *vt*: **to ~ sb with sthg** mettre qqn au courant de qqch; **to be ~ed with sb** connaître qqn.
acquaintance [ə'kweɪntəns] *n (person)* connaissance *f*.
acquire [ə'kwaɪər] *vt* acquérir.
acquisitive [ə'kwɪzɪtɪv] *adj* avide de possessions.
acquit [ə'kwɪt] *vt* 1. (JUR) acquitter. 2. *(perform)*: **to ~ o.s. well/badly** bien/mal se comporter.
acquittal [ə'kwɪtl] *n* acquittement *m*.
acre ['eɪkər] *n* = *4046,9 m²*, ≃ demi-hectare *m*.
acrid ['ækrɪd] *adj (taste, smell)* âcre; *fig* acerbe.
acrimonious [ˌækrɪ'məʊnjəs] *adj* acrimonieux(euse).
acrobat ['ækrəbæt] *n* acrobate *mf*.
across [ə'krɒs] ◇ *adv* 1. *(from one side to the other)* en travers. 2. *(in measurements)*: **the river is 2 km ~** la rivière mesure 2 km de large. 3. *(in crossword)*: **21 ~** 21 horizontalement. ◇ *prep* 1. *(from one side to the other)* d'un côté à l'autre de, en travers de; **to walk ~ the road** traverser la route; **to run ~ the road** traverser la route en courant. 2. *(on the other side of)* de l'autre côté de; **the house ~ the road** la maison d'en face. ◆ **across from** *prep* en face de.
acrylic [ə'krɪlɪk] ◇ *adj* acrylique. ◇ *n* acrylique *m*.
act [ækt] ◇ *n* 1. *(action, deed)* acte *m*; **to catch sb in the ~ of doing sthg** surprendre qqn en train de faire qqch. 2. (JUR) loi *f*. 3. *(of play, opera)* acte *m*; *(in cabaret etc)* numéro *m*; *fig (pretence)*: **to put on an ~** jouer la comédie. 4. *phr*: **to get one's ~ together** se reprendre en main. ◇ *vi* 1. *(gen)* agir. 2. *(behave)* se comporter; **to ~ as if** se conduire comme si, se comporter comme si; **to ~ like** se conduire comme, se comporter comme. 3. *(in play, film)* jouer; *fig (pretend)* jouer la comédie. 4. *(function)*: **to ~ as** *(person)* être; *(object)* servir de. ◇ *vt (part)* jouer.
ACT *(abbr of* **American College Test***) n* *examen américain de fin d'études secondaires.*
acting ['æktɪŋ] ◇ *adj* par intérim, provisoire. ◇ *n (in play, film)* interprétation *f*.
action ['ækʃn] *n* 1. *(gen)* action *f*; **to take ~** agir, prendre des mesures; **to put sthg into ~** mettre qqch à exécution; **in ~** *(person)* en action; *(machine)* en marche; **out of ~** *(person)* hors de combat; *(machine)* hors service, hors d'usage. 2. (JUR) procès *m*, action *f*.
action replay *n* répétition *f* immédiate (au ralenti).
activate ['æktɪveɪt] *vt* mettre en marche.
active ['æktɪv] *adj* 1. *(gen)* actif(ive); *(encouragement)* vif (vive). 2. *(volcano)* en activité.
actively ['æktɪvlɪ] *adv* activement.
activity [æk'tɪvətɪ] *n* activité *f*.
actor ['æktər] *n* acteur *m*.
actress ['æktrɪs] *n* actrice *f*.
actual ['æktʃʊəl] *adj* réel(elle).
actually ['æktʃʊəlɪ] *adv* 1. *(really, in truth)* vraiment. 2. *(in fact)* en fait. 3. *(by the way)* au fait.
acumen ['ækjʊmen] *n* flair *m*.
acupuncture ['ækjʊpʌŋktʃər] *n* acuponcture *f*.
acute [ə'kjuːt] *adj* 1. *(severe - pain, illness)* aigu(ë); *(- danger)* sérieux(euse), grave. 2. *(perceptive - person, mind)* perspicace. 3. *(keen - eyesight)* perçant(e); *(- hearing)* fin(e); *(- sense of smell)* développé(e). 4. (MATH): **~ angle** angle *m* aigu. 5. (LING): **e ~** e accent aigu.
ad [æd] *(abbr of* **advertisement***) n inf (in newspaper)* annonce *f*; *(on TV)* pub *f*.
AD *(abbr of* **Anno Domini***)* ap. J.-C.
adamant ['ædəmənt] *adj*: **to be ~** être inflexible.
Adam's apple [ˌædəmz-] *n* pomme *f* d'Adam.

adapt [əˈdæpt] ◇ *vt* adapter. ◇ *vi*: **to ~ (to)** s'adapter (à).

adaptable [əˈdæptəbl] *adj (person)* souple.

adapter, adaptor [əˈdæptəʳ] *n (*ELEC *- for several devices)* prise *f* multiple; *(- for foreign plug)* adaptateur *m*.

add [æd] *vt* 1. *(gen)*: **to ~ sthg (to)** ajouter qqch (à). 2. *(numbers)* additionner. ◆ **add on** *vt sep*: **to ~ sthg on (to)** ajouter qqch (à); *(charge, tax)* rajouter qqch (à). ◆ **add to** *vt fus* ajouter à, augmenter. ◆ **add up** *vt sep* additionner. ◆ **add up to** *vt fus* se monter à.

adder [ˈædəʳ] *n* vipère *f*.

addict [ˈædɪkt] *n lit & fig* drogué *m*, -e *f*; **drug ~** drogué.

addicted [əˈdɪktɪd] *adj*: **~ (to)** drogué(e) (à); *fig* passionné(e) (de).

addiction [əˈdɪkʃn] *n*: **~ (to)** dépendance *f* (à); *fig* penchant *m* (pour).

addictive [əˈdɪktɪv] *adj* qui rend dépendant(e).

addition [əˈdɪʃn] *n* addition *f*; **in ~ (to)** en plus (de).

additional [əˈdɪʃənl] *adj* supplémentaire.

additive [ˈædɪtɪv] *n* additif *m*.

address [əˈdres] ◇ *n* 1. *(place)* adresse *f*. 2. *(speech)* discours *m*. ◇ *vt* 1. *(gen)* adresser. 2. *(meeting, conference)* prendre la parole à. 3. *(problem, issue)* aborder, examiner.

address book *n* carnet *m* d'adresses.

adenoids [ˈædɪnɔɪdz] *npl* végétations *fpl*.

adept [ˈædept] *adj*: **~ (at)** doué(e) (pour).

adequate [ˈædɪkwət] *adj* adéquat(e).

adhere [ədˈhɪəʳ] *vi* 1. *(stick)*: **to ~ (to)** adhérer (à). 2. *(observe)*: **to ~ to** obéir à. 3. *(keep)*: **to ~ to** adhérer à.

adhesive [ədˈhiːsɪv] ◇ *adj* adhésif(ive). ◇ *n* adhésif *m*.

adhesive tape *n* ruban *m* adhésif.

adjacent [əˈdʒeɪsənt] *adj*: **~ (to)** adjacent(e) (à), contigu(ë) (à).

adjective [ˈædʒɪktɪv] *n* adjectif *m*.

adjoining [əˈdʒɔɪnɪŋ] ◇ *adj* voisin(e). ◇ *prep* attenant à.

adjourn [əˈdʒɜːn] ◇ *vt* ajourner. ◇ *vi* suspendre la séance.

adjudicate [əˈdʒuːdɪkeɪt] *vi*: **to ~ (on** OR **upon)** se prononcer (sur).

adjust [əˈdʒʌst] ◇ *vt* ajuster, régler. ◇ *vi*: **to ~ (to)** s'adapter (à).

adjustable [əˈdʒʌstəbl] *adj* réglable.

adjustment [əˈdʒʌstmənt] *n* 1. *(modification)* ajustement *m*; (TECH) réglage *m*. 2. *(change in attitude)*: **~ (to)** adaptation *f* (à).

ad lib [ˌædˈlɪb] ◇ *adj* improvisé(e). ◇ *adv* à volonté. ◇ *n* improvisation *f*. ◆ **ad-lib** *vi* improviser.

administer [ədˈmɪnɪstəʳ] *vt* 1. *(company, business)* administrer, gérer. 2. *(justice, punishment)* dispenser. 3. *(drug, medication)* administrer.

administration [ədˌmɪnɪˈstreɪʃn] *n* administration *f*.

administrative [ədˈmɪnɪstrətɪv] *adj* administratif(ive).

admirable [ˈædmərəbl] *adj* admirable.

admiral [ˈædmərəl] *n* amiral *m*.

admiration [ˌædməˈreɪʃn] *n* admiration *f*.

admire [ədˈmaɪəʳ] *vt* admirer.

admirer [ədˈmaɪərəʳ] *n* admirateur *m*, -trice *f*.

admission [ədˈmɪʃn] *n* 1. *(permission to enter)* admission *f*. 2. *(to museum etc)* entrée *f*. 3. *(confession)* confession *f*, aveu *m*.

admit [ədˈmɪt] ◇ *vt* 1. *(confess)* reconnaître; **to ~ (that) ...** reconnaître que ...; **to ~ doing sthg** reconnaître avoir fait qqch; **to ~ defeat** *fig* s'avouer vaincu(e). 2. *(allow to enter, join)* admettre; **to be admitted to hospital** *Br* OR **to the hospital** *Am* être admis(e) à l'hôpital. ◇ *vi*: **to ~ to** admettre, reconnaître.

admittance [ədˈmɪtəns] *n* admission *f*; **'no ~'** 'entrée interdite'.

admittedly [ədˈmɪtɪdlɪ] *adv* de l'aveu général.

admonish [ədˈmɒnɪʃ] *vt* réprimander.

ad nauseam [ˌædˈnɔːzɪæm] *adv (talk)* à n'en plus finir.

adolescence [ˌædəˈlesns] *n* adolescence *f*.

adolescent [ˌædəˈlesnt] ◇ *adj* adolescent(e); *pej* puéril(e). ◇ *n* adolescent *m*, -e *f*.

adopt [əˈdɒpt] *vt* adopter.

adoption [əˈdɒpʃn] *n* adoption *f*.

adore [əˈdɔːʳ] *vt* adorer.

adorn [əˈdɔːn] *vt* orner.

adrenalin(e) [əˈdrenəlɪn] *n* adrénaline *f*.

Adriatic [ˌeɪdrɪˈætɪk] *n*: **the ~ (Sea)** l'Adriatique *f*, la mer Adriatique.

adrift [əˈdrɪft] ◇ *adj* à la dérive. ◇ *adv*: **to go ~** *fig* aller à la dérive.

adult [ˈædʌlt] ◇ *adj* 1. *(gen)* adulte. 2. *(films, literature)* pour adultes. ◇ *n* adulte *mf*.

adultery [əˈdʌltərɪ] *n* adultère *m*.

advance [ədˈvɑːns] ◇ *n* 1. *(gen)* avance *f*. 2. *(progress)* progrès *m*. ◇ *comp* à

l'avance. ◇ *vt* 1. *(gen)* avancer. 2. *(improve)* faire progresser OR avancer. ◇ *vi* 1. *(gen)* avancer. 2. *(improve)* progresser. ◆ **advances** *npl*: **to make ~s to sb** *(sexual)* faire des avances à qqn; *(business)* faire des propositions à qqn. ◆ **in advance** *adv* à l'avance.
advanced [əd'vɑːnst] *adj* avancé(e).
advantage [əd'vɑːntɪdʒ] *n*: **~ (over)** avantage *m* (sur); **to be to one's ~** être à son avantage; **to take ~ of sthg** profiter de qqch; **to take ~ of sb** exploiter qqn.
advent ['ædvənt] *n* avènement *m*. ◆ **Advent** *n* (RELIG) Avent *m*.
adventure [əd'ventʃəʳ] *n* aventure *f*.
adventure playground *n* terrain *m* d'aventures.
adventurous [əd'ventʃərəs] *adj* aventureux(euse).
adverb ['ædvɜːb] *n* adverbe *m*.
adverse ['ædvɜːs] *adj* défavorable.
advert ['ædvɜːt] *Br* = **advertisement**.
advertise ['ædvətaɪz] ◇ *vt* (COMM) faire de la publicité pour; *(event)* annoncer. ◇ *vi* faire de la publicité; **to ~ for sb/sthg** chercher qqn/qqch par voie d'annonce.
advertisement [əd'vɜːtɪsmənt] *n* *(in newspaper)* annonce *f*; *(*COMM *& fig)* publicité *f*.
advertiser ['ædvətaɪzəʳ] *n* annonceur *m*.
advertising ['ædvətaɪzɪŋ] *n (U)* publicité *f*.
advice [əd'vaɪs] *n (U)* conseils *mpl*; **a piece of ~** un conseil; **to give sb ~** donner des conseils à qqn; **to take sb's ~** suivre les conseils de qqn.
advisable [əd'vaɪzəbl] *adj* conseillé(e), recommandé(e).
advise [əd'vaɪz] ◇ *vt* 1. *(give advice to)*: **to ~ sb to do sthg** conseiller à qqn de faire qqch; **to ~ sb against sthg** déconseiller qqch à qqn; **to ~ sb against doing sthg** déconseiller à qqn de faire qqch. 2. *(professionally)*: **to ~ sb on sthg** conseiller qqn sur qqch. 3. *(inform)*: **to ~ sb (of sthg)** aviser qqn (de qqch). ◇ *vi* 1. *(give advice)*: **to ~ against sthg/against doing sthg** déconseiller qqch/de faire qqch. 2. *(professionally)*: **to ~ on sthg** conseiller sur qqch.
advisedly [əd'vaɪzɪdlɪ] *adv* en connaissance de cause, délibérément.
adviser *Br*, **advisor** *Am* [əd'vaɪzəʳ] *n* conseiller *m*, -ère *f*.
advisory [əd'vaɪzərɪ] *adj* consultatif(ive).
advocate [*n* 'ædvəkət, *vb* 'ædvəkeɪt] ◇ *n* 1. (JUR) avocat *m*, -e *f*. 2. *(supporter)* partisan *m*. ◇ *vt* préconiser, recommander.
Aegean [iː'dʒiːən] *n*: **the ~ (Sea)** la mer Égée.
aerial ['eərɪəl] ◇ *adj* aérien(enne). ◇ *n Br* antenne *f*.
aerobics [eə'rəubɪks] *n (U)* aérobic *m*.
aerodynamic [ˌeərəudaɪ'næmɪk] *adj* aérodynamique. ◆ **aerodynamics** ◇ *n (U)* aérodynamique *f*. ◇ *npl (aerodynamic qualities)* aérodynamisme *m*.
aeroplane ['eərəpleɪn] *n Br* avion *m*.
aerosol ['eərəsɒl] *n* aérosol *m*.
aesthetic, esthetic *Am* [iːs'θetɪk] *adj* esthétique.
afar [ə'fɑːʳ] *adv*: **from ~** de loin.
affable ['æfəbl] *adj* affable.
affair [ə'feəʳ] *n* 1. *(gen)* affaire *f*. 2. *(extra-marital relationship)* liaison *f*.
affect [ə'fekt] *vt* 1. *(influence)* avoir un effet OR des conséquences sur. 2. *(emotionally)* affecter, émouvoir. 3. *(put on)* affecter.
affection [ə'fekʃn] *n* affection *f*.
affectionate [ə'fekʃnət] *adj* affectueux(euse).
affirm [ə'fɜːm] *vt* 1. *(declare)* affirmer. 2. *(confirm)* confirmer.
affix [ə'fɪks] *vt (stamp)* coller.
afflict [ə'flɪkt] *vt* affliger; **to be ~ed with** souffrir de.
affluence ['æfluəns] *n* prospérité *f*.
affluent ['æfluənt] *adj* riche.
afford [ə'fɔːd] *vt* 1. *(buy, pay for)*: **to be able to ~ sthg** avoir les moyens d'acheter qqch. 2. *(spare)*: **to be able to ~ the time (to do sthg)** avoir le temps (de faire qqch). 3. *(harmful, embarrassing thing)*: **to be able to ~ sthg** pouvoir se permettre qqch. 4. *(provide, give)* procurer.
affront [ə'frʌnt] ◇ *n* affront *m*, insulte *f*. ◇ *vt* insulter, faire un affront à.
Afghanistan [æf'gænɪstæn] *n* Afghanistan *m*.
afield [ə'fɪəld] *adv*: **far ~** loin.
afloat [ə'fləut] *adj lit & fig* à flot.
afoot [ə'fut] *adj* en préparation.
afraid [ə'freɪd] *adj* 1. *(frightened)*: **to be ~ (of)** avoir peur (de); **to be ~ of doing** OR **to do sthg** avoir peur de faire qqch. 2. *(reluctant, apprehensive)*: **to be ~ of** craindre. 3. *(in apologies)*: **to be ~ (that)** … regretter que …; **I'm ~ so/not** j'ai bien peur que oui/non.
afresh [ə'freʃ] *adv* de nouveau.

Africa [ˈæfrɪkə] *n* Afrique *f*.
African [ˈæfrɪkən] ◇ *adj* africain(e). ◇ *n* Africain *m*, -e *f*.
aft [ɑːft] *adv* sur OR à l'arrière.
after [ˈɑːftəʳ] ◇ *prep* 1. *(gen)* après; **~ you!** après vous!; **to be ~ sb/sthg** *inf (in search of)* chercher qqn/qqch; **to name sb ~ sb** *Br* donner à qqn le nom de qqn. 2. *Am (telling the time)*: **it's twenty ~ three** il est trois heures vingt. ◇ *adv* après. ◇ *conj* après que. ◆ **afters** *npl Br inf* dessert *m*. ◆ **after all** *adv* après tout.
aftereffects [ˈɑːftərɪˌfekts] *npl* suites *fpl*, répercussions *fpl*.
afterlife [ˈɑːftəlaɪf] (*pl* **-lives** [-laɪvz]) *n* vie *f* future.
aftermath [ˈɑːftəmæθ] *n* conséquences *fpl*, suites *fpl*.
afternoon [ˌɑːftəˈnuːn] *n* après-midi *m inv*; **in the ~** l'après-midi; **good ~** bonjour.
aftershave [ˈɑːftəʃeɪv] *n* après-rasage *m*.
afterthought [ˈɑːftəθɔːt] *n* pensée *f* OR réflexion *f* après coup.
afterward(s) [ˈɑːftəwəd(z)] *adv* après.
again [əˈgen] *adv* encore une fois, de nouveau; **to do ~** refaire; **to say ~** répéter; **to start ~** recommencer; **~ and ~** à plusieurs reprises; **all over ~** une fois de plus; **time and ~** maintes et maintes fois; **half as much ~** à moitié autant; **(twice) as much ~** deux fois autant; **come ~?** *inf* comment?, pardon?; **then** OR **there ~** d'autre part.

> • Attention à ne pas confondre *again* et *back*, adverbes dont les sens sont proches mais l'utilisation différente. *Again* signifie «encore», «une autre fois» (*don't do it again or you'll be in trouble*), alors que *back* implique un retour à un état précédent (*put it back in the cupboard*). *Back* sert aussi à exprimer l'idée de «rendre» quelque chose à quelqu'un (*give it back to me right now!*).

against [əˈgenst] *prep & adv* contre; **(as) ~** contre.
age [eɪdʒ] (*cont* **ageing** OR **aging**) ◇ *n* 1. *(gen)* âge *m*; **she's 20 years of ~** elle a 20 ans; **what ~ are you?** quel âge avez-vous?; **to be under ~** être mineur; **to come of ~** atteindre sa majorité. 2. *(old age)* vieillesse *f*. 3. *(in history)* époque *f*. ◇ *vt & vi* vieillir. ◆ **ages** *npl*: **~s ago** il y a une éternité; **I haven't seen him for ~s** je ne l'ai pas vu depuis une éternité.

> **AGE**
>
> Aux États-Unis et en Grande-Bretagne, on peut voter à partir de 18 ans. Pour pouvoir boire ou acheter de l'alcool, il faut avoir 21 ans aux États-Unis et 18 ans en Grande-Bretagne. En revanche, on peut conduire dès 16 ans dans la plupart des États des États-Unis, et dès 17 ans en Grande-Bretagne. L'âge normal de la retraite est de 65 ans aux États-Unis; en Grande-Bretagne, il varie: 65 ans pour les hommes, 60 ans pour les femmes.

aged [*adj sense 1* eɪdʒd, *adj sense 2 & npl* ˈeɪdʒɪd] ◇ *adj* 1. *(of stated age)*: **~ 15** âgé(e) de 15 ans. 2. *(very old)* âgé(e), vieux (vieille). ◇ *npl*: **the ~** les personnes *fpl* âgées.
age group *n* tranche *f* d'âge.
agency [ˈeɪdʒənsɪ] *n* 1. *(business)* agence *f*. 2. *(organization)* organisme *m*.
agenda [əˈdʒendə] (*pl* **-s**) *n* ordre *m* du jour.
agent [ˈeɪdʒənt] *n* agent *m*.
aggravate [ˈægrəveɪt] *vt* 1. *(make worse)* aggraver. 2. *(annoy)* agacer.
aggregate [ˈægrɪgət] ◇ *adj* total(e). ◇ *n (total)* total *m*.
aggressive [əˈgresɪv] *adj* agressif(ive).
aggrieved [əˈgriːvd] *adj* blessé(e), froissé(e).
aghast [əˈgɑːst] *adj*: **~ (at sthg)** atterré(e) (par qqch).
agile [*Br* ˈædʒaɪl, *Am* ˈædʒəl] *adj* agile.
agitate [ˈædʒɪteɪt] ◇ *vt* 1. *(disturb)* inquiéter. 2. *(shake)* agiter. ◇ *vi*: **to ~ for/against** faire campagne pour/contre.
AGM (*abbr of* **annual general meeting**) *n Br* AGA *f*.
agnostic [ægˈnɒstɪk] ◇ *adj* agnostique. ◇ *n* agnostique *mf*.
ago [əˈgəʊ] *adv*: **a long time ~** il y a longtemps; **three days ~** il y a trois jours.

> • *Ago* se place directement après une expression temporelle (*half an hour ago*). Le verbe peut être soit au prétérit (*the bus left 20 minutes ago*), soit au passé progressif (*I was living abroad five years ago*).
>
> • Dans les questions, on utilise *how long ago* (*how long ago did this happen?*).

agog [əˈgɒg] *adj*: **to be ~ (with)** être en

ébullition (à propos de).
agonizing ['ægənaɪzɪŋ] *adj* déchirant(e).
agony ['ægənɪ] *n* 1. *(physical pain)* douleur *f* atroce; **to be in ~** souffrir le martyre. 2. *(mental pain)* angoisse *f*; **to be in ~** être angoissé.
agony aunt *n Br inf personne qui tient la rubrique du courrier du cœur.*
agree [ə'griː] ◇ *vi* 1. *(concur)*: **to ~ (with/about)** être d'accord (avec/au sujet de); **to ~ on** *(price, terms)* convenir de. 2. *(consent)*: **to ~ (to sthg)** donner son consentement (à qqch). 3. *(be consistent)* concorder. 4. *(food)*: **to ~ with** être bon (bonne) pour, réussir à. 5. (GRAMM): **to ~ (with)** s'accorder (avec). ◇ *vt* 1. *(price, conditions)* accepter, convenir de. 2. *(concur, concede)*: **to ~ (that) ...** admettre que ... 3. *(arrange)*: **to ~ to do sthg** se mettre d'accord pour faire qqch.
agreeable [ə'griːəbl] *adj* 1. *(pleasant)* agréable. 2. *(willing)*: **to be ~ to** consentir à.
agreed [ə'griːd] *adj*: **to be ~ (on sthg)** être d'accord (à propos de qqch).
agreement [ə'griːmənt] *n* 1. *(gen)* accord *m*; **to be in ~ (with)** être d'accord (avec). 2. *(consistency)* concordance *f*.
agricultural [ˌægrɪ'kʌltʃərəl] *adj* agricole.
agriculture ['ægrɪkʌltʃəʳ] *n* agriculture *f*.
aground [ə'graʊnd] *adv*: **to run ~** s'échouer.
ahead [ə'hed] *adv* 1. *(in front)* devant, en avant; **right ~, straight ~** droit devant. 2. *(in better position)* en avance; **Scotland are ~ by two goals to one** l'Écosse mène par deux à un; **to get ~** *(be successful)* réussir. 3. *(in time)* à l'avance; **the months ~** les mois à venir.
◆ **ahead of** *prep* 1. *(in front of)* devant. 2. *(in time)* avant; **~ of schedule** *(work)* en avance sur le planning.
aid [eɪd] ◇ *n* aide *f*; **with the ~ of** *(person)* avec l'aide de; *(thing)* à l'aide de; **in ~ of** au profit de. ◇ *vt (help)* aider.
AIDS, Aids [eɪdz] (*abbr of* **acquired immune deficiency syndrome**) ◇ *n* SIDA *m*, Sida *m*. ◇ *comp*: **~ patient** sidéen *m*, -enne *f*.
ailing ['eɪlɪŋ] *adj* 1. *(ill)* souffrant(e). 2. *fig (economy, industry)* dans une mauvaise passe.
ailment ['eɪlmənt] *n* maladie *f*.
aim [eɪm] ◇ *n* 1. *(objective)* but *m*, objectif *m*. 2. *(in firing gun, arrow)*: **to take ~ at** viser. ◇ *vt* 1. *(gun, camera)*: **to ~ sthg at** braquer qqch sur. 2. *fig*: **to be ~ed at** *(plan, campaign etc)* être destiné(e) à, viser; *(criticism)* être dirigé(e) contre. ◇ *vi*: **to ~ (at)** viser; **to ~ at** OR **for** *fig* viser; **to ~ to do sthg** viser à faire qqch.
aimless ['eɪmlɪs] *adj (person)* désœuvré(e); *(life)* sans but.
ain't [eɪnt] *inf* = **am not, are not, is not, have not, has not.**
air [eəʳ] ◇ *n* 1. *(gen)* air *m*; **to throw sthg into the ~** jeter qqch en l'air; **by ~** *(travel)* par avion; **to be (up) in the ~** *fig (plans)* être vague. 2. (RADIO & TV): **on the ~** à l'antenne. ◇ *comp (transport)* aérien(enne). ◇ *vt* 1. *(gen)* aérer. 2. *(make publicly known)* faire connaître OR communiquer. 3. *(broadcast)* diffuser. ◇ *vi* sécher.
airbag ['eabæg] *n* (AUT) coussin *m* pneumatique (de sécurité).
airbase ['eəbeɪs] *n* base *f* aérienne.
airbed ['eəbed] *n Br* matelas *m* pneumatique.
airborne ['eəbɔːn] *adj* 1. *(troops etc)* aéroporté(e); *(seeds)* emporté(e) par le vent. 2. *(plane)* qui a décollé.
air-conditioned [-kən'dɪʃnd] *adj* climatisé(e), à air conditionné.
air-conditioning [-kən'dɪʃnɪŋ] *n* climatisation *f*.
aircraft ['eəkrɑːft] (*pl inv*) *n* avion *m*.
aircraft carrier *n* porte-avions *m inv*.
airfield ['eəfiːld] *n* terrain *m* d'aviation.
airforce ['eəfɔːs] *n* armée *f* de l'air.
airgun ['eəgʌn] *n* carabine *f* OR fusil *m* à air comprimé.
airhostess ['eəˌhəʊstɪs] *n* hôtesse *f* de l'air.
airlift ['eəlɪft] ◇ *n* pont *m* aérien. ◇ *vt* transporter par pont aérien.
airline ['eəlaɪn] *n* compagnie *f* aérienne.
airliner ['eəlaɪnəʳ] *n (short-distance)* (avion *m*) moyen-courrier *m*; *(long-distance)* (avion) long-courrier *m*.
airlock ['eəlɒk] *n* 1. *(in tube, pipe)* poche *f* d'air. 2. *(airtight chamber)* sas *m*.
airmail ['eəmeɪl] *n* poste *f* aérienne; **by ~** par avion.
airplane ['eəpleɪn] *n Am* avion *m*.
airport ['eəpɔːt] *n* aéroport *m*.
air raid *n* raid *m* aérien, attaque *f* aérienne.
air rifle *n* carabine *f* à air comprimé.
airsick ['eəsɪk] *adj*: **to be ~** avoir le mal de l'air.

airspace ['eəspeɪs] *n* espace *m* aérien.
air steward *n* steward *m*.
airstrip ['eəstrɪp] *n* piste *f*.
air terminal *n* aérogare *f*.
airtight ['eətaɪt] *adj* hermétique.
air-traffic controller *n* aiguilleur *m* (du ciel).
airy ['eərɪ] *adj* **1.** *(room)* aéré(e). **2.** *(notions, promises)* chimérique, vain(e). **3.** *(nonchalant)* nonchalant(e).
aisle [aɪl] *n* allée *f*; *(in plane)* couloir *m*.
ajar [ə'dʒɑːʳ] *adj* entrouvert(e).
aka (*abbr of* **also known as**) alias.
akin [ə'kɪn] *adj*: **to be ~ to** être semblable à.
alacrity [ə'lækrətɪ] *n* empressement *m*.
alarm [ə'lɑːm] ◇ *n* **1.** *(fear)* alarme *f*, inquiétude *f*. **2.** *(device)* alarme *f*; **to raise** OR **sound the ~** donner OR sonner l'alarme. ◇ *vt* alarmer, alerter.
alarm clock *n* réveil *m*, réveille-matin *m inv*.
alarming [ə'lɑːmɪŋ] *adj* alarmant(e), inquiétant(e).
alas [ə'læs] *excl* hélas!
Albania [æl'beɪnjə] *n* Albanie *f*.
Albanian [æl'beɪnjən] ◇ *adj* albanais(e). ◇ *n* **1.** *(person)* Albanais *m*, -e *f*. **2.** *(language)* albanais *m*.
albeit [ɔːl'biːɪt] *conj* bien que (+ *subjunctive*).
Albert Hall [æl'bət-] *n*: **the ~** l'Albert Hall *m*.

THE ALBERT HALL

Grande salle londonienne accueillant concerts et manifestations diverses, y compris sportives; elle a été baptisée ainsi en l'honneur du prince Albert, époux de Victoria, reine d'Angleterre à fin du XIXᵉ siècle.

albino [æl'biːnəʊ] (*pl* **-s**) *n* albinos *mf*.
album ['ælbəm] *n* album *m*.
alcohol ['ælkəhɒl] *n* alcool *m*.
alcoholic [ˌælkə'hɒlɪk] ◇ *adj* *(person)* alcoolique; *(drink)* alcoolisé(e). ◇ *n* alcoolique *mf*.
alcopop ['ælkəʊpɒp] *n* *boisson gazeuse faiblement alcoolisée*.
alcove ['ælkəʊv] *n* alcôve *f*.
alderman ['ɔːldəmən] (*pl* **-men** [-mən]) *n* conseiller *m* municipal.
ale [eɪl] *n* bière *f*.
alert [ə'lɜːt] ◇ *adj* **1.** *(vigilant)* vigilant(e). **2.** *(perceptive)* vif (vive), éveillé(e). **3.** *(aware)*: **to be ~ to** être conscient(e) de. ◇ *n* *(warning)* alerte *f*; **on the ~** *(watchful)* sur le qui-vive; (MIL) en état d'alerte. ◇ *vt* alerter; **to ~ sb to sthg** avertir qqn de qqch.
A-level (*abbr of* **Advanced level**) *n* = baccalauréat *m*.
alfresco [æl'freskəʊ] *adj & adv* en plein air.
algae ['ældʒiː] *npl* algues *fpl*.
algebra ['ældʒɪbrə] *n* algèbre *f*.
Algeria [æl'dʒɪərɪə] *n* Algérie *f*.
alias ['eɪlɪəs] (*pl* **-es**) ◇ *adv* alias. ◇ *n* faux nom *m*, nom d'emprunt.
alibi ['ælɪbaɪ] *n* alibi *m*.
alien ['eɪljən] ◇ *adj* **1.** *(gen)* étranger (ère). **2.** *(from outer space)* extraterrestre. ◇ *n* **1.** *(from outer space)* extraterrestre *mf*. **2.** (JUR) *(foreigner)* étranger *m*, -ère *f*.
alienate ['eɪljəneɪt] *vt* aliéner.
alight [ə'laɪt] ◇ *adj* allumé(e), en feu. ◇ *vi* **1.** *(bird etc)* se poser. **2.** *(from bus, train)*: **to ~ from** descendre de.
align [ə'laɪn] *vt* *(line up)* aligner.
alike [ə'laɪk] ◇ *adj* semblable. ◇ *adv* de la même façon; **to look ~** se ressembler.
alimony ['ælɪmənɪ] *n* pension *f* alimentaire.
alive [ə'laɪv] *adj* **1.** *(living)* vivant(e), en vie. **2.** *(practice, tradition)* vivace; **to keep ~** préserver. **3.** *(lively)* plein(e) de vitalité; **to come ~** *(story, description)* prendre vie; *(person, place)* s'animer.
alkali ['ælkəlaɪ] (*pl* **-s** OR **-es**) *n* alcali *m*.

all [ɔːl] ◇ *adj* **1.** (*with sg noun*) tout (toute); **~ day/night/evening** toute la journée/la nuit/la soirée; **~ the drink** toute la boisson; **~ the time** tout le temps. **2.** (*with pl noun*) tous (toutes); **~ the boxes** toutes les boîtes; **~ men** tous les hommes; **~ three died** ils sont morts tous les trois, tous les trois sont morts. ◇ *pron* **1.** (*sg*) *(the whole amount)* tout *m*; **she drank it ~, she drank ~ of it** elle a tout bu. **2.** (*pl*) *(everybody, everything)* tous (toutes); **~ of them came, they ~ came** ils sont tous venus. **3.** (*with superl*): **... of ~** ... de tous (toutes); **I like this one best of ~** je préfère celui-ci entre tous. **4.** above **~ → above**; **after ~ → after**; **at ~ → at**. ◇ *adv* **1.** *(entirely)* complètement; **I'd forgotten ~ about that** j'avais complètement oublié cela; **~ alone** tout seul (toute seule). **2.** *(in sport, competitions)*: **the score is five ~** le score est cinq partout. **3.** (*with compar*): **to run ~ the faster** courir d'autant plus vite; **~ the better** d'autant mieux. ◆ **all but** *adv* presque, pratiquement. ◆ **all**

in all *adv* dans l'ensemble. ◆ **in all** *adv* en tout.

- Il ne faut pas confondre *all, each* et *every. All* est le seul de ces adjectifs qui puisse s'utiliser avec des noms au pluriel ou indénombrables (*all* students; *all* money); il peut aussi précéder des noms dénombrables au singulier qui expriment une période de temps (*all day*). *Each* et *every*, en revanche, ne peuvent s'utiliser qu'avec des noms dénombrables au singulier (*each person; every town*).
- *All* et *each* sont également des pronoms (*I want all of it*, «je le veux tout entier»; *we got one each*, «nous en avons eu un chacun»), ce qui n'est pas le cas de *every*.
- *All* et *each* peuvent être placés après des pronoms personnels tels que *we, you, they*, etc (*we all went swimming; I gave them one each*).
- Voir aussi CHAQUE dans la partie français-anglais du dictionnaire.

Allah ['ælə] *n* Allah *m*.
all-around *Am* = **all-round**.
allay [ə'leɪ] *vt (fears, anger)* apaiser, calmer; *(doubts)* dissiper.
all clear *n* signal *m* de fin d'alerte; *fig* feu *m* vert.
allegation [,ælɪ'geɪʃn] *n* allégation *f*.
allege [ə'ledʒ] *vt* prétendre, alléguer; **she is ~d to have done it** on prétend qu'elle l'a fait.
allegedly [ə'ledʒɪdlɪ] *adv* prétendument.
allegiance [ə'liːdʒəns] *n* allégeance *f*.
allergic [ə'lɜːdʒɪk] *adj*: **~ (to)** allergique (à).
allergy ['ælədʒɪ] *n* allergie *f*; **to have an ~ to sthg** être allergique à qqch.
alleviate [ə'liːvɪeɪt] *vt* apaiser, soulager.
alley(way) ['ælɪ(weɪ)] *n (street)* ruelle *f*; *(in garden)* allée *f*.
alliance [ə'laɪəns] *n* alliance *f*.
allied ['ælaɪd] *adj* **1.** (MIL) allié(e). **2.** *(related)* connexe.
alligator ['ælɪgeɪtəʳ] (*pl inv* OR **-s**) *n* alligator *m*.
all-important *adj* capital(e), crucial(e).
all-in *adj Br (price)* global(e). ◆ **all in** ◇ *adv (inclusive)* tout compris. ◇ *adj inf (tired)* crevé(e).
all-night *adj (party etc)* qui dure toute la nuit; *(bar etc)* ouvert(e) toute la nuit.
allocate ['æləkeɪt] *vt (money, resources)*: **to ~ sthg (to sb)** attribuer qqch (à qqn).
allot [ə'lɒt] *vt (job)* assigner; *(money, resources)* attribuer; *(time)* allouer.
allotment [ə'lɒtmənt] *n* **1.** *Br (garden)* jardin *m* ouvrier *(loué par la commune)*. **2.** *(sharing out)* attribution *f*. **3.** *(share)* part *f*.
all-out *adj (effort)* maximum (*inv*); *(war)* total(e).
allow [ə'laʊ] *vt* **1.** *(permit - activity, behaviour)* autoriser, permettre; **to ~ sb to do sthg** permettre à qqn de faire qqch, autoriser qqn à faire qqch. **2.** *(set aside - money, time)* prévoir. **3.** *(officially accept)* accepter. **4.** *(concede)*: **to ~ that ...** admettre que ... ◆ **allow for** *vt fus* tenir compte de.
allowance [ə'laʊəns] *n* **1.** *(money received)* indemnité *f*. **2.** *Am (pocket money)* argent *m* de poche. **3.** *(excuse)*: **to make ~s for sb** faire preuve d'indulgence envers qqn; **to make ~s for sthg** prendre qqch en considération.
alloy ['ælɔɪ] *n* alliage *m*.
all right ◇ *adv* bien; *(in answer - yes)* d'accord. ◇ *adj* **1.** *(healthy)* en bonne santé; *(unharmed)* sain et sauf (saine et sauve). **2.** *inf (acceptable, satisfactory)*: **it was ~** c'était pas mal; **that's ~** *(never mind)* ce n'est pas grave.
all-round *Br*, **all-around** *Am adj (multi-skilled)* doué(e) dans tous les domaines.
all-time *adj (record)* sans précédent.
allude [ə'luːd] *vi*: **to ~ to** faire allusion à.
alluring [ə'ljʊərɪŋ] *adj* séduisant(e).
allusion [ə'luːʒn] *n* allusion *f*.
ally [*n* 'ælaɪ, *vb* ə'laɪ] ◇ *n* allié *m*, -e *f*. ◇ *vt*: **to ~ o.s. with** s'allier à.
almighty [ɔːl'maɪtɪ] *adj inf (noise)* terrible.
almond ['ɑːmənd] *n (nut)* amande *f*.
almost ['ɔːlməʊst] *adv* presque; **I ~ missed the bus** j'ai failli rater le bus.
alms [ɑːmz] *npl dated* aumône *f*.
aloft [ə'lɒft] *adv (in the air)* en l'air.
alone [ə'ləʊn] ◇ *adj* seul(e). ◇ *adv* seul; **to leave sthg ~** ne pas toucher à qqch; **leave me ~!** laisse-moi tranquille!
along [ə'lɒŋ] ◇ *adv*: **to walk ~** se promener; **to move ~** avancer; **can I come ~ (with you)?** est-ce que je peux venir (avec vous)? ◇ *prep* le long de; **to run/walk ~ the street** courir/marcher le long de la rue. ◆ **all along** *adv* depuis le début. ◆ **along with** *prep* ainsi que.

alongside [ə,lɒŋ'saɪd] ◇ *prep* le long de, à côté de; *(person)* à côté de. ◇ *adv* bord à bord.

aloof [ə'luːf] ◇ *adj* distant(e). ◇ *adv*: **to remain ~ (from)** garder ses distances (vis-à-vis de).

aloud [ə'laʊd] *adv* à voix haute, tout haut.

alphabet ['ælfəbet] *n* alphabet *m*.

alphabetical [,ælfə'betɪkl] *adj* alphabétique.

Alps [ælps] *npl*: **the ~** les Alpes *fpl*.

already [ɔːl'redɪ] *adv* déjà.

alright [,ɔːl'raɪt] = **all right**.

Alsatian [æl'seɪʃn] *n (dog)* berger *m* allemand.

also ['ɔːlsəʊ] *adv* aussi.

altar ['ɔːltəʳ] *n* autel *m*.

alter ['ɔːltəʳ] ◇ *vt* changer, modifier. ◇ *vi* changer.

alteration [,ɔːltə'reɪʃn] *n* modification *f*, changement *m*.

alternate [*adj Br* ɔːl'tɜːnət, *Am* 'ɔːltərnət, *vb* 'ɔːltərneɪt] ◇ *adj* alterné(e), alternatif(ive); **~ days** tous les deux jours, un jour sur deux. ◇ *vt* faire alterner. ◇ *vi*: **to ~ (with)** alterner (avec); **to ~ between sthg and sthg** passer de qqch à qqch.

alternately [ɔːl'tɜːnətlɪ] *adv* alternativement.

alternating current ['ɔːltəneɪtɪŋ-] *n* courant *m* alternatif.

alternative [ɔːl'tɜːnətɪv] ◇ *adj* **1.** *(different)* autre. **2.** *(non-traditional - society)* parallèle; *(- art, energy)* alternatif(ive). ◇ *n* **1.** *(between two solutions)* alternative *f*. **2.** *(other possibility)*: **~ (to)** solution *f* de remplacement (à); **to have no ~ but to do sthg** ne pas avoir d'autre choix que de faire qqch.

alternatively [ɔːl'tɜːnətɪvlɪ] *adv* ou bien.

alternative medicine *n* médecine *f* parallèle OR douce.

alternator ['ɔːltəneɪtəʳ] *n* (ELEC) alternateur *m*.

although [ɔːl'ðəʊ] *conj* bien que (+ *subjunctive*).

altitude ['æltɪtjuːd] *n* altitude *f*.

alto ['æltəʊ] (*pl* **-s**) *n* **1.** *(male voice)* haute-contre *f*. **2.** *(female voice)* contralto *m*.

altogether [,ɔːltə'geðəʳ] *adv* **1.** *(completely)* entièrement, tout à fait. **2.** *(considering all things)* tout compte fait. **3.** *(in all)* en tout.

aluminium *Br* [,æljʊ'mɪnɪəm], **aluminum** *Am* [ə'luːmɪnəm] ◇ *n* aluminium *m*. ◇ *comp* en aluminium.

always ['ɔːlweɪz] *adv* toujours.

am [æm] → **be**.

a.m. (*abbr of* **ante meridiem**): **at 3 ~** à 3h (du matin).

AM (*abbr of* **amplitude modulation**) *n* AM *f*.

amalgamate [ə'mælgəmeɪt] *vt & vi (unite)* fusionner.

amass [ə'mæs] *vt* amasser.

amateur ['æmətəʳ] ◇ *adj* amateur (*inv*); *pej* d'amateur. ◇ *n* amateur *m*.

amaze [ə'meɪz] *vt* étonner, stupéfier.

amazed [ə'meɪzd] *adj* stupéfait(e).

amazement [ə'meɪzmənt] *n* stupéfaction *f*.

amazing [ə'meɪzɪŋ] *adj* **1.** *(surprising)* étonnant(e), ahurissant(e). **2.** *(wonderful)* excellent(e).

Amazon ['æməzn] *n* **1.** *(river)*: **the ~** l'Amazone *f*. **2.** *(region)*: **the ~ (Basin)** l'Amazonie *f*; **the ~ rainforest** la forêt amazonienne.

ambassador [æm'bæsədəʳ] *n* ambassadeur *m*, -drice *f*.

amber ['æmbəʳ] ◇ *adj* **1.** *(amber-coloured)* ambré(e). **2.** *Br (traffic light)* orange *(inv)*. ◇ *n (substance)* ambre *m*.

ambiguous [æm'bɪgjʊəs] *adj* ambigu(ë).

ambition [æm'bɪʃn] *n* ambition *f*.

ambitious [æm'bɪʃəs] *adj* ambitieux (euse).

amble ['æmbl] *vi* déambuler.

ambulance ['æmbjʊləns] *n* ambulance *f*.

ambush ['æmbʊʃ] ◇ *n* embuscade *f*. ◇ *vt* tendre une embuscade à.

amenable [ə'miːnəbl] *adj*: **~ (to)** ouvert(e) (à).

amend [ə'mend] *vt* modifier; *(law)* amender. ◆ **amends** *npl*: **to make ~s (for)** se racheter (pour).

amendment [ə'mendmənt] *n* modification *f*; *(to law)* amendement *m*.

amenities [ə'miːnətɪz] *npl* aménagements *mpl*, équipements *mpl*.

America [ə'merɪkə] *n* Amérique *f*; **in ~** en Amérique.

American [ə'merɪkn] ◇ *adj* américain(e). ◇ *n* Américain *m*, -e *f*.

American Indian *n* Indien *m*, -enne *f* d'Amérique, Amérindien *m*, -enne *f*.

amiable ['eɪmjəbl] *adj* aimable.

amicable ['æmɪkəbl] *adj* amical(e).

amid(st) [ə'mɪd(st)] *prep* au milieu de, parmi.

amiss [ə'mɪs] ◇ *adj*: **is there anything ~?** y a-t-il quelque chose qui ne va pas?

◇ *adv*: **to take sthg ~** prendre qqch de travers.
ammonia [ə'məʊnjə] *n (liquid)* ammoniaque *f*.
ammunition [ˌæmjʊ'nɪʃn] *n (U)* **1.** (MIL) munitions *fpl*. **2.** *fig (argument)* argument *m*.
amnesia [æm'ni:zjə] *n* amnésie *f*.
amnesty ['æmnəstɪ] *n* amnistie *f*.
amok [ə'mɒk] *adv*: **to run ~** être pris(e) d'une crise de folie furieuse.
among(st) [ə'mʌŋ(st)] *prep* parmi, entre; **~ other things** entre autres (choses).
amoral [ˌeɪ'mɒrəl] *adj* amoral(e).
amorous ['æmərəs] *adj* amoureux (euse).
amount [ə'maʊnt] *n* **1.** *(quantity)* quantité *f*; **a great ~ of** beaucoup de. **2.** *(sum of money)* somme *f*, montant *m*. ◆ **amount to** *vt fus* **1.** *(total)* se monter à, s'élever à. **2.** *(be equivalent to)* revenir à, équivaloir à.
amp [æmp] *n abbr of* **ampere**.
ampere ['æmpeəʳ] *n* ampère *m*.
amphibious [æm'fɪbɪəs] *adj* amphibie.
ample ['æmpl] *adj* **1.** *(enough)* suffisamment de, assez de. **2.** *(large)* ample.
amplifier ['æmplɪfaɪəʳ] *n* amplificateur *m*.
amputate ['æmpjʊteɪt] *vt & vi* amputer.
Amsterdam [ˌæmstə'dæm] *n* Amsterdam.
Amtrak ['æmtræk] *n société nationale de chemins de fer aux États-Unis.*
amuck [ə'mʌk] = **amok**.
amuse [ə'mju:z] *vt* **1.** *(make laugh)* amuser, faire rire. **2.** *(entertain)* divertir, distraire; **to ~ o.s. (by doing sthg)** s'occuper (à faire qqch).
amused [ə'mju:zd] *adj* **1.** *(laughing)* amusé(e); **to be ~ at** OR **by sthg** trouver qqch amusant. **2.** *(entertained)*: **to keep o.s. ~** s'occuper.
amusement [ə'mju:zmənt] *n* **1.** *(laughter)* amusement *m*. **2.** *(diversion, game)* distraction *f*.
amusement arcade *n* galerie *f* de jeux.
amusement park *n* parc *m* d'attractions.
amusing [ə'mju:zɪŋ] *adj* amusant(e).
an [*stressed* æn, *unstressed* ən] → **a**.
anabolic steroid [ˌænə'bɒlɪk-] *n* (stéroïde *m*) anabolisant *m*.
anaemic *Br*, **anemic** *Am* [ə'ni:mɪk] *adj* anémique; *fig & pej* fade, plat(e).
anaesthetic *Br*, **anesthetic** *Am* [ˌænɪs'θetɪk] *n* anesthésique *m*; **under ~** sous anesthésie; **local/general ~** anesthésie *f* locale/générale.
analogue *Br*, **analog** *Am* ['ænəlɒg] *adj (watch, clock)* analogique.
analogy [ə'nælədʒɪ] *n* analogie *f*; **by ~** par analogie.
analyse *Br*, **analyze** *Am* ['ænəlaɪz] *vt* analyser.
analysis [ə'næləsɪs] (*pl* **analyses** [ə'næləsi:z]) *n* analyse *f*.
analyst ['ænəlɪst] *n* analyste *mf*.
analytic(al) [ˌænə'lɪtɪk(l)] *adj* analytique.
analyze *Am* = **analyse**.
anarchist ['ænəkɪst] *n* anarchiste *mf*.
anarchy ['ænəkɪ] *n* anarchie *f*.
anathema [ə'næθəmə] *n* anathème *m*.
anatomy [ə'nætəmɪ] *n* anatomie *f*.
ANC (*abbr of* **African National Congress**) *n* ANC *m*.
ancestor ['ænsestəʳ] *n lit & fig* ancêtre *m*.
anchor ['æŋkəʳ] ◇ *n* ancre *f*; **to drop/weigh ~** jeter/lever l'ancre. ◇ *vt* **1.** *(secure)* ancrer. **2.** (TV) présenter. ◇ *vi* (NAUT) jeter l'ancre.
anchovy ['æntʃəvɪ] (*pl inv* OR **-ies**) *n* anchois *m*.
ancient ['eɪnʃənt] *adj* **1.** *(monument etc)* historique; *(custom)* ancien(enne). **2.** *hum (car etc)* antique; *(person)* vieux (vieille).
ancillary [æn'sɪlərɪ] *adj* auxiliaire.
and [*stressed* ænd, *unstressed* ənd, ən] *conj* **1.** *(as well as, plus)* et. **2.** *(in numbers)*: **one hundred ~ eighty** cent quatre-vingts; **six ~ a half** six et demi. **3.** *(to)*: **come ~ see!** venez voir!; **try ~ come** essayez de venir; **wait ~ see** vous verrez bien. ◆ **and so on, and so forth** *adv* et ainsi de suite.
Andes ['ændi:z] *npl*: **the ~** les Andes *fpl*.
Andorra [æn'dɔ:rə] *n* Andorre *f*.
anecdote ['ænɪkdəʊt] *n* anecdote *f*.
anemic *Am* = **anaemic**.
anesthetic *etc Am* = **anaesthetic** *etc*.
angel ['eɪndʒəl] *n* ange *m*.
anger ['æŋgəʳ] ◇ *n* colère *f*. ◇ *vt* fâcher, irriter.
angina [æn'dʒaɪnə] *n* angine *f* de poitrine.
angle ['æŋgl] *n* **1.** *(gen)* angle *m*; **at an ~** de travers, en biais. **2.** *(point of view)* point *m* de vue, angle *m*.

angler ['æŋglər] *n* pêcheur *m* (à la ligne).
Anglican ['æŋglıkən] ◇ *adj* anglican(e). ◇ *n* anglican *m*, -e *f*.
angling ['æŋglıŋ] *n* pêche *f* à la ligne.
angry ['æŋgrı] *adj (person)* en colère, fâché(e); *(words, quarrel)* violent(e); **to be ~ with** OR **at sb** être en colère OR fâché contre qqn; **to get ~** se mettre en colère, se fâcher.
anguish ['æŋgwıʃ] *n* angoisse *f*.
angular ['æŋgjʊlər] *adj* anguleux (euse).
animal ['ænıml] ◇ *n* animal *m*; *pej* brute *f*. ◇ *adj* animal(e).
animate ['ænımət] *adj* animé(e), vivant(e).
animated ['ænımeıtıd] *adj* animé(e).
aniseed ['ænısi:d] *n* anis *m*.
ankle ['æŋkl] ◇ *n* cheville *f*. ◇ *comp*: **~ socks** socquettes *fpl*; **~ boots** bottines *fpl*.
annex(e) ['æneks] ◇ *n (building)* annexe *f*. ◇ *vt* annexer.
annihilate [ə'naıəleıt] *vt* anéantir, annihiler.
anniversary [,ænı'vɜ:sərı] *n* anniversaire *m*.
announce [ə'naʊns] *vt* annoncer.
announcement [ə'naʊnsmənt] *n* 1. *(statement)* déclaration *f*; *(in newspaper)* avis *m*. 2. *(U) (act of stating)* annonce *f*.
announcer [ə'naʊnsər] *n* (RADIO & TV) speaker *m*, speakerine *f*.
annoy [ə'nɔı] *vt* agacer, contrarier.
annoyance [ə'nɔıəns] *n* contrariété *f*.
annoyed [ə'nɔıd] *adj* mécontent(e), agacé(e); **to get ~** se fâcher; **to be ~ at sthg** être contrarié par qqch; **to be ~ with sb** être fâché contre qqn.
annoying [ə'nɔııŋ] *adj* agaçant(e).
annual ['ænjʊəl] ◇ *adj* annuel(elle). ◇ *n* 1. *(plant)* plante *f* annuelle. 2. *(book - gen)* publication *f* annuelle; *(- for children)* album *m*.
annual general meeting *n* assemblée *f* générale annuelle.
annul [ə'nʌl] *vt* annuler; *(law)* abroger.
annum ['ænəm] *n*: **per ~** par an.
anomaly [ə'nɒməlı] *n* anomalie *f*.
anonymous [ə'nɒnıməs] *adj* anonyme.
anorak ['ænəræk] *n* anorak *m*.
anorexia (nervosa) [,ænə'reksıə(nɜ:'vəʊsə)] *n* anorexie *f* mentale.
anorexic [,ænə'reksık] ◇ *adj* anorexique. ◇ *n* anorexique *mf*.
another [ə'nʌðər] ◇ *adj* 1. *(additional)*: **~ apple** encore une pomme, une pomme de plus, une autre pomme; **in ~ few minutes** dans quelques minutes; **(would you like) ~ drink?** encore un verre? 2. *(different)*: **~ job** un autre travail. ◇ *pron* 1. *(additional one)* un autre (une autre), encore un (encore une); **one after ~** l'un après l'autre (l'une après l'autre). 2. *(different one)* un autre (une autre); **one ~** l'un l'autre (l'une l'autre).
answer ['ɑ:nsər] ◇ *n* 1. *(gen)* réponse *f*; **in ~ to** en réponse à. 2. *(to problem)* solution *f*. ◇ *vt* répondre à; **to ~ the door** aller ouvrir la porte; **to ~ the phone** répondre au téléphone. ◇ *vi (reply)* répondre. ◆ **answer back** ◇ *vt sep* répondre à. ◇ *vi* répondre. ◆ **answer for** *vt fus* être responsable de, répondre de.
answerable ['ɑ:nsərəbl] *adj*: **~ to sb/for sthg** responsable devant qqn/de qqch.
answering machine ['ɑ:nsərıŋ-] *n* répondeur *m*.
ant [ænt] *n* fourmi *f*.
antagonism [æn'tægənızm] *n* antagonisme *m*, hostilité *f*.
antagonize, -ise [æn'tægənaız] *vt* éveiller l'hostilité de.
Antarctic [æn'tɑ:ktık] ◇ *n*: **the ~** l'Antarctique *m*. ◇ *adj* antarctique.
antelope ['æntıləʊp] (*pl inv* OR **-s**) *n* antilope *f*.
antenatal [,æntı'neıtl] *adj* prénatal(e).
antenatal clinic *n* service *m* de consultation prénatale.
antenna [æn'tenə] (*pl sense 1* **-nae** [-ni:], *pl sense 2* **-s**) *n* 1. *(of insect)* antenne *f*. 2. *Am (for TV, radio)* antenne *f*.
anthem ['ænθəm] *n* hymne *m*.
anthology [æn'θɒlədʒı] *n* anthologie *f*.
antibiotic [,æntıbaı'ɒtık] *n* antibiotique *m*.
antibody ['æntı,bɒdı] *n* anticorps *m*.
anticipate [æn'tısıpeıt] *vt* 1. *(expect)* s'attendre à, prévoir. 2. *(request, movement)* anticiper; *(competitor)* prendre de l'avance sur. 3. *(look forward to)* savourer à l'avance.
anticipation [æn,tısı'peıʃn] *n (expectation)* attente *f*; *(eagerness)* impatience *f*; **in ~ of** en prévision de.
anticlimax [æntı'klaımæks] *n* déception *f*.
anticlockwise [,æntı'klɒkwaız] *adj & adv Br* dans le sens inverse des aiguilles d'une montre.

antics ['æntɪks] *npl* **1.** *(of children, animals)* gambades *fpl*. **2.** *pej (of politicians etc)* bouffonneries *fpl*.

anticyclone [,æntɪ'saɪkləʊn] *n* anticyclone *m*.

antidepressant [,æntɪdɪ'presnt] *n* antidépresseur *m*.

antidote ['æntɪdəʊt] *n lit & fig*: **~ (to)** antidote *m* (contre).

antifreeze ['æntɪfri:z] *n* antigel *m*.

antihistamine [,æntɪ'hɪstəmɪn] *n* antihistaminique *m*.

antiperspirant [,æntɪ'pɜ:spərənt] *n* déodorant *m*.

antiquated ['æntɪkweɪtɪd] *adj* dépassé(e).

antique [æn'ti:k] ◇ *adj* ancien(enne). ◇ *n (object)* objet *m* ancien; *(piece of furniture)* meuble *m* ancien.

antique shop *n* magasin *m* d'antiquités.

anti-Semitism [,æntɪ'semɪtɪzəm] *n* antisémitisme *m*.

antiseptic [,æntɪ'septɪk] ◇ *adj* antiseptique. ◇ *n* désinfectant *m*.

antisocial [,æntɪ'səʊʃl] *adj* **1.** *(against society)* antisocial(e). **2.** *(unsociable)* peu sociable, sauvage.

antlers [,æntləz] *npl* bois *mpl*.

anus ['eɪnəs] *n* anus *m*.

anvil ['ænvɪl] *n* enclume *f*.

anxiety [æŋ'zaɪətɪ] *n* **1.** *(worry)* anxiété *f*. **2.** *(cause of worry)* souci *m*. **3.** *(keenness)* désir *m* farouche.

anxious ['æŋkʃəs] *adj* **1.** *(worried)* anxieux(euse), très inquiet(ète); **to be ~ about** se faire du souci au sujet de. **2.** *(keen)*: **to be ~ to do sthg** tenir à faire qqch; **to be ~ that** tenir à ce que (+ *subjunctive*).

---

any ['enɪ] ◇ *adj* **1.** (*with negative*) de, d'; **I haven't got ~ money/tickets** je n'ai pas d'argent/de billets; **he never does ~ work** il ne travaille jamais. **2.** *(some - with sg noun)* du, de l', de la; *(- with pl noun)* des; **have you got ~ money/milk/cousins?** est-ce que vous avez de l'argent/du lait/des cousins? **3.** *(no matter which)* n'importe quel (n'importe quelle); **~ box will do** n'importe quelle boîte fera l'affaire; *see also* **case**, **day**, **moment**, **rate**. ◇ *pron* **1.** (*with negative*) en; **I didn't buy ~ (of them)** je n'en ai pas acheté; **I didn't know ~ of the guests** je ne connaissais aucun des invités. **2.** *(some)* en; **do you have ~?** est-ce que vous en avez? **3.** *(no matter which one or ones)* n'importe lequel (n'importe laquelle); **take ~ you like** prenez n'importe lequel/laquelle, prenez celui/celle que vous voulez. ◇ *adv* **1.** (*with negative*): **I can't see it ~ more** je ne le vois plus; **I can't stand it ~ longer** je ne peux plus le supporter. **2.** *(some, a little)* un peu; **do you want ~ more potatoes?** voulez-vous encore des pommes de terre?; **is that ~ better/different?** est-ce que c'est mieux/différent comme ça?

anybody ['enɪ,bɒdɪ] = **anyone**.

anyhow ['enɪhaʊ] *adv* **1.** *(in spite of that)* quand même, néanmoins. **2.** *(carelessly)* n'importe comment. **3.** *(in any case)* de toute façon.

anyone ['enɪwʌn] *pron* **1.** (*in negative sentences*): **I didn't see ~** je n'ai vu personne. **2.** (*in questions*) quelqu'un. **3.** *(any person)* n'importe qui.

anyplace *Am* = **anywhere**.

anything ['enɪθɪŋ] *pron* **1.** (*in negative sentences*): **I didn't see ~** je n'ai rien vu. **2.** (*in questions*) quelque chose. **3.** *(any object, event)* n'importe quoi; **if ~ happens ...** s'il arrive quoi que ce soit ...

anyway ['enɪweɪ] *adv (in any case)* de toute façon.

anywhere ['enɪweə^r], **anyplace** *Am* ['enɪpleɪs] *adv* **1.** (*in negative sentences*): **I haven't seen him ~** je ne l'ai vu nulle part. **2.** (*in questions*) quelque part. **3.** *(any place)* n'importe où.

apart [ə'pɑ:t] *adv* **1.** *(separated)* séparé(e), éloigné(e); **we're living ~** nous sommes séparés. **2.** *(to one side)* à l'écart. **3.** *(aside)*: **joking ~** sans plaisanter, plaisanterie à part. ◆ **apart from** *prep* **1.** *(except for)* à part, sauf. **2.** *(as well as)* en plus de, outre.

apartheid [ə'pɑ:theɪt] *n* apartheid *m*.

apartment [ə'pɑ:tmənt] *n* appartement *m*.

apartment building *n Am* immeuble *m (d'habitation)*.

apathy ['æpəθɪ] *n* apathie *f*.

ape [eɪp] ◇ *n* singe *m*. ◇ *vt* singer.

aperitif [əperə'ti:f] *n* apéritif *m*.

aperture ['æpə,tjʊə^r] *n* **1.** *(hole, opening)* orifice *m*, ouverture *f*. **2.** (PHOT) ouverture *f*.

apex ['eɪpeks] *n* sommet *m*.

APEX ['eɪpeks] (*abbr of* **advance purchase excursion**) *n Br*: **~ ticket** billet *m* APEX.

apiece [ə'pi:s] *adv (for each person)* chacun(e), par personne; *(for each thing)* chacun(e), pièce (*inv*).

apocalypse [əˈpɒkəlɪps] *n* apocalypse *f*.
apologetic [əˌpɒləˈdʒetɪk] *adj (letter etc)* d'excuse; **to be ~ about sthg** s'excuser de qqch.
apologize, -ise [əˈpɒlədʒaɪz] *vi* s'excuser; **to ~ to sb (for sthg)** faire des excuses à qqn (pour qqch).
apology [əˈpɒlədʒɪ] *n* excuses *fpl*.
apostle [əˈpɒsl] *n* (RELIG) apôtre *m*.
apostrophe [əˈpɒstrəfɪ] *n* apostrophe *f*.
appal *Br*, **appall** *Am* [əˈpɔːl] *vt* horrifier.
appalling [əˈpɔːlɪŋ] *adj* épouvantable.
apparatus [ˌæpəˈreɪtəs] (*pl inv* OR **-es**) *n* **1.** *(device)* appareil *m*, dispositif *m*. **2.** *(U) (in gym)* agrès *mpl*. **3.** *(system, organization)* appareil *m*.
apparel [əˈpærəl] *n Am* habillement *m*.
apparent [əˈpærənt] *adj* **1.** *(evident)* évident(e). **2.** *(seeming)* apparent(e).
apparently [əˈpærəntlɪ] *adv* **1.** *(it seems)* à ce qu'il paraît. **2.** *(seemingly)* apparemment, en apparence.
appeal [əˈpiːl] ◇ *vi* **1.** *(request)*: **to ~ (to sb for sthg)** lancer un appel (à qqn pour obtenir qqch). **2.** *(make a plea)*: **to ~ to** faire appel à. **3.** (JUR): **to ~ (against)** faire appel (de). **4.** *(attract, interest)*: **to ~ to sb** plaire à qqn; **it ~s to me** ça me plaît. ◇ *n* **1.** *(request)* appel *m*. **2.** (JUR) appel *m*. **3.** *(charm, interest)* intérêt *m*, attrait *m*.
appealing [əˈpiːlɪŋ] *adj (attractive)* attirant(e), sympathique.
appear [əˈpɪəʳ] *vi* **1.** *(gen)* apparaître; *(book)* sortir, paraître. **2.** *(seem)* sembler, paraître; **to ~ to be/do** sembler être/faire; **it would ~ (that)** ... il semblerait que ... **3.** *(in play, film etc)* jouer. **4.** (JUR) comparaître.
appearance [əˈpɪərəns] *n* **1.** *(gen)* apparition *f*; **to make an ~** se montrer. **2.** *(look)* apparence *f*, aspect *m*.
appease [əˈpiːz] *vt* apaiser.
append [əˈpend] *vt* ajouter; *(signature)* apposer.
appendices [əˈpendɪsiːz] *pl* → **appendix**.
appendicitis [əˌpendɪˈsaɪtɪs] *n (U)* appendicite *f*.
appendix [əˈpendɪks] (*pl* **-dixes** OR **-dices**) *n* appendice *m*; **to have one's ~ out** OR **removed** se faire opérer de l'appendicite.
appetite [ˈæpɪtaɪt] *n* **1.** *(for food)*: **~ (for)** appétit *m* (pour). **2.** *fig (enthusiasm)*: **~ (for)** goût *m* (de OR pour).
appetizer, -iser [ˈæpɪtaɪzəʳ] *n (food)* amuse-gueule *m inv*; *(drink)* apéritif *m*.
appetizing, -ising [ˈæpɪtaɪzɪŋ] *adj (food)* appétissant(e).
applaud [əˈplɔːd] ◇ *vt* **1.** *(clap)* applaudir. **2.** *(approve)* approuver, applaudir à. ◇ *vi* applaudir.
applause [əˈplɔːz] *n (U)* applaudissements *mpl*.
apple [ˈæpl] *n* pomme *f*.
apple tree *n* pommier *m*.
appliance [əˈplaɪəns] *n (device)* appareil *m*.
applicable [əˈplɪkəbl] *adj*: **~ (to)** applicable (à).
applicant [ˈæplɪkənt] *n*: **~ (for)** *(job)* candidat *m*, -e *f* (à); *(state benefit)* demandeur *m*, -euse *f* (de).
application [ˌæplɪˈkeɪʃn] *n* **1.** *(gen)* application *f*. **2.** *(for job etc)*: **~ (for)** demande *f* (de). **3.** (COMPUT): **~ (program)** programme *m* d'application.
application form *n* formulaire *m* de demande.
applied [əˈplaɪd] *adj (science)* appliqué(e).
apply [əˈplaɪ] ◇ *vt* appliquer; **to ~ the brakes** freiner. ◇ *vi* **1.** *(for work, grant)*: **to ~ (for)** faire une demande (de); **to ~ for a job** faire une demande d'emploi; **to ~ to sb (for sthg)** s'adresser à qqn (pour obtenir qqch). **2.** *(be relevant)*: **to ~ (to)** s'appliquer (à), concerner.
appoint [əˈpɔɪnt] *vt* **1.** *(to job, position)*: **to ~ sb (as sthg)** nommer qqn (qqch); **to ~ sb to sthg** nommer qqn à qqch. **2.** *(time, place)* fixer.
appointment [əˈpɔɪntmənt] *n* **1.** *(to job, position)* nomination *f*, désignation *f*. **2.** *(job, position)* poste *m*, emploi *m*. **3.** *(arrangement to meet)* rendez-vous *m*; **to make an ~** prendre un rendez-vous.
appraisal [əˈpreɪzl] *n* évaluation *f*.
appreciable [əˈpriːʃəbl] *adj (difference)* sensible; *(amount)* appréciable.
appreciate [əˈpriːʃɪeɪt] ◇ *vt* **1.** *(value, like)* apprécier, aimer. **2.** *(recognize, understand)* comprendre, se rendre compte de. **3.** *(be grateful for)* être reconnaissant(e) de. ◇ *vi* (FIN) prendre de la valeur.
appreciation [əˌpriːʃɪˈeɪʃn] *n* **1.** *(liking)* contentement *m*. **2.** *(understanding)* compréhension *f*. **3.** *(gratitude)* reconnaissance *f*.
appreciative [əˈpriːʃjətɪv] *adj (person)* reconnaissant(e); *(remark)* élogieux(euse).

apprehensive [ˌæprɪ'hensɪv] *adj* inquiet(ète); **to be ~ about sthg** appréhender OR craindre qqch.

apprentice [ə'prentɪs] *n* apprenti *m*, -e *f*.

apprenticeship [ə'prentɪsʃɪp] *n* apprentissage *m*.

approach [ə'prəʊtʃ] ◇ *n* **1.** *(gen)* approche *f*. **2.** *(method)* démarche *f*, approche *f*. **3.** *(to person)*: **to make an ~ to sb** faire une proposition à qqn. ◇ *vt* **1.** *(come near to - place, person, thing)* s'approcher de. **2.** *(ask)*: **to ~ sb about sthg** aborder qqch avec qqn; (COMM) entrer en contact avec qqn au sujet de qqch. **3.** *(tackle - problem)* aborder. ◇ *vi* s'approcher.

approachable [ə'prəʊtʃəbl] *adj* accessible.

appropriate [*adj* ə'prəʊprɪət, *vb* ə'prəʊprɪeɪt] ◇ *adj (clothing)* convenable; *(action)* approprié(e); *(moment)* opportun(e). ◇ *vt* **1.** (JUR) s'approprier. **2.** *(allocate)* affecter.

approval [ə'pruːvl] *n* approbation *f*; **on ~** (COMM) à condition, à l'essai.

approve [ə'pruːv] ◇ *vi*: **to ~ (of sthg)** approuver (qqch). ◇ *vt (ratify)* approuver, ratifier.

approx. [ə'prɒks] (*abbr of* **approximately**) approx., env.

approximate *adj* approximatif(ive).

approximately [ə'prɒksɪmətlɪ] *adv* à peu près, environ.

apricot ['eɪprɪkɒt] *n* abricot *m*.

April ['eɪprəl] *n* avril *m*; *see also* **September**.

April Fools' Day *n* le premier avril.

> **APRIL FOOLS' DAY**
>
> En Grande-Bretagne, le premier avril est l'occasion de farces en tous genres; en revanche, la tradition du poisson en papier n'existe pas.

apron ['eɪprən] *n (clothing)* tablier *m*.

apt [æpt] *adj* **1.** *(pertinent)* pertinent(e), approprié(e). **2.** *(likely)*: **to be ~ to do sthg** avoir tendance à faire qqch.

aptitude ['æptɪtjuːd] *n* aptitude *f*, disposition *f*; **to have an ~ for** avoir des dispositions pour.

aptly ['æptlɪ] *adv* avec justesse, à propos.

aqualung ['ækwəlʌŋ] *n* scaphandre *m* autonome.

aquarium [ə'kweərɪəm] (*pl* **-riums** OR **-ria** [-rɪə]) *n* aquarium *m*.

Aquarius [ə'kweərɪəs] *n* Verseau *m*.

aquatic [ə'kwætɪk] *adj* **1.** *(animal, plant)* aquatique. **2.** *(sport)* nautique.

aqueduct ['ækwɪdʌkt] *n* aqueduc *m*.

Arab ['ærəb] ◇ *adj* arabe. ◇ *n (person)* Arabe *mf*.

Arabian [ə'reɪbjən] *adj* d'Arabie, arabe.

Arabic ['ærəbɪk] ◇ *adj* arabe. ◇ *n* arabe *m*.

Arabic numeral *n* chiffre *m* arabe.

arable ['ærəbl] *adj* arable.

arbitrary ['ɑːbɪtrərɪ] *adj* arbitraire.

arbitration [ˌɑːbɪ'treɪʃn] *n* arbitrage *m*; **to go to ~** recourir à l'arbitrage.

arcade [ɑː'keɪd] *n* **1.** *(for shopping)* galerie *f* marchande. **2.** *(covered passage)* arcades *fpl*.

arch [ɑːtʃ] ◇ *adj* malicieux(euse), espiègle. ◇ *n* **1.** (ARCHIT) arc *m*, voûte *f*. **2.** *(of foot)* voûte *f* plantaire, cambrure *f*. ◇ *vt* cambrer, arquer. ◇ *vi* former une voûte.

archaeologist [ˌɑːkɪ'ɒlədʒɪst] *n* archéologue *mf*.

archaeology [ˌɑːkɪ'ɒlədʒɪ] *n* archéologie *f*.

archaic [ɑː'keɪɪk] *adj* archaïque.

archbishop [ˌɑːtʃ'bɪʃəp] *n* archevêque *m*.

archenemy [ˌɑːtʃ'enɪmɪ] *n* ennemi *m* numéro un.

archeology *etc* [ˌɑːkɪ'ɒlədʒɪ] = **archaeology** *etc*.

archer ['ɑːtʃə^r] *n* archer *m*.

archery ['ɑːtʃərɪ] *n* tir *m* à l'arc.

archetypal [ˌɑːkɪ'taɪpl] *adj* typique.

architect ['ɑːkɪtekt] *n lit & fig* architecte *m*.

architecture ['ɑːkɪtektʃə^r] *n (gen &* COMPUT*)* architecture *f*.

archives ['ɑːkaɪvz] *npl* archives *fpl*.

archway ['ɑːtʃweɪ] *n* passage *m* voûté.

Arctic ['ɑːktɪk] ◇ *adj* **1.** (GEOGR) arctique. **2.** *inf (very cold)* glacial(e). ◇ *n*: **the ~** l'Arctique *m*.

ardent ['ɑːdənt] *adj* fervent(e), passionné(e).

arduous ['ɑːdjʊəs] *adj* ardu(e).

are [*weak form* ə^r, *strong form* ɑː^r] → **be**.

area ['eərɪə] *n* **1.** *(region)* région *f*; **parking ~** aire de stationnement; **in the ~ of** *(approximately)* environ, à peu près. **2.** *(surface size)* aire *f*, superficie *f*. **3.** *(of knowledge, interest etc)* domaine *m*.

area code *n* indicatif *m* de zone.

arena [ə'riːnə] *n lit & fig* arène *f*.

aren't [ɑːnt] = **are not**.

Argentina [ˌɑːdʒənˈtiːnə] *n* Argentine *f*.

Argentine [ˈɑːdʒəntaɪn], **Argentinian** [ˌɑːdʒənˈtɪnɪən] ◇ *adj* argentin(ine). ◇ *n* Argentin *m*, -ine *f*.

arguably [ˈɑːgjʊəblɪ] *adv*: **she's ~ the best** on peut soutenir qu'elle est la meilleure.

argue [ˈɑːgjuː] ◇ *vi* 1. *(quarrel)*: **to ~ (with sb about sthg)** se disputer (avec qqn à propos de qqch). 2. *(reason)*: **to ~ (for/against)** argumenter (pour/contre). ◇ *vt* débattre de, discuter de; **to ~ that** soutenir OR maintenir que.

argument [ˈɑːgjʊmənt] *n* 1. *(quarrel)* dispute *f*; **to have an ~ (with sb)** se disputer (avec qqn). 2. *(reason)* argument *m*. 3. *(U) (reasoning)* discussion *f*, débat *m*.

argumentative [ˌɑːgjʊˈmentətɪv] *adj* querelleur(euse), batailleur(euse).

arid [ˈærɪd] *adj lit & fig* aride.

Aries [ˈeəriːz] *n* Bélier *m*.

arise [əˈraɪz] (*pt* **arose**, *pp* **arisen** [əˈrɪzn]) *vi (appear)* surgir, survenir; **to ~ from** résulter de, provenir de; **if the need ~s** si le besoin se fait sentir.

aristocrat [*Br* ˈærɪstəkræt, *Am* əˈrɪstəkræt] *n* aristocrate *mf*.

arithmetic [əˈrɪθmətɪk] *n* arithmétique *f*.

ark [ɑːk] *n* arche *f*.

arm [ɑːm] ◇ *n* 1. *(of person, chair)* bras *m*; **~ in ~** bras dessus bras dessous; **to keep sb at ~'s length** *fig* tenir qqn à distance; **to twist sb's ~** *fig* forcer la main à qqn. 2. *(of garment)* manche *f*. ◇ *vt* armer. ◆ **arms** *npl* armes *fpl*; **to take up ~s** prendre les armes; **to be up in ~s about sthg** s'élever contre qqch.

armaments [ˈɑːməmənts] *npl (weapons)* matériel *m* de guerre, armements *mpl*.

armchair [ˈɑːmtʃeəʳ] *n* fauteuil *m*.

armed [ɑːmd] *adj lit & fig*: **~ (with)** armé(e) (de).

armed forces *npl* forces *fpl* armées.

armhole [ˈɑːmhəʊl] *n* emmanchure *f*.

armour *Br*, **armor** *Am* [ˈɑːməʳ] *n* 1. *(for person)* armure *f*. 2. *(for military vehicle)* blindage *m*.

armoured car [ˌɑːməd-] *n* voiture *f* blindée.

armpit [ˈɑːmpɪt] *n* aisselle *f*.

armrest [ˈɑːmrest] *n* accoudoir *m*.

arms control [ˈɑːmz-] *n* contrôle *m* des armements.

army [ˈɑːmɪ] *n lit & fig* armée *f*.

A road *n Br* route *f* nationale.

aroma [əˈrəʊmə] *n* arôme *m*.

arose [əˈrəʊz] *pt* → **arise**.

around [əˈraʊnd] ◇ *adv* 1. *(about, round)*: **to walk ~** marcher par-ci par-là, errer; **to lie ~** *(clothes etc)* traîner. 2. *(on all sides)* (tout) autour. 3. *(near)* dans les parages. 4. *(in circular movement)*: **to turn ~** se retourner. 5. *phr*: **he has been ~** *inf* il n'est pas né d'hier, il a de l'expérience. ◇ *prep* 1. *(gen)* autour de; **to walk ~ a garden/town** faire le tour d'un jardin/d'une ville; **all ~ the country** dans tout le pays. 2. *(near)*: **~ here** par ici. 3. *(approximately)* environ, à peu près.

arouse [əˈraʊz] *vt* 1. *(excite - feeling)* éveiller, susciter; *(- person)* exciter. 2. *(wake)* réveiller.

arrange [əˈreɪndʒ] *vt* 1. *(flowers, books, furniture)* arranger, disposer. 2. *(event, meeting etc)* organiser, fixer; **to ~ to do sthg** convenir de faire qqch. 3. (MUS) arranger.

arrangement [əˈreɪndʒmənt] *n* 1. *(agreement)* accord *m*, arrangement *m*; **to come to an ~** s'entendre, s'arranger. 2. *(of furniture, books)* arrangement *m*. 3. (MUS) arrangement *m*. ◆ **arrangements** *npl* dispositions *fpl*, préparatifs *mpl*.

array [əˈreɪ] ◇ *n (of objects)* étalage *m*. ◇ *vt (ornaments etc)* disposer.

arrears [əˈrɪəz] *npl (money owed)* arriéré *m*; **to be in ~** *(late)* être en retard; *(owing money)* avoir des arriérés.

arrest [əˈrest] ◇ *n (by police)* arrestation *f*; **under ~** en état d'arrestation. ◇ *vt* 1. *(gen)* arrêter. 2. *fml (sb's attention)* attirer, retenir.

arrival [əˈraɪvl] *n* 1. *(gen)* arrivée *f*; **late ~** *(of train etc)* retard *m*. 2. *(person - at airport, hotel)* arrivant *m*, -e *f*; **new ~** *(person)* nouveau venu *m*, nouvelle venue *f*; *(baby)* nouveau-né *m*, nouveau-née *f*.

arrive [əˈraɪv] *vi* arriver; *(baby)* être né(e); **to ~ at** *(conclusion, decision)* arriver à.

arrogant [ˈærəgənt] *adj* arrogant(e).

arrow [ˈærəʊ] *n* flèche *f*.

arse *Br* [ɑːs], **ass** *Am* [æs] *n v inf* cul *m*.

arsenal [ˈɑːsənl] *n* arsenal *m*.

arsenic [ˈɑːsnɪk] *n* arsenic *m*.

arson [ˈɑːsn] *n* incendie *m* criminel OR volontaire.

art [ɑːt] ◇ *n* art *m*. ◇ *comp (exhibition)* d'art; *(college)* des beaux-arts; **~ student** étudiant *m*, -e *f* d'une école des

beaux-arts. ◆ **arts** *npl* 1. (SCH & UNIV) lettres *fpl*. 2. *(fine arts)*: **the ~s** les arts *mpl*.
artefact ['ɑːtɪfækt] = **artifact**.
artery ['ɑːtərɪ] *n* artère *f*.
art gallery *n (public)* musée *m* d'art; *(for selling paintings)* galerie *f* d'art.
arthritis [ɑː'θraɪtɪs] *n* arthrite *f*.
artichoke ['ɑːtɪtʃəʊk] *n* artichaut *m*.
article ['ɑːtɪkl] *n* article *m*; **~ of clothing** vêtement *m*.
articulate [*adj* ɑː'tɪkjʊlət, *vb* ɑː'tɪkjʊleɪt] ◇ *adj (person)* qui sait s'exprimer; *(speech)* net (nette), distinct(e). ◇ *vt (thought, wish)* formuler.
articulated lorry [ɑː'tɪkjʊleɪtɪd-] *n Br* semi-remorque *m*.
artifact ['ɑːtɪfækt] *n* objet *m* fabriqué.
artificial [,ɑːtɪ'fɪʃl] *adj* 1. *(not natural)* artificiel(elle). 2. *(insincere)* affecté(e).
artillery [ɑː'tɪlərɪ] *n* artillerie *f*.
artist ['ɑːtɪst] *n* artiste *mf*.
artiste [ɑː'tiːst] *n* artiste *mf*.
artistic [ɑː'tɪstɪk] *adj (person)* artiste; *(style etc)* artistique.
artistry ['ɑːtɪstrɪ] *n* art *m*, talent *m* artistique.
artless ['ɑːtlɪs] *adj* naturel(elle), ingénu(e).

as [*unstressed* əz, *stressed* æz] ◇ *conj* 1. *(referring to time)* comme, alors que; **she rang (just) ~ I was leaving** elle m'a téléphoné au moment même où OR juste comme je partais; **~ time goes by** à mesure que le temps passe, avec le temps. 2. *(referring to manner, way)* comme; **do ~ I say** fais ce que je (te) dis. 3. *(introducing a statement)* comme; **~ you know, ...** comme tu le sais, ... 4. *(because)* comme. ◇ *prep* 1. *(referring to function, characteristic)* en, comme, en tant que; **I'm speaking ~ your friend** je te parle en ami; **she works ~ a nurse** elle est infirmière. 2. *(referring to attitude, reaction)*: **it came ~ a shock** cela nous a fait un choc. ◇ *adv (in comparisons)*: **~ rich ~** aussi riche que; **~ red ~ a tomato** rouge comme une tomate; **he's ~ tall ~ I am** il est aussi grand que moi; **twice ~ big ~** deux fois plus gros que; **~ much/many ~** autant que; **~ much wine/many chocolates ~** autant de vin/de chocolats que. ◆ **as for** *prep* quant à. ◆ **as from, as of** *prep* dès, à partir de. ◆ **as if, as though** *conj* comme si; **it looks ~ if** OR **~ though it will rain** on dirait qu'il va pleuvoir. ◆ **as to** *prep* 1. *(concerning)* en ce qui concerne, au sujet de. 2. = **as for**.

• *As... as* s'utilise dans les comparaisons, pour exprimer l'égalité. Dans la langue de tous les jours, on le fait suivre d'un pronom objet tel que *me, him, her*, etc. (*she's as tall as me*). Dans la langue soutenue, il peut être suivi d'un pronom sujet tel que *I, he, she*, etc., et, éventuellement, d'un deuxième verbe (*she's not as tall as I [am]*).

• *As if* et *as though* ont le même sens. Si la personne qui parle a de sérieux doutes quant à la véracité de la comparaison, ou si elle est certaine que la comparaison n'est pas vraie, elle peut utiliser un verbe au subjonctif passé (*she went pale as if/though she were about to faint*).

a.s.a.p. (*abbr of* **as soon as possible**) d'urgence, dans les meilleurs délais.
asbestos [æs'bestəs] *n* asbeste *m*, amiante *m*.
ascend [ə'send] *vt & vi* monter.
ascent [ə'sent] *n lit & fig* ascension *f*.
ascertain [,æsə'teɪn] *vt* établir.
ascribe [ə'skraɪb] *vt*: **to ~ sthg to** attribuer qqch à; *(blame)* imputer qqch à.
ash [æʃ] *n* 1. *(from cigarette, fire)* cendre *f*. 2. *(tree)* frêne *m*.
ashamed [ə'ʃeɪmd] *adj* honteux(euse), confus(e); **to be ~ of** avoir honte de; **to be ~ to do sthg** avoir honte de faire qqch.
ashore [ə'ʃɔːʳ] *adv* à terre.
ashtray ['æʃtreɪ] *n* cendrier *m*.
Ash Wednesday *n* le mercredi des Cendres.
Asia [*Br* 'eɪʃə, *Am* 'eɪʒə] *n* Asie *f*.
Asian [*Br* 'eɪʃn, *Am* 'eɪʒn] ◇ *adj* asiatique. ◇ *n (person)* Asiatique *mf*.
aside [ə'saɪd] ◇ *adv* 1. *(to one side)* de côté; **to move ~** s'écarter; **to take sb ~** prendre qqn à part. 2. *(apart)* à part; **~ from** à l'exception de. ◇ *n* 1. *(in play)* aparté *m*. 2. *(remark)* réflexion *f*, commentaire *m*.
ask [ɑːsk] ◇ *vt* 1. *(gen)* demander; **to ~ sb sthg** demander qqch à qqn; **he ~ed me my name** il m'a demandé mon nom; **to ~ sb for sthg** demander qqch à qqn; **to ~ sb to do sthg** demander à qqn de faire qqch. 2. *(put - question)* poser. 3. *(invite)* inviter. ◇ *vi* demander. ◆ **ask after** *vt fus* demander des nouvelles de. ◆ **ask for** *vt fus* 1. *(person)* demander à voir. 2. *(thing)* demander.
askance [ə'skæns] *adv*: **to look ~ at sb**

regarder qqn d'un air désapprobateur.
askew [ə'skju:] *adj (not straight)* de travers.
asking price ['ɑ:skiŋ-] *n* prix *m* demandé.
asleep [ə'sli:p] *adj* endormi(e); **to fall ~** s'endormir.
asparagus [ə'spærəgəs] *n (U)* asperges *fpl.*
aspect ['æspekt] *n* 1. *(gen)* aspect *m.* 2. *(of building)* orientation *f.*
aspersions [ə'spɜ:ʃnz] *npl*: **to cast ~ on** jeter le discrédit sur.
asphalt ['æsfælt] *n* asphalte *m.*
asphyxiate [əs'fɪksɪeɪt] *vt* asphyxier.
aspiration [,æspə'reɪʃn] *n* aspiration *f.*
aspire [ə'spaɪəʳ] *vi*: **to ~ to sthg/to do sthg** aspirer à qqch/à faire qqch.
aspirin ['æsprɪn] *n* aspirine *f.*
ass [æs] *n* 1. *(donkey)* âne *m.* 2. *Br inf (idiot)* imbécile *mf*, idiot *m*, -e *f.* 3. *Am v inf* = **arse**.
assailant [ə'seɪlənt] *n* assaillant *m*, -e *f.*
assassin [ə'sæsɪn] *n* assassin *m.*
assassinate [ə'sæsɪneɪt] *vt* assassiner.
assassination [ə,sæsɪ'neɪʃn] *n* assassinat *m.*
assault [ə'sɔ:lt] ◇ *n* 1. (MIL): **~ (on)** assaut *m* (de), attaque *f* (de). 2. *(physical attack)*: **~ (on sb)** agression *f* (contre qqn). ◇ *vt (attack - physically)* agresser; *(- sexually)* violenter.
assemble [ə'sembl] ◇ *vt* 1. *(gather)* réunir. 2. *(fit together)* assembler, monter. ◇ *vi* se réunir, s'assembler.
assembly [ə'semblɪ] *n* 1. *(gen)* assemblée *f.* 2. *(fitting together)* assemblage *m.*
assembly line *n* chaîne *f* de montage.
assent [ə'sent] ◇ *n* consentement *m*, assentiment *m.* ◇ *vi*: **to ~ (to)** donner son consentement OR assentiment (à).
assert [ə'sɜ:t] *vt* 1. *(fact, belief)* affirmer, soutenir. 2. *(authority)* imposer.
assertive [ə'sɜ:tɪv] *adj* assuré(e).
assess [ə'ses] *vt* évaluer, estimer.
assessment [ə'sesmənt] *n* 1. *(opinion)* opinion *f.* 2. *(calculation)* évaluation *f*, estimation *f.*
assessor [ə'sesəʳ] *n (of tax)* contrôleur *m* (des impôts).
asset ['æset] *n* avantage *m*, atout *m.* ◆ **assets** *npl* (COMM) actif *m.*
assign [ə'saɪn] *vt* 1. *(allot)*: **to ~ sthg (to)** assigner qqch (à). 2. *(give task to)*: **to ~ sb (to sthg/to do sthg)** nommer qqn (à qqch/pour faire qqch).
assignment [ə'saɪnmənt] *n* 1. *(task)* mission *f*; (SCH) devoir *m.* 2. *(act of assigning)* attribution *f.*
assimilate [ə'sɪmɪleɪt] *vt* assimiler.
assist [ə'sɪst] *vt*: **to ~ sb (with sthg/in doing sthg)** aider qqn (dans qqch/à faire qqch); *(professionally)* assister qqn (dans qqch/pour faire qqch).
assistance [ə'sɪstəns] *n* aide *f*; **to be of ~ (to)** être utile (à).
assistant [ə'sɪstənt] ◇ *n* assistant *m*, -e *f*; **(shop) ~** vendeur *m*, -euse *f.* ◇ *comp*: **~ editor** rédacteur en chef adjoint *m*, rédactrice en chef adjointe *f*; **~ manager** sous-directeur *m*, -trice *f.*
associate [*adj & n* ə'səʊʃɪət, *vb* ə'səʊʃɪeɪt] ◇ *adj* associé(e). ◇ *n* associé *m*, -e *f.* ◇ *vt*: **to ~ sb/sthg (with)** associer qqn/qqch (à); **to be ~d with** être associé(e) à. ◇ *vi*: **to ~ with sb** fréquenter qqn.
association [ə,səʊsɪ'eɪʃn] *n* association *f*; **in ~ with** avec la collaboration de.
assorted [ə'sɔ:tɪd] *adj* varié(e).
assortment [ə'sɔ:tmənt] *n* mélange *m.*
assume [ə'sju:m] *vt* 1. *(suppose)* supposer, présumer. 2. *(power, responsibility)* assumer. 3. *(appearance, attitude)* adopter.
assuming [ə'sju:mɪŋ] *conj* en supposant que.
assumption [ə'sʌmpʃn] *n (supposition)* supposition *f.*
assurance [ə'ʃʊərəns] *n* 1. *(gen)* assurance *f.* 2. *(promise)* garantie *f*, promesse *f.*
assure [ə'ʃʊəʳ] *vt*: **to ~ sb (of)** assurer qqn (de).
assured [ə'ʃʊəd] *adj* assuré(e).
asterisk ['æstərɪsk] *n* astérisque *m.*
astern [ə'stɜ:n] *adv* (NAUT) en poupe.
asthma ['æsmə] *n* asthme *m.*
astonish [ə'stɒnɪʃ] *vt* étonner.
astonishment [ə'stɒnɪʃmənt] *n* étonnement *m.*
astound [ə'staʊnd] *vt* stupéfier.
astray [ə'streɪ] *adv*: **to go ~** *(become lost)* s'égarer; **to lead sb ~** détourner qqn du droit chemin.
astride [ə'straɪd] ◇ *adv* à cheval, à califourchon. ◇ *prep* à cheval OR califourchon sur.
astrology [ə'strɒlədʒɪ] *n* astrologie *f.*
astronaut ['æstrənɔ:t] *n* astronaute *mf.*
astronomical [,æstrə'nɒmɪkl] *adj* astronomique.
astronomy [ə'strɒnəmɪ] *n* astronomie *f.*
astute [ə'stju:t] *adj* malin(igne).
asylum [ə'saɪləm] *n* asile *m.*

at [*unstressed* ət, *stressed* æt] *prep* 1. *(indicating place, position)* à; **~ my father's** chez mon père; **~ home** à la maison, chez soi; **~ school** à l'école; **~**

work au travail. 2. *(indicating direction)* vers; **to look ~ sb** regarder qqn; **to smile ~ sb** sourire à qqn; **to shoot ~ sb** tirer sur qqn. 3. *(indicating a particular time)* à; **~ midnight/noon/eleven o'clock** à minuit/midi/onze heures; **~ night** la nuit; **~ Christmas/Easter** à Noël/Pâques. 4. *(indicating age, speed, rate)* à; **~ 52 (years of age)** à 52 ans; **~ 100 mph** à 160 km/h. 5. *(indicating price)*: **~ £50 a pair** 50 livres la paire. 6. *(indicating particular state, condition)* en; **~ peace/war** en paix/guerre; **to be ~ lunch/dinner** être en train de déjeuner/dîner. 7. (*after adjectives*): **amused/appalled/puzzled ~ sthg** diverti/effaré/intrigué par qqch; **delighted ~ sthg** ravi de qqch; **to be bad/good ~ sthg** être mauvais/bon en qqch. ◆ **at all** *adv* 1. (*with negative*): **not ~ all** *(when thanked)* je vous en prie; *(when answering a question)* pas du tout; **she's not ~ all happy** elle n'est pas du tout contente. 2. *(in the slightest)*: **anything ~ all will do** n'importe quoi fera l'affaire; **do you know her ~ all?** est-ce que vous la connaissez?

> • Attention à ne pas confondre *at, in* et *on,* qui apparaissent tous dans des expressions temporelles.
>
> • *At* s'utilise avec des heures ou des moments précis (*at nine o'clock; at lunch time*), avec les noms de certaines fêtes officielles (*at Christmas; at New Year; at Easter*) et, enfin, avec les mots *weekend* et *night* (*what did you do at the weekend?; I do my homework at night*).
>
> • *In* précède les noms de mois (*in September*), les années (*in 1966*), les siècles (*in the 17th century*) et les saisons (*in spring*). On trouve aussi *in* dans des expressions contenant les mots *morning, afternoon,* etc. (*in the evening we like to go out; I'll call you in the afternoon*).
>
> • *On* est associé à un jour ou une date spécifique (*on Christmas Day; on March 8th, 1998; on Monday I went swimming*), ou bien à un jour en général pour exprimer la répétition (*on Sundays I visit my grandparents*). On le trouve également dans des expressions contenant les mots *morning, afternoon,* etc., lorsqu'elles contiennent des informations supplémentaires (*on Saturday morning; on wet afternoons*).

ate [*Br* et, *Am* eɪt] *pt* → **eat**.

atheist ['eɪθɪɪst] *n* athée *mf.*

Athens ['æθɪnz] *n* Athènes.

athlete ['æθliːt] *n* athlète *mf.*

athletic [æθ'letɪk] *adj* athlétique. ◆ **athletics** *npl* athlétisme *m.*

Atlantic [ət'læntɪk] ◇ *adj* atlantique. ◇ *n*: **the ~ (Ocean)** l'océan *m* Atlantique, l'Atlantique *m.*

atlas ['ætləs] *n* atlas *m.*

atmosphere ['ætməˌsfɪəʳ] *n* atmosphère *f.*

atmospheric [ˌætməs'ferɪk] *adj* 1. *(pressure, pollution etc)* atmosphérique. 2. *(film, music etc)* d'ambiance.

atom ['ætəm] *n* 1. (TECH) atome *m.* 2. *fig (tiny amount)* grain *m*, parcelle *f.*

atom bomb *n* bombe *f* atomique.

atomic [ə'tɒmɪk] *adj* atomique.

atomic bomb = **atom bomb**.

atomizer, -iser ['ætəmaɪzəʳ] *n* atomiseur *m*, vaporisateur *m.*

atone [ə'təʊn] *vi*: **to ~ for** racheter.

A to Z *n* plan *m* de ville.

atrocious [ə'trəʊʃəs] *adj (very bad)* atroce, affreux(euse).

atrocity [ə'trɒsətɪ] *n (terrible act)* atrocité *f.*

attach [ə'tætʃ] *vt* 1. *(gen)*: **to ~ sthg (to)** attacher qqch (à). 2. *(letter etc)* joindre.

attaché case [ə'tæʃeɪ-] *n* attaché-case *m.*

attached [ə'tætʃt] *adj (fond)*: **~ to** attaché(e) à.

attachment [ə'tætʃmənt] *n* 1. *(device)* accessoire *m.* 2. *(fondness)*: **~ (to)** attachement *m* (à).

attack [ə'tæk] ◇ *n* 1. *(physical, verbal)*: **~ (on)** attaque *f* (contre). 2. *(of illness)* crise *f.* ◇ *vt* 1. *(gen)* attaquer. 2. *(job, problem)* s'attaquer à. ◇ *vi* attaquer.

attacker [ə'tækəʳ] *n* 1. *(assailant)* agresseur *m.* 2. (SPORT) attaquant *m*, -e *f.*

attain [ə'teɪn] *vt* atteindre, parvenir à.

attainment [ə'teɪnmənt] *n* 1. *(of success, aims etc)* réalisation *f.* 2. *(skill)* talent *m.*

attempt [ə'tempt] ◇ *n*: **~ (at)** tentative *f* (de); **~ on sb's life** tentative d'assassinat. ◇ *vt* tenter, essayer; **to ~ to do sthg** essayer OR tenter de faire qqch.

attend [ə'tend] ◇ *vt* 1. *(meeting, party)* assister à. 2. *(school, church)* aller à. ◇ *vi*

1. *(be present)* être présent(e). 2. *(pay attention)*: **to ~ (to)** prêter attention (à). ◆ **attend to** *vt fus* 1. *(deal with)* s'occuper de, régler. 2. *(look after - customer)* s'occuper de; *(- patient)* soigner.

attendance [ə'tendəns] *n* 1. *(number present)* assistance *f*, public *m*. 2. *(presence)* présence *f*.

attendant [ə'tendənt] ◇ *adj (problems)* qui en découle. ◇ *n (at museum, car park)* gardien *m*, -enne *f*; *(at petrol station)* pompiste *mf*.

attention [ə'tenʃn] ◇ *n (U)* 1. *(gen)* attention *f*; **to bring sthg to sb's ~, to draw sb's ~ to sthg** attirer l'attention de qqn sur qqch; **to attract** OR **catch sb's ~** attirer l'attention de qqn; **to pay ~ to** prêter attention à; **for the ~ of** (COMM) à l'attention de. 2. *(care)* soins *mpl*, attentions *fpl*. ◇ *excl* (MIL) garde-à-vous!

attentive [ə'tentɪv] *adj* attentif(ive).

attic ['ætɪk] *n* grenier *m*.

attitude ['ætɪtju:d] *n* 1. *(gen)*: **~ (to** OR **towards)** attitude *f* (envers). 2. *(posture)* pose *f*.

attn. (*abbr of* **for the attention of**) à l'attention de.

attorney [ə'tɜ:nɪ] *n Am* avocat *m*, -e *f*.

attorney general (*pl* **attorneys general**) *n* ministre *m* de la Justice.

attract [ə'trækt] *vt* attirer.

attraction [ə'trækʃn] *n* 1. *(gen)* attraction *f*; **~ to sb** attirance *f* envers qqn. 2. *(of thing)* attrait *m*.

attractive [ə'træktɪv] *adj (person)* attirant(e), séduisant(e); *(thing, idea)* attrayant, séduisant; *(investment)* intéressant(e).

attribute [*vb* ə'trɪbju:t, *n* 'ætrɪbju:t] ◇ *vt*: **to ~ sthg to** attribuer qqch à. ◇ *n* attribut *m*.

aubergine ['əʊbəʒi:n] *n Br* aubergine *f*.

auburn ['ɔ:bən] *adj* auburn (*inv*).

auction ['ɔ:kʃn] ◇ *n* vente *f* aux enchères; **at** OR **by ~** aux enchères; **to put sthg up for ~** mettre qqch (dans une vente) aux enchères. ◇ *vt* vendre aux enchères. ◆ **auction off** *vt sep* vendre aux enchères.

auctioneer [,ɔ:kʃə'nɪəʳ] *n* commissaire-priseur *m*.

audacious [ɔ:'deɪʃəs] *adj* audacieux(euse).

audible ['ɔ:dəbl] *adj* audible.

audience ['ɔ:djəns] *n* 1. *(of play, film)* public *m*, spectateurs *mpl*; *(of TV programme)* téléspectateurs *mpl*. 2. *(formal meeting)* audience *f*.

audiovisual [,ɔ:dɪəʊvɪzjʊəl] *adj* audiovisuel(elle).

audit ['ɔ:dɪt] ◇ *n* audit *m*, vérification *f* des comptes. ◇ *vt* vérifier, apurer.

audition [ɔ:'dɪʃn] *n* (THEATRE) audition *f*; (CINEMA) bout *m* d'essai.

auditor ['ɔ:dɪtəʳ] *n* auditeur *m*, -trice *f*.

auditorium [,ɔ:dɪ'tɔ:rɪəm] (*pl* **-riums** OR **-ria** [-rɪə]) *n* salle *f*.

augur ['ɔ:gəʳ] *vi*: **to ~ well/badly** être de bon/mauvais augure.

August ['ɔ:gəst] *n* août *m*; *see also* **September**.

Auld Lang Syne [,ɔ:ldlæŋ'saɪn] *n chant traditionnel britannique correspondant à 'ce n'est qu'un au revoir, mes frères'.*

aunt [ɑ:nt] *n* tante *f*.

auntie, aunty ['ɑ:ntɪ] *n inf* tata *f*, tantine *f*.

au pair [,əʊ'peəʳ] *n* jeune fille *f* au pair.

aura ['ɔ:rə] *n* atmosphère *f*.

aural ['ɔ:rəl] *adj* auditif(ive).

auspices ['ɔ:spɪsɪz] *npl*: **under the ~ of** sous les auspices de.

Aussie ['ɒzɪ] *inf* ◇ *adj* australien(enne). ◇ *n* Australien *m*, -enne *f*.

austere [ɒ'stɪəʳ] *adj* austère.

austerity [ɒ'sterətɪ] *n* austérité *f*.

Australia [ɒ'streɪljə] *n* Australie *f*.

Australian [ɒ'streɪljən] ◇ *adj* australien(enne). ◇ *n* Australien *m*, -enne *f*.

Austria ['ɒstrɪə] *n* Autriche *f*.

Austrian ['ɒstrɪən] ◇ *adj* autrichien(enne). ◇ *n* Autrichien *m*, -enne *f*.

authentic [ɔ:'θentɪk] *adj* authentique.

author ['ɔ:θəʳ] *n* auteur *m*.

authoritarian [ɔ:,θɒrɪ'teərɪən] *adj* autoritaire.

authoritative [ɔ:'θɒrɪtətɪv] *adj* 1. *(person, voice)* autoritaire. 2. *(study)* qui fait autorité.

authority [ɔ:'θɒrətɪ] *n* 1. *(organization, power)* autorité *f*; **to be in ~** être le/la responsable. 2. *(permission)* autorisation *f*. 3. *(expert)*: **~ (on sthg)** expert *m*, -e *f* (en qqch). ◆ **authorities** *npl*: **the authorities** les autorités *fpl*.

authorize, -ise ['ɔ:θəraɪz] *vt*: **to ~ sb (to do sthg)** autoriser qqn (à faire qqch).

autistic [ɔ:'tɪstɪk] *adj (child)* autiste; *(behaviour)* autistique.

auto ['ɔ:təʊ] (*pl* **-s**) *n Am* auto *f*, voiture *f*.

autobiography [ˌɔːtəbaɪˈɒgrəfɪ] *n* autobiographie *f*.
autocratic [ˌɔːtəˈkrætɪk] *adj* autocratique.
autograph [ˈɔːtəgrɑːf] ◇ *n* autographe *m*. ◇ *vt* signer.
automate [ˈɔːtəmeɪt] *vt* automatiser.
automatic [ˌɔːtəˈmætɪk] ◇ *adj (gen)* automatique. ◇ *n* **1.** *(car)* voiture *f* à transmission automatique. **2.** *(gun)* automatique *m*. **3.** *(washing machine)* lave-linge *m* automatique.
automatically [ˌɔːtəˈmætɪklɪ] *adv (gen)* automatiquement.
automation [ˌɔːtəˈmeɪʃn] *n* automatisation *f*, automation *f*.
automobile [ˈɔːtəməbiːl] *n Am* automobile *f*.
autonomy [ɔːˈtɒnəmɪ] *n* autonomie *f*.
autopsy [ˈɔːtɒpsɪ] *n* autopsie *f*.
autumn [ˈɔːtəm] *n* automne *m*.
auxiliary [ɔːgˈzɪljərɪ] ◇ *adj* auxiliaire. ◇ *n* auxiliaire *mf*.
Av. *(abbr of* **avenue***)* av.
avail [əˈveɪl] ◇ *n*: **to no ~** en vain, sans résultat. ◇ *vt*: **to ~ o.s. of** profiter de.
available [əˈveɪləbl] *adj* disponible.
avalanche [ˈævəlɑːnʃ] *n lit & fig* avalanche *f*.
avarice [ˈævərɪs] *n* avarice *f*.
Ave. *(abbr of* **avenue***)* av.
avenge [əˈvendʒ] *vt* venger.
avenue [ˈævənjuː] *n* avenue *f*.
average [ˈævərɪdʒ] ◇ *adj* moyen (enne). ◇ *n* moyenne *f*; **on ~** en moyenne. ◇ *vt*: **the cars were averaging 90 mph** les voitures roulaient en moyenne à 150 km/h. ◆ **average out** *vi*: **to ~ out at** donner la moyenne de.
aversion [əˈvɜːʃn] *n*: **~ (to)** aversion *f* (pour).
avert [əˈvɜːt] *vt* **1.** *(avoid)* écarter; *(accident)* empêcher. **2.** *(eyes, glance)* détourner.
aviary [ˈeɪvjərɪ] *n* volière *f*.
avid [ˈævɪd] *adj*: **~ (for)** avide (de).
avocado [ˌævəˈkɑːdəʊ] *(pl* **-s** OR **-es***)* *n*: **~ (pear)** avocat *m*.
avoid [əˈvɔɪd] *vt* éviter; **to ~ doing sthg** éviter de faire qqch.
avoidance [əˈvɔɪdəns] *n* → **tax avoidance.**
await [əˈweɪt] *vt* attendre.
awake [əˈweɪk] *(pt* **awoke** OR **awaked**, *pp* **awoken***)* ◇ *adj (not sleeping)* réveillé (e); **are you ~?** tu dors? ◇ *vt* **1.** *(wake up)* réveiller. **2.** *fig (feeling)* éveiller. ◇ *vi* **1.** *(wake up)* se réveiller. **2.** *fig (feeling)* s'éveiller.
awakening [əˈweɪknɪŋ] *n* **1.** *(from sleep)* réveil *m*. **2.** *fig (of feeling)* éveil *m*.
award [əˈwɔːd] ◇ *n (prize)* prix *m*. ◇ *vt*: **to ~ sb sthg, to ~ sthg to sb** *(prize)* décerner qqch à qqn; *(compensation, free kick)* accorder qqch à qqn.
aware [əˈweəʳ] *adj*: **to be ~ of sthg** se rendre compte de qqch, être conscient (e) de qqch; **to be ~ that** se rendre compte que, être conscient que.
awareness [əˈweənɪs] *n (U)* conscience *f*.
awash [əˈwɒʃ] *adj lit & fig*: **~ (with)** inondé(e) (de).
away [əˈweɪ] ◇ *adv* **1.** *(in opposite direction)*: **to move** OR **walk ~ (from)** s'éloigner (de); **to look ~** détourner le regard; **to turn ~** se détourner. **2.** *(in distance)*: **we live 4 miles ~ (from here)** nous habitons à 6 kilomètres (d'ici). **3.** *(in time)*: **the elections are a month ~** les élections se dérouleront dans un mois. **4.** *(absent)* absent(e); **she's ~ on holiday** elle est partie en vacances. **5.** *(in safe place)*: **to put sthg ~** ranger qqch. **6.** *(so as to be gone or used up)*: **to fade ~** disparaître; **to give sthg ~** donner qqch, faire don de qqch; **to take sthg ~** emporter qqch. **7.** *(continuously)*: **to be working ~** travailler sans arrêt. ◇ *adj* (SPORT) *(team, fans)* de l'équipe des visiteurs; **~ game** match *m* à l'extérieur.
awe [ɔː] *n* respect *m* mêlé de crainte; **to be in ~ of sb** être impressionné par qqn.
awesome [ˈɔːsəm] *adj* impressionnant (e).
awful [ˈɔːfʊl] *adj* **1.** *(terrible)* affreux (euse). **2.** *inf (very great)*: **an ~ lot (of)** énormément (de).
awfully [ˈɔːflɪ] *adv inf (bad, difficult)* affreusement; *(nice, good)* extrêmement.
awhile [əˈwaɪl] *adv* un moment.
awkward [ˈɔːkwəd] *adj* **1.** *(clumsy)* gauche, maladroit(e). **2.** *(embarrassed)* mal à l'aise, gêné(e). **3.** *(difficult - person, problem, task)* difficile. **4.** *(inconvenient)* incommode. **5.** *(embarrassing)* embarrassant(e), gênant(e).
awning [ˈɔːnɪŋ] *n* **1.** *(of tent)* auvent *m*. **2.** *(of shop)* banne *f*.
awoke [əˈwəʊk] *pt* → **awake.**
awoken [əˈwəʊkn] *pp* → **awake.**
awry [əˈraɪ] ◇ *adj* de travers. ◇ *adv*: **to go ~** aller de travers, mal tourner.
axe *Br*, **ax** *Am* [æks] ◇ *n* hache *f*. ◇ *vt*

(project) abandonner; *(jobs)* supprimer.
axes [ˈæksiːz] *pl* → **axis**.
axis [ˈæksɪs] (*pl* **axes**) *n* axe *m*.
axle [ˈæksl] *n* essieu *m*.
aye [aɪ] ◇ *adv* oui. ◇ *n* voix *f* pour.
azalea [əˈzeɪljə] *n* azalée *f*.
Azores [əˈzɔːz] *npl*: **the ~** les Açores *fpl*.

B

b (*pl* **b's** OR **bs**), **B** (*pl* **B's** OR **Bs**) [biː] *n* *(letter)* b *m inv*, B *m inv*. ◆ **B** *n* 1. (MUS) si *m*. 2. (SCH) *(mark)* B *m inv*.
BA *n abbr of* **Bachelor of Arts**.
babble [ˈbæbl] ◇ *n (of voices)* murmure *m*, rumeur *f*. ◇ *vi (person)* babiller.
baboon [bəˈbuːn] *n* babouin *m*.
baby [ˈbeɪbɪ] *n* 1. *(child)* bébé *m*. 2. *inf (darling)* chéri *m*, -e *f*.
baby buggy *n* 1. *Br (foldable pushchair)* poussette *f*. 2. *Am* = **baby carriage**.
baby carriage *n Am* landau *m*.
baby-sit *vi* faire du baby-sitting.
baby-sitter [-ˌsɪtəʳ] *n* baby-sitter *mf*.
bachelor [ˈbætʃələʳ] *n* célibataire *m*.
Bachelor of Arts *n* licencié *m*, -e *f* en OR ès Lettres.
Bachelor of Science *n* licencié *m*, -e *f* en OR ès Sciences.
back [bæk] ◇ *adv* 1. *(backwards)* en arrière; **to step/move ~** reculer; **to push ~** repousser. 2. *(to former position or state)*: **I'll be ~ at five** je rentrerai OR serai de retour à dix-sept heures; **I'd like my money ~** *(in shop)* je voudrais me faire rembourser; **to go ~** retourner; **to come ~** revenir, rentrer; **to drive ~** rentrer en voiture; **to go ~ to sleep** se rendormir; **to go ~ and forth** *(person)* faire des allées et venues; **to be ~ (in fashion)** revenir à la mode. 3. *(in time)*: **to think ~ (to)** se souvenir (de). 4. *(in return)*: **to phone** OR **call ~** rappeler. ◇ *n* 1. *(of person, animal)* dos *m*; **behind sb's ~** *fig* derrière le dos de qqn. 2. *(of door, book, hand)* dos *m*; *(of head)* derrière *m*; *(of envelope, cheque)* revers *m*; *(of page)* verso *m*; *(of chair)* dossier *m*. 3. *(of room, fridge)* fond *m*; *(of car)* arrière *m*. 4. (SPORT) arrière *m*. ◇ *adj* (*in compounds*) 1. *(at the back)* de derrière; *(seat, wheel)* arrière (*inv*); *(page)* dernier(ère). 2. *(overdue)*: **~ rent** arriéré *m* de loyer. ◇ *vt* 1. *(reverse)* reculer. 2. *(support)* appuyer, soutenir. 3. *(bet on)* parier sur, miser sur. ◇ *vi* reculer. ◆ **back to back** *adv* 1. *(stand)* dos à dos. 2. *(happen)* l'un après l'autre. ◆ **back to front** *adv* à l'envers. ◆ **back down** *vi* céder. ◆ **back out** *vi (of promise etc)* se dédire. ◆ **back up** ◇ *vt sep* 1. *(support - claim)* appuyer, soutenir; *(- person)* épauler, soutenir. 2. *(reverse)* reculer. 3. (COMPUT) sauvegarder, faire une copie de sauvegarde de. ◇ *vi (reverse)* reculer.

• Voir AGAIN.

backache [ˈbækeɪk] *n*: **to have ~** avoir mal aux reins OR au dos.
backbencher [ˌbækˈbentʃəʳ] *n Br* (POL) *député qui n'a aucune position officielle au gouvernement ni dans aucun parti.*
backbone [ˈbækbəʊn] *n* épine *f* dorsale, colonne *f* vertébrale; *fig (main support)* pivot *m*.
backcloth [ˈbækklɒθ] *Br* = **backdrop**.
backdate [ˌbækˈdeɪt] *vt* antidater.
back door *n* porte *f* de derrière.
backdrop [ˈbækdrɒp] *n lit & fig* toile *f* de fond.
backfire [ˌbækˈfaɪəʳ] *vi* 1. (AUT) pétarader. 2. *(plan)*: **to ~ (on sb)** se retourner (contre qqn).
backgammon [ˈbækˌgæmən] *n* backgammon *m*, ≃ jacquet *m*.
background [ˈbækgraʊnd] *n* 1. *(in picture, view)* arrière-plan *m*; **in the ~** dans le fond, à l'arrière-plan; *fig* au second plan. 2. *(of event, situation)* contexte *m*. 3. *(upbringing)* milieu *m*.
backhand [ˈbækhænd] *n* revers *m*.
backhanded [ˈbækhændɪd] *adj fig* ambigu(ë), équivoque.
backhander [ˈbækhændəʳ] *n Br inf* pot-de-vin *m*.
backing [ˈbækɪŋ] *n* 1. *(support)* soutien *m*. 2. *(lining)* doublage *m*.
backlash [ˈbæklæʃ] *n* contrecoup *m*, choc *m* en retour.
backlog [ˈbæklɒg] *n*: **~ (of work)** arriéré *m* de travail, travail *m* en retard.
backpack [ˈbækpæk] *n* sac *m* à dos.
back pay *n* rappel *m* de salaire.
back seat *n (in car)* siège *m* OR banquette *f* arrière; **to take a ~** *fig* jouer un rôle secondaire.

backside [ˌbæk'saɪd] *n inf* postérieur *m*, derrière *m*.
backstage [ˌbæk'steɪdʒ] *adv* dans les coulisses.
back street *n* petite rue *f*.
backstroke ['bækstrəʊk] *n* dos *m* crawlé.
backup ['bækʌp] ◇ *adj (plan, team)* de secours, de remplacement. ◇ *n* **1.** *(gen)* aide *f*, soutien *m*. **2.** (COMPUT) (copie *f* de) sauvegarde *f*.
backward ['bækwəd] ◇ *adj* **1.** *(movement, look)* en arrière. **2.** *(country)* arriéré (e); *(person)* arriéré, attardé(e). ◇ *adv Am* = **backwards**.
backwards ['bækwədz], **backward** *Am* ['bækwərd] *adv (move, go)* en arrière, à reculons; *(read list)* à rebours, à l'envers; **~ and forwards** *(movement)* de va-et-vient, d'avant en arrière et d'arrière en avant; **to walk ~ and forwards** aller et venir.
backwater ['bækˌwɔːtəʳ] *n fig* désert *m*.
backyard [ˌbæk'jɑːd] *n* **1.** *Br (yard)* arrière-cour *f*. **2.** *Am (garden)* jardin *m* de derrière.
bacon ['beɪkən] *n* bacon *m*.
bacteria [bæk'tɪərɪə] *npl* bactéries *fpl*.
bad [bæd] (*compar* **worse**, *superl* **worst**) ◇ *adj* **1.** *(not good)* mauvais(e); **to be ~ at sthg** être mauvais en qqch; **too ~!** dommage!; **not ~** pas mal. **2.** *(unhealthy)* malade; **smoking is ~ for you** fumer est mauvais pour la santé; **I'm feeling ~** je ne suis pas dans mon assiette. **3.** *(serious)*: **a ~ cold** un gros rhume. **4.** *(rotten)* pourri(e), gâté(e); **to go ~** se gâter, s'avarier. **5.** *(guilty)*: **to feel ~ about sthg** se sentir coupable de qqch. **6.** *(naughty)* méchant(e). ◇ *adv Am* = **badly**.
badge [bædʒ] *n* **1.** *(metal, plastic)* badge *m*. **2.** *(sewn-on)* écusson *m*.
badger ['bædʒəʳ] ◇ *n* blaireau *m*. ◇ *vt*: **to ~ sb (to do sthg)** harceler qqn (pour qu'il fasse qqch).
badly ['bædlɪ] (*compar* **worse**, *superl* **worst**) *adv* **1.** *(not well)* mal. **2.** *(seriously - wounded)* grièvement; *(- affected)* gravement, sérieusement; **to be ~ in need of sthg** avoir vraiment OR absolument besoin de qqch.
badly-off *adj (poor)* pauvre, dans le besoin.
bad-mannered [-'mænəd] *adj (child)* mal élevé(e); *(shop assistant)* impoli(e).
badminton ['bædmɪntən] *n* badminton *m*.
bad-tempered [-'tempəd] *adj* **1.** *(by nature)* qui a mauvais caractère. **2.** *(in a bad mood)* de mauvaise humeur.
baffle ['bæfl] *vt* déconcerter, confondre.
bag [bæg] ◇ *n* **1.** *(gen)* sac *m*; **to pack one's ~s** *fig* plier bagage. **2.** *(handbag)* sac *m* à main. ◇ *vt Br inf (reserve)* garder. ◆ **bags** *npl* **1.** *(under eyes)* poches *fpl*. **2.** *inf (lots)*: **~s of** plein OR beaucoup de.
bagel ['beɪgəl] *n petit pain en couronne*.
baggage ['bægɪdʒ] *n (U)* bagages *mpl*.
baggage reclaim *n* retrait *m* des bagages.
baggy ['bægɪ] *adj* ample.
bagpipes ['bægpaɪps] *npl* cornemuse *f*.
Bahamas [bə'hɑːməz] *npl*: **the ~** les Bahamas *fpl*.
bail [beɪl] *n (U)* caution *f*; **on ~** sous caution. ◆ **bail out** ◇ *vt sep* **1.** *(pay bail for)* se porter garant de. **2.** *fig (rescue)* tirer d'affaire. ◇ *vi (from plane)* sauter (en parachute).
bailiff ['beɪlɪf] *n* huissier *m*.
bait [beɪt] ◇ *n* appât *m*. ◇ *vt* **1.** *(put bait on)* appâter. **2.** *(tease)* tourmenter.
bake [beɪk] ◇ *vt* **1.** (CULIN) faire cuire au four. **2.** *(clay, bricks)* cuire. ◇ *vi (food)* cuire au four.
baked beans [beɪkt-] *npl* haricots *mpl* blancs à la tomate.
baked potato [beɪkt-] *n* pomme *f* de terre en robe de chambre.
baker ['beɪkəʳ] *n* boulanger *m*, -ère *f*; **~'s (shop)** boulangerie *f*.
bakery ['beɪkərɪ] *n* boulangerie *f*.
baking ['beɪkɪŋ] *n* cuisson *f*.
balaclava (helmet) [bælə'klɑːvə-] *n Br* passe-montagne *m*.
balance ['bæləns] ◇ *n* **1.** *(equilibrium)* équilibre *m*; **to keep/lose one's ~** garder/perdre l'équilibre; **off ~** déséquilibré(e). **2.** *fig (counterweight)* contrepoids *m*; *(of evidence)* poids *m*, force *f*. **3.** *(scales)* balance *f*. **4.** (FIN) solde *m*. ◇ *vt* **1.** *(keep in balance)* maintenir en équilibre. **2.** *(compare)*: **to ~ sthg against sthg** mettre qqch et qqch en balance. **3.** *(in accounting)*: **to ~ a budget** équilibrer un budget; **to ~ the books** clôturer les comptes, dresser le bilan. ◇ *vi* **1.** *(maintain equilibrium)* se tenir en équilibre. **2.** *(budget, accounts)* s'équilibrer. ◆ **on balance** *adv* tout bien considéré.
balanced diet [ˌbælənst-] *n* alimentation *f* équilibrée.
balance of payments *n* balance *f* des paiements.

balance of trade *n* balance *f* commerciale.
balance sheet *n* bilan *m*.
balcony ['bælkənɪ] *n* balcon *m*.
bald [bɔːld] *adj* **1.** *(head, man)* chauve. **2.** *(tyre)* lisse. **3.** *fig (blunt)* direct(e).
bale [beɪl] *n* balle *f*. ◆ **bale out** *Br* ◇ *vt sep (boat)* écoper, vider. ◇ *vi (from plane)* sauter en parachute.
Balearic Islands [,bælɪ'ærɪk-], **Balearics** [,bælɪ'ærɪks] *npl*: **the ~** les Baléares *fpl*.
baleful ['beɪlfʊl] *adj* sinistre.
balk [bɔːk] *vi*: **to ~ (at)** hésiter OR reculer (devant).
Balkans ['bɔːlkənz], **Balkan States** ['bɔːlkən-] *npl*: **the ~** les Balkans *mpl*, les États *mpl* balkaniques.
ball [bɔːl] *n* **1.** *(round shape)* boule *f*; *(in game)* balle *f*; *(football)* ballon *m*; **to be on the ~** *fig* connaître son affaire, s'y connaître. **2.** *(of foot)* plante *f*. **3.** *(dance)* bal *m*. ◆ **balls** *v inf* ◇ *npl (testicles)* couilles *fpl*. ◇ *n (U) (nonsense)* conneries *fpl*.
ballad ['bæləd] *n* ballade *f*.
ballast ['bæləst] *n* lest *m*.
ball bearing *n* roulement *m* à billes.
ball boy *n* ramasseur *m* de balles.
ballerina [,bælə'riːnə] *n* ballerine *f*.
ballet ['bæleɪ] *n* **1.** *(U) (art of dance)* danse *f*. **2.** *(work)* ballet *m*.
ballet dancer *n* danseur *m*, -euse *f* de ballet.
ball game *n* **1.** *Am (baseball match)* match *m* de base-ball. **2.** *inf (situation)*: **it's a whole new ~** c'est une autre paire de manches.
balloon [bə'luːn] *n* **1.** *(gen)* ballon *m*. **2.** *(in cartoon)* bulle *f*.
ballot ['bælət] ◇ *n* **1.** *(voting paper)* bulletin *m* de vote. **2.** *(voting process)* scrutin *m*. ◇ *vt* appeler à voter.
ballot box *n* **1.** *(container)* urne *f*. **2.** *(voting process)* scrutin *m*.
ballot paper *n* bulletin *m* de vote.
ball park *n Am* terrain *m* de base-ball.
ballpoint (pen) ['bɔːlpɔɪnt-] *n* stylo *m* à bille.
ballroom ['bɔːlrʊm] *n* salle *f* de bal.
ballroom dancing *n (U)* danse *f* de salon.
balm [bɑːm] *n* baume *m*.
balsa(wood) ['bɒlsə(wʊd)] *n* balsa *m*.
balti ['bɔːltɪ] *n (pan) récipient métallique utilisé dans la cuisine indienne*; *(food) plat épicé préparé dans un 'balti'*.
Baltic ['bɔːltɪk] ◇ *adj (port, coast)* de la Baltique. ◇ *n*: **the ~ (Sea)** la Baltique.
Baltic Republic *n*: **the ~s** les républiques *fpl* baltes.
bamboo [bæm'buː] *n* bambou *m*.
bamboozle [bæm'buːzl] *vt inf* embobiner.
ban [bæn] ◇ *n* interdiction *f*; **there is a ~ on smoking** il est interdit de fumer. ◇ *vt* interdire; **to ~ sb from doing sthg** interdire à qqn de faire qqch.
banal [bə'nɑːl] *adj pej* banal(e), ordinaire.
banana [bə'nɑːnə] *n* banane *f*.
band [bænd] *n* **1.** (MUS - *rock)* groupe *m*; *(- military)* fanfare *f*; *(- jazz)* orchestre *m*. **2.** *(group, strip)* bande *f*. **3.** *(stripe)* rayure *f*. **4.** *(range)* tranche *f*. ◆ **band together** *vi* s'unir.
bandage ['bændɪdʒ] ◇ *n* bandage *m*, bande *f*. ◇ *vt* mettre un pansement OR un bandage sur.
Band-Aid® *n* pansement *m* adhésif.
b and b, B and B *n abbr of* **bed and breakfast**.
bandit ['bændɪt] *n* bandit *m*.
bandstand ['bændstænd] *n* kiosque *m* à musique.
bandwagon ['bændwægən] *n*: **to jump on the ~** suivre le mouvement.
bandy ['bændɪ] *adj* qui a les jambes arquées. ◆ **bandy about, bandy around** *vt sep* répandre, faire circuler.
bandy-legged [-,legd] *adj* = **bandy**.
bang [bæŋ] ◇ *adv (exactly)*: **~ in the middle** en plein milieu; **to be ~ on time** être pile à l'heure. ◇ *n* **1.** *(blow)* coup *m* violent. **2.** *(of gun etc)* détonation *f*; *(of door)* claquement *m*. ◇ *vt* frapper violemment; *(door)* claquer; **to ~ one's head/knee** se cogner la tête/le genou. ◇ *vi* **1.** *(knock)*: **to ~ on** frapper à. **2.** *(make a loud noise - gun etc)* détoner; *(- door)* claquer. **3.** *(crash)*: **to ~ into** se cogner contre. ◇ *excl* boum! ◆ **bangs** *npl Am* frange *f*.
banger ['bæŋəʳ] *n Br* **1.** *inf (sausage)* saucisse *f*. **2.** *inf (old car)* vieille guimbarde *f*. **3.** *(firework)* pétard *m*.
bangle ['bæŋgl] *n* bracelet *m*.
banish ['bænɪʃ] *vt* bannir.
banister ['bænɪstəʳ] *n*, **banisters** ['bænɪstəz] *npl* rampe *f*.
bank [bæŋk] ◇ *n* **1.** (FIN *& fig)* banque *f*. **2.** *(of river, lake)* rive *f*, bord *m*. **3.** *(of earth)* talus *m*. **4.** *(of clouds)* masse *f*; *(of fog)* nappe *f*. ◇ *vt* (FIN) mettre OR déposer à la banque. ◇ *vi* **1.** (FIN): **to ~ with** avoir un compte à. **2.** *(plane)* tourner.

◆ **bank on** *vt fus* compter sur.
bank account *n* compte *m* en banque.
bank balance *n* solde *m* bancaire.
bank card = **banker's card**.
bank charges *npl* frais *mpl* bancaires.
bank draft *n* traite *f* bancaire.
banker ['bæŋkəʳ] *n* banquier *m*.
banker's card *n Br* carte *f* d'identité bancaire.
bank holiday *n Br* jour *m* férié.
banking ['bæŋkɪŋ] *n*: **to go into ~** travailler dans la banque.
bank manager *n* directeur *m* de banque.
bank note *n* billet *m* de banque.
bank rate *n* taux *m* d'escompte.
bankrupt ['bæŋkrʌpt] *adj* failli(e); **to go ~** faire faillite.
bankruptcy ['bæŋkrəptsɪ] *n (gen)* faillite *f*.
bank statement *n* relevé *m* de compte.
banner ['bænəʳ] *n* banderole *f*.
bannister(s) ['bænɪstə(z)] = **banister(s)**.
banquet ['bæŋkwɪt] *n* banquet *m*.
banter ['bæntəʳ] *n (U)* plaisanterie *f*, badinage *m*.
baptism ['bæptɪzm] *n* baptême *m*.
Baptist ['bæptɪst] *n* baptiste *mf*.
baptize, -ise [*Br* bæp'taɪz, *Am* 'bæptaɪz] *vt* baptiser.
bar [bɑːʳ] ◇ *n* **1.** *(piece - of gold)* lingot *m*; *(- of chocolate)* tablette *f*; **a ~ of soap** une savonnette. **2.** *(length of wood, metal)* barre *f*; **to be behind ~s** être derrière les barreaux OR sous les verrous. **3.** *fig (obstacle)* obstacle *m*. **4.** *(pub)* bar *m*. **5.** *(counter of pub)* comptoir *m*, zinc *m*. **6.** (MUS) mesure *f*. ◇ *vt* **1.** *(door, road)* barrer; *(window)* mettre des barreaux à; **to ~ sb's way** barrer la route OR le passage à qqn. **2.** *(ban)* interdire, défendre; **to ~ sb (from)** interdire à qqn (de). ◇ *prep* sauf, excepté; **~ none** sans exception. ◆ **Bar** *n* (JUR): **the Bar** *Br* le barreau; *Am* les avocats *mpl*.
barbaric [bɑː'bærɪk] *adj* barbare.
barbecue ['bɑːbɪkjuː] *n* barbecue *m*.
barbed wire [bɑːbd-] *n (U)* fil *m* de fer barbelé.
barber ['bɑːbəʳ] *n* coiffeur *m* (pour hommes); **~'s (shop)** salon *m* de coiffure (pour hommes); **to go to the ~'s** aller chez le coiffeur.
barbiturate [bɑː'bɪtjʊrət] *n* barbiturique *m*.
bar code *n* code *m* (à) barres.
bare [beəʳ] ◇ *adj* **1.** *(feet, arms etc)* nu (e); *(trees, hills etc)* dénudé(e). **2.** *(absolute, minimum)*: **the ~ facts** les simples faits; **the ~ minimum** le strict minimum. **3.** *(empty)* vide. ◇ *vt* découvrir; **to ~ one's teeth** montrer les dents.
bareback ['beəbæk] *adv* à cru, à nu.
barefaced ['beəfeɪst] *adj* éhonté(e).
barefoot(ed) [ˌbeə'fʊt(ɪd)] ◇ *adj* aux pieds nus. ◇ *adv* nu-pieds, pieds nus.
barely ['beəlɪ] *adv (scarcely)* à peine, tout juste.
bargain ['bɑːgɪn] ◇ *n* **1.** *(agreement)* marché *m*; **into the ~** en plus, par-dessus le marché. **2.** *(good buy)* affaire *f*, occasion *f*. ◇ *vi* négocier; **to ~ with sb for sthg** négocier qqch avec qqn. ◆ **bargain for, bargain on** *vt fus* compter sur, prévoir.
barge [bɑːdʒ] ◇ *n* péniche *f*. ◇ *vi inf*: **to ~ past sb** bousculer qqn. ◆ **barge in** *vi inf*: **to ~ in (on)** interrompre.
baritone ['bærɪtəʊn] *n* baryton *m*.
bark [bɑːk] ◇ *n* **1.** *(of dog)* aboiement *m*. **2.** *(on tree)* écorce *f*. ◇ *vi (dog)*: **to ~ (at)** aboyer (après).
barley ['bɑːlɪ] *n* orge *f*.
barley sugar *n Br* sucre *m* d'orge.
barley water *n Br* orgeat *m*.
barmaid ['bɑːmeɪd] *n* barmaid *f*, serveuse *f* de bar.
barman ['bɑːmən] (*pl* **-men** [-mən]) *n* barman *m*, serveur *m* de bar.
barn [bɑːn] *n* grange *f*.
barometer [bə'rɒmɪtəʳ] *n lit & fig* baromètre *m*.
baron ['bærən] *n* baron *m*.
baroness ['bærənɪs] *n* baronne *f*.
barrack ['bærək] *vt Br* huer, conspuer.
◆ **barracks** *npl* caserne *f*.
barrage ['bærɑːʒ] *n* **1.** *(of firing)* barrage *m*. **2.** *(of questions etc)* avalanche *f*, déluge *m*. **3.** *Br (dam)* barrage *m*.
barrel ['bærəl] *n* **1.** *(for beer, wine)* tonneau *m*, fût *m*. **2.** *(for oil)* baril *m*. **3.** *(of gun)* canon *m*.
barren ['bærən] *adj* stérile.
barricade [ˌbærɪ'keɪd] *n* barricade *f*.
barrier ['bærɪəʳ] *n lit & fig* barrière *f*.
barring ['bɑːrɪŋ] *prep* sauf.
barrister ['bærɪstəʳ] *n Br* avocat *m*, -e *f*.
barrow ['bærəʊ] *n* brouette *f*.
bartender ['bɑːtendəʳ] *n Am* barman *m*.
barter ['bɑːtəʳ] ◇ *n* troc *m*. ◇ *vt*: **to ~ sthg (for)** troquer OR échanger qqch (contre). ◇ *vi* faire du troc.

base [beɪs] ◇ *n* base *f.* ◇ *vt* baser; **to ~ sthg on** OR **upon** baser OR fonder qqch sur. ◇ *adj* indigne, ignoble.
baseball ['beɪsbɔːl] *n* base-ball *m.*
baseball cap *n* casquette *f* de base-ball.
basement ['beɪsmənt] *n* sous-sol *m.*
base rate *n* taux *m* de base.
bases ['beɪsiːz] *pl* → **basis**.
bash [bæʃ] *inf* ◇ *n* **1.** *(painful blow)* coup *m.* **2.** *(attempt)*: **to have a ~** tenter le coup. ◇ *vt (hit - gen)* frapper, cogner; *(- car)* percuter.
bashful ['bæʃfʊl] *adj* timide.
basic ['beɪsɪk] *adj* fondamental(e); *(vocabulary, salary)* de base. ◆ **basics** *npl (rudiments)* éléments *mpl,* bases *fpl.*
BASIC ['beɪsɪk] (*abbr of* **Beginner's All-purpose Symbolic Instruction Code**) *n* basic *m.*
basically ['beɪsɪklɪ] *adv* **1.** *(essentially)* au fond, fondamentalement. **2.** *(really)* en fait.
basil ['bæzl] *n* basilic *m.*
basin ['beɪsn] *n* **1.** *Br (bowl - for cooking)* terrine *f*; *(- for washing)* cuvette *f.* **2.** *(in bathroom)* lavabo *m.* **3.** (GEOGR) bassin *m.*
basis ['beɪsɪs] (*pl* **-ses**) *n* base *f*; **on the ~ of** sur la base de; **on a regular ~** de façon régulière; **to be paid on a weekly/monthly ~** toucher un salaire hebdomadaire/mensuel.
bask [bɑːsk] *vi*: **to ~ in the sun** se chauffer au soleil.
basket ['bɑːskɪt] *n* corbeille *f*; *(with handle)* panier *m.*
basketball ['bɑːskɪtbɔːl] *n* basket-ball *m,* basket *m.*
bass [beɪs] ◇ *adj* bas (basse). ◇ *n* **1.** *(singer)* basse *f.* **2.** *(double bass)* contrebasse *f.* **3.** = **bass guitar**.
bass drum [beɪs-] *n* grosse caisse *f.*
bass guitar [beɪs-] *n* basse *f.*
bassoon [bə'suːn] *n* basson *m.*
bastard ['bɑːstəd] *n* **1.** *(illegitimate child)* bâtard *m,* -e *f,* enfant naturel *m,* enfant naturelle *f.* **2.** *v inf (unpleasant person)* salaud *m,* saligaud *m.*
bastion ['bæstɪən] *n* bastion *m.*
bat [bæt] *n* **1.** *(animal)* chauve-souris *f.* **2.** *(for cricket, baseball)* batte *f*; *(for table-tennis)* raquette *f.* **3.** *phr*: **to do sthg off one's own ~** faire qqch de son propre chef.
batch [bætʃ] *n* **1.** *(of papers)* tas *m,* liasse *f*; *(of letters, applicants)* série *f.* **2.** *(of products)* lot *m.*
bated ['beɪtɪd] *adj*: **with ~ breath** en retenant son souffle.
bath [bɑːθ] ◇ *n* **1.** *(bathtub)* baignoire *f.* **2.** *(act of washing)* bain *m*; **to have** OR **take a bath** prendre un bain. ◇ *vt* baigner, donner un bain à. ◆ **baths** *npl Br* piscine *f.*
bathe [beɪð] ◇ *vt* **1.** *(wound)* laver. **2.** *(subj: light, sunshine)*: **to be ~d in** OR **with** être baigné(e) de. ◇ *vi* **1.** *(swim)* se baigner. **2.** *Am (take a bath)* prendre un bain.
bathing ['beɪðɪŋ] *n (U)* baignade *f.*
bathing cap *n* bonnet *m* de bain.
bathing costume, bathing suit *n* maillot *m* de bain.
bathrobe ['bɑːθrəʊb] *n (made of towelling)* sortie *f* de bain; *(dressing gown)* peignoir *m.*
bathroom ['bɑːθrʊm] *n* **1.** *Br (room with bath)* salle *f* de bains. **2.** *Am (toilet)* toilettes *fpl.*
bath towel *n* serviette *f* de bain.
bathtub ['bɑːθtʌb] *n* baignoire *f.*
baton ['bætən] *n* **1.** *(of conductor)* baguette *f.* **2.** *(in relay race)* témoin *m.* **3.** *Br (of policeman)* bâton *m,* matraque *f.*
batsman ['bætsmən] (*pl* **-men** [-mən]) *n* batteur *m.*
battalion [bə'tæljən] *n* bataillon *m.*
batten ['bætn] *n* planche *f,* latte *f.*
batter ['bætəʳ] ◇ *n (U)* pâte *f.* ◇ *vt* battre.
battered ['bætəd] *adj* **1.** *(child, woman)* battu(e). **2.** *(car, hat)* cabossé(e).
battery ['bætərɪ] *n* batterie *f*; *(of calculator, toy)* pile *f.*
battle ['bætl] ◇ *n* **1.** *(in war)* bataille *f.* **2.** *(struggle)*: **~ (for/against/with)** lutte *f* (pour/contre/avec), combat *m* (pour/contre/avec). ◇ *vi*: **to ~ (for/against/with)** se battre (pour/contre/avec), lutter (pour/contre/avec).
battlefield ['bætlfiːld], **battleground** ['bætlgraʊnd] *n* (MIL) champ *m* de bataille.
battlements ['bætlmənts] *npl* remparts *mpl.*
battleship ['bætlʃɪp] *n* cuirassé *m.*
bauble ['bɔːbl] *n* babiole *f,* colifichet *m.*
baulk [bɔːk] = **balk**.
bawdy ['bɔːdɪ] *adj* grivois(e), salé(e).
bawl [bɔːl] *vt & vi* brailler.
bay [beɪ] *n* **1.** (GEOGR) baie *f.* **2.** *(for loading)* aire *f* (de chargement). **3.** *(for parking)* place *f* (de stationnement). **4.** *phr*:

to keep sb/sthg at ~ tenir qqn/qqch à distance, tenir qqn/qqch en échec.
bay leaf *n* feuille *f* de laurier.
bay window *n* fenêtre *f* en saillie.
bazaar [bə'zɑːʳ] *n* **1.** *(market)* bazar *m*. **2.** *Br (charity sale)* vente *f* de charité.
B & B *n abbr of* **bed and breakfast**.
BBC (*abbr of* **British Broadcasting Corporation**) *n office national britannique de radiodiffusion*.
BC (*abbr of* **before Christ**) av. J.-C.

be [biː] (*pt* **was** OR **were**, *pp* **been**) ◇ *aux vb* **1.** (*in combination with ppr: to form cont tense*): **what is he doing?** qu'est-ce qu'il fait?; **it's snowing** il neige; **they've been promising reform for years** ça fait des années qu'ils nous promettent des réformes. **2.** (*in combination with pp: to form passive*) être; **to ~ loved** être aimé(e); **there was no one to ~ seen** il n'y avait personne. **3.** (*in question tags*): **she's pretty, isn't she?** elle est jolie, n'est-ce pas?; **the meal was delicious, wasn't it?** le repas était délicieux, non? OR vous n'avez pas trouvé? **4.** (*followed by 'to' + infin*): **the firm is to ~ sold** on va vendre la société; **I'm to ~ promoted** je vais avoir de l'avancement; **you're not to tell anyone** ne le dis à personne. ◇ *copulative vb* **1.** (*with adj, n*) être; **to ~ a doctor/lawyer/plumber** être médecin/avocat/plombier; **she's intelligent/attractive** elle est intelligente/jolie; **I'm hot/cold** j'ai chaud/froid; **1 and 1 are 2** 1 et 1 font 2. **2.** *(referring to health)* aller, se porter; **to ~ seriously ill** être gravement malade; **she's better now** elle va mieux maintenant; **how are you?** comment allez-vous? **3.** *(referring to age)*: **how old are you?** quel âge avez-vous?; **I'm 20 (years old)** j'ai 20 ans. **4.** *(cost)* coûter, faire; **how much was it?** combien cela a-t-il coûté?, combien ça faisait?; **that will ~ £10, please** cela fait 10 livres, s'il vous plaît. ◇ *vi* **1.** *(exist)* être, exister; **~ that as it may** quoi qu'il en soit. **2.** *(referring to place)* être; **Toulouse is in France** Toulouse se trouve OR est en France; **he will ~ here tomorrow** il sera là demain. **3.** *(referring to movement)* aller, être; **I've been to the cinema** j'ai été OR je suis allé au cinéma. ◇ *v impers* **1.** *(referring to time, dates, distance)* être; **it's two o'clock** il est deux heures; **it's 3 km to the next town** la ville voisine est à 3 km. **2.** *(referring to the weather)* faire; **it's hot/cold** il fait chaud/froid; **it's windy** il fait du vent, il y a du vent. **3.** *(for emphasis)*: **it's me/Paul/the milkman** c'est moi/Paul/le laitier.

<u>Présent</u>

I am	*we are*
you are	*you are*
he/she/it is	*they are*

<u>Prétérit</u>

I was	*we were*
you were	*you were*
he/she/it was	*they were*

<u>Participe présent</u>

being

<u>Participe passé</u>

been

- *Be* est un verbe à part entière, doté de sens propres, et qui peut donc apparaître seul. Il remplit en outre la fonction d'auxiliaire, notamment dans la formation des temps progressifs (*why <u>are</u> you <u>staring</u> at me?*) et des constructions passives (*my suit <u>is being mended</u>*).
- Notez bien que *be* s'utilise souvent pour traduire «avoir» ou «faire», par exemple lorsqu'on décrit des sensations ou des attitudes (*<u>I'm</u> cold* = «j'ai froid»; *<u>are</u> you hungry?* = «as-tu/avez-vous faim?»; *she<u>'s</u> right* = «elle a raison»), ou pour parler du temps qu'il fait (*it<u>'s</u> sunny* = «il fait beau»).
- *Be to* sert à exprimer l'idée d'un projet ou d'une tâche prévus par une personne autre que le sujet de la phrase (*<u>we're to</u> meet at 10 o'clock*). Son équivalent au prétérit, *was to/were to*, peut exprimer l'idée de quelque chose qui devait fatalement se produire (*he <u>was to</u> become president at the age of 39*).
- Voir aussi GO.

beach [biːtʃ] ◇ *n* plage *f*. ◇ *vt* échouer.
beacon ['biːkən] *n* **1.** *(warning fire)* feu *m*, fanal *m*. **2.** *(lighthouse)* phare *m*. **3.** *(radio beacon)* radiophare *m*.
bead [biːd] *n* **1.** *(of wood, glass)* perle *f*. **2.** *(of sweat)* goutte *f*.
beak [biːk] *n* bec *m*.
beaker ['biːkəʳ] *n* gobelet *m*.
beam [biːm] ◇ *n* **1.** *(of wood, concrete)* poutre *f*. **2.** *(of light)* rayon *m*. ◇ *vt (signal, news)* transmettre. ◇ *vi (smile)* faire un sourire radieux.
bean [biːn] *n (gen)* haricot *m*; *(of coffee)* grain *m*; **to be full of ~s** *inf* péter le feu;

to spill the ~s *inf* manger le morceau.
beanbag ['bi:nbæg] *n (chair)* sacco *m*.
beanshoot ['bi:nʃu:t], **beansprout** ['bi:nspraʊt] *n* germe *m* OR pousse *f* de soja.
bear [beəʳ] (*pt* **bore**, *pp* **borne**) ◇ *n (animal)* ours *m*. ◇ *vt* **1.** *(carry)* porter. **2.** *(support, tolerate)* supporter; **to ~ responsibility (for)** assumer OR prendre la responsabilité (de). **3.** *(feeling)*: **to ~ sb a grudge** garder rancune à qqn. ◇ *vi*: **to ~ left/right** se diriger vers la gauche/la droite; **to bring pressure/influence to ~ on sb** exercer une pression/une influence sur qqn. ◆ **bear down** *vi*: **to ~ down on sb/sthg** s'approcher de qqn/qqch de façon menaçante. ◆ **bear out** *vt sep* confirmer, corroborer. ◆ **bear up** *vi* tenir le coup. ◆ **bear with** *vt fus* être patient(e) avec.
beard [bɪəd] *n* barbe *f*.
bearer ['beərəʳ] *n* **1.** *(gen)* porteur *m*, -euse *f*. **2.** *(of passport)* titulaire *mf*.
bearing ['beərɪŋ] *n* **1.** *(connection)*: **~ (on)** rapport *m* (avec). **2.** *(deportment)* allure *f*, maintien *m*. **3.** (TECH) *(for shaft)* palier *m*. **4.** *(on compass)* orientation *f*; **to get one's ~s** s'orienter, se repérer.
beast [bi:st] *n* **1.** *(animal)* bête *f*. **2.** *inf pej (person)* brute *f*.
beastly ['bi:stlɪ] *adj dated (person)* malveillant(e), cruel(elle); *(headache, weather)* épouvantable.
beat [bi:t] (*pt* **beat**, *pp* **beaten**) ◇ *n* **1.** *(of heart, drum, wings)* battement *m*. **2.** (MUS) *(rhythm)* mesure *f*, temps *m*. **3.** *(of policeman)* ronde *f*. ◇ *vt* **1.** *(gen)* battre; **it ~s me** *inf* ça me dépasse. **2.** *(be better than)* être bien mieux que, valoir mieux que. **3.** *phr*: **~ it!** *inf* décampe!, fiche le camp! ◇ *vi* battre. ◆ **beat off** *vt sep (resist)* repousser. ◆ **beat up** *vt sep inf* tabasser.
beating ['bi:tɪŋ] *n* **1.** *(blows)* raclée *f*, rossée *f*. **2.** *(defeat)* défaite *f*.
beautiful ['bju:tɪfʊl] *adj* **1.** *(gen)* beau (belle). **2.** *inf (very good)* joli(e).
beautifully ['bju:təflɪ] *adv* **1.** *(attractively - dressed)* élégamment; *(- decorated)* avec goût. **2.** *inf (very well)* parfaitement, à la perfection.
beauty ['bju:tɪ] *n (gen)* beauté *f*.
beauty parlour *n* institut *m* de beauté.
beauty salon = **beauty parlour**.
beauty spot *n* **1.** *(picturesque place)* site *m* pittoresque. **2.** *(on skin)* grain *m* de beauté.
beaver ['bi:vəʳ] *n* castor *m*.
became [bɪ'keɪm] *pt* → **become**.
because [bɪ'kɒz] *conj* parce que. ◆ **because of** *prep* à cause de.
beck [bek] *n*: **to be at sb's ~ and call** être aux ordres OR à la disposition de qqn.
beckon ['bekən] ◇ *vt (signal to)* faire signe à. ◇ *vi (signal)*: **to ~ to sb** faire signe à qqn.
become [bɪ'kʌm] (*pt* **became**, *pp* **become**) *vi* devenir; **to ~ quieter** se calmer; **to ~ irritated** s'énerver.
becoming [bɪ'kʌmɪŋ] *adj* **1.** *(attractive)* seyant(e), qui va bien. **2.** *(appropriate)* convenable.
bed [bed] *n* **1.** *(to sleep on)* lit *m*; **to go to ~** se coucher; **to go to ~ with sb** *euphemism* coucher avec qqn. **2.** *(flowerbed)* parterre *m*. **3.** *(of sea, river)* lit *m*, fond *m*.
bed and breakfast *n* = chambre *f* d'hôte.

BED AND BREAKFAST

On trouve des «B & Bs», également appelés «guesthouses», dans toutes les villes et les régions touristiques. Ce sont des résidences privées dont une ou plusieurs chambres sont réservées aux hôtes payants. Le prix de la chambre inclut le petit déjeuner, c'est-à-dire souvent un «English breakfast» composé de saucisses, d'œufs, de bacon et de toasts accompagnés de thé ou de café.

bedclothes ['bedkləʊðz] *npl* draps *mpl* et couvertures *fpl*.
bedlam ['bedləm] *n* pagaille *f*.
bed linen *n (U)* draps *mpl* et taies *fpl*.
bedraggled [bɪ'drægld] *adj (person)* débraillé(e); *(hair)* embroussaillé(e).
bedridden ['bed,rɪdn] *adj* grabataire.
bedroom ['bedrʊm] *n* chambre *f* (à coucher).
bedside ['bedsaɪd] *n* chevet *m*.
bed-sit(ter) *n Br* chambre *f* meublée.
bedsore ['bedsɔ:ʳ] *n* escarre *f*.
bedspread ['bedspred] *n* couvre-lit *m*, dessus-de-lit *m inv*.
bedtime ['bedtaɪm] *n* heure *f* du coucher.
bee [bi:] *n* abeille *f*.
beech [bi:tʃ] *n* hêtre *m*.
beef [bi:f] *n* bœuf *m*.
beefburger ['bi:f,bɜ:gəʳ] *n* hamburger *m*.
Beefeater ['bi:f,i:təʳ] *n* hallebardier *m*

(de la Tour de Londres).
beefsteak ['biːfˌsteɪk] *n* bifteck *m*.
beehive ['biːhaɪv] *n (for bees)* ruche *f*.
beeline ['biːlaɪn] *n*: **to make a ~ for** *inf* aller tout droit OR directement vers.
been [biːn] *pp* → **be**.
beer [bɪəʳ] *n* bière *f*.
beet [biːt] *n* betterave *f*.
beetle ['biːtl] *n* scarabée *m*.
beetroot ['biːtruːt] *n* betterave *f*.
before [bɪ'fɔːʳ] ◇ *adv* auparavant, avant; **I've never been there ~** je n'y suis jamais allé; **I've seen it ~** je l'ai déjà vu; **the year ~** l'année d'avant OR précédente. ◇ *prep* **1.** *(in time)* avant. **2.** *(in space)* devant. ◇ *conj* avant de (+ *infin*), avant que (+ *subjunctive*); **~ leaving** avant de partir; **~ you leave** avant que vous ne partiez.
beforehand [bɪ'fɔːhænd] *adv* à l'avance.
befriend [bɪ'frend] *vt* prendre en amitié.
beg [beg] ◇ *vt* **1.** *(money, food)* mendier. **2.** *(favour)* solliciter, quémander; *(forgiveness)* demander; **to ~ sb to do sthg** prier OR supplier qqn de faire qqch. ◇ *vi* **1.** *(for money, food)*: **to ~ (for sthg)** mendier (qqch). **2.** *(plead)* supplier; **to ~ for** *(forgiveness etc)* demander.
began [bɪ'gæn] *pt* → **begin**.
beggar ['begəʳ] *n* mendiant *m*, -e *f*.
begin [bɪ'gɪn] (*pt* **began**, *pp* **begun**) ◇ *vt* commencer; **to ~ doing** OR **to do sthg** commencer OR se mettre à faire qqch. ◇ *vi* commencer; **to ~ with** pour commencer, premièrement.
beginner [bɪ'gɪnəʳ] *n* débutant *m*, -e *f*.
beginning [bɪ'gɪnɪŋ] *n* début *m*, commencement *m*.
begrudge [bɪ'grʌdʒ] *vt* **1.** *(envy)*: **to ~ sb sthg** envier qqch à qqn. **2.** *(do unwillingly)*: **to ~ doing sthg** rechigner à faire qqch.
begun [bɪ'gʌn] *pp* → **begin**.
behalf [bɪ'hɑːf] *n*: **on ~ of** *Br*, **in ~ of** *Am* de la part de, au nom de.
behave [bɪ'heɪv] ◇ *vt*: **to ~ o.s.** se conduire OR se comporter bien. ◇ *vi* **1.** *(in a particular way)* se conduire, se comporter. **2.** *(acceptably)* se tenir bien.
behaviour *Br*, **behavior** *Am* [bɪ'heɪvjəʳ] *n* conduite *f*, comportement *m*.
behead [bɪ'hed] *vt* décapiter.
beheld [bɪ'held] *pt & pp* → **behold**.
behind [bɪ'haɪnd] ◇ *prep* **1.** *(gen)* derrière. **2.** *(in time)* en retard sur. ◇ *adv* **1.** *(gen)* derrière. **2.** *(in time)* en retard; **to leave sthg ~** oublier qqch; **to stay ~** rester; **to be ~ with sthg** être en retard dans qqch. ◇ *n inf* derrière *m*, postérieur *m*.
behold [bɪ'həʊld] (*pt & pp* **beheld**) *vt literary* voir, regarder.
beige [beɪʒ] ◇ *adj* beige. ◇ *n* beige *m*.
being ['biːɪŋ] *n* **1.** *(creature)* être *m*. **2.** *(existence)*: **in ~** existant(e); **to come into ~** voir le jour, prendre naissance.
Beirut [ˌbeɪ'ruːt] *n* Beyrouth.
belated [bɪ'leɪtɪd] *adj* tardif(ive).
belch [beltʃ] ◇ *n* renvoi *m*, rot *m*. ◇ *vt (smoke, fire)* vomir, cracher. ◇ *vi (person)* éructer, roter.
Belgian ['beldʒən] ◇ *adj* belge. ◇ *n* Belge *mf*.
Belgium ['beldʒəm] *n* Belgique *f*; **in ~** en Belgique.
Belgrade [ˌbel'greɪd] *n* Belgrade.
belie [bɪ'laɪ] (*cont* **belying**) *vt* **1.** *(disprove)* démentir. **2.** *(give false idea of)* donner une fausse idée de.
belief [bɪ'liːf] *n* **1.** *(faith, certainty)*: **~ (in)** croyance *f* (en). **2.** *(principle, opinion)* opinion *f*, conviction *f*.
believe [bɪ'liːv] ◇ *vt* croire; **~ it or not** tu ne me croiras peut-être pas. ◇ *vi* croire; **to ~ in sb** croire en qqn; **to ~ in sthg** croire à qqch.
believer [bɪ'liːvəʳ] *n* **1.** (RELIG) croyant *m*, -e *f*. **2.** *(in idea, action)*: **~ in** partisan *m*, -e *f* de.
belittle [bɪ'lɪtl] *vt* dénigrer, rabaisser.
bell [bel] *n (of church)* cloche *f*; *(handbell)* clochette *f*; *(on door)* sonnette *f*; *(on bike)* timbre *m*.
belligerent [bɪ'lɪdʒərənt] *adj* **1.** *(at war)* belligérant(e). **2.** *(aggressive)* belliqueux(euse).
bellow ['beləʊ] *vi* **1.** *(person)* brailler, beugler. **2.** *(bull)* beugler.
bellows ['beləʊz] *npl* soufflet *m*.
belly ['belɪ] *n (of person)* ventre *m*; *(of animal)* panse *f*.
bellyache ['belɪeɪk] *n* mal *m* de ventre.
belly button *n inf* nombril *m*.
belong [bɪ'lɒŋ] *vi* **1.** *(be property)*: **to ~ to sb** appartenir OR être à qqn. **2.** *(be member)*: **to ~ to sthg** être membre de qqch. **3.** *(be in right place)* être à sa place; **that chair ~s here** ce fauteuil va ici.
belongings [bɪ'lɒŋɪŋz] *npl* affaires *fpl*.
beloved [bɪ'lʌvd] *adj* bien-aimé(e).
below [bɪ'ləʊ] ◇ *adv* **1.** *(lower)* en dessous, en bas. **2.** *(in text)* ci-dessous. **3.** (NAUT) en bas. ◇ *prep* sous, au-dessous de.

belt [belt] ◇ *n* 1. *(for clothing)* ceinture *f.* 2. (TECH) courroie *f.* ◇ *vt inf* flanquer une raclée à.
beltway ['belt,weɪ] *n Am* route *f* périphérique.
bemused [bɪ'mju:zd] *adj* perplexe.
bench [bentʃ] *n* 1. *(gen & POL)* banc *m.* 2. *(in lab, workshop)* établi *m.*
bend [bend] (*pt & pp* **bent**) ◇ *n* 1. *(in road)* courbe *f,* virage *m.* 2. *(in pipe, river)* coude *m.* 3. *phr*: **round the ~** *inf* dingue, fou (folle). ◇ *vt* 1. *(arm, leg)* plier. 2. *(wire, fork etc)* tordre, courber. ◇ *vi (person)* se baisser, se courber; *(tree, rod)* plier; **to ~ over backwards for sb** se mettre en quatre pour qqn.
beneath [bɪ'ni:θ] ◇ *adv* dessous, en bas. ◇ *prep* 1. *(under)* sous. 2. *(unworthy of)* indigne de.
benefactor ['benɪfæktəʳ] *n* bienfaiteur *m.*
beneficial [,benɪ'fɪʃl] *adj*: **~ (to sb)** salutaire (à qqn); **~ (to sthg)** utile (à qqch).
beneficiary [,benɪ'fɪʃərɪ] *n* bénéficiaire *mf.*
benefit ['benɪfɪt] ◇ *n* 1. *(advantage)* avantage *m*; **for the ~ of** dans l'intérêt de; **to be to sb's ~, to be of ~ to sb** être dans l'intérêt de qqn. 2. (ADMIN) *(allowance of money)* allocation *f,* prestation *f.* ◇ *vt* profiter à. ◇ *vi*: **to ~ from** tirer avantage de, profiter de.
Benelux ['benɪlʌks] *n* Bénélux *m.*
benevolent [bɪ'nevələnt] *adj* bienveillant(e).
benign [bɪ'naɪn] *adj* 1. *(person)* gentil (ille), bienveillant(e). 2. (MED) bénin (igne).
bent [bent] ◇ *pt & pp* → **bend**. ◇ *adj* 1. *(wire, bar)* tordu(e). 2. *(person, body)* courbé(e), voûté(e). 3. *Br inf (dishonest)* véreux(euse). 4. *(determined)*: **to be ~ on doing sthg** vouloir absolument faire qqch, être décidé(e) à faire qqch. ◇ *n*: **~ (for)** penchant *m* (pour).
bequeath [bɪ'kwi:ð] *vt lit & fig* léguer.
bequest [bɪ'kwest] *n* legs *m.*
berate [bɪ'reɪt] *vt* réprimander.
bereaved [bɪ'ri:vd] (*pl inv*) ◇ *adj* endeuillé(e), affligé(e). ◇ *n*: **the ~** la famille du défunt.
beret ['bereɪ] *n* béret *m.*
berk [bɜ:k] *n Br inf* idiot *m,* -e *f,* andouille *f.*
Berlin [bɜ:'lɪn] *n* Berlin.
berm [bɜ:m] *n Am* bas-côté *m.*
Bermuda [bə'mju:də] *n* Bermudes *fpl.*
Bern [bɜ:n] *n* Berne.
berry ['berɪ] *n* baie *f.*
berserk [bə'zɜ:k] *adj*: **to go ~** devenir fou furieux (folle furieuse).
berth [bɜ:θ] ◇ *n* 1. *(in harbour)* poste *m* d'amarrage, mouillage *m.* 2. *(in ship, train)* couchette *f.* ◇ *vi (ship)* accoster, se ranger à quai.
beset [bɪ'set] (*pt & pp* **beset**) ◇ *adj*: **~ with** OR **by** *(doubts etc)* assailli(e) de. ◇ *vt* assaillir.
beside [bɪ'saɪd] *prep* 1. *(next to)* à côté de, auprès de. 2. *(compared with)* comparé(e) à, à côté de. 3. *phr*: **to be ~ o.s. with anger** être hors de soi; **to be ~ o.s. with joy** être fou (folle) de joie.
besides [bɪ'saɪdz] ◇ *adv* en outre, en plus. ◇ *prep* en plus de.
besiege [bɪ'si:dʒ] *vt* 1. *(town, fortress)* assiéger. 2. *fig (trouble, annoy)* assaillir, harceler.
besotted [bɪ'sɒtɪd] *adj*: **~ (with sb)** entiché(e) (de qqn).
best [best] ◇ *adj* le meilleur (la meilleure). ◇ *adv* le mieux. ◇ *n* le mieux; **to do one's ~** faire de son mieux; **all the ~!** meilleurs souhaits!; **to be for the ~** être pour le mieux; **to make the ~ of sthg** s'accommoder de qqch, prendre son parti de qqch. ◆ **at best** *adv* au mieux.
best man *n* garçon *m* d'honneur.

BEST MAN

Dans les pays anglo-saxons, le garçon d'honneur (« best man ») présente l'alliance au marié et prononce un discours lors de la réception de mariage.

bestow [bɪ'stəʊ] *vt fml*: **to ~ sthg on sb** conférer qqch à qqn.
best-seller *n (book)* best-seller *m.*
bet [bet] (*pt & pp* **bet** OR **-ted**) ◇ *n* pari *m.* ◇ *vt* parier. ◇ *vi* parier; **I wouldn't ~ on it** *fig* je n'en suis pas si sûr.
betray [bɪ'treɪ] *vt* trahir.
betrayal [bɪ'treɪəl] *n (of person)* trahison *f.*
better ['betəʳ] ◇ *adj (compar of* **good**) meilleur(e); **to get ~** s'améliorer; *(after illness)* se remettre, se rétablir. ◇ *adv (compar of* **well**) mieux; **I'd ~ leave** il faut que je parte, je dois partir. ◇ *n* meilleur *m,* -e *f*; **to get the ~ of sb** avoir raison de qqn. ◇ *vt* améliorer; **to ~ o.s.** s'élever.

• *Had better* sert à donner un conseil (*you'd better leave soon*), et peut également impliquer une menace ou un avertissement (*you'd better not forget or she'll be angry*).

better off *adj* 1. *(financially)* plus à son aise. 2. *(in better situation)* mieux.
betting ['betɪŋ] *n (U)* paris *mpl*.
betting shop *n Br* ≃ bureau *m* de P.M.U.
between [bɪ'twiːn] ◇ *prep* entre. ◇ *adv*: **(in) ~** *(in space)* au milieu; *(in time)* dans l'intervalle.
beverage ['bevərɪdʒ] *n fml* boisson *f*.
beware [bɪ'weəʳ] *vi*: **to ~ (of)** prendre garde (à), se méfier (de); **~ of ...** attention à ...
bewildered [bɪ'wɪldəd] *adj* déconcerté (e), perplexe.
bewitching [bɪ'wɪtʃɪŋ] *adj* charmeur (euse), ensorcelant(e).
beyond [bɪ'jɒnd] ◇ *prep* 1. *(in space)* au-delà de. 2. *(in time)* après, plus tard que. 3. *(exceeding)* au-dessus de; **it's ~ my control** je n'y peux rien; **it's ~ my responsibility** cela n'entre pas dans le cadre de mes responsabilités. ◇ *adv* au-delà.
bias ['baɪəs] *n* 1. *(prejudice)* préjugé *m*, parti *m* pris. 2. *(tendency)* tendance *f*.
biased ['baɪəst] *adj* partial(e); **to be ~ towards sb/sthg** favoriser qqn/qqch; **to be ~ against sb/sthg** défavoriser qqn/qqch.
bib [bɪb] *n (for baby)* bavoir *m*, bavette *f*.
Bible ['baɪbl] *n*: **the ~** la Bible.
bicarbonate of soda [baɪ'kɑːbənət-] *n* bicarbonate *m* de soude.
biceps ['baɪseps] (*pl inv*) *n* biceps *m*.
bicker ['bɪkəʳ] *vi* se chamailler.
bicycle ['baɪsɪkl] ◇ *n* bicyclette *f*, vélo *m*. ◇ *vi* aller en bicyclette OR vélo.
bicycle path *n* piste *f* cyclable.
bicycle pump *n* pompe *f* à vélo.
bid [bɪd] (*pt & pp* **bid**) ◇ *n* 1. *(attempt)* tentative *f*. 2. *(at auction)* enchère *f*. 3. (COMM) offre *f*. ◇ *vt (at auction)* faire une enchère de. ◇ *vi* 1. *(at auction)*: **to ~ (for)** faire une enchère (pour). 2. *(attempt)*: **to ~ for sthg** briguer qqch.
bidder ['bɪdəʳ] *n* enchérisseur *m*, -euse *f*.
bidding ['bɪdɪŋ] *n (U)* enchères *fpl*.
bide [baɪd] *vt*: **to ~ one's time** attendre son heure OR le bon moment.
bifocals [ˌbaɪ'fəʊklz] *npl* lunettes *fpl* bifocales.
big [bɪg] *adj* 1. *(gen)* grand(e). 2. *(in amount, bulk - box, problem, book)* gros (grosse).
bigamy ['bɪgəmɪ] *n* bigamie *f*.
big deal *inf* ◇ *n*: **it's no ~** ce n'est pas dramatique; **what's the ~?** où est le problème? ◇ *excl* tu parles!, et alors?
Big Dipper [-'dɪpəʳ] *n* 1. *Br (roller-coaster)* montagnes *fpl* russes. 2. *Am* (ASTRON): **the ~** la Grande Ourse.
bigheaded [ˌbɪg'hedɪd] *adj inf* crâneur (euse).
bigot ['bɪgət] *n* sectaire *mf*.
bigoted ['bɪgətɪd] *adj* sectaire.
bigotry ['bɪgətrɪ] *n* sectarisme *m*.
big time *n inf*: **to make the ~** réussir, arriver en haut de l'échelle.
big toe *n* gros orteil *m*.
big top *n* chapiteau *m*.
big wheel *n Br (at fairground)* grande roue *f*.
bike [baɪk] *n inf* 1. *(bicycle)* vélo *m*. 2. *(motorcycle)* bécane *f*, moto *f*.
bikeway ['baɪkweɪ] *n Am* piste *f* cyclable.
bikini [bɪ'kiːnɪ] *n* Bikini® *m*.
bile [baɪl] *n* 1. *(fluid)* bile *f*. 2. *(anger)* mauvaise humeur *f*.
bilingual [baɪ'lɪŋgwəl] *adj* bilingue.
bill [bɪl] ◇ *n* 1. *(statement of cost)*: **~ (for)** note *f* OR facture *f* (de); *(in restaurant)* addition *f* (de). 2. *(in parliament)* projet *m* de loi. 3. *(of show, concert)* programme *m*. 4. *Am (banknote)* billet *m* de banque. 5. *(poster)*: **'post OR stick no ~s'** 'défense d'afficher'. 6. *(beak)* bec *m*. ◇ *vt (invoice)*: **to ~ sb (for)** envoyer une facture à qqn (pour).
billboard ['bɪlbɔːd] *n* panneau *m* d'affichage.
billet ['bɪlɪt] *n* logement *m* (chez l'habitant).
billfold ['bɪlfəʊld] *n Am* portefeuille *m*.
billiards ['bɪljədz] *n* billard *m*.
billion ['bɪljən] *num* 1. *Am (thousand million)* milliard *m*. 2. *Br (million million)* billion *m*.
Bill of Rights *n*: **the ~** *les dix premiers amendements à la Constitution américaine.*
bimbo ['bɪmbəʊ] (*pl* **-s** OR **-es**) *n inf pej*: **she's a bit of a ~** c'est le genre 'pin-up'.
bin [bɪn] *n* 1. *Br (for rubbish)* poubelle *f*. 2. *(for grain, coal)* coffre *m*.
bind [baɪnd] (*pt & pp* **bound**) *vt* 1. *(tie up)* attacher, lier. 2. *(unite - people)* lier. 3. *(bandage)* panser. 4. *(book)* relier. 5. *(constrain)* contraindre, forcer.
binder ['baɪndəʳ] *n (cover)* classeur *m*.
binding ['baɪndɪŋ] ◇ *adj* qui lie OR engage; *(agreement)* irrévocable. ◇ *n (on book)* reliure *f*.
binge [bɪndʒ] *inf* ◇ *n*: **to go on a ~** prendre une cuite. ◇ *vi*: **to ~ on sthg** se

gaver OR se bourrer de qqch.
bingo ['bɪŋgəʊ] *n* bingo *m*, ≃ loto *m*.

BINGO

Jeu proche du loto, le bingo est souvent pratiqué dans des cinémas désaffectés ou de grandes salles municipales. On joue aussi au bingo dans les villes balnéaires et ce sont alors de petits lots (jouets en peluche, etc.) que l'on peut remporter.

binoculars [bɪ'nɒkjʊləz] *npl* jumelles *fpl*.
biochemistry [,baɪəʊ'kemɪstrɪ] *n* biochimie *f*.
biodegradable [,baɪəʊdɪ'greɪdəbl] *adj* biodégradable.
biography [baɪ'ɒgrəfɪ] *n* biographie *f*.
biological [,baɪə'lɒdʒɪkl] *adj* biologique; *(washing powder)* aux enzymes.
biology [baɪ'ɒlədʒɪ] *n* biologie *f*.
birch [bɜːtʃ] *n (tree)* bouleau *m*.
bird [bɜːd] *n* **1.** *(creature)* oiseau *m*. **2.** *inf (woman)* gonzesse *f*.
birdie ['bɜːdɪ] *n* **1.** *(bird)* petit oiseau *m*. **2.** (GOLF) birdie *m*.
bird's-eye view *n* vue *f* aérienne.
bird-watcher [-,wɒtʃəʳ] *n* observateur *m*, -trice *f* d'oiseaux.
Biro® ['baɪərəʊ] *n* stylo *m* à bille.
birth [bɜːθ] *n lit & fig* naissance *f*; **to give ~ (to)** donner naissance (à).
birth certificate *n* acte *m* OR extrait *m* de naissance.
birth control *n (U)* régulation *f* OR contrôle *m* des naissances.
birthday ['bɜːθdeɪ] *n* anniversaire *m*.
birthmark ['bɜːθmɑːk] *n* tache *f* de vin.
birthrate ['bɜːθreɪt] *n* (taux *m* de) natalité *f*.
Biscay ['bɪskeɪ] *n*: **the Bay of ~** le golfe de Gascogne.
biscuit ['bɪskɪt] *n Br* gâteau *m* sec, biscuit *m*; *Am* scone *m*.
bisect [baɪ'sekt] *vt* couper OR diviser en deux.
bishop ['bɪʃəp] *n* **1.** (RELIG) évêque *m*. **2.** *(in chess)* fou *m*.
bison ['baɪsn] (*pl inv* OR **-s**) *n* bison *m*.
bit [bɪt] ◇ *pt* → **bite**. ◇ *n* **1.** *(small piece - of paper, cheese etc)* morceau *m*, bout *m*; *(- of book, film)* passage *m*; **~s and pieces** *Br* petites affaires *fpl* OR choses *fpl*; **to take sthg to ~s** démonter qqch. **2.** *(amount)*: **a ~ of** un peu de; **a ~ of shopping** quelques courses; **it's a ~ of a nuisance** c'est un peu embêtant; **a ~ of trouble** un petit problème; **quite a ~ of** pas mal de, beaucoup de. **3.** *(short time)*: **for a ~** pendant quelque temps. **4.** *(of drill)* mèche *f*. **5.** *(of bridle)* mors *m*. **6.** (COMPUT) bit *m*. ◆ **a bit** *adv & pron* un peu; **I'm a ~ tired** je suis un peu fatigué. ◆ **bit by bit** *adv* petit à petit.

- *A bit* peut être un adverbe (*he's a bit shy*) ou un pronom (*would you like some cake? – yes, just a bit*). Si on veut l'utiliser directement devant un nom, il faut ajouter *of* (*a bit of paper*).
- *A bit* et *a bit of* ont la même signification que *a little* mais appartiennent à un registre moins soutenu.

bitch [bɪtʃ] *n* **1.** *(female dog)* chienne *f*. **2.** *v inf pej (woman)* salope *f*, garce *f*.
bitchy ['bɪtʃɪ] *adj inf* vache, rosse.
bite [baɪt] (*pt* **bit**, *pp* **bitten**) ◇ *n* **1.** *(act of biting)* morsure *f*, coup *m* de dent. **2.** *inf (food)*: **to have a ~ (to eat)** manger un morceau. **3.** *(wound)* piqûre *f*. ◇ *vt* **1.** *(subj: person, animal)* mordre. **2.** *(subj: insect, snake)* piquer, mordre. ◇ *vi* **1.** *(animal, person)*: **to ~ (into)** mordre (dans); **to ~ off sthg** arracher qqch d'un coup de dents. **2.** *(insect, snake)* mordre, piquer. **3.** *(grip)* adhérer, mordre. **4.** *fig (take effect)* se faire sentir.
biting ['baɪtɪŋ] *adj* **1.** *(very cold)* cinglant(e), piquant(e). **2.** *(humour, comment)* mordant(e), caustique.
bitten ['bɪtn] *pp* → **bite**.
bitter ['bɪtəʳ] ◇ *adj* **1.** *(gen)* amer(ère). **2.** *(icy)* glacial(e). **3.** *(argument)* violent(e). ◇ *n Br bière relativement amère, à forte teneur en houblon.*
bitter lemon *n* Schweppes® *m* au citron.
bitterness ['bɪtənɪs] *n* **1.** *(gen)* amertume *f*. **2.** *(of wind, weather)* âpreté *f*.
bizarre [bɪ'zɑːʳ] *adj* bizarre.
blab [blæb] *vi inf* lâcher le morceau.
black [blæk] ◇ *adj* noir(e). ◇ *n* **1.** *(colour)* noir *m*. **2.** *(person)* noir *m*, -e *f*. **3.** *phr*: **in ~ and white** *(in writing)* noir sur blanc, par écrit; **in the ~** *(financially solvent)* solvable, sans dettes. ◇ *vt Br (boycott)* boycotter. ◆ **black out** *vi (faint)* s'évanouir.
blackberry ['blækbərɪ] *n* mûre *f*.
blackbird ['blækbɜːd] *n* merle *m*.
blackboard ['blækbɔːd] *n* tableau *m* (noir).
blackcurrant [,blæk'kʌrənt] *n* cassis *m*.

blacken ['blækn] ◇ *vt (make dark)* noircir. ◇ *vi* s'assombrir.
black eye *n* œil *m* poché OR au beurre noir.
blackhead ['blækhed] *n* point *m* noir.
black ice *n* verglas *m*.
blacklist ['blæklɪst] ◇ *n* liste *f* noire. ◇ *vt* mettre sur la liste noire.
blackmail ['blækmeɪl] ◇ *n lit & fig* chantage *m*. ◇ *vt* **1.** *(for money)* faire chanter. **2.** *fig (emotionally)* faire du chantage à.
black market *n* marché *m* noir.
blackout ['blækaʊt] *n* **1.** (MIL & PRESS) black-out *m*. **2.** *(power cut)* panne *f* d'électricité. **3.** *(fainting fit)* évanouissement *m*.
black pudding *n Br* boudin *m*.
Black Sea *n*: **the ~** la mer Noire.
black sheep *n* brebis *f* galeuse.
blacksmith ['blæksmɪθ] *n* forgeron *m*; *(for horses)* maréchal-ferrant *m*.
black spot *n* (AUT) point *m* noir.
bladder ['blædəʳ] *n* vessie *f*.
blade [bleɪd] *n* **1.** *(of knife, saw)* lame *f*. **2.** *(of propeller)* pale *f*. **3.** *(of grass)* brin *m*.
blame [bleɪm] ◇ *n* responsabilité *f*, faute *f*; **to take the ~ for sthg** endosser la responsabilité de qqch. ◇ *vt* blâmer, condamner; **to ~ sthg on** rejeter la responsabilité de qqch sur, imputer qqch à; **to ~ sb/sthg for sthg** reprocher qqch à qqn/qqch; **to be to ~ for sthg** être responsable de qqch.
bland [blænd] *adj* **1.** *(person)* terne. **2.** *(food)* fade, insipide. **3.** *(music, style)* insipide.
blank [blæŋk] ◇ *adj* **1.** *(sheet of paper)* blanc (blanche); *(wall)* nu(e). **2.** *fig (look)* vide, sans expression. ◇ *n* **1.** *(empty space)* blanc *m*. **2.** *(cartridge)* cartouche *f* à blanc.
blank cheque *n* chèque *m* en blanc; *fig* carte *f* blanche.
blanket ['blæŋkɪt] *n* **1.** *(for bed)* couverture *f*. **2.** *(of snow)* couche *f*, manteau *m*; *(of fog)* nappe *f*.
blare [bleəʳ] *vi* hurler; *(radio)* beugler.
blasphemy ['blæsfəmɪ] *n* blasphème *m*.
blast [blɑːst] ◇ *n* **1.** *(explosion)* explosion *f*. **2.** *(of air, from bomb)* souffle *m*. ◇ *vt (hole, tunnel)* creuser à la dynamite. ◇ *excl Br inf* zut!, mince! ◆ **(at) full blast** *adv (play music etc)* à pleins gaz OR tubes; *(work)* d'arrache-pied.
blasted ['blɑːstɪd] *adj inf* fichu(e), maudit(e).
blast-off *n* (SPACE) lancement *m*.
blatant ['bleɪtənt] *adj* criant(e), flagrant(e).
blaze [bleɪz] ◇ *n* **1.** *(fire)* incendie *m*. **2.** *fig (of colour, light)* éclat *m*, flamboiement *m*. ◇ *vi* **1.** *(fire)* flamber. **2.** *fig (with colour)* flamboyer.
blazer ['bleɪzəʳ] *n* blazer *m*.
bleach [bliːtʃ] ◇ *n* eau *f* de Javel. ◇ *vt (hair)* décolorer; *(clothes)* blanchir.
bleached [bliːtʃt] *adj* décoloré(e).
bleachers ['bliːtʃəz] *npl Am* (SPORT) gradins *mpl*.
bleak [bliːk] *adj* **1.** *(future)* sombre. **2.** *(place, weather, face)* lugubre, triste.
bleary-eyed [ˌblɪərɪ'aɪd] *adj* aux yeux troubles OR voilés.
bleat [bliːt] ◇ *n* bêlement *m*. ◇ *vi* bêler; *fig (person)* se plaindre, geindre.
bleed [bliːd] (*pt & pp* **bled** [bled]) ◇ *vt (radiator etc)* purger. ◇ *vi* saigner.
bleeper ['bliːpəʳ] *n* bip *m*, bip-bip *m*.
blemish ['blemɪʃ] *n lit & fig* défaut *m*.
blend [blend] ◇ *n* mélange *m*. ◇ *vt*: **to ~ sthg (with)** mélanger qqch (avec OR à). ◇ *vi*: **to ~ (with)** se mêler (à OR avec).
blender ['blendəʳ] *n* mixer *m*.
bless [bles] (*pt & pp* **-ed** OR **blest**) *vt* bénir; *(children)* avoir la chance OR le bonheur d'avoir; **~ you!** *(after sneezing)* à vos souhaits!; *(thank you)* merci mille fois!
blessing ['blesɪŋ] *n lit & fig* bénédiction *f*.
blest [blest] *pt & pp* → **bless**.
blew [bluː] *pt* → **blow**.
blight [blaɪt] *vt* gâcher, briser.
blimey ['blaɪmɪ] *excl Br inf* zut alors!, mince alors!
blind [blaɪnd] ◇ *adj lit & fig* aveugle; **to be ~ to sthg** ne pas voir qqch. ◇ *n (for window)* store *m*. ◇ *npl*: **the ~** les aveugles *mpl*. ◇ *vt* aveugler; **to ~ sb to sthg** *fig* cacher qqch à qqn.
blind alley *n lit & fig* impasse *f*.
blind corner *n* virage *m* sans visibilité.
blind date *n rendez-vous avec quelqu'un qu'on ne connaît pas.*
blinders ['blaɪndəz] *npl Am* œillères *fpl*.
blindfold ['blaɪndfəʊld] ◇ *adv* les yeux bandés. ◇ *n* bandeau *m*. ◇ *vt* bander les yeux à.
blindly ['blaɪndlɪ] *adv lit & fig* à l'aveuglette, aveuglément.
blindness ['blaɪndnɪs] *n* cécité *f*; **~ (to)** *fig* aveuglement *m* (devant).

blind spot *n* 1. (AUT) angle *m* mort. 2. *fig (inability to understand)* blocage *m*.

blink [blɪŋk] ◇ *n phr*: **on the ~** *(machine)* détraqué(e). ◇ *vt (eyes)* cligner. ◇ *vi* 1. *(person)* cligner des yeux. 2. *(light)* clignoter.

blinkered ['blɪŋkəd] *adj*: **to be ~** *lit & fig* avoir des œillères.

blinkers ['blɪŋkəz] *npl Br* œillères *fpl*.

bliss [blɪs] *n* bonheur *m* suprême, félicité *f*.

blissful ['blɪsfʊl] *adj (day, silence)* merveilleux(euse); *(ignorance)* total(e).

blister ['blɪstəʳ] ◇ *n (on skin)* ampoule *f*, cloque *f*. ◇ *vi* 1. *(skin)* se couvrir d'ampoules. 2. *(paint)* cloquer, se boursoufler.

blithely ['blaɪðlɪ] *adv* gaiement, joyeusement.

blitz [blɪts] *n* (MIL) bombardement *m* aérien.

blizzard ['blɪzəd] *n* tempête *f* de neige.

bloated ['bləʊtɪd] *adj* 1. *(face)* bouffi(e). 2. *(with food)* ballonné(e).

blob [blɒb] *n* 1. *(drop)* goutte *f*. 2. *(indistinct shape)* forme *f*; **a ~ of colour** une tache de couleur.

block [blɒk] ◇ *n* 1. *(building)*: **office ~** immeuble *m* de bureaux; **~ of flats** *Br* immeuble *m*. 2. *Am (of buildings)* pâté *m* de maisons. 3. *(of stone, ice)* bloc *m*. 4. *(obstruction)* blocage *m*. ◇ *vt* 1. *(road, pipe, view)* boucher. 2. *(prevent)* bloquer, empêcher.

blockade [blɒ'keɪd] ◇ *n* blocus *m*. ◇ *vt* faire le blocus de.

blockage ['blɒkɪdʒ] *n* obstruction *f*.

blockbuster ['blɒkbʌstəʳ] *n inf (book)* best-seller *m*; *(film)* film *m* à succès.

block capitals *npl* majuscules *fpl* d'imprimerie.

block letters *npl* majuscules *fpl* d'imprimerie.

bloke [bləʊk] *n Br inf* type *m*.

blond [blɒnd] *adj* blond(e).

blonde [blɒnd] ◇ *adj* blond(e). ◇ *n (woman)* blonde *f*.

blood [blʌd] *n* sang *m*; **in cold ~** de sang-froid.

bloodbath ['blʌdbɑːθ, *pl* -bɑːðz] *n* bain *m* de sang, massacre *m*.

blood cell *n* globule *m*.

blood donor *n* donneur *m*, -euse *f* de sang.

blood group *n* groupe *m* sanguin.

bloodhound ['blʌdhaʊnd] *n* limier *m*.

blood poisoning *n* septicémie *f*.

blood pressure *n* tension *f* artérielle; **to have high ~** faire de l'hypertension.

bloodshed ['blʌdʃed] *n* carnage *m*.

bloodshot ['blʌdʃɒt] *adj (eyes)* injecté(e) de sang.

bloodstream ['blʌdstriːm] *n* sang *m*.

blood test *n* prise *f* de sang.

bloodthirsty ['blʌd,θɜːstɪ] *adj* sanguinaire.

blood transfusion *n* transfusion *f* sanguine.

bloody ['blʌdɪ] ◇ *adj* 1. *(gen)* sanglant(e). 2. *Br v inf* foutu(e); **you ~ idiot!** espèce de con! ◇ *adv Br v inf* vachement.

bloody-minded [-'maɪndɪd] *adj Br inf* contrariant(e).

bloom [bluːm] ◇ *n* fleur *f*. ◇ *vi* fleurir.

blossom ['blɒsəm] ◇ *n (of tree)* fleurs *fpl*; **in ~** en fleur OR fleurs. ◇ *vi* 1. *(tree)* fleurir. 2. *fig (person)* s'épanouir.

blot [blɒt] ◇ *n lit & fig* tache *f*. ◇ *vt* 1. *(paper)* faire des pâtés sur. 2. *(ink)* sécher. ◆ **blot out** *vt sep* voiler, cacher; *(memories)* effacer.

blotchy ['blɒtʃɪ] *adj* couvert(e) de marbrures OR taches.

blotting paper ['blɒtɪŋ-] *n (U)* (papier *m*) buvard *m*.

blouse [blaʊz] *n* chemisier *m*.

blow [bləʊ] (*pt* **blew**, *pp* **blown**) ◇ *vi* 1. *(gen)* souffler. 2. *(in wind)*: **to ~ off** s'envoler. 3. *(fuse)* sauter. ◇ *vt* 1. *(subj: wind)* faire voler, chasser. 2. *(clear)*: **to ~ one's nose** se moucher. 3. *(trumpet)* jouer de, souffler dans; **to ~ a whistle** donner un coup de sifflet, siffler. ◇ *n (hit)* coup *m*. ◆ **blow out** ◇ *vt sep* souffler. ◇ *vi* 1. *(candle)* s'éteindre. 2. *(tyre)* éclater. ◆ **blow over** *vi* se calmer. ◆ **blow up** ◇ *vt sep* 1. *(inflate)* gonfler. 2. *(with bomb)* faire sauter. 3. *(photograph)* agrandir. ◇ *vi* exploser.

blow-dry ◇ *n* Brushing® *m*. ◇ *vt* faire un Brushing® à.

blowlamp *Br* ['bləʊlæmp], **blowtorch** ['bləʊtɔːtʃ] *n* chalumeau *m*, lampe *f* à souder.

blown [bləʊn] *pp* → **blow**.

blowout ['bləʊaʊt] *n (of tyre)* éclatement *m*.

blowtorch = **blowlamp**.

blubber ['blʌbəʳ] ◇ *n* graisse *f* de baleine. ◇ *vi pej* chialer.

bludgeon ['blʌdʒən] *vt* matraquer.

blue [bluː] ◇ *adj* 1. *(colour)* bleu(e). 2. *inf (sad)* triste, cafardeux(euse). 3. *(pornographic)* porno *(inv)*. ◇ *n* bleu *m*; **out of the ~** *(happen)* subitement; *(arrive)* à l'improviste. ◆ **blues** *npl*: **the ~s** (MUS)

le blues; *inf (sad feeling)* le blues, le cafard.
bluebell ['blu:bel] *n* jacinthe *f* des bois.
blueberry ['blu:bərɪ] *n* myrtille *f*.
bluebottle ['blu:ˌbɒtl] *n* mouche *f* bleue, mouche de la viande.
blue cheese *n* (fromage *m*) bleu *m*.
blue-collar *adj* manuel(elle).
blue jeans *npl Am* blue-jean *m*, jean *m*.
blueprint ['blu:prɪnt] *n* photocalque *m*; *fig* plan *m*, projet *m*.
bluff [blʌf] ◇ *adj* franc (franche). ◇ *n* 1. *(deception)* bluff *m*; **to call sb's ~** prendre qqn au mot. 2. *(cliff)* falaise *f* à pic. ◇ *vt* bluffer, donner le change à. ◇ *vi* faire du bluff, bluffer.
blunder ['blʌndəʳ] ◇ *n* gaffe *f*, bévue *f*. ◇ *vi (make mistake)* faire une gaffe, commettre une bévue.
blunt [blʌnt] ◇ *adj* 1. *(knife)* émoussé (e); *(pencil)* épointé(e); *(object, instrument)* contondant(e). 2. *(person, manner)* direct(e), carré(e). ◇ *vt lit & fig* émousser.
blur [blɜ:ʳ] ◇ *n* forme *f* confuse, tache *f* floue. ◇ *vt (vision)* troubler, brouiller.
blurb [blɜ:b] *n* texte *m* publicitaire.
blurt [blɜ:t] ◆ **blurt out** *vt sep* laisser échapper.
blush [blʌʃ] ◇ *n* rougeur *f*. ◇ *vi* rougir.
blusher ['blʌʃəʳ] *n* fard *m* à joues, blush *m*.
blustery ['blʌstərɪ] *adj* venteux(euse).
BMX (*abbr of* **bicycle motorcross**) *n* bicross *m*.
BO *abbr of* **body odour**.
boar [bɔ:ʳ] *n* 1. *(male pig)* verrat *m*. 2. *(wild pig)* sanglier *m*.
board [bɔ:d] ◇ *n* 1. *(plank)* planche *f*. 2. *(for notices)* panneau *m* d'affichage. 3. *(for games - gen)* tableau *m*; *(- for chess)* échiquier *m*. 4. *(blackboard)* tableau *m* (noir). 5. *(of company)*: **~ (of directors)** conseil *m* d'administration. 6. *(committee)* comité *m*, conseil *m*. 7. *Br (at hotel, guesthouse)* pension *f*; **~ and lodging** pension; **full ~** pension complète; **half ~** demi-pension *f*. 8. **on ~** *(on ship, plane, bus, train)* à bord. 9. *phr*: **to take sthg on ~** *(knowledge)* assimiler qqch; *(advice)* accepter qqch; **above ~** régulier(ère), dans les règles. ◇ *vt (ship, aeroplane)* monter à bord de; *(train, bus)* monter dans.
boarder ['bɔ:dəʳ] *n* 1. *(lodger)* pensionnaire *mf*. 2. *(at school)* interne *mf*, pensionnaire *mf*.
boarding card ['bɔ:dɪŋ-] *n* carte *f* d'embarquement.
boardinghouse ['bɔ:dɪŋhaʊs, *pl* -haʊzɪz] *n* pension *f* de famille.
boarding school ['bɔ:dɪŋ-] *n* pensionnat *m*, internat *m*.
Board of Trade *n Br*: **the ~** ≃ le ministère *m* du Commerce.
boardroom ['bɔ:drʊm] *n* salle *f* du conseil (d'administration).
boast [bəʊst] ◇ *n* vantardise *f*, fanfaronnade *f*. ◇ *vi*: **to ~ (about)** se vanter (de).
boastful ['bəʊstfʊl] *adj* vantard(e), fanfaron(onne).
boat [bəʊt] *n (large)* bateau *m*; *(small)* canot *m*, embarcation *f*; **by ~** en bateau.
boater ['bəʊtəʳ] *n (hat)* canotier *m*.
boatswain ['bəʊsn] *n* maître *m* d'équipage.
bob [bɒb] ◇ *n* 1. *(hairstyle)* coupe *f* au carré. 2. *Br inf dated (shilling)* shilling *m*. 3. = **bobsleigh**. ◇ *vi (boat, ship)* tanguer.
bobbin ['bɒbɪn] *n* bobine *f*.
bobby ['bɒbɪ] *n Br inf* agent *m* de police.
bobsleigh ['bɒbsleɪ] *n* bobsleigh *m*.
bode [bəʊd] *vi literary*: **to ~ ill/well (for)** être de mauvais/bon augure (pour).
bodily ['bɒdɪlɪ] ◇ *adj (needs)* matériel (elle); *(pain)* physique. ◇ *adv (lift, move)* à bras-le-corps.
body ['bɒdɪ] *n* 1. *(of person)* corps *m*. 2. *(corpse)* corps *m*, cadavre *m*. 3. *(organization)* organisme *m*, organisation *f*. 4. *(of car)* carrosserie *f*; *(of plane)* fuselage *m*. 5. *(U) (of wine)* corps *m*. 6. *(U) (of hair)* volume *m*. 7. *(garment)* body *m*.
body building *n* culturisme *m*.
bodyguard ['bɒdɪgɑ:d] *n* garde *m* du corps.
body odour *n* odeur *f* corporelle.
bodywork ['bɒdɪwɜ:k] *n* carrosserie *f*.
bog [bɒg] *n* 1. *(marsh)* marécage *m*. 2. *Br v inf (toilet)* chiottes *fpl*.
bogged down [ˌbɒgd-] *adj* 1. *fig (in work)*: **~ (in)** submergé(e) (de). 2. *(car etc)*: **~ (in)** enlisé(e) (dans).
boggle ['bɒgl] *vi*: **the mind ~s!** ce n'est pas croyable!, on croit rêver!
bogus ['bəʊgəs] *adj* faux (fausse), bidon (*inv*).
boil [bɔɪl] ◇ *n* 1. (MED) furoncle *m*. 2. *(boiling point)*: **to bring sthg to the ~** porter qqch à ébullition; **to come to the ~** venir à ébullition. ◇ *vt* 1. *(water, food)* faire bouillir. 2. *(kettle)* mettre sur le feu. ◇ *vi (water)* bouillir. ◆ **boil down to** *vt fus fig* revenir à, se résumer à.

◆ **boil over** *vi* 1. *(liquid)* déborder. 2. *fig (feelings)* exploser.
boiled ['bɔɪld] *adj*: ~ **egg** œuf *m* à la coque; ~ **sweet** *Br* bonbon *m* (dur).
boiler ['bɔɪləʳ] *n* chaudière *f*.
boiler suit *n Br* bleu *m* de travail.
boiling ['bɔɪlɪŋ] *adj* 1. *(liquid)* bouillant (e). 2. *inf (weather)* très chaud(e), torride; *(person)*: **I'm ~ (hot)!** je crève de chaleur!
boiling point *n* point *m* d'ébullition.
boisterous ['bɔɪstərəs] *adj* turbulent (e), remuant(e).
bold [bəʊld] *adj* 1. *(confident)* hardi(e), audacieux(euse). 2. *(lines, design)* hardi (e); *(colour)* vif (vive), éclatant(e). 3. (TYPO): ~ **type** OR **print** caractères *mpl* gras.
bollard ['bɒlɑːd] *n (on road)* borne *f*.
bollocks ['bɒləks] *Br v inf* ◇ *npl* couilles *fpl*. ◇ *excl* quelles conneries!
bolster ['bəʊlstəʳ] ◇ *n (pillow)* traversin *m*. ◇ *vt* renforcer, affirmer. ◆ **bolster up** *vt sep* soutenir, appuyer.
bolt [bəʊlt] ◇ *n* 1. *(on door, window)* verrou *m*. 2. *(type of screw)* boulon *m*. ◇ *adv*: ~ **upright** droit(e) comme un piquet. ◇ *vt* 1. *(fasten together)* boulonner. 2. *(close - door, window)* verrouiller. 3. *(food)* engouffrer, engloutir. ◇ *vi (run)* détaler.
bomb [bɒm] ◇ *n* bombe *f*. ◇ *vt* bombarder.
bombard [bɒm'bɑːd] *vt* (MIL *& fig)*: **to ~ (with)** bombarder (de).
bombastic [bɒm'bæstɪk] *adj* pompeux (euse).
bomb disposal squad *n* équipe *f* de déminage.
bomber ['bɒməʳ] *n* 1. *(plane)* bombardier *m*. 2. *(person)* plastiqueur *m*.
bombing ['bɒmɪŋ] *n* bombardement *m*.
bombshell ['bɒmʃel] *n fig* bombe *f*.
bona fide [ˌbəʊnə'faɪdɪ] *adj* véritable, authentique; *(offer)* sérieux(euse).
bond [bɒnd] ◇ *n* 1. *(between people)* lien *m*. 2. *(promise)* engagement *m*. 3. (FIN) bon *m*, titre *m*. ◇ *vt* 1. *(glue)*: **to ~ sthg to sthg** coller qqch sur qqch. 2. *fig (people)* unir.
bondage ['bɒndɪdʒ] *n* servitude *f*, esclavage *m*.
bone [bəʊn] ◇ *n* os *m*; *(of fish)* arête *f*. ◇ *vt (meat)* désosser; *(fish)* enlever les arêtes de.
bone-dry *adj* tout à fait sec (sèche).
bone-idle *adj* paresseux(euse) comme une couleuvre OR un lézard.
bonfire ['bɒnˌfaɪəʳ] *n (for fun)* feu *m* de joie; *(to burn rubbish)* feu.
bonfire night *n Br le 5 novembre (commémoration de la tentative de Guy Fawkes de faire sauter le Parlement en 1605)*.
Bonn [bɒn] *n* Bonn.
bonnet ['bɒnɪt] *n* 1. *Br (of car)* capot *m*. 2. *(hat)* bonnet *m*.
bonny ['bɒnɪ] *adj Scot* beau (belle), joli(e).
bonus ['bəʊnəs] (*pl* **-es**) *n* 1. *(extra money)* prime *f*, gratification *f*. 2. *fig (added advantage)* plus *m*.
bony ['bəʊnɪ] *adj* 1. *(person, hand, face)* maigre, osseux(euse). 2. *(meat)* plein(e) d'os; *(fish)* plein d'arêtes.
boo [buː] (*pl* **-s**) ◇ *excl* hou! ◇ *n* huée *f*. ◇ *vt & vi* huer.
boob [buːb] *n inf (mistake)* gaffe *f*, bourde *f*. ◆ **boobs** *npl Br v inf* nichons *mpl*.
booby trap ['buːbɪ-] *n* 1. *(bomb)* objet *m* piégé. 2. *(practical joke)* farce *f*.
book [bʊk] ◇ *n* 1. *(for reading)* livre *m*. 2. *(of stamps, tickets, cheques)* carnet *m*; *(of matches)* pochette *f*. ◇ *vt* 1. *(reserve - gen)* réserver; *(- performer)* engager; **to be fully ~ed** être complet. 2. *inf (subj: police)* coller un PV à. 3. *Br* (FTBL) prendre le nom de. ◇ *vi* réserver. ◆ **books** *npl* (COMM) livres *mpl* de comptes. ◆ **book up** *vt sep* réserver, retenir.
bookcase ['bʊkkeɪs] *n* bibliothèque *f*.
bookie ['bʊkɪ] *n inf* bookmaker *m*.
booking ['bʊkɪŋ] *n* 1. *(reservation)* réservation *f*. 2. *Br* (FTBL): **to get a ~** recevoir un carton jaune.
booking office *n* bureau *m* de réservation OR location.
bookkeeping ['bʊkˌkiːpɪŋ] *n* comptabilité *f*.
booklet ['bʊklɪt] *n* brochure *f*.
bookmaker ['bʊkˌmeɪkəʳ] *n* bookmaker *m*.
bookmark ['bʊkmɑːk] *n* signet *m*.
bookseller ['bʊkˌseləʳ] *n* libraire *mf*.
bookshelf ['bʊkʃelf] (*pl* **-shelves** [-ʃelvz]) *n* rayon *m* OR étagère *f* à livres.
bookshop *Br* ['bʊkʃɒp], **bookstore** *Am* ['bʊkstɔːʳ] *n* librairie *f*.
book token *n* chèque-livre *m*.
boom [buːm] ◇ *n* 1. *(loud noise)* grondement *m*. 2. *(in business, trade)* boom *m*. 3. (NAUT) bôme *f*. 4. *(for TV camera, microphone)* girafe *f*, perche *f*. ◇ *vi* 1. *(make noise)* gronder. 2. *(business, trade)* être en plein essor OR en hausse.
boon [buːn] *n* avantage *m*, bénédiction *f*.

boost [buːst] ◇ *n (to production, sales)* augmentation *f*; *(to economy)* croissance *f*. ◇ *vt* 1. *(production, sales)* stimuler. 2. *(popularity)* accroître, renforcer.
booster ['buːstəʳ] *n* (MED) rappel *m*.
boot [buːt] ◇ *n* 1. *(for walking, sport)* chaussure *f*. 2. *(fashion item)* botte *f*. 3. *Br (of car)* coffre *m*. ◇ *vt inf* flanquer des coups de pied à. ◆ **to boot** *adv* par-dessus le marché, en plus.
booth [buːð] *n* 1. *(at fair)* baraque *f* foraine. 2. *(telephone booth)* cabine *f*. 3. *(voting booth)* isoloir *m*.
booty ['buːtɪ] *n* butin *m*.
booze [buːz] *inf* ◇ *n (U)* alcool *m*, boisson *f* alcoolisée. ◇ *vi* picoler.
bop [bɒp] *inf* ◇ *n* 1. *(hit)* coup *m*. 2. *(disco, dance)* boum *f*. ◇ *vi (dance)* danser.
border ['bɔːdəʳ] ◇ *n* 1. *(between countries)* frontière *f*. 2. *(edge)* bord *m*. 3. *(in garden)* bordure *f*. ◇ *vt* 1. *(country)* être limitrophe de. 2. *(edge)* border. ◆ **border on** *vt fus* friser, être voisin(e) de.
borderline ['bɔːdəlaɪn] ◇ *adj*: ~ **case** cas *m* limite. ◇ *n fig* limite *f*, ligne *f* de démarcation.
bore [bɔːʳ] ◇ *pt* → **bear**. ◇ *n* 1. *(person)* raseur *m*, -euse *f*; *(situation, event)* corvée *f*. 2. *(of gun)* calibre *m*. ◇ *vt* 1. *(not interest)* ennuyer, raser; **to ~ sb stiff** OR **to tears** OR **to death** ennuyer qqn à mourir. 2. *(drill)* forer, percer.
bored [bɔːd] *adj (person)* qui s'ennuie; *(look)* d'ennui; **to be ~ with** en avoir assez de.
boredom ['bɔːdəm] *n (U)* ennui *m*.
boring ['bɔːrɪŋ] *adj* ennuyeux(euse).
born [bɔːn] *adj* né(e); **to be ~** naître; **I was ~ in 1965** je suis né en 1965; **when were you ~?** quelle est ta date de naissance?
borne [bɔːn] *pp* → **bear**.
borough ['bʌrə] *n* municipalité *f*.
borrow ['bɒrəʊ] *vt* emprunter; **to ~ sthg (from sb)** emprunter qqch (à qqn).
Bosnia ['bɒznɪə] *n* Bosnie *f*.
Bosnia-Herzegovina [-ˌhɜːtsəgə'viːnə] *n* Bosnie-Herzégovine *f*.
Bosnian ['bɒznɪən] ◇ *adj* bosniaque. ◇ *n* Bosniaque *mf*.
bosom ['bʊzəm] *n* poitrine *f*, seins *mpl*; *fig* sein *m*; ~ **friend** ami *m* intime.
boss [bɒs] ◇ *n* patron *m*, -onne *f*, chef *m*. ◇ *vt pej* donner des ordres à, régenter. ◆ **boss about, boss around** *vt sep pej* donner des ordres à, régenter.
bossy ['bɒsɪ] *adj* autoritaire.
bosun ['bəʊsn] = **boatswain**.
botany ['bɒtənɪ] *n* botanique *f*.
botch [bɒtʃ] ◆ **botch up** *vt sep inf* bousiller, saboter.
both [bəʊθ] ◇ *adj* les deux. ◇ *pron*: ~ **(of them)** (tous) les deux ((toutes) les deux); ~ **of us are coming** on vient tous les deux. ◇ *adv*: **she is ~ intelligent and amusing** elle est à la fois intelligente et drôle.

- L'adjectif *both* peut apparaître soit devant un nom dénombrable au pluriel (*both girls are clever*), soit devant deux noms dénombrables au singulier (*both my brother and my sister are coming*). Dans les deux cas, le verbe est au pluriel.
- En tant qu'adjectif, *both* peut être suivi directement: du nom qu'il qualifie (*both cars need repairing*); de *the* (*both the cars need repairing*); d'un adjectif possessif tel que *my, your, his*, etc. (*both my cars need repairing*); de *this/these* ou *that/those* (*both these cars need repairing*).
- En tant que pronom, *both* peut être utilisé seul (*I like them both; both speak English*), ou devant *of*, lui-même suivi d'un pronom objet tel que *us, you* ou *them* (*both of them speak English*).

bother ['bɒðəʳ] ◇ *vt* 1. *(worry)* ennuyer, inquiéter; **to ~ o.s. (about)** se tracasser (au sujet de); **I can't be ~ed to do it** je n'ai vraiment pas envie de le faire. 2. *(pester, annoy)* embêter; **I'm sorry to ~ you** excusez-moi de vous déranger. ◇ *vi*: **to ~ about sthg** s'inquiéter de qqch; **don't ~ (to do it)** ce n'est pas la peine (de le faire). ◇ *n (U)* embêtement *m*; **it's no ~ at all** cela ne me dérange OR m'ennuie pas du tout.
bothered ['bɒðəd] *adj* inquiet(ète).
bottle ['bɒtl] ◇ *n* 1. *(gen)* bouteille *f*; *(for medicine, perfume)* flacon *m*; *(for baby)* biberon *m*. 2. *(U) Br inf (courage)* cran *m*, culot *m*. ◇ *vt (wine etc)* mettre en bouteilles; *(fruit)* mettre en bocal. ◆ **bottle up** *vt sep (feelings)* refouler, contenir.
bottle bank *n* container *m* pour verre usagé.
bottleneck ['bɒtlnek] *n* 1. *(in traffic)* bouchon *m*, embouteillage *m*. 2. *(in production)* goulet *m* d'étranglement.
bottle-opener *n* ouvre-bouteilles *m inv*, décapsuleur *m*.
bottom ['bɒtəm] ◇ *adj* 1. *(lowest)* du bas. 2. *(in class)* dernier(ère). ◇ *n* 1. *(of*

bottle, lake, garden) fond *m*; *(of page, ladder, street)* bas *m*; *(of hill)* pied *m*. 2. *(of scale)* bas *m*; *(of class)* dernier *m*, -ère *f*. 3. *(buttocks)* derrière *m*. 4. *(cause)*: **to get to the ~ of sthg** aller au fond de qqch, découvrir la cause de qqch. ◆ **bottom out** *vi* atteindre son niveau le plus bas.

bough [baʊ] *n* branche *f*.

bought [bɔːt] *pt & pp* → **buy**.

boulder ['bəʊldəʳ] *n* rocher *m*.

bounce [baʊns] ◇ *vi* 1. *(ball)* rebondir; *(person)* sauter. 2. *inf (cheque)* être sans provision. ◇ *vt (ball)* faire rebondir. ◇ *n* rebond *m*.

bouncer ['baʊnsəʳ] *n inf* videur *m*.

bound [baʊnd] ◇ *pt & pp* → **bind**. ◇ *adj* 1. *(certain)*: **he's ~ to win** il va sûrement gagner; **she's ~ to see it** elle ne peut pas manquer de le voir. 2. *(obliged)*: **to be ~ to do sthg** être obligé (e) OR tenu(e) de faire qqch; **I'm ~ to say/admit** je dois dire/reconnaître. 3. *(for place)*: **to be ~ for** *(subj: person)* être en route pour; *(subj: plane, train)* être à destination de. ◇ *n (leap)* bond *m*, saut *m*. ◇ *vt*: **to be ~ed by** *(subj: field)* être limité(e) OR délimité(e) par; *(subj: country)* être limitrophe de. ◆ **bounds** *npl* limites *fpl*; **out of ~s** interdit, défendu.

boundary ['baʊndərɪ] *n (gen)* frontière *f*; *(of property)* limite *f*, borne *f*.

bourbon ['bɜːbən] *n* bourbon *m*.

bout [baʊt] *n* 1. *(of illness)* accès *m*; **a ~ of flu** une grippe. 2. *(session)* période *f*. 3. *(boxing match)* combat *m*.

bow¹ [baʊ] ◇ *n* 1. *(in greeting)* révérence *f*. 2. *(of ship)* proue *f*, avant *m*. ◇ *vt (head)* baisser, incliner. ◇ *vi* 1. *(make a bow)* saluer. 2. *(defer)*: **to ~ to** s'incliner devant.

bow² [bəʊ] *n* 1. *(weapon)* arc *m*. 2. (MUS) archet *m*. 3. *(knot)* nœud *m*.

bowels ['baʊəlz] *npl* intestins *mpl*; *fig* entrailles *fpl*.

bowl [bəʊl] ◇ *n* 1. *(container - gen)* jatte *f*, saladier *m*; *(- small)* bol *m*; *(- for washing up)* cuvette *f*. 2. *(of toilet, sink)* cuvette *f*; *(of pipe)* fourneau *m*. ◇ *vi* (CRICKET) lancer la balle. ◆ **bowls** *n (U)* boules *fpl (sur herbe)*. ◆ **bowl over** *vt sep lit & fig* renverser.

bowler ['bəʊləʳ] *n* 1. (CRICKET) lanceur *m*. 2. **~ (hat)** chapeau *m* melon.

bowling ['bəʊlɪŋ] *n (U)* bowling *m*.

bowling alley *n (building)* bowling *m*; *(alley)* piste *f* de bowling.

bowling green *n* terrain *m* de boules *(sur herbe)*.

bow tie [bəʊ-] *n* nœud *m* papillon.

box [bɒks] ◇ *n* 1. *(gen)* boîte *f*. 2. (THEATRE) loge *f*. 3. *Br inf (television)*: **the ~** la télé. ◇ *vi* boxer, faire de la boxe.

boxer ['bɒksəʳ] *n* 1. *(fighter)* boxeur *m*. 2. *(dog)* boxer *m*.

boxer shorts *npl* caleçon *m*.

boxing ['bɒksɪŋ] *n* boxe *f*.

Boxing Day *n jour des étrennes en Grande-Bretagne (le 26 décembre)*.

BOXING DAY

Boxing Day, jour férié en Grande-Bretagne, tient son nom des «Christmas boxes», ou boîtes à étrennes, que les apprentis et les domestiques recevaient autrefois ce jour-là. Actuellement, c'est aux éboueurs, aux laitiers ou aux jeunes livreurs de journaux que l'on offre des étrennes.

boxing glove *n* gant *m* de boxe.

box office *n* bureau *m* de location.

boxroom ['bɒksrʊm] *n Br* débarras *m*.

boy [bɔɪ] ◇ *n (male child)* garçon *m*. ◇ *excl inf*: **(oh) ~!** ben, mon vieux!, ben, dis-donc!

boycott ['bɔɪkɒt] ◇ *n* boycott *m*, boycottage *m*. ◇ *vt* boycotter.

boyfriend ['bɔɪfrend] *n* copain *m*, petit ami *m*.

boyish ['bɔɪɪʃ] *adj (appearance - of man)* gamin(e); *(- of woman)* de garçon; *(behaviour)* garçonnier(ère).

BR *(abbr of* **British Rail**) *n* = SNCF *f*.

bra [brɑː] *n* soutien-gorge *m*.

brace [breɪs] ◇ *n* 1. *(on teeth)* appareil *m* (dentaire). 2. *(on leg)* appareil *m* orthopédique. ◇ *vt* 1. *(steady)* soutenir, consolider; **to ~ o.s.** s'accrocher, se cramponner. 2. *fig (prepare)*: **to ~ o.s. (for sthg)** se préparer (à qqch). ◆ **braces** *npl Br* bretelles *fpl*.

bracelet ['breɪslɪt] *n* bracelet *m*.

bracing ['breɪsɪŋ] *adj* vivifiant(e).

bracken ['brækn] *n* fougère *f*.

bracket ['brækɪt] ◇ *n* 1. *(support)* support *m*. 2. *(parenthesis - round)* parenthèse *f*; *(- square)* crochet *m*; **in ~s** entre parenthèses/crochets. 3. *(group)*: **age/income ~** tranche *f* d'âge/de revenus. ◇ *vt (enclose in brackets)* mettre entre parenthèses/crochets.

brag [bræg] *vi* se vanter.

braid [breɪd] ◇ *n* 1. *(on uniform)* galon *m*. 2. *(of hair)* tresse *f*, natte *f*. ◇ *vt (hair)* tresser, natter.

brain [breɪn] *n* cerveau *m*. ◆ **brains**

npl (intelligence) intelligence *f*.
brainchild ['breɪntʃaɪld] *n inf* idée *f* personnelle, invention *f* personnelle.
brainwash ['breɪnwɒʃ] *vt* faire un lavage de cerveau à.
brainwave ['breɪnweɪv] *n* idée *f* géniale OR de génie.
brainy ['breɪnɪ] *adj inf* intelligent(e).
brake [breɪk] ◇ *n lit & fig* frein *m*. ◇ *vi* freiner.
brake light *n* stop *m*, feu *m* arrière.
bramble ['bræmbl] *n (bush)* ronce *f*; *(fruit)* mûre *f*.
bran [bræn] *n* son *m*.
branch [brɑːntʃ] ◇ *n* 1. *(of tree, subject)* branche *f*. 2. *(of railway)* bifurcation *f*, embranchement *m*. 3. *(of company)* filiale *f*, succursale *f*; *(of bank)* agence *f*. ◇ *vi* bifurquer. ◆ **branch out** *vi (person, company)* étendre ses activités, se diversifier.
brand [brænd] ◇ *n* 1. (COMM) marque *f*. 2. *fig (type, style)* type *m*, genre *m*. ◇ *vt* 1. *(cattle)* marquer au fer rouge. 2. *fig (classify)*: **to ~ sb (as) sthg** étiqueter qqn comme qqch, coller à qqn l'étiquette de qqch.
brandish ['brændɪʃ] *vt* brandir.
brand name *n* marque *f*.
brand-new *adj* flambant neuf (flambant neuve), tout neuf (toute neuve).
brandy ['brændɪ] *n* cognac *m*.
brash [bræʃ] *adj* effronté(e).
brass [brɑːs] *n* 1. *(metal)* laiton *m*, cuivre *m* jaune. 2. (MUS): **the ~** les cuivres *mpl*.
brass band *n* fanfare *f*.
brassiere [*Br* 'bræsɪəʳ, *Am* brə'zɪr] *n* soutien-gorge *m*.
brat [bræt] *n inf pej* sale gosse *m*.
bravado [brə'vɑːdəʊ] *n* bravade *f*.
brave [breɪv] ◇ *adj* courageux(euse), brave. ◇ *n* guerrier *m* indien, brave *m*. ◇ *vt* braver, affronter.
bravery ['breɪvərɪ] *n* courage *m*, bravoure *f*.
brawl [brɔːl] *n* bagarre *f*, rixe *f*.
brawn [brɔːn] *n (U)* 1. *(muscle)* muscle *m*. 2. *Br (meat)* fromage *m* de tête.
bray [breɪ] *vi (donkey)* braire.
brazen ['breɪzn] *adj (person)* effronté (e), impudent(e); *(lie)* éhonté(e). ◆ **brazen out** *vt sep*: **to ~ it out** crâner.
brazier ['breɪzjəʳ] *n* brasero *m*.
Brazil [brə'zɪl] *n* Brésil *m*.
Brazilian [brə'zɪljən] ◇ *adj* brésilien (enne). ◇ *n* Brésilien *m*, -enne *f*.
brazil nut *n* noix *f* du Brésil.
breach [briːtʃ] ◇ *n* 1. *(of law, agreement)* infraction *f*, violation *f*; *(of promise)* rupture *f*; **to be in ~ of sthg** enfreindre OR violer qqch; **~ of contract** rupture *f* de contrat. 2. *(opening, gap)* trou *m*, brèche *f*. ◇ *vt* 1. *(agreement, contract)* rompre. 2. *(make hole in)* faire une brèche dans.
breach of the peace *n* atteinte *f* à l'ordre public.
bread [bred] *n* pain *m*; **~ and butter** tartine *f* beurrée, pain beurré; *fig* gagne-pain *m*.
bread bin *Br*, **bread box** *Am n* boîte *f* à pain.
breadcrumbs ['bredkrʌmz] *npl* chapelure *f*.
breadline ['bredlaɪn] *n*: **to be on the ~** être sans ressources OR sans le sou.
breadth [bretθ] *n* 1. *(width)* largeur *f*. 2. *fig (scope)* ampleur *f*, étendue *f*.
breadwinner ['bred,wɪnəʳ] *n* soutien *m* de famille.
break [breɪk] (*pt* **broke**, *pp* **broken**) ◇ *n* 1. *(gap)*: **~ (in)** trouée *f* (dans). 2. *(fracture)* fracture *f*. 3. *(pause - gen)* pause *f*; *(- at school)* récréation *f*; **to take a ~** *(short)* faire une pause; *(longer)* prendre des jours de congé; **without a ~** sans interruption; **to have a ~ from doing sthg** arrêter de faire qqch. 4. *inf (luck)*: **(lucky) ~** chance *f*, veine *f*. ◇ *vt* 1. *(gen)* casser, briser; **to ~ one's arm/leg** se casser le bras/la jambe; **to ~ a record** battre un record. 2. *(interrupt - journey)* interrompre; *(- contact, silence)* rompre. 3. *(not keep - law, rule)* enfreindre, violer; *(- promise)* manquer à. 4. *(tell)*: **to ~ the news (of sthg to sb)** annoncer la nouvelle (de qqch à qqn). ◇ *vi* 1. *(gen)* se casser, se briser; **to ~ loose** OR **free** se dégager, s'échapper. 2. *(pause)* s'arrêter, faire une pause. 3. *(weather)* se gâter. 4. *(voice - with emotion)* se briser; *(- at puberty)* muer. 5. *(news)* se répandre, éclater. 6. *phr*: **to ~ even** rentrer dans ses frais. ◆ **break away** *vi (escape)* s'échapper. ◆ **break down** ◇ *vt sep* 1. *(destroy - barrier)* démolir; *(- door)* enfoncer. 2. *(analyse)* analyser. ◇ *vi* 1. *(car, machine)* tomber en panne; *(resistance)* céder; *(negotiations)* échouer. 2. *(emotionally)* fondre en larmes, éclater en sanglots. ◆ **break in** ◇ *vi* 1. *(burglar)* entrer par effraction. 2. *(interrupt)*: **to ~ in (on sb/sthg)** interrompre (qqn/qqch). ◇ *vt sep (horse)* dresser; *(person)* rompre, accoutumer. ◆ **break into** *vt fus* 1. *(subj: burglar)* entrer par effraction dans. 2. *(begin)*: **to**

~ into song/applause se mettre à chanter/applaudir. ◆ **break off** ◇ *vt sep* 1. *(detach)* détacher. 2. *(talks, relationship)* rompre; *(holiday)* interrompre. ◇ *vi* 1. *(become detached)* se casser, se détacher. 2. *(stop talking)* s'interrompre, se taire. ◆ **break out** *vi* 1. *(begin - fire)* se déclarer; *(- fighting)* éclater. 2. *(escape)*: **to ~ out (of)** s'échapper (de), s'évader (de). ◆ **break up** ◇ *vt sep* 1. *(into smaller pieces)* mettre en morceaux. 2. *(end - marriage, relationship)* détruire; *(- fight, party)* mettre fin à. ◇ *vi* 1. *(into smaller pieces - gen)* se casser en morceaux; *(- ship)* se briser. 2. *(end - marriage, relationship)* se briser; *(- talks, party)* prendre fin; *(- school)* finir, fermer; **to ~ up (with sb)** rompre (avec qqn). 3. *(crowd)* se disperser.

breakage ['breɪkɪdʒ] *n* bris *m*.

breakdown ['breɪkdaʊn] *n* 1. *(of vehicle, machine)* panne *f*; *(of negotiations)* échec *m*; *(in communications)* rupture *f*. 2. *(analysis)* détail *m*.

breakfast ['brekfəst] *n* petit déjeuner *m*.

breakfast television *n Br* télévision *f* du matin.

break-in *n* cambriolage *m*.

breaking ['breɪkɪŋ] *n*: **~ and entering** (JUR) entrée *f* par effraction.

breakneck ['breɪknek] *adj*: **at ~ speed** à fond de train.

breakthrough ['breɪkθruː] *n* percée *f*.

breakup ['breɪkʌp] *n (of marriage, relationship)* rupture *f*.

breast [brest] *n* 1. *(of woman)* sein *m*; *(of man)* poitrine *f*. 2. *(meat of bird)* blanc *m*.

breast-feed *vt & vi* allaiter.

breaststroke ['breststrəʊk] *n* brasse *f*.

breath [breθ] *n* souffle *m*, haleine *f*; **to take a deep ~** inspirer profondément; **out of ~** hors d'haleine, à bout de souffle; **to get one's ~ back** reprendre haleine OR son souffle.

breathalyse *Br*, **-yze** *Am* ['breθəlaɪz] *vt* = faire subir l'Alcootest® à.

breathe [briːð] ◇ *vi* respirer. ◇ *vt* 1. *(inhale)* respirer. 2. *(exhale - smell)* souffler des relents de. ◆ **breathe in** ◇ *vi* inspirer. ◇ *vt sep* aspirer. ◆ **breathe out** *vi* expirer.

breather ['briːðə^r] *n inf* moment *m* de repos OR répit.

breathing ['briːðɪŋ] *n* respiration *f*.

breathless ['breθlɪs] *adj* 1. *(out of breath)* hors d'haleine, essoufflé(e). 2. *(with excitement)* fébrile, fiévreux(euse).

breathtaking ['breθ,teɪkɪŋ] *adj* à vous couper le souffle.

breed [briːd] (*pt & pp* **bred** [bred]) ◇ *n lit & fig* race *f*, espèce *f*. ◇ *vt* 1. *(animals, plants)* élever. 2. *fig (suspicion, contempt)* faire naître, engendrer. ◇ *vi* se reproduire.

breeding ['briːdɪŋ] *n (U)* 1. *(of animals, plants)* élevage *m*. 2. *(manners)* bonnes manières *fpl*, savoir-vivre *m*.

breeze [briːz] *n* brise *f*.

breezy ['briːzɪ] *adj* 1. *(windy)* venteux (euse). 2. *(cheerful)* jovial(e), enjoué(e).

brevity ['brevɪtɪ] *n* brièveté *f*.

brew [bruː] ◇ *vt (beer)* brasser; *(tea)* faire infuser; *(coffee)* préparer, faire. ◇ *vi* 1. *(tea)* infuser; *(coffee)* se faire. 2. *fig (trouble, storm)* se préparer, couver.

brewer ['bruːə^r] *n* brasseur *m*.

brewery ['brʊərɪ] *n* brasserie *f*.

bribe [braɪb] ◇ *n* pot-de-vin *m*. ◇ *vt*: **to ~ sb (to do sthg)** soudoyer qqn (pour qu'il fasse qqch).

bribery ['braɪbərɪ] *n* corruption *f*.

brick [brɪk] *n* brique *f*.

bricklayer ['brɪk,leɪə^r] *n* maçon *m*.

bridal ['braɪdl] *adj (dress)* de mariée; *(suite etc)* nuptial(e).

bride [braɪd] *n* mariée *f*.

bridegroom ['braɪdgrʊm] *n* marié *m*.

bridesmaid ['braɪdzmeɪd] *n* demoiselle *f* d'honneur.

bridge [brɪdʒ] ◇ *n* 1. *(gen)* pont *m*. 2. *(on ship)* passerelle *f*. 3. *(of nose)* arête *f*. 4. *(card game, for teeth)* bridge *m*. ◇ *vt fig (gap)* réduire.

bridle ['braɪdl] *n* bride *f*.

bridle path *n* piste *f* cavalière.

brief [briːf] ◇ *adj* 1. *(short)* bref (brève), court(e); **in ~** en bref, en deux mots. 2. *(revealing)* très court(e). ◇ *n* 1. (JUR) affaire *f*, dossier *m*. 2. *Br (instructions)* instructions *fpl*. ◇ *vt*: **to ~ sb (on)** *(bring up to date)* mettre qqn au courant (de); *(instruct)* briefer qqn (sur). ◆ **briefs** *npl* slip *m*.

briefcase ['briːfkeɪs] *n* serviette *f*.

briefing ['briːfɪŋ] *n* instructions *fpl*, briefing *m*.

briefly ['briːflɪ] *adv* 1. *(for a short time)* un instant. 2. *(concisely)* brièvement.

brigade [brɪ'geɪd] *n* brigade *f*.

bright [braɪt] *adj* 1. *(room)* clair(e); *(light, colour)* vif (vive); *(sunlight)* éclatant(e); *(eyes, future)* brillant(e). 2. *(intelligent)* intelligent(e).

brighten ['braɪtn] *vi* 1. *(become lighter)*

s'éclaircir. **2.** *(face, mood)* s'éclairer. ◆ **brighten up** ◇ *vt sep* égayer. ◇ *vi* **1.** *(person)* s'égayer, s'animer. **2.** *(weather)* se dégager, s'éclaircir.

brilliance ['brɪljəns] *n* **1.** *(cleverness)* intelligence *f*. **2.** *(of colour, light)* éclat *m*.

brilliant ['brɪljənt] *adj* **1.** *(gen)* brillant (e). **2.** *(colour)* éclatant(e). **3.** *inf (wonderful)* super *(inv)*, génial(e).

Brillo pad® ['brɪləʊ-] *n* ≃ tampon *m* Jex®.

brim [brɪm] ◇ *n* bord *m*. ◇ *vi*: **to ~ with** *lit & fig* être plein(e) de.

brine [braɪn] *n* saumure *f*.

bring [brɪŋ] (*pt & pp* **brought**) *vt* **1.** *(person)* amener; *(object)* apporter. **2.** *(cause - happiness, shame)* entraîner, causer; **to ~ sthg to an end** mettre fin à qqch. ◆ **bring about** *vt sep* causer, provoquer. ◆ **bring around** *vt sep (make conscious)* ranimer. ◆ **bring back** *vt sep* **1.** *(object)* rapporter; *(person)* ramener. **2.** *(memories)* rappeler. **3.** *(reinstate)* rétablir. ◆ **bring down** *vt sep* **1.** *(plane)* abattre; *(government)* renverser. **2.** *(prices)* faire baisser. ◆ **bring forward** *vt sep* **1.** *(gen)* avancer. **2.** *(in bookkeeping)* reporter. ◆ **bring in** *vt sep* **1.** *(law)* introduire. **2.** *(money - subj: person)* gagner; *(- subj: deal)* rapporter. ◆ **bring off** *vt sep (plan)* réaliser, réussir; *(deal)* conclure, mener à bien. ◆ **bring out** *vt sep* **1.** *(product)* lancer; *(book)* publier, faire paraître. **2.** *(cause to appear)* faire ressortir. ◆ **bring round, bring to** = **bring around**. ◆ **bring up** *vt sep* **1.** *(raise - children)* élever. **2.** *(mention)* mentionner. **3.** *(vomit)* rendre, vomir.

brink [brɪŋk] *n*: **on the ~ of** au bord de, à la veille de.

brisk [brɪsk] *adj* **1.** *(quick)* vif (vive), rapide. **2.** *(manner, tone)* déterminé(e).

bristle ['brɪsl] ◇ *n* poil *m*. ◇ *vi lit & fig* se hérisser.

Britain ['brɪtn] *n* Grande-Bretagne *f*; **in ~** en Grande-Bretagne.

British ['brɪtɪʃ] *adj* britannique.

British Isles *npl*: **the ~** les îles *fpl* Britanniques.

British Rail *n société des chemins de fer britanniques*, ≃ SNCF *f*.

British Telecom [-'telɪkɒm] *n société britannique de télécommunications*.

Briton ['brɪtn] *n* Britannique *mf*.

Brittany ['brɪtənɪ] *n* Bretagne *f*.

brittle ['brɪtl] *adj* fragile.

broach [brəʊtʃ] *vt (subject)* aborder.

broad [brɔːd] *adj* **1.** *(wide)* large; *(range, interests)* divers(e), varié(e). **2.** *(description)* général(e). **3.** *(hint)* transparent(e); *(accent)* prononcé(e). ◆ **in broad daylight** *adv* en plein jour.

B road *n Br* route *f* départementale.

broad bean *n* fève *f*.

broadcast ['brɔːdkɑːst] (*pt & pp* **broadcast**) ◇ *n* (RADIO & TV) émission *f*. ◇ *vt* (RADIO) radiodiffuser; (TV) téléviser.

broaden ['brɔːdn] ◇ *vt* élargir. ◇ *vi* s'élargir.

broadly ['brɔːdlɪ] *adv (generally)* généralement.

broadminded [,brɔːd'maɪndɪd] *adj* large d'esprit.

broccoli ['brɒkəlɪ] *n* brocoli *m*.

brochure ['brəʊʃər] *n* brochure *f*, prospectus *m*.

broil [brɔɪl] *vt Am* griller.

broke [brəʊk] ◇ *pt* → **break**. ◇ *adj inf* fauché(e).

broken ['brəʊkn] ◇ *pp* → **break**. ◇ *adj* **1.** *(gen)* cassé(e); **to have a ~ leg** avoir la jambe cassée. **2.** *(interrupted - journey, sleep)* interrompu(e); *(- line)* brisé(e). **3.** *(marriage)* brisé(e), détruit(e); *(home)* désuni(e). **4.** *(hesitant)*: **to speak in ~ English** parler un anglais hésitant.

broker ['brəʊkər] *n* courtier *m*; **(insurance) ~** assureur *m*, courtier *m* d'assurances.

brolly ['brɒlɪ] *n Br inf* pépin *m*.

bronchitis [brɒŋ'kaɪtɪs] *n (U)* bronchite *f*.

bronze [brɒnz] ◇ *adj (colour)* (couleur) bronze *(inv)*. ◇ *n (gen)* bronze *m*.

brooch [brəʊtʃ] *n* broche *f*.

brood [bruːd] ◇ *n (of animals)* couvée *f*. ◇ *vi*: **to ~ (over** OR **about sthg)** ressasser (qqch), remâcher (qqch).

brook [brʊk] *n* ruisseau *m*.

broom [bruːm] *n* balai *m*.

broomstick ['bruːmstɪk] *n* manche *m* à balai.

Bros, bros (*abbr of* **brothers**) Frères.

broth [brɒθ] *n* bouillon *m*.

brothel ['brɒθl] *n* bordel *m*.

brother ['brʌðər] *n* frère *m*.

brother-in-law (*pl* **brothers-in-law**) *n* beau-frère *m*.

brought [brɔːt] *pt & pp* → **bring**.

brow [braʊ] *n* **1.** *(forehead)* front *m*. **2.** *(eyebrow)* sourcil *m*. **3.** *(of hill)* sommet *m*.

brown [braʊn] ◇ *adj* **1.** *(colour)* brun (e), marron *(inv)*; **~ bread** pain *m* bis. **2.** *(tanned)* bronzé(e), hâlé(e). ◇ *n* *(colour)* marron *m*, brun *m*. ◇ *vt (food)* faire dorer.

Brownie (Guide) ['braʊnɪ-] *n* ≃ jeannette *f*.

Brownie point ['braʊnɪ-] *n* bon point *m*.

brown paper *n* papier *m* d'emballage, papier kraft.

brown rice *n* riz *m* complet.

brown sugar *n* sucre *m* roux.

browse [braʊz] *vi* 1. *(look)*: **I'm just browsing** *(in shop)* je ne fais que regarder; **to ~ through** *(magazines etc)* feuilleter. 2. *(animal)* brouter.

browser ['braʊzəʳ] *n* (COMPUT) navigateur *m*.

bruise [bruːz] ◇ *n* bleu *m*. ◇ *vt* 1. *(skin, arm)* se faire un bleu à; *(fruit)* taler. 2. *fig (pride)* meurtrir, blesser.

brunch [brʌntʃ] *n* brunch *m*.

brunette [bruː'net] *n* brunette *f*.

brunt [brʌnt] *n*: **to bear** OR **take the ~ of** subir le plus gros de.

brush [brʌʃ] ◇ *n* 1. *(gen)* brosse *f*; *(of painter)* pinceau *m*. 2. *(encounter)*: **to have a ~ with the police** avoir des ennuis avec la police. ◇ *vt* 1. *(clean with brush)* brosser. 2. *(touch lightly)* effleurer. ◆ **brush aside** *vt sep fig* écarter, repousser. ◆ **brush off** *vt sep (dismiss)* envoyer promener. ◆ **brush up** ◇ *vt sep (revise)* réviser. ◇ *vi*: **to ~ up on sthg** réviser qqch.

brush-off *n inf*: **to give sb the ~** envoyer promener qqn.

brushwood ['brʌʃwʊd] *n (U)* brindilles *fpl*.

brusque [bruːsk] *adj* brusque.

Brussels ['brʌslz] *n* Bruxelles.

brussels sprout *n* chou *m* de Bruxelles.

brutal ['bruːtl] *adj* brutal(e).

brute [bruːt] ◇ *adj (force)* brutal(e). ◇ *n* brute *f*.

BSc *(abbr of* **Bachelor of Science**) *n (titulaire d'une) licence de sciences.*

BSE *(abbr of* **bovine spongiform encephalopathy**) *n* encéphalopathie *f* spongiforme bovine.

BT *(abbr of* **British Telecom**) *n société britannique de télécommunications.*

bubble ['bʌbl] ◇ *n* bulle *f*. ◇ *vi* 1. *(liquid)* faire des bulles, bouillonner. 2. *fig (person)*: **to ~ with** déborder de.

bubble bath *n* bain *m* moussant.

bubble gum *n* bubble-gum *m*.

bubblejet printer ['bʌbldʒet-] *n* imprimante *f* à bulle d'encre.

Bucharest [ˌbjuːkə'rest] *n* Bucarest.

buck [bʌk] ◇ *n* 1. *(male animal)* mâle *m*. 2. *inf (dollar)* dollar *m*. 3. *inf (responsibility)*: **to pass the ~** refiler la responsabilité. ◇ *vi (horse)* ruer. ◆ **buck up** *inf vi* 1. *(hurry up)* se remuer, se dépêcher. 2. *(cheer up)* ne pas se laisser abattre.

bucket ['bʌkɪt] *n (gen)* seau *m*.

Buckingham Palace ['bʌkɪŋəm-] *n* le palais de Buckingham *(résidence officielle du souverain britannique)*.

BUCKINGHAM PALACE

Résidence officielle du monarque britannique à Londres, Buckingham Palace a été construit en 1703 pour le duc de Buckingham. Il se trouve à l'extrémité du Mall, longue avenue bordée d'arbres allant jusqu'à Trafalgar Square. La cérémonie de la relève de la garde a lieu chaque jour dans la cour du palais.

buckle ['bʌkl] ◇ *n* boucle *f*. ◇ *vt* 1. *(fasten)* boucler. 2. *(bend)* voiler. ◇ *vi (wheel)* se voiler; *(knees, legs)* se plier.

bud [bʌd] ◇ *n* bourgeon *m*. ◇ *vi* bourgeonner.

Budapest [ˌbjuːdə'pest] *n* Budapest.

Buddha ['bʊdə] *n* Bouddha *m*.

Buddhism ['bʊdɪzm] *n* bouddhisme *m*.

budding ['bʌdɪŋ] *adj (writer, artist)* en herbe.

buddy ['bʌdɪ] *n inf* pote *m*.

budge [bʌdʒ] ◇ *vt* faire bouger. ◇ *vi* bouger.

budgerigar ['bʌdʒərɪgɑːʳ] *n* perruche *f*.

budget ['bʌdʒɪt] ◇ *adj (holiday, price)* pour petits budgets. ◇ *n* budget *m*. ◆ **budget for** *vt fus* prévoir.

budgie ['bʌdʒɪ] *n inf* perruche *f*.

buff [bʌf] ◇ *adj (brown)* chamois *(inv)*. ◇ *n inf (expert)* mordu *m*, -e *f*.

buffalo ['bʌfələʊ] (*pl inv* OR **-es** OR **-s**) *n* buffle *m*.

buffer ['bʌfəʳ] *n* 1. *(gen)* tampon *m*. 2. (COMPUT) mémoire *f* tampon.

buffet¹ [*Br* 'bʊfeɪ, *Am* bə'feɪ] *n (food, cafeteria)* buffet *m*.

buffet² ['bʌfɪt] *vt (physically)* frapper.

buffet car ['bʊfeɪ-] *n* wagon-restaurant *m*.

bug [bʌg] ◇ *n* 1. *(insect)* punaise *f*. 2. *inf (germ)* microbe *m*. 3. *inf (listening device)* micro *m*. 4. (COMPUT) défaut *m*, bug *m*. ◇ *vt* 1. *inf (telephone)* mettre sur table d'écoute; *(room)* cacher des micros dans. 2. *inf (annoy)* embêter.

bugger ['bʌgəʳ] *Br v inf* ◇ *n (person)*

con *m*, conne *f*. ◇ *excl* merde! ◆ **bugger off** *vi*: ~ **off!** fous le camp!
buggy ['bʌgɪ] *n* 1. *(carriage)* boghei *m*. 2. *(pushchair)* poussette *f*; *Am (pram)* landau *m*.
bugle ['bjuːgl] *n* clairon *m*.
build [bɪld] (*pt & pp* **built**) ◇ *vt lit & fig* construire, bâtir. ◇ *n* carrure *f*. ◆ **build on, build upon** ◇ *vt fus (success)* tirer avantage de. ◇ *vt sep (base on)* baser sur. ◆ **build up** ◇ *vt sep (business)* développer; *(reputation)* bâtir. ◇ *vi (clouds)* s'amonceler; *(traffic)* augmenter.
builder ['bɪldəʳ] *n* entrepreneur *m*.
building ['bɪldɪŋ] *n* bâtiment *m*.
building and loan association *n Am société d'épargne et de financement immobilier.*
building site *n* chantier *m*.
building society *n Br* = société *f* d'épargne et de financement immobilier.
buildup ['bɪldʌp] *n (increase)* accroissement *m*.
built [bɪlt] *pt & pp* → **build**.
built-in *adj* 1. (CONSTR) encastré(e). 2. *(inherent)* inné(e).
built-up *adj*: ~ **area** agglomération *f*.
bulb [bʌlb] *n* 1. (ELEC) ampoule *f*. 2. (BOT) oignon *m*.
Bulgaria [bʌl'geərɪə] *n* Bulgarie *f*.
Bulgarian [bʌl'geərɪən] ◇ *adj* bulgare. ◇ *n* 1. *(person)* Bulgare *mf*. 2. *(language)* bulgare *m*.
bulge [bʌldʒ] ◇ *n (lump)* bosse *f*. ◇ *vi*: **to ~ (with)** être gonflé (de).
bulk [bʌlk] ◇ *n* 1. *(mass)* volume *m*. 2. *(of person)* corpulence *f*. 3. (COMM): **in ~** en gros. 4. *(majority)*: **the ~ of** le plus gros de. ◇ *adj* en gros.
bulky ['bʌlkɪ] *adj* volumineux(euse).
bull [bʊl] *n (male cow)* taureau *m*; *(male elephant, seal)* mâle *m*.
bulldog ['bʊldɒg] *n* bouledogue *m*.
bulldozer ['bʊldəʊzəʳ] *n* bulldozer *m*.
bullet ['bʊlɪt] *n (for gun)* balle *f*.
bulletin ['bʊlətɪn] *n* bulletin *m*.
bullet-proof *adj* pare-balles (*inv*).
bullfight ['bʊlfaɪt] *n* corrida *f*.
bullfighter ['bʊl,faɪtəʳ] *n* toréador *m*.
bullfighting ['bʊl,faɪtɪŋ] *n (U)* courses *fpl* de taureaux; *(art)* tauromachie *f*.
bullion ['bʊljən] *n (U)*: **gold ~** or *m* en barres.
bullock ['bʊlək] *n* bœuf *m*.
bullring ['bʊlrɪŋ] *n* arène *f*.
bull's-eye *n* centre *m*.
bully ['bʊlɪ] ◇ *n* tyran *m*. ◇ *vt* tyranniser, brutaliser.
bum [bʌm] *n* 1. *v inf (bottom)* derrière *m*. 2. *inf pej (tramp)* clochard *m*.
bumblebee ['bʌmblbiː] *n* bourdon *m*.
bump [bʌmp] ◇ *n* 1. *(lump)* bosse *f*. 2. *(knock, blow)* choc *m*. 3. *(noise)* bruit *m* sourd. ◇ *vt (head etc)* cogner; *(car)* heurter. ◆ **bump into** *vt fus (meet by chance)* rencontrer par hasard.
bumper ['bʌmpəʳ] ◇ *adj (harvest, edition)* exceptionnel(elle). ◇ *n* 1. (AUT) pare-chocs *m inv*. 2. *Am* (RAIL) tampon *m*.
bumptious ['bʌmpʃəs] *adj* suffisant(e).
bumpy ['bʌmpɪ] *adj* 1. *(surface)* défoncé (e). 2. *(ride)* cahoteux(euse); *(sea crossing)* agité(e).
bun [bʌn] *n* 1. *(cake)* petit pain *m* aux raisins; *(bread roll)* petit pain au lait. 2. *(hairstyle)* chignon *m*.
bunch [bʌntʃ] ◇ *n (of people)* groupe *m*; *(of flowers)* bouquet *m*; *(of grapes)* grappe *f*; *(of bananas)* régime *m*; *(of keys)* trousseau *m*. ◇ *vi* se grouper. ◆ **bunches** *npl (hairstyle)* couettes *fpl*.
bundle ['bʌndl] ◇ *n (of clothes)* paquet *m*; *(of notes, newspapers)* liasse *f*; *(of wood)* fagot *m*. ◇ *vt (put roughly - person)* entasser; *(- clothes)* fourrer, entasser.
bung [bʌŋ] ◇ *n* bonde *f*. ◇ *vt Br inf* envoyer.
bungalow ['bʌŋgələʊ] *n* bungalow *m*.
bungle ['bʌŋgl] *vt* gâcher, bâcler.
bunion ['bʌnjən] *n* oignon *m*.
bunk [bʌŋk] *n (bed)* couchette *f*.
bunk bed *n* lit *m* superposé.
bunker ['bʌŋkəʳ] *n* 1. (GOLF & MIL) bunker *m*. 2. *(for coal)* coffre *m*.
bunny ['bʌnɪ] *n*: ~ **(rabbit)** lapin *m*.
bunting ['bʌntɪŋ] *n (U)* guirlandes *fpl* (de drapeaux).
buoy [*Br* bɔɪ, *Am* 'buːɪ] *n* bouée *f*. ◆ **buoy up** *vt sep (encourage)* soutenir.
buoyant ['bɔɪənt] *adj* 1. *(able to float)* qui flotte. 2. *fig (person)* enjoué(e); *(economy)* florissant(e); *(market)* ferme.
burden ['bɜːdn] ◇ *n lit & fig*: ~ **(on)** charge *f* (pour), fardeau *m* (pour). ◇ *vt*: **to ~ sb with** *(responsibilities, worries)* accabler qqn de.
bureau ['bjʊərəʊ] (*pl* **-x**) *n* 1. *Br (desk)* bureau *m*; *Am (chest of drawers)* commode *f*. 2. *(office)* bureau *m*.
bureaucracy [bjʊə'rɒkrəsɪ] *n* bureaucratie *f*.
bureaux ['bjʊərəʊz] *pl* → **bureau**.

burger ['bɜːgəʳ] *n* hamburger *m*.
burglar ['bɜːgləʳ] *n* cambrioleur *m*, -euse *f*.
burglar alarm *n* système *m* d'alarme.
burglarize *Am* = **burgle**.
burglary ['bɜːgləri] *n* cambriolage *m*.
burgle ['bɜːgl], **burglarize** *Am* ['bɜːgləraɪz] *vt* cambrioler.
Burgundy ['bɜːgəndi] *n* Bourgogne *f*.
burial ['beriəl] *n* enterrement *m*.
burly ['bɜːli] *adj* bien charpenté(e).
Burma ['bɜːmə] *n* Birmanie *f*.
burn [bɜːn] (*pt & pp* **burnt** OR **-ed**) ◇ *vt* brûler; **I've ~ed my hand** je me suis brûlé la main. ◇ *vi* brûler. ◇ *n* brûlure *f*. ◆ **burn down** ◇ *vt sep (building, town)* incendier. ◇ *vi (building)* brûler complètement.
burner ['bɜːnəʳ] *n* brûleur *m*.
Burns' Night [bɜːnz-] *n fête célébrée en l'honneur du poète écossais Robert Burns, le 25 janvier.*
burnt [bɜːnt] *pt & pp* → **burn**.
burp [bɜːp] *inf* ◇ *n* rot *m*. ◇ *vi* roter.
burrow ['bʌrəʊ] ◇ *n* terrier *m*. ◇ *vi* **1.** *(dig)* creuser un terrier. **2.** *fig (search)* fouiller.
bursar ['bɜːsəʳ] *n* intendant *m*, -e *f*.
bursary ['bɜːsəri] *n Br (scholarship, grant)* bourse *f*.
burst [bɜːst] (*pt & pp* **burst**) ◇ *vi (gen)* éclater. ◇ *vt* faire éclater. ◇ *n (of gunfire)* rafale *f*; *(of enthusiasm)* élan *m*; **a ~ of applause** un tonnerre d'applaudissements. ◆ **burst into** *vt fus* **1.** *(room)* faire irruption dans. **2.** *(begin suddenly)*: **to ~ into tears** fondre en larmes; **to ~ into flames** prendre feu. ◆ **burst out** *vt fus (say suddenly)* s'exclamer; **to ~ out laughing** éclater de rire.
bury ['beri] *vt* **1.** *(in ground)* enterrer. **2.** *(hide)* cacher, enfouir.
bus [bʌs] *n* autobus *m*, bus *m*; *(long-distance)* car *m*; **by ~** en autobus/car.
bush [bʊʃ] *n* **1.** *(plant)* buisson *m*. **2.** *(open country)*: **the ~** la brousse. **3.** *phr*: **she doesn't beat about the ~** elle n'y va pas par quatre chemins.
bushy ['bʊʃi] *adj* touffu(e).
business ['bɪznɪs] *n* **1.** *(U) (commerce)* affaires *fpl*; **we do a lot of ~ with them** nous travaillons beaucoup avec eux; **on ~** pour affaires; **to mean ~** *inf* ne pas plaisanter; **to go out of ~** fermer, faire faillite. **2.** *(company, duty)* affaire *f*; **mind your own ~!** *inf* occupe-toi de tes oignons! **3.** *(affair, matter)* histoire *f*, affaire *f*.
business class *n* classe *f* affaires.
businesslike ['bɪznɪslaɪk] *adj* efficace.
businessman ['bɪznɪsmæn] (*pl* **-men** [-men]) *n* homme *m* d'affaires.
business trip *n* voyage *m* d'affaires.
businesswoman ['bɪznɪs,wʊmən] (*pl* **-women** [-,wɪmɪn]) *n* femme *f* d'affaires.
busker ['bʌskəʳ] *n Br* chanteur *m*, -euse *f* des rues.
bus shelter *n* Abribus® *m*.
bus station *n* gare *f* routière.
bus stop *n* arrêt *m* de bus.
bust [bʌst] (*pt & pp* **bust** OR **-ed**) ◇ *adj inf* **1.** *(broken)* foutu(e). **2.** *(bankrupt)*: **to go ~** faire faillite. ◇ *n* **1.** *(bosom)* poitrine *f*. **2.** *(statue)* buste *m*. ◇ *vt inf (break)* péter.
bustle ['bʌsl] ◇ *n (U) (activity)* remue-ménage *m*. ◇ *vi* s'affairer.
busy ['bɪzi] ◇ *adj* **1.** *(gen)* occupé(e); **to be ~ doing sthg** être occupé à faire qqch. **2.** *(life, week)* chargé(e); *(town, office)* animé(e). ◇ *vt*: **to ~ o.s. (doing sthg)** s'occuper (à faire qqch).
busybody ['bɪzi,bɒdi] *n pej* mouche *f* du coche.
busy signal *n Am* (TELEC) tonalité *f* 'occupé'.

but [bʌt] ◇ *conj* mais; **I'm sorry, ~ I don't agree** je suis désolé, mais je ne suis pas d'accord. ◇ *prep* sauf, excepté; **everyone was at the party ~ Jane** tout le monde était à la soirée sauf Jane; **he has no one ~ himself to blame** il ne peut s'en prendre qu'à lui-même. ◇ *adv fml* seulement, ne ... que; **had I ~ known!** si j'avais su!; **we can ~ try** on peut toujours essayer. ◆ **but for** *prep* sans.
butcher ['bʊtʃəʳ] ◇ *n* boucher *m*; **~'s (shop)** boucherie *f*. ◇ *vt* **1.** *(animal)* abattre. **2.** *fig (massacre)* massacrer.
butler ['bʌtləʳ] *n* maître *m* d'hôtel *(chez un particulier)*.
butt [bʌt] ◇ *n* **1.** *(of cigarette, cigar)* mégot *m*. **2.** *(of rifle)* crosse *f*. **3.** *(for water)* tonneau *m*. **4.** *(of joke, criticism)* cible *f*. ◇ *vt* donner un coup de tête à. ◆ **butt in** *vi (interrupt)*: **to ~ in on sb** interrompre qqn; **to ~ in on sthg** s'immiscer OR s'imposer dans qqch.
butter ['bʌtəʳ] ◇ *n* beurre *m*. ◇ *vt* beurrer.
buttercup ['bʌtəkʌp] *n* bouton *m* d'or.
butter dish *n* beurrier *m*.
butterfly ['bʌtəflaɪ] *n* (SWIMMING & ZOOL) papillon *m*.

buttocks ['bʌtəks] *npl* fesses *fpl*.
button ['bʌtn] ◇ *n* **1.** *(gen)* bouton *m*. **2.** *Am (badge)* badge *m*. ◇ *vt* = **button up**. ◆ **button up** *vt sep* boutonner.
button mushroom *n* champignon *m* de Paris.
buttress ['bʌtrɪs] *n* contrefort *m*.
buxom ['bʌksəm] *adj* bien en chair.
buy [baɪ] (*pt & pp* **bought**) ◇ *vt* acheter; **to ~ sthg from sb** acheter qqch à qqn. ◇ *n*: **a good ~** une bonne affaire. ◆ **buy up** *vt sep* acheter en masse.
buyer ['baɪəʳ] *n* acheteur *m*, -euse *f*.
buyout ['baɪaʊt] *n* rachat *m*.
buzz [bʌz] ◇ *n* **1.** *(of insect)* bourdonnement *m*. **2.** *inf (telephone call)*: **to give sb a ~** passer un coup de fil à qqn. ◇ *vi*: **to ~ (with)** bourdonner (de). ◇ *vt (on intercom)* appeler.
buzzer ['bʌzəʳ] *n* sonnerie *f*.
buzzword ['bʌzwɜːd] *n inf* mot *m* à la mode.

by [baɪ] ◇ *prep* **1.** *(indicating cause, agent)* par; **caused/written/killed ~** causé/écrit/tué par. **2.** *(indicating means, method, manner)*: **to pay ~ cheque** payer par chèque; **to travel ~ bus/train/plane/ship** voyager en bus/par le train/en avion/en bateau; **he's a lawyer ~ profession** il est avocat de son métier; **~ doing sthg** en faisant qqch; **~ nature** de nature, de tempérament. **3.** *(beside, close to)* près de; **~ the sea** au bord de la mer; **I sat ~ her bed** j'étais assis à son chevet. **4.** *(past)*: **to pass ~ sb/sthg** passer devant qqn/qqch; **to drive ~ sb/sthg** passer en voiture devant qqn/qqch. **5.** *(via, through)* par; **come in ~ the back door** entrez par la porte de derrière. **6.** *(at or before a particular time)* avant, pas plus tard que; **I'll be there ~ eight** j'y serai avant huit heures; **~ now** déjà. **7.** *(during)*: **~ day** le OR de jour; **~ night** la OR de nuit. **8.** *(according to)* selon, suivant; **~ law** conformément à la loi. **9.** *(in arithmetic)* par; **divide/multiply 20 ~ 2** divisez/multipliez 20 par 2. **10.** *(in measurements)*: **2 metres ~ 4** 2 mètres sur 4. **11.** *(in quantities, amounts)* à; **~ the yard** au mètre; **~ the thousands** par milliers; **paid ~ the day/week/month** payé à la journée/à la semaine/au mois; **to cut prices ~ 50%** réduire les prix de 50%. **12.** *(indicating gradual change)*: **day ~ day** jour après jour, de jour en jour; **one ~ one** un à un, un par un. **13.** *phr*: **(all) ~ oneself** (tout) seul ((toute) seule); **I'm all ~ myself today** je suis tout seul aujourd'hui. ◇ *adv* → **go**; **pass** *etc*.

• Dans les constructions passives, l'agent – c'est-à-dire la personne ou la chose qui exécute l'action – est introduit par *by* (*the tickets were booked by my mother; I was hurt by what he said*). L'instrument – la chose utilisée pour exécuter l'action – est introduit par *with* (*he was killed with a knife*).

bye(-bye) [baɪ(baɪ)] *excl inf* au revoir!, salut!
bye-election = **by-election**.
byelaw ['baɪlɔː] = **bylaw**.
by-election *n* élection *f* partielle.
bygone ['baɪgɒn] *adj* d'autrefois. ◆ **bygones** *npl*: **to let ~s be ~s** oublier le passé.
bylaw ['baɪlɔː] *n* arrêté *m*.
bypass ['baɪpɑːs] ◇ *n* **1.** *(road)* route *f* de contournement. **2.** (MED): **~ (operation)** pontage *m*. ◇ *vt (town, difficulty)* contourner; *(subject)* éviter.
by-product *n* **1.** *(product)* dérivé *m*. **2.** *fig (consequence)* conséquence *f*.
bystander ['baɪˌstændəʳ] *n* spectateur *m*, -trice *f*.
byte [baɪt] *n* (COMPUT) octet *m*.
byword ['baɪwɜːd] *n (symbol)*: **to be a ~ for** être synonyme de.

C

c (*pl* **c's** OR **cs**), **C** (*pl* **C's** OR **Cs**) [siː] *n (letter)* c *m inv*, C *m inv*. ◆ **C** *n* **1.** (MUS) do *m*. **2.** (SCH) *(mark)* C *m inv*. **3.** (*abbr of* **Celsius, centigrade**) C.
c., ca. *abbr of* **circa**.
cab [kæb] *n* **1.** *(taxi)* taxi *m*. **2.** *(of lorry)* cabine *f*.
cabaret ['kæbəreɪ] *n* cabaret *m*.
cabbage ['kæbɪdʒ] *n (vegetable)* chou *m*.
cabin ['kæbɪn] *n* **1.** *(on ship, plane)* cabine *f*. **2.** *(house)* cabane *f*.
cabin class *n* seconde classe *f*.
cabinet ['kæbɪnɪt] *n* **1.** *(cupboard)* meuble *m*. **2.** (POL) cabinet *m*.
cable ['keɪbl] ◇ *n* câble *m*. ◇ *vt (news)* câbler; *(person)* câbler à.

cable car *n* téléphérique *m*.

cable television, cable TV *n* télévision *f* par câble.

cache [kæʃ] *n* 1. *(store)* cache *f*. 2. (COMPUT) mémoire-cache *f*, antémémoire *f*.

cackle ['kækl] *vi* 1. *(hen)* caqueter. 2. *(person)* jacasser.

cactus ['kæktəs] (*pl* **-tuses** OR **-ti** [-taɪ]) *n* cactus *m*.

cadet [kə'det] *n* élève *m* officier.

cadge [kædʒ] *Br inf* ◇ *vt*: **to ~ sthg off** OR **from sb** taper qqn de qqch. ◇ *vi*: **to ~ off** OR **from sb** taper qqn.

caesarean (section) *Br*, **cesarean (section)** *Am* [sɪ'zeərɪən-] *n* césarienne *f*.

cafe, café ['kæfeɪ] *n* café *m*.

cafeteria [,kæfɪ'tɪərɪə] *n* cafétéria *f*.

caffeine ['kæfi:n] *n* caféine *f*.

cage [keɪdʒ] *n* *(for animal)* cage *f*.

cagey ['keɪdʒɪ] (*compar* **-ier**, *superl* **-iest**) *adj inf* discret(ète).

cagoule [kə'gu:l] *n Br* K-way® *m inv*.

cajole [kə'dʒəʊl] *vt*: **to ~ sb (into doing sthg)** enjôler qqn (pour qu'il fasse qqch).

Cajun ['keɪdʒən] *adj* cajun.

CAJUN

Colons français installés à l'origine en Nouvelle-Écosse (Canada), les Cajuns furent déportés en Louisiane au XVIIIe siècle. Ils y ont développé un parler et une culture propres: la cuisine cajun, caractérisée par l'utilisation d'épices et de piment, et la musique folk, où dominent le violon et l'accordéon, sont particulièrement réputées.

cake [keɪk] *n* 1. (CULIN) gâteau *m*; *(of fish, potato)* croquette *f*; **it's a piece of ~** *inf fig* c'est du gâteau. 2. *(of soap)* pain *m*.

caked [keɪkt] *adj*: **~ with mud** recouvert(e) de boue séchée.

calcium ['kælsɪəm] *n* calcium *m*.

calculate ['kælkjʊleɪt] *vt* 1. *(result, number)* calculer; *(consequences)* évaluer. 2. *(plan)*: **to be ~d to do sthg** être calculé(e) pour faire qqch.

calculating ['kælkjʊleɪtɪŋ] *adj pej* calculateur(trice).

calculation [,kælkjʊ'leɪʃn] *n* calcul *m*.

calculator ['kælkjʊleɪtəʳ] *n* calculatrice *f*.

calendar ['kælɪndəʳ] *n* calendrier *m*.

calendar year *n* année *f* civile.

calf [kɑ:f] (*pl* **calves**) *n* 1. *(of cow, leather)* veau *m*; *(of elephant)* éléphanteau *m*; *(of seal)* bébé *m* phoque. 2. (ANAT) mollet *m*.

calibre, caliber *Am* ['kælɪbəʳ] *n* calibre *m*.

California [,kælɪ'fɔ:njə] *n* Californie *f*.

calipers *Am* = **callipers**.

call [kɔ:l] ◇ *n* 1. *(cry)* appel *m*, cri *m*. 2. (TELEC) appel *m* (téléphonique). 3. *(summons, invitation)* appel *m*; **to be on ~** *(doctor etc)* être de garde. 4. *(visit)* visite *f*; **to pay a ~ on sb** rendre visite à qqn. 5. *(demand)*: **~ (for)** demande *f* (de). ◇ *vt* 1. *(name, summon, phone)* appeler; **what's this thing ~ed?** comment ça s'appelle ce truc?; **she's ~ed Joan** elle s'appelle Joan; **let's ~ it £10** disons 10 livres. 2. *(label)*: **he ~ed me a liar** il m'a traité de menteur. 3. *(shout)* appeler, crier. 4. *(announce - meeting)* convoquer; *(- strike)* lancer; *(- flight)* appeler; *(- election)* annoncer. ◇ *vi* 1. *(shout - person)* crier; *(- animal, bird)* pousser un cri/des cris. 2. (TELEC) appeler; **who's ~ing?** qui est à l'appareil? 3. *(visit)* passer. ◆ **call back** ◇ *vt sep* rappeler. ◇ *vi* 1. (TELEC) rappeler. 2. *(visit again)* repasser. ◆ **call for** *vt fus* 1. *(collect - person)* passer prendre; *(- package, goods)* passer chercher. 2. *(demand)* demander. ◆ **call in** ◇ *vt sep* 1. *(expert, police etc)* faire venir. 2. (COMM) *(goods)* rappeler; (FIN) *(loan)* exiger le remboursement de. ◇ *vi* passer. ◆ **call off** *vt sep* 1. *(cancel)* annuler. 2. *(dog)* rappeler. ◆ **call on** *vt fus* 1. *(visit)* passer voir. 2. *(ask)*: **to ~ on sb to do sthg** demander à qqn de faire qqch. ◆ **call out** ◇ *vt sep* 1. *(police, doctor)* appeler. 2. *(cry out)* crier. ◇ *vi* *(cry out)* crier. ◆ **call round** *vi* passer. ◆ **call up** *vt sep* 1. (MIL & TELEC) appeler. 2. (COMPUT) rappeler.

call box *n Br* cabine *f* (téléphonique).

caller ['kɔ:ləʳ] *n* 1. *(visitor)* visiteur *m*, -euse *f*. 2. (TELEC) demandeur *m*.

call-in *n Am* (RADIO & TV) programme *m* à ligne ouverte.

calling ['kɔ:lɪŋ] *n* 1. *(profession)* métier *m*. 2. *(vocation)* vocation *f*.

calling card *n Am* carte *f* de visite.

callipers *Br*, **calipers** *Am* ['kælɪpəz] *npl* 1. (MATH) compas *m*. 2. (MED) appareil *m* orthopédique.

callous ['kæləs] *adj* dur(e).

callus ['kæləs] (*pl* **-es**) *n* cal *m*, durillon *m*.

calm [kɑ:m] ◇ *adj* calme. ◇ *n* calme *m*.

◇ *vt* calmer. ◆ **calm down** ◇ *vt sep* calmer. ◇ *vi* se calmer.
Calor gas® ['kæləʳ-] *n Br* butane *m*.
calorie ['kælərɪ] *n* calorie *f*.
calves [kɑːvz] *pl* → **calf**.
camber ['kæmbəʳ] *n (of road)* bombement *m*.
Cambodia [kæm'bəʊdjə] *n* Cambodge *m*.
camcorder ['kæm,kɔːdəʳ] *n* Caméscope® *m*.
came [keɪm] *pt* → **come**.
camel ['kæml] *n* chameau *m*.
cameo ['kæmɪəʊ] (*pl* **-s**) *n* **1.** *(jewellery)* camée *m*. **2.** (CINEMA & THEATRE) courte apparition *f* (d'une grande vedette).
camera ['kæmərə] *n* (PHOT) appareil-photo *m*; (CINEMA & TV) caméra *f*. ◆ **in camera** *adv* à huis clos.
cameraman ['kæmərəmæn] (*pl* **-men** [-men]) *n* cameraman *m*.
Cameroon [,kæmə'ruːn] *n* Cameroun *m*.
camouflage ['kæməflɑːʒ] ◇ *n* camouflage *m*. ◇ *vt* camoufler.
camp [kæmp] ◇ *n* camp *m*. ◇ *vi* camper. ◆ **camp out** *vi* camper.
campaign [kæm'peɪn] ◇ *n* campagne *f*. ◇ *vi*: **to ~ (for/against)** mener une campagne (pour/contre).
camp bed *n* lit *m* de camp.
camper ['kæmpəʳ] *n* **1.** *(person)* campeur *m*, -euse *f*. **2.** *(vehicle)*: **~ (van)** camping-car *m*.
campground ['kæmpgraʊnd] *n Am* terrain *m* de camping.
camping ['kæmpɪŋ] *n* camping *m*; **to go ~** faire du camping.
camping site, campsite ['kæmpsaɪt] *n* (terrain *m* de) camping *m*.
campus ['kæmpəs] (*pl* **-es**) *n* campus *m*.
can¹ [kæn] (*pt & pp* **-ned**, *cont* **-ning**) ◇ *n (of drink, food)* boîte *f*; *(of oil)* bidon *m*; *(of paint)* pot *m*. ◇ *vt* mettre en boîte.
can² [*weak form* kən, *strong form* kæn] (*pt & conditional* **could**, *negative* **cannot** OR **can't**) *modal vb* **1.** *(be able to)* pouvoir; **~ you come to lunch?** tu peux venir déjeuner?; **~ you see/hear/smell something?** tu vois/entends/sens quelque chose? **2.** *(know how to)* savoir; **~ you drive/cook?** tu sais conduire/cuisiner?; **I ~ speak French** je parle le français. **3.** *(indicating permission, in polite requests)* pouvoir; **you ~ use my car if you like** tu peux prendre ma voiture si tu veux; **~ I speak to John, please?** est-ce que je pourrais parler à John, s'il vous plaît? **4.** *(indicating disbelief, puzzlement)* pouvoir; **what ~ she have done with it?** qu'est-ce qu'elle a bien pu en faire?; **you ~'t be serious!** tu ne parles pas sérieusement! **5.** *(indicating possibility)*: **I could see you tomorrow** je pourrais vous voir demain; **the train could have been cancelled** peut-être que le train a été annulé.

- *Can* s'utilise dans les questions pour demander la permission de faire quelque chose ou pour faire une demande (*can you tell me the way to the station?*). *Could* remplit la même fonction mais dans les contextes où l'on veut être particulièrement poli (*could you help me with this, please?*).
- Avec les verbes de perception tels que *hear* (entendre) ou *see* (voir), il est courant de faire précéder le verbe de *can* ou *can't*, qui ne se traduisent pas en français (*can you hear something?* = «est-ce que tu entends quelque chose?»; *I can't see the house from here* = «je ne vois pas la maison d'ici»).
- *Can* et *can't* apparaissent aussi dans des phrases comme *I can speak English* ou *I can't swim*, pour dire que l'on sait faire quelque chose.
- Voir aussi POUVOIR dans la partie français-anglais du dictionnaire.

Canada ['kænədə] *n* Canada *m*; **in ~** au Canada.
Canadian [kə'neɪdjən] ◇ *adj* canadien(enne). ◇ *n* Canadien *m*, -enne *f*.
canal [kə'næl] *n* canal *m*.
Canaries [kə'neərɪz] *npl*: **the ~** les Canaries *fpl*.
canary [kə'neərɪ] *n* canari *m*.
cancel ['kænsl] *vt* **1.** *(gen)* annuler; *(appointment, delivery)* décommander. **2.** *(stamp)* oblitérer; *(cheque)* faire opposition à. ◆ **cancel out** *vt sep* annuler; **to ~ each other out** s'annuler.
cancellation [,kænsə'leɪʃn] *n* annulation *f*.
cancer ['kænsəʳ] *n* cancer *m*. ◆ **Cancer** *n* Cancer *m*.
candelabra [,kændɪ'lɑːbrə] *n* candélabre *m*.
candid ['kændɪd] *adj* franc (franche).
candidate ['kændɪdət] *n*: **~ (for)** candidat *m*, -e *f* (pour).
candle ['kændl] *n* bougie *f*, chandelle *f*.
candlelight ['kændllaɪt] *n* lueur *f* d'une

bougie OR d'une chandelle.

candlestick ['kændlstɪk] *n* bougeoir *m*.

candour *Br*, **candor** *Am* ['kændəʳ] *n* franchise *f*.

candy ['kændɪ] *n* **1.** *(U) (confectionery)* confiserie *f*. **2.** *(sweet)* bonbon *m*.

candyfloss ['kændɪflɒs] *n Br* barbe *f* à papa.

cane [keɪn] ◇ *n* **1.** *(U) (for furniture)* rotin *m*. **2.** *(walking stick)* canne *f*. **3.** *(for punishment)*: **the ~** la verge. **4.** *(for supporting plant)* tuteur *m*. ◇ *vt* fouetter.

canine ['keɪnaɪn] ◇ *adj* canin(e). ◇ *n*: **~ (tooth)** canine *f*.

canister ['kænɪstəʳ] *n (for film, tea)* boîte *f*; *(for gas, smoke)* bombe *f*.

cannabis ['kænəbɪs] *n* cannabis *m*.

canned [kænd] *adj (food, drink)* en boîte.

cannibal ['kænɪbl] *n* cannibale *mf*.

cannon ['kænən] (*pl inv* OR **-s**) *n* canon *m*.

cannonball ['kænənbɔːl] *n* boulet *m* de canon.

cannot ['kænɒt] *fml* → **can²**.

canny ['kænɪ] *adj (shrewd)* adroit(e).

canoe [kə'nuː] *n* canoë *m*, kayak *m*.

canoeing [kə'nuːɪŋ] *n (U)* canoë-kayak *m*.

canon ['kænən] *n* canon *m*.

can opener *n* ouvre-boîtes *m inv*.

canopy ['kænəpɪ] *n* **1.** *(over bed)* baldaquin *m*; *(over seat)* dais *m*. **2.** *(of trees, branches)* voûte *f*.

can't [kɑːnt] = **cannot**.

cantankerous [kæn'tæŋkərəs] *adj* hargneux(euse).

canteen [kæn'tiːn] *n* **1.** *(restaurant)* cantine *f*. **2.** *(box of cutlery)* ménagère *f*.

canter ['kæntəʳ] ◇ *n* petit galop *m*. ◇ *vi* aller au petit galop.

cantilever ['kæntɪliːvəʳ] *n* cantilever *m*.

canvas ['kænvəs] *n* toile *f*.

canvass ['kænvəs] *vt* **1.** (POL) *(person)* solliciter la voix de. **2.** *(opinion)* sonder.

canyon ['kænjən] *n* cañon *m*.

cap [kæp] ◇ *n* **1.** *(hat - gen)* casquette *f*. **2.** *(of pen)* capuchon *m*; *(of bottle)* capsule *f*; *(of lipstick)* bouchon *m*. ◇ *vt* **1.** *(top)*: **to be capped with** être coiffé(e) de. **2.** *(outdo)*: **to ~ it all** pour couronner le tout.

capability [,keɪpə'bɪlətɪ] *n* capacité *f*.

capable ['keɪpəbl] *adj*: **~ (of)** capable (de).

capacity [kə'pæsɪtɪ] *n* **1.** *(U) (limit)* capacité *f*, contenance *f*. **2.** *(ability)*: **~ (for)** aptitude *f* (à). **3.** *(role)* qualité *f*; **in an advisory ~** en tant que conseiller.

cape [keɪp] *n* **1.** (GEOGR) cap *m*. **2.** *(cloak)* cape *f*.

caper ['keɪpəʳ] *n* **1.** (CULIN) câpre *f*. **2.** *inf (dishonest activity)* coup *m*, combine *f*.

capita → **per capita**.

capital ['kæpɪtl] ◇ *adj* **1.** *(letter)* majuscule. **2.** *(offence)* capital(e). ◇ *n* **1.** *(of country)*: **~ (city)** capitale *f*. **2.** (TYPO): **~ (letter)** majuscule *f*. **3.** *(U) (money)* capital *m*; **to make ~ (out) of** *fig* tirer profit de.

capital expenditure *n (U)* dépenses *fpl* d'investissement.

capital gains tax *n* impôt *m* sur les plus-values.

capitalism ['kæpɪtəlɪzm] *n* capitalisme *m*.

capitalist ['kæpɪtəlɪst] ◇ *adj* capitaliste. ◇ *n* capitaliste *mf*.

capitalize, -ise ['kæpɪtəlaɪz] *vi*: **to ~ on** tirer parti de.

capital punishment *n* peine *f* capitale OR de mort.

Capitol Hill ['kæpɪtl-] *n siège du Congrès à Washington.*

capitulate [kə'pɪtjʊleɪt] *vi* capituler.

Capricorn ['kæprɪkɔːn] *n* Capricorne *m*.

capsize [kæp'saɪz] ◇ *vt* faire chavirer. ◇ *vi* chavirer.

capsule ['kæpsjuːl] *n* **1.** *(gen)* capsule *f*. **2.** (MED) gélule *f*.

captain ['kæptɪn] *n* capitaine *m*.

caption ['kæpʃn] *n* légende *f*.

captivate ['kæptɪveɪt] *vt* captiver.

captive ['kæptɪv] ◇ *adj* captif(ive). ◇ *n* captif *m*, -ive *f*.

captor ['kæptəʳ] *n* ravisseur *m*, -euse *f*.

capture ['kæptʃəʳ] ◇ *vt* **1.** *(person, animal)* capturer; *(city)* prendre; *(market)* conquérir. **2.** *(attention, imagination)* captiver. **3.** (COMPUT) saisir. ◇ *n (of person, animal)* capture *f*; *(of city)* prise *f*.

car [kɑːʳ] ◇ *n* **1.** (AUT) voiture *f*. **2.** (RAIL) wagon *m*, voiture *f*. ◇ *comp (door, accident)* de voiture; *(industry)* automobile.

carafe [kə'ræf] *n* carafe *f*.

caramel ['kærəmel] *n* caramel *m*.

carat ['kærət] *n Br* carat *m*; **24-~ gold** or à 24 carats.

caravan ['kærəvæn] *n (gen)* caravane *f*; *(towed by horse)* roulotte *f*.

caravan site *n Br* camping *m* pour caravanes.

carbohydrate [,kɑːbəʊ'haɪdreɪt] *n* (CHEM) hydrate *m* de carbone. ◆ **carbohydrates** *npl (in food)* glucides *mpl*.

carbon ['kɑːbən] *n (element)* carbone *m*.
carbonated ['kɑːbəneɪtɪd] *adj (mineral water)* gazeux(euse).
carbon copy *n* **1.** *(document)* carbone *m*. **2.** *fig (exact copy)* réplique *f*.
carbon dioxide [-daɪ'ɒksaɪd] *n* gaz *m* carbonique.
carbon monoxide [-mɒ'nɒksaɪd] *n* oxyde *m* de carbone.
carbon paper *n (U)* (papier *m*) carbone *m*.
car-boot sale *n Br brocante en plein air où les coffres des voitures servent d'étal.*
carburettor *Br*, **carburetor** *Am* [,kɑːbə'retəʳ] *n* carburateur *m*.
carcass ['kɑːkəs] *n (of animal)* carcasse *f*.
card [kɑːd] *n* **1.** *(gen)* carte *f*. **2.** *(U) (cardboard)* carton *m*. ◆ **cards** *npl*: **to play ~s** jouer aux cartes. ◆ **on the cards** *Br*, **in the cards** *Am adv inf*: **it's on the ~s that ...** il y a de grandes chances pour que ...
cardboard ['kɑːdbɔːd] ◇ *n (U)* carton *m*. ◇ *comp* en carton.
cardboard box *n* boîte *f* en carton.
cardiac ['kɑːdɪæk] *adj* cardiaque.
cardigan ['kɑːdɪgən] *n* cardigan *m*.
cardinal ['kɑːdɪnl] ◇ *adj* cardinal(e). ◇ *n* (RELIG) cardinal *m*.
card index *n Br* fichier *m*.
card table *n* table *f* de jeu.
care [keəʳ] ◇ *n* **1.** *(U) (protection, attention)* soin *m*, attention *f*; **to be in ~** *Br* être à l'Assistance publique; **to take ~ of** *(look after)* s'occuper de; **to take ~ (to do sthg)** prendre soin (de faire qqch); **take ~!** faites bien attention à vous! **2.** *(cause of worry)* souci *m*. ◇ *vi* **1.** *(be concerned)*: **to ~ about** se soucier de. **2.** *(mind)*: **I don't ~** ça m'est égal; **who ~s?** qu'est-ce que ça peut faire? ◆ **care of** *prep* chez. ◆ **care for** *vt fus dated (like)* aimer.
career [kə'rɪəʳ] ◇ *n* carrière *f*. ◇ *vi* aller à toute vitesse.
careers adviser [kə'rɪəz-] *n* conseiller *m*, -ère *f* d'orientation.
carefree ['keəfriː] *adj* insouciant(e).
careful ['keəfʊl] *adj* **1.** *(cautious)* prudent(e); **to be ~ to do sthg** prendre soin de faire qqch, faire attention à faire qqch; **be ~!** fais attention!; **to be ~ with one's money** regarder à la dépense. **2.** *(work)* soigné(e); *(worker)* consciencieux(euse).
carefully ['keəflɪ] *adv* **1.** *(cautiously)* prudemment. **2.** *(thoroughly)* soigneusement.
careless ['keəlɪs] *adj* **1.** *(work)* peu soigné(e); *(driver)* négligent(e). **2.** *(unconcerned)* insouciant(e).
caress [kə'res] ◇ *n* caresse *f*. ◇ *vt* caresser.
caretaker ['keə,teɪkəʳ] *n Br* gardien *m*, -enne *f*.
car ferry *n* ferry *m*.
cargo ['kɑːgəʊ] (*pl* **-es** OR **-s**) *n* cargaison *f*.
car hire *n Br* location *f* de voitures.
Caribbean [*Br* kærɪ'biːən, *Am* kə'rɪbɪən] *n*: **the ~ (Sea)** la mer des Caraïbes OR des Antilles.
caring ['keərɪŋ] *adj* bienveillant(e).
carnage ['kɑːnɪdʒ] *n* carnage *m*.
carnal ['kɑːnl] *adj literary* charnel(elle).
carnation [kɑː'neɪʃn] *n* œillet *m*.
carnival ['kɑːnɪvl] *n* carnaval *m*.
carnivorous [kɑː'nɪvərəs] *adj* carnivore.
carol ['kærəl] *n*: **(Christmas) ~** chant *m* de Noël.
carousel [,kærə'sel] *n* **1.** *(at fair)* manège *m*. **2.** *(at airport)* carrousel *m*.
carp [kɑːp] (*pl inv* OR **-s**) ◇ *n* carpe *f*. ◇ *vi*: **to ~ (about sthg)** critiquer (qqch).
car park *n Br* parking *m*.
carpenter ['kɑːpəntəʳ] *n (on building site, in shipyard)* charpentier *m*; *(furniture-maker)* menuisier *m*.
carpentry ['kɑːpəntrɪ] *n (on building site, in shipyard)* charpenterie *f*; *(furniture-making)* menuiserie *f*.
carpet ['kɑːpɪt] ◇ *n lit & fig* tapis *m*; **(fitted) ~** moquette *f*. ◇ *vt (floor)* recouvrir d'un tapis; *(with fitted carpet)* recouvrir de moquette, moquetter.
carpet slipper *n* pantoufle *f*.
carpet sweeper [-,swiːpəʳ] *n* balai *m* mécanique.
car phone *n* téléphone *m* pour automobile.
car rental *n Am* location *f* de voitures.
carriage ['kærɪdʒ] *n* **1.** *(of train, horse-drawn)* voiture *f*. **2.** *(U) (transport of goods)* transport *m*; **~ paid** OR **free** *Br* franco de port.
carriage return *n* retour *m* chariot.
carriageway ['kærɪdʒweɪ] *n Br* chaussée *f*.
carrier ['kærɪəʳ] *n* **1.** (COMM) transporteur *m*. **2.** *(of disease)* porteur *m*, -euse *f*. **3.** = **carrier bag**.
carrier bag *n* sac *m* (en plastique).
carrot ['kærət] *n* carotte *f*.
carry ['kærɪ] ◇ *vt* **1.** *(subj: person, wind, water)* porter; *(- subj: vehicle)* transpor-

ter. 2. *(disease)* transmettre. 3. *(responsibility)* impliquer; *(consequences)* entraîner. 4. *(motion, proposal)* voter. 5. *(baby)* attendre. 6. (MATH) retenir. ◇ *vi (sound)* porter. ◆ **carry away** *vt fus*: **to get carried away** s'enthousiasmer. ◆ **carry forward** *vt sep* (FIN) reporter. ◆ **carry off** *vt sep* 1. *(plan)* mener à bien. 2. *(prize)* remporter. ◆ **carry on** ◇ *vt fus* continuer; **to ~ on doing sthg** continuer à OR de faire qqch. ◇ *vi* 1. *(continue)* continuer; **to ~ on with sthg** continuer qqch. 2. *inf (make a fuss)* faire des histoires. ◆ **carry out** *vt fus (task)* remplir; *(plan, order)* exécuter; *(experiment)* effectuer; *(investigation)* mener. ◆ **carry through** *vt sep (accomplish)* réaliser.

carryall ['kærɪɔːl] *n Am* fourre-tout *m inv*.

carrycot ['kærɪkɒt] *n* couffin *m*.

carry-out *n* plat *m* à emporter.

carsick ['kɑːˌsɪk] *adj*: **to be ~** être malade en voiture.

cart [kɑːt] ◇ *n* charrette *f*. ◇ *vt inf* traîner.

carton ['kɑːtn] *n* 1. *(box)* boîte *f* en carton. 2. *(of cream, yoghurt)* pot *m*; *(of milk)* carton *m*.

cartoon [kɑː'tuːn] *n* 1. *(satirical drawing)* dessin *m* humoristique. 2. *(comic strip)* bande *f* dessinée. 3. *(film)* dessin *m* animé.

cartridge ['kɑːtrɪdʒ] *n* 1. *(for gun, pen)* cartouche *f*. 2. *(for camera)* chargeur *m*.

cartwheel ['kɑːtwiːl] *n (movement)* roue *f*.

carve [kɑːv] ◇ *vt* 1. *(wood, stone)* sculpter; *(design, name)* graver. 2. *(slice - meat)* découper. ◇ *vi* découper. ◆ **carve out** *vt sep fig* se tailler. ◆ **carve up** *vt sep fig* diviser.

carving ['kɑːvɪŋ] *n (of wood)* sculpture *f*; *(of stone)* ciselure *f*.

carving knife *n* couteau *m* à découper.

car wash *n (process)* lavage *m* de voitures; *(place)* station *f* de lavage de voitures.

case [keɪs] *n* 1. *(gen)* cas *m*; **to be the ~** être le cas; **in ~ of** en cas de; **in that ~** dans ce cas; **in which ~** auquel cas; **as** OR **whatever the ~ may be** selon le cas. 2. *(argument)*: **~ (for/against)** arguments *mpl* (pour/contre). 3. (JUR) affaire *f*, procès *m*. 4. *(container - gen)* caisse *f*; *(- for glasses etc)* étui *m*. 5. *Br (suitcase)* valise *f*. ◆ **in any case** *adv* quoi qu'il en soit, de toute façon. ◆ **in case** ◇ *conj* au cas où. ◇ *adv*: **(just) in ~** à tout hasard.

cash [kæʃ] ◇ *n (U)* 1. *(notes and coins)* liquide *m*; **to pay (in) ~** payer comptant OR en espèces. 2. *inf (money)* sous *mpl*, fric *m*. 3. *(payment)*: **~ in advance** paiement *m* à l'avance; **~ on delivery** paiement à la livraison. ◇ *vt* encaisser.

cash and carry *n* libre-service *m* de gros, cash-and-carry *m*.

cashback ['kæʃbæk] *n Br possibilité de retirer de l'argent dans certains supermarchés lorsque l'on règle par carte bancaire.*

cashbook ['kæʃbʊk] *n* livre *m* de caisse.

cash box *n* caisse *f*.

cash card *n* carte *f* de retrait.

cash desk *n Br* caisse *f*.

cash dispenser [-dɪˌspensəʳ] *n* distributeur *m* automatique de billets.

cashew (nut) ['kæʃuː-] *n* noix *f* de cajou.

cashier [kæ'ʃɪəʳ] *n* caissier *m*, -ère *f*.

cash machine *n* distributeur *m* de billets.

cashmere [kæʃ'mɪəʳ] *n* cachemire *m*.

cash register *n* caisse *f* enregistreuse.

casing ['keɪsɪŋ] *n* revêtement *m*; (TECH) boîtier *m*.

casino [kə'siːnəʊ] (*pl* **-s**) *n* casino *m*.

cask [kɑːsk] *n* tonneau *m*.

casket ['kɑːskɪt] *n* 1. *(for jewels)* coffret *m*. 2. *Am (coffin)* cercueil *m*.

casserole ['kæsərəʊl] *n* 1. *(stew)* ragoût *m*. 2. *(pan)* cocotte *f*.

cassette [kæ'set] *n (of magnetic tape)* cassette *f*; (PHOT) recharge *f*.

cassette player *n* lecteur *m* de cassettes.

cassette recorder *n* magnétophone *m* à cassettes.

cast [kɑːst] (*pt & pp* **cast**) ◇ *n* (CINEMA & THEATRE *- actors)* acteurs *mpl*; *(- list of actors)* distribution *f*. ◇ *vt* 1. *(throw)* jeter; **to ~ doubt on sthg** jeter le doute sur qqch. 2. (CINEMA & THEATRE) donner un rôle à. 3. *(vote)*: **to ~ one's vote** voter. 4. *(metal)* couler; *(statue)* mouler. ◆ **cast aside** *vt sep fig* écarter, rejeter. ◆ **cast off** *vi* (NAUT) larguer les amarres.

castaway ['kɑːstəweɪ] *n* naufragé *m*, -e *f*.

caster ['kɑːstəʳ] *n (wheel)* roulette *f*.

caster sugar *n Br* sucre *m* en poudre.

casting vote ['kɑːstɪŋ-] *n* voix *f* prépondérante.

cast iron *n* fonte *f*.

castle ['kɑːsl] *n* 1. *(building)* château *m*. 2. (CHESS) tour *f*.

castor ['kɑːstəʳ] = **caster**.
castor oil *n* huile *f* de ricin.
castor sugar = **caster sugar**.
castrate [kæ'streɪt] *vt* châtrer.
casual ['kæʒʊəl] *adj* **1.** *(relaxed, indifferent)* désinvolte. **2.** *(offhand)* sans-gêne. **3.** *(chance)* fortuit(e). **4.** *(clothes)* décontracté(e), sport (*inv*). **5.** *(work, worker)* temporaire.
casualty ['kæʒjʊəltɪ] *n* **1.** *(dead person)* mort *m*, -e *f*, victime *f*; *(injured person)* blessé *m*, -e *f*; *(of road accident)* accidenté *m*, -e *f*. **2.** = **casualty department**.
casualty department *n* service *m* des urgences.
cat [kæt] *n* **1.** *(domestic)* chat *m*. **2.** *(wild)* fauve *m*.
catalogue *Br*, **catalog** *Am* ['kætəlɒg] ◇ *n (gen)* catalogue *m*; *(in library)* fichier *m*. ◇ *vt* cataloguer.
catalyst ['kætəlɪst] *n lit & fig* catalyseur *m*.
catalytic convertor [ˌkætə'lɪtɪkkən-'vɜːtəʳ] *n* pot *m* catalytique.
catapult ['kætəpʌlt] *Br* ◇ *n (hand-held)* lance-pierres *m inv*. ◇ *vt lit & fig* catapulter.
cataract ['kætərækt] *n* cataracte *f*.
catarrh [kə'tɑːʳ] *n* catarrhe *m*.
catastrophe [kə'tæstrəfɪ] *n* catastrophe *f*.
catch [kætʃ] (*pt & pp* **caught**) ◇ *vt* **1.** *(gen)* attraper; **to ~ sight** OR **a glimpse of** apercevoir; **to ~ sb's attention** attirer l'attention de qqn; **to ~ sb's imagination** séduire qqn; **to ~ the post** *Br* arriver à temps pour la levée. **2.** *(discover, surprise)* prendre, surprendre; **to ~ sb doing sthg** surprendre qqn à faire qqch. **3.** *(hear clearly)* saisir, comprendre. **4.** *(trap)*: **I caught my finger in the door** je me suis pris le doigt dans la porte. **5.** *(strike)* frapper. ◇ *vi* **1.** *(become hooked, get stuck)* se prendre. **2.** *(fire)* prendre, partir. ◇ *n* **1.** *(of ball, thing caught)* prise *f*. **2.** *(fastener - of box)* fermoir *m*; *(- of window)* loqueteau *m*; *(- of door)* loquet *m*. **3.** *(snag)* hic *m*, entourloupette *f*. ◆ **catch on** *vi* **1.** *(become popular)* prendre. **2.** *inf (understand)*: **to ~ on (to sthg)** piger (qqch). ◆ **catch out** *vt sep (trick)* prendre en défaut, coincer. ◆ **catch up** ◇ *vt sep* rattraper. ◇ *vi*: **to ~ up on sthg** rattraper qqch. ◆ **catch up with** *vt fus* rattraper.
catching ['kætʃɪŋ] *adj* contagieux (euse).
catchment area ['kætʃmənt-] *n Br (of school)* secteur *m* de recrutement scolaire; *(of hospital)* circonscription *f* hospitalière.
catchphrase ['kætʃfreɪz] *n* rengaine *f*, scie *f*.
catchy ['kætʃɪ] *adj* facile à retenir, entraînant(e).
categorically [ˌkætɪ'gɒrɪklɪ] *adv* catégoriquement.
category ['kætəgərɪ] *n* catégorie *f*.
cater ['keɪtəʳ] *vi (provide food)* s'occuper de la nourriture, prévoir les repas. ◆ **cater for** *vt fus Br* **1.** *(tastes, needs)* pourvoir à, satisfaire; *(customers)* s'adresser à. **2.** *(anticipate)* prévoir. ◆ **cater to** *vt fus* satisfaire.
caterer ['keɪtərəʳ] *n* traiteur *m*.
catering ['keɪtərɪŋ] *n (trade)* restauration *f*.
caterpillar ['kætəpɪləʳ] *n* chenille *f*.
caterpillar tracks *npl* chenille *f*.
cathedral [kə'θiːdrəl] *n* cathédrale *f*.
Catholic ['kæθlɪk] ◇ *adj* catholique. ◇ *n* catholique *mf*. ◆ **catholic** *adj (tastes)* éclectique.
Catseyes® ['kætsaɪz] *npl Br* catadioptres *mpl*.
cattle ['kætl] *npl* bétail *m*.
catty ['kætɪ] *adj inf pej (spiteful)* rosse, vache.
catwalk ['kætwɔːk] *n* passerelle *f*.
caucus ['kɔːkəs] *n* **1.** *Am* (POL) comité *m* électoral *(d'un parti)*. **2.** *Br* (POL) comité *m (d'un parti)*.
caught [kɔːt] *pt & pp* → **catch**.
cauliflower ['kɒlɪˌflaʊəʳ] *n* chou-fleur *m*.
cause [kɔːz] ◇ *n* cause *f*; **I have no ~ for complaint** je n'ai pas à me plaindre, je n'ai pas lieu de me plaindre; **to have ~ to do sthg** avoir lieu OR des raisons de faire qqch. ◇ *vt* causer; **to ~ sb to do sthg** faire faire qqch à qqn; **to ~ sthg to be done** faire faire qqch.
caustic ['kɔːstɪk] *adj* caustique.
caution ['kɔːʃn] ◇ *n* **1.** *(U) (care)* précaution *f*, prudence *f*. **2.** *(warning)* avertissement *m*. **3.** *Br* (JUR) réprimande *f*. ◇ *vt* **1.** *(warn)*: **to ~ sb against doing sthg** déconseiller à qqn de faire qqch. **2.** *Br (subj: policeman)*: **to ~ sb for sthg** réprimander qqn pour qqch.
cautious ['kɔːʃəs] *adj* prudent(e).
cavalry ['kævlrɪ] *n* cavalerie *f*.
cave [keɪv] *n* caverne *f*, grotte *f*. ◆ **cave in** *vi (roof, ceiling)* s'affaisser.
caveman ['keɪvmæn] (*pl* **-men** [-men]) *n* homme *m* des cavernes.
cavernous ['kævənəs] *adj (room, building)* immense.

caviar(e) ['kævɪɑːʳ] *n* caviar *m*.
cavity ['kævətɪ] *n* cavité *f*.
cavort [kə'vɔːt] *vi* gambader.
CB *n* (*abbr of* **citizens' band**) CB *f*.
CBI *n abbr of* **Confederation of British Industry**.
cc ◇ *n* (*abbr of* **cubic centimetre**) cm^3. ◇ (*abbr of* **carbon copy**) pcc.
CD *n* (*abbr of* **compact disc**) CD *m*.
CD player *n* lecteur *m* de CD.
CD-ROM [ˌsiːdiː'rɒm] (*abbr of* **compact disc read only memory**) *n* CD-ROM *m*, CD-Rom *m*.
cease [siːs] *fml* ◇ *vt* cesser; **to ~ doing** OR **to do sthg** cesser de faire qqch. ◇ *vi* cesser.
cease-fire *n* cessez-le-feu *m inv*.
cedar (tree) ['siːdəʳ-] *n* cèdre *m*.
cedilla [sɪ'dɪlə] *n* cédille *f*.
ceiling ['siːlɪŋ] *n lit & fig* plafond *m*.
celebrate ['selɪbreɪt] ◇ *vt* (*gen*) célébrer, fêter. ◇ *vi* faire la fête.
celebrated ['selɪbreɪtɪd] *adj* célèbre.
celebration [ˌselɪ'breɪʃn] *n* **1.** (*U*) (*activity, feeling*) fête *f*, festivités *fpl*. **2.** (*event*) festivités *fpl*.
celebrity [sɪ'lebrətɪ] *n* célébrité *f*.
celery ['selərɪ] *n* céleri *m* (en branches).
celibate ['selɪbət] *adj* célibataire.
cell [sel] *n* (*gen &* COMPUT) cellule *f*.
cellar ['seləʳ] *n* cave *f*.
cello ['tʃeləʊ] (*pl* **-s**) *n* violoncelle *m*.
Cellophane® ['seləfeɪn] *n* Cellophane® *f*.
Celsius ['selsɪəs] *adj* Celsius (*inv*).
Celt [kelt] *n* Celte *mf*.
Celtic ['keltɪk] ◇ *adj* celte. ◇ *n* (*language*) celte *m*.
cement [sɪ'ment] ◇ *n* ciment *m*. ◇ *vt lit & fig* cimenter.
cement mixer *n* bétonnière *f*.
cemetery ['semɪtrɪ] *n* cimetière *m*.
censor ['sensəʳ] ◇ *n* censeur *m*. ◇ *vt* censurer.
censorship ['sensəʃɪp] *n* censure *f*.
censure ['senʃəʳ] ◇ *n* blâme *m*, critique *f*. ◇ *vt* blâmer, critiquer.
census ['sensəs] (*pl* **censuses**) *n* recensement *m*.
cent [sent] *n* cent *m*.
centenary *Br* [sen'tiːnərɪ], **centennial** *Am* [sen'tenjəl] *n* centenaire *m*.
center *Am* = **centre**.
centigrade ['sentɪgreɪd] *adj* centigrade.
centilitre *Br*, **centiliter** *Am* ['sentɪˌliːtəʳ] *n* centilitre *m*.
centimetre *Br*, **centimeter** *Am* ['sentɪˌmiːtəʳ] *n* centimètre *m*.
centipede ['sentɪpiːd] *n* mille-pattes *m inv*.
central ['sentrəl] *adj* central(e).
Central America *n* Amérique *f* centrale.
central heating *n* chauffage *m* central.
centralize, -ise ['sentrəlaɪz] *vt* centraliser.
central locking [-'lɒkɪŋ] *n* (AUT) verrouillage *m* centralisé.
central reservation *n Br* (AUT) terre-plein *m* central.
centre *Br*, **center** *Am* ['sentəʳ] ◇ *n* centre *m*; **~ of attention** centre d'attraction, point *m* de mire; **~ of gravity** centre de gravité. ◇ *adj* **1.** (*middle*) central(e); **a ~ parting** une raie au milieu. **2.** (POL) du centre, centriste. ◇ *vt* centrer.
centre back *n* (FTBL) arrière *m* central.
centre forward *n* (FTBL) avant-centre *m inv*.
centre half *n* (FTBL) arrière *m* central.
century ['sentʃʊrɪ] *n* siècle *m*.
ceramic [sɪ'ræmɪk] *adj* en céramique. ◆ **ceramics** *npl* (*objects*) objets *mpl* en céramique.
cereal ['sɪərɪəl] *n* céréale *f*.
ceremonial [ˌserɪ'məʊnjəl] ◇ *adj* (*dress*) de cérémonie; (*duties*) honorifique. ◇ *n* cérémonial *m*.
ceremony ['serɪmənɪ] *n* **1.** (*event*) cérémonie *f*. **2.** (*U*) (*pomp, formality*) cérémonies *fpl*; **to stand on ~** faire des cérémonies.
certain ['sɜːtn] *adj* (*gen*) certain(e); **he is ~ to be late** il est certain qu'il sera en retard, il sera certainement en retard; **to be ~ of sthg/of doing sthg** être assuré de qqch/de faire qqch, être sûr de qqch/de faire qqch; **to make ~** vérifier; **to make ~ of** s'assurer de; **I know for ~ that ...** je suis sûr OR certain que ...; **to a ~ extent** jusqu'à un certain point, dans une certaine mesure.
certainly ['sɜːtnlɪ] *adv* certainement.
certainty ['sɜːtntɪ] *n* certitude *f*.
certificate [sə'tɪfɪkət] *n* certificat *m*.
certified ['sɜːtɪfaɪd] *adj* (*teacher*) diplômé(e); (*document*) certifié(e).
certified mail *n Am* envoi *m* recommandé.
certified public accountant *n Am* expert-comptable *m*.

certify ['sɜːtɪfaɪ] *vt* 1. *(declare true)*: **to ~ (that)** certifier OR attester que. 2. *(declare insane)* déclarer mentalement aliéné(e).
cervical [sə'vaɪkl] *adj (cancer)* du col de l'utérus.
cervical smear *n* frottis *m* vaginal.
cervix ['sɜːvɪks] (*pl* **-ices** [-ɪsiːz]) *n* col *m* de l'utérus.
cesarean (section) [sɪ'zeərɪən-] = **caesarean (section)**.
cesspit ['sespɪt], **cesspool** ['sespuːl] *n* fosse *f* d'aisance.
cf. (*abbr of* **confer**) cf.
CFC (*abbr of* **chlorofluorocarbon**) *n* CFC *m*.
ch. (*abbr of* **chapter**) chap.
chafe [tʃeɪf] *vt (rub)* irriter.
chaffinch ['tʃæfɪntʃ] *n* pinson *m*.
chain [tʃeɪn] ◇ *n* chaîne *f*; **~ of events** suite *f* OR série *f* d'événements. ◇ *vt (person, animal)* enchaîner; *(object)* attacher avec une chaîne.
chain reaction *n* réaction *f* en chaîne.
chain saw *n* tronçonneuse *f*.
chain-smoke *vi* fumer cigarette sur cigarette.
chain store *n* grand magasin *m (à succursales multiples)*.
chair [tʃeəʳ] ◇ *n* 1. *(gen)* chaise *f*; *(armchair)* fauteuil *m*. 2. *(university post)* chaire *f*. 3. *(of meeting)* présidence *f*. ◇ *vt (meeting)* présider; *(discussion)* diriger.
chair lift *n* télésiège *m*.
chairman ['tʃeəmən] (*pl* **-men** [-mən]) *n* président *m*.
chairperson ['tʃeə,pɜːsn] (*pl* **-s**) *n* président *m*, -e *f*.
chalet ['ʃæleɪ] *n* chalet *m*.
chalk [tʃɔːk] *n* craie *f*.
chalkboard ['tʃɔːkbɔːd] *n Am* tableau *m* (noir).
challenge ['tʃælɪndʒ] ◇ *n* défi *m*. ◇ *vt* 1. *(to fight, competition)*: **she ~d me to a race/a game of chess** elle m'a défié à la course/aux échecs; **to ~ sb to do sthg** défier qqn de faire qqch. 2. *(question)* mettre en question OR en doute.
challenging ['tʃælɪndʒɪŋ] *adj* 1. *(task, job)* stimulant(e). 2. *(look, tone of voice)* provocateur(trice).
chamber ['tʃeɪmbəʳ] *n (gen)* chambre *f*.
chambermaid ['tʃeɪmbəmeɪd] *n* femme *f* de chambre.
chamber music *n* musique *f* de chambre.
chamber of commerce *n* chambre *f* de commerce.
chameleon [kə'miːljən] *n* caméléon *m*.
champagne [,ʃæm'peɪn] *n* champagne *m*.
champion ['tʃæmpjən] *n* champion *m*, -onne *f*.
championship ['tʃæmpjənʃɪp] *n* championnat *m*.
chance [tʃɑːns] ◇ *n* 1. *(U) (luck)* hasard *m*; **by ~** par hasard; **if by any ~** si par hasard. 2. *(likelihood)* chance *f*; **she didn't stand a ~ (of doing sthg)** elle n'avait aucune chance (de faire qqch); **on the off ~** à tout hasard. 3. *(opportunity)* occasion *f*. 4. *(risk)* risque *m*; **to take a ~** risquer le coup; **to take a ~ on doing sthg** se risquer à faire qqch. ◇ *adj* fortuit(e), accidentel(elle). ◇ *vt (risk)* risquer; **to ~ it** tenter sa chance.
chancellor ['tʃɑːnsələʳ] *n* 1. *(chief minister)* chancelier *m*. 2. (UNIV) président *m*, -e *f* honoraire.
Chancellor of the Exchequer *n Br* Chancelier *m* de l'Échiquier, ≃ ministre *m* des Finances.
chandelier [,ʃændə'lɪəʳ] *n* lustre *m*.
change [tʃeɪndʒ] ◇ *n* 1. *(gen)*: **~ (in sb/in sthg)** changement *m* (en qqn/de qqch); **~ of clothes** vêtements *mpl* de rechange; **for a ~** pour changer (un peu). 2. *(money)* monnaie *f*. ◇ *vt* 1. *(gen)* changer; **to ~ sthg into sthg** changer OR transformer qqch en qqch; **to ~ one's mind** changer d'avis. 2. *(jobs, trains, sides)* changer de. 3. *(money - into smaller units)* faire la monnaie de; *(- into different currency)* changer. ◇ *vi* 1. *(gen)* changer. 2. *(change clothes)* se changer. 3. *(be transformed)*: **to ~ into** se changer en. ◆ **change over** *vi (convert)*: **to ~ over from/to** passer de/à.
changeable ['tʃeɪndʒəbl] *adj (mood)* changeable; *(weather)* variable.
change machine *n* distributeur *m* de monnaie.
changeover ['tʃeɪndʒ,əʊvəʳ] *n*: **~ (to)** passage *m* (à), changement *m* (pour).
changing ['tʃeɪndʒɪŋ] *adj* changeant(e).
changing room *n* (SPORT) vestiaire *m*; *(in shop)* cabine *f* d'essayage.
channel ['tʃænl] ◇ *n* 1. (TV) chaîne *f*; (RADIO) station *f*. 2. *(for irrigation)* canal *m*; *(duct)* conduit *m*. 3. *(on river, sea)* chenal *m*. ◇ *vt lit & fig* canaliser. ◆ **Channel** *n*: **the (English) Channel** la Manche. ◆ **channels** *npl*: **to go through the proper ~s** suivre OR passer la filière.
Channel Islands *npl*: **the ~** les îles *fpl* Anglo-Normandes.

Channel tunnel *n*: **the ~** le tunnel sous la Manche.
chant [tʃɑːnt] ◇ *n* chant *m*. ◇ *vt* 1. (RELIG) chanter. 2. *(words, slogan)* scander.
chaos ['keɪɒs] *n* chaos *m*.
chaotic [keɪ'ɒtɪk] *adj* chaotique.
chap [tʃæp] *n Br inf (man)* type *m*.
chapel ['tʃæpl] *n* chapelle *f*.
chaplain ['tʃæplɪn] *n* aumônier *m*.
chapped [tʃæpt] *adj (skin, lips)* gercé(e).
chapter ['tʃæptəʳ] *n* chapitre *m*.
char [tʃɑːʳ] *vt (burn)* calciner.
character ['kærəktəʳ] *n* 1. *(gen)* caractère *m*. 2. *(in film, book, play)* personnage *m*. 3. *inf (eccentric)* phénomène *m*, original *m*.
characteristic [ˌkærəktə'rɪstɪk] ◇ *adj* caractéristique. ◇ *n* caractéristique *f*.
characterize, -ise ['kærəktəraɪz] *vt* caractériser.
charade [ʃə'rɑːd] *n* farce *f*. ◆ **charades** *n (U)* charades *fpl*.
charcoal ['tʃɑːkəʊl] *n (for drawing)* charbon *m*; *(for burning)* charbon de bois.
charge [tʃɑːdʒ] ◇ *n* 1. *(cost)* prix *m*; **free of ~** gratuit. 2. (JUR) accusation *f*, inculpation *f*. 3. *(responsibility)*: **to take ~ of** se charger de; **to be in ~ of, to have ~ of** être responsable de, s'occuper de; **in ~** responsable. 4. (ELEC & MIL) charge *f*. ◇ *vt* 1. *(customer, sum)* faire payer; **how much do you ~?** vous prenez combien?; **to ~ sthg to sb** mettre qqch sur le compte de qqn. 2. *(suspect, criminal)*: **to ~ sb (with)** accuser qqn (de). 3. (ELEC & MIL) charger. ◇ *vi (rush)* se précipiter, foncer.
charge card *n* carte *f* de compte crédit *(auprès d'un magasin)*.
charger ['tʃɑːdʒəʳ] *n (for batteries)* chargeur *m*.
chariot ['tʃærɪət] *n* char *m*.
charisma [kə'rɪzmə] *n* charisme *m*.
charity ['tʃærətɪ] *n* charité *f*.
charm [tʃɑːm] ◇ *n* charme *m*. ◇ *vt* charmer.
charming ['tʃɑːmɪŋ] *adj* charmant(e).
chart [tʃɑːt] ◇ *n* 1. *(diagram)* graphique *m*, diagramme *m*. 2. *(map)* carte *f*. ◇ *vt* 1. *(plot, map)* porter sur une carte. 2. *fig (record)* retracer. ◆ **charts** *npl*: **the ~s** le hit-parade.
charter ['tʃɑːtəʳ] ◇ *n (document)* charte *f*. ◇ *vt (plane, boat)* affréter.
chartered accountant [ˌtʃɑːtəd-] *n Br* expert-comptable *m*.
charter flight *n* vol *m* charter.
chase [tʃeɪs] ◇ *n (pursuit)* poursuite *f*, chasse *f*. ◇ *vt* 1. *(pursue)* poursuivre. 2. *(drive away)* chasser. ◇ *vi*: **to ~ after sb/sthg** courir après qqn/qqch.
chasm ['kæzm] *n lit & fig* abîme *m*.
chassis ['ʃæsɪ] *(pl inv) n* châssis *m*.
chat [tʃæt] ◇ *n* causerie *f*, bavardage *m*; **to have a ~** causer, bavarder. ◇ *vi* causer, bavarder. ◆ **chat up** *vt sep Br inf* baratiner.
chat show *n Br* talk-show *m*.
chatter ['tʃætəʳ] ◇ *n* 1. *(of person)* bavardage *m*. 2. *(of animal, bird)* caquetage *m*. ◇ *vi* 1. *(person)* bavarder. 2. *(animal, bird)* jacasser, caqueter. 3. *(teeth)*: **his teeth were ~ing** il claquait des dents.
chatterbox ['tʃætəbɒks] *n inf* moulin *m* à paroles.
chatty ['tʃætɪ] *adj (person)* bavard(e); *(letter)* plein(e) de bavardages.
chauffeur ['ʃəʊfəʳ] *n* chauffeur *m*.
chauvinist ['ʃəʊvɪnɪst] *n* 1. *(sexist)* macho *m*. 2. *(nationalist)* chauvin *m*, -e *f*.
cheap [tʃiːp] ◇ *adj* 1. *(inexpensive)* pas cher (chère), bon marché *(inv)*. 2. *(at a reduced price - fare, rate)* réduit(e); *(- ticket)* à prix réduit. 3. *(low-quality)* de mauvaise qualité. 4. *(joke, comment)* facile. ◇ *adv* (à) bon marché.
cheapen ['tʃiːpn] *vt (degrade)* rabaisser.
cheaply ['tʃiːplɪ] *adv* à bon marché, pour pas cher.
cheat [tʃiːt] ◇ *n* tricheur *m*, -euse *f*. ◇ *vt* tromper; **to ~ sb out of sthg** escroquer qqch à qqn. ◇ *vi* 1. *(in game, exam)* tricher. 2. *inf (be unfaithful)*: **to ~ on sb** tromper qqn.
check [tʃek] ◇ *n* 1. *(inspection, test)*: **~ (on)** contrôle *m* (de). 2. *(restraint)*: **~ (on)** frein *m* (à), restriction *f* (sur). 3. *Am (bill)* note *f*. 4. *(pattern)* carreaux *mpl*. 5. *Am* = **cheque**. ◇ *vt* 1. *(test, verify)* vérifier; *(passport, ticket)* contrôler. 2. *(restrain, stop)* enrayer, arrêter. ◇ *vi*: **to ~ (for sthg)** vérifier (qqch); **to ~ on sthg** vérifier OR contrôler qqch. ◆ **check in** ◇ *vt sep (luggage, coat)* enregistrer. ◇ *vi* 1. *(at hotel)* signer le registre. 2. *(at airport)* se présenter à l'enregistrement. ◆ **check out** ◇ *vt sep* 1. *(luggage, coat)* retirer. 2. *(investigate)* vérifier. ◇ *vi (from hotel)* régler sa note. ◆ **check up** *vi*: **to ~ up on sb** prendre des renseignements sur qqn; **to ~ up (on sthg)** vérifier (qqch).
checkbook *Am* = **chequebook**.
checked [tʃekt] *adj* à carreaux.

checkered *Am* = **chequered**.
checkers ['tʃekəz] *n (U) Am* jeu *m* de dames.
check-in *n* enregistrement *m*.
checking account ['tʃekɪŋ-] *n Am* compte *m* courant.
checkmate ['tʃekmeɪt] *n* échec et mat *m*.
checkout ['tʃekaʊt] *n (in supermarket)* caisse *f*.
checkpoint ['tʃekpɔɪnt] *n (place)* (poste *m* de) contrôle *m*.
checkup ['tʃekʌp] *n* (MED) bilan *m* de santé, check-up *m*.
Cheddar (cheese) ['tʃedəʳ-] *n* (fromage *m* de) cheddar *m*.
cheek [tʃi:k] *n* **1.** *(of face)* joue *f*. **2.** *inf (impudence)* culot *m*.
cheekbone ['tʃi:kbəʊn] *n* pommette *f*.
cheeky ['tʃi:kɪ] *adj* insolent(e), effronté(e).
cheer [tʃɪəʳ] ◇ *n (shout)* acclamation *f*. ◇ *vt* **1.** *(shout for)* acclamer. **2.** *(gladden)* réjouir. ◇ *vi* applaudir. ◆ **cheers** *excl* **1.** *(said before drinking)* santé! **2.** *inf (goodbye)* salut!, ciao!, tchao! **3.** *inf (thank you)* merci. ◆ **cheer up** ◇ *vt sep* remonter le moral à. ◇ *vi* s'égayer.
cheerful ['tʃɪəfʊl] *adj* joyeux(euse), gai (e).
cheerio [ˌtʃɪərɪ'əʊ] *excl inf* au revoir!, salut!
cheese [tʃi:z] *n* fromage *m*.
cheeseboard ['tʃi:zbɔ:d] *n* plateau *m* à fromage.
cheeseburger ['tʃi:zˌbɜ:gəʳ] *n* cheeseburger *m*, hamburger *m* au fromage.
cheesecake ['tʃi:zkeɪk] *n* (CULIN) gâteau *m* au fromage blanc, cheesecake *m*.
cheetah ['tʃi:tə] *n* guépard *m*.
chef [ʃef] *n* chef *m*.
chemical ['kemɪkl] ◇ *adj* chimique. ◇ *n* produit *m* chimique.
chemist ['kemɪst] *n* **1.** *Br (pharmacist)* pharmacien *m*, -enne *f*; **~'s (shop)** pharmacie *f*. **2.** *(scientist)* chimiste *mf*.
chemistry ['kemɪstrɪ] *n* chimie *f*.
cheque *Br*, **check** *Am* [tʃek] *n* chèque *m*.
chequebook *Br*, **checkbook** *Am* ['tʃekbʊk] *n* chéquier *m*, carnet *m* de chèques.
cheque card *n Br* carte *f* bancaire.
chequered *Br* ['tʃekəd], **checkered** *Am* ['tʃekerd] *adj fig (career, life)* mouvementé(e).
cherish ['tʃerɪʃ] *vt* chérir; *(hope)* nourrir, caresser.
cherry ['tʃerɪ] *n (fruit)* cerise *f*; **~ (tree)** cerisier *m*.
chess [tʃes] *n* échecs *mpl*.
chessboard ['tʃesbɔ:d] *n* échiquier *m*.
chessman ['tʃesmæn] (*pl* **-men** [-men]) *n* pièce *f*.
chest [tʃest] *n* **1.** (ANAT) poitrine *f*. **2.** *(box)* coffre *m*.
chestnut ['tʃesnʌt] ◇ *adj (colour)* châtain (*inv*). ◇ *n (nut)* châtaigne *f*; **~ (tree)** châtaignier *m*.
chest of drawers (*pl* **chests of drawers**) *n* commode *f*.
chew [tʃu:] ◇ *n (sweet)* bonbon *m* (à mâcher). ◇ *vt* mâcher. ◆ **chew up** *vt sep* mâchouiller.
chewing gum ['tʃu:ɪŋ-] *n* chewing-gum *m*.
chic [ʃi:k] *adj* chic (*inv*).
chick [tʃɪk] *n (baby bird)* oisillon *m*.
chicken ['tʃɪkɪn] *n* **1.** *(bird, food)* poulet *m*. **2.** *inf (coward)* froussard *m*, -e *f*. ◆ **chicken out** *vi inf* se dégonfler.
chickenpox ['tʃɪkɪnpɒks] *n (U)* varicelle *f*.
chickpea ['tʃɪkpi:] *n* pois *m* chiche.
chicory ['tʃɪkərɪ] *n (vegetable)* endive *f*.
chief [tʃi:f] ◇ *adj* **1.** *(main - aim, problem)* principal(e). **2.** *(head)* en chef. ◇ *n* chef *m*.
chief executive *n* directeur général *m*, directrice générale *f*.
chiefly ['tʃi:flɪ] *adv* **1.** *(mainly)* principalement. **2.** *(above all)* surtout.
chiffon ['ʃɪfɒn] *n* mousseline *f*.
chilblain ['tʃɪlbleɪn] *n* engelure *f*.
child [tʃaɪld] (*pl* **children**) *n* enfant *mf*.
child benefit *n (U) Br* ≃ allocations *fpl* familiales.
childbirth ['tʃaɪldbɜ:θ] *n (U)* accouchement *m*.
childhood ['tʃaɪldhʊd] *n* enfance *f*.
childish ['tʃaɪldɪʃ] *adj pej* puéril(e), enfantin(e).
childlike ['tʃaɪldlaɪk] *adj* enfantin(e), d'enfant.
childminder ['tʃaɪldˌmaɪndəʳ] *n Br* gardienne *f* d'enfants, nourrice *f*.
childproof ['tʃaɪldpru:f] *adj (container) qui ne peut pas être ouvert par les enfants*; **~ lock** verrouillage *m* de sécurité pour enfants.
children ['tʃɪldrən] *pl* → **child**.
children's home *n* maison *f* d'enfants.
Chile ['tʃɪlɪ] *n* Chili *m*.
Chilean ['tʃɪlɪən] ◇ *adj* chilien(enne). ◇ *n* Chilien *m*, -enne *f*.

chili ['tʃɪlɪ] = **chilli**.
chill [tʃɪl] ◇ *adj* frais (fraîche). ◇ *n* 1. *(illness)* coup *m* de froid. 2. *(in temperature)*: **there's a ~ in the air** le fond de l'air est frais. 3. *(feeling of fear)* frisson *m*. ◇ *vt* 1. *(drink, food)* mettre au frais. 2. *(person)* faire frissonner. ◇ *vi (drink, food)* rafraîchir.
chilli ['tʃɪlɪ] (*pl* **-ies**) *n (vegetable)* piment *m*.
chilling ['tʃɪlɪŋ] *adj* 1. *(very cold)* glacial (e). 2. *(frightening)* qui glace le sang.
chilly ['tʃɪlɪ] *adj* froid(e); **to feel ~** avoir froid; **it's ~** il fait froid.
chime [tʃaɪm] ◇ *n (of bell, clock)* carillon *m*. ◇ *vt (time)* sonner. ◇ *vi (bell, clock)* carillonner.
chimney ['tʃɪmnɪ] *n* cheminée *f*.
chimneysweep ['tʃɪmnɪswiːp] *n* ramoneur *m*.
chimp(anzee) [tʃɪmp(ən'ziː)] *n* chimpanzé *m*.
chin [tʃɪn] *n* menton *m*.
china ['tʃaɪnə] *n* porcelaine *f*.
China ['tʃaɪnə] *n* Chine *f*.
Chinese [ˌtʃaɪ'niːz] ◇ *adj* chinois(e). ◇ *n (language)* chinois *m*. ◇ *npl*: **the ~** les Chinois *mpl*.
Chinese cabbage *n* chou *m* chinois.
Chinese leaves *npl Br* = **Chinese cabbage**.
chink [tʃɪŋk] *n* 1. *(narrow opening)* fente *f*. 2. *(sound)* tintement *m*.
chip [tʃɪp] ◇ *n* 1. *Br (fried potato)* frite *f*; *Am (potato crisp)* chip *m*. 2. *(of glass, metal)* éclat *m*; *(of wood)* copeau *m*. 3. *(flaw)* ébréchure *f*. 4. *(microchip)* puce *f*. 5. *(for gambling)* jeton *m*. ◇ *vt (cup, glass)* ébrécher. ◆ **chip in** *inf vi* 1. *(contribute)* contribuer. 2. *(interrupt)* mettre son grain de sel. ◆ **chip off** *vt sep* enlever petit morceau par petit morceau.
chipboard ['tʃɪpbɔːd] *n* aggloméré *m*.
chip shop *n Br* friterie *f*.
chiropodist [kɪ'rɒpədɪst] *n* pédicure *mf*.
chirp [tʃɜːp] *vi (bird)* pépier; *(cricket)* chanter.
chirpy ['tʃɜːpɪ] *adj* gai(e).
chisel ['tʃɪzl] ◇ *n (for wood)* ciseau *m*; *(for metal, rock)* burin *m*. ◇ *vt* ciseler.
chitchat ['tʃɪttʃæt] *n (U) inf* bavardage *m*.
chivalry ['ʃɪvlrɪ] *n (U)* 1. *literary (of knights)* chevalerie *f*. 2. *(good manners)* galanterie *f*.
chives [tʃaɪvz] *npl* ciboulette *f*.
chlorine ['klɔːriːn] *n* chlore *m*.
choc-ice ['tʃɒkaɪs] *n Br* Esquimau® *m*.
chock [tʃɒk] *n* cale *f*.
chock-a-block, chock-full *adj inf*: **~ (with)** plein(e) à craquer (de).
chocolate ['tʃɒkələt] ◇ *n* chocolat *m*. ◇ *comp* au chocolat.
choice [tʃɔɪs] ◇ *n* choix *m*. ◇ *adj* de choix.
choir ['kwaɪə^r] *n* chœur *m*.
choirboy ['kwaɪəbɔɪ] *n* jeune choriste *m*.
choke [tʃəʊk] ◇ *n* (AUT) starter *m*. ◇ *vt* 1. *(strangle)* étrangler, étouffer. 2. *(block)* obstruer, boucher. ◇ *vi* s'étrangler.
cholera ['kɒlərə] *n* choléra *m*.
choose [tʃuːz] (*pt* **chose**, *pp* **chosen**) ◇ *vt* 1. *(select)* choisir. 2. *(decide)*: **to ~ to do sthg** décider OR choisir de faire qqch. ◇ *vi (select)*: **to ~ (from)** choisir (parmi OR entre).
choos(e)y ['tʃuːzɪ] (*compar* **-ier**, *superl* **-iest**) *adj* difficile.
chop [tʃɒp] ◇ *n* (CULIN) côtelette *f*. ◇ *vt* 1. *(wood)* couper; *(vegetables)* hacher. 2. *inf fig (funding, budget)* réduire. 3. *phr*: **to ~ and change** changer sans cesse d'avis. ◆ **chops** *npl inf* babines *fpl*. ◆ **chop down** *vt sep (tree)* abattre. ◆ **chop up** *vt sep* couper en morceaux.
chopper ['tʃɒpə^r] *n* 1. *(axe)* couperet *m*. 2. *inf (helicopter)* hélico *m*.
choppy ['tʃɒpɪ] *adj (sea)* agité(e).
chopsticks ['tʃɒpstɪks] *npl* baguettes *fpl*.
chord [kɔːd] *n* (MUS) accord *m*.
chore [tʃɔː^r] *n* corvée *f*; **household ~s** travaux *mpl* ménagers.
chortle ['tʃɔːtl] *vi* glousser.
chorus ['kɔːrəs] *n* 1. *(part of song)* refrain *m*. 2. *(singers)* chœur *m*. 3. *fig (of praise, complaints)* concert *m*.
chose [tʃəʊz] *pt* → **choose**.
chosen ['tʃəʊzn] *pp* → **choose**.
Christ [kraɪst] ◇ *n* Christ *m*. ◇ *excl* Seigneur!, bon Dieu!
christen ['krɪsn] *vt* 1. *(baby)* baptiser. 2. *(name)* nommer.
christening ['krɪsnɪŋ] *n* baptême *m*.
Christian ['krɪstʃən] ◇ *adj* (RELIG) chrétien(enne). ◇ *n* chrétien *m*, -enne *f*.
Christianity [ˌkrɪstɪ'ænətɪ] *n* christianisme *m*.
Christian name *n* prénom *m*.
Christmas ['krɪsməs] *n* Noël *m*; **happy** OR **merry ~!** joyeux Noël!
Christmas card *n* carte *f* de Noël.
Christmas Day *n* jour *m* de Noël.

Christmas Eve *n* veille *f* de Noël.
Christmas pudding *n Br* pudding *m* (de Noël).
Christmas tree *n* arbre *m* de Noël.
chrome [krəʊm], **chromium** ['krəʊmɪəm] ◇ *n* chrome *m*. ◇ *comp* chromé(e).
chronic ['krɒnɪk] *adj (illness, unemployment)* chronique; *(liar, alcoholic)* invétéré(e).
chronicle ['krɒnɪkl] *n* chronique *f*.
chronological [,krɒnə'lɒdʒɪkl] *adj* chronologique.
chrysanthemum [krɪ'sænθəməm] (*pl* **-s**) *n* chrysanthème *m*.
chubby ['tʃʌbɪ] *adj (cheeks, face)* joufflu(e); *(person, hands)* potelé(e).
chuck [tʃʌk] *vt inf* **1.** *(throw)* lancer, envoyer. **2.** *(job, boyfriend)* laisser tomber. ◆ **chuck away, chuck out** *vt sep inf* jeter, balancer.
chuckle ['tʃʌkl] *vi* glousser.
chug [tʃʌg] *vi (train)* faire teuf-teuf.
chum [tʃʌm] *n inf* copain *m*, copine *f*.
chunk [tʃʌŋk] *n* gros morceau *m*.
church [tʃɜːtʃ] *n (building)* église *f*; **to go to ~** aller à l'église; *(Catholics)* aller à la messe.
Church of England *n*: **the ~** l'Église d'Angleterre.
churchyard ['tʃɜːtʃjɑːd] *n* cimetière *m*.
churlish ['tʃɜːlɪʃ] *adj* grossier(ère).
churn [tʃɜːn] ◇ *n* **1.** *(for making butter)* baratte *f*. **2.** *(for milk)* bidon *m*. ◇ *vt (stir up)* battre. ◆ **churn out** *vt sep inf* produire en série.
chute [ʃuːt] *n* glissière *f*; **rubbish ~** vide-ordures *m inv*.
chutney ['tʃʌtnɪ] *n* chutney *m*.
CIA (*abbr of* **Central Intelligence Agency**) *n* CIA *f*.
CID (*abbr of* **Criminal Investigation Department**) *n la police judiciaire britannique*.
cider ['saɪdəʳ] *n* cidre *m*.
cigar [sɪ'gɑːʳ] *n* cigare *m*.
cigarette [,sɪgə'ret] *n* cigarette *f*.
cinder ['sɪndəʳ] *n* cendre *f*.
Cinderella [,sɪndə'relə] *n* Cendrillon *f*.
cine-camera ['sɪnɪ-] *n* caméra *f*.
cine-film ['sɪnɪ-] *n* film *m*.
cinema ['sɪnəmə] *n* cinéma *m*.
cinnamon ['sɪnəmən] *n* cannelle *f*.
circa ['sɜːkə] *prep* environ.
circle ['sɜːkl] ◇ *n* **1.** *(gen)* cercle *m*; **to go round in ~s** *fig* tourner en rond. **2.** *(in theatre, cinema)* balcon *m*. ◇ *vt* **1.** *(draw a circle round)* entourer (d'un cercle). **2.** *(move round)* faire le tour de. ◇ *vi (plane)* tourner en rond.
circuit ['sɜːkɪt] *n* **1.** *(gen & ELEC)* circuit *m*. **2.** *(lap)* tour *m*; *(movement round)* révolution *f*.
circuitous [sə'kjuːɪtəs] *adj* indirect(e).
circular ['sɜːkjʊləʳ] ◇ *adj (gen)* circulaire. ◇ *n (letter)* circulaire *f*; *(advertisement)* prospectus *m*.
circulate ['sɜːkjʊleɪt] ◇ *vi* **1.** *(gen)* circuler. **2.** *(socialize)* se mêler aux invités. ◇ *vt (rumour)* propager; *(document)* faire circuler.
circulation [,sɜːkjʊ'leɪʃn] *n* **1.** *(gen)* circulation *f*. **2.** (PRESS) tirage *m*.
circumcision [,sɜːkəm'sɪʒn] *n* circoncision *f*.
circumference [sə'kʌmfərəns] *n* circonférence *f*.
circumflex ['sɜːkəmfleks] *n*: **~ (accent)** accent *m* circonflexe.
circumspect ['sɜːkəmspekt] *adj* circonspect(e).
circumstances ['sɜːkəmstənsɪz] *npl* circonstances *fpl*; **under** OR **in no ~** en aucun cas; **under** OR **in the ~** en de telles circonstances.
circumvent [,sɜːkəm'vent] *vt fml (law, rule)* tourner.
circus ['sɜːkəs] *n* cirque *m*.
CIS (*abbr of* **Commonwealth of Independent States**) *n* CEI *f*.
cistern ['sɪstən] *n* **1.** *Br (inside roof)* réservoir *m* d'eau. **2.** *(in toilet)* réservoir *m* de chasse d'eau.
cite [saɪt] *vt* citer.
citizen ['sɪtɪzn] *n* **1.** *(of country)* citoyen *m*, -enne *f*. **2.** *(of town)* habitant *m*, -e *f*.
Citizens' Advice Bureau *n service britannique d'information et d'aide au consommateur.*
Citizens' Band *n fréquence radio réservée au public*, citizen band *f*.
citizenship ['sɪtɪznʃɪp] *n* citoyenneté *f*.
citrus fruit ['sɪtrəs-] *n* agrume *m*.
city ['sɪtɪ] *n* ville *f*, cité *f*. ◆ **City** *n Br*: **the City** la City *(quartier financier de Londres)*.

THE CITY

La City, quartier financier de la capitale, est une circonscription administrative autonome de Londres ayant sa propre police. La terme «the City» est souvent employé pour désigner le monde britannique de la finance.

city centre *n* centre-ville *m*.

city hall *n Am* = mairie *f*, = hôtel *m* de ville.

city technology college *n Br établissement d'enseignement technique du secondaire subventionné par les entreprises*.

civic ['sɪvɪk] *adj (leader, event)* municipal(e); *(duty, pride)* civique.

civic centre *n Br* centre *m* administratif municipal.

civil ['sɪvl] *adj* **1.** *(public)* civil(e). **2.** *(polite)* courtois(e), poli(e).

civil engineering *n* génie *m* civil.

civilian [sɪ'vɪljən] ◇ *n* civil *m*, -e *f*. ◇ *comp* civil(e).

civilization [,sɪvəlaɪ'zeɪʃn] *n* civilisation *f*.

civilized ['sɪvəlaɪzd] *adj* civilisé(e).

civil law *n* droit *m* civil.

civil liberties *npl* libertés *fpl* civiques.

civil rights *npl* droits *mpl* civils.

civil servant *n* fonctionnaire *mf*.

civil service *n* fonction *f* publique.

civil war *n* guerre *f* civile.

CJD (*abbr of* **Creutzfeldt-Jakob disease**) *n* maladie *f* de Creutzfeldt-Jakob.

cl (*abbr of* **centilitre**) cl.

clad [klæd] *adj literary (dressed)*: ~ **in** vêtu(e) de.

claim [kleɪm] ◇ *n* **1.** *(for pay etc)* revendication *f*; *(for expenses, insurance)* demande *f*. **2.** *(right)* droit *m*; **to lay ~ to sthg** revendiquer qqch. **3.** *(assertion)* affirmation *f*. ◇ *vt* **1.** *(ask for)* réclamer. **2.** *(responsibility, credit)* revendiquer. **3.** *(maintain)* prétendre. ◇ *vi*: **to ~ for sthg** faire une demande d'indemnité pour qqch; **to ~ (on one's insurance)** faire une déclaration de sinistre.

claimant ['kleɪmənt] *n (to throne)* prétendant *m*, -e *f*; *(of state benefit)* demandeur *m*, -eresse *f*, requérant *m*, -e *f*.

clairvoyant [kleə'vɔɪənt] *n* voyant *m*, -e *f*.

clam [klæm] *n* palourde *f*.

clamber ['klæmbə^r^] *vi* grimper.

clammy ['klæmɪ] *adj (skin)* moite; *(weather)* lourd et humide.

clamour *Br*, **clamor** *Am* ['klæmə^r^] ◇ *n (U) (noise)* cris *mpl*. ◇ *vi*: **to ~ for sthg** demander qqch à cor et à cri.

clamp [klæmp] ◇ *n (gen)* pince *f*, agrafe *f*; *(for carpentry)* serre-joint *m*; (MED) clamp *m*. ◇ *vt* **1.** *(gen)* serrer. **2.** (AUT) poser un sabot de Denver à. ◆ **clamp down** *vi*: **to ~ down (on)** sévir (contre).

clan [klæn] *n* clan *m*.

clandestine [klæn'destɪn] *adj* clandestin(e).

clang [klæŋ] *n* bruit *m* métallique.

clap [klæp] ◇ *vt (hands)*: **to ~ one's hands** applaudir, taper des mains. ◇ *vi* applaudir, taper des mains.

clapping ['klæpɪŋ] *n (U)* applaudissements *mpl*.

claret ['klærət] *n* **1.** *(wine)* bordeaux *m* rouge. **2.** *(colour)* bordeaux *m inv*.

clarify ['klærɪfaɪ] *vt (explain)* éclaircir, clarifier.

clarinet [,klærə'net] *n* clarinette *f*.

clarity ['klærətɪ] *n* clarté *f*.

clash [klæʃ] ◇ *n* **1.** *(of interests, personalities)* conflit *m*. **2.** *(fight, disagreement)* heurt *m*, affrontement *m*. **3.** *(noise)* fracas *m*. ◇ *vi* **1.** *(fight, disagree)* se heurter. **2.** *(differ, conflict)* entrer en conflit. **3.** *(coincide)*: **to ~ (with sthg)** tomber en même temps (que qqch). **4.** *(colours)* jurer.

clasp [klɑːsp] ◇ *n (on necklace etc)* fermoir *m*; *(on belt)* boucle *f*. ◇ *vt (hold tight)* serrer.

class [klɑːs] ◇ *n* **1.** *(gen)* classe *f*. **2.** *(lesson)* cours *m*, classe *f*. **3.** *(category)* catégorie *f*. ◇ *vt* classer.

classic ['klæsɪk] ◇ *adj* classique. ◇ *n* classique *m*.

classical ['klæsɪkl] *adj* classique.

classified ['klæsɪfaɪd] *adj (information, document)* classé secret (classée secrète).

classified ad *n* petite annonce *f*.

classify ['klæsɪfaɪ] *vt* classifier, classer.

classmate ['klɑːsmeɪt] *n* camarade *mf* de classe.

classroom ['klɑːsrʊm] *n* (salle *f* de) classe *f*.

classy ['klɑːsɪ] *adj inf* chic (*inv*).

clatter ['klætə^r^] *n* cliquetis *m*; *(louder)* fracas *m*.

clause [klɔːz] *n* **1.** *(in document)* clause *f*. **2.** (GRAMM) proposition *f*.

claw [klɔː] ◇ *n* **1.** *(of cat, bird)* griffe *f*. **2.** *(of crab, lobster)* pince *f*. ◇ *vt* griffer. ◇ *vi (person)*: **to ~ at** s'agripper à.

clay [kleɪ] *n* argile *f*.

clean [kliːn] ◇ *adj* **1.** *(not dirty)* propre. **2.** *(sheet of paper, driving licence)* vierge; *(reputation)* sans tache. **3.** *(joke)* de bon goût. **4.** *(smooth)* net (nette). ◇ *vt* nettoyer; **to ~ one's teeth** se brosser OR laver les dents. ◇ *vi* faire le ménage. ◆ **clean out** *vt sep (room, drawer)* nettoyer à fond. ◆ **clean up** *vt sep (clear up)* nettoyer.

cleaner ['kliːnə^r^] *n* **1.** *(person)* personne *f* qui fait le ménage. **2.** *(substance)* produit *m* d'entretien.

cleaning ['kli:nɪŋ] *n* nettoyage *m*.
cleanliness ['klenlɪnɪs] *n* propreté *f*.
cleanse [klenz] *vt* **1.** *(skin, wound)* nettoyer. **2.** *fig (make pure)* purifier.
cleanser ['klenzəʳ] *n (detergent)* détergent *m*; *(for skin)* démaquillant *m*.
clean-shaven [-'ʃeɪvn] *adj* rasé(e) de près.
clear [klɪəʳ] ◇ *adj* **1.** *(gen)* clair(e); *(glass, plastic)* transparent(e); *(difference)* net (nette); **to make sthg ~ (to sb)** expliquer qqch clairement (à qqn); **to make it ~ that** préciser que; **to make o.s. ~** bien se faire comprendre. **2.** *(voice, sound)* qui s'entend nettement. **3.** *(road, space)* libre, dégagé(e). ◇ *adv*: **to stand ~** s'écarter; **to stay ~ of sb/sthg, to steer ~ of sb/sthg** éviter qqn/qqch. ◇ *vt* **1.** *(road, path)* dégager; *(table)* débarrasser. **2.** *(obstacle, fallen tree)* enlever. **3.** *(jump)* sauter, franchir. **4.** *(debt)* s'acquitter de. **5.** *(authorize)* donner le feu vert à. **6.** (JUR) innocenter. ◇ *vi (fog, smoke)* se dissiper; *(weather, sky)* s'éclaircir. ◆ **clear away** *vt sep (plates)* débarrasser; *(books)* enlever. ◆ **clear off** *vi Br inf* dégager. ◆ **clear out** ◇ *vt sep (cupboard)* vider; *(room)* ranger. ◇ *vi inf (leave)* dégager. ◆ **clear up** ◇ *vt sep* **1.** *(tidy)* ranger. **2.** *(mystery, misunderstanding)* éclaircir. ◇ *vi* **1.** *(weather)* s'éclaircir. **2.** *(tidy up)* tout ranger.
clearance ['klɪərəns] *n* **1.** *(of rubbish)* enlèvement *m*; *(of land)* déblaiement *m*. **2.** *(permission)* autorisation *f*.
clear-cut *adj* net (nette).
clearing ['klɪərɪŋ] *n (in wood)* clairière *f*.
clearing bank *n Br* banque *f* de clearing.
clearly ['klɪəlɪ] *adv* **1.** *(distinctly, lucidly)* clairement. **2.** *(obviously)* manifestement.
clearway ['klɪəweɪ] *n Br route où le stationnement n'est autorisé qu'en cas d'urgence.*
cleavage ['kli:vɪdʒ] *n (between breasts)* décolleté *m*.
cleaver ['kli:vəʳ] *n* couperet *m*.
clef [klef] *n* clef *f*.
cleft [kleft] *n* fente *f*.
clench [klentʃ] *vt* serrer.
clergy ['klɜ:dʒɪ] *npl*: **the ~** le clergé.
clergyman ['klɜ:dʒɪmən] (*pl* **-men** [-mən]) *n* membre *m* du clergé.
clerical ['klerɪkl] *adj* **1.** (ADMIN) de bureau. **2.** (RELIG) clérical(e).
clerk [*Br* klɑ:k, *Am* klɜ:rk] *n* **1.** *(in office)* employé *m*, -e *f* de bureau. **2.** (JUR) clerc *m*. **3.** *Am (shop assistant)* vendeur *m*, -euse *f*.
clever ['klevəʳ] *adj* **1.** *(intelligent - person)* intelligent(e); *(- idea)* ingénieux (euse). **2.** *(skilful)* habile, adroit(e).
click [klɪk] ◇ *n (of lock)* déclic *m*; *(of tongue, heels)* claquement *m*. ◇ *vt* faire claquer. ◇ *vi (heels)* claquer; *(camera)* faire un déclic.
client ['klaɪənt] *n* client *m*, -e *f*.
cliff [klɪf] *n* falaise *f*.
climate ['klaɪmɪt] *n* climat *m*.
climax ['klaɪmæks] *n (culmination)* apogée *m*.
climb [klaɪm] ◇ *n* ascension *f*, montée *f*. ◇ *vt (tree, rope)* monter à; *(stairs)* monter; *(wall, hill)* escalader. ◇ *vi* **1.** *(person)* monter, grimper. **2.** *(plant)* grimper; *(road)* monter; *(plane)* prendre de l'altitude. **3.** *(increase)* augmenter.
climb-down *n* reculade *f*.
climber ['klaɪməʳ] *n (person)* alpiniste *mf*, grimpeur *m*, -euse *f*.
climbing ['klaɪmɪŋ] *n (rock climbing)* varappe *f*; *(mountain climbing)* alpinisme *m*.
clinch [klɪntʃ] *vt (deal)* conclure.
cling [klɪŋ] (*pt & pp* **clung**) *vi* **1.** *(hold tightly)*: **to ~ (to)** s'accrocher (à), se cramponner (à). **2.** *(clothes)*: **to ~ (to)** coller (à).
clingfilm ['klɪŋfɪlm] *n Br* film *m* alimentaire transparent.
clinic ['klɪnɪk] *n (building)* centre *m* médical, clinique *f*.
clinical ['klɪnɪkl] *adj* **1.** (MED) clinique. **2.** *fig (attitude)* froid(e).
clink [klɪŋk] *vi* tinter.
clip [klɪp] ◇ *n* **1.** *(for paper)* trombone *m*; *(for hair)* pince *f*; *(of earring)* clip *m*. **2.** *(excerpt)* extrait *m*. ◇ *vt* **1.** *(fasten)* attacher. **2.** *(nails)* couper; *(hedge)* tailler; *(newspaper cutting)* découper.
clipboard ['klɪpbɔ:d] *n* écritoire *f* à pince, clipboard *m*.
clippers ['klɪpəz] *npl (for hair)* tondeuse *f*; *(for nails)* pince *f* à ongles; *(for hedge)* cisaille *f* à haie; *(for pruning)* sécateur *m*.
clipping ['klɪpɪŋ] *n (from newspaper)* coupure *f*.
cloak [kləʊk] *n (garment)* cape *f*.
cloakroom ['kləʊkrʊm] *n* **1.** *(for clothes)* vestiaire *m*. **2.** *Br (toilets)* toilettes *fpl*.
clock [klɒk] *n* **1.** *(large)* horloge *f*; *(small)* pendule *f*; **round the ~** *(work, be open)* 24 heures sur 24. **2.** (AUT) *(mileometer)* compteur *m*. ◆ **clock in, clock**

on *vi Br (at work)* pointer *(à l'arrivée)*. ◆ **clock off, clock out** *vi Br (at work)* pointer *(à la sortie)*.
clockwise ['klɒkwaɪz] *adj & adv* dans le sens des aiguilles d'une montre.
clockwork ['klɒkwɜːk] ◇ *n*: **to go like ~** *fig* aller OR marcher comme sur des roulettes. ◇ *comp (toy)* mécanique.
clog [klɒg] *vt* boucher. ◆ **clogs** *npl* sabots *mpl*. ◆ **clog up** ◇ *vt sep* boucher. ◇ *vi* se boucher.
close[1] [kləʊs] ◇ *adj* 1. *(near)*: **~ (to)** proche (de), près (de); **a ~ friend** un ami intime (une amie intime); **~ up, ~ to** de près; **~ by, ~ at hand** tout près; **that was a ~ shave** OR **thing** OR **call** on l'a échappé belle. 2. *(link, resemblance)* fort(e); *(cooperation, connection)* étroit(e). 3. *(questioning)* serré(e); *(examination)* minutieux(euse); **to keep a ~ watch on sb/sthg** surveiller qqn/qqch de près; **to pay ~ attention** faire très attention. 4. *(weather)* lourd(e); *(air in room)* renfermé(e). 5. *(result, contest, race)* serré(e). ◇ *adv*: **~ (to)** près (de); **to come ~r (together)** se rapprocher. ◆ **close on, close to** *prep (almost)* près de.
close[2] [kləʊz] ◇ *vt* 1. *(gen)* fermer. 2. *(end)* clore. ◇ *vi* 1. *(shop, bank)* fermer; *(door, lid)* (se) fermer. 2. *(end)* se terminer, finir. ◇ *n* fin *f*. ◆ **close down** *vt sep & vi* fermer.
closed [kləʊzd] *adj* fermé(e).
close-knit [,kləʊs-] *adj* (très) uni(e).
closely ['kləʊslɪ] *adv (listen, examine, watch)* de près; *(resemble)* beaucoup; **to be ~ related to** OR **with** être proche parent de.
closet ['klɒzɪt] ◇ *n Am (cupboard)* placard *m*. ◇ *adj inf* non avoué(e).
close-up ['kləʊs-] *n* gros plan *m*.
closing time ['kləʊzɪŋ-] *n* heure *f* de fermeture.
closure ['kləʊʒəʳ] *n* fermeture *f*.
clot [klɒt] ◇ *n* 1. *(of blood, milk)* caillot *m*. 2. *Br inf (fool)* empoté *m*, -e *f*. ◇ *vi (blood)* coaguler.
cloth [klɒθ] *n* 1. *(U) (fabric)* tissu *m*. 2. *(duster)* chiffon *m*; *(for drying)* torchon *m*.
clothe [kləʊð] *vt fml (dress)* habiller.
clothes [kləʊðz] *npl* vêtements *mpl*, habits *mpl*; **to put one's ~ on** s'habiller; **to take one's ~ off** se déshabiller.
clothes brush *n* brosse *f* à habits.
clothesline ['kləʊðzlaɪn] *n* corde *f* à linge.
clothes peg *Br*, **clothespin** *Am* ['kləʊðzpɪn] *n* pince *f* à linge.
clothing ['kləʊðɪŋ] *n (U)* vêtements *mpl*, habits *mpl*.
cloud [klaʊd] *n* nuage *m*. ◆ **cloud over** *vi (sky)* se couvrir.
cloudy ['klaʊdɪ] *adj* 1. *(sky, day)* nuageux(euse). 2. *(liquid)* trouble.
clout [klaʊt] *inf* ◇ *n (U) (influence)* poids *m*, influence *f*. ◇ *vt* donner un coup à.
clove [kləʊv] *n*: **a ~ of garlic** une gousse d'ail. ◆ **cloves** *npl (spice)* clous *mpl* de girofle.
clover ['kləʊvəʳ] *n* trèfle *m*.
clown [klaʊn] ◇ *n* 1. *(performer)* clown *m*. 2. *(fool)* pitre *m*. ◇ *vi* faire le pitre.
cloying ['klɔɪɪŋ] *adj* 1. *(smell)* écœurant(e). 2. *(sentimentality)* à l'eau de rose.
club [klʌb] ◇ *n* 1. *(organization, place)* club *m*. 2. *(weapon)* massue *f*. 3. **(golf) ~** club *m*. ◇ *vt* matraquer. ◆ **clubs** *npl* (CARDS) trèfle *m*. ◆ **club together** *vi* se cotiser.
club car *n Am* (RAIL) wagon-restaurant *m*.
clubhouse ['klʌbhaʊs, *pl* -haʊzɪz] *n* club *m*, pavillon *m*.
cluck [klʌk] *vi* glousser.
clue [kluː] *n* 1. *(in crime)* indice *m*; **I haven't (got) a ~ (about)** je n'ai aucune idée (sur). 2. *(in crossword)* définition *f*.
clued-up [kluːd-] *adj Br inf* calé(e).
clump [klʌmp] *n (of trees, bushes)* massif *m*, bouquet *m*.
clumsy ['klʌmzɪ] *adj* 1. *(ungraceful)* gauche, maladroit(e). 2. *(tactless)* sans tact.
clung [klʌŋ] *pt & pp* → **cling**.
cluster ['klʌstəʳ] ◇ *n (group)* groupe *m*. ◇ *vi (people)* se rassembler; *(buildings etc)* être regroupé(e).
clutch [klʌtʃ] ◇ *n* (AUT) embrayage *m*. ◇ *vt* agripper. ◇ *vi*: **to ~ at** s'agripper à.
clutter ['klʌtəʳ] ◇ *n* désordre *m*. ◇ *vt* mettre en désordre.
cm (*abbr of* **centimetre**) *n* cm.
CND (*abbr of* **Campaign for Nuclear Disarmament**) *n mouvement pour le désarmement nucléaire.*
c/o (*abbr of* **care of**) a/s.
Co. 1. (*abbr of* **Company**) Cie. 2. *abbr of* **County**.
coach [kəʊtʃ] ◇ *n* 1. *(bus)* car *m*, autocar *m*. 2. (RAIL) voiture *f*. 3. *(horsedrawn)* carrosse *m*. 4. (SPORT) entraîneur *m*. 5. *(tutor)* répétiteur *m*, -trice *f*. ◇ *vt* 1. (SPORT) entraîner. 2. *(tutor)* donner des leçons (particulières) à.
coal [kəʊl] *n* charbon *m*.

coalfield ['kəʊlfi:ld] *n* bassin *m* houiller.
coalition [,kəʊə'lɪʃn] *n* coalition *f*.
coalman ['kəʊlmæn] (*pl* **-men** [-men]) *n* *Br* charbonnier *m*.
coalmine ['kəʊlmaɪn] *n* mine *f* de charbon.
coarse [kɔ:s] *adj* **1.** *(rough - cloth)* grossier(ère); *(- hair)* épais(aisse); *(- skin)* granuleux(euse). **2.** *(vulgar)* grossier (ère).
coast [kəʊst] ◇ *n* côte *f*. ◇ *vi (in car, on bike)* avancer en roue libre.
coastal ['kəʊstl] *adj* côtier(ère).
coaster ['kəʊstəʳ] *n (small mat)* dessous *m* de verre.
coastguard ['kəʊstgɑ:d] *n* **1.** *(person)* garde-côte *m*. **2.** *(organization)*: **the ~** la gendarmerie maritime.
coastline ['kəʊstlaɪn] *n* côte *f*.
coat [kəʊt] ◇ *n* **1.** *(garment)* manteau *m*. **2.** *(of animal)* pelage *m*. **3.** *(layer)* couche *f*. ◇ *vt*: **to ~ sthg (with)** recouvrir qqch (de); *(with paint etc)* enduire qqch (de).
coat hanger *n* cintre *m*.
coating ['kəʊtɪŋ] *n* couche *f*; (CULIN) glaçage *m*.
coat of arms (*pl* **coats of arms**) *n* blason *m*.
coax [kəʊks] *vt*: **to ~ sb (to do** OR **into doing sthg)** persuader qqn (de faire qqch) à force de cajoleries.
cob [kɒb] → **corn**.
cobbler ['kɒbləʳ] *n* cordonnier *m*.
cobbles ['kɒblz], **cobblestones** ['kɒblstəʊnz] *npl* pavés *mpl*.
cobweb ['kɒbweb] *n* toile *f* d'araignée.
Coca-Cola® [,kəʊkə'kəʊlə] *n* Coca-Cola® *m inv*.
cocaine [kəʊ'keɪn] *n* cocaïne *f*.
cock [kɒk] ◇ *n* **1.** *(male chicken)* coq *m*. **2.** *(male bird)* mâle *m*. ◇ *vt* **1.** *(gun)* armer. **2.** *(head)* incliner. ◆ **cock up** *vt sep Br v inf* faire merder.
cockerel ['kɒkrəl] *n* jeune coq *m*.
cockle ['kɒkl] *n (shellfish)* coque *f*.
Cockney ['kɒknɪ] (*pl* **Cockneys**) *n (person)* Cockney *mf (personne issue des quartiers populaires de l'est de Londres)*.
cockpit ['kɒkpɪt] *n (in plane)* cockpit *m*.
cockroach ['kɒkrəʊtʃ] *n* cafard *m*.
cocksure [,kɒk'ʃɔ:ʳ] *adj* trop sûr(e) de soi.
cocktail ['kɒkteɪl] *n* cocktail *m*.
cock-up *n v inf*: **to make a ~** se planter.
cocky ['kɒkɪ] *adj inf* suffisant(e).
cocoa ['kəʊkəʊ] *n* cacao *m*.
coconut ['kəʊkənʌt] *n* noix *f* de coco.
cod [kɒd] (*pl inv*) *n* morue *f*.
COD *abbr of* **cash on delivery**.
code [kəʊd] ◇ *n* code *m*. ◇ *vt* coder.
cod-liver oil *n* huile *f* de foie de morue.
coerce [kəʊ'ɜ:s] *vt*: **to ~ sb (into doing sthg)** contraindre qqn (à faire qqch).
C of E *abbr of* **Church of England**.
coffee ['kɒfɪ] *n* café *m*.
coffee bar *n Br* café *m*.
coffee break *n* pause-café *f*.
coffee morning *n Br réunion matinale pour prendre le café*.
coffeepot ['kɒfɪpɒt] *n* cafetière *f*.
coffee shop *n* **1.** *Br (shop)* café *m*. **2.** *Am (restaurant)* ≃ café-restaurant *m*.
coffee table *n* table *f* basse.
coffin ['kɒfɪn] *n* cercueil *m*.
cog [kɒg] *n (tooth on wheel)* dent *f*; *(wheel)* roue *f* dentée.
coherent [kəʊ'hɪərənt] *adj* cohérent (e).
cohesive [kəʊ'hi:sɪv] *adj* cohésif(ive).
coil [kɔɪl] ◇ *n* **1.** *(of rope etc)* rouleau *m*; *(one loop)* boucle *f*. **2.** (ELEC) bobine *f*. **3.** *Br (contraceptive device)* stérilet *m*. ◇ *vt* enrouler. ◇ *vi* s'enrouler. ◆ **coil up** *vt sep* enrouler.
coin [kɔɪn] ◇ *n* pièce *f* (de monnaie). ◇ *vt (word)* inventer.
coinage ['kɔɪnɪdʒ] *n (U) (currency)* monnaie *f*.
coin-box *n Br* cabine *f* (publique) à pièces.
coincide [,kəʊɪn'saɪd] *vi* coïncider.
coincidence [kəʊ'ɪnsɪdəns] *n* coïncidence *f*.
coincidental [kəʊ,ɪnsɪ'dentl] *adj* de coïncidence.
coke [kəʊk] *n* **1.** *(fuel)* coke *m*. **2.** *drugs sl* coco *f*.
Coke® [kəʊk] *n* Coca® *m*.
cola ['kəʊlə] *n* cola *m*.
colander ['kʌləndəʳ] *n* passoire *f*.
cold [kəʊld] ◇ *adj* froid(e); **it's ~** il fait froid; **to be ~** avoir froid; **to get ~** *(person)* avoir froid; *(hot food)* refroidir. ◇ *n* **1.** *(illness)* rhume *m*; **to catch (a) ~** attraper un rhume, s'enrhumer. **2.** *(low temperature)* froid *m*.
cold-blooded [-'blʌdɪd] *adj fig (killer)* sans pitié; *(murder)* de sang-froid.
cold sore *n* bouton *m* de fièvre.
cold war *n*: **the ~** la guerre froide.
coleslaw ['kəʊlslɔ:] *n* chou *m* cru mayonnaise.
colic ['kɒlɪk] *n* colique *f*.

collaborate [kə'læbəreɪt] *vi* collaborer.

collapse [kə'læps] ◇ *n (gen)* écroulement *m*, effondrement *m*; *(of marriage)* échec *m*. ◇ *vi* **1.** *(building, person)* s'effondrer, s'écrouler; *(marriage)* échouer. **2.** *(fold up)* être pliant(e).

collapsible [kə'læpsəbl] *adj* pliant(e).

collar ['kɒlə^r] ◇ *n* **1.** *(on clothes)* col *m*. **2.** *(for dog)* collier *m*. **3.** (TECH) collier *m*, bague *f*. ◇ *vt inf (detain)* coincer.

collarbone ['kɒləbəʊn] *n* clavicule *f*.

collateral [kɒ'lætərəl] *n (U)* nantissement *m*.

colleague ['kɒli:g] *n* collègue *mf*.

collect [kə'lekt] ◇ *vt* **1.** *(gather together - gen)* rassembler, recueillir; *(- wood etc)* ramasser; **to ~ o.s.** se reprendre. **2.** *(as a hobby)* collectionner. **3.** *(go to get)* aller chercher, passer prendre. **4.** *(money)* recueillir; *(taxes)* percevoir. ◇ *vi* **1.** *(crowd, people)* se rassembler. **2.** *(dust, leaves, dirt)* s'amasser, s'accumuler. **3.** *(for charity, gift)* faire la quête. ◇ *adv Am* (TELEC): **to call (sb) ~** téléphoner (à qqn) en PCV.

collection [kə'lekʃn] *n* **1.** *(of objects)* collection *f*. **2.** (LITERATURE) recueil *m*. **3.** *(of money)* quête *f*. **4.** *(of mail)* levée *f*.

collective [kə'lektɪv] ◇ *adj* collectif (ive). ◇ *n* coopérative *f*.

collector [kə'lektə^r] *n* **1.** *(as a hobby)* collectionneur *m*, -euse *f*. **2.** *(of debts, rent)* encaisseur *m*; **~ of taxes** percepteur *m*.

college ['kɒlɪdʒ] *n* **1.** *(gen)* = école *f* d'enseignement (technique) supérieur. **2.** *(of university) maison communautaire d'étudiants sur un campus universitaire.*

college of education *n* = institut *m* de formation de maîtres.

collide [kə'laɪd] *vi*: **to ~ (with)** entrer en collision (avec).

collie ['kɒlɪ] *n* colley *m*.

colliery ['kɒljərɪ] *n* mine *f*.

collision [kə'lɪʒn] *n (crash)*: **~ (with/between)** collision *f* (avec/entre); **to be on a ~ course (with)** *fig* aller au-devant de l'affrontement (avec).

colloquial [kə'ləʊkwɪəl] *adj* familier (ère).

collude [kə'lu:d] *vi*: **to ~ with sb** comploter avec qqn.

Colombia [kə'lɒmbɪə] *n* Colombie *f*.

colon ['kəʊlən] *n* **1.** (ANAT) côlon *m*. **2.** *(punctuation mark)* deux-points *m inv*.

colonel ['kɜ:nl] *n* colonel *m*.

colonial [kə'ləʊnjəl] *adj* colonial(e).

colonize, -ise ['kɒlənaɪz] *vt* coloniser.

colony ['kɒlənɪ] *n* colonie *f*.

color *etc Am* = **colour** *etc*.

colossal [kə'lɒsl] *adj* colossal(e).

colour *Br*, **color** *Am* ['kʌlə^r] ◇ *n* couleur *f*; **in ~** en couleur. ◇ *adj* en couleur. ◇ *vt* **1.** *(food, liquid etc)* colorer; *(with pen, crayon)* colorier. **2.** *(dye)* teindre. **3.** *fig (judgment)* fausser. ◇ *vi* rougir.

colour bar *n* discrimination *f* raciale.

colour-blind *adj* daltonien(enne).

coloured *Br*, **colored** *Am* ['kʌləd] *adj* de couleur; **brightly ~** de couleur vive.

colourful *Br*, **colorful** *Am* ['kʌləfʊl] *adj* **1.** *(gen)* coloré(e). **2.** *(person, area)* haut(e) en couleur.

colouring *Br*, **coloring** *Am* ['kʌlərɪŋ] *n* **1.** *(dye)* colorant *m*. **2.** *(U) (complexion)* teint *m*.

colour scheme *n* combinaison *f* de couleurs.

colt [kəʊlt] *n (young horse)* poulain *m*.

column ['kɒləm] *n* **1.** *(gen)* colonne *f*. **2.** (PRESS) *(article)* rubrique *f*.

columnist ['kɒləmnɪst] *n* chroniqueur *m*.

coma ['kəʊmə] *n* coma *m*.

comb [kəʊm] ◇ *n (for hair)* peigne *m*. ◇ *vt* **1.** *(hair)* peigner. **2.** *(search)* ratisser.

combat ['kɒmbæt] ◇ *n* combat *m*. ◇ *vt* combattre.

combination [,kɒmbɪ'neɪʃn] *n* combinaison *f*.

combine [*vb* kəm'baɪn, *n* 'kɒmbaɪn] ◇ *vt (gen)* rassembler; *(pieces)* combiner; **to ~ sthg with sthg** *(two substances)* mélanger qqch avec OR à qqch; *fig* allier qqch à qqch. ◇ *vi* (COMM & POL): **to ~ (with)** fusionner (avec). ◇ *n* **1.** *(group)* cartel *m*. **2.** = **combine harvester**.

combine harvester [-'hɑ:vɪstə^r] *n* moissonneuse-batteuse *f*.

---

come [kʌm] (*pt* **came**, *pp* **come**) *vi* **1.** *(move)* venir; *(arrive)* arriver, venir; **the news came as a shock** la nouvelle m'a/lui a *etc* fait un choc; **coming!** j'arrive! **2.** *(reach)*: **to ~ up to** arriver à, monter jusqu'à; **to ~ down to** descendre OR tomber jusqu'à. **3.** *(happen)* arriver, se produire; **~ what may** quoi qu'il arrive. **4.** *(become)*: **to ~ true** se réaliser; **to ~ undone** se défaire; **to ~ unstuck** se décoller. **5.** *(begin gradually)*: **to ~ to do sthg** en arriver à OR en venir à faire qqch. **6.** *(be placed in order)* venir, être placé(e); **P ~s before Q** P vient avant Q, P précède Q; **she came second in the exam** elle était deuxième à l'examen. **7.**

phr: ~ **to think of it** maintenant que j'y pense, réflexion faite. ◆ **to come** *adv* à venir; **in (the) days/years to ~** dans les jours/années à venir. ◆ **come about** *vi (happen)* arriver, se produire. ◆ **come across** *vt fus* tomber sur, trouver par hasard. ◆ **come along** *vi* **1.** *(arrive by chance)* arriver. **2.** *(improve - work)* avancer; *(- student)* faire des progrès. ◆ **come apart** *vi* **1.** *(fall to pieces)* tomber en morceaux. **2.** *(come off)* se détacher. ◆ **come at** *vt fus (attack)* attaquer. ◆ **come back** *vi* **1.** *(in talk, writing)*: **to ~ back to sthg** revenir à qqch. **2.** *(memory)*: **to ~ back (to sb)** revenir (à qqn). ◆ **come by** *vt fus (get, obtain)* trouver, dénicher. ◆ **come down** *vi* **1.** *(decrease)* baisser. **2.** *(descend)* descendre. ◆ **come down to** *vt fus* se résumer à, se réduire à. ◆ **come down with** *vt fus (cold, flu)* attraper. ◆ **come forward** *vi* se présenter. ◆ **come from** *vt fus* venir de. ◆ **come in** *vi (enter)* entrer. ◆ **come in for** *vt fus (criticism)* être l'objet de. ◆ **come into** *vt fus* **1.** *(inherit)* hériter de. **2.** *(begin to be)*: **to ~ into being** prendre naissance, voir le jour. ◆ **come off** *vi* **1.** *(button, label)* se détacher; *(stain)* s'enlever. **2.** *(joke, attempt)* réussir. **3.** *phr*: **~ off it!** *inf* et puis quoi encore!, non mais sans blague! ◆ **come on** *vi* **1.** *(start)* commencer, apparaître. **2.** *(start working - light, heating)* s'allumer. **3.** *(progress, improve)* avancer, faire des progrès. **4.** *phr*: **~ on!** *(expressing encouragement)* allez!; *(hurry up)* allez, dépêche-toi!; *(expressing disbelief)* allons donc! ◆ **come out** *vi* **1.** *(become known)* être découvert(e). **2.** *(appear - product, book, film)* sortir, paraître; *(- sun, moon, stars)* paraître. **3.** *(go on strike)* faire grève. **4.** *(declare publicly)*: **to ~ out for/against sthg** se déclarer pour/contre qqch. ◆ **come round** *vi (regain consciousness)* reprendre connaissance, revenir à soi. ◆ **come through** *vt fus* survivre à. ◆ **come to** ◇ *vt fus* **1.** *(reach)*: **to ~ to an end** se terminer, prendre fin; **to ~ to a decision** arriver à OR prendre une décision. **2.** *(amount to)* s'élever à. ◇ *vi (regain consciousness)* revenir à soi, reprendre connaissance. ◆ **come under** *vt fus* **1.** *(be governed by)* être soumis(e) à. **2.** *(suffer)*: **to ~ under attack (from)** être en butte aux attaques (de). ◆ **come up** *vi* **1.** *(be mentioned)* survenir. **2.** *(be imminent)* approcher. **3.** *(happen unexpectedly)* se présenter. **4.** *(sun)* se lever. ◆ **come up against** *vt fus* se heurter à. ◆ **come up to** *vt fus* **1.** *(approach - in space)* s'approcher de. **2.** *(equal)* répondre à. ◆ **come up with** *vt fus (answer, idea)* proposer.

comeback ['kʌmbæk] *n* come-back *m*; **to make a ~** *(fashion)* revenir à la mode; *(actor etc)* revenir à la scène.

comedian [kə'miːdjən] *n (comic)* comique *m*; (THEATRE) comédien *m*.

comedown ['kʌmdaʊn] *n inf*: **it was a ~ for her** elle est tombée bien bas pour faire ça.

comedy ['kɒmədɪ] *n* comédie *f*.

comet ['kɒmɪt] *n* comète *f*.

comfort ['kʌmfət] ◇ *n* **1.** *(U) (ease)* confort *m*. **2.** *(luxury)* commodité *f*. **3.** *(solace)* réconfort *m*, consolation *f*. ◇ *vt* réconforter, consoler.

comfortable ['kʌmftəbl] *adj* **1.** *(gen)* confortable. **2.** *fig (person - at ease, financially)* à l'aise. **3.** *(after operation, accident)*: **he's ~** son état est stationnaire.

comfortably ['kʌmftəblɪ] *adv* **1.** *(sit, sleep)* confortablement. **2.** *(without financial difficulty)* à l'aise. **3.** *(win)* aisément.

comfort station *n Am* toilettes *fpl* publiques.

comic ['kɒmɪk] ◇ *adj* comique, amusant(e). ◇ *n* **1.** *(comedian)* comique *m*, actrice *f* comique. **2.** *(magazine)* bande *f* dessinée.

comical ['kɒmɪkl] *adj* comique, drôle.

comic strip *n* bande *f* dessinée.

coming ['kʌmɪŋ] ◇ *adj (future)* à venir, futur(e). ◇ *n*: **~s and goings** allées et venues *fpl*.

comma ['kɒmə] *n* virgule *f*.

command [kə'mɑːnd] ◇ *n* **1.** *(order)* ordre *m*. **2.** *(U) (control)* commandement *m*. **3.** *(of language, subject)* maîtrise *f*; **to have at one's ~** *(language)* maîtriser; *(resources)* avoir à sa disposition. **4.** (COMPUT) commande *f*. ◇ *vt* **1.** *(order)*: **to ~ sb to do sthg** ordonner OR commander à qqn de faire qqch. **2.** (MIL) *(control)* commander. **3.** *(deserve - respect)* inspirer; *(- attention, high price)* mériter.

commandeer [ˌkɒmən'dɪər] *vt* réquisitionner.

commander [kə'mɑːndər] *n* **1.** *(in army)* commandant *m*. **2.** *(in navy)* capitaine *m* de frégate.

commando [kə'mɑːndəʊ] (*pl* **-s** OR **-es**) *n* commando *m*.

commemorate [kə'meməreɪt] *vt* commémorer.

commemoration [kəˌmemə'reɪʃn] *n* commémoration *f*.

commence [kə'mens] *fml* ◇ *vt* commencer, entamer; **to ~ doing sthg** commencer à faire qqch. ◇ *vi* commencer.

commend [kə'mend] *vt* **1.** *(praise)*: **to ~ sb (on** OR **for)** féliciter qqn (de). **2.** *(recommend)*: **to ~ sthg (to sb)** recommander qqch (à qqn).

comment ['kɒment] ◇ *n* commentaire *m*, remarque *f*; **no ~!** sans commentaire! ◇ *vt*: **to ~ that** remarquer que. ◇ *vi*: **to ~ (on)** faire des commentaires OR remarques (sur).

commentary ['kɒməntrɪ] *n* commentaire *m*.

commentator ['kɒmənteɪtəʳ] *n* commentateur *m*, -trice *f*.

commerce ['kɒmɜːs] *n (U)* commerce *m*, affaires *fpl*.

commercial [kə'mɜːʃl] ◇ *adj* commercial(e). ◇ *n* publicité *f*, spot *m* publicitaire.

commercial break *n* publicités *fpl*.

commiserate [kə'mɪzəreɪt] *vi*: **to ~ with sb** témoigner de la compassion pour qqn.

commission [kə'mɪʃn] ◇ *n* **1.** *(money, investigative body)* commission *f*. **2.** *(order for work)* commande *f*. ◇ *vt (work)* commander; **to ~ sb to do sthg** charger qqn de faire qqch.

commissionaire [kə,mɪʃə'neəʳ] *n Br* chasseur *m*.

commissioner [kə'mɪʃnəʳ] *n (in police)* commissaire *m*.

commit [kə'mɪt] *vt* **1.** *(crime, sin etc)* commettre; **to ~ suicide** se suicider. **2.** *(promise - money, resources)* allouer; **to ~ o.s. (to sthg/to doing sthg)** s'engager (à qqch/à faire qqch). **3.** *(consign)*: **to ~ sb to prison** faire incarcérer qqn; **to ~ sthg to memory** apprendre qqch par cœur.

commitment [kə'mɪtmənt] *n* **1.** *(U) (dedication)* engagement *m*. **2.** *(responsibility)* obligation *f*.

committee [kə'mɪtɪ] *n* commission *f*, comité *m*.

commodity [kə'mɒdətɪ] *n* marchandise *f*.

common ['kɒmən] ◇ *adj* **1.** *(frequent)* courant(e). **2.** *(shared)*: **~ (to)** commun (e) (à). **3.** *(ordinary)* banal(e). **4.** *Br pej (vulgar)* vulgaire. ◇ *n (land)* terrain *m* communal. ◆ **in common** *adv* en commun.

common law *n* droit *m* coutumier. ◆ **common-law** *adj*: **common-law wife** concubine *f*.

commonly ['kɒmənlɪ] *adv (generally)* d'une manière générale, généralement.

Common Market *n*: **the ~** le Marché commun.

commonplace ['kɒmənpleɪs] *adj* banal (e), ordinaire.

common room *n (staffroom)* salle *f* des professeurs; *(for students)* salle commune.

Commons ['kɒmənz] *npl Br*: **the ~** les Communes *fpl*, la Chambre des Communes.

common sense *n (U)* bon sens *m*.

Commonwealth ['kɒmənwelθ] *n*: **the ~** le Commonwealth.

> **THE COMMONWEALTH**
>
> En Grande-Bretagne, le terme «Commonwealth» désigne un regroupement de 50 pays indépendants, ex-colonies britanniques. Fondé en 1931, il reçoit communément le nom de «British Commonwealth», bien que l'appellation officielle soit «the Commonwealth of Nations».

Commonwealth of Independent States *n*: **the ~** la Communauté des États Indépendants.

commotion [kə'məʊʃn] *n* remue-ménage *m*.

communal ['kɒmjʊnl] *adj (kitchen, garden)* commun(e); *(life etc)* communautaire, collectif(ive).

commune [*n* 'kɒmjuːn *vb* kə'mjuːn] ◇ *n* communauté *f*. ◇ *vi*: **to ~ with** communier avec.

communicate [kə'mjuːnɪkeɪt] *vt & vi* communiquer.

communication [kə,mjuːnɪ'keɪʃn] *n* contact *m*; (TELEC) communication *f*.

communication cord *n Br* sonnette *f* d'alarme.

communion [kə'mjuːnjən] *n* communion *f*. ◆ **Communion** *n (U)* (RELIG) communion *f*.

Communism ['kɒmjʊnɪzm] *n* communisme *m*.

Communist ['kɒmjʊnɪst] ◇ *adj* communiste. ◇ *n* communiste *mf*.

community [kə'mjuːnətɪ] *n* communauté *f*.

community centre *n* foyer *m* municipal.

commutation ticket [,kɒmjʊ'teɪʃn-] *n Am* carte *f* de transport.

commute [kə'mjuːt] ◇ *vt* (JUR) commuer. ◇ *vi (to work) faire la navette pour se rendre à son travail.*

commuter [kə'mju:tə^r] *n personne qui fait tous les jours la navette de banlieue en ville pour se rendre à son travail.*

compact [*adj* kəm'pækt, *n* 'kɒmpækt] ◇ *adj* compact(e). ◇ *n* **1.** *(for face powder)* poudrier *m*. **2.** *Am* (AUT): **~ (car)** petite voiture *f*.

compact disc *n* compact *m* (disc *m*), disque *m* compact.

compact disc player *n* lecteur *m* de disques compacts.

companion [kəm'pænjən] *n (person)* camarade *mf*.

companionship [kəm'pænjənʃɪp] *n* compagnie *f*.

company ['kʌmpənɪ] *n* **1.** (COMM - *gen)* société *f*; *(- insurance, airline, shipping company)* compagnie *f*. **2.** *(companionship)* compagnie *f*; **to keep sb ~** tenir compagnie à qqn. **3.** *(of actors)* troupe *f*.

company secretary *n* secrétaire général *m*, secrétaire générale *f*.

comparable ['kɒmprəbl] *adj*: **~ (to** OR **with)** comparable (à).

comparative [kəm'pærətɪv] *adj* **1.** *(relative)* relatif(ive). **2.** *(study, in grammar)* comparatif(ive).

comparatively [kəm'pærətɪvlɪ] *adv (relatively)* relativement.

compare [kəm'peə^r] ◇ *vt*: **to ~ sb/sthg (with), to ~ sb/sthg (to)** comparer qqn/qqch (avec), comparer qqn/qqch (à); **~d with** OR **to** par rapport à. ◇ *vi*: **to ~ (with)** être comparable (à).

comparison [kəm'pærɪsn] *n* comparaison *f*; **in ~ with** OR **to** en comparaison de, par rapport à.

compartment [kəm'pɑ:tmənt] *n* compartiment *m*.

compass ['kʌmpəs] *n (magnetic)* boussole *f*. ◆ **compasses** *npl*: **(a pair of) ~es** un compas.

compassion [kəm'pæʃn] *n* compassion *f*.

compassionate [kəm'pæʃənət] *adj* compatissant(e).

compatible [kəm'pætəbl] *adj (gen &* COMPUT*)*: **~ (with)** compatible (avec).

compel [kəm'pel] *vt (force)*: **to ~ sb (to do sthg)** contraindre OR obliger qqn (à faire qqch).

compelling [kəm'pelɪŋ] *adj (forceful)* irrésistible.

compensate ['kɒmpenseɪt] ◇ *vt*: **to ~ sb for sthg** *(financially)* dédommager OR indemniser qqn de qqch. ◇ *vi*: **to ~ for sthg** compenser qqch.

compensation [,kɒmpen'seɪʃn] *n* **1.** *(money)*: **~ (for)** dédommagement *m* (pour). **2.** *(way of compensating)*: **~ (for)** compensation *f* (pour).

compete [kəm'pi:t] *vi* **1.** *(vie - people)*: **to ~ with sb for sthg** disputer qqch à qqn; **to ~ for sthg** se disputer qqch. **2.** (COMM): **to ~ (with)** être en concurrence (avec); **to ~ for sthg** se faire concurrence pour qqch. **3.** *(take part)* être en compétition.

competence ['kɒmpɪtəns] *n (U) (proficiency)* compétence *f*, capacité *f*.

competent ['kɒmpɪtənt] *adj* compétent(e).

competition [,kɒmpɪ'tɪʃn] *n* **1.** *(U) (rivalry)* rivalité *f*, concurrence *f*. **2.** *(U)* (COMM) concurrence *f*. **3.** *(race, contest)* concours *m*, compétition *f*.

competitive [kəm'petətɪv] *adj* **1.** *(person)* qui a l'esprit de compétition; *(match, sport)* de compétition. **2.** (COMM - *goods)* compétitif(ive); *(- manufacturer)* concurrentiel(elle).

competitor [kəm'petɪtə^r] *n* concurrent *m*, -e *f*.

compile [kəm'paɪl] *vt* rédiger.

complacency [kəm'pleɪsnsɪ] *n* autosatisfaction *f*.

complain [kəm'pleɪn] *vi* **1.** *(moan)*: **to ~ (about)** se plaindre (de). **2.** (MED): **to ~ of** se plaindre de.

complaint [kəm'pleɪnt] *n* **1.** *(gen)* plainte *f*; *(in shop)* réclamation *f*. **2.** (MED) affection *f*, maladie *f*.

complement [*n* 'kɒmplɪmənt, *vb* 'kɒmplɪ,ment] ◇ *n* **1.** *(accompaniment)* accompagnement *m*. **2.** *(number)* effectif *m*. **3.** (GRAMM) complément *m*. ◇ *vt* aller bien avec.

complementary [,kɒmplɪ'mentərɪ] *adj* complémentaire.

complete [kəm'pli:t] ◇ *adj* **1.** *(gen)* complet(ète); **~ with** doté(e) de, muni(e) de. **2.** *(finished)* achevé(e). ◇ *vt* **1.** *(make whole)* compléter. **2.** *(finish)* achever, terminer. **3.** *(questionnaire, form)* remplir.

completely [kəm'pli:tlɪ] *adv* complètement.

completion [kəm'pli:ʃn] *n* achèvement *m*.

complex ['kɒmpleks] ◇ *adj* complexe. ◇ *n (mental, of buildings)* complexe *m*.

complexion [kəm'plekʃn] *n* teint *m*.

compliance [kəm'plaɪəns] *n*: **~ (with)** conformité *f* (à).

complicate ['kɒmplɪkeɪt] *vt* compliquer.

complicated ['kɒmplɪkeɪtɪd] *adj* compliqué(e).
complication [,kɒmplɪ'keɪʃn] *n* complication *f*.
compliment [*n* 'kɒmplɪmənt, *vb* 'kɒmplɪ,ment] ◇ *n* compliment *m*. ◇ *vt*: **to ~ sb (on)** féliciter qqn (de). ◆ **compliments** *npl fml* compliments *mpl*.
complimentary [,kɒmplɪ'mentərɪ] *adj* **1.** *(admiring)* flatteur(euse). **2.** *(free)* gratuit(e).
complimentary ticket *n* billet *m* de faveur.
comply [kəm'plaɪ] *vi*: **to ~ with** se conformer à.
component [kəm'pəʊnənt] *n* composant *m*.
compose [kəm'pəʊz] *vt* **1.** *(gen)* composer; **to be ~d of** se composer de, être composé de. **2.** *(calm)*: **to ~ o.s.** se calmer.
composed [kəm'pəʊzd] *adj (calm)* calme.
composer [kəm'pəʊzəʳ] *n* compositeur *m*, -trice *f*.
composition [,kɒmpə'zɪʃn] *n* composition *f*.
compost [*Br* 'kɒmpɒst, *Am* 'kɒmpəʊst] *n* compost *m*.
composure [kəm'pəʊʒəʳ] *n* sang-froid *m*, calme *m*.
compound ['kɒmpaʊnd] *n* **1.** (CHEM & LING) composé *m*. **2.** *(enclosed area)* enceinte *f*.
comprehend [,kɒmprɪ'hend] *vt (understand)* comprendre.
comprehension [,kɒmprɪ'henʃn] *n* compréhension *f*.
comprehensive [,kɒmprɪ'hensɪv] ◇ *adj* **1.** *(account, report)* exhaustif(ive), détaillé(e). **2.** *(insurance)* tous-risques (*inv*). ◇ *n* = **comprehensive school**.
comprehensive school *n établissement secondaire britannique d'enseignement général.*
compress [kəm'pres] *vt* **1.** *(squeeze, press)* comprimer. **2.** *(shorten - text)* condenser.
comprise [kəm'praɪz] *vt* comprendre; **to be ~d of** consister en, comprendre.
compromise ['kɒmprəmaɪz] ◇ *n* compromis *m*. ◇ *vt* compromettre. ◇ *vi* transiger.
compulsion [kəm'pʌlʃn] *n* **1.** *(strong desire)*: **to have a ~ to do sthg** ne pas pouvoir s'empêcher de faire qqch. **2.** *(U) (obligation)* obligation *f*.
compulsive [kəm'pʌlsɪv] *adj* **1.** *(smoker, liar etc)* invétéré(e). **2.** *(book, TV programme)* captivant(e).
compulsory [kəm'pʌlsərɪ] *adj* obligatoire.
computer [kəm'pjuːtəʳ] ◇ *n* ordinateur *m*. ◇ *comp*: **~ graphics** Infographie® *f*; **~ program** programme *m* informatique.
computer game *n* jeu *m* électronique.
computerized [kəm'pjuːtəraɪzd] *adj* informatisé(e).
computing [kəm'pjuːtɪŋ], **computer science** *n* informatique *f*.
comrade ['kɒmreɪd] *n* camarade *mf*.
con [kɒn] *inf* ◇ *n (trick)* escroquerie *f*. ◇ *vt (trick)*: **to ~ sb (out of)** escroquer qqn (de); **to ~ sb into doing sthg** persuader qqn de faire qqch (en lui mentant).
concave [,kɒn'keɪv] *adj* concave.
conceal [kən'siːl] *vt* cacher, dissimuler; **to ~ sthg from sb** cacher qqch à qqn.
concede [kən'siːd] ◇ *vt* concéder. ◇ *vi* céder.
conceit [kən'siːt] *n (arrogance)* vanité *f*.
conceited [kən'siːtɪd] *adj* vaniteux(euse).
conceive [kən'siːv] ◇ *vt* concevoir. ◇ *vi* **1.** (MED) concevoir. **2.** *(imagine)*: **to ~ of** concevoir.
concentrate ['kɒnsəntreɪt] ◇ *vt* concentrer. ◇ *vi*: **to ~ (on)** se concentrer (sur).
concentration [,kɒnsən'treɪʃn] *n* concentration *f*.
concentration camp *n* camp *m* de concentration.
concept ['kɒnsept] *n* concept *m*.
concern [kən'sɜːn] ◇ *n* **1.** *(worry, anxiety)* souci *m*, inquiétude *f*. **2.** (COMM) *(company)* affaire *f*. ◇ *vt* **1.** *(worry)* inquiéter; **to be ~ed (about)** s'inquiéter (de). **2.** *(involve)* concerner, intéresser; **as far as I'm ~ed** en ce qui me concerne; **to be ~ed with** *(subj: person)* s'intéresser à; **to ~ o.s. with sthg** s'intéresser à, s'occuper de. **3.** *(subj: book, film)* traiter de.
concerning [kən'sɜːnɪŋ] *prep* en ce qui concerne.
concert ['kɒnsət] *n* concert *m*.
concerted [kən'sɜːtɪd] *adj (effort)* concerté(e).
concert hall *n* salle *f* de concert.
concertina [,kɒnsə'tiːnə] *n* concertina *m*.
concerto [kən'tʃɜːtəʊ] (*pl* **-s**) *n* concerto *m*.
concession [kən'seʃn] *n* **1.** *(gen)* concession *f*. **2.** *(special price)* réduction *f*.

conciliatory [kən'sɪlɪətrɪ] *adj* conciliant(e).
concise [kən'saɪs] *adj* concis(e).
conclude [kən'klu:d] ◇ *vt* conclure. ◇ *vi (meeting)* prendre fin; *(speaker)* conclure.
conclusion [kən'klu:ʒn] *n* conclusion *f*.
conclusive [kən'klu:sɪv] *adj* concluant (e).
concoct [kən'kɒkt] *vt* préparer; *fig* concocter.
concoction [kən'kɒkʃn] *n* préparation *f*.
concourse ['kɒŋkɔ:s] *n (hall)* hall *m*.
concrete ['kɒŋkri:t] ◇ *adj (definite)* concret(ète). ◇ *n (U)* béton *m*. ◇ *comp (made of concrete)* en béton.
concubine ['kɒŋkjʊbaɪn] *n* maîtresse *f*.
concur [kən'kɜ:ʳ] *vi (agree)*: **to ~ (with)** être d'accord (avec).
concurrently [kən'kʌrəntlɪ] *adv* simultanément.
concussion [kən'kʌʃn] *n* commotion *f*.
condemn [kən'dem] *vt* condamner.
condensation [,kɒnden'seɪʃn] *n* condensation *f*.
condense [kən'dens] ◇ *vt* condenser. ◇ *vi* se condenser.
condensed milk [kən'denst-] *n* lait *m* condensé.
condescending [,kɒndɪ'sendɪŋ] *adj* condescendant(e).
condition [kən'dɪʃn] ◇ *n* **1.** *(gen)* condition *f*; **in (a) good/bad ~** en bon/mauvais état; **out of ~** pas en forme. **2.** (MED) maladie *f*. ◇ *vt (gen)* conditionner.
conditional [kən'dɪʃənl] *adj* conditionnel(elle).
conditioner [kən'dɪʃnəʳ] *n* **1.** *(for hair)* après-shampooing *m*. **2.** *(for clothes)* assouplissant *m*.
condolences [kən'dəʊlənsɪz] *npl* condoléances *fpl*.
condom ['kɒndəm] *n* préservatif *m*.
condominium [,kɒndə'mɪnɪəm] *n Am* **1.** *(apartment)* appartement *m* dans un immeuble en copropriété. **2.** *(apartment block)* immeuble *m* en copropriété.
condone [kən'dəʊn] *vt* excuser.
conducive [kən'dju:sɪv] *adj*: **to be ~ to sthg/to doing sthg** inciter à qqch/à faire qqch.
conduct [*n* 'kɒndʌkt, *vb* kən'dʌkt] ◇ *n* conduite *f*. ◇ *vt* **1.** *(carry out, transmit)* conduire. **2.** *(behave)*: **to ~ o.s. well/badly** se conduire bien/mal. **3.** (MUS) diriger.
conducted tour [kən'dʌktɪd-] *n* visite *f* guidée.
conductor [kən'dʌktəʳ] *n* **1.** (MUS) chef *m* d'orchestre. **2.** *(on bus)* receveur *m*. **3.** *Am (on train)* chef *m* de train.
conductress [kən'dʌktrɪs] *n (on bus)* receveuse *f*.
cone [kəʊn] *n* **1.** *(shape)* cône *m*. **2.** *(for ice cream)* cornet *m*. **3.** *(from tree)* pomme *f* de pin.
confectioner [kən'fekʃnəʳ] *n* confiseur *m*; **~'s (shop)** confiserie *f*.
confectionery [kən'fekʃnərɪ] *n* confiserie *f*.
confederation [kən,fedə'reɪʃn] *n* confédération *f*.
Confederation of British Industry *n*: **the ~** = le conseil du patronat.
confer [kən'fɜ:ʳ] ◇ *vt*: **to ~ sthg (on sb)** conférer qqch (à qqn). ◇ *vi*: **to ~ (with sb on** OR **about sthg)** s'entretenir (avec qqn de qqch).
conference ['kɒnfərəns] *n* conférence *f*.
confess [kən'fes] ◇ *vt* **1.** *(admit)* avouer, confesser. **2.** (RELIG) confesser. ◇ *vi*: **to ~ (to sthg)** avouer (qqch).
confession [kən'feʃn] *n* confession *f*.
confetti [kən'fetɪ] *n (U)* confettis *mpl*.
confide [kən'faɪd] *vi*: **to ~ in sb** se confier à qqn.
confidence ['kɒnfɪdəns] *n* **1.** *(self-assurance)* confiance *f* en soi, assurance *f*. **2.** *(trust)* confiance *f*; **to have ~ in** avoir confiance en. **3.** *(secrecy)*: **in ~** en confidence. **4.** *(secret)* confidence *f*.
confidence trick *n* abus *m* de confiance.
confident ['kɒnfɪdənt] *adj* **1.** *(self-assured)*: **to be ~** avoir confiance en soi. **2.** *(sure)* sûr(e).
confidential [,kɒnfɪ'denʃl] *adj* confidentiel(ielle).
confine [kən'faɪn] *vt* **1.** *(limit)* limiter; **to ~ o.s. to** se limiter à. **2.** *(shut up)* enfermer, confiner.
confined [kən'faɪnd] *adj (space, area)* restreint(e).
confinement [kən'faɪnmənt] *n (imprisonment)* emprisonnement *m*.
confines ['kɒnfaɪnz] *npl* confins *mpl*.
confirm [kən'fɜ:m] *vt* confirmer.
confirmation [,kɒnfə'meɪʃn] *n* confirmation *f*.
confirmed [kən'fɜ:md] *adj (habitual)*

invétéré(e); *(bachelor, spinster)* endurci (e).

confiscate ['kɒnfɪskeɪt] *vt* confisquer.

conflict [*n* 'kɒnflɪkt, *vb* kən'flɪkt] ◇ *n* conflit *m*. ◇ *vi*: **to ~ (with)** s'opposer (à), être en conflit (avec).

conflicting [kən'flɪktɪŋ] *adj* contradictoire.

conform [kən'fɔːm] *vi*: **to ~ (to** OR **with)** se conformer (à).

confound [kən'faʊnd] *vt (confuse, defeat)* déconcerter.

confront [kən'frʌnt] *vt* **1.** *(problem, enemy)* affronter. **2.** *(challenge)*: **to ~ sb (with)** confronter qqn (avec).

confrontation [ˌkɒnfrʌn'teɪʃn] *n* affrontement *m*.

confuse [kən'fjuːz] *vt* **1.** *(disconcert)* troubler; **to ~ the issue** brouiller les cartes. **2.** *(mix up)* confondre.

confused [kən'fjuːzd] *adj* **1.** *(not clear)* compliqué(e). **2.** *(disconcerted)* troublé (e), désorienté(e); **I'm ~** je n'y comprends rien.

confusing [kən'fjuːzɪŋ] *adj* pas clair(e).

confusion [kən'fjuːʒn] *n* confusion *f*.

congeal [kən'dʒiːl] *vi (blood)* se coaguler.

congenial [kən'dʒiːnjəl] *adj* sympathique, agréable.

congested [kən'dʒestɪd] *adj* **1.** *(street, area)* encombré(e). **2.** (MED) congestionné(e).

congestion [kən'dʒestʃn] *n* **1.** *(of traffic)* encombrement *m*. **2.** (MED) congestion *f*.

conglomerate [ˌkən'glɒmərət] *n* (COMM) conglomérat *m*.

congratulate [kən'grætʃʊleɪt] *vt*: **to ~ sb (on sthg/on doing sthg)** féliciter qqn (de qqch/d'avoir fait qqch).

congratulations [kənˌgrætʃʊ'leɪʃənz] *npl* félicitations *fpl*.

congregate ['kɒŋgrɪgeɪt] *vi* se rassembler.

congregation [ˌkɒŋgrɪ'geɪʃn] *n* assemblée *f* des fidèles.

congress ['kɒŋgres] *n (meeting)* congrès *m*. ◆ **Congress** *n Am* (POL) le Congrès.

CONGRESS

Le Congrès, organe législatif américain, est constitué du Sénat et de la Chambre des représentants; une proposition de loi doit obligatoirement être approuvée séparément par ces deux chambres.

congressman ['kɒŋgresmən] (*pl* **-men** [-mən]) *n Am* (POL) membre *m* du Congrès.

conifer ['kɒnɪfər] *n* conifère *m*.

conjugation [ˌkɒndʒʊ'geɪʃn] *n* (GRAMM) conjugaison *f*.

conjunction [kən'dʒʌŋkʃn] *n* (GRAMM) conjonction *f*.

conjunctivitis [kənˌdʒʌŋktɪ'vaɪtɪs] *n* conjonctivite *f*.

conjure ['kʌndʒər] *vi (by magic)* faire des tours de prestidigitation. ◆ **conjure up** *vt sep* évoquer.

conjurer ['kʌndʒərər] *n* prestidigitateur *m*, -trice *f*.

conjuror ['kʌndʒərər] = **conjurer**.

conker ['kɒŋkər] *n Br* marron *m*.

conman ['kɒnmæn] (*pl* **-men** [-men]) *n* escroc *m*.

connect [kə'nekt] ◇ *vt* **1.** *(join)*: **to ~ sthg (to)** relier qqch (à). **2.** *(on telephone)* mettre en communication. **3.** *(associate)* associer; **to ~ sb/sthg to, to ~ sb/sthg with** associer qqn/qqch à. **4.** (ELEC) *(to power supply)*: **to ~ sthg to** brancher qqch à. ◇ *vi (train, plane, bus)*: **to ~ (with)** assurer la correspondance (avec).

connected [kə'nektɪd] *adj (related)*: **to be ~ with** avoir un rapport avec.

connection [kə'nekʃn] *n* **1.** *(relationship)*: **~ (between/with)** rapport *m* (entre/avec); **in ~ with** à propos de. **2.** (ELEC) branchement *m*, connexion *f*. **3.** *(on telephone)* communication *f*. **4.** *(plane, train, bus)* correspondance *f*. **5.** *(professional acquaintance)* relation *f*.

connive [kə'naɪv] *vi* **1.** *(plot)* comploter. **2.** *(allow to happen)*: **to ~ at sthg** fermer les yeux sur qqch.

connoisseur [ˌkɒnə'sɜːr] *n* connaisseur *m*, -euse *f*.

conquer ['kɒŋkər] *vt* **1.** *(country)* conquérir. **2.** *(fears, inflation)* vaincre.

conqueror ['kɒŋkərər] *n* conquérant *m*, -e *f*.

conquest ['kɒŋkwest] *n* conquête *f*.

cons [kɒnz] *npl* **1.** *Br inf*: **all mod ~** tout confort. **2.** → **pro**.

conscience ['kɒnʃəns] *n* conscience *f*.

conscientious [ˌkɒnʃɪ'enʃəs] *adj* consciencieux(euse).

conscious ['kɒnʃəs] *adj* **1.** *(not unconscious)* conscient(e). **2.** *(aware)*: **~ of sthg** conscient(e) de qqch. **3.** *(intentional - insult)* délibéré(e), intentionnel (elle); *(- effort)* conscient(e).

consciousness ['kɒnʃəsnɪs] *n* conscience *f*.

conscript ['kɒnskrɪpt] *n* (MIL) conscrit *m*.

conscription [kən'skrɪpʃn] *n* conscription *f*.
consecutive [kən'sekjʊtɪv] *adj* consécutif(ive).
consent [kən'sent] ◇ *n (U)* **1.** *(permission)* consentement *m*. **2.** *(agreement)* accord *m*. ◇ *vi*: **to ~ (to)** consentir (à).
consequence ['kɒnsɪkwəns] *n* **1.** *(result)* conséquence *f*; **in ~** par conséquent. **2.** *(importance)* importance *f*.
consequently ['kɒnsɪkwəntlɪ] *adv* par conséquent.
conservation [,kɒnsə'veɪʃn] *n (of nature)* protection *f*; *(of buildings)* conservation *f*; *(of energy, water)* économie *f*.
conservative [kən'sɜːvətɪv] ◇ *adj* **1.** *(not modern)* traditionnel(elle). **2.** *(cautious)* prudent(e). ◇ *n* traditionaliste *mf*. ◆ **Conservative** (POL) ◇ *adj* conservateur(trice). ◇ *n* conservateur *m*, -trice *f*.
Conservative Party *n*: **the ~** le parti conservateur.
conservatory [kən'sɜːvətrɪ] *n (of house)* véranda *f*.
conserve [*n* 'kɒnsɜːv, *vb* kən'sɜːv] ◇ *n* confiture *f*. ◇ *vt (energy, supplies)* économiser; *(nature, wildlife)* protéger.
consider [kən'sɪdəʳ] *vt* **1.** *(think about)* examiner. **2.** *(take into account)* prendre en compte; **all things ~ed** tout compte fait. **3.** *(judge)* considérer.
considerable [kən'sɪdrəbl] *adj* considérable.
considerably [kən'sɪdrəblɪ] *adv* considérablement.
considerate [kən'sɪdərət] *adj* prévenant(e).
consideration [kən,sɪdə'reɪʃn] *n* **1.** *(U) (careful thought)* réflexion *f*; **to take sthg into ~** tenir compte de qqch, prendre qqch en considération; **under ~** à l'étude. **2.** *(U) (care)* attention *f*. **3.** *(factor)* facteur *m*.
considering [kən'sɪdərɪŋ] ◇ *prep* étant donné. ◇ *conj* étant donné que.
consign [kən'saɪn] *vt*: **to ~ sb/sthg to** reléguer qqn/qqch à.
consignment [,kən'saɪnmənt] *n (load)* expédition *f*.
consist [kən'sɪst] ◆ **consist in** *vt fus*: **to ~ in sthg** consister dans qqch; **to ~ in doing sthg** consister à faire qqch. ◆ **consist of** *vt fus* consister en.
consistency [kən'sɪstənsɪ] *n* **1.** *(coherence)* cohérence *f*. **2.** *(texture)* consistance *f*.
consistent [kən'sɪstənt] *adj* **1.** *(regular - behaviour)* conséquent(e); *(- improvement)* régulier(ère); *(- supporter)* constant(e). **2.** *(coherent)* cohérent(e); **to be ~ with** *(with one's position)* être compatible avec; *(with the facts)* correspondre avec.
consolation [,kɒnsə'leɪʃn] *n* réconfort *m*.
console [*n* 'kɒnsəʊl, *vt* kən'səʊl] ◇ *n* tableau *m* de commande; (MUS) console *f*. ◇ *vt* consoler.
consonant ['kɒnsənənt] *n* consonne *f*.
consortium [kən'sɔːtjəm] (*pl* **-tiums** OR **-tia** [-tjə]) *n* consortium *m*.
conspicuous [kən'spɪkjʊəs] *adj* voyant(e), qui se remarque.
conspiracy [kən'spɪrəsɪ] *n* conspiration *f*, complot *m*.
conspire [kən'spaɪəʳ] *vt*: **to ~ to do sthg** comploter de faire qqch; *(subj: events)* contribuer à faire qqch.
constable ['kʌnstəbl] *n Br (policeman)* agent *m* de police.
constant ['kɒnstənt] *adj* **1.** *(unvarying)* constant(e). **2.** *(recurring)* continuel (elle).
constantly ['kɒnstəntlɪ] *adv* constamment.
consternation [,kɒnstə'neɪʃn] *n* consternation *f*.
constipated ['kɒnstɪpeɪtɪd] *adj* constipé(e).
constipation [,kɒnstɪ'peɪʃn] *n* constipation *f*.
constituency [kən'stɪtjʊənsɪ] *n (area)* circonscription *f* électorale.
constituent [kən'stɪtjʊənt] *n* **1.** *(voter)* électeur *m*, -trice *f*. **2.** *(element)* composant *m*.
constitute ['kɒnstɪtjuːt] *vt* **1.** *(form, represent)* représenter, constituer. **2.** *(establish, set up)* constituer.
constitution [,kɒnstɪ'tjuːʃn] *n* constitution *f*.
constraint [kən'streɪnt] *n* **1.** *(restriction)*: **~ (on)** limitation *f* (à). **2.** *(U) (self-control)* retenue *f*, réserve *f*. **3.** *(coercion)* contrainte *f*.
construct [kən'strʌkt] *vt* construire.
construction [kən'strʌkʃn] *n* construction *f*.
constructive [kən'strʌktɪv] *adj* constructif(ive).
construe [kən'struː] *vt fml (interpret)*: **to ~ sthg as** interpréter qqch comme.
consul ['kɒnsəl] *n* consul *m*.
consulate ['kɒnsjʊlət] *n* consulat *m*.
consult [kən'sʌlt] ◇ *vt* consulter. ◇ *vi*:

to ~ with sb s'entretenir avec qqn.

consultant [kən'sʌltənt] *n* **1.** *(expert)* expert-conseil *m.* **2.** *Br (hospital doctor)* spécialiste *mf.*

consultation [ˌkɒnsəl'teɪʃn] *n (meeting, discussion)* entretien *m.*

consulting room [kən'sʌltɪŋ-] *n* cabinet *m* de consultation.

consume [kən'sjuːm] *vt (food, fuel etc)* consommer.

consumer [kən'sjuːməʳ] *n* consommateur *m,* -trice *f.*

consumer goods *npl* biens *mpl* de consommation.

consumer society *n* société *f* de consommation.

consummate ['kɒnsəmeɪt] *vt* consommer.

consumption [kən'sʌmpʃn] *n (use)* consommation *f.*

cont. *abbr of* **continued.**

contact ['kɒntækt] ◇ *n* **1.** *(U) (touch, communication)* contact *m;* **in ~ (with sb)** en rapport OR contact (avec qqn); **to lose ~ with sb** perdre le contact avec qqn. **2.** *(person)* relation *f,* contact *m.* ◇ *vt* contacter, prendre contact avec; *(by phone)* joindre, contacter.

contact lens *n* verre *m* de contact, lentille *f* (cornéenne).

contagious [kən'teɪdʒəs] *adj* contagieux(euse).

contain [kən'teɪn] *vt* **1.** *(hold, include)* contenir, renfermer. **2.** *fml (control)* contenir; *(epidemic)* circonscrire.

container [kən'teɪnəʳ] *n* **1.** *(box, bottle etc)* récipient *m.* **2.** *(for transporting goods)* conteneur *m,* container *m.*

contaminate [kən'tæmɪneɪt] *vt* contaminer.

cont'd *abbr of* **continued.**

contemplate ['kɒntempleɪt] ◇ *vt* **1.** *(consider)* envisager. **2.** *fml (look at)* contempler. ◇ *vi (consider)* méditer.

contemporary [kən'tempərərɪ] ◇ *adj* contemporain(e). ◇ *n* contemporain *m,* -e *f.*

contempt [kən'tempt] *n* **1.** *(scorn)*: **~ (for)** mépris *m* (pour). **2.** (JUR): **~ (of court)** outrage *m* à la cour.

contemptuous [kən'temptʃʊəs] *adj* méprisant(e); **~ of sthg** dédaigneux (euse) de qqch.

contend [kən'tend] ◇ *vi* **1.** *(deal)*: **to ~ with sthg** faire face à qqch. **2.** *(compete)*: **to ~ for** *(subj: several people)* se disputer; *(subj: one person)* se battre pour; **to ~ against** lutter contre. ◇ *vt fml (claim)*: **to ~ that ...** soutenir OR prétendre que ...

contender [kən'tendəʳ] *n (in election)* candidat *m,* -e *f; (in competition)* concurrent *m,* -e *f; (in boxing etc)* prétendant *m,* -e *f.*

content [*n* 'kɒntent, *adj & vb* kən'tent] ◇ *adj*: **~ (with)** satisfait(e) (de), content (e) (de); **to be ~ to do sthg** ne pas demander mieux que de faire qqch. ◇ *n* **1.** *(amount)* teneur *f.* **2.** *(subject matter)* contenu *m.* ◇ *vt*: **to ~ o.s. with sthg/with doing sthg** se contenter de qqch/de faire qqch. ◆ **contents** *npl* **1.** *(of container, document)* contenu *m.* **2.** *(at front of book)* table *f* des matières.

contented [kən'tentɪd] *adj* satisfait(e).

contention [kən'tenʃn] *n fml* **1.** *(argument, assertion)* assertion *f,* affirmation *f.* **2.** *(U) (disagreement)* dispute *f,* contestation *f.*

contest [*n* 'kɒntest, *vb* kən'test] ◇ *n* **1.** *(competition)* concours *m.* **2.** *(for power, control)* combat *m,* lutte *f.* ◇ *vt* **1.** *(compete for)* disputer. **2.** *(dispute)* contester.

contestant [kən'testənt] *n* concurrent *m,* -e *f.*

context ['kɒntekst] *n* contexte *m.*

continent ['kɒntɪnənt] *n* continent *m.* ◆ **Continent** *n Br*: **the Continent** l'Europe *f* continentale.

continental [ˌkɒntɪ'nentl] *adj* (GEOGR) continental(e).

continental breakfast *n* petit déjeuner *m (par opposition à 'English breakfast').*

continental quilt *n Br* couette *f.*

contingency [kən'tɪndʒənsɪ] *n* éventualité *f.*

contingency plan *n* plan *m* d'urgence.

continual [kən'tɪnjʊəl] *adj* continuel (elle).

continually [kən'tɪnjʊəlɪ] *adv* continuellement.

continuation [kənˌtɪnjʊ'eɪʃn] *n* **1.** *(U) (act)* continuation *f.* **2.** *(sequel)* suite *f.*

continue [kən'tɪnjuː] ◇ *vt* **1.** *(carry on)* continuer, poursuivre; **to ~ doing** OR **to do sthg** continuer à OR de faire qqch. **2.** *(after an interruption)* reprendre. ◇ *vi* **1.** *(carry on)* continuer; **to ~ with sthg** poursuivre qqch, continuer qqch. **2.** *(after an interruption)* reprendre, se poursuivre.

continuous [kən'tɪnjʊəs] *adj* continu (e).

continuously [kən'tɪnjʊəslɪ] *adv* sans arrêt, continuellement.

contort [kən'tɔːt] *vt* tordre.

contour ['kɒn,tʊəʳ] *n* 1. *(outline)* contour *m*. 2. *(on map)* courbe *f* de niveau.

contraband ['kɒntrəbænd] ◇ *adj* de contrebande. ◇ *n* contrebande *f*.

contraception [,kɒntrə'sepʃn] *n* contraception *f*.

contraceptive [,kɒntrə'septɪv] ◇ *adj* *(method, device)* anticonceptionnel(elle), contraceptif(ive); *(advice)* sur la contraception. ◇ *n* contraceptif *m*.

contract [*n* 'kɒntrækt, *vb* kən'trækt] ◇ *n* contrat *m*. ◇ *vt* 1. *(gen)* contracter. 2. (COMM): **to ~ sb (to do sthg)** passer un contrat avec qqn (pour faire qqch); **to ~ to do sthg** s'engager par contrat à faire qqch. ◇ *vi (decrease in size, length)* se contracter.

contraction [kən'trækʃn] *n* contraction *f*.

contractor [kən'træktəʳ] *n* entrepreneur *m*.

contradict [,kɒntrə'dɪkt] *vt* contredire.

contradiction [,kɒntrə'dɪkʃn] *n* contradiction *f*.

contraflow ['kɒntrəfləʊ] *n* circulation *f* à contre-sens.

contraption [kən'træpʃn] *n* machin *m*, truc *m*.

contrary ['kɒntrərɪ, *adj sense 2* kən'treərɪ] ◇ *adj* 1. *(opposite)*: **~ (to)** contraire (à), opposé(e) (à). 2. *(awkward)* contrariant(e). ◇ *n* contraire *m*; **on the ~** au contraire. ◆ **contrary to** *prep* contrairement à.

contrast [*n* 'kɒntrɑːst, *vb* kən'trɑːst] ◇ *n* contraste *m*; **by** OR **in ~** par contraste; **in ~ with** OR **to sthg** par contraste avec qqch. ◇ *vt* contraster. ◇ *vi*: **to ~ (with)** faire contraste (avec).

contravene [,kɒntrə'viːn] *vt* enfreindre, transgresser.

contribute [kən'trɪbjuːt] ◇ *vt (money)* apporter; *(help, advice, ideas)* donner, apporter. ◇ *vi* 1. *(gen)*: **to ~ (to)** contribuer (à). 2. *(write material)*: **to ~ to** collaborer à.

contribution [,kɒntrɪ'bjuːʃn] *n* 1. *(of money)*: **~ (to)** cotisation *f* (à), contribution *f* (à). 2. *(article)* article *m*.

contributor [kən'trɪbjʊtəʳ] *n* 1. *(of money)* donateur *m*, -trice *f*. 2. *(to magazine, newspaper)* collaborateur *m*, -trice *f*.

contrive [kən'traɪv] *vt fml* 1. *(engineer)* combiner. 2. *(manage)*: **to ~ to do sthg** se débrouiller pour faire qqch, trouver moyen de faire qqch.

contrived [kən'traɪvd] *adj* tiré(e) par les cheveux.

control [kən'trəʊl] ◇ *n (gen)* contrôle *m*; *(of traffic)* régulation *f*; **to get sb/sthg under ~** maîtriser qqn/qqch; **to be in ~ of sthg** *(subj: boss, government)* diriger qqch; *(subj: army)* avoir le contrôle de qqch; *(of emotions, situation)* maîtriser qqch; **to lose ~** *(of emotions)* perdre le contrôle. ◇ *vt* 1. *(company, country)* être à la tête de, diriger. 2. *(operate)* commander, faire fonctionner. 3. *(restrict, restrain - disease)* enrayer, juguler; *(- inflation)* mettre un frein à, contenir; *(- children)* tenir; *(- crowd)* contenir; *(- emotions)* maîtriser, contenir; **to ~ o.s.** se maîtriser, se contrôler. ◆ **controls** *npl (of machine, vehicle)* commandes *fpl*.

controller [kən'trəʊləʳ] *n (person)* contrôleur *m*.

control panel *n* tableau *m* de bord.

control tower *n* tour *f* de contrôle.

controversial [,kɒntrə'vɜːʃl] *adj (writer, theory etc)* controversé(e); **to be ~** donner matière à controverse.

controversy ['kɒntrəvɜːsɪ, *Br* kən'trɒvəsɪ] *n* controverse *f*, polémique *f*.

convalesce [,kɒnvə'les] *vi* se remettre d'une maladie, relever de maladie.

convene [kən'viːn] ◇ *vt* convoquer, réunir. ◇ *vi* se réunir, s'assembler.

convenience [kən'viːnjəns] *n* 1. *(usefulness)* commodité *f*. 2. *(personal comfort, advantage)* agrément *m*, confort *m*; **at your earliest ~** *fml* dès que possible.

convenience store *n Am petit supermarché de quartier.*

convenient [kən'viːnjənt] *adj* 1. *(suitable)* qui convient. 2. *(handy)* pratique, commode.

convent ['kɒnvənt] *n* couvent *m*.

convention [kən'venʃn] *n* 1. *(agreement, assembly)* convention *f*. 2. *(practice)* usage *m*, convention *f*.

conventional [kən'venʃənl] *adj* conventionnel(elle).

converge [kən'vɜːdʒ] *vi*: **to ~ (on)** converger (sur).

conversant [kən'vɜːsənt] *adj fml*: **~ with sthg** familiarisé(e) avec qqch, qui connaît bien qqch.

conversation [,kɒnvə'seɪʃn] *n* conversation *f*.

converse [*n* 'kɒnvɜːs, *vb* kən'vɜːs] ◇ *n (opposite)*: **the ~** le contraire, l'inverse *m*. ◇ *vi fml* converser.

conversely [kən'vɜːslɪ] *adv fml* inversement.

conversion [kən'vɜːʃn] *n* 1. *(changing, in religious beliefs)* conversion *f*. 2. *(in*

building) aménagement *m*, transformation *f*. **3.** (RUGBY) transformation *f*.
convert [*vb* kən'vɜːt, *n* 'kɒnvɜːt] ◇ *vt* **1.** *(change)*: **to ~ sthg to** OR **into** convertir qqch en; **to ~ sb (to)** (RELIG) convertir qqn (à). **2.** *(building, ship)*: **to ~ sthg to** OR **into** transformer qqch en, aménager qqch en. ◇ *vi*: **to ~ from sthg to sthg** passer de qqch à qqch. ◇ *n* converti *m*, -e *f*.
convertible [kən'vɜːtəbl] *n* (voiture) décapotable *f*.
convex [kɒn'veks] *adj* convexe.
convey [kən'veɪ] *vt* **1.** *fml (transport)* transporter. **2.** *(express)*: **to ~ sthg (to sb)** communiquer qqch (à qqn).
conveyer belt [kən'veɪəʳ-] *n* convoyeur *m*, tapis *m* roulant.
convict [*n* 'kɒnvɪkt, *vb* kən'vɪkt] ◇ *n* détenu *m*. ◇ *vt*: **to ~ sb of sthg** reconnaître qqn coupable de qqch.
conviction [kən'vɪkʃn] *n* **1.** *(belief, fervour)* conviction *f*. **2.** (JUR) *(of criminal)* condamnation *f*.
convince [kən'vɪns] *vt* convaincre, persuader; **to ~ sb of sthg/to do sthg** convaincre qqn de qqch/de faire qqch, persuader qqn de qqch/de faire qqch.
convincing [kən'vɪnsɪŋ] *adj* **1.** *(persuasive)* convaincant(e). **2.** *(resounding - victory)* retentissant(e), éclatant(e).
convoluted ['kɒnvəluːtɪd] *adj (tortuous)* compliqué(e).
convoy ['kɒnvɔɪ] *n* convoi *m*.
convulse [kən'vʌls] *vt (person)*: **to be ~d with** se tordre de.
convulsion [kən'vʌlʃn] *n* (MED) convulsion *f*.
coo [kuː] *vi* roucouler.
cook [kʊk] ◇ *n* cuisinier *m*, -ère *f*. ◇ *vt (food)* faire cuire; *(meal)* préparer. ◇ *vi (person)* cuisiner, faire la cuisine; *(food)* cuire.
cookbook ['kʊk,bʊk] = **cookery book**.
cooker ['kʊkəʳ] *n (stove)* cuisinière *f*.
cookery ['kʊkərɪ] *n* cuisine *f*.
cookery book *n* livre *m* de cuisine.
cookie ['kʊkɪ] *n Am (biscuit)* biscuit *m*, gâteau *m* sec.
cooking ['kʊkɪŋ] *n* cuisine *f*.
cool [kuːl] ◇ *adj* **1.** *(not warm)* frais (fraîche); *(dress)* léger(ère). **2.** *(calm)* calme. **3.** *(unfriendly)* froid(e). **4.** *inf (excellent)* génial(e); *(trendy)* branché(e). ◇ *vt* faire refroidir. ◇ *vi (become less warm)* refroidir. ◇ *n (calm)*: **to keep/lose one's ~** garder/perdre son sang-froid, garder/perdre son calme. ◆ **cool down** *vi (become less warm - food, engine)* refroidir; *(- person)* se rafraîchir.
cool box *n* glacière *f*.
coop [kuːp] *n* poulailler *m*. ◆ **coop up** *vt sep inf* confiner.
Co-op ['kəʊ,ɒp] (*abbr of* **co-operative society**) *n* Coop *f*.
cooperate [kəʊ'ɒpəreɪt] *vi*: **to ~ (with sb/sthg)** coopérer (avec qqn/à qqch), collaborer (avec qqn/à qqch).
cooperation [kəʊ,ɒpə'reɪʃn] *n (U)* **1.** *(collaboration)* coopération *f*, collaboration *f*. **2.** *(assistance)* aide *f*, concours *m*.
cooperative [kəʊ'ɒpərətɪv] ◇ *adj* coopératif(ive). ◇ *n* coopérative *f*.
coordinate [*n* kəʊ'ɔːdɪnət, *vt* kəʊ'ɔːdɪneɪt] ◇ *n (on map, graph)* coordonnée *f*. ◇ *vt* coordonner. ◆ **coordinates** *npl (clothes)* coordonnés *mpl*.
coordination [kəʊ,ɔːdɪ'neɪʃn] *n* coordination *f*.
cop [kɒp] *n inf* flic *m*.
cope [kəʊp] *vi* se débrouiller; **to ~ with** faire face à.
Copenhagen [,kəʊpən'heɪgən] *n* Copenhague.
copier ['kɒpɪəʳ] *n* copieur *m*, photocopieur *m*.
cop-out *n inf* dérobade *f*, échappatoire *f*.
copper ['kɒpəʳ] *n* **1.** *(metal)* cuivre *m*. **2.** *Br inf (policeman)* flic *m*.
coppice ['kɒpɪs], **copse** [kɒps] *n* taillis *m*.
copy ['kɒpɪ] ◇ *n* **1.** *(imitation)* copie *f*, reproduction *f*. **2.** *(duplicate)* copie *f*. **3.** *(of book)* exemplaire *m*; *(of magazine)* numéro *m*. ◇ *vt* **1.** *(imitate)* copier, imiter. **2.** *(photocopy)* photocopier.
copyright ['kɒpɪraɪt] *n* copyright *m*, droit *m* d'auteur.
coral ['kɒrəl] *n* corail *m*.
cord [kɔːd] *n* **1.** *(string)* ficelle *f*; *(rope)* corde *f*. **2.** *(electric)* fil *m*, cordon *m*. **3.** *(fabric)* velours *m* côtelé. ◆ **cords** *npl* pantalon *m* en velours côtelé.
cordial ['kɔːdjəl] ◇ *adj* cordial(e), chaleureux(euse). ◇ *n* cordial *m*.
cordon ['kɔːdn] *n* cordon *m*. ◆ **cordon off** *vt sep* barrer (par un cordon de police).
corduroy ['kɔːdərɔɪ] *n* velours *m* côtelé.
core [kɔːʳ] ◇ *n* **1.** *(of apple etc)* trognon *m*, cœur *m*. **2.** *(of cable, Earth)* noyau *m*; *(of nuclear reactor)* cœur *m*. **3.** *fig (of people)* noyau *m*; *(of problem, policy)* essentiel *m*. ◇ *vt* enlever le cœur de.
Corfu [kɔː'fuː] *n* Corfou.

corgi ['kɔːgɪ] (*pl* **-s**) *n* corgi *m*.
coriander [ˌkɒrɪ'ændəʳ] *n* coriandre *f*.
cork [kɔːk] *n* **1.** *(material)* liège *m*. **2.** *(stopper)* bouchon *m*.
corkscrew ['kɔːkskruː] *n* tire-bouchon *m*.
corn [kɔːn] *n* **1.** *Br (wheat)* grain *m*; *Am (maize)* maïs *m*; **~ on the cob** épi *m* de maïs cuit. **2.** *(on foot)* cor *m*.
cornea ['kɔːnɪə] (*pl* **-s**) *n* cornée *f*.
corned beef [kɔːnd-] *n* corned-beef *m inv*.
corner ['kɔːnəʳ] ◇ *n* **1.** *(angle)* coin *m*, angle *m*; **to cut ~s** *fig* brûler les étapes. **2.** *(bend in road)* virage *m*, tournant *m*. **3.** (FTBL) corner *m*. ◇ *vt* **1.** *(person, animal)* acculer. **2.** *(market)* accaparer.
corner shop *n* magasin *m* du coin OR du quartier.
cornerstone ['kɔːnəstəʊn] *n* *fig* pierre *f* angulaire.
cornet ['kɔːnɪt] *n* **1.** *(instrument)* cornet *m* à pistons. **2.** *Br (ice-cream cone)* cornet *m* de glace.
cornflakes ['kɔːnfleɪks] *npl* corn-flakes *mpl*.
cornflour *Br* ['kɔːnflaʊəʳ], **cornstarch** *Am* ['kɔːnstɑːtʃ] *n* ≃ Maïzena® *f*, fécule *f* de maïs.
Cornwall ['kɔːnwɔːl] *n* Cornouailles *f*.
corny ['kɔːnɪ] *adj inf (joke)* peu original (e); *(story, film)* à l'eau de rose.
coronary ['kɒrənrɪ], **coronary thrombosis** [-θrɒm'bəʊsɪs] (*pl* **coronary thromboses** [-siːz]) *n* infarctus *m* du myocarde.
coronation [ˌkɒrə'neɪʃn] *n* couronnement *m*.
coroner ['kɒrənəʳ] *n* coroner *m*.
corporal ['kɔːpərəl] *n (gen)* caporal *m*; *(in artillery)* brigadier *m*.
corporal punishment *n* châtiment *m* corporel.
corporate ['kɔːpərət] *adj* **1.** *(business)* corporatif(ive), de société. **2.** *(collective)* collectif(ive).
corporation [ˌkɔːpə'reɪʃn] *n* **1.** *(town council)* conseil *m* municipal. **2.** *(large company)* compagnie *f*, société *f* enregistrée.
corps [kɔːʳ] (*pl inv*) *n* corps *m*.
corpse [kɔːps] *n* cadavre *m*.
correct [kə'rekt] ◇ *adj* **1.** *(accurate)* correct(e), exact(e); **you're quite ~** tu as parfaitement raison. **2.** *(proper, socially acceptable)* correct(e), convenable. ◇ *vt* corriger.
correction [kə'rekʃn] *n* correction *f*.
correlation [ˌkɒrə'leɪʃn] *n* corrélation *f*.
correspond [ˌkɒrɪ'spɒnd] *vi* **1.** *(gen)*: **to ~ (with** OR **to)** correspondre (à). **2.** *(write letters)*: **to ~ (with sb)** correspondre (avec qqn).
correspondence [ˌkɒrɪ'spɒndəns] *n*: **~ (with)** correspondance *f* (avec).
correspondence course *n* cours *m* par correspondance.
correspondent [ˌkɒrɪ'spɒndənt] *n* correspondant *m*, -e *f*.
corridor ['kɒrɪdɔːʳ] *n (in building)* couloir *m*, corridor *m*.
corroborate [kə'rɒbəreɪt] *vt* corroborer.
corrode [kə'rəʊd] ◇ *vt* corroder, attaquer. ◇ *vi* se corroder.
corrosion [kə'rəʊʒn] *n* corrosion *f*.
corrugated ['kɒrəgeɪtɪd] *adj* ondulé (e).
corrugated iron *n* tôle *f* ondulée.
corrupt [kə'rʌpt] ◇ *adj (gen & COMPUT)* corrompu(e). ◇ *vt* corrompre, dépraver.
corruption [kə'rʌpʃn] *n* corruption *f*.
corset ['kɔːsɪt] *n* corset *m*.
Corsica ['kɔːsɪkə] *n* Corse *f*.
cosh [kɒʃ] ◇ *n* matraque *f*, gourdin *m*. ◇ *vt* frapper, matraquer.
cosmetic [kɒz'metɪk] ◇ *n* cosmétique *m*, produit *m* de beauté. ◇ *adj fig* superficiel(elle).
cosmopolitan [kɒzmə'pɒlɪtn] *adj* cosmopolite.
cosset ['kɒsɪt] *vt* dorloter, choyer.
cost [kɒst] (*pt & pp* **cost** OR **-ed**) ◇ *n lit & fig* coût *m*; **at all ~s** à tout prix, coûte que coûte. ◇ *vt* **1.** *lit & fig* coûter; **it ~ me £10** ça m'a coûté 10 livres. **2.** (COMM) *(estimate)* évaluer le coût de. ◇ *vi* coûter; **how much does it ~?** combien ça coûte?, combien cela coûte-t-il?
◆ **costs** *npl* (JUR) dépens *mpl*.
co-star ['kəʊ-] *n* partenaire *mf*.
Costa Rica [ˌkɒstə'riːkə] *n* Costa Rica *m*.
cost-effective *adj* rentable.
costly ['kɒstlɪ] *adj lit & fig* coûteux (euse).
cost of living *n*: **the ~** le coût de la vie.
cost price *n* prix *m* coûtant.
costume ['kɒstjuːm] *n* **1.** *(gen)* costume *m*. **2.** *(swimming costume)* maillot *m* (de bain).
costume jewellery *n (U)* bijoux *mpl* fantaisie.
cosy *Br*, **cozy** *Am* ['kəʊzɪ] *adj (house,

room) douillet(ette); *(atmosphere)* chaleureux(euse); **to feel ~** se sentir bien au chaud.

cot [kɒt] *n* **1.** *Br (for child)* lit *m* d'enfant, petit lit. **2.** *Am (folding bed)* lit *m* de camp.

cottage ['kɒtɪdʒ] *n* cottage *m*, petite maison *f* (de campagne).

cottage cheese *n* fromage *m* blanc.

cottage pie *n Br* ≃ hachis *m* Parmentier.

cotton ['kɒtn] ◇ *n (gen)* coton *m*. ◇ *comp* de coton. ◆ **cotton on** *vi inf*: **to ~ on (to sthg)** piger (qqch), comprendre (qqch).

cotton candy *n Am* barbe *f* à papa.

cotton wool *n* ouate *f*, coton *m* hydrophile.

couch [kaʊtʃ] *n* **1.** *(sofa)* canapé *m*. **2.** *(in doctor's surgery)* lit *m*.

cough [kɒf] ◇ *n* toux *f*. ◇ *vi* tousser.

cough mixture *n Br* sirop *m* pour la toux.

cough sweet *n Br* pastille *f* pour la toux.

cough syrup = **cough mixture**.

could [kʊd] *pt* → **can²**.

couldn't ['kʊdnt] = **could not**.

could've ['kʊdəv] = **could have**.

council ['kaʊnsl] *n* conseil *m* municipal.

council estate *n* quartier *m* de logements sociaux.

council house *n Br* maison *f* qui appartient à la municipalité, ≃ H.L.M. *m or f*.

councillor ['kaʊnsələr] *n* conseiller municipal *m*, conseillère municipale *f*.

council tax *n Br* ≃ impôts *mpl* locaux.

counsel ['kaʊnsəl] *n* **1.** *(U) fml (advice)* conseil *m*. **2.** *(lawyer)* avocat *m*, -e *f*.

counsellor *Br*, **counselor** *Am* ['kaʊnsələʳ] *n* **1.** *(gen)* conseiller *m*, -ère *f*. **2.** *Am (lawyer)* avocat *m*.

count [kaʊnt] ◇ *n* **1.** *(total)* total *m*; **to keep ~ of** tenir le compte de; **to lose ~ of sthg** ne plus savoir qqch, ne pas se rappeler qqch. **2.** *(aristocrat)* comte *m*. ◇ *vt* **1.** *(gen)* compter. **2.** *(consider)*: **to ~ sb as sthg** considérer qqn comme qqch. ◇ *vi (gen)* compter; **to ~ (up) to** compter jusqu'à. ◆ **count against** *vt fus* jouer contre. ◆ **count (up)on** *vt fus* **1.** *(rely on)* compter sur. **2.** *(expect)* s'attendre à, prévoir. ◆ **count up** *vt fus* compter.

countdown ['kaʊntdaʊn] *n* compte *m* à rebours.

counter ['kaʊntəʳ] ◇ *n* **1.** *(in shop, bank)* comptoir *m*. **2.** *(in board game)* pion *m*. ◇ *vt*: **to ~ sthg (with)** *(criticism etc)* riposter à qqch (par). ◇ *vi*: **to ~ with sthg/by doing sthg** riposter par qqch/en faisant qqch. ◆ **counter to** *adv* contrairement à; **to run ~ to** aller à l'encontre de.

counteract [,kaʊntə'rækt] *vt* contrebalancer, compenser.

counterattack ['kaʊntərə,tæk] *vt & vi* contre-attaquer.

counterclockwise [,kaʊntə'klɒkwaɪz] *adj & adv Am* dans le sens inverse des aiguilles d'une montre.

counterfeit ['kaʊntəfɪt] ◇ *adj* faux (fausse). ◇ *vt* contrefaire.

counterfoil ['kaʊntəfɔɪl] *n* talon *m*, souche *f*.

counterpart ['kaʊntəpɑːt] *n (person)* homologue *mf*; *(thing)* équivalent *m*, -e *f*.

counterproductive [,kaʊntəprə'dʌktɪv] *adj* qui a l'effet inverse.

countess ['kaʊntɪs] *n* comtesse *f*.

countless ['kaʊntlɪs] *adj* innombrable.

country ['kʌntrɪ] *n* **1.** *(nation)* pays *m*. **2.** *(countryside)*: **the ~** la campagne; **in the ~** à la campagne. **3.** *(region)* région *f*; *(terrain)* terrain *m*.

country dancing *n (U)* danse *f* folklorique.

country house *n* manoir *m*.

countryman ['kʌntrɪmən] (*pl* **-men** [-mən]) *n (from same country)* compatriote *m*.

country park *n Br* parc *m* naturel.

countryside ['kʌntrɪsaɪd] *n* campagne *f*.

county ['kaʊntɪ] *n* comté *m*.

county council *n Br* conseil *m* général.

coup [kuː] *n* **1.** *(rebellion)*: **~ (d'état)** coup *m* d'État. **2.** *(success)* coup *m* (de maître), beau coup *m*.

couple ['kʌpl] ◇ *n* **1.** *(in relationship)* couple *m*. **2.** *(small number)*: **a ~ (of)** *(two)* deux; *(a few)* quelques, deux ou trois. ◇ *vt (join)*: **to ~ sthg (to)** atteler qqch (à).

coupon ['kuːpɒn] *n* **1.** *(voucher)* bon *m*. **2.** *(form)* coupon *m*.

courage ['kʌrɪdʒ] *n* courage *m*; **to take ~ (from sthg)** être encouragé (par qqch).

courgette [kɔː'ʒet] *n Br* courgette *f*.

courier ['kʊrɪəʳ] *n* **1.** *(on holiday)* guide

m, accompagnateur *m*, -trice *f*. **2.** *(to deliver letters, packages)* courrier *m*, messager *m*.

course [kɔːs] *n* **1.** *(gen & SCH)* cours *m*; **~ of action** ligne *f* de conduite; **in the ~ of** au cours de. **2.** (MED) *(of injections)* série *f*; **~ of treatment** traitement *m*. **3.** *(of ship, plane)* route *f*; **to be on ~** suivre le cap fixé; *fig (on target)* être dans la bonne voie; **to be off ~** faire fausse route. **4.** *(of meal)* plat *m*. **5.** (SPORT) terrain *m*. ◆ **of course** *adv* **1.** *(inevitably, not surprisingly)* évidemment, naturellement. **2.** *(certainly)* bien sûr; **of ~ not** bien sûr que non.

coursebook ['kɔːsbʊk] *n* livre *m* de cours.

coursework ['kɔːswɜːk] *n (U)* travail *m* personnel.

court [kɔːt] ◇ *n* **1.** *(JUR - building, room)* cour *f*, tribunal *m*; *(- judge, jury etc)*: **the ~** la justice; **to take sb to ~** faire un procès à qqn. **2.** *(SPORT - gen)* court *m*; *(- for basketball, volleyball)* terrain *m*. **3.** *(courtyard, of monarch)* cour *f*.

courteous ['kɜːtjəs] *adj* courtois(e), poli(e).

courtesy ['kɜːtɪsɪ] *n* courtoisie *f*, politesse *f*. ◆ **(by) courtesy of** *prep* avec la permission de.

courthouse ['kɔːthaʊs, *pl* -haʊzɪz] *n Am* palais *m* de justice, tribunal *m*.

courtier ['kɔːtjəʳ] *n* courtisan *m*.

court-martial (*pl* **court-martials** OR **courts-martial**) *n* cour *f* martiale.

courtroom ['kɔːtrʊm] *n* salle *f* de tribunal.

courtyard ['kɔːtjɑːd] *n* cour *f*.

cousin ['kʌzn] *n* cousin *m*, -e *f*.

cove [kəʊv] *n (bay)* crique *f*.

covenant ['kʌvənənt] *n (of money)* engagement *m* contractuel.

Covent Garden [ˌkɒvənt-] *n ancien marché de Londres, aujourd'hui importante galerie marchande.*

> **COVENT GARDEN**
>
> Covent Garden, jadis le marché aux fruits, légumes et fleurs du centre de Londres, est aujourd'hui une importante galerie marchande; ce nom désigne également la Royal Opera House, située près de l'ancien marché.

cover ['kʌvəʳ] ◇ *n* **1.** *(covering - of furniture)* housse *f*; *(- of pan)* couvercle *m*; *(- of book, magazine)* couverture *f*. **2.** *(blanket)* couverture *f*. **3.** *(protection, shelter)* abri *m*; **to take ~** s'abriter, se mettre à l'abri; **under ~** à l'abri, à couvert; **under ~ of darkness** à la faveur de la nuit. **4.** *(concealment)* couverture *f*. **5.** *(insurance)* couverture *f*, garantie *f*. ◇ *vt* **1.** *(gen)*: **to ~ sthg (with)** couvrir qqch (de). **2.** *(insure)*: **to ~ sb against** couvrir qqn en cas de. **3.** *(include)* englober, comprendre. ◆ **cover up** *vt sep fig (scandal etc)* dissimuler, cacher.

coverage ['kʌvərɪdʒ] *n (of news)* reportage *m*.

cover charge *n* couvert *m*.

covering ['kʌvərɪŋ] *n (of floor etc)* revêtement *m*; *(of snow, dust)* couche *f*.

covering letter *Br*, **cover letter** *Am n* lettre *f* explicative OR d'accompagnement.

cover note *n Br* lettre *f* de couverture, attestation *f* provisoire d'assurance.

covert ['kʌvət] *adj (activity)* clandestin (e); *(look, glance)* furtif(ive).

cover-up *n* étouffement *m*.

covet ['kʌvɪt] *vt* convoiter.

cow [kaʊ] ◇ *n* **1.** *(female type of cattle)* vache *f*. **2.** *(female elephant etc)* femelle *f*. ◇ *vt* intimider, effrayer.

coward ['kaʊəd] *n* lâche *mf*.

cowardly ['kaʊədlɪ] *adj* lâche.

cowboy ['kaʊbɔɪ] *n (cattlehand)* cowboy *m*.

cower ['kaʊəʳ] *vi* se recroqueviller.

cox [kɒks], **coxswain** ['kɒksən] *n* barreur *m*.

coy [kɔɪ] *adj* qui fait le/la timide.

cozy *Am* = **cosy**.

CPA *n abbr of* **certified public accountant**.

CPS (*abbr of* **Crown Prosecution Service**) *n* ≃ ministère *m* public.

crab [kræb] *n* crabe *m*.

crab apple *n* pomme *f* sauvage.

crack [kræk] ◇ *n* **1.** *(in glass, pottery)* fêlure *f*; *(in wall, wood, ground)* fissure *f*; *(in skin)* gerçure *f*. **2.** *(gap - in door)* entrebâillement *m*; *(- in curtains)* interstice *m*. **3.** *(noise - of whip)* claquement *m*; *(- of twigs)* craquement *m*. **4.** *inf (attempt)*: **to have a ~ at sthg** tenter qqch, essayer de faire qqch. **5.** *drugs sl* crack *m*. ◇ *adj (troops etc)* de première classe. ◇ *vt* **1.** *(glass, plate)* fêler; *(wood, wall)* fissurer. **2.** *(egg, nut)* casser. **3.** *(whip)* faire claquer. **4.** *(bang, hit sharply)*: **to ~ one's head** se cogner la tête. **5.** *(solve - problem)* résoudre; *(- code)* déchiffrer. **6.** *inf (make - joke)* faire. ◇ *vi* **1.** *(glass, pottery)* se fêler; *(ground, wood, wall)* se fissurer;

(skin) se crevasser, se gercer. **2.** *(break down - person)* craquer, s'effondrer; *(- resistance)* se briser. ◆ **crack down** *vi*: **to ~ down (on)** sévir (contre). ◆ **crack up** *vi* craquer.

cracker ['krækə^r] *n* **1.** *(biscuit)* cracker *m*, craquelin *m*. **2.** *Br (for Christmas)* diablotin *m*.

crackle ['krækl] *vi (frying food)* grésiller; *(fire)* crépiter; *(radio etc)* crachoter.

cradle ['kreɪdl] ◇ *n* berceau *m*; (TECH) nacelle *f*. ◇ *vt (baby)* bercer; *(object)* tenir délicatement.

craft [krɑːft] (*pl sense 2 inv*) *n* **1.** *(trade, skill)* métier *m*. **2.** *(boat)* embarcation *f*.

craftsman ['krɑːftsmən] (*pl* **-men** [-mən]) *n* artisan *m*, homme *m* de métier.

craftsmanship ['krɑːftsmənʃɪp] *n (U)* **1.** *(skill)* dextérité *f*, art *m*. **2.** *(skilled work)* travail *m*, exécution *f*.

craftsmen *pl* → **craftsman**.

crafty ['krɑːftɪ] *adj* rusé(e).

crag [kræg] *n* rocher *m* escarpé.

cram [kræm] ◇ *vt* **1.** *(stuff)* fourrer. **2.** *(overfill)*: **to ~ sthg with** bourrer qqch de. ◇ *vi* bachoter.

cramp [kræmp] ◇ *n* crampe *f*. ◇ *vt* gêner, entraver.

cranberry ['krænbərɪ] *n* canneberge *f*.

crane [kreɪn] *n* grue *f*.

crank [kræŋk] ◇ *n* **1.** (TECH) manivelle *f*. **2.** *inf (person)* excentrique *mf*. ◇ *vt (wind - handle)* tourner; *(- mechanism)* remonter (à la manivelle).

crankshaft ['kræŋkʃɑːft] *n* vilebrequin *m*.

cranny ['krænɪ] *n* → **nook**.

crap [kræp] *n (U) v inf* merde *f*; **it's a load of ~** tout ça, c'est des conneries.

crash [kræʃ] ◇ *n* **1.** *(accident)* accident *m*. **2.** *(noise)* fracas *m*. ◇ *vt*: **I ~ed the car** j'ai eu un accident avec la voiture. ◇ *vi* **1.** *(cars, trains)* se percuter, se rentrer dedans; *(car, train)* avoir un accident; *(plane)* s'écraser; **to ~ into** *(wall)* rentrer dans, emboutir. **2.** (FIN - *business, company)* faire faillite; *(- stock market)* s'effondrer.

crash course *n* cours *m* intensif.

crash helmet *n* casque *m* de protection.

crash-land *vi* atterrir en catastrophe.

crass [kræs] *adj* grossier(ère).

crate [kreɪt] *n* cageot *m*, caisse *f*.

crater ['kreɪtə^r] *n* cratère *m*.

cravat [krə'væt] *n* cravate *f*.

crave [kreɪv] ◇ *vt (affection, luxury)* avoir soif de; *(cigarette, chocolate)* avoir un besoin fou OR maladif de. ◇ *vi*: **to ~ for** *(affection, luxury)* avoir soif de; *(cigarette, chocolate)* avoir un besoin fou OR maladif de.

crawl [krɔːl] ◇ *vi* **1.** *(baby)* marcher à quatre pattes; *(person)* se traîner. **2.** *(insect)* ramper. **3.** *(vehicle, traffic)* avancer au pas. **4.** *inf (place, floor)*: **to be ~ing with** grouiller de. ◇ *n (swimming stroke)*: **the ~** le crawl.

crayfish ['kreɪfɪʃ] (*pl inv* OR **-es**) *n* écrevisse *f*.

crayon ['kreɪɒn] *n* crayon *m* de couleur.

craze [kreɪz] *n* engouement *m*.

crazy ['kreɪzɪ] *adj inf* **1.** *(mad)* fou (folle). **2.** *(enthusiastic)*: **to be ~ about sb/sthg** être fou (folle) de qqn/qqch.

creak [kriːk] *vi (door, handle)* craquer; *(floorboard, bed)* grincer.

cream [kriːm] ◇ *adj (in colour)* crème *(inv)*. ◇ *n (gen)* crème *f*.

cream cake *n Br* gâteau *m* à la crème.

cream cheese *n* fromage *m* frais.

cream cracker *n Br* biscuit *m* salé *(souvent mangé avec du fromage)*.

cream tea *n Br goûter se composant de thé et de scones servis avec de la crème et de la confiture.*

crease [kriːs] ◇ *n (in fabric - deliberate)* pli *m*; *(- accidental)* (faux) pli. ◇ *vt* froisser. ◇ *vi (fabric)* se froisser.

create [kriː'eɪt] *vt* créer.

creation [kriː'eɪʃn] *n* création *f*.

creative [kriː'eɪtɪv] *adj* créatif(ive).

creature ['kriːtʃə^r] *n* créature *f*.

crèche [kreʃ] *n Br* crèche *f*.

credentials [krɪ'denʃlz] *npl* **1.** *(papers)* pièce *f* d'identité; *fig (qualifications)* capacités *fpl*. **2.** *(references)* références *fpl*.

credibility [ˌkredə'bɪlətɪ] *n* crédibilité *f*.

credit ['kredɪt] ◇ *n* **1.** (FIN) crédit *m*; **to be in ~** *(person)* avoir un compte approvisionné; *(account)* être approvisionné; **on ~** à crédit. **2.** *(U) (praise)* honneur *m*, mérite *m*; **to give sb ~ for sthg** reconnaître que qqn a fait qqch. **3.** (UNIV) unité *f* de valeur. ◇ *vt* **1.** (FIN): **to ~ £10 to an account, to ~ an account with £10** créditer un compte de 10 livres. **2.** *inf (believe)* croire. **3.** *(give the credit to)*: **to ~ sb with sthg** accorder OR attribuer qqch à qqn. ◆ **credits** *npl* (CINEMA) générique *m*.

credit card *n* carte *f* de crédit.

credit note *n* avoir *m*; (FIN) note *f* de crédit.
creditor ['kredɪtəʳ] *n* créancier *m*, -ère *f*.
creed [kri:d] *n* **1.** *(belief)* principes *mpl*. **2.** (RELIG) croyance *f*.
creek [kri:k] *n* **1.** *(inlet)* crique *f*. **2.** *Am (stream)* ruisseau *m*.
creep [kri:p] (*pt & pp* **crept**) ◇ *vi* **1.** *(insect)* ramper; *(traffic)* avancer au pas. **2.** *(move stealthily)* se glisser. ◇ *n inf (nasty person)* sale type *m*. ◆ **creeps** *npl*: **to give sb the ~s** *inf* donner la chair de poule à qqn.
creeper ['kri:pəʳ] *n (plant)* plante *f* grimpante.
creepy ['kri:pɪ] *adj inf* qui donne la chair de poule.
creepy-crawly [-'krɔ:lɪ] (*pl* **creepy-crawlies**) *n inf* bestiole *f* qui rampe.
cremate [krɪ'meɪt] *vt* incinérer.
cremation [krɪ'meɪʃn] *n* incinération *f*.
crematorium *Br* [,kremə'tɔ:rɪəm] (*pl* **-riums** OR **-ria** [-rɪə]), **crematory** *Am* ['kremətrɪ] *n* crématorium *m*.
crepe [kreɪp] *n* **1.** *(cloth, rubber)* crêpe *m*. **2.** *(pancake)* crêpe *f*.
crepe bandage *n Br* bande *f* Velpeau®.
crepe paper *n (U)* papier *m* crépon.
crept [krept] *pt & pp* → **creep**.
crescent ['kresnt] *n* **1.** *(shape)* croissant. **2.** *(street)* rue *f* en demi-cercle.
cress [kres] *n* cresson *m*.
crest [krest] *n* **1.** *(of bird, hill)* crête *f*. **2.** *(on coat of arms)* timbre *m*.
crestfallen ['krest,fɔ:ln] *adj* découragé (e).
Crete [kri:t] *n* Crète *f*.
cretin ['kretɪn] *n inf (idiot)* crétin *m*, -e *f*.
Creutzfeldt-Jakob disease [,krɔɪtsfelt'jækɒb-] *n* maladie *f* de Creutzfeldt-Jakob.
crevice ['krevɪs] *n* fissure *f*.
crew [kru:] *n* **1.** *(of ship, plane)* équipage *m*. **2.** *(team)* équipe *f*.
crew cut *n* coupe *f* en brosse.
crew-neck(ed) [-nek(t)] *adj* ras du cou.
crib [krɪb] ◇ *n (cot)* lit *m* d'enfant. ◇ *vt inf (copy)*: **to ~ sthg off** OR **from sb** copier qqch sur qqn.
crick [krɪk] *n (in neck)* torticolis *m*.
cricket ['krɪkɪt] *n* **1.** *(game)* cricket *m*. **2.** *(insect)* grillon *m*.
crime [kraɪm] *n* crime *m*.
criminal ['krɪmɪnl] ◇ *adj* criminel(elle). ◇ *n* criminel *m*, -elle *f*.
crimson ['krɪmzn] ◇ *adj (in colour)* rouge foncé (*inv*); *(with embarrassment)* cramoisi(e). ◇ *n* cramoisi *m*.
cringe [krɪndʒ] *vi* **1.** *(in fear)* avoir un mouvement de recul (par peur). **2.** *inf (with embarrassment)*: **to ~ (at sthg)** ne plus savoir où se mettre (devant qqch).
crinkle ['krɪŋkl] *vt (clothes)* froisser.
cripple ['krɪpl] ◇ *n dated & offensive* infirme *mf*. ◇ *vt* **1.** (MED) *(disable)* estropier. **2.** *(country)* paralyser; *(ship, plane)* endommager.
crisis ['kraɪsɪs] (*pl* **crises** ['kraɪsi:z]) *n* crise *f*.
crisp [krɪsp] *adj* **1.** *(pastry)* croustillant (e); *(apple, vegetables)* croquant(e); *(snow)* craquant(e). **2.** *(weather, manner)* vif (vive). ◆ **crisps** *npl Br* chips *fpl*.
crisscross ['krɪskrɒs] ◇ *adj* entrecroisé (e). ◇ *vt* entrecroiser.
criterion [kraɪ'tɪərɪən] (*pl* **-rions** OR **-ria** [-rɪə]) *n* critère *m*.
critic ['krɪtɪk] *n* **1.** *(reviewer)* critique *m*. **2.** *(detractor)* détracteur *m*, -trice *f*.
critical ['krɪtɪkl] *adj* critique; **to be ~ of sb/sthg** critiquer qqn/qqch.
critically ['krɪtɪklɪ] *adv* **1.** *(ill)* gravement; **~ important** d'une importance capitale. **2.** *(analytically)* de façon critique.
criticism ['krɪtɪsɪzm] *n* critique *f*.
criticize, -ise ['krɪtɪsaɪz] *vt & vi* critiquer.
croak [krəʊk] *vi* **1.** *(frog)* coasser; *(raven)* croasser. **2.** *(person)* parler d'une voix rauque.
Croat ['krəʊæt], **Croatian** [krəʊ'eɪʃn] ◇ *adj* croate. ◇ *n* **1.** *(person)* Croate *mf*. **2.** *(language)* croate *m*.
Croatia [krəʊ'eɪʃə] *n* Croatie *f*.
Croatian = **Croat**.
crochet ['krəʊʃeɪ] *n* crochet *m*.
crockery ['krɒkərɪ] *n* vaisselle *f*.
crocodile ['krɒkədaɪl] (*pl inv* OR **-s**) *n* crocodile *m*.
crocus ['krəʊkəs] (*pl* **-cuses**) *n* crocus *m*.
croft [krɒft] *n Br* petite ferme *f (particulièrement en Écosse)*.
crony ['krəʊnɪ] *n inf* copain *m*, copine *f*.
crook [krʊk] *n* **1.** *(criminal)* escroc *m*. **2.** *(of arm, elbow)* pliure *f*. **3.** *(shepherd's staff)* houlette *f*.
crooked ['krʊkɪd] *adj* **1.** *(bent)* courbé (e). **2.** *(teeth, tie)* de travers. **3.** *inf (dishonest)* malhonnête.
crop [krɒp] *n* **1.** *(kind of plant)* culture *f*. **2.** *(harvested produce)* récolte *f*. **3.** *(whip)*

cravache *f.* ◆ **crop up** *vi* survenir.
croquette [krɒ'ket] *n* croquette *f.*
cross [krɒs] ◇ *adj* *(person)* fâché(e); *(look)* méchant(e); **to get ~ (with sb)** se fâcher (contre qqn). ◇ *n* **1.** *(gen)* croix *f.* **2.** *(hybrid)* croisement *m.* ◇ *vt* **1.** *(gen)* traverser. **2.** *(arms, legs)* croiser. **3.** *Br* *(cheque)* barrer. ◇ *vi* *(intersect)* se croiser. ◆ **cross off, cross out** *vt sep* rayer.
crossbar ['krɒsbɑːʳ] *n* **1.** (SPORT) barre *f* transversale. **2.** *(on bicycle)* barre *f.*
cross-Channel *adj* transManche.
cross-country ◇ *adj*: **~ running** cross *m*; **~ skiing** ski *m* de fond. ◇ *n* cross-country *m*, cross *m*.
cross-examine *vt* (JUR) faire subir un contre-interrogatoire à; *fig* questionner de près.
cross-eyed [-aɪd] *adj* qui louche.
crossfire ['krɒs,faɪəʳ] *n (U)* feu *m* croisé.
crossing ['krɒsɪŋ] *n* **1.** *(on road)* passage *m* clouté; *(on railway line)* passage à niveau. **2.** *(sea journey)* traversée *f.*
cross-legged [-legd] *adv* en tailleur.
cross-purposes *npl*: **to talk at ~** ne pas parler de la même chose; **to be at ~** ne pas être sur la même longueur d'ondes.
cross-reference *n* renvoi *m*.
crossroads ['krɒsrəʊdz] (*pl inv*) *n* croisement *m*.
cross-section *n* **1.** *(drawing)* coupe *f* transversale. **2.** *(sample)* échantillon *m*.
crosswalk ['krɒswɔːk] *n Am* passage *m* clouté, passage pour piétons.
crossways ['krɒsweɪz] = **crosswise**.
crosswind ['krɒswɪnd] *n* vent *m* de travers.
crossword (puzzle) ['krɒswɜːd-] *n* mots croisés *mpl*.
crotch [krɒtʃ] *n* entrejambe *m*.
crouch [kraʊtʃ] *vi* s'accroupir.
crow [krəʊ] ◇ *n* corbeau *m*; **as the ~ flies** à vol d'oiseau. ◇ *vi* **1.** *(cock)* chanter. **2.** *inf (person)* frimer.
crowbar ['krəʊbɑːʳ] *n* pied-de-biche *m*.
crowd [kraʊd] ◇ *n* *(mass of people)* foule *f.* ◇ *vi* s'amasser. ◇ *vt* **1.** *(streets, town)* remplir. **2.** *(force into small space)* entasser.
crowded ['kraʊdɪd] *adj*: **~ (with)** bondé(e) (de), plein(e) (de).
crown [kraʊn] ◇ *n* **1.** *(of king, on tooth)* couronne *f.* **2.** *(of head, hill)* sommet *m*; *(of hat)* fond *m*. ◇ *vt* couronner. ◆ **Crown** *n*: **the Crown** *(monarchy)* la Couronne.
crown jewels *npl* joyaux *mpl* de la Couronne.
crown prince *n* prince *m* héritier.
crow's feet *npl* pattes *fpl* d'oie.
crucial ['kruːʃl] *adj* crucial(e).
crucifix ['kruːsɪfɪks] *n* crucifix *m*.
crude [kruːd] *adj* **1.** *(material)* brut(e). **2.** *(joke, drawing)* grossier(ère).
crude oil *n (U)* brut *m*.
cruel [krʊəl] *adj* cruel(elle).
cruelty ['krʊəltɪ] *n (U)* cruauté *f.*
cruet ['kruːɪt] *n* service *m* à condiments.
cruise [kruːz] ◇ *n* croisière *f.* ◇ *vi* **1.** *(sail)* croiser. **2.** *(car)* rouler; *(plane)* voler.
cruiser ['kruːzəʳ] *n* **1.** *(warship)* croiseur *m*. **2.** *(cabin cruiser)* yacht *m* de croisière.
crumb [krʌm] *n* *(of food)* miette *f.*
crumble ['krʌmbl] ◇ *n* crumble *m* (aux fruits). ◇ *vt* émietter. ◇ *vi* **1.** *(bread, cheese)* s'émietter; *(building, wall)* s'écrouler; *(cliff)* s'ébouler; *(plaster)* s'effriter. **2.** *fig (society, relationship)* s'effondrer.
crumbly ['krʌmblɪ] *adj* friable.
crumpet ['krʌmpɪt] *n* (CULIN) petite crêpe *f* épaisse.
crumple ['krʌmpl] *vt* *(crease)* froisser.
crunch [krʌntʃ] ◇ *n* crissement *m*; **when it comes to the ~** *inf* au moment crucial OR décisif; **if it comes to the ~** *inf* s'il le faut. ◇ *vt* **1.** *(with teeth)* croquer. **2.** *(underfoot)* crisser.
crunchy ['krʌntʃɪ] *adj* *(food)* croquant (e).
crusade [kruː'seɪd] *n lit & fig* croisade *f.*
crush [krʌʃ] ◇ *n* **1.** *(crowd)* foule *f.* **2.** *inf (infatuation)*: **to have a ~ on sb** avoir le béguin pour qqn. ◇ *vt* **1.** *(gen)* écraser; *(seeds, grain)* broyer; *(ice)* piler. **2.** *fig (hopes)* anéantir.
crust [krʌst] *n* croûte *f.*
crutch [krʌtʃ] *n* *(stick)* béquille *f*; *fig* soutien *m*.
crux [krʌks] *n* nœud *m*.
cry [kraɪ] ◇ *n* *(of person, bird)* cri *m*. ◇ *vi* **1.** *(weep)* pleurer. **2.** *(shout)* crier. ◆ **cry off** *vi* se dédire. ◆ **cry out** ◇ *vt* crier. ◇ *vi* crier; *(in pain, dismay)* pousser un cri.
cryptic ['krɪptɪk] *adj* mystérieux(euse), énigmatique.
crystal ['krɪstl] *n* cristal *m*.
crystal clear *adj* *(obvious)* clair(e) comme de l'eau de roche.
CSE (*abbr of* **Certificate of Secondary**

Education) *n ancien brevet de l'enseignement secondaire en Grande-Bretagne.*
CTC *abbr of* **city technology college**.
cub [kʌb] *n* **1.** *(young animal)* petit *m.* **2.** *(boy scout)* louveteau *m.*
Cuba ['kju:bə] *n* Cuba.
Cuban ['kju:bən] ◇ *adj* cubain(e). ◇ *n* Cubain *m*, -e *f.*
cubbyhole ['kʌbɪhəʊl] *n* cagibi *m.*
cube [kju:b] ◇ *n* cube *m.* ◇ *vt* (MATH) élever au cube.
cubic ['kju:bɪk] *adj* cubique.
cubicle ['kju:bɪkl] *n* cabine *f.*
Cub Scout *n* louveteau *m.*
cuckoo ['kʊku:] *n* coucou *m.*
cuckoo clock *n* coucou *m.*
cucumber ['kju:kʌmbəʳ] *n* concombre *m.*
cuddle ['kʌdl] ◇ *n* caresse *f*, câlin *m.* ◇ *vt* caresser, câliner. ◇ *vi* s'enlacer.
cuddly toy ['kʌdlɪ-] *n* jouet *m* en peluche.
cue [kju:] *n* **1.** (RADIO, THEATRE & TV) signal *m*; **on ~** au bon moment. **2.** *(in snooker, pool)* queue *f* (de billard).
cuff [kʌf] *n* **1.** *(of sleeve)* poignet *m*; **off the ~** au pied levé. **2.** *Am (of trouser)* revers *m inv.* **3.** *(blow)* gifle *f.*
cuff link *n* bouton *m* de manchette.
cul-de-sac ['kʌldəsæk] *n* cul-de-sac *m.*
cull [kʌl] ◇ *n* massacre *m.* ◇ *vt* **1.** *(kill)* massacrer. **2.** *(gather)* recueillir.
culminate ['kʌlmɪneɪt] *vi*: **to ~ in sthg** se terminer par qqch, aboutir à qqch.
culmination [,kʌlmɪ'neɪʃn] *n* apogée *m.*
culottes [kju:'lɒts] *npl* jupe-culotte *f.*
culpable ['kʌlpəbl] *adj* coupable.
culprit ['kʌlprɪt] *n* coupable *mf.*
cult [kʌlt] ◇ *n* culte *m.* ◇ *comp* culte.
cultivate ['kʌltɪveɪt] *vt* cultiver.
cultivation [,kʌltɪ'veɪʃn] *n (U) (farming)* culture *f.*
cultural ['kʌltʃərəl] *adj* culturel(elle).
culture ['kʌltʃəʳ] *n* culture *f.*
cultured ['kʌltʃəd] *adj (educated)* cultivé(e).
cumbersome ['kʌmbəsəm] *adj (object)* encombrant(e).
cunning ['kʌnɪŋ] ◇ *adj (person)* rusé(e); *(plan, method, device)* astucieux(euse). ◇ *n (U) (of person)* ruse *f*; *(of plan, method, device)* astuce *f.*
cup [kʌp] *n* **1.** *(container, unit of measurement)* tasse *f.* **2.** *(prize, competition)* coupe *f.* **3.** *(of bra)* bonnet *m.*
cupboard ['kʌbəd] *n* placard *m.*
Cup Final *n*: **the ~** la finale de la coupe.
cup tie *n Br* match *m* de coupe.
curate ['kjʊərət] *n* vicaire *m.*
curator [,kjʊə'reɪtəʳ] *n* conservateur *m.*
curb [kɜ:b] ◇ *n* **1.** *(control)*: **~ (on)** frein *m* (à). **2.** *Am (of road)* bord *m* du trottoir. ◇ *vt* mettre un frein à.
curdle ['kɜ:dl] *vi* cailler.
cure [kjʊəʳ] ◇ *n*: **~ (for)** (MED) remède *m* (contre); *fig* remède (à). ◇ *vt* **1.** (MED) guérir. **2.** *(solve - problem)* éliminer. **3.** *(rid)*: **to ~ sb of sthg** guérir qqn de qqch, faire perdre l'habitude de qqch à qqn. **4.** *(preserve - by smoking)* fumer; *(- by salting)* saler; *(- tobacco, hide)* sécher.
cure-all *n* panacée *f.*
curfew ['kɜ:fju:] *n* couvre-feu *m.*
curio ['kjʊərɪəʊ] (*pl* **-s**) *n* bibelot *m.*
curiosity [,kjʊərɪ'ɒsətɪ] *n* curiosité *f.*
curious ['kjʊərɪəs] *adj*: **~ (about)** curieux(euse) (à propos de).
curl [kɜ:l] ◇ *n (of hair)* boucle *f.* ◇ *vt* **1.** *(hair)* boucler. **2.** *(roll up)* enrouler. ◇ *vi* **1.** *(hair)* boucler. **2.** *(roll up)* s'enrouler. ◆ **curl up** *vi (person, animal)* se mettre en boule, se pelotonner.
curler ['kɜ:ləʳ] *n* bigoudi *m.*
curling tongs ['kɜ:lɪŋ-] *npl* fer *m* à friser.
curly ['kɜ:lɪ] *adj (hair)* bouclé(e).
currant ['kʌrənt] *n (dried grape)* raisin *m* de Corinthe, raisin sec.
currency ['kʌrənsɪ] *n* **1.** *(type of money)* monnaie *f.* **2.** *(U) (money)* devise *f.* **3.** *fml (acceptability)*: **to gain ~** s'accréditer.
current ['kʌrənt] ◇ *adj (price, method)* actuel(elle); *(year, week)* en cours; *(boyfriend, girlfriend)* du moment; **~ issue** dernier numéro. ◇ *n (of water, air, electricity)* courant *m.*
current account *n Br* compte *m* courant.
current affairs *npl* actualité *f*, questions *fpl* d'actualité.
currently ['kʌrəntlɪ] *adv* actuellement.
curriculum [kə'rɪkjələm] (*pl* **-lums** OR **-la** [-lə]) *n* programme *m* d'études.
curriculum vitae [-'vi:taɪ] (*pl* **curricula vitae**) *n* curriculum vitae *m.*
curry ['kʌrɪ] *n* curry *m.*
curse [kɜ:s] ◇ *n* **1.** *(evil spell)* malédiction *f*; *fig* fléau *m.* **2.** *(swearword)* juron *m.* ◇ *vt* maudire. ◇ *vi* jurer.
cursor ['kɜ:səʳ] *n* (COMPUT) curseur *m.*
cursory ['kɜ:sərɪ] *adj* superficiel(elle).

curt [kɜːt] *adj* brusque.
curtail [kɜː'teɪl] *vt (visit)* écourter.
curtain ['kɜːtn] *n* rideau *m*.
curts(e)y ['kɜːtsɪ] (*pt & pp* **curtsied**) ◇ *n* révérence *f*. ◇ *vi* faire une révérence.
curve [kɜːv] ◇ *n* courbe *f*. ◇ *vi* faire une courbe.
cushion ['kʊʃn] ◇ *n* coussin *m*. ◇ *vt (fall, blow, effects)* amortir.
cushy ['kʊʃɪ] *adj inf* pépère, peinard(e).
custard ['kʌstəd] *n* crème *f* anglaise.
custodian [kʌ'stəʊdjən] *n (of building)* gardien *m*, -enne *f*; *(of museum)* conservateur *m*.
custody ['kʌstədɪ] *n* **1.** *(of child)* garde *f*. **2.** (JUR): **in ~** en garde à vue.
custom ['kʌstəm] *n* **1.** *(tradition, habit)* coutume *f*. **2.** (COMM) clientèle *f*. ♦ **customs** *n (place)* douane *f*.
customary ['kʌstəmrɪ] *adj (behaviour)* coutumier(ère); *(way, time)* habituel (elle).
customer ['kʌstəməʳ] *n* **1.** *(client)* client *m*, -e *f*. **2.** *inf (person)* type *m*.
customize, -ise ['kʌstəmaɪz] *vt (make)* fabriquer OR assembler sur commande; *(modify)* modifier sur commande.
Customs and Excise *n Br* = service *m* des contributions indirectes.
customs duty *n* droit *m* de douane.
customs officer *n* douanier *m*, -ère *f*.
cut [kʌt] (*pt & pp* **cut**) ◇ *n* **1.** *(in wood etc)* entaille *f*; *(in skin)* coupure *f*. **2.** *(of meat)* morceau *m*. **3.** *(reduction)*: **~ (in)** *(taxes, salary, personnel)* réduction *f* (de); *(film, article)* coupure *f* (dans). **4.** *(of suit, hair)* coupe *f*. ◇ *vt* **1.** *(gen)* couper; *(taxes, costs, workforce)* réduire; **to ~ one's finger** se couper le doigt. **2.** *inf (lecture, class)* sécher. ◇ *vi* **1.** *(gen)* couper. **2.** *(intersect)* se couper. ♦ **cut back** ◇ *vt sep* **1.** *(prune)* tailler. **2.** *(reduce)* réduire. ◇ *vi*: **to ~ back on** réduire, diminuer. ♦ **cut down** ◇ *vt sep* **1.** *(chop down)* couper. **2.** *(reduce)* réduire, diminuer. ◇ *vi*: **to ~ down on smoking/eating/spending** fumer/manger/dépenser moins. ♦ **cut in** *vi* **1.** *(interrupt)*: **to ~ in (on sb)** interrompre (qqn). **2.** (AUT & SPORT) se rabattre. ♦ **cut off** *vt sep* **1.** *(piece, crust)* couper; *(finger, leg - subj: surgeon)* amputer. **2.** *(power, telephone, funding)* couper. **3.** *(separate)*: **to be ~ off (from)** *(person)* être coupé(e) (de); *(village)* être isolé(e) (de). ♦ **cut out** *vt sep* **1.** *(photo, article)* découper; *(sewing pattern)* couper; *(dress)* tailler. **2.** *(stop)*: **to ~ out smoking/chocolates** arrêter de fumer/de manger des chocolats; **~ it out!** *inf* ça suffit! **3.** *(exclude)* exclure. ♦ **cut up** *vt sep (chop up)* couper, hacher.
cutback ['kʌtbæk] *n*: **~ (in)** réduction *f* (de).
cute [kjuːt] *adj (appealing)* mignon (onne).
cuticle ['kjuːtɪkl] *n* envie *f*.
cutlery ['kʌtlərɪ] *n (U)* couverts *mpl*.
cutlet ['kʌtlɪt] *n* côtelette *f*.
cut-price, cut-rate *Am adj* à prix réduit.
cutthroat ['kʌtθrəʊt] *adj (ruthless)* acharné(e).
cutting ['kʌtɪŋ] ◇ *adj (sarcastic - remark)* cinglant(e); *(- wit)* acerbe. ◇ *n* **1.** *(of plant)* bouture *f*. **2.** *(from newspaper)* coupure *f*. **3.** *Br (for road, railway)* tranchée *f*.
CV (*abbr of* **curriculum vitae**) *n* CV *m*.
cwt. *abbr of* **hundredweight**.
cyanide ['saɪənaɪd] *n* cyanure *m*.
cybercafe ['saɪbəˌkæfeɪ] *n* cybercafé *m*.
cyberspace ['saɪbəspeɪs] *n* cyberespace *m*.
cycle ['saɪkl] ◇ *n* **1.** *(of events, songs)* cycle *m*. **2.** *(bicycle)* bicyclette *f*. ◇ *comp (path, track)* cyclable; *(race)* cycliste; *(shop)* de cycles. ◇ *vi* faire de la bicyclette.
cycling ['saɪklɪŋ] *n* cyclisme *m*.
cyclist ['saɪklɪst] *n* cycliste *mf*.
cygnet ['sɪgnɪt] *n* jeune cygne *m*.
cylinder ['sɪlɪndəʳ] *n* cylindre *m*.
cymbals ['sɪmblz] *npl* cymbales *fpl*.
cynic ['sɪnɪk] *n* cynique *mf*.
cynical ['sɪnɪkl] *adj* cynique.
cynicism ['sɪnɪsɪzm] *n* cynisme *m*.
cypress ['saɪprəs] *n* cyprès *m*.
Cypriot ['sɪprɪət] ◇ *adj* chypriote. ◇ *n* Chypriote *mf*.
Cyprus ['saɪprəs] *n* Chypre *f*.
cyst [sɪst] *n* kyste *m*.
cystitis [sɪs'taɪtɪs] *n* cystite *f*.
czar [zɑːʳ] *n* tsar *m*.
Czech [tʃek] ◇ *adj* tchèque. ◇ *n* **1.** *(person)* Tchèque *mf*. **2.** *(language)* tchèque *m*.
Czechoslovak [ˌtʃekə'sləʊvæk] = **Czechoslovakian**.
Czechoslovakia [ˌtʃekəslə'vækɪə] *n* Tchécoslovaquie *f*.
Czechoslovakian [ˌtʃekəslə'vækɪən] ◇ *adj* tchécoslovaque. ◇ *n* Tchécoslovaque *mf*.
Czech Republic *n* République *f* tchèque.

D

d (*pl* **d's** OR **ds**), **D** (*pl* **D's** OR **Ds**) [di:] *n (letter)* d *m inv*, D *m inv*. ◆ **D** *n* **1.** (MUS) ré *m*. **2.** (SCH) *(mark)* D *m inv*.
DA *abbr of* **district attorney**.
dab [dæb] ◇ *n (of cream, powder, ointment)* petit peu *m*; *(of paint)* touche *f*. ◇ *vt* **1.** *(skin, wound)* tamponner. **2.** *(apply - cream, ointment)*: **to ~ sthg on** OR **onto** appliquer qqch sur.
dabble ['dæbl] *vi*: **to ~ in** toucher un peu à.
dachshund ['dækshʊnd] *n* teckel *m*.
dad [dæd], **daddy** ['dædɪ] *n inf* papa *m*.
daddy longlegs [-'lɒŋlegz] (*pl inv*) *n* faucheur *m*.
daffodil ['dæfədɪl] *n* jonquille *f*.
daft [dɑ:ft] *adj inf* stupide, idiot(e).
dagger ['dægəʳ] *n* poignard *m*.
daily ['deɪlɪ] ◇ *adj* **1.** *(newspaper, occurrence)* quotidien(enne). **2.** *(rate, output)* journalier(ère). ◇ *adv (happen, write)* quotidiennement; **twice ~** deux fois par jour. ◇ *n (newspaper)* quotidien *m*.
dainty ['deɪntɪ] *adj* délicat(e).
dairy ['deərɪ] *n* **1.** *(on farm)* laiterie *f*. **2.** *(shop)* crémerie *f*.
dairy products *npl* produits *mpl* laitiers.
dais ['deɪɪs] *n* estrade *f*.
daisy ['deɪzɪ] *n (weed)* pâquerette *f*; *(cultivated)* marguerite *f*.
daisy-wheel printer *n* imprimante *f* à marguerite.
dale [deɪl] *n* vallée *f*.
dam [dæm] ◇ *n (across river)* barrage *m*. ◇ *vt* construire un barrage sur.
damage ['dæmɪdʒ] ◇ *n* **1.** *(physical harm)* dommage *m*, dégât *m*. **2.** *(harmful effect)* tort *m*. ◇ *vt* **1.** *(harm physically)* endommager, abîmer. **2.** *(have harmful effect on)* nuire à. ◆ **damages** *npl* (JUR) dommages et intérêts *mpl*.
damn [dæm] ◇ *adj inf* fichu(e), sacré(e). ◇ *adv inf* sacrément. ◇ *n inf*: **not to give** OR **care a ~ (about sthg)** se ficher pas mal (de qqch). ◇ *vt* (RELIG) *(condemn)* damner. ◇ *excl inf* zut!
damned [dæmd] *inf* ◇ *adj* fichu(e), sacré(e); **well I'll be** OR **I'm ~!** c'est trop fort!, elle est bien bonne celle-là! ◇ *adv* sacrément.
damning ['dæmɪŋ] *adj* accablant(e).
damp [dæmp] ◇ *adj* humide. ◇ *n* humidité *f*. ◇ *vt (make wet)* humecter.
dampen ['dæmpən] *vt* **1.** *(make wet)* humecter. **2.** *fig (emotion)* abattre.
damson ['dæmzn] *n* prune *f* de Damas.
dance [dɑ:ns] ◇ *n* **1.** *(gen)* danse *f*. **2.** *(social event)* bal *m*. ◇ *vi* danser.
dancer ['dɑ:nsəʳ] *n* danseur *m*, -euse *f*.
dancing ['dɑ:nsɪŋ] *n (U)* danse *f*.
dandelion ['dændɪlaɪən] *n* pissenlit *m*.
dandruff ['dændrʌf] *n (U)* pellicules *fpl*.
Dane [deɪn] *n* Danois *m*, -e *f*.
danger ['deɪndʒəʳ] *n* **1.** *(U) (possibility of harm)* danger *m*; **in ~** en danger; **out of ~** hors de danger. **2.** *(hazard, risk)*: **~ (to)** risque *m* (pour); **to be in ~ of doing sthg** risquer de faire qqch.
dangerous ['deɪndʒərəs] *adj* dangereux(euse).
dangle ['dæŋgl] ◇ *vt* laisser pendre. ◇ *vi* pendre.
Danish ['deɪnɪʃ] ◇ *adj* danois(e). ◇ *n* **1.** *(language)* danois *m*. **2.** *Am* = **Danish pastry**. ◇ *npl*: **the ~** les Danois *mpl*.
Danish pastry *n gâteau feuilleté fourré aux fruits*.
dank [dæŋk] *adj* humide et froid(e).
dapper ['dæpəʳ] *adj* pimpant(e).
dappled ['dæpld] *adj* **1.** *(light)* tacheté(e). **2.** *(horse)* pommelé(e).
dare [deəʳ] ◇ *vt* **1.** *(be brave enough)*: **to ~ to do sthg** oser faire qqch. **2.** *(challenge)*: **to ~ sb to do sthg** défier qqn de faire qqch. **3.** *phr*: **I ~ say** je suppose, sans doute. ◇ *vi* oser; **how ~ you!** comment osez-vous! ◇ *n* défi *m*.
daredevil ['deə,devl] *n* casse-cou *m inv*.
daring ['deərɪŋ] ◇ *adj* audacieux(euse). ◇ *n* audace *f*.
dark [dɑ:k] ◇ *adj* **1.** *(room, night)* sombre; **it's getting ~** il commence à faire nuit. **2.** *(in colour)* foncé(e). **3.** *(dark-haired)* brun(e); *(dark-skinned)* basané(e). ◇ *n* **1.** *(darkness)*: **the ~** l'obscurité *f*; **to be in the ~ about sthg** ignorer tout de qqch. **2.** *(night)*: **before/after ~** avant/après la tombée de la nuit.
darken ['dɑ:kn] ◇ *vt* assombrir. ◇ *vi* s'assombrir.
dark glasses *npl* lunettes *fpl* noires.
darkness ['dɑ:knɪs] *n* obscurité *f*.
darkroom ['dɑ:krʊm] *n* chambre *f* noire.
darling ['dɑ:lɪŋ] ◇ *adj (dear)* chéri(e). ◇ *n* **1.** *(loved person, term of address)*

chéri *m*, -e *f*. 2. *(idol)* chouchou *m*, idole *f*.

darn [dɑːn] ◇ *vt* repriser. ◇ *adj inf* sacré(e), satané(e). ◇ *adv inf* sacrément.

dart [dɑːt] ◇ *n (arrow)* fléchette *f*. ◇ *vi* se précipiter. ◆ **darts** *n (game)* jeu *m* de fléchettes.

dartboard ['dɑːtbɔːd] *n* cible *f* de jeu de fléchettes.

dash [dæʃ] ◇ *n* 1. *(of milk, wine)* goutte *f*; *(of cream)* soupçon *m*; *(of salt)* pincée *f*; *(of colour, paint)* touche *f*. 2. *(in punctuation)* tiret *m*. 3. *(rush)*: **to make a ~ for** se ruer vers. ◇ *vt* 1. *(throw)* jeter avec violence. 2. *(hopes)* anéantir. ◇ *vi* se précipiter.

dashboard ['dæʃbɔːd] *n* tableau *m* de bord.

dashing ['dæʃɪŋ] *adj* fringant(e).

data ['deɪtə] *n (U)* données *fpl*.

database ['deɪtəbeɪs] *n* base *f* de données.

data processing *n* traitement *m* de données.

date [deɪt] ◇ *n* 1. *(in time)* date *f*; **to ~** à ce jour. 2. *(appointment)* rendez-vous *m*. 3. *(person)* petit ami *m*, petite amie *f*. 4. *(fruit)* datte *f*. ◇ *vt* 1. *(gen)* dater. 2. *(go out with)* sortir avec. ◇ *vi (go out of fashion)* dater.

dated ['deɪtɪd] *adj* qui date.

date of birth *n* date *f* de naissance.

daub [dɔːb] *vt*: **to ~ sthg with sthg** barbouiller qqch de qqch.

daughter ['dɔːtəʳ] *n* fille *f*.

daughter-in-law (*pl* **daughters-in-law**) *n* belle-fille *f*.

daunting ['dɔːntɪŋ] *adj* intimidant(e).

dawdle ['dɔːdl] *vi* flâner.

dawn [dɔːn] ◇ *n lit & fig* aube *f*. ◇ *vi* 1. *(day)* poindre. 2. *(era, period)* naître. ◆ **dawn (up)on** *vt fus* venir à l'esprit de.

day [deɪ] *n* jour *m*; *(duration)* journée *f*; **the ~ before** la veille; **the ~ after** le lendemain; **the ~ before yesterday** avant-hier; **the ~ after tomorrow** après-demain; **any ~ now** d'un jour à l'autre; **one ~, some ~, one of these ~s** un jour (ou l'autre), un de ces jours; **in my ~** de mon temps; **to make sb's ~** réchauffer le cœur de qqn. ◆ **days** *adv* le jour.

daybreak ['deɪbreɪk] *n* aube *f*; **at ~** à l'aube.

daycentre ['deɪsentəʳ] *n Br (for children)* garderie *f*; *(for elderly people) centre de jour pour les personnes du troisième âge.*

daydream ['deɪdriːm] *vi* rêvasser.

daylight ['deɪlaɪt] *n* 1. *(light)* lumière *f* du jour. 2. *(dawn)* aube *f*.

day off (*pl* **days off**) *n* jour *m* de congé.

day return *n Br billet aller et retour valable pour une journée.*

daytime ['deɪtaɪm] ◇ *n* jour *m*, journée *f*. ◇ *comp (television)* pendant la journée; *(job, flight)* de jour.

day-to-day *adj (routine, life)* journalier (ère); **on a ~ basis** au jour le jour.

day trip *n* excursion *f* d'une journée.

daze [deɪz] ◇ *n*: **in a ~** hébété(e), ahuri (e). ◇ *vt* 1. *(subj: blow)* étourdir. 2. *fig (subj: shock, event)* abasourdir, sidérer.

dazzle ['dæzl] *vt* éblouir.

DC *n* (*abbr of* **direct current**) courant *m* continu.

D-day ['diːdeɪ] *n* le jour J.

DEA (*abbr of* **Drug Enforcement Administration**) *n agence américaine de lutte contre la drogue.*

deacon ['diːkn] *n* diacre *m*.

dead [ded] ◇ *adj* 1. *(not alive, not lively)* mort(e); **to shoot sb ~** abattre qqn. 2. *(numb)* engourdi(e). 3. *(not operating - battery)* à plat. 4. *(complete - silence)* de mort. ◇ *adv* 1. *(directly, precisely)*: **~ ahead** droit devant soi; **~ on time** pile à l'heure. 2. *inf (completely)* tout à fait. 3. *(suddenly)*: **to stop ~** s'arrêter net. ◇ *npl*: **the ~** les morts *mpl*.

deaden ['dedn] *vt (sound)* assourdir; *(pain)* calmer.

dead end *n* impasse *f*.

dead heat *n* arrivée *f* ex-aequo.

deadline ['dedlaɪn] *n* dernière limite *f*.

deadlock ['dedlɒk] *n* impasse *f*.

dead loss *n inf*: **to be a ~** *(person)* être bon (bonne) à rien; *(object)* ne rien valoir.

deadly ['dedlɪ] ◇ *adj* 1. *(poison, enemy)* mortel(elle). 2. *(accuracy)* imparable. ◇ *adv (boring, serious)* tout à fait.

deadpan ['dedpæn] ◇ *adj* pince-sans-rire (*inv*). ◇ *adv* impassiblement.

deaf [def] ◇ *adj* sourd(e); **to be ~ to sthg** être sourd à qqch. ◇ *npl*: **the ~** les sourds *mpl*.

deaf-aid *n Br* appareil *m* acoustique.

deaf-and-dumb *adj* sourd-muet (sourde-muette).

deafen ['defn] *vt* assourdir.

deaf-mute ◇ *adj* sourd-muet (sourde-muette). ◇ *n* sourd-muet *m*, sourde-muette *f*.

deafness ['defnɪs] *n* surdité *f*.

deal [diːl] (*pt & pp* **dealt**) ◇ *n* 1. *(quantity)*: **a good** OR **great ~** beaucoup; **a good** OR **great ~ of** beaucoup de, bien de/des. 2. *(business agreement)* marché *m*, affaire *f*; **to do** OR **strike a ~ with sb** conclure un marché avec qqn. 3. *inf (treatment)*: **to get a bad ~** ne pas faire une affaire. ◇ *vt* 1. *(strike)*: **to ~ sb/sthg a blow, to ~ a blow to sb/sthg** porter un coup à qqn/qqch. 2. *(cards)* donner, distribuer. ◇ *vi* 1. *(at cards)* donner, distribuer. 2. *(in drugs)* faire le trafic (de drogues). ◆ **deal in** *vt fus* (COMM) faire le commerce de. ◆ **deal out** *vt sep* distribuer. ◆ **deal with** *vt fus* 1. *(handle)* s'occuper de. 2. *(be about)* traiter de. 3. *(be faced with)* avoir affaire à.

dealer ['diːləʳ] *n* 1. *(trader)* négociant *m*; *(in drugs)* trafiquant *m*. 2. *(cards)* donneur *m*.

dealing ['diːlɪŋ] *n* commerce *m*. ◆ **dealings** *npl* relations *fpl*, rapports *mpl*.

dealt [delt] *pt & pp* → **deal**.

dean [diːn] *n* doyen *m*.

dear [dɪəʳ] ◇ *adj*: **~ (to)** cher (chère) (à); **Dear Sir** *(in letter)* Cher Monsieur; **Dear Madam** Chère Madame. ◇ *n* chéri *m*, -e *f*. ◇ *excl*: **oh ~!** mon Dieu!

dearly ['dɪəlɪ] *adv (love, wish)* de tout son cœur.

death [deθ] *n* mort *f*; **to frighten sb to ~** faire une peur bleue à qqn; **to be sick to ~ of sthg/of doing sthg** en avoir marre de qqch/de faire qqch.

death certificate *n* acte *m* de décès.

death duty *Br*, **death tax** *Am n* droits *mpl* de succession.

deathly ['deθlɪ] *adj* de mort.

death penalty *n* peine *f* de mort.

death rate *n* taux *m* de mortalité.

death tax *Am* = **death duty**.

death trap *n inf* véhicule *m*/bâtiment *m* dangereux.

debase [dɪ'beɪs] *vt* dégrader; **to ~ o.s.** s'avilir.

debate [dɪ'beɪt] ◇ *n* débat *m*; **open to ~** discutable. ◇ *vt* débattre, discuter; **to ~ whether** s'interroger pour savoir si. ◇ *vi* débattre.

debating society [dɪ'beɪtɪŋ-] *n* club *m* de débats.

debauchery [dɪ'bɔːtʃərɪ] *n* débauche *f*.

debit ['debɪt] ◇ *n* débit *m*. ◇ *vt* débiter.

debit card *n* carte *f* bancaire *(à débit immédiat)*.

debit note *n* note *f* de débit.

debris ['deɪbriː] *n (U)* débris *mpl*.

debt [det] *n* dette *f*; **to be in ~** avoir des dettes, être endetté(e); **to be in sb's ~** être redevable à qqn.

debt collector *n* agent *m* de recouvrements.

debtor ['detəʳ] *n* débiteur *m*, -trice *f*.

debug [ˌdiː'bʌg] *vt* (COMPUT) *(program)* mettre au point, déboguer.

debunk [ˌdiː'bʌŋk] *vt* démentir.

debut ['deɪbjuː] *n* débuts *mpl*.

decade ['dekeɪd] *n* décennie *f*.

decadence ['dekədəns] *n* décadence *f*.

decadent ['dekədənt] *adj* décadent(e).

decaff ['diːkæf] *n inf* déca *m*.

decaffeinated [dɪ'kæfɪneɪtɪd] *adj* décaféiné(e).

decanter [dɪ'kæntəʳ] *n* carafe *f*.

decathlon [dɪ'kæθlɒn] *n* décathlon *m*.

decay [dɪ'keɪ] ◇ *n* 1. *(of body, plant)* pourriture *f*, putréfaction *f*; *(of tooth)* carie *f*. 2. *fig (of building)* délabrement *m*; *(of society)* décadence *f*. ◇ *vi* 1. *(rot)* pourrir; *(tooth)* se carier. 2. *fig (building)* se délabrer, tomber en ruines; *(society)* tomber en décadence.

deceased [dɪ'siːst] (*pl inv*) ◇ *adj* décédé(e). ◇ *n*: **the ~** le défunt, la défunte.

deceit [dɪ'siːt] *n* tromperie *f*, supercherie *f*.

deceitful [dɪ'siːtfʊl] *adj* trompeur (euse).

deceive [dɪ'siːv] *vt (person)* tromper, duper; *(subj: memory, eyes)* jouer des tours à; **to ~ o.s.** se leurrer, s'abuser.

December [dɪ'sembəʳ] *n* décembre *m*; *see also* **September**.

decency ['diːsnsɪ] *n* décence *f*, bienséance *f*; **to have the ~ to do sthg** avoir la décence de faire qqch.

decent ['diːsnt] *adj* 1. *(behaviour, dress)* décent(e). 2. *(wage, meal)* correct(e), décent(e). 3. *(person)* gentil(ille), brave.

deception [dɪ'sepʃn] *n* 1. *(lie, pretence)* tromperie *f*, duperie *f*. 2. *(U) (act of lying)* supercherie *f*.

deceptive [dɪ'septɪv] *adj* trompeur (euse).

decide [dɪ'saɪd] ◇ *vt* décider; **to ~ to do sthg** décider de faire qqch. ◇ *vi* se décider. ◆ **decide (up)on** *vt fus* se décider pour, choisir.

decided [dɪ'saɪdɪd] *adj* 1. *(definite)* certain(e), incontestable. 2. *(resolute)* décidé(e), résolu(e).

decidedly [dɪ'saɪdɪdlɪ] *adv* 1. *(clearly)* manifestement, incontestablement. 2. *(resolutely)* résolument.

deciduous [dɪ'sɪdjʊəs] *adj* à feuilles caduques.

decimal ['desɪml] ◇ *adj* décimal(e). ◇ *n* décimale *f*.
decimal point *n* virgule *f*.
decimate ['desɪmeɪt] *vt* décimer.
decipher [dɪ'saɪfəʳ] *vt* déchiffrer.
decision [dɪ'sɪʒn] *n* décision *f*.
decisive [dɪ'saɪsɪv] *adj* **1.** *(person)* déterminé(e), résolu(e). **2.** *(factor, event)* décisif(ive).
deck [dek] *n* **1.** *(of ship)* pont *m*. **2.** *(of bus)* impériale *f*. **3.** *(of cards)* jeu *m*. **4.** *Am (of house)* véranda *f*.
deckchair ['dektʃeəʳ] *n* chaise longue *f*, transat *m*.
declaration [,deklə'reɪʃn] *n* déclaration *f*.
Declaration of Independence *n*: **the ~** *la Déclaration d'Indépendance des États-Unis d'Amérique (1776).*
declare [dɪ'kleəʳ] *vt* déclarer.
decline [dɪ'klaɪn] ◇ *n* déclin *m*; **to be in ~** être en déclin; **on the ~** en baisse. ◇ *vt* décliner; **to ~ to do sthg** refuser de faire qqch. ◇ *vi* **1.** *(deteriorate)* décliner. **2.** *(refuse)* refuser.
decode [,diː'kəʊd] *vt* décoder.
decompose [,diːkəm'pəʊz] *vi* se décomposer.
decongestant [,diːkən'dʒestənt] *n* décongestionnant *m*.
decorate ['dekəreɪt] *vt* décorer.
decoration [,dekə'reɪʃn] *n* décoration *f*.
decorator ['dekəreɪtəʳ] *n* décorateur *m*, -trice *f*.
decoy [*n* 'diːkɔɪ, *vt* dɪ'kɔɪ] ◇ *n* *(for hunting)* appât *m*, leurre *m*; *(person)* compère *m*. ◇ *vt* attirer dans un piège.
decrease [*n* 'diːkriːs, *vb* dɪ'kriːs] ◇ *n*: **~ (in)** diminution *f* (de), baisse *f* (de). ◇ *vt* diminuer, réduire. ◇ *vi* diminuer, décroître.
decree [dɪ'kriː] ◇ *n* **1.** *(order, decision)* décret *m*. **2.** *Am* (JUR) arrêt *m*, jugement *m*. ◇ *vt* décréter, ordonner.
decree nisi [-'naɪsaɪ] (*pl* **decrees nisi**) *n* *Br* jugement *m* provisoire.
decrepit [dɪ'krepɪt] *adj* *(person)* décrépit(e); *(house)* délabré(e).
dedicate ['dedɪkeɪt] *vt* **1.** *(book etc)* dédier. **2.** *(life, career)* consacrer.
dedication [,dedɪ'keɪʃn] *n* **1.** *(commitment)* dévouement *m*. **2.** *(in book)* dédicace *f*.
deduce [dɪ'djuːs] *vt* déduire, conclure.
deduct [dɪ'dʌkt] *vt* déduire, retrancher.
deduction [dɪ'dʌkʃn] *n* déduction *f*.
deed [diːd] *n* **1.** *(action)* action *f*, acte *m*. **2.** (JUR) acte *m* notarié.
deem [diːm] *vt* juger, considérer; **to ~ it wise to do sthg** juger prudent de faire qqch.
deep [diːp] ◇ *adj* profond(e). ◇ *adv* profondément; **~ down** *(fundamentally)* au fond.
deepen ['diːpn] *vi* **1.** *(river, sea)* devenir profond(e). **2.** *(crisis, recession, feeling)* s'aggraver.
deep freeze *n* congélateur *m*.
deep fry *vt* faire frire.
deeply ['diːplɪ] *adv* profondément.
deep-sea *adj*: **~ diving** plongée *f* sous-marine; **~ fishing** pêche *f* hauturière.
deer [dɪəʳ] (*pl inv*) *n* cerf *m*.
deface [dɪ'feɪs] *vt* barbouiller.
defamatory [dɪ'fæmətrɪ] *adj* diffamatoire, diffamant(e).
default [dɪ'fɔːlt] ◇ *n* **1.** *(failure)* défaillance *f*; **by ~** par défaut. **2.** (COMPUT) valeur *f* par défaut. ◇ *vi* manquer à ses engagements.
defeat [dɪ'fiːt] ◇ *n* défaite *f*; **to admit ~** s'avouer battu(e) OR vaincu(e). ◇ *vt* **1.** *(team, opponent)* vaincre, battre. **2.** *(motion, proposal)* rejeter.
defeatist [dɪ'fiːtɪst] ◇ *adj* défaitiste. ◇ *n* défaitiste *mf*.
defect [*n* 'diːfekt, *vi* dɪ'fekt] ◇ *n* défaut *m*. ◇ *vi*: **to ~ to** passer à.
defective [dɪ'fektɪv] *adj* défectueux (euse).
defence *Br*, **defense** *Am* [dɪ'fens] *n* **1.** *(gen)* défense *f*. **2.** *(protective device, system)* protection *f*. **3.** (JUR): **the ~** la défense.
defenceless *Br*, **defenseless** *Am* [dɪ'fenslɪs] *adj* sans défense.
defend [dɪ'fend] *vt* défendre.
defendant [dɪ'fendənt] *n* défendeur *m*, -eresse *f*.
defender [dɪ'fendəʳ] *n* défenseur *m*.
defense *Am* = **defence**.
defenseless *Am* = **defenceless**.
defensive [dɪ'fensɪv] ◇ *adj* défensif (ive). ◇ *n*: **on the ~** sur la défensive.
defer [dɪ'fɜːʳ] ◇ *vt* différer. ◇ *vi*: **to ~ to sb** s'en remettre à (l'opinion de) qqn.
deferential [,defə'renʃl] *adj* respectueux(euse).
defiance [dɪ'faɪəns] *n* défi *m*; **in ~ of** au mépris de.
defiant [dɪ'faɪənt] *adj* *(person)* intraitable, intransigeant(e); *(action)* de défi.
deficiency [dɪ'fɪʃnsɪ] *n* **1.** *(lack)* manque *m*; *(of vitamins etc)* carence *f*. **2.** *(inadequacy)* imperfection *f*.

deficient [dɪ'fɪʃnt] *adj* 1. *(lacking)*: **to be ~ in** manquer de. 2. *(inadequate)* insuffisant(e), médiocre.
deficit ['defɪsɪt] *n* déficit *m*.
defile [dɪ'faɪl] *vt* souiller, salir.
define [dɪ'faɪn] *vt* définir.
definite ['defɪnɪt] *adj* 1. *(plan)* bien déterminé(e); *(date)* certain(e). 2. *(improvement, difference)* net (nette), marqué(e). 3. *(answer)* précis(e), catégorique. 4. *(confident - person)* assuré(e).
definitely ['defɪnɪtlɪ] *adv* 1. *(without doubt)* sans aucun doute, certainement. 2. *(for emphasis)* catégoriquement.
definition [defɪ'nɪʃn] *n* 1. *(gen)* définition *f*. 2. *(clarity)* clarté *f*, précision *f*.
deflate [dɪ'fleɪt] ◇ *vt* *(balloon, tyre)* dégonfler. ◇ *vi* *(balloon, tyre)* se dégonfler.
deflect [dɪ'flekt] *vt* *(ball, bullet)* dévier; *(stream)* détourner, dériver; *(criticism)* détourner.
defogger [ˌdiː'fɒgəʳ] *n* *Am* (AUT) dispositif *m* antibuée.
deformed [dɪ'fɔːmd] *adj* difforme.
defraud [dɪ'frɔːd] *vt* *(person)* escroquer; *(Inland Revenue etc)* frauder.
defrost [ˌdiː'frɒst] ◇ *vt* 1. *(fridge)* dégivrer; *(frozen food)* décongeler. 2. *Am* (AUT - *de-ice)* dégivrer; *(- demist)* désembuer. ◇ *vi* *(fridge)* dégivrer; *(frozen food)* se décongeler.
deft [deft] *adj* adroit(e).
defunct [dɪ'fʌŋkt] *adj* qui n'existe plus; *(person)* défunt(e).
defuse [ˌdiː'fjuːz] *vt* *Br* désamorcer.
defy [dɪ'faɪ] *vt* 1. *(gen)* défier; **to ~ sb to do sthg** mettre qqn au défi de faire qqch. 2. *(efforts)* résister à, faire échouer.
degenerate [*adj* dɪ'dʒenərət, *vb* dɪ'dʒenəreɪt] ◇ *adj* dégénéré(e). ◇ *vi*: **to ~ (into)** dégénérer (en).
degrading [dɪ'greɪdɪŋ] *adj* dégradant(e), avilissant(e).
degree [dɪ'griː] *n* 1. *(measurement)* degré *m*. 2. (UNIV) diplôme *m* universitaire; **to have/take a ~ (in)** avoir/faire une licence (de). 3. *(amount)*: **to a certain ~** jusqu'à un certain point, dans une certaine mesure; **a ~ of risk** un certain risque; **a ~ of truth** une certaine part de vérité; **by ~s** progressivement, petit à petit.
dehydrated [ˌdiːhaɪ'dreɪtɪd] *adj* déshydraté(e).
de-ice [diː'aɪs] *vt* dégivrer.
deign [deɪn] *vt*: **to ~ to do sthg** daigner faire qqch.
deity ['diːɪtɪ] *n* dieu *m*, déesse *f*, divinité *f*.
dejected [dɪ'dʒektɪd] *adj* abattu(e), découragé(e).
delay [dɪ'leɪ] ◇ *n* retard *m*, délai *m*. ◇ *vt* 1. *(cause to be late)* retarder. 2. *(defer)* différer; **to ~ doing sthg** tarder à faire qqch. ◇ *vi*: **to ~ (in doing sthg)** tarder (à faire qqch).
delayed [dɪ'leɪd] *adj*: **to be ~** *(person, train)* être retardé(e).
delectable [dɪ'lektəbl] *adj* délicieux(euse).
delegate [*n* 'delɪgət, *vb* 'delɪgeɪt] ◇ *n* délégué *m*, -e *f*. ◇ *vt* déléguer; **to ~ sb to do sthg** déléguer qqn pour faire qqch; **to ~ sthg to sb** déléguer qqch à qqn.
delegation [ˌdelɪ'geɪʃn] *n* délégation *f*.
delete [dɪ'liːt] *vt* supprimer, effacer.
deli ['delɪ] *n inf abbr of* **delicatessen**.
deliberate [*adj* dɪ'lɪbərət, *vb* dɪ'lɪbəreɪt] ◇ *adj* 1. *(intentional)* voulu(e), délibéré(e). 2. *(slow)* lent(e), sans hâte. ◇ *vi* délibérer.
deliberately [dɪ'lɪbərətlɪ] *adv* *(on purpose)* exprès, à dessein.
delicacy ['delɪkəsɪ] *n* 1. *(gen)* délicatesse *f*. 2. *(food)* mets *m* délicat.
delicate ['delɪkət] *adj* délicat(e); *(movement)* gracieux(euse).
delicatessen [ˌdelɪkə'tesn] *n* épicerie *f* fine.
delicious [dɪ'lɪʃəs] *adj* délicieux(euse).
delight [dɪ'laɪt] ◇ *n* *(great pleasure)* délice *m*; **to take ~ in doing sthg** prendre grand plaisir à faire qqch. ◇ *vt* enchanter, charmer. ◇ *vi*: **to ~ in sthg/in doing sthg** prendre grand plaisir à qqch/à faire qqch.
delighted [dɪ'laɪtɪd] *adj*: **~ (by** OR **with)** enchanté(e) (de), ravi(e) (de); **to be ~ to do sthg** être enchanté OR ravi de faire qqch.
delightful [dɪ'laɪtfʊl] *adj* ravissant(e), charmant(e); *(meal)* délicieux(euse).
delinquent [dɪ'lɪŋkwənt] ◇ *adj* délinquant(e). ◇ *n* délinquant *m*, -e *f*.
delirious [dɪ'lɪrɪəs] *adj lit & fig* délirant(e).
deliver [dɪ'lɪvəʳ] *vt* 1. *(distribute)*: **to ~ sthg (to sb)** *(mail, newspaper)* distribuer qqch (à qqn); (COMM) livrer qqch (à qqn). 2. *(speech)* faire; *(warning)* donner; *(message)* remettre; *(blow, kick)* donner, porter. 3. *(baby)* mettre au monde. 4. *(free)* délivrer. 5. *Am* (POL) *(votes)* obtenir.
delivery [dɪ'lɪvərɪ] *n* 1. (COMM) livrai-

son *f*. **2.** *(way of speaking)* élocution *f*. **3.** *(birth)* accouchement *m*.

delude [dɪ'lu:d] *vt* tromper, induire en erreur; **to ~ o.s.** se faire des illusions.

delusion [dɪ'lu:ʒn] *n* illusion *f*.

delve [delv] *vi*: **to ~ into** *(past)* fouiller; *(bag etc)* fouiller dans.

demand [dɪ'mɑ:nd] ◇ *n* **1.** *(claim, firm request)* revendication *f*, exigence *f*; **on ~** sur demande. **2.** *(need)*: **~ (for)** demande *f* (de); **in ~** demandé(e), recherché(e). ◇ *vt* **1.** *(ask for - justice, money)* réclamer; *(- explanation, apology)* exiger; **to ~ to do sthg** exiger de faire qqch. **2.** *(require)* demander, exiger.

demanding [dɪ'mɑ:ndɪŋ] *adj* **1.** *(exhausting)* astreignant(e). **2.** *(not easily satisfied)* exigeant(e).

demean [dɪ'mi:n] *vt*: **to ~ o.s.** s'abaisser.

demeaning [dɪ'mi:nɪŋ] *adj* avilissant (e), dégradant(e).

demeanour *Br*, **demeanor** *Am* [dɪ'mi:nəʳ] *n (U) fml* comportement *m*.

demented [dɪ'mentɪd] *adj* fou (folle), dément(e).

demise [dɪ'maɪz] *n (U)* décès *m*; *fig* mort *f*, fin *f*.

demister [ˌdi:'mɪstəʳ] *n Br* dispositif *m* antibuée.

demo ['deməʊ] (*abbr of* **demonstration**) *n inf* manif *f*.

democracy [dɪ'mɒkrəsɪ] *n* démocratie *f*.

democrat ['deməkræt] *n* démocrate *mf*. ◆ **Democrat** *n Am* démocrate *mf*.

democratic [ˌdemə'krætɪk] *adj* démocratique. ◆ **Democratic** *adj Am* démocrate.

Democratic Party *n Am*: **the ~** le Parti démocrate.

demolish [dɪ'mɒlɪʃ] *vt (destroy)* démolir.

demonstrate ['demənstreɪt] ◇ *vt* **1.** *(prove)* démontrer, prouver. **2.** *(machine, computer)* faire une démonstration de. ◇ *vi*: **to ~ (for/against)** manifester (pour/contre).

demonstration [demən'streɪʃn] *n* **1.** *(of machine, emotions)* démonstration *f*. **2.** *(public meeting)* manifestation *f*.

demonstrator ['demənstreɪtəʳ] *n* **1.** *(in march)* manifestant *m*, -e *f*. **2.** *(of machine, product)* démonstrateur *m*, -trice *f*.

demoralized [dɪ'mɒrəlaɪzd] *adj* démoralisé(e).

demote [ˌdi:'məʊt] *vt* rétrograder.

demure [dɪ'mjʊəʳ] *adj* modeste, réservé(e).

den [den] *n (of animal)* antre *m*, tanière *f*.

denial [dɪ'naɪəl] *n (of rights, facts, truth)* dénégation *f*; *(of accusation)* démenti *m*.

denier ['denɪəʳ] *n* denier *m*.

denigrate ['denɪgreɪt] *vt* dénigrer.

denim ['denɪm] *n* jean *m*. ◆ **denims** *npl*: **a pair of ~s** un jean.

denim jacket *n* veste *f* en jean.

Denmark ['denmɑ:k] *n* Danemark *m*.

denomination [dɪˌnɒmɪ'neɪʃn] *n* **1.** (RELIG) confession *f*. **2.** *(money)* valeur *f*.

denounce [dɪ'naʊns] *vt* dénoncer.

dense [dens] *adj* **1.** *(crowd, forest)* dense; *(fog)* dense, épais(aisse). **2.** *inf (stupid)* bouché(e).

density ['densətɪ] *n* densité *f*.

dent [dent] ◇ *n* bosse *f*. ◇ *vt* cabosser.

dental ['dentl] *adj* dentaire; **~ appointment** rendez-vous *m* chez le dentiste.

dental floss *n* fil *m* dentaire.

dental surgeon *n* chirurgien-dentiste *m*.

dentist ['dentɪst] *n* dentiste *mf*.

dentures ['dentʃəz] *npl* dentier *m*.

deny [dɪ'naɪ] *vt* **1.** *(refute)* nier. **2.** *fml (refuse)* nier, refuser; **to ~ sb sthg** refuser qqch à qqn.

deodorant [di:'əʊdərənt] *n* déodorant *m*.

depart [dɪ'pɑ:t] *vi fml* **1.** *(leave)*: **to ~ (from)** partir de. **2.** *(differ)*: **to ~ from sthg** s'écarter de qqch.

department [dɪ'pɑ:tmənt] *n* **1.** *(in organization)* service *m*. **2.** *(in shop)* rayon *m*. **3.** (SCH & UNIV) département *m*. **4.** *(in government)* département *m*, ministère *m*.

department store *n* grand magasin *m*.

departure [dɪ'pɑ:tʃəʳ] *n* **1.** *(leaving)* départ *m*. **2.** *(change)* nouveau départ *m*; **a ~ from tradition** un écart par rapport à la tradition.

departure lounge *n* salle *f* d'embarquement.

depend [dɪ'pend] *vi*: **to ~ on** *(be dependent on)* dépendre de; *(rely on)* compter sur; *(emotionally)* se reposer sur; **it ~s** cela dépend; **~ing on** selon.

dependable [dɪ'pendəbl] *adj (person)* sur qui on peut compter; *(source of income)* sûr(e); *(car)* fiable.

dependant [dɪ'pendənt] *n* personne *f* à charge.

dependent [dɪ'pendənt] *adj* **1.** *(reliant)*:

~ (on) dépendant(e) (de); **to be ~ on sb/sthg** dépendre de qqn/qqch. **2.** *(addicted)* dépendant(e), accro. **3.** *(contingent)*: **to be ~ on** dépendre de.
depict [dɪ'pɪkt] *vt* **1.** *(show in picture)* représenter. **2.** *(describe)*: **to ~ sb/sthg as** dépeindre qqn/qqch comme.
deplete [dɪ'pliːt] *vt* épuiser.
deplorable [dɪ'plɔːrəbl] *adj* déplorable.
deplore [dɪ'plɔːʳ] *vt* déplorer.
deploy [dɪ'plɔɪ] *vt* déployer.
depopulation [diːˌpɒpjʊ'leɪʃn] *n* dépeuplement *m*.
deport [dɪ'pɔːt] *vt* expulser.
depose [dɪ'pəʊz] *vt* déposer.
deposit [dɪ'pɒzɪt] ◇ *n* **1.** *(gen)* dépôt *m*; **to make a ~** *(into bank account)* déposer de l'argent. **2.** *(payment - as guarantee)* caution *f*; *(- as instalment)* acompte *m*; *(- on bottle)* consigne *f*. ◇ *vt* déposer.
deposit account *n Br* compte *m* sur livret.
depot ['depəʊ] *n* **1.** *(gen)* dépôt *m*. **2.** *Am (station)* gare.
depreciate [dɪ'priːʃɪeɪt] *vi* se déprécier.
depress [dɪ'pres] *vt* **1.** *(sadden, discourage)* déprimer. **2.** *(weaken - economy)* affaiblir; *(- prices)* faire baisser.
depressed [dɪ'prest] *adj* **1.** *(sad)* déprimé(e). **2.** *(run-down - area)* en déclin.
depressing [dɪ'presɪŋ] *adj* déprimant(e).
depression [dɪ'preʃn] *n* **1.** *(gen)* dépression *f*. **2.** *(sadness)* tristesse *f*.
deprivation [ˌdeprɪ'veɪʃn] *n* privation *f*.
deprive [dɪ'praɪv] *vt*: **to ~ sb of sthg** priver qqn de qqch.
depth [depθ] *n* profondeur *f*; **in ~** *(study, analyse)* en profondeur; **to be out of one's ~** *(in water)* ne pas avoir pied; *fig* avoir perdu pied, être dépassé. ◆ **depths** *npl*: **the ~s** *(of seas)* les profondeurs *fpl*; *(of memory, archives)* le fin fond; **in the ~s of winter** au cœur de l'hiver; **to be in the ~s of despair** toucher le fond du désespoir.
deputation [ˌdepjʊ'teɪʃn] *n* délégation *f*.
deputize, -ise ['depjʊtaɪz] *vi*: **to ~ for sb** assurer les fonctions de qqn, remplacer qqn.
deputy ['depjʊtɪ] ◇ *adj* adjoint(e); **~ chairman** vice-président *m*; **~ head** (SCH) directeur *m* adjoint; **~ leader** (POL) vice-président *m*. ◇ *n* **1.** *(second-in-command)* adjoint *m*, -e *f*. **2.** *Am (deputy sheriff)* shérif *m* adjoint.
derail [dɪ'reɪl] *vt (train)* faire dérailler.
deranged [dɪ'reɪndʒd] *adj* dérangé(e).
derby [*Br* 'dɑːbɪ, *Am* 'dɜːbɪ] *n* **1.** (SPORT) derby *m*. **2.** *Am (hat)* chapeau *m* melon.
derelict ['derəlɪkt] *adj* en ruines.
deride [dɪ'raɪd] *vt* railler.
derisory [də'raɪzərɪ] *adj* **1.** *(puny, trivial)* dérisoire. **2.** *(derisive)* moqueur (euse).
derivative [dɪ'rɪvətɪv] ◇ *adj pej* pas original(e). ◇ *n* dérivé *m*.
derive [dɪ'raɪv] ◇ *vt* **1.** *(draw, gain)*: **to ~ sthg from sthg** tirer qqch de qqch. **2.** *(originate)*: **to be ~d from** venir de. ◇ *vi*: **to ~ from** venir de.
derogatory [dɪ'rɒgətrɪ] *adj* désobligeant(e).
derv [dɜːv] *n Br* gas-oil *m*.
descend [dɪ'send] ◇ *vt fml (go down)* descendre. ◇ *vi* **1.** *fml (go down)* descendre. **2.** *(fall)*: **to ~ (on)** *(enemy)* s'abattre (sur); *(subj: silence, gloom)* tomber (sur). **3.** *(stoop)*: **to ~ to sthg/to doing sthg** s'abaisser à qqch/à faire qqch.
descendant [dɪ'sendənt] *n* descendant *m*, -e *f*.
descended [dɪ'sendɪd] *adj*: **to be ~ from sb** descendre de qqn.
descent [dɪ'sent] *n* **1.** *(downwards movement)* descente *f*. **2.** *(U) (origin)* origine *f*.
describe [dɪ'skraɪb] *vt* décrire.
description [dɪ'skrɪpʃn] *n* **1.** *(account)* description *f*. **2.** *(type)* sorte *f*, genre *m*.
desecrate ['desɪkreɪt] *vt* profaner.
desert [*n* 'dezət, *vb & npl* dɪ'zɜːt] ◇ *n* désert *m*. ◇ *vt* **1.** *(place)* déserter. **2.** *(person, group)* déserter, abandonner. ◇ *vi* (MIL) déserter. ◆ **deserts** *npl*: **to get one's just ~s** recevoir ce que l'on mérite.
deserted [dɪ'zɜːtɪd] *adj* désert(e).
deserter [dɪ'zɜːtəʳ] *n* déserteur *m*.
desert island ['dezət-] *n* île *f* déserte.
deserve [dɪ'zɜːv] *vt* mériter; **to ~ to do sthg** mériter de faire qqch.
deserving [dɪ'zɜːvɪŋ] *adj (person)* méritant(e); *(cause, charity)* méritoire.
design [dɪ'zaɪn] ◇ *n* **1.** *(plan, drawing)* plan *m*, étude *f*. **2.** *(U) (art)* design *m*. **3.** *(pattern)* motif *m*, dessin *m*. **4.** *(shape)* ligne *f*; *(of dress)* style *m*. **5.** *fml (intention)* dessein *m*; **by ~** à dessein; **to have ~s on sb/sthg** avoir des desseins sur qqn/qqch. ◇ *vt* **1.** *(draw plans for - building, car)* faire les plans de, dessiner; *(- dress)* créer. **2.** *(plan)* concevoir, mettre au point; **to be ~ed for sthg/to do sthg** être conçu pour qqch/pour faire qqch.

designate [*adj* 'dezɪgnət, *vb* 'dezɪgneɪt] ◇ *adj* désigné(e). ◇ *vt* désigner.

designer [dɪ'zaɪnəʳ] ◇ *adj* de marque. ◇ *n* (INDUSTRY) concepteur *m*, -trice *f*; (ARCHIT) dessinateur *m*, -trice *f*; *(of dresses etc)* styliste *mf*; (THEATRE) décorateur *m*, -trice *f*.

desirable [dɪ'zaɪərəbl] *adj* **1.** *(enviable, attractive)* désirable. **2.** *fml (appropriate)* désirable, souhaitable.

desire [dɪ'zaɪəʳ] ◇ *n* désir *m*; **~ for sthg/to do sthg** désir de qqch/de faire qqch. ◇ *vt* désirer.

desist [dɪ'zɪst] *vi fml*: **to ~ (from doing sthg)** cesser (de faire qqch).

desk [desk] *n* bureau *m*; **reception ~** réception *f*; **information ~** bureau *m* de renseignements.

desktop publishing ['desk,tɒp-] *n* publication *f* assistée par ordinateur, PAO *f*.

desolate ['desələt] *adj* **1.** *(place)* abandonné(e). **2.** *(person)* désespéré(e), désolé(e).

despair [dɪ'speəʳ] ◇ *n (U)* désespoir *m*. ◇ *vi* désespérer; **to ~ of** désespérer de; **to ~ of doing sthg** désespérer de faire qqch.

despairing [dɪ'speərɪŋ] *adj* de désespoir.

despatch [dɪ'spætʃ] = **dispatch**.

desperate ['desprət] *adj* désespéré(e); **to be ~ for sthg** avoir absolument besoin de qqch.

desperately ['desprətlɪ] *adv* désespérément; **~ ill** gravement malade.

desperation [,despə'reɪʃn] *n* désespoir *m*; **in ~** de désespoir.

despicable [dɪ'spɪkəbl] *adj* ignoble.

despise [dɪ'spaɪz] *vt (person)* mépriser; *(racism)* exécrer.

despite [dɪ'spaɪt] *prep* malgré.

despondent [dɪ'spɒndənt] *adj* découragé(e).

dessert [dɪ'zɜːt] *n* dessert *m*.

dessertspoon [dɪ'zɜːtspuːn] *n (spoon)* cuillère *f* à dessert.

destination [,destɪ'neɪʃn] *n* destination *f*.

destined ['destɪnd] *adj* **1.** *(intended)*: **~ for** destiné(e) à; **~ to do sthg** destiné à faire qqch. **2.** *(bound)*: **~ for** à destination de.

destiny ['destɪnɪ] *n* destinée *f*.

destitute ['destɪtjuːt] *adj* indigent(e).

destroy [dɪ'strɔɪ] *vt (ruin)* détruire.

destruction [dɪ'strʌkʃn] *n* destruction *f*.

detach [dɪ'tætʃ] *vt* **1.** *(pull off)* détacher; **to ~ sthg from sthg** détacher qqch de qqch. **2.** *(dissociate)*: **to ~ o.s. from sthg** *(from reality)* se détacher de qqch; *(from proceedings, discussions)* s'écarter de qqch.

detached [dɪ'tætʃt] *adj (unemotional)* détaché(e).

detached house *n* maison *f* individuelle.

detachment [dɪ'tætʃmənt] *n* détachement *m*.

detail ['diːteɪl] ◇ *n* **1.** *(small point)* détail *m*; **to go into ~** entrer dans les détails; **in ~** en détail. **2.** (MIL) détachement *m*. ◇ *vt (list)* détailler. ◆ **details** *npl (personal information)* coordonnées *fpl*.

detailed ['diːteɪld] *adj* détaillé(e).

detain [dɪ'teɪn] *vt* **1.** *(in police station)* détenir; *(in hospital)* garder. **2.** *(delay)* retenir.

detect [dɪ'tekt] *vt* **1.** *(subj: person)* déceler. **2.** *(subj: machine)* détecter.

detection [dɪ'tekʃn] *n (U)* **1.** *(of crime)* dépistage *m*. **2.** *(of aircraft, submarine)* détection *f*.

detective [dɪ'tektɪv] *n* détective *m*.

detective novel *n* roman *m* policier.

detention [dɪ'tenʃn] *n* **1.** *(of suspect, criminal)* détention *f*. **2.** (SCH) retenue *f*.

deter [dɪ'tɜːʳ] *vt* dissuader; **to ~ sb from doing sthg** dissuader qqn de faire qqch.

detergent [dɪ'tɜːdʒənt] *n* détergent *m*.

deteriorate [dɪ'tɪərɪəreɪt] *vi* se détériorer.

determination [dɪ,tɜːmɪ'neɪʃn] *n* détermination *f*.

determine [dɪ'tɜːmɪn] *vt* **1.** *(establish, control)* déterminer. **2.** *fml (decide)*: **to ~ to do sthg** décider de faire qqch.

determined [dɪ'tɜːmɪnd] *adj* **1.** *(person)* déterminé(e); **~ to do sthg** déterminé à faire qqch. **2.** *(effort)* obstiné(e).

deterrent [dɪ'terənt] *n* moyen *m* de dissuasion.

detest [dɪ'test] *vt* détester.

detonate ['detəneɪt] ◇ *vt* faire détoner. ◇ *vi* détoner.

detour ['diː,tʊəʳ] *n* détour *m*.

detract [dɪ'trækt] *vi*: **to ~ from** diminuer.

detriment ['detrɪmənt] *n*: **to the ~ of** au détriment de.

detrimental [,detrɪ'mentl] *adj* préjudiciable.

deuce [djuːs] *n* (TENNIS) égalité *f*.
devaluation [ˌdiːvæljʊ'eɪʃn] *n* dévaluation *f*.
devastated ['devəsteɪtɪd] *adj* **1.** *(area, city)* dévasté(e). **2.** *fig (person)* accablé(e).
devastating ['devəsteɪtɪŋ] *adj* **1.** *(hurricane, remark)* dévastateur(trice). **2.** *(upsetting)* accablant(e). **3.** *(attractive)* irrésistible.
develop [dɪ'veləp] ◇ *vt* **1.** *(gen)* développer. **2.** *(land, area)* aménager, développer. **3.** *(illness, fault, habit)* contracter. **4.** *(resources)* développer, exploiter. ◇ *vi* **1.** *(grow, advance)* se développer. **2.** *(appear - problem, trouble)* se déclarer.
developing country [dɪ'veləpɪŋ-] *n* pays *m* en voie de développement.
development [dɪ'veləpmənt] *n* **1.** *(gen)* développement *m*. **2.** *(U) (of land, area)* exploitation *f*. **3.** *(land being developed)* zone *f* d'aménagement; *(developed area)* zone aménagée. **4.** *(U) (of illness, fault)* évolution *f*.
deviate ['diːvɪeɪt] *vi*: **to ~ (from)** dévier (de), s'écarter (de).
device [dɪ'vaɪs] *n* **1.** *(apparatus)* appareil *m*, dispositif *m*. **2.** *(plan, method)* moyen *m*.
devil ['devl] *n* **1.** *(evil spirit)* diable *m*. **2.** *inf (person)* type *m*; **poor ~!** pauvre diable! **3.** *(for emphasis)*: **who/where/why the ~ ...?** qui/où/pourquoi diable ...? ◆ **Devil** *n (Satan)*: **the Devil** le Diable.
devious ['diːvjəs] *adj* **1.** *(dishonest - person)* retors(e), à l'esprit tortueux; *(- scheme, means)* détourné(e). **2.** *(tortuous)* tortueux(euse).
devise [dɪ'vaɪz] *vt* concevoir.
devoid [dɪ'vɔɪd] *adj fml*: **~ of** dépourvu (e) de, dénué(e) de.
devolution [ˌdiːvə'luːʃn] *n* (POL) décentralisation *f*.
devote [dɪ'vəʊt] *vt*: **to ~ sthg to sthg** consacrer qqch à qqch.
devoted [dɪ'vəʊtɪd] *adj* dévoué(e); **a ~ mother** une mère dévouée à ses enfants.
devotee [ˌdevə'tiː] *n (fan)* passionné *m*, -e *f*.
devotion [dɪ'vəʊʃn] *n* **1.** *(commitment)*: **~ (to)** dévouement *m* (à). **2.** (RELIG) dévotion *f*.
devour [dɪ'vaʊəʳ] *vt lit & fig* dévorer.
devout [dɪ'vaʊt] *adj* dévot(e).
dew [djuː] *n* rosée *f*.
diabetes [ˌdaɪə'biːtiːz] *n* diabète *m*.
diabetic [ˌdaɪə'betɪk] ◇ *adj (person)* diabétique. ◇ *n* diabétique *mf*.
diabolic(al) [ˌdaɪə'bɒlɪk(l)] *adj* **1.** *(evil)* diabolique. **2.** *inf (very bad)* atroce.
diagnose ['daɪəgnəʊz] *vt* diagnostiquer.
diagnosis [ˌdaɪəg'nəʊsɪs] (*pl* **-oses** [-əʊsiːz]) *n* diagnostic *m*.
diagonal [daɪ'ægənl] ◇ *adj (line)* diagonal(e). ◇ *n* diagonale *f*.
diagram ['daɪəgræm] *n* diagramme *m*.
dial ['daɪəl] ◇ *n* cadran *m*; *(of radio)* cadran de fréquences. ◇ *vt (number)* composer.
dialect ['daɪəlekt] *n* dialecte *m*.
dialling code ['daɪəlɪŋ-] *n Br* indicatif *m*.
dialling tone *Br* ['daɪəlɪŋ-], **dial tone** *Am n* tonalité *f*.
dialogue *Br*, **dialog** *Am* ['daɪəlɒg] *n* dialogue *m*.
dial tone *Am* = **dialling tone**.
dialysis [daɪ'ælɪsɪs] *n* dialyse *f*.
diameter [daɪ'æmɪtəʳ] *n* diamètre *m*.
diamond ['daɪəmənd] *n* **1.** *(gem)* diamant *m*. **2.** *(shape)* losange *m*. ◆ **diamonds** *npl* carreau *m*.
diaper ['daɪəpəʳ] *n Am* couche *f*.
diaphragm ['daɪəfræm] *n* diaphragme *m*.
diarrh(o)ea [ˌdaɪə'rɪə] *n* diarrhée *f*.
diary ['daɪərɪ] *n* **1.** *(appointment book)* agenda *m*. **2.** *(journal)* journal *m*.
dice [daɪs] (*pl inv*) ◇ *n (for games)* dé *m*. ◇ *vt* couper en dés.
dictate [*vb* dɪk'teɪt, *n* 'dɪkteɪt] ◇ *vt* dicter. ◇ *n* ordre *m*.
dictation [dɪk'teɪʃn] *n* dictée *f*.
dictator [dɪk'teɪtəʳ] *n* dictateur *m*.
dictatorship [dɪk'teɪtəʃɪp] *n* dictature *f*.
dictionary ['dɪkʃənrɪ] *n* dictionnaire *m*.
did [dɪd] *pt* → **do**.
didn't ['dɪdnt] = **did not**.
die [daɪ] (*pl* **dice**, *pt & pp* **died**, *cont* **dying**) ◇ *vi* mourir; **to be dying** se mourir; **to be dying to do sthg** mourir d'envie de faire qqch; **to be dying for a drink/cigarette** mourir d'envie de boire un verre/de fumer une cigarette. ◇ *n (dice)* dé *m*. ◆ **die away** *vi (sound)* s'éteindre; *(wind)* tomber. ◆ **die down** *vi (sound)* s'affaiblir; *(wind)* tomber; *(fire)* baisser. ◆ **die out** *vi* s'éteindre, disparaître.
diehard ['daɪhɑːd] *n*: **to be a ~** être coriace; *(reactionary)* être réactionnaire.
diesel ['diːzl] *n* diesel *m*.
diesel engine *n* (AUT) moteur *m* diesel; (RAIL) locomotive *f* diesel.

diesel fuel, diesel oil *n* diesel *m*.

diet ['daɪət] ◇ *n* 1. *(eating pattern)* alimentation *f*. 2. *(to lose weight)* régime *m*; **to be on a ~** être au régime, faire un régime. ◇ *comp (low-calorie)* de régime. ◇ *vi* suivre un régime.

differ ['dɪfəʳ] *vi* 1. *(be different)* être différent(e), différer; *(people)* être différent; **to ~ from** être différent de. 2. *(disagree)*: **to ~ with sb (about sthg)** ne pas être d'accord avec qqn (à propos de qqch).

difference ['dɪfrəns] *n* différence *f*; **it doesn't make any ~** cela ne change rien.

different ['dɪfrənt] *adj*: **~ (from)** différent(e) (de).

differentiate [ˌdɪfə'renʃɪeɪt] ◇ *vt*: **to ~ sthg from sthg** différencier qqch de qqch, faire la différence entre qqch et qqch. ◇ *vi*: **to ~ (between)** faire la différence (entre).

difficult ['dɪfɪkəlt] *adj* difficile.

difficulty ['dɪfɪkəltɪ] *n* difficulté *f*; **to have ~ in doing sthg** avoir de la difficulté OR du mal à faire qqch.

diffident ['dɪfɪdənt] *adj (person)* qui manque d'assurance; *(manner, voice, approach)* hésitant(e).

diffuse [dɪ'fjuːz] *vt* diffuser, répandre.

dig [dɪg] (*pt & pp* **dug**) ◇ *vi* 1. *(in ground)* creuser. 2. *(subj: belt, strap)*: **to ~ into sb** couper qqn. ◇ *n* 1. *fig (unkind remark)* pique *f*. 2. (ARCHEOL) fouilles *fpl*. ◇ *vt* 1. *(hole)* creuser. 2. *(garden)* bêcher. ◆ **dig out** *vt sep inf (find)* dénicher. ◆ **dig up** *vt sep* 1. *(from ground)* déterrer; *(potatoes)* arracher. 2. *inf (information)* dénicher.

digest [*n* 'daɪdʒest, *vb* dɪ'dʒest] ◇ *n* résumé *m*, digest *m*. ◇ *vt lit & fig* digérer.

digestion [dɪ'dʒestʃn] *n* digestion *f*.

digestive biscuit [dɪ'dʒestɪv-] *n Br* ≃ sablé *m* (à la farine complète).

digit ['dɪdʒɪt] *n* 1. *(figure)* chiffre *m*. 2. *(finger)* doigt *m*; *(toe)* orteil *m*.

digital ['dɪdʒɪtl] *adj* numérique, digital (e).

digital camera *n* appareil photo *m* numérique.

digital television *n* télévision *f* numérique.

dignified ['dɪgnɪfaɪd] *adj* digne, plein (e) de dignité.

dignity ['dɪgnətɪ] *n* dignité *f*.

digress [daɪ'gres] *vi*: **to ~ (from)** s'écarter (de).

digs [dɪgz] *npl Br inf* piaule *f*.

dike [daɪk] *n* 1. *(wall, bank)* digue *f*. 2. *inf pej (lesbian)* gouine *f*.

dilapidated [dɪ'læpɪdeɪtɪd] *adj* délabré (e).

dilate [daɪ'leɪt] ◇ *vt* dilater. ◇ *vi* se dilater.

dilemma [dɪ'lemə] *n* dilemme *m*.

diligent ['dɪlɪdʒənt] *adj* appliqué(e).

dilute [daɪ'luːt] ◇ *adj* dilué(e). ◇ *vt*: **to ~ sthg (with)** diluer qqch (avec).

dim [dɪm] ◇ *adj* 1. *(dark - light)* faible; *(- room)* sombre. 2. *(indistinct - memory, outline)* vague. 3. *(weak - eyesight)* faible. 4. *inf (stupid)* borné(e). ◇ *vt & vi* baisser.

dime [daɪm] *n Am* (pièce *f* de) dix cents *mpl*.

dimension [dɪ'menʃn] *n* dimension *f*.

diminish [dɪ'mɪnɪʃ] *vt & vi* diminuer.

diminutive [dɪ'mɪnjʊtɪv] *fml* ◇ *adj* minuscule. ◇ *n* (GRAMM) diminutif *m*.

dimmers ['dɪmərz] *npl Am (dipped headlights)* phares *mpl* code (*inv*); *(parking lights)* feux *mpl* de position.

dimmer (switch) ['dɪməʳ-] *n* variateur *m* de lumière.

dimple ['dɪmpl] *n* fossette *f*.

din [dɪn] *n inf* barouf *m*.

dine [daɪn] *vi fml* dîner. ◆ **dine out** *vi* dîner dehors.

diner ['daɪnəʳ] *n* 1. *(person)* dîneur *m*, -euse *f*. 2. *Am (café)* ≃ resto *m* routier.

DINER

Ces petits restaurants, que l'on trouve, aux États-Unis, principalement au bord des autoroutes mais aussi dans les villes, servent des repas légers à bas prix. Leur clientèle se compose donc essentiellement d'automobilistes et de chauffeurs de camion; ils incarnent un certain esprit du voyage et figurent souvent dans les «road movies».

dinghy ['dɪŋgɪ] *n (for sailing)* dériveur *m*; *(for rowing)* (petit) canot *m*.

dingy ['dɪndʒɪ] *adj* miteux(euse), crasseux(euse).

dining car ['daɪnɪŋ-] *n* wagon-restaurant *m*.

dining room ['daɪnɪŋ-] *n* 1. *(in house)* salle *f* à manger. 2. *(in hotel)* restaurant *m*.

dinner ['dɪnəʳ] *n* dîner *m*.

dinner jacket *n* smoking *m*.

dinner party *n* dîner *m*.

dinnertime ['dɪnətaɪm] *n* heure *f* du dîner.

dinosaur ['daɪnəsɔːʳ] *n* dinosaure *m*.

dint [dɪnt] *n fml*: **by ~ of** à force de.

dip [dɪp] ◇ *n* **1.** *(in road, ground)* déclivité *f.* **2.** *(sauce)* sauce *f,* dip *m.* **3.** *(swim)* baignade *f* (rapide); **to go for a ~** aller se baigner en vitesse, aller faire trempette. ◇ *vt* **1.** *(into liquid)*: **to ~ sthg in** OR **into** tremper OR plonger qqch dans. **2.** *Br* (AUT): **to ~ one's headlights** se mettre en code. ◇ *vi* **1.** *(sun)* baisser, descendre à l'horizon; *(wing)* plonger. **2.** *(road, ground)* descendre.

diploma [dɪ'pləʊmə] (*pl* **-s**) *n* diplôme *m.*

diplomacy [dɪ'pləʊməsɪ] *n* diplomatie *f.*

diplomat ['dɪpləmæt] *n* diplomate *m.*

diplomatic [ˌdɪplə'mætɪk] *adj* **1.** *(service, corps)* diplomatique. **2.** *(tactful)* diplomate.

dipstick ['dɪpstɪk] *n* (AUT) jauge *f (de niveau d'huile).*

dire ['daɪəʳ] *adj (need, consequences)* extrême; *(warning)* funeste.

direct [dɪ'rekt] ◇ *adj* direct(e); *(challenge)* manifeste. ◇ *vt* **1.** *(gen)* diriger. **2.** *(aim)*: **to ~ sthg at sb** *(question, remark)* adresser qqch à qqn; **the campaign is ~ed at teenagers** cette campagne vise les adolescents. **3.** *(order)*: **to ~ sb to do sthg** ordonner à qqn de faire qqch. ◇ *adv* directement.

direct current *n* courant *m* continu.

direct debit *n Br* prélèvement *m* automatique.

direction [dɪ'rekʃn] *n* direction *f.* ◆ **directions** *npl* **1.** *(to find a place)* indications *fpl.* **2.** *(for use)* instructions *fpl.*

directly [dɪ'rektlɪ] *adv* **1.** *(in straight line)* directement. **2.** *(honestly, clearly)* sans détours. **3.** *(exactly - behind, above)* exactement. **4.** *(immediately)* immédiatement. **5.** *(very soon)* tout de suite.

director [dɪ'rektəʳ] *n* **1.** *(of company)* directeur *m,* -trice *f.* **2.** (THEATRE) metteur *m* en scène; (CINEMA & TV) réalisateur *m,* -trice *f.*

directory [dɪ'rektərɪ] *n* **1.** *(annual publication)* annuaire *m.* **2.** (COMPUT) répertoire *m.*

directory enquiries *n Br* renseignements *mpl* (téléphoniques).

dire straits *npl*: **in ~** dans une situation désespérée.

dirt [dɜːt] *n (U)* **1.** *(mud, dust)* saleté *f.* **2.** *(earth)* terre *f.*

dirt cheap *inf* ◇ *adj* très bon marché, donné(e). ◇ *adv* pour trois fois rien.

dirty ['dɜːtɪ] ◇ *adj* **1.** *(not clean, not fair)* sale. **2.** *(smutty - language, person)* grossier(ère); *(- book, joke)* cochon(onne). ◇ *vt* salir.

disability [ˌdɪsə'bɪlətɪ] *n* infirmité *f.*

disabled [dɪs'eɪbld] ◇ *adj (person)* handicapé(e), infirme. ◇ *npl*: **the ~** les handicapés, les infirmes.

disadvantage [ˌdɪsəd'vɑːntɪdʒ] *n* désavantage *m,* inconvénient *m;* **to be at a ~** être désavantagé.

disagree [ˌdɪsə'griː] *vi* **1.** *(have different opinions)*: **to ~ (with)** ne pas être d'accord (avec). **2.** *(differ)* ne pas concorder. **3.** *(subj: food, drink)*: **to ~ with sb** ne pas réussir à qqn.

disagreeable [ˌdɪsə'griːəbl] *adj* désagréable.

disagreement [ˌdɪsə'griːmənt] *n* **1.** *(in opinion)* désaccord *m.* **2.** *(argument)* différend *m.*

disallow [ˌdɪsə'laʊ] *vt* **1.** *fml (appeal, claim)* rejeter. **2.** *(goal)* refuser.

disappear [ˌdɪsə'pɪəʳ] *vi* disparaître.

disappearance [ˌdɪsə'pɪərəns] *n* disparition *f.*

disappoint [ˌdɪsə'pɔɪnt] *vt* décevoir.

disappointed [ˌdɪsə'pɔɪntɪd] *adj*: **~ (in** OR **with)** déçu(e) (par).

disappointing [ˌdɪsə'pɔɪntɪŋ] *adj* décevant(e).

disappointment [ˌdɪsə'pɔɪntmənt] *n* déception *f.*

disapproval [ˌdɪsə'pruːvl] *n* désapprobation *f.*

disapprove [ˌdɪsə'pruːv] *vi*: **to ~ of sb/sthg** désapprouver qqn/qqch.

disarm [dɪs'ɑːm] *vt & vi lit & fig* désarmer.

disarmament [dɪs'ɑːməmənt] *n* désarmement *m.*

disarray [ˌdɪsə'reɪ] *n*: **in ~** en désordre; *(government)* en pleine confusion.

disaster [dɪ'zɑːstəʳ] *n* **1.** *(damaging event)* catastrophe *f.* **2.** *(U) (misfortune)* échec *m,* désastre *m.* **3.** *inf (failure)* désastre *m.*

disastrous [dɪ'zɑːstrəs] *adj* désastreux (euse).

disband [dɪs'bænd] ◇ *vt* dissoudre. ◇ *vi* se dissoudre.

disbelief [ˌdɪsbɪ'liːf] *n*: **in** OR **with ~** avec incrédulité.

disc *Br,* **disk** *Am* [dɪsk] *n* disque *m.*

discard [dɪ'skɑːd] *vt* mettre au rebut.

discern [dɪ'sɜːn] *vt* discerner, distinguer.

discerning [dɪ'sɜːnɪŋ] *adj* judicieux (euse).

discharge [*n* 'dɪstʃɑːdʒ, *vt* dɪs'tʃɑːdʒ]

◇ *n* **1.** *(of patient)* autorisation *f* de sortie, décharge *f*; (JUR) relaxe *f*; **to get one's ~** (MIL) être rendu à la vie civile. **2.** *(emission - of smoke)* émission *f*; *(- of sewage)* déversement *m*; (MED) écoulement *m*. ◇ *vt* **1.** *(allow to leave - patient)* signer la décharge de; *(- prisoner, defendant)* relaxer; *(- soldier)* rendre à la vie civile. **2.** *fml (fulfil)* assumer. **3.** *(emit - smoke)* émettre; *(- sewage, chemicals)* déverser.

disciple [dɪ'saɪpl] *n* disciple *m*.

discipline ['dɪsɪplɪn] ◇ *n* discipline *f*. ◇ *vt* **1.** *(control)* discipliner. **2.** *(punish)* punir.

disc jockey *n* disc-jockey *m*.

disclaim [dɪs'kleɪm] *vt fml* nier.

disclose [dɪs'kləʊz] *vt* révéler, divulguer.

disclosure [dɪs'kləʊʒəʳ] *n* révélation *f*, divulgation *f*.

disco ['dɪskəʊ] (*pl* **-s**) (*abbr of* **discotheque**) *n* discothèque *f*.

discomfort [dɪs'kʌmfət] *n* **1.** *(U) (physical pain)* douleur *f*. **2.** *(U) (anxiety, embarrassment)* malaise *m*.

disconcert [ˌdɪskən'sɜːt] *vt* déconcerter.

disconnect [ˌdɪskə'nekt] *vt* **1.** *(detach)* détacher. **2.** *(from gas, electricity - appliance)* débrancher; *(- house)* couper. **3.** (TELEC) couper.

disconsolate [dɪs'kɒnsələt] *adj* inconsolable.

discontent [ˌdɪskən'tent] *n*: **~ (with)** mécontentement *m* (à propos de).

discontented [ˌdɪskən'tentɪd] *adj* mécontent(e).

discontinue [ˌdɪskən'tɪnjuː] *vt* cesser, interrompre.

discord ['dɪskɔːd] *n* **1.** *(U) (disagreement)* discorde *f*, désaccord *m*. **2.** (MUS) dissonance *f*.

discotheque ['dɪskəʊtek] *n* discothèque *f*.

discount [*n* 'dɪskaʊnt, *vb Br* dɪs'kaʊnt, *Am* 'dɪskaʊnt] ◇ *n* remise *f*. ◇ *vt (report, claim)* ne pas tenir compte de.

discourage [dɪs'kʌrɪdʒ] *vt* décourager; **to ~ sb from doing sthg** dissuader qqn de faire qqch.

discover [dɪ'skʌvəʳ] *vt* découvrir.

discovery [dɪ'skʌvərɪ] *n* découverte *f*.

discredit [dɪs'kredɪt] ◇ *n* discrédit *m*. ◇ *vt* discréditer.

discreet [dɪ'skriːt] *adj* discret(ète).

discrepancy [dɪ'skrepənsɪ] *n*: **~ (in/between)** divergence *f* (entre).

discretion [dɪ'skreʃn] *n* *(U)* **1.** *(tact)* discrétion *f*. **2.** *(judgment)* jugement *m*, discernement *m*; **at the ~ of** avec l'autorisation de.

discriminate [dɪ'skrɪmɪneɪt] *vi* **1.** *(distinguish)* différencier, distinguer; **to ~ between** faire la distinction entre. **2.** *(be prejudiced)*: **to ~ against sb** faire de la discrimination envers qqn.

discriminating [dɪ'skrɪmɪneɪtɪŋ] *adj* avisé(e).

discrimination [dɪˌskrɪmɪ'neɪʃn] *n* **1.** *(prejudice)* discrimination *f*. **2.** *(judgment)* discernement *m*, jugement *m*.

discus ['dɪskəs] (*pl* **-es**) *n* disque *m*.

discuss [dɪ'skʌs] *vt* discuter (de); **to ~ sthg with sb** discuter de qqch avec qqn.

discussion [dɪ'skʌʃn] *n* discussion *f*; **under ~** en discussion.

disdain [dɪs'deɪn] *n*: **~ (for)** dédain *m* (pour).

disease [dɪ'ziːz] *n (illness)* maladie *f*.

disembark [ˌdɪsɪm'bɑːk] *vi* débarquer.

disenchanted [ˌdɪsɪn'tʃɑːntɪd] *adj*: **~ (with)** désenchanté(e) (de).

disengage [ˌdɪsɪn'geɪdʒ] *vt* **1.** *(release)*: **to ~ sthg (from)** libérer OR dégager qqch (de). **2.** (TECH) déclencher; **to ~ the gears** débrayer.

disfavour *Br*, **disfavor** *Am* [dɪs'feɪvəʳ] *n (dislike, disapproval)* désapprobation *f*.

disfigure [dɪs'fɪgəʳ] *vt* défigurer.

disgrace [dɪs'greɪs] ◇ *n* **1.** *(shame)* honte *f*; **to bring ~ on sb** jeter la honte sur qqn; **in ~** en défaveur. **2.** *(cause of shame - thing)* honte *f*, scandale *m*; *(- person)* honte *f*. ◇ *vt* faire honte à; **to ~ o.s.** se couvrir de honte.

disgraceful [dɪs'greɪsfʊl] *adj* honteux(euse), scandaleux(euse).

disgruntled [dɪs'grʌntld] *adj* mécontent(e).

disguise [dɪs'gaɪz] ◇ *n* déguisement *m*; **in ~** déguisé(e). ◇ *vt* **1.** *(person, voice)* déguiser. **2.** *(hide - fact, feelings)* dissimuler.

disgust [dɪs'gʌst] ◇ *n*: **~ (at)** *(behaviour, violence etc)* dégoût *m* (pour); *(decision)* dégoût (devant). ◇ *vt* dégoûter, écœurer.

disgusting [dɪs'gʌstɪŋ] *adj* dégoûtant(e).

dish [dɪʃ] *n* plat *m*; *Am (plate)* assiette *f*. ◆ **dishes** *npl* vaisselle *f*; **to do** OR **wash the ~es** faire la vaisselle. ◆ **dish out** *vt sep inf* distribuer. ◆ **dish up** *vt sep inf* servir.

dish aerial *Br*, **dish antenna** *Am n* antenne *f* parabolique.

dishcloth ['dɪʃklɒθ] *n* lavette *f*.

disheartened [dɪs'hɑːtnd] *adj* découragé(e).
dishevelled *Br*, **disheveled** *Am* [dɪ'ʃevəld] *adj (person)* échevelé(e); *(hair)* en désordre.
dishonest [dɪs'ɒnɪst] *adj* malhonnête.
dishonor *etc Am* = **dishonour** *etc*.
dishonour *Br*, **dishonor** *Am* [dɪs'ɒnəʳ] ◇ *n* déshonneur *m*. ◇ *vt* déshonorer.
dishonourable *Br*, **dishonorable** *Am* [dɪs'ɒnərəbl] *adj (person)* peu honorable; *(behaviour)* déshonorant(e).
dish soap *n Am* liquide *m* pour la vaisselle.
dish towel *n Am* torchon *m*.
dishwasher ['dɪʃ,wɒʃəʳ] *n (machine)* lave-vaisselle *m inv*.
disillusioned [,dɪsɪ'luːʒnd] *adj* désillusionné(e), désenchanté(e); **to be ~ with** ne plus avoir d'illusions sur.
disincentive [,dɪsɪn'sentɪv] *n*: **to be a ~** avoir un effet dissuasif; *(in work context)* être démotivant(e).
disinfect [,dɪsɪn'fekt] *vt* désinfecter.
disinfectant [,dɪsɪn'fektənt] *n* désinfectant *m*.
disintegrate [dɪs'ɪntɪgreɪt] *vi (object)* se désintégrer, se désagréger.
disinterested [,dɪs'ɪntrəstɪd] *adj* **1.** *(objective)* désintéressé(e). **2.** *inf (uninterested)*: **~ (in)** indifférent(e) (à).
disjointed [dɪs'dʒɔɪntɪd] *adj* décousu(e).
disk [dɪsk] *n* **1.** (COMPUT) disque *m*, disquette *f*. **2.** *Am* = **disc**.
disk drive *Br*, **diskette drive** *Am n* (COMPUT) lecteur *m* de disques OR de disquettes.
diskette [dɪs'ket] *n* (COMPUT) disquette *f*.
diskette drive *n Am* = **disk drive**.
dislike [dɪs'laɪk] ◇ *n*: **~ (of)** aversion *f* (pour); **to take a ~ to sb/sthg** prendre qqn/qqch en grippe. ◇ *vt* ne pas aimer.
dislocate ['dɪsləkeɪt] *vt* **1.** (MED) se démettre. **2.** *(disrupt)* désorganiser.
dislodge [dɪs'lɒdʒ] *vt*: **to ~ sthg (from)** déplacer qqch (de); *(free)* décoincer qqch (de).
disloyal [,dɪs'lɔɪəl] *adj*: **~ (to)** déloyal (e) (envers).
dismal ['dɪzml] *adj* **1.** *(gloomy, depressing)* lugubre. **2.** *(unsuccessful - attempt)* infructueux(euse); *(- failure)* lamentable.
dismantle [dɪs'mæntl] *vt* démanteler.
dismay [dɪs'meɪ] ◇ *n* consternation *f*. ◇ *vt* consterner.
dismiss [dɪs'mɪs] *vt* **1.** *(from job)*: **to ~ sb (from)** congédier qqn (de). **2.** *(refuse to take seriously - idea, person)* écarter; *(- plan, challenge)* rejeter. **3.** *(allow to leave - class)* laisser sortir; *(- troops)* faire rompre les rangs à.
dismissal [dɪs'mɪsl] *n* **1.** *(from job)* licenciement *m*, renvoi *m*. **2.** *(refusal to take seriously)* rejet *m*.
dismount [,dɪs'maʊnt] *vi*: **to ~ (from)** descendre (de).
disobedience [,dɪsə'biːdjəns] *n* désobéissance *f*.
disobedient [,dɪsə'biːdjənt] *adj* désobéissant(e).
disobey [,dɪsə'beɪ] *vt* désobéir à.
disorder [dɪs'ɔːdəʳ] *n* **1.** *(disarray)*: **in ~** en désordre. **2.** *(U) (rioting)* troubles *mpl*. **3.** (MED) trouble *m*.
disorderly [dɪs'ɔːdəlɪ] *adj* **1.** *(untidy - room)* en désordre; *(- appearance)* désordonné(e). **2.** *(unruly)* indiscipliné(e).
disorganized, -ised [dɪs'ɔːgənaɪzd] *adj (person)* désordonné(e), brouillon (onne); *(system)* mal conçu(e).
disorientated *Br* [dɪs'ɔːrɪənteɪtɪd], **disoriented** *Am* [dɪs'ɔːrɪəntɪd] *adj* désorienté(e).
disown [dɪs'əʊn] *vt* désavouer.
disparaging [dɪ'spærɪdʒɪŋ] *adj* désobligeant(e).
dispassionate [dɪ'spæʃnət] *adj* impartial(e).
dispatch [dɪ'spætʃ] ◇ *n (message)* dépêche *f*. ◇ *vt (send)* envoyer, expédier.
dispel [dɪ'spel] *vt (feeling)* dissiper, chasser.
dispensary [dɪ'spensərɪ] *n* officine *f*.
dispense [dɪ'spens] *vt (justice, medicine)* administrer. ◆ **dispense with** *vt fus* **1.** *(do without)* se passer de. **2.** *(make unnecessary)* rendre superflu(e); **to ~ with the need for sthg** rendre qqch superflu.
dispensing chemist *Br*, **dispensing pharmacist** *Am* [dɪ'spensɪŋ-] *n* pharmacien *m*, -enne *f*.
disperse [dɪ'spɜːs] ◇ *vt* **1.** *(crowd)* disperser. **2.** *(knowledge, news)* répandre, propager. ◇ *vi* se disperser.
dispirited [dɪ'spɪrɪtɪd] *adj* découragé (e), abattu(e).
displace [dɪs'pleɪs] *vt* **1.** *(cause to move)* déplacer. **2.** *(supplant)* supplanter.
display [dɪ'spleɪ] ◇ *n* **1.** *(arrangement)* exposition *f*. **2.** *(demonstration)* manifestation *f*. **3.** *(public event)* spectacle *m*. **4.** (COMPUT - *device)* écran *m*; *(- informa-*

tion displayed) affichage *m*, visualisation *f*. ◇ *vt* **1.** *(arrange)* exposer. **2.** *(show)* faire preuve de, montrer.
displease [dɪs'pliːz] *vt* déplaire à, mécontenter; **to be ~d with** être mécontent(e) de.
displeasure [dɪs'pleʒə^r] *n* mécontentement *m*.
disposable [dɪ'spəʊzəbl] *adj* **1.** *(throw away)* jetable. **2.** *(income)* disponible.
disposal [dɪ'spəʊzl] *n* **1.** *(removal)* enlèvement *m*. **2.** *(availability)*: **at sb's ~** à la disposition de qqn.
dispose [dɪ'spəʊz] ◆ **dispose of** *vt fus (get rid of)* se débarrasser de; *(problem)* résoudre.
disposed [dɪ'spəʊzd] *adj* **1.** *(willing)*: **to be ~ to do sthg** être disposé(e) à faire qqch. **2.** *(friendly)*: **to be well ~ to** OR **towards sb** être bien disposé(e) envers qqn.
disposition [ˌdɪspə'zɪʃn] *n* **1.** *(temperament)* caractère *m*, tempérament *m*. **2.** *(tendency)*: **~ to do sthg** tendance *f* à faire qqch.
disprove [ˌdɪs'pruːv] *vt* réfuter.
dispute [dɪ'spjuːt] ◇ *n* **1.** *(quarrel)* dispute *f*. **2.** *(U) (disagreement)* désaccord *m*. **3.** (INDUSTRY) conflit *m*. ◇ *vt* contester.
disqualify [ˌdɪs'kwɒlɪfaɪ] *vt* **1.** *(subj: authority)*: **to ~ sb (from doing sthg)** interdire à qqn (de faire qqch); **to ~ sb from driving** *Br* retirer le permis de conduire à qqn. **2.** (SPORT) disqualifier.
disquiet [dɪs'kwaɪət] *n* inquiétude *f*.
disregard [ˌdɪsrɪ'gɑːd] ◇ *n (U)*: **~ (for)** *(money, danger)* mépris *m* (pour); *(feelings)* indifférence *f* (à). ◇ *vt (fact)* ignorer; *(danger)* mépriser; *(warning)* ne pas tenir compte de.
disrepair [ˌdɪsrɪ'peə^r] *n* délabrement *m*; **to fall into ~** tomber en ruines.
disreputable [dɪs'repjʊtəbl] *adj* peu respectable.
disrepute [ˌdɪsrɪ'pjuːt] *n*: **to bring sthg into ~** discréditer qqch; **to fall into ~** acquérir une mauvaise réputation.
disrupt [dɪs'rʌpt] *vt* perturber.
dissatisfaction ['dɪsˌsætɪs'fækʃn] *n* mécontentement *m*.
dissatisfied [ˌdɪs'sætɪsfaɪd] *adj*: **~ (with)** mécontent(e) (de), pas satisfait(e) (de).
dissect [dɪ'sekt] *vt lit & fig* disséquer.
dissent [dɪ'sent] ◇ *n* dissentiment *m*. ◇ *vi*: **to ~ (from)** être en désaccord (avec).
dissertation [ˌdɪsə'teɪʃn] *n* dissertation *f*.
disservice [ˌdɪs'sɜːvɪs] *n*: **to do sb a ~** rendre un mauvais service à qqn.
dissimilar [ˌdɪ'sɪmɪlə^r] *adj*: **~ (to)** différent(e) (de).
dissipate ['dɪsɪpeɪt] *vt* **1.** *(heat)* dissiper. **2.** *(efforts, money)* gaspiller.
dissociate [dɪ'səʊʃɪeɪt] *vt* dissocier; **to ~ o.s. from** se désolidariser de.
dissolute ['dɪsəluːt] *adj* dissolu(e).
dissolve [dɪ'zɒlv] ◇ *vt* dissoudre. ◇ *vi* **1.** *(substance)* se dissoudre. **2.** *fig (disappear)* disparaître.
dissuade [dɪ'sweɪd] *vt*: **to ~ sb (from)** dissuader qqn (de).
distance ['dɪstəns] *n* distance *f*; **at a ~** assez loin; **from a ~** de loin; **in the ~** au loin.
distant ['dɪstənt] *adj* **1.** *(gen)*: **~ (from)** éloigné(e) (de). **2.** *(reserved - person, manner)* distant(e).
distaste [dɪs'teɪst] *n*: **~ (for)** dégoût *m* (pour).
distasteful [dɪs'teɪstfʊl] *adj* répugnant (e), déplaisant(e).
distil *Br*, **distill** *Am* [dɪ'stɪl] *vt* **1.** *(liquid)* distiller. **2.** *fig (information)* tirer.
distillery [dɪ'stɪlərɪ] *n* distillerie *f*.
distinct [dɪ'stɪŋkt] *adj* **1.** *(different)*: **~ (from)** distinct(e) (de), différent(e) (de); **as ~ from** par opposition à. **2.** *(definite - improvement)* net (nette).
distinction [dɪ'stɪŋkʃn] *n* **1.** *(difference)* distinction *f*, différence *f*; **to draw** OR **make a ~ between** faire une distinction entre. **2.** *(U) (excellence)* distinction *f*. **3.** *(exam result)* mention *f* très bien.
distinctive [dɪ'stɪŋktɪv] *adj* caractéristique.
distinguish [dɪ'stɪŋgwɪʃ] *vt* **1.** *(tell apart)*: **to ~ sthg from sthg** distinguer qqch de qqch, faire la différence entre qqch et qqch. **2.** *(perceive)* distinguer. **3.** *(characterize)* caractériser.
distinguished [dɪ'stɪŋgwɪʃt] *adj* distingué(e).
distort [dɪ'stɔːt] *vt* déformer.
distract [dɪ'strækt] *vt*: **to ~ sb (from)** distraire qqn (de).
distracted [dɪ'stræktɪd] *adj (preoccupied)* soucieux(euse).
distraction [dɪ'strækʃn] *n (interruption, diversion)* distraction *f*.
distraught [dɪ'strɔːt] *adj* éperdu(e).
distress [dɪ'stres] ◇ *n (anxiety)* détresse *f*; *(pain)* douleur *f*, souffrance *f*. ◇ *vt* affliger.
distressing [dɪ'stresɪŋ] *adj (news, image)* pénible.

distribute [dɪ'strɪbju:t] *vt* **1.** *(gen)* distribuer. **2.** *(spread out)* répartir.
distribution [ˌdɪstrɪ'bju:ʃn] *n* **1.** *(gen)* distribution *f.* **2.** *(spreading out)* répartition *f.*
distributor [dɪ'strɪbjʊtəʳ] *n* (AUT & COMM) distributeur *m.*
district ['dɪstrɪkt] *n* **1.** *(area - of country)* région *f*; *(- of town)* quartier *m.* **2.** (ADMIN) district *m.*
district attorney *n Am* = procureur *m* de la République.
district council *n Br* = conseil *m* général.
district nurse *n Br* infirmière *f* visiteuse OR à domicile.
distrust [dɪs'trʌst] ◇ *n* méfiance *f.* ◇ *vt* se méfier de.
disturb [dɪ'stɜ:b] *vt* **1.** *(interrupt)* déranger. **2.** *(upset, worry)* inquiéter. **3.** *(sleep, surface)* troubler.
disturbance [dɪ'stɜ:bəns] *n* **1.** (POL) troubles *mpl*; *(fight)* tapage *m.* **2.** *(interruption)* dérangement *m.* **3.** *(of mind, emotions)* trouble *m.*
disturbed [dɪ'stɜ:bd] *adj* **1.** *(emotionally, mentally)* perturbé(e). **2.** *(worried)* inquiet(ète).
disturbing [dɪ'stɜ:bɪŋ] *adj (image)* bouleversant(e); *(news)* inquiétant(e).
disuse [ˌdɪs'ju:s] *n*: **to fall into ~** *(factory)* être à l'abandon; *(regulation)* tomber en désuétude.
disused [ˌdɪs'ju:zd] *adj* désaffecté(e).
ditch [dɪtʃ] ◇ *n* fossé *m.* ◇ *vt inf (boyfriend, girlfriend)* plaquer; *(old car, clothes)* se débarrasser de; *(plan)* abandonner.
dither ['dɪðəʳ] *vi* hésiter.
ditto ['dɪtəʊ] *adv* idem.
dive [daɪv] *(Br pt & pp* **-d**, *Am pt & pp* **-d** OR **dove**) ◇ *vi* plonger; *(bird, plane)* piquer. ◇ *n* **1.** *(gen)* plongeon *m.* **2.** *(of plane)* piqué *m.* **3.** *inf pej (bar, restaurant)* bouge *m.*
diver ['daɪvəʳ] *n* plongeur *m*, -euse *f.*
diverge [daɪ'vɜ:dʒ] *vi*: **to ~ (from)** diverger (de).
diversify [daɪ'vɜ:sɪfaɪ] ◇ *vt* diversifier. ◇ *vi* se diversifier.
diversion [daɪ'vɜ:ʃn] *n* **1.** *(amusement)* distraction *f*; *(tactical)* diversion *f.* **2.** *(of traffic)* déviation *f.* **3.** *(of river, funds)* détournement *m.*
diversity [daɪ'vɜ:sətɪ] *n* diversité *f.*
divert [daɪ'vɜ:t] *vt* **1.** *(traffic)* dévier. **2.** *(river, funds)* détourner. **3.** *(person - amuse)* distraire; *(- tactically)* détourner.
divide [dɪ'vaɪd] ◇ *vt* **1.** *(separate)* séparer. **2.** *(share out)* diviser, partager. **3.** *(split up)*: **to ~ sthg (into)** diviser qqch (en). **4.** (MATH): **89 ~d by 3** 89 divisé par 3. **5.** *(people - in disagreement)* diviser. ◇ *vi* se diviser.
dividend ['dɪvɪdend] *n* dividende *m.*
divine [dɪ'vaɪn] *adj* divin(e).
diving ['daɪvɪŋ] *n (U)* plongeon *m*; *(with breathing apparatus)* plongée *f* (sous-marine).
divingboard ['daɪvɪŋbɔ:d] *n* plongeoir *m.*
divinity [dɪ'vɪnətɪ] *n* **1.** *(godliness, god)* divinité *f.* **2.** *(study)* théologie *f.*
division [dɪ'vɪʒn] *n* **1.** *(gen)* division *f.* **2.** *(separation)* séparation *f.*
divorce [dɪ'vɔ:s] ◇ *n* divorce *m.* ◇ *vt (husband, wife)* divorcer.
divorced [dɪ'vɔ:st] *adj* divorcé(e).
divorcee [dɪvɔ:'si:] *n* divorcé *m*, -e *f.*
divulge [daɪ'vʌldʒ] *vt* divulguer.
DIY *(abbr of* **do-it-yourself**) *n Br* bricolage *m.*
dizzy ['dɪzɪ] *adj (giddy)*: **to feel ~** avoir la tête qui tourne.
DJ *n (abbr of* **disc jockey**) disc-jockey *m.*
DNA *(abbr of* **deoxyribonucleic acid**) *n* ADN *m.*

---

do [du:] *(pt* **did**, *pp* **done**, *pl* **dos** OR **do's**) ◇ *aux vb* **1.** *(in negatives)*: **don't leave it there** ne le laisse pas là. **2.** *(in questions)*: **what did he want?** qu'est-ce qu'il voulait?; **~ you think she'll come?** tu crois qu'elle viendra? **3.** *(referring back to previous verb)*: **she reads more than I ~** elle lit plus que moi; **I like reading – so ~ I** j'aime lire – moi aussi. **4.** *(in question tags)*: **so you think you can dance, ~ you?** alors tu t'imagines que tu sais danser, c'est ça? **5.** *(for emphasis)*: **I did tell you but you've forgotten** je te l'avais bien dit, mais tu l'as oublié; **~ come in** entrez donc. ◇ *vt* **1.** *(perform an activity, a service)* faire; **to ~ aerobics/gymnastics** faire de l'aérobic/de la gymnastique; **to ~ the cooking/housework** faire la cuisine/le ménage; **to ~ one's hair** se coiffer; **to ~ one's teeth** se laver OR se brosser les dents. **2.** *(take action)* faire; **to ~ something about sthg** trouver une solution pour qqch. **3.** *(referring to job)*: **what do you ~?** qu'est-ce que vous faites dans la vie? **4.** *(study)* faire; **I did physics at school** j'ai fait de la physique à l'école. **5.** *(travel at a particular speed)* faire, rouler; **the car can ~ 110 mph** = la voiture peut faire du 180 à l'heure. ◇ *vi* **1.** *(act)* faire; **~ as I tell you** fais comme je te dis. **2.** *(perform in a particular way)*: **they're ~ing really well** leurs affaires marchent bien; **he could ~ better** il pourrait mieux faire; **how did you ~ in the exam?** comment ça a marché à l'examen? **3.** *(be good enough, be sufficient)* suffire, aller; **will £6 ~?** est-ce que 6 livres suffiront?, 6 livres, ça ira?; **that will ~** ça suffit. ◇ *n (party)* fête *f*, soirée *f*. ◆ **dos** *npl*: **~s and don'ts** ce qu'il faut faire et ne pas faire. ◆ **do away with** *vt fus* supprimer. ◆ **do out of** *vt sep inf*: **to ~ sb out of sthg** escroquer OR carotter qqch à qqn. ◆ **do up** *vt sep* **1.** *(fasten - shoelaces, shoes)* attacher; *(- buttons, coat)* boutonner. **2.** *(decorate - room, house)* refaire. **3.** *(wrap up)* emballer. ◆ **do with** *vt fus* **1.** *(need)* avoir besoin de. **2.** *(have connection with)*: **that has nothing to ~ with it** ça n'a rien à voir, ça n'a aucun rapport; **I had nothing to ~ with it** je n'y étais pour rien. ◆ **do without** ◇ *vt fus* se passer de. ◇ *vi* s'en passer.

Présent	
I do	*we do*
you do	*you do*
he/she/it does	*they do*
Prétérit	
I did	*we did*
you did	*you did*
he/she/it did	*they did*
Participe présent	
doing	
Participe passé	
done	

- *Do* est un verbe à part entière, doté de sens propres, et qui peut donc apparaître seul. Il remplit en outre la fonction d'auxiliaire, notamment pour former les questions (*do you watch much television?*) et les tournures négatives (*I didn't see him at school today*), lorsque le verbe de la principale est au présent ou au prétérit. Aux autres temps, il faut utiliser les auxiliaires *be* ou *have*.
- On peut également utiliser *do* lorsqu'on veut insister sur quelque chose (*you're wrong – I do know her*).
- Voir aussi FAIRE dans la partie français-anglais du dictionnaire.

Doberman ['dəʊbəmən] (*pl* **-s**) *n*: **~ (pinscher)** doberman *m*.

docile [*Br* 'dəʊsaɪl, *Am* 'dɒsəl] *adj* docile.

dock [dɒk] ◇ *n* **1.** *(in harbour)* docks *mpl*. **2.** (JUR) banc *m* des accusés. ◇ *vi (ship)* arriver à quai.

docker ['dɒkəʳ] *n* docker *m*.

docklands ['dɒkləndz] *npl Br* docks *mpl*.

dockworker ['dɒkwɜːkəʳ] = **docker**.

dockyard ['dɒkjɑːd] *n* chantier *m* naval.

doctor ['dɒktəʳ] ◇ *n* **1.** (MED) docteur *m*, médecin *m*; **to go to the ~'s** aller chez le docteur. **2.** (UNIV) docteur *m*. ◇ *vt (results, report)* falsifier; *(text, food)* altérer.

doctorate ['dɒktərət], **doctor's degree** *n* doctorat *m*.

doctrine ['dɒktrɪn] *n* doctrine *f*.

document ['dɒkjʊmənt] *n* document *m*.

documentary [ˌdɒkjʊ'mentərɪ] ◇ *adj* documentaire. ◇ *n* documentaire *m*.

dodge [dɒdʒ] ◇ *n inf* combine *f*. ◇ *vt* éviter, esquiver. ◇ *vi* s'esquiver.

dodgy ['dɒdʒɪ] *adj Br inf (plan, deal)* douteux(euse).

doe [dəʊ] *n* **1.** *(deer)* biche *f*. **2.** *(rabbit)* lapine *f*.

does [*weak form* dəz, *strong form* dʌz] → **do**.

doesn't ['dʌznt] = **does not**.

dog [dɒg] ◇ *n (animal)* chien *m*, chienne *f*. ◇ *vt* **1.** *(subj: person - follow)* suivre de près. **2.** *(subj: problems, bad luck)* poursuivre.

dog collar *n* **1.** *(of dog)* collier *m* de chien. **2.** *(of priest)* col *m* d'ecclésiastique.

dog-eared [-ɪəd] *adj* écorné(e).

dog food *n* nourriture *f* pour chiens.

dogged ['dɒgɪd] *adj* opiniâtre.

dogsbody ['dɒgzˌbɒdɪ] *n Br inf (woman)* bonne *f* à tout faire; *(man)* factotum *m*.

doing ['duːɪŋ] *n*: **is this your ~?** c'est toi qui est cause de tout cela? ◆ **doings** *npl* actions *fpl*.

do-it-yourself *n (U)* bricolage *m*.

doldrums ['dɒldrəmz] *npl*: **to be in the ~** *fig* être dans le marasme.

dole [dəʊl] *n Br (unemployment benefit)* allocation *f* de chômage; **to be on the ~** être au chômage. ◆ **dole out** *vt sep (food, money)* distribuer au compte-gouttes.

doleful ['dəʊlfʊl] *adj* morne.

doll [dɒl] *n* poupée *f*.

dollar ['dɒləʳ] *n* dollar *m*.

dollop ['dɒləp] *n inf* bonne cuillerée *f*.

dolphin ['dɒlfɪn] *n* dauphin *m*.
domain [də'meɪn] *n lit & fig* domaine *m*.
dome [dəʊm] *n* dôme *m*.
domestic [də'mestɪk] ◇ *adj* **1.** *(policy, politics, flight)* intérieur(e). **2.** *(chores, animal)* domestique. **3.** *(home-loving)* casanier(ère). ◇ *n* domestique *mf*.
domestic appliance *n* appareil *m* ménager.
dominant ['dɒmɪnənt] *adj* dominant (e); *(personality, group)* dominateur (trice).
dominate ['dɒmɪneɪt] *vt* dominer.
domineering [,dɒmɪ'nɪərɪŋ] *adj* autoritaire.
dominion [də'mɪnjən] *n* **1.** *(U) (power)* domination *f*. **2.** *(land)* territoire *m*.
domino ['dɒmɪnəʊ] (*pl* **-es**) *n* domino *m*. ◆ **dominoes** *npl* dominos *mpl*.
don [dɒn] *n Br* (UNIV) professeur *m* d'université.
donate [də'neɪt] *vt* faire don de.
done [dʌn] ◇ *pp* → **do**. ◇ *adj* **1.** *(job, work)* achevé(e); **I'm nearly ~** j'ai presque fini. **2.** *(cooked)* cuit(e). ◇ *excl (to conclude deal)* tope!
donkey ['dɒŋkɪ] (*pl* **donkeys**) *n* âne *m*, ânesse *f*.
donor ['dəʊnər] *n* **1.** (MED) donneur *m*, -euse *f*. **2.** *(to charity)* donateur *m*, -trice *f*.
donor card *n* carte *f* de donneur.
don't [dəʊnt] = **do not**.
doodle ['du:dl] ◇ *n* griffonnage *m*. ◇ *vi* griffonner.
doom [du:m] *n (fate)* destin *m*.
doomed [du:md] *adj* condamné(e); **the plan was ~ to failure** le plan était voué à l'échec.
door [dɔ:r] *n* porte *f*; *(of vehicle)* portière *f*.
doorbell ['dɔ:bel] *n* sonnette *f*.
doorknob ['dɔ:nɒb] *n* bouton *m* de porte.
doorman ['dɔ:mən] (*pl* **-men** [-mən]) *n* portier *m*.
doormat ['dɔ:mæt] *n lit & fig* paillasson *m*.
doorstep ['dɔ:step] *n* pas *m* de la porte.
doorway ['dɔ:weɪ] *n* embrasure *f* de la porte.
dope [dəʊp] ◇ *n inf* **1.** *drugs sl* dope *f*. **2.** *(for athlete, horse)* dopant *m*. **3.** *inf (fool)* imbécile *mf*. ◇ *vt (horse)* doper.
dopey ['dəʊpɪ] (*compar* **-ier**, *superl* **-iest**) *adj inf* abruti(e).
dormant ['dɔ:mənt] *adj* **1.** *(volcano)* endormi(e). **2.** *(law)* inappliqué(e).
dormitory ['dɔ:mətrɪ] *n* **1.** *(gen)* dortoir *m*. **2.** *Am (in university)* ≃ cité *f* universitaire.
Dormobile® ['dɔ:mə,bi:l] *n Br* camping-car *m*.
DOS [dɒs] (*abbr of* **disk operating system**) *n* DOS *m*.
dose [dəʊs] *n* **1.** (MED) dose *f*. **2.** *fig (amount)*: **a ~ of the measles** la rougeole.
dosser ['dɒsər] *n Br inf* clochard *m*, -e *f*.
dosshouse ['dɒshaʊs, *pl* -haʊzɪz] *n Br inf* asile *m* de nuit.
dot [dɒt] ◇ *n* point *m*; **on the ~** à l'heure pile. ◇ *vt*: **dotted with** parsemé (e) de.
dote [dəʊt] ◆ **dote (up)on** *vt fus* adorer.
dot-matrix printer *n* imprimante *f* matricielle.
dotted line ['dɒtɪd-] *n* ligne *f* pointillée.
double ['dʌbl] ◇ *adj* double; **~ doors** porte *f* à deux battants. ◇ *adv* **1.** *(twice)*: **~ the amount** deux fois plus; **to see ~** voir double. **2.** *(in two)* en deux; **to bend ~** se plier en deux. ◇ *n* **1.** *(twice as much)*: **I earn ~ what I used to** je gagne le double de ce que je gagnais auparavant. **2.** *(drink, look-alike)* double *m*. **3.** (CINEMA) doublure *f*. ◇ *vt* doubler. ◇ *vi (increase twofold)* doubler. ◆ **doubles** *npl* (TENNIS) double *m*.

- Lorsque *double* est un nom, il est inutile de le faire précéder de *the* (*I only paid 10 dollars but he offered me double for it*).
- En revanche, si *double* est placé devant un autre nom ou devant une proposition, il faut faire précéder ceux-ci de *the*, *this/that* ou *what* (*I'd like double that amount; she earns double what she got in her old job*).

double-barrelled *Br*, **double-barreled** *Am* [-'bærəld] *adj* **1.** *(shotgun)* à deux coups. **2.** *(name)* à rallonge.
double bass [-beɪs] *n* contrebasse *f*.
double bed *n* lit *m* pour deux personnes, grand lit.
double-breasted [-'brestɪd] *adj (jacket)* croisé(e).
double-check *vt & vi* revérifier.
double chin *n* double menton *m*.
double cream *n Br* crème *f* fraîche épaisse.
double-cross *vt* trahir.

double-decker [-'dekəʳ] *n (bus)* autobus *m* à impériale.
double-dutch *n Br* charabia *m*.
double-glazing [-'gleɪzɪŋ] *n* double vitrage *m*.
double room *n* chambre *f* pour deux personnes.
double vision *n* vue *f* double.
doubly ['dʌblɪ] *adv* doublement.
doubt [daʊt] ◇ *n* doute *m*; **there is no ~ that** il n'y a aucun doute que; **without (a) ~** sans aucun doute; **to be in ~** *(person)* ne pas être sûr(e); *(outcome)* être incertain(e); **to cast ~ on sthg** mettre qqch en doute; **no ~** sans aucun doute. ◇ *vt* douter; **to ~ whether** OR **if** douter que.
doubtful ['daʊtfʊl] *adj* **1.** *(decision, future)* incertain(e). **2.** *(person, value)* douteux(euse).
doubtless ['daʊtlɪs] *adv* sans aucun doute.
dough [dəʊ] *n (U)* **1.** (CULIN) pâte *f*. **2.** *v inf (money)* fric *m*.
doughnut ['dəʊnʌt] *n* beignet *m*.
douse [daʊs] *vt* **1.** *(fire, flames)* éteindre. **2.** *(drench)* tremper.
dove¹ [dʌv] *n (bird)* colombe *f*.
dove² [dəʊv] *Am pt* → **dive**.
Dover ['dəʊvəʳ] *n* Douvres.
dowdy ['daʊdɪ] *adj* sans chic.
down [daʊn] ◇ *adv* **1.** *(downwards)* en bas, vers le bas; **to bend ~** se pencher; **to climb ~** descendre; **to fall ~** tomber (par terre); **to pull ~** tirer vers le bas. **2.** *(along)*: **we went ~ to have a look** on est allé jeter un coup d'œil; **I'm going ~ to the shop** je vais au magasin. **3.** *(southwards)*: **we travelled ~ to London** on est descendu à Londres. **4.** *(lower in amount)*: **prices are coming ~** les prix baissent; **~ to the last detail** jusqu'au moindre détail. ◇ *prep* **1.** *(downwards)*: **they ran ~ the hill/stairs** ils ont descendu la colline/l'escalier en courant. **2.** *(along)*: **to walk ~ the street** descendre la rue. ◇ *adj* **1.** *inf (depressed)*: **to feel ~** avoir le cafard. **2.** *(computer, telephones)* en panne. ◇ *n (U)* duvet *m*. ◇ *vt* **1.** *(knock over)* abattre. **2.** *(drink)* avaler d'un trait. ◆ **downs** *npl Br* collines *fpl*.
down-and-out ◇ *adj* indigent(e). ◇ *n* personne *f* dans le besoin.
down-at-heel *adj* déguenillé(e).
downbeat ['daʊnbi:t] *adj inf* pessimiste.
downcast ['daʊnkɑ:st] *adj (sad)* démoralisé(e).
downfall ['daʊnfɔ:l] *n (U)* ruine *f*.
downhearted [,daʊn'hɑ:tɪd] *adj* découragé(e).
downhill [,daʊn'hɪl] ◇ *adj (downward)* en pente. ◇ *n* (SKIING) *(race)* descente *f*. ◇ *adv*: **to walk ~** descendre la côte; **her career is going ~** *fig* sa carrière est sur le déclin.
Downing Street ['daʊnɪŋ-] *n rue du centre de Londres où réside le premier ministre.*

DOWNING STREET

C'est dans Downing Street que se trouvent les résidences officielles du Premier ministre, au nº 10, et du ministre des Finances, au nº 11. Le terme «Downing Street» est souvent employé pour désigner le gouvernement.

download [,daʊn'ləʊd] *vt* (COMPUT) télécharger.
down payment *n* acompte *m*.
downpour ['daʊnpɔ:ʳ] *n* pluie *f* torrentielle.
downright ['daʊnraɪt] ◇ *adj* franc (franche); *(lie)* effronté(e). ◇ *adv* franchement.
downstairs [,daʊn'steəz] ◇ *adj* du bas; *(on floor below)* à l'étage en-dessous. ◇ *adv* en bas; *(on floor below)* à l'étage en-dessous; **to come** OR **go ~** descendre.
downstream [,daʊn'stri:m] *adv* en aval.
down-to-earth *adj* pragmatique, terre-à-terre (*inv*).
downtown [,daʊn'taʊn] ◇ *adj*: **~ New York** le centre de New York. ◇ *adv* en ville.
downturn ['daʊntɜ:n] *n*: **~ (in)** baisse *f* (de).
down under *adv* en Australie/Nouvelle-Zélande.
downward ['daʊnwəd] ◇ *adj* **1.** *(towards ground)* vers le bas. **2.** *(trend)* à la baisse. ◇ *adv Am* = **downwards**.
downwards ['daʊnwədz] *adv (look, move)* vers le bas.
dowry ['daʊərɪ] *n* dot *f*.
doz. (*abbr of* **dozen**) douz.
doze [dəʊz] ◇ *n* somme *m*. ◇ *vi* sommeiller. ◆ **doze off** *vi* s'assoupir.
dozen ['dʌzn] ◇ *num adj*: **a ~ eggs** une douzaine d'œufs. ◇ *n* douzaine *f*; **50p a ~** 50p la douzaine; **~s of** *inf* des centaines de.
dozy ['dəʊzɪ] *adj* **1.** *(sleepy)* somnolent(e). **2.** *Br inf (stupid)* lent(e).
Dr. **1.** (*abbr of* **Drive**) av. **2.** (*abbr of* **Doctor**) Dr.

drab [dræb] *adj* terne.

draft [drɑːft] ◇ *n* **1.** *(early version)* premier jet *m*, ébauche *f*; *(of letter)* brouillon *m*. **2.** *(money order)* traite *f*. **3.** *Am* (MIL): **the ~** la conscription *f*. **4.** *Am* = **draught**. ◇ *vt* **1.** *(speech)* ébaucher, faire le plan de; *(letter)* faire le brouillon de. **2.** *Am* (MIL) appeler. **3.** *(staff)* muter.

draftsman *Am* = **draughtsman**.

drafty *Am* = **draughty**.

drag [dræg] ◇ *vt* **1.** *(gen)* traîner. **2.** *(lake, river)* draguer. ◇ *vi* **1.** *(dress, coat)* traîner. **2.** *fig (time, action)* traîner en longueur. ◇ *n* **1.** *inf (bore)* plaie *f*. **2.** *inf (on cigarette)* bouffée *f*. **3.** *(cross-dressing)*: **in ~** en travesti. ◆ **drag on** *vi (meeting, time)* s'éterniser, traîner en longueur.

dragon ['drægən] *n lit & fig* dragon *m*.

dragonfly ['drægnflaɪ] *n* libellule *f*.

drain [dreɪn] ◇ *n* **1.** *(pipe)* égout *m*. **2.** *(depletion - of resources, funds)*: **~ on** épuisement *m* de. ◇ *vt* **1.** *(vegetables)* égoutter; *(land)* assécher, drainer. **2.** *(strength, resources)* épuiser. **3.** *(drink, glass)* boire. ◇ *vi (dishes)* égoutter.

drainage ['dreɪnɪdʒ] *n* **1.** *(pipes, ditches)* (système *m* du) tout-à-l'égout *m*. **2.** *(draining - of land)* drainage *m*.

draining board *Br* ['dreɪnɪŋ-], **drainboard** *Am* ['dreɪnbɔːrd] *n* égouttoir *m*.

drainpipe ['dreɪnpaɪp] *n* tuyau *m* d'écoulement.

dram [dræm] *n* goutte *f* (de whisky).

drama ['drɑːmə] *n* **1.** *(play, excitement)* drame *m*. **2.** *(U) (art)* théâtre *m*.

dramatic [drə'mætɪk] *adj* **1.** *(gen)* dramatique. **2.** *(sudden, noticeable)* spectaculaire.

dramatist ['dræmətɪst] *n* dramaturge *mf*.

dramatize, -ise ['dræmətaɪz] *vt* **1.** *(rewrite as play, film)* adapter pour la télévision/la scène/l'écran. **2.** *pej (make exciting)* dramatiser.

drank [dræŋk] *pt* → **drink**.

drape [dreɪp] *vt* draper; **to be ~d with** OR **in** être drapé(e) de. ◆ **drapes** *npl Am* rideaux *mpl*.

drastic ['dræstɪk] *adj* **1.** *(measures)* drastique, radical(e). **2.** *(improvement, decline)* spectaculaire.

draught *Br*, **draft** *Am* [drɑːft] *n* **1.** *(air current)* courant *m* d'air. **2.** *(from barrel)*: **on ~** *(beer)* à la pression. ◆ **draughts** *n Br* jeu *m* de dames.

draught beer *n Br* bière *f* à la pression.

draughtboard ['drɑːftbɔːd] *n Br* damier *m*.

draughtsman *Br*, **draftsman** *Am* ['drɑːftsmən] (*pl* **-men** [-mən]) *n* dessinateur *m*, -trice *f*.

draughty *Br*, **drafty** *Am* ['drɑːftɪ] *adj* plein(e) de courants d'air.

draw [drɔː] (*pt* **drew**, *pp* **drawn**) ◇ *vt* **1.** *(gen)* tirer. **2.** *(sketch)* dessiner. **3.** *(comparison, distinction)* établir, faire. **4.** *(attract)* attirer, entraîner; **to ~ sb's attention to** attirer l'attention de qqn sur. ◇ *vi* **1.** *(sketch)* dessiner. **2.** *(move)*: **to ~ near** *(person)* s'approcher; *(time)* approcher; **to ~ away** reculer. **3.** (SPORT) faire match nul; **to be ~ing** être à égalité. ◇ *n* **1.** (SPORT) *(result)* match *m* nul. **2.** *(lottery)* tirage *m*. **3.** *(attraction)* attraction *f*. ◆ **draw out** *vt sep* **1.** *(encourage - person)* faire sortir de sa coquille. **2.** *(prolong)* prolonger. **3.** *(money)* faire un retrait de, retirer. ◆ **draw up** ◇ *vt sep (contract, plan)* établir, dresser. ◇ *vi (vehicle)* s'arrêter.

drawback ['drɔːbæk] *n* inconvénient *m*, désavantage *m*.

drawbridge ['drɔːbrɪdʒ] *n* pont-levis *m*.

drawer [drɔː[r]] *n (in desk, chest)* tiroir *m*.

drawing ['drɔːɪŋ] *n* dessin *m*.

drawing board *n* planche *f* à dessin.

drawing pin *n Br* punaise *f*.

drawing room *n* salon *m*.

drawl [drɔːl] *n* voix *f* traînante.

drawn [drɔːn] *pp* → **draw**.

dread [dred] ◇ *n (U)* épouvante *f*. ◇ *vt* appréhender; **to ~ doing sthg** appréhender de faire qqch.

dreadful ['dredfʊl] *adj* affreux(euse), épouvantable.

dreadfully ['dredfʊlɪ] *adv* **1.** *(badly)* terriblement. **2.** *(extremely)* extrêmement; **I'm ~ sorry** je regrette infiniment.

dream [driːm] (*pt & pp* **-ed** OR **dreamt**) ◇ *n* rêve *m*. ◇ *adj* de rêve. ◇ *vt*: **to ~ (that) ...** rêver que ... ◇ *vi*: **to ~ (of** OR **about)** rêver (de); **I wouldn't ~ of it** cela ne me viendrait même pas à l'idée. ◆ **dream up** *vt sep* inventer.

dreamt [dremt] *pt & pp* → **dream**.

dreamy ['driːmɪ] *adj* **1.** *(distracted)* rêveur(euse). **2.** *(dreamlike)* de rêve.

dreary ['drɪərɪ] *adj* **1.** *(weather)* morne. **2.** *(dull, boring)* ennuyeux(euse).

dredge [dredʒ] *vt* draguer. ◆ **dredge up** *vt sep* **1.** *(with dredger)* draguer. **2.** *fig (from past)* déterrer.

dregs [dregz] *npl lit & fig* lie *f*.

drench [drentʃ] *vt* tremper; **to be ~ed**

in OR **with** être inondé(e) de.

dress [dres] ◇ *n* **1.** *(woman's garment)* robe *f.* **2.** *(U) (clothing)* costume *m,* tenue *f.* ◇ *vt* **1.** *(clothe)* habiller; **to be ~ed** être habillé(e); **to be ~ed in** être vêtu(e) de; **to get ~ed** s'habiller. **2.** *(bandage)* panser. **3.** (CULIN) *(salad)* assaisonner. ◇ *vi* s'habiller. ◆ **dress up** *vi* **1.** *(in costume)* se déguiser. **2.** *(in best clothes)* s'habiller (élégamment).

dress circle *n* premier balcon *m.*

dresser ['dresəʳ] *n* **1.** *(for dishes)* vaisselier *m.* **2.** *Am (chest of drawers)* commode *f.*

dressing ['dresɪŋ] *n* **1.** *(bandage)* pansement *m.* **2.** *(for salad)* assaisonnement *m.* **3.** *Am (for turkey etc)* farce *f.*

dressing gown *n* robe *f* de chambre.

dressing room *n* **1.** (THEATRE) loge *f.* **2.** (SPORT) vestiaire *m.*

dressing table *n* coiffeuse *f.*

dressmaker ['dres,meɪkəʳ] *n* couturier *m,* -ère *f.*

dressmaking ['dres,meɪkɪŋ] *n* couture *f.*

dress rehearsal *n* générale *f.*

dressy ['dresɪ] *adj* habillé(e).

drew [druː] *pt* → **draw**.

dribble ['drɪbl] ◇ *n* **1.** *(saliva)* bave *f.* **2.** *(trickle)* traînée *f.* ◇ *vt* (SPORT) dribbler. ◇ *vi* **1.** *(drool)* baver. **2.** *(liquid)* tomber goutte à goutte, couler.

dried [draɪd] *adj (milk, eggs)* en poudre; *(fruit)* sec (sèche); *(flowers)* séché(e).

drier ['draɪəʳ] = **dryer**.

drift [drɪft] ◇ *n* **1.** *(movement)* mouvement *m*; *(direction)* direction *f,* sens *m.* **2.** *(meaning)* sens *m* général. **3.** *(of snow)* congère *f*; *(of sand, leaves)* amoncellement *m,* entassement *m.* ◇ *vi* **1.** *(boat)* dériver. **2.** *(snow, sand, leaves)* s'amasser, s'amonceler.

driftwood ['drɪftwʊd] *n* bois *m* flottant.

drill [drɪl] ◇ *n* **1.** *(tool)* perceuse *f*; *(dentist's)* fraise *f*; *(in mine etc)* perforatrice *f.* **2.** *(exercise, training)* exercice *m.* ◇ *vt* **1.** *(wood, hole)* percer; *(tooth)* fraiser; *(well)* forer. **2.** *(soldiers)* entraîner. ◇ *vi* *(excavate)*: **to ~ for oil** forer à la recherche de pétrole.

drink [drɪŋk] (*pt* **drank**, *pp* **drunk**) ◇ *n* **1.** *(gen)* boisson *f*; **to have a ~** boire un verre. **2.** *(U) (alcohol)* alcool *m.* ◇ *vt* boire. ◇ *vi* boire.

drink-driving *Br,* **drunk-driving** *Am n* conduite *f* en état d'ivresse.

drinker ['drɪŋkəʳ] *n* buveur *m,* -euse *f.*

drinking water ['drɪŋkɪŋ-] *n* eau *f* potable.

drip [drɪp] ◇ *n* **1.** *(drop)* goutte *f.* **2.** (MED) goutte-à-goutte *m inv.* ◇ *vi* *(gen)* goutter, tomber goutte à goutte.

drip-dry *adj* qui ne se repasse pas.

drive [draɪv] (*pt* **drove**, *pp* **driven**) ◇ *n* **1.** *(in car)* trajet *m* (en voiture); **to go for a ~** faire une promenade (en voiture). **2.** *(urge)* désir *m,* besoin *m.* **3.** *(campaign)* campagne *f.* **4.** *(U) (energy)* dynamisme *m,* énergie *f.* **5.** *(road to house)* allée *f.* **6.** (SPORT) drive *m.* ◇ *vt* **1.** *(vehicle, passenger)* conduire. **2.** (TECH) entraîner, actionner. **3.** *(animals, people)* pousser. **4.** *(motivate)* pousser. **5.** *(force)*: **to ~ sb to sthg/to do sthg** pousser qqn à qqch/à faire qqch, conduire qqn à qqch/à faire qqch; **to ~ sb mad** OR **crazy** rendre qqn fou. **6.** *(nail, stake)* enfoncer. ◇ *vi (driver)* conduire; *(travel by car)* aller en voiture.

driven ['drɪvn] *pp* → **drive**.

driver ['draɪvəʳ] *n (of vehicle - gen)* conducteur *m,* -trice *f*; *(- of taxi)* chauffeur *m.*

driver's license *Am* = **driving licence**.

drive shaft *n* arbre *m* de transmission.

driveway ['draɪvweɪ] *n* allée *f.*

driving ['draɪvɪŋ] ◇ *adj (rain)* battant(e); *(wind)* cinglant(e). ◇ *n (U)* conduite *f.*

driving instructor *n* moniteur *m,* -trice *f* d'auto-école.

driving lesson *n* leçon *f* de conduite.

driving licence *Br,* **driver's license** *Am n* permis *m* de conduire.

driving mirror *n* rétroviseur *m.*

driving school *n* auto-école *f.*

driving test *n* (examen *m* du) permis *m* de conduire.

drizzle ['drɪzl] ◇ *n* bruine *f.* ◇ *v impers* bruiner.

droll [drəʊl] *adj* drôle.

drone [drəʊn] *n* **1.** *(of traffic, voices)* ronronnement *m*; *(of insect)* bourdonnement *m.* **2.** *(male bee)* abeille *f* mâle, faux-bourdon *m.*

drool [druːl] *vi* baver; **to ~ over** *fig* baver (d'admiration) devant.

droop [druːp] *vi (head)* pencher; *(shoulders, eyelids)* tomber.

drop [drɒp] ◇ *n* **1.** *(of liquid)* goutte *f.* **2.** *(sweet)* pastille *f.* **3.** *(decrease)*: **~ (in)** baisse *f* (de). **4.** *(distance down)* dénivellation *f*; **sheer ~** à-pic *m inv.* ◇ *vt* **1.** *(let fall)* laisser tomber. **2.** *(voice, speed, price)* baisser. **3.** *(abandon)* abandonner;

(player) exclure. 4. *(let out of car)* déposer. 5. *(utter)*: **to ~ a hint that** laisser entendre que. 6. *(write)*: **to ~ sb a note** OR **line** écrire un petit mot à qqn. ◇ *vi* 1. *(fall)* tomber. 2. *(temperature, demand)* baisser; *(voice, wind)* tomber. ◆ **drops** *npl* (MED) gouttes *fpl*. ◆ **drop in** *vi inf*: **to ~ in (on sb)** passer (chez qqn). ◆ **drop off** ◇ *vt sep* déposer. ◇ *vi* 1. *(fall asleep)* s'endormir. 2. *(interest, sales)* baisser. ◆ **drop out** *vi*: **to ~ out (of** OR **from sthg)** abandonner (qqch); **to ~ out of society** vivre en marge de la société.

dropout ['drɒpaʊt] *n* *(from society)* marginal *m*, -e *f*; *(from college)* étudiant *m*, -e *f* qui abandonne ses études.

droppings ['drɒpɪŋz] *npl* *(of bird)* fiente *f*; *(of animal)* crottes *fpl*.

drought [draʊt] *n* sécheresse *f*.

drove [drəʊv] *pt* → **drive**.

drown [draʊn] ◇ *vt* *(in water)* noyer. ◇ *vi* se noyer.

drowsy ['draʊzɪ] *adj* assoupi(e), somnolent(e).

drudgery ['drʌdʒərɪ] *n* *(U)* corvée *f*.

drug [drʌg] ◇ *n* 1. *(medicine)* médicament *m*. 2. *(narcotic)* drogue *f*. ◇ *vt* droguer.

drug abuse *n* usage *m* de stupéfiants.

drug addict *n* drogué *m*, -e *f*.

druggist ['drʌgɪst] *n* *Am* pharmacien *m*, -enne *f*.

drugstore ['drʌgstɔːʳ] *n* *Am* drugstore *m*.

drum [drʌm] ◇ *n* 1. (MUS) tambour *m*. 2. *(container)* bidon *m*. ◇ *vt & vi* tambouriner. ◆ **drums** *npl* batterie *f*. ◆ **drum up** *vt sep* *(support, business)* rechercher, solliciter.

drummer ['drʌməʳ] *n* *(gen)* (joueur *m*, -euse *f* de) tambour *m*; *(in pop group)* batteur *m*, -euse *f*.

drumstick ['drʌmstɪk] *n* 1. *(for drum)* baguette *f* de tambour. 2. *(of chicken)* pilon *m*.

drunk [drʌŋk] ◇ *pp* → **drink**. ◇ *adj* *(on alcohol)* ivre, soûl(e); **to get ~** se soûler, s'enivrer. ◇ *n* soûlard *m*, -e *f*.

drunkard ['drʌŋkəd] *n* alcoolique *mf*.

drunk-driving *Am* = **drink-driving**.

drunken ['drʌŋkn] *adj* *(person)* ivre; *(quarrel)* d'ivrognes.

drunken driving = **drink-driving**.

dry [draɪ] ◇ *adj* 1. *(gen)* sec (sèche); *(day)* sans pluie. 2. *(river, earth)* asséché (e). 3. *(wry)* pince-sans-rire *(inv)*. ◇ *vt* *(gen)* sécher; *(with cloth)* essuyer. ◇ *vi* sécher. ◆ **dry up** ◇ *vt sep* *(dishes)* essuyer. ◇ *vi* 1. *(river, lake)* s'assécher. 2. *(supply)* se tarir. 3. *(actor, speaker)* avoir un trou, sécher. 4. *(dry dishes)* essuyer.

dry cleaner *n*: **~'s** pressing *m*.

dryer ['draɪəʳ] *n* *(for clothes)* séchoir *m*.

dry land *n* terre *f* ferme.

dry rot *n* pourriture *f* sèche.

dry ski slope *n* piste *f* de ski artificielle.

DSS *(abbr of* **Department of Social Security**) *n* *ministère britannique de la sécurité sociale*.

DTI *(abbr of* **Department of Trade and Industry**) *n* *ministère britannique du commerce et de l'industrie*.

DTP *(abbr of* **desktop publishing**) *n* PAO *f*.

dual ['djuːəl] *adj* double.

dual carriageway *n* *Br* route *f* à quatre voies.

dubbed [dʌbd] *adj* 1. (CINEMA) doublé (e). 2. *(nicknamed)* surnommé(e).

dubious ['djuːbjəs] *adj* 1. *(suspect)* douteux(euse). 2. *(uncertain)* hésitant (e), incertain(e); **to be ~ about doing sthg** hésiter à faire qqch.

Dublin ['dʌblɪn] *n* Dublin.

duchess ['dʌtʃɪs] *n* duchesse *f*.

duck [dʌk] ◇ *n* canard *m*. ◇ *vt* 1. *(head)* baisser. 2. *(responsibility)* esquiver, se dérober à. ◇ *vi* *(lower head)* se baisser.

duckling ['dʌklɪŋ] *n* caneton *m*.

duct [dʌkt] *n* 1. *(pipe)* canalisation *f*. 2. (ANAT) canal *m*.

dud [dʌd] ◇ *adj* *(bomb)* non éclaté(e); *(cheque)* sans provision, en bois. ◇ *n* obus *m* non éclaté.

dude [djuːd] *n* *Am inf* *(man)* gars *m*, type *m*.

due [djuː] ◇ *adj* 1. *(expected)*: **the book is ~ out in May** le livre doit sortir en mai; **she's ~ back shortly** elle devrait rentrer sous peu; **when is the train ~?** à quelle heure le train doit-il arriver? 2. *(appropriate)* dû (due), qui convient; **in ~ course** *(at the appropriate time)* en temps voulu; *(eventually)* à la longue. 3. *(owed, owing)* dû (due). ◇ *adv*: **~ west** droit vers l'ouest. ◇ *n* dû *m*. ◆ **dues** *npl* cotisation *f*. ◆ **due to** *prep* *(owing to)* dû à; *(because of)* provoqué par, à cause de.

duel ['djuːəl] ◇ *n* duel *m*. ◇ *vi* se battre en duel.

duet [djuː'et] *n* duo *m*.

duffel bag ['dʌfl-] *n* sac *m* marin.

duffel coat ['dʌfl-] *n* duffel-coat *m*.

duffle bag ['dʌfl-] = **duffel bag**.
duffle coat ['dʌfl-] = **duffel coat**.
dug [dʌg] *pt & pp* → **dig**.
duke [dju:k] *n* duc *m*.
dull [dʌl] ◇ *adj* **1.** *(boring - book, conversation)* ennuyeux(euse); *(- person)* terne. **2.** *(colour, light)* terne. **3.** *(weather)* maussade. **4.** *(sound, ache)* sourd(e). ◇ *vt* **1.** *(pain)* atténuer; *(senses)* émousser. **2.** *(make less bright)* ternir.
duly ['dju:lɪ] *adv* **1.** *(properly)* dûment. **2.** *(as expected)* comme prévu.
dumb [dʌm] *adj* **1.** *(unable to speak)* muet(ette). **2.** *inf (stupid)* idiot(e).
dumbfound [dʌm'faʊnd] *vt* stupéfier, abasourdir; **to be ~ed** ne pas en revenir.
dummy ['dʌmɪ] ◇ *adj* faux (fausse). ◇ *n* **1.** *(of tailor)* mannequin *m*. **2.** *(copy)* maquette *f*. **3.** *Br (for baby)* sucette *f*, tétine *f*. **4.** (SPORT) feinte *f*.
dump [dʌmp] ◇ *n* **1.** *(for rubbish)* décharge *f*. **2.** (MIL) dépôt *m*. ◇ *vt* **1.** *(put down)* déposer. **2.** *(dispose of)* jeter. **3.** *inf (boyfriend, girlfriend)* laisser tomber, plaquer.
dumper (truck) *Br* ['dʌmpəʳ-], **dump truck** *Am n* tombereau *m*, dumper *m*.
dumping ['dʌmpɪŋ] *n* décharge *f*; **'no ~'** 'décharge interdite'.
dumpling ['dʌmplɪŋ] *n* boulette *f* de pâte.
dump truck *Am* = **dumper (truck)**.
dumpy ['dʌmpɪ] *adj inf* boulot(otte).
dunce [dʌns] *n* cancre *m*.
dune [dju:n] *n* dune *f*.
dung [dʌŋ] *n* fumier *m*.
dungarees [,dʌŋgə'ri:z] *npl Br (for work)* bleu *m* de travail; *(fashion garment)* salopette *f*.
dungeon ['dʌndʒən] *n* cachot *m*.
Dunkirk [dʌn'kɜ:k] *n* Dunkerque.
duo ['dju:əʊ] *n* duo *m*.
duplex ['dju:pleks] *n Am* **1.** *(apartment)* duplex *m*. **2.** *(house)* maison *f* jumelée.
duplicate [*adj & n* 'dju:plɪkət, *vb* 'dju:plɪkeɪt] ◇ *adj (key, document)* en double. ◇ *n* double *m*; **in ~** en double. ◇ *vt (copy - gen)* faire un double de; *(- on photocopier)* photocopier.
durable ['djʊərəbl] *adj* solide, résistant (e).
duration [djʊ'reɪʃn] *n* durée *f*; **for the ~ of** jusqu'à la fin de.
duress [djʊ'res] *n*: **under ~** sous la contrainte.
Durex® ['djʊəreks] *n* préservatif *m*.
during ['djʊərɪŋ] *prep* pendant, au cours de.
dusk [dʌsk] *n* crépuscule *m*.
dust [dʌst] ◇ *n (U)* poussière *f*. ◇ *vt* **1.** *(clean)* épousseter. **2.** *(cover with powder)*: **to ~ sthg (with)** saupoudrer qqch (de).
dustbin ['dʌstbɪn] *n Br* poubelle *f*.
dustcart ['dʌstkɑ:t] *n Br* camion *m* des boueux.
duster ['dʌstəʳ] *n (cloth)* chiffon *m* (à poussière).
dust jacket *n (on book)* jaquette *f*.
dustman ['dʌstmən] (*pl* **-men** [-mən]) *n Br* éboueur *m*.
dustpan ['dʌstpæn] *n* pelle *f* à poussière.
dusty ['dʌstɪ] *adj* poussiéreux(euse).
Dutch [dʌtʃ] ◇ *adj* néerlandais(e), hollandais(e). ◇ *n (language)* néerlandais *m*, hollandais *m*. ◇ *npl*: **the ~** les Néerlandais, les Hollandais. ◇ *adv*: **to go ~** partager les frais.
dutiful ['dju:tɪfʊl] *adj* obéissant(e).
duty ['dju:tɪ] *n* **1.** *(U) (responsibility)* devoir *m*; **to do one's ~** faire son devoir. **2.** *(work)*: **to be on/off ~** être/ne pas être de service. **3.** *(tax)* droit *m*. ◆ **duties** *npl* fonctions *fpl*.
duty-free *adj* hors taxe.
duvet ['du:veɪ] *n Br* couette *f*.
duvet cover *n Br* housse *f* de couette.
DVD (*abbr of* **digital video disc**) *n* DVD *m*.
dwarf [dwɔ:f] (*pl* **-s** OR **dwarves** [dwɔ:vz]) ◇ *n* nain *m*, -e *f*. ◇ *vt (tower over)* écraser.
dwell [dwel] (*pt & pp* **dwelt** OR **-ed**) *vi literary* habiter. ◆ **dwell on** *vt fus* s'étendre sur.
dwelling ['dwelɪŋ] *n literary* habitation *f*.
dwelt [dwelt] *pt & pp* → **dwell**.
dwindle ['dwɪndl] *vi* diminuer.
dye [daɪ] ◇ *n* teinture *f*. ◇ *vt* teindre.
dying ['daɪɪŋ] ◇ *cont* → **die**. ◇ *adj (person)* mourant(e), moribond(e); *(plant, language, industry)* moribond.
dyke [daɪk] = **dike**.
dynamic [daɪ'næmɪk] *adj* dynamique.
dynamite ['daɪnəmaɪt] *n (U) lit & fig* dynamite *f*.
dynamo ['daɪnəməʊ] (*pl* **-s**) *n* dynamo *f*.
dynasty [*Br* 'dɪnəstɪ, *Am* 'daɪnəstɪ] *n* dynastie *f*.
dyslexia [dɪs'leksɪə] *n* dyslexie *f*.
dyslexic [dɪs'leksɪk] *adj* dyslexique.

E

e (*pl* **e's** OR **es**), **E** (*pl* **E's** OR **Es**) [iː] *n (letter)* e *m inv*, E *m inv*. ◆ **E** *n* **1.** (MUS) mi *m*. **2.** (*abbr of* **east**) E.
each [iːtʃ] ◇ *adj* chaque. ◇ *pron* chacun(e); **the books cost £10.99 ~** les livres coûtent 10,99 livres (la) pièce; **~ other** l'un l'autre (l'une l'autre), les uns les autres (les unes les autres); **they love ~ other** ils s'aiment; **we've known ~ other for years** nous nous connaissons depuis des années.

> • Voir ALL et SE dans la partie français-anglais du dictionnaire.

eager [ˈiːgəʳ] *adj* passionné(e), avide; **to be ~ for** être avide de; **to be ~ to do sthg** être impatient de faire qqch.
eagle [ˈiːgl] *n (bird)* aigle *m*.
ear [ɪəʳ] *n* **1.** *(gen)* oreille *f*. **2.** *(of corn)* épi *m*.
earache [ˈɪəreɪk] *n*: **to have ~** avoir mal à l'oreille.
eardrum [ˈɪədrʌm] *n* tympan *m*.
earl [ɜːl] *n* comte *m*.
earlier [ˈɜːlɪəʳ] ◇ *adj (previous)* précédent(e); *(more early)* plus tôt. ◇ *adv* plus tôt; **~ on** plus tôt.
earliest [ˈɜːlɪəst] ◇ *adj (first)* premier (ère); *(most early)* le plus tôt. ◇ *n*: **at the ~** au plus tôt.
earlobe [ˈɪələʊb] *n* lobe *m* de l'oreille.
early [ˈɜːlɪ] ◇ *adj* **1.** *(before expected time)* en avance. **2.** *(in day)* de bonne heure; **the ~ train** le premier train; **to make an ~ start** partir de bonne heure. **3.** *(at beginning)*: **in the ~ sixties** au début des années soixante. ◇ *adv* **1.** *(before expected time)* en avance; **I was ten minutes ~** j'étais en avance de dix minutes. **2.** *(in day)* tôt, de bonne heure; **as ~ as** dès; **~ on** tôt. **3.** *(at beginning)*: **~ in her life** dans sa jeunesse.
early retirement *n* retraite *f* anticipée.
earmark [ˈɪəmɑːk] *vt*: **to be ~ed for** être réservé(e) à.
earn [ɜːn] *vt* **1.** *(as salary)* gagner. **2.** (COMM) rapporter. **3.** *fig (respect, praise)* gagner, mériter.
earnest [ˈɜːnɪst] *adj* sérieux(euse). ◆ **in earnest** ◇ *adj* sérieux(euse). ◇ *adv* pour de bon, sérieusement.
earnings [ˈɜːnɪŋz] *npl (of person)* salaire *m*, gains *mpl*; *(of company)* bénéfices *mpl*.
earphones [ˈɪəfəʊnz] *npl* casque *m*.
earplugs [ˈɪəplʌgz] *npl* boules *fpl* Quiès®.
earring [ˈɪərɪŋ] *n* boucle *f* d'oreille.
earshot [ˈɪəʃɒt] *n*: **within ~** à portée de voix; **out of ~** hors de portée de voix.
earth [ɜːθ] ◇ *n (gen & ELEC)* terre *f*; **how/what/where/why on ~ ...?** mais comment/que/où/pourquoi donc ...?; **to cost the ~** *Br* coûter les yeux de la tête. ◇ *vt Br*: **to be ~ed** être à la masse.
earthenware [ˈɜːθnweəʳ] *n (U)* poteries *fpl*.
earthquake [ˈɜːθkweɪk] *n* tremblement *m* de terre.
earwig [ˈɪəwɪg] *n* perce-oreille *m*.
ease [iːz] ◇ *n (U)* **1.** *(lack of difficulty)* facilité *f*; **to do sthg with ~** faire qqch sans difficulté OR facilement. **2.** *(comfort)*: **at ~** à l'aise; **ill at ~** mal à l'aise. ◇ *vt* **1.** *(pain)* calmer; *(restrictions)* modérer. **2.** *(move carefully)*: **to ~ sthg in/out** faire entrer/sortir qqch délicatement. ◇ *vi (problem)* s'arranger; *(pain)* s'atténuer; *(rain)* diminuer. ◆ **ease off** *vi (pain)* s'atténuer; *(rain)* diminuer. ◆ **ease up** *vi* **1.** *(rain)* diminuer. **2.** *(relax)* se détendre.
easel [ˈiːzl] *n* chevalet *m*.
easily [ˈiːzɪlɪ] *adv* **1.** *(without difficulty)* facilement. **2.** *(without doubt)* de loin. **3.** *(in a relaxed manner)* tranquillement.
east [iːst] ◇ *n* **1.** *(direction)* est *m*. **2.** *(region)*: **the ~** l'est *m*. ◇ *adj* est (*inv*); *(wind)* d'est. ◇ *adv* à l'est, vers l'est; **~ of** à l'est de. ◆ **East** *n*: **the East** *(gen & POL)* l'Est *m*; *(Asia)* l'Orient *m*.
East End *n*: **the ~** *les quartiers est de Londres.*
Easter [ˈiːstəʳ] *n* Pâques *m*.
Easter egg *n* œuf *m* de Pâques.
easterly [ˈiːstəlɪ] *adj* à l'est, de l'est; *(wind)* de l'est.
eastern [ˈiːstən] *adj* de l'est. ◆ **Eastern** *adj (gen & POL)* de l'Est; *(from Asia)* oriental(e).
East German ◇ *adj* d'Allemagne de l'Est. ◇ *n* Allemand *m*, -e *f* de l'Est.
East Germany *n*: **(former) ~** (l'ex-) Allemagne *f* de l'Est.
eastward [ˈiːstwəd] ◇ *adj* à l'est, vers l'est. ◇ *adv* = **eastwards**.
eastwards [ˈiːstwədz] *adv* vers l'est.
easy [ˈiːzɪ] ◇ *adj* **1.** *(not difficult, comfortable)* facile. **2.** *(relaxed - manner)* naturel

(elle). ◇ *adv*: **to take it** OR **things ~** *inf* ne pas se fatiguer.

easy chair *n* fauteuil *m*.

easygoing [ˌiːzɪˈgəʊɪŋ] *adj (person)* facile à vivre; *(manner)* complaisant(e).

eat [iːt] (*pt* **ate**, *pp* **eaten**) *vt & vi* manger. ◆ **eat away, eat into** *vt fus* **1.** *(subj: acid, rust)* ronger. **2.** *(deplete)* grignoter.

eaten [ˈiːtn] *pp* → **eat**.

eaves [ˈiːvz] *npl* avant-toit *m*.

eavesdrop [ˈiːvzdrɒp] *vi*: **to ~ (on sb)** écouter (qqn) de façon indiscrète.

ebb [eb] ◇ *n* reflux *m*. ◇ *vi (tide, sea)* se retirer, refluer.

ebony [ˈebənɪ] ◇ *adj (colour)* noir(e) d'ébène. ◇ *n* ébène *f*.

EC (*abbr of* **European Community**) *n* CE *f*.

eccentric [ɪkˈsentrɪk] ◇ *adj (odd)* excentrique, bizarre. ◇ *n (person)* excentrique *mf*.

echo [ˈekəʊ] (*pl* **-es**) ◇ *n lit & fig* écho *m*. ◇ *vt (words)* répéter; *(opinion)* faire écho à. ◇ *vi* retentir, résonner.

eclipse [ɪˈklɪps] ◇ *n lit & fig* éclipse *f*. ◇ *vt fig* éclipser.

ecological [ˌiːkəˈlɒdʒɪkl] *adj* écologique.

ecology [ɪˈkɒlədʒɪ] *n* écologie *f*.

economic [ˌiːkəˈnɒmɪk] *adj* **1.** (ECON) économique. **2.** *(profitable)* rentable.

economical [ˌiːkəˈnɒmɪkl] *adj* **1.** *(cheap)* économique. **2.** *(person)* économe.

economics [ˌiːkəˈnɒmɪks] ◇ *n (U)* économie *f* (politique), sciences *fpl* économiques. ◇ *npl (of plan, business)* aspect *m* financier.

economize, -ise [ɪˈkɒnəmaɪz] *vi* économiser.

economy [ɪˈkɒnəmɪ] *n* économie *f*; **economies of scale** économies d'échelle.

economy class *n* classe *f* touriste.

ecotourism [ˌiːkəʊˈtʊərɪzm] *n* écotourisme *m*.

ecowarrior [ˌiːkəʊˈwɒrɪəʳ] *n* écoguerrier *m*.

ecstasy [ˈekstəsɪ] *n* **1.** *(pleasure)* extase *f*, ravissement *m*. **2.** *(drug)* ecstasy *m or f*.

ecstatic [ekˈstætɪk] *adj (person)* en extase; *(feeling)* extatique.

ECU, Ecu [ˈekjuː] (*abbr of* **European Currency Unit**) *n* ECU *m*, écu *m*.

eczema [ˈeksɪmə] *n* eczéma *m*.

Eden [ˈiːdn] *n*: **(the Garden of) ~** le jardin *m* d'Éden, l'Éden *m*.

edge [edʒ] ◇ *n* **1.** *(gen)* bord *m*; *(of coin, book)* tranche *f*; *(of knife)* tranchant *m*; **to be on the ~ of** *fig* être à deux doigts de. **2.** *(advantage)*: **to have an ~ over** OR **the ~ on** avoir un léger avantage sur. ◇ *vi*: **to ~ forward** avancer tout doucement. ◆ **on edge** *adj* contracté(e), tendu(e).

edgeways [ˈedʒweɪz], **edgewise** [ˈedʒwaɪz] *adv* latéralement, de côté.

edgy [ˈedʒɪ] *adj* contracté(e), tendu(e).

edible [ˈedɪbl] *adj (safe to eat)* comestible.

edict [ˈiːdɪkt] *n* décret *m*.

Edinburgh [ˈedɪnbrə] *n* Édimbourg.

Edinburgh Festival *n*: **the ~** le festival d'Édimbourg.

THE EDINBURGH FESTIVAL

La capitale écossaise accueille chaque année en août un festival international de musique, de théâtre et de danse. Parallèlement aux représentations officielles, plus classiques, se déroule un festival «Fringe», composé de centaines de productions indépendantes se tenant dans de petites salles un peu partout dans la ville.

edit [ˈedɪt] *vt* **1.** *(correct - text)* corriger. **2.** (CINEMA) monter; (RADIO & TV) réaliser. **3.** *(magazine)* diriger; *(newspaper)* être le rédacteur en chef de.

edition [ɪˈdɪʃn] *n* édition *f*.

editor [ˈedɪtəʳ] *n* **1.** *(of magazine)* directeur *m*, -trice *f*; *(of newspaper)* rédacteur *m*, -trice *f* en chef. **2.** *(of text)* correcteur *m*, -trice *f*. **3.** (CINEMA) monteur *m*, -euse *f*; (RADIO & TV) réalisateur *m*, -trice *f*.

editorial [ˌedɪˈtɔːrɪəl] ◇ *adj (department, staff)* de la rédaction; *(style, policy)* éditorial(e). ◇ *n* éditorial *m*.

educate [ˈedʒʊkeɪt] *vt* **1.** (SCH & UNIV) instruire. **2.** *(inform)* informer, éduquer.

education [ˌedʒʊˈkeɪʃn] *n* **1.** *(gen)* éducation *f*. **2.** *(teaching)* enseignement *m*, instruction *f*.

educational [ˌedʒʊˈkeɪʃənl] *adj* **1.** *(establishment, policy)* pédagogique. **2.** *(toy, experience)* éducatif(ive).

EEC (*abbr of* **European Economic Community**) *n ancien nom de la Communauté Européenne*.

eel [iːl] *n* anguille *f*.

eerie [ˈɪərɪ] *adj* inquiétant(e), sinistre.

efface [ɪˈfeɪs] *vt* effacer.

effect [ɪˈfekt] ◇ *n (gen)* effet *m*; **to have an ~ on** avoir OR produire un effet sur; **for ~** pour attirer l'attention, pour se faire remarquer; **to take ~** *(law)* prendre effet, entrer en vigueur; **to put sthg into ~** *(policy, law)* mettre qqch en application. ◇ *vt (repairs, change)* effectuer; *(reconciliation)* amener. ◆ **effects** *npl*: **(special) ~s** effets *mpl* spéciaux.

effective [ɪ'fektɪv] *adj* **1.** *(successful)* efficace. **2.** *(actual, real)* effectif(ive).

effectively [ɪ'fektɪvlɪ] *adv* **1.** *(successfully)* efficacement. **2.** *(in fact)* effectivement.

effectiveness [ɪ'fektɪvnɪs] *n* efficacité *f*.

effeminate [ɪ'femɪnət] *adj* efféminé (e).

effervescent [,efə'vesənt] *adj (liquid)* effervescent(e); *(drink)* gazeux(euse).

efficiency [ɪ'fɪʃənsɪ] *n (of person, method)* efficacité *f*; *(of factory, system)* rendement *m*.

efficient [ɪ'fɪʃənt] *adj* efficace.

effluent ['efluənt] *n* effluent *m*.

effort ['efət] *n* effort *m*; **to be worth the ~** valoir la peine; **with ~** avec peine; **to make the ~ to do sthg** s'efforcer de faire qqch; **to make an/no ~ to do sthg** faire un effort/ne faire aucun effort pour faire qqch.

effortless ['efətlɪs] *adj (easy)* facile; *(natural)* aisé(e).

effusive [ɪ'fju:sɪv] *adj (person)* démonstratif(ive); *(welcome)* plein(e) d'effusions.

e.g. *(abbr of* **exempli gratia***)* *adv* par exemple.

egg [eg] *n* œuf *m*. ◆ **egg on** *vt sep* pousser, inciter.

eggcup ['egkʌp] *n* coquetier *m*.

eggplant ['egplɑ:nt] *n Am* aubergine *f*.

eggshell ['egʃel] *n* coquille *f* d'œuf.

egg white *n* blanc *m* d'œuf.

egg yolk [-jəʊk] *n* jaune *m* d'œuf.

ego ['i:gəʊ] *(pl* **-s***)* *n* moi *m*.

egoism ['i:gəʊɪzm] *n* égoïsme *m*.

egoistic [,i:gəʊ'ɪstɪk] *adj* égoïste.

egotistic(al) [,i:gə'tɪstɪk(l)] *adj* égotiste.

Egypt ['i:dʒɪpt] *n* Égypte *f*.

Egyptian [ɪ'dʒɪpʃn] ◇ *adj* égyptien (enne). ◇ *n* Égyptien *m*, -enne *f*.

eiderdown ['aɪdədaʊn] *n (bed cover)* édredon *m*.

eight [eɪt] *num* huit; *see also* **six**.

eighteen [,eɪ'ti:n] *num* dix-huit; *see also* **six**.

eighth [eɪtθ] *num* huitième; *see also* **sixth**.

eighty ['eɪtɪ] *num* quatre-vingts; *see also* **sixty**.

Eire ['eərə] *n* République *f* d'Irlande.

either ['aɪðər, 'i:ðər] ◇ *adj* **1.** *(one or the other)* l'un ou l'autre (l'une ou l'autre) (des deux); **she couldn't find ~ jumper** elle ne trouva ni l'un ni l'autre des pulls; **~ way** de toute façon. **2.** *(each)* chaque; **on ~ side** de chaque côté. ◇ *pron*: **~ (of them)** l'un ou l'autre *m*, l'une ou l'autre *f*; **I don't like ~ (of them)** je n'aime aucun des deux, je n'aime ni l'un ni l'autre. ◇ *adv (in negatives)* non plus; **I don't ~** moi non plus. ◇ *conj*: **~ ... or** soit ... soit, ou ... ou; **I'm not fond of ~ him or his wife** je ne les aime ni lui ni sa femme.

- Lorsque *either* est adjectif, il apparaît toujours devant des noms dénombrables au singulier (*either dictionary; either alternative*).
- Lorsque *either* est le sujet de la phrase, ou qu'il accompagne un nom qui est le sujet, le verbe est toujours au singulier (*either is fine; either movie is fine with me*).
- Lorsque *either... or* accompagne le sujet de la phrase, le verbe est toujours au singulier (*either John or Deborah has taken it*).

eject [ɪ'dʒekt] *vt* **1.** *(object)* éjecter, émettre. **2.** *(person)* éjecter, expulser.

eke [i:k] ◆ **eke out** *vt sep (money, food)* économiser, faire durer.

elaborate [*adj* ɪ'læbrət, *vb* ɪ'læbəreɪt] ◇ *adj (ceremony, procedure)* complexe; *(explanation, plan)* détaillé(e), minutieux (euse). ◇ *vi*: **to ~ (on)** donner des précisions (sur).

elapse [ɪ'læps] *vi* s'écouler.

elastic [ɪ'læstɪk] ◇ *adj lit & fig* élastique. ◇ *n (U)* élastique *m*.

elastic band *n Br* élastique *m*, caoutchouc *m*.

elated [ɪ'leɪtɪd] *adj* transporté(e) (de joie).

elbow ['elbəʊ] *n* coude *m*.

elder ['eldər] ◇ *adj* aîné(e). ◇ *n* **1.** *(older person)* aîné *m*, -e *f*. **2.** *(of tribe, church)* ancien *m*. **3. ~ (tree)** sureau *m*.

elderly ['eldəlɪ] ◇ *adj* âgé(e). ◇ *npl*: **the ~** les personnes *fpl* âgées.

eldest ['eldɪst] *adj* aîné(e).

elect [ɪ'lekt] ◇ *adj* élu(e). ◇ *vt* **1.** *(by voting)* élire. **2.** *fml (choose)*: **to ~ to do sthg** choisir de faire qqch.

election [ɪ'lekʃn] *n* élection *f*; **to have** OR **hold an ~** procéder à une élection.

ELECTIONS

Les élections présidentielles américaines se tiennent tous les quatre ans. Le mandat présidentiel est limité à deux périodes consécutives de quatre ans. En Grande-Bretagne, les élections législatives ont lieu tous les cinq ans, mais le Premier ministre peut convoquer des élections anticipées à n'importe quel moment.

electioneering [ɪ,lekʃə'nɪərɪŋ] *n (U) usu pej* propagande *f* électorale.

elector [ɪ'lektəʳ] *n* électeur *m*, -trice *f*.

electorate [ɪ'lektərət] *n*: **the ~** l'électorat *m*.

electric [ɪ'lektrɪk] *adj lit & fig* électrique. ◆ **electrics** *npl Br inf (in car, machine)* installation *f* électrique.

electrical [ɪ'lektrɪkl] *adj* électrique.

electrical shock *Am* = **electric shock**.

electric blanket *n* couverture *f* chauffante.

electric cooker *n* cuisinière *f* électrique.

electric fire *n* radiateur *m* électrique.

electrician [,ɪlek'trɪʃn] *n* électricien *m*, -enne *f*.

electricity [,ɪlek'trɪsətɪ] *n* électricité *f*.

electric shock *Br*, **electrical shock** *Am n* décharge *f* électrique.

electrify [ɪ'lektrɪfaɪ] *vt* **1.** (TECH) électrifier. **2.** *fig (excite)* galvaniser, électriser.

electrocute [ɪ'lektrəkju:t] *vt* électrocuter.

electrolysis [,ɪlek'trɒləsɪs] *n* électrolyse *f*.

electron [ɪ'lektrɒn] *n* électron *m*.

electronic [,ɪlek'trɒnɪk] *adj* électronique. ◆ **electronics** ◇ *n (U) (technology, science)* électronique *f*. ◇ *npl (equipment)* (équipement *m*) électronique *f*.

electronic data processing *n* traitement *m* électronique de données.

electronic mail *n* courrier *m* électronique.

elegant ['elɪgənt] *adj* élégant(e).

element ['elɪmənt] *n* **1.** *(gen)* élément *m*; **an ~ of truth** une part de vérité. **2.** *(in heater, kettle)* résistance *f*. ◆ **elements** *npl* **1.** *(basics)* rudiments *mpl*. **2.** *(weather)*: **the ~s** les éléments *mpl*.

elementary [,elɪ'mentərɪ] *adj* élémentaire.

elementary school *n Am* école *f* primaire.

elephant ['elɪfənt] (*pl inv* OR **-s**) *n* éléphant *m*.

elevate ['elɪveɪt] *vt* **1.** *(give importance to)*: **to ~ sb/sthg (to)** élever qqn/qqch (à). **2.** *(raise)* soulever.

elevator ['elɪveɪtəʳ] *n Am* ascenseur *m*.

eleven [ɪ'levn] *num* onze; *see also* **six**.

elevenses [ɪ'levnzɪz] *n (U) Br* = pause-café *f*.

eleventh [ɪ'levnθ] *num* onzième; *see also* **sixth**.

elicit [ɪ'lɪsɪt] *vt fml*: **to ~ sthg (from sb)** arracher qqch (à qqn).

eligible ['elɪdʒəbl] *adj (suitable, qualified)* admissible; **to be ~ for sthg** avoir droit à qqch; **to be ~ to do sthg** avoir le droit de faire qqch.

eliminate [ɪ'lɪmɪneɪt] *vt*: **to ~ sb/sthg (from)** éliminer qqn/qqch (de).

elite [ɪ'li:t] ◇ *adj* d'élite. ◇ *n* élite *f*.

elitist [ɪ'li:tɪst] ◇ *adj* élitiste. ◇ *n* élitiste *mf*.

elk [elk] (*pl inv* OR **-s**) *n* élan *m*.

elm [elm] *n*: **~ (tree)** orme *m*.

elocution [,elə'kju:ʃn] *n* élocution *f*, diction *f*.

elongated ['i:lɒŋgeɪtɪd] *adj* allongé(e); *(fingers)* long (longue).

elope [ɪ'ləʊp] *vi*: **to ~ (with)** s'enfuir (avec).

eloquent ['eləkwənt] *adj* éloquent(e).

El Salvador [,el'sælvədɔ:ʳ] *n* Salvador *m*.

else [els] *adv*: **anything ~** n'importe quoi d'autre; **anything ~?** *(in shop)* et avec ça?, ce sera tout?; **he doesn't need anything ~** il n'a besoin de rien d'autre; **everyone ~** tous les autres; **nothing ~** rien d'autre; **someone ~** quelqu'un d'autre; **something ~** quelque chose d'autre; **somewhere ~** autre part; **who/what ~?** qui/quoi d'autre?; **where ~?** (à) quel autre endroit? ◆ **or else** *conj (or if not)* sinon, sans quoi.

elsewhere [els'weəʳ] *adv* ailleurs, autre part.

elude [ɪ'lu:d] *vt* échapper à.

elusive [ɪ'lu:sɪv] *adj* insaisissable; *(success)* qui échappe.

emaciated [ɪ'meɪʃɪeɪtɪd] *adj (face)* émacié(e); *(person, limb)* décharné(e).

e-mail (*abbr of* **electronic mail**) *n* courrier *m* électronique.

e-mail address *n* adresse *f* électronique.

emanate ['eməneɪt] *fml vi*: **to ~ from** émaner de.

emancipate [ɪ'mænsɪpeɪt] *vt*: **to ~ sb (from)** affranchir OR émanciper qqn (de).
embankment [ɪm'bæŋkmənt] *n (of river)* berge *f*; *(of railway)* remblai *m*; *(of road)* banquette *f*.
embark [ɪm'bɑːk] *vi* **1.** *(board ship)*: **to ~ (on)** embarquer (sur). **2.** *(start)*: **to ~ on** OR **upon sthg** s'embarquer dans qqch.
embarkation [,embɑː'keɪʃn] *n* embarquement *m*.
embarrass [ɪm'bærəs] *vt* embarrasser.
embarrassed [ɪm'bærəst] *adj* embarrassé(e).
embarrassing [ɪm'bærəsɪŋ] *adj* embarrassant(e).
embarrassment [ɪm'bærəsmənt] *n* embarras *m*; **to be an ~** *(person)* causer de l'embarras; *(thing)* être embarrassant.
embassy ['embəsɪ] *n* ambassade *f*.
embedded [ɪm'bedɪd] *adj* **1.** *(buried)*: **~ in** *(in rock, wood)* incrusté(e) dans; *(in mud)* noyé(e) dans. **2.** *(ingrained)* enraciné(e).
embellish [ɪm'belɪʃ] *vt* **1.** *(decorate)*: **to ~ sthg (with)** *(room, house)* décorer qqch (de); *(dress)* orner qqch (de). **2.** *(story)* enjoliver.
embers ['embəz] *npl* braises *fpl*.
embezzle [ɪm'bezl] *vt* détourner.
embittered [ɪm'bɪtəd] *adj* aigri(e).
emblem ['embləm] *n* emblème *m*.
embody [ɪm'bɒdɪ] *vt* incarner; **to be embodied in sthg** être exprimé dans qqch.
embossed [ɪm'bɒst] *adj* **1.** *(heading, design)*: **~ (on)** inscrit(e) (sur), gravé(e) en relief (sur). **2.** *(wallpaper)* gaufré(e); *(leather)* frappé(e).
embrace [ɪm'breɪs] ◇ *n* étreinte *f*. ◇ *vt* embrasser. ◇ *vi* s'embrasser, s'étreindre.
embroider [ɪm'brɔɪdə^r] ◇ *vt* **1.** (SEWING) broder. **2.** *pej (embellish)* enjoliver. ◇ *vi* (SEWING) broder.
embroidery [ɪm'brɔɪdərɪ] *n (U)* broderie *f*.
embroil [ɪm'brɔɪl] *vt*: **to be ~ed (in)** être mêlé(e) (à).
embryo ['embrɪəʊ] (*pl* **-s**) *n* embryon *m*.
emerald ['emərəld] ◇ *adj (colour)* émeraude (*inv*). ◇ *n (stone)* émeraude *f*.
emerge [ɪ'mɜːdʒ] ◇ *vi* **1.** *(come out)*: **to ~ (from)** émerger (de). **2.** *(from experience, situation)*: **to ~ from** sortir de. **3.** *(become known)* apparaître. **4.** *(come into existence - poet, artist)* percer; *(- movement, organization)* émerger. ◇ *vt*: **it ~s that ...** il ressort OR il apparaît que ...
emergence [ɪ'mɜːdʒəns] *n* émergence *f*.
emergency [ɪ'mɜːdʒənsɪ] ◇ *adj* d'urgence. ◇ *n* urgence *f*; **in an ~, in emergencies** en cas d'urgence.
emergency exit *n* sortie *f* de secours.
emergency landing *n* atterrissage *m* forcé.
emergency services *npl* ≃ police-secours *f*.
emery board ['emərɪ-] *n* lime *f* à ongles.
emigrant ['emɪgrənt] *n* émigré *m*, -e *f*.
emigrate ['emɪgreɪt] *vi*: **to ~ (to)** émigrer (en/à).
eminent ['emɪnənt] *adj* éminent(e).
emission [ɪ'mɪʃn] *n* émission *f*.
emit [ɪ'mɪt] *vt* émettre.
emotion [ɪ'məʊʃn] *n* **1.** *(U) (strength of feeling)* émotion *f*. **2.** *(particular feeling)* sentiment *m*.
emotional [ɪ'məʊʃənl] *adj* **1.** *(sensitive, demonstrative)* émotif(ive). **2.** *(moving)* émouvant(e). **3.** *(psychological)* émotionnel(elle).
emperor ['empərə^r] *n* empereur *m*.
emphasis ['emfəsɪs] (*pl* **-ases** [-əsiːz]) *n*: **~ (on)** accent *m* (sur); **to lay** OR **place ~ on sthg** insister sur OR souligner qqch.
emphasize, -ise ['emfəsaɪz] *vt* insister sur.
emphatic [ɪm'fætɪk] *adj (forceful)* catégorique.
emphatically [ɪm'fætɪklɪ] *adv* **1.** *(with emphasis)* catégoriquement. **2.** *(certainly)* absolument.
empire ['empaɪə^r] *n* empire *m*.
employ [ɪm'plɔɪ] *vt* employer; **to be ~ed as** être employé comme; **to ~ sthg as sthg/to do sthg** employer qqch comme qqch/pour faire qqch.
employee [ɪm'plɔɪiː] *n* employé *m*, -e *f*.
employer [ɪm'plɔɪə^r] *n* employeur *m*, -euse *f*.
employment [ɪm'plɔɪmənt] *n* emploi *m*, travail *m*.
employment agency *n* bureau *m* OR agence *f* de placement.
empower [ɪm'paʊə^r] *vt fml*: **to be ~ed to do sthg** être habilité(e) à faire qqch.
empress ['emprɪs] *n* impératrice *f*.
empty ['emptɪ] ◇ *adj* **1.** *(containing nothing)* vide. **2.** *pej (meaningless)* vain

(e). ◇ *vt* vider; **to ~ sthg into/out of** vider qqch dans/de. ◇ *vi* se vider. ◇ *n inf* bouteille *f* vide.

empty-handed [-'hændɪd] *adv* les mains vides.

EMS (*abbr of* **European Monetary System**) *n* SME *m*.

emulate ['emjʊleɪt] *vt* imiter.

emulsion [ɪ'mʌlʃn] *n*: **~ (paint)** peinture *f* mate OR à émulsion.

enable [ɪ'neɪbl] *vt*: **to ~ sb to do sthg** permettre à qqn de faire qqch.

enact [ɪ'nækt] *vt* **1.** (JUR) promulguer. **2.** (THEATRE) jouer.

enamel [ɪ'næml] *n* **1.** *(material)* émail *m*. **2.** *(paint)* peinture *f* laquée.

encampment [ɪn'kæmpmənt] *n* campement *m*.

encapsulate [ɪn'kæpsjʊleɪt] *vt*: **to ~ sthg (in)** résumer qqch (en).

encase [ɪn'keɪs] *vt*: **to be ~d in** *(armour)* être enfermé(e) dans; *(leather)* être bardé(e) de.

enchanted [ɪn'tʃɑːntɪd] *adj*: **~ (by/with)** enchanté(e) (par/de).

enchanting [ɪn'tʃɑːntɪŋ] *adj* enchanteur(eresse).

encircle [ɪn'sɜːkl] *vt* entourer; *(subj: troops)* encercler.

enclose [ɪn'kləʊz] *vt* **1.** *(surround, contain)* entourer. **2.** *(put in envelope)* joindre; **please find ~d ...** veuillez trouver ci-joint ...

enclosure [ɪn'kləʊʒəʳ] *n* **1.** *(place)* enceinte *f*. **2.** *(in letter)* pièce *f* jointe.

encompass [ɪn'kʌmpəs] *vt fml* **1.** *(include)* contenir. **2.** *(surround)* entourer; *(subj: troops)* encercler.

encore ['ɒŋkɔːʳ] ◇ *n* rappel *m*. ◇ *excl* bis!

encounter [ɪn'kaʊntəʳ] ◇ *n* rencontre *f*. ◇ *vt fml* rencontrer.

encourage [ɪn'kʌrɪdʒ] *vt* **1.** *(give confidence to)*: **to ~ sb (to do sthg)** encourager qqn (à faire qqch). **2.** *(promote)* encourager, favoriser.

encouragement [ɪn'kʌrɪdʒmənt] *n* encouragement *m*.

encroach [ɪn'krəʊtʃ] *vi*: **to ~ on** OR **upon** empiéter sur.

encyclop(a)edia [ɪn,saɪklə'piːdjə] *n* encyclopédie *f*.

end [end] ◇ *n* **1.** *(gen)* fin *f*; **at an ~** terminé, fini; **to come to an ~** se terminer, s'arrêter; **to put an ~ to sthg** mettre fin à qqch; **at the ~ of the day** *fig* en fin de compte; **in the ~** *(finally)* finalement. **2.** *(of rope, path, garden, table etc)* bout *m*, extrémité *f*; *(of box)* côté *m*. **3.** *(leftover part - of cigarette)* mégot *m*; *(- of pencil)* bout *m*. ◇ *vt* mettre fin à; *(day)* finir; **to ~ sthg with** terminer OR finir qqch par. ◇ *vi* se terminer; **to ~ in** se terminer par; **to ~ with** se terminer par OR avec. ◆ **on end** *adv* **1.** *(upright)* debout. **2.** *(continuously)* d'affilée. ◆ **end up** *vi* finir; **to ~ up doing sthg** finir par faire qqch.

endanger [ɪn'deɪndʒəʳ] *vt* mettre en danger.

endearing [ɪn'dɪərɪŋ] *adj* engageant(e).

endeavour *Br*, **endeavor** *Am* [ɪn'devəʳ] *fml* ◇ *n* effort *m*, tentative *f*. ◇ *vt*: **to ~ to do sthg** s'efforcer OR tenter de faire qqch.

ending ['endɪŋ] *n* fin *f*, dénouement *m*.

endive ['endaɪv] *n* **1.** *(salad vegetable)* endive *f*. **2.** *(chicory)* chicorée *f*.

endless ['endlɪs] *adj* **1.** *(unending)* interminable; *(patience, possibilities)* infini(e); *(resources)* inépuisable. **2.** *(vast)* infini(e).

endorse [ɪn'dɔːs] *vt* **1.** *(approve)* approuver. **2.** *(cheque)* endosser.

endorsement [ɪn'dɔːsmənt] *n* **1.** *(approval)* approbation *f*. **2.** *Br (on driving licence) contravention portée au permis de conduire*.

endow [ɪn'daʊ] *vt* **1.** *(equip)*: **to be ~ed with sthg** être doté(e) de qqch. **2.** *(donate money to)* faire des dons à.

endurance [ɪn'djʊərəns] *n* endurance *f*.

endure [ɪn'djʊəʳ] ◇ *vt* supporter, endurer. ◇ *vi* perdurer.

enemy ['enɪmɪ] ◇ *n* ennemi *m*, -e *f*. ◇ *comp* ennemi(e).

energetic [,enə'dʒetɪk] *adj* énergique; *(person)* plein(e) d'entrain.

energy ['enədʒɪ] *n* énergie *f*.

enforce [ɪn'fɔːs] *vt* appliquer, faire respecter.

enforced [ɪn'fɔːst] *adj* forcé(e).

engage [ɪn'geɪdʒ] ◇ *vt* **1.** *(attention, interest)* susciter, éveiller. **2.** (TECH) engager. **3.** *fml (employ)* engager; **to be ~d in** OR **on sthg** prendre part à qqch. ◇ *vi (be involved)*: **to ~ in** s'occuper de.

engaged [ɪn'geɪdʒd] *adj* **1.** *(to be married)*: **~ (to sb)** fiancé(e) (à qqn); **to get ~** se fiancer. **2.** *(busy)* occupé(e); **~ in sthg** engagé dans qqch. **3.** *(telephone, toilet)* occupé(e).

engaged tone *n Br* tonalité *f* 'occupé'.

engagement [ɪn'geɪdʒmənt] *n* **1.** *(to be married)* fiançailles *fpl*. **2.** *(appointment)* rendez-vous *m inv*.

engagement ring *n* bague *f* de fiançailles.

engaging [ɪnˈgeɪdʒɪŋ] *adj* engageant(e); *(personality)* attirant(e).
engender [ɪnˈdʒendəʳ] *vt fml* engendrer, susciter.
engine [ˈendʒɪn] *n* **1.** *(of vehicle)* moteur *m*. **2.** (RAIL) locomotive *f*.
engine driver *n Br* mécanicien *m*.
engineer [ˌendʒɪˈnɪəʳ] *n* **1.** *(of roads)* ingénieur *m*; *(of machinery, on ship)* mécanicien *m*; *(of electrical equipment)* technicien *m*. **2.** *Am (engine driver)* mécanicien *m*.
engineering [ˌendʒɪˈnɪərɪŋ] *n* ingénierie *f*.
England [ˈɪŋglənd] *n* Angleterre *f*; **in ~** en Angleterre.
English [ˈɪŋglɪʃ] ◇ *adj* anglais(e). ◇ *n* *(language)* anglais *m*. ◇ *npl*: **the ~** les Anglais.
English breakfast *n* petit déjeuner *m* anglais traditionnel.
English Channel *n*: **the ~** la Manche.
Englishman [ˈɪŋglɪʃmən] (*pl* **-men** [-mən]) *n* Anglais *m*.
Englishwoman [ˈɪŋglɪʃˌwʊmən] (*pl* **-women** [-wɪmɪn]) *n* Anglaise *f*.
engrave [ɪnˈgreɪv] *vt*: **to ~ sthg (on stone/in one's memory)** graver qqch (sur la pierre/dans sa mémoire).
engraving [ɪnˈgreɪvɪŋ] *n* gravure *f*.
engrossed [ɪnˈgrəʊst] *adj*: **to be ~ (in sthg)** être absorbé(e) (par qqch).
engulf [ɪnˈgʌlf] *vt* engloutir.
enhance [ɪnˈhɑːns] *vt* accroître.
enjoy [ɪnˈdʒɔɪ] *vt* **1.** *(like)* aimer; **to ~ doing sthg** avoir plaisir à OR aimer faire qqch; **to ~ o.s.** s'amuser. **2.** *fml (possess)* jouir de.
enjoyable [ɪnˈdʒɔɪəbl] *adj* agréable.
enjoyment [ɪnˈdʒɔɪmənt] *n (gen)* plaisir *m*.
enlarge [ɪnˈlɑːdʒ] *vt* agrandir. ◆ **enlarge (up)on** *vt fus* développer.
enlargement [ɪnˈlɑːdʒmənt] *n* **1.** *(expansion)* extension *f*. **2.** (PHOT) agrandissement *m*.
enlighten [ɪnˈlaɪtn] *vt* éclairer.
enlightened [ɪnˈlaɪtnd] *adj* éclairé(e).
enlightenment [ɪnˈlaɪtnmənt] *n (U)* éclaircissement *m*.
enlist [ɪnˈlɪst] ◇ *vt* **1.** (MIL) enrôler. **2.** *(recruit)* recruter. **3.** *(obtain)* s'assurer. ◇ *vi* (MIL): **to ~ (in)** s'enrôler (dans).
enmity [ˈenmətɪ] *n* hostilité *f*.
enormity [ɪˈnɔːmətɪ] *n (extent)* étendue *f*.
enormous [ɪˈnɔːməs] *adj* énorme; *(patience, success)* immense.
enough [ɪˈnʌf] ◇ *adj* assez de; **~ money/time** assez d'argent/de temps. ◇ *pron* assez; **more than ~** largement, bien assez; **to have had ~ (of sthg)** en avoir assez (de qqch). ◇ *adv* **1.** *(sufficiently)* assez; **to be good ~ to do sthg** *fml* être assez gentil pour OR de faire qqch, être assez aimable pour OR de faire qqch. **2.** *(rather)* plutôt; **strangely ~** bizarrement, c'est bizarre.

> • Si *enough* est utilisé avec un autre adjectif ou avec un adverbe, il se place après – et non avant – le mot auquel il s'applique (*he's old enough to understand; strangely enough, she couldn't remember*).

enquire [ɪnˈkwaɪəʳ] ◇ *vt*: **to ~ when/whether/how ...** demander quand/si/comment ... ◇ *vi*: **to ~ (about)** se renseigner (sur).
enquiry [ɪnˈkwaɪərɪ] *n* **1.** *(question)* demande *f* de renseignements; **'Enquiries'** 'renseignements'. **2.** *(investigation)* enquête *f*.
enraged [ɪnˈreɪdʒd] *adj* déchaîné(e); *(animal)* enragé(e).
enrol, enroll *Am* [ɪnˈrəʊl] ◇ *vt* inscrire. ◇ *vi*: **to ~ (in)** s'inscrire (à).
ensue [ɪnˈsjuː] *vi* s'ensuivre.
ensure [ɪnˈʃʊəʳ] *vt* assurer; **to ~ (that) ...** s'assurer que ...
ENT (*abbr of* **Ear, Nose & Throat**) *n* ORL *f*.
entail [ɪnˈteɪl] *vt* entraîner; **what does the work ~?** en quoi consiste le travail?
enter [ˈentəʳ] ◇ *vt* **1.** *(room, vehicle)* entrer dans. **2.** *(university, army)* entrer à; *(school)* s'inscrire à, s'inscrire dans. **3.** *(competition, race)* s'inscrire à; *(politics)* se lancer dans. **4.** *(register)*: **to ~ sb/sthg for sthg** inscrire qqn/qqch à qqch. **5.** *(write down)* inscrire. **6.** (COMPUT) entrer. ◇ *vi* **1.** *(come or go in)* entrer. **2.** *(register)*: **to ~ (for)** s'inscrire (à). ◆ **enter into** *vt fus (negotiations, correspondence)* entamer.
enter key *n* (COMPUT) (touche *f*) entrée *f*.
enterprise [ˈentəpraɪz] *n* entreprise *f*.
enterprise zone *n Br zone dans une région défavorisée qui bénéficie de subsides de l'État.*
enterprising [ˈentəpraɪzɪŋ] *adj* qui fait preuve d'initiative.
entertain [ˌentəˈteɪn] *vt* **1.** *(amuse)* divertir. **2.** *(invite - guests)* recevoir. **3.** *fml (thought, proposal)* considérer.

entertainer [ˌentəˈteɪnəʳ] *n* fantaisiste *mf*.
entertaining [ˌentəˈteɪnɪŋ] *adj* divertissant(e).
entertainment [ˌentəˈteɪnmənt] *n* **1.** *(U) (amusement)* divertissement *m*. **2.** *(show)* spectacle *m*.
enthral, enthrall *Am* [ɪnˈθrɔːl] *vt* captiver.
enthrone [ɪnˈθrəʊn] *vt* introniser.
enthusiasm [ɪnˈθjuːzɪæzm] *n* **1.** *(passion, eagerness)*: **~ (for)** enthousiasme *m* (pour). **2.** *(interest)* passion *f*.
enthusiast [ɪnˈθjuːzɪæst] *n* amateur *m*, -trice *f*.
enthusiastic [ɪnˌθjuːzɪˈæstɪk] *adj* enthousiaste.
entice [ɪnˈtaɪs] *vt* entraîner.
entire [ɪnˈtaɪəʳ] *adj* entier(ère).
entirely [ɪnˈtaɪəlɪ] *adv* totalement.
entirety [ɪnˈtaɪrətɪ] *n*: **in its ~** en entier.
entitle [ɪnˈtaɪtl] *vt (allow)*: **to ~ sb to sthg** donner droit à qqch à qqn; **to ~ sb to do sthg** autoriser qqn à faire qqch.
entitled [ɪnˈtaɪtld] *adj* **1.** *(allowed)* autorisé(e); **to be ~ to sthg** avoir droit à qqch; **to be ~ to do sthg** avoir le droit de faire qqch. **2.** *(called)* intitulé(e).
entitlement [ɪnˈtaɪtlmənt] *n* droit *m*.
entrance [*n* ˈentrəns, *vt* ɪnˈtrɑːns] ◇ *n* **1.** *(way in)*: **~ (to)** entrée *f* (de). **2.** *(arrival)* entrée *f*. **3.** *(entry)*: **to gain ~ to** *(building)* obtenir l'accès à; *(society, university)* être admis(e) dans. ◇ *vt* ravir, enivrer.
entrance examination *n* examen *m* d'entrée.
entrance fee *n* **1.** *(to cinema, museum)* droit *m* d'entrée. **2.** *(for club)* droit *m* d'inscription.
entrant [ˈentrənt] *n* *(in race, competition)* concurrent *m*, -e *f*.
entrenched [ɪnˈtrentʃt] *adj* ancré(e).
entrepreneur [ˌɒntrəprəˈnɜːʳ] *n* entrepreneur *m*.
entrust [ɪnˈtrʌst] *vt*: **to ~ sthg to sb, to ~ sb with sthg** confier qqch à qqn.
entry [ˈentrɪ] *n* **1.** *(gen)* entrée *f*; **to gain ~ to** avoir accès à; **'no ~'** 'défense d'entrer'; (AUT) 'sens interdit'. **2.** *(in competition)* inscription *f*. **3.** *(in dictionary)* entrée *f*; *(in diary, ledger)* inscription *f*.
entry form *n* formulaire *m* OR feuille *f* d'inscription.
entry phone *n* portier *m* électronique.
envelop [ɪnˈveləp] *vt* envelopper.
envelope [ˈenvələʊp] *n* enveloppe *f*.
envious [ˈenvɪəs] *adj* envieux(euse).
environment [ɪnˈvaɪərənmənt] *n* **1.** *(surroundings)* milieu *m*, cadre *m*. **2.** *(natural world)*: **the ~** l'environnement *m*.
environmental [ɪnˌvaɪərənˈmentl] *adj* *(pollution, awareness)* de l'environnement; *(impact)* sur l'environnement.
environmentally [ɪnˌvaɪərənˈmentəlɪ] *adv* *(damaging)* pour l'environnement; **to be ~ aware** être sensible aux problèmes de l'environnement; **~ friendly** qui préserve l'environnement.
envisage [ɪnˈvɪzɪdʒ], **envision** *Am* [ɪnˈvɪʒn] *vt* envisager.
envoy [ˈenvɔɪ] *n* émissaire *m*.
envy [ˈenvɪ] ◇ *n* envie *f*, jalousie *f*. ◇ *vt* envier; **to ~ sb sthg** envier qqch à qqn.
epic [ˈepɪk] ◇ *adj* épique. ◇ *n* épopée *f*.
epidemic [ˌepɪˈdemɪk] *n* épidémie *f*.
epileptic [ˌepɪˈleptɪk] ◇ *adj* épileptique. ◇ *n* épileptique *mf*.
episode [ˈepɪsəʊd] *n* épisode *m*.
epistle [ɪˈpɪsl] *n* épître *f*.
epitaph [ˈepɪtɑːf] *n* épitaphe *f*.
epitome [ɪˈpɪtəmɪ] *n*: **the ~ of** le modèle de.
epitomize, -ise [ɪˈpɪtəmaɪz] *vt* incarner.
epoch [ˈiːpɒk] *n* époque *f*.
equable [ˈekwəbl] *adj* égal(e), constant(e).
equal [ˈiːkwəl] ◇ *adj* **1.** *(gen)*: **~ (to)** égal(e) (à); **on ~ terms** d'égal à égal. **2.** *(capable)*: **~ to sthg** à la hauteur de qqch. ◇ *n* égal *m*, -e *f*. ◇ *vt* égaler.
equality [iːˈkwɒlətɪ] *n* égalité *f*.
equalize, -ise [ˈiːkwəlaɪz] ◇ *vt* niveler. ◇ *vi* (SPORT) égaliser.
equalizer [ˈiːkwəlaɪzəʳ] *n* (SPORT) but *m* égalisateur.
equally [ˈiːkwəlɪ] *adv* **1.** *(important, stupid etc)* tout aussi. **2.** *(in amount)* en parts égales. **3.** *(also)* en même temps.
equal opportunities *npl* égalité *f* des chances.
equanimity [ˌekwəˈnɪmətɪ] *n* sérénité *f*, égalité *f* d'âme.
equate [ɪˈkweɪt] *vt*: **to ~ sthg with** assimiler qqch à.
equation [ɪˈkweɪʒn] *n* équation *f*.
equator [ɪˈkweɪtəʳ] *n*: **the ~** l'équateur *m*.
equilibrium [ˌiːkwɪˈlɪbrɪəm] *n* équilibre *m*.
equip [ɪˈkwɪp] *vt* équiper; **to ~ sb/sthg with** équiper qqn/qqch de, munir qqn/

qqch de; **he's well equipped for the job** il est bien préparé pour ce travail.
equipment [ɪ'kwɪpmənt] *n (U)* équipement *m*, matériel *m*.
equities ['ekwətɪz] *npl* (ST EX) actions *fpl* ordinaires.
equivalent [ɪ'kwɪvələnt] ◇ *adj* équivalent(e); **to be ~ to** être équivalent à, équivaloir à. ◇ *n* équivalent *m*.
er [ɜːʳ] *excl* euh!
era ['ɪərə] (*pl* **-s**) *n* ère *f*, période *f*.
eradicate [ɪ'rædɪkeɪt] *vt* éradiquer.
erase [ɪ'reɪz] *vt* 1. *(rub out)* gommer. 2. *fig (memory)* effacer; *(hunger, poverty)* éliminer.
eraser [ɪ'reɪzəʳ] *n* gomme *f*.
erect [ɪ'rekt] ◇ *adj* 1. *(person, posture)* droit(e). 2. *(penis)* en érection. ◇ *vt* 1. *(statue)* ériger; *(building)* construire. 2. *(tent)* dresser.
erection [ɪ'rekʃn] *n* 1. *(U) (of statue)* érection *f*; *(of building)* construction *f*. 2. *(erect penis)* érection *f*.
ERM (*abbr of* **Exchange Rate Mechanism**) *n* mécanisme *m* des changes (du SME).
ermine ['ɜːmɪn] *n (fur)* hermine *f*.
erode [ɪ'rəʊd] ◇ *vt* 1. *(rock, soil)* éroder. 2. *fig (confidence, rights)* réduire. ◇ *vi* 1. *(rock, soil)* s'éroder. 2. *fig (confidence)* diminuer; *(rights)* se réduire.
erosion [ɪ'rəʊʒn] *n* 1. *(of rock, soil)* érosion *f*. 2. *fig (of confidence)* baisse *f*; *(of rights)* diminution *f*.
erotic [ɪ'rɒtɪk] *adj* érotique.
err [ɜːʳ] *vi* se tromper.
errand ['erənd] *n* course *f*, commission *f*; **to go on** OR **run an ~** faire une course.
erratic [ɪ'rætɪk] *adj* irrégulier(ère).
error ['erəʳ] *n* erreur *f*; **a spelling/typing ~** une faute d'orthographe/de frappe; **an ~ of judgment** une erreur de jugement; **in ~** par erreur.
erupt [ɪ'rʌpt] *vi* 1. *(volcano)* entrer en éruption. 2. *fig (violence, war)* éclater.
eruption [ɪ'rʌpʃn] *n* 1. *(of volcano)* éruption *f*. 2. *(of violence)* explosion *f*; *(of war)* déclenchement *m*.
escalate ['eskəleɪt] *vi* 1. *(conflict)* s'intensifier. 2. *(costs)* monter en flèche.
escalator ['eskəleɪtəʳ] *n* escalier *m* roulant.
escapade [,eskə'peɪd] *n* aventure *f*, exploit *m*.
escape [ɪ'skeɪp] ◇ *n* 1. *(gen)* fuite *f*, évasion *f*; **to make one's ~** s'échapper; **to have a lucky ~** l'échapper belle. 2. *(leakage - of gas, water)* fuite *f*. ◇ *vt* échapper à. ◇ *vi* 1. *(gen)* s'échapper, fuir; *(from prison)* s'évader; **to ~ from** *(place)* s'échapper de; *(danger, person)* échapper à. 2. *(survive)* s'en tirer.
escapism [ɪ'skeɪpɪzm] *n (U)* évasion *f* (de la réalité).
escort [*n* 'eskɔːt, *vb* ɪ'skɔːt] ◇ *n* 1. *(guard)* escorte *f*; **under ~** sous escorte. 2. *(companion - male)* cavalier *m*; *(- female)* hôtesse *f*. ◇ *vt* escorter, accompagner.
Eskimo ['eskɪməʊ] (*pl* **-s**) *n (person)* Esquimau *m*, -aude *f (attention: le terme 'Eskimo', comme son équivalent français, est souvent considéré comme injurieux en Amérique du Nord. On préférera le terme 'Inuit')*.
espadrille [,espə'drɪl] *n* espadrille *f*.
especially [ɪ'speʃəlɪ] *adv* 1. *(in particular)* surtout. 2. *(more than usually)* particulièrement. 3. *(specifically)* spécialement.
espionage ['espɪə,nɑːʒ] *n* espionnage *m*.
esplanade [,esplə'neɪd] *n* esplanade *f*.
Esquire [ɪ'skwaɪəʳ] *n*: **G. Curry ~** Monsieur G. Curry.
essay ['eseɪ] *n* 1. (SCH & UNIV) dissertation *f*. 2. (LITERATURE) essai *m*.
essence ['esns] *n* 1. *(nature)* essence *f*, nature *f*; **in ~** par essence. 2. (CULIN) extrait *m*.
essential [ɪ'senʃl] *adj* 1. *(absolutely necessary)*: **~ (to** OR **for)** indispensable (à). 2. *(basic)* essentiel(elle), de base. ◆ **essentials** *npl* 1. *(basic commodities)* produits *mpl* de première nécessité. 2. *(most important elements)* essentiel *m*.
essentially [ɪ'senʃəlɪ] *adv* fondamentalement, avant tout.
establish [ɪ'stæblɪʃ] *vt* 1. *(gen)* établir; **to ~ contact with** établir le contact avec. 2. *(organization, business)* fonder, créer.
establishment [ɪ'stæblɪʃmənt] *n* 1. *(gen)* établissement *m*. 2. *(of organization, business)* fondation *f*, création *f*. ◆ **Establishment** *n (status quo)*: **the Establishment** l'ordre *m* établi, l'Establishment *m*.
estate [ɪ'steɪt] *n* 1. *(land, property)* propriété *f*, domaine *m*. 2. **(housing) ~** lotissement *m*. 3. **(industrial) ~** zone *f* industrielle. 4. (JUR) *(inheritance)* biens *mpl*.
estate agency *n Br* agence *f* immobilière.
estate agent *n Br* agent *m* immobilier.
estate car *n Br* break *m*.

esteem [ɪ'stiːm] ◇ *n* estime *f.* ◇ *vt* estimer.
esthetic *etc Am* = **aesthetic** *etc.*
estimate [*n* 'estɪmət, *vb* 'estɪmeɪt] ◇ *n* 1. *(calculation, judgment)* estimation *f*, évaluation *f.* 2. (COMM) devis *m.* ◇ *vt* estimer, évaluer.
estimation [ˌestɪ'meɪʃn] *n* 1. *(opinion)* opinion *f.* 2. *(calculation)* estimation *f*, évaluation *f.*
Estonia [e'stəʊnɪə] *n* Estonie *f.*
estranged [ɪ'streɪndʒd] *adj (couple)* séparé(e); *(husband, wife)* dont on s'est séparé.
estuary ['estjʊərɪ] *n* estuaire *m.*
etc. *(abbr of* **et cetera***)* etc.
etching ['etʃɪŋ] *n* gravure *f* à l'eau forte.
eternal [ɪ'tɜːnl] *adj* 1. *(life)* éternel (elle). 2. *fig (complaints, whining)* sempiternel(elle). 3. *(truth, value)* immuable.
eternity [ɪ'tɜːnətɪ] *n* éternité *f.*
ethic ['eθɪk] *n* éthique *f*, morale *f.* ◆ **ethics** ◇ *n (U) (study)* éthique *f*, morale *f.* ◇ *npl (morals)* morale *f.*
ethical ['eθɪkl] *adj* moral(e).
Ethiopia [ˌiːθɪ'əʊpɪə] *n* Éthiopie *f.*
ethnic ['eθnɪk] *adj* 1. *(traditions, groups)* ethnique. 2. *(clothes)* folklorique.
ethos ['iːθɒs] *n* génie *m* (d'un peuple/d'une civilisation).
etiquette ['etɪket] *n* convenances *fpl*, étiquette *f.*
EU *(abbr of* **European Union***)* *n* UE *f.*
eulogy ['juːlədʒɪ] *n* panégyrique *m.*
euphemism ['juːfəmɪzm] *n* euphémisme *m.*
euphoria [juː'fɔːrɪə] *n* euphorie *f.*
euro ['jʊərəʊ] *(pl* **-s***)* *n (unit of currency)* euro *m.*
Eurocheque ['jʊərəʊˌtʃek] *n* eurochèque *m.*
Euro MP *n* député *m* européen.
Europe ['jʊərəp] *n* Europe *f.*
European [ˌjʊərə'piːən] ◇ *adj* européen(enne). ◇ *n* Européen *m*, -enne *f.*
European Community *n*: **the ~** la Communauté européenne.
European Monetary System *n*: **the ~** le Système monétaire européen.
European Parliament *n*: **the ~** le Parlement européen.
euthanasia [ˌjuːθə'neɪzjə] *n* euthanasie *f.*
evacuate [ɪ'vækjʊeɪt] *vt* évacuer.
evade [ɪ'veɪd] *vt* 1. *(gen)* échapper à. 2. *(issue, question)* esquiver, éluder.
evaluate [ɪ'væljʊeɪt] *vt* évaluer.
evaporate [ɪ'væpəreɪt] *vi* 1. *(liquid)* s'évaporer. 2. *fig (hopes, fears)* s'envoler; *(confidence)* disparaître.
evaporated milk [ɪ'væpəreɪtɪd-] *n* lait *m* condensé (non sucré).
evasion [ɪ'veɪʒn] *n* 1. *(of responsibility)* dérobade *f.* 2. *(lie)* faux-fuyant *m.*
evasive [ɪ'veɪsɪv] *adj* évasif(ive).
eve [iːv] *n* veille *f.*
even ['iːvn] ◇ *adj* 1. *(speed, rate)* régulier(ière); *(temperature, temperament)* égal (e). 2. *(flat, level)* plat(e), régulier(ière). 3. *(equal - contest)* équilibré(e); *(- teams, players)* de la même force; *(- scores)* à égalité; **to get ~ with sb** se venger de qqn. 4. *(not odd - number)* pair(e). ◇ *adv* 1. *(gen)* même; **~ now** encore maintenant; **~ then** même alors. 2. *(in comparisons)*: **~ bigger/better/more stupid** encore plus grand/mieux/plus bête. ◆ **even if** *conj* même si. ◆ **even so** *adv* quand même. ◆ **even though** *conj* bien que (+ *subjunctive*). ◆ **even out** ◇ *vt sep* égaliser. ◇ *vi* s'égaliser.
evening ['iːvnɪŋ] *n* soir *m*; *(duration, entertainment)* soirée *f*; **in the ~** le soir. ◆ **evenings** *adv Am* le soir.
evening class *n* cours *m* du soir.
evening dress *n (worn by man)* habit *m* de soirée; *(worn by woman)* robe *f* du soir.
event [ɪ'vent] *n* 1. *(happening)* événement *m.* 2. (SPORT) épreuve *f.* 3. *(case)*: **in the ~ of** en cas de; **in the ~ that** au cas où. ◆ **in any event** *adv* en tout cas, de toute façon. ◆ **in the event** *adv Br* en l'occurrence, en réalité.
eventful [ɪ'ventfʊl] *adj* mouvementé(e).
eventual [ɪ'ventʃʊəl] *adj* final(e).
eventuality [ɪˌventʃʊ'ælətɪ] *n* éventualité *f.*
eventually [ɪ'ventʃʊəlɪ] *adv* finalement, en fin de compte.
ever ['evər] *adv* 1. *(at any time)* jamais; **have you ~ been to Paris?** êtes-vous déjà allé à Paris?; **I hardly ~ see him** je ne le vois presque jamais. 2. *(all the time)* toujours; **as ~** comme toujours; **for ~** pour toujours. 3. *(for emphasis)*: **~ so** tellement; **~ such** vraiment; **why/how ~?** pourquoi/comment donc? ◆ **ever since** ◇ *adv* depuis (ce moment-là). ◇ *conj* depuis que. ◇ *prep* depuis.
evergreen ['evəgriːn] ◇ *adj* à feuilles persistantes. ◇ *n* arbre *m* à feuilles persistantes.
everlasting [ˌevə'lɑːstɪŋ] *adj* éternel (elle).
every ['evrɪ] *adj* chaque; **~ morning**

chaque matin, tous les matins. ◆ **every now and then, every so often** *adv* de temps en temps, de temps à autre. ◆ **every other** *adj*: **~ other day** tous les deux jours, un jour sur deux; **~ other street** une rue sur deux. ◆ **every which way** *adv Am* partout, de tous côtés.

• Voir ALL.

everybody ['evrɪˌbɒdɪ] = **everyone**.

everyday ['evrɪdeɪ] *adj* quotidien (enne).

everyone ['evrɪwʌn] *pron* chacun, tout le monde.

everyplace *Am* = **everywhere**.

everything ['evrɪθɪŋ] *pron* tout.

everywhere ['evrɪweəʳ], **everyplace** *Am* ['evrɪˌpleɪs] *adv* partout.

evict [ɪ'vɪkt] *vt* expulser.

evidence ['evɪdəns] *n (U)* **1.** *(proof)* preuve *f*. **2.** (JUR) *(of witness)* témoignage *m*; **to give ~** témoigner.

evident ['evɪdənt] *adj* évident(e), manifeste.

evidently ['evɪdəntlɪ] *adv* **1.** *(seemingly)* apparemment. **2.** *(obviously)* de toute évidence, manifestement.

evil ['iːvl] ◇ *adj (person)* mauvais(e), malveillant(e). ◇ *n* mal *m*.

evoke [ɪ'vəʊk] *vt (memory)* évoquer; *(emotion, response)* susciter.

evolution [ˌiːvə'luːʃn] *n* évolution *f*.

evolve [ɪ'vɒlv] ◇ *vt* développer. ◇ *vi*: **to ~ (into/from)** se développer (en/à partir de).

ewe [juː] *n* brebis *f*.

ex- [eks] *prefix* ex-.

exacerbate [ɪg'zæsəbeɪt] *vt (feeling)* exacerber; *(problems)* aggraver.

exact [ɪg'zækt] ◇ *adj* exact(e), précis (e); **to be ~** pour être exact OR précis, exactement. ◇ *vt*: **to ~ sthg (from)** exiger qqch (de).

exacting [ɪg'zæktɪŋ] *adj (job, standards)* astreignant(e); *(person)* exigeant(e).

exactly [ɪg'zæktlɪ] ◇ *adv* exactement. ◇ *excl* exactement!, parfaitement!

exaggerate [ɪg'zædʒəreɪt] *vt & vi* exagérer.

exaggeration [ɪgˌzædʒə'reɪʃn] *n* exagération *f*.

exalted [ɪg'zɔːltɪd] *adj* haut placé(e).

exam [ɪg'zæm] *n* examen *m*; **to take** OR **sit an ~** passer un examen.

examination [ɪgˌzæmɪ'neɪʃn] *n* examen *m*.

examine [ɪg'zæmɪn] *vt* **1.** *(gen)* examiner; *(passport)* contrôler. **2.** (JUR, SCH & UNIV) interroger.

examiner [ɪg'zæmɪnəʳ] *n* examinateur *m*, -trice *f*.

example [ɪg'zɑːmpl] *n* exemple *m*; **for ~** par exemple.

exasperate [ɪg'zæspəreɪt] *vt* exaspérer.

exasperation [ɪgˌzæspə'reɪʃn] *n* exaspération *f*.

excavate ['ekskəveɪt] *vt* **1.** *(land)* creuser. **2.** *(object)* déterrer.

exceed [ɪk'siːd] *vt* **1.** *(amount, number)* excéder. **2.** *(limit, expectations)* dépasser.

exceedingly [ɪk'siːdɪŋlɪ] *adv* extrêmement.

excel [ɪk'sel] *vi*: **to ~ (in** OR **at)** exceller (dans); **to ~ o.s.** *Br* se surpasser.

excellence ['eksələns] *n* excellence *f*, supériorité *f*.

excellent ['eksələnt] *adj* excellent(e).

except [ɪk'sept] ◇ *prep & conj*: **~ (for)** à part, sauf. ◇ *vt*: **to ~ sb (from)** exclure qqn (de).

excepting [ɪk'septɪŋ] *prep & conj* = **except**.

exception [ɪk'sepʃn] *n* **1.** *(exclusion)*: **~ (to)** exception *f* (à); **with the ~ of** à l'exception de. **2.** *(offence)*: **to take ~ to** s'offenser de, se froisser de.

exceptional [ɪk'sepʃənl] *adj* exceptionnel(elle).

excerpt ['eksɜːpt] *n*: **~ (from)** extrait *m* (de), passage *m* (de).

excess [ɪk'ses, *before nouns* 'ekses] ◇ *adj* excédentaire. ◇ *n* excès *m*.

excess baggage *n* excédent *m* de bagages.

excess fare *n Br* supplément *m*.

excessive [ɪk'sesɪv] *adj* excessif(ive).

exchange [ɪks'tʃeɪndʒ] ◇ *n* **1.** *(gen)* échange *m*; **in ~ (for)** en échange (de). **2.** (TELEC): **(telephone) ~** central *m* (téléphonique). ◇ *vt (swap)* échanger; **to ~ sthg for sthg** échanger qqch contre qqch; **to ~ sthg with sb** échanger qqch avec qqn.

exchange rate *n* (FIN) taux *m* de change.

Exchequer [ɪks'tʃekəʳ] *n Br*: **the ~** ≃ le ministère des Finances.

excise ['eksaɪz] *n (U)* contributions *fpl* indirectes.

excite [ɪk'saɪt] *vt* exciter.

excited [ɪk'saɪtɪd] *adj* excité(e).

excitement [ɪk'saɪtmənt] *n (state)* excitation *f*.

exciting [ɪk'saɪtɪŋ] *adj* passionnant(e); *(prospect)* excitant(e).

exclaim [ɪk'skleɪm] ◇ *vt* s'écrier. ◇ *vi* s'exclamer.

exclamation [,ekskla'meɪʃn] *n* exclamation *f*.

exclamation mark *Br*, **exclamation point** *Am n* point *m* d'exclamation.

exclude [ɪk'sklu:d] *vt*: **to ~ sb/sthg (from)** exclure qqn/qqch (de).

excluding [ɪk'sklu:dɪŋ] *prep* sans compter, à l'exclusion de.

exclusive [ɪk'sklu:sɪv] ◇ *adj* **1.** *(high-class)* fermé(e). **2.** *(unique - use, news story)* exclusif(ive). ◇ *n* (PRESS) exclusivité *f*. ◆ **exclusive of** *prep*: **~ of interest** intérêts non compris.

excrement ['ekskrɪmənt] *n* excrément *m*.

excruciating [ɪk'skru:ʃɪeɪtɪŋ] *adj* atroce.

excursion [ɪk'skɜ:ʃn] *n (trip)* excursion *f*.

excuse [*n* ɪk'skju:s, *vb* ɪk'skju:z] ◇ *n* excuse *f*. ◇ *vt* **1.** *(gen)* excuser; **to ~ sb for sthg/for doing sthg** excuser qqn de qqch/de faire qqch; **~ me** *(to attract attention)* excusez-moi; *(forgive me)* pardon, excusez-moi; *Am (sorry)* pardon. **2.** *(let off)*: **to ~ sb (from)** dispenser qqn (de).

ex-directory *adj Br* qui est sur la liste rouge.

execute ['eksɪkju:t] *vt* exécuter.

execution [,eksɪ'kju:ʃn] *n* exécution *f*.

executioner [,eksɪ'kju:ʃnə^r] *n* bourreau *m*.

executive [ɪg'zekjʊtɪv] ◇ *adj (power, board)* exécutif(ive). ◇ *n* **1.** (COMM) cadre *m*. **2.** *(of government)* exécutif *m*; *(of political party)* comité *m* central, bureau *m*.

executor [ɪg'zekjʊtə^r] *n* exécuteur *m* testamentaire.

exempt [ɪg'zempt] ◇ *adj*: **~ (from)** exempt(e) (de). ◇ *vt*: **to ~ sb (from)** exempter qqn (de).

exercise ['eksəsaɪz] ◇ *n* exercice *m*. ◇ *vt (gen)* exercer. ◇ *vi* prendre de l'exercice.

exercise book *n (notebook)* cahier *m* d'exercices; *(published book)* livre *m* d'exercices.

exert [ɪg'zɜ:t] *vt* exercer; *(strength)* employer; **to ~ o.s.** se donner du mal.

exertion [ɪg'zɜ:ʃn] *n* effort *m*.

exhale [eks'heɪl] ◇ *vt* exhaler. ◇ *vi* expirer.

exhaust [ɪg'zɔ:st] ◇ *n* **1.** *(U) (fumes)* gaz *mpl* d'échappement. **2.** **~ (pipe)** pot *m* d'échappement. ◇ *vt* épuiser.

exhausted [ɪg'zɔ:stɪd] *adj* épuisé(e).

exhausting [ɪg'zɔ:stɪŋ] *adj* épuisant (e).

exhaustion [ɪg'zɔ:stʃn] *n* épuisement *m*.

exhaustive [ɪg'zɔ:stɪv] *adj* complet (ète), exhaustif(ive).

exhibit [ɪg'zɪbɪt] ◇ *n* **1.** (ART) objet *m* exposé. **2.** (JUR) pièce *f* à conviction. ◇ *vt* **1.** *(demonstrate - feeling)* montrer; *(- skill)* faire preuve de. **2.** (ART) exposer.

exhibition [,eksɪ'bɪʃn] *n* **1.** (ART) exposition *f*. **2.** *(of feeling)* démonstration *f*. **3.** *phr*: **to make an ~ of o.s.** *Br* se donner en spectacle.

exhilarating [ɪg'zɪləreɪtɪŋ] *adj (experience)* grisant(e); *(walk)* vivifiant(e).

exile ['eksaɪl] ◇ *n* **1.** *(condition)* exil *m*; **in ~** en exil. **2.** *(person)* exilé *m*, -e *f*. ◇ *vt*: **to ~ sb (from/to)** exiler qqn (de/vers).

exist [ɪg'zɪst] *vi* exister.

existence [ɪg'zɪstəns] *n* existence *f*; **in ~** qui existe, existant(e); **to come into ~** naître.

existing [ɪg'zɪstɪŋ] *adj* existant(e).

exit ['eksɪt] ◇ *n* sortie *f*. ◇ *vi* sortir.

exodus ['eksədəs] *n* exode *m*.

exonerate [ɪg'zɒnəreɪt] *vt*: **to ~ sb (from)** disculper qqn (de).

exorbitant [ɪg'zɔ:bɪtənt] *adj* exorbitant(e).

exotic [ɪg'zɒtɪk] *adj* exotique.

expand [ɪk'spænd] ◇ *vt (production, influence)* accroître; *(business, department, area)* développer. ◇ *vi (population, influence)* s'accroître; *(business, department, market)* se développer; *(metal)* se dilater. ◆ **expand (up)on** *vt fus* développer.

expanse [ɪk'spæns] *n* étendue *f*.

expansion [ɪk'spænʃn] *n (of production, population)* accroissement *m*; *(of business, department, area)* développement *m*; *(of metal)* dilatation *f*.

expect [ɪk'spekt] ◇ *vt* **1.** *(anticipate)* s'attendre à; *(event, letter, baby)* attendre; **when do you ~ it to be ready?** quand pensez-vous que cela sera prêt?; **to ~ sb to do sthg** s'attendre à ce que qqn fasse qqch. **2.** *(count on)* compter sur. **3.** *(demand)* exiger, demander; **to ~ sb to do sthg** attendre de qqn qu'il fasse qqch; **to ~ sthg from sb** exiger qqch de qqn. **4.** *(suppose)* supposer; **I ~ so** je crois que oui. ◇ *vi* **1.** *(anticipate)*: **to ~**

to do sthg compter faire qqch. 2. *(be pregnant)*: **to be ~ing** être enceinte, attendre un bébé.
expectancy → **life expectancy**.
expectant [ɪk'spektənt] *adj* qui est dans l'expectative.
expectant mother *n* femme *f* enceinte.
expectation [,ekspek'teɪʃn] *n* 1. *(hope)* espoir *m*, attente *f*. 2. *(belief)*: **it's my ~ that ...** à mon avis, ...; **against all ~** OR **~s, contrary to all ~** OR **~s** contre toute attente.
expedient [ɪk'spi:djənt] *fml* ◇ *adj* indiqué(e). ◇ *n* expédient *m*.
expedition [,ekspɪ'dɪʃn] *n* expédition *f*.
expel [ɪk'spel] *vt* 1. *(gen)* expulser. 2. (SCH) renvoyer.
expend [ɪk'spend] *vt*: **to ~ time/money (on)** consacrer du temps/de l'argent (à).
expendable [ɪk'spendəbl] *adj* dont on peut se passer, qui n'est pas indispensable.
expenditure [ɪk'spendɪtʃəʳ] *n* *(U)* dépense *f*.
expense [ɪk'spens] *n* 1. *(amount spent)* dépense *f*. 2. *(U)* *(cost)* frais *mpl*; **at the ~ of** au prix de; **at sb's ~** *(financial)* aux frais de qqn; *fig* aux dépens de qqn. ◆ **expenses** *npl* (COMM) frais *mpl*.
expense account *n* frais *mpl* de représentation.
expensive [ɪk'spensɪv] *adj* 1. *(financially - gen)* cher (chère), coûteux(euse); *(- tastes)* dispendieux(euse). 2. *(mistake)* qui coûte cher.
experience [ɪk'spɪərɪəns] ◇ *n* expérience *f*. ◇ *vt* *(difficulty)* connaître; *(disappointment)* éprouver, ressentir; *(loss, change)* subir.
experienced [ɪk'spɪərɪənst] *adj* expérimenté(e); **to be ~ at** OR **in sthg** avoir de l'expérience en OR en matière de qqch.
experiment [ɪk'sperɪmənt] ◇ *n* expérience *f*; **to carry out an ~** faire une expérience. ◇ *vi*: **to ~ (with sthg)** expérimenter (qqch).
expert ['ekspɜ:t] ◇ *adj* expert(e); *(advice)* d'expert. ◇ *n* expert *m*, -e *f*.
expertise [,ekspɜ:'ti:z] *n* *(U)* compétence *f*.
expire [ɪk'spaɪəʳ] *vi* expirer.
expiry [ɪk'spaɪərɪ] *n* expiration *f*.
explain [ɪk'spleɪn] ◇ *vt* expliquer; **to ~ sthg to sb** expliquer qqch à qqn. ◇ *vi* s'expliquer; **to ~ to sb (about sthg)** expliquer (qqch) à qqn.
explanation [,eksplə'neɪʃn] *n*: **~ (for)** explication *f* (de).
explicit [ɪk'splɪsɪt] *adj* explicite.
explode [ɪk'spləʊd] ◇ *vt* *(bomb)* faire exploser. ◇ *vi lit & fig* exploser.
exploit [*n* 'eksplɔɪt, *vb* ɪk'splɔɪt] ◇ *n* exploit *m*. ◇ *vt* exploiter.
exploitation [,eksplɔɪ'teɪʃn] *n* *(U)* exploitation *f*.
exploration [,eksplə'reɪʃn] *n* exploration *f*.
explore [ɪk'splɔ:ʳ] *vt & vi* explorer.
explorer [ɪk'splɔ:rəʳ] *n* explorateur *m*, -trice *f*.
explosion [ɪk'spləʊʒn] *n* explosion *f*; *(of interest)* débordement *m*.
explosive [ɪk'spləʊsɪv] ◇ *adj lit & fig* explosif(ive). ◇ *n* explosif *m*.
exponent [ɪk'spəʊnənt] *n* *(of theory)* défenseur *m*.
export [*n & comp* 'ekspɔ:t, *vb* ɪk'spɔ:t] ◇ *n* exportation *f*. ◇ *comp* d'exportation. ◇ *vt* exporter.
exporter [ek'spɔ:təʳ] *n* exportateur *m*, -trice *f*.
expose [ɪk'spəʊz] *vt* 1. *(uncover)* exposer, découvrir; **to be ~d to sthg** être exposé à qqch. 2. *(unmask - corruption)* révéler; *(- person)* démasquer.
exposed [ɪk'spəʊzd] *adj* *(land, house, position)* exposé(e).
exposure [ɪk'spəʊʒəʳ] *n* 1. *(to light, radiation)* exposition *f*. 2. (MED): **to die of ~** mourir de froid. 3. (PHOT - *time*) temps *m* de pose; *(- photograph)* pose *f*. 4. *(U)* *(publicity)* publicité *f*; *(coverage)* couverture *f*.
exposure meter *n* posemètre *m*.
express [ɪk'spres] ◇ *adj* 1. *Br* *(letter, delivery)* exprès *(inv)*. 2. *(train, coach)* express *(inv)*. 3. *fml* *(specific)* exprès (esse). ◇ *adv* exprès. ◇ *n* *(train)* rapide *m*, express *m*. ◇ *vt* exprimer.
expression [ɪk'spreʃn] *n* expression *f*.
expressive [ɪk'spresɪv] *adj* expressif (ive).
expressly [ɪk'spreslɪ] *adv* expressément.
expressway [ɪk'spresweɪ] *n Am* voie *f* express.
exquisite [ɪk'skwɪzɪt] *adj* exquis(e).
ext., extn. *(abbr of* **extension**): **~ 4174** p. 4174.
extend [ɪk'stend] ◇ *vt* 1. *(enlarge - building)* agrandir. 2. *(make longer - gen)* prolonger; *(- visa)* proroger; *(- deadline)* repousser. 3. *(expand - rules, law)* étendre (la portée de); *(- power)* accroître. 4. *(stretch out - arm, hand)* étendre.

5. *(offer - help)* apporter, offrir; *(- credit)* accorder. ◇ *vi (stretch - in space)* s'étendre; *(- in time)* continuer.

extension [ɪk'stenʃn] *n* 1. *(to building)* agrandissement *m*. 2. *(lengthening - gen)* prolongement *m*; *(- of visit)* prolongation *f*; *(- of visa)* prorogation *f*; *(- of deadline)* report *m*. 3. *(of power)* accroissement *m*; *(of law)* élargissement *m*. 4. (TELEC) poste *m*. 5. (ELEC) prolongateur *m*.

extension cable *n* rallonge *f*.

extensive [ɪk'stensɪv] *adj* 1. *(in amount)* considérable. 2. *(in area)* vaste. 3. *(in range - discussions)* approfondi(e); *(- changes, use)* considérable.

extensively [ɪk'stensɪvlɪ] *adv* 1. *(in amount)* considérablement. 2. *(in range)* abondamment, largement.

extent [ɪk'stent] *n* 1. *(of land, area)* étendue *f*, superficie *f*; *(of problem, damage)* étendue. 2. *(degree)*: **to what ~ ...?** dans quelle mesure ...?; **to the ~ that** *(in so far as)* dans la mesure où; *(to the point where)* au point que; **to a certain ~** jusqu'à un certain point; **to a large** OR **great ~** en grande partie; **to some ~** en partie.

extenuating circumstances [ɪk'stenjʊeɪtɪŋ-] *npl* circonstances *fpl* atténuantes.

exterior [ɪk'stɪərɪə^r] ◇ *adj* extérieur (e). ◇ *n* 1. *(of house, car)* extérieur *m*. 2. *(of person)* dehors *m*, extérieur *m*.

exterminate [ɪk'stɜːmɪneɪt] *vt* exterminer.

external [ɪk'stɜːnl] *adj* externe.

extinct [ɪk'stɪŋkt] *adj* 1. *(species)* disparu(e). 2. *(volcano)* éteint(e).

extinguish [ɪk'stɪŋgwɪʃ] *vt (fire, cigarette)* éteindre.

extinguisher [ɪk'stɪŋgwɪʃə^r] *n* extincteur *m*.

extn. = **ext.**

extol, extoll *Am* [ɪk'stəʊl] *vt* louer.

extort [ɪk'stɔːt] *vt*: **to ~ sthg from sb** extorquer qqch à qqn.

extortionate [ɪk'stɔːʃnət] *adj* exorbitant(e).

extra ['ekstrə] ◇ *adj* supplémentaire. ◇ *n* 1. *(addition)* supplément *m*; **optional ~** option *f*. 2. (CINEMA & THEATRE) figurant *m*, -e *f*. ◇ *adv (hard, big etc)* extra; *(pay, charge etc)* en plus.

extra- ['ekstrə] *prefix* extra-.

extract [*n* 'ekstrækt, *vb* ɪk'strækt] ◇ *n* extrait *m*. ◇ *vt* 1. *(take out - tooth)* arracher; **to ~ sthg from** tirer qqch de. 2. *(confession, information)*: **to ~ sthg (from sb)** arracher qqch (à qqn), tirer qqch (de qqn). 3. *(coal, oil)* extraire.

extradite ['ekstrədaɪt] *vt*: **to ~ sb (from/to)** extrader qqn (de/vers).

extramarital [,ekstrə'mærɪtl] *adj* extraconjugal(e).

extramural [,ekstrə'mjʊərəl] *adj* (UNIV) hors faculté.

extraordinary [ɪk'strɔːdnrɪ] *adj* extraordinaire.

extraordinary general meeting *n* assemblée *f* générale extraordinaire.

extravagance [ɪk'strævəgəns] *n* 1. *(U) (excessive spending)* gaspillage *m*, prodigalités *fpl*. 2. *(luxury)* extravagance *f*, folie *f*.

extravagant [ɪk'strævəgənt] *adj* 1. *(wasteful - person)* dépensier(ère); *(- use, tastes)* dispendieux(euse). 2. *(elaborate, exaggerated)* extravagant(e).

extreme [ɪk'striːm] ◇ *adj* extrême. ◇ *n* extrême *m*.

extremely [ɪk'striːmlɪ] *adv* extrêmement.

extremist [ɪk'striːmɪst] ◇ *adj* extrémiste. ◇ *n* extrémiste *mf*.

extricate ['ekstrɪkeɪt] *vt*: **to ~ sthg (from)** dégager qqch (de); **to ~ o.s. (from)** *(from seat belt etc)* s'extirper (de); *(from difficult situation)* se tirer (de).

extrovert ['ekstrəvɜːt] ◇ *adj* extraverti(e). ◇ *n* extraverti *m*, -e *f*.

exuberance [ɪg'zjuːbərəns] *n* exubérance *f*.

exultant [ɪg'zʌltənt] *adj* triomphant(e).

eye [aɪ] *(cont* **eyeing** OR **eying)** ◇ *n* 1. *(gen)* œil *m*; **to cast** OR **run one's ~ over sthg** jeter un coup d'œil sur qqch; **to catch sb's ~** attirer l'attention de qqn; **to have one's ~ on sb** avoir qqn à l'œil; **to have one's ~ on sthg** avoir repéré qqch; **to keep one's ~s open for sthg** *(try to find)* essayer de repérer qqch; **to keep an ~ on sthg** surveiller qqch, garder l'œil sur qqch. 2. *(of needle)* chas *m*. ◇ *vt* regarder, reluquer.

eyeball ['aɪbɔːl] *n* globe *m* oculaire.

eyebath ['aɪbɑːθ] *n* œillère *f (pour bains d'œil)*.

eyebrow ['aɪbraʊ] *n* sourcil *m*.

eyebrow pencil *n* crayon *m* à sourcils.

eyedrops ['aɪdrɒps] *npl* gouttes *fpl* pour les yeux.

eyelash ['aɪlæʃ] *n* cil *m*.

eyelid ['aɪlɪd] *n* paupière *f*.

eyeliner ['aɪ,laɪnə^r] *n* eye-liner *m*.

eye-opener *n inf* révélation *f*.

eye shadow *n* fard *m* à paupières.
eyesight ['aɪsaɪt] *n* vue *f*.
eyesore ['aɪsɔːʳ] *n* horreur *f*.
eyestrain ['aɪstreɪn] *n* fatigue *f* des yeux.
eyewitness [ˌaɪ'wɪtnɪs] *n* témoin *m* oculaire.

F

f (*pl* **f's** OR **fs**), **F** (*pl* **F's** OR **Fs**) [ef] *n (letter)* f *m inv*, F *m inv*. ◆ **F** *n* **1.** (MUS) fa *m*. **2.** (*abbr of* **Fahrenheit**) F.
fable ['feɪbl] *n* fable *f*.
fabric ['fæbrɪk] *n* **1.** *(cloth)* tissu *m*. **2.** *(of building, society)* structure *f*.
fabrication [ˌfæbrɪ'keɪʃn] *n* **1.** *(lie, lying)* fabrication *f*, invention *f*. **2.** *(manufacture)* fabrication *f*.
fabulous ['fæbjʊləs] *adj* **1.** *(gen)* fabuleux(euse). **2.** *inf (excellent)* sensationnel (elle), fabuleux(euse).
facade [fə'sɑːd] *n* façade *f*.
face [feɪs] ◇ *n* **1.** *(of person)* visage *m*, figure *f*; **~ to ~** face à face; **to say sthg to sb's ~** dire qqch à qqn en face. **2.** *(expression)* visage *m*, mine *f*; **to make** OR **pull a ~** faire la grimace. **3.** *(of cliff, mountain)* face *f*, paroi *f*; *(of building)* façade *f*; *(of clock, watch)* cadran *m*; *(of coin, shape)* face. **4.** *(surface - of planet)* surface *f*; **on the ~ of it** à première vue. **5.** *(respect)*: **to save/lose ~** sauver/perdre la face. ◇ *vt* **1.** *(look towards - subj: person)* faire face à; **the house ~s the sea/south** la maison donne sur la mer/est orientée vers le sud. **2.** *(decision, crisis)* être confronté(e) à; *(problem, danger)* faire face à. **3.** *(facts, truth)* faire face à, admettre. **4.** *inf (cope with)* affronter. ◆ **face down** *adv (person)* face contre terre; *(object)* à l'envers; *(card)* face en dessous. ◆ **face up** *adv (person)* sur le dos; *(object)* à l'endroit; *(card)* face en dessus. ◆ **in the face of** *prep* devant. ◆ **face up to** *vt fus* faire face à.
facecloth ['feɪsklɒθ] *n Br* gant *m* de toilette.
face cream *n* crème *f* pour le visage.
face-lift *n* lifting *m*; *fig* restauration *f*, rénovation *f*.
face powder *n* poudre *f* de riz, poudre pour le visage.
face-saving [-ˌseɪvɪŋ] *adj* qui sauve la face.
facet ['fæsɪt] *n* facette *f*.
facetious [fə'siːʃəs] *adj* facétieux (euse).
face value *n (of coin, stamp)* valeur *f* nominale; **to take sthg at ~** prendre qqch au pied de la lettre.
facility [fə'sɪlətɪ] *n (feature)* fonction *f*. ◆ **facilities** *npl (amenities)* équipement *m*, aménagement *m*.
facing ['feɪsɪŋ] *adj* d'en face; *(sides)* opposé(e).
facsimile [fæk'sɪmɪlɪ] *n* **1.** *(fax)* télécopie *f*, fax *m*. **2.** *(copy)* fac-similé *m*.
fact [fækt] *n* **1.** *(true piece of information)* fait *m*; **to know sthg for a ~** savoir pertinemment qqch. **2.** *(U) (truth)* faits *mpl*, réalité *f*. ◆ **in fact** ◇ *adv* de fait, effectivement. ◇ *conj* en fait.
fact of life *n* fait *m*, réalité *f*; **the facts of life** *euphemism* les choses *fpl* de la vie.
factor ['fæktəʳ] *n* facteur *m*.
factory ['fæktərɪ] *n* fabrique *f*, usine *f*.
fact sheet *n Br* résumé *m*, brochure *f*.
factual ['fæktʃʊəl] *adj* factuel(elle), basé(e) sur les faits.
faculty ['fækltɪ] *n* **1.** *(gen)* faculté *f*. **2.** *Am (in college)*: **the ~** le corps enseignant.
FA Cup *n en Angleterre, championnat de football dont la finale se joue à Wembley.*
fad [fæd] *n* engouement *m*, mode *f*; *(personal)* marotte *f*.
fade [feɪd] ◇ *vt (jeans, curtains, paint)* décolorer. ◇ *vi* **1.** *(jeans, curtains, paint)* se décolorer; *(colour)* passer; *(flower)* se flétrir. **2.** *(light)* baisser, diminuer. **3.** *(sound)* diminuer, s'affaiblir. **4.** *(memory)* s'effacer; *(feeling, interest)* diminuer.
faeces *Br*, **feces** *Am* ['fiːsiːz] *npl* fèces *fpl*.
fag [fæg] *n inf* **1.** *Br (cigarette)* clope *m*. **2.** *Am pej (homosexual)* pédé *m*.
Fahrenheit ['færənhaɪt] *adj* Fahrenheit *(inv)*.
fail [feɪl] ◇ *vt* **1.** *(exam, test)* rater, échouer à. **2.** *(not succeed)*: **to ~ to do sthg** ne pas arriver à faire qqch. **3.** *(neglect)*: **to ~ to do sthg** manquer OR omettre de faire qqch. **4.** *(candidate)* refuser. ◇ *vi* **1.** *(not succeed)* ne pas réussir OR y arriver. **2.** *(not pass exam)* échouer. **3.** *(stop functioning)* lâcher. **4.** *(weaken - health, daylight)* décliner; *(- eyesight)* baisser.

failing ['feɪlɪŋ] ◇ *n (weakness)* défaut *m*, point *m* faible. ◇ *prep* à moins de; **~ that** à défaut.

failure ['feɪljəʳ] *n* **1.** *(lack of success, unsuccessful thing)* échec *m*. **2.** *(person)* raté *m*, -e *f*. **3.** *(of engine, brake etc)* défaillance *f*; *(of crop)* perte *f*.

faint [feɪnt] ◇ *adj* **1.** *(smell)* léger(ère); *(memory)* vague; *(sound, hope)* faible. **2.** *(slight - chance)* petit(e), faible. **3.** *(dizzy)*: **I'm feeling a bit ~** je ne me sens pas bien. ◇ *vi* s'évanouir.

fair [feəʳ] ◇ *adj* **1.** *(just)* juste, équitable; **it's not ~!** ce n'est pas juste! **2.** *(quite large)* grand(e), important(e). **3.** *(quite good)* assez bon (assez bonne). **4.** *(hair)* blond(e). **5.** *(skin, complexion)* clair(e). **6.** *(weather)* beau (belle). ◇ *n* **1.** *Br (funfair)* fête *f* foraine. **2.** *(trade fair)* foire *f*. ◇ *adv (fairly)* loyalement. ◆ **fair enough** *adv Br inf* OK, d'accord.

fair-haired [-'heəd] *adj (person)* blond (e).

fairly ['feəlɪ] *adv* **1.** *(rather)* assez; **~ certain** presque sûr. **2.** *(justly)* équitablement; *(describe)* avec impartialité; *(fight, play)* loyalement.

fairness ['feənɪs] *n (justness)* équité *f*.

fair trade *n* commerce *m* équitable.

fairy ['feərɪ] *n (imaginary creature)* fée *f*.

fairy tale *n* conte *m* de fées.

faith [feɪθ] *n* **1.** *(belief)* foi *f*, confiance *f*. **2.** (RELIG) foi *f*.

faithful ['feɪθful] *adj* fidèle.

faithfully ['feɪθfulɪ] *adv (loyally)* fidèlement; **Yours ~** *Br (in letter)* je vous prie d'agréer mes salutations distinguées.

fake [feɪk] ◇ *adj* faux (fausse). ◇ *n* **1.** *(object, painting)* faux *m*. **2.** *(person)* imposteur *m*. ◇ *vt* **1.** *(results)* falsifier; *(signature)* imiter. **2.** *(illness, emotions)* simuler. ◇ *vi (pretend)* simuler, faire semblant.

falcon ['fɔːlkən] *n* faucon *m*.

Falkland Islands ['fɔːklənd-], **Falklands** ['fɔːkləndz] *npl*: **the ~** les îles *fpl* Falkland, les Malouines *fpl*.

fall [fɔːl] (*pt* **fell**, *pp* **fallen**) ◇ *vi* **1.** *(gen)* tomber; **to ~ flat** *(joke)* tomber à plat. **2.** *(decrease)* baisser. **3.** *(become)*: **to ~ asleep** s'endormir; **to ~ ill** tomber malade; **to ~ in love** tomber amoureux (euse). ◇ *n* **1.** *(gen)*: **~ (in)** chute (de). **2.** *Am (autumn)* automne *m*. ◆ **falls** *npl* chutes *fpl*. ◆ **fall apart** *vi* **1.** *(disintegrate - book, chair)* tomber en morceaux. **2.** *fig (country)* tomber en ruine; *(person)* s'effondrer. ◆ **fall back** *vi (person, crowd)* reculer. ◆ **fall back on** *vt fus (resort to)* se rabattre sur. ◆ **fall behind** *vi* **1.** *(in race)* se faire distancer. **2.** *(with rent)* être en retard; **to ~ behind with one's work** avoir du retard dans son travail. ◆ **fall for** *vt fus* **1.** *inf (fall in love with)* tomber amoureux(euse) de. **2.** *(trick, lie)* se laisser prendre à. ◆ **fall in** *vi* **1.** *(roof, ceiling)* s'écrouler, s'affaisser. **2.** (MIL) former les rangs. ◆ **fall off** *vi* **1.** *(branch, handle)* se détacher, tomber. **2.** *(demand, numbers)* baisser, diminuer. ◆ **fall out** *vi* **1.** *(hair, tooth)* tomber. **2.** *(friends)* se brouiller. **3.** (MIL) rompre les rangs. ◆ **fall over** ◇ *vt fus*: **to ~ over sthg** trébucher sur qqch et tomber. ◇ *vi (person, chair etc)* tomber. ◆ **fall through** *vi (plan, deal)* échouer.

fallacy ['fæləsɪ] *n* erreur *f*, idée *f* fausse.

fallen ['fɔːln] *pp* → **fall**.

fallible ['fæləbl] *adj* faillible.

fallout ['fɔːlaut] *n (U) (radiation)* retombées *fpl*.

fallout shelter *n* abri *m* antiatomique.

fallow ['fæləu] *adj*: **to lie ~** être en jachère.

false [fɔːls] *adj* faux (fausse).

false alarm *n* fausse alerte *f*.

falsely ['fɔːlslɪ] *adv* à tort; *(smile, laugh)* faussement.

false teeth *npl* dentier *m*.

falsify ['fɔːlsɪfaɪ] *vt* falsifier.

falter ['fɔːltəʳ] *vi* **1.** *(move unsteadily)* chanceler. **2.** *(steps, voice)* devenir hésitant(e). **3.** *(hesitate, lose confidence)* hésiter.

fame [feɪm] *n* gloire *f*, renommée *f*.

familiar [fə'mɪljəʳ] *adj* familier(ère); **~ with sthg** familiarisé(e) avec qqch.

familiarity [fəˌmɪlɪ'ærətɪ] *n (U) (knowledge)*: **~ with sthg** connaissance *f* de qqch, familiarité *f* avec qqch.

familiarize, -ise [fə'mɪljəraɪz] *vt*: **to ~ o.s. with sthg** se familiariser avec qqch; **to ~ sb with sthg** familiariser qqn avec qqch.

family ['fæmlɪ] *n* famille *f*.

family credit *n (U) Br* ≈ complément *m* familial.

family doctor *n* médecin *m* de famille.

family planning *n* planning *m* familial; **~ clinic** centre *m* de planning familial.

famine ['fæmɪn] *n* famine *f*.

famished ['fæmɪʃt] *adj inf (very hungry)* affamé(e); **I'm ~!** je meurs de faim!

famous ['feɪməs] *adj*: **~ (for)** célèbre (pour).
famously ['feɪməslɪ] *adv dated*: **to get on** OR **along ~** s'entendre comme larrons en foire.
fan [fæn] ◇ *n* **1.** *(of paper, silk)* éventail *m.* **2.** *(electric or mechanical)* ventilateur *m.* **3.** *(enthusiast)* fan *mf.* ◇ *vt* **1.** *(face)* éventer. **2.** *(fire, feelings)* attiser. ◆ **fan out** *vi* se déployer.
fanatic [fə'nætɪk] *n* fanatique *mf.*
fan belt *n* courroie *f* de ventilateur.
fanciful ['fænsɪfʊl] *adj* **1.** *(odd)* bizarre, fantasque. **2.** *(elaborate)* extravagant(e).
fancy ['fænsɪ] ◇ *adj* **1.** *(elaborate - hat, clothes)* extravagant(e); *(- food, cakes)* raffiné(e). **2.** *(expensive - restaurant, hotel)* de luxe; *(- prices)* fantaisiste. ◇ *n* *(desire, liking)* envie *f*, lubie *f*; **to take a ~ to sb** se prendre d'affection pour qqn; **to take a ~ to sthg** se mettre à aimer qqch; **to take sb's ~** faire envie à qqn, plaire à qqn. ◇ *vt* **1.** *inf (want)* avoir envie de; **to ~ doing sthg** avoir envie de faire qqch. **2.** *inf (like)*: **I ~ her** elle me plaît. **3.** *(imagine)*: **~ that!** ça alors!
fancy dress *n (U)* déguisement *m.*
fancy-dress party *n* bal *m* costumé.
fanfare ['fænfeəʳ] *n* fanfare *f.*
fang [fæŋ] *n* *(of wolf)* croc *m*; *(of snake)* crochet *m.*
fan heater *n* radiateur *m* soufflant.
fanny ['fænɪ] *n Am inf (buttocks)* fesses *fpl.*
fantasize, -ise ['fæntəsaɪz] *vi*: **to ~ (about sthg/about doing sthg)** fantasmer (sur qqch/sur le fait de faire qqch).
fantastic [fæn'tæstɪk] *adj* **1.** *inf (wonderful)* fantastique, formidable. **2.** *(incredible)* extraordinaire, incroyable.
fantasy ['fæntəsɪ] *n* **1.** *(dream, imaginary event)* rêve *m*, fantasme *m.* **2.** *(U) (fiction)* fiction *f.* **3.** *(imagination)* fantaisie *f.*
fantasy football *n jeu où chaque participant se constitue une équipe virtuelle avec les noms de footballeurs réels, chaque but marqué par ceux-ci dans la réalité valant un point dans le jeu.*
fao (*abbr of* **for the attention of**) à l'attention de.
far [fɑːʳ] (*compar* **farther** OR **further**, *superl* **farthest** OR **furthest**) ◇ *adv* **1.** *(in distance)* loin; **how ~ is it?** c'est à quelle distance?, (est-ce que) c'est loin?; **have you come ~?** vous venez de loin?; **~ away** OR **off** loin; **~ and wide** partout; **as ~ as** jusqu'à. **2.** *(in time)*: **~ away** OR **off** loin; **so ~** jusqu'à maintenant, jusqu'ici. **3.** *(in degree or extent)* bien; **as ~ as** autant que; **as ~ as I'm concerned** en ce qui me concerne; **as ~ as possible** autant que possible, dans la mesure du possible; **~ and away, by ~** de loin; **~ from it** loin de là, au contraire. ◇ *adj* *(extreme)*: **the ~ end of the street** l'autre bout de la rue; **the ~ right of the party** l'extrême droite du parti; **the door on the ~ left** la porte la plus à gauche.
faraway ['fɑːrəweɪ] *adj* lointain(e).
farce [fɑːs] *n* **1.** (THEATRE) farce *f.* **2.** *fig (disaster)* pagaille *f*, vaste rigolade *f.*
farcical ['fɑːsɪkl] *adj* grotesque.
fare [feəʳ] *n* **1.** *(payment)* prix *m*, tarif *m.* **2.** *dated (food)* nourriture *f.*
Far East *n*: **the ~** l'Extrême-Orient *m.*
farewell [,feə'wel] ◇ *n* adieu *m.* ◇ *excl literary* adieu!
farm [fɑːm] ◇ *n* ferme *f.* ◇ *vt* cultiver.
farmer ['fɑːməʳ] *n* fermier *m.*
farmhand ['fɑːmhænd] *n* ouvrier *m*, -ère *f* agricole.
farmhouse ['fɑːmhaʊs, *pl* -haʊzɪz] *n* ferme *f.*
farming ['fɑːmɪŋ] *n (U)* agriculture *f*; *(of animals)* élevage *m.*
farm labourer = **farmhand**.
farmland ['fɑːmlænd] *n (U)* terres *fpl* cultivées OR arables.
farmstead ['fɑːmsted] *n Am* ferme *f.*
farm worker = **farmhand**.
farmyard ['fɑːmjɑːd] *n* cour *f* de ferme.
far-reaching [-'riːtʃɪŋ] *adj* d'une grande portée.
farsighted [,fɑː'saɪtɪd] *adj* **1.** *(person)* prévoyant(e); *(plan)* élaboré(e) avec clairvoyance. **2.** *Am (longsighted)* hypermétrope.
fart [fɑːt] *v inf* ◇ *n (air)* pet *m.* ◇ *vi* péter.
farther ['fɑːðəʳ] *compar* → **far**.
farthest ['fɑːðəst] *superl* → **far**.
fascinate ['fæsɪneɪt] *vt* fasciner.
fascinating ['fæsɪneɪtɪŋ] *adj* *(person, country)* fascinant(e); *(job)* passionnant (e); *(idea, thought)* très intéressant(e).
fascism ['fæʃɪzm] *n* fascisme *m.*
fashion ['fæʃn] ◇ *n* **1.** *(clothing, style)* mode *f*; **to be in/out of ~** être/ne plus être à la mode. **2.** *(manner)* manière *f.* ◇ *vt fml* façonner, fabriquer.
fashionable ['fæʃnəbl] *adj* à la mode.
fashion show *n* défilé *m* de mode.
fast [fɑːst] ◇ *adj* **1.** *(rapid)* rapide. **2.** *(clock, watch)* qui avance. ◇ *adv*

1. *(rapidly)* vite. 2. *(firmly)* solidement; **to hold ~ to sthg** *lit & fig* s'accrocher à qqch; **~ asleep** profondément endormi. ◇ *n* jeûne *m*. ◇ *vi* jeûner.

fasten ['fɑːsn] ◇ *vt (jacket, bag)* fermer; *(seat belt)* attacher; **to ~ sthg to sthg** attacher qqch à qqch. ◇ *vi*: **to ~ on to sb/sthg** se cramponner à qqn/qqch.

fastener ['fɑːsnəʳ] *n (of bag, necklace)* fermoir *m*; *(of dress)* fermeture *f*.

fastening ['fɑːsnɪŋ] *n* fermeture *f*.

fast food *n* fast food *m*.

fastidious [fə'stɪdɪəs] *adj (fussy)* méticuleux(euse).

fat [fæt] ◇ *adj* 1. *(overweight)* gros (grosse), gras (grasse); **to get ~** grossir. 2. *(not lean - meat)* gras (grasse). 3. *(thick - file, wallet)* gros (grosse), épais (aisse). ◇ *n* 1. *(flesh, on meat, in food)* graisse *f*. 2. *(U) (for cooking)* matière *f* grasse.

fatal ['feɪtl] *adj* 1. *(serious - mistake)* fatal(e); *(- decision, words)* fatidique. 2. *(accident, illness)* mortel(elle).

fatality [fə'tælətɪ] *n (accident victim)* mort *m*.

fate [feɪt] *n* 1. *(destiny)* destin *m*; **to tempt ~** tenter le diable. 2. *(result, end)* sort *m*.

fateful ['feɪtfʊl] *adj* fatidique.

father ['fɑːðəʳ] *n* père *m*.

Father Christmas *n Br* le Père Noël.

father-in-law (*pl* **father-in-laws** OR **fathers-in-law**) *n* beau-père *m*.

fatherly ['fɑːðəlɪ] *adj* paternel(elle).

fathom ['fæðəm] ◇ *n* brasse *f*. ◇ *vt*: **to ~ sb/sthg (out)** comprendre qqn/qqch.

fatigue [fə'tiːg] *n* 1. *(exhaustion)* épuisement *m*. 2. *(in metal)* fatigue *f*.

fatten ['fætn] *vt* engraisser.

fattening ['fætnɪŋ] *adj* qui fait grossir.

fatty ['fætɪ] ◇ *adj* gras (grasse). ◇ *n inf pej* gros *m*, grosse *f*.

fatuous ['fætjʊəs] *adj* stupide, niais(e).

faucet ['fɔːsɪt] *n Am* robinet *m*.

fault ['fɔːlt] ◇ *n* 1. *(responsibility, in tennis)* faute *f*; **it's my ~** c'est de ma faute. 2. *(mistake, imperfection)* défaut *m*; **to find ~ with sb/sthg** critiquer qqn/qqch; **at ~** fautif(ive). 3. (GEOL) faille *f*. ◇ *vt*: **to ~ sb (on sthg)** prendre qqn en défaut (sur qqch).

faultless ['fɔːltlɪs] *adj* impeccable.

faulty ['fɔːltɪ] *adj* défectueux(euse).

fauna ['fɔːnə] *n* faune *f*.

favour *Br*, **favor** *Am* ['feɪvəʳ] ◇ *n* 1. *(approval)* faveur *f*, approbation *f*; **in sb's ~** en faveur de qqn; **to be in/out of ~ with sb** avoir/ne pas avoir les faveurs de qqn, avoir/ne pas avoir la cote avec qqn; **to curry ~ with sb** chercher à gagner la faveur de qqn. 2. *(kind act)* service *m*; **to do sb a ~** rendre (un) service à qqn. 3. *(favouritism)* favoritisme *m*. ◇ *vt* 1. *(prefer)* préférer, privilégier. 2. *(treat better, help)* favoriser. ◆ **in favour** *adv (in agreement)* pour, d'accord. ◆ **in favour of** *prep* 1. *(in preference to)* au profit de. 2. *(in agreement with)*: **to be in ~ of sthg/of doing sthg** être partisan(e) de qqch/de faire qqch.

favourable *Br*, **favorable** *Am* ['feɪvrəbl] *adj (positive)* favorable.

favourite *Br*, **favorite** *Am* ['feɪvrɪt] ◇ *adj* favori(ite). ◇ *n* favori *m*, -ite *f*.

favouritism *Br*, **favoritism** *Am* ['feɪvrɪtɪzm] *n* favoritisme *m*.

fawn [fɔːn] ◇ *adj* fauve (*inv*). ◇ *n (animal)* faon *m*. ◇ *vi*: **to ~ on sb** flatter qqn servilement.

fax [fæks] ◇ *n* fax *m*, télécopie *f*. ◇ *vt* 1. *(person)* envoyer un fax à. 2. *(document)* envoyer en fax.

fax machine *n* fax *m*, télécopieur *m*.

fax modem *n* modem *m* fax.

FBI (*abbr of* **Federal Bureau of Investigation**) *n* FBI *m*.

fear [fɪəʳ] ◇ *n* 1. *(U) (feeling)* peur *f*. 2. *(object of fear)* crainte *f*. 3. *(risk)* risque *m*; **for ~ of** de peur de (+ *infin*), de peur que (+ *subjunctive*). ◇ *vt* 1. *(be afraid of)* craindre, avoir peur de. 2. *(anticipate)* craindre; **to ~ (that) ...** craindre que ..., avoir peur que ...

fearful ['fɪəfʊl] *adj* 1. *fml (frightened)* peureux(euse); **to be ~ of sthg** avoir peur de qqch. 2. *(frightening)* effrayant (e).

fearless ['fɪəlɪs] *adj* intrépide.

feasible ['fiːzəbl] *adj* faisable, possible.

feast [fiːst] ◇ *n (meal)* festin *m*, banquet *m*. ◇ *vi*: **to ~ on** OR **off sthg** se régaler de qqch.

feat [fiːt] *n* exploit *m*, prouesse *f*.

feather ['feðəʳ] *n* plume *f*.

feature ['fiːtʃəʳ] ◇ *n* 1. *(characteristic)* caractéristique *f*. 2. (GEOGR) particularité *f*. 3. *(article)* article *m* de fond. 4. (RADIO & TV) émission *f* spéciale, spécial *m*. 5. (CINEMA) long métrage *m*. ◇ *vt* 1. *(subj: film, exhibition)* mettre en vedette. 2. *(comprise)* présenter, comporter. ◇ *vi*: **to ~ (in)** figurer en vedette (dans). ◆ **features** *npl (of face)* traits *mpl*.

feature film *n* long métrage *m*.

February ['februərɪ] *n* février *m*; *see also* **September**.

feces *Am* = **faeces**.
fed [fed] *pt & pp* → **feed**.
federal ['fedrəl] *adj* fédéral(e).
federation [,fedə'reɪʃn] *n* fédération *f*.
fed up *adj*: **to be ~ (with)** en avoir marre (de).
fee [fi:] *n (of school)* frais *mpl*; *(of doctor)* honoraires *mpl*; *(for membership)* cotisation *f*; *(for entrance)* tarif *m*, prix *m*.
feeble ['fi:bəl] *adj* faible.
feed [fi:d] (*pt & pp* **fed**) ◇ *vt* **1.** *(give food to)* nourrir. **2.** *(fire, fears etc)* alimenter. **3.** *(put, insert)*: **to ~ sthg into sthg** mettre OR insérer qqch dans qqch. ◇ *vi (take food)*: **to ~ (on** OR **off)** se nourrir (de). ◇ *n* **1.** *(for baby)* repas *m*. **2.** *(animal food)* nourriture *f*.
feedback ['fi:dbæk] *n (U)* **1.** *(reaction)* réactions *fpl*. **2.** (ELEC) réaction *f*, rétroaction *f*.
feeding bottle ['fi:dɪŋ-] *n Br* biberon *m*.
feel [fi:l] (*pt & pp* **felt**) ◇ *vt* **1.** *(touch)* toucher. **2.** *(sense, experience, notice)* sentir; *(emotion)* ressentir; **to ~ o.s. doing sthg** se sentir faire qqch. **3.** *(believe)*: **to ~ (that)** ... croire que ..., penser que ... **4.** *phr*: **I'm not ~ing myself today** je ne suis pas dans mon assiette aujourd'hui. ◇ *vi* **1.** *(have sensation)*: **to ~ cold/hot/sleepy** avoir froid/chaud/sommeil; **to ~ like sthg/like doing sthg** *(be in mood for)* avoir envie de qqch/de faire qqch. **2.** *(have emotion)* se sentir; **to ~ angry** être en colère. **3.** *(seem)* sembler; **it ~s strange** ça fait drôle. **4.** *(by touch)*: **to ~ for sthg** chercher qqch. ◇ *n* **1.** *(sensation, touch)* toucher *m*, sensation *f*. **2.** *(atmosphere)* atmosphère *f*.
feeler ['fi:ləʳ] *n* antenne *f*.
feeling ['fi:lɪŋ] *n* **1.** *(emotion)* sentiment *m*. **2.** *(physical sensation)* sensation *f*. **3.** *(intuition, sense)* sentiment *m*, impression *f*. **4.** *(understanding)* sensibilité *f*. ◆ **feelings** *npl* sentiments *mpl*; **to hurt sb's ~s** blesser (la sensibilité de) qqn.
feet [fi:t] *pl* → **foot**.
feign [feɪn] *vt fml* feindre.
fell [fel] ◇ *pt* → **fall**. ◇ *vt (tree, person)* abattre. ◆ **fells** *npl* (GEOGR) lande *f*.
fellow ['feləʊ] ◇ *n* **1.** *dated (man)* homme *m*. **2.** *(comrade, peer)* camarade *m*, compagnon *m*. **3.** *(of society, college)* membre *m*, associé *m*. ◇ *adj*: **one's ~ men** ses semblables; **~ passenger** compagnon *m*, compagne *f* (de voyage); **~ student** camarade *mf* (d'études).
fellowship ['feləʊʃɪp] *n* **1.** *(comradeship)* amitié *f*, camaraderie *f*. **2.** *(society)* association *f*, corporation *f*. **3.** *(of society, college)* titre *m* de membre OR d'associé.
felony ['felənɪ] *n* (JUR) crime *m*, forfait *m*.
felt [felt] ◇ *pt & pp* → **feel**. ◇ *n (U)* feutre *m*.
felt-tip pen *n* stylo-feutre *m*.
female ['fi:meɪl] ◇ *adj (person)* de sexe féminin; *(animal, plant)* femelle; *(sex, figure)* féminin(e); **~ student** étudiante *f*. ◇ *n* femelle *f*.
feminine ['femɪnɪn] ◇ *adj* féminin(e). ◇ *n* (GRAMM) féminin *m*.
feminist ['femɪnɪst] *n* féministe *mf*.
fence [fens] ◇ *n (barrier)* clôture *f*; **to sit on the ~** *fig* ménager la chèvre et le chou. ◇ *vt* clôturer, entourer d'une clôture.
fencing ['fensɪŋ] *n* (SPORT) escrime *f*.
fend [fend] *vi*: **to ~ for o.s.** se débrouiller tout seul. ◆ **fend off** *vt sep (blows)* parer; *(questions, reporters)* écarter.
fender ['fendəʳ] *n* **1.** *(round fireplace)* pare-feu *m inv*. **2.** *(on boat)* défense *f*. **3.** *Am (on car)* aile *f*.
ferment [*n* 'fɜ:ment, *vb* fə'ment] ◇ *n (U) (unrest)* agitation *f*, effervescence *f*. ◇ *vi (wine, beer)* fermenter.
fern [fɜ:n] *n* fougère *f*.
ferocious [fə'rəʊʃəs] *adj* féroce.
ferret ['ferɪt] *n* furet *m*. ◆ **ferret about, ferret around** *vi inf* fureter un peu partout.
ferris wheel ['ferɪs-] *n* grande roue *f*.
ferry ['ferɪ] ◇ *n* ferry *m*, ferry-boat *m*; *(smaller)* bac *m*. ◇ *vt* transporter.
ferryboat ['ferɪbəʊt] *n* = **ferry**.
fertile ['fɜ:taɪl] *adj* **1.** *(land, imagination)* fertile, fécond(e). **2.** *(woman)* féconde.
fertilizer ['fɜ:tɪlaɪzəʳ] *n* engrais *m*.
fervent ['fɜ:vənt] *adj* fervent(e).
fester ['festəʳ] *vi (wound, sore)* suppurer.
festival ['festəvl] *n* **1.** *(event, celebration)* festival *m*. **2.** *(holiday)* fête *f*.
festive ['festɪv] *adj* de fête.
festive season *n*: **the ~** la période des fêtes.
festivities [fes'tɪvətɪz] *npl* réjouissances *fpl*.
fetch [fetʃ] *vt* **1.** *(go and get)* aller chercher. **2.** *(raise - money)* rapporter.
fetching ['fetʃɪŋ] *adj* séduisant(e).
fete, fête [feɪt] *n* fête *f*, kermesse *f*.

FETE

Les «village fêtes» en Grande-Bretagne, où l'on vend en plein air des produits faits maison et où l'on organise des manifestations sportives et des jeux pour enfants, sont généralement destinées à réunir des fonds pour une œuvre de charité.

fetus ['fiːtəs] = **foetus.**

feud [fjuːd] ◇ *n* querelle *f.* ◇ *vi* se quereller.

feudal ['fjuːdl] *adj* féodal(e).

fever ['fiːvəʳ] *n* fièvre *f.*

feverish ['fiːvərɪʃ] *adj* fiévreux(euse).

few [fjuː] ◇ *adj* peu de; **the first ~ pages** les toutes premières pages; **quite a ~, a good ~** pas mal de, un bon nombre de; **~ and far between** rares. ◇ *pron* peu; **a ~** quelques-uns *mpl*, quelques-unes *fpl.*

- Attention à ne pas confondre *few* («peu de») et *a few* («quelques»/«quelques-uns(unes)»).
- Devant les noms dénombrables au pluriel, on utilise *few* (*few women*), mais devant les noms indénombrables, c'est *little* qu'il faut utiliser (*little water*).
- Il ne faut pas confondre *a few* et *a little. A little* s'applique à des noms indénombrables (*a little sugar; a little patience*) et *a few* à des noms dénombrables au pluriel (*a few good ideas*). *A little* peut aussi être adverbe, contrairement à *a few*. Voir aussi LITTLE.
- Dans les phrases négatives, il est possible de dire *not many* au lieu de *few*, et *not much* au lieu de *little*.

fewer ['fjuːəʳ] ◇ *adj* moins (de). ◇ *pron* moins.

fewest ['fjuːəst] *adj* le moins (de).

fiancé [fɪ'ɒnseɪ] *n* fiancé *m.*

fiancée [fɪ'ɒnseɪ] *n* fiancée *f.*

fiasco [fɪ'æskəʊ] (*Br pl* **-s**, *Am pl* **-es**) *n* fiasco *m.*

fib [fɪb] *inf* ◇ *n* bobard *m*, blague *f.* ◇ *vi* raconter des bobards OR des blagues.

fibre *Br*, **fiber** *Am* ['faɪbəʳ] *n* fibre *f.*

fibreglass *Br*, **fiberglass** *Am* ['faɪbəglɑːs] *n (U)* fibre *f* de verre.

fickle ['fɪkl] *adj* versatile.

fiction ['fɪkʃn] *n* fiction *f.*

fictional ['fɪkʃənl] *adj* fictif(ive).

fictitious [fɪk'tɪʃəs] *adj (false)* fictif (ive).

fiddle ['fɪdl] ◇ *vi (play around)*: **to ~ with sthg** tripoter qqch. ◇ *vt Br inf* truquer. ◇ *n* **1.** *(violin)* violon *m.* **2.** *Br inf (fraud)* combine *f*, escroquerie *f.*

fiddly ['fɪdlɪ] *adj Br inf* délicat(e).

fidget ['fɪdʒɪt] *vi* remuer.

field [fiːld] *n* **1.** *(gen & COMPUT)* champ *m.* **2.** *(for sports)* terrain *m.* **3.** *(of knowledge)* domaine *m.*

field day *n*: **to have a ~** s'en donner à cœur joie.

field glasses *npl* jumelles *fpl.*

field marshal *n* = maréchal *m* (de France).

field trip *n* voyage *m* d'étude.

fieldwork ['fiːldwɜːk] *n (U)* recherches *fpl* sur le terrain.

fiend [fiːnd] *n* **1.** *(cruel person)* monstre *m.* **2.** *inf (fanatic)* fou *m*, folle *f*, mordu *m*, -e *f.*

fiendish ['fiːndɪʃ] *adj* **1.** *(evil)* abominable. **2.** *inf (very difficult, complex)* compliqué(e), complexe.

fierce [fɪəs] *adj* féroce; *(heat)* torride; *(storm, temper)* violent(e).

fiery ['faɪərɪ] *adj* **1.** *(burning)* ardent (e). **2.** *(volatile - speech)* enflammé(e); *(- temper, person)* fougueux(euse).

fifteen [fɪf'tiːn] *num* quinze; *see also* **six.**

fifth [fɪfθ] *num* cinquième; *see also* **sixth.**

fifty ['fɪftɪ] *num* cinquante; *see also* **sixty.**

fifty-fifty ◇ *adj* moitié-moitié, fifty-fifty; **to have a ~ chance** avoir cinquante pour cent de chances. ◇ *adv* moitié-moitié, fifty-fifty.

fig [fɪg] *n* figue *f.*

fight [faɪt] (*pt & pp* **fought**) ◇ *n* **1.** *(physical)* bagarre *f*; **to have a ~ (with sb)** se battre (avec qqn), se bagarrer (avec qqn); **to put up a ~** se battre, se défendre. **2.** *fig (battle, struggle)* lutte *f*, combat *m.* **3.** *(argument)* dispute *f*; **to have a ~ (with sb)** se disputer (avec qqn). ◇ *vt* **1.** *(physically)* se battre contre OR avec. **2.** *(conduct - war)* mener. **3.** *(enemy, racism)* combattre. ◇ *vi* **1.** *(in war, punch-up)* se battre. **2.** *fig (struggle)*: **to ~ for/against sthg** lutter pour/contre qqch. **3.** *(argue)*: **to ~ (about OR over)** se battre OR se disputer (à propos de). ◆ **fight back** ◇ *vt fus* refouler. ◇ *vi* riposter.

fighter ['faɪtəʳ] *n* **1.** *(plane)* avion *m* de

chasse, chasseur *m*. **2.** *(soldier)* combattant *m*. **3.** *(combative person)* battant *m*, -e *f*.
fighting ['faɪtɪŋ] *n (U) (punch-up)* bagarres *fpl*; *(in war)* conflits *mpl*.
figment ['fɪgmənt] *n*: **a ~ of sb's imagination** le fruit de l'imagination de qqn.
figurative ['fɪgərətɪv] *adj (meaning)* figuré(e).
figure [*Br* 'fɪgəʳ, *Am* 'fɪgjər] ◇ *n* **1.** *(statistic, number)* chiffre *m*. **2.** *(human shape, outline)* silhouette *f*, forme *f*. **3.** *(personality, diagram)* figure *f*. **4.** *(shape of body)* ligne *f*. ◇ *vt (suppose)* penser, supposer. ◇ *vi (feature)* figurer, apparaître. ◆ **figure out** *vt sep (understand)* comprendre; *(find)* trouver.
figurehead ['fɪgəhed] *n* **1.** *(on ship)* figure *f* de proue. **2.** *fig & pej (leader)* homme *m* de paille.
figure of speech *n* figure *f* de rhétorique.
Fiji ['fiːdʒiː] *n* Fidji *fpl*.
file [faɪl] ◇ *n* **1.** *(folder, report)* dossier *m*; **on ~, on the ~s** répertorié dans les dossiers. **2.** (COMPUT) fichier *m*. **3.** *(tool)* lime *f*. **4.** *(line)*: **in single ~** en file indienne. ◇ *vt* **1.** *(document)* classer. **2.** (JUR - *accusation, complaint)* porter, déposer; *(- lawsuit)* intenter. **3.** *(fingernails, wood)* limer. ◇ *vi* **1.** *(walk in single file)* marcher en file indienne. **2.** (JUR): **to ~ for divorce** demander le divorce.
filet *Am* = **fillet**.
filing cabinet ['faɪlɪŋ-] *n* classeur *m*, fichier *m*.
Filipino [ˌfɪlɪ'piːnəʊ] (*pl* **-s**) ◇ *adj* philippin(e). ◇ *n* Philippin *m*, -e *f*.
fill [fɪl] ◇ *vt* **1.** *(gen)* remplir; **to ~ sthg with sthg** remplir qqch de qqch. **2.** *(gap, hole)* boucher. **3.** *(vacancy - subj: employer)* pourvoir à; *(- subj: employee)* prendre. ◇ *n*: **to eat one's ~** manger à sa faim. ◆ **fill in** ◇ *vt sep* **1.** *(form)* remplir. **2.** *(inform)*: **to ~ sb in (on)** mettre qqn au courant (de). ◇ *vi (substitute)*: **to ~ in for sb** remplacer qqn. ◆ **fill out** ◇ *vt sep (form)* remplir. ◆ **fill up** ◇ *vt sep* remplir. ◇ *vi* se remplir.
fillet *Br*, **filet** *Am* ['fɪlɪt] *n* filet *m*.
fillet steak *n* filet *m* de bœuf.
filling ['fɪlɪŋ] ◇ *adj* très nourrissant(e). ◇ *n* **1.** *(in tooth)* plombage *m*. **2.** *(in cake, sandwich)* garniture *f*.
filling station *n* station-service *f*.
film [fɪlm] ◇ *n* **1.** *(movie)* film *m*. **2.** *(layer, for camera)* pellicule *f*. **3.** *(footage)* images *fpl*. ◇ *vt & vi* filmer.
film star *n* vedette *f* de cinéma.
Filofax® ['faɪləʊfæks] *n* Filofax® *m*.
filter ['fɪltəʳ] ◇ *n* filtre *m*. ◇ *vt (coffee)* passer; *(water, oil, air)* filtrer.
filter coffee *n* café *m* filtre.
filter lane *n Br* ≃ voie *f* de droite.
filter-tipped [-'tɪpt] *adj* à bout filtre.
filth [fɪlθ] *n (U)* **1.** *(dirt)* saleté *f*, crasse *f*. **2.** *(obscenity)* obscénités *fpl*.
filthy ['fɪlθɪ] *adj* **1.** *(very dirty)* dégoûtant(e), répugnant(e). **2.** *(obscene)* obscène.
fin [fɪn] *n (of fish)* nageoire *f*.
final ['faɪnl] ◇ *adj* **1.** *(last)* dernier(ère). **2.** *(at end)* final(e). **3.** *(definitive)* définitif (ive). ◇ *n* finale *f*. ◆ **finals** *npl* (UNIV) examens *mpl* de dernière année.
finale [fɪ'nɑːlɪ] *n* finale *m*.
finalize, -ise ['faɪnəlaɪz] *vt* mettre au point.
finally ['faɪnəlɪ] *adv* enfin.
finance [*n* 'faɪnæns, *vb* faɪ'næns] ◇ *n (U)* finance *f*. ◇ *vt* financer. ◆ **finances** *npl* finances *fpl*.
financial [fɪ'nænʃl] *adj* financier(ère).
find [faɪnd] (*pt & pp* **found**) ◇ *vt* **1.** *(gen)* trouver. **2.** *(realize)*: **to ~ (that)** ... s'apercevoir que ... **3.** (JUR): **to be found guilty/not guilty (of)** être déclaré (e) coupable/non coupable (de). ◇ *n* trouvaille *f*. ◆ **find out** ◇ *vi* se renseigner. ◇ *vt fus* **1.** *(information)* se renseigner sur. **2.** *(truth)* découvrir, apprendre. ◇ *vt sep* démasquer.
findings ['faɪndɪŋz] *npl* conclusions *fpl*.
fine [faɪn] ◇ *adj* **1.** *(good - work)* excellent(e); *(- building, weather)* beau (belle). **2.** *(perfectly satisfactory)* très bien; **I'm ~** ça va bien. **3.** *(thin, smooth)* fin(e). **4.** *(minute - detail, distinction)* subtil(e); *(- adjustment, tuning)* délicat(e). ◇ *adv (very well)* très bien. ◇ *n* amende *f*. ◇ *vt* condamner à une amende.
fine arts *npl* beaux-arts *mpl*.
finery ['faɪnərɪ] *n (U)* parure *f*.
fine-tune *vt (mechanism)* régler au quart de tour; *fig* régler minutieusement.
finger ['fɪŋgəʳ] ◇ *n* doigt *m*. ◇ *vt (feel)* palper.
fingernail ['fɪŋgəneɪl] *n* ongle *m (de la main)*.
fingerprint ['fɪŋgəprɪnt] *n* empreinte *f* (digitale).
fingertip ['fɪŋgətɪp] *n* bout *m* du doigt; **at one's ~s** sur le bout des doigts.
finicky ['fɪnɪkɪ] *adj pej (eater, task)* difficile; *(person)* tatillon(onne).
finish ['fɪnɪʃ] ◇ *n* **1.** *(end)* fin *f*; *(of race)*

arrivée *f*. 2. *(texture)* finition *f*. ◇ *vt* finir, terminer; **to ~ doing sthg** finir OR terminer de faire qqch. ◇ *vi* finir, terminer; *(school, film)* se terminer. ◆ **finish off** *vt sep* finir, terminer. ◆ **finish up** *vi* finir.

finishing line ['fɪnɪʃɪŋ-] *n* ligne *f* d'arrivée.

finishing school ['fɪnɪʃɪŋ-] *n école privée pour jeunes filles surtout axée sur l'enseignement de bonnes manières.*

finite ['faɪnaɪt] *adj* fini(e).

Finland ['fɪnlənd] *n* Finlande *f*.

Finn [fɪn] *n* Finlandais *m*, -e *f*.

Finnish ['fɪnɪʃ] ◇ *adj* finlandais(e), finnois(e). ◇ *n (language)* finnois *m*.

fir [fɜːʳ] *n* sapin *m*.

fire ['faɪəʳ] ◇ *n* 1. *(gen)* feu *m*; **on ~** en feu; **to catch ~** prendre feu; **to set ~ to sthg** mettre le feu à qqch. 2. *(out of control)* incendie *m*. 3. *Br (heater)* appareil *m* de chauffage. 4. *(U) (shooting)* coups *mpl* de feu; **to open ~ (on)** ouvrir le feu (sur). ◇ *vt* 1. *(shoot)* tirer. 2. *(dismiss)* renvoyer. ◇ *vi*: **to ~ (on** OR **at)** faire feu (sur), tirer (sur).

fire alarm *n* avertisseur *m* d'incendie.

firearm ['faɪərɑːm] *n* arme *f* à feu.

firebomb ['faɪəbɒm] ◇ *n* bombe *f* incendiaire. ◇ *vt* lancer des bombes incendiaires à.

fire brigade *Br*, **fire department** *Am n* sapeurs-pompiers *mpl*.

fire door *n* porte *f* coupe-feu.

fire engine *n* voiture *f* de pompiers.

fire escape *n* escalier *m* de secours.

fire extinguisher *n* extincteur *m* d'incendie.

fireguard ['faɪəgɑːd] *n* garde-feu *m inv*.

firelighter ['faɪəlaɪtəʳ] *n* allume-feu *m inv*.

fireman ['faɪəmən] (*pl* **-men** [-mən]) *n* pompier *m*.

fireplace ['faɪəpleɪs] *n* cheminée *f*.

fireproof ['faɪəpruːf] *adj* ignifugé(e).

fireside ['faɪəsaɪd] *n*: **by the ~** au coin du feu.

fire station *n* caserne *f* des pompiers.

firewood ['faɪəwʊd] *n* bois *m* de chauffage.

firework ['faɪəwɜːk] *n* fusée *f* de feu d'artifice. ◆ **fireworks** *npl (outburst of anger)* étincelles *fpl*.

firing ['faɪərɪŋ] *n (U)* (MIL) tir *m*, fusillade *f*.

firing squad *n* peloton *m* d'exécution.

firm [fɜːm] ◇ *adj* 1. *(gen)* ferme; **to stand ~** tenir bon. 2. *(support, structure)* solide. 3. *(evidence, news)* certain(e). ◇ *n* firme *f*, société *f*.

first [fɜːst] ◇ *adj* premier(ère); **for the ~ time** pour la première fois; **~ thing in the morning** tôt le matin. ◇ *adv* 1. *(before anyone else)* en premier. 2. *(before anything else)* d'abord; **~ of all** tout d'abord. 3. *(for the first time)* (pour) la première fois. ◇ *n* 1. *(person)* premier *m*, -ère *f*. 2. *(unprecedented event)* première *f*. 3. *Br* (UNIV) *diplôme universitaire avec mention très bien.* ◆ **at first** *adv* d'abord. ◆ **at first hand** *adv* de première main.

first aid *n (U)* premiers secours *mpl*.

first-aid kit *n* trousse *f* de premiers secours.

first-class *adj* 1. *(excellent)* excellent (e). 2. *(ticket, compartment)* de première classe; *(stamp, letter)* tarif normal.

first floor *n Br* premier étage *m*; *Am* rez-de-chaussée *m inv*.

firsthand [fɜːst'hænd] *adj & adv* de première main.

first lady *n* première dame *f* du pays.

firstly ['fɜːstlɪ] *adv* premièrement.

first name *n* prénom *m*.

first-rate *adj* excellent(e).

firtree ['fɜːtriː] = **fir**.

fish [fɪʃ] (*pl inv*) ◇ *n* poisson *m*. ◇ *vt (river, sea)* pêcher dans. ◇ *vi (fisherman)*: **to ~ (for sthg)** pêcher (qqch).

fish and chips *npl Br* poisson *m* frit avec frites.

FISH AND CHIPS

Plat à emporter britannique par excellence, le poisson frit accompagné de frites est enveloppé dans du papier d'emballage, puis du papier journal, et souvent consommé directement dans la rue. Les «fish and chip shops», que l'on trouve partout en Grande-Bretagne, vendent également d'autres produits frits (saucisses, boudin, poulet) et de petits pâtés en croûte.

fish and chip shop *n Br endroit où l'on vend du poisson frit et des frites.*

fishbowl ['fɪʃbəʊl] *n* bocal *m* (à poissons).

fishcake ['fɪʃkeɪk] *n* croquette *f* de poisson.

fisherman ['fɪʃəmən] (*pl* **-men** [-mən]) *n* pêcheur *m*.

fish farm *n* centre *m* de pisciculture.

fish fingers *Br*, **fish sticks** *Am npl* bâtonnets *mpl* de poisson panés.
fishing ['fɪʃɪŋ] *n* pêche *f*; **to go ~** aller à la pêche.
fishing boat *n* bateau *m* de pêche.
fishing line *n* ligne *f*.
fishing rod *n* canne *f* à pêche.
fishmonger ['fɪʃˌmʌŋgəʳ] *n* poissonnier *m*, -ère *f*; **~'s (shop)** poissonnerie *f*.
fish sticks *Am* = **fish fingers**.
fishy ['fɪʃɪ] *adj* **1.** *(smell, taste)* de poisson. **2.** *(suspicious)* louche.
fist [fɪst] *n* poing *m*.
fit [fɪt] ◇ *adj* **1.** *(suitable)* convenable; **to be ~ for sthg** être bon (bonne) à qqch; **to be ~ to do sthg** être apte à faire qqch. **2.** *(healthy)* en forme; **to keep ~** se maintenir en forme. ◇ *n* **1.** *(of clothes, shoes etc)* ajustement *m*; **it's a tight ~** c'est un peu juste; **it's a good ~** c'est la bonne taille. **2.** *(epileptic seizure)* crise *f*; **to have a ~** avoir une crise; *fig* piquer une crise. **3.** *(bout - of crying)* crise *f*; *(- of rage)* accès *m*; *(- of sneezing)* suite *f*; **in ~s and starts** par à-coups. ◇ *vt* **1.** *(be correct size for)* aller à. **2.** *(place)*: **to ~ sthg into sthg** insérer qqch dans qqch. **3.** *(provide)*: **to ~ sthg with sthg** équiper OR munir qqch de qqch. **4.** *(be suitable for)* correspondre à. ◇ *vi (be correct size, go)* aller; *(into container)* entrer. ◆ **fit in** ◇ *vt sep (accommodate)* prendre. ◇ *vi* s'intégrer; **to ~ in with sthg** correspondre à qqch; **to ~ in with sb** s'accorder à qqn.
fitful ['fɪtful] *adj (sleep)* agité(e); *(wind, showers)* intermittent(e).
fitment ['fɪtmənt] *n* meuble *m* encastré.
fitness ['fɪtnɪs] *n (U)* **1.** *(health)* forme *f*. **2.** *(suitability)*: **~ (for)** aptitude *f* (pour).
fitted carpet [ˌfɪtəd-] *n* moquette *f*.
fitted kitchen [ˌfɪtəd-] *n Br* cuisine *f* intégrée.
fitter ['fɪtəʳ] *n (mechanic)* monteur *m*.
fitting ['fɪtɪŋ] ◇ *adj fml* approprié(e). ◇ *n* **1.** *(part)* appareil *m*. **2.** *(for clothing)* essayage *m*. ◆ **fittings** *npl* installations *fpl*.
fitting room *n* cabine *f* d'essayage.
five [faɪv] *num* cinq; *see also* **six**.
fiver ['faɪvəʳ] *n inf* **1.** *Br (amount)* cinq livres *fpl*; *(note)* billet *m* de cinq livres. **2.** *Am (amount)* cinq dollars *mpl*; *(note)* billet *m* de cinq dollars.
fix [fɪks] ◇ *vt* **1.** *(gen)* fixer; **to ~ sthg to sthg** fixer qqch à qqch. **2.** *(in memory)* graver. **3.** *(repair)* réparer. **4.** *inf (rig)* truquer. **5.** *(food, drink)* préparer. ◇ *n* **1.** *inf (difficult situation)*: **to be in a ~** être dans le pétrin. **2.** *drugs sl* piqûre *f*. ◆ **fix up** *vt sep* **1.** *(provide)*: **to ~ sb up with sthg** obtenir qqch pour qqn. **2.** *(arrange)* arranger.
fixation [fɪk'seɪʃn] *n*: **~ (on** OR **about)** obsession *f* (de).
fixed [fɪkst] *adj* **1.** *(attached)* fixé(e). **2.** *(set, unchanging)* fixe; *(smile)* figé(e).
fixture ['fɪkstʃəʳ] *n* **1.** *(furniture)* installation *f*. **2.** *(permanent feature)* tradition *f* bien établie. **3.** (SPORT) rencontre *f* (sportive).
fizz [fɪz] *vi (lemonade, champagne)* pétiller; *(fireworks)* crépiter.
fizzle ['fɪzl] ◆ **fizzle out** *vi (fire)* s'éteindre; *(firework)* se terminer; *(interest, enthusiasm)* se dissiper.
fizzy ['fɪzɪ] *adj* pétillant(e).
flabbergasted ['flæbəgɑːstɪd] *adj* sidéré(e).
flabby ['flæbɪ] *adj* mou (molle).
flag [flæg] ◇ *n* drapeau *m*. ◇ *vi (person, enthusiasm, energy)* faiblir; *(conversation)* traîner.
flagpole ['flægpəul] *n* mât *m*.
flagrant ['fleɪgrənt] *adj* flagrant(e).
flagstone ['flægstəun] *n* dalle *f*.
flair [fleəʳ] *n* **1.** *(talent)* don *m*. **2.** *(U) (stylishness)* style *m*.
flak [flæk] *n (U)* **1.** *(gunfire)* tir *m* antiaérien. **2.** *inf (criticism)* critiques *fpl* sévères.
flake [fleɪk] ◇ *n (of paint, plaster)* écaille *f*; *(of snow)* flocon *m*; *(of skin)* petit lambeau *m*. ◇ *vi (paint, plaster)* s'écailler; *(skin)* peler.
flamboyant [flæm'bɔɪənt] *adj* **1.** *(showy, confident)* extravagant(e). **2.** *(brightly coloured)* flamboyant(e).
flame [fleɪm] *n* flamme *f*; **in ~s** en flammes; **to burst into ~s** s'enflammer.
flamingo [flə'mɪŋgəu] (*pl* **-s** OR **-es**) *n* flamant *m* rose.
flammable ['flæməbl] *adj* inflammable.
flan [flæn] *n* tarte *f*.
flank [flæŋk] ◇ *n* flanc *m*. ◇ *vt*: **to be ~ed by** être flanqué(e) de.
flannel ['flænl] *n* **1.** *(fabric)* flanelle *f*. **2.** *Br (facecloth)* gant *m* de toilette.
flap [flæp] ◇ *n* **1.** *(of envelope, pocket)* rabat *m*. **2.** *inf (panic)*: **in a ~** paniqué(e). ◇ *vt & vi* battre.
flapjack ['flæpdʒæk] *n* **1.** *Br (biscuit)* biscuit *m* à l'avoine. **2.** *Am (pancake)* crêpe *f* épaisse.

flare [fleəʳ] ◇ *n (distress signal)* fusée *f* éclairante. ◇ *vi* 1. *(burn brightly)*: **to ~ (up)** s'embraser. 2. *(intensify)*: **to ~ (up)** *(war, revolution)* s'intensifier soudainement; *(person)* s'emporter. 3. *(widen - trousers, skirt)* s'évaser; *(- nostrils)* se dilater. ◆ **flares** *npl Br* pantalon *m* à pattes d'éléphant.

flash [flæʃ] ◇ *n* 1. *(of light, colour)* éclat *m*; **~ of lightning** éclair *m*. 2. (PHOT) flash *m*. 3. *(sudden moment)* éclair *m*; **in a ~** en un rien de temps. ◇ *vt* 1. *(shine)* projeter; **to ~ one's headlights** faire un appel de phares. 2. *(send out - signal, smile)* envoyer; *(- look)* jeter. 3. *(show)* montrer. ◇ *vi* 1. *(torch)* briller. 2. *(light - on and off)* clignoter; *(eyes)* jeter des éclairs. 3. *(rush)*: **to ~ by** OR **past** passer comme un éclair.

flashback ['flæʃbæk] *n* flashback *m*, retour *m* en arrière.

flashbulb ['flæʃbʌlb] *n* ampoule *f* de flash.

flashgun ['flæʃgʌn] *n* flash *m*.

flashlight ['flæʃlaɪt] *n (torch)* lampe *f* électrique.

flashy ['flæʃɪ] *adj inf* tape-à-l'œil *(inv)*.

flask [flɑːsk] *n* 1. *(thermos flask)* Thermos® *m or f*. 2. (CHEM) ballon *m*. 3. *(hip flask)* flasque *f*.

flat [flæt] ◇ *adj* 1. *(gen)* plat(e). 2. *(tyre)* crevé(e). 3. *(refusal, denial)* catégorique. 4. *(business, trade)* calme. 5. *(dull - voice, tone)* monotone; *(- performance, writing)* terne. 6. (MUS - *person)* qui chante trop grave; *(- note)* bémol. 7. *(fare, price)* fixe. 8. *(beer, lemonade)* éventé(e). 9. *(battery)* à plat. ◇ *adv* 1. *(level)* à plat. 2. *(exactly)*: **two hours ~** deux heures pile. ◇ *n* 1. *Br (apartment)* appartement *m*. 2. (MUS) bémol *m*. ◆ **flat out** *adv (work)* d'arrache-pied; *(travel - subj: vehicle)* le plus vite possible.

flatly ['flætlɪ] *adv* 1. *(absolutely)* catégoriquement. 2. *(dully - say)* avec monotonie; *(- perform)* de façon terne.

flatmate ['flætmeɪt] *n Br personne avec laquelle on partage un appartement.*

flat rate *n* tarif *m* forfaitaire.

flatten ['flætn] *vt* 1. *(make flat - steel, paper)* aplatir; *(- wrinkles, bumps)* aplanir. 2. *(destroy)* raser. ◆ **flatten out** ◇ *vi* s'aplanir. ◇ *vt sep* aplanir.

flatter ['flætəʳ] *vt* flatter.

flattering ['flætərɪŋ] *adj* 1. *(complimentary)* flatteur(euse). 2. *(clothes)* seyant(e).

flattery ['flætərɪ] *n* flatterie *f*.

flaunt [flɔːnt] *vt* faire étalage de.

flavour *Br*, **flavor** *Am* ['fleɪvəʳ] ◇ *n* 1. *(of food)* goût *m*; *(of ice cream, yoghurt)* parfum *m*. 2. *fig (atmosphere)* atmosphère *f*. ◇ *vt* parfumer.

flavouring *Br*, **flavoring** *Am* ['fleɪvərɪŋ] *n (U)* parfum *m*.

flaw [flɔː] *n (in material, character)* défaut *m*; *(in plan, argument)* faille *f*.

flawless ['flɔːlɪs] *adj* parfait(e).

flax [flæks] *n* lin *m*.

flea [fliː] *n* puce *f*.

flea market *n* marché *m* aux puces.

fleck [flek] ◇ *n* moucheture *f*, petite tache *f*. ◇ *vt*: **~ed with** moucheté(e) de.

fled [fled] *pt & pp* → **flee**.

flee [fliː] (*pt & pp* **fled**) *vt & vi* fuir.

fleece [fliːs] ◇ *n* toison *f*. ◇ *vt inf* escroquer.

fleet [fliːt] *n* 1. *(of ships)* flotte *f*. 2. *(of cars, buses)* parc *m*.

fleeting ['fliːtɪŋ] *adj (moment)* bref (brève); *(look)* fugitif(ive); *(visit)* éclair *(inv)*.

Fleet Street *n rue de Londres dont le nom est utilisé pour désigner la presse britannique.*

Flemish ['flemɪʃ] ◇ *adj* flamand(e). ◇ *n (language)* flamand *m*. ◇ *npl*: **the ~** les Flamands *mpl*.

flesh [fleʃ] *n* chair *f*; **his/her ~ and blood** *(family)* les siens.

flesh wound *n* blessure *f* superficielle.

flew [fluː] *pt* → **fly**.

flex [fleks] ◇ *n* (ELEC) fil *m*. ◇ *vt (bend)* fléchir.

flexible ['fleksəbl] *adj* flexible.

flexitime ['fleksɪtaɪm] *n (U)* horaire *m* à la carte OR flexible.

flick [flɪk] ◇ *n* 1. *(of whip, towel)* petit coup *m*. 2. *(with finger)* chiquenaude *f*. ◇ *vt (switch)* appuyer sur. ◆ **flick through** *vt fus* feuilleter.

flicker ['flɪkəʳ] *vi* 1. *(candle, light)* vaciller. 2. *(shadow)* trembler; *(eyelids)* ciller.

flick knife *n Br* couteau *m* à cran d'arrêt.

flight [flaɪt] *n* 1. *(gen)* vol *m*. 2. *(of steps, stairs)* volée *f*. 3. *(escape)* fuite *f*.

flight attendant *n* steward *m*, hôtesse *f* de l'air.

flight crew *n* équipage *m*.

flight deck *n* 1. *(of aircraft carrier)* pont *m* d'envol. 2. *(of plane)* cabine *f* de pilotage.

flight recorder *n* enregistreur *m* de vol.

flimsy ['flɪmzɪ] *adj (dress, material)* lé-

ger(ère); *(building, bookcase)* peu solide; *(excuse)* piètre.
flinch [flɪntʃ] *vi* tressaillir; **to ~ from sthg/from doing sthg** reculer devant qqch/à l'idée de faire qqch.
fling [flɪŋ] (*pt & pp* **flung**) ◇ *n (affair)* aventure *f*, affaire *f*. ◇ *vt* lancer.
flint [flɪnt] *n* **1.** *(rock)* silex *m*. **2.** *(in lighter)* pierre *f*.
flip [flɪp] ◇ *vt* **1.** *(turn - pancake)* faire sauter; *(- record)* tourner. **2.** *(switch)* appuyer sur. ◇ *vi inf (become angry)* piquer une colère. ◇ *n* **1.** *(flick)* chiquenaude *f*. **2.** *(somersault)* saut *m* périlleux.
◆ **flip through** *vt fus* feuilleter.
flip-flop *n (shoe)* tong *f*.
flippant ['flɪpənt] *adj* désinvolte.
flipper ['flɪpəʳ] *n* **1.** *(of animal)* nageoire *f*. **2.** *(for swimmer, diver)* palme *f*.
flirt [flɜːt] ◇ *n* flirt *m*. ◇ *vi (with person)*: **to ~ (with sb)** flirter (avec qqn).
flirtatious [flɜː'teɪʃəs] *adj* flirteur (euse).
flit [flɪt] *vi (bird)* voleter.
float [fləut] ◇ *n* **1.** *(for buoyancy)* flotteur *m*. **2.** *(in procession)* char *m*. **3.** *(money)* petite caisse *f*. ◇ *vt (on water)* faire flotter. ◇ *vi (on water)* flotter; *(through air)* glisser.
flock [flɒk] *n* **1.** *(of birds)* vol *m*; *(of sheep)* troupeau *m*. **2.** *fig (of people)* foule *f*.
flog [flɒg] *vt* **1.** *(whip)* flageller. **2.** *Br inf (sell)* refiler.
flood [flʌd] ◇ *n* **1.** *(of water)* inondation *f*. **2.** *(great amount)* déluge *m*, avalanche *f*. ◇ *vt* **1.** *(with water, light)* inonder. **2.** *(overwhelm)*: **to ~ sthg (with)** inonder qqch (de).
flooding ['flʌdɪŋ] *n (U)* inondations *fpl*.
floodlight ['flʌdlaɪt] *n* projecteur *m*.
floor [flɔːʳ] ◇ *n* **1.** *(of room)* sol *m*; *(of club, disco)* piste *f*. **2.** *(of valley, sea, forest)* fond *m*. **3.** *(storey)* étage *m*. **4.** *(at meeting, debate)* auditoire *m*. ◇ *vt* **1.** *(knock down)* terrasser. **2.** *(baffle)* dérouter.
floorboard ['flɔːbɔːd] *n* plancher *m*.
floor show *n* spectacle *m* de cabaret.
flop [flɒp] *inf n (failure)* fiasco *m*.
floppy ['flɒpɪ] *adj (flower)* flasque; *(collar)* lâche.
floppy (disk) *n* disquette *f*, disque *m* souple.
flora ['flɔːrə] *n* flore *f*.
florid ['flɒrɪd] *adj* **1.** *(red)* rougeaud(e). **2.** *(extravagant)* fleuri(e).
Florida Keys ['flɒrɪdə-] *npl îles au large de la Floride.*

FLORIDA KEYS

Cet ensemble de petites îles s'étendant sur plus de 150 kilomètres au large de la côte sud de la Floride comprend notamment les très populaires Key West et Key Largo. Un système de routes et de ponts, l'«Overseas Highway», relie les îles entre elles.

florist ['flɒrɪst] *n* fleuriste *mf*; **~'s (shop)** magasin *m* de fleuriste.
flotsam ['flɒtsəm] *n (U)*: **~ and jetsam** débris *mpl*; *fig* épaves *fpl*.
flounder ['flaundəʳ] *vi* **1.** *(in water, mud, snow)* patauger. **2.** *(in conversation)* bredouiller.
flour ['flauəʳ] *n* farine *f*.
flourish ['flʌrɪʃ] ◇ *vi (plant, flower)* bien pousser; *(children)* être en pleine santé; *(company, business)* prospérer; *(arts)* s'épanouir. ◇ *vt* brandir. ◇ *n* grand geste *m*.
flout [flaut] *vt* bafouer.
flow [fləu] ◇ *n* **1.** *(movement - of water, information)* circulation *f*; *(- of funds)* mouvement *m*; *(- of words)* flot *m*. **2.** *(of tide)* flux *m*. ◇ *vi* **1.** *(gen)* couler. **2.** *(traffic, days, weeks)* s'écouler. **3.** *(hair, clothes)* flotter.
flow chart, flow diagram *n* organigramme *m*.
flower ['flauəʳ] ◇ *n* fleur *f*. ◇ *vi (bloom)* fleurir.
flowerbed ['flauəbed] *n* parterre *m*.
flowerpot ['flauəpɒt] *n* pot *m* de fleurs.
flowery ['flauərɪ] *adj* **1.** *(dress, material)* à fleurs. **2.** *pej (style)* fleuri(e).
flown [fləun] *pp* → **fly**.
flu [fluː] *n (U)* grippe *f*.
fluctuate ['flʌktʃueɪt] *vi* fluctuer.
fluency ['fluːənsɪ] *n* aisance *f*.
fluent ['fluːənt] *adj* **1.** *(in foreign language)*: **to speak ~ French** parler couramment le français. **2.** *(writing, style)* coulant(e), aisé(e).
fluff [flʌf] *n (U)* **1.** *(down)* duvet *m*. **2.** *(dust)* moutons *mpl*.
fluffy ['flʌfɪ] *adj* duveteux(euse); *(toy)* en peluche.
fluid ['fluːɪd] ◇ *n* fluide *m*; *(in diet, for cleaning)* liquide *m*. ◇ *adj* **1.** *(flowing)* fluide. **2.** *(unfixed)* changeant(e).
fluid ounce *n = 0,03 litre.*
fluke [fluːk] *n inf (chance)* coup *m* de bol.
flung [flʌŋ] *pt & pp* → **fling**.

flunk [flʌŋk] *inf vt* 1. *(exam, test)* rater. 2. *(student)* recaler.
fluorescent [flʊə'resənt] *adj* fluorescent(e).
fluoride ['flʊəraɪd] *n* fluorure *m*.
flurry ['flʌrɪ] *n* 1. *(of snow)* rafale *f*. 2. *fig (of objections)* concert *m*; *(of activity, excitement)* débordement *m*.
flush [flʌʃ] ◇ *adj (level)*: **~ with** de niveau avec. ◇ *n* 1. *(in lavatory)* chasse *f* d'eau. 2. *(blush)* rougeur *f*. 3. *(sudden feeling)* accès *m*. ◇ *vt (toilet)*: **to ~ the toilet** tirer la chasse d'eau. ◇ *vi (blush)* rougir.
flushed [flʌʃt] *adj* 1. *(red-faced)* rouge. 2. *(excited)*: **~ with** exalté(e) par.
flustered ['flʌstəd] *adj* troublé(e).
flute [flu:t] *n* (MUS) flûte *f*.
flutter ['flʌtə^r^] ◇ *n* 1. *(of wings)* battement *m*. 2. *inf (of excitement)* émoi *m*. ◇ *vi* 1. *(bird, insect)* voleter; *(wings)* battre. 2. *(flag, dress)* flotter.
flux [flʌks] *n (change)*: **to be in a state of ~** être en proie à des changements permanents.
fly [flaɪ] (*pt* **flew**, *pp* **flown**) ◇ *n* 1. *(insect)* mouche *f*. 2. *(of trousers)* braguette *f*. ◇ *vt* 1. *(kite, plane)* faire voler. 2. *(passengers, supplies)* transporter par avion. 3. *(flag)* faire flotter. ◇ *vi* 1. *(bird, insect, plane)* voler. 2. *(pilot)* faire voler un avion. 3. *(passenger)* voyager en avion. 4. *(move fast, pass quickly)* filer. 5. *(flag)* flotter. ◆ **fly away** *vi* s'envoler.
fly-fishing *n* pêche *f* à la mouche.
flying ['flaɪɪŋ] ◇ *adj* volant(e). ◇ *n* aviation *f*; **to like ~** aimer prendre l'avion.
flying colours *npl*: **to pass (sthg) with ~** réussir (qqch) haut la main.
flying saucer *n* soucoupe *f* volante.
flying squad *n Br force d'intervention rapide de la police.*
flying start *n*: **to get off to a ~** prendre un départ sur les chapeaux de roue.
flying visit *n* visite *f* éclair.
flyover ['flaɪ,əʊvə^r^] *n Br* autopont *m*.
flysheet ['flaɪʃi:t] *n* auvent *m*.
fly spray *n* insecticide *m*.
FM *n* (*abbr of* **frequency modulation**) FM *f*.
foal [fəʊl] *n* poulain *m*.
foam [fəʊm] ◇ *n (U)* 1. *(bubbles)* mousse *f*. 2. **~ (rubber)** caoutchouc *m* Mousse®. ◇ *vi (water, champagne)* mousser.
fob [fɒb] ◆ **fob off** *vt sep* repousser; **to ~ sthg off on sb** refiler qqch à qqn; **to ~ sb off with sthg** se débarrasser de qqn à l'aide de qqch.
focal point ['fəʊkl-] *n* foyer *m*; *fig* point *m* central.
focus ['fəʊkəs] (*pl* **-cuses** OR **-ci** [-kaɪ]) ◇ *n* 1. (PHOT) mise *f* au point; **in ~** net; **out of ~** flou. 2. *(centre - of rays)* foyer *m*; *(- of earthquake)* centre *m*. ◇ *vt (lens, camera)* mettre au point. ◇ *vi* 1. *(with camera, lens)* se fixer; *(eyes)* accommoder; **to ~ on sthg** *(with camera, lens)* se fixer sur qqch; *(with eyes)* fixer qqch. 2. *(attention)*: **to ~ on sthg** se concentrer sur qqch.
fodder ['fɒdə^r^] *n (U)* fourrage *m*.
foe [fəʊ] *n literary* ennemi *m*.
foetus ['fi:təs] *n* fœtus *m*.
fog [fɒg] *n (U)* brouillard *m*.
foggy ['fɒgɪ] *adj (misty)* brumeux(euse).
foghorn ['fɒghɔ:n] *n* sirène *f* de brume.
fog lamp *n* feu *m* de brouillard.
foible ['fɔɪbl] *n* marotte *f*.
foil [fɔɪl] ◇ *n (U) (metal sheet - of tin, silver)* feuille *f*; (- CULIN) papier *m* d'aluminium. ◇ *vt* déjouer.
fold [fəʊld] ◇ *vt* 1. *(bend, close up)* plier; **to ~ one's arms** croiser les bras. 2. *(wrap)* envelopper. ◇ *vi* 1. *(close up - table, chair)* se plier; *(- petals, leaves)* se refermer. 2. *inf (company, project)* échouer; (THEATRE) quitter l'affiche. ◇ *n* 1. *(in material, paper)* pli *m*. 2. *(for animals)* parc *m*. 3. *fig (spiritual home)*: **the ~** le bercail. ◆ **fold up** ◇ *vt sep* plier. ◇ *vi* 1. *(close up - table, map)* se plier; *(- petals, leaves)* se refermer. 2. *(company, project)* échouer.
folder ['fəʊldə^r^] *n (for papers - wallet)* chemise *f*; *(- binder)* classeur *m*.
folding ['fəʊldɪŋ] *adj (table, umbrella)* pliant(e); *(doors)* en accordéon.
foliage ['fəʊlɪɪdʒ] *n* feuillage *m*.
folk [fəʊk] ◇ *adj (art, dancing)* folklorique; *(medicine)* populaire. ◇ *npl (people)* gens *mpl*. ◆ **folks** *npl inf (relatives)* famille *f*.
folklore ['fəʊklɔ:^r^] *n* folklore *m*.
folk music *n* musique *f* folk.
folk song *n* chanson *f* folk.
follow ['fɒləʊ] ◇ *vt* suivre. ◇ *vi* 1. *(gen)* suivre. 2. *(be logical)* tenir debout; **it ~s that ...** il s'ensuit que ... ◆ **follow up** *vt sep* 1. *(pursue - idea, suggestion)* prendre en considération; *(- advertisement)* donner suite à. 2. *(complete)*: **to ~ sthg up with** faire suivre qqch de.
follower ['fɒləʊə^r^] *n (believer)* disciple *mf*.
following ['fɒləʊɪŋ] ◇ *adj* suivant(e).

◇ *n* groupe *m* d'admirateurs. ◇ *prep* après.
folly ['fɒlɪ] *n (U) (foolishness)* folie *f*.
fond [fɒnd] *adj (affectionate)* affectueux (euse); **to be ~ of** aimer beaucoup.
fondle ['fɒndl] *vt* caresser.
font [fɒnt] *n* **1.** *(in church)* fonts *mpl* baptismaux. **2.** (COMPUT & TYPO) police *f* (de caractères).
food [fu:d] *n* nourriture *f*.
food mixer *n* mixer *m*.
food poisoning [-ˌpɔɪznɪŋ] *n* intoxication *f* alimentaire.
food processor [-ˌprəʊsesəʳ] *n* robot *m* ménager.
foodstuffs ['fu:dstʌfs] *npl* denrées *fpl* alimentaires.
fool [fu:l] ◇ *n* **1.** *(idiot)* idiot *m*, -e *f*. **2.** *Br (dessert)* = mousse *f*. ◇ *vt* duper; **to ~ sb into doing sthg** amener qqn à faire qqch en le dupant. ◇ *vi* faire l'imbécile.
◆ **fool about, fool around** *vi* **1.** *(behave foolishly)* faire l'imbécile. **2.** *(be unfaithful)* être infidèle.
foolhardy ['fu:lˌhɑ:dɪ] *adj* téméraire.
foolish ['fu:lɪʃ] *adj* idiot(e), stupide.
foolproof ['fu:lpru:f] *adj* infaillible.
foot [fʊt] (*pl sense 1* **feet**, *pl sense 2 inv* OR **feet**) ◇ *n* **1.** *(gen)* pied *m*; *(of animal)* patte *f*; *(of page, stairs)* bas *m*; **to be on one's feet** être debout; **to get to one's feet** se mettre debout, se lever; **on ~** à pied; **to put one's ~ in it** mettre les pieds dans le plat; **to put one's feet up** se reposer. **2.** *(unit of measurement)* = *30,48 cm*, = pied *m*. ◇ *vt inf*: **to ~ the bill** payer la note.
footage ['fʊtɪdʒ] *n (U)* séquences *fpl*.
football ['fʊtbɔ:l] *n* **1.** *(game - soccer)* football *m*, foot *m*; *(- American football)* football américain. **2.** *(ball)* ballon *m* de football OR foot.
footballer ['fʊtbɔ:ləʳ] *n Br* joueur *m*, -euse *f* de football, footballeur *m*, -euse *f*.
football ground *n Br* terrain *m* de football.
football player = **footballer**.
footbrake ['fʊtbreɪk] *n* frein *m* (à pied).
footbridge ['fʊtbrɪdʒ] *n* passerelle *f*.
foothold ['fʊthəʊld] *n* prise *f* (de pied).
footing ['fʊtɪŋ] *n* **1.** *(foothold)* prise *f*; **to lose one's ~** trébucher. **2.** *fig (basis)* position *f*.
footlights ['fʊtlaɪts] *npl* rampe *f*.
footnote ['fʊtnəʊt] *n* note *f* en bas de page.
footpath ['fʊtpɑ:θ, *pl* -pɑ:ðz] *n* sentier *m*.
footprint ['fʊtprɪnt] *n* empreinte *f* (de pied), trace *f* (de pas).
footstep ['fʊtstep] *n* **1.** *(sound)* bruit *m* de pas. **2.** *(footprint)* empreinte *f* (de pied).
footwear ['fʊtweəʳ] *n (U)* chaussures *fpl*.

---

for [fɔ:ʳ] ◇ *prep* **1.** *(referring to intention, destination, purpose)* pour; **this is ~ you** c'est pour vous; **the plane ~ Paris** l'avion à destination de Paris; **let's meet ~ a drink** retrouvons-nous pour prendre un verre; **we did it ~ a laugh** OR **~ fun** on l'a fait pour rire; **what's it ~?** ça sert à quoi? **2.** *(representing, on behalf of)* pour; **the MP ~ Barnsley** le député de Barnsley; **let me do that ~ you** laissez-moi faire, je vais vous le faire. **3.** *(because of)* pour, en raison de; **~ various reasons** pour plusieurs raisons; **a prize ~ swimming** un prix de natation; **~ fear of being ridiculed** de OR par peur d'être ridiculisé. **4.** *(with regard to)* pour; **to be ready ~ sthg** être prêt à OR pour qqch; **it's not ~ me to say** ce n'est pas à moi à le dire; **to be young ~ one's age** être jeune pour son âge; **to feel sorry ~ sb** plaindre qqn. **5.** *(indicating amount of time, space)*: **there's no time ~ that now** on n'a pas le temps de faire cela OR de s'occuper de cela maintenant; **there's room ~ another person** il y a de la place pour encore une personne. **6.** *(indicating period of time)*: **she'll be away ~ a month** elle sera absente (pendant) un mois; **we talked ~ hours** on a parlé pendant des heures; **I've lived here ~ 3 years** j'habite ici depuis 3 ans, cela fait 3 ans que j'habite ici; **I can do it for you ~ tomorrow** je peux vous le faire pour demain. **7.** *(indicating distance)* pendant, sur; **~ 50 kilometres** pendant OR sur 50 kilomètres; **I walked ~ miles** j'ai marché (pendant) des kilomètres. **8.** *(indicating particular occasion)* pour; **~ Christmas** pour Noël. **9.** *(indicating amount of money, price)*: **they're 50p ~ ten** cela coûte 50p les dix; **I bought/sold it ~ £10** je l'ai acheté/vendu 10 livres. **10.** *(in favour of, in support of)* pour; **to vote ~ sthg** voter pour qqch; **to be all ~ sthg** être tout à fait pour OR en faveur de qqch. **11.** *(in ratios)* pour. **12.** *(indicating meaning)*: **P ~ Peter** P comme Peter; **what's the Greek ~ 'mother'?** comment dit-on 'mère' en grec? ◇ *conj fml (as, since)* car. ◆ **for all** ◇ *prep* malgré; **~ all his money ...** malgré tout son argent ... ◇ *conj* **~ all I know** pour autant que je sache.

> • Il ne faut pas confondre *for* et *during*. *For* répond à la question *how long?* (combien de temps?; pour combien de temps?; pendant combien de temps?) (*I went to Boston for three weeks*), alors que *during* répond à la question *when?* (quand?) (*I went to Boston during the holidays*).

foray ['fɒreɪ] *n*: **~ (into)** *lit & fig* incursion *f* (dans).
forbad [fə'bæd], **forbade** [fə'beɪd] *pt* → **forbid**.
forbid [fə'bɪd] (*pt* **-bade** OR **-bad**, *pp* **forbid** OR **-bidden**) *vt* interdire, défendre; **to ~ sb to do sthg** interdire OR défendre à qqn de faire qqch.
forbidden [fə'bɪdn] ◇ *pp* → **forbid**. ◇ *adj* interdit(e), défendu(e).
forbidding [fə'bɪdɪŋ] *adj* (*severe, unfriendly*) austère; (*threatening*) sinistre.
force [fɔːs] ◇ *n* **1.** (*gen*) force *f*; **by ~** de force. **2.** (*effect*): **to be in/to come into ~** être/entrer en vigueur. ◇ *vt* **1.** (*gen*) forcer; **to ~ sb to do sthg** forcer qqn à faire qqch. **2.** (*press*): **to ~ sthg on sb** imposer qqch à qqn. ◆ **forces** *npl*: **the ~s** les forces *fpl* armées; **to join ~s** joindre ses efforts.
force-feed *vt* nourrir de force.
forceful ['fɔːsfʊl] *adj* (*person*) énergique; (*speech*) vigoureux(euse).
forceps ['fɔːseps] *npl* forceps *m*.
forcibly ['fɔːsəblɪ] *adv* **1.** (*using physical force*) de force. **2.** (*powerfully*) avec vigueur.
ford [fɔːd] *n* gué *m*.
fore [fɔːʳ] ◇ *adj* (NAUT) à l'avant. ◇ *n*: **to come to the ~** s'imposer.
forearm ['fɔːrɑːm] *n* avant-bras *m inv*.
foreboding [fɔː'bəʊdɪŋ] *n* pressentiment *m*.
forecast ['fɔːkɑːst] (*pt & pp* **forecast** OR **-ed**) ◇ *n* prévision *f*; **(weather) ~** prévisions météorologiques. ◇ *vt* prévoir.
foreclose [fɔː'kləʊz] ◇ *vt* saisir. ◇ *vi*: **to ~ on sb** saisir qqn.
forecourt ['fɔːkɔːt] *n* (*of petrol station*) devant *m*; (*of building*) avant-cour *f*.
forefinger ['fɔːˌfɪŋgəʳ] *n* index *m*.
forefront ['fɔːfrʌnt] *n*: **in** OR **at the ~ of** au premier plan de.
forego [fɔː'gəʊ] = **forgo**.
foregone conclusion ['fɔːgɒn-] *n*: **it's a ~** c'est couru.
foreground ['fɔːgraʊnd] *n* premier plan *m*.
forehand ['fɔːhænd] *n* (TENNIS) coup *m* droit.
forehead ['fɔːhed] *n* front *m*.
foreign ['fɒrən] *adj* **1.** (*gen*) étranger (ère); (*correspondent*) à l'étranger. **2.** (*policy, trade*) extérieur(e).
foreign affairs *npl* affaires *fpl* étrangères.
foreign currency *n* (*U*) devises *fpl* étrangères.
foreigner ['fɒrənəʳ] *n* étranger *m*, -ère *f*.
foreign minister *n* ministre *m* des Affaires étrangères.
Foreign Office *n Br*: **the ~** ≃ le ministère des Affaires étrangères.
Foreign Secretary *n Br* ≃ ministre *m* des Affaires étrangères.
foreleg ['fɔːleg] *n* (*of horse*) membre *m* antérieur; (*of other animals*) patte *f* de devant.
foreman ['fɔːmən] (*pl* **-men** [-mən]) *n* **1.** (*of workers*) contremaître *m*. **2.** (JUR) président *m* du jury.
foremost ['fɔːməʊst] ◇ *adj* principal (e). ◇ *adv*: **first and ~** tout d'abord.
forensic [fə'rensɪk] *adj* (*department, investigation*) médico-légal(e).
forensic medicine, forensic science *n* médecine *f* légale.
forerunner ['fɔːˌrʌnəʳ] *n* précurseur *m*.
foresee [fɔː'siː] (*pt* **-saw** [-'sɔː], *pp* **-seen**) *vt* prévoir.
foreseeable [fɔː'siːəbl] *adj* prévisible; **for the ~ future** pour tous les jours/mois *etc* à venir.
foreseen [fɔː'siːn] *pp* → **foresee**.
foreshadow [fɔː'ʃædəʊ] *vt* présager.
foresight ['fɔːsaɪt] *n* (*U*) prévoyance *f*.
forest ['fɒrɪst] *n* forêt *f*.
forestall [fɔː'stɔːl] *vt* (*attempt, discussion*) prévenir; (*person*) devancer.
forestry ['fɒrɪstrɪ] *n* sylviculture *f*.
foretaste ['fɔːteɪst] *n* avant-goût *m*.
foretell [fɔː'tel] (*pt & pp* **-told**) *vt* prédire.
foretold [fɔː'təʊld] *pt & pp* → **foretell**.
forever [fə'revəʳ] *adv* (*eternally*) (pour) toujours.
forewarn [fɔː'wɔːn] *vt* avertir.
foreword ['fɔːwɜːd] *n* avant-propos *m inv*.
forfeit ['fɔːfɪt] ◇ *n* amende *f*; (*in game*) gage *m*. ◇ *vt* perdre.
forgave [fə'geɪv] *pt* → **forgive**.
forge [fɔːdʒ] ◇ *n* forge *f*. ◇ *vt* **1.** (INDUSTRY & *fig*) forger. **2.** (*signature,*

money) contrefaire; *(passport)* falsifier. ◆ **forge ahead** *vi* prendre de l'avance.
forger ['fɔːdʒəʳ] *n* faussaire *mf*.
forgery ['fɔːdʒərɪ] *n* **1.** *(U)* *(crime)* contrefaçon *f*. **2.** *(forged article)* faux *m*.
forget [fə'get] (*pt* **-got**, *pp* **-gotten**) ◇ *vt* oublier; **to ~ to do sthg** oublier de faire qqch; **~ it!** laisse tomber! ◇ *vi*: **to ~ (about sthg)** oublier (qqch).
forgetful [fə'getfʊl] *adj* distrait(e), étourdi(e).
forget-me-not *n* myosotis *m*.
forgive [fə'gɪv] (*pt* **-gave**, *pp* **-given** [-'gɪvən]) *vt* pardonner; **to ~ sb for sthg/for doing sthg** pardonner qqch à qqn/à qqn d'avoir fait qqch.
forgiveness [fə'gɪvnɪs] *n* *(U)* pardon *m*.
forgo [fɔː'gəʊ] (*pt* **-went**, *pp* **-gone** [-'gɒn]) *vt* renoncer à.
forgot [fə'gɒt] *pt* → **forget**.
forgotten [fə'gɒtn] *pp* → **forget**.
fork [fɔːk] ◇ *n* **1.** *(for eating)* fourchette *f*. **2.** *(for gardening)* fourche *f*. **3.** *(in road)* bifurcation *f*; *(of river)* embranchement *m*. ◇ *vi* bifurquer. ◆ **fork out** *inf* ◇ *vt fus* allonger, débourser. ◇ *vi*: **to ~ out (for)** casquer (pour).
forklift truck ['fɔːklɪft-] *n* chariot *m* élévateur.
forlorn [fə'lɔːn] *adj* **1.** *(person, face)* malheureux(euse), triste. **2.** *(place, landscape)* désolé(e). **3.** *(hope, attempt)* désespéré(e).
form [fɔːm] ◇ *n* **1.** *(shape, fitness, type)* forme *f*; **on ~** *Br*, **in ~** *Am* en forme; **off ~** pas en forme; **in the ~ of** sous forme de. **2.** *(questionnaire)* formulaire *m*. **3.** *Br* (SCH) classe *f*. ◇ *vt* former. ◇ *vi* se former.
formal ['fɔːml] *adj* **1.** *(person)* formaliste; *(language)* soutenu(e). **2.** *(dinner party, announcement)* officiel(elle); *(dress)* de cérémonie.
formality [fɔː'mælətɪ] *n* formalité *f*.
format ['fɔːmæt] ◇ *n* *(gen & COMPUT)* format *m*. ◇ *vt* (COMPUT) formater.
formation [fɔː'meɪʃn] *n* **1.** *(gen)* formation *f*. **2.** *(of idea, plan)* élaboration *f*.
formative ['fɔːmətɪv] *adj* formateur (trice).
former ['fɔːməʳ] ◇ *adj* **1.** *(previous)* ancien(enne); **~ husband** ex-mari *m*; **~ pupil** ancien élève *m*, ancienne élève *f*. **2.** *(first of two)* premier(ère). ◇ *n*: **the ~** le premier (la première), celui-là (celle-là).
formerly ['fɔːməlɪ] *adv* autrefois.
formidable ['fɔːmɪdəbl] *adj* impressionnant(e).
formula ['fɔːmjʊlə] (*pl* **-as** OR **-ae** [-iː]) *n* formule *f*.
formulate ['fɔːmjʊleɪt] *vt* formuler.
forsake [fə'seɪk] (*pt* **forsook**, *pp* **forsaken**) *vt literary* *(person)* abandonner; *(habit)* renoncer à.
forsaken [fə'seɪkn] *adj* abandonné(e).
forsook [fə'sʊk] *pt* → **forsake**.
fort [fɔːt] *n* fort *m*.
forte ['fɔːtɪ] *n* point *m* fort.
forth [fɔːθ] *adv literary* en avant.
forthcoming [fɔːθ'kʌmɪŋ] *adj* **1.** *(imminent)* à venir. **2.** *(helpful)* communicatif (ive).
forthright ['fɔːθraɪt] *adj* franc (franche), direct(e).
fortified wine ['fɔːtɪfaɪd-] *n* vin *m* de liqueur.
fortify ['fɔːtɪfaɪ] *vt* **1.** (MIL) fortifier. **2.** *fig (resolve etc)* renforcer.
fortnight ['fɔːtnaɪt] *n* quinze jours *mpl*, quinzaine *f*.
fortnightly ['fɔːt,naɪtlɪ] ◇ *adj* bimensuel(elle). ◇ *adv* tous les quinze jours.
fortress ['fɔːtrɪs] *n* forteresse *f*.
fortunate ['fɔːtʃnət] *adj* heureux (euse); **to be ~** avoir de la chance.
fortunately ['fɔːtʃnətlɪ] *adv* heureusement.
fortune ['fɔːtʃuːn] *n* **1.** *(wealth)* fortune *f*. **2.** *(luck)* fortune *f*, chance *f*. **3.** *(future)*: **to tell sb's ~** dire la bonne aventure à qqn.
fortune-teller [-,teləʳ] *n* diseuse *f* de bonne aventure.
forty ['fɔːtɪ] *num* quarante; *see also* **sixty**.
forward ['fɔːwəd] ◇ *adj* **1.** *(movement)* en avant. **2.** *(planning)* à long terme. **3.** *(impudent)* effronté(e). ◇ *adv* **1.** *(ahead)* en avant; **to go** OR **move ~** avancer. **2.** *(in time)*: **to bring a meeting ~** avancer la date d'une réunion. ◇ *n* (SPORT) avant *m*. ◇ *vt (letter)* faire suivre; *(goods)* expédier.
forwarding address ['fɔːwədɪŋ-] *n* adresse *f* où faire suivre le courrier.
forwards ['fɔːwədz] *adv* = **forward**.
forwent [fɔː'went] *pt* → **forgo**.
fossil ['fɒsl] *n* fossile *m*.
foster ['fɒstəʳ] ◇ *adj (family)* d'accueil. ◇ *vt* **1.** *(child)* accueillir. **2.** *fig (nurture)* nourrir, entretenir.
foster child *n* enfant *m* placé en famille d'accueil.
foster parent *n* parent *m* nourricier.

fought [fɔːt] *pt & pp* → **fight**.

foul [faʊl] ◇ *adj* **1.** *(gen)* infect(e); *(water)* croupi(e). **2.** *(language)* ordurier (ère). ◇ *n* (SPORT) faute *f*. ◇ *vt* **1.** *(make dirty)* souiller, salir. **2.** (SPORT) commettre une faute contre.

found [faʊnd] ◇ *pt & pp* → **find**. ◇ *vt* **1.** *(hospital, town)* fonder. **2.** *(base)*: **to ~ sthg on** fonder OR baser qqch sur.

foundation [faʊn'deɪʃn] *n* **1.** *(creation, organization)* fondation *f*. **2.** *(basis)* fondement *m*, base *f*. **3.** **~ (cream)** fond *m* de teint. ◆ **foundations** *npl* (CONSTR) fondations *fpl*.

founder ['faʊndəʳ] ◇ *n* fondateur *m*, -trice *f*. ◇ *vi (ship)* sombrer.

foundry ['faʊndrɪ] *n* fonderie *f*.

fountain ['faʊntɪn] *n* fontaine *f*.

fountain pen *n* stylo *m* à encre.

four [fɔːʳ] *num* quatre; **on all ~s** à quatre pattes; *see also* **six**.

four-letter word *n* mot *m* grossier.

four-poster (bed) *n* lit *m* à baldaquin.

foursome ['fɔːsəm] *n* groupe *m* de quatre.

fourteen [,fɔː'tiːn] *num* quatorze; *see also* **six**.

fourth [fɔːθ] *num* quatrième; *see also* **sixth**.

Fourth of July *n*: **the ~** *Fête de l'Indépendance américaine*.

THE FOURTH OF JULY

Le 4 juillet, jour de l'indépendance américaine (*Independence Day*, 1776), est l'une des fêtes les plus importantes pour les Américains. De nombreuses villes organisent des défilés et des feux d'artifice bleus, blancs et rouges. Ces mêmes couleurs sont utilisées pour décorer les façades des immeubles, qui arborent aussi souvent des drapeaux américains. La plupart des familles passent la journée ensemble à pique-niquer; le menu comprend généralement des hot dogs et de la pastèque.

four-wheel drive *n*: **with ~** à quatre roues motrices.

fowl [faʊl] (*pl inv* OR **-s**) *n* volaille *f*.

fox [fɒks] ◇ *n* renard *m*. ◇ *vt* laisser perplexe.

foxglove ['fɒksglʌv] *n* digitale *f*.

foyer ['fɔɪeɪ] *n* **1.** *(of hotel, theatre)* foyer *m*. **2.** *Am (of house)* hall *m* d'entrée.

fracas ['frækɑː, *Am* 'freɪkəs] (*Br pl inv*, *Am pl* **-cases**) *n* bagarre *f*.

fraction ['frækʃn] *n* fraction *f*; **a ~ too big** légèrement OR un petit peu trop grand.

fractionally ['frækʃnəlɪ] *adv* un tout petit peu.

fracture ['fræktʃəʳ] ◇ *n* fracture *f*. ◇ *vt* fracturer.

fragile ['frædʒaɪl] *adj* fragile.

fragment ['frægmənt] *n* fragment *m*.

fragrance ['freɪgrəns] *n* parfum *m*.

fragrant ['freɪgrənt] *adj* parfumé(e).

frail [freɪl] *adj* fragile.

frame [freɪm] ◇ *n* **1.** *(gen)* cadre *m*; *(of glasses)* monture *f*; *(of door, window)* encadrement *m*; *(of boat)* carcasse *f*. **2.** *(physique)* charpente *f*. ◇ *vt* **1.** *(gen)* encadrer. **2.** *(express)* formuler. **3.** *inf (set up)* monter un coup contre.

frame of mind *n* état *m* d'esprit.

framework ['freɪmwɜːk] *n* **1.** *(structure)* armature *f*, carcasse *f*. **2.** *fig (basis)* structure *f*, cadre *m*.

France [frɑːns] *n* France *f*; **in ~** en France.

franchise ['fræntʃaɪz] *n* **1.** (POL) droit *m* de vote. **2.** (COMM) franchise *f*.

frank [fræŋk] ◇ *adj* franc (franche). ◇ *vt* affranchir.

frankly ['fræŋklɪ] *adv* franchement.

frantic ['fræntɪk] *adj* frénétique.

fraternity [frə'tɜːnətɪ] *n* **1.** *(community)* confrérie *f*. **2.** *(U) (friendship)* fraternité *f*. **3.** *Am (of students)* club *m* d'étudiants.

fraternize, -ise ['frætənaɪz] *vi* fraterniser.

fraud [frɔːd] *n* **1.** *(U) (crime)* fraude *f*. **2.** *pej (impostor)* imposteur *m*.

fraught [frɔːt] *adj* **1.** *(full)*: **~ with** plein(e) de. **2.** *Br (person)* tendu(e); *(time, situation)* difficile.

fray [freɪ] ◇ *vt fig*: **my nerves were ~ed** j'étais extrêmement tendu(e), j'étais à bout de nerfs. ◇ *vi (material, sleeves)* s'user; **tempers ~ed** *fig* l'atmosphère était tendue OR électrique. ◇ *n literary* bagarre *f*.

frayed [freɪd] *adj (jeans, collar)* élimé(e).

freak [friːk] ◇ *adj* bizarre, insolite. ◇ *n* **1.** *(strange creature)* monstre *m*, phénomène *m*. **2.** *(unusual event)* accident *m* bizarre. **3.** *inf (fanatic)* fana *mf*. ◆ **freak out** *inf vi (get angry)* exploser (de colère); *(panic)* paniquer.

freckle ['frekl] *n* tache *f* de rousseur.

free [friː] (*compar* **freer**, *superl* **freest**, *pt & pp* **freed**) ◇ *adj* **1.** *(gen)* libre; **to be ~ to do sthg** être libre de faire qqch; **feel ~!** je t'en prie!; **to set ~** libérer. **2.** *(not* *paid for)* gratuit(e); **~ of charge** gratuitement. ◇ *adv* **1.** *(without payment)* gratuitement; **for ~** gratuitement. **2.** *(run, live)* librement. ◇ *vt* **1.** *(gen)* libérer. **2.** *(trapped person, object)* dégager.

freedom ['fri:dəm] *n* **1.** *(gen)* liberté *f*; **~ of speech** liberté d'expression. **2.** *(exception)*: **~ (from)** exemption *f* (de).

Freefone® ['fri:fəʊn] *n (U) Br* ≃ numéro *m* vert.

free-for-all *n* mêlée *f* générale.

free gift *n* prime *f*.

freehold ['fri:həʊld] *n* propriété *f* foncière inaliénable.

free house *n* pub *m* en gérance libre.

free kick *n* coup *m* franc.

freelance ['fri:lɑ:ns] ◇ *adj* indépendant(e), free-lance (*inv*). ◇ *n* indépendant *m*, -e *f*, free-lance *mf*.

freely ['fri:lɪ] *adv* **1.** *(gen)* librement. **2.** *(generously)* sans compter.

Freemason ['fri:ˌmeɪsn] *n* franc-maçon *m*.

Freephone® ['fri:fəʊn] = **Freefone**®.

Freepost® ['fri:pəʊst] *n* port *m* payé.

free-range *adj* de ferme.

freestyle ['fri:staɪl] *n* (SWIMMING) nage *f* libre.

free trade *n (U)* libre-échange *m*.

freeware ['fri:weəʳ] *n (U)* logiciel *m* du domaine public.

freeway ['fri:weɪ] *n Am* autoroute *f*.

freewheel [ˌfri:'wi:l] *vi (on bicycle)* rouler en roue libre; *(in car)* rouler au point mort.

free will *n (U)* libre arbitre *m*; **to do sthg of one's own ~** faire qqch de son propre gré.

freeze [fri:z] (*pt* **froze**, *pp* **frozen**) ◇ *vt* **1.** *(gen)* geler; *(food)* congeler. **2.** *(wages, prices)* bloquer. ◇ *vi* **1.** *(gen)* geler. **2.** *(stop moving)* s'arrêter. ◇ *n* **1.** *(cold weather)* gel *m*. **2.** *(of wages, prices)* blocage *m*.

freeze-dried [-'draɪd] *adj* lyophilisé(e).

freezer ['fri:zəʳ] *n* congélateur *m*.

freezing ['fri:zɪŋ] ◇ *adj* glacé(e); **I'm ~** je gèle. ◇ *n* = **freezing point**.

freezing point *n* point *m* de congélation.

freight [freɪt] *n (goods)* fret *m*.

freight train *n* train *m* de marchandises.

French [frentʃ] ◇ *adj* français(e). ◇ *n (language)* français *m*. ◇ *npl*: **the ~** les Français *mpl*.

French bean *n* haricot *m* vert.

French bread *n (U)* baguette *f*.

French Canadian ◇ *adj* canadien français (canadienne française). ◇ *n* Canadien français *m*, Canadienne française *f*.

French doors = **French windows**.

French dressing *n (in UK)* vinaigrette *f*; *(in US) sauce-salade à base de mayonnaise et de ketchup*.

French fries *npl* frites *fpl*.

Frenchman ['frentʃmən] (*pl* **-men** [-mən]) *n* Français *m*.

French stick *n Br* baguette *f*.

French windows *npl* porte-fenêtre *f*.

Frenchwoman ['frentʃˌwʊmən] (*pl* **-women** [-ˌwɪmɪn]) *n* Française *f*.

frenetic [frə'netɪk] *adj* frénétique.

frenzy ['frenzɪ] *n* frénésie *f*.

frequency ['fri:kwənsɪ] *n* fréquence *f*.

frequent [*adj* 'fri:kwənt, *vb* frɪ'kwent] ◇ *adj* fréquent(e). ◇ *vt* fréquenter.

frequently ['fri:kwəntlɪ] *adv* fréquemment.

fresh [freʃ] *adj* **1.** *(gen)* frais (fraîche). **2.** *(not salty)* doux (douce). **3.** *(new - drink, piece of paper)* autre; *(- look, approach)* nouveau(elle). **4.** *inf dated (cheeky)* familier(ère).

freshen ['freʃn] ◇ *vt* rafraîchir. ◇ *vi (wind)* devenir plus fort. ◆ **freshen up** *vi* faire un brin de toilette.

fresher ['freʃəʳ] *n Br inf* bleu *m*, -e *f*.

freshly ['freʃlɪ] *adv (squeezed, ironed)* fraîchement.

freshman ['freʃmən] (*pl* **-men** [-mən]) *n* étudiant *m*, -e *f* de première année.

freshness ['freʃnɪs] *n (U)* **1.** *(gen)* fraîcheur *f*. **2.** *(originality)* nouveauté *f*.

freshwater ['freʃˌwɔ:təʳ] *adj* d'eau douce.

fret [fret] *vi (worry)* s'inquiéter.

friar ['fraɪəʳ] *n* frère *m*.

friction ['frɪkʃn] *n (U)* friction *f*.

Friday ['fraɪdɪ] *n* vendredi *m*; *see also* **Saturday**.

fridge [frɪdʒ] *n* frigo *m*.

fridge-freezer *n Br* réfrigérateur-congélateur *m*.

fried [fraɪd] *adj* frit(e); **~ egg** œuf *m* au plat.

friend [frend] *n* ami *m*, -e *f*; **to be ~s with sb** être ami avec qqn; **to make ~s (with sb)** se lier d'amitié (avec qqn).

friendly ['frendlɪ] *adj (person, manner, match)* amical(e); *(nation)* ami(e); *(argument)* sans conséquence; **to be ~ with sb** être ami avec qqn.

friendship ['frendʃɪp] *n* amitié *f*.

fries [fraɪz] = **French fries**.

frieze [fri:z] *n* frise *f*.

fright [fraɪt] *n* peur *f*; **to give sb a ~** faire peur à qqn; **to take ~** prendre peur.

frighten ['fraɪtn] *vt* faire peur à, effrayer.

frightened ['fraɪtnd] *adj* apeuré(e); **to be ~ of sthg/of doing sthg** avoir peur de qqch/de faire qqch.

frightening ['fraɪtnɪŋ] *adj* effrayant(e).

frightful ['fraɪtfʊl] *adj dated* effroyable.

frigid ['frɪdʒɪd] *adj (sexually)* frigide.

frill [frɪl] *n* **1.** *(decoration)* volant *m*. **2.** *inf (extra)* supplément *m*.

fringe [frɪndʒ] *n* **1.** *(gen)* frange *f*. **2.** *(edge - of village)* bordure *f*; *(- of wood, forest)* lisière *f*.

fringe benefit *n* avantage *m* extrasalarial.

frisk [frɪsk] *vt* fouiller.

frisky ['frɪskɪ] *adj inf* vif (vive).

fritter ['frɪtəʳ] *n* beignet *m*. ◆ **fritter away** *vt sep* gaspiller.

frivolous ['frɪvələs] *adj* frivole.

frizzy ['frɪzɪ] *adj* crépu(e).

fro [frəʊ] → **to**.

frock [frɒk] *n dated* robe *f*.

frog [frɒg] *n (animal)* grenouille *f*; **to have a ~ in one's throat** avoir un chat dans la gorge.

frogman ['frɒgmən] (*pl* **-men**) *n* homme-grenouille *m*.

frogmen ['frɒgmən] *pl* → **frogman**.

frolic ['frɒlɪk] (*pt & pp* **-ked**, *cont* **-king**) *vi* folâtrer.

from [*weak form* frəm, *strong form* frɒm] *prep* **1.** *(indicating source, origin, removal)* de; **where are you ~?** d'où venez-vous?, d'où êtes-vous?; **I got a letter ~ her today** j'ai reçu une lettre d'elle aujourd'hui; **a flight ~ Paris** un vol en provenance de Paris; **to translate ~ Spanish into English** traduire d'espagnol en anglais; **to drink ~ a glass** boire dans un verre; **to take sthg (away) ~ sb** prendre qqch à qqn. **2.** *(indicating a deduction)* de; **to deduct sthg ~ sthg** retrancher qqch de qqch. **3.** *(indicating escape, separation)* de; **he ran away ~ home** il a fait une fugue, il s'est sauvé de chez lui. **4.** *(indicating position)* de; **seen ~ above/below** vu d'en haut/d'en bas. **5.** *(indicating distance)* de; **it's 60 km ~ here** c'est à 60 km d'ici. **6.** *(indicating material object is made out of)* en; **it's made ~ wood/plastic** c'est en bois/plastique. **7.** *(starting at a particular time)* de; **~ 2 pm to** OR **till 6 pm** de 14 h à 18 h; **~ the moment I saw him** dès que OR dès l'instant où je l'ai vu. **8.** *(indicating difference)* de; **to be different ~ sb/sthg** être différent de qqn/qqch. **9.** *(indicating change)*: **~ ... to** de ... à; **the price went up ~ £100 to £150** le prix est passé OR monté de 100 livres à 150 livres. **10.** *(because of, as a result of)* de; **to suffer ~ cold/hunger** souffrir du froid/de la faim. **11.** *(on the evidence of)* d'après, à. **12.** *(indicating lowest amount)* depuis, à partir de; **prices start ~ £50** le premier prix est de 50 livres.

front [frʌnt] ◇ *n* **1.** *(most forward part - gen)* avant *m*; *(- of dress, envelope, house)* devant *m*; *(- of class)* premier rang *m*. **2.** (METEOR & MIL) front *m*. **3.** **(sea) ~** front *m* de mer. **4.** *(outward appearance - of person)* contenance *f*; *pej (- of business)* façade *f*. ◇ *adj (tooth, garden)* de devant; *(row, page)* premier (ère). ◆ **in front** *adv* **1.** *(further forward - walk, push)* devant; *(- people)* à l'avant. **2.** *(winning)*: **to be in ~** mener. ◆ **in front of** *prep* devant.

frontbench [ˌfrʌnt'bentʃ] *n à la chambre des Communes, bancs occupés respectivement par les ministres du gouvernement en exercice et ceux du gouvernement fantôme.*

front door *n* porte *f* d'entrée.

frontier ['frʌnˌtɪəʳ, *Am* frʌn'tɪər] *n (border)* frontière *f*; *fig* limite *f*.

front man *n* **1.** *(of company, organization)* porte-parole *m inv*. **2.** (TV) présentateur *m*.

front room *n* salon *m*.

front-runner *n* favori *m*, -ite *f*.

front-wheel drive *n* traction *f* avant.

frost [frɒst] *n* gel *m*.

frostbite ['frɒstbaɪt] *n (U)* gelure *f*.

frosted ['frɒstɪd] *adj* **1.** *(glass)* dépoli (e). **2.** *Am* (CULIN) glacé(e).

frosty ['frɒstɪ] *adj* **1.** *(weather, welcome)* glacial(e). **2.** *(field, window)* gelé(e).

froth [frɒθ] *n (on beer)* mousse *f*; *(on sea)* écume *f*.

frown [fraʊn] *vi* froncer les sourcils. ◆ **frown (up)on** *vt fus* désapprouver.

froze [frəʊz] *pt* → **freeze**.

frozen [frəʊzn] ◇ *pp* → **freeze**. ◇ *adj* gelé(e); *(food)* congelé(e).

frugal ['fru:gl] *adj* **1.** *(meal)* frugal(e). **2.** *(person, life)* économe.

fruit [fru:t] (*pl inv* OR **fruits**) *n* fruit *m*.

fruitcake ['fru:tkeɪk] *n* cake *m*.

fruiterer ['fru:tərəʳ] *n Br* fruitier *m*.

fruitful ['fru:tfʊl] *adj (successful)* fructueux(euse).

fruition [fruːˈɪʃn] *n*: **to come to ~** se réaliser.
fruit juice *n* jus *m* de fruits.
fruitless [ˈfruːtlɪs] *adj* vain(e).
fruit machine *n Br* machine *f* à sous.
fruit salad *n* salade *f* de fruits.
frumpy [ˈfrʌmpɪ] *adj* mal attifé(e), mal fagoté(e).
frustrate [frʌˈstreɪt] *vt* **1.** *(annoy, disappoint)* frustrer. **2.** *(prevent)* faire échouer.
frustrated [frʌˈstreɪtɪd] *adj* **1.** *(person, artist)* frustré(e). **2.** *(effort, love)* vain(e).
frustration [frʌˈstreɪʃn] *n* frustration *f*.
fry [fraɪ] (*pt & pp* **fried**) *vt & vi* frire.
frying pan [ˈfraɪɪŋ-] *n* poêle *f* à frire.
ft. *abbr of* **foot, feet.**
fuck [fʌk] *vulg vt & vi* baiser. ◆ **fuck off** *vi vulg*: **~ off!** fous le camp!
fudge [fʌdʒ] *n (U) (sweet)* caramel *m* (mou).
fuel [fjʊəl] ◇ *n* combustible *m*; *(for engine)* carburant *m*. ◇ *vt* **1.** *(supply with fuel)* alimenter (en combustible/carburant). **2.** *fig (speculation)* nourrir.
fuel pump *n* pompe *f* d'alimentation.
fuel tank *n* réservoir *m* à carburant.
fugitive [ˈfjuːdʒətɪv] *n* fugitif *m*, -ive *f*.
fulfil, fulfill *Am* [fʊlˈfɪl] *vt* **1.** *(duty, role)* remplir; *(hope)* répondre à; *(ambition, prophecy)* réaliser. **2.** *(satisfy - need)* satisfaire.
fulfilment, fulfillment *Am* [fʊlˈfɪlmənt] *n (U)* **1.** *(satisfaction)* grande satisfaction *f*. **2.** *(of ambition, dream)* réalisation *f*; *(of role, promise)* exécution *f*; *(of need)* satisfaction *f*.
full [fʊl] ◇ *adj* **1.** *(gen)* plein(e); *(bus, car park)* complet(ète); *(with food)* gavé(e), repu(e). **2.** *(complete - recovery, control)* total(e); *(- explanation, day)* entier(ère); *(- volume)* maximum. **3.** *(busy - life)* rempli(e); *(- timetable, day)* chargé(e). **4.** *(flavour)* riche. **5.** *(plump - figure)* rondelet(ette); *(- mouth)* charnu(e). **6.** *(skirt, sleeve)* ample. ◇ *adv (very)*: **you know ~ well that ...** tu sais très bien que ... ◇ *n*: **in ~** complètement, entièrement.
full-blown [-ˈbləʊn] *adj* général(e); **to have ~ AIDS** avoir le Sida avéré.
full board *n* pension *f* complète.
full-fledged *Am* = **fully-fledged.**
full moon *n* pleine lune *f*.
full-scale *adj* **1.** *(life-size)* grandeur nature *(inv)*. **2.** *(complete)* de grande envergure.
full stop *n* point *m*.
full time *n Br* (SPORT) fin *f* de match. ◆ **full-time** *adj & adv (work, worker)* à temps plein.
full up *adj (bus, train)* complet(ète); *(with food)* gavé(e), repu(e).
fully [ˈfʊlɪ] *adv (understand, satisfy)* tout à fait; *(trained, describe)* entièrement.
fully-fledged *Br*, **full-fledged** *Am* [-ˈfledʒd] *adj* diplômé(e).
fulsome [ˈfʊlsəm] *adj* excessif(ive).
fumble [ˈfʌmbl] *vi* fouiller, tâtonner; **to ~ for** fouiller pour trouver.
fume [fjuːm] *vi (with anger)* rager. ◆ **fumes** *npl (from paint)* émanations *fpl*; *(from smoke)* fumées *fpl*; *(from car)* gaz *mpl* d'échappement.
fun [fʌn] *n (U)* **1.** *(pleasure, amusement)*: **to have ~** s'amuser; **for ~, for the ~ of it** pour s'amuser. **2.** *(playfulness)*: **to be full of ~** être plein(e) d'entrain. **3.** *(ridicule)*: **to make ~ of** OR **poke ~ at sb** se moquer de qqn.
function [ˈfʌŋkʃn] ◇ *n* **1.** *(gen)* fonction *f*. **2.** *(formal social event)* réception *f* officielle. ◇ *vi* fonctionner; **to ~ as** servir de.
functional [ˈfʌŋkʃnəl] *adj* **1.** *(practical)* fonctionnel(elle). **2.** *(operational)* en état de marche.
fund [fʌnd] ◇ *n* fonds *m*; *fig (of knowledge)* puits *m*. ◇ *vt* financer. ◆ **funds** *npl* fonds *mpl*.
fundamental [ˌfʌndəˈmentl] *adj*: **~ (to)** fondamental(e) (à).
funding [ˈfʌndɪŋ] *n (U)* financement *m*.
funeral [ˈfjuːnərəl] *n* obsèques *fpl*.
funeral parlour *n* entreprise *f* de pompes funèbres.
funfair [ˈfʌnfeəʳ] *n* fête *f* foraine.
fungus [ˈfʌŋgəs] (*pl* **-gi** [-gaɪ] OR **-guses**) *n* champignon *m*.
funnel [ˈfʌnl] *n* **1.** *(tube)* entonnoir *m*. **2.** *(of ship)* cheminée *f*.
funny [ˈfʌnɪ] *adj* **1.** *(amusing, odd)* drôle. **2.** *(ill)* tout drôle (toute drôle).
fur [fɜːʳ] *n* fourrure *f*.
fur coat *n* (manteau *m* de) fourrure *f*.
furious [ˈfjʊərɪəs] *adj* **1.** *(very angry)* furieux(euse). **2.** *(wild - effort, battle)* acharné(e); *(- temper)* déchaîné(e).
furlong [ˈfɜːlɒŋ] *n* = *201,17 mètres*.
furnace [ˈfɜːnɪs] *n (fire)* fournaise *f*.
furnish [ˈfɜːnɪʃ] *vt* **1.** *(fit out)* meubler. **2.** *fml (provide)* fournir; **to ~ sb with sthg** fournir qqch à qqn.
furnished [ˈfɜːnɪʃt] *adj* meublé(e).
furnishings [ˈfɜːnɪʃɪŋz] *npl* mobilier *m*.

furniture ['fɜːnɪtʃəʳ] *n (U)* meubles *mpl*; **a piece of ~** un meuble.
furrow ['fʌrəʊ] *n* **1.** *(in field)* sillon *m*. **2.** *(on forehead)* ride *f*.
furry ['fɜːrɪ] *adj* **1.** *(animal)* à fourrure. **2.** *(material)* recouvert(e) de fourrure.
further ['fɜːðəʳ] ◇ *compar* → **far**. ◇ *adv* **1.** *(gen)* plus loin; **how much ~ is it?** combien de kilomètres y a-t-il?; **~ on** plus loin. **2.** *(more - complicate, develop)* davantage; *(- enquire)* plus avant. **3.** *(in addition)* de plus. ◇ *adj* nouveau (elle), supplémentaire; **until ~ notice** jusqu'à nouvel ordre. ◇ *vt (career, aims)* faire avancer; *(cause)* encourager.
further education *n Br* éducation *f* post-scolaire.
furthermore [,fɜːðə'mɔːʳ] *adv* de plus.
furthest ['fɜːðɪst] ◇ *superl* → **far**. ◇ *adj* le plus éloigné (la plus éloignée). ◇ *adv* le plus loin.
furtive ['fɜːtɪv] *adj (person)* sournois (e); *(glance)* furtif(ive).
fury ['fjʊərɪ] *n* fureur *f*.
fuse, fuze *Am* [fjuːz] ◇ *n* **1.** (ELEC) fusible *m*, plomb *m*. **2.** *(of bomb)* détonateur *m*; *(of firework)* amorce *f*. ◇ *vt* **1.** *(join by heat)* réunir par la fusion. **2.** *(combine)* fusionner. ◇ *vi* **1.** (ELEC): **the lights have ~d** les plombs ont sauté. **2.** *(join by heat)* fondre. **3.** *(combine)* fusionner.
fuse-box *n* boîte *f* à fusibles.
fused [fjuːzd] *adj (plug)* avec fusible incorporé.
fuselage ['fjuːzəlɑːʒ] *n* fuselage *m*.
fuss [fʌs] ◇ *n* **1.** *(excitement, anxiety)* agitation *f*; **to make a ~** faire des histoires. **2.** *(U) (complaints)* protestations *fpl*. ◇ *vi* faire des histoires.
fussy ['fʌsɪ] *adj* **1.** *(fastidious - person)* tatillon(onne); *(- eater)* difficile. **2.** *(over-decorated)* tarabiscoté(e).
futile ['fjuːtaɪl] *adj* vain(e).
futon ['fuːtɒn] *n* futon *m*.
future ['fjuːtʃəʳ] ◇ *n* **1.** *(gen)* avenir *m*; **in ~** à l'avenir; **in the ~** dans le futur, à l'avenir. **2.** (GRAMM): **~ (tense)** futur *m*. ◇ *adj* futur(e).
fuze *Am* = **fuse**.
fuzzy ['fʌzɪ] *adj* **1.** *(hair)* crépu(e). **2.** *(photo, image)* flou(e). **3.** *(thoughts, mind)* confus(e).

G

g[1] (*pl* **g's** OR **gs**), **G** (*pl* **G's** OR **Gs**) [dʒiː] *n (letter)* g *m inv*, G *m inv*. ◆ **G** ◇ *n* (MUS) sol *m*. ◇ (*abbr of* **good**) B.
g[2] (*abbr of* **gram**) g.
gab [gæb] → **gift**.
gabble ['gæbl] ◇ *vt & vi* baragouiner. ◇ *n* charabia *m*.
gable ['geɪbl] *n* pignon *m*.
gadget ['gædʒɪt] *n* gadget *m*.
Gaelic ['geɪlɪk] ◇ *adj* gaélique. ◇ *n* gaélique *m*.
gag [gæg] ◇ *n* **1.** *(for mouth)* bâillon *m*. **2.** *inf (joke)* blague *f*, gag *m*. ◇ *vt (put gag on)* bâillonner.
gage *Am* = **gauge**.
gaiety ['geɪətɪ] *n* gaieté *f*.
gaily ['geɪlɪ] *adv* **1.** *(cheerfully)* gaiement. **2.** *(thoughtlessly)* allègrement.
gain [geɪn] ◇ *n* **1.** *(gen)* profit *m*. **2.** *(improvement)* augmentation *f*. ◇ *vt* **1.** *(acquire)* gagner. **2.** *(increase in - speed, weight)* prendre; *(- confidence)* gagner en. ◇ *vi* **1.** *(advance)*: **to ~ in sthg** gagner en qqch. **2.** *(benefit)*: **to ~ from** OR **by sthg** tirer un avantage de qqch. **3.** *(watch, clock)* avancer. ◆ **gain on** *vt fus* rattraper.
gait [geɪt] *n* démarche *f*.
gal. *abbr of* **gallon**.
gala ['gɑːlə] *n (celebration)* gala *m*.
galaxy ['gæləksɪ] *n* galaxie *f*.
gale [geɪl] *n (wind)* grand vent *m*.
gall [gɔːl] *n (nerve)*: **to have the ~ to do sthg** avoir le toupet de faire qqch.
gallant [*sense 1* 'gælənt, *sense 2* gə'lænt, 'gælənt] *adj* **1.** *(courageous)* courageux (euse). **2.** *(polite to women)* galant.
gall bladder *n* vésicule *f* biliaire.
gallery ['gælərɪ] *n* **1.** *(gen)* galerie *f*. **2.** *(for displaying art)* musée *m*. **3.** *(in theatre)* paradis *m*.
galley ['gælɪ] (*pl* **galleys**) *n* **1.** *(ship)* galère *f*. **2.** *(kitchen)* coquerie *f*.
Gallic ['gælɪk] *adj* français(e).
galling ['gɔːlɪŋ] *adj* humiliant(e).
gallivant [,gælɪ'vænt] *vi inf* mener une vie de patachon.
gallon ['gælən] *n* = *4,546 litres*, gallon *m*.
gallop ['gæləp] ◇ *n* galop *m*. ◇ *vi* galoper.

gallows ['gæləʊz] (*pl inv*) *n* gibet *m*.
gallstone ['gɔːlstəʊn] *n* calcul *m* biliaire.
galore [gə'lɔːʳ] *adj* en abondance.
galvanize, -ise ['gælvənaɪz] *vt* **1.** (TECH) galvaniser. **2.** *(impel)*: **to ~ sb into action** pousser qqn à agir.
gambit ['gæmbɪt] *n* entrée *f* en matière.
gamble ['gæmbl] ◇ *n (calculated risk)* risque *m*. ◇ *vi* **1.** *(bet)* jouer; **to ~ on** jouer de l'argent sur. **2.** *(take risk)*: **to ~ on** miser sur.
gambler ['gæmbləʳ] *n* joueur *m*, -euse *f*.
gambling ['gæmblɪŋ] *n (U)* jeu *m*.
game [geɪm] ◇ *n* **1.** *(gen)* jeu *m*. **2.** *(match)* match *m*. **3.** *(U) (hunted animals)* gibier *m*. ◇ *adj* **1.** *(brave)* courageux(euse). **2.** *(willing)*: **~ (for sthg/to do sthg)** partant(e) (pour qqch/pour faire qqch). ◆ **games** ◇ *n* (SCH) éducation *f* physique. ◇ *npl (sporting contest)* jeux *mpl*.
gamekeeper ['geɪm,kiːpəʳ] *n* garde-chasse *m*.
game reserve *n* réserve *f* (de chasse).
gammon ['gæmən] *n* jambon *m* fumé.
gamut ['gæmət] *n* gamme *f*.
gang [gæŋ] *n* **1.** *(of criminals)* gang *m*. **2.** *(of young people)* bande *f*. ◆ **gang up** *vi inf*: **to ~ up (on)** se liguer (contre).
gangland ['gæŋlænd] *n (U)* milieu *m*.
gangrene ['gæŋgriːn] *n* gangrène *f*.
gangster ['gæŋstəʳ] *n* gangster *m*.
gangway ['gæŋweɪ] *n* **1.** *Br (aisle)* allée *f*. **2.** *(gangplank)* passerelle *f*.
gantry ['gæntrɪ] *n* portique *m*.
gaol [dʒeɪl] *Br* = **jail**.
gap [gæp] *n* **1.** *(empty space)* trou *m*; *(in text)* blanc *m*; *fig (in knowledge, report)* lacune *f*. **2.** *(interval of time)* période *f*. **3.** *fig (great difference)* fossé *m*.
gape [geɪp] *vi* **1.** *(person)* rester bouche bée. **2.** *(hole, shirt)* bâiller.
gaping ['geɪpɪŋ] *adj* **1.** *(open-mouthed)* bouche bée *(inv)*. **2.** *(wide-open)* béant (e); *(shirt)* grand ouvert (grande ouverte).
garage [*Br* 'gærɑːʒ, 'gærɪdʒ, *Am* gə'raːʒ] *n* **1.** *(gen)* garage *m*. **2.** *Br (for fuel)* station-service *f*.
garbage ['gɑːbɪdʒ] *n (U)* **1.** *(refuse)* détritus *mpl*. **2.** *inf (nonsense)* idioties *fpl*.
garbage can *n Am* poubelle *f*.
garbage truck *n Am* camion-poubelle *m*.
garbled ['gɑːbld] *adj* confus(e).
garden ['gɑːdn] ◇ *n* jardin *m*. ◇ *vi* jardiner.
garden centre *n* jardinerie *f*, garden centre *m*.
gardener ['gɑːdnəʳ] *n (professional)* jardinier *m*, -ère *f*; *(amateur)* personne *f* qui aime jardiner, amateur *m* de jardinage.
gardening ['gɑːdnɪŋ] *n* jardinage *m*.
gargle ['gɑːgl] *vi* se gargariser.
garish ['geərɪʃ] *adj* criard(e).
garland ['gɑːlənd] *n* guirlande *f* de fleurs.
garlic ['gɑːlɪk] *n* ail *m*.
garlic bread *n* pain *m* à l'ail.
garment ['gɑːmənt] *n* vêtement *m*.
garnish ['gɑːnɪʃ] ◇ *n* garniture *f*. ◇ *vt* garnir.
garrison ['gærɪsn] *n (soldiers)* garnison *f*.
garrulous ['gærələs] *adj* volubile.
garter ['gɑːtəʳ] *n* **1.** *(for socks)* support-chaussette *m*; *(for stockings)* jarretière *f*. **2.** *Am (suspender)* jarretelle *f*.
gas [gæs] (*pl* **-es** OR **-ses**) ◇ *n* **1.** *(gen)* gaz *m inv*. **2.** *Am (for vehicle)* essence *f*. ◇ *vt* gazer.
gas cooker *n Br* cuisinière *f* à gaz.
gas cylinder *n* bouteille *f* de gaz.
gas fire *n Br* appareil *m* de chauffage à gaz.
gas gauge *n Am* jauge *f* d'essence.
gash [gæʃ] ◇ *n* entaille *f*. ◇ *vt* entailler.
gasket ['gæskɪt] *n* joint *m* d'étanchéité.
gasman ['gæsmæn] (*pl* **-men** [-men]) *n* *(who reads meter)* employé *m* du gaz; *(for repairs)* installateur *m* de gaz.
gas mask *n* masque *m* à gaz.
gas meter *n* compteur *m* à gaz.
gasoline ['gæsəliːn] *n Am* essence *f*.
gasp [gɑːsp] ◇ *n* halètement *m*. ◇ *vi* **1.** *(breathe quickly)* haleter. **2.** *(in shock, surprise)* avoir le souffle coupé.
gas pedal *n Am* accélérateur *m*.
gas station *n Am* station-service *f*.
gas stove = **gas cooker**.
gas tank *n Am* réservoir *m*.
gas tap *n (for mains supply)* robinet *m* de gaz; *(on gas fire)* prise *f* de gaz.
gastroenteritis ['gæstrəʊ,entə'raɪtɪs] *n* gastro-entérite *f*.
gastronomy [gæs'trɒnəmɪ] *n* gastronomie *f*.
gasworks ['gæswɜːks] (*pl inv*) *n* usine *f* à gaz.
gate [geɪt] *n (of garden, farm)* barrière *f*; *(of town, at airport)* porte *f*; *(of park)* grille *f*.
gatecrash ['geɪtkræʃ] *inf vt & vi* *prendre part à une réunion, une réception sans y avoir été convié.*

gateway ['geɪtweɪ] *n* 1. *(entrance)* entrée *f*. 2. *(means of access)*: ~ **to** porte *f* de; *fig* clé *f* de.

gather ['gæðəʳ] ◇ *vt* 1. *(collect)* ramasser; *(flowers)* cueillir; *(information)* recueillir; *(courage, strength)* rassembler; **to ~ together** rassembler. 2. *(increase - speed, force)* prendre. 3. *(understand)*: **to ~ (that)** ... croire comprendre que ... 4. *(cloth - into folds)* plisser. ◇ *vi (come together)* se rassembler; *(clouds)* s'amonceler.

gathering ['gæðərɪŋ] *n (meeting)* rassemblement *m*.

gaudy ['gɔːdɪ] *adj* voyant(e).

gauge, gage *Am* [geɪdʒ] ◇ *n* 1. *(for rain)* pluviomètre *m*; *(for fuel)* jauge *f* (d'essence); *(for tyre pressure)* manomètre *m*. 2. *(of gun, wire)* calibre *m*. 3. (RAIL) écartement *m*. ◇ *vt* 1. *(measure)* mesurer. 2. *(evaluate)* jauger.

Gaul [gɔːl] *n* 1. *(country)* Gaule *f*. 2. *(person)* Gaulois *m*, -e *f*.

gaunt [gɔːnt] *adj* 1. *(thin)* hâve. 2. *(bare, grim)* désolé(e).

gauntlet ['gɔːntlɪt] *n* gant *m* (de protection); **to run the ~ of sthg** endurer qqch; **to throw down the ~ (to sb)** jeter le gant (à qqn).

gauze [gɔːz] *n* gaze *f*.

gave [geɪv] *pt* → **give**.

gawky ['gɔːkɪ] *adj (person)* dégingandé(e); *(movement)* désordonné(e).

gay [geɪ] ◇ *adj* 1. *(gen)* gai(e). 2. *(homosexual)* homo (*inv*), gay (*inv*). ◇ *n* homo *mf*, gay *mf*.

gaze [geɪz] ◇ *n* regard *m* (fixe). ◇ *vi*: **to ~ at sb/sthg** regarder qqn/qqch (fixement).

gazelle [gə'zel] (*pl inv* OR **-s**) *n* gazelle *f*.

gazetteer [,gæzɪ'tɪəʳ] *n* index *m* géographique.

gazump [gə'zʌmp] *vt Br inf*: **to be ~ed** être victime d'une suroffre.

GB (*abbr of* **Great Britain**) *n* G-B *f*.

GCE (*abbr of* **General Certificate of Education**) *n certificat de fin d'études secondaires en Grande-Bretagne*.

GCSE (*abbr of* **General Certificate of Secondary Education**) *n examen de fin d'études secondaires en Grande-Bretagne*.

GDP (*abbr of* **gross domestic product**) *n* PIB *m*.

gear [gɪəʳ] ◇ *n* 1. (TECH) *(mechanism)* embrayage *m*. 2. *(speed - of car, bicycle)* vitesse *f*; **to be in/out of ~** être en prise/au point mort. 3. *(U) (equipment, clothes)* équipement *m*. ◇ *vt*: **to ~ sthg to sb/sthg** destiner qqch à qqn/qqch. ◆ **gear up** *vi*: **to ~ up for sthg/to do sthg** se préparer pour qqch/à faire qqch.

gearbox ['gɪəbɒks] *n* boîte *f* de vitesses.

gear lever, gear stick *Br*, **gear shift** *Am n* levier *m* de changement de vitesse.

gear wheel *n* pignon *m*, roue *f* d'engrenage.

geese [giːs] *pl* → **goose**.

gel [dʒel] ◇ *n (for hair)* gel *m*. ◇ *vi* 1. *(thicken)* prendre. 2. *fig (take shape)* prendre tournure.

gelatin ['dʒelətɪn], **gelatine** [,dʒelə'tiːn] *n* gélatine *f*.

gelignite ['dʒelɪgnaɪt] *n* gélignite *f*.

gem [dʒem] *n* 1. *(jewel)* pierre *f* précieuse, gemme *f*. 2. *fig (person, thing)* perle *f*.

Gemini ['dʒemɪnaɪ] *n* Gémeaux *mpl*.

gender ['dʒendəʳ] *n* 1. *(sex)* sexe *m*. 2. (GRAMM) genre *m*.

gene [dʒiːn] *n* gène *m*.

general ['dʒenərəl] ◇ *adj* général(e). ◇ *n* général *m*. ◆ **in general** *adv* en général.

general anaesthetic *n* anesthésie *f* générale.

general delivery *n Am* poste *f* restante.

general election *n* élection *f* générale.

generalization [,dʒenərəlaɪ'zeɪʃn] *n* généralisation *f*.

general knowledge *n* culture *f* générale.

generally ['dʒenərəlɪ] *adv* 1. *(usually, in most cases)* généralement. 2. *(unspecifically)* en général; *(describe)* en gros.

general practitioner *n* (médecin *m*) généraliste *m*.

general public *n*: **the ~** le grand public.

general strike *n* grève *f* générale.

generate ['dʒenəreɪt] *vt (energy, jobs)* générer; *(electricity, heat)* produire; *(interest, excitement)* susciter.

generation [,dʒenə'reɪʃn] *n* 1. *(gen)* génération *f*. 2. *(creation - of jobs)* création *f*; *(- of interest, excitement)* induction *f*; *(- of electricity)* production *f*.

generator ['dʒenəreɪtəʳ] *n* générateur *m*; (ELEC) génératrice *f*, générateur.

generosity [,dʒenə'rɒsətɪ] *n* générosité *f*.

generous ['dʒenərəs] *adj* généreux (euse).

genetic [dʒɪ'netɪk] *adj* génétique. ◆ **genetics** *n (U)* génétique *f.*
Geneva [dʒɪ'niːvə] *n* Genève.
genial ['dʒiːnjəl] *adj* affable.
genitals ['dʒenɪtlz] *npl* organes *mpl* génitaux.
genius ['dʒiːnjəs] (*pl* **-es**) *n* génie *m.*
gent [dʒent] *n Br inf* gentleman *m.* ◆ **gents** *n Br (toilets)* toilettes *fpl* pour hommes; *(sign on door)* messieurs.
genteel [dʒen'tiːl] *adj* raffiné(e).
gentle ['dʒentl] *adj* doux (douce); *(hint)* discret(ète); *(telling-off)* léger(ère).
gentleman ['dʒentlmən] (*pl* **-men** [-mən]) *n* **1.** *(well-behaved man)* gentleman *m.* **2.** *(man)* monsieur *m.*
gently ['dʒentlɪ] *adv (gen)* doucement; *(speak, smile)* avec douceur.
gentry ['dʒentrɪ] *n* petite noblesse *f.*
genuine ['dʒenjʊɪn] *adj* authentique; *(interest, customer)* sérieux(euse); *(person, concern)* sincère.
geography [dʒɪ'ɒgrəfɪ] *n* géographie *f.*
geology [dʒɪ'ɒlədʒɪ] *n* géologie *f.*
geometric(al) [ˌdʒɪə'metrɪk(l)] *adj* géométrique.
geometry [dʒɪ'ɒmətrɪ] *n* géométrie *f.*
geranium [dʒɪ'reɪnjəm] (*pl* **-s**) *n* géranium *m.*
gerbil ['dʒɜːbɪl] *n* gerbille *f.*
geriatric [ˌdʒerɪ'ætrɪk] *adj* **1.** (MED) gériatrique. **2.** *pej (person)* décrépit(e); *(object)* vétuste.
germ [dʒɜːm] *n* **1.** *(bacterium)* germe *m.* **2.** *fig (of idea, plan)* embryon *m.*
German ['dʒɜːmən] ◇ *adj* allemand(e). ◇ *n* **1.** *(person)* Allemand *m,* -e *f.* **2.** *(language)* allemand *m.*
German measles *n (U)* rubéole *f.*
Germany ['dʒɜːmənɪ] *n* Allemagne *f.*
germinate ['dʒɜːmɪneɪt] *vi lit & fig* germer.
gerund ['dʒerənd] *n* gérondif *m.*
gesticulate [dʒes'tɪkjʊleɪt] *vi* gesticuler.
gesture ['dʒestʃər] ◇ *n* geste *m.* ◇ *vi*: **to ~ to** OR **towards sb** faire signe à qqn.

get [get] (*Br pt & pp* **got**, *Am pt* **got**, *pp* **gotten**) ◇ *vt* **1.** *(cause to do)*: **to ~ sb to do sthg** faire faire qqch à qqn; **I'll ~ my sister to help** je vais demander à ma sœur de nous aider. **2.** *(cause to be done)*: **to ~ sthg done** faire faire qqch; **I got the car fixed** j'ai fait réparer la voiture. **3.** *(cause to become)*: **to ~ sb pregnant** rendre qqn enceinte; **I can't ~ the car started** je n'arrive pas à mettre la voiture en marche. **4.** *(cause to move)*: **to ~ sb/sthg through sthg** faire passer qqn/qqch par qqch; **to ~ sb/sthg out of sthg** faire sortir qqn/qqch de qqch. **5.** *(bring, fetch)* aller chercher; **can I ~ you something to eat/drink?** est-ce que je peux vous offrir quelque chose à manger/boire? **6.** *(obtain - gen)* obtenir; *(- job, house)* trouver. **7.** *(receive)* recevoir, avoir; **what did you ~ for your birthday?** qu'est-ce que tu as eu pour ton anniversaire?; **she ~s a good salary** elle touche un bon traitement. **8.** *(experience a sensation)* avoir; **do you ~ the feeling he doesn't like us?** tu n'as pas l'impression qu'il ne nous aime pas? **9.** *(be infected with, suffer from)* avoir, attraper; **to ~ a cold** attraper un rhume. **10.** *(understand)* comprendre, saisir; **I don't ~ it** *inf* je ne comprends pas, je ne saisis pas. **11.** *(catch - bus, train, plane)* prendre. **12.** *(capture)* prendre, attraper. **13.** *(find)*: **you ~ a lot of artists here** on trouve OR il y a beaucoup d'artistes ici; *see also* **have**. ◇ *vi* **1.** *(become)* devenir; **to ~ suspicious** devenir méfiant; **I'm getting cold/bored** je commence à avoir froid/à m'ennuyer; **it's getting late** il se fait tard. **2.** *(arrive)* arriver; **I only got back yesterday** je suis rentré hier seulement. **3.** *(eventually succeed in)*: **to ~ to do sthg** parvenir à OR finir par faire qqch; **did you ~ to see him?** est-ce que tu as réussi à le voir? **4.** *(progress)*: **how far have you got?** où en es-tu?; **we're getting nowhere** on n'arrive à rien. ◇ *aux vb*: **to ~ excited** s'exciter; **to ~ hurt** se faire mal; **to ~ beaten up** se faire tabasser; **let's ~ going** OR **moving** allons-y; *see also* **have**. ◆ **get about, get around** *vi* **1.** *(move from place to place)* se déplacer. **2.** *(circulate - news, rumour)* circuler, se répandre; *see also* **get around**. ◆ **get along** *vi* **1.** *(manage)* se débrouiller. **2.** *(progress)* avancer, faire des progrès. **3.** *(have a good relationship)* s'entendre. ◆ **get around, get round** ◇ *vt fus (overcome)* venir à bout de, surmonter. ◇ *vi* **1.** *(circulate)* circuler, se répandre. **2.** *(eventually do)*: **to ~ around to (doing) sthg** trouver le temps de faire qqch; *see also* **get about**. ◆ **get at** *vt fus* **1.** *(reach)* parvenir à. **2.** *(imply)* vouloir dire; **what are you getting at?** où veux-tu en venir? **3.** *inf (criticize)* critiquer, dénigrer. ◆ **get away** *vi* **1.** *(leave)* partir, s'en aller. **2.** *(go on holiday)* partir en vacances. **3.** *(escape)* s'échapper, s'évader. ◆ **get away with** *vt fus*: **to let sb ~ away with sthg** passer qqch à qqn. ◆ **get back** ◇ *vt sep (recover, regain)* retrouver, récupérer. ◇ *vi (move away)* s'écarter. ◆ **get**

back to *vt fus* 1. *(return to previous state, activity)* revenir à; **to ~ back to sleep** se rendormir; **to ~ back to work** *(after pause)* se remettre au travail; *(after illness)* reprendre son travail. 2. *inf (phone back)* rappeler; **I'll ~ back to you on that** je te reparlerai de ça plus tard. ◆ **get by** *vi* se débrouiller, s'en sortir. ◆ **get down** *vt sep* 1. *(depress)* déprimer. 2. *(fetch from higher level)* descendre. ◆ **get down to** *vt fus*: **to ~ down to doing sthg** se mettre à faire qqch. ◆ **get in** *vi* 1. *(enter - gen)* entrer; *(- referring to vehicle)* monter. 2. *(arrive)* arriver; *(arrive home)* rentrer. ◆ **get into** *vt fus* 1. *(car)* monter dans. 2. *(become involved in)* se lancer dans; **to ~ into an argument with sb** se disputer avec qqn. 3. *(enter into a particular situation, state)*: **to ~ into a panic** s'affoler; **to ~ into trouble** s'attirer des ennuis; **to ~ into the habit of doing sthg** prendre l'habitude de faire qqch. ◆ **get off** ◇ *vt sep (remove)* enlever. ◇ *vt fus* 1. *(go away from)* partir de. 2. *(train, bus etc)* descendre de. ◇ *vi* 1. *(leave bus, train)* descendre. 2. *(escape punishment)* s'en tirer. 3. *(depart)* partir. ◆ **get on** ◇ *vt fus* 1. *(bus, train, plane)* monter dans. 2. *(horse)* monter sur. ◇ *vi* 1. *(enter bus, train)* monter. 2. *(have good relationship)* s'entendre, s'accorder. 3. *(progress)* avancer, progresser; **how are you getting on?** comment ça va? 4. *(proceed)*: **to ~ on (with sthg)** continuer (qqch), poursuivre (qqch). 5. *(be successful professionally)* réussir. ◆ **get out** ◇ *vt sep* 1. *(take out)* sortir. 2. *(remove)* enlever. ◇ *vi* 1. *(from car, bus, train)* descendre. 2. *(news)* s'ébruiter. ◆ **get out of** *vt fus* 1. *(car etc)* descendre de. 2. *(escape from)* s'évader de, s'échapper de. 3. *(avoid)* éviter, se dérober à; **to ~ out of doing sthg** se dispenser de faire qqch. ◆ **get over** *vt fus* 1. *(recover from)* se remettre de. 2. *(overcome)* surmonter, venir à bout de. 3. *(communicate)* communiquer. ◆ **get round** = **get around**. ◆ **get through** ◇ *vt fus* 1. *(job, task)* arriver au bout de. 2. *(exam)* réussir à. 3. *(food, drink)* consommer. 4. *(unpleasant situation)* endurer, supporter. ◇ *vi* 1. *(make o.s. understood)*: **to ~ through (to sb)** se faire comprendre (de qqn). 2. (TELEC) obtenir la communication. ◆ **get to** *vt fus inf (annoy)* taper sur les nerfs à. ◆ **get together** ◇ *vt sep (organize - team, belongings)* rassembler; *(- project, report)* préparer. ◇ *vi* se réunir. ◆ **get up** ◇ *vi* se lever. ◇ *vt fus (petition, demonstration)* organiser. ◆ **get up to** *vt fus inf* faire.

• Dans la langue familière, *get* est plus fréquent que *be* dans les constructions passives qui décrivent un événement plutôt qu'un état (*they got married on Saturday; the window got broken last night*). Il sert souvent à décrire une action effectuée sur soi-même (*he got washed*), ou à dire que quelque chose est arrivé de façon inattendue ou sans préparation (*he got left behind*). Certains considèrent cet usage de *get* comme un peu relâché.

getaway ['getəweɪ] *n* fuite *f*.

get-together *n inf* réunion *f*.

geyser ['giːzəʳ] *n* 1. *(hot spring)* geyser *m*. 2. *Br (water heater)* chauffe-eau *m inv*.

Ghana ['gɑːnə] *n* Ghana *m*.

ghastly ['gɑːstlɪ] *adj* 1. *inf (very bad, unpleasant)* épouvantable. 2. *(horrifying, macabre)* effroyable.

gherkin ['gɜːkɪn] *n* cornichon *m*.

ghetto ['getəʊ] (*pl* **-s** OR **-es**) *n* ghetto *m*.

ghetto blaster [-ˌblɑːstəʳ] *n inf* grand radiocassette *m* portatif.

ghost [gəʊst] *n (spirit)* spectre *m*.

giant ['dʒaɪənt] ◇ *adj* géant(e). ◇ *n* géant *m*.

gibberish ['dʒɪbərɪʃ] *n (U)* charabia *m*, inepties *fpl*.

gibe [dʒaɪb] *n* insulte *f*.

giblets ['dʒɪblɪts] *npl* abats *mpl*.

Gibraltar [dʒɪ'brɔːltəʳ] *n* Gibraltar *m*.

giddy ['gɪdɪ] *adj (dizzy)*: **to feel ~** avoir la tête qui tourne.

gift [gɪft] *n* 1. *(present)* cadeau *m*. 2. *(talent)* don *m*; **to have a ~ for sthg/for doing sthg** avoir un don pour qqch/pour faire qqch; **the ~ of the gab** le bagou.

gift certificate *Am* = **gift token**.

gifted ['gɪftɪd] *adj* doué(e).

gift token, gift voucher *n Br* chèque-cadeau *m*.

gig [gɪg] *n inf (concert)* concert *m*.

gigabyte ['gaɪgəbaɪt] *n* (COMPUT) giga-octet *m*.

gigantic [dʒaɪ'gæntɪk] *adj* énorme, gigantesque.

giggle ['gɪgl] ◇ *n* 1. *(laugh)* gloussement *m*. 2. *Br inf (fun)*: **to be a ~** être marrant(e) OR tordant(e); **to have a ~** bien s'amuser. ◇ *vi (laugh)* glousser.

gilded ['gɪldɪd] *adj* = **gilt**.
gill [dʒɪl] *n (unit of measurement) = 0,142 litre*, quart *m* de pinte.
gills [gɪlz] *npl (of fish)* branchies *fpl*.
gilt [gɪlt] ◇ *adj (covered in gold)* doré(e). ◇ *n (U) (gold layer)* dorure *f*.
gimmick ['gɪmɪk] *n pej* artifice *m*.
gin [dʒɪn] *n* gin *m*; **~ and tonic** gin tonic.
ginger ['dʒɪndʒəʳ] ◇ *n* **1.** *(root)* gingembre *m*. **2.** *(powder)* gingembre *m* en poudre. ◇ *adj Br (colour)* roux (rousse).
ginger ale *n boisson gazeuse au gingembre*.
ginger beer *n boisson non-alcoolisée au gingembre*.
gingerbread ['dʒɪndʒəbred] *n* pain *m* d'épice.
ginger-haired [-'heəd] *adj* roux (rousse).
gingerly ['dʒɪndʒəlɪ] *adv* avec précaution.
gipsy ['dʒɪpsɪ] ◇ *adj* gitan(e). ◇ *n* gitan *m*, -e *f*; *Br pej* bohémien *m*, -enne *f*.
giraffe [dʒɪ'rɑːf] (*pl inv* OR **-s**) *n* girafe *f*.
girder ['gɜːdəʳ] *n* poutrelle *f*.
girdle ['gɜːdl] *n (corset)* gaine *f*.
girl [gɜːl] *n* **1.** *(gen)* fille *f*. **2.** *(girlfriend)* petite amie *f*.
girlfriend ['gɜːlfrend] *n* **1.** *(female lover)* petite amie *f*. **2.** *(female friend)* amie *f*.
girl guide *Br*, **girl scout** *Am n* éclaireuse *f*, guide *f*.
giro ['dʒaɪrəʊ] (*pl* **-s**) *n Br* **1.** *(U) (system)* virement *m* postal. **2. ~ (cheque)** chèque *m* d'indemnisation *f* (chômage OR maladie).
girth [gɜːθ] *n* **1.** *(circumference - of tree)* circonférence *f*; *(- of person)* tour *m* de taille. **2.** *(of horse)* sangle *f*.
gist [dʒɪst] *n* substance *f*; **to get the ~ of sthg** comprendre OR saisir l'essentiel de qqch.
give [gɪv] (*pt* **gave**, *pp* **given**) ◇ *vt* **1.** *(gen)* donner; *(message)* transmettre; *(attention, time)* consacrer; **to ~ sb/sthg sthg** donner qqch à qqn/qqch; **to ~ sb pleasure/a fright/a smile** faire plaisir/peur/un sourire à qqn; **to ~ a sigh** pousser un soupir; **to ~ a speech** faire un discours. **2.** *(as present)*: **to ~ sb sthg, to ~ sthg to sb** donner qqch à qqn, offrir qqch à qqn. ◇ *vi (collapse, break)* céder, s'affaisser. ◇ *n (elasticity)* élasticité *f*, souplesse *f*. ◆ **give or take** *prep*: **~ or take a day/£10** à un jour/10 livres près. ◆ **give away** *vt sep* **1.** *(get rid of)* donner. **2.** *(reveal)* révéler. ◆ **give back** *vt sep (return)* rendre. ◆ **give in** *vi* **1.** *(admit defeat)* abandonner, se rendre. **2.** *(agree unwillingly)*: **to ~ in to sthg** céder à qqch. ◆ **give off** *vt fus (smell)* exhaler; *(smoke)* faire; *(heat)* produire. ◆ **give out** ◇ *vt sep (distribute)* distribuer. ◇ *vi (supplies)* s'épuiser; *(car)* lâcher. ◆ **give up** ◇ *vt sep* **1.** *(stop)* renoncer à; **to ~ up drinking/smoking** arrêter de boire/de fumer. **2.** *(surrender)*: **to ~ o.s. up (to sb)** se rendre (à qqn). ◇ *vi* abandonner, se rendre.
given ['gɪvn] ◇ *adj* **1.** *(set, fixed)* convenu(e), fixé(e). **2.** *(prone)*: **to be ~ to sthg/to doing sthg** être enclin(e) à qqch/ à faire qqch. ◇ *prep* étant donné; **~ that** étant donné que.
given name *n Am* prénom *m*.
glacier ['glæsjəʳ] *n* glacier *m*.
glad [glæd] *adj* **1.** *(happy, pleased)* content(e); **to be ~ about sthg** être content de qqch. **2.** *(willing)*: **to be ~ to do sthg** faire qqch volontiers OR avec plaisir. **3.** *(grateful)*: **to be ~ of sthg** être content(e) de qqch.
gladly ['glædlɪ] *adv* **1.** *(happily, eagerly)* avec joie. **2.** *(willingly)* avec plaisir.
glamor *Am* = **glamour**.
glamorous ['glæmərəs] *adj (person)* séduisant(e); *(appearance)* élégant(e); *(job, place)* prestigieux(euse).
glamour *Br*, **glamor** *Am* ['glæməʳ] *n (of person)* charme *m*; *(of appearance)* élégance *f*, chic *m*; *(of job, place)* prestige *m*.
glance [glɑːns] ◇ *n (quick look)* regard *m*, coup d'œil *m*; **at a ~** d'un coup d'œil; **at first ~** au premier coup d'œil. ◇ *vi (look quickly)*: **to ~ at sb/sthg** jeter un coup d'œil à qqn/qqch. ◆ **glance off** *vt fus (subj: ball, bullet)* ricocher sur.
glancing ['glɑːnsɪŋ] *adj* de côté, oblique.
gland [glænd] *n* glande *f*.
glandular fever [ˌglændjʊləʳ-] *n* mononucléose *f* infectieuse.
glare [gleəʳ] ◇ *n* **1.** *(scowl)* regard *m* mauvais. **2.** *(U) (of headlights, publicity)* lumière *f* aveuglante. ◇ *vi* **1.** *(scowl)*: **to ~ at sb/sthg** regarder qqn/qqch d'un œil mauvais. **2.** *(sun, lamp)* briller d'une lumière éblouissante.
glaring ['gleərɪŋ] *adj* **1.** *(very obvious)* flagrant(e). **2.** *(blazing, dazzling)* aveuglant(e).
glass [glɑːs] ◇ *n* **1.** *(gen)* verre *m*. **2.** *(U) (glassware)* verrerie *f*. ◇ *comp (bottle, jar)* en OR de verre; *(door, partition)* vitré(e). ◆ **glasses** *npl (spectacles)* lunettes *fpl*.
glassware ['glɑːsweəʳ] *n (U)* verrerie *f*.
glassy ['glɑːsɪ] *adj* **1.** *(smooth, shiny)*

lisse comme un miroir. 2. *(blank, lifeless)* vitreux(euse).

glaze [gleɪz] ◇ *n (on pottery)* vernis *m*; *(on pastry, flan)* glaçage *m*. ◇ *vt (pottery, tiles, bricks)* vernisser; *(pastry, flan)* glacer.

glazier ['gleɪzjəʳ] *n* vitrier *m*.

gleam [gliːm] ◇ *n (of gold)* reflet *m*; *(of fire, sunset, disapproval)* lueur *f*. ◇ *vi* 1. *(surface, object)* luire. 2. *(light, eyes)* briller.

gleaming ['gliːmɪŋ] *adj* brillant(e).

glean [gliːn] *vt (gather)* glaner.

glee [gliː] *n (U) (joy)* joie *f*, jubilation *f*.

glen [glen] *n Scot* vallée *f*.

glib [glɪb] *adj pej (salesman, politician)* qui a du bagout; *(promise, excuse)* facile.

glide [glaɪd] *vi* 1. *(move smoothly - dancer, boat)* glisser sans effort; *(- person)* se mouvoir sans effort. 2. *(fly)* planer.

glider ['glaɪdəʳ] *n (plane)* planeur *m*.

gliding ['glaɪdɪŋ] *n (sport)* vol *m* à voile.

glimmer ['glɪməʳ] *n (faint light)* faible lueur *f*; *fig* signe *m*, lueur.

glimpse [glɪmps] ◇ *n* 1. *(look, sight)* aperçu *m*. 2. *(idea, perception)* idée *f*. ◇ *vt* 1. *(catch sight of)* apercevoir, entrevoir. 2. *(perceive)* pressentir.

glint [glɪnt] ◇ *n* 1. *(flash)* reflet *m*. 2. *(in eyes)* éclair *m*. ◇ *vi* étinceler.

glisten ['glɪsn] *vi* briller.

glitter ['glɪtəʳ] ◇ *n (U)* scintillement *m*. ◇ *vi* 1. *(object, light)* scintiller. 2. *(eyes)* briller.

gloat [gləʊt] *vi*: **to ~ (over sthg)** se réjouir (de qqch).

global ['gləʊbl] *adj (worldwide)* mondial (e).

global warming [-'wɔːmɪŋ] *n* réchauffement *m* de la planète.

globe [gləʊb] *n* 1. *(Earth)*: **the ~** la terre. 2. *(spherical map)* globe *m* terrestre. 3. *(spherical object)* globe *m*.

gloom [gluːm] *n (U)* 1. *(darkness)* obscurité *f*. 2. *(unhappiness)* tristesse *f*.

gloomy ['gluːmɪ] *adj* 1. *(room, sky, prospects)* sombre. 2. *(person, atmosphere, mood)* triste, lugubre.

glorious ['glɔːrɪəs] *adj* 1. *(beautiful, splendid)* splendide. 2. *(very enjoyable)* formidable. 3. *(successful, impressive)* magnifique.

glory ['glɔːrɪ] *n* 1. *(U) (fame, admiration)* gloire *f*. 2. *(U) (beauty)* splendeur *f*.
◆ **glory in** *vt fus (relish)* savourer.

gloss [glɒs] *n* 1. *(U) (shine)* brillant *m*, lustre *m*. 2. **~ (paint)** peinture *f* brillante.
◆ **gloss over** *vt fus* passer sur.

glossary ['glɒsərɪ] *n* glossaire *m*.

glossy ['glɒsɪ] *adj* 1. *(hair, surface)* brillant(e). 2. *(book, photo)* sur papier glacé.

glove [glʌv] *n* gant *m*.

glove compartment *n* boîte *f* à gants.

glow [gləʊ] ◇ *n (U) (of fire, light, sunset)* lueur *f*. ◇ *vi* 1. *(shine out - fire)* rougeoyer; *(light, stars, eyes)* flamboyer. 2. *(shine in light)* briller.

glower ['glaʊəʳ] *vi*: **to ~ (at)** lancer des regards noirs (à).

glucose ['gluːkəʊs] *n* glucose *m*.

glue [gluː] (*cont* **glueing** OR **gluing**) ◇ *n (U)* colle *f*. ◇ *vt (stick with glue)* coller; **to ~ sthg to sthg** coller qqch à OR avec qqch.

glum [glʌm] *adj (unhappy)* morne.

glut [glʌt] *n* surplus *m*.

glutton ['glʌtn] *n (greedy person)* glouton *m*, -onne *f*; **to be a ~ for punishment** être maso, être masochiste.

gnarled [nɑːld] *adj (tree, hands)* noueux (euse).

gnat [næt] *n* moucheron *m*.

gnaw [nɔː] ◇ *vt (chew)* ronger. ◇ *vi (worry)*: **to ~ (away) at sb** ronger qqn.

gnome [nəʊm] *n* gnome *m*, lutin *m*.

GNP (*abbr of* **gross national product**) *n* PNB *m*.

---

go [gəʊ] (*pt* **went**, *pp* **gone**, *pl* **goes**) ◇ *vi* 1. *(move, travel)* aller; **where are you ~ing?** où vas-tu?; **he's gone to Portugal** il est allé au Portugal; **we went by bus/train** nous sommes allés en bus/par le train; **where does this path ~?** où mène ce chemin?; **to ~ and do sthg** aller faire qqch; **to ~ swimming/shopping/jogging** aller nager/faire les courses/faire du jogging; **to ~ for a walk** aller se promener, faire une promenade; **to ~ to work** aller travailler OR à son travail. 2. *(depart)* partir, s'en aller; **I must ~, I have to ~** il faut que je m'en aille; **what time does the bus ~?** à quelle heure part le bus?; **let's ~!** allons-y! 3. *(become)* devenir; **to ~ grey** grisonner, devenir gris; **to ~ mad** devenir fou. 4. *(pass - time)* passer. 5. *(progress)* marcher, se dérouler; **the conference went very smoothly** la conférence s'est déroulée sans problème OR s'est très bien passée; **to ~ well/badly** aller bien/mal; **how's it ~ing?** *inf* comment ça va? 6. *(function, work)* marcher; **the car won't ~** la voiture ne veut pas démarrer. 7. *(indicating intention, expectation)*: **to be ~ing to do sthg** aller faire qqch; **he said he was ~ing to be late** il a prévenu qu'il allait arriver en retard; **we're ~ing (to ~) to America**

in June on va (aller) en Amérique en juin; **she's ~ing to have a baby** elle attend un bébé. **8.** *(bell, alarm)* sonner. **9.** *(stop working, break - light bulb, fuse)* sauter. **10.** *(deteriorate - hearing, sight etc)* baisser. **11.** *(match, be compatible)*: **to ~ (with)** aller (avec); **those colours don't really ~** ces couleurs ne vont pas bien ensemble. **12.** *(fit)* aller. **13.** *(belong)* aller, se mettre; **the plates ~ in the cupboard** les assiettes vont OR se mettent dans le placard. **14.** *(in division)*: **three into two won't ~** deux divisé par trois n'y va pas. **15.** *inf (expressing irritation, surprise)*: **now what's he gone and done?** qu'est-ce qu'il a fait encore? ◇ *n* **1.** *(turn)* tour *m*; **it's my ~** c'est à moi (de jouer). **2.** *inf (attempt)*: **to have a ~ (at sthg)** essayer (de faire qqch). **3.** *phr*: **to have a ~ at sb** *inf* s'en prendre à qqn, engueuler qqn; **to be on the ~** *inf* être sur la brèche. ◆ **to go** *adv (remaining)*: **there are only three days to ~** il ne reste que trois jours. ◆ **go about** ◇ *vt fus (perform)*: **to ~ about one's business** vaquer à ses occupations. ◇ *vi* = **go around**. ◆ **go ahead** *vi* **1.** *(proceed)*: **to ~ ahead with sthg** mettre qqch à exécution; **~ ahead!** allez-y! **2.** *(take place)* avoir lieu. ◆ **go along** *vi (proceed)* avancer; **as you ~ along** au fur et à mesure. ◆ **go along with** *vt fus (suggestion, idea)* appuyer, soutenir; *(person)* suivre. ◆ **go around** *vi* **1.** *(frequent)*: **to ~ around with sb** fréquenter qqn. **2.** *(spread)* circuler, courir. ◆ **go back on** *vt fus (one's word, promise)* revenir sur. ◆ **go back to** *vt fus* **1.** *(return to activity)* reprendre, se remettre à; **to ~ back to sleep** se rendormir. **2.** *(date from)* remonter à, dater de. ◆ **go by** ◇ *vi (time)* s'écouler, passer. ◇ *vt fus* **1.** *(be guided by)* suivre. **2.** *(judge from)* juger d'après. ◆ **go down** ◇ *vi* **1.** *(get lower - prices etc)* baisser. **2.** *(be accepted)*: **to ~ down well/badly** être bien/mal accueilli. **3.** *(sun)* se coucher. **4.** *(tyre, balloon)* se dégonfler. ◇ *vt fus* descendre. ◆ **go for** *vt fus* **1.** *(choose)* choisir. **2.** *(be attracted to)* être attiré(e) par. **3.** *(attack)* tomber sur, attaquer. **4.** *(try to obtain - job, record)* essayer d'obtenir. ◆ **go in** *vi* entrer. ◆ **go in for** *vt fus* **1.** *(competition)* prendre part à; *(exam)* se présenter à. **2.** *(activity - enjoy)* aimer; *(- participate in)* faire, s'adonner à. ◆ **go into** *vt fus* **1.** *(investigate)* étudier, examiner. **2.** *(take up as a profession)* entrer dans. ◆ **go off** ◇ *vi* **1.** *(explode)* exploser. **2.** *(alarm)* sonner. **3.** *(go bad - food)* se gâter. **4.** *(lights, heating)* s'éteindre. ◇ *vt fus (lose interest in)* ne plus aimer. ◆ **go on** ◇ *vi* **1.** *(take place, happen)* se passer. **2.** *(heating etc)* se mettre en marche. **3.** *(continue)*: **to ~ on (doing)** continuer (à faire). **4.** *(proceed to further activity)*: **to ~ on to sthg** passer à qqch; **to ~ on to do sthg** faire qqch après. **5.** *(talk for too long)* parler à n'en plus finir; **to ~ on about sthg** ne pas arrêter de parler de qqch. ◇ *vt fus (be guided by)* se fonder sur. ◆ **go on at** *vt fus (nag)* harceler. ◆ **go out** *vi* **1.** *(leave)* sortir. **2.** *(for amusement)*: **to ~ out (with sb)** sortir (avec qqn). **3.** *(light, fire, cigarette)* s'éteindre. ◆ **go over** *vt fus* **1.** *(examine)* examiner, vérifier. **2.** *(repeat, review)* repasser. ◆ **go round** *vi (revolve)* tourner; *see also* **go around**. ◆ **go through** *vt fus* **1.** *(experience)* subir, souffrir. **2.** *(study, search through)* examiner; **she went through his pockets** elle lui a fait les poches, elle a fouillé dans ses poches. ◆ **go through with** *vt fus (action, threat)* aller jusqu'au bout de. ◆ **go towards** *vt fus* contribuer à. ◆ **go under** *vi lit & fig* couler. ◆ **go up** ◇ *vi* **1.** *(gen)* monter. **2.** *(prices)* augmenter. ◇ *vt fus* monter. ◆ **go without** ◇ *vt fus* se passer de. ◇ *vi* s'en passer.

- Il est très fréquent, lorsqu'on décrit des activités physiques, des passe-temps ou des sports, d'utiliser *go*, suivi du participe présent du verbe principal (*to go dancing/bird-watching/running*). Comparez, par exemple, *I like swimming* (= *I like to be in the water*) et *I like going swimming* (= *I like going to the swimming pool*).
- Au passé composé et au plus-que-parfait, le participe passé *gone* peut être remplacé par *been*, mais il y a une légère nuance. Comparez, par exemple, *the Fosters have gone to Bermuda for their holidays* (= les Fosters sont allés aux Bermudes et y sont encore) et *the Fosters have been to Bermuda this year* (= les Fosters sont allés aux Bermudes et en sont revenus).
- Dans la langue familière, le verbe *go* est souvent suivi de *and* et de la forme de base du verbe, au lieu de *to* + forme de base (*I'll go and see what's happening* = *I'll go to see what's happening*).
- Voir aussi ALLER dans la partie français-anglais du dictionnaire.

goad [gəʊd] *vt (provoke)* talonner.
go-ahead ◇ *adj (dynamic)* dynamique. ◇ *n (U) (permission)* feu *m* vert.
goal [gəʊl] *n* but *m*.
goalkeeper ['gəʊl,kiːpəʳ] *n* gardien *m* de but.
goalmouth ['gəʊlmaʊθ, *pl* -maʊðz] *n* but *m*.
goalpost ['gəʊlpəʊst] *n* poteau *m* de but.
goat [gəʊt] *n* chèvre *f*.
gob [gɒb] *v inf* ◇ *n Br (mouth)* gueule *f*. ◇ *vi (spit)* mollarder.
gobble ['gɒbl] *vt* engloutir. ◆ **gobble down, gobble up** *vt sep* engloutir.
go-between *n* intermédiaire *mf*.
gobsmacked ['gɒbsmækt] *adj Br inf* bouche bée (*inv*).
go-cart = **go-kart**.
god [gɒd] *n* dieu *m*, divinité *f*. ◆ **God** ◇ *n* Dieu *m*; **God knows** Dieu seul le sait; **for God's sake** pour l'amour de Dieu; **thank God** Dieu merci. ◇ *excl*: **(my) God!** mon Dieu!
godchild ['gɒdtʃaɪld] (*pl* **-children** [-,tʃɪldrən]) *n* filleul *m*, -e *f*.
goddaughter ['gɒd,dɔːtəʳ] *n* filleule *f*.
goddess ['gɒdɪs] *n* déesse *f*.
godfather ['gɒd,fɑːðəʳ] *n* parrain *m*.
godforsaken ['gɒdfə,seɪkn] *adj* morne, désolé(e).
godmother ['gɒd,mʌðəʳ] *n* marraine *f*.
godsend ['gɒdsend] *n* aubaine *f*.
godson ['gɒdsʌn] *n* filleul *m*.
goes [gəʊz] → **go**.
goggles ['gɒglz] *npl* lunettes *fpl*.
going ['gəʊɪŋ] ◇ *n (U)* **1.** *(rate of advance)* allure *f*. **2.** *(travel conditions)* conditions *fpl*. ◇ *adj* **1.** *Br (available)* disponible. **2.** *(rate, salary)* en vigueur.
go-kart [-kɑːt] *n* kart *m*.
gold [gəʊld] ◇ *n (U) (metal, jewellery)* or *m*. ◇ *comp (made of gold)* en or. ◇ *adj (gold-coloured)* doré(e).
golden ['gəʊldən] *adj* **1.** *(made of gold)* en or. **2.** *(gold-coloured)* doré(e).
goldfish ['gəʊldfɪʃ] (*pl inv*) *n* poisson *m* rouge.
gold leaf *n (U)* feuille *f* d'or.
gold medal *n* médaille *f* d'or.
goldmine ['gəʊldmaɪn] *n lit & fig* mine *f* d'or.
gold-plated [-'pleɪtɪd] *adj* plaqué(e) or.
goldsmith ['gəʊldsmɪθ] *n* orfèvre *m*.
golf [gɒlf] *n* golf *m*.
golf ball *n* **1.** *(for golf)* balle *f* de golf. **2.** *(for typewriter)* boule *f*.
golf club *n (stick, place)* club *m* de golf.
golf course *n* terrain *m* de golf.
golfer ['gɒlfəʳ] *n* golfeur *m*, -euse *f*.
gone [gɒn] ◇ *pp* → **go**. ◇ *adj (no longer here)* parti(e). ◇ *prep*: **it's ~ ten (o'clock)** il est dix heures passées.
gong [gɒŋ] *n* gong *m*.
good [gʊd] (*compar* **better**, *superl* **best**) ◇ *adj* **1.** *(gen)* bon (bonne); **it's ~ to see you again** ça fait plaisir de te revoir; **to be ~ at sthg** être bon en qqch; **to be ~ with** *(animals, children)* savoir y faire avec; *(one's hands)* être habile de; **it's ~ for you** c'est bon pour toi OR pour la santé; **to feel ~** *(person)* se sentir bien; **it's ~ that ...** c'est bien que ...; **~!** très bien! **2.** *(kind - person)* gentil(ille); **to be ~ to sb** être très attentionné envers qqn; **to be ~ enough to do sthg** avoir l'amabilité de faire qqch. **3.** *(well-behaved - child)* sage; *(- behaviour)* correct(e); **be ~!** sois sage!, tiens-toi tranquille! ◇ *n* **1.** *(U) (benefit)* bien *m*; **it will do him ~** ça lui fera du bien. **2.** *(use)* utilité *f*; **what's the ~ of doing that?** à quoi bon faire ça?; **it's no ~** ça ne sert à rien; **it's no ~ crying/worrying** ça ne sert à rien de pleurer/de s'en faire. **3.** *(U) (morally correct behaviour)* bien *m*; **to be up to no ~** préparer un sale coup. ◆ **goods** *npl (merchandise)* marchandises *fpl*, articles *mpl*. ◆ **as good as** *adv* pratiquement, pour ainsi dire. ◆ **for good** *adv (forever)* pour de bon, définitivement. ◆ **good afternoon** *excl* bonjour! ◆ **good evening** *excl* bonsoir! ◆ **good morning** *excl* bonjour! ◆ **good night** *excl* bonsoir!; *(at bedtime)* bonne nuit!
goodbye [,gʊd'baɪ] ◇ *excl* au revoir! ◇ *n* au revoir *m*.
Good Friday *n* Vendredi *m* saint.
good-humoured [-'hjuːməd] *adj (person)* de bonne humeur; *(smile, remark, rivalry)* bon enfant.
good-looking [-'lʊkɪŋ] *adj (person)* beau (belle).
good-natured [-'neɪtʃəd] *adj (person)* d'un naturel aimable; *(rivalry, argument)* bon enfant.
goodness ['gʊdnɪs] ◇ *n (U)* **1.** *(kindness)* bonté *f*. **2.** *(nutritive quality)* valeur *f* nutritive. ◇ *excl*: **(my) ~!** mon Dieu!, Seigneur!; **for ~' sake!** par pitié!, pour l'amour de Dieu!; **thank ~!** grâce à Dieu!
goods train *n Br* train *m* de marchandises.
goodwill [,gʊd'wɪl] *n* bienveillance *f*.
goody ['gʊdɪ] *inf* ◇ *n (person)* bon *m*. ◇ *excl* chouette! ◆ **goodies** *npl inf* **1.**

(delicious food) friandises *fpl*. 2. *(desirable objects)* merveilles *fpl*, trésors *mpl*.
goose [guːs] (*pl* **geese**) *n (bird)* oie *f*.
gooseberry ['gʊzbərɪ] *n* 1. *(fruit)* groseille *f* à maquereau. 2. *Br inf (third person)*: **to play ~** tenir la chandelle.
gooseflesh ['guːsfleʃ] *n*, **goose pimples** *Br*, **goosebumps** *Am* ['guːsbʌmps] *npl* chair *f* de poule.
gorge [gɔːdʒ] ◇ *n* gorge *f*, défilé *m*. ◇ *vt*: **to ~ o.s. on** OR **with sthg** se bourrer OR se goinfrer de qqch.
gorgeous ['gɔːdʒəs] *adj* divin(e); *inf (good-looking)* magnifique, splendide.
gorilla [gə'rɪlə] *n* gorille *m*.
gorse [gɔːs] *n (U)* ajonc *m*.
gory ['gɔːrɪ] *adj* sanglant(e).
gosh [gɒʃ] *excl inf* ça alors!
go-slow *n Br* grève *f* du zèle.
gospel ['gɒspl] *n (doctrine)* évangile *m*. ◆ **Gospel** *n* Évangile *m*.
gossip ['gɒsɪp] ◇ *n* 1. *(conversation)* bavardage *m*; *pej* commérage *m*. 2. *(person)* commère *f*. ◇ *vi (talk)* bavarder, papoter; *pej* cancaner.
gossip column *n* échos *mpl*.
got [gɒt] *pt & pp* → **get**.
gotten ['gɒtn] *Am pp* → **get**.
goulash ['guːlæʃ] *n* goulache *m*.
gourmet ['gʊəmeɪ] ◇ *n* gourmet *m*. ◇ *comp (food, restaurant)* gastronomique; *(cook)* gastronome.
gout [gaʊt] *n (U)* goutte *f*.
govern ['gʌvən] ◇ *vt* 1. *(gen)* gouverner. 2. *(control)* régir. ◇ *vi* (POL) gouverner.
governess ['gʌvənɪs] *n* gouvernante *f*.
government ['gʌvnmənt] *n* gouvernement *m*.
governor ['gʌvənə^r] *n* 1. (POL) gouverneur *m*. 2. *(of school)* = membre *m* du conseil d'établissement; *(of bank)* gouverneur *m*. 3. *(of prison)* directeur *m*.
gown [gaʊn] *n* 1. *(for woman)* robe *f*. 2. *(for surgeon)* blouse *f*; *(for judge, academic)* robe *f*, toge *f*.
GP *n abbr of* **general practitioner**.
grab [græb] ◇ *vt* 1. *(seize)* saisir. 2. *inf (sandwich)* avaler en vitesse; **to ~ a few hours' sleep** dormir quelques heures. 3. *inf (appeal to)* emballer. ◇ *vi*: **to ~ at sthg** faire un geste pour attraper qqch.
grace [greɪs] ◇ *n* 1. *(elegance)* grâce *f*. 2. *(U) (extra time)* répit *m*. 3. *(prayer)* grâces *fpl*. ◇ *vt fml* 1. *(honour)* honorer de sa présence. 2. *(decorate)* orner, décorer.
graceful ['greɪsfʊl] *adj* gracieux(euse), élégant(e).
gracious ['greɪʃəs] ◇ *adj (polite)* courtois(e). ◇ *excl*: **(good) ~!** juste ciel!
grade [greɪd] ◇ *n* 1. *(quality - of worker)* catégorie *f*; *(- of wool, paper)* qualité *f*; *(- of petrol)* type *m*; *(- of eggs)* calibre *m*. 2. *Am (class)* classe *f*. 3. *(mark)* note *f*. ◇ *vt* 1. *(classify)* classer. 2. *(mark, assess)* noter.
grade crossing *n Am* passage *m* à niveau.
grade school *n Am* école *f* primaire.
gradient ['greɪdjənt] *n* pente *f*, inclinaison *f*.
gradual ['grædʒʊəl] *adj* graduel(elle), progressif(ive).
gradually ['grædʒʊəlɪ] *adv* graduellement, petit à petit.
graduate [*n* 'grædʒʊət, *vb* 'grædʒʊeɪt] ◇ *n* 1. *(from university)* diplômé *m*, -e *f*. 2. *Am (of high school)* = titulaire *mf* du baccalauréat. ◇ *vi* 1. *(from university)*: **to ~ (from)** = obtenir son diplôme (à). 2. *Am (from high school)*: **to ~ (from)** = obtenir son baccalauréat (à).
graduation [ˌgrædʒʊ'eɪʃn] *n (U) (ceremony)* remise *f* des diplômes.
graffiti [grə'fiːtɪ] *n (U)* graffiti *mpl*.
graft [grɑːft] ◇ *n* 1. *(from plant)* greffe *f*, greffon *m*. 2. (MED) greffe *f*. 3. *Br (hard work)* boulot *m*. 4. *Am inf (corruption)* graissage *m* de patte. ◇ *vt (plant, skin)* greffer.
grain [greɪn] *n* 1. *(gen)* grain *m*. 2. *(U) (crops)* céréales *fpl*. 3. *(U) (pattern - in wood)* fil *m*; *(- in material)* grain *m*; *(- in stone, marble)* veines *fpl*.
gram [græm] *n* gramme *m*.
grammar ['græmə^r] *n* grammaire *f*.
grammar school *n (in UK)* = lycée *m*; *(in US)* école *f* primaire.
grammatical [grə'mætɪkl] *adj* grammatical(e).
gramme [græm] *Br* = **gram**.
gran [græn] *n Br inf* mamie *f*, mémé *f*.
grand [grænd] ◇ *adj* 1. *(impressive)* grandiose, imposant(e). 2. *(ambitious)* grand(e). 3. *(important)* important(e); *(socially)* distingué(e). 4. *inf dated (excellent)* sensationnel(elle), formidable. ◇ *n inf (thousand pounds)* mille livres *fpl*; *(thousand dollars)* mille dollars *mpl*.
grand(d)ad ['grændæd] *n inf* papi *m*, pépé *m*.
grandchild ['græntʃaɪld] (*pl* **-children** [-ˌtʃɪldrən]) *n (boy)* petit-fils *m*; *(girl)* petite-fille *f*. ◆ **grandchildren** *npl* petits-enfants *mpl*.

granddaughter ['græn,dɔːtəʳ] *n* petite-fille *f*.
grandeur ['grændʒəʳ] *n* *(splendour)* splendeur *f*, magnificence *f*.
grandfather ['grænd,fɑːðəʳ] *n* grand-père *m*.
grandma ['grænmɑː] *n inf* mamie *f*, mémé *f*.
grandmother ['græn,mʌðəʳ] *n* grand-mère *f*.
grandpa ['grænpɑː] *n inf* papi *m*, pépé *m*.
grandparents ['græn,peərənts] *npl* grands-parents *mpl*.
grand piano *n* piano *m* à queue.
grand slam *n* (SPORT) grand chelem *m*.
grandson ['grænsʌn] *n* petit-fils *m*.
grandstand ['grændstænd] *n* tribune *f*.
grand total *n* somme *f* globale, total *m* général.
granite ['grænɪt] *n* granit *m*.
granny ['grænɪ] *n inf* mamie *f*, mémé *f*.
grant [grɑːnt] ◇ *n* subvention *f*; *(for study)* bourse *f*. ◇ *vt* **1.** *(wish, appeal)* accorder; *(request)* accéder à. **2.** *(admit)* admettre, reconnaître. **3.** *(give)* accorder; **to take sb for ~ed** *(not appreciate sb's help)* penser que tout ce que qqn fait va de soi; *(not value sb's presence)* penser que qqn fait partie des meubles; **to take sthg for ~ed** *(result, sb's agreement)* considérer qqch comme acquis.
granulated sugar ['grænjʊleɪtɪd-] *n* sucre *m* cristallisé.
granule ['grænjuːl] *n* granule *m*; *(of sugar)* grain *m*.
grape [greɪp] *n* (grain *m* de) raisin *m*; **a bunch of ~s** une grappe de raisin.
grapefruit ['greɪpfruːt] (*pl inv* OR **-s**) *n* pamplemousse *m*.
grapevine ['greɪpvaɪn] *n* vigne *f*; **on the ~** *fig* par le téléphone arabe.
graph [grɑːf] *n* graphique *m*.
graphic ['græfɪk] *adj* **1.** *(vivid)* vivant (e). **2.** (ART) graphique. ◆ **graphics** *npl* graphique *f*.
graphite ['græfaɪt] *n (U)* graphite *m*, mine *f* de plomb.
graph paper *n (U)* papier *m* millimétré.
grapple ['græpl] ◆ **grapple with** *vt fus* **1.** *(person, animal)* lutter avec. **2.** *(problem)* se débattre avec, se colleter avec.
grasp [grɑːsp] ◇ *n* **1.** *(grip)* prise *f*. **2.** *(understanding)* compréhension *f*; **to have a good ~ of sthg** avoir une bonne connaissance de qqch. ◇ *vt* **1.** *(grip, seize)* saisir, empoigner. **2.** *(understand)* saisir, comprendre. **3.** *(opportunity)* saisir.
grasping ['grɑːspɪŋ] *adj pej* avide, cupide.
grass [grɑːs] ◇ *n* (BOT & *drugs sl)* herbe *f*. ◇ *vi Br crime sl* moucharder; **to ~ on sb** dénoncer qqn.
grasshopper ['grɑːs,hɒpəʳ] *n* sauterelle *f*.
grass roots ◇ *npl fig* base *f*. ◇ *comp* du peuple.
grass snake *n* couleuvre *f*.
grate [greɪt] ◇ *n* grille *f* de foyer. ◇ *vt* râper. ◇ *vi* grincer, crisser.
grateful ['greɪtfʊl] *adj*: **to be ~ to sb (for sthg)** être reconnaissant(e) à qqn (de qqch).
grater ['greɪtəʳ] *n* râpe *f*.
gratify ['grætɪfaɪ] *vt* **1.** *(please - person)*: **to be gratified** être content(e), être satisfait(e). **2.** *(satisfy - wish)* satisfaire, assouvir.
grating ['greɪtɪŋ] ◇ *adj* grinçant(e); *(voix)* de crécelle. ◇ *n (grille)* grille *f*.
gratitude ['grætɪtjuːd] *n (U)*: **~ (to sb for sthg)** gratitude *f* OR reconnaissance *f* (envers qqn de qqch).
gratuitous [grə'tjuːɪtəs] *adj fml* gratuit (e).
grave¹ [greɪv] ◇ *adj* grave; *(concern)* sérieux(euse). ◇ *n* tombe *f*.
grave² [grɑːv] *adj* (LING): **e ~** e *m* accent grave.
gravel ['grævl] *n (U)* gravier *m*.
gravestone ['greɪvstəʊn] *n* pierre *f* tombale.
graveyard ['greɪvjɑːd] *n* cimetière *m*.
gravity ['grævətɪ] *n* **1.** *(force)* gravité *f*, pesanteur *f*. **2.** *(seriousness)* gravité *f*.
gravy ['greɪvɪ] *n (U)* *(meat juice)* jus *m* de viande.
gray *Am* = **grey**.
graze [greɪz] ◇ *vt* **1.** *(subj: cows, sheep)* brouter, paître. **2.** *(subj: farmer)* faire paître. **3.** *(skin)* écorcher, égratigner. **4.** *(touch lightly)* frôler, effleurer. ◇ *vi* brouter, paître. ◇ *n* écorchure *f*, égratignure *f*.
grease [griːs] ◇ *n* graisse *f*. ◇ *vt* graisser.
greaseproof paper [,griːspruːf-] *n (U) Br* papier *m* sulfurisé.
greasy ['griːzɪ] *adj* **1.** *(covered in grease)* graisseux(euse); *(clothes)* taché(e) de graisse. **2.** *(food, skin, hair)* gras (grasse).
great [greɪt] *adj* **1.** *(gen)* grand(e); **~ big** énorme. **2.** *inf (splendid)* génial(e), formidable; **to feel ~** se sentir en pleine forme; **~!** super!, génial!

Great Britain *n* Grande-Bretagne *f*; **in ~** en Grande-Bretagne.

GREAT BRITAIN

Le terme de «Great Britain», ou simplement «Britain», désigne l'île qui réunit l'Angleterre, l'Écosse et le pays de Galles. À ne pas confondre avec le «United Kingdom», qui inclut l'Irlande du Nord, ou les «British Isles», dont font également partie la république d'Irlande, l'île de Man, les Orcades, les Shetland et les îles Anglo-Normandes.

greatcoat ['greɪtkəʊt] *n* pardessus *m*.
great-grandchild *n (boy)* arrière-petit-fils *m*; *(girl)* arrière-petite-fille *f*. ◆ **great-grandchildren** *npl* arrière-petits-enfants *mpl*.
great-grandfather *n* arrière-grand-père *m*.
great-grandmother *n* arrière-grand-mère *f*.
greatly ['greɪtlɪ] *adv* beaucoup; *(different)* très.
greatness ['greɪtnɪs] *n* grandeur *f*.
Greece [gri:s] *n* Grèce *f*.
greed [gri:d] *n (U)* **1.** *(for food)* gloutonnerie *f*. **2.** *fig (for money, power)*: **~ (for)** avidité *f* (de).
greedy ['gri:dɪ] *adj* **1.** *(for food)* glouton (onne). **2.** *(for money, power)*: **~ for sthg** avide de qqch.
Greek [gri:k] ◇ *adj* grec (grecque). ◇ *n* **1.** *(person)* Grec *m*, Grecque *f*. **2.** *(language)* grec *m*.
green [gri:n] ◇ *adj* **1.** *(in colour, unripe)* vert(e). **2.** *(ecological - issue, politics)* écologique; *(- person)* vert(e). **3.** *inf (inexperienced)* inexpérimenté(e), jeune. ◇ *n* **1.** *(colour)* vert *m*. **2.** (GOLF) green *m*. **3. village ~** pelouse *f* communale. ◆ **Green** *n* (POL) vert *m*, -e *f*, écologiste *mf*; **the Greens** les Verts, les Écologistes. ◆ **greens** *npl (vegetables)* légumes *mpl* verts.
greenback ['gri:nbæk] *n Am inf* billet *m* vert.
green belt *n Br* ceinture *f* verte.
green card *n* **1.** *Br (for vehicle)* carte *f* verte. **2.** *Am (residence permit)* carte *f* de séjour.
greenery ['gri:nərɪ] *n* verdure *f*.
greenfly ['gri:nflaɪ] (*pl inv* OR **-ies**) *n* puceron *m*.
greengage ['gri:ngeɪdʒ] *n* reine-claude *f*.
greengrocer ['gri:n,grəʊsəʳ] *n* marchand *m*, -e *f* de légumes; **~'s (shop)** magasin *m* de fruits et légumes.
greenhouse ['gri:nhaʊs, *pl* -haʊzɪz] *n* serre *f*.
greenhouse effect *n*: **the ~** l'effet *m* de serre.
Greenland ['gri:nlənd] *n* Groenland *m*.
green salad *n* salade *f* verte.
greet [gri:t] *vt* **1.** *(say hello to)* saluer. **2.** *(receive)* accueillir.
greeting ['gri:tɪŋ] *n* salutation *f*, salut *m*. ◆ **greetings** *npl*: **Christmas/birthday ~s** vœux *mpl* de Noël/d'anniversaire.
greetings card *Br*, **greeting card** *Am n* carte *f* de vœux.

GREETINGS CARDS

Aux États-Unis comme en Grande-Bretagne, il existe des magasins qui vendent exclusivement des cartes: cartes de vœux pour Noël ou Pâques, pour la fête des Mères ou des Pères, cartes d'anniversaire ou de félicitations à l'occasion d'un mariage ou d'une naissance. Aux États-Unis, on trouve même des cartes pour la fête des Grands-Parents ou celle des Secrétaires.

grenade [grə'neɪd] *n*: **(hand) ~** grenade *f* (à main).
grew [gru:] *pt* → **grow**.
grey *Br*, **gray** *Am* [greɪ] ◇ *adj* **1.** *(in colour)* gris(e). **2.** *(grey-haired)*: **to go ~** grisonner. **3.** *(dull, gloomy)* morne, triste. ◇ *n* gris *m*.
grey-haired [-'heəd] *adj* aux cheveux gris.
greyhound ['greɪhaʊnd] *n* lévrier *m*.
grid [grɪd] *n* **1.** *(grating)* grille *f*. **2.** *(system of squares)* quadrillage *m*.
griddle ['grɪdl] *n* plaque *f* à cuire.
gridlock ['grɪdlɒk] *n Am* embouteillage *m*.
grief [gri:f] *n (U)* **1.** *(sorrow)* chagrin *m*, peine *f*. **2.** *inf (trouble)* ennuis *mpl*. **3.** *phr*: **to come to ~** *(person)* avoir de gros problèmes; *(project)* échouer, tomber à l'eau; **good ~!** Dieu du ciel!, mon Dieu!
grievance ['gri:vns] *n* grief *m*, doléance *f*.
grieve [gri:v] *vi (at death)* être en deuil; **to ~ for sb/sthg** pleurer qqn/qqch.
grievous ['gri:vəs] *adj fml* grave; *(shock)* cruel(elle).
grievous bodily harm *n (U)* coups *mpl* et blessures *fpl*.
grill [grɪl] ◇ *n (on cooker, fire)* gril *m*.

◇ *vt* 1. *(cook on grill)* griller, faire griller. 2. *inf (interrogate)* cuisiner.
grille [grɪl] *n* grille *f*.
grim [grɪm] *adj* 1. *(stern - face, expression)* sévère; *(- determination)* inflexible. 2. *(cheerless - truth, news)* sinistre; *(- room, walls)* lugubre; *(- day)* morne, triste.
grimace [grɪ'meɪs] ◇ *n* grimace *f*. ◇ *vi* grimacer, faire la grimace.
grime [graɪm] *n (U)* crasse *f*, saleté *f*.
grimy ['graɪmɪ] *adj* sale, encrassé(e).
grin [grɪn] ◇ *n* (large) sourire *m*. ◇ *vi*: **to ~ (at sb/sthg)** adresser un large sourire (à qqn/qqch).
grind [graɪnd] (*pt & pp* **ground**) ◇ *vt (crush)* moudre. ◇ *vi (scrape)* grincer. ◇ *n (hard, boring work)* corvée *f*. ◆ **grind down** *vt sep (oppress)* opprimer. ◆ **grind up** *vt sep* pulvériser.
grip [grɪp] ◇ *n* 1. *(grasp, hold)* prise *f*. 2. *(control)* contrôle *m*; **he's got a good ~ on the situation** il a la situation bien en main; **to get to ~s with sthg** s'attaquer à qqch; **to get a ~ on o.s.** se ressaisir. 3. *(adhesion)* adhérence *f*. 4. *(handle)* poignée *f*. 5. *(bag)* sac *m* (de voyage). ◇ *vt* 1. *(grasp)* saisir; *(subj: tyres)* adhérer à. 2. *fig (imagination, country)* captiver.
gripe [graɪp] *inf* ◇ *n (complaint)* plainte *f*. ◇ *vi*: **to ~ (about sthg)** râler OR rouspéter (contre qqch).
gripping ['grɪpɪŋ] *adj* passionnant(e).
grisly ['grɪzlɪ] *adj (horrible, macabre)* macabre.
gristle ['grɪsl] *n (U)* nerfs *mpl*.
grit [grɪt] ◇ *n (U)* 1. *(stones)* gravillon *m*; *(in eye)* poussière *f*. 2. *inf (courage)* cran *m*. ◇ *vt* sabler.
gritty ['grɪtɪ] *adj* 1. *(stony)* couvert(e) de gravillon. 2. *inf (brave - person)* qui a du cran; *(- performance, determination)* courageux(euse).
groan [grəʊn] ◇ *n* gémissement *m*. ◇ *vi* 1. *(moan)* gémir. 2. *(creak)* grincer, gémir.
grocer ['grəʊsəʳ] *n* épicier *m*, -ère *f*; **~'s (shop)** épicerie *f*.
groceries ['grəʊsərɪz] *npl (foods)* provisions *fpl*.
grocery ['grəʊsərɪ] *n (shop)* épicerie *f*.
groggy ['grɒgɪ] *adj* groggy *(inv)*.
groin [grɔɪn] *n* aine *f*.
groom [gru:m] ◇ *n* 1. *(of horses)* palefrenier *m*, garçon *m* d'écurie. 2. *(bridegroom)* marié *m*. ◇ *vt* 1. *(brush)* panser. 2. *fig (prepare)*: **to ~ sb (for sthg)** préparer OR former qqn (pour qqch).
groove [gru:v] *n (in metal, wood)* rainure *f*; *(in record)* sillon *m*.
grope [grəʊp] *vi*: **to ~ (about) for sthg** chercher qqch à tâtons.
gross [grəʊs] (*pl inv* OR **-es**) ◇ *adj* 1. *(total)* brut(e). 2. *fml (serious - negligence)* coupable; *(- misconduct)* choquant(e); *(- inequality)* flagrant(e). 3. *(coarse, vulgar)* grossier(ère). 4. *inf (obese)* obèse, énorme. ◇ *n* grosse *f*, douze douzaines *fpl*.
grossly ['grəʊslɪ] *adv (seriously)* extrêmement, énormément.
grotesque [grəʊ'tesk] *adj* grotesque.
grotto ['grɒtəʊ] (*pl* **-es** OR **-s**) *n* grotte *f*.
grotty ['grɒtɪ] *adj Br inf* minable.
ground [graʊnd] ◇ *pt & pp* → **grind**. ◇ *n* 1. *(U) (surface of earth)* sol *m*, terre *f*; **above ~** en surface; **below ~** sous terre; **on the ~** par terre, au sol. 2. *(U) (area of land)* terrain *m*. 3. *(for sport etc)* terrain *m*. 4. *(advantage)*: **to gain/lose ~** gagner/perdre du terrain. ◇ *vt* 1. *(base)*: **to be ~ed on** OR **in sthg** être fondé(e) sur qqch. 2. *(aircraft, pilot)* interdire de vol. 3. *inf (child)* priver de sortie. 4. *Am* (ELEC): **to be ~ed** être à la masse. ◆ **grounds** *npl* 1. *(reason)* motif *m*, raison *f*; **~s for sthg** motifs de qqch; **~s for doing sthg** raisons de faire qqch. 2. *(land round building)* parc *m*. 3. *(of coffee)* marc *m*.
ground crew *n* personnel *m* au sol.
ground floor *n* rez-de-chaussée *m inv*.
grounding ['graʊndɪŋ] *n*: **~ (in)** connaissances *fpl* de base (en).
groundless ['graʊndlɪs] *adj* sans fondement.
groundsheet ['graʊndʃi:t] *n* tapis *m* de sol.
ground staff *n* 1. *(at sports ground)* personnel *m* d'entretien *(d'un terrain de sport)*. 2. *Br* = **ground crew**.
groundswell ['graʊndswel] *n* vague *f* de fond.
groundwork ['graʊndwɜ:k] *n (U)* travail *m* préparatoire.
group [gru:p] ◇ *n* groupe *m*. ◇ *vt* grouper, réunir. ◇ *vi*: **to ~ (together)** se grouper.
groupie ['gru:pɪ] *n inf* groupie *f*.
grouse [graʊs] (*pl inv* OR **-s**) ◇ *n (bird)* grouse *f*, coq *m* de bruyère. ◇ *vi inf* râler, rouspéter.
grove [grəʊv] *n (group of trees)* bosquet *m*.
grovel ['grɒvl] *vi*: **to ~ (to sb)** ramper (devant qqn).
grow [grəʊ] (*pt* **grew**, *pp* **grown**) ◇ *vi* 1. *(gen)* pousser; *(person, animal)* gran-

dir; *(company, city)* s'agrandir; *(fears, influence, traffic)* augmenter, s'accroître; *(problem, idea, plan)* prendre de l'ampleur; *(economy)* se développer. 2. *(become)* devenir; **to ~ old** vieillir; **to ~ tired of sthg** se fatiguer de qqch. ◇ *vt* 1. *(plants)* faire pousser. 2. *(hair, beard)* laisser pousser. ◆ **grow on** *vt fus inf* plaire de plus en plus à; **it'll ~ on you** cela finira par te plaire. ◆ **grow out of** *vt fus* 1. *(clothes, shoes)* devenir trop grand pour. 2. *(habit)* perdre. ◆ **grow up** *vi* 1. *(become adult)* grandir, devenir adulte; **~ up!** ne fais pas l'enfant! 2. *(develop)* se développer.

grower ['grəʊə^r] *n* cultivateur *m*, -trice *f*.

growl [graʊl] *vi (animal)* grogner, gronder; *(engine)* vrombir, gronder; *(person)* grogner.

grown [grəʊn] ◇ *pp* → **grow**. ◇ *adj* adulte.

grown-up ◇ *adj* 1. *(fully grown)* adulte, grand(e). 2. *(mature)* mûr(e). ◇ *n* adulte *mf*, grande personne *f*.

growth [grəʊθ] *n* 1. *(increase - gen)* croissance *f*; *(- of opposition, company)* développement *m*; *(- of population)* augmentation *f*, accroissement *m*. 2. (MED) *(lump)* tumeur *f*, excroissance *f*.

grub [grʌb] *n* 1. *(insect)* larve *f*. 2. *inf (food)* bouffe *f*.

grubby ['grʌbɪ] *adj* sale, malpropre.

grudge [grʌdʒ] ◇ *n* rancune *f*; **to bear sb a ~, to bear a ~ against sb** garder rancune à qqn. ◇ *vt*: **to ~ sb sthg** donner qqch à qqn à contrecœur; *(success)* en vouloir à qqn à cause de qqch.

gruelling *Br*, **grueling** *Am* ['grʊəlɪŋ] *adj* épuisant(e), exténuant(e).

gruesome ['gru:səm] *adj* horrible.

gruff [grʌf] *adj* 1. *(hoarse)* gros (grosse). 2. *(rough, unfriendly)* brusque, bourru(e).

grumble ['grʌmbl] *vi* 1. *(complain)*: **to ~ about sthg** rouspéter OR grommeler contre qqch. 2. *(rumble - thunder, train)* gronder; *(- stomach)* gargouiller.

grumpy ['grʌmpɪ] *adj inf* renfrogné(e).

grunt [grʌnt] ◇ *n* grognement *m*. ◇ *vi* grogner.

G-string *n* cache-sexe *m inv*.

guarantee [,gærən'ti:] ◇ *n* garantie *f*. ◇ *vt* garantir.

guard [gɑ:d] ◇ *n* 1. *(person)* garde *m*; *(in prison)* gardien *m*. 2. *(group of guards)* garde *f*. 3. *(defensive operation)* garde *f*; **to be on ~** être de garde OR de faction; **to catch sb off ~** prendre qqn au dépourvu. 4. *Br* (RAIL) chef *m* de train. 5. *(protective device - for body)* protection *f*; *(- for fire)* garde-feu *m inv*. ◇ *vt* 1. *(protect - building)* protéger, garder; *(- person)* protéger. 2. *(prisoner)* garder, surveiller. 3. *(hide - secret)* garder.

guard dog *n* chien *m* de garde.

guarded ['gɑ:dɪd] *adj* prudent(e).

guardian ['gɑ:djən] *n* 1. *(of child)* tuteur *m*, -trice *f*. 2. *(protector)* gardien *m*, -enne *f*, protecteur *m*, -trice *f*.

guardrail ['gɑ:dreɪl] *n Am (on road)* barrière *f* de sécurité.

guard's van *n Br* wagon *m* du chef de train.

guerilla [gə'rɪlə] = **guerrilla**.

Guernsey ['gɜ:nzɪ] *n (place)* Guernesey *f*.

guerrilla [gə'rɪlə] *n* guérillero *m*; **urban ~** guérillero *m* des villes.

guerrilla warfare *n (U)* guérilla *f*.

guess [ges] ◇ *n* conjecture *f*. ◇ *vt* deviner; **~ what?** tu sais quoi? ◇ *vi* 1. *(conjecture)* deviner; **to ~ at sthg** deviner qqch. 2. *(suppose)*: **I ~ (so)** je suppose (que oui).

guesswork ['geswɜ:k] *n (U)* conjectures *fpl*, hypothèses *fpl*.

guest [gest] *n* 1. *(gen)* invité *m*, -e *f*. 2. *(at hotel)* client *m*, -e *f*.

guesthouse ['gesthaʊs, *pl* -haʊzɪz] *n* pension *f* de famille.

guestroom ['gestrʊm] *n* chambre *f* d'amis.

guffaw [gʌ'fɔ:] ◇ *n* gros rire *m*. ◇ *vi* rire bruyamment.

guidance ['gaɪdəns] *n (U)* 1. *(help)* conseils *mpl*. 2. *(leadership)* direction *f*.

guide [gaɪd] ◇ *n* 1. *(person, book)* guide *m*. 2. *(indication)* indication *f*. ◇ *vt* 1. *(show by leading)* guider. 2. *(control)* diriger. 3. *(influence)*: **to be ~d by sb/sthg** se laisser guider par qqn/qqch. ◆ **Guide** *n* = **Girl Guide**.

guide book *n* guide *m*.

guide dog *n* chien *m* d'aveugle.

guidelines ['gaɪdlaɪnz] *npl* directives *fpl*, lignes *fpl* directrices.

guild [gɪld] *n* 1. (HISTORY) corporation *f*, guilde *f*. 2. *(association)* association *f*.

guile [gaɪl] *n (U) literary* ruse *f*, astuce *f*.

guillotine ['gɪlə,ti:n] ◇ *n* 1. *(for executions)* guillotine *f*. 2. *(for paper)* massicot *m*. ◇ *vt (execute)* guillotiner.

guilt [gɪlt] *n* culpabilité *f*.

guilty ['gɪltɪ] *adj* coupable; **to be ~ of sthg** être coupable de qqch; **to be**

found ~/not ~ (JUR) être reconnu coupable/non coupable.

guinea pig ['gɪnɪ-] *n* cobaye *m*.

guitar [gɪ'tɑːʳ] *n* guitare *f*.

guitarist [gɪ'tɑːrɪst] *n* guitariste *mf*.

gulf [gʌlf] *n* **1.** *(sea)* golfe *m*. **2.** *(breach, chasm)*: **~ (between)** abîme *m* (entre). ◆ **Gulf** *n*: **the Gulf** le Golfe.

gull [gʌl] *n* mouette *f*.

gullet ['gʌlɪt] *n* œsophage *m*; *(of bird)* gosier *m*.

gullible ['gʌləbl] *adj* crédule.

gully ['gʌlɪ] *n* **1.** *(valley)* ravine *f*. **2.** *(ditch)* rigole *f*.

gulp [gʌlp] ◇ *n (of drink)* grande gorgée *f*; *(of food)* grosse bouchée *f*. ◇ *vt* avaler. ◇ *vi* avoir la gorge nouée. ◆ **gulp down** *vt sep* avaler.

gum [gʌm] ◇ *n* **1.** *(chewing gum)* chewing-gum *m*. **2.** *(adhesive)* colle *f*, gomme *f*. **3.** (ANAT) gencive *f*. ◇ *vt* coller.

gumboots ['gʌmbuːts] *npl Br* bottes *fpl* de caoutchouc.

gun [gʌn] *n* **1.** *(weapon - small)* revolver *m*; *(- rifle)* fusil *m*; *(- large)* canon *m*. **2.** *(starting pistol)* pistolet *m*. **3.** *(tool)* pistolet *m*; *(for staples)* agrafeuse *f*. ◆ **gun down** *vt sep* abattre.

gunboat ['gʌnbəʊt] *n* canonnière *f*.

gunfire ['gʌnfaɪəʳ] *n (U)* coups *mpl* de feu.

gunman ['gʌnmən] (*pl* **-men** [-mən]) *n* personne *f* armée.

gunpoint ['gʌnpɔɪnt] *n*: **at ~** sous la menace d'un fusil OR pistolet.

gunpowder ['gʌn,paʊdəʳ] *n* poudre *f* à canon.

gunshot ['gʌnʃɒt] *n (firing of gun)* coup *m* de feu.

gunsmith ['gʌnsmɪθ] *n* armurier *m*.

gurgle ['gɜːgl] *vi* **1.** *(water)* glouglouter. **2.** *(baby)* gazouiller.

guru ['gʊruː] *n* gourou *m*, guru *m*.

gush [gʌʃ] ◇ *n* jaillissement *m*. ◇ *vi* **1.** *(flow out)* jaillir. **2.** *pej (enthuse)* s'exprimer de façon exubérante.

gusset ['gʌsɪt] *n* gousset *m*.

gust [gʌst] *n* rafale *f*, coup *m* de vent.

gusto ['gʌstəʊ] *n*: **with ~** avec enthousiasme.

gut [gʌt] ◇ *n* (MED) intestin *m*. ◇ *vt* **1.** *(animal, fish)* vider. **2.** *(building)* réduire à rien. ◆ **guts** *npl inf* **1.** *(intestines)* intestins *mpl*; **to hate sb's ~s** ne pas pouvoir piffer qqn, ne pas pouvoir voir qqn en peinture. **2.** *(courage)* cran *m*.

gutter ['gʌtəʳ] *n* **1.** *(ditch)* rigole *f*. **2.** *(on roof)* gouttière *f*.

guy [gaɪ] *n* **1.** *inf (man)* type *m*. **2.** *(person)* copain *m*, copine *f*. **3.** *Br (dummy) effigie de Guy Fawkes.*

Guy Fawkes' Night [-'fɔːks-] *n fête célébrée le 5 novembre pendant laquelle sont tirés des feux d'artifice et allumés des feux de joie.*

GUY FAWKES' NIGHT

Cette fête annuelle britannique, également appelée «Bonfire Night», marque l'anniversaire de la découverte d'un complot catholique visant à assassiner le roi Jacques Ier en faisant sauter le Parlement britannique (1605). Les enfants ont pour coutume à cette occasion de confectionner des pantins de chiffon à l'effigie de l'un des conspirateurs, Guy Fawkes, et de les exhiber dans la rue en demandant de l'argent. Dans la soirée, on tire des feux d'artifice et les effigies sont brûlées dans de grands feux de joie.

guy rope *n* corde *f* de tente.

guzzle ['gʌzl] ◇ *vt* bâfrer; *(drink)* lamper. ◇ *vi* s'empiffrer.

gym [dʒɪm] *n inf* **1.** *(gymnasium)* gymnase *m*. **2.** *(exercises)* gym *f*.

gymnasium [dʒɪm'neɪzjəm] (*pl* **-iums** OR **-ia** [-jə]) *n* gymnase *m*.

gymnast ['dʒɪmnæst] *n* gymnaste *mf*.

gymnastics [dʒɪm'næstɪks] *n (U)* gymnastique *f*.

gym shoes *npl* (chaussures *fpl* de) tennis *mpl*.

gymslip ['dʒɪm,slɪp] *n Br* tunique *f*.

gynaecologist *Br*, **gynecologist** *Am* [,gaɪnə'kɒlədʒɪst] *n* gynécologue *mf*.

gynaecology *Br*, **gynecology** *Am* [,gaɪnə'kɒlədʒɪ] *n* gynécologie *f*.

gypsy ['dʒɪpsɪ] = **gipsy**.

gyrate [dʒaɪ'reɪt] *vi* tournoyer.

H

h (*pl* **h's** OR **hs**), **H** (*pl* **H's** OR **Hs**) [eɪtʃ] *n (letter)* h *m inv*, H *m inv*.

haberdashery ['hæbədæʃərɪ] *n* mercerie *f*.

habit ['hæbɪt] *n* **1.** *(customary practice)*

habitude *f*; **out of ~** par habitude; **to make a ~ of doing sthg** avoir l'habitude de faire qqch. **2.** *(garment)* habit *m*.
habitat ['hæbɪtæt] *n* habitat *m*.
habitual [hə'bɪtʃʊəl] *adj* **1.** *(usual, characteristic)* habituel(elle). **2.** *(regular)* invétéré(e).
hack [hæk] ◇ *n (writer)* écrivailleur *m*, -euse *f*. ◇ *vt (cut)* tailler. ◆ **hack into** *vt fus* (COMPUT) pirater.
hacker ['hækəʳ] *n*: **(computer) ~** pirate *m* informatique.
hackneyed ['hæknɪd] *adj* rebattu(e).
hacksaw ['hæksɔː] *n* scie *f* à métaux.
had [*weak form* həd, *strong form* hæd] *pt & pp* → **have**.
haddock ['hædək] (*pl inv*) *n* églefin *m*, aiglefin *m*.
hadn't ['hædnt] = **had not**.
haemophiliac [,hiːmə'fɪlɪæk] = **hemophiliac**.
haemorrhage ['hemərɪdʒ] = **hemorrhage**.
haemorrhoids ['hemərɔɪdz] = **hemorrhoids**.
haggard ['hægəd] *adj (face)* défait(e); *(person)* abattu(e).
haggis ['hægɪs] *n plat typique écossais fait d'une panse de brebis farcie, le plus souvent servie avec des navets et des pommes de terre.*
haggle ['hægl] *vi* marchander; **to ~ over** OR **about sthg** marchander qqch.
Hague [heɪg] *n*: **The ~** La Haye.
hail [heɪl] ◇ *n* grêle *f*; *fig* pluie *f*. ◇ *vt* **1.** *(call)* héler. **2.** *(acclaim)*: **to ~ sb/sthg as sthg** acclamer qqn/qqch comme qqch. ◇ *v impers* grêler.
hailstone ['heɪlstəʊn] *n* grêlon *m*.
hair [heəʳ] *n* **1.** *(U) (on human head)* cheveux *mpl*; **to do one's ~** se coiffer. **2.** *(U) (on animal, human skin)* poils *mpl*. **3.** *(individual hair - on head)* cheveu *m*; *(- on skin)* poil *m*.
hairbrush ['heəbrʌʃ] *n* brosse *f* à cheveux.
haircut ['heəkʌt] *n* coupe *f* de cheveux.
hairdo ['heəduː] (*pl* **-s**) *n inf* coiffure *f*.
hairdresser ['heə,dresəʳ] *n* coiffeur *m*, -euse *f*; **~'s (salon)** salon *m* de coiffure.
hairdryer ['heə,draɪəʳ] *n (handheld)* sèche-cheveux *m inv*; *(with hood)* casque *m*.
hair gel *n* gel *m* coiffant.
hairgrip ['heəgrɪp] *n Br* pince *f* à cheveux.
hairpin ['heəpɪn] *n* épingle *f* à cheveux.
hairpin bend *n* virage *m* en épingle à cheveux.
hair-raising [-,reɪzɪŋ] *adj* à faire dresser les cheveux sur la tête; *(journey)* effrayant(e).
hair remover [-rɪ,muːvəʳ] *n* (crème *f*) dépilatoire *m*.
hair slide *n Br* barrette *f*.
hairspray ['heəspreɪ] *n* laque *f*.
hairstyle ['heəstaɪl] *n* coiffure *f*.
hairy ['heərɪ] *adj* **1.** *(covered in hair)* velu(e), poilu(e). **2.** *inf (frightening)* à faire dresser les cheveux sur la tête.
Haiti ['heɪtɪ] *n* Haïti.
hake [heɪk] (*pl inv* OR **-s**) *n* colin *m*, merluche *f*.
half [*Br* hɑːf, *Am* hæf] (*pl senses 1 and 2* **halves**, *pl senses 3, 4 and 5* **halves** OR **halfs**) ◇ *adj* demi(e); **~ a dozen** une demi-douzaine; **~ an hour** une demi-heure; **~ a pound** une demi-livre; **~ English** à moitié anglais. ◇ *adv* **1.** *(gen)* à moitié; **~-and-~** moitié-moitié. **2.** *(by half)* de moitié. **3.** *(in telling the time)*: **~ past ten** *Br*, **~ after ten** *Am* dix heures et demie; **it's ~ past** il est la demie. ◇ *n* **1.** *(gen)* moitié *f*; **in ~** en deux; **to go halves (with sb)** partager (avec qqn). **2.** (SPORT) *(of match)* mi-temps *f*. **3.** (SPORT) *(halfback)* demi *m*. **4.** *(of beer)* demi *m*. **5.** *(child's ticket)* demi-tarif *m*, tarif *m* enfant. ◇ *pron* la moitié; **~ of them** la moitié d'entre eux.

- Quand *half* est un nom, il est inutile de le faire précéder de *the* (*I can't eat all of that – just give me half*).
- En revanche, si *half* est utilisé avec un autre nom, celui-ci est introduit par un mot tel que *a*, *the*, *this/that* ou *what* (*half a pound of butter; I'd like half that amount; she earns half what she got in her old job*).

halfback ['hɑːfbæk] *n* demi *m*.
half board *n* demi-pension *f*.
half-breed ◇ *adj* métis(isse). ◇ *n* métis *m*, -isse *f (attention: le terme 'half-breed' est considéré raciste)*.
half-caste [-kɑːst] ◇ *adj* métis(isse). ◇ *n* métis *m*, -isse *f (attention: le terme 'half-caste' est considéré raciste)*.
half-hearted [-'hɑːtɪd] *adj* sans enthousiasme.
half hour *n* demi-heure *f*.
half-mast *n*: **at ~** *(flag)* en berne.
half note *n Am* (MUS) blanche *f*.

halfpenny ['heɪpnɪ] (*pl* **-pennies** OR **-pence**) *n* demi-penny *m*.
half-price *adj* à moitié prix.
half term *n Br* congé *m* de mi-trimestre.
half time *n (U)* mi-temps *f*.
halfway [hɑːf'weɪ] ◇ *adj* à mi-chemin. ◇ *adv* **1.** *(in space)* à mi-chemin. **2.** *(in time)* à la moitié.
halibut ['hælɪbət] (*pl inv* OR **-s**) *n* flétan *m*.
hall [hɔːl] *n* **1.** *(in house)* vestibule *m*, entrée *f*. **2.** *(meeting room, building)* salle *f*. **3.** *(country house)* manoir *m*.
hallmark ['hɔːlmɑːk] *n* **1.** *(typical feature)* marque *f*. **2.** *(on metal)* poinçon *m*.
hallo [hə'ləʊ] = **hello**.
hall of residence (*pl* **halls of residence**) *n Br* (UNIV) résidence *f* universitaire.
Hallowe'en [,hæləʊ'iːn] *n* Halloween *f* *(fête des sorcières et des fantômes)*.

HALLOWE'EN

La nuit du 31 octobre est, selon la coutume, la nuit des fantômes et des sorcières. À cette occasion, les enfants se déguisent et font le tour des maisons du quartier en menaçant leurs voisins de leur jouer des tours s'ils ne leur donnent pas de l'argent ou des sucreries (c'est le «trick or treat»). On confectionne des lampes en évidant des citrouilles, en y découpant des yeux, un nez et une bouche et en y plaçant une bougie.

hallucinate [hə'luːsɪneɪt] *vi* avoir des hallucinations.
hallway ['hɔːlweɪ] *n* vestibule *m*.
halo ['heɪləʊ] (*pl* **-es** OR **-s**) *n* nimbe *m*; (ASTRON) halo *m*.
halt [hɔːlt] ◇ *n (stop)*: **to come to a ~** *(vehicle)* s'arrêter, s'immobiliser; *(activity)* s'interrompre; **to call a ~ to sthg** mettre fin à qqch. ◇ *vt* arrêter. ◇ *vi* s'arrêter.
halterneck ['hɔːltənek] *adj* dos nu *(inv)*.
halve [*Br* hɑːv, *Am* hæv] *vt* **1.** *(reduce by half)* réduire de moitié. **2.** *(divide)* couper en deux.
halves [*Br* hɑːvz, *Am* hævz] → **half**.
ham [hæm] ◇ *n (meat)* jambon *m*. ◇ *comp* au jambon.
hamburger ['hæmbɜːgəʳ] *n* **1.** *(burger)* hamburger *m*. **2.** *(U) Am (mince)* viande *f* hachée.
hamlet ['hæmlɪt] *n* hameau *m*.
hammer ['hæməʳ] ◇ *n* marteau *m*. ◇ *vt* **1.** *(with tool)* marteler; *(nail)* enfoncer à coups de marteau. **2.** *(with fist)* marteler du poing. **3.** *fig*: **to ~ sthg into sb** faire entrer qqch dans la tête de qqn. **4.** *inf (defeat)* battre à plates coutures. ◇ *vi (with fist)*: **to ~ (on)** cogner du poing (à). ◆ **hammer out** *vt fus (agreement, solution)* parvenir finalement à.
hammock ['hæmək] *n* hamac *m*.
hamper ['hæmpəʳ] ◇ *n* **1.** *(for food)* panier *m* d'osier. **2.** *Am (for laundry)* coffre *m* à linge. ◇ *vt* gêner.
hamster ['hæmstəʳ] *n* hamster *m*.
hamstring ['hæmstrɪŋ] *n* tendon *m* du jarret.
hand [hænd] ◇ *n* **1.** *(part of body)* main *f*; **to hold ~s** se tenir la main; **by ~** à la main; **to get** OR **lay one's ~s on** mettre la main sur; **to get out of ~** échapper à tout contrôle; **to have a situation in ~** avoir une situation en main; **to have one's ~s full** avoir du pain sur la planche; **to try one's ~ at sthg** s'essayer à qqch. **2.** *(help)* coup *m* de main; **to give** OR **lend sb a ~ (with sthg)** donner un coup de main à qqn (pour faire qqch). **3.** *(worker)* ouvrier *m*, -ère *f*. **4.** *(of clock, watch)* aiguille *f*. **5.** *(handwriting)* écriture *f*. **6.** *(of cards)* jeu *m*, main *f*. ◇ *vt*: **to ~ sthg to sb, to ~ sb sthg** passer qqch à qqn. ◆ **(close) at hand** *adv* proche. ◆ **on hand** *adv* disponible. ◆ **on the other hand** *conj* d'autre part. ◆ **out of hand** *adv (completely)* d'emblée. ◆ **to hand** *adv* à portée de la main, sous la main. ◆ **hand down** *vt sep* transmettre. ◆ **hand in** *vt sep* remettre. ◆ **hand out** *vt sep* distribuer. ◆ **hand over** ◇ *vt sep* **1.** *(baton, money)* remettre. **2.** *(responsibility, power)* transmettre. ◇ *vi*: **to ~ over (to)** passer le relais (à).
handbag ['hændbæg] *n* sac *m* à main.
handball ['hændbɔːl] *n (game)* handball *m*.
handbook ['hændbʊk] *n* manuel *m*; *(for tourist)* guide *m*.
handbrake ['hændbreɪk] *n* frein *m* à main.
handcuffs ['hændkʌfs] *npl* menottes *fpl*.
handful ['hændfʊl] *n (of sand, grass, people)* poignée *f*.
handgun ['hændgʌn] *n* revolver *m*, pistolet *m*.
handicap ['hændɪkæp] ◇ *n* handicap *m*. ◇ *vt* handicaper; *(progress, work)* entraver.

handicapped ['hændɪkæpt] ◇ *adj* handicapé(e). ◇ *npl*: **the ~** les handicapés *mpl*.
handicraft ['hændɪkrɑːft] *n* activité *f* artisanale.
handiwork ['hændɪwɜːk] *n (U)* ouvrage *m*.
handkerchief ['hæŋkətʃɪf] (*pl* **-chiefs** OR **-chieves** [-tʃiːvz]) *n* mouchoir *m*.
handle ['hændl] ◇ *n* poignée *f*; *(of jug, cup)* anse *f*; *(of knife, pan)* manche *m*. ◇ *vt* **1.** *(with hands)* manipuler; *(without permission)* toucher à. **2.** *(deal with, be responsible for)* s'occuper de; *(difficult situation)* faire face à. **3.** *(treat)* traiter, s'y prendre avec.
handlebars ['hændlbɑːz] *npl* guidon *m*.
handler ['hændləʳ] *n* **1.** *(of dog)* maître-chien *m*. **2.** *(at airport)*: **(baggage) ~** bagagiste *m*.
hand luggage *n (U) Br* bagages *mpl* à main.
handmade [ˌhænd'meɪd] *adj* fait(e) (à la) main.
handout ['hændaʊt] *n* **1.** *(gift)* don *m*. **2.** *(leaflet)* prospectus *m*.
handrail ['hændreɪl] *n* rampe *f*.
handset ['hændset] *n* combiné *m*.
handshake ['hændʃeɪk] *n* serrement *m* OR poignée *f* de main.
handsome ['hænsəm] *adj* **1.** *(good-looking)* beau (belle). **2.** *(reward, profit)* beau (belle); *(gift)* généreux(euse).
handwriting ['hændˌraɪtɪŋ] *n* écriture *f*.
handy ['hændɪ] *adj inf* **1.** *(useful)* pratique; **to come in ~** être utile. **2.** *(skilful)* adroit(e). **3.** *(near)* tout près, à deux pas.
handyman ['hændɪmæn] (*pl* **-men** [-men]) *n* bricoleur *m*.
hang [hæŋ] (*pt & pp sense 1* **hung**, *pt & pp sense 2* **hung** OR **hanged**) ◇ *vt* **1.** *(fasten)* suspendre. **2.** *(execute)* pendre. ◇ *vi* **1.** *(be fastened)* pendre, être accroché(e). **2.** *(be executed)* être pendu(e). ◇ *n*: **to get the ~ of sthg** *inf* saisir le truc OR attraper le coup pour faire qqch. ◆ **hang about, hang around** *vi* traîner. ◆ **hang on** *vi* **1.** *(keep hold)*: **to ~ on (to)** s'accrocher OR se cramponner (à). **2.** *inf (continue waiting)* attendre. **3.** *(persevere)* tenir bon. ◆ **hang out** *vi inf (spend time)* traîner. ◆ **hang round** = **hang about**. ◆ **hang up** ◇ *vt sep* pendre. ◇ *vi (on telephone)* raccrocher. ◆ **hang up on** *vt fus* (TELEC) raccrocher au nez de.
hangar ['hæŋəʳ] *n* hangar *m*.
hanger ['hæŋəʳ] *n* cintre *m*.
hanger-on (*pl* **hangers-on**) *n* parasite *m*.
hang gliding *n* deltaplane *m*, vol *m* libre.
hangover ['hæŋˌəʊvəʳ] *n (from drinking)* gueule *f* de bois.
hang-up *n inf* complexe *m*.
hanker ['hæŋkəʳ] ◆ **hanker after, hanker for** *vt fus* convoiter.
hankie, hanky ['hæŋkɪ] (*abbr of* **handkerchief**) *n inf* mouchoir *m*.
haphazard [ˌhæp'hæzəd] *adj* fait(e) au hasard.
hapless ['hæplɪs] *adj literary* infortuné(e).
happen ['hæpən] *vi* **1.** *(occur)* arriver, se passer; **to ~ to sb** arriver à qqn. **2.** *(chance)*: **I just ~ed to meet him** je l'ai rencontré par hasard; **as it ~s** en fait.
happening ['hæpənɪŋ] *n* événement *m*.
happily ['hæpɪlɪ] *adv* **1.** *(with pleasure)* de bon cœur. **2.** *(contentedly)*: **to be ~ doing sthg** être bien tranquillement en train de faire qqch. **3.** *(fortunately)* heureusement.
happiness ['hæpɪnɪs] *n* bonheur *m*.
happy ['hæpɪ] *adj* **1.** *(gen)* heureux(euse); **to be ~ to do sthg** être heureux de faire qqch; **~ Christmas/birthday!** joyeux Noël/anniversaire!; **~ New Year!** bonne année! **2.** *(satisfied)* heureux(euse), content(e); **to be ~ with** OR **about sthg** être heureux de qqch.
happy-go-lucky *adj* décontracté(e).
happy medium *n* juste milieu *m*.
harangue [hə'ræŋ] ◇ *n* harangue *f*. ◇ *vt* haranguer.
harass ['hærəs] *vt* harceler.
harbour *Br*, **harbor** *Am* ['hɑːbəʳ] ◇ *n* port *m*. ◇ *vt* **1.** *(feeling)* entretenir; *(doubt, grudge)* garder. **2.** *(person)* héberger.
hard [hɑːd] ◇ *adj* **1.** *(gen)* dur(e); **to be ~ on sb/sthg** être dur avec qqn/pour qqch. **2.** *(winter, frost)* rude. **3.** *(water)* calcaire. **4.** *(fact)* concret(ète); *(news)* sûr(e), vérifié(e). **5.** *Br* (POL): **~ left/right** extrême gauche/droite. ◇ *adv* **1.** *(strenuously - work)* dur; *(- listen, concentrate)* avec effort; **to try ~ (to do sthg)** faire de son mieux (pour faire qqch). **2.** *(forcefully)* fort. **3.** *(heavily - rain)* à verse; *(- snow)* dru. **4.** *phr*: **to be ~ pushed** OR **put** OR **pressed to do sthg** avoir bien de la peine à faire qqch; **to feel ~ done by** avoir l'impression d'avoir été traité injustement.
hardback ['hɑːdbæk] ◇ *adj* relié(e). ◇ *n* livre *m* relié.

hardboard ['hɑːdbɔːd] *n* panneau *m* de fibres.

hard-boiled *adj* (CULIN): **~ egg** œuf *m* dur.

hard cash *n (U)* espèces *fpl*.

hard copy *n* (COMPUT) sortie *f* papier.

hard disk *n* (COMPUT) disque *m* dur.

harden ['hɑːdn] ◇ *vt* durcir; *(steel)* tremper. ◇ *vi* **1.** *(glue, concrete)* durcir. **2.** *(attitude, opposition)* se durcir.

hard-headed [-'hedɪd] *adj (decision)* pragmatique; **to be ~** *(person)* avoir la tête froide.

hard-hearted [-'hɑːtɪd] *adj* insensible, impitoyable.

hard labour *n (U)* travaux *mpl* forcés.

hard-liner *n* partisan *m* de la manière forte.

hardly ['hɑːdlɪ] *adv* **1.** *(scarcely)* à peine, ne ... guère; **~ ever/anything** presque jamais/rien; **I can ~ move/wait** je peux à peine bouger/attendre. **2.** *(only just)* à peine.

> • *Hardly* et *hard* n'ont pas le même sens, bien qu'ils soient tous deux des adverbes (*hard* est aussi un adjectif, bien sûr). *Hardly* se traduit par «à peine». Comparez, par exemple, *I pedalled hard*, «j'ai pédalé dur», et *I hardly touched him*, «je l'ai à peine touché».

hardness ['hɑːdnɪs] *n* **1.** *(firmness)* dureté *f*. **2.** *(difficulty)* difficulté *f*.

hardship ['hɑːdʃɪp] *n* **1.** *(U) (difficult conditions)* épreuves *fpl*. **2.** *(difficult circumstance)* épreuve *f*.

hard shoulder *n Br* (AUT) bande *f* d'arrêt d'urgence.

hard up *adj inf* fauché(e); **~ for sthg** à court de qqch.

hardware ['hɑːdweəʳ] *n (U)* **1.** *(tools, equipment)* quincaillerie *f*. **2.** (COMPUT) hardware *m*, matériel *m*.

hardware shop *n* quincaillerie *f*.

hardwearing [,hɑːd'weərɪŋ] *adj Br* résistant(e).

hardworking [,hɑːd'wɜːkɪŋ] *adj* travailleur(euse).

hardy ['hɑːdɪ] *adj* **1.** *(person, animal)* vigoureux(euse), robuste. **2.** *(plant)* résistant(e), vivace.

hare [heəʳ] *n* lièvre *m*.

harelip [,heə'lɪp] *n* bec-de-lièvre *m*.

haricot (bean) ['hærɪkəʊ-] *n* haricot *m* blanc.

harm [hɑːm] ◇ *n* **1.** *(injury)* mal *m*. **2.** *(damage - to clothes, plant)* dommage *m*; *(- to reputation)* tort *m*; **to do ~ to sb, to do sb ~** faire du tort à qqn; **to do ~ to sthg, to do sthg ~** endommager qqch; **to be out of ~'s way** *(person)* être en sûreté OR lieu sûr; *(thing)* être en lieu sûr. ◇ *vt* **1.** *(injure)* faire du mal à. **2.** *(damage - clothes, plant)* endommager; *(- reputation)* faire du tort à.

harmful ['hɑːmfʊl] *adj* nuisible, nocif (ive).

harmless ['hɑːmlɪs] *adj* **1.** *(not dangerous)* inoffensif(ive). **2.** *(inoffensive)* innocent(e).

harmonica [hɑː'mɒnɪkə] *n* harmonica *m*.

harmonize, -ise ['hɑːmənaɪz] ◇ *vt* harmoniser. ◇ *vi* s'harmoniser.

harmony ['hɑːmənɪ] *n* harmonie *f*.

harness ['hɑːnɪs] ◇ *n (for horse, child)* harnais *m*. ◇ *vt* **1.** *(horse)* harnacher. **2.** *(energy, resources)* exploiter.

harp [hɑːp] *n* harpe *f*. ◆ **harp on** *vi*: **to ~ on (about sthg)** rabâcher (qqch).

harpoon [hɑː'puːn] ◇ *n* harpon *m*. ◇ *vt* harponner.

harpsichord ['hɑːpsɪkɔːd] *n* clavecin *m*.

harrowing ['hærəʊɪŋ] *adj (experience)* éprouvant(e); *(report, film)* déchirant(e).

harsh [hɑːʃ] *adj* **1.** *(life, conditions)* rude; *(criticism, treatment)* sévère. **2.** *(to senses - sound)* discordant(e); *(- light, voice)* criard(e); *(- surface)* rugueux (euse), rêche; *(- taste)* âpre.

harvest ['hɑːvɪst] ◇ *n (of cereal crops)* moisson *f*; *(of fruit)* récolte *f*; *(of grapes)* vendange *f*, vendanges *fpl*. ◇ *vt (cereals)* moissonner; *(fruit)* récolter; *(grapes)* vendanger.

has [*weak form* həz, *strong form* hæz] → **have**.

has-been *n inf pej* ringard *m*, -e *f*.

hash [hæʃ] *n* **1.** *(meat)* hachis *m*. **2.** *inf (mess)*: **to make a ~ of sthg** faire un beau gâchis de qqch.

hashish ['hæʃiːʃ] *n* haschich *m*.

hasn't ['hæznt] = **has not**.

hassle ['hæsl] *inf* ◇ *n (annoyance)* tracas *m*, embêtement *m*. ◇ *vt* tracasser.

haste [heɪst] *n* hâte *f*; **to do sthg in ~** faire qqch à la hâte; **to make ~** *dated* se hâter.

hasten ['heɪsn] *fml* ◇ *vt* hâter, accélérer. ◇ *vi* se hâter, se dépêcher; **to ~ to do sthg** s'empresser de faire qqch.

hastily ['heɪstɪlɪ] *adv* **1.** *(quickly)* à la hâte. **2.** *(rashly)* sans réfléchir.

hasty ['heɪstɪ] *adj* **1.** *(quick)* hâtif(ive). **2.** *(rash)* irréfléchi(e).

hat [hæt] *n* chapeau *m*.

hatch [hætʃ] ◇ *vt* **1.** *(chick)* faire éclore; *(egg)* couver. **2.** *fig (scheme, plot)* tramer. ◇ *vi (chick, egg)* éclore. ◇ *n (for serving*

food) passe-plats *m inv.*
hatchback ['hætʃ,bæk] *n* voiture *f* avec hayon.
hatchet ['hætʃɪt] *n* hachette *f.*
hatchway ['hætʃ,weɪ] *n* passe-plats *m inv*, guichet *m.*
hate [heɪt] ◇ *n (U)* haine *f.* ◇ *vt* 1. *(detest)* haïr. 2. *(dislike)* détester; **to ~ doing sthg** avoir horreur de faire qqch.
hateful ['heɪtfʊl] *adj* odieux(euse).
hatred ['heɪtrɪd] *n (U)* haine *f.*
hat trick *n* (SPORT): **to score a ~** marquer trois buts.
haughty ['hɔːtɪ] *adj* hautain(e).
haul [hɔːl] ◇ *n* 1. *(of drugs, stolen goods)* prise *f*, butin *m.* 2. *(distance)*: **long ~** long voyage *m* OR trajet *m.* ◇ *vt (pull)* traîner, tirer.
haulage ['hɔːlɪdʒ] *n* transport *m* routier, camionnage *m.*
haulier *Br* ['hɔːlɪə^r], **hauler** *Am* ['hɔːlər] *n* entrepreneur *m* de transports routiers.
haunch [hɔːntʃ] *n (of person)* hanche *f*; *(of animal)* derrière *m*, arrière-train *m.*
haunt [hɔːnt] ◇ *n* repaire *m.* ◇ *vt* hanter.

have [hæv] (*pt & pp* **had**) ◇ *aux vb (to form perfect tenses - gen)* avoir; (- *with many intransitive verbs*) être; **to ~ eaten** avoir mangé; **to ~ left** être parti(e); **she hasn't gone yet, has she?** elle n'est pas encore partie, si?; **I was out of breath, having run all the way** j'étais essoufflé d'avoir couru tout le long du chemin. ◇ *vt* 1. *(possess, receive)*: **to ~ (got)** avoir; **I ~ no money, I haven't got any money** je n'ai pas d'argent; **I've got things to do** j'ai (des choses) à faire. 2. *(experience illness)* avoir; **to ~ flu** avoir la grippe. 3. (*referring to an action, instead of another verb*): **to ~ a read** lire; **to ~ a swim** nager; **to ~ a bath/shower** prendre un bain/une douche; **to ~ a cigarette** fumer une cigarette; **to ~ a meeting** tenir une réunion. 4. *(give birth to)*: **to ~ a baby** avoir un bébé. 5. *(cause to be done)*: **to ~ sb do sthg** faire faire qqch à qqn; **to ~ sthg done** faire faire qqch; **to ~ one's hair cut** se faire couper les cheveux. 6. *(be treated in a certain way)*: **I had my car stolen** je me suis fait voler ma voiture, on m'a volé ma voiture. 7. *inf (cheat)*: **to be had** se faire avoir. 8. *phr*: **to ~ it in for sb** en avoir après qqn, en vouloir à qqn; **to ~ had it** *(car, machine, clothes)* avoir fait son temps. ◇ *modal vb (be obliged)*: **to ~ (got) to do sthg** devoir faire qqch, être obligé (e) de faire qqch; **do you ~ to go?, ~ you got to go?** est-ce que tu dois partir?, est-ce que tu es obligé de partir?; **I've got to go to work** il faut que j'aille travailler. ◆ **have on** *vt sep* 1. *(be wearing)* porter. 2. *(tease)* faire marcher. ◆ **have out** *vt sep* 1. *(have removed)*: **to ~ one's appendix/tonsils out** se faire opérer de l'appendicite/des amygdales. 2. *(discuss frankly)*: **to ~ it out with sb** s'expliquer avec qqn.

Présent

I have	*we have*
you have	*you have*
he/she/it has	*they have*

Prétérit

I had	*we had*
you had	*you had*
he/she/it had	*they had*

Participe présent

having

Participe passé

had

- *Have* est un verbe à part entière, doté de sens propres, et qui peut donc apparaître seul. Il remplit en outre la fonction d'auxiliaire, notamment pour former les temps composés du passé (*I have always liked you; I wish they had told me before*).
- On trouve aussi l'auxiliaire *have* dans les tournures passives (*he had his bike stolen the other day* = «il s'est fait voler son vélo l'autre jour»). On peut parfois avoir recours à *have* pour montrer que le sujet fait faire par quelqu'un d'autre l'action décrite par le verbe (*she's having the house painted; he had* his hair *cut*).
- Le verbe *have* peut avoir le sens de «posséder» ou «être le propriétaire de». Lorsque c'est le cas, en anglais britannique parlé, on peut utiliser *got* dans les tournures interrogatives et négatives (*I haven't got any money; have you got any money?* au lieu de *I don't have any money; do you have any money?*).
- Voir aussi MUST, NEED.

haven ['heɪvn] *n* havre *m.*
haven't ['hævnt] = **have not.**
haversack ['hævəsæk] *n* sac *m* à dos.
havoc ['hævək] *n (U)* dégâts *mpl*; **to play ~ with** *(gen)* abîmer; *(with plans)* ruiner.

Hawaii [hə'waiː] *n* Hawaii *m*.
hawk [hɔːk] *n* faucon *m*.
hawker ['hɔːkəʳ] *n* colporteur *m*.
hay [heɪ] *n* foin *m*.
hay fever *n (U)* rhume *m* des foins.
haystack ['heɪˌstæk] *n* meule *f* de foin.
haywire ['heɪˌwaɪəʳ] *adj inf*: **to go ~** *(person)* perdre la tête; *(machine)* se détraquer.
hazard ['hæzəd] ◇ *n* hasard *m*. ◇ *vt* hasarder.
hazardous ['hæzədəs] *adj* hasardeux (euse).
hazard warning lights *npl Br* (AUT) feux *mpl* de détresse.
haze [heɪz] *n* brume *f*.
hazel ['heɪzl] *adj* noisette (*inv*).
hazelnut ['heɪzlˌnʌt] *n* noisette *f*.
hazy ['heɪzɪ] *adj* **1.** *(misty)* brumeux (euse). **2.** *(memory, ideas)* flou(e), vague.

he [hiː] *pers pron* **1.** (*unstressed*) il; **~'s tall** il est grand; **there ~ is** le voilà. **2.** (*stressed*) lui; **HE can't do it** lui ne peut pas le faire.

- *He* est le pronom personnel qui représente les personnes et les animaux familiers de sexe masculin (*there's my brother – he's a teacher; there's my cat – isn't he funny?*); *she* est son équivalent féminin (*there's my sister – she's a nurse*). *It* représente les objets, les concepts et les animaux non familiers (*there's my car – it's a Ford*).
- Certains noms peuvent être soit masculins, soit féminins, p. ex. *doctor, cousin, friend*. Le choix entre *he* et *she* dépend donc du sexe de la personne (*there's my boss – do you know him/her?*). On peut utiliser *it* pour les noms d'animaux ainsi que pour certains noms comme *baby*, si on ignore le sexe (*listen to that baby – I wish it would be quiet!*).
- Lorsqu'on ignore le sexe d'une personne, l'usage classique et soutenu veut que l'on utilise le pronom masculin (*if a student is sick, he must have a note from his parents*). La langue moderne et soutenue préconise l'usage des pronoms masculin et féminin (*if a student is sick, he or she must have a note from his or her parents*). L'utilisation de *they*, autrefois considérée comme familière, est désormais acceptée (*if a student is sick, they must have a note from their parents*).

head [hed] ◇ *n* **1.** *(of person, animal)* tête *f*; **a** OR **per ~** par tête, par personne; **to laugh one's ~ off** rire à gorge déployée; **to be off one's ~** *Br*, **to be out of one's ~** *Am* être dingue; **to be soft in the ~** être débile; **to go to one's ~** *(alcohol, praise)* monter à la tête; **to keep one's ~** garder son sang-froid; **to lose one's ~** perdre la tête. **2.** *(of table, bed, hammer)* tête *f*; *(of stairs, page)* haut *m*. **3.** *(of flower)* tête *f*; *(of cabbage)* pomme *f*. **4.** *(leader)* chef *m*. **5.** *(head teacher)* directeur *m*, -trice *f*. ◇ *vt* **1.** *(procession, list)* être en tête de. **2.** *(be in charge of)* être à la tête de. **3.** (FTBL): **to ~ the ball** faire une tête. ◇ *vi*: **where are you ~ing?** où allez-vous? ◆ **heads** *npl (on coin)* face *f*; **~s or tails?** pile ou face? ◆ **head for** *vt fus (place)* se diriger vers.
headache ['hedeɪk] *n* mal *m* de tête; **to have a ~** avoir mal à la tête.
headband ['hedbænd] *n* bandeau *m*.
head boy *n Br élève chargé de la discipline et qui siège aux conseils de son école*.
headdress ['hedˌdres] *n* coiffe *f*.
header ['hedəʳ] *n* (FTBL) tête *f*.
headfirst [ˌhed'fɜːst] *adv* (la) tête la première.
head girl *n Br élève chargée de la discipline et qui siège aux conseils de son école*.
heading ['hedɪŋ] *n* titre *m*, intitulé *m*.
headlamp ['hedlæmp] *n Br* phare *m*.
headland ['hedlənd] *n* cap *m*.
headlight ['hedlaɪt] *n* phare *m*.
headline ['hedlaɪn] *n (in newspaper)* gros titre *m*; (TV & RADIO) grand titre *m*.
headlong ['hedlɒŋ] *adv* **1.** *(quickly)* à toute allure. **2.** *(unthinkingly)* tête baissée. **3.** *(headfirst)* (la) tête la première.
headmaster [ˌhed'mɑːstəʳ] *n* directeur *m* (d'une école).
headmistress [ˌhed'mɪstrɪs] *n* directrice *f* (d'une école).
head office *n* siège *m* social.
head-on ◇ *adj (collision)* de plein fouet; *(confrontation)* de front. ◇ *adv* de plein fouet.
headphones ['hedfəʊnz] *npl* casque *m*.
headquarters [ˌhed'kwɔːtəz] *npl (of business, organization)* siège *m*; *(of armed forces)* quartier *m* général.
headrest ['hedrest] *n* appui-tête *m*.
headroom ['hedrʊm] *n (U)* hauteur *f*.
headscarf ['hedskɑːf] (*pl* **-scarves** [-skɑːvz] OR **-scarfs**) *n* foulard *m*.
headset ['hedset] *n* casque *m*.
head start *n* avantage *m* au départ; **~ on** OR **over** avantage sur.

headstrong ['hedstrɒŋ] *adj* volontaire, têtu(e).
head waiter *n* maître *m* d'hôtel.
headway ['hedweɪ] *n*: **to make ~** faire des progrès.
headwind ['hedwɪnd] *n* vent *m* contraire.
heady ['hedɪ] *adj* **1.** *(exciting)* grisant (e). **2.** *(causing giddiness)* capiteux(euse).
heal [hi:l] ◇ *vt* **1.** *(cure)* guérir. **2.** *fig (troubles, discord)* apaiser. ◇ *vi* se guérir.
healing ['hi:lɪŋ] ◇ *adj* curatif(ive). ◇ *n (U)* guérison *f*.
health [helθ] *n* santé *f*.
health centre *n* ≃ centre *m* médico-social.
health food *n* produits *mpl* diététiques OR naturels.
health food shop *n* magasin *m* de produits diététiques.
health service *n* ≃ sécurité *f* sociale.
healthy ['helθɪ] *adj* **1.** *(gen)* sain(e). **2.** *(well)* en bonne santé, bien portant (e). **3.** *fig (economy, company)* qui se porte bien. **4.** *(profit)* bon (bonne).
heap [hi:p] ◇ *n* tas *m*. ◇ *vt (pile up)* entasser. ◆ **heaps** *npl inf*: **~s of** *(people, objects)* des tas de; *(time, money)* énormément de.
hear [hɪəʳ] (*pt & pp* **heard** [hɜ:d]) ◇ *vt* **1.** *(gen &* JUR) entendre. **2.** *(learn of)* apprendre; **to ~ (that) ...** apprendre que ... ◇ *vi* **1.** *(perceive sound)* entendre. **2.** *(know)*: **to ~ about** entendre parler de. **3.** *(receive news)*: **to ~ about** avoir des nouvelles de; **to ~ from sb** recevoir des nouvelles de qqn. **4.** *phr*: **to have heard of** avoir entendu parler de; **I won't ~ of it!** je ne veux pas en entendre parler!
hearing ['hɪərɪŋ] *n* **1.** *(sense)* ouïe *f*; **hard of ~** dur(e) d'oreille. **2.** *(trial)* audience *f*.
hearing aid *n* audiophone *m*.
hearsay ['hɪəseɪ] *n* ouï-dire *m*.
hearse [hɜ:s] *n* corbillard *m*.
heart [hɑ:t] *n lit & fig* cœur *m*; **from the ~** du fond du cœur; **to lose ~** perdre courage; **to break sb's ~** briser le cœur à qqn. ◆ **hearts** *npl* cœur *m*. ◆ **at heart** *adv* au fond (de soi). ◆ **by heart** *adv* par cœur.
heartache ['hɑ:teɪk] *n* peine *f* de cœur.
heart attack *n* crise *f* cardiaque.
heartbeat ['hɑ:tbi:t] *n* battement *m* de cœur.
heartbroken ['hɑ:t,brəʊkn] *adj* qui a le cœur brisé.
heartburn ['hɑ:tbɜ:n] *n (U)* brûlures *fpl* d'estomac.
heart failure *n* arrêt *m* cardiaque.
heartfelt ['hɑ:tfelt] *adj* sincère.
hearth [hɑ:θ] *n* foyer *m*.
heartless ['hɑ:tlɪs] *adj* sans cœur.
heartwarming ['hɑ:t,wɔ:mɪŋ] *adj* réconfortant(e).
hearty ['hɑ:tɪ] *adj* **1.** *(greeting, person)* cordial(e). **2.** *(substantial - meal)* copieux (euse); *(- appetite)* gros (grosse).
heat [hi:t] ◇ *n* **1.** *(U) (warmth)* chaleur *f*. **2.** *(U) fig (pressure)* pression *f*. **3.** *(eliminating round)* éliminatoire *f*. **4.** (ZOOL): **on** *Br* OR **in ~** en chaleur. ◇ *vt* chauffer. ◆ **heat up** ◇ *vt sep* réchauffer. ◇ *vi* chauffer.
heated ['hi:tɪd] *adj (argument, discussion, person)* animé(e); *(issue)* chaud(e).
heater ['hi:təʳ] *n* appareil *m* de chauffage.
heath [hi:θ] *n* lande *f*.
heathen ['hi:ðn] ◇ *adj* païen(enne). ◇ *n* païen *m*, -enne *f*.
heather ['heðəʳ] *n* bruyère *f*.
heating ['hi:tɪŋ] *n* chauffage *m*.
heatstroke ['hi:tstrəʊk] *n (U)* coup *m* de chaleur.
heat wave *n* canicule *f*, vague *f* de chaleur.
heave [hi:v] ◇ *vt* **1.** *(pull)* tirer (avec effort); *(push)* pousser (avec effort). **2.** *inf (throw)* lancer. ◇ *vi* **1.** *(pull)* tirer. **2.** *(rise and fall)* se soulever. **3.** *(retch)* avoir des haut-le-cœur.
heaven ['hevn] *n* paradis *m*. ◆ **heavens** ◇ *npl*: **the ~s** *literary* les cieux *mpl*. ◇ *excl*: **(good) ~s!** juste ciel!
heavenly ['hevnlɪ] *adj inf (delightful)* délicieux(euse), merveilleux(euse).
heavily ['hevɪlɪ] *adv* **1.** *(booked, in debt)* lourdement; *(rain, smoke, drink)* énormément. **2.** *(solidly - built)* solidement. **3.** *(breathe, sigh)* péniblement, bruyamment. **4.** *(fall, sit down)* lourdement.
heavy ['hevɪ] *adj* **1.** *(gen)* lourd(e); **how ~ is it?** ça pèse combien? **2.** *(traffic)* dense; *(rain)* battant(e); *(fighting)* acharné(e); *(casualties, corrections)* nombreux (euses); *(smoker, drinker)* gros (grosse). **3.** *(noisy - breathing)* bruyant(e). **4.** *(schedule)* chargé(e). **5.** *(physically exacting - work, job)* pénible.
heavy cream *n Am* crème *f* fraîche épaisse.
heavy goods vehicle *n Br* poids lourd *m*.
heavyweight ['hevɪweɪt] (SPORT) ◇ *adj* poids lourd. ◇ *n* poids lourd *m*.

Hebrew ['hi:bru:] ◇ *adj* hébreu, hébraïque. ◇ *n* **1.** *(person)* Hébreu *m*, Israélite *mf*. **2.** *(language)* hébreu *m*.

Hebrides ['hebrɪdi:z] *npl*: **the ~** les (îles *fpl*) Hébrides.

heckle ['hekl] ◇ *vt* interpeller. ◇ *vi* interrompre bruyamment.

hectic ['hektɪk] *adj (meeting, day)* agité(e), mouvementé(e).

he'd [hi:d] = **he had, he would**.

hedge [hedʒ] ◇ *n* haie *f*. ◇ *vi (prevaricate)* répondre de façon détournée.

hedgehog ['hedʒhɒg] *n* hérisson *m*.

heed [hi:d] ◇ *n*: **to take ~ of sthg** tenir compte de qqch. ◇ *vt fml* tenir compte de.

heedless ['hi:dlɪs] *adj*: **~ of sthg** qui ne tient pas compte de qqch.

heel [hi:l] *n* talon *m*.

hefty ['heftɪ] *adj* **1.** *(well-built)* costaud(e). **2.** *(large)* gros (grosse).

heifer ['hefəʳ] *n* génisse *f*.

height [haɪt] *n* **1.** *(of building, mountain)* hauteur *f*; *(of person)* taille *f*; **5 metres in ~** 5 mètres de haut; **what ~ is it?** ça fait quelle hauteur?; **what ~ are you?** combien mesurez-vous? **2.** *(above ground - of aircraft)* altitude *f*. **3.** *(zenith)*: **at the ~ of the summer/season** au cœur de l'été/de la saison; **at the ~ of his fame** au sommet de sa gloire.

heighten ['haɪtn] *vt & vi* augmenter.

heir [eəʳ] *n* héritier *m*.

heiress ['eərɪs] *n* héritière *f*.

heirloom ['eəlu:m] *n* meuble *m*/bijou *m* de famille.

heist [haɪst] *n inf* casse *m*.

held [held] *pt & pp* → **hold**.

helicopter ['helɪkɒptəʳ] *n* hélicoptère *m*.

helium ['hi:lɪəm] *n* hélium *m*.

hell [hel] ◇ *n* **1.** *lit & fig* enfer *m*. **2.** *inf (for emphasis)*: **he's a ~ of a nice guy** c'est un type vachement sympa; **what/where/why the ~ ...?** que/où/pourquoi ..., bon sang? **3.** *phr*: **to do sthg for the ~ of it** *inf* faire qqch pour le plaisir, faire qqch juste comme ça; **to give sb ~** *inf (verbally)* engueuler qqn; **go to ~!** *v inf* va te faire foutre! ◇ *excl inf* merde!, zut!

he'll [hi:l] = **he will**.

hellish ['helɪʃ] *adj inf* infernal(e).

hello [hə'ləʊ] *excl* **1.** *(as greeting)* bonjour!; *(on phone)* allô! **2.** *(to attract attention)* hé!

helm [helm] *n lit & fig* barre *f*.

helmet ['helmɪt] *n* casque *m*.

help [help] ◇ *n* **1.** *(U) (assistance)* aide *f*; **he gave me a lot of ~** il m'a beaucoup aidé; **with the ~ of sthg** à l'aide de qqch; **with sb's ~** avec l'aide de qqn; **to be of ~** rendre service. **2.** *(U) (emergency aid)* secours *m*. **3.** *(useful person or object)*: **to be a ~** aider, rendre service. ◇ *vi* aider. ◇ *vt* **1.** *(assist)* aider; **to ~ sb (to) do sthg** aider qqn à faire qqch; **to ~ sb with sthg** aider qqn à faire qqch. **2.** *(avoid)*: **I can't ~ it** je n'y peux rien; **I couldn't ~ laughing** je ne pouvais pas m'empêcher de rire. **3.** *phr*: **to ~ o.s. (to sthg)** se servir (de qqch). ◇ *excl* au secours!, à l'aide! ◆ **help out** *vt sep & vi* aider.

helper ['helpəʳ] *n* **1.** *(gen)* aide *mf*. **2.** *Am (to do housework)* femme *f* de ménage.

helpful ['helpfʊl] *adj* **1.** *(person)* serviable. **2.** *(advice, suggestion)* utile.

helping ['helpɪŋ] *n* portion *f*; *(of cake, tart)* part *f*.

helpless ['helplɪs] *adj* impuissant(e); *(look, gesture)* d'impuissance.

helpline ['helplaɪn] *n* ligne *f* d'assistance téléphonique.

Helsinki ['helsɪŋkɪ] *n* Helsinki.

hem [hem] ◇ *n* ourlet *m*. ◇ *vt* ourler. ◆ **hem in** *vt sep* encercler.

hemisphere ['hemɪˌsfɪəʳ] *n* hémisphère *m*.

hemline ['hemlaɪn] *n* ourlet *m*.

hemophiliac [ˌhi:mə'fɪlɪæk] *n* hémophile *mf*.

hemorrhage ['hemərɪdʒ] *n* hémorragie *f*.

hemorrhoids ['hemərɔɪdz] *npl* hémorroïdes *fpl*.

hen [hen] *n* **1.** *(female chicken)* poule *f*. **2.** *(female bird)* femelle *f*.

hence [hens] *adv fml* **1.** *(therefore)* d'où. **2.** *(from now)* d'ici.

henceforth [ˌhens'fɔ:θ] *adv fml* dorénavant.

henchman ['hentʃmən] (*pl* **-men** [-mən]) *n pej* acolyte *m*.

henna ['henə] ◇ *n* henné *m*. ◇ *vt (hair)* appliquer du henné sur.

henpecked ['henpekt] *adj pej* dominé par sa femme.

---

her [hɜ:ʳ] ◇ *pers pron* **1.** (*direct - unstressed*) la, l' (*+ vowel or silent 'h'*); (*-stressed*) elle; **I know/like ~** je la connais/l'aime; **it's ~** c'est elle. **2.** (*referring to animal, car, ship etc*) *follow the gender of your translation*. **3.** (*indirect*) lui; **we spoke to ~** nous lui avons parlé; **he sent ~ a letter** il lui a envoyé une lettre. **4.** (*after prep, in comparisons etc*) elle; **I'm shorter than ~** je suis plus petit qu'elle. ◇ *poss adj* son (sa), ses (*pl*); **~ coat** son manteau; **~ bedroom** sa chambre; **~ children** ses enfants; **it was HER fault** c'était de sa faute à elle.

> • Si vous parlez d'une partie du corps, n'oubliez pas d'utiliser l'adjectif possessif *her*, et non pas *the* (*she put her hand up*, «elle a levé le bras»; *she brushed her hair*, «elle s'est brossé les cheveux»).

herald ['herəld] ◇ *vt fml* annoncer. ◇ *n (messenger)* héraut *m*.
herb [hɜːb] *n* herbe *f*.
herd [hɜːd] ◇ *n* troupeau *m*. ◇ *vt* 1. *(cattle, sheep)* mener. 2. *fig (people)* conduire, mener; *(into confined space)* parquer.
here [hɪəʳ] *adv* 1. *(in this place)* ici; **~ he is/they are** le/les voici; **~ it is** le/la voici; **~ is/are** voici; **~ and there** çà et là. 2. *(present)* là.
hereabouts *Br* [ˌhɪərə'baʊts], **hereabout** *Am* [ˌhɪərə'baʊt] *adv* par ici.
hereditary [hɪ'redɪtrɪ] *adj* héréditaire.
heresy ['herəsɪ] *n* hérésie *f*.
herewith [ˌhɪə'wɪð] *adv fml (with letter)* ci-joint, ci-inclus.
heritage ['herɪtɪdʒ] *n* héritage *m*, patrimoine *m*.
hermetically [hɜː'metɪklɪ] *adv*: **~ sealed** fermé(e) hermétiquement.
hermit ['hɜːmɪt] *n* ermite *m*.
hernia ['hɜːnjə] *n* hernie *f*.
hero ['hɪərəʊ] (*pl* **-es**) *n* héros *m*.
heroic [hɪ'rəʊɪk] *adj* héroïque.
heroin ['herəʊɪn] *n* héroïne *f*.
heroine ['herəʊɪn] *n* héroïne *f*.
heron ['herən] (*pl inv* OR **-s**) *n* héron *m*.
herring ['herɪŋ] (*pl inv* OR **-s**) *n* hareng *m*.

---

hers [hɜːz] *poss pron* le sien (la sienne), les siens (les siennes) (*pl*); **that money is ~** cet argent est à elle OR est le sien; **a friend of ~** un ami à elle, un de ses amis.
herself [hɜː'self] *pron* 1. (*reflexive*) se; (*after prep*) elle. 2. (*for emphasis*) elle-même.
he's [hiːz] = **he is, he has**.
hesitant ['hezɪtənt] *adj* hésitant(e).
hesitate ['hezɪteɪt] *vi* hésiter; **to ~ to do sthg** hésiter à faire qqch.
hesitation [ˌhezɪ'teɪʃn] *n* hésitation *f*.
heterogeneous [ˌhetərə'dʒiːnjəs] *adj fml* hétérogène.
heterosexual [ˌhetərəʊ'sekʃʊəl] ◇ *adj* hétérosexuel(elle). ◇ *n* hétérosexuel *m*, -elle *f*.
het up [het-] *adj inf* excité(e), énervé (e).
hexagon ['heksəgən] *n* hexagone *m*.
hey [heɪ] *excl* hé!
heyday ['heɪdeɪ] *n* âge *m* d'or.
HGV (*abbr of* **heavy goods vehicle**) *n* PL *m*.
hi [haɪ] *excl inf* salut!
hiatus [haɪ'eɪtəs] (*pl* **-es**) *n fml* pause *f*.
hibernate ['haɪbəneɪt] *vi* hiberner.
hiccough, hiccup ['hɪkʌp] ◇ *n* hoquet *m*; *fig (difficulty)* accroc *m*; **to have ~s** avoir le hoquet. ◇ *vi* hoqueter.
hid [hɪd] *pt* → **hide**.
hidden ['hɪdn] ◇ *pp* → **hide**. ◇ *adj* caché(e).
hide [haɪd] (*pt* **hid**, *pp* **hidden**) ◇ *vt*: **to ~ sthg (from sb)** cacher qqch (à qqn); *(information)* taire qqch (à qqn). ◇ *vi* se cacher. ◇ *n* 1. *(animal skin)* peau *f*. 2. *(for watching birds, animals)* cachette *f*.
hide-and-seek *n* cache-cache *m*.
hideaway ['haɪdəweɪ] *n* cachette *f*.
hideous ['hɪdɪəs] *adj* hideux(euse); *(error, conditions)* abominable.
hiding ['haɪdɪŋ] *n* 1. *(concealment)*: **to be in ~** se tenir caché(e). 2. *inf (beating)*: **to give sb a (good) ~** donner une (bonne) raclée OR correction à qqn.
hiding place *n* cachette *f*.
hierarchy ['haɪərɑːkɪ] *n* hiérarchie *f*.
hi-fi ['haɪfaɪ] *n* hi-fi *f inv*.
high [haɪ] ◇ *adj* 1. *(gen)* haut(e); **it's 3 feet/6 metres ~** cela fait 3 pieds/6 mètres de haut; **how ~ is it?** cela fait combien de haut? 2. *(speed, figure, altitude, office)* élevé(e). 3. *(high-pitched)* aigu(uë). 4. *drugs sl* qui plane, défoncé (e). 5. *inf (drunk)* bourré(e). ◇ *adv* haut. ◇ *n (highest point)* maximum *m*.
highbrow ['haɪbraʊ] *adj* intellectuel (elle).
high chair *n* chaise *f* haute *(d'enfant)*.
high-class *adj* de premier ordre; *(hotel, restaurant)* de grande classe.
High Court *n Br* (JUR) Cour *f* suprême.
higher ['haɪəʳ] *adj (exam, qualification)* supérieur(e). ◆ **Higher** *n*: **Higher (Grade)** (SCH) *examen de fin d'études secondaires en Écosse.*
higher education *n (U)* études *fpl* supérieures.
high-handed [-'hændɪd] *adj* despotique.
high jump *n* saut *m* en hauteur.
Highland Games ['haɪlənd-] *npl* jeux *mpl* écossais.

Highlands ['haɪləndz] *npl*: **the ~** les Highlands *fpl (région montagneuse du nord de l'Écosse)*.
highlight ['haɪlaɪt] ◇ *n (of event, occasion)* moment *m* OR point *m* fort. ◇ *vt* souligner; *(with highlighter)* surligner. ◆ **highlights** *npl (in hair)* reflets *mpl*, mèches *fpl*.
highlighter (pen) ['haɪlaɪtəʳ-] *n* surligneur *m*.
highly ['haɪlɪ] *adv* **1.** *(very)* extrêmement, très. **2.** *(in important position)*: **~ placed** haut placé(e). **3.** *(favourably)*: **to think ~ of sb/sthg** penser du bien de qqn/qqch.
highly-strung *adj* nerveux(euse).
Highness ['haɪnɪs] *n*: **His/Her/Your (Royal) ~** Son/Votre Altesse (Royale); **their (Royal) ~es** leurs Altesses (Royales).
high-pitched [-'pɪtʃt] *adj* aigu(uë).
high point *n (of occasion)* point *m* fort.
high-powered [-'paʊəd] *adj* **1.** *(powerful)* de forte puissance. **2.** *(prestigious - activity, place)* de haut niveau; *(- job, person)* très important(e).
high-ranking [-'ræŋkɪŋ] *adj* de haut rang.
high-rise *adj*: **~ block of flats** tour *f*.
high school *n Br* lycée *m*; *Am* établissement *m* d'enseignement supérieur.
high season *n* haute saison *f*.
high spot *n* point *m* fort.
high street *n Br* rue *f* principale.
high-tech [-'tek] *adj (method, industry)* de pointe.
high tide *n* marée *f* haute.
highway ['haɪweɪ] *n* **1.** *Am (motorway)* autoroute *f*. **2.** *(main road)* grande route *f*.
Highway Code *n Br*: **the ~** le code de la route.
hijack ['haɪdʒæk] ◇ *n* détournement *m*. ◇ *vt* détourner.
hijacker ['haɪdʒækəʳ] *n (of aircraft)* pirate *m* de l'air; *(of vehicle)* pirate *m* de la route.
hike [haɪk] ◇ *n (long walk)* randonnée *f*. ◇ *vi* faire une randonnée.
hiker ['haɪkəʳ] *n* randonneur *m*, -euse *f*.
hiking ['haɪkɪŋ] *n* marche *f*.
hilarious [hɪ'leərɪəs] *adj* hilarant(e).
hill [hɪl] *n* **1.** *(mound)* colline *f*. **2.** *(slope)* côte *f*.
hillside ['hɪlsaɪd] *n* coteau *m*.
hilly ['hɪlɪ] *adj* vallonné(e).
hilt [hɪlt] *n* garde *f*; **to support/defend sb to the ~** soutenir/défendre qqn à fond.

him [hɪm] *pers pron* **1.** *(direct - unstressed)* le, l' (+ *vowel or silent 'h'*); *(- stressed)* lui; **I know/like ~** je le connais/l'aime; **it's ~** c'est lui. **2.** *(indirect)* lui; **we spoke to ~** nous lui avons parlé; **she sent ~ a letter** elle lui a envoyé une lettre. **3.** *(after prep, in comparisons etc)* lui; **I'm shorter than ~** je suis plus petit que lui.
Himalayas [,hɪmə'leɪəz] *npl*: **the ~** l'Himalaya *m*.
himself [hɪm'self] *pron* **1.** *(reflexive)* se; *(after prep)* lui. **2.** *(for emphasis)* lui-même.
hind [haɪnd] *(pl inv* OR **-s**) ◇ *adj* de derrière. ◇ *n* biche *f*.
hinder ['hɪndəʳ] *vt* gêner, entraver.
Hindi ['hɪndɪ] *n* hindi *m*.
hindrance ['hɪndrəns] *n* obstacle *m*.
hindsight ['haɪndsaɪt] *n*: **with the benefit of ~** avec du recul.
Hindu ['hɪndu:] *(pl* **-s**) ◇ *adj* hindou(e). ◇ *n* Hindou *m*, -e *f*.
hinge [hɪndʒ] *n (whole fitting)* charnière *f*; *(pin)* gond *m*. ◆ **hinge (up)on** *vt fus (depend on)* dépendre de.
hint [hɪnt] ◇ *n* **1.** *(indication)* allusion *f*; **to drop a ~** faire une allusion. **2.** *(piece of advice)* conseil *m*, indication *f*. **3.** *(small amount)* soupçon *m*. ◇ *vi*: **to ~ at sthg** faire allusion à qqch. ◇ *vt*: **to ~ that ...** insinuer que ...
hip [hɪp] *n* hanche *f*.
hippie ['hɪpɪ] = **hippy**.
hippo ['hɪpəʊ] *(pl* **-s**) *n* hippopotame *m*.
hippopotamus [,hɪpə'pɒtəməs] *(pl* **-muses** OR **-mi** [-maɪ]) *n* hippopotame *m*.
hippy ['hɪpɪ] *n* hippie *mf*.
hire ['haɪəʳ] ◇ *n (U) (of car, equipment)* location *f*; **for ~** *(bicycles etc)* à louer; *(taxi)* libre. ◇ *vt* **1.** *(rent)* louer. **2.** *(employ)* employer les services de. ◆ **hire out** *vt sep* louer.
hire car *n Br* voiture *f* de location.
hire purchase *n (U) Br* achat *m* à crédit OR à tempérament.

his [hɪz] ◇ *poss adj* son (sa), ses *(pl)*; **~ house** sa maison; **~ money** son argent; **~ children** ses enfants; **~ name is Joe** il s'appelle Joe. ◇ *poss pron* le sien (la sienne), les siens (les siennes) *(pl)*; **that money is ~** cet argent est à lui OR est le sien; **it wasn't her fault, it was HIS** ce n'était pas de sa faute à elle, c'était de sa faute à lui; **a friend of ~** un ami à lui, un de ses amis.

> • Si vous parlez d'une partie du corps, n'oubliez pas d'utiliser l'adjectif possessif *his*, et non pas *the* (*he broke his leg*, «il s'est cassé la jambe»; *she broke his nose*, «elle lui a cassé le nez»).

hiss [hɪs] ◇ *n (of animal, gas etc)* sifflement *m*; *(of crowd)* sifflet *m*. ◇ *vi (animal, gas etc)* siffler.

historic [hɪ'stɒrɪk] *adj* historique.

historical [hɪ'stɒrɪkəl] *adj* historique.

history ['hɪstərɪ] *n* **1.** *(gen)* histoire *f*. **2.** *(past record)* antécédents *mpl*; **medical ~** passé *m* médical.

hit [hɪt] (*pt & pp* **hit**) ◇ *n* **1.** *(blow)* coup *m*. **2.** *(successful strike)* coup *m* OR tir *m* réussi; *(in fencing)* touche *f*. **3.** *(success)* succès *m*; **to be a ~ with** plaire à. ◇ *comp* à succès. ◇ *vt* **1.** *(strike)* frapper; *(nail)* taper sur. **2.** *(crash into)* heurter, percuter. **3.** *(reach)* atteindre. **4.** *(affect badly)* toucher, affecter. **5.** *phr*: **to ~ it off (with sb)** bien s'entendre (avec qqn).

hit-and-miss = **hit-or-miss**.

hit-and-run *adj (accident)* avec délit de fuite; **~ driver** chauffard *m (qui a commis un délit de fuite)*.

hitch [hɪtʃ] ◇ *n (problem, snag)* ennui *m*. ◇ *vt* **1.** *(catch)*: **to ~ a lift** faire du stop. **2.** *(fasten)*: **to ~ sthg on** OR **onto** accrocher OR attacher qqch à. ◇ *vi (hitchhike)* faire du stop. ◆ **hitch up** *vt sep (pull up)* remonter.

hitchhike ['hɪtʃhaɪk] *vi* faire de l'autostop.

hitchhiker ['hɪtʃhaɪkə^r] *n* autostoppeur *m*, -euse *f*.

hi-tech [ˌhaɪ'tek] = **high-tech**.

hit-or-miss *adj* aléatoire.

HIV (*abbr of* **human immunodeficiency virus**) *n* VIH *m*, HIV *m*; **to be ~-positive** être séropositif.

hive [haɪv] *n* ruche *f*; **a ~ of activity** une véritable ruche. ◆ **hive off** *vt sep (assets)* séparer.

HNC (*abbr of* **Higher National Certificate**) *n brevet de technicien en Grande-Bretagne.*

HND (*abbr of* **Higher National Diploma**) *n brevet de technicien supérieur en Grande-Bretagne.*

hoard [hɔːd] ◇ *n (store)* réserves *fpl*; *(of useless items)* tas *m*. ◇ *vt* amasser; *(food, petrol)* faire des provisions de.

hoarding ['hɔːdɪŋ] *n Br (for advertisements)* panneau *m* d'affichage publicitaire.

hoarfrost ['hɔːfrɒst] *n* gelée *f* blanche.

hoarse [hɔːs] *adj (person, voice)* enroué (e); *(shout, whisper)* rauque.

hoax [həʊks] *n* canular *m*.

hob [hɒb] *n Br (on cooker)* rond *m*, plaque *f*.

hobble ['hɒbl] *vi (limp)* boitiller.

hobby ['hɒbɪ] *n* passe-temps *m inv*, hobby *m*.

hobbyhorse ['hɒbɪhɔːs] *n* **1.** *(toy)* cheval *m* à bascule. **2.** *fig (favourite topic)* dada *m*.

hobo ['həʊbəʊ] (*pl* **-es** OR **-s**) *n Am* clochard *m*, -e *f*.

hockey ['hɒkɪ] *n* **1.** *(on grass)* hockey *m*. **2.** *Am (ice hockey)* hockey *m* sur glace.

hoe [həʊ] ◇ *n* houe *f*. ◇ *vt* biner.

hog [hɒg] ◇ *n* **1.** *Am (pig)* cochon *m*. **2.** *inf (greedy person)* goinfre *m*. **3.** *phr*: **to go the whole ~** aller jusqu'au bout. ◇ *vt inf (monopolize)* accaparer, monopoliser.

Hogmanay ['hɒgməneɪ] *n la Saint-Sylvestre en Écosse.*

hoist [hɔɪst] ◇ *n (device)* treuil *m*. ◇ *vt* hisser.

hold [həʊld] (*pt & pp* **held**) ◇ *vt* **1.** *(gen)* tenir. **2.** *(keep in position)* maintenir. **3.** *(as prisoner)* détenir; **to ~ sb prisoner/hostage** détenir qqn prisonnier/comme otage. **4.** *(have, possess)* avoir. **5.** *fml (consider)* considérer, estimer; **to ~ sb responsible for sthg** rendre qqn responsable de qqch, tenir qqn pour responsable de qqch. **6.** *(on telephone)*: **please ~ the line** ne quittez pas, je vous prie. **7.** *(keep, maintain)* retenir. **8.** *(sustain, support)* supporter. **9.** *(contain)* contenir. **10.** *phr*: **~ it!, ~ everything!** attendez!, arrêtez!; **to ~ one's own** se défendre. ◇ *vi* **1.** *(remain unchanged - gen)* tenir; *(- luck)* persister; *(- weather)* se maintenir; **to ~ still** OR **steady** ne pas bouger, rester tranquille. **2.** *(on phone)* attendre. ◇ *n* **1.** *(grasp, grip)* prise *f*, étreinte *f*; **to take** OR **lay ~ of sthg** saisir qqch; **to get ~ of sthg** *(obtain)* se procurer qqch; **to get ~ of sb** *(find)* joindre. **2.** *(of ship, aircraft)* cale *f*. **3.** *(control, influence)* prise *f*. ◆ **hold back** *vt sep* **1.** *(restrain, prevent)* retenir; *(anger)* réprimer. **2.** *(keep secret)* cacher. ◆ **hold down** *vt sep (job)* garder. ◆ **hold off** *vt sep (fend off)* tenir à distance. ◆ **hold on** *vi* **1.** *(wait)* attendre; *(on phone)* ne pas quitter. **2.** *(grip)*: **to ~ on (to sthg)** se tenir (à qqch). ◆ **hold out** ◇ *vt sep (hand, arms)* tendre. ◇ *vi* **1.** *(last)* durer. **2.** *(resist)*: **to ~ out**

(against sb/sthg) résister (à qqn/qqch). ◆ **hold up** *vt sep* **1.** *(raise)* lever. **2.** *(delay)* retarder.

holdall ['həʊldɔːl] *n Br* fourre-tout *m inv*.

holder ['həʊldəʳ] *n* **1.** *(for cigarette)* porte-cigarettes *m inv*. **2.** *(owner)* détenteur *m*, -trice *f*; *(of position, title)* titulaire *mf*.

holding ['həʊldɪŋ] *n* **1.** *(investment)* effets *mpl* en portefeuille. **2.** *(farm)* ferme *f*.

holdup ['həʊldʌp] *n* **1.** *(robbery)* hold-up *m*. **2.** *(delay)* retard *m*.

hole [həʊl] *n* **1.** *(gen)* trou *m*. **2.** *inf (predicament)* pétrin *m*.

holiday ['hɒlɪdeɪ] *n* **1.** *(vacation)* vacances *fpl*; **to be/go on ~** être/partir en vacances. **2.** *(public holiday)* jour *m* férié.

holiday camp *n Br* camp *m* de vacances.

holidaymaker ['hɒlɪdɪˌmeɪkəʳ] *n Br* vacancier *m*, -ère *f*.

holiday pay *n Br salaire payé pendant les vacances.*

holiday resort *n Br* lieu *m* de vacances.

holistic [həʊ'lɪstɪk] *adj* holistique.

Holland ['hɒlənd] *n* Hollande *f*.

holler ['hɒləʳ] *vi & vt inf* gueuler, brailler.

hollow ['hɒləʊ] ◇ *adj* creux (creuse); *(eyes)* cave; *(promise, victory)* faux (fausse); *(laugh)* qui sonne faux. ◇ *n* creux *m*. ◆ **hollow out** *vt sep* creuser, évider.

holly ['hɒlɪ] *n* houx *m*.

Hollywood ['hɒlɪwʊd] *n* Hollywood *m*.

HOLLYWOOD

Hollywood est un quartier de Los Angeles, devenu depuis 1911 le cœur de l'industrie cinématographique américaine, notamment dans les années 40 et 50. À cette époque, de grands studios, tels que la 20th Century Fox, Paramount ou Warner Brothers, produisaient chaque année des centaines de films. Hollywood est aujourd'hui l'une des attractions touristiques majeures des États-Unis.

holocaust ['hɒləkɔːst] *n (destruction)* destruction *f*, holocauste *m*.

holster ['həʊlstəʳ] *n* étui *m*.

holy ['həʊlɪ] *adj* saint(e); *(ground)* sacré (e).

Holy Ghost *n*: **the ~** le Saint-Esprit.

Holy Land *n*: **the ~** la Terre sainte.

Holy Spirit *n*: **the ~** le Saint-Esprit.

home [həʊm] ◇ *n* **1.** *(house, institution)* maison *f*; **to make one's ~** s'établir, s'installer. **2.** *(own country)* patrie *f*; *(city)* ville *f* natale. **3.** *(one's family)* foyer *m*; **to leave ~** quitter la maison. **4.** *fig (place of origin)* berceau *m*. ◇ *adj* **1.** *(not foreign)* intérieur(e); *(- product)* national(e). **2.** *(in one's own home - cooking)* familial (e); *(- life)* de famille; *(- improvements)* domestique. **3.** *(*SPORT *- game)* sur son propre terrain; *(- team)* qui reçoit. ◇ *adv (to or at one's house)* chez soi, à la maison. ◆ **at home** *adv* **1.** *(in one's house, flat)* chez soi, à la maison. **2.** *(comfortable)* à l'aise; **at ~ with sthg** à l'aise dans qqch; **to make o.s. at ~** faire comme chez soi. **3.** *(in one's own country)* chez nous.

home address *n* adresse *f* du domicile.

home brew *n (U) (beer)* bière *f* faite à la maison.

home computer *n* ordinateur *m* domestique.

Home Counties *npl*: **the ~** *les comtés entourant Londres.*

home economics *n (U)* économie *f* domestique.

home help *n Br* aide *f* ménagère.

homeland ['həʊmlænd] *n* **1.** *(country of birth)* patrie *f*. **2.** *(in South Africa)* homeland *m*, bantoustan *m*.

homeless ['həʊmlɪs] ◇ *adj* sans abri. ◇ *npl*: **the ~** les sans-abri *mpl*.

homely ['həʊmlɪ] *adj* **1.** *(simple)* simple. **2.** *(unattractive)* ordinaire.

homemade [ˌhəʊm'meɪd] *adj* fait(e) (à la) maison.

Home Office *n Br*: **the ~** ≃ le ministère de l'Intérieur.

homeopathy [ˌhəʊmɪ'ɒpəθɪ] *n* homéopathie *f*.

home page *n (on Internet)* page *f* d'accueil.

Home Secretary *n Br* ≃ ministre *m* de l'Intérieur.

homesick ['həʊmsɪk] *adj* qui a le mal du pays.

hometown ['həʊmtaʊn] *n* ville *f* natale.

homeward ['həʊmwəd] ◇ *adj* de retour. ◇ *adv* = **homewards**.

homewards ['həʊmwədz] *adv* vers la maison.

homework ['həʊmwɜːk] *n (U)* **1.** (SCH) devoirs *mpl.* **2.** *inf (preparation)* boulot *m.*
homey, homy ['həʊmɪ] *adj Am* confortable, agréable.
homicide ['hɒmɪsaɪd] *n* homicide *m.*
homoeopathy *etc* [,həʊmɪ'ɒpəθɪ] = homeopathy *etc.*
homogeneous [,hɒmə'dʒiːnjəs] *adj* homogène.
homosexual [,hɒmə'sekʃʊəl] ◇ *adj* homosexuel(elle). ◇ *n* homosexuel *m*, -elle *f.*
homy = **homey**.
hone [həʊn] *vt* aiguiser.
honest ['ɒnɪst] ◇ *adj* **1.** *(trustworthy)* honnête, probe. **2.** *(frank)* franc (franche), sincère; **to be ~ ...** pour dire la vérité ..., à dire vrai ... **3.** *(legal)* légitime. ◇ *adv inf* je vous assure.
honestly ['ɒnɪstlɪ] ◇ *adv* **1.** *(truthfully)* honnêtement. **2.** *(expressing sincerity)* je vous assure. ◇ *excl (expressing impatience, disapproval)* franchement!
honesty ['ɒnɪstɪ] *n* honnêteté *f*, probité *f.*
honey ['hʌnɪ] *n* **1.** *(food)* miel *m.* **2.** *(dear)* chéri *m*, -e *f.*
honeycomb ['hʌnɪkəʊm] *n* gâteau *m* de miel.
honeymoon ['hʌnɪmuːn] ◇ *n lit & fig* lune *f* de miel. ◇ *vi* aller en voyage de noces, passer sa lune de miel.
honeysuckle ['hʌnɪ,sʌkl] *n* chèvrefeuille *m.*
Hong Kong [,hɒŋ'kɒŋ] *n* Hong Kong, Hongkong.
honk [hɒŋk] ◇ *vi* **1.** *(motorist)* klaxonner. **2.** *(goose)* cacarder. ◇ *vt*: **to ~ the horn** klaxonner.
honor *etc Am* = **honour** *etc.*
honorary [*Br* 'ɒnərərɪ, *Am* ɒnə'reərɪ] *adj* honoraire.
honour *Br*, **honor** *Am* ['ɒnəʳ] ◇ *n* honneur *m*; **in ~ of sb/sthg** en l'honneur de qqn/qqch. ◇ *vt* honorer. ◆ **honours** *npl* **1.** *(tokens of respect)* honneurs *mpl.* **2.** *(of university degree)* ≃ licence *f.*
honourable *Br*, **honorable** *Am* ['ɒnrəbl] *adj* honorable.
hood [hʊd] *n* **1.** *(on cloak, jacket)* capuchon *m.* **2.** *(of cooker)* hotte *f.* **3.** *(of pram, convertible car)* capote *f.* **4.** *Am (car bonnet)* capot *m.*
hoodlum ['huːdləm] *n Am inf* gangster *m*, truand *m.*
hoof [huːf, hʊf] (*pl* **-s** OR **hooves**) *n* sabot *m.*
hook [hʊk] ◇ *n* **1.** *(for hanging things on)* crochet *m.* **2.** *(for catching fish)* hameçon *m.* **3.** *(fastener)* agrafe *f.* **4.** *(of telephone)*: **off the ~** décroché. ◇ *vt* **1.** *(attach with hook)* accrocher. **2.** *(catch with hook)* prendre. ◆ **hook up** *vt sep*: **to ~ sthg up to sthg** connecter qqch à qqch.
hooked [hʊkt] *adj* **1.** *(shaped like a hook)* crochu(e). **2.** *inf (addicted)*: **to be ~ (on)** être accro (à); *(music, art)* être mordu(e) (de).
hook(e)y ['hʊkɪ] *n Am inf*: **to play ~** faire l'école buissonnière.
hooligan ['huːlɪgən] *n* hooligan *m*, vandale *m.*
hoop [huːp] *n* **1.** *(circular band)* cercle *m.* **2.** *(toy)* cerceau *m.*
hooray [hʊ'reɪ] = **hurray**.
hoot [huːt] ◇ *n* **1.** *(of owl)* hululement *m.* **2.** *(of horn)* coup *m* de Klaxon®. **3.** *Br inf (something amusing)*: **to be a ~** être tordant(e). ◇ *vi* **1.** *(owl)* hululer. **2.** *(horn)* klaxonner. ◇ *vt*: **to ~ the horn** klaxonner.
hooter ['huːtəʳ] *n (horn)* Klaxon® *m.*
Hoover® *Br* ['huːvəʳ] *n* aspirateur *m.* ◆ **hoover** *vt (room)* passer l'aspirateur dans; *(carpet)* passer à l'aspirateur.
hooves [huːvz] *pl* → **hoof**.
hop [hɒp] ◇ *n* saut *m*; *(on one leg)* saut à cloche-pied. ◇ *vi* sauter; *(on one leg)* sauter à cloche-pied; *(bird)* sautiller. ◆ **hops** *npl* houblon *m.*
hope [həʊp] ◇ *vi* espérer; **to ~ for sthg** espérer qqch; **I ~ so** j'espère bien; **I ~ not** j'espère bien que non. ◇ *vt*: **to ~ (that)** espérer que; **to ~ to do sthg** espérer faire qqch. ◇ *n* espoir *m*; **in the ~ of** dans l'espoir de.
hopeful ['həʊpfʊl] *adj* **1.** *(optimistic)* plein(e) d'espoir; **to be ~ of doing sthg** avoir l'espoir de faire qqch; **to be ~ of sthg** espérer qqch. **2.** *(promising)* encourageant(e), qui promet.
hopefully ['həʊpfəlɪ] *adv* **1.** *(in a hopeful way)* avec bon espoir, avec optimisme. **2.** *(with luck)*: **~, ...** espérons que ...
hopeless ['həʊplɪs] *adj* **1.** *(gen)* désespéré(e); *(tears)* de désespoir. **2.** *inf (useless)* nul (nulle).
hopelessly ['həʊplɪslɪ] *adv* **1.** *(despairingly)* avec désespoir. **2.** *(completely)* complètement.
horizon [hə'raɪzn] *n* horizon *m*; **on the ~** *lit & fig* à l'horizon.
horizontal [,hɒrɪ'zɒntl] ◇ *adj* horizontal(e). ◇ *n*: **the ~** l'horizontale *f.*
hormone ['hɔːməʊn] *n* hormone *f.*
horn [hɔːn] *n* **1.** *(of animal)* corne *f.*

2. (MUS) *(instrument)* cor *m*. 3. *(on car)* Klaxon® *m*; *(on ship)* sirène *f*.
hornet ['hɔːnɪt] *n* frelon *m*.
horny ['hɔːnɪ] *adj* 1. *(hard)* corné(e); *(hand)* calleux(euse). 2. *v inf (sexually excited)* excité(e) (sexuellement).
horoscope ['hɒrəskəʊp] *n* horoscope *m*.
horrendous [hɒ'rendəs] *adj* horrible.
horrible ['hɒrəbl] *adj* horrible.
horrid ['hɒrɪd] *adj (unpleasant)* horrible.
horrific [hɒ'rɪfɪk] *adj* horrible.
horrify ['hɒrɪfaɪ] *vt* horrifier.
horror ['hɒrə^r] *n* horreur *f*.
horror film *n* film *m* d'épouvante.
horse [hɔːs] *n (animal)* cheval *m*.
horseback ['hɔːsbæk] ◇ *adj* à cheval; ~ **riding** *Am* équitation *f*. ◇ *n*: **on** ~ à cheval.
horse chestnut *n (nut)* marron *m* d'Inde; ~ **(tree)** marronnier *m* d'Inde.
horseman ['hɔːsmən] (*pl* **-men** [-mən]) *n* cavalier *m*.
horsepower ['hɔːs,paʊə^r] *n* puissance *f* en chevaux.
horse racing *n (U)* courses *fpl* de chevaux.
horseradish ['hɔːs,rædɪʃ] *n (plant)* raifort *m*.
horse riding *n* équitation *f*.
horseshoe ['hɔːsʃuː] *n* fer *m* à cheval.
horsewoman ['hɔːs,wʊmən] (*pl* **-women** [-,wɪmɪn]) *n* cavalière *f*.
horticulture ['hɔːtɪkʌltʃə^r] *n* horticulture *f*.
hose [həʊz] ◇ *n (hosepipe)* tuyau *m*. ◇ *vt* arroser au jet.
hosepipe ['həʊzpaɪp] *n* = **hose**.
hosiery ['həʊzɪərɪ] *n* bonneterie *f*.
hospitable [hɒ'spɪtəbl] *adj* hospitalier (ère), accueillant(e).
hospital ['hɒspɪtl] *n* hôpital *m*.
hospitality [,hɒspɪ'tælətɪ] *n* hospitalité *f*.
host [həʊst] ◇ *n* 1. *(gen)* hôte *m*. 2. *(compere)* animateur *m*, -trice *f*. 3. *(large number)*: **a ~ of** une foule de. ◇ *vt* présenter, animer.
hostage ['hɒstɪdʒ] *n* otage *m*.
hostel ['hɒstl] *n* 1. *(basic accommodation)* foyer *m*. 2. *(youth hostel)* auberge *f* de jeunesse.
hostess ['həʊstes] *n* hôtesse *f*.
hostile [*Br* 'hɒstaɪl, *Am* 'hɒstl] *adj*: ~ **(to)** hostile (à).
hostility [hɒ'stɪlətɪ] *n (antagonism, unfriendliness)* hostilité *f*. ◆ **hostilities** *npl* hostilités *fpl*.
hot [hɒt] *adj* 1. *(gen)* chaud(e); **I'm ~** j'ai chaud; **it's ~** il fait chaud. 2. *(spicy)* épicé(e). 3. *inf (expert)* fort(e), calé(e); **to be ~ on** OR **at sthg** être fort OR calé en qqch. 4. *(recent)* de dernière heure OR minute. 5. *(temper)* colérique.
hot-air balloon *n* montgolfière *f*.
hotbed ['hɒtbed] *n* foyer *m*.
hot-cross bun *n petit pain sucré que l'on mange le vendredi saint.*
hot dog *n* hot dog *m*.
hotel [həʊ'tel] *n* hôtel *m*.
hot flush *Br*, **hot flash** *Am n* bouffée *f* de chaleur.
hotheaded [,hɒt'hedɪd] *adj* impulsif (ive).
hothouse ['hɒthaʊs, *pl* -haʊzɪz] *n (greenhouse)* serre *f*.
hot line *n* 1. *(between government heads)* téléphone *m* rouge. 2. *(special line) ligne ouverte 24 heures sur 24.*
hotly ['hɒtlɪ] *adv* 1. *(passionately)* avec véhémence. 2. *(closely)* de près.
hotplate ['hɒtpleɪt] *n* plaque *f* chauffante.
hot-tempered [-'tempəd] *adj* colérique.
hot-water bottle *n* bouillotte *f*.
hound [haʊnd] ◇ *n (dog)* chien *m*. ◇ *vt* 1. *(persecute)* poursuivre, pourchasser. 2. *(drive)*: **to ~ sb out (of)** chasser qqn (de).
hour ['aʊə^r] *n* heure *f*; **half an ~** une demi-heure; **70 miles per** OR **an ~** 110 km à l'heure; **on the ~** à l'heure juste. ◆ **hours** *npl (of business)* heures *fpl* d'ouverture.
hourly ['aʊəlɪ] ◇ *adj* 1. *(happening every hour)* toutes les heures. 2. *(per hour)* à l'heure. ◇ *adv* 1. *(every hour)* toutes les heures. 2. *(per hour)* à l'heure.
house [*n & adj* haʊs, *pl* 'haʊzɪz, *vb* haʊz] ◇ *n* 1. *(gen)* maison *f*; **on the ~** aux frais de la maison. 2. (POL) chambre *f*. 3. *(in debates)* assistance *f*. 4. (THEATRE) *(audience)* auditoire *m*, salle *f*; **to bring the ~ down** *inf* faire crouler la salle sous les applaudissements. ◇ *vt (accommodate)* loger, héberger; *(department, store)* abriter. ◇ *adj* 1. *(within business)* d'entreprise; *(style)* de la maison. 2. *(wine)* maison (*inv*).
house arrest *n*: **under ~** en résidence surveillée.
houseboat ['haʊsbəʊt] *n* péniche *f* aménagée.
housebreaking ['haʊs,breɪkɪŋ] *n (U)* cambriolage *m*.

housecoat ['hauskəut] *n* peignoir *m*.
household ['haushəuld] ◇ *adj* 1. *(domestic)* ménager(ère). 2. *(word, name)* connu(e) de tous. ◇ *n* maison *f*, ménage *m*.
housekeeper ['haus,kiːpər] *n* gouvernante *f*.
housekeeping ['haus,kiːpɪŋ] *n (U)* 1. *(work)* ménage *m*. 2. ~ **(money)** argent *m* du ménage.
house music *n* house music *f*.
House of Commons *n Br*: **the** ~ la Chambre des communes.
House of Lords *n Br*: **the** ~ la Chambre des lords.
House of Representatives *n Am*: **the** ~ la Chambre des représentants.
houseplant ['hausplɑːnt] *n* plante *f* d'appartement.
Houses of Parliament *npl*: **the** ~ le Parlement britannique *(où se réunissent la Chambre des communes et la Chambre des lords)*.

THE HOUSES OF PARLIAMENT

Le palais de Westminster, à Londres, abrite le Parlement britannique, qui comprend la Chambre des communes et la Chambre des lords. Il est situé sur le bord de la Tamise. Les bâtiments actuels furent construits au milieu du XIXe siècle pour remplacer l'ancien palais, endommagé par un incendie en 1834.

housewarming (party) ['haus,wɔːmɪŋ-] *n* pendaison *f* de crémaillère.
housewife ['hauswaɪf] (*pl* **-wives** [-waɪvz]) *n* femme *f* au foyer.
housework ['hauswɜːk] *n (U)* ménage *m*.
housing ['hauzɪŋ] *n (U) (accommodation)* logement *m*.
housing association *n Br* association *f* d'aide au logement.
housing benefit *n (U) Br* allocation *f* logement.
housing estate *Br*, **housing project** *Am n* cité *f*.
hovel ['hɒvl] *n* masure *f*, taudis *m*.
hover ['hɒvər] *vi (fly)* planer.
hovercraft ['hɒvəkrɑːft] (*pl inv* OR **-s**) *n* aéroglisseur *m*, hovercraft *m*.

how [hau] *adv* 1. *(gen)* comment; ~ **do you do it?** comment fait-on?; ~ **are you?** comment allez-vous?; ~ **do you do?** enchanté(e) (de faire votre connaissance). 2. *(referring to degree, amount)*: ~ **high is it?** combien cela fait-il de haut?, quelle en est la hauteur?; ~ **long have you been waiting?** cela fait combien de temps que vous attendez?; ~ **many people came?** combien de personnes sont venues?; ~ **old are you?** quel âge as-tu? 3. *(in exclamations)*: ~ **nice!** que c'est bien!; ~ **awful!** quelle horreur! ◆ **how about** *adv*: ~ **about a drink?** si on prenait un verre?; ~ **about you?** et toi? ◆ **how many** ◇ *pron* combien; ~ **many do you need?** combien vous en faut-il? ◇ *adj* combien de; ~ **many people came?** combien de personnes sont venues? ◆ **how much** ◇ *pron* combien; ~ **much does it cost?** combien ça coûte? ◇ *adj* combien de; ~ **much bread?** combien de pain?
however [hau'evər] ◇ *adv* 1. *(nevertheless)* cependant, toutefois. 2. *(no matter how)* quelque ... que (+ *subjunctive*), si ... que (+ *subjunctive*); ~ **many/much** peu importe la quantité de. 3. *(how)* comment. ◇ *conj (in whatever way)* de quelque manière que (+ *subjunctive*).
howl [haul] ◇ *n* hurlement *m*; *(of laughter)* éclat *m*. ◇ *vi* hurler; *(with laughter)* rire aux éclats.
hp (*abbr of* **horsepower**) *n* CV *m*.
HP *n* 1. *Br* (*abbr of* **hire purchase**): **to buy sthg on** ~ acheter qqch à crédit. 2. = **hp**.
HQ (*abbr of* **headquarters**) *n* QG *m*.
hr (*abbr of* **hour**) h.
hub [hʌb] *n* 1. *(of wheel)* moyeu *m*. 2. *(of activity)* centre *m*.
hubbub ['hʌbʌb] *n* vacarme *m*, brouhaha *m*.
hubcap ['hʌbkæp] *n* enjoliveur *m*.
huddle ['hʌdl] ◇ *vi* se blottir. ◇ *n* petit groupe *m*.
hue [hjuː] *n (colour)* teinte *f*, nuance *f*.
huff [hʌf] *n*: **in a** ~ froissé(e).
hug [hʌg] ◇ *n* étreinte *f*; **to give sb a** ~ serrer qqn dans ses bras. ◇ *vt* 1. *(embrace)* étreindre, serrer dans ses bras. 2. *(hold)* tenir. 3. *(stay close to)* serrer.
huge [hjuːdʒ] *adj* énorme; *(subject)* vaste; *(success)* fou (folle).
hulk [hʌlk] *n* 1. *(of ship)* carcasse *f*. 2. *(person)* malabar *m*, mastodonte *m*.
hull [hʌl] *n* coque *f*.
hullo [hə'ləu] *excl* = **hello**.
hum [hʌm] ◇ *vi* 1. *(buzz)* bourdonner; *(machine)* vrombir, ronfler. 2. *(sing)* fredonner, chantonner. 3. *(be busy)* être en pleine activité. ◇ *vt* fredonner, chantonner.
human ['hjuːmən] ◇ *adj* humain(e). ◇ *n*: ~ **(being)** être *m* humain.
humane [hjuː'meɪn] *adj* humain(e).

humanitarian [hjuːˌmænɪ'teərɪən] *adj* humanitaire.

humanity [hjuː'mænətɪ] *n* humanité *f*. ◆ **humanities** *npl*: **the humanities** les humanités *fpl*, les sciences *fpl* humaines.

human race *n*: **the ~** la race humaine.

human rights *npl* droits *mpl* de l'homme.

humble ['hʌmbl] ◇ *adj* humble; *(origins, employee)* modeste. ◇ *vt* humilier.

humbug ['hʌmbʌg] *n* **1.** *dated (hypocrisy)* hypocrisie *f*. **2.** *Br (sweet) type de bonbon dur.*

humdrum ['hʌmdrʌm] *adj* monotone.

humid ['hjuːmɪd] *adj* humide.

humidity [hjuː'mɪdətɪ] *n* humidité *f*.

humiliate [hjuː'mɪlɪeɪt] *vt* humilier.

humiliation [hjuːˌmɪlɪ'eɪʃn] *n* humiliation *f*.

humility [hjuː'mɪlətɪ] *n* humilité *f*.

humor *Am* = **humour**.

humorous ['hjuːmərəs] *adj* humoristique; *(person)* plein(e) d'humour.

humour *Br*, **humor** *Am* ['hjuːməʳ] ◇ *n* **1.** *(sense of fun)* humour *m*. **2.** *(of situation, remark)* côté *m* comique. **3.** *dated (mood)* humeur *f*. ◇ *vt* se montrer conciliant(e) envers.

hump [hʌmp] *n* bosse *f*.

hunch [hʌntʃ] *n inf* pressentiment *m*, intuition *f*.

hunchback ['hʌntʃbæk] *n* bossu *m*, -e *f*.

hunched [hʌntʃt] *adj* voûté(e).

hundred ['hʌndrəd] *num* cent; **a** OR **one ~** cent; *see also* **six**. ◆ **hundreds** *npl* des centaines.

hundredth ['hʌndrətθ] *num* centième; *see also* **sixth**.

hundredweight ['hʌndrədweɪt] *n (in UK)* poids *m* de 112 livres, = *50,8 kg*; *(in US)* poids *m* de 100 livres, = *45,3 kg*.

hung [hʌŋ] *pt & pp* → **hang**.

Hungarian [hʌŋ'geərɪən] ◇ *adj* hongrois(e). ◇ *n* **1.** *(person)* Hongrois *m*, -e *f*. **2.** *(language)* hongrois *m*.

Hungary ['hʌŋgərɪ] *n* Hongrie *f*.

hunger ['hʌŋgəʳ] *n* **1.** *(gen)* faim *f*. **2.** *(strong desire)* soif *f*. ◆ **hunger after, hunger for** *vt fus* avoir faim de, avoir soif de.

hunger strike *n* grève *f* de la faim.

hung over *adj inf*: **to be ~** avoir la gueule de bois.

hungry ['hʌŋgrɪ] *adj* **1.** *(for food)*: **to be ~** avoir faim; *(starving)* être affamé(e). **2.** *(eager)*: **to be ~ for** être avide de.

hung up *adj inf*: **to be ~ (on** OR **about)** être obsédé(e) (par).

hunk [hʌŋk] *n* **1.** *(large piece)* gros morceau *m*. **2.** *inf (man)* beau mec *m*.

hunt [hʌnt] ◇ *n* chasse *f*; *(for missing person)* recherches *fpl*. ◇ *vi* **1.** *(chase animals, birds)* chasser. **2.** *Br (chase foxes)* chasser le renard. **3.** *(search)*: **to ~ (for sthg)** chercher partout (qqch). ◇ *vt* **1.** *(animals, birds)* chasser. **2.** *(person)* poursuivre, pourchasser.

hunter ['hʌntəʳ] *n (of animals, birds)* chasseur *m*.

hunting ['hʌntɪŋ] *n* **1.** *(of animals)* chasse *f*. **2.** *Br (of foxes)* chasse *f* au renard.

hurdle ['hɜːdl] ◇ *n* **1.** *(in race)* haie *f*. **2.** *(obstacle)* obstacle *m*. ◇ *vt (jump over)* sauter.

hurl [hɜːl] *vt* **1.** *(throw)* lancer avec violence. **2.** *(shout)* lancer.

hurray [hʊ'reɪ] *excl* hourra!

hurricane ['hʌrɪkən] *n* ouragan *m*.

hurried ['hʌrɪd] *adj (hasty)* précipité(e).

hurriedly ['hʌrɪdlɪ] *adv* précipitamment; *(eat, write)* vite, en toute hâte.

hurry ['hʌrɪ] ◇ *vt (person)* faire se dépêcher; *(process)* hâter; **to ~ to do sthg** se dépêcher OR se presser de faire qqch. ◇ *vi* se dépêcher, se presser. ◇ *n* hâte *f*, précipitation *f*; **to be in a ~** être pressé; **to do sthg in a ~** faire qqch à la hâte. ◆ **hurry up** *vi* se dépêcher.

hurt [hɜːt] (*pt & pp* **hurt**) ◇ *vt* **1.** *(physically, emotionally)* blesser; *(one's leg, arm)* se faire mal à; **to ~ o.s.** se faire mal. **2.** *fig (harm)* faire du mal à. ◇ *vi* **1.** *(gen)* faire mal; **my leg ~s** ma jambe me fait mal. **2.** *fig (do harm)* faire du mal. ◇ *adj* blessé(e); *(voice)* offensé(e).

hurtful ['hɜːtfʊl] *adj* blessant(e).

hurtle ['hɜːtl] *vi* aller à toute allure.

husband ['hʌzbənd] *n* mari *m*.

hush [hʌʃ] ◇ *n* silence *m*. ◇ *excl* silence!, chut!

husk [hʌsk] *n (of seed, grain)* enveloppe *f*.

husky ['hʌskɪ] ◇ *adj (hoarse)* rauque. ◇ *n* chien *m* esquimau.

hustle ['hʌsl] ◇ *vt (hurry)* pousser, bousculer. ◇ *n* agitation *f*.

hut [hʌt] *n* **1.** *(rough house)* hutte *f*. **2.** *(shed)* cabane *f*.

hutch [hʌtʃ] *n* clapier *m*.

hyacinth ['haɪəsɪnθ] *n* jacinthe *f*.

hydrant ['haɪdrənt] *n* bouche *f* d'incendie.

hydraulic [haɪ'drɔːlɪk] *adj* hydraulique.

hydroelectric [ˌhaɪdrəʊɪ'lektrɪk] *adj* hydro-électrique.

hydrofoil ['haɪdrəfɔɪl] *n* hydrofoil *m*.
hydrogen ['haɪdrədʒən] *n* hydrogène *m*.
hyena [haɪ'iːnə] *n* hyène *f*.
hygiene ['haɪdʒiːn] *n* hygiène *f*.
hygienic [haɪ'dʒiːnɪk] *adj* hygiénique.
hymn [hɪm] *n* hymne *m*, cantique *m*.
hype [haɪp] *inf* ◇ *n (U)* battage *m* publicitaire. ◇ *vt* faire un battage publicitaire autour de.
hyperactive [ˌhaɪpər'æktɪv] *adj* hyperactif(ive).
hypermarket ['haɪpəˌmɑːkɪt] *n* hypermarché *m*.
hyphen ['haɪfn] *n* trait *m* d'union.
hypnosis [hɪp'nəʊsɪs] *n* hypnose *f*.
hypnotic [hɪp'nɒtɪk] *adj* hypnotique.
hypnotize, -ise ['hɪpnətaɪz] *vt* hypnotiser.
hypocrisy [hɪ'pɒkrəsɪ] *n* hypocrisie *f*.
hypocrite ['hɪpəkrɪt] *n* hypocrite *mf*.
hypocritical [ˌhɪpə'krɪtɪkl] *adj* hypocrite.
hypothesis [haɪ'pɒθɪsɪs] (*pl* **-theses** [-θɪsiːz]) *n* hypothèse *f*.
hypothetical [ˌhaɪpə'θetɪkl] *adj* hypothétique.
hysteria [hɪs'tɪərɪə] *n* hystérie *f*.
hysterical [hɪs'terɪkl] *adj* **1.** *(gen)* hystérique. **2.** *inf (very funny)* désopilant(e).
hysterics [hɪs'terɪks] *npl* **1.** *(panic, excitement)* crise *f* de nerfs. **2.** *inf (laughter)* fou rire *m*.

I

i (*pl* **i's** OR **is**), **I** (*pl* **I's** OR **Is**) [aɪ] *n (letter)* i *m inv*, I *m inv*.

I [aɪ] *pers pron* **1.** (*unstressed*) je, j' (*before vowel or silent 'h'*); **he and I are leaving for Paris** lui et moi (nous) partons pour Paris. **2.** (*stressed*) moi; **I can't do it** moi je ne peux pas le faire.
ice [aɪs] ◇ *n* **1.** *(frozen water, ice cream)* glace *f*. **2.** *(U) (on road)* verglas *m*. **3.** *(U) (ice cubes)* glaçons *mpl*. ◇ *vt Br* glacer.
◆ **ice over, ice up** *vi (lake, pond)* geler; *(window, windscreen)* givrer; *(road)* se couvrir de verglas.
iceberg ['aɪsbɜːg] *n* iceberg *m*.
iceberg lettuce *n* laitue *f* iceberg.
icebox ['aɪsbɒks] *n* **1.** *Br (in refrigerator)* freezer *m*. **2.** *Am (refrigerator)* réfrigérateur *m*.
ice cream *n* glace *f*.
ice cream van *n Br* camionnette *f* de vendeur de glaces.

ICE CREAM VAN

La petite camionnette du vendeur de glaces est très caractéristique; elle se reconnaît au carillon qui annonce son arrivée dans un quartier.

ice cube *n* glaçon *m*.
ice hockey *n* hockey *m* sur glace.
Iceland ['aɪslənd] *n* Islande *f*.
Icelandic [aɪs'lændɪk] ◇ *adj* islandais (e). ◇ *n (language)* islandais *m*.
ice lolly *n Br* sucette *f* glacée.
ice pick *n* pic *m* à glace.
ice rink *n* patinoire *f*.
ice skate *n* patin *m* à glace. ◆ **ice-skate** *vi* faire du patin (à glace).
ice-skating *n* patinage *m* (sur glace).
icicle ['aɪsɪkl] *n* glaçon *m* (naturel).
icing ['aɪsɪŋ] *n (U)* glaçage *m*, glace *f*.
icing sugar *n Br* sucre *m* glace.
icon ['aɪkɒn] *n (gen & COMPUT)* icône *f*.
icy ['aɪsɪ] *adj* **1.** *(weather, manner)* glacial (e). **2.** *(covered in ice)* verglacé(e).
I'd [aɪd] = **I would, I had**.
ID *n (U)* (*abbr of* **identification**) papiers *mpl*.
idea [aɪ'dɪə] *n* idée *f*; *(intention)* intention *f*; **to have an ~ (that) ...** avoir idée que ...; **to have no ~** n'avoir aucune idée; **to get the ~** *inf* piger.
ideal [aɪ'dɪəl] ◇ *adj* idéal(e). ◇ *n* idéal *m*.
ideally [aɪ'dɪəlɪ] *adv* idéalement; *(suited)* parfaitement.
identical [aɪ'dentɪkl] *adj* identique.
identification [aɪˌdentɪfɪ'keɪʃn] *n (U)* **1.** *(gen)*: **~ (with)** identification *f* (à). **2.** *(documentation)* pièce *f* d'identité.
identify [aɪ'dentɪfaɪ] ◇ *vt* **1.** *(recognize)* identifier. **2.** *(subj: document, card)* permettre de reconnaître. **3.** *(associate)*: **to ~ sb with sthg** associer qqn à qqch. ◇ *vi (empathize)*: **to ~ with** s'identifier à.
Identikit picture® [aɪ'dentɪkɪt-] *n* portrait-robot *m*.
identity [aɪ'dentətɪ] *n* identité *f*.
identity card *n* carte *f* d'identité.
identity parade *n séance d'identification d'un suspect dans un échantillon de plusieurs personnes.*
ideology [ˌaɪdɪ'ɒlədʒɪ] *n* idéologie *f*.

idiom ['ɪdɪəm] *n* 1. *(phrase)* expression *f* idiomatique. 2. *fml (style)* langue *f*.
idiomatic [ˌɪdɪə'mætɪk] *adj* idiomatique.
idiosyncrasy [ˌɪdɪə'sɪŋkrəsɪ] *n* particularité *f*, caractéristique *f*.
idiot ['ɪdɪət] *n* idiot *m*, -e *f*, imbécile *mf*.
idiotic [ˌɪdɪ'ɒtɪk] *adj* idiot(e).
idle ['aɪdl] ◇ *adj* 1. *(lazy)* oisif(ive), désœuvré(e). 2. *(not working - machine, factory)* arrêté(e); *(- worker)* qui chôme, en chômage. 3. *(threat)* vain(e). 4. *(curiosity)* simple, pur(e). ◇ *vi* tourner au ralenti. ◆ **idle away** *vt sep (time)* perdre à ne rien faire.
idol ['aɪdl] *n* idole *f*.
idolize, -ise ['aɪdəlaɪz] *vt* idolâtrer, adorer.
idyllic [ɪ'dɪlɪk] *adj* idyllique.
i.e. (*abbr of* **id est**) c-à-d.
if [ɪf] *conj* 1. *(gen)* si; ~ **I were you** à ta place, si j'étais toi. 2. *(though)* bien que. 3. *(that)* que. ◆ **if not** *conj* sinon. ◆ **if only** ◇ *conj* 1. *(naming a reason)* ne serait-ce que. 2. *(expressing regret)* si seulement. ◇ *excl* si seulement!
igloo ['ɪgluː] (*pl* **-s**) *n* igloo *m*, iglou *m*.
ignite [ɪg'naɪt] ◇ *vt* mettre le feu à, enflammer; *(firework)* tirer. ◇ *vi* prendre feu, s'enflammer.
ignition [ɪg'nɪʃn] *n* 1. *(act of igniting)* ignition *f*. 2. (AUT) allumage *m*; **to switch on the ~** mettre le contact.
ignition key *n* clef *f* de contact.
ignorance ['ɪgnərəns] *n* ignorance *f*.
ignorant ['ɪgnərənt] *adj* 1. *(uneducated, unaware)* ignorant(e); **to be ~ of sthg** être ignorant de qqch. 2. *(rude)* mal élevé(e).
ignore [ɪg'nɔːʳ] *vt (advice, facts)* ne pas tenir compte de; *(person)* faire semblant de ne pas voir.
ill [ɪl] ◇ *adj* 1. *(unwell)* malade; **to feel ~** se sentir malade OR souffrant; **to be taken ~, to fall ~** tomber malade. 2. *(bad)* mauvais(e); **~ luck** malchance *f*. ◇ *adv* mal; **to speak/think ~ of sb** dire/penser du mal de qqn.
I'll [aɪl] = **I will, I shall**.
ill-advised [-əd'vaɪzd] *adj (remark, action)* peu judicieux(euse); *(person)* malavisé(e).
ill at ease *adj* mal à l'aise.
illegal [ɪ'liːgl] *adj* illégal(e); *(immigrant)* en situation irrégulière.
illegible [ɪ'ledʒəbl] *adj* illisible.
illegitimate [ˌɪlɪ'dʒɪtɪmət] *adj* illégitime.
ill-equipped [-ɪ'kwɪpt] *adj*: **to be ~ to do sthg** être mal placé(e) pour faire qqch.
ill-fated [-'feɪtɪd] *adj* fatal(e), funeste.
ill feeling *n* animosité *f*.
ill health *n* mauvaise santé *f*.
illicit [ɪ'lɪsɪt] *adj* illicite.
illiteracy [ɪ'lɪtərəsɪ] *n* analphabétisme *m*, illettrisme *m*.
illiterate [ɪ'lɪtərət] ◇ *adj* analphabète, illettré(e). ◇ *n* analphabète *mf*, illettré *m*, -e *f*.
illness ['ɪlnɪs] *n* maladie *f*.
illogical [ɪ'lɒdʒɪkl] *adj* illogique.
ill-timed [-'taɪmd] *adj* déplacé(e), mal à propos.
ill-treat *vt* maltraiter.
illuminate [ɪ'luːmɪneɪt] *vt* éclairer.
illumination [ɪˌluːmɪ'neɪʃn] *n (lighting)* éclairage *m*. ◆ **illuminations** *npl Br* illuminations *fpl*.
illusion [ɪ'luːʒn] *n* illusion *f*; **to have no ~s about** ne se faire OR n'avoir aucune illusion sur; **to be under the ~ that** croire OR s'imaginer que, avoir l'illusion que.
illustrate ['ɪləstreɪt] *vt* illustrer.
illustration [ˌɪlə'streɪʃn] *n* illustration *f*.
illustrious [ɪ'lʌstrɪəs] *adj* illustre, célèbre.
ill will *n* animosité *f*.
I'm [aɪm] = **I am**.
image ['ɪmɪdʒ] *n* 1. *(gen)* image *f*. 2. *(of company, politician)* image *f* de marque.
imagery ['ɪmɪdʒrɪ] *n (U)* images *fpl*.
imaginary [ɪ'mædʒɪnrɪ] *adj* imaginaire.
imagination [ɪˌmædʒɪ'neɪʃn] *n* 1. *(ability)* imagination *f*. 2. *(fantasy)* invention *f*.
imaginative [ɪ'mædʒɪnətɪv] *adj* imaginatif(ive); *(solution)* plein(e) d'imagination.
imagine [ɪ'mædʒɪn] *vt* imaginer; **to ~ doing sthg** s'imaginer OR se voir faisant qqch; **~ (that)!** tu t'imagines!
imbalance [ˌɪm'bæləns] *n* déséquilibre *m*.
imbecile ['ɪmbɪsiːl] *n* imbécile *mf*, idiot *m*, -e *f*.
IMF (*abbr of* **International Monetary Fund**) *n* FMI *m*.
imitate ['ɪmɪteɪt] *vt* imiter.
imitation [ˌɪmɪ'teɪʃn] ◇ *n* imitation *f*. ◇ *adj (leather)* imitation (*before n*); *(jewellery)* en toc.
immaculate [ɪ'mækjʊlət] *adj* impeccable.

immaterial [ˌɪməˈtɪərɪəl] *adj (unimportant)* sans importance.
immature [ˌɪməˈtjʊəʳ] *adj* **1.** *(lacking judgment)* qui manque de maturité. **2.** *(not fully grown)* jeune, immature.
immediate [ɪˈmiːdjət] *adj* **1.** *(urgent)* immédiat(e); *(problem, meeting)* urgent(e). **2.** *(very near)* immédiat(e); *(family)* le plus proche.
immediately [ɪˈmiːdjətlɪ] ◇ *adv* **1.** *(at once)* immédiatement. **2.** *(directly)* directement. ◇ *conj* dès que.
immense [ɪˈmens] *adj* immense; *(improvement, change)* énorme.
immerse [ɪˈmɜːs] *vt*: **to ~ sthg in sthg** immerger OR plonger qqch dans qqch; **to ~ o.s. in sthg** *fig* se plonger dans qqch.
immersion heater [ɪˈmɜːʃn-] *n* chauffe-eau *m* électrique.
immigrant [ˈɪmɪgrənt] *n* immigré *m*, -e *f*.
immigration [ˌɪmɪˈgreɪʃn] *n* immigration *f*.
imminent [ˈɪmɪnənt] *adj* imminent(e).
immobilize, -ise [ɪˈməʊbɪlaɪz] *vt* immobiliser.
immobilizer, -iser [ɪˈməʊbɪlaɪzəʳ] *n* (AUT) système *m* antidémarrage.
immoral [ɪˈmɒrəl] *adj* immoral(e).
immortal [ɪˈmɔːtl] ◇ *adj* immortel(elle). ◇ *n* immortel *m*, -elle *f*.
immortalize, -ise [ɪˈmɔːtəlaɪz] *vt* immortaliser.
immovable [ɪˈmuːvəbl] *adj* **1.** *(fixed)* fixe. **2.** *(determined)* inébranlable.
immune [ɪˈmjuːn] *adj* **1.** (MED): **~ (to)** immunisé(e) (contre). **2.** *fig (protected)*: **to be ~ to** OR **from** être à l'abri de.
immunity [ɪˈmjuːnətɪ] *n* **1.** (MED): **~ (to)** immunité *f* (contre). **2.** *fig (protection)*: **~ to** OR **from** immunité *f* contre.
immunize, -ise [ˈɪmjuːnaɪz] *vt*: **to ~ sb (against)** immuniser qqn (contre).
imp [ɪmp] *n* **1.** *(creature)* lutin *m*. **2.** *(naughty child)* petit diable *m*, coquin *m*, -e *f*.
impact [*n* ˈɪmpækt, *vb* ɪmˈpækt] ◇ *n* impact *m*; **to make an ~ on** OR **upon sb** faire une forte impression sur qqn; **to make an ~ on** OR **upon sthg** avoir un impact sur qqch. ◇ *vt* **1.** *(collide with)* entrer en collision avec. **2.** *(influence)* avoir un impact sur.
impair [ɪmˈpeəʳ] *vt* affaiblir, abîmer; *(efficiency)* réduire.
impart [ɪmˈpɑːt] *vt fml* **1.** *(information)*: **to ~ sthg (to sb)** communiquer OR transmettre qqch (à qqn). **2.** *(feeling, quality)*: **to ~ sthg (to)** donner qqch (à).
impartial [ɪmˈpɑːʃl] *adj* impartial(e).
impassable [ɪmˈpɑːsəbl] *adj* impraticable.
impassive [ɪmˈpæsɪv] *adj* impassible.
impatience [ɪmˈpeɪʃns] *n* **1.** *(gen)* impatience *f*. **2.** *(irritability)* irritation *f*.
impatient [ɪmˈpeɪʃnt] *adj* **1.** *(gen)* impatient(e); **to be ~ to do sthg** être impatient de faire qqch; **to be ~ for sthg** attendre qqch avec impatience. **2.** *(irritable)*: **to become** OR **get ~** s'impatienter.
impeccable [ɪmˈpekəbl] *adj* impeccable.
impede [ɪmˈpiːd] *vt* entraver, empêcher; *(person)* gêner.
impediment [ɪmˈpedɪmənt] *n* **1.** *(obstacle)* obstacle *m*. **2.** *(disability)* défaut *m*.
impel [ɪmˈpel] *vt*: **to ~ sb to do sthg** inciter qqn à faire qqch.
impending [ɪmˈpendɪŋ] *adj* imminent(e).
imperative [ɪmˈperətɪv] ◇ *adj (essential)* impératif(ive), essentiel(elle). ◇ *n* impératif *m*.
imperfect [ɪmˈpɜːfɪkt] ◇ *adj* imparfait(e). ◇ *n* (GRAMM): **~ (tense)** imparfait *m*.
imperial [ɪmˈpɪərɪəl] *adj* **1.** *(of empire)* impérial(e). **2.** *(system of measurement)* qui a cours légal dans le Royaume-Uni.

IMPERIAL

Le système anglo-saxon des poids et mesures, qui utilise la livre, le gallon et le yard, est en vigueur aux États-Unis pour tous les usages quotidiens; seuls les milieux scientifiques utilisent le système métrique, basé sur le kilogramme, le litre et le mètre. Les Américains donnent leur poids en livres et calculent les distances en miles.

En Grande-Bretagne, le système anglo-saxon a été récemment remplacé officiellement par le système métrique, mais la plupart des gens continuent de donner leur poids en *stones* et en livres et, sur les cartes routières, les distances sont toujours indiquées en miles et en kilomètres. Il existe en fait deux sous-systèmes à l'intérieur du système anglo-saxon: les onces, les pintes et les gallons britanniques sont supérieurs d'environ 20 % aux mesures américaines.

imperil [ɪmˈperɪl] *vt* mettre en péril OR en danger; *(project)* compromettre.

impersonal [ɪm'pɜːsnl] *adj* impersonnel(elle).
impersonate [ɪm'pɜːsəneɪt] *vt* se faire passer pour.
impersonation [ɪm,pɜːsə'neɪʃn] *n* usurpation *f* d'identité; *(by mimic)* imitation *f*.
impertinent [ɪm'pɜːtɪnənt] *adj* impertinent(e).
impervious [ɪm'pɜːvjəs] *adj* *(not influenced)*: **~ to** indifférent(e) à.
impetuous [ɪm'petʃʊəs] *adj* impétueux(euse).
impetus ['ɪmpɪtəs] *n (U)* **1.** *(momentum)* élan *m*. **2.** *(stimulus)* impulsion *f*.
impinge [ɪm'pɪndʒ] *vi*: **to ~ on sb/sthg** affecter qqn/qqch.
implant [*n* 'ɪmplɑːnt, *vb* ɪm'plɑːnt] ◇ *n* implant *m*. ◇ *vt*: **to ~ sthg in** OR **into sb** implanter qqch dans qqn.
implausible [ɪm'plɔːzəbl] *adj* peu plausible.
implement [*n* 'ɪmplɪmənt, *vb* 'ɪmplɪment] ◇ *n* outil *m*, instrument *m*. ◇ *vt* exécuter, appliquer.
implication [,ɪmplɪ'keɪʃn] *n* implication *f*; **by ~** par voie de conséquence.
implicit [ɪm'plɪsɪt] *adj* **1.** *(inferred)* implicite. **2.** *(belief, faith)* absolu(e).
implore [ɪm'plɔːʳ] *vt*: **to ~ sb (to do sthg)** implorer qqn (de faire qqch).
imply [ɪm'plaɪ] *vt* **1.** *(suggest)* sous-entendre, laisser supposer OR entendre. **2.** *(involve)* impliquer.
impolite [,ɪmpə'laɪt] *adj* impoli(e).
import [*n* 'ɪmpɔːt, *vb* ɪm'pɔːt] ◇ *n (product, action)* importation *f*. ◇ *vt (gen &* COMPUT*)* importer.
importance [ɪm'pɔːtns] *n* importance *f*.
important [ɪm'pɔːtnt] *adj* important(e); **to be ~ to sb** importer à qqn.
importer [ɪm'pɔːtəʳ] *n* importateur *m*, -trice *f*.
impose [ɪm'pəʊz] ◇ *vt (force)*: **to ~ sthg (on)** imposer qqch (à). ◇ *vi (cause trouble)*: **to ~ (on sb)** abuser (de la gentillesse de qqn).
imposing [ɪm'pəʊzɪŋ] *adj* imposant(e).
imposition [,ɪmpə'zɪʃn] *n* **1.** *(of tax, limitations etc)* imposition *f*. **2.** *(cause of trouble)*: **it's an ~** c'est abuser de ma/notre gentillesse.
impossible [ɪm'pɒsəbl] *adj* impossible.
impostor, imposter *Am* [ɪm'pɒstəʳ] *n* imposteur *m*.
impotent ['ɪmpətənt] *adj* impuissant(e).
impound [ɪm'paʊnd] *vt* confisquer.
impoverished [ɪm'pɒvərɪʃt] *adj* appauvri(e).
impractical [ɪm'præktɪkl] *adj* pas pratique.
impregnable [ɪm'pregnəbl] *adj* **1.** *(fortress, defences)* imprenable. **2.** *fig (person)* inattaquable.
impregnate ['ɪmpregneɪt] *vt* **1.** *(introduce substance into)*: **to ~ sthg with** imprégner qqch de. **2.** *fml (fertilize)* féconder.
impress [ɪm'pres] *vt* **1.** *(person)* impressionner. **2.** *(stress)*: **to ~ sthg on sb** faire bien comprendre qqch à qqn.
impression [ɪm'preʃn] *n* **1.** *(gen)* impression *f*; **to be under the ~ (that) ...** avoir l'impression que ...; **to make an ~** faire impression. **2.** *(by mimic)* imitation *f*. **3.** *(of stamp, book)* impression *f*, empreinte *f*.
impressive [ɪm'presɪv] *adj* impressionnant(e).
imprison [ɪm'prɪzn] *vt* emprisonner.
improbable [ɪm'prɒbəbl] *adj (story, excuse)* improbable.
impromptu [ɪm'prɒmptjuː] *adj* impromptu(e).
improper [ɪm'prɒpəʳ] *adj* **1.** *(unsuitable)* impropre. **2.** *(incorrect, illegal)* incorrect(e). **3.** *(rude)* indécent(e).
improve [ɪm'pruːv] ◇ *vi* s'améliorer; *(patient)* aller mieux; **to ~ on** OR **upon sthg** améliorer qqch. ◇ *vt* améliorer.
improvement [ɪm'pruːvmənt] *n*: **~ (in/on)** amélioration *f* (de/par rapport à).
improvise ['ɪmprəvaɪz] *vt & vi* improviser.
impudent ['ɪmpjʊdənt] *adj* impudent(e).
impulse ['ɪmpʌls] *n* impulsion *f*; **on ~** par impulsion.
impulsive [ɪm'pʌlsɪv] *adj* impulsif(ive).
impunity [ɪm'pjuːnətɪ] *n*: **with ~** avec impunité.
impurity [ɪm'pjʊərətɪ] *n* impureté *f*.

---

in [ɪn] ◇ *prep* **1.** *(indicating place, position)* dans; **~ a box/bag/drawer** dans une boîte/un sac/un tiroir; **~ Paris** à Paris; **~ Belgium** en Belgique; **~ Canada** au Canada; **~ the United States** aux États-Unis; **~ the country** à la campagne; **to be ~ hospital/prison** être à l'hôpital/en prison; **~ here** ici; **~ there** là. **2.** *(wearing)* en; **dressed ~ a suit** vêtu d'un costume. **3.** *(at a particular time, season)*: **~ 1994** en 1994; **~ April** en avril; **~ (the) spring** au printemps; **~ (the) winter** en hiver; **at two o'clock ~ the afternoon** à deux heures de l'après-midi. 4. *(period of time - within)* en; *(- after)* dans; **he learned to type ~ two weeks** il a appris à taper à la machine en deux semaines; **I'll be ready ~ five minutes** je serai prêt dans 5 minutes. 5. *(during)*: **it's my first decent meal ~ weeks** c'est mon premier repas correct depuis des semaines. 6. *(indicating situation, circumstances)*: **~ the sun** au soleil; **~ the rain** sous la pluie; **to live/die ~ poverty** vivre/mourir dans la misère; **~ danger/difficulty** en danger/difficulté. 7. *(indicating manner, condition)*: **~ a loud/soft voice** d'une voix forte/douce; **to write ~ pencil/ink** écrire au crayon/à l'encre; **to speak ~ English/French** parler (en) anglais/français. 8. *(indicating emotional state)*: **~ anger** sous le coup de la colère; **~ joy/delight** avec joie/plaisir. 9. *(specifying area of activity)* dans; **he's ~ computers** il est dans l'informatique. 10. *(referring to quantity, numbers, age)*: **~ large/small quantities** en grande/petite quantité; **~ (their) thousands** par milliers; **she's ~ her sixties** elle a la soixantaine. 11. *(describing arrangement)*: **~ twos** par deux; **~ a line/row/circle** en ligne/rang/cercle. 12. *(as regards)*: **to be three metres ~ length/width** faire trois mètres de long/large; **a change ~ direction** un changement de direction. 13. *(in ratios)*: **5 pence ~ the pound** 5 pence par livre sterling; **one ~ ten** un sur dix. 14. (*after superl*) de; **the longest river ~ the world** le fleuve le plus long du monde. 15. (+ *present participle*): **~ doing sthg** en faisant qqch. ◇ *adv* 1. *(inside)* dedans, à l'intérieur. 2. *(at home, work)* là; **I'm staying ~ tonight** je reste à la maison OR chez moi ce soir; **is Judith ~?** est-ce que Judith est là? 3. *(of train, boat, plane)*: **to be ~** être arrivé(e). 4. *(of tide)*: **the tide's ~** c'est la marée haute. 5. *phr*: **we're ~ for some bad weather** nous allons avoir du mauvais temps; **you're ~ for a shock** tu vas avoir un choc. ◇ *adj inf* à la mode. ◆ **ins** *npl*: **the ~s and outs** les tenants et les aboutissants *mpl*.

• Voir AT.

in. *abbr of* **inch**.

inability [ˌɪnəˈbɪlətɪ] *n*: **~ (to do sthg)** incapacité *f* (à faire qqch).

inaccessible [ˌɪnəkˈsesəbl] *adj* inaccessible.

inaccurate [ɪnˈækjʊrət] *adj* inexact(e).

inadequate [ɪnˈædɪkwət] *adj* insuffisant(e).

inadvertently [ˌɪnədˈvɜːtəntlɪ] *adv* par inadvertance.

inadvisable [ˌɪnədˈvaɪzəbl] *adj* déconseillé(e).

inane [ɪˈneɪn] *adj* inepte; *(person)* stupide.

inanimate [ɪnˈænɪmət] *adj* inanimé(e).

inappropriate [ɪnəˈprəʊprɪət] *adj* inopportun(e); *(expression, word)* impropre; *(clothing)* peu approprié(e).

inarticulate [ˌɪnɑːˈtɪkjʊlət] *adj* inarticulé(e), indistinct(e); *(person)* qui s'exprime avec difficulté; *(explanation)* mal exprimé(e).

inasmuch [ˌɪnəzˈmʌtʃ] ◆ **inasmuch as** *conj fml* attendu que.

inaudible [ɪˈnɔːdɪbl] *adj* inaudible.

inaugural [ɪˈnɔːgjʊrəl] *adj* inaugural(e).

inauguration [ɪˌnɔːgjʊˈreɪʃn] *n (of leader, president)* investiture *f*; *(of building, system)* inauguration *f*.

in-between *adj* intermédiaire.

inborn [ˌɪnˈbɔːn] *adj* inné(e).

inbound [ˈɪnbaʊnd] *adj Am* qui arrive.

inbred [ˌɪnˈbred] *adj* 1. *(closely related)* consanguin(e); *(animal)* croisé(e). 2. *(inborn)* inné(e).

inbuilt [ˌɪnˈbɪlt] *adj (inborn)* inné(e).

inc. (*abbr of* **inclusive**): **12-15 April ~** du 12 au 15 avril inclus.

Inc. [ɪŋk] (*abbr of* **incorporated**) = SARL.

incapable [ɪnˈkeɪpəbl] *adj* incapable; **to be ~ of sthg/of doing sthg** être incapable de qqch/de faire qqch.

incapacitated [ˌɪnkəˈpæsɪteɪtɪd] *adj* inapte physiquement; **~ for work** mis(e) dans l'incapacité de travailler.

incendiary device [ɪnˈsendjərɪ-] *n* dispositif *m* incendiaire.

incense [*n* ˈɪnsens, *vb* ɪnˈsens] ◇ *n* encens *m*. ◇ *vt (anger)* mettre en colère.

incentive [ɪnˈsentɪv] *n* 1. *(encouragement)* motivation *f*. 2. (COMM) récompense *f*, prime *f*.

incentive scheme *n* programme *m* d'encouragement.

inception [ɪnˈsepʃn] *n fml* commencement *m*.

incessant [ɪnˈsesnt] *adj* incessant(e).

incessantly [ɪnˈsesntlɪ] *adv* sans cesse.

incest [ˈɪnsest] *n* inceste *m*.

inch [ɪntʃ] ◇ *n* = *2,5 cm*, = pouce *m*. ◇ *vi*: **to ~ forward** avancer petit à petit.

incidence [ˈɪnsɪdəns] *n (of disease, theft)* fréquence *f*.

incident [ˈɪnsɪdənt] *n* incident *m*.

incidental [ˌɪnsɪˈdentl] *adj* accessoire.

incidentally [ˌɪnsɪ'dentəlɪ] *adv* à propos.
incinerate [ɪn'sɪnəreɪt] *vt* incinérer.
incisive [ɪn'saɪsɪv] *adj* incisif(ive).
incite [ɪn'saɪt] *vt* inciter; **to ~ sb to do sthg** inciter qqn à faire qqch.
inclination [ˌɪnklɪ'neɪʃn] *n* **1.** *(U) (liking, preference)* inclination *f*, goût *m*. **2.** *(tendency)*: **~ to do sthg** inclination *f* à faire qqch.
incline [*n* 'ɪnklaɪn, *vb* ɪn'klaɪn] ◇ *n* inclinaison *f*. ◇ *vt (head)* incliner.
inclined [ɪn'klaɪnd] *adj* **1.** *(tending)*: **to be ~ to sthg/to do sthg** avoir tendance à qqch/à faire qqch. **2.** *(wanting)*: **to be ~ to do sthg** être enclin(e) à faire qqch. **3.** *(sloping)* incliné(e).
include [ɪn'klu:d] *vt* inclure.
included [ɪn'klu:dɪd] *adj* inclus(e).
including [ɪn'klu:dɪŋ] *prep* y compris.
inclusive [ɪn'klu:sɪv] *adj* inclus(e); *(including all costs)* tout compris; **~ of VAT** TVA incluse OR comprise.
incoherent [ˌɪnkəʊ'hɪərənt] *adj* incohérent(e).
income ['ɪŋkʌm] *n* revenu *m*.
income support *n Br allocations supplémentaires accordées aux personnes ayant un faible revenu.*
income tax *n* impôt *m* sur le revenu.
incompatible [ˌɪnkəm'pætɪbl] *adj*: **~ (with)** incompatible (avec).
incompetent [ɪn'kɒmpɪtənt] *adj* incompétent(e).
incomplete [ˌɪnkəm'pli:t] *adj* incomplet(ète).
incomprehensible [ɪnˌkɒmprɪ'hensəbl] *adj* incompréhensible.
inconceivable [ˌɪnkən'si:vəbl] *adj* inconcevable.
inconclusive [ˌɪnkən'klu:sɪv] *adj* peu concluant(e).
incongruous [ɪn'kɒŋgrʊəs] *adj* incongru(e).
inconsequential [ˌɪnkɒnsɪ'kwenʃl] *adj* sans importance.
inconsiderable [ˌɪnkən'sɪdərəbl] *adj*: **not ~** non négligeable.
inconsiderate [ˌɪnkən'sɪdərət] *adj* inconsidéré(e); *(person)* qui manque de considération.
inconsistency [ˌɪnkən'sɪstənsɪ] *n* inconsistance *f*.
inconsistent [ˌɪnkən'sɪstənt] *adj* **1.** *(not agreeing, contradictory)* contradictoire; *(person)* inconséquent(e); **~ with sthg** en contradiction avec qqch. **2.** *(erratic)* inconsistant(e).
inconspicuous [ˌɪnkən'spɪkjʊəs] *adj* qui passe inaperçu(e).
inconvenience [ˌɪnkən'vi:njəns] ◇ *n* désagrément *m*. ◇ *vt* déranger.
inconvenient [ˌɪnkən'vi:njənt] *adj* inopportun(e).
incorporate [ɪn'kɔ:pəreɪt] *vt* **1.** *(integrate)*: **to ~ sb/sthg (into)** incorporer qqn/qqch (dans). **2.** *(comprise)* contenir, comprendre.
incorporated [ɪn'kɔ:pəreɪtɪd] *adj* (COMM) constitué(e) en société commerciale.
incorrect [ˌɪnkə'rekt] *adj* incorrect(e).
incorrigible [ɪn'kɒrɪdʒəbl] *adj* incorrigible.
increase [*n* 'ɪnkri:s, *vb* ɪn'kri:s] ◇ *n*: **~ (in)** augmentation *f* (de); **to be on the ~** aller en augmentant. ◇ *vt & vi* augmenter.
increasing [ɪn'kri:sɪŋ] *adj* croissant(e).
increasingly [ɪn'kri:sɪŋlɪ] *adv* de plus en plus.
incredible [ɪn'kredəbl] *adj* incroyable.
incredulous [ɪn'kredjʊləs] *adj* incrédule.
increment ['ɪnkrɪmənt] *n* augmentation *f*.
incriminating [ɪn'krɪmɪneɪtɪŋ] *adj* compromettant(e).
incubator ['ɪnkjʊbeɪtə^r] *n (for baby)* incubateur *m*, couveuse *f*.
incumbent [ɪn'kʌmbənt] *fml* ◇ *adj*: **to be ~ on** OR **upon sb to do sthg** incomber à qqn de faire qqch. ◇ *n (of post)* titulaire *m*.
incur [ɪn'kɜ:^r] *vt* encourir.
indebted [ɪn'detɪd] *adj (grateful)*: **~ to sb** redevable à qqn.
indecent [ɪn'di:snt] *adj* **1.** *(improper)* indécent(e). **2.** *(unreasonable)* malséant (e).
indecent assault *n* attentat *m* à la pudeur.
indecent exposure *n* outrage *m* public à la pudeur.
indecisive [ˌɪndɪ'saɪsɪv] *adj* indécis(e).
indeed [ɪn'di:d] *adv* **1.** *(certainly, to express surprise)* vraiment; **~ I am, yes ~** certainement. **2.** *(in fact)* en effet. **3.** *(for emphasis)*: **very big/bad ~** extrêmement grand/mauvais, vraiment grand/mauvais.
indefinite [ɪn'defɪnɪt] *adj* **1.** *(not fixed)* indéfini(e). **2.** *(imprecise)* vague.
indefinitely [ɪn'defɪnətlɪ] *adv* **1.** *(for unfixed period)* indéfiniment. **2.** *(imprecisely)* vaguement.

indemnity [ɪnˈdemnətɪ] *n* indemnité *f*.
indent [ɪnˈdent] *vt* **1.** *(dent)* entailler. **2.** *(text)* mettre en retrait.
independence [ˌɪndɪˈpendəns] *n* indépendance *f*.
Independence Day *n fête de l'indépendance américaine, le 4 juillet.*
independent [ˌɪndɪˈpendənt] *adj*: ~ **(of)** indépendant(e) (de).
independent school *n Br* école *f* privée.
in-depth *adj* approfondi(e).
indescribable [ˌɪndɪˈskraɪbəbl] *adj* indescriptible.
indestructible [ˌɪndɪˈstrʌktəbl] *adj* indestructible.
index [ˈɪndeks] (*pl senses 1 and 2* **-es**, *sense 3* **-es** OR **indices**) *n* **1.** *(of book)* index *m*. **2.** *(in library)* répertoire *m*, fichier *m*. **3.** (ECON) indice *m*.
index card *n* fiche *f*.
index finger *n* index *m*.
index-linked [-ˌlɪŋkt] *adj* indexé(e).
India [ˈɪndjə] *n* Inde *f*.
Indian [ˈɪndjən] ◇ *adj* indien(enne). ◇ *n* Indien *m*, -enne *f*.
Indian Ocean *n*: **the** ~ l'océan *m* Indien.
indicate [ˈɪndɪkeɪt] ◇ *vt* indiquer. ◇ *vi* (AUT) mettre son clignotant.
indication [ˌɪndɪˈkeɪʃn] *n* **1.** *(suggestion)* indication *f*. **2.** *(sign)* signe *m*.
indicative [ɪnˈdɪkətɪv] ◇ *adj*: ~ **of** indicatif(ive) de. ◇ *n* (GRAMM) indicatif *m*.
indicator [ˈɪndɪkeɪtəʳ] *n* **1.** *(sign)* indicateur *m*. **2.** (AUT) clignotant *m*.
indices [ˈɪndɪsiːz] *pl* → **index**.
indict [ɪnˈdaɪt] *vt*: **to ~ sb (for)** accuser qqn (de).
indictment [ɪnˈdaɪtmənt] *n* **1.** (JUR) acte *m* d'accusation. **2.** *(criticism)* mise *f* en accusation.
indifference [ɪnˈdɪfrəns] *n* indifférence *f*.
indifferent [ɪnˈdɪfrənt] *adj* **1.** *(uninterested)*: ~ **(to)** indifférent(e) (à). **2.** *(mediocre)* médiocre.
indigenous [ɪnˈdɪdʒɪnəs] *adj* indigène.
indigestion [ˌɪndɪˈdʒestʃn] *n (U)* indigestion *f*.
indignant [ɪnˈdɪgnənt] *adj*: ~ **(at)** indigné(e) (de).
indignity [ɪnˈdɪgnətɪ] *n* indignité *f*.
indigo [ˈɪndɪgəʊ] ◇ *adj* indigo (*inv*). ◇ *n* indigo *m*.
indirect [ˌɪndɪˈrekt] *adj* indirect(e).
indiscreet [ˌɪndɪˈskriːt] *adj* indiscret (ète).
indiscriminate [ˌɪndɪˈskrɪmɪnət] *adj* *(person)* qui manque de discernement; *(treatment)* sans distinction; *(killing)* commis au hasard.
indispensable [ˌɪndɪˈspensəbl] *adj* indispensable.
indisputable [ˌɪndɪˈspjuːtəbl] *adj* indiscutable.
individual [ˌɪndɪˈvɪdʒʊəl] ◇ *adj* **1.** *(separate, for one person)* individuel(elle). **2.** *(distinctive)* personnel(elle). ◇ *n* individu *m*.
individually [ˌɪndɪˈvɪdʒʊəlɪ] *adv* individuellement.
indoctrination [ɪnˌdɒktrɪˈneɪʃn] *n* endoctrinement *m*.
Indonesia [ˌɪndəˈniːzjə] *n* Indonésie *f*.
indoor [ˈɪndɔːʳ] *adj* d'intérieur; *(swimming pool)* couvert(e); *(sports)* en salle.
indoors [ˌɪnˈdɔːz] *adv* à l'intérieur.
induce [ɪnˈdjuːs] *vt* **1.** *(persuade)*: **to ~ sb to do sthg** inciter OR pousser qqn à faire qqch. **2.** *(bring about)* provoquer.
inducement [ɪnˈdjuːsmənt] *n (incentive)* incitation *f*, encouragement *m*.
induction [ɪnˈdʌkʃn] *n* **1.** *(into official position)*: ~ **(into)** installation *f* (à). **2.** *(introduction to job)* introduction *f*. **3.** (ELEC) induction *f*.
induction course *n* stage *m* d'initiation.
indulge [ɪnˈdʌldʒ] ◇ *vt* **1.** *(whim, passion)* céder à. **2.** *(child, person)* gâter. ◇ *vi*: **to ~ in sthg** se permettre qqch.
indulgence [ɪnˈdʌldʒəns] *n* **1.** *(act of indulging)* indulgence *f*. **2.** *(special treat)* gâterie *f*.
indulgent [ɪnˈdʌldʒənt] *adj* indulgent (e).
industrial [ɪnˈdʌstrɪəl] *adj* industriel (elle).
industrial action *n*: **to take ~** se mettre en grève.
industrial estate *Br*, **industrial park** *Am n* zone *f* industrielle.
industrialist [ɪnˈdʌstrɪəlɪst] *n* industriel *m*.
industrial park *Am* = **industrial estate**.
industrial relations *npl* relations *fpl* patronat-syndicats.
industrial revolution *n* révolution *f* industrielle.
industrious [ɪnˈdʌstrɪəs] *adj* industrieux(euse).
industry [ˈɪndəstrɪ] *n* **1.** *(gen)* industrie *f*. **2.** *(U) (hard work)* assiduité *f*, application *f*.

inebriated [ɪ'ni:brɪeɪtɪd] *adj fml* ivre.
inedible [ɪn'edɪbl] *adj* 1. *(meal, food)* immangeable. 2. *(plant, mushroom)* non comestible.
ineffective [,ɪnɪ'fektɪv] *adj* inefficace.
ineffectual [,ɪnɪ'fektʃʊəl] *adj* inefficace; *(person)* incapable, incompétent(e).
inefficiency [,ɪnɪ'fɪʃnsɪ] *n* inefficacité *f*; *(of person)* incapacité *f*, incompétence *f*.
inefficient [,ɪnɪ'fɪʃnt] *adj* inefficace; *(person)* incapable, incompétent(e).
ineligible [ɪn'elɪdʒəbl] *adj* inéligible; **to be ~ for sthg** ne pas avoir droit à qqch.
inept [ɪ'nept] *adj* inepte; *(person)* stupide.
inequality [,ɪnɪ'kwɒlətɪ] *n* inégalité *f*.
inert [ɪ'nɜ:t] *adj* inerte.
inertia [ɪ'nɜ:ʃə] *n* inertie *f*.
inescapable [,ɪnɪ'skeɪpəbl] *adj* inéluctable.
inevitable [ɪn'evɪtəbl] ◇ *adj* inévitable. ◇ *n*: **the ~** l'inévitable *m*.
inevitably [ɪn'evɪtəblɪ] *adv* inévitablement.
inexcusable [,ɪnɪk'skju:zəbl] *adj* inexcusable, impardonnable.
inexhaustible [,ɪnɪg'zɔ:stəbl] *adj* inépuisable.
inexpensive [,ɪnɪk'spensɪv] *adj* bon marché *(inv)*, pas cher (chère).
inexperienced [,ɪnɪk'spɪərɪənst] *adj* inexpérimenté(e), qui manque d'expérience.
inexplicable [,ɪnɪk'splɪkəbl] *adj* inexplicable.
infallible [ɪn'fæləbl] *adj* infaillible.
infamous ['ɪnfəməs] *adj* infâme.
infancy ['ɪnfənsɪ] *n* petite enfance *f*; **in its ~** *fig* à ses débuts.
infant ['ɪnfənt] *n* 1. *(baby)* nouveau-né *m*, nouveau-née *f*, nourrisson *m*. 2. *(young child)* enfant *mf* en bas âge.
infantry ['ɪnfəntrɪ] *n* infanterie *f*.
infant school *n Br* école *f* maternelle *(de 5 à 7 ans)*.
infatuated [ɪn'fætjʊeɪtɪd] *adj*: **~ (with)** entiché(e) (de).
infatuation [ɪn,fætjʊ'eɪʃn] *n*: **~ (with)** béguin *m* (pour).
infect [ɪn'fekt] *vt* 1. (MED) infecter. 2. *fig (subj: enthusiasm etc)* se propager à.
infection [ɪn'fekʃn] *n* infection *f*.
infectious [ɪn'fekʃəs] *adj* 1. *(disease)* infectieux(euse). 2. *fig (feeling, laugh)* contagieux(euse).
infer [ɪn'fɜ:ʳ] *vt (deduce)*: **to ~ sthg (from)** déduire qqch (de).
inferior [ɪn'fɪərɪəʳ] ◇ *adj* 1. *(in status)* inférieur(e). 2. *(product)* de qualité inférieure; *(work)* médiocre. ◇ *n (in status)* subalterne *mf*.
inferiority [ɪn,fɪərɪ'ɒrətɪ] *n* infériorité *f*.
inferiority complex *n* complexe *m* d'infériorité.
inferno [ɪn'fɜ:nəʊ] (*pl* **-s**) *n* brasier *m*.
infertile [ɪn'fɜ:taɪl] *adj* 1. *(woman)* stérile. 2. *(soil)* infertile.
infested [ɪn'festɪd] *adj*: **~ with** infesté(e) de.
infighting ['ɪn,faɪtɪŋ] *n (U)* querelles *fpl* intestines.
infiltrate ['ɪnfɪltreɪt] *vt* infiltrer.
infinite ['ɪnfɪnət] *adj* infini(e).
infinitive [ɪn'fɪnɪtɪv] *n* infinitif *m*.
infinity [ɪn'fɪnətɪ] *n* infini *m*.
infirm [ɪn'fɜ:m] ◇ *adj* infirme. ◇ *npl*: **the ~** les infirmes *mpl*.
infirmary [ɪn'fɜ:mərɪ] *n (hospital)* hôpital *m*.
infirmity [ɪn'fɜ:mətɪ] *n* infirmité *f*.
inflamed [ɪn'fleɪmd] *adj* (MED) enflammé(e).
inflammable [ɪn'flæməbl] *adj* inflammable.
inflammation [,ɪnflə'meɪʃn] *n* (MED) inflammation *f*.
inflatable [ɪn'fleɪtəbl] *adj* gonflable.
inflate [ɪn'fleɪt] *vt* 1. *(tyre, life jacket etc)* gonfler. 2. (ECON) *(prices, salaries)* hausser, gonfler.
inflation [ɪn'fleɪʃn] *n* (ECON) inflation *f*.
inflationary [ɪn'fleɪʃnrɪ] *adj* (ECON) inflationniste.
inflict [ɪn'flɪkt] *vt*: **to ~ sthg on sb** infliger qqch à qqn.
influence ['ɪnflʊəns] ◇ *n* influence *f*; **under the ~ of** *(person, group)* sous l'influence de; *(alcohol, drugs)* sous l'effet OR l'empire de. ◇ *vt* influencer.
influential [,ɪnflʊ'enʃl] *adj* influent(e).
influenza [,ɪnflʊ'enzə] *n (U)* grippe *f*.
influx ['ɪnflʌks] *n* afflux *m*.
inform [ɪn'fɔ:m] *vt*: **to ~ sb (of)** informer qqn (de); **to ~ sb about** renseigner qqn sur. ◆ **inform on** *vt fus* dénoncer.
informal [ɪn'fɔ:ml] *adj* 1. *(party, person)* simple; *(clothes)* de tous les jours. 2. *(negotiations, visit)* officieux(euse); *(meeting)* informel(elle).
informant [ɪn'fɔ:mənt] *n* informateur *m*, -trice *f*.
information [,ɪnfə'meɪʃn] *n (U)*: **~ (on** OR **about)** renseignements *mpl* OR informations *fpl* (sur); **a piece of ~** un renseignement; **for your ~** *fml* à titre d'information.

information desk *n* bureau *m* de renseignements.
information technology *n* informatique *f*.
informative [ɪnˈfɔːmətɪv] *adj* informatif(ive).
informer [ɪnˈfɔːməʳ] *n* indicateur *m*, -trice *f*.
infrared [ˌɪnfrəˈred] *adj* infrarouge.
infrastructure [ˈɪnfrəˌstrʌktʃəʳ] *n* infrastructure *f*.
infringe [ɪnˈfrɪndʒ] ◇ *vt* **1.** *(right)* empiéter sur. **2.** *(law, agreement)* enfreindre. ◇ *vi* **1.** *(on right)*: **to ~ on** empiéter sur. **2.** *(on law, agreement)*: **to ~ on** enfreindre.
infringement [ɪnˈfrɪndʒmənt] *n* **1.** *(of right)*: **~ (of)** atteinte *f* (à). **2.** *(of law, agreement)* transgression *f*.
infuriating [ɪnˈfjʊərɪeɪtɪŋ] *adj* exaspérant(e).
ingenious [ɪnˈdʒiːnjəs] *adj* ingénieux (euse).
ingenuity [ˌɪndʒɪˈnjuːətɪ] *n* ingéniosité *f*.
ingenuous [ɪnˈdʒenjʊəs] *adj* ingénu(e), naïf (naïve).
ingrained [ˌɪnˈgreɪnd] *adj* **1.** *(dirt)* incrusté(e). **2.** *fig (belief, hatred)* enraciné (e).
ingratiating [ɪnˈgreɪʃɪeɪtɪŋ] *adj* doucereux(euse), mielleux(euse).
ingredient [ɪnˈgriːdjənt] *n* ingrédient *m*; *fig* élément *m*.
inhabit [ɪnˈhæbɪt] *vt* habiter.
inhabitant [ɪnˈhæbɪtənt] *n* habitant *m*, -e *f*.
inhale [ɪnˈheɪl] ◇ *vt* inhaler, respirer. ◇ *vi (breathe in)* respirer.
inhaler [ɪnˈheɪləʳ] *n* (MED) inhalateur *m*.
inherent [ɪnˈhɪərənt, ɪnˈherənt] *adj*: **~ (in)** inhérent(e) (à).
inherently [ɪnˈhɪərəntlɪ, ɪnˈherəntlɪ] *adv* fondamentalement, en soi.
inherit [ɪnˈherɪt] ◇ *vt*: **to ~ sthg (from sb)** hériter qqch (de qqn). ◇ *vi* hériter.
inheritance [ɪnˈherɪtəns] *n* héritage *m*.
inhibit [ɪnˈhɪbɪt] *vt* **1.** *(prevent)* empêcher. **2.** (PSYCH) inhiber.
inhibition [ˌɪnhɪˈbɪʃn] *n* inhibition *f*.
inhospitable [ˌɪnhɒˈspɪtəbl] *adj* inhospitalier(ère).
in-house ◇ *adj* interne; *(staff)* de la maison. ◇ *adv (produce, work)* sur place.
inhuman [ɪnˈhjuːmən] *adj* inhumain(e).
initial [ɪˈnɪʃl] ◇ *adj* initial(e), premier (ère); **~ letter** initiale *f*. ◇ *vt* parapher. ◆ **initials** *npl* initiales *fpl*.
initially [ɪˈnɪʃəlɪ] *adv* initialement, au début.
initiate [ɪˈnɪʃɪeɪt] *vt* **1.** *(talks)* engager; *(scheme)* ébaucher, inaugurer. **2.** *(teach)*: **to ~ sb into sthg** initier qqn à qqch.
initiative [ɪˈnɪʃətɪv] *n* **1.** *(gen)* initiative *f*. **2.** *(advantage)*: **to have the ~** avoir l'avantage *m*.
inject [ɪnˈdʒekt] *vt* **1.** (MED): **to ~ sb with sthg, to ~ sthg into sb** injecter qqch à qqn. **2.** *fig (excitement)* insuffler; *(money)* injecter.
injection [ɪnˈdʒekʃn] *n lit & fig* injection *f*.
injure [ˈɪndʒəʳ] *vt* **1.** *(limb, person)* blesser; **to ~ one's arm** se blesser au bras. **2.** *fig (reputation, chances)* compromettre.
injured [ˈɪndʒəd] ◇ *adj (limb, person)* blessé(e). ◇ *npl*: **the ~** les blessés *mpl*.
injury [ˈɪndʒərɪ] *n* **1.** *(to limb, person)* blessure *f*; **to do o.s. an ~** se blesser. **2.** *fig (to reputation)* coup *m*, atteinte *f*.
injury time *n (U)* arrêts *mpl* de jeu.
injustice [ɪnˈdʒʌstɪs] *n* injustice *f*; **to do sb an ~** se montrer injuste envers qqn.
ink [ɪŋk] *n* encre *f*.
ink-jet printer *n* (COMPUT) imprimante *f* à jet d'encre.
inkling [ˈɪŋklɪŋ] *n*: **to have an ~ of** avoir une petite idée de.
inland [*adj* ˈɪnlənd, *adv* ɪnˈlænd] ◇ *adj* intérieur(e). ◇ *adv* à l'intérieur.
Inland Revenue *n Br*: **the ~** ≃ le fisc.
in-laws *npl inf (parents-in-law)* beaux-parents *mpl*; *(others)* belle-famille *f*.
inlet [ˈɪnlet] *n* **1.** *(of lake, sea)* avancée *f*. **2.** (TECH) arrivée *f*.
inmate [ˈɪnmeɪt] *n (of prison)* détenu *m*, -e *f*; *(of mental hospital)* interné *m*, -e *f*.
inn [ɪn] *n* auberge *f*.
innate [ɪˈneɪt] *adj* inné(e).
inner [ˈɪnəʳ] *adj* **1.** *(on inside)* interne, intérieur(e). **2.** *(feelings)* intime.
inner city *n*: **the ~** les quartiers *mpl* pauvres.
inner tube *n* chambre *f* à air.
innings [ˈɪnɪŋz] (*pl inv*) *n Br* (CRICKET) tour *m* de batte.
innocence [ˈɪnəsəns] *n* innocence *f*.
innocent [ˈɪnəsənt] ◇ *adj* innocent(e); **~ of** *(crime)* non coupable de. ◇ *n* innocent *m*, -e *f*.
innocuous [ɪˈnɒkjʊəs] *adj* inoffensif (ive).
innovation [ˌɪnəˈveɪʃn] *n* innovation *f*.
innovative [ˈɪnəvətɪv] *adj* **1.** *(idea,*

design) innovateur(trice). **2.** *(person, company)* novateur(trice).

innuendo [,ɪnjuː'endəʊ] (*pl* **-es** OR **-s**) *n* insinuation *f*.

innumerable [ɪ'njuːmərəbl] *adj* innombrable.

inoculate [ɪ'nɒkjʊleɪt] *vt*: **to ~ sb (with sthg)** inoculer (qqch à) qqn.

inordinately [ɪ'nɔːdɪnətlɪ] *adv* excessivement.

in-patient *n* malade hospitalisé *m*, malade hospitalisée *f*.

input ['ɪnpʊt] (*pt & pp* **input** OR **-ted**) ◇ *n* **1.** *(contribution)* contribution *f*, concours *m*. **2.** (COMPUT & ELEC) entrée *f*. ◇ *vt* (COMPUT) entrer.

inquest ['ɪnkwest] *n* enquête *f*.

inquire [ɪn'kwaɪəʳ] ◇ *vt*: **to ~ when/whether/how** ... demander quand/si/comment ... ◇ *vi*: **to ~ (about)** se renseigner (sur). ◆ **inquire after** *vt fus* s'enquérir de. ◆ **inquire into** *vt fus* enquêter sur.

inquiry [ɪn'kwaɪərɪ] *n* **1.** *(question)* demande *f* de renseignements; **'Inquiries'** 'renseignements'. **2.** *(investigation)* enquête *f*.

inquiry desk *n* bureau *m* de renseignements.

inquisitive [ɪn'kwɪzətɪv] *adj* inquisiteur(trice).

inroads ['ɪnrəʊdz] *npl*: **to make ~ into** *(savings)* entamer.

insane [ɪn'seɪn] *adj* fou (folle).

insanity [ɪn'sænətɪ] *n* folie *f*.

insatiable [ɪn'seɪʃəbl] *adj* insatiable.

inscription [ɪn'skrɪpʃn] *n* **1.** *(engraved)* inscription *f*. **2.** *(written)* dédicace *f*.

inscrutable [ɪn'skruːtəbl] *adj* impénétrable.

insect ['ɪnsekt] *n* insecte *m*.

insecticide [ɪn'sektɪsaɪd] *n* insecticide *m*.

insect repellent *n* crème *f* anti-insectes.

insecure [,ɪnsɪ'kjʊəʳ] *adj* **1.** *(person)* anxieux(euse). **2.** *(job, investment)* incertain(e).

insensible [ɪn'sensəbl] *adj* **1.** *(unconscious)* inconscient(e). **2.** *(unaware, not feeling)*: **~ of/to** insensible à.

insensitive [ɪn'sensətɪv] *adj*: **~ (to)** insensible (à).

inseparable [ɪn'seprəbl] *adj* inséparable.

insert [*vb* ɪn'sɜːt, *n* 'ɪnsɜːt] ◇ *vt*: **to ~ sthg (in** OR **into)** insérer qqch (dans). ◇ *n (in newspaper)* encart *m*.

insertion [ɪn'sɜːʃn] *n* insertion *f*.

in-service training *n Br* formation *f* en cours d'emploi.

inshore [*adj* 'ɪnʃɔːʳ, *adv* ɪn'ʃɔːʳ] ◇ *adj* côtier(ère). ◇ *adv (be situated)* près de la côte; *(move)* vers la côte.

inside [ɪn'saɪd] ◇ *prep* **1.** *(building, object)* à l'intérieur de, dans; *(group, organization)* au sein de. **2.** *(time)*: **~ three weeks** en moins de trois semaines. ◇ *adv* **1.** *(gen)* dedans, à l'intérieur; **to go ~** entrer; **come ~!** entrez! **2.** *prison sl* en taule. ◇ *adj* intérieur(e). ◇ *n* **1.** *(interior)*: **the ~** l'intérieur *m*; **~ out** *(clothes)* à l'envers; **to know sthg ~ out** connaître qqch à fond. **2.** (AUT): **the ~** *(in UK)* la gauche; *(in Europe, US etc)* la droite. ◆ **insides** *npl inf* tripes *fpl*. ◆ **inside of** *prep Am (building, object)* à l'intérieur de, dans.

inside lane *n* (AUT) *(in UK)* voie *f* de gauche; *(in Europe, US etc)* voie de droite.

insight ['ɪnsaɪt] *n* **1.** *(wisdom)* sagacité *f*, perspicacité *f*. **2.** *(glimpse)*: **~ (into)** aperçu *m* (de).

insignificant [,ɪnsɪg'nɪfɪkənt] *adj* insignifiant(e).

insincere [,ɪnsɪn'sɪəʳ] *adj* pas sincère.

insinuate [ɪn'sɪnjʊeɪt] *vt* insinuer, laisser entendre.

insipid [ɪn'sɪpɪd] *adj* insipide.

insist [ɪn'sɪst] ◇ *vt* **1.** *(claim)*: **to ~ (that)** ... insister sur le fait que ... **2.** *(demand)*: **to ~ (that)** ... insister pour que (+ *subjunctive*) ... ◇ *vi*: **to ~ (on sthg)** exiger (qqch); **to ~ on doing sthg** tenir à faire qqch, vouloir absolument faire qqch.

insistent [ɪn'sɪstənt] *adj* **1.** *(determined)* insistant(e); **to be ~ on** insister sur. **2.** *(continual)* incessant(e).

insofar [,ɪnsəʊ'fɑːʳ] ◆ **insofar as** *conj* dans la mesure où.

insole ['ɪnsəʊl] *n* semelle *f* intérieure.

insolent ['ɪnsələnt] *adj* insolent(e).

insolvent [ɪn'sɒlvənt] *adj* insolvable.

insomnia [ɪn'sɒmnɪə] *n* insomnie *f*.

inspect [ɪn'spekt] *vt* **1.** *(letter, person)* examiner. **2.** *(factory, troops etc)* inspecter.

inspection [ɪn'spekʃn] *n* **1.** *(investigation)* examen *m*. **2.** *(official check)* inspection *f*.

inspector [ɪn'spektəʳ] *n* inspecteur *m*, -trice *f*.

inspiration [,ɪnspə'reɪʃn] *n* inspiration *f*.

inspire [ɪn'spaɪəʳ] *vt*: **to ~ sb to do sthg**

pousser OR encourager qqn à faire qqch; **to ~ sb with sthg, to ~ sthg in sb** inspirer qqch à qqn.
install *Br,* **instal** *Am* [ɪnˈstɔːl] *vt (fit)* installer.
installation [ˌɪnstəˈleɪʃn] *n* installation *f.*
instalment *Br,* **installment** *Am* [ɪnˈstɔːlmənt] *n* **1.** *(payment)* acompte *m*; **in ~s** par acomptes. **2.** *(episode)* épisode *m.*
instance [ˈɪnstəns] *n* exemple *m*; **for ~** par exemple.
instant [ˈɪnstənt] ◇ *adj* **1.** *(immediate)* instantané(e), immédiat(e). **2.** *(coffee)* soluble; *(food)* à préparation rapide. ◇ *n* instant *m*; **the ~ (that) ...** dès OR aussitôt que ...; **this ~** tout de suite, immédiatement.
instantly [ˈɪnstəntlɪ] *adv* immédiatement.
instead [ɪnˈsted] *adv* au lieu de cela. ◆ **instead of** *prep* au lieu de; **~ of him** à sa place.
instep [ˈɪnstep] *n* cou-de-pied *m.*
instigate [ˈɪnstɪgeɪt] *vt* être à l'origine de, entreprendre.
instil *Br,* **instill** *Am* [ɪnˈstɪl] *vt*: **to ~ sthg in** OR **into sb** instiller qqch à qqn.
instinct [ˈɪnstɪŋkt] *n* **1.** *(intuition)* instinct *m.* **2.** *(impulse)* réaction *f,* mouvement *m.*
instinctive [ɪnˈstɪŋktɪv] *adj* instinctif (ive).
institute [ˈɪnstɪtjuːt] ◇ *n* institut *m.* ◇ *vt* instituer.
institution [ˌɪnstɪˈtjuːʃn] *n* institution *f.*
instruct [ɪnˈstrʌkt] *vt* **1.** *(tell, order)*: **to ~ sb to do sthg** charger qqn de faire qqch. **2.** *(teach)* instruire; **to ~ sb in sthg** enseigner qqch à qqn.
instruction [ɪnˈstrʌkʃn] *n* instruction *f.* ◆ **instructions** *npl* mode *m* d'emploi, instructions *fpl.*
instructor [ɪnˈstrʌktəʳ] *n* **1.** *(gen)* instructeur *m,* -trice *f,* moniteur *m,* -trice *f.* **2.** *Am* (SCH) enseignant *m,* -e *f.*
instrument [ˈɪnstrʊmənt] *n lit & fig* instrument *m.*
instrumental [ˌɪnstrʊˈmentl] *adj (important, helpful)*: **to be ~ in** contribuer à.
instrument panel *n* tableau *m* de bord.
insubordinate [ˌɪnsəˈbɔːdɪnət] *adj* insubordonné(e).
insufficient [ˌɪnsəˈfɪʃnt] *adj fml* insuffisant(e).
insular [ˈɪnsjʊləʳ] *adj (outlook)* borné (e); *(person)* à l'esprit étroit.
insulate [ˈɪnsjʊleɪt] *vt* **1.** *(loft, cable)* isoler; *(hot water tank)* calorifuger. **2.** *(protect)*: **to ~ sb against** OR **from sthg** protéger qqn de qqch.
insulating tape [ˈɪnsjʊleɪtɪŋ-] *n Br* chatterton *m.*
insulation [ˌɪnsjʊˈleɪʃn] *n* isolation *f.*
insulin [ˈɪnsjʊlɪn] *n* insuline *f.*
insult [*vt* ɪnˈsʌlt, *n* ˈɪnsʌlt] ◇ *vt* insulter, injurier. ◇ *n* insulte *f,* injure *f.*
insuperable [ɪnˈsuːprəbl] *adj fml* insurmontable.
insurance [ɪnˈʃʊərəns] *n* **1.** *(against fire, accident, theft)* assurance *f.* **2.** *fig (safeguard, protection)* protection *f,* garantie *f.*
insurance policy *n* police *f* d'assurance.
insure [ɪnˈʃʊəʳ] ◇ *vt* **1.** *(against fire, accident, theft)*: **to ~ sb/sthg against sthg** assurer qqn/qqch contre qqch. **2.** *Am (make certain)* s'assurer. ◇ *vi (prevent)*: **to ~ against** se protéger de.
insurer [ɪnˈʃʊərəʳ] *n* assureur *m.*
insurmountable [ˌɪnsəˈmaʊntəbl] *adj fml* insurmontable.
intact [ɪnˈtækt] *adj* intact(e).
intake [ˈɪnteɪk] *n* **1.** *(amount consumed)* consommation *f.* **2.** *(people recruited)* admission *f.* **3.** *(inlet)* prise *f,* arrivée *f.*
integral [ˈɪntɪgrəl] *adj* intégral(e); **to be ~ to sthg** faire partie intégrante de qqch.
integrate [ˈɪntɪgreɪt] ◇ *vi* s'intégrer. ◇ *vt* intégrer.
integrity [ɪnˈtegrətɪ] *n* **1.** *(honour)* intégrité *f,* honnêteté *f.* **2.** *fml (wholeness)* intégrité *f,* totalité *f.*
intellect [ˈɪntəlekt] *n* **1.** *(ability to think)* intellect *m.* **2.** *(cleverness)* intelligence *f.*
intellectual [ˌɪntəˈlektjʊəl] ◇ *adj* intellectuel(elle). ◇ *n* intellectuel *m,* -elle *f.*
intelligence [ɪnˈtelɪdʒəns] *n (U)* **1.** *(ability to think)* intelligence *f.* **2.** *(information service)* service *m* de renseignements. **3.** *(information)* informations *fpl,* renseignements *mpl.*
intelligent [ɪnˈtelɪdʒənt] *adj* intelligent (e).
intelligent card *n* carte *f* à puce OR à mémoire.
intend [ɪnˈtend] *vt (mean)* avoir l'intention de; **to be ~ed for** être destiné à; **to be ~ed to do sthg** être destiné à faire qqch, viser à faire qqch; **to ~ doing** OR **to do sthg** avoir l'intention de faire qqch.

intended [ɪnˈtendɪd] *adj (result)* voulu (e); *(victim)* visé(e).
intense [ɪnˈtens] *adj* **1.** *(gen)* intense. **2.** *(serious - person)* sérieux(euse).
intensely [ɪnˈtenslɪ] *adv* **1.** *(irritating, boring)* extrêmement; *(suffer)* énormément. **2.** *(look)* intensément.
intensify [ɪnˈtensɪfaɪ] ◇ *vt* intensifier, augmenter. ◇ *vi* s'intensifier.
intensity [ɪnˈtensətɪ] *n* intensité *f.*
intensive [ɪnˈtensɪv] *adj* intensif(ive).
intensive care *n* réanimation *f.*
intent [ɪnˈtent] ◇ *adj* **1.** *(absorbed)* absorbé(e). **2.** *(determined)*: **to be ~ on** OR **upon doing sthg** être résolu(e) OR décidé(e) à faire qqch. ◇ *n fml* intention *f*, dessein *m*; **to all ~s and purposes** pratiquement, virtuellement.
intention [ɪnˈtenʃn] *n* intention *f.*
intentional [ɪnˈtenʃənl] *adj* intentionnel(elle), voulu(e).
intently [ɪnˈtentlɪ] *adv* avec attention, attentivement.
interact [ˌɪntərˈækt] *vi* **1.** *(communicate, work together)*: **to ~ (with sb)** communiquer (avec qqn). **2.** *(react)*: **to ~ (with sthg)** interagir (avec qqch).
intercede [ˌɪntəˈsiːd] *vi fml*: **to ~ (with sb)** intercéder (auprès de qqn).
intercept [ˌɪntəˈsept] *vt* intercepter.
interchange [*n* ˈɪntətʃeɪndʒ, *vb* ˌɪntəˈtʃeɪndʒ] ◇ *n* **1.** *(exchange)* échange *m*. **2.** *(road junction)* échangeur *m*. ◇ *vt* échanger.
interchangeable [ˌɪntəˈtʃeɪndʒəbl] *adj*: **~ (with)** interchangeable (avec).
intercity [ˌɪntəˈsɪtɪ] *n système de trains rapides reliant les grandes villes en Grande-Bretagne*; **Intercity 125®** *train rapide pouvant rouler à 125 miles (200 km) à l'heure.*
intercom [ˈɪntəkɒm] *n* Interphone® *m.*
intercourse [ˈɪntəkɔːs] *n (U) (sexual)* rapports *mpl* (sexuels).
interest [ˈɪntrəst] ◇ *n* **1.** *(gen)* intérêt *m*; **to lose ~** se désintéresser. **2.** *(hobby)* centre *m* d'intérêt. **3.** *(U)* (FIN) intérêt *m*, intérêts *mpl*. ◇ *vt* intéresser.
interested [ˈɪntrəstɪd] *adj* intéressé(e); **to be ~ in** s'intéresser à; **I'm not ~ in that** cela ne m'intéresse pas; **to be ~ in doing sthg** avoir envie de faire qqch.
interesting [ˈɪntrəstɪŋ] *adj* intéressant (e).
interest rate *n* taux *m* d'intérêt.
interface [ˈɪntəfeɪs] *n* **1.** (COMPUT) interface *f*. **2.** *fig (junction)* rapports *mpl*, relations *fpl.*
interfere [ˌɪntəˈfɪəʳ] *vi* **1.** *(meddle)*: **to ~ in sthg** s'immiscer dans qqch, se mêler de qqch. **2.** *(damage)*: **to ~ with sthg** gêner OR contrarier qqch; *(routine)* déranger qqch.
interference [ˌɪntəˈfɪərəns] *n (U)* **1.** *(meddling)*: **~ (with** OR **in)** ingérence *f* (dans), intrusion *f* (dans). **2.** (TELEC) parasites *mpl.*
interim [ˈɪntərɪm] ◇ *adj* provisoire. ◇ *n*: **in the ~** dans l'intérim, entretemps.
interior [ɪnˈtɪərɪəʳ] ◇ *adj* **1.** *(inner)* intérieur(e). **2.** (POL) de l'Intérieur. ◇ *n* intérieur *m.*
interlock [ˌɪntəˈlɒk] *vi (gears)* s'enclencher, s'engrener; *(fingers)* s'entrelacer.
interloper [ˈɪntələʊpəʳ] *n* intrus *m*, -e *f.*
interlude [ˈɪntəluːd] *n* **1.** *(pause)* intervalle *m*. **2.** *(interval)* interlude *m.*
intermediary [ˌɪntəˈmiːdjərɪ] *n* intermédiaire *mf.*
intermediate [ˌɪntəˈmiːdjət] *adj* **1.** *(transitional)* intermédiaire. **2.** *(post-beginner - level)* moyen(enne); *(- student, group)* de niveau moyen.
interminable [ɪnˈtɜːmɪnəbl] *adj* interminable, sans fin.
intermission [ˌɪntəˈmɪʃn] *n* entracte *m.*
intermittent [ˌɪntəˈmɪtənt] *adj* intermittent(e).
intern [*vb* ɪnˈtɜːn, *n* ˈɪntɜːn] ◇ *vt* interner. ◇ *n Am (gen)* stagiaire *mf*; (MED) interne *mf.*
internal [ɪnˈtɜːnl] *adj* **1.** *(gen)* interne. **2.** *(within country)* intérieur(e).
internally [ɪnˈtɜːnəlɪ] *adv* **1.** *(within the body)*: **to bleed ~** faire une hémorragie interne. **2.** *(within country)* à l'intérieur. **3.** *(within organization)* intérieurement.
Internal Revenue *n Am*: **the ~** ≃ le fisc.
international [ˌɪntəˈnæʃənl] ◇ *adj* international(e). ◇ *n Br* (SPORT) **1.** *(match)* match *m* international. **2.** *(player)* international *m*, -e *f.*
Internet [ˈɪntənet] *n*: **the ~** l'Internet *m.*
interpret [ɪnˈtɜːprɪt] ◇ *vt*: **to ~ sthg (as)** interpréter qqch (comme). ◇ *vi (translate)* faire l'interprète.
interpreter [ɪnˈtɜːprɪtəʳ] *n* interprète *mf.*
interracial [ˌɪntəˈreɪʃl] *adj* entre des races différentes, racial(e).
interrelate [ˌɪntərɪˈleɪt] ◇ *vt* mettre en corrélation. ◇ *vi*: **to ~ (with)** être lié(e) (à), être en corrélation (avec).

interrogate [ɪn'terəgeɪt] *vt* interroger.
interrogation [ɪn,terə'geɪʃn] *n* interrogatoire *m*.
interrogation mark *n Am* point *m* d'interrogation.
interrogative [,ɪntə'rɒgətɪv] (GRAMM) ◇ *adj* interrogatif(ive). ◇ *n* interrogatif *m*.
interrupt [,ɪntə'rʌpt] ◇ *vt* interrompre; *(calm)* rompre. ◇ *vi* interrompre.
interruption [,ɪntə'rʌpʃn] *n* interruption *f*.
intersect [,ɪntə'sekt] ◇ *vi* s'entrecroiser, s'entrecouper. ◇ *vt* croiser, couper.
intersection [,ɪntə'sekʃn] *n (in road)* croisement *m*, carrefour *m*.
intersperse [,ɪntə'spɜːs] *vt*: **to be ~d with** être émaillé(e) de, être entremêlé (e) de.
interstate (highway) ['ɪntərsteɪt-] *n Am* autoroute *f*.
interval ['ɪntəvl] *n* **1.** *(gen)* intervalle *m*; **at ~s** par intervalles; **at monthly/yearly ~s** tous les mois/ans. **2.** *Br (at play, concert)* entracte *m*.
intervene [,ɪntə'viːn] *vi* **1.** *(person, police)*: **to ~ (in)** intervenir (dans), s'interposer (dans). **2.** *(event, war, strike)* survenir. **3.** *(time)* s'écouler.
intervention [,ɪntə'venʃn] *n* intervention *f*.
interview ['ɪntəvjuː] ◇ *n* **1.** *(for job)* entrevue *f*, entretien *m*. **2.** (PRESS) interview *f*. ◇ *vt* **1.** *(for job)* faire passer une entrevue OR un entretien à. **2.** (PRESS) interviewer.
interviewer ['ɪntəvjuːər] *n* **1.** *(for job)* personne *f* qui fait passer une entrevue. **2.** (PRESS) interviewer *m*.
intestine [ɪn'testɪn] *n* intestin *m*.
intimacy ['ɪntɪməsɪ] *n* **1.** *(closeness)*: **~ (between/with)** intimité *f* (entre/avec). **2.** *(intimate remark)* familiarité *f*.
intimate [*adj* 'ɪntɪmət, *vb* 'ɪntɪmeɪt] ◇ *adj* **1.** *(gen)* intime. **2.** *(detailed - knowledge)* approfondi(e). ◇ *vt fml* faire savoir, faire connaître.
intimately ['ɪntɪmətlɪ] *adv* **1.** *(very closely)* étroitement. **2.** *(as close friends)* intimement. **3.** *(in detail)* à fond.
intimidate [ɪn'tɪmɪdeɪt] *vt* intimider.
into ['ɪntʊ] *prep* **1.** *(inside)* dans. **2.** *(against)*: **to bump ~ sthg** se cogner contre qqch; **to crash ~** rentrer dans. **3.** *(referring to change in state)* en; **to translate sthg ~ Spanish** traduire qqch en espagnol. **4.** *(concerning)*: **research/investigation ~** recherche/enquête sur. **5.** (MATH): **3 ~ 2** 2 divisé par 3. **6.** *inf (interested in)*: **to be ~ sthg** être passionné(e) par qqch.
intolerable [ɪn'tɒlrəbl] *adj* intolérable, insupportable.
intolerance [ɪn'tɒlərəns] *n* intolérance *f*.
intolerant [ɪn'tɒlərənt] *adj* intolérant (e).
intoxicated [ɪn'tɒksɪkeɪtɪd] *adj* **1.** *(drunk)* ivre. **2.** *fig (excited)*: **to be ~ by** OR **with sthg** être grisé(e) OR enivré(e) par qqch.
intractable [ɪn'træktəbl] *adj* **1.** *(stubborn)* intraitable. **2.** *(insoluble)* insoluble.
intransitive [ɪn'trænzətɪv] *adj* intransitif(ive).
intravenous [,ɪntrə'viːnəs] *adj* intraveineux(euse).
in-tray *n* casier *m* des affaires à traiter.
intricate ['ɪntrɪkət] *adj* compliqué(e).
intrigue [ɪn'triːg] ◇ *n* intrigue *f*. ◇ *vt* intriguer, exciter la curiosité de.
intriguing [ɪn'triːgɪŋ] *adj* fascinant(e).
intrinsic [ɪn'trɪnsɪk] *adj* intrinsèque.
introduce [,ɪntrə'djuːs] *vt* **1.** *(present)* présenter; **to ~ sb to sb** présenter qqn à qqn. **2.** *(bring in)*: **to ~ sthg (to** OR **into)** introduire qqch (dans). **3.** *(allow to experience)*: **to ~ sb to sthg** initier qqn à qqch, faire découvrir qqch à qqn. **4.** *(signal beginning of)* annoncer.
introduction [,ɪntrə'dʌkʃn] *n* **1.** *(in book, of new method etc)* introduction *f*. **2.** *(of people)*: **~ (to sb)** présentation *f* (à qqn).
introductory [,ɪntrə'dʌktrɪ] *adj* d'introduction, préliminaire.
introvert ['ɪntrəvɜːt] *n* introverti *m*, -e *f*.
introverted ['ɪntrəvɜːtɪd] *adj* introverti(e).
intrude [ɪn'truːd] *vi* faire intrusion; **to ~ on sb** déranger qqn.
intruder [ɪn'truːdər] *n* intrus *m*, -e *f*.
intrusive [ɪn'truːsɪv] *adj* gênant(e), importun(e).
intuition [,ɪntjuː'ɪʃn] *n* intuition *f*.
inundate ['ɪnʌndeɪt] *vt* **1.** *fml (flood)* inonder. **2.** *(overwhelm)*: **to be ~d with** être submergé(e) de.
invade [ɪn'veɪd] *vt* **1.** (MIL *& fig)* envahir. **2.** *(disturb - privacy etc)* violer.
invalid [*adj* ɪn'vælɪd, *n* 'ɪnvəlɪd] ◇ *adj* **1.** *(illegal, unacceptable)* non valide, non valable. **2.** *(not reasonable)* non valable. ◇ *n* invalide *mf*.
invaluable [ɪn'væljʊəbl] *adj*: **~ (to)**

(help, advice, person) précieux(euse) (pour); *(experience, information)* inestimable (pour).
invariably [ɪnˈveərɪəblɪ] *adv* invariablement, toujours.
invasion [ɪnˈveɪʒn] *n lit & fig* invasion *f*.
invent [ɪnˈvent] *vt* inventer.
invention [ɪnˈvenʃn] *n* invention *f*.
inventive [ɪnˈventɪv] *adj* inventif(ive).
inventor [ɪnˈventəʳ] *n* inventeur *m*, -trice *f*.
inventory [ˈɪnvəntrɪ] *n* **1.** *(list)* inventaire *m*. **2.** *Am (goods)* stock *m*.
invert [ɪnˈvɜːt] *vt* retourner.
inverted commas [ɪnˌvɜːtɪd-] *npl Br* guillemets *mpl*.
invest [ɪnˈvest] ◇ *vt* **1.** *(money)*: **to ~ sthg (in)** investir qqch (dans). **2.** *(time, energy)*: **to ~ sthg in sthg/in doing sthg** consacrer qqch à qqch/à faire qqch, employer qqch à qqch/à faire qqch. ◇ *vi* **1.** (FIN): **to ~ (in sthg)** investir (dans qqch). **2.** *fig (buy)*: **to ~ in sthg** se payer qqch, s'acheter qqch.
investigate [ɪnˈvestɪgeɪt] *vt* enquêter sur, faire une enquête sur; *(subj: scientist)* faire des recherches sur.
investigation [ɪnˌvestɪˈgeɪʃn] *n* **1.** *(enquiry)*: **~ (into)** enquête *f* (sur); *(scientific)* recherches *fpl* (sur). **2.** *(U) (investigating)* investigation *f*.
investment [ɪnˈvestmənt] *n* **1.** (FIN) investissement *m*, placement *m*. **2.** *(of energy)* dépense *f*.
investor [ɪnˈvestəʳ] *n* investisseur *m*.
inveterate [ɪnˈvetərət] *adj* invétéré(e).
invidious [ɪnˈvɪdɪəs] *adj (task)* ingrat (e); *(comparison)* injuste.
invigilate [ɪnˈvɪdʒɪleɪt] *Br* ◇ *vi* surveiller les candidats (à un examen). ◇ *vt* surveiller.
invigorating [ɪnˈvɪgəreɪtɪŋ] *adj* tonifiant(e), vivifiant(e).
invincible [ɪnˈvɪnsɪbl] *adj (army, champion)* invincible; *(record)* imbattable.
invisible [ɪnˈvɪzɪbl] *adj* invisible.
invitation [ˌɪnvɪˈteɪʃn] *n (request)* invitation *f*.
invite [ɪnˈvaɪt] *vt* **1.** *(ask to come)*: **to ~ sb (to)** inviter qqn (à). **2.** *(ask politely)*: **to ~ sb to do sthg** inviter qqn à faire qqch. **3.** *(encourage)*: **to ~ trouble** aller au devant des ennuis; **to ~ gossip** faire causer.
inviting [ɪnˈvaɪtɪŋ] *adj* attrayant(e), agréable; *(food)* appétissant(e).
invoice [ˈɪnvɔɪs] ◇ *n* facture *f*. ◇ *vt* **1.** *(client)* envoyer la facture à. **2.** *(goods)* facturer.
invoke [ɪnˈvəʊk] *vt* **1.** *fml (law, act)* invoquer. **2.** *(feelings)* susciter, faire naître; *(help)* demander, implorer.
involuntary [ɪnˈvɒləntrɪ] *adj* involontaire.
involve [ɪnˈvɒlv] *vt* **1.** *(entail)* nécessiter; **what's ~d?** de quoi s'agit-il?; **to ~ doing sthg** nécessiter de faire qqch. **2.** *(concern, affect)* toucher. **3.** *(person)*: **to ~ sb in sthg** impliquer qqn dans qqch.
involved [ɪnˈvɒlvd] *adj* **1.** *(complex)* complexe, compliqué(e). **2.** *(participating)*: **to be ~ in sthg** participer OR prendre part à qqch. **3.** *(in relationship)*: **to be ~ with sb** avoir des relations intimes avec qqn.
involvement [ɪnˈvɒlvmənt] *n* **1.** *(participation)*: **~ (in)** participation *f* (à). **2.** *(concern, enthusiasm)*: **~ (in)** engagement *m* (dans).
inward [ˈɪnwəd] ◇ *adj* **1.** *(inner)* intérieur(e). **2.** *(towards the inside)* vers l'intérieur. ◇ *adv Am* = **inwards**.
inwards [ˈɪnwədz] *adv* vers l'intérieur.
iodine [*Br* ˈaɪədiːn, *Am* ˈaɪədaɪn] *n* iode *m*.
IOU (*abbr of* **I owe you**) *n* reconnaissance *f* de dette.
IQ (*abbr of* **intelligence quotient**) *n* QI *m*.
IRA *n* (*abbr of* **Irish Republican Army**) IRA *f*.
Iran [ɪˈrɑːn] *n* Iran *m*.
Iranian [ɪˈreɪnjən] ◇ *adj* iranien(enne). ◇ *n* Iranien *m*, -enne *f*.
Iraq [ɪˈrɑːk] *n* Iraq *m*, Irak *m*.
Iraqi [ɪˈrɑːkɪ] ◇ *adj* iraquien(enne), irakien(enne). ◇ *n* Iraquien *m*, -enne *f*, Irakien *m*, -enne *f*.
irate [aɪˈreɪt] *adj* furieux(euse).
Ireland [ˈaɪələnd] *n* Irlande *f*.
iris [ˈaɪərɪs] (*pl* **-es**) *n* iris *m*.
Irish [ˈaɪrɪʃ] ◇ *adj* irlandais(e). ◇ *n (language)* irlandais *m*. ◇ *npl*: **the ~** les Irlandais.
Irishman [ˈaɪrɪʃmən] (*pl* **-men** [-mən]) *n* Irlandais *m*.
Irish Sea *n*: **the ~** la mer d'Irlande.
Irishwoman [ˈaɪrɪʃˌwʊmən] (*pl* **-women** [-ˌwɪmɪn]) *n* Irlandaise *f*.
irksome [ˈɜːksəm] *adj* ennuyeux(euse), assommant(e).
iron [ˈaɪən] ◇ *adj* **1.** *(made of iron)* de OR en fer. **2.** *fig (very strict)* de fer. ◇ *n* **1.** *(metal, golf club)* fer *m*. **2.** *(for clothes)* fer *m* à repasser. ◇ *vt* repasser. ◆ **iron out** *vt sep fig (difficulties)* aplanir; *(problems)* résoudre.

Iron Curtain *n*: **the ~** le rideau de fer.
ironic(al) [aɪ'rɒnɪk(l)] *adj* ironique.
ironing ['aɪənɪŋ] *n* repassage *m*.
ironing board *n* planche *f* OR table *f* à repasser.
ironmonger ['aɪən,mʌŋgəʳ] *n Br* quincaillier *m*; **~'s (shop)** quincaillerie *f*.
irony ['aɪrənɪ] *n* ironie *f*.
irrational [ɪ'ræʃənl] *adj* irrationnel(elle), déraisonnable; *(person)* non rationnel(elle).
irreconcilable [ɪ,rekən'saɪləbl] *adj* inconciliable.
irregular [ɪ'regjʊləʳ] *adj* irrégulier(ère).
irrelevant [ɪ'reləvənt] *adj* sans rapport.
irreparable [ɪ'repərəbl] *adj* irréparable.
irreplaceable [,ɪrɪ'pleɪsəbl] *adj* irremplaçable.
irrepressible [,ɪrɪ'presəbl] *adj (enthusiasm)* que rien ne peut entamer; **he's ~** il est d'une bonne humeur à toute épreuve.
irresistible [,ɪrɪ'zɪstəbl] *adj* irrésistible.
irrespective [,ɪrɪ'spektɪv] ◆ **irrespective of** *prep* sans tenir compte de.
irresponsible [,ɪrɪ'spɒnsəbl] *adj* irresponsable.
irrigate ['ɪrɪgeɪt] *vt* irriguer.
irrigation [,ɪrɪ'geɪʃn] ◇ *n* irrigation *f*. ◇ *comp* d'irrigation.
irritable ['ɪrɪtəbl] *adj* irritable.
irritate ['ɪrɪteɪt] *vt* irriter.
irritating ['ɪrɪteɪtɪŋ] *adj* irritant(e).
irritation [ɪrɪ'teɪʃn] *n* **1.** *(anger, soreness)* irritation *f*. **2.** *(cause of anger)* source *f* d'irritation.
IRS (*abbr of* **Internal Revenue Service**) *n Am*: **the ~** = le fisc.
is [ɪz] → **be**.
ISDN (*abbr of* **Integrated Services Digital Network**) *n* RNIS *m*.
Islam ['ɪzlɑːm] *n* islam *m*.
island ['aɪlənd] *n* **1.** *(isle)* île *f*. **2.** (AUT) refuge *m* pour piétons.
islander ['aɪləndəʳ] *n* habitant *m*, -e *f* d'une île.
isle [aɪl] *n* île *f*.
Isle of Man *n*: **the ~** l'île *f* de Man.
Isle of Wight [-waɪt] *n*: **the ~** l'île *f* de Wight.
isn't ['ɪznt] = **is not**.
isobar ['aɪsəbɑːʳ] *n* isobare *f*.
isolate ['aɪsəleɪt] *vt*: **to ~ sb/sthg (from)** isoler qqn/qqch (de).
isolated ['aɪsəleɪtɪd] *adj* isolé(e).
Israel ['ɪzreɪəl] *n* Israël *m*.
Israeli [ɪz'reɪlɪ] ◇ *adj* israélien(enne). ◇ *n* Israélien *m*, -enne *f*.
issue ['ɪʃuː] ◇ *n* **1.** *(important subject)* question *f*, problème *m*; **to make an ~ of sthg** faire toute une affaire de qqch; **at ~** en question, en cause. **2.** *(edition)* numéro *m*. **3.** *(bringing out - of banknotes, shares)* émission *f*. ◇ *vt* **1.** *(make public - decree, statement)* faire; *(- warning)* lancer. **2.** *(bring out - banknotes, shares)* émettre; *(- book)* publier. **3.** *(passport etc)* délivrer.

it [ɪt] *pron* **1.** *(referring to specific person or thing - subj)* il (elle); *(- direct object)* le (la), l' *(+ vowel or silent 'h')*; *(- indirect object)* lui; **did you find ~?** tu l'as trouvé (e)?; **give ~ to me at once** donne-moi ça tout de suite. **2.** *(with prepositions)*: **in/to/at ~** y; **put the vegetables in ~** mettez-y les légumes; **on ~** dessus; **about ~** en; **under ~** dessous; **beside ~** à côté; **from/of ~** en; **he's very proud of ~** il en est très fier. **3.** *(impersonal use)* il, ce; **~ is cold today** il fait froid aujourd'hui; **~'s two o'clock** il est deux heures; **who is ~? – ~'s Mary/me** qui est-ce? – c'est Mary/moi.

- *It* est le pronom personnel qui représente les objets, les concepts et les animaux non familiers (*there's my car – it's a Ford*). *He* représente les personnes et les animaux familiers de sexe masculin (*there's my brother – he's a teacher; there's my cat – isn't he funny?*); *she* est son équivalent féminin (*there's my sister – she's a nurse*).
- On peut utiliser *it* pour les noms d'animaux ainsi que pour certains noms désignant des personnes – dont *baby* – si on ignore le sexe (*listen to that baby – I wish it would be quiet!*)
- N'oubliez pas qu'il n'y a pas de pronom possessif correspondant à *it*. *Its* est uniquement un adjectif (*its fur is wet; its lock is broken*).
- Les verbes servant à décrire le temps qu'il fait sont toujours précédés de *it*, et ils sont toujours à la troisième personne du singulier.

IT *n abbr of* **information technology**.
Italian [ɪ'tæljən] ◇ *adj* italien(enne). ◇ *n* **1.** *(person)* Italien *m*, -enne *f*. **2.** *(language)* italien *m*.

italic [ɪ'tælɪk] *adj* italique. ◆ **italics** *npl* italiques *fpl*.
Italy ['ɪtəlɪ] *n* Italie *f*.
itch [ɪtʃ] ◇ *n* démangeaison *f*. ◇ *vi* **1.** *(be itchy)*: **my arm ~es** mon bras me démange. **2.** *fig (be impatient)*: **to be ~ing to do sthg** mourir d'envie de faire qqch.
itchy ['ɪtʃɪ] *adj* qui démange.
it'd ['ɪtəd] = **it would**, **it had**.
item ['aɪtəm] *n* **1.** *(gen)* chose *f*, article *m*; *(on agenda)* question *f*, point *m*. **2.** (PRESS) article *m*.
itemize, -ise ['aɪtəmaɪz] *vt* détailler.
itinerary [aɪ'tɪnərərɪ] *n* itinéraire *m*.
it'll [ɪtl] = **it will**.

its [ɪts] *poss adj* son (sa), ses (*pl*).

- L'adjectif possessif qui accompagne les noms collectifs tels que *government*, *team* et *school* peut être soit *its* soit *their*. Faites bien attention à mettre le verbe au singulier ou au pluriel selon le cas (*the government has made up its mind = the government have made up their minds*).
- Si vous parlez d'une partie du corps, n'oubliez pas d'utiliser l'adjectif possessif *its*, et non pas *the* (*the cat was licking its paws*, «le chat se léchait les pattes»).

it's [ɪts] = **it is**, **it has**.
itself [ɪt'self] *pron* **1.** (*reflexive*) se; (*after prep*) soi. **2.** (*for emphasis*) lui-même (elle-même); **in ~** en soi.
ITV (*abbr of* **Independent Television**) *n sigle désignant les programmes diffusés par les chaînes relevant de l'IBA.*
I've [aɪv] = **I have**.
ivory ['aɪvərɪ] *n* ivoire *m*.
ivy ['aɪvɪ] *n* lierre *m*.
Ivy League *n Am les huit grandes universités de l'est des États-Unis.*

IVY LEAGUE

Le terme «Ivy League» désigne l'ensemble composé de Dartmouth College et des universités de Brown, Columbia, Cornell, Harvard, Pennsylvania, Princeton et Yale. Ces établissements comptent parmi les plus anciens des États-Unis (le mot «ivy», lierre, fait allusion aux murs des bâtiments anciens). Posséder un diplôme de l'Ivy League est une preuve de succès reconnue par tous.

J

j (*pl* **j's** OR **js**), **J** (*pl* **J's** OR **Js**) [dʒeɪ] *n (letter)* j *m inv*, J *m inv*.
jab [dʒæb] ◇ *n* **1.** *Br inf (injection)* piqûre *f*. **2.** (BOXING) direct *m*. ◇ *vt*: **to ~ sthg into** planter OR enfoncer qqch dans.
jabber ['dʒæbəʳ] *vt & vi* baragouiner.
jack [dʒæk] *n* **1.** *(device)* cric *m*. **2.** *(playing card)* valet *m*. ◆ **jack up** *vt sep* **1.** *(car)* soulever avec un cric. **2.** *fig (prices)* faire grimper.
jackal ['dʒækəl] *n* chacal *m*.
jackdaw ['dʒækdɔː] *n* choucas *m*.
jacket ['dʒækɪt] *n* **1.** *(garment)* veste *f*. **2.** *(of potato)* peau *f*, pelure *f*. **3.** *(of book)* jaquette *f*. **4.** *Am (of record)* pochette *f*.
jacket potato *n* pomme de terre *f* en robe de chambre.
jackhammer ['dʒæk,hæməʳ] *n Am* marteau-piqueur *m*.
jack knife *n* canif *m*. ◆ **jack-knife** *vi (lorry)* se mettre en travers de la route.
jack plug *n* jack *m*.
jackpot ['dʒækpɒt] *n* gros lot *m*.
jaded ['dʒeɪdɪd] *adj* blasé(e).
jagged ['dʒægɪd] *adj* déchiqueté(e), dentelé(e).
jail [dʒeɪl] ◇ *n* prison *f*. ◇ *vt* emprisonner, mettre en prison.
jailer ['dʒeɪləʳ] *n* geôlier *m*, -ère *f*.
jam [dʒæm] ◇ *n* **1.** *(preserve)* confiture *f*. **2.** *(of traffic)* embouteillage *m*, bouchon *m*. **3.** *inf (difficult situation)*: **to get into/be in a ~** se mettre/être dans le pétrin. ◇ *vt* **1.** *(mechanism, door)* bloquer, coincer. **2.** *(push tightly)*: **to ~ sthg into** entasser OR tasser qqch dans; **to ~ sthg onto** enfoncer qqch sur. **3.** *(block - streets)* embouteiller; *(- switchboard)* surcharger. **4.** (RADIO) brouiller. ◇ *vi (lever, door)* se coincer; *(brakes)* se bloquer.
Jamaica [dʒə'meɪkə] *n* la Jamaïque.
jam-packed [-'pækt] *adj inf* plein(e) à craquer.
jangle ['dʒæŋgl] ◇ *vt (keys)* faire cliqueter; *(bells)* faire retentir. ◇ *vi (keys)* cliqueter; *(bells)* retentir.
janitor ['dʒænɪtəʳ] *n Am & Scot* concierge *mf*.

January ['dʒænjʊərɪ] *n* janvier *m*; *see also* **September**.
Japan [dʒə'pæn] *n* Japon *m*.
Japanese [,dʒæpə'ni:z] (*pl inv*) ◇ *adj* japonais(e). ◇ *n (language)* japonais *m*. ◇ *npl (people)*: **the ~** les Japonais *mpl*.
jar [dʒɑ:ʳ] ◇ *n* pot *m*. ◇ *vt (shake)* secouer. ◇ *vi* **1.** *(noise, voice)*: **to ~ (on sb)** irriter (qqn), agacer (qqn). **2.** *(colours)* jurer.
jargon ['dʒɑ:gən] *n* jargon *m*.
jaundice ['dʒɔ:ndɪs] *n* jaunisse *f*.
jaundiced ['dʒɔ:ndɪst] *adj fig (attitude, view)* aigri(e).
jaunt [dʒɔ:nt] *n* balade *f*.
jaunty ['dʒɔ:ntɪ] *adj* désinvolte, insouciant(e).
javelin ['dʒævlɪn] *n* javelot *m*.
jaw [dʒɔ:] *n* mâchoire *f*.
jawbone ['dʒɔ:bəʊn] *n* (os *m*) maxillaire *m*.
jay [dʒeɪ] *n* geai *m*.
jaywalker ['dʒeɪwɔ:kəʳ] *n* piéton *m* qui traverse en dehors des clous.
jazz [dʒæz] *n* (MUS) jazz *m*. ◆ **jazz up** *vt sep inf* égayer.
jazzy ['dʒæzɪ] *adj (bright)* voyant(e).
jealous ['dʒeləs] *adj* jaloux(ouse).
jealousy ['dʒeləsɪ] *n* jalousie *f*.
jeans [dʒi:nz] *npl* jean *m*, blue-jean *m*.
Jeep® [dʒi:p] *n* Jeep® *f*.
jeer [dʒɪəʳ] ◇ *vt* huer, conspuer. ◇ *vi*: **to ~ (at sb)** huer (qqn), conspuer (qqn).
Jehovah's Witness [dʒɪ,həʊvəz-] *n* témoin *m* de Jéhovah.
Jello® ['dʒeləʊ] *n Am* gelée *f*.
jelly ['dʒelɪ] *n* gelée *f*.
jellyfish ['dʒelɪfɪʃ] (*pl inv* OR **-es**) *n* méduse *f*.
jeopardize, -ise ['dʒepədaɪz] *vt* compromettre, mettre en danger.
jerk [dʒɜ:k] ◇ *n* **1.** *(movement)* secousse *f*, saccade *f*. **2.** *v inf (fool)* abruti *m*, -e *f*. ◇ *vi (person)* sursauter; *(vehicle)* cahoter.
jersey ['dʒɜ:zɪ] (*pl* **jerseys**) *n* **1.** *(sweater)* pull *m*. **2.** *(cloth)* jersey *m*.
Jersey ['dʒɜ:zɪ] *n* Jersey *f*.
jest [dʒest] *n* plaisanterie *f*; **in ~** pour rire.
Jesus (Christ) ['dʒi:zəs-] *n* Jésus *m*, Jésus-Christ *m*.
jet [dʒet] *n* **1.** *(plane)* jet *m*, avion *m* à réaction. **2.** *(of fluid)* jet *m*. **3.** *(nozzle, outlet)* ajutage *m*.
jet-black *adj* noir(e) comme (du) jais.
jet engine *n* moteur *m* à réaction.
jet lag *n* fatigue *f* due au décalage horaire.
jetsam ['dʒetsəm] → **flotsam**.
jet ski *n* scooter *m* de mer.
jettison ['dʒetɪsən] *vt* **1.** *(cargo)* jeter, larguer. **2.** *fig (ideas)* abandonner, renoncer à.
jetty ['dʒetɪ] *n* jetée *f*.
Jew [dʒu:] *n* Juif *m*, -ive *f*.
jewel ['dʒu:əl] *n* bijou *m*; *(in watch)* rubis *m*.
jeweller *Br*, **jeweler** *Am* ['dʒu:ələʳ] *n* bijoutier *m*; **~'s (shop)** bijouterie *f*.
jewellery *Br*, **jewelry** *Am* ['dʒu:əlrɪ] *n (U)* bijoux *mpl*.
Jewess ['dʒu:ɪs] *n* juive *f*.
Jewish ['dʒu:ɪʃ] *adj* juif(ive).
jib [dʒɪb] *n* **1.** *(of crane)* flèche *f*. **2.** *(sail)* foc *m*.
jibe [dʒaɪb] *n* sarcasme *m*, moquerie *f*.
Jiffy bag® *n* enveloppe *f* matelassée.
jig [dʒɪg] *n* gigue *f*.
jigsaw (puzzle) ['dʒɪgsɔ:-] *n* puzzle *m*.
jilt [dʒɪlt] *vt* laisser tomber.
jingle ['dʒɪŋgl] ◇ *n* **1.** *(sound)* cliquetis *m*. **2.** *(song)* jingle *m*, indicatif *m*. ◇ *vi (bell)* tinter; *(coins, bracelets)* cliqueter.
jinx [dʒɪŋks] *n* poisse *f*.
jitters ['dʒɪtəz] *npl inf*: **the ~** le trac.
job [dʒɒb] *n* **1.** *(employment)* emploi *m*. **2.** *(task)* travail *m*, tâche *f*. **3.** *(difficult task)*: **to have a ~ doing sthg** avoir du mal à faire qqch. **4.** *phr*: **that's just the ~** *Br inf* c'est exactement OR tout à fait ce qu'il faut.
job centre *n Br* agence *f* pour l'emploi.
jobless ['dʒɒblɪs] *adj* au chômage.
jobsharing ['dʒɒbʃeərɪŋ] *n* partage *m* de l'emploi.
jockey ['dʒɒkɪ] (*pl* **jockeys**) ◇ *n* jockey *m*. ◇ *vi*: **to ~ for position** manœuvrer pour devancer ses concurrents.
jodhpurs ['dʒɒdpəz] *npl* jodhpurs *mpl*, culotte *f* de cheval.
jog [dʒɒg] ◇ *n*: **to go for a ~** faire du jogging. ◇ *vt* pousser; **to ~ sb's memory** rafraîchir la mémoire de qqn. ◇ *vi* faire du jogging, jogger.
jogging ['dʒɒgɪŋ] *n* jogging *m*.
john [dʒɒn] *n Am inf* petit coin *m*, cabinets *mpl*.
join [dʒɔɪn] ◇ *n* raccord *m*, joint *m*. ◇ *vt* **1.** *(connect - gen)* unir, joindre; *(- towns etc)* relier. **2.** *(get together with)* rejoindre, retrouver. **3.** *(political party)* devenir membre de; *(club)* s'inscrire à; *(army)* s'engager dans; **to ~ a queue** *Br*, **to ~ a line** *Am* prendre la queue. ◇ *vi*

1. *(connect)* se joindre. 2. *(become a member - gen)* devenir membre; *(- of club)* s'inscrire. ◆ **join in** ◇ *vt fus* prendre part à, participer à. ◇ *vi* participer. ◆ **join up** *vi* (MIL) s'engager dans l'armée.

joiner ['dʒɔɪnəʳ] *n* menuisier *m*.

joinery ['dʒɔɪnərɪ] *n* menuiserie *f*.

joint [dʒɔɪnt] ◇ *adj (effort)* conjugué(e); *(responsibility)* collectif(ive). ◇ *n* 1. *(gen & TECH)* joint *m*. 2. (ANAT) articulation *f*. 3. *Br (of meat)* rôti *m*. 4. *inf (place)* bouge *m*. 5. *drugs sl* joint *m*.

joint account *n* compte *m* joint.

jointly ['dʒɔɪntlɪ] *adv* conjointement.

joke [dʒəʊk] ◇ *n* blague *f*, plaisanterie *f*; **to play a ~ on sb** faire une blague à qqn, jouer un tour à qqn; **it's no ~** *inf (not easy)* ce n'est pas de la tarte. ◇ *vi* plaisanter, blaguer; **to ~ about sthg** plaisanter sur qqch, se moquer de qqch.

joker ['dʒəʊkəʳ] *n* 1. *(person)* blagueur *m*, -euse *f*. 2. *(playing card)* joker *m*.

jolly ['dʒɒlɪ] ◇ *adj (person)* jovial(e), enjoué(e); *(time, party)* agréable. ◇ *adv Br inf* drôlement, rudement.

jolt [dʒəʊlt] ◇ *n* 1. *(jerk)* secousse *f*, soubresaut *m*. 2. *(shock)* choc *m*. ◇ *vt* secouer.

Jordan ['dʒɔːdn] *n* Jordanie *f*.

jostle ['dʒɒsl] ◇ *vt* bousculer. ◇ *vi* se bousculer.

jot [dʒɒt] *n (of truth)* grain *m*, brin *m*. ◆ **jot down** *vt sep* noter, prendre note de.

jotter ['dʒɒtəʳ] *n (notepad)* bloc-notes *m*.

journal ['dʒɜːnl] *n* 1. *(magazine)* revue *f*. 2. *(diary)* journal *m*.

journalism ['dʒɜːnəlɪzm] *n* journalisme *m*.

journalist ['dʒɜːnəlɪst] *n* journaliste *mf*.

journey ['dʒɜːnɪ] (*pl* **journeys**) *n* voyage *m*.

jovial ['dʒəʊvjəl] *adj* jovial(e).

jowls [dʒaʊlz] *npl* bajoues *fpl*.

joy [dʒɔɪ] *n* joie *f*.

joyful ['dʒɔɪfʊl] *adj* joyeux(euse).

joyride ['dʒɔɪraɪd] (*pt* **-rode**, *pp* **-ridden**) *vi faire une virée dans une voiture volée*.

joyrode ['dʒɔɪrəʊd] *pt* → **joyride**.

joystick ['dʒɔɪstɪk] *n* (AERON) manche *m* (à balai); (COMPUT) manette *f*.

JP *n abbr of* **Justice of the Peace**.

Jr. (*abbr of* **Junior**) Jr.

jubilant ['dʒuːbɪlənt] *adj (person)* débordant(e) de joie, qui jubile; *(shout)* de joie.

jubilee ['dʒuːbɪliː] *n* jubilé *m*.

judge [dʒʌdʒ] ◇ *n* juge *m*. ◇ *vt* 1. *(gen)* juger. 2. *(estimate)* évaluer, juger. ◇ *vi* juger; **to ~ from** OR **by, judging from** OR **by** à en juger par.

judg(e)ment ['dʒʌdʒmənt] *n* jugement *m*.

judicial [dʒuː'dɪʃl] *adj* judiciaire.

judiciary [dʒuː'dɪʃərɪ] *n*: **the ~** la magistrature.

judicious [dʒuː'dɪʃəs] *adj* judicieux(euse).

judo ['dʒuːdəʊ] *n* judo *m*.

jug [dʒʌg] *n* pot *m*, pichet *m*.

juggernaut ['dʒʌgənɔːt] *n* poids *m* lourd.

juggle ['dʒʌgl] ◇ *vt lit & fig* jongler avec. ◇ *vi* jongler.

juggler ['dʒʌgləʳ] *n* jongleur *m*, -euse *f*.

jugular (vein) ['dʒʌgjʊləʳ-] *n* (veine *f*) jugulaire *f*.

juice [dʒuːs] *n* jus *m*.

juicy ['dʒuːsɪ] *adj (fruit)* juteux(euse).

jukebox ['dʒuːkbɒks] *n* juke-box *m*.

July [dʒuː'laɪ] *n* juillet *m*; *see also* **September**.

jumble ['dʒʌmbl] ◇ *n (mixture)* mélange *m*, fatras *m*. ◇ *vt*: **to ~ (up)** mélanger, embrouiller.

jumble sale *n Br* vente *f* de charité *(où sont vendus des articles d'occasion)*.

JUMBLE SALE

Les «jumble sales» sont des ventes à très bas prix de vêtements, de livres et d'objets ménagers d'occasion, généralement au profit d'une association caritative. Elles se tiennent le plus souvent dans des salles paroissiales ou municipales.

jumbo jet ['dʒʌmbəʊ-] *n* jumbo-jet *m*.

jumbo-sized [-saɪzd] *adj* géant(e), énorme.

jump [dʒʌmp] ◇ *n* 1. *(leap)* saut *m*, bond *m*. 2. *(fence)* obstacle *m*. 3. *(rapid increase)* flambée *f*, hausse *f* brutale. ◇ *vt* 1. *(fence, stream etc)* sauter, franchir d'un bond. 2. *inf (attack)* sauter sur, tomber sur. ◇ *vi* 1. *(gen)* sauter, bondir; *(in surprise)* sursauter. 2. *(increase rapidly)* grimper en flèche, faire un bond. ◆ **jump at** *vt fus fig* sauter sur.

jumper ['dʒʌmpəʳ] *n* 1. *Br (pullover)* pull *m*. 2. *Am (dress)* robe *f* chasuble.

jump leads *npl* câbles *mpl* de démarrage.

jump-start *vt*: **to ~ a car** faire démarrer une voiture en la poussant.
jumpsuit ['dʒʌmpsuːt] *n* combinaison-pantalon *f*.
jumpy ['dʒʌmpɪ] *adj* nerveux(euse).
Jun. = **Junr**.
junction ['dʒʌŋkʃn] *n (of roads)* carrefour *m*; (RAIL) embranchement *m*.
June [dʒuːn] *n* juin *m*; *see also* **September**.
jungle ['dʒʌŋgl] *n lit & fig* jungle *f*.
junior ['dʒuːnjəʳ] ◇ *adj* **1.** *(gen)* jeune. **2.** *Am (after name)* junior. ◇ *n* **1.** *(in rank)* subalterne *mf*. **2.** *(in age)* cadet *m*, -ette *f*. **3.** *Am* (SCH) ≃ élève *mf* de première; (UNIV) ≃ étudiant *m*, -e *f* de deuxième année.
junior high school *n Am* ≃ collège *m* d'enseignement secondaire.
junior school *n Br* école *f* primaire.
junk [dʒʌŋk] *n (unwanted objects)* bric-à-brac *m*.
junk food *n (U) pej* cochonneries *fpl*.
junkie ['dʒʌŋkɪ] *n drugs sl* drogué *m*, -e *f*.
junk mail *n (U) pej* prospectus *mpl* publicitaires envoyés par la poste.
junk shop *n* boutique *f* de brocanteur.
Junr *(abbr of* **Junior**) Jr.
Jupiter ['dʒuːpɪtəʳ] *n (planet)* Jupiter *f*.
jurisdiction [ˌdʒʊərɪs'dɪkʃn] *n* juridiction *f*.
juror ['dʒʊərəʳ] *n* juré *m*, -e *f*.
jury ['dʒʊərɪ] *n* jury *m*.
just [dʒʌst] ◇ *adv* **1.** *(recently)*: **he's ~ left** il vient de partir. **2.** *(at that moment)*: **I was ~ about to go** j'allais juste partir, j'étais sur le point de partir; **I'm ~ going to do it now** je vais le faire tout de suite OR à l'instant; **she arrived ~ as I was leaving** elle est arrivée au moment même où je partais OR juste comme je partais. **3.** *(only, simply)*: **it's ~ a rumour** ce n'est qu'une rumeur; **~ add water** vous n'avez plus qu'à ajouter de l'eau; **~ a minute** OR **moment** OR **second!** un (petit) instant! **4.** *(almost not)* tout juste, à peine; **I only ~ missed the train** j'ai manqué le train de peu; **we have ~ enough time** on a juste assez de temps. **5.** *(for emphasis)*: **the coast is ~ marvellous** la côte est vraiment magnifique; **~ look at this mess!** non, mais regarde un peu ce désordre! **6.** *(exactly, precisely)* tout à fait, exactement; **it's ~ what I need** c'est tout à fait ce qu'il me faut. **7.** *(in requests)*: **could you ~ move over please?** pourriez-vous vous pousser un peu s'il vous plaît? ◇ *adj* juste, équitable. ◆ **just about** *adv* à peu près, plus ou moins. ◆ **just as** *adv (in comparison)* tout aussi; **you're ~ as clever as he is** tu es tout aussi intelligent que lui. ◆ **just now** *adv* **1.** *(a short time ago)* il y a un moment, tout à l'heure. **2.** *(at this moment)* en ce moment.
justice ['dʒʌstɪs] *n* **1.** *(gen)* justice *f*. **2.** *(of claim, cause)* bien-fondé *m*.
Justice of the Peace (*pl* **Justices of the Peace**) *n* juge *m* de paix.
justify ['dʒʌstɪfaɪ] *vt (give reasons for)* justifier.
jut [dʒʌt] *vi*: **to ~ (out)** faire saillie, avancer.
juvenile ['dʒuːvənaɪl] ◇ *adj* **1.** (JUR) mineur(e), juvénile. **2.** *(childish)* puéril(e). ◇ *n* (JUR) mineur *m*, -e *f*.
juxtapose [ˌdʒʌkstə'pəʊz] *vt* juxtaposer.

K

k (*pl* **k's** OR **ks**), **K** (*pl* **K's** OR **Ks**) [keɪ] *n (letter)* k *m inv*, K *m inv*. ◆ **K 1.** *(abbr of* **kilobyte**) Ko. **2.** *(abbr of* **thousand**) K.
kaleidoscope [kə'laɪdəskəʊp] *n* kaléidoscope *m*.
kangaroo [ˌkæŋgə'ruː] *n* kangourou *m*.
kaput [kə'pʊt] *adj inf* fichu(e), foutu(e).
karaoke [ˌkærɪ'əʊkɪ] *n* karaoké *m*.
karat ['kærət] *n Am* carat *m*.
karate [kə'rɑːtɪ] *n* karaté *m*.
kayak ['kaɪæk] *n* kayak *m*.
KB *(abbr of* **kilobyte(s)**) *n* (COMPUT) Ko *m*.
kebab [kɪ'bæb] *n* brochette *f*.
keel [kiːl] *n* quille *f*; **on an even ~** stable. ◆ **keel over** *vi (ship)* chavirer; *(person)* tomber dans les pommes.
keen [kiːn] *adj* **1.** *(enthusiastic)* enthousiaste, passionné(e); **to be ~ on sthg** avoir la passion de qqch; **he's ~ on her** elle lui plaît; **to be ~ to do** OR **on doing sthg** tenir à faire qqch. **2.** *(interest, desire, mind)* vif (vive); *(competition)* âpre, acharné(e). **3.** *(sense of smell)* fin(e); *(eyesight)* perçant(e).
keep [kiːp] (*pt & pp* **kept**) ◇ *vt* **1.** *(retain, store)* garder; **~ the change!** gardez la monnaie!; **to ~ sthg warm** garder OR tenir qqch au chaud. **2.** *(pre-*

vent): **to keep sb/sthg from doing sthg** empêcher qqn/qqch de faire qqch. **3.** *(detain)* retenir; *(prisoner)* détenir; **to ~ sb waiting** faire attendre qqn. **4.** *(promise)* tenir; *(appointment)* aller à; *(vow)* être fidèle à. **5.** *(not disclose)*: **to ~ sthg from sb** cacher qqch à qqn; **to ~ sthg to o.s.** garder qqch pour soi. **6.** *(diary, record, notes)* tenir. **7.** *(own - sheep, pigs etc)* élever; *(- shop)* tenir; *(- car)* avoir, posséder. **8.** *phr*: **they ~ themselves to themselves** ils restent entre eux, ils se tiennent à l'écart. ◇ *vi* **1.** *(remain)*: **to ~ warm** se tenir au chaud; **to ~ quiet** garder le silence; **~ quiet!** taisez-vous! **2.** *(continue)*: **he ~s interrupting me** il n'arrête pas de m'interrompre; **to ~ talking/walking** continuer à parler/à marcher. **3.** *(continue moving)*: **to ~ left/right** garder sa gauche/sa droite; **to ~ north/south** continuer vers le nord/le sud. **4.** *(food)* se conserver. **5.** *Br (in health)*: **how are you ~ing?** comment allez-vous? ◇ *n*: **to earn one's ~** gagner sa vie. ◆ **keeps** *n*: **for ~s** pour toujours. ◆ **keep back** *vt sep (information)* cacher, ne pas divulguer; *(money)* retenir. ◆ **keep off** *vt fus*: **'~ off the grass'** '(il est) interdit de marcher sur la pelouse'. ◆ **keep on** *vi* **1.** *(continue)*: **to ~ on (doing sthg)** *(without stopping)* continuer (de OR à faire qqch); *(repeatedly)* ne pas arrêter (de faire qqch). **2.** *(talk incessantly)*: **to ~ on (about sthg)** ne pas arrêter de parler (de qqch). ◆ **keep out** ◇ *vt sep* empêcher d'entrer. ◇ *vi*: **'~ out'** 'défense d'entrer'. ◆ **keep to** *vt fus (rules, deadline)* respecter, observer. ◆ **keep up** ◇ *vt sep (continue to do)* continuer; *(maintain)* maintenir. ◇ *vi (maintain pace, level etc)*: **to ~ up (with sb)** aller aussi vite (que qqn).

keeper ['kiːpəʳ] *n* gardien *m*, -enne *f*.

keep-fit *n (U) Br* gymnastique *f*.

keeping ['kiːpɪŋ] *n* **1.** *(care)* garde *f*. **2.** *(conformity, harmony)*: **to be in/out of ~ with** *(rules etc)* être/ne pas être conforme à; *(subj: clothes, furniture)* aller/ne pas aller avec.

keg [keg] *n* tonnelet *m*, baril *m*.

kennel ['kenl] *n* **1.** *(shelter for dog)* niche *f*. **2.** *Am* = **kennels**. ◆ **kennels** *npl Br* chenil *m*.

Kenya ['kenjə] *n* Kenya *m*.

Kenyan ['kenjən] ◇ *adj* kenyan(e). ◇ *n* Kenyan *m*, -e *f*.

kept [kept] *pt & pp* → **keep**.

kerb [kɜːb] *n Br* bordure *f* du trottoir.

kernel ['kɜːnl] *n* amande *f*.

kerosene ['kerəsiːn] *n* kérosène *m*.

ketchup ['ketʃəp] *n* ketchup *m*.

kettle ['ketl] *n* bouilloire *f*.

key [kiː] ◇ *n* **1.** *(gen & MUS)* clef *f*, clé *f*; **the ~ (to sthg)** *fig* la clé (de qqch). **2.** *(of typewriter, computer, piano)* touche *f*. **3.** *(of map)* légende *f*. ◇ *adj* clé *(after n)*.

keyboard ['kiːbɔːd] *n (gen & COMPUT)* clavier *m*.

keyed up [ˌkiːd-] *adj* tendu(e), énervé(e).

keyhole ['kiːhəʊl] *n* trou *m* de serrure.

keynote ['kiːnəʊt] ◇ *n* note *f* dominante. ◇ *comp*: **~ speech** discours-programme *m*.

keypad ['kiːpæd] *n* (COMPUT) pavé *m* numérique.

key ring *n* porte-clés *m inv*.

kg *(abbr of* **kilogram***)* kg.

khaki ['kɑːkɪ] ◇ *adj* kaki *(inv)*. ◇ *n (colour)* kaki *m*.

kick [kɪk] ◇ *n* **1.** *(with foot)* coup *m* de pied. **2.** *inf (excitement)*: **to get a ~ from sthg** trouver qqch excitant; **to do sthg for ~s** faire qqch pour le plaisir. ◇ *vt* **1.** *(with foot)* donner un coup de pied à; **to ~ o.s.** *fig* se donner des gifles OR des claques. **2.** *inf (give up)*: **to ~ the habit** arrêter. ◇ *vi (person - repeatedly)* donner des coups de pied; *(- once)* donner un coup de pied; *(baby)* gigoter; *(animal)* ruer. ◆ **kick about, kick around** *vi Br inf* traîner. ◆ **kick off** *vi* **1.** (FTBL) donner le coup d'envoi. **2.** *inf fig (start)* démarrer. ◆ **kick out** *vt sep inf* vider, jeter dehors.

kid [kɪd] ◇ *n* **1.** *inf (child)* gosse *mf*, gamin *m*, -e *f*. **2.** *inf (young person)* petit jeune *m*, petite jeune *f*. **3.** *(goat, leather)* chevreau *m*. ◇ *comp inf (brother, sister)* petit(e). ◇ *vt inf* **1.** *(tease)* faire marcher. **2.** *(delude)*: **to ~ o.s.** se faire des illusions. ◇ *vi inf*: **to be kidding** plaisanter.

kidnap ['kɪdnæp] *vt* kidnapper, enlever.

kidnapper *Br*, **kidnaper** *Am* ['kɪdnæpəʳ] *n* kidnappeur *m*, -euse *f*, ravisseur *m*, -euse *f*.

kidnapping *Br*, **kidnaping** *Am* ['kɪdnæpɪŋ] *n* enlèvement *m*.

kidney ['kɪdnɪ] (*pl* **kidneys**) *n* **1.** (ANAT) rein *m*. **2.** (CULIN) rognon *m*.

kidney bean *n* haricot *m* rouge.

kill [kɪl] ◇ *vt* **1.** *(cause death of)* tuer. **2.** *fig (hope, chances)* mettre fin à; *(pain)* supprimer. ◇ *vi* tuer. ◇ *n* mise *f* à mort.

killer ['kɪləʳ] *n (person)* meurtrier *m*, -ère *f*; *(animal)* tueur *m*, -euse *f*.

killing ['kɪlɪŋ] *n* meurtre *m*.

killjoy ['kɪldʒɔɪ] *n* rabat-joie *m inv*.

kiln [kɪln] *n* four *m*.
kilo ['kiːləʊ] (*pl* **-s**) (*abbr of* **kilogram**) *n* kilo *m*.
kilobyte ['kɪləbaɪt] *n* (COMPUT) kilooctet *m*.
kilogram(me) ['kɪləgræm] *n* kilogramme *m*.
kilohertz ['kɪləhɜːtz] (*pl inv*) *n* kilohertz *m*.
kilometre *Br* ['kɪlə,miːtə^r], **kilometer** *Am* [kɪ'lɒmɪtər] *n* kilomètre *m*.
kilowatt ['kɪləwɒt] *n* kilowatt *m*.
kilt [kɪlt] *n* kilt *m*.
kin [kɪn] *n* → **kith**.
kind [kaɪnd] ◇ *adj* gentil(ille), aimable. ◇ *n* genre *m*, sorte *f*; **they're two of a ~** ils se ressemblent; **in ~** *(payment)* en nature; **a ~ of** une espèce de, une sorte de; **~ of** *Am inf* un peu.
kindergarten ['kɪndə,gɑːtn] *n* jardin *m* d'enfants.
kind-hearted [-'hɑːtɪd] *adj* qui a bon cœur, bon (bonne).
kindle ['kɪndl] *vt* **1.** *(fire)* allumer. **2.** *fig (feeling)* susciter.
kindly ['kaɪndlɪ] ◇ *adj* **1.** *(person)* plein(e) de bonté, bienveillant(e). **2.** *(gesture)* plein(e) de gentillesse. ◇ *adv* **1.** *(speak, smile etc)* avec gentillesse. **2.** *(please)*: **~ leave the room!** veuillez sortir, s'il vous plaît!; **will you ~ ...?** veuillez ..., je vous prie de ...
kindness ['kaɪndnɪs] *n* gentillesse *f*.
kindred ['kɪndrɪd] *adj* *(similar)* semblable, similaire; **~ spirit** âme *f* sœur.
king [kɪŋ] *n* roi *m*.
kingdom ['kɪŋdəm] *n* **1.** *(country)* royaume *m*. **2.** *(of animals, plants)* règne *m*.
kingfisher ['kɪŋ,fɪʃə^r] *n* martin-pêcheur *m*.
king-size(d) [-saɪz(d)] *adj* *(cigarette)* long (longue); *(pack)* géant(e); **a ~ bed** un grand lit *(de 195 cm)*.
kinky ['kɪŋkɪ] *adj inf* vicieux(euse).
kiosk ['kiːɒsk] *n* **1.** *(small shop)* kiosque *m*. **2.** *Br (telephone box)* cabine *f* (téléphonique).
kipper ['kɪpə^r] *n* hareng *m* fumé OR saur.
kiss [kɪs] ◇ *n* baiser *m*; **to give sb a ~** embrasser qqn, donner un baiser à qqn. ◇ *vt* embrasser. ◇ *vi* s'embrasser.
kiss of life *n*: **the ~** le bouche-à-bouche.
kit [kɪt] *n* **1.** *(set)* trousse *f*. **2.** *(U)* (SPORT) affaires *fpl*, équipement *m*. **3.** *(to be assembled)* kit *m*.
kit bag *n* sac *m* de marin.
kitchen ['kɪtʃɪn] *n* cuisine *f*.
kitchen sink *n* évier *m*.
kitchen unit *n* élément *m* de cuisine.
kite [kaɪt] *n* *(toy)* cerf-volant *m*.
kith [kɪθ] *n*: **~ and kin** parents et amis *mpl*.
kitten ['kɪtn] *n* chaton *m*.
kitty ['kɪtɪ] *n* *(shared fund)* cagnotte *f*.
kiwi ['kiːwiː] *n* **1.** *(bird)* kiwi *m*, aptéryx *m*. **2.** *inf (New Zealander)* Néo-Zélandais *m*, -e *f*.
kiwi fruit *n* kiwi *m*.
km (*abbr of* **kilometre**) km.
km/h (*abbr of* **kilometres per hour**) km/h.
knack [næk] *n*: **to have a** OR **the ~ (for doing sthg)** avoir le coup (pour faire qqch).
knackered ['nækəd] *adj Br v inf* crevé(e), claqué(e).
knapsack ['næpsæk] *n* sac *m* à dos.
knead [niːd] *vt* pétrir.
knee [niː] *n* genou *m*.
kneecap ['niːkæp] *n* rotule *f*.
kneel [niːl] (*Br pt & pp* **knelt**, *Am pt & pp* **knelt** OR **-ed**) *vi* se mettre à genoux, s'agenouiller. ◆ **kneel down** *vi* se mettre à genoux, s'agenouiller.
knelt [nelt] *pt & pp* → **kneel**.
knew [njuː] *pt* → **know**.
knickers ['nɪkəz] *npl* **1.** *Br (underwear)* culotte *f*. **2.** *Am (knickerbockers)* pantalon *m* de golf.
knife [naɪf] (*pl* **knives**) ◇ *n* couteau *m*. ◇ *vt* donner un coup de couteau à, poignarder.
knight [naɪt] ◇ *n* **1.** *(in history, member of nobility)* chevalier *m*. **2.** *(in chess)* cavalier *m*. ◇ *vt* faire chevalier.
knighthood ['naɪthʊd] *n* titre *m* de chevalier.
knit [nɪt] (*pt & pp* **knit** OR **-ted**) ◇ *adj*: **closely** OR **tightly ~** *fig* très uni(e). ◇ *vt* tricoter. ◇ *vi* **1.** *(with wool)* tricoter. **2.** *(broken bones)* se souder.
knitting ['nɪtɪŋ] *n* *(U)* tricot *m*.
knitting needle *n* aiguille *f* à tricoter.
knitwear ['nɪtweə^r] *n* *(U)* tricots *mpl*.
knives [naɪvz] *pl* → **knife**.
knob [nɒb] *n* **1.** *(on door)* poignée *f*, bouton *m*; *(on drawer)* poignée; *(on bedstead)* pomme *f*. **2.** *(on TV, radio etc)* bouton *m*.
knock [nɒk] ◇ *n* **1.** *(hit)* coup *m*. **2.** *inf (piece of bad luck)* coup *m* dur. ◇ *vt* **1.** *(hit)* frapper, cogner; **to ~ sb/sthg over** renverser qqn/qqch. **2.** *inf (criticize)*

critiquer, dire du mal de. ◇ *vi* **1.** *(on door)*: **to ~ (at** OR **on)** frapper (à). **2.** *(car engine)* cogner, avoir des ratés. ◆ **knock down** *vt sep* **1.** *(subj: car, driver)* renverser. **2.** *(building)* démolir. ◆ **knock off** *vi inf (stop working)* finir son travail OR sa journée. ◆ **knock out** *vt sep* **1.** *(make unconscious)* assommer. **2.** *(from competition)* éliminer.

knocker ['nɒkər] *n (on door)* heurtoir *m*.

knock-kneed [-'ni:d] *adj* cagneux (euse), qui a les genoux cagneux.

knock-on effect *n Br* réaction *f* en chaîne.

knockout ['nɒkaʊt] *n* knock-out *m*, K.-O. *m*.

knot [nɒt] ◇ *n* **1.** *(gen)* nœud *m*; **to tie/untie a ~** faire/défaire un nœud. **2.** *(of people)* petit attroupement *m*. ◇ *vt* nouer, faire un nœud à.

knotty ['nɒtɪ] *adj fig* épineux(euse).

know [nəʊ] (*pt* **knew**, *pp* **known**) ◇ *vt* **1.** *(gen)* savoir; *(language)* savoir parler; **to ~ (that) ...** savoir que ...; **to let sb ~ (about sthg)** faire savoir (qqch) à qqn, informer qqn (de qqch); **to ~ how to do sthg** savoir faire qqch; **to get to ~ sthg** apprendre qqch. **2.** *(person, place)* connaître; **to get to ~ sb** apprendre à mieux connaître qqn. ◇ *vi* savoir; **to ~ of sthg** connaître qqch; **to ~ about** *(be aware of)* être au courant de; *(be expert in)* s'y connaître en. ◇ *n*: **to be in the ~** être au courant.

know-all *n Br* (monsieur) je-sais-tout *m*, (madame) je-sais-tout *f*.

know-how *n* savoir-faire *m*, technique *f*.

knowing ['nəʊɪŋ] *adj (smile, look)* entendu(e).

knowingly ['nəʊɪŋlɪ] *adv* **1.** *(smile, look)* d'un air entendu. **2.** *(intentionally)* sciemment.

know-it-all = **know-all**.

knowledge ['nɒlɪdʒ] *n (U)* **1.** *(gen)* connaissance *f*; **without my ~** à mon insu; **to the best of my ~** à ma connaissance, autant que je sache. **2.** *(learning, understanding)* savoir *m*, connaissances *fpl*.

knowledgeable ['nɒlɪdʒəbl] *adj* bien informé(e).

known [nəʊn] *pp* → **know**.

knuckle ['nʌkl] *n* **1.** (ANAT) articulation *f* OR jointure *f* du doigt. **2.** *(of meat)* jarret *m*.

knuckle-duster *n* coup-de-poing *m* américain.

koala (bear) [kəʊ'ɑ:lə-] *n* koala *m*.

Koran [kɒ'rɑ:n] *n*: **the ~** le Coran.

Korea [kə'rɪə] *n* Corée *f*.

Korean [kə'rɪən] ◇ *adj* coréen(enne). ◇ *n* **1.** *(person)* Coréen *m*, -enne *f*. **2.** *(language)* coréen *m*.

kosher ['kəʊʃər] *adj* **1.** *(meat)* kasher *(inv)*. **2.** *inf (reputable)* O.K. *(inv)*, réglo *(inv)*.

Koweit = **Kuwait**.

kung fu [,kʌŋ'fu:] *n* kung-fu *m*.

Kurd [kɜ:d] *n* Kurde *mf*.

Kuwait [kʊ'weɪt], **Koweit** [kəʊ'weɪt] *n* **1.** *(country)* Koweït *m*. **2.** *(city)* Koweït City.

L

l¹ (*pl* **l's** OR **ls**), **L** (*pl* **L's** OR **Ls**) [el] *n (letter)* l *m inv*, L *m inv*.

l² (*abbr of* **litre**) l.

lab [læb] *n inf* labo *m*.

label ['leɪbl] ◇ *n* **1.** *(identification)* étiquette *f*. **2.** *(of record)* label *m*, maison *f* de disques. ◇ *vt* **1.** *(fix label to)* étiqueter. **2.** *(describe)*: **to ~ sb (as)** cataloguer OR étiqueter qqn (comme).

labor *etc Am* = **labour** *etc*.

laboratory [*Br* lə'bɒrətrɪ, *Am* 'læbrə,tɔ:rɪ] *n* laboratoire *m*.

laborious [lə'bɔ:rɪəs] *adj* laborieux (euse).

labor union *n Am* syndicat *m*.

labour *Br*, **labor** *Am* ['leɪbər] ◇ *n* **1.** *(gen & MED)* travail *m*. **2.** *(workers, work carried out)* main d'œuvre *f*. ◇ *vi* travailler dur; **to ~ at** OR **over** peiner sur. ◆ **Labour** (POL) ◇ *adj* travailliste. ◇ *n (U) Br* les travaillistes *mpl*.

laboured *Br*, **labored** *Am* ['leɪbəd] *adj (breathing)* pénible; *(style)* lourd(e), laborieux(euse).

labourer *Br*, **laborer** *Am* ['leɪbərər] *n* travailleur manuel *m*, travailleuse manuelle *f*; *(agricultural)* ouvrier agricole *m*, ouvrière agricole *f*.

Labour Party *n Br*: **the ~** le parti travailliste.

Labrador ['læbrədɔ:r] *n (dog)* labrador *m*.

labyrinth ['læbərɪnθ] *n* labyrinthe *m*.

lace [leɪs] ◇ *n* **1.** *(fabric)* dentelle *f.* **2.** *(of shoe etc)* lacet *m.* ◇ *vt* **1.** *(shoe etc)* lacer. **2.** *(drink)* verser de l'alcool dans. ◆ **lace up** *vt sep* lacer.
lace-up *n Br* chaussure *f* à lacets.
lack [læk] ◇ *n* manque *m*; **for** OR **through ~ of** par manque de; **no ~ of** bien assez de. ◇ *vt* manquer de. ◇ *vi*: **to be ~ing in sthg** manquer de qqch; **to be ~ing** manquer, faire défaut.
lacklustre *Br*, **lackluster** *Am* ['læk,lʌstəʳ] *adj* terne.
laconic [lə'kɒnɪk] *adj* laconique.
lacquer ['lækəʳ] ◇ *n (for wood)* vernis *m*, laque *f*; *(for hair)* laque *f.* ◇ *vt* laquer.
lacrosse [lə'krɒs] *n* crosse *f.*
lad [læd] *n inf (boy)* garçon *m*, gars *m.*
ladder ['lædəʳ] ◇ *n* **1.** *(for climbing)* échelle *f.* **2.** *Br (in tights)* maille *f* filée, estafilade *f.* ◇ *vt & vi Br (tights)* filer.
laden ['leɪdn] *adj*: **~ (with)** chargé(e) (de).
ladies *Br* ['leɪdɪz], **ladies' room** *Am n* toilettes *fpl* (pour dames).
ladle ['leɪdl] ◇ *n* louche *f.* ◇ *vt* servir (à la louche).
lady ['leɪdɪ] ◇ *n (gen)* dame *f.* ◇ *comp*: **a ~ doctor** une femme docteur. ◆ **Lady** *n* Lady *f.*
ladybird *Br* ['leɪdɪbɜːd], **ladybug** *Am* ['leɪdɪbʌg] *n* coccinelle *f.*
ladylike ['leɪdɪlaɪk] *adj* distingué(e).
Ladyship ['leɪdɪʃɪp] *n*: **her/your ~** Madame la baronne/la duchesse *etc.*
lag [læg] ◇ *vi*: **to ~ (behind)** *(person, runner)* traîner; *(economy, development)* être en retard, avoir du retard. ◇ *vt (roof, pipe)* calorifuger. ◇ *n (timelag)* décalage *m.*
lager ['lɑːgəʳ] *n* (bière *f*) blonde *f.*
lagoon [lə'guːn] *n* lagune *f.*
laid [leɪd] *pt & pp* → **lay.**
laid-back *adj inf* relaxe, décontracté (e).
lain [leɪn] *pp* → **lie.**
lair [leəʳ] *n* repaire *m*, antre *m.*
laity ['leɪətɪ] *n* (RELIG): **the ~** les laïcs *mpl.*
lake [leɪk] *n* lac *m.*
Lake District *n*: **the ~** la région des lacs *(au nord-ouest de l'Angleterre).*
Lake Geneva *n* le lac Léman OR de Genève.
lamb [læm] *n* agneau *m.*
lambswool ['læmzwʊl] ◇ *n* lambswool *m.* ◇ *comp* en lambswool, en laine d'agneau.
lame [leɪm] *adj lit & fig* boiteux(euse).
lament [lə'ment] ◇ *n* lamentation *f.* ◇ *vt* se lamenter sur.
lamentable ['læməntəbl] *adj* lamentable.
laminated ['læmɪneɪtɪd] *adj (wood)* stratifié(e); *(glass)* feuilleté(e); *(steel)* laminé(e).
lamp [læmp] *n* lampe *f.*
lampoon [læm'puːn] ◇ *n* satire *f.* ◇ *vt* faire la satire de.
lamppost ['læmppəʊst] *n* réverbère *m.*
lampshade ['læmpʃeɪd] *n* abat-jour *m.*
lance [lɑːns] ◇ *n* lance *f.* ◇ *vt (boil)* percer.
lance corporal *n* caporal *m.*
land [lænd] ◇ *n* **1.** *(solid ground)* terre *f* (ferme); *(farming ground)* terre, terrain *m.* **2.** *(property)* terres *fpl*, propriété *f.* **3.** *(nation)* pays *m.* ◇ *vt* **1.** *(from ship, plane)* débarquer. **2.** *(catch - fish)* prendre. **3.** *(plane)* atterrir. **4.** *inf (obtain)* décrocher. **5.** *inf (place)*: **to ~ sb in trouble** attirer des ennuis à qqn; **to be ~ed with sthg** se coltiner qqch. ◇ *vi* **1.** *(plane)* atterrir. **2.** *(fall)* tomber. ◆ **land up** *vi inf* atterrir.
landing ['lændɪŋ] *n* **1.** *(of stairs)* palier *m.* **2.** (AERON) atterrissage *m.* **3.** *(of goods from ship)* débarquement *m.*
landing card *n* carte *f* de débarquement.
landing gear *n (U)* train *m* d'atterrissage.
landing stage *n* débarcadère *m.*
landing strip *n* piste *f* d'atterrissage.
landlady ['lænd,leɪdɪ] *n (living in)* logeuse *f*; *(owner)* propriétaire *f.*
landlord ['lændlɔːd] *n* **1.** *(of rented property)* propriétaire *m.* **2.** *(of pub)* patron *m.*
landmark ['lændmɑːk] *n* point *m* de repère; *fig* événement *m* marquant.
landowner ['lænd,əʊnəʳ] *n* propriétaire foncier *m*, propriétaire foncière *f.*
landscape ['lændskeɪp] *n* paysage *m.*
landslide ['lændslaɪd] *n* **1.** *(of earth)* glissement *m* de terrain; *(of rocks)* éboulement *m.* **2.** *fig (election victory)* victoire *f* écrasante.
lane [leɪn] *n* **1.** *(in country)* petite route *f*, chemin *m.* **2.** *(in town)* ruelle *f.* **3.** *(for traffic)* voie *f*; **'keep in ~'** 'ne changez pas de file'. **4.** (AERON & SPORT) couloir *m.*
language ['læŋgwɪdʒ] *n* **1.** *(of people, country)* langue *f.* **2.** *(terminology, ability to speak)* langage *m.*
language laboratory *n* laboratoire *m* de langues.
languid ['læŋgwɪd] *adj* indolent(e).

languish ['læŋgwɪʃ] *vi* languir.
lank [læŋk] *adj* terne.
lanky ['læŋkɪ] *adj* dégingandé(e).
lantern ['læntən] *n* lanterne *f*.
lap [læp] ◇ *n* 1. *(of person)*: **on sb's ~** sur les genoux de qqn. 2. *(of race)* tour *m* de piste. ◇ *vt* 1. *(subj: animal)* laper. 2. *(in race)* prendre un tour d'avance sur. ◇ *vi (water, waves)* clapoter.
lapel [lə'pel] *n* revers *m*.
Lapland ['læplænd] *n* Laponie *f*.
lapse [læps] ◇ *n* 1. *(failing)* défaillance *f*. 2. *(in behaviour)* écart *m* de conduite. 3. *(of time)* intervalle *m*, laps *m* de temps. ◇ *vi* 1. *(passport)* être périmé(e); *(membership)* prendre fin; *(tradition)* se perdre. 2. *(person)*: **to ~ into bad habits** prendre de mauvaises habitudes.
lap-top (computer) *n* (ordinateur *m*) portable *m*.
larceny ['lɑːsənɪ] *n (U)* vol *m* (simple).
lard [lɑːd] *n* saindoux *m*.
larder ['lɑːdəʳ] *n* garde-manger *m*.
large [lɑːdʒ] *adj* grand(e); *(person, animal, book)* gros (grosse). ◆ **at large** *adv* 1. *(as a whole)* dans son ensemble. 2. *(prisoner, animal)* en liberté. ◆ **by and large** *adv* dans l'ensemble.
largely ['lɑːdʒlɪ] *adv* en grande partie.
lark [lɑːk] *n* 1. *(bird)* alouette *f*. 2. *inf (joke)* blague *f*. ◆ **lark about** *vi* s'amuser.
laryngitis [,lærɪn'dʒaɪtɪs] *n (U)* laryngite *f*.
larynx ['lærɪŋks] *n* larynx *m*.
lasagna, lasagne [lə'zænjə] *n (U)* lasagnes *fpl*.
laser ['leɪzəʳ] *n* laser *m*.
laser printer *n* imprimante *f* (à) laser.
lash [læʃ] ◇ *n* 1. *(eyelash)* cil *m*. 2. *(with whip)* coup *m* de fouet. ◇ *vt* 1. *(gen)* fouetter. 2. *(tie)* attacher. ◆ **lash out** *vi* 1. *(physically)*: **to ~ out (at** OR **against)** envoyer un coup (à). 2. *Br inf (spend money)*: **to ~ out (on sthg)** faire une folie (en s'achetant qqch).
lass [læs] *n* jeune fille *f*.
lasso [læ'suː] (*pl* **-s**) ◇ *n* lasso *m*. ◇ *vt* attraper au lasso.
last [lɑːst] ◇ *adj* dernier(ère); **~ week/year** la semaine/l'année dernière, la semaine/l'année passée; **~ night** hier soir; **~ but one** avant-dernier (avant-dernière); **down to the ~ detail/penny** jusqu'au moindre détail/dernier sou. ◇ *adv* 1. *(most recently)* la dernière fois. 2. *(finally)* en dernier, le dernier (la dernière). ◇ *pron*: **the Saturday before ~** pas samedi dernier, mais le samedi d'avant; **the year before ~** il y a deux ans; **the ~ but one** l'avant-dernier *m*, l'avant-dernière *f*; **to leave sthg till ~** faire qqch en dernier. ◇ *n*: **the ~ I saw of him** la dernière fois que je l'ai vu. ◇ *vi* durer; *(food)* se garder, se conserver; *(feeling)* persister. ◆ **at (long) last** *adv* enfin.
last-ditch *adj* ultime, désespéré(e).
lasting ['lɑːstɪŋ] *adj* durable.
lastly ['lɑːstlɪ] *adv* pour terminer, finalement.
last-minute *adj* de dernière minute.
last name *n* nom *m* de famille.
latch [lætʃ] *n* loquet *m*. ◆ **latch onto** *vt fus inf* s'accrocher à.
late [leɪt] ◇ *adj* 1. *(not on time)*: **to be ~ (for sthg)** être en retard (pour qqch). 2. *(near end of)*: **in ~ December** vers la fin décembre. 3. *(later than normal)* tardif(ive). 4. *(former)* ancien(enne). 5. *(dead)* feu(e). ◇ *adv* 1. *(not on time)* en retard; **to arrive 20 minutes ~** arriver avec 20 minutes de retard. 2. *(later than normal)* tard; **to work/go to bed ~** travailler/se coucher tard. ◆ **of late** *adv* récemment, dernièrement.

• *Lately* et *late* n'ont pas le même sens, même si ce sont tous les deux des adverbes (*late* est aussi un adjectif, bien sûr). *Lately* se traduit par «ces derniers temps, dernièrement». Comparez, par exemple, *he arrived late* («il est arrivé tard») et *we haven't spoken lately* («nous ne nous sommes pas parlé dernièrement»).

latecomer ['leɪt,kʌməʳ] *n* retardataire *mf*.
lately ['leɪtlɪ] *adv* ces derniers temps, dernièrement.
latent ['leɪtənt] *adj* latent(e).
later ['leɪtəʳ] ◇ *adj (date)* ultérieur(e); *(edition)* postérieur(e). ◇ *adv*: **~ (on)** plus tard.
lateral ['lætərəl] *adj* latéral(e).
latest ['leɪtɪst] ◇ *adj* dernier(ère). ◇ *n*: **at the ~** au plus tard.
lathe [leɪð] *n* tour *m*.
lather ['lɑːðəʳ] ◇ *n* mousse *f* (de savon). ◇ *vt* savonner.
Latin ['lætɪn] ◇ *adj* latin(e). ◇ *n (language)* latin *m*.
Latin America *n* Amérique *f* latine.
Latin American ◇ *adj* latino-américain(e). ◇ *n (person)* Latino-Américain *m*, -e *f*.
latitude ['lætɪtjuːd] *n* latitude *f*.

latter ['lætəʳ] ◇ *adj* 1. *(later)* dernier (ère). 2. *(second)* deuxième. ◇ *n*: **the ~** celui-ci (celle-ci), ce dernier (cette dernière).
latterly ['lætəlɪ] *adv* récemment.
Latvia ['lætvɪə] *n* Lettonie *f*.
laudable ['lɔːdəbl] *adj* louable.
laugh [lɑːf] ◇ *n* rire *m*; **we had a good ~** *inf* on a bien rigolé, on s'est bien amusé; **to do sthg for ~s** OR **a ~** *inf* faire qqch pour rire OR rigoler. ◇ *vi* rire. ◆ **laugh at** *vt fus (mock)* se moquer de, rire de. ◆ **laugh off** *vt sep* tourner en plaisanterie.
laughable ['lɑːfəbl] *adj* ridicule, risible.
laughingstock ['lɑːfɪŋstɒk] *n* risée *f*.
laughter ['lɑːftəʳ] *n (U)* rire *m*, rires *mpl*.
launch [lɔːntʃ] ◇ *n* 1. *(gen)* lancement *m*. 2. *(boat)* chaloupe *f*. ◇ *vt* lancer.
launch(ing) pad ['lɔːntʃ(ɪŋ)-] *n* pas *m* de tir.
launder ['lɔːndəʳ] *vt lit & fig* blanchir.
laund(e)rette [lɔːn'dret], **Laundromat®** *Am* ['lɔːndrəmæt] *n* laverie *f* automatique.
laundry ['lɔːndrɪ] *n* 1. *(U) (clothes)* lessive *f*. 2. *(business)* blanchisserie *f*.
laurel ['lɒrəl] *n* laurier *m*.
lava ['lɑːvə] *n* lave *f*.
lavatory ['lævətrɪ] *n* toilettes *fpl*.
lavender ['lævəndəʳ] *n (plant)* lavande *f*.
lavish ['lævɪʃ] ◇ *adj* 1. *(generous)* généreux(euse); **to be ~ with** être prodigue de. 2. *(sumptuous)* somptueux(euse). ◇ *vt*: **to ~ sthg on sb** prodiguer qqch à qqn.
law [lɔː] *n* 1. *(gen)* loi *f*; **against the ~** contraire à la loi, illégal(e); **to break the ~** enfreindre OR transgresser la loi; **~ and order** ordre *m* public. 2. (JUR) droit *m*.
law-abiding [-əˌbaɪdɪŋ] *adj* respectueux(euse) des lois.
law court *n* tribunal *m*, cour *f* de justice.
lawful ['lɔːfʊl] *adj* légal(e), licite.
lawn [lɔːn] *n* pelouse *f*, gazon *m*.
lawnmower ['lɔːnˌməʊəʳ] *n* tondeuse *f* à gazon.
lawn tennis *n* tennis *m*.
law school *n* faculté *f* de droit.
lawsuit ['lɔːsuːt] *n* procès *m*.
lawyer ['lɔːjəʳ] *n (in court)* avocat *m*; *(of company)* conseiller *m* juridique; *(for wills, sales)* notaire *m*.
lax [læks] *adj* relâché(e).
laxative ['læksətɪv] *n* laxatif *m*.
lay [leɪ] (*pt & pp* **laid**) ◇ *pt* → **lie**. ◇ *vt* 1. *(gen)* poser, mettre; *fig*: **to ~ the blame for sthg on sb** rejeter la responsabilité de qqch sur qqn. 2. *(trap, snare)* tendre, dresser; *(plans)* faire; **to ~ the table** mettre la table OR le couvert. 3. *(egg)* pondre. ◇ *adj* 1. (RELIG) laïque. 2. *(untrained)* profane. ◆ **lay aside** *vt sep* mettre de côté. ◆ **lay down** *vt sep* 1. *(guidelines, rules)* imposer, stipuler. 2. *(put down)* déposer. ◆ **lay off** ◇ *vt sep (make redundant)* licencier. ◇ *vt fus inf* 1. *(leave alone)* ficher la paix à. 2. *(give up)* arrêter. ◆ **lay on** *vt sep Br (provide, supply)* organiser. ◆ **lay out** *vt sep* 1. *(arrange)* arranger, disposer. 2. *(design)* concevoir.
layabout ['leɪəbaʊt] *n Br inf* fainéant *m*, -e *f*.
lay-by (*pl* **lay-bys**) *n Br* aire *f* de stationnement.
layer ['leɪəʳ] *n* couche *f*; *fig (level)* niveau *m*.
layman ['leɪmən] (*pl* **-men** [-mən]) *n* 1. *(untrained person)* profane *m*. 2. (RELIG) laïc *m*.
layout ['leɪaʊt] *n (of office, building)* agencement *m*; *(of garden)* plan *m*; *(of page)* mise *f* en page.
laze [leɪz] *vi*: **to ~ (about** OR **around)** paresser.
lazy ['leɪzɪ] *adj (person)* paresseux (euse), fainéant(e); *(action)* nonchalant (e).
lazybones ['leɪzɪbəʊnz] (*pl inv*) *n* paresseux *m*, -euse *f*, fainéant *m*, -e *f*.
lb (*abbr of* **pound**) *livre (unité de poids)*.
LCD (*abbr of* **liquid crystal display**) *n affichage à cristaux liquides*.
lead¹ [liːd] (*pt & pp* **led**) ◇ *n* 1. *(winning position)*: **to be in** OR **have the ~** mener, être en tête. 2. *(amount ahead)*: **to have a ~ of ...** devancer de ... 3. *(initiative, example)* initiative *f*, exemple *m*; **to take the ~** montrer l'exemple. 4. (THEATRE): **the ~** le rôle principal. 5. *(clue)* indice *m*. 6. *(for dog)* laisse *f*. 7. *(wire, cable)* câble *m*, fil *m*. ◇ *adj (role etc)* principal(e). ◇ *vt* 1. *(be at front of)* mener, être à la tête de. 2. *(guide)* guider, conduire. 3. *(be in charge of)* être à la tête de, diriger. 4. *(organize - protest etc)* mener, organiser. 5. *(life)* mener. 6. *(cause)*: **to ~ sb to do sthg** inciter OR pousser qqn à faire qqch. ◇ *vi* 1. *(path, cable etc)* mener, conduire. 2. *(give access)*: **to ~ to/into** donner sur, donner accès à. 3. *(in race, match)* mener. 4. *(result in)*: **to ~ to sthg** aboutir à

qqch, causer qqch. ◆ **lead up to** *vt fus* 1. *(precede)* conduire à, aboutir à. 2. *(build up to)* amener.

lead² [led] ◇ *n* plomb *m*; *(in pencil)* mine *f*. ◇ *comp* en OR de plomb.

leaded ['ledɪd] *adj (petrol)* au plomb; *(window)* à petits carreaux.

leader ['li:dəʳ] *n* 1. *(head, chief)* chef *m*; (POL) leader *m*. 2. *(in race, competition)* premier *m*, -ère *f*. 3. *Br* (PRESS) éditorial *m*.

leadership ['li:dəʃɪp] *n* 1. *(people in charge)*: **the ~** les dirigeants *mpl*. 2. *(position of leader)* direction *f*. 3. *(qualities of leader)* qualités *fpl* de chef.

lead-free [led-] *adj* sans plomb.

leading ['li:dɪŋ] *adj* 1. *(most important)* principal(e). 2. *(at front)* de tête.

leading light *n* personnage *m* très important OR influent.

leaf [li:f] (*pl* **leaves**) *n* 1. *(of tree, plant)* feuille *f*. 2. *(of table - hinged)* abattant *m*; *(- pull-out)* rallonge *f*. 3. *(of book)* feuille *f*, page *f*. ◆ **leaf through** *vt fus (magazine etc)* parcourir, feuilleter.

leaflet ['li:flɪt] *n* prospectus *m*.

league [li:g] *n* ligue *f*; (SPORT) championnat *m*; **to be in ~ with** être de connivence avec.

leak [li:k] ◇ *n lit & fig* fuite *f*. ◇ *vt fig (secret, information)* divulguer. ◇ *vi* fuir. ◆ **leak out** *vi* 1. *(liquid)* fuir. 2. *fig (secret, information)* transpirer, être divulgué(e).

lean [li:n] (*pt & pp* **leant** OR **-ed**) ◇ *adj* 1. *(slim)* mince. 2. *(meat)* maigre. 3. *fig (month, time)* mauvais(e). ◇ *vt (rest)*: **to ~ sthg against** appuyer qqch contre, adosser qqch à. ◇ *vi* 1. *(bend, slope)* se pencher. 2. *(rest)*: **to ~ on/against** s'appuyer sur/contre.

leaning ['li:nɪŋ] *n*: **~ (towards)** penchant *m* (pour).

leant [lent] *pt & pp* → **lean**.

lean-to (*pl* **lean-tos**) *n* appentis *m*.

leap [li:p] (*pt & pp* **leapt** OR **-ed**) ◇ *n lit & fig* bond *m*. ◇ *vi* 1. *(gen)* bondir. 2. *fig (increase)* faire un bond.

leapfrog ['li:pfrɒg] ◇ *n* saute-mouton *m*. ◇ *vt* dépasser (d'un bond). ◇ *vi*: **to ~ over** sauter par-dessus.

leapt [lept] *pt & pp* → **leap**.

leap year *n* année *f* bissextile.

learn [lɜ:n] (*pt & pp* **-ed** OR **learnt**) ◇ *vt*: **to ~ (that) ...** apprendre que ...; **to ~ (how) to do sthg** apprendre à faire qqch. ◇ *vi*: **to ~ (of** OR **about sthg)** apprendre (qqch).

learned ['lɜ:nɪd] *adj* savant(e).

learner ['lɜ:nəʳ] *n* débutant *m*, -e *f*.

learner (driver) *n* conducteur débutant *m*, conductrice débutante *f (qui n'a pas encore son permis)*.

learning ['lɜ:nɪŋ] *n* savoir *m*, érudition *f*.

learnt [lɜ:nt] *pt & pp* → **learn**.

lease [li:s] ◇ *n* bail *m*. ◇ *vt* louer; **to ~ sthg from sb** louer qqch à qqn; **to ~ sthg to sb** louer qqch à qqn.

leasehold ['li:shəʊld] ◇ *adj* loué(e) à bail, tenu(e) à bail. ◇ *adv* à bail.

leash [li:ʃ] *n* laisse *f*.

least [li:st] (*superl of* **little**) ◇ *adj*: **the ~** le moindre (la moindre), le plus petit (la plus petite). ◇ *pron (smallest amount)*: **the ~** le moins; **it's the ~ (that) he can do** c'est la moindre des choses qu'il puisse faire; **not in the ~** pas du tout, pas le moins du monde; **to say the ~** c'est le moins qu'on puisse dire. ◇ *adv*: **(the) ~** le moins (la moins). ◆ **at least** *adv* au moins; *(to correct)* du moins. ◆ **least of all** *adv* surtout pas, encore moins. ◆ **not least** *adv fml* notamment.

leather ['leðəʳ] ◇ *n* cuir *m*. ◇ *comp* en cuir.

leave [li:v] (*pt & pp* **left**) ◇ *vt* 1. *(gen)* laisser; **to ~ sb alone** laisser qqn tranquille. 2. *(go away from)* quitter. 3. *(bequeath)*: **to ~ sb sthg, to ~ sthg to sb** léguer OR laisser qqch à qqn; *see also* **left**. ◇ *vi* partir. ◇ *n* congé *m*; **to be on ~** *(from work)* être en congé; *(from army)* être en permission. ◆ **leave behind** *vt sep* 1. *(abandon)* abandonner, laisser. 2. *(forget)* oublier, laisser. ◆ **leave out** *vt sep* omettre, exclure.

leave of absence *n* congé *m*.

leaves [li:vz] *pl* → **leaf**.

Lebanon ['lebənən] *n* Liban *m*.

lecherous ['letʃərəs] *adj* lubrique, libidineux(euse).

lecture ['lektʃəʳ] ◇ *n* 1. *(talk - gen)* conférence *f*; (- UNIV) cours *m* magistral. 2. *(scolding)*: **to give sb a ~** réprimander qqn, sermonner qqn. ◇ *vt (scold)* réprimander, sermonner. ◇ *vi*: **to ~ on sthg** faire un cours sur qqch; **to ~ in sthg** être professeur de qqch.

lecturer ['lektʃərəʳ] *n (speaker)* conférencier *m*, -ère *f*; (UNIV) maître assistant *m*.

led [led] *pt & pp* → **lead¹**.

ledge [ledʒ] *n* 1. *(of window)* rebord *m*. 2. *(of mountain)* corniche *f*.

ledger ['ledʒəʳ] *n* grand livre *m*.

leek [li:k] *n* poireau *m*.

leer [lɪəʳ] ◇ *n* regard *m* libidineux. ◇ *vi*: **to ~ at** reluquer.
leeway ['liːweɪ] *n (room to manoeuvre)* marge *f* de manœuvre.
left [left] ◇ *pt & pp* → **leave**. ◇ *adj* 1. *(remaining)*: **to be ~** rester; **have you any money ~?** il te reste de l'argent? 2. *(not right)* gauche. ◇ *adv* à gauche. ◇ *n*: **on** OR **to the ~** à gauche. ◆ **Left** *n* (POL): **the Left** la Gauche.
left-hand *adj* de gauche; **~ side** gauche *f*, côté *m* gauche.
left-hand drive *adj (car)* avec la conduite à gauche.
left-handed [-'hændɪd] *adj* 1. *(person)* gaucher(ère). 2. *(implement)* pour gaucher.
left luggage (office) *n Br* consigne *f*.
leftover ['leftəʊvəʳ] *adj* qui reste, en surplus. ◆ **leftovers** *npl* restes *mpl*.
left wing *n* (POL) gauche *f*. ◆ **left-wing** *adj* (POL) de gauche.
leg [leg] *n* 1. *(of person, trousers)* jambe *f*; *(of animal)* patte *f*; **to pull sb's ~** faire marcher qqn. 2. (CULIN) *(of lamb)* gigot *m*; *(of pork, chicken)* cuisse *f*. 3. *(of furniture)* pied *m*. 4. *(of journey, match)* étape *f*.
legacy ['legəsɪ] *n lit & fig* legs *m*, héritage *m*.
legal ['liːgl] *adj* 1. *(concerning the law)* juridique. 2. *(lawful)* légal(e).
legalize, -ise ['liːgəlaɪz] *vt* légaliser, rendre légal.
legal tender *n* monnaie *f* légale.
legend ['ledʒənd] *n lit & fig* légende *f*.
leggings ['legɪŋz] *npl* jambières *fpl*, leggings *mpl or fpl*.
legible ['ledʒəbl] *adj* lisible.
legislation [,ledʒɪs'leɪʃn] *n* législation *f*.
legislature ['ledʒɪsleɪtʃəʳ] *n* corps *m* législatif.
legitimate [lɪ'dʒɪtɪmət] *adj* légitime.
legless ['leglɪs] *adj Br inf (drunk)* bourré (e), rond(e).
leg-warmers [-,wɔːməz] *npl* jambières *fpl*.
leisure [*Br* 'leʒəʳ, *Am* 'liːʒər] *n* loisir *m*, temps *m* libre; **at (one's) ~** à loisir, tout à loisir.
leisure centre *n* centre *m* de loisirs.
leisurely [*Br* 'leʒəlɪ, *Am* 'liːʒərlɪ] ◇ *adj (pace)* lent(e), tranquille. ◇ *adv (walk)* sans se presser.
leisure time *n (U)* temps *m* libre, loisirs *mpl*.
lemon ['lemən] *n (fruit)* citron *m*.
lemonade [,lemə'neɪd] *n* 1. *Br (fizzy)* limonade *f*. 2. *(still)* citronnade *f*.
lemon juice *n* jus *m* de citron.
lemon sole *n* limande-sole *f*.
lemon squash *n Br* citronnade *f*.
lemon squeezer [-'skwiːzəʳ] *n* presse-citron *m inv*.
lemon tea *n* thé *m* (au) citron.
lend [lend] (*pt & pp* **lent**) *vt* 1. *(loan)* prêter; **to ~ sb sthg, to ~ sthg to sb** prêter qqch à qqn. 2. *(offer)*: **to ~ support (to sb)** offrir son soutien (à qqn); **to ~ assistance (to sb)** prêter assistance (à qqn). 3. *(add)*: **to ~ sthg to sthg** *(quality etc)* ajouter qqch à qqch.
lending rate ['lendɪŋ-] *n* taux *m* de crédit.
length [leŋθ] *n* 1. *(gen)* longueur *f*; **what ~ is it?** ça fait quelle longueur?; **it's five metres in ~** cela fait cinq mètres de long. 2. *(piece - of string, wood)* morceau *m*, bout *m*; *(- of cloth)* coupon *m*. 3. *(duration)* durée *f*. 4. *phr*: **to go to great ~s to do sthg** tout faire pour faire qqch. ◆ **at length** *adv* 1. *(eventually)* enfin. 2. *(in detail)* à fond.
lengthen ['leŋθən] ◇ *vt (dress etc)* rallonger; *(life)* prolonger. ◇ *vi* allonger.
lengthways ['leŋθweɪz] *adv* dans le sens de la longueur.
lengthy ['leŋθɪ] *adj* très long (longue).
lenient ['liːnjənt] *adj (person)* indulgent(e); *(laws)* clément(e).
lens [lenz] *n* 1. *(of camera)* objectif *m*; *(of glasses)* verre *m*. 2. *(contact lens)* verre *m* de contact, lentille *f* (cornéenne).
lent [lent] *pt & pp* → **lend**.
Lent [lent] *n* Carême *m*.
lentil ['lentɪl] *n* lentille *f*.
Leo ['liːəʊ] *n* le Lion.
leopard ['lepəd] *n* léopard *m*.
leotard ['liːətɑːd] *n* collant *m*.
leper ['lepəʳ] *n* lépreux *m*, -euse *f*.
leprosy ['leprəsɪ] *n* lèpre *f*.
lesbian ['lezbɪən] *n* lesbienne *f*.
less [les] (*compar of* **little**) ◇ *adj* moins de; **~ money/time than me** moins d'argent/de temps que moi. ◇ *pron* moins; **it costs ~ than you think** ça coûte moins cher que tu ne le crois; **no ~ than £50** pas moins de 50 livres; **the ~ ... the ~** ... moins ... moins ... ◇ *adv* moins; **~ than five** moins de cinq; **~ and ~** de moins en moins. ◇ *prep (minus)* moins.
lessen ['lesn] ◇ *vt (risk, chance)* diminuer, réduire; *(pain)* atténuer. ◇ *vi (gen)* diminuer; *(pain)* s'atténuer.
lesser ['lesəʳ] *adj* moindre; **to a ~ extent** OR **degree** à un degré moindre.

lesson ['lesn] *n* leçon *f*, cours *m*; **to teach sb a ~** *fig* donner une (bonne) leçon à qqn.

let [let] (*pt & pp* **let**) *vt* **1.** *(allow)*: **to ~ sb do sthg** laisser qqn faire qqch; **to ~ sb know sthg** dire qqch à qqn; **to ~ go of sb/sthg** lâcher qqn/qqch; **to ~ sb go** *(gen)* laisser (partir) qqn; *(prisoner)* libérer qqn. **2.** *(in verb forms)*: **~ them wait** qu'ils attendent; **~'s go!** allons-y!; **~'s see** voyons. **3.** *(rent out)* louer; **'to ~'** 'à louer'. ◆ **let alone** *conj* encore moins, sans parler de. ◆ **let down** *vt sep* **1.** *(deflate)* dégonfler. **2.** *(disappoint)* décevoir. ◆ **let in** *vt sep (admit)* laisser OR faire entrer. ◆ **let off** *vt sep* **1.** *(excuse)*: **to ~ sb off sthg** dispenser qqn de qqch. **2.** *(not punish)* ne pas punir. **3.** *(bomb)* faire éclater; *(gun, firework)* faire partir. ◆ **let on** *vi*: **don't ~ on!** ne dis rien (à personne)! ◆ **let out** *vt sep* **1.** *(allow to go out)* laisser sortir; **to ~ air out of sthg** dégonfler qqch. **2.** *(laugh, scream)* laisser échapper. ◆ **let up** *vi* **1.** *(rain)* diminuer. **2.** *(person)* s'arrêter.

letdown ['letdaʊn] *n inf* déception *f*.

lethal ['li:θl] *adj* mortel(elle), fatal(e).

lethargic [lə'θɑ:dʒɪk] *adj* léthargique.

let's [lets] = **let us**.

letter ['letəʳ] *n* lettre *f*.

letter bomb *n* lettre *f* piégée.

letterbox ['letəbɒks] *n Br* boîte *f* aux OR à lettres.

letter of credit *n* lettre *f* de crédit.

lettuce ['letɪs] *n* laitue *f*, salade *f*.

letup ['letʌp] *n (in fighting)* répit *m*; *(in work)* relâchement *m*.

leuk(a)emia [lu:'ki:mɪə] *n* leucémie *f*.

level ['levl] ◇ *adj* **1.** *(equal in height)* à la même hauteur; *(horizontal)* horizontal (e); **to be ~ with** être au niveau de. **2.** *(equal in standard)* à égalité. **3.** *(flat)* plat(e), plan(e). ◇ *n* **1.** *(gen)* niveau *m*; **to be on the ~** *inf* être réglo. **2.** *Am (spirit level)* niveau *m* à bulle. ◇ *vt* **1.** *(make flat)* niveler, aplanir. **2.** *(demolish)* raser. ◆ **level off, level out** *vi* **1.** *(inflation etc)* se stabiliser. **2.** *(aeroplane)* se mettre en palier. ◆ **level with** *vt fus inf* être franc (franche) OR honnête avec.

level crossing *n Br* passage *m* à niveau.

level-headed [-'hedɪd] *adj* raisonnable.

lever [*Br* 'li:vəʳ, *Am* 'levər] *n* levier *m*.

leverage [*Br* 'li:vərɪdʒ, *Am* 'levərɪdʒ] *n (U)* **1.** *(force)*: **to get ~ on sthg** avoir une prise sur qqch. **2.** *fig (influence)* influence *f*.

levy ['levɪ] ◇ *n* prélèvement *m*, impôt *m*. ◇ *vt* prélever, percevoir.

liability [,laɪə'bɪlətɪ] *n* responsabilité *f*; *fig (person)* danger *m* public. ◆ **liabilities** *npl* (FIN) dettes *fpl*, passif *m*.

liable ['laɪəbl] *adj* **1.** *(likely)*: **to be ~ to do sthg** risquer de faire qqch, être susceptible de faire qqch. **2.** *(prone)*: **to be ~ to sthg** être sujet(ette) à qqch. **3.** (JUR): **to be ~ (for)** être responsable (de); **to be ~ to** être passible de.

liaise [lɪ'eɪz] *vi*: **to ~ with** assurer la liaison avec.

liar ['laɪəʳ] *n* menteur *m*, -euse *f*.

libel ['laɪbl] ◇ *n* diffamation *f*. ◇ *vt* diffamer.

liberal ['lɪbərəl] ◇ *adj* **1.** *(tolerant)* libéral(e). **2.** *(generous)* généreux(euse). ◇ *n* libéral *m*, -e *f*. ◆ **Liberal** (POL) ◇ *adj* libéral(e). ◇ *n* libéral *m*, -e *f*.

Liberal Democrat *n adhérent du principal parti centriste britannique.*

liberate ['lɪbəreɪt] *vt* libérer.

liberation [,lɪbə'reɪʃn] *n* libération *f*.

liberty ['lɪbətɪ] *n* liberté *f*; **at ~** en liberté; **to be at ~ to do sthg** être libre de faire qqch; **to take liberties (with sb)** prendre des libertés (avec qqn).

Libra ['li:brə] *n* Balance *f*.

librarian [laɪ'breərɪən] *n* bibliothécaire *mf*.

library ['laɪbrərɪ] *n* bibliothèque *f*.

library book *n* livre *m* de bibliothèque.

Libya ['lɪbɪə] *n* Libye *f*.

lice [laɪs] *pl* → **louse**.

licence ['laɪsəns] ◇ *n* **1.** *(gen)* permis *m*, autorisation *f*; **driving ~** permis *m* de conduire; **TV ~** redevance *f* télé. **2.** (COMM) licence *f*. ◇ *vt Am* = **license**.

license ['laɪsəns] ◇ *vt* autoriser. ◇ *n Am* = **licence**.

licensed ['laɪsənst] *adj* **1.** *(person)*: **to be ~ to do sthg** avoir un permis pour OR l'autorisation de faire qqch. **2.** *Br (premises)* qui détient une licence de débit de boissons.

license plate *n Am* plaque *f* d'immatriculation.

lick [lɪk] *vt* **1.** *(gen)* lécher. **2.** *inf (defeat)* écraser.

licorice ['lɪkərɪs] = **liquorice**.

lid [lɪd] *n* **1.** *(cover)* couvercle *m*. **2.** *(eyelid)* paupière *f*.

lie [laɪ] (*pt sense 1* **lied**, *pt senses 2-6* **lay**, *pp sense 1* **lied**, *pp senses 2-6* **lain**, *cont all senses* **lying**) ◇ *n* mensonge *m*; **to tell ~s** mentir, dire des mensonges. ◇ *vi* **1.** *(tell* *lie)*: **to ~ (to sb)** mentir (à qqn). **2.** *(be horizontal)* être allongé(e), être couché (e). **3.** *(lie down)* s'allonger, se coucher. **4.** *(be situated)* se trouver, être. **5.** *(difficulty, solution etc)* résider. **6.** *phr*: **to ~ low** se planquer, se tapir. ◆ **lie about, lie around** *vi* traîner. ◆ **lie down** *vi* s'allonger, se coucher. ◆ **lie in** *vi Br* rester au lit, faire la grasse matinée.

Liechtenstein ['lɪktənstaɪn] *n* Liechtenstein *m*.

lie-down *n Br*: **to have a ~** faire une sieste OR un (petit) somme.

lie-in *n Br*: **to have a ~** faire la grasse matinée.

lieutenant [*Br* lef'tenənt, *Am* luː'tenənt] *n* lieutenant *m*.

life [laɪf] (*pl* **lives**) *n* **1.** *(gen)* vie *f*; **that's ~!** c'est la vie!; **for ~** à vie; **to come to ~** s'éveiller, s'animer; **to scare the ~ out of sb** faire une peur bleue à qqn. **2.** *(U) inf (life imprisonment)* emprisonnement *m* à perpétuité.

life assurance = **life insurance**.

life belt *n* bouée *f* de sauvetage.

lifeboat ['laɪfbəʊt] *n* canot *m* de sauvetage.

life buoy *n* bouée *f* de sauvetage.

life expectancy [-ɪk'spektənsɪ] *n* espérance *f* de vie.

lifeguard ['laɪfgɑːd] *n (at swimming pool)* maître-nageur sauveteur *m*; *(at beach)* gardien *m* de plage.

life imprisonment [-ɪm'prɪznmənt] *n* emprisonnement *m* à perpétuité.

life insurance *n* assurance-vie *f*.

life jacket *n* gilet *m* de sauvetage.

lifeless ['laɪflɪs] *adj* **1.** *(dead)* sans vie, inanimé(e). **2.** *(listless - performance)* qui manque de vie; *(- voice)* monotone.

lifelike ['laɪflaɪk] *adj* **1.** *(statue, doll)* qui semble vivant(e). **2.** *(portrait)* ressemblant(e).

lifeline ['laɪflaɪn] *n* corde *f* (de sauvetage); *fig* lien *m* vital (avec l'extérieur).

lifelong ['laɪflɒŋ] *adj* de toujours.

life preserver [-prɪ,zɜːvəʳ] *n Am (life belt)* bouée *f* de sauvetage; *(life jacket)* gilet *m* de sauvetage.

life raft *n* canot *m* pneumatique (de sauvetage).

lifesaver ['laɪf,seɪvəʳ] *n (person)* maître-nageur sauveteur *m*.

life sentence *n* condamnation *f* à perpétuité.

life-size(d) [-saɪz(d)] *adj* grandeur nature (*inv*).

lifespan ['laɪfspæn] *n* **1.** *(of person, animal)* espérance *f* de vie. **2.** *(of product, machine)* durée *f* de vie.

lifestyle ['laɪfstaɪl] *n* style *m* de vie.

life-support system *n* respirateur *m* artificiel.

lifetime ['laɪftaɪm] *n* vie *f*; **in my ~** de mon vivant.

lift [lɪft] ◇ *n* **1.** *(in car)*: **to give sb a ~** emmener OR prendre qqn en voiture. **2.** *Br (elevator)* ascenseur *m*. ◇ *vt* **1.** *(gen)* lever; *(weight)* soulever. **2.** *(plagiarize)* plagier. **3.** *inf (steal)* voler. ◇ *vi* **1.** *(lid etc)* s'ouvrir. **2.** *(fog etc)* se lever.

lift-off *n* décollage *m*.

light [laɪt] (*pt & pp* **lit** OR **-ed**) ◇ *adj* **1.** *(not dark)* clair(e). **2.** *(not heavy)* léger (ère). **3.** *(traffic)* fluide; *(corrections)* peu nombreux(euses). **4.** *(work)* facile. ◇ *n* **1.** *(U) (brightness)* lumière *f*. **2.** *(device)* lampe *f*; *(AUT - gen)* feu *m*; *(- headlamp)* phare *m*. **3.** *(for cigarette etc)* feu *m*; **have you got a ~?** vous avez du feu?; **to set ~ to sthg** mettre le feu à qqch. **4.** *(perspective)*: **in the ~ of** *Br*, **in ~ of** *Am* à la lumière de. **5.** *phr*: **to come to ~** être découvert(e) OR dévoilé(e). ◇ *vt* **1.** *(fire, cigarette)* allumer. **2.** *(room, stage)* éclairer. ◇ *adv*: **to travel ~** voyager léger. ◆ **light up** ◇ *vt sep* **1.** *(illuminate)* éclairer. **2.** *(cigarette etc)* allumer. ◇ *vi* **1.** *(face)* s'éclairer. **2.** *inf (start smoking)* allumer une cigarette.

light bulb *n* ampoule *f*.

lighten ['laɪtn] ◇ *vt* **1.** *(give light to)* éclairer; *(make less dark)* éclaircir. **2.** *(make less heavy)* alléger. ◇ *vi (brighten)* s'éclaircir.

lighter ['laɪtəʳ] *n (cigarette lighter)* briquet *m*.

light-headed [-'hedɪd] *adj*: **to feel ~** avoir la tête qui tourne.

light-hearted [-'hɑːtɪd] *adj* **1.** *(cheerful)* joyeux(euse), gai(e). **2.** *(amusing)* amusant(e).

lighthouse ['laɪthaʊs, *pl* -haʊzɪz] *n* phare *m*.

lighting ['laɪtɪŋ] *n* éclairage *m*.

light meter *n* posemètre *m*, cellule *f* photoélectrique.

lightning ['laɪtnɪŋ] *n (U)* éclair *m*, foudre *f*.

lightweight ['laɪtweɪt] ◇ *adj (object)* léger(ère). ◇ *n (boxer)* poids *m* léger.

likable ['laɪkəbl] *adj* sympathique.

like [laɪk] ◇ *prep* **1.** *(gen)* comme; **to look ~ sb/sthg** ressembler à qqn/qqch; **to taste ~ sthg** avoir un goût de qqch; **~ this/that** comme ci/ça. **2.** *(such as)* tel que, comme. ◇ *vt* **1.** *(gen)* aimer; **I ~ her** elle me plaît; **to ~ doing** OR **to do**

sthg aimer faire qqch. 2. *(expressing a wish)*: **would you ~ some more cake?** vous prendrez encore du gâteau?; **I'd ~ to go** je voudrais bien OR j'aimerais y aller; **I'd ~ you to come** je voudrais bien OR j'aimerais que vous veniez; **if you ~** si vous voulez. ◇ *n*: **the ~** une chose pareille. ◆ **likes** *npl*: **~s and dislikes** goûts *mpl*.

likeable ['laɪkəbl] = **likable**.

likelihood ['laɪklɪhʊd] *n (U)* chances *fpl*, probabilité *f*.

likely ['laɪklɪ] *adj* 1. *(probable)* probable; **he's ~ to get angry** il risque de se fâcher; **a ~ story!** *iro* à d'autres! 2. *(candidate)* prometteur(euse).

liken ['laɪkn] *vt*: **to ~ sb/sthg to** assimiler qqn/qqch à.

likeness ['laɪknɪs] *n* 1. *(resemblance)*: **~ (to)** ressemblance *f* (avec). 2. *(portrait)* portrait *m*.

likewise ['laɪkwaɪz] *adv (similarly)* de même; **to do ~** faire pareil OR de même.

liking ['laɪkɪŋ] *n (for person)* affection *f*, sympathie *f*; *(for food, music)* goût *m*, penchant *m*; **to have a ~ for sthg** avoir le goût de qqch; **to be to sb's ~** être du goût de qqn, plaire à qqn.

lilac ['laɪlək] ◇ *adj (colour)* lilas *(inv)*. ◇ *n* lilas *m*.

Lilo® ['laɪləʊ] (*pl* **-s**) *n Br* matelas *m* pneumatique.

lily ['lɪlɪ] *n* lis *m*.

lily of the valley (*pl* **lilies of the valley**) *n* muguet *m*.

limb [lɪm] *n* 1. *(of body)* membre *m*. 2. *(of tree)* branche *f*.

limber ['lɪmbəʳ] ◆ **limber up** *vi* s'échauffer.

limbo ['lɪmbəʊ] (*pl* **-s**) *n (U) (uncertain state)*: **to be in ~** être dans les limbes.

lime [laɪm] *n* 1. *(fruit)* citron *m* vert. 2. *(drink)*: **~ (juice)** jus *m* de citron vert. 3. *(linden tree)* tilleul *m*. 4. *(substance)* chaux *f*.

limelight ['laɪmlaɪt] *n*: **to be in the ~** être au premier plan.

limerick ['lɪmərɪk] *n poème humoristique en cinq vers*.

limestone ['laɪmstəʊn] *n (U)* pierre *f* à chaux, calcaire *m*.

limit ['lɪmɪt] ◇ *n* limite *f*; **off ~s** d'accès interdit; **within ~s** *(to an extent)* dans une certaine mesure. ◇ *vt* limiter, restreindre.

limitation [,lɪmɪ'teɪʃn] *n* limitation *f*, restriction *f*.

limited ['lɪmɪtɪd] *adj* limité(e), restreint(e).

limited (liability) company *n* société *f* anonyme.

limousine ['lɪməziːn] *n* limousine *f*.

limp [lɪmp] ◇ *adj* mou (molle). ◇ *n*: **to have a ~** boiter. ◇ *vi* boiter.

limpet ['lɪmpɪt] *n* patelle *f*, bernique *f*.

line [laɪn] ◇ *n* 1. *(gen)* ligne *f*. 2. *(row)* rangée *f*. 3. *(queue)* file *f*, queue *f*; **to stand** OR **wait in ~** faire la queue. 4. *(RAIL - track)* voie *f*; *(- route)* ligne *f*. 5. *(of poem, song)* vers *m*. 6. *(wrinkle)* ride *f*. 7. *(string, wire etc)* corde *f*; **a fishing ~** une ligne. 8. (TELEC) ligne *f*; **hold the ~!** ne quittez pas! 9. *inf (short letter)*: **to drop sb a ~** écrire un (petit) mot à qqn. 10. *inf (work)*: **~ of business** branche *f*. 11. *(borderline)* frontière *f*. 12. (COMM) gamme *f*. 13. *phr*: **to draw the ~ at sthg** refuser de faire OR d'aller jusqu'à faire qqch; **to step out of ~** faire cavalier seul. ◇ *vt (drawer, box)* tapisser; *(clothes)* doubler. ◆ **out of line** *adj (remark, behaviour)* déplacé(e). ◆ **line up** ◇ *vt sep* 1. *(in rows)* aligner. 2. *(organize)* prévoir. ◇ *vi (in row)* s'aligner; *(in queue)* faire la queue.

lined [laɪnd] *adj* 1. *(paper)* réglé(e). 2. *(wrinkled)* ridé(e).

linen ['lɪnɪn] *n (U)* 1. *(cloth)* lin *m*. 2. *(tablecloths, sheets)* linge *m* (de maison).

liner ['laɪnəʳ] *n (ship)* paquebot *m*.

linesman ['laɪnzmən] (*pl* **-men** [-mən]) *n* (TENNIS) juge *m* de ligne; (FTBL) juge de touche.

lineup ['laɪnʌp] *n* 1. (SPORT) équipe *f*. 2. *Am (identification parade)* rangée *f* de suspects *(pour identification par un témoin)*.

linger ['lɪŋgəʳ] *vi* 1. *(person)* s'attarder. 2. *(doubt, pain)* persister.

linguist ['lɪŋgwɪst] *n* linguiste *mf*.

linguistics [lɪŋ'gwɪstɪks] *n (U)* linguistique *f*.

lining ['laɪnɪŋ] *n* 1. *(of coat, curtains, box)* doublure *f*. 2. *(of stomach)* muqueuse *f*. 3. (AUT) *(of brakes)* garniture *f*.

link [lɪŋk] ◇ *n* 1. *(of chain)* maillon *m*. 2. *(connection)*: **~ (between/with)** lien *m* (entre/avec). ◇ *vt (cities, parts)* relier; *(events etc)* lier; **to ~ arms** se donner le bras. ◆ **link up** *vt sep* relier; **to ~ sthg up with sthg** relier qqch avec OR à qqch.

links [lɪŋks] (*pl inv*) *n* terrain *m* de golf *(au bord de la mer)*.

lino ['laɪnəʊ], **linoleum** [lɪ'nəʊlɪəm] *n* lino *m*, linoléum *m*.

lintel ['lɪntl] *n* linteau *m*.

lion ['laɪən] *n* lion *m*.
lioness ['laɪənes] *n* lionne *f*.
lip [lɪp] *n* **1.** *(of mouth)* lèvre *f*. **2.** *(of container)* bord *m*.
lip-read *vi* lire sur les lèvres.
lip salve [-sælv] *n Br* pommade *f* pour les lèvres.
lip service *n*: **to pay ~ to sthg** approuver qqch pour la forme.
lipstick ['lɪpstɪk] *n* rouge *m* à lèvres.
liqueur [lɪ'kjʊəʳ] *n* liqueur *f*.
liquid ['lɪkwɪd] ◇ *adj* liquide. ◇ *n* liquide *m*.
liquidation [ˌlɪkwɪ'deɪʃn] *n* liquidation *f*.
liquidize, -ise ['lɪkwɪdaɪz] *vt Br* (CULIN) passer au mixer.
liquidizer ['lɪkwɪdaɪzəʳ] *n Br* mixer *m*.
liquor ['lɪkəʳ] *n (U)* alcool *m*, spiritueux *mpl*.
liquorice ['lɪkərɪʃ, 'lɪkərɪs] *n* réglisse *f*.
liquor store *n Am* magasin *m* de vins et d'alcools.
Lisbon ['lɪzbən] *n* Lisbonne.
lisp [lɪsp] ◇ *n* zézaiement *m*. ◇ *vi* zézayer.
list [lɪst] ◇ *n* liste *f*. ◇ *vt (in writing)* faire la liste de; *(in speech)* énumérer.
listed building [ˌlɪstɪd-] *n Br* monument *m* classé.
listen ['lɪsn] *vi*: **to ~ to (sb/sthg)** écouter (qqn/qqch); **to ~ for sthg** guetter qqch.
listener ['lɪsnəʳ] *n* auditeur *m*, -trice *f*.
listless ['lɪstlɪs] *adj* apathique, mou (molle).
lit [lɪt] *pt & pp* → **light**.
liter *Am* = **litre**.
literacy ['lɪtərəsɪ] *n* fait *m* de savoir lire et écrire.
literal ['lɪtərəl] *adj* littéral(e).
literally ['lɪtərəlɪ] *adv* littéralement; **to take sthg ~** prendre qqch au pied de la lettre.
literary ['lɪtərərɪ] *adj* littéraire.
literate ['lɪtərət] *adj* **1.** *(able to read and write)* qui sait lire et écrire. **2.** *(well-read)* cultivé(e).
literature ['lɪtrətʃəʳ] *n* littérature *f*; *(printed information)* documentation *f*.
lithe [laɪð] *adj* souple, agile.
Lithuania [ˌlɪθjʊ'eɪnɪə] *n* Lituanie *f*.
litigation [ˌlɪtɪ'geɪʃn] *n* litige *m*; **to go to ~** aller en justice.
litre *Br*, **liter** *Am* ['liːtəʳ] *n* litre *m*.
litter ['lɪtəʳ] ◇ *n* **1.** *(U) (rubbish)* ordures *fpl*, détritus *mpl*. **2.** *(of animals)* portée *f*. ◇ *vt*: **to be ~ed with** être couvert(e) de.
litterbin ['lɪtəˌbɪn] *n Br* boîte *f* à ordures.
little ['lɪtl] *(compar sense 2* **less**, *superl sense 2* **least**) ◇ *adj* **1.** *(not big)* petit(e); **a ~ while** un petit moment. **2.** *(not much)* peu de; **~ money** peu d'argent; **a ~ money** un peu d'argent. ◇ *pron*: **~ of the money was left** il ne restait pas beaucoup d'argent, il restait peu d'argent; **a ~** un peu. ◇ *adv* peu, pas beaucoup; **~ by ~** peu à peu.

- *A little* a le même sens que *a bit* et *a bit of*, mais appartient à un registre plus élevé. Notez bien que, si vous utilisez *a little* directement devant un nom, il est inutile d'ajouter *of* (*would you like a little bread with your soup?*).
- De même que *a bit*, *a little* peut aussi remplir la fonction d'adverbe (*he seems a little better; I slept a little this afternoon*).
- Voir aussi FEW.

little finger *n* petit doigt *m*, auriculaire *m*.
live¹ [lɪv] ◇ *vi* **1.** *(gen)* vivre. **2.** *(have one's home)* habiter, vivre; **to ~ in Paris** habiter (à) Paris. ◇ *vt*: **to ~ a quiet life** mener une vie tranquille; **to ~ it up** *inf* faire la noce. ◆ **live down** *vt sep* faire oublier. ◆ **live off** *vt fus (savings, the land)* vivre de; *(family)* vivre aux dépens de. ◆ **live on** ◇ *vt fus* vivre de. ◇ *vi (memory, feeling)* rester, survivre. ◆ **live together** *vi* vivre ensemble. ◆ **live up to** *vt fus*: **to ~ up to sb's expectations** répondre à l'attente de qqn; **to ~ up to one's reputation** faire honneur à sa réputation. ◆ **live with** *vt fus* **1.** *(cohabit with)* vivre avec. **2.** *inf (accept)* se faire à, accepter.
live² [laɪv] *adj* **1.** *(living)* vivant(e). **2.** *(coal)* ardent(e). **3.** *(bullet, bomb)* non explosé(e). **4.** (ELEC) sous tension. **5.** (RADIO & TV) en direct; *(performance)* en public.
livelihood ['laɪvlɪhʊd] *n* gagne-pain *m*.
lively ['laɪvlɪ] *adj* **1.** *(person)* plein(e) d'entrain. **2.** *(debate, meeting)* animé(e). **3.** *(mind)* vif (vive).
liven ['laɪvn] ◆ **liven up** ◇ *vt sep (person)* égayer; *(place)* animer. ◇ *vi* s'animer.
liver ['lɪvəʳ] *n* foie *m*.
livery ['lɪvərɪ] *n* livrée *f*.
lives [laɪvz] *pl* → **life**.
livestock ['laɪvstɒk] *n (U)* bétail *m*.

livid ['lɪvɪd] *adj* **1.** *(angry)* furieux(euse). **2.** *(bruise)* violacé(e).

living ['lɪvɪŋ] ◇ *adj* vivant(e), en vie. ◇ *n*: **to earn** OR **make a ~** gagner sa vie; **what do you do for a ~?** qu'est-ce que vous faites dans la vie?

living conditions *npl* conditions *fpl* de vie.

living room *n* salle *f* de séjour, living *m*.

living standards *npl* niveau *m* de vie.

living wage *n* minimum *m* vital.

lizard ['lɪzəd] *n* lézard *m*.

llama ['lɑːmə] (*pl inv* OR **-s**) *n* lama *m*.

load [ləʊd] ◇ *n* **1.** *(something carried)* chargement *m*, charge *f*. **2.** *(large amount)*: **~s of, a ~ of** *inf* des tas de, plein de; **a ~ of rubbish** *inf* de la foutaise. ◇ *vt (gen & COMPUT)* charger; *(video recorder)* mettre une vidéocassette dans; **to ~ sb/sthg with** charger qqn/qqch de; **to ~ a gun/camera (with)** charger un fusil/un appareil (avec). ◆ **load up** *vt sep & vi* charger.

loaded ['ləʊdɪd] *adj* **1.** *(question)* insidieux(euse). **2.** *inf (rich)* plein(e) aux as.

loading bay ['ləʊdɪŋ-] *n* aire *f* de chargement.

loaf [ləʊf] (*pl* **loaves**) *n*: **a ~ (of bread)** un pain.

loafer ['ləʊfə^r] *n (shoe)* mocassin *m*.

loan [ləʊn] ◇ *n* prêt *m*; **on ~** prêté(e). ◇ *vt* prêter; **to ~ sthg to sb, to ~ sb sthg** prêter qqch à qqn.

loathe [ləʊð] *vt* détester; **to ~ doing sthg** avoir horreur de OR détester faire qqch.

loathsome ['ləʊðsəm] *adj* dégoûtant (e), répugnant(e).

loaves [ləʊvz] *pl* → **loaf**.

lob [lɒb] ◇ *n* (TENNIS) lob *m*. ◇ *vt* **1.** *(throw)* lancer. **2.** (TENNIS): **to ~ a ball** lober, faire un lob.

lobby ['lɒbɪ] ◇ *n* **1.** *(of hotel)* hall *m*. **2.** *(pressure group)* lobby *m*, groupe *m* de pression. ◇ *vt* faire pression sur.

lobe [ləʊb] *n* lobe *m*.

lobster ['lɒbstə^r] *n* homard *m*.

local ['ləʊkl] ◇ *adj* local(e). ◇ *n inf* **1.** *(person)*: **the ~s** les gens *mpl* du coin OR du pays. **2.** *Br (pub)* café *m* OR bistro *m* du coin.

local authority *n Br* autorités *fpl* locales.

local call *n* communication *f* urbaine.

local government *n* administration *f* municipale.

locality [ləʊ'kælətɪ] *n* endroit *m*.

localized, -ised ['ləʊkəlaɪzd] *adj* localisé(e).

locally ['ləʊkəlɪ] *adv* **1.** *(on local basis)* localement. **2.** *(nearby)* dans les environs, à proximité.

locate [*Br* ləʊ'keɪt, *Am* 'ləʊkeɪt] *vt* **1.** *(find - position)* trouver, repérer; *(- source, problem)* localiser. **2.** *(situate - business, factory)* implanter, établir; **to be ~d** être situé.

location [ləʊ'keɪʃn] *n* **1.** *(place)* emplacement *m*. **2.** (CINEMA): **on ~** en extérieur.

loch [lɒk, lɒx] *n Scot* loch *m*, lac *m*.

lock [lɒk] ◇ *n* **1.** *(of door etc)* serrure *f*. **2.** *(on canal)* écluse *f*. **3.** (AUT) *(steering lock)* angle *m* de braquage. **4.** *(of hair)* mèche *f*. ◇ *vt* **1.** *(door, car, drawer)* fermer à clef; *(bicycle)* cadenasser. **2.** *(immobilize)* bloquer. ◇ *vi* **1.** *(door, suitcase)* fermer à clef. **2.** *(become immobilized)* se bloquer. ◆ **lock in** *vt sep* enfermer (à clef). ◆ **lock out** *vt sep* **1.** *(accidentally)* enfermer dehors, laisser dehors; **to ~ o.s. out** s'enfermer dehors. **2.** *(deliberately)* empêcher d'entrer, mettre à la porte. ◆ **lock up** *vt sep (person - in prison)* mettre en prison OR sous les verrous; *(- in asylum)* enfermer; *(house)* fermer à clef; *(valuables)* enfermer, mettre sous clef.

locker ['lɒkə^r] *n* casier *m*.

locker room *n Am* vestiaire *m*.

locket ['lɒkɪt] *n* médaillon *m*.

locksmith ['lɒksmɪθ] *n* serrurier *m*.

locomotive ['ləʊkə,məʊtɪv] *n* locomotive *f*.

locum ['ləʊkəm] (*pl* **-s**) *n* remplaçant *m*, -e *f*.

locust ['ləʊkəst] *n* sauterelle *f*, locuste *f*.

lodge [lɒdʒ] ◇ *n* **1.** *(of caretaker, freemasons)* loge *f*. **2.** *(of manor house)* pavillon *m* (de gardien). **3.** *(for hunting)* pavillon *m* de chasse. ◇ *vi* **1.** *(stay)*: **to ~ with sb** loger chez qqn. **2.** *(become stuck)* se loger, se coincer. **3.** *fig (in mind)* s'enraciner, s'ancrer. ◇ *vt (complaint)* déposer; **to ~ an appeal** interjeter OR faire appel.

lodger ['lɒdʒə^r] *n* locataire *mf*.

lodging ['lɒdʒɪŋ] *n* → **board**. ◆ **lodgings** *npl* chambre *f* meublée.

loft [lɒft] *n* grenier *m*.

lofty ['lɒftɪ] *adj* **1.** *(noble)* noble. **2.** *pej (haughty)* hautain(e), arrogant(e). **3.** *literary (high)* haut(e), élevé(e).

log [lɒg] ◇ *n* **1.** *(of wood)* bûche *f*. **2.** *(of ship)* journal *m* de bord; *(of plane)* carnet *m* de vol. ◇ *vt* consigner, enregistrer. ◆ **log in** *vi* (COMPUT) ouvrir une session. ◆ **log out** *vi* (COMPUT) fermer une session.

logbook ['lɒgbʊk] *n* **1.** *(of ship)* journal *m* de bord; *(of plane)* carnet *m* de vol. **2.** *(of car)* = carte *f* grise.

loggerheads ['lɒgəhedz] *n*: **at ~** en désaccord.

logic ['lɒdʒɪk] *n* logique *f*.

logical ['lɒdʒɪkl] *adj* logique.

logistics [lə'dʒɪstɪks] ◇ *n (U)* (MIL) logistique *f*. ◇ *npl fig* organisation *f*.

logo ['ləʊgəʊ] (*pl* **-s**) *n* logo *m*.

loin [lɔɪn] *n* filet *m*.

loiter ['lɔɪtə^r] *vi* traîner.

loll [lɒl] *vi* **1.** *(sit, lie about)* se prélasser. **2.** *(hang down - head, tongue)* pendre.

lollipop ['lɒlɪpɒp] *n* sucette *f*.

lollipop lady *n Br dame qui fait traverser la rue aux enfants à la sortie des écoles.*

lollipop man *n Br monsieur qui fait traverser la rue aux enfants à la sortie des écoles.*

lolly ['lɒlɪ] *n inf* **1.** *(lollipop)* sucette *f*. **2.** *Br (ice lolly)* sucette *f* glacée.

London ['lʌndən] *n* Londres.

Londoner ['lʌndənə^r] *n* Londonien *m*, -enne *f*.

lone [ləʊn] *adj* solitaire.

loneliness ['ləʊnlɪnɪs] *n (of person)* solitude *f*; *(of place)* isolement *m*.

lonely ['ləʊnlɪ] *adj* **1.** *(person)* solitaire, seul(e). **2.** *(childhood)* solitaire. **3.** *(place)* isolé(e).

loner ['ləʊnə^r] *n* solitaire *mf*.

lonesome ['ləʊnsəm] *adj Am inf* **1.** *(person)* solitaire, seul(e). **2.** *(place)* isolé(e).

long [lɒŋ] ◇ *adj* long (longue); **two days/years ~** de deux jours/ans, qui dure deux jours/ans; **10 metres/miles ~** long de 10 mètres/miles, de 10 mètres/miles (de long). ◇ *adv* longtemps; **how ~ will it take?** combien de temps cela va-t-il prendre?; **how ~ will you be?** tu en as pour combien de temps?; **how ~ is the book?** le livre fait combien de pages?; **I no ~er like him** je ne l'aime plus; **I can't wait any ~er** je ne peux pas attendre plus longtemps; **so ~!** *inf* au revoir!, salut!; **before ~** sous peu. ◇ *vt*: **to ~ to do sthg** avoir très envie de faire qqch. ◆ **as long as, so long as** *conj* tant que. ◆ **long for** *vt fus (peace and quiet)* désirer ardemment; *(holidays)* attendre avec impatience.

long-distance *adj (runner, race)* de fond; **~ lorry driver** routier *m*.

long-distance call *n* communication *f* interurbaine.

longhand ['lɒŋhænd] *n* écriture *f* normale.

long-haul *adj* long-courrier.

longing ['lɒŋɪŋ] ◇ *adj* plein(e) de convoitise. ◇ *n* **1.** *(desire)* envie *f*, convoitise *f*; **a ~ for** un grand désir OR une grande envie de. **2.** *(nostalgia)* nostalgie *f*, regret *m*.

longitude ['lɒndʒɪtjuːd] *n* longitude *f*.

long jump *n* saut *m* en longueur.

long-life *adj (milk)* longue conservation (*inv*); *(battery)* longue durée (*inv*).

long-playing record [-'pleɪɪŋ-] *n* 33 tours *m*.

long-range *adj* **1.** *(missile, bomber)* à longue portée. **2.** *(plan, forecast)* à long terme.

long shot *n (guess)* coup *m* à tenter *(sans grand espoir de succès)*.

longsighted [,lɒŋ'saɪtɪd] *adj* presbyte.

long-standing *adj* de longue date.

longsuffering [,lɒŋ'sʌfərɪŋ] *adj (person)* à la patience infinie.

long term *n*: **in the ~** à long terme.

long wave *n (U)* grandes ondes *fpl*.

longwinded [,lɒŋ'wɪndɪd] *adj (person)* prolixe, verbeux(euse); *(speech)* interminable, qui n'en finit pas.

loo [luː] (*pl* **-s**) *n Br inf* cabinets *mpl*, petit coin *m*.

look [lʊk] ◇ *n* **1.** *(with eyes)* regard *m*; **to take** OR **have a ~ (at sthg)** regarder (qqch), jeter un coup d'œil (à qqch); **to give sb a ~** jeter un regard à qqn, regarder qqn de travers. **2.** *(search)*: **to have a ~ (for sthg)** chercher (qqch). **3.** *(appearance)* aspect *m*, air *m*; **by the ~** OR **~s of it, by the ~** OR **~s of things** vraisemblablement, selon toute probabilité. ◇ *vi* **1.** *(with eyes)* regarder. **2.** *(search)* chercher. **3.** *(building, window)*: **to ~ (out) onto** donner sur. **4.** *(seem)* avoir l'air, sembler; **it ~s like rain** OR **as if it will rain** on dirait qu'il va pleuvoir; **she ~s like her mother** elle ressemble à sa mère. ◆ **looks** *npl (attractiveness)* beauté *f*. ◆ **look after** *vt fus* s'occuper de. ◆ **look at** *vt fus* **1.** *(see, glance at)* regarder; *(examine)* examiner. **2.** *(judge)* considérer. ◆ **look down on** *vt fus (condescend to)* mépriser. ◆ **look for** *vt fus* chercher. ◆ **look forward to** *vt fus* attendre avec impatience. ◆ **look into** *vt fus* examiner, étudier. ◆ **look on** *vi* regarder. ◆ **look out** *vi* prendre garde, faire attention; **~ out!** attention! ◆ **look out for** *vt fus (person)* guetter;

(new book) être à l'affût de, essayer de repérer. ◆ **look round** ◇ *vt fus (house, shop, town)* faire le tour de. ◇ *vi* **1.** *(turn)* se retourner. **2.** *(browse)* regarder. ◆ **look to** *vt fus* **1.** *(depend on)* compter sur. **2.** *(future)* songer à. ◆ **look up** ◇ *vt sep* **1.** *(in book)* chercher. **2.** *(visit - person)* aller OR passer voir. ◇ *vi (improve - business)* reprendre; **things are ~ing up** ça va mieux, la situation s'améliore. ◆ **look up to** *vt fus* admirer.

lookout ['lʊkaʊt] *n* **1.** *(place)* poste *m* de guet. **2.** *(person)* guetteur *m*. **3.** *(search)*: **to be on the ~ for** être à la recherche de.

loom [luːm] ◇ *n* métier *m* à tisser. ◇ *vi (building, person)* se dresser; *fig (date, threat)* être imminent(e). ◆ **loom up** *vi* surgir.

loony ['luːnɪ] *inf* ◇ *adj* cinglé(e), timbré (e). ◇ *n* cinglé *m*, -e *f*, fou *m*, folle *f*.

loop [luːp] *n* **1.** *(gen &* COMPUT) boucle *f*. **2.** *(contraceptive)* stérilet *m*.

loophole ['luːphəʊl] *n* faille *f*, échappatoire *f*.

loose [luːs] *adj* **1.** *(not firm - joint)* desserré(e); *(- handle, post)* branlant(e); *(- tooth)* qui bouge OR branle; *(- knot)* défait(e). **2.** *(unpackaged - sweets, nails)* en vrac, au poids. **3.** *(clothes)* ample, large. **4.** *(not restrained - hair)* dénoué(e); *(- animal)* en liberté, détaché(e). **5.** *pej & dated (woman)* facile; *(living)* dissolu (e). **6.** *(inexact - translation)* approximatif(ive).

loose change *n* petite OR menue monnaie *f*.

loose end *n*: **to be at a ~** *Br*, **to be at ~s** *Am* être désœuvré, n'avoir rien à faire.

loosely ['luːslɪ] *adv* **1.** *(not firmly)* sans serrer. **2.** *(inexactly)* approximativement.

loosen ['luːsn] *vt* desserrer, défaire. ◆ **loosen up** *vi* **1.** *(before game, race)* s'échauffer. **2.** *inf (relax)* se détendre.

loot [luːt] ◇ *n* butin *m*. ◇ *vt* piller.

looting ['luːtɪŋ] *n* pillage *m*.

lop [lɒp] *vt* élaguer, émonder. ◆ **lop off** *vt sep* couper.

lop-sided [-'saɪdɪd] *adj (table)* bancal (e), boiteux(euse); *(picture)* de travers.

lord [lɔːd] *n Br* seigneur *m*. ◆ **Lord** *n* **1.** (RELIG): **the Lord** *(God)* le Seigneur; **good Lord!** *Br* Seigneur!, mon Dieu! **2.** *(in titles)* Lord *m*; *(as form of address)*: **my Lord** Monsieur le duc/comte *etc.* ◆ **Lords** *npl Br* (POL): **the (House of) Lords** la Chambre des lords.

Lordship ['lɔːdʃɪp] *n*: **your/his ~** Monsieur le duc/comte *etc.*

lorry ['lɒrɪ] *n Br* camion *m*.

lorry driver *n Br* camionneur *m*, conducteur *m* de poids lourd.

lose [luːz] (*pt & pp* **lost**) ◇ *vt* **1.** *(gen)* perdre; **to ~ sight of** *lit & fig* perdre de vue; **to ~ one's way** se perdre, perdre son chemin; *fig* être un peu perdu. **2.** *(subj: clock, watch)* retarder de; **to ~ time** retarder. **3.** *(pursuers)* semer. ◇ *vi* perdre. ◆ **lose out** *vi* être perdant(e).

loser ['luːzə^r] *n* **1.** *(gen)* perdant *m*, -e *f*. **2.** *inf pej (unsuccessful person)* raté *m*, -e *f*.

loss [lɒs] *n* **1.** *(gen)* perte *f*. **2.** *phr*: **to be at a ~** être perplexe, être embarrassé(e).

lost [lɒst] ◇ *pt & pp* → **lose**. ◇ *adj (gen)* perdu(e); **to get ~** se perdre; **get ~!** *inf* fous/foutez le camp!

lost-and-found office *n Am* bureau *m* des objets trouvés.

lost property office *n Br* bureau *m* des objets trouvés.

lot [lɒt] *n* **1.** *(large amount)*: **a ~ (of), ~s (of)** beaucoup (de); *(entire amount)*: **the ~** le tout. **2.** *(at auction)* lot *m*. **3.** *(destiny)* sort *m*. **4.** *Am (of land)* terrain *m*; *(car park)* parking *m*. **5.** *phr*: **to draw ~s** tirer au sort. ◆ **a lot** *adv* beaucoup. ◆ **lots** *adv* beaucoup.

- *Lots* et *lots of* sont d'un registre plus familier que *a lot* et *a lot of*.
- Dans les questions et les tournures négatives, il arrive souvent que l'on remplace *a lot (of)* et *lots (of)* par *much* (avec des noms indénombrables) et *many* (avec des noms au pluriel) (*I haven't got much time; were there many people at the party?*). On peut malgré tout utiliser *a lot (of)* et *lots (of)* si l'on souhaite mettre en relief l'idée qu'ils expriment (*there's not a lot to do here; lots of people don't agree*).

lotion ['ləʊʃn] *n* lotion *f*.

lottery ['lɒtərɪ] *n lit & fig* loterie *f*.

loud [laʊd] ◇ *adj* **1.** *(not quiet, noisy - gen)* fort(e); *(- person)* bruyant(e). **2.** *(colour, clothes)* voyant(e). ◇ *adv* fort; **out ~** tout haut.

loudhailer [,laʊd'heɪlə^r] *n Br* mégaphone *m*, porte-voix *m*.

loudly ['laʊdlɪ] *adv* **1.** *(noisily)* fort. **2.** *(gaudily)* de façon voyante.

loudspeaker [,laʊd'spiːkə^r] *n* haut-parleur *m*.

lounge [laʊndʒ] ◇ *n* **1.** *(in house)* salon *m*. **2.** *(in airport)* hall *m*, salle *f*. **3.** *Br* =

lounge bar. ◇ *vi* se prélasser.
lounge bar *n Br l'une des deux salles d'un bar, la plus confortable.*
louse [laʊs] (*pl sense 1* **lice**, *pl sense 2* **-s**) *n* **1.** *(insect)* pou *m.* **2.** *inf pej (person)* salaud *m.*
lousy ['laʊzɪ] *adj inf* minable, nul(le); *(weather)* pourri(e).
lout [laʊt] *n* rustre *m.*
louvre *Br,* **louver** *Am* ['luːvəʳ] *n* persienne *f.*
lovable ['lʌvəbl] *adj* adorable.
love [lʌv] ◇ *n* **1.** *(gen)* amour *m;* **to be in ~** être amoureux(euse); **to fall in ~** tomber amoureux(euse); **to make ~** faire l'amour; **give her my ~** embrassela pour moi; **~ from** *(at end of letter)* affectueusement, grosses bises. **2.** *inf (form of address)* mon chéri (ma chérie). **3.** (TENNIS) zéro *m.* ◇ *vt* aimer; **to ~ to do sthg** OR **doing sthg** aimer OR adorer faire qqch.
love affair *n* liaison *f.*
love life *n* vie *f* amoureuse.
lovely ['lʌvlɪ] *adj* **1.** *(beautiful)* très joli (e). **2.** *(pleasant)* très agréable, excellent (e).
lover ['lʌvəʳ] *n* **1.** *(sexual partner)* amant *m,* -e *f.* **2.** *(enthusiast)* passionné *m,* -e *f,* amoureux *m,* -euse *f.*
loving ['lʌvɪŋ] *adj (person, relationship)* affectueux(euse); *(care)* tendre.
low [ləʊ] ◇ *adj* **1.** *(not high - gen)* bas (basse); *(- wall, building)* peu élevé(e); *(- standard, quality)* mauvais(e); *(- intelligence)* faible; *(- neckline)* décolleté(e). **2.** *(little remaining)* presque épuisé(e). **3.** *(not loud - voice)* bas (basse); *(- whisper, moan)* faible. **4.** *(depressed)* déprimé(e). **5.** *(not respectable)* bas (basse). ◇ *adv* **1.** *(not high)* bas. **2.** *(not loudly - speak)* à voix basse; *(- whisper)* faiblement. ◇ *n* **1.** *(low point)* niveau *m* OR point *m* bas. **2.** (METEOR) dépression *f.*
low-calorie *adj* à basses calories.
low-cut *adj* décolleté(e).
lower ['ləʊəʳ] ◇ *adj* inférieur(e). ◇ *vt* **1.** *(gen)* baisser; *(flag)* abaisser. **2.** *(reduce - price, level)* baisser; *(- age of consent)* abaisser; *(- resistance)* diminuer.
low-fat *adj (yoghurt, crisps)* allégé(e); *(milk)* demi-écrémé(e).
low-key *adj* discret(ète).
lowly ['ləʊlɪ] *adj* modeste, humble.
low-lying *adj* bas (basse).
loyal ['lɔɪəl] *adj* loyal(e).
loyalty ['lɔɪəltɪ] *n* loyauté *f.*
lozenge ['lɒzɪndʒ] *n* **1.** *(tablet)* pastille *f.* **2.** *(shape)* losange *m.*
LP (*abbr of* **long-playing record**) *n* 33 tours *m.*
L-plate *n Br plaque signalant que le conducteur du véhicule est en conduite accompagnée.*
Ltd, ltd (*abbr of* **limited**) = SARL; **Smith and Sons, ~** ≃ Smith & Fils, SARL.
lubricant ['luːbrɪkənt] *n* lubrifiant *m.*
lubricate ['luːbrɪkeɪt] *vt* lubrifier.
lucid ['luːsɪd] *adj* lucide.
luck [lʌk] *n* chance *f;* **good ~** chance; **good ~!** bonne chance!; **bad ~** malchance *f;* **bad** OR **hard ~!** pas de chance!; **to be in ~** avoir de la chance; **with (any) ~** avec un peu de chance.
luckily ['lʌkɪlɪ] *adv* heureusement.
lucky ['lʌkɪ] *adj* **1.** *(fortunate - person)* qui a de la chance; *(- event)* heureux (euse). **2.** *(bringing good luck)* portebonheur (*inv*).
lucrative ['luːkrətɪv] *adj* lucratif(ive).
ludicrous ['luːdɪkrəs] *adj* ridicule.
luggage ['lʌgɪdʒ] *n (U) Br* bagages *mpl.*
luggage rack *n Br* porte-bagages *m inv.*
lukewarm ['luːkwɔːm] *adj lit & fig* tiède.
lull [lʌl] ◇ *n:* **~ (in)** *(storm)* accalmie *f* (de); *(fighting, conversation)* arrêt *m* (de). ◇ *vt:* **to ~ sb to sleep** endormir qqn en le berçant; **to ~ sb into a false sense of security** endormir les soupçons de qqn.
lullaby ['lʌləbaɪ] *n* berceuse *f.*
lumber ['lʌmbəʳ] *n (U)* **1.** *Am (timber)* bois *m* de charpente. **2.** *Br (bric-a-brac)* bric-à-brac *m inv.* ◆ **lumber with** *vt sep Br inf:* **to ~ sb with sthg** coller qqch à qqn.
lumberjack ['lʌmbədʒæk] *n* bûcheron *m,* -onne *f.*
luminous ['luːmɪnəs] *adj (dial)* lumineux(euse); *(paint, armband)* phosphorescent(e).
lump [lʌmp] ◇ *n* **1.** *(gen)* morceau *m;* *(of earth, clay)* motte *f;* *(in sauce)* grumeau *m.* **2.** *(on body)* grosseur *f.* ◇ *vt:* **to ~ sthg together** réunir qqch; **to ~ it** *inf* faire avec, s'en accommoder.
lump sum *n* somme *f* globale.
lunacy ['luːnəsɪ] *n* folie *f.*
lunar ['luːnəʳ] *adj* lunaire.
lunatic ['luːnətɪk] ◇ *adj pej* dément(e), démentiel(elle). ◇ *n* **1.** *pej (fool)* fou *m,* folle *f.* **2.** *(insane person)* fou *m,* folle *f,* aliéné *m,* -e *f.*
lunch [lʌntʃ] ◇ *n* déjeuner *m.* ◇ *vi* déjeuner.

luncheon ['lʌntʃən] *n fml* déjeuner *m*.
luncheon meat *n sorte de saucisson*.
luncheon voucher *n Br* ticket-restaurant *m*.
lunch hour *n* pause *f* de midi.
lunchtime ['lʌntʃtaɪm] *n* heure *f* du déjeuner.
lung [lʌŋ] *n* poumon *m*.
lunge [lʌndʒ] *vi* faire un brusque mouvement (du bras) en avant; **to ~ at sb** s'élancer sur qqn.
lurch [lɜːtʃ] ◇ *n (of person)* écart *m* brusque; *(of car)* embardée *f*; **to leave sb in the ~** laisser qqn dans le pétrin. ◇ *vi (person)* tituber; *(car)* faire une embardée.
lure [ljʊəʳ] ◇ *n* charme *m* trompeur. ◇ *vt* attirer OR persuader par la ruse.
lurid ['ljʊərɪd] *adj* **1.** *(outfit)* aux couleurs criardes. **2.** *(story, details)* affreux (euse).
lurk [lɜːk] *vi* **1.** *(person)* se cacher, se dissimuler. **2.** *(memory, danger, fear)* subsister.
luscious ['lʌʃəs] *adj* **1.** *(delicious)* succulent(e). **2.** *fig (woman)* appétissant(e).
lush [lʌʃ] *adj* **1.** *(luxuriant)* luxuriant(e). **2.** *(rich)* luxueux(euse).
lust [lʌst] *n* **1.** *(sexual desire)* désir *m*. **2.** *fig*: **~ for sthg** soif de qqch. ◆ **lust after, lust for** *vt fus* **1.** *(wealth, power etc)* être assoiffé(e) de. **2.** *(person)* désirer.
lusty ['lʌstɪ] *adj* vigoureux(euse).
Luxembourg ['lʌksəmbɜːg] *n* **1.** *(country)* Luxembourg *m*. **2.** *(city)* Luxembourg.
luxurious [lʌg'ʒʊərɪəs] *adj* **1.** *(expensive)* luxueux(euse). **2.** *(pleasurable)* voluptueux(euse).
luxury ['lʌkʃərɪ] ◇ *n* luxe *m*. ◇ *comp* de luxe.
LW (*abbr of* **long wave**) GO.
Lycra® ['laɪkrə] ◇ *n* Lycra® *m*. ◇ *comp* en Lycra®.
lying ['laɪɪŋ] ◇ *adj (person)* menteur (euse). ◇ *n (U)* mensonges *mpl*.
lynch [lɪntʃ] *vt* lyncher.
lyric ['lɪrɪk] *adj* lyrique.
lyrical ['lɪrɪkl] *adj* lyrique.
lyrics ['lɪrɪks] *npl* paroles *fpl*.

M

m¹ (*pl* **m's** OR **ms**), **M** (*pl* **M's** OR **Ms**) [em] *n (letter)* m *m inv*, M *m inv*. ◆ **M** *Br abbr of* **motorway**.
m² **1.** (*abbr of* **metre**) m. **2.** (*abbr of* **million**) M. **3.** *abbr of* **mile**.
MA *n abbr of* **Master of Arts**.
mac [mæk] (*abbr of* **mackintosh**) *n Br inf (coat)* imper *m*.
macaroni [ˌmækə'rəʊnɪ] *n (U)* macaronis *mpl*.
mace [meɪs] *n* **1.** *(ornamental rod)* masse *f*. **2.** *(spice)* macis *m*.
machine [mə'ʃiːn] ◇ *n lit & fig* machine *f*. ◇ *vt* **1.** (SEWING) coudre à la machine. **2.** (TECH) usiner.
machinegun [mə'ʃiːngʌn] *n* mitrailleuse *f*.
machine language *n* (COMPUT) langage *m* machine.
machinery [mə'ʃiːnərɪ] *n (U)* machines *fpl*; *fig* mécanisme *m*.
macho ['mætʃəʊ] *adj* macho (*inv*).
mackerel ['mækrəl] (*pl inv* OR **-s**) *n* maquereau *m*.
mackintosh ['mækɪntɒʃ] *n Br* imperméable *m*.
mad [mæd] *adj* **1.** *(insane)* fou (folle); **to go ~** devenir fou. **2.** *(foolish)* insensé(e). **3.** *(furious)* furieux(euse). **4.** *(hectic - rush, pace)* fou (folle). **5.** *(very enthusiastic)*: **to be ~ about sb/sthg** être fou (folle) de qqn/qqch.
Madagascar [ˌmædə'gæskəʳ] *n* Madagascar *m*.
madam ['mædəm] *n* madame *f*.
madden ['mædn] *vt* exaspérer.
made [meɪd] *pt & pp* → **make**.
Madeira [mə'dɪərə] *n* **1.** *(wine)* madère *m*. **2.** (GEOGR) Madère *f*.
made-to-measure *adj* fait(e) sur mesure.
made-up *adj* **1.** *(with make-up)* maquillé(e). **2.** *(invented)* fabriqué(e).
madly ['mædlɪ] *adv (frantically)* comme un fou; **~ in love** follement amoureux.
madman ['mædmən] (*pl* **-men** [-mən]) *n* fou *m*.
madness ['mædnɪs] *n lit & fig* folie *f*, démence *f*.
Madrid [mə'drɪd] *n* Madrid.

Mafia ['mæfɪə] *n*: **the ~** la Mafia.
magazine [,mægə'zi:n] *n* **1.** (PRESS) revue *f*, magazine *m*; (RADIO & TV) magazine. **2.** *(of gun)* magasin *m*.
maggot ['mægət] *n* ver *m*, asticot *m*.
magic ['mædʒɪk] ◇ *adj* magique. ◇ *n* magie *f*.
magical ['mædʒɪkl] *adj* magique.
magician [mə'dʒɪʃn] *n* magicien *m*.
magistrate ['mædʒɪstreɪt] *n* magistrat *m*, juge *m*.
magistrates' court *n Br* = tribunal *m* d'instance.
magnate ['mægneɪt] *n* magnat *m*.
magnesium [mæg'ni:zɪəm] *n* magnésium *m*.
magnet ['mægnɪt] *n* aimant *m*.
magnetic [mæg'netɪk] *adj lit & fig* magnétique.
magnetic tape *n* bande *f* magnétique.
magnificent [mæg'nɪfɪsənt] *adj* magnifique, superbe.
magnify ['mægnɪfaɪ] *vt (in vision)* grossir; *(sound)* amplifier; *fig* exagérer.
magnifying glass ['mægnɪfaɪɪŋ-] *n* loupe *f*.
magnitude ['mægnɪtju:d] *n* envergure *f*, ampleur *f*.
magpie ['mægpaɪ] *n* pie *f*.
mahogany [mə'hɒgənɪ] *n* acajou *m*.
maid [meɪd] *n (servant)* domestique *f*.
maiden ['meɪdn] ◇ *adj (flight, voyage)* premier(ère). ◇ *n literary* jeune fille *f*.
maiden aunt *n* tante *f* célibataire.
maiden name *n* nom *m* de jeune fille.
mail [meɪl] ◇ *n* **1.** *(letters, parcels)* courrier *m*. **2.** *(system)* poste *f*. ◇ *vt* poster.
mailbox ['meɪlbɒks] *n Am* boîte *f* à OR aux lettres.
mailing list ['meɪlɪŋ-] *n* liste *f* d'adresses.
mailman ['meɪlmən] (*pl* **-men** [-mən]) *n Am* facteur *m*.
mail order *n* vente *f* par correspondance.
mailshot ['meɪlʃɒt] *n* publipostage *m*.
maim [meɪm] *vt* estropier.
main [meɪn] ◇ *adj* principal(e). ◇ *n (pipe)* conduite *f*. ◆ **mains** *npl*: **the ~s** le secteur. ◆ **in the main** *adv* dans l'ensemble.
main course *n* plat *m* principal.
mainframe (computer) ['meɪnfreɪm-] *n* ordinateur *m* central.
mainland ['meɪnlənd] ◇ *adj* continental(e). ◇ *n*: **the ~** le continent.
mainly ['meɪnlɪ] *adv* principalement.
main road *n* route *f* à grande circulation.
mainstay ['meɪnsteɪ] *n* pilier *m*, élément *m* principal.
mainstream ['meɪnstri:m] ◇ *adj* dominant(e). ◇ *n*: **the ~** la tendance générale.
maintain [meɪn'teɪn] *vt* **1.** *(preserve, keep constant)* maintenir. **2.** *(provide for, look after)* entretenir. **3.** *(assert)*: **to ~ (that)** ... maintenir que ..., soutenir que ...
maintenance ['meɪntənəns] *n* **1.** *(of public order)* maintien *m*. **2.** *(care)* entretien *m*, maintenance *f*. **3.** (JUR) pension *f* alimentaire.
maize [meɪz] *n* maïs *m*.
majestic [mə'dʒestɪk] *adj* majestueux (euse).
majesty ['mædʒəstɪ] *n (grandeur)* majesté *f*. ◆ **Majesty** *n*: **His/Her Majesty** Sa Majesté le roi/la reine.
major ['meɪdʒə^r] ◇ *adj* **1.** *(important)* majeur(e). **2.** *(main)* principal(e). **3.** (MUS) majeur(e). ◇ *n* **1.** *(in army)* = chef *m* de bataillon; *(in air force)* commandant *m*. **2.** (UNIV) *(subject)* matière *f*.
Majorca [mə'dʒɔ:kə, mə'jɔ:kə] *n* Majorque *f*.
majority [mə'dʒɒrətɪ] *n* majorité *f*; **in a** OR **the ~** dans la majorité.

make [meɪk] (*pt & pp* **made**) ◇ *vt* **1.** *(gen - produce)* faire; *(- manufacture)* faire, fabriquer; **to ~ a meal** préparer un repas; **to ~ a film** tourner OR réaliser un film. **2.** *(perform an action)* faire; **to ~ a decision** prendre une décision; **to ~ a mistake** faire une erreur, se tromper. **3.** *(cause to be)* rendre; **to ~ sb happy/sad** rendre qqn heureux/triste. **4.** *(force, cause to do)*: **to ~ sb do sthg** faire faire qqch à qqn, obliger qqn à faire qqch; **to ~ sb laugh** faire rire qqn. **5.** *(be constructed)*: **to be made of** être en; **what's it made of?** c'est en quoi? **6.** *(add up to)* faire; **2 and 2 ~ 4** 2 et 2 font 4. **7.** *(calculate)*: **I ~ it 50** d'après moi il y en a 50, j'en ai compté 50; **what time do you ~ it?** quelle heure as-tu?; **I ~ it 6 o'clock** il est 6 heures (à ma montre). **8.** *(earn)* gagner, se faire; **to ~ a profit** faire des bénéfices; **to ~ a loss** essuyer des pertes. **9.** *(reach)* arriver à. **10.** *(gain - friend, enemy)* se faire; **to ~ friends (with sb)** se lier d'amitié (avec qqn). **11.** *phr*: **to ~ it** *(reach in time)* arriver à temps; *(be a success)* réussir, arriver; *(be able to attend)* se libérer, pouvoir venir; **to ~ do**

with se contenter de. ◇ *n (brand)* marque *f.* ◆ **make for** *vt fus* **1.** *(move towards)* se diriger vers. **2.** *(contribute to, be conducive to)* rendre probable, favoriser. ◆ **make of** *vt sep* **1.** *(understand)* comprendre. **2.** *(have opinion of)* penser de. ◆ **make off** *vi* filer. ◆ **make out** ◇ *vt sep* **1.** *(see, hear)* discerner; *(understand)* comprendre. **2.** *(fill out - cheque)* libeller; *(- bill, receipt)* faire; *(- form)* remplir. ◇ *vt fus (pretend, claim)*: **to ~ out (that)** ... prétendre que ... ◆ **make up** ◇ *vt sep* **1.** *(compose, constitute)* composer, constituer. **2.** *(story, excuse)* inventer. **3.** *(apply cosmetics to)* maquiller. **4.** *(prepare - gen)* faire; *(- prescription)* préparer, exécuter. **5.** *(make complete)* compléter. ◇ *vi (become friends again)* se réconcilier. ◆ **make up for** *vt fus* compenser. ◆ **make up to** *vt sep*: **to ~ it up to sb (for sthg)** se racheter auprès de qqn (pour qqch).

• Voir FAIRE dans la partie français-anglais du dictionnaire.

make-believe *n*: **it's all ~** c'est (de la) pure fantaisie.
maker ['meɪkəʳ] *n (of product)* fabricant *m*, -e *f*; *(of film)* réalisateur *m*, -trice *f*.
makeshift ['meɪkʃɪft] *adj* de fortune.
make-up *n* **1.** *(cosmetics)* maquillage *m*; **~ remover** démaquillant *m*. **2.** *(person's character)* caractère *m*. **3.** *(of team, group, object)* constitution *f*.
making ['meɪkɪŋ] *n* fabrication *f*; **his problems are of his own ~** ses problèmes sont de sa faute; **in the ~** en formation; **to have the ~s of** avoir l'étoffe de.
malaria [mə'leərɪə] *n* malaria *f*.
Malaya [mə'leɪə] *n* Malaisie *f*, Malaysia *f* Occidentale.
Malaysia [mə'leɪzɪə] *n* Malaysia *f*.
male [meɪl] ◇ *adj (gen)* mâle; *(sex)* masculin(e). ◇ *n* mâle *m*.
male nurse *n* infirmier *m*.
malevolent [mə'levələnt] *adj* malveillant(e).
malfunction [mæl'fʌŋkʃn] *vi* mal fonctionner.
malice ['mælɪs] *n* méchanceté *f*.
malicious [mə'lɪʃəs] *adj* malveillant(e).
malign [mə'laɪn] ◇ *adj* pernicieux (euse). ◇ *vt* calomnier.
malignant [mə'lɪgnənt] *adj* (MED) malin(igne).
mall [mɔːl] *n*: **(shopping) ~** centre *m* commercial.

THE MALL

Le Mall, à Washington, est une succession d'espaces verts au cœur de la ville. Il s'étend du Capitole au Lincoln Memorial en passant par les musées du Smithsonian Institute, la Maison-Blanche, le Washington Memorial et le Jefferson Memorial. Le mur sur lequel sont gravés les noms des soldats tués pendant la guerre du Viêt-nam se trouve à l'extrémité ouest du Mall.

À Londres, le Mall est une longue avenue bordée d'arbres, allant de Buckingham Palace à Trafalgar Square.

mallet ['mælɪt] *n* maillet *m*.
malnutrition [,mælnjuː'trɪʃn] *n* malnutrition *f*.
malpractice [,mæl'præktɪs] *n (U)* (JUR) faute *f* professionnelle.
malt [mɔːlt] *n* malt *m*.
Malta ['mɔːltə] *n* Malte *f*.
mammal ['mæml] *n* mammifère *m*.
mammoth ['mæməθ] ◇ *adj* gigantesque. ◇ *n* mammouth *m*.
man [mæn] (*pl* **men** [men]) ◇ *n* **1.** homme *m*; **the ~ in the street** l'homme de la rue. **2.** *(as form of address)* mon vieux. ◇ *vt (ship, spaceship)* fournir du personnel pour; *(telephone)* répondre au; *(switchboard)* assurer le service de.
manage ['mænɪdʒ] ◇ *vi* **1.** *(cope)* se débrouiller, y arriver. **2.** *(survive, get by)* s'en sortir. ◇ *vt* **1.** *(succeed)*: **to ~ to do sthg** arriver à faire qqch. **2.** *(be responsible for, control)* gérer.
manageable ['mænɪdʒəbl] *adj* maniable.
management ['mænɪdʒmənt] *n* **1.** *(control, running)* gestion *f*. **2.** *(people in control)* direction *f*.
manager ['mænɪdʒəʳ] *n (of organization)* directeur *m*, -trice *f*; *(of shop, restaurant, hotel)* gérant *m*, -e *f*; *(of football team, pop star)* manager *m*.
manageress [,mænɪdʒə'res] *n Br (of organization)* directrice *f*; *(of shop, restaurant, hotel)* gérante *f*.
managerial [,mænɪ'dʒɪərɪəl] *adj* directorial(e).
managing director ['mænɪdʒɪŋ-] *n* directeur général *m*, directrice générale *f*.
mandarin ['mændərɪn] *n (fruit)* mandarine *f*.
mandate ['mændeɪt] *n* mandat *m*.

mandatory ['mændətrɪ] *adj* obligatoire.
mane [meɪn] *n* crinière *f*.
maneuver *Am* = **manoeuvre**.
manfully ['mænfʊlɪ] *adv* courageusement, vaillamment.
mangle ['mæŋgl] *vt* mutiler, déchirer.
mango ['mæŋgəʊ] (*pl* **-es** OR **-s**) *n* mangue *f*.
mangy ['meɪndʒɪ] *adj* galeux(euse).
manhandle ['mæn,hændl] *vt* malmener.
Manhattan [mæn'hætən] *n* Manhattan *m*.

MANHATTAN

L'île de Manhattan, quartier central de New York, se divise en trois parties: Downtown, Midtown et Upper Manhattan. On y trouve des gratte-ciel mondialement connus comme l'Empire State Building ou le Chrysler Building, et des lieux aussi célèbres que Central Park, la 5e Avenue, Broadway et Greenwich Village.

manhole ['mænhəʊl] *n* regard *m*, trou *m* d'homme.
manhood ['mænhʊd] *n*: **to reach ~** devenir un homme.
manhour ['mæn,aʊəʳ] *n* heure-homme *f*.
mania ['meɪnjə] *n*: **~ (for)** manie *f* (de).
maniac ['meɪnɪæk] *n* fou *m*, folle *f*; **a sex ~** un obsédé sexuel (une obsédée sexuelle).
manic ['mænɪk] *adj fig (person)* surexcité(e); *(behaviour)* de fou.
manicure ['mænɪ,kjʊəʳ] *n* manucure *f*.
manifest ['mænɪfest] *fml* ◇ *adj* manifeste, évident(e). ◇ *vt* manifester.
manifesto [,mænɪ'festəʊ] (*pl* **-s** OR **-es**) *n* manifeste *m*.
manipulate [mə'nɪpjʊleɪt] *vt lit & fig* manipuler.
manipulative [mə'nɪpjʊlətɪv] *adj (person)* rusé(e); *(behaviour)* habile, subtil(e).
mankind [mæn'kaɪnd] *n* humanité *f*, genre *m* humain.
manly ['mænlɪ] *adj* viril(e).
man-made *adj (fabric, fibre)* synthétique; *(environment)* artificiel(elle); *(problem)* causé(e) par l'homme.
manner ['mænəʳ] *n* **1.** *(method)* manière *f*, façon *f*. **2.** *(attitude)* attitude *f*, comportement *m*. ◆ **manners** *npl* manières *fpl*.
mannerism ['mænərɪzm] *n* tic *m*, manie *f*.
manoeuvre *Br*, **maneuver** *Am* [mə'nuːvəʳ] ◇ *n* manœuvre *f*. ◇ *vt & vi* manœuvrer.
manor ['mænəʳ] *n* manoir *m*.
manpower ['mæn,paʊəʳ] *n* main-d'œuvre *f*.
mansion ['mænʃn] *n* château *m*.
manslaughter ['mæn,slɔːtəʳ] *n* homicide *m* involontaire.
mantelpiece ['mæntlpiːs] *n* (dessus *m* de) cheminée *f*.
manual ['mænjʊəl] ◇ *adj* manuel(elle). ◇ *n* manuel *m*.
manual worker *n* travailleur manuel *m*, travailleuse manuelle *f*.
manufacture [,mænjʊ'fæktʃəʳ] ◇ *n* fabrication *f*; *(of cars)* construction *f*. ◇ *vt* fabriquer; *(cars)* construire.
manufacturer [,mænjʊ'fæktʃərəʳ] *n* fabricant *m*; *(of cars)* constructeur *m*.
manure [mə'njʊəʳ] *n* fumier *m*.
manuscript ['mænjʊskrɪpt] *n* manuscrit *m*.
many ['menɪ] (*compar* **more**, *superl* **most**) ◇ *adj* beaucoup de; **how ~ ...?** combien de ...?; **too ~** trop de; **as ~ ... as** autant de ... que; **so ~** autant de; **a good** OR **great ~** un grand nombre de. ◇ *pron (a lot, plenty)* beaucoup.

- On trouve *many* principalement dans les questions (*were there many people at the party?*) et les tournures négatives (*I didn't get many presents for my birthday*). Dans les phrases affirmatives, on tend en revanche à utiliser *a lot (of)* et *lots (of)*, même si l'on trouve également *many* dans les expressions *too many, how many* et *so many*.
- Voir aussi LOT, PLENTY.

map [mæp] *n* carte *f*. ◆ **map out** *vt sep (plan)* élaborer; *(timetable)* établir; *(task)* définir.
maple ['meɪpl] *n* érable *m*.
mar [mɑːʳ] *vt* gâter, gâcher.
marathon ['mærəθn] ◇ *adj* marathon *(inv)*. ◇ *n* marathon *m*.
marauder [mə'rɔːdəʳ] *n* maraudeur *m*, -euse *f*.
marble ['mɑːbl] *n* **1.** *(stone)* marbre *m*. **2.** *(for game)* bille *f*.
march [mɑːtʃ] ◇ *n* marche *f*. ◇ *vi* **1.** *(soldiers etc)* marcher au pas. **2.** *(demonstrators)* manifester, faire une marche de protestation. **3.** *(quickly)*: **to**

~ up to sb s'approcher de qqn d'un pas décidé.

March [mɑːtʃ] *n* mars *m*; *see also* **September**.

marcher ['mɑːtʃəʳ] *n (protester)* marcheur *m*, -euse *f*.

mare [meəʳ] *n* jument *f*.

margarine [ˌmɑːdʒə'riːn, ˌmɑːgə'riːn] *n* margarine *f*.

marge [mɑːdʒ] *n inf* margarine *f*.

margin ['mɑːdʒɪn] *n* **1.** *(gen)* marge *f*; **to win by a narrow ~** gagner de peu OR de justesse. **2.** *(edge - of an area)* bord *m*.

marginal ['mɑːdʒɪnl] *adj* **1.** *(unimportant)* marginal(e), secondaire. **2.** *Br* (POL): **~ seat** *circonscription électorale où la majorité passe facilement d'un parti à un autre.*

marginally ['mɑːdʒɪnəlɪ] *adv* très peu.

marigold ['mærɪgəʊld] *n* souci *m*.

marihuana, marijuana [ˌmærɪ'wɑːnə] *n* marihuana *f*.

marine [mə'riːn] ◇ *adj* marin(e). ◇ *n* marine *m*.

marital ['mærɪtl] *adj (sex, happiness)* conjugal(e); *(problems)* matrimonial(e).

marital status *n* situation *f* de famille.

maritime ['mærɪtaɪm] *adj* maritime.

mark [mɑːk] ◇ *n* **1.** *(stain)* tache *f*, marque *f*. **2.** *(sign, written symbol)* marque *f*. **3.** *(in exam)* note *f*, point *m*. **4.** *(stage, level)* barre *f*. **5.** *(currency)* mark *m*. ◇ *vt* **1.** *(gen)* marquer. **2.** *(stain)* marquer, tacher. **3.** *(exam, essay)* noter, corriger. ◆ **mark off** *vt sep (cross off)* cocher.

marked [mɑːkt] *adj (change, difference)* marqué(e); *(improvement, deterioration)* sensible.

marker ['mɑːkəʳ] *n (sign)* repère *m*.

marker pen *n* marqueur *m*.

market ['mɑːkɪt] ◇ *n* marché *m*. ◇ *vt* commercialiser.

market garden *n* jardin *m* maraîcher.

marketing ['mɑːkɪtɪŋ] *n* marketing *m*.

marketplace ['mɑːkɪtpleɪs] *n* **1.** *(in a town)* place *f* du marché. **2.** (COMM) marché *m*.

market research *n* étude *f* de marché.

market value *n* valeur *f* marchande.

marking ['mɑːkɪŋ] *n* (SCH) correction *f*. ◆ **markings** *npl (on animal, flower)* taches *fpl*, marques *fpl*; *(on road)* signalisation *f* horizontale.

marksman ['mɑːksmən] (*pl* **-men** [-mən]) *n* tireur *m* d'élite.

marmalade ['mɑːməleɪd] *n* confiture *f* d'oranges amères.

maroon [mə'ruːn] *adj* bordeaux (*inv*).

marooned [mə'ruːnd] *adj* abandonné (e).

marquee [mɑː'kiː] *n* grande tente *f*.

marriage ['mærɪdʒ] *n* mariage *m*.

marriage bureau *n Br* agence *f* matrimoniale.

marriage certificate *n* acte *m* de mariage.

marriage guidance *n* conseil *m* conjugal.

married ['mærɪd] *adj* **1.** *(person)* marié (e); **to get ~** se marier. **2.** *(life)* conjugal (e).

marrow ['mærəʊ] *n* **1.** *Br (vegetable)* courge *f*. **2.** *(in bones)* moelle *f*.

marry ['mærɪ] ◇ *vt* **1.** *(become spouse of)* épouser, se marier avec. **2.** *(subj: priest, registrar)* marier. ◇ *vi* se marier.

Mars [mɑːz] *n (planet)* Mars *f*.

marsh [mɑːʃ] *n* marais *m*, marécage *m*.

marshal ['mɑːʃl] ◇ *n* **1.** (MIL) maréchal *m*. **2.** *(steward)* membre *m* du service d'ordre. **3.** *Am (law officer)* officier *m* de police fédérale. ◇ *vt lit & fig* rassembler.

martial arts [ˌmɑːʃl-] *npl* arts *mpl* martiaux.

martial law [ˌmɑːʃl-] *n* loi *f* martiale.

martyr ['mɑːtəʳ] *n* martyr *m*, -e *f*.

martyrdom ['mɑːtədəm] *n* martyre *m*.

marvel ['mɑːvl] ◇ *n* merveille *f*. ◇ *vi*: **to ~ (at)** s'émerveiller (de), s'étonner (de).

marvellous *Br*, **marvelous** *Am* ['mɑːvələs] *adj* merveilleux(euse).

Marxism ['mɑːksɪzm] *n* marxisme *m*.

Marxist ['mɑːksɪst] ◇ *adj* marxiste. ◇ *n* marxiste *mf*.

marzipan ['mɑːzɪpæn] *n (U)* pâte *f* d'amandes.

mascara [mæs'kɑːrə] *n* mascara *m*.

masculine ['mæskjʊlɪn] *adj* masculin (e).

mash [mæʃ] *vt* faire une purée de.

mashed potatoes [mæʃt-] *npl* purée *f* de pommes de terre.

mask [mɑːsk] *lit & fig* ◇ *n* masque *m*. ◇ *vt* masquer.

masochist ['mæsəkɪst] *n* masochiste *mf*.

mason ['meɪsn] *n* **1.** *(stonemason)* maçon *m*. **2.** *(freemason)* franc-maçon *m*.

masonry ['meɪsnrɪ] *n (stones)* maçonnerie *f*.

masquerade [ˌmæskəˈreɪd] *vi*: **to ~ as** se faire passer pour.
mass [mæs] ◇ *n (gen & PHYSICS)* masse *f*. ◇ *adj (protest, meeting)* en masse, en nombre; *(unemployment, support)* massif (ive). ◇ *vi* se masser. ◆ **Mass** *n* (RELIG) messe *f*. ◆ **masses** *npl* **1.** *inf (lots)*: **~es (of)** des masses (de); *(food)* des tonnes (de). **2.** *(workers)*: **the ~es** les masses *fpl*.
massacre [ˈmæsəkəʳ] ◇ *n* massacre *m*. ◇ *vt* massacrer.
massage [*Br* ˈmæsɑːʒ, *Am* məˈsɑːʒ] ◇ *n* massage *m*. ◇ *vt* masser.
massive [ˈmæsɪv] *adj* massif(ive), énorme.
mass media *n or npl*: **the ~** les (mass) media *mpl*.
mass production *n* fabrication *f* OR production *f* en série.
mast [mɑːst] *n* **1.** *(on boat)* mât *m*. **2.** (RADIO & TV) pylône *m*.
master [ˈmɑːstəʳ] ◇ *n* **1.** *(gen)* maître *m*. **2.** *Br* (SCH - *in primary school)* instituteur *m*, maître *m*; *(- in secondary school)* professeur *m*. ◇ *adj* maître. ◇ *vt* maîtriser; *(difficulty)* surmonter, vaincre; *(situation)* se rendre maître de.
master key *n* passe *m*, passe-partout *m*.
masterly [ˈmɑːstəlɪ] *adj* magistral(e).
mastermind [ˈmɑːstəmaɪnd] ◇ *n* cerveau *m*. ◇ *vt* organiser, diriger.
Master of Arts (*pl* **Masters of Arts**) *n* **1.** *(degree)* maîtrise *f* ès lettres. **2.** *(person)* titulaire *mf* d'une maîtrise ès lettres.
Master of Science (*pl* **Masters of Science**) *n* **1.** *(degree)* maîtrise *f* ès sciences. **2.** *(person)* titulaire *mf* d'une maîtrise ès sciences.
masterpiece [ˈmɑːstəpiːs] *n* chef-d'œuvre *m*.
master's degree *n* ≃ maîtrise *f*.
mastery [ˈmɑːstərɪ] *n* maîtrise *f*.
mat [mæt] *n* **1.** *(on floor)* petit tapis *m*; *(at door)* paillasson *m*. **2.** *(on table)* set *m* de table; *(coaster)* dessous *m* de verre.
match [mætʃ] ◇ *n* **1.** *(game)* match *m*. **2.** *(for lighting)* allumette *f*. **3.** *(equal)*: **to be no ~ for sb** ne pas être de taille à lutter contre qqn. ◇ *vt* **1.** *(be the same as)* correspondre à, s'accorder avec. **2.** *(pair off)* faire correspondre. **3.** *(be equal with)* égaler, rivaliser avec. ◇ *vi* **1.** *(be the same)* correspondre. **2.** *(go together well)* être assorti(e).
matchbox [ˈmætʃbɒks] *n* boîte *f* à allumettes.
matching [ˈmætʃɪŋ] *adj* assorti(e).
mate [meɪt] ◇ *n* **1.** *inf (friend)* copain *m*, copine *f*, pote *m*. **2.** *Br inf (term of address)* mon vieux. **3.** *(of female animal)* mâle *m*; *(of male animal)* femelle *f*. **4.** (NAUT): **(first) ~** second *m*. ◇ *vi* s'accoupler.
material [məˈtɪərɪəl] ◇ *adj* **1.** *(goods, benefits, world)* matériel(elle). **2.** *(important)* important(e), essentiel(elle). ◇ *n* **1.** *(substance)* matière *f*, substance *f*; *(type of substance)* matériau *m*, matière. **2.** *(fabric)* tissu *m*, étoffe *f*; *(type of fabric)* tissu. **3.** *(U) (information - for book, article etc)* matériaux *mpl*. ◆ **materials** *npl* matériaux *mpl*.
materialistic [məˌtɪərɪəˈlɪstɪk] *adj* matérialiste.
materialize, -ise [məˈtɪərɪəlaɪz] *vi* **1.** *(offer, threat)* se concrétiser, se réaliser. **2.** *(person, object)* apparaître.
maternal [məˈtɜːnl] *adj* maternel(elle).
maternity [məˈtɜːnətɪ] *n* maternité *f*.
maternity dress *n* robe *f* de grossesse.
maternity hospital *n* maternité *f*.
math *Am* = **maths**.
mathematical [ˌmæθəˈmætɪkl] *adj* mathématique.
mathematics [ˌmæθəˈmætɪks] *n (U)* mathématiques *fpl*.
maths *Br* [mæθs], **math** *Am* [mæθ] (*abbr of* **mathematics**) *inf n (U)* maths *fpl*.
matinée [ˈmætɪneɪ] *n* matinée *f*.
mating season [ˈmeɪtɪŋ-] *n* saison *f* des amours.
matrices [ˈmeɪtrɪsiːz] *pl* → **matrix**.
matriculation [məˌtrɪkjʊˈleɪʃn] *n* inscription *f*.
matrimonial [ˌmætrɪˈməʊnjəl] *adj* matrimonial(e), conjugal(e).
matrimony [ˈmætrɪmənɪ] *n (U)* mariage *m*.
matrix [ˈmeɪtrɪks] (*pl* **matrices** OR **-es**) *n* **1.** *(context, framework)* contexte *m*, structure *f*. **2.** (MATH & TECH) matrice *f*.
matron [ˈmeɪtrən] *n* **1.** *Br (in hospital)* infirmière *f* en chef. **2.** *(in school)* infirmière *f*.
matt *Br*, **matte** *Am* [mæt] *adj* mat(e).
matted [ˈmætɪd] *adj* emmêlé(e).
matter [ˈmætəʳ] ◇ *n* **1.** *(question, situation)* question *f*, affaire *f*; **that's another** OR **a different ~** c'est tout autre chose, c'est une autre histoire; **as a ~ of course** automatiquement; **to make ~s worse** aggraver la situation; **and to make ~s worse ...** pour tout arranger ...; **that's a ~ of opinion** c'est (une) affaire OR question d'opinion. **2.** *(trouble, cause of pain)*:

there's something the ~ with my radio il y a quelque chose qui cloche OR ne va pas dans ma radio; **what's the ~?** qu'est-ce qu'il y a?; **what's the ~ with him?** qu'est-ce qu'il a? **3.** (PHYSICS) matière *f*. **4.** *(U) (material)* matière *f*; **reading ~** choses *fpl* à lire. ◇ *vi (be important)* importer, avoir de l'importance; **it doesn't ~** cela n'a pas d'importance. ◆ **as a matter of fact** *adv* en fait, à vrai dire. ◆ **for that matter** *adv* d'ailleurs. ◆ **no matter** *adv*: **no ~ what** coûte que coûte, à tout prix; **no ~ how hard I try to explain ...** j'ai beau essayer de lui expliquer ...

Matterhorn ['mætə,hɔːn] *n*: **the ~** le mont Cervin.

matter-of-fact *adj* terre-à-terre, neutre.

mattress ['mætrɪs] *n* matelas *m*.

mature [mə'tjʊəʳ] ◇ *adj* **1.** *(person, attitude)* mûr(e). **2.** *(cheese)* fait(e); *(wine)* arrivé(e) à maturité. ◇ *vi* **1.** *(person)* mûrir. **2.** *(cheese, wine)* se faire.

mature student *n Br* (UNIV) *étudiant qui a commencé ses études sur le tard.*

maul [mɔːl] *vt* mutiler.

mauve [məʊv] ◇ *adj* mauve. ◇ *n* mauve *m*.

max. [mæks] (*abbr of* **maximum**) max.

maxim ['mæksɪm] (*pl* **-s**) *n* maxime *f*.

maxima ['mæksɪmə] → **maximum**.

maximum ['mæksɪməm] (*pl* **maxima** OR **-s**) ◇ *adj* maximum (*inv*). ◇ *n* maximum *m*.

may [meɪ] *modal vb* **1.** *(expressing possibility)*: **it ~ rain** il se peut qu'il pleuve, il va peut-être pleuvoir; **be that as it ~** quoi qu'il en soit. **2.** *(can)* pouvoir; **on a clear day the coast ~ be seen** on peut voir la côte par temps clair. **3.** *(asking permission)*: **~ I come in?** puis-je entrer? **4.** *(as contrast)*: **it ~ be expensive but ...** c'est peut-être cher, mais ... **5.** *fml (expressing wish, hope)*: **~ they be happy!** qu'ils soient heureux!; *see also* **might**.

> • On ne peut pas employer *may*, au sens d'«être autorisé à», dans des situations qui décrivent le passé ou l'avenir. Dans ces cas-là, on doit utiliser *be allowed to* à la place (*she wasn't allowed to see him again; I hope that I'll be allowed to go*).
>
> • Voir aussi MIGHT.

May [meɪ] *n* mai *m*; *see also* **September**.

maybe ['meɪbiː] *adv* peut-être; **~ I'll come** je viendrai peut-être.

May Day *n* le Premier mai.

mayhem ['meɪhem] *n* pagaille *f*.

mayonnaise [,meɪə'neɪz] *n* mayonnaise *f*.

mayor [meəʳ] *n* maire *m*.

mayoress ['meərɪs] *n* **1.** *(female mayor)* femme *f* maire. **2.** *(mayor's wife)* femme *f* du maire.

maze [meɪz] *n lit & fig* labyrinthe *m*, dédale *m*.

MB (*abbr of* **megabyte**) Mo.

MD *n abbr of* **managing director**.

me [miː] *pers pron* **1.** *(direct, indirect)* me, m' (+ *vowel or silent 'h'*); **can you see/hear ~?** tu me vois/m'entends?; **it's ~** c'est moi; **they spoke to ~** ils m'ont parlé; **she gave it to ~** elle me l'a donné. **2.** *(stressed, after prep, in comparisons etc)* moi; **you can't expect ME to do it** tu ne peux pas exiger que ce soit moi qui le fasse; **she's shorter than ~** elle est plus petite que moi.

meadow ['medəʊ] *n* prairie *f*, pré *m*.

meagre *Br*, **meager** *Am* ['miːgəʳ] *adj* maigre.

meal [miːl] *n* repas *m*.

mealtime ['miːltaɪm] *n* heure *f* du repas.

mean [miːn] (*pt & pp* **meant**) ◇ *vt* **1.** *(signify)* signifier, vouloir dire; **money ~s nothing to him** l'argent ne compte pas pour lui. **2.** *(intend)*: **to ~ to do sthg** vouloir faire qqch, avoir l'intention de faire qqch; **I didn't ~ to drop it** je n'ai pas fait exprès de le laisser tomber; **to be meant for sb/sthg** être destiné(e) à qqn/qqch; **to be meant to do sthg** être censé(e) faire qqch; **to ~ well** agir dans une bonne intention. **3.** *(be serious about)*: **I ~ it** je suis sérieux(euse). **4.** *(entail)* occasionner, entraîner. **5.** *phr*: **I ~** *(as explanation)* c'est vrai; *(as correction)* je veux dire. ◇ *adj* **1.** *(miserly)* radin(e), chiche; **to be ~ with sthg** être avare de qqch. **2.** *(unkind)* mesquin(e), méchant(e); **to be ~ to sb** être mesquin envers qqn. **3.** *(average)* moyen(enne). ◇ *n (average)* moyenne *f*; *see also* **means**.

meander [mɪ'ændəʳ] *vi (river, road)* serpenter; *(person)* errer.

meaning ['miːnɪŋ] *n* sens *m*, signification *f*.

meaningful ['miːnɪŋfʊl] *adj (look)* significatif(ive); *(relationship, discussion)* important(e).

meaningless ['miːnɪŋlɪs] *adj (gesture, word)* dénué(e) OR vide de sens; *(propo-*

sal, discussion) sans importance.
means [miːnz] ◇ *n* *(method, way)* moyen *m*; **by ~ of** au moyen de. ◇ *npl* *(money)* moyens *mpl*, ressources *fpl*. ◆ **by all means** *adv* mais certainement, bien sûr. ◆ **by no means** *adv fml* nullement, en aucune façon.
meant [ment] *pt & pp* → **mean**.
meantime ['miːnˌtaɪm] *n*: **in the ~** en attendant.
meanwhile ['miːnˌwaɪl] *adv* **1.** *(at the same time)* pendant ce temps. **2.** *(between two events)* en attendant.
measles ['miːzlz] *n*: **(the) ~** la rougeole.
measly ['miːzlɪ] *adj inf* misérable, minable.
measure ['meʒəʳ] ◇ *n* **1.** *(gen)* mesure *f*. **2.** *(indication)*: **it is a ~ of her success that ...** la preuve de son succès, c'est que ... ◇ *vt & vi* mesurer.
measurement ['meʒəmənt] *n* mesure *f*.
meat [miːt] *n* viande *f*.
meatball ['miːtbɔːl] *n* boulette *f* de viande.
meat pie *n Br* tourte *f* à la viande.
meaty ['miːtɪ] *adj fig* important(e).
Mecca ['mekə] *n* La Mecque.
mechanic [mɪ'kænɪk] *n* mécanicien *m*, -enne *f*. ◆ **mechanics** ◇ *n (U)* *(study)* mécanique *f*. ◇ *npl fig* mécanisme *m*.
mechanical [mɪ'kænɪkl] *adj* **1.** *(device)* mécanique. **2.** *(person, mind)* fort(e) en mécanique. **3.** *(routine, automatic)* machinal(e).
mechanism ['mekənɪzm] *n lit & fig* mécanisme *m*.
medal ['medl] *n* médaille *f*.
medallion [mɪ'dæljən] *n* médaillon *m*.
meddle ['medl] *vi*: **to ~ in** se mêler de.
media ['miːdjə] ◇ *pl* → **medium**. ◇ *n or npl*: **the ~** les médias *mpl*.
mediaeval [ˌmedɪ'iːvl] = **medieval**.
median ['miːdjən] *n Am (of road)* bande *f* médiane *(qui sépare les deux côtés d'une grande route)*.
mediate ['miːdɪeɪt] ◇ *vt* négocier. ◇ *vi*: **to ~ (for/between)** servir de médiateur (pour/entre).
mediator ['miːdɪeɪtəʳ] *n* médiateur *m*, -trice *f*.
Medicaid ['medɪkeɪd] *n Am assistance médicale aux personnes sans ressources*.
medical ['medɪkl] ◇ *adj* médical(e). ◇ *n* examen *m* médical.
medical officer *n (in factory etc)* médecin *m* du travail; (MIL) médecin militaire.
Medicare ['medɪkeəʳ] *n Am programme fédéral d'assistance médicale pour personnes âgées*.
medicated ['medɪkeɪtɪd] *adj* traitant(e).
medicine ['medsɪn] *n* **1.** *(subject, treatment)* médecine *f*; **Doctor of Medicine** (UNIV) docteur *m* en médecine. **2.** *(substance)* médicament *m*.
medieval [ˌmedɪ'iːvl] *adj* médiéval(e).
mediocre [ˌmiːdɪ'əʊkəʳ] *adj* médiocre.
meditate ['medɪteɪt] *vi*: **to ~ (on** OR **upon)** méditer (sur).
Mediterranean [ˌmedɪtə'reɪnjən] ◇ *n* *(sea)*: **the ~ (Sea)** la (mer) Méditerranée. ◇ *adj* méditerranéen(enne).
medium ['miːdjəm] (*pl sense 1* **media**, *pl sense 2* **mediums**) ◇ *adj* moyen (enne). ◇ *n* **1.** *(way of communicating)* moyen *m*. **2.** *(spiritualist)* médium *m*.
medium-size(d) [-saɪz(d)] *adj* de taille moyenne.
medium wave *n* onde *f* moyenne.
medley ['medlɪ] (*pl* **medleys**) *n* **1.** *(mixture)* mélange *m*. **2.** (MUS) pot-pourri *m*.
meek [miːk] *adj* docile.
meet [miːt] (*pt & pp* **met**) ◇ *vt* **1.** *(gen)* rencontrer; *(by arrangement)* retrouver. **2.** *(go to meet - person)* aller/venir attendre, aller/venir chercher; *(- train, plane)* aller attendre. **3.** *(need, requirement)* satisfaire, répondre à. **4.** *(problem)* résoudre; *(challenge)* répondre à. **5.** *(costs)* payer. **6.** *(join)* rejoindre. ◇ *vi* **1.** *(gen)* se rencontrer; *(by arrangement)* se retrouver; *(for a purpose)* se réunir. **2.** *(join)* se joindre. ◇ *n Am* *(meeting)* meeting *m*. ◆ **meet up** *vi* se retrouver; **to ~ up with sb** rencontrer qqn, retrouver qqn. ◆ **meet with** *vt fus* **1.** *(encounter - disapproval)* être accueilli(e) par; *(- success)* remporter; *(- failure)* essuyer. **2.** *Am (by arrangement)* retrouver.
meeting ['miːtɪŋ] *n* **1.** *(for discussions, business)* réunion *f*. **2.** *(by chance)* rencontre *f*; *(by arrangement)* entrevue *f*.
megabyte ['megəbaɪt] *n* (COMPUT) méga-octet *m*.
megaphone ['megəfəʊn] *n* mégaphone *m*, porte-voix *m*.
melancholy ['melənkəlɪ] ◇ *adj* *(person)* mélancolique; *(news, facts)* triste. ◇ *n* mélancolie *f*.
mellow ['meləʊ] ◇ *adj* *(light, voice)* doux (douce); *(taste, wine)* moelleux (euse). ◇ *vi* s'adoucir.
melody ['melədɪ] *n* mélodie *f*.
melon ['melən] *n* melon *m*.
melt [melt] ◇ *vt* faire fondre. ◇ *vi* **1.** *(become liquid)* fondre. **2.** *fig*: **his heart**

~ed at the sight il fut tout attendri devant ce spectacle. 3. *(disappear)*: **to ~ (away)** fondre. ◆ **melt down** *vt sep* fondre.

meltdown ['meltdaʊn] *n* fusion *f* du cœur (du réacteur).

melting pot ['meltɪŋ-] *n fig* creuset *m*.

member ['membəʳ] *n* membre *m*; *(of club)* adhérent *m*, -e *f*.

Member of Congress (*pl* **Members of Congress**) *n Am* membre *m* du Congrès.

Member of Parliament (*pl* **Members of Parliament**) *n Br* = député *m*.

membership ['membəʃɪp] *n* 1. *(of organization)* adhésion *f*. 2. *(number of members)* nombre *m* d'adhérents. 3. *(members)*: **the ~** les membres *mpl*.

membership card *n* carte *f* d'adhésion.

memento [mɪ'mentəʊ] (*pl* **-s**) *n* souvenir *m*.

memo ['meməʊ] (*pl* **-s**) *n* note *f* de service.

memoirs ['memwɑːz] *npl* mémoires *mpl*.

memorandum [,memə'rændəm] (*pl* **-da** [-də] OR **-dums**) *n* note *f* de service.

memorial [mɪ'mɔːrɪəl] ◇ *adj* commémoratif(ive). ◇ *n* monument *m*.

memorize, -ise ['meməraɪz] *vt (phone number, list)* retenir; *(poem)* apprendre par cœur.

memory ['memərɪ] *n* 1. *(gen &* COMPUT*)* mémoire *f*; **from ~** de mémoire. 2. *(event, experience)* souvenir *m*.

men [men] *pl* → **man**.

menace ['menəs] ◇ *n* 1. *(gen)* menace *f*. 2. *inf (nuisance)* plaie *f*. ◇ *vt* menacer.

menacing ['menəsɪŋ] *adj* menaçant(e).

mend [mend] ◇ *n inf*: **to be on the ~** aller mieux. ◇ *vt* réparer; *(clothes)* raccommoder; *(sock, pullover)* repriser.

menial ['miːnjəl] *adj* avilissant(e).

meningitis [,menɪn'dʒaɪtɪs] *n (U)* méningite *f*.

menopause ['menəpɔːz] *n*: **the ~** la ménopause.

men's room *n Am*: **the ~** les toilettes *fpl* pour hommes.

menstruation [,menstrʊ'eɪʃn] *n* menstruation *f*.

menswear ['menzweəʳ] *n (U)* vêtements *mpl* pour hommes.

mental ['mentl] *adj* mental(e); *(image, picture)* dans la tête.

mental hospital *n* hôpital *m* psychiatrique.

mentality [men'tælətɪ] *n* mentalité *f*.

mentally handicapped ['mentəlɪ-] *npl*: **the ~** les handicapés *mpl* mentaux.

mention ['menʃn] ◇ *vt* mentionner, signaler; **not to ~** sans parler de; **don't ~ it!** je vous en prie! ◇ *n* mention *f*.

menu ['menjuː] *n (gen &* COMPUT*)* menu *m*.

meow *Am* = **miaow**.

MEP (*abbr of* **Member of the European Parliament**) *n* parlementaire *m* européen.

mercenary ['mɜːsɪnrɪ] ◇ *adj* mercenaire. ◇ *n* mercenaire *m*.

merchandise ['mɜːtʃəndaɪz] *n (U)* marchandises *fpl*.

merchant ['mɜːtʃənt] *n* marchand *m*, -e *f*, commerçant *m*, -e *f*.

merchant bank *n Br* banque *f* d'affaires.

merchant navy *Br*, **merchant marine** *Am n* marine *f* marchande.

merciful ['mɜːsɪfʊl] *adj* 1. *(person)* clément(e). 2. *(death, release)* qui est une délivrance.

merciless ['mɜːsɪlɪs] *adj* impitoyable.

mercury ['mɜːkjʊrɪ] *n* mercure *m*.

Mercury ['mɜːkjʊrɪ] *n (planet)* Mercure *f*.

mercy ['mɜːsɪ] *n* 1. *(kindness, pity)* pitié *f*; **at the ~ of** *fig* à la merci de. 2. *(blessing)*: **what a ~ that ...** quelle chance que ...

mere [mɪəʳ] *adj* seul(e); **she's a ~ child** ce n'est qu'une enfant; **it cost a ~ £10** cela n'a coûté que 10 livres.

merely ['mɪəlɪ] *adv* seulement, simplement.

merge [mɜːdʒ] ◇ *vt* (COMM & COMPUT) fusionner. ◇ *vi* 1. (COMM): **to ~ (with)** fusionner (avec). 2. *(roads, lines)*: **to ~ (with)** se joindre (à). 3. *(colours)* se fondre. ◇ *n* (COMPUT) fusion *f*.

merger ['mɜːdʒəʳ] *n* fusion *f*.

meringue [mə'ræŋ] *n* meringue *f*.

merit ['merɪt] ◇ *n (value)* mérite *m*, valeur *f*. ◇ *vt* mériter. ◆ **merits** *npl (advantages)* qualités *fpl*.

mermaid ['mɜːmeɪd] *n* sirène *f*.

merry ['merɪ] *adj* 1. *literary (happy)* joyeux(euse); **Merry Christmas!** joyeux Noël! 2. *inf (tipsy)* gai(e), éméché(e).

merry-go-round *n* manège *m*.

mesh [meʃ] ◇ *n* maille *f* (du filet); **wire ~** grillage *m*. ◇ *vi (gears)* s'engrener.

mesmerize, -ise ['mezməraɪz] *vt*: **to be ~d by** être fasciné(e) par.

mess [mes] *n* 1. *(untidy state)* désordre *m*; *fig* gâchis *m*. 2. (MIL) mess *m*. ◆ **mess about, mess around** *inf* ◇ *vt sep*: **to ~ sb about** traiter qqn par-dessus OR par-dessous la jambe. ◇ *vi* 1. *(fool around)* perdre OR gaspiller son temps. 2. *(interfere)*: **to ~ about with sthg** s'immiscer dans qqch. ◆ **mess up** *vt sep inf* 1. *(room)* mettre en désordre; *(clothes)* salir. 2. *fig (spoil)* gâcher.

message ['mesɪdʒ] *n* message *m*.

messenger ['mesɪndʒəʳ] *n* messager *m*, -ère *f*.

Messrs, Messrs. ['mesəz] (*abbr of* **messieurs**) MM.

messy ['mesɪ] *adj* 1. *(dirty)* sale; *(untidy)* désordonné(e); **a ~ job** un travail salissant. 2. *inf (divorce)* difficile; *(situation)* embrouillé(e).

met [met] *pt & pp* → **meet**.

metal ['metl] ◇ *n* métal *m*. ◇ *comp* en OR de métal.

metallic [mɪ'tælɪk] *adj* 1. *(sound, ore)* métallique. 2. *(paint, finish)* métallisé (e).

metalwork ['metəlwɜːk] *n (craft)* ferronnerie *f*.

metaphor ['metəfəʳ] *n* métaphore *f*.

mete [miːt] ◆ **mete out** *vt sep (punishment)* infliger.

meteor ['miːtɪəʳ] *n* météore *m*.

meteorology [miːtjə'rɒlədʒɪ] *n* météorologie *f*.

meter ['miːtəʳ] ◇ *n* 1. *(device)* compteur *m*. 2. *Am* = **metre**. ◇ *vt (gas, electricity)* établir la consommation de.

method ['meθəd] *n* méthode *f*.

methodical [mɪ'θɒdɪkl] *adj* méthodique.

Methodist ['meθədɪst] ◇ *adj* méthodiste. ◇ *n* méthodiste *mf*.

meths [meθs] *n Br inf* alcool *m* à brûler.

methylated spirits ['meθɪleɪtɪd-] *n* alcool *m* à brûler.

meticulous [mɪ'tɪkjʊləs] *adj* méticuleux(euse).

metre *Br*, **meter** *Am* ['miːtəʳ] *n* mètre *m*.

metric ['metrɪk] *adj* métrique.

metropolitan [ˌmetrə'pɒlɪtn] *adj* métropolitain(e).

Metropolitan Police *npl*: **the ~** la police de Londres.

mettle ['metl] *n*: **to be on one's ~** être d'attaque; **to show** OR **prove one's ~** montrer ce dont on est capable.

mew [mjuː] = **miaow**.

mews [mjuːz] (*pl inv*) *n Br* ruelle *f*.

Mexican ['meksɪkn] ◇ *adj* mexicain(e). ◇ *n* Mexicain *m*, -e *f*.

Mexico ['meksɪkəʊ] *n* Mexique *m*.

MI5 (*abbr of* **Military Intelligence 5**) *n* *service de contre-espionnage britannique.*

MI6 (*abbr of* **Military Intelligence 6**) *n* *service de renseignements britannique.*

miaow *Br* [miː'aʊ], **meow** *Am* [mɪ'aʊ] ◇ *n* miaulement *m*, miaou *m*. ◇ *vi* miauler.

mice [maɪs] *pl* → **mouse**.

mickey ['mɪkɪ] *n*: **to take the ~ out of sb** *Br inf* se payer la tête de qqn, faire marcher qqn.

microchip ['maɪkrəʊtʃɪp] *n* (COMPUT) puce *f*.

microcomputer [ˌmaɪkrəʊkəm'pjuːtəʳ] *n* micro-ordinateur *m*.

microfilm ['maɪkrəʊfɪlm] *n* microfilm *m*.

microphone ['maɪkrəfəʊn] *n* microphone *m*, micro *m*.

microscope ['maɪkrəskəʊp] *n* microscope *m*.

microscopic [ˌmaɪkrə'skɒpɪk] *adj* microscopique.

microwave (oven) ['maɪkrəweɪv-] *n* (four *m* à) micro-ondes *m*.

mid- [mɪd] *prefix*: **~height** mi-hauteur; **~morning** milieu de la matinée; **~winter** plein hiver.

midair [mɪd'eəʳ] ◇ *adj* en plein ciel. ◇ *n*: **in ~** en plein ciel.

midday [mɪd'deɪ] *n* midi *m*.

middle ['mɪdl] ◇ *adj (centre)* du milieu, du centre. ◇ *n* 1. *(centre)* milieu *m*, centre *m*; **in the ~ (of)** au milieu (de). 2. *(in time)* milieu *m*; **to be in the ~ of doing sthg** être en train de faire qqch; **to be in the ~ of a meeting** être en pleine réunion; **in the ~ of the night** au milieu de la nuit, en pleine nuit. 3. *(waist)* taille *f*.

middle-aged *adj* d'une cinquantaine d'années.

Middle Ages *npl*: **the ~** le Moyen Âge.

middle-class *adj* bourgeois(e).

middle classes *npl*: **the ~** la bourgeoisie.

Middle East *n*: **the ~** le Moyen-Orient.

middleman ['mɪdlmæn] (*pl* **-men** [-men]) *n* intermédiaire *mf*.

middle name *n* second prénom *m*.

middleweight ['mɪdlweɪt] *n* poids *m* moyen.

Mideast [ˌmɪdˈiːst] *n Am*: **the ~** le Moyen-Orient.
midfield [ˌmɪdˈfiːld] *n* (FTBL) milieu *m* de terrain.
midge [mɪdʒ] *n* moucheron *m*.
midget [ˈmɪdʒɪt] *n* nain *m*, -e *f*.
midi system [ˈmɪdɪ-] *n* chaîne *f* midi.
Midlands [ˈmɪdləndz] *npl*: **the ~** *les comtés du centre de l'Angleterre.*
midnight [ˈmɪdnaɪt] *n* minuit *m*.
midriff [ˈmɪdrɪf] *n* diaphragme *m*.
midst [mɪdst] *n* **1.** *(in space)*: **in the ~ of** au milieu de. **2.** *(in time)*: **to be in the ~ of doing sthg** être en train de faire qqch.
midsummer [ˈmɪdˌsʌməʳ] *n* cœur *m* de l'été.
Midsummer Day *n* la Saint-Jean.
midway [ˌmɪdˈweɪ] *adv* **1.** *(in space)*: **~ (between)** à mi-chemin (entre). **2.** *(in time)*: **~ through the meeting** en pleine réunion.
midweek [*adj* ˈmɪdwiːk, *adv* mɪdˈwiːk] ◇ *adj* du milieu de la semaine. ◇ *adv* en milieu de semaine.
midwife [ˈmɪdwaɪf] (*pl* **-wives** [-waɪvz]) *n* sage-femme *f*.
midwifery [ˈmɪdˌwɪfərɪ] *n* obstétrique *f*.

might [maɪt] ◇ *modal vb* **1.** *(expressing possibility)*: **the criminal ~ be armed** il est possible que le criminel soit armé. **2.** *(expressing suggestion)*: **it ~ be better to wait** il vaut peut-être mieux attendre. **3.** *fml (asking permission)*: **he asked if he ~ leave the room** il demanda s'il pouvait sortir de la pièce. **4.** *(expressing concession)*: **you ~ well be right** vous avez peut-être raison. **5.** *phr*: **I ~ have known** OR **guessed** j'aurais dû m'en douter. ◇ *n (U)* force *f*.

> • *May* et *might* servent tous deux à exprimer une possibilité réelle, mais, si l'on utilise *might*, le degré d'incertitude est plus grand. Comparez, par exemple, *you may be right but I'll have to check* et *if you phone now, you might catch him in his office*.

mighty [ˈmaɪtɪ] ◇ *adj (powerful)* puissant(e). ◇ *adv Am inf* drôlement, vachement.
migraine [ˈmiːgreɪn, ˈmaɪgreɪn] *n* migraine *f*.
migrant [ˈmaɪgrənt] ◇ *adj* **1.** *(bird, animal)* migrateur(trice). **2.** *(workers)* émigré(e). ◇ *n* **1.** *(bird, animal)* migrateur *m*. **2.** *(person)* émigré *m*, -e *f*.
migrate [*Br* maɪˈgreɪt, *Am* ˈmaɪgreɪt] *vi* **1.** *(bird, animal)* migrer. **2.** *(person)* émigrer.
mike [maɪk] (*abbr of* **microphone**) *n inf* micro *m*.
mild [maɪld] *adj* **1.** *(disinfectant, reproach)* léger(ère). **2.** *(tone, weather)* doux (douce). **3.** *(illness)* bénin(igne).
mildew [ˈmɪldjuː] *n (U)* moisissure *f*.
mildly [ˈmaɪldlɪ] *adv* **1.** *(gently)* doucement; **to put it ~, ...,** c'est le moins qu'on puisse dire. **2.** *(not strongly)* légèrement. **3.** *(slightly)* un peu.
mile [maɪl] *n* mile *m*; (NAUT) mille *m*; **to be ~s away** *fig* être très loin.
mileage [ˈmaɪlɪdʒ] *n* distance *f* en miles, ≃ kilométrage *m*.
mileometer [maɪˈlɒmɪtəʳ] *n* compteur *m* de miles, ≃ compteur kilométrique.
milestone [ˈmaɪlstəʊn] *n (marker stone)* borne *f*; *fig* événement *m* marquant OR important.
militant [ˈmɪlɪtənt] ◇ *adj* militant(e). ◇ *n* militant *m*, -e *f*.
military [ˈmɪlɪtrɪ] ◇ *adj* militaire. ◇ *n*: **the ~** les militaires *mpl*, l'armée *f*.
militia [mɪˈlɪʃə] *n* milice *f*.
milk [mɪlk] ◇ *n* lait *m*. ◇ *vt* **1.** *(cow)* traire. **2.** *fig (use to own ends)* exploiter.
milk chocolate *n* chocolat *m* au lait.
milkman [ˈmɪlkmən] (*pl* **-men** [-mən]) *n* laitier *m*.
milk shake *n* milk-shake *m*.
milky [ˈmɪlkɪ] *adj* **1.** *Br (coffee)* avec beaucoup de lait. **2.** *(pale white)* laiteux (euse).
Milky Way *n*: **the ~** la Voie lactée.
mill [mɪl] ◇ *n* **1.** *(flour-mill, grinder)* moulin *m*. **2.** *(factory)* usine *f*. ◇ *vt* moudre. ◆ **mill about, mill around** *vi* grouiller.
millennium [mɪˈlenɪəm] (*pl* **-nnia** [-nɪə]) *n* millénaire *m*.
millennium bug *n* bug *m* de l'an 2000.
miller [ˈmɪləʳ] *n* meunier *m*.
millet [ˈmɪlɪt] *n* millet *m*.
milligram(me) [ˈmɪlɪgræm] *n* milligramme *m*.
millimetre *Br*, **millimeter** *Am* [ˈmɪlɪˌmiːtəʳ] *n* millimètre *m*.
millinery [ˈmɪlɪnrɪ] *n* chapellerie *f* féminine.
million [ˈmɪljən] *n* million *m*; **a ~, ~s of** *fig* des milliers de, un million de.
millionaire [ˌmɪljəˈneəʳ] *n* millionnaire *mf*.
millstone [ˈmɪlstəʊn] *n* meule *f*.

milometer [maɪ'lɒmɪtəʳ] = **milometer**.

mime [maɪm] ◇ *n* mime *m*. ◇ *vt & vi* mimer.

mimic ['mɪmɪk] (*pt & pp* **-ked**, *cont* **-king**) ◇ *n* imitateur *m*, -trice *f*. ◇ *vt* imiter.

mimicry ['mɪmɪkrɪ] *n* imitation *f*.

min. [mɪn] **1.** (*abbr of* **minute**) mn, min. **2.** (*abbr of* **minimum**) min.

mince [mɪns] ◇ *n Br* viande *f* hachée. ◇ *vt (meat)* hacher. ◇ *vi* marcher à petits pas maniérés.

mincemeat ['mɪnsmiːt] *n* **1.** *(fruit) mélange de pommes, raisins secs et épices utilisé en pâtisserie.* **2.** *Am (meat)* viande *f* hachée.

mince pie *n* tartelette *f* de Noël.

mincer ['mɪnsəʳ] *n* hachoir *m*.

mind [maɪnd] ◇ *n* **1.** *(gen)* esprit *m*; **state of ~** état d'esprit; **to bear sthg in ~** ne pas oublier qqch; **to come into/cross sb's ~** venir à/traverser l'esprit de qqn; **to have sthg on one's ~** avoir l'esprit préoccupé, être préoccupé par qqch; **to keep an open ~** réserver son jugement; **to have a ~ to do sthg** avoir bien envie de faire qqch; **to have sthg in ~** avoir qqch dans l'idée; **to make one's ~ up** se décider. **2.** *(attention)*: **to put one's ~ to sthg** s'appliquer à qqch; **to keep one's ~ on sthg** se concentrer sur qqch. **3.** *(opinion)*: **to change one's ~** changer d'avis; **to my ~** à mon avis; **to speak one's ~** parler franchement; **to be in two ~s (about sthg)** se tâter OR être indécis (à propos de qqch). **4.** *(person)* cerveau *m*. ◇ *vi (be bothered)*: **I don't ~** ça m'est égal; **I hope you don't ~** j'espère que vous n'y voyez pas d'inconvénient; **never ~** *(don't worry)* ne t'en fais pas; *(it's not important)* ça ne fait rien. ◇ *vt* **1.** *(be bothered about, dislike)*: **I don't ~ waiting** ça ne me gêne OR dérange pas d'attendre; **do you ~ if ...?** cela ne vous ennuie pas si ...?; **I wouldn't ~ a beer** je prendrais bien une bière. **2.** *(pay attention to)* faire attention à, prendre garde à. **3.** *(take care of - luggage)* garder, surveiller; *(- shop)* tenir. ◆ **mind you** *adv* remarquez.

minder ['maɪndəʳ] *n Br inf (bodyguard)* ange *m* gardien.

mindful ['maɪndfʊl] *adj*: **~ of** *(risks)* attentif(ive) à; *(responsibility)* soucieux (euse) de.

mindless ['maɪndlɪs] *adj* stupide, idiot(e).

mine¹ [maɪn] *poss pron* le mien (la mienne), les miens (les miennes) (*pl*); **that money is ~** cet argent est à moi; **it wasn't your fault, it was MINE** ce n'était pas de votre faute, c'était de la mienne OR de ma faute à moi; **a friend of ~** un ami à moi, un de mes amis.

mine² [maɪn] ◇ *n* mine *f*. ◇ *vt* **1.** *(coal, gold)* extraire. **2.** *(road, beach, sea)* miner.

minefield ['maɪnfiːld] *n* champ *m* de mines; *fig* situation *f* explosive.

miner ['maɪnəʳ] *n* mineur *m*.

mineral ['mɪnərəl] ◇ *adj* minéral(e). ◇ *n* minéral *m*.

mineral water *n* eau *f* minérale.

mingle ['mɪŋgl] *vi*: **to ~ (with)** *(sounds, fragrances)* se mélanger (à); *(people)* se mêler (à).

miniature ['mɪnətʃəʳ] ◇ *adj* miniature. ◇ *n* **1.** *(painting)* miniature *f*. **2.** *(of alcohol)* bouteille *f* miniature. **3.** *(small scale)*: **in ~** en miniature.

minibus ['mɪnɪbʌs] (*pl* **-es**) *n* minibus *m*.

minicab ['mɪnɪkæb] *n Br* radiotaxi *m*.

MiniDisc® ['mɪnɪdɪsk] *n* MiniDisc®.

minima ['mɪnɪmə] *pl* → **minimum**.

minimal ['mɪnɪml] *adj (cost)* insignifiant (e); *(damage)* minime.

minimum ['mɪnɪməm] (*pl* **-mums** OR **-ma**) ◇ *adj* minimum (*inv*). ◇ *n* minimum *m*.

mining ['maɪnɪŋ] ◇ *n* exploitation *f* minière. ◇ *adj* minier(ère).

miniskirt ['mɪnɪskɜːt] *n* minijupe *f*.

minister ['mɪnɪstəʳ] *n* **1.** (POL) ministre *m*. **2.** (RELIG) pasteur *m*. ◆ **minister to** *vt fus (person)* donner OR prodiguer ses soins à; *(needs)* pourvoir à.

ministerial [,mɪnɪ'stɪərɪəl] *adj* ministériel(elle).

minister of state *n* secrétaire *mf* d'État.

ministry ['mɪnɪstrɪ] *n* **1.** (POL) ministère *m*. **2.** (RELIG): **the ~** le saint ministère.

mink [mɪŋk] (*pl inv*) *n* vison *m*.

minnow ['mɪnəʊ] *n* vairon *m*.

minor ['maɪnəʳ] ◇ *adj (gen & MUS)* mineur(e); *(detail)* petit(e); *(role)* secondaire. ◇ *n* mineur *m*, -e *f*.

minority [maɪ'nɒrətɪ] *n* minorité *f*.

mint [mɪnt] ◇ *n* **1.** *(herb)* menthe *f*. **2.** *(sweet)* bonbon *m* à la menthe. **3.** *(for coins)*: **the Mint** l'hôtel de la Monnaie; **in ~ condition** en parfait état. ◇ *vt (coins)* battre.

minus ['maɪnəs] (*pl* **-es**) ◇ *prep* moins. ◇ *adj (answer, quantity)* négatif(ive). ◇ *n* **1.** (MATH) signe *m* moins. **2.** *(disadvantage)* handicap *m*.

minus sign *n* signe *m* moins.
minute¹ ['mɪnɪt] *n* minute *f*; **at any ~** à tout moment, d'une minute à l'autre; **stop that this ~!** arrête tout de suite OR immédiatement! ◆ **minutes** *npl* procès-verbal *m*, compte *m* rendu.
minute² [maɪ'nju:t] *adj* minuscule.
miracle ['mɪrəkl] *n* miracle *m*.
miraculous [mɪ'rækjʊləs] *adj* miraculeux(euse).
mirage [mɪ'rɑ:ʒ] *n lit & fig* mirage *m*.
mire [maɪəʳ] *n* fange *f*, boue *f*.
mirror ['mɪrəʳ] ◇ *n* miroir *m*, glace *f*. ◇ *vt* refléter.
mirth [mɜ:θ] *n* hilarité *f*, gaieté *f*.
misadventure [,mɪsəd'ventʃəʳ] *n*: **death by ~** (JUR) mort *f* accidentelle.
misapprehension ['mɪs,æprɪ'henʃn] *n* idée *f* fausse.
misbehave [,mɪsbɪ'heɪv] *vi* se conduire mal.
miscalculate [,mɪs'kælkjʊleɪt] ◇ *vt* mal calculer. ◇ *vi* se tromper.
miscarriage [,mɪs'kærɪdʒ] *n* (MED) fausse couche *f*; **to have a ~** faire une fausse couche.
miscarriage of justice *n* erreur *f* judiciaire.
miscellaneous [,mɪsə'leɪnjəs] *adj* varié(e), divers(e).
mischief ['mɪstʃɪf] *n (U)* **1.** *(playfulness)* malice *f*, espièglerie *f*. **2.** *(naughty behaviour)* sottises *fpl*, bêtises *fpl*. **3.** *(harm)* dégât *m*.
mischievous ['mɪstʃɪvəs] *adj* **1.** *(playful)* malicieux(euse). **2.** *(naughty)* espiègle, coquin(e).
misconception [,mɪskən'sepʃn] *n* idée *f* fausse.
misconduct [,mɪs'kɒndʌkt] *n* inconduite *f*.
misconstrue [,mɪskən'stru:] *vt fml* mal interpréter.
miscount [,mɪs'kaʊnt] *vt & vi* mal compter.
misdeed [,mɪs'di:d] *n* méfait *m*.
misdemeanour *Br*, **misdemeanor** *Am* [,mɪsdɪ'mi:nəʳ] *n* (JUR) délit *m*.
miser ['maɪzəʳ] *n* avare *mf*.
miserable ['mɪzrəbl] *adj* **1.** *(person)* malheureux(euse), triste. **2.** *(conditions, life)* misérable; *(pay)* dérisoire; *(weather)* maussade. **3.** *(failure)* pitoyable, lamentable.
miserly ['maɪzəlɪ] *adj* avare.
misery ['mɪzərɪ] *n* **1.** *(of person)* tristesse *f*. **2.** *(of conditions, life)* misère *f*.
misfire [,mɪs'faɪəʳ] *vi* **1.** *(gun, plan)* rater. **2.** *(car engine)* avoir des ratés.
misfit ['mɪsfɪt] *n* inadapté *m*, -e *f*.
misfortune [mɪs'fɔ:tʃu:n] *n* **1.** *(bad luck)* malchance *f*. **2.** *(piece of bad luck)* malheur *m*.
misgivings [mɪs'gɪvɪŋz] *npl* craintes *fpl*, doutes *mpl*.
misguided [,mɪs'gaɪdɪd] *adj (person)* malavisé(e); *(attempt)* malencontreux(euse); *(opinion)* peu judicieux(euse).
mishandle [,mɪs'hændl] *vt* **1.** *(person, animal)* manier sans précaution. **2.** *(negotiations)* mal mener; *(business)* mal gérer.
mishap ['mɪshæp] *n* mésaventure *f*.
misinterpret [,mɪsɪn'tɜ:prɪt] *vt* mal interpréter.
misjudge [,mɪs'dʒʌdʒ] *vt* **1.** *(distance, time)* mal évaluer. **2.** *(person, mood)* méjuger, se méprendre sur.
mislay [,mɪs'leɪ] (*pt & pp* **-laid** [-'leɪd]) *vt* égarer.
mislead [,mɪs'li:d] (*pt & pp* **-led**) *vt* induire en erreur.
misleading [,mɪs'li:dɪŋ] *adj* trompeur(euse).
misled [,mɪs'led] *pt & pp* → **mislead**.
misnomer [,mɪs'nəʊməʳ] *n* nom *m* mal approprié.
misplace [,mɪs'pleɪs] *vt* égarer.
misprint ['mɪsprɪnt] *n* faute *f* d'impression.
miss [mɪs] ◇ *vt* **1.** *(gen)* rater, manquer. **2.** *(home, person)*: **I ~ my family/her** ma famille/elle me manque. **3.** *(avoid, escape)* échapper à; **I just ~ed being run over** j'ai failli me faire écraser. ◇ *vi* rater. ◇ *n*: **to give sthg a ~** *inf* ne pas aller à qqch. ◆ **miss out** ◇ *vt sep (omit - by accident)* oublier; *(- deliberately)* omettre. ◇ *vi*: **to ~ out on sthg** ne pas pouvoir profiter de qqch.
Miss [mɪs] *n* Mademoiselle *f*.
misshapen [,mɪs'ʃeɪpn] *adj* difforme.
missile [*Br* 'mɪsaɪl, *Am* 'mɪsəl] *n* **1.** *(weapon)* missile *m*. **2.** *(thrown object)* projectile *m*.
missing ['mɪsɪŋ] *adj* **1.** *(lost)* perdu(e), égaré(e). **2.** *(not present)* manquant(e), qui manque.
mission ['mɪʃn] *n* mission *f*.
missionary ['mɪʃənrɪ] *n* missionnaire *mf*.
misspend [,mɪs'spend] (*pt & pp* **-spent** [-'spent]) *vt* gaspiller.
mist [mɪst] *n* brume *f*. ◆ **mist over, mist up** *vi* s'embuer.
mistake [mɪ'steɪk] (*pt* **-took**, *pp* **-taken**)

◇ *n* erreur *f*; **by ~** par erreur; **to make a ~** faire une erreur, se tromper. ◇ *vt* 1. *(misunderstand - meaning)* mal comprendre; *(- intention)* se méprendre sur. 2. *(fail to recognize)*: **to ~ sb/sthg for** prendre qqn/qqch pour, confondre qqn/qqch avec.
mistaken [mɪ'steɪkn] ◇ *pp* → **mistake.** ◇ *adj* 1. *(person)*: **to be ~ (about)** se tromper (en ce qui concerne OR sur). 2. *(belief, idea)* erroné(e), faux (fausse).
mister ['mɪstəʳ] *n inf* monsieur *m*. ◆ **Mister** *n* Monsieur *m*.
mistletoe ['mɪsltəʊ] *n* gui *m*.
mistook [mɪ'stʊk] *pt* → **mistake.**
mistreat [,mɪs'triːt] *vt* maltraiter.
mistress ['mɪstrɪs] *n* maîtresse *f*.
mistrust [,mɪs'trʌst] ◇ *n* méfiance *f*. ◇ *vt* se méfier de.
misty ['mɪstɪ] *adj* brumeux(euse).
misunderstand [,mɪsʌndə'stænd] (*pt & pp* **-stood**) *vt & vi* mal comprendre.
misunderstanding [,mɪsʌndə'stændɪŋ] *n* malentendu *m*.
misunderstood [,mɪsʌndə'stʊd] *pt & pp* → **misunderstand.**
misuse [*n* ,mɪs'juːs, *vb* ,mɪs'juːz] ◇ *n* 1. *(of one's time, resources)* mauvais emploi *m*. 2. *(of power)* abus *m*; *(of funds)* détournement *m*. ◇ *vt* 1. *(one's time, resources)* mal employer. 2. *(power)* abuser de; *(funds)* détourner.
mitigate ['mɪtɪgeɪt] *vt* atténuer, mitiger.
mitt [mɪt] *n* 1. = **mitten.** 2. *(in baseball)* gant *m*.
mitten ['mɪtn] *n* moufle *f*.
mix [mɪks] ◇ *vt* 1. *(gen)* mélanger. 2. *(activities)*: **to ~ sthg with sthg** combiner OR associer qqch et qqch. 3. *(drink)* préparer; *(cement)* malaxer. ◇ *vi* 1. *(gen)* se mélanger. 2. *(socially)*: **to ~ with** fréquenter. ◇ *n* 1. *(gen)* mélange *m*. 2. (MUS) mixage *m*. ◆ **mix up** *vt sep* 1. *(confuse)* confondre. 2. *(disorganize)* mélanger.
mixed [mɪkst] *adj* 1. *(assorted)* assortis (ies). 2. *(education)* mixte.
mixed-ability *adj Br (class)* tous niveaux confondus.
mixed grill *n* assortiment *m* de grillades.
mixed up *adj* 1. *(confused - person)* qui ne sait plus où il en est, paumé(e); *(- mind)* embrouillé(e). 2. *(involved)*: **to be ~ in sthg** être mêlé(e) à qqch.
mixer ['mɪksəʳ] *n (for food)* mixer *m*.
mixture ['mɪkstʃəʳ] *n* 1. *(gen)* mélange *m*. 2. (MED) préparation *f*.
mix-up *n inf* confusion *f*.
mm (*abbr of* **millimetre**) mm.
moan [məʊn] ◇ *n (of pain, sadness)* gémissement *m*. ◇ *vi* 1. *(in pain, sadness)* gémir. 2. *inf (complain)*: **to ~ (about)** rouspéter OR râler (à propos de).
moat [məʊt] *n* douves *fpl*.
mob [mɒb] ◇ *n* foule *f*. ◇ *vt* assaillir.
mobile ['məʊbaɪl] ◇ *adj* 1. *(gen)* mobile. 2. *(able to travel)* motorisé(e). ◇ *n* 1. *(ornament)* mobile *m*. 2. *inf (mobile phone)* portable *m*.
mobile home *n* auto-caravane *f*.
mobile phone *n* téléphone *m* portatif.
mobilize, -ise ['məʊbɪlaɪz] *vt & vi* mobiliser.
mock [mɒk] ◇ *adj* faux (fausse); **~ exam** examen blanc. ◇ *vt* se moquer de. ◇ *vi* se moquer.
mockery ['mɒkərɪ] *n* moquerie *f*.
mod cons [,mɒd-] (*abbr of* **modern conveniences**) *npl Br inf*: **all ~** tout confort, tt. conf.
mode [məʊd] *n* mode *m*.
model ['mɒdl] ◇ *n* 1. *(gen)* modèle *m*. 2. *(fashion model)* mannequin *m*. ◇ *adj* 1. *(perfect)* modèle. 2. *(reduced-scale)* (en) modèle réduit. ◇ *vt* 1. *(clay)* modeler. 2. *(clothes)*: **to ~ a dress** présenter un modèle de robe. 3. *(copy)*: **to ~ o.s. on sb** prendre modèle OR exemple sur qqn, se modeler sur qqn. ◇ *vi* être mannequin.
modem ['məʊdem] *n* (COMPUT) modem *m*.
moderate [*adj & n* 'mɒdərət, *vb* 'mɒdəreɪt] ◇ *adj* modéré(e). ◇ *n* (POL) modéré *m*, -e *f*. ◇ *vt* modérer. ◇ *vi* se modérer.
moderation [,mɒdə'reɪʃn] *n* modération *f*; **in ~** avec modération.
modern ['mɒdən] *adj* moderne.
modernize, -ise ['mɒdənaɪz] ◇ *vt* moderniser. ◇ *vi* se moderniser.
modern languages *npl* langues *fpl* vivantes.
modest ['mɒdɪst] *adj* modeste.
modesty ['mɒdɪstɪ] *n* modestie *f*.
modicum ['mɒdɪkəm] *n* minimum *m*.
modify ['mɒdɪfaɪ] *vt* modifier.
module ['mɒdjuːl] *n* module *m*.
mogul ['məʊgl] *n fig* magnat *m*.
mohair ['məʊheəʳ] *n* mohair *m*.
moist [mɔɪst] *adj (soil, climate)* humide; *(cake)* moelleux(euse).
moisten ['mɔɪsn] *vt* humecter.

moisture ['mɔɪstʃəʳ] *n* humidité *f*.
moisturizer ['mɔɪstʃəraɪzəʳ] *n* crème *f* hydratante, lait *m* hydratant.
molar ['məʊləʳ] *n* molaire *f*.
molasses [mə'læsɪz] *n (U)* mélasse *f*.
mold *etc Am* = **mould**.
mole [məʊl] *n* **1.** *(animal, spy)* taupe *f*. **2.** *(on skin)* grain *m* de beauté.
molecule ['mɒlɪkjuːl] *n* molécule *f*.
molest [mə'lest] *vt* **1.** *(attack sexually)* attenter à la pudeur de. **2.** *(attack)* molester.
mollusc, mollusk *Am* ['mɒləsk] *n* mollusque *m*.
mollycoddle ['mɒlɪˌkɒdl] *vt inf* chouchouter.
molt *Am* = **moult**.
molten ['məʊltn] *adj* en fusion.
mom [mɒm] *n Am inf* maman *f*.
moment ['məʊmənt] *n* moment *m*, instant *m*; **at any ~** d'un moment à l'autre; **at the ~** en ce moment; **for the ~** pour le moment.
momentarily ['məʊməntərɪlɪ] *adv* **1.** *(for a short time)* momentanément. **2.** *Am (soon)* très bientôt.
momentary ['məʊməntrɪ] *adj* momentané(e), passager(ère).
momentous [mə'mentəs] *adj* capital (e), très important(e).
momentum [mə'mentəm] *n (U)* **1.** (PHYSICS) moment *m*. **2.** *fig (speed, force)* vitesse *f*; **to gather ~** prendre de la vitesse.
momma ['mɒmə], **mommy** ['mɒmɪ] *n Am* maman *f*.
Monaco ['mɒnəkəʊ] *n* Monaco.
monarch ['mɒnək] *n* monarque *m*.
monarchy ['mɒnəkɪ] *n* monarchie *f*.
monastery ['mɒnəstrɪ] *n* monastère *m*.
Monday ['mʌndɪ] *n* lundi *m*; *see also* **Saturday**.
monetary ['mʌnɪtrɪ] *adj* monétaire.
money ['mʌnɪ] *n* argent *m*; **to make ~** gagner de l'argent; **to get one's ~'s worth** en avoir pour son argent.
moneybox ['mʌnɪbɒks] *n* tirelire *f*.
moneylender ['mʌnɪˌlendəʳ] *n* prêteur *m*, -euse *f* sur gages.
money order *n* mandat *m* postal.
money-spinner [-ˌspɪnəʳ] *n inf* mine *f* d'or.
Mongolia [mɒŋ'gəʊlɪə] *n* Mongolie *f*.
mongrel ['mʌŋgrəl] *n (dog)* bâtard *m*.
monitor ['mɒnɪtəʳ] ◇ *n* (COMPUT, MED & TV) moniteur *m*. ◇ *vt* **1.** *(check)* contrôler, suivre de près. **2.** *(broadcasts, messages)* être à l'écoute de.
monk [mʌŋk] *n* moine *m*.
monkey ['mʌŋkɪ] (*pl* **monkeys**) *n* singe *m*.
monkey nut *n* cacahuète *f*.
monkey wrench *n* clef *f* à molette.
mono ['mɒnəʊ] ◇ *adj* mono (*inv*). ◇ *n (sound)* monophonie *f*.
monochrome ['mɒnəkrəʊm] *adj* monochrome.
monocle ['mɒnəkl] *n* monocle *m*.
monologue, monolog *Am* ['mɒnəlɒg] *n* monologue *m*.
monopolize, -ise [mə'nɒpəlaɪz] *vt* monopoliser.
monopoly [mə'nɒpəlɪ] *n*: **~ (on** OR **of)** monopole *m* (de).
monotone ['mɒnətəʊn] *n* ton *m* monocorde.
monotonous [mə'nɒtənəs] *adj* monotone.
monotony [mə'nɒtənɪ] *n* monotonie *f*.
monsoon [mɒn'suːn] *n* mousson *f*.
monster ['mɒnstəʳ] *n* **1.** *(creature, cruel person)* monstre *m*. **2.** *(huge thing, person)* colosse *m*.
monstrosity [mɒn'strɒsətɪ] *n* monstruosité *f*.
monstrous ['mɒnstrəs] *adj* monstrueux(euse).
Mont Blanc [ˌmɔ̃ 'blɑ̃] *n* le mont Blanc.
month [mʌnθ] *n* mois *m*.
monthly ['mʌnθlɪ] ◇ *adj* mensuel (elle). ◇ *adv* mensuellement. ◇ *n (publication)* mensuel *m*.
Montreal [ˌmɒntrɪ'ɔːl] *n* Montréal.
monument ['mɒnjʊmənt] *n* monument *m*.
monumental [ˌmɒnjʊ'mentl] *adj* monumental(e).
moo [muː] (*pl* **-s**) ◇ *n* meuglement *m*, beuglement *m*. ◇ *vi* meugler, beugler.
mood [muːd] *n* humeur *f*; **in a (bad) ~** de mauvaise humeur; **in a good ~** de bonne humeur.
moody ['muːdɪ] *adj pej* **1.** *(changeable)* lunatique. **2.** *(bad-tempered)* de mauvaise humeur, mal luné(e).
moon [muːn] *n* lune *f*.
moonlight ['muːnlaɪt] (*pt & pp* **-ed**) ◇ *n* clair *m* de lune. ◇ *vi* travailler au noir.
moonlighting ['muːnlaɪtɪŋ] *n (U)* travail *m* (au) noir.
moonlit ['muːnlɪt] *adj (countryside)* éclairé(e) par la lune; *(night)* de lune.
moor [mɔːʳ] ◇ *n* lande *f*. ◇ *vt* amarrer. ◇ *vi* mouiller.

moorland ['mɔːlənd] *n* lande *f.*
moose [muːs] (*pl inv*) *n (North American)* orignal *m.*
mop [mɒp] ◇ *n* 1. *(for cleaning)* balai *m* à laver. 2. *inf (hair)* tignasse *f.* ◇ *vt* 1. *(floor)* laver. 2. *(sweat)* essuyer; **to ~ one's face** s'essuyer le visage. ♦ **mop up** *vt sep (clean up)* éponger.
mope [məʊp] *vi* broyer du noir.
moped ['məʊped] *n* vélomoteur *m.*
moral ['mɒrəl] ◇ *adj* moral(e). ◇ *n (lesson)* morale *f.* ♦ **morals** *npl* moralité *f.*
morale [mə'rɑːl] *n (U)* moral *m.*
morality [mə'rælətɪ] *n* moralité *f.*
morbid ['mɔːbɪd] *adj* morbide.

more [mɔːʳ] ◇ *adv* 1. *(with adjectives and adverbs)* plus; **~ important (than)** plus important (que); **~ often/quickly (than)** plus souvent/rapidement (que). 2. *(to a greater degree)* plus, davantage. 3. *(another time)*: **once/twice ~** une fois/deux fois de plus, encore une fois/deux fois. ◇ *adj* 1. *(larger number, amount of)* plus de, davantage de; **there are ~ trains in the morning** il y a plus de trains le matin; **~ than 70 people died** plus de 70 personnes ont péri. 2. *(an extra amount of)* encore (de); **have some ~ tea** prends encore du thé; **I finished two ~ chapters today** j'ai fini deux autres OR encore deux chapitres aujourd'hui; **we need ~ money/time** il nous faut plus d'argent/de temps, il nous faut davantage d'argent/de temps. ◇ *pron* plus, davantage; **~ than five** plus de cinq; **he's got ~ than I have** il en a plus que moi; **there's no ~ (left)** il n'y en a plus, il n'en reste plus; **(and) what's ~** de plus, qui plus est. ♦ **any more** *adv*: **not ... any ~** ne ... plus. ♦ **more and more** ◇ *adv & pron* de plus en plus; **~ and ~ depressed** de plus en plus déprimé. ◇ *adj* de plus en plus de; **there are ~ and ~ cars on the roads** il y a de plus en plus de voitures sur les routes. ♦ **more or less** *adv* 1. *(almost)* plus ou moins. 2. *(approximately)* environ, à peu près.
moreover [mɔː'rəʊvəʳ] *adv* de plus.
morgue [mɔːg] *n* morgue *f.*
Mormon ['mɔːmən] *n* mormon *m*, -e *f.*
morning ['mɔːnɪŋ] *n* matin *m*; *(duration)* matinée *f*; **I work in the ~** je travaille le matin; **I'll do it tomorrow ~** OR **in the ~** je le ferai demain. ♦ **mornings** *adv Am* le matin.
Moroccan [mə'rɒkən] ◇ *adj* marocain (e). ◇ *n* Marocain *m*, -e *f.*
Morocco [mə'rɒkəʊ] *n* Maroc *m.*
moron ['mɔːrɒn] *n inf* idiot *m*, -e *f*, crétin *m*, -e *f.*
morose [mə'rəʊs] *adj* morose.
morphine ['mɔːfiːn] *n* morphine *f.*
Morse (code) [mɔːs-] *n* morse *m.*
morsel ['mɔːsl] *n* bout *m*, morceau *m.*
mortal ['mɔːtl] ◇ *adj* mortel(elle). ◇ *n* mortel *m*, -elle *f.*
mortality [mɔː'tælətɪ] *n* mortalité *f.*
mortar ['mɔːtəʳ] *n* mortier *m.*
mortgage ['mɔːgɪdʒ] ◇ *n* emprunt-logement *m.* ◇ *vt* hypothéquer.
mortified ['mɔːtɪfaɪd] *adj* mortifié(e).
mortuary ['mɔːtʃʊərɪ] *n* morgue *f.*
mosaic [mə'zeɪɪk] *n* mosaïque *f.*
Moscow ['mɒskəʊ] *n* Moscou.
Moslem ['mɒzləm] = **Muslim**.
mosque [mɒsk] *n* mosquée *f.*
mosquito [mə'skiːtəʊ] (*pl* **-es** OR **-s**) *n* moustique *m.*
moss [mɒs] *n* mousse *f.*
most [məʊst] (*superl of* **many**) ◇ *adj* 1. *(the majority of)* la plupart de; **~ tourists here are German** la plupart des touristes ici sont allemands. 2. *(largest amount of)*: **(the) ~** le plus de; **she's got (the) ~ money/sweets** c'est elle qui a le plus d'argent/de bonbons. ◇ *pron* 1. *(the majority)* la plupart; **~ of the tourists here are German** la plupart des touristes ici sont allemands; **~ of them** la plupart d'entre eux. 2. *(largest amount)*: **(the) ~** le plus; **at ~** au maximum, tout au plus. 3. *phr*: **to make the ~ of sthg** profiter de qqch au maximum. ◇ *adv* 1. *(to greatest extent)*: **(the) ~** le plus. 2. *fml (very)* très, fort. 3. *Am (almost)* presque.

> • Notez que, lorsque *most* veut dire «la majorité» ou «la majorité de», il n'est jamais précédé de *the* (*most people don't go to work on Sundays; most of my friends go to the same school as me*).

mostly ['məʊstlɪ] *adv* principalement, surtout.
MOT *n* (*abbr of* **Ministry of Transport (test)**) *contrôle technique annuel obligatoire pour les véhicules de plus de trois ans.*
motel [məʊ'tel] *n* motel *m.*
moth [mɒθ] *n* papillon *m* de nuit; *(in clothes)* mite *f.*
mothball ['mɒθbɔːl] *n* boule *f* de naphtaline.
mother ['mʌðəʳ] ◇ *n* mère *f.* ◇ *vt (child)* materner, dorloter.
motherhood ['mʌðəhʊd] *n* maternité *f.*

mother-in-law (*pl* **mothers-in-law** OR **mother-in-laws**) *n* belle-mère *f*.

motherly ['mʌðəlɪ] *adj* maternel(elle).

mother-of-pearl *n* nacre *f*.

mother-to-be (*pl* **mothers-to-be**) *n* future maman *f*.

mother tongue *n* langue *f* maternelle.

motif [məʊ'tiːf] *n* motif *m*.

motion ['məʊʃn] ◇ *n* **1.** *(gen)* mouvement *m*; **to set sthg in ~** mettre qqch en branle. **2.** *(in debate)* motion *f*. ◇ *vt*: **to ~ sb to do sthg** faire signe à qqn de faire qqch. ◇ *vi*: **to ~ to sb** faire signe à qqn.

motionless ['məʊʃənlɪs] *adj* immobile.

motion picture *n Am* film *m*.

motivated ['məʊtɪveɪtɪd] *adj* motivé (e).

motivation [,məʊtɪ'veɪʃn] *n* motivation *f*.

motive ['məʊtɪv] *n* motif *m*.

motley ['mɒtlɪ] *adj pej* hétéroclite.

motor ['məʊtə^r] ◇ *adj Br* automobile. ◇ *n (engine)* moteur *m*.

motorbike ['məʊtəbaɪk] *n inf* moto *f*.

motorboat ['məʊtəbəʊt] *n* canot *m* automobile.

motorcar ['məʊtəkɑː^r] *n Br* automobile *f*, voiture *f*.

motorcycle ['məʊtə,saɪkl] *n* moto *f*.

motorcyclist ['məʊtə,saɪklɪst] *n* motocycliste *mf*.

motoring ['məʊtərɪŋ] ◇ *adj Br (magazine, correspondent)* automobile. ◇ *n* tourisme *m* automobile.

motorist ['məʊtərɪst] *n* automobiliste *mf*.

motor racing *n (U)* course *f* automobile.

motor scooter *n* scooter *m*.

motor vehicle *n* véhicule *m* automobile.

motorway ['məʊtəweɪ] *Br n* autoroute *f*.

mottled ['mɒtld] *adj (leaf)* tacheté(e); *(skin)* marbré(e).

motto ['mɒtəʊ] (*pl* **-s** OR **-es**) *n* devise *f*.

mould, mold *Am* [məʊld] ◇ *n* **1.** *(growth)* moisissure *f*. **2.** *(shape)* moule *m*. ◇ *vt* **1.** *(shape)* mouler, modeler. **2.** *fig (influence)* former, façonner.

moulding, molding *Am* ['məʊldɪŋ] *n (decoration)* moulure *f*.

mouldy, moldy *Am* ['məʊldɪ] *adj* moisi(e).

moult, molt *Am* [məʊlt] *vi* muer.

mound [maʊnd] *n* **1.** *(small hill)* tertre *m*, butte *f*. **2.** *(pile)* tas *m*, monceau *m*.

mount [maʊnt] ◇ *n* **1.** *(support - for jewel)* monture *f*; *(- for photograph)* carton *m* de montage; *(- for machine)* support *m*. **2.** *(horse)* monture *f*. **3.** *(mountain)* mont *m*. ◇ *vt* monter; **to ~ a horse** monter sur un cheval; **to ~ a bike** monter sur OR enfourcher un vélo. ◇ *vi* **1.** *(increase)* monter, augmenter. **2.** *(climb on horse)* se mettre en selle.

mountain ['maʊntɪn] *n lit & fig* montagne *f*.

mountain bike *n* VTT *m*.

mountaineer [,maʊntɪ'nɪə^r] *n* alpiniste *mf*.

mountaineering [,maʊntɪ'nɪərɪŋ] *n* alpinisme *m*.

mountainous ['maʊntɪnəs] *adj (region)* montagneux(euse).

mounted police [,maʊntɪd-] *n*: **the ~** la police montée.

Mount Rushmore [-'rʌʃmɔː^r] *n* le mont Rushmore.

MOUNT RUSHMORE

Les visages géants de plusieurs présidents des États-Unis (Washington, Jefferson, Lincoln et Theodore Roosevelt) sont sculptés dans la roche sur le mont Rushmore, dans le Dakota du Sud. Ce monument national est un site touristique populaire.

mourn [mɔːn] ◇ *vt* pleurer. ◇ *vi*: **to ~ (for sb)** pleurer (qqn).

mourner ['mɔːnə^r] *n (related)* parent *m* du défunt; *(unrelated)* ami *m*, -e *f* du défunt.

mournful ['mɔːnfʊl] *adj (face)* triste; *(sound)* lugubre.

mourning ['mɔːnɪŋ] *n* deuil *m*; **in ~** en deuil.

mouse [maʊs] (*pl* **mice**) *n* (COMPUT & ZOOL) souris *f*.

mousetrap ['maʊstræp] *n* souricière *f*.

mousse [muːs] *n* mousse *f*.

moustache *Br* [mə'stɑːʃ], **mustache** *Am* ['mʌstæʃ] *n* moustache *f*.

mouth [maʊθ] *n* **1.** *(of person, animal)* bouche *f*; *(of dog, cat, lion)* gueule *f*. **2.** *(of cave)* entrée *f*; *(of river)* embouchure *f*.

mouthful ['maʊθfʊl] *n (of food)* bouchée *f*; *(of drink)* gorgée *f*.

mouthorgan ['maʊθ,ɔːgən] *n* harmonica *m*.

mouthpiece ['maʊθpiːs] *n* **1.** *(of telephone)* microphone *m*; *(of musical instrument)* bec *m*. **2.** *(spokesperson)* porte-parole *m inv*.

mouthwash ['maʊθwɒʃ] *n* eau *f* dentifrice.
mouth-watering [-ˌwɔːtərɪŋ] *adj* alléchant(e).
movable ['muːvəbl] *adj* mobile.
move [muːv] ◇ *n* 1. *(movement)* mouvement *m*; **to get a ~ on** *inf* se remuer, se grouiller. 2. *(change - of house)* déménagement *m*; *(- of job)* changement *m* d'emploi. 3. *(in game - action)* coup *m*; *(- turn to play)* tour *m*; *fig* démarche *f*. ◇ *vt* 1. *(shift)* déplacer, bouger. 2. *(change - job, office)* changer de; **to ~ house** déménager. 3. *(cause)*: **to ~ sb to do sthg** inciter qqn à faire qqch. 4. *(emotionally)* émouvoir. 5. *(propose)*: **to ~ sthg/that ...** proposer qqch/que ... ◇ *vi* 1. *(shift)* bouger. 2. *(act)* agir. 3. *(to new house)* déménager; *(to new job)* changer d'emploi. ◆ **move about** *vi* 1. *(fidget)* remuer. 2. *(travel)* voyager. ◆ **move along** ◇ *vt sep* faire avancer. ◇ *vi* se déplacer; **the police asked him to ~ along** la police lui a demandé de circuler. ◆ **move around** = **move about**. ◆ **move away** *vi (leave)* partir. ◆ **move in** *vi (to house)* emménager. ◆ **move on** *vi* 1. *(after stopping)* se remettre en route. 2. *(in discussion)* changer de sujet. ◆ **move out** *vi (from house)* déménager. ◆ **move over** *vi* s'écarter, se pousser. ◆ **move up** *vi (on bench etc)* se déplacer.
moveable ['muːvəbl] = **movable**.
movement ['muːvmənt] *n* mouvement *m*.
movie ['muːvɪ] *n* film *m*.
movie camera *n* caméra *f*.
moving ['muːvɪŋ] *adj* 1. *(emotionally)* émouvant(e), touchant(e). 2. *(not fixed)* mobile.
mow [məʊ] (*pt* **-ed**, *pp* **-ed** OR **mown**) *vt* faucher; *(lawn)* tondre. ◆ **mow down** *vt sep* faucher.
mower ['məʊə^r] *n* tondeuse *f* à gazon.
mown [məʊn] *pp* → **mow**.
MP *n* 1. (*abbr of* **Military Police**) PM. 2. *Br* (*abbr of* **Member of Parliament**) ≃ député *m*.
mpg (*abbr of* **miles per gallon**) *n miles au gallon*.
mph (*abbr of* **miles per hour**) *n miles à l'heure*.
Mr ['mɪstə[r]] *n* Monsieur *m*; *(on letter)* M.
Mrs ['mɪsɪz] *n* Madame *f*; *(on letter)* Mme.
Ms [mɪz] *n titre que les femmes peuvent utiliser au lieu de madame ou mademoiselle pour éviter la distinction entre les femmes mariées et les célibataires*.
MS *n* (*abbr of* **multiple sclerosis**) SEP *f*.
MSc (*abbr of* **Master of Science**) *n (titulaire d'une) maîtrise de sciences*.
much [mʌtʃ] (*compar* **more**, *superl* **most**) ◇ *adj* beaucoup de; **there isn't ~ rice left** il ne reste pas beaucoup de riz; **as ~ money as ...** autant d'argent que ...; **too ~** trop de; **how ~ ...?** combien de ...?; **how ~ money do you earn?** tu gagnes combien? ◇ *pron* beaucoup; **I don't think ~ of his new house** sa nouvelle maison ne me plaît pas trop; **as ~ as** autant que; **too ~** trop; **how ~?** combien?; **I'm not ~ of a cook** je suis un piètre cuisinier; **so ~ for all my hard work** tout ce travail pour rien; **I thought as ~** c'est bien ce que je pensais. ◇ *adv* beaucoup; **I don't go out ~** je ne sors pas beaucoup OR souvent; **as ~ as** autant que; **thank you very ~** merci beaucoup; **without so ~ as ...** sans même ... ◆ **much as** *conj* bien que (+ *subjunctive*).

- On trouve *much* principalement dans les questions (*is there much traffic in town today?*) et les tournures négatives (*I haven't got much money*). Dans les phrases affirmatives, on tend en revanche à utiliser *a lot (of)* et *lots (of)*, même si l'on trouve également *much* dans les expressions *too much*, *how much* et *so much*.
- Voir aussi LOT, PLENTY.

muck [mʌk] *n (U) inf* 1. *(dirt)* saletés *fpl*. 2. *(manure)* fumier *m*. ◆ **muck about, muck around** *Br inf* ◇ *vt sep*: **to ~ sb about** traiter qqn par-dessus OR par-dessous la jambe. ◇ *vi* traîner. ◆ **muck up** *vt sep Br inf* gâcher.
mucky ['mʌkɪ] *adj* sale.
mucus ['mjuːkəs] *n* mucus *m*.
mud [mʌd] *n* boue *f*.
muddle ['mʌdl] ◇ *n* désordre *m*, fouillis *m*. ◇ *vt* 1. *(papers)* mélanger. 2. *(person)* embrouiller. ◆ **muddle along** *vi* se débrouiller tant bien que mal. ◆ **muddle through** *vi* se tirer d'affaire, s'en sortir tant bien que mal. ◆ **muddle up** *vt sep* mélanger.
muddy ['mʌdɪ] ◇ *adj* boueux(euse). ◇ *vt fig* embrouiller.
mudguard ['mʌdgɑːd] *n* garde-boue *m inv*.
muesli ['mjuːzlɪ] *n Br* muesli *m*.
muff [mʌf] ◇ *n* manchon *m*. ◇ *vt inf* louper.

muffin ['mʌfɪn] *n* muffin *m*.
muffle ['mʌfl] *vt* étouffer.
muffler ['mʌfləʳ] *n Am (for car)* silencieux *m*.
mug [mʌg] ◇ *n* **1.** *(cup)* (grande) tasse *f*. **2.** *inf (fool)* andouille *f*. ◇ *vt (attack)* agresser.
mugging ['mʌgɪŋ] *n* agression *f*.
muggy ['mʌgɪ] *adj* lourd(e), moite.
mule [mjuːl] *n* mule *f*.
mull [mʌl] ◆ **mull over** *vt sep* ruminer, réfléchir à.
mulled [mʌld] *adj*: **~ wine** vin *m* chaud.
multicoloured *Br*, **multicolored** *Am* ['mʌltɪˌkʌləd] *adj* multicolore.
multigym ['mʌltɪdʒɪm] *n* appareil *m* de musculation.
multilateral [ˌmʌltɪ'lætərəl] *adj* multilatéral(e).
multimedia [ˌmʌltɪ'miːdjə] (COMPUT) ◇ *adj* multimédia. ◇ *n* multimédia *m*.
multinational [ˌmʌltɪ'næʃənl] *n* multinationale *f*.
multiple ['mʌltɪpl] ◇ *adj* multiple. ◇ *n* multiple *m*.
multiple sclerosis [-sklɪ'rəʊsɪs] *n* sclérose *f* en plaques.
multiplex cinema ['mʌltɪpleks-] *n* grand cinéma *m* à plusieurs salles.
multiplication [ˌmʌltɪplɪ'keɪʃn] *n* multiplication *f*.
multiply ['mʌltɪplaɪ] ◇ *vt* multiplier. ◇ *vi* se multiplier.
multistorey *Br*, **multistory** *Am* [ˌmʌltɪ'stɔːrɪ] ◇ *adj* à étages. ◇ *n (car park)* parking *m* à étages.
multitude ['mʌltɪtjuːd] *n* multitude *f*.
mum [mʌm] *Br inf* ◇ *n* maman *f*. ◇ *adj*: **to keep ~** ne pas piper mot.
mumble ['mʌmbl] *vt & vi* marmotter.
mummy ['mʌmɪ] *n* **1.** *Br inf (mother)* maman *f*. **2.** *(preserved body)* momie *f*.
mumps [mʌmps] *n (U)* oreillons *mpl*.
munch [mʌntʃ] *vt & vi* croquer.
mundane [mʌn'deɪn] *adj* banal(e), ordinaire.
municipal [mjuː'nɪsɪpl] *adj* municipal(e).
municipality [mjuːˌnɪsɪ'pælətɪ] *n* municipalité *f*.
mural ['mjuːərəl] *n* peinture *f* murale.
murder ['mɜːdəʳ] ◇ *n* meurtre *m*. ◇ *vt* assassiner.
murderer ['mɜːdərəʳ] *n* meurtrier *m*, assassin *m*.
murderous ['mɜːdərəs] *adj* meurtrier (ère).
murky ['mɜːkɪ] *adj* **1.** *(place)* sombre. **2.** *(water, past)* trouble.
murmur ['mɜːməʳ] ◇ *n* murmure *m*; (MED) souffle *m* au cœur. ◇ *vt & vi* murmurer.
muscle ['mʌsl] *n* muscle *m*; *fig (power)* poids *m*, impact *m*. ◆ **muscle in** *vi* intervenir, s'immiscer.
muscular ['mʌskjʊləʳ] *adj* **1.** *(spasm, pain)* musculaire. **2.** *(person)* musclé(e).
muse [mjuːz] ◇ *n* muse *f*. ◇ *vi* méditer, réfléchir.
museum [mjuː'ziːəm] *n* musée *m*.
mushroom ['mʌʃrʊm] ◇ *n* champignon *m*. ◇ *vi (organization, party)* se développer, grandir; *(houses)* proliférer.
music ['mjuːzɪk] *n* musique *f*.
musical ['mjuːzɪkl] ◇ *adj* **1.** *(event, voice)* musical(e). **2.** *(child)* doué(e) pour la musique, musicien(enne). ◇ *n* comédie *f* musicale.
musical instrument *n* instrument *m* de musique.
music centre *n* chaîne *f* compacte.
music hall *n Br* music-hall *m*.
musician [mjuː'zɪʃn] *n* musicien *m*, -enne *f*.
Muslim ['mʊzlɪm] ◇ *adj* musulman(e). ◇ *n* Musulman *m*, -e *f*.
muslin ['mʌzlɪn] *n* mousseline *f*.
mussel ['mʌsl] *n* moule *f*.
must [mʌst] ◇ *modal vb* **1.** *(expressing obligation)* devoir; **I ~ go** il faut que je m'en aille, je dois partir; **you ~ come and visit** il faut absolument que tu viennes nous voir. **2.** *(expressing likelihood)*: **they ~ have known** ils devaient le savoir. ◇ *n inf*: **a ~** un must, un impératif.

- *Must* a la même signification que *have got to* et *have to* lorsqu'il exprime une obligation (*I must get up early tomorrow = I have (got) to get up early tomorrow*). Lorsqu'il a ce sens, *must* n'est généralement pas employé dans les questions (*do I have to/have I got to get up early tomorrow?*) ni dans les phrases qui expriment la répétition ou l'habitude (*I have to get up early every morning*). *Must* n'a pas non plus de passé (*I had to get up early yesterday*).
- Ne confondez pas, par exemple, *she mustn't leave* (elle ne doit pas partir) et *she doesn't have to leave* (elle n'est pas obligée de partir).
- Voir aussi NEED.

mustache *Am* = **moustache**.
mustard ['mʌstəd] *n* moutarde *f*.
muster ['mʌstəʳ] ◇ *vt* rassembler. ◇ *vi* se réunir, se rassembler.
mustn't [mʌsnt] = **must not**.
must've ['mʌstəv] = **must have**.
musty ['mʌstɪ] *adj (smell)* de moisi; *(room)* qui sent le renfermé OR le moisi.
mute [mju:t] ◇ *adj* muet(ette). ◇ *n* muet *m*, -ette *f*.
muted ['mju:tɪd] *adj* **1.** *(colour)* sourd (e). **2.** *(reaction)* peu marqué(e); *(protest)* voilé(e).
mutilate ['mju:tɪleɪt] *vt* mutiler.
mutiny ['mju:tɪnɪ] ◇ *n* mutinerie *f*. ◇ *vi* se mutiner.
mutter ['mʌtəʳ] ◇ *vt (threat, curse)* marmonner. ◇ *vi* marmotter, marmonner.
mutton ['mʌtn] *n* mouton *m*.
mutual ['mju:tʃʊəl] *adj* **1.** *(feeling, help)* réciproque, mutuel(elle). **2.** *(friend, interest)* commun(e).
mutually ['mju:tʃʊəlɪ] *adv* mutuellement, réciproquement.
muzzle ['mʌzl] ◇ *n* **1.** *(of dog - mouth)* museau *m*; *(- guard)* muselière *f*. **2.** *(of gun)* gueule *f*. ◇ *vt lit & fig* museler.
MW (*abbr of* **medium wave**) PO.

my [maɪ] *poss adj* **1.** *(referring to oneself)* mon (ma), mes (*pl*); **~ dog** mon chien; **~ house** ma maison; **~ children** mes enfants; **~ name is Joe/Sarah** je m'appelle Joe/Sarah; **it wasn't MY fault** ce n'était pas de ma faute à moi. **2.** *(in titles)*: **yes, ~ Lord** oui, monsieur le comte/duc *etc.*

> • Si vous parlez d'une partie de votre corps, n'oubliez pas d'utiliser l'adjectif possessif *my*, et non pas *the* (*I closed my eyes*, «j'ai fermé les yeux»; *I washed my hair*, «je me suis lavé les cheveux»).

myriad ['mɪrɪəd] *literary* ◇ *adj* innombrable. ◇ *n* myriade *f*.
myself [maɪ'self] *pron* **1.** (*reflexive*) me; (*after prep*) moi. **2.** (*for emphasis*) moi-même; **I did it ~** je l'ai fait tout seul.
mysterious [mɪ'stɪərɪəs] *adj* mystérieux(euse).
mystery ['mɪstərɪ] *n* mystère *m*.
mystical ['mɪstɪkl] *adj* mystique.
mystified ['mɪstɪfaɪd] *adj* perplexe.
mystifying ['mɪstɪfaɪɪŋ] *adj* inexplicable, déconcertant(e).
mystique [mɪ'sti:k] *n* mystique *f*.
myth [mɪθ] *n* mythe *m*.
mythical ['mɪθɪkl] *adj* mythique.
mythology [mɪ'θɒlədʒɪ] *n* mythologie *f*.

N

n (*pl* **n's** OR **ns**), **N** (*pl* **N's** OR **Ns**) [en] *n (letter)* n *m inv*, N *m inv*. ◆ **N** (*abbr of* **north**) N.
n/a, N/A (*abbr of* **not applicable**) s.o.
nag [næg] ◇ *vt* harceler. ◇ *n inf (horse)* canasson *m*.
nagging ['nægɪŋ] *adj* **1.** *(doubt)* persistant(e), tenace. **2.** *(husband, wife)* enquiquineur(euse).
nail [neɪl] ◇ *n* **1.** *(for fastening)* clou *m*. **2.** *(of finger, toe)* ongle *m*. ◇ *vt* clouer. ◆ **nail down** *vt sep* **1.** *(lid)* clouer. **2.** *fig (person)*: **to ~ sb down to sthg** faire préciser qqch à qqn.
nailbrush ['neɪlbrʌʃ] *n* brosse *f* à ongles.
nail file *n* lime *f* à ongles.
nail polish *n* vernis *m* à ongles.
nail scissors *npl* ciseaux *mpl* à ongles.
nail varnish *n* vernis *m* à ongles.
nail varnish remover [-rɪ'mu:vəʳ] *n* dissolvant *m*.
naive, naïve [naɪ'i:v] *adj* naïf(ïve).
naked ['neɪkɪd] *adj* **1.** *(body, flame)* nu (e); **with the ~ eye** à l'œil nu. **2.** *(emotions)* manifeste, évident(e); *(aggression)* non déguisé(e).
name [neɪm] ◇ *n* **1.** *(identification)* nom *m*; **what's your ~?** comment vous appelez-vous?; **to know sb by ~** connaître qqn de nom; **in my/his ~** à mon/son nom; **in the ~ of peace** au nom de la paix; **to call sb ~s** traiter qqn de tous les noms, injurier qqn. **2.** *(reputation)* réputation *f*. **3.** *(famous person)* grand nom *m*, célébrité *f*. ◇ *vt* **1.** *(gen)* nommer; **to ~ sb/sthg after** *Br*, **to ~ sb/sthg for** *Am* donner à qqn/à qqch le nom de. **2.** *(date, price)* fixer.
nameless ['neɪmlɪs] *adj* inconnu(e), sans nom; *(author)* anonyme.
namely ['neɪmlɪ] *adv* à savoir, c'est-à-dire.
namesake ['neɪmseɪk] *n* homonyme *m*.
nanny ['nænɪ] *n* nurse *f*, bonne *f* d'enfants.
nap [næp] ◇ *n*: **to have** OR **take a ~** faire un petit somme. ◇ *vi* faire un petit somme; **to be caught napping** *inf fig* être pris au dépourvu.

nape [neɪp] *n* nuque *f*.
napkin ['næpkɪn] *n* serviette *f*.
nappy ['næpɪ] *n Br* couche *f*.
nappy liner *n* change *m* (jetable).
narcissi [nɑː'sɪsaɪ] *pl* → **narcissus**.
narcissus [nɑː'sɪsəs] (*pl* **-cissuses** OR **-cissi**) *n* narcisse *m*.
narcotic [nɑː'kɒtɪk] *n* stupéfiant *m*.
narrative ['nærətɪv] ◇ *adj* narratif (ive). ◇ *n* **1.** *(story)* récit *m*, narration *f*. **2.** *(skill)* art *m* de la narration.
narrator [*Br* nə'reɪtəʳ, *Am* 'næreɪtər] *n* narrateur *m*, -trice *f*.
narrow ['nærəʊ] ◇ *adj* **1.** *(gen)* étroit (e); **to have a ~ escape** l'échapper belle. **2.** *(victory, majority)* de justesse. ◇ *vt* **1.** *(reduce)* réduire, limiter. **2.** *(eyes)* fermer à demi, plisser. ◇ *vi lit & fig* se rétrécir. ♦ **narrow down** *vt sep* réduire, limiter.
narrowly ['nærəʊlɪ] *adv* **1.** *(win, lose)* de justesse. **2.** *(miss)* de peu.
narrow-minded [-'maɪndɪd] *adj (person)* à l'esprit étroit, borné(e); *(attitude)* étroit(e), borné(e).
nasal ['neɪzl] *adj* nasal(e).
nasty ['nɑːstɪ] *adj* **1.** *(unpleasant - smell, feeling)* mauvais(e); *(- weather)* vilain(e), mauvais(e). **2.** *(unkind)* méchant(e). **3.** *(problem)* difficile, délicat(e). **4.** *(injury)* vilain(e); *(accident)* grave; *(fall)* mauvais (e).
nation ['neɪʃn] *n* nation *f*.
national ['næʃənl] ◇ *adj* national(e); *(campaign, strike)* à l'échelon national; *(custom)* du pays, de la nation. ◇ *n* ressortissant *m*, -e *f*.
national anthem *n* hymne *m* national.
national dress *n* costume *m* national.
National Health Service *n*: **the ~** *le service national de santé britannique*.
National Insurance *n (U) Br* **1.** *(system) système de sécurité sociale (maladie, retraite) et d'assurance chômage*. **2.** *(payment)* = contributions *fpl* à la Sécurité sociale.
nationalism ['næʃnəlɪzm] *n* nationalisme *m*.
nationalist ['næʃnəlɪst] ◇ *adj* nationaliste. ◇ *n* nationaliste *mf*.
nationality [,næʃə'nælətɪ] *n* nationalité *f*.
nationalize, -ise ['næʃnəlaɪz] *vt* nationaliser.
National Lottery *n* = loto *m* national.
national park *n* parc *m* national.
national service *n Br* (MIL) service *m* national OR militaire.
National Trust *n Br*: **the ~** *organisme non gouvernemental assurant la conservation de certains sites et monuments historiques*.
nationwide ['neɪʃənwaɪd] ◇ *adj* dans tout le pays; *(campaign, strike)* à l'échelon national. ◇ *adv* à travers tout le pays.
native ['neɪtɪv] ◇ *adj* **1.** *(country, area)* natal(e). **2.** *(language)* maternel(elle); **an English ~ speaker** une personne de langue maternelle anglaise. **3.** *(plant, animal)* indigène; **~ to** originaire de. ◇ *n* autochtone *mf*; *(of colony)* indigène *mf*.
Native American *n* Indien *m*, -enne *f* d'Amérique, Amérindien *m*, -enne *f*.
Nativity [nə'tɪvətɪ] *n*: **the ~** la Nativité.
NATO ['neɪtəʊ] (*abbr of* **North Atlantic Treaty Organization**) *n* OTAN *f*.
natural ['nætʃrəl] *adj* **1.** *(gen)* naturel (elle). **2.** *(instinct, talent)* inné(e). **3.** *(footballer, musician)* né(e).
natural gas *n* gaz *m* naturel.
naturalize, -ise ['nætʃrəlaɪz] *vt* naturaliser; **to be ~d** se faire naturaliser.
naturally ['nætʃrəlɪ] *adv* **1.** *(gen)* naturellement. **2.** *(unaffectedly)* sans affectation, avec naturel.
nature ['neɪtʃəʳ] *n* nature *f*; **by ~** *(basically)* par essence; *(by disposition)* de nature, naturellement.
nature reserve *n* réserve *f* naturelle.
naughty ['nɔːtɪ] *adj* **1.** *(badly behaved)* vilain(e), méchant(e). **2.** *(rude)* grivois (e).
nausea ['nɔːsjə] *n* nausée *f*.
nauseam ['nɔːzɪæm] → **ad nauseam**.
nauseating ['nɔːsɪeɪtɪŋ] *adj lit & fig* écœurant(e).
nautical ['nɔːtɪkl] *adj* nautique.
naval ['neɪvl] *adj* naval(e).
nave [neɪv] *n* nef *f*.
navel ['neɪvl] *n* nombril *m*.
navigate ['nævɪgeɪt] ◇ *vt* **1.** *(plane)* piloter; *(ship)* gouverner. **2.** *(seas, river)* naviguer sur. ◇ *vi* (AERON & NAUT) naviguer; (AUT) lire la carte.
navigation [,nævɪ'geɪʃn] *n* navigation *f*.
navigator ['nævɪgeɪtəʳ] *n* navigateur *m*.
navy ['neɪvɪ] ◇ *n* marine *f*. ◇ *adj (in colour)* bleu marine (*inv*).

navy blue ◇ *adj* bleu marine (*inv*). ◇ *n* bleu *m* marine.

Nazareth ['næzərɪθ] *n* Nazareth.

Nazi ['nɑːtsɪ] (*pl* **-s**) ◇ *adj* nazi(e). ◇ *n* Nazi *m*, -e *f*.

NB (*abbr of* **nota bene**) NB.

near [nɪəʳ] ◇ *adj* proche; **a ~ disaster** une catastrophe évitée de justesse OR de peu; **in the ~ future** dans un proche avenir, dans un avenir prochain; **it was a ~ thing** il était moins cinq. ◇ *adv* 1. *(close)* près. 2. *(almost)*: **~ impossible** presque impossible; **nowhere ~ ready/enough** loin d'être prêt/assez. ◇ *prep*: **~ (to)** *(in space)* près de; *(in time)* près de, vers; **~ to tears** au bord des larmes; **~ (to) death** sur le point de mourir; **~ (to) the truth** proche de la vérité. ◇ *vt* approcher de. ◇ *vi* approcher.

nearby [nɪə'baɪ] ◇ *adj* proche. ◇ *adv* tout près, à proximité.

nearly ['nɪəlɪ] *adv* presque; **I ~ fell** j'ai failli tomber; **not ~ enough/as good** loin d'être suffisant/aussi bon.

near miss *n* 1. (SPORT) coup *m* qui a raté de peu. 2. *(between planes, vehicles)* quasi-collision *f*.

nearside ['nɪəsaɪd] *n* *(right-hand drive)* côté *m* gauche; *(left-hand drive)* côté droit.

nearsighted [,nɪə'saɪtɪd] *adj Am* myope.

neat [niːt] *adj* 1. *(room, house)* bien tenu(e), en ordre; *(work)* soigné(e); *(handwriting)* net (nette); *(appearance)* soigné(e), net (nette). 2. *(solution, manoeuvre)* habile, ingénieux(euse). 3. *(alcohol)* pur(e), sans eau. 4. *Am inf (very good)* chouette, super (*inv*).

neatly ['niːtlɪ] *adv* 1. *(arrange)* avec ordre; *(write)* soigneusement; *(dress)* avec soin. 2. *(skilfully)* habilement, adroitement.

nebulous ['nebjʊləs] *adj* nébuleux (euse).

necessarily [*Br* 'nesəsrəlɪ, ,nesə'serɪlɪ] *adv* forcément, nécessairement.

necessary ['nesəsrɪ] *adj* 1. *(required)* nécessaire, indispensable; **to make the ~ arrangements** faire le nécessaire. 2. *(inevitable)* inévitable, inéluctable.

necessity [nɪ'sesətɪ] *n* nécessité *f*; **of ~** inévitablement, fatalement.

neck [nek] ◇ *n* 1. (ANAT) cou *m*. 2. *(of shirt, dress)* encolure *f*. 3. *(of bottle)* col *m*, goulot *m*. ◇ *vi inf* se bécoter.

necklace ['neklɪs] *n* collier *m*.

neckline ['neklaɪn] *n* encolure *f*.

necktie ['nektaɪ] *n Am* cravate *f*.

nectarine ['nektərɪn] *n* brugnon *m*, nectarine *f*.

need [niːd] ◇ *n* besoin *m*; **there's no ~ to get up** ce n'est pas la peine de te lever; **there's no ~ for such language** tu n'as pas besoin d'être grossier; **~ for sthg/to do sthg** besoin de qqch/de faire qqch; **to be in** OR **have ~ of sthg** avoir besoin de qqch; **if ~ be** si besoin est, si nécessaire; **in ~** dans le besoin. ◇ *vt* 1. *(require)*: **to ~ sthg/to do sthg** avoir besoin de qqch/de faire qqch; **I ~ to go to the doctor** il faut que j'aille chez le médecin. 2. *(be obliged)*: **to ~ to do sthg** être obligé(e) de faire qqch. ◇ *modal vb*: **~ we go?** faut-il qu'on y aille?; **it ~ not happen** cela ne doit pas forcément se produire.

> • *Need* peut s'employer avec un participe présent: *my car needs washing* (= *my car needs to be washed*). Cela est une construction très fréquente.
>
> • *Need* utilisé dans les questions (*need we finish this today?*) leur donne un ton très soutenu, c'est pourquoi il est souvent remplacé par *have to* ou *have got to* (*do we have to/have we got to finish this today?*).
>
> • Dans les tournures négatives, *needn't* signifie «il n'est pas nécessaire de…» (*you needn't get up early tomorrow*). Comparez avec *mustn't*, qui signifie «il est nécessaire de ne pas…» (*you mustn't make so much noise, you'll wake the baby*).

needle ['niːdl] ◇ *n* 1. *(gen)* aiguille *f*. 2. *(stylus)* saphir *m*. ◇ *vt inf (annoy)* asticoter, lancer des piques à.

needless ['niːdlɪs] *adj* *(risk, waste)* inutile; *(remark)* déplacé(e); **~ to say …** bien entendu …

needlework ['niːdlwɜːk] *n* 1. *(embroidery)* travail *m* d'aiguille. 2. *(U) (activity)* couture *f*.

needn't ['niːdnt] = **need not**.

needy ['niːdɪ] *adj* nécessiteux(euse), indigent(e).

negative ['negətɪv] ◇ *adj* négatif(ive). ◇ *n* 1. (PHOT) négatif *m*. 2. (LING) négation *f*; **to answer in the ~** répondre négativement OR par la négative.

neglect [nɪ'glekt] ◇ *n* *(of garden)* mauvais entretien *m*; *(of children)* manque *m* de soins; *(of duty)* manquement *m*. ◇ *vt* négliger; *(garden)* laisser à l'aban-

don; **to ~ to do sthg** négliger OR omettre de faire qqch.
neglectful [nɪ'glektfʊl] *adj* négligent (e).
negligee ['neglɪʒeɪ] *n* déshabillé *m*, négligé *m*.
negligence ['neglɪdʒəns] *n* négligence *f*.
negligible ['neglɪdʒəbl] *adj* négligeable.
negotiate [nɪ'gəʊʃɪeɪt] ◇ *vt* **1.** (COMM & POL) négocier. **2.** *(obstacle)* franchir; *(bend)* prendre, négocier. ◇ *vi* négocier; **to ~ with sb (for sthg)** engager des négociations avec qqn (pour obtenir qqch).
negotiation [nɪ,gəʊʃɪ'eɪʃn] *n* négociation *f*.
Negress ['ni:grɪs] *n* négresse *f (attention: le terme 'Negress' est considéré raciste)*.
Negro ['ni:grəʊ] (*pl* **-es**) ◇ *adj* noir(e). ◇ *n* Noir *m (attention: le terme 'Negro' est considéré raciste)*.
neigh [neɪ] *vi (horse)* hennir.
neighbour *Br*, **neighbor** *Am* ['neɪbə^r] *n* voisin *m*, -e *f*.
neighbourhood *Br*, **neighborhood** *Am* ['neɪbəhʊd] *n* **1.** *(of town)* voisinage *m*, quartier *m*. **2.** *(approximate figure)*: **in the ~ of £300** environ 300 livres, dans les 300 livres.
neighbouring *Br*, **neighboring** *Am* ['neɪbərɪŋ] *adj* avoisinant(e).
neighbourly *Br*, **neighborly** *Am* ['neɪbəlɪ] *adj* bon voisin (bonne voisine).
neither ['naɪðə^r, 'ni:ðə^r] ◇ *adv*: **~ good nor bad** ni bon ni mauvais; **that's ~ here nor there** cela n'a rien à voir. ◇ *pron & adj* ni l'un ni l'autre (ni l'une ni l'autre). ◇ *conj*: **~ do I** moi non plus.

- Lorsque *neither* est un adjectif, il apparaît toujours devant des noms dénombrables (*neither dictionary; neither alternative*).
- Lorsque *neither* est le sujet de la phrase, ou qu'il accompagne un nom qui est le sujet, le verbe est toujours au singulier (*neither film appeals to me; neither appeals to me*). Notez que le verbe est toujours à la forme affirmative.
- *Neither of* peut être suivi d'un verbe soit au singulier, soit au pluriel (*neither of us like/likes blue*).
- Lorsque *neither... nor* accompagne le sujet de la phrase, le verbe est toujours au singulier (*neither John nor Deborah is coming tonight*).

neon ['ni:ɒn] *n* néon *m*.
neon light *n* néon *m*, lumière *f* au néon.
nephew ['nefju:] *n* neveu *m*.
Neptune ['neptju:n] *n (planet)* Neptune *f*.
nerve [nɜ:v] *n* **1.** (ANAT) nerf *m*. **2.** *(courage)* courage *m*, sang-froid *m*; **to lose one's ~** se dégonfler, flancher. **3.** *(cheek)* culot *m*, toupet *m*. ◆ **nerves** *npl* nerfs *mpl*; **to get on sb's ~s** taper sur les nerfs OR le système de qqn.
nerve-racking [-,rækɪŋ] *adj* angoissant(e), éprouvant(e).
nervous ['nɜ:vəs] *adj* **1.** *(gen)* nerveux (euse). **2.** *(apprehensive - smile, person etc)* inquiet(ète); *(- performer)* qui a le trac; **to be ~ about sthg** appréhender qqch.
nervous breakdown *n* dépression *f* nerveuse.
nest [nest] ◇ *n* nid *m*; **~ of tables** table *f* gigogne. ◇ *vi (bird)* faire son nid, nicher.
nest egg *n* pécule *m*, bas *m* de laine.
nestle ['nesl] *vi* se blottir.
net [net] ◇ *adj* net (nette); **~ result** résultat final. ◇ *n* **1.** *(gen)* filet *m*. **2.** *(fabric)* voile *m*, tulle *m*. ◇ *vt* **1.** *(fish)* prendre au filet. **2.** *(money - subj: person)* toucher net, gagner net; *(- subj: deal)* rapporter net.
Net [net] *n*: **the ~** le Net; **to surf the ~** surfer sur le Net.
netball ['netbɔ:l] *n* netball *m*.
net curtains *npl* voilage *m*.
Netherlands ['neðələndz] *npl*: **the ~** les Pays-Bas *mpl*.
net profit *n* bénéfice *m* net.
net revenue *n Am* chiffre *m* d'affaires.
nett [net] *adj* = **net**.
netting ['netɪŋ] *n* **1.** *(metal, plastic)* grillage *m*. **2.** *(fabric)* voile *m*, tulle *m*.
nettle ['netl] *n* ortie *f*.
network ['netwɜ:k] ◇ *n* réseau *m*. ◇ *vt* (RADIO & TV) diffuser.
neurosis [,njʊə'rəʊsɪs] (*pl* **-ses**) *n* névrose *f*.
neurotic [,njʊə'rɒtɪk] ◇ *adj* névrosé (e). ◇ *n* névrosé *m*, -e *f*.
neuter ['nju:tə^r] ◇ *adj* neutre. ◇ *vt (cat)* châtrer.
neutral ['nju:trəl] ◇ *adj (gen)* neutre. ◇ *n* (AUT) point *m* mort.
neutrality [nju:'trælətɪ] *n* neutralité *f*.
neutralize, -ise ['nju:trəlaɪz] *vt* neutraliser.
never ['nevə^r] *adv* jamais ... ne, ne ...

jamais; **~ ever** jamais, au grand jamais; **well I ~!** ça par exemple!

never-ending *adj* interminable.

nevertheless [ˌnevəðə'les] *adv* néanmoins, pourtant.

new [*adj* njuː, *n* njuːz] *adj* **1.** *(gen)* nouveau(elle). **2.** *(not used)* neuf (neuve); **as good as ~** comme neuf. ◆ **news** *n (U)* **1.** *(information)* nouvelle *f*; **a piece of ~s** une nouvelle; **that's ~s to me** première nouvelle. **2.** (RADIO) informations *fpl*. **3.** (TV) journal *m* télévisé, actualités *fpl*.

newborn ['njuːbɔːn] *adj* nouveau-né (e).

newcomer ['njuːˌkʌmər] *n*: **~ (to sthg)** nouveau-venu *m*, nouvelle-venue *f* (dans qqch).

newfangled [ˌnjuː'fæŋgld] *adj inf pej* ultramoderne, trop moderne.

newly ['njuːlɪ] *adv* récemment, fraîchement.

newlyweds ['njuːlɪwedz] *npl* nouveaux OR jeunes mariés *mpl*.

new moon *n* nouvelle lune *f*.

news agency *n* agence *f* de presse.

newsagent *Br* ['njuːzeɪdʒənt], **newsdealer** *Am* ['njuːzdiːlər] *n* marchand *m* de journaux.

newscaster ['njuːzkɑːstər] *n* présentateur *m*, -trice *f*.

newsdealer *Am* = **newsagent**.

newsflash ['njuːzflæʃ] *n* flash *m* d'information.

newsletter ['njuːzˌletər] *n* bulletin *m*.

newspaper ['njuːzˌpeɪpər] *n* journal *m*.

newsprint ['njuːzprɪnt] *n* papier *m* journal.

newsreader ['njuːzˌriːdər] *n* présentateur *m*, -trice *f*.

newsreel ['njuːzriːl] *n* actualités *fpl* filmées.

newsstand ['njuːzstænd] *n* kiosque *m* à journaux.

newt [njuːt] *n* triton *m*.

new town *n Br* ville *f* nouvelle.

New Year *n* nouvel an *m*, nouvelle année *f*; **Happy ~!** bonne année!

New Year's Day *n* jour *m* de l'an, premier *m* de l'an.

New Year's Eve *n* la Saint-Sylvestre.

New York [-'jɔːk] *n* **1.** *(city)*: **~ (City)** New York. **2.** *(state)*: **~ (State)** l'État *m* de New York.

New Zealand [-'ziːlənd] *n* Nouvelle-Zélande *f*.

New Zealander [-'ziːləndər] *n* Néo-Zélandais *m*, -e *f*.

next [nekst] ◇ *adj* prochain(e); *(room)* d'à côté; *(page)* suivant(e); **~ Tuesday** mardi prochain; **~ time** la prochaine fois; **~ week** la semaine prochaine; **the ~ week** la semaine suivante OR d'après; **~ year** l'année prochaine; **~, please!** au suivant!; **the day after ~** le surlendemain; **the week after ~** dans deux semaines. ◇ *adv* **1.** *(afterwards)* ensuite, après. **2.** *(again)* la prochaine fois. **3.** (*with superlatives*): **he's the ~ biggest after Dan** c'est le plus grand après OR à part Dan. ◇ *prep Am* à côté de. ◆ **next to** *prep* à côté de; **it cost ~ to nothing** cela a coûté une bagatelle OR trois fois rien; **I know ~ to nothing** je ne sais presque OR pratiquement rien.

next door *adv* à côté. ◆ **next-door** *adj*: **next-door neighbour** voisin *m*, -e *f* d'à côté.

next of kin *n* plus proche parent *m*.

NF *n* (*abbr of* **National Front**) = FN *m*.

NHS (*abbr of* **National Health Service**) *n service national de santé en Grande-Bretagne*, = sécurité sociale *f*.

NI *n abbr of* **National Insurance**.

nib [nɪb] *n* plume *f*.

nibble ['nɪbl] *vt* grignoter, mordiller.

Nicaragua [ˌnɪkə'rægjʊə] *n* Nicaragua *m*.

nice [naɪs] *adj* **1.** *(holiday, food)* bon (bonne); *(day, picture)* beau (belle); *(dress)* joli(e). **2.** *(person)* gentil(ille), sympathique; **to be ~ to sb** être gentil OR aimable avec qqn.

nice-looking [-'lʊkɪŋ] *adj* joli(e), beau (belle).

nicely ['naɪslɪ] *adv* **1.** *(made, manage etc)* bien; *(dressed)* joliment; **that will do ~** cela fera très bien l'affaire. **2.** *(politely - ask)* poliment, gentiment; *(- behave)* bien.

niche [niːʃ] *n (in wall)* niche *f*; *fig* bonne situation *f*, voie *f*.

nick [nɪk] ◇ *n* **1.** *(cut)* entaille *f*, coupure *f*. **2.** *Br inf (condition)*: **in good/bad ~** en bon/mauvais état. **3.** *phr*: **in the ~ of time** juste à temps. ◇ *vt* **1.** *(cut)* couper, entailler. **2.** *Br inf (steal)* piquer, faucher. **3.** *Br inf (arrest)* pincer, choper.

nickel ['nɪkl] *n* **1.** *(metal)* nickel *m*. **2.** *Am (coin)* pièce *f* de cinq cents.

nickname ['nɪkneɪm] ◇ *n* sobriquet *m*, surnom *m*. ◇ *vt* surnommer.

nicotine ['nɪkətiːn] *n* nicotine *f*.

niece [niːs] *n* nièce *f*.

Nigeria [naɪ'dʒɪərɪə] *n* Nigeria *m*.

Nigerian [naɪ'dʒɪərɪən] ◇ *adj* nigérian (e). ◇ *n* Nigérian *m*, -e *f*.

niggle ['nɪgl] *vt Br* **1.** *(worry)* tracasser.

2. *(criticize)* faire des réflexions à, critiquer.

night [naɪt] *n* 1. *(not day)* nuit *f*; **at ~** la nuit. 2. *(evening)* soir *m*; **at ~** le soir. 3. *phr*: **to have an early ~** se coucher de bonne heure; **to have a late ~** veiller, se coucher tard. ◆ **nights** *adv* 1. *Am (at night)* la nuit. 2. *Br (nightshift)*: **to work ~s** travailler OR être de nuit.

nightcap ['naɪtkæp] *n (drink) boisson alcoolisée prise avant de se coucher.*

nightclub ['naɪtklʌb] *n* boîte *f* de nuit, night-club *m*.

nightdress ['naɪtdres] *n* chemise *f* de nuit.

nightfall ['naɪtfɔːl] *n* tombée *f* de la nuit OR du jour.

nightgown ['naɪtgaʊn] *n* chemise *f* de nuit.

nightie ['naɪtɪ] *n inf* chemise *f* de nuit.

nightingale ['naɪtɪŋgeɪl] *n* rossignol *m*.

nightlife ['naɪtlaɪf] *n* vie *f* nocturne, activités *fpl* nocturnes.

nightly ['naɪtlɪ] ◇ *adj* (de) toutes les nuits OR tous les soirs. ◇ *adv* toutes les nuits, tous les soirs.

nightmare ['naɪtmeəʳ] *n lit & fig* cauchemar *m*.

night porter *n* veilleur *m* de nuit.

night school *n (U)* cours *mpl* du soir.

night shift *n (period)* poste *m* de nuit.

nightshirt ['naɪtʃɜːt] *n* chemise *f* de nuit d'homme.

nighttime ['naɪttaɪm] *n* nuit *f*.

nil [nɪl] *n* néant *m*; *Br* (SPORT) zéro *m*.

Nile [naɪl] *n*: **the ~** le Nil.

nimble ['nɪmbl] *adj* agile, leste; *fig (mind)* vif (vive).

nine [naɪn] *num* neuf; *see also* **six**.

nineteen [ˌnaɪn'tiːn] *num* dix-neuf; *see also* **six**.

ninety ['naɪntɪ] *num* quatre-vingt-dix; *see also* **sixty**.

ninth [naɪnθ] *num* neuvième; *see also* **sixth**.

nip [nɪp] ◇ *n* 1. *(pinch)* pinçon *m*; *(bite)* morsure *f*. 2. *(of drink)* goutte *f*, doigt *m*. ◇ *vt (pinch)* pincer; *(bite)* mordre.

nipple ['nɪpl] *n* 1. (ANAT) bout *m* de sein, mamelon *m*. 2. *(of bottle)* tétine *f*.

nit [nɪt] *n* 1. *(in hair)* lente *f*. 2. *Br inf (idiot)* idiot *m*, -e *f*, crétin *m*, -e *f*.

nitpicking ['nɪtpɪkɪŋ] *n inf* ergotage *m*, pinaillage *m*.

nitrogen ['naɪtrədʒən] *n* azote *m*.

nitty-gritty [ˌnɪtɪ'grɪtɪ] *n inf*: **to get down to the ~** en venir à l'essentiel OR aux choses sérieuses.

no [nəʊ] (*pl* **-es**) ◇ *adv* 1. *(gen)* non; *(expressing disagreement)* mais non. 2. *(not any)*: **~ bigger/smaller** pas plus grand/petit; **~ better** pas mieux. ◇ *adj* aucun(e), pas de; **there's ~ telling what will happen** impossible de dire ce qui va se passer; **he's ~ friend of mine** je ne le compte pas parmi mes amis. ◇ *n* non *m*; **she won't take ~ for an answer** elle n'accepte pas de refus OR qu'on lui dise non.

- Lorsque *no* est un adjectif, il peut s'employer avec des noms dénombrables ou indénombrables (*no bread; no books*).
- Dans une phrase où *no* est un adjectif, le verbe est à la forme affirmative (*no changes have occurred; that's no problem*).
- N'oubliez pas que *no* n'est jamais un pronom. C'est *none* qu'il faut utiliser pour remplir cette fonction (*there are no cakes left – there are none left*).
- Voir aussi SOME.

No., no. (*abbr of* **number**) No, no.

nobility [nə'bɪlətɪ] *n* noblesse *f*.

noble ['nəʊbl] ◇ *adj* noble. ◇ *n* noble *m*.

nobody ['nəʊbədɪ] ◇ *pron* personne, aucun(e). ◇ *n pej* rien-du-tout *mf*, moins que rien *mf*.

nocturnal [nɒk'tɜːnl] *adj* nocturne.

nod [nɒd] ◇ *vt*: **to ~ one's head** incliner la tête, faire un signe de tête. ◇ *vi* 1. *(in agreement)* faire un signe de tête affirmatif, faire signe que oui. 2. *(to indicate sthg)* faire un signe de tête. 3. *(as greeting)*: **to ~ to sb** saluer qqn d'un signe de tête. ◆ **nod off** *vi* somnoler, s'assoupir.

noise [nɔɪz] *n* bruit *m*.

noisy ['nɔɪzɪ] *adj* bruyant(e).

no-man's-land *n* no man's land *m*.

nominal ['nɒmɪnl] *adj* 1. *(in name only)* de nom seulement, nominal(e). 2. *(very small)* nominal(e), insignifiant(e).

nominate ['nɒmɪneɪt] *vt* 1. *(propose)*: **to ~ sb (for/as sthg)** proposer qqn (pour/comme qqch). 2. *(appoint)*: **to ~ sb (as sthg)** nommer qqn (qqch); **to ~ sb (to sthg)** nominer qqn (à qqch).

nominee [ˌnɒmɪ'niː] *n* personne *f* nommée OR désignée.

non- [nɒn] *prefix* non-.

nonalcoholic [ˌnɒnælkə'hɒlɪk] *adj* non-alcoolisé(e).

nonchalant [*Br* 'nɒnʃələnt, *Am* ˌnɒnʃə'lɑːnt] *adj* nonchalant(e).
noncommittal [ˌnɒnkə'mɪtl] *adj* évasif (ive).
nonconformist [ˌnɒnkən'fɔːmɪst] ◇ *adj* non-conformiste. ◇ *n* non-conformiste *mf*.
nondescript [*Br* 'nɒndɪskrɪpt, *Am* ˌnɒndɪ'skrɪpt] *adj* quelconque, terne.

none [nʌn] ◇ *pron* **1.** *(gen)* aucun(e); **there was ~ left** il n'y en avait plus, il n'en restait plus; **I'll have ~ of your nonsense** je ne tolérerai pas de bêtises de ta part. **2.** *(nobody)* personne, nul (nulle). ◇ *adv*: **~ the worse/wiser** pas plus mal/avancé; **~ the better** pas mieux. ◆ **none too** *adv* pas tellement OR trop.

- N'oubliez pas que *none* n'est jamais un adjectif. C'est *no* qu'il faut utiliser pour remplir cette fonction (*there are none left – there are no cakes left*).
- Dans une phrase où *none* est un pronom, le verbe est à la forme affirmative (*none of this is your fault*).
- Voir aussi NO, SOME.

nonentity [nɒ'nentətɪ] *n* nullité *f*, zéro *m*.
nonetheless [ˌnʌnðə'les] *adv* néanmoins, pourtant.
nonexistent [ˌnɒnɪg'zɪstənt] *adj* inexistant(e).
nonfiction [ˌnɒn'fɪkʃn] *n (U)* ouvrages *mpl* généraux.
no-nonsense *adj* direct(e), sérieux (euse).
nonpayment [ˌnɒn'peɪmənt] *n* non-paiement *m*.
nonplussed, nonplused *Am* [ˌnɒn'plʌst] *adj* déconcerté(e), perplexe.
nonreturnable [ˌnɒnrɪ'tɜːnəbl] *adj (bottle)* non consigné(e).
nonsense ['nɒnsəns] ◇ *n (U)* **1.** *(meaningless words)* charabia *m*. **2.** *(foolish idea)*: **it was ~ to suggest ...** il était absurde de suggérer ... **3.** *(foolish behaviour)* bêtises *fpl*, idioties *fpl*; **to make (a) ~ of sthg** gâcher OR saboter qqch. ◇ *excl* quelles bêtises OR foutaises!
nonsensical [nɒn'sensɪkl] *adj* absurde, qui n'a pas de sens.
nonsmoker [ˌnɒn'sməʊkəʳ] *n* non-fumeur *m*, -euse *f*, personne *f* qui ne fume pas.
nonstick [ˌnɒn'stɪk] *adj* qui n'attache pas, téflonisé(e).
nonstop [ˌnɒn'stɒp] ◇ *adj (flight)* direct(e), sans escale; *(activity)* continu (e); *(rain)* continuel(elle). ◇ *adv (talk, work)* sans arrêt; *(rain)* sans discontinuer.
noodles ['nuːdlz] *npl* nouilles *fpl*.
nook [nʊk] *n (of room)* coin *m*, recoin *m*; **every ~ and cranny** tous les coins, les coins et les recoins.
noon [nuːn] *n* midi *m*.
no one *pron* = **nobody**.
noose [nuːs] *n* nœud *m* coulant.
no-place *Am* = **nowhere**.
nor [nɔːʳ] *conj*: **~ do I** moi non plus; → **neither**.

- Voir NEITHER.

norm [nɔːm] *n* norme *f*.
normal ['nɔːml] *adj* normal(e).
normality [nɔː'mælɪtɪ], **normalcy** *Am* ['nɔːmlsɪ] *n* normalité *f*.
normally ['nɔːməlɪ] *adv* normalement.
Normandy ['nɔːməndɪ] *n* Normandie *f*.
north [nɔːθ] ◇ *n* **1.** *(direction)* nord *m*. **2.** *(region)*: **the ~** le nord. ◇ *adj* nord *(inv)*; *(wind)* du nord. ◇ *adv* au nord, vers le nord; **~ of** au nord de.
North Africa *n* Afrique *f* du Nord.
North America *n* Amérique *f* du Nord.
North American ◇ *adj* nord-américain(e). ◇ *n* Nord-Américain *m*, -e *f*.
northeast [ˌnɔːθ'iːst] ◇ *n* **1.** *(direction)* nord-est *m*. **2.** *(region)*: **the ~** le nord-est. ◇ *adj* nord-est *(inv)*; *(wind)* du nord-est. ◇ *adv* au nord-est, vers le nord-est; **~ of** au nord-est de.
northerly ['nɔːðəlɪ] *adj* du nord; **in a ~ direction** vers le nord, en direction du nord.
northern ['nɔːðən] *adj* du nord, nord *(inv)*.
Northern Ireland *n* Irlande *f* du Nord.
northernmost ['nɔːðənməʊst] *adj* le plus au nord (la plus au nord), à l'extrême nord.
North Korea *n* Corée *f* du Nord.
North Pole *n*: **the ~** le pôle Nord.
North Sea *n*: **the ~** la mer du Nord.
northward ['nɔːθwəd] ◇ *adj* au nord. ◇ *adv* = **northwards**.
northwards ['nɔːθwədz] *adv* au nord, vers le nord.
northwest [ˌnɔːθ'west] ◇ *n* **1.** *(direction)* nord-ouest *m*. **2.** *(region)*: **the ~** le

nord-ouest. ◇ *adj* nord-ouest (*inv*); *(wind)* du nord-ouest. ◇ *adv* au nord-ouest, vers le nord-ouest; **~ of** au nord-ouest de.

Norway ['nɔːweɪ] *n* Norvège *f*.

Norwegian [nɔː'wiːdʒən] ◇ *adj* norvégien(enne). ◇ *n* **1.** *(person)* Norvégien *m*, -enne *f*. **2.** *(language)* norvégien *m*.

nose [nəʊz] *n* nez *m*; **keep your ~ out of my business** occupe-toi OR mêle-toi de tes affaires, occupe-toi OR mêle-toi de tes oignons; **to look down one's ~ at sb** *fig* traiter qqn de haut (en bas); **to look down one's ~ at sthg** *fig* considérer qqch avec mépris; **to poke** OR **stick one's ~ into sthg** mettre OR fourrer son nez dans qqch; **to turn up one's ~ at sthg** dédaigner qqch. ◆ **nose about, nose around** *vi* fouiner, fureter.

nosebleed ['nəʊzbliːd] *n*: **to have a ~** saigner du nez.

nosedive ['nəʊzdaɪv] ◇ *n* *(of plane)* piqué *m*. ◇ *vi* **1.** *(plane)* descendre en piqué, piquer du nez. **2.** *fig (prices)* dégringoler; *(hopes)* s'écrouler.

nosey ['nəʊzɪ] = **nosy**.

nostalgia [nɒ'stældʒə] *n*: **~ (for sthg)** nostalgie *f* (de qqch).

nostril ['nɒstrəl] *n* narine *f*.

nosy ['nəʊzɪ] *adj* curieux(euse), fouinard(e).

not [nɒt] *adv* ne pas, pas; **I think ~** je ne crois pas; **I'm afraid ~** je crains que non; **~ always** pas toujours; **~ that ...** ce n'est pas que ..., non pas que ...; **~ at all** *(no)* pas du tout; *(to acknowledge thanks)* de rien, je vous en prie.

notably ['nəʊtəblɪ] *adv* **1.** *(in particular)* notamment, particulièrement. **2.** *(noticeably)* sensiblement, nettement.

notary ['nəʊtərɪ] *n*: **~ (public)** notaire *m*.

notch [nɒtʃ] *n* **1.** *(cut)* entaille *f*, encoche *f*. **2.** *fig (on scale)* cran *m*.

note [nəʊt] ◇ *n* **1.** *(gen & MUS)* note *f*; *(short letter)* mot *m*; **to take ~ of sthg** prendre note de qqch. **2.** *(money)* billet *m* (de banque). ◇ *vt* **1.** *(notice)* remarquer, constater. **2.** *(mention)* mentionner, signaler. ◆ **notes** *npl* *(in book)* notes *fpl*. ◆ **note down** *vt sep* noter, inscrire.

notebook ['nəʊtbʊk] *n* **1.** *(for notes)* carnet *m*, calepin *m*. **2.** (COMPUT) ordinateur *m* portable compact.

noted ['nəʊtɪd] *adj* célèbre, éminent(e).

notepad ['nəʊtpæd] *n* bloc-notes *m*.

notepaper ['nəʊtpeɪpəʳ] *n* papier *m* à lettres.

noteworthy ['nəʊt,wɜːðɪ] *adj* remarquable, notable.

nothing ['nʌθɪŋ] ◇ *pron* rien; **I've got ~ to do** je n'ai rien à faire; **for ~** pour rien; **~ if not** avant tout, surtout; **~ but** ne ... que, rien que; **there's ~ for it (but to do sthg)** *Br* il n'y a rien d'autre à faire (que de faire qqch). ◇ *adv*: **you're ~ like your brother** tu ne ressembles pas du tout OR en rien à ton frère; **I'm ~ like finished** je suis loin d'avoir fini.

notice ['nəʊtɪs] ◇ *n* **1.** *(written announcement)* affiche *f*, placard *m*. **2.** *(attention)*: **to take ~ (of sb/sthg)** faire OR prêter attention (à qqn/qqch); **to take no ~ (of sb/sthg)** ne pas faire attention (à qqn/qqch). **3.** *(warning)* avis *m*, avertissement *m*; **at short ~** dans un bref délai; **until further ~** jusqu'à nouvel ordre. **4.** *(at work)*: **to be given one's ~** recevoir son congé, être renvoyé(e); **to hand in one's ~** donner sa démission, demander son congé. ◇ *vt* remarquer, s'apercevoir de.

noticeable ['nəʊtɪsəbl] *adj* sensible, perceptible.

notice board *n* panneau *m* d'affichage.

notify ['nəʊtɪfaɪ] *vt*: **to ~ sb (of sthg)** avertir OR aviser qqn (de qqch).

notion ['nəʊʃn] *n* idée *f*, notion *f*. ◆ **notions** *npl Am* mercerie *f*.

notorious [nəʊ'tɔːrɪəs] *adj* *(criminal)* notoire; *(place)* mal famé(e).

notwithstanding [,nɒtwɪθ'stændɪŋ] *fml* ◇ *prep* malgré, en dépit de. ◇ *adv* néanmoins, malgré tout.

nought [nɔːt] *num* zéro *m*; **~s and crosses** morpion *m*.

noun [naʊn] *n* nom *m*.

nourish ['nʌrɪʃ] *vt* nourrir.

nourishing ['nʌrɪʃɪŋ] *adj* nourrissant (e).

nourishment ['nʌrɪʃmənt] *n (U)* nourriture *f*, aliments *mpl*.

novel ['nɒvl] ◇ *adj* nouveau (nouvelle), original(e). ◇ *n* roman *m*.

novelist ['nɒvəlɪst] *n* romancier *m*, -ère *f*.

novelty ['nɒvltɪ] *n* **1.** *(gen)* nouveauté *f*. **2.** *(cheap object)* gadget *m*.

November [nə'vembəʳ] *n* novembre *m*; *see also* **September**.

novice ['nɒvɪs] *n* novice *mf*.

now [naʊ] ◇ *adv* **1.** *(at this time, at once)* maintenant; **any day/time ~** d'un jour/moment à l'autre; **~ and then** OR **again** de temps en temps, de temps à autre. **2.** *(in past)* à ce moment-là, alors. **3.** *(to introduce statement)*: **~ let's just calm**

down bon, on se calme maintenant. ◇ *conj*: **~ (that)** maintenant que. ◇ *n*: **for ~** pour le présent; **from ~ on** à partir de maintenant, désormais; **up until ~** jusqu'à présent; **by ~** déjà.
nowadays ['naʊədeɪz] *adv* actuellement, aujourd'hui.
nowhere *Br* ['nəʊweəʳ], **no-place** *Am* *adv* nulle part; **~ near** loin de; **we're getting ~** on n'avance pas, on n'arrive à rien.
nozzle ['nɒzl] *n* ajutage *m*, buse *f*.
nuance [nju:'ɑ:ns] *n* nuance *f*.
nuclear ['nju:klɪəʳ] *adj* nucléaire.
nuclear bomb *n* bombe *f* nucléaire.
nuclear disarmament *n* désarmement *m* nucléaire.
nuclear energy *n* énergie *f* nucléaire.
nuclear power *n* énergie *f* nucléaire.
nuclear reactor *n* réacteur *m* nucléaire.
nucleus ['nju:klɪəs] (*pl* **-lei** [-lɪaɪ]) *n lit & fig* noyau *m*.
nude [nju:d] ◇ *adj* nu(e). ◇ *n* nu *m*; **in the ~** nu(e).
nudge [nʌdʒ] *vt* pousser du coude; *fig* encourager, pousser.
nudist ['nju:dɪst] ◇ *adj* nudiste. ◇ *n* nudiste *mf*.
nugget ['nʌgɪt] *n* pépite *f*.
nuisance ['nju:sns] *n* ennui *m*, embêtement *m*; **to make a ~ of o.s.** embêter le monde; **what a ~!** quelle plaie!
nuke [nju:k] *inf* ◇ *n* bombe *f* nucléaire. ◇ *vt* atomiser.
null [nʌl] *adj*: **~ and void** nul et non avenu.
numb [nʌm] ◇ *adj* engourdi(e); **to be ~ with** *(fear)* être paralysé par; *(cold)* être transi de. ◇ *vt* engourdir.
number ['nʌmbəʳ] ◇ *n* **1.** *(numeral)* chiffre *m*. **2.** *(of telephone, house, car)* numéro *m*. **3.** *(quantity)* nombre *m*; **a ~ of** un certain nombre de, plusieurs; **any ~ of** un grand nombre de, bon nombre de. **4.** *(song)* chanson *f*. ◇ *vt* **1.** *(amount to, include)* compter; **to ~ among** compter parmi. **2.** *(give number to)* numéroter.
number one ◇ *adj* premier(ère), principal(e). ◇ *n inf (oneself)* soi, sa pomme.
numberplate ['nʌmbəpleɪt] *n* plaque *f* d'immatriculation.
Number Ten *n la résidence officielle du premier ministre britannique.*
numeral ['nju:mərəl] *n* chiffre *m*.
numerate ['nju:mərət] *adj Br (person)* qui sait compter.
numerical [nju:'merɪkl] *adj* numérique.
numerous ['nju:mərəs] *adj* nombreux (euse).
nun [nʌn] *n* religieuse *f*, sœur *f*.
nurse [nɜ:s] ◇ *n* infirmière *f*; **(male) ~** infirmier *m*. ◇ *vt* **1.** *(patient, cold)* soigner. **2.** *fig (desires, hopes)* nourrir. **3.** *(subj: mother)* allaiter.
nursery ['nɜ:sərɪ] *n* **1.** *(for children)* garderie *f*. **2.** *(for plants)* pépinière *f*.
nursery rhyme *n* comptine *f*.
nursery school *n* (école *f*) maternelle *f*.
nursery slopes *npl* pistes *fpl* pour débutants.
nursing ['nɜ:sɪŋ] *n* métier *m* d'infirmière.
nursing home *n (for old people)* maison *f* de retraite privée; *(for childbirth)* maternité *f* privée.
nurture ['nɜ:tʃəʳ] *vt* **1.** *(children)* élever; *(plants)* soigner. **2.** *fig (hopes etc)* nourrir.
nut [nʌt] *n* **1.** *(to eat) terme générique désignant les fruits tels que les noix, noisettes etc.* **2.** *(of metal)* écrou *m*. **3.** *inf (mad person)* cinglé *m*, -e *f*. ◆ **nuts** ◇ *adj inf*: **to be ~s** être dingue. ◇ *excl Am inf* zut!
nutcrackers ['nʌt,krækəz] *npl* casse-noix *m inv*, casse-noisettes *m inv*.
nutmeg ['nʌtmeg] *n* noix *f* (de) muscade.
nutritious [nju:'trɪʃəs] *adj* nourrissant (e).
nutshell ['nʌtʃel] *n*: **in a ~** en un mot.
nuzzle ['nʌzl] ◇ *vt* frotter son nez contre. ◇ *vi*: **to ~ (up) against** se frotter contre, frotter son nez contre.
nylon ['naɪlɒn] ◇ *n* Nylon® *m*. ◇ *comp* en Nylon®.

O

o (*pl* **o's** OR **os**), **O** (*pl* **O's** OR **Os**) [əʊ] *n* **1.** *(letter)* o *m inv*, O *m inv*. **2.** *(zero)* zéro *m*.
oak [əʊk] ◇ *n* chêne *m*. ◇ *comp* de OR en chêne.
OAP (*abbr of* **old age pensioner**) *n* retraité *m*, -e *f*.

oar [ɔːʳ] *n* rame *f*, aviron *m*.
oasis [əʊ'eɪsɪs] (*pl* **oases** [əʊ'eɪsiːz]) *n* oasis *f*.
oatcake ['əʊtkeɪk] *n* galette *f* d'avoine.
oath [əʊθ] *n* 1. *(promise)* serment *m*; **on** OR **under ~** sous serment. 2. *(swear-word)* juron *m*.
oatmeal ['əʊtmiːl] *n (U)* flocons *mpl* d'avoine.
oats [əʊts] *npl (grain)* avoine *f*.
obedience [ə'biːdjəns] *n* obéissance *f*.
obedient [ə'biːdjənt] *adj* obéissant(e), docile.
obese [əʊ'biːs] *adj fml* obèse.
obey [ə'beɪ] ◇ *vt* obéir à. ◇ *vi* obéir.
obituary [ə'bɪtʃʊərɪ] *n* nécrologie *f*.
object [*n* 'ɒbdʒɪkt, *vb* ɒb'dʒekt] ◇ *n* 1. *(gen)* objet *m*. 2. *(aim)* objectif *m*, but *m*. 3. (GRAMM) complément *m* d'objet. ◇ *vt* objecter. ◇ *vi* protester; **to ~ to sthg** faire objection à qqch, s'opposer à qqch; **to ~ to doing sthg** se refuser à faire qqch.
objection [əb'dʒekʃn] *n* objection *f*; **to have no ~ to sthg/to doing sthg** ne voir aucune objection à qqch/à faire qqch.
objectionable [əb'dʒekʃənəbl] *adj (person, behaviour)* désagréable; *(language)* choquant(e).
objective [əb'dʒektɪv] ◇ *adj* objectif (ive). ◇ *n* objectif *m*.
obligation [,ɒblɪ'geɪʃn] *n* obligation *f*.
obligatory [ə'blɪgətrɪ] *adj* obligatoire.
oblige [ə'blaɪdʒ] *vt* 1. *(force)*: **to ~ sb to do sthg** forcer OR obliger qqn à faire qqch. 2. *fml (do a favour to)* obliger.
obliging [ə'blaɪdʒɪŋ] *adj* obligeant(e).
oblique [ə'bliːk] ◇ *adj* oblique; *(reference, hint)* indirect(e). ◇ *n* (TYPO) barre *f* oblique.
obliterate [ə'blɪtəreɪt] *vt (destroy)* détruire, raser.
oblivion [ə'blɪvɪən] *n* oubli *m*.
oblivious [ə'blɪvɪəs] *adj*: **to be ~ to** OR **of** être inconscient(e) de.
oblong ['ɒblɒŋ] ◇ *adj* rectangulaire. ◇ *n* rectangle *m*.
obnoxious [əb'nɒkʃəs] *adj (person)* odieux(euse); *(smell)* infect(e), fétide; *(comment)* désobligeant(e).
oboe ['əʊbəʊ] *n* hautbois *m*.
obscene [əb'siːn] *adj* obscène.
obscure [əb'skjʊəʳ] ◇ *adj* obscur(e). ◇ *vt* 1. *(gen)* obscurcir. 2. *(view)* masquer.
observance [əb'zɜːvəns] *n* observation *f*.
observant [əb'zɜːvnt] *adj* observateur (trice).
observation [,ɒbzə'veɪʃn] *n* observation *f*.
observatory [əb'zɜːvətrɪ] *n* observatoire *m*.
observe [əb'zɜːv] *vt* 1. *(gen)* observer. 2. *(remark)* remarquer, faire observer.
observer [əb'zɜːvəʳ] *n* observateur *m*, -trice *f*.
obsess [əb'ses] *vt* obséder; **to be ~ed by** OR **with sb/sthg** être obsédé par qqn/qqch.
obsessive [əb'sesɪv] *adj (person)* obsessionnel(elle); *(need etc)* qui est une obsession.
obsolescent [,ɒbsə'lesnt] *adj (system)* qui tombe en désuétude; *(machine)* obsolescent(e).
obsolete ['ɒbsəliːt] *adj* obsolète.
obstacle ['ɒbstəkl] *n* obstacle *m*.
obstetrics [ɒb'stetrɪks] *n* obstétrique *f*.
obstinate ['ɒbstənət] *adj* 1. *(stubborn)* obstiné(e). 2. *(cough)* persistant(e); *(stain, resistance)* tenace.
obstruct [əb'strʌkt] *vt* 1. *(block)* obstruer. 2. *(hinder)* entraver, gêner.
obstruction [əb'strʌkʃn] *n* 1. *(in road)* encombrement *m*; *(in pipe)* engorgement *m*. 2. (SPORT) obstruction *f*.
obtain [əb'teɪn] *vt* obtenir.
obtainable [əb'teɪnəbl] *adj* que l'on peut obtenir.
obtuse [əb'tjuːs] *adj* obtus(e).
obvious ['ɒbvɪəs] *adj* évident(e).
obviously ['ɒbvɪəslɪ] *adv* 1. *(of course)* bien sûr. 2. *(clearly)* manifestement.
occasion [ə'keɪʒn] ◇ *n* 1. *(gen)* occasion *f*. 2. *(important event)* événement *m*; **to rise to the ~** se montrer à la hauteur de la situation. ◇ *vt (cause)* provoquer, occasionner.
occasional [ə'keɪʒənl] *adj (showers)* passager(ère); *(visit)* occasionnel(elle); **I have the ~ drink/cigarette** je bois un verre/je fume une cigarette de temps à autre.
occasionally [ə'keɪʒnəlɪ] *adv* de temps en temps, quelquefois.
occult [ɒ'kʌlt] *adj* occulte.
occupant ['ɒkjʊpənt] *n* occupant *m*, -e *f*; *(of vehicle)* passager *m*.
occupation [,ɒkjʊ'peɪʃn] *n* 1. *(job)* profession *f*. 2. *(pastime, by army)* occupation *f*.
occupational hazard [ɒkjʊ,peɪʃənl-] *n* risque *m* du métier.

occupational therapy [ɒkjʊˌpeɪʃənl-] *n* thérapeutique *f* occupationnelle, ergothérapie *f*.
occupier [ˈɒkjʊpaɪəʳ] *n* occupant *m*, -e *f*.
occupy [ˈɒkjʊpaɪ] *vt* occuper; **to ~ o.s.** s'occuper.
occur [əˈkɜːʳ] *vi* **1.** *(happen - gen)* avoir lieu, se produire; *(- difficulty)* se présenter. **2.** *(be present)* se trouver, être présent(e). **3.** *(thought, idea)*: **to ~ to sb** venir à l'esprit de qqn.
occurrence [əˈkʌrəns] *n (event)* événement *m*, circonstance *f*.
ocean [ˈəʊʃn] *n* océan *m*; *Am (sea)* mer *f*.
oceangoing [ˈəʊʃnˌgəʊɪŋ] *adj* au long cours.
ochre *Br*, **ocher** *Am* [ˈəʊkəʳ] *adj* ocre *(inv)*.
o'clock [əˈklɒk] *adv*: **two ~** deux heures.
octave [ˈɒktɪv] *n* octave *f*.
October [ɒkˈtəʊbəʳ] *n* octobre *m*; *see also* **September**.
octopus [ˈɒktəpəs] (*pl* **-puses** OR **-pi** [-paɪ]) *n* pieuvre *f*.
OD 1. *abbr of* **overdose**. **2.** *abbr of* **overdrawn**.
odd [ɒd] *adj* **1.** *(strange)* bizarre, étrange. **2.** *(leftover)* qui reste. **3.** *(occasional)*: **I play the ~ game of tennis** je joue au tennis de temps en temps. **4.** *(not part of pair)* dépareillé(e). **5.** *(number)* impair(e). **6.** *phr*: **twenty ~ years** une vingtaine d'années. ◆ **odds** *npl*: **the ~s** les chances *fpl*; **the ~s are that ...** il y a des chances pour que ... (+ *subjunctive*), il est probable que ...; **against the ~s** envers et contre tout; **~s and ends** petites choses *fpl*, petits bouts *mpl*; **to be at ~s with sb** être en désaccord avec qqn.
oddity [ˈɒdɪtɪ] *n* **1.** *(person)* personne *f* bizarre; *(thing)* chose *f* bizarre. **2.** *(strangeness)* étrangeté *f*.
odd jobs *npl* petits travaux *mpl*.
oddly [ˈɒdlɪ] *adv* curieusement; **~ enough** chose curieuse.
oddments [ˈɒdmənts] *npl* fins *fpl* de série.
odometer [əʊˈdɒmɪtəʳ] *n* odomètre *m*.
odour *Br*, **odor** *Am* [ˈəʊdəʳ] *n* odeur *f*.

---

of [*unstressed* əv, *stressed* ɒv] *prep* **1.** *(gen)* de; **the cover ~ a book** la couverture d'un livre; **to die ~ cancer** mourir d'un cancer. **2.** *(expressing quantity, amount, age etc)* de; **thousands ~ people** des milliers de gens; **a piece ~ cake** un morceau de gâteau; **a pound ~ tomatoes** une livre de tomates; **a child ~ five** un enfant de cinq ans; **a cup ~ coffee** une tasse de café. **3.** *(made from)* en. **4.** *(with dates, periods of time)*: **the 12th ~ February** le 12 février.

off [ɒf] ◇ *adv* **1.** *(at a distance, away)*: **10 miles ~** à 16 kilomètres; **two days ~** dans deux jours; **far ~** au loin; **to be ~** partir, s'en aller. **2.** *(so as to remove)*: **to take ~** enlever; **to cut sthg ~** couper qqch. **3.** *(so as to complete)*: **to finish ~** terminer; **to kill ~** achever. **4.** *(not at work etc)*: **a day/week ~** un jour/une semaine de congé. **5.** *(discounted)*: **£10 ~** 10 livres de remise OR réduction. ◇ *prep* **1.** *(at a distance from, away from)* de; **to get ~ a bus** descendre d'un bus; **to take a book ~ a shelf** prendre un livre sur une étagère; **~ the coast** près de la côte. **2.** *(not attending)*: **to be ~ work** ne pas travailler; **~ school** absent de l'école. **3.** *(no longer liking)*: **she's ~ her food** elle n'a pas d'appétit. **4.** *(deducted from)* sur. **5.** *inf (from)*: **to buy sthg ~ sb** acheter qqch à qqn. ◇ *adj* **1.** *(food)* avarié(e), gâté(e); *(milk)* tourné(e). **2.** *(TV, light)* éteint(e); *(engine)* coupé(e). **3.** *(cancelled)* annulé(e). **4.** *(not at work etc)* absent(e). **5.** *inf (offhand)*: **he was a bit ~ with me** il n'a pas été sympa avec moi.
offal [ˈɒfl] *n (U)* abats *mpl*.
off-chance *n*: **on the ~ that ...** au cas où ...
off colour *adj (ill)* patraque.
off duty *adj* qui n'est pas de service; *(doctor, nurse)* qui n'est pas de garde.
offence *Br*, **offense** *Am* [əˈfens] *n* **1.** *(crime)* délit *m*. **2.** *(upset)*: **to cause sb ~** vexer qqn; **to take ~** se vexer.
offend [əˈfend] *vt* offenser.
offender [əˈfendəʳ] *n* **1.** *(criminal)* criminel *m*, -elle *f*. **2.** *(culprit)* coupable *mf*.
offense [*sense 2* ˈɒfens] *n Am* **1.** = **offence**. **2.** (SPORT) attaque *f*.
offensive [əˈfensɪv] ◇ *adj* **1.** *(behaviour, comment)* blessant(e). **2.** *(weapon, action)* offensif(ive). ◇ *n* offensive *f*.
offer [ˈɒfəʳ] ◇ *n* **1.** *(gen)* offre *f*, proposition *f*. **2.** *(price, bid)* offre *f*. **3.** *(in shop)* promotion *f*; **on ~** *(available)* en vente; *(at a special price)* en réclame, en promotion. ◇ *vt* **1.** *(gen)* offrir; **to ~ sthg to sb, to ~ sb sthg** offrir qqch à qqn; **to ~ to do sthg** proposer OR offrir de faire qqch. **2.** *(provide - services etc)* proposer; *(- hope)* donner. ◇ *vi* s'offrir.
offering [ˈɒfərɪŋ] *n* (RELIG) offrande *f*.
off-guard *adv* au dépourvu.

offhand [ˌɒfˈhænd] ◇ *adj* cavalier(ère). ◇ *adv* tout de suite.

office [ˈɒfɪs] *n* 1. *(place, staff)* bureau *m*. 2. *(department)* département *m*, service *m*. 3. *(position)* fonction *f*, poste *m*; **in ~** en fonction; **to take ~** entrer en fonction.

office automation *n* bureautique *f*.

office block *n* immeuble *m* de bureaux.

office hours *npl* heures *fpl* de bureau.

officer [ˈɒfɪsəʳ] *n* 1. *(in armed forces)* officier *m*. 2. *(in organization)* agent *m*, fonctionnaire *mf*. 3. *(in police force)* officier *m* (de police).

office worker *n* employé *m*, -e *f* de bureau.

official [əˈfɪʃl] ◇ *adj* officiel(elle). ◇ *n* fonctionnaire *mf*.

officialdom [əˈfɪʃəldəm] *n* bureaucratie *f*.

offing [ˈɒfɪŋ] *n*: **in the ~** en vue, en perspective.

off-licence *n Br magasin autorisé à vendre des boissons alcoolisées à emporter.*

off-line *adj* (COMPUT) non connecté(e).

off-peak *adj (electricity)* utilisé(e) aux heures creuses; *(fare)* réduit(e) aux heures creuses.

off-putting [-ˌpʊtɪŋ] *adj* désagréable, rébarbatif(ive).

off season *n*: **the ~** la morte-saison.

offset [ˈɒfset] (*pt & pp* **offset**) *vt (losses)* compenser.

offshoot [ˈɒfʃuːt] *n*: **to be an ~ of sthg** être né(e) OR provenir de qqch.

offshore [ˈɒfʃɔːʳ] ◇ *adj (oil rig)* offshore (*inv*); *(island)* proche de la côte; *(fishing)* côtier(ère). ◇ *adv* au large.

offside [*adj & adv* ˌɒfˈsaɪd, *n* ˈɒfsaɪd] ◇ *adj* 1. *(right-hand drive)* de droite; *(left-hand drive)* de gauche. 2. (SPORT) hors-jeu (*inv*). ◇ *adv* (SPORT) hors-jeu. ◇ *n (right-hand drive)* côté *m* droit; *(left-hand drive)* côté gauche.

offspring [ˈɒfsprɪŋ] (*pl inv*) *n* rejeton *m*.

offstage [ˌɒfˈsteɪdʒ] *adj & adv* dans les coulisses.

off-the-peg *adj Br* de prêt-à-porter.

off-the-record ◇ *adj* officieux(euse). ◇ *adv* confidentiellement.

off-white *adj* blanc cassé (*inv*).

often [ˈɒfn, ˈɒftn] *adv* souvent, fréquemment; **how ~ do you visit her?** vous la voyez tous les combien?; **as ~ as not** assez souvent; **every so ~** de temps en temps; **more ~ than not** le plus souvent, la plupart du temps.

ogle [ˈəʊgl] *vt* reluquer.

oh [əʊ] *excl* oh!; *(expressing hesitation)* euh!

oil [ɔɪl] ◇ *n* 1. *(gen)* huile *f*. 2. *(for heating)* mazout *m*. 3. *(petroleum)* pétrole *m*. ◇ *vt* graisser, lubrifier.

oilcan [ˈɔɪlkæn] *n* burette *f* d'huile.

oilfield [ˈɔɪlfiːld] *n* gisement *m* pétrolifère.

oil filter *n* filtre *m* à huile.

oil-fired [-ˌfaɪəd] *adj* au mazout.

oil painting *n* peinture *f* à l'huile.

oilrig [ˈɔɪlrɪg] *n (at sea)* plate-forme *f* de forage OR pétrolière; *(on land)* derrick *m*.

oilskins [ˈɔɪlskɪnz] *npl* ciré *m*.

oil slick *n* marée *f* noire.

oil tanker *n* 1. *(ship)* pétrolier *m*, tanker *m*. 2. *(lorry)* camion-citerne *m*.

oil well *n* puits *m* de pétrole.

oily [ˈɔɪlɪ] *adj (rag etc)* graisseux(euse); *(food)* gras (grasse).

ointment [ˈɔɪntmənt] *n* pommade *f*.

OK (*pt & pp* **OKed**, *cont* **OKing**), **okay** [ˌəʊˈkeɪ] *inf* ◇ *adj*: **is it ~ with** OR **by you?** ça vous va?, vous êtes d'accord?; **are you ~?** ça va? ◇ *excl* 1. *(expressing agreement)* d'accord, O.K. 2. *(to introduce new topic)*: **~, can we start now?** bon, on commence? ◇ *vt* approuver, donner le feu vert à.

old [əʊld] ◇ *adj* 1. *(gen)* vieux (vieille), âgé(e); **I'm 20 years ~** j'ai 20 ans; **how ~ are you?** quel âge as-tu? 2. *(former)* ancien(enne). 3. *inf (as intensifier)*: **any ~** n'importe quel (n'importe quelle). ◇ *npl*: **the ~** les personnes *fpl* âgées.

old age *n* vieillesse *f*.

old age pensioner *n Br* retraité *m*, -e *f*.

Old Bailey [-ˈbeɪlɪ] *n*: **the ~** *la Cour d'assises de Londres.*

old-fashioned [-ˈfæʃnd] *adj* 1. *(outmoded)* démodé(e), passé(e) de mode. 2. *(traditional)* vieux jeu (*inv*).

old people's home *n* hospice *m* de vieillards.

O level *n Br examen optionnel destiné, jusqu'en 1988, aux élèves de niveau seconde ayant obtenu de bons résultats.*

olive [ˈɒlɪv] ◇ *adj* olive (*inv*). ◇ *n* olive *f*.

olive green *adj* vert olive (*inv*).

olive oil *n* huile *f* d'olive.

Olympic [əˈlɪmpɪk] *adj* olympique. ◆ **Olympics** *npl*: **the ~s** les Jeux *mpl* Olympiques.

Olympic Games *npl*: **the ~** les Jeux *mpl* Olympiques.
ombudsman ['ɒmbʊdzmən] (*pl* **-men** [-mən]) *n* ombudsman *m*.
omelet(te) ['ɒmlɪt] *n* omelette *f*; **mushroom ~** omelette aux champignons.
omen ['əʊmen] *n* augure *m*, présage *m*.
ominous ['ɒmɪnəs] *adj (event, situation)* de mauvais augure; *(sign)* inquiétant(e); *(look, silence)* menaçant(e).
omission [ə'mɪʃn] *n* omission *f*.
omit [ə'mɪt] *vt* omettre; **to ~ to do sthg** oublier de faire qqch.
omnibus ['ɒmnɪbəs] *n* **1.** *(book)* recueil *m*. **2.** *Br* (RADIO & TV) *diffusion groupée des épisodes de la semaine*.

on [ɒn] ◇ *prep* **1.** *(indicating position, location)* sur; **~ a chair/the wall** sur une chaise/le mur; **~ the ceiling** au plafond; **the information is ~ disk** l'information est sur disquette; **~ the left/right** à gauche/droite. **2.** *(indicating means)*: **the car runs ~ petrol** la voiture marche à l'essence; **to be shown ~ TV** passer à la télé; **~ the radio** à la radio; **~ the telephone** au téléphone; **to live ~ fruit** vivre OR se nourrir de fruits; **to hurt o.s. ~ sthg** se faire mal avec qqch. **3.** *(indicating mode of transport)*: **to travel ~ a bus/train/ship** voyager en bus/par le train/en bateau; **I was ~ the bus** j'étais dans le bus; **~ foot** à pied. **4.** *(concerning)* sur; **a book ~ astronomy** un livre sur l'astronomie. **5.** *(indicating time, activity)*: **~ Thursday** jeudi; **~ the 10th of February** le 10 février; **~ my birthday** le jour de mon anniversaire; **~ my return, ~ returning** à mon retour; **~ holiday** en vacances. **6.** *(indicating influence)* sur; **the impact ~ the environment** l'impact sur l'environnement. **7.** *(using, supported by)*: **to be ~ social security** recevoir l'aide sociale; **he's ~ tranquillizers** il prend des tranquillisants; **to be ~ drugs** se droguer. **8.** *(earning)*: **to be ~ £25,000 a year** gagner 25 000 livres par an; **to be ~ a low income** avoir un faible revenu. **9.** *(referring to musical instrument)*: **to play sthg ~ the violin/flute/guitar** jouer qqch au violon/à la flûte/à la guitare. **10.** *inf (paid by)*: **the drinks are ~ me** c'est moi qui régale, c'est ma tournée. ◇ *adv* **1.** *(indicating covering, clothing)*: **put the lid ~** mettez le couvercle; **to put a sweater ~** mettre un pull; **what did she have ~?** qu'est-ce qu'elle portait?; **he had nothing ~** il était tout nu. **2.** *(being shown)*: **what's ~ at the Ritz?** qu'est-ce qu'on joue OR donne au Ritz? **3.** *(working - radio, TV, light)* allumé(e); *(- machine)* en marche; *(- tap)* ouvert(e); **turn ~ the power** mets le courant. **4.** *(indicating continuing action)*: **to work ~** continuer à travailler; **he kept ~ walking** il continua à marcher. **5.** *(forward)*: **send my mail ~ (to me)** faites suivre mon courrier; **later ~** plus tard; **earlier ~** plus tôt. **6.** *inf (referring to behaviour)*: **it's just not ~!** cela ne se fait pas! ◆ **from ... on** *adv*: **from now ~** dorénavant, désormais; **from then ~** à partir de ce moment-là. ◆ **on and off** *adv* de temps en temps. ◆ **on to, onto** *prep* (*only written as* **onto** *for senses 4 and 5*) **1.** *(to a position on top of)* sur; **she jumped ~ to the chair** elle a sauté sur la chaise. **2.** *(to a position on a vehicle)* dans; **she got ~ to the bus** elle est montée dans le bus; **he jumped ~ to his bicycle** il a sauté sur sa bicyclette. **3.** *(to a position attached to)*: **stick the photo ~ to the page with glue** colle la photo sur la page. **4.** *(aware of wrongdoing)*: **to be onto sb** être sur la piste de qqn. **5.** *(into contact with)*: **get onto the factory** contactez l'usine.

• Voir AT.

once [wʌns] ◇ *adv* **1.** *(on one occasion)* une fois; **~ a day** une fois par jour; **~ again** OR **more** encore une fois; **~ and for all** une fois pour toutes; **~ in a while** de temps en temps; **~ or twice** une ou deux fois; **for ~** pour une fois. **2.** *(previously)* autrefois, jadis; **~ upon a time** il était une fois. ◇ *conj* dès que. ◆ **at once** *adv* **1.** *(immediately)* immédiatement. **2.** *(at the same time)* en même temps; **all at ~** tout d'un coup.
oncoming ['ɒn,kʌmɪŋ] *adj (traffic)* venant en sens inverse; *(danger)* imminent(e).

one [wʌn] ◇ *num (the number 1)* un (une); **page ~** page un; **~ of my friends** l'un de mes amis, un ami à moi; **~ fifth** un cinquième. ◇ *adj* **1.** *(only)* seul(e), unique; **it's her ~ ambition/love** c'est son unique ambition/son seul amour. **2.** *(indefinite)*: **~ of these days** un de ces jours. ◇ *pron* **1.** *(referring to a particular thing or person)*: **which ~ do you want?** lequel voulez-vous?; **this ~** celui-ci; **that ~** celui-là; **she's the ~ I told you about** c'est celle dont je vous ai parlé. **2.** *fml (you, anyone)* on; **to do ~'s duty** faire son devoir. ◆ **for one** *adv*: **I for ~ remain unconvinced** pour ma part je ne suis pas convaincu.

- Attention à ne pas confondre l'article indéfini (*a/an*) et le chiffre *one*. Comparez, par exemple, *a refrigerator is no good – you need a deep freeze* (*refrigerator* contraste avec *deep freeze*) et *one refrigerator is no good – we've got enough food to fill three* (*one* contraste avec *three*).
- Le pronom *one* est d'un registre très élevé lorsqu'on l'utilise pour parler de soi ou des gens en général (*how does one spell 'focused'?*). Dans ces cas-là on le remplace en général par *you* (*how do you spell 'focused'?*).

one-armed bandit *n* machine *f* à sous.
one-man *adj (business)* dirigé(e) par un seul homme.
one-off *inf* ◇ *adj (offer, event, product)* unique. ◇ *n*: **a ~** *(product)* un exemplaire unique; *(event)* un événement unique.
one-on-one *Am* = **one-to-one**.
one-parent family *n* famille *f* monoparentale.
oneself [wʌn'self] *pron* **1.** *(reflexive)* se; *(after prep)* soi. **2.** *(emphatic)* soi-même.
one-sided [-'saɪdɪd] *adj* **1.** *(unequal)* inégal(e). **2.** *(biased)* partial(e).
one-to-one *Br*, **one-on-one** *Am adj (discussion)* en tête-à-tête; **~ tuition** cours *mpl* particuliers.
one-upmanship [ˌwʌn'ʌpmənʃɪp] *n* art *m* de faire toujours mieux que les autres.
one-way *adj* **1.** *(street)* à sens unique. **2.** *(ticket)* simple.
ongoing ['ɒnˌgəʊɪŋ] *adj* en cours, continu(e).
onion ['ʌnjən] *n* oignon *m*.
online ['ɒnlaɪn] *adj & adv* (COMPUT) en ligne, connecté(e).
onlooker ['ɒnˌlʊkəʳ] *n* spectateur *m*, -trice *f*.
only ['əʊnlɪ] ◇ *adj* seul(e), unique; **an ~ child** un enfant unique. ◇ *adv* **1.** *(gen)* ne ... que, seulement; **he ~ reads science fiction** il ne lit que de la science fiction; **it's ~ a scratch** c'est juste une égratignure; **he left ~ a few minutes ago** il est parti il n'y a pas deux minutes. **2.** *(for emphasis)*: **I ~ wish I could** je voudrais bien; **it's ~ natural (that) ...** c'est tout à fait normal que ...; **I was ~ too willing to help** je ne demandais qu'à aider; **not ~ ... but also** non seulement ... mais encore; **I ~ just caught the train** j'ai eu le train de justesse. ◇ *conj* seulement, mais.
onset ['ɒnset] *n* début *m*, commencement *m*.
onshore ['ɒnʃɔːʳ] *adj & adv (from sea)* du large; *(on land)* à terre.
onslaught ['ɒnslɔːt] *n* attaque *f*.
onto [*unstressed before consonant* 'ɒntə, *unstressed before vowel* 'ɒntʊ, *stressed* 'ɒntuː] = **on to**.
onus ['əʊnəs] *n* responsabilité *f*, charge *f*.
onward ['ɒnwəd] *adj & adv* en avant.
onwards ['ɒnwədz] *adv* en avant; **from now ~** dorénavant, désormais; **from then ~** à partir de ce moment-là.
ooze [uːz] ◇ *vt fig (charm, confidence)* respirer. ◇ *vi*: **to ~ from** OR **out of sthg** suinter de qqch.
opaque [əʊ'peɪk] *adj* opaque; *fig* obscur(e).
OPEC ['əʊpek] (*abbr of* **Organization of Petroleum Exporting Countries**) *n* OPEP *f*.
open ['əʊpn] ◇ *adj* **1.** *(gen)* ouvert(e). **2.** *(receptive)*: **to be ~ (to)** être réceptif (ive) (à). **3.** *(view, road, space)* dégagé (e). **4.** *(uncovered - car)* découvert(e). **5.** *(meeting)* public(ique); *(competition)* ouvert(e) à tous. **6.** *(disbelief, honesty)* manifeste, évident(e). **7.** *(unresolved)* non résolu(e). ◇ *n*: **in the ~** *(sleep)* à la belle étoile; *(eat)* au grand air; **to bring sthg out into the ~** divulguer qqch, exposer qqch au grand jour. ◇ *vt* **1.** *(gen)* ouvrir. **2.** *(inaugurate)* inaugurer. ◇ *vi* **1.** *(door, flower)* s'ouvrir. **2.** *(shop, library etc)* ouvrir. **3.** *(meeting, play etc)* commencer. ♦ **open on to** *vt fus (subj: room, door)* donner sur. ♦ **open up** ◇ *vt sep (develop)* exploiter, développer. ◇ *vi* **1.** *(possibilities etc)* s'offrir, se présenter. **2.** *(unlock door)* ouvrir.
opener ['əʊpnəʳ] *n (for cans)* ouvre-boîtes *m inv*; *(for bottles)* ouvre-bouteilles *m inv*, décapsuleur *m*.
opening ['əʊpnɪŋ] ◇ *adj (first)* premier (ère); *(remarks)* préliminaire. ◇ *n* **1.** *(beginning)* commencement *m*, début *m*. **2.** *(in fence)* trou *m*, percée *f*; *(in clouds)* trouée *f*, déchirure *f*. **3.** *(opportunity - gen)* occasion *f*; (- COMM) débouché *m*. **4.** *(job vacancy)* poste *m*.
opening hours *npl* heures *fpl* d'ouverture.
openly ['əʊpənlɪ] *adv* ouvertement, franchement.

open-minded [-'maɪndɪd] *adj (person)* qui a l'esprit large; *(attitude)* large.
open-plan *adj* non cloisonné(e).
Open University *n Br*: **the ~** ≃ centre *m* national d'enseignement à distance.
opera ['ɒpərə] *n* opéra *m*.
opera house *n* opéra *m*.
operate ['ɒpəreɪt] ◇ *vt* **1.** *(machine)* faire marcher, faire fonctionner. **2.** (COMM) diriger. ◇ *vi* **1.** *(rule, law, system)* jouer, être appliqué(e); *(machine)* fonctionner, marcher. **2.** (COMM) opérer, travailler. **3.** (MED) opérer; **to ~ on sb/sthg** opérer qqn/de qqch.
operating theatre *Br*, **operating room** *Am* ['ɒpəreɪtɪŋ-] *n* salle *f* d'opération.
operation [,ɒpə'reɪʃn] *n* **1.** *(gen & MED)* opération *f*; **to have an ~ (for)** se faire opérer (de). **2.** *(of machine)* marche *f*, fonctionnement *m*; **to be in ~** *(machine)* être en marche OR en service; *(law, system)* être en vigueur. **3.** *(COMM - company)* exploitation *f*; *(- management)* administration *f*, gestion *f*.
operational [,ɒpə'reɪʃənl] *adj (machine)* en état de marche.
operative ['ɒprətɪv] ◇ *adj* en vigueur. ◇ *n* ouvrier *m*, -ère *f*.
operator ['ɒpəreɪtə^r] *n* **1.** (TELEC) standardiste *mf*. **2.** *(of machine)* opérateur *m*, -trice *f*. **3.** (COMM) directeur *m*, -trice *f*.
opinion [ə'pɪnjən] *n* opinion *f*, avis *m*; **to be of the ~ that** être d'avis que, estimer que; **in my ~** à mon avis.
opinionated [ə'pɪnjəneɪtɪd] *adj pej* dogmatique.
opinion poll *n* sondage *m* d'opinion.
opponent [ə'pəʊnənt] *n* adversaire *mf*.
opportune ['ɒpətjuːn] *adj* opportun(e).
opportunist [,ɒpə'tjuːnɪst] *n* opportuniste *mf*.
opportunity [,ɒpə'tjuːnətɪ] *n* occasion *f*; **to take the ~ to do** OR **of doing sthg** profiter de l'occasion pour faire qqch.
oppose [ə'pəʊz] *vt* s'opposer à.
opposed [ə'pəʊzd] *adj* opposé(e); **to be ~ to** être contre, être opposé à; **as ~ to** par opposition à.
opposing [ə'pəʊzɪŋ] *adj* opposé(e).
opposite ['ɒpəzɪt] ◇ *adj* opposé(e); *(house)* d'en face. ◇ *adv* en face. ◇ *prep* en face de. ◇ *n* contraire *m*.
opposite number *n* homologue *mf*.
opposition [,ɒpə'zɪʃn] *n* **1.** *(gen)* opposition *f*. **2.** *(opposing team)* adversaire *mf*. ◆ **Opposition** *n Br* (POL): **the Opposition** l'opposition.
oppress [ə'pres] *vt* **1.** *(persecute)* opprimer. **2.** *(depress)* oppresser.
oppressive [ə'presɪv] *adj* **1.** *(unjust)* oppressif(ive). **2.** *(weather, heat)* étouffant(e), lourd(e). **3.** *(silence)* oppressant(e).
opt [ɒpt] ◇ *vt*: **to ~ to do sthg** choisir de faire qqch. ◇ *vi*: **to ~ for** opter pour. ◆ **opt in** *vi*: **to ~ in (to)** choisir de participer (à). ◆ **opt out** *vi*: **to ~ out (of)** *(gen)* choisir de ne pas participer (à); *(of responsibility)* se dérober (à); *(of NHS)* ne plus faire partie (de).
optical ['ɒptɪkl] *adj* optique.
optician [ɒp'tɪʃn] *n* **1.** *(who sells glasses)* opticien *m*, -enne *f*. **2.** *(ophthalmologist)* ophtalmologiste *mf*.
optimist ['ɒptɪmɪst] *n* optimiste *mf*.
optimistic [,ɒptɪ'mɪstɪk] *adj* optimiste.
optimum ['ɒptɪməm] *adj* optimum.
option ['ɒpʃn] *n* option *f*, choix *m*; **to have the ~ to do** OR **of doing sthg** pouvoir faire qqch, avoir la possibilité de faire qqch.
optional ['ɒpʃənl] *adj* facultatif(ive); **an ~ extra** un accessoire.
or [ɔː^r] *conj* **1.** *(gen)* ou. **2.** *(after negative)*: **he can't read ~ write** il ne sait ni lire ni écrire. **3.** *(otherwise)* sinon. **4.** *(as correction)* ou plutôt.

• Voir EITHER.

oral ['ɔːrəl] ◇ *adj* **1.** *(spoken)* oral(e). **2.** *(MED - medicine)* par voie orale, par la bouche; *(- hygiene)* buccal(e). ◇ *n* oral *m*, épreuve *f* orale.
orally ['ɔːrəlɪ] *adv* **1.** *(in spoken form)* oralement. **2.** (MED) par voie orale.
orange ['ɒrɪndʒ] ◇ *adj* orange *(inv)*. ◇ *n* **1.** *(fruit)* orange *f*. **2.** *(colour)* orange *m*.
orbit ['ɔːbɪt] ◇ *n* orbite *f*. ◇ *vt* décrire une orbite autour de.
orchard ['ɔːtʃəd] *n* verger *m*; **apple ~** champ *m* de pommiers, pommeraie *f*.
orchestra ['ɔːkɪstrə] *n* orchestre *m*.
orchestral [ɔː'kestrəl] *adj* orchestral(e).
orchid ['ɔːkɪd] *n* orchidée *f*.
ordain [ɔː'deɪn] *vt* **1.** *(decree)* ordonner, décréter. **2.** (RELIG): **to be ~ed** être ordonné prêtre.
ordeal [ɔː'diːl] *n* épreuve *f*.
order ['ɔːdə^r] ◇ *n* **1.** *(gen)* ordre *m*; **to be under ~s to do sthg** avoir (reçu) l'ordre de faire qqch. **2.** (COMM) commande *f*; **to place an ~ with sb for sthg**

passer une commande de qqch à qqn; **to ~** sur commande. **3.** *(sequence)* ordre *m*; **in ~** dans l'ordre; **in ~ of importance** par ordre d'importance. **4.** *(fitness for use)*: **in working ~** en état de marche; **out of ~** *(machine)* en panne; *(behaviour)* déplacé(e); **in ~** *(correct)* en ordre. **5.** *(U)* *(discipline - gen)* ordre *m*; *(- in classroom)* discipline *f*. **6.** *Am (portion)* part *f*. ◇ *vt* **1.** *(command)* ordonner; **to ~ sb to do sthg** ordonner à qqn de faire qqch; **to ~ that** ordonner que. **2.** (COMM) commander. ◆ **in the order of** *Br*, **on the order of** *Am prep* environ, de l'ordre de. ◆ **in order that** *conj* pour que, afin que (+ *subjunctive*). ◆ **in order to** *conj* pour, afin de. ◆ **order about, order around** *vt sep* commander.

order form *n* bulletin *m* de commande.

orderly ['ɔːdəlɪ] ◇ *adj (person)* ordonné(e); *(crowd)* discipliné(e); *(office, room)* en ordre. ◇ *n (in hospital)* garçon *m* de salle.

ordinarily ['ɔːdənrəlɪ] *adv* d'habitude, d'ordinaire.

ordinary ['ɔːdənrɪ] ◇ *adj* **1.** *(normal)* ordinaire. **2.** *pej (unexceptional)* ordinaire, quelconque. ◇ *n*: **out of the ~** qui sort de l'ordinaire, exceptionnel (elle).

ordnance ['ɔːdnəns] *n (U)* **1.** *(supplies)* matériel *m* militaire. **2.** *(artillery)* artillerie *f*.

ore [ɔːʳ] *n* minerai *m*.

oregano [,ɒrɪ'gɑːnəʊ] *n* origan *m*.

organ ['ɔːgən] *n* **1.** *(gen)* organe *m*. **2.** (MUS) orgue *m*.

organic [ɔː'gænɪk] *adj* **1.** *(of animals, plants)* organique. **2.** *(farming, food)* biologique.

organization [,ɔːgənaɪ'zeɪʃn] *n* organisation *f*.

organize, -ise ['ɔːgənaɪz] *vt* organiser.

organizer ['ɔːgənaɪzəʳ] *n* organisateur *m*, -trice *f*.

orgasm ['ɔːgæzm] *n* orgasme *m*.

orgy ['ɔːdʒɪ] *n lit & fig* orgie *f*.

Orient ['ɔːrɪənt] *n*: **the ~** l'Orient *m*.

oriental [,ɔːrɪ'entl] *adj* oriental(e).

orienteering [,ɔːrɪən'tɪərɪŋ] *n (U)* course *f* d'orientation.

origin ['ɒrɪdʒɪn] *n* **1.** *(of river)* source *f*; *(of word, conflict)* origine *f*. **2.** *(birth)*: **country of ~** pays *m* d'origine. ◆ **origins** *npl* origines *fpl*.

original [ɒ'rɪdʒənl] ◇ *adj* original(e); *(owner)* premier(ère). ◇ *n* original *m*.

originally [ə'rɪdʒənəlɪ] *adv* à l'origine, au départ.

originate [ə'rɪdʒəneɪt] ◇ *vt* être l'auteur de, être à l'origine de. ◇ *vi (belief, custom)*: **to ~ (in)** prendre naissance (dans); **to ~ from** provenir de.

Orkney Islands ['ɔːknɪ-], **Orkneys** ['ɔːknɪz] *npl*: **the ~** les Orcades *fpl*.

ornament ['ɔːnəmənt] *n* **1.** *(object)* bibelot *m*. **2.** *(U)* *(decoration)* ornement *m*.

ornamental [,ɔːnə'mentl] *adj (garden, pond)* d'agrément; *(design)* décoratif (ive).

ornate [ɔː'neɪt] *adj* orné(e).

ornithology [,ɔːnɪ'θɒlədʒɪ] *n* ornithologie *f*.

orphan ['ɔːfn] ◇ *n* orphelin *m*, -e *f*. ◇ *vt*: **to be ~ed** devenir orphelin(e).

orphanage ['ɔːfənɪdʒ] *n* orphelinat *m*.

orthodox ['ɔːθədɒks] *adj* **1.** *(conventional)* orthodoxe. **2.** (RELIG) *(traditional)* traditionaliste.

orthopaedic [,ɔːθə'piːdɪk] *adj* orthopédique.

orthopedic *etc* [,ɔːθə'piːdɪk] = **orthopaedic** *etc*.

Oslo ['ɒzləʊ] *n* Oslo.

ostensible [ɒ'stensəbl] *adj* prétendu (e).

ostentatious [,ɒstən'teɪʃəs] *adj* ostentatoire.

osteopath ['ɒstɪəpæθ] *n* ostéopathe *mf*.

ostrich ['ɒstrɪtʃ] *n* autruche *f*.

other ['ʌðəʳ] ◇ *adj* autre; **the ~ one** l'autre; **the ~ day/week** l'autre jour/semaine. ◇ *adv*: **there was nothing to do ~ than confess** il ne pouvait faire autrement que d'avouer; **~ than John** John à part. ◇ *pron*: **~s** d'autres; **the ~** l'autre; **the ~s** les autres; **one after the ~** l'un après l'autre (l'une après l'autre); **one or ~ of you** l'un (l'une) de vous deux; **none ~ than** nul (nulle) autre que. ◆ **something or other** *pron* quelque chose, je ne sais quoi. ◆ **somehow or other** *adv* d'une manière ou d'une autre.

otherwise ['ʌðəwaɪz] ◇ *adv* autrement; **or ~** *(or not)* ou non. ◇ *conj* sinon.

otter ['ɒtəʳ] *n* loutre *f*.

ouch [aʊtʃ] *excl* aïe!, ouïe!

ought [ɔːt] *aux vb* **1.** *(sensibly)*: **I really ~ to go** il faut absolument que je m'en aille; **you ~ to see a doctor** tu devrais aller chez le docteur. **2.** *(morally)*: **you ~ not to have done that** tu n'aurais pas dû faire cela; **you ~ to look after your chil-**

dren better tu devrais t'occuper un peu mieux de tes enfants. 3. *(expressing probability)*: **she ~ to pass her exam** elle devrait réussir à son examen.

• *Ought to*, suivi du participe passé, peut servir à exprimer des regrets (*I ought to have phoned on her birthday*, «j'aurais dû l'appeler pour son anniversaire») ou un reproche (*you ought to have been more careful*, «tu aurais dû faire plus attention»).

ounce [aʊns] *n* = *28,35 g*, once *f*.

our ['aʊəʳ] *poss adj* notre, nos (*pl*); **~ money/house** notre argent/maison; **~ children** nos enfants; **it wasn't OUR fault** ce n'était pas de notre faute à nous.

• Si vous parlez d'une partie du corps, n'oubliez pas d'utiliser l'adjectif possessif *our*, et non pas *the* (*we washed our hair*, «nous nous sommes lavé les cheveux»).

ours ['aʊəz] *poss pron* le nôtre (la nôtre), les nôtres (*pl*); **that money is ~** cet argent est à nous OR est le nôtre; **it wasn't their fault, it was OURS** ce n'était pas de leur faute, c'était de notre faute à nous OR de la nôtre; **a friend of ~** un ami à nous, un de nos amis.

ourselves [aʊə'selvz] *pron pl* 1. (*reflexive*) nous. 2. (*for emphasis*) nous-mêmes; **we did it by ~** nous l'avons fait tout seuls.

oust [aʊst] *vt*: **to ~ sb (from)** évincer qqn (de).

out [aʊt] *adv* 1. *(not inside, out of doors)* dehors; **I'm going ~ for a walk** je sors me promener; **to run ~** sortir en courant; **~ here** ici; **~ there** là-bas. 2. *(away from home, office, published)* sorti(e); **John's ~ at the moment** John est sorti, John n'est pas là en ce moment; **an afternoon ~** une sortie l'après-midi. 3. *(extinguished)* éteint(e); **the lights went ~** les lumières se sont éteintes. 4. *(of tides)*: **the tide is ~** la marée est basse. 5. *(out of fashion)* démodé(e), passé(e) de mode. 6. *(in flower)* en fleur. 7. *inf (on strike)* en grève. 8. *(determined)*: **to be ~ to do sthg** être résolu(e) OR décidé(e) à faire qqch. ◆ **out of** *prep* 1. *(outside)* en dehors de; **to go ~ of the room** sortir de la pièce; **to be ~ of the country** être à l'étranger. 2. *(indicating cause)* par; **~ of spite/love/boredom** par dépit/amour/ennui. 3. *(indicating origin, source)* de, dans; **a page ~ of a book** une page d'un livre; **it's made ~ of plastic** c'est en plastique. 4. *(without)* sans; **~ of petrol/money** à court d'essence/d'argent. 5. *(sheltered from)* à l'abri de; **we're ~ of the wind here** nous sommes à l'abri du vent ici. 6. *(to indicate proportion)* sur; **one ~ of ten people** une personne sur dix; **ten ~ of ten** dix sur dix.

out-and-out *adj (liar)* fieffé(e); *(disgrace)* complet(ète).

outback ['aʊtbæk] *n*: **the ~** l'intérieur *m* du pays *(en Australie)*.

outboard (motor) ['aʊtbɔːd-] *n* (moteur *m*) hors-bord *m*.

outbreak ['aʊtbreɪk] *n (of war, crime)* début *m*, déclenchement *m*; *(of spots etc)* éruption *f*.

outburst ['aʊtbɜːst] *n* explosion *f*.

outcast ['aʊtkɑːst] *n* paria *m*.

outcome ['aʊtkʌm] *n* issue *f*, résultat *m*.

outcrop ['aʊtkrɒp] *n* affleurement *m*.

outcry ['aʊtkraɪ] *n* tollé *m*.

outdated [ˌaʊt'deɪtɪd] *adj* démodé(e), vieilli(e).

outdid [ˌaʊt'dɪd] *pt* → **outdo**.

outdo [ˌaʊt'duː] (*pt* **-did**, *pp* **-done** [-'dʌn]) *vt* surpasser.

outdoor ['aʊtdɔːʳ] *adj (life, swimming pool)* en plein air; *(activities)* de plein air.

outdoors [aʊt'dɔːz] *adv* dehors.

outer ['aʊtəʳ] *adj* extérieur(e).

outer space *n* cosmos *m*.

outfit ['aʊtfɪt] *n* 1. *(clothes)* tenue *f*. 2. *inf (organization)* équipe *f*.

outgoing ['aʊtˌgəʊɪŋ] *adj* 1. *(chairman etc)* sortant(e); *(mail)* à expédier; *(train)* en partance. 2. *(friendly, sociable)* ouvert(e). ◆ **outgoings** *npl Br* dépenses *fpl*.

outgrow [ˌaʊt'grəʊ] (*pt* **-grew**, *pp* **-grown**) *vt* 1. *(clothes)* devenir trop grand (e) pour. 2. *(habit)* se défaire de.

outhouse ['aʊthaʊs, *pl* -haʊzɪz] *n* appentis *m*.

outing ['aʊtɪŋ] *n (trip)* sortie *f*.

outlandish [aʊt'lændɪʃ] *adj* bizarre.

outlaw ['aʊtlɔː] ◇ *n* hors-la-loi *m inv*. ◇ *vt (practice)* proscrire.

outlay ['aʊtleɪ] *n* dépenses *fpl*.

outlet ['aʊtlet] *n* 1. *(for emotion)* exutoire *m*. 2. *(hole, pipe)* sortie *f*. 3. *(shop)*: **retail ~** point *m* de vente. 4. *Am* (ELEC) prise *f* (de courant).

outline ['aʊtlaɪn] ◇ *n* 1. *(brief description)* grandes lignes *fpl*; **in ~** en gros. 2. *(silhouette)* silhouette *f*. ◇ *vt (describe* *briefly)* exposer les grandes lignes de.

outlive [ˌaʊtˈlɪv] *vt (subj: person)* survivre à.

outlook [ˈaʊtlʊk] *n* **1.** *(disposition)* attitude *f*, conception *f*. **2.** *(prospect)* perspective *f*.

outlying [ˈaʊtˌlaɪɪŋ] *adj (village)* reculé (e); *(suburbs)* écarté(e).

outmoded [ˌaʊtˈməʊdɪd] *adj* démodé (e).

outnumber [ˌaʊtˈnʌmbəʳ] *vt* surpasser en nombre.

out-of-date *adj (passport)* périmé(e); *(clothes)* démodé(e); *(belief)* dépassé (e).

out of doors *adv* dehors.

out-of-the-way *adj (village)* perdu (e); *(pub)* peu fréquenté(e).

outpatient [ˈaʊtˌpeɪʃnt] *n* malade *mf* en consultation externe.

outpost [ˈaʊtpəʊst] *n* avant-poste *m*.

output [ˈaʊtpʊt] *n* **1.** *(production)* production *f*. **2.** (COMPUT) sortie *f*.

outrage [ˈaʊtreɪdʒ] ◇ *n* **1.** *(emotion)* indignation *f*. **2.** *(act)* atrocité *f*. ◇ *vt* outrager.

outrageous [aʊtˈreɪdʒəs] *adj* **1.** *(offensive, shocking)* scandaleux(euse), monstrueux(euse). **2.** *(very unusual)* choquant(e).

outright [*adj* ˈaʊtraɪt, *adv* ˌaʊtˈraɪt] ◇ *adj* absolu(e), total(e). ◇ *adv* **1.** *(deny)* carrément, franchement. **2.** *(win, fail)* complètement, totalement.

outset [ˈaʊtset] *n*: **at the ~** au commencement, au début; **from the ~** depuis le commencement OR début.

outside [*adv* ˌaʊtˈsaɪd, *adj, prep & n* ˈaʊtsaɪd] ◇ *adj* **1.** *(gen)* extérieur(e); **an ~ opinion** une opinion indépendante. **2.** *(unlikely - chance, possibility)* faible. ◇ *adv* à l'extérieur; **to go/run/look ~** aller/courir/regarder dehors. ◇ *prep* **1.** *(not inside)* à l'extérieur de, en dehors de. **2.** *(beyond)*: **~ office hours** en dehors des heures de bureau. ◇ *n* extérieur *m*. ◆ **outside of** *prep Am (apart from)* à part.

outside lane *n* (AUT) *(in UK)* voie *f* de droite; *(in Europe, US)* voie *f* de gauche.

outside line *n* (TELEC) ligne *f* extérieure.

outsider [ˌaʊtˈsaɪdəʳ] *n* **1.** *(in race)* outsider *m*. **2.** *(from society)* étranger *m*, -ère *f*.

outsize [ˈaʊtsaɪz] *adj* **1.** *(bigger than usual)* énorme, colossal(e). **2.** *(clothes)* grande taille *(inv)*.

outskirts [ˈaʊtskɜːts] *npl*: **the ~** la banlieue.

outspoken [ˌaʊtˈspəʊkn] *adj* franc (franche).

outstanding [ˌaʊtˈstændɪŋ] *adj* **1.** *(excellent)* exceptionnel(elle), remarquable. **2.** *(example)* marquant(e). **3.** *(not paid)* impayé(e). **4.** *(unfinished - work, problem)* en suspens.

outstretched [ˌaʊtˈstretʃt] *adj (arms, hands)* tendu(e); *(wings)* déployé(e).

outstrip [ˌaʊtˈstrɪp] *vt* devancer.

out-tray *n* corbeille *f* pour le courrier à expédier.

outward [ˈaʊtwəd] ◇ *adj* **1.** *(going away)*: **~ journey** aller *m*. **2.** *(apparent, visible)* extérieur(e). ◇ *adv Am* = **outwards.**

outwardly [ˈaʊtwədlɪ] *adv (apparently)* en apparence.

outwards *Br* [ˈaʊtwədz], **outward** *Am adv* vers l'extérieur.

outweigh [ˌaʊtˈweɪ] *vt fig* primer sur.

outwit [ˌaʊtˈwɪt] *vt* se montrer plus malin(igne) que.

oval [ˈəʊvl] ◇ *adj* ovale. ◇ *n* ovale *m*.

Oval Office *n*: **the ~** *bureau du président des États-Unis à la Maison-Blanche.*

ovary [ˈəʊvərɪ] *n* ovaire *m*.

ovation [əʊˈveɪʃn] *n* ovation *f*; **the audience gave her a standing ~** le public l'a ovationnée.

oven [ˈʌvn] *n (for cooking)* four *m*.

ovenproof [ˈʌvnpruːf] *adj* qui va au four.

over [ˈəʊvəʳ] ◇ *prep* **1.** *(above)* au-dessus de. **2.** *(on top of)* sur. **3.** *(on other side of)* de l'autre côté de; **they live ~ the road** ils habitent en face. **4.** *(to other side of)* par-dessus; **to go ~ the border** franchir la frontière. **5.** *(more than)* plus de; **~ and above** en plus de. **6.** *(concerning)* à propos de, au sujet de. **7.** *(during)* pendant. ◇ *adv* **1.** *(distance away)*: **~ here** ici; **~ there** là-bas. **2.** *(across)*: **they flew ~ to America** ils se sont envolés pour les États-Unis; **we invited them ~** nous les avons invités chez nous. **3.** *(more)* plus. **4.** *(remaining)*: **there's nothing (left) ~** il ne reste rien. **5.** (RADIO): **~ and out!** à vous! **6.** *(involving repetitions)*: **(all) ~ again** (tout) au début; **~ and ~ again** à maintes reprises, maintes fois. ◇ *adj (finished)* fini(e), terminé(e). ◆ **all over** ◇ *prep (throughout)* partout, dans tout; **all ~ the**

world dans le monde entier. ◇ *adv (everywhere)* partout. ◇ *adj (finished)* fini(e).
overall [*adj & n* 'əʊvərɔːl, *adv* ˌəʊvər'ɔːl] ◇ *adj (general)* d'ensemble. ◇ *adv* en général. ◇ *n* 1. *(gen)* tablier *m*. 2. *Am (for work)* bleu *m* de travail. ◆ **overalls** *npl* 1. *(for work)* bleu *m* de travail. 2. *Am (dungarees)* salopette *f*.
overawe [ˌəʊvər'ɔː] *vt* impressionner.
overbalance [ˌəʊvə'bæləns] *vi* basculer.
overbearing [ˌəʊvə'beərɪŋ] *adj* autoritaire.
overboard ['əʊvəbɔːd] *adv*: **to fall ~** tomber par-dessus bord.
overbook [ˌəʊvə'bʊk] *vi* surréserver.
overcame [ˌəʊvə'keɪm] *pt* → **overcome**.
overcast [ˌəʊvə'kɑːst] *adj* couvert(e).
overcharge [ˌəʊvə'tʃɑːdʒ] *vt*: **to ~ sb (for sthg)** faire payer (qqch) trop cher à qqn.
overcoat ['əʊvəkəʊt] *n* pardessus *m*.
overcome [ˌəʊvə'kʌm] (*pt* **-came**, *pp* **-come**) *vt* 1. *(fears, difficulties)* surmonter. 2. *(overwhelm)*: **to be ~ (by** OR **with)** *(emotion)* être submergé(e) (de); *(grief)* être accablé(e) (de).
overcrowded [ˌəʊvə'kraʊdɪd] *adj* bondé(e).
overcrowding [ˌəʊvə'kraʊdɪŋ] *n* surpeuplement *m*.
overdo [ˌəʊvə'duː] (*pt* **-did** [-'dɪd], *pp* **-done**) *vt* 1. *(exaggerate)* exagérer. 2. *(do too much)* trop faire; **to ~ it** se surmener. 3. *(overcook)* trop cuire.
overdone [ˌəʊvə'dʌn] ◇ *pp* → **overdo**. ◇ *adj (food)* trop cuit(e).
overdose ['əʊvədəʊs] *n* overdose *f*.
overdraft ['əʊvədrɑːft] *n* découvert *m*.
overdrawn [ˌəʊvə'drɔːn] *adj* à découvert.
overdue [ˌəʊvə'djuː] *adj* 1. *(late)*: **~ (for)** en retard (pour). 2. *(change, reform)*: **(long) ~** attendu(e) (depuis longtemps). 3. *(unpaid)* arriéré(e), impayé(e).
overestimate [ˌəʊvər'estɪmeɪt] *vt* surestimer.
overflow [*vb* ˌəʊvə'fləʊ, *n* 'əʊvəfləʊ] ◇ *vi* 1. *(gen)* déborder. 2. *(streets, box)*: **to be ~ing (with)** regorger (de). ◇ *n (pipe, hole)* trop-plein *m*.
overgrown [ˌəʊvə'grəʊn] *adj (garden)* envahi(e) par les mauvaises herbes.
overhaul [*n* 'əʊvəhɔːl, *vb* ˌəʊvə'hɔːl] ◇ *n* 1. *(of car, machine)* révision *f*. 2. *fig (of system)* refonte *f*, remaniement *m*. ◇ *vt* 1. *(car, machine)* réviser. 2. *fig (system)* refondre, remanier.
overhead [*adv* ˌəʊvə'hed, *adj & n* 'əʊvəhed] ◇ *adj* aérien(enne). ◇ *adv* au-dessus. ◇ *n (U) Am* frais *mpl* généraux. ◆ **overheads** *npl Br* frais *mpl* généraux.
overhead projector *n* rétroprojecteur *m*.
overhear [ˌəʊvə'hɪə^r] (*pt & pp* **-heard** [-'hɜːd]) *vt* entendre par hasard.
overheat [ˌəʊvə'hiːt] ◇ *vt* surchauffer. ◇ *vi (engine)* chauffer.
overjoyed [ˌəʊvə'dʒɔɪd] *adj*: **~ (at)** transporté(e) de joie (à).
overkill ['əʊvəkɪl] *n (excess)*: **that would be ~** ce serait de trop.
overladen [ˌəʊvə'leɪdn] ◇ *pp* → **overload**. ◇ *adj* surchargé(e).
overland ['əʊvəlænd] *adj & adv* par voie de terre.
overlap [ˌəʊvə'læp] *vi lit & fig* se chevaucher.
overleaf [ˌəʊvə'liːf] *adv* au verso, au dos.
overload [ˌəʊvə'ləʊd] (*pp* **-loaded** OR **-laden**) *vt* surcharger.
overlook [ˌəʊvə'lʊk] *vt* 1. *(subj: building, room)* donner sur. 2. *(disregard, miss)* oublier, négliger. 3. *(excuse)* passer sur, fermer les yeux sur.
overnight [*adj* 'əʊvənaɪt, *adv* ˌəʊvə'naɪt] ◇ *adj* 1. *(journey, parking)* de nuit; *(stay)* d'une nuit. 2. *fig (sudden)*: **~ success** succès *m* immédiat. ◇ *adv* 1. *(stay, leave)* la nuit. 2. *(suddenly)* du jour au lendemain.
overpass ['əʊvəpɑːs] *n Am* = Toboggan® *m*.
overpower [ˌəʊvə'paʊə^r] *vt* 1. *(in fight)* vaincre. 2. *fig (overwhelm)* accabler, terrasser.
overpowering [ˌəʊvə'paʊərɪŋ] *adj (desire)* irrésistible; *(smell)* entêtant(e).
overran [ˌəʊvə'ræn] *pt* → **overrun**.
overrated [ˌəʊvə'reɪtɪd] *adj* surfait(e).
override [ˌəʊvə'raɪd] (*pt* **-rode**, *pp* **-ridden**) *vt* 1. *(be more important than)* l'emporter sur, prévaloir sur. 2. *(overrule - decision)* annuler.
overriding [ˌəʊvə'raɪdɪŋ] *adj (need, importance)* primordial(e).
overrode [ˌəʊvə'rəʊd] *pt* → **override**.
overrule [ˌəʊvə'ruːl] *vt (person)* prévaloir contre; *(decision)* annuler; *(objection)* rejeter.
overrun [ˌəʊvə'rʌn] (*pt* **-ran**, *pp* **-run**)

◇ *vt* 1. (MIL) *(occupy)* occuper. 2. *fig (cover, fill)*: **to be ~ with** *(weeds)* être envahi(e) de; *(rats)* être infesté(e) de. ◇ *vi* dépasser (le temps alloué).

oversaw [ˌəʊvəˈsɔː] *pt* → **oversee**.

overseas [*adj* ˈəʊvəsiːz, *adv* ˌəʊvəˈsiːz] ◇ *adj (sales, company)* à l'étranger; *(market)* extérieur(e); *(visitor, student)* étranger(ère); **~ aid** aide *f* aux pays étrangers. ◇ *adv* à l'étranger.

oversee [ˌəʊvəˈsiː] (*pt* **-saw**, *pp* **-seen** [-ˈsiːn]) *vt* surveiller.

overseer [ˈəʊvəˌsiːəʳ] *n* contremaître *m*.

overshadow [ˌəʊvəˈʃædəʊ] *vt (subj: building, tree)* dominer; *fig* éclipser.

overshoot [ˌəʊvəˈʃuːt] (*pt & pp* **-shot**) *vt* dépasser, rater.

oversight [ˈəʊvəsaɪt] *n* oubli *m*; **through ~** par mégarde.

oversleep [ˌəʊvəˈsliːp] (*pt & pp* **-slept** [-ˈslept]) *vi* ne pas se réveiller à temps.

overspill [ˈəʊvəspɪl] *n (of population)* excédent *m*.

overstep [ˌəʊvəˈstep] *vt* dépasser; **to ~ the mark** dépasser la mesure.

overt [ˈəʊvɜːt] *adj* déclaré(e), non déguisé(e).

overtake [ˌəʊvəˈteɪk] (*pt* **-took**, *pp* **-taken** [-ˈteɪkn]) ◇ *vt* 1. (AUT) doubler, dépasser. 2. *(subj: misfortune, emotion)* frapper. ◇ *vi* (AUT) doubler.

overthrow [*n* ˈəʊvəθrəʊ, *vb* ˌəʊvəˈθrəʊ] (*pt* **-threw** [-ˈθruː], *pp* **-thrown** [-ˈθrəʊn]) ◇ *n (of government)* coup *m* d'État. ◇ *vt (government)* renverser.

overtime [ˈəʊvətaɪm] ◇ *n (U)* 1. *(extra work)* heures *fpl* supplémentaires. 2. *Am* (SPORT) prolongations *fpl*. ◇ *adv*: **to work ~** faire des heures supplémentaires.

overtones [ˈəʊvətəʊnz] *npl* notes *fpl*, accents *mpl*.

overtook [ˌəʊvəˈtʊk] *pt* → **overtake**.

overture [ˈəʊvəˌtjʊəʳ] *n* (MUS) ouverture *f*.

overturn [ˌəʊvəˈtɜːn] ◇ *vt* 1. *(gen)* renverser. 2. *(decision)* annuler. ◇ *vi (vehicle)* se renverser; *(boat)* chavirer.

overweight [ˌəʊvəˈweɪt] *adj* trop gros (grosse).

overwhelm [ˌəʊvəˈwelm] *vt* 1. *(subj: grief, despair)* accabler; **to be ~ed with joy** être au comble de la joie. 2. (MIL) *(gain control of)* écraser.

overwhelming [ˌəʊvəˈwelmɪŋ] *adj* 1. *(overpowering)* irrésistible, irrépressible. 2. *(defeat, majority)* écrasant(e).

overwork [ˌəʊvəˈwɜːk] ◇ *n* surmenage *m*. ◇ *vt (person, staff)* surmener.

owe [əʊ] *vt*: **to ~ sthg to sb, to ~ sb sthg** devoir qqch à qqn.

owing [ˈəʊɪŋ] *adj* dû (due). ◆ **owing to** *prep* à cause de, en raison de.

owl [aʊl] *n* hibou *m*.

own [əʊn] ◇ *adj* propre; **my ~ car** ma propre voiture; **she has her ~ style** elle a son style à elle. ◇ *pron*: **I've got my ~** j'ai le mien; **he has a house of his ~** il a une maison à lui, il a sa propre maison; **on one's ~** tout seul (toute seule); **to get one's ~ back** *inf* prendre sa revanche. ◇ *vt* posséder. ◆ **own up** *vi*: **to ~ up (to sthg)** avouer OR confesser (qqch).

owner [ˈəʊnəʳ] *n* propriétaire *mf*.

ownership [ˈəʊnəʃɪp] *n* propriété *f*.

ox [ɒks] (*pl* **oxen**) *n* bœuf *m*.

Oxbridge [ˈɒksbrɪdʒ] *n désignation collective des universités d'Oxford et de Cambridge.*

OXBRIDGE

L'université d'Oxford et celle de Cambridge, qui datent toutes deux du XIIIe siècle, sont les plus anciennes et les plus prestigieuses de Grande-Bretagne. Elles sont divisées en «colleges», dont certains occupent de très beaux bâtiments; elles observent encore aujourd'hui certaines traditions très anciennes. Avoir fait ses études à Oxford ou à Cambridge est considéré comme un avantage dans la vie professionnelle, et il n'est pas rare que les diplômés occupent à leur sortie des postes importants au gouvernement, dans les médias, etc. Il existe une rivalité très marquée entre les deux universités, notamment dans le domaine sportif.

oxen [ˈɒksn] *pl* → **ox**.

oxtail soup [ˈɒksteɪl-] *n* soupe *f* à la queue de bœuf.

oxygen [ˈɒksɪdʒən] *n* oxygène *m*.

oxygen mask *n* masque *m* à oxygène.

oxygen tent *n* tente *f* à oxygène.

oyster [ˈɔɪstəʳ] *n* huître *f*.

oz. *abbr of* **ounce**.

ozone [ˈəʊzəʊn] *n* ozone *m*.

ozone-friendly *adj* qui préserve la couche d'ozone.

ozone layer *n* couche *f* d'ozone.

P

p¹ (*pl* **p's** OR **ps**), **P** (*pl* **P's** OR **Ps**) [piː] *n (letter)* p *m inv*, P *m inv*.
p² 1. (*abbr of* **page**) p. 2. *abbr of* **penny**, **pence**.
pa [pɑː] *n inf* papa *m*.
p.a. (*abbr of* **per annum**) p.a.
PA *n* 1. *Br abbr of* **personal assistant**. 2. (*abbr of* **public address system**) sono *f*.
pace [peɪs] ◇ *n* 1. *(speed, rate)* vitesse *f*, allure *f*; **to keep ~ (with sb)** marcher à la même allure (que qqn); **to keep ~ (with sthg)** se maintenir au même niveau (que qqch). 2. *(step)* pas *m*. ◇ *vi*: **to ~ (up and down)** faire les cent pas.
pacemaker ['peɪs,meɪkəʳ] *n* 1. (MED) stimulateur *m* cardiaque, pacemaker *m*. 2. (SPORT) meneur *m*, -euse *f*.
Pacific [pə'sɪfɪk] ◇ *adj* du Pacifique. ◇ *n*: **the ~ (Ocean)** l'océan *m* Pacifique, le Pacifique.
pacifier ['pæsɪfaɪəʳ] *n Am (for child)* tétine *f*, sucette *f*.
pacifist ['pæsɪfɪst] *n* pacifiste *mf*.
pacify ['pæsɪfaɪ] *vt* 1. *(person, baby)* apaiser. 2. *(country)* pacifier.
pack [pæk] ◇ *n* 1. *(bag)* sac *m*. 2. *(packet)* paquet *m*. 3. *(of cards)* jeu *m*. 4. *(of dogs)* meute *f*; *(of wolves, thieves)* bande *f*. ◇ *vt* 1. *(clothes, belongings)* emballer; **to ~ one's bags** faire ses bagages. 2. *(fill)* remplir; **to be ~ed into** être entassé dans. ◇ *vi (for journey)* faire ses bagages OR sa valise. ◆ **pack in** ◇ *vt sep Br inf (stop)* plaquer; **~ it in!** *(stop annoying me)* arrête!, ça suffit maintenant!; *(shut up)* la ferme! ◇ *vi* tomber en panne. ◆ **pack off** *vt sep inf (send away)* expédier.
package ['pækɪdʒ] ◇ *n* 1. *(of books, goods)* paquet *m*. 2. *fig (of proposals etc)* ensemble *m*, série *f*. 3. (COMPUT) progiciel *m*. ◇ *vt (wrap up)* conditionner.
package deal *n* contrat *m* global.
package tour *n* vacances *fpl* organisées.
packaging ['pækɪdʒɪŋ] *n* conditionnement *m*.
packed [pækt] *adj*: **~ (with)** bourré(e) (de).
packed lunch *n Br* panier-repas *m*.
packet ['pækɪt] *n (gen)* paquet *m*.
packing ['pækɪŋ] *n (material)* emballage *m*.
packing case *n* caisse *f* d'emballage.
pact [pækt] *n* pacte *m*.
pad [pæd] ◇ *n* 1. *(of cotton wool etc)* morceau *m*. 2. *(of paper)* bloc *m*. 3. (SPACE): **(launch) ~** pas *m* de tir. 4. *(of cat, dog)* coussinet *m*. 5. *inf (home)* pénates *mpl*. ◇ *vt (furniture, jacket)* rembourrer; *(wound)* tamponner. ◇ *vi (walk softly)* marcher à pas feutrés.
padding ['pædɪŋ] *n* 1. *(material)* rembourrage *m*. 2. *fig (in speech, letter)* délayage *m*.
paddle ['pædl] ◇ *n* 1. *(for canoe etc)* pagaie *f*. 2. *(in sea)*: **to have a ~** faire trempette. ◇ *vi* 1. *(in canoe etc)* avancer en pagayant. 2. *(in sea)* faire trempette.
paddle boat, paddle steamer *n* bateau *m* à aubes.
paddling pool ['pædlɪŋ-] *n Br* 1. *(in park etc)* pataugeoire *f*. 2. *(inflatable)* piscine *f* gonflable.
paddock ['pædək] *n* 1. *(small field)* enclos *m*. 2. *(at racecourse)* paddock *m*.
paddy field ['pædɪ-] *n* rizière *f*.
padlock ['pædlɒk] ◇ *n* cadenas *m*. ◇ *vt* cadenasser.
paediatrics [,piːdɪ'ætrɪks] = **pediatrics**.
pagan ['peɪgən] ◇ *adj* païen(enne). ◇ *n* païen *m*, -enne *f*.
page [peɪdʒ] ◇ *n* 1. *(of book)* page *f*. 2. *(sheet of paper)* feuille *f*. ◇ *vt (in airport)* appeler au micro.
pageant ['pædʒənt] *n (show)* spectacle *m* historique.
pageantry ['pædʒəntrɪ] *n* apparat *m*.
pager ['peɪdʒəʳ] *n* récepteur *m* de poche.
paid [peɪd] ◇ *pt & pp* → **pay**. ◇ *adj (work, holiday, staff)* rémunéré(e), payé(e).
pail [peɪl] *n* seau *m*.
pain [peɪn] *n* 1. *(hurt)* douleur *f*; **to be in ~** souffrir. 2. *inf (annoyance)*: **it's/he is such a ~** c'est/il est vraiment assommant. ◆ **pains** *npl (effort, care)*: **to be at ~s to do sthg** vouloir absolument faire qqch; **to take ~s to do sthg** se donner beaucoup de mal OR peine pour faire qqch.
pained [peɪnd] *adj* peiné(e).
painful ['peɪnfʊl] *adj* 1. *(physically)* douloureux(euse). 2. *(emotionally)* pénible.
painfully ['peɪnfʊlɪ] *adv* 1. *(fall, hit)* douloureusement. 2. *(remember, feel)* péniblement.
painkiller ['peɪn,kɪləʳ] *n* calmant *m*, analgésique *m*.

painless ['peɪnlɪs] *adj* **1.** *(without hurt)* indolore, sans douleur. **2.** *fig (change-over)* sans heurt.
painstaking ['peɪnz,teɪkɪŋ] *adj (worker)* assidu(e); *(detail, work)* soigné(e).
paint [peɪnt] ◇ *n* peinture *f*. ◇ *vt (gen)* peindre.
paintbrush ['peɪntbrʌʃ] *n* pinceau *m*.
painter ['peɪntəʳ] *n* peintre *m*.
painting ['peɪntɪŋ] *n* **1.** *(U) (gen)* peinture *f*. **2.** *(picture)* toile *f*, tableau *m*.
paint stripper *n* décapant *m*.
paintwork ['peɪntwɜːk] *n (U)* surfaces *fpl* peintes.
pair [peəʳ] *n* **1.** *(of shoes, wings etc)* paire *f*; **a ~ of trousers** un pantalon. **2.** *(couple)* couple *m*.
pajamas [pə'dʒɑːməz] = **pyjamas**.
Pakistan [*Br* ,pɑːkɪ'stɑːn, *Am* 'pækɪstæn] *n* Pakistan *m*.
Pakistani [*Br* ,pɑːkɪ'stɑːnɪ, *Am* ,pækɪ'stænɪ] ◇ *adj* pakistanais(e). ◇ *n* Pakistanais *m*, -e *f*.
pal [pæl] *n inf* **1.** *(friend)* copain *m*, copine *f*. **2.** *(as term of address)* mon vieux *m*.
palace ['pælɪs] *n* palais *m*.
palatable ['pælətəbl] *adj* **1.** *(food)* agréable au goût. **2.** *fig (idea)* acceptable, agréable.
palate ['pælət] *n* palais *m*.
palaver [pə'lɑːvəʳ] *n (U) inf* **1.** *(talk)* palabres *fpl*. **2.** *(fuss)* histoire *f*, affaire *f*.
pale [peɪl] *adj* pâle.
Palestine ['pælə,staɪn] *n* Palestine *f*.
Palestinian [,pælə'stɪnɪən] ◇ *adj* palestinien(enne). ◇ *n* Palestinien *m*, -enne *f*.
palette ['pælət] *n* palette *f*.
palings ['peɪlɪŋz] *npl* palissade *f*.
pall [pɔːl] ◇ *n* **1.** *(of smoke)* voile *m*. **2.** *Am (coffin)* cercueil *m*. ◇ *vi* perdre de son charme.
pallet ['pælɪt] *n* palette *f*.
pallor ['pæləʳ] *n literary* pâleur *f*.
palm [pɑːm] *n* **1.** *(tree)* palmier *m*. **2.** *(of hand)* paume *f*. ◆ **palm off** *vt sep inf*: **to ~ sthg off on sb** refiler qqch à qqn; **to ~ sb off with sthg** se débarrasser de qqn avec qqch.
Palm Sunday *n* dimanche *m* des Rameaux.
palmtop ['pɑːmtɒp] *n* ordinateur *m* de poche.
palm tree *n* palmier *m*.
palpable ['pælpəbl] *adj* évident(e), manifeste.
paltry ['pɔːltrɪ] *adj* dérisoire.
pamper ['pæmpəʳ] *vt* choyer, dorloter.
pamphlet ['pæmflɪt] *n* brochure *f*.
pan [pæn] ◇ *n* **1.** *(gen)* casserole *f*. **2.** *Am (for bread, cakes etc)* moule *m*. ◇ *vt inf (criticize)* démolir. ◇ *vi* (CINEMA) faire un panoramique.
panacea [,pænə'sɪə] *n* panacée *f*.
panama [,pænə'mɑː] *n*: **~ (hat)** panama *m*.
Panama ['pænəmɑː] *n* Panama *m*.
Panama Canal *n*: **the ~** le canal de Panama.
pancake ['pænkeɪk] *n* crêpe *f*.
Pancake Day *n Br* mardi gras *m*.
Pancake Tuesday *n* mardi gras *m*.
panda ['pændə] (*pl inv* OR **-s**) *n* panda *m*.
Panda car *n Br* voiture *f* de patrouille.
pandemonium [,pændɪ'məʊnjəm] *n* tohu-bohu *m inv*.
pander ['pændəʳ] *vi*: **to ~ to sb** se prêter aux exigences de qqn; **to ~ to sthg** se plier à qqch.
pane [peɪn] *n* vitre *f*, carreau *m*.
panel ['pænl] *n* **1.** (TV & RADIO) invités *mpl*; *(of experts)* comité *m*. **2.** *(of wood)* panneau *m*. **3.** *(of machine)* tableau *m* de bord.
panelling *Br*, **paneling** *Am* ['pænəlɪŋ] *n (U)* lambris *m*.
pang [pæŋ] *n* tiraillement *m*.
panic ['pænɪk] (*pt & pp* **-ked**, *cont* **-king**) ◇ *n* panique *f*. ◇ *vi* paniquer.
panicky ['pænɪkɪ] *adj (person)* paniqué (e); *(feeling)* de panique.
panic-stricken *adj* affolé(e), pris(e) de panique.
panorama [,pænə'rɑːmə] *n* panorama *m*.
pansy ['pænzɪ] *n (flower)* pensée *f*.
pant [pænt] *vi* haleter.
panther ['pænθəʳ] (*pl inv* OR **-s**) *n* panthère *f*.
panties ['pæntɪz] *npl inf* culotte *f*.
pantihose ['pæntɪhəʊz] = **panty hose**.
pantomime ['pæntəmaɪm] *n Br spectacle de Noël pour enfants, généralement inspiré d'un conte de fées.*

PANTOMIME

La pantomime est un genre de spectacle typiquement britannique et très conventionnel; certains personnages types («pantomime dame», «principal boy») et certaines rengaines («look behind you!», «Oh yes he is! – Oh no he isn't!») apparaissent dans toutes les pièces. Ces pièces, qui se jouent au moment des fêtes de fin d'année, sont généralement inspirées d'un conte de fées.

pantry ['pæntrɪ] *n* garde-manger *m inv.*
pants [pænts] *npl* **1.** *Br (underpants - for men)* slip *m*; *(- for women)* culotte *f*, slip. **2.** *Am (trousers)* pantalon *m.*
panty hose ['pæntɪhəʊz] *npl Am* collant *m.*
papa [*Br* pə'pɑː, *Am* 'pæpə] *n* papa *m.*
paper ['peɪpəʳ] ◇ *n* **1.** *(U) (for writing on)* papier *m*; **a piece of ~** *(sheet)* une feuille de papier; *(scrap)* un bout de papier; **on ~** *(written down)* par écrit; *(in theory)* sur le papier. **2.** *(newspaper)* journal *m.* **3.** *(in exam - test)* épreuve *f*; *(- answers)* copie *f.* **4.** *(essay)*: **~ (on)** essai *m* (sur). ◇ *adj (hat, bag etc)* en papier; *fig (profits)* théorique. ◇ *vt* tapisser. ◆ **papers** *npl (official documents)* papiers *mpl.*
paperback ['peɪpəbæk] *n*: **~ (book)** livre *m* de poche.
paper clip *n* trombone *m.*
paper handkerchief *n* mouchoir *m* en papier.
paper shop *n Br* marchand *m* de journaux.
paperweight ['peɪpəweɪt] *n* presse-papiers *m inv.*
paperwork ['peɪpəwɜːk] *n* paperasserie *f.*
paprika ['pæprɪkə] *n* paprika *m.*
par [pɑːʳ] *n* **1.** *(parity)*: **on a ~ with** à égalité avec. **2.** (GOLF) par *m*, normale *f Can.* **3.** *(good health)*: **below** OR **under ~** pas en forme.
parable ['pærəbl] *n* parabole *f.*
parachute ['pærəʃuːt] ◇ *n* parachute *m.* ◇ *vi* sauter en parachute.
parade [pə'reɪd] ◇ *n* **1.** *(celebratory)* parade *f*, revue *f.* **2.** (MIL) défilé *m.* ◇ *vt* **1.** *(people)* faire défiler. **2.** *(object)* montrer. **3.** *fig (flaunt)* afficher. ◇ *vi* défiler.
paradise ['pærədaɪs] *n* paradis *m.*
paradox ['pærədɒks] *n* paradoxe *m.*
paradoxically [,pærə'dɒksɪklɪ] *adv* paradoxalement.
paraffin ['pærəfɪn] *n* paraffine *f.*
paragon ['pærəgən] *n* modèle *m*, parangon *m.*
paragraph ['pærəgrɑːf] *n* paragraphe *m.*
Paraguay ['pærəgwaɪ] *n* Paraguay *m.*
parallel ['pærəlel] ◇ *adj lit & fig*: **~ (to** OR **with)** parallèle (à). ◇ *n* **1.** (GEOM) parallèle *f.* **2.** *(similarity &* GEOGR) parallèle *m.* **3.** *fig (similar person, object)* équivalent *m.*
paralyse *Br*, **paralyze** *Am* ['pærəlaɪz] *vt lit & fig* paralyser.
paralysis [pə'rælɪsɪs] (*pl* **-lyses** [-lɪsiːz]) *n* paralysie *f.*
paramedic [,pærə'medɪk] *n* auxiliaire médical *m*, auxiliaire médicale *f.*
parameter [pə'ræmɪtəʳ] *n* paramètre *m.*
paramount ['pærəmaʊnt] *adj* primordial(e); **of ~ importance** d'une importance suprême.
paranoid ['pærənɔɪd] *adj* paranoïaque.
paraphernalia [,pærəfə'neɪljə] *n (U)* attirail *m*, bazar *m.*
parasite ['pærəsaɪt] *n lit & fig* parasite *m.*
parasol ['pærəsɒl] *n (above table)* parasol *m*; *(hand-held)* ombrelle *f.*
paratrooper ['pærətruːpəʳ] *n* parachutiste *mf.*
parcel ['pɑːsl] *n* paquet *m.* ◆ **parcel up** *vt sep* empaqueter.
parched [pɑːtʃt] *adj* **1.** *(gen)* desséché (e). **2.** *inf (very thirsty)* assoiffé(e), mort (e) de soif.
parchment ['pɑːtʃmənt] *n* parchemin *m.*
pardon ['pɑːdn] ◇ *n* **1.** (JUR) grâce *f.* **2.** *(U) (forgiveness)* pardon *m*; **I beg your ~?** *(showing surprise, asking for repetition)* comment?, pardon?; **I beg your ~!** *(to apologize)* je vous demande pardon! ◇ *vt* **1.** *(forgive)* pardonner; **to ~ sb for sthg** pardonner qqch à qqn; **~ me!** pardon!, excusez-moi! **2.** (JUR) gracier. ◇ *excl* comment?
parent ['peərənt] *n* père *m*, mère *f.* ◆ **parents** *npl* parents *mpl.*
parental [pə'rentl] *adj* parental(e).
parenthesis [pə'renθɪsɪs] (*pl* **-theses** [-θɪsiːz]) *n* parenthèse *f.*
Paris ['pærɪs] *n* Paris.
parish ['pærɪʃ] *n* **1.** (RELIG) paroisse *f.* **2.** *Br (area of local government)* commune *f.*
Parisian [pə'rɪzjən] ◇ *adj* parisien (enne). ◇ *n* Parisien *m*, -enne *f.*
parity ['pærətɪ] *n* égalité *f.*
park [pɑːk] ◇ *n* parc *m*, jardin *m* public. ◇ *vt* garer. ◇ *vi* se garer, stationner.
parking ['pɑːkɪŋ] *n* stationnement *m*; **'no ~'** 'défense de stationner', 'stationnement interdit'.
parking lot *n Am* parking *m.*
parking meter *n* parcmètre *m.*
parking ticket *n* contravention *f*, PV *m.*
parlance ['pɑːləns] *n*: **in common/legal etc ~** en langage courant/juridique *etc.*

parliament ['pɑːləmənt] *n* parlement *m*.
parliamentary [ˌpɑːlə'mentərɪ] *adj* parlementaire.
parlour *Br*, **parlor** *Am* ['pɑːlə^r] *n* *dated* salon *m*.
parochial [pə'rəʊkjəl] *adj pej* de clocher.
parody ['pærədɪ] ◇ *n* parodie *f*. ◇ *vt* parodier.
parole [pə'rəʊl] *n (U)* parole *f*; **on ~** en liberté conditionnelle.
parrot ['pærət] *n* perroquet *m*.
parsley ['pɑːslɪ] *n* persil *m*.
parsnip ['pɑːsnɪp] *n* panais *m*.
parson ['pɑːsn] *n* pasteur *m*.
part [pɑːt] ◇ *n* **1.** *(gen)* partie *f*; **for the most ~** dans l'ensemble. **2.** *(of TV serial etc)* épisode *m*. **3.** *(component)* pièce *f*. **4.** *(in proportions)* mesure *f*. **5.** (THEATRE) rôle *m*. **6.** *(involvement)*: **~ in** participation *f* à; **to play an important ~ in** jouer un rôle important dans; **to take ~ in** participer à; **for my ~** en ce qui me concerne. **7.** *Am (hair parting)* raie *f*. ◇ *adv* en partie. ◇ *vt*: **to ~ one's hair** se faire une raie. ◇ *vi* **1.** *(couple)* se séparer. **2.** *(curtains)* s'écarter, s'ouvrir. ♦ **parts** *npl*: **in these ~s** dans cette région. ♦ **part with** *vt fus (money)* débourser; *(possession)* se défaire de.
part exchange *n* reprise *f*; **to take sthg in ~** reprendre qqch.
partial ['pɑːʃl] *adj* **1.** *(incomplete)* partiel(elle). **2.** *(biased)* partial(e). **3.** *(fond)*: **to be ~ to** avoir un penchant pour.
participant [pɑː'tɪsɪpənt] *n* participant *m*, -e *f*.
participate [pɑː'tɪsɪpeɪt] *vi*: **to ~ (in)** participer (à).
participation [pɑːˌtɪsɪ'peɪʃn] *n* participation *f*.
participle ['pɑːtɪsɪpl] *n* participe *m*.
particle ['pɑːtɪkl] *n* particule *f*.
parti-coloured ['pɑːtɪ-] *adj* bariolé(e).
particular [pə'tɪkjʊlə^r] *adj* **1.** *(gen)* particulier(ère). **2.** *(fussy)* pointilleux(euse); **~ about** exigeant(e) à propos de. ♦ **particulars** *npl* renseignements *mpl*. ♦ **in particular** *adv* en particulier.
particularly [pə'tɪkjʊləlɪ] *adv* particulièrement.
parting ['pɑːtɪŋ] *n* **1.** *(separation)* séparation *f*. **2.** *Br (in hair)* raie *f*.
partisan [ˌpɑːtɪ'zæn] ◇ *adj* partisan(e). ◇ *n* partisan *m*, -e *f*.
partition [pɑː'tɪʃn] ◇ *n (wall, screen)* cloison *f*. ◇ *vt* **1.** *(room)* cloisonner. **2.** *(country)* partager.
partly ['pɑːtlɪ] *adv* partiellement, en partie.
partner ['pɑːtnə^r] ◇ *n* **1.** *(gen)* partenaire *mf*. **2.** *(in a business, crime)* associé *m*, -e *f*. ◇ *vt* être le partenaire de.
partnership ['pɑːtnəʃɪp] *n* association *f*.
partridge ['pɑːtrɪdʒ] *n* perdrix *f*.
part-time *adj & adv* à temps partiel.
party ['pɑːtɪ] ◇ *n* **1.** (POL) parti *m*. **2.** *(social gathering)* fête *f*, réception *f*; **to have** OR **throw a ~** donner une fête. **3.** *(group)* groupe *m*. **4.** (JUR) partie *f*. ◇ *vi inf* faire la fête.
party line *n* **1.** (POL) ligne *f* du parti. **2.** (TELEC) ligne *f* commune à deux abonnés.
pass [pɑːs] ◇ *n* **1.** (SPORT) passe *f*. **2.** *(document - for security)* laissez-passer *m inv*; *(- for travel)* carte *f* d'abonnement. **3.** *Br (in exam)* mention *f* passable. **4.** *(between mountains)* col *m*. **5.** *phr*: **to make a ~ at sb** faire du plat à qqn. ◇ *vt* **1.** *(object, time)* passer; **to ~ sthg to sb, to ~ sb sthg** passer qqch à qqn. **2.** *(person in street etc)* croiser. **3.** *(place)* passer devant. **4.** (AUT) dépasser, doubler. **5.** *(exceed)* dépasser. **6.** *(exam)* réussir (à); *(driving test)* passer. **7.** *(candidate)* recevoir, admettre. **8.** *(law, motion)* voter. **9.** *(opinion)* émettre; *(judgment)* rendre, prononcer. ◇ *vi* **1.** *(gen)* passer. **2.** (AUT) doubler, dépasser. **3.** (SPORT) faire une passe. **4.** *(in exam)* réussir, être reçu(e). ♦ **pass as** *vt fus* passer pour. ♦ **pass away** *vi* s'éteindre. ♦ **pass by** ◇ *vt sep*: **the news ~ed him by** la nouvelle ne l'a pas affecté. ◇ *vi* passer à côté. ♦ **pass for** = **pass as**. ♦ **pass on** ◇ *vt sep*: **to ~ sthg on (to)** *(object)* faire passer qqch (à); *(tradition, information)* transmettre qqch (à). ◇ *vi* **1.** *(move on)* continuer son chemin. **2.** = **pass away**. ♦ **pass out** *vi* **1.** *(faint)* s'évanouir. **2.** *Br* (MIL) finir OR terminer les classes. ♦ **pass over** *vt fus (problem, topic)* passer sous silence. ♦ **pass up** *vt sep (opportunity, invitation)* laisser passer.
passable ['pɑːsəbl] *adj* **1.** *(satisfactory)* passable. **2.** *(road)* praticable; *(river)* franchissable.
passage ['pæsɪdʒ] *n* **1.** *(gen)* passage *m*. **2.** *(between rooms)* couloir *m*. **3.** *(sea journey)* traversée *f*.
passageway ['pæsɪdʒweɪ] *n (between houses)* passage *m*; *(between rooms)* couloir *m*.

passbook ['pɑːsbʊk] *n* livret *m* (d'épargne).
passenger ['pæsɪndʒəʳ] *n* passager *m*, -ère *f*.
passerby [,pɑːsə'baɪ] (*pl* **passersby** [,pɑːsəz'baɪ]) *n* passant *m*, -e *f*.
passing ['pɑːsɪŋ] *adj* *(remark)* en passant; *(trend)* passager(ère). ◆ **in passing** *adv* en passant.
passion ['pæʃn] *n* passion *f*.
passionate ['pæʃənət] *adj* passionné (e).
passive ['pæsɪv] *adj* passif(ive).
Passover ['pɑːs,əʊvəʳ] *n*: **(the)** ~ la Pâque juive.
passport ['pɑːspɔːt] *n* *(document)* passeport *m*.
passport control *n* contrôle *m* des passeports.
password ['pɑːswɜːd] *n* mot *m* de passe.
past [pɑːst] ◇ *adj* 1. *(former)* passé(e); **for the ~ five years** ces cinq dernières années; **the ~ week** la semaine passée OR dernière. 2. *(finished)* fini(e). ◇ *adv* 1. *(in times)*: **it's ten ~** il est dix. 2. *(in front)*: **to drive ~** passer (devant) en voiture; **to run ~** passer (devant) en courant. ◇ *n* passé *m*; **in the ~** dans le temps. ◇ *prep* 1. *(in times)*: **it's half ~ eight** il est huit heures et demie; **it's five ~ nine** il est neuf heures cinq. 2. *(in front of)* devant; **we drove ~ them** nous les avons dépassés en voiture. 3. *(beyond)* après, au-delà de.
pasta ['pæstə] *n* *(U)* pâtes *fpl*.
paste [peɪst] ◇ *n* 1. *(gen)* pâte *f*. 2. (CULIN) pâté *m*. 3. *(U)* *(glue)* colle *f*. ◇ *vt* coller.
pastel ['pæstl] ◇ *adj* pastel *(inv)*. ◇ *n* pastel *m*.
pasteurize, -ise ['pɑːstʃəraɪz] *vt* pasteuriser.
pastille ['pæstɪl] *n* pastille *f*.
pastime ['pɑːstaɪm] *n* passe-temps *m inv*.
pastor ['pɑːstəʳ] *n* pasteur *m*.
past participle *n* participe *m* passé.
pastry ['peɪstrɪ] *n* 1. *(mixture)* pâte *f*. 2. *(cake)* pâtisserie *f*.
past tense *n* passé *m*.
pasture ['pɑːstʃəʳ] *n* pâturage *m*, pré *m*.
pasty[1] ['peɪstɪ] *adj* blafard(e), terreux (euse).
pasty[2] ['pæstɪ] *n* *Br* petit pâté *m*, friand *m*.
pat [pæt] ◇ *n* 1. *(light stroke)* petite tape *f*; *(to animal)* caresse *f*. 2. *(of butter)* noix *f*, noisette *f*. ◇ *vt* *(person)* tapoter, donner une tape à; *(animal)* caresser.
patch [pætʃ] ◇ *n* 1. *(piece of material)* pièce *f*; *(to cover eye)* bandeau *m*. 2. *(small area - of snow, ice)* plaque *f*. 3. *(of land)* parcelle *f*, lopin *m*; **vegetable ~** carré *m* de légumes. 4. *(period of time)*: **a difficult ~** une mauvaise passe. ◇ *vt* rapiécer. ◆ **patch up** *vt sep* 1. *(mend)* rafistoler, bricoler. 2. *fig* *(quarrel)* régler, arranger; **to ~ up a relationship** se raccommoder.
patchwork ['pætʃwɜːk] *n* patchwork *m*.
patchy ['pætʃɪ] *adj* *(gen)* inégal(e); *(knowledge)* insuffisant(e), imparfait(e).
pâté ['pæteɪ] *n* pâté *m*.
patent [*Br* 'peɪtənt, *Am* 'pætənt] ◇ *adj* *(obvious)* évident(e), manifeste. ◇ *n* brevet *m* (d'invention). ◇ *vt* faire breveter.
patent leather *n* cuir *m* verni.
paternal [pə'tɜːnl] *adj* paternel(elle).
path [pɑːθ, *pl* pɑːðz] *n* 1. *(track)* chemin *m*, sentier *m*. 2. *(way ahead, course of action)* voie *f*, chemin *m*. 3. *(trajectory)* trajectoire *f*.
pathetic [pə'θetɪk] *adj* 1. *(causing pity)* pitoyable, attendrissant(e). 2. *(useless - efforts, person)* pitoyable, minable.
pathological [,pæθə'lɒdʒɪkl] *adj* pathologique.
pathology [pə'θɒlədʒɪ] *n* pathologie *f*.
pathos ['peɪθɒs] *n* pathétique *m*.
pathway ['pɑːθweɪ] *n* chemin *m*, sentier *m*.
patience ['peɪʃns] *n* 1. *(of person)* patience *f*. 2. *(card game)* réussite *f*.
patient ['peɪʃnt] ◇ *adj* patient(e). ◇ *n* *(in hospital)* patient *m*, -e *f*, malade *mf*; *(of doctor)* patient.
patio ['pætɪəʊ] (*pl* **-s**) *n* patio *m*.
patriotic [*Br* ,pætrɪ'ɒtɪk, *Am* ,peɪtrɪ'ɒtɪk] *adj* *(gen)* patriotique; *(person)* patriote.
patrol [pə'trəʊl] ◇ *n* patrouille *f*. ◇ *vt* patrouiller dans, faire une patrouille dans.
patrol car *n* voiture *f* de police.
patrolman [pə'trəʊlmən] (*pl* **-men** [-mən]) *n* *Am* agent *m* de police.
patron ['peɪtrən] *n* 1. *(of arts)* mécène *m*, protecteur *m*, -trice *f*. 2. *Br* *(of charity)* patron *m*, -onne *f*. 3. *fml* *(customer)* client *m*, -e *f*.
patronize, -ise ['pætrənaɪz] *vt* 1. *(talk down to)* traiter avec condescendance. 2. *fml* *(back financially)* patronner, protéger.

patronizing ['pætrənaɪzɪŋ] *adj* condescendant(e).

patter ['pætər] ◇ *n* **1.** *(sound - of rain)* crépitement *m*. **2.** *(talk)* baratin *m*, bavardage *m*. ◇ *vi (feet, paws)* trottiner; *(rain)* frapper, fouetter.

pattern ['pætən] *n* **1.** *(design)* motif *m*, dessin *m*. **2.** *(of distribution, population)* schéma *m*; *(of life, behaviour)* mode *m*. **3.** *(diagram)*: **(sewing) ~** patron *m*. **4.** *(model)* modèle *m*.

paunch [pɔːntʃ] *n* bedaine *f*.

pauper ['pɔːpər] *n* indigent *m*, -e *f*, nécessiteux *m*, -euse *f*.

pause [pɔːz] ◇ *n* **1.** *(short silence)* pause *f*, silence *m*. **2.** *(break)* pause *f*, arrêt *m*. ◇ *vi* **1.** *(stop speaking)* marquer un temps. **2.** *(stop moving, doing)* faire une pause, s'arrêter.

pave [peɪv] *vt* paver; **to ~ the way for sb/sthg** ouvrir la voie à qqn/qqch.

pavement ['peɪvmənt] *n* **1.** *Br (at side of road)* trottoir *m*. **2.** *Am (roadway)* chaussée *f*.

pavilion [pə'vɪljən] *n* pavillon *m*.

paving ['peɪvɪŋ] *n (U)* pavé *m*.

paving stone *n* pavé *m*.

paw [pɔː] *n* patte *f*.

pawn [pɔːn] ◇ *n lit & fig* pion *m*. ◇ *vt* mettre en gage.

pawnbroker ['pɔːn,brəʊkər] *n* prêteur *m*, -euse *f* sur gages.

pawnshop ['pɔːnʃɒp] *n* boutique *f* de prêteur sur gages.

pay [peɪ] (*pt & pp* **paid**) ◇ *vt* **1.** *(gen)* payer; **to ~ sb for sthg** payer qqn pour qqch, payer qqch à qqn; **I paid £20 for that shirt** j'ai payé cette chemise 20 livres; **to ~ money into an account** *Br* verser de l'argent sur un compte; **to ~ a cheque into an account** déposer un chèque sur un compte. **2.** *(be profitable to)* rapporter à. **3.** *(give, make)*: **to ~ attention (to sb/sthg)** prêter attention (à qqn/qqch); **to ~ sb a compliment** faire un compliment à qqn; **to ~ sb a visit** rendre visite à qqn. ◇ *vi* payer; **to ~ dearly for sthg** *fig* payer qqch cher. ◇ *n* salaire *m*, traitement *m*. ◆ **pay back** *vt sep* **1.** *(return loan of money)* rembourser. **2.** *(revenge oneself on)* revaloir; **I'll ~ you back for that** tu me le paieras, je te le revaudrai. ◆ **pay off** ◇ *vt sep* **1.** *(repay - debt)* s'acquitter de, régler; *(- loan)* rembourser. **2.** *(dismiss)* licencier, congédier. **3.** *(bribe)* soudoyer, acheter. ◇ *vi (course of action)* être payant(e). ◆ **pay up** *vi* payer.

payable ['peɪəbl] *adj* **1.** *(gen)* payable. **2.** *(on cheque)*: **~ to** à l'ordre de.

paycheck ['peɪtʃek] *n Am* paie *f*.

payday ['peɪdeɪ] *n* jour *m* de paie.

payee [peɪ'iː] *n* bénéficiaire *mf*.

pay envelope *n Am* salaire *m*.

payment ['peɪmənt] *n* paiement *m*.

pay packet *n Br* **1.** *(envelope)* enveloppe *f* de paie. **2.** *(wages)* paie *f*.

pay phone, pay station *Am n* téléphone *m* public, cabine *f* téléphonique.

payroll ['peɪrəʊl] *n* registre *m* du personnel.

payslip ['peɪslɪp] *n Br* feuille *f* OR bulletin *m* de paie.

pay station *Am* = **pay phone**.

pc (*abbr of* **per cent**) p. cent.

PC *n* **1.** (*abbr of* **personal computer**) PC *m*, micro *m*. **2.** *abbr of* **police constable**.

PE (*abbr of* **physical education**) *n* EPS *f*.

pea [piː] *n* pois *m*.

peace [piːs] *n (U)* paix *f*; *(quiet, calm)* calme *m*, tranquillité *f*; **to make (one's) ~ with sb** faire la paix avec qqn.

peaceful ['piːsfʊl] *adj* **1.** *(quiet, calm)* paisible, calme. **2.** *(not aggressive - person)* pacifique; *(- demonstration)* non-violent(e).

peacetime ['piːstaɪm] *n* temps *m* de paix.

peach [piːtʃ] ◇ *adj* couleur pêche (*inv*). ◇ *n* pêche *f*.

peacock ['piːkɒk] *n* paon *m*.

peak [piːk] ◇ *n* **1.** *(mountain top)* sommet *m*, cime *f*. **2.** *fig (of career, success)* apogée *m*, sommet *m*. **3.** *(of cap)* visière *f*. ◇ *adj (condition)* optimum. ◇ *vi* atteindre un niveau maximum.

peaked [piːkt] *adj (cap)* à visière.

peak hours *npl* heures *fpl* d'affluence OR de pointe.

peak period *n* période *f* de pointe.

peak rate *n* tarif *m* normal.

peal [piːl] ◇ *n (of bells)* carillonnement *m*; *(of laughter)* éclat *m*; *(of thunder)* coup *m*. ◇ *vi (bells)* carillonner.

peanut ['piːnʌt] *n* cacahuète *f*.

peanut butter *n* beurre *m* de cacahuètes.

pear [peər] *n* poire *f*.

pearl [pɜːl] *n* perle *f*.

peasant ['peznt] *n (in countryside)* paysan *m*, -anne *f*.

peat [piːt] *n* tourbe *f*.

pebble ['pebl] *n* galet *m*, caillou *m*.

peck [pek] ◇ *n* **1.** *(with beak)* coup *m* de bec. **2.** *(kiss)* bise *f*. ◇ *vt* **1.** *(with beak)* picoter, becqueter. **2.** *(kiss)*: **to ~ sb on the cheek** faire une bise à qqn.

pecking order ['pekɪŋ-] *n* hiérarchie *f*.
peckish ['pekɪʃ] *adj Br inf*: **to feel ~** avoir un petit creux.
peculiar [pɪ'kju:ljəʳ] *adj* **1.** *(odd)* bizarre, curieux(euse). **2.** *(slightly ill)*: **to feel ~** se sentir tout drôle (toute drôle) OR tout chose (toute chose). **3.** *(characteristic)*: **~ to** propre à, particulier(ère) à.
peculiarity [pɪˌkju:lɪ'ærətɪ] *n* **1.** *(oddness)* bizarrerie *f*, singularité *f*. **2.** *(characteristic)* particularité *f*, caractéristique *f*.
pedal ['pedl] ◇ *n* pédale *f*. ◇ *vi* pédaler.
pedal bin *n* poubelle *f* à pédale.
pedantic [pɪ'dæntɪk] *adj pej* pédant(e).
peddle ['pedl] *vt* **1.** *(drugs)* faire le trafic de. **2.** *(gossip, rumour)* colporter, répandre.
pedestal ['pedɪstl] *n* piédestal *m*.
pedestrian [pɪ'destrɪən] ◇ *adj pej* médiocre, dépourvu(e) d'intérêt. ◇ *n* piéton *m*.
pedestrian crossing *n Br* passage *m* pour piétons, passage clouté.
pedestrian precinct *Br*, **pedestrian zone** *Am n* zone *f* piétonne.
pediatrics [ˌpi:dɪ'ætrɪks] *n* pédiatrie *f*.
pedigree ['pedɪgri:] ◇ *adj (animal)* de race. ◇ *n* **1.** *(of animal)* pedigree *m*. **2.** *(of person)* ascendance *f*, généalogie *f*.
pedlar *Br*, **peddler** *Am* ['pedləʳ] *n* colporteur *m*.
pee [pi:] *inf* ◇ *n* pipi *m*, pisse *f*. ◇ *vi* faire pipi, pisser.
peek [pi:k] *inf* ◇ *n* coup *m* d'œil furtif. ◇ *vi* jeter un coup d'œil furtif.
peel [pi:l] ◇ *n (of apple, potato)* peau *f*; *(of orange, lemon)* écorce *f*. ◇ *vt* éplucher, peler. ◇ *vi* **1.** *(paint)* s'écailler. **2.** *(wallpaper)* se décoller. **3.** *(skin)* peler.
peelings ['pi:lɪŋz] *npl* épluchures *fpl*.
peep [pi:p] ◇ *n* **1.** *(look)* coup *m* d'œil OR regard *m* furtif. **2.** *inf (sound)* bruit *m*. ◇ *vi* jeter un coup d'œil furtif. ◆ **peep out** *vi* apparaître, se montrer.
peephole ['pi:phəʊl] *n* judas *m*.
peer [pɪəʳ] ◇ *n* pair *m*. ◇ *vi* scruter, regarder attentivement.
peerage ['pɪərɪdʒ] *n (rank)* pairie *f*; **the ~** les pairs *mpl*.
peer group *n* pairs *mpl*.
peeved [pi:vd] *adj inf* fâché(e), irrité(e).
peg [peg] ◇ *n* **1.** *(hook)* cheville *f*. **2.** *(for clothes)* pince *f* à linge. **3.** *(for tent)* piquet *m*. ◇ *vt fig (prices)* bloquer.
pejorative [pɪ'dʒɒrətɪv] *adj* péjoratif (ive).
pekinese [ˌpi:kə'ni:z], **pekingese** [ˌpi:kɪŋ'i:z] (*pl inv* OR **-s**) *n (dog)* pékinois *m*.
Peking [pi:'kɪŋ] *n* Pékin.
pekingese = **pekinese**.
pelican ['pelɪkən] (*pl inv* OR **-s**) *n* pélican *m*.
pelican crossing *n Br passage pour piétons avec feux de circulation.*
pellet ['pelɪt] *n* **1.** *(small ball)* boulette *f*. **2.** *(for gun)* plomb *m*.
pelmet ['pelmɪt] *n Br* lambrequin *m*.
pelt [pelt] ◇ *n (animal skin)* peau *f*, fourrure *f*. ◇ *vt*: **to ~ sb (with sthg)** bombarder qqn (de qqch). ◇ *vi (run fast)*: **to ~ along** courir ventre à terre; **to ~ down the stairs** dévaler l'escalier. ◆ **pelt down** *v impers (rain)*: **it's ~ing down** il pleut à verse.
pelvis ['pelvɪs] (*pl* **-vises** OR **-ves** [-vi:z]) *n* pelvis *m*, bassin *m*.
pen [pen] ◇ *n* **1.** *(for writing)* stylo *m*. **2.** *(enclosure)* parc *m*, enclos *m*. ◇ *vt (enclose)* parquer.
penal ['pi:nl] *adj* pénal(e).
penalize, -ise ['pi:nəlaɪz] *vt* **1.** *(gen)* pénaliser. **2.** *(put at a disadvantage)* désavantager.
penalty ['penltɪ] *n* **1.** *(punishment)* pénalité *f*; **to pay the ~ (for sthg)** *fig* supporter OR subir les conséquences (de qqch). **2.** *(fine)* amende *f*. **3.** (HOCKEY) pénalité *f*; **~ (kick)** (FTBL) penalty *m*; (RUGBY) (coup *m* de pied de) pénalité *f*.
penance ['penəns] *n* **1.** (RELIG) pénitence *f*. **2.** *fig (punishment)* corvée *f*, pensum *m*.
pence [pens] *Br* → **penny**.
penchant [*Br* pɑ̃ʃɑ̃, *Am* 'pentʃənt] *n*: **to have a ~ for sthg** avoir un faible pour qqch; **to have a ~ for doing sthg** avoir tendance à OR bien aimer faire qqch.
pencil ['pensl] ◇ *n* crayon *m*; **in ~** au crayon. ◇ *vt* griffonner au crayon, crayonner.
pencil case *n* trousse *f (d'écolier)*.
pencil sharpener *n* taille-crayon *m*.
pendant ['pendənt] *n (jewel on chain)* pendentif *m*.
pending ['pendɪŋ] *fml* ◇ *adj* **1.** *(imminent)* imminent(e). **2.** *(court case)* en instance. ◇ *prep* en attendant.
pendulum ['pendjʊləm] (*pl* **-s**) *n* balancier *m*.
penetrate ['penɪtreɪt] *vt* **1.** *(gen)* pénétrer dans; *(subj: light)* percer; *(subj: rain)* s'infiltrer dans. **2.** *(subj: spy)* infiltrer.
pen friend *n* correspondant *m*, -e *f*.
penguin ['peŋgwɪn] *n* manchot *m*.

penicillin [,penɪ'sɪlɪn] *n* pénicilline *f*.
peninsula [pə'nɪnsjʊlə] (*pl* **-s**) *n* péninsule *f*.
penis ['piːnɪs] (*pl* **penises** ['piːnɪsɪz]) *n* pénis *m*.
penitentiary [,penɪ'tenʃərɪ] *n Am* prison *f*.
penknife ['pennaɪf] (*pl* **-knives** [-naɪvz]) *n* canif *m*.
pen name *n* pseudonyme *m*.
pennant ['penənt] *n* fanion *m*, flamme *f*.
penniless ['penɪlɪs] *adj* sans le sou.
penny ['penɪ] (*pl sense 1* **-ies**, *pl sense 2* **pence**) *n* **1.** *(coin) Br* penny *m*; *Am* cent *m*. **2.** *Br (value)* pence *m*.
pen pal *n inf* correspondant *m*, -e *f*.
pension ['penʃn] *n* **1.** *Br (on retirement)* retraite *f*. **2.** *(from disability)* pension *f*.
pensioner ['penʃənəʳ] *n Br*: **(old-age) ~** retraité *m*, -e *f*.
pensive ['pensɪv] *adj* songeur(euse).
pentagon ['pentəgən] *n* pentagone *m*.
◆ **Pentagon** *n Am*: **the Pentagon** le Pentagone *(siège du ministère américain de la Défense)*.

THE PENTAGON

Le Pentagone, immense bâtiment à cinq façades situé à Washington, abrite le ministère américain de la Défense; plus généralement, ce terme désigne le pouvoir militaire américain.

Pentecost ['pentɪkɒst] *n* Pentecôte *f*.
penthouse ['penthaʊs, *pl* -haʊzɪz] *n* appartement *m* de luxe (au dernier étage).
pent up ['pent-] *adj (emotions)* refoulé (e); *(energy)* contenu(e).
penultimate [pe'nʌltɪmət] *adj* avant-dernier(ère).
people ['piːpl] ◇ *n (nation, race)* nation *f*, peuple *m*. ◇ *npl* **1.** *(persons)* personnes *fpl*; **few/a lot of ~** peu/beaucoup de monde, peu/beaucoup de gens; **there were a lot of ~ present** il y avait beaucoup de monde. **2.** *(in general)* gens *mpl*; **~ say that ...** on dit que ... **3.** *(inhabitants)* habitants *mpl*. **4.** (POL): **the ~** le peuple. ◇ *vt*: **to be ~d by** OR **with** être peuplé(e) de.
pep [pep] *n (U) inf* entrain *m*, pep *m*.
◆ **pep up** *vt sep inf* **1.** *(person)* remonter, requinquer. **2.** *(party, event)* animer.
pepper ['pepəʳ] *n* **1.** *(spice)* poivre *m*. **2.** *(vegetable)* poivron *m*.
pepperbox *n Am* = **pepper pot**.
peppermint ['pepəmɪnt] *n* **1.** *(sweet)* bonbon *m* à la menthe. **2.** *(herb)* menthe *f* poivrée.
pepper pot *Br*, **pepperbox** *Am* ['pepəbɒks] *n* poivrier *m*.
pep talk *n inf* paroles *fpl* OR discours *m* d'encouragement.
per [pɜːʳ] *prep*: **~ person** par personne; **to be paid £10 ~ hour** être payé 10 livres de l'heure; **~ kilo** le kilo; **as ~ instructions** conformément aux instructions.
per annum *adv* par an.
per capita [pə'kæpɪtə] *adj & adv* par habitant OR tête.
perceive [pə'siːv] *vt* **1.** *(notice)* percevoir. **2.** *(understand, realize)* remarquer, s'apercevoir de. **3.** *(consider)*: **to ~ sb/sthg as** considérer qqn/qqch comme.
per cent *adv* pour cent.
percentage [pə'sentɪdʒ] *n* pourcentage *m*.
perception [pə'sepʃn] *n* **1.** *(aural, visual)* perception *f*. **2.** *(insight)* perspicacité *f*, intuition *f*.
perceptive [pə'septɪv] *adj* perspicace.
perch [pɜːtʃ] (*pl sense 2 only inv* OR **-es**) ◇ *n* **1.** *lit & fig (position)* perchoir *m*. **2.** *(fish)* perche *f*. ◇ *vi* se percher.
percolator ['pɜːkəleɪtəʳ] *n* cafetière *f* à pression.
percussion [pə'kʌʃn] *n* (MUS) percussion *f*.
perennial [pə'renjəl] ◇ *adj* permanent (e), perpétuel(elle); (BOT) vivace. ◇ *n* (BOT) plante *f* vivace.
perfect [*adj & n* 'pɜːfɪkt, *vb* pə'fekt] ◇ *adj* parfait(e); **he's a ~ nuisance** il est absolument insupportable. ◇ *n* (GRAMM): **~ (tense)** parfait *m*. ◇ *vt* parfaire, mettre au point.
perfection [pə'fekʃn] *n* perfection *f*; **to ~** parfaitement (bien).
perfectionist [pə'fekʃənɪst] *n* perfectionniste *mf*.
perfectly ['pɜːfɪktlɪ] *adv* parfaitement; **you know ~ well** tu sais très bien.
perforate ['pɜːfəreɪt] *vt* perforer.
perforations [,pɜːfə'reɪʃnz] *npl (in paper)* pointillés *mpl*.
perform [pə'fɔːm] ◇ *vt* **1.** *(carry out)* exécuter; *(- function)* remplir. **2.** *(play, concert)* jouer. ◇ *vi* **1.** *(machine)* marcher, fonctionner; *(team, person)*: **to ~ well/badly** avoir de bons/mauvais résultats. **2.** *(actor)* jouer; *(singer)* chanter.
performance [pə'fɔːməns] *n* **1.** *(carrying out)* exécution *f*. **2.** *(show)* représentation *f*. **3.** *(by actor, singer etc)* interprétation *f*.

4. *(of car, engine)* performance *f.*
performer [pə'fɔːmər] *n* artiste *mf,* interprète *mf.*
perfume ['pɜːfjuːm] *n* parfum *m.*
perfunctory [pə'fʌŋktərɪ] *adj* rapide, superficiel(elle).
perhaps [pə'hæps] *adv* peut-être; **~ so/not** peut-être que oui/non.
peril ['perɪl] *n* danger *m,* péril *m.*
perimeter [pə'rɪmɪtər] *n* périmètre *m;* **~ fence** clôture *f;* **~ wall** mur *m* d'enceinte.
period ['pɪərɪəd] ◇ *n* **1.** *(gen)* période *f.* **2.** (SCH) ≃ heure *f.* **3.** *(menstruation)* règles *fpl.* **4.** *Am (full stop)* point *m.* ◇ *comp (dress, house)* d'époque.
periodic [,pɪərɪ'ɒdɪk] *adj* périodique.
periodical [,pɪərɪ'ɒdɪkl] ◇ *adj* = **periodic.** ◇ *n (magazine)* périodique *m.*
peripheral [pə'rɪfərəl] ◇ *adj* **1.** *(unimportant)* secondaire. **2.** *(at edge)* périphérique. ◇ *n* (COMPUT) périphérique *m.*
perish ['perɪʃ] *vi* **1.** *(die)* périr, mourir. **2.** *(food)* pourrir, se gâter; *(rubber)* se détériorer.
perishable ['perɪʃəbl] *adj* périssable. ◆ **perishables** *npl* denrées *fpl* périssables.
perjury ['pɜːdʒərɪ] *n (U)* (JUR) parjure *m,* faux serment *m.*
perk [pɜːk] *n inf* à-côté *m,* avantage *m.* ◆ **perk up** *vi* se ragaillardir.
perky ['pɜːkɪ] *adj inf (cheerful)* guilleret (ette); *(lively)* plein(e) d'entrain.
perm [pɜːm] *n* permanente *f.*
permanent ['pɜːmənənt] ◇ *adj* permanent(e). ◇ *n Am (perm)* permanente *f.*
permeate ['pɜːmɪeɪt] *vt* **1.** *(subj: liquid, smell)* s'infiltrer dans, pénétrer. **2.** *(subj: feeling, idea)* se répandre dans.
permissible [pə'mɪsəbl] *adj* acceptable, admissible.
permission [pə'mɪʃn] *n* permission *f,* autorisation *f.*
permissive [pə'mɪsɪv] *adj* permissif (ive).
permit [*vb* pə'mɪt, *n* 'pɜːmɪt] ◇ *vt* permettre; **to ~ sb to do sthg** permettre à qqn de faire qqch, autoriser qqn à faire qqch; **to ~ sb sthg** permettre qqch à qqn. ◇ *n* permis *m.*
pernicious [pə'nɪʃəs] *adj fml (harmful)* pernicieux(euse).
perpendicular [,pɜːpən'dɪkjʊlər] ◇ *adj* perpendiculaire. ◇ *n* perpendiculaire *f.*
perpetrate ['pɜːpɪtreɪt] *vt* perpétrer, commettre.
perpetual [pə'petʃʊəl] *adj* **1.** *pej (continuous)* continuel(elle), incessant(e). **2.** *(long-lasting)* perpétuel(elle).
perplex [pə'pleks] *vt* rendre perplexe.
perplexing [pə'pleksɪŋ] *adj* déroutant (e), déconcertant(e).
persecute ['pɜːsɪkjuːt] *vt* persécuter, tourmenter.
perseverance [,pɜːsɪ'vɪərəns] *n* persévérance *f,* ténacité *f.*
persevere [,pɜːsɪ'vɪər] *vi* **1.** *(with difficulty)* persévérer, persister; **to ~ with** persévérer OR persister dans. **2.** *(with determination)*: **to ~ in doing sthg** persister à faire qqch.
Persian ['pɜːʃn] *adj* persan(e); (HISTORY) perse.
persist [pə'sɪst] *vi*: **to ~ (in doing sthg)** persister OR s'obstiner (à faire qqch).
persistence [pə'sɪstəns] *n* persistance *f.*
persistent [pə'sɪstənt] *adj* **1.** *(noise, rain)* continuel(elle); *(problem)* constant (e). **2.** *(determined)* tenace, obstiné(e).
person ['pɜːsn] (*pl* **people** OR **persons** *fml*) *n* **1.** *(man or woman)* personne *f;* **in ~** en personne. **2.** *fml (body)*: **about one's ~** sur soi.
personable ['pɜːsnəbl] *adj* sympathique, agréable.
personal ['pɜːsənl] *adj* **1.** *(gen)* personnel(elle). **2.** *pej (rude)* désobligeant(e).
personal assistant *n* secrétaire *mf* de direction.
personal column *n* petites annonces *fpl.*
personal computer *n* ordinateur *m* personnel OR individuel.
personality [,pɜːsə'nælətɪ] *n* personnalité *f.*
personally ['pɜːsnəlɪ] *adv* personnellement; **to take sthg ~** se sentir visé par qqch.
personal organizer *n* agenda *m* modulaire multifonction.
personal property *n (U)* (JUR) biens *mpl* personnels.
personal stereo *n* baladeur *m,* Walkman® *m.*
personify [pə'sɒnɪfaɪ] *vt* personnifier.
personnel [,pɜːsə'nel] ◇ *n (U) (department)* service *m* du personnel. ◇ *npl (staff)* personnel *m.*
perspective [pə'spektɪv] *n* **1.** (ART) perspective *f.* **2.** *(view, judgment)* point *m* de vue, optique *f.*

Perspex® ['pɜːspeks] *n Br* = Plexiglas® *m*.

perspiration [,pɜːspə'reɪʃn] *n* **1.** *(sweat)* sueur *f*. **2.** *(act of perspiring)* transpiration *f*.

persuade [pə'sweɪd] *vt*: **to ~ sb to do sthg** persuader OR convaincre qqn de faire qqch; **to ~ sb that** convaincre qqn que; **to ~ sb of** convaincre qqn de.

persuasion [pə'sweɪʒn] *n* **1.** *(act of persuading)* persuasion *f*. **2.** *(belief - religious)* confession *f*; *(- political)* opinion *f*, conviction *f*.

persuasive [pə'sweɪsɪv] *adj* *(person)* persuasif(ive); *(argument)* convaincant (e).

pert [pɜːt] *adj* mutin(e), coquin(e).

pertinent ['pɜːtɪnənt] *adj* pertinent(e), approprié(e).

perturb [pə'tɜːb] *vt* inquiéter, troubler.

Peru [pə'ruː] *n* Pérou *m*.

peruse [pə'ruːz] *vt* lire attentivement.

pervade [pə'veɪd] *vt* *(subj: smell)* se répandre dans; *(subj: feeling, influence)* envahir.

perverse [pə'vɜːs] *adj* *(contrary - person)* contrariant(e); *(- enjoyment)* malin (igne).

perversion [*Br* pə'vɜːʃn, *Am* pə'vɜːrʒn] *n* **1.** *(sexual)* perversion *f*. **2.** *(of truth)* travestissement *m*.

pervert [*n* 'pɜːvɜːt, *vb* pə'vɜːt] ◇ *n* pervers *m*, -e *f*. ◇ *vt* **1.** *(truth, meaning)* travestir, déformer; *(course of justice)* entraver. **2.** *(sexually)* pervertir.

pessimist ['pesɪmɪst] *n* pessimiste *mf*.

pessimistic [,pesɪ'mɪstɪk] *adj* pessimiste.

pest [pest] *n* **1.** *(insect)* insecte *m* nuisible; *(animal)* animal *m* nuisible. **2.** *inf* *(nuisance)* casse-pieds *mf inv*.

pester ['pestəʳ] *vt* harceler, importuner.

pet [pet] ◇ *adj* *(favourite)*: **~ subject** dada *m*; **~ hate** bête *f* noire. ◇ *n* **1.** *(animal)* animal *m* (familier). **2.** *(favourite person)* chouchou *m*, -oute *f*. ◇ *vt* caresser, câliner. ◇ *vi* se peloter, se caresser.

petal ['petl] *n* pétale *m*.

peter ['piːtəʳ] ◆ **peter out** *vi* *(path)* s'arrêter, se perdre; *(interest)* diminuer, décliner.

petite [pə'tiːt] *adj* menu(e).

petition [pɪ'tɪʃn] ◇ *n* pétition *f*. ◇ *vt* adresser une pétition à.

petrified ['petrɪfaɪd] *adj* *(terrified)* paralysé(e) OR pétrifié(e) de peur.

petrol ['petrəl] *n Br* essence *f*.

petrol bomb *n Br* cocktail *m* Molotov.

petrol can *n Br* bidon *m* à essence.

petroleum [pɪ'trəʊljəm] *n* pétrole *m*.

petrol pump *n Br* pompe *f* à essence.

petrol station *n Br* station-service *f*.

petrol tank *n Br* réservoir *m* d'essence.

pet shop *n* animalerie *f*.

petticoat ['petɪkəʊt] *n* jupon *m*.

petty ['petɪ] *adj* **1.** *(small-minded)* mesquin(e). **2.** *(trivial)* insignifiant(e), sans importance.

petty cash *n (U)* caisse *f* des dépenses courantes.

petulant ['petjʊlənt] *adj* irritable.

pew [pjuː] *n* banc *m* d'église.

pewter ['pjuːtəʳ] *n* étain *m*.

phantom ['fæntəm] ◇ *adj* fantomatique, spectral(e). ◇ *n* *(ghost)* fantôme *m*.

pharmaceutical [,fɑːmə'sjuːtɪkl] *adj* pharmaceutique.

pharmacist ['fɑːməsɪst] *n* pharmacien *m*, -enne *f*.

pharmacy ['fɑːməsɪ] *n* pharmacie *f*.

phase [feɪz] *n* phase *f*. ◆ **phase in** *vt sep* introduire progressivement. ◆ **phase out** *vt sep* supprimer progressivement.

PhD (*abbr of* **Doctor of Philosophy**) *n* *(titulaire d'un) doctorat de 3ᵉ cycle*.

pheasant ['feznt] (*pl inv* OR **-s**) *n* faisan *m*.

phenomena [fɪ'nɒmɪnə] *pl* → **phenomenon**.

phenomenal [fɪ'nɒmɪnl] *adj* phénoménal(e), extraordinaire.

phenomenon [fɪ'nɒmɪnən] (*pl* **-mena**) *n* phénomène *m*.

phial ['faɪəl] *n* fiole *f*.

philanthropist [fɪ'lænθrəpɪst] *n* philanthrope *mf*.

philately [fɪ'lætəlɪ] *n* philatélie *f*.

Philippine ['fɪlɪpiːn] *adj* philippin (e). ◆ **Philippines** *npl*: **the ~s** les Philippines *fpl*.

philosopher [fɪ'lɒsəfəʳ] *n* philosophe *mf*.

philosophical [,fɪlə'sɒfɪkl] *adj* **1.** *(gen)* philosophique. **2.** *(stoical)* philosophe.

philosophy [fɪ'lɒsəfɪ] *n* philosophie *f*.

phlegm [flem] *n* flegme *m*.

phlegmatic [fleg'mætɪk] *adj* flegmatique.

phobia ['fəʊbjə] *n* phobie *f*.

phone [fəʊn] ◇ *n* téléphone *m*; **to be on the ~** *(speaking)* être au téléphone; *Br* *(connected to network)* avoir le téléphone. ◇ *comp* téléphonique. ◇ *vt* télé-

phoner à, appeler. ◇ *vi* téléphoner. ◆ **phone up** *vt sep & vi* téléphoner.
phone book *n* annuaire *m* (du téléphone).
phone booth *n* cabine *f* téléphonique.
phone box *n Br* cabine *f* téléphonique.
phone call *n* coup *m* de téléphone OR fil; **to make a ~** passer OR donner un coup de fil.
phonecard ['fəʊnkɑːd] *n* ≃ Télécarte® *f*.
phone-in *n* (RADIO & TV) programme *m* à ligne ouverte.
phone number *n* numéro *m* de téléphone.
phonetics [fə'netɪks] *n (U)* phonétique *f*.
phoney *Br*, **phony** *Am* ['fəʊnɪ] *inf* ◇ *adj* **1.** *(passport, address)* bidon *(inv)*. **2.** *(person)* hypocrite, pas franc (pas franche). ◇ *n* poseur *m*, -euse *f*.
phosphorus ['fɒsfərəs] *n* phosphore *m*.
photo ['fəʊtəʊ] *n* photo *f*; **to take a ~ of sb/sthg** photographier qqn/qqch, prendre qqn/qqch en photo.
photocopier ['fəʊtəʊˌkɒpɪəʳ] *n* photocopieur *m*, copieur *m*.
photocopy ['fəʊtəʊˌkɒpɪ] ◇ *n* photocopie *f*. ◇ *vt* photocopier.
photograph ['fəʊtəgrɑːf] ◇ *n* photographie *f*; **to take a ~ (of sb/sthg)** prendre (qqn/qqch) en photo, photographier (qqn/qqch). ◇ *vt* photographier, prendre en photo.
photographer [fə'tɒgrəfəʳ] *n* photographe *mf*.
photography [fə'tɒgrəfɪ] *n* photographie *f*.
phrasal verb ['freɪzl-] *n* verbe *m* à postposition.
phrase [freɪz] ◇ *n* expression *f*. ◇ *vt* exprimer, tourner.
phrasebook ['freɪzbʊk] *n* guide *m* de conversation *(pour touristes)*.
physical ['fɪzɪkl] ◇ *adj* **1.** *(gen)* physique. **2.** *(world, objects)* matériel(elle). ◇ *n (examination)* visite *f* médicale.
physical education *n* éducation *f* physique.
physically ['fɪzɪklɪ] *adv* physiquement.
physically handicapped ◇ *adj*: **to be ~** être handicapé(e) physique. ◇ *npl*: **the ~** les handicapés *mpl* physiques.
physician [fɪ'zɪʃn] *n* médecin *m*.
physicist ['fɪzɪsɪst] *n* physicien *m*, -enne *f*.
physics ['fɪzɪks] *n (U)* physique *f*.
physiotherapy [ˌfɪzɪəʊ'θerəpɪ] *n* kinésithérapie *f*.
physique [fɪ'ziːk] *n* physique *m*.
pianist ['pɪənɪst] *n* pianiste *mf*.
piano [pɪ'ænəʊ] (*pl* **-s**) *n* piano *m*.
pick [pɪk] ◇ *n* **1.** *(tool)* pioche *f*, pic *m*. **2.** *(selection)*: **to take one's ~** choisir, faire son choix. **3.** *(best)*: **the ~ of** le meilleur (la meilleure) de. ◇ *vt* **1.** *(select, choose)* choisir, sélectionner. **2.** *(gather)* cueillir. **3.** *(remove)* enlever. **4.** *(nose)*: **to ~ one's nose** se décrotter le nez; **to ~ one's teeth** se curer les dents. **5.** *(fight, quarrel)* chercher; **to ~ a fight (with sb)** chercher la bagarre (à qqn). **6.** *(lock)* crocheter. ◆ **pick on** *vt fus* s'en prendre à, être sur le dos de. ◆ **pick out** *vt sep* **1.** *(recognize)* repérer, reconnaître. **2.** *(select, choose)* choisir, désigner. ◆ **pick up** ◇ *vt sep* **1.** *(lift up)* ramasser. **2.** *(collect)* aller chercher, passer prendre. **3.** *(collect in car)* prendre, chercher. **4.** *(skill, language)* apprendre; *(habit)* prendre; *(bargain)* découvrir; **to ~ up speed** prendre de la vitesse. **5.** *inf (sexually - woman, man)* draguer. **6.** (RADIO & TELEC) *(detect, receive)* capter, recevoir. **7.** *(conversation, work)* reprendre, continuer. ◇ *vi (improve, start again)* reprendre.
pickaxe *Br*, **pickax** *Am* ['pɪkæks] *n* pioche *f*, pic *m*.
picket ['pɪkɪt] ◇ *n* piquet *m* de grève. ◇ *vt* mettre un piquet de grève devant.
picket line *n* piquet *m* de grève.
pickle ['pɪkl] ◇ *n* pickles *mpl*; **to be in a ~** être dans le pétrin. ◇ *vt* conserver dans du vinaigre, de la saumure *etc*.
pickpocket ['pɪkˌpɒkɪt] *n* pickpocket *m*, voleur *m* à la tire.
pick-up *n* **1.** *(of record player)* pick-up *m*. **2.** *(truck)* camionnette *f*.
picnic ['pɪknɪk] (*pt & pp* **-ked**, *cont* **-king**) ◇ *n* pique-nique *m*. ◇ *vi* pique-niquer.
pictorial [pɪk'tɔːrɪəl] *adj* illustré(e).
picture ['pɪktʃəʳ] ◇ *n* **1.** *(painting)* tableau *m*, peinture *f*; *(drawing)* dessin *m*. **2.** *(photograph)* photo *f*, photographie *f*. **3.** (TV) image *f*. **4.** (CINEMA) film *m*. **5.** *(in mind)* tableau *m*, image *f*. **6.** *fig (situation)* tableau *m*. **7.** *phr*: **to get the ~** *inf* piger; **to put sb in the ~** mettre qqn au courant. ◇ *vt* **1.** *(in mind)* imaginer, s'imaginer, se représenter. **2.** *(in photo)* photographier. **3.** *(in painting)* représenter, peindre. ◆ **pictures** *npl Br*: **the ~s** le cinéma.

picture book *n* livre *m* d'images.
picturesque [ˌpɪktʃəˈresk] *adj* pittoresque.
pie [paɪ] *n* *(savoury)* tourte *f*; *(sweet)* tarte *f*.
piece [piːs] *n* **1.** *(gen)* morceau *m*; *(of string)* bout *m*; **a ~ of furniture** un meuble; **a ~ of clothing** un vêtement; **a ~ of advice** un conseil; **a ~ of information** un renseignement; **to fall to ~s** tomber en morceaux; **to take sthg to ~s** démonter qqch; **in ~s** en morceaux; **in one ~** *(intact)* intact(e); *(unharmed)* sain et sauf (saine et sauve). **2.** *(coin, item, in chess)* pièce *f*; *(in draughts)* pion *m*. **3.** (PRESS) article *m*. ◆ **piece together** *vt sep (facts)* coordonner.
piecemeal [ˈpiːsmiːl] ◇ *adj* fait(e) petit à petit. ◇ *adv* petit à petit, peu à peu.
piecework [ˈpiːswɜːk] *n (U)* travail *m* à la pièce OR aux pièces.
pie chart *n* camembert *m*, graphique *m* rond.
pier [pɪəʳ] *n (at seaside)* jetée *f*.
pierce [pɪəs] *vt* percer, transpercer; **to have one's ears ~d** se faire percer les oreilles.
piercing [ˈpɪəsɪŋ] *adj* **1.** *(sound, look)* perçant(e). **2.** *(wind)* pénétrant(e).
pig [pɪg] *n* **1.** *(animal)* porc *m*, cochon *m*. **2.** *inf pej (greedy eater)* goinfre *m*, glouton *m*. **3.** *inf pej (unkind person)* sale type *m*.
pigeon [ˈpɪdʒɪn] (*pl inv* OR **-s**) *n* pigeon *m*.
pigeonhole [ˈpɪdʒɪnhəʊl] ◇ *n (compartment)* casier *m*. ◇ *vt (classify)* étiqueter, cataloguer.
piggybank [ˈpɪgɪbæŋk] *n* tirelire *f*.
pigheaded [ˌpɪgˈhedɪd] *adj* têtu(e).
pigment [ˈpɪgmənt] *n* pigment *m*.
pigpen *Am* = **pigsty**.
pigskin [ˈpɪgskɪn] *n* (peau *f* de) porc *m*.
pigsty [ˈpɪgstaɪ], **pigpen** *Am* [ˈpɪgpen] *n lit & fig* porcherie *f*.
pigtail [ˈpɪgteɪl] *n* natte *f*.
pike [paɪk] (*pl sense 1 only inv* OR **-s**) *n* **1.** *(fish)* brochet *m*. **2.** *(spear)* pique *f*.
pilchard [ˈpɪltʃəd] *n* pilchard *m*.
pile [paɪl] ◇ *n* **1.** *(heap)* tas *m*; **a ~ of, ~s of** un tas OR des tas de. **2.** *(neat stack)* pile *f*. **3.** *(of carpet)* poil *m*. ◇ *vt* empiler. ◆ **piles** *npl* (MED) hémorroïdes *fpl*. ◆ **pile into** *vt fus inf* s'entasser dans, s'empiler dans. ◆ **pile up** ◇ *vt sep* empiler, entasser. ◇ *vi* **1.** *(form a heap)* s'entasser. **2.** *fig (work, debts)* s'accumuler.
pileup [ˈpaɪlʌp] *n* (AUT) carambolage *m*.
pilfer [ˈpɪlfəʳ] ◇ *vt* chaparder. ◇ *vi*: **to ~ (from)** faire du chapardage (dans).
pilgrim [ˈpɪlgrɪm] *n* pèlerin *m*.
pilgrimage [ˈpɪlgrɪmɪdʒ] *n* pèlerinage *m*.
pill [pɪl] *n* **1.** *(gen)* pilule *f*. **2.** *(contraceptive)*: **the ~** la pilule; **to be on the ~** prendre la pilule.
pillar [ˈpɪləʳ] *n lit & fig* pilier *m*.
pillar box *n Br* boîte *f* aux lettres.
pillion [ˈpɪljən] *n* siège *m* arrière; **to ride ~** monter derrière.
pillow [ˈpɪləʊ] *n* **1.** *(for bed)* oreiller *m*. **2.** *Am (on sofa, chair)* coussin *m*.
pillowcase [ˈpɪləʊkeɪs], **pillowslip** [ˈpɪləʊslɪp] *n* taie *f* d'oreiller.
pilot [ˈpaɪlət] ◇ *n* **1.** (AERON & NAUT) pilote *m*. **2.** (TV) émission *f* pilote. ◇ *comp* pilote. ◇ *vt* piloter.
pilot burner, pilot light *n* veilleuse *f*.
pilot study *n* étude *f* pilote OR expérimentale.
pimp [pɪmp] *n inf* maquereau *m*, souteneur *m*.
pimple [ˈpɪmpl] *n* bouton *m*.
pin [pɪn] ◇ *n* **1.** *(for sewing)* épingle *f*; **to have ~s and needles** avoir des fourmis. **2.** *(drawing pin)* punaise *f*. **3.** *(safety pin)* épingle *f* de nourrice OR de sûreté. **4.** *(of plug)* fiche *f*. **5.** (TECH) goupille *f*, cheville *f*. ◇ *vt*: **to ~ sthg to/on sthg** épingler qqch à/sur qqch; **to ~ sb against** OR **to** clouer qqn contre; **to ~ sthg on sb** *(blame)* mettre OR coller qqch sur le dos de qqn; **to ~ one's hopes on sb/sthg** mettre tous ses espoirs en qqn/dans qqch. ◆ **pin down** *vt sep* **1.** *(identify)* définir, identifier. **2.** *(force to make a decision)*: **to ~ sb down** obliger qqn à prendre une décision.
pinafore [ˈpɪnəfɔːʳ] *n* **1.** *(apron)* tablier *m*. **2.** *Br (dress)* chasuble *f*.
pinball [ˈpɪnbɔːl] *n* flipper *m*.
pincers [ˈpɪnsəz] *npl* **1.** *(tool)* tenailles *fpl*. **2.** *(of crab)* pinces *fpl*.
pinch [pɪntʃ] ◇ *n* **1.** *(nip)* pincement *m*. **2.** *(of salt)* pincée *f*. ◇ *vt* **1.** *(nip)* pincer. **2.** *(subj: shoes)* serrer. **3.** *inf (steal)* piquer, faucher. ◆ **at a pinch** *Br*, **in a pinch** *Am adv* à la rigueur.
pincushion [ˈpɪnˌkʊʃn] *n* pelote *f* à épingles.
pine [paɪn] ◇ *n* pin *m*. ◇ *vi*: **to ~ for** désirer ardemment. ◆ **pine away** *vi* languir.
pineapple [ˈpaɪnæpl] *n* ananas *m*.
pinetree [ˈpaɪntriː] *n* pin *m*.

ping [pɪŋ] *n (of bell)* tintement *m*; *(of metal)* bruit *m* métallique.

Ping-Pong® [-pɒŋ] *n* ping-pong *m*.

pink [pɪŋk] ◇ *adj* rose; **to go** OR **turn ~** rosir, rougir. ◇ *n (colour)* rose *m*.

pinnacle ['pɪnəkl] *n* **1.** *(mountain peak, spire)* pic *m*, cime *f*. **2.** *fig (high point)* apogée *m*.

pinpoint ['pɪnpɔɪnt] *vt* **1.** *(cause, problem)* définir, mettre le doigt sur. **2.** *(position)* localiser.

pin-striped [-,straɪpt] *adj* à très fines rayures.

pint [paɪnt] *n* **1.** *Br (unit of measurement) = 0,568 litre,* ≃ demi-litre *m*. **2.** *Am (unit of measurement) = 0,473 litre,* ≃ demi-litre *m*. **3.** *Br (beer)* ≃ demi *m*.

pioneer [,paɪə'nɪəʳ] ◇ *n lit & fig* pionnier *m*. ◇ *vt*: **to ~ sthg** être un des premiers (une des premières) à faire qqch.

pious ['paɪəs] *adj* **1.** (RELIG) pieux (pieuse). **2.** *pej (sanctimonious)* moralisateur(trice).

pip [pɪp] *n* **1.** *(seed)* pépin *m*. **2.** *Br* (RADIO) top *m*.

pipe [paɪp] ◇ *n* **1.** *(for gas, water)* tuyau *m*. **2.** *(for smoking)* pipe *f*. ◇ *vt* acheminer par tuyau. ◆ **pipes** *npl* (MUS) cornemuse *f*. ◆ **pipe down** *vi inf* se taire, la fermer. ◆ **pipe up** *vi inf* se faire entendre.

pipe cleaner *n* cure-pipe *m*.

pipe dream *n* projet *m* chimérique.

pipeline ['paɪplaɪn] *n (for gas)* gazoduc *m*; *(for oil)* oléoduc *m*, pipeline *m*.

piper ['paɪpəʳ] *n* joueur *m*, -euse *f* de cornemuse.

piping hot ['paɪpɪŋ-] *adj* bouillant(e).

pique [pi:k] *n* dépit *m*.

pirate ['paɪrət] ◇ *adj (video, program)* pirate. ◇ *n* pirate *m*. ◇ *vt (video, program)* pirater.

pirate radio *n Br* radio *f* pirate.

pirouette [,pɪrʊ'et] ◇ *n* pirouette *f*. ◇ *vi* pirouetter.

Pisces ['paɪsi:z] *n* Poissons *mpl*.

piss [pɪs] *vulg* ◇ *n (urine)* pisse *f*. ◇ *vi* pisser.

pissed [pɪst] *adj vulg* **1.** *Br (drunk)* bourré(e). **2.** *Am (annoyed)* en boule.

pissed off *adj vulg* qui en a plein le cul.

pistol ['pɪstl] *n* pistolet *m*.

piston ['pɪstən] *n* piston *m*.

pit [pɪt] ◇ *n* **1.** *(hole)* trou *m*; *(in road)* petit trou; *(on face)* marque *f*. **2.** *(for orchestra)* fosse *f*. **3.** *(mine)* mine *f*. **4.** *Am (of fruit)* noyau *m*. ◇ *vt*: **to ~ sb against sb** opposer qqn à qqn. ◆ **pits** *npl (in motor racing)*: **the ~s** les stands *mpl*.

pitch [pɪtʃ] ◇ *n* **1.** (SPORT) terrain *m*. **2.** (MUS) ton *m*. **3.** *(level, degree)* degré *m*. **4.** *(selling place)* place *f*. **5.** *inf (sales talk)* baratin *m*. ◇ *vt* **1.** *(throw)* lancer. **2.** *(set - price)* fixer; *(- speech)* adapter. **3.** *(tent)* dresser; *(camp)* établir. ◇ *vi* **1.** *(ball)* rebondir. **2.** *(fall)*: **to ~ forward** être projeté(e) en avant. **3.** (AERON & NAUT) tanguer.

pitch-black *adj*: **it's ~ in here** il fait noir comme dans un four.

pitched battle [,pɪtʃt-] *n* bataille *f* rangée.

pitcher ['pɪtʃəʳ] *n Am* **1.** *(jug)* cruche *f*. **2.** *(in baseball)* lanceur *m*.

pitchfork ['pɪtʃfɔ:k] *n* fourche *f*.

piteous ['pɪtɪəs] *adj* pitoyable.

pitfall ['pɪtfɔ:l] *n* piège *m*.

pith [pɪθ] *n* **1.** *(in plant)* moelle *f*. **2.** *(of fruit)* peau *f* blanche.

pithy ['pɪθɪ] *adj (brief)* concis(e); *(terse)* piquant(e).

pitiful ['pɪtɪfʊl] *adj (condition)* pitoyable; *(excuse, effort)* lamentable.

pitiless ['pɪtɪlɪs] *adj* sans pitié, impitoyable.

pit stop *n (in motor racing)* arrêt *m* aux stands.

pittance ['pɪtəns] *n (wage)* salaire *m* de misère.

pity ['pɪtɪ] ◇ *n* pitié *f*; **what a ~!** quel dommage!; **it's a ~** c'est dommage; **to take** OR **have ~ on sb** prendre qqn en pitié, avoir pitié de qqn. ◇ *vt* plaindre.

pivot ['pɪvət] *n lit & fig* pivot *m*.

pizza ['pi:tsə] *n* pizza *f*.

placard ['plækɑ:d] *n* placard *m*, affiche *f*.

placate [plə'keɪt] *vt* calmer, apaiser.

place [pleɪs] ◇ *n* **1.** *(location)* endroit *m*, lieu *m*; **~ of birth** lieu de naissance. **2.** *(proper position, seat, vacancy, rank)* place *f*. **3.** *(home)*: **at/to my ~** chez moi. **4.** *(in book)*: **to lose one's ~** perdre sa page. **5.** (MATH): **decimal ~** décimale *f*. **6.** *(instance)*: **in the first ~** tout de suite; **in the first ~ ... and in the second ~ ...** premièrement ... et deuxièmement ... **7.** *phr*: **to take ~** avoir lieu; **to take the ~ of** prendre la place de, remplacer. ◇ *vt* **1.** *(position, put)* placer, mettre. **2.** *(apportion)*: **to ~ the responsibility for sthg on sb** tenir qqn pour responsable de qqch. **3.** *(identify)* remettre. **4.** *(an order)* passer; **to ~ a bet** parier. **5.** *(in* *race)*: **to be ~d** être placé(e). ◆ **all over the place** *adv (everywhere)* partout. ◆ **in place** *adv* **1.** *(in proper position)* à sa place. **2.** *(established)* mis en place. ◆ **in place of** *prep* à la place de. ◆ **out of place** *adv* pas à sa place; *fig* déplacé (e).

place mat *n* set *m* (de table).

placement ['pleɪsmənt] *n* placement *m*.

placid ['plæsɪd] *adj* **1.** *(person)* placide. **2.** *(sea, place)* calme.

plagiarize, -ise ['pleɪdʒəraɪz] *vt* plagier.

plague [pleɪg] ◇ *n* **1.** (MED) peste *f*. **2.** *fig (nuisance)* fléau *m*. ◇ *vt*: **to be ~d by** *(bad luck)* être poursuivi(e) par; *(doubt)* être rongé(e) par; **to ~ sb with questions** harceler qqn de questions.

plaice [pleɪs] (*pl inv*) *n* carrelet *m*.

plaid [plæd] *n* plaid *m*.

Plaid Cymru [ˌplaɪd'kʌmrɪ] *n parti nationaliste gallois.*

plain [pleɪn] ◇ *adj* **1.** *(not patterned)* uni (e). **2.** *(simple)* simple. **3.** *(clear)* clair (e), évident(e). **4.** *(blunt)* carré(e), franc (franche). **5.** *(absolute)* pur(e) (et simple). **6.** *(not pretty)* quelconque, ordinaire. ◇ *adv inf* complètement. ◇ *n* (GEOGR) plaine *f*.

plain chocolate *n Br* chocolat *m* à croquer.

plain-clothes *adj* en civil.

plain flour *n Br* farine *f* (sans levure).

plainly ['pleɪnlɪ] *adv* **1.** *(obviously)* manifestement. **2.** *(distinctly)* clairement. **3.** *(frankly)* carrément, sans détours. **4.** *(simply)* simplement.

plaintiff ['pleɪntɪf] *n* demandeur *m*, -eresse *f*.

plait [plæt] ◇ *n* natte *f*. ◇ *vt* natter, tresser.

plan [plæn] ◇ *n* plan *m*, projet *m*; **to go according to ~** se passer OR aller comme prévu. ◇ *vt* **1.** *(organize)* préparer. **2.** *(propose)*: **to ~ to do sthg** projeter de faire qqch, avoir l'intention de faire qqch. **3.** *(design)* concevoir. ◇ *vi*: **to ~ (for sthg)** faire des projets (pour qqch). ◆ **plans** *npl* plans *mpl*, projets *mpl*; **have you any ~s for tonight?** avez-vous prévu quelque chose pour ce soir? ◆ **plan on** *vt fus*: **to ~ on doing sthg** prévoir de faire qqch.

plane [pleɪn] ◇ *adj* plan(e). ◇ *n* **1.** *(aircraft)* avion *m*. **2.** (GEOM) plan *m*. **3.** *fig (level)* niveau *m*. **4.** *(tool)* rabot *m*. **5.** *(tree)* platane *m*.

planet ['plænɪt] *n* planète *f*.

plank [plæŋk] *n* **1.** *(of wood)* planche *f*. **2.** (POL) *(policy)* point *m*.

planning ['plænɪŋ] *n* **1.** *(designing)* planification *f*. **2.** *(preparation)* préparation *f*, organisation *f*.

planning permission *n* permis *m* de construire.

plant [plɑːnt] ◇ *n* **1.** (BOT) plante *f*. **2.** *(factory)* usine *f*. **3.** *(U) (heavy machinery)* matériel *m*. ◇ *vt* **1.** *(gen)* planter. **2.** *(bomb)* poser.

plantation [plæn'teɪʃn] *n* plantation *f*.

plaque [plɑːk] *n* **1.** *(commemorative sign)* plaque *f*. **2.** *(U) (on teeth)* plaque *f* dentaire.

plaster ['plɑːstəʳ] ◇ *n* **1.** *(material)* plâtre *m*. **2.** *Br (bandage)* pansement *m* adhésif. ◇ *vt* **1.** *(wall, ceiling)* plâtrer. **2.** *(cover)*: **to ~ sthg (with)** couvrir qqch (de).

plaster cast *n* **1.** *(for broken bones)* plâtre *m*. **2.** *(model, statue)* moule *m*.

plastered ['plɑːstəd] *adj inf (drunk)* bourré(e).

plasterer ['plɑːstərəʳ] *n* plâtrier *m*.

plaster of Paris *n* plâtre *m* de moulage.

plastic ['plæstɪk] ◇ *adj* plastique. ◇ *n* plastique *m*.

Plasticine® *Br* ['plæstɪsiːn], **play dough** *Am n* pâte *f* à modeler.

plastic surgery *n* chirurgie *f* esthétique OR plastique.

plate [pleɪt] ◇ *n* **1.** *(dish)* assiette *f*. **2.** *(sheet of metal, plaque)* tôle *f*. **3.** *(U) (metal covering)*: **gold/silver ~** plaqué *m* or/argent. **4.** *(in book)* planche *f*. **5.** *(in dentistry)* dentier *m*. ◇ *vt*: **to be ~d (with)** être plaqué(e) (de).

plateau ['plætəʊ] (*pl* **-s** OR **-x** [-z]) *n* plateau *m*; *fig* phase *f* OR période *f* de stabilité.

plate-glass *adj* vitré(e).

platform ['plætfɔːm] *n* **1.** *(stage)* estrade *f*; *(for speaker)* tribune *f*. **2.** *(raised structure, of bus, of political party)* plateforme *f*. **3.** (RAIL) quai *m*.

platform ticket *n Br* ticket *m* de quai.

platinum ['plætɪnəm] *n* platine *m*.

platoon [plə'tuːn] *n* section *f*.

platter ['plætəʳ] *n (dish)* plat *m*.

plausible ['plɔːzəbl] *adj* plausible.

play [pleɪ] ◇ *n* **1.** *(U) (amusement)* jeu *m*, amusement *m*. **2.** (THEATRE) pièce *f* (de théâtre); **a radio ~** une pièce radiophonique. **3.** *(game)*: **~ on words** jeu *m* de mots. **4.** (TECH) jeu *m*. ◇ *vt* **1.** *(gen)* jouer; **to ~ a part** OR **role in** *fig* jouer un rôle dans. **2.** *(game, sport)* jouer à. **3.** *(team, opponent)* jouer contre. **4.** (MUS) *(instrument)* jouer de. **5.** *phr*: **to ~ it safe** ne pas prendre de risques. ◇ *vi* jouer. ◆ **play along** *vi*: **to ~ along (with sb)** entrer dans le jeu (de qqn). ◆ **play down** *vt sep* minimiser. ◆ **play up** ◇ *vt sep* *(emphasize)* insister sur. ◇ *vi* **1.** *(machine)* faire des siennes. **2.** *(child)* ne pas être sage.

play-act *vi* jouer la comédie.

playboy ['pleɪbɔɪ] *n* playboy *m*.

play dough *Am* = **Plasticine®**.

player ['pleɪəʳ] *n* **1.** *(gen)* joueur *m*, -euse *f*. **2.** (THEATRE) acteur *m*, -trice *f*.

playful ['pleɪfʊl] *adj* **1.** *(person, mood)* taquin(e). **2.** *(kitten, puppy)* joueur (euse).

playground ['pleɪgraʊnd] *n* cour *f* de récréation.

playgroup ['pleɪgru:p] *n* jardin *m* d'enfants.

playing card ['pleɪɪŋ-] *n* carte *f* à jouer.

playing field ['pleɪɪŋ-] *n* terrain *m* de sport.

playmate ['pleɪmeɪt] *n* camarade *mf*.

play-off *n* (SPORT) belle *f*.

playpen ['pleɪpen] *n* parc *m*.

playschool ['pleɪsku:l] *n* jardin *m* d'enfants.

playtime ['pleɪtaɪm] *n* récréation *f*.

playwright ['pleɪraɪt] *n* dramaturge *m*.

plc *abbr of* **public limited company**.

plea [pli:] *n* **1.** *(for forgiveness, mercy)* supplication *f*; *(for help, quiet)* appel *m*. **2.** (JUR): **to enter a ~ of not guilty** plaider non coupable.

plead [pli:d] (*pt & pp* **-ed** OR **pled**) ◇ *vt* **1.** (JUR) plaider. **2.** *(give as excuse)* invoquer. ◇ *vi* **1.** *(beg)*: **to ~ with sb (to do sthg)** supplier qqn (de faire qqch); **to ~ for sthg** implorer qqch. **2.** (JUR) plaider.

pleasant ['pleznt] *adj* agréable.

pleasantry ['plezntrɪ] *n*: **to exchange pleasantries** échanger des propos aimables.

please [pli:z] ◇ *vt* plaire à, faire plaisir à; **to ~ o.s.** faire comme on veut; **~ yourself!** comme vous voulez! ◇ *vi* plaire, faire plaisir; **to do as one ~s** faire comme on veut. ◇ *adv* s'il vous plaît.

pleased [pli:zd] *adj* **1.** *(satisfied)*: **to be ~ (with)** être content(e) (de). **2.** *(happy)*: **to be ~ (about)** être heureux(euse) (de); **~ to meet you!** enchanté(e)!

pleasing ['pli:zɪŋ] *adj* plaisant(e).

pleasure ['pleʒəʳ] *n* plaisir *m*; **with ~** avec plaisir, volontiers; **it's a ~, my ~** je vous en prie.

pleat [pli:t] ◇ *n* pli *m*. ◇ *vt* plisser.

pled [pled] *pt & pp* → **plead**.

pledge [pledʒ] ◇ *n* **1.** *(promise)* promesse *f*. **2.** *(token)* gage *m*. ◇ *vt* **1.** *(promise)* promettre. **2.** *(make promise)*: **to ~ o.s. to** s'engager à; **to ~ sb to secrecy** faire promettre le secret à qqn. **3.** *(pawn)* mettre en gage.

plentiful ['plentɪfʊl] *adj* abondant(e).

plenty ['plentɪ] ◇ *n (U)* abondance *f*. ◇ *pron*: **~ of** beaucoup de; **we've got ~ of time** nous avons largement le temps. ◇ *adv Am (very)* très.

• Dans les questions et les tournures négatives, *plenty (of)* est remplacé par *much* (avec des noms indénombrables) ou *many* (avec des noms au pluriel) (*I've plenty of time – I haven't much time; there were plenty of people I knew at the party – were there many people you knew at the party?*).

pliable ['plaɪəbl], **pliant** ['plaɪənt] *adj* **1.** *(material)* pliable, souple. **2.** *fig (person)* docile.

pliers ['plaɪəz] *npl* tenailles *fpl*, pinces *fpl*.

plight [plaɪt] *n* condition *f* critique.

plimsoll ['plɪmsəl] *n Br* tennis *m*.

plinth [plɪnθ] *n* socle *m*.

PLO (*abbr of* **Palestine Liberation Organization**) *n* OLP *f*.

plod [plɒd] *vi* **1.** *(walk slowly)* marcher lentement OR péniblement. **2.** *(work slowly)* peiner.

plodder ['plɒdəʳ] *n pej* bûcheur *m*, -euse *f*.

plonk [plɒŋk] *n (U) Br inf (wine)* pinard *m*, vin *m* ordinaire. ◆ **plonk down** *vt sep inf* poser brutalement.

plot [plɒt] ◇ *n* **1.** *(plan)* complot *m*, conspiration *f*. **2.** *(story)* intrigue *f*. **3.** *(of land)* (parcelle *f* de) terrain *m*, lopin *m*. ◇ *vt* **1.** *(plan)* comploter; **to ~ to do sthg** comploter de faire qqch. **2.** *(chart)* déterminer, marquer. **3.** (MATH) tracer, marquer. ◇ *vi* comploter.

plotter ['plɒtəʳ] *n (schemer)* conspirateur *m*, -trice *f*.

plough *Br*, **plow** *Am* [plaʊ] ◇ *n* charrue *f*. ◇ *vt (field)* labourer. ◆ **plough into** ◇ *vt sep (money)* investir. ◇ *vt fus (subj: car)* rentrer dans.

ploughman's ['plaʊmənz] (*pl inv*) *n Br*:

~ **(lunch)** *repas de pain, fromage et pickles.*
plow *etc Am* = **plough** *etc.*
ploy [plɔɪ] *n* stratagème *m*, ruse *f*.
pluck [plʌk] ◇ *vt* 1. *(flower, fruit)* cueillir. 2. *(pull sharply)* arracher. 3. *(chicken, turkey)* plumer. 4. *(eyebrows)* épiler. 5. (MUS) pincer. ◇ *n (U) dated* courage *m*, cran *m*. ◆ **pluck up** *vt fus*: **to ~ up the courage to do sthg** rassembler son courage pour faire qqch.
plug [plʌg] ◇ *n* 1. (ELEC) prise *f* de courant. 2. *(for bath, sink)* bonde *f*. ◇ *vt* 1. *(hole)* boucher, obturer. 2. *inf (new book, film etc)* faire de la publicité pour. ◆ **plug in** *vt sep* brancher.
plughole ['plʌghəʊl] *n* bonde *f*, trou *m* d'écoulement.
plum [plʌm] ◇ *adj* 1. *(colour)* prune *(inv)*. 2. *(very good)*: **a ~ job** un poste en or. ◇ *n (fruit)* prune *f*.
plumb [plʌm] ◇ *adv* 1. *Br (exactly)* exactement, en plein. 2. *Am (completely)* complètement. ◇ *vt*: **to ~ the depths of** toucher le fond de.
plumber ['plʌməʳ] *n* plombier *m*.
plumbing ['plʌmɪŋ] *n (U)* 1. *(fittings)* plomberie *f*, tuyauterie *f*. 2. *(work)* plomberie *f*.
plume [plu:m] *n* 1. *(feather)* plume *f*. 2. *(on hat)* panache *m*. 3. *(column)*: **a ~ of smoke** un panache de fumée.
plummet ['plʌmɪt] *vi* 1. *(bird, plane)* plonger. 2. *fig (decrease)* dégringoler.
plump [plʌmp] *adj* bien en chair, grassouillet(ette). ◆ **plump for** *vt fus* opter pour, choisir. ◆ **plump up** *vt sep (cushion)* secouer.
plum pudding *n* pudding *m* de Noël.
plunder ['plʌndəʳ] ◇ *n (U)* 1. *(stealing, raiding)* pillage *m*. 2. *(stolen goods)* butin *m*. ◇ *vt* piller.
plunge [plʌndʒ] ◇ *n* 1. *(dive)* plongeon *m*; **to take the ~** se jeter à l'eau. 2. *fig (decrease)* dégringolade *f*, chute *f*. ◇ *vt*: **to ~ sthg into** plonger qqch dans. ◇ *vi* 1. *(dive)* plonger, tomber. 2. *fig (decrease)* dégringoler.
plunger ['plʌndʒəʳ] *n* débouchoir *m* à ventouse.
pluperfect [,plu:'pɜ:fɪkt] *n*: **~ (tense)** plus-que-parfait *m*.
plural ['plʊərəl] ◇ *adj* 1. (GRAMM) pluriel(elle). 2. *(not individual)* collectif (ive). 3. *(multicultural)* multiculturel (elle). ◇ *n* pluriel *m*.
plus [plʌs] (*pl* **-es** OR **-ses**) ◇ *adj*: **30 ~** 30 ou plus. ◇ *n* 1. (MATH) signe *m* plus. 2. *inf (bonus)* plus *m*, atout *m*. ◇ *prep* et. ◇ *conj (moreover)* de plus.
plush [plʌʃ] *adj* luxueux(euse), somptueux(euse).
plus sign *n* signe *m* plus.
Pluto ['plu:təʊ] *n (planet)* Pluton *f*.
plutonium [plu:'təʊnɪəm] *n* plutonium *m*.
ply [plaɪ] ◇ *n (of wool)* fil *m*; *(of wood)* pli *m*. ◇ *vt* 1. *(trade)* exercer. 2. *(supply)*: **to ~ sb with drink** ne pas arrêter de remplir le verre de qqn. ◇ *vi (ship etc)* faire la navette.
plywood ['plaɪwʊd] *n* contreplaqué *m*.
p.m., pm (*abbr of* **post meridiem**): **at 3 ~** à 15 h.
PM *abbr of* **prime minister**.
PMT *abbr of* **premenstrual tension**.
pneumatic [nju:'mætɪk] *adj* pneumatique.
pneumatic drill *n* marteau piqueur *m*.
pneumonia [nju:'məʊnjə] *n (U)* pneumonie *f*.
poach [pəʊtʃ] ◇ *vt* 1. *(fish)* pêcher sans permis; *(deer etc)* chasser sans permis. 2. *fig (idea)* voler. 3. (CULIN) pocher. ◇ *vi* braconner.
poacher ['pəʊtʃəʳ] *n* braconnier *m*.
poaching ['pəʊtʃɪŋ] *n* braconnage *m*.
PO Box (*abbr of* **Post Office Box**) *n* BP *f*.
pocket ['pɒkɪt] ◇ *n lit & fig* poche *f*; **to be out of ~** en être de sa poche; **to pick sb's ~** faire les poches à qqn. ◇ *adj* de poche. ◇ *vt* empocher.
pocketbook ['pɒkɪtbʊk] *n* 1. *(notebook)* carnet *m*. 2. *Am (handbag)* sac *m* à main.
pocketknife ['pɒkɪtnaɪf] (*pl* **-knives** [-naɪvz]) *n* canif *m*.
pocket money *n* argent *m* de poche.
pod [pɒd] *n* 1. *(of plants)* cosse *f*. 2. *(of spacecraft)* nacelle *f*.
podgy ['pɒdʒɪ] *adj inf* boulot(otte), rondelet(ette).
podiatrist [pə'daɪətrɪst] *n Am* pédicure *mf*.
podium ['pəʊdɪəm] (*pl* **-diums** OR **-dia** [-dɪə]) *n* podium *m*.
poem ['pəʊɪm] *n* poème *m*.
poet ['pəʊɪt] *n* poète *m*.
poetic [pəʊ'etɪk] *adj* poétique.
poetry ['pəʊɪtrɪ] *n* poésie *f*.
poignant ['pɔɪnjənt] *adj* poignant(e).
point [pɔɪnt] ◇ *n* 1. *(tip)* pointe *f*. 2. *(place)* endroit *m*, point *m*. 3. *(time)* stade *m*, moment *m*. 4. *(detail, argument)*

question *f*, détail *m*; **you have a ~** il y a du vrai dans ce que vous dites; **to make a ~** faire une remarque; **to make one's ~** dire ce qu'on a à dire, dire son mot. **5.** *(main idea)* point *m* essentiel; **to get** OR **come to the ~** en venir au fait; **to miss the ~** ne pas comprendre; **beside the ~** à côté de la question. **6.** *(feature)*: **good ~** qualité *f*; **bad ~** défaut *m*. **7.** *(purpose)*: **what's the ~ in buying a new car?** à quoi bon acheter une nouvelle voiture?; **there's no ~ in having a meeting** cela ne sert à rien d'avoir une réunion. **8.** *(on scale, in scores)* point *m*. **9.** (MATH): **two ~ six** deux virgule six. **10.** *(of compass)* aire *f* du vent. **11.** *Br* (ELEC) prise *f* (de courant). **12.** *Am (full stop)* point *m* (final). **13.** *phr*: **to make a ~ of doing sthg** ne pas manquer de faire qqch. ◇ *vt*: **to ~ sthg (at)** *(gun, camera)* braquer qqch (sur); *(finger, hose)* pointer qqch (sur). ◇ *vi* **1.** *(indicate with finger)*: **to ~ (at sb/sthg), to ~ (to sb/sthg)** montrer (qqn/qqch) du doigt, indiquer (qqn/qqch) du doigt. **2.** *fig (suggest)*: **to ~ to sthg** suggérer qqch, laisser supposer qqch. ◆ **points** *npl Br* (RAIL) aiguillage *m*. ◆ **up to a point** *adv* jusqu'à un certain point, dans une certaine mesure. ◆ **on the point of** *prep* sur le point de. ◆ **point out** *vt sep (person, place)* montrer, indiquer; *(fact, mistake)* signaler.

point-blank *adv* **1.** *(refuse)* catégoriquement; *(ask)* de but en blanc. **2.** *(shoot)* à bout portant.

pointed ['pɔɪntɪd] *adj* **1.** *(sharp)* pointu(e). **2.** *fig (remark)* mordant(e), incisif(ive).

pointer ['pɔɪntəʳ] *n* **1.** *(piece of advice)* tuyau *m*, conseil *m*. **2.** *(needle)* aiguille *f*. **3.** *(stick)* baguette *f*. **4.** (COMPUT) pointeur *m*.

pointless ['pɔɪntlɪs] *adj* inutile, vain(e).

point of view (*pl* **points of view**) *n* point *m* de vue.

poise [pɔɪz] *n fig* calme *m*, sang-froid *m*.

poised [pɔɪzd] *adj* **1.** *(ready)*: **~ (for)** prêt(e) (pour); **to be ~ to do sthg** se tenir prêt à faire qqch. **2.** *fig (calm)* calme, posé(e).

poison ['pɔɪzn] ◇ *n* poison *m*. ◇ *vt* **1.** *(gen)* empoisonner. **2.** *(pollute)* polluer.

poisoning ['pɔɪznɪŋ] *n* empoisonnement *m*; **food ~** intoxication *f* alimentaire.

poisonous ['pɔɪznəs] *adj* **1.** *(fumes)* toxique; *(plant)* vénéneux(euse). **2.** *(snake)* venimeux(euse).

poke [pəʊk] ◇ *vt* **1.** *(prod)* pousser, donner un coup de coude à. **2.** *(put)* fourrer. **3.** *(fire)* attiser, tisonner. ◇ *vi (protrude)* sortir, dépasser. ◆ **poke about, poke around** *vi inf* fouiller, fourrager.

poker ['pəʊkəʳ] *n* **1.** *(game)* poker *m*. **2.** *(for fire)* tisonnier *m*.

poker-faced [-,feɪst] *adj* au visage impassible.

poky ['pəʊkɪ] *adj pej (room)* exigu(ë), minuscule.

Poland ['pəʊlənd] *n* Pologne *f*.

polar ['pəʊləʳ] *adj* polaire.

pole [pəʊl] *n* **1.** *(rod, post)* perche *f*, mât *m*. **2.** (ELEC & GEOGR) pôle *m*.

Pole [pəʊl] *n* Polonais *m*, -e *f*.

pole vault *n*: **the ~** le saut à la perche.

police [pə'liːs] ◇ *npl* **1.** *(police force)*: **the ~** la police. **2.** *(policemen)* agents *mpl* de police. ◇ *vt* maintenir l'ordre dans.

police car *n* voiture *f* de police.

police constable *n Br* agent *m* de police.

police force *n* police *f*.

policeman [pə'liːsmən] (*pl* **-men** [-mən]) *n* agent *m* de police.

police officer *n* policier *m*.

police record *n* casier *m* judiciaire.

police station *n* commissariat *m* (de police).

policewoman [pə'liːs,wʊmən] (*pl* **-women** [-,wɪmɪn]) *n* femme *f* agent de police.

policy ['pɒləsɪ] *n* **1.** *(plan)* politique *f*. **2.** *(document)* police *f*.

polio ['pəʊlɪəʊ] *n* polio *f*.

polish ['pɒlɪʃ] ◇ *n* **1.** *(for shoes)* cirage *m*; *(for floor)* cire *f*, encaustique *f*. **2.** *(shine)* brillant *m*, lustre *m*. **3.** *fig (refinement)* raffinement *m*. ◇ *vt (shoes, floor)* cirer; *(car)* astiquer; *(cutlery, glasses)* faire briller. ◆ **polish off** *vt sep inf* expédier.

Polish ['pəʊlɪʃ] ◇ *adj* polonais(e). ◇ *n (language)* polonais *m*. ◇ *npl*: **the ~** les Polonais *mpl*.

polished ['pɒlɪʃt] *adj* **1.** *(refined)* raffiné(e). **2.** *(accomplished)* accompli(e), parfait(e).

polite [pə'laɪt] *adj (courteous)* poli(e).

politic ['pɒlətɪk] *adj* politique.

political [pə'lɪtɪkl] *adj* politique.

politically correct [pə,lɪtɪklɪ-] *adj* *conforme au mouvement qui préconise le remplacement de termes jugés discriminants par d'autres 'politiquement corrects'.*

POLITICALLY CORRECT

Le «politically correct», ou politiquement correct, désigne un ensemble d'attitudes et de principes nés dans les milieux libéraux, notamment de gauche, aux États-Unis. Dans le domaine du langage, son objectif est de faire en sorte que tous soient traités de façon plus juste, notamment en boycottant les mots qui sont le signe d'une discrimination envers un groupe particulier de la société. Il est «PC» de dire, par exemple, «Native American» au lieu de «American Indian», et «differently abled» au lieu de «disabled».

politician [ˌpɒlɪˈtɪʃn] *n* homme *m* politique, femme *f* politique.
politics [ˈpɒlətɪks] ◇ *n (U)* politique *f*. ◇ *npl* **1.** *(personal beliefs)*: **what are his ~?** de quel bord est-il? **2.** *(of group, area)* politique *f*.
polka dot *n* pois *m*.
poll [pəʊl] ◇ *n* vote *m*, scrutin *m*. ◇ *vt* **1.** *(people)* interroger, sonder. **2.** *(votes)* obtenir. ◆ **polls** *npl*: **to go to the ~s** aller aux urnes.
pollen [ˈpɒlən] *n* pollen *m*.
polling booth [ˈpəʊlɪŋ-] *n* isoloir *m*.
polling day [ˈpəʊlɪŋ-] *n Br* jour *m* du scrutin OR des élections.
polling station [ˈpəʊlɪŋ-] *n* bureau *m* de vote.
pollute [pəˈluːt] *vt* polluer.
pollution [pəˈluːʃn] *n* pollution *f*.
polo [ˈpəʊləʊ] *n* polo *m*.
polo neck *n Br* **1.** *(neck)* col *m* roulé. **2.** *(jumper)* pull *m* à col roulé.
polyethylene *Am* = **polythene**.
Polynesia [ˌpɒlɪˈniːzjə] *n* Polynésie *f*.
polystyrene [ˌpɒlɪˈstaɪriːn] *n* polystyrène *m*.
polytechnic [ˌpɒlɪˈteknɪk] *n Br établissement d'enseignement supérieur; en 1993, les 'polytechnics' ont été transformés en universités.*
polythene *Br* [ˈpɒlɪθiːn], **polyethylene** *Am* [ˌpɒlɪˈeθɪliːn] *n* polyéthylène *m*.
polythene bag *n Br* sac *m* en plastique.
pomegranate [ˈpɒmɪˌgrænɪt] *n* grenade *f*.
pomp [pɒmp] *n* pompe *f*, faste *m*.
pompom [ˈpɒmpɒm] *n* pompon *m*.
pompous [ˈpɒmpəs] *adj* **1.** *(person)* fat, suffisant(e). **2.** *(style, speech)* pompeux (euse).
pond [pɒnd] *n* étang *m*, mare *f*.
ponder [ˈpɒndəʳ] *vt* considérer, peser.
ponderous [ˈpɒndərəs] *adj* **1.** *(dull)* lourd(e). **2.** *(large, heavy)* pesant(e).
pong [pɒŋ] *Br inf n* puanteur *f*.
pontoon [pɒnˈtuːn] *n* **1.** *(bridge)* ponton *m*. **2.** *Br (game)* vingt-et-un *m*.
pony [ˈpəʊnɪ] *n* poney *m*.
ponytail [ˈpəʊnɪteɪl] *n* queue-de-cheval *f*.
pony-trekking [-ˌtrekɪŋ] *n* randonnée *f* à cheval OR en poney.
poodle [ˈpuːdl] *n* caniche *m*.
pool [puːl] ◇ *n* **1.** *(pond, of blood)* mare *f*; *(of rain, light)* flaque *f*. **2.** *(swimming pool)* piscine *f*. **3.** (SPORT) billard *m* américain. ◇ *vt (resources etc)* mettre en commun. ◆ **pools** *npl Br*: **the ~s** = le loto sportif.
poor [pɔːʳ] ◇ *adj* **1.** *(gen)* pauvre. **2.** *(not very good)* médiocre, mauvais(e). ◇ *npl*: **the ~** les pauvres *mpl*.
poorly [ˈpɔːlɪ] ◇ *adj Br* souffrant(e). ◇ *adv* mal, médiocrement.
pop [pɒp] ◇ *n* **1.** *(U) (music)* pop *m*. **2.** *(U) inf (fizzy drink)* boisson *f* gazeuse. **3.** *inf (father)* papa *m*. **4.** *(sound)* pan *m*. ◇ *vt* **1.** *(burst)* faire éclater, crever. **2.** *(put quickly)* mettre, fourrer. ◇ *vi* **1.** *(balloon)* éclater, crever; *(cork, button)* sauter. **2.** *(eyes)*: **his eyes popped** il a écarquillé les yeux. ◆ **pop in** *vi* faire une petite visite. ◆ **pop up** *vi* surgir.
pop concert *n* concert *m* pop.
popcorn [ˈpɒpkɔːn] *n* pop-corn *m*.
pope [pəʊp] *n* pape *m*.
pop group *n* groupe *m* pop.
poplar [ˈpɒpləʳ] *n* peuplier *m*.
poppy [ˈpɒpɪ] *n* coquelicot *m*, pavot *m*.
Popsicle® [ˈpɒpsɪkl] *n Am* sucette *f* glacée.
popular [ˈpɒpjʊləʳ] *adj* **1.** *(gen)* populaire. **2.** *(name, holiday resort)* à la mode.
popularize, -ise [ˈpɒpjʊləraɪz] *vt* **1.** *(make popular)* populariser. **2.** *(simplify)* vulgariser.
population [ˌpɒpjʊˈleɪʃn] *n* population *f*.
porcelain [ˈpɔːsəlɪn] *n* porcelaine *f*.
porch [pɔːtʃ] *n* **1.** *(entrance)* porche *m*. **2.** *Am (verandah)* véranda *f*.
porcupine [ˈpɔːkjʊpaɪn] *n* porc-épic *m*.
pore [pɔːʳ] *n* pore *m*. ◆ **pore over** *vt fus* examiner de près.
pork [pɔːk] *n* porc *m*.
pork pie *n* pâté *m* de porc en croûte.

pornography [pɔːˈnɒgrəfɪ] *n* pornographie *f*.
porous [ˈpɔːrəs] *adj* poreux(euse).
porridge [ˈpɒrɪdʒ] *n* porridge *m*.
port [pɔːt] *n* **1.** *(town, harbour)* port *m*. **2.** (NAUT) *(left-hand side)* bâbord *m*. **3.** *(drink)* porto *m*. **4.** (COMPUT) port *m*.
portable [ˈpɔːtəbl] *adj* portatif(ive).
portent [ˈpɔːtənt] *n* présage *m*.
porter [ˈpɔːtəʳ] *n* **1.** *Br (doorman)* concierge *m*, portier *m*. **2.** *(for luggage)* porteur *m*. **3.** *Am (on train)* employé *m*, -e *f* des wagons-lits.
portfolio [ˌpɔːtˈfəʊljəʊ] (*pl* **-s**) *n* **1.** *(case)* serviette *f*. **2.** *(sample of work)* portfolio *m*. **3.** (FIN) portefeuille *m*.
porthole [ˈpɔːthəʊl] *n* hublot *m*.
portion [ˈpɔːʃn] *n* **1.** *(section)* portion *f*, part *f*. **2.** *(of food)* portion *f*.
portly [ˈpɔːtlɪ] *adj* corpulent(e).
portrait [ˈpɔːtreɪt] *n* portrait *m*.
portray [pɔːˈtreɪ] *vt* **1.** (CINEMA & THEATRE) jouer, interpréter. **2.** *(describe)* dépeindre. **3.** *(paint)* faire le portrait de.
Portugal [ˈpɔːtʃʊgl] *n* Portugal *m*.
Portuguese [ˌpɔːtʃʊˈgiːz] ◇ *adj* portugais(e). ◇ *n* *(language)* portugais *m*. ◇ *npl*: **the ~** les Portugais *mpl*.
pose [pəʊz] ◇ *n* **1.** *(stance)* pose *f*. **2.** *pej (affectation)* pose *f*, affectation *f*. ◇ *vt* **1.** *(danger)* présenter. **2.** *(problem, question)* poser. ◇ *vi* **1.** (ART & *pej*) poser. **2.** *(pretend to be)*: **to ~ as** se faire passer pour.
posh [pɒʃ] *adj inf* **1.** *(hotel, clothes etc)* chic (*inv*). **2.** *Br (accent, person)* de la haute.
position [pəˈzɪʃn] ◇ *n* **1.** *(gen)* position *f*. **2.** *(job)* poste *m*, emploi *m*. **3.** *(state)* situation *f*. ◇ *vt* placer, mettre en position.
positive [ˈpɒzətɪv] *adj* **1.** *(gen)* positif (ive). **2.** *(sure)* sûr(e), certain(e); **to be ~ about sthg** être sûr de qqch. **3.** *(optimistic)* positif(ive), optimiste; **to be ~ about sthg** avoir une attitude positive au sujet de qqch. **4.** *(definite)* formel(elle), précis (e). **5.** *(evidence)* irréfutable, indéniable. **6.** *(downright)* véritable.
posse [ˈpɒsɪ] *n Am* détachement *m*, troupe *f*.
possess [pəˈzes] *vt* posséder.
possession [pəˈzeʃn] *n* possession *f*. ◆ **possessions** *npl* possessions *fpl*, biens *mpl*.
possessive [pəˈzesɪv] ◇ *adj* possessif (ive). ◇ *n* (GRAMM) possessif *m*.
possibility [ˌpɒsəˈbɪlətɪ] *n* **1.** *(chance, likelihood)* possibilité *f*, chances *fpl*; **there is a ~ that ...** il se peut que ... (+ *subjunctive*). **2.** *(option)* possibilité *f*, option *f*.
possible [ˈpɒsəbl] ◇ *adj* possible; **as much as ~** autant que possible; **as soon as ~** dès que possible. ◇ *n* possible *m*.
possibly [ˈpɒsəblɪ] *adv* **1.** *(perhaps)* peut-être. **2.** *(expressing surprise)*: **how could he ~ have known?** mais comment a-t-il pu le savoir? **3.** *(for emphasis)*: **I can't ~ accept your money** je ne peux vraiment pas accepter cet argent.
post [pəʊst] ◇ *n* **1.** *(service)*: **the ~** la poste; **by ~** par la poste. **2.** *(letters, delivery)* courrier *m*. **3.** *Br (collection)* levée *f*. **4.** *(pole)* poteau *m*. **5.** *(position, job)* poste *m*, emploi *m*. **6.** (MIL) poste *m*. ◇ *vt* **1.** *(by mail)* poster, mettre à la poste. **2.** *(employee)* muter.
postage [ˈpəʊstɪdʒ] *n* affranchissement *m*; **~ and packing** frais *mpl* de port et d'emballage.
postal [ˈpəʊstl] *adj* postal(e).
postal order *n* mandat *m* postal.
postbox [ˈpəʊstbɒks] *n Br* boîte *f* aux lettres.
postcard [ˈpəʊstkɑːd] *n* carte *f* postale.
postcode [ˈpəʊstkəʊd] *n Br* code *m* postal.
postdate [ˌpəʊstˈdeɪt] *vt* postdater.
poster [ˈpəʊstəʳ] *n* *(for advertising)* affiche *f*; *(for decoration)* poster *m*.
poste restante [ˌpəʊstˈrestɑːnt] *n* poste *f* restante.
posterior [pɒˈstɪərɪəʳ] ◇ *adj* postérieur(e). ◇ *n hum* postérieur *m*, derrière *m*.
postgraduate [ˌpəʊstˈgrædʒʊət] ◇ *adj* de troisième cycle. ◇ *n* étudiant *m*, -e *f* de troisième cycle.
posthumous [ˈpɒstjʊməs] *adj* posthume.
postman [ˈpəʊstmən] (*pl* **-men** [-mən]) *n* facteur *m*.
postmark [ˈpəʊstmɑːk] ◇ *n* cachet *m* de la poste. ◇ *vt* timbrer, tamponner.
postmaster [ˈpəʊstˌmɑːstəʳ] *n* receveur *m* des postes.
postmortem [ˌpəʊstˈmɔːtəm] *n lit & fig* autopsie *f*.
post office *n* **1.** *(organization)*: **the Post Office** les Postes et Télécommunications *fpl*. **2.** *(building)* (bureau *m* de) poste *f*.
post office box *n* boîte *f* postale.
postpone [ˌpəʊstˈpəʊn] *vt* reporter, remettre.
postscript [ˈpəʊstskrɪpt] *n* post-scriptum *m inv*; *fig* supplément *m*, addenda *m inv*.

posture ['pɒstʃəʳ] *n* 1. *(U) (pose)* position *f*, posture *f*. 2. *fig (attitude)* attitude *f*.

postwar [,pəʊst'wɔːʳ] *adj* d'après-guerre.

posy ['pəʊzɪ] *n* petit bouquet *m* de fleurs.

pot [pɒt] ◇ *n* 1. *(for cooking)* marmite *f*, casserole *f*. 2. *(for tea)* théière *f*; *(for coffee)* cafetière *f*. 3. *(for paint, jam, plant)* pot *m*. 4. *(U) inf (cannabis)* herbe *f*. ◇ *vt (plant)* mettre en pot.

potassium [pə'tæsɪəm] *n* potassium *m*.

potato [pə'teɪtəʊ] (*pl* **-es**) *n* pomme *f* de terre.

potato peeler [-,piːləʳ] *n* (couteau *m*) éplucheur *m*.

potent ['pəʊtənt] *adj* 1. *(powerful, influential)* puissant(e). 2. *(drink)* fort(e). 3. *(man)* viril.

potential [pə'tenʃl] ◇ *adj (energy, success)* potentiel(elle); *(uses, danger)* possible; *(enemy)* en puissance. ◇ *n (U) (of person)* capacités *fpl* latentes; **to have ~** *(person)* promettre; *(company)* avoir de l'avenir; *(scheme)* offrir des possibilités.

potentially [pə'tenʃəlɪ] *adv* potentiellement.

pothole ['pɒthəʊl] *n* 1. *(in road)* nid-de-poule *m*. 2. *(underground)* caverne *f*, grotte *f*.

potholing ['pɒt,həʊlɪŋ] *n Br*: **to go ~** faire de la spéléologie.

potion ['pəʊʃn] *n (magic)* breuvage *m*; **love ~** philtre *m*.

potluck [,pɒt'lʌk] *n*: **to take ~** *(gen)* choisir au hasard; *(at meal)* manger à la fortune du pot.

potted ['pɒtɪd] *adj* 1. *(plant)*: **~ plant** plante *f* d'appartement. 2. *(food)* conservé(e) en pot.

potter ['pɒtəʳ] *n* potier *m*. ◆ **potter about, potter around** *vi Br* bricoler.

pottery ['pɒtərɪ] *n* poterie *f*; **a piece of ~** une poterie.

potty ['pɒtɪ] *Br inf* ◇ *adj*: **~ (about)** toqué(e) (de). ◇ *n* pot *m* (de chambre).

pouch [paʊtʃ] *n* 1. *(small bag)* petit sac *m*; **tobacco ~** blague *f* à tabac. 2. *(of kangaroo)* poche *f* ventrale.

poultry ['pəʊltrɪ] ◇ *n (U) (meat)* volaille *f*. ◇ *npl (birds)* volailles *fpl*.

pounce [paʊns] *vi*: **to ~ (on)** *(bird)* fondre (sur); *(person)* se jeter (sur).

pound [paʊnd] ◇ *n* 1. *Br (money)* livre *f*. 2. *(weight)* = 453,6 grammes, ≃ livre *f*. 3. *(for cars, dogs)* fourrière *f*. ◇ *vt* 1. *(strike loudly)* marteler. 2. *(crush)* piler, broyer. ◇ *vi* 1. *(strike loudly)*: **to ~ on** donner de grands coups à. 2. *(heart)* battre fort; **my head is ~ing** j'ai des élancements dans la tête.

pound sterling *n* livre *f* sterling.

pour [pɔːʳ] ◇ *vt* verser; **shall I ~ you a drink?** je te sers quelque chose à boire? ◇ *vi* 1. *(liquid)* couler à flots. 2. *fig (rush)*: **to ~ in/out** entrer/sortir en foule. ◇ *v impers (rain hard)* pleuvoir à verse. ◆ **pour in** *vi (letters, news)* affluer. ◆ **pour out** *vt sep* 1. *(empty)* vider. 2. *(serve - drink)* verser, servir.

pouring ['pɔːrɪŋ] *adj (rain)* torrentiel (elle).

pout [paʊt] *vi* faire la moue.

poverty ['pɒvətɪ] *n* pauvreté *f*; *fig (of ideas)* indigence *f*, manque *m*.

poverty-stricken *adj (person)* dans la misère; *(area)* misérable, très pauvre.

powder ['paʊdəʳ] ◇ *n* poudre *f*. ◇ *vt (face, body)* poudrer.

powder compact *n* poudrier *m*.

powdered ['paʊdəd] *adj* 1. *(milk, eggs)* en poudre. 2. *(face)* poudré(e).

powder puff *n* houppette *f*.

powder room *n* toilettes *fpl* pour dames.

power ['paʊəʳ] ◇ *n* 1. *(U) (authority, ability)* pouvoir *m*; **to take ~** prendre le pouvoir; **to come to ~** parvenir au pouvoir; **to be in ~** être au pouvoir; **to be in** OR **within one's ~ to do sthg** être en son pouvoir de faire qqch. 2. *(strength, powerful person)* puissance *f*, force *f*. 3. *(U) (energy)* énergie *f*. 4. *(electricity)* courant *m*, électricité *f*. ◇ *vt* faire marcher, actionner.

powerboat ['paʊəbəʊt] *n* hors-bord *m inv*.

power cut *n* coupure *f* de courant.

power failure *n* panne *f* de courant.

powerful ['paʊəfʊl] *adj* 1. *(gen)* puissant(e). 2. *(smell, voice)* fort(e). 3. *(speech, novel)* émouvant(e).

powerless ['paʊəlɪs] *adj* impuissant(e); **to be ~ to do sthg** être dans l'impossibilité de faire qqch, ne pas pouvoir faire qqch.

power point *n Br* prise *f* de courant.

power station *n* centrale *f* électrique.

power steering *n* direction *f* assistée.

pp (*abbr of* **per procurationem**) pp.

p & p *abbr of* **postage and packing**.

PR *n* 1. *abbr of* **proportional representation**. 2. *abbr of* **public relations**.

practicable ['præktɪkəbl] *adj* réalisable, faisable.

practical ['præktɪkl] ◇ *adj* **1.** *(gen)* pratique. **2.** *(plan, solution)* réalisable. ◇ *n* épreuve *f* pratique.
practicality [,præktɪ'kælətɪ] *n (U)* aspect *m* pratique.
practical joke *n* farce *f*.
practically ['præktɪklɪ] *adv* **1.** *(in a practical way)* d'une manière pratique. **2.** *(almost)* presque, pratiquement.
practice, practise *Am* ['præktɪs] *n* **1.** *(U) (at sport)* entraînement *m*; *(at music etc)* répétition *f*; **to be out of ~** être rouillé(e). **2.** *(training session - at sport)* séance *f* d'entraînement; *(- at music etc)* répétition *f*. **3.** *(act of doing)*: **to put sthg into ~** mettre qqch en pratique; **in ~** *(in fact)* en réalité, en fait. **4.** *(habit)* pratique *f*, coutume *f*. **5.** *(U) (of profession)* exercice *m*. **6.** *(of doctor)* cabinet *m*; *(of lawyer)* étude *f*.
practicing *Am* = **practising**.
practise, practice *Am* ['præktɪs] ◇ *vt* **1.** *(sport)* s'entraîner à; *(piano etc)* s'exercer à. **2.** *(custom)* suivre, pratiquer; *(religion)* pratiquer. **3.** *(profession)* exercer. ◇ *vi* **1.** (SPORT) s'entraîner; (MUS) s'exercer. **2.** *(doctor, lawyer)* exercer.
practising, practicing *Am* ['præktɪsɪŋ] *adj (doctor, lawyer)* en exercice; *(Christian etc)* pratiquant(e); *(homosexual)* déclaré(e).
practitioner [præk'tɪʃnəʳ] *n* praticien *m*, -enne *f*.
Prague [prɑːg] *n* Prague.
prairie ['preərɪ] *n* prairie *f*.
praise [preɪz] ◇ *n (U)* louange *f*, louanges *fpl*, éloge *m*, éloges *mpl*. ◇ *vt* louer, faire l'éloge de.
praiseworthy ['preɪz,wɜːðɪ] *adj* louable, méritoire.
pram [præm] *n* landau *m*.
prance [prɑːns] *vi* **1.** *(person)* se pavaner. **2.** *(horse)* caracoler.
prank [præŋk] *n* tour *m*, niche *f*.
prawn [prɔːn] *n* crevette *f* rose.
pray [preɪ] *vi*: **to ~ (to sb)** prier (qqn).
prayer [preəʳ] *n lit & fig* prière *f*.
prayer book *n* livre *m* de messe.
preach [priːtʃ] ◇ *vt (gen)* prêcher; *(sermon)* prononcer. ◇ *vi* **1.** (RELIG): **to ~ (to sb)** prêcher (qqn). **2.** *pej (pontificate)*: **to ~ (at sb)** sermonner (qqn).
preacher ['priːtʃəʳ] *n* prédicateur *m*, pasteur *m*.
precarious [prɪ'keərɪəs] *adj* précaire.
precaution [prɪ'kɔːʃn] *n* précaution *f*.
precede [prɪ'siːd] *vt* précéder.
precedence ['presɪdəns] *n*: **to take ~ over sthg** avoir la priorité sur qqch; **to have** OR **take ~ over sb** avoir la préséance sur qqn.
precedent ['presɪdənt] *n* précédent *m*.
precinct ['priːsɪŋkt] *n* **1.** *Br (area)*: **pedestrian ~** zone *f* piétonne; **shopping ~** centre *m* commercial. **2.** *Am (district)* circonscription *f* (administrative). ◆ **precincts** *npl (of institution)* enceinte *f*.
precious ['preʃəs] *adj* **1.** *(gen)* précieux (euse). **2.** *inf iro (damned)* sacré(e). **3.** *(affected)* affecté(e).
precipice ['presɪpɪs] *n* précipice *m*, paroi *f* à pic.
precipitate [*adj* prɪ'sɪpɪtət, *vb* prɪ'sɪpɪteɪt] *fml* ◇ *adj* hâtif(ive). ◇ *vt (hasten)* hâter, précipiter.
precise [prɪ'saɪs] *adj* précis(e); *(measurement, date)* exact(e).
precisely [prɪ'saɪslɪ] *adv* précisément, exactement.
precision [prɪ'sɪʒn] *n* précision *f*, exactitude *f*.
preclude [prɪ'kluːd] *vt fml* empêcher; *(possibility)* écarter; **to ~ sb from doing sthg** empêcher qqn de faire qqch.
precocious [prɪ'kəʊʃəs] *adj* précoce.
preconceived [,priːkən'siːvd] *adj* préconçu(e).
precondition [,priːkən'dɪʃn] *n fml* condition *f* sine qua non.
predator ['predətəʳ] *n* **1.** *(animal, bird)* prédateur *m*, rapace *m*. **2.** *fig (person)* corbeau *m*.
predecessor ['priːdɪsesəʳ] *n* **1.** *(person)* prédécesseur *m*. **2.** *(thing)* précédent *m*, -e *f*.
predicament [prɪ'dɪkəmənt] *n* situation *f* difficile; **to be in a ~** être dans de beaux draps.
predict [prɪ'dɪkt] *vt* prédire.
predictable [prɪ'dɪktəbl] *adj* prévisible.
prediction [prɪ'dɪkʃn] *n* prédiction *f*.
predispose [,priːdɪs'pəʊz] *vt*: **to be ~d to sthg/to do sthg** être prédisposé(e) à qqch/à faire qqch.
predominant [prɪ'dɒmɪnənt] *adj* prédominant(e).
predominantly [prɪ'dɒmɪnəntlɪ] *adv* principalement, surtout.
preempt [,priː'empt] *vt (action, decision)* devancer, prévenir.
preemptive [,priː'emptɪv] *adj* préventif(ive).
preen [priːn] *vt* **1.** *(subj: bird)* lisser, nettoyer. **2.** *fig (subj: person)*: **to ~ o.s.** se faire beau (belle).

prefab ['pri:fæb] *n inf* maison *f* préfabriquée.

preface ['prefɪs] *n*: **~ (to)** préface *f* (de), préambule *m* (de).

prefect ['pri:fekt] *n Br (pupil) élève de terminale qui aide les professeurs à maintenir la discipline.*

prefer [prɪ'fɜ:ʳ] *vt* préférer; **to ~ sthg to sthg** préférer qqch à qqch, aimer mieux qqch que qqch; **to ~ to do sthg** préférer faire qqch, aimer mieux faire qqch.

preferable ['prefrəbl] *adj*: **~ (to)** préférable (à).

preferably ['prefrəblɪ] *adv* de préférence.

preference ['prefərəns] *n* préférence *f*.

preferential [,prefə'renʃl] *adj* préférentiel(elle).

prefix ['pri:fɪks] *n* préfixe *m*.

pregnancy ['pregnənsɪ] *n* grossesse *f*.

pregnant ['pregnənt] *adj (woman)* enceinte; *(animal)* pleine, gravide.

prehistoric [,pri:hɪ'stɒrɪk] *adj* préhistorique.

prejudice ['predʒʊdɪs] ◇ *n* **1.** *(biased view)*: **~ (in favour of/against)** préjugé *m* (en faveur de/contre), préjugés *mpl* (en faveur de/contre). **2.** *(U) (harm)* préjudice *m*, tort *m*. ◇ *vt* **1.** *(bias)*: **to ~ sb (in favour of/against)** prévenir qqn (en faveur de/contre), influencer qqn (en faveur de/contre). **2.** *(harm)* porter préjudice à.

prejudiced ['predʒʊdɪst] *adj (person)* qui a des préjugés; *(opinion)* préconçu(e); **to be ~ in favour of/against** avoir des préjugés en faveur de/contre.

prejudicial [,predʒʊ'dɪʃl] *adj*: **~ (to)** préjudiciable (à), nuisible (à).

preliminary [prɪ'lɪmɪnərɪ] *adj* préliminaire.

prelude ['prelju:d] *n (event)*: **~ to sthg** prélude *m* de qqch.

premarital [,pri:'mærɪtl] *adj* avant le mariage.

premature ['premə,tjʊəʳ] *adj* prématuré(e).

premeditated [,pri:'medɪteɪtɪd] *adj* prémédité(e).

premenstrual syndrome, premenstrual tension [pri:'menstrʊəl-] *n* syndrome *m* prémenstruel.

premier ['premjəʳ] ◇ *adj* primordial(e), premier(ère). ◇ *n* premier ministre *m*.

premiere ['premɪeəʳ] *n* première *f*.

premise ['premɪs] *n* prémisse *f*. ◆ **premises** *npl* local *m*, locaux *mpl*; **on the ~s** sur place, sur les lieux.

premium ['pri:mjəm] *n* prime *f*; **at a ~** *(above usual value)* à prix d'or; *(in great demand)* très recherché OR demandé.

premium bond *n Br* ≃ billet *m* de loterie.

premonition [,premə'nɪʃn] *n* prémonition *f*, pressentiment *m*.

preoccupied [pri:'ɒkjʊpaɪd] *adj*: **~ (with)** préoccupé(e) (de).

prep [prep] *n (U) Br inf* devoirs *mpl*.

prepaid ['pri:peɪd] *adj* payé(e) d'avance; *(envelope)* affranchi(e).

preparation [,prepə'reɪʃn] *n* préparation *f*. ◆ **preparations** *npl* préparatifs *mpl*; **to make ~s for** faire des préparatifs pour, prendre ses dispositions pour.

preparatory [prɪ'pærətrɪ] *adj (work, classes)* préparatoire; *(actions, measures)* préliminaire.

preparatory school *n (in UK)* école *f* primaire privée; *(in US) école privée qui prépare à l'enseignement supérieur.*

prepare [prɪ'peəʳ] ◇ *vt* préparer. ◇ *vi*: **to ~ for sthg/to do sthg** se préparer à qqch/à faire qqch.

prepared [prɪ'peəd] *adj* **1.** *(done beforehand)* préparé(e) d'avance. **2.** *(willing)*: **to be ~ to do sthg** être prêt(e) OR disposé(e) à faire qqch. **3.** *(ready)*: **to be ~ for sthg** être prêt(e) pour qqch.

preposition [,prepə'zɪʃn] *n* préposition *f*.

preposterous [prɪ'pɒstərəs] *adj* ridicule, absurde.

prep school *abbr of* **preparatory school**.

prerequisite [,pri:'rekwɪzɪt] *n* condition *f* préalable.

prerogative [prɪ'rɒgətɪv] *n* prérogative *f*, privilège *m*.

Presbyterian [,prezbɪ'tɪərɪən] ◇ *adj* presbytérien(enne). ◇ *n* presbytérien *m*, -enne *f*.

preschool [,pri:'sku:l] ◇ *adj* préscolaire. ◇ *n Am* école *f* maternelle.

prescribe [prɪ'skraɪb] *vt* **1.** (MED) prescrire. **2.** *(order)* ordonner, imposer.

prescription [prɪ'skrɪpʃn] *n (*MED *- written form)* ordonnance *f*; *(- medicine)* médicament *m*.

prescriptive [prɪ'skrɪptɪv] *adj* normatif(ive).

presence ['prezns] *n* présence *f*; **to be in sb's ~** OR **in the ~ of sb** être en présence de qqn.

presence of mind *n* présence *f* d'esprit.

present [*adj & n* 'preznt, *vb* prɪ'zent] ◇ *adj* **1.** *(current)* actuel(elle). **2.** *(in* *attendance)* présent(e); **to be ~ at** assister à. ◇ *n* 1. *(current time)*: **the ~** le présent; **at ~** actuellement, en ce moment. 2. *(gift)* cadeau *m*. 3. (GRAMM): **~ (tense)** présent *m*. ◇ *vt* 1. *(gen)* présenter; *(opportunity)* donner. 2. *(give)* donner, remettre; **to ~ sb with sthg, to ~ sthg to sb** donner OR remettre qqch à qqn. 3. *(portray)* représenter, décrire. 4. *(arrive)*: **to ~ o.s.** se présenter.

presentable [prɪˈzentəbl] *adj* présentable.

presentation [ˌpreznˈteɪʃn] *n* 1. *(gen)* présentation *f*. 2. *(ceremony)* remise *f* (de récompense/prix). 3. *(talk)* exposé *m*. 4. *(of play)* représentation *f*.

present day *n*: **the ~** aujourd'hui. ◆ **present-day** *adj* d'aujourd'hui, contemporain(e).

presenter [prɪˈzentəʳ] *n Br* présentateur *m*, -trice *f*.

presently [ˈprezəntlɪ] *adv* 1. *(soon)* bientôt, tout à l'heure. 2. *(at present)* actuellement, en ce moment.

preservation [ˌprezəˈveɪʃn] *n (U)* 1. *(maintenance)* maintien *m*. 2. *(protection)* protection *f*, conservation *f*.

preservative [prɪˈzɜːvətɪv] *n* conservateur *m*.

preserve [prɪˈzɜːv] ◇ *vt* 1. *(maintain)* maintenir. 2. *(protect)* conserver. 3. *(food)* conserver, mettre en conserve. ◇ *n (jam)* confiture *f*. ◆ **preserves** *npl (jam)* confiture *f*; *(vegetables)* pickles *mpl*, condiments *mpl*.

president [ˈprezɪdənt] *n* 1. *(gen)* président *m*. 2. *Am (company chairman)* P-DG *m*.

presidential [ˌprezɪˈdenʃl] *adj* présidentiel(elle).

press [pres] ◇ *n* 1. *(push)* pression *f*. 2. *(journalism)*: **the ~** *(newspapers)* la presse, les journaux *mpl*; *(reporters)* les journalistes *mpl*. 3. *(printing machine)* presse *f*; *(for wine)* pressoir *m*. ◇ *vt* 1. *(push)* appuyer sur; **to ~ sthg against sthg** appuyer qqch sur qqch. 2. *(squeeze)* serrer. 3. *(iron)* repasser, donner un coup de fer à. 4. *(urge)*: **to ~ sb (to do sthg** OR **into doing sthg)** presser qqn (de faire qqch). 5. *(pursue - claim)* insister sur. ◇ *vi* 1. *(push)*: **to ~ (on sthg)** appuyer (sur qqch). 2. *(squeeze)*: **to ~ (on sthg)** serrer (qqch). 3. *(crowd)* se presser. ◆ **press for** *vt fus* demander avec insistance. ◆ **press on** *vi (continue)*: **to ~ on (with sthg)** continuer (qqch), ne pas abandonner (qqch).

press agency *n* agence *f* de presse.

press conference *n* conférence *f* de presse.

pressed [prest] *adj*: **to be ~ for time/money** être à court de temps/d'argent.

pressing [ˈpresɪŋ] *adj* urgent(e).

press officer *n* attaché *m* de presse.

press release *n* communiqué *m* de presse.

press-stud *n Br* pression *f*.

press-up *n Br* pompe *f*, traction *f*.

pressure [ˈpreʃəʳ] *n (U)* 1. *(gen)* pression *f*; **to put ~ on sb (to do sthg)** faire pression sur qqn (pour qu'il fasse qqch). 2. *(stress)* tension *f*.

pressure cooker *n* Cocotte-Minute® *f*, autocuiseur *m*.

pressure gauge *n* manomètre *m*.

pressure group *n* groupe *m* de pression.

pressurize, -ise [ˈpreʃəraɪz] *vt* 1. (TECH) pressuriser. 2. *Br (force)*: **to ~ sb to do** OR **into doing sthg** forcer qqn à faire qqch.

prestige [preˈstiːʒ] *n* prestige *m*.

presumably [prɪˈzjuːməblɪ] *adv* vraisemblablement.

presume [prɪˈzjuːm] *vt* présumer; **to ~ (that) ...** supposer que ...

presumption [prɪˈzʌmpʃn] *n* 1. *(assumption)* supposition *f*, présomption *f*. 2. *(U) (audacity)* présomption *f*.

presumptuous [prɪˈzʌmptʃʊəs] *adj* présomptueux(euse).

pretence, pretense *Am* [prɪˈtens] *n* prétention *f*; **to make a ~ of doing sthg** faire semblant de faire qqch; **under false ~s** sous des prétextes fallacieux.

pretend [prɪˈtend] ◇ *vt*: **to ~ to do sthg** faire semblant de faire qqch. ◇ *vi* faire semblant.

pretense *Am* = **pretence**.

pretension [prɪˈtenʃn] *n* prétention *f*.

pretentious [prɪˈtenʃəs] *adj* prétentieux(euse).

pretext [ˈpriːtekst] *n* prétexte *m*; **on** OR **under the ~ that ...** sous prétexte que ...; **on** OR **under the ~ of doing sthg** sous prétexte de faire qqch.

pretty [ˈprɪtɪ] ◇ *adj* joli(e). ◇ *adv (quite)* plutôt; **~ much** OR **well** pratiquement, presque.

prevail [prɪˈveɪl] *vi* 1. *(be widespread)* avoir cours, régner. 2. *(triumph)*: **to ~ (over)** prévaloir (sur), l'emporter (sur). 3. *(persuade)*: **to ~ on** OR **upon sb to do sthg** persuader qqn de faire qqch.

prevailing [prɪˈveɪlɪŋ] *adj* 1. *(current)* actuel(elle). 2. *(wind)* dominant(e).

prevalent ['prevələnt] *adj* courant(e), répandu(e).
prevent [prɪ'vent] *vt*: **to ~ sb/sthg (from doing sthg)** empêcher qqn/qqch (de faire qqch).
preventive [prɪ'ventɪv] *adj* préventif (ive).
preview ['priːvjuː] *n* avant-première *f*.
previous ['priːvjəs] *adj* **1.** *(earlier)* antérieur(e). **2.** *(preceding)* précédent(e).
previously ['priːvjəslɪ] *adv* avant, auparavant.
prewar [,priː'wɔːʳ] *adj* d'avant-guerre.
prey [preɪ] *n* proie *f*. ◆ **prey on** *vt fus* **1.** *(live off)* faire sa proie de. **2.** *(trouble)*: **to ~ on sb's mind** ronger qqn, tracasser qqn.
price [praɪs] ◇ *n (cost)* prix *m*; **at any ~** à tout prix. ◇ *vt* fixer le prix de.
priceless ['praɪslɪs] *adj* sans prix, inestimable.
price list *n* tarif *m*.
price tag *n (label)* étiquette *f*.
pricey ['praɪsɪ] *adj inf* chérot.
prick [prɪk] ◇ *n* **1.** *(scratch, wound)* piqûre *f*. **2.** *vulg (stupid person)* con *m*, conne *f*. ◇ *vt* piquer. ◆ **prick up** *vt fus*: **to ~ up one's ears** *(animal)* dresser les oreilles; *(person)* dresser OR tendre l'oreille.
prickle ['prɪkl] ◇ *n* **1.** *(thorn)* épine *f*. **2.** *(sensation on skin)* picotement *m*. ◇ *vi* picoter.
prickly ['prɪklɪ] *adj* **1.** *(plant, bush)* épineux(euse). **2.** *fig (person)* irritable.
prickly heat *n (U)* boutons *mpl* de chaleur.
pride [praɪd] ◇ *n (U)* **1.** *(satisfaction)* fierté *f*; **to take ~ in sthg/in doing sthg** être fier de qqch/de faire qqch. **2.** *(self-esteem)* orgueil *m*, amour-propre *m*. **3.** *pej (arrogance)* orgueil *m*. ◇ *vt*: **to ~ o.s. on sthg** être fier (fière) de qqch.
priest [priːst] *n* prêtre *m*.
priestess ['priːstɪs] *n* prêtresse *f*.
priesthood ['priːsthʊd] *n* **1.** *(position, office)*: **the ~** le sacerdoce. **2.** *(priests)*: **the ~** le clergé.
prim [prɪm] *adj* guindé(e).
primarily ['praɪmərɪlɪ] *adv* principalement.
primary ['praɪmərɪ] ◇ *adj* **1.** *(main)* premier(ère), principal(e). **2.** (SCH) primaire. ◇ *n Am* (POL) primaire *f*.
primary school *n* école *f* primaire.
primate ['praɪmeɪt] *n* **1.** (ZOOL) primate *m*. **2.** (RELIG) primat *m*.
prime [praɪm] ◇ *adj* **1.** *(main)* principal (e), primordial(e). **2.** *(excellent)* excellent (e); **~ quality** première qualité. ◇ *n*: **to be in one's ~** être dans la fleur de l'âge. ◇ *vt* **1.** *(gun, pump)* amorcer. **2.** *(paint)* apprêter. **3.** *(inform)*: **to ~ sb about sthg** mettre qqn au courant de qqch.
prime minister *n* premier ministre *m*.
primer ['praɪməʳ] *n* **1.** *(paint)* apprêt *m*. **2.** *(textbook)* introduction *f*.
primeval [praɪ'miːvl] *adj (ancient)* primitif(ive).
primitive ['prɪmɪtɪv] *adj* primitif(ive).
primrose ['prɪmrəʊz] *n* primevère *f*.
Primus stove® ['praɪməs-] *n* réchaud *m* de camping.
prince [prɪns] *n* prince *m*.
princess [prɪn'ses] *n* princesse *f*.
principal ['prɪnsəpl] ◇ *adj* principal(e). ◇ *n* (SCH) directeur *m*, -trice *f*; (UNIV) doyen *m*, -enne *f*.
principle ['prɪnsəpl] *n* principe *m*; **on ~, as a matter of ~** par principe. ◆ **in principle** *adv* en principe.
print [prɪnt] ◇ *n* **1.** *(U) (type)* caractères *mpl*; **to be in ~** être disponible; **to be out of ~** être épuisé. **2.** (ART) gravure *f*. **3.** *(photograph)* épreuve *f*. **4.** *(fabric)* imprimé *m*. **5.** *(mark)* empreinte *f*. ◇ *vt* **1.** *(produce by printing)* imprimer. **2.** *(publish)* publier. **3.** *(write in block letters)* écrire en caractères d'imprimerie. ◇ *vi (printer)* imprimer. ◆ **print out** *vt sep* (COMPUT) imprimer.
printed matter ['prɪntɪd-] *n (U)* imprimés *mpl*.
printer ['prɪntəʳ] *n* **1.** *(person, firm)* imprimeur *m*. **2.** (COMPUT) imprimante *f*.
printing ['prɪntɪŋ] *n (U)* **1.** *(act of printing)* impression *f*. **2.** *(trade)* imprimerie *f*.
printout ['prɪntaʊt] *n* (COMPUT) sortie *f* d'imprimante, listing *m*.
prior ['praɪəʳ] ◇ *adj* antérieur(e), précédent(e). ◇ *n (monk)* prieur *m*. ◆ **prior to** *prep* avant; **~ to doing sthg** avant de faire qqch.
priority [praɪ'ɒrətɪ] *n* priorité *f*; **to have** OR **take ~ (over)** avoir la priorité (sur).
prise [praɪz] *vt*: **to ~ sthg away from sb** arracher qqch à qqn; **to ~ sthg open** forcer qqch.
prison ['prɪzn] *n* prison *f*.
prisoner ['prɪznəʳ] *n* prisonnier *m*, -ère *f*.
prisoner of war (*pl* **prisoners of war**) *n* prisonnier *m*, -ère *f* de guerre.
privacy [*Br* 'prɪvəsɪ, *Am* 'praɪvəsɪ] *n* intimité *f*.
private ['praɪvɪt] ◇ *adj* **1.** *(not public)*

privé(e). 2. *(confidential)* confidentiel(elle). 3. *(personal)* personnel(elle). 4. *(unsociable - person)* secret(ète). ◇ *n* 1. *(soldier)* (simple) soldat *m*. 2. *(secrecy)*: **in ~** en privé.

private enterprise *n (U)* entreprise *f* privée.

private eye *n* détective *m* privé.

privately ['praɪvɪtlɪ] *adv* 1. *(not by the state)*: **~ owned** du secteur privé. 2. *(confidentially)* en privé. 3. *(personally)* intérieurement, dans son for intérieur.

private property *n* propriété *f* privée.

private school *n* école *f* privée.

privatize, -ise ['praɪvɪtaɪz] *vt* privatiser.

privet ['prɪvɪt] *n* troène *m*.

privilege ['prɪvɪlɪdʒ] *n* privilège *m*.

privy ['prɪvɪ] *adj*: **to be ~ to sthg** être dans le secret de qqch.

Privy Council *n Br*: **the ~** le Conseil privé.

prize [praɪz] ◇ *adj (possession)* très précieux(euse); *(animal)* primé(e); *(idiot, example)* parfait(e). ◇ *n* prix *m*. ◇ *vt* priser.

prize-giving [-,gɪvɪŋ] *n Br* distribution *f* des prix.

prizewinner ['praɪz,wɪnəʳ] *n* gagnant *m*, -e *f*.

pro [prəʊ] (*pl* **-s**) *n* 1. *inf (professional)* pro *mf*. 2. *(advantage)*: **the ~s and cons** le pour et le contre.

probability [,prɒbə'bɪlətɪ] *n* probabilité *f*.

probable ['prɒbəbl] *adj* probable.

probably ['prɒbəblɪ] *adv* probablement.

probation [prə'beɪʃn] *n (U)* 1. (JUR) mise *f* à l'épreuve; **to put sb on ~** mettre qqn en sursis avec mise à l'épreuve. 2. *(trial period)* essai *m*; **to be on ~** être à l'essai.

probe [prəʊb] ◇ *n* 1. *(investigation)*: **~ (into)** enquête *f* (sur). 2. (MED & TECH) sonde *f*. ◇ *vt* sonder.

problem ['prɒbləm] ◇ *n* problème *m*; **no ~!** *inf* pas de problème! ◇ *comp* difficile.

procedure [prə'siːdʒəʳ] *n* procédure *f*.

proceed [*vb* prə'siːd, *npl* 'prəʊsiːdz] ◇ *vt (do subsequently)*: **to ~ to do sthg** se mettre à faire qqch. ◇ *vi* 1. *(continue)*: **to ~ (with sthg)** continuer (qqch), poursuivre (qqch). 2. *fml (advance)* avancer. ♦ **proceeds** *npl* recette *f*.

proceedings [prə'siːdɪŋz] *npl* 1. *(of meeting)* débats *mpl*. 2. (JUR) poursuites *fpl*.

process ['prəʊses] ◇ *n* 1. *(series of actions)* processus *m*; **in the ~** ce faisant; **to be in the ~ of doing sthg** être en train de faire qqch. 2. *(method)* procédé *m*. ◇ *vt (raw materials, food, data)* traiter, transformer; *(application)* s'occuper de.

processing ['prəʊsesɪŋ] *n* traitement *m*, transformation *f*.

procession [prə'seʃn] *n* cortège *m*, procession *f*.

proclaim [prə'kleɪm] *vt (declare)* proclamer.

procrastinate [prə'kræstɪneɪt] *vi* faire traîner les choses.

procure [prə'kjʊəʳ] *vt (for oneself)* se procurer; *(for someone else)* procurer; *(release)* obtenir.

prod [prɒd] *vt (push, poke)* pousser doucement.

prodigal ['prɒdɪgl] *adj* prodigue.

prodigy ['prɒdɪdʒɪ] *n* prodige *m*.

produce [*n* 'prɒdjuːs, *vb* prə'djuːs] ◇ *n (U)* produits *mpl*. ◇ *vt* 1. *(gen)* produire. 2. *(cause)* provoquer, causer. 3. *(show)* présenter. 4. (THEATRE) mettre en scène.

producer [prə'djuːsəʳ] *n* 1. *(of film, manufacturer)* producteur *m*, -trice *f*. 2. (THEATRE) metteur *m* en scène.

product ['prɒdʌkt] *n* produit *m*.

production [prə'dʌkʃn] *n* 1. *(U) (manufacture, of film)* production *f*. 2. *(U) (output)* rendement *m*. 3. *(U)* (THEATRE) *(of play)* mise *f* en scène. 4. *(show - gen)* production *f*; (- THEATRE) pièce *f*.

production line *n* chaîne *f* de fabrication.

productive [prə'dʌktɪv] *adj* 1. *(land, business, workers)* productif(ive). 2. *(meeting, experience)* fructueux(euse).

productivity [,prɒdʌk'tɪvətɪ] *n* productivité *f*.

profane [prə'feɪn] *adj* impie.

profession [prə'feʃn] *n* profession *f*; **by ~** de son métier.

professional [prə'feʃənl] ◇ *adj* 1. *(gen)* professionnel(elle). 2. *(of high standard)* de (haute) qualité. ◇ *n* professionnel *m*, -elle *f*.

professor [prə'fesəʳ] *n* 1. *Br* (UNIV) professeur *m* (de faculté). 2. *Am & Can (teacher)* professeur *m*.

proficiency [prə'fɪʃənsɪ] *n*: **~ (in)** compétence *f* (en).

profile ['prəʊfaɪl] *n* profil *m*.

profit ['prɒfɪt] ◇ *n* 1. *(financial)* bénéfice *m*, profit *m*; **to make a ~** faire un bénéfice. 2. *(advantage)* profit *m*. ◇ *vi* *(financially)* être le bénéficiaire; *(gain advantage)* tirer avantage OR profit.

profitability [,prɒfɪtə'bɪlətɪ] *n* rentabilité *f.*

profitable ['prɒfɪtəbl] *adj* **1.** *(financially)* rentable, lucratif(ive). **2.** *(beneficial)* fructueux(euse), profitable.

profound [prə'faʊnd] *adj* profond(e).

profusely [prə'fju:slɪ] *adv (sweat, bleed)* abondamment; **to apologize ~** se confondre en excuses.

profusion [prə'fju:ʒn] *n* profusion *f.*

prognosis [prɒg'nəʊsɪs] (*pl* **-noses** [-'nəʊsi:z]) *n* pronostic *m.*

program ['prəʊgræm] (*pt & pp* **-med** OR **-ed**, *cont* **-ming** OR **-ing**) ◇ *n* **1.** (COMPUT) programme *m.* **2.** *Am* = **programme.** ◇ *vt* **1.** (COMPUT) programmer. **2.** *Am* = **programme.**

programer *Am* = **programmer.**

programme *Br,* **program** *Am* ['prəʊgræm] ◇ *n* **1.** *(schedule, booklet)* programme *m.* **2.** (RADIO & TV) émission *f.* ◇ *vt* programmer; **to ~ sthg to do sthg** programmer qqch pour faire qqch.

programmer *Br,* **programer** *Am* ['prəʊgræmə^r] *n* (COMPUT) programmeur *m,* -euse *f.*

programming ['prəʊgræmɪŋ] *n* programmation *f.*

progress [*n* 'prəʊgres, *vb* prə'gres] ◇ *n* progrès *m*; **to make ~** *(improve)* faire des progrès; **to make ~ in sthg** avancer dans qqch; **in ~** en cours. ◇ *vi* **1.** *(improve - gen)* progresser, avancer; *(- person)* faire des progrès. **2.** *(continue)* avancer.

progressive [prə'gresɪv] *adj* **1.** *(enlightened)* progressiste. **2.** *(gradual)* progressif(ive).

prohibit [prə'hɪbɪt] *vt* prohiber; **to ~ sb from doing sthg** interdire OR défendre à qqn de faire qqch.

project [*n* 'prɒdʒekt, *vb* prə'dʒekt] ◇ *n* **1.** *(plan, idea)* projet *m,* plan *m.* **2.** (SCH) *(study)*: **~ (on)** dossier *m* (sur), projet *m* (sur). ◇ *vt* **1.** *(gen)* projeter. **2.** *(estimate)* prévoir. ◇ *vi (jut out)* faire saillie.

projectile [prə'dʒektaɪl] *n* projectile *m.*

projection [prə'dʒekʃn] *n* **1.** *(estimate)* prévision *f.* **2.** *(protrusion)* saillie *f.* **3.** *(U) (display, showing)* projection *f.*

projector [prə'dʒektə^r] *n* projecteur *m.*

proletariat [,prəʊlɪ'teərɪət] *n* prolétariat *m.*

prolific [prə'lɪfɪk] *adj* prolifique.

prologue, prolog *Am* ['prəʊlɒg] *n lit & fig* prologue *m.*

prolong [prə'lɒŋ] *vt* prolonger.

prom [prɒm] *n* **1.** *Br inf (abbr of* **promenade***)* promenade *f,* front *m* de mer. **2.** *Am (ball)* bal *m* d'étudiants. **3.** *Br inf (abbr of* **promenade concert***)* concert *m* promenade.

promenade [,prɒmə'nɑ:d] *n Br (road by sea)* promenade *f,* front *m* de mer.

promenade concert *n Br* concert *m* promenade.

prominent ['prɒmɪnənt] *adj* **1.** *(important)* important(e). **2.** *(noticeable)* proéminent(e).

promiscuous [prɒ'mɪskjʊəs] *adj (person)* aux mœurs légères; *(behaviour)* immoral(e).

promise ['prɒmɪs] ◇ *n* promesse *f.* ◇ *vt*: **to ~ (sb) to do sthg** promettre (à qqn) de faire qqch; **to ~ sb sthg** promettre qqch à qqn. ◇ *vi* promettre.

promising ['prɒmɪsɪŋ] *adj* prometteur(euse).

promontory ['prɒməntrɪ] *n* promontoire *m.*

promote [prə'məʊt] *vt* **1.** *(foster)* promouvoir. **2.** *(push, advertise)* promouvoir, lancer. **3.** *(in job)* promouvoir.

promoter [prə'məʊtə^r] *n* **1.** *(organizer)* organisateur *m,* -trice *f.* **2.** *(supporter)* promoteur *m,* -trice *f.*

promotion [prə'məʊʃn] *n* promotion *f,* avancement *m.*

prompt [prɒmpt] ◇ *adj* rapide, prompt(e). ◇ *adv*: **at nine o'clock ~** à neuf heures précises OR tapantes. ◇ *vt* **1.** *(motivate, encourage)*: **to ~ sb (to do sthg)** pousser OR inciter qqn (à faire qqch). **2.** (THEATRE) souffler sa réplique à. ◇ *n* (THEATRE) réplique *f.*

promptly ['prɒmptlɪ] *adv* **1.** *(immediately)* rapidement, promptement. **2.** *(punctually)* ponctuellement.

prone [prəʊn] *adj* **1.** *(susceptible)*: **to be ~ to sthg** être sujet(ette) à qqch; **to be ~ to do sthg** avoir tendance à faire qqch. **2.** *(lying flat)* étendu(e) face contre terre.

prong [prɒŋ] *n (of fork)* dent *f.*

pronoun ['prəʊnaʊn] *n* pronom *m.*

pronounce [prə'naʊns] ◇ *vt* prononcer. ◇ *vi*: **to ~ on** se prononcer sur.

pronounced [prə'naʊnst] *adj* prononcé(e).

pronouncement [prə'naʊnsmənt] *n* déclaration *f.*

pronunciation [prə,nʌnsɪ'eɪʃn] *n* prononciation *f.*

proof [pru:f] *n* **1.** *(evidence)* preuve *f.* **2.** *(of book etc)* épreuve *f.* **3.** *(of alcohol)* teneur *f* en alcool.

prop [prɒp] ◇ *n* **1.** *(physical support)* support *m*, étai *m*. **2.** *fig (supporting thing, person)* soutien *m*. ◇ *vt*: **to ~ sthg against** appuyer qqch contre OR à. ◆ **props** *npl* accessoires *mpl*. ◆ **prop up** *vt sep* **1.** *(physically support)* soutenir, étayer. **2.** *fig (sustain)* soutenir.

propaganda [ˌprɒpəˈgændə] *n* propagande *f*.

propel [prəˈpel] *vt* propulser; *fig* pousser.

propeller [prəˈpeləʳ] *n* hélice *f*.

propelling pencil [prəˈpelɪŋ-] *n Br* porte-mine *m inv*.

propensity [prəˈpensətɪ] *n*: **~ (for** OR **to)** propension *f* (à).

proper [ˈprɒpəʳ] *adj* **1.** *(real)* vrai(e). **2.** *(correct)* correct(e), bon (bonne). **3.** *(decent - behaviour etc)* convenable.

properly [ˈprɒpəlɪ] *adv* **1.** *(satisfactorily, correctly)* correctement, comme il faut. **2.** *(decently)* convenablement, comme il faut.

proper noun *n* nom *m* propre.

property [ˈprɒpətɪ] *n* **1.** *(U) (possessions)* biens *mpl*, propriété *f*. **2.** *(building)* bien *m* immobilier; *(land)* terres *fpl*. **3.** *(quality)* propriété *f*.

property owner *n* propriétaire *m* (foncier).

prophecy [ˈprɒfɪsɪ] *n* prophétie *f*.

prophesy [ˈprɒfɪsaɪ] *vt* prédire.

prophet [ˈprɒfɪt] *n* prophète *m*.

proportion [prəˈpɔːʃn] *n* **1.** *(part)* part *f*, partie *f*. **2.** *(ratio)* rapport *m*, proportion *f*. **3.** (ART): **in ~** proportionné(e); **out of ~** mal proportionné; **a sense of ~** *fig* le sens de la mesure.

proportional [prəˈpɔːʃənl] *adj* proportionnel(elle).

proportional representation *n* représentation *f* proportionnelle.

proportionate [prəˈpɔːʃnət] *adj* proportionnel(elle).

proposal [prəˈpəʊzl] *n* **1.** *(suggestion)* proposition *f*, offre *f*. **2.** *(offer of marriage)* demande *f* en mariage.

propose [prəˈpəʊz] ◇ *vt* **1.** *(suggest)* proposer. **2.** *(intend)*: **to ~ to do** OR **doing sthg** avoir l'intention de faire qqch, se proposer de faire qqch. **3.** *(toast)* porter. ◇ *vi* faire une demande en mariage; **to ~ to sb** demander qqn en mariage.

proposition [ˌprɒpəˈzɪʃn] *n* proposition *f*.

proprietor [prəˈpraɪətəʳ] *n* propriétaire *mf*.

propriety [prəˈpraɪətɪ] *n (U) fml (moral correctness)* bienséance *f*.

pro rata [-ˈrɑːtə] ◇ *adj* proportionnel(elle). ◇ *adv* au prorata.

prose [prəʊz] *n (U)* prose *f*.

prosecute [ˈprɒsɪkjuːt] ◇ *vt* poursuivre (en justice). ◇ *vi (police)* engager des poursuites judiciaires; *(lawyer)* représenter la partie plaignante.

prosecution [ˌprɒsɪˈkjuːʃn] *n* poursuites *fpl* judiciaires, accusation *f*; **the ~** la partie plaignante; *(in Crown case)* ≃ le ministère public.

prosecutor [ˈprɒsɪkjuːtəʳ] *n* plaignant *m*, -e *f*.

prospect [*n* ˈprɒspekt, *vb* prəˈspekt] ◇ *n* **1.** *(hope)* possibilité *f*, chances *fpl*. **2.** *(probability)* perspective *f*. ◇ *vi*: **to ~ (for sthg)** prospecter (pour chercher qqch). ◆ **prospects** *npl*: **~s (for)** chances *fpl* (de), perspectives *fpl* (de).

prospecting [prəˈspektɪŋ] *n* prospection *f*.

prospective [prəˈspektɪv] *adj* éventuel(elle).

prospector [prəˈspektəʳ] *n* prospecteur *m*, -trice *f*.

prospectus [prəˈspektəs] (*pl* **-es**) *n* prospectus *m*.

prosper [ˈprɒspəʳ] *vi* prospérer.

prosperity [prɒˈsperətɪ] *n* prospérité *f*.

prosperous [ˈprɒspərəs] *adj* prospère.

prostitute [ˈprɒstɪtjuːt] *n* prostituée *f*.

prostrate [ˈprɒstreɪt] *adj* **1.** *(lying down)* à plat ventre. **2.** *(with grief etc)* prostré(e).

protagonist [prəˈtægənɪst] *n* protagoniste *mf*.

protect [prəˈtekt] *vt*: **to ~ sb/sthg (against), to ~ sb/sthg (from)** protéger qqn/qqch (contre), protéger qqn/qqch (de).

protection [prəˈtekʃn] *n*: **~ (from** OR **against)** protection *f* (contre), défense *f* (contre).

protective [prəˈtektɪv] *adj* **1.** *(layer, clothing)* de protection. **2.** *(person, feelings)* protecteur(trice).

protein [ˈprəʊtiːn] *n* protéine *f*.

protest [*n* ˈprəʊtest, *vb* prəˈtest] ◇ *n* protestation *f*. ◇ *vt* **1.** *(state)* protester de. **2.** *Am (protest against)* protester contre. ◇ *vi*: **to ~ (about/against)** protester (à propos de/contre).

Protestant [ˈprɒtɪstənt] ◇ *adj* protestant(e). ◇ *n* protestant *m*, -e *f*.

protester [prəˈtestəʳ] *n (on march, at demonstration)* manifestant *m*, -e *f*.

protest march *n* manifestation *f*, marche *f* de protestation.

protocol ['prəʊtəkɒl] *n* protocole *m*.
prototype ['prəʊtətaɪp] *n* prototype *m*.
protracted [prə'træktɪd] *adj* prolongé (e).
protrude [prə'tru:d] *vi* avancer, dépasser.
proud [praʊd] *adj* **1.** *(satisfied, dignified)* fier (fière). **2.** *pej (arrogant)* orgueilleux (euse), fier (fière).
prove [pru:v] (*pp* **-d** OR **proven**) *vt* **1.** *(show to be true)* prouver. **2.** *(turn out)*: **to ~ (to be) false/useful** s'avérer faux/utile; **to ~ o.s. to be sthg** se révéler être qqch.
proven ['pru:vn, 'prəʊvn] ◇ *pp* → **prove.** ◇ *adj (fact)* avéré(e), établi(e); *(liar)* fieffé(e).
proverb ['prɒvɜ:b] *n* proverbe *m*.
provide [prə'vaɪd] *vt* fournir; **to ~ sb with sthg** fournir qqch à qqn; **to ~ sthg for sb** fournir qqch à qqn. ♦ **provide for** *vt fus* **1.** *(support)* subvenir aux besoins de. **2.** *fml (make arrangements for)* prévoir.
provided [prə'vaɪdɪd] ♦ **provided (that)** *conj* à condition que (+ *subjunctive*), pourvu que (+ *subjunctive*).
providing [prə'vaɪdɪŋ] ♦ **providing (that)** *conj* à condition que (+ *subjunctive*), pourvu que (+ *subjunctive*).
province ['prɒvɪns] *n* **1.** *(part of country)* province *f*. **2.** *(speciality)* domaine *m*, compétence *f*.
provincial [prə'vɪnʃl] *adj* **1.** *(town, newspaper)* de province. **2.** *pej (narrow-minded)* provincial(e).
provision [prə'vɪʒn] *n* **1.** *(U) (act of supplying)*: **~ (of)** approvisionnement *m* (en), fourniture *f* (de). **2.** *(supply)* provision *f*, réserve *f*. **3.** *(U) (arrangements)*: **to make ~ for** *(the future)* prendre des mesures pour. **4.** *(in agreement, law)* clause *f*, disposition *f*. ♦ **provisions** *npl (supplies)* provisions *fpl*.
provisional [prə'vɪʒənl] *adj* provisoire.
proviso [prə'vaɪzəʊ] (*pl* **-s**) *n* condition *f*, stipulation *f*; **with the ~ that** à (la) condition que (+ *subjunctive*).
provocative [prə'vɒkətɪv] *adj* provocant(e).
provoke [prə'vəʊk] *vt* **1.** *(annoy)* agacer, contrarier. **2.** *(cause - fight, argument)* provoquer; *(- reaction)* susciter.
prow [praʊ] *n* proue *f*.
prowess ['praʊɪs] *n* prouesse *f*.
prowl [praʊl] ◇ *n*: **to be on the ~** rôder. ◇ *vt (streets etc)* rôder dans. ◇ *vi* rôder.
prowler ['praʊlə^r] *n* rôdeur *m*, -euse *f*.
proxy ['prɒksɪ] *n*: **by ~** par procuration.
prudent ['pru:dnt] *adj* prudent(e).
prudish ['pru:dɪʃ] *adj* prude, pudibond (e).
prune [pru:n] ◇ *n (fruit)* pruneau *m*. ◇ *vt (tree, bush)* tailler.
pry [praɪ] *vi* se mêler de ce qui ne vous regarde pas; **to ~ into sthg** chercher à découvrir qqch.
PS (*abbr of* **postscript**) *n* PS *m*.
psalm [sɑ:m] *n* psaume *m*.
pseudonym ['sju:dənɪm] *n* pseudonyme *m*.
psyche ['saɪkɪ] *n* psyché *f*.
psychiatric [,saɪkɪ'ætrɪk] *adj* psychiatrique.
psychiatrist [saɪ'kaɪətrɪst] *n* psychiatre *mf*.
psychiatry [saɪ'kaɪətrɪ] *n* psychiatrie *f*.
psychic ['saɪkɪk] ◇ *adj* **1.** *(clairvoyant - person)* doué(e) de seconde vue; *(- powers)* parapsychique. **2.** (MED) psychique. ◇ *n* médium *m*.
psychoanalysis [,saɪkəʊə'næləsɪs] *n* psychanalyse *f*.
psychoanalyst [,saɪkəʊ'ænəlɪst] *n* psychanalyste *mf*.
psychological [,saɪkə'lɒdʒɪkl] *adj* psychologique.
psychologist [saɪ'kɒlədʒɪst] *n* psychologue *mf*.
psychology [saɪ'kɒlədʒɪ] *n* psychologie *f*.
psychopath ['saɪkəpæθ] *n* psychopathe *mf*.
psychotic [saɪ'kɒtɪk] ◇ *adj* psychotique. ◇ *n* psychotique *mf*.
pt 1. *abbr of* **pint. 2.** *abbr of* **point.**
PT (*abbr of* **physical training**) *n* EPS *f*.
PTO (*abbr of* **please turn over**) TSVP.
pub [pʌb] *n* pub *m*.

PUB

Véritable institution sociale, le pub est au cœur de la vie communautaire dans les villages britanniques. Soumis jusqu'à récemment à une réglementation stricte quant aux heures d'ouverture et aux conditions d'admission, les pubs sont actuellement ouverts, en règle générale, de 11 h à 23 h. Ils offrent, en plus des boissons, un choix de plats simples.

puberty ['pju:bətɪ] *n* puberté *f*.
pubic ['pju:bɪk] *adj* du pubis.
public ['pʌblɪk] ◇ *adj* public(ique); *(library)* municipal(e). ◇ *n*: **the ~** le public; **in ~** en public.
public-address system *n* système *m* de sonorisation.
publican ['pʌblɪkən] *n Br* gérant *m*, -e *f* d'un pub.
publication [,pʌblɪ'keɪʃn] *n* publication *f*.
public bar *n Br* bar *m*.
public company *n* société *f* anonyme *(cotée en Bourse)*.
public convenience *n Br* toilettes *fpl* publiques.
public holiday *n* jour *m* férié.
public house *n Br* pub *m*.
publicity [pʌb'lɪsɪtɪ] *n (U)* publicité *f*.
publicize, -ise ['pʌblɪsaɪz] *vt* faire connaître au public.
public limited company *n* société *f* anonyme *(cotée en Bourse)*.
public opinion *n (U)* opinion *f* publique.
public prosecutor *n* ≃ procureur *m* de la République.
public relations ◇ *n (U)* relations *fpl* publiques. ◇ *npl* relations *fpl* publiques.
public school *n* 1. *Br (private school)* école *f* privée. 2. *Am (state school)* école *f* publique.
public transport *n (U)* transports *mpl* en commun.
publish ['pʌblɪʃ] *vt* publier.
publisher ['pʌblɪʃəʳ] *n* éditeur *m*, -trice *f*.
publishing ['pʌblɪʃɪŋ] *n (U) (industry)* édition *f*.
pub lunch *n repas de midi servi dans un pub*.
pucker ['pʌkəʳ] *vt* plisser.
pudding ['pʊdɪŋ] *n* 1. *(food - sweet)* entremets *m*; *(- savoury)* pudding *m*. 2. *(U) Br (course)* dessert *m*.
puddle ['pʌdl] *n* flaque *f*.
puff [pʌf] ◇ *n* 1. *(of cigarette, smoke)* bouffée *f*. 2. *(gasp)* souffle *m*. ◇ *vt (cigarette etc)* tirer sur. ◇ *vi* 1. *(smoke)*: **to ~ at** OR **on sthg** fumer qqch. 2. *(pant)* haleter. ◆ **puff out** *vt sep (cheeks, chest)* gonfler.
puffed [pʌft] *adj (swollen)*: **~ (up)** gonflé(e).
puffin ['pʌfɪn] *n* macareux *m*.
puff pastry, puff paste *Am n (U)* pâte *f* feuilletée.
puffy ['pʌfɪ] *adj* gonflé(e), bouffi(e).
pugnacious [pʌg'neɪʃəs] *adj fml* querelleur(euse), batailleur(euse).
pull [pʊl] ◇ *vt* 1. *(gen)* tirer. 2. *(strain - muscle, hamstring)* se froisser. 3. *(tooth)* arracher. 4. *(attract)* attirer. 5. *(gun)* sortir. ◇ *vi* tirer. ◇ *n* 1. *(tug with hand)*: **to give sthg a ~** tirer sur qqch. 2. *(U) (influence)* influence *f*. ◆ **pull apart** *vt sep (separate)* séparer. ◆ **pull at** *vt fus* tirer sur. ◆ **pull away** *vi* 1. (AUT) démarrer. 2. *(in race)* prendre de l'avance. ◆ **pull down** *vt sep (building)* démolir. ◆ **pull in** *vi* (AUT) se ranger. ◆ **pull off** *vt sep* 1. *(take off)* enlever, ôter. 2. *(succeed in)* réussir. ◆ **pull out** ◇ *vt sep (troops etc)* retirer. ◇ *vi* 1. (RAIL) partir, démarrer. 2. (AUT) déboîter. 3. *(withdraw)* se retirer. ◆ **pull over** *vi* (AUT) se ranger. ◆ **pull through** *vi* s'en sortir, s'en tirer. ◆ **pull together** *vt sep*: **to ~ o.s. together** se ressaisir, se reprendre. ◆ **pull up** ◇ *vt sep* 1. *(raise)* remonter. 2. *(chair)* avancer. ◇ *vi* s'arrêter.
pulley ['pʊlɪ] (*pl* **pulleys**) *n* poulie *f*.
pullover ['pʊl,əʊvəʳ] *n* pull *m*.
pulp [pʌlp] ◇ *adj (fiction, novel)* de quatre sous. ◇ *n* 1. *(for paper)* pâte *f* à papier. 2. *(of fruit)* pulpe *f*.
pulpit ['pʊlpɪt] *n* chaire *f*.
pulsate [pʌl'seɪt] *vi (heart)* battre fort; *(air, music)* vibrer.
pulse [pʌls] ◇ *n* 1. (MED) pouls *m*. 2. (TECH) impulsion *f*. ◇ *vi* battre, palpiter. ◆ **pulses** *npl (food)* légumes *mpl* secs.
puma ['pju:mə] (*pl inv* OR **-s**) *n* puma *m*.
pumice (stone) ['pʌmɪs-] *n* pierre *f* ponce.
pummel ['pʌml] *vt* bourrer de coups.
pump [pʌmp] ◇ *n* pompe *f*. ◇ *vt* 1. *(water, gas etc)* pomper. 2. *inf (interrogate)* essayer de tirer les vers du nez à. ◇ *vi (heart)* battre fort. ◆ **pumps** *npl (shoes)* escarpins *mpl*.
pumpkin ['pʌmpkɪn] *n* potiron *m*.
pun [pʌn] *n* jeu *m* de mots, calembour *m*.
punch [pʌntʃ] ◇ *n* 1. *(blow)* coup *m* de poing. 2. *(tool)* poinçonneuse *f*. 3. *(drink)* punch *m*. ◇ *vt* 1. *(hit - once)* donner un coup de poing à; *(- repeatedly)* donner des coups de poing à. 2. *(ticket)* poinçonner; *(paper)* perforer.
Punch-and-Judy show [-'dʒu:dɪ-] *n* guignol *m*.
punch(ed) card [pʌntʃ(t)-] *n* carte *f* perforée.
punch line *n* chute *f*.
punch-up *n Br inf* bagarre *f*.

punctual ['pʌŋktʃuəl] *adj* ponctuel (elle).
punctuation [ˌpʌŋktʃu'eɪʃn] *n* ponctuation *f*.
punctuation mark *n* signe *m* de ponctuation.
puncture ['pʌŋktʃəʳ] ◇ *n* crevaison *f*. ◇ *vt (tyre, ball)* crever; *(skin)* piquer.
pundit ['pʌndɪt] *n* pontife *m*.
pungent ['pʌndʒənt] *adj* **1.** *(smell)* âcre; *(taste)* piquant(e). **2.** *fig (criticism)* caustique, acerbe.
punish ['pʌnɪʃ] *vt* punir; **to ~ sb for sthg/for doing sthg** punir qqn pour qqch/pour avoir fait qqch.
punishing ['pʌnɪʃɪŋ] *adj (schedule, work)* épuisant(e), éreintant(e); *(defeat)* cuisant(e).
punishment ['pʌnɪʃmənt] *n* punition *f*, châtiment *m*.
punk [pʌŋk] ◇ *adj* punk *(inv)*. ◇ *n* **1.** *(U) (music)*: **~ (rock)** punk *m*. **2. ~ (rocker)** punk *mf*. **3.** *Am inf (lout)* loubard *m*.
punt [pʌnt] *n (boat)* bateau *m* à fond plat.
punter ['pʌntəʳ] *n Br* **1.** *(gambler)* parieur *m*, -euse *f*. **2.** *inf (customer)* client *m*, -e *f*.
puny ['pju:nɪ] *adj* chétif(ive).
pup [pʌp] *n* **1.** *(young dog)* chiot *m*. **2.** *(young seal)* bébé phoque *m*.
pupil ['pju:pl] *n* **1.** *(student)* élève *mf*. **2.** *(of eye)* pupille *f*.
puppet ['pʌpɪt] *n* **1.** *(toy)* marionnette *f*. **2.** *pej (person, country)* fantoche *m*, pantin *m*.
puppy ['pʌpɪ] *n* chiot *m*.
purchase ['pɜ:tʃəs] ◇ *n* achat *m*. ◇ *vt* acheter.
purchaser ['pɜ:tʃəsəʳ] *n* acheteur *m*, -euse *f*.
purchasing power ['pɜ:tʃəsɪŋ-] *n* pouvoir *m* d'achat.
pure [pjʊəʳ] *adj* pur(e).
puree ['pjʊəreɪ] *n* purée *f*.
purely ['pjʊəlɪ] *adv* purement.
purge [pɜ:dʒ] ◇ *n* (POL) purge *f*. ◇ *vt* **1.** (POL) purger. **2.** *(rid)* débarrasser, purger.
purify ['pjʊərɪfaɪ] *vt* purifier, épurer.
purist ['pjʊərɪst] *n* puriste *mf*.
puritan ['pjʊərɪtən] ◇ *adj* puritain(e). ◇ *n* puritain *m*, -e *f*.
purity ['pjʊərətɪ] *n* pureté *f*.
purl [pɜ:l] ◇ *n* maille *f* à l'envers. ◇ *vt* tricoter à l'envers.
purple ['pɜ:pl] ◇ *adj* violet(ette). ◇ *n* violet *m*.
purport [pə'pɔ:t] *vi fml*: **to ~ to do/to be sthg** prétendre faire/être qqch.
purpose ['pɜ:pəs] *n* **1.** *(reason)* raison *f*, motif *m*. **2.** *(aim)* but *m*, objet *m*; **to no ~** en vain, pour rien. **3.** *(determination)* détermination *f*. ◆ **on purpose** *adv* exprès.
purposeful ['pɜ:pəsfʊl] *adj* résolu(e), déterminé(e).
purr [pɜ:ʳ] *vi* ronronner.
purse [pɜ:s] ◇ *n* **1.** *(for money)* porte-monnaie *m inv*, bourse *f*. **2.** *Am (handbag)* sac *m* à main. ◇ *vt (lips)* pincer.
pursue [pə'sju:] *vt* **1.** *(follow)* poursuivre, pourchasser. **2.** *(policy, aim)* poursuivre; *(question)* continuer à débattre; *(matter)* approfondir; *(project)* donner suite à; **to ~ an interest in sthg** se livrer à qqch.
pursuer [pə'sju:əʳ] *n* poursuivant *m*, -e *f*.
pursuit [pə'sju:t] *n* **1.** *(U) fml (attempt to obtain)* recherche *f*, poursuite *f*. **2.** *(chase, in sport)* poursuite *f*. **3.** *(occupation)* occupation *f*, activité *f*.
pus [pʌs] *n* pus *m*.
push [pʊʃ] ◇ *vt* **1.** *(press, move - gen)* pousser; *(- button)* appuyer sur. **2.** *(encourage)*: **to ~ sb (to do sthg)** inciter OR pousser qqn (à faire qqch). **3.** *(force)*: **to ~ sb (into doing sthg)** forcer OR obliger qqn (à faire qqch). **4.** *inf (promote)* faire de la réclame pour. ◇ *vi* **1.** *(gen)* pousser; *(on button)* appuyer. **2.** *(campaign)*: **to ~ for sthg** faire pression pour obtenir qqch. ◇ *n* **1.** *(with hand)* poussée *f*. **2.** *(forceful effort)* effort *m*. ◆ **push around** *vt sep inf fig* marcher sur les pieds de. ◆ **push in** *vi (in queue)* resquiller. ◆ **push off** *vi inf* filer, se sauver. ◆ **push on** *vi* continuer. ◆ **push through** *vt sep (law, reform)* faire accepter.
pushchair ['pʊʃtʃeəʳ] *n Br* poussette *f*.
pushed [pʊʃt] *adj inf*: **to be ~ for sthg** être à court de qqch; **to be hard ~ to do sthg** avoir du mal OR de la peine à faire qqch.
pusher ['pʊʃəʳ] *n drugs sl* dealer *m*.
pushover ['pʊʃˌəʊvəʳ] *n inf*: **it's a ~** c'est un jeu d'enfant.
push-up *n* pompe *f*, traction *f*.
pushy ['pʊʃɪ] *adj pej* qui se met toujours en avant.
puss [pʊs], **pussy (cat)** ['pʊsɪ-] *n inf* minet *m*, minou *m*.
put [pʊt] (*pt & pp* **put**) *vt* **1.** *(gen)* mettre. **2.** *(place)* mettre, poser, placer;

to ~ the children to bed coucher les enfants. **3.** *(express)* dire, exprimer. **4.** *(question)* poser. **5.** *(estimate)* estimer, évaluer. **6.** *(invest)*: **to ~ money into** investir de l'argent dans. ◆ **put across** *vt sep (ideas)* faire comprendre. ◆ **put away** *vt sep* **1.** *(tidy away)* ranger. **2.** *inf (lock up)* enfermer. ◆ **put back** *vt sep* **1.** *(replace)* remettre (à sa place OR en place). **2.** *(postpone)* remettre. **3.** *(clock, watch)* retarder. ◆ **put by** *vt sep (money)* mettre de côté. ◆ **put down** *vt sep* **1.** *(lay down)* poser, déposer. **2.** *(quell - rebellion)* réprimer. **3.** *(write down)* inscrire, noter. **4.** *Br (kill)*: **to have a dog/cat ~ down** faire piquer un chien/chat. ◆ **put down to** *vt sep* attribuer à. ◆ **put forward** *vt sep* **1.** *(propose)* proposer, avancer. **2.** *(meeting, clock, watch)* avancer. ◆ **put in** *vt sep* **1.** *(spend - time)* passer. **2.** *(submit)* présenter. ◆ **put off** *vt sep* **1.** *(postpone)* remettre (à plus tard). **2.** *(cause to wait)* décommander. **3.** *(discourage)* dissuader. **4.** *(disturb)* déconcerter, troubler. **5.** *(cause to dislike)* dégoûter. **6.** *(switch off - radio, TV)* éteindre. ◆ **put on** *vt sep* **1.** *(clothes)* mettre, enfiler. **2.** *(arrange - exhibition etc)* organiser; *(- play)* monter. **3.** *(gain)*: **to ~ on weight** prendre du poids, grossir. **4.** *(switch on - radio, TV)* allumer, mettre; **to ~ the light on** allumer (la lumière); **to ~ the brake on** freiner. **5.** *(record, CD, tape)* passer, mettre. **6.** *(start cooking)* mettre à cuire. **7.** *(pretend - gen)* feindre; *(- accent etc)* prendre. **8.** *(bet)* parier, miser. **9.** *(add)* ajouter. ◆ **put out** *vt sep* **1.** *(place outside)* mettre dehors. **2.** *(book, statement)* publier; *(record)* sortir. **3.** *(fire, cigarette)* éteindre; **to ~ the light out** éteindre (la lumière). **4.** *(extend - hand)* tendre. **5.** *(annoy, upset)*: **to be ~ out** être contrarié(e). **6.** *(inconvenience)* déranger. ◆ **put through** *vt sep* (TELEC) passer. ◆ **put up** ◇ *vt sep* **1.** *(build - gen)* ériger; *(- tent)* dresser. **2.** *(umbrella)* ouvrir; *(flag)* hisser. **3.** *(fix to wall)* accrocher. **4.** *(provide - money)* fournir. **5.** *(propose - candidate)* proposer. **6.** *(increase)* augmenter. **7.** *(provide accommodation for)* loger, héberger. ◇ *vt fus*: **to ~ up a fight** se défendre. ◆ **put up with** *vt fus* supporter.

putrid ['pju:trɪd] *adj* putride.

putt [pʌt] ◇ *n* putt *m*. ◇ *vt & vi* putter.

putting green ['pʌtɪŋ-] *n* green *m*.

putty ['pʌtɪ] *n* mastic *m*.

puzzle ['pʌzl] ◇ *n* **1.** *(toy)* casse-tête *m inv*; *(mental)* devinette *f*. **2.** *(mystery)* mystère *m*, énigme *f*. ◇ *vt* rendre perplexe. ◇ *vi*: **to ~ over sthg** essayer de comprendre qqch. ◆ **puzzle out** *vt sep* comprendre.

puzzling ['pʌzlɪŋ] *adj* curieux(euse).

pyjamas [pə'dʒɑ:məz] *npl* pyjama *m*; **a pair of ~** un pyjama.

pylon ['paɪlən] *n* pylône *m*.

pyramid ['pɪrəmɪd] *n* pyramide *f*.

Pyrenees [,pɪrə'ni:z] *npl*: **the ~** les Pyrénées *fpl*.

Pyrex® ['paɪreks] *n* Pyrex® *m*.

python ['paɪθn] (*pl inv* OR **-s**) *n* python *m*.

Q

q (*pl* **q's** OR **qs**), **Q** (*pl* **Q's** OR **Qs**) [kju:] *n (letter)* q *m inv*, Q *m inv*.

quack [kwæk] *n* **1.** *(noise)* coin-coin *m inv*. **2.** *inf pej (doctor)* charlatan *m*.

quad [kwɒd] *abbr of* **quadrangle**.

quadrangle ['kwɒdræŋgl] *n* **1.** *(figure)* quadrilatère *m*. **2.** *(courtyard)* cour *f*.

quadruple [kwɒ'dru:pl] ◇ *adj* quadruple. ◇ *vt & vi* quadrupler.

quadruplets ['kwɒdrʊplɪts] *npl* quadruplés *mpl*.

quads [kwɒdz] *npl inf* quadruplés *mpl*.

quagmire ['kwægmaɪəʳ] *n* bourbier *m*.

quail [kweɪl] (*pl inv* OR **-s**) ◇ *n* caille *f*. ◇ *vi literary* reculer.

quaint [kweɪnt] *adj* pittoresque.

quake [kweɪk] ◇ *n* (*abbr of* **earthquake**) *inf* tremblement *m* de terre. ◇ *vi* trembler.

Quaker ['kweɪkəʳ] *n* quaker *m*, -eresse *f*.

qualification [,kwɒlɪfɪ'keɪʃn] *n* **1.** *(certificate)* diplôme *m*. **2.** *(quality, skill)* compétence *f*. **3.** *(qualifying statement)* réserve *f*.

qualified ['kwɒlɪfaɪd] *adj* **1.** *(trained)* diplômé(e). **2.** *(able)*: **to be ~ to do sthg** avoir la compétence nécessaire pour faire qqch. **3.** *(limited)* restreint(e), modéré(e).

qualify ['kwɒlɪfaɪ] ◇ *vt* **1.** *(modify)* apporter des réserves à. **2.** *(entitle)*: **to ~ sb to do sthg** qualifier qqn pour faire qqch. ◇ *vi* **1.** *(pass exams)* obtenir un diplôme. **2.** *(be entitled)*: **to ~ (for sthg)** avoir droit (à qqch), remplir les conditions requises (pour qqch). **3.** (SPORT) se qualifier.

quality ['kwɒlətɪ] ◇ *n* qualité *f.* ◇ *comp* de qualité.

qualms [kwɑːmz] *npl* doutes *mpl.*

quandary ['kwɒndərɪ] *n* embarras *m*; **to be in a ~ about** OR **over sthg** être bien embarrassé à propos de qqch.

quantify ['kwɒntɪfaɪ] *vt* quantifier.

quantity ['kwɒntətɪ] *n* quantité *f.*

quantity surveyor *n* métreur *m*, -euse *f.*

quarantine ['kwɒrəntiːn] ◇ *n* quarantaine *f.* ◇ *vt* mettre en quarantaine.

quarrel ['kwɒrəl] ◇ *n* querelle *f*, dispute *f.* ◇ *vi*: **to ~ (with)** se quereller (avec), se disputer (avec).

quarrelsome ['kwɒrəlsəm] *adj* querelleur(euse).

quarry ['kwɒrɪ] *n* **1.** *(place)* carrière *f.* **2.** *(prey)* proie *f.*

quart [kwɔːt] *n* = *1,136 litre Br*, = *0,946 litre Am*, ≃ litre *m.*

quarter ['kwɔːtəʳ] *n* **1.** *(fraction, weight)* quart *m*; **a ~ past two** *Br*, **a ~ after two** *Am* deux heures et quart; **a ~ to two** *Br*, **a ~ of two** *Am* deux heures moins le quart. **2.** *(of year)* trimestre *m.* **3.** *Am (coin)* pièce *f* de 25 cents. **4.** *(area in town)* quartier *m.* **5.** *(direction)*: **from all ~s** de tous côtés. ◆ **quarters** *npl (rooms)* quartiers *mpl.* ◆ **at close quarters** *adv* de près.

quarterfinal [ˌkwɔːtə'faɪnl] *n* quart *m* de finale.

quarterly ['kwɔːtəlɪ] ◇ *adj* trimestriel (elle). ◇ *adv* trimestriellement. ◇ *n* publication *f* trimestrielle.

quartet [kwɔː'tet] *n* quatuor *m.*

quartz [kwɔːts] *n* quartz *m.*

quartz watch *n* montre *f* à quartz.

quash [kwɒʃ] *vt* **1.** *(sentence)* annuler, casser. **2.** *(rebellion)* réprimer.

quasi- ['kweɪzaɪ] *prefix* quasi-.

quaver ['kweɪvəʳ] ◇ *n* **1.** (MUS) croche *f.* **2.** *(in voice)* tremblement *m*, chevrotement *m.* ◇ *vi* trembler, chevroter.

quay [kiː] *n* quai *m.*

quayside ['kiːsaɪd] *n* bord *m* du quai.

queasy ['kwiːzɪ] *adj*: **to feel ~** avoir mal au cœur.

Quebec [kwɪ'bek] *n (province)* Québec *m.*

queen [kwiːn] *n* **1.** *(gen)* reine *f.* **2.** *(playing card)* dame *f.*

Queen Mother *n*: **the ~** la reine mère.

queer [kwɪəʳ] ◇ *adj (odd)* étrange, bizarre. ◇ *n inf pej* pédé *m*, homosexuel *m.*

quell [kwel] *vt* réprimer, étouffer.

quench [kwentʃ] *vt*: **to ~ one's thirst** se désaltérer.

querulous ['kwerʊləs] *adj (child)* ronchonneur(euse); *(voice)* plaintif(ive).

query ['kwɪərɪ] ◇ *n* question *f.* ◇ *vt* mettre en doute, douter de.

quest [kwest] *n literary*: **~ (for)** quête *f* (de).

question ['kwestʃn] ◇ *n* **1.** *(gen)* question *f*; **to ask (sb) a ~** poser une question (à qqn). **2.** *(doubt)* doute *m*; **to call** OR **bring sthg into ~** mettre qqch en doute; **without ~** incontestablement, sans aucun doute; **beyond ~** *(know)* sans aucun doute. **3.** *phr*: **there's no ~ of ...** il n'est pas question de ... ◇ *vt* **1.** *(interrogate)* questionner. **2.** *(express doubt about)* mettre en question OR doute. ◆ **in question** *adv*: **the ... in ~** le/la/les ... en question. ◆ **out of the question** *adv* hors de question.

questionable ['kwestʃənəbl] *adj* **1.** *(uncertain)* discutable. **2.** *(not right, not honest)* douteux(euse).

question mark *n* point *m* d'interrogation.

questionnaire [ˌkwestʃə'neəʳ] *n* questionnaire *m.*

queue [kjuː] *Br* ◇ *n* queue *f*, file *f.* ◇ *vi* faire la queue.

quibble ['kwɪbl] *pej* ◇ *n* chicane *f.* ◇ *vi*: **to ~ (over** OR **about)** chicaner (à propos de).

quiche [kiːʃ] *n* quiche *f.*

quick [kwɪk] ◇ *adj* **1.** *(gen)* rapide. **2.** *(response, decision)* prompt(e), rapide. ◇ *adv* vite, rapidement.

quicken ['kwɪkn] ◇ *vt* accélérer, presser. ◇ *vi* s'accélérer.

quickly ['kwɪklɪ] *adv* **1.** *(rapidly)* vite, rapidement. **2.** *(without delay)* promptement, immédiatement.

quicksand ['kwɪksænd] *n* sables *mpl* mouvants.

quick-witted [-'wɪtɪd] *adj (person)* à l'esprit vif.

quid [kwɪd] *(pl inv) n Br inf* livre *f.*

quiet ['kwaɪət] ◇ *adj* **1.** *(not noisy)* tranquille; *(voice)* bas (basse); *(engine)* silencieux(euse); **be ~!** taisez-vous! **2.** *(not busy)* calme. **3.** *(silent)* silencieux(euse); **to keep ~ about sthg** ne rien dire à propos de qqch, garder qqch secret. **4.** *(intimate)* intime. **5.** *(colour)* discret(ète),

sobre. ◇ *n* tranquillité *f*; **on the ~** *inf* en douce. ◇ *vt Am* calmer, apaiser.
◆ **quiet down** ◇ *vt sep* calmer, apaiser. ◇ *vi* se calmer.

quieten ['kwaɪətn] *vt* calmer, apaiser.
◆ **quieten down** ◇ *vt sep* calmer, apaiser. ◇ *vi* se calmer.

quietly ['kwaɪətlɪ] *adv* 1. *(without noise)* sans faire de bruit, silencieusement; *(say)* doucement. 2. *(without excitement)* tranquillement, calmement. 3. *(without fuss - leave)* discrètement.

quilt [kwɪlt] *n (padded)* édredon *m*; **(continental) ~** couette *f*.

quinine [kwɪ'ni:n] *n* quinine *f*.

quins *Br* [kwɪnz], **quints** *Am* [kwɪnts] *npl inf* quintuplés *mpl*.

quintet [kwɪn'tet] *n* quintette *m*.

quints *Am* = **quins**.

quintuplets [kwɪn'tju:plɪts] *npl* quintuplés *mpl*.

quip [kwɪp] ◇ *n* raillerie *f*. ◇ *vi* railler.

quirk [kwɜ:k] *n* bizarrerie *f*.

quit [kwɪt] (*Br pt & pp* **quit** OR **-ted**, *Am pt & pp* **quit**) ◇ *vt* 1. *(resign from)* quitter. 2. *(stop)*: **to ~ smoking** arrêter de fumer. ◇ *vi* 1. *(resign)* démissionner. 2. *(give up)* abandonner.

quite [kwaɪt] *adv* 1. *(completely)* tout à fait, complètement; **I ~ agree** je suis entièrement d'accord; **not ~** pas tout à fait; **I don't ~ understand** je ne comprends pas bien. 2. *(fairly)* assez, plutôt. 3. *(for emphasis)*: **she's ~ a singer** c'est une chanteuse formidable. 4. *(to express agreement)*: **~ (so)!** exactement!

> • Même s'il peut sembler étrange que *quite* puisse vouloir dire à la fois «tout à fait, complètement» et «assez, plutôt», on s'y retrouve en fait très facilement si l'on examine le type d'adjectif qui suit. Comparez, par exemple, *it's quite cold today/the concert was quite good* («il fait assez froid aujourd'hui/le concert était plutôt bien») et *he's quite right/the tree seems quite dead* («il a tout à fait raison/l'arbre a l'air complètement mort»).

quits [kwɪts] *adj inf*: **to be ~ (with sb)** être quitte (envers qqn); **to call it ~** en rester là.

quiver ['kwɪvəʳ] ◇ *n* 1. *(shiver)* frisson *m*. 2. *(for arrows)* carquois *m*. ◇ *vi* frissonner.

quiz [kwɪz] (*pl* **-zes**) ◇ *n* 1. *(gen)* quiz *m*, jeu-concours *m*. 2. *Am* (SCH) interrogation *f*. ◇ *vt*: **to ~ sb (about sthg)** interroger qqn (au sujet de qqch).

quizzical ['kwɪzɪkl] *adj* narquois(e), moqueur(euse).

quota ['kwəʊtə] *n* quota *m*.

quotation [kwəʊ'teɪʃn] *n* 1. *(citation)* citation *f*. 2. (COMM) devis *m*.

quotation marks *npl* guillemets *mpl*; **in ~** entre guillemets.

quote [kwəʊt] ◇ *n* 1. *(citation)* citation *f*. 2. (COMM) devis *m*. ◇ *vt* 1. *(cite)* citer. 2. (COMM) indiquer, spécifier. ◇ *vi* 1. *(cite)*: **to ~ (from sthg)** citer (qqch). 2. (COMM): **to ~ for sthg** établir un devis pour qqch.

quotient ['kwəʊʃnt] *n* quotient *m*.

R

r (*pl* **r's** OR **rs**), **R** (*pl* **R's** OR **Rs**) [ɑ:ʳ] *n (letter)* r *m inv*, R *m inv*.

rabbi ['ræbaɪ] *n* rabbin *m*.

rabbit ['ræbɪt] *n* lapin *m*.

rabbit hutch *n* clapier *m*.

rabble ['ræbl] *n* cohue *f*.

rabies ['reɪbi:z] *n* rage *f*.

RAC (*abbr of* **Royal Automobile Club**) *n club automobile britannique*, ≃ TCF *m*, ≃ ACF *m*.

race [reɪs] ◇ *n* 1. *(competition)* course *f*. 2. *(people, ethnic background)* race *f*. ◇ *vt* 1. *(compete against)* faire la course avec. 2. *(horse)* faire courir. ◇ *vi* 1. *(compete)* courir; **to ~ against sb** faire la course avec qqn. 2. *(rush)*: **to ~ in/out** entrer/sortir à toute allure. 3. *(pulse)* être très rapide. 4. *(engine)* s'emballer.

race car *Am* = **racing car**.

racecourse ['reɪskɔ:s] *n* champ *m* de courses.

race driver *Am* = **racing driver**.

racehorse ['reɪshɔ:s] *n* cheval *m* de course.

racetrack ['reɪstræk] *n* piste *f*.

racial discrimination ['reɪʃl-] *n* discrimination *f* raciale.

racing ['reɪsɪŋ] *n (U)*: **(horse) ~** les courses *fpl*.

racing car *Br*, **race car** *Am n* voiture *f* de course.

racing driver *Br*, **race driver** *Am n*

coureur *m* automobile, pilote *m* de course.

racism ['reɪsɪzm] *n* racisme *m*.

racist ['reɪsɪst] ◇ *adj* raciste. ◇ *n* raciste *mf*.

rack [ræk] *n (for bottles)* casier *m*; *(for luggage)* porte-bagages *m inv*; *(for plates)* égouttoir *m*; **toast ~** porte-toasts *m inv*.

racket ['rækɪt] *n* **1.** *(noise)* boucan *m*. **2.** *(illegal activity)* racket *m*. **3.** (SPORT) raquette *f*.

racquet ['rækɪt] *n* raquette *f*.

racy ['reɪsɪ] *adj (novel, style)* osé(e).

radar ['reɪdɑːʳ] *n* radar *m*.

radial (tyre) ['reɪdjəl-] *n* pneu *m* à carcasse radiale.

radiant ['reɪdjənt] *adj* **1.** *(happy)* radieux(euse). **2.** *literary (brilliant)* rayonnant(e).

radiate ['reɪdɪeɪt] ◇ *vt* **1.** *(heat, light)* émettre, dégager. **2.** *fig (confidence, health)* respirer. ◇ *vi* **1.** *(heat, light)* irradier. **2.** *(roads, lines)* rayonner.

radiation [ˌreɪdɪ'eɪʃn] *n (radioactive)* radiation *f*.

radiator ['reɪdɪeɪtəʳ] *n* radiateur *m*.

radical ['rædɪkl] ◇ *adj* radical(e). ◇ *n* (POL) radical *m*, -e *f*.

radically ['rædɪklɪ] *adv* radicalement.

radii ['reɪdɪaɪ] *pl* → **radius**.

radio ['reɪdɪəʊ] (*pl* **-s**) ◇ *n* radio *f*; **on the ~** à la radio. ◇ *comp* de radio. ◇ *vt (person)* appeler par radio; *(information)* envoyer par radio.

radioactive [ˌreɪdɪəʊ'æktɪv] *adj* radioactif(ive).

radio alarm *n* radio-réveil *m*.

radio-controlled [-kən'trəʊld] *adj* téléguidé(e).

radiography [ˌreɪdɪ'ɒgrəfɪ] *n* radiographie *f*.

radiology [ˌreɪdɪ'ɒlədʒɪ] *n* radiologie *f*.

radiotherapy [ˌreɪdɪəʊ'θerəpɪ] *n* radiothérapie *f*.

radish ['rædɪʃ] *n* radis *m*.

radius ['reɪdɪəs] (*pl* **radii**) *n* **1.** (MATH) rayon *m*. **2.** (ANAT) radius *m*.

RAF [ɑːreɪ'ef, ræf] *n abbr of* **Royal Air Force**.

raffle ['ræfl] ◇ *n* tombola *f*. ◇ *vt* mettre en tombola.

raft [rɑːft] *n (of wood)* radeau *m*.

rafter ['rɑːftəʳ] *n* chevron *m*.

rag [ræg] *n* **1.** *(piece of cloth)* chiffon *m*. **2.** *pej (newspaper)* torchon *m*. ◆ **rags** *npl (clothes)* guenilles *fpl*.

rag-and-bone man *n* chiffonnier *m*.

rag doll *n* poupée *f* de chiffon.

rage [reɪdʒ] ◇ *n* **1.** *(fury)* rage *f*, fureur *f*. **2.** *inf (fashion)*: **to be (all) the ~** faire fureur. ◇ *vi* **1.** *(person)* être furieux (euse). **2.** *(storm, argument)* faire rage.

ragged ['rægɪd] *adj* **1.** *(person)* en haillons; *(clothes)* en lambeaux. **2.** *(line, edge, performance)* inégal(e).

rag week *n Br semaine de carnaval organisée par des étudiants afin de collecter des fonds pour des œuvres charitables.*

raid [reɪd] ◇ *n* **1.** (MIL) raid *m*. **2.** *(by criminals)* hold-up *m inv*; *(by police)* descente *f*. ◇ *vt* **1.** (MIL) faire un raid sur. **2.** *(subj: criminals)* faire un hold-up dans; *(subj: police)* faire une descente dans.

raider ['reɪdəʳ] *n* **1.** *(attacker)* agresseur *m*. **2.** *(thief)* braqueur *m*.

rail [reɪl] ◇ *n* **1.** *(on ship)* bastingage *m*; *(on staircase)* rampe *f*; *(on walkway)* garde-fou *m*. **2.** *(bar)* barre *f*. **3.** (RAIL) rail *m*; **by ~** en train. ◇ *comp (transport, travel)* par le train; *(strike)* des cheminots.

railcard ['reɪlkɑːd] *n Br carte donnant droit à des tarifs préférentiels sur les chemins de fer.*

railing ['reɪlɪŋ] *n (fence)* grille *f*; *(on ship)* bastingage *m*; *(on staircase)* rampe *f*; *(on walkway)* garde-fou *m*.

railway *Br* ['reɪlweɪ], **railroad** *Am* ['reɪlrəʊd] *n (system, company)* chemin *m* de fer; *(track)* voie *f* ferrée.

railway line *n (route)* ligne *f* de chemin de fer; *(track)* voie *f* ferrée.

railwayman ['reɪlweɪmən] (*pl* **-men** [-mən]) *n Br* cheminot *m*.

railway station *n* gare *f*.

railway track *n* voie *f* ferrée.

rain [reɪn] ◇ *n* pluie *f*. ◇ *v impers* (METEOR) pleuvoir; **it's ~ing** il pleut. ◇ *vi (fall like rain)* pleuvoir.

rainbow ['reɪnbəʊ] *n* arc-en-ciel *m*.

rain check *n Am*: **I'll take a ~ (on that)** une autre fois peut-être.

raincoat ['reɪnkəʊt] *n* imperméable *m*.

raindrop ['reɪndrɒp] *n* goutte *f* de pluie.

rainfall ['reɪnfɔːl] *n (shower)* chute *f* de pluie; *(amount)* précipitations *fpl*.

rain forest *n* forêt *f* tropicale humide.

rainy ['reɪnɪ] *adj* pluvieux(euse).

raise [reɪz] ◇ *vt* **1.** *(lift up)* lever; **to ~ o.s.** se lever. **2.** *(increase - gen)* augmenter; *(- standards)* élever; **to ~ one's voice** élever la voix. **3.** *(obtain)*: **to ~ money** *(from donations)* collecter des fonds; *(by selling, borrowing)* se procurer de l'argent. **4.** *(subject, doubt)* soulever; *(memo-*

ries) évoquer. **5.** *(children, cattle)* élever. **6.** *(crops)* cultiver. **7.** *(build)* ériger, élever. ◇ *n Am* augmentation *f* (de salaire).

raisin ['reɪzn] *n* raisin *m* sec.

rake [reɪk] ◇ *n* **1.** *(implement)* râteau *m*. **2.** *dated & literary (immoral man)* débauché *m*. ◇ *vt (path, lawn)* ratisser; *(leaves)* râteler.

rally ['rælɪ] ◇ *n* **1.** *(meeting)* rassemblement *m*. **2.** *(car race)* rallye *m*. **3.** (SPORT) *(exchange of shots)* échange *m*. ◇ *vt* rallier. ◇ *vi* **1.** *(supporters)* se rallier. **2.** *(patient)* aller mieux; *(prices)* remonter. ◆ **rally round** ◇ *vt fus* apporter son soutien à. ◇ *vi inf* venir en aide.

ram [ræm] ◇ *n* bélier *m*. ◇ *vt* **1.** *(crash into)* percuter contre, emboutir. **2.** *(force)* tasser.

RAM [ræm] (*abbr of* **random access memory**) *n* RAM *f*.

ramble ['ræmbl] ◇ *n* randonnée *f*, promenade *f* à pied. ◇ *vi* **1.** *(walk)* faire une promenade à pied. **2.** *pej (talk)* radoter. ◆ **ramble on** *vi pej* radoter.

rambler ['ræmbləʳ] *n (walker)* randonneur *m*, -euse *f*.

rambling ['ræmblɪŋ] *adj* **1.** *(house)* plein(e) de coins et recoins. **2.** *(speech)* décousu(e).

ramp [ræmp] *n* **1.** *(slope)* rampe *f*. **2.** (AUT) *(to slow traffic down)* ralentisseur *m*.

rampage [ræm'peɪdʒ] *n*: **to go on the ~** tout saccager.

rampant ['ræmpənt] *adj* qui sévit.

ramparts ['ræmpɑːts] *npl* rempart *m*.

ramshackle ['ræm,ʃækl] *adj* branlant (e).

ran [ræn] *pt* → **run**.

ranch [rɑːntʃ] *n* ranch *m*.

rancher ['rɑːntʃəʳ] *n* propriétaire *mf* de ranch.

rancid ['rænsɪd] *adj* rance.

rancour *Br*, **rancor** *Am* ['ræŋkəʳ] *n* rancœur *f*.

random ['rændəm] ◇ *adj* fait(e) au hasard; *(number)* aléatoire. ◇ *n*: **at ~** au hasard.

random access memory *n* (COMPUT) mémoire *f* vive.

R and R (*abbr of* **rest and recreation**) *n Am* permission *f*.

randy ['rændɪ] *adj inf* excité(e).

rang [ræŋ] *pt* → **ring**.

range [reɪndʒ] ◇ *n* **1.** *(of plane, telescope etc)* portée *f*; **at close ~** à bout portant. **2.** *(of subjects, goods)* gamme *f*; **price ~** éventail *m* des prix. **3.** *(of mountains)* chaîne *f*. **4.** *(shooting area)* champ *m* de tir. **5.** (MUS) *(of voice)* tessiture *f*. ◇ *vt (place in row)* mettre en rang. ◇ *vi* **1.** *(vary)*: **to ~ between ... and ...** varier entre ... et ...; **to ~ from ... to ...** varier de ... à ... **2.** *(include)*: **to ~ over sthg** couvrir qqch.

ranger ['reɪndʒəʳ] *n* garde *m* forestier.

rank [ræŋk] ◇ *adj* **1.** *(absolute - disgrace, stupidity)* complet(ète); *(- injustice)* flagrant(e); **he's a ~ outsider** il n'a aucune chance. **2.** *(smell)* fétide. ◇ *n* **1.** *(in army, police etc)* grade *m*. **2.** *(social class)* rang *m*. **3.** *(row)* rangée *f*. **4.** *phr*: **the ~ and file** la masse; *(of union)* la base. ◇ *vt (classify)* classer. ◇ *vi*: **to ~ among** compter parmi; **to ~ as** être aux rangs de. ◆ **ranks** *npl* **1.** (MIL): **the ~s** le rang. **2.** *fig (members)* rangs *mpl*.

ransack ['rænsæk] *vt (search through)* mettre tout sens dessus dessous dans; *(damage)* saccager.

ransom ['rænsəm] *n* rançon *f*; **to hold sb to ~** *(keep prisoner)* mettre qqn à rançon; *fig* exercer un chantage sur qqn.

rant [rænt] *vi* déblatérer.

rap [ræp] ◇ *n* **1.** *(knock)* coup *m* sec. **2.** (MUS) rap *m*. ◇ *vt (table)* frapper sur; *(knuckles)* taper sur.

rape [reɪp] ◇ *n* **1.** *(crime, attack)* viol *m*. **2.** *fig (of countryside etc)* destruction *f*. **3.** *(plant)* colza *m*. ◇ *vt* violer.

rapeseed ['reɪpsiːd] *n* graine *f* de colza.

rapid ['ræpɪd] *adj* rapide. ◆ **rapids** *npl* rapides *mpl*.

rapidly ['ræpɪdlɪ] *adv* rapidement.

rapist ['reɪpɪst] *n* violeur *m*.

rapport [ræ'pɔːʳ] *n* rapport *m*.

rapture ['ræptʃəʳ] *n* ravissement *m*.

rapturous ['ræptʃərəs] *adj (applause, welcome)* enthousiaste.

rare [reəʳ] *adj* **1.** *(gen)* rare. **2.** *(meat)* saignant(e).

rarely ['reəlɪ] *adv* rarement.

rarity ['reərətɪ] *n* rareté *f*.

rascal ['rɑːskl] *n* polisson *m*, -onne *f*.

rash [ræʃ] ◇ *adj* irréfléchi(e), imprudent (e). ◇ *n* **1.** (MED) éruption *f*. **2.** *(spate)* succession *f*, série *f*.

rasher ['ræʃəʳ] *n* tranche *f*.

rasp [rɑːsp] *n (harsh sound)* grincement *m*.

raspberry ['rɑːzbərɪ] *n* **1.** *(fruit)* framboise *f*. **2.** *(rude sound)*: **to blow a ~** faire pfft.

rat [ræt] *n* **1.** *(animal)* rat *m*. **2.** *inf pej (person)* ordure *f*, salaud *m*.

rate [reɪt] ◇ *n* **1.** *(speed)* vitesse *f*; *(of pulse)* fréquence *f*; **at this ~** à ce train-là. **2.** *(ratio, proportion)* taux *m*. **3.** *(price)* tarif *m*. ◇ *vt* **1.** *(consider)*: **I ~ her very**

highly je la tiens en haute estime; **to ~ sb/sthg as** considérer qqn/qqch comme; **to ~ sb/sthg among** classer qqn/qqch parmi. 2. *(deserve)* mériter. ◆ **rates** *npl Br* impôts *mpl* locaux. ◆ **at any rate** *adv* en tout cas.

ratepayer ['reɪt,peɪəʳ] *n Br* contribuable *mf*.

rather ['rɑːðəʳ] *adv* 1. *(somewhat, more exactly)* plutôt. 2. *(to small extent)* un peu. 3. *(preferably)*: **I'd ~ wait** je préférerais attendre; **she'd ~ not go** elle préférerait ne pas y aller. 4. *(on the contrary)*: **(but) ~ ...** au contraire ... ◆ **rather than** *conj* plutôt que.

> • Lorsque *rather* signifie «plutôt» ou «un peu», il se place devant le verbe ou l'adjectif qu'il qualifie (*I rather like him actually; she's really rather nice*).
>
> • *Rather than* peut être suivi d'un nom (*it's a comedy rather than a thriller*) ou d'un verbe (*I prefer to go on my own rather than going with my brother*). Notez que c'est le participe présent du verbe que l'on utilise dans ce cas.
>
> • *Would rather* se contracte habituellement en *-'d rather*. Notez que l'expression est suivie de la forme de base du verbe sans *to* (*I'd rather stay a bit longer*).

ratify ['rætɪfaɪ] *vt* ratifier, approuver.

rating ['reɪtɪŋ] *n (of popularity etc)* cote *f*.

ratio ['reɪʃɪəʊ] (*pl* **-s**) *n* rapport *m*.

ration ['ræʃn] ◇ *n* ration *f*. ◇ *vt* rationner. ◆ **rations** *npl* vivres *mpl*.

rational ['ræʃənl] *adj* rationnel(elle).

rationale [,ræʃə'nɑːl] *n* logique *f*.

rationalize, -ise ['ræʃənəlaɪz] *vt* rationaliser.

rat race *n* jungle *f*.

rattle ['rætl] ◇ *n* 1. *(of bottles, typewriter keys)* cliquetis *m*; *(of engine)* bruit *m* de ferraille. 2. *(toy)* hochet *m*. ◇ *vt* 1. *(bottles)* faire s'entrechoquer; *(keys)* faire cliqueter. 2. *(unsettle)* secouer. ◇ *vi (bottles)* s'entrechoquer; *(keys, machine)* cliqueter; *(engine)* faire un bruit de ferraille.

rattlesnake ['rætlsneɪk], **rattler** *Am* ['rætləʳ] *n* serpent *m* à sonnettes.

raucous ['rɔːkəs] *adj (voice, laughter)* rauque; *(behaviour)* bruyant(e).

ravage ['rævɪdʒ] *vt* ravager. ◆ **ravages** *npl* ravages *mpl*.

rave [reɪv] ◇ *adj (review)* élogieux (euse). ◇ *n Br inf (party)* rave *f*. ◇ *vi* 1. *(talk angrily)*: **to ~ at** OR **against** tempêter OR fulminer contre. 2. *(talk enthusiastically)*: **to ~ about** parler avec enthousiasme de.

raven ['reɪvn] *n* corbeau *m*.

ravenous ['rævənəs] *adj (person)* affamé(e); *(animal, appetite)* vorace.

ravine [rə'viːn] *n* ravin *m*.

raving ['reɪvɪŋ] *adj*: **~ lunatic** fou furieux (folle furieuse).

ravioli [,rævɪ'əʊlɪ] *n (U)* ravioli *mpl*.

ravishing ['rævɪʃɪŋ] *adj* ravissant(e), enchanteur(eresse).

raw [rɔː] *adj* 1. *(uncooked)* cru(e). 2. *(untreated)* brut(e). 3. *(painful)* à vif. 4. *(inexperienced)* novice; **~ recruit** bleu *m*. 5. *(weather)* froid(e); *(wind)* âpre.

raw deal *n*: **to get a ~** être défavorisé(e).

raw material *n* matière *f* première.

ray [reɪ] *n (beam)* rayon *m*; *fig (of hope)* lueur *f*.

rayon ['reɪɒn] *n* rayonne *f*.

raze [reɪz] *vt* raser.

razor ['reɪzəʳ] *n* rasoir *m*.

razor blade *n* lame *f* de rasoir.

RC *abbr of* **Roman Catholic**.

Rd *abbr of* **Road**.

R & D (*abbr of* **research and development**) *n* R-D *f*.

re [riː] *prep* concernant.

RE *n* (*abbr of* **religious education**) instruction *f* religieuse.

reach [riːtʃ] ◇ *vt* 1. *(gen)* atteindre; *(place, destination)* arriver à; *(agreement, decision)* parvenir à. 2. *(contact)* joindre, contacter. ◇ *vi (land)* s'étendre; **to ~ out** tendre le bras; **to ~ down to pick sthg up** se pencher pour ramasser qqch. ◇ *n (of arm, boxer)* allonge *f*; **within ~** *(object)* à portée; *(place)* à proximité; **out of** OR **beyond sb's ~** *(object)* hors de portée; *(place)* d'accès difficile, difficilement accessible.

react [rɪ'ækt] *vi (gen)* réagir.

reaction [rɪ'ækʃn] *n* réaction *f*.

reactionary [rɪ'ækʃənrɪ] ◇ *adj* réactionnaire. ◇ *n* réactionnaire *mf*.

reactor [rɪ'æktəʳ] *n* réacteur *m*.

read [riːd] (*pt & pp* **read** [red]) ◇ *vt* 1. *(gen)* lire. 2. *(subj: sign, letter)* dire. 3. *(interpret, judge)* interpréter. 4. *(subj: meter, thermometer etc)* indiquer. 5. *Br* (UNIV) étudier. ◇ *vi* lire; **the book ~s well** le livre se lit bien. ◆ **read out** *vt sep* lire à haute voix. ◆ **read up on** *vt fus* étudier.

readable ['ri:dəbl] *adj* agréable à lire.
reader ['ri:dər] *n (of book, newspaper)* lecteur *m*, -trice *f*.
readership ['ri:dəʃɪp] *n (of newspaper)* nombre *m* de lecteurs.
readily ['redɪlɪ] *adv* **1.** *(willingly)* volontiers. **2.** *(easily)* facilement.
reading ['ri:dɪŋ] *n* **1.** *(U) (gen)* lecture *f*. **2.** *(interpretation)* interprétation *f*. **3.** *(on thermometer, meter etc)* indications *fpl*.
readjust [,ri:ə'dʒʌst] ◇ *vt (instrument)* régler (de nouveau); *(mirror)* rajuster; *(policy)* rectifier. ◇ *vi (person)*: **to ~ (to)** se réadapter (à).
ready ['redɪ] ◇ *adj* **1.** *(prepared)* prêt(e); **to be ~ to do sthg** être prêt à faire qqch; **to get ~** se préparer; **to get sthg ~** préparer qqch. **2.** *(willing)*: **to be ~ to do sthg** être prêt(e) OR disposé(e) à faire qqch. ◇ *vt* préparer.
ready cash *n* liquide *m*.
ready-made *adj lit & fig* tout fait (toute faite).
ready money *n* liquide *m*.
ready-to-wear *adj* prêt-à-porter.
reafforestation ['ri:ə,fɒrɪ'steɪʃn] *n* reboisement *m*.
real ['rɪəl] ◇ *adj* **1.** *(gen)* vrai(e), véritable; **~ life** réalité *f*; **for ~** pour de vrai; **this is the ~ thing** *(object)* c'est de l'authentique; *(situation)* c'est pour de vrai OR de bon. **2.** *(actual)* réel(elle); **in ~ terms** dans la pratique. ◇ *adv Am* très.
real estate *n (U)* biens *mpl* immobiliers.
realign [,ri:ə'laɪn] *vt* (POL) regrouper.
realism ['rɪəlɪzm] *n* réalisme *m*.
realistic [,rɪə'lɪstɪk] *adj* réaliste.
reality [rɪ'ælətɪ] *n* réalité *f*.
realization [,rɪəlaɪ'zeɪʃn] *n* réalisation *f*.
realize, -ise ['rɪəlaɪz] *vt* **1.** *(understand)* se rendre compte de, réaliser. **2.** *(sum of money, idea, ambition)* réaliser.
really ['rɪəlɪ] ◇ *adv* **1.** *(gen)* vraiment. **2.** *(in fact)* en réalité. ◇ *excl* **1.** *(expressing doubt)* vraiment? **2.** *(expressing surprise)* pas possible! **3.** *(expressing disapproval)* franchement!, ça alors!
realm [relm] *n* **1.** *fig (subject area)* domaine *m*. **2.** *(kingdom)* royaume *m*.
realtor ['rɪəltər] *n Am* agent *m* immobilier.
reap [ri:p] *vt* **1.** *(harvest)* moissonner. **2.** *fig (obtain)* récolter.
reappear [,ri:ə'pɪər] *vi* réapparaître, reparaître.
rear [rɪər] ◇ *adj* arrière *(inv)*, de derrière. ◇ *n* **1.** *(back)* arrière *m*; **to bring up the ~** fermer la marche. **2.** *inf (bottom)* derrière *m*. ◇ *vt (children, animals)* élever. ◇ *vi (horse)*: **to ~ (up)** se cabrer.
rearm [ri:'ɑ:m] *vt & vi* réarmer.
rearmost ['rɪəməʊst] *adj* dernier(ère).
rearrange [,ri:ə'reɪndʒ] *vt* **1.** *(furniture, room)* réarranger; *(plans)* changer. **2.** *(meeting - to new time)* changer l'heure de; *(- to new date)* changer la date de.
rearview mirror ['rɪəvju:-] *n* rétroviseur *m*.
reason ['ri:zn] ◇ *n* **1.** *(cause)*: **~ (for)** raison *f* (de); **for some ~** pour une raison ou pour une autre. **2.** *(U) (justification)*: **to have ~ to do sthg** avoir de bonnes raisons de faire qqch. **3.** *(common sense)* bon sens *m*; **he won't listen to ~** on ne peut pas lui faire entendre raison; **it stands to ~** c'est logique. ◇ *vt* déduire. ◇ *vi* raisonner. ◆ **reason with** *vt fus* raisonner (avec).
reasonable ['ri:znəbl] *adj* raisonnable.
reasonably ['ri:znəblɪ] *adv* **1.** *(quite)* assez. **2.** *(sensibly)* raisonnablement.
reasoned ['ri:znd] *adj* raisonné(e).
reasoning ['ri:znɪŋ] *n* raisonnement *m*.
reassess [,ri:ə'ses] *vt* réexaminer.
reassurance [,ri:ə'ʃʊərəns] *n* **1.** *(comfort)* réconfort *m*. **2.** *(promise)* assurance *f*.
reassure [,ri:ə'ʃʊər] *vt* rassurer.
reassuring [,ri:ə'ʃʊərɪŋ] *adj* rassurant(e).
rebate ['ri:beɪt] *n (on product)* rabais *m*; **tax ~** = dégrèvement *m* fiscal.
rebel [*n* 'rebl, *vb* rɪ'bel] ◇ *n* rebelle *mf*. ◇ *vi*: **to ~ (against)** se rebeller (contre).
rebellion [rɪ'beljən] *n* rébellion *f*.
rebellious [rɪ'beljəs] *adj* rebelle.
rebound [*n* 'ri:baʊnd, *vb* rɪ'baʊnd] ◇ *n (of ball)* rebond *m*. ◇ *vi (ball)* rebondir.
rebuff [rɪ'bʌf] *n* rebuffade *f*.
rebuild [,ri:'bɪld] (*pt & pp* **rebuilt** [,ri:'bɪlt]) *vt* reconstruire.
rebuke [rɪ'bju:k] ◇ *n* réprimande *f*. ◇ *vt* réprimander.
rebuttal [ri:'bʌtl] *n* réfutation *f*.
recall [rɪ'kɔ:l] ◇ *n (memory)* rappel *m*. ◇ *vt* **1.** *(remember)* se rappeler, se souvenir de. **2.** *(summon back)* rappeler.
recant [rɪ'kænt] *vi* se rétracter; (RELIG) abjurer.
recap ['ri:kæp] ◇ *n* récapitulation *f*. ◇ *vt (summarize)* récapituler. ◇ *vi* récapituler.
recapitulate [,ri:kə'pɪtjʊleɪt] *vt & vi* récapituler.

recd, rec'd *abbr of* **received.**
recede [riː'siːd] *vi (person, car etc)* s'éloigner; *(hopes)* s'envoler.
receding [rɪ'siːdɪŋ] *adj (hairline)* dégarni(e); *(chin, forehead)* fuyant(e).
receipt [rɪ'siːt] *n* **1.** *(piece of paper)* reçu *m*. **2.** *(U) (act of receiving)* réception *f*. ◆ **receipts** *npl* recettes *fpl*.
receive [rɪ'siːv] *vt* **1.** *(gen)* recevoir; *(news)* apprendre. **2.** *(welcome)* accueillir, recevoir.
receiver [rɪ'siːvəʳ] *n* **1.** *(of telephone)* récepteur *m*, combiné *m*. **2.** *(radio, TV set)* récepteur *m*. **3.** *(criminal)* receleur *m*, -euse *f*. **4.** (FIN) *(official)* administrateur *m*, -trice *f* judiciaire.
recent ['riːsnt] *adj* récent(e).
recently ['riːsntlɪ] *adv* récemment; **until ~** jusqu'à ces derniers temps.
receptacle [rɪ'septəkl] *n* récipient *m*.
reception [rɪ'sepʃn] *n* **1.** *(gen)* réception *f*. **2.** *(welcome)* accueil *m*, réception *f*.
reception desk *n* réception *f*.
receptionist [rɪ'sepʃənɪst] *n* réceptionniste *mf*.
recess ['riːses, *Br* rɪ'ses] *n* **1.** *(alcove)* niche *f*. **2.** *(secret place)* recoin *m*. **3.** (POL): **to be in ~** être en vacances. **4.** *Am* (SCH) récréation *f*.
recession [rɪ'seʃn] *n* récession *f*.
recipe ['resɪpɪ] *n lit & fig* recette *f*.
recipient [rɪ'sɪpɪənt] *n (of letter)* destinataire *mf*; *(of cheque)* bénéficiaire *mf*; *(of award)* récipiendaire *mf*.
reciprocal [rɪ'sɪprəkl] *adj* réciproque.
recital [rɪ'saɪtl] *n* récital *m*.
recite [rɪ'saɪt] *vt* **1.** *(say aloud)* réciter. **2.** *(list)* énumérer.
reckless ['reklɪs] *adj* imprudent(e).
reckon ['rekn] *vt* **1.** *inf (think)* penser. **2.** *(consider, judge)* considérer. **3.** *(calculate)* calculer. ◆ **reckon on** *vt fus* compter sur. ◆ **reckon with** *vt fus (expect)* s'attendre à.
reckoning ['rekənɪŋ] *n (U) (calculation)* calculs *mpl*.
reclaim [rɪ'kleɪm] *vt* **1.** *(claim back)* réclamer. **2.** *(land)* assécher.
recline [rɪ'klaɪn] *vi (person)* être allongé(e).
reclining [rɪ'klaɪnɪŋ] *adj (chair)* à dossier réglable.
recluse [rɪ'kluːs] *n* reclus *m*, -e *f*.
recognition [ˌrekəg'nɪʃn] *n* reconnaissance *f*; **in ~ of** en reconnaissance de; **the town has changed beyond** OR **out of all ~** la ville est méconnaissable.
recognizable ['rekəgnaɪzəbl] *adj* reconnaissable.
recognize, -ise ['rekəgnaɪz] *vt* reconnaître.
recoil [*vb* rɪ'kɔɪl, *n* 'riːkɔɪl] ◇ *vi*: **to ~ (from)** reculer (devant). ◇ *n (of gun)* recul *m*.
recollect [ˌrekə'lekt] *vt* se rappeler.
recollection [ˌrekə'lekʃn] *n* souvenir *m*.
recommend [ˌrekə'mend] *vt* **1.** *(commend)*: **to ~ sb/sthg (to sb)** recommander qqn/qqch (à qqn). **2.** *(advise)* conseiller, recommander.
recompense ['rekəmpens] ◇ *n* dédommagement *m*. ◇ *vt* dédommager.
reconcile ['rekənsaɪl] *vt* **1.** *(beliefs, ideas)* concilier. **2.** *(people)* réconcilier. **3.** *(accept)*: **to ~ o.s. to sthg** se faire à l'idée de qqch.
reconditioned [ˌriːkən'dɪʃnd] *adj* remis(e) en état.
reconnaissance [rɪ'kɒnɪsəns] *n* reconnaissance *f*.
reconnoitre *Br*, **reconnoiter** *Am* [ˌrekə'nɔɪtəʳ] ◇ *vt* reconnaître. ◇ *vi* aller en reconnaissance.
reconsider [ˌriːkən'sɪdəʳ] ◇ *vt* reconsidérer. ◇ *vi* reconsidérer la question.
reconstruct [ˌriːkən'strʌkt] *vt* **1.** *(gen)* reconstruire. **2.** *(crime, event)* reconstituer.
record [*n & adj* 'rekɔːd, *vb* rɪ'kɔːd] ◇ *n* **1.** *(written account)* rapport *m*; *(file)* dossier *m*; **to keep sthg on ~** archiver qqch; **(police) ~** casier *m* judiciaire; **off the ~** non officiel. **2.** *(vinyl disc)* disque *m*. **3.** *(best achievement)* record *m*. ◇ *adj* record *(inv)*. ◇ *vt* **1.** *(write down)* noter. **2.** *(put on tape)* enregistrer.
recorded delivery [rɪ'kɔːdɪd-] *n*: **to send sthg by ~** envoyer qqch en recommandé.
recorder [rɪ'kɔːdəʳ] *n (musical instrument)* flûte *f* à bec.
record holder *n* détenteur *m*, -trice *f* du record.
recording [rɪ'kɔːdɪŋ] *n* enregistrement *m*.
record player *n* tourne-disque *m*.
recount [*n* 'riːkaʊnt, *vt sense 1* rɪ'kaʊnt, *sense 2* ˌriː'kaʊnt] ◇ *n (of vote)* deuxième dépouillement *m* du scrutin. ◇ *vt* **1.** *(narrate)* raconter. **2.** *(count again)* recompter.
recoup [rɪ'kuːp] *vt* récupérer.
recourse [rɪ'kɔːs] *n*: **to have ~ to** avoir recours à.

recover [rɪˈkʌvəʳ] ◇ *vt* **1.** *(retrieve)* récupérer; **to ~ sthg from sb** reprendre qqch à qqn. **2.** *(one's balance)* retrouver; *(consciousness)* reprendre. ◇ *vi* **1.** *(from illness)* se rétablir; *(from shock, divorce)* se remettre. **2.** *fig (economy)* se redresser; *(trade)* reprendre.

recovery [rɪˈkʌvərɪ] *n* **1.** *(from illness)* guérison *f*, rétablissement *m*. **2.** *fig (of economy)* redressement *m*, reprise *f*. **3.** *(retrieval)* récupération *f*.

recreation [ˌrekrɪˈeɪʃn] *n (U) (leisure)* récréation *f*, loisirs *mpl*.

recrimination [rɪˌkrɪmɪˈneɪʃn] *n* récrimination *f*.

recruit [rɪˈkruːt] ◇ *n* recrue *f*. ◇ *vt* recruter; **to ~ sb to do sthg** *fig* embaucher qqn pour faire qqch. ◇ *vi* recruter.

recruitment [rɪˈkruːtmənt] *n* recrutement *m*.

rectangle [ˈrekˌtæŋgl] *n* rectangle *m*.

rectangular [rekˈtæŋgjʊləʳ] *adj* rectangulaire.

rectify [ˈrektɪfaɪ] *vt (mistake)* rectifier.

rector [ˈrektəʳ] *n* **1.** *(priest)* pasteur *m*. **2.** *Scot (head - of school)* directeur *m*; *(- of college, university) président élu par les étudiants.*

rectory [ˈrektərɪ] *n* presbytère *m*.

recuperate [rɪˈkuːpəreɪt] *vi* se rétablir.

recur [rɪˈkɜːʳ] *vi (error, problem)* se reproduire; *(dream)* revenir; *(pain)* réapparaître.

recurrence [rɪˈkʌrəns] *n* répétition *f*.

recurrent [rɪˈkʌrənt] *adj (error, problem)* qui se reproduit souvent; *(dream)* qui revient souvent.

recycle [ˌriːˈsaɪkl] *vt* recycler.

red [red] ◇ *adj* rouge; *(hair)* roux (rousse). ◇ *n* rouge *m*; **to be in the ~** *inf* être à découvert.

red card *n* (FTBL): **to be shown the ~, to get a ~** recevoir un carton rouge.

red carpet *n*: **to roll out the ~ for sb** dérouler le tapis rouge pour qqn. ◆ **red-carpet** *adj*: **to give sb the red-carpet treatment** recevoir qqn en grande pompe.

Red Cross *n*: **the ~** la Croix-Rouge.

redcurrant [ˈredkʌrənt] *n (fruit)* groseille *f*; *(bush)* groseillier *m*.

redden [ˈredn] *vt & vi* rougir.

redecorate [ˌriːˈdekəreɪt] ◇ *vt* repeindre et retapisser. ◇ *vi* refaire la peinture et les papiers peints.

redeem [rɪˈdiːm] *vt* **1.** *(save, rescue)* racheter. **2.** *(from pawnbroker)* dégager.

redeeming [rɪˈdiːmɪŋ] *adj* qui rachète (les défauts).

redeploy [ˌriːdɪˈplɔɪ] *vt* (MIL) redéployer; *(staff)* réorganiser, réaffecter.

red-faced [-ˈfeɪst] *adj* rougeaud(e), rubicond(e); *(with embarrassment)* rouge de confusion.

red-haired [-ˈheəd] *adj* roux (rousse).

red-handed [-ˈhændɪd] *adj*: **to catch sb ~** prendre qqn en flagrant délit OR la main dans le sac.

redhead [ˈredhed] *n* roux *m*, rousse *f*.

red herring *n fig* fausse piste *f*.

red-hot *adj* **1.** *(extremely hot)* brûlant (e); *(metal)* chauffé(e) au rouge. **2.** *(very enthusiastic)* ardent(e).

redid [ˌriːˈdɪd] *pt* → **redo**.

redirect [ˌriːdɪˈrekt] *vt* **1.** *(energy, money)* réorienter. **2.** *(traffic)* détourner. **3.** *(letters)* faire suivre.

rediscover [ˌriːdɪˈskʌvəʳ] *vt* redécouvrir.

red light *n (traffic signal)* feu *m* rouge.

red-light district *n* quartier *m* chaud.

redo [ˌriːˈduː] (*pt* **-did**, *pp* **-done**) *vt* refaire.

redolent [ˈredələnt] *adj literary* **1.** *(reminiscent)*: **~ of** qui rappelle, évocateur (trice) de. **2.** *(smelling)*: **~ of** qui sent.

redone [ˌriːˈdʌn] *pp* → **redo**.

redouble [ˌriːˈdʌbl] *vt*: **to ~ one's efforts (to do sthg)** redoubler d'efforts (pour faire qqch).

redraft [ˌriːˈdrɑːft] *vt* rédiger à nouveau.

redress [rɪˈdres] ◇ *n (U) fml* réparation *f*. ◇ *vt*: **to ~ the balance** rétablir l'équilibre.

Red Sea *n*: **the ~** la mer Rouge.

red tape *n fig* paperasserie *f* administrative.

reduce [rɪˈdjuːs] ◇ *vt* réduire; **to be ~d to doing sthg** en être réduit à faire qqch; **to ~ sb to tears** faire pleurer qqn. ◇ *vi Am (diet)* suivre un régime amaigrissant.

reduction [rɪˈdʌkʃn] *n* **1.** *(decrease)*: **~ (in)** réduction *f* (de), baisse *f* (de). **2.** *(discount)* rabais *m*, réduction *f*.

redundancy [rɪˈdʌndənsɪ] *n Br (dismissal)* licenciement *m*; *(unemployment)* chômage *m*.

redundant [rɪˈdʌndənt] *adj* **1.** *Br (jobless)*: **to be made ~** être licencié(e). **2.** *(not required)* superflu(e).

reed [riːd] *n* **1.** *(plant)* roseau *m*. **2.** (MUS) anche *f*.

reef [riːf] *n* récif *m*, écueil *m*.
reek [riːk] ◇ *n* relent *m*. ◇ *vi*: **to ~ (of sthg)** puer (qqch), empester (qqch).
reel [riːl] ◇ *n* **1.** *(roll)* bobine *f*. **2.** *(on fishing rod)* moulinet *m*. ◇ *vi (stagger)* chanceler. ◆ **reel in** *vt sep* remonter. ◆ **reel off** *vt sep (list)* débiter.
ref [ref] *n* **1.** *inf* (*abbr of* **referee**) arbitre *m*. **2.** (*abbr of* **reference**) (ADMIN) réf. *f*.
refectory [rɪ'fektərɪ] *n* réfectoire *m*.
refer [rɪ'fɜːʳ] *vt* **1.** *(person)*: **to ~ sb to** *(hospital)* envoyer qqn à; *(specialist)* adresser qqn à; (ADMIN) renvoyer qqn à. **2.** *(report, case, decision)*: **to ~ sthg to** soumettre qqch à. ◆ **refer to** *vt fus* **1.** *(speak about)* parler de, faire allusion à OR mention de. **2.** *(apply to)* s'appliquer à, concerner. **3.** *(consult)* se référer à, se reporter à.
referee [,refə'riː] ◇ *n* **1.** (SPORT) arbitre *m*. **2.** *Br (for job application)* répondant *m*, -e *f*. ◇ *vt* (SPORT) arbitrer. ◇ *vi* (SPORT) être arbitre.
reference ['refrəns] *n* **1.** *(mention)*: **~ (to)** allusion *f* (à), mention *f* (de); **with ~ to** comme suite à. **2.** *(U) (for advice, information)*: **~ (to)** consultation *f* (de), référence *f* (à). **3.** (COMM) référence *f*. **4.** *(in book)* renvoi *m*; **map ~** coordonnées *fpl*. **5.** *(for job application - letter)* référence *f*; *(- person)* répondant *m*, -e *f*.
reference book *n* ouvrage *m* de référence.
reference number *n* numéro *m* de référence.
referendum [,refə'rendəm] (*pl* **-s** OR **-da** [-də]) *n* référendum *m*.
refill [*n* 'riːfɪl, *vb* ,riː'fɪl] ◇ *n* **1.** *(for pen)* recharge *f*. **2.** *inf (drink)*: **would you like a ~?** vous voulez encore un verre? ◇ *vt* remplir à nouveau.
refine [rɪ'faɪn] *vt* raffiner; *fig* peaufiner.
refined [rɪ'faɪnd] *adj* raffiné(e); *(system, theory)* perfectionné(e).
refinement [rɪ'faɪnmənt] *n* **1.** *(improvement)* perfectionnement *m*. **2.** *(U) (gentility)* raffinement *m*.
reflect [rɪ'flekt] ◇ *vt* **1.** *(be a sign of)* refléter. **2.** *(light, image)* réfléchir, refléter; *(heat)* réverbérer. **3.** *(think)*: **to ~ that ...** se dire que ... ◇ *vi (think)*: **to ~ (on** OR **upon)** réfléchir (sur), penser (à).
reflection [rɪ'flekʃn] *n* **1.** *(sign)* indication *f*, signe *m*. **2.** *(criticism)*: **~ on** critique *f* de. **3.** *(image)* reflet *m*. **4.** *(U) (of light, heat)* réflexion *f*. **5.** *(thought)* réflexion *f*; **on ~** réflexion faite.
reflector [rɪ'flektəʳ] *n* réflecteur *m*.
reflex ['riːfleks] *n*: **~ (action)** réflexe *m*.
reflexive [rɪ'fleksɪv] *adj* (GRAMM) *(pronoun)* réfléchi(e); **~ verb** verbe *m* pronominal réfléchi.
reforestation [riː,fɒrɪ'steɪʃn] = **reafforestation**.
reform [rɪ'fɔːm] ◇ *n* réforme *f*. ◇ *vt (gen)* réformer; *(person)* corriger. ◇ *vi (behave better)* se corriger, s'amender.
Reformation [,refə'meɪʃn] *n*: **the ~** la Réforme.
reformatory [rɪ'fɔːmətrɪ] *n Am* centre *m* d'éducation surveillée (pour jeunes délinquants).
reformer [rɪ'fɔːməʳ] *n* réformateur *m*, -trice *f*.
refrain [rɪ'freɪn] ◇ *n* refrain *m*. ◇ *vi*: **to ~ from doing sthg** s'abstenir de faire qqch.
refresh [rɪ'freʃ] *vt* rafraîchir, revigorer.
refreshed [rɪ'freʃt] *adj* reposé(e).
refresher course [rɪ'freʃəʳ-] *n* cours *m* de recyclage OR remise à niveau.
refreshing [rɪ'freʃɪŋ] *adj* **1.** *(pleasantly different)* agréable, réconfortant(e). **2.** *(drink, swim)* rafraîchissant(e).
refreshments [rɪ'freʃmənts] *npl* rafraîchissements *mpl*.
refrigerator [rɪ'frɪdʒəreɪtəʳ] *n* réfrigérateur *m*, Frigidaire® *m*.
refuel [,riː'fjʊəl] ◇ *vt* ravitailler. ◇ *vi* se ravitailler en carburant.
refuge ['refjuːdʒ] *n lit & fig* refuge *m*, abri *m*; **to take ~ in** se réfugier dans.
refugee [,refjʊ'dʒiː] *n* réfugié *m*, -e *f*.
refund [*n* 'riːfʌnd, *vb* rɪ'fʌnd] ◇ *n* remboursement *m*. ◇ *vt*: **to ~ sthg to sb, to ~ sb sthg** rembourser qqch à qqn.
refurbish [,riː'fɜːbɪʃ] *vt* remettre à neuf, rénover.
refusal [rɪ'fjuːzl] *n*: **~ (to do sthg)** refus *m* (de faire qqch).
refuse¹ [rɪ'fjuːz] ◇ *vt* refuser; **to ~ to do sthg** refuser de faire qqch. ◇ *vi* refuser.
refuse² ['refjuːs] *n (U) (rubbish)* ordures *fpl*, détritus *mpl*.
refuse collection ['refjuːs-] *n* enlèvement *m* des ordures ménagères.
refute [rɪ'fjuːt] *vt* réfuter.
regain [rɪ'geɪn] *vt (composure, health)* retrouver; *(leadership)* reprendre.
regal ['riːgl] *adj* majestueux(euse), royal(e).
regalia [rɪ'geɪljə] *n (U)* insignes *mpl*.
regard [rɪ'gɑːd] ◇ *n* **1.** *(U) (respect)* estime *f*, respect *m*. **2.** *(aspect)*: **in this/that ~** à cet égard. ◇ *vt* considérer; **to ~ o.s. as** se considérer comme; **to be high-**

ly ~ed être tenu(e) en haute estime. ◆ **regards** *npl*: **(with best) ~s** bien amicalement; **give her my ~s** faites-lui mes amitiés. ◆ **as regards** *prep* en ce qui concerne. ◆ **in regard to, with regard to** *prep* en ce qui concerne, relativement à.

regarding [rɪ'gɑːdɪŋ] *prep* concernant, en ce qui concerne.

regardless [rɪ'gɑːdlɪs] *adv* quand même. ◆ **regardless of** *prep* sans tenir compte de, sans se soucier de.

regime [reɪ'ʒiːm] *n* régime *m*.

regiment ['redʒɪmənt] *n* régiment *m*.

region ['riːdʒən] *n* région *f*; **in the ~ of** environ.

regional ['riːdʒənl] *adj* régional(e).

register ['redʒɪstəʳ] ◇ *n (record)* registre *m*. ◇ *vt* **1.** *(record officially)* déclarer. **2.** *(show, measure)* indiquer, montrer. **3.** *(express)* exprimer. ◇ *vi* **1.** *(on official list)* s'inscrire, se faire inscrire. **2.** *(at hotel)* signer le registre. **3.** *inf (advice, fact)*: **it didn't ~** je n'ai pas compris.

registered ['redʒɪstəd] *adj* **1.** *(person)* inscrit(e); *(car)* immatriculé(e); *(charity)* agréé(e) par le gouvernement. **2.** *(letter, parcel)* recommandé(e).

registered trademark *n* marque *f* déposée.

registrar [,redʒɪ'strɑːʳ] *n* **1.** *(keeper of records)* officier *m* de l'état civil. **2.** (UNIV) secrétaire *m* général. **3.** *Br (doctor)* chef *m* de clinique.

registration [,redʒɪ'streɪʃn] *n* **1.** *(gen)* enregistrement *m*, inscription *f*. **2.** (AUT) = **registration number**.

registration number *n* (AUT) numéro *m* d'immatriculation.

registry ['redʒɪstrɪ] *n* bureau *m* de l'enregistrement.

registry office *n* bureau *m* de l'état civil.

regret [rɪ'gret] ◇ *n* regret *m*. ◇ *vt (be sorry about)*: **to ~ sthg/doing sthg** regretter qqch/d'avoir fait qqch.

regretfully [rɪ'gretfʊlɪ] *adv* à regret.

regrettable [rɪ'gretəbl] *adj* regrettable, fâcheux(euse).

regroup [,riː'gruːp] *vi* se regrouper.

regular ['regjʊləʳ] ◇ *adj* **1.** *(gen)* régulier(ère); *(customer)* fidèle. **2.** *(usual)* habituel(elle). **3.** *Am (normal - size)* standard *(inv)*. **4.** *Am (pleasant)* sympa *(inv)*. ◇ *n (at pub)* habitué *m*, -e *f*; *(at shop)* client *m*, -e *f* fidèle.

regularly ['regjʊləlɪ] *adv* régulièrement.

regulate ['regjʊleɪt] *vt* régler.

regulation [,regjʊ'leɪʃn] ◇ *adj (standard)* réglementaire. ◇ *n* **1.** *(rule)* règlement *m*. **2.** *(U) (control)* réglementation *f*.

rehabilitate [,riːə'bɪlɪteɪt] *vt (criminal)* réinsérer, réhabiliter; *(patient)* rééduquer.

rehearsal [rɪ'hɜːsl] *n* répétition *f*.

rehearse [rɪ'hɜːs] *vt & vi* répéter.

reign [reɪn] ◇ *n* règne *m*. ◇ *vi*: **to ~ (over)** *lit & fig* régner (sur).

reimburse [,riːɪm'bɜːs] *vt*: **to ~ sb (for)** rembourser qqn (de).

rein [reɪn] *n fig*: **to give (a) free ~ to sb, to give sb free ~** laisser la bride sur le cou à qqn. ◆ **reins** *npl (for horse)* rênes *fpl*.

reindeer ['reɪn,dɪəʳ] *(pl inv) n* renne *m*.

reinforce [,riːɪn'fɔːs] *vt* **1.** *(strengthen)* renforcer. **2.** *(back up, confirm)* appuyer, étayer.

reinforced concrete [,riːɪn'fɔːst-] *n* béton *m* armé.

reinforcement [,riːɪn'fɔːsmənt] *n* **1.** *(U) (strengthening)* renforcement *m*. **2.** *(strengthener)* renfort *m*. ◆ **reinforcements** *npl* renforts *mpl*.

reinstate [,riːɪn'steɪt] *vt (employee)* rétablir dans ses fonctions, réintégrer; *(policy, method)* rétablir.

reiterate [riː'ɪtəreɪt] *vt* réitérer, répéter.

reject [*n* 'riːdʒekt, *vb* rɪ'dʒekt] ◇ *n (product)* article *m* de rebut. ◇ *vt* **1.** *(not accept)* rejeter. **2.** *(candidate, coin)* refuser.

rejection [rɪ'dʒekʃn] *n* **1.** *(non-acceptance)* rejet *m*. **2.** *(of candidate)* refus *m*.

rejoice [rɪ'dʒɔɪs] *vi*: **to ~ (at** OR **in)** se réjouir (de).

rejuvenate [rɪ'dʒuːvəneɪt] *vt* rajeunir.

relapse [rɪ'læps] ◇ *n* rechute *f*. ◇ *vi*: **to ~ into** retomber dans.

relate [rɪ'leɪt] ◇ *vt* **1.** *(connect)*: **to ~ sthg to sthg** établir un lien OR rapport entre qqch et qqch. **2.** *(tell)* raconter. ◇ *vi* **1.** *(be connected)*: **to ~ to** avoir un rapport avec. **2.** *(concern)*: **to ~ to** se rapporter à. **3.** *(empathize)*: **to ~ (to sb)** s'entendre (avec qqn). ◆ **relating to** *prep* concernant.

related [rɪ'leɪtɪd] *adj* **1.** *(people)* apparenté(e). **2.** *(issues, problems etc)* lié(e).

relation [rɪ'leɪʃn] *n* **1.** *(connection)*: **~ (to/between)** rapport *m* (avec/entre). **2.** *(person)* parent *m*, -e *f*. ◆ **relations** *npl (relationship)* relations *fpl*, rapports *mpl*.

relationship [rɪ'leɪʃnʃɪp] *n* **1.** *(between*

people, countries) relations *fpl*, rapports *mpl*; *(romantic)* liaison *f*. 2. *(connection)* rapport *m*, lien *m*.

relative ['relətɪv] ◇ *adj* relatif(ive). ◇ *n* parent *m*, -e *f*. ◆ **relative to** *prep (compared with)* relativement à; *(connected with)* se rapportant à, relatif(ive) à.

relatively ['relətɪvlɪ] *adv* relativement.

relax [rɪ'læks] ◇ *vt* 1. *(person)* détendre, relaxer. 2. *(muscle, body)* décontracter, relâcher; *(one's grip)* desserrer. 3. *(rule)* relâcher. ◇ *vi* 1. *(person)* se détendre, se décontracter. 2. *(muscle, body)* se relâcher, se décontracter. 3. *(one's grip)* se desserrer.

relaxation [,ri:læk'seɪʃn] *n* 1. *(of person)* relaxation *f*, détente *f*. 2. *(of rule)* relâchement *m*.

relaxed [rɪ'lækst] *adj* détendu(e), décontracté(e).

relaxing [rɪ'læksɪŋ] *adj* relaxant(e), qui détend.

relay ['ri:leɪ] ◇ *n* 1. (SPORT): **~ (race)** course *f* de relais. 2. (RADIO & TV) *(broadcast)* retransmission *f*. ◇ *vt* 1. (RADIO & TV) *(broadcast)* relayer. 2. *(message, information)* transmettre, communiquer.

release [rɪ'li:s] ◇ *n* 1. *(from prison, cage)* libération *f*. 2. *(from pain, misery)* délivrance *f*. 3. *(statement)* communiqué *m*. 4. *(of gas, heat)* échappement *m*. 5. *(U) (of film, record)* sortie *f*. 6. *(film)* nouveau film *m*; *(record)* nouveau disque *m*. ◇ *vt* 1. *(set free)* libérer. 2. *(lift restriction on)*: **to ~ sb from** dégager qqn de. 3. *(make available - supplies)* libérer; *(- funds)* débloquer. 4. *(let go of)* lâcher. 5. (TECH) *(brake, handle)* desserrer; *(mechanism)* déclencher. 6. *(gas, heat)*: **to be ~d (from/into)** se dégager (de/dans), s'échapper (de/dans). 7. *(film, record)* sortir; *(statement, report)* publier.

relegate ['relɪgeɪt] *vt* reléguer; **to be ~d** *Br* (SPORT) être relégué à la division inférieure.

relent [rɪ'lent] *vi (person)* se laisser fléchir; *(wind, storm)* se calmer.

relentless [rɪ'lentlɪs] *adj* implacable.

relevant ['reləvənt] *adj* 1. *(connected)*: **~ (to)** qui a un rapport (avec). 2. *(significant)*: **~ (to)** important(e) (pour). 3. *(appropriate - information)* utile; *(- document)* justificatif(ive).

reliable [rɪ'laɪəbl] *adj (person)* sur qui on peut compter, fiable; *(device)* fiable; *(company, information)* sérieux(euse).

reliably [rɪ'laɪəblɪ] *adv* de façon fiable; **to be ~ informed (that) ...** savoir de source sûre que ...

reliant [rɪ'laɪənt] *adj*: **to be ~ on** être dépendant(e) de.

relic ['relɪk] *n* relique *f*; *(of past)* vestige *m*.

relief [rɪ'li:f] *n* 1. *(comfort)* soulagement *m*. 2. *(for poor, refugees)* aide *f*, assistance *f*. 3. *Am (social security)* aide *f* sociale.

relieve [rɪ'li:v] *vt* 1. *(pain, anxiety)* soulager; **to ~ sb of sthg** *(take away from)* délivrer qqn de qqch. 2. *(take over from)* relayer. 3. *(give help to)* secourir, venir en aide à.

religion [rɪ'lɪdʒn] *n* religion *f*.

religious [rɪ'lɪdʒəs] *adj* religieux(euse); *(book)* de piété.

relinquish [rɪ'lɪŋkwɪʃ] *vt (power)* abandonner; *(claim, plan)* renoncer à; *(post)* quitter.

relish ['relɪʃ] ◇ *n* 1. *(enjoyment)*: **with (great) ~** avec délectation. 2. *(pickle)* condiment *m*. ◇ *vt (enjoy)* prendre plaisir à; **I don't ~ the thought** OR **idea** OR **prospect of seeing him** la perspective de le voir ne m'enchante OR ne me sourit guère.

relocate [,ri:ləʊ'keɪt] ◇ *vt* installer ailleurs, transférer. ◇ *vi* s'installer ailleurs, déménager.

reluctance [rɪ'lʌktəns] *n* répugnance *f*.

reluctant [rɪ'lʌktənt] *adj* peu enthousiaste; **to be ~ to do sthg** rechigner à faire qqch, être peu disposé à faire qqch.

reluctantly [rɪ'lʌktəntlɪ] *adv* à contrecœur, avec répugnance.

rely [rɪ'laɪ] ◆ **rely on** *vt fus* 1. *(count on)* compter sur; **to ~ on sb to do sthg** compter sur qqn OR faire confiance à qqn pour faire qqch. 2. *(be dependent on)* dépendre de.

remain [rɪ'meɪn] ◇ *vt* rester; **to ~ to be done** rester à faire. ◇ *vi* rester. ◆ **remains** *npl* 1. *(remnants)* restes *mpl*. 2. *(antiquities)* ruines *fpl*, vestiges *mpl*.

remainder [rɪ'meɪndəʳ] *n* reste *m*.

remaining [rɪ'meɪnɪŋ] *adj* qui reste.

remand [rɪ'mɑ:nd] (JUR) ◇ *n*: **on ~** en détention préventive. ◇ *vt*: **to ~ sb (in custody)** placer qqn en détention préventive.

remark [rɪ'mɑ:k] ◇ *n* *(comment)* remarque *f*, observation *f*. ◇ *vt (comment)*: **to ~ that ...** faire remarquer que ...

remarkable [rɪ'mɑ:kəbl] *adj* remarquable.

remarry [,ri:'mærɪ] *vi* se remarier.

remedial [rɪ'mi:djəl] *adj* 1. *(pupil,*

class) de rattrapage. **2.** *(exercise)* correctif(ive); *(action)* de rectification.
remedy ['remədɪ] ◇ *n*: **~ (for)** (MED) remède *m* (pour OR contre); *fig* remède (à OR contre). ◇ *vt* remédier à.
remember [rɪ'membəʳ] ◇ *vt (gen)* se souvenir de, se rappeler; **to ~ to do sthg** ne pas oublier de faire qqch, penser à faire qqch; **to ~ doing sthg** se souvenir d'avoir fait qqch, se rappeler avoir fait qqch. ◇ *vi* se souvenir, se rappeler.
remembrance [rɪ'membrəns] *n*: **in ~ of** en souvenir OR mémoire de.
Remembrance Day *n* l'Armistice *m*.
remind [rɪ'maɪnd] *vt*: **to ~ sb of** OR **about sthg** rappeler qqch à qqn; **to ~ sb to do sthg** rappeler à qqn de faire qqch, faire penser à qqn à faire qqch.
reminder [rɪ'maɪndəʳ] *n* **1.** *(to jog memory)*: **to give sb a ~ (to do sthg)** faire penser à qqn (à faire qqch). **2.** *(letter, note)* rappel *m*.
reminisce [,remɪ'nɪs] *vi* évoquer des souvenirs; **to ~ about sthg** évoquer qqch.
reminiscent [,remɪ'nɪsnt] *adj*: **~ of** qui rappelle, qui fait penser à.
remiss [rɪ'mɪs] *adj* négligent(e).
remit¹ [rɪ'mɪt] *vt (money)* envoyer, verser.
remit² ['riːmɪt] *n Br (responsibility)* attributions *fpl*.
remittance [rɪ'mɪtns] *n* **1.** *(amount of money)* versement *m*. **2.** (COMM) règlement *m*, paiement *m*.
remnant ['remnənt] *n* **1.** *(remaining part)* reste *m*, restant *m*. **2.** *(of cloth)* coupon *m*.
remold *Am* = **remould**.
remorse [rɪ'mɔːs] *n (U)* remords *m*.
remorseful [rɪ'mɔːsfʊl] *adj* plein(e) de remords.
remorseless [rɪ'mɔːslɪs] *adj* implacable.
remote [rɪ'məʊt] *adj* **1.** *(far-off - place)* éloigné(e); *(- time)* lointain(e). **2.** *(person)* distant(e). **3.** *(possibility, chance)* vague.
remote control *n* télécommande *f*.
remotely [rɪ'məʊtlɪ] *adv* **1.** *(in the slightest)*: **not ~** pas le moins du monde, absolument pas. **2.** *(far off)* au loin.
remould *Br*, **remold** *Am* ['riːməʊld] *n* pneu *m* rechapé.
removable [rɪ'muːvəbl] *adj (detachable)* détachable, amovible.
removal [rɪ'muːvl] *n* **1.** *(U) (act of removing)* enlèvement *m*. **2.** *Br (change of house)* déménagement *m*.
removal van *n Br* camion *m* de déménagement.
remove [rɪ'muːv] *vt* **1.** *(take away - gen)* enlever; *(- stain)* faire partir, enlever; *(- problem)* résoudre; *(- suspicion)* dissiper. **2.** *(clothes)* ôter, enlever. **3.** *(employee)* renvoyer.
remuneration [rɪ,mjuːnə'reɪʃn] *n* rémunération *f*.
Renaissance [rə'neɪsəns] *n*: **the ~** la Renaissance.
render ['rendəʳ] *vt* rendre; *(assistance)* porter; (FIN) *(account)* présenter.
rendering ['rendərɪŋ] *n (of play, music etc)* interprétation *f*.
rendezvous ['rɒndɪvuː] (*pl inv*) *n* rendez-vous *m inv*.
renegade ['renɪgeɪd] *n* renégat *m*, -e *f*.
renew [rɪ'njuː] *vt* **1.** *(gen)* renouveler; *(negotiations, strength)* reprendre; *(interest)* faire renaître; **to ~ acquaintance with sb** renouer connaissance avec qqn. **2.** *(replace)* remplacer.
renewable [rɪ'njuːəbl] *adj* renouvelable.
renewal [rɪ'njuːəl] *n* **1.** *(of activity)* reprise *f*. **2.** *(of contract, licence etc)* renouvellement *m*.
renounce [rɪ'naʊns] *vt (reject)* renoncer à.
renovate ['renəveɪt] *vt* rénover.
renowned [rɪ'naʊnd] *adj*: **~ (for)** renommé(e) (pour).
rent [rent] ◇ *n (for house)* loyer *m*. ◇ *vt* louer.
rental ['rentl] ◇ *adj* de location. ◇ *n (for car, television, video)* prix *m* de location; *(for house)* loyer *m*.
renunciation [rɪ,nʌnsɪ'eɪʃn] *n* renonciation *f*.
reorganize, -ise [,riː'ɔːgənaɪz] *vt* réorganiser.
rep [rep] *n* **1.** (*abbr of* **representative**) VRP *m*. **2.** *abbr of* **repertory**.
repaid [riː'peɪd] *pt & pp* → **repay**.
repair [rɪ'peəʳ] ◇ *n* réparation *f*; **in good/bad ~** en bon/mauvais état. ◇ *vt* réparer.
repair kit *n* trousse *f* à outils.
repartee [,repɑː'tiː] *n* repartie *f*.
repatriate [,riː'pætrɪeɪt] *vt* rapatrier.
repay [riː'peɪ] (*pt & pp* **repaid**) *vt* **1.** *(money)*: **to ~ sb sthg, to ~ sthg to sb** rembourser qqch à qqn. **2.** *(favour)* payer de retour, récompenser.
repayment [riː'peɪmənt] *n* remboursement *m*.

repeal [rɪ'pi:l] ◇ *n* abrogation *f*. ◇ *vt* abroger.
repeat [rɪ'pi:t] ◇ *vt* **1.** *(gen)* répéter. **2.** (RADIO & TV) rediffuser. ◇ *n* (RADIO & TV) reprise *f*, rediffusion *f*.
repeatedly [rɪ'pi:tɪdlɪ] *adv* à maintes reprises, très souvent.
repel [rɪ'pel] *vt* repousser.
repellent [rɪ'pelənt] ◇ *adj* répugnant (e), repoussant(e). ◇ *n*: **insect ~** crème *f* anti-insecte.
repent [rɪ'pent] ◇ *vt* se repentir de. ◇ *vi*: **to ~ (of)** se repentir (de).
repentance [rɪ'pentəns] *n (U)* repentir *m*.
repercussions [,ri:pə'kʌʃnz] *npl* répercussions *fpl*.
repertoire ['repətwɑ:ʳ] *n* répertoire *m*.
repertory ['repətrɪ] *n* répertoire *m*.
repetition [,repɪ'tɪʃn] *n* répétition *f*.
repetitious [,repɪ'tɪʃəs], **repetitive** [rɪ'petɪtɪv] *adj (action, job)* répétitif(ive); *(article, speech)* qui a des redites.
replace [rɪ'pleɪs] *vt* **1.** *(gen)* remplacer. **2.** *(put back)* remettre (à sa place).
replacement [rɪ'pleɪsmənt] *n* **1.** *(substituting)* remplacement *m*; *(putting back)* replacement *m*. **2.** *(new person)*: **~ (for sb)** remplaçant *m*, -e *f* (de qqn).
replay [*n* 'ri:pleɪ, *vb* ,ri:'pleɪ] ◇ *n* match *m* rejoué. ◇ *vt* **1.** *(match, game)* rejouer. **2.** *(film, tape)* repasser.
replenish [rɪ'plenɪʃ] *vt*: **to ~ one's supply of sthg** se réapprovisionner en qqch.
replica ['replɪkə] *n* copie *f* exacte, réplique *f*.
reply [rɪ'plaɪ] ◇ *n*: **~ (to)** réponse *f* (à). ◇ *vt & vi* répondre.
reply coupon *n* coupon-réponse *m*.
report [rɪ'pɔ:t] ◇ *n* **1.** *(account)* rapport *m*, compte *m* rendu; (PRESS) reportage *m*. **2.** *Br* (SCH) bulletin *m*. ◇ *vt* **1.** *(news, crime)* rapporter, signaler. **2.** *(make known)*: **to ~ that ...** annoncer que ... **3.** *(complain about)*: **to ~ sb (to)** dénoncer qqn (à). ◇ *vi* **1.** *(give account)*: **to ~ (on)** faire un rapport (sur); (PRESS) faire un reportage (sur). **2.** *(present oneself)*: **to ~ (to sb/for sthg)** se présenter (à qqn/pour qqch).
report card *n* bulletin *m* scolaire.
reportedly [rɪ'pɔ:tɪdlɪ] *adv* à ce qu'il paraît.
reporter [rɪ'pɔ:təʳ] *n* reporter *m*.
repose [rɪ'pəʊz] *n literary* repos *m*.
repossess [,ri:pə'zes] *vt* saisir.
represent [,reprɪ'zent] *vt (gen)* représenter.
representation [,reprɪzen'teɪʃn] *n (gen)* représentation *f*. ◆ **representations** *npl*: **to make ~s to sb** faire une démarche auprès de qqn.
representative [,reprɪ'zentətɪv] ◇ *adj* représentatif(ive). ◇ *n* représentant *m*, -e *f*.
repress [rɪ'pres] *vt* réprimer.
repression [rɪ'preʃn] *n* répression *f*; *(sexual)* refoulement *m*.
reprieve [rɪ'pri:v] ◇ *n* **1.** *fig (delay)* sursis *m*, répit *m*. **2.** (JUR) sursis *m*. ◇ *vt* accorder un sursis à.
reprimand ['reprɪmɑ:nd] ◇ *n* réprimande *f*. ◇ *vt* réprimander.
reprisal [rɪ'praɪzl] *n* représailles *fpl*.
reproach [rɪ'prəʊtʃ] ◇ *n* reproche *m*. ◇ *vt*: **to ~ sb for** OR **with sthg** reprocher qqch à qqn.
reproachful [rɪ'prəʊtʃfʊl] *adj (look, words)* de reproche.
reproduce [,ri:prə'dju:s] ◇ *vt* reproduire. ◇ *vi* se reproduire.
reproduction [,ri:prə'dʌkʃn] *n* reproduction *f*.
reproof [rɪ'pru:f] *n* reproche *m*, blâme *m*.
reprove [rɪ'pru:v] *vt*: **to ~ sb (for)** blâmer qqn (pour OR de), réprimander qqn (pour).
reptile ['reptaɪl] *n* reptile *m*.
republic [rɪ'pʌblɪk] *n* république *f*.
republican [rɪ'pʌblɪkən] ◇ *adj* républicain(e). ◇ *n* républicain *m*, -e *f*. ◆ **Republican** ◇ *adj* républicain(e); **the Republican Party** *Am* le parti républicain. ◇ *n* républicain *m*, -e *f*.
repudiate [rɪ'pju:dɪeɪt] *vt fml (offer, suggestion)* rejeter; *(friend)* renier.
repulse [rɪ'pʌls] *vt* repousser.
repulsive [rɪ'pʌlsɪv] *adj* repoussant(e).
reputable ['repjʊtəbl] *adj* de bonne réputation.
reputation [,repjʊ'teɪʃn] *n* réputation *f*.
repute [rɪ'pju:t] *n*: **of good ~** de bonne réputation.
reputed [rɪ'pju:tɪd] *adj* réputé(e); **to be ~ to be sthg** être réputé pour être qqch, avoir la réputation d'être qqch.
reputedly [rɪ'pju:tɪdlɪ] *adv* à OR d'après ce qu'on dit.
request [rɪ'kwest] ◇ *n*: **~ (for)** demande *f* (de); **on ~** sur demande. ◇ *vt* demander; **to ~ sb to do sthg** demander à qqn de faire qqch.
request stop *n Br* arrêt *m* facultatif.
require [rɪ'kwaɪəʳ] *vt (subj: person)*

avoir besoin de; *(subj: situation)* nécessiter; **to ~ sb to do sthg** exiger de qqn qu'il fasse qqch.
requirement [rɪ'kwaɪəmənt] *n* besoin *m*.
requisition [ˌrekwɪ'zɪʃn] *vt* réquisitionner.
reran [ˌriː'ræn] *pt* → **rerun**.
rerun [*n* 'riːrʌn, *vb* ˌriː'rʌn] (*pt* **-ran**, *pp* **-run**) ◇ *n (of TV programme)* rediffusion *f*, reprise *f*; *fig* répétition *f*. ◇ *vt* **1.** *(race)* réorganiser. **2.** *(TV programme)* rediffuser; *(tape)* passer à nouveau, repasser.
resat [ˌriː'sæt] *pt & pp* → **resit**.
rescind [rɪ'sɪnd] *vt (contract)* annuler; *(law)* abroger.
rescue ['reskjuː] ◇ *n* **1.** *(U) (help)* secours *mpl*. **2.** *(successful attempt)* sauvetage *m*. ◇ *vt* sauver, secourir.
rescuer ['reskjʊəʳ] *n* sauveteur *m*.
research [ˌrɪ'sɜːtʃ] ◇ *n (U)*: **~ (on** OR **into)** recherche *f* (sur), recherches *fpl* (sur); **~ and development** recherche et développement. ◇ *vt* faire des recherches sur.
researcher [rɪ'sɜːtʃəʳ] *n* chercheur *m*, -euse *f*.
resemblance [rɪ'zembləns] *n*: **~ (to)** ressemblance *f* (avec).
resemble [rɪ'zembl] *vt* ressembler à.
resent [rɪ'zent] *vt* être indigné(e) par.
resentful [rɪ'zentfʊl] *adj* plein(e) de ressentiment.
resentment [rɪ'zentmənt] *n* ressentiment *m*.
reservation [ˌrezə'veɪʃn] *n* **1.** *(booking)* réservation *f*. **2.** *(uncertainty)*: **without ~** sans réserve. **3.** *Am (for Native Americans)* réserve *f* indienne. ◆ **reservations** *npl (doubts)* réserves *fpl*.
reserve [rɪ'zɜːv] ◇ *n* **1.** *(gen)* réserve *f*; **in ~** en réserve. **2.** (SPORT) remplaçant *m*, -e *f*. ◇ *vt* **1.** *(save)* garder, réserver. **2.** *(book)* réserver. **3.** *(retain)*: **to ~ the right to do sthg** se réserver le droit de faire qqch.
reserved [rɪ'zɜːvd] *adj* réservé(e).
reservoir ['rezəvwɑːʳ] *n* réservoir *m*.
reset [ˌriː'set] (*pt & pp* **reset**) *vt* **1.** *(clock, watch)* remettre à l'heure; *(meter, controls)* remettre à zéro. **2.** (COMPUT) ré-initialiser.
reshape [ˌriː'ʃeɪp] *vt (policy, thinking)* réorganiser.
reshuffle [ˌriː'ʃʌfl] ◇ *n* remaniement *m*; **cabinet ~** remaniement ministériel. ◇ *vt* remanier.
reside [rɪ'zaɪd] *vi fml* résider.
residence ['rezɪdəns] *n* résidence *f*.
residence permit *n* permis *m* de séjour.
resident ['rezɪdənt] ◇ *adj* résidant(e); *(chaplain, doctor)* à demeure. ◇ *n* résident *m*, -e *f*.
residential [ˌrezɪ'denʃl] *adj*: **~ course** *stage ou formation avec logement sur place*; **~ institution** internat *m*.
residential area *n* quartier *m* résidentiel.
residue ['rezɪdjuː] *n* reste *m*; (CHEM) résidu *m*.
resign [rɪ'zaɪn] ◇ *vt* **1.** *(job)* démissionner de. **2.** *(accept calmly)*: **to ~ o.s. to** se résigner à. ◇ *vi*: **to ~ (from)** démissionner (de).
resignation [ˌrezɪg'neɪʃn] *n* **1.** *(from job)* démission *f*. **2.** *(calm acceptance)* résignation *f*.
resigned [rɪ'zaɪnd] *adj*: **~ (to)** résigné (e) (à).
resilient [rɪ'zɪlɪənt] *adj (material)* élastique; *(person)* qui a du ressort.
resin ['rezɪn] *n* résine *f*.
resist [rɪ'zɪst] *vt* résister à.
resistance [rɪ'zɪstəns] *n* résistance *f*.
resit [*n* 'riːsɪt, *vb* ˌriː'sɪt] (*pt & pp* **-sat**) *Br* ◇ *n* deuxième session *f*. ◇ *vt* repasser, se représenter à.
resolute ['rezəluːt] *adj* résolu(e).
resolution [ˌrezə'luːʃn] *n* résolution *f*.
resolve [rɪ'zɒlv] ◇ *n (U) (determination)* résolution *f*. ◇ *vt* **1.** *(decide)*: **to ~ (that) ...** décider que ...; **to ~ to do sthg** résoudre OR décider de faire qqch. **2.** *(solve)* résoudre.
resort [rɪ'zɔːt] *n* **1.** *(for holidays)* lieu *m* de vacances. **2.** *(recourse)* recours *m*; **as a last ~, in the last ~** en dernier ressort OR recours. ◆ **resort to** *vt fus* recourir à, avoir recours à.
resound [rɪ'zaʊnd] *vi* **1.** *(noise)* résonner. **2.** *(place)*: **to ~ with** retentir de.
resounding [rɪ'zaʊndɪŋ] *adj* retentissant(e).
resource [rɪ'sɔːs] *n* ressource *f*.
resourceful [rɪ'sɔːsfʊl] *adj* plein(e) de ressources, débrouillard(e).
respect [rɪ'spekt] ◇ *n* **1.** *(gen)*: **~ (for)** respect *m* (pour); **with ~** avec respect; **with ~, ...** sauf votre respect, ... **2.** *(aspect)*: **in this** OR **that ~** à cet égard; **in some ~s** à certains égards. ◇ *vt* respecter; **to ~ sb for sthg** respecter qqn pour qqch. ◆ **respects** *npl* respects *mpl*, hommages *mpl*. ◆ **with respect to** *prep* en ce qui concerne, quant à.
respectable [rɪ'spektəbl] *adj* **1.** *(moral-*

ly correct) respectable. **2.** *(adequate)* raisonnable, honorable.
respectful [rɪ'spektfʊl] *adj* respectueux(euse).
respective [rɪ'spektɪv] *adj* respectif (ive).
respectively [rɪ'spektɪvlɪ] *adv* respectivement.
respite ['respaɪt] *n* répit *m*.
respond [rɪ'spɒnd] *vi*: **to ~ (to)** répondre (à).
response [rɪ'spɒns] *n* réponse *f*.
responsibility [rɪ,spɒnsə'bɪlətɪ] *n*: **~ (for)** responsabilité *f* (de).
responsible [rɪ'spɒnsəbl] *adj* **1.** *(gen)*: **~ (for sthg)** responsable (de qqch); **to be ~ to sb** être responsable devant qqn. **2.** *(job, position)* qui comporte des responsabilités.
responsibly [rɪ'spɒnsəblɪ] *adv* de façon responsable.
responsive [rɪ'spɒnsɪv] *adj* **1.** *(quick to react)* qui réagit bien. **2.** *(aware)*: **~ (to)** attentif(ive) (à).
rest [rest] ◇ *n* **1.** *(remainder)*: **the ~ (of)** le reste (de); **the ~ (of them)** les autres *mfpl*. **2.** *(relaxation, break)* repos *m*; **to have a ~** se reposer. **3.** *(support)* support *m*, appui *m*. ◇ *vt* **1.** *(relax)* faire OR laisser reposer. **2.** *(support)*: **to ~ sthg on/against** appuyer qqch sur/contre. **3.** *phr*: **~ assured** soyez certain(e). ◇ *vi* **1.** *(relax)* se reposer. **2.** *(be supported)*: **to ~ on/against** s'appuyer sur/contre. **3.** *fig (argument, result)*: **to ~ on** reposer sur.
restaurant ['restərɒnt] *n* restaurant *m*.
restaurant car *n Br* wagon-restaurant *m*.
restful ['restfʊl] *adj* reposant(e).
rest home *n* maison *f* de repos.
restive ['restɪv] *adj* agité(e).
restless ['restlɪs] *adj* agité(e).
restoration [,restə'reɪʃn] *n* **1.** *(of law and order, monarchy)* rétablissement *m*. **2.** *(renovation)* restauration *f*.
restore [rɪ'stɔːʳ] *vt* **1.** *(law and order, monarchy)* rétablir; *(confidence)* redonner. **2.** *(renovate)* restaurer. **3.** *(give back)* rendre, restituer.
restrain [rɪ'streɪn] *vt* *(person, crowd)* contenir, retenir; *(emotions)* maîtriser, contenir; **to ~ o.s. from doing sthg** se retenir de faire qqch.
restrained [rɪ'streɪnd] *adj* *(tone)* mesuré(e); *(person)* qui se domine.
restraint [rɪ'streɪnt] *n* **1.** *(restriction)* restriction *f*, entrave *f*. **2.** *(U) (self-control)* mesure *f*, retenue *f*.
restrict [rɪ'strɪkt] *vt* restreindre, limiter.
restriction [rɪ'strɪkʃn] *n* restriction *f*, limitation *f*.
restrictive [rɪ'strɪktɪv] *adj* restrictif (ive).
rest room *n Am* toilettes *fpl*.
result [rɪ'zʌlt] ◇ *n* résultat *m*; **as a ~** en conséquence; **as a ~ of** *(as a consequence of)* à la suite de; *(because of)* à cause de. ◇ *vi* **1.** *(cause)*: **to ~ in** aboutir à. **2.** *(be caused)*: **to ~ (from)** résulter (de).
resume [rɪ'zjuːm] *vt & vi* reprendre.
résumé ['rezjuːmeɪ] *n* **1.** *(summary)* résumé *m*. **2.** *Am (curriculum vitae)* curriculum vitae *m inv*, CV *m*.
resumption [rɪ'zʌmpʃn] *n* reprise *f*.
resurgence [rɪ'sɜːdʒəns] *n* réapparition *f*.
resurrection [,rezə'rekʃn] *n fig* résurrection *f*.
resuscitation [rɪ,sʌsɪ'teɪʃn] *n* réanimation *f*.
retail ['riːteɪl] ◇ *n (U)* détail *m*. ◇ *adv* au détail.
retailer ['riːteɪləʳ] *n* détaillant *m*, -e *f*.
retail price *n* prix *m* de détail.
retain [rɪ'teɪn] *vt* conserver.
retainer [rɪ'teɪnəʳ] *n (fee)* provision *f*.
retaliate [rɪ'tælɪeɪt] *vi* rendre la pareille, se venger.
retaliation [rɪ,tælɪ'eɪʃn] *n (U)* vengeance *f*, représailles *fpl*.
retarded [rɪ'tɑːdɪd] *adj* retardé(e).
retch [retʃ] *vi* avoir des haut-le-cœur.
retentive [rɪ'tentɪv] *adj (memory)* fidèle.
reticent ['retɪsənt] *adj* peu communicatif(ive); **to be ~ about sthg** ne pas beaucoup parler de qqch.
retina ['retɪnə] (*pl* **-nas** OR **-nae** [-niː]) *n* rétine *f*.
retinue ['retɪnjuː] *n* suite *f*.
retire [rɪ'taɪəʳ] *vi* **1.** *(from work)* prendre sa retraite. **2.** *(withdraw)* se retirer. **3.** *(to bed)* (aller) se coucher.
retired [rɪ'taɪəd] *adj* à la retraite, retraité(e).
retirement [rɪ'taɪəmənt] *n* retraite *f*.
retiring [rɪ'taɪərɪŋ] *adj (shy)* réservé(e).
retort [rɪ'tɔːt] ◇ *n (sharp reply)* riposte *f*. ◇ *vt* riposter.
retrace [rɪ'treɪs] *vt*: **to ~ one's steps** revenir sur ses pas.
retract [rɪ'trækt] ◇ *vt* **1.** *(statement)* rétracter. **2.** *(undercarriage)* rentrer, escamoter; *(claws)* rentrer. ◇ *vi (undercarriage)* rentrer, s'escamoter.

retrain [ˌriːˈtreɪn] *vt* recycler.
retraining [ˌriːˈtreɪnɪŋ] *n* recyclage *m*.
retread [ˈriːtred] *n* pneu *m* rechapé.
retreat [rɪˈtriːt] ◇ *n* retraite *f*. ◇ *vi (move away)* se retirer; (MIL) battre en retraite.
retribution [ˌretrɪˈbjuːʃn] *n* châtiment *m*.
retrieval [rɪˈtriːvl] *n (U)* (COMPUT) recherche *f* et extraction *f*.
retrieve [rɪˈtriːv] *vt* **1.** *(get back)* récupérer. **2.** (COMPUT) rechercher et extraire. **3.** *(situation)* sauver.
retriever [rɪˈtriːvəʳ] *n (dog)* retriever *m*.
retrograde [ˈretrəgreɪd] *adj* rétrograde.
retrospect [ˈretrəspekt] *n*: **in ~** après coup.
retrospective [ˌretrəˈspektɪv] *adj* **1.** *(mood, look)* rétrospectif(ive). **2.** (JUR) *(law, pay rise)* rétroactif(ive).
return [rɪˈtɜːn] ◇ *n* **1.** *(U) (arrival back, giving back)* retour *m*. **2.** (TENNIS) renvoi *m*. **3.** *Br (ticket)* aller (et) retour *m*. **4.** *(profit)* rapport *m*, rendement *m*. ◇ *vt* **1.** *(gen)* rendre; *(a loan)* rembourser; *(library book)* rapporter. **2.** *(send back)* renvoyer. **3.** *(replace)* remettre. **4.** (POL) élire. ◇ *vi (come back)* revenir; *(go back)* retourner. ◆ **returns** *npl* (COMM) recettes *fpl*; **many happy ~s (of the day)!** bon anniversaire! ◆ **in return** *adv* en retour, en échange. ◆ **in return for** *prep* en échange de.
return ticket *n Br* aller (et) retour *m*.
reunification [ˌriːjuːnɪfɪˈkeɪʃn] *n* réunification *f*.
reunion [ˌriːˈjuːnjən] *n* réunion *f*.
reunite [ˌriːjuːˈnaɪt] *vt*: **to be ~d with sb** retrouver qqn.
rev [rev] *inf* ◇ *n (abbr of* **revolution***)* tour *m*. ◇ *vt*: **to ~ the engine (up)** emballer le moteur. ◇ *vi*: **to ~ (up)** s'emballer.
revamp [ˌriːˈvæmp] *vt inf (system, department)* réorganiser; *(house)* retaper.
reveal [rɪˈviːl] *vt* révéler.
revealing [rɪˈviːlɪŋ] *adj* **1.** *(clothes - low-cut)* décolleté(e); *(- transparent)* qui laisse deviner le corps. **2.** *(comment)* révélateur (trice).
reveille [*Br* rɪˈvælɪ, *Am* ˈrevəlɪ] *n* réveil *m*.
revel [ˈrevl] *vi*: **to ~ in sthg** se délecter de qqch.
revelation [ˌrevəˈleɪʃn] *n* révélation *f*.
revenge [rɪˈvendʒ] ◇ *n* vengeance *f*; **to take ~ (on sb)** se venger (de qqn). ◇ *vt* venger; **to ~ o.s. on sb** se venger de qqn.
revenue [ˈrevənjuː] *n* revenu *m*.
reverberate [rɪˈvɜːbəreɪt] *vi* retentir, se répercuter; *fig* avoir des répercussions.
reverberations [rɪˌvɜːbəˈreɪʃnz] *npl* réverbérations *fpl*; *fig* répercussions *fpl*.
revere [rɪˈvɪəʳ] *vt* révérer, vénérer.
reverence [ˈrevərəns] *n* révérence *f*, vénération *f*.
Reverend [ˈrevərənd] *n* révérend *m*.
reversal [rɪˈvɜːsl] *n* **1.** *(of policy, decision)* revirement *m*. **2.** *(ill fortune)* revers *m* de fortune.
reverse [rɪˈvɜːs] ◇ *adj (order, process)* inverse. ◇ *n* **1.** (AUT): **~ (gear)** marche *f* arrière. **2.** *(opposite)*: **the ~** le contraire. **3.** *(back)*: **the ~** *(of paper)* le verso, le dos; *(of coin)* le revers. ◇ *vt* **1.** *(order, positions)* inverser; *(decision, trend)* renverser. **2.** *(turn over)* retourner. **3.** *Br* (TELEC): **to ~ the charges** téléphoner en PCV. ◇ *vi* (AUT) faire marche arrière.
reverse-charge call *n Br* appel *m* en PCV.
reversing light [rɪˈvɜːsɪŋ-] *n Br* feu *m* de marche arrière.
revert [rɪˈvɜːt] *vi*: **to ~ to** retourner à.
review [rɪˈvjuː] ◇ *n* **1.** *(of salary, spending)* révision *f*; *(of situation)* examen *m*. **2.** *(of book, play etc)* critique *f*, compte rendu *m*. ◇ *vt* **1.** *(salary)* réviser; *(situation)* examiner. **2.** *(book, play etc)* faire la critique de. **3.** *(troops)* passer en revue. **4.** *Am (study again)* réviser.
reviewer [rɪˈvjuːəʳ] *n* critique *mf*.
revise [rɪˈvaɪz] ◇ *vt* **1.** *(reconsider)* modifier. **2.** *(rewrite)* corriger. **3.** *Br (study again)* réviser. ◇ *vi Br*: **to ~ (for)** réviser (pour).
revision [rɪˈvɪʒn] *n* révision *f*.
revitalize, -ise [ˌriːˈvaɪtəlaɪz] *vt* revitaliser.
revival [rɪˈvaɪvl] *n (of economy, trade)* reprise *f*; *(of interest)* regain *m*.
revive [rɪˈvaɪv] ◇ *vt* **1.** *(person)* ranimer. **2.** *fig (economy)* relancer; *(interest)* faire renaître; *(tradition)* rétablir; *(musical, play)* reprendre; *(memories)* ranimer, raviver. ◇ *vi* **1.** *(person)* reprendre connaissance. **2.** *fig (economy)* repartir, reprendre; *(hopes)* renaître.
revolt [rɪˈvəʊlt] ◇ *n* révolte *f*. ◇ *vt* révolter, dégoûter. ◇ *vi* se révolter.
revolting [rɪˈvəʊltɪŋ] *adj* dégoûtant(e); *(smell)* infect(e).
revolution [ˌrevəˈluːʃn] *n* **1.** *(gen)* révolution *f*. **2.** (TECH) tour *m*, révolution *f*.

revolutionary [ˌrevəˈluːʃnərɪ] ◇ *adj* révolutionnaire. ◇ *n* révolutionnaire *mf*.

revolve [rɪˈvɒlv] *vi*: **to ~ (around)** tourner (autour de).

revolver [rɪˈvɒlvəʳ] *n* revolver *m*.

revolving [rɪˈvɒlvɪŋ] *adj* tournant(e); *(chair)* pivotant(e).

revolving door *n* tambour *m*.

revue [rɪˈvjuː] *n* revue *f*.

revulsion [rɪˈvʌlʃn] *n* répugnance *f*.

reward [rɪˈwɔːd] ◇ *n* récompense *f*. ◇ *vt*: **to ~ sb (for/with sthg)** récompenser qqn (de/par qqch).

rewarding [rɪˈwɔːdɪŋ] *adj (job)* qui donne de grandes satisfactions; *(book)* qui vaut la peine d'être lu(e).

rewind [ˌriːˈwaɪnd] (*pt & pp* **rewound**) *vt (tape)* rembobiner.

rewire [ˌriːˈwaɪəʳ] *vt (house)* refaire l'installation électrique de.

reword [ˌriːˈwɜːd] *vt* reformuler.

rewound [ˌriːˈwaʊnd] *pt & pp* → **rewind**.

rewrite [ˌriːˈraɪt] (*pt* **rewrote** [ˌriːˈrəʊt], *pp* **rewritten** [ˌriːˈrɪtn]) *vt* récrire.

Reykjavik [ˈrekjəvɪk] *n* Reykjavik.

rhapsody [ˈræpsədɪ] *n* rhapsodie *f*; **to go into rhapsodies about sthg** s'extasier sur qqch.

rhetoric [ˈretərɪk] *n* rhétorique *f*.

rhetorical question [rɪˈtɒrɪkl-] *n* question *f* pour la forme.

rheumatism [ˈruːmətɪzm] *n (U)* rhumatisme *m*.

Rhine [raɪn] *n*: **the ~** le Rhin.

rhino [ˈraɪnəʊ] (*pl inv* OR **-s**), **rhinoceros** [raɪˈnɒsərəs] (*pl inv* OR **-es**) *n* rhinocéros *m*.

rhododendron [ˌrəʊdəˈdendrən] *n* rhododendron *m*.

Rhône [rəʊn] *n*: **the (River) ~** le Rhône.

rhubarb [ˈruːbɑːb] *n* rhubarbe *f*.

rhyme [raɪm] ◇ *n* **1.** *(word, technique)* rime *f*. **2.** *(poem)* poème *m*. ◇ *vi*: **to ~ (with)** rimer (avec).

rhythm [ˈrɪðm] *n* rythme *m*.

rib [rɪb] *n* **1.** (ANAT) côte *f*. **2.** *(of umbrella)* baleine *f*; *(of structure)* membrure *f*.

ribbed [rɪbd] *adj (jumper, fabric)* à côtes.

ribbon [ˈrɪbən] *n* ruban *m*.

rice [raɪs] *n* riz *m*.

rice pudding *n* riz *m* au lait.

rich [rɪtʃ] ◇ *adj* riche; *(clothes, fabrics)* somptueux(euse); **to be ~ in** être riche en. ◇ *npl*: **the ~** les riches *mpl*.

◆ **riches** *npl* richesses *fpl*, richesse *f*.

richly [ˈrɪtʃlɪ] *adv* **1.** *(rewarded)* largement; *(provided)* très bien. **2.** *(sumptuously)* richement.

richness [ˈrɪtʃnɪs] *n (U)* richesse *f*.

rickets [ˈrɪkɪts] *n (U)* rachitisme *m*.

rickety [ˈrɪkətɪ] *adj* branlant(e).

ricochet [ˈrɪkəʃeɪ] (*pt & pp* **-ed** OR **-ted**, *cont* **-ing** OR **-ting**) ◇ *n* ricochet *m*. ◇ *vi*: **to ~ (off)** ricocher (sur).

rid [rɪd] (*pt* **rid** OR **-ded**, *pp* **rid**) *vt*: **to ~ sb/sthg of** débarrasser qqn/qqch de; **to get ~ of** se débarrasser de.

ridden [ˈrɪdn] *pp* → **ride**.

riddle [ˈrɪdl] *n* énigme *f*.

riddled [ˈrɪdld] *adj*: **to be ~ with** être criblé(e) de.

ride [raɪd] (*pt* **rode**, *pp* **ridden**) ◇ *n* promenade *f*, tour *m*; **to go for a ~** *(on horse)* faire une promenade à cheval; *(on bike)* faire une promenade à vélo; *(in car)* faire un tour en voiture; **to take sb for a ~** *inf fig* faire marcher qqn. ◇ *vt* **1.** *(travel on)*: **to ~ a horse/a bicycle** monter à cheval/à bicyclette. **2.** *Am (travel in - bus, train, elevator)* prendre. **3.** *(distance)* parcourir, faire. ◇ *vi (on horseback)* monter à cheval, faire du cheval; *(on bicycle)* faire de la bicyclette OR du vélo; **to ~ in a car/bus** aller en voiture/bus.

rider [ˈraɪdəʳ] *n (of horse)* cavalier *m*, -ère *f*; *(of bicycle)* cycliste *mf*; *(of motorbike)* motocycliste *mf*.

ridge [rɪdʒ] *n* **1.** *(of mountain, roof)* crête *f*, arête *f*. **2.** *(on surface)* strie *f*.

ridicule [ˈrɪdɪkjuːl] ◇ *n* ridicule *m*. ◇ *vt* ridiculiser.

ridiculous [rɪˈdɪkjʊləs] *adj* ridicule.

riding [ˈraɪdɪŋ] *n* équitation *f*.

riding school *n* école *f* d'équitation.

rife [raɪf] *adj* répandu(e).

riffraff [ˈrɪfræf] *n* racaille *f*.

rifle [ˈraɪfl] ◇ *n* fusil *m*. ◇ *vt (drawer, bag)* vider.

rifle range *n (indoor)* stand *m* de tir; *(outdoor)* champ *m* de tir.

rift [rɪft] *n* **1.** (GEOL) fissure *f*. **2.** *(quarrel)* désaccord *m*.

rig [rɪg] ◇ *n*: **(oil) ~** *(on land)* derrick *m*; *(at sea)* plate-forme *f* de forage. ◇ *vt (match, election)* truquer. ◆ **rig up** *vt sep* installer avec les moyens du bord.

rigging [ˈrɪgɪŋ] *n (of ship)* gréement *m*.

right [raɪt] ◇ *adj* **1.** *(correct - answer, time)* juste, exact(e); *(- decision, direction, idea)* bon (bonne); **to be ~ (about)** avoir raison (au sujet de). **2.** *(morally correct)* bien (*inv*); **to be ~ to do sthg** avoir raison de faire qqch. **3.** *(appropriate)* qui convient. **4.** *(not left)* droit(e). **5.** *Br inf (complete)* véritable. ◇ *n* **1.** *(U) (moral correctness)* bien *m*; **to be in the ~** avoir raison. **2.** *(entitlement, claim)* droit *m*; **by ~s** en toute justice. **3.** *(not left)* droite *f*. ◇ *adv* **1.** *(correctly)* correctement. **2.** *(not left)* à droite. **3.** *(emphatic use)*: **~ down/up** tout en bas/en haut; **~ here** ici (même); **~ in the middle** en plein milieu; **go ~ to the end of the street** allez tout au bout de la rue; **~ now** tout de suite; **~ away** immédiatement. ◇ *vt* **1.** *(injustice, wrong)* réparer. **2.** *(ship)* redresser. ◇ *excl* bon! ◆ **Right** *n* (POL): **the Right** la droite.

right angle *n* angle *m* droit; **to be at ~s (to)** faire un angle droit (avec).

righteous ['raɪtʃəs] *adj (person)* droit (e); *(indignation)* justifié(e).

rightful ['raɪtfʊl] *adj* légitime.

right-hand *adj* de droite; **~ side** droite *f*, côté *m* droit.

right-hand drive *adj* avec conduite à droite.

right-handed [-'hændɪd] *adj (person)* droitier(ère).

right-hand man *n* bras *m* droit.

rightly ['raɪtlɪ] *adv* **1.** *(answer, believe)* correctement. **2.** *(behave)* bien. **3.** *(angry, worried etc)* à juste titre.

right of way *n* **1.** (AUT) priorité *f*. **2.** *(access)* droit *m* de passage.

right-on *adj inf* branché(e).

right wing *n*: **the ~** la droite. ◆ **right-wing** *adj* de droite.

rigid ['rɪdʒɪd] *adj* **1.** *(gen)* rigide. **2.** *(harsh)* strict(e).

rigmarole ['rɪgmərəʊl] *n pej* **1.** *(process)* comédie *f*. **2.** *(story)* galimatias *m*.

rigor *Am* = **rigour**.

rigorous ['rɪgərəs] *adj* rigoureux (euse).

rigour *Br*, **rigor** *Am* ['rɪgə^r^] *n* rigueur *f*.

rile [raɪl] *vt* agacer.

rim [rɪm] *n (of container)* bord *m*; *(of wheel)* jante *f*; *(of spectacles)* monture *f*.

rind [raɪnd] *n (of fruit)* peau *f*; *(of cheese)* croûte *f*; *(of bacon)* couenne *f*.

ring [rɪŋ] (*pt* **rang**, *pp vt senses 1 & 2 & vi* **rung**, *pt & pp vt sense 3 only* **ringed**) ◇ *n* **1.** *(telephone call)*: **to give sb a ~** donner OR passer un coup de téléphone à qqn. **2.** *(sound of bell)* sonnerie *f*. **3.** *(circular object)* anneau *m*; *(on finger)* bague *f*; *(for napkin)* rond *m*. **4.** *(of people, trees etc)* cercle *m*. **5.** *(for boxing)* ring *m*. **6.** *(of criminals, spies)* réseau *m*. ◇ *vt* **1.** *Br (make phone call to)* téléphoner à, appeler. **2.** *(bell)* (faire) sonner; **to ~ the doorbell** sonner à la porte. **3.** *(draw a circle round, surround)* entourer. ◇ *vi* **1.** *Br (make phone call)* téléphoner. **2.** *(bell, telephone, person)* sonner; **to ~ for sb** sonner qqn. **3.** *(resound)*: **to ~ with** résonner de. ◆ **ring back** *vt sep & vi Br* rappeler. ◆ **ring off** *vi Br* raccrocher. ◆ **ring up** *vt sep Br* téléphoner à, appeler.

ring binder *n* classeur *m* à anneaux.

ringing ['rɪŋɪŋ] *n (of bell)* sonnerie *f*; *(in ears)* tintement *m*.

ringing tone *n* sonnerie *f*.

ringleader ['rɪŋˌliːdə^r^] *n* chef *m*.

ringlet ['rɪŋlɪt] *n* anglaise *f*.

ring road *n Br* (route *f*) périphérique *m*.

rink [rɪŋk] *n (for ice skating)* patinoire *f*; *(for roller-skating)* skating *m*.

rinse [rɪns] *vt* rincer; **to ~ one's mouth out** se rincer la bouche.

riot ['raɪət] ◇ *n* émeute *f*; **to run ~** se déchaîner. ◇ *vi* participer à une émeute.

rioter ['raɪətə^r^] *n* émeutier *m*, -ère *f*.

riotous ['raɪətəs] *adj (crowd)* tapageur (euse); *(behaviour)* séditieux(euse); *(party)* bruyant(e).

riot police *npl* = CRS *mpl*.

rip [rɪp] ◇ *n* déchirure *f*, accroc *m*. ◇ *vt* **1.** *(tear)* déchirer. **2.** *(remove violently)* arracher. ◇ *vi* se déchirer.

RIP (*abbr of* **rest in peace**) qu'il/elle repose en paix.

ripe [raɪp] *adj* mûr(e).

ripen ['raɪpn] *vt & vi* mûrir.

rip-off *n inf*: **that's a ~!** c'est de l'escroquerie OR de l'arnaque!

ripple ['rɪpl] ◇ *n* ondulation *f*, ride *f*; **a ~ of applause** des applaudissements discrets. ◇ *vt* rider.

rise [raɪz] (*pt* **rose**, *pp* **risen** ['rɪzn]) ◇ *n* **1.** *Br (increase)* augmentation *f*, hausse *f*; *(in temperature)* élévation *f*, hausse. **2.** *Br (increase in salary)* augmentation *f* (de salaire). **3.** *(to power, fame)* ascension *f*. **4.** *(slope)* côte *f*, pente *f*. **5.** *phr*: **to give ~ to** donner lieu à. ◇ *vi* **1.** *(move upwards)* s'élever, monter; **to ~ to power** arriver au pouvoir; **to ~ to fame** devenir célèbre; **to ~ to a challenge/to the occasion** se montrer à la hauteur d'un défi/de la situation. **2.** *(from chair, bed)* se lever. **3.** *(increase - gen)* monter, augmenter; *(- voice, level)* s'élever. **4.** *(rebel)* se soulever.

rising ['raɪzɪŋ] ◇ *adj* **1.** *(ground, tide)* montant(e). **2.** *(prices, inflation, tempera-*

ture) en hausse. **3.** *(star, politician etc)* à l'avenir prometteur. ◇ *n (revolt)* soulèvement *m*.

risk [rɪsk] ◇ *n* risque *m*, danger *m*; **at one's own ~** à ses risques et périls; **to run the ~ of doing sthg** courir le risque de faire qqch; **to take a ~** prendre un risque; **at ~** en danger. ◇ *vt (health, life etc)* risquer; **to ~ doing sthg** courir le risque de faire qqch.

risky ['rɪskɪ] *adj* risqué(e).

risqué ['riːskeɪ] *adj* risqué(e), osé(e).

rissole ['rɪsəʊl] *n Br* rissole *f*.

rite [raɪt] *n* rite *m*.

ritual ['rɪtʃʊəl] ◇ *adj* rituel(elle). ◇ *n* rituel *m*.

rival ['raɪvl] ◇ *adj* rival(e), concurrent (e). ◇ *n* rival *m*, -e *f*. ◇ *vt* rivaliser avec.

rivalry ['raɪvlrɪ] *n* rivalité *f*.

river ['rɪvəʳ] *n* rivière *f*, fleuve *m*.

river bank *n* berge *f*, rive *f*.

riverbed ['rɪvəbed] *n* lit *m* (de rivière OR de fleuve).

riverside ['rɪvəsaɪd] *n*: **the ~** le bord de la rivière OR du fleuve.

rivet ['rɪvɪt] ◇ *n* rivet *m*. ◇ *vt* **1.** *(fasten with rivets)* river, riveter. **2.** *fig (fascinate)*: **to be ~ed by** être fasciné(e) par.

Riviera [ˌrɪvɪ'eərə] *n*: **the French ~** la Côte d'Azur; **the Italian ~** la Riviera italienne.

road [rəʊd] *n* route *f*; *(small)* chemin *m*; *(in town)* rue *f*; **by ~** par la route; **on the ~ to** *fig* sur le chemin de.

roadblock ['rəʊdblɒk] *n* barrage *m* routier.

road hog *n inf pej* chauffard *m*.

road map *n* carte *f* routière.

road rage *n accès de colère de la part d'un automobiliste, se traduisant parfois par un acte de violence.*

road safety *n* sécurité *f* routière.

roadside ['rəʊdsaɪd] *n*: **the ~** le bord de la route.

road sign *n* panneau *m* routier OR de signalisation.

road tax *n* = vignette *f*.

roadway ['rəʊdweɪ] *n* chaussée *f*.

road works [-wɜːks] *npl* travaux *mpl* (de réfection des routes).

roadworthy ['rəʊdˌwɜːðɪ] *adj* en bon état de marche.

roam [rəʊm] ◇ *vt* errer dans. ◇ *vi* errer.

roar [rɔːʳ] ◇ *vi (person, lion)* rugir; *(wind)* hurler; *(car)* gronder; *(plane)* vrombir; **to ~ with laughter** se tordre de rire. ◇ *vt* hurler. ◇ *n (of person, lion)* rugissement *m*; *(of traffic)* grondement *m*; *(of plane, engine)* vrombissement *m*.

roaring ['rɔːrɪŋ] *adj*: **a ~ fire** une belle flambée; **~ drunk** complètement saoul (e); **to do a ~ trade** faire des affaires en or.

roast [rəʊst] ◇ *adj* rôti(e). ◇ *n* rôti *m*. ◇ *vt* **1.** *(meat, potatoes)* rôtir. **2.** *(coffee, nuts etc)* griller.

roast beef *n* rôti *m* de bœuf, rosbif *m*.

rob [rɒb] *vt (person)* voler; *(bank)* dévaliser; **to ~ sb of sthg** *(money, goods)* voler OR dérober qqch à qqn; *(opportunity, glory)* enlever qqch à qqn.

robber ['rɒbəʳ] *n* voleur *m*, -euse *f*.

robbery ['rɒbərɪ] *n* vol *m*.

robe [rəʊb] *n* **1.** *(gen)* robe *f*. **2.** *Am (dressing gown)* peignoir *m*.

robin ['rɒbɪn] *n* rouge-gorge *m*.

robot ['rəʊbɒt] *n* robot *m*.

robust [rəʊ'bʌst] *adj* robuste.

rock [rɒk] ◇ *n* **1.** *(U) (substance)* roche *f*. **2.** *(boulder)* rocher *m*. **3.** *Am (pebble)* caillou *m*. **4.** *(music)* rock *m*. **5.** *Br (sweet)* sucre *m* d'orge. ◇ *comp (music, band)* de rock. ◇ *vt* **1.** *(baby)* bercer; *(cradle, boat)* balancer. **2.** *(shock)* secouer. ◇ *vi* **(se)** balancer. ◆ **on the rocks** *adv* **1.** *(drink)* avec de la glace OR des glaçons. **2.** *(marriage, relationship)* près de la rupture.

rock and roll *n* rock *m*, rock and roll *m*.

rock bottom *n*: **at ~** au plus bas; **to hit ~** toucher le fond. ◆ **rock-bottom** *adj (price)* sacrifié(e).

rockery ['rɒkərɪ] *n* rocaille *f*.

rocket ['rɒkɪt] ◇ *n* **1.** *(gen)* fusée *f*. **2.** (MIL) fusée *f*, roquette *f*. ◇ *vi* monter en flèche.

rocket launcher [-ˌlɔːntʃəʳ] *n* lance-fusées *m inv*, lance-roquettes *m inv*.

rocking chair ['rɒkɪŋ-] *n* fauteuil *m* à bascule, rocking-chair *m*.

rocking horse ['rɒkɪŋ-] *n* cheval *m* à bascule.

rock'n'roll [ˌrɒkən'rəʊl] = **rock and roll**.

rocky ['rɒkɪ] *adj* **1.** *(ground, road)* rocailleux(euse), caillouteux(euse). **2.** *fig (economy, marriage)* précaire.

Rocky Mountains *npl*: **the ~** les montagnes *fpl* Rocheuses.

rod [rɒd] *n (metal)* tige *f*; *(wooden)* baguette *f*; **(fishing) ~** canne *f* à pêche.

rode [rəʊd] *pt* → **ride**.

rodent ['rəʊdənt] *n* rongeur *m*.

rodeo ['rəudɪəu] (*pl* **-s**) *n* rodéo *m*.

RODEOS

Le rodéo américain est un divertissement où les cow-boys démontrent leurs dons de dresseurs, récompensés par divers prix. À l'origine, les cow-boys organisaient des rodéos lorsqu'ils se retrouvaient pour rassembler leurs troupeaux (le mot «rodéo» vient d'un mot espagnol signifiant «rassemblement»). Dans les rodéos d'aujourd'hui, les épreuves consistent à monter des chevaux, des vaches et des taureaux sauvages, à attraper des vaches et des taureaux avec des cordes, et à leur faire toucher terre en les tenant par les cornes. Depuis la fin du XIXe siècle, le rodéo est une attraction touristique, qui, dans des régions telles que le Wyoming et le Kansas, attire toujours des foules importantes.

roe [rəu] *n (U)* œufs *mpl* de poisson.
roe deer *n* chevreuil *m*.
rogue [rəug] *n* **1.** *(likeable rascal)* coquin *m*. **2.** *dated (dishonest person)* filou *m*, crapule *f*.
role [rəul] *n* rôle *m*.
roll [rəul] ◇ *n* **1.** *(of material, paper etc)* rouleau *m*. **2.** *(of bread)* petit pain *m*. **3.** *(list)* liste *f*. **4.** *(of drums, thunder)* roulement *m*. ◇ *vt* rouler; *(log, ball etc)* faire rouler. ◇ *vi* rouler. ◆ **roll about, roll around** *vi (person)* se rouler; *(object)* rouler çà et là. ◆ **roll over** *vi* se retourner. ◆ **roll up** ◇ *vt sep* **1.** *(carpet, paper etc)* rouler. **2.** *(sleeves)* retrousser. ◇ *vi inf (arrive)* s'amener, se pointer.
roll call *n* appel *m*.
roller ['rəuləʳ] *n* rouleau *m*.
Rollerblades® ['rəuləbleɪdz] *npl* rollers *mpl*, patins *mpl* en ligne.
roller coaster *n* montagnes *fpl* russes.
roller skate *n* patin *m* à roulettes.
rolling ['rəulɪŋ] *adj* **1.** *(hills)* onduleux (euse). **2.** *phr*: **to be ~ in it** *inf* rouler sur l'or.
rolling pin *n* rouleau *m* à pâtisserie.
roll-on *adj (deodorant)* à bille.
ROM [rɒm] (*abbr of* **read only memory**) *n* ROM *f*.
Roman ['rəumən] ◇ *adj* romain(e). ◇ *n* Romain *m*, -e *f*.
Roman Catholic ◇ *adj* catholique. ◇ *n* catholique *mf*.
romance [rəu'mæns] *n* **1.** *(U) (romantic quality)* charme *m*. **2.** *(love affair)* idylle *f*. **3.** *(book)* roman *m* (d'amour).
Romania [ru:'meɪnjə] *n* Roumanie *f*.
Romanian [ru:'meɪnjən] ◇ *adj* roumain(e). ◇ *n* **1.** *(person)* Roumain *m*, -e *f*. **2.** *(language)* roumain *m*.
Roman numerals *npl* chiffres *mpl* romains.
romantic [rəu'mæntɪk] *adj* romantique.
Rome [rəum] *n* Rome.
romp [rɒmp] ◇ *n* ébats *mpl*. ◇ *vi* s'ébattre.
rompers ['rɒmpəz] *npl*, **romper suit** ['rɒmpəʳ-] *n* barboteuse *f*.
roof [ru:f] *n* toit *m*; *(of cave, tunnel)* plafond *m*; **the ~ of the mouth** la voûte du palais; **to go through** OR **hit the ~** *fig* exploser.
roofing ['ru:fɪŋ] *n* toiture *f*.
roof rack *n* galerie *f*.
rooftop ['ru:ftɒp] *n* toit *m*.
rook [ruk] *n* **1.** *(bird)* freux *m*. **2.** *(chess piece)* tour *f*.
rookie ['rukɪ] *n Am inf* bleu *m*.
room [ru:m, rum] *n* **1.** *(in building)* pièce *f*. **2.** *(bedroom)* chambre *f*. **3.** *(U) (space)* place *f*.
rooming house ['ru:mɪŋ-] *n Am* maison *f* de rapport.
roommate ['ru:mmeɪt] *n* camarade *mf* de chambre.
room service *n* service *m* dans les chambres.
roomy ['ru:mɪ] *adj* spacieux(euse).
roost [ru:st] ◇ *n* perchoir *m*, juchoir *m*. ◇ *vi* se percher, se jucher.
rooster ['ru:stəʳ] *n* coq *m*.
root [ru:t] ◇ *n* racine *f*; *fig (of problem)* origine *f*; **to take ~** *lit & fig* prendre racine. ◇ *vi*: **to ~ through** fouiller dans. ◆ **roots** *npl* racines *fpl*. ◆ **root for** *vt fus Am inf* encourager. ◆ **root out** *vt sep (eradicate)* extirper.
rope [rəup] ◇ *n* corde *f*; **to know the ~s** connaître son affaire, être au courant. ◇ *vt* corder; *(climbers)* encorder. ◆ **rope in** *vt sep inf fig* enrôler.
rosary ['rəuzərɪ] *n* rosaire *m*.
rose [rəuz] ◇ *pt* → **rise**. ◇ *adj (pink)* rose. ◇ *n (flower)* rose *f*.
rosé ['rəuzeɪ] *n* rosé *m*.
rosebud ['rəuzbʌd] *n* bouton *m* de rose.
rose bush *n* rosier *m*.
rosemary ['rəuzmərɪ] *n* romarin *m*.
rosette [rəu'zet] *n* rosette *f*.
roster ['rɒstəʳ] *n* liste *f*, tableau *m*.

rostrum ['rɒstrəm] (*pl* **-trums** OR **-tra** [-trə]) *n* tribune *f*.

rosy ['rəʊzɪ] *adj* rose.

rot [rɒt] ◇ *n (U)* **1.** *(decay)* pourriture *f*. **2.** *Br dated (nonsense)* bêtises *fpl*, balivernes *fpl*. ◇ *vt & vi* pourrir.

rota ['rəʊtə] *n* liste *f*, tableau *m*.

rotary ['rəʊtərɪ] ◇ *adj* rotatif(ive). ◇ *n Am (roundabout)* rond-point *m*.

rotate [rəʊ'teɪt] ◇ *vt (turn)* faire tourner. ◇ *vi (turn)* tourner.

rotation [rəʊ'teɪʃn] *n (turning movement)* rotation *f*.

rote [rəʊt] *n*: **by ~** de façon machinale, par cœur.

rotten ['rɒtn] *adj* **1.** *(decayed)* pourri (e). **2.** *inf (bad)* moche. **3.** *inf (unwell)*: **to feel ~** se sentir mal fichu(e).

rouge [ru:ʒ] *n* rouge *m* à joues.

rough [rʌf] ◇ *adj* **1.** *(not smooth - surface)* rugueux(euse), rêche; *(- road)* accidenté(e); *(- sea)* agité(e), houleux(euse); *(- crossing)* mauvais(e). **2.** *(person, treatment)* brutal(e); *(manners, conditions)* rude; *(area)* mal fréquenté(e). **3.** *(guess)* approximatif(ive); **~ copy, ~ draft** brouillon *m*; **~ sketch** ébauche *f*. **4.** *(harsh - voice, wine)* âpre; *(- life)* dur(e); **to have a ~ time** en baver. ◇ *adv*: **to sleep ~** coucher à la dure. ◇ *n* **1.** (GOLF) rough *m*. **2.** *(undetailed form)*: **in ~** au brouillon. ◇ *vt phr*: **to ~ it** vivre à la dure.

roughage ['rʌfɪdʒ] *n (U)* fibres *fpl* alimentaires.

rough and ready *adj* rudimentaire.

roughly ['rʌflɪ] *adv* **1.** *(approximately)* approximativement. **2.** *(handle, treat)* brutalement. **3.** *(built, made)* grossièrement.

roulette [ru:'let] *n* roulette *f*.

round [raʊnd] ◇ *adj* rond(e). ◇ *prep* autour de; **~ here** par ici; **all ~ the country** dans tout le pays; **just ~ the corner** au coin de la rue; *fig* tout près; **to go ~ sthg** *(obstacle)* contourner qqch; **to go ~ a museum** visiter un musée. ◇ *adv* **1.** *(surrounding)*: **all ~** tout autour. **2.** *(near)*: **~ about** dans le coin. **3.** *(in measurements)*: **10 metres ~** 10 mètres de diamètre. **4.** *(to other side)*: **to go ~** faire le tour; **to turn ~** se retourner; **to look ~** se retourner (pour regarder). **5.** *(at or to nearby place)*: **come ~ and see us** venez OR passez nous voir; **he's ~ at her house** il est chez elle. **6.** *(approximately)*: **~ (about)** vers, environ. ◇ *n* **1.** *(of talks etc)* série *f*; **a ~ of applause** une salve d'applaudissements. **2.** *(of competition)* manche *f*. **3.** *(of doctor)* visites *fpl*; *(of postman, milkman)* tournée *f*. **4.** *(of ammunition)* cartouche *f*. **5.** *(of drinks)* tournée *f*. **6.** (BOXING) reprise *f*, round *m*. **7.** (GOLF) partie *f*. ◇ *vt (corner)* tourner; *(bend)* prendre. ◆ **rounds** *npl (of doctor)* visites *fpl*; **to do** OR **go the ~s** *(story, joke)* circuler; *(illness)* faire des ravages. ◆ **round off** *vt sep* terminer, conclure. ◆ **round up** *vt sep* **1.** *(gather together)* rassembler. **2.** (MATH) arrondir.

roundabout ['raʊndəbaʊt] ◇ *adj* détourné(e). ◇ *n Br* **1.** *(on road)* rond-point *m*. **2.** *(at fairground)* manège *m*.

rounders ['raʊndəz] *n Br sorte de base-ball.*

roundly ['raʊndlɪ] *adv (beaten)* complètement; *(condemned etc)* franchement, carrément.

round-shouldered [-'ʃəʊldəd] *adj* voûté(e).

round trip *n* aller et retour *m*.

roundup ['raʊndʌp] *n (summary)* résumé *m*.

rouse [raʊz] *vt* **1.** *(wake up)* réveiller. **2.** *(impel)*: **to ~ o.s. to do sthg** se forcer à faire qqch; **to ~ sb to action** pousser OR inciter qqn à agir. **3.** *(emotions)* susciter, provoquer.

rousing ['raʊzɪŋ] *adj (speech)* vibrant (e), passionné(e); *(welcome)* enthousiaste.

rout [raʊt] ◇ *n* déroute *f*. ◇ *vt* mettre en déroute.

route [ru:t] ◇ *n* **1.** *(gen)* itinéraire *m*. **2.** *fig (way)* chemin *m*, voie *f*. ◇ *vt (goods)* acheminer.

route map *n (for journey)* croquis *m* d'itinéraire; *(for buses, trains)* carte *f* du réseau.

routine [ru:'ti:n] ◇ *adj* **1.** *(normal)* habituel(elle), de routine. **2.** *pej (uninteresting)* de routine. ◇ *n* routine *f*.

roving ['rəʊvɪŋ] *adj* itinérant(e).

row[1] [rəʊ] ◇ *n* **1.** *(line)* rangée *f*; *(of seats)* rang *m*. **2.** *fig (of defeats, victories)* série *f*; **in a ~** d'affilée, de suite. ◇ *vt (boat)* faire aller à la rame; *(person)* transporter en canot OR bateau. ◇ *vi* ramer.

row[2] [raʊ] ◇ *n* **1.** *(quarrel)* dispute *f*, querelle *f*. **2.** *inf (noise)* vacarme *m*, raffut *m*. ◇ *vi (quarrel)* se disputer, se quereller.

rowboat ['rəʊbəʊt] *n Am* canot *m*.

rowdy ['raʊdɪ] *adj* chahuteur(euse), tapageur(euse).

row house [rəʊ-] *n Am maison attenante aux maisons voisines.*

rowing ['rəʊɪŋ] *n* (SPORT) aviron *m*.
rowing boat *n Br* canot *m*.
royal ['rɔɪəl] ◇ *adj* royal(e). ◇ *n inf* membre *m* de la famille royale.
Royal Air Force *n*: **the ~** l'armée *f* de l'air britannique.
royal family *n* famille *f* royale.
Royal Mail *n Br*: **the ~** ≃ la Poste.
Royal Navy *n*: **the ~** la marine de guerre britannique.
royalty ['rɔɪəltɪ] *n* royauté *f*. ◆ **royalties** *npl* droits *mpl* d'auteur.
rpm *npl* (*abbr of* **revolutions per minute**) tours *mpl* par minute, tr/min.
RSPCA (*abbr of* **Royal Society for the Prevention of Cruelty to Animals**) *n société britannique protectrice des animaux*, ≃ SPA *f*.
RSVP (*abbr of* **répondez s'il vous plaît**) RSVP.
Rt Hon (*abbr of* **Right Honourable**) *expression utilisée pour des titres nobiliaires*.
rub [rʌb] ◇ *vt* frotter; **to ~ sthg in** *(cream etc)* faire pénétrer qqch (en frottant); **to ~ one's eyes/hands** se frotter les yeux/les mains; **to ~ sb up the wrong way** *Br*, **to ~ sb the wrong way** *Am fig* prendre qqn à rebrousse-poil. ◇ *vi* frotter. ◆ **rub off on** *vt fus (subj: quality)* déteindre sur. ◆ **rub out** *vt sep (erase)* effacer.
rubber ['rʌbəʳ] ◇ *adj* en caoutchouc. ◇ *n* **1.** *(substance)* caoutchouc *m*. **2.** *Br (eraser)* gomme *f*. **3.** *Am inf (condom)* préservatif *m*. **4.** *(in bridge)* robre *m*, rob *m*.
rubber band *n* élastique *m*.
rubber plant *n* caoutchouc *m*.
rubber stamp *n* tampon *m*. ◆ **rubber-stamp** *vt fig* approuver sans discussion.
rubbish ['rʌbɪʃ] ◇ *n (U)* **1.** *(refuse)* détritus *mpl*, ordures *fpl*. **2.** *inf fig (worthless objects)* camelote *f*; **the play was ~** la pièce était nulle. **3.** *inf (nonsense)* bêtises *fpl*, inepties *fpl*. ◇ *vt inf* débiner.
rubbish bin *n Br* poubelle *f*.
rubbish dump *n Br* dépotoir *m*.
rubble ['rʌbl] *n (U)* décombres *mpl*.
ruby ['ru:bɪ] *n* rubis *m*.
rucksack ['rʌksæk] *n* sac *m* à dos.
rudder ['rʌdəʳ] *n* gouvernail *m*.
ruddy ['rʌdɪ] *adj* **1.** *(complexion, face)* coloré(e). **2.** *Br inf dated (damned)* sacré(e).
rude [ru:d] *adj* **1.** *(impolite - gen)* impoli(e); *(- word)* grossier(ère); *(- noise)* incongru(e). **2.** *(sudden)*: **it was a ~ awakening** le réveil fut pénible.
rudimentary [,ru:dɪ'mentərɪ] *adj* rudimentaire.
rueful ['ru:fʊl] *adj* triste.
ruffian ['rʌfjən] *n* voyou *m*.
ruffle ['rʌfl] *vt* **1.** *(hair)* ébouriffer; *(water)* troubler. **2.** *(person)* froisser; *(composure)* faire perdre.
rug [rʌg] *n* **1.** *(carpet)* tapis *m*. **2.** *(blanket)* couverture *f*.
rugby ['rʌgbɪ] *n* rugby *m*.
rugged ['rʌgɪd] *adj* **1.** *(landscape)* accidenté(e); *(features)* rude. **2.** *(vehicle etc)* robuste.
rugger ['rʌgəʳ] *n Br inf* rugby *m*.
ruin ['ru:ɪn] ◇ *n* ruine *f*. ◇ *vt* ruiner; *(clothes, shoes)* abîmer. ◆ **in ruin(s)** *adv lit & fig* en ruine.
rule [ru:l] ◇ *n* **1.** *(gen)* règle *f*; **as a ~** en règle générale. **2.** *(regulation)* règlement *m*. **3.** *(U) (control)* autorité *f*. ◇ *vt* **1.** *(control)* dominer. **2.** *(govern)* gouverner. **3.** *(decide)*: **to ~ (that) ...** décider que ... ◇ *vi* **1.** *(give decision - gen)* décider; (- JUR) statuer. **2.** *fml (be paramount)* prévaloir. **3.** *(king, queen)* régner; (POL) gouverner. ◆ **rule out** *vt sep* exclure, écarter.
ruled [ru:ld] *adj (paper)* réglé(e).
ruler ['ru:ləʳ] *n* **1.** *(for measurement)* règle *f*. **2.** *(leader)* chef *m* d'État.
ruling ['ru:lɪŋ] ◇ *adj* au pouvoir. ◇ *n* décision *f*.
rum [rʌm] *n* rhum *m*.
Rumania [ru:'meɪnjə] = **Romania**.
Rumanian [ru:'meɪnjən] = **Romanian**.
rumble ['rʌmbl] ◇ *n (of thunder, traffic)* grondement *m*; *(in stomach)* gargouillement *m*. ◇ *vi (thunder, traffic)* gronder; *(stomach)* gargouiller.
rummage ['rʌmɪdʒ] *vi* fouiller.
rumour *Br*, **rumor** *Am* ['ru:məʳ] *n* rumeur *f*.
rumoured *Br*, **rumored** *Am* ['ru:məd] *adj*: **he is ~ to be very wealthy** le bruit court OR on dit qu'il est très riche.
rump [rʌmp] *n* **1.** *(of animal)* croupe *f*. **2.** *inf (of person)* derrière *m*.
rump steak *n* romsteck *m*.
run [rʌn] (*pt* **ran**, *pp* **run**) ◇ *n* **1.** *(on foot)* course *f*; **to go for a ~** faire un petit peu de course à pied; **on the ~** en fuite, en cavale. **2.** *(in car - for pleasure)* tour *m*; *(- journey)* trajet *m*. **3.** *(series)* suite *f*, série *f*; **a ~ of bad luck** une période de déveine; **in the short/long ~** à court/long terme. **4.** (THEATRE): **to have a long ~** tenir longtemps l'affiche. **5.** *(great demand)*: **~ on** ruée *f* sur.

6. *(in tights)* échelle *f.* 7. *(in cricket, baseball)* point *m.* 8. *(track - for skiing, bobsleigh)* piste *f.* ◇ *vt* 1. *(race, distance)* courir. 2. *(manage - business)* diriger; *(- shop, hotel)* tenir; *(- course)* organiser. 3. *(operate)* faire marcher. 4. *(car)* avoir, entretenir. 5. *(water, bath)* faire couler. 6. *(publish)* publier. 7. *inf (drive)*: **can you ~ me to the station?** tu peux m'amener OR me conduire à la gare? 8. *(move)*: **to ~ sthg along/over sthg** passer qqch le long de/sur qqch. ◇ *vi* 1. *(on foot)* courir. 2. *(pass - road, river, pipe)* passer; **to ~ through sthg** traverser qqch. 3. *Am (in election)*: **to ~ (for)** être candidat (à). 4. *(operate - machine, factory)* marcher; *(- engine)* tourner; **everything is running smoothly** tout va comme sur des roulettes, tout va bien; **to ~ on sthg** marcher à qqch; **to ~ off sthg** marcher sur qqch. 5. *(bus, train)* faire le service; **trains ~ every hour** il y a un train toutes les heures. 6. *(flow)* couler; **my nose is running** j'ai le nez qui coule. 7. *(colour)* déteindre; *(ink)* baver. 8. *(continue - contract, insurance policy)* être valide; (- THEATRE) se jouer. ◆ **run across** *vt fus (meet)* tomber sur. ◆ **run away** *vi (flee)*: **to ~ away (from)** s'enfuir (de); **to ~ away from home** faire une fugue. ◆ **run down** ◇ *vt sep* 1. *(in vehicle)* renverser. 2. *(criticize)* dénigrer. 3. *(production)* restreindre; *(industry)* réduire l'activité de. ◇ *vi (clock)* s'arrêter; *(battery)* se décharger. ◆ **run into** *vt fus* 1. *(encounter - problem)* se heurter à; *(- person)* tomber sur. 2. *(in vehicle)* rentrer dans. ◆ **run off** ◇ *vt sep (a copy)* tirer. ◇ *vi*: **to ~ off (with)** s'enfuir (avec). ◆ **run out** *vi* 1. *(food, supplies)* s'épuiser; **time is running out** il ne reste plus beaucoup de temps. 2. *(licence, contract)* expirer. ◆ **run out of** *vt fus* manquer de; **to ~ out of petrol** tomber en panne d'essence, tomber en panne sèche. ◆ **run over** *vt sep* renverser. ◆ **run through** *vt fus* 1. *(practise)* répéter. 2. *(read through)* parcourir. ◆ **run to** *vt fus (amount to)* monter à, s'élever à. ◆ **run up** *vt fus (bill, debt)* laisser accumuler. ◆ **run up against** *vt fus* se heurter à.

runaway ['rʌnəweɪ] ◇ *adj (train, lorry)* fou (folle); *(horse)* emballé(e); *(victory)* haut la main; *(inflation)* galopant(e). ◇ *n* fuyard *m*, fugitif *m*, -ive *f*.

rundown ['rʌndaʊn] *n* 1. *(report)* bref résumé *m*. 2. *(of industry)* réduction *f* délibérée. ◆ **run-down** *adj* 1. *(building)* délabré(e). 2. *(person)* épuisé(e).

rung [rʌŋ] ◇ *pp* → **ring**. ◇ *n* échelon *m*, barreau *m*.

runner ['rʌnər] *n* 1. *(athlete)* coureur *m*, -euse *f*. 2. *(of guns, drugs)* contrebandier *m*. 3. *(of sledge)* patin *m*; *(for car seat)* glissière *f*; *(for drawer)* coulisseau *m*.

runner bean *n Br* haricot *m* à rames.

runner-up (*pl* **runners-up**) *n* second *m*, -e *f*.

running ['rʌnɪŋ] ◇ *adj* 1. *(argument, battle)* continu(e). 2. *(consecutive)*: **three weeks ~** trois semaines de suite. 3. *(water)* courant(e). ◇ *n* 1. *(U)* (SPORT) course *f*; **to go ~** faire de la course. 2. *(management)* direction *f*, administration *f*. 3. *(of machine)* marche *f*, fonctionnement *m*. 4. *phr*: **to be in the ~ (for)** avoir des chances de réussir (dans); **to be out of the ~ (for)** n'avoir aucune chance de réussir (dans).

runny ['rʌnɪ] *adj* 1. *(food)* liquide. 2. *(nose)* qui coule.

run-of-the-mill *adj* banal(e), ordinaire.

runt [rʌnt] *n* avorton *m*.

run-up *n* 1. *(preceding time)*: **in the ~ to sthg** dans la période qui précède qqch. 2. (SPORT) course *f* d'élan.

runway ['rʌnweɪ] *n* piste *f*.

rupture ['rʌptʃər] *n* rupture *f*.

rural ['rʊərəl] *adj* rural(e).

ruse [ru:z] *n* ruse *f*.

rush [rʌʃ] ◇ *n* 1. *(hurry)* hâte *f*. 2. *(surge)* ruée *f*, bousculade *f*; **to make a ~ for sthg** se ruer OR se précipiter vers qqch; **a ~ of air** une bouffée d'air. 3. *(demand)*: **~ (on OR for)** ruée *f* (sur). ◇ *vt* 1. *(hurry - work)* faire à la hâte; *(- person)* bousculer; *(- meal)* expédier. 2. *(send quickly)* transporter OR envoyer d'urgence. 3. *(attack suddenly)* prendre d'assaut. ◇ *vi* 1. *(hurry)* se dépêcher; **to ~ into sthg** faire qqch sans réfléchir. 2. *(move quickly, suddenly)* se précipiter, se ruer; **the blood ~ed to her head** le sang lui monta à la tête. ◆ **rushes** *npl* (BOT) joncs *mpl*.

rush hour *n* heures *fpl* de pointe OR d'affluence.

rusk [rʌsk] *n* biscotte *f*.

Russia ['rʌʃə] *n* Russie *f*.

Russian ['rʌʃn] ◇ *adj* russe. ◇ *n* 1. *(person)* Russe *mf*. 2. *(language)* russe *m*.

rust [rʌst] ◇ *n* rouille *f*. ◇ *vi* se rouiller.

rustic ['rʌstɪk] *adj* rustique.

rustle ['rʌsl] ◇ *vt* 1. *(paper)* froisser. 2. *Am (cattle)* voler. ◇ *vi (leaves)* bruire;

(papers) produire un froissement.
rusty ['rʌstɪ] *adj lit & fig* rouillé(e).
rut [rʌt] *n* ornière *f*; **to get into a ~** s'encroûter; **to be in a ~** être prisonnier de la routine.
ruthless ['ru:θlɪs] *adj* impitoyable.
RV *n Am (abbr of* **recreational vehicle**) camping-car *m*.
rye [raɪ] *n (grain)* seigle *m*.
rye bread *n* pain *m* de seigle.

S

s (*pl* **ss** OR **s's**), **S** (*pl* **Ss** OR **S's**) [es] *n (letter)* s *m inv*, S *m inv*. ◆ **S** (*abbr of* **south**) S.
Sabbath ['sæbəθ] *n*: **the ~** le sabbat.
sabbatical [sə'bætɪkl] *n* année *f* sabbatique; **to be on ~** faire une année sabbatique.
sabotage ['sæbətɑ:ʒ] ◇ *n* sabotage *m*. ◇ *vt* saboter.
saccharin(e) ['sækərɪn] *n* saccharine *f*.
sachet ['sæʃeɪ] *n* sachet *m*.
sack [sæk] ◇ *n* **1.** *(bag)* sac *m*. **2.** *Br inf (dismissal)*: **to get** OR **be given the ~** être renvoyé(e), se faire virer. ◇ *vt Br inf (dismiss)* renvoyer, virer.
sacking ['sækɪŋ] *n (fabric)* toile *f* à sac.
sacred ['seɪkrɪd] *adj* sacré(e).
sacrifice ['sækrɪfaɪs] *lit & fig* ◇ *n* sacrifice *m*. ◇ *vt* sacrifier.
sacrilege ['sækrɪlɪdʒ] *n lit & fig* sacrilège *m*.
sacrosanct ['sækrəʊsæŋkt] *adj* sacro-saint(e).
sad [sæd] *adj* triste.
sadden ['sædn] *vt* attrister, affliger.
saddle ['sædl] ◇ *n* selle *f*. ◇ *vt* **1.** *(horse)* seller. **2.** *fig (burden)*: **to ~ sb with sthg** coller qqch à qqn.
saddlebag ['sædlbæg] *n* sacoche *f*.
sadistic [sə'dɪstɪk] *adj* sadique.
sadly ['sædlɪ] *adv* **1.** *(unhappily)* tristement. **2.** *(unfortunately)* malheureusement.
sadness ['sædnɪs] *n* tristesse *f*.
s.a.e., sae *abbr of* **stamped addressed envelope**.
safari [sə'fɑ:rɪ] *n* safari *m*.
safe [seɪf] ◇ *adj* **1.** *(not dangerous - gen)* sans danger; *(- driver, play, guess)* prudent(e); **it's ~ to say (that) ...** on peut dire à coup sûr que ... **2.** *(not in danger)* hors de danger, en sécurité; **~ and sound** sain et sauf (saine et sauve). **3.** *(not risky - bet, method)* sans risque; *(- investment)* sûr(e); **to be on the ~ side** par précaution. ◇ *n* coffre-fort *m*.
safe-conduct *n* sauf-conduit *m*.
safe-deposit box *n* coffre-fort *m*.
safeguard ['seɪfgɑ:d] ◇ *n*: **~ (against)** sauvegarde *f* (contre). ◇ *vt*: **to ~ sb/sthg (against)** sauvegarder qqn/qqch (contre), protéger qqn/qqch (contre).
safekeeping [,seɪf'ki:pɪŋ] *n* bonne garde *f*.
safely ['seɪflɪ] *adv* **1.** *(not dangerously)* sans danger. **2.** *(not in danger)* en toute sécurité, à l'abri du danger. **3.** *(arrive - person)* à bon port, sain et sauf (saine et sauve); *(- parcel)* à bon port. **4.** *(for certain)*: **I can ~ say (that) ...** je peux dire à coup sûr que ...
safe sex *n* sexe *m* sans risques, S.S.R. *m*.
safety ['seɪftɪ] *n* sécurité *f*.
safety belt *n* ceinture *f* de sécurité.
safety pin *n* épingle *f* de sûreté OR de nourrice.
saffron ['sæfrən] *n* safran *m*.
sag [sæg] *vi (sink downwards)* s'affaisser, fléchir.
sage [seɪdʒ] ◇ *adj* sage. ◇ *n* **1.** *(U) (herb)* sauge *f*. **2.** *(wise man)* sage *m*.
Sagittarius [,sædʒɪ'teərɪəs] *n* Sagittaire *m*.
Sahara [sə'hɑ:rə] *n*: **the ~ (Desert)** le (désert du) Sahara.
said [sed] *pt & pp* → **say**.
sail [seɪl] ◇ *n* **1.** *(of boat)* voile *f*; **to set ~** faire voile, prendre la mer. **2.** *(journey)* tour *m* en bateau. ◇ *vt* **1.** *(boat)* piloter, manœuvrer. **2.** *(sea)* parcourir. ◇ *vi* **1.** *(person - gen)* aller en bateau; *(-* SPORT) faire de la voile. **2.** *(boat - move)* naviguer; *(- leave)* partir, prendre la mer. **3.** *fig (through air)* voler. ◆ **sail through** *vt fus fig* réussir les doigts dans le nez.
sailboat *Am* = **sailing boat**.
sailing ['seɪlɪŋ] *n* **1.** *(U)* (SPORT) voile *f*; **to go ~** faire de la voile. **2.** *(departure)* départ *m*.
sailing boat *Br*, **sailboat** *Am* ['seɪlbəʊt] *n* bateau *m* à voiles, voilier *m*.
sailing ship *n* voilier *m*.
sailor ['seɪlə^r] *n* marin *m*, matelot *m*.
saint [seɪnt] *n* saint *m*, -e *f*.
Saint Patrick's Day [-'pætrɪks-] *n* la Saint-Patrick.

SAINT PATRICK'S DAY

La Saint-Patrick (17 mars) est une fête célébrée par les Irlandais et descendants d'Irlandais du monde entier. De grands défilés serpentent dans les rues de Dublin, New York et Sydney. La coutume veut que chacun arbore une feuille de trèfle à la boutonnière, ou porte un vêtement de couleur verte, puisque le vert symbolise l'Irlande. À cette occasion, certains bars américains servent même de la bière verte.

sake [seɪk] *n*: **for the ~ of sb** par égard pour qqn, pour (l'amour de) qqn; **for the children's ~** pour les enfants; **for the ~ of argument** à titre d'exemple; **for God's** OR **heaven's ~** pour l'amour de Dieu OR du ciel.
salad ['sæləd] *n* salade *f*.
salad bowl *n* saladier *m*.
salad cream *n Br sorte de mayonnaise douce*.
salad dressing *n* vinaigrette *f*.
salami [sə'lɑːmɪ] *n* salami *m*.
salary ['sælərɪ] *n* salaire *m*, traitement *m*.
sale [seɪl] *n* **1.** *(gen)* vente *f*; **on ~** en vente; **(up) for ~** à vendre. **2.** *(at reduced prices)* soldes *mpl*. ◆ **sales** *npl* **1.** *(quantity sold)* ventes *fpl*. **2.** *(at reduced prices)*: **the ~s** les soldes *mpl*.
saleroom *Br* ['seɪlrʊm], **salesroom** *Am* ['seɪlzrʊm] *n* salle *f* des ventes.
sales assistant ['seɪlz-], **salesclerk** ['seɪlzklɜːrk] *Am n* vendeur *m*, -euse *f*.
salesman ['seɪlzmən] (*pl* **-men** [-mən]) *n (in shop)* vendeur *m*; *(travelling)* représentant *m* de commerce.
sales rep *n inf* représentant *m* de commerce.
salesroom *Am* = **saleroom**.
saleswoman ['seɪlz,wʊmən] (*pl* **-women** [-,wɪmɪn]) *n (in shop)* vendeuse *f*; *(travelling)* représentante *f* de commerce.
saliva [sə'laɪvə] *n* salive *f*.
sallow ['sæləʊ] *adj* cireux(euse).
salmon ['sæmən] (*pl inv* OR **-s**) *n* saumon *m*.
salmonella [,sælmə'nelə] *n* salmonelle *f*.
salon ['sælɒn] *n* salon *m*.
saloon [sə'luːn] *n* **1.** *Br (car)* berline *f*. **2.** *Am (bar)* saloon *m*. **3.** *Br (in pub)*: **~ (bar)** bar *m*. **4.** *(in ship)* salon *m*.
salt [sɔːlt, sɒlt] ◇ *n* sel *m*. ◇ *vt (food)* saler; *(roads)* mettre du sel sur. ◆ **salt away** *vt sep* mettre de côté.
saltcellar *Br*, **salt shaker** *Am* [-,ʃeɪkəʳ] *n* salière *f*.
saltwater ['sɔːlt,wɔːtəʳ] ◇ *n* eau *f* de mer. ◇ *adj* de mer.
salty ['sɔːltɪ] *adj (food)* salé(e); *(water)* saumâtre.
salutary ['sæljʊtrɪ] *adj* salutaire.
salute [sə'luːt] ◇ *n* salut *m*. ◇ *vt* saluer. ◇ *vi* faire un salut.
salvage ['sælvɪdʒ] ◇ *n (U)* **1.** *(rescue of ship)* sauvetage *m*. **2.** *(property rescued)* biens *mpl* sauvés. ◇ *vt* sauver.
salvation [sæl'veɪʃn] *n* salut *m*.
Salvation Army *n*: **the ~** l'Armée *f* du Salut.
same [seɪm] ◇ *adj* même; **she was wearing the ~ jumper as I was** elle portait le même pull que moi; **at the ~ time** en même temps; **one and the ~** un seul et même (une seule et même). ◇ *pron*: **the ~** le même (la même), les mêmes (*pl*); **I'll have the ~ as you** je prendrai la même chose que toi; **she earns the ~ as I do** elle gagne autant que moi; **to do the ~** faire de même, en faire autant; **all** OR **just the ~** *(anyway)* quand même, tout de même; **it's all the ~ to me** ça m'est égal; **it's not the ~** ce n'est pas pareil. ◇ *adv*: **the ~** *(treat, spelled)* de la même manière.
sample ['sɑːmpl] ◇ *n* échantillon *m*. ◇ *vt (taste)* goûter.
sanatorium, sanitorium *Am* [,sænə'tɔːrɪəm] (*pl* **-riums** OR **-ria** [-rɪə]) *n* sanatorium *m*.
sanctimonious [,sæŋktɪ'məʊnjəs] *adj* moralisateur(trice).
sanction ['sæŋkʃn] ◇ *n* sanction *f*. ◇ *vt* sanctionner.
sanctity ['sæŋktətɪ] *n* sainteté *f*.
sanctuary ['sæŋktʃʊərɪ] *n* **1.** *(for birds, wildlife)* réserve *f*. **2.** *(refuge)* asile *m*.
sand [sænd] ◇ *n* sable *m*. ◇ *vt (wood)* poncer.
sandal ['sændl] *n* sandale *f*.
sandalwood ['sændlwʊd] *n* (bois *m* de) santal *m*.
sandbox *Am* = **sandpit**.
sandcastle ['sænd,kɑːsl] *n* château *m* de sable.
sand dune *n* dune *f*.
sandpaper ['sænd,peɪpəʳ] ◇ *n (U)* papier *m* de verre. ◇ *vt* poncer (au papier de verre).
sandpit *Br* ['sændpɪt], **sandbox** *Am* ['sændbɒks] *n* bac *m* à sable.
sandstone ['sændstəʊn] *n* grès *m*.

sandwich ['sænwɪdʒ] ◇ *n* sandwich *m*. ◇ *vt fig*: **to be ~ed between** être (pris(e)) en sandwich entre.
sandwich board *n* panneau *m* publicitaire *(d'homme sandwich ou posé comme un tréteau)*.
sandwich course *n Br* stage *m* de formation professionnelle.
sandy ['sændɪ] *adj* **1.** *(beach)* de sable; *(earth)* sableux(euse). **2.** *(sand-coloured)* sable (*inv*).
sane [seɪn] *adj* **1.** *(not mad)* sain(e) d'esprit. **2.** *(sensible)* raisonnable, sensé(e).
sang [sæŋ] *pt* → **sing**.
sanitary ['sænɪtrɪ] *adj* **1.** *(method, system)* sanitaire. **2.** *(clean)* hygiénique, salubre.
sanitary towel, sanitary napkin *Am n* serviette *f* hygiénique.
sanitation [,sænɪ'teɪʃn] *n (U) (in house)* installations *fpl* sanitaires.
sanitorium *Am* = **sanatorium**.
sanity ['sænətɪ] *n (U)* **1.** *(saneness)* santé *f* mentale, raison *f*. **2.** *(good sense)* bon sens *m*.
sank [sæŋk] *pt* → **sink**.
Santa (Claus) ['sæntə(,klɔːz)] *n* le père Noël.
sap [sæp] ◇ *n (of plant)* sève *f*. ◇ *vt (weaken)* saper.
sapling ['sæplɪŋ] *n* jeune arbre *m*.
sapphire ['sæfaɪəʳ] *n* saphir *m*.
sarcastic [sɑː'kæstɪk] *adj* sarcastique.
sardine [sɑː'diːn] *n* sardine *f*.
Sardinia [sɑː'dɪnjə] *n* Sardaigne *f*.
sardonic [sɑː'dɒnɪk] *adj* sardonique.
SAS (*abbr of* **Special Air Service**) *n commando d'intervention spéciale de l'armée britannique*.
SASE *abbr of* **self-addressed stamped envelope**.
sash [sæʃ] *n (of cloth)* écharpe *f*.
sat [sæt] *pt & pp* → **sit**.
SAT [sæt] *n* **1.** (*abbr of* **Standard Assessment Test**) *examen national en Grande-Bretagne pour les élèves de 7 ans, 11 ans et 14 ans*. **2.** (*abbr of* **Scholastic Aptitude Test**) *examen d'entrée à l'université aux États-Unis*.
Satan ['seɪtn] *n* Satan *m*.
satchel ['sætʃəl] *n* cartable *m*.
satellite ['sætəlaɪt] ◇ *n* satellite *m*. ◇ *comp* **1.** *(link)* par satellite; **~ dish** antenne *f* parabolique. **2.** *(country, company)* satellite.
satellite TV *n* télévision *f* par satellite.
satin ['sætɪn] ◇ *n* satin *m*. ◇ *comp (sheets, pyjamas)* de OR en satin; *(wallpaper, finish)* satiné(e).
satire ['sætaɪəʳ] *n* satire *f*.
satisfaction [,sætɪs'fækʃn] *n* satisfaction *f*.
satisfactory [,sætɪs'fæktərɪ] *adj* satisfaisant(e).
satisfied ['sætɪsfaɪd] *adj (happy)*: **~ (with)** satisfait(e) (de).
satisfy ['sætɪsfaɪ] *vt* **1.** *(gen)* satisfaire. **2.** *(convince)* convaincre, persuader; **to ~ sb that** convaincre qqn que.
satisfying ['sætɪsfaɪɪŋ] *adj* satisfaisant(e).
satsuma [,sæt'suːmə] *n* satsuma *f*.
saturate ['sætʃəreɪt] *vt*: **to ~ sthg (with)** saturer qqch (de).
Saturday ['sætədɪ] ◇ *n* samedi *m*; **it's ~** on est samedi; **on ~** samedi; **on ~s** le samedi; **last ~** samedi dernier; **this ~** ce samedi; **next ~** samedi prochain; **every ~** tous les samedis; **every other ~** un samedi sur deux; **the ~ before** l'autre samedi; **the ~ before last** pas samedi dernier, mais le samedi d'avant; **the ~ after next, ~ week, a week on ~** samedi en huit. ◇ *comp (paper)* du OR de samedi; **~ morning/afternoon/evening** samedi matin/après-midi/soir.
sauce [sɔːs] *n* (CULIN) sauce *f*.
saucepan ['sɔːspən] *n* casserole *f*.
saucer ['sɔːsəʳ] *n* sous-tasse *f*, soucoupe *f*.
saucy ['sɔːsɪ] *adj inf* coquin(e).
Saudi Arabia ['saʊdɪə'reɪbjə] *n* Arabie *f* Saoudite.
Saudi (Arabian) ['saʊdɪ-] ◇ *adj* saoudien(enne). ◇ *n (person)* Saoudien *m*, -enne *f*.
sauna ['sɔːnə] *n* sauna *m*.
saunter ['sɔːntəʳ] *vi* flâner.
sausage ['sɒsɪdʒ] *n* saucisse *f*.
sausage roll *n Br* feuilleté *m* à la saucisse.
sauté [*Br* 'səʊteɪ, *Am* səʊ'teɪ] (*pt & pp* **sautéed** OR **sautéd**) ◇ *adj* sauté(e). ◇ *vt (potatoes)* faire sauter; *(onions)* faire revenir.
savage ['sævɪdʒ] ◇ *adj (fierce)* féroce. ◇ *n* sauvage *mf*. ◇ *vt* attaquer avec férocité.
save [seɪv] ◇ *vt* **1.** *(rescue)* sauver; **to ~ sb's life** sauver la vie à OR de qqn. **2.** *(time)* gagner; *(strength)* économiser; *(food)* garder; *(money - set aside)* mettre de côté; *(- spend less)* économiser. **3.** *(avoid)* éviter, épargner; **to ~ sb sthg** épargner qqch à qqn; **to ~ sb from doing sthg** éviter à qqn de faire qqch. **4.** (SPORT) arrêter. **5.** (COMPUT) sauve-

garder. ◇ *vi (save money)* mettre de l'argent de côté. ◇ *n* (SPORT) arrêt *m*. ◇ *prep fml*: **~ (for)** sauf, à l'exception de. ◆ **save up** *vi* mettre de l'argent de côté.

saving grace ['seɪvɪŋ-] *n*: **its ~ was ...** ce qui le rachetait, c'était ...

savings ['seɪvɪŋz] *npl* économies *fpl*.

savings account *n Am* compte *m* d'épargne.

savings and loan association *n Am* société *f* de crédit immobilier.

savings bank *n* caisse *f* d'épargne.

saviour *Br*, **savior** *Am* ['seɪvjəʳ] *n* sauveur *m*.

savour *Br*, **savor** *Am* ['seɪvəʳ] *vt lit & fig* savourer.

savoury *Br*, **savory** *Am* ['seɪvərɪ] ◇ *adj* **1.** *(food)* salé(e). **2.** *(respectable)* recommandable. ◇ *n* petit plat *m* salé.

saw [sɔː] (*Br pt* **-ed**, *pp* **sawn**, *Am pt & pp* **-ed**) ◇ *pt* → **see.** ◇ *n* scie *f*. ◇ *vt* scier.

sawdust ['sɔːdʌst] *n* sciure *f* (de bois).

sawed-off shotgun *Am* = **sawn-off shotgun**.

sawmill ['sɔːmɪl] *n* scierie *f*, moulin *m* à scie *Can*.

sawn [sɔːn] *pp Br* → **saw**.

sawn-off shotgun *Br*, **sawed-off shotgun** ['sɔːd-] *Am n* carabine *f* à canon scié.

saxophone ['sæksəfəʊn] *n* saxophone *m*.

say [seɪ] (*pt & pp* **said**) ◇ *vt* **1.** *(gen)* dire; **could you ~ that again?** vous pouvez répéter ce que vous venez de dire?; **(let's) ~ you won a lottery ...** supposons que tu gagnes le gros lot ...; **it ~s a lot about him** cela en dit long sur lui; **she's said to be ...** on dit qu'elle est ...; **that goes without ~ing** cela va sans dire; **it has a lot to be said for it** cela a beaucoup d'avantages. **2.** *(subj: clock, watch)* indiquer. ◇ *n*: **to have a/no ~** avoir/ne pas avoir voix au chapitre; **to have a ~ in sthg** avoir son mot à dire sur qqch; **to have one's ~** dire ce que l'on a à dire, dire son mot. ◆ **that is to say** *adv* c'est-à-dire.

saying ['seɪɪŋ] *n* dicton *m*.

scab [skæb] *n* **1.** *(of wound)* croûte *f*. **2.** *inf pej (non-striker)* jaune *m*.

scaffold ['skæfəʊld] *n* échafaud *m*.

scaffolding ['skæfəldɪŋ] *n* échafaudage *m*.

scald [skɔːld] ◇ *n* brûlure *f*. ◇ *vt* ébouillanter; **to ~ one's arm** s'ébouillanter le bras.

scale [skeɪl] ◇ *n* **1.** *(gen)* échelle *f*; **to ~** *(map, drawing)* à l'échelle. **2.** *(of ruler, thermometer)* graduation *f*. **3.** (MUS) gamme *f*. **4.** *(of fish, snake)* écaille *f*. **5.** *Am* = **scales**. ◇ *vt* **1.** *(cliff, mountain, fence)* escalader. **2.** *(fish)* écailler. ◆ **scales** *npl* balance *f*. ◆ **scale down** *vt fus* réduire.

scale model *n* modèle *m* réduit.

scallop ['skɒləp] ◇ *n (shellfish)* coquille *f* Saint-Jacques. ◇ *vt (edge, garment)* festonner.

scalp [skælp] ◇ *n* **1.** (ANAT) cuir *m* chevelu. **2.** *(trophy)* scalp *m*. ◇ *vt* scalper.

scalpel ['skælpəl] *n* scalpel *m*.

scamper ['skæmpəʳ] *vi* trottiner.

scampi ['skæmpɪ] *n (U)* scampi *mpl*.

scan [skæn] ◇ *n* (MED) scanographie *f*; *(during pregnancy)* échographie *f*. ◇ *vt* **1.** *(examine carefully)* scruter. **2.** *(glance at)* parcourir. **3.** (TECH) balayer. **4.** (COMPUT) faire un scannage de.

scandal ['skændl] *n* **1.** *(gen)* scandale *m*. **2.** *(gossip)* médisance *f*.

scandalize, -ise ['skændəlaɪz] *vt* scandaliser.

Scandinavia [,skændɪ'neɪvjə] *n* Scandinavie *f*.

Scandinavian [,skændɪ'neɪvjən] ◇ *adj* scandinave. ◇ *n (person)* Scandinave *mf*.

scant [skænt] *adj* insuffisant(e).

scanty ['skæntɪ] *adj (amount, resources)* insuffisant(e); *(income)* maigre; *(dress)* minuscule.

scapegoat ['skeɪpgəʊt] *n* bouc *m* émissaire.

scar [skɑːʳ] *n* cicatrice *f*.

scarce ['skeəs] *adj* rare, peu abondant (e).

scarcely ['skeəslɪ] *adv* à peine; **~ anyone** presque personne; **I ~ ever go there now** je n'y vais presque OR pratiquement plus jamais.

scare [skeəʳ] ◇ *n* **1.** *(sudden fear)*: **to give sb a ~** faire peur à qqn. **2.** *(public fear)* panique *f*; **bomb ~** alerte *f* à la bombe. ◇ *vt* faire peur à, effrayer. ◆ **scare away, scare off** *vt sep* faire fuir.

scarecrow ['skeəkrəʊ] *n* épouvantail *m*.

scared ['skeəd] *adj* apeuré(e); **to be ~** avoir peur; **to be ~ stiff** OR **to death** être mort de peur.

scarf [skɑːf] (*pl* **-s** OR **scarves**) *n (wool)* écharpe *f*; *(silk etc)* foulard *m*.

scarlet ['skɑːlət] ◇ *adj* écarlate. ◇ *n* écarlate *f*.

scarlet fever *n* scarlatine *f*.

scarves [skɑːvz] *pl* → **scarf**.
scathing ['skeɪðɪŋ] *adj (criticism)* acerbe; *(reply)* cinglant(e).
scatter ['skætəʳ] ◇ *vt (clothes, paper etc)* éparpiller; *(seeds)* semer à la volée. ◇ *vi* se disperser.
scatterbrained ['skætəbreɪnd] *adj inf* écervelé(e).
scavenger ['skævɪndʒəʳ] *n* **1.** *(animal)* animal *m* nécrophage. **2.** *(person)* personne *f* qui fait les poubelles.
scenario [sɪ'nɑːrɪəʊ] (*pl* **-s**) *n* **1.** *(possible situation)* hypothèse *f*, scénario *m*. **2.** *(of film, play)* scénario *m*.
scene [siːn] *n* **1.** *(in play, film, book)* scène *f*; **behind the ~s** dans les coulisses. **2.** *(sight)* spectacle *m*, vue *f*; *(picture)* tableau *m*. **3.** *(location)* lieu *m*, endroit *m*. **4.** *(area of activity)*: **the political ~** la scène politique; **the music ~** le monde de la musique. **5.** *phr*: **to set the ~ for sb** mettre qqn au courant de la situation; **to set the ~ for sthg** préparer la voie à qqch.
scenery ['siːnərɪ] *n (U)* **1.** *(of countryside)* paysage *m*. **2.** (THEATRE) décor *m*, décors *mpl*.
scenic ['siːnɪk] *adj (tour)* touristique; **a ~ view** un beau panorama.
scent [sent] *n* **1.** *(smell - of flowers)* senteur *f*, parfum *m*; *(- of animal)* odeur *f*, fumet *m*. **2.** *(U) (perfume)* parfum *m*.
scepter *Am* = **sceptre**.
sceptic *Br*, **skeptic** *Am* ['skeptɪk] *n* sceptique *mf*.
sceptical *Br*, **skeptical** *Am* ['skeptɪkl] *adj*: **~ (about)** sceptique (sur).
sceptre *Br*, **scepter** *Am* ['septəʳ] *n* sceptre *m*.
schedule [*Br* 'ʃedjuːl, *Am* 'skedʒʊl] ◇ *n* **1.** *(plan)* programme *m*, plan *m*; **on ~** *(at expected time)* à l'heure (prévue); *(on expected day)* à la date prévue; **ahead of/behind ~** en avance/en retard (sur le programme). **2.** *(list - of times)* horaire *m*; *(- of prices)* tarif *m*. ◇ *vt*: **to ~ sthg (for)** prévoir qqch (pour).
scheduled flight [*Br* 'ʃedjuːld-, *Am* 'skedjʊld-] *n* vol *m* régulier.
scheme [skiːm] ◇ *n* **1.** *(plan)* plan *m*, projet *m*. **2.** *pej (dishonest plan)* combine *f*. **3.** *(arrangement)* arrangement *m*; **colour ~** combinaison *f* de couleurs. ◇ *vi pej* conspirer.
scheming ['skiːmɪŋ] *adj* intrigant(e).
schism ['sɪzm, 'skɪzm] *n* schisme *m*.
schizophrenic [ˌskɪtsə'frenɪk] ◇ *adj* schizophrène. ◇ *n* schizophrène *mf*.
scholar ['skɒləʳ] *n* **1.** *(expert)* érudit *m*, -e *f*, savant *m*, -e *f*. **2.** *dated (student)* écolier *m*, -ère *f*, élève *mf*. **3.** *(holder of scholarship)* boursier *m*, -ère *f*.
scholarship ['skɒləʃɪp] *n* **1.** *(grant)* bourse *f* (d'études). **2.** *(learning)* érudition *f*.
school [skuːl] *n* **1.** *(gen)* école *f*; *(secondary school)* lycée *m*, collège *m*. **2.** *(university department)* faculté *f*. **3.** *Am (university)* université *f*.
school age *n* âge *m* scolaire.
schoolbook ['skuːlbʊk] *n* livre *m* scolaire OR de classe.
schoolboy ['skuːlbɔɪ] *n* écolier *m*, élève *m*.
schoolchild ['skuːltʃaɪld] (*pl* **-children** [-tʃɪldrən]) *n* écolier *m*, -ère *f*, élève *mf*.
schooldays ['skuːldeɪz] *npl* années *fpl* d'école.
schoolgirl ['skuːlgɜːl] *n* écolière *f*, élève *f*.
schooling ['skuːlɪŋ] *n* instruction *f*.
school-leaver [-ˌliːvəʳ] *n Br élève qui a fini ses études secondaires*.
schoolmaster ['skuːlˌmɑːstəʳ] *n (primary)* instituteur *m*, maître *m* d'école; *(secondary)* professeur *m*.
schoolmistress ['skuːlˌmɪstrɪs] *n (primary)* institutrice *f*, maîtresse *f* d'école; *(secondary)* professeur *m*.
school of thought *n* école *f* (de pensée).
schoolteacher ['skuːlˌtiːtʃəʳ] *n (primary)* instituteur *m*, -trice *f*; *(secondary)* professeur *m*.
school year *n* année *f* scolaire.
sciatica [saɪ'ætɪkə] *n* sciatique *f*.
science ['saɪəns] *n* science *f*.
science fiction *n* science-fiction *f*.
scientific [ˌsaɪən'tɪfɪk] *adj* scientifique.
scientist ['saɪəntɪst] *n* scientifique *mf*.
scintillating ['sɪntɪleɪtɪŋ] *adj* brillant (e).
scissors ['sɪzəz] *npl* ciseaux *mpl*; **a pair of ~** une paire de ciseaux.
sclerosis [sklɪ'rəʊsɪs] → **multiple sclerosis**.
scoff [skɒf] ◇ *vt Br inf* bouffer, boulotter. ◇ *vi*: **to ~ (at)** se moquer (de).
scold [skəʊld] *vt* gronder, réprimander.
scone [skɒn] *n* scone *m*.
scoop [skuːp] ◇ *n* **1.** *(for sugar)* pelle *f* à main; *(for ice cream)* cuiller *f* à glace. **2.** *(of ice cream)* boule *f*. **3.** *(news report)* exclusivité *f*, scoop *m*. ◇ *vt (with hands)* prendre avec les mains; *(with scoop)* prendre avec une pelle à main. ◆ **scoop out** *vt sep* évider.

scooter ['sku:tə^r] *n* **1.** *(toy)* trottinette *f.* **2.** *(motorcycle)* scooter *m.*
scope [skəʊp] *n (U)* **1.** *(opportunity)* occasion *f,* possibilité *f.* **2.** *(of report, inquiry)* étendue *f,* portée *f.*
scorch [skɔ:tʃ] *vt (clothes)* brûler légèrement, roussir; *(skin)* brûler; *(land, grass)* dessécher.
scorching ['skɔ:tʃɪŋ] *adj inf (day)* torride; *(sun)* brûlant(e).
score [skɔ:^r] ◇ *n* **1.** (SPORT) score *m.* **2.** *(in test)* note *f.* **3.** *dated (twenty)* vingt. **4.** (MUS) partition *f.* **5.** *(subject)*: **on that ~** à ce sujet, sur ce point. ◇ *vt* **1.** *(goal, point etc)* marquer; **to ~ 100%** avoir 100 sur 100. **2.** *(success, victory)* remporter. **3.** *(cut)* entailler. ◇ *vi* (SPORT) marquer (un but/point *etc*). ◆ **score out** *vt sep Br* barrer, rayer.
scoreboard ['skɔ:bɔ:d] *n* tableau *m.*
scorer ['skɔ:rə^r] *n* marqueur *m.*
scorn [skɔ:n] ◇ *n (U)* mépris *m,* dédain *m.* ◇ *vt* **1.** *(person, attitude)* mépriser. **2.** *(help, offer)* rejeter, dédaigner.
scornful ['skɔ:nfʊl] *adj* méprisant(e); **to be ~ of sthg** mépriser qqch, dédaigner qqch.
Scorpio ['skɔ:pɪəʊ] (*pl* **-s**) *n* Scorpion *m.*
scorpion ['skɔ:pjən] *n* scorpion *m.*
Scot [skɒt] *n* Écossais *m,* -e *f.*
scotch [skɒtʃ] *vt (rumour)* étouffer; *(plan)* faire échouer.
Scotch [skɒtʃ] ◇ *adj* écossais(e). ◇ *n* scotch *m,* whisky *m.*
Scotch (tape)® *n Am* Scotch® *m.*
scot-free *adj inf*: **to get off ~** s'en tirer sans être puni(e).
Scotland ['skɒtlənd] *n* Écosse *f.*
Scots [skɒts] ◇ *adj* écossais(e). ◇ *n (dialect)* écossais *m.*
Scotsman ['skɒtsmən] (*pl* **-men** [-mən]) *n* Écossais *m.*
Scotswoman ['skɒtswʊmən] (*pl* **-women** [-,wɪmɪn]) *n* Écossaise *f.*
Scottish ['skɒtɪʃ] *adj* écossais(e).
scoundrel ['skaʊndrəl] *n dated* gredin *m.*
scour [skaʊə^r] *vt* **1.** *(clean)* récurer. **2.** *(search - town etc)* parcourir; *(- countryside)* battre.
scourge [skɜ:dʒ] *n* fléau *m.*
scout [skaʊt] *n* (MIL) éclaireur *m.* ◆ **Scout** *n (boy scout)* Scout *m.* ◆ **scout around** *vi*: **to ~ around (for)** aller à la recherche (de).
scowl [skaʊl] ◇ *n* regard *m* noir. ◇ *vi* se renfrogner, froncer les sourcils; **to ~ at sb** jeter des regards noirs à qqn.
scrabble ['skræbl] *vi* **1.** *(scrape)*: **to ~ at sthg** gratter qqch. **2.** *(feel around)*: **to ~ around for sthg** tâtonner pour trouver qqch.
scraggy ['skrægɪ] *adj* décharné(e), maigre.
scramble ['skræmbl] ◇ *n (rush)* bousculade *f,* ruée *f.* ◇ *vi* **1.** *(climb)*: **to ~ up a hill** grimper une colline en s'aidant des mains OR à quatre pattes. **2.** *(compete)*: **to ~ for sthg** se disputer qqch.
scrambled eggs ['skræmbld-] *npl* œufs *mpl* brouillés.
scrap [skræp] ◇ *n* **1.** *(of paper, material)* bout *m*; *(of information)* fragment *m*; *(of conversation)* bribe *f.* **2.** *(metal)* ferraille *f.* **3.** *inf (fight, quarrel)* bagarre *f.* ◇ *vt (car)* mettre à la ferraille; *(plan, system)* abandonner, laisser tomber. ◆ **scraps** *npl (food)* restes *mpl.*
scrapbook ['skræpbʊk] *n* album *m (de coupures de journaux etc).*
scrap dealer *n* ferrailleur *m,* marchand *m* de ferraille.
scrape [skreɪp] ◇ *n* **1.** *(scraping noise)* raclement *m,* grattement *m.* **2.** *dated (difficult situation)*: **to get into a ~** se fourrer dans le pétrin. ◇ *vt* **1.** *(clean, rub)* gratter, racler; **to ~ sthg off sthg** enlever qqch de qqch en grattant OR raclant. **2.** *(surface, car, skin)* érafler. ◇ *vi* gratter. ◆ **scrape through** *vt fus* réussir de justesse.
scraper ['skreɪpə^r] *n* grattoir *m,* racloir *m.*
scrap merchant *n Br* ferrailleur *m,* marchand *m* de ferraille.
scrap paper *Br,* **scratch paper** *Am n* (papier *m*) brouillon *m.*
scrapyard ['skræpjɑ:d] *n* parc *m* à ferraille.
scratch [skrætʃ] ◇ *n* **1.** *(wound)* égratignure *f,* éraflure *f.* **2.** *(on glass, paint etc)* éraflure *f.* **3.** *phr*: **to be up to ~** être à la hauteur; **to do sthg from ~** faire qqch à partir de rien. ◇ *vt* **1.** *(wound)* écorcher, égratigner. **2.** *(mark - paint, glass etc)* rayer, érafler. **3.** *(rub)* gratter. ◇ *vi* gratter; *(person)* se gratter.
scratch card *n* carte *f* à gratter.
scratch paper *Am* = **scrap paper**.
scrawl [skrɔ:l] ◇ *n* griffonnage *m,* gribouillage *m.* ◇ *vt* griffonner, gribouiller.
scrawny ['skrɔ:nɪ] *adj (person)* efflanqué(e); *(body, animal)* décharné(e).
scream [skri:m] ◇ *n (cry)* cri *m* perçant, hurlement *m*; *(of laughter)* éclat *m.* ◇ *vt*

hurler. ◇ *vi (cry out)* crier, hurler.
scree [skriː] *n* éboulis *m*.
screech [skriːtʃ] ◇ *n* **1.** *(cry)* cri *m* perçant. **2.** *(of tyres)* crissement *m*. ◇ *vt* hurler. ◇ *vi* **1.** *(cry out)* pousser des cris perçants. **2.** *(tyres)* crisser.
screen [skriːn] ◇ *n* **1.** *(gen)* écran *m*. **2.** *(panel)* paravent *m*. ◇ *vt* **1.** (CINEMA) projeter, passer; (TV) téléviser, passer. **2.** *(hide)* cacher, masquer. **3.** *(shield)* protéger. **4.** *(candidate, employee)* passer au crible, filtrer.
screening ['skriːnɪŋ] *n* **1.** (CINEMA) projection *f*; (TV) passage *m* à la télévision. **2.** *(for security)* sélection *f*, tri *m*. **3.** (MED) dépistage *m*.
screenplay ['skriːnpleɪ] *n* scénario *m*.
screw [skruː] ◇ *n (for fastening)* vis *f*. ◇ *vt* **1.** *(fix with screws)*: **to ~ sthg to sthg** visser qqch à OR sur qqch. **2.** *(twist)* visser. **3.** *vulg (woman)* baiser. ◇ *vi (bolt, lid)* se visser. ◆ **screw up** *vt sep* **1.** *(crumple up)* froisser, chiffonner. **2.** *(eyes)* plisser; *(face)* tordre. **3.** *v inf (ruin)* gâcher, bousiller.
screwdriver ['skruːˌdraɪvəʳ] *n (tool)* tournevis *m*.
scribble ['skrɪbl] ◇ *n* gribouillage *m*, griffonnage *m*. ◇ *vt & vi* gribouiller, griffonner.
script [skrɪpt] *n* **1.** *(of play, film etc)* scénario *m*, script *m*. **2.** *(writing system)* écriture *f*. **3.** *(handwriting)* (écriture *f*) script *m*.
Scriptures ['skrɪptʃəz] *npl*: **the ~** les (Saintes) Écritures *fpl*.
scriptwriter ['skrɪptˌraɪtəʳ] *n* scénariste *mf*.
scroll [skrəʊl] ◇ *n* rouleau *m*. ◇ *vt* (COMPUT) faire défiler.
scrounge [skraʊndʒ] *inf vt*: **to ~ money off sb** taper qqn; **can I ~ a cigarette off you?** je peux te piquer une cigarette?
scrounger ['skraʊndʒəʳ] *n inf* parasite *m*.
scrub [skrʌb] ◇ *n* **1.** *(rub)*: **to give sthg a ~** nettoyer qqch à la brosse. **2.** *(U) (undergrowth)* broussailles *fpl*. ◇ *vt (floor, clothes etc)* laver OR nettoyer à la brosse; *(hands, back)* frotter; *(saucepan)* récurer.
scruff [skrʌf] *n*: **by the ~ of the neck** par la peau du cou.
scruffy ['skrʌfɪ] *adj* mal soigné(e), débraillé(e).
scrum(mage) ['skrʌm(ɪdʒ)] *n* (RUGBY) mêlée *f*.
scruples ['skruːplz] *npl* scrupules *mpl*.
scrutinize, -ise ['skruːtɪnaɪz] *vt* scruter, examiner attentivement.
scrutiny ['skruːtɪnɪ] *n (U)* examen *m* attentif.
scuff [skʌf] *vt* **1.** *(damage)* érafler. **2.** *(drag)*: **to ~ one's feet** traîner les pieds.
scuffle ['skʌfl] *n* bagarre *f*, échauffourée *f*.
scullery ['skʌlərɪ] *n* arrière-cuisine *f*.
sculptor ['skʌlptəʳ] *n* sculpteur *m*.
sculpture ['skʌlptʃəʳ] ◇ *n* sculpture *f*. ◇ *vt* sculpter.
scum [skʌm] *n* **1.** *(U) (froth)* écume *f*, mousse *f*. **2.** *v inf pej (person)* salaud *m*. **3.** *(U) v inf pej (people)* déchets *mpl*.
scupper ['skʌpəʳ] *vt* **1.** (NAUT) couler. **2.** *Br fig (plan)* saboter, faire tomber à l'eau.
scurrilous ['skʌrələs] *adj* calomnieux (euse).
scurry ['skʌrɪ] *vi* se précipiter; **to ~ away** OR **off** se sauver, détaler.
scuttle ['skʌtl] ◇ *n* seau *m* à charbon. ◇ *vi* courir précipitamment OR à pas précipités.
scythe [saɪð] *n* faux *f*.
SDLP (*abbr of* **Social Democratic and Labour Party**) *n parti travailliste d'Irlande du Nord*.
sea [siː] ◇ *n* **1.** *(gen)* mer *f*; **at ~** en mer; **by ~** par mer; **by the ~** au bord de la mer; **out to ~** au large. **2.** *phr*: **to be all at ~** nager complètement. ◇ *comp (voyage)* en mer; *(animal)* marin(e), de mer.
seabed ['siːbed] *n*: **the ~** le fond de la mer.
sea breeze *n* brise *f* de mer.
seafood ['siːfuːd] *n (U)* fruits *mpl* de mer.
seafront ['siːfrʌnt] *n* front *m* de mer.
seagull ['siːgʌl] *n* mouette *f*.
seal [siːl] (*pl inv* OR **-s**) ◇ *n* **1.** *(animal)* phoque *m*. **2.** *(official mark)* cachet *m*, sceau *m*. **3.** *(official fastening)* cachet *m*. ◇ *vt* **1.** *(envelope)* coller, fermer. **2.** *(document, letter)* sceller, cacheter. **3.** *(block off)* obturer, boucher. ◆ **seal off** *vt sep (area, entrance)* interdire l'accès de.
sea level *n* niveau *m* de la mer.
sea lion (*pl inv* OR **-s**) *n* otarie *f*.
seam [siːm] *n* **1.** (SEWING) couture *f*. **2.** *(of coal)* couche *f*, veine *f*.
seaman ['siːmən] (*pl* **-men** [-mən]) *n* marin *m*.
seamy ['siːmɪ] *adj* sordide.
séance ['seɪɒns] *n* séance *f* de spiritisme.

seaplane ['si:pleɪn] *n* hydravion *m*.
search [sɜ:tʃ] ◇ *n (of person, luggage, house)* fouille *f*; *(for lost person, thing)* recherche *f*, recherches *fpl*; **~ for** recherche de; **in ~ of** à la recherche de. ◇ *vt (house, area, person)* fouiller; *(memory, mind, drawer)* fouiller dans. ◇ *vi*: **to ~ (for sb/sthg)** chercher (qqn/qqch).
searching ['sɜ:tʃɪŋ] *adj (question)* poussé(e), approfondi(e); *(look)* pénétrant(e); *(review, examination)* minutieux(euse).
searchlight ['sɜ:tʃlaɪt] *n* projecteur *m*.
search party *n* équipe *f* de secours.
search warrant *n* mandat *m* de perquisition.
seashell ['si:ʃel] *n* coquillage *m*.
seashore ['si:ʃɔ:ʳ] *n*: **the ~** le rivage, la plage.
seasick ['si:sɪk] *adj*: **to be** OR **feel ~** avoir le mal de mer.
seaside ['si:saɪd] *n*: **the ~** le bord de la mer.
seaside resort *n* station *f* balnéaire.
season ['si:zn] ◇ *n* **1.** *(gen)* saison *f*; **in ~** *(food)* de saison; **out of ~** *(holiday)* hors saison; *(food)* hors de saison. **2.** *(of films)* cycle *m*. ◇ *vt* assaisonner, relever.
seasonal ['si:zənl] *adj* saisonnier(ère).
seasoned ['si:znd] *adj (traveller, campaigner)* chevronné(e), expérimenté(e); *(soldier)* aguerri(e).
seasoning ['si:znɪŋ] *n* assaisonnement *m*.
season ticket *n* carte *f* d'abonnement.
seat [si:t] ◇ *n* **1.** *(gen)* siège *m*; *(in theatre)* fauteuil *m*; **take a ~!** asseyez-vous! **2.** *(place to sit - in bus, train)* place *f*. **3.** *(of trousers)* fond *m*. ◇ *vt (sit down)* faire asseoir, placer; **please be ~ed** veuillez vous asseoir.
seat belt *n* ceinture *f* de sécurité.
seating ['si:tɪŋ] *n (U) (capacity)* sièges *mpl*, places *fpl* (assises).
seawater ['si:ˌwɔ:təʳ] *n* eau *f* de mer.
seaweed ['si:wi:d] *n (U)* algue *f*.
seaworthy ['si:ˌwɜ:ðɪ] *adj* en bon état de navigabilité.
sec. *abbr of* **second**.
secede [sɪ'si:d] *vi fml*: **to ~ (from)** se séparer (de), faire sécession (de).
secluded [sɪ'klu:dɪd] *adj* retiré(e), écarté(e).
seclusion [sɪ'klu:ʒn] *n* solitude *f*, retraite *f*.
second ['sekənd] ◇ *n* **1.** *(gen)* seconde *f*; **wait a ~!** une seconde!, (attendez) un instant!; **~ (gear)** seconde. **2.** *Br* (UNIV) ≃ licence *f* avec mention assez bien. ◇ *num* deuxième, second(e); **his score was ~ only to hers** il n'y a qu'elle qui ait fait mieux que lui OR qui l'ait surpassé; *see also* **sixth**. ◇ *vt (proposal, motion)* appuyer. ◆ **seconds** *npl* **1.** (COMM) articles *mpl* de second choix. **2.** *(of food)* rabiot *m*.
secondary ['sekəndrɪ] *adj* secondaire; **to be ~ to** être moins important(e) que.
secondary school *n* école *f* secondaire, lycée *m*.
second-class ['sekənd-] *adj* **1.** *pej (citizen)* de deuxième zone; *(product)* de second choix. **2.** *(ticket)* de seconde OR deuxième classe. **3.** *(stamp)* à tarif réduit. **4.** *Br* (UNIV) *(degree)* ≃ avec mention assez bien.
second-hand ['sekənd-] ◇ *adj* **1.** *(goods, shop)* d'occasion. **2.** *fig (information)* de seconde main. ◇ *adv (not new)* d'occasion.
second hand ['sekənd-] *n (of clock)* trotteuse *f*.
secondly ['sekəndlɪ] *adv* deuxièmement, en second lieu.
secondment [sɪ'kɒndmənt] *n Br* affectation *f* temporaire.
second-rate ['sekənd-] *adj pej* de deuxième ordre, médiocre.
second thought ['sekənd-] *n*: **to have ~s about sthg** avoir des doutes sur qqch; **on ~s** *Br*, **on ~** *Am* réflexion faite, tout bien réfléchi.
secrecy ['si:krəsɪ] *n (U)* secret *m*.
secret ['si:krɪt] ◇ *adj* secret(ète). ◇ *n* secret *m*; **in ~** en secret.
secretarial [ˌsekrə'teərɪəl] *adj (course, training)* de secrétariat, de secrétaire; **~ staff** secrétaires *mpl*.
secretary [*Br* 'sekrətrɪ, *Am* 'sekrəˌterɪ] *n* **1.** *(gen)* secrétaire *mf*. **2.** (POL) *(minister)* ministre *m*.
Secretary of State *n* **1.** *Br*: **~ (for)** ministre *m* (de). **2.** *Am* ≃ ministre *m* des Affaires étrangères.
secretive ['si:krətɪv] *adj* secret(ète), dissimulé(e).
secretly ['si:krɪtlɪ] *adv* secrètement.
sect [sekt] *n* secte *f*.
sectarian [sek'teərɪən] *adj (killing, violence)* d'ordre religieux.
section ['sekʃn] ◇ *n* **1.** *(portion - gen)* section *f*, partie *f*; *(- of road, pipe)* tronçon *m*; *(- of document, law)* article *m*. **2.** (GEOM) coupe *f*, section *f*. ◇ *vt* sectionner.

sector ['sektəʳ] *n* secteur *m*.

secular ['sekjʊləʳ] *adj (life)* séculier (ère); *(education)* laïque; *(music)* profane.

secure [sɪ'kjʊəʳ] ◇ *adj* **1.** *(fixed - gen)* fixe; *(- windows, building)* bien fermé(e). **2.** *(safe - job, future)* sûr(e); *(- valuable object)* en sécurité, en lieu sûr. **3.** *(free of anxiety - childhood)* sécurisant(e); *(- marriage)* solide. ◇ *vt* **1.** *(obtain)* obtenir. **2.** *(fasten - gen)* attacher; *(- door, window)* bien fermer. **3.** *(make safe)* assurer la sécurité de.

security [sɪ'kjʊərətɪ] *n* sécurité *f*. ◆ **securities** *npl* (FIN) titres *mpl*, valeurs *fpl*.

security guard *n* garde *m* de sécurité.

sedan [sɪ'dæn] *n Am* berline *f*.

sedate [sɪ'deɪt] ◇ *adj* posé(e), calme. ◇ *vt* donner un sédatif à.

sedation [sɪ'deɪʃn] *n (U)* sédation *f*; **under ~** sous calmants.

sedative ['sedətɪv] *n* sédatif *m*, calmant *m*.

sediment ['sedɪmənt] *n* sédiment *m*, dépôt *m*.

seduce [sɪ'dju:s] *vt* séduire; **to ~ sb into doing sthg** amener OR entraîner qqn à faire qqch.

seductive [sɪ'dʌktɪv] *adj* séduisant(e).

see [si:] (*pt* **saw**, *pp* **seen**) ◇ *vt* **1.** *(gen)* voir; **~ you!** au revoir!; **~ you soon/later/tomorrow!** *etc* à bientôt/tout à l'heure/demain! *etc*. **2.** *(accompany)*: **I saw her to the door** je l'ai accompagnée OR reconduite jusqu'à la porte; **I saw her onto the train** je l'ai accompagnée au train. **3.** *(make sure)*: **to ~ (that) ...** s'assurer que ... ◇ *vi* voir; **you ~, ...** voyez-vous, ...; **I ~** je vois, je comprends; **let's ~, let me ~** voyons, voyons voir. ◆ **seeing as, seeing that** *conj inf* vu que, étant donné que. ◆ **see about** *vt fus (arrange)* s'occuper de. ◆ **see off** *vt sep* **1.** *(say goodbye to)* accompagner (pour dire au revoir). **2.** *Br (chase away)* faire partir OR fuir. ◆ **see through** ◇ *vt fus (scheme)* voir clair dans; **to ~ through sb** voir dans le jeu de qqn. ◇ *vt sep (deal, project)* mener à terme, mener à bien. ◆ **see to** *vt fus* s'occuper de, se charger de.

seed [si:d] *n* **1.** *(of plant)* graine *f*. **2.** (SPORT): **fifth ~** joueur classé cinquième *m*, joueuse classée cinquième *f*. ◆ **seeds** *npl fig* germes *mpl*, semences *fpl*.

seedling ['si:dlɪŋ] *n* jeune plant *m*, semis *m*.

seedy ['si:dɪ] *adj* miteux(euse).

seek [si:k] (*pt & pp* **sought**) *vt* **1.** *(gen)* chercher; *(peace, happiness)* rechercher; **to ~ to do sthg** chercher à faire qqch. **2.** *(advice, help)* demander.

seem [si:m] ◇ *vi* sembler, paraître; **to ~ bored** avoir l'air de s'ennuyer; **to ~ sad/tired** avoir l'air triste/fatigué. ◇ *v impers*: **it ~s (that) ...** il semble OR paraît que ...

seemingly ['si:mɪŋlɪ] *adv* apparemment.

seen [si:n] *pp* → **see**.

seep [si:p] *vi* suinter.

seesaw ['si:sɔ:] *n* bascule *f*.

seethe [si:ð] *vi* **1.** *(person)* bouillir, être furieux(euse). **2.** *(place)*: **to be seething with** grouiller de.

see-through *adj* transparent(e).

segment ['segmənt] *n* **1.** *(section)* partie *f*, section *f*. **2.** *(of fruit)* quartier *m*.

segregate ['segrɪgeɪt] *vt* séparer.

Seine [seɪn] *n*: **the (River) ~** la Seine.

seize [si:z] *vt* **1.** *(grab)* saisir, attraper. **2.** *(capture)* s'emparer de, prendre. **3.** *(arrest)* arrêter. **4.** *fig (opportunity, chance)* saisir, sauter sur. ◆ **seize (up)on** *vt fus* saisir, sauter sur. ◆ **seize up** *vi* **1.** *(body)* s'ankyloser. **2.** *(engine, part)* se gripper.

seizure ['si:ʒəʳ] *n* **1.** (MED) crise *f*, attaque *f*. **2.** *(U) (of town)* capture *f*; *(of power)* prise *f*.

seldom ['seldəm] *adv* peu souvent, rarement.

select [sɪ'lekt] ◇ *adj* **1.** *(carefully chosen)* choisi(e). **2.** *(exclusive)* de premier ordre, d'élite. ◇ *vt* sélectionner, choisir.

selection [sɪ'lekʃn] *n* sélection *f*, choix *m*.

selective [sɪ'lektɪv] *adj* sélectif(ive); *(person)* difficile.

self [self] (*pl* **selves**) *n* moi *m*; **she's her old ~ again** elle est redevenue elle-même.

self-assured *adj* sûr(e) de soi, plein(e) d'assurance.

self-catering *adj (holiday - in house)* en maison louée; *(- in flat)* en appartement loué.

self-centred [-'sentəd] *adj* égocentrique.

self-confessed [-kən'fest] *adj* de son propre aveu.

self-confident *adj* sûr(e) de soi, plein (e) d'assurance.

self-conscious *adj* timide.

self-contained [-kən'teɪnd] *adj (flat)* indépendant(e), avec entrée particulière; *(person)* qui se suffit à soi-même.

self-control *n* maîtrise *f* de soi.
self-defence *n* autodéfense *f*.
self-discipline *n* autodiscipline *f*.
self-employed [-ɪm'plɔɪd] *adj* qui travaille à son propre compte.
self-esteem *n* respect *m* de soi, estime *f* de soi.
self-evident *adj* qui va de soi, évident (e).
self-explanatory *adj* évident(e), qui ne nécessite pas d'explication.
self-government *n* autonomie *f*.
self-important *adj* suffisant(e).
self-indulgent *adj pej (person)* qui ne se refuse rien; *(film, book, writer)* nombriliste.
self-interest *n (U) pej* intérêt *m* personnel.
selfish ['selfɪʃ] *adj* égoïste.
selfishness ['selfɪʃnɪs] *n* égoïsme *m*.
selfless ['selflɪs] *adj* désintéressé(e).
self-made *adj*: **~ man** self-made-man *m*.
self-opinionated *adj* opiniâtre.
self-pity *n* apitoiement *m* sur soi-même.
self-portrait *n* autoportrait *m*.
self-possessed [-pə'zest] *adj* maître (maîtresse) de soi.
self-raising flour *Br* [-ˌreɪzɪŋ-], **self-rising flour** *Am n* farine *f* avec levure incorporée.
self-reliant *adj* indépendant(e), qui ne compte que sur soi.
self-respect *n* respect *m* de soi.
self-respecting [-rɪs'pektɪŋ] *adj* qui se respecte.
self-restraint *n (U)* retenue *f*, mesure *f*.
self-righteous *adj* satisfait(e) de soi.
self-rising flour *Am* = **self-raising flour**.
self-sacrifice *n* abnégation *f*.
self-satisfied *adj* suffisant(e), content (e) de soi.
self-service *n* libre-service *m*, self-service *m*.
self-sufficient *adj* autosuffisant(e); **to be ~ in** satisfaire à ses besoins en.
self-taught *adj* autodidacte.
sell [sel] (*pt & pp* **sold**) ◇ *vt* **1.** *(gen)* vendre; **to ~ sthg for £100** vendre qqch 100 livres; **to ~ sthg to sb, to ~ sb sthg** vendre qqch à qqn. **2.** *fig (make acceptable)*: **to ~ sthg to sb, to ~ sb sthg** faire accepter qqch à qqn. ◇ *vi* **1.** *(person)* vendre. **2.** *(product)* se vendre; **it ~s for** OR **at £10** il se vend 10 livres. ◆ **sell off** *vt sep* vendre, liquider. ◆ **sell out** ◇ *vt sep*: **the performance is sold out** il ne reste plus de places, tous les billets ont été vendus. ◇ *vi* **1.** *(shop)*: **we've sold out** on n'en a plus. **2.** *(betray one's principles)* être infidèle à ses principes.
sell-by date *n Br* date *f* limite de vente.
seller ['selə^r] *n* vendeur *m*, -euse *f*.
selling price ['selɪŋ-] *n* prix *m* de vente.
Sellotape® ['selәteɪp] *n Br* = Scotch® *m*, ruban *m* adhésif.
sell-out *n*: **the match was a ~** on a joué à guichets fermés.
selves [selvz] *pl* → **self**.
semaphore ['seməfɔː^r] *n (U)* signaux *mpl* à bras.
semblance ['sembləns] *n* semblant *m*.
semen ['siːmen] *n (U)* sperme *m*, semence *f*.
semester [sɪ'mestə^r] *n* semestre *m*.
semicircle ['semɪˌsɜːkl] *n* demi-cercle *m*.
semicolon [ˌsemɪ'kəʊlən] *n* point-virgule *m*.
semidetached [ˌsemɪdɪ'tætʃt] ◇ *adj* jumelé(e). ◇ *n Br* maison *f* jumelée.
semifinal [ˌsemɪ'faɪnl] *n* demi-finale *f*.
seminar ['semɪnɑː^r] *n* séminaire *m*.
seminary ['semɪnərɪ] *n* (RELIG) séminaire *m*.
semiskilled [ˌsemɪ'skɪld] *adj* spécialisé (e).
semolina [ˌsemə'liːnə] *n* semoule *f*.
Senate ['senɪt] *n* (POL): **the ~** le sénat; **the United States ~** le Sénat américain.
senator ['senətə^r] *n* sénateur *m*.
send [send] (*pt & pp* **sent**) *vt (gen)* envoyer; *(letter)* expédier, envoyer; **to ~ sb sthg, to ~ sthg to sb** envoyer qqch à qqn; **~ her my love** embrasse-la pour moi; **to ~ sb for sthg** envoyer qqn chercher qqch. ◆ **send for** *vt fus* **1.** *(person)* appeler, faire venir. **2.** *(by post)* commander par correspondance. ◆ **send in** *vt sep (report, application)* envoyer, soumettre. ◆ **send off** *vt sep* **1.** *(by post)* expédier. **2.** (SPORT) expulser. ◆ **send off for** *vt fus* commander par correspondance. ◆ **send up** *vt sep Br inf (imitate)* parodier, ridiculiser.
sender ['sendə^r] *n* expéditeur *m*, -trice *f*.
send-off *n* fête *f* d'adieu.
senile ['siːnaɪl] *adj* sénile.
senior ['siːnjə^r] ◇ *adj* **1.** *(highest-ranking)* plus haut placé(e). **2.** *(higher-ranking)*: **~ to sb** d'un rang plus élevé

que qqn. **3.** (SCH) *(pupils, classes)* grand (e). ◇ *n* **1.** *(older person)* aîné *m*, -e *f*. **2.** (SCH) grand *m*, -e *f*.
senior citizen *n* personne *f* âgée OR du troisième âge.
sensation [sen'seɪʃn] *n* sensation *f*.
sensational [sen'seɪʃənl] *adj (gen)* sensationnel(elle).
sensationalist [sen'seɪʃnəlɪst] *adj pej* à sensation.
sense [sens] ◇ *n* **1.** *(ability, meaning)* sens *m*; **to make ~** *(have meaning)* avoir un sens; **~ of humour** sens de l'humour; **~ of smell** odorat *m*. **2.** *(feeling)* sentiment *m*. **3.** *(wisdom)* bon sens *m*, intelligence *f*; **to make ~** *(be sensible)* être logique. **4.** *phr*: **to come to one's ~s** *(be sensible again)* revenir à la raison; *(regain consciousness)* reprendre connaissance. ◇ *vt (feel)* sentir. ◆ **in a sense** *adv* dans un sens.
senseless ['senslɪs] *adj* **1.** *(stupid)* stupide. **2.** *(unconscious)* sans connaissance.
sensibilities [,sensɪ'bɪlətɪz] *npl* susceptibilité *f*.
sensible ['sensəbl] *adj (reasonable)* raisonnable, judicieux(euse).
sensitive ['sensɪtɪv] *adj* **1.** *(gen)*: **~ (to)** sensible (à). **2.** *(subject)* délicat(e). **3.** *(easily offended)*: **~ (about)** susceptible (en ce qui concerne).
sensual ['sensjʊəl] *adj* sensuel(elle).
sensuous ['sensjʊəs] *adj* qui affecte les sens.
sent [sent] *pt & pp* → **send**.
sentence ['sentəns] ◇ *n* **1.** (GRAMM) phrase *f*. **2.** (JUR) condamnation *f*, sentence *f*. ◇ *vt*: **to ~ sb (to)** condamner qqn (à).
sentiment ['sentɪmənt] *n* **1.** *(feeling)* sentiment *m*. **2.** *(opinion)* opinion *f*, avis *m*.
sentimental [,sentɪ'mentl] *adj* sentimental(e).
sentry ['sentrɪ] *n* sentinelle *f*.
separate [*adj & n* 'seprət, *vb* 'sepəreɪt] ◇ *adj* **1.** *(not joined)*: **~ (from)** séparé(e) (de). **2.** *(individual, distinct)* distinct(e). ◇ *vt* **1.** *(gen)*: **to ~ sb/sthg (from)** séparer qqn/qqch (de); **to ~ sthg into** diviser OR séparer qqch en. **2.** *(distinguish)*: **to ~ sb/sthg (from)** distinguer qqn/qqch (de). ◇ *vi* se séparer; **to ~ into** se diviser OR se séparer en. ◆ **separates** *npl Br* coordonnés *mpl*.
separately ['seprətlɪ] *adv* séparément.
separation [,sepə'reɪʃn] *n* séparation *f*.
September [sep'tembəʳ] *n* septembre *m*; **in ~** en septembre; **last ~** en septembre dernier; **this ~** en septembre de cette année; **next ~** en septembre prochain; **by ~** en septembre, d'ici septembre; **every ~** tous les ans en septembre; **during ~** pendant le mois de septembre; **at the beginning of ~** au début du mois de septembre, début septembre; **at the end of ~** à la fin du mois de septembre, fin septembre; **in the middle of ~** au milieu du mois de septembre, à la mi-septembre.
septic ['septɪk] *adj* infecté(e).
septic tank *n* fosse *f* septique.
sequel ['si:kwəl] *n* **1.** *(book, film)*: **~ (to)** suite *f* (de). **2.** *(consequence)*: **~ (to)** conséquence *f* (de).
sequence ['si:kwəns] *n* **1.** *(series)* suite *f*, succession *f*. **2.** *(order)* ordre *m*. **3.** *(of film)* séquence *f*.
Serb = **Serbian**.
Serbia ['sɜ:bjə] *n* Serbie *f*.
Serbian ['sɜ:bjən], **Serb** [sɜ:b] ◇ *adj* serbe. ◇ *n* **1.** *(person)* Serbe *mf*. **2.** *(dialect)* serbe *m*.
serene [sɪ'ri:n] *adj (calm)* serein(e), tranquille.
sergeant ['sɑ:dʒənt] *n* **1.** (MIL) sergent *m*. **2.** *(in police)* brigadier *m*.
serial ['sɪərɪəl] *n* feuilleton *m*.
serial number *n* numéro *m* de série.
series ['sɪəri:z] (*pl inv*) *n* série *f*.
serious ['sɪərɪəs] *adj* sérieux(euse); *(illness, accident, trouble)* grave; **to be ~ about doing sthg** songer sérieusement à faire qqch.
seriously ['sɪərɪəslɪ] *adv* sérieusement; *(ill)* gravement; *(wounded)* grièvement, gravement; **to take sb/sthg ~** prendre qqn/qqch au sérieux.
seriousness ['sɪərɪəsnɪs] *n* **1.** *(of mistake, illness)* gravité *f*. **2.** *(of person, speech)* sérieux *m*.
sermon ['sɜ:mən] *n* sermon *m*.
serrated [sɪ'reɪtɪd] *adj* en dents de scie.
servant ['sɜ:vənt] *n* domestique *mf*.
serve [sɜ:v] ◇ *vt* **1.** *(work for)* servir. **2.** *(have effect)*: **to ~ to do sthg** servir à faire qqch; **to ~ a purpose** *(subj: device etc)* servir à un usage. **3.** *(provide for)* desservir. **4.** *(meal, drink, customer)* servir; **to ~ sthg to sb, to ~ sb sthg** servir qqch à qqn. **5.** (JUR): **to ~ sb with a summons/writ, to ~ a summons/writ on sb** signifier une assignation/une citation à qqn. **6.** *(prison sentence)* purger, faire; *(apprenticeship)* faire. **7.** (SPORT) servir. **8.** *phr*: **it ~s him/you right** c'est bien fait pour lui/toi. ◇ *vi* servir; **to ~ as** servir de. ◇ *n* (SPORT) service *m*. ◆ **serve out, serve up** *vt sep (food)* servir.

service ['sɜːvɪs] ◇ *n* 1. *(gen)* service *m*; **in/out of ~** en/hors service; **to be of ~ (to sb)** être utile (à qqn), rendre service (à qqn). 2. *(of car)* révision *f*; *(of machine)* entretien *m*. ◇ *vt (car)* réviser; *(machine)* assurer l'entretien de. ◆ **services** *npl* 1. *(on motorway)* aire *f* de services. 2. *(armed forces)*: **the ~s** les forces *fpl* armées. 3. *(help)* service *m*.

serviceable ['sɜːvɪsəbl] *adj* pratique.

service area *n* aire *f* de services.

service charge *n* service *m*.

serviceman ['sɜːvɪsmən] (*pl* **-men** [-mən]) *n* soldat *m*, militaire *m*.

service station *n* station-service *f*.

serviette [ˌsɜːvɪ'et] *n* serviette *f* (de table).

sesame ['sesəmɪ] *n* sésame *m*.

session ['seʃn] *n* 1. *(gen)* séance *f*. 2. *Am (school term)* trimestre *m*.

set [set] (*pt & pp* **set**) ◇ *adj* 1. *(fixed - gen)* fixe; *(- phrase)* figé(e). 2. *Br* (SCH) *(book)* au programme. 3. *(ready)*: **~ (for sthg/to do sthg)** prêt(e) (à qqch/à faire qqch). 4. *(determined)*: **to be ~ on sthg** vouloir absolument qqch; **to be ~ on doing sthg** être résolu(e) à faire qqch; **to be dead ~ against sthg** s'opposer formellement à qqch. ◇ *n* 1. *(of keys, tools, golf clubs etc)* jeu *m*; *(of stamps, books)* collection *f*; *(of saucepans)* série *f*; *(of tyres)* train *m*; **a ~ of teeth** *(natural)* une dentition, une denture; *(false)* un dentier. 2. *(television, radio)* poste *m*. 3. (CINEMA) plateau *m*; (THEATRE) scène *f*. 4. (TENNIS) manche *f*, set *m*. ◇ *vt* 1. *(place)* placer, poser, mettre; *(jewel)* sertir, monter. 2. *(cause to be)*: **to ~ sb free** libérer qqn, mettre qqn en liberté; **to ~ sthg in motion** mettre qqch en branle OR en route; **to ~ sthg on fire** mettre le feu à qqch. 3. *(prepare - trap)* tendre; *(- table)* mettre. 4. *(adjust)* régler. 5. *(fix - date, deadline, target)* fixer. 6. *(establish - example)* donner; *(- trend)* lancer; *(- record)* établir. 7. *(homework, task)* donner; *(problem)* poser. 8. (MED) *(bone, leg)* remettre. 9. *(story)*: **to be ~** se passer, se dérouler. ◇ *vi* 1. *(sun)* se coucher. 2. *(jelly)* prendre; *(glue, cement)* durcir. ◆ **set about** *vt fus (start)* entreprendre, se mettre à; **to ~ about doing sthg** se mettre à faire qqch. ◆ **set aside** *vt sep* 1. *(save)* mettre de côté. 2. *(not consider)* rejeter, écarter. ◆ **set back** *vt sep (delay)* retarder. ◆ **set off** ◇ *vt sep* 1. *(cause)* déclencher, provoquer. 2. *(bomb)* faire exploser; *(firework)* faire partir. ◇ *vi* se mettre en route, partir. ◆ **set out** ◇ *vt sep* 1. *(arrange)* disposer. 2. *(explain)* présenter, exposer. ◇ *vt fus (intend)*: **to ~ out to do sthg** entreprendre OR tenter de faire qqch. ◇ *vi (on journey)* se mettre en route, partir. ◆ **set up** *vt sep* 1. *(organization)* créer, fonder; *(committee, procedure)* constituer, mettre en place; *(meeting)* arranger, organiser. 2. *(statue, monument)* dresser, ériger; *(roadblock)* placer, installer. 3. *(equipment)* préparer, installer. 4. *inf (make appear guilty)* monter un coup contre.

setback ['setbæk] *n* contretemps *m*, revers *m*.

set menu *n* menu *m* fixe.

settee [se'tiː] *n* canapé *m*.

setting ['setɪŋ] *n* 1. *(surroundings)* décor *m*, cadre *m*. 2. *(of dial, machine)* réglage *m*.

settle ['setl] ◇ *vt* 1. *(argument)* régler; **that's ~d then** (c'est) entendu. 2. *(bill, account)* régler, payer. 3. *(calm - nerves)* calmer; **to ~ one's stomach** calmer les douleurs d'estomac. 4. *(make comfortable)* installer. ◇ *vi* 1. *(make one's home)* s'installer, se fixer. 2. *(make oneself comfortable)* s'installer. 3. *(dust)* retomber; *(sediment)* se déposer; *(bird, insect)* se poser. ◆ **settle down** *vi* 1. *(give one's attention)*: **to ~ down to sthg/to doing sthg** se mettre à qqch/à faire qqch. 2. *(make oneself comfortable)* s'installer. 3. *(become respectable)* se ranger. 4. *(become calm)* se calmer. ◆ **settle for** *vt fus* accepter, se contenter de. ◆ **settle in** *vi* s'adapter. ◆ **settle on** *vt fus (choose)* fixer son choix sur, se décider pour. ◆ **settle up** *vi*: **to ~ up (with sb)** régler (qqn).

settlement ['setlmənt] *n* 1. *(agreement)* accord *m*. 2. *(colony)* colonie *f*. 3. *(payment)* règlement *m*.

settler ['setlə^r] *n* colon *m*.

set-up *n inf* 1. *(system)*: **what's the ~?** comment est-ce que c'est organisé? 2. *(deception to incriminate)* coup *m* monté.

seven ['sevn] *num* sept; *see also* **six**.

seventeen [ˌsevn'tiːn] *num* dix-sept; *see also* **six**.

seventeenth [ˌsevn'tiːnθ] *num* dix-septième; *see also* **sixth**.

seventh ['sevnθ] *num* septième; *see also* **sixth**.

seventy ['sevntɪ] *num* soixante-dix; *see also* **sixty**.

sever ['sevə^r] *vt* 1. *(cut through)* couper. 2. *fig (relationship, ties)* rompre.

several ['sevrəl] ◇ *adj* plusieurs. ◇ *pron* plusieurs *mfpl*.

severance ['sevrəns] *n (of relations)* rupture *f*.
severance pay *n* indemnité *f* de licenciement.
severe [sɪ'vɪəʳ] *adj* 1. *(weather)* rude, rigoureux(euse); *(shock)* gros (grosse), dur(e); *(pain)* violent(e); *(illness, injury)* grave. 2. *(person, criticism)* sévère.
severity [sɪ'verətɪ] *n* 1. *(of storm)* violence *f*; *(of problem, illness)* gravité *f*. 2. *(sternness)* sévérité *f*.
sew [səʊ] *(Br pp* **sewn**, *Am pp* **sewed** OR **sewn**) *vt & vi* coudre. ◆ **sew up** *vt sep (join)* recoudre.
sewage ['su:ɪdʒ] *n (U)* eaux *fpl* d'égout, eaux usées.
sewer ['sʊəʳ] *n* égout *m*.
sewing ['səʊɪŋ] *n (U)* 1. *(activity)* couture *f*. 2. *(work)* ouvrage *m*.
sewing machine *n* machine *f* à coudre.
sewn [səʊn] *pp* → **sew**.
sex [seks] *n* 1. *(gender)* sexe *m*. 2. *(U) (sexual intercourse)* rapports *mpl* (sexuels); **to have ~ with** avoir des rapports (sexuels) avec.
sexist ['seksɪst] ◇ *adj* sexiste. ◇ *n* sexiste *mf*.
sexual ['sekʃʊəl] *adj* sexuel(elle).
sexual harassment *n* harcèlement *m* sexuel.
sexual intercourse *n (U)* rapports *mpl* (sexuels).
sexy ['seksɪ] *adj inf* sexy *(inv)*.
shabby ['ʃæbɪ] *adj* 1. *(clothes)* élimé (e), râpé(e); *(furniture)* minable; *(person, street)* miteux(euse). 2. *(behaviour)* moche, méprisable.
shack [ʃæk] *n* cabane *f*, hutte *f*.
shade [ʃeɪd] ◇ *n* 1. *(U) (shadow)* ombre *f*. 2. *(lampshade)* abat-jour *m inv*. 3. *(colour)* nuance *f*, ton *m*. 4. *(of meaning, opinion)* nuance *f*. ◇ *vt (from light)* abriter. ◆ **shades** *npl inf (sunglasses)* lunettes *fpl* de soleil.
shadow ['ʃædəʊ] *n* ombre *f*; **there's not a** OR **the ~ of a doubt** il n'y a pas l'ombre d'un doute.
shadow cabinet *n* cabinet *m* fantôme.
shadowy ['ʃædəʊɪ] *adj* 1. *(dark)* ombreux(euse). 2. *(sinister)* mystérieux (euse).
shady ['ʃeɪdɪ] *adj* 1. *(garden, street etc)* ombragé(e); *(tree)* qui donne de l'ombre. 2. *inf (dishonest)* louche.
shaft [ʃɑ:ft] *n* 1. *(vertical passage)* puits *m*; *(of lift)* cage *f*. 2. (TECH) arbre *m*. 3. *(of light)* rayon *m*. 4. *(of tool, golf club)* manche *m*.
shaggy ['ʃægɪ] *adj* hirsute.
shake [ʃeɪk] *(pt* **shook**, *pp* **shaken**) ◇ *vt* 1. *(move vigorously - gen)* secouer; *(- bottle)* agiter; **to ~ sb's hand** serrer la main de OR à qqn; **to ~ hands** se serrer la main; **to ~ one's head** secouer la tête; *(to say no)* faire non de la tête. 2. *(shock)* ébranler, secouer. ◇ *vi* trembler. ◇ *n (tremble)* tremblement *m*; **to give sthg a ~** secouer qqch. ◆ **shake off** *vt sep (police, pursuers)* semer; *(illness)* se débarrasser de.
shaken ['ʃeɪkn] *pp* → **shake**.
shaky ['ʃeɪkɪ] *adj (building, table)* branlant(e); *(hand)* tremblant(e); *(person)* faible; *(argument, start)* incertain(e).

shall [*weak form* ʃəl, *strong form* ʃæl] *aux vb* 1. (*1st person sg & 1st person pl*) (*to express future tense*): **I ~ be ...** je serai ... 2. (*esp 1st person sg & 1st person pl*) (*in questions*): **~ we have lunch now?** tu veux qu'on déjeune maintenant?; **where ~ I put this?** où est-ce qu'il faut mettre ça? 3. (*in orders*): **you ~ tell me!** tu vas OR dois me le dire!

- *Shall* peut être associé à *I* ou *we* dans les phrases interrogatives, pour faire une suggestion (*shall I make you a cup of tea?*), formuler une invitation (*shall we go for a picnic on Sunday?*) ou demander un conseil (*what shall I wear?*).
- En dehors de ces quelques cas, *shall* n'est pas très souvent utilisé, en particulier en anglais d'Amérique. La forme négative *shan't* l'est encore moins. *Should* est la forme passée de *shall*.

shallow ['ʃæləʊ] *adj* 1. *(water, dish, hole)* peu profond(e). 2. *pej (superficial)* superficiel(elle).
sham [ʃæm] ◇ *adj* feint(e), simulé(e). ◇ *n* comédie *f*.
shambles ['ʃæmblz] *n* désordre *m*, pagaille *f*.
shame [ʃeɪm] ◇ *n* 1. *(U) (remorse, humiliation)* honte *f*; **to bring ~ on** OR **upon sb** faire la honte de qqn. 2. *(pity)*: **it's a ~ (that ...)** c'est dommage (que ... (+ *subjunctive*)); **what a ~!** quel dommage! ◇ *vt* faire honte à, mortifier; **to ~ sb into doing sthg** obliger qqn à faire qqch en lui faisant honte.
shameful ['ʃeɪmfʊl] *adj* honteux(euse), scandaleux(euse).
shameless ['ʃeɪmlɪs] *adj* effronté(e), éhonté(e).
shampoo [ʃæm'pu:] *(pl* **-s**, *pt & pp* **-ed**,

cont **-ing**) ◇ *n* shampooing *m*. ◇ *vt*: **to ~ sb** OR **sb's hair** faire un shampooing à qqn.
shamrock ['ʃæmrɒk] *n* trèfle *m*.
shandy ['ʃændɪ] *n* panaché *m*.
shan't [ʃɑːnt] = **shall not**.
shantytown ['ʃæntɪtaʊn] *n* bidonville *m*.
shape [ʃeɪp] ◇ *n* **1.** *(gen)* forme *f*; **to take ~** prendre forme OR tournure. **2.** *(health)*: **to be in good/bad ~** être en bonne/mauvaise forme. ◇ *vt* **1.** *(pastry, clay etc)*: **to ~ sthg (into)** façonner OR modeler qqch (en). **2.** *(ideas, project, character)* former. ◆ **shape up** *vi (person, plans)* se développer, progresser; *(job, events)* prendre tournure OR forme.
-shaped ['ʃeɪpt] *suffix*: **egg~** en forme d'œuf; **L~** en forme de L.
shapeless ['ʃeɪplɪs] *adj* informe.
shapely ['ʃeɪplɪ] *adj* bien fait(e).
share [ʃeəʳ] ◇ *n (portion, contribution)* part *f*. ◇ *vt* partager. ◇ *vi*: **to ~ (in sthg)** partager (qqch). ◆ **shares** *npl* actions *fpl*. ◆ **share out** *vt sep* partager, répartir.
shareholder ['ʃeəˌhəʊldəʳ] *n* actionnaire *mf*.
shareware ['ʃeəweəʳ] *n (U)* shareware *m*, logiciel *m* contributif.
shark [ʃɑːk] (*pl inv* OR **-s**) *n (fish)* requin *m*.
sharp [ʃɑːp] ◇ *adj* **1.** *(knife, razor)* tranchant(e), affilé(e); *(needle, pencil, teeth)* pointu(e). **2.** *(image, outline, contrast)* net (nette). **3.** *(person, mind)* vif (vive); *(eyesight)* perçant(e). **4.** *(sudden - change, rise)* brusque, soudain(e); *(- hit, tap)* sec (sèche). **5.** *(words, order, voice)* cinglant (e). **6.** *(cry, sound)* perçant(e); *(pain, cold)* vif (vive); *(taste)* piquant(e). **7.** (MUS): **C/D ~** do/ré dièse. ◇ *adv* **1.** *(punctually)*: **at 8 o'clock ~** à 8 heures pile OR tapantes. **2.** *(immediately)*: **~ left/right** tout à fait à gauche/droite. ◇ *n* (MUS) dièse *m*.
sharpen ['ʃɑːpn] *vt (knife, tool)* aiguiser; *(pencil)* tailler.
sharpener ['ʃɑːpnəʳ] *n (for pencil)* taille-crayon *m*; *(for knife)* aiguisoir *m* (pour couteaux).
sharp-eyed [-'aɪd] *adj*: **she's very ~** elle remarque tout, rien ne lui échappe.
sharply ['ʃɑːplɪ] *adv* **1.** *(distinctly)* nettement. **2.** *(suddenly)* brusquement. **3.** *(harshly)* sévèrement, durement.
shat [ʃæt] *pt & pp* → **shit**.
shatter ['ʃætəʳ] ◇ *vt* **1.** *(window, glass)* briser, fracasser. **2.** *fig (hopes, dreams)* détruire. ◇ *vi* se fracasser, voler en éclats.
shattered ['ʃætəd] *adj* **1.** *(upset)* bouleversé(e). **2.** *Br inf (very tired)* flapi(e).
shave [ʃeɪv] ◇ *n*: **to have a ~** se raser. ◇ *vt* **1.** *(remove hair from)* raser. **2.** *(wood)* planer, raboter. ◇ *vi* se raser.
shaver ['ʃeɪvəʳ] *n* rasoir *m* électrique.
shaving brush ['ʃeɪvɪŋ-] *n* blaireau *m*.
shaving cream ['ʃeɪvɪŋ-] *n* crème *f* à raser.
shaving foam ['ʃeɪvɪŋ-] *n* mousse *f* à raser.
shavings ['ʃeɪvɪŋz] *npl (of wood, metal)* copeaux *mpl*.
shawl [ʃɔːl] *n* châle *m*.

she [ʃiː] ◇ *pers pron* **1.** *(referring to woman, girl, animal)* elle; **~'s tall** elle est grande; **SHE can't do it** elle, elle ne peut pas le faire; **there ~ is** la voilà; **if I were** OR **was ~** *fml* si j'étais elle, à sa place. **2.** *(referring to boat, car, country) follow the gender of your translation.* ◇ *comp*: **~-elephant** éléphant *m* femelle; **~-wolf** louve *f*.

- *She* est le pronom personnel qui représente les personnes et les animaux familiers de sexe féminin (*there's my sister – she's a nurse; there's my cat – isn't she funny?*); *he* est son équivalent masculin (*there's my brother – he's a teacher*). *It* représente les objets, les concepts et les animaux non familiers (*there's my car – it's a Ford*).
- On utilise parfois *she* pour représenter un navire (*the* Titanic *was new but she sank the first time she left port*).
- Certains noms peuvent être soit masculins, soit féminins, p. ex. *doctor, cousin, friend*. Le choix entre *he* et *she* dépend donc du sexe de la personne en question (*there's my boss – do you know him/her?*). On peut utiliser *it* pour les noms d'animaux ainsi que pour certains noms comme *baby*, si on ignore le sexe (*listen to that baby – I wish it would be quiet!*).
- Lorsqu'on ignore le sexe d'une personne, l'usage classique et soutenu veut que l'on utilise le pronom masculin (*if a student is sick, he must have a note from his parents*). La langue moderne et soutenue préconise l'usage des pronoms masculin et féminin (*if a student is sick, he or she must have a note from his or her parents*). L'utilisation de *they*, autrefois considérée comme familière, est désormais acceptée (*if a student is sick, they must have a note from their parents*).

sheaf [ʃi:f] (*pl* **sheaves**) *n* 1. *(of papers, letters)* liasse *f*. 2. *(of corn, grain)* gerbe *f*.
shear [ʃɪəʳ] (*pt* **-ed**, *pp* **-ed** OR **shorn**) *vt* *(sheep)* tondre. ◆ **shears** *npl* 1. *(for garden)* sécateur *m*, cisaille *f*. 2. *(for dressmaking)* ciseaux *mpl*. ◆ **shear off** ◇ *vt sep (branch)* couper; *(piece of metal)* cisailler. ◇ *vi* se détacher.
sheath [ʃi:θ] (*pl* **sheaths** [ʃi:ðz]) *n* 1. *(for knife, cable)* gaine *f*. 2. *Br (condom)* préservatif *m*.
sheaves [ʃi:vz] *pl* → **sheaf**.
shed [ʃed] (*pt & pp* **shed**) ◇ *n (small)* remise *f*, cabane *f*; *(larger)* hangar *m*. ◇ *vt* 1. *(hair, skin, leaves)* perdre. 2. *(tears)* verser, répandre. 3. *(employees)* se défaire de, congédier.
she'd [*weak form* ʃɪd, *strong form* ʃi:d] = **she had**, **she would**.
sheen [ʃi:n] *n* lustre *m*, éclat *m*.
sheep [ʃi:p] (*pl inv*) *n* mouton *m*.
sheepdog [ˈʃi:pdɒg] *n* chien *m* de berger.
sheepish [ˈʃi:pɪʃ] *adj* penaud(e).
sheepskin [ˈʃi:pskɪn] *n* peau *f* de mouton.
sheer [ʃɪəʳ] *adj* 1. *(absolute)* pur(e). 2. *(very steep)* à pic, abrupt(e). 3. *(material)* fin(e).
sheet [ʃi:t] *n* 1. *(for bed)* drap *m*. 2. *(of paper, glass, wood)* feuille *f*; *(of metal)* plaque *f*.
sheik(h) [ʃeɪk] *n* cheik *m*.
shelf [ʃelf] (*pl* **shelves**) *n (for storage)* rayon *m*, étagère *f*.
shell [ʃel] ◇ *n* 1. *(of egg, nut, snail)* coquille *f*. 2. *(of tortoise, crab)* carapace *f*. 3. *(on beach)* coquillage *m*. 4. *(of building, car)* carcasse *f*. 5. (MIL) obus *m*. ◇ *vt* 1. *(peas)* écosser; *(nuts, prawns)* décortiquer; *(eggs)* enlever la coquille de, écaler. 2. (MIL) bombarder.
she'll [ʃi:l] = **she will**, **she shall**.
shellfish [ˈʃelfɪʃ] (*pl inv*) *n* 1. *(creature)* crustacé *m*, coquillage *m*. 2. *(U) (food)* fruits *mpl* de mer.
shell suit *n Br* survêtement *m (en Nylon® imperméabilisé)*.
shelter [ˈʃeltəʳ] ◇ *n* abri *m*. ◇ *vt* 1. *(protect)* abriter, protéger. 2. *(refugee, homeless person)* offrir un asile à; *(criminal, fugitive)* cacher. ◇ *vi* s'abriter, se mettre à l'abri.
sheltered [ˈʃeltəd] *adj* 1. *(from weather)* abrité(e). 2. *(life, childhood)* protégé(e), sans soucis.
shelve [ʃelv] *vt fig* mettre au Frigidaire®, mettre en sommeil.
shelves [ʃelvz] *pl* → **shelf**.
shepherd [ˈʃepəd] ◇ *n* berger *m*. ◇ *vt fig* conduire.
shepherd's pie [ˈʃepədz-] *n* = hachis *m* Parmentier.
sheriff [ˈʃerɪf] *n Am* shérif *m*.
sherry [ˈʃerɪ] *n* xérès *m*, sherry *m*.
she's [ʃi:z] = **she is**, **she has**.
Shetland [ˈʃetlənd] *n*: **(the) ~ (Islands)** les (îles) Shetland *fpl*.
sh(h) [ʃ] *excl* chut!
shield [ʃi:ld] ◇ *n* 1. *(armour)* bouclier *m*. 2. *Br (sports trophy)* plaque *f*. ◇ *vt*: **to ~ sb (from)** protéger qqn (de OR contre).
shift [ʃɪft] ◇ *n* 1. *(change)* changement *m*, modification *f*. 2. *(period of work)* poste *m*; *(workers)* équipe *f*. ◇ *vt* 1. *(move)* déplacer, changer de place. 2. *(change)* changer, modifier. ◇ *vi* 1. *(move - gen)* changer de place; *(- wind)* tourner, changer. 2. *(change)* changer, se modifier. 3. *Am* (AUT) changer de vitesse.
shifty [ˈʃɪftɪ] *adj inf* sournois(e), louche.
shilling [ˈʃɪlɪŋ] *n* shilling *m*.
shilly-shally [ˈʃɪlɪˌʃælɪ] *vi* hésiter, être indécis(e).
shimmer [ˈʃɪməʳ] ◇ *n* reflet *m*, miroitement *m*. ◇ *vi* miroiter.
shin [ʃɪn] *n* tibia *m*.
shinbone [ˈʃɪnbəʊn] *n* tibia *m*.
shine [ʃaɪn] (*pt & pp* **shone**) ◇ *n* brillant *m*. ◇ *vt* 1. *(direct)*: **to ~ a torch on sthg** éclairer qqch. 2. *(polish)* faire briller, astiquer. ◇ *vi* briller.
shingle [ˈʃɪŋgl] *n (U) (on beach)* galets *mpl*. ◆ **shingles** *n (U)* zona *m*.
shiny [ˈʃaɪnɪ] *adj* brillant(e).
ship [ʃɪp] ◇ *n* bateau *m*; *(larger)* navire *m*. ◇ *vt (goods)* expédier; *(troops, passengers)* transporter.
shipbuilding [ˈʃɪpˌbɪldɪŋ] *n* construction *f* navale.
shipment [ˈʃɪpmənt] *n (cargo)* cargaison *f*, chargement *m*.
shipper [ˈʃɪpəʳ] *n* affréteur *m*, chargeur *m*.
shipping [ˈʃɪpɪŋ] *n (U)* 1. *(transport)* transport *m* maritime. 2. *(ships)* navires *mpl*.
shipshape [ˈʃɪpʃeɪp] *adj* bien rangé(e), en ordre.
shipwreck [ˈʃɪprek] ◇ *n* 1. *(destruction of ship)* naufrage *m*. 2. *(wrecked ship)* épave *f*. ◇ *vt*: **to be ~ed** faire naufrage.
shipyard [ˈʃɪpjɑ:d] *n* chantier *m* naval.
shire [ʃaɪəʳ] *n (county)* comté *m*.

shirk [ʃɜːk] *vt* se dérober à.
shirt [ʃɜːt] *n* chemise *f*.
shirtsleeves [ˈʃɜːtsliːvz] *npl*: **to be in (one's) ~** être en manches OR en bras de chemise.
shit [ʃɪt] (*pt & pp* **shit** OR **-ted** OR **shat**) *vulg* ◇ *n* **1.** *(excrement)* merde *f*. **2.** *(U) (nonsense)* conneries *fpl*. ◇ *vi* chier. ◇ *excl* merde!
shiver [ˈʃɪvəʳ] ◇ *n* frisson *m*. ◇ *vi*: **to ~ (with)** trembler (de), frissonner (de).
shoal [ʃəʊl] *n (of fish)* banc *m*.
shock [ʃɒk] ◇ *n* **1.** *(surprise)* choc *m*, coup *m*. **2.** *(U)* (MED): **to be suffering from ~, to be in (a state of) ~** être en état de choc. **3.** *(impact)* choc *m*, heurt *m*. **4.** (ELEC) décharge *f* électrique. ◇ *vt* **1.** *(upset)* bouleverser. **2.** *(offend)* choquer, scandaliser.
shock absorber [-əbˌzɔːbəʳ] *n* amortisseur *m*.
shocking [ˈʃɒkɪŋ] *adj* **1.** *(very bad)* épouvantable, terrible. **2.** *(outrageous)* scandaleux(euse).
shod [ʃɒd] ◇ *pt & pp* → **shoe**. ◇ *adj* chaussé(e).
shoddy [ˈʃɒdɪ] *adj (goods, work)* de mauvaise qualité; *(treatment)* indigne, méprisable.
shoe [ʃuː] (*pt & pp* **-ed** OR **shod**) ◇ *n* chaussure *f*, soulier *m*. ◇ *vt (horse)* ferrer.
shoebrush [ˈʃuːbrʌʃ] *n* brosse *f* à chaussures.
shoehorn [ˈʃuːhɔːn] *n* chausse-pied *m*.
shoelace [ˈʃuːleɪs] *n* lacet *m* de soulier.
shoe polish *n* cirage *m*.
shoe shop *n* magasin *m* de chaussures.
shoestring [ˈʃuːstrɪŋ] *n fig*: **on a ~** à peu de frais.
shone [ʃɒn] *pt & pp* → **shine**.
shoo [ʃuː] ◇ *vt* chasser. ◇ *excl* ouste!
shook [ʃʊk] *pt* → **shake**.
shoot [ʃuːt] (*pt & pp* **shot**) ◇ *vt* **1.** *(kill with gun)* tuer d'un coup de feu; *(wound with gun)* blesser d'un coup de feu; **to ~ o.s.** *(kill o.s.)* se tuer avec une arme à feu. **2.** *Br (hunt)* chasser. **3.** *(arrow)* décocher, tirer. **4.** (CINEMA) tourner. ◇ *vi* **1.** *(fire gun)*: **to ~ (at)** tirer (sur). **2.** *Br (hunt)* chasser. **3.** *(move quickly)*: **to ~ in/out/past** entrer/sortir/passer en trombe, entrer/sortir/passer comme un bolide. **4.** (CINEMA) tourner. **5.** (SPORT) tirer, shooter. ◇ *n* **1.** *Br (hunting expedition)* partie *f* de chasse. **2.** *(of plant)* pousse *f*. ◆ **shoot down** *vt sep* **1.** *(aeroplane)* descendre, abattre. **2.** *(person)* abattre. ◆ **shoot up** *vi* **1.** *(child, plant)* pousser vite. **2.** *(price, inflation)* monter en flèche.
shooting [ˈʃuːtɪŋ] *n* **1.** *(killing)* meurtre *m*. **2.** *(U) (hunting)* chasse *f*.
shooting star *n* étoile *f* filante.
shop [ʃɒp] ◇ *n* **1.** *(store)* magasin *m*, boutique *f*. **2.** *(workshop)* atelier *m*. ◇ *vi* faire ses courses; **to go shopping** aller faire les courses OR commissions.
shop assistant *n Br* vendeur *m*, -euse *f*.
shop floor *n*: **the ~** *fig* les ouvriers *mpl*.
shopkeeper [ˈʃɒpˌkiːpəʳ] *n* commerçant *m*, -e *f*.
shoplifting [ˈʃɒpˌlɪftɪŋ] *n (U)* vol *m* à l'étalage.
shopper [ˈʃɒpəʳ] *n* personne *f* qui fait ses courses.
shopping [ˈʃɒpɪŋ] *n (U) (purchases)* achats *mpl*.
shopping bag *n* sac *m* à provisions.
shopping centre *Br*, **shopping mall** *Am*, **shopping plaza** *Am* [-ˌplɑːzə] *n* centre *m* commercial.
shopsoiled *Br* [ˈʃɒpsɔɪld], **shopworn** *Am* [ˈʃɒpwɔːn] *adj* qui a fait l'étalage, abîmé(e) (en magasin).
shop steward *n* délégué syndical *m*, déléguée syndicale *f*.
shopwindow [ˌʃɒpˈwɪndəʊ] *n* vitrine *f*.
shopworn *Am* = **shopsoiled**.
shore [ʃɔːʳ] *n* rivage *m*, bord *m*; **on ~** à terre. ◆ **shore up** *vt sep* étayer, étançonner; *fig* consolider.
shorn [ʃɔːn] ◇ *pp* → **shear**. ◇ *adj* tondu(e).
short [ʃɔːt] ◇ *adj* **1.** *(not long - in time)* court(e), bref (brève); *(- in space)* court. **2.** *(not tall)* petit(e). **3.** *(curt)* brusque, sec (sèche). **4.** *(lacking)*: **time/money is ~** nous manquons de temps/d'argent; **to be ~ of** manquer de. **5.** *(abbreviated)*: **to be ~ for** être le diminutif de. ◇ *adv*: **to be running ~ of** *(running out of)* commencer à manquer de, commencer à être à court de; **to cut sthg ~** *(visit, speech)* écourter qqch; *(discussion)* couper court à qqch; **to stop ~** s'arrêter net. ◇ *n* **1.** *Br (alcoholic drink)* alcool *m* fort. **2.** *(film)* court métrage *m*. ◆ **shorts** *npl* **1.** *(gen)* short *m*. **2.** *Am (underwear)* caleçon *m*. ◆ **for short** *adv*: **he's called Bob for ~** Bob est son diminutif. ◆ **in short** *adv* (enfin) bref. ◆ **nothing short of** *prep* rien moins que, pratiquement. ◆ **short of** *prep (unless, without)*: **~ of doing sthg** à moins

de faire qqch, à part faire qqch.
shortage ['ʃɔːtɪdʒ] *n* manque *m*, insuffisance *f*.
shortbread ['ʃɔːtbred] *n* sablé *m*.
short-change *vt* 1. *(subj: shopkeeper)*: **to ~ sb** ne pas rendre assez à qqn. 2. *fig (cheat)* tromper, rouler.
short circuit *n* court-circuit *m*.
shortcomings ['ʃɔːt,kʌmɪŋz] *npl* défauts *mpl*.
shortcrust pastry ['ʃɔːtkrʌst-] *n* pâte *f* brisée.
short cut *n* 1. *(quick route)* raccourci *m*. 2. *(quick method)* solution *f* miracle.
shorten ['ʃɔːtn] ◇ *vt* 1. *(holiday, time)* écourter. 2. *(skirt, rope etc)* raccourcir. ◇ *vi (days)* raccourcir.
shortfall ['ʃɔːtfɔːl] *n* déficit *m*.
shorthand ['ʃɔːthænd] *n (U) (writing system)* sténographie *f*.
shorthand typist *n Br* sténodactylo *f*.
short list *n Br* liste *f* des candidats sélectionnés.
shortly ['ʃɔːtlɪ] *adv (soon)* bientôt.
shortsighted [,ʃɔːt'saɪtɪd] *adj* myope; *fig* imprévoyant(e).
short-staffed [-'stɑːft] *adj*: **to be ~** manquer de personnel.
short story *n* nouvelle *f*.
short-tempered [-'tempəd] *adj* emporté(e), irascible.
short-term *adj (effects, solution)* à court terme; *(problem)* de courte durée.
short wave *n (U)* ondes *fpl* courtes.
shot [ʃɒt] ◇ *pt & pp* → **shoot**. ◇ *n* 1. *(gunshot)* coup *m* de feu; **like a ~** sans tarder, sans hésiter. 2. *(marksman)* tireur *m*. 3. (SPORT) coup *m*. 4. *(photograph)* photo *f*; (CINEMA) plan *m*. 5. *inf (attempt)*: **to have a ~ at sthg** essayer de faire qqch. 6. *(injection)* piqûre *f*.
shotgun ['ʃɒtgʌn] *n* fusil *m* de chasse.

---

should [ʃʊd] *aux vb* 1. *(indicating duty)*: **we ~ leave now** il faudrait partir maintenant. 2. *(seeking advice, permission)*: **~ I go too?** est-ce que je devrais y aller aussi? 3. *(as suggestion)*: **I ~ deny everything** moi, je nierais tout. 4. *(indicating probability)*: **she ~ be home soon** elle devrait être de retour bientôt, elle va bientôt rentrer. 5. *(was or were expected)*: **they ~ have won the match** ils auraient dû gagner le match. 6. *(indicating intention, wish)*: **I ~ like to come with you** j'aimerais bien venir avec vous. 7. (*as conditional*): **you ~ go if you're invited** tu devrais y aller si tu es invité. 8. (*in subordinate clauses*): **we decided that you ~ meet him** nous avons décidé que ce serait toi qui irais le chercher. 9. *(expressing uncertain opinion)*: **I ~ think he's about 50 (years old)** je pense qu'il doit avoir dans les 50 ans.

- *Should have*, suivi d'un participe passé, peut servir à exprimer un regret (*I should have phoned on her birthday*, «j'aurais dû l'appeler pour son anniversaire») ou un reproche (*you should have been more careful*, «tu aurais dû faire plus attention»).
- Voir aussi SHALL.

shoulder ['ʃəʊldəʳ] ◇ *n* épaule *f*. ◇ *vt* 1. *(carry)* porter. 2. *(responsibility)* endosser.
shoulder blade *n* omoplate *f*.
shoulder strap *n* 1. *(on dress)* bretelle *f*. 2. *(on bag)* bandoulière *f*.
shouldn't ['ʃʊdnt] = **should not**.
should've ['ʃʊdəv] = **should have**.
shout [ʃaʊt] ◇ *n (cry)* cri *m*. ◇ *vt & vi* crier. ♦ **shout down** *vt sep* huer, conspuer.
shouting ['ʃaʊtɪŋ] *n (U)* cris *mpl*.
shove [ʃʌv] ◇ *n*: **to give sb/sthg a ~** pousser qqn/qqch. ◇ *vt* pousser; **to ~ clothes into a bag** fourrer des vêtements dans un sac. ♦ **shove off** *vi* 1. *(in boat)* pousser au large. 2. *inf (go away)* ficher le camp, filer.
shovel ['ʃʌvl] ◇ *n (tool)* pelle *f*. ◇ *vt* enlever à la pelle, pelleter.
show [ʃəʊ] (*pt* **-ed**, *pp* **shown** OR **-ed**) ◇ *n* 1. *(display)* démonstration *f*, manifestation *f*. 2. *(at theatre)* spectacle *m*; *(on radio, TV)* émission *f*. 3. (CINEMA) séance *f*. 4. *(exhibition)* exposition *f*. ◇ *vt* 1. *(gen)* montrer; *(profit, loss)* indiquer; *(respect)* témoigner; *(courage, mercy)* faire preuve de; **to ~ sb sthg, to ~ sthg to sb** montrer qqch à qqn. 2. *(escort)*: **to ~ sb to his seat/table** conduire qqn à sa place/sa table. 3. *(film)* projeter, passer; *(TV programme)* donner, passer. ◇ *vi* 1. *(indicate)* indiquer, montrer. 2. *(be visible)* se voir, être visible. 3. (CINEMA): **what's ~ing tonight?** qu'est-ce qu'on joue comme film ce soir? ♦ **show off** ◇ *vt sep* exhiber. ◇ *vi* faire l'intéressant(e). ♦ **show up** ◇ *vt sep (embarrass)* embarrasser, faire honte à. ◇ *vi* 1. *(stand out)* se voir, ressortir. 2. *(arrive)* s'amener, rappliquer.
show business *n (U)* monde *m* du spectacle, show-business *m*.
showdown ['ʃəʊdaʊn] *n*: **to have a ~**

with sb s'expliquer avec qqn, mettre les choses au point avec qqn.

shower ['ʃaʊəʳ] ◇ *n* 1. *(device, act)* douche *f*; **to have** OR **take a ~** prendre une douche, se doucher. 2. *(of rain)* averse *f*. 3. *fig (of questions, confetti)* avalanche *f*, déluge *m*. ◇ *vt*: **to ~ sb with** couvrir qqn de. ◇ *vi (wash)* prendre une douche, se doucher.

shower cap *n* bonnet *m* de douche.

showing ['ʃəʊɪŋ] *n* (CINEMA) projection *f*.

show jumping [-ˌdʒʌmpɪŋ] *n* jumping *m*.

shown [ʃəʊn] *pp* → **show**.

show-off *n inf* m'as-tu-vu *m*, -e *f*.

showpiece ['ʃəʊpiːs] *n (main attraction)* joyau *m*, trésor *m*.

showroom ['ʃəʊrʊm] *n* salle *f* OR magasin *m* d'exposition; *(for cars)* salle de démonstration.

shrank [ʃræŋk] *pt* → **shrink**.

shrapnel ['ʃræpnl] *n (U)* éclats *mpl* d'obus.

shred [ʃred] ◇ *n* 1. *(of material, paper)* lambeau *m*, brin *m*. 2. *fig (of evidence)* parcelle *f*; *(of truth)* once *f*, grain *m*. ◇ *vt (food)* râper; *(paper)* déchirer en lambeaux.

shredder ['ʃredəʳ] *n (machine)* destructeur *m* de documents.

shrewd [ʃruːd] *adj* fin(e), astucieux (euse).

shriek [ʃriːk] ◇ *n* cri *m* perçant, hurlement *m*; *(of laughter)* éclat *m*. ◇ *vi* pousser un cri perçant.

shrill [ʃrɪl] *adj (sound, voice)* aigu(ë); *(whistle)* strident(e).

shrimp [ʃrɪmp] *n* crevette *f*.

shrine [ʃraɪn] *n (place of worship)* lieu *m* saint.

shrink [ʃrɪŋk] (*pt* **shrank**, *pp* **shrunk**) ◇ *vt* rétrécir. ◇ *vi* 1. *(cloth, garment)* rétrécir; *(person)* rapetisser; *fig (income, popularity etc)* baisser, diminuer. 2. *(recoil)*: **to ~ away from sthg** reculer devant qqch; **to ~ from doing sthg** rechigner OR répugner à faire qqch.

shrinkage ['ʃrɪŋkɪdʒ] *n* rétrécissement *m*; *fig* diminution *f*, baisse *f*.

shrink-wrap *vt* emballer sous film plastique.

shrivel ['ʃrɪvl] ◇ *vt*: **to ~ (up)** rider, flétrir. ◇ *vi*: **to ~ (up)** se rider, se flétrir.

shroud [ʃraʊd] ◇ *n (cloth)* linceul *m*. ◇ *vt*: **to be ~ed in** *(darkness, fog)* être enseveli(e) sous; *(mystery)* être enveloppé(e) de.

Shrove Tuesday ['ʃrəʊv-] *n* Mardi *m* gras.

shrub [ʃrʌb] *n* arbuste *m*.

shrug [ʃrʌg] ◇ *vt*: **to ~ one's shoulders** hausser les épaules. ◇ *vi* hausser les épaules. ◆ **shrug off** *vt sep* ignorer.

shrunk [ʃrʌŋk] *pp* → **shrink**.

shudder ['ʃʌdəʳ] *vi* 1. *(tremble)*: **to ~ (with)** frémir (de), frissonner (de). 2. *(shake)* vibrer, trembler.

shuffle ['ʃʌfl] *vt* 1. *(drag)*: **to ~ one's feet** traîner les pieds. 2. *(cards)* mélanger, battre.

shun [ʃʌn] *vt* fuir, éviter.

shunt [ʃʌnt] *vt* (RAIL) aiguiller.

shut [ʃʌt] (*pt & pp* **shut**) ◇ *adj (closed)* fermé(e). ◇ *vt* fermer. ◇ *vi* 1. *(door, window)* se fermer. 2. *(shop)* fermer. ◆ **shut away** *vt sep (valuables, papers)* mettre sous clef. ◆ **shut down** *vt sep & vi* fermer. ◆ **shut out** *vt sep (noise)* supprimer; *(light)* ne pas laisser entrer; **to ~ sb out** laisser qqn à la porte. ◆ **shut up** *inf* ◇ *vt sep (silence)* faire taire. ◇ *vi* se taire.

shutter ['ʃʌtəʳ] *n* 1. *(on window)* volet *m*. 2. *(in camera)* obturateur *m*.

shuttle ['ʃʌtl] ◇ *adj*: **~ service** (service *m* de) navette *f*. ◇ *n (train, bus, plane)* navette *f*.

shuttlecock ['ʃʌtlkɒk] *n* volant *m*.

shy [ʃaɪ] ◇ *adj (timid)* timide. ◇ *vi (horse)* s'effaroucher.

Siberia [saɪ'bɪərɪə] *n* Sibérie *f*.

sibling ['sɪblɪŋ] *n (brother)* frère *m*; *(sister)* sœur *f*.

Sicily ['sɪsɪlɪ] *n* Sicile *f*.

sick [sɪk] *adj* 1. *(ill)* malade. 2. *(nauseous)*: **to feel ~** avoir envie de vomir, avoir mal au cœur; **to be ~** *Br (vomit)* vomir. 3. *(fed up)*: **to be ~ of** en avoir assez OR marre de. 4. *(joke, humour)* macabre.

sickbay ['sɪkbeɪ] *n* infirmerie *f*.

sicken ['sɪkn] ◇ *vt* écœurer, dégoûter. ◇ *vi Br*: **to be ~ing for sthg** couver qqch.

sickening ['sɪknɪŋ] *adj (disgusting)* écœurant(e), dégoûtant(e).

sickle ['sɪkl] *n* faucille *f*.

sick leave *n (U)* congé *m* de maladie.

sickly ['sɪklɪ] *adj* 1. *(unhealthy)* maladif (ive), souffreteux(euse). 2. *(smell, taste)* écœurant(e).

sickness ['sɪknɪs] *n* 1. *(illness)* maladie *f*. 2. *Br (U) (nausea)* nausée *f*, nausées *fpl*; *(vomiting)* vomissement *m*, vomissements *mpl*.

sick pay *n (U)* indemnité *f* OR allocation *f* de maladie.

side [saɪd] ◇ *n* 1. *(gen)* côté *m*; **at** OR **by**

my/her *etc* ~ à mes/ses *etc* côtés; **on every ~, on all ~s** de tous côtés; **from ~ to ~** d'un côté à l'autre; **~ by ~** côte à côte. 2. *(of table, river)* bord *m*. 3. *(of hill, valley)* versant *m*, flanc *m*. 4. *(in war, debate)* camp *m*, côté *m*; (SPORT) équipe *f*, camp; *(of argument)* point *m* de vue; **to take sb's ~** prendre le parti de qqn. 5. *(aspect - gen)* aspect *m*; *(- of character)* facette *f*; **to be on the safe ~** pour plus de sûreté, par précaution. ◇ *adj (situated on side)* latéral(e). ◆ **side with** *vt fus* prendre le parti de, se ranger du côté de.

sideboard ['saɪdbɔːd] *n (cupboard)* buffet *m*.

sideboards *Br* ['saɪdbɔːdz], **sideburns** *Am* ['saɪdbɜːnz] *npl* favoris *mpl*, rouflaquettes *fpl*.

side effect *n* 1. (MED) effet *m* secondaire OR indésirable. 2. *(unplanned result)* effet *m* secondaire, répercussion *f*.

sidelight ['saɪdlaɪt] *n* (AUT) feu *m* de position.

sideline ['saɪdlaɪn] *n* 1. *(extra business)* activité *f* secondaire. 2. (SPORT) ligne *f* de touche.

sidelong ['saɪdlɒŋ] *adj & adv* de côté.

sidesaddle ['saɪd,sædl] *adv*: **to ride ~** monter en amazone.

sideshow ['saɪdʃəʊ] *n* spectacle *m* forain.

sidestep ['saɪdstep] *vt* faire un pas de côté pour éviter OR esquiver; *fig* éviter.

side street *n (not main street)* petite rue *f*; *(off main street)* rue transversale.

sidetrack ['saɪdtræk] *vt*: **to be ~ed** se laisser distraire.

sidewalk ['saɪdwɔːk] *n Am* trottoir *m*.

sideways ['saɪdweɪz] *adj & adv* de côté.

siding ['saɪdɪŋ] *n* voie *f* de garage.

sidle ['saɪdl] ◆ **sidle up** *vi*: **to ~ up to sb** se glisser vers qqn.

siege [siːdʒ] *n* siège *m*.

sieve [sɪv] ◇ *n (for flour, sand etc)* tamis *m*; *(for liquids)* passoire *f*. ◇ *vt (flour etc)* tamiser; *(liquid)* passer.

sift [sɪft] ◇ *vt* 1. *(flour, sand)* tamiser. 2. *fig (evidence)* passer au crible. ◇ *vi*: **to ~ through** examiner, éplucher.

sigh [saɪ] ◇ *n* soupir *m*. ◇ *vi (person)* soupirer, pousser un soupir.

sight [saɪt] ◇ *n* 1. *(seeing)* vue *f*; **in ~** en vue; **in/out of ~** en/hors de vue; **at first ~** à première vue, au premier abord. 2. *(spectacle)* spectacle *m*. 3. *(on gun)* mire *f*. ◇ *vt* apercevoir. ◆ **sights** *npl (of city)* attractions *fpl* touristiques.

sightseeing ['saɪt,siːɪŋ] *n* tourisme *m*; **to go ~** faire du tourisme.

sightseer ['saɪt,siːəʳ] *n* touriste *mf*.

sign [saɪn] ◇ *n* 1. *(gen)* signe *m*; **no ~ of** aucune trace de. 2. *(notice)* enseigne *f*; (AUT) panneau *m*. ◇ *vt* signer. ◆ **sign on** *vi* 1. *(enrol - MIL)* s'engager; *(- for course)* s'inscrire. 2. *(register as unemployed)* s'inscrire au chômage. ◆ **sign up** ◇ *vt sep (worker)* embaucher; *(soldier)* engager. ◇ *vi* (MIL) s'engager; *(for course)* s'inscrire.

signal ['sɪgnl] ◇ *n* signal *m*. ◇ *vt* 1. *(indicate)* indiquer. 2. *(gesture to)*: **to ~ sb (to do sthg)** faire signe à qqn (de faire qqch). ◇ *vi* 1. (AUT) clignoter, mettre son clignotant. 2. *(gesture)*: **to ~ to sb (to do sthg)** faire signe à qqn (de faire qqch).

signalman ['sɪgnlmən] (*pl* **-men** [-mən]) *n* (RAIL) aiguilleur *m*.

signature ['sɪgnətʃəʳ] *n (name)* signature *f*.

signature tune *n* indicatif *m*.

signet ring ['sɪgnɪt-] *n* chevalière *f*.

significance [sɪg'nɪfɪkəns] *n* 1. *(importance)* importance *f*, portée *f*. 2. *(meaning)* signification *f*.

significant [sɪg'nɪfɪkənt] *adj* 1. *(considerable)* considérable. 2. *(important)* important(e). 3. *(meaningful)* significatif (ive).

signify ['sɪgnɪfaɪ] *vt* signifier, indiquer.

signpost ['saɪnpəʊst] *n* poteau *m* indicateur.

Sikh [siːk] ◇ *adj* sikh (*inv*). ◇ *n (person)* Sikh *mf*.

silence ['saɪləns] ◇ *n* silence *m*. ◇ *vt* réduire au silence, faire taire.

silencer ['saɪlənsəʳ] *n* silencieux *m*.

silent ['saɪlənt] *adj* 1. *(person, place)* silencieux(euse). 2. (CINEMA & LING) muet(ette).

silhouette [,sɪluː'et] *n* silhouette *f*.

silicon chip [,sɪlɪkən-] *n* puce *f*, pastille *f* de silicium.

silk [sɪlk] ◇ *n* soie *f*. ◇ *comp* en OR de soie.

silky ['sɪlkɪ] *adj* soyeux(euse).

sill [sɪl] *n (of window)* rebord *m*.

silly ['sɪlɪ] *adj* stupide, bête.

silo ['saɪləʊ] (*pl* **-s**) *n* silo *m*.

silt [sɪlt] *n* vase *f*, limon *m*.

silver ['sɪlvəʳ] ◇ *adj (colour)* argenté(e). ◇ *n (U)* 1. *(metal)* argent *m*. 2. *(coins)* pièces *fpl* d'argent. 3. *(silverware)* argenterie *f*. ◇ *comp* en argent, d'argent.

silver foil, silver paper *n (U)* papier *m* d'argent OR d'étain.
silver-plated [-'pleɪtɪd] *adj* plaqué(e) argent.
silversmith ['sɪlvəsmɪθ] *n* orfèvre *mf*.
silverware ['sɪlvəweəʳ] *n (U)* 1. *(dishes, spoons etc)* argenterie *f*. 2. *Am (cutlery)* couverts *mpl*.
similar ['sɪmɪləʳ] *adj*: ~ **(to)** semblable (à), similaire (à).
similarly ['sɪmɪləlɪ] *adv* de la même manière, pareillement.
simmer ['sɪməʳ] *vt* faire cuire à feu doux, mijoter.
simpering ['sɪmpərɪŋ] *adj* affecté(e).
simple ['sɪmpl] *adj* 1. *(gen)* simple. 2. *dated (mentally retarded)* simplet(ette), simple d'esprit.
simple-minded [-'maɪndɪd] *adj* simplet(ette), simple d'esprit.
simplicity [sɪm'plɪsətɪ] *n* simplicité *f*.
simplify ['sɪmplɪfaɪ] *vt* simplifier.
simply ['sɪmplɪ] *adv* 1. *(gen)* simplement. 2. *(for emphasis)* absolument.
simulate ['sɪmjʊleɪt] *vt* simuler.
simultaneous [*Br* ,sɪmʊl'teɪnjəs, *Am* ,saɪməl'teɪnjəs] *adj* simultané(e).
sin [sɪn] ◇ *n* péché *m*. ◇ *vi*: **to ~ (against)** pécher (contre).
since [sɪns] ◇ *adv* depuis. ◇ *prep* depuis. ◇ *conj* 1. *(in time)* depuis que. 2. *(because)* comme, puisque.

- Remarquez les temps employés avec *since* lorsque ce dernier est une préposition: *we have been friends since school* (passé composé); *we had been working together since the summer* (plus-que-parfait à la forme progressive); *we had been in contact since 1985* (plus-que-parfait).
- Remarquez les temps employés avec *since* lorsque ce dernier est une conjonction: *I haven't read much since I left school* (prétérit); *his books sell very well since he's become famous* (passé composé).

sincere [sɪn'sɪəʳ] *adj* sincère.
sincerely [sɪn'sɪəlɪ] *adv* sincèrement; **Yours ~** *(at end of letter)* veuillez agréer, Monsieur/Madame, l'expression de mes sentiments les meilleurs.
sincerity [sɪn'serətɪ] *n* sincérité *f*.
sinew ['sɪnju:] *n* tendon *m*.
sinful ['sɪnfʊl] *adj (thought)* mauvais(e); *(desire, act)* coupable; **~ person** pécheur *m*, -eresse *f*.
sing [sɪŋ] (*pt* **sang**, *pp* **sung**) *vt & vi* chanter.
Singapore [,sɪŋə'pɔ:ʳ] *n* Singapour *m*.
singe [sɪndʒ] *vt* brûler légèrement; *(cloth)* roussir.
singer ['sɪŋəʳ] *n* chanteur *m*, -euse *f*.
singing ['sɪŋɪŋ] *n (U)* chant *m*.
single ['sɪŋgl] ◇ *adj* 1. *(only one)* seul (e), unique; **every ~** chaque. 2. *(unmarried)* célibataire. 3. *Br (ticket)* simple. ◇ *n* 1. *Br (one-way ticket)* billet *m* simple, aller *m* (simple). 2. (MUS) (disque *m*) 45 tours *m*. ◆ **singles** *npl* (TENNIS) simples *mpl*. ◆ **single out** *vt sep*: **to ~ sb out (for)** choisir qqn (pour).
single bed *n* lit *m* à une place.
single-breasted [-'brestɪd] *adj (jacket)* droit(e).
single cream *n Br* crème *f* liquide.
single file *n*: **in ~** en file indienne, à la file.
single-handed [-'hændɪd] *adv* tout seul (toute seule).
single-minded [-'maɪndɪd] *adj* résolu (e).
single-parent family *n* famille *f* monoparentale.
single room *n* chambre *f* pour une personne OR à un lit.
singlet ['sɪŋglɪt] *n Br* tricot *m* de peau; (SPORT) maillot *m*.
singular ['sɪŋgjʊləʳ] ◇ *adj* singulier (ère). ◇ *n* singulier *m*.
sinister ['sɪnɪstəʳ] *adj* sinistre.
sink [sɪŋk] (*pt* **sank**, *pp* **sunk**) ◇ *n (in kitchen)* évier *m*; *(in bathroom)* lavabo *m*. ◇ *vt* 1. *(ship)* couler. 2. *(teeth, claws)*: **to ~ sthg into** enfoncer qqch dans. ◇ *vi* 1. *(in water - ship)* couler, sombrer; *(- person, object)* couler. 2. *(ground)* s'affaisser; *(sun)* baisser; **to ~ into poverty/despair** sombrer dans la misère/le désespoir. 3. *(value, amount)* baisser, diminuer; *(voice)* faiblir. ◆ **sink in** *vi*: **it hasn't sunk in yet** je n'ai pas encore réalisé.
sink unit *n* bloc-évier *m*.
sinner ['sɪnəʳ] *n* pécheur *m*, -eresse *f*.
sinus ['saɪnəs] (*pl* **-es**) *n* sinus *m inv*.
sip [sɪp] ◇ *n* petite gorgée *f*. ◇ *vt* siroter, boire à petits coups.
siphon ['saɪfn] ◇ *n* siphon *m*. ◇ *vt* 1. *(liquid)* siphonner. 2. *fig (money)* canaliser. ◆ **siphon off** *vt sep* 1. *(liquid)* siphonner. 2. *fig (money)* canaliser.
sir [sɜ:ʳ] *n* 1. *(form of address)* monsieur *m*. 2. *(in titles)*: **Sir Phillip Holden** sir Phillip Holden.
siren ['saɪərən] *n* sirène *f*.

sirloin (steak) ['sɜːlɔɪn-] *n* bifteck *m* dans l'aloyau OR d'aloyau.
sissy ['sɪsɪ] *n inf* poule *f* mouillée, dégonflé *m*, -e *f*.
sister ['sɪstəʳ] *n* **1.** *(sibling)* sœur *f*. **2.** *(nun)* sœur *f*, religieuse *f*. **3.** *Br (senior nurse)* infirmière *f* chef.
sister-in-law (*pl* **sisters-in-law** OR **sister-in-laws**) *n* belle-sœur *f*.
sit [sɪt] (*pt & pp* **sat**) ◇ *vt Br (exam)* passer. ◇ *vi* **1.** *(person)* s'asseoir; **to be sitting** être assis(e); **to ~ on a committee** faire partie OR être membre d'un comité. **2.** *(court, parliament)* siéger, être en séance. ◆ **sit about, sit around** *vi* rester assis(e) à ne rien faire. ◆ **sit down** *vi* s'asseoir. ◆ **sit in on** *vt fus* assister à. ◆ **sit through** *vt fus* rester jusqu'à la fin de. ◆ **sit up** *vi* **1.** *(sit upright)* se redresser, s'asseoir. **2.** *(stay up)* veiller.
sitcom ['sɪtkɒm] *n inf* sitcom *f*.
site [saɪt] ◇ *n (of town, building)* emplacement *m*; *(archaeological)* site *m*; (CONSTR) chantier *m*. ◇ *vt* situer, placer.
sit-in *n* sit-in *m*, occupation *f* des locaux.
sitting ['sɪtɪŋ] *n* **1.** *(of meal)* service *m*. **2.** *(of court, parliament)* séance *f*.
sitting room *n* salon *m*.
situated ['sɪtjʊeɪtɪd] *adj*: **to be ~** être situé(e), se trouver.
situation [ˌsɪtjʊ'eɪʃn] *n* **1.** *(gen)* situation *f*. **2.** *(job)* situation *f*, emploi *m*; **'Situations Vacant'** *Br* 'offres d'emploi'.
six [sɪks] ◇ *num adj* six (*inv*); **she's ~ (years old)** elle a six ans. ◇ *num pron* six *mfpl*; **I want ~** j'en veux six; **there were ~ of us** nous étions six. ◇ *num n* **1.** *(gen)* six *m inv*; **two hundred and ~** deux cent six. **2.** *(six o'clock)*: **it's ~** il est six heures; **we arrived at ~** nous sommes arrivés à six heures.
sixteen [sɪks'tiːn] *num* seize; *see also* **six**.
sixteenth [sɪks'tiːnθ] *num* seizième; *see also* **sixth**.
sixth [sɪksθ] ◇ *num adj* sixième. ◇ *num adv* **1.** *(in race, competition)* sixième, en sixième place. **2.** *(in list)* sixièmement. ◇ *num pron* sixième *mf*. ◇ *n* **1.** *(fraction)* sixième *m*. **2.** *(in dates)*: **the ~ (of September)** le six (septembre).
sixth form *n Br* (SCH) ≃ (classe *f*) terminale *f*.
sixth form college *n Br établissement préparant aux A-levels*.
sixty ['sɪkstɪ] *num* soixante; *see also* **six**. ◆ **sixties** *npl* **1.** *(decade)*: **the sixties** les années *fpl* soixante. **2.** *(in ages)*: **to be in one's sixties** être sexagénaire.
size [saɪz] *n (of person, clothes, company)* taille *f*; *(of building)* grandeur *f*, dimensions *fpl*; *(of problem)* ampleur *f*, taille; *(of shoes)* pointure *f*. ◆ **size up** *vt sep (person)* jauger; *(situation)* apprécier, peser.
sizeable ['saɪzəbl] *adj* assez important (e).
sizzle ['sɪzl] *vi* grésiller.
skate [skeɪt] (*pl sense 2 only inv* OR **-s**) ◇ *n* **1.** *(ice skate, roller skate)* patin *m*. **2.** *(fish)* raie *f*. ◇ *vi (on ice skates)* faire du patin sur glace, patiner; *(on roller skates)* faire du patin à roulettes.
skateboard ['skeɪtbɔːd] *n* planche *f* à roulettes, skateboard *m*, skate *m*.
skater ['skeɪtəʳ] *n (on ice)* patineur *m*, -euse *f*; *(on roller skates)* patineur à roulettes.
skating ['skeɪtɪŋ] *n (on ice)* patinage *m*; *(on roller skates)* patinage à roulettes.
skating rink *n* patinoire *f*.
skeleton ['skelɪtn] *n* squelette *m*.
skeleton key *n* passe *m*, passe-partout *m inv*.
skeleton staff *n* personnel *m* réduit.
skeptic *etc Am* = **sceptic** *etc*.
sketch [sketʃ] ◇ *n* **1.** *(drawing)* croquis *m*, esquisse *f*. **2.** *(description)* aperçu *m*, résumé *m*. **3.** *(by comedian)* sketch *m*. ◇ *vt* **1.** *(draw)* dessiner, faire un croquis de. **2.** *(describe)* donner un aperçu de, décrire à grands traits.
sketchbook ['sketʃbʊk] *n* carnet *m* à dessins.
sketchpad ['sketʃpæd] *n* bloc *m* à dessins.
sketchy ['sketʃɪ] *adj* incomplet(ète).
skewer ['skjʊəʳ] ◇ *n* brochette *f*, broche *f*. ◇ *vt* embrocher.
ski [skiː] (*pt & pp* **skied**, *cont* **skiing**) ◇ *n* ski *m*. ◇ *vi* skier, faire du ski.
ski boots *npl* chaussures *fpl* de ski.
skid [skɪd] ◇ *n* dérapage *m*; **to go into a ~** déraper. ◇ *vi* déraper.
skier ['skiːəʳ] *n* skieur *m*, -euse *f*.
skies [skaɪz] *pl* → **sky**.
skiing ['skiːɪŋ] *n (U)* ski *m*; **to go ~** faire du ski.
ski jump *n (slope)* tremplin *m*; *(event)* saut *m* à OR en skis.
skilful, skillful *Am* ['skɪlfʊl] *adj* habile, adroit(e).
ski lift *n* remonte-pente *m*.
skill [skɪl] *n* **1.** *(U) (ability)* habileté *f*, adresse *f*. **2.** *(technique)* technique *f*, art *m*.

skilled [skɪld] *adj* **1.** *(skilful)*: **~ (in** OR **at doing sthg)** habile OR adroit(e) (pour faire qqch). **2.** *(trained)* qualifié(e).

skillful *etc Am* = **skilful** *etc.*

skim [skɪm] ◇ *vt* **1.** *(cream)* écrémer; *(soup)* écumer. **2.** *(move above)* effleurer, raser. ◇ *vi*: **to ~ through sthg** *(newspaper, book)* parcourir qqch.

skim(med) milk [skɪm(d)-] *n* lait *m* écrémé.

skimp [skɪmp] ◇ *vt* lésiner sur. ◇ *vi*: **to ~ on** lésiner sur.

skimpy ['skɪmpɪ] *adj* *(meal)* maigre; *(clothes)* étriqué(e); *(facts)* insuffisant(e).

skin [skɪn] ◇ *n* peau *f.* ◇ *vt* **1.** *(dead animal)* écorcher, dépouiller; *(fruit)* éplucher, peler. **2.** *(graze)*: **to ~ one's knee** s'érafler OR s'écorcher le genou.

skin-deep *adj* superficiel(elle).

skin diving *n* plongée *f* sous-marine.

skinny ['skɪnɪ] *adj* maigre.

skin-tight *adj* moulant(e), collant(e).

skip [skɪp] ◇ *n* **1.** *(jump)* petit saut *m.* **2.** *Br (container)* benne *f.* ◇ *vt* *(page, class, meal)* sauter. ◇ *vi* **1.** *(gen)* sauter, sautiller. **2.** *Br (over rope)* sauter à la corde.

ski pants *npl* fuseau *m.*

ski pole *n* bâton *m* de ski.

skipper ['skɪpəʳ] *n* (NAUT & SPORT) capitaine *m.*

skipping rope ['skɪpɪŋ-] *n Br* corde *f* à sauter.

skirmish ['skɜːmɪʃ] *n* escarmouche *f.*

skirt [skɜːt] ◇ *n* *(garment)* jupe *f.* ◇ *vt* **1.** *(town, obstacle)* contourner. **2.** *(problem)* éviter. ◆ **skirt round** *vt fus* **1.** *(town, obstacle)* contourner. **2.** *(problem)* éviter.

skit [skɪt] *n* sketch *m.*

skittle ['skɪtl] *n Br* quille *f.* ◆ **skittles** *n (U) (game)* quilles *fpl.*

skive [skaɪv] *vi Br inf*: **to ~ (off)** s'esquiver, tirer au flanc.

skulk [skʌlk] *vi* *(hide)* se cacher; *(prowl)* rôder.

skull [skʌl] *n* crâne *m.*

skunk [skʌŋk] *n* *(animal)* mouffette *f.*

sky [skaɪ] *n* ciel *m.*

skylight ['skaɪlaɪt] *n* lucarne *f.*

skyscraper ['skaɪˌskreɪpəʳ] *n* gratte-ciel *m inv.*

slab [slæb] *n* *(of concrete)* dalle *f*; *(of stone)* bloc *m*; *(of cake)* pavé *m.*

slack [slæk] ◇ *adj* **1.** *(not tight)* lâche. **2.** *(not busy)* calme. **3.** *(person)* négligent(e), pas sérieux(euse). ◇ *n* *(in rope)* mou *m.*

slacken ['slækn] ◇ *vt* *(speed, pace)* ralentir; *(rope)* relâcher. ◇ *vi* *(speed, pace)* ralentir.

slag [slæg] *n (U)* *(waste material)* scories *fpl.*

slagheap ['slæghiːp] *n* terril *m.*

slain [sleɪn] *pp* → **slay**.

slam [slæm] ◇ *vt* **1.** *(shut)* claquer. **2.** *(place with force)*: **to ~ sthg on** OR **onto** jeter qqch brutalement sur, flanquer qqch sur. ◇ *vi* claquer.

slander ['slɑːndəʳ] ◇ *n* calomnie *f*; (JUR) diffamation *f.* ◇ *vt* calomnier; (JUR) diffamer.

slang [slæŋ] *n (U)* argot *m.*

slant [slɑːnt] ◇ *n* **1.** *(angle)* inclinaison *f.* **2.** *(perspective)* point *m* de vue, perspective *f.* ◇ *vt* *(bias)* présenter d'une manière tendancieuse. ◇ *vi* *(slope)* être incliné(e), pencher.

slanting ['slɑːntɪŋ] *adj* *(roof)* en pente.

slap [slæp] ◇ *n* claque *f*, tape *f*; *(on face)* gifle *f.* ◇ *vt* **1.** *(person, face)* gifler; *(back)* donner une claque OR une tape à. **2.** *(place with force)*: **to ~ sthg on** OR **onto** jeter qqch brutalement sur, flanquer qqch sur. ◇ *adv inf* *(directly)* en plein.

slapdash ['slæpdæʃ], **slaphappy** ['slæpˌhæpɪ] *adj inf* *(work)* bâclé(e); *(person, attitude)* insouciant(e).

slapstick ['slæpstɪk] *n (U)* grosse farce *f.*

slap-up *adj Br inf* *(meal)* fameux(euse).

slash [slæʃ] ◇ *n* **1.** *(long cut)* entaille *f.* **2.** *(oblique stroke)* barre *f* oblique. ◇ *vt* **1.** *(cut)* entailler. **2.** *inf* *(prices)* casser; *(budget, unemployment)* réduire considérablement.

slat [slæt] *n* lame *f*; *(wooden)* latte *f.*

slate [sleɪt] ◇ *n* ardoise *f.* ◇ *vt inf* *(criticize)* descendre en flammes.

slaughter ['slɔːtəʳ] ◇ *n* **1.** *(of animals)* abattage *m.* **2.** *(of people)* massacre *m*, carnage *m.* ◇ *vt* **1.** *(animals)* abattre. **2.** *(people)* massacrer.

slaughterhouse ['slɔːtəhaʊs, *pl* -haʊzɪz] *n* abattoir *m.*

slave [sleɪv] ◇ *n* esclave *mf.* ◇ *vi* travailler comme un nègre; **to ~ over sthg** peiner sur qqch.

slavery ['sleɪvərɪ] *n* esclavage *m.*

slay [sleɪ] (*pt* **slew**, *pp* **slain**) *vt literary* tuer.

sleazy ['sliːzɪ] *adj* *(disreputable)* mal famé(e).

sledge [sledʒ], **sled** *Am* [sled] *n* luge *f*; *(larger)* traîneau *m.*

sledgehammer ['sledʒ,hæməʳ] *n* masse *f*.
sleek [sli:k] *adj* **1.** *(hair, fur)* lisse, luisant(e). **2.** *(shape)* aux lignes pures.
sleep [sli:p] *(pt & pp* **slept**) ◇ *n* sommeil *m*; **to go to ~** s'endormir. ◇ *vi* **1.** *(be asleep)* dormir. **2.** *(spend night)* coucher. ◆ **sleep in** *vi* faire la grasse matinée. ◆ **sleep with** *vt fus euphemism* coucher avec.
sleeper ['sli:pəʳ] *n* **1.** *(person)*: **to be a heavy/light ~** avoir le sommeil lourd/léger. **2.** *(*RAIL *- berth)* couchette *f*; *(- carriage)* wagon-lit *m*; *(- train)* train-couchettes *m*. **3.** *Br (on railway track)* traverse *f*.
sleeping bag ['sli:pɪŋ-] *n* sac *m* de couchage.
sleeping car ['sli:pɪŋ-] *n* wagon-lit *m*.
sleeping pill ['sli:pɪŋ-] *n* somnifère *m*.
sleepless ['sli:plɪs] *adj*: **to have a ~ night** passer une nuit blanche.
sleepwalk ['sli:pwɔ:k] *vi* être somnambule.
sleepy ['sli:pɪ] *adj (person)* qui a envie de dormir.
sleet [sli:t] ◇ *n* neige *f* fondue. ◇ *v impers*: **it's ~ing** il tombe de la neige fondue.
sleeve [sli:v] *n* **1.** *(of garment)* manche *f*. **2.** *(for record)* pochette *f*.
sleigh [sleɪ] *n* traîneau *m*.
sleight of hand [,slaɪt-] *n (U)* **1.** *(skill)* habileté *f*. **2.** *(trick)* tour *m* de passe-passe.
slender ['slendəʳ] *adj* **1.** *(thin)* mince. **2.** *fig (resources, income)* modeste, maigre; *(hope, chance)* faible.
slept [slept] *pt & pp* → **sleep**.
slew [slu:] ◇ *pt* → **slay**. ◇ *vi (car)* déraper.
slice [slaɪs] ◇ *n* **1.** *(thin piece)* tranche *f*. **2.** *fig (of profits, glory)* part *f*. **3.** (SPORT) slice *m*. ◇ *vt* **1.** *(cut into slices)* couper en tranches. **2.** *(cut cleanly)* trancher. **3.** (SPORT) slicer.
slick [slɪk] ◇ *adj* **1.** *(skilful)* bien mené(e), habile. **2.** *pej (superficial - talk)* facile; *(- person)* rusé(e). ◇ *n* nappe *f* de pétrole, marée *f* noire.
slide [slaɪd] *(pt & pp* **slid** [slɪd]) ◇ *n* **1.** *(in playground)* toboggan *m*. **2.** (PHOT) diapositive *f*, diapo *f*. **3.** *Br (for hair)* barrette *f*. **4.** *(decline)* déclin *m*; *(in prices)* baisse *f*. ◇ *vt* faire glisser. ◇ *vi* glisser.
sliding door [,slaɪdɪŋ-] *n* porte *f* coulissante.
sliding scale [,slaɪdɪŋ-] *n* échelle *f* mobile.
slight [slaɪt] ◇ *adj* **1.** *(minor)* léger(ère); **the ~est** le moindre (la moindre); **not in the ~est** pas du tout. **2.** *(thin)* mince. ◇ *n* affront *m*. ◇ *vt* offenser.
slightly ['slaɪtlɪ] *adv (to small extent)* légèrement.
slim [slɪm] ◇ *adj* **1.** *(person, object)* mince. **2.** *(chance, possibility)* faible. ◇ *vi* maigrir; *(diet)* suivre un régime amaigrissant.
slime [slaɪm] *n (U)* substance *f* visqueuse; *(of snail)* bave *f*.
slimming ['slɪmɪŋ] ◇ *n* amaigrissement *m*. ◇ *adj (product)* amaigrissant(e).
sling [slɪŋ] *(pt & pp* **slung**) ◇ *n* **1.** *(for arm)* écharpe *f*. **2.** (NAUT) *(for loads)* élingue *f*. ◇ *vt* **1.** *(hammock etc)* suspendre. **2.** *inf (throw)* lancer.
slip [slɪp] ◇ *n* **1.** *(mistake)* erreur *f*; **a ~ of the pen** un lapsus; **a ~ of the tongue** un lapsus. **2.** *(of paper - gen)* morceau *m*; *(- strip)* bande *f*. **3.** *(underwear)* combinaison *f*. **4.** *phr*: **to give sb the ~** *inf* fausser compagnie à qqn. ◇ *vt* glisser; **to ~ sthg on** enfiler qqch. ◇ *vi* **1.** *(slide)* glisser; **to ~ into sthg** se glisser dans qqch. **2.** *(decline)* décliner. ◆ **slip up** *vi fig* faire une erreur.
slipped disc [,slɪpt-] *n* hernie *f* discale.
slipper ['slɪpəʳ] *n* pantoufle *f*, chausson *m*.
slippery ['slɪpərɪ] *adj* glissant(e).
slip road *n Br* bretelle *f*.
slipshod ['slɪpʃɒd] *adj* peu soigné(e).
slip-up *n inf* gaffe *f*.
slipway ['slɪpweɪ] *n* cale *f* de lancement.
slit [slɪt] *(pt & pp* **slit**) ◇ *n (opening)* fente *f*; *(cut)* incision *f*. ◇ *vt (make opening in)* faire une fente dans, fendre; *(cut)* inciser.
slither ['slɪðəʳ] *vi (person)* glisser; *(snake)* onduler.
sliver ['slɪvəʳ] *n (of glass, wood)* éclat *m*; *(of meat, cheese)* lamelle *f*.
slob [slɒb] *n inf (in habits)* saligaud *m*; *(in appearance)* gros lard *m*.
slog [slɒg] *inf* ◇ *n (tiring work)* corvée *f*. ◇ *vi (work)* travailler comme un bœuf OR un nègre.
slogan ['sləʊgən] *n* slogan *m*.
slop [slɒp] ◇ *vt* renverser. ◇ *vi* déborder.
slope [sləʊp] ◇ *n* pente *f*. ◇ *vi (land)* être en pente; *(handwriting, table)* pencher.
sloping ['sləʊpɪŋ] *adj (land, shelf)* en pente; *(handwriting)* penché(e).

sloppy ['slɒpɪ] *adj (careless)* peu soigné (e).
slot [slɒt] *n* **1.** *(opening)* fente *f.* **2.** *(groove)* rainure *f.* **3.** *(in schedule)* créneau *m.*
slot machine *n* **1.** *(vending machine)* distributeur *m* automatique. **2.** *(for gambling)* machine *f* à sous.
slouch [slaʊtʃ] *vi* être avachi(e).
Slovakia [slə'vækɪə] *n* Slovaquie *f.*
slovenly ['slʌvnlɪ] *adj* négligé(e).
slow [sləʊ] ◇ *adj* **1.** *(gen)* lent(e). **2.** *(clock, watch)*: **to be ~** retarder. ◇ *adv* lentement; **to go ~** *(driver)* aller lentement; *(workers)* faire la grève perlée. ◇ *vt & vi* ralentir. ◆ **slow down, slow up** *vt sep & vi* ralentir.
slowdown ['sləʊdaʊn] *n* ralentissement *m.*
slowly ['sləʊlɪ] *adv* lentement.
slow motion *n*: **in ~** au ralenti *m.*
sludge [slʌdʒ] *n* boue *f.*
slug [slʌg] *n* **1.** *(animal)* limace *f.* **2.** *inf (of alcohol)* rasade *f.* **3.** *Am inf (bullet)* balle *f.*
sluggish ['slʌgɪʃ] *adj (person)* apathique; *(movement, growth)* lent(e); *(business)* calme, stagnant(e).
sluice [slu:s] *n* écluse *f.*
slum [slʌm] *n (area)* quartier *m* pauvre.
slumber ['slʌmbəʳ] *literary* ◇ *n* sommeil *m.* ◇ *vi* dormir paisiblement.
slump [slʌmp] ◇ *n* **1.** *(decline)*: **~ (in)** baisse *f* (de). **2.** *(period of poverty)* crise *f* (économique). ◇ *vi lit & fig* s'effondrer.
slung [slʌŋ] *pt & pp* → **sling**.
slur [slɜːʳ] ◇ *n* **1.** *(slight)*: **~ (on)** atteinte *f* (à). **2.** *(insult)* affront *m*, insulte *f.* ◇ *vt* mal articuler.
slush [slʌʃ] *n (snow)* neige *f* fondue.
slush fund, slush money *Am n* fonds *mpl* secrets, caisse *f* noire.
slut [slʌt] *n* **1.** *inf (dirty, untidy)* souillon *f.* **2.** *v inf (sexually immoral)* salope *f.*
sly [slaɪ] (*compar* **slyer** OR **slier**, *superl* **slyest** OR **sliest**) *adj* **1.** *(look, smile)* entendu(e). **2.** *(person)* rusé(e), sournois(e).
smack [smæk] ◇ *n* **1.** *(slap)* claque *f*; *(on face)* gifle *f.* **2.** *(impact)* claquement *m.* ◇ *vt* **1.** *(slap)* donner une claque à; *(face)* gifler. **2.** *(place violently)* poser violemment.
small [smɔːl] *adj* **1.** *(gen)* petit(e). **2.** *(trivial)* petit, insignifiant(e).
small ads [-ædz] *npl Br* petites annonces *fpl.*
small change *n* petite monnaie *f.*
smallholder ['smɔːl,həʊldəʳ] *n Br* petit cultivateur *m.*
small hours *npl*: **in the ~** au petit jour OR matin.
smallpox ['smɔːlpɒks] *n* variole *f*, petite vérole *f.*
small print *n*: **the ~** les clauses *fpl* écrites en petits caractères.
small talk *n (U)* papotage *m*, bavardage *m.*
smarmy ['smɑːmɪ] *adj* mielleux(euse).
smart [smɑːt] ◇ *adj* **1.** *(stylish - person, clothes, car)* élégant(e). **2.** *(clever)* intelligent(e). **3.** *(fashionable - club, society, hotel)* à la mode, in (*inv*). **4.** *(quick - answer, tap)* vif (vive), rapide. ◇ *vi* **1.** *(eyes, skin)* brûler, piquer. **2.** *(person)* être blessé(e).
smart card *n* carte *f* à puce.
smarten ['smɑːtn] ◆ **smarten up** *vt sep (room)* arranger; **to ~ o.s. up** se faire beau (belle).
smash [smæʃ] ◇ *n* **1.** *(sound)* fracas *m.* **2.** *inf (car crash)* collision *f*, accident *m.* **3.** (SPORT) smash *m.* ◇ *vt* **1.** *(glass, plate etc)* casser, briser. **2.** *fig (defeat)* détruire. ◇ *vi* **1.** *(glass, plate etc)* se briser. **2.** *(crash)*: **to ~ into sthg** s'écraser contre qqch.
smashing ['smæʃɪŋ] *adj inf* super (*inv*).
smattering ['smætərɪŋ] *n*: **to have a ~ of German** savoir quelques mots d'allemand.
smear [smɪəʳ] ◇ *n* **1.** *(dirty mark)* tache *f.* **2.** (MED) frottis *m.* **3.** *(slander)* diffamation *f.* ◇ *vt* **1.** *(smudge)* barbouiller, maculer. **2.** *(spread)*: **to ~ sthg onto sthg** étaler qqch sur qqch; **to ~ sthg with sthg** enduire qqch de qqch. **3.** *(slander)* calomnier.
smell [smel] (*pt & pp* **-ed** OR **smelt**) ◇ *n* **1.** *(odour)* odeur *f.* **2.** *(sense of smell)* odorat *m.* ◇ *vt* sentir. ◇ *vi* **1.** *(flower, food)* sentir; **to ~ of sthg** sentir qqch; **to ~ good/bad** sentir bon/mauvais. **2.** *(smell unpleasantly)* sentir (mauvais), puer.
smelly ['smelɪ] *adj* qui sent mauvais, qui pue.
smelt [smelt] ◇ *pt & pp* → **smell**. ◇ *vt (metal)* extraire par fusion; *(ore)* fondre.
smile [smaɪl] ◇ *n* sourire *m.* ◇ *vi* sourire.
smirk [smɜːk] *n* sourire *m* narquois.
smock [smɒk] *n* blouse *f.*
smog [smɒg] *n* smog *m.*
smoke [sməʊk] ◇ *n (U) (from fire)* fumée *f.* ◇ *vt & vi* fumer.
smoked [sməʊkt] *adj (food)* fumé(e).
smoker ['sməʊkəʳ] *n* **1.** *(person)*

fumeur *m*, -euse *f*. 2. (RAIL) compartiment *m* fumeurs.
smokescreen ['sməʊkskri:n] *n fig* couverture *f*.
smoke shop *n Am* bureau *m* de tabac.
smoking ['sməʊkɪŋ] *n* tabagisme *m*; **'no ~'** 'défense de fumer'.
smoky ['sməʊkɪ] *adj* 1. *(room, air)* enfumé(e). 2. *(taste)* fumé(e).
smolder *Am* = **smoulder**.
smooth [smu:ð] ◇ *adj* 1. *(surface)* lisse. 2. *(sauce)* homogène, onctueux(euse). 3. *(movement)* régulier(ère). 4. *(taste)* moelleux(euse). 5. *(flight, ride)* confortable; *(landing, take-off)* en douceur. 6. *pej (person, manner)* doucereux(euse), mielleux(euse). 7. *(operation, progress)* sans problèmes. ◇ *vt (hair)* lisser; *(clothes, tablecloth)* défroisser. ◆ **smooth out** *vt sep* défroisser.
smother ['smʌðəʳ] *vt* 1. *(cover thickly)*: **to ~ sb/sthg with** couvrir qqn/qqch de. 2. *(person, fire)* étouffer. 3. *fig (emotions)* cacher, étouffer.
smoulder *Br*, **smolder** *Am* ['sməʊldəʳ] *vi lit & fig* couver.
smudge [smʌdʒ] ◇ *n* tache *f*; *(of ink)* bavure *f*. ◇ *vt (drawing, painting)* maculer; *(paper)* faire une marque OR trace sur; *(face)* salir.
smug [smʌg] *adj* suffisant(e).
smuggle ['smʌgl] *vt (across frontiers)* faire passer en contrebande.
smuggler ['smʌgləʳ] *n* contrebandier *m*, -ère *f*.
smuggling ['smʌglɪŋ] *n (U)* contrebande *f*.
smutty ['smʌtɪ] *adj pej (book, language)* cochon(onne).
snack [snæk] *n* casse-croûte *m inv*.
snack bar *n* snack *m*, snack-bar *m*.
snag [snæg] ◇ *n (problem)* inconvénient *m*, écueil *m*. ◇ *vi*: **to ~ (on)** s'accrocher (à).
snail [sneɪl] *n* escargot *m*.
snake [sneɪk] *n* serpent *m*.
snap [snæp] ◇ *adj (decision, election)* subit(e); *(judgment)* irréfléchi(e). ◇ *n* 1. *(of branch)* craquement *m*; *(of fingers)* claquement *m*. 2. *(photograph)* photo *f*. 3. *(card game)* ≃ bataille *f*. ◇ *vt* 1. *(break)* casser net. 2. *(speak sharply)* dire d'un ton sec. ◇ *vi* 1. *(break)* se casser net. 2. *(dog)*: **to ~ at** essayer de mordre. 3. *(speak sharply)*: **to ~ (at sb)** parler (à qqn) d'un ton sec. ◆ **snap up** *vt sep (bargain)* sauter sur.
snap fastener *n* pression *f*.
snappy ['snæpɪ] *adj inf* 1. *(stylish)* chic. 2. *(quick)* prompt(e); **make it ~!** dépêche-toi!, et que ça saute!
snapshot ['snæpʃɒt] *n* photo *f*.
snare [sneəʳ] ◇ *n* piège *m*, collet *m*. ◇ *vt* prendre au piège, attraper.
snarl [snɑ:l] ◇ *n* grondement *m*. ◇ *vi* gronder.
snatch [snætʃ] ◇ *n (of conversation)* bribe *f*; *(of song)* extrait *m*. ◇ *vt (grab)* saisir.
sneak [sni:k] (*Am pt* **snuck**) ◇ *n Br inf* rapporteur *m*, -euse *f*. ◇ *vt*: **to ~ a look at sb/sthg** regarder qqn/qqch à la dérobée. ◇ *vi (move quietly)* se glisser.
sneakers ['sni:kəz] *npl Am* tennis *mpl*, baskets *fpl*.
sneaky ['sni:kɪ] *adj inf* sournois(e).
sneer [snɪəʳ] ◇ *n (smile)* sourire *m* dédaigneux; *(laugh)* ricanement *m*. ◇ *vi (smile)* sourire dédaigneusement.
sneeze [sni:z] ◇ *n* éternuement *m*. ◇ *vi* éternuer.
snide [snaɪd] *adj* sournois(e).
sniff [snɪf] ◇ *vt (smell)* renifler. ◇ *vi (to clear nose)* renifler.
snigger ['snɪgəʳ] ◇ *n* rire *m* en dessous. ◇ *vi* ricaner.
snip [snɪp] ◇ *n inf (bargain)* bonne affaire *f*. ◇ *vt* couper.
sniper ['snaɪpəʳ] *n* tireur *m* isolé.
snippet ['snɪpɪt] *n* fragment *m*.
snivel ['snɪvl] *vi* geindre.
snob [snɒb] *n* snob *mf*.
snobbish ['snɒbɪʃ], **snobby** ['snɒbɪ] *adj* snob (*inv*).
snooker ['snu:kəʳ] *n (game)* ≃ jeu *m* de billard.
snoop [snu:p] *vi inf* fureter.
snooty ['snu:tɪ] *adj inf* prétentieux(euse).
snooze [snu:z] ◇ *n* petit somme *m*. ◇ *vi* faire un petit somme.
snore [snɔ:ʳ] ◇ *n* ronflement *m*. ◇ *vi* ronfler.
snoring ['snɔ:rɪŋ] *n (U)* ronflement *m*, ronflements *mpl*.
snorkel ['snɔ:kl] *n* tuba *m*.
snort [snɔ:t] ◇ *n (of person)* grognement *m*; *(of horse, bull)* ébrouement *m*. ◇ *vi (person)* grogner; *(horse)* s'ébrouer.
snout [snaʊt] *n* groin *m*.
snow [snəʊ] ◇ *n* neige *f*. ◇ *v impers* neiger.
snowball ['snəʊbɔ:l] ◇ *n* boule *f* de neige. ◇ *vi fig* faire boule de neige.
snowbank ['snəʊbæŋk] *n* congère *f*, banc *m* de neige *Can*.
snowbound ['snəʊbaʊnd] *adj* bloqué (e) par la neige.

snowdrift ['snəʊdrɪft] *n* congère *f*.
snowdrop ['snəʊdrɒp] *n* perce-neige *m inv*.
snowfall ['snəʊfɔːl] *n* chute *f* de neige.
snowflake ['snəʊfleɪk] *n* flocon *m* de neige.
snowman ['snəʊmæn] (*pl* **-men** [-men]) *n* bonhomme *m* de neige.
snowmobile ['snəʊməbiːl] *n* scooter *m* des neiges, motoneige *f Can*.
snowplough *Br*, **snowplow** *Am* ['snəʊplaʊ] *n* chasse-neige *m inv*.
snowshoe ['snəʊʃuː] *n* raquette *f*.
snowstorm ['snəʊstɔːm] *n* tempête *f* de neige.
SNP (*abbr of* **Scottish National Party**) *n parti nationaliste écossais*.
Snr, snr *abbr of* **senior**.
snub [snʌb] ◇ *n* rebuffade *f*. ◇ *vt* snober, ignorer.
snuck [snʌk] *Am pt* → **sneak**.
snuff [snʌf] *n* tabac *m* à priser.
snug [snʌg] *adj* **1.** *(person)* à l'aise, confortable; *(in bed)* bien au chaud. **2.** *(place)* douillet(ette). **3.** *(close-fitting)* bien ajusté(e).
snuggle ['snʌgl] *vi* se blottir.

so [səʊ] ◇ *adv* **1.** *(to such a degree)* si, tellement; **~ difficult (that) ...** si OR tellement difficile que ...; **don't be ~ stupid!** ne sois pas si bête!; **we had ~ much work!** nous avions tant de travail!; **I've never seen ~ much money/many cars** je n'ai jamais vu autant d'argent/de voitures. **2.** *(in referring back to previous statement, event etc)*: **~ what's the point then?** alors à quoi bon?; **~ you knew already?** alors tu le savais déjà?; **I don't think ~** je ne crois pas; **I'm afraid ~** je crains bien que oui; **if ~** si oui; **is that ~?** vraiment? **3.** *(also)* aussi; **~ can/do/would** *etc* **I** moi aussi; **she speaks French and ~ does her husband** elle parle français et son mari aussi. **4.** *(in this way)*: **(like) ~** comme cela OR ça, de cette façon. **5.** *(in expressing agreement)*: **~ there is** en effet, c'est vrai; **~ I see** c'est ce que je vois. **6.** *(unspecified amount, limit)*: **they pay us ~ much a week** ils nous payent tant par semaine; **or ~** environ, à peu près. ◇ *conj* alors; **I'm away next week ~ I won't be there** je suis en voyage la semaine prochaine donc OR par conséquent je ne serai pas là; **~ what have you been up to?** alors, qu'est-ce que vous devenez?; **~ what?** *inf* et alors?, et après?; **~ there!** *inf* là!, et voilà! ◆ **so as** *conj* afin de, pour; **we didn't knock ~ as not to disturb them** nous n'avons pas frappé pour ne pas les déranger. ◆ **so that** *conj (for the purpose that)* pour que (+ *subjunctive*).
soak [səʊk] ◇ *vt* laisser OR faire tremper. ◇ *vi* **1.** *(become thoroughly wet)*: **to leave sthg to ~, to let sthg ~** laisser OR faire tremper qqch. **2.** *(spread)*: **to ~ into sthg** tremper dans qqch; **to ~ through (sthg)** traverser (qqch). ◆ **soak up** *vt sep* absorber.
soaking ['səʊkɪŋ] *adj* trempé(e).
so-and-so *n inf* **1.** *(to replace a name)*: **Mr ~** Monsieur un tel. **2.** *(annoying person)* enquiquineur *m*, -euse *f*.
soap [səʊp] *n* **1.** *(U) (for washing)* savon *m*. **2.** (TV) soap opera *m*.
soap flakes *npl* savon *m* en paillettes.
soap opera *n* soap opera *m*.
soap powder *n* lessive *f*.
soapy ['səʊpɪ] *adj (water)* savonneux (euse); *(taste)* de savon.
soar [sɔːʳ] *vi* **1.** *(bird)* planer. **2.** *(balloon, kite)* monter. **3.** *(prices, temperature)* monter en flèche.
sob [sɒb] ◇ *n* sanglot *m*. ◇ *vi* sangloter.
sober ['səʊbəʳ] *adj* **1.** *(not drunk)* qui n'est pas ivre. **2.** *(serious)* sérieux(euse). **3.** *(plain - clothes, colours)* sobre. ◆ **sober up** *vi* dessoûler.
sobering ['səʊbərɪŋ] *adj* qui donne à réfléchir.
so-called [-kɔːld] *adj* **1.** *(misleadingly named)* soi-disant (*inv*). **2.** *(widely known as)* ainsi appelé(e).
soccer ['sɒkəʳ] *n* football *m*.
sociable ['səʊʃəbl] *adj* sociable.
social ['səʊʃl] *adj* social(e).
social club *n* club *m*.
socialism ['səʊʃəlɪzm] *n* socialisme *m*.
socialist ['səʊʃəlɪst] ◇ *adj* socialiste. ◇ *n* socialiste *mf*.
socialize, -ise ['səʊʃəlaɪz] *vi* fréquenter des gens; **to ~ with sb** fréquenter qqn, frayer avec qqn.
social security *n* aide *f* sociale.
social services *npl* services *mpl* sociaux.
social worker *n* assistant social *m*, assistante sociale *f*.
society [sə'saɪətɪ] *n* **1.** *(gen)* société *f*. **2.** *(club)* association *f*, club *m*.
sociology [ˌsəʊsɪ'ɒlədʒɪ] *n* sociologie *f*.
sock [sɒk] *n* chaussette *f*.
socket ['sɒkɪt] *n* **1.** *(for light bulb)* douille *f*; *(for plug)* prise *f* de courant.

2. *(of eye)* orbite *f*; *(for bone)* cavité *f* articulaire.

sod [sɒd] *n* **1.** *(of turf)* motte *f* de gazon. **2.** *v inf (person)* con *m*.

soda ['səʊdə] *n* **1.** (CHEM) soude *f*. **2.** *(soda water)* eau *f* de Seltz. **3.** *Am (fizzy drink)* soda *m*.

soda water *n* eau *f* de Seltz.

sodden ['sɒdn] *adj* trempé(e), détrempé(e).

sodium ['səʊdɪəm] *n* sodium *m*.

sofa ['səʊfə] *n* canapé *m*.

Sofia ['səʊfjə] *n* Sofia.

soft [sɒft] *adj* **1.** *(not hard)* doux (douce), mou (molle). **2.** *(smooth, not loud, not bright)* doux (douce). **3.** *(without force)* léger(ère). **4.** *(caring)* tendre. **5.** *(lenient)* faible, indulgent(e).

soft drink *n* boisson *f* non alcoolisée.

soften ['sɒfn] ◇ *vt* **1.** *(fabric)* assouplir; *(substance)* ramollir; *(skin)* adoucir. **2.** *(shock, blow)* atténuer, adoucir. **3.** *(attitude)* modérer, adoucir. ◇ *vi* **1.** *(substance)* se ramollir. **2.** *(attitude, person)* s'adoucir, se radoucir.

softhearted [ˌsɒft'hɑːtɪd] *adj* au cœur tendre.

softly ['sɒftlɪ] *adv* **1.** *(gently, quietly)* doucement. **2.** *(not brightly)* faiblement. **3.** *(leniently)* avec indulgence.

soft-spoken *adj* à la voix douce.

software ['sɒftweəʳ] *n (U)* (COMPUT) logiciel *m*.

soggy ['sɒgɪ] *adj* trempé(e), détrempé(e).

soil [sɔɪl] ◇ *n (U)* **1.** *(earth)* sol *m*, terre *f*. **2.** *fig (territory)* sol *m*, territoire *m*. ◇ *vt* souiller, salir.

soiled [sɔɪld] *adj* sale.

solace ['sɒləs] *n literary* consolation *f*, réconfort *m*.

solar ['səʊləʳ] *adj* solaire.

sold [səʊld] *pt & pp* → **sell**.

solder ['səʊldəʳ] ◇ *n (U)* soudure *f*. ◇ *vt* souder.

soldier ['səʊldʒəʳ] *n* soldat *m*.

sold-out *adj (tickets)* qui ont tous été vendus; *(play, concert)* qui joue à guichets fermés.

sole [səʊl] (*pl sense 2 only inv* OR **-s**) ◇ *adj* **1.** *(only)* seul(e), unique. **2.** *(exclusive)* exclusif(ive). ◇ *n* **1.** *(of foot)* semelle *f*. **2.** *(fish)* sole *f*.

solemn ['sɒləm] *adj* solennel(elle); *(person)* sérieux(euse).

solicit [sə'lɪsɪt] ◇ *vt (request)* solliciter. ◇ *vi (prostitute)* racoler.

solicitor [sə'lɪsɪtəʳ] *n Br* (JUR) notaire *m*.

solid ['sɒlɪd] ◇ *adj* **1.** *(not fluid, sturdy, reliable)* solide. **2.** *(not hollow - tyres)* plein(e); *(- wood, rock, gold)* massif(ive). **3.** *(without interruption)*: **two hours ~** deux heures d'affilée. ◇ *n* solide *m*.

solidarity [ˌsɒlɪ'dærətɪ] *n* solidarité *f*.

solitaire [ˌsɒlɪ'teəʳ] *n* **1.** *(jewel, board game)* solitaire *m*. **2.** *Am (card game)* réussite *f*, patience *f*.

solitary ['sɒlɪtrɪ] *adj* **1.** *(lonely, alone)* solitaire. **2.** *(just one)* seul(e).

solitary confinement *n* isolement *m* cellulaire.

solitude ['sɒlɪtjuːd] *n* solitude *f*.

solo ['səʊləʊ] (*pl* **-s**) ◇ *adj* solo (*inv*). ◇ *n* solo *m*. ◇ *adv* en solo.

soloist ['səʊləʊɪst] *n* soliste *mf*.

soluble ['sɒljʊbl] *adj* soluble.

solution [sə'luːʃn] *n* **1.** *(to problem)*: **~ (to)** solution *f* (de). **2.** *(liquid)* solution *f*.

solve [sɒlv] *vt* résoudre.

solvent ['sɒlvənt] ◇ *adj* (FIN) solvable. ◇ *n* dissolvant *m*, solvant *m*.

Somalia [sə'mɑːlɪə] *n* Somalie *f*.

sombre *Br*, **somber** *Am* ['sɒmbəʳ] *adj* sombre.

---

some [sʌm] ◇ *adj* **1.** *(a certain amount, number of)*: **~ meat** de la viande; **~ money** de l'argent; **~ coffee** du café; **~ sweets** des bonbons. **2.** *(fairly large number or quantity of)* quelque; **I had ~ difficulty getting here** j'ai eu quelque mal à venir ici; **I've known him for ~ years** je le connais depuis plusieurs années OR pas mal d'années. **3.** *(contrastive use) (certain)*: **~ jobs are better paid than others** certains boulots sont mieux rémunérés que d'autres; **~ people like his music** il y en a qui aiment sa musique. **4.** *(in imprecise statements)* quelque, quelconque; **she married ~ writer or other** elle a épousé un écrivain quelconque OR quelque écrivain; **there must be ~ mistake** il doit y avoir erreur. **5.** *inf (very good)*: **that was ~ party!** c'était une soirée formidable!, quelle soirée! ◇ *pron* **1.** *(a certain amount)*: **can I have ~?** *(money, milk, coffee etc)* est-ce que je peux en prendre?; **~ of it is mine** une partie est à moi. **2.** *(a certain number)* quelques-uns (quelques-unes), certains (certaines); **can I have ~?** *(books, pens, potatoes etc)* est-ce que je peux en prendre (quelques-uns)?; **~ (of them) left early** quelques-uns d'entre eux sont partis tôt. ◇ *adv* quelque, environ; **there were ~ 7,000 people there** il y avait quelque OR environ 7 000 personnes.

- Lorsque *some* est un adjectif ou un pronom, il n'apparaît que dans des contextes affirmatifs (*there are some cakes left; some of my old school friends are married*); dans les phrases négatives, il est remplacé par *no* lorsqu'il est adjectif, et par *none* lorsqu'il est pronom (*there are no cakes left; none of my old school friends are married*). Lorsque le verbe est à la forme négative, *some* est remplacé par *any* (*I don't know if there are any cakes left; there aren't any cakes left*).
- Il est possible d'utiliser *some* dans les questions, si l'on s'attend à une réponse affirmative (*would you like some soup?*). Si ce n'est pas le cas, on remplace *some* par *any* (*is there any soup left?*).
- Voir aussi NO, NONE.

somebody ['sʌmbədɪ] *pron* quelqu'un.

- Voir QUELQU'UN dans la partie français-anglais du dictionnaire.

someday ['sʌmdeɪ] *adv* un jour, un de ces jours.

somehow ['sʌmhaʊ], **someway** *Am* ['sʌmweɪ] *adv* **1.** *(by some action)* d'une manière ou d'une autre. **2.** *(for some reason)* pour une raison ou pour une autre.

someone ['sʌmwʌn] *pron* quelqu'un.

someplace *Am* = **somewhere**.

somersault ['sʌməsɔːlt] ◇ *n* cabriole *f*, culbute *f*. ◇ *vi* faire une cabriole OR culbute.

something ['sʌmθɪŋ] ◇ *pron (unknown thing)* quelque chose; **~ odd/interesting** quelque chose de bizarre/d'intéressant; **or ~** *inf* ou quelque chose comme ça. ◇ *adv*: **~ like, ~ in the region of** environ, à peu près.

sometime ['sʌmtaɪm] ◇ *adj* ancien(enne). ◇ *adv* un de ces jours; **~ last week** la semaine dernière.

sometimes ['sʌmtaɪmz] *adv* quelquefois, parfois.

someway *Am* = **somehow**.

somewhat ['sʌmwɒt] *adv* quelque peu.

somewhere *Br* ['sʌmweəʳ], **someplace** *Am* ['sʌmpleɪs] *adv* **1.** *(unknown place)* quelque part; **~ else** ailleurs; **~ near here** près d'ici. **2.** *(used in approximations)* environ, à peu près.

son [sʌn] *n* fils *m*.

song [sɒŋ] *n* chanson *f*; *(of bird)* chant *m*, ramage *m*.

sonic ['sɒnɪk] *adj* sonique.

son-in-law (*pl* **sons-in-law** OR **son-in-laws**) *n* gendre *m*, beau-fils *m*.

sonnet ['sɒnɪt] *n* sonnet *m*.

sonny ['sʌnɪ] *n inf* fiston *m*.

soon [suːn] *adv* **1.** *(before long)* bientôt; **~ after** peu après. **2.** *(early)* tôt; **write back ~** réponds-moi vite; **how ~ will it be ready?** ce sera prêt quand?, dans combien de temps est-ce que ce sera prêt?; **as ~ as** dès que, aussitôt que.

sooner ['suːnəʳ] *adv* **1.** *(in time)* plus tôt; **no ~ ... than ...** à peine ... que ...; **~ or later** tôt ou tard; **the ~ the better** le plus tôt sera le mieux. **2.** *(expressing preference)*: **I would ~ ...** je préférerais ..., j'aimerais mieux ...

soot [sʊt] *n* suie *f*.

soothe [suːð] *vt* calmer, apaiser.

sophisticated [səˈfɪstɪkeɪtɪd] *adj* **1.** *(stylish)* raffiné(e), sophistiqué(e). **2.** *(intelligent)* averti(e). **3.** *(complicated)* sophistiqué(e), très perfectionné(e).

sophomore ['sɒfəmɔːʳ] *n Am* étudiant *m*, -e *f* de seconde année.

soporific [ˌsɒpəˈrɪfɪk] *adj* soporifique.

sopping ['sɒpɪŋ] *adj*: **~ (wet)** tout trempé (toute trempée).

soppy ['sɒpɪ] *adj inf* **1.** *(sentimental - book, film)* à l'eau de rose; *(- person)* sentimental(e). **2.** *(silly)* bêta(asse), bête.

soprano [səˈprɑːnəʊ] (*pl* **-s**) *n (person)* soprano *mf*; *(voice)* soprano *m*.

sorbet ['sɔːbeɪ] *n* sorbet *m*.

sorcerer ['sɔːsərəʳ] *n* sorcier *m*.

sordid ['sɔːdɪd] *adj* sordide.

sore [sɔːʳ] ◇ *adj* **1.** *(painful)* douloureux(euse); **to have a ~ throat** avoir mal à la gorge. **2.** *Am (upset)* fâché(e), contrarié(e). ◇ *n* plaie *f*.

sorely ['sɔːlɪ] *adv literary (needed)* grandement.

sorrow ['sɒrəʊ] *n* peine *f*, chagrin *m*.

sorry ['sɒrɪ] ◇ *adj* **1.** *(expressing apology, disappointment, sympathy)* désolé(e); **to be ~ about sthg** s'excuser pour qqch; **to be ~ for sthg** regretter qqch; **to be ~ to do sthg** être désolé OR regretter de faire qqch; **to be** OR **feel ~ for sb** plaindre qqn. **2.** *(poor)*: **in a ~ state** en piteux état, dans un triste état. ◇ *excl* **1.** *(expressing apology)* pardon!, excusez-moi!; **~, we're sold out** désolé, on n'en a plus. **2.** *(asking for repetition)* pardon?, comment? **3.** *(to correct oneself)* non, pardon OR je veux dire.

sort [sɔːt] ◇ *n* genre *m*, sorte *f*, espèce *f*; **~ of** *(rather)* plutôt, quelque peu; **a ~ of** une espèce OR sorte de. ◇ *vt* trier, classer. ◆ **sort out** *vt sep* **1.** *(classify)* ranger, classer. **2.** *(solve)* résoudre.
sorting office ['sɔːtɪŋ-] *n* centre *m* de tri.
SOS (*abbr of* **save our souls**) *n* SOS *m*.
so-so *inf* ◇ *adj* quelconque. ◇ *adv* comme ci comme ça.
sought [sɔːt] *pt & pp* → **seek**.
soul [səʊl] *n* **1.** *(gen)* âme *f*. **2.** *(music)* soul *m*.
soul-destroying [-dɪˌstrɔɪɪŋ] *adj* abrutissant(e).
soulful ['səʊlfʊl] *adj* *(look)* expressif (ive); *(song etc)* sentimental(e).
sound [saʊnd] ◇ *adj* **1.** *(healthy - body)* sain(e), en bonne santé; *(- mind)* sain. **2.** *(sturdy)* solide. **3.** *(reliable - advice)* judicieux(euse), sage; *(- investment)* sûr (e). ◇ *adv*: **to be ~ asleep** dormir à poings fermés, dormir d'un sommeil profond. ◇ *n* son *m*; *(particular sound)* bruit *m*, son *m*; **by the ~ of it ...** d'après ce que j'ai compris ... ◇ *vt (alarm, bell)* sonner. ◇ *vi* **1.** *(make a noise)* sonner, retentir; **to ~ like sthg** ressembler à qqch. **2.** *(seem)* sembler, avoir l'air; **to ~ like sthg** avoir l'air de qqch, sembler être qqch. ◆ **sound out** *vt sep*: **to ~ sb out (on** OR **about)** sonder qqn (sur).
sound barrier *n* mur *m* du son.
sound effects *npl* bruitage *m*, effets *mpl* sonores.
sounding ['saʊndɪŋ] *n* (NAUT *& fig)* sondage *m*.
soundly ['saʊndlɪ] *adv* **1.** *(beaten)* à plates coutures. **2.** *(sleep)* profondément.
soundproof ['saʊndpruːf] *adj* insonorisé(e).
soundtrack ['saʊndtræk] *n* bande-son *f*.
soup [suːp] *n* soupe *f*, potage *m*.
soup plate *n* assiette *f* creuse OR à soupe.
soup spoon *n* cuiller *f* à soupe.
sour ['saʊəʳ] ◇ *adj* **1.** *(taste, fruit)* acide, aigre. **2.** *(milk)* aigre. **3.** *(ill-tempered)* aigre, acerbe. ◇ *vt fig* faire tourner au vinaigre, faire mal tourner.
source [sɔːs] *n* **1.** *(gen)* source *f*. **2.** *(cause)* origine *f*, cause *f*.
sour grapes *n (U) inf*: **what he said was just ~** il a dit ça par dépit.
south [saʊθ] ◇ *n* **1.** *(direction)* sud *m*. **2.** *(region)*: **the ~** le sud; **the South of France** le Sud de la France, le Midi (de la France). ◇ *adj* sud *(inv)*; *(wind)* du sud. ◇ *adv* au sud, vers le sud; **~ of** au sud de.
South Africa *n* Afrique *f* du Sud.
South African ◇ *adj* sud-africain(e). ◇ *n (person)* Sud-Africain *m*, -e *f*.
South America *n* Amérique *f* du Sud.
South American ◇ *adj* sud-américain(e). ◇ *n (person)* Sud-Américain *m*, -e *f*.
southeast [ˌsaʊθ'iːst] ◇ *n* **1.** *(direction)* sud-est *m*. **2.** *(region)*: **the ~** le sud-est. ◇ *adj* au sud-est, du sud-est; *(wind)* du sud-est. ◇ *adv* au sud-est, vers le sud-est; **~ of** au sud-est de.
southerly ['sʌðəlɪ] *adj* au sud, du sud; *(wind)* du sud.
southern ['sʌðən] *adj* du sud; *(France)* du Midi.
South Korea *n* Corée *f* du Sud.
South Pole *n*: **the ~** le pôle Sud.
southward ['saʊθwəd] ◇ *adj* au sud, du sud. ◇ *adv* = **southwards**.
southwards ['saʊθwədz] *adv* vers le sud.
southwest [ˌsaʊθ'west] ◇ *n* **1.** *(direction)* sud-ouest *m*. **2.** *(region)*: **the ~** le sud-ouest. ◇ *adj* au sud-ouest, du sud-ouest; *(wind)* du sud-ouest. ◇ *adv* au sud-ouest, vers le sud-ouest; **~ of** au sud-ouest de.
souvenir [ˌsuːvə'nɪəʳ] *n* souvenir *m*.
sovereign ['sɒvrɪn] ◇ *adj* souverain(e). ◇ *n* **1.** *(ruler)* souverain *m*, -e *f*. **2.** *(coin)* souverain *m*.
soviet ['səʊvɪət] *n* soviet *m*. ◆ **Soviet** ◇ *adj* soviétique. ◇ *n (person)* Soviétique *mf*.
Soviet Union *n*: **the (former) ~** l'(ex-) Union *f* soviétique.
sow[1] [səʊ] (*pt* **-ed**, *pp* **sown** OR **-ed**) *vt lit & fig* semer.
sow[2] [saʊ] *n* truie *f*.
sown [səʊn] *pp* → **sow**[1].
soya ['sɔɪə] *n* soja *m*.
soy(a) bean ['sɔɪ(ə)-] *n* graine *f* de soja.
spa [spɑː] *n* station *f* thermale.
space [speɪs] ◇ *n* **1.** *(gap, roominess, outer space)* espace *m*; *(on form)* blanc *m*, espace. **2.** *(room)* place *f*. **3.** *(of time)*: **within** OR **in the ~ of ten minutes** en l'espace de dix minutes. ◇ *comp* spatial (e). ◇ *vt* espacer. ◆ **space out** *vt sep* espacer.
spacecraft ['speɪskrɑːft] (*pl inv*) *n* vaisseau *m* spatial.

spaceman ['speɪsmæn] (*pl* **-men** [-men]) *n* astronaute *m*, cosmonaute *m*.
spaceship ['speɪsʃɪp] *n* vaisseau *m* spatial.
space shuttle *n* navette *f* spatiale.
spacesuit ['speɪssu:t] *n* combinaison *f* spatiale.
spacing ['speɪsɪŋ] *n* (TYPO) espacement *m*.
spacious ['speɪʃəs] *adj* spacieux(euse).
spade [speɪd] *n* **1.** *(tool)* pelle *f*. **2.** *(playing card)* pique *m*. ◆ **spades** *npl* pique *m*.
spaghetti [spə'getɪ] *n* *(U)* spaghettis *mpl*.
Spain [speɪn] *n* Espagne *f*.
spam [spæm] *n (U) pej* (COMPUT) *messages publicitaires envoyés en masse sur l'Internet.*
span [spæn] ◇ *pt* → **spin**. ◇ *n* **1.** *(in time)* espace *m* de temps, durée *f*. **2.** *(range)* éventail *m*, gamme *f*. **3.** *(of bird, plane)* envergure *f*. **4.** *(of bridge)* travée *f*; *(of arch)* ouverture *f*. ◇ *vt* **1.** *(in time)* embrasser, couvrir. **2.** *(subj: bridge)* franchir.
Spaniard ['spænjəd] *n* Espagnol *m*, -e *f*.
spaniel ['spænjəl] *n* épagneul *m*.
Spanish ['spænɪʃ] ◇ *adj* espagnol(e). ◇ *n (language)* espagnol *m*. ◇ *npl*: **the ~** les Espagnols.
spank [spæŋk] *vt* donner une fessée à, fesser.
spanner ['spænəʳ] *n* clé *f* à écrous.
spar [spɑ:ʳ] ◇ *n* espar *m*. ◇ *vi* (BOXING) s'entraîner à la boxe.
spare [speəʳ] ◇ *adj* **1.** *(surplus)* de trop; *(component, clothing etc)* de réserve, de rechange. **2.** *(available - seat, time, tickets)* disponible. ◇ *n (part)* pièce *f* détachée OR de rechange. ◇ *vt* **1.** *(make available - staff, money)* se passer de; *(- time)* disposer de; **to have an hour to ~** avoir une heure de battement OR de libre; **with a minute to ~** avec une minute d'avance. **2.** *(not harm)* épargner. **3.** *(not use)* épargner, ménager; **to ~ no expense** ne pas regarder à la dépense. **4.** *(save from)*: **to ~ sb sthg** épargner qqch à qqn, éviter qqch à qqn.
spare part *n* pièce *f* détachée OR de rechange.
spare time *n (U)* temps *m* libre, loisirs *mpl*.
spare wheel *n* roue *f* de secours.
sparing ['speərɪŋ] *adj*: **to be ~ with** OR **of sthg** être économe de qqch, ménager qqch.
sparingly ['speərɪŋlɪ] *adv (use)* avec modération; *(spend)* avec parcimonie.
spark [spɑ:k] *n lit & fig* étincelle *f*.
sparking plug ['spɑ:kɪŋ-] *Br* = **spark plug**.
sparkle ['spɑ:kl] ◇ *n (U) (of eyes, jewel)* éclat *m*; *(of stars)* scintillement *m*. ◇ *vi* étinceler, scintiller.
sparkling wine ['spɑ:klɪŋ-] *n* vin *m* mousseux.
spark plug *n* bougie *f*.
sparrow ['spærəʊ] *n* moineau *m*.
sparse ['spɑ:s] *adj* clairsemé(e), épars (e).
spasm ['spæzm] *n* **1.** (MED) spasme *m*; *(of coughing)* quinte *f*. **2.** *(of emotion)* accès *m*.
spastic ['spæstɪk] (MED) *n* handicapé *m*, -e *f* moteur.
spat [spæt] *pt & pp* → **spit**.
spate [speɪt] *n (of attacks etc)* série *f*.
spatter ['spætəʳ] *vt* éclabousser.
spawn [spɔ:n] ◇ *n (U)* frai *m*, œufs *mpl*. ◇ *vt fig* donner naissance à, engendrer. ◇ *vi (fish, frog)* frayer.
speak [spi:k] (*pt* **spoke**, *pp* **spoken**) ◇ *vt* **1.** *(say)* dire. **2.** *(language)* parler. ◇ *vi* parler; **to ~ to** OR **with sb** parler à qqn; **to ~ to sb about sthg** parler de qqch à qqn; **to ~ about sb/sthg** parler de qqn/qqch. ◆ **so to speak** *adv* pour ainsi dire. ◆ **speak for** *vt fus (represent)* parler pour, parler au nom de. ◆ **speak up** *vi* **1.** *(support)*: **to ~ up for sb/sthg** parler en faveur de qqn/qqch, soutenir qqn/qqch. **2.** *(speak louder)* parler plus fort.
speaker ['spi:kəʳ] *n* **1.** *(person talking)* personne *f* qui parle. **2.** *(person making speech)* orateur *m*. **3.** *(of language)*: **a German ~** une personne qui parle allemand. **4.** *(loudspeaker)* haut-parleur *m*.
speaking ['spi:kɪŋ] *adv*: **relatively/politically ~** relativement/politiquement parlant.
spear [spɪəʳ] ◇ *n* lance *f*. ◇ *vt* transpercer d'un coup de lance.
spearhead ['spɪəhed] ◇ *n* fer *m* de lance. ◇ *vt (campaign)* mener; *(attack)* être le fer de lance de.
spec [spek] *n Br inf*: **on ~** à tout hasard.
special ['speʃl] *adj* **1.** *(gen)* spécial(e). **2.** *(needs, effort, attention)* particulier (ère).
special delivery *n (U) (service)* exprès *m*, envoi *m* par exprès; **by ~** en exprès.
specialist ['speʃəlɪst] ◇ *adj* spécialisé (e). ◇ *n* spécialiste *mf*.
speciality [,speʃɪ'ælətɪ], **specialty**

Am ['speʃltɪ] *n* spécialité *f*.
specialize, -ise ['speʃəlaɪz] *vi*: **to ~ (in)** se spécialiser (dans).
specially ['speʃəlɪ] *adv* **1.** *(specifically)* spécialement; *(on purpose)* exprès. **2.** *(particularly)* particulièrement.
specialty *n Am* = **speciality**.
species ['spi:ʃi:z] *(pl inv) n* espèce *f*.
specific [spə'sɪfɪk] *adj* **1.** *(particular)* particulier(ère), précis(e). **2.** *(precise)* précis(e). **3.** *(unique)*: **~ to** propre à.
specifically [spə'sɪfɪklɪ] *adv* **1.** *(particularly)* particulièrement, spécialement. **2.** *(precisely)* précisément.
specify ['spesɪfaɪ] *vt* préciser, spécifier.
specimen ['spesɪmən] *n* **1.** *(example)* exemple *m*, spécimen *m*. **2.** *(of blood)* prélèvement *m*; *(of urine)* échantillon *m*.
speck [spek] *n* **1.** *(small stain)* toute petite tache *f*. **2.** *(of dust)* grain *m*.
speckled ['spekld] *adj*: **~ (with)** tacheté(e) (de).
specs [speks] *npl inf (glasses)* lunettes *fpl*.
spectacle ['spektəkl] *n* spectacle *m*. ◆ **spectacles** *npl Br (glasses)* lunettes *fpl*.
spectacular [spek'tækjʊlə^r] *adj* spectaculaire.
spectator [spek'teɪtə^r] *n* spectateur *m*, -trice *f*.
spectre *Br*, **specter** *Am* ['spektə^r] *n* spectre *m*.
spectrum ['spektrəm] (*pl* **-tra** [-trə]) *n* **1.** (PHYSICS) spectre *m*. **2.** *fig (variety)* gamme *f*.
speculation [ˌspekjʊ'leɪʃn] *n* **1.** *(gen)* spéculation *f*. **2.** *(conjecture)* conjectures *fpl*.
sped [sped] *pt & pp* → **speed**.
speech [spi:tʃ] *n* **1.** *(U) (ability)* parole *f*. **2.** *(formal talk)* discours *m*. **3.** (THEATRE) texte *m*. **4.** *(manner of speaking)* façon *f* de parler. **5.** *(dialect)* parler *m*.
speechless ['spi:tʃlɪs] *adj*: **~ (with)** muet(ette) (de).
speed [spi:d] (*pt & pp* **-ed** OR **sped**) ◇ *n* vitesse *f*; *(of reply, action)* vitesse, rapidité *f*. ◇ *vi* **1.** *(move fast)*: **to ~ along** aller à toute allure OR vitesse; **to ~ away** démarrer à toute allure. **2.** (AUT) *(go too fast)* rouler trop vite, faire un excès de vitesse. ◆ **speed up** ◇ *vt sep (person)* faire aller plus vite; *(work, production)* accélérer. ◇ *vi* aller plus vite; *(car)* accélérer.
speedboat ['spi:dbəʊt] *n* hors-bord *m inv*.
speed camera *n* = cinémomètre *m*.
speeding ['spi:dɪŋ] *n (U)* excès *m* de vitesse.
speed limit *n* limitation *f* de vitesse.
speedometer [spɪ'dɒmɪtə^r] *n* compteur *m* (de vitesse).
speedway ['spi:dweɪ] *n* **1.** *(U)* (SPORT) course *f* de motos. **2.** *Am (road)* voie *f* express.
speedy ['spi:dɪ] *adj* rapide.
spell [spel] (*Br pt & pp* **spelt** OR **-ed**, *Am pt & pp* **-ed**) ◇ *n* **1.** *(period of time)* période *f*. **2.** *(enchantment)* charme *m*; *(words)* formule *f* magique; **to cast** OR **put a ~ on sb** jeter un sort à qqn, envoûter qqn. ◇ *vt* **1.** *(word, name)* écrire. **2.** *fig (signify)* signifier. ◇ *vi* épeler. ◆ **spell out** *vt sep* **1.** *(read aloud)* épeler. **2.** *(explain)*: **to ~ sthg out (for** OR **to sb)** expliquer qqch clairement (à qqn).
spellbound ['spelbaʊnd] *adj* subjugué(e).
spelling ['spelɪŋ] *n* orthographe *f*.
spelt [spelt] *Br pt & pp* → **spell**.
spend [spend] (*pt & pp* **spent**) *vt* **1.** *(pay out)*: **to ~ money (on)** dépenser de l'argent (pour). **2.** *(time, life)* passer; *(effort)* consacrer.
spendthrift ['spendθrɪft] *n* dépensier *m*, -ère *f*.
spent [spent] ◇ *pt & pp* → **spend**. ◇ *adj (fuel, match, ammunition)* utilisé(e); *(patience, energy)* épuisé(e).
sperm [spɜ:m] (*pl inv* OR **-s**) *n* sperme *m*.
spew [spju:] *vt & vi* vomir.
sphere [sfɪə^r] *n* sphère *f*.
spice [spaɪs] *n* **1.** (CULIN) épice *f*. **2.** *(U) fig (excitement)* piment *m*.
spick-and-span [ˌspɪkən'spæn] *adj* impeccable, nickel (*inv*).
spicy ['spaɪsɪ] *adj* **1.** (CULIN) épicé(e). **2.** *fig (story)* pimenté(e), piquant(e).
spider ['spaɪdə^r] *n* araignée *f*.
spike [spaɪk] *n (metal)* pointe *f*, lance *f*; *(of plant)* piquant *m*; *(of hair)* épi *m*.
spill [spɪl] (*Br pt & pp* **spilt** OR **-ed**, *Am pt & pp* **-ed**) ◇ *vt* renverser. ◇ *vi (liquid)* se répandre.
spilt [spɪlt] *Br pt & pp* → **spill**.
spin [spɪn] (*pt* **span** OR **spun**, *pp* **spun**) ◇ *n* **1.** *(turn)*: **to give sthg a ~** faire tourner qqch. **2.** (AERON) vrille *f*. **3.** *inf (in car)* tour *m*. **4.** (SPORT) effet *m*. ◇ *vt* **1.** *(wheel)* faire tourner; **to ~ a coin** jouer à pile ou face. **2.** *(washing)* essorer. **3.** *(thread, wool, cloth)* filer. **4.** (SPORT) *(ball)* donner de l'effet à. ◇ *vi* tourner, tournoyer. ◆ **spin out** *vt sep (money, story)* faire durer.

spinach ['spɪnɪdʒ] *n (U)* épinards *mpl.*
spinal column ['spaɪnl-] *n* colonne *f* vertébrale.
spinal cord ['spaɪnl-] *n* moelle *f* épinière.
spindly ['spɪndlɪ] *adj* grêle, chétif(ive).
spin-dryer *n Br* essoreuse *f.*
spine [spaɪn] *n* **1.** (ANAT) colonne *f* vertébrale. **2.** *(of book)* dos *m.* **3.** *(of plant, hedgehog)* piquant *m.*
spinning ['spɪnɪŋ] *n (of thread)* filage *m.*
spinning top *n* toupie *f.*
spin-off *n (by-product)* dérivé *m.*
spinster ['spɪnstəʳ] *n* célibataire *f*; *pej* vieille fille *f.*
spiral ['spaɪərəl] ◇ *adj* spiral(e). ◇ *n* spirale *f.* ◇ *vi (staircase, smoke)* monter en spirale.
spiral staircase *n* escalier *m* en colimaçon.
spire ['spaɪəʳ] *n* flèche *f.*
spirit ['spɪrɪt] *n* **1.** *(gen)* esprit *m.* **2.** *(U) (determination)* caractère *m*, courage *m.* ◆ **spirits** *npl* **1.** *(mood)* humeur *f*; **to be in high ~s** être gai(e); **to be in low ~s** être déprimé(e). **2.** *(alcohol)* spiritueux *mpl.*
spirited ['spɪrɪtɪd] *adj* fougueux(euse); *(performance)* interprété(e) avec brio.
spirit level *n* niveau *m* à bulle d'air.
spiritual ['spɪrɪtʃʊəl] *adj* spirituel(elle).
spit [spɪt] (*Br pt & pp* **spat**, *Am pt & pp* **spit**) ◇ *n* **1.** *(U) (spittle)* crachat *m*; *(saliva)* salive *f.* **2.** *(skewer)* broche *f.* ◇ *vi* cracher. ◇ *v impers Br*: **it's spitting** il tombe quelques gouttes.
spite [spaɪt] ◇ *n* rancune *f.* ◇ *vt* contrarier. ◆ **in spite of** *prep* en dépit de, malgré.
spiteful ['spaɪtfʊl] *adj* malveillant(e).
spittle ['spɪtl] *n (U)* crachat *m.*
splash [splæʃ] ◇ *n* **1.** *(sound)* plouf *m.* **2.** *(of colour, light)* tache *f.* ◇ *vt* éclabousser. ◇ *vi* **1.** *(person)*: **to ~ about** OR **around** barboter. **2.** *(liquid)* jaillir. ◆ **splash out** *inf vi*: **to ~ out (on)** dépenser une fortune (pour).
spleen [spli:n] *n* **1.** (ANAT) rate *f.* **2.** *(U) fig (anger)* mauvaise humeur *f.*
splendid ['splendɪd] *adj* splendide; *(work, holiday, idea)* excellent(e).
splint [splɪnt] *n* attelle *f.*
splinter ['splɪntəʳ] ◇ *n* éclat *m.* ◇ *vi (wood)* se fendre en éclats; *(glass)* se briser en éclats.
split [splɪt] (*pt & pp* **split**, *cont* **-ting**) ◇ *n* **1.** *(in wood)* fente *f*; *(in garment - tear)* déchirure *f*; *(- by design)* échancrure *f.* **2.** (POL): **~ (in)** division *f* OR scission *f* (au sein de). **3.** *(difference)*: **~ between** écart *m* entre. ◇ *vt* **1.** *(wood)* fendre; *(clothes)* déchirer. **2.** (POL) diviser. **3.** *(share)* partager; **to ~ the difference** *fig* couper la poire en deux. ◇ *vi* **1.** *(wood)* se fendre; *(clothes)* se déchirer. **2.** (POL) se diviser; *(road, path)* se séparer. ◆ **split up** *vi (group, couple)* se séparer.
split second *n* fraction *f* de seconde.
splutter ['splʌtəʳ] *vi (person)* bredouiller, bafouiller; *(engine)* tousser; *(fire)* crépiter.
spoil [spɔɪl] (*pt & pp* **-ed** OR **spoilt**) *vt* **1.** *(ruin - holiday)* gâcher, gâter; *(- view)* gâter; *(- food)* gâter, abîmer. **2.** *(overindulge, treat well)* gâter. ◆ **spoils** *npl* butin *m.*
spoiled [spɔɪld] *adj* = **spoilt**.
spoilsport ['spɔɪlspɔ:t] *n* trouble-fête *mf inv.*
spoilt [spɔɪlt] ◇ *pt & pp* → **spoil**. ◇ *adj (child)* gâté(e).
spoke [spəʊk] ◇ *pt* → **speak**. ◇ *n* rayon *m.*
spoken ['spəʊkn] *pp* → **speak**.
spokesman ['spəʊksmən] (*pl* **-men** [-mən]) *n* porte-parole *m inv.*
spokeswoman ['spəʊks,wʊmən] (*pl* **-women** [-,wɪmɪn]) *n* porte-parole *m inv.*
sponge [spʌndʒ] (*Br cont* **spongeing**, *Am cont* **sponging**) ◇ *n* **1.** *(for cleaning, washing)* éponge *f.* **2.** *(cake)* gâteau *m* OR biscuit *m* de Savoie. ◇ *vt* éponger. ◇ *vi inf*: **to ~ off sb** taper qqn.
sponge bag *n Br* trousse *f* de toilette.
sponge cake *n* gâteau *m* OR biscuit *m* de Savoie.
sponsor ['spɒnsəʳ] ◇ *n* sponsor *m.* ◇ *vt* **1.** *(finance, for charity)* sponsoriser, parrainer. **2.** *(support)* soutenir.
sponsored walk [,spɒnsəd-] *n marche organisée pour recueillir des fonds.*

SPONSORED WALK

Les «sponsored walks» sont des marches organisées destinées à rassembler des fonds, chaque marcheur établissant une liste de personnes ayant accepté de donner une certaine somme d'argent par kilomètre parcouru. Le terme «sponsored» s'applique également à d'autres activités, sportives ou non: «sponsored swim», «sponsored parachute jump», etc.

sponsorship ['spɒnsəʃɪp] *n* sponsoring *m*, parrainage *m*.
spontaneous [spɒn'teɪnjəs] *adj* spontané(e).
spooky ['spu:kɪ] *adj inf* qui donne la chair de poule.
spool [spu:l] *n (gen & COMPUT)* bobine *f*.
spoon [spu:n] *n* cuillère *f*, cuiller *f*.
spoon-feed *vt* nourrir à la cuillère; **to ~ sb** *fig* mâcher le travail à qqn.
spoonful ['spu:nfʊl] (*pl* **-s** OR **spoonsful**) *n* cuillerée *f*.
sporadic [spə'rædɪk] *adj* sporadique.
sport [spɔ:t] *n* **1.** *(game)* sport *m*. **2.** *dated (cheerful person)* chic type *m* /fille *f*.
sporting ['spɔ:tɪŋ] *adj* **1.** *(relating to sport)* sportif(ive). **2.** *(generous, fair)* chic (*inv*); **to have a ~ chance of doing sthg** avoir des chances de faire qqch.
sports car ['spɔ:ts-] *n* voiture *f* de sport.
sports jacket ['spɔ:ts-] *n* veste *f* sport.
sportsman ['spɔ:tsmən] (*pl* **-men** [-mən]) *n* sportif *m*.
sportsmanship ['spɔ:tsmənʃɪp] *n* sportivité *f*, esprit *m* sportif.
sportswear ['spɔ:tsweəʳ] *n (U)* vêtements *mpl* de sport.
sportswoman ['spɔ:ts,wʊmən] (*pl* **-women** [-,wɪmɪn]) *n* sportive *f*.
sporty ['spɔ:tɪ] *adj inf (person)* sportif (ive).
spot [spɒt] ◇ *n* **1.** *(mark, dot)* tache *f*. **2.** *(pimple)* bouton *m*. **3.** *(drop)* goutte *f*. **4.** *inf (small amount)*: **to have a ~ of bother** avoir quelques ennuis. **5.** *(place)* endroit *m*; **on the ~** sur place; **to do sthg on the ~** faire qqch immédiatement OR sur-le-champ. **6.** (RADIO & TV) numéro *m*. ◇ *vt (notice)* apercevoir.
spot check *n* contrôle *m* au hasard OR intermittent.
spotless ['spɒtlɪs] *adj (clean)* impeccable.
spotlight ['spɒtlaɪt] *n (in theatre)* projecteur *m*, spot *m*; *(in home)* spot *m*; **to be in the ~** *fig* être en vedette.
spotted ['spɒtɪd] *adj (pattern, material)* à pois.
spotty ['spɒtɪ] *adj Br (skin)* boutonneux(euse).
spouse [spaʊs] *n* époux *m*, épouse *f*.
spout [spaʊt] ◇ *n* bec *m*. ◇ *vi*: **to ~ from** OR **out of** jaillir de.
sprain [spreɪn] ◇ *n* entorse *f*. ◇ *vt*: **to ~ one's ankle/wrist** se faire une entorse à la cheville/au poignet, se fouler la cheville/le poignet.
sprang [spræŋ] *pt* → **spring**.
sprawl [sprɔ:l] *vi* **1.** *(person)* être affalé (e). **2.** *(city)* s'étaler.
spray [spreɪ] ◇ *n* **1.** *(U) (of water)* gouttelettes *fpl*; *(from sea)* embruns *mpl*. **2.** *(container)* bombe *f*, pulvérisateur *m*. **3.** *(of flowers)* gerbe *f*. ◇ *vt (product)* pulvériser; *(plants, crops)* pulvériser de l'insecticide sur.
spread [spred] (*pt & pp* **spread**) ◇ *n* **1.** *(U) (food)* pâte *f* à tartiner. **2.** *(of fire, disease)* propagation *f*. **3.** *(of opinions)* gamme *f*. ◇ *vt* **1.** *(map, rug)* étaler, étendre; *(fingers, arms, legs)* écarter. **2.** *(butter, jam etc)*: **to ~ sthg (over)** étaler qqch (sur). **3.** *(disease, rumour, germs)* répandre, propager. **4.** *(wealth, work)* distribuer, répartir. ◇ *vi* **1.** *(disease, rumour)* se propager, se répandre. **2.** *(water, cloud)* s'étaler. ◆ **spread out** *vi* se disperser.
spread-eagled [-,i:gld] *adj* affalé(e).
spreadsheet ['spredʃi:t] *n* (COMPUT) tableur *m*.
spree [spri:] *n*: **to go on a spending** OR **shopping ~** faire des folies.
sprightly ['spraɪtlɪ] *adj* alerte, fringant (e).
spring [sprɪŋ] (*pt* **sprang**, *pp* **sprung**) ◇ *n* **1.** *(season)* printemps *m*; **in ~** au printemps. **2.** *(coil)* ressort *m*. **3.** *(water source)* source *f*. ◇ *vi* **1.** *(jump)* sauter, bondir. **2.** *(originate)*: **to ~ from** provenir de. ◆ **spring up** *vi (problem)* surgir, se présenter; *(friendship)* naître; *(wind)* se lever.
springboard ['sprɪŋbɔ:d] *n lit & fig* tremplin *m*.
spring-clean *vt* nettoyer de fond en comble.
spring onion *n Br* ciboule *f*.
springtime ['sprɪŋtaɪm] *n*: **in (the) ~** au printemps.
springy ['sprɪŋɪ] *adj (carpet)* moelleux (euse); *(mattress, rubber)* élastique.
sprinkle ['sprɪŋkl] *vt*: **to ~ water over** OR **on sthg, to ~ sthg with water** asperger qqch d'eau; **to ~ salt** *etc* **over** OR **on sthg, to ~ sthg with salt** *etc* saupoudrer qqch de sel *etc.*
sprinkler ['sprɪŋkləʳ] *n (for water)* arroseur *m*.
sprint [sprɪnt] ◇ *n* sprint *m*. ◇ *vi* sprinter.
sprout [spraʊt] ◇ *n* **1.** *(vegetable)*:

(Brussels) ~s choux *mpl* de Bruxelles. **2.** *(shoot)* pousse *f.* ◇ *vt (leaves)* produire; **to ~ shoots** germer. ◇ *vi (grow)* pousser.

spruce [spruːs] ◇ *adj* net (nette), pimpant(e). ◇ *n* épicéa *m.* ◆ **spruce up** *vt sep* astiquer, briquer.

sprung [sprʌŋ] *pp* → **spring**.

spry [spraɪ] *adj* vif (vive).

spun [spʌn] *pt & pp* → **spin**.

spur [spɜːʳ] ◇ *n* **1.** *(incentive)* incitation *f.* **2.** *(on rider's boot)* éperon *m.* ◇ *vt (encourage)*: **to ~ sb to do sthg** encourager OR inciter qqn à faire qqch. ◆ **on the spur of the moment** *adv* sur un coup de tête, sous l'impulsion du moment. ◆ **spur on** *vt sep* encourager.

spurious ['spʊərɪəs] *adj* **1.** *(affection, interest)* feint(e). **2.** *(argument, logic)* faux (fausse).

spurn [spɜːn] *vt* repousser.

spurt [spɜːt] ◇ *n* **1.** *(gush)* jaillissement *m.* **2.** *(of activity, energy)* sursaut *m.* **3.** *(burst of speed)* accélération *f.* ◇ *vi (gush)*: **to ~ (out of** OR **from)** jaillir (de).

spy [spaɪ] ◇ *n* espion *m.* ◇ *vt inf* apercevoir. ◇ *vi* espionner, faire de l'espionnage; **to ~ on sb** espionner qqn.

spying ['spaɪɪŋ] *n (U)* espionnage *m.*

Sq., sq. *abbr of* **square**.

squabble ['skwɒbl] ◇ *n* querelle *f.* ◇ *vi*: **to ~ (about** OR **over)** se quereller (à propos de).

squad [skwɒd] *n* **1.** *(of police)* brigade *f.* **2.** (MIL) peloton *m.* **3.** (SPORT) *(group of players)* équipe *f (parmi laquelle la sélection sera faite).*

squadron ['skwɒdrən] *n* escadron *m.*

squalid ['skwɒlɪd] *adj* sordide, ignoble.

squall [skwɔːl] *n (storm)* bourrasque *f.*

squalor ['skwɒləʳ] *n (U)* conditions *fpl* sordides.

squander ['skwɒndəʳ] *vt* gaspiller.

square [skweəʳ] ◇ *adj* **1.** *(in shape)* carré(e); **one ~ metre** *Br* un mètre carré; **three metres ~** trois mètres sur trois. **2.** *(not owing money)*: **to be ~** être quitte. ◇ *n* **1.** *(shape)* carré *m.* **2.** *(in town)* place *f.* **3.** *inf (unfashionable person)*: **he's a ~** il est vieux jeu. ◇ *vt* **1.** (MATH) élever au carré. **2.** *(reconcile)* accorder. ◆ **square up** *vi (settle up)*: **to ~ up with sb** régler ses comptes avec qqn.

squarely ['skweəlɪ] *adv* **1.** *(directly)* carrément. **2.** *(honestly)* honnêtement.

square meal *n* bon repas *m.*

squash [skwɒʃ] ◇ *n* **1.** (SPORT) squash *m.* **2.** *Br (drink)*: **orange ~** orangeade *f.* **3.** *Am (vegetable)* courge *f.* ◇ *vt* écraser.

squat [skwɒt] ◇ *adj* courtaud(e), ramassé(e). ◇ *vi (crouch)*: **to ~ (down)** s'accroupir.

squatter ['skwɒtəʳ] *n Br* squatter *m.*

squawk [skwɔːk] *n* cri *m* strident OR perçant.

squeak [skwiːk] *n* **1.** *(of animal)* petit cri *m* aigu. **2.** *(of door, hinge)* grincement *m.*

squeal [skwiːl] *vi (person, animal)* pousser des cris aigus.

squeamish ['skwiːmɪʃ] *adj* facilement dégoûté(e).

squeeze [skwiːz] ◇ *n (pressure)* pression *f.* ◇ *vt* **1.** *(press firmly)* presser. **2.** *(liquid, toothpaste)* exprimer. **3.** *(cram)*: **to ~ sthg into sthg** entasser qqch dans qqch.

squelch [skweltʃ] *vi*: **to ~ through mud** patauger dans la boue.

squid [skwɪd] (*pl inv* OR **-s**) *n* calmar *m.*

squiggle ['skwɪgl] *n* gribouillis *m.*

squint [skwɪnt] ◇ *n*: **to have a ~** loucher, être atteint(e) de strabisme. ◇ *vi*: **to ~ at sthg** regarder qqch en plissant les yeux.

squire ['skwaɪəʳ] *n (landowner)* propriétaire *m.*

squirm [skwɜːm] *vi (wriggle)* se tortiller.

squirrel [*Br* 'skwɪrəl, *Am* 'skwɜːrəl] *n* écureuil *m.*

squirt [skwɜːt] ◇ *vt (water, oil)* faire jaillir, faire gicler. ◇ *vi*: **to ~ (out of)** jaillir (de), gicler (de).

Sr *abbr of* **senior**.

Sri Lanka [ˌsriːˈlæŋkə] *n* Sri Lanka *m.*

St **1.** (*abbr of* **saint**) St, Ste. **2.** *abbr of* **Street**.

stab [stæb] ◇ *n* **1.** *(with knife)* coup *m* de couteau. **2.** *inf (attempt)*: **to have a ~ (at sthg)** essayer (qqch), tenter (qqch). **3.** *(twinge)*: **~ of pain** élancement *m*; **~ of guilt** remords *m.* ◇ *vt* **1.** *(person)* poignarder. **2.** *(food)* piquer.

stable ['steɪbl] ◇ *adj* stable. ◇ *n* écurie *f.*

stack [stæk] ◇ *n (pile)* pile *f.* ◇ *vt (pile up)* empiler.

stadium ['steɪdjəm] (*pl* **-diums** OR **-dia** [-djə]) *n* stade *m.*

staff [stɑːf] ◇ *n (employees)* personnel *m*; *(of school)* personnel enseignant, professeurs *mpl.* ◇ *vt* pourvoir en personnel.

stag [stæg] (*pl inv* OR **-s**) *n* cerf *m*.
stage [steɪdʒ] ◇ *n* **1.** *(phase)* étape *f*, phase *f*, stade *m*. **2.** *(platform)* scène *f*. **3.** *(acting profession)*: **the ~** le théâtre. ◇ *vt* **1.** (THEATRE) monter, mettre en scène. **2.** *(organize)* organiser.
stagecoach ['steɪdʒkəʊtʃ] *n* diligence *f*.
stage fright *n* trac *m*.
stage-manage *vt lit & fig* mettre en scène.
stagger ['stægəʳ] ◇ *vt* **1.** *(astound)* stupéfier. **2.** *(working hours)* échelonner; *(holidays)* étaler. ◇ *vi* tituber.
stagnant ['stægnənt] *adj* stagnant(e).
stagnate [stæg'neɪt] *vi* stagner.
stag party *n* soirée *f* entre hommes; *(before wedding) soirée où un futur marié enterre sa vie de garçon avec ses amis.*
staid [steɪd] *adj* guindé(e), collet monté.
stain [steɪn] ◇ *n* *(mark)* tache *f*. ◇ *vt* *(discolour)* tacher.
stained glass [ˌsteɪnd-] *n* *(U)* *(windows)* vitraux *mpl*.
stainless steel ['steɪnlɪs-] *n* acier *m* inoxydable, Inox® *m*.
stain remover [-rɪˌmuːvəʳ] *n* détachant *m*.
stair [steəʳ] *n* marche *f*. ◆ **stairs** *npl* escalier *m*.
staircase ['steəkeɪs] *n* escalier *m*.
stairway ['steəweɪ] *n* escalier *m*.
stairwell ['steəwel] *n* cage *f* d'escalier.
stake [steɪk] ◇ *n* **1.** *(share)*: **to have a ~ in sthg** avoir des intérêts dans qqch. **2.** *(wooden post)* poteau *m*. **3.** *(in gambling)* enjeu *m*. ◇ *vt*: **to ~ money (on** OR **upon)** jouer OR miser de l'argent (sur); **to ~ one's reputation (on)** jouer OR risquer sa réputation (sur). ◆ **at stake** *adv* en jeu.
stale [steɪl] *adj* *(food, water)* pas frais (fraîche); *(bread)* rassis(e); *(air)* qui sent le renfermé.
stalemate ['steɪlmeɪt] *n* **1.** *(deadlock)* impasse *f*. **2.** (CHESS) pat *m*.
stalk [stɔːk] ◇ *n* **1.** *(of flower, plant)* tige *f*. **2.** *(of leaf, fruit)* queue *f*. ◇ *vt* *(hunt)* traquer. ◇ *vi*: **to ~ in/out** entrer/sortir d'un air hautain.
stall [stɔːl] ◇ *n* **1.** *(in street, market)* éventaire *m*, étal *m*; *(at exhibition)* stand *m*. **2.** *(in stable)* stalle *f*. ◇ *vt* (AUT) caler. ◇ *vi* **1.** (AUT) caler. **2.** *(delay)* essayer de gagner du temps. ◆ **stalls** *npl Br* *(in cinema, theatre)* orchestre *m*.
stallion ['stæljən] *n* étalon *m*.
stalwart ['stɔːlwət] *n* pilier *m*.
stamina ['stæmɪnə] *n* *(U)* résistance *f*.
stammer ['stæməʳ] ◇ *n* bégaiement *m*. ◇ *vi* bégayer.
stamp [stæmp] ◇ *n* **1.** *(for letter)* timbre *m*. **2.** *(tool)* tampon *m*. **3.** *fig (of authority etc)* marque *f*. ◇ *vt* **1.** *(mark by stamping)* tamponner. **2.** *(stomp)*: **to ~ one's foot** taper du pied. ◇ *vi* **1.** *(stomp)* taper du pied. **2.** *(tread heavily)*: **to ~ on sthg** marcher sur qqch.
stamp album *n* album *m* de timbres.
stamp-collecting [-kəˌlektɪŋ] *n* philatélie *f*.
stamped addressed envelope ['stæmptəˌdrest-] *n Br* enveloppe *f* affranchie pour la réponse.
stampede [stæm'piːd] *n* débandade *f*.
stance [stæns] *n lit & fig* position *f*.
stand [stænd] (*pt & pp* **stood**) ◇ *n* **1.** *(stall)* stand *m*; *(selling newspapers)* kiosque *m*. **2.** *(supporting object)*: **umbrella ~** porte-parapluies *m inv*; **hat ~** porte-chapeaux *m inv*. **3.** (SPORT) tribune *f*. **4.** (MIL) résistance *f*; **to make a ~** résister. **5.** *(public position)* position *f*. **6.** *Am* (JUR) barre *f*. ◇ *vt* **1.** *(place)* mettre (debout), poser (debout). **2.** *(withstand, tolerate)* supporter. ◇ *vi* **1.** *(be upright - person)* être OR se tenir debout; *(- object)* se trouver; *(- building)* se dresser; **~ still!** ne bouge pas!, reste tranquille! **2.** *(stand up)* se lever. **3.** *(liquid)* reposer. **4.** *(offer)* tenir toujours; *(decision)* demeurer valable. **5.** *(be in particular state)*: **as things ~ ...** vu l'état actuel des choses ... **6.** *Br* (POL) se présenter. **7.** *Am* *(park car)*: **'no ~ing'** 'stationnement interdit'. ◆ **stand back** *vi* reculer. ◆ **stand by** ◇ *vt fus* **1.** *(person)* soutenir. **2.** *(statement, decision)* s'en tenir à. ◇ *vi* **1.** *(in readiness)*: **to ~ by (for sthg/to do sthg)** être prêt(e) (pour qqch/pour faire qqch). **2.** *(remain inactive)* rester là. ◆ **stand down** *vi* *(resign)* démissionner. ◆ **stand for** *vt fus* **1.** *(signify)* représenter. **2.** *(tolerate)* supporter, tolérer. ◆ **stand in** *vi*: **to ~ in for sb** remplacer qqn. ◆ **stand out** *vi* ressortir. ◆ **stand up** ◇ *vt sep inf* *(boyfriend, girlfriend)* poser un lapin à. ◇ *vi* *(rise from seat)* se lever; **~ up!** debout! ◆ **stand up for** *vt fus* défendre. ◆ **stand up to** *vt fus* **1.** *(weather, heat etc)* résister à. **2.** *(person, boss)* tenir tête à.
standard ['stændəd] ◇ *adj* **1.** *(normal - gen)* normal(e); *(- size)* standard *(inv)*. **2.** *(accepted)* correct(e). ◇ *n* **1.** *(level)* niveau *m*. **2.** *(point of reference)*

critère *m*; (TECH) norme *f*. **3.** *(flag)* étendard *m*. ◆ **standards** *npl (principles)* valeurs *fpl*.
standard lamp *n Br* lampadaire *m*.
standard of living (*pl* **standards of living**) *n* niveau *m* de vie.
standby ['stændbaɪ] (*pl* **standbys**) ◇ *n (person)* remplaçant *m*, -e *f*; **on ~** prêt à intervenir. ◇ *comp (ticket, flight)* stand-by (*inv*).
stand-in *n* remplaçant *m*, -e *f*.
standing ['stændɪŋ] ◇ *adj (invitation, army)* permanent(e); *(joke)* continuel (elle). ◇ *n* **1.** *(reputation)* importance *f*, réputation *f*. **2.** *(duration)*: **of long ~** de longue date; **we're friends of 20 years' ~** nous sommes amis depuis 20 ans.
standing order *n* prélèvement *m* automatique.
standing room *n (U)* places *fpl* debout.
standoffish [ˌstænd'ɒfɪʃ] *adj* distant (e).
standpoint ['stændpɔɪnt] *n* point *m* de vue.
standstill ['stændstɪl] *n*: **at a ~** *(traffic, train)* à l'arrêt; *(negotiations, work)* paralysé(e); **to come to a ~** *(traffic, train)* s'immobiliser; *(negotiations, work)* cesser.
stank [stæŋk] *pt* → **stink**.
staple ['steɪpl] ◇ *adj (principal)* principal(e), de base. ◇ *n* **1.** *(for paper)* agrafe *f*. **2.** *(principal commodity)* produit *m* de base. ◇ *vt* agrafer.
stapler ['steɪplə^r] *n* agrafeuse *f*.
star [stɑː^r] ◇ *n* **1.** *(gen)* étoile *f*. **2.** *(celebrity)* vedette *f*, star *f*. ◇ *comp (quality)* de star; **~ performer** vedette *f*. ◇ *vi*: **to ~ (in)** être la vedette (de). ◆ **stars** *npl* horoscope *m*.
starboard ['stɑːbəd] ◇ *adj* de tribord. ◇ *n*: **to ~** à tribord.
starch [stɑːtʃ] *n* amidon *m*.
stardom ['stɑːdəm] *n (U)* célébrité *f*.
stare [steə^r] ◇ *n* regard *m* fixe. ◇ *vi*: **to ~ at sb/sthg** fixer qqn/qqch du regard.
stark [stɑːk] ◇ *adj* **1.** *(room, decoration)* austère; *(landscape)* désolé(e). **2.** *(reality, fact)* à l'état brut; *(contrast)* dur(e). ◇ *adv*: **~ naked** tout nu (toute nue), à poil.
starling ['stɑːlɪŋ] *n* étourneau *m*.
starry ['stɑːrɪ] *adj* étoilé(e).
starry-eyed [-'aɪd] *adj* innocent(e).
Stars and Stripes *n*: **the ~** le drapeau des États-Unis, la bannière étoilée.

> **THE STARS AND STRIPES**
> Ceci n'est que l'une des nombreuses appellations populaires du drapeau américain, au même titre que «Old Glory» ou «Stars and Bars». Les 50 étoiles représentent les 50 États actuels, alors que les rayures rouges et blanches symbolisent les 13 États fondateurs de l'Union. Les Américains sont très fiers de leur bannière étoilée et il n'est pas rare de la voir flotter devant des maisons particulières.

start [stɑːt] ◇ *n* **1.** *(beginning)* début *m*. **2.** *(jump)* sursaut *m*. **3.** *(starting place)* départ *m*. **4.** *(time advantage)* avance *f*. ◇ *vt* **1.** *(begin)* commencer; **to ~ doing** OR **to do sthg** commencer à faire qqch. **2.** *(turn on - machine)* mettre en marche; *(- engine, vehicle)* démarrer, mettre en marche. **3.** *(set up - business, band)* créer. ◇ *vi* **1.** *(begin)* commencer, débuter; **to ~ with** pour commencer, d'abord. **2.** *(function - machine)* se mettre en marche; *(- car)* démarrer. **3.** *(begin journey)* partir. **4.** *(jump)* sursauter. ◆ **start off** ◇ *vt sep (meeting)* ouvrir, commencer; *(rumour)* faire naître; *(discussion)* entamer, commencer. ◇ *vi* **1.** *(begin)* commencer; *(begin job)* débuter. **2.** *(leave on journey)* partir. ◆ **start out** *vi* **1.** *(in job)* débuter. **2.** *(leave on journey)* partir. ◆ **start up** ◇ *vt sep* **1.** *(business)* créer; *(shop)* ouvrir. **2.** *(car, engine)* mettre en marche. ◇ *vi* **1.** *(begin)* commencer. **2.** *(machine)* se mettre en route; *(car, engine)* démarrer.
starter ['stɑːtə^r] *n* **1.** *Br (of meal)* hors-d'œuvre *m inv*. **2.** (AUT) démarreur *m*. **3.** *(to begin race)* starter *m*.
starting point ['stɑːtɪŋ-] *n* point *m* de départ.
startle ['stɑːtl] *vt* faire sursauter.
startling ['stɑːtlɪŋ] *adj* surprenant(e).
starvation [stɑː'veɪʃn] *n* faim *f*.
starve [stɑːv] ◇ *vt (deprive of food)* affamer. ◇ *vi* **1.** *(have no food)* être affamé(e); **to ~ to death** mourir de faim. **2.** *inf (be hungry)* avoir très faim, crever OR mourir de faim.
state [steɪt] ◇ *n* état *m*; **to be in a ~** être dans tous ses états. ◇ *comp* d'État. ◇ *vt* **1.** *(express - reason)* donner; *(- name and address)* décliner; **to ~ that ...** déclarer que ... **2.** *(specify)* préciser. ◆ **State** *n*: **the State** l'État *m*. ◆ **States** *npl*: **the States** les États-Unis *mpl*.

State Department *n Am* = ministère *m* des Affaires étrangères.
stately ['steɪtlɪ] *adj* majestueux(euse).
statement ['steɪtmənt] *n* **1.** *(declaration)* déclaration *f.* **2.** (JUR) déposition *f.* **3.** *(from bank)* relevé *m* de compte.
state of mind (*pl* **states of mind**) *n* humeur *f.*
statesman ['steɪtsmən] (*pl* **-men** [-mən]) *n* homme *m* d'État.
static ['stætɪk] ◇ *adj* statique. ◇ *n (U)* parasites *mpl.*
static electricity *n* électricité *f* statique.
station ['steɪʃn] ◇ *n* **1.** (RAIL) gare *f*; *(for buses, coaches)* gare routière. **2.** (RADIO) station *f.* **3.** *(building)* poste *m.* **4.** *fml (rank)* rang *m.* ◇ *vt* **1.** *(position)* placer, poster. **2.** (MIL) poster.
stationary ['steɪʃnərɪ] *adj* immobile.
stationer ['steɪʃnər] *n* papetier *m*, -ère *f*; **~'s (shop)** papeterie *f.*
stationery ['steɪʃnərɪ] *n (U) (equipment)* fournitures *fpl* de bureau; *(paper)* papier *m* à lettres.
stationmaster ['steɪʃn,mɑːstər] *n* chef *m* de gare.
station wagon *n Am* break *m.*
statistic [stə'tɪstɪk] *n* statistique *f.* ◆ **statistics** *n (U) (science)* statistique *f.*
statistical [stə'tɪstɪkl] *adj* statistique; *(expert)* en statistiques; *(report)* de statistiques.
statue ['stætʃuː] *n* statue *f.*
Statue of Liberty *n*: **the ~** la Statue de la Liberté.

THE STATUE OF LIBERTY

La Statue de la Liberté, représentant une femme portant un flambeau, se dresse sur une petite île à l'entrée du port de New York. Elle fut offerte aux États-Unis par la France en 1884 et peut se visiter.

stature ['stætʃər] *n* **1.** *(height, size)* stature *f*, taille *f.* **2.** *(importance)* envergure *f.*
status ['steɪtəs] *n (U)* **1.** *(legal or social position)* statut *m.* **2.** *(prestige)* prestige *m.*
status symbol *n* signe *m* extérieur de richesse.
statute ['stætjuːt] *n* loi *f.*
statutory ['stætjʊtrɪ] *adj* statutaire.
staunch [stɔːntʃ] ◇ *adj* loyal(e). ◇ *vt (flow)* arrêter; *(blood)* étancher.
stave [steɪv] (*pt & pp* **-d** OR **stove**) *n* (MUS) portée *f.* ◆ **stave off** *vt sep (disaster, defeat)* éviter; *(hunger)* tromper.
stay [steɪ] ◇ *vi* **1.** *(not move away)* rester. **2.** *(as visitor - with friends)* passer quelques jours; *(- in town, country)* séjourner; **to ~ in a hotel** descendre à l'hôtel. **3.** *(continue, remain)* rester, demeurer; **to ~ out of sthg** ne pas se mêler de qqch. ◇ *n (visit)* séjour *m.* ◆ **stay in** *vi* rester chez soi, ne pas sortir. ◆ **stay on** *vi* rester (plus longtemps). ◆ **stay out** *vi (from home)* ne pas rentrer. ◆ **stay up** *vi* ne pas se coucher, veiller; **to ~ up late** se coucher tard.
staying power ['steɪɪŋ-] *n* endurance *f.*
stead [sted] *n*: **to stand sb in good ~** être utile à qqn.
steadfast ['stedfɑːst] *adj* ferme, résolu (e); *(supporter)* loyal(e).
steadily ['stedɪlɪ] *adv* **1.** *(gradually)* progressivement. **2.** *(regularly - breathe)* régulièrement; *(- move)* sans arrêt. **3.** *(calmly)* de manière imperturbable.
steady ['stedɪ] ◇ *adj* **1.** *(gradual)* progressif(ive). **2.** *(regular)* régulier(ère). **3.** *(not shaking)* ferme. **4.** *(calm - voice)* calme; *(- stare)* imperturbable. **5.** *(stable - job, relationship)* stable. **6.** *(sensible)* sérieux(euse). ◇ *vt* **1.** *(stop from shaking)* empêcher de bouger; **to ~ o.s.** se remettre d'aplomb. **2.** *(control - nerves)* calmer.
steak [steɪk] *n* steak *m*, bifteck *m*; *(of fish)* darne *f.*
steal [stiːl] (*pt* **stole**, *pp* **stolen**) ◇ *vt* voler, dérober. ◇ *vi (move secretly)* se glisser.
stealthy ['stelθɪ] *adj* furtif(ive).
steam [stiːm] ◇ *n (U)* vapeur *f.* ◇ *vt* (CULIN) cuire à la vapeur. ◇ *vi (give off steam)* fumer. ◆ **steam up** ◇ *vt sep (mist up)* embuer. ◇ *vi* se couvrir de buée.
steamboat ['stiːmbəʊt] *n* (bateau *m* à) vapeur *m.*
steam engine *n* locomotive *f* à vapeur.
steamer ['stiːmər] *n (ship)* (bateau *m* à) vapeur *m.*
steamroller ['stiːm,rəʊlər] *n* rouleau *m* compresseur.
steamy ['stiːmɪ] *adj* **1.** *(full of steam)* embué(e). **2.** *inf (erotic)* érotique.
steel [stiːl] ◇ *n (U)* acier *m.* ◇ *comp* en acier, d'acier.
steelworks ['stiːlwɜːks] (*pl inv*) *n* aciérie *f.*
steep [stiːp] *adj* **1.** *(hill, road)* raide,

abrupt(e). **2.** *(increase, decline)* énorme. **3.** *inf (expensive)* excessif(ive).

steeple ['sti:pl] *n* clocher *m*, flèche *f*.

steeplechase ['sti:pltʃeɪs] *n* **1.** *(horse race)* steeple-chase *m*. **2.** *(athletics race)* steeple *m*.

steer ['stɪəʳ] ◇ *n* bœuf *m*. ◇ *vt* **1.** *(ship)* gouverner; *(car, aeroplane)* conduire, diriger. **2.** *(person)* diriger, guider. ◇ *vi*: **to ~ well** *(ship)* gouverner bien; *(car)* être facile à manœuvrer; **to ~ clear of sb/sthg** éviter qqn/qqch.

steering ['stɪərɪŋ] *n (U)* direction *f*.

steering wheel *n* volant *m*.

stem [stem] ◇ *n* **1.** *(of plant)* tige *f*. **2.** *(of glass)* pied *m*. **3.** *(of pipe)* tuyau *m*. **4.** (GRAMM) radical *m*. ◇ *vt (stop)* arrêter. ◆ **stem from** *vt fus* provenir de.

stench [stentʃ] *n* puanteur *f*.

stencil ['stensl] ◇ *n* pochoir *m*. ◇ *vt* faire au pochoir.

stenographer [stə'nɒgrəfəʳ] *n Am* sténographe *mf*.

step [step] ◇ *n* **1.** *(pace)* pas *m*; **in/out of ~ with** *fig* en accord/désaccord avec. **2.** *(action)* mesure *f*. **3.** *(stage)* étape *f*; **~ by ~** petit à petit, progressivement. **4.** *(stair)* marche *f*. **5.** *(of ladder)* barreau *m*, échelon *m*. ◇ *vi* **1.** *(move foot)*: **to ~ forward** avancer; **to ~ off** OR **down from sthg** descendre de qqch; **to ~ back** reculer. **2.** *(tread)*: **to ~ on/in sthg** marcher sur/dans qqch. ◆ **steps** *npl* **1.** *(stairs)* marches *fpl*. **2.** *Br (stepladder)* escabeau *m*. ◆ **step down** *vi (leave job)* démissionner. ◆ **step in** *vi* intervenir. ◆ **step up** *vt sep* intensifier.

step aerobics *n (U)* step *m*.

stepbrother ['step,brʌðəʳ] *n* demi-frère *m*.

stepdaughter ['step,dɔ:təʳ] *n* belle-fille *f*.

stepfather ['step,fɑ:ðəʳ] *n* beau-père *m*.

stepladder ['step,lædəʳ] *n* escabeau *m*.

stepmother ['step,mʌðəʳ] *n* belle-mère *f*.

stepping-stone ['stepɪŋ-] *n* pierre *f* de gué; *fig* tremplin *m*.

stepsister ['step,sɪstəʳ] *n* demi-sœur *f*.

stepson ['stepsʌn] *n* beau-fils *m*.

stereo ['sterɪəʊ] (*pl* **-s**) ◇ *adj* stéréo (*inv*). ◇ *n* **1.** *(appliance)* chaîne *f* stéréo. **2.** *(sound)*: **in ~** en stéréo.

stereotype ['sterɪətaɪp] *n* stéréotype *m*.

sterile ['steraɪl] *adj* stérile.

sterilize, -ise ['sterəlaɪz] *vt* stériliser.

sterling ['stɜ:lɪŋ] ◇ *adj* **1.** *(of British money)* sterling (*inv*). **2.** *(excellent)* exceptionnel(elle). ◇ *n (U)* livre *f* sterling.

sterling silver *n* argent *m* fin.

stern [stɜ:n] ◇ *adj* sévère. ◇ *n* (NAUT) arrière *m*.

steroid ['stɪərɔɪd] *n* stéroïde *m*.

stethoscope ['steθəskəʊp] *n* stéthoscope *m*.

stew [stju:] ◇ *n* ragoût *m*. ◇ *vt (meat)* cuire en ragoût; *(fruit)* faire cuire.

steward ['stjʊəd] *n* **1.** *(on plane, ship, train)* steward *m*. **2.** *Br (at demonstration, meeting)* membre *m* du service d'ordre.

stewardess ['stjʊədɪs] *n* hôtesse *f*.

stick [stɪk] (*pt & pp* **stuck**) ◇ *n* **1.** *(of wood, dynamite, candy)* bâton *m*. **2.** *(walking stick)* canne *f*. **3.** (SPORT) crosse *f*. ◇ *vt* **1.** *(push)*: **to ~ sthg in** OR **into** planter qqch dans. **2.** *(with glue, Sellotape®)*: **to ~ sthg (on** OR **to)** coller qqch (sur). **3.** *inf (put)* mettre. **4.** *Br inf (tolerate)* supporter. ◇ *vi* **1.** *(adhere)*: **to ~ (to)** coller (à). **2.** *(jam)* se coincer. ◆ **stick out** ◇ *vt sep* **1.** *(head)* sortir; *(hand)* lever; *(tongue)* tirer. **2.** *inf (endure)*: **to ~ it out** tenir le coup. ◇ *vi* **1.** *(protrude)* dépasser. **2.** *inf (be noticeable)* se remarquer. ◆ **stick to** *vt fus* **1.** *(follow closely)* suivre. **2.** *(principles)* rester fidèle à; *(decision)* s'en tenir à; *(promise)* tenir. ◆ **stick up** *vi* dépasser. ◆ **stick up for** *vt fus* défendre.

sticker ['stɪkəʳ] *n (label)* autocollant *m*.

sticking plaster ['stɪkɪŋ-] *n* sparadrap *m*.

stickler ['stɪkləʳ] *n*: **to be a ~ for** être à cheval sur.

stick shift *n Am* levier *m* de vitesses.

stick-up *n inf* vol *m* à main armée.

sticky ['stɪkɪ] *adj* **1.** *(hands, sweets)* poisseux(euse); *(label, tape)* adhésif (ive). **2.** *inf (awkward)* délicat(e).

stiff [stɪf] ◇ *adj* **1.** *(rod, paper, material)* rigide; *(shoes, brush)* dur(e); *(fabric)* raide. **2.** *(door, drawer, window)* dur(e) (à ouvrir/fermer); *(joint)* ankylosé(e); **to have a ~ back** avoir des courbatures dans le dos; **to have a ~ neck** avoir le torticolis. **3.** *(formal)* guindé(e). **4.** *(severe - penalty)* sévère; *(- resistance)* tenace; *(- competition)* serré(e). **5.** *(difficult - task)* difficile. ◇ *adv inf*: **to be bored ~** s'ennuyer à mourir; **to be frozen/scared ~** mourir de froid/peur.

stiffen ['stɪfn] ◇ *vt* **1.** *(material)* raidir; *(with starch)* empeser. **2.** *(resolve)* renforcer. ◇ *vi* **1.** *(body)* se raidir; *(joints)* s'ankyloser. **2.** *(competition, resistance)* s'intensifier.

stifle ['staɪfl] *vt & vi* étouffer.

stifling ['staɪflɪŋ] *adj* étouffant(e).

stigma ['stɪgmə] *n* **1.** *(disgrace)* honte *f*, stigmate *m*. **2.** (BOT) stigmate *m*.
stile [staɪl] *n* échalier *m*.
stiletto heel [stɪ'letəʊ-] *n Br* talon *m* aiguille.
still [stɪl] ◇ *adv* **1.** *(up to now, up to then)* encore, toujours; **I've ~ got £5 left** il me reste encore 5 livres. **2.** *(even now)* encore. **3.** *(nevertheless)* tout de même. **4.** (*with comparatives*): **~ bigger/more important** encore plus grand/plus important. ◇ *adj* **1.** *(not moving)* immobile. **2.** *(calm)* calme, tranquille. **3.** *(not windy)* sans vent. **4.** *(not fizzy - gen)* non gazeux(euse); *(- mineral water)* plat(e). ◇ *n* **1.** (PHOT) photo *f*. **2.** *(for making alcohol)* alambic *m*.
stillborn ['stɪlbɔːn] *adj* mort-né(e).
still life (*pl* **-s**) *n* nature *f* morte.
stilted ['stɪltɪd] *adj* emprunté(e), qui manque de naturel.
stilts ['stɪlts] *npl* **1.** *(for person)* échasses *fpl*. **2.** *(for building)* pilotis *mpl*.
stimulate ['stɪmjʊleɪt] *vt* stimuler.
stimulating ['stɪmjʊleɪtɪŋ] *adj* stimulant(e).
stimulus ['stɪmjʊləs] (*pl* **-li** [-laɪ]) *n* **1.** *(encouragement)* stimulant *m*. **2.** (BIOL & PSYCH) stimulus *m*.
sting [stɪŋ] (*pt & pp* **stung**) ◇ *n* **1.** *(by bee)* piqûre *f*; *(of bee)* dard *m*. **2.** *(sharp pain)* brûlure *f*. ◇ *vt (gen)* piquer. ◇ *vi* piquer.
stingy ['stɪndʒɪ] *adj inf* radin(e).
stink [stɪŋk] (*pt* **stank** OR **stunk**, *pp* **stunk**) ◇ *n* puanteur *f*. ◇ *vi (smell)* puer, empester.
stinking ['stɪŋkɪŋ] *inf adj (cold)* gros (grosse); *(weather)* pourri(e); *(place)* infect(e).
stint [stɪnt] ◇ *n (period of work)* part *f* de travail. ◇ *vi*: **to ~ on** lésiner sur.
stipulate ['stɪpjʊleɪt] *vt* stipuler.
stir [stɜːʳ] ◇ *n (public excitement)* sensation *f*. ◇ *vt* **1.** *(mix)* remuer. **2.** *(move gently)* agiter. **3.** *(move emotionally)* émouvoir. ◇ *vi* bouger, remuer. ◆ **stir up** *vt sep* **1.** *(dust)* soulever. **2.** *(trouble)* provoquer; *(resentment, dissatisfaction)* susciter; *(rumour)* faire naître.
stirrup ['stɪrəp] *n* étrier *m*.
stitch [stɪtʃ] ◇ *n* **1.** (SEWING) point *m*; *(in knitting)* maille *f*. **2.** (MED) point *m* de suture. **3.** *(stomach pain)*: **to have a ~** avoir un point de côté. ◇ *vt* **1.** (SEWING) coudre. **2.** (MED) suturer.
stoat [stəʊt] *n* hermine *f*.
stock [stɒk] ◇ *n* **1.** *(supply)* réserve *f*. **2.** *(U)* (COMM) stock *m*, réserve *f*; **in ~** en stock; **out of ~** épuisé(e). **3.** (FIN) valeurs *fpl*; **~s and shares** titres *mpl*. **4.** *(ancestry)* souche *f*. **5.** (CULIN) bouillon *m*. **6.** *(livestock)* cheptel *m*. **7.** *phr*: **to take ~ (of)** faire le point (de). ◇ *adj* classique. ◇ *vt* **1.** (COMM) vendre, avoir en stock. **2.** *(fill - shelves)* garnir. ◆ **stock up** *vi*: **to ~ up (with)** faire des provisions (de).
stockbroker ['stɒk,brəʊkəʳ] *n* agent *m* de change.
stock cube *n Br* bouillon-cube *m*.
stock exchange *n* Bourse *f*.
stockholder ['stɒk,həʊldəʳ] *n Am* actionnaire *mf*.
Stockholm ['stɒkhəʊm] *n* Stockholm.
stocking ['stɒkɪŋ] *n (for woman)* bas *m*.
stockist ['stɒkɪst] *n Br* dépositaire *m*, stockiste *m*.
stock market *n* Bourse *f*.
stock phrase *n* cliché *m*.
stockpile ['stɒkpaɪl] ◇ *n* stock *m*. ◇ *vt (weapons)* amasser; *(food)* stocker.
stocktaking ['stɒk,teɪkɪŋ] *n (U)* inventaire *m*.
stocky ['stɒkɪ] *adj* trapu(e).
stodgy ['stɒdʒɪ] *adj (food)* lourd(e) (à digérer).
stoical ['stəʊɪkl] *adj* stoïque.
stoke [stəʊk] *vt (fire)* entretenir.
stole [stəʊl] ◇ *pt* → **steal**. ◇ *n* étole *f*.
stolen ['stəʊln] *pp* → **steal**.
stolid ['stɒlɪd] *adj* impassible.
stomach ['stʌmək] ◇ *n (organ)* estomac *m*; *(abdomen)* ventre *m*. ◇ *vt (tolerate)* encaisser, supporter.
stomachache ['stʌməkeɪk] *n*: **to have ~** avoir mal au ventre.
stomach upset *n* embarras *m* gastrique.
stone [stəʊn] (*pl sense 3 only inv* OR **-s**) ◇ *n* **1.** *(rock)* pierre *f*; *(smaller)* caillou *m*. **2.** *(seed)* noyau *m*. **3.** *Br (unit of measurement)* = *6,348 kg*. ◇ *comp* de OR en pierre. ◇ *vt (person, car etc)* jeter des pierres sur.
stone-cold *adj* complètement froid(e) OR glacé(e).
stonewashed ['stəʊnwɒʃt] *adj* délavé (e).
stonework ['stəʊnwɜːk] *n* maçonnerie *f*.
stood [stʊd] *pt & pp* → **stand**.
stool [stuːl] *n (seat)* tabouret *m*.
stoop [stuːp] ◇ *n (bent back)*: **to walk with a ~** marcher le dos voûté. ◇ *vi* **1.** *(bend down)* se pencher. **2.** *(hunch shoulders)* être voûté(e).

stop [stɒp] ◇ *n* **1.** *(gen)* arrêt *m*; **to put a ~ to sthg** mettre un terme à qqch. **2.** *(full stop)* point *m*. ◇ *vt* **1.** *(gen)* arrêter; *(end)* mettre fin à; **to ~ doing sthg** arrêter de faire qqch; **to ~ work** arrêter de travailler, cesser le travail. **2.** *(prevent)*: **to ~ sb/sthg (from doing sthg)** empêcher qqn/qqch (de faire qqch). **3.** *(block)* boucher. ◇ *vi* s'arrêter, cesser. ◆ **stop off** *vi* s'arrêter, faire halte. ◆ **stop up** *vt sep (block)* boucher.

stopgap ['stɒpgæp] *n* bouche-trou *m*.

stopover ['stɒp,əʊvəʳ] *n* halte *f*.

stoppage ['stɒpɪdʒ] *n* **1.** *(strike)* grève *f*. **2.** *Br (deduction)* retenue *f*.

stopper ['stɒpəʳ] *n* bouchon *m*.

stop press *n* nouvelles *fpl* de dernière heure.

stopwatch ['stɒpwɒtʃ] *n* chronomètre *m*.

storage ['stɔːrɪdʒ] *n* **1.** *(of goods)* entreposage *m*, emmagasinage *m*; *(of household objects)* rangement *m*. **2.** (COMPUT) stockage *m*, mémorisation *f*.

storage heater *n Br* radiateur *m* à accumulation.

store [stɔːʳ] ◇ *n* **1.** *(shop)* magasin *m*. **2.** *(supply)* provision *f*. **3.** *(place of storage)* réserve *f*. ◇ *vt* **1.** *(save)* mettre en réserve; *(goods)* entreposer, emmagasiner. **2.** (COMPUT) stocker, mémoriser. ◆ **store up** *vt sep (provisions)* mettre en réserve; *(goods)* emmagasiner; *(information)* mettre en mémoire, noter.

storekeeper ['stɔː,kiːpəʳ] *n Am* commerçant *m*, -e *f*.

storeroom ['stɔːrʊm] *n* magasin *m*.

storey *Br* (*pl* **storeys**), **story** *Am* (*pl* **-ies**) ['stɔːrɪ] *n* étage *m*.

stork [stɔːk] *n* cigogne *f*.

storm [stɔːm] ◇ *n* **1.** *(bad weather)* orage *m*. **2.** *fig (of abuse)* torrent *m*; *(of applause)* tempête *f*. ◇ *vt* (MIL) prendre d'assaut. ◇ *vi* **1.** *(go angrily)*: **to ~ in/out** entrer/sortir comme un ouragan. **2.** *(speak angrily)* fulminer.

stormy ['stɔːmɪ] *adj lit & fig* orageux (euse).

story ['stɔːrɪ] *n* **1.** *(gen)* histoire *f*. **2.** (PRESS) article *m*; (RADIO & TV) nouvelle *f*. **3.** *Am* = **storey**.

storybook ['stɔːrɪbʊk] *adj (romance etc)* de conte de fées.

storyteller ['stɔːrɪ,teləʳ] *n* **1.** *(narrator)* conteur *m*, -euse *f*. **2.** *euphemism (liar)* menteur *m*, -euse *f*.

stout [staʊt] ◇ *adj* **1.** *(rather fat)* corpulent(e). **2.** *(strong)* solide. **3.** *(resolute)* ferme, résolu(e). ◇ *n (U)* stout *m*, bière *f* brune.

stove [stəʊv] ◇ *pt & pp* → **stave**. ◇ *n* *(for cooking)* cuisinière *f*; *(for heating)* poêle *m*, calorifère *m Can*.

stow [stəʊ] *vt*: **to ~ sthg (away)** ranger qqch.

stowaway ['stəʊəweɪ] *n* passager *m* clandestin.

straddle ['strædl] *vt* enjamber; *(chair)* s'asseoir à califourchon sur.

straggle ['strægl] *vi* **1.** *(buildings)* s'étendre, s'étaler; *(hair)* être en désordre. **2.** *(person)* traîner, lambiner.

straggler ['strægləʳ] *n* traînard *m*, -e *f*.

straight [streɪt] ◇ *adj* **1.** *(not bent)* droit(e); *(hair)* raide. **2.** *(frank)* franc (franche), honnête. **3.** *(tidy)* en ordre. **4.** *(choice, exchange)* simple. **5.** *(alcoholic drink)* sec, sans eau. **6.** *phr*: **let's get this ~** entendons-nous bien. ◇ *adv* **1.** *(in a straight line)* droit. **2.** *(directly, immediately)* droit, tout de suite. **3.** *(frankly)* carrément, franchement. **4.** *(undiluted)* sec, sans eau. ◆ **straight off** *adv* tout de suite, sur-le-champ. ◆ **straight out** *adv* sans mâcher ses mots.

straightaway [,streɪtə'weɪ] *adv* tout de suite, immédiatement.

straighten ['streɪtn] *vt* **1.** *(tidy - hair, dress)* arranger; *(- room)* mettre de l'ordre dans. **2.** *(make straight - horizontally)* rendre droit(e); *(- vertically)* redresser. ◆ **straighten out** *vt sep (problem)* résoudre.

straight face *n*: **to keep a ~** garder son sérieux.

straightforward [,streɪt'fɔːwəd] *adj* **1.** *(easy)* simple. **2.** *(frank)* honnête, franc (franche).

strain [streɪn] ◇ *n* **1.** *(mental)* tension *f*, stress *m*. **2.** (MED) foulure *f*. **3.** (TECH) contrainte *f*, effort *m*. ◇ *vt* **1.** *(work hard - eyes)* plisser fort; **to ~ one's ears** tendre l'oreille. **2.** (MED - *muscle)* se froisser; *(- eyes)* se fatiguer; **to ~ one's back** se faire un tour de reins. **3.** *(patience)* mettre à rude épreuve; *(budget)* grever. **4.** *(drain)* passer. **5.** (TECH) exercer une contrainte sur. ◇ *vi (try very hard)*: **to ~ to do sthg** faire un gros effort pour faire qqch, se donner du mal pour faire qqch. ◆ **strains** *npl (of music)* accords *mpl*, airs *mpl*.

strained [streɪnd] *adj* **1.** *(worried)* contracté(e), tendu(e). **2.** *(relations, relationship)* tendu(e). **3.** *(unnatural)* forcé(e).

strainer ['streɪnəʳ] *n* passoire *f*.

strait [streɪt] *n* détroit *m*. ◆ **straits** *npl*: **in dire** OR **desperate ~s** dans une situation désespérée.
straitjacket ['streɪt,dʒækɪt] *n* camisole *f* de force.
straitlaced [,streɪt'leɪst] *adj* collet monté (*inv*).
strand [strænd] *n* **1.** *(of cotton, wool)* brin *m*, fil *m*; *(of hair)* mèche *f*. **2.** *(theme)* fil *m*.
stranded ['strændɪd] *adj (boat)* échoué (e); *(people)* abandonné(e), en rade.
strange [streɪndʒ] *adj* **1.** *(odd)* étrange, bizarre. **2.** *(unfamiliar)* inconnu(e).
stranger ['streɪndʒəʳ] *n* **1.** *(unfamiliar person)* inconnu *m*, -e *f*. **2.** *(from another place)* étranger *m*, -ère *f*.
strangle ['stræŋgl] *vt* étrangler; *fig* étouffer.
stranglehold ['stræŋglhəʊld] *n* **1.** *(round neck)* étranglement *m*. **2.** *fig (control)*: **~ (on)** domination *f* (de).
strap [stræp] ◇ *n (for fastening)* sangle *f*, courroie *f*; *(of bag)* bandoulière *f*; *(of rifle, dress, bra)* bretelle *f*; *(of watch)* bracelet *m*. ◇ *vt (fasten)* attacher.
strapping ['stræpɪŋ] *adj* bien bâti(e), robuste.
Strasbourg ['stræzbɜːg] *n* Strasbourg.
strategic [strə'tiːdʒɪk] *adj* stratégique.
strategy ['strætɪdʒɪ] *n* stratégie *f*.
Stratford-upon-Avon [,strætfəd-əpɒn'eɪvn] *n* Stratford-upon-Avon.

STRATFORD-UPON-AVON

Cette ville du comté anglais de Warwickshire est célèbre pour avoir vu naître le poète et dramaturge William Shakespeare (1564-1616). Elle est aujourd'hui au centre du monde théâtral britannique puisque la Royal Shakespeare Company s'y est établie et y joue, entre autres, des œuvres de Shakespeare.

straw [strɔː] *n* paille *f*; **that's the last ~!** ça c'est le comble!
strawberry ['strɔːbərɪ] ◇ *n (fruit)* fraise *f*. ◇ *comp (tart, yoghurt)* aux fraises; *(jam)* de fraises.
stray [streɪ] ◇ *adj* **1.** *(animal)* errant(e), perdu(e). **2.** *(bullet)* perdu(e); *(example)* isolé(e). ◇ *vi* **1.** *(person, animal)* errer, s'égarer. **2.** *(thoughts)* vagabonder, errer.
streak [striːk] ◇ *n* **1.** *(line)* bande *f*, marque *f*; **~ of lightning** éclair *m*. **2.** *(in character)* côté *m*. ◇ *vi (move quickly)* se déplacer comme un éclair.
stream [striːm] ◇ *n* **1.** *(small river)* ruisseau *m*. **2.** *(of liquid, light)* flot *m*, jet *m*. **3.** *(of people, cars)* flot *m*; *(of complaints, abuse)* torrent *m*. **4.** *Br* (SCH) classe *f* de niveau. ◇ *vi* **1.** *(liquid)* couler à flots, ruisseler; *(light)* entrer à flots. **2.** *(people, cars)* affluer; **to ~ past** passer à flots. ◇ *vt Br* (SCH) répartir par niveau.
streamer ['striːməʳ] *n (for party)* serpentin *m*.
streamlined ['striːmlaɪnd] *adj* **1.** *(aerodynamic)* au profil aérodynamique. **2.** *(efficient)* rationalisé(e).
street [striːt] *n* rue *f*.
streetcar ['striːtkɑːʳ] *n Am* tramway *m*.
street lamp, street light *n* réverbère *m*.
street plan *n* plan *m*.
streetwise ['striːtwaɪz] *adj inf* averti (e), futé(e).
strength [streŋθ] *n* **1.** *(gen)* force *f*. **2.** *(power, influence)* puissance *f*. **3.** *(solidity, of currency)* solidité *f*.
strengthen ['streŋθn] *vt* **1.** *(structure, team, argument)* renforcer. **2.** *(economy, currency, friendship)* consolider. **3.** *(resolve, dislike)* fortifier, affermir. **4.** *(person)* enhardir.
strenuous ['strenjʊəs] *adj (exercise, activity)* fatigant(e), dur(e); *(effort)* vigoureux(euse), acharné(e).
stress [stres] ◇ *n* **1.** *(emphasis)*: **~ (on)** accent *m* (sur). **2.** *(mental)* stress *m*, tension *f*. **3.** (TECH): **~ (on)** contrainte *f* (sur), effort *m* (sur). **4.** (LING) accent *m*. ◇ *vt* **1.** *(emphasize)* souligner, insister sur. **2.** (LING) accentuer.
stressful ['stresfʊl] *adj* stressant(e).
stretch [stretʃ] ◇ *n* **1.** *(of land, water)* étendue *f*; *(of road, river)* partie *f*, section *f*. **2.** *(of time)* période *f*. ◇ *vt* **1.** *(arms)* allonger; *(legs)* se dégourdir; *(muscles)* distendre. **2.** *(pull taut)* tendre, étirer. **3.** *(overwork - person)* surmener; *(- resources, budget)* grever. **4.** *(challenge)*: **to ~ sb** pousser qqn à la limite de ses capacités. ◇ *vi* **1.** *(area)*: **to ~ over** s'étendre sur; **to ~ from ... to** s'étendre de ... à. **2.** *(person, animal)* s'étirer. **3.** *(material, elastic)* se tendre, s'étirer. ◆ **stretch out** ◇ *vt sep (arm, leg, hand)* tendre. ◇ *vi (lie down)* s'étendre, s'allonger.
stretcher ['stretʃəʳ] *n* brancard *m*, civière *f*.
strew [struː] (*pt* **-ed**, *pp* **strewn** [struːn] OR **-ed**) *vt*: **to be strewn with** être jonché (e) de.
stricken ['strɪkn] *adj*: **to be ~ by** OR

with panic être pris(e) de panique; **to be ~ by an illness** souffrir OR être atteint(e) d'une maladie.

strict [strɪkt] *adj (gen)* strict(e).

strictly ['strɪktlɪ] *adv* 1. *(gen)* strictement; **~ speaking** à proprement parler. 2. *(severely)* d'une manière stricte, sévèrement.

stride [straɪd] (*pt* **strode**, *pp* **stridden** ['strɪdn]) ◇ *n (long step)* grand pas *m*, enjambée *f*. ◇ *vi* marcher à grandes enjambées OR à grands pas.

strident ['straɪdnt] *adj* 1. *(voice, sound)* strident(e). 2. *(demand, attack)* véhément(e), bruyant(e).

strife [straɪf] *n (U)* conflit *m*, lutte *f*.

strike [straɪk] (*pt & pp* **struck**) ◇ *n* 1. *(by workers)* grève *f*; **to be (out) on ~** être en grève; **to go on ~** faire grève, se mettre en grève. 2. (MIL) raid *m*. 3. *(of oil, gold)* découverte *f*. ◇ *vt* 1. *(hit - deliberately)* frapper; *(- accidentally)* heurter. 2. *(subj: thought)* venir à l'esprit de. 3. *(conclude - deal, bargain)* conclure. 4. *(light - match)* frotter. ◇ *vi* 1. *(workers)* faire grève. 2. *(hit)* frapper. 3. *(attack)* attaquer. 4. *(chime)* sonner. ◆ **strike down** *vt sep* terrasser. ◆ **strike out** ◇ *vt sep* rayer, barrer. ◇ *vi (head out)* se mettre en route, partir. ◆ **strike up** *vt fus* 1. *(conversation)* commencer, engager; **to ~ up a friendship (with)** se lier d'amitié (avec). 2. *(music)* commencer à jouer.

striker ['straɪkəʳ] *n* 1. *(person on strike)* gréviste *mf*. 2. (FTBL) buteur *m*.

striking ['straɪkɪŋ] *adj* 1. *(noticeable)* frappant(e), saisissant(e). 2. *(attractive)* d'une beauté frappante.

string [strɪŋ] (*pt & pp* **strung**) *n* 1. *(U) (thin rope)* ficelle *f*. 2. *(piece of thin rope)* bout *m* de ficelle; **to pull ~s** faire jouer le piston. 3. *(of beads, pearls)* rang *m*. 4. *(series)* série *f*, suite *f*. 5. *(of musical instrument)* corde *f*. ◆ **strings** *npl* (MUS): **the ~s** les cordes *fpl*. ◆ **string out** *vt fus* échelonner. ◆ **string together** *vt sep fig* aligner.

string bean *n* haricot *m* vert.

stringed instrument [ˌstrɪŋd-] *n* instrument *m* à cordes.

stringent ['strɪndʒənt] *adj* strict(e), rigoureux(euse).

strip [strɪp] ◇ *n* 1. *(narrow piece)* bande *f*. 2. *Br* (SPORT) tenue *f*. ◇ *vt* 1. *(undress)* déshabiller, dévêtir. 2. *(paint, wallpaper)* enlever. ◇ *vi (undress)* se déshabiller, se dévêtir. ◆ **strip off** *vi* se déshabiller, se dévêtir.

strip cartoon *n Br* bande *f* dessinée.

stripe [straɪp] *n* 1. *(band of colour)* rayure *f*. 2. *(sign of rank)* galon *m*.

striped [straɪpt] *adj* à rayures, rayé(e).

strip lighting *n* éclairage *m* au néon.

stripper ['strɪpəʳ] *n* 1. *(performer of striptease)* strip-teaseuse *f*, effeuilleuse *f*. 2. *(for paint)* décapant *m*.

striptease ['strɪptiːz] *n* strip-tease *m*.

strive [straɪv] (*pt* **strove**, *pp* **striven** ['strɪvn]) *vi*: **to ~ for sthg** essayer d'obtenir qqch; **to ~ to do sthg** s'efforcer de faire qqch.

strode [strəʊd] *pt* → **stride**.

stroke [strəʊk] ◇ *n* 1. (MED) attaque *f* cérébrale. 2. *(of pen, brush)* trait *m*. 3. *(in swimming - movement)* mouvement *m* des bras; *(- style)* nage *f*; *(in rowing)* coup *m* d'aviron; *(in golf, tennis etc)* coup *m*. 4. *(of clock)*: **on the third ~** = au quatrième top. 5. *Br* (TYPO) *(oblique)* barre *f*. 6. *(piece)*: **a ~ of genius** un trait de génie; **a ~ of luck** un coup de chance OR de veine; **at a ~** d'un seul coup. ◇ *vt* caresser.

stroll [strəʊl] ◇ *n* petite promenade *f*, petit tour *m*. ◇ *vi* se promener, flâner.

stroller ['strəʊləʳ] *n Am (for baby)* poussette *f*.

strong [strɒŋ] *adj* 1. *(gen)* fort(e); **~ point** point *m* fort. 2. *(structure, argument, friendship)* solide. 3. *(healthy)* robuste, vigoureux(euse). 4. *(policy, measures)* énergique. 5. *(in numbers)*: **the crowd was 2,000 ~** il y avait une foule de 2 000 personnes. 6. *(team, candidate)* sérieux(euse), qui a des chances de gagner.

strongbox ['strɒŋbɒks] *n* coffre-fort *m*.

stronghold ['strɒŋhəʊld] *n fig* bastion *m*.

strongly ['strɒŋlɪ] *adv* 1. *(gen)* fortement. 2. *(solidly)* solidement.

strong room *n* chambre *f* forte.

strove [strəʊv] *pt* → **strive**.

struck [strʌk] *pt & pp* → **strike**.

structure ['strʌktʃəʳ] *n* 1. *(organization)* structure *f*. 2. *(building)* construction *f*.

struggle ['strʌgl] ◇ *n* 1. *(great effort)*: **~ (for sthg/to do sthg)** lutte *f* (pour qqch/pour faire qqch). 2. *(fight)* bagarre *f*. ◇ *vi* 1. *(make great effort)*: **to ~ (for)** lutter (pour); **to ~ to do sthg** s'efforcer de faire qqch. 2. *(to free oneself)* se débattre; *(fight)* se battre.

strum [strʌm] *vt (guitar)* gratter de; *(tune)* jouer.

strung [strʌŋ] *pt & pp* → **string**.

strut [strʌt] ◇ *n* (CONSTR) étai *m*, support *m*. ◇ *vi* se pavaner.

stub [stʌb] ◇ *n* **1.** *(of cigarette)* mégot *m*; *(of pencil)* morceau *m*. **2.** *(of ticket, cheque)* talon *m*. ◇ *vt*: **to ~ one's toe** se cogner le doigt de pied. ◆ **stub out** *vt sep* écraser.

stubble ['stʌbl] *n (U)* **1.** *(in field)* chaume *m*. **2.** *(on chin)* barbe *f* de plusieurs jours.

stubborn ['stʌbən] *adj* **1.** *(person)* têtu(e), obstiné(e). **2.** *(stain)* qui ne veut pas partir, rebelle.

stuck [stʌk] ◇ *pt & pp* → **stick**. ◇ *adj* **1.** *(jammed, trapped)* coincé(e). **2.** *(stumped)*: **to be ~** sécher. **3.** *(stranded)* bloqué(e), en rade.

stuck-up *adj inf pej* bêcheur(euse).

stud [stʌd] *n* **1.** *(metal decoration)* clou *m* décoratif. **2.** *(earring)* clou *m* d'oreille. **3.** *Br (on boot, shoe)* clou *m*; *(on sports boots)* crampon *m*. **4.** *(of horses)* haras *m*.

studded ['stʌdɪd] *adj*: **~ (with)** parsemé(e) (de), constellé(e) (de).

student ['stju:dnt] ◇ *n* étudiant *m*, -e *f*. ◇ *comp (life)* estudiantin(e); *(politics)* des étudiants; *(disco)* pour étudiants.

studio ['stju:dɪəʊ] (*pl* **-s**) *n* studio *m*; *(of artist)* atelier *m*.

studio flat *Br*, **studio apartment** *Am n* studio *m*.

studious ['stju:djəs] *adj* studieux(euse).

studiously ['stju:djəslɪ] *adv* studieusement.

study ['stʌdɪ] ◇ *n* **1.** *(gen)* étude *f*. **2.** *(room)* bureau *m*. ◇ *vt* **1.** *(learn)* étudier, faire des études de. **2.** *(examine)* examiner, étudier. ◇ *vi* étudier, faire ses études.

stuff [stʌf] ◇ *n (U)* **1.** *inf (things)* choses *fpl*. **2.** *(substance)* substance *f*. **3.** *inf (belongings)* affaires *fpl*. ◇ *vt* **1.** *(push)* fourrer. **2.** *(fill)*: **to ~ sthg (with)** remplir OR bourrer qqch (de). **3.** (CULIN) farcir.

stuffed [stʌft] *adj* **1.** *(filled)*: **~ with** bourré(e) de. **2.** *inf (with food)* gavé(e). **3.** (CULIN) farci(e). **4.** *(preserved - animal)* empaillé(e).

stuffing ['stʌfɪŋ] *n (U)* **1.** *(filling)* bourre *f*, rembourrage *m*. **2.** (CULIN) farce *f*.

stuffy ['stʌfɪ] *adj* **1.** *(room)* mal aéré(e), qui manque d'air. **2.** *(person, club)* vieux jeu (*inv*).

stumble ['stʌmbl] *vi* trébucher. ◆ **stumble across, stumble on** *vt fus* tomber sur.

stumbling block ['stʌmblɪŋ-] *n* pierre *f* d'achoppement.

stump [stʌmp] ◇ *n (of tree)* souche *f*; *(of arm, leg)* moignon *m*. ◇ *vt (subj: question, problem)* dérouter, rendre perplexe.

stun [stʌn] *vt* **1.** *(knock unconscious)* étourdir, assommer. **2.** *(surprise)* stupéfier, renverser.

stung [stʌŋ] *pt & pp* → **sting**.

stunk [stʌŋk] *pt & pp* → **stink**.

stunning ['stʌnɪŋ] *adj* **1.** *(very beautiful)* ravissant(e); *(scenery)* merveilleux(euse). **2.** *(surprising)* stupéfiant(e), renversant(e).

stunt [stʌnt] ◇ *n* **1.** *(for publicity)* coup *m*. **2.** (CINEMA) cascade *f*. ◇ *vt* retarder, arrêter.

stunted ['stʌntɪd] *adj* rabougri(e).

stunt man *n* cascadeur *m*.

stupefy ['stju:pɪfaɪ] *vt* **1.** *(tire)* abrutir. **2.** *(surprise)* stupéfier, abasourdir.

stupendous [stju:'pendəs] *adj* extraordinaire, prodigieux(euse).

stupid ['stju:pɪd] *adj* **1.** *(foolish)* stupide, bête. **2.** *inf (annoying)* fichu(e).

stupidity [stju:'pɪdətɪ] *n (U)* bêtise *f*, stupidité *f*.

sturdy ['stɜ:dɪ] *adj (person)* robuste; *(furniture, structure)* solide.

stutter ['stʌtəʳ] *vi* bégayer.

sty [staɪ] *n (pigsty)* porcherie *f*.

stye [staɪ] *n* orgelet *m*, compère-loriot *m*.

style [staɪl] ◇ *n* **1.** *(characteristic manner)* style *m*. **2.** *(U) (elegance)* chic *m*, élégance *f*. **3.** *(design)* genre *m*, modèle *m*. ◇ *vt (hair)* coiffer.

stylish ['staɪlɪʃ] *adj* chic (*inv*), élégant(e).

stylist ['staɪlɪst] *n (hairdresser)* coiffeur *m*, -euse *f*.

stylus ['staɪləs] (*pl* **-es**) *n (on record player)* pointe *f* de lecture, saphir *m*.

suave [swɑ:v] *adj* doucereux(euse).

sub [sʌb] *n inf* **1.** (SPORT) (*abbr of* **substitute**) remplaçant *m*, -e *f*. **2.** (*abbr of* **submarine**) sous-marin *m*. **3.** *Br* (*abbr of* **subscription**) cotisation *f*.

subconscious [,sʌb'kɒnʃəs] ◇ *adj* inconscient(e). ◇ *n*: **the ~** l'inconscient *m*.

subcontract [,sʌbkən'trækt] *vt* sous-traiter.

subdivide [,sʌbdɪ'vaɪd] *vt* subdiviser.

subdue [səb'dju:] *vt (control - rioters, enemy)* soumettre, subjuguer; *(- temper, anger)* maîtriser, réprimer.

subdued [səb'dju:d] *adj* **1.** *(person)*

abattu(e). **2.** *(anger, emotion)* contenu (e). **3.** *(colour)* doux (douce); *(light)* tamisé(e).

subject [*adj, n & prep* 'sʌbdʒekt, *vt* səb'dʒekt] ◇ *adj* soumis(e); **to be ~ to** *(tax, law)* être soumis à; *(disease, headaches)* être sujet (sujette) à. ◇ *n* **1.** *(gen)* sujet *m*. **2.** (SCH & UNIV) matière *f*. ◇ *vt* **1.** *(control)* soumettre, assujettir. **2.** *(force to experience)*: **to ~ sb to sthg** exposer OR soumettre qqn à qqch. ◆ **subject to** *prep* sous réserve de.

subjective [səb'dʒektɪv] *adj* subjectif (ive).

subject matter *n (U)* sujet *m*.

subjunctive [səb'dʒʌŋktɪv] *n* (GRAMM): **~ (mood)** (mode *m*) subjonctif *m*.

sublet [ˌsʌb'let] (*pt & pp* **sublet**) *vt* sous-louer.

sublime [sə'blaɪm] *adj* sublime.

submachine gun [ˌsʌbmə'ʃiːn-] *n* mitraillette *f*.

submarine [ˌsʌbmə'riːn] *n* sous-marin *m*.

submerge [səb'mɜːdʒ] ◇ *vt* immerger, plonger. ◇ *vi* s'immerger, plonger.

submission [səb'mɪʃn] *n* **1.** *(obedience)* soumission *f*. **2.** *(presentation)* présentation *f*, soumission *f*.

submissive [səb'mɪsɪv] *adj* soumis(e), docile.

submit [səb'mɪt] ◇ *vt* soumettre. ◇ *vi*: **to ~ (to)** se soumettre (à).

subnormal [ˌsʌb'nɔːml] *adj* arriéré(e), attardé(e).

subordinate [sə'bɔːdɪnət] ◇ *adj fml* *(less important)*: **~ (to)** subordonné(e) (à), moins important(e) (que). ◇ *n* subordonné *m*, -e *f*.

subpoena [sə'piːnə] (*pt & pp* **-ed**) (JUR) ◇ *n* citation *f*, assignation *f*. ◇ *vt* citer OR assigner à comparaître.

subscribe [səb'skraɪb] *vi* **1.** *(to magazine, newspaper)* s'abonner, être abonné (e). **2.** *(to view, belief)*: **to ~ to** être d'accord avec, approuver.

subscriber [səb'skraɪbəʳ] *n* *(to magazine, service)* abonné *m*, -e *f*.

subscription [səb'skrɪpʃn] *n* **1.** *(to magazine)* abonnement *m*. **2.** *(to charity, campaign)* souscription *f*. **3.** *(to club)* cotisation *f*.

subsequent ['sʌbsɪkwənt] *adj* ultérieur(e), suivant(e).

subsequently ['sʌbsɪkwəntlɪ] *adv* par la suite, plus tard.

subservient [səb'sɜːvjənt] *adj (servile)*: **~ (to)** servile (vis-à-vis de), obséquieux (euse) (envers).

subside [səb'saɪd] *vi* **1.** *(pain, anger)* se calmer, s'atténuer; *(noise)* diminuer. **2.** (CONSTR - *building)* s'affaisser; *(- ground)* se tasser.

subsidence [səb'saɪdns, 'sʌbsɪdns] *n* (CONSTR - *of building)* affaissement *m*; *(- of ground)* tassement *m*.

subsidiary [səb'sɪdjərɪ] ◇ *adj* subsidiaire. ◇ *n*: **~ (company)** filiale *f*.

subsidize, -ise ['sʌbsɪdaɪz] *vt* subventionner.

subsidy ['sʌbsɪdɪ] *n* subvention *f*, subside *m*.

substance ['sʌbstəns] *n* **1.** *(gen)* substance *f*. **2.** *(importance)* importance *f*.

substantial [səb'stænʃl] *adj* **1.** *(considerable)* considérable, important(e); *(meal)* substantiel(elle). **2.** *(solid, well-built)* solide.

substantially [səb'stænʃəlɪ] *adv* **1.** *(considerably)* considérablement. **2.** *(mainly)* en grande partie.

substantiate [səb'stænʃɪeɪt] *vt fml* prouver, établir.

substitute ['sʌbstɪtjuːt] ◇ *n* **1.** *(replacement)*: **~ (for)** *(person)* remplaçant *m*, -e *f* (de); *(thing)* succédané *m* (de). **2.** (SPORT) remplaçant *m*, -e *f*. ◇ *vt*: **to ~ A for B** substituer A à B, remplacer B par A.

subtitle ['sʌbˌtaɪtl] *n* sous-titre *m*.

subtle ['sʌtl] *adj* subtil(e).

subtlety ['sʌtltɪ] *n* subtilité *f*.

subtract [səb'trækt] *vt*: **to ~ sthg (from)** soustraire qqch (de).

subtraction [səb'trækʃn] *n* soustraction *f*.

suburb ['sʌbɜːb] *n* faubourg *m*. ◆ **suburbs** *npl*: **the ~s** la banlieue.

suburban [sə'bɜːbn] *adj* **1.** *(of suburbs)* de banlieue. **2.** *pej (life)* étriqué(e); *(person)* à l'esprit étroit.

suburbia [sə'bɜːbɪə] *n (U)* la banlieue.

subversive [səb'vɜːsɪv] ◇ *adj* subversif(ive). ◇ *n* personne *f* qui agit de façon subversive.

subway ['sʌbweɪ] *n* **1.** *Br (underground walkway)* passage *m* souterrain. **2.** *Am (underground railway)* métro *m*.

succeed [sək'siːd] ◇ *vt* succéder à. ◇ *vi* réussir; **to ~ in doing sthg** réussir à faire qqch.

succeeding [sək'siːdɪŋ] *adj fml (in future)* à venir; *(in past)* suivant(e).

success [sək'ses] *n* succès *m*, réussite *f*.

successful [sək'sesful] *adj* **1.** *(attempt)* couronné(e) de succès. **2.** *(film, book etc)* à succès; *(person)* qui a du succès.

succession [sək'seʃn] *n* succession *f*.

successive [sək'sesɪv] *adj* successif (ive).
succinct [sək'sɪŋkt] *adj* succinct(e).
succumb [sə'kʌm] *vi*: **to ~ (to)** succomber (à).
such [sʌtʃ] ◇ *adj* tel (telle), pareil(eille); **~ nonsense** de telles inepties; **do you have ~ a thing as a tin-opener?** est-ce que tu aurais un ouvre-boîtes par hasard?; **~ money/books as I have** le peu d'argent/de livres que j'ai; **~ ... that** tel ... que. ◇ *adv* **1.** *(for emphasis)* si, tellement; **it's ~ a horrible day!** quelle journée épouvantable!; **~ a lot of books** tellement de livres; **~ a long time** si OR tellement longtemps. **2.** *(in comparisons)* aussi. ◇ *pron*: **and ~ (like)** et autres choses de ce genre. ◆ **as such** *adv* en tant que tel (telle), en soi. ◆ **such and such** *adj* tel et tel (telle et telle).

> • *Such*, en fonction d'adjectif, est toujours placé devant le nom. Devant les noms dénombrables au singulier, on emploie *such a/an* (*such a fool; such an awful person*); devant les noms indénombrables (*such energy; such amazing stupidity*) et les noms dénombrables au pluriel, on emploie *such* tout seul (*such fools; such expensive tastes*).

suck [sʌk] *vt* **1.** *(with mouth)* sucer. **2.** *(draw in)* aspirer.
sucker ['sʌkər] *n* **1.** *(suction pad)* ventouse *f*. **2.** *inf (gullible person)* poire *f*.
suction ['sʌkʃn] *n* succion *f*.
Sudan [suː'dɑːn] *n* Soudan *m*.
sudden ['sʌdn] *adj* soudain(e), brusque; **all of a ~** tout d'un coup, soudain.
suddenly ['sʌdnlɪ] *adv* soudainement, tout d'un coup.
suds [sʌdz] *npl* mousse *f* de savon.
sue [suː] *vt*: **to ~ sb (for)** poursuivre qqn (pour).
suede [sweɪd] *n* daim *m*.
suet ['sʊɪt] *n* graisse *f* de rognon.
suffer ['sʌfər] ◇ *vt* **1.** *(pain, injury)* souffrir de. **2.** *(consequences, setback, loss)* subir. ◇ *vi* souffrir; **to ~ from** (MED) souffrir de.
sufferer ['sʌfrər] *n* (MED) malade *mf*.
suffering ['sʌfrɪŋ] *n* souffrance *f*.
suffice [sə'faɪs] *vi fml* suffire.
sufficient [sə'fɪʃnt] *adj* suffisant(e).
sufficiently [sə'fɪʃntlɪ] *adv* suffisamment.
suffocate ['sʌfəkeɪt] *vt & vi* suffoquer.
suffrage ['sʌfrɪdʒ] *n* suffrage *m*.
suffuse [sə'fjuːz] *vt* baigner.
sugar ['ʃʊgər] ◇ *n* sucre *m*. ◇ *vt* sucrer.
sugar beet *n* betterave *f* à sucre.
sugarcane ['ʃʊgəkeɪn] *n (U)* canne *f* à sucre.
sugary ['ʃʊgərɪ] *adj (food)* sucré(e).
suggest [sə'dʒest] *vt* **1.** *(propose)* proposer, suggérer. **2.** *(imply)* suggérer.
suggestion [sə'dʒestʃn] *n* **1.** *(proposal)* proposition *f*, suggestion *f*. **2.** *(U) (implication)* suggestion *f*.
suggestive [sə'dʒestɪv] *adj* suggestif (ive); **to be ~ of sthg** suggérer qqch.
suicide ['sʊɪsaɪd] *n* suicide *m*; **to commit ~** se suicider.
suit [suːt] ◇ *n* **1.** *(for man)* costume *m*, complet *m*; *(for woman)* tailleur *m*. **2.** *(in cards)* couleur *f*. **3.** (JUR) procès *m*, action *f*. ◇ *vt* **1.** *(subj: clothes, hairstyle)* aller à. **2.** *(be convenient, appropriate to)* convenir à. ◇ *vi* convenir, aller.
suitable ['suːtəbl] *adj* qui convient, qui va.
suitably ['suːtəblɪ] *adv* convenablement.
suitcase ['suːtkeɪs] *n* valise *f*.
suite [swiːt] *n* **1.** *(of rooms)* suite *f*. **2.** *(of furniture)* ensemble *m*.
suited ['suːtɪd] *adj* **1.** *(suitable)*: **to be ~ to/for** convenir à/pour, aller à/pour. **2.** *(couple)*: **well ~** très bien assortis.
suitor ['suːtər] *n dated* soupirant *m*.
sulfur *Am* = **sulphur**.
sulk [sʌlk] *vi* bouder.
sulky ['sʌlkɪ] *adj* boudeur(euse).
sullen ['sʌlən] *adj* maussade.
sulphur *Br*, **sulfur** *Am* ['sʌlfər] *n* soufre *m*.
sultana [səl'tɑːnə] *n Br (dried grape)* raisin *m* sec.
sultry ['sʌltrɪ] *adj* **1.** *(weather)* lourd(e). **2.** *(sexual)* sensuel(elle).
sum [sʌm] *n* **1.** *(amount of money)* somme *f*. **2.** *(calculation)* calcul *m*. ◆ **sum up** ◇ *vt sep (summarize)* résumer. ◇ *vi* récapituler.
summarize, -ise ['sʌməraɪz] ◇ *vt* résumer. ◇ *vi* récapituler.
summary ['sʌmərɪ] *n* résumé *m*.
summer ['sʌmər] ◇ *n* été *m*; **in ~** en été. ◇ *comp* d'été; **the ~ holidays** les grandes vacances *fpl*.
summerhouse ['sʌməhaʊs, *pl* -haʊzɪz] *n* pavillon *m* (de verdure).
summer school *n* université *f* d'été.
summertime ['sʌmətaɪm] *n* été *m*.
summit ['sʌmɪt] *n* sommet *m*.

summon ['sʌmən] *vt* appeler, convoquer. ◆ **summon up** *vt sep* rassembler.
summons ['sʌmənz] (*pl* **summonses**) (JUR) ◇ *n* assignation *f*. ◇ *vt* assigner.
sump [sʌmp] *n* carter *m*.
sumptuous ['sʌmptʃʊəs] *adj* somptueux(euse).
sun [sʌn] *n* soleil *m*; **in the ~** au soleil.
sunbathe ['sʌnbeɪð] *vi* prendre un bain de soleil.
sunbed ['sʌnbed] *n* lit *m* à ultraviolets.
sunburn ['sʌnbɜːn] *n (U)* coup *m* de soleil.
sunburned ['sʌnbɜːnd], **sunburnt** ['sʌnbɜːnt] *adj* brûlé(e) par le soleil, qui a attrapé un coup de soleil.
Sunday ['sʌndɪ] *n* dimanche *m*; **~ lunch** déjeuner *m* du dimanche OR dominical; *see also* **Saturday**.
Sunday school *n* catéchisme *m*.
sundial ['sʌndaɪəl] *n* cadran *m* solaire.
sundown ['sʌndaʊn] *n* coucher *m* du soleil.
sundries ['sʌndrɪz] *npl fml* articles *mpl* divers, objets *mpl* divers.
sundry ['sʌndrɪ] *adj fml* divers; **all and ~** tout le monde, n'importe qui.
sunflower ['sʌn,flaʊəʳ] *n* tournesol *m*.
sung [sʌŋ] *pp* → **sing**.
sunglasses ['sʌn,glɑːsɪz] *npl* lunettes *fpl* de soleil.
sunk [sʌŋk] *pp* → **sink**.
sunlight ['sʌnlaɪt] *n* lumière *f* du soleil.
sunny ['sʌnɪ] *adj* **1.** *(day, place)* ensoleillé(e). **2.** *(cheerful)* radieux(euse), heureux(euse).
sunrise ['sʌnraɪz] *n* lever *m* du soleil.
sunroof ['sʌnruːf] *n* toit *m* ouvrant.
sunset ['sʌnset] *n* coucher *m* du soleil.
sunshade ['sʌnʃeɪd] *n* parasol *m*.
sunshine ['sʌnʃaɪn] *n* lumière *f* du soleil.
sunstroke ['sʌnstrəʊk] *n (U)* insolation *f*.
suntan ['sʌntæn] ◇ *n* bronzage *m*. ◇ *comp (lotion, cream)* solaire.
suntrap ['sʌntræp] *n* endroit très ensoleillé.
super ['suːpəʳ] *adj inf* génial(e), super *(inv)*.
superannuation ['suːpə,rænjʊ'eɪʃn] *n (U)* pension *f* de retraite.
superb [suː'pɜːb] *adj* superbe.
Super Bowl *n Am*: **the ~** le Super Bowl, *finale du championnat des États-Unis de football américain.*

THE SUPER BOWL

Le Super Bowl est un match de football américain qui oppose les vainqueurs des deux principaux championnats professionnels, ou «conferences», des États-Unis. Il a lieu chaque année à la clôture de la saison, fin janvier, et sa retransmission télévisée attire un nombre considérable de spectateurs.

supercilious [,suːpə'sɪlɪəs] *adj* hautain(e).
superficial [,suːpə'fɪʃl] *adj* superficiel(elle).
superfluous [suː'pɜːflʊəs] *adj* superflu(e).
superhuman [,suːpə'hjuːmən] *adj* surhumain(e).
superimpose [,suːpərɪm'pəʊz] *vt*: **to ~ sthg (on)** superposer qqch (à).
superintendent [,suːpərɪn'tendənt] *n* **1.** *Br (of police)* ≃ commissaire *m*. **2.** *(of department)* directeur *m*, -trice *f*.
superior [suː'pɪərɪəʳ] ◇ *adj* **1.** *(gen)*: **~ (to)** supérieur(e) (à). **2.** *(goods, craftsmanship)* de qualité supérieure. ◇ *n* supérieur *m*, -e *f*.
superlative [suː'pɜːlətɪv] ◇ *adj* exceptionnel(elle), sans pareil(eille). ◇ *n* (GRAMM) superlatif *m*.
supermarket ['suːpə,mɑːkɪt] *n* supermarché *m*.
supernatural [,suːpə'nætʃrəl] *adj* surnaturel(elle).
superpower ['suːpə,paʊəʳ] *n* superpuissance *f*.
supersede [,suːpə'siːd] *vt* remplacer.
supersonic [,suːpə'sɒnɪk] *adj* supersonique.
superstitious [,suːpə'stɪʃəs] *adj* superstitieux(euse).
superstore ['suːpəstɔːʳ] *n* hypermarché *m*.
supertanker ['suːpə,tæŋkəʳ] *n* supertanker *m*.
supervise ['suːpəvaɪz] *vt* surveiller; *(work)* superviser.
supervisor ['suːpəvaɪzəʳ] *n* surveillant *m*, -e *f*.
supper ['sʌpəʳ] *n (evening meal)* dîner *m*.
supple ['sʌpl] *adj* souple.
supplement [*n* 'sʌplɪmənt, *vb* 'sʌplɪment] ◇ *n* supplément *m*. ◇ *vt* compléter.

supplementary [ˌsʌplɪ'mentərɪ] *adj* supplémentaire.

supplementary benefit *n Br ancien nom des allocations supplémentaires accordées aux personnes ayant un faible revenu.*

supplier [sə'plaɪə^r] *n* fournisseur *m*.

supply [sə'plaɪ] ◇ *n* **1.** *(store)* réserve *f*, provision *f*. **2.** *(system)* alimentation *f*. **3.** *(U)* (ECON) offre *f*. ◇ *vt* **1.** *(provide)*: **to ~ sthg (to sb)** fournir qqch (à qqn). **2.** *(provide to)*: **to ~ sb (with)** fournir qqn (en), approvisionner qqn (en); **to ~ sthg with sthg** alimenter qqch en qqch. ◆ **supplies** *npl (food)* vivres *mpl*; (MIL) approvisionnements *mpl*; **office supplies** fournitures *fpl* de bureau.

support [sə'pɔːt] ◇ *n* **1.** *(U) (physical help)* appui *m*. **2.** *(U) (emotional, financial help)* soutien *m*. **3.** *(object)* support *m*, appui *m*. ◇ *vt* **1.** *(physically)* soutenir, supporter; *(weight)* supporter. **2.** *(emotionally)* soutenir. **3.** *(financially)* subvenir aux besoins de. **4.** *(theory)* être en faveur de, être partisan de; *(political party, candidate)* appuyer; (SPORT) être un supporter de.

supporter [sə'pɔːtə^r] *n* **1.** *(of person, plan)* partisan *m*, -e *f*. **2.** (SPORT) supporter *m*.

suppose [sə'pəʊz] ◇ *vt* supposer. ◇ *vi* supposer; **I ~ (so)** je suppose que oui; **I ~ not** je suppose que non.

supposed [sə'pəʊzd] *adj* **1.** *(doubtful)* supposé(e). **2.** *(reputed, intended)*: **to be ~ to be** être censé(e) être.

supposedly [sə'pəʊzɪdlɪ] *adv* soi-disant.

supposing [sə'pəʊzɪŋ] *conj* et si, à supposer que (+ *subjunctive*).

suppress [sə'pres] *vt* **1.** *(uprising)* réprimer. **2.** *(information)* supprimer. **3.** *(emotions)* réprimer, étouffer.

supreme [sʊ'priːm] *adj* suprême.

Supreme Court *n (in US)*: **the ~** la Cour Suprême.

surcharge ['sɜːtʃɑːdʒ] *n (extra payment)* surcharge *f*; *(extra tax)* surtaxe *f*.

sure [ʃʊə^r] ◇ *adj* **1.** *(gen)* sûr(e); **to be ~ of o.s.** être sûr de soi. **2.** *(certain)*: **to be ~ (of sthg/of doing sthg)** être sûr(e) (de qqch/de faire qqch), être certain(e) (de qqch/de faire qqch); **to make ~ (that)** ... s'assurer OR vérifier que ... **3.** *phr*: **I am** OR **I'm ~ (that)** ... je suis bien certain que ..., je ne doute pas que ... ◇ *adv* **1.** *inf (yes)* bien sûr. **2.** *Am (really)* vraiment. ◆ **for sure** *adv* sans aucun doute. ◆ **sure enough** *adv* en effet, effectivement.

surely ['ʃʊəlɪ] *adv* sûrement.

surety ['ʃʊərətɪ] *n (U)* caution *f*.

surf [sɜːf] *n* ressac *m*.

surface ['sɜːfɪs] ◇ *n* surface *f*; **on the ~** *fig* à première vue, vu de l'extérieur. ◇ *vi* **1.** *(diver)* remonter à la surface; *(submarine)* faire surface. **2.** *(problem, rumour)* apparaître OR s'étaler au grand jour.

surface mail *n* courrier *m* par voie de terre/de mer.

surfboard ['sɜːfbɔːd] *n* planche *f* de surf.

surfeit ['sɜːfɪt] *n fml* excès *m*.

surfing ['sɜːfɪŋ] *n* surf *m*.

surge [sɜːdʒ] ◇ *n* **1.** *(of people, vehicles)* déferlement *m*; (ELEC) surtension *f*. **2.** *(of emotion, interest)* vague *f*, montée *f*; *(of anger)* bouffée *f*; *(of sales, applications)* afflux *m*. ◇ *vi (people, vehicles)* déferler.

surgeon ['sɜːdʒən] *n* chirurgien *m*.

surgery ['sɜːdʒərɪ] *n* **1.** *(U)* (MED) *(performing operations)* chirurgie *f*. **2.** *Br* (MED) *(place)* cabinet *m* de consultation.

surgical ['sɜːdʒɪkl] *adj* chirurgical(e); **~ stocking** bas *m* orthopédique.

surgical spirit *n Br* alcool *m* à 90°.

surly ['sɜːlɪ] *adj* revêche, renfrogné(e).

surmount [sɜː'maʊnt] *vt* surmonter.

surname ['sɜːneɪm] *n* nom *m* de famille.

surpass [sə'pɑːs] *vt fml* dépasser.

surplus ['sɜːpləs] ◇ *adj* en surplus. ◇ *n* surplus *m*.

surprise [sə'praɪz] ◇ *n* surprise *f*. ◇ *vt* surprendre.

surprised [sə'praɪzd] *adj* surpris(e).

surprising [sə'praɪzɪŋ] *adj* surprenant (e).

surprisingly [sə'praɪzɪŋlɪ] *adv* étonnamment.

surrender [sə'rendə^r] ◇ *n* reddition *f*, capitulation *f*. ◇ *vi* **1.** *(stop fighting)*: **to ~ (to)** se rendre (à). **2.** *fig (give in)*: **to ~ (to)** se laisser aller (à), se livrer (à).

surreptitious [ˌsʌrəp'tɪʃəs] *adj* subreptice.

surrogate ['sʌrəgeɪt] ◇ *adj* de substitution. ◇ *n* substitut *m*.

surrogate mother *n* mère *f* porteuse.

surround [sə'raʊnd] *vt* entourer; *(subj: police, army)* cerner.

surrounding [sə'raʊndɪŋ] *adj* environnant(e).

surroundings [sə'raʊndɪŋz] *npl* environnement *m*.

surveillance [sɜːˈveɪləns] *n* surveillance *f*.
survey [*n* ˈsɜːveɪ, *vb* səˈveɪ] ◇ *n* 1. *(investigation)* étude *f*; *(of public opinion)* sondage *m*. 2. *(of land)* levé *m*; *(of building)* inspection *f*. ◇ *vt* 1. *(contemplate)* passer en revue. 2. *(investigate)* faire une étude de, enquêter sur. 3. *(land)* faire le levé de; *(building)* inspecter.
surveyor [səˈveɪəʳ] *n* *(of building)* expert *m*; *(of land)* géomètre *m*.
survival [səˈvaɪvl] *n* *(continuing to live)* survie *f*.
survive [səˈvaɪv] ◇ *vt* survivre à. ◇ *vi* survivre.
survivor [səˈvaɪvəʳ] *n* survivant *m*, -e *f*; *fig* battant *m*, -e *f*.
susceptible [səˈseptəbl] *adj*: **~ (to)** sensible (à).
suspect [*adj & n* ˈsʌspekt, *vb* səˈspekt] ◇ *adj* suspect(e). ◇ *n* suspect *m*, -e *f*. ◇ *vt* 1. *(distrust)* douter de. 2. *(think likely, consider guilty)* soupçonner; **to ~ sb of sthg** soupçonner qqn de qqch.
suspend [səˈspend] *vt* 1. *(gen)* suspendre. 2. *(from school)* renvoyer temporairement.
suspended sentence [səˈspendɪd-] *n* condamnation *f* avec sursis.
suspender belt [səˈspendəʳ-] *n Br* porte-jarretelles *m inv*.
suspenders [səˈspendəz] *npl* 1. *Br (for stockings)* jarretelles *fpl*. 2. *Am (for trousers)* bretelles *fpl*.
suspense [səˈspens] *n* suspense *m*.
suspension [səˈspenʃn] *n* 1. *(gen &* AUT) suspension *f*. 2. *(from school)* renvoi *m* temporaire.
suspension bridge *n* pont *m* suspendu.
suspicion [səˈspɪʃn] *n* soupçon *m*.
suspicious [səˈspɪʃəs] *adj* 1. *(having suspicions)* soupçonneux(euse). 2. *(causing suspicion)* suspect(e), louche.
sustain [səˈsteɪn] *vt* 1. *(maintain)* soutenir. 2. *fml (suffer - damage)* subir; *(- injury)* recevoir. 3. *fml (weight)* supporter.
sustenance [ˈsʌstɪnəns] *n (U) fml* nourriture *f*.
SW *(abbr of* **short wave**) OC.
swab [swɒb] *n* (MED) tampon *m*.
swagger [ˈswæɡəʳ] *vi* parader.
Swahili [swɑːˈhiːlɪ] *n (language)* swahili *m*.
swallow [ˈswɒləʊ] ◇ *n (bird)* hirondelle *f*. ◇ *vt* avaler; *fig (anger, tears)* ravaler. ◇ *vi* avaler.
swam [swæm] *pt* → **swim**.
swamp [swɒmp] ◇ *n* marais *m*. ◇ *vt* 1. *(flood)* submerger. 2. *(overwhelm)* déborder, submerger.
swan [swɒn] *n* cygne *m*.
swap [swɒp] *vt*: **to ~ sthg (with sb/for sthg)** échanger qqch (avec qqn/contre qqch).
swarm [swɔːm] ◇ *n* essaim *m*. ◇ *vi fig (people)* grouiller; **to be ~ing (with)** *(place)* grouiller (de).
swarthy [ˈswɔːðɪ] *adj* basané(e).
swastika [ˈswɒstɪkə] *n* croix *f* gammée.
swat [swɒt] *vt* écraser.
sway [sweɪ] ◇ *vt (influence)* influencer. ◇ *vi* se balancer.
swear [sweəʳ] (*pt* **swore**, *pp* **sworn**) ◇ *vt* jurer; **to ~ to do sthg** jurer de faire qqch. ◇ *vi* jurer.
swearword [ˈsweəwɜːd] *n* juron *m*, gros mot *m*.
sweat [swet] ◇ *n (perspiration)* transpiration *f*, sueur *f*. ◇ *vi* 1. *(perspire)* transpirer, suer. 2. *inf (worry)* se faire du mouron.
sweater [ˈswetəʳ] *n* pullover *m*.
sweatshirt [ˈswetʃɜːt] *n* sweat-shirt *m*.
sweaty [ˈswetɪ] *adj (skin, clothes)* mouillé(e) de sueur.
swede [swiːd] *n Br* rutabaga *m*.
Swede [swiːd] *n* Suédois *m*, -e *f*.
Sweden [ˈswiːdn] *n* Suède *f*.
Swedish [ˈswiːdɪʃ] ◇ *adj* suédois(e). ◇ *n (language)* suédois *m*. ◇ *npl*: **the ~** les Suédois *mpl*.
sweep [swiːp] (*pt & pp* **swept**) ◇ *n* 1. *(sweeping movement)* grand geste *m*. 2. *(with brush)*: **to give sthg a ~** donner un coup de balai à qqch, balayer qqch. 3. *(chimney sweep)* ramoneur *m*. ◇ *vt (gen)* balayer; *(scan with eyes)* parcourir des yeux. ◆ **sweep away** *vt sep (destroy)* emporter, entraîner. ◆ **sweep up** ◇ *vt sep (with brush)* balayer. ◇ *vi* balayer.
sweeping [ˈswiːpɪŋ] *adj* 1. *(effect, change)* radical(e). 2. *(statement)* hâtif (ive).
sweet [swiːt] ◇ *adj* 1. *(gen)* doux (douce); *(cake, flavour, pudding)* sucré (e). 2. *(kind)* gentil(ille). 3. *(attractive)* adorable, mignon(onne). ◇ *n Br* 1. *(candy)* bonbon *m*. 2. *(dessert)* dessert *m*.
sweet corn *n* maïs *m*.
sweeten [ˈswiːtn] *vt* sucrer.
sweetheart [ˈswiːthɑːt] *n* 1. *(term of endearment)* chéri *m*, -e *f*, mon cœur *m*. 2. *(boyfriend, girlfriend)* petit ami *m*, petite amie *f*.

sweetness ['swi:tnɪs] *n* **1.** *(gen)* douceur *f*; *(of taste)* goût *m* sucré, douceur. **2.** *(attractiveness)* charme *m*.
sweet pea *n* pois *m* de senteur.
swell [swel] (*pt* **-ed**, *pp* **swollen** OR **-ed**) ◇ *vi* **1.** *(leg, face etc)* enfler; *(lungs, balloon)* se gonfler; **to ~ with pride** se gonfler d'orgueil. **2.** *(crowd, population etc)* grossir, augmenter; *(sound)* grossir, s'enfler. ◇ *vt* grossir, augmenter. ◇ *n* *(of sea)* houle *f*. ◇ *adj Am inf* chouette, épatant(e).
swelling ['swelɪŋ] *n* enflure *f*.
sweltering ['sweltərɪŋ] *adj* étouffant(e), suffocant(e).
swept [swept] *pt & pp* → **sweep**.
swerve [swɜ:v] *vi* faire une embardée.
swift [swɪft] ◇ *adj* **1.** *(fast)* rapide. **2.** *(prompt)* prompt(e). ◇ *n (bird)* martinet *m*.
swig [swɪg] *inf n* lampée *f*.
swill [swɪl] ◇ *n (U) (pig food)* pâtée *f*. ◇ *vt Br (wash)* laver à grande eau.
swim [swɪm] (*pt* **swam**, *pp* **swum**) ◇ *n*: **to have a ~** nager; **to go for a ~** aller se baigner, aller nager. ◇ *vi* **1.** *(person, fish, animal)* nager. **2.** *(room)* tourner; **my head was swimming** j'avais la tête qui tournait.
swimmer ['swɪmə^r] *n* nageur *m*, -euse *f*.
swimming ['swɪmɪŋ] *n* natation *f*; **to go ~** aller nager.
swimming cap *n* bonnet *m* de bain.
swimming costume *n Br* maillot *m* de bain.
swimming pool *n* piscine *f*.
swimming trunks *npl* maillot *m* OR slip *m* de bain.
swimsuit ['swɪmsu:t] *n* maillot *m* de bain.
swindle ['swɪndl] ◇ *n* escroquerie *f*. ◇ *vt* escroquer, rouler; **to ~ sb out of sthg** escroquer qqch à qqn.
swine [swaɪn] *n inf (person)* salaud *m*.
swing [swɪŋ] (*pt & pp* **swung**) ◇ *n* **1.** *(child's toy)* balançoire *f*. **2.** *(change - of opinion)* revirement *m*; *(- of mood)* changement *m*, saute *f*. **3.** *(sway)* balancement *m*. **4.** *phr*: **to be in full ~** battre son plein. ◇ *vt* **1.** *(move back and forth)* balancer. **2.** *(move in a curve)* faire virer. ◇ *vi* **1.** *(move back and forth)* se balancer. **2.** *(turn - vehicle)* virer, tourner; **to ~ round** *(person)* se retourner. **3.** *(change)* changer.
swing bridge *n* pont *m* tournant.
swing door *n* porte *f* battante.
swingeing ['swɪndʒɪŋ] *adj* très sévère.
swipe [swaɪp] ◇ *vt inf (steal)* faucher, piquer. ◇ *vi*: **to ~ at** envoyer OR donner un coup à.
swirl [swɜ:l] ◇ *n* tourbillon *m*. ◇ *vi* tourbillonner, tournoyer.
swish [swɪʃ] *vt (tail)* battre l'air de.
Swiss [swɪs] ◇ *adj* suisse. ◇ *n (person)* Suisse *mf*. ◇ *npl*: **the ~** les Suisses *mpl*.
switch [swɪtʃ] ◇ *n* **1.** *(control device)* interrupteur *m*, commutateur *m*; *(on radio, stereo etc)* bouton *m*. **2.** *(change)* changement *m*. ◇ *vt (swap)* échanger; *(jobs)* changer de. ◆ **switch off** *vt sep* éteindre. ◆ **switch on** *vt sep* allumer.
switchboard ['swɪtʃbɔ:d] *n* standard *m*.
Switzerland ['swɪtsələnd] *n* Suisse *f*; **in ~** en Suisse.
swivel ['swɪvl] ◇ *vt (chair)* faire pivoter; *(head, eyes)* faire tourner. ◇ *vi (chair)* pivoter; *(head, eyes)* tourner.
swivel chair *n* fauteuil *m* pivotant OR tournant.
swollen ['swəʊln] ◇ *pp* → **swell**. ◇ *adj (ankle, face)* enflé(e); *(river)* en crue.
swoop [swu:p] ◇ *n (raid)* descente *f*. ◇ *vi* **1.** *(bird, plane)* piquer. **2.** *(police, army)* faire une descente.
swop [swɒp] = **swap**.
sword [sɔ:d] *n* épée *f*.
swordfish ['sɔ:dfɪʃ] (*pl inv* OR **-es**) *n* espadon *m*.
swore [swɔ:^r] *pt* → **swear**.
sworn [swɔ:n] ◇ *pp* → **swear**. ◇ *adj* (JUR) sous serment.
swot [swɒt] *Br inf* ◇ *n pej* bûcheur *m*, -euse *f*. ◇ *vi*: **to ~ (for)** bûcher (pour).
swum [swʌm] *pp* → **swim**.
swung [swʌŋ] *pt & pp* → **swing**.
sycamore ['sɪkəmɔ:^r] *n* sycomore *m*.
syllable ['sɪləbl] *n* syllabe *f*.
syllabus ['sɪləbəs] (*pl* **-buses** OR **-bi** [-baɪ]) *n* programme *m*.
symbol ['sɪmbl] *n* symbole *m*.
symbolize, -ise ['sɪmbəlaɪz] *vt* symboliser.
symmetry ['sɪmətrɪ] *n* symétrie *f*.
sympathetic [,sɪmpə'θetɪk] *adj* **1.** *(understanding)* compatissant(e), compréhensif(ive). **2.** *(willing to support)*: **~ (to)** bien disposé(e) (à l'égard de).
sympathize, -ise ['sɪmpəθaɪz] *vi* **1.** *(feel sorry)* compatir; **to ~ with sb** plaindre qqn; *(in grief)* compatir à la douleur de qqn. **2.** *(understand)*: **to ~ with sthg** comprendre qqch. **3.** *(sup-*

port): **to ~ with sthg** approuver qqch, soutenir qqch.
sympathizer, -iser ['sɪmpəθaɪzəʳ] *n* sympathisant *m*, -e *f*.
sympathy ['sɪmpəθɪ] *n (U)* **1.** *(understanding)*: **~ (for)** compassion *f* (pour), sympathie *f* (pour). **2.** *(agreement)* approbation *f*, sympathie *f*. ◆ **sympathies** *npl (to bereaved person)* condoléances *fpl*.
symphony ['simfənɪ] *n* symphonie *f*.
symposium [sɪm'pəʊzjəm] (*pl* **-siums** OR **-sia** [-zjə]) *n* symposium *m*.
symptom ['sɪmptəm] *n* symptôme *m*.
synagogue ['sɪnəgɒg] *n* synagogue *f*.
syndicate ['sɪndɪkət] *n* syndicat *m*, consortium *m*.
syndrome ['sɪndrəʊm] *n* syndrome *m*.
synonym ['sɪnənɪm] *n*: **~ (for** OR **of)** synonyme *m* (de).
synopsis [sɪ'nɒpsɪs] (*pl* **-ses** [-si:z]) *n* résumé *m*.
syntax ['sɪntæks] *n* syntaxe *f*.
synthesis ['sɪnθəsɪs] (*pl* **-ses** [-si:z]) *n* synthèse *f*.
synthetic [sɪn'θetɪk] *adj* **1.** *(man-made)* synthétique. **2.** *pej (insincere)* artificiel (elle), forcé(e).
syphilis ['sɪfɪlɪs] *n* syphilis *f*.
syphon ['saɪfn] = **siphon**.
Syria ['sɪrɪə] *n* Syrie *f*.
syringe [sɪ'rɪndʒ] *n* seringue *f*.
syrup ['sɪrəp] *n (U)* **1.** *(sugar and water)* sirop *m*. **2.** *Br (golden syrup)* mélasse *f* raffinée.
system ['sɪstəm] *n* **1.** *(gen)* système *m*; **road/railway ~** réseau *m* routier/de chemins de fer. **2.** *(equipment - gen)* installation *f*; *(- electric, electronic)* appareil *m*. **3.** *(U) (methodical approach)* système *m*, méthode *f*.
systematic [,sɪstə'mætɪk] *adj* systématique.
system disk *n* (COMPUT) disque *m* système.
systems analyst ['sɪstəmz-] *n* (COMPUT) analyste fonctionnel *m*, analyste fonctionnelle *f*.

T

t (*pl* **t's** OR **ts**), **T** (*pl* **T's** OR **Ts**) [ti:] *n (letter)* t *m inv*, T *m inv*.
ta [tɑ:] *excl Br inf* merci!
tab [tæb] *n* **1.** *(of cloth)* étiquette *f*. **2.** *(of metal)* languette *f*. **3.** *Am (bill)* addition *f*. **4.** *phr*: **to keep ~s on sb** tenir OR avoir qqn à l'œil, surveiller qqn.
tabby ['tæbɪ] *n*: **~ (cat)** chat tigré *m*, chatte tigrée *f*.
table ['teɪbl] ◇ *n* table *f*. ◇ *vt Br (propose)* présenter, proposer.
tablecloth ['teɪblklɒθ] *n* nappe *f*.
table lamp *n* lampe *f*.
tablemat ['teɪblmæt] *n* dessous-de-plat *m inv*.
tablespoon ['teɪblspu:n] *n* **1.** *(spoon)* cuiller *f* de service. **2.** *(spoonful)* cuillerée *f* à soupe.
tablet ['tæblɪt] *n* **1.** *(pill)* comprimé *m*, cachet *m*. **2.** *(of stone)* plaque *f* commémorative. **3.** *(of soap)* savonnette *f*, pain *m* de savon.
table tennis *n* ping-pong *m*, tennis *m* de table.
table wine *n* vin *m* de table.
tabloid ['tæblɔɪd] *n*: **~ (newspaper)** tabloïd *m*, tabloïde *m*; **the ~ press** la presse populaire.
tabulate ['tæbjʊleɪt] *vt* présenter sous forme de tableau.
tacit ['tæsɪt] *adj* tacite.
taciturn ['tæsɪtɜ:n] *adj* taciturne.
tack [tæk] ◇ *n* **1.** *(nail)* clou *m*. **2.** (NAUT) bord *m*, bordée *f*. **3.** *fig (course of action)* tactique *f*, méthode *f*. ◇ *vt* **1.** *(fasten with nail - gen)* clouer; *(- notice)* punaiser. **2.** (SEWING) faufiler. ◇ *vi* (NAUT) tirer une bordée.
tackle ['tækl] ◇ *n* **1.** (FTBL) tacle *m*; (RUGBY) plaquage *m*. **2.** *(equipment)* équipement *m*, matériel *m*. **3.** *(for lifting)* palan *m*, appareil *m* de levage. ◇ *vt* **1.** *(deal with)* s'attaquer à. **2.** (FTBL) tacler; (RUGBY) plaquer. **3.** *(attack)* empoigner.
tacky ['tækɪ] *adj* **1.** *inf (film, remark)* d'un goût douteux; *(jewellery)* de pacotille. **2.** *(sticky)* collant(e), pas encore sec (sèche).
tact [tækt] *n (U)* tact *m*, délicatesse *f*.

tactful ['tæktfʊl] *adj (remark)* plein(e) de tact; *(person)* qui a du tact OR de la délicatesse.
tactic ['tæktɪk] *n* tactique *f.* ◆ **tactics** *n (U)* (MIL) tactique *f.*
tactical ['tæktɪkl] *adj* tactique.
tactless ['tæktlɪs] *adj* qui manque de tact OR délicatesse.
tadpole ['tædpəʊl] *n* têtard *m.*
tag [tæg] *n* **1.** *(of cloth)* marque *f.* **2.** *(of paper)* étiquette *f.* ◆ **tag along** *vi inf* suivre.
tail [teɪl] ◇ *n* **1.** *(gen)* queue *f.* **2.** *(of coat)* basque *f,* pan *m; (of shirt)* pan. ◇ *vt inf (follow)* filer. ◆ **tails** ◇ *n (side of coin)* pile *f.* ◇ *npl (formal dress)* queue-de-pie *f,* habit *m.* ◆ **tail off** *vi (voice)* s'affaiblir; *(noise)* diminuer.
tailback ['teɪlbæk] *n Br* bouchon *m.*
tailcoat [,teɪl'kəʊt] *n* habit *m,* queue-de-pie *f.*
tail end *n* fin *f.*
tailgate ['teɪlgeɪt] *n* (AUT) hayon *m.*
tailor ['teɪlə^r] ◇ *n* tailleur *m.* ◇ *vt fig* adapter.
tailor-made *adj fig* sur mesure.
tailwind ['teɪlwɪnd] *n* vent *m* arrière.
tainted ['teɪntɪd] *adj* **1.** *(reputation)* souillé(e), entaché(e). **2.** *Am (food)* avarié(e).
Taiwan [,taɪ'wɑːn] *n* Taiwan.
take [teɪk] (*pt* **took**, *pp* **taken**) ◇ *vt* **1.** *(gen)* prendre; **to ~ an exam** passer un examen; **to ~ a walk** se promener, faire une promenade; **to ~ a bath/photo** prendre un bain/une photo; **to ~ offence** se vexer, s'offenser. **2.** *(lead, drive)* emmener. **3.** *(accept)* accepter. **4.** *(contain)* contenir, avoir une capacité de. **5.** *(tolerate)* supporter. **6.** *(require)* demander; **how long will it ~?** combien de temps cela va-t-il prendre? **7.** *(wear)*: **what size do you ~?** *(clothes)* quelle taille faites-vous?; *(shoes)* vous chaussez du combien? **8.** *(assume)*: **I ~ it (that) ...** je suppose que ..., je pense que ... **9.** *(rent)* prendre, louer. ◇ *n* (CINEMA) prise *f* de vues. ◆ **take after** *vt fus* tenir de, ressembler à. ◆ **take apart** *vt sep (dismantle)* démonter. ◆ **take away** *vt sep* **1.** *(remove)* enlever. **2.** *(deduct)* retrancher, soustraire. ◆ **take back** *vt sep* **1.** *(return)* rendre, rapporter. **2.** *(accept)* reprendre. **3.** *(statement, accusation)* retirer. ◆ **take down** *vt sep* **1.** *(dismantle)* démonter. **2.** *(write down)* prendre. **3.** *(lower)* baisser. ◆ **take in** *vt sep* **1.** *(deceive)* rouler, tromper. **2.** *(understand)* comprendre. **3.** *(include)* englober, couvrir. **4.** *(provide accommodation for)* recueillir. ◆ **take off** ◇ *vt sep* **1.** *(remove)* enlever, ôter. **2.** *(have as holiday)*: **to ~ a week/day off** prendre une semaine/un jour de congé. **3.** *Br (imitate)* imiter. ◇ *vi* **1.** *(plane)* décoller. **2.** *(go away suddenly)* partir. ◆ **take on** *vt sep* **1.** *(accept)* accepter, prendre. **2.** *(employ)* embaucher, prendre. **3.** *(confront)* s'attaquer à; *(competitor)* faire concurrence à; (SPORT) jouer contre. ◆ **take out** *vt sep* **1.** *(from container)* sortir; *(from pocket)* prendre. **2.** *(go out with)* emmener, sortir avec. ◆ **take over** ◇ *vt sep* **1.** *(take control of)* reprendre, prendre la direction de. **2.** *(job)*: **to ~ over sb's job** remplacer qqn, prendre la suite de qqn. ◇ *vi* **1.** *(take control)* prendre le pouvoir. **2.** *(in job)* prendre la relève. ◆ **take to** *vt fus* **1.** *(person)* éprouver de la sympathie pour, sympathiser avec; *(activity)* prendre goût à. **2.** *(begin)*: **to ~ to doing sthg** se mettre à faire qqch. ◆ **take up** *vt sep* **1.** *(begin - job)* prendre; **to ~ up singing** se mettre au chant. **2.** *(use up)* prendre, occuper. ◆ **take up on** *vt sep (accept)*: **to ~ sb up on an offer** accepter l'offre de qqn.
takeaway *Br* ['teɪkə,weɪ], **takeout** *Am* ['teɪkaʊt] *n (food)* plat *m* à emporter.
taken ['teɪkn] *pp* → **take**.
takeoff ['teɪkɒf] *n (of plane)* décollage *m.*
takeout *Am* = **takeaway**.
takeover ['teɪk,əʊvə^r] *n* **1.** *(of company)* prise *f* de contrôle, rachat *m.* **2.** *(of government)* prise *f* de pouvoir.
takings ['teɪkɪŋz] *npl* recette *f.*
talc [tælk], **talcum (powder)** ['tælkəm-] *n* talc *m.*
tale [teɪl] *n* **1.** *(fictional story)* histoire *f,* conte *m.* **2.** *(anecdote)* récit *m,* histoire *f.*
talent ['tælənt] *n*: **~ (for)** talent *m* (pour).
talented ['tæləntɪd] *adj* qui a du talent, talentueux(euse).
talk [tɔːk] ◇ *n* **1.** *(conversation)* discussion *f,* conversation *f.* **2.** *(U) (gossip)* bavardages *mpl,* racontars *mpl.* **3.** *(lecture)* conférence *f,* causerie *f.* ◇ *vi* **1.** *(speak)*: **to ~ (to sb)** parler (à qqn); **to ~ about** parler de. **2.** *(gossip)* bavarder, jaser. **3.** *(make a speech)* faire un discours, parler; **to ~ on** OR **about** parler de. ◇ *vt* parler. ◆ **talks** *npl* entretiens

mpl, pourparlers *mpl*. ◆ **talk into** *vt sep*: **to ~ sb into doing sthg** persuader qqn de faire qqch. ◆ **talk out of** *vt sep*: **to ~ sb out of doing sthg** dissuader qqn de faire qqch. ◆ **talk over** *vt sep* discuter de.

talkative ['tɔːkətɪv] *adj* bavard(e), loquace.

talk show *n Am* talk-show *m*, causerie *f*.

tall [tɔːl] *adj* grand(e); **how ~ are you?** combien mesurez-vous?; **she's 5 feet ~** elle mesure 1,50 m.

tall story *n* histoire *f* à dormir debout.

tally ['tælɪ] ◇ *n* compte *m*. ◇ *vi* correspondre, concorder.

talon ['tælən] *n* serre *f*, griffe *f*.

tambourine [,tæmbə'riːn] *n* tambourin *m*.

tame [teɪm] ◇ *adj* **1.** *(animal, bird)* apprivoisé(e). **2.** *pej (person)* docile; *(party, story, life)* terne, morne. ◇ *vt* **1.** *(animal, bird)* apprivoiser. **2.** *(people)* mater, dresser.

tamper ['tæmpəʳ] ◆ **tamper with** *vt fus (machine)* toucher à; *(records, file)* altérer, falsifier; *(lock)* essayer de crocheter.

tampon ['tæmpɒn] *n* tampon *m*.

tan [tæn] ◇ *adj* brun clair *(inv)*. ◇ *n* bronzage *m*, hâle *m*. ◇ *vi* bronzer.

tang [tæŋ] *n (taste)* saveur *f* forte OR piquante; *(smell)* odeur *f* forte OR piquante.

tangent ['tændʒənt] *n* (GEOM) tangente *f*; **to go off at a ~** *fig* changer de sujet, faire une digression.

tangerine [,tændʒə'riːn] *n* mandarine *f*.

tangible ['tændʒəbl] *adj* tangible.

Tangier [tæn'dʒɪəʳ] *n* Tanger.

tangle ['tæŋgl] *n* **1.** *(mass)* enchevêtrement *m*, emmêlement *m*. **2.** *fig (confusion)*: **to get into a ~** s'empêtrer, s'embrouiller.

tank [tæŋk] *n* **1.** *(container)* réservoir *m*; **fish ~** aquarium *m*. **2.** (MIL) tank *m*, char *m* (d'assaut).

tanker ['tæŋkəʳ] *n* **1.** *(ship - for oil)* pétrolier *m*. **2.** *(truck)* camion-citerne *m*. **3.** *(train)* wagon-citerne *m*.

tanned [tænd] *adj* bronzé(e), hâlé(e).

Tannoy® ['tænɔɪ] *n* système *m* de haut-parleurs.

tantalizing ['tæntəlaɪzɪŋ] *adj (smell)* très appétissant(e); *(possibility, thought)* très tentant(e).

tantamount ['tæntəmaʊnt] *adj*: **~ to** équivalent(e) à.

tantrum ['tæntrəm] (*pl* **-s**) *n* crise *f* de colère; **to have** OR **throw a ~** faire OR piquer une colère.

Tanzania [,tænzə'nɪə] *n* Tanzanie *f*.

tap [tæp] ◇ *n* **1.** *(device)* robinet *m*. **2.** *(light blow)* petite tape *f*, petit coup *m*. ◇ *vt* **1.** *(hit)* tapoter, taper. **2.** *(resources, energy)* exploiter, utiliser. **3.** *(telephone, wire)* mettre sur écoute.

tap dance *n* claquettes *fpl*.

tape [teɪp] ◇ *n* **1.** *(magnetic tape)* bande *f* magnétique; *(cassette)* cassette *f*. **2.** *(strip of cloth, adhesive material)* ruban *m*. ◇ *vt* **1.** *(record)* enregistrer; *(on video)* magnétoscoper, enregistrer au magnétoscope. **2.** *(stick)* scotcher.

tape measure *n* centimètre *m*, mètre *m*.

taper ['teɪpəʳ] *vi* s'effiler; *(trousers)* se terminer en fuseau.

tape recorder *n* magnétophone *m*.

tapestry ['tæpɪstrɪ] *n* tapisserie *f*.

tar [tɑːʳ] *n (U)* goudron *m*.

target ['tɑːgɪt] ◇ *n* **1.** *(of missile, bomb)* objectif *m*; *(for archery, shooting)* cible *f*. **2.** *fig (for criticism)* cible *f*. **3.** *fig (goal)* objectif *m*. ◇ *vt* **1.** *(city, building)* viser. **2.** *fig (subj: policy)* s'adresser à, viser; *(subj: advertising)* cibler.

tariff ['tærɪf] *n* **1.** *(tax)* tarif *m* douanier. **2.** *(list)* tableau *m* OR liste *f* des prix.

Tarmac® ['tɑːmæk] *n (material)* macadam *m*. ◆ **tarmac** *n* (AERON): **the tarmac** la piste.

tarnish ['tɑːnɪʃ] *vt lit & fig* ternir.

tarpaulin [tɑː'pɔːlɪn] *n (material)* toile *f* goudronnée; *(sheet)* bâche *f*.

tart [tɑːt] ◇ *adj* **1.** *(bitter)* acide. **2.** *(sarcastic)* acide, acerbe. ◇ *n* **1.** (CULIN) tarte *f*. **2.** *v inf (prostitute)* pute *f*. ◆ **tart up** *vt sep Br inf pej (room)* retaper, rénover; **to ~ o.s. up** se faire beau (belle).

tartan ['tɑːtn] ◇ *n* tartan *m*. ◇ *comp* écossais(e).

tartar(e) sauce ['tɑːtəʳ-] *n* sauce *f* tartare.

task [tɑːsk] *n* tâche *f*, besogne *f*.

task force *n* (MIL) corps *m* expéditionnaire.

tassel ['tæsl] *n* pompon *m*, gland *m*.

taste [teɪst] ◇ *n* **1.** *(gen)* goût *m*; **have a ~!** goûte!; **in good/bad ~** de bon/mauvais goût. **2.** *fig (liking)*: **~ (for)** penchant *m* (pour), goût *m* (pour). **3.** *fig*

(experience) aperçu *m.* ◇ *vt* **1.** *(sense - food)* sentir. **2.** *(test, try)* déguster, goûter. **3.** *fig (experience)* tâter de, goûter de. ◇ *vi*: **to ~ of/like** avoir le goût de; **to ~ good/odd** *etc* avoir bon goût/un drôle de goût *etc.*
tasteful ['teɪstfʊl] *adj* de bon goût.
tasteless ['teɪstlɪs] *adj* **1.** *(object, decor, remark)* de mauvais goût. **2.** *(food)* qui n'a aucun goût, fade.
tasty ['teɪstɪ] *adj (delicious)* délicieux (euse), succulent(e).
tatters ['tætəz] *npl*: **in ~** *(clothes)* en lambeaux; *(confidence)* brisé(e); *(reputation)* ruiné(e).
tattoo [tə'tuː] (*pl* **-s**) ◇ *n* **1.** *(design)* tatouage *m.* **2.** *Br (military display)* parade *f* OR défilé *m* militaire. ◇ *vt* tatouer.
tatty ['tætɪ] *adj Br inf pej (clothes)* défraîchi(e), usé(e); *(flat, area)* miteux (euse), minable.
taught [tɔːt] *pt & pp* → **teach**.
taunt [tɔːnt] ◇ *vt* railler, se moquer de. ◇ *n* raillerie *f*, moquerie *f*.
Taurus ['tɔːrəs] *n* Taureau *m.*
taut [tɔːt] *adj* tendu(e).
tawdry ['tɔːdrɪ] *adj pej (jewellery)* clinquant(e); *(clothes)* voyant(e), criard(e).
tax [tæks] ◇ *n* taxe *f*, impôt *m.* ◇ *vt* **1.** *(goods)* taxer. **2.** *(profits, business, person)* imposer. **3.** *(strain)* mettre à l'épreuve.
taxable ['tæksəbl] *adj* imposable.
tax allowance *n* abattement *m* fiscal.
taxation [tæk'seɪʃn] *n (U)* **1.** *(system)* imposition *f.* **2.** *(amount)* impôts *mpl.*
tax avoidance [-ə'vɔɪdəns] *n* évasion *f* fiscale.
tax collector *n* percepteur *m.*
tax disc *n Br* vignette *f.*
tax evasion *n* fraude *f* fiscale.
tax-free *Br*, **tax-exempt** *Am adj* exonéré(e) (d'impôt).
taxi ['tæksɪ] ◇ *n* taxi *m.* ◇ *vi (plane)* rouler au sol.
taxi driver *n* chauffeur *m* de taxi.
tax inspector *n* inspecteur *m* des impôts.
taxi rank *Br*, **taxi stand** *n* station *f* de taxis.
taxpayer ['tæks,peɪəʳ] *n* contribuable *mf.*
tax relief *n* allègement *m* OR dégrèvement *m* fiscal.
tax return *n* déclaration *f* d'impôts.
TB *n abbr of* **tuberculosis.**
tea [tiː] *n* **1.** *(drink, leaves)* thé *m.* **2.** *Br (afternoon meal)* goûter *m*; *(evening meal)* dîner *m.*
teabag ['tiːbæg] *n* sachet *m* de thé.
tea break *n Br* pause-café *f.*
teach [tiːtʃ] (*pt & pp* **taught**) ◇ *vt* **1.** *(instruct)* apprendre; **to ~ sb sthg, to ~ sthg to sb** apprendre qqch à qqn; **to ~ sb to do sthg** apprendre à qqn à faire qqch. **2.** *(subj: teacher)* enseigner; **to ~ sb sthg, to ~ sthg to sb** enseigner qqch à qqn. ◇ *vi* enseigner.
teacher ['tiːtʃəʳ] *n (in primary school)* instituteur *m*, -trice *f*, maître *m*, maîtresse *f*; *(in secondary school)* professeur *m.*
teacher training college *Br*, **teachers college** *Am n* = institut *m* universitaire de formation de maîtres, = IUFM *m.*
teaching ['tiːtʃɪŋ] *n* enseignement *m.*
tea cloth *n Br* **1.** *(tablecloth)* nappe *f.* **2.** *(tea towel)* torchon *m.*
tea cosy *Br*, **tea cozy** *Am n* couvre-théière *m inv*, cosy *m.*
teacup ['tiːkʌp] *n* tasse *f* à thé.
teak [tiːk] *n* teck *m.*
team [tiːm] *n* équipe *f.*
teammate ['tiːmmeɪt] *n* co-équipier *m*, -ère *f.*
teamwork ['tiːmwɜːk] *n (U)* travail *m* d'équipe, collaboration *f.*
teapot ['tiːpɒt] *n* théière *f.*
tear¹ [tɪəʳ] *n* larme *f.*
tear² [teəʳ] (*pt* **tore**, *pp* **torn**) ◇ *vt* **1.** *(rip)* déchirer. **2.** *(remove roughly)* arracher. ◇ *vi* **1.** *(rip)* se déchirer. **2.** *(move quickly)* foncer, aller à toute allure. ◇ *n* déchirure *f*, accroc *m.* ◆ **tear apart** *vt sep* **1.** *(rip up)* déchirer, mettre en morceaux. **2.** *fig (country, company)* diviser; *(person)* déchirer. ◆ **tear down** *vt sep (building)* démolir; *(poster)* arracher. ◆ **tear up** *vt sep* déchirer.
teardrop ['tɪədrɒp] *n* larme *f.*
tearful ['tɪəfʊl] *adj (person)* en larmes.
tear gas [tɪəʳ-] *n (U)* gaz *m* lacrymogène.
tearoom ['tiːrʊm] *n* salon *m* de thé.
tease [tiːz] ◇ *n* taquin *m*, -e *f.* ◇ *vt (mock)*: **to ~ sb (about sthg)** taquiner qqn (à propos de qqch).
tea service, tea set *n* service *m* à thé.

teaspoon ['ti:spu:n] *n* **1.** *(utensil)* petite cuillère *f*, cuillère à café. **2.** *(amount)* cuillerée *f* à café.
teat [ti:t] *n* tétine *f*.
teatime ['ti:taɪm] *n Br* l'heure *f* du thé.
tea towel *n* torchon *m*.
technical ['teknɪkl] *adj* technique.
technical college *n Br* collège *m* technique.
technicality [,teknɪ'kælətɪ] *n* **1.** *(intricacy)* technicité *f*. **2.** *(detail)* détail *m* technique.
technically ['teknɪklɪ] *adv* **1.** *(gen)* techniquement. **2.** *(theoretically)* en théorie.
technician [tek'nɪʃn] *n* technicien *m*, -enne *f*.
technique [tek'ni:k] *n* technique *f*.
technological [,teknə'lɒdʒɪkl] *adj* technologique.
technology [tek'nɒlədʒɪ] *n* technologie *f*.
teddy ['tedɪ] *n*: ~ **(bear)** ours *m* en peluche, nounours *m*.
tedious ['ti:djəs] *adj* ennuyeux(euse).
tee [ti:] *n* (GOLF) tee *m*.
teem [ti:m] *vi* **1.** *(rain)* pleuvoir à verse. **2.** *(place)*: **to be ~ing with** grouiller de.
teenage ['ti:neɪdʒ] *adj* adolescent(e).
teenager ['ti:n,eɪdʒə^r] *n* adolescent *m*, -e *f*.
teens [ti:nz] *npl* adolescence *f*.
tee shirt *n* tee-shirt *m*.
teeter ['ti:tə^r] *vi* vaciller; **to ~ on the brink of** *fig* être au bord de.
teeth [ti:θ] *pl* → **tooth**.
teethe [ti:ð] *vi (baby)* percer ses dents.
teething troubles ['ti:ðɪŋ-] *npl fig* difficultés *fpl* initiales.
teetotaller *Br*, **teetotaler** *Am* [ti:'təʊtlə^r] *n* personne *f* qui ne boit jamais d'alcool.
TEFL ['tefl] (*abbr of* **teaching of English as a foreign language**) *n enseignement de l'anglais langue étrangère.*
tel. (*abbr of* **telephone**) tél.
telecommunications ['telɪkə,mju:nɪ'keɪʃnz] *npl* télécommunications *fpl*.
telegram ['telɪgræm] *n* télégramme *m*.
telegraph ['telɪgrɑ:f] ◇ *n* télégraphe *m*. ◇ *vt* télégraphier.
telegraph pole, telegraph post *Br n* poteau *m* télégraphique.
telepathy [tɪ'lepəθɪ] *n* télépathie *f*.
telephone ['telɪfəʊn] ◇ *n* téléphone *m*; **to be on the ~** *Br (connected)* avoir le téléphone; *(speaking)* être au téléphone. ◇ *vt* téléphoner à. ◇ *vi* téléphoner.
telephone book *n* annuaire *m*.
telephone booth *n* cabine *f* téléphonique.
telephone box *n Br* cabine *f* téléphonique.
telephone call *n* appel *m* téléphonique, coup *m* de téléphone.
telephone directory *n* annuaire *m*.
telephone number *n* numéro *m* de téléphone.
telephonist [tɪ'lefənɪst] *n Br* téléphoniste *mf*.
telephoto lens [,telɪ'fəʊtəʊ-] *n* téléobjectif *m*.
telescope ['telɪskəʊp] *n* télescope *m*.
teletext ['telɪtekst] *n* télétexte *m*.
televise ['telɪvaɪz] *vt* téléviser.
television ['telɪ,vɪʒn] *n* **1.** *(U) (medium, industry)* télévision *f*; **on ~** à la télévision. **2.** *(apparatus)* (poste *m* de) télévision *f*, téléviseur *m*.
television set *n* poste *m* de télévision, téléviseur *m*.
telex ['teleks] ◇ *n* télex *m*. ◇ *vt (message)* envoyer par télex, télexer; *(person)* envoyer un télex à.
tell [tel] (*pt & pp* **told**) ◇ *vt* **1.** *(gen)* dire; *(story)* raconter; **to ~ sb (that) ...** dire à qqn que ...; **to ~ sb sthg, to ~ sthg to sb** dire qqch à qqn; **to ~ sb to do sthg** dire OR ordonner à qqn de faire qqch. **2.** *(judge, recognize)* savoir, voir; **could you ~ me the time?** tu peux me dire l'heure (qu'il est)? ◇ *vi* **1.** *(speak)* parler. **2.** *(judge)* savoir. **3.** *(have effect)* se faire sentir. ◆ **tell apart** *vt sep* distinguer. ◆ **tell off** *vt sep* gronder.
telling ['telɪŋ] *adj (remark)* révélateur (trice).
telltale ['telteɪl] ◇ *adj* révélateur (trice). ◇ *n* rapporteur *m*, -euse *f*, mouchard *m*, -e *f*.
telly ['telɪ] (*abbr of* **television**) *n Br inf* télé *f*; **on ~** à la télé.
temp [temp] *inf* ◇ *n* (*abbr of* **temporary (employee)**) intérimaire *mf*. ◇ *vi* travailler comme intérimaire.
temper ['tempə^r] ◇ *n* **1.** *(angry state)*: **to be in a ~** être en colère; **to lose one's ~** se mettre en colère. **2.** *(mood)* humeur *f*. **3.** *(temperament)* tempérament *m*. ◇ *vt (moderate)* tempérer.

temperament ['temprəmənt] *n* tempérament *m*.
temperamental [ˌtemprə'mentl] *adj (volatile, unreliable)* capricieux(euse).
temperate ['temprət] *adj* tempéré(e).
temperature ['temprətʃəʳ] *n* température *f*; **to have a ~** avoir de la température OR de la fièvre.
tempestuous [tem'pestjuəs] *adj lit & fig* orageux(euse).
template ['templɪt] *n* gabarit *m*.
temple ['templ] *n* **1.** (RELIG) temple *m*. **2.** (ANAT) tempe *f*.
temporarily [ˌtempə'rerəlɪ] *adv* temporairement, provisoirement.
temporary ['tempərərɪ] *adj* temporaire, provisoire.
tempt [tempt] *vt* tenter; **to ~ sb to do sthg** donner à qqn l'envie de faire qqch.
temptation [temp'teɪʃn] *n* tentation *f*.
tempting ['temptɪŋ] *adj* tentant(e).
ten [ten] *num* dix; *see also* **six**.
tenable ['tenəbl] *adj (argument, position)* défendable.
tenacious [tɪ'neɪʃəs] *adj* tenace.
tenancy ['tenənsɪ] *n* location *f*.
tenant ['tenənt] *n* locataire *mf*.
tend [tend] *vt* **1.** *(have tendency)*: **to ~ to do sthg** avoir tendance à faire qqch. **2.** *(look after)* s'occuper de, garder.
tendency ['tendənsɪ] *n*: **~ (to do sthg)** tendance *f* (à faire qqch).
tender ['tendəʳ] ◇ *adj* tendre; *(bruise, part of body)* sensible, douloureux(euse). ◇ *n* (COMM) soumission *f*. ◇ *vt fml (apology, money)* offrir; *(resignation)* donner.
tendon ['tendən] *n* tendon *m*.
tenement ['tenəmənt] *n* immeuble *m*.
Tenerife [ˌtenə'ri:f] *n* Tenerife.
tenet ['tenɪt] *n fml* principe *m*.
tennis ['tenɪs] *n (U)* tennis *m*.
tennis ball *n* balle *f* de tennis.
tennis court *n* court *m* de tennis.
tennis racket *n* raquette *f* de tennis.
tenor ['tenəʳ] *n (singer)* ténor *m*.
tense [tens] ◇ *adj* tendu(e). ◇ *n* temps *m*. ◇ *vt* tendre.
tension ['tenʃn] *n* tension *f*.
tent [tent] *n* tente *f*.
tentacle ['tentəkl] *n* tentacule *m*.
tentative ['tentətɪv] *adj* **1.** *(hesitant)* hésitant(e). **2.** *(not final)* provisoire.
tenterhooks ['tentəhʊks] *npl*: **to be on ~** être sur des charbons ardents.
tenth [tenθ] *num* dixième; *see also* **sixth**.
tent peg *n* piquet *m* de tente.
tent pole *n* montant *m* OR mât *m* de tente.
tenuous ['tenjuəs] *adj* ténu(e).
tenure ['tenjəʳ] *n (U) fml* **1.** *(of property)* bail *m*. **2.** *(of job)*: **to have ~** être titulaire.
tepid ['tepɪd] *adj* tiède.
term [tɜ:m] ◇ *n* **1.** *(word, expression)* terme *m*. **2.** (SCH & UNIV) trimestre *m*. **3.** *(period of time)* durée *f*, période *f*; **in the long/short ~** à long/court terme. ◇ *vt* appeler. ◆ **terms** *npl* **1.** *(of contract, agreement)* conditions *fpl*. **2.** *(basis)*: **in international/real ~s** en termes internationaux/réels; **to be on good ~s (with sb)** être en bons termes (avec qqn); **to come to ~s with sthg** accepter qqch. ◆ **in terms of** *prep* sur le plan de, en termes de.
terminal ['tɜ:mɪnl] ◇ *adj* (MED) en phase terminale. ◇ *n* **1.** (AERON, COMPUT & RAIL) terminal *m*. **2.** (ELEC) borne *f*.
terminate ['tɜ:mɪneɪt] ◇ *vt* **1.** *fml (end - gen)* terminer, mettre fin à; *(- contract)* résilier. **2.** *(pregnancy)* interrompre. ◇ *vi* **1.** *(bus, train)* s'arrêter. **2.** *(contract)* se terminer.
termini ['tɜ:mɪnaɪ] *pl* → **terminus**.
terminus ['tɜ:mɪnəs] (*pl* **-ni** OR **-nuses**) *n* terminus *m*.
terrace ['terəs] *n* **1.** *(patio, on hillside)* terrasse *f*. **2.** *Br (of houses)* rangée *f* de maisons. ◆ **terraces** *npl* (FTBL): **the ~s** les gradins *mpl*.
terraced ['terəst] *adj (hillside)* en terrasses.
terraced house *n Br maison attenante aux maisons voisines.*
terrain [te'reɪn] *n* terrain *m*.
terrible ['terəbl] *adj* terrible; *(holiday, headache, weather)* affreux(euse), épouvantable.
terribly ['terəblɪ] *adv* terriblement; *(sing, write, organized)* affreusement mal; *(injured)* affreusement.
terrier ['terɪəʳ] *n* terrier *m*.
terrific [tə'rɪfɪk] *adj* **1.** *(wonderful)* fantastique, formidable. **2.** *(enormous)* énorme, fantastique.
terrified ['terɪfaɪd] *adj* terrifié(e); **to be ~ of** avoir une terreur folle OR peur folle de.
terrifying ['terɪfaɪɪŋ] *adj* terrifiant(e).
territory ['terətrɪ] *n* territoire *m*.
terror ['terəʳ] *n* terreur *f*.

terrorism ['terərɪzm] *n* terrorisme *m*.

terrorist ['terərɪst] *n* terroriste *mf*.

terrorize, -ise ['terəraɪz] *vt* terroriser.

terse [tɜːs] *adj* brusque.

Terylene® ['terəliːn] *n* Térylène® *m*.

test [test] ◇ *n* **1.** *(trial)* essai *m*; *(of friendship, courage)* épreuve *f*. **2.** *(examination - of aptitude, psychological)* test *m*; (- SCH & UNIV) interrogation *f* écrite/orale; *(- of driving)* (examen *m* du) permis *m* de conduire. **3.** *(MED - of blood, urine)* analyse *f*; *(- of eyes)* examen *m*. ◇ *vt* **1.** *(try)* essayer; *(determination, friendship)* mettre à l'épreuve. **2.** (SCH & UNIV) faire faire une interrogation écrite/orale à; **to ~ sb on sthg** interroger qqn sur qqch. **3.** *(MED - blood, urine)* analyser; *(- eyes, reflexes)* faire un examen de.

testament ['testəmənt] *n* *(will)* testament *m*.

test-drive *vt* essayer.

testicles ['testɪklz] *npl* testicules *mpl*.

testify ['testɪfaɪ] ◇ *vt*: **to ~ that ...** témoigner que ... ◇ *vi* **1.** (JUR) témoigner. **2.** *(be proof)*: **to ~ to sthg** témoigner de qqch.

testimony [*Br* 'testɪmənɪ, *Am* 'testəməʊnɪ] *n* témoignage *m*.

testing ['testɪŋ] *adj* éprouvant(e).

test match *n Br* match *m* international.

test pilot *n* pilote *m* d'essai.

test tube *n* éprouvette *f*.

test-tube baby *n* bébé-éprouvette *m*.

tetanus ['tetənəs] *n* tétanos *m*.

tether ['teðəʳ] ◇ *vt* attacher. ◇ *n*: **to be at the end of one's ~** être au bout du rouleau.

text [tekst] *n* texte *m*.

textbook ['tekstbʊk] *n* livre *m* OR manuel *m* scolaire.

textile ['tekstaɪl] *n* textile *m*.

texture ['tekstʃəʳ] *n* texture *f*; *(of paper, wood)* grain *m*.

Thai [taɪ] ◇ *adj* thaïlandais(e). ◇ *n* **1.** *(person)* Thaïlandais *m*, -e *f*. **2.** *(language)* thaï *m*.

Thailand ['taɪlænd] *n* Thaïlande *f*.

Thames [temz] *n*: **the ~** la Tamise.

than [*weak form* ðən, *strong form* ðæn] *conj* que; **Sarah is younger ~ her sister** Sarah est plus jeune que sa sœur; **more ~ three days/50 people** plus de trois jours/50 personnes.

- Lorsque l'on compare deux choses, on fait généralement suivre, en anglais courant, *than* d'un pronom objet tel que *me, him, them*, etc. (*he's bigger than me; Keith has a faster car than me*). Dans la langue plus soutenue, en revanche, c'est le pronom sujet (*I, he, they*, etc.) qui suit *than*, même lorsque le verbe qui suit est omis (*he's bigger than I [am]; Keith has a faster car than I [have]*).
- Lorsque *than* introduit un pronom sujet (*I, he, they*, etc.), celui-ci peut être suivi de la forme contractée de *be* ou de *have*, à condition que le verbe soit lui-même suivi d'au moins un autre mot. Comparez, par exemple, *she's quicker than she's ever been* et *she's quicker than you are* (et non pas *you're*).

thank [θæŋk] *vt*: **to ~ sb (for)** remercier qqn (pour OR de); **~ God** OR **goodness** OR **heavens!** Dieu merci! ◆ **thanks** ◇ *npl* remerciements *mpl*. ◇ *excl* merci! ◆ **thanks to** *prep* grâce à.

thankful ['θæŋkfʊl] *adj* **1.** *(grateful)*: **~ (for)** reconnaissant(e) (de). **2.** *(relieved)* soulagé(e).

thankless ['θæŋklɪs] *adj* ingrat(e).

thanksgiving ['θæŋks,gɪvɪŋ] *n* action *f* de grâce. ◆ **Thanksgiving (Day)** *n fête nationale américaine commémorant, le 4ᵉ jeudi de novembre, l'installation des premiers colons en Amérique.*

THANKSGIVING

Le quatrième jeudi de novembre, jour férié, les Américains commémorent l'action de grâce rendue en 1621 par les colons britanniques après leur première récolte. Le repas traditionnel de Thanksgiving se compose de dinde rôtie à la sauce aux airelles et de tarte au potiron.

thank you *excl*: **~ (for)** merci (pour OR de).

that [ðæt, *weak form of pron sense 2 & conj* ðət] (*pl* **those**) ◇ *pron* **1.** *(demonstrative use: pl 'those')* ce, cela, ça; *(as opposed to 'this')* celui-là (celle-là); **who's ~?** qui est-ce?; **is ~ Maureen?** c'est Maureen?; **what's ~?** qu'est-ce que c'est que ça?; **~'s a shame** c'est dommage; **which shoes are you going to wear, these or those?** quelles chaussures vas-tu mettre, celles-ci ou celles-là?; **those**

who ceux (celles) qui. **2.** (*to introduce relative clauses - subject*) qui; (- *object*) que; (- *with prep*) lequel (laquelle), lesquels (lesquelles) (*pl*); **we came to a path ~ led into the woods** nous arrivâmes à un sentier qui menait dans les bois; **show me the book ~ you bought** montre-moi le livre que tu as acheté; **on the day ~ we left** le jour où nous sommes partis. ◇ *adj* (*demonstrative: pl 'those'*) ce (cette), cet (*before vowel or silent 'h'*), ces (*pl*); (*as opposed to 'this'*) ce (cette) ...-là, ces ...-là (*pl*); **those chocolates are delicious** ces chocolats sont délicieux; **later ~ day** plus tard ce jour-là; **I prefer ~ book** je préfère ce livre-là; **I'll have ~ one** je prendrai celui-là. ◇ *adv* aussi, si; **it wasn't ~ bad/good** ce n'était pas si mal/bien que ça. ◇ *conj* que; **tell him ~ the children aren't coming** dites-lui que les enfants ne viennent pas; **he recommended ~ I phone you** il m'a conseillé de vous appeler. ◆ **that is (to say)** *adv* c'est-à-dire.

- On omet très souvent *that* à l'intérieur d'une phrase. Lorsque *that* est un pronom, il peut être omis (*are you the person (that) the teacher's looking for?*), du moment qu'il n'est pas le sujet de la proposition qui suit (*she's the girl that got the job*).
- Lorsque *that* relie deux parties de la phrase, après des verbes tels que *believe, say, think, tell,* il est aussi très fréquemment omis (*he said (that) he liked her; she told him (that) she was getting married*).
- Voir aussi THIS.

thatched [θætʃt] *adj* de chaume.
that's [ðæts] = **that is**.
thaw [θɔː] ◇ *vt (ice)* faire fondre OR dégeler; *(frozen food)* décongeler. ◇ *vi* **1.** *(ice)* dégeler, fondre; *(frozen food)* décongeler. **2.** *fig (people, relations)* se dégeler. ◇ *n* dégel *m*.

the [*weak form* ðə, *before vowel* ðɪ, *strong form* ðiː] *def art* **1.** *(gen)* le (la), l' (+ *vowel or silent 'h'*), les (*pl*); **~ book** le livre; **~ sea** la mer; **~ man** l'homme; **~ boys/girls** les garçons/filles; **~ Joneses are coming to supper** les Jones viennent dîner; **to play ~ piano** jouer du piano. **2.** (*with an adjective to form a noun*): **~ British** les Britanniques; **~ old/young** les vieux/jeunes; **~ impossible** l'impossible. **3.** *(in dates)*: **~ twelfth of May** le douze mai; **~ forties** les années quarante. **4.** *(in comparisons)*: **~ more ... ~ less** plus ... moins; **~ sooner ~ better** le plus tôt sera le mieux. **5.** *(in titles)*: **Alexander ~ Great** Alexandre le Grand; **George ~ First** Georges Premier.

- *The* n'apparaît pas devant les noms indénombrables (*work, beer, money*) et les noms dénombrables au pluriel (*children, cats, houses*) lorsque ceux-ci interviennent dans des phrases où l'on parle de choses ou d'idées de façon générale (*money isn't important to me; I don't like modern houses*).
- *The* est aussi parfois omis devant certains noms se rapportant à des lieux (*to go to school/church; to be in bed/hospital/prison; to come home*). En revanche, l'article est indispensable lorsque le nom se rapporte à un exemple précis d'endroit (*we go to the school at the end of the road; the church is very pretty*).
- En règle générale, on n'emploie pas *the* lorsqu'on parle des repas (*to have breakfast; to meet for lunch*). Il en va de même lorsqu'on parle d'une saison ou d'une époque (*in spring; next year; last term*).
- On n'emploie pas *the* devant les titres de personnes (*President Kennedy; Doctor Allen*).

theatre, theater *Am* [ˈθɪətəʳ] *n* **1.** (THEATRE) théâtre *m*. **2.** *Br* (MED) salle *f* d'opération. **3.** *Am (cinema)* cinéma *m*.
theatregoer, theatergoer *Am* [ˈθɪətəˌgəʊəʳ] *n* habitué *m*, -e *f* du théâtre.
theatrical [θɪˈætrɪkl] *adj* théâtral(e); *(company)* de théâtre.
theft [θeft] *n* vol *m*.

their [ðeəʳ] *poss adj* leur, leurs (*pl*); **~ house** leur maison; **~ children** leurs enfants; **it wasn't THEIR fault** ce n'était pas de leur faute à eux.

- Si vous parlez d'une partie du corps, n'oubliez pas d'utiliser l'adjectif possessif *their*, et non pas *the* (*they had their ears pierced*, «ils/elles se sont fait percer les oreilles»).
- Voir aussi ITS.

theirs [ðeəz] *poss pron* le leur (la leur), les leurs (*pl*); **that house is ~** cette maison est la leur, cette maison est à eux/elles; **it wasn't our fault, it was**

THEIRS ce n'était pas de notre faute, c'était de la leur; **a friend of ~** un de leurs amis, un ami à eux/elles.

them [*weak form* ðəm, *strong form* ðem] *pers pron pl* **1.** (*direct*) les; **I know ~** je les connais; **if I were** OR **was ~** si j'étais eux/elles, à leur place. **2.** (*indirect*) leur; **we spoke to ~** nous leur avons parlé; **she sent ~ a letter** elle leur a envoyé une lettre; **I gave it to ~** je le leur ai donné. **3.** (*stressed, after prep, in comparisons etc*) eux (elles); **you can't expect THEM to do it** tu ne peux pas exiger que ce soit eux qui le fassent; **with ~** avec eux/elles; **without ~** sans eux/elles; **we're not as wealthy as ~** nous ne sommes pas aussi riches qu'eux/qu'elles.

theme [θiːm] *n* **1.** *(topic, motif)* thème *m*, sujet *m*. **2.** (MUS) thème *m*; *(signature tune)* indicatif *m*.

theme tune *n* chanson *f* principale.

themselves [ðem'selvz] *pron* **1.** (*reflexive*) se; (*after prep*) eux (elles). **2.** (*for emphasis*) eux-mêmes *mpl*, elles-mêmes *fpl*; **they did it ~** ils l'ont fait tout seuls.

then [ðen] *adv* **1.** *(not now)* alors, à cette époque. **2.** *(next)* puis, ensuite. **3.** *(in that case)* alors, dans ce cas. **4.** *(therefore)* donc. **5.** *(also)* d'ailleurs, et puis.

theology [θɪ'ɒlədʒɪ] *n* théologie *f*.

theoretical [θɪə'retɪkl] *adj* théorique.

theorize, -ise ['θɪəraɪz] *vi*: **to ~ (about)** émettre une théorie (sur), théoriser (sur).

theory ['θɪərɪ] *n* théorie *f*; **in ~** en théorie.

therapist ['θerəpɪst] *n* thérapeute *mf*, psychothérapeute *mf*.

therapy ['θerəpɪ] *n (U)* thérapie *f*.

there [ðeəʳ] ◇ *pron (indicating existence of sthg)*: **~ is/are** il y a; **~'s someone at the door** il y a quelqu'un à la porte; **~ must be some mistake** il doit y avoir erreur. ◇ *adv* **1.** *(in existence, available)* y, là; **is anybody ~?** il y a quelqu'un?; **is John ~, please?** *(when telephoning)* est-ce que John est là, s'il vous plaît? **2.** *(referring to place)* y, là; **I'm going ~ next week** j'y vais la semaine prochaine; **~ it is** c'est là; **~ he is!** le voilà!; **over ~** là-bas; **it's six kilometres ~ and back** cela fait six kilomètres aller-retour. ◇ *excl*: **~, I knew he'd turn up** tiens OR voilà, je savais bien qu'il s'amènerait; **~, ~** allons, allons. ◆ **there and then, then and there** *adv* immédiatement, sur-le-champ.

thereabouts [ðeərə'baʊts], **thereabout** *Am* [ðeərə'baʊt] *adv*: **or ~** *(nearby)* par là; *(approximately)* environ.

thereafter [ˌðeər'ɑːftəʳ] *adv fml* après cela, par la suite.

thereby [ˌðeər'baɪ] *adv fml* ainsi, de cette façon.

therefore ['ðeəfɔːʳ] *adv* donc, par conséquent.

there's [ðeəz] = **there is**.

thermal ['θɜːml] *adj* thermique; *(clothes)* en thermolactyl.

thermometer [θə'mɒmɪtəʳ] *n* thermomètre *m*.

Thermos (flask)® ['θɜːməs-] *n* (bouteille *f*) Thermos® *m or f*.

thermostat ['θɜːməstæt] *n* thermostat *m*.

thesaurus [θɪ'sɔːrəs] (*pl* **-es**) *n* dictionnaire *m* de synonymes.

these [ðiːz] *pl* → **this**.

thesis ['θiːsɪs] (*pl* **theses** ['θiːsiːz]) *n* thèse *f*.

they [ðeɪ] *pers pron pl* **1.** *(people, things, animals - unstressed)* ils (elles); *(- stressed)* eux (elles); **~'re pleased** ils sont contents (elles sont contentes); **~'re pretty earrings** ce sont de jolies boucles d'oreille; **THEY can't do it** eux (elles), ils (elles) ne peuvent pas le faire; **there ~ are** les voilà. **2.** *(unspecified people)* on, ils; **~ say it's going to snow** on dit qu'il va neiger.

• Voir HE.

they'd [ðeɪd] = **they had, they would**.

they'll [ðeɪl] = **they shall, they will**.

they're [ðeəʳ] = **they are**.

they've [ðeɪv] = **they have**.

thick [θɪk] ◇ *adj* **1.** *(gen)* épais (épaisse); *(forest, hedge, fog)* dense; *(voice)* indistinct(e); **to be 6 inches ~** avoir 15 cm d'épaisseur. **2.** *inf (stupid)* bouché(e). ◇ *n*: **in the ~ of** au plus fort de, en plein OR au beau milieu de.

thicken ['θɪkn] ◇ *vt* épaissir. ◇ *vi* s'épaissir.

thicket ['θɪkɪt] *n* fourré *m*.

thickness ['θɪknɪs] *n* épaisseur *f*.

thickset [ˌθɪk'set] *adj* trapu(e).

thick-skinned [-'skɪnd] *adj* qui a la peau dure.

thief [θiːf] (*pl* **thieves**) *n* voleur *m*, -euse *f*.

thieve [θiːv] *vt & vi* voler.

thieves [θiːvz] *pl* → **thief**.

thigh [θaɪ] *n* cuisse *f*.

thimble ['θɪmbl] *n* dé *m* (à coudre).

thin [θɪn] *adj* 1. *(slice, layer, paper)* mince; *(cloth)* léger(ère); *(person)* maigre. 2. *(liquid, sauce)* clair(e), peu épais (peu épaisse). 3. *(sparse - crowd)* épars (e); *(- vegetation, hair)* clairsemé(e). ◆ **thin down** *vt sep (liquid, paint)* délayer, diluer; *(sauce)* éclaircir.

thing [θɪŋ] *n* 1. *(gen)* chose *f*; **the (best) ~ to do would be ...** le mieux serait de ...; **the ~ is ...** le problème, c'est que ... 2. *(anything)*: **I don't know a ~** je n'y connais absolument rien. 3. *(object)* chose *f*, objet *m*. 4. *(person)*: **you poor ~!** mon pauvre! ◆ **things** *npl* 1. *(clothes, possessions)* affaires *fpl*. 2. *inf (life)*: **how are ~s?** comment ça va?

think [θɪŋk] (*pt & pp* **thought**) ◇ *vt* 1. *(believe)*: **to ~ (that)** croire que, penser que; **I ~ so/not** je crois que oui/non, je pense que oui/non. 2. *(have in mind)* penser à. 3. *(imagine)* s'imaginer. 4. *(in polite requests)*: **do you ~ you could help me?** tu pourrais m'aider? ◇ *vi* 1. *(use mind)* réfléchir, penser. 2. *(have stated opinion)*: **what do you ~ of** OR **about his new film?** que pensez-vous de son dernier film?; **to ~ a lot of sb/sthg** penser beaucoup de bien de qqn/qqch. 3. *phr*: **to ~ twice** y réfléchir à deux fois. ◆ **think about** *vt fus*: **to ~ about sb/sthg** songer à OR penser à qqn/qqch; **to ~ about doing sthg** songer à faire qqch; **I'll ~ about it** je vais y réfléchir. ◆ **think of** *vt fus* 1. *(consider)* = **think about**. 2. *(remember)* se rappeler. 3. *(conceive)* penser à, avoir l'idée de; **to ~ of doing sthg** avoir l'idée de faire qqch. ◆ **think over** *vt sep* réfléchir à. ◆ **think up** *vt sep* imaginer.

think tank *n* comité *m* d'experts.

third [θɜːd] ◇ *num* troisième; *see also* **sixth**. ◇ *n* (UNIV) ≈ licence *f* mention passable.

thirdly ['θɜːdlɪ] *adv* troisièmement, tertio.

third party insurance *n* assurance *f* de responsabilité civile.

third-rate *adj pej* de dernier OR troisième ordre.

Third World *n*: **the ~** le tiers-monde.

thirst [θɜːst] *n* soif *f*; **~ for** *fig* soif de.

thirsty ['θɜːstɪ] *adj* 1. *(person)*: **to be** OR **feel ~** avoir soif. 2. *(work)* qui donne soif.

thirteen [,θɜː'tiːn] *num* treize; *see also* **six**.

thirty ['θɜːtɪ] *num* trente; *see also* **sixty**.

this [ðɪs] (*pl* **these**) ◇ *pron* (*demonstrative use*) ce, ceci; (*as opposed to 'that'*) celui-ci (celle-ci); **~ is for you** c'est pour vous; **who's ~?** qui est-ce?; **what's ~?** qu'est-ce que c'est?; **which sweets does she prefer, these or those?** quels bonbons préfère-t-elle, ceux-ci ou ceux-là?; **~ is Daphne Logan** *(introducing another person)* je vous présente Daphne Logan; *(introducing oneself on phone)* ici Daphne Logan, Daphne Logan à l'appareil. ◇ *adj* 1. (*demonstrative use*) ce (cette), cet (*before vowel or silent 'h'*), ces (*pl*); (*as opposed to 'that'*) ce (cette) ...-ci, ces ...-ci (*pl*); **these chocolates are delicious** ces chocolats sont délicieux; **I prefer ~ book** je préfère ce livre-ci; **I'll have ~ one** je prendrai celui-ci; **~ afternoon** cet après-midi; **~ morning** ce matin; **~ week** cette semaine. 2. *inf (a certain)* un certain (une certaine). ◇ *adv* aussi; **it was ~ big** c'était aussi grand que ça; **you'll need about ~ much** il vous en faudra à peu près comme ceci.

- *This* et *these* désignent des choses qui sont perçues comme proches dans l'espace ou dans le temps (*is this your coat on the floor here?; this music is excellent*). Ils sont associés à *here* et *now*. *That* et *those* désignent des choses qui sont perçues comme plus éloignées (*isn't that your father over there?; he was born in 1915 – that's a long time ago*). Ils sont associés à *there* et *then*.
- *This/these* et *that/those* sont parfois employés ensemble pour comparer deux choses (*which skirt should I wear? – this one or that one?*), mais si l'on veut faire ressortir le contraste entre deux possibilités il est plus naturel d'utiliser *this/these* en conjonction avec *the other/the others* (*Henman is serving from this end and Sampras receiving at the other*).
- Seuls *this* et *these* servent à parler de quelque chose auquel il n'a pas encore été fait allusion (*listen to this – you'll never believe it!*).
- En ce qui concerne les pronoms, seul *those* (et non *this/these* ou *that*) peut servir à désigner directement des personnes. *Those* est alors généralement suivi d'une expression qui apporte des précisions (*those of you who agree, please put up your hands*).

thistle ['θɪsl] *n* chardon *m*.

thong [θɒŋ] *n (of leather)* lanière *f*.

thorn [θɔːn] *n* épine *f*.

thorny ['θɔːnɪ] *adj lit & fig* épineux (euse).

thorough ['θʌrə] *adj* 1. *(exhaustive - search, inspection)* minutieux(euse); *(- investigation, knowledge)* approfondi(e). 2. *(meticulous)* méticuleux(euse). 3. *(complete, utter)* complet(ète), absolu(e).

thoroughbred ['θʌrəbred] *n* pur-sang *m inv*.

thoroughfare ['θʌrəfeəʳ] *n fml* rue *f*, voie *f* publique.

thoroughly ['θʌrəlɪ] *adv* 1. *(fully, in detail)* à fond. 2. *(completely, utterly)* absolument, complètement.

those [ðəʊz] *pl* → **that**.

though [ðəʊ] ◇ *conj* bien que (+ *subjunctive*), quoique (+ *subjunctive*). ◇ *adv* pourtant, cependant.

thought [θɔːt] ◇ *pt & pp* → **think**. ◇ *n* 1. *(gen)* pensée *f*; *(idea)* idée *f*, pensée; **after much ~** après avoir mûrement réfléchi. 2. *(intention)* intention *f*. ◆ **thoughts** *npl* 1. *(reflections)* pensées *fpl*, réflexions *fpl*. 2. *(views)* opinions *fpl*, idées *fpl*.

thoughtful ['θɔːtfʊl] *adj* 1. *(pensive)* pensif(ive). 2. *(considerate - person)* prévenant(e), attentionné(e); *(- remark, act)* plein(e) de gentillesse.

thoughtless ['θɔːtlɪs] *adj (person)* qui manque d'égards (pour les autres); *(remark, behaviour)* irréfléchi(e).

thousand ['θaʊznd] *num* mille; **a** OR **one ~** mille; **~s of** des milliers de; *see also* **six**.

thousandth ['θaʊzntθ] *num* millième; *see also* **sixth**.

thrash [θræʃ] *vt* 1. *(hit)* battre, rosser. 2. *inf (defeat)* écraser, battre à plates coutures. ◆ **thrash about, thrash around** *vi* s'agiter. ◆ **thrash out** *vt sep (problem)* débrouiller, démêler; *(idea)* débattre, discuter.

thread [θred] ◇ *n* 1. *(gen)* fil *m*. 2. *(of screw)* filet *m*, pas *m*. ◇ *vt (needle)* enfiler.

threadbare ['θredbeəʳ] *adj* usé(e) jusqu'à la corde.

threat [θret] *n*: **~ (to)** menace *f* (pour).

threaten ['θretn] ◇ *vt*: **to ~ sb (with)** menacer qqn (de); **to ~ to do sthg** menacer de faire qqch. ◇ *vi* menacer.

three [θriː] *num* trois; *see also* **six**.

three-dimensional [-dɪ'menʃənl] *adj (film, picture)* en relief; *(object)* à trois dimensions.

threefold ['θriːfəʊld] ◇ *adj* triple. ◇ *adv*: **to increase ~** tripler.

three-piece *adj*: **~ suit** (costume *m*) trois pièces *m*; **~ suite** canapé *m* et deux fauteuils assortis.

three-ply *adj (wool)* à trois fils.

thresh [θreʃ] *vt* battre.

threshold ['θreʃhəʊld] *n* seuil *m*.

threw [θruː] *pt* → **throw**.

thrifty ['θrɪftɪ] *adj* économe.

thrill [θrɪl] ◇ *n* 1. *(sudden feeling)* frisson *m*, sensation *f*. 2. *(enjoyable experience)* plaisir *m*. ◇ *vt* transporter, exciter.

thrilled [θrɪld] *adj*: **~ (with sthg/to do sthg)** ravi(e) (de qqch/de faire qqch), enchanté(e) (de qqch/de faire qqch).

thriller ['θrɪləʳ] *n* thriller *m*.

thrilling ['θrɪlɪŋ] *adj* saisissant(e), palpitant(e).

thrive [θraɪv] (*pt* **-d** OR **throve**, *pp* **-d**) *vi (person)* bien se porter; *(plant)* pousser bien; *(business)* prospérer.

thriving ['θraɪvɪŋ] *adj (person)* bien portant(e); *(plant)* qui pousse bien; *(business)* prospère.

throat [θrəʊt] *n* gorge *f*.

throb [θrɒb] *vi (heart)* palpiter, battre fort; *(engine)* vibrer; *(music)* taper; **my head is throbbing** j'ai des élancements dans la tête.

throes [θrəʊz] *npl*: **to be in the ~ of** *(war, disease)* être en proie à; **to be in the ~ of an argument** être en pleine dispute.

throne [θrəʊn] *n* trône *m*.

throng [θrɒŋ] ◇ *n* foule *f*, multitude *f*. ◇ *vt* remplir, encombrer.

throttle ['θrɒtl] ◇ *n (valve)* papillon *m* des gaz; *(lever)* commande *f* des gaz. ◇ *vt (strangle)* étrangler.

through [θruː] ◇ *adj (finished)*: **are you ~?** tu as fini?; **to be ~ with sthg** avoir fini qqch. ◇ *adv*: **to let sb ~** laisser passer qqn; **to read sthg ~** lire qqch jusqu'au bout; **to sleep ~ till ten** dormir jusqu'à dix heures. ◇ *prep* 1. *(relating to place, position)* à travers; **to travel ~ sthg** traverser qqch; **to cut ~ sthg** couper qqch. 2. *(during)* pendant. 3. *(because of)* à cause de. 4. *(by means of)* par l'intermédiaire de, par l'entremise de. 5. *Am (up till and including)*: **Monday ~ Friday** du lundi au vendredi. ◆ **through and through** *adv (completely)* jusqu'au bout des ongles; *(thoroughly)* par cœur, à fond.

throughout [θruː'aʊt] ◇ *prep* 1. *(during)* pendant, durant; **~ the meeting** pendant toute la réunion. 2. *(everywhere in)* partout dans. ◇ *adv* 1. *(all the* *time)* tout le temps. **2.** *(everywhere)* partout.

throve [θrəʊv] *pt* → **thrive**.

throw [θrəʊ] (*pt* **threw**, *pp* **thrown**) ◇ *vt* **1.** *(gen)* jeter; *(ball, javelin)* lancer. **2.** *(rider)* désarçonner. **3.** *fig (confuse)* déconcerter, décontenancer. ◇ *n* lancement *m*, jet *m*. ◆ **throw away** *vt sep* **1.** *(discard)* jeter. **2.** *fig (money)* gaspiller; *(opportunity)* perdre. ◆ **throw out** *vt sep* **1.** *(discard)* jeter. **2.** *fig (reject)* rejeter. **3.** *(from house)* mettre à la porte; *(from army, school)* expulser, renvoyer. ◆ **throw up** *vi inf (vomit)* dégobiller, vomir.

throwaway ['θrəʊəˌweɪ] *adj* **1.** *(disposable)* jetable, à jeter. **2.** *(remark)* désinvolte.

throw-in *n Br* (FTBL) rentrée *f* en touche.

thrown [θrəʊn] *pp* → **throw**.

thru [θru:] *Am inf* = **through**.

thrush [θrʌʃ] *n* **1.** *(bird)* grive *f*. **2.** (MED) muguet *m*.

thrust [θrʌst] ◇ *n* **1.** *(forward movement)* poussée *f*; *(of knife)* coup *m*. **2.** *(main aspect)* idée *f* principale, aspect *m* principal. ◇ *vt (shove)* enfoncer, fourrer.

thud [θʌd] ◇ *n* bruit *m* sourd. ◇ *vi* tomber en faisant un bruit sourd.

thug [θʌg] *n* brute *f*, voyou *m*.

thumb [θʌm] ◇ *n* pouce *m*. ◇ *vt inf (hitch)*: **to ~ a lift** faire du stop OR de l'auto-stop. ◆ **thumb through** *vt fus* feuilleter, parcourir.

thumbs down [ˌθʌmz-] *n*: **to get** OR **be given the ~** être rejeté(e).

thumbs up [ˌθʌmz-] *n (go-ahead)*: **to give sb the ~** donner le feu vert à qqn.

thumbtack ['θʌmtæk] *n Am* punaise *f*.

thump [θʌmp] ◇ *n* **1.** *(blow)* grand coup *m*. **2.** *(thud)* bruit *m* sourd. ◇ *vt (hit)* cogner, taper sur. ◇ *vi (heart)* battre fort.

thunder ['θʌndəʳ] ◇ *n (U)* **1.** (METEOR) tonnerre *m*. **2.** *fig (of traffic)* vacarme *m*; *(of applause)* tonnerre *m*. ◇ *v impers* (METEOR) tonner.

thunderbolt ['θʌndəbəʊlt] *n* coup *m* de foudre.

thunderclap ['θʌndəklæp] *n* coup *m* de tonnerre.

thunderstorm ['θʌndəstɔ:m] *n* orage *m*.

thundery ['θʌndərɪ] *adj* orageux (euse).

Thursday ['θɜ:zdɪ] *n* jeudi *m*; *see also* **Saturday**.

thus [ðʌs] *adv fml* **1.** *(therefore)* par conséquent, donc, ainsi. **2.** *(in this way)* ainsi, de cette façon, comme ceci.

thwart [θwɔ:t] *vt* contrecarrer, contrarier.

thyme [taɪm] *n* thym *m*.

thyroid ['θaɪrɔɪd] *n* thyroïde *f*.

tiara [tɪ'ɑ:rə] *n (worn by woman)* diadème *m*.

Tibet [tɪ'bet] *n* Tibet *m*.

tic [tɪk] *n* tic *m*.

tick [tɪk] ◇ *n* **1.** *(written mark)* coche *f*. **2.** *(sound)* tic-tac *m*. **3.** *(insect)* tique *f*. ◇ *vt* cocher. ◇ *vi* faire tic-tac. ◆ **tick off** *vt sep* **1.** *(mark off)* cocher. **2.** *(tell off)* enguirlander. ◆ **tick over** *vi (engine, business)* tourner au ralenti.

ticket ['tɪkɪt] *n* **1.** *(for access, train, plane)* billet *m*; *(for bus)* ticket *m*; *(for library)* carte *f*; *(label on product)* étiquette *f*. **2.** *(for traffic offence)* P.-V. *m*, papillon *m*.

ticket collector *n Br* contrôleur *m*, -euse *f*.

ticket inspector *n Br* contrôleur *m*, -euse *f*.

ticket machine *n* distributeur *m* de billets.

ticket office *n* bureau *m* de vente des billets.

tickle ['tɪkl] ◇ *vt* **1.** *(touch lightly)* chatouiller. **2.** *fig (amuse)* amuser. ◇ *vi* chatouiller.

ticklish ['tɪklɪʃ] *adj (person)* qui craint les chatouilles, chatouilleux(euse).

tidal ['taɪdl] *adj (force)* de la marée; *(river)* à marées; *(barrier)* contre la marée.

tidal wave *n* raz-de-marée *m inv*.

tidbit *Am* = **titbit**.

tiddlywinks ['tɪdlɪwɪŋks], **tiddledywinks** *Am* ['tɪdldɪwɪŋks] *n* jeu *m* de puce.

tide [taɪd] *n* **1.** *(of sea)* marée *f*. **2.** *fig (of opinion, fashion)* courant *m*, tendance *f*; *(of protest)* vague *f*.

tidy ['taɪdɪ] ◇ *adj* **1.** *(room, desk)* en ordre, bien rangé(e); *(hair, dress)* soigné (e). **2.** *(person - in habits)* ordonné(e); *(- in appearance)* soigné(e). ◇ *vt* ranger, mettre de l'ordre dans. ◆ **tidy up** ◇ *vt sep* ranger, mettre de l'ordre dans. ◇ *vi* ranger.

tie [taɪ] (*pt & pp* **tied**, *cont* **tying**) ◇ *n* **1.** *(necktie)* cravate *f*. **2.** *(in game, competition)* égalité *f* de points. ◇ *vt* **1.** *(fasten)* attacher. **2.** *(shoelaces)* nouer, attacher; **to ~ a knot** faire un nœud. **3.** *fig (link)*: **to be ~d to** être lié (e) à. ◇ *vi (draw)* être à égalité. ◆ **tie**

down *vt sep fig (restrict)* restreindre la liberté de. ◆ **tie in with** *vt fus* concorder avec, coïncider avec. ◆ **tie up** *vt sep* 1. *(with string, rope)* attacher. 2. *(shoelaces)* nouer, attacher. 3. *fig (money, resources)* immobiliser. 4. *fig (link)*: **to be ~d up with** être lié(e) à.

tiebreak(er) ['taɪbreɪk(əʳ)] *n* 1. (TENNIS) tie-break *m*. 2. *(in game, competition)* question *f* subsidiaire.

tiepin ['taɪpɪn] *n* épingle *f* de cravate.

tier [tɪəʳ] *n (of seats)* gradin *m*; *(of cake)* étage *m*.

tiff [tɪf] *n* bisbille *f*, petite querelle *f*.

tiger ['taɪgəʳ] *n* tigre *m*.

tight [taɪt] ◇ *adj* 1. *(clothes, group, competition, knot)* serré(e). 2. *(taut)* tendu(e). 3. *(schedule)* serré(e), minuté(e). 4. *(strict)* strict(e), sévère. 5. *(corner, bend)* raide. 6. *inf (drunk)* soûl(e), rond(e). 7. *inf (miserly)* radin(e), avare. ◇ *adv* 1. *(firmly, securely)* bien, fort; **to hold ~** tenir bien; **hold ~!** tiens bon!; **to shut** OR **close sthg ~** bien fermer qqch. 2. *(tautly)* à fond. ◆ **tights** *npl* collant *m*, collants *mpl*.

tighten ['taɪtn] ◇ *vt* 1. *(belt, knot, screw)* resserrer; **to ~ one's hold** OR **grip on** resserrer sa prise sur. 2. *(pull tauter)* tendre. 3. *(make stricter)* renforcer. ◇ *vi* 1. *(rope)* se tendre. 2. *(grip, hold)* se resserrer.

tightfisted [,taɪt'fɪstɪd] *adj pej* radin (e), pingre.

tightly ['taɪtlɪ] *adv (firmly)* bien, fort.

tightrope ['taɪtrəʊp] *n* corde *f* raide.

tile [taɪl] *n (on roof)* tuile *f*; *(on floor, wall)* carreau *m*.

tiled [taɪld] *adj (floor, wall)* carrelé(e); *(roof)* couvert de tuiles.

till [tɪl] ◇ *prep* jusqu'à; **from six ~ ten o'clock** de six heures à dix heures. ◇ *conj* jusqu'à ce que (+ *subjunctive*); **wait ~ I come back** attends que je revienne; *(after negative)* avant que (+ *subjunctive*); **it won't be ready ~ tomorrow** ça ne sera pas prêt avant demain. ◇ *n* tiroir-caisse *m*.

tiller ['tɪləʳ] *n* (NAUT) barre *f*.

tilt [tɪlt] ◇ *vt* incliner, pencher. ◇ *vi* s'incliner, pencher.

timber ['tɪmbəʳ] *n* 1. *(U) (wood)* bois *m* de charpente OR de construction. 2. *(beam)* poutre *f*, madrier *m*.

time [taɪm] ◇ *n* 1. *(gen)* temps *m*; **a long ~** longtemps; **in a short ~** dans peu de temps, sous peu; **to take ~** prendre du temps; **to be ~ for sthg** être l'heure de qqch; **to have a good ~** s'amuser bien; **in good ~** de bonne heure; **ahead of ~** en avance, avant l'heure; **on ~** à l'heure; **to have no ~ for sb/sthg** ne pas supporter qqn/qqch; **to pass the ~** passer le temps; **to play for ~** essayer de gagner du temps. 2. *(as measured by clock)* heure *f*; **what's the ~?** quelle heure est-il?; **in a week's/year's ~** dans une semaine/un an. 3. *(point in time in past)* époque *f*; **before my ~** avant que j'arrive ici. 4. *(occasion)* fois *f*; **from ~ to ~** de temps en temps, de temps à autre; **~ after ~, ~ and again** à maintes reprises, maintes et maintes fois. 5. (MUS) mesure *f*. ◇ *vt* 1. *(schedule)* fixer, prévoir. 2. *(race, runner)* chronométrer. 3. *(arrival, remark)* choisir le moment de. ◆ **times** ◇ *npl* fois *fpl*; **four ~s as much as me** quatre fois plus que moi. ◇ *prep* (MATH) fois. ◆ **at a time** *adv* d'affilée; **one at a ~** un par un, un seul à la fois; **months at a ~** des mois et des mois. ◆ **at times** *adv* quelquefois, parfois. ◆ **at the same time** *adv* en même temps. ◆ **about time** *adv*: **it's about ~ (that) ...** il est grand temps que ...; **about ~ too!** ce n'est pas trop tôt! ◆ **for the time being** *adv* pour le moment. ◆ **in time** *adv* 1. *(not late)*: **in ~ (for)** à l'heure (pour). 2. *(eventually)* à la fin, à la longue; *(after a while)* avec le temps, à la longue.

time bomb *n lit & fig* bombe *f* à retardement.

time lag *n* décalage *m*.

timeless ['taɪmlɪs] *adj* éternel(elle).

time limit *n* délai *m*.

timely ['taɪmlɪ] *adj* opportun(e).

time off *n* temps *m* libre.

time out *n* (SPORT) temps *m* mort.

timer ['taɪməʳ] *n* minuteur *m*.

time scale *n* période *f*; *(of project)* délai *m*.

time-share *n Br* logement *m* en multipropriété.

time switch *n* minuterie *f*.

timetable ['taɪm,teɪbl] *n* 1. (SCH) emploi *m* du temps. 2. *(of buses, trains)* horaire *m*. 3. *(schedule)* calendrier *m*.

time zone *n* fuseau *m* horaire.

timid ['tɪmɪd] *adj* timide.

timing ['taɪmɪŋ] *n (U)* 1. *(of remark)* à-propos *m*. 2. *(scheduling)*: **the ~ of the election** le moment choisi pour l'élection. 3. *(measuring)* chronométrage *m*.

timpani ['tɪmpənɪ] *npl* timbales *fpl*.

tin [tɪn] *n* 1. *(U) (metal)* étain *m*; *(in sheets)* fer-blanc *m*. 2. *Br (can)* boîte *f* de conserve. **3.** *(small container)* boîte *f*.

tin can *n* boîte *f* de conserve.

tinfoil ['tɪnfɔɪl] *n (U)* papier *m* (d')aluminium.

tinge [tɪndʒ] *n* **1.** *(of colour)* teinte *f*, nuance *f*. **2.** *(of feeling)* nuance *f*.

tinged [tɪndʒd] *adj*: **~ with** teinté(e) de.

tingle ['tɪŋgl] *vi* picoter.

tinker ['tɪŋkəʳ] ◇ *n Br pej (gypsy)* romanichel *m*, -elle *f*. ◇ *vi*: **to ~ (with sthg)** bricoler (qqch).

tinkle ['tɪŋkl] *vi (ring)* tinter.

tinned [tɪnd] *adj Br* en boîte.

tin opener *n Br* ouvre-boîtes *m inv*.

tinsel ['tɪnsl] *n (U)* guirlandes *fpl* de Noël.

tint [tɪnt] *n* teinte *f*, nuance *f*; *(in hair)* rinçage *m*.

tinted ['tɪntɪd] *adj (glasses, windows)* teinté(e).

tiny ['taɪnɪ] *adj* minuscule.

tip [tɪp] ◇ *n* **1.** *(end)* bout *m*. **2.** *Br (dump)* décharge *f*. **3.** *(to waiter etc)* pourboire *m*. **4.** *(piece of advice)* tuyau *m*. ◇ *vt* **1.** *(tilt)* faire basculer. **2.** *(spill)* renverser. **3.** *(waiter etc)* donner un pourboire à. ◇ *vi* **1.** *(tilt)* basculer. **2.** *(spill)* se renverser. ◆ **tip over** ◇ *vt sep* renverser. ◇ *vi* se renverser.

tip-off *n* tuyau *m*; *(to police)* dénonciation *f*.

tipped ['tɪpt] *adj (cigarette)* à bout filtre.

tipsy ['tɪpsɪ] *adj inf* gai(e).

tiptoe ['tɪptəʊ] ◇ *n*: **on ~** sur la pointe des pieds. ◇ *vi* marcher sur la pointe des pieds.

tip-top *adj inf dated* excellent(e).

tire ['taɪəʳ] ◇ *n Am* = **tyre**. ◇ *vt* fatiguer. ◇ *vi* **1.** *(get tired)* se fatiguer. **2.** *(get fed up)*: **to ~ of** se lasser de.

tired ['taɪəd] *adj* **1.** *(sleepy)* fatigué(e), las (lasse). **2.** *(fed up)*: **to be ~ of sthg/of doing sthg** en avoir assez de qqch/de faire qqch.

tireless ['taɪəlɪs] *adj* infatigable.

tiresome ['taɪəsəm] *adj* ennuyeux (euse).

tiring ['taɪərɪŋ] *adj* fatigant(e).

tissue ['tɪʃuː] *n* **1.** *(paper handkerchief)* mouchoir *m* en papier. **2.** *(U)* (BIOL) tissu *m*.

tissue paper *n (U)* papier *m* de soie.

tit [tɪt] *n* **1.** *(bird)* mésange *f*. **2.** *vulg (breast)* nichon *m*, néné *m*.

titbit *Br* ['tɪtbɪt], **tidbit** *Am* ['tɪdbɪt] *n* **1.** *(of food)* bon morceau *m*. **2.** *fig (of news)* petite nouvelle *f*.

tit for tat [-'tæt] *n* un prêté pour un rendu.

titillate ['tɪtɪleɪt] *vt* titiller.

title ['taɪtl] *n* titre *m*.

title deed *n* titre *m* de propriété.

title role *n* rôle *m* principal.

titter ['tɪtəʳ] *vi* rire bêtement.

TM *abbr of* **trademark**.

---

to [*unstressed before consonant* tə, *unstressed before vowel* tʊ, *stressed* tuː] ◇ *prep* **1.** *(indicating place, direction)* à; **to go ~ Liverpool/Spain/school** aller à Liverpool/en Espagne/à l'école; **to go ~ the butcher's** aller chez le boucher; **~ the left/right** à gauche/droite. **2.** *(to express indirect object)* à; **to give sthg ~ sb** donner qqch à qqn; **we were listening ~ the radio** nous écoutions la radio. **3.** *(indicating reaction, effect)* à; **~ my delight/surprise** à ma grande joie/surprise. **4.** *(in stating opinion)*: **~ me, ...** à mon avis, ...; **it seemed quite unnecessary ~ me/him** *etc* cela me/lui *etc* semblait tout à fait inutile. **5.** *(indicating state, process)*: **to drive sb ~ drink** pousser qqn à boire; **it could lead ~ trouble** cela pourrait causer des ennuis. **6.** *(as far as)* à, jusqu'à; **to count ~ 10** compter jusqu'à 10; **we work from 9 ~ 5** nous travaillons de 9 heures à 17 heures. **7.** *(in expressions of time)* moins; **it's ten ~ three/quarter ~ one** il est trois heures moins dix/une heure moins le quart. **8.** *(per)* à; **40 miles ~ the gallon** = 7 litres aux cent (km). **9.** *(of, for)* de; **the key ~ the car** la clef de la voiture; **a letter ~ my daughter** une lettre à ma fille. ◇ *adv (shut)*: **push the door ~** fermez la porte. ◇ *with infinitive* **1.** *(forming simple infinitive)*: **~ walk** marcher; **~ laugh** rire. **2.** *(following another verb)*: **to begin ~ do sthg** commencer à faire qqch; **to try ~ do sthg** essayer de faire qqch; **to want ~ do sthg** vouloir faire qqch. **3.** *(following an adjective)*: **difficult ~ do** difficile à faire; **ready ~ go** prêt à partir. **4.** *(indicating purpose)* pour; **he worked hard ~ pass his exam** il a travaillé dur pour réussir son examen. **5.** *(substituting for a relative clause)*: **I have a lot ~ do** j'ai beaucoup à faire; **he told me ~ leave** il m'a dit de partir. **6.** *(to avoid repetition of infinitive)*: **I meant to call him but I forgot ~** je voulais l'appeler, mais j'ai oublié. **7.** *(in comments)*: **~ be honest ...** en toute franchise ...; **~ sum up, ...** en résumé, ..., pour récapituler, ...

- Notez que, dans certaines expressions, *to* est suivi directement du nom, sans *the* (*he's gone to work/school/prison/hospital/bed/church*).
- Avec le mot *home*, dans des phrases telles que *I'm going home*, *to* n'apparaît pas du tout.

toad [təʊd] *n* crapaud *m*.
toadstool ['təʊdstuːl] *n* champignon *m* vénéneux.
to and fro *adv*: **to go ~** aller et venir; **to walk ~** marcher de long en large. ◆ **to-and-fro** *adj* de va-et-vient.
toast [təʊst] ◇ *n* **1.** *(U) (bread)* pain *m* grillé, toast *m*. **2.** *(drink)* toast *m*. ◇ *vt* **1.** *(bread)* (faire) griller. **2.** *(person)* porter un toast à.
toasted sandwich [ˌtəʊstɪd-] *n* sandwich *m* grillé.
toaster ['təʊstəʳ] *n* grille-pain *m inv*.
tobacco [tə'bækəʊ] *n (U)* tabac *m*.
tobacconist [tə'bækənɪst] *n* buraliste *mf*; **~'s (shop)** bureau *m* de tabac.
toboggan [tə'bɒgən] *n* luge *f*, traîne *f* sauvage *Can*.
today [tə'deɪ] ◇ *n* aujourd'hui *m*. ◇ *adv* aujourd'hui.
toddler ['tɒdləʳ] *n* tout-petit *m (qui commence à marcher)*.
toddy ['tɒdɪ] *n* grog *m*.
to-do (*pl* **-s**) *n inf dated* histoire *f*.
toe [təʊ] ◇ *n (of foot)* orteil *m*, doigt *m* de pied; *(of sock, shoe)* bout *m*. ◇ *vt*: **to ~ the line** se plier.
toenail ['təʊneɪl] *n* ongle *m* d'orteil.
toffee ['tɒfɪ] *n* caramel *m*.
toga ['təʊgə] *n* toge *f*.
together [tə'geðəʳ] *adv* **1.** *(gen)* ensemble. **2.** *(at the same time)* en même temps. ◆ **together with** *prep* ainsi que.
toil [tɔɪl] *literary* ◇ *n* labeur *m*. ◇ *vi* travailler dur.
toilet ['tɔɪlɪt] *n (lavatory)* toilettes *fpl*, cabinets *mpl*; **to go to the ~** aller aux toilettes OR aux cabinets.
toilet bag *n* trousse *f* de toilette.
toilet paper *n (U)* papier *m* hygiénique.
toiletries ['tɔɪlɪtrɪz] *npl* articles *mpl* de toilette.
toilet roll *n* rouleau *m* de papier hygiénique.
toilet water *n* eau *f* de toilette.
token ['təʊkn] ◇ *adj* symbolique. ◇ *n* **1.** *(voucher)* bon *m*. **2.** *(symbol)* marque *f*. ◆ **by the same token** *adv* de même.
told [təʊld] *pt & pp* → **tell**.
tolerable ['tɒlərəbl] *adj* passable.
tolerance ['tɒlərəns] *n* tolérance *f*.
tolerant ['tɒlərənt] *adj* tolérant(e).
tolerate ['tɒləreɪt] *vt* **1.** *(put up with)* supporter. **2.** *(permit)* tolérer.
toll [təʊl] ◇ *n* **1.** *(number)* nombre *m*. **2.** *(fee)* péage *m*. **3.** *phr*: **to take its ~** se faire sentir. ◇ *vt & vi* sonner.
toll-free *Am adv*: **to call ~** appeler un numéro vert.
tomato [*Br* tə'mɑːtəʊ, *Am* tə'meɪtəʊ] (*pl* **-es**) *n* tomate *f*.
tomb [tuːm] *n* tombe *f*.
tomboy ['tɒmbɔɪ] *n* garçon *m* manqué.
tombstone ['tuːmstəʊn] *n* pierre *f* tombale.
tomcat ['tɒmkæt] *n* matou *m*.
tomorrow [tə'mɒrəʊ] ◇ *n* demain *m*. ◇ *adv* demain.
ton [tʌn] (*pl inv* OR **-s**) *n* **1.** *(imperial)* = *1016 kg Br*, = *907,2 kg Am*, = tonne *f*. **2.** *(metric)* = *1000 kg*, tonne *f*. ◆ **tons** *npl inf*: **~s (of)** des tas (de), plein (de).
tone [təʊn] *n* **1.** *(gen)* ton *m*. **2.** *(on phone)* tonalité *f*. ◆ **tone down** *vt sep* modérer. ◆ **tone up** *vt sep* tonifier.
tone-deaf *adj* qui n'a aucune oreille.
tongs [tɒŋz] *npl* pinces *fpl*; *(for hair)* fer *m* à friser.
tongue [tʌŋ] *n* **1.** *(gen)* langue *f*; **to hold one's ~** *fig* tenir sa langue. **2.** *(of shoe)* languette *f*.
tongue-in-cheek *adj* ironique.
tongue-tied [-ˌtaɪd] *adj* muet(ette).
tongue twister [-ˌtwɪstəʳ] *n* phrase *f* difficile à dire.
tonic ['tɒnɪk] *n* **1.** *(tonic water)* Schweppes® *m*. **2.** *(medicine)* tonique *m*.
tonic water *n* Schweppes® *m*.
tonight [tə'naɪt] ◇ *n* ce soir *m*; *(late)* cette nuit *f*. ◇ *adv* ce soir; *(late)* cette nuit.
tonnage ['tʌnɪdʒ] *n* tonnage *m*.
tonne [tʌn] (*pl inv* OR **-s**) *n* tonne *f*.
tonsil ['tɒnsl] *n* amygdale *f*.
tonsil(l)itis [ˌtɒnsɪ'laɪtɪs] *n (U)* amygdalite *f*.
too [tuː] *adv* **1.** *(also)* aussi. **2.** *(excessively)* trop; **~ many people** trop de gens; **it was over all ~ soon** ça s'était terminé bien trop tôt; **I'd be only ~ happy to help** je serais trop heureux de vous aider; **I wasn't ~ impressed** ça ne m'a pas impressionné outre mesure.
took [tʊk] *pt* → **take**.
tool [tuːl] *n lit & fig* outil *m*.

tool box *n* boîte *f* à outils.
tool kit *n* trousse *f* à outils.
toot [tuːt] ◇ *n* coup *m* de Klaxon®. ◇ *vi* klaxonner.
tooth [tuːθ] (*pl* **teeth**) *n* dent *f*.
toothache ['tuːθeɪk] *n* mal *m* OR rage *f* de dents; **to have ~** avoir mal aux dents.
toothbrush ['tuːθbrʌʃ] *n* brosse *f* à dents.
toothpaste ['tuːθpeɪst] *n* (pâte *f*) dentifrice *m*.
toothpick ['tuːθpɪk] *n* cure-dents *m inv*.
top [tɒp] ◇ *adj* **1.** *(highest)* du haut. **2.** *(most important, successful - officials)* important(e); *(- executives)* supérieur(e); *(- pop singer)* fameux(euse); *(- sportsman, sportswoman)* meilleur(e); *(- in exam)* premier(ère). **3.** *(maximum)* maximum. ◇ *n* **1.** *(highest point - of hill)* sommet *m*; *(- of page, pile)* haut *m*; *(- of tree)* cime *f*; *(- of list)* début *m*, tête *f*; **on ~** dessus; **at the ~ of one's voice** à tue-tête. **2.** *(lid - of bottle, tube)* bouchon *m*; *(- of pen)* capuchon *m*; *(- of jar)* couvercle *m*. **3.** *(of table, box)* dessus *m*. **4.** *(clothing)* haut *m*. **5.** *(toy)* toupie *f*. **6.** *(highest rank - in league)* tête *f*; *(- in scale)* haut *m*; (- SCH) premier *m*, -ère *f*. ◇ *vt* **1.** *(be first in)* être en tête de. **2.** *(better)* surpasser. **3.** *(exceed)* dépasser. ◆ **on top of** *prep* **1.** *(in space)* sur. **2.** *(in addition to)* en plus de. ◆ **top up** *Br*, **top off** *Am vt sep* remplir.
top floor *n* dernier étage *m*.
top hat *n* haut-de-forme *m*.
top-heavy *adj* mal équilibré(e).
topic ['tɒpɪk] *n* sujet *m*.
topical ['tɒpɪkl] *adj* d'actualité.
topless ['tɒplɪs] *adj (woman)* aux seins nus.
top-level *adj* au plus haut niveau.
topmost ['tɒpməʊst] *adj* le plus haut (la plus haute).
topping ['tɒpɪŋ] *n* garniture *f*.
topple ['tɒpl] ◇ *vt* renverser. ◇ *vi* basculer.
top-secret *adj* top secret (top secrète).
topspin ['tɒpspɪn] *n* lift *m*.
topsy-turvy [ˌtɒpsɪ'tɜːvɪ] *adj* **1.** *(messy)* sens dessus dessous. **2.** *(confused)*: **to be ~** ne pas tourner rond.
torch [tɔːtʃ] *n* **1.** *Br (electric)* lampe *f* électrique. **2.** *(burning)* torche *f*.
tore [tɔːʳ] *pt* → **tear²**.
torment [*n* 'tɔːment, *vb* tɔː'ment] ◇ *n* tourment *m*. ◇ *vt* tourmenter.
torn [tɔːn] *pp* → **tear²**.
tornado [tɔː'neɪdəʊ] (*pl* **-es** OR **-s**) *n* tornade *f*.
torpedo [tɔː'piːdəʊ] (*pl* **-es**) *n* torpille *f*.
torrent ['tɒrənt] *n* torrent *m*.
torrid ['tɒrɪd] *adj* **1.** *(hot)* torride. **2.** *fig (passionate)* ardent(e).
tortoise ['tɔːtəs] *n* tortue *f*.
tortoiseshell ['tɔːtəʃel] ◇ *adj*: **~ cat** chat *m* roux tigré. ◇ *n (U) (material)* écaille *f*.
torture ['tɔːtʃəʳ] ◇ *n* torture *f*. ◇ *vt* torturer.
Tory ['tɔːrɪ] ◇ *adj* tory, conservateur (trice). ◇ *n* tory *mf*, conservateur *m*, -trice *f*.
toss [tɒs] ◇ *vt* **1.** *(throw)* jeter; **to ~ a coin** jouer à pile ou face; **to ~ one's head** rejeter la tête en arrière. **2.** *(salad)* remuer; *(pancake)* faire sauter. **3.** *(throw about)* ballotter. ◇ *vi (move about)*: **to ~ and turn** se tourner et se retourner. ◆ **toss up** *vi* jouer à pile ou face.
tot [tɒt] *n* **1.** *inf (small child)* tout-petit *m*. **2.** *(of drink)* larme *f*, goutte *f*.
total ['təʊtl] ◇ *adj* total(e); *(disgrace, failure)* complet(ète). ◇ *n* total *m*. ◇ *vt* **1.** *(add up)* additionner. **2.** *(amount to)* s'élever à.
totalitarian [ˌtəʊtælɪ'teərɪən] *adj* totalitaire.
totally ['təʊtəlɪ] *adv* totalement; **I ~ agree** je suis entièrement d'accord.
totter ['tɒtəʳ] *vi lit & fig* chanceler.
touch [tʌtʃ] ◇ *n* **1.** *(U) (sense)* toucher *m*. **2.** *(detail)* touche *f*. **3.** *(U) (skill)* marque *f*, note *f*. **4.** *(contact)*: **to keep in ~ (with sb)** rester en contact (avec qqn); **to get in ~ with sb** entrer en contact avec qqn; **to lose ~ with sb** perdre qqn de vue; **to be out of ~ with** ne plus être au courant de. **5.** (SPORT): **in ~** en touche. **6.** *(small amount)*: **a ~** un petit peu. ◇ *vt* toucher. ◇ *vi (be in contact)* se toucher. ◆ **touch down** *vi (plane)* atterrir. ◆ **touch on** *vt fus* effleurer.
touch-and-go *adj* incertain(e).
touchdown ['tʌtʃdaʊn] *n* **1.** *(of plane)* atterrissage *m*. **2.** *(in American football)* but *m*.
touched [tʌtʃt] *adj* **1.** *(grateful)* touché (e). **2.** *inf (slightly mad)* fêlé(e).
touching ['tʌtʃɪŋ] *adj* touchant(e).
touchline ['tʌtʃlaɪn] *n* ligne *f* de touche.
touchy ['tʌtʃɪ] *adj* **1.** *(person)* susceptible. **2.** *(subject, question)* délicat(e).
tough [tʌf] *adj* **1.** *(material, vehicle, person)* solide; *(character, life)* dur(e). **2.**

(meat) dur(e). **3.** *(decision, problem, task)* difficile. **4.** *(rough - area of town)* dangereux(euse). **5.** *(strict)* sévère.
toughen ['tʌfn] *vt* **1.** *(character)* endurcir. **2.** *(material)* renforcer.
toupee ['tu:peɪ] *n* postiche *m*.
tour [tʊəʳ] ◇ *n* **1.** *(journey)* voyage *m*; *(by pop group etc)* tournée *f*. **2.** *(of town, museum)* visite *f*, tour *m*. ◇ *vt* visiter.
touring ['tʊərɪŋ] *n* tourisme *m*.
tourism ['tʊərɪzm] *n* tourisme *m*.
tourist ['tʊərɪst] *n* touriste *mf*.
tourist (information) office *n* office *m* de tourisme.
tournament ['tɔːnəmənt] *n* tournoi *m*.
tour operator *n* voyagiste *m*.
tousle ['taʊzl] *vt* ébouriffer.
tout [taʊt] ◇ *n* revendeur *m* de billets. ◇ *vt* *(tickets)* revendre; *(goods)* vendre. ◇ *vi*: **to ~ for trade** racoler les clients.
tow [təʊ] ◇ *n*: **'on ~'** *Br* 'véhicule en remorque'. ◇ *vt* remorquer.
towards *Br* [tə'wɔːdz], **toward** *Am* [tə'wɔːd] *prep* **1.** *(gen)* vers; *(movement)* vers, en direction de. **2.** *(in attitude)* envers. **3.** *(for the purpose of)* pour.
towel ['taʊəl] *n* serviette *f*; *(tea towel)* torchon *m*.
towelling *Br*, **toweling** *Am* ['taʊəlɪŋ] *n (U)* tissu *m* éponge.
towel rail *n* porte-serviettes *m inv*.
tower ['taʊəʳ] ◇ *n* tour *f*. ◇ *vi* s'élever; **to ~ over sb/sthg** dominer qqn/qqch.
tower block *n Br* tour *f*.
towering ['taʊərɪŋ] *adj* imposant(e).
town [taʊn] *n* ville *f*; **to go out on the ~** faire la tournée des grands ducs; **to go to ~ on sthg** *fig* ne pas lésiner sur qqch.
town centre *n* centre-ville *m*.
town council *n* conseil *m* municipal.
town hall *n* mairie *f*.
town plan *n* plan *m* de ville.
town planning *n* urbanisme *m*.
township ['taʊnʃɪp] *n* **1.** *(in South Africa)* township *f*. **2.** *(in US)* ≃ canton *m*.
towpath ['təʊpɑːθ, *pl* -pɑːðz] *n* chemin *m* de halage.
towrope ['təʊrəʊp] *n* câble *m* de remorquage.
tow truck *n Am* dépanneuse *f*.
toxic ['tɒksɪk] *adj* toxique.
toy [tɔɪ] *n* jouet *m*. ◆ **toy with** *vt fus* **1.** *(idea)* caresser. **2.** *(coin etc)* jouer avec; **to ~ with one's food** manger du bout des dents.
toy shop *n* magasin *m* de jouets.
trace [treɪs] ◇ *n* trace *f*. ◇ *vt* **1.** *(relatives, criminal)* retrouver; *(development, progress)* suivre; *(history, life)* retracer. **2.** *(on paper)* tracer.
tracing paper ['treɪsɪŋ-] *n (U)* papier-calque *m*.
track [træk] ◇ *n* **1.** *(path)* chemin *m*. **2.** (SPORT) piste *f*. **3.** (RAIL) voie *f* ferrée. **4.** *(of animal, person)* trace *f*. **5.** *(on record, tape)* piste *f*. **6.** *phr*: **to keep ~ of sb** rester en contact avec qqn; **to lose ~ of sb** perdre contact avec qqn; **to be on the right ~** être sur la bonne voie; **to be on the wrong ~** être sur la mauvaise piste. ◇ *vt* suivre la trace de. ◆ **track down** *vt sep (criminal, animal)* dépister; *(object, address etc)* retrouver.
track record *n* palmarès *m*.
tracksuit ['træksuːt] *n* survêtement *m*.
tract [trækt] *n* **1.** *(pamphlet)* tract *m*. **2.** *(of land, forest)* étendue *f*.
traction ['trækʃn] *n (U)* **1.** (PHYSICS) traction *f*. **2.** (MED): **in ~** en extension.
tractor ['træktəʳ] *n* tracteur *m*.
trade [treɪd] ◇ *n* **1.** *(U)* *(commerce)* commerce *m*. **2.** *(job)* métier *m*; **by ~** de son état. ◇ *vt (exchange)*: **to ~ sthg (for)** échanger qqch (contre). ◇ *vi* (COMM): **to ~ (with sb)** commercer (avec qqn). ◆ **trade in** *vt sep (exchange)* échanger, faire reprendre.
trade fair *n* exposition *f* commerciale.
trade-in *n* reprise *f*.
trademark ['treɪdmɑːk] *n* **1.** (COMM) marque *f* de fabrique. **2.** *fig (characteristic)* marque *f*.
trade name *n* nom *m* de marque.
trader ['treɪdəʳ] *n* marchand *m*, -e *f*, commerçant *m*, -e *f*.
tradesman ['treɪdzmən] (*pl* **-men** [-mən]) *n* commerçant *m*.
trade(s) union *n Br* syndicat *m*.
Trades Union Congress *n Br*: **the ~** la Confédération des syndicats britanniques.
trade(s) unionist [-'juːnjənɪst] *n Br* syndicaliste *mf*.
trading ['treɪdɪŋ] *n (U)* commerce *m*.
trading estate *n Br* zone *f* industrielle.
tradition [trə'dɪʃn] *n* tradition *f*.
traditional [trə'dɪʃənl] *adj* traditionnel(elle).
traffic ['træfɪk] (*pt & pp* **-ked**, *cont* **-king**) ◇ *n (U)* **1.** *(vehicles)* circulation *f*. **2.** *(illegal trade)*: **~ (in)** trafic *m* (de). ◇ *vi*: **to ~ in** faire le trafic de.
traffic circle *n Am* rond-point *m*.

traffic jam *n* embouteillage *m*.
trafficker ['træfɪkəʳ] *n*: **~ (in)** trafiquant *m*, -e *f* (de).
traffic lights *npl* feux *mpl* de signalisation.
traffic warden *n Br* contractuel *m*, -elle *f*.
tragedy ['trædʒədɪ] *n* tragédie *f*.
tragic ['trædʒɪk] *adj* tragique.
trail [treɪl] ◇ *n* **1.** *(path)* sentier *m*. **2.** *(trace)* piste *f*. ◇ *vt* **1.** *(drag)* traîner. **2.** *(follow)* suivre. ◇ *vi* **1.** *(drag, move slowly)* traîner. **2.** (SPORT) *(lose)*: **to be ~ing** être mené(e). ◆ **trail away, trail off** *vi* s'estomper.
trailer ['treɪləʳ] *n* **1.** *(vehicle - for luggage)* remorque *f*; *(- for living in)* caravane *f*. **2.** (CINEMA) bande-annonce *f*.
train [treɪn] ◇ *n* **1.** (RAIL) train *m*. **2.** *(of dress)* traîne *f*. ◇ *vt* **1.** *(teach)*: **to ~ sb to do sthg** apprendre à qqn à faire qqch. **2.** *(for job)* former; **to ~ sb as/in** former qqn comme/dans. **3.** (SPORT): **to ~ sb (for)** entraîner qqn (pour). **4.** *(gun, camera)* braquer. ◇ *vi* **1.** *(for job)*: **to ~ (as)** recevoir OR faire une formation (de). **2.** (SPORT): **to ~ (for)** s'entraîner (pour).
trained [treɪnd] *adj* formé(e).
trainee [treɪ'ni:] *n* stagiaire *mf*.
trainer ['treɪnəʳ] *n* **1.** *(of animals)* dresseur *m*, -euse *f*. **2.** (SPORT) entraîneur *m*. ◆ **trainers** *npl Br* chaussures *fpl* de sport.
training ['treɪnɪŋ] *n (U)* **1.** *(for job)*: **~ (in)** formation *f* (de). **2.** (SPORT) entraînement *m*.
training college *n Br* école *f* professionnelle.
training shoes *npl Br* chaussures *fpl* de sport.
train of thought *n*: **my/his ~** le fil de mes/ses pensées.
traipse [treɪps] *vi* traîner.
trait [treɪt] *n* trait *m*.
traitor ['treɪtəʳ] *n* traître *m*.
trajectory [trə'dʒektərɪ] *n* trajectoire *f*.
tram [træm], **tramcar** ['træmkɑ:ʳ] *n Br* tram *m*, tramway *m*.
tramp [træmp] ◇ *n (homeless person)* clochard *m*, -e *f*. ◇ *vi* marcher d'un pas lourd.
trample ['træmpl] *vt* piétiner.
trampoline ['træmpəli:n] *n* trampoline *m*.
trance [trɑ:ns] *n* transe *f*.
tranquil ['træŋkwɪl] *adj* tranquille.
tranquillizer *Br*, **tranquilizer** *Am* ['træŋkwɪlaɪzəʳ] *n* tranquillisant *m*, calmant *m*.
transaction [træn'zækʃn] *n* transaction *f*.
transcend [træn'send] *vt* transcender.
transcript ['trænskrɪpt] *n* transcription *f*.
transfer [*n* 'trænsfɜ:ʳ, *vb* træns'fɜ:ʳ] ◇ *n* **1.** *(gen)* transfert *m*; *(of power)* passation *f*; *(of money)* virement *m*. **2.** *(design)* décalcomanie *f*. ◇ *vt* **1.** *(gen)* transférer; *(power, control)* faire passer; *(money)* virer. **2.** *(employee)* transférer, muter. ◇ *vi* être transféré.
transfix [træns'fɪks] *vt*: **to be ~ed with fear** être paralysé(e) par la peur.
transform [træns'fɔ:m] *vt*: **to ~ sb/sthg (into)** transformer qqn/qqch (en).
transfusion [træns'fju:ʒn] *n* transfusion *f*.
transient ['trænzɪənt] *adj* passager (ère).
transistor [træn'zɪstəʳ] *n* transistor *m*.
transistor radio *n* transistor *m*.
transit ['trænsɪt] *n*: **in ~** en transit.
transition [træn'zɪʃn] *n* transition *f*.
transitive ['trænzɪtɪv] *adj* (GRAMM) transitif(ive).
transitory ['trænzɪtrɪ] *adj* transitoire.
translate [træns'leɪt] *vt* traduire.
translation [træns'leɪʃn] *n* traduction *f*.
translator [træns'leɪtəʳ] *n* traducteur *m*, -trice *f*.
transmission [trænz'mɪʃn] *n* **1.** *(gen)* transmission *f*. **2.** (RADIO & TV) *(programme)* émission *f*.
transmit [trænz'mɪt] *vt* transmettre.
transmitter [trænz'mɪtəʳ] *n* émetteur *m*.
transparency [trans'pærənsɪ] *n* (PHOT) diapositive *f*; *(for overhead projector)* transparent *m*.
transparent [træns'pærənt] *adj* transparent(e).
transpire [træn'spaɪəʳ] *fml* ◇ *vt*: **it ~s that ...** on a appris que ... ◇ *vi (happen)* se passer, arriver.
transplant [*n* 'trænsplɑ:nt, *vb* træns'plɑ:nt] ◇ *n* (MED) greffe *f*, transplantation *f*. ◇ *vt* **1.** (MED) greffer, transplanter. **2.** *(seedlings)* repiquer.
transport [*n* 'trænspɔ:t, *vb* træn'spɔ:t] ◇ *n* transport *m*. ◇ *vt* transporter.
transportation [,trænspɔ:'teɪʃn] *n* transport *m*.
transport cafe *n Br* restaurant *m* de routiers, routier *m*.

transpose [træns'pəʊz] *vt* transposer.
trap [træp] ◇ *n* piège *m*. ◇ *vt* prendre au piège; **to be trapped** être coincé.
trapdoor [ˌtræp'dɔːʳ] *n* trappe *f*.
trapeze [trə'piːz] *n* trapèze *m*.
trappings ['træpɪŋz] *npl* signes *mpl* extérieurs.
trash [træʃ] *n (U)* **1.** *Am (refuse)* ordures *fpl*. **2.** *inf pej (poor-quality thing)* camelote *f*.
trashcan ['træʃkæn] *n Am* poubelle *f*.
traumatic [trɔː'mætɪk] *adj* traumatisant(e).
travel ['trævl] ◇ *n (U)* voyage *m*, voyages *mpl*. ◇ *vt* parcourir. ◇ *vi* **1.** *(make journey)* voyager. **2.** *(move - current, signal)* aller, passer; *(- news)* se répandre, circuler.
travel agency *n* agence *f* de voyages.
travel agent *n* agent *m* de voyages; **to/at the ~'s** à l'agence *f* de voyages.
traveller *Br*, **traveler** *Am* ['trævləʳ] *n* **1.** *(person on journey)* voyageur *m*, -euse *f*. **2.** *(sales representative)* représentant *m*.
traveller's cheque *n* chèque *m* de voyage.
travelling *Br*, **traveling** *Am* ['trævlɪŋ] *adj* **1.** *(theatre, circus)* ambulant(e). **2.** *(clock, bag etc)* de voyage; *(allowance)* de déplacement.
travelsick ['trævəlsɪk] *adj*: **to be ~** avoir le mal de la route/de l'air/de mer.
travesty ['trævəstɪ] *n* parodie *f*.
trawler ['trɔːləʳ] *n* chalutier *m*.
tray [treɪ] *n* plateau *m*.
treacherous ['tretʃərəs] *adj* traître (traîtresse).
treachery ['tretʃərɪ] *n* traîtrise *f*.
treacle ['triːkl] *n Br* mélasse *f*.
tread [tred] (*pt* **trod**, *pp* **trodden**) ◇ *n* **1.** *(on tyre)* bande *f* de roulement; *(of shoe)* semelle *f*. **2.** *(way of walking)* pas *m*; *(sound)* bruit *m* de pas. ◇ *vi*: **to ~ (on)** marcher (sur).
treason ['triːzn] *n* trahison *f*.
treasure ['treʒəʳ] ◇ *n* trésor *m*. ◇ *vt* *(object)* garder précieusement; *(memory)* chérir.
treasurer ['treʒərəʳ] *n* trésorier *m*, -ère *f*.
treasury ['treʒərɪ] *n (room)* trésorerie *f*. ◆ **Treasury** *n*: **the Treasury** le ministère des Finances.
treat [triːt] ◇ *vt* **1.** *(gen)* traiter. **2.** *(on special occasion)*: **to ~ sb to sthg** offrir OR payer qqch à qqn. ◇ *n* **1.** *(gift)* cadeau *m*. **2.** *(delight)* plaisir *m*.
treatise ['triːtɪz] *n*: **~ (on)** traité *m* (de).
treatment ['triːtmənt] *n* traitement *m*.
treaty ['triːtɪ] *n* traité *m*.
treble ['trebl] ◇ *adj* **1.** *(MUS - voice)* de soprano; *(- recorder)* aigu (aiguë). **2.** *(triple)* triple. ◇ *n (on stereo control)* aigu *m*; *(boy singer)* soprano *m*. ◇ *vt & vi* tripler.
treble clef *n* clef *f* de sol.
tree [triː] *n* **1.** *(gen)* arbre *m*. **2.** (COMPUT) arbre *m*, arborescence *f*.
treetop ['triːtɒp] *n* cime *f*.
tree-trunk *n* tronc *m* d'arbre.
trek [trek] *n* randonnée *f*.
trellis ['trelɪs] *n* treillis *m*.
tremble ['trembl] *vi* trembler.
tremendous [trɪ'mendəs] *adj* **1.** *(size, success, difference)* énorme; *(noise)* terrible. **2.** *inf (really good)* formidable.
tremor ['tremərʳ] *n* tremblement *m*.
trench [trentʃ] *n* tranchée *f*.
trench coat *n* trench-coat *m*.
trend [trend] *n (tendency)* tendance *f*.
trendy [trendɪ] *inf adj* branché(e), à la mode.
trepidation [ˌtrepɪ'deɪʃn] *n fml*: **in** OR **with ~** avec inquiétude.
trespass ['trespəs] *vi (on land)* entrer sans permission; **'no ~ing'** 'défense d'entrer'.
trespasser ['trespəsəʳ] *n* intrus *m*, -e *f*; **'~s will be prosecuted'** 'défense d'entrer sous peine de poursuites'.
trestle ['tresl] *n* tréteau *m*.
trestle table *n* table *f* à tréteaux.
trial ['traɪəl] *n* **1.** (JUR) procès *m*; **to be on ~ (for)** passer en justice (pour). **2.** *(test, experiment)* essai *m*; **on ~** à l'essai; **by ~ and error** en tâtonnant. **3.** *(unpleasant experience)* épreuve *f*.
triangle ['traɪæŋgl] *n (gen)* triangle *m*.
tribe [traɪb] *n* tribu *f*.
tribunal [traɪ'bjuːnl] *n* tribunal *m*.
tributary ['trɪbjʊtrɪ] *n* affluent *m*.
tribute ['trɪbjuːt] *n* tribut *m*, hommage *m*; **to pay ~ to** payer tribut à, rendre hommage à; **to be a ~ to sthg** témoigner de qqch.
trice [traɪs] *n*: **in a ~** en un clin d'œil.
trick [trɪk] ◇ *n* **1.** *(to deceive)* tour *m*, farce *f*; **to play a ~ on sb** jouer un tour à qqn. **2.** *(to entertain)* tour *m*. **3.** *(knack)* truc *m*; **that will do the ~** *inf* ça fera l'affaire. ◇ *vt* attraper, rouler; **to ~ sb into doing sthg** amener qqn à faire qqch (par la ruse).

trickery ['trɪkərɪ] *n (U)* ruse *f*.
trickle ['trɪkl] ◇ *n (of liquid)* filet *m*. ◇ *vi (liquid)* dégouliner; **to ~ in/out** *(people)* entrer/sortir par petits groupes.
tricky ['trɪkɪ] *adj (difficult)* difficile.
tricycle ['traɪsɪkl] *n* tricycle *m*.
tried [traɪd] *adj*: **~ and tested** *(method, system)* qui a fait ses preuves.
trifle ['traɪfl] *n* **1.** *Br* (CULIN) = diplomate *m*. **2.** *(unimportant thing)* bagatelle *f*. ◆ **a trifle** *adv* un peu, un tantinet.
trifling ['traɪflɪŋ] *adj* insignifiant(e).
trigger ['trɪgəʳ] *n (on gun)* détente *f*, gâchette *f*. ◆ **trigger off** *vt sep* déclencher, provoquer.
trill [trɪl] *n* trille *m*.
trim [trɪm] ◇ *adj* **1.** *(neat and tidy)* net (nette). **2.** *(slim)* svelte. ◇ *n (of hair)* coupe *f*. ◇ *vt* **1.** *(cut - gen)* couper; *(- hedge)* tailler. **2.** *(decorate)*: **to ~ sthg (with)** garnir OR orner qqch (de).
trimming ['trɪmɪŋ] *n* **1.** *(on clothing)* parement *m*. **2.** (CULIN) garniture *f*.
trinket ['trɪŋkɪt] *n* bibelot *m*.
trio ['tri:əʊ] (*pl* **-s**) *n* trio *m*.
trip [trɪp] ◇ *n* **1.** *(journey)* voyage *m*. **2.** *drugs sl* trip *m*. ◇ *vt (make stumble)* faire un croche-pied à. ◇ *vi (stumble)*: **to ~ (over)** trébucher (sur). ◆ **trip up** *vt sep (make stumble)* faire un croche-pied à.
tripe [traɪp] *n (U)* **1.** (CULIN) tripe *f*. **2.** *inf (nonsense)* bêtises *fpl*, idioties *fpl*.
triple ['trɪpl] ◇ *adj* triple. ◇ *vt & vi* tripler.
triple jump *n*: **the ~** le triple saut.
triplets ['trɪplɪts] *npl* triplés *mpl*, triplées *fpl*.
triplicate ['trɪplɪkət] *n*: **in ~** en trois exemplaires.
tripod ['traɪpɒd] *n* trépied *m*.
trite [traɪt] *adj pej* banal(e).
triumph ['traɪəmf] ◇ *n* triomphe *m*. ◇ *vi*: **to ~ (over)** triompher (de).
trivia ['trɪvɪə] *n (U) (trifles)* vétilles *fpl*, riens *mpl*.
trivial ['trɪvɪəl] *adj* insignifiant(e).
trod [trɒd] *pt* → **tread**.
trodden ['trɒdn] *pp* → **tread**.
trolley ['trɒlɪ] (*pl* **trolleys**) *n* **1.** *Br (for shopping, luggage)* chariot *m*, caddie *m*. **2.** *Br (for food, drinks)* chariot *m*, table *f* roulante. **3.** *Am (tram)* tramway *m*, tram *m*.
trombone [trɒm'bəʊn] *n* (MUS) trombone *m*.
troop [tru:p] ◇ *n* bande *f*, troupe *f*. ◇ *vi*: **to ~ in/out/off** entrer/sortir/partir en groupe. ◆ **troops** *npl* troupes *fpl*.
trophy ['trəʊfɪ] *n* trophée *m*.
tropical ['trɒpɪkl] *adj* tropical(e).
tropics ['trɒpɪks] *npl*: **the ~** les tropiques *mpl*.
trot [trɒt] ◇ *n (of horse)* trot *m*. ◇ *vi* trotter. ◆ **on the trot** *adv inf* de suite, d'affilée.
trouble ['trʌbl] ◇ *n (U)* **1.** *(difficulty)* problème *m*, difficulté *f*; **to be in ~** avoir des ennuis. **2.** *(bother)* peine *f*, mal *m*; **to take the ~ to do sthg** se donner la peine de faire qqch; **it's no ~!** ça ne me dérange pas! **3.** *(pain, illness)* mal *m*, ennui *m*. **4.** *(fighting)* bagarre *f*; (POL) troubles *mpl*, conflits *mpl*. ◇ *vt* **1.** *(worry, upset)* peiner, troubler. **2.** *(bother)* déranger. **3.** *(give pain to)* faire mal à. ◆ **troubles** *npl* **1.** *(worries)* ennuis *mpl*. **2.** (POL) troubles *mpl*, conflits *mpl*.
troubled ['trʌbld] *adj* **1.** *(worried)* inquiet(ète). **2.** *(disturbed - period)* de troubles, agité(e); *(- country)* qui connaît une période de troubles.
troublemaker ['trʌbl,meɪkəʳ] *n* fauteur *m*, -trice *f* de troubles.
troubleshooter ['trʌbl,ʃu:təʳ] *n* expert *m*, spécialiste *mf*.
troublesome ['trʌblsəm] *adj (job)* pénible; *(cold)* gênant(e); *(back, knee)* qui fait souffrir.
trough [trɒf] *n* **1.** *(for animals - with water)* abreuvoir *m*; *(- with food)* auge *f*. **2.** *(low point - of wave)* creux *m*; *fig* point *m* bas.
troupe [tru:p] *n* troupe *f*.
trousers ['traʊzəz] *npl* pantalon *m*.
trout [traʊt] (*pl inv* OR **-s**) *n* truite *f*.
trowel ['traʊəl] *n (for gardening)* déplantoir *m*; *(for cement, plaster)* truelle *f*.
truant ['tru:ənt] *n (child)* élève *mf* absentéiste; **to play ~** faire l'école buissonnière.
truce [tru:s] *n* trêve *f*.
truck [trʌk] *n* **1.** *(lorry)* camion *m*. **2.** (RAIL) wagon *m* à plate-forme.
truck driver *n* routier *m*.
trucker ['trʌkəʳ] *n Am* routier *m*.
truck farm *n Am* jardin *m* maraîcher.
truculent ['trʌkjʊlənt] *adj* agressif (ive).
trudge [trʌdʒ] *vi* marcher péniblement.
true ['tru:] *adj* **1.** *(factual)* vrai(e); **to come ~** se réaliser. **2.** *(genuine)* vrai(e), authentique; **~ love** le grand amour. **3.** *(exact)* exact(e). **4.** *(faithful)* fidèle, loyal(e).
truffle ['trʌfl] *n* truffe *f*.

truly ['tru:lɪ] *adv* 1. *(gen)* vraiment. 2. *(sincerely)* vraiment, sincèrement. 3. *phr*: **yours ~** *(at end of letter)* croyez à l'expression de mes sentiments distingués.
trump [trʌmp] *n* atout *m*.
trumped-up ['trʌmpt-] *adj pej* inventé (e) de toutes pièces.
trumpet ['trʌmpɪt] *n* trompette *f*.
truncheon ['trʌntʃən] *n* matraque *f*.
trundle ['trʌndl] *vi* aller lentement.
trunk [trʌŋk] *n* 1. *(of tree, person)* tronc *m*. 2. *(of elephant)* trompe *f*. 3. *(box)* malle *f*. 4. *Am (of car)* coffre *m*. ◆ **trunks** *npl* maillot *m* de bain.
trunk call *n Br* communication *f* interurbaine.
trunk road *n* (route *f*) nationale *f*.
truss [trʌs] *n* (MED) bandage *m* herniaire.
trust [trʌst] ◇ *vt* 1. *(have confidence in)* avoir confiance en, se fier à; **to ~ sb to do sthg** compter sur qqn pour faire qqch. 2. *(entrust)*: **to ~ sb with sthg** confier qqch à qqn. 3. *fml (hope)*: **to ~ (that) ...** espérer que ... ◇ *n* 1. *(U) (faith)*: **~ (in sb/sthg)** confiance *f* (en qqn/dans qqch). 2. *(U) (responsibility)* responsabilité *f*. 3. (FIN): **in ~** en dépôt. 4. (COMM) trust *m*.
trusted ['trʌstɪd] *adj (person)* de confiance; *(method)* qui a fait ses preuves.
trustee [trʌs'ti:] *n* (FIN & JUR) fidéicommissaire *mf*; *(of institution)* administrateur *m*, -trice *f*.
trust fund *n* fonds *m* en fidéicommis.
trusting ['trʌstɪŋ] *adj* confiant(e).
trustworthy ['trʌst,wɜ:ðɪ] *adj* digne de confiance.
truth [tru:θ] *n* vérité *f*; **in (all) ~** à dire vrai, en vérité.
truthful ['tru:θfʊl] *adj (person, reply)* honnête; *(story)* véridique.
try [traɪ] ◇ *vt* 1. *(attempt, test)* essayer; *(food, drink)* goûter; **to ~ to do sthg** essayer de faire qqch. 2. (JUR) juger. 3. *(put to the test)* éprouver, mettre à l'épreuve. ◇ *vi* essayer; **to ~ for sthg** essayer d'obtenir qqch. ◇ *n* 1. *(attempt)* essai *m*, tentative *f*; **to give sthg a ~** essayer qqch. 2. (RUGBY) essai *m*. ◆ **try on** *vt sep (clothes)* essayer. ◆ **try out** *vt sep* essayer.

> • Dans la langue parlée, le verbe *try* est souvent suivi de *and* puis de la forme de base du verbe, au lieu de *to* et la forme de base (*try and come tonight* = *try to come tonight*).

trying ['traɪɪŋ] *adj* pénible, éprouvant (e).
T-shirt *n* tee-shirt *m*.
T-square *n* té *m*.
tub [tʌb] *n* 1. *(of ice cream - large)* boîte *f*; *(- small)* petit pot *m*; *(of margarine)* barquette *f*. 2. *(bath)* baignoire *f*.
tubby ['tʌbɪ] *adj inf* rondouillard(e), boulot(otte).
tube [tju:b] *n* 1. *(cylinder, container)* tube *m*. 2. *Br (underground train)* métro *m*; **the ~** *(system)* le métro; **by ~** en métro.
tuberculosis [tju:,bɜ:kjʊ'ləʊsɪs] *n* tuberculose *f*.
tubing ['tju:bɪŋ] *n (U)* tubes *mpl*, tuyaux *mpl*.
tubular ['tju:bjʊlə^r] *adj* tubulaire.
TUC *n abbr of* **Trades Union Congress**.
tuck [tʌk] *vt (place neatly)* ranger. ◆ **tuck away** *vt sep (store)* mettre de côté OR en lieu sûr. ◆ **tuck in** ◇ *vt* 1. *(child, patient)* border. 2. *(clothes)* rentrer. ◇ *vi inf* boulotter. ◆ **tuck up** *vt sep (child, patient)* border.
tuck shop *n Br (at school) petite boutique qui vend des bonbons et des gâteaux.*
Tuesday ['tju:zdɪ] *n* mardi *m*; *see also* **Saturday**.
tuft [tʌft] *n* touffe *f*.
tug [tʌg] ◇ *n* 1. *(pull)*: **to give sthg a ~** tirer sur qqch. 2. *(boat)* remorqueur *m*. ◇ *vt* tirer. ◇ *vi*: **to ~ (at)** tirer (sur).
tug-of-war *n* lutte *f* de traction à la corde; *fig* lutte acharnée.
tuition [tju:'ɪʃn] *n (U)* cours *mpl*.
tulip ['tju:lɪp] *n* tulipe *f*.
tumble ['tʌmbl] ◇ *vi* 1. *(person)* tomber, faire une chute; *(water)* tomber en cascades. 2. *fig (prices)* tomber, chuter. ◇ *n* chute *f*, culbute *f*. ◆ **tumble to** *vt fus Br inf* piger.
tumbledown ['tʌmbldaʊn] *adj* délabré (e), qui tombe en ruines.
tumble-dryer [-,draɪə^r] *n* sèche-linge *m inv*.
tumbler ['tʌmblə^r] *n (glass)* verre *m* (droit).
tummy ['tʌmɪ] *n inf* ventre *m*.
tumour *Br*, **tumor** *Am* ['tju:mə^r] *n* tumeur *f*.
tuna [*Br* 'tju:nə, *Am* 'tu:nə] (*pl inv* OR **-s**) *n* thon *m*.
tune [tju:n] ◇ *n* 1. *(song, melody)* air *m*. 2. *(harmony)*: **in ~** *(instrument)* accordé(e), juste; *(play, sing)* juste; **out of ~** *(instrument)* mal accordé(e); *(play, sing)* faux; **to be in/out of ~ (with)** *fig* être en accord/

désaccord (avec). ◇ *vt* **1.** (MUS) accorder. **2.** (RADIO & TV) régler. **3.** *(engine)* régler. ◆ **tune in** *vi* (RADIO & TV) être à l'écoute; **to ~ in to** se mettre sur. ◆ **tune up** *vi* (MUS) accorder son instrument.

tuneful ['tju:nful] *adj* mélodieux (euse).

tuner ['tju:nəʳ] *n* **1.** (RADIO & TV) syntoniseur *m*, tuner *m*. **2.** (MUS) *(person)* accordeur *m*.

tunic ['tju:nɪk] *n* tunique *f*.

tuning fork ['tju:nɪŋ-] *n* diapason *m*.

Tunisia [tju:'nɪzɪə] *n* Tunisie *f*.

tunnel ['tʌnl] ◇ *n* tunnel *m*. ◇ *vi* faire OR creuser un tunnel.

turban ['tɜ:bən] *n* turban *m*.

turbine ['tɜ:baɪn] *n* turbine *f*.

turbocharged ['tɜ:bəʊtʃɑ:dʒd] *adj* turbo *(inv)*.

turbulence ['tɜ:bjʊləns] *n (U)* **1.** *(in air, water)* turbulence *f*. **2.** *fig (unrest)* agitation *f*.

turbulent ['tɜ:bjʊlənt] *adj* **1.** *(air, water)* agité(e). **2.** *fig (disorderly)* tumultueux(euse), agité(e).

tureen [tə'ri:n] *n* soupière *f*.

turf [tɜ:f] (*pl* **-s** OR **turves**) ◇ *n (grass surface)* gazon *m*; *(clod)* motte *f* de gazon. ◇ *vt* gazonner. ◆ **turf out** *vt sep Br inf (person)* virer; *(old clothes)* balancer, bazarder.

turgid ['tɜ:dʒɪd] *adj fml (style, writing)* pompeux(euse), ampoulé(e).

Turk [tɜ:k] *n* Turc *m*, Turque *f*.

turkey ['tɜ:kɪ] (*pl* **turkeys**) *n* dinde *f*.

Turkey ['tɜ:kɪ] *n* Turquie *f*.

Turkish ['tɜ:kɪʃ] ◇ *adj* turc (turque). ◇ *n (language)* turc *m*. ◇ *npl*: **the ~** les Turcs *mpl*.

Turkish delight *n* loukoum *m*.

turmoil ['tɜ:mɔɪl] *n* agitation *f*, trouble *m*.

turn ['tɜ:n] ◇ *n* **1.** *(in road)* virage *m*, tournant *m*; *(in river)* méandre *m*. **2.** *(revolution, twist)* tour *m*. **3.** *(change)* tournure *f*, tour *m*. **4.** *(in game)* tour *m*; **in ~** tour à tour, chacun (à) son tour. **5.** *(performance)* numéro *m*. **6.** (MED) crise *f*, attaque *f*. **7.** *phr*: **to do sb a good ~** rendre (un) service à qqn. ◇ *vt* **1.** *(gen)* tourner; *(omelette, steak etc)* retourner; **to ~ sthg inside out** retourner qqch; **to ~ one's thoughts/attention to sthg** tourner ses pensées/son attention vers qqch. **2.** *(change)*: **to ~ sthg into** changer qqch en. **3.** *(become)*: **to ~ red** rougir. ◇ *vi* **1.** *(gen)* tourner; *(person)* se tourner, se retourner. **2.** *(in book)*: **to ~ to a page** se reporter OR aller à une page. **3.** *(for consolation)*: **to ~ to sb/sthg** se tourner vers qqn/qqch. **4.** *(change)*: **to ~ into** se changer en, se transformer en. ◆ **turn around** = **turn round**. ◆ **turn away** ◇ *vt sep (refuse entry to)* refuser. ◇ *vi* se détourner. ◆ **turn back** ◇ *vt sep (sheets)* replier; *(person, vehicle)* refouler. ◇ *vi* rebrousser chemin. ◆ **turn down** *vt sep* **1.** *(reject)* rejeter, refuser. **2.** *(radio, volume, gas)* baisser. ◆ **turn in** *vi inf (go to bed)* se pieuter. ◆ **turn off** ◇ *vt fus (road, path)* quitter. ◇ *vt sep (radio, TV, engine, gas)* éteindre; *(tap)* fermer. ◇ *vi (leave path, road)* tourner. ◆ **turn on** ◇ *vt sep* **1.** *(radio, TV, engine, gas)* allumer; *(tap)* ouvrir; **to ~ the light on** allumer la lumière. **2.** *inf (excite sexually)* exciter. ◇ *vt fus (attack)* attaquer. ◆ **turn out** ◇ *vt sep* **1.** *(light, gas fire)* éteindre. **2.** *(empty - pocket, bag)* retourner, vider. ◇ *vt fus*: **to ~ out to be** s'avérer; **it ~s out that** ... il s'avère OR se trouve que ... ◇ *vi* **1.** *(end up)* finir. **2.** *(arrive - person)* venir. ◆ **turn over** ◇ *vt sep* **1.** *(playing card, stone)* retourner; *(page)* tourner. **2.** *(consider)* retourner dans sa tête. **3.** *(hand over)* rendre, remettre. ◇ *vi* **1.** *(roll over)* se retourner. **2.** *Br* (TV) changer de chaîne. ◆ **turn round** ◇ *vt sep* **1.** *(reverse)* retourner. **2.** *(wheel, words)* tourner. ◇ *vi (person)* se retourner. ◆ **turn up** ◇ *vt sep (TV, radio)* mettre plus fort; *(gas)* monter. ◇ *vi* **1.** *(arrive - person)* se pointer. **2.** *(be found - person, object)* être retrouvé; *(- opportunity)* se présenter.

turning ['tɜ:nɪŋ] *n (off road)* route *f* latérale.

turning point *n* tournant *m*, moment *m* décisif.

turnip ['tɜ:nɪp] *n* navet *m*.

turnout ['tɜ:naʊt] *n (at election)* taux *m* de participation; *(at meeting)* assistance *f*.

turnover ['tɜ:n,əʊvəʳ] *n (U)* **1.** *(of personnel)* renouvellement *m*. **2.** (FIN) chiffre *m* d'affaires.

turnpike ['tɜ:npaɪk] *n Am* autoroute *f* à péage.

turnstile ['tɜ:nstaɪl] *n* tourniquet *m*.

turntable ['tɜ:n,teɪbl] *n* platine *f*.

turn-up *n Br (on trousers)* revers *m inv*; **a ~ for the books** *inf* une sacrée surprise.

turpentine ['tɜ:pəntaɪn] *n* térébenthine *f*.

turquoise ['tɜːkwɔɪz] ◇ *adj* turquoise (*inv*). ◇ *n* **1.** *(mineral, gem)* turquoise *f*. **2.** *(colour)* turquoise *m*.
turret ['tʌrɪt] *n* tourelle *f*.
turtle ['tɜːtl] (*pl inv* OR **-s**) *n* tortue *f* de mer.
turtleneck ['tɜːtlnek] *n (garment)* pull *m* à col montant; *(neck)* col *m* montant.
turves [tɜːvz] *pl Br* → **turf**.
tusk [tʌsk] *n* défense *f*.
tussle ['tʌsl] ◇ *n* lutte *f*. ◇ *vi* se battre; **to ~ over sthg** se disputer qqch.
tutor ['tjuːtəʳ] *n* **1.** *(private)* professeur *m* particulier. **2.** (UNIV) directeur *m*, -trice *f* d'études.
tutorial [tjuː'tɔːrɪəl] *n* travaux *mpl* dirigés.
tuxedo [tʌk'siːdəʊ] (*pl* **-s**) *n* smoking *m*.
TV (*abbr of* **television**) *n* **1.** *(U) (medium, industry)* télé *f*. **2.** *(apparatus)* (poste *m* de) télé *f*.
twang [twæŋ] *n* **1.** *(sound)* bruit *m* de pincement. **2.** *(accent)* nasillement *m*.
tweed [twiːd] *n* tweed *m*.
tweezers ['twiːzəz] *npl* pince *f* à épiler.
twelfth [twelfθ] *num* douzième; *see also* **sixth**.
twelve [twelv] *num* douze; *see also* **six**.
twentieth ['twentɪəθ] *num* vingtième; *see also* **sixth**.
twenty ['twentɪ] *num* vingt; *see also* **six**.
twice [twaɪs] *adv* deux fois; **~ a day** deux fois par jour; **he earns ~ as much as me** il gagne deux fois plus que moi OR le double de moi; **~ as big** deux fois plus grand; **~ my size/age** le double de ma taille/mon âge.
twiddle ['twɪdl] ◇ *vt* jouer avec. ◇ *vi*: **to ~ with sthg** jouer avec qqch.
twig [twɪg] *n* brindille *f*, petite branche *f*.
twilight ['twaɪlaɪt] *n* crépuscule *m*.
twin [twɪn] ◇ *adj* jumeau (jumelle); *(town)* jumelé(e); **~ beds** lits *mpl* jumeaux. ◇ *n* jumeau *m*, jumelle *f*.
twin-bedded [-'bedɪd] *adj* à deux lits.
twine [twaɪn] ◇ *n (U)* ficelle *f*. ◇ *vt*: **to ~ sthg round sthg** enrouler qqch autour de qqch.
twinge [twɪndʒ] *n (of pain)* élancement *m*; **a ~ of guilt** un remords.
twinkle ['twɪŋkl] *vi (star, lights)* scintiller; *(eyes)* briller, pétiller.
twin room *n* chambre *f* à deux lits.
twin town *n* ville *f* jumelée.
twirl [twɜːl] ◇ *vt* faire tourner. ◇ *vi* tournoyer.
twist [twɪst] ◇ *n* **1.** *(in road)* zigzag *m*, tournant *m*; *(in river)* méandre *m*, coude *m*; *(in rope)* entortillement *m*. **2.** *fig (in plot)* tour *m*. ◇ *vt* **1.** *(wind, curl)* entortiller. **2.** *(contort)* tordre. **3.** *(turn)* tourner; *(lid - to open)* dévisser; *(- to close)* visser. **4.** *(sprain)*: **to ~ one's ankle** se tordre OR se fouler la cheville. **5.** *(words, meaning)* déformer. ◇ *vi* **1.** *(river, path)* zigzaguer. **2.** *(be contorted)* se tordre. **3.** *(turn)*: **to ~ round** se retourner.
twit [twɪt] *n Br inf* crétin *m*, -e *f*.
twitch [twɪtʃ] ◇ *n* tic *m*. ◇ *vi (muscle, eye, face)* se contracter.
two [tuː] *num* deux; **in ~** en deux; *see also* **six**.
two-door *adj (car)* à deux portes.
twofaced [ˌtuː'feɪst] *adj pej* fourbe.
twofold ['tuːfəʊld] ◇ *adj* double. ◇ *adv* doublement; **to increase ~** doubler.
two-piece *adj*: **~ swimsuit** deux-pièces *m inv*; **~ suit** *(for man)* costume *m* (deux-pièces).
twosome ['tuːsəm] *n inf* couple *m*.
two-way *adj (traffic, trade)* dans les deux sens.
tycoon [taɪ'kuːn] *n* magnat *m*.
type [taɪp] ◇ *n* **1.** *(sort, kind)* genre *m*, sorte *f*; *(model)* modèle *m*; *(in classification)* type *m*. **2.** *(U)* (TYPO) caractères *mpl*. ◇ *vt (letter, reply)* taper (à la machine). ◇ *vi* taper (à la machine).
typecast ['taɪpkɑːst] (*pt & pp* **typecast**) *vt*: **to be ~ as** être cantonné dans le rôle de; **to be ~** être cantonné aux mêmes rôles.
typeface ['taɪpfeɪs] *n* (TYPO) œil *m* de caractère.
typescript ['taɪpskrɪpt] *n* texte *m* dactylographié.
typeset ['taɪpset] (*pt & pp* **typeset**) *vt* composer.
typewriter ['taɪpˌraɪtəʳ] *n* machine *f* à écrire.
typhoid (fever) ['taɪfɔɪd-] *n* typhoïde *f*.
typhoon [taɪ'fuːn] *n* typhon *m*.
typical ['tɪpɪkl] *adj*: **~ (of)** typique (de), caractéristique (de); **that's ~ (of him/her)!** c'est bien de lui/d'elle!
typing ['taɪpɪŋ] *n* dactylo *f*, dactylographie *f*.
typist ['taɪpɪst] *n* dactylo *mf*, dactylographe *mf*.
typography [taɪ'pɒgrəfɪ] *n* typographie *f*.

tyranny ['tɪrənɪ] *n* tyrannie *f*.
tyrant ['taɪrənt] *n* tyran *m*.
tyre *Br*, **tire** *Am* ['taɪəʳ] *n* pneu *m*.
tyre pressure *n* pression *f* (de gonflage).

U

u (*pl* **u's** OR **us**), **U** (*pl* **U's** OR **Us**) [ju:] *n* *(letter)* u *m inv*, U *m inv*.
U-bend *n* siphon *m*.
udder ['ʌdəʳ] *n* mamelle *f*.
UFO (*abbr of* **unidentified flying object**) *n* OVNI *m*, ovni *m*.
Uganda [ju:'gændə] *n* Ouganda *m*.
ugh [ʌg] *excl* pouah!, beurk!
ugly ['ʌglɪ] *adj* **1.** *(unattractive)* laid(e). **2.** *fig (unpleasant)* pénible, désagréable.
UHF (*abbr of* **ultra-high frequency**) *n* UHF.
UK (*abbr of* **United Kingdom**) *n* Royaume-Uni *m*, R.U. *m*.
Ukraine [ju:'kreɪn] *n*: **the ~** l'Ukraine *f*.
ulcer ['ʌlsəʳ] *n* ulcère *m*.
ulcerated ['ʌlsəreɪtɪd] *adj* ulcéré(e).
Ulster ['ʌlstəʳ] *n* Ulster *m*.
ulterior [ʌl'tɪərɪəʳ] *adj*: **~ motive** arrière-pensée *f*.
ultimata [,ʌltɪ'meɪtə] *pl* → **ultimatum**.
ultimate ['ʌltɪmət] ◇ *adj* **1.** *(final)* final (e), ultime. **2.** *(most powerful)* ultime, suprême. ◇ *n*: **the ~ in** le fin du fin dans.
ultimately ['ʌltɪmətlɪ] *adv* *(finally)* finalement.
ultimatum [,ʌltɪ'meɪtəm] (*pl* **-tums** OR **-ta** [-tə]) *n* ultimatum *m*.
ultrasound ['ʌltrəsaʊnd] *n* *(U)* ultrasons *mpl*.
ultraviolet [,ʌltrə'vaɪələt] *adj* ultraviolet(ette).
umbilical cord [ʌm'bɪlɪkl-] *n* cordon *m* ombilical.
umbrella [ʌm'brelə] ◇ *n* *(portable)* parapluie *m*; *(fixed)* parasol *m*. ◇ *adj* *(organization)* qui en regroupe plusieurs autres.
umpire ['ʌmpaɪəʳ] ◇ *n* arbitre *m*. ◇ *vt* arbitrer.
umpteen [,ʌmp'ti:n] *num adj inf* je ne sais combien de.
umpteenth [,ʌmp'ti:nθ] *num adj inf* énième.
UN (*abbr of* **United Nations**) *n*: **the ~** l'ONU *f*, l'Onu *f*.
unabated [,ʌnə'beɪtɪd] *adj*: **the rain continued ~** la pluie continua de tomber sans répit.
unable [ʌn'eɪbl] *adj*: **to be ~ to do sthg** ne pas pouvoir faire qqch, être incapable de faire qqch.
unacceptable [,ʌnək'septəbl] *adj* inacceptable.
unaccompanied [,ʌnə'kʌmpənɪd] *adj* **1.** *(child)* non accompagné(e); *(luggage)* sans surveillance. **2.** *(song)* a cappella, sans accompagnement.
unaccountably [,ʌnə'kaʊntəblɪ] *adv* *(inexplicably)* de façon inexplicable, inexplicablement.
unaccounted [,ʌnə'kaʊntɪd] *adj*: **to be ~ for** manquer.
unaccustomed [,ʌnə'kʌstəmd] *adj* *(unused)*: **to be ~ to sthg/to doing sthg** ne pas être habitué(e) à qqch/à faire qqch.
unadulterated [,ʌnə'dʌltəreɪtɪd] *adj* **1.** *(unspoilt - wine)* non frelaté(e); *(- food)* naturel(elle). **2.** *(absolute - joy)* sans mélange; *(- nonsense, truth)* pur et simple (pure et simple).
unanimous [ju:'nænɪməs] *adj* unanime.
unanimously [ju:'nænɪməslɪ] *adv* à l'unanimité.
unanswered [,ʌn'ɑ:nsəd] *adj* qui reste sans réponse.
unappetizing, -ising [,ʌn'æpɪtaɪzɪŋ] *adj* peu appétissant(e).
unarmed [,ʌn'ɑ:md] *adj* non armé(e).
unarmed combat *n* combat *m* sans armes.
unashamed [,ʌnə'ʃeɪmd] *adj* *(luxury)* insolent(e); *(liar, lie)* effronté(e), éhonté(e).
unassuming [,ʌnə'sju:mɪŋ] *adj* modeste, effacé(e).
unattached [,ʌnə'tætʃt] *adj* **1.** *(not fastened, linked)*: **~ (to)** indépendant(e) (de). **2.** *(without partner)* libre, sans attaches.
unattended [,ʌnə'tendɪd] *adj* *(luggage, shop)* sans surveillance; *(child)* seul(e).
unattractive [,ʌnə'træktɪv] *adj* **1.** *(not beautiful)* peu attrayant(e), peu séduisant(e). **2.** *(not pleasant)* déplaisant(e).
unauthorized, -ised [,ʌn'ɔ:θəraɪzd] *adj* non autorisé(e).
unavailable [,ʌnə'veɪləbl] *adj* qui n'est pas disponible, indisponible.
unavoidable [,ʌnə'vɔɪdəbl] *adj* inévitable.

unaware [ˌʌnəˈweəʳ] *adj* ignorant(e), inconscient(e); **to be ~ of sthg** ne pas avoir conscience de qqch, ignorer qqch.
unawares [ˌʌnəˈweəz] *adv*: **to catch** OR **take sb ~** prendre qqn au dépourvu.
unbalanced [ˌʌnˈbælənst] *adj* **1.** *(biased)* tendancieux(euse), partial(e). **2.** *(deranged)* déséquilibré(e).
unbearable [ʌnˈbeərəbl] *adj* insupportable.
unbeatable [ˌʌnˈbiːtəbl] *adj* imbattable.
unbeknown(st) [ˌʌnbɪˈnəʊn(st)] *adv*: **~ to** à l'insu de.
unbelievable [ˌʌnbɪˈliːvəbl] *adj* incroyable.
unbending [ˌʌnˈbendɪŋ] *adj* inflexible, intransigeant(e).
unbia(s)sed [ˌʌnˈbaɪəst] *adj* impartial (e).
unborn [ˌʌnˈbɔːn] *adj (child)* qui n'est pas encore né(e).
unbreakable [ˌʌnˈbreɪkəbl] *adj* incassable.
unbridled [ˌʌnˈbraɪdld] *adj* effréné(e), débridé(e).
unbutton [ˌʌnˈbʌtn] *vt* déboutonner.
uncalled-for [ˌʌnˈkɔːld-] *adj (remark)* déplacé(e); *(criticism)* injustifié(e).
uncanny [ʌnˈkænɪ] *adj* étrange, mystérieux(euse); *(resemblance)* troublant(e).
unceasing [ˌʌnˈsiːsɪŋ] *adj fml* incessant (e), continuel(elle).
unceremonious [ˈʌnˌserɪˈməʊnjəs] *adj* brusque.
uncertain [ʌnˈsɜːtn] *adj* incertain(e); **in no ~ terms** sans mâcher ses mots.
unchanged [ˌʌnˈtʃeɪndʒd] *adj* inchangé (e).
unchecked [ˌʌnˈtʃekt] *adj* non maîtrisé (e), sans frein.
uncivilized, -ised [ˌʌnˈsɪvɪlaɪzd] *adj* non civilisé(e), barbare.
uncle [ˈʌŋkl] *n* oncle *m*.
unclear [ˌʌnˈklɪəʳ] *adj* **1.** *(message, meaning, motive)* qui n'est pas clair(e). **2.** *(uncertain - person, future)* incertain(e).
uncomfortable [ˌʌnˈkʌmftəbl] *adj* **1.** *(shoes, chair, clothes etc)* inconfortable; *fig (fact, truth)* désagréable. **2.** *(person - physically)* qui n'est pas à l'aise; *(- ill at ease)* mal à l'aise.
uncommon [ʌnˈkɒmən] *adj* **1.** *(rare)* rare. **2.** *fml (extreme)* extraordinaire.
uncompromising [ˌʌnˈkɒmprəmaɪzɪŋ] *adj* intransigeant(e).
unconcerned [ˌʌnkənˈsɜːnd] *adj (not anxious)* qui ne s'inquiète pas.
unconditional [ˌʌnkənˈdɪʃənl] *adj* inconditionnel(elle).
unconscious [ʌnˈkɒnʃəs] ◇ *adj* **1.** *(having lost consciousness)* sans connaissance. **2.** *fig (unaware)*: **to be ~ of** ne pas avoir conscience de, ne pas se rendre compte de. **3.** *(unnoticed - desires, feelings)* inconscient(e). ◇ *n* (PSYCH) inconscient *m*.
unconsciously [ʌnˈkɒnʃəslɪ] *adv* inconsciemment.
uncontrollable [ˌʌnkənˈtrəʊləbl] *adj* **1.** *(unrestrainable - emotion, urge)* irrépressible, irrésistible; *(- increase, epidemic)* qui ne peut être enrayé(e). **2.** *(unmanageable - person)* impossible, difficile.
unconventional [ˌʌnkənˈvenʃənl] *adj* peu conventionnel(elle), original(e).
unconvinced [ˌʌnkənˈvɪnst] *adj* qui n'est pas convaincu(e), sceptique.
uncouth [ʌnˈkuːθ] *adj* grossier(ère).
uncover [ʌnˈkʌvəʳ] *vt* découvrir.
undecided [ˌʌndɪˈsaɪdɪd] *adj (person)* indécis(e), irrésolu(e); *(issue)* indécis(e).
undeniable [ˌʌndɪˈnaɪəbl] *adj* indéniable, incontestable.
under [ˈʌndəʳ] ◇ *prep* **1.** *(gen)* sous. **2.** *(less than)* moins de; **children ~ five** les enfants de moins de cinq ans. **3.** *(subject to - effect, influence)* sous; **~ the circumstances** dans ces circonstances, étant donné les circonstances; **to be ~ the impression that ...** avoir l'impression que ... **4.** *(undergoing)*: **~ discussion** en discussion; **~ consideration** à l'étude, à l'examen. **5.** *(according to)* selon, conformément à. ◇ *adv* **1.** *(underneath)* dessous; *(underwater)* sous l'eau; **to go ~** *(company)* couler, faire faillite. **2.** *(less)* au-dessous.
underage [ʌndərˈeɪdʒ] *adj* mineur(e).
undercarriage [ˈʌndəˌkærɪdʒ] *n* train *m* d'atterrissage.
undercharge [ˌʌndəˈtʃɑːdʒ] *vt* ne pas faire assez payer à.
underclothes [ˈʌndəkləʊðz] *npl* sous-vêtements *mpl*.
undercoat [ˈʌndəkəʊt] *n (of paint)* couche *f* de fond.
undercover [ˈʌndəˌkʌvəʳ] *adj* secret (ète).
undercurrent [ˈʌndəˌkʌrənt] *n fig (tendency)* courant *m* sous-jacent.
undercut [ˌʌndəˈkʌt] (*pt & pp* **undercut**) *vt (in price)* vendre moins cher que.
underdeveloped [ˌʌndədɪˈveləpt] *adj (country)* sous-développé(e); *(person)* qui

n'est pas complètement développé(e) OR formé(e).
underdog ['ʌndədɒg] *n*: **the ~** l'opprimé *m*; (SPORT) celui (celle) que l'on donne perdant(e).
underdone [ˌʌndə'dʌn] *adj (food)* pas assez cuit(e); *(steak)* saignant(e).
underestimate [ˌʌndər'estɪmeɪt] *vt* sous-estimer.
underexposed [ˌʌndərɪk'spəʊzd] *adj* (PHOT) sous-exposé(e).
underfoot [ˌʌndə'fʊt] *adv* sous les pieds.
undergo [ˌʌndə'gəʊ] (*pt* **-went**, *pp* **-gone** [-'gɒn]) *vt* subir; *(pain, difficulties)* éprouver.
undergraduate [ˌʌndə'grædjʊət] *n* étudiant *m*, -e *f* qui prépare la licence.
underground [*adj & n* 'ʌndəgraʊnd, *adv* ˌʌndə'graʊnd] ◇ *adj* **1.** *(below the ground)* souterrain(e). **2.** *fig (secret)* clandestin(e). ◇ *adv*: **to go/be forced ~** entrer dans la clandestinité. ◇ *n* **1.** *Br (subway)* métro *m*. **2.** *(activist movement)* résistance *f*.
undergrowth ['ʌndəgrəʊθ] *n (U)* sous-bois *m inv*.
underhand [ˌʌndə'hænd] *adj* sournois (e), en dessous.
underline [ˌʌndə'laɪn] *vt* souligner.
underlying [ˌʌndə'laɪɪŋ] *adj* sous-jacent(e).
undermine [ˌʌndə'maɪn] *vt fig (weaken)* saper, ébranler.
underneath [ˌʌndə'ni:θ] ◇ *prep* **1.** *(beneath)* sous, au-dessous de. **2.** *(in movements)* sous. ◇ *adv* **1.** *(beneath)* en dessous, dessous. **2.** *fig (fundamentally)* au fond. ◇ *adj inf* d'en dessous. ◇ *n (underside)*: **the ~** le dessous.
underpaid ['ʌndəpeɪd] *adj* sous-payé (e).
underpants ['ʌndəpænts] *npl* slip *m*.
underpass ['ʌndəpɑ:s] *n (for cars)* passage *m* inférieur; *(for pedestrians)* passage *m* souterrain.
underprivileged [ˌʌndə'prɪvɪlɪdʒd] *adj* défavorisé(e), déshérité(e).
underrated [ˌʌndə'reɪtɪd] *adj* sous-estimé(e).
undershirt ['ʌndəʃɜ:t] *n Am* maillot *m* de corps.
underside ['ʌndəsaɪd] *n*: **the ~** le dessous.
underskirt ['ʌndəskɜ:t] *n* jupon *m*.
understand [ˌʌndə'stænd] (*pt & pp* **-stood**) ◇ *vt* **1.** *(gen)* comprendre. **2.** *fml (be informed)*: **I ~ (that)** ... je crois comprendre que ..., il paraît que ... ◇ *vi* comprendre.
understandable [ˌʌndə'stændəbl] *adj* compréhensible.
understanding [ˌʌndə'stændɪŋ] ◇ *n* **1.** *(knowledge, sympathy)* compréhension *f*. **2.** *(agreement)* accord *m*, arrangement *m*. ◇ *adj (sympathetic)* compréhensif(ive).
understatement [ˌʌndə'steɪtmənt] *n* **1.** *(inadequate statement)* affirmation *f* en dessous de la vérité. **2.** *(U) (quality of understating)* euphémisme *m*.
understood [ˌʌndə'stʊd] *pt & pp* → **understand**.
understudy ['ʌndəˌstʌdɪ] *n* doublure *f*.
undertake [ˌʌndə'teɪk] (*pt* **-took**, *pp* **-taken** [-'teɪkn]) *vt* **1.** *(take on - gen)* entreprendre; *(- responsibility)* assumer. **2.** *(promise)*: **to ~ to do sthg** promettre de faire qqch, s'engager à faire qqch.
undertaker ['ʌndəˌteɪkər] *n* entrepreneur *m* des pompes funèbres.
undertaking [ˌʌndə'teɪkɪŋ] *n* **1.** *(task)* entreprise *f*. **2.** *(promise)* promesse *f*.
undertone ['ʌndətəʊn] *n* **1.** *(quiet voice)* voix *f* basse. **2.** *(vague feeling)* courant *m*.
undertook [ˌʌndə'tʊk] *pt* → **undertake**.
underwater [ˌʌndə'wɔ:tər] ◇ *adj* sous-marin(e). ◇ *adv* sous l'eau.
underwear ['ʌndəweər] *n (U)* sous-vêtements *mpl*.
underwent [ˌʌndə'went] *pt* → **undergo**.
underworld ['ʌndəˌwɜ:ld] *n (criminal society)*: **the ~** le milieu, la pègre.
underwriter ['ʌndəˌraɪtər] *n* assureur *m*.
undid [ˌʌn'dɪd] *pt* → **undo**.
undies ['ʌndɪz] *npl inf* dessous *mpl*, lingerie *f*.
undisputed [ˌʌndɪ'spju:tɪd] *adj* incontesté(e).
undistinguished [ˌʌndɪ'stɪŋgwɪʃt] *adj* médiocre, quelconque.
undo [ˌʌn'du:] (*pt* **-did**, *pp* **-done**) *vt* **1.** *(unfasten)* défaire. **2.** *(nullify)* annuler, détruire.
undoing [ˌʌn'du:ɪŋ] *n (U) fml* perte *f*, ruine *f*.
undone [ˌʌn'dʌn] ◇ *pp* → **undo**. ◇ *adj* **1.** *(unfastened)* défait(e). **2.** *(task)* non accompli(e).
undoubted [ʌn'daʊtɪd] *adj* indubitable, certain(e).
undoubtedly [ʌn'daʊtɪdlɪ] *adv* sans aucun doute.

undress [ˌʌn'dres] ◇ *vt* déshabiller. ◇ *vi* se déshabiller.
undue [ˌʌn'djuː] *adj fml* excessif(ive).
undulate ['ʌndjʊleɪt] *vi* onduler.
unduly [ˌʌn'djuːlɪ] *adv fml* trop, excessivement.
unearth [ˌʌn'ɜːθ] *vt* **1.** *(dig up)* déterrer. **2.** *fig (discover)* découvrir, dénicher.
unearthly [ʌn'ɜːθlɪ] *adj inf (uncivilized - time of day)* indu(e), impossible.
unease [ʌn'iːz] *n (U)* malaise *m*.
uneasy [ʌn'iːzɪ] *adj (person, feeling)* mal à l'aise, gêné(e); *(peace)* troublé(e), incertain(e); *(silence)* gêné(e).
uneconomic ['ʌnˌiːkə'nɒmɪk] *adj* peu économique, peu rentable.
uneducated [ˌʌn'edjʊkeɪtɪd] *adj (person)* sans instruction.
unemployed [ˌʌnɪm'plɔɪd] ◇ *adj* au chômage, sans travail. ◇ *npl*: **the ~** les sans-travail *mpl*, les chômeurs *mpl*.
unemployment [ˌʌnɪm'plɔɪmənt] *n* chômage *m*.
unemployment benefit *Br*, **unemployment compensation** *Am n* allocation *f* de chômage.
unerring [ˌʌn'ɜːrɪŋ] *adj* sûr(e), infaillible.
uneven [ˌʌn'iːvn] *adj* **1.** *(not flat - surface)* inégal(e); *(- ground)* accidenté(e). **2.** *(inconsistent)* inégal(e). **3.** *(unfair)* injuste.
unexpected [ˌʌnɪk'spektɪd] *adj* inattendu(e), imprévu(e).
unexpectedly [ˌʌnɪk'spektɪdlɪ] *adv* subitement, d'une manière imprévue.
unfailing [ʌn'feɪlɪŋ] *adj* qui ne se dément pas, constant(e).
unfair [ˌʌn'feə^r] *adj* injuste.
unfaithful [ˌʌn'feɪθfʊl] *adj* infidèle.
unfamiliar [ˌʌnfə'mɪljə^r] *adj* **1.** *(not well-known)* peu familier(ère), peu connu(e). **2.** *(not acquainted)*: **to be ~ with sb/sthg** mal connaître qqn/qqch, ne pas connaître qqn/qqch.
unfashionable [ˌʌn'fæʃnəbl] *adj* démodé(e), passé(e) de mode; *(person)* qui n'est plus à la mode.
unfasten [ˌʌn'fɑːsn] *vt* défaire.
unfavourable *Br*, **unfavorable** *Am* [ˌʌn'feɪvrəbl] *adj* défavorable.
unfeeling [ʌn'fiːlɪŋ] *adj* impitoyable, insensible.
unfinished [ˌʌn'fɪnɪʃt] *adj* inachevé(e).
unfit [ˌʌn'fɪt] *adj* **1.** *(not in good health)* qui n'est pas en forme. **2.** *(not suitable)*: **~ (for)** impropre (à); *(person)* inapte (à).
unfold [ʌn'fəʊld] ◇ *vt (map, newspaper)* déplier. ◇ *vi (become clear)* se dérouler.
unforeseen [ˌʌnfɔː'siːn] *adj* imprévu(e).
unforgettable [ˌʌnfə'getəbl] *adj* inoubliable.
unforgivable [ˌʌnfə'gɪvəbl] *adj* impardonnable.
unfortunate [ʌn'fɔːtʃnət] *adj* **1.** *(unlucky)* malheureux(euse), malchanceux(euse). **2.** *(regrettable)* regrettable, fâcheux(euse).
unfortunately [ʌn'fɔːtʃnətlɪ] *adv* malheureusement.
unfounded [ˌʌn'faʊndɪd] *adj* sans fondement, dénué(e) de tout fondement.
unfriendly [ˌʌn'frendlɪ] *adj* hostile, malveillant(e).
unfurnished [ˌʌn'fɜːnɪʃt] *adj* non meublé(e).
ungainly [ʌn'geɪnlɪ] *adj* gauche.
ungodly [ˌʌn'gɒdlɪ] *adj inf (unreasonable)* indu(e), impossible.
ungrateful [ʌn'greɪtfʊl] *adj* ingrat(e), peu reconnaissant(e).
unhappy [ʌn'hæpɪ] *adj* **1.** *(sad)* triste, malheureux(euse). **2.** *(uneasy)*: **to be ~ (with** OR **about)** être inquiet(ète) (au sujet de). **3.** *(unfortunate)* malheureux(euse), regrettable.
unharmed [ˌʌn'hɑːmd] *adj* indemne, sain et sauf (saine et sauve).
unhealthy [ʌn'helθɪ] *adj* **1.** *(person, skin)* maladif(ive); *(conditions, place)* insalubre, malsain(e); *(habit)* malsain. **2.** *fig (undesirable)* malsain(e).
unheard-of [ʌn'hɜːdɒv] *adj* **1.** *(unknown)* inconnu(e). **2.** *(unprecedented)* sans précédent, inouï(e).
unhook [ˌʌn'hʊk] *vt* **1.** *(dress, bra)* dégrafer. **2.** *(coat, picture, trailer)* décrocher.
unhurt [ˌʌn'hɜːt] *adj* indemne, sain et sauf (saine et sauve).
unhygienic [ˌʌnhaɪ'dʒiːnɪk] *adj* non hygiénique.
unidentified flying object [ˌʌnaɪ'dentɪfaɪd-] *n* objet *m* volant non identifié.
unification [ˌjuːnɪfɪ'keɪʃn] *n* unification *f*.
uniform ['juːnɪfɔːm] ◇ *adj (rate, colour)* uniforme; *(size)* même. ◇ *n* uniforme *m*.
unify ['juːnɪfaɪ] *vt* unifier.
unilateral [ˌjuːnɪ'lætərəl] *adj* unilatéral(e).
unimportant [ˌʌnɪm'pɔːtənt] *adj* sans importance, peu important(e).
uninhabited [ˌʌnɪn'hæbɪtɪd] *adj* inhabité(e).

uninjured [ˌʌnˈɪndʒəd] *adj* qui n'est pas blessé(e), indemne.
unintelligent [ˌʌnɪnˈtelɪdʒənt] *adj* inintelligent(e).
unintentional [ˌʌnɪnˈtenʃənl] *adj* involontaire, non intentionnel(elle).
union [ˈjuːnjən] ◇ *n* **1.** *(trade union)* syndicat *m.* **2.** *(alliance)* union *f.* ◇ *comp* syndical(e).
Union Jack *n*: **the ~** l'Union Jack *m*, le drapeau britannique.
unique [juːˈniːk] *adj* **1.** *(exceptional)* unique, exceptionnel(elle). **2.** *(exclusive)*: **~ to** propre à. **3.** *(very special)* unique.
unison [ˈjuːnɪzn] *n* unisson *m*; **in ~** à l'unisson; *(say)* en chœur, en même temps.
unit [ˈjuːnɪt] *n* **1.** *(gen)* unité *f.* **2.** *(machine part)* élément *m*, bloc *m.* **3.** *(of furniture)* élément *m.* **4.** *(department)* service *m.*
unite [juːˈnaɪt] ◇ *vt* unifier. ◇ *vi* s'unir.
united [juːˈnaɪtɪd] *adj* **1.** *(in harmony)* uni(e). **2.** *(unified)* unifié(e).
United Kingdom *n*: **the ~** le Royaume-Uni.
United Nations *n*: **the ~** les Nations *fpl* Unies.
United States *n*: **the ~ (of America)** les États-Unis *mpl* (d'Amérique); **in the ~** aux États-Unis.
unit trust *n Br* société *f* d'investissement à capital variable.
unity [ˈjuːnətɪ] *n (U)* unité *f.*
universal [ˌjuːnɪˈvɜːsl] *adj* universel(elle).
universe [ˈjuːnɪvɜːs] *n* univers *m.*
university [ˌjuːnɪˈvɜːsətɪ] ◇ *n* université *f.* ◇ *comp* universitaire; *(lecturer)* d'université; **~ student** étudiant *m*, -e *f* à l'université.
unjust [ˌʌnˈdʒʌst] *adj* injuste.
unkempt [ˌʌnˈkempt] *adj (clothes, person)* négligé(e), débraillé(e); *(hair)* mal peigné(e).
unkind [ʌnˈkaɪnd] *adj (uncharitable)* méchant(e), pas gentil(ille).
unknown [ˌʌnˈnəʊn] *adj* inconnu(e).
unlawful [ˌʌnˈlɔːfʊl] *adj* illégal(e).
unleaded [ˌʌnˈledɪd] *adj* sans plomb.
unleash [ˌʌnˈliːʃ] *vt literary* déchaîner.
unless [ənˈles] *conj* à moins que (+ *subjunctive*); **~ I'm mistaken** à moins que je (ne) me trompe.
unlike [ˌʌnˈlaɪk] *prep* **1.** *(different from)* différent(e) de. **2.** *(in contrast to)* contrairement à, à la différence de. **3.** *(not typical of)*: **it's ~ you to complain** cela ne te ressemble pas de te plaindre.
unlikely [ʌnˈlaɪklɪ] *adj* **1.** *(event, result)* peu probable, improbable; *(story)* invraisemblable. **2.** *(bizarre - clothes etc)* invraisemblable.
unlisted [ʌnˈlɪstɪd] *adj Am (phone number)* qui est sur la liste rouge.
unload [ˌʌnˈləʊd] *vt* décharger.
unlock [ˌʌnˈlɒk] *vt* ouvrir.
unlucky [ʌnˈlʌkɪ] *adj* **1.** *(unfortunate - person)* malchanceux(euse), qui n'a pas de chance; *(- experience, choice)* malheureux(euse). **2.** *(object, number etc)* qui porte malheur.
unmarried [ˌʌnˈmærɪd] *adj* célibataire, qui n'est pas marié(e).
unmistakable [ˌʌnmɪˈsteɪkəbl] *adj* qu'on ne peut pas ne pas reconnaître.
unmitigated [ʌnˈmɪtɪgeɪtɪd] *adj (disaster)* total(e); *(evil)* non mitigé(e).
unnatural [ʌnˈnætʃrəl] *adj* **1.** *(unusual)* anormal(e), qui n'est pas naturel(elle). **2.** *(affected)* peu naturel(elle); *(smile)* forcé(e).
unnecessary [ʌnˈnesəsərɪ] *adj (remark, expense, delay)* inutile.
unnerving [ˌʌnˈnɜːvɪŋ] *adj* troublant(e).
unnoticed [ˌʌnˈnəʊtɪst] *adj* inaperçu(e).
unobtainable [ˌʌnəbˈteɪnəbl] *adj* impossible à obtenir.
unobtrusive [ˌʌnəbˈtruːsɪv] *adj (person)* effacé(e); *(object)* discret(ète); *(building)* que l'on remarque à peine.
unofficial [ˌʌnəˈfɪʃl] *adj* non officiel(elle).
unorthodox [ˌʌnˈɔːθədɒks] *adj* peu orthodoxe.
unpack [ˌʌnˈpæk] ◇ *vt (suitcase)* défaire; *(box)* vider; *(clothes)* déballer. ◇ *vi* défaire ses bagages.
unpalatable [ʌnˈpælətəbl] *adj* d'un goût désagréable; *fig* dur(e) à avaler.
unparalleled [ʌnˈpærəleld] *adj (success, crisis)* sans précédent; *(beauty)* sans égal.
unpleasant [ʌnˈpleznt] *adj* désagréable.
unplug [ʌnˈplʌg] *vt* débrancher.
unpopular [ˌʌnˈpɒpjʊləʳ] *adj* impopulaire.
unprecedented [ʌnˈpresɪdəntɪd] *adj* sans précédent.
unpredictable [ˌʌnprɪˈdɪktəbl] *adj* imprévisible.

unprofessional [ˌʌnprəˈfeʃənl] *adj (person, work)* peu professionnel(elle); *(attitude)* contraire à l'éthique de la profession.

unqualified [ˌʌnˈkwɒlɪfaɪd] *adj* **1.** *(person)* non qualifié(e); *(teacher, doctor)* non diplômé(e). **2.** *(success)* formidable; *(support)* inconditionnel(elle).

unquestionable [ʌnˈkwestʃənəbl] *adj (fact)* incontestable; *(honesty)* certain(e).

unquestioning [ʌnˈkwestʃənɪŋ] *adj* aveugle, absolu(e).

unravel [ʌnˈrævl] *vt* **1.** *(undo - knitting)* défaire; *(- fabric)* effiler; *(- threads)* démêler. **2.** *fig (solve)* éclaircir.

unreal [ˌʌnˈrɪəl] *adj (strange)* irréel(elle).

unrealistic [ˌʌnrɪəˈlɪstɪk] *adj* irréaliste.

unreasonable [ʌnˈriːznəbl] *adj* qui n'est pas raisonnable, déraisonnable.

unrelated [ˌʌnrɪˈleɪtɪd] *adj*: **to be ~ (to)** n'avoir aucun rapport (avec).

unrelenting [ˌʌnrɪˈlentɪŋ] *adj* implacable.

unreliable [ˌʌnrɪˈlaɪəbl] *adj (machine, method)* peu fiable; *(person)* sur qui on ne peut pas compter.

unremitting [ˌʌnrɪˈmɪtɪŋ] *adj* inlassable.

unrequited [ˌʌnrɪˈkwaɪtɪd] *adj* non partagé(e).

unreserved [ˌʌnrɪˈzɜːvd] *adj (support, admiration)* sans réserve.

unresolved [ˌʌnrɪˈzɒlvd] *adj* non résolu(e).

unrest [ˌʌnˈrest] *n (U)* troubles *mpl.*

unrivalled *Br,* **unrivaled** *Am* [ʌnˈraɪvld] *adj* sans égal(e).

unroll [ˌʌnˈrəʊl] *vt* dérouler.

unruly [ʌnˈruːlɪ] *adj (crowd, child)* turbulent(e); *(hair)* indisciplinés.

unsafe [ˌʌnˈseɪf] *adj* **1.** *(dangerous)* dangereux(euse). **2.** *(in danger)*: **to feel ~** ne pas se sentir en sécurité.

unsaid [ˌʌnˈsed] *adj*: **to leave sthg ~** passer qqch sous silence.

unsatisfactory [ˈʌnˌsætɪsˈfæktərɪ] *adj* qui laisse à désirer, peu satisfaisant(e).

unsavoury, unsavory *Am* [ˌʌnˈseɪvərɪ] *adj (person)* peu recommandable; *(district)* mal famé(e).

unscathed [ˌʌnˈskeɪðd] *adj* indemne.

unscrew [ˌʌnˈskruː] *vt* dévisser.

unscrupulous [ʌnˈskruːpjʊləs] *adj* sans scrupules.

unseemly [ʌnˈsiːmlɪ] *adj* inconvenant (e).

unselfish [ˌʌnˈselfɪʃ] *adj* désintéressé (e).

unsettled [ˌʌnˈsetld] *adj* **1.** *(person)* perturbé(e), troublé(e). **2.** *(weather)* variable, incertain(e). **3.** *(argument)* qui n'a pas été résolu(e); *(situation)* incertain(e).

unshak(e)able [ʌnˈʃeɪkəbl] *adj* inébranlable.

unshaven [ˌʌnˈʃeɪvn] *adj* non rasé(e).

unsightly [ʌnˈsaɪtlɪ] *adj* laid(e).

unskilled [ˌʌnˈskɪld] *adj* non qualifié (e).

unsociable [ʌnˈsəʊʃəbl] *adj* sauvage.

unsocial [ˌʌnˈsəʊʃl] *adj*: **to work ~ hours** travailler en dehors des heures normales.

unsound [ˌʌnˈsaʊnd] *adj* **1.** *(theory)* mal fondé(e); *(decision)* peu judicieux(euse). **2.** *(building, structure)* en mauvais état.

unspeakable [ʌnˈspiːkəbl] *adj* indescriptible.

unstable [ˌʌnˈsteɪbl] *adj* instable.

unsteady [ˌʌnˈstedɪ] *adj (hand)* tremblant(e); *(table, ladder)* instable.

unstoppable [ˌʌnˈstɒpəbl] *adj* qu'on ne peut pas arrêter.

unstuck [ˌʌnˈstʌk] *adj*: **to come ~** *(notice, stamp, label)* se décoller; *fig (plan, system)* s'effondrer; *fig (person)* essuyer un échec.

unsuccessful [ˌʌnsəkˈsesfʊl] *adj (attempt)* vain(e); *(meeting)* infructueux (euse); *(candidate)* refusé(e).

unsuccessfully [ˌʌnsəkˈsesfʊlɪ] *adv* en vain, sans succès.

unsuitable [ˌʌnˈsuːtəbl] *adj* qui ne convient pas; *(clothes)* peu approprié(e); **to be ~ for** ne pas convenir à.

unsure [ˌʌnˈʃɔːʳ] *adj* **1.** *(not certain)*: **to be ~ (about/of)** ne pas être sûr(e) (de). **2.** *(not confident)*: **to be ~ (of o.s.)** ne pas être sûr(e) de soi.

unsuspecting [ˌʌnsəˈspektɪŋ] *adj* qui ne se doute de rien.

unsympathetic [ˈʌnˌsɪmpəˈθetɪk] *adj (unfeeling)* indifférent(e).

untangle [ˌʌnˈtæŋgl] *vt (string, hair)* démêler.

untapped [ˌʌnˈtæpt] *adj* inexploité(e).

untenable [ˌʌnˈtenəbl] *adj* indéfendable.

unthinkable [ʌnˈθɪŋkəbl] *adj* impensable.

untidy [ʌnˈtaɪdɪ] *adj (room, desk)* en désordre; *(work, handwriting)* brouillon *(inv)*; *(person, appearance)* négligé(e).

untie [ˌʌnˈtaɪ] *(cont* **untying**) *vt (knot, parcel, shoelaces)* défaire; *(prisoner)* détacher.

until [ən'tɪl] ◇ *prep* 1. *(gen)* jusqu'à; ~ **now** jusqu'ici. 2. (*after negative*) avant; **not ~ tomorrow** pas avant demain. ◇ *conj* 1. *(gen)* jusqu'à ce que (+ *subjunctive*). 2. (*after negative*) avant que (+ *subjunctive*).

untimely [ʌn'taɪmlɪ] *adj (death)* prématuré(e); *(arrival)* intempestif(ive); *(remark)* mal à propos; *(moment)* mal choisi(e).

untold [,ʌn'təʊld] *adj (amount, wealth)* incalculable; *(suffering, joy)* indescriptible.

untoward [,ʌntə'wɔːd] *adj* malencontreux(euse).

untrue [,ʌn'truː] *adj (not accurate)* faux (fausse), qui n'est pas vrai(e).

unused [*sense 1* ,ʌn'juːzd, *sense 2* ʌn'juːst] *adj* 1. *(clothes)* neuf (neuve); *(machine)* qui n'a jamais servi; *(land)* qui n'est pas exploité. 2. *(unaccustomed)*: **to be ~ to sthg/to doing sthg** ne pas avoir l'habitude de qqch/de faire qqch.

unusual [ʌn'juːʒl] *adj* rare, inhabituel (elle).

unusually [ʌn'juːʒəlɪ] *adv* exceptionnellement.

unveil [,ʌn'veɪl] *vt lit & fig* dévoiler.

unwanted [,ʌn'wɒntɪd] *adj (object)* dont on ne se sert pas; *(child)* non désiré(e); **to feel ~** se sentir mal-aimé(e).

unwavering [ʌn'weɪvərɪŋ] *adj (determination)* inébranlable.

unwelcome [ʌn'welkəm] *adj (news, situation)* fâcheux(euse); *(visitor)* importun(e).

unwell [,ʌn'wel] *adj*: **to be/feel ~** ne pas être/se sentir bien.

unwieldy [ʌn'wiːldɪ] *adj* 1. *(cumbersome)* peu maniable. 2. *fig (system)* lourd (e); *(method)* trop complexe.

unwilling [,ʌn'wɪlɪŋ] *adj*: **to be ~ to do sthg** ne pas vouloir faire qqch.

unwind [,ʌn'waɪnd] (*pt & pp* **-wound**) ◇ *vt* dérouler. ◇ *vi fig (person)* se détendre.

unwise [,ʌn'waɪz] *adj* imprudent(e), peu sage.

unwitting [ʌn'wɪtɪŋ] *adj fml* involontaire.

unworkable [,ʌn'wɜːkəbl] *adj* impraticable.

unworthy [ʌn'wɜːðɪ] *adj (undeserving)*: **~ (of)** indigne (de).

unwound [,ʌn'waʊnd] *pt & pp* → **unwind**.

unwrap [,ʌn'ræp] *vt* défaire.

unwritten law [,ʌnrɪtn-] *n* droit *m* coutumier.

up [ʌp] ◇ *adv* 1. *(towards or in a higher position)* en haut; **she's ~ in her bedroom** elle est en haut dans sa chambre; **we walked ~ to the top** on est montés jusqu'en haut; **prices are going ~** les prix augmentent; **~ there** là-haut. 2. *(into an upright position)*: **to stand ~** se lever; **to sit ~** s'asseoir (bien droit). 3. *(northwards)*: **I'm coming ~ to York next week** je viens à York la semaine prochaine; **~ north** dans le nord. 4. *(along a road, river)*: **their house is a little further ~** leur maison est un peu plus loin. ◇ *prep* 1. *(towards or in a higher position)* en haut de; **~ a hill/mountain** en haut d'une colline/d'une montagne; **~ a ladder** sur une échelle; **I went ~ the stairs** j'ai monté l'escalier. 2. *(at far end of)*: **they live ~ the road from us** ils habitent un peu plus haut OR loin que nous (dans la même rue). 3. *(against current of river)*: **to sail ~ the Amazon** remonter l'Amazone en bateau. ◇ *adj* 1. *(out of bed)* levé(e); **I was ~ at six today** je me suis levé à six heures aujourd'hui. 2. *(at an end)*: **time's ~** c'est l'heure. 3. *inf (wrong)*: **is something ~?** il y a quelque chose qui ne va pas?; **what's ~?** qu'est-ce qui ne va pas?, qu'est-ce qu'il y a? ◇ *n*: **~s and downs** hauts et bas *mpl*.
◆ **up and down** ◇ *adv*: **to jump ~ and down** sauter; **to walk ~ and down** faire les cent pas. ◇ *prep*: **we walked ~ and down the avenue** nous avons arpenté l'avenue. ◆ **up to** *prep* 1. *(as far as)* jusqu'à. 2. *(indicating level)* jusqu'à; **it could take ~ to six weeks** cela peut prendre jusqu'à six semaines; **it's not ~ to standard** ce n'est pas de la qualité voulue, ceci n'a pas le niveau requis. 3. *(well or able enough for)*: **to be ~ to doing sthg** *(able to)* être capable de faire qqch; *(well enough for)* être en état de faire qqch; **my French isn't ~ to much** mon français ne vaut pas grand-chose OR n'est pas fameux. 4. *inf (secretly doing something)*: **what are you ~ to?** qu'est-ce que tu fabriques?; **they're ~ to something** ils mijotent quelque chose, ils préparent un coup. 5. *(indicating responsibility)*: **it's not ~ to me to decide** ce n'est pas moi qui décide, il ne m'appartient pas de décider; **it's ~ to you** c'est à vous de voir. ◆ **up until** *prep* jusqu'à.

up-and-coming *adj* à l'avenir prometteur.

upbringing ['ʌp,brɪŋɪŋ] *n* éducation *f*.

update [,ʌp'deɪt] *vt* mettre à jour.

upheaval [ʌp'hiːvl] *n* bouleversement *m*.

upheld [ʌp'held] *pt & pp* → **uphold**.
uphill [,ʌp'hɪl] ◇ *adj* 1. *(slope, path)* qui monte. 2. *fig (task)* ardu(e). ◇ *adv*: **to go ~** monter.
uphold [ʌp'həʊld] (*pt & pp* **-held**) *vt (law)* maintenir; *(decision, system)* soutenir.
upholstery [ʌp'həʊlstərɪ] *n* rembourrage *m*; *(of car)* garniture *f* intérieure.
upkeep ['ʌpkiːp] *n* entretien *m*.
uplifting [ʌp'lɪftɪŋ] *adj* édifiant(e).
up-market *adj* haut de gamme (*inv*).
upon [ə'pɒn] *prep fml* sur; **~ hearing the news ...** à ces nouvelles ...; **summer/the weekend is ~ us** l'été/le week-end approche.
upper ['ʌpər] ◇ *adj* supérieur(e). ◇ *n (of shoe)* empeigne *f*.
upper class *n*: **the ~** la haute société. ◆ **upper-class** *adj (accent, person)* aristocratique.
upper hand *n*: **to have the ~** avoir le dessus; **to gain** OR **get the ~** prendre le dessus.
uppermost ['ʌpəməʊst] *adj* le plus haut (la plus haute); **it was ~ in his mind** c'était sa préoccupation majeure.
upright [*adj sense 1 & adv* ,ʌp'raɪt, *adj sense 2 & n* 'ʌpraɪt] ◇ *adj* 1. *(person)* droit(e); *(structure)* vertical(e); *(chair)* à dossier droit. 2. *fig (honest)* droit(e). ◇ *adv (stand, sit)* droit. ◇ *n* montant *m*.
uprising ['ʌp,raɪzɪŋ] *n* soulèvement *m*.
uproar ['ʌprɔːr] *n* 1. *(U) (commotion)* tumulte *m*. 2. *(protest)* protestations *fpl*.
uproot [ʌp'ruːt] *vt lit & fig* déraciner.
upset [ʌp'set] (*pt & pp* **upset**) ◇ *adj* 1. *(distressed)* peiné(e), triste; *(offended)* vexé(e). 2. (MED): **to have an ~ stomach** avoir l'estomac dérangé. ◇ *n*: **to have a stomach ~** avoir l'estomac dérangé. ◇ *vt* 1. *(distress)* faire de la peine à. 2. *(plan, operation)* déranger. 3. *(overturn)* renverser.
upshot ['ʌpʃɒt] *n* résultat *m*.
upside down [,ʌpsaɪd-] ◇ *adj* à l'envers. ◇ *adv* à l'envers; **to turn sthg ~** *fig* mettre qqch sens dessus dessous.
upstairs [,ʌp'steəz] ◇ *adj* d'en haut, du dessus. ◇ *adv* en haut. ◇ *n* étage *m*.
upstart ['ʌpstɑːt] *n* parvenu *m*, -e *f*.
upstream [,ʌp'striːm] ◇ *adj* d'amont; **to be ~ (from)** être en amont (de). ◇ *adv* vers l'amont; *(swim)* contre le courant.
upsurge ['ʌpsɜːdʒ] *n*: **~ (of/in)** recrudescence *f* (de).
uptake ['ʌpteɪk] *n*: **to be quick on the ~** saisir vite; **to be slow on the ~** être lent(e) à comprendre.
uptight [ʌp'taɪt] *adj inf* tendu(e).
up-to-date *adj* 1. *(modern)* moderne. 2. *(most recent - news)* tout dernier (toute dernière). 3. *(informed)*: **to keep ~ with** se tenir au courant de.
upturn ['ʌptɜːn] *n*: **~ (in)** reprise *f* (de).
upward ['ʌpwəd] ◇ *adj (movement)* ascendant(e); *(look, rise)* vers le haut. ◇ *adv Am* = **upwards**.
upwards ['ʌpwədz] *adv* vers le haut. ◆ **upwards of** *prep* plus de.
uranium [jʊ'reɪnjəm] *n* uranium *m*.
urban ['ɜːbən] *adj* urbain(e).
urbane [ɜː'beɪn] *adj* courtois(e).
urchin ['ɜːtʃɪn] *n dated* gamin *m*, -e *f*.
Urdu ['ʊəduː] *n* ourdou *m*.
urge [ɜːdʒ] ◇ *n* forte envie *f*; **to have an ~ to do sthg** avoir une forte envie de faire qqch. ◇ *vt* 1. *(try to persuade)*: **to ~ sb to do sthg** pousser qqn à faire qqch, presser qqn de faire qqch. 2. *(advocate)* conseiller.
urgency ['ɜːdʒənsɪ] *n (U)* urgence *f*.
urgent ['ɜːdʒənt] *adj (letter, case, request)* urgent(e); *(plea, voice, need)* pressant(e).
urinal [,jʊə'raɪnl] *n* urinoir *m*.
urinate ['jʊərɪneɪt] *vi* uriner.
urine ['jʊərɪn] *n* urine *f*.
urn [ɜːn] *n* 1. *(for ashes)* urne *f*. 2. *(for tea)*: **tea ~** fontaine *f* à thé.
Uruguay ['jʊərəgwaɪ] *n* Uruguay *m*.

---

us [ʌs] *pers pron* nous; **can you see/hear ~?** vous nous voyez/entendez?; **it's ~** c'est nous; **you can't expect US to do it** vous ne pouvez pas exiger que ce soit nous qui le fassions; **she gave it to ~** elle nous l'a donné; **with/without ~** avec/sans nous; **they are more wealthy than ~** ils sont plus riches que nous; **some of ~** quelques-uns d'entre nous.
US *n abbr of* **United States**.
USA *n abbr of* **United States of America**.
usage ['juːzɪdʒ] *n* 1. (LING) usage *m*. 2. *(U) (handling, treatment)* traitement *m*.
use [*n & aux vb* juːs, *vt* juːz] ◇ *n* 1. *(act of using)* utilisation *f*, emploi *m*; **to be in ~** être utilisé; **to be out of ~** être hors d'usage; **to make ~ of sthg** utiliser qqch. 2. *(ability to use)* usage *m*. 3. *(usefulness)*: **to be of ~** être utile; **it's no ~** ça ne sert à rien; **what's the ~ (of doing sthg)?** à quoi bon (faire qqch)? ◇ *aux vb*: **I ~d to live in London** avant j'habitais à Londres; **he didn't ~ to be so fat** il n'était pas si gros avant; **there ~d to be a tree here** (autrefois) il y avait un arbre

ici. ◇ *vt* **1.** *(gen)* utiliser, se servir de, employer. **2.** *pej (exploit)* se servir de. ◆ **use up** *vt sep (supply)* épuiser; *(food)* finir; *(money)* dépenser.

> • Il est très important de ne pas confondre les trois usages différents de *used to.*
>
> • Premièrement, *used to,* suivi de la forme de base du verbe, peut servir à parler de quelque chose qui s'est produit dans le passé de façon répétée ou qui a duré pendant un certain temps (*they used to live next door but they've moved now,* «ils vivaient dans la maison à côté mais ils ont déménagé»).
>
> • Deuxièmement, pour indiquer que l'on a l'habitude de faire quelque chose, on peut utiliser *used to,* suivi du participe présent (*I don't mind leaving at 6 o'clock tomorrow morning – I'm used to getting up early*).
>
> • Enfin, *used to* peut intervenir à l'intérieur d'une construction passive exprimant l'intention ou le but (*this part is used to increase the speed of the engine*). Dans ce cas, l'expression est généralement précédée du verbe *be* et suivie de la forme de base du verbe principal.

used [*senses 1 and 2* ju:zd, *sense 3* ju:st] *adj* **1.** *(handkerchief, towel)* sale. **2.** *(car)* d'occasion. **3.** *(accustomed)*: **to be ~ to sthg/to doing sthg** avoir l'habitude de qqch/de faire qqch; **to get ~ to sthg** s'habituer à qqch.

useful ['ju:sfʊl] *adj* utile.

useless ['ju:slɪs] *adj* **1.** *(gen)* inutile. **2.** *inf (person)* incompétent(e), nul (nulle).

user ['ju:zəʳ] *n (of product, machine)* utilisateur *m*, -trice *f*; *(of service)* usager *m*.

user-friendly *adj* convivial(e), facile à utiliser.

usher ['ʌʃəʳ] ◇ *n* placeur *m*. ◇ *vt*: **to ~ sb in/out** faire entrer/sortir qqn.

usherette [,ʌʃə'ret] *n* ouvreuse *f*.

USSR (*abbr of* **Union of Soviet Socialist Republics**) *n*: **the (former) ~** l'(ex-)URSS *f*.

usual ['ju:ʒəl] *adj* habituel(elle); **as ~** comme d'habitude.

usually ['ju:ʒəlɪ] *adv* d'habitude, d'ordinaire.

usurp [ju:'zɜ:p] *vt* usurper.

utensil [ju:'tensl] *n* ustensile *m*.

uterus ['ju:tərəs] (*pl* **-ri** [-raɪ] OR **-ruses**) *n* utérus *m*.

utility [ju:'tɪlətɪ] *n* **1.** *(U) (usefulness)* utilité *f*. **2.** *(public service)* service *m* public. **3.** (COMPUT) utilitaire *m*.

utility room *n* buanderie *f*.

utilize, -ise ['ju:təlaɪz] *vt* utiliser; *(resources)* exploiter, utiliser.

utmost ['ʌtməʊst] ◇ *adj* le plus grand (la plus grande). ◇ *n*: **to do one's ~** faire tout son possible, faire l'impossible; **to the ~** au plus haut point.

utter ['ʌtəʳ] ◇ *adj* total(e), complet (ète). ◇ *vt* prononcer; *(cry)* pousser.

utterly ['ʌtəlɪ] *adv* complètement.

U-turn *n* demi-tour *m*; *fig* revirement *m*.

V

v¹ (*pl* **v's** OR **vs**), **V** (*pl* **V's** OR **Vs**) [vi:] *n* *(letter)* v *m inv*, V *m inv*.

v² **1.** (*abbr of* **verse**) v. **2.** (*abbr of* **vide**) *(cross-reference)* v. **3.** *abbr of* **versus**. **4.** (*abbr of* **volt**) v.

vacancy ['veɪkənsɪ] *n* **1.** *(job)* poste *m* vacant. **2.** *(room available)* chambre *f* à louer; **'vacancies'** 'chambres à louer'; **'no vacancies'** 'complet'.

vacant ['veɪkənt] *adj* **1.** *(room)* inoccupé (e); *(chair, toilet)* libre. **2.** *(job, post)* vacant(e). **3.** *(look, expression)* distrait(e).

vacant lot *n* terrain *m* inoccupé; *(for sale)* terrain *m* à vendre.

vacate [və'keɪt] *vt* quitter.

vacation [və'keɪʃn] *n Am* vacances *fpl*.

vacationer [və'keɪʃənəʳ] *n Am* vacancier *m*, -ère *f*.

vaccinate ['væksɪneɪt] *vt* vacciner.

vaccine [*Br* 'væksi:n, *Am* væk'si:n] *n* vaccin *m*.

vacuum ['vækjʊəm] ◇ *n* **1.** (TECH & *fig*) vide *m*. **2.** *(cleaner)* aspirateur *m*. ◇ *vt (room)* passer l'aspirateur dans; *(carpet)* passer à l'aspirateur.

vacuum cleaner *n* aspirateur *m*.

vacuum-packed *adj* emballé(e) sous vide.

vagina [və'dʒaɪnə] *n* vagin *m*.

vagrant ['veɪgrənt] *n* vagabond *m*, -e *f*.

vague [veɪg] *adj* **1.** *(gen)* vague, imprécis(e). **2.** *(absent-minded)* distrait(e).

vaguely ['veɪglɪ] *adv* vaguement.
vain [veɪn] *adj* **1.** *(futile, worthless)* vain(e). **2.** *pej (conceited)* vaniteux (euse). ◆ **in vain** *adv* en vain, vainement.
valentine card ['væləntaɪn-] *n* carte *f* de la Saint-Valentin.
Valentine's Day ['væləntaɪnz-] *n*: **(St) ~** la Saint-Valentin.
valet ['væleɪ, 'vælɪt] *n* valet *m* de chambre.
valiant ['væljənt] *adj* vaillant(e).
valid ['vælɪd] *adj* **1.** *(reasonable)* valable. **2.** *(legally usable)* valide.
valley ['vælɪ] (*pl* **valleys**) *n* vallée *f*.
valour *Br*, **valor** *Am* ['vælə^r] *n (U) fml & literary* bravoure *f*.
valuable ['væljʊəbl] *adj* **1.** *(advice, time, information)* précieux(euse). **2.** *(object, jewel)* de valeur. ◆ **valuables** *npl* objets *mpl* de valeur.
valuation [ˌvæljʊ'eɪʃn] *n* **1.** *(U) (pricing)* estimation *f*, expertise *f*. **2.** *(estimated price)* valeur *f* estimée.
value ['vælju:] ◇ *n* valeur *f*; **to be good ~** être d'un bon rapport qualité-prix; **to get ~ for money** en avoir pour son argent. ◇ *vt* **1.** *(estimate price of)* expertiser. **2.** *(cherish)* apprécier. ◆ **values** *npl (morals)* valeurs *fpl*.
value-added tax [-'ædɪd-] *n* taxe *f* sur la valeur ajoutée.
valued ['vælju:d] *adj* précieux(euse).
valve [vælv] *n (on tyre)* valve *f*; (TECH) soupape *f*.
van [væn] *n* **1.** (AUT) camionnette *f*. **2.** *Br* (RAIL) fourgon *m*.
vandal ['vændl] *n* vandale *mf*.
vandalism ['vændəlɪzm] *n* vandalisme *m*.
vandalize, -ise ['vændəlaɪz] *vt* saccager.
vanguard ['vængɑ:d] *n* avant-garde *f*; **in the ~ of** à l'avant-garde de.
vanilla [və'nɪlə] *n* vanille *f*.
vanish ['vænɪʃ] *vi* disparaître.
vanity ['vænətɪ] *n (U) pej* vanité *f*.
vantagepoint ['væntɪdʒˌpɔɪnt] *n (for view)* bon endroit *m*; *fig* position *f* avantageuse.
vapour *Br*, **vapor** *Am* ['veɪpə^r] *n (U)* vapeur *f*; *(condensation)* buée *f*.
variable ['veərɪəbl] *adj* variable; *(mood)* changeant(e).
variance ['veərɪəns] *n fml*: **at ~ (with)** en désaccord (avec).
variation [ˌveərɪ'eɪʃn] *n*: **~ (in)** variation *f* (de).
varicose veins ['værɪkəʊs-] *npl* varices *fpl*.
varied ['veərɪd] *adj* varié(e).
variety [və'raɪətɪ] *n* **1.** *(gen)* variété *f*. **2.** *(type)* variété *f*, sorte *f*.
variety show *n* spectacle *m* de variétés.
various ['veərɪəs] *adj* **1.** *(several)* plusieurs. **2.** *(different)* divers.
varnish ['vɑ:nɪʃ] ◇ *n* vernis *m*. ◇ *vt* vernir.
vary ['veərɪ] ◇ *vt* varier. ◇ *vi*: **to ~ (in/with)** varier (en/selon), changer (en/selon).
vase [*Br* vɑ:z, *Am* veɪz] *n* vase *m*.
Vaseline® ['væsəli:n] *n* vaseline *f*.
vast [vɑ:st] *adj* vaste, immense.
vat [væt] *n* cuve *f*.
VAT [væt, vi:eɪ'ti:] *(abbr of* **value added tax***)* *n* TVA *f*.
Vatican ['vætɪkən] *n*: **the ~** le Vatican.
vault [vɔ:lt] ◇ *n* **1.** *(in bank)* chambre *f* forte. **2.** *(roof)* voûte *f*. **3.** *(in church)* caveau *m*. ◇ *vt* sauter. ◇ *vi*: **to ~ over sthg** sauter (par-dessus) qqch.
VCR *(abbr of* **video cassette recorder***)* *n* magnétoscope *m*.
VD *n abbr of* **venereal disease**.
VDU *(abbr of* **visual display unit***)* *n* moniteur *m*.
veal [vi:l] *n (U)* veau *m*.
veer [vɪə^r] *vi* virer.
vegan ['vi:gən] ◇ *adj* végétalien(enne). ◇ *n* végétalien *m*, -enne *f*.
vegetable ['vedʒtəbl] ◇ *n* légume *m*. ◇ *adj (matter, protein)* végétal(e); *(soup, casserole)* de OR aux légumes.
vegetarian [ˌvedʒɪ'teərɪən] ◇ *adj* végétarien(enne). ◇ *n* végétarien *m*, -enne *f*.
vegetation [ˌvedʒɪ'teɪʃn] *n (U)* végétation *f*.
vehement ['vi:əmənt] *adj* véhément(e).
vehicle ['vi:əkl] *n lit & fig* véhicule *m*.
veil [veɪl] *n lit & fig* voile *m*.
vein [veɪn] *n* **1.** (ANAT) veine *f*. **2.** *(of leaf)* nervure *f*. **3.** *(of mineral)* filon *m*.
velocity [vɪ'lɒsətɪ] *n* vélocité *f*.
velvet ['velvɪt] *n* velours *m*.
vendetta [ven'detə] *n* vendetta *f*.
vending machine ['vendɪŋ-] *n* distributeur *m* automatique.
vendor ['vendə^r] *n* **1.** *fml (salesperson)* marchand *m*, -e *f*. **2.** (JUR) vendeur *m*, -eresse *f*.
veneer [və'nɪə^r] *n* placage *m*; *fig* apparence *f*.
venereal disease [vɪ'nɪərɪəl-] *n* maladie *f* vénérienne.
venetian blind [vɪˌni:ʃn-] *n* store *m* vénitien.

Venezuela [ˌvenɪzˈweɪlə] *n* Venezuela *m*.
vengeance [ˈvendʒəns] *n* vengeance *f*; **it began raining with a ~** il a commencé à pleuvoir très fort.
venison [ˈvenɪzn] *n* venaison *f*.
venom [ˈvenəm] *n lit & fig* venin *m*.
vent [vent] ◇ *n (pipe)* tuyau *m*; *(opening)* orifice *m*; **to give ~ to** donner libre cours à. ◇ *vt (anger, feelings)* donner libre cours à; **to ~ sthg on sb** décharger qqch sur qqn.
ventilate [ˈventɪleɪt] *vt* ventiler.
ventilator [ˈventɪleɪtəʳ] *n* ventilateur *m*.
ventriloquist [venˈtrɪləkwɪst] *n* ventriloque *mf*.
venture [ˈventʃəʳ] ◇ *n* entreprise *f*. ◇ *vt* risquer; **to ~ to do sthg** se permettre de faire qqch. ◇ *vi* s'aventurer.
venue [ˈvenjuː] *n* lieu *m*.
veranda(h) [veˈrændə] *n* véranda *f*.
verb [vɜːb] *n* verbe *m*.
verbal [ˈvɜːbl] *adj* verbal(e).
verbatim [vɜːˈbeɪtɪm] *adj & adv* mot pour mot.
verbose [vɜːˈbəʊs] *adj* verbeux(euse).
verdict [ˈvɜːdɪkt] *n* **1.** (JUR) verdict *m*. **2.** *(opinion)*: **~ (on)** avis *m* (sur).
verge [vɜːdʒ] *n* **1.** *(of lawn)* bordure *f*; *(of road)* bas-côté *m*, accotement *m*. **2.** *(brink)*: **on the ~ of sthg** au bord de qqch; **on the ~ of doing sthg** sur le point de faire qqch. ◆ **verge (up)on** *vt fus* friser, approcher de.
verify [ˈverɪfaɪ] *vt* vérifier.
veritable [ˈverɪtəbl] *adj hum or fml* véritable.
vermin [ˈvɜːmɪn] *npl* vermine *f*.
vermouth [ˈvɜːməθ] *n* vermouth *m*.
versa [ˈvɜːsə] → **vice versa**.
versatile [ˈvɜːsətaɪl] *adj (person, player)* aux talents multiples; *(machine, tool, food)* souple d'emploi.
verse [vɜːs] *n* **1.** *(U) (poetry)* vers *mpl*. **2.** *(stanza)* strophe *f*. **3.** *(in Bible)* verset *m*.
versed [vɜːst] *adj*: **to be well ~ in sthg** être versé(e) dans qqch.
version [ˈvɜːʃn] *n* version *f*.
versus [ˈvɜːsəs] *prep* **1.** (SPORT) contre. **2.** *(as opposed to)* par opposition à.
vertebra [ˈvɜːtɪbrə] (*pl* **-brae** [-briː]) *n* vertèbre *f*.
vertical [ˈvɜːtɪkl] *adj* vertical(e).
vertigo [ˈvɜːtɪgəʊ] *n (U)* vertige *m*.
verve [vɜːv] *n* verve *f*.
very [ˈverɪ] ◇ *adv* **1.** *(as intensifier)* très; **~ much** beaucoup. **2.** *(as euphemism)*: **not ~** pas très. ◇ *adj*: **the ~ room/book** la pièce/le livre même; **the ~ man/thing I've been looking for** juste l'homme/la chose que je cherchais; **at the ~ least** tout au moins; **~ last/first** tout dernier/premier; **of one's ~ own** bien à soi. ◆ **very well** *adv* très bien; **I can't ~ well tell him ...** je ne peux tout de même pas lui dire que ...
vessel [ˈvesl] *n fml* **1.** *(boat)* vaisseau *m*. **2.** *(container)* récipient *m*.
vest [vest] *n* **1.** *Br (undershirt)* maillot *m* de corps. **2.** *Am (waistcoat)* gilet *m*.
vested interest [ˈvestɪd-] *n*: **~ (in)** intérêt *m* particulier (à).
vestibule [ˈvestɪbjuːl] *n fml (entrance hall)* vestibule *m*.
vestige [ˈvestɪdʒ] *n* vestige *m*.
vestry [ˈvestrɪ] *n* sacristie *f*.
vet [vet] ◇ *n Br (abbr of* **veterinary surgeon***)* vétérinaire *mf*. ◇ *vt (candidates)* examiner avec soin.
veteran [ˈvetrən] ◇ *adj (experienced)* chevronné(e). ◇ *n* **1.** (MIL) ancien combattant *m*, vétéran *m*. **2.** *(experienced person)* vétéran *m*.
veterinarian [ˌvetərɪˈneərɪən] *n Am* vétérinaire *mf*.
veterinary surgeon [ˈvetərɪnrɪ-] *n Br fml* vétérinaire *mf*.
veto [ˈviːtəʊ] (*pl* **-es**, *pt & pp* **-ed**, *cont* **-ing**) ◇ *n* veto *m*. ◇ *vt* opposer son veto à.
vex [veks] *vt* contrarier.
vexed question [ˌvekst-] *n* question *f* controversée.
vg *(abbr of* **very good***)* tb.
VHF *(abbr of* **very high frequency***)* VHF.
VHS *(abbr of* **video home system***)* *n* VHS *m*.
via [ˈvaɪə] *prep* **1.** *(travelling through)* via, par. **2.** *(by means of)* au moyen de.
viable [ˈvaɪəbl] *adj* viable.
vibrate [vaɪˈbreɪt] *vi* vibrer.
vicar [ˈvɪkəʳ] *n (in Church of England)* pasteur *m*.
vicarage [ˈvɪkərɪdʒ] *n* presbytère *m*.
vicarious [vɪˈkeərɪəs] *adj*: **to take a ~ pleasure in sthg** retirer du plaisir indirectement de qqch.
vice [vaɪs] *n* **1.** *(immorality, fault)* vice *m*. **2.** *(tool)* étau *m*.
vice-chairman *n* vice-président *m*, -e *f*.
vice-chancellor *n* (UNIV) président *m*, -e *f*.
vice-president *n* vice-président *m*, -e *f*.
vice versa [ˌvaɪsɪ-] *adv* vice versa.

vicinity [vɪ'sɪnətɪ] *n*: **in the ~ (of)** aux alentours (de), dans les environs (de).
vicious ['vɪʃəs] *adj* violent(e), brutal(e).
vicious circle *n* cercle *m* vicieux.
victim ['vɪktɪm] *n* victime *f*.
victimize, -ise ['vɪktɪmaɪz] *vt* faire une victime de.
victor ['vɪktəʳ] *n* vainqueur *m*.
victorious [vɪk'tɔːrɪəs] *adj* victorieux(euse).
victory ['vɪktərɪ] *n*: **~ (over)** victoire *f* (sur).
video ['vɪdɪəʊ] (*pl* **-es**, *pt & pp* **-ed**, *cont* **-ing**) ◇ *n* **1.** *(medium, recording)* vidéo *f*. **2.** *(machine)* magnétoscope *m*. **3.** *(cassette)* vidéocassette *f*. ◇ *comp* vidéo *(inv)*. ◇ *vt* **1.** *(using video recorder)* magnétoscoper. **2.** *(using camera)* faire une vidéo de, filmer.
video camera *n* caméra *f* vidéo.
video cassette *n* vidéocassette *f*.
videoconference [ˌvɪdɪəʊ'kɒnfərəns] *n* visioconférence *f*, vidéoconférence *f*.
video game *n* jeu *m* vidéo.
videorecorder ['vɪdɪəʊrɪˌkɔːdəʳ] *n* magnétoscope *m*.
video shop *n* vidéoclub *m*.
videotape ['vɪdɪəʊteɪp] *n* **1.** *(cassette)* vidéocassette *f*. **2.** *(U) (ribbon)* bande *f* vidéo.
vie [vaɪ] (*pt & pp* **vied**, *cont* **vying**) *vi*: **to ~ for sthg** lutter pour qqch; **to ~ with sb (for sthg/to do sthg)** rivaliser avec qqn (pour qqch/pour faire qqch).
Vienna [vɪ'enə] *n* Vienne.
Vietnam [*Br* ˌvjet'næm, *Am* ˌvjet'nɑːm] *n* Viêt-nam *m*.
Vietnamese [ˌvjetnə'miːz] ◇ *adj* vietnamien(enne). ◇ *n (language)* vietnamien *m*. ◇ *npl*: **the ~** les Vietnamiens *mpl*.
view [vjuː] ◇ *n* **1.** *(opinion)* opinion *f*, avis *m*; **in my ~** à mon avis. **2.** *(scene, ability to see)* vue *f*; **to come into ~** apparaître. ◇ *vt* **1.** *(consider)* considérer. **2.** *(examine - gen)* examiner; *(- house)* visiter. ◆ **in view of** *prep* vu, étant donné. ◆ **with a view to** *conj* dans l'intention de, avec l'idée de.
viewer ['vjuːəʳ] *n* **1.** (TV) téléspectateur *m*, -trice *f*. **2.** *(for slides)* visionneuse *f*.
viewfinder ['vjuːˌfaɪndəʳ] *n* viseur *m*.
viewpoint ['vjuːpɔɪnt] *n* point *m* de vue.
vigil ['vɪdʒɪl] *n* veille *f*; (RELIG) vigile *f*.
vigilante [ˌvɪdʒɪ'læntɪ] *n* membre *m* d'un groupe d'autodéfense.
vigorous ['vɪgərəs] *adj* vigoureux(euse).
vile [vaɪl] *adj (mood)* massacrant(e), exécrable; *(person, act)* vil(e), ignoble; *(food)* infect(e), exécrable.
villa ['vɪlə] *n* villa *f*; *(bungalow)* pavillon *m*.
village ['vɪlɪdʒ] *n* village *m*.
villager ['vɪlɪdʒəʳ] *n* villageois *m*, -e *f*.
villain ['vɪlən] *n* **1.** *(of film, book)* méchant *m*, -e *f*; *(of play)* traître *m*. **2.** *(criminal)* bandit *m*.
vindicate ['vɪndɪkeɪt] *vt* justifier.
vindictive [vɪn'dɪktɪv] *adj* vindicatif(ive).
vine [vaɪn] *n* vigne *f*.
vinegar ['vɪnɪgəʳ] *n* vinaigre *m*.
vineyard ['vɪnjəd] *n* vignoble *m*.
vintage ['vɪntɪdʒ] ◇ *adj* **1.** *(wine)* de grand cru. **2.** *(classic)* typique. ◇ *n* année *f*, millésime *m*.
vintage wine *n* vin *m* de grand cru.
vinyl ['vaɪnɪl] *n* vinyle *m*.
viola [vɪ'əʊlə] *n* alto *m*.
violate ['vaɪəleɪt] *vt* violer.
violence ['vaɪələns] *n* violence *f*.
violent ['vaɪələnt] *adj (gen)* violent(e).
violet ['vaɪələt] ◇ *adj* violet(ette). ◇ *n* **1.** *(flower)* violette *f*. **2.** *(colour)* violet *m*.
violin [ˌvaɪə'lɪn] *n* violon *m*.
violinist [ˌvaɪə'lɪnɪst] *n* violoniste *mf*.
VIP *(abbr of* **very important person***)* *n* VIP *mf*.
viper ['vaɪpəʳ] *n* vipère *f*.
virgin ['vɜːdʒɪn] ◇ *adj literary (land, forest, soil)* vierge. ◇ *n (woman)* vierge *f*; *(man)* garçon *m*/homme *m* vierge.
Virgo ['vɜːgəʊ] (*pl* **-s**) *n* Vierge *f*.
virile ['vɪraɪl] *adj* viril(e).
virtually ['vɜːtʃʊəlɪ] *adv* virtuellement, pratiquement.
virtual reality *n* réalité *f* virtuelle.
virtue ['vɜːtjuː] *n* **1.** *(good quality)* vertu *f*. **2.** *(benefit)*: **~ (in doing sthg)** mérite *m* (à faire qqch). ◆ **by virtue of** *prep fml* en vertu de.
virtuous ['vɜːtʃʊəs] *adj* vertueux(euse).
virus ['vaɪrəs] *n* (COMPUT & MED) virus *m*.
visa ['viːzə] *n* visa *m*.
vis-à-vis [ˌviːzɑː'viː] *prep fml* par rapport à.
viscose ['vɪskəʊs] *n* viscose *f*.
visibility [ˌvɪzɪ'bɪlətɪ] *n* visibilité *f*.
visible ['vɪzəbl] *adj* visible.
vision ['vɪʒn] *n* **1.** *(U) (ability to see)* vue *f*. **2.** *(foresight, dream)* vision *f*.
visit ['vɪzɪt] ◇ *n* visite *f*; **on a ~** en visite. ◇ *vt (person)* rendre visite à; *(place)* visiter.

visiting hours ['vɪzɪtɪŋ-] *npl* heures *fpl* de visite.
visitor ['vɪzɪtəʳ] *n (to person)* invité *m*, -e *f*; *(to place)* visiteur *m*, -euse *f*; *(to hotel)* client *m*, -e *f*.
visitors' book *n* livre *m* d'or; *(in hotel)* registre *m*.
visitor's passport *n Br* passeport *m* temporaire.
visor ['vaɪzəʳ] *n* visière *f*.
vista ['vɪstə] *n (view)* vue *f*.
visual ['vɪʒʊəl] *adj* visuel(elle).
visual aids *npl* supports *mpl* visuels.
visual display unit *n* écran *m* de visualisation.
visualize, -ise ['vɪʒʊəlaɪz] *vt* se représenter, s'imaginer.
vital ['vaɪtl] *adj* **1.** *(essential)* essentiel(elle). **2.** *(full of life)* plein(e) d'entrain.
vitally ['vaɪtəlɪ] *adv* absolument.
vital statistics *npl inf (of woman)* mensurations *fpl*.
vitamin [*Br* 'vɪtəmɪn, *Am* 'vaɪtəmɪn] *n* vitamine *f*.
vivacious [vɪ'veɪʃəs] *adj* enjoué(e).
vivid ['vɪvɪd] *adj* **1.** *(bright)* vif (vive). **2.** *(clear - description)* vivant(e); *(- memory)* net (nette), précis(e).
vividly ['vɪvɪdlɪ] *adv (describe)* d'une manière vivante; *(remember)* clairement.
vixen ['vɪksn] *n (fox)* renarde *f*.
VLF *(abbr of* **very low frequency***) n très basse fréquence*.
V-neck *n (neck)* décolleté *m* en V; *(sweater)* pull *m* à décolleté en V.
vocabulary [və'kæbjʊlərɪ] *n* vocabulaire *m*.
vocal ['vəʊkl] *adj* **1.** *(outspoken)* qui se fait entendre. **2.** *(of the voice)* vocal(e).
vocal cords *npl* cordes *fpl* vocales.
vocation [vəʊ'keɪʃn] *n* vocation *f*.
vocational [vəʊ'keɪʃənl] *adj* professionnel(elle).
vociferous [və'sɪfərəs] *adj* bruyant(e).
vodka ['vɒdkə] *n* vodka *f*.
vogue [vəʊg] *n* vogue *f*, mode *f*; **in ~** en vogue, à la mode.
voice [vɔɪs] ◇ *n (gen)* voix *f*. ◇ *vt (opinion, emotion)* exprimer.
voice mail *n (system)* messagerie *f* vocale; *(device)* boîte *f* vocale.
void [vɔɪd] ◇ *adj* **1.** *(invalid)* nul (nulle); → **null**. **2.** *fml (empty)*: **~ of** dépourvu(e) de, dénué(e) de. ◇ *n* vide *m*.
volatile [*Br* 'vɒlətaɪl, *Am* 'vɒlətl] *adj (situation)* explosif(ive); *(person)* lunatique, versatile; *(market)* instable.
volcano [vɒl'keɪnəʊ] (*pl* **-es** OR **-s**) *n* volcan *m*.
volition [və'lɪʃn] *n fml*: **of one's own ~** de son propre gré.
volley ['vɒlɪ] (*pl* **volleys**) ◇ *n* **1.** *(of gunfire)* salve *f*. **2.** *fig (of questions, curses)* torrent *m*; *(of blows)* volée *f*, pluie *f*. **3.** (SPORT) volée *f*. ◇ *vt* frapper à la volée, reprendre de volée.
volleyball ['vɒlɪbɔːl] *n* volley-ball *m*.
volt [vəʊlt] *n* volt *m*.
voltage ['vəʊltɪdʒ] *n* voltage *m*, tension *f*.
voluble ['vɒljʊbl] *adj* volubile, loquace.
volume ['vɒljuːm] *n* **1.** *(gen)* volume *m*. **2.** *(of work, letters)* quantité *f*; *(of traffic)* densité *f*.
voluntarily [*Br* 'vɒləntrɪlɪ, *Am* ˌvɒlən'terəlɪ] *adv* volontairement.
voluntary ['vɒləntrɪ] *adj* **1.** *(not obligatory)* volontaire. **2.** *(unpaid)* bénévole.
volunteer [ˌvɒlən'tɪəʳ] ◇ *n* **1.** *(gen &* MIL*)* volontaire *mf*. **2.** *(unpaid worker)* bénévole *mf*. ◇ *vt* **1.** *(offer)*: **to ~ to do sthg** se proposer OR se porter volontaire pour faire qqch. **2.** *(information, advice)* donner spontanément. ◇ *vi* **1.** *(offer one's services)*: **to ~ (for)** se porter volontaire (pour), proposer ses services (pour). **2.** (MIL) s'engager comme volontaire.
vomit ['vɒmɪt] ◇ *n* vomi *m*. ◇ *vi* vomir.
vote [vəʊt] ◇ *n* **1.** *(individual decision)*: **~ (for/against)** vote *m* (pour/contre), voix *f* (pour/contre). **2.** *(ballot)* vote *m*. **3.** *(right to vote)* droit *m* de vote. ◇ *vt* **1.** *(declare)* élire. **2.** *(choose)*: **to ~ to do sthg** voter OR se prononcer pour faire qqch; **they ~d to return to work** ils ont voté le retour au travail. ◇ *vi*: **to ~ (for/against)** voter (pour/contre).
vote of thanks (*pl* **votes of thanks**) *n* discours *m* de remerciement.
voter ['vəʊtəʳ] *n* électeur *m*, -trice *f*.
voting ['vəʊtɪŋ] *n* scrutin *m*.
vouch [vaʊtʃ] ◆ **vouch for** *vt fus* répondre de, se porter garant de.
voucher ['vaʊtʃəʳ] *n* bon *m*, coupon *m*.
vow [vaʊ] ◇ *n* vœu *m*, serment *m*. ◇ *vt*: **to ~ to do sthg** jurer de faire qqch; **to ~ (that) ...** jurer que ...
vowel ['vaʊəl] *n* voyelle *f*.
voyage ['vɔɪɪdʒ] *n* voyage *m* en mer; *(in space)* vol *m*.
vs *abbr of* **versus**.
VSO *(abbr of* **Voluntary Service Overseas***)*

n organisation britannique envoyant des travailleurs bénévoles dans des pays en voie de développement pour contribuer à leur développement technique.

vulgar ['vʌlgəʳ] *adj* 1. *(in bad taste)* vulgaire. 2. *(offensive)* grossier(ère).

vulnerable ['vʌlnərəbl] *adj* vulnérable; **~ to** *(attack)* exposé(e) à; *(colds)* sensible à.

vulture ['vʌltʃəʳ] *n lit & fig* vautour *m.*

W

w (*pl* **w's** OR **ws**), **W** (*pl* **W's** OR **Ws**) ['dʌblju:] *n (letter)* w *m inv*, W *m inv*. ◆ **W** 1. (*abbr of* **west**) O, W. 2. (*abbr of* **watt**) w.

wad [wɒd] *n* 1. *(of cotton wool, paper)* tampon *m.* 2. *(of banknotes, documents)* liasse *f.* 3. *(of tobacco)* chique *f*; *(of chewing-gum)* boulette *f.*

waddle ['wɒdl] *vi* se dandiner.

wade [weɪd] *vi* patauger. ◆ **wade through** *vt fus fig* se taper.

wading pool ['weɪdɪŋ-] *n Am* pataugeoire *f.*

wafer ['weɪfəʳ] *n (thin biscuit)* gaufrette *f.*

waffle ['wɒfl] ◇ *n* 1. (CULIN) gaufre *f.* 2. *Br inf (vague talk)* verbiage *m.* ◇ *vi* parler pour ne rien dire.

waft [wɑ:ft, wɒft] *vi* flotter.

wag [wæg] ◇ *vt* remuer, agiter. ◇ *vi (tail)* remuer.

wage [weɪdʒ] ◇ *n* salaire *m*, paie *f*, paye *f.* ◇ *vt*: **to ~ war against** faire la guerre à. ◆ **wages** *npl* salaire *m.*

wage earner [-,ɜ:nəʳ] *n* salarié *m*, -e *f.*

wage packet *n Br* 1. *(envelope)* enveloppe *f* de paye. 2. *fig (pay)* paie *f*, paye *f.*

wager ['weɪdʒəʳ] *n* pari *m.*

waggle ['wægl] *vt inf* agiter, remuer; *(ears)* remuer.

waggon ['wægən] *Br* = **wagon**.

wagon ['wægən] *n* 1. *(horse-drawn)* chariot *m*, charrette *f.* 2. *Br* (RAIL) wagon *m.*

wail [weɪl] ◇ *n* gémissement *m.* ◇ *vi* gémir.

waist [weɪst] *n* taille *f.*

waistcoat ['weɪskəʊt] *n* gilet *m.*

waistline ['weɪstlaɪn] *n* taille *f.*

wait [weɪt] ◇ *n* attente *f.* ◇ *vi* attendre; **I can't ~ to see you** je brûle d'impatience de te voir; **~ and see!** tu vas bien voir!; *(interrupting oneself)* attends voir! ◆ **wait for** *vt fus* attendre; **to ~ for sb to do sthg** attendre que qqn fasse qqch. ◆ **wait on** *vt fus (serve food to)* servir. ◆ **wait up** *vi* veiller, ne pas se coucher.

waiter ['weɪtəʳ] *n* garçon *m*, serveur *m.*

waiting list ['weɪtɪŋ-] *n* liste *f* d'attente.

waiting room ['weɪtɪŋ-] *n* salle *f* d'attente.

waitress ['weɪtrɪs] *n* serveuse *f.*

waive [weɪv] *vt (fee)* renoncer à; *(rule)* prévoir une dérogation à.

wake [weɪk] (*pt* **woke** OR **-d**, *pp* **woken** OR **-d**) ◇ *n (of ship)* sillage *m.* ◇ *vt* réveiller. ◇ *vi* se réveiller. ◆ **wake up** ◇ *vt sep* réveiller. ◇ *vi (wake)* se réveiller.

waken ['weɪkən] *fml* ◇ *vt* réveiller. ◇ *vi* se réveiller.

Wales [weɪlz] *n* pays *m* de Galles.

walk [wɔ:k] ◇ *n* 1. *(way of walking)* démarche *f*, façon *f* de marcher. 2. *(journey - for pleasure)* promenade *f*; *(- long distance)* marche *f*; **it's a long ~** c'est loin à pied; **to go for a ~** aller se promener, aller faire une promenade. ◇ *vt* 1. *(accompany - person)* accompagner; *(- dog)* promener. 2. *(distance)* faire à pied. ◇ *vi* 1. *(gen)* marcher. 2. *(for pleasure)* se promener. ◆ **walk out** *vi* 1. *(leave suddenly)* partir. 2. *(go on strike)* se mettre en grève, faire grève. ◆ **walk out on** *vt fus* quitter.

walker ['wɔ:kəʳ] *n (for pleasure)* promeneur *m*, -euse *f*; *(long-distance)* marcheur *m*, -euse *f.*

walkie-talkie [,wɔ:kɪ'tɔ:kɪ] *n* talkie-walkie *m.*

walking ['wɔ:kɪŋ] *n (U)* marche *f* à pied, promenade *f.*

walking shoes *npl* chaussures *fpl* de marche.

walking stick *n* canne *f.*

Walkman® ['wɔ:kmən] *n* baladeur *m*, Walkman® *m.*

walk of life (*pl* **walks of life**) *n* milieu *m.*

walkout ['wɔ:kaʊt] *n (strike)* grève *f*, débrayage *m.*

walkover ['wɔ:k,əʊvəʳ] *n* victoire *f* facile.

walkway ['wɔ:kweɪ] *n* passage *m*; *(between buildings)* passerelle *f.*

wall [wɔ:l] *n* 1. *(of room, building)* mur

m; *(of rock, cave)* paroi *f*. **2.** (ANAT) paroi *f*.
wallchart ['wɔːltʃɑːt] *n* planche *f* murale.
walled [wɔːld] *adj* fortifié(e).
wallet ['wɒlɪt] *n* portefeuille *m*.
wallflower ['wɔːlˌflaʊəʳ] *n* **1.** *(plant)* giroflée *f*. **2.** *inf fig (person)*: **to be a ~** faire tapisserie.
wallop ['wɒləp] *inf vt (person)* flanquer un coup à; *(ball)* taper fort dans.
wallow ['wɒləʊ] *vi (in liquid)* se vautrer.
wallpaper ['wɔːlˌpeɪpəʳ] ◇ *n* papier *m* peint. ◇ *vt* tapisser.
Wall Street *n* Wall Street *m (quartier financier de New York)*.

WALL STREET

Wall Street est le quartier de la finance à New York et le nom est souvent employé pour désigner le monde américain de la finance.

wally ['wɒlɪ] *n Br inf* idiot *m*, -e *f*, andouille *f*.
walnut ['wɔːlnʌt] *n* **1.** *(nut)* noix *f*. **2.** *(tree, wood)* noyer *m*.
walrus ['wɔːlrəs] (*pl inv* OR **-es**) *n* morse *m*.
waltz [wɔːls] ◇ *n* valse *f*. ◇ *vi (dance)* valser, danser la valse.
wan [wɒn] *adj* pâle, blême.
wand [wɒnd] *n* baguette *f*.
wander ['wɒndəʳ] *vi* **1.** *(person)* errer. **2.** *(mind)* divaguer; *(thoughts)* vagabonder.
wane [weɪn] *vi* **1.** *(influence, interest)* diminuer, faiblir. **2.** *(moon)* décroître.
wangle ['wæŋgl] *vt inf* se débrouiller pour obtenir.
want [wɒnt] ◇ *n* **1.** *(need)* besoin *m*. **2.** *(lack)* manque *m*; **for ~ of** faute de, par manque de. **3.** *(deprivation)* pauvreté *f*, besoin *m*. ◇ *vt* **1.** *(desire)* vouloir; **to ~ to do sthg** vouloir faire qqch; **to ~ sb to do sthg** vouloir que qqn fasse qqch. **2.** *inf (need)* avoir besoin de.
wanted ['wɒntɪd] *adj*: **to be ~ (by the police)** être recherché(e) (par la police).
wanton ['wɒntən] *adj (destruction, neglect)* gratuit(e).
war [wɔːʳ] *n* guerre *f*.
ward [wɔːd] *n* **1.** *(in hospital)* salle *f*. **2.** *Br* (POL) circonscription *f* électorale. **3.** (JUR) pupille *mf*. ◆ **ward off** *vt fus (danger)* écarter; *(disease, blow)* éviter; *(evil spirits)* éloigner.
warden ['wɔːdn] *n* **1.** *(of park etc)* gardien *m*, -enne *f*. **2.** *Br (of youth hostel, hall of residence)* directeur *m*, -trice *f*. **3.** *Am (of prison)* directeur *m*, -trice *f*.
warder ['wɔːdəʳ] *n (in prison)* gardien *m*, -enne *f*.
wardrobe ['wɔːdrəʊb] *n* garde-robe *f*.
warehouse ['weəhaʊs, *pl* -haʊzɪz] *n* entrepôt *m*, magasin *m*.
wares [weəz] *npl* marchandises *fpl*.
warfare ['wɔːfeəʳ] *n (U)* guerre *f*.
warhead ['wɔːhed] *n* ogive *f*, tête *f*.
warily ['weərəlɪ] *adv* avec précaution OR circonspection.
warm [wɔːm] ◇ *adj* **1.** *(gen)* chaud(e); **it's ~ today** il fait chaud aujourd'hui. **2.** *(friendly)* chaleureux(euse). ◇ *vt* chauffer. ◆ **warm to** *vt fus (person)* se prendre de sympathie pour; *(idea, place)* se mettre à aimer. ◆ **warm up** ◇ *vt sep* réchauffer. ◇ *vi* **1.** *(person, room)* se réchauffer. **2.** *(machine, engine)* chauffer. **3.** (SPORT) s'échauffer.
warm-hearted [-'hɑːtɪd] *adj* chaleureux(euse), affectueux(euse).
warmly ['wɔːmlɪ] *adv* **1.** *(in warm clothes)*: **to dress ~** s'habiller chaudement. **2.** *(in a friendly way)* chaleureusement.
warmth [wɔːmθ] *n* chaleur *f*.
warn [wɔːn] *vt* avertir, prévenir; **to ~ sb of sthg** avertir qqn de qqch; **to ~ sb not to do sthg** conseiller à qqn de ne pas faire qqch, déconseiller à qqn de faire qqch.
warning ['wɔːnɪŋ] *n* avertissement *m*.
warning light *n* voyant *m*, avertisseur *m* lumineux.
warning triangle *n Br* triangle *m* de signalisation.
warp [wɔːp] ◇ *vt* **1.** *(wood)* gauchir, voiler. **2.** *(personality)* fausser, pervertir. ◇ *vi (wood)* gauchir, se voiler.
warrant ['wɒrənt] ◇ *n* (JUR) mandat *m*. ◇ *vt* **1.** *(justify)* justifier. **2.** *(guarantee)* garantir.
warranty ['wɒrəntɪ] *n* garantie *f*.
warren ['wɒrən] *n* terrier *m*.
warrior ['wɒrɪəʳ] *n* guerrier *m*, -ère *f*.
Warsaw ['wɔːsɔː] *n* Varsovie; **the ~ Pact** le pacte de Varsovie.
warship ['wɔːʃɪp] *n* navire *m* de guerre.
wart [wɔːt] *n* verrue *f*.
wartime ['wɔːtaɪm] *n*: **in ~** en temps de guerre.
wary ['weərɪ] *adj* prudent(e), circonspect(e); **to be ~ of** se méfier de; **to be ~ of doing sthg** hésiter à faire qqch.
was [*weak form* wəz, *strong form* wɒz] *pt* → **be**.

wash [wɒʃ] ◇ *n* 1. *(act)* lavage *m*; **to have a ~** se laver; **to give sthg a ~** laver qqch. 2. *(clothes)* lessive *f*. 3. *(from boat)* remous *m*. ◇ *vt (clean)* laver; **to ~ one's hands** se laver les mains. ◇ *vi* se laver. ◆ **wash away** *vt sep* emporter. ◆ **wash up** ◇ *vt sep Br (dishes)*: **to ~ the dishes up** faire OR laver la vaisselle. ◇ *vi* 1. *Br (wash dishes)* faire OR laver la vaisselle. 2. *Am (wash oneself)* se laver.

washable ['wɒʃəbl] *adj* lavable.

washbasin *Br* ['wɒʃ,beɪsn], **washbowl** *Am* ['wɒʃbəʊl] *n* lavabo *m*.

washcloth ['wɒʃ,klɒθ] *n Am* gant *m* de toilette.

washer ['wɒʃəʳ] *n* 1. (TECH) rondelle *f*. 2. *(washing machine)* machine *f* à laver.

washing ['wɒʃɪŋ] *n (U)* 1. *(action)* lessive *f*. 2. *(clothes)* linge *m*, lessive *f*.

washing line *n* corde *f* à linge.

washing machine *n* machine *f* à laver.

washing powder *n Br* lessive *f*, détergent *m*.

Washington ['wɒʃɪŋtən] *n (city)*: **~ D.C.** Washington.

washing-up *n Br* vaisselle *f*.

washing-up liquid *n Br* liquide *m* pour la vaisselle.

washout ['wɒʃaʊt] *n inf* fiasco *m*.

washroom ['wɒʃrʊm] *n Am* toilettes *fpl*.

wasn't [wɒznt] = **was not**.

wasp [wɒsp] *n* guêpe *f*.

wastage ['weɪstɪdʒ] *n* gaspillage *m*.

waste [weɪst] ◇ *adj (material)* de rebut; *(fuel)* perdu(e); *(area of land)* en friche. ◇ *n* 1. *(misuse)* gaspillage *m*; **it's a ~ of money** *(extravagance)* c'est du gaspillage; *(bad investment)* c'est de l'argent perdu; **a ~ of time** une perte de temps. 2. *(U) (refuse)* déchets *mpl*, ordures *fpl*. ◇ *vt (money, food, energy)* gaspiller; *(time, opportunity)* perdre. ◆ **wastes** *npl literary* étendues *fpl* désertes.

wastebasket *Am* = **wastepaper basket**.

waste disposal unit *n* broyeur *m* d'ordures.

wasteful ['weɪstfʊl] *adj (person)* gaspilleur(euse); *(activity)* peu économique.

waste ground *n (U)* terrain *m* vague.

wastepaper basket, wastepaper bin [,weɪst'peɪpəʳ-], **wastebasket** *Am* ['weɪst,bɑːskɪt] *n* corbeille *f* à papier.

watch [wɒtʃ] ◇ *n* 1. *(timepiece)* montre *f*. 2. *(act of watching)*: **to keep ~** faire le guet, monter la garde; **to keep ~ on sb/sthg** surveiller qqn/qqch. 3. *(guard)* garde *f*; (NAUT) *(shift)* quart *m*. ◇ *vt* 1. *(look at)* regarder. 2. *(spy on, guard)* surveiller. 3. *(be careful about)* faire attention à. ◇ *vi* regarder. ◆ **watch out** *vi* faire attention, prendre garde.

watchdog ['wɒtʃdɒg] *n* 1. *(dog)* chien *m* de garde. 2. *fig (organization)* organisation *f* de contrôle.

watchful ['wɒtʃfʊl] *adj* vigilant(e).

watchmaker ['wɒtʃ,meɪkəʳ] *n* horloger *m*.

watchman ['wɒtʃmən] (*pl* **-men** [-mən]) *n* gardien *m*.

water ['wɔːtəʳ] ◇ *n (liquid)* eau *f*. ◇ *vt* arroser. ◇ *vi* 1. *(eyes)* pleurer, larmoyer. 2. *(mouth)*: **my mouth was ~ing** j'en avais l'eau à la bouche. ◆ **waters** *npl (sea)* eaux *fpl*. ◆ **water down** *vt sep* 1. *(dilute)* diluer; *(alcohol)* couper d'eau. 2. *usu pej (plan, demand)* atténuer, modérer; *(play, novel)* édulcorer.

water bottle *n* gourde *f*, bidon *m* (à eau).

water closet *n dated* toilettes *fpl*, waters *mpl*.

watercolour ['wɔːtə,kʌləʳ] *n* 1. *(picture)* aquarelle *f*. 2. *(paint)* peinture *f* à l'eau, couleur *f* pour aquarelle.

watercress ['wɔːtəkres] *n* cresson *m*.

waterfall ['wɔːtəfɔːl] *n* chute *f* d'eau, cascade *f*.

water heater *n* chauffe-eau *m inv*.

waterhole ['wɔːtəhəʊl] *n* mare *f*, point *m* d'eau.

watering can ['wɔːtərɪŋ-] *n* arrosoir *m*.

water level *n* niveau *m* de l'eau.

water lily *n* nénuphar *m*.

waterline ['wɔːtəlaɪn] *n* (NAUT) ligne *f* de flottaison.

waterlogged ['wɔːtəlɒgd] *adj* 1. *(land)* détrempé(e). 2. *(vessel)* plein(e) d'eau.

water main *n* conduite *f* principale d'eau.

watermark ['wɔːtəmɑːk] *n* 1. *(in paper)* filigrane *m*. 2. *(showing water level)* laisse *f*.

watermelon ['wɔːtə,melən] *n* pastèque *f*.

water polo *n* water-polo *m*.

waterproof ['wɔːtəpruːf] ◇ *adj* imperméable. ◇ *n* imperméable *m*.

watershed ['wɔːtəʃed] *n fig (turning point)* tournant *m*, moment *m* critique.

water skiing *n* ski *m* nautique.

water tank *n* réservoir *m* d'eau, citerne *f*.
watertight ['wɔːtətaɪt] *adj* **1.** *(waterproof)* étanche. **2.** *fig (excuse, contract)* parfait(e); *(argument)* irréfutable; *(plan)* infaillible.
waterway ['wɔːtəweɪ] *n* voie *f* navigable.
waterworks ['wɔːtəwɜːks] *(pl inv) n (building)* installation *f* hydraulique, usine *f* de distribution d'eau.
watery ['wɔːtərɪ] *adj* **1.** *(food, drink)* trop dilué(e); *(tea, coffee)* pas assez fort (e). **2.** *(pale)* pâle.
watt [wɒt] *n* watt *m*.
wave [weɪv] ◇ *n* **1.** *(of hand)* geste *m*, signe *m*. **2.** *(of water, emotion, nausea)* vague *f*. **3.** *(of light, sound)* onde *f*; *(of heat)* bouffée *f*. **4.** *(in hair)* cran *m*, ondulation *f*. ◇ *vt (arm, handkerchief)* agiter; *(flag, stick)* brandir. ◇ *vi* **1.** *(with hand)* faire signe de la main; **to ~ at** OR **to sb** faire signe à qqn, saluer qqn de la main. **2.** *(flags, trees)* flotter.
wavelength ['weɪvleŋθ] *n* longueur *f* d'ondes; **to be on the same ~** *fig* être sur la même longueur d'ondes.
waver ['weɪvəʳ] *vi* **1.** *(falter)* vaciller, chanceler. **2.** *(hesitate)* hésiter, vaciller. **3.** *(fluctuate)* fluctuer, varier.
wavy ['weɪvɪ] *adj (hair)* ondulé(e); *(line)* onduleux(euse).
wax [wæks] ◇ *n (U)* **1.** *(in candles, polish)* cire *f*; *(for skis)* fart *m*. **2.** *(in ears)* cérumen *m*. ◇ *vt* cirer; *(skis)* farter. ◇ *vi (moon)* croître.
wax paper *n Am* papier *m* sulfurisé.
waxworks ['wækswɜːks] *(pl inv) n (museum)* musée *m* de cire.
way [weɪ] ◇ *n* **1.** *(means, method)* façon *f*; **to get** OR **have one's ~** obtenir ce qu'on veut. **2.** *(manner, style)* façon *f*, manière *f*; **in the same ~** de la même manière OR façon; **this/that ~** comme ça, de cette façon; **in a ~** d'une certaine manière, en quelque sorte. **3.** *(route, path)* chemin *m*; **~ in** entrée *f*; **~ out** sortie *f*; **to be out of one's ~** *(place)* ne pas être sur sa route; **on the** OR **one's ~** sur le OR son chemin; **to be under ~** *(ship)* faire route; *fig (meeting)* être en cours; **to get under ~** *(ship)* se mettre en route; *fig (meeting)* démarrer; **'give ~'** *Br* (AUT) 'vous n'avez pas la priorité'; **to be in the ~** gêner; **to go out of one's ~ to do sthg** se donner du mal pour faire qqch; **to keep out of sb's ~** éviter qqn; **keep out of the ~!** restez à l'écart!; **to make ~ for** faire place à. **4.** *(direction)*: **to go/look/come this ~** aller/regarder/venir par ici; **the right/wrong ~ round** *(in sequence)* dans le bon/mauvais ordre; **she had her hat on the wrong ~ round** elle avait mis son chapeau à l'envers; **the right/wrong ~ up** dans le bon/mauvais sens. **5.** *(distance)*: **all the ~** tout le trajet; *fig (support etc)* jusqu'au bout; **a long ~** loin. **6.** *phr*: **to give ~** *(under weight, pressure)* céder; **no ~!** pas question! ◇ *adv inf (a lot)* largement; **~ better** bien mieux. ◆ **ways** *npl (customs, habits)* coutumes *fpl*. ◆ **by the way** *adv* au fait.
waylay [ˌweɪ'leɪ] *(pt & pp* **-laid** [-'leɪd]) *vt* arrêter (au passage).
wayward ['weɪwəd] *adj* qui n'en fait qu'à sa tête; *(behaviour)* capricieux (euse).
WC *(abbr of* **water closet**) *n* W.-C. *mpl*.

---

we [wiː] *pers pron* nous; **WE can't do it** nous, nous ne pouvons pas le faire; **as ~ say in France** comme on dit en France; **~ British** nous autres Britanniques.
weak [wiːk] *adj* **1.** *(gen)* faible. **2.** *(delicate)* fragile. **3.** *(unconvincing)* peu convaincant(e). **4.** *(drink)* léger(ère).
weaken ['wiːkn] ◇ *vt* **1.** *(undermine)* affaiblir. **2.** *(reduce)* diminuer. **3.** *(physically - person)* affaiblir; *(- structure)* fragiliser. ◇ *vi* faiblir.
weakling ['wiːklɪŋ] *n pej* mauviette *f*.
weakness ['wiːknɪs] *n* **1.** *(U) (physical - of person)* faiblesse *f*; *(- of structure)* fragilité *f*. **2.** *(imperfect point)* point *m* faible, faiblesse *f*.
wealth [welθ] *n* **1.** *(U) (riches)* richesse *f*. **2.** *(abundance)*: **a ~ of** une profusion de.
wealthy ['welθɪ] *adj* riche.
wean [wiːn] *vt (baby, lamb)* sevrer.
weapon ['wepən] *n* arme *f*.
weaponry ['wepənrɪ] *n (U)* armement *m*.
wear [weəʳ] *(pt* **wore**, *pp* **worn**) ◇ *n (U)* **1.** *(type of clothes)* tenue *f*. **2.** *(damage)* usure *f*; **~ and tear** usure. **3.** *(use)*: **these shoes have had a lot of ~** ces chaussures ont fait beaucoup d'usage. ◇ *vt* **1.** *(clothes, hair)* porter. **2.** *(damage)* user. ◇ *vi* **1.** *(deteriorate)* s'user. **2.** *(last)*: **to ~ well** durer longtemps, faire de l'usage; **to ~ badly** ne pas durer longtemps. ◆ **wear away** ◇ *vt sep (rock, wood)* user; *(grass)* abîmer. ◇ *vi (rock, wood)* s'user; *(grass)* s'abîmer. ◆ **wear down** *vt sep* **1.** *(material)* user. **2.** *(person, resistance)* épuiser. ◆ **wear off** *vi* disparaître. ◆ **wear out** ◇ *vt sep*

1. *(shoes, clothes)* user. 2. *(person)* épuiser. ◇ *vi* s'user.

weary ['wɪərɪ] *adj* 1. *(exhausted)* las (lasse); *(sigh)* de lassitude. 2. *(fed up)*: **to be ~ of sthg/of doing sthg** être las de qqch/de faire qqch.

weasel ['wi:zl] *n* belette *f*.

weather ['weðəʳ] ◇ *n* temps *m*; **to be under the ~** être patraque. ◇ *vt (crisis, problem)* surmonter.

weather-beaten [-ˌbi:tn] *adj (face, skin)* tanné(e).

weathercock ['weðəkɒk] *n* girouette *f*.

weather forecast *n* météo *f*, prévisions *fpl* météorologiques.

weatherman ['weðəmæn] (*pl* **-men** [-men]) *n* météorologue *m*.

weather vane [-veɪn] *n* girouette *f*.

weave [wi:v] (*pt* **wove**, *pp* **woven**) ◇ *vt (using loom)* tisser. ◇ *vi (move)* se faufiler.

weaver ['wi:vəʳ] *n* tisserand *m*, -e *f*.

web [web] *n* 1. *(cobweb)* toile *f* (d'araignée). 2. *fig (of lies)* tissu *m*.

website ['websaɪt] *n* site *m* Web.

wed [wed] (*pt & pp* **wed** OR **-ded**) *literary* ◇ *vt* épouser. ◇ *vi* se marier.

we'd [wi:d] = **we had**, **we would**.

wedding ['wedɪŋ] *n* mariage *m*.

wedding anniversary *n* anniversaire *m* de mariage.

wedding cake *n* pièce *f* montée.

wedding dress *n* robe *f* de mariée.

wedding ring *n* alliance *f*.

wedge [wedʒ] ◇ *n* 1. *(for steadying)* cale *f*. 2. *(for splitting)* coin *m*. 3. *(of cake, cheese)* morceau *m*. ◇ *vt* caler.

Wednesday ['wenzdɪ] *n* mercredi *m*; *see also* **Saturday**.

wee [wi:] ◇ *adj Scot* petit(e). ◇ *n v inf* pipi *m*. ◇ *vi v inf* faire pipi.

weed [wi:d] ◇ *n* 1. *(plant)* mauvaise herbe *f*. 2. *Br inf (feeble person)* mauviette *f*. ◇ *vt* désherber.

weedkiller ['wi:dˌkɪləʳ] *n* désherbant *m*.

weedy ['wi:dɪ] *adj Br inf (feeble)* qui agit comme une mauviette.

week [wi:k] *n* semaine *f*.

weekday ['wi:kdeɪ] *n* jour *m* de semaine.

weekend [ˌwi:k'end] *n* week-end *m*; **on** OR **at the ~** le week-end.

weekly ['wi:klɪ] ◇ *adj* hebdomadaire. ◇ *adv* chaque semaine. ◇ *n* hebdomadaire *m*.

weep [wi:p] (*pt & pp* **wept**) *vt & vi* pleurer.

weeping willow [ˌwi:pɪŋ-] *n* saule *m* pleureur.

weigh [weɪ] *vt* 1. *(gen)* peser. 2. (NAUT): **to ~ anchor** lever l'ancre. ◆ **weigh down** *vt sep* 1. *(physically)*: **to be ~ed down with sthg** plier sous le poids de qqch. 2. *(mentally)*: **to be ~ed down by** OR **with sthg** être accablé par qqch. ◆ **weigh up** *vt sep* 1. *(consider carefully)* examiner. 2. *(size up)* juger, évaluer.

weight [weɪt] *n lit & fig* poids *m*; **to put on** OR **gain ~** prendre du poids, grossir; **to lose ~** perdre du poids, maigrir; **to pull one's ~** faire sa part du travail, participer à la tâche.

weighted ['weɪtɪd] *adj*: **to be ~ in favour of/against** être favorable/défavorable à.

weighting ['weɪtɪŋ] *n* indemnité *f*.

weightlifting ['weɪtˌlɪftɪŋ] *n* haltérophilie *f*.

weighty ['weɪtɪ] *adj (serious)* important (e), de poids.

weir [wɪəʳ] *n* barrage *m*.

weird [wɪəd] *adj* bizarre.

welcome ['welkəm] ◇ *adj* 1. *(guest, help etc)* bienvenu(e). 2. *(free)*: **you're ~ to ...** n'hésitez pas à ... 3. *(in reply to thanks)*: **you're ~** il n'y a pas de quoi, de rien. ◇ *n* accueil *m*. ◇ *vt* 1. *(receive)* accueillir. 2. *(approve of)* se réjouir de. ◇ *excl* bienvenue!

weld [weld] ◇ *n* soudure *f*. ◇ *vt* souder.

welfare ['welfeəʳ] ◇ *adj* social(e). ◇ *n* 1. *(well-being)* bien-être *m*. 2. *Am (income support)* assistance *f* publique.

welfare state *n* État-providence *m*.

well [wel] (*compar* **better**, *superl* **best**) ◇ *adj* bien; **I'm very ~, thanks** je vais très bien, merci; **all is ~** tout va bien; **just as ~** aussi bien. ◇ *adv* bien; **the team was ~ beaten** l'équipe a été battue à plates coutures; **to go ~** aller bien; **~ done!** bravo!; **~ and truly** bel et bien. ◇ *n (for water, oil)* puits *m*. ◇ *excl* 1. *(in hesitation)* heu!, eh bien! 2. *(to correct oneself)* bon!, enfin! 3. *(to express resignation)*: **oh ~!** eh bien! 4. *(in surprise)* tiens! ◆ **as well** *adv* 1. *(in addition)* aussi, également. 2. *(with same result)*: **I/you** *etc* **may** OR **might as ~ (do sthg)** je/tu *etc* ferais aussi bien (de faire qqch). ◆ **as well as** *conj* en plus de, aussi bien que. ◆ **well up** *vi*: **tears ~ed up in her eyes** les larmes lui montaient aux yeux.

we'll [wiːl] = **we shall, we will.**
well-advised [-əd'vaɪzd] *adj* sage; **you would be ~ to do sthg** tu ferais bien de faire qqch.
well-behaved [-bɪ'heɪvd] *adj* sage.
wellbeing [ˌwel'biːɪŋ] *n* bien-être *m.*
well-built *adj* bien bâti(e).
well-done *adj* (CULIN) bien cuit(e).
well-dressed [-'drest] *adj* bien habillé (e).
well-earned [-ɜːnd] *adj* bien mérité (e).
well-heeled [-'hiːld] *adj inf* nanti(e).
wellington boots ['welɪŋtən-], **wellingtons** ['welɪŋtənz] *npl* bottes *fpl* de caoutchouc.
well-kept *adj* 1. *(building, garden)* bien tenu(e). 2. *(secret)* bien gardé(e).
well-known *adj* bien connu(e).
well-mannered [-'mænəd] *adj* bien élevé(e).
well-meaning *adj* bien intentionné(e).
well-nigh [-naɪ] *adv* presque, pratiquement.
well-off *adj* 1. *(rich)* riche. 2. *(well-provided)*: **to be ~ for sthg** être bien pourvu(e) en qqch.
well-read [-'red] *adj* cultivé(e).
well-rounded [-'raʊndɪd] *adj (education, background)* complet(ète).
well-timed [-'taɪmd] *adj* bien calculé (e), qui vient à point nommé.
well-to-do *adj* riche.
wellwisher ['welˌwɪʃər] *n* admirateur *m*, -trice *f.*
Welsh [welʃ] ◇ *adj* gallois(e). ◇ *n (language)* gallois *m.* ◇ *npl*: **the ~** les Gallois *mpl.*
Welshman ['welʃmən] (*pl* **-men** [-mən]) *n* Gallois *m.*
Welshwoman ['welʃˌwʊmən] (*pl* **-women** [-ˌwɪmɪn]) *n* Galloise *f.*
went [went] *pt* → **go.**
wept [wept] *pt & pp* → **weep.**
were [wɜːr] → **be.**
we're [wɪər] = **we are.**
weren't [wɜːnt] = **were not.**
west [west] ◇ *n* 1. *(direction)* ouest *m.* 2. *(region)*: **the ~** l'ouest *m.* ◇ *adj* ouest *(inv)*; *(wind)* d'ouest. ◇ *adv* de l'ouest, vers l'ouest; **~ of** à l'ouest de. ◆ **West** *n* (POL): **the West** l'Occident *m.*
West Bank *n*: **the ~** la Cisjordanie.
West Country *n Br*: **the ~** le sud-ouest de l'Angleterre.
West End *n Br*: **the ~** le West-End *(quartier des grands magasins et des théâtres, à Londres).*

THE WEST END

On trouve dans le «West End» (côté ouest) de Londres certaines des rues et des lieux touristiques les plus célèbres de la ville, comme Oxford Street, Piccadilly et Leicester Square. C'est aussi là que se concentrent la plupart des grands théâtres londoniens, où l'on peut voir de grands acteurs dans des pièces célèbres.

westerly ['westəlɪ] *adj* à l'ouest; *(wind)* de l'ouest; **in a ~ direction** vers l'ouest.
western ['westən] ◇ *adj* 1. *(gen)* de l'ouest. 2. (POL) occidental(e). ◇ *n (book, film)* western *m.*
West German ◇ *adj* ouest-allemand (e). ◇ *n* Allemand *m*, -e *f* de l'Ouest.
West Germany *n*: **(former) ~** (ex-) Allemagne *f* de l'Ouest.
West Indian ◇ *adj* antillais(e). ◇ *n* Antillais *m*, -e *f.*
West Indies [-'ɪndiːz] *npl*: **the ~** les Antilles *fpl.*
Westminster ['westmɪnstər] *n quartier de Londres où se situe le Parlement britannique.*

WESTMINSTER

C'est dans ce quartier que se trouvent le Parlement et le palais de Buckingham. Le nom «Westminster» est également employé pour désigner le Parlement lui-même.

westward ['westwəd] *adj & adv* vers l'ouest.
westwards ['westwədz] *adv* vers l'ouest.
wet [wet] (*pt & pp* **wet** OR **-ted**) ◇ *adj* 1. *(damp, soaked)* mouillé(e). 2. *(rainy)* pluvieux(euse). 3. *(not dry - paint, cement)* frais (fraîche). 4. *Br inf pej (weak, feeble)* ramolli(e). ◇ *n inf* (POL) modéré *m*, -e *f.* ◇ *vt* mouiller.
wet blanket *n inf pej* rabat-joie *m inv.*
wet suit *n* combinaison *f* de plongée.
we've [wiːv] = **we have.**
whack [wæk] *inf* ◇ *n* 1. *(share)* part *f.* 2. *(hit)* grand coup *m.* ◇ *vt* donner un grand coup à, frapper fort.
whale [weɪl] *n* baleine *f.*
wharf [wɔːf] (*pl* **-s** OR **wharves** [wɔːvz]) *n* quai *m.*

what [wɒt] ◇ *adj* 1. *(in direct, indirect questions)* quel (quelle), quels (quelles) *(pl)*; **~ colour is it?** c'est de quelle couleur?; **he asked me ~ colour it was** il m'a demandé de quelle couleur c'était. **2.** (*in exclamations*) quel (quelle), quels (quelles) (*pl*); **~ a surprise!** quelle surprise!; **~ an idiot I am!** ce que je peux être bête! ◇ *pron* **1.** (*interrogative - subject*) qu'est-ce qui; (- *object*) qu'est-ce que, que; (- *after prep*) quoi; **~ are they doing?** qu'est-ce qu'ils font?, que font-ils?; **~ is going on?** qu'est-ce qui se passe?; **~ are they talking about?** de quoi parlent-ils?; **~ about another drink/going out for a meal?** et si on prenait un autre verre/allait manger au restaurant?; **~ about the rest of us?** et nous alors?; **~ if ...?** et si ...? **2.** (*relative - subject*) ce qui; (- *object*) ce que; **I saw ~ happened/fell** j'ai vu ce qui s'était passé/était tombé; **you can't have ~ you want** tu ne peux pas avoir ce que tu veux. ◇ *excl (expressing disbelief)* comment!, quoi! ◆ **what for** *adv* pourquoi.

- Attention à ne pas confondre *which* et *what*. On utilise *which* lorsque les possibilités sont en nombre restreint (*which is your car?; which one do you want?*), alors que *what* suggère un choix beaucoup plus vaste (*what is that?; what songs do you know?*).
- Dans la langue familière, lorsqu'on pose une question, *what for* signifie la même chose que *why* dans le sens de « dans quel but? » (*what did she tell me that for?; I don't know what she told me that for*).
- Notez que, dans les questions, *what* se place en début de phrase et, s'il est accompagné d'une préposition (*about*, *for*, etc.), celle-ci reste à sa place habituelle, après le verbe, du moins dans la langue de tous les jours (*what are you thinking about?; what did you do that for?*).

whatever [wɒt'evəʳ] ◇ *adj* quel (quelle) que soit; **any book ~** n'importe quel livre; **no chance ~** pas la moindre chance; **nothing ~** rien du tout. ◇ *pron* quoi que (+ *subjunctive*); **I'll do ~ I can** je ferai tout ce que je peux; **~ can this be?** qu'est-ce que cela peut-il bien être?; **~ that may mean** quoi que cela puisse bien vouloir dire; **or ~** ou n'importe quoi d'autre.

whatsoever [ˌwɒtsəʊ'evəʳ] *adj*: **I had no interest ~** je n'éprouvais pas le moindre intérêt; **nothing ~** rien du tout.

wheat [wi:t] *n* blé *m*.

wheedle ['wi:dl] *vt*: **to ~ sb into doing sthg** enjôler qqn pour qu'il fasse qqch; **to ~ sthg out of sb** enjôler qqn pour obtenir qqch.

wheel [wi:l] ◇ *n* **1.** *(gen)* roue *f*. **2.** *(steering wheel)* volant *m*. ◇ *vt* pousser. ◇ *vi*: **to ~ (round)** se retourner brusquement.

wheelbarrow ['wi:lˌbærəʊ] *n* brouette *f*.

wheelchair ['wi:lˌtʃeəʳ] *n* fauteuil *m* roulant.

wheelclamp ['wi:lˌklæmp] ◇ *n* sabot *m* de Denver. ◇ *vt*: **my car was ~ed** on a mis un sabot à ma voiture.

wheeze [wi:z] ◇ *n (sound)* respiration *f* sifflante. ◇ *vi* respirer avec un bruit sifflant.

whelk [welk] *n* bulot *m*, buccin *m*.

when [wen] ◇ *adv* (*in direct, indirect questions*) quand; **~ does the plane arrive?** quand OR à quelle heure arrive l'avion?; **he asked me ~ I would be in London** il m'a demandé quand je serais à Londres. ◇ *conj* **1.** *(referring to time)* quand, lorsque; **he came to see me ~ I was abroad** il est venu me voir quand j'étais à l'étranger; **one day ~ I was on my own** un jour que OR où j'étais tout seul; **on the day ~ it happened** le jour où cela s'est passé. **2.** *(whereas, considering that)* alors que.

whenever [wen'evəʳ] ◇ *conj* quand; *(each time that)* chaque fois que. ◇ *adv* n'importe quand.

where [weəʳ] ◇ *adv* (*in direct, indirect questions*) où; **~ do you live?** où habitez-vous?; **do you know ~ he lives?** est-ce que vous savez où il habite? ◇ *conj* **1.** *(referring to place, situation)* où; **this is ~ ...** c'est là que ... **2.** *(whereas)* alors que.

whereabouts [*adv* ˌweərə'baʊts, *n* 'weərəbaʊts] ◇ *adv* où. ◇ *npl*: **their ~ are still unknown** on ne sait toujours pas où ils se trouvent.

whereas [weər'æz] *conj* alors que.

whereby [weə'baɪ] *conj fml* par lequel (laquelle), au moyen duquel (de laquelle).

whereupon [ˌweərə'pɒn] *conj fml* après quoi, sur quoi.

wherever [weər'evəʳ] ◇ *conj* où que (+ *subjunctive*). ◇ *adv* **1.** *(no matter where)* n'importe où. **2.** *(where)* où donc; **~ did you hear that?** mais où donc as-tu entendu dire cela?

wherewithal ['weəwɪðɔ:l] *n fml*: **to have the ~ to do sthg** avoir les moyens de faire qqch.

whet [wet] *vt*: **to ~ sb's appetite for sthg** donner à qqn envie de qqch.

whether ['weðəʳ] *conj* **1.** *(indicating choice, doubt)* si. **2.** *(no matter if)*: **~ I want to or not** que je le veuille ou non.

which [wɪtʃ] ◇ *adj* **1.** (*in direct, indirect questions*) quel (quelle), quels (quelles) (*pl*); **~ house is yours?** quelle maison est la tienne?; **~ one?** lequel (laquelle)? **2.** *(to refer back to sthg)*: **in ~ case** auquel cas. ◇ *pron* **1.** (*in direct, indirect questions*) lequel (laquelle), lesquels (lesquelles) (*pl*); **~ do you prefer?** lequel préférez-vous?; **I can't decide ~ to have** je ne sais vraiment pas lequel prendre. **2.** (*in relative clauses - subject*) qui; (*- object*) que; (*- after prep*) lequel (laquelle), lesquels (lesquelles) (*pl*); **take the slice ~ is nearer to you** prends la tranche qui est le plus près de toi; **the television ~ we bought** le téléviseur que nous avons acheté; **the settee on ~ I am sitting** le canapé sur lequel je suis assis; **the film of ~ you spoke** le film dont vous avez parlé. **3.** (*referring back - subject*) ce qui; (*- object*) ce que; **why did you say you were ill, ~ nobody believed?** pourquoi as-tu dit que tu étais malade, ce que personne n'a cru?

- Lorsque le mot *which* est le sujet de la phrase, le verbe qui suit se met soit au singulier soit au pluriel selon le contexte, bien que *which* soit lui-même invariable (*which is the right answer?; which are our presents?*).
- Notez que, dans les questions, *which* se place en début de phrase et, s'il est accompagné d'une préposition (*to, in*, etc.), celle-ci reste à sa place habituelle, après le verbe, du moins dans la langue de tous les jours (*which concert are you going to tonight?; which department do you work in?*).
- Voir aussi WHAT.

whichever [wɪtʃ'evəʳ] ◇ *adj* quel (quelle) que soit; **choose ~ colour you prefer** choisissez la couleur que vous préférez, n'importe laquelle. ◇ *pron* n'importe lequel (laquelle).

whiff [wɪf] *n (of perfume, smoke)* bouffée *f*; *(of food)* odeur *f*.

while [waɪl] ◇ *n* moment *m*; **let's stay here for a ~** restons ici un moment; **for a long ~** longtemps; **after a ~** après quelque temps. ◇ *conj* **1.** *(during the time that)* pendant que. **2.** *(as long as)* tant que. **3.** *(whereas)* alors que. ◆ **while away** *vt sep* passer.

whilst [waɪlst] *conj* = **while**.

whim [wɪm] *n* lubie *f*.

whimper ['wɪmpəʳ] *vt & vi* gémir.

whimsical ['wɪmzɪkl] *adj* saugrenu(e).

whine [waɪn] *vi (make sound)* gémir.

whinge [wɪndʒ] *vi Br*: **to ~ (about)** se plaindre (de).

whip [wɪp] ◇ *n* **1.** *(for hitting)* fouet *m*. **2.** *Br* (POL) chef *m* de file *(d'un groupe parlementaire)*. ◇ *vt* **1.** *(gen)* fouetter. **2.** *(take quickly)*: **to ~ sthg out** sortir qqch brusquement; **to ~ sthg off** ôter OR enlever qqch brusquement.

whipped cream [wɪpt-] *n* crème *f* fouettée.

whip-round *n Br inf*: **to have a ~** faire une collecte.

whirl [wɜːl] ◇ *n lit & fig* tourbillon *m*. ◇ *vt*: **to ~ sb/sthg round** *(spin round)* faire tourbillonner qqn/qqch. ◇ *vi* tourbillonner; *fig (head, mind)* tourner.

whirlpool ['wɜːlpuːl] *n* tourbillon *m*.

whirlwind ['wɜːlwɪnd] *n* tornade *f*.

whirr [wɜːʳ] *vi (engine)* ronronner.

whisk [wɪsk] ◇ *n* (CULIN) fouet *m*, batteur *m* (à œufs). ◇ *vt* **1.** *(move quickly)* emmener OR emporter rapidement. **2.** (CULIN) battre.

whisker ['wɪskəʳ] *n* moustache *f*. ◆ **whiskers** *npl* favoris *mpl*.

whisky *Br*, **whiskey** *Am & Irish* (*pl* **whiskeys**) ['wɪskɪ] *n* whisky *m*.

whisper ['wɪspəʳ] ◇ *vt* murmurer, chuchoter. ◇ *vi* chuchoter.

whistle ['wɪsl] ◇ *n* **1.** *(sound)* sifflement *m*. **2.** *(device)* sifflet *m*. ◇ *vt & vi* siffler.

white [waɪt] ◇ *adj* **1.** *(in colour)* blanc (blanche). **2.** *(coffee, tea)* au lait. ◇ *n* **1.** *(colour, of egg, eye)* blanc *m*. **2.** *(person)* Blanc *m*, Blanche *f*.

white-collar *adj* de bureau.

white elephant *n fig* objet *m* coûteux et inutile.

Whitehall ['waɪthɔːl] *n rue de Londres, centre administratif du governement britannique*.

white-hot *adj* chauffé(e) à blanc.

White House *n*: **the ~** la Maison-Blanche.

white lie *n* pieux mensonge *m*.

whiteness ['waɪtnɪs] *n* blancheur *f*.

white paper *n* (POL) livre *m* blanc.

white sauce *n* sauce *f* blanche.

white spirit *n Br* white-spirit *m*.

whitewash ['waɪtwɒʃ] ◇ *n* **1.** *(U)*

(paint) chaux *f.* **2.** *pej (cover-up)*: **a government ~** une combine du gouvernement pour étouffer l'affaire. ◇ *vt (paint)* blanchir à la chaux.

whiting ['waɪtɪŋ] (*pl inv* OR **-s**) *n* merlan *m.*

Whitsun ['wɪtsn] *n* Pentecôte *f.*

whittle ['wɪtl] *vt (reduce)*: **to ~ sthg away** OR **down** réduire qqch.

whiz, whizz [wɪz] *vi (go fast)* aller à toute allure.

whiz(z) kid *n inf* petit prodige *m.*

who [hu:] *pron* **1.** (*in direct, indirect questions*) qui; **~ are you?** qui êtes-vous?; **I didn't know ~ she was** je ne savais pas qui c'était. **2.** (*in relative clauses*) qui; **he's the doctor ~ treated me** c'est le médecin qui m'a soigné; **I don't know the person ~ came to see you** je ne connais pas la personne qui est venue vous voir.

- Lorsque le mot *who* est le sujet de la phrase, le verbe qui suit se met soit au singulier soit au pluriel selon le contexte, bien que *who* soit lui-même invariable (*who is coming to the concert?; who are they?*).
- Notez que, dans les questions, *who* se place en début de phrase et, s'il est accompagné d'une préposition (*at, from,* etc.), celle-ci reste à sa place habituelle, après le verbe, du moins dans la langue de tous les jours (*who are you staring at?; who did you get the money from?*).
- On peut omettre *who* lorsqu'il n'est pas le sujet de la proposition qui suit (*I just met some friends (who) I know from university*). S'il est sujet, en revanche, il est impossible de l'omettre (*I have a brother who is a teacher*).

who'd [hu:d] = **who had, who would.**

whodu(n)nit [ˌhu:'dʌnɪt] *n inf* polar *m.*

whoever [hu:'evəʳ] *pron* **1.** *(unknown person)* quiconque. **2.** *(indicating surprise, astonishment)* qui donc. **3.** *(no matter who)* qui que (+ *subjunctive*); **~ you are** qui que vous soyez; **~ wins** qui que ce soit qui gagne.

whole [həʊl] ◇ *adj* **1.** *(entire, complete)* entier(ère). **2.** *(for emphasis)*: **a ~ lot bigger** bien plus gros; **a ~ new idea** une idée tout à fait nouvelle. ◇ *n* **1.** *(all)*: **the ~ of the school** toute l'école; **the ~ of the summer** tout l'été. **2.** *(unit, complete thing)* tout *m.* ◆ **as a whole** *adv* dans son ensemble. ◆ **on the whole** *adv* dans l'ensemble.

wholefood ['həʊlfu:d] *n Br* aliments *mpl* complets.

whole-hearted [-'hɑ:tɪd] *adj* sans réserve, total(e).

wholemeal ['həʊlmi:l] *Br,* **whole wheat** *Am adj* complet(ète).

wholesale ['həʊlseɪl] ◇ *adj* **1.** *(buying, selling)* en gros; *(price)* de gros. **2.** *pej (excessive)* en masse. ◇ *adv* **1.** *(in bulk)* en gros. **2.** *pej (excessively)* en masse.

wholesaler ['həʊlˌseɪləʳ] *n* marchand *m* de gros, grossiste *mf.*

wholesome ['həʊlsəm] *adj* sain(e).

whole wheat *Am* = **wholemeal.**

who'll [hu:l] = **who will.**

wholly ['həʊlɪ] *adv* totalement.

whom [hu:m] *pron fml* **1.** (*in direct, indirect questions*) qui; **~ did you phone?** qui avez-vous appelé au téléphone?; **for/of/to ~** pour/de/à qui. **2.** (*in relative clauses*) que; **the girl ~ he married** la jeune fille qu'il a épousée; **the man of ~ you speak** l'homme dont vous parlez; **the man to ~ you were speaking** l'homme à qui vous parliez.

- On peut omettre *whom* lorsqu'il introduit une proposition relative (*I just met some friends (whom) I know from university*). En revanche, s'il est accompagné d'une préposition telle que *to, with,* etc., il est impossible de l'omettre (*these are the friends with whom I went to the theatre*).
- Voir aussi QUI dans la partie français-anglais du dictionnaire.

whooping cough ['hu:pɪŋ-] *n* coqueluche *f.*

whopping ['wɒpɪŋ] *inf* ◇ *adj* énorme. ◇ *adv*: **a ~ great lorry/lie** un camion/mensonge absolument énorme.

whore [hɔ:ʳ] *n offensive* putain *f.*

who're ['hu:əʳ] = **who are.**

whose [hu:z] ◇ *pron* (*in direct, indirect questions*) à qui; **~ is this?** à qui est ceci? ◇ *adj* **1.** à qui; **~ car is that?** à qui est cette voiture?; **~ son is he?** de qui est-il le fils? **2.** (*in relative clauses*) dont; **that's the boy ~ father's an MP** c'est le garçon dont le père est député; **the girl ~ mother you phoned yesterday** la fille à la mère de qui OR de laquelle tu as téléphoné hier.

who's who [huːz-] *n (book)* Bottin® *m* mondain.
who've [huːv] = **who have**.

why [waɪ] ◇ *adv (in direct questions)* pourquoi; **~ did you lie to me?** pourquoi m'as-tu menti?; **~ don't you all come?** pourquoi ne pas tous venir?, pourquoi est-ce que vous ne viendriez pas tous?; **~ not?** pourquoi pas? ◇ *conj* pourquoi; **I don't know ~ he said that** je ne sais pas pourquoi il a dit cela. ◇ *pron*: **there are several reasons ~ he left** il est parti pour plusieurs raisons, les raisons pour lesquelles il est parti sont nombreuses; **I don't know the reason ~** je ne sais pas pourquoi. ◇ *excl* tiens! ◆ **why ever** *adv* pourquoi donc.

• *Why*, utilisé avec *not* ou *don't*, peut servir à émettre une suggestion (*why don't we try again?*) ou à donner un conseil (*why not take a little more exercise?*).

wick [wɪk] *n (of candle, lighter)* mèche *f*.
wicked ['wɪkɪd] *adj* **1.** *(evil)* mauvais (e). **2.** *(mischievous, devilish)* malicieux (euse).
wicker ['wɪkəʳ] *adj* en osier.
wickerwork ['wɪkəwɜːk] *n* vannerie *f*.
wicket ['wɪkɪt] *n* (CRICKET) **1.** *(stumps, dismissal)* guichet *m*. **2.** *(pitch)* terrain *m* entre les guichets.
wide [waɪd] ◇ *adj* **1.** *(gen)* large; **how ~ is the room?** quelle est la largeur de la pièce?; **to be six metres ~** faire six mètres de large OR de largeur. **2.** *(gap, difference)* grand(e). **3.** *(experience, knowledge, issue)* vaste. ◇ *adv* **1.** *(broadly)* largement; **open ~!** ouvrez grand! **2.** *(off-target)*: **the shot went ~** le coup est passé loin du but OR à côté.
wide-angle lens *n* (PHOT) objectif *m* grand angle.
wide-awake *adj* tout à fait réveillé(e).
widely ['waɪdlɪ] *adv* **1.** *(smile, vary)* largement. **2.** *(extensively)* beaucoup; **to be ~ read** avoir beaucoup lu; **it is ~ believed that ...** beaucoup pensent que ..., nombreux sont ceux qui pensent que ...
widen ['waɪdn] *vt* **1.** *(make broader)* élargir. **2.** *(gap, difference)* agrandir, élargir.
wide open *adj* grand ouvert (grande ouverte).
wide-ranging [-'reɪndʒɪŋ] *adj* varié(e); *(consequences)* de grande envergure.
widespread ['waɪdspred] *adj* très répandu(e).
widow ['wɪdəʊ] *n* veuve *f*.
widowed ['wɪdəʊd] *adj* veuf (veuve).
widower ['wɪdəʊəʳ] *n* veuf *m*.
width [wɪdθ] *n* largeur *f*; **in ~** de large.
wield [wiːld] *vt* **1.** *(weapon)* manier. **2.** *(power)* exercer.
wife [waɪf] (*pl* **wives**) *n* femme *f*, épouse *f*.
wig [wɪg] *n* perruque *f*.
wiggle ['wɪgl] *inf vt* remuer.
wild [waɪld] *adj* **1.** *(animal, attack, scenery, flower)* sauvage. **2.** *(weather, sea)* déchaîné(e). **3.** *(laughter, hope, plan)* fou (folle). **4.** *(random - estimate)* fantaisiste; **I made a ~ guess** j'ai dit ça au hasard. ◆ **wilds** *npl*: **the ~s of** le fin fond de; **to live in the ~s** habiter en pleine nature.
wilderness ['wɪldənɪs] *n* étendue *f* sauvage.
wild-goose chase *n inf*: **it turned out to be a ~** ça s'est révélé être totalement inutile.
wildlife ['waɪldlaɪf] *n (U)* faune *f* et flore *f*.
wildly ['waɪldlɪ] *adv* **1.** *(enthusiastically, fanatically)* frénétiquement. **2.** *(guess, suggest)* au hasard; *(shoot)* dans tous les sens. **3.** *(very - different, impractical)* tout à fait.
wilful *Br*, **willful** *Am* ['wɪlfʊl] *adj* **1.** *(determined)* obstiné(e). **2.** *(deliberate)* délibéré(e).
will[1] [wɪl] ◇ *n* **1.** *(mental)* volonté *f*; **against one's ~** contre son gré. **2.** *(document)* testament *m*. ◇ *vt*: **to ~ sthg to happen** prier de toutes ses forces pour que qqch se passe; **to ~ sb to do sthg** concentrer toute sa volonté sur qqn pour qu'il fasse qqch.

will[2] [wɪl] *modal vb* **1.** (*to express future tense*): **I ~ see you next week** je te verrai la semaine prochaine; **when ~ you have finished it?** quand est-ce que vous l'aurez fini?; **~ you be here next week? – yes I ~/no I won't** est-ce que tu seras là la semaine prochaine? – oui/non. **2.** *(indicating willingness)*: **~ you have some more tea?** voulez-vous encore du thé?; **I won't do it** je refuse de le faire, je ne veux pas le faire. **3.** *(in commands, requests)*: **you ~ leave this house at once** tu vas quitter cette maison tout de suite; **close that window, ~ you?** ferme cette fenêtre, veux-tu?; **~ you be quiet!** veux-tu te taire!, tu vas te taire! **4.** *(indicating possibility, what usually happens)*: **the hall ~ hold up to 1000 people** la salle peut abriter jusqu'à 1000 personnes. **5.** *(expressing an assumption)*: **that'll be your father** cela doit être ton père. **6.** *(indicating irritation)*: **she ~ keep phoning me** elle n'arrête pas de me téléphoner.

> • Il existe une utilisation particulière de *will* qui permet de décrire une habitude ou une vérité permanente (*cats won't eat vegetables*, «les chats ne mangent pas de légumes»). Cette tournure indique souvent la désapprobation du locuteur (*he will phone when we're in the middle of dinner*, «il faut toujours qu'il appelle au milieu du repas»).
>
> • Dans les questions et en conjonction avec *you*, *will* peut servir à émettre une demande (*will you cook dinner this evening?*). *Would* s'utilise exactement de la même manière mais donne un ton encore plus poli à la question (*would you cook dinner this evening?*).

willful *Am* = **wilful**.
willing ['wɪlɪŋ] *adj* **1.** *(prepared)*: **if you're ~** si vous voulez bien; **to be ~ to do sthg** être disposé(e) OR prêt(e) à faire qqch. **2.** *(eager)* enthousiaste.
willingly ['wɪlɪŋlɪ] *adv* volontiers.
willow (tree) ['wɪləʊ-] *n* saule *m*.
willpower ['wɪl,paʊəʳ] *n* volonté *f*.
willy-nilly [,wɪlɪ'nɪlɪ] *adv* **1.** *(at random)* n'importe comment. **2.** *(wanting to or not)* bon gré mal gré.
wilt [wɪlt] *vi (plant)* se faner; *fig (person)* dépérir.
wily ['waɪlɪ] *adj* rusé(e).
wimp [wɪmp] *n pej inf* mauviette *f*.
win [wɪn] (*pt & pp* **won**) ◇ *n* victoire *f*. ◇ *vt* **1.** *(game, prize, competition)* gagner. **2.** *(support, approval)* obtenir; *(love, friendship)* gagner. ◇ *vi* gagner. ◆ **win over, win round** *vt sep* convaincre, gagner à sa cause.
wince [wɪns] *vi*: **to ~ (at/with)** *(with body)* tressaillir (à/de); *(with face)* grimacer (à/de).
winch [wɪntʃ] *n* treuil *m*.
wind¹ [wɪnd] ◇ *n* **1.** (METEOR) vent *m*. **2.** *(breath)* souffle *m*. **3.** *(U) (in stomach)* gaz *mpl*. ◇ *vt (knock breath out of)* couper le souffle à.
wind² [waɪnd] (*pt & pp* **wound**) ◇ *vt* **1.** *(string, thread)* enrouler. **2.** *(clock)* remonter. ◇ *vi (river, road)* serpenter. ◆ **wind down** ◇ *vt sep* **1.** *(car window)* baisser. **2.** *(business)* cesser graduellement. ◇ *vi (relax)* se détendre. ◆ **wind up** *vt sep* **1.** *(finish - meeting)* clôturer; *(- business)* liquider. **2.** *(clock, car window)* remonter. **3.** *Br inf (deliberately annoy)* faire marcher. **4.** *inf (end up)*: **to ~ up doing sthg** finir par faire qqch.
windfall ['wɪndfɔːl] *n (unexpected gift)* aubaine *f*.
winding ['waɪndɪŋ] *adj* sinueux(euse).
wind instrument [wɪnd-] *n* instrument *m* à vent.
windmill ['wɪndmɪl] *n* moulin *m* à vent.
window ['wɪndəʊ] *n* **1.** *(gen &* COMPUT*)* fenêtre *f*. **2.** *(pane of glass, in car)* vitre *f*. **3.** *(of shop)* vitrine *f*.
window box *n* jardinière *f*.
window cleaner *n* laveur *m*, -euse *f* de vitres.
window ledge *n* rebord *m* de fenêtre.
window pane *n* vitre *f*.
windowsill ['wɪndəʊsɪl] *n (outside)* rebord *m* de fenêtre; *(inside)* appui *m* de fenêtre.
windpipe ['wɪndpaɪp] *n* trachée *f*.
windscreen *Br* ['wɪndskriːn], **windshield** *Am* ['wɪndʃiːld] *n* pare-brise *m inv*.
windscreen washer *n* lave-glace *m*.
windscreen wiper [-,waɪpəʳ] *n* essuie-glace *m*.
windshield *Am* = **windscreen**.
windsurfing ['wɪnd,sɜːfɪŋ] *n*: **to go ~** faire de la planche à voile.
windswept ['wɪndswept] *adj (scenery)* balayé(e) par les vents.
windy ['wɪndɪ] *adj* venteux(euse); **it's ~** il fait du vent.
wine [waɪn] *n* vin *m*.
wine bar *n Br* bar *m* à vin.
wine cellar *n* cave *f* (à vin).
wineglass ['waɪnglɑːs] *n* verre *m* à vin.
wine list *n* carte *f* des vins.
wine merchant *n Br* marchand *m* de vins.
wine tasting [-,teɪstɪŋ] *n* dégustation *f* (de vins).
wine waiter *n* sommelier *m*.
wing [wɪŋ] *n* aile *f*. ◆ **wings** *npl* (THEATRE): **the ~s** les coulisses *fpl*.
winger ['wɪŋəʳ] *n* (SPORT) ailier *m*.
wink [wɪŋk] ◇ *n* clin *m* d'œil. ◇ *vi (with eyes)*: **to ~ (at sb)** faire un clin d'œil (à qqn).
winkle ['wɪŋkl] *n* bigorneau *m*. ◆ **winkle out** *vt sep* extirper; **to ~ sthg out of sb** arracher qqch à qqn.
winner ['wɪnəʳ] *n (person)* gagnant *m*, -e *f*.
winning ['wɪnɪŋ] *adj (victorious, success-*

ful) gagnant(e). ◆ **winnings** *npl* gains *mpl*.
winning post *n* poteau *m* d'arrivée.
winter ['wɪntəʳ] ◇ *n* hiver *m*; **in ~** en hiver. ◇ *comp* d'hiver.
winter sports *npl* sports *mpl* d'hiver.
wintertime ['wɪntətaɪm] *n (U)* hiver *m*.
wint(e)ry ['wɪntrɪ] *adj* d'hiver.
wipe [waɪp] ◇ *n*: **to give sthg a ~** essuyer qqch, donner un coup de torchon à qqch. ◇ *vt* essuyer. ◆ **wipe out** *vt sep* **1.** *(erase)* effacer. **2.** *(eradicate)* anéantir. ◆ **wipe up** *vt sep & vi* essuyer.
wire ['waɪəʳ] ◇ *n* **1.** *(U) (metal)* fil *m* de fer. **2.** *(cable etc)* fil *m*. **3.** *(telegram)* télégramme *m*. ◇ *vt* **1.** *(*ELEC *- plug)* installer; *(- house)* faire l'installation électrique de. **2.** *(send telegram to)* télégraphier à.
wireless ['waɪəlɪs] *n dated* T.S.F. *f*.
wiring ['waɪərɪŋ] *n (U)* installation *f* électrique.
wiry ['waɪərɪ] *adj* **1.** *(hair)* crépu(e). **2.** *(body, man)* noueux(euse).
wisdom ['wɪzdəm] *n* sagesse *f*.
wisdom tooth *n* dent *f* de sagesse.
wise [waɪz] *adj* sage.
wisecrack ['waɪzkræk] *n pej* vanne *f*.
wish [wɪʃ] ◇ *n* **1.** *(desire)* souhait *m*, désir *m*; **~ for sthg/to do sthg** désir de qqch/de faire qqch. **2.** *(magic request)* vœu *m*. ◇ *vt* **1.** *(want)*: **to ~ to do sthg** souhaiter faire qqch; **I ~ (that) he'd come** j'aimerais bien qu'il vienne; **I ~ I could** si seulement je pouvais. **2.** *(expressing hope)*: **to ~ sb sthg** souhaiter qqch à qqn. ◇ *vi (by magic)*: **to ~ for sthg** souhaiter qqch. ◆ **wishes** *npl*: **best ~es** meilleurs vœux; **(with) best ~es** *(at end of letter)* bien amicalement.

> • Lorsque *wish* est suivi du verbe *be*, on peut employer le subjonctif du verbe *be* (*were*) au lieu de *was* (*I wish I was/were rich*). Notez toutefois que dans ce cas *were* est d'un registre plus soutenu que *was*.

wishful thinking [,wɪʃful-] *n*: **that's just ~** c'est prendre mes/ses *etc* désirs pour des réalités.
wishy-washy ['wɪʃɪ,wɒʃɪ] *adj inf pej (person)* sans personnalité; *(ideas)* vague.
wisp [wɪsp] *n* **1.** *(tuft)* mèche *f*. **2.** *(small cloud)* mince filet *m* OR volute *f*.
wistful ['wɪstful] *adj* nostalgique.
wit [wɪt] *n* **1.** *(humour)* esprit *m*. **2.** *(intelligence)*: **to have the ~ to do sthg** avoir l'intelligence de faire qqch. ◆ **wits** *npl*: **to have** OR **keep one's ~s about one** être attentif(ive) OR sur ses gardes.
witch [wɪtʃ] *n* sorcière *f*.

with [wɪð] *prep* **1.** *(in company of)* avec; **I play tennis ~ his wife** je joue au tennis avec sa femme; **we stayed ~ them for a week** nous avons passé une semaine chez eux. **2.** *(indicating opposition)* avec; **to argue ~ sb** discuter avec qqn; **the war ~ Germany** la guerre avec OR contre l'Allemagne. **3.** *(indicating means, manner, feelings)* avec; **I washed it ~ detergent** je l'ai lavé avec un détergent; **she was trembling ~ fright** elle tremblait de peur. **4.** *(having)* avec; **a man ~ a beard** un homme avec une barbe, un barbu; **the man ~ the moustache** l'homme à la moustache. **5.** *(regarding)*: **he's very mean ~ money** il est très près de ses sous, il est très avare; **the trouble ~ her is that ...** l'ennui avec elle OR ce qu'il y a avec elle c'est que ... **6.** *(indicating simultaneity)*: **I can't do it ~ you watching me** je ne peux pas le faire quand OR pendant que tu me regardes. **7.** *(because of)*: **~ my luck, I'll probably lose** avec ma chance habituelle, je suis sûr de perdre. **8.** *phr*: **I'm ~ you** *(I understand)* je vous suis; *(I'm on your side)* je suis des vôtres; *(I agree)* je suis d'accord avec vous.

> • Voir BY.

withdraw [wɪð'drɔː] (*pt* **-drew**, *pp* **-drawn**) ◇ *vt* **1.** *fml (remove)*: **to ~ sthg (from)** enlever qqch (de). **2.** *(money, troops, remark)* retirer. ◇ *vi* **1.** *fml (leave)*: **to ~ (from)** se retirer (de). **2.** (MIL) se replier; **to ~ from** évacuer. **3.** *(quit, give up)*: **to ~ (from)** se retirer (de).
withdrawal [wɪð'drɔːəl] *n* **1.** *(gen)*: **~ (from)** retrait *m* (de). **2.** (MIL) repli *m*.
withdrawal symptoms *npl* crise *f* de manque.
withdrawn [wɪð'drɔːn] ◇ *pp* → **withdraw**. ◇ *adj (shy, quiet)* renfermé(e).
withdrew [wɪð'druː] *pt* → **withdraw**.
wither ['wɪðəʳ] *vi* **1.** *(dry up)* se flétrir. **2.** *(weaken)* mourir.
withhold [wɪð'həuld] (*pt & pp* **-held** [-'held]) *vt (services)* refuser; *(information)* cacher; *(salary)* retenir.
within [wɪ'ðɪn] ◇ *prep* **1.** *(inside)* à l'intérieur de, dans; **~ her** en elle, à l'intérieur d'elle-même. **2.** *(budget, comprehension)* dans les limites de; *(limits)* dans. **3.** *(less than - distance)* à

moins de; *(- time)* d'ici, en moins de; **~ the week** avant la fin de la semaine. ◇ *adv* à l'intérieur.

without [wɪð'aʊt] ◇ *prep* sans; **~ a coat** sans manteau; **I left ~ seeing him** je suis parti sans l'avoir vu; **I left ~ him seeing me** je suis parti sans qu'il m'ait vu; **to go ~ sthg** se passer de qqch. ◇ *adv*: **to go** OR **do ~** s'en passer.

withstand [wɪð'stænd] (*pt & pp* **-stood** [-'stʊd]) *vt* résister à.

witness ['wɪtnɪs] ◇ *n* **1.** *(gen)* témoin *m*. **2.** *(testimony)*: **to bear ~ to sthg** témoigner de qqch. ◇ *vt* **1.** *(accident, crime)* être témoin de. **2.** *fig (changes, rise in birth rate)* assister à. **3.** *(countersign)* contresigner.

witness box *Br*, **witness stand** *Am* *n* barre *f* des témoins.

witticism ['wɪtɪsɪzm] *n* mot *m* d'esprit.

witty ['wɪtɪ] *adj* plein(e) d'esprit, spirituel(elle).

wives [waɪvz] *pl* → **wife**.

wizard ['wɪzəd] *n* magicien *m*; *fig* as *m*, champion *m*, -onne *f*.

wobble ['wɒbl] *vi (hand, wings)* trembler; *(chair, table)* branler.

woe [wəʊ] *n literary* malheur *m*.

woke [wəʊk] *pt* → **wake**.

woken ['wəʊkn] *pp* → **wake**.

wolf [wʊlf] (*pl* **wolves**) *n (animal)* loup *m*.

woman ['wʊmən] (*pl* **women**) ◇ *n* femme *f*. ◇ *comp*: **~ doctor** femme *f* médecin; **~ teacher** professeur *m* femme.

womanly ['wʊmənlɪ] *adj* féminin(e).

womb [wu:m] *n* utérus *m*.

women ['wɪmɪn] *pl* → **woman**.

women's lib *n* libération *f* de la femme.

women's liberation *n* libération *f* de la femme.

won [wʌn] *pt & pp* → **win**.

wonder ['wʌndəʳ] ◇ *n* **1.** *(U) (amazement)* étonnement *m*. **2.** *(cause for surprise)*: **it's a ~ (that)** … c'est un miracle que …; **it's no** OR **little** OR **small ~ (that)** … il n'est pas étonnant que … **3.** *(amazing thing, person)* merveille *f*. ◇ *vt* **1.** *(speculate)*: **to ~ (if** OR **whether)** se demander (si). **2.** *(in polite requests)*: **I ~ whether you would mind shutting the window?** est-ce que cela ne vous ennuierait pas de fermer la fenêtre? ◇ *vi (speculate)* se demander; **to ~ about sthg** s'interroger sur qqch.

wonderful ['wʌndəfʊl] *adj* merveilleux (euse).

wonderfully ['wʌndəfʊlɪ] *adv* **1.** *(very well)* merveilleusement, à merveille. **2.** *(for emphasis)* extrêmement.

won't [wəʊnt] = **will not**.

woo [wu:] *vt* **1.** *literary (court)* courtiser. **2.** *(try to win over)* chercher à rallier (à soi OR à sa cause).

wood [wʊd] ◇ *n* bois *m*. ◇ *comp* en bois. ◆ **woods** *npl* bois *mpl*.

wooded ['wʊdɪd] *adj* boisé(e).

wooden ['wʊdn] *adj* **1.** *(of wood)* en bois. **2.** *pej (actor)* gauche.

woodpecker ['wʊd,pekəʳ] *n* pivert *m*.

woodwind ['wʊdwɪnd] *n*: **the ~** les bois *mpl*.

woodwork ['wʊdwɜ:k] *n* menuiserie *f*.

woodworm ['wʊdwɜ:m] *n* ver *m* du bois.

wool [wʊl] *n* laine *f*; **to pull the ~ over sb's eyes** *inf* rouler qqn (dans la farine).

woollen *Br*, **woolen** *Am* ['wʊlən] *adj* en laine, de laine. ◆ **woollens** *npl* lainages *mpl*.

woolly ['wʊlɪ] *adj* **1.** *(woollen)* en laine, de laine. **2.** *inf (idea, thinking)* confus(e).

word [wɜ:d] ◇ *n* **1.** (LING) mot *m*; **too stupid for ~s** vraiment trop bête; **~ for ~** *(repeat, copy)* mot pour mot; *(translate)* mot à mot; **in other ~s** en d'autres mots OR termes; **in a ~** en un mot; **to have a ~ (with sb)** parler (à qqn); **she doesn't mince her ~s** elle ne mâche pas ses mots; **I couldn't get a ~ in edgeways** je n'ai pas réussi à placer un seul mot. **2.** *(U) (news)* nouvelles *fpl*. **3.** *(promise)* parole *f*; **to give sb one's ~** donner sa parole à qqn. ◇ *vt (letter, reply)* rédiger.

wording ['wɜ:dɪŋ] *n (U)* termes *mpl*.

word processing *n (U)* (COMPUT) traitement *m* de texte.

word processor [-,prəʊsesəʳ] *n* (COMPUT) machine *f* à traitement de texte.

wore [wɔ:ʳ] *pt* → **wear**.

work [wɜ:k] ◇ *n* **1.** *(U) (employment)* travail *m*, emploi *m*; **out of ~** sans emploi, au chômage; **at ~** au travail. **2.** *(activity, tasks)* travail *m*. **3.** (ART & LITERATURE) œuvre *f*. ◇ *vt* **1.** *(person, staff)* faire travailler. **2.** *(machine)* faire marcher. **3.** *(wood, metal, land)* travailler. ◇ *vi* **1.** *(do a job)* travailler; **to ~ on sthg** travailler à qqch. **2.** *(function)* fonctionner, marcher. **3.** *(succeed)* marcher. **4.** *(become)*: **to ~ loose** se desserrer. ◆ **works** ◇ *n (factory)* usine *f*. ◇ *npl* **1.** *(mechanism)* mécanisme *m*. **2.** *(digging, building)* travaux *mpl*. ◆ **work on** *vt fus* **1.** *(pay attention to)* travailler à. **2.** *(take as basis)* se baser sur. ◆ **work out** ◇ *vt sep* **1.** *(plan,* *schedule)* mettre au point. **2.** *(total, answer)* trouver. ◇ *vi* **1.** *(figure, total)*: **to ~ out at** se monter à. **2.** *(turn out)* se dérouler. **3.** *(be successful)* (bien) marcher. **4.** *(train, exercise)* s'entraîner. ◆ **work up** *vt sep* **1.** *(excite)*: **to ~ o.s. up into** se mettre dans. **2.** *(generate)*: **to ~ up an appetite** s'ouvrir l'appétit; **to ~ up enthusiasm** s'enthousiasmer.

workable ['wɜːkəbl] *adj (plan)* réalisable; *(system)* fonctionnel(elle).

workaholic [ˌwɜːkə'hɒlɪk] *n* bourreau *m* de travail.

workday ['wɜːkdeɪ] *n (not weekend)* jour *m* ouvrable.

worked up [ˌwɜːkt-] *adj* dans tous ses états.

worker ['wɜːkəʳ] *n* travailleur *m*, -euse *f*, ouvrier *m*, -ère *f*.

workforce ['wɜːkfɔːs] *n* main *f* d'œuvre.

working ['wɜːkɪŋ] *adj* **1.** *(in operation)* qui marche. **2.** *(having employment)* qui travaille. **3.** *(conditions, clothes, hours)* de travail. ◆ **workings** *npl (of system, machine)* mécanisme *m*.

working class *n*: **the ~** la classe ouvrière. ◆ **working-class** *adj* ouvrier (ère).

working order *n*: **in ~** en état de marche.

workload ['wɜːkləʊd] *n* quantité *f* de travail.

workman ['wɜːkmən] (*pl* **-men** [-mən]) *n* ouvrier *m*.

workmanship ['wɜːkmənʃɪp] *n (U)* travail *m*.

workmate ['wɜːkmeɪt] *n* camarade *mf* OR collègue *mf* de travail.

work permit [-ˌpɜːmɪt] *n* permis *m* de travail.

workplace ['wɜːkpleɪs] *n* lieu *m* de travail.

workshop ['wɜːkʃɒp] *n* atelier *m*.

workstation ['wɜːkˌsteɪʃn] *n* (COMPUT) poste *m* de travail.

worktop ['wɜːktɒp] *n Br* plan *m* de travail.

work-to-rule *n Br* grève *f* du zèle.

world [wɜːld] ◇ *n* **1.** *(gen)* monde *m*. **2.** *loc*: **to think the ~ of sb** admirer qqn énormément, ne jurer que par qqn; **a ~ of difference** une énorme différence. ◇ *comp (power)* mondial(e); *(language)* universel(elle); *(tour)* du monde.

world-class *adj* de niveau international.

world-famous *adj* de renommée mondiale.

worldly ['wɜːldlɪ] *adj* de ce monde, matériel(elle).

World War I *n* la Première Guerre mondiale.

World War II *n* la Deuxième Guerre mondiale.

worldwide ['wɜːldwaɪd] ◇ *adj* mondial(e). ◇ *adv* dans le monde entier.

World Wide Web *n*: **the ~** le World Wide Web.

worm [wɜːm] *n (animal)* ver *m*.

worn [wɔːn] ◇ *pp* → **wear**. ◇ *adj* **1.** *(threadbare)* usé(e). **2.** *(tired)* las (lasse).

worn-out *adj* **1.** *(old, threadbare)* usé (e). **2.** *(tired)* épuisé(e).

worried ['wʌrɪd] *adj* soucieux(euse), inquiet(ète).

worry ['wʌrɪ] ◇ *n* **1.** *(feeling)* souci *m*. **2.** *(problem)* souci *m*, ennui *m*. ◇ *vt* inquiéter, tracasser. ◇ *vi* s'inquiéter; **to ~ about** se faire du souci au sujet de; **not to ~!** ne vous en faites pas!

worrying ['wʌrɪɪŋ] *adj* inquiétant (e).

worse [wɜːs] ◇ *adj* **1.** *(not as good)* pire; **to get ~** *(situation)* empirer. **2.** *(more ill)*: **he's ~ today** il va plus mal aujourd'hui. ◇ *adv* plus mal; **they're even ~ off** c'est encore pire pour eux; **~ off** *(financially)* plus pauvre. ◇ *n* pire *m*; **for the ~** pour le pire.

worsen ['wɜːsn] *vt & vi* empirer.

worship ['wɜːʃɪp] ◇ *vt* adorer. ◇ *n* **1.** *(U)* (RELIG) culte *m*. **2.** *(adoration)* adoration *f*. ◆ **Worship** *n*: **Your/Her/His Worship** Votre/Son Honneur *m*.

worst [wɜːst] ◇ *adj*: **the ~** le pire (la pire), le plus mauvais (la plus mauvaise). ◇ *adv* le plus mal; **the ~ affected area** la zone la plus touchée. ◇ *n*: **the ~** le pire; **if the ~ comes to the ~** au pire. ◆ **at (the) worst** *adv* au pire.

worth [wɜːθ] ◇ *prep* **1.** *(in value)*: **to be ~ sthg** valoir qqch; **how much is it ~?** combien cela vaut-il? **2.** *(deserving of)*: **it's ~ a visit** cela vaut une visite; **to be ~ doing sthg** valoir la peine de faire qqch. ◇ *n* valeur *f*; **a week's/£20 ~ of groceries** pour une semaine/20 livres d'épicerie.

worthless ['wɜːθlɪs] *adj* **1.** *(object)* sans valeur, qui ne vaut rien. **2.** *(person)* qui n'est bon à rien.

worthwhile [ˌwɜːθ'waɪl] *adj (job, visit)* qui en vaut la peine; *(charity)* louable.

worthy ['wɜːðɪ] *adj* **1.** *(deserving of respect)* digne. **2.** *(deserving)*: **to be ~ of sthg** mériter qqch. **3.** *pej (good but unexciting)* méritant(e).

would [wʊd] *modal vb* 1. (*in reported speech*): **she said she ~ come** elle a dit qu'elle viendrait. 2. *(indicating likelihood)*: **what ~ you do?** que ferais-tu?; **what ~ you have done?** qu'aurais-tu fait?; **I ~ be most grateful** je vous en serais très reconnaissant. 3. *(indicating willingness)*: **she ~n't go** elle ne voulait pas y aller; **he ~ do anything for her** il ferait n'importe quoi pour elle. 4. (*in polite questions*): **~ you like a drink?** voulez-vous OR voudriez-vous à boire?; **~ you mind closing the window?** cela vous ennuierait de fermer la fenêtre? 5. *(indicating inevitability)*: **he ~ say that** j'étais sûr qu'il allait dire ça, ça ne m'étonne pas de lui. 6. *(giving advice)*: **I ~ report it if I were you** si j'étais vous je préviendrais les autorités. 7. *(expressing opinions)*: **I ~ prefer** je préférerais; **I ~ have thought (that) ...** j'aurais pensé que ... 8. *(indicating habit)*: **he ~ smoke a cigar after dinner** il fumait un cigare après le dîner; **she ~ often complain about the neighbours** elle se plaignait souvent des voisins.

• Voir WILL.

would-be *adj* prétendu(e).
wouldn't ['wʊdnt] = **would not**.
would've ['wʊdəv] = **would have**.
wound[1] [wu:nd] ◇ *n* blessure *f*. ◇ *vt* blesser.
wound[2] [waʊnd] *pt & pp* → **wind**[2].
wove [wəʊv] *pt* → **weave**.
woven ['wəʊvn] *pp* → **weave**.
WP *n* (*abbr of* **word processing, word processor**) TTX *m*.
wrangle ['ræŋgl] ◇ *n* dispute *f*. ◇ *vi*: **to ~ (with sb over sthg)** se disputer (avec qqn à propos de qqch).
wrap [ræp] ◇ *vt (cover in paper, cloth)*: **to ~ sthg (in)** envelopper OR emballer qqch (dans); **to ~ sthg around** OR **round sthg** enrouler qqch autour de qqch. ◇ *n (garment)* châle *m*. ◆ **wrap up** ◇ *vt sep (cover in paper or cloth)* envelopper, emballer. ◇ *vi (put warm clothes on)*: **~ up well** OR **warmly!** couvrez-vous bien!
wrapper ['ræpəʳ] *n* papier *m*; *Br (of book)* jaquette *f*, couverture *f*.
wrapping ['ræpɪŋ] *n* emballage *m*.
wrapping paper *n (U)* papier *m* d'emballage.
wrath [rɒθ] *n (U) literary* courroux *m*.
wreak [ri:k] *vt (destruction, havoc)* entraîner.
wreath [ri:θ] *n* couronne *f*.
wreck [rek] ◇ *n* 1. *(car, plane, ship)* épave *f*. 2. *inf (person)* loque *f*. ◇ *vt* 1. *(destroy)* détruire. 2. (NAUT) provoquer le naufrage de; **to be ~ed** s'échouer. 3. *(spoil - holiday)* gâcher; *(- health, hopes, plan)* ruiner.
wreckage ['rekɪdʒ] *n (U)* débris *mpl*.
wren [ren] *n* roitelet *m*.
wrench [rentʃ] ◇ *n (tool)* clef *f* anglaise. ◇ *vt* 1. *(pull violently)* tirer violemment; **to ~ sthg off** arracher qqch. 2. *(arm, leg, knee)* se tordre.
wrestle ['resl] *vi* 1. *(fight)*: **to ~ (with sb)** lutter (contre qqn). 2. *fig (struggle)*: **to ~ with sthg** se débattre OR lutter contre qqch.
wrestler ['resləʳ] *n* lutteur *m*, -euse *f*.
wrestling ['reslɪŋ] *n* lutte *f*.
wretch [retʃ] *n* pauvre diable *m*.
wretched ['retʃɪd] *adj* 1. *(miserable)* misérable. 2. *inf (damned)* fichu(e).
wriggle ['rɪgl] *vi* remuer, se tortiller.
wring [rɪŋ] (*pt & pp* **wrung**) *vt (washing)* essorer, tordre.
wringing ['rɪŋɪŋ] *adj*: **~ (wet)** *(person)* trempé(e); *(clothes)* mouillé(e), à tordre.
wrinkle ['rɪŋkl] ◇ *n* 1. *(on skin)* ride *f*. 2. *(in cloth)* pli *m*. ◇ *vt* plisser. ◇ *vi* se plisser, faire des plis.
wrist [rɪst] *n* poignet *m*.
wristwatch ['rɪstwɒtʃ] *n* montre-bracelet *f*.
writ [rɪt] *n* acte *m* judiciaire.
write [raɪt] (*pt* **wrote**, *pp* **written**) ◇ *vt* 1. *(gen & COMPUT)* écrire. 2. *Am (person)* écrire à. 3. *(cheque, prescription)* faire. ◇ *vi (gen & COMPUT)* écrire. ◆ **write back** *vi* répondre. ◆ **write down** *vt sep* écrire, noter. ◆ **write into** *vt sep*: **to ~ a clause into a contract** insérer une clause dans un contrat. ◆ **write off** *vt sep* 1. *(project)* considérer comme fichu. 2. *(debt, investment)* passer aux profits et pertes. 3. *(person)* considérer comme fini. 4. *Br inf (vehicle)* bousiller. ◆ **write up** *vt sep (notes)* mettre au propre.
write-off *n (vehicle)*: **to be a ~** être complètement démoli(e).
writer ['raɪtəʳ] *n* 1. *(as profession)* écrivain *m*. 2. *(of letter, article, story)* auteur *m*.
writhe [raɪð] *vi* se tordre.
writing ['raɪtɪŋ] *n (U)* 1. *(handwriting, activity)* écriture *f*; **in ~** par écrit. 2. *(something written)* écrit *m*.
writing paper *n (U)* papier *m* à lettres.
written ['rɪtn] ◇ *pp* → **write**. ◇ *adj* écrit(e).
wrong [rɒŋ] ◇ *adj* 1. *(not normal, not*

satisfactory) qui ne va pas; **is something ~?** y a-t-il quelque chose qui ne va pas?; **what's ~?** qu'est-ce qui ne va pas?; **there's something ~ with the switch** l'interrupteur ne marche pas bien. **2.** *(not suitable)* qui ne convient pas. **3.** *(not correct - answer, address)* faux (fausse), mauvais(e); *(- decision)* mauvais; **to be ~** *(person)* avoir tort; **to be ~ to do sthg** avoir tort de faire qqch. **4.** *(morally bad)*: **it's ~ to ...** c'est mal de ... ◇ *adv (incorrectly)* mal; **to get sthg ~** se tromper à propos de qqch; **to go ~** *(make a mistake)* se tromper, faire une erreur; *(stop functioning)* se détraquer. ◇ *n* mal *m*; **to be in the ~** être dans son tort. ◇ *vt* faire du tort à.

wrongful ['rɒŋfʊl] *adj (unfair)* injuste; *(arrest, dismissal)* injustifié(e).

wrongly ['rɒŋlɪ] *adv* **1.** *(unsuitably)* mal. **2.** *(mistakenly)* à tort.

wrong number *n* faux numéro *m*.

wrote [rəʊt] → **write**.

wrought iron [rɔːt-] *n* fer *m* forgé.

wrung [rʌŋ] *pt & pp* → **wring**.

wry [raɪ] *adj* **1.** *(amused - smile, look)* amusé(e); *(- humour)* ironique. **2.** *(displeased)* désabusé(e).

WWW *(abbr of* **World Wide Web**) *n* WWW *m*.

XYZ

x *(pl* **x's** OR **xs**), **X** *(pl* **X's** OR **Xs**) [eks] *n* **1.** *(letter)* x *m inv*, X *m inv*. **2.** *(unknown thing)* x *m inv*. **3.** *(to mark place)* croix *f*. **4.** *(at end of letter)*: **XXX** grosses bises.

xenophobia [,zenə'fəʊbjə] *n* xénophobie *f*.

Xmas ['eksməs] *n* Noël *m*.

X-ray ◇ *n* **1.** *(ray)* rayon *m* X. **2.** *(picture)* radiographie *f*, radio *f*. ◇ *vt* radiographier.

xylophone ['zaɪləfəʊn] *n* xylophone *m*.

y *(pl* **y's** OR **ys**), **Y** *(pl* **Y's** OR **Ys**) [waɪ] *n (letter)* y *m inv*, Y *m inv*.

yacht [jɒt] *n* yacht *m*.

yachting ['jɒtɪŋ] *n* yachting *m*.

yachtsman ['jɒtsmən] *(pl* **-men** [-mən]) *n* yachtman *m*.

Yank [jæŋk] *n Br inf terme péjoratif désignant un Américain,* Amerloque *mf*.

Yankee ['jæŋkɪ] *n Br inf (American) terme péjoratif désignant un Américain,* Amerloque *mf*.

yap [jæp] *vi (dog)* japper.

yard [jɑːd] *n* **1.** *(unit of measurement) = 91,44 cm,* yard *m*. **2.** *(walled area)* cour *f*. **3.** *(area of work)* chantier *m*. **4.** *Am (attached to house)* jardin *m*.

yardstick ['jɑːdstɪk] *n* mesure *f*.

yarn [jɑːn] *n (thread)* fil *m*.

yawn [jɔːn] ◇ *n (when tired)* bâillement *m*. ◇ *vi (when tired)* bâiller.

yd *abbr of* **yard**.

yeah [jeə] *adv inf* ouais.

year [jɪəʳ] *n* **1.** *(calendar year)* année *f*; **all (the) ~ round** toute l'année. **2.** *(period of 12 months)* année *f*, an *m*; **to be 21 ~s old** avoir 21 ans. **3.** *(financial year)* année *f*; **the ~ 1992-93** l'exercice 1992-93. ◆ **years** *npl (long time)* années *fpl*.

yearly ['jɪəlɪ] ◇ *adj* annuel(elle). ◇ *adv* **1.** *(once a year)* annuellement. **2.** *(every year)* chaque année; **twice ~** deux fois par an.

yearn [jɜːn] *vi*: **to ~ for sthg/to do sthg** aspirer à qqch/à faire qqch.

yearning ['jɜːnɪŋ] *n*: **~ (for sb/sthg)** désir *m* ardent (pour qqn/de qqch).

yeast [jiːst] *n* levure *f*.

yell [jel] ◇ *n* hurlement *m*. ◇ *vi & vt* hurler.

yellow ['jeləʊ] ◇ *adj (colour)* jaune. ◇ *n* jaune *m*.

yellow card *n* (FTBL) carton *m* jaune.

yelp [jelp] *vi* japper.

yeoman of the guard ['jəʊmən-] *(pl* **yeomen of the guard** ['jəʊmən-]) *n* hallebardier *m* de la garde royale.

yes [jes] ◇ *adv* **1.** *(gen)* oui; **~, please** oui, s'il te/vous plaît. **2.** *(expressing disagreement)* si. ◇ *n* oui *m inv*.

yesterday ['jestədɪ] ◇ *n* hier *m*; **the day before ~** avant-hier. ◇ *adv* hier.

yet [jet] ◇ *adv* **1.** *(gen)* encore; **~ faster** encore plus vite; **not ~** pas encore; **~ again** encore une fois; **as ~** jusqu'ici. **2.** déjà; **have they finished ~?** est-ce qu'ils ont déjà fini? ◇ *conj* et cependant, mais.

yew [juː] *n* if *m*.

yield [jiːld] ◇ *n* rendement *m*. ◇ *vt* **1.** *(produce)* produire. **2.** *(give up)* céder. ◇ *vi* **1.** *(gen)*: **to ~ (to)** céder (à). **2.** *Am* (AUT) *(give way)*: **'~'** 'cédez le passage'.

YMCA *(abbr of* **Young Men's Christian**

Association) *n union chrétienne de jeunes gens (proposant notamment des services d'hébergement).*

yoga ['jəʊgə] *n* yoga *m*.

yoghourt, yoghurt, yogurt [*Br* 'jɒgət, *Am* 'jəʊgərt] *n* yaourt *m*.

yoke [jəʊk] *n lit & fig* joug *m*.

yolk [jəʊk] *n* jaune *m* (d'œuf).

you [juː] *pers pron* **1.** (*subject - sg*) tu; (*- polite form, pl*) vous; **~'re a good cook** tu es/vous êtes bonne cuisinière; **are ~ French?** tu es/vous êtes français?; **~ French** vous autres Français; **~ idiot!** espèce d'idiot!; **if I were** OR **was ~** si j'étais toi/vous, à ta/votre place; **there ~ are** *(you've appeared)* te/vous voilà; *(have this)* voilà, tiens/tenez; **that jacket really isn't ~** cette veste n'est pas vraiment ton/votre style. **2.** (*object - unstressed, sg*) te; (*- polite form, pl*) vous; **I can see ~** je te/vous vois; **I gave it to ~** je te/vous l'ai donné. **3.** (*object - stressed, sg*) toi; (*- polite form, pl*) vous; **I don't expect YOU to do it** je n'exige pas que ce soit toi qui le fasses/vous qui le fassiez. **4.** (*after prep, in comparisons etc, sg*) toi; (*- polite form, pl*) vous; **we shall go without ~** nous irons sans toi/vous; **I'm shorter than ~** je suis plus petit que toi/vous. **5.** *(anyone, one)* on; **~ have to be careful** on doit faire attention; **exercise is good for ~** l'exercice est bon pour la santé.

- Notez que *you* peut être soit singulier soit pluriel, et qu'on l'utilise quel que soit le degré de familiarité avec l'interlocuteur/les interlocuteurs.
- *You* sert à parler des gens en général, par exemple pour indiquer ou demander un renseignement, la route à prendre, etc. (*how do you get to the station?*). Le style devient beaucoup plus soutenu si l'on utilise *one* à la place (*how does one get to the station?*).

you'd [juːd] = **you had, you would**.

you'll [juːl] = **you will**.

young [jʌŋ] ◇ *adj* jeune. ◇ *npl* **1.** *(young people)*: **the ~** les jeunes *mpl*. **2.** *(baby animals)* les petits *mpl*.

younger ['jʌŋgəʳ] *adj* plus jeune.

youngster ['jʌŋstəʳ] *n* jeune *m*.

your [jɔːʳ] *poss adj* **1.** (*referring to one person*) ton (ta), tes (*pl*); (*polite form, pl*) votre, vos (*pl*); **~ dog** ton/votre chien; **~ house** ta/votre maison; **~ children** tes/vos enfants; **what's ~ name?** comment t'appelles-tu/vous appelez-vous?; **it wasn't YOUR fault** ce n'était pas de ta faute à toi/de votre faute à vous. **2.** (*impersonal - one's*) son (sa), ses (*pl*); **~ attitude changes as you get older** on change sa manière de voir en vieillissant; **it's good for ~ teeth/hair** c'est bon pour les dents/les cheveux; **~ average Englishman** l'Anglais moyen.

- Notez que *your* peut être soit singulier soit pluriel, et qu'on l'utilise quel que soit le degré de familiarité avec l'interlocuteur/les interlocuteurs.
- Si vous parlez d'une partie du corps, n'oubliez pas d'utiliser l'adjectif possessif *your*, et non pas *the* (*have you washed your hair?*, «est-ce que tu t'es lavé les cheveux?»).

you're [jɔːʳ] = **you are**.

yours [jɔːz] *poss pron* (*referring to one person*) le tien (la tienne), les tiens (les tiennes) (*pl*); (*polite form, pl*) le vôtre (la vôtre), les vôtres (*pl*); **that desk is ~** ce bureau est à toi/à vous, ce bureau est le tien/le vôtre; **it wasn't her fault, it was YOURS** ce n'était pas de sa faute, c'était de ta faute à toi/de votre faute à vous; **a friend of ~** un ami à toi/vous, un de tes/vos amis. ◆ **Yours** *adv (in letter)* → **faithfully, sincerely** *etc.*

- Notez que *yours* peut être soit singulier soit pluriel, et qu'on l'utilise quel que soit le degré de familiarité avec l'interlocuteur/les interlocuteurs.

yourself [jɔː'self] (*pl* **-selves** [-'selvz]) *pron* **1.** (*reflexive - sg*) te; (*- polite form, pl*) vous; (*after preposition - sg*) toi; (*- polite form, pl*) vous. **2.** (*for emphasis - sg*) toi-même; (*- polite form*) vous-même; (*- pl*) vous-mêmes; **did you do it ~?** tu l'as/vous l'avez fait tout seul?

youth [juːθ] *n* **1.** *(U) (period, quality)* jeunesse *f*. **2.** *(young man)* jeune homme *m*. **3.** *(U) (young people)* jeunesse *f*, jeunes *mpl*.

youth club *n* centre *m* de jeunes.

youthful ['juːθfʊl] *adj* **1.** *(eager, innocent)* de jeunesse, juvénile. **2.** *(young)* jeune.

youth hostel *n* auberge *f* de jeunesse.

you've [juːv] = **you have**.

YTS (*abbr of* **Youth Training Scheme**) *n programme gouvernemental britannique d'insertion des jeunes dans la vie professionnelle.*

Yugoslav = **Yugoslavian.**
Yugoslavia [ˌjuːgəˈslɑːvɪə] *n* Yougoslavie *f.*
Yugoslavian [ˌjuːgəˈslɑːvɪən], **Yugoslav** [ˌjuːgəˈslɑːv] ◇ *adj* yougoslave. ◇ *n* Yougoslave *mf.*
yuppie, yuppy [ˈjʌpɪ] *n inf* yuppie *mf.*
YWCA (*abbr of* **Young Women's Christian Association**) *n union chrétienne de jeunes filles (proposant notamment des services d'hébergement).*

z (*pl* **z's** OR **zs**), **Z** (*pl* **Z's** OR **Zs**) [*Br* zed, *Am* ziː] *n (letter)* z *m inv*, Z *m inv.*
Zambia [ˈzæmbɪə] *n* Zambie *f.*
zany [ˈzeɪnɪ] *adj inf* dingue.
zap [zæp] *vi inf*: **to ~ (off) somewhere** foncer quelque part.
zeal [ziːl] *n* zèle *m.*
zealous [ˈzeləs] *adj* zélé(e).
zebra [*Br* ˈzebrə, *Am* ˈziːbrə] (*pl inv* OR **-s**) *n* zèbre *m.*
zebra crossing *n Br* passage *m* pour piétons.
zenith [*Br* ˈzenɪθ, *Am* ˈziːnəθ] *n lit & fig* zénith *m.*
zero [*Br* ˈzɪərəʊ, *Am* ˈziːrəʊ] (*pl inv* OR **-es**) ◇ *adj* zéro, aucun(e). ◇ *n* zéro *m.*
zest [zest] *n (U)* **1.** *(excitement)* piquant *m.* **2.** *(eagerness)* entrain *m.* **3.** *(of orange, lemon)* zeste *m.*
zigzag [ˈzɪgzæg] *vi* zigzaguer.
Zimbabwe [zɪmˈbɑːbwɪ] *n* Zimbabwe *m.*
zinc [zɪŋk] *n* zinc *m.*
zip [zɪp] *n Br (fastener)* fermeture *f* Éclair®. ◆ **zip up** *vt sep (jacket)* remonter la fermeture Éclair® de; *(bag)* fermer la fermeture Éclair® de.
zip code *n Am* code *m* postal.
zip fastener *n Br* = **zip.**
zipper [ˈzɪpəʳ] *n Am* = **zip.**
zodiac [ˈzəʊdɪæk] *n*: **the ~** le zodiaque.
zone [zəʊn] *n* zone *f.*
zoo [zuː] *n* zoo *m.*
zoology [zəʊˈɒlədʒɪ] *n* zoologie *f.*
zoom [zuːm] ◇ *vi inf (move quickly)* aller en trombe. ◇ *n* (PHOT) zoom *m.*
zoom lens *n* zoom *m.*
zucchini [zuːˈkiːnɪ] (*pl inv*) *n Am* courgette *f.*

Achevé d'imprimer par l'Imprimerie
Maury-Eurolivres à Manchecourt
Janvier 1999 – 10040176801
Dépôt légal : Janvier 1999 – N° d'imprimeur : 67901
Imprimé en France – (Printed in France)

L'anglais au quotidien

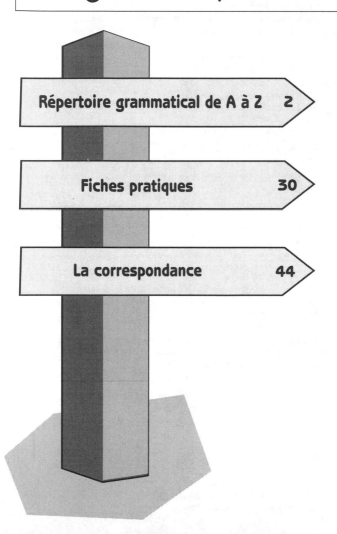

Les adjectifs

- En anglais, l'adjectif ne change jamais de forme. Il est invariable en genre et en nombre :
  an old woman | ***an old man*** | ***old women*** | ***old men***
- L'adjectif épithète se place toujours devant le nom qu'il qualifie :
  green peppers des poivrons verts | ***my dirty old jeans*** mon vieux jean tout sale | ***a beautiful red Italian sports car*** une belle voiture de sport italienne rouge
- L'adjectif attribut se place après les verbes d'état (***be***, ***seem***, etc.) :
  Your hands are dirty. Tu as les mains sales.
  That doesn't seem right to me. Je crois qu'il y a quelque chose qui ne va pas.

Les adverbes

- L'adverbe peut modifier le verbe, l'adjectif, la phrase entière ou un autre adverbe.
- On peut former de nombreux adverbes, en particulier ceux de manière, en ajoutant le suffixe ***-ly*** à l'adjectif :
  slow → ***slowly*** | ***clear*** → ***clearly***
- Attention aux changements orthographiques :
  -y → ***-ily*** ***happily*** | ***tidily*** | ***speedily***
  -le → ***-ly*** ***gently*** | ***nobly***
  -ll → ***-lly*** ***fully***
  -ic → ***-ically*** ***drastically*** | ***historically*** mais ***publicly***
- On peut également former un adverbe à partir du participe du verbe en lui ajoutant le suffixe ***-ly*** :
  tiredly | ***repeatedly*** | ***pleasingly***
- Lorsque l'adjectif est déjà terminé par ***-ly***, ce qui est le cas pour un certain nombre d'entre eux comme ***friendly***, ***silly***, ***likely***, il faut utiliser l'expression ***in a ... way/manner*** :
  She smiled at him in a friendly way. Elle lui a souri amicalement.

> Certains adverbes très courants ont la même forme que l'adjectif ou le déterminant correspondant :
> ***fast*** | ***early*** | ***wrong*** | ***right*** | ***much*** | ***either*** | ***enough*** | ***late***

Les articles : *L'article indéfini*

- L'article indéfini s'écrit ***a*** devant une consonne, ***an*** devant une voyelle :
  a branch | ***a day*** | ***a new boat***
  an owl | ***an egg*** | ***an old boat***

- Cependant, on emploie :
  - ***a*** devant un nom qui commence par une voyelle se prononçant [j] ou [w] ou devant un « h » aspiré :

    a university | ***a one-way ticket*** | ***a house*** | ***a husband***
  - ***an*** devant un « h » muet :

    an honour | ***an hour***
- Il précède obligatoirement un nom de métier :

  My sister is a musician. Ma sœur est musicienne.
- Il s'emploie dans les indications de mesure avec un sens distributif :

  90 km an hour 90 km à l'heure | ***four times a day*** quatre fois par jour

Here's an owl perched on a branch. Une chouette perchée sur une branche.

Au pluriel, on omet l'article indéfini :
a little house | ***little houses***

L'article défini

- L'article défini est ***the*** et il précède le nom au singulier ou au pluriel :

  the book | ***the boy*** | ***the truth*** | ***the girls*** | ***the bicycles***
- On emploie ***the*** devant un adjectif substantivé ayant un sens générique. Ce procédé est très courant avec les adjectifs de nationalité ; dans ce cas, il désigne une nation entière. L'adjectif substantivé reste invariable et il est suivi d'un verbe au pluriel :

  the old and the poor les personnes âgées et les pauvres
  Do the French drink more wine than the Italians? Est-ce que les Français boivent plus de vin que les Italiens ?

  Pour parler d'un membre de ce groupe, on doit adjoindre un nom à l'adjectif :

  the blind → a blind man les aveugles → un aveugle | ***the Irish → an Irish woman*** les Irlandais → une Irlandaise

L'absence d'article

- Devant les noms indénombrables ou les dénombrables pluriels (voir p.8), l'absence d'article souligne l'aspect « générique » du nom :

  I love chocolate. J'adore le chocolat.
  People are funny. Les gens sont bizarres.

- Il n'y a pas d'article devant des noms indiquant :
  - le lieu :

    to be in bed être au lit | ***to travel to work*** aller au travail | ***to go to church*** aller à l'église | ***to go into hospital*** aller à l'hôpital | ***to walk to school*** aller à l'école à pied | ***to get home*** rentrer chez soi | ***from left to right*** de gauche à droite
  - les repas :

    to have breakfast prendre le petit déjeuner | ***to meet for lunch*** se retrouver pour déjeuner | ***to invite some friends to dinner*** inviter des amis à dîner
  - les moyens de transports :

    to come by car venir en voiture | ***to go by bus/train*** prendre le bus/le train | ***to arrive on foot*** arriver à pied

    mais ***I saw a friend on the train.*** J'ai rencontré un ami dans le train.
  - le temps :

    in spring au printemps | ***at night*** la nuit | ***next year*** l'année prochaine

    mais ***in the evening*** le soir
- Les noms propres et les titres sont également employés sans article :

  Doctor Allen le docteur Allen | ***King Louis XIV*** le roi Louis XIV | ***President Kennedy*** le président Kennedy

  mais ***the President of the United States*** le président des États-Unis
- Il n'y a pas d'article non plus devant les noms de pays, sauf s'ils sont formés à partir d'un nom commun :

  France | ***England***

  mais ***the British Isles*** | ***the United States***

Les auxiliaires

- En anglais, le temps, la voix, la négation, la modalité ne peuvent être exprimés par un seul mot. Le groupe verbal peut comprendre jusqu'à six termes, qui apportent ou complètent ces informations :
  - on utilise ***be*** et ***have*** pour former les temps et les formes composés :

    Why are you looking at me? Pourquoi tu me regardes ?

    I have always liked you. Je t'ai toujours bien aimé.
  - on utilise ***be*** pour former le passif (voir p.28).
  - on utilise ***do*** pour les phrases négatives, interrogatives ou emphatiques, suivi de la base verbale :

    She didn't go out at all last night. Elle n'est pas du tout sortie hier soir.

    Do you watch television? Est-ce que vous regardez la télévision ?

    I do appreciate punctuality. J'apprécie la ponctualité.

- Les auxiliaires modaux sont un sous-groupe des auxiliaires ***can, could, may, might, must, shall, should, will*** et ***would*** (et quelquefois ***need*** et ***dare***). En utilisant ces auxiliaires, le locuteur donne son point de vue sur les chances de réalisation d'un événement (la probabilité) ou prend position sur ce qu'il convient de faire :

  You must see his latest film. Il faut que tu voies son dernier film.
  Will you be there? Est-ce que tu seras là ?
  Can I have some more cake? Est-ce que je peux reprendre du gâteau ?

- Les modaux, ***be, have*** et ***do*** lorsqu'ils sont auxiliaires, et le verbe ***be*** ont les propriétés suivantes :
  – ils peuvent se contracter, surtout devant la négation ***not*** :
    He's gone away. Il est parti.
    They don't know. Ils ne savent pas.
  – ils se placent devant le sujet des questions :
    Can I come? Je peux venir ?
    Do you speak English? Vous parlez anglais ?
  – on les trouve seuls dans les reprises, les réponses courtes et les tags :
    I worked much harder than you did. J'ai travaillé beaucoup plus dur que toi.
    'Would you like some tea?' 'Yes, I would.' « Voulez-vous du thé ? » « Oui, volontiers. »
    You're Betty Ayres, aren't you? Vous êtes Betty Ayres, n'est-ce pas ?
  – lorsqu'ils sont accentués, ce n'est pas l'auxiliaire qui est mis en avant, mais l'ensemble du prédicat :
    Don't be angry with him, he did try to call. Ne lui en veux pas, il a essayé de t'appeler.

- Les auxiliaires modaux sont suivis :
  – de la base verbale :
    I can see you. Je te vois.
  – de l'auxiliaire du « present perfect », ***have*** :
    She should have known better. Elle n'aurait pas dû.
  – de l'auxiliaire de la forme progressive, ***be*** :
    I will be seeing him tomorrow. Je le verrai demain.
  – de l'auxiliaire de la voix passive, ***be*** :
    He must be caught immediately. Il faut l'arrêter tout de suite.

- Les modaux ont, au présent, une seule et unique forme :

  I can go | You can go | He can go | We can go | They can go

- Les modaux n'ont pas de forme en *-ing*, mais ils peuvent se combiner avec la forme ***be + -ing***. On utilise cette forme pour exprimer la probabilité :

He can't still be working. (fortement improbable) Il ne peut pas être encore en train de travailler.
I must be dreaming. (forte probabilité) Je dois rêver.

- Seuls ***can, may, will*** et ***shall*** possèdent un prétérit :
  can → could | may → might | will → would | shall → should

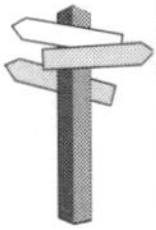

Les modaux n'ont pas toujours une valeur temporelle (chronologique). Leur forme prétérit fait souvent référence à de l'irréel, à du non certain. Pour indiquer un contexte futur ou passé, on est alors obligé d'utiliser un équivalent :

I can afford a car now. J'ai maintenant les moyens de m'acheter une voiture. → ***I'll soon be able to afford a car.*** J'aurai bientôt les moyens de m'acheter une voiture. → ***I wasn't able to afford a car.*** Je n'avais pas les moyens de m'acheter une voiture.

- Cependant, la forme prétérit des modaux peut exprimer le passé, notamment dans le discours indirect :
  He said that he would come. Il a dit qu'il viendrait.
  I asked whether I might use the telephone. J'ai demandé si je pouvais téléphoner.

Le comparatif et le superlatif de l'adjectif

- Le comparatif s'emploie pour comparer deux éléments. Il existe trois grandes catégories de comparatifs :
  - le comparatif de supériorité (« plus … que ») se construit avec l'adjectif au comparatif, suivi de ***than*** :
    He's much older than you. Il est beaucoup plus âgé que toi.
    London is bigger than Paris. Londres est plus étendu que Paris.
  - le comparatif d'infériorité (« moins … que ») se construit avec ***less***, suivi de la forme de base de l'adjectif et de ***than*** :
    The film was less enjoyable than I'd hoped. Le film était moins bien que je ne pensais.
    He is less happy about his job than (he was) last year. Son travail lui plaît moins que l'année dernière.
  - le comparatif d'égalité (« aussi … que ») se construit en employant ***as*** avant et après l'adjectif :
    My uncle is as handsome as Clark Gable. Mon oncle est aussi beau que Clark Gable.
- Le superlatif s'emploie pour comparer un élément à un ensemble d'éléments. On distingue deux grandes catégories de superlatifs :
  - le superlatif de supériorité (« le/la plus … ») se construit avec l'adjectif au superlatif, précédé de ***the*** ou d'un autre déterminant :
    She is the brightest pupil in the class. C'est l'élève la plus brillante de la classe.

It's the most interesting book I've read this year. C'est le livre le plus intéressant que j'aie lu cette année.

Deborah is my best friend. Deborah est ma meilleure amie.

– le superlatif d'infériorité (« le/la moins ... ») se construit avec ***the least*** devant l'adjectif à la forme neutre :

This is the least interesting part of the book. C'est la partie la moins intéressante du livre.

- Lorsque la relation de supériorité concerne seulement deux choses ou deux personnes, le superlatif se construit avec ***the***, suivi de l'adjectif au comparatif de supériorité et de ***of*** :

This is the likelier of the two possibilities. C'est la plus probable des deux possibilités.

- Le comparatif et le superlatif de supériorité de l'adjectif peuvent se former de deux façons. On ajoute ***-er*** pour le comparatif, et ***-est*** pour le superlatif :

– aux adjectifs courts (d'une seule syllabe) :

fast → ***faster*** → ***fastest***

– aux adjectifs de deux syllabes, principalement ceux terminés en ***-y*** et en ***-ow*** :

dirty → ***dirtier*** → ***dirtiest***

– et à ces mêmes adjectifs lorsqu'ils sont précédés du préfixe ***un-*** :

unhappy → ***unhappier*** → ***unhappiest***

- On emploie ***more*** pour le comparatif et ***most*** pour le superlatif :

– avec les adjectifs longs (de trois syllabes et plus) :

beautiful → ***more beautiful*** → ***most beautiful***

– avec la plupart des adjectifs de deux syllabes dont ceux qui se terminent en ***-ful***, ***-less***, ***-al***, ***-ant***, ***-ent***, ***-ic***, ***-ive***, ***-ous***, ou qui commencent par ***a-*** :

graceful → ***more graceful*** → ***most graceful***

– devant tous les participes :

boring → ***more boring*** → ***most boring***
spoilt → ***more spoilt*** → ***most spoilt***

- Beaucoup d'adjectifs de deux syllabes peuvent former leur comparatif/superlatif des deux façons :

common → ***commoner*** → ***commonest***
more common → ***most common***

Dans le doute, préférez ***more*** et ***most***, qui sonnent généralement mieux que ***-er*** et ***-est*** mal employés.

- Attention aux changements orthographiques :

– après une voyelle courte, la consonne finale est doublée :

big → ***bigger*** → ***biggest***

– le ***-y*** final devient ***-i*** devant ***-er*** et ***-est*** :

silly → ***sillier*** → ***silliest***

– on ajoute ***-r*** ou ***-st*** aux adjectifs se terminant en ***-e*** :

rude → ***ruder*** → ***rudest***

Les adjectifs suivants ont un comparatif et un superlatif irréguliers :

adjectif	*comparatif*	*superlatif*
bad	***worse***	***worst***
far	***farther/further***	***farthest/furthest***
good	***better***	***best***
little	***less***	***least***
much/many	***more***	***most***
old	***older/elder***	***oldest/eldest***

Dénombrables et indénombrables

- Les noms qui renvoient à des unités que l'on peut compter sont appelés les dénombrables.
  - ils ont un singulier et un pluriel.
  - ils peuvent être précédés de l'article indéfini ***a/an*** (au singulier), d'un nombre, de ***some*** (au pluriel), d'un adjectif possessif (voir p.13) ou démonstratif :

    sandwich | ***child*** | ***inch*** | ***idea*** | ***chair*** | ***loaf*** | ***wish*** | ***view***

    I want a sandwich. Je veux un sandwich.
    I want two sandwiches. Je veux deux sandwichs.
    I want some chicken sandwiches. Je veux des sandwichs au poulet.
- Les indénombrables renvoient à des ensembles d'objets, à de la matière, à des états, à des notions abstraites.
  - ils n'ont pas de pluriel, mais ils peuvent représenter plusieurs objets.
  - ils sont employés sans article ou précédés de ***some***, d'un adjectif possessif ou démonstratif :

    water | ***furniture*** | ***money*** | ***weather*** | ***happiness*** | ***work*** | ***advice***

    I want some food. Je veux quelque chose à manger.
    Money is the biggest problem. Le plus gros problème, c'est l'argent.

Quand un nom passe d'une catégorie à l'autre, il change généralement de sens :

Dénombrable	*Indénombrable*
Our flat has three rooms. Nous avons un trois pièces.	***Our flat has plenty of room.*** Notre appartement est très spacieux.
I'm covered in cat hairs. Je suis couvert de poils de chat.	***She has lovely hair.*** Elle a de beaux cheveux.

Les formes du verbe

- À l'exception du verbe ***be***, le verbe anglais a, au plus, cinq formes différentes :

la base verbale	***write***
la forme en ***-s***	***She writes letters.*** Elle écrit des lettres.
la forme en ***-ing***	***I was writing a letter.*** J'étais en train d'écrire une lettre.
la forme du prétérit	***I wrote a letter.*** J'écrivis/J'ai écrit une lettre.
la forme du participe passé	***I have written a letter.*** J'ai écrit une lettre.

I love English, you love English, he loves English ...

- De plus, on distingue des formes simples et des formes composées.
  - la forme simple est constituée du verbe sans auxiliaire. On la trouve au présent simple (voir p.18) et au prétérit simple (voir p.21).
  - la forme composée comporte le verbe + un ou plusieurs auxiliaires placés devant lui. Il peut s'agir de l'auxiliaire de la forme progressive, de l'auxiliaire du «present perfect», de celui de la voix passive ou encore d'auxiliaires modaux (voir pp.14, 28, 4).
- On trouve la base verbale à toutes les personnes du présent simple, excepté à la troisième personne du singulier, qui prend un ***-s*** (voir p.18).
- On la trouve aussi :
  - après l'auxiliaire ***do*** et les modaux (voir p.4)
  - à toutes les personnes de l'impératif.
- On distingue trois catégories de verbes irréguliers (voir pp.XIV–XVI) :
  - première catégorie : le prétérit et le participe passé de ces verbes ont la même forme.
  - deuxième catégorie : le prétérit et le participe passé ont des formes différentes.
  - troisième catégorie : ces verbes, d'une seule syllabe, se terminent par ***-d*** ou ***-t*** et ont une même forme pour la base verbale, le prétérit et le participe passé.

Le futur

- En anglais, il n'y a pas de temps grammatical futur. Cependant, le locuteur dispose d'un certain nombre de moyens pour dire qu'un événement va avoir lieu dans l'avenir. Selon le point de vue qu'il adopte, il choisira une forme plutôt qu'une autre en fonction de la probabilité de réalisation de l'événement, par exemple, ou du moment de sa réalisation dans l'avenir (plus ou moins proche). Voici, par ordre de fréquence, les différentes manières d'exprimer le futur :

– ***will/shall*** + base verbale :

They will be here soon. Ils seront bientôt là.

– ***be going to*** + base verbale :

It's going to rain. Il va pleuvoir.

– présent progressif (voir p.17) :

She's taking me out to dinner tonight. Elle m'emmène dîner ce soir.

– ***will/shall*** + ***be*** + ***-ing*** :

I won't be seeing him tomorrow. Je ne le verrai pas demain.

– présent simple (voir p.18) :

The train leaves at eight o'clock. Le train part à huit heures.

– ***be to/be about to*** + base verbale :

We're to see him on Tuesday. Nous devons le voir mardi.
They're about to leave. Ils sont sur le point de partir.

Les noms : *Le genre*

- En anglais, il n'existe pas de genre grammatical. Tous les noms sont neutres et les articles définis (***the***) et indéfinis (***a/an***) sont invariables. Il existe un genre « naturel » (masculin, féminin, neutre) dont les pronoms personnels (voir p.23) et réfléchis portent obligatoirement la marque :

She's my sister. C'est ma sœur.
It's his fault, not mine! C'est sa faute, pas la mienne !

- Certains noms, cependant, ont une forme féminine et une forme masculine :

waiter → ***waitress*** | ***policeman*** → ***policewoman***

Le pluriel

- La marque du pluriel est généralement ***-s*** :

book → ***books*** | ***bird*** → ***birds*** | ***hat*** → ***hats*** | ***bag*** → ***bags***

- Cependant, pour les noms se terminant par ***-s***, ***-sh***, ***-ch***, ***-x*** ou par ***-o***, la marque du pluriel est ***-es*** :

bus → ***buses*** | ***box*** → ***boxes*** | ***kiss*** → ***kisses*** | ***tomato*** → ***tomatoes***

Quelques exceptions, ***piano***, ***photo***, prennent un ***-s***.

- Pour les noms terminés en *-y*, la marque du pluriel est ***-ies*** :

  baby → babies | cherry → cherries | entry → entries

  sauf lorsque le *-y* est précédé d'une voyelle :

  boy → boys | day → days

- Pour les noms terminés en *-f* ou *-fe*, la marque du pluriel est ***-ves*** :

  wife → wives | knife → knives | leaf → leaves

  Quelques exceptions, ***belief***, ***chief***, ***cliff***, ***proof***, ***safe***, prennent un *-s*.

- Pour certains noms, le pluriel entraîne une modification à l'intérieur du nom :

  man → men | woman → women | child → children | foot → feet | tooth → teeth | goose → geese | mouse → mice

- Certains noms ont la même forme au singulier et au pluriel :

  sheep | deer | fish | aircraft | series | species

La terminaison en ***-s*** n'est pas forcément la marque du pluriel. Certains noms en ***-s***, par exemple des noms de jeux, de maladies et de matières, sont des indénombrables (voir p.8) toujours suivis d'un verbe au singulier :

news | mathematics | the United States | measles | politics

The news is bad. C'est une mauvaise nouvelle.

The United States is a very big country. Les États-Unis sont un très grand pays.

Les noms qui font référence à des groupes de gens ou d'animaux, comme ***government, team, school***, peuvent être suivis d'un verbe singulier ou d'un verbe pluriel :

France is/are winning 2–0. La France mène 2–0.

Certains noms, qu'ils se terminent ou non par ***-s***, sont suivis d'un verbe au pluriel :

people | cattle | police | trousers | scissors | clothes | outskirts

Some people are never satisfied! Il y a des gens qui ne sont jamais contents !

Le participe passé

- Le participe passé des verbes réguliers se forme en ajoutant ***-ed*** à la base verbale :

  I've finished my homework. J'ai fini mes devoirs.

- À la forme négative, ***not*** se place devant le participe passé :

  The subject is not dealt with in this book. Cet ouvrage n'aborde pas le sujet.

- Les formes du prétérit (voir p.21) et du participe passé des verbes réguliers sont toujours les mêmes. Quand la base verbale se termine par une consonne non accentuée, on ajoute ***-ed*** à la base verbale :

looked | ***cheated*** | ***failed*** | ***seemed*** | ***appeared*** | ***repaired***

- Lorsque la base verbale se termine par :
  - ***-e***, on ajoute ***-d*** :

    hoped | ***liked*** | ***judged*** | ***debated*** | ***invited*** | ***agreed***
  - une consonne + *y*, le ***y*** disparaît et la terminaison est ***-ied*** :

    tried | ***replied***

    – une voyelle + *y*, la terminaison est régulière, ***-ed*** :

    enjoyed | ***played***

    mais ***pay → paid*** | ***lay → laid***
- Lorsque la base verbale se termine par une voyelle accentuée simple + une consonne, la consonne est doublée :

  flopped | ***banned*** | ***knitted*** | ***admitted*** | ***barred*** | ***referred***
- Notez bien les verbes terminés par :

-c	→	***-cked***	***panic***	→	***panicked***
-m	→	***-mmed***	***program***	→	***programmed***
-p	→	***-pped***	***worship***	→	***worshipped***
-l	→	***-lled***	***travel***	→	***travelled***

- Le participe passé peut avoir différentes fonctions et places dans la phrase. Il peut apparaître :
  - au «present perfect» (voir p.14) : ***have*** + participe passé
  - au «past perfect» (voir ci-dessous) : ***had*** + participe passé
  - au passif (voir p.28) : ***be/get*** + participe passé
  - comme adjectif, par exemple ***bored, tired, well-known***
  - dans les propositions en apposition :

    I found out from a letter written by a friend. Je l'ai appris par une lettre d'un ami.
- Pour les formes irrégulières, voir pp.XIV–XVI.

Le «past perfect»

- Le «past perfect» se construit avec ***had*** + participe passé (voir p.11). Ce temps s'emploie principalement dans les propositions subordonnées, en particulier dans le discours indirect ; il indique qu'il y a un décalage temporel entre deux événements du passé. Le «past perfect» sert de passé au prétérit simple (voir p.21) et au «present perfect» (voir p.14) :

  'Have you seen her yet?' «Est-ce que tu l'as vue ?» → ***He asked me if I had seen her yet.*** Il m'a demandé si je l'avais vue.
- Dans les propositions introduites par ***when, after***, etc., on peut employer le prétérit simple plutôt que le «past perfect» si le décalage temporel dans le passé n'est pas explicitement mentionné :

  I saw Ben some time after I spoke to you. J'ai vu Ben quelque temps après t'avoir parlé.

• Le « past perfect » peut se combiner avec la forme progressive, et dans ce cas il est souvent associé à ***for*** ou à ***since*** :

> ***He had been sitting there for two hours before she arrived.*** Ça faisait deux heures qu'il était assis là lorsqu'elle est arrivée.

Le possessif : *Le cas possessif*

• Le cas possessif indique le plus souvent une relation de possession :

> ***Mary's suitcase*** la valise de Mary

Il peut aussi indiquer une relation d'un autre type :

> ***London's underground*** le métro de Londres | ***today's paper*** le journal d'aujourd'hui

• Pour tous les noms singuliers et pour les pluriels qui ne se terminent pas en ***-s***, le nom du possesseur est suivi de ***-'s***, puis du nom de la chose possédée :

> ***the cat's food*** la pâtée du chat | ***my wife's car*** la voiture de ma femme | ***children's clothes*** les vêtements pour enfants | ***James's sister*** la sœur de James | ***the boss's desk*** le bureau du patron

• Pour les noms au pluriel qui se terminent par un ***-s***, le nom du possesseur est suivi de l'apostrophe, puis du nom de la chose possédée :

> ***boys' clothes*** les vêtements pour garçons | ***the countries' leaders*** les dirigeants des pays

Au pluriel, c'est donc l'apostrophe qui marque la relation de possession :

> ***my sister's friend (= the friend of my sister)*** l'amie de ma sœur
> ***my sisters' friend (= the friend of my sisters)*** l'amie de mes sœurs

Le ***-'s*** employé seul avec le possesseur peut faire référence à ***shop*** ou ***house*** ; il est inutile de préciser ce nom, car il est sous-entendu :

> ***We bought some sausages at the butcher's. (= butcher's shop)*** Nous avons acheté des saucisses chez le boucher.
> ***I heard the news at Steve's. (= Steve's house)*** J'ai appris la nouvelle chez Steve.

Les adjectifs possessifs

	Singulier	*Pluriel*
1re personne	***my***	***our***
2e personne	***your***	***your***
3e personne		***their***
– masculin	***his***	
– féminin	***her***	
– indéfini	***one's***	
– neutre	***its***	

- L'adjectif possessif est un déterminant qui marque la relation d'appartenance, de possession ou de lien. Il se place devant le nom.
- À la troisième personne, le choix de l'adjectif possessif dépend du sexe du « possesseur » :

  She's my best friend. Her father is a doctor. C'est ma meilleure amie. Son père est médecin.
- À la différence du français, l'adjectif possessif peut accompagner les parties du corps dont on parle :

  I wash my hair every day. Je me lave les cheveux tous les jours.
  Her head was aching from all the noise. Le bruit lui faisait mal à la tête.

This is my new bike. C'est mon nouveau vélo.

Le « present perfect »

- Pour former le « present perfect », on emploie ***have*** au présent + participe passé du verbe (voir p.11) :

  I've thought about it a lot and I still don't agree. J'ai beaucoup réfléchi et je ne suis toujours pas d'accord.
- À la forme interrogative, il y a inversion du sujet et de l'auxiliaire (voir p.4) :

  Have you studied the past tense in English yet? Avez-vous étudié le passé en anglais ?

  À la forme négative, la négation ***not*** se place derrière l'auxiliaire :

  My pay hasn't gone up this year. Mon salaire n'a pas été augmenté cette année.
- Le « present perfect » s'emploie pour désigner un événement passé dont les conséquences sont toujours mesurables et visibles au moment présent. Comparez avec les exemples au prétérit (voir p.21) qui suivent.
- Avec les verbes d'état, ce dont on parle et qui a commencé dans le passé se poursuit au moment présent :

  She's lived in Norwich all her life. (and she still does) (« present perfect ») Elle a vécu à Norwich toute sa vie. (Elle y vit toujours.)
  She lived in Norwich all her life. (but now she is dead) (prétérit) Elle vécut à Norwich toute sa vie. (Elle est morte.)
- On emploie le « present perfect » pour décrire des habitudes, des caractéristiques toujours vraies au moment présent :

  She's taught French for twenty years. (« present perfect ») Ça fait vingt ans qu'elle enseigne le français.

She taught French for twenty years before retiring. (prétérit) Elle a enseigné le français pendant vingt ans avant de partir en retraite.

- On l'emploie pour constater au moment présent et pour mettre en valeur les conséquences d'un événement passé ou d'une action accomplie dans le passé :

  There's been an accident! (Can you help me?) («present perfect») Il y a eu un accident ! (Pouvez-vous m'aider ?)
  There was an accident on the way to school. (but we can't do anything about it now) (prétérit) Il y a eu un accident alors que j'allais à l'école. (Il n'y a plus rien à faire.)

- Avec le «present perfect», on place les événements dans un passé relativement vague. En revanche, si pour le locuteur l'événement est repéré avec précision dans le passé, il emploie alors le prétérit :

  Have you seen the Van Gogh exhibition at the Tate Gallery? («present perfect») Avez-vous vu l'exposition Van Gogh à la Tate Gallery ?
  Did you see the Van Gogh exhibition when you were in London? (prétérit) Avez-vous vu l'exposition Van Gogh lorsque vous étiez à Londres ?

- Un événement au prétérit est unique et vu dans sa totalité. Lorsqu'il se répète, le locuteur dispose de plusieurs moyens pour le mentionner. Il peut choisir le «present perfect», soit parce que cet événement a des conséquences dans le présent, soit parce qu'il peut encore se produire :

  At that time he often stole things from cars. (prétérit) Il cambriolait souvent des voitures à l'époque.
  He's stolen from cars before. (so he might have stolen your radio) («present perfect») Il a déjà cambriolé des voitures. (donc il a peut-être volé ton autoradio)

- Le prétérit s'emploie avec des repères temporels, adverbes ou expressions de temps qui l'ancrent dans le passé. Ces repères répondent à une question introduite par ***when*** : ***a week ago*** (il y a une semaine), ***last year*** (l'année dernière), ***on Tuesday*** (mardi), ***at one o'clock*** (à une heure), ***when I was young*** (quand j'étais jeune), ***in 1947*** (en 1947), etc. :

  We visited the museum yesterday. (prétérit) Nous avons visité le musée hier.

  Le «present perfect» s'emploie avec des repères temporels qui incluent le moment présent. Ces repères temporels répondent à une question introduite par ***how long, how often*** : ***so far, until now*** (jusqu'à maintenant). Les propositions introduites par ***since***, ou les compléments de temps introduits par ***since*** ou ***for*** (si ce dont on parle se poursuit dans le présent), peuvent également servir de repères temporels au «present perfect» :

  He's worked at Healey's for five years/since 1994. Il travaille chez Healey depuis cinq ans/depuis 1994.

  Cependant, si le complément de temps introduit par ***for*** décrit une durée qui appartient complètement au passé, on doit utiliser le prétérit :

He worked at Healey's for five years during the 1980s. Il a travaillé chez Healey pendant cinq ans dans les années 80.

- Le « present perfect » est souvent employé avec des adverbes de fréquence comme ***always*** et ***never***, mais aussi avec ***already***, ***yet***, ***not yet***, ***recently***, ***just***, ***it's the first time*** :

  I've always wanted to go surfing. J'ai toujours voulu faire du surf.

  Dans les questions avec le « present perfect », ***ever*** signifie « déjà » :

  Have you ever been to Rome? Êtes-vous déjà allé à Rome ?

On rencontre le « present perfect » dans les temps composés suivants (pour les auxiliaires, voir p.4)
- « present perfect » progressif (voir p.16)
- « past perfect » (voir p.12)
- « past perfect » progressif (voir p.13)
- « present perfect » et futur (voir p.9)
- « present perfect », futur et forme progressive (voir p.9)
- « present perfect » et modaux (voir p.4).

Le « present perfect » progressif

- Le « present perfect » progressif a, comme le « present perfect » simple, la valeur de résultat d'une action (voir p.14). Il ne peut pas s'employer avec les verbes qui n'acceptent pas la forme progressive, par exemple les verbes d'état.
- Le « present perfect » progressif se construit avec le « present perfect » de ***be*** (***has/have been***) suivi de la forme verbale en ***-ing*** :

  It's been raining for three days. Ça fait trois jours qu'il pleut.
- Le locuteur emploie le « present perfect » progressif pour faire référence à des événements qui ont duré un certain temps et dont les conséquences sont encore visibles, constatables. Cela implique souvent que l'événement dont on parle n'est pas encore terminé au moment présent, il se poursuit :

  This seat's wet. It's been raining. Ce siège est mouillé. Il a plu.
  You've been smoking far too much recently. Tu fumes beaucoup trop ces derniers temps.
- L'événement dont on parle décrit quelque chose qui s'est passé sur une courte période :

  I've been working here for ten days now and I'm enjoying it. (« present perfect » progressif) Je travaille ici depuis dix jours maintenant et ça me plaît.
  I've worked here for ten years and I don't want to leave. (« present perfect ») Ça fait dix ans que je travaille ici et je n'ai pas l'intention de partir.

- Le « present perfect » progressif s'emploie souvent avec des verbes qui décrivent des états temporaires comme ***wait***, ***sit***, ***stand*** et ***stay***. Il est souvent associé à ***for*** et ***since***, qui indiquent la durée ou le point de départ d'une action :

  She's been sitting there for hours now. Ça fait maintenant des heures qu'elle est assise là.

Le présent progressif

- On emploie le présent progressif (« present progressive ») pour parler d'un événement non terminé, toujours en cours, qui inclut le moment présent :

  I'm listening to the radio. Be quiet! J'écoute la radio. Ne fais pas de bruit !
- Le présent progressif se forme avec l'auxiliaire ***be*** au présent + base verbale en ***-ing***.
- Dans la phrase interrogative, il y a inversion du sujet avec l'auxiliaire :

  Is your mother making the dinner? Est-ce que ta mère prépare le dîner ?

  Dans les phrases négatives, on place la négation ***not*** après l'auxiliaire (voir p.4). À l'oral, on utilise généralement la forme contractée :

  He isn't/He's not doing too well right now. Il ne va pas très bien en ce moment.
- Le locuteur emploie le présent progressif pour désigner un événement en cours au moment où il parle. L'événement a commencé dans le passé, continue dans le présent et n'est pas terminé :

  'What's happening?' 'We're just going out.' « Que se passe-t-il ? » « Nous sortons. »
- Avec les verbes d'action, le présent progressif indique que l'action se produit au moment présent :

  It's raining. Il pleut.

  Avec les verbes exprimant des actions brèves et rapides, le présent progressif indique que l'action qui se déroule se répète plusieurs fois de suite :

  The children are jumping up and down with excitement. Les enfants sautent de joie.
- Avec des verbes exprimant le passage d'un état à un autre, le présent progressif indique que ce processus est en cours d'accomplissement :

  The train is leaving the station. Le train quitte la gare.
- Le présent progressif peut avoir une valeur de futur, souvent pour rendre compte de projets, d'actions programmées qui ont toutes les chances de se réaliser dans un avenir proche :

  I'm starting work at the bakery on Monday. Je commence à travailler à la boulangerie lundi.

I'm going sailing on Saturday. Je vais faire de la voile samedi.

- Pour mettre en évidence cette valeur de futur, le présent progressif est généralement associé à des expressions et adverbes de temps comme ***soon, later, next week, in two months, tomorrow***. Cette valeur se rencontre souvent avec des verbes de mouvement :

  Steve's coming home tomorrow. Steve rentre demain.
- Le présent progressif peut aussi exprimer la menace ou la détermination :

  I'm not eating that! J'en veux pas !

Certains verbes ne s'emploient pas avec la forme progressive :
- les verbes de perception comme ***feel, hear, see*** (souvent employés avec ***can***)
- les verbes exprimant des attitudes intellectuelles, psychiques ou spéculatives comme ***imagine, know, suppose, understand***
- les verbes exprimant des attitudes affectives comme ***like, hate, prefer, want***
- les verbes d'état, les verbes exprimant la possession, l'appartenance comme ***have*** et la caractéristique comme ***be***, à savoir ***belong to, own, consist of, depend on, matter, resemble, appear***.

En revanche, certaines constructions avec ***be*** décrivant des attitudes momentanées, passagères, sont compatibles avec la forme progressive :

The children are being naughty. Les enfants sont en train de faire des bêtises.

Le présent simple

- On emploie le présent simple (« simple present ») pour parler d'événements qui se répètent, d'habitudes, de caractéristiques, de vérités générales. Il s'emploie également avec les verbes d'état :

My brother works in an insurance company. Mon frère travaille pour une compagnie d'assurances.
Do you know Kate Harrison? Est-ce que vous connaissez Kate Harrison ?

Tom and Adam go swimming every day after school. Tom et Adam vont nager chaque jour après l'école.

- Au présent simple, toutes les formes du verbe, sauf celle de la troisième personne du singulier, sont constituées de la base verbale. La troisième personne du singulier se termine toujours par ***-s*** :

	Singulier	*Pluriel*
1re personne	***I like music.***	***We like music.***
2e personne	***You like music.***	***You like music.***
3e personne	***He/she/it likes music.***	***They like music.***

- Les verbes se terminant par ***-ss***, ***-sh***, ***-ch***, ***-x*** prennent ***-es*** à la troisième personne :

  stresses | ***washes*** | ***watches*** | ***fixes***

  Pour les verbes se terminant par une consonne + ***y***, le ***-y*** devient ***-ies*** :

  tries | ***replies***

  Mais ceux qui se terminent par une voyelle + ***y*** prennent un ***-s*** à la troisième personne du singulier :

  enjoys | ***plays***

  Pour les formes irrégulières, voir pp.XIV–XVI.
- Les phrases interrogatives, négatives et emphatiques nécessitent toutes l'emploi d'un auxiliaire (voir p.4). ***Do*** est l'auxiliaire du présent.
- La valeur du présent simple dépend en partie du sens du verbe conjugué :

  I live in Glasgow but I work in Edinburgh. J'habite à Glasgow mais je travaille à Édimbourg.
  Do you remember the name of her sister? Tu te souviens du nom de sa sœur ?
- Le présent simple peut avoir une valeur de vérité générale : c'est vrai maintenant, ça l'a été dans le passé, ça le sera dans l'avenir. Les verbes d'état ne s'emploient jamais avec la forme progressive, mais avec le présent simple :

  Jenny likes chocolate. Jenny aime le chocolat.
  Two times three makes six. Deux fois trois égalent six.
- Pour les verbes qui décrivent des actions, des événements, le présent simple indique que cet événement est habituel ou qu'il se répète.

L'action ne se déroule pas nécessairement au moment où le locuteur parle. Les adverbes ***often***, ***sometimes***, ***occasionally***, ***never*** renforcent cette valeur :

He plays tennis on Saturdays. Il joue au tennis le samedi.
Don't you ever eat meat? Tu ne manges jamais de viande ?

- Au présent simple, certains verbes comme ***promise***, ***wish***, ***accept*** introduits par ***I*** ou ***we*** indiquent que le locuteur fait ce qu'il dit au moment même où il le dit :

  We wish you every success in your exams. Nous te souhaitons bonne chance pour tes examens.

- Au présent simple, certains verbes comme ***hear***, ***understand***, ***say***, ***claim*** permettent de décrire un événement du passé ou du futur qui a un lien avec le présent :

  The weather forecast says that it's going to rain today. La météo annonce de la pluie pour aujourd'hui.

Le présent simple peut avoir valeur de commentaire ; il permet de rendre compte des événements ou des actions au moment où ils se déroulent (commentaires sportifs, indications scéniques, mais aussi recettes de cuisine, instructions d'utilisation ...) :

Robson passes to McLair. McLair shoots, and it's a goal! Passe de Robson à McLair. Tir de McLair et but !

- Le présent simple est employé avec une valeur de futur :
  - dans les subordonnées introduites par ***if***, ***when*** ou ***after*** :

    She'll see her mother when she goes to London next month. Elle verra sa mère quand elle ira à Londres le mois prochain.
  - lorsque l'événement décrit est une vérité générale :

    Christmas Day falls on a Saturday this year. Noël tombe un samedi cette année.
  - lorsque l'événement a été programmé, planifié :

    The plane leaves in ten minutes. L'avion part dans dix minutes.

Le prétérit progressif

- Le prétérit progressif se forme avec ***be*** au prétérit (voir p.21) + base verbale + ***-ing*** :

  I was watching television when you called. J'étais en train de regarder la télévision lorsque tu as appelé.

The cat was feeling very hungry when the mouse appeared. Le chat avait très faim lorsque la souris apparut.

- Dans la phrase interrogative, il y a inversion du sujet et de l'auxiliaire. Dans la phrase négative, la négation se place derrière l'auxiliaire :

  Where were you going when I saw you? Où allais-tu lorsque je t'ai rencontré ?

  It wasn't raining when I left the house. Il ne pleuvait pas lorsque je suis sorti de la maison.

- Le prétérit progressif associe les valeurs du prétérit (voir ci-dessous) et de la forme progressive. Le prétérit progressif s'emploie pour désigner un événement en cours de déroulement, mais dans un contexte passé. Le locuteur met l'accent sur le déroulement de ces événements dans le passé, sans considérer le moment où ils se terminent :

  'What were you doing on Saturday?' 'We were visiting relatives.' « Qu'est-ce que vous avez fait samedi ? » « Nous sommes allés voir de la famille. »

  They arrived while we were washing up. Nous faisions la vaisselle lorsqu'ils sont arrivés.

Lorsque les événements ont lieu en même temps, la forme progressive peut être employée dans les deux propositions :

  You were watching the television while I was washing up. Tu regardais la télévision pendant que je faisais la vaisselle.

- Lorsque le prétérit progressif est modifié par des adverbes comme ***just***, ***recently***, il désigne un événement passé très récent :

  My sister was just saying that there's been a fire at her school. Ma sœur disait à l'instant qu'il y a eu un incendie dans son école.

Le prétérit simple

- Le prétérit (« simple past ») est le seul « vrai » temps du passé. L'événement dont on parle appartient complètement au passé, il est révolu. Il y a une coupure par rapport au moment présent :

  He seemed to be happy about something. Il avait l'air content.
  We were very worried. Why didn't you phone? Nous étions très inquiets. Pourquoi tu n'as pas téléphoné ?

- Les formes du prétérit et du participe passé des verbes réguliers sont toujours les mêmes (voir p.11) :

  looked | ***cheated*** | ***failed*** | ***seemed*** | ***appeared*** | ***repaired***

- Dans les phrases affirmatives, le verbe au prétérit a la même forme à toutes les personnes. Pour les verbes irréguliers, voir pp.XIV–XVI. Les formes du verbe ***be*** sont :

singulier	*pluriel*
I was	***we were***
you were	***you were***
he/she/it was	***they were***

  I knew him when I was young. Je le connaissais quand j'étais jeune.
  Jenny asked us whether we were happy. Jenny nous a demandé si nous étions heureux.

- Les phrases interrogatives, négatives ou emphatiques nécessitent l'emploi de l'auxiliaire ***did*** (voir p.4).

- On emploie le prétérit simple pour parler d'événements passés complètement achevés. L'événement a eu lieu à un moment précis du passé généralement explicitement mentionné par le locuteur. L'événement est vu dans sa totalité (début, déroulement, fin) :

  The Romans invaded Britain in 44 AD. Les Romains envahissent la Grande-Bretagne en 44 apr. J.-C.
  In one year Jeremy sold 25 cars. Jeremy a vendu 25 voitures en un an.

- Le prétérit simple est le temps du récit : histoires, contes de fées, romans, etc. :

  There was once a beautiful princess who had a wicked stepmother ... Il était une fois une très belle princesse dont la belle-mère était très cruelle ...

- Le prétérit simple est employé pour exprimer ce que l'on suppose ou ce que l'on souhaite, en particulier dans les propositions conditionnelles introduites par ***if***, mais aussi après des expressions comme ***I'd rather, it's (about) time ...*** (prétérit modal) :

  If you really loved me you wouldn't keep criticizing my mother. Si tu m'aimais vraiment, tu arrêterais de critiquer ma mère.
  I'd rather you didn't come tomorrow. Je préférerais que tu ne viennes pas demain.

Pour le choix du «present perfect» ou du prétérit, voir p.14.

Agnes turned up late. Agnes est arrivée en retard.

ou transitifs (suivis d'un complément d'objet) :

She turned off the tap/She turned the tap off. Elle a fermé le robinet.

- Il y a trois types de construction où la base verbale est suivie d'un élément et d'un complément d'objet. Lorsque le complément est un nom, les trois constructions sont très semblables :
  - verbes à particules :

    He got his message over to his colleagues. Il a réussi à faire passer le message auprès de ses collègues.
  - verbes prépositionnels :

    The company got over its financial problems. La société a surmonté ses difficultés financières.
  - verbes suivis d'une préposition :

    The burglar got over the garden wall. Le cambrioleur a escaladé le mur du jardin.

  Ces constructions ont un point commun, elles peuvent toutes être mises au passif (voir p.28) :

  The message was got over clearly to his colleagues. Le message a été clairement communiqué à ses collègues.

  The company's problems have been finally got over. Les difficultés de la société ont finalement été surmontées.

  The wall is so high that it cannot be got over. Le mur est si haut qu'on ne peut pas l'escalader.

  Mais il y a des différences grammaticales importantes entre les verbes à particules et les autres.

Pour distinguer les verbes à particules des verbes prépositionnels, on les met à l'impératif. Le verbe à particule ne peut se séparer de sa particule ; elle fait partie intégrante du verbe :

I feel like giving up meat. J'ai envie d'arrêter de manger de la viande.

Don't give it up! N'abandonne pas !

À l'inverse, les verbes prépositionnels n'ont une préposition que lorsqu'ils sont suivis d'un complément. Sinon, on a simplement la base verbale :

He listened to me. Il m'a écouté.

Listen! Écoute !

Les verbes à particules

- Dans les verbes à particules, la base verbale et la particule adverbiale forment un tout. La particule modifie le sens du verbe en perdant de son sens initial et sans avoir forcément de relation avec le complément. Ces

Les pronoms : *Les pronoms personnels*

- Le pronom personnel remplace les noms et les groupes nominaux. Il peut être sujet ou complément (direct ou indirect).

	Pronom sujet	*Pronom complément d'objet*
singulier		
1re personne	***I***	***me***
2e personne	***you***	***you***
3e *personne*		
– masculin	***he***	***him***
– féminin	***she***	***her***
– indéfini	***one***	***one***
– neutre	***it***	***it***
pluriel		
1re personne	***we***	***us***
2e personne	***you***	***you***
3e personne	***they***	***them***

- ***You*** correspond aux formes du singulier et du pluriel de la deuxième personne (= « tu », « vous »). On l'emploie (de même que les possessifs ***your***, ***yours***) quel que soit le degré de familiarité.
- ***They***, ***them***, etc. sont souvent utilisés en anglais familier pour renvoyer à une seule personne si son sexe est inconnu ou s'il n'est pas essentiel de le connaître :

  If you find a good piano teacher, give me their details. Si tu trouves un bon professeur de piano, donne-moi ses coordonnées.
- Des noms au singulier qui font référence à des groupes de personnes, comme, par exemple, les noms d'équipes sportives ou de sociétés commerciales, sont souvent considérés comme des pluriels et sont repris par ***they***, etc. (voir p.11) :

  The union say that they will go on strike. Le syndicat dit qu'il va se mettre en grève.
- On emploie le pronom sujet quand il est sujet du verbe :

  Last night I saw someone I hadn't seen for years. Hier soir, j'ai rencontré quelqu'un que je n'avais pas vu depuis des années.
- On emploie le pronom complément d'objet :
  - quand il est complément du verbe (il n'y a pas de différence entre le complément d'objet direct, indirect et d'attribution) :

    Does Alistair know them well? Est-ce que Alistair les connaît bien ?
  - après les prépositions :

    Chris will be staying with us. Chris va habiter chez nous.

Adam is running towards his friends. Adam court à la rencontre de ses amis.

- ***He/she*** portent respectivement la marque du féminin et du masculin. Ils désignent les personnes, mais peuvent être utilisés pour parler d'un animal familier. ***She*** peut être utilisé pour désigner un bateau ou une voiture. ***It*** est le pronom personnel neutre. Il désigne les objets, les choses, les notions et les animaux non familiers :

  There's my brother. He's a postman. Voici mon frère. Il est facteur.
  There's my sister. She's a bus driver. Voici ma sœur. Elle est conductrice d'autobus.
  There's my car. It's a Ford. Voici ma voiture. C'est une Ford.

  Certains noms peuvent désigner indifféremment l'un ou l'autre sexe :

  doctor | ***friend*** | ***shop assistant*** | ***dog***

  Le choix du pronom dépend alors du sexe de la personne ou de l'animal :

  There's my boss. Do you know him/her? Voici mon/ma responsable. Vous le/la connaissez ?

Les pronoms possessifs

- On emploie les pronoms possessifs pour exprimer l'appartenance. En anglais, l'accord du pronom possessif se fait avec le genre du possesseur :

  This isn't your book, it's hers. Ce n'est pas ton livre, c'est le sien/son livre à elle.

	Singulier	*Pluriel*
1re personne	***mine***	***ours***
2e personne	***yours***	***yours***
3e personne		***theirs***
– masculin	***his***	
– féminin	***hers***	
– indéfini	—	
– neutre	—	

It et ***one*** n'ont pas de pronom possessif. Si nécessaire, on peut employer ***its own, one's own.***

- On emploie le pronom possessif pour remplacer le groupe «adjectif possessif + groupe nominal» lorsque le nom a déjà été mentionné ou qu'il est inutile de le répéter :

  'Whose is this suitcase? Is it yours or mine?' 'I think it's your brother's.' «À qui est cette valise ? Est-ce la tienne ou la mienne ?» «Je crois que c'est celle de ton frère.»

Where's mine?
Où est la mienne ?

Used to

- Pour insister sur le côté habituel ou répétitif d'un événement dans le passé, on peut employer l'expression «used to». On l'emploie pour désigner quelque chose qui a existé un certain temps et a pris fin, ou pour une action qui s'est souvent répétée dans le passé :

  They used to live just down the road. Ils habitaient un peu plus loin dans la même rue.
  He used to drink far too much. Il buvait beaucoup trop.

  Notez qu'en français, pour traduire cette valeur, on emploie l'imparfait.

Les verbes à particules et les verbes prépositionnels

- De nombreux verbes anglais sont composés de la base verbale + un ou deux éléments. Cet élément peut être : une particule adverbiale (***up, down, off***) ou une préposition (***to, at, in***). On parlera donc de verbes à particules et de verbes prépositionnels. Ces éléments changent le sens du verbe :

  He told me. Il me l'a dit.
  He told me off. Il m'a grondé.

- Comme tous les verbes, ces verbes peuvent être intransitifs (sans complément d'objet) :

verbes peuvent être transitifs (suivis d'un complément) ou intransitifs (sans complément) :

> ***turn off (a light)*** éteindre (une lumière) | ***make up (a story)*** inventer (une histoire) | ***bring up (a child)*** élever (un enfant) | ***hold down (a job)*** garder (un travail)

- La particule est souvent un adverbe de lieu. Elle se place immédiatement après la base verbale :

> ***Please sit down here.*** Asseyez-vous ici.
> ***The house blew up.*** La maison a sauté.

- Devant certains verbes à particules transitifs, quand le complément d'objet est un nom, il peut se placer avant ou après la particule :

> ***I made the story up. = I made up the story.*** J'ai inventé cette histoire.

Quand le complément d'objet est un pronom, il se place toujours devant la particule :

> ***I made it up.*** Je l'ai inventée.

- La particule reste derrière le verbe dans les questions et les propositions relatives :

> ***What did you find out?*** Qu'est-ce que tu as trouvé ?
> ***This is a project which you must see through.*** Vous devez mener ce projet à bien.

Les verbes à particules prépositionnels

- Certains verbes à particules se construisent toujours avec une préposition et un complément. C'est le cas de :

> ***put up with (discomfort)*** supporter (une gêne) | ***look forward to (a holiday)*** attendre avec impatience (des vacances) | ***check up on (a fact)*** vérifier (un fait) | ***look down on (poor people)*** mépriser (les pauvres)

- La première particule suit presque toujours immédiatement le verbe. La préposition se comporte comme celle des verbes prépositionnels (voir ci-dessous) :

> ***I hope you'll make up with her soon.*** J'espère que tu vas bientôt te réconcilier avec elle.
> ***I look forward greatly to their arrival.*** J'ai vraiment hâte qu'ils arrivent.

Les verbes prépositionnels

- Les verbes prépositionnels sont formés d'une base verbale et d'une préposition. Ils sont toujours suivis d'un complément :

> ***look at (a picture)*** regarder (un tableau) | ***ask for (some money)*** demander (de l'argent) | ***make for (the door)*** se diriger vers (la porte) | ***refer to (a book)*** consulter (un livre)

- Le complément d'objet se place toujours après la préposition, qu'il soit ou non un pronom :

  I looked at the picture. J'ai regardé le tableau.
  I looked at it. Je l'ai regardé.
- Dans les questions et les propositions relatives, la préposition reste derrière le verbe. La préposition ne se place devant le mot interrogatif ou le pronom relatif qu'en style soutenu :

  Who are you thinking about? À qui penses-tu ?
  About whom are you thinking? À qui penses-tu ?

La voix passive

- Pour former le passif, on emploie l'auxiliaire ***be*** + participe passé du verbe (voir pp.4, 11) :

  Our school was opened by the Queen in 1985. La reine a inauguré notre école en 1985.
  Have all the lights been switched off? Est-ce que toutes les lumières sont éteintes ?

The cat has been spotted by the dog! Le chat a été repéré par le chien !

- La voix passive se combine avec tous les temps, aspects et modes du verbe (mais ***been being*** est rare) :

  I wondered whether she'd been warned about the danger. Je me demandais si elle avait été prévenue du danger.
  You will be thrown out of school if your work doesn't improve. Tu vas être renvoyé de l'école si ton travail ne s'améliore pas.
- Le complément d'agent du verbe au passif est introduit par la préposition ***by***, mais il n'est pas toujours mentionné :

  The costumes were made by the children's mothers. Les costumes ont été réalisés par les mères des enfants.
  She was badly injured in a car crash. Elle a été grièvement blessée dans un accident de voiture.

- La plupart des verbes transitifs, c'est-à-dire susceptibles d'avoir un complément d'objet, et la plupart des verbes prépositionnels ou à particules (voir p.25) peuvent s'employer au passif. La préposition ou la particule se placent après le verbe :

  You were seen taking money from the till. On t'a vu prendre de l'argent dans la caisse.
  The matter will be dealt with tomorrow. On s'occupera de cette affaire demain.

- Certains verbes, comme ***have***, ***get***, ***find***, peuvent avoir une valeur passive quand ils sont suivis du participe passé :

  Have you had your hair coloured? Tu t'es fait faire une teinture ?
  I'm getting my car fixed. Je fais réparer ma voiture.

- Certains des verbes introducteurs peuvent être mis au passif. Mais ils se construisent alors avec ***to*** devant la base verbale (***ask***, ***allow***, ***expect***, ***help***, ***make***, ***tell***, ***persuade***, ***invite***, ***remind***, ***believe***) :

  We were made to do the cleaning. On nous a obligés à faire le ménage.
  She can't be persuaded to come. On n'arrive pas à la convaincre de venir.

- Pour d'autres verbes, comme ***see***, la forme verbale au passif peut être suivie de ***to*** + base verbale ou du verbe en ***-ing*** :

  He was seen leaving/to leave the building at nine o'clock. On l'a vu sortir de l'immeuble à neuf heures.

- Le locuteur choisit la voix passive lorsqu'il veut mettre en relief le bénéficiaire ou le résultat d'une action (ils deviennent sujet du verbe au passif). Le complément d'agent (ex-sujet de la phrase active) peut être omis :

  My son has cleaned the car. Mon fils a lavé la voiture. → ***The car has been cleaned (by my son).*** La voiture a été lavée (par mon fils).

- Le passif s'emploie beaucoup en anglais journalistique, technique et scientifique, et c'est souvent une bonne traduction du « on » français :

  The printer can be used with most computers. Cette imprimante peut s'utiliser avec la plupart des ordinateurs.
  He was arrested yesterday. On l'a arrêté hier.

En anglais familier, ***get*** s'emploie plus souvent que ***be*** pour exprimer le passage d'un état à un autre ou pour désigner un événement plutôt qu'un état :

> ***They got married in church last Saturday.*** Ils se sont mariés à l'église samedi dernier.

Les rencontres

Saluer quelqu'un

Good morning/evening. Bonjour/Bonsoir.
Good afternoon. Bonjour.
Hello. Bonjour/Bonsoir.
Hi. Salut.
How are you? Comment allez-vous ?
How are you doing? Comment ça va ?
Fine. And you? Bien, et vous ?
Very well. Très bien.
Not bad. Pas mal.
Not too good, actually. Pas très bien, en fait.
I haven't seen you for Br ***(in*** Am***) ages!*** Ça fait une éternité que je ne t'ai pas vu !

Se présenter

What's your name? Comment vous appelez-vous ?
My name's Kate Crawford. Je m'appelle Kate Crawford.
Who are you? Qui êtes-vous ?
I'm Lucy. Lucy.
Have you two met? Est-ce que vous vous connaissez déjà ?
Can I introduce you to Tom Laurence? Laissez-moi vous présenter Tom Laurence.
This is Tom Laurence. Je vous présente Tom Laurence.
I'd like you to meet Tom Laurence. J'aimerais vous présenter Tom Laurence.
Pleased to meet you. Enchanté.
I've heard a lot about you. J'ai beaucoup entendu parler de vous.

Prendre congé

Goodbye. Au revoir.
See you. À la prochaine.
See you later/soon. À bientôt.
Bye for now. À la prochaine.
Take care. Prends soin de toi.

Look after yourself/yourselves. Porte-toi bien/Portez-vous bien.
Good night. Bonne nuit.
Keep in touch. Donnez-nous de vos nouvelles.
It was nice to meet you. Enchanté d'avoir fait votre connaissance.

Les remerciements, les excuses et les vœux

Remercier

Thank you (very much). Merci (beaucoup).
Thanks (a lot). Merci (beaucoup).
Thank you for having me. Merci de m'avoir reçu.
Thanks very much for your help. Merci beaucoup pour votre aide.
I don't know how to thank you. Je ne sais pas comment vous remercier.
That's very kind of you. C'est très aimable à vous.

Répondre à des remerciements

You're welcome. Je vous en prie.
Don't mention it. Il n'y a pas de quoi.
Not at all. De rien.
It's a pleasure. Je vous en prie.
No problem. De rien.

S'excuser

I'm sorry. Je suis désolé.
Sorry I'm late. Je suis désolé d'être en retard.
Sorry to disturb you. Excusez-moi de vous déranger.
I really must apologize. Je vous prie de m'excuser.
Excuse me, please. Pardon [pour demander le passage].

Accepter des excuses

Don't worry. Ne vous en faites pas.
It's OK/all right. Ça ne fait rien.
It doesn't matter. Ce n'est rien.
These things happen. Ce sont des choses qui arrivent.

Exprimer des vœux

Good luck. Bonne chance.
Have a good time. Amusez-vous bien.
Have a good weekend/holiday. Bon week-end/Bonnes vacances.
Enjoy your trip. Bon voyage.
Happy birthday. Bon anniversaire.
Congratulations. Félicitations.
Happy/Merry Christmas. Joyeux Noël.
Happy New Year. Bonne année.
Get well soon. Bon rétablissement.
And the same to you. À vous aussi.

Les opinions et les sentiments

Dire ce que l'on aime

Do you like tennis/swimming? Est-ce que vous aimez le tennis/nager ?
I like listening to music on my Walkman®. J'aime écouter de la musique avec mon Walkman®.
I love African music. J'adore la musique africaine.
It's great/funny. C'est super/drôle.
It's OK/not bad, I suppose. Pas mal.
He's/she's very nice. Il/Elle est très sympa.

Dire ce que l'on n'aime pas

Tom hates doing his homework. Tom déteste faire ses devoirs.
She can't stand cowboy films. Elle ne supporte pas les films de cow-boys.
I really don't like that woman. Cette femme ne me plaît pas du tout.
They really get on my nerves. Ils m'énervent vraiment.

Exprimer l'approbation

That's right. C'est juste.
You're (quite Br***) right.*** Tu as tout à fait raison.
That's what I think too. C'est ce que je pense aussi.
I (quite Br***) agree.*** Je suis entièrement d'accord.
I think so. Je crois.
I suppose so. Je suppose (que oui).

Exprimer la désapprobation

I don't agree. Je ne suis pas d'accord.
I don't think so. Je ne crois pas.
That's just not true. Ce n'est pas vrai du tout.
I suppose Br ***(guess*** Am***) not.*** Je suppose que non.

Exprimer ses impressions et sentiments

Well done! Bravo !
What a shame! Quel dommage !
How awful! Quelle horreur !
That's all we needed! Il ne manquait plus que ça !
I don't believe it! Ce n'est pas vrai !
Never! Pas possible !
You're joking! Sans blague !

Les invitations et les rendez-vous

Inviter quelqu'un

Come in. Entrez.

Do sit down/Have a seat. Asseyez-vous.

Make yourself at home. Faites comme chez vous.

Can I get you something to drink? Voulez-vous boire quelque chose ?

Yes please, I'd love a cup of tea. Oui, merci. Je prendrais volontiers une tasse de thé.

Would you like to come to the cinema Br ***(movies*** Am***) with us?*** Veux-tu venir avec nous au cinéma ?

What are you doing Wednesday night? Qu'est-ce que tu fais mercredi soir ?

Do you have anything on tomorrow? Est-ce que vous avez quelque chose de prévu demain ?

You must Br ***(should*** Am***) come over for dinner some time.*** Venez dîner un de ces soirs.

Are you free for lunch one day this week? Êtes-vous libre pour déjeuner un jour de cette semaine ?

Would tomorrow suit you? Br ***(Is tomorrow good for you?*** Am***)*** Est-ce que demain vous convient ?

Do you want to go for a drink? Ça vous dit d'aller prendre un verre ?

Yes, please/No, thank you. Oui, volontiers/Non, merci.

This is on me/This is my treat. Laissez, c'est moi qui offre.

Accepter une invitation

Thank you for your invitation. Je vous remercie de votre invitation.

Yes, I'd love to. Oui, avec plaisir.

That would be lovely! Avec plaisir !

Great! See you Saturday around eight, then. Super ! On se voit samedi vers 20 heures, alors.

Refuser une invitation

I'm sorry, I'm doing something on Friday. Je suis désolé, j'ai déjà quelque chose de prévu vendredi.

I'd love to, but I'm busy on Wednesday. Ce serait avec plaisir, mais je suis déjà pris mercredi.

Thank you very much but I'm afraid I can't. Je vous remercie, mais malheureusement je ne peux pas.

Can we do it some other time? On peut remettre ça à une autre fois ?

I don't really feel like it. Ça ne me dit rien.

I'd rather not. Je n'ai pas très envie.

Les renseignements

Demander l'heure

What's the time?/What time is it? Quelle heure est-il ?
What time do you make it? Br Quelle heure as-tu ?

It's five o'clock. Il est cinq heures.
It's five a.m. Il est cinq heures (du matin).
It's five p.m. Il est dix-sept heures.

It's five past Br ***(after*** Am***) five.*** Il est cinq heures cinq.

It's (a) quarter past Br ***(after*** Am***) five.*** Il est cinq heures et quart.

It's five thirty/It's half past five Br. Il est cinq heures trente/cinq heures et demie.

It's twenty-five to Br ***(of*** Am***) six.*** Il est six heures moins vingt-cinq.

It's (a) quarter to Br ***(of*** Am***) six.*** Il est six heures moins le quart.

It's one o'clock in the morning/afternoon. Il est une heure du matin/de l'après-midi.

Aux États-Unis, la numérotation de 0 à 24 est rarement utilisée pour les horaires. En Grande-Bretagne, on l'emploie uniquement dans les textes administratifs et les horaires des transports.

What time does the train leave? À quelle heure part le train ?
At seventeen forty-five. À dix-sept heures quarante-cinq.
My watch is ten minutes fast/slow. Ma montre avance/retarde de dix minutes.

Si vous n'avez pas compris

Pardon? Br ***(Pardon me?*** Am***)*** Pardon ?

I'm sorry? Pardon ?

What did you say? Qu'est-ce que vous avez dit ?

Could you repeat that? Est-ce que vous pourriez répéter ?

Could you say that again more slowly? Est-ce que pourriez répéter plus lentement ?

I didn't quite catch that. Je n'ai pas bien compris.

I'm sorry, I don't understand. Je suis désolé, je ne comprends pas.

Can I ask you something? Je peux vous demander quelque chose ?

How do you say 'computer' in French? Comment dit-on « computer » en français ?

What does 'ordinateur' mean? Qu'est-ce que « ordinateur » veut dire ?

Demander son chemin

Can you tell me the way to the station? Pouvez-vous m'indiquer le chemin de la gare ?

How do you get to the cathedral from here? Comment rejoint-on la cathédrale d'ici ?

What's the best way to the bus station? Quelle est la meilleure façon d'aller à la gare routière ?

Do you know where the tourist information office is? Savez-vous où se trouve l'office du tourisme ?

Can you show me on the map where we are? Pouvez-vous m'indiquer où nous sommes sur la carte ?

Excuse me, I'm looking for Hanover Street. Excusez-moi, je cherche Hanover Street.

Is it far? Can I walk? Est-ce que c'est loin ? C'est possible d'y aller à pied ?

You'll need to take a bus/the underground Br ***(subway*** Am***).*** Vous devez prendre le bus/le métro.

Réponses

It's straight on Br ***(straight*** Am***).*** C'est tout droit.

Take the first left and then turn right at the roundabout Br ***(traffic circle*** Am***).*** Prenez la première à gauche, puis tournez à droite au rond-point.

There's a bank just around the corner. Il y a une banque à deux pas d'ici.

Go straight on Br ***(straight*** Am***) till you reach the traffic lights, then you'll see it on your left.*** Continuez tout droit jusqu'au feu, ensuite c'est sur votre gauche.

You're going the wrong way. Vous allez dans la mauvaise direction.

Les transports

Le bus

Does this bus go to the zoo? Est-ce que ce bus dessert le zoo ?

Which bus goes to the airport? Quel bus faut-il prendre pour aller à l'aéroport ?

Where does the number 20 stop? Où est l'arrêt du 20 ?

How often does the 48 bus come? Le 48 passe tous les combien ?

Is there a night bus? Est-ce qu'il y a un bus de nuit ?

Two to the station, please. Deux tickets pour la gare, s'il vous plaît.

Can you tell me when to get off? Pourriez-vous me dire quand je dois descendre ?

'Bus stopping'. « Arrêt demandé ».

All change! This bus terminates here. Terminus ! Tout le monde descend.

Le « double-decker » est le fameux autobus à impériale rouge vif qui fait partie du paysage londonien, mais qu'on retrouve sous d'autres couleurs dans toutes les agglomérations britanniques.

En train

When's the next train to Glasgow? À quelle heure est le prochain train pour Glasgow ?

Which platform does it go from? C'est quel quai ?

A single Br ***(one-way ticket*** Am***) to Manchester, please.*** Un aller simple pour Manchester, s'il vous plaît.

Two returns Br ***(round-trip tickets*** Am***) for Bristol, please.*** Deux allers-retours pour Bristol, s'il vous plaît.

I'd like to book two standard-class seats on the 10.15 to London for next Friday. Je voudrais réserver deux places pour Londres, en deuxième classe, sur le train de 10 h 15 vendredi prochain.

How long does it take to get there? Combien de temps met-on pour y aller ?

Do I have to change? Est-ce qu'il y a un changement ?

Is there a connection for Leeds? Y a-t-il une correspondance pour Leeds ?

Does this train stop at Derby? Est-ce que ce train s'arrête à Derby ?

Is this seat taken? Est-ce que cette place est prise ?

Which way is the buffet car? Où est le wagon-restaurant ?

Tickets, please. Contrôle des billets.

Prendre un taxi

Il existe deux types de taxis en Grande-Bretagne : les « black cabs » ou « Hackney cabs », officiellement agréés, et les « minicabs ». Dans les deux cas, il est possible d'appeler un taxi par téléphone. Les « black cabs » se trouvent également aux stations de taxis ou peuvent être hélés dans la rue.

Is there a taxi rank Br ***(taxi stand*** Am***) around here?*** Est-ce qu'il y a une station de taxis près d'ici ?
I'm going to the station/airport/Sutherland Hotel. À la gare/l'aéroport/ l'hôtel Sutherland, s'il vous plaît.
Can you take me to the Lyceum Theatre? Pouvez-vous me conduire au Lyceum Theatre ?
Can you tell me roughly how much it will be? Pouvez-vous me dire combien ça va faire à peu près ?
Could you drop me off Br ***(let me off*** Am***) here?*** Est-ce que vous pouvez me déposer ici ?
How much do I owe you? Combien je vous dois ?
Keep the change. Gardez la monnaie.

En voiture

I'd like to hire Br ***(rent*** Am***) a car for the weekend.*** Je voudrais louer une voiture pour le week-end.
Do you need insurance? Est-ce qu'il vous faut une assurance ?
Does the rate include unlimited mileage? Est-ce que le prix comprend le kilométrage illimité ?
Is the tank full? Est-ce que le réservoir est plein ?
Could I see your driving licence Br ***(driver's license*** Am***), please?*** Je peux voir votre permis, s'il vous plaît ?
Are you sure this isn't a one-way street? Êtes-vous sûr que cette rue n'est pas à sens unique ?

Pour se garer :
'No parking'. « Stationnement interdit ».
'Car park Br ***(Lot*** Am***) full'.*** « Parking complet ».
'Spaces'. « Places disponibles ».

I've run out of petrol Br ***(gas*** Am***).*** Je suis tombé en panne d'essence.
I've broken down. Je suis en panne.
The engine's making a funny noise. Le moteur fait un drôle de bruit.
I've got an oil leak. Il y a une fuite d'huile.
My battery's flat Br ***(dead*** Am***).*** La batterie est à plat.
I have a puncture Br ***(flat tire*** Am***).*** J'ai crevé.

L'hébergement

À l'hôtel

We have a reservation for the weekend. The name's Lee. Nous avons une réservation pour le week-end, au nom de Lee.

We'd like a double room/two single rooms for the night. Nous voudrions une chambre double/deux chambres individuelles pour ce soir.

I'm sorry, we're full. Je suis désolé mais nous sommes complets.

Would you like a room with shower or bath? Souhaitez-vous une chambre avec douche ou avec salle de bains ?

What are your rates? Quels sont vos tarifs ?

Is breakfast included? Est-ce que le petit déjeuner est compris ?

En Grande-Bretagne, le prix de la chambre comprend souvent le petit déjeuner traditionnel anglais (« full English breakfast »). Il se compose de céréales, de porridge ou de fruits, suivis d'un plat chaud (bacon, œufs, saucisse, tomates et toast frits), puis de toasts à la marmelade d'orange ou à la confiture, le tout accompagné de thé ou de café.

What time is breakfast/lunch/dinner? À quelle heure est le petit déjeuner/déjeuner/dîner ?

Can I have breakfast in my room? Est-ce que je peux prendre le petit déjeuner dans ma chambre ?

What floor is it on? C'est à quel étage ?

Is there a lift Br ***(elevator*** Am***)?*** Est-ce qu'il y a un ascenseur ?

You're in room 305; here's your key. Voici la clef, c'est la chambre nº 305.

Could you have my bags sent up? Est-ce que vous pourriez faire monter mes bagages ?

Could you wake me at seven o'clock? Pourriez-vous me réveiller à sept heures ?

I'm leaving tomorrow. Could I settle my bill Br ***(check*** Am***), please?*** Je pars demain. Est-ce que je peux régler ma note, s'il vous plaît ?

We'd like to stay an extra night, if possible. Nous aimerions rester une nuit de plus, si c'est possible.

La plupart des « bed and breakfast » sont des résidences privées. L'accueil y est généralement chaleureux et il est parfois possible d'y prendre le repas du soir en plus du petit déjeuner. En Grande-Bretagne, les chambres d'hôte sont moins chères que l'hôtel, alors qu'aux États-Unis ce type d'hébergement est plus recherché et donc plus cher.

Dans une auberge de jeunesse

Could I see your membership card, please? Je peux voir votre carte d'adhérent, s'il vous plaît ?

Do you just have dormitories? Est-ce que vous avez uniquement des dortoirs ?

No, we have a few single/double/family rooms too. Non, nous avons également quelques chambres individuelles/doubles/familiales.

Is there a curfew? Est-ce qu'il y a un couvre-feu ?

Is there a kitchen where we can cook our own food? Y a-t-il une cuisine où on peut préparer ses repas ?

Dans la famille d'accueil

What time do you get up/go to bed? À quelle heure vous vous levez/couchez ?

I've forgotten my toothpaste/shoe polish. Could I borrow yours? J'ai oublié mon dentifrice/cirage. Est-ce que je peux utiliser le vôtre ?

Please may I use the bathroom? Est-ce que je peux aller aux toilettes ?

Do you think I could have an extra pillow/blanket? Est-ce que je pourrais avoir un autre oreiller/une autre couverture ?

Would it be OK if I watched TV? Est-ce que je peux regarder la télé ?

Could I ring Br ***(call*** Am***) my parents and get them to ring me back?*** Est-ce que je peux téléphoner à mes parents pour leur demander de me rappeler ?

Are there any letters Br ***(Is there any mail*** Am***) for me?*** Est-ce qu'il y a du courrier pour moi ?

Les repas

I'm hungry/thirsty. J'ai faim/soif.

What time do you have breakfast/lunch/dinner? À quelle heure vous prenez le petit déjeuner/vous déjeunez/vous dînez ?

Would you like me to set/clear the table? Voulez-vous que je mette/débarrasse la table ?

This is delicious. C'est délicieux.

Can I help you with the dishes? Est-ce que je peux vous aider à faire la vaisselle ?

Parler de sa famille

Do you have any brothers and sisters? Est-ce que tu as des frères et sœurs ?

No, I'm an only child. Non, je suis fils/fille unique.

Yes, I have an older brother and a twin sister. Oui, j'ai un frère aîné et une sœur jumelle.

Do you have a boyfriend/girlfriend? Est-ce que tu as un copain/une copine ?

My mum's Br ***(mom's*** Am***) a teacher and my dad works at a travel agency.*** Ma mère est prof et mon père travaille dans une agence de voyages.

Les repas

Au restaurant

A table for four, please. Une table pour quatre, s'il vous plaît.

I booked a table for eight o'clock; the name's Morrison. J'ai réservé une table pour vingt heures, au nom de Morrison.

Smoking or non-smoking? (Coin) fumeurs ou non-fumeurs ?

Can I take your coat? Puis-je prendre votre manteau ?

Could we see the menu, please? Est-ce qu'on peut voir la carte, s'il vous plaît ?

What's today's special? Quel est le plat du jour ?

Are you ready to order? Vous avez choisi ?

Can I get you something to drink? Est-ce que vous désirez quelque chose à boire ?

I'll start with a mixed salad, followed by today's special. Je vais prendre une salade composée et le plat du jour.

Could I have a glass of water/some bread, please? Est-ce que je pourrais avoir un verre d'eau/du pain, s'il vous plaît ?

Where are the toilets Br ***(restrooms*** Am***)?*** Où sont les toilettes ?

Could we have the bill Br ***(check*** Am***), please?*** On peut avoir l'addition, s'il vous plaît ?

En Grande-Bretagne, il est d'usage de laisser un pourboire (10 %) dans les restaurants et les cafés. On ne laisse généralement pas de pourboire dans les pubs.

Is service included? Est-ce que le service est compris ?

Shall we leave a tip? On laisse un pourboire ?

Au café

Is this table/seat free? Est-ce que cette table/place est libre ?

Do you mind if I sit here? Ça ne vous dérange pas si je m'asseois ici ?

What can I get you? Vous désirez ?

A toasted cheese and ham sandwich/A baked potato with tuna filling/A ham roll/An omelette and chips Br ***(French fries*** Am***)/The chicken curry, please.*** Un croque-monsieur/Une pomme de terre au four avec du thon/Un sandwich au jambon/Une omelette avec des frites/Le curry de poulet, s'il vous plaît.

A mineral water/An orange juice/A cup of coffee/Two teas, please. Une eau minérale/Un jus d'orange/Un café/Deux thés, s'il vous plaît.

Les commerces

Dans les magasins

Are you being served? On s'occupe de vous ?
Can I help you? Je peux vous aider ?
No thank you, I'm just looking. Non merci, je regarde simplement.
I'm looking for a long winter coat. Je cherche un manteau long.
Can I try these on? Est-ce que je peux les essayer ?
What size are you? Vous faites quelle taille ?
I'm a/I take a size 12. [vêtements] Je fais du 40.
I take a size 6. [chaussures] Je chausse du 39.
This is a bit tight/loose. Do you have the next size up/down? C'est un peu trop petit/grand. Est-ce que vous avez la taille au-dessus/au-dessous ?
How much is this one? Et celui-ci, combien fait-il ?
Could you order one for me? Est-ce que vous pourriez me le commander ?
Can I bring it back if I change my mind?/if it doesn't fit? Est-ce que je peux l'échanger si je change d'avis/si ça ne va pas ?
'Closed on Sundays'. « Fermé le dimanche ».

En Grande-Bretagne, les magasins sont généralement ouverts du lundi au samedi, de 9 h à 17 h 30 ou 18 h. Ils sont de plus en plus nombreux à ouvrir également le dimanche après-midi. La plupart des magasins dans les centres-villes ont une nocturne une fois par semaine (souvent le jeudi ou le vendredi), jusqu'à 19 h ou 19 h 30. Dans de nombreuses villes, les commerçants ferment une demi-journée par semaine : ce jour est appelé « early closing day » (souvent le mercredi après-midi).

Pour payer

Where is the till Br ***(cash register*** Am***)?*** Où est la caisse ?
How much does that come to? Ça fait combien en tout ?
How much do I owe you? Je vous dois combien ?
How would you like to pay? Vous réglez comment ?
I'll pay cash/by cheque. En liquide/Par chèque.
Who shall I make the cheque out to? C'est à quel ordre ?
Could I see your cheque card, please? Je peux voir votre carte de garantie bancaire, s'il vous plaît ?
Do you take credit cards? Est-ce que vous acceptez les cartes de crédit ?
Can you change a 20-pound note? Est-ce que vous pouvez me faire la monnaie de 20 livres ?
I'm sorry, I don't have any change. Je suis désolé, je n'ai pas de monnaie.
Here's your receipt, sir/madam. Voici votre ticket de caisse, monsieur/madame.

Les démarches

Chez le médecin

What seems to be the trouble? Qu'est-ce qui ne va pas ?

I've had diarrhoea for two days. Ça fait deux jours que j'ai la diarrhée.

I have a headache/stomach ache. J'ai mal à la tête/à l'estomac.

I've twisted my ankle. Je me suis foulé la cheville.

My back hurts. J'ai mal au dos.

I have a cold/cough. J'ai un rhume/Je tousse.

My daughter is running a temperature. Ma fille a de la température.

Breathe in/out. Inspirez/Expirez.

Let's take your temperature/blood pressure. Je vais prendre votre température/tension.

I'm going to give you an injection. Je vais vous faire une piqûre.

We need a blood/urine sample. Il faut faire une analyse de sang/d'urine.

I'm going to give you some tablets to help with the pain. Je vais vous donner des comprimés pour soulager la douleur.

Are you allergic to penicillin? Êtes-vous allergique à la pénicilline ?

Take one tablet three times a day with meals. Prenez un comprimé trois fois par jour au moment des repas.

> Tout résident des pays membres de l'Union européenne peut se faire soigner gratuitement en Grande-Bretagne à condition d'être muni du formulaire E111.

À la banque

I'd like to change 500 francs into sterling/dollars. Je voudrais changer 500 francs en livres/dollars.

How would you like the money? Vous voulez des billets de combien ?

In 10-pound notes. De 10 livres.

What's today's exchange rate? À combien est le change aujourd'hui ?

Can I cash these traveller's cheques here? Est-ce que je peux changer mes chèques de voyage ici ?

Au bureau de poste

Twenty first-/second-class stamps, please. Vingt timbres au tarif normal/à tarif lent, s'il vous plaît.

I'd like ten stamps for postcards to France. Je voudrais dix timbres pour envoyer des cartes postales en France.

How much is it to send a letter to Belgium? C'est combien pour envoyer une lettre en Belgique ?

How long will it take? Ça va mettre combien de temps ?

Au téléphone

Joindre quelqu'un par téléphone

Hello, this is Tom. Could I speak to Lucy, please? Bonjour, c'est Tom. Pourrais-je parler à Lucy, s'il vous plaît ?

Speaking. C'est moi.

Is Lucy there? Est-ce que Lucy est là ?

I'll just get her for you. Oui, je te la passe.

How can I help you? Je vous écoute.

Would it be possible to speak to Jane Richards, please? Pouvez-vous me passer Jane Richards, s'il vous plaît ?

Yes, can I ask who's calling? Oui, c'est de la part de qui ?

It's Andrew Simpson. Andrew Simpson.

Who's speaking, please? C'est de la part de qui, s'il vous plaît ?

I'm sorry, she's not in; can I ask her to call you back? Je suis désolé, elle n'est pas là. Je lui demande de vous rappeler ?

I'm afraid you have the wrong number. Vous avez fait un mauvais numéro.

Au standard

Could I have extension 227, please? Pouvez-vous me passer le poste 227, s'il vous plaît ?

Yes, I'll just put you through Br ***(connect you*** Am***).*** Oui, ne quittez pas.

Can you put me through Br ***(connect me*** Am***) to the accounts department, please?*** Pouvez-vous me passer le service comptabilité, s'il vous plaît ?

Please hold the line. Oui, ne quittez pas.

I'm afraid the line is engaged Br ***(busy*** Am***); can you hold?*** C'est occupé. Voulez-vous patienter ?

There's no reply. Ça ne répond pas.

I'll try again later. Je rappellerai plus tard.

Laisser un message

Would you like to leave a message? Voulez-vous laisser un message ?

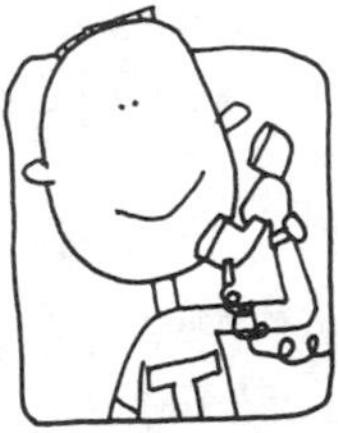

Could you tell her that Mr Wilson called? Pouvez-vous lui dire que M. Wilson a appelé ?

Does she have your number? Est-ce qu'elle a votre numéro ?

What's your work/home phone number? Pouvez-vous me donner votre numéro au travail/chez vous ?

My number is 0131-662 4982 (oh one three one double six two four nine eight two), extension 5263. C'est le 0131 662 49 82, poste 5263.

La correspondance commerciale

Pour commencer

Dear Sir Monsieur
Dear Madam Madame
Dear Sir or Madam Madame, Monsieur
Dear Sirs Messieurs
Dear Mr Brown Cher Monsieur
Dear Mrs Brown Chère Madame
Dear Miss Brown Chère Mademoiselle
Dear Dr Brown Monsieur le Docteur/Cher Docteur

Certaines femmes préfèrent l'utilisation du titre « Ms » à « Mrs » ou « Miss », car de même que « Mr » pour les hommes, le titre « Ms » n'indique pas si une femme est mariée ou non.

Quelques phrases indispensables

Thank you for your letter of January 12. Je vous remercie de votre lettre du 12 janvier.

I wish to apply for the post of language assistant advertised in the* Courier *of 6 June. L'annonce parue dans le *Courier* du 6 juin concernant un poste de lecteur m'a vivement intéressé.

Please find enclosed a copy of my CV Br ***(resume*** Am***).*** Veuillez trouver ci-joint mon curriculum vitae.

Please could you send me further details about the English course Br ***(classes*** Am***) you are running in August?*** Je vous serais reconnaissant de bien vouloir me faire parvenir de plus amples renseignements sur les cours d'anglais que vous organisez au mois d'août.

We would like to acknowledge receipt of your letter of April 9. Nous accusons réception de votre courrier du 9 avril.

I look forward to hearing from you at your earliest convenience. Je vous serais reconnaissant de bien vouloir me répondre dans les meilleurs délais.

Please enclose a stamped addressed Br ***(self-addressed*** Am***) envelope.*** Veuillez joindre une enveloppe timbrée portant votre adresse.

Thank you in advance. En vous remerciant d'avance, ...

Pour finir

Yours faithfully Je vous prie d'agréer, Monsieur (Madame), mes salutations distinguées.

Yours sincerely Br ***(Sincerely yours*** Am***)*** Veuillez agréer, Monsieur (Madame), mes salutations distinguées.

With best wishes Cordialement

La correspondance commerciale

En anglais, lorsqu'on ne connaît pas le nom du destinataire, il faut employer les formules « Dear Sir » et « Dear Madam ». Dans ce cas, en anglais britannique, la formule de politesse à la fin de la lettre sera : « Yours faithfully ». Si l'on connaît le nom de son correspondant, il faut le préciser dans l'appel de la lettre : « Dear Mr/Mrs/Miss/Ms/Dr Brown », etc. La formule de politesse à utiliser dans ce cas est : « Yours sincerely ».

Thomas Perrier
46, rue Magenta
48200 Vizille
France

January 24, 1998

The Manager
Lauriston Language Centre
6 Bridge Street
Nottingham
NG1 6TY

Dear Sir or Madam

I am writing to enquire whether there are any places left on the English course you are running for overseas students from August 24 to September 3. I have been learning English for four years and am very interested in coming to Britain so that I can practise what I have learnt.

I would be most grateful if you could send me any information you have about the course, including details of fees and how to enrol.

Thank you in advance.

Yours faithfully

Thomas Perrier

La correspondance privée

Pour commencer

Dear Joan Chère Joan
Dear Jim Cher Jim
Dear Auntie Helen Chère tante Helen
Dear Grandma and Grandad Chère Mamie et cher Papi
Dear Mr and Mrs Dale Cher Monsieur, Chère Madame

Quelques phrases indispensables

How are things with you? Comment vas-tu ?
I hope you're well. J'espère que tu vas bien.
How's the family? Comment va ta famille ?
Thanks for your letter, which arrived this morning. Je te remercie de ta lettre, qui est arrivée ce matin.
It was lovely to hear from you and catch up on all your news. Ça m'a fait très plaisir d'avoir de tes nouvelles.

I'm sorry I haven't written for so long. Je suis désolé de ne pas vous avoir écrit plus tôt.
Write back soon. Réponds-moi vite.
Drop us a line when you have a minute. Envoie-nous un petit mot quand tu as un moment.
Hoping to hear from you soon. Nous espérons recevoir bientôt de tes nouvelles.
Looking forward to seeing you. J'ai hâte de te voir.
Keep in touch. Donne-nous de tes nouvelles.
Give my love to Roger and the kids. Embrasse bien Roger et les enfants pour moi.
Laurence sends his love. Laurence vous embrasse.
Diane says hello. Vous avez le bonjour de Diane.

Pour finir

Love Grosses bises
With love from/Lots of love,/All my love, Peter Je vous embrasse, Peter
All the best Amitiés
Best wishes Amicalement
Yours Bien à vous

La correspondance privée

Thomas Perrier
46, rue Magenta
48200 Vizille
France

February 24, 1998

Dear Lucy

Just a note to let you know that I managed to get on to the English course in Nottingham this summer. I'm so excited to be coming to Britain! Is it still OK for me to stay with you and your family? I'd like to come a few days before the course starts, if possible, so that you can show me round. If you liked, you could come to stay with me in France for a couple of weeks in August and we could travel back to England together.

Could you let me know as soon as possible whether this would suit you?

Say hello to your mum and dad for me.

Love

Thomas

L'enveloppe

En Grande-Bretagne, la dernière ligne de l'adresse ne doit comporter que le code postal.

Lucy Simpson
9 Rochester Terrace
Trent Corner
Nottingham
NG14 6RP

Les abréviations suivantes sont couramment employées dans la rédaction des adresses :

Ave	Avenue
Cres	Crescent
Gdns	Gardens
Pl	Place
Rd	Road
Sq	Square
St	Street
Terr	Terrace

Ces mots prennent toujours une majuscule dans les adresses.

Aux États-Unis, il est d'usage d'inscrire son nom et son adresse en haut et à gauche de l'enveloppe, comme dans l'exemple ci-dessous.

Susan Jones
620 Lake Boulevard
Chicago, IL 77321

Thomas Perrier
46, rue Magenta
48200 Vizille
France

bend [bend] (*pt & pp* **bent**) ◇ *n* **1.** *(in road)* courbe *f*, virage *m*. **2.** *(in pipe, river)* coude *m*. **3.** *phr*: **round the ~** *inf* dingue, fou (folle). ◇ *vt* **1.** *(arm, leg)* plier. **2.** *(wire, fork etc)* tordre, courber. ◇ *vi (person)* se baisser, se courber; *(tree, rod)* plier; **to ~ over backwards for sb** se mettre en quatre pour qqn.
combine [*vb* kəmˈbaɪn, *n* ˈkɒmbaɪn] ◇ *vt (gen)* rassembler; *(pieces)* combiner; **to ~ sthg with sthg** *(two substances)* mélanger qqch avec OR à qqch; *fig* allier qqch à qqch. ◇ *vi* (COMM & POL): **to ~ (with)** fusionner (avec). ◇ *n* **1.** *(group)* cartel *m*. **2.** = **combine harvester**.
dove[1] [dʌv] *n (bird)* colombe *f*.
dove[2] [dəʊv] *Am pt* → **dive**.
honour *Br*, **honor** *Am* [ˈɒnəʳ] ◇ *n* honneur *m*; **in ~ of sb/sthg** en l'honneur de qqn/qqch. ◇ *vt* honorer.
◆ **honours** *npl* **1.** *(tokens of respect)* honneurs *mpl*. **2.** *(of university degree)* ≃ licence *f*.
ISDN (*abbr of* **Integrated Services Digital Network**) *n* RNIS *m*.
MI5 (*abbr of* **Military Intelligence 5**) *n* *service de contre-espionnage britannique*.
post [pəʊst] ◇ *n* **1.** *(service)*: **the ~** la poste; **by ~** par la poste. **2.** *(letters, delivery)* courrier *m*. **3.** *Br (collection)* levée *f*. **4.** *(pole)* poteau *m*. **5.** *(position, job)* poste *m*, emploi *m*. **6.** (MIL) poste *m*. ◇ *vt* **1.** *(by mail)* poster, mettre à la poste. **2.** *(employee)* muter.
shepherd's pie [ˈʃepədz-] *n* ≃ hachis *m* Parmentier.
wake [weɪk] (*pt* **woke** OR **-d**, *pp* **woken** OR **-d**) ◇ *n (of ship)* sillage *m*. ◇ *vt* réveiller. ◇ *vi* se réveiller.
◆ **wake up** ◇ *vt sep* réveiller. ◇ *vi* *(wake)* se réveiller.

formes irrégulières des verbes

informations sur le niveau de langue

transcriptions dans l'alphabet phonétique international

symbole qui remplace le mot d'entrée

signalisation des catégories grammaticales

renvois à l'entrée principale

homographes

renvois à l'infinitif

vocabulaire britannique et américain

pluriels ayant leur sens propre

sigles et abréviations

explications lorsqu'il n'y a pas de traduction

signalisation claire des sens et du contexte

structuration claire de l'article

rubriques

équivalences culturelles

mise en relief des «phrasal verbs»